D0787020

ספר

תורה נביאים וכתובים

מדויק היטב על פי המסורה

הוגה בעיון נמרץ

על ידי

NORMAN HENRY SNAITH

THE BRITISH AND FOREIGN BIBLE SOCIETY

Hebrew Old Testament

BFBS-2001-2M-183

ISBN 0 564 00029 9

סדר ספרי התנ"ך

חמשה חומשי תורה
PENTATEUCH

נביאים ראשונים
PROPHETAE PRIORES

נביאים אחרונים
PROPHETÆ POSTERIORES

חמשה חומשי תורה

PENTATEUCHUS

GENESIS	בראשית
EXODUS	ואלה שמות
LEVITICUS	ויקרא
NUMERI	במדבר
DEUTERONOMIUM	אלה הדברים

בראשית
GENESIS

א

בְּרֵאשִׁ֖ית בָּרָ֣א אֱלֹהִ֑ים אֵ֥ת הַשָּׁמַ֖יִם וְאֵ֥ת הָאָֽרֶץ: וְהָאָ֗רֶץ 2 א

הָיְתָ֥ה תֹ֙הוּ֙ וָבֹ֔הוּ וְחֹ֖שֶׁךְ עַל־פְּנֵ֣י תְה֑וֹם וְר֣וּחַ אֱלֹהִ֔ים מְרַחֶ֖פֶת

עַל־פְּנֵ֥י הַמָּֽיִם: וַיֹּ֥אמֶר אֱלֹהִ֖ים יְהִ֣י א֑וֹר וַֽיְהִי־אֽוֹר: וַיַּ֧רְא 3 4

אֱלֹהִ֛ים אֶת־הָא֖וֹר כִּי־ט֑וֹב וַיַּבְדֵּ֣ל אֱלֹהִ֔ים בֵּ֥ין הָא֖וֹר וּבֵ֥ין

הַחֹֽשֶׁךְ: וַיִּקְרָ֨א אֱלֹהִ֤ים ׀ לָאוֹר֙ י֔וֹם וְלַחֹ֖שֶׁךְ קָ֣רָא לָ֑יְלָה וַֽיְהִי־ ה

עֶ֥רֶב וַֽיְהִי־בֹ֖קֶר י֥וֹם אֶחָֽד:

פ

וַיֹּ֣אמֶר אֱלֹהִ֔ים יְהִ֥י רָקִ֖יעַ בְּת֣וֹךְ הַמָּ֑יִם וִיהִ֣י מַבְדִּ֔יל בֵּ֥ין מַ֖יִם 6

לָמָֽיִם: וַיַּ֣עַשׂ אֱלֹהִים֮ אֶת־הָרָקִיעַ֒ וַיַּבְדֵּ֗ל בֵּ֤ין הַמַּ֙יִם֙ אֲשֶׁר֙ 7

מִתַּ֣חַת לָרָקִ֔יעַ וּבֵ֣ין הַמַּ֔יִם אֲשֶׁ֖ר מֵעַ֣ל לָרָקִ֑יעַ וַֽיְהִי־כֵֽן:

וַיִּקְרָ֧א אֱלֹהִ֛ים לָֽרָקִ֖יעַ שָׁמָ֑יִם וַֽיְהִי־עֶ֥רֶב וַֽיְהִי־בֹ֖קֶר י֥וֹם 8

שֵׁנִֽי:

פ

וַיֹּ֣אמֶר אֱלֹהִ֗ים יִקָּו֨וּ הַמַּ֜יִם מִתַּ֤חַת הַשָּׁמַ֙יִם֙ אֶל־מָק֣וֹם אֶחָ֔ד 9

וְתֵרָאֶ֖ה הַיַּבָּשָׁ֑ה וַֽיְהִי־כֵֽן: וַיִּקְרָ֨א אֱלֹהִ֤ים ׀ לַיַּבָּשָׁה֙ אֶ֔רֶץ י

וּלְמִקְוֵ֥ה הַמַּ֖יִם קָרָ֣א יַמִּ֑ים וַיַּ֥רְא אֱלֹהִ֖ים כִּי־טֽוֹב: וַיֹּ֣אמֶר 11

אֱלֹהִ֗ים תַּֽדְשֵׁ֤א הָאָ֙רֶץ֙ דֶּ֗שֶׁא עֵ֚שֶׂב מַזְרִ֣יעַ זֶ֔רַע עֵ֣ץ פְּרִ֞י

עֹ֤שֶׂה פְּרִי֙ לְמִינ֔וֹ אֲשֶׁ֥ר זַרְעוֹ־ב֖וֹ עַל־הָאָ֑רֶץ וַֽיְהִי־כֵֽן: וַתּוֹצֵ֨א 12

הָאָ֜רֶץ דֶּ֠שֶׁא עֵ֣שֶׂב מַזְרִ֤יעַ זֶ֙רַע֙ לְמִינֵ֔הוּ וְעֵ֧ץ עֹֽשֶׂה־פְּרִ֛י אֲשֶׁ֥ר

זַרְעוֹ־ב֖וֹ לְמִינֵ֑הוּ וַיַּ֥רְא אֱלֹהִ֖ים כִּי־טֽוֹב: וַֽיְהִי־עֶ֥רֶב וַֽיְהִי־ 13

בֹ֖קֶר י֥וֹם שְׁלִישִֽׁי:*

פ

וַיֹּ֣אמֶר אֱלֹהִ֗ים יְהִ֤י מְאֹרֹת֙ בִּרְקִ֣יעַ הַשָּׁמַ֔יִם לְהַבְדִּ֕יל בֵּ֥ין הַיּ֖וֹם 14 שני לאש׳

וּבֵ֣ין הַלָּ֑יְלָה וְהָי֤וּ לְאֹתֹת֙ וּלְמ֣וֹעֲדִ֔ים וּלְיָמִ֖ים וְשָׁנִֽים: וְהָי֤וּ טו

לִמְאוֹרֹת֙ בִּרְקִ֣יעַ הַשָּׁמַ֔יִם לְהָאִ֖יר עַל־הָאָ֑רֶץ וַֽיְהִי־כֵֽן: וַיַּ֣עַשׂ 16

אלהים

אֱלֹהִים אֶת־שְׁנֵי הַמְּאֹרֹת הַגְּדֹלִים אֶת־הַמָּאוֹר הַגָּדֹל
לְמֶמְשֶׁלֶת הַיּוֹם וְאֶת־הַמָּאוֹר הַקָּטֹן לְמֶמְשֶׁלֶת הַלַּיְלָה וְאֵת
17 הַכּוֹכָבִים׃ וַיִּתֵּן אֹתָם אֱלֹהִים בִּרְקִיעַ הַשָּׁמָיִם לְהָאִיר עַל־
18 הָאָרֶץ׃ וְלִמְשֹׁל בַּיּוֹם וּבַלַּיְלָה וּֽלֲהַבְדִּיל בֵּין הָאוֹר וּבֵין
19 הַחֹשֶׁךְ וַיַּרְא אֱלֹהִים כִּי־טוֹב׃ וַיְהִי־עֶרֶב וַיְהִי־בֹקֶר יוֹם
רְבִיעִי׃ פ
כ וַיֹּאמֶר אֱלֹהִים יִשְׁרְצוּ הַמַּיִם שֶׁרֶץ נֶפֶשׁ חַיָּה וְעוֹף יְעוֹפֵף
21 עַל־הָאָרֶץ עַל־פְּנֵי רְקִיעַ הַשָּׁמָיִם׃ וַיִּבְרָא אֱלֹהִים אֶת־
הַתַּנִּינִם הַגְּדֹלִים וְאֵת כָּל־נֶפֶשׁ הַחַיָּה ׀ הָרֹמֶשֶׂת אֲשֶׁר שָׁרְצוּ
הַמַּיִם לְמִינֵהֶם וְאֵת כָּל־עוֹף כָּנָף לְמִינֵהוּ וַיַּרְא אֱלֹהִים כִּי־
22 טוֹב׃ וַיְבָרֶךְ אֹתָם אֱלֹהִים לֵאמֹר פְּרוּ וּרְבוּ וּמִלְאוּ אֶת־
23 הַמַּיִם בַּיַּמִּים וְהָעוֹף יִרֶב בָּאָרֶץ׃ וַיְהִי־עֶרֶב וַיְהִי־בֹקֶר יוֹם
חֲמִישִׁי׃* פ
24 וַיֹּאמֶר אֱלֹהִים תּוֹצֵא הָאָרֶץ נֶפֶשׁ חַיָּה לְמִינָהּ בְּהֵמָה וָרֶמֶשׂ ש׳ ל:
כה וְחַיְתוֹ־אֶרֶץ לְמִינָהּ וַיְהִי־כֵן׃ וַיַּעַשׂ אֱלֹהִים אֶת־חַיַּת הָאָרֶץ
לְמִינָהּ וְאֶת־הַבְּהֵמָה לְמִינָהּ וְאֵת כָּל־רֶמֶשׂ הָאֲדָמָה לְמִינֵהוּ
26 וַיַּרְא אֱלֹהִים כִּי־טוֹב׃ וַיֹּאמֶר אֱלֹהִים נַעֲשֶׂה אָדָם בְּצַלְמֵנוּ
כִּדְמוּתֵנוּ וְיִרְדּוּ בִדְגַת הַיָּם וּבְעוֹף הַשָּׁמַיִם וּבַבְּהֵמָה וּבְכָל־
27 הָאָרֶץ וּבְכָל־הָרֶמֶשׂ הָרֹמֵשׂ עַל־הָאָרֶץ׃ וַיִּבְרָא אֱלֹהִים ׀
אֶת־הָאָדָם בְּצַלְמוֹ בְּצֶלֶם אֱלֹהִים בָּרָא אֹתוֹ זָכָר וּנְקֵבָה
28 בָּרָא אֹתָם׃ וַיְבָרֶךְ אֹתָם אֱלֹהִים וַיֹּאמֶר לָהֶם אֱלֹהִים פְּרוּ
וּרְבוּ וּמִלְאוּ אֶת־הָאָרֶץ וְכִבְשֻׁהָ וּרְדוּ בִּדְגַת הַיָּם וּבְעוֹף
29 הַשָּׁמַיִם וּבְכָל־חַיָּה הָרֹמֶשֶׂת עַל־הָאָרֶץ׃ וַיֹּאמֶר אֱלֹהִים
הִנֵּה נָתַתִּי לָכֶם אֶת־כָּל־עֵשֶׂב ׀ זֹרֵעַ זֶרַע אֲשֶׁר עַל־פְּנֵי כָל־
הָאָרֶץ וְאֶת־כָּל־הָעֵץ אֲשֶׁר־בּוֹ פְרִי־עֵץ זֹרֵעַ זָרַע לָכֶם
ל יִהְיֶה לְאָכְלָה׃ וּֽלְכָל־חַיַּת הָאָרֶץ וּלְכָל־עוֹף הַשָּׁמַיִם וּלְכֹל ׀
רוֹמֵשׂ עַל־הָאָרֶץ אֲשֶׁר־בּוֹ נֶפֶשׁ חַיָּה אֶת־כָּל־יֶרֶק עֵשֶׂב

לאכלה

v. 18. ס״א ולהבדיל

31 לְאָכְלָ֑ה וַֽיְהִי־כֵֽן׃ וַיַּ֤רְא אֱלֹהִים֙ אֶת־כָּל־אֲשֶׁ֣ר עָשָׂ֔ה וְהִנֵּה־
ט֖וֹב מְאֹ֑ד וַֽיְהִי־עֶ֥רֶב וַֽיְהִי־בֹ֖קֶר י֥וֹם הַשִּׁשִּֽׁי׃ פ

ב Cap. II. ב

2 א וַיְכֻלּ֛וּ הַשָּׁמַ֥יִם וְהָאָ֖רֶץ וְכָל־צְבָאָֽם׃ וַיְכַ֤ל אֱלֹהִים֙ בַּיּ֣וֹם
הַשְּׁבִיעִ֔י מְלַאכְתּ֖וֹ אֲשֶׁ֣ר עָשָׂ֑ה וַיִּשְׁבֹּת֙ בַּיּ֣וֹם הַשְּׁבִיעִ֔י מִכָּל־
3 מְלַאכְתּ֖וֹ אֲשֶׁ֥ר עָשָֽׂה׃ וַיְבָ֤רֶךְ אֱלֹהִים֙ אֶת־י֣וֹם הַשְּׁבִיעִ֔י
וַיְקַדֵּ֖שׁ אֹת֑וֹ כִּ֣י ב֤וֹ שָׁבַת֙ מִכָּל־מְלַאכְתּ֔וֹ אֲשֶׁר־בָּרָ֥א אֱלֹהִ֖ים
לַעֲשֽׂוֹת׃ *
פ

4 אֵ֣לֶּה תוֹלְד֧וֹת הַשָּׁמַ֛יִם וְהָאָ֖רֶץ בְּהִבָּֽרְאָ֑ם בְּי֗וֹם עֲשׂ֛וֹת יְהוָ֥ה שני לספ׳
ה אֱלֹהִ֖ים אֶ֥רֶץ וְשָׁמָֽיִם׃ וְכֹ֣ל ׀ שִׂ֣יחַ הַשָּׂדֶ֗ה טֶ֚רֶם יִֽהְיֶ֣ה בָאָ֔רֶץ רביעי לאש׳
וְכָל־עֵ֥שֶׂב הַשָּׂדֶ֖ה טֶ֣רֶם יִצְמָ֑ח כִּי֩ לֹ֨א הִמְטִ֜יר יְהוָ֤ה אֱלֹהִים֙
6 עַל־הָאָ֔רֶץ וְאָדָ֣ם אַ֔יִן לַֽעֲבֹ֖ד אֶת־הָֽאֲדָמָֽה׃ וְאֵ֖ד יַֽעֲלֶ֣ה מִן־
7 הָאָ֑רֶץ וְהִשְׁקָ֖ה אֶֽת־כָּל־פְּנֵֽי־הָאֲדָמָֽה׃ וַיִּ֩יצֶר֩ יְהוָ֨ה אֱלֹהִ֜ים
אֶת־הָֽאָדָ֗ם עָפָר֙ מִן־הָ֣אֲדָמָ֔ה וַיִּפַּ֥ח בְּאַפָּ֖יו נִשְׁמַ֣ת חַיִּ֑ים וַֽיְהִ֥י
8 הָֽאָדָ֖ם לְנֶ֥פֶשׁ חַיָּֽה׃ וַיִּטַּ֞ע יְהוָ֧ה אֱלֹהִ֛ים גַּן־בְּעֵ֖דֶן מִקֶּ֑דֶם וַיָּ֣שֶׂם
9 שָׁ֔ם אֶת־הָֽאָדָ֖ם אֲשֶׁ֥ר יָצָֽר׃ וַיַּצְמַ֞ח יְהוָ֤ה אֱלֹהִים֙ מִן־הָ֣אֲדָמָ֔ה
כָּל־עֵ֛ץ נֶחְמָ֥ד לְמַרְאֶ֖ה וְט֣וֹב לְמַאֲכָ֑ל וְעֵ֤ץ הַֽחַיִּים֙ בְּת֣וֹךְ הַגָּ֔ן
י וְעֵ֕ץ הַדַּ֖עַת ט֥וֹב וָרָֽע׃ וְנָהָר֙ יֹצֵ֣א מֵעֵ֔דֶן לְהַשְׁק֖וֹת אֶת־הַגָּ֑ן
11 וּמִשָּׁם֙ יִפָּרֵ֔ד וְהָיָ֖ה לְאַרְבָּעָ֥ה רָאשִֽׁים׃ שֵׁ֥ם הָֽאֶחָ֖ד פִּישׁ֑וֹן ה֣וּא
12 הַסֹּבֵ֗ב אֵ֚ת כָּל־אֶ֣רֶץ הַֽחֲוִילָ֔ה אֲשֶׁר־שָׁ֖ם הַזָּהָֽב׃ וּֽזֲהַ֛ב הָאָ֥רֶץ
13 הַהִ֖וא ט֑וֹב שָׁ֥ם הַבְּדֹ֖לַח וְאֶ֥בֶן הַשֹּֽׁהַם׃ וְשֵֽׁם־הַנָּהָ֥ר הַשֵּׁנִ֖י גִּיח֑וֹן
14 ה֣וּא הַסּוֹבֵ֔ב אֵ֖ת כָּל־אֶ֥רֶץ כּֽוּשׁ׃ וְשֵׁ֨ם הַנָּהָ֤ר הַשְּׁלִישִׁי֙ חִדֶּ֔קֶל
טו ה֥וּא הַֽהֹלֵ֖ךְ קִדְמַ֣ת אַשּׁ֑וּר וְהַנָּהָ֥ר הָֽרְבִיעִ֖י ה֥וּא פְרָֽת׃ וַיִּקַּ֛ח
יְהוָ֥ה אֱלֹהִ֖ים אֶת־הָֽאָדָ֑ם וַיַּנִּחֵ֣הוּ בְגַן־עֵ֔דֶן לְעָבְדָ֖הּ וּלְשָׁמְרָֽהּ׃
16 וַיְצַו֙ יְהוָ֣ה אֱלֹהִ֔ים עַל־הָֽאָדָ֖ם לֵאמֹ֑ר מִכֹּ֥ל עֵֽץ־הַגָּ֖ן אָכֹ֥ל
17 תֹּאכֵֽל׃ וּמֵעֵ֗ץ הַדַּ֙עַת֙ ט֣וֹב וָרָ֔ע לֹ֥א תֹאכַ֖ל מִמֶּ֑נּוּ כִּ֗י בְּי֛וֹם
18 אֲכָלְךָ֥ מִמֶּ֖נּוּ מ֥וֹת תָּמֽוּת׃ וַיֹּ֨אמֶר֙ יְהוָ֣ה אֱלֹהִ֔ים לֹא־ט֛וֹב הֱי֥וֹת

האדם

ב׳ v. 4. ה׳ זעירא

19 הָאָדָם לְבַדּוֹ אֶעֱשֶׂה־לּוֹ עֵזֶר כְּנֶגְדּוֹ׃ וַיִּצֶר יְהוָה אֱלֹהִים מִן־
הָאֲדָמָה כָּל־חַיַּת הַשָּׂדֶה וְאֵת כָּל־עוֹף הַשָּׁמַיִם וַיָּבֵא אֶל־
הָאָדָם לִרְאוֹת מַה־יִּקְרָא־לוֹ וְכֹל אֲשֶׁר יִקְרָא־לוֹ הָאָדָם
כ נֶפֶשׁ חַיָּה הוּא שְׁמוֹ׃ * וַיִּקְרָא הָאָדָם שֵׁמוֹת לְכָל־הַבְּהֵמָה שלישי לספ׳
וּלְעוֹף הַשָּׁמַיִם וּלְכֹל חַיַּת הַשָּׂדֶה וּלְאָדָם לֹא־מָצָא עֵזֶר
21 כְּנֶגְדּוֹ׃ וַיַּפֵּל יְהוָה אֱלֹהִים ׀ תַּרְדֵּמָה עַל־הָאָדָם וַיִּישָׁן וַיִּקַּח
22 אַחַת מִצַּלְעֹתָיו וַיִּסְגֹּר בָּשָׂר תַּחְתֶּנָּה׃ וַיִּבֶן יְהוָה אֱלֹהִים ׀ אֶת־
הַצֵּלָע אֲשֶׁר־לָקַח מִן־הָאָדָם לְאִשָּׁה וַיְבִאֶהָ אֶל־הָאָדָם׃
23 וַיֹּאמֶר הָאָדָם זֹאת הַפַּעַם עֶצֶם מֵעֲצָמַי וּבָשָׂר מִבְּשָׂרִי לְזֹאת
24 יִקָּרֵא אִשָּׁה כִּי מֵאִישׁ לֻקֳחָה־זֹּאת׃ עַל־כֵּן יַעֲזָב־אִישׁ אֶת־
כה אָבִיו וְאֶת־אִמּוֹ וְדָבַק בְּאִשְׁתּוֹ וְהָיוּ לְבָשָׂר אֶחָד׃ וַיִּהְיוּ שְׁנֵיהֶם
עֲרוּמִּים הָאָדָם וְאִשְׁתּוֹ וְלֹא יִתְבֹּשָׁשׁוּ׃

ג CAP. III. ג

א וְהַנָּחָשׁ הָיָה עָרוּם מִכֹּל חַיַּת הַשָּׂדֶה אֲשֶׁר עָשָׂה יְהוָה
אֱלֹהִים וַיֹּאמֶר אֶל־הָאִשָּׁה אַף כִּי־אָמַר אֱלֹהִים לֹא תֹאכְלוּ
2 מִכֹּל עֵץ הַגָּן׃ וַתֹּאמֶר הָאִשָּׁה אֶל־הַנָּחָשׁ מִפְּרִי עֵץ־הַגָּן
3 נֹאכֵל׃ וּמִפְּרִי הָעֵץ אֲשֶׁר בְּתוֹךְ־הַגָּן אָמַר אֱלֹהִים לֹא
4 תֹאכְלוּ מִמֶּנּוּ וְלֹא תִגְּעוּ בּוֹ פֶּן־תְּמֻתוּן׃ וַיֹּאמֶר הַנָּחָשׁ אֶל־
ה הָאִשָּׁה לֹא־מוֹת תְּמֻתוּן׃ כִּי יֹדֵעַ אֱלֹהִים כִּי בְּיוֹם אֲכָלְכֶם
6 מִמֶּנּוּ וְנִפְקְחוּ עֵינֵיכֶם וִהְיִיתֶם כֵּאלֹהִים יֹדְעֵי טוֹב וָרָע׃ וַתֵּרֶא
הָאִשָּׁה כִּי טוֹב הָעֵץ לְמַאֲכָל וְכִי תַאֲוָה־הוּא לָעֵינַיִם וְנֶחְמָד
הָעֵץ לְהַשְׂכִּיל וַתִּקַּח מִפִּרְיוֹ וַתֹּאכַל וַתִּתֵּן גַּם־לְאִישָׁהּ עִמָּהּ
7 וַיֹּאכַל׃ וַתִּפָּקַחְנָה עֵינֵי שְׁנֵיהֶם וַיֵּדְעוּ כִּי עֵירֻמִּם הֵם וַיִּתְפְּרוּ
8 עֲלֵה תְאֵנָה וַיַּעֲשׂוּ לָהֶם חֲגֹרֹת׃ וַיִּשְׁמְעוּ אֶת־קוֹל יְהוָה
אֱלֹהִים מִתְהַלֵּךְ בַּגָּן לְרוּחַ הַיּוֹם וַיִּתְחַבֵּא הָאָדָם וְאִשְׁתּוֹ מִפְּנֵי
9 יְהוָה אֱלֹהִים בְּתוֹךְ עֵץ הַגָּן׃ וַיִּקְרָא יְהוָה אֱלֹהִים אֶל־הָאָדָם
י וַיֹּאמֶר לוֹ אַיֶּכָּה׃ וַיֹּאמֶר אֶת־קֹלְךָ שָׁמַעְתִּי בַּגָּן וָאִירָא כִּי־
11 עֵירֹם אָנֹכִי וָאֵחָבֵא׃ וַיֹּאמֶר מִי הִגִּיד לְךָ כִּי עֵירֹם אַתָּה הֲמִן־

12 הָעֵץ אֲשֶׁר צִוִּיתִיךָ לְבִלְתִּי אֲכָל־מִמֶּנּוּ אָכָלְתָּ׃ וַיֹּאמֶר הָאָדָם
הָאִשָּׁה אֲשֶׁר נָתַתָּה עִמָּדִי הִוא נָתְנָה־לִּי מִן־הָעֵץ וָאֹכֵל׃
13 וַיֹּאמֶר יְהוָה אֱלֹהִים לָאִשָּׁה מַה־זֹּאת עָשִׂית וַתֹּאמֶר הָאִשָּׁה
14 הַנָּחָשׁ הִשִּׁיאַנִי וָאֹכֵל׃ וַיֹּאמֶר יְהוָה אֱלֹהִים ׀ אֶל־הַנָּחָשׁ כִּי
עָשִׂיתָ זֹּאת אָרוּר אַתָּה מִכָּל־הַבְּהֵמָה וּמִכֹּל חַיַּת הַשָּׂדֶה
טו עַל־גְּחֹנְךָ תֵלֵךְ וְעָפָר תֹּאכַל כָּל־יְמֵי חַיֶּיךָ׃ וְאֵיבָה ׀ אָשִׁית
בֵּינְךָ וּבֵין הָאִשָּׁה וּבֵין זַרְעֲךָ וּבֵין זַרְעָהּ הוּא יְשׁוּפְךָ רֹאשׁ
16 וְאַתָּה תְּשׁוּפֶנּוּ עָקֵב׃ ס אֶל־הָאִשָּׁה אָמַר הַרְבָּה אַרְבֶּה
עִצְּבוֹנֵךְ וְהֵרֹנֵךְ בְּעֶצֶב תֵּלְדִי בָנִים וְאֶל־אִישֵׁךְ תְּשׁוּקָתֵךְ
17 וְהוּא יִמְשָׁל־בָּךְ׃ ס וּלְאָדָם אָמַר כִּי שָׁמַעְתָּ לְקוֹל אִשְׁתֶּךָ
וַתֹּאכַל מִן־הָעֵץ אֲשֶׁר צִוִּיתִיךָ לֵאמֹר לֹא תֹאכַל מִמֶּנּוּ
אֲרוּרָה הָאֲדָמָה בַּעֲבוּרֶךָ בְּעִצָּבוֹן תֹּאכְלֶנָּה כֹּל יְמֵי חַיֶּיךָ׃
18 19 וְקוֹץ וְדַרְדַּר תַּצְמִיחַ לָךְ וְאָכַלְתָּ אֶת־עֵשֶׂב הַשָּׂדֶה׃ בְּזֵעַת
אַפֶּיךָ תֹּאכַל לֶחֶם עַד שׁוּבְךָ אֶל־הָאֲדָמָה כִּי מִמֶּנָּה לֻקָּחְתָּ
כ כִּי־עָפָר אַתָּה וְאֶל־עָפָר תָּשׁוּב׃ וַיִּקְרָא הָאָדָם שֵׁם אִשְׁתּוֹ
21 חַוָּה כִּי הִוא הָיְתָה אֵם כָּל־חָי׃ וַיַּעַשׂ יְהוָה אֱלֹהִים לְאָדָם
וּלְאִשְׁתּוֹ כָּתְנוֹת עוֹר וַיַּלְבִּשֵׁם׃ * פ
22 וַיֹּאמֶר ׀ יְהוָה אֱלֹהִים הֵן הָאָדָם הָיָה כְּאַחַד מִמֶּנּוּ לָדַעַת טוֹב רביעי לספ׳
וָרָע וְעַתָּה ׀ פֶּן־יִשְׁלַח יָדוֹ וְלָקַח גַּם מֵעֵץ הַחַיִּים וְאָכַל וָחַי חמישי לאש׳
23 לְעֹלָם׃ וַיְשַׁלְּחֵהוּ יְהוָה אֱלֹהִים מִגַּן־עֵדֶן לַעֲבֹד אֶת־הָאֲדָמָה
24 אֲשֶׁר לֻקַּח מִשָּׁם׃ וַיְגָרֶשׁ אֶת־הָאָדָם וַיַּשְׁכֵּן מִקֶּדֶם לְגַן־עֵדֶן
אֶת־הַכְּרֻבִים וְאֵת לַהַט הַחֶרֶב הַמִּתְהַפֶּכֶת לִשְׁמֹר אֶת־דֶּרֶךְ
עֵץ הַחַיִּים׃ ס

Cap. IV. ד

ד

א וְהָאָדָם יָדַע אֶת־חַוָּה אִשְׁתּוֹ וַתַּהַר וַתֵּלֶד אֶת־
2 קַיִן וַתֹּאמֶר קָנִיתִי אִישׁ אֶת־יְהוָה׃ וַתֹּסֶף לָלֶדֶת אֶת־אָחִיו
3 אֶת־הָבֶל וַיְהִי־הֶבֶל רֹעֵה צֹאן וְקַיִן הָיָה עֹבֵד אֲדָמָה׃ וַיְהִי
4 מִקֵּץ יָמִים וַיָּבֵא קַיִן מִפְּרִי הָאֲדָמָה מִנְחָה לַיהוָה׃ וְהֶבֶל

הביא

הֵבִיא גַם־הוּא מִבְּכֹרוֹת צֹאנוֹ וּמֵחֶלְבֵהֶן וַיִּשַׁע יְהֹוָה אֶל־הֶבֶל
ה וְאֶל־מִנְחָתוֹ׃ וְאֶל־קַיִן וְאֶל־מִנְחָתוֹ לֹא שָׁעָה וַיִּחַר לְקַיִן
6 מְאֹד וַיִּפְּלוּ פָּנָיו׃ וַיֹּאמֶר יְהֹוָה אֶל־קָיִן לָמָּה חָרָה לָךְ וְלָמָּה
7 נָפְלוּ פָנֶיךָ׃ הֲלוֹא אִם־תֵּיטִיב שְׂאֵת וְאִם לֹא תֵיטִיב לַפֶּתַח
8 חַטָּאת רֹבֵץ וְאֵלֶיךָ תְּשׁוּקָתוֹ וְאַתָּה תִּמְשָׁל־בּוֹ׃ וַיֹּאמֶר קַיִן
אֶל־הֶבֶל אָחִיו וַיְהִי בִּהְיוֹתָם בַּשָּׂדֶה וַיָּקָם קַיִן אֶל־הֶבֶל
9 אָחִיו וַיַּהַרְגֵהוּ׃ וַיֹּאמֶר יְהֹוָה אֶל־קַיִן אֵי הֶבֶל אָחִיךָ וַיֹּאמֶר
י לֹא יָדַעְתִּי הֲשֹׁמֵר אָחִי אָנֹכִי׃ וַיֹּאמֶר מֶה עָשִׂיתָ קוֹל דְּמֵי
11 אָחִיךָ צֹעֲקִים אֵלַי מִן־הָאֲדָמָה׃ וְעַתָּה אָרוּר אָתָּה מִן־
הָאֲדָמָה אֲשֶׁר פָּצְתָה אֶת־פִּיהָ לָקַחַת אֶת־דְּמֵי אָחִיךָ מִיָּדֶךָ׃
12 כִּי תַעֲבֹד אֶת־הָאֲדָמָה לֹא־תֹסֵף תֵּת־כֹּחָהּ לָךְ נָע וָנָד
13 14 תִּהְיֶה בָאָרֶץ׃ וַיֹּאמֶר קַיִן אֶל־יְהֹוָה גָּדוֹל עֲוֺנִי מִנְּשֹׂא׃ הֵן
גֵּרַשְׁתָּ אֹתִי הַיּוֹם מֵעַל פְּנֵי הָאֲדָמָה וּמִפָּנֶיךָ אֶסָּתֵר וְהָיִיתִי נָע
טו וָנָד בָּאָרֶץ וְהָיָה כָל־מֹצְאִי יַהַרְגֵנִי׃ וַיֹּאמֶר לוֹ יְהֹוָה לָכֵן
כָּל־הֹרֵג קַיִן שִׁבְעָתַיִם יֻקָּם וַיָּשֶׂם יְהֹוָה לְקַיִן אוֹת לְבִלְתִּי
16 הַכּוֹת־אֹתוֹ כָּל־מֹצְאוֹ׃ וַיֵּצֵא קַיִן מִלִּפְנֵי יְהֹוָה וַיֵּשֶׁב בְּאֶרֶץ־
17 נוֹד קִדְמַת־עֵדֶן׃ וַיֵּדַע קַיִן אֶת־אִשְׁתּוֹ וַתַּהַר וַתֵּלֶד אֶת־
18 חֲנוֹךְ וַיְהִי בֹּנֶה עִיר וַיִּקְרָא שֵׁם הָעִיר כְּשֵׁם בְּנוֹ חֲנוֹךְ׃ וַיִּוָּלֵד
לַחֲנוֹךְ אֶת־עִירָד וְעִירָד יָלַד אֶת־מְחוּיָאֵל וּמְחִיָּיאֵל יָלַד
19 אֶת־מְתוּשָׁאֵל וּמְתוּשָׁאֵל יָלַד אֶת־לָמֶךְ׃ * וַיִּקַּח־לוֹ לֶמֶךְ שְׁתֵּי חמישי לספ׳
כ נָשִׁים שֵׁם הָאַחַת עָדָה וְשֵׁם הַשֵּׁנִית צִלָּה׃ וַתֵּלֶד עָדָה אֶת־
21 יָבָל הוּא הָיָה אֲבִי יֹשֵׁב אֹהֶל וּמִקְנֶה׃ וְשֵׁם אָחִיו יוּבָל הוּא
22 הָיָה אֲבִי כָּל־תֹּפֵשׂ כִּנּוֹר וְעוּגָב׃ וְצִלָּה גַם־הִוא יָלְדָה אֶת־
תּוּבַל קַיִן לֹטֵשׁ כָּל־חֹרֵשׁ נְחֹשֶׁת וּבַרְזֶל וַאֲחוֹת תּוּבַל־קַיִן
23 נַעֲמָה׃ וַיֹּאמֶר לֶמֶךְ לְנָשָׁיו עָדָה וְצִלָּה שְׁמַעַן קוֹלִי נְשֵׁי לֶמֶךְ
24 הַאְזֵנָּה אִמְרָתִי כִּי אִישׁ הָרַגְתִּי לְפִצְעִי וְיֶלֶד לְחַבֻּרָתִי׃ כִּי
כה שִׁבְעָתַיִם יֻקַּם־קָיִן וְלֶמֶךְ שִׁבְעִים וְשִׁבְעָה׃ וַיֵּדַע אָדָם עוֹד

את־אשתו

ד׳ v. 18. ומחיאל ק׳

אֶת־אִשְׁתּוֹ וַתֵּלֶד בֵּן וַתִּקְרָא אֶת־שְׁמוֹ שֵׁת כִּי שָׁת־לִי אֱלֹהִים
26 זֶרַע אַחֵר תַּחַת הֶבֶל כִּי הֲרָגוֹ קָיִן׃ וּלְשֵׁת גַּם־הוּא יֻלַּד־בֵּן
וַיִּקְרָא אֶת־שְׁמוֹ אֱנוֹשׁ אָז הוּחַל לִקְרֹא בְּשֵׁם יְהוָה׃ * ס

ה Cap. V. ה

ששי

א זֶה סֵפֶר תּוֹלְדֹת אָדָם בְּיוֹם בְּרֹא אֱלֹהִים אָדָם
2 בִּדְמוּת אֱלֹהִים עָשָׂה אֹתוֹ׃ זָכָר וּנְקֵבָה בְּרָאָם וַיְבָרֶךְ אֹתָם
3 וַיִּקְרָא אֶת־שְׁמָם אָדָם בְּיוֹם הִבָּרְאָם׃ וַיְחִי אָדָם שְׁלֹשִׁים
וּמְאַת שָׁנָה וַיּוֹלֶד בִּדְמוּתוֹ כְּצַלְמוֹ וַיִּקְרָא אֶת־שְׁמוֹ שֵׁת׃
4 וַיִּהְיוּ יְמֵי־אָדָם אַחֲרֵי הוֹלִידוֹ אֶת־שֵׁת שְׁמֹנֶה מֵאֹת שָׁנָה
ה וַיּוֹלֶד בָּנִים וּבָנוֹת׃ וַיִּהְיוּ כָּל־יְמֵי אָדָם אֲשֶׁר־חַי תְּשַׁע
6 מֵאוֹת שָׁנָה וּשְׁלֹשִׁים שָׁנָה וַיָּמֹת׃ ס וַיְחִי־שֵׁת חָמֵשׁ שָׁנִים
7 וּמְאַת שָׁנָה וַיּוֹלֶד אֶת־אֱנוֹשׁ׃ וַיְחִי־שֵׁת אַחֲרֵי הוֹלִידוֹ אֶת־
8 אֱנוֹשׁ שֶׁבַע שָׁנִים וּשְׁמֹנֶה מֵאוֹת שָׁנָה וַיּוֹלֶד בָּנִים וּבָנוֹת׃ וַיִּהְיוּ
כָּל־יְמֵי־שֵׁת שְׁתֵּים עֶשְׂרֵה שָׁנָה וּתְשַׁע מֵאוֹת שָׁנָה וַיָּמֹת׃ ס
9 י וַיְחִי אֱנוֹשׁ תִּשְׁעִים שָׁנָה וַיּוֹלֶד אֶת־קֵינָן׃ וַיְחִי אֱנוֹשׁ אַחֲרֵי
הוֹלִידוֹ אֶת־קֵינָן חֲמֵשׁ עֶשְׂרֵה שָׁנָה וּשְׁמֹנֶה מֵאוֹת שָׁנָה וַיּוֹלֶד
11 בָּנִים וּבָנוֹת׃ וַיִּהְיוּ כָּל־יְמֵי אֱנוֹשׁ חָמֵשׁ שָׁנִים וּתְשַׁע מֵאוֹת
12 שָׁנָה וַיָּמֹת׃ ס וַיְחִי קֵינָן שִׁבְעִים שָׁנָה וַיּוֹלֶד אֶת־מַהֲלַלְאֵל׃
13 וַיְחִי קֵינָן אַחֲרֵי הוֹלִידוֹ אֶת־מַהֲלַלְאֵל אַרְבָּעִים שָׁנָה וּשְׁמֹנֶה
14 מֵאוֹת שָׁנָה וַיּוֹלֶד בָּנִים וּבָנוֹת׃ וַיִּהְיוּ כָּל־יְמֵי קֵינָן עֶשֶׂר
טו שָׁנִים וּתְשַׁע מֵאוֹת שָׁנָה וַיָּמֹת׃ ס וַיְחִי מַהֲלַלְאֵל חָמֵשׁ שָׁנִים
16 וְשִׁשִּׁים שָׁנָה וַיּוֹלֶד אֶת־יָרֶד׃ וַיְחִי מַהֲלַלְאֵל אַחֲרֵי הוֹלִידוֹ
אֶת־יֶרֶד שְׁלֹשִׁים שָׁנָה וּשְׁמֹנֶה מֵאוֹת שָׁנָה וַיּוֹלֶד בָּנִים וּבָנוֹת׃
17 וַיִּהְיוּ כָּל־יְמֵי מַהֲלַלְאֵל חָמֵשׁ וְתִשְׁעִים שָׁנָה וּשְׁמֹנֶה מֵאוֹת
18 שָׁנָה וַיָּמֹת׃ ס וַיְחִי־יֶרֶד שְׁתַּיִם וְשִׁשִּׁים שָׁנָה וּמְאַת שָׁנָה
19 וַיּוֹלֶד אֶת־חֲנוֹךְ׃ וַיְחִי־יֶרֶד אַחֲרֵי הוֹלִידוֹ אֶת־חֲנוֹךְ שְׁמֹנֶה
כ מֵאוֹת שָׁנָה וַיּוֹלֶד בָּנִים וּבָנוֹת׃ וַיִּהְיוּ כָל־יְמֵי־יֶרֶד שְׁתַּיִם
21 וְשִׁשִּׁים שָׁנָה וּתְשַׁע מֵאוֹת שָׁנָה וַיָּמֹת׃ ס וַיְחִי חֲנוֹךְ חָמֵשׁ

22 וְשִׁשִּׁים שָׁנָה וַיּוֹלֶד אֶת־מְתוּשָׁלַח׃ וַיִּתְהַלֵּךְ חֲנוֹךְ אֶת־
הָאֱלֹהִים אַחֲרֵי הוֹלִידוֹ אֶת־מְתוּשֶׁלַח שְׁלֹשׁ מֵאוֹת שָׁנָה
23 וַיּוֹלֶד בָּנִים וּבָנוֹת׃ וַיְהִי כָּל־יְמֵי חֲנוֹךְ חָמֵשׁ וְשִׁשִּׁים שָׁנָה
24 וּשְׁלֹשׁ מֵאוֹת שָׁנָה׃ וַיִּתְהַלֵּךְ חֲנוֹךְ אֶת־הָאֱלֹהִים וְאֵינֶנּוּ כִּי־
כה לָקַח אֹתוֹ אֱלֹהִים׃* ס וַיְחִי מְתוּשֶׁלַח שֶׁבַע וּשְׁמֹנִים שָׁנָה שביעי
26 וּמְאַת שָׁנָה וַיּוֹלֶד אֶת־לָמֶךְ׃ וַיְחִי מְתוּשֶׁלַח אַחֲרֵי הוֹלִידוֹ
אֶת־לֶמֶךְ שְׁתַּיִם וּשְׁמוֹנִים שָׁנָה וּשְׁבַע מֵאוֹת שָׁנָה וַיּוֹלֶד בָּנִים
27 וּבָנוֹת׃ וַיִּהְיוּ כָּל־יְמֵי מְתוּשֶׁלַח תֵּשַׁע וְשִׁשִּׁים שָׁנָה וּתְשַׁע
28 מֵאוֹת שָׁנָה וַיָּמֹת׃ ס וַיְחִי־לֶמֶךְ שְׁתַּיִם וּשְׁמֹנִים שָׁנָה וּמְאַת
29 שָׁנָה וַיּוֹלֶד בֵּן׃ וַיִּקְרָא אֶת־שְׁמוֹ נֹחַ לֵאמֹר זֶה יְנַחֲמֵנוּ מִמַּעֲשֵׂנוּ
ל וּמֵעִצְּבוֹן יָדֵינוּ מִן־הָאֲדָמָה אֲשֶׁר אֵרְרָהּ יְהוָה׃ וַיְחִי־לֶמֶךְ
אַחֲרֵי הוֹלִידוֹ אֶת־נֹחַ חָמֵשׁ וְתִשְׁעִים שָׁנָה וַחֲמֵשׁ מֵאֹת שָׁנָה
31 וַיּוֹלֶד בָּנִים וּבָנוֹת׃ וַיְהִי כָּל־יְמֵי־לֶמֶךְ שֶׁבַע וְשִׁבְעִים שָׁנָה
32 וּשְׁבַע מֵאוֹת שָׁנָה וַיָּמֹת׃ ס וַיְהִי־נֹחַ בֶּן־חֲמֵשׁ מֵאוֹת שָׁנָה
וַיּוֹלֶד נֹחַ אֶת־שֵׁם אֶת־חָם וְאֶת־יָפֶת׃

ו CAP. VI. ו

א וַיְהִי כִּי־הֵחֵל הָאָדָם לָרֹב עַל־פְּנֵי הָאֲדָמָה וּבָנוֹת יֻלְּדוּ
2 לָהֶם׃ וַיִּרְאוּ בְנֵי־הָאֱלֹהִים אֶת־בְּנוֹת הָאָדָם כִּי טֹבֹת הֵנָּה
3 וַיִּקְחוּ לָהֶם נָשִׁים מִכֹּל אֲשֶׁר בָּחָרוּ׃ וַיֹּאמֶר יְהוָה לֹא־יָדוֹן
רוּחִי בָאָדָם לְעֹלָם בְּשַׁגַּם הוּא בָשָׂר וְהָיוּ יָמָיו מֵאָה וְעֶשְׂרִים
4 שָׁנָה׃ הַנְּפִלִים הָיוּ בָאָרֶץ בַּיָּמִים הָהֵם וְגַם אַחֲרֵי־כֵן אֲשֶׁר
יָבֹאוּ בְּנֵי הָאֱלֹהִים אֶל־בְּנוֹת הָאָדָם וְיָלְדוּ לָהֶם הֵמָּה
הַגִּבֹּרִים אֲשֶׁר מֵעוֹלָם אַנְשֵׁי הַשֵּׁם׃* פ
ה וַיַּרְא יְהוָה כִּי רַבָּה רָעַת הָאָדָם בָּאָרֶץ וְכָל־יֵצֶר מַחְשְׁבֹת מפטיר
6 לִבּוֹ רַק רַע כָּל־הַיּוֹם׃ וַיִּנָּחֶם יְהוָה כִּי־עָשָׂה אֶת־הָאָדָם
7 בָּאָרֶץ וַיִּתְעַצֵּב אֶל־לִבּוֹ׃ וַיֹּאמֶר יְהוָה אֶמְחֶה אֶת־הָאָדָם
אֲשֶׁר־בָּרָאתִי מֵעַל פְּנֵי הָאֲדָמָה מֵאָדָם עַד־בְּהֵמָה עַד־

v. 29. הקורא יטעים הגרש קודם התלשא v. 3. ס״א בְּשֶׁגַּם

8 רֶמֶשׂ וְעַד־עוֹף הַשָּׁמָיִם כִּי נִחַמְתִּי כִּי עֲשִׂיתִם׃ וְנֹחַ מָצָא חֵן
בְּעֵינֵי יְהוָה׃ פ פ פ

נח ב 2

9 אֵלֶּה תּוֹלְדֹת נֹחַ נֹחַ אִישׁ צַדִּיק תָּמִים הָיָה בְּדֹרֹתָיו אֶת־
י הָאֱלֹהִים הִתְהַלֶּךְ־נֹחַ׃ וַיּוֹלֶד נֹחַ שְׁלֹשָׁה בָנִים אֶת־שֵׁם אֶת־
11 חָם וְאֶת־יָפֶת׃ וַתִּשָּׁחֵת הָאָרֶץ לִפְנֵי הָאֱלֹהִים וַתִּמָּלֵא הָאָרֶץ
12 חָמָס׃ וַיַּרְא אֱלֹהִים אֶת־הָאָרֶץ וְהִנֵּה נִשְׁחָתָה כִּי־הִשְׁחִית
13 כָּל־בָּשָׂר אֶת־דַּרְכּוֹ עַל־הָאָרֶץ׃ ס וַיֹּאמֶר אֱלֹהִים לְנֹחַ
קֵץ כָּל־בָּשָׂר בָּא לְפָנַי כִּי־מָלְאָה הָאָרֶץ חָמָס מִפְּנֵיהֶם
14 וְהִנְנִי מַשְׁחִיתָם אֶת־הָאָרֶץ׃ עֲשֵׂה לְךָ תֵּבַת עֲצֵי־גֹפֶר קִנִּים
טו תַּעֲשֶׂה אֶת־הַתֵּבָה וְכָפַרְתָּ אֹתָהּ מִבַּיִת וּמִחוּץ בַּכֹּפֶר׃ וְזֶה
אֲשֶׁר תַּעֲשֶׂה אֹתָהּ שְׁלֹשׁ מֵאוֹת אַמָּה אֹרֶךְ הַתֵּבָה חֲמִשִּׁים
16 אַמָּה רָחְבָּהּ וּשְׁלֹשִׁים אַמָּה קוֹמָתָהּ׃ צֹהַר ׀ תַּעֲשֶׂה לַתֵּבָה
וְאֶל־אַמָּה תְּכַלֶּנָּה מִלְמַעְלָה וּפֶתַח הַתֵּבָה בְּצִדָּהּ תָּשִׂים
17 תַּחְתִּיִּם שְׁנִיִּם וּשְׁלִשִׁים תַּעֲשֶׂהָ׃ וַאֲנִי הִנְנִי מֵבִיא אֶת־הַמַּבּוּל
מַיִם עַל־הָאָרֶץ לְשַׁחֵת כָּל־בָּשָׂר אֲשֶׁר־בּוֹ רוּחַ חַיִּים מִתַּחַת
18 הַשָּׁמָיִם כֹּל אֲשֶׁר־בָּאָרֶץ יִגְוָע׃ וַהֲקִמֹתִי אֶת־בְּרִיתִי אִתָּךְ
וּבָאתָ אֶל־הַתֵּבָה אַתָּה וּבָנֶיךָ וְאִשְׁתְּךָ וּנְשֵׁי־בָנֶיךָ אִתָּךְ׃
19 וּמִכָּל־הָחַי מִכָּל־בָּשָׂר שְׁנַיִם מִכֹּל תָּבִיא אֶל־הַתֵּבָה לְהַחֲיֹת
כ אִתָּךְ זָכָר וּנְקֵבָה יִהְיוּ׃ מֵהָעוֹף לְמִינֵהוּ וּמִן־הַבְּהֵמָה לְמִינָהּ
מִכֹּל רֶמֶשׂ הָאֲדָמָה לְמִינֵהוּ שְׁנַיִם מִכֹּל יָבֹאוּ אֵלֶיךָ לְהַחֲיוֹת׃
21 וְאַתָּה קַח־לְךָ מִכָּל־מַאֲכָל אֲשֶׁר יֵאָכֵל וְאָסַפְתָּ אֵלֶיךָ וְהָיָה
22 לְךָ וְלָהֶם לְאָכְלָה׃ וַיַּעַשׂ נֹחַ כְּכֹל אֲשֶׁר צִוָּה אֹתוֹ אֱלֹהִים
כֵּן עָשָׂה׃ *

ז Cap. VII. ז

א וַיֹּאמֶר יְהוָה לְנֹחַ בֹּא־אַתָּה וְכָל־בֵּיתְךָ אֶל־הַתֵּבָה כִּי־ שני
2 אֹתְךָ רָאִיתִי צַדִּיק לְפָנַי בַּדּוֹר הַזֶּה׃ מִכֹּל ׀ הַבְּהֵמָה הַטְּהוֹרָה
תִּקַּח־לְךָ שִׁבְעָה שִׁבְעָה אִישׁ וְאִשְׁתּוֹ וּמִן־הַבְּהֵמָה אֲשֶׁר לֹא

טהרה

3 טְהֹרָה הִוא שְׁנַיִם אִישׁ וְאִשְׁתּוֹ׃ גַּם מֵעוֹף הַשָּׁמַיִם שִׁבְעָה
4 שִׁבְעָה זָכָר וּנְקֵבָה לְחַיּוֹת זֶרַע עַל־פְּנֵי כָל־הָאָרֶץ׃ כִּי
לְיָמִים עוֹד שִׁבְעָה אָנֹכִי מַמְטִיר עַל־הָאָרֶץ אַרְבָּעִים יוֹם
וְאַרְבָּעִים לָיְלָה וּמָחִיתִי אֶת־כָּל־הַיְקוּם אֲשֶׁר עָשִׂיתִי מֵעַל
ה 6 פְּנֵי הָאֲדָמָה׃ וַיַּעַשׂ נֹחַ כְּכֹל אֲשֶׁר־צִוָּהוּ יְהוָה׃ וְנֹחַ בֶּן־שֵׁשׁ
7 מֵאוֹת שָׁנָה וְהַמַּבּוּל הָיָה מַיִם עַל־הָאָרֶץ׃ וַיָּבֹא נֹחַ וּבָנָיו
8 וְאִשְׁתּוֹ וּנְשֵׁי־בָנָיו אִתּוֹ אֶל־הַתֵּבָה מִפְּנֵי מֵי הַמַּבּוּל׃ מִן־
הַבְּהֵמָה הַטְּהוֹרָה וּמִן־הַבְּהֵמָה אֲשֶׁר אֵינֶנָּה טְהֹרָה וּמִן־
9 הָעוֹף וְכֹל אֲשֶׁר־רֹמֵשׂ עַל־הָאֲדָמָה׃ שְׁנַיִם שְׁנַיִם בָּאוּ אֶל־
נֹחַ אֶל־הַתֵּבָה זָכָר וּנְקֵבָה כַּאֲשֶׁר צִוָּה אֱלֹהִים אֶת־נֹחַ׃
י 11 וַיְהִי לְשִׁבְעַת הַיָּמִים וּמֵי הַמַּבּוּל הָיוּ עַל־הָאָרֶץ׃ בִּשְׁנַת
שֵׁשׁ־מֵאוֹת שָׁנָה לְחַיֵּי־נֹחַ בַּחֹדֶשׁ הַשֵּׁנִי בְּשִׁבְעָה־עָשָׂר יוֹם
לַחֹדֶשׁ בַּיּוֹם הַזֶּה נִבְקְעוּ כָּל־מַעְיְנוֹת תְּהוֹם רַבָּה וַאֲרֻבֹּת
12 הַשָּׁמַיִם נִפְתָּחוּ׃ וַיְהִי הַגֶּשֶׁם עַל־הָאָרֶץ אַרְבָּעִים יוֹם
13 וְאַרְבָּעִים לָיְלָה׃ בְּעֶצֶם הַיּוֹם הַזֶּה בָּא נֹחַ וְשֵׁם־וְחָם וָיֶפֶת
14 בְּנֵי־נֹחַ וְאֵשֶׁת נֹחַ וּשְׁלֹשֶׁת נְשֵׁי־בָנָיו אִתָּם אֶל־הַתֵּבָה׃ הֵמָּה
וְכָל־הַחַיָּה לְמִינָהּ וְכָל־הַבְּהֵמָה לְמִינָהּ וְכָל־הָרֶמֶשׂ הָרֹמֵשׂ
עַל־הָאָרֶץ לְמִינֵהוּ וְכָל־הָעוֹף לְמִינֵהוּ כֹּל צִפּוֹר כָּל־כָּנָף׃
טו וַיָּבֹאוּ אֶל־נֹחַ אֶל־הַתֵּבָה שְׁנַיִם שְׁנַיִם מִכָּל־הַבָּשָׂר אֲשֶׁר־בּוֹ
16 רוּחַ חַיִּים׃ וְהַבָּאִים זָכָר וּנְקֵבָה מִכָּל־בָּשָׂר בָּאוּ כַּאֲשֶׁר
17 צִוָּה אֹתוֹ אֱלֹהִים וַיִּסְגֹּר יְהוָה בַּעֲדוֹ׃ * וַיְהִי הַמַּבּוּל אַרְבָּעִים שלישי
יוֹם עַל־הָאָרֶץ וַיִּרְבּוּ הַמַּיִם וַיִּשְׂאוּ אֶת־הַתֵּבָה וַתָּרָם מֵעַל
18 הָאָרֶץ׃ וַיִּגְבְּרוּ הַמַּיִם וַיִּרְבּוּ מְאֹד עַל־הָאָרֶץ וַתֵּלֶךְ הַתֵּבָה
19 עַל־פְּנֵי הַמָּיִם׃ וְהַמַּיִם גָּבְרוּ מְאֹד מְאֹד עַל־הָאָרֶץ וַיְכֻסּוּ
כ כָּל־הֶהָרִים הַגְּבֹהִים אֲשֶׁר־תַּחַת כָּל־הַשָּׁמָיִם׃ חֲמֵשׁ עֶשְׂרֵה
21 אַמָּה מִלְמַעְלָה גָּבְרוּ הַמָּיִם וַיְכֻסּוּ הֶהָרִים׃ וַיִּגְוַע כָּל־בָּשָׂר
הָרֹמֵשׂ עַל־הָאָרֶץ בָּעוֹף וּבַבְּהֵמָה וּבַחַיָּה וּבְכָל־הַשֶּׁרֶץ
22 הַשֹּׁרֵץ עַל־הָאָרֶץ וְכֹל הָאָדָם׃ כֹּל אֲשֶׁר נִשְׁמַת־רוּחַ חַיִּים

באפיו

23 בְּאַפָּיו מִכֹּל אֲשֶׁר בֶּחָרָבָה מֵתוּ: וַיִּמַח אֶת־כָּל־הַיְקוּם ׀
אֲשֶׁר ׀ עַל־פְּנֵי הָאֲדָמָה מֵאָדָם עַד־בְּהֵמָה עַד־רֶמֶשׂ וְעַד־
עוֹף הַשָּׁמַיִם וַיִּמָּחוּ מִן־הָאָרֶץ וַיִּשָּׁאֶר אַךְ־נֹחַ וַאֲשֶׁר אִתּוֹ
24 בַּתֵּבָה: וַיִּגְבְּרוּ הַמַּיִם עַל־הָאָרֶץ חֲמִשִּׁים וּמְאַת יוֹם:

ח Cap. VIII. ח

א וַיִּזְכֹּר אֱלֹהִים אֶת־נֹחַ וְאֵת כָּל־הַחַיָּה וְאֶת־כָּל־הַבְּהֵמָה
אֲשֶׁר אִתּוֹ בַּתֵּבָה וַיַּעֲבֵר אֱלֹהִים רוּחַ עַל־הָאָרֶץ וַיָּשֹׁכּוּ
2 הַמָּיִם: וַיִּסָּכְרוּ מַעְיְנֹת תְּהוֹם וַאֲרֻבֹּת הַשָּׁמָיִם וַיִּכָּלֵא הַגֶּשֶׁם
3 מִן־הַשָּׁמָיִם: וַיָּשֻׁבוּ הַמַּיִם מֵעַל הָאָרֶץ הָלוֹךְ וָשׁוֹב וַיַּחְסְרוּ
4 הַמַּיִם מִקְצֵה חֲמִשִּׁים וּמְאַת יוֹם: וַתָּנַח הַתֵּבָה בַּחֹדֶשׁ הַשְּׁבִיעִי
ה בְּשִׁבְעָה־עָשָׂר יוֹם לַחֹדֶשׁ עַל הָרֵי אֲרָרָט: וְהַמַּיִם הָיוּ הָלוֹךְ
וְחָסוֹר עַד הַחֹדֶשׁ הָעֲשִׂירִי בָּעֲשִׂירִי בְּאֶחָד לַחֹדֶשׁ נִרְאוּ
6 רָאשֵׁי הֶהָרִים: וַיְהִי מִקֵּץ אַרְבָּעִים יוֹם וַיִּפְתַּח נֹחַ אֶת־חַלּוֹן
7 הַתֵּבָה אֲשֶׁר עָשָׂה: וַיְשַׁלַּח אֶת־הָעֹרֵב וַיֵּצֵא יָצוֹא וָשׁוֹב עַד־
8 יְבֹשֶׁת הַמַּיִם מֵעַל הָאָרֶץ: וַיְשַׁלַּח אֶת־הַיּוֹנָה מֵאִתּוֹ לִרְאוֹת
9 הֲקַלּוּ הַמַּיִם מֵעַל פְּנֵי הָאֲדָמָה: וְלֹא־מָצְאָה הַיּוֹנָה מָנוֹחַ
לְכַף־רַגְלָהּ וַתָּשָׁב אֵלָיו אֶל־הַתֵּבָה כִּי־מַיִם עַל־פְּנֵי כָל־
י הָאָרֶץ וַיִּשְׁלַח יָדוֹ וַיִּקָּחֶהָ וַיָּבֵא אֹתָהּ אֵלָיו אֶל־הַתֵּבָה: וַיָּחֶל
עוֹד שִׁבְעַת יָמִים אֲחֵרִים וַיֹּסֶף שַׁלַּח אֶת־הַיּוֹנָה מִן־הַתֵּבָה:
11 וַתָּבֹא אֵלָיו הַיּוֹנָה לְעֵת עֶרֶב וְהִנֵּה עֲלֵה־זַיִת טָרָף בְּפִיהָ
12 וַיֵּדַע נֹחַ כִּי־קַלּוּ הַמַּיִם מֵעַל הָאָרֶץ: וַיִּיָּחֶל עוֹד שִׁבְעַת
יָמִים אֲחֵרִים וַיְשַׁלַּח אֶת־הַיּוֹנָה וְלֹא־יָסְפָה שׁוּב־אֵלָיו עוֹד:
13 וַיְהִי בְּאַחַת וְשֵׁשׁ־מֵאוֹת שָׁנָה בָּרִאשׁוֹן בְּאֶחָד לַחֹדֶשׁ חָרְבוּ
הַמַּיִם מֵעַל הָאָרֶץ וַיָּסַר נֹחַ אֶת־מִכְסֵה הַתֵּבָה וַיַּרְא וְהִנֵּה
14 חָרְבוּ פְּנֵי הָאֲדָמָה: וּבַחֹדֶשׁ הַשֵּׁנִי בְּשִׁבְעָה וְעֶשְׂרִים יוֹם
רביעי טו לַחֹדֶשׁ יָבְשָׁה הָאָרֶץ: * ס וַיְדַבֵּר אֱלֹהִים אֶל־נֹחַ לֵאמֹר:
16 17 צֵא מִן־הַתֵּבָה אַתָּה וְאִשְׁתְּךָ וּבָנֶיךָ וּנְשֵׁי־בָנֶיךָ אִתָּךְ: כָּל־
הַחַיָּה אֲשֶׁר־אִתְּךָ מִכָּל־בָּשָׂר בָּעוֹף וּבַבְּהֵמָה וּבְכָל־הָרֶמֶשׂ

הָרֹמֵשׂ עַל־הָאָרֶץ הַוְצֵא אִתָּךְ וְשָׁרְצוּ בָאָרֶץ וּפָרוּ וְרָבוּ עַל־
18 19 הָאָֽרֶץ׃ וַיֵּצֵא־נֹחַ וּבָנָיו וְאִשְׁתּוֹ וּנְשֵׁי־בָנָיו אִתּוֹ׃ כָּל־הַחַיָּה
כָּל־הָרֶמֶשׂ וְכָל־הָעוֹף כֹּל רוֹמֵשׂ עַל־הָאָרֶץ לְמִשְׁפְּחֹתֵיהֶם
כ יָצְאוּ מִן־הַתֵּבָה׃ וַיִּבֶן נֹחַ מִזְבֵּחַ לַיהוָה וַיִּקַּח מִכֹּל ׀ הַבְּהֵמָה
21 הַטְּהֹרָה וּמִכֹּל הָעוֹף הַטָּהוֹר וַיַּעַל עֹלֹת בַּמִּזְבֵּחַ׃ וַיָּרַח יְהוָה
אֶת־רֵיחַ הַנִּיחֹחַ וַיֹּאמֶר יְהוָה אֶל־לִבּוֹ לֹא אֹסִף לְקַלֵּל עוֹד
אֶת־הָאֲדָמָה בַּעֲבוּר הָאָדָם כִּי יֵצֶר לֵב הָאָדָם רַע מִנְּעֻרָיו
22 וְלֹא־אֹסִף עוֹד לְהַכּוֹת אֶת־כָּל־חַי כַּאֲשֶׁר עָשִׂיתִי׃ עֹד
כָּל־יְמֵי הָאָרֶץ זֶרַע וְקָצִיר וְקֹר וָחֹם וְקַיִץ וָחֹרֶף וְיוֹם וָלַיְלָה
לֹא יִשְׁבֹּתוּ׃

ט CAP. IX. ט

א וַיְבָרֶךְ אֱלֹהִים אֶת־נֹחַ וְאֶת־בָּנָיו וַיֹּאמֶר לָהֶם פְּרוּ וּרְבוּ
2 וּמִלְאוּ אֶת־הָאָרֶץ׃ וּמוֹרַאֲכֶם וְחִתְּכֶם יִהְיֶה עַל כָּל־חַיַּת
הָאָרֶץ וְעַל כָּל־עוֹף הַשָּׁמָיִם בְּכֹל אֲשֶׁר תִּרְמֹשׂ הָאֲדָמָה
3 וּבְכָל־דְּגֵי הַיָּם בְּיֶדְכֶם נִתָּנוּ׃ כָּל־רֶמֶשׂ אֲשֶׁר הוּא־חַי לָכֶם
4 יִהְיֶה לְאָכְלָה כְּיֶרֶק עֵשֶׂב נָתַתִּי לָכֶם אֶת־כֹּל׃ אַךְ־בָּשָׂר
ה בְּנַפְשׁוֹ דָמוֹ לֹא תֹאכֵלוּ׃ וְאַךְ אֶת־דִּמְכֶם לְנַפְשֹׁתֵיכֶם אֶדְרֹשׁ
מִיַּד כָּל־חַיָּה אֶדְרְשֶׁנּוּ וּמִיַּד הָאָדָם מִיַּד אִישׁ אָחִיו אֶדְרֹשׁ
6 אֶת־נֶפֶשׁ הָאָדָם׃ שֹׁפֵךְ דַּם הָאָדָם בָּאָדָם דָּמוֹ יִשָּׁפֵךְ כִּי
7 בְּצֶלֶם אֱלֹהִים עָשָׂה אֶת־הָאָדָם׃ וְאַתֶּם פְּרוּ וּרְבוּ שִׁרְצוּ
8 בָאָרֶץ וּרְבוּ־בָהּ׃ * ס וַיֹּאמֶר אֱלֹהִים אֶל־נֹחַ וְאֶל־בָּנָיו חמישי
9 אִתּוֹ לֵאמֹר׃ וַאֲנִי הִנְנִי מֵקִים אֶת־בְּרִיתִי אִתְּכֶם וְאֶת־
י זַרְעֲכֶם אַחֲרֵיכֶם׃ וְאֵת כָּל־נֶפֶשׁ הַחַיָּה אֲשֶׁר אִתְּכֶם בָּעוֹף
בַּבְּהֵמָה וּבְכָל־חַיַּת הָאָרֶץ אִתְּכֶם מִכֹּל יֹצְאֵי הַתֵּבָה לְכֹל
11 חַיַּת הָאָרֶץ׃ וַהֲקִמֹתִי אֶת־בְּרִיתִי אִתְּכֶם וְלֹא־יִכָּרֵת כָּל־
בָּשָׂר עוֹד מִמֵּי הַמַּבּוּל וְלֹא־יִהְיֶה עוֹד מַבּוּל לְשַׁחֵת הָאָרֶץ׃
12 וַיֹּאמֶר אֱלֹהִים זֹאת אוֹת־הַבְּרִית אֲשֶׁר־אֲנִי נֹתֵן בֵּינִי וּבֵינֵיכֶם

ובין

ח׳ v. 17 היצא ק

13 וּבֵין כָּל־נֶפֶשׁ חַיָּה אֲשֶׁר אִתְּכֶם לְדֹרֹת עוֹלָם׃ אֶת־קַשְׁתִּי
14 נָתַתִּי בֶּעָנָן וְהָיְתָה לְאוֹת בְּרִית בֵּינִי וּבֵין הָאָרֶץ׃ וְהָיָה בְּעַנְנִי
טו עָנָן עַל־הָאָרֶץ וְנִרְאֲתָה הַקֶּשֶׁת בֶּעָנָן׃ וְזָכַרְתִּי אֶת־בְּרִיתִי
אֲשֶׁר בֵּינִי וּבֵינֵיכֶם וּבֵין כָּל־נֶפֶשׁ חַיָּה בְּכָל־בָּשָׂר וְלֹא־
16 יִהְיֶה עוֹד הַמַּיִם לְמַבּוּל לְשַׁחֵת כָּל־בָּשָׂר׃ וְהָיְתָה הַקֶּשֶׁת
בֶּעָנָן וּרְאִיתִיהָ לִזְכֹּר בְּרִית עוֹלָם בֵּין אֱלֹהִים וּבֵין כָּל־נֶפֶשׁ
17 חַיָּה בְּכָל־בָּשָׂר אֲשֶׁר עַל־הָאָרֶץ׃ וַיֹּאמֶר אֱלֹהִים אֶל־נֹחַ
זֹאת אוֹת־הַבְּרִית אֲשֶׁר הֲקִמֹתִי בֵּינִי וּבֵין כָּל־בָּשָׂר אֲשֶׁר
עַל־הָאָרֶץ׃* פ
18 וַיִּהְיוּ בְנֵי־נֹחַ הַיֹּצְאִים מִן־הַתֵּבָה שֵׁם וְחָם וָיָפֶת וְחָם הוּא ששי
19 אֲבִי כְנָעַן׃ שְׁלֹשָׁה אֵלֶּה בְּנֵי־נֹחַ וּמֵאֵלֶּה נָפְצָה כָל־הָאָרֶץ׃
כ 21 וַיָּחֶל נֹחַ אִישׁ הָאֲדָמָה וַיִּטַּע כָּרֶם׃ וַיֵּשְׁתְּ מִן־הַיַּיִן וַיִּשְׁכָּר
22 וַיִּתְגַּל בְּתוֹךְ אָהֳלֹה׃ וַיַּרְא חָם אֲבִי כְנַעַן אֵת עֶרְוַת אָבִיו
23 וַיַּגֵּד לִשְׁנֵי־אֶחָיו בַּחוּץ׃ וַיִּקַּח שֵׁם וָיֶפֶת אֶת־הַשִּׂמְלָה וַיָּשִׂימוּ
עַל־שְׁכֶם שְׁנֵיהֶם וַיֵּלְכוּ אֲחֹרַנִּית וַיְכַסּוּ אֵת עֶרְוַת אֲבִיהֶם
24 וּפְנֵיהֶם אֲחֹרַנִּית וְעֶרְוַת אֲבִיהֶם לֹא רָאוּ׃ וַיִּיקֶץ נֹחַ מִיֵּינוֹ
כה וַיֵּדַע אֵת אֲשֶׁר־עָשָׂה לוֹ בְּנוֹ הַקָּטָן׃ וַיֹּאמֶר אָרוּר כְּנָעַן עֶבֶד
26 עֲבָדִים יִהְיֶה לְאֶחָיו׃ וַיֹּאמֶר בָּרוּךְ יְהוָה אֱלֹהֵי שֵׁם וִיהִי
27 כְנַעַן עֶבֶד לָמוֹ׃ יַפְתְּ אֱלֹהִים לְיֶפֶת וְיִשְׁכֹּן בְּאָהֳלֵי־שֵׁם וִיהִי
28 כְנַעַן עֶבֶד לָמוֹ׃ וַיְחִי־נֹחַ אַחַר הַמַּבּוּל שְׁלֹשׁ מֵאוֹת שָׁנָה
29 וַחֲמִשִּׁים שָׁנָה׃ וַיִּהְיוּ כָּל־יְמֵי־נֹחַ תְּשַׁע מֵאוֹת שָׁנָה וַחֲמִשִּׁים
שָׁנָה וַיָּמֹת׃ פ

י CAP. X. י

א וְאֵלֶּה תּוֹלְדֹת בְּנֵי־נֹחַ שֵׁם חָם וָיָפֶת וַיִּוָּלְדוּ לָהֶם בָּנִים אַחַר
2 הַמַּבּוּל׃ בְּנֵי יֶפֶת גֹּמֶר וּמָגוֹג וּמָדַי וְיָוָן וְתֻבָל וּמֶשֶׁךְ וְתִירָס׃
3 4 וּבְנֵי גֹּמֶר אַשְׁכְּנַז וְרִיפַת וְתֹגַרְמָה׃ וּבְנֵי יָוָן אֱלִישָׁה וְתַרְשִׁישׁ
ה כִּתִּים וְדֹדָנִים׃ מֵאֵלֶּה נִפְרְדוּ אִיֵּי הַגּוֹיִם בְּאַרְצֹתָם אִישׁ

ללשנו

ט׳ v. 29. ס״א ויהי

6 לִלְשֹׁנוֹ לְמִשְׁפְּחֹתָם בְּגוֹיֵהֶם׃ וּבְנֵי חָם כּוּשׁ וּמִצְרַיִם וּפוּט
7 וּכְנָעַן׃ וּבְנֵי כוּשׁ סְבָא וַחֲוִילָה וְסַבְתָּה וְרַעְמָה וְסַבְתְּכָא וּבְנֵי
8 רַעְמָה שְׁבָא וּדְדָן׃ וְכוּשׁ יָלַד אֶת־נִמְרֹד הוּא הֵחֵל לִהְיוֹת
9 גִּבֹּר בָּאָרֶץ׃ הוּא־הָיָה גִבֹּר־צַיִד לִפְנֵי יְהוָה עַל־כֵּן יֵאָמַר
י כְּנִמְרֹד גִּבּוֹר צַיִד לִפְנֵי יְהוָה׃ וַתְּהִי רֵאשִׁית מַמְלַכְתּוֹ בָּבֶל
11 וְאֶרֶךְ וְאַכַּד וְכַלְנֵה בְּאֶרֶץ שִׁנְעָר׃ מִן־הָאָרֶץ הַהִוא יָצָא
12 אַשּׁוּר וַיִּבֶן אֶת־נִינְוֵה וְאֶת־רְחֹבֹת עִיר וְאֶת־כָּלַח׃ וְאֶת־
13 רֶסֶן בֵּין נִינְוֵה וּבֵין כָּלַח הִוא הָעִיר הַגְּדֹלָה׃ וּמִצְרַיִם יָלַד
14 אֶת־לוּדִים וְאֶת־עֲנָמִים וְאֶת־לְהָבִים וְאֶת־נַפְתֻּחִים׃ וְאֶת־
פַּתְרֻסִים וְאֶת־כַּסְלֻחִים אֲשֶׁר יָצְאוּ מִשָּׁם פְּלִשְׁתִּים וְאֶת־
טו כַּפְתֹּרִים׃ ס וּכְנַעַן יָלַד אֶת־צִידֹן בְּכֹרוֹ וְאֶת־חֵת׃
16 17 וְאֶת־הַיְבוּסִי וְאֶת־הָאֱמֹרִי וְאֵת הַגִּרְגָּשִׁי׃ וְאֶת־הַחִוִּי וְאֶת־
18 הַעַרְקִי וְאֶת־הַסִּינִי׃ וְאֶת־הָאַרְוָדִי וְאֶת־הַצְּמָרִי וְאֶת־
19 הַחֲמָתִי וְאַחַר נָפֹצוּ מִשְׁפְּחוֹת הַכְּנַעֲנִי׃ וַיְהִי גְּבוּל הַכְּנַעֲנִי
מִצִּידֹן בֹּאֲכָה גְרָרָה עַד־עַזָּה בֹּאֲכָה סְדֹמָה וַעֲמֹרָה וְאַדְמָה
כ וּצְבֹיִם עַד־לָשַׁע׃ אֵלֶּה בְנֵי־חָם לְמִשְׁפְּחֹתָם לִלְשֹׁנֹתָם
21 בְּאַרְצֹתָם בְּגוֹיֵהֶם׃ ס וּלְשֵׁם יֻלַּד גַּם־הוּא אֲבִי כָּל־
22 בְּנֵי־עֵבֶר אֲחִי יֶפֶת הַגָּדוֹל׃ בְּנֵי שֵׁם עֵילָם וְאַשּׁוּר וְאַרְפַּכְשַׁד
23 24 וְלוּד וַאֲרָם׃ וּבְנֵי אֲרָם עוּץ וְחוּל וְגֶתֶר וָמַשׁ׃ וְאַרְפַּכְשַׁד
כה יָלַד אֶת־שָׁלַח וְשֶׁלַח יָלַד אֶת־עֵבֶר׃ וּלְעֵבֶר יֻלַּד שְׁנֵי בָנִים
שֵׁם הָאֶחָד פֶּלֶג כִּי בְיָמָיו נִפְלְגָה הָאָרֶץ וְשֵׁם אָחִיו יָקְטָן׃
26 וְיָקְטָן יָלַד אֶת־אַלְמוֹדָד וְאֶת־שָׁלֶף וְאֶת־חֲצַרְמָוֶת וְאֶת־
27 28 יָרַח׃ וְאֶת־הֲדוֹרָם וְאֶת־אוּזָל וְאֶת־דִּקְלָה׃ וְאֶת־עוֹבָל
29 וְאֶת־אֲבִימָאֵל וְאֶת־שְׁבָא׃ וְאֶת־אוֹפִר וְאֶת־חֲוִילָה וְאֶת־
ל יוֹבָב כָּל־אֵלֶּה בְּנֵי יָקְטָן׃ וַיְהִי מוֹשָׁבָם מִמֵּשָׁא בֹּאֲכָה סְפָרָה
31 הַר הַקֶּדֶם׃ אֵלֶּה בְנֵי־שֵׁם לְמִשְׁפְּחֹתָם לִלְשֹׁנֹתָם בְּאַרְצֹתָם
32 לְגוֹיֵהֶם׃ אֵלֶּה מִשְׁפְּחֹת בְּנֵי־נֹחַ לְתוֹלְדֹתָם בְּגוֹיֵהֶם וּמֵאֵלֶּה
נִפְרְדוּ הַגּוֹיִם בָּאָרֶץ אַחַר הַמַּבּוּל׃* פ

v. 19 וצבוים ק

יא

Cap. XI. יא

שביעי א 2 וַיְהִ֥י כָל־הָאָ֖רֶץ שָׂפָ֣ה אֶחָ֑ת וּדְבָרִ֖ים אֲחָדִֽים׃ וַיְהִ֖י בְּנָסְעָ֣ם
3 מִקֶּ֑דֶם וַֽיִּמְצְא֥וּ בִקְעָ֛ה בְּאֶ֥רֶץ שִׁנְעָ֖ר וַיֵּ֥שְׁבוּ שָֽׁם׃ וַיֹּאמְר֞וּ אִ֣ישׁ
אֶל־רֵעֵ֗הוּ הָ֚בָה נִלְבְּנָ֣ה לְבֵנִ֔ים וְנִשְׂרְפָ֖ה לִשְׂרֵפָ֑ה וַתְּהִ֨י לָהֶ֤ם
4 הַלְּבֵנָה֙ לְאָ֔בֶן וְהַ֣חֵמָ֔ר הָיָ֥ה לָהֶ֖ם לַחֹֽמֶר׃ וַיֹּאמְר֞וּ הָ֣בָה ׀
נִבְנֶה־לָּ֣נוּ עִ֗יר וּמִגְדָּל֙ וְרֹאשׁ֣וֹ בַשָּׁמַ֔יִם וְנַֽעֲשֶׂה־לָּ֖נוּ שֵׁ֑ם פֶּן־
ה נָפ֖וּץ עַל־פְּנֵ֥י כָל־הָאָֽרֶץ׃ וַיֵּ֣רֶד יְהוָ֔ה לִרְאֹ֥ת אֶת־הָעִ֖יר
6 וְאֶת־הַמִּגְדָּ֑ל אֲשֶׁ֥ר בָּנ֖וּ בְּנֵ֥י הָאָדָֽם׃ וַיֹּ֣אמֶר יְהוָ֗ה הֵ֣ן עַ֤ם
אֶחָד֙ וְשָׂפָ֤ה אַחַת֙ לְכֻלָּ֔ם וְזֶ֖ה הַחִלָּ֣ם לַעֲשׂ֑וֹת וְעַתָּה֙ לֹֽא־
7 יִבָּצֵ֣ר מֵהֶ֔ם כֹּ֛ל אֲשֶׁ֥ר יָזְמ֖וּ לַעֲשֽׂוֹת׃ הָ֚בָה נֵֽרְדָ֔ה וְנָבְלָ֥ה שָׁ֖ם
8 שְׂפָתָ֑ם אֲשֶׁר֙ לֹ֣א יִשְׁמְע֔וּ אִ֖ישׁ שְׂפַ֥ת רֵעֵֽהוּ׃ וַיָּ֨פֶץ יְהוָ֥ה אֹתָ֛ם
9 מִשָּׁ֖ם עַל־פְּנֵ֣י כָל־הָאָ֑רֶץ וַֽיַּחְדְּל֖וּ לִבְנֹ֥ת הָעִֽיר׃ עַל־כֵּ֞ן
קָרָ֤א שְׁמָהּ֙ בָּבֶ֔ל כִּי־שָׁ֛ם בָּלַ֥ל יְהוָ֖ה שְׂפַ֣ת כָּל־הָאָ֑רֶץ וּמִשָּׁם֙
הֱפִיצָ֣ם יְהוָ֔ה עַל־פְּנֵ֖י כָּל־הָאָֽרֶץ׃ פ
י אֵ֚לֶּה תּוֹלְדֹ֣ת שֵׁ֔ם שֵׁ֚ם בֶּן־מְאַ֣ת שָׁנָ֔ה וַיּ֖וֹלֶד אֶת־אַרְפַּכְשָׁ֑ד
11 שְׁנָתַ֖יִם אַחַ֥ר הַמַּבּֽוּל׃ וַֽיְחִי־שֵׁ֗ם אַחֲרֵי֙ הוֹלִיד֣וֹ אֶת־אַרְפַּכְשָׁ֔ד
12 חֲמֵ֥שׁ מֵא֖וֹת שָׁנָ֑ה וַיּ֥וֹלֶד בָּנִ֖ים וּבָנֽוֹת׃ ס וְאַרְפַּכְשַׁ֣ד חַ֔י
13 חָמֵ֥שׁ וּשְׁלֹשִׁ֖ים שָׁנָ֑ה וַיּ֖וֹלֶד אֶת־שָֽׁלַח׃ וַיְחִ֣י אַרְפַּכְשַׁ֗ד אַחֲרֵי֙
הוֹלִיד֣וֹ אֶת־שֶׁ֔לַח שָׁלֹ֣שׁ שָׁנִ֔ים וְאַרְבַּ֥ע מֵא֖וֹת שָׁנָ֑ה וַיּ֥וֹלֶד בָּנִ֖ים
14 טו וּבָנֽוֹת׃ ס וְשֶׁ֥לַח חַ֖י שְׁלֹשִׁ֣ים שָׁנָ֑ה וַיּ֖וֹלֶד אֶת־עֵֽבֶר׃ וַֽיְחִי־
שֶׁ֗לַח אַחֲרֵי֙ הוֹלִיד֣וֹ אֶת־עֵ֔בֶר שָׁלֹ֣שׁ שָׁנִ֔ים וְאַרְבַּ֥ע מֵא֖וֹת שָׁנָ֑ה
16 וַיּ֥וֹלֶד בָּנִ֖ים וּבָנֽוֹת׃ ס וַֽיְחִי־עֵ֕בֶר אַרְבַּ֥ע וּשְׁלֹשִׁ֖ים שָׁנָ֑ה
17 וַיּ֖וֹלֶד אֶת־פָּֽלֶג׃ וַֽיְחִי־עֵ֗בֶר אַחֲרֵי֙ הוֹלִיד֣וֹ אֶת־פֶּ֔לֶג שְׁלֹשִׁ֣ים
18 שָׁנָ֔ה וְאַרְבַּ֥ע מֵא֖וֹת שָׁנָ֑ה וַיּ֥וֹלֶד בָּנִ֖ים וּבָנֽוֹת׃ ס וַֽיְחִי־פֶ֖לֶג
19 שְׁלֹשִׁ֣ים שָׁנָ֑ה וַיּ֖וֹלֶד אֶת־רְעֽוּ׃ וַֽיְחִי־פֶ֗לֶג אַחֲרֵי֙ הוֹלִיד֣וֹ אֶת־
כ רְע֔וּ תֵּ֥שַׁע שָׁנִ֖ים וּמָאתַ֣יִם שָׁנָ֑ה וַיּ֥וֹלֶד בָּנִ֖ים וּבָנֽוֹת׃ ס וַיְחִ֣י
21 רְע֔וּ שְׁתַּ֥יִם וּשְׁלֹשִׁ֖ים שָׁנָ֑ה וַיּ֖וֹלֶד אֶת־שְׂרֽוּג׃ וַיְחִ֣י רְע֗וּ אַחֲרֵי֙
הוֹלִיד֣וֹ אֶת־שְׂר֔וּג שֶׁ֛בַע שָׁנִ֖ים וּמָאתַ֣יִם שָׁנָ֑ה וַיּ֥וֹלֶד בָּנִ֖ים

ובנות

22 וּבָנוֹת׃ ס וַיְחִי שְׂרוּג שְׁלֹשִׁים שָׁנָה וַיּוֹלֶד אֶת־נָחוֹר׃ וַיְחִי 23
שְׂרוּג אַחֲרֵי הוֹלִידוֹ אֶת־נָחוֹר מָאתַיִם שָׁנָה וַיּוֹלֶד בָּנִים וּבָנוֹת׃
24 ס וַיְחִי נָחוֹר תֵּשַׁע וְעֶשְׂרִים שָׁנָה וַיּוֹלֶד אֶת־תָּרַח׃ וַיְחִי כה
נָחוֹר אַחֲרֵי הוֹלִידוֹ אֶת־תֶּרַח תְּשַׁע־עֶשְׂרֵה שָׁנָה וּמְאַת שָׁנָה
26 וַיּוֹלֶד בָּנִים וּבָנוֹת׃ ס וַיְחִי־תֶרַח שִׁבְעִים שָׁנָה וַיּוֹלֶד
27 אֶת־אַבְרָם אֶת־נָחוֹר וְאֶת־הָרָן׃ וְאֵלֶּה תּוֹלְדֹת תֶּרַח תֶּרַח
הוֹלִיד אֶת־אַבְרָם אֶת־נָחוֹר וְאֶת־הָרָן וְהָרָן הוֹלִיד אֶת־
28 לוֹט׃ וַיָּמָת הָרָן עַל־פְּנֵי תֶּרַח אָבִיו בְּאֶרֶץ מוֹלַדְתּוֹ בְּאוּר
29 כַּשְׂדִּים׃ *וַיִּקַּח אַבְרָם וְנָחוֹר לָהֶם נָשִׁים שֵׁם אֵשֶׁת־אַבְרָם מפטיר
שָׂרָי וְשֵׁם אֵשֶׁת־נָחוֹר מִלְכָּה בַּת־הָרָן אֲבִי־מִלְכָּה וַאֲבִי
ל יִסְכָּה׃ וַתְּהִי שָׂרַי עֲקָרָה אֵין לָהּ וָלָד׃ וַיִּקַּח תֶּרַח אֶת־ 31
אַבְרָם בְּנוֹ וְאֶת־לוֹט בֶּן־הָרָן בֶּן־בְּנוֹ וְאֵת שָׂרַי כַּלָּתוֹ אֵשֶׁת
אַבְרָם בְּנוֹ וַיֵּצְאוּ אִתָּם מֵאוּר כַּשְׂדִּים לָלֶכֶת אַרְצָה כְּנַעַן
32 וַיָּבֹאוּ עַד־חָרָן וַיֵּשְׁבוּ שָׁם׃ וַיִּהְיוּ יְמֵי־תֶרַח חָמֵשׁ שָׁנִים
וּמָאתַיִם שָׁנָה וַיָּמָת תֶּרַח בְּחָרָן׃ פ פ פ

לך לך ג 3

יב CAP. XII. יב

א וַיֹּאמֶר יְהוָה אֶל־אַבְרָם לֶךְ־לְךָ מֵאַרְצְךָ וּמִמּוֹלַדְתְּךָ וּמִבֵּית
2 אָבִיךָ אֶל־הָאָרֶץ אֲשֶׁר אַרְאֶךָּ׃ וְאֶעֶשְׂךָ לְגוֹי גָּדוֹל וַאֲבָרֶכְךָ
3 וַאֲגַדְּלָה שְׁמֶךָ וֶהְיֵה בְּרָכָה׃ וַאֲבָרְכָה מְבָרְכֶיךָ וּמְקַלֶּלְךָ
4 אָאֹר וְנִבְרְכוּ בְךָ כֹּל מִשְׁפְּחֹת הָאֲדָמָה׃ וַיֵּלֶךְ אַבְרָם כַּאֲשֶׁר
דִּבֶּר אֵלָיו יְהוָה וַיֵּלֶךְ אִתּוֹ לוֹט וְאַבְרָם בֶּן־חָמֵשׁ שָׁנִים
ה וְשִׁבְעִים שָׁנָה בְּצֵאתוֹ מֵחָרָן׃ וַיִּקַּח אַבְרָם אֶת־שָׂרַי אִשְׁתּוֹ
וְאֶת־לוֹט בֶּן־אָחִיו וְאֶת־כָּל־רְכוּשָׁם אֲשֶׁר רָכָשׁוּ וְאֶת־
הַנֶּפֶשׁ אֲשֶׁר־עָשׂוּ בְחָרָן וַיֵּצְאוּ לָלֶכֶת אַרְצָה כְּנַעַן וַיָּבֹאוּ
6 אַרְצָה כְּנָעַן׃ וַיַּעֲבֹר אַבְרָם בָּאָרֶץ עַד מְקוֹם שְׁכֶם עַד אֵלוֹן
7 מוֹרֶה וְהַכְּנַעֲנִי אָז בָּאָרֶץ׃ וַיֵּרָא יְהוָה אֶל־אַבְרָם וַיֹּאמֶר

לזרעך

י״א v. 32 נון הפוכה

לְזַרְעֲךָ אֶתֵּן אֶת־הָאָרֶץ הַזֹּאת וַיִּבֶן שָׁם מִזְבֵּחַ לַיהוָה הַנִּרְאֶה
8 אֵלָיו׃ וַיַּעְתֵּק מִשָּׁם הָהָרָה מִקֶּדֶם לְבֵית־אֵל וַיֵּט אָהֳלֹה
בֵּית־אֵל מִיָּם וְהָעַי מִקֶּדֶם וַיִּבֶן־שָׁם מִזְבֵּחַ לַיהוָה וַיִּקְרָא
9 בְּשֵׁם יְהוָה׃ וַיִּסַּע אַבְרָם הָלוֹךְ וְנָסוֹעַ הַנֶּגְבָּה׃ פ
י וַיְהִי רָעָב בָּאָרֶץ וַיֵּרֶד אַבְרָם מִצְרַיְמָה לָגוּר שָׁם כִּי־כָבֵד
11 הָרָעָב בָּאָרֶץ׃ וַיְהִי כַּאֲשֶׁר הִקְרִיב לָבוֹא מִצְרָיְמָה וַיֹּאמֶר
אֶל־שָׂרַי אִשְׁתּוֹ הִנֵּה־נָא יָדַעְתִּי כִּי אִשָּׁה יְפַת־מַרְאֶה אָתְּ׃
12 וְהָיָה כִּי־יִרְאוּ אֹתָךְ הַמִּצְרִים וְאָמְרוּ אִשְׁתּוֹ זֹאת וְהָרְגוּ אֹתִי
13 וְאֹתָךְ יְחַיּוּ׃ אִמְרִי־נָא אֲחֹתִי אָתְּ לְמַעַן יִיטַב־לִי בַעֲבוּרֵךְ
14 וְחָיְתָה נַפְשִׁי בִּגְלָלֵךְ׃ * וַיְהִי כְּבוֹא אַבְרָם מִצְרָיְמָה וַיִּרְאוּ שני
טו הַמִּצְרִים אֶת־הָאִשָּׁה כִּי־יָפָה הִוא מְאֹד׃ וַיִּרְאוּ אֹתָהּ שָׂרֵי
פַרְעֹה וַיְהַלְלוּ אֹתָהּ אֶל־פַּרְעֹה וַתֻּקַּח הָאִשָּׁה בֵּית פַּרְעֹה׃
16 וּלְאַבְרָם הֵיטִיב בַּעֲבוּרָהּ וַיְהִי־לוֹ צֹאן־וּבָקָר וַחֲמֹרִים
17 וַעֲבָדִים וּשְׁפָחֹת וַאֲתֹנֹת וּגְמַלִּים׃ וַיְנַגַּע יְהוָה ׀ אֶת־פַּרְעֹה
18 נְגָעִים גְּדֹלִים וְאֶת־בֵּיתוֹ עַל־דְּבַר שָׂרַי אֵשֶׁת אַבְרָם׃ וַיִּקְרָא
פַרְעֹה לְאַבְרָם וַיֹּאמֶר מַה־זֹּאת עָשִׂיתָ לִּי לָמָּה לֹא־הִגַּדְתָּ
19 לִּי כִּי אִשְׁתְּךָ הִוא׃ לָמָה אָמַרְתָּ אֲחֹתִי הִוא וָאֶקַּח אֹתָהּ לִי
כ לְאִשָּׁה וְעַתָּה הִנֵּה אִשְׁתְּךָ קַח וָלֵךְ׃ וַיְצַו עָלָיו פַּרְעֹה אֲנָשִׁים
וַיְשַׁלְּחוּ אֹתוֹ וְאֶת־אִשְׁתּוֹ וְאֶת־כָּל־אֲשֶׁר־לוֹ׃

יג CAP. XIII. יג

א וַיַּעַל אַבְרָם מִמִּצְרַיִם הוּא וְאִשְׁתּוֹ וְכָל־אֲשֶׁר־לוֹ וְלוֹט
2 עִמּוֹ הַנֶּגְבָּה׃ וְאַבְרָם כָּבֵד מְאֹד בַּמִּקְנֶה בַּכֶּסֶף וּבַזָּהָב׃
3 וַיֵּלֶךְ לְמַסָּעָיו מִנֶּגֶב וְעַד־בֵּית־אֵל עַד־הַמָּקוֹם אֲשֶׁר־הָיָה
4 שָׁם אָהֳלֹה בַּתְּחִלָּה בֵּין בֵּית־אֵל וּבֵין הָעָי׃ אֶל־מְקוֹם
הַמִּזְבֵּחַ אֲשֶׁר־עָשָׂה שָׁם בָּרִאשֹׁנָה וַיִּקְרָא שָׁם אַבְרָם בְּשֵׁם
ה יְהוָה׃ * וְגַם־לְלוֹט הַהֹלֵךְ אֶת־אַבְרָם הָיָה צֹאן־וּבָקָר שלישי
6 וְאֹהָלִים׃ וְלֹא־נָשָׂא אֹתָם הָאָרֶץ לָשֶׁבֶת יַחְדָּו כִּי־הָיָה

רכושם

7 רְכוּשָׁם רָב וְלֹא יָכְלוּ לָשֶׁבֶת יַחְדָּו׃ וַיְהִי־רִיב בֵּין רֹעֵי
מִקְנֵה־אַבְרָם וּבֵין רֹעֵי מִקְנֵה־לוֹט וְהַכְּנַעֲנִי וְהַפְּרִזִּי אָז יֹשֵׁב
8 בָּאָרֶץ׃ וַיֹּאמֶר אַבְרָם אֶל־לוֹט אַל־נָא תְהִי מְרִיבָה בֵּינִי
9 וּבֵינֶךָ וּבֵין רֹעַי וּבֵין רֹעֶיךָ כִּי־אֲנָשִׁים אַחִים אֲנָחְנוּ׃ הֲלֹא
כָל־הָאָרֶץ לְפָנֶיךָ הִפָּרֶד נָא מֵעָלָי אִם־הַשְּׂמֹאל וְאֵימִנָה
י וְאִם־הַיָּמִין וְאַשְׂמְאִילָה׃ וַיִּשָּׂא־לוֹט אֶת־עֵינָיו וַיַּרְא אֶת־
כָּל־כִּכַּר הַיַּרְדֵּן כִּי כֻלָּהּ מַשְׁקֶה לִפְנֵי ׀ שַׁחֵת יְהוָה אֶת־סְדֹם
11 וְאֶת־עֲמֹרָה כְּגַן־יְהוָה כְּאֶרֶץ מִצְרַיִם בֹּאֲכָה צֹעַר׃ וַיִּבְחַר־
לוֹ לוֹט אֵת כָּל־כִּכַּר הַיַּרְדֵּן וַיִּסַּע לוֹט מִקֶּדֶם וַיִּפָּרְדוּ אִישׁ
12 מֵעַל אָחִיו׃ אַבְרָם יָשַׁב בְּאֶרֶץ־כְּנָעַן וְלוֹט יָשַׁב בְּעָרֵי הַכִּכָּר
13 וַיֶּאֱהַל עַד־סְדֹם׃ וְאַנְשֵׁי סְדֹם רָעִים וְחַטָּאִים לַיהוָה מְאֹד׃
14 וַיהוָה אָמַר אֶל־אַבְרָם אַחֲרֵי הִפָּרֶד־לוֹט מֵעִמּוֹ שָׂא נָא
עֵינֶיךָ וּרְאֵה מִן־הַמָּקוֹם אֲשֶׁר־אַתָּה שָׁם צָפֹנָה וָנֶגְבָּה וָקֵדְמָה
טו וָיָמָּה׃ כִּי אֶת־כָּל־הָאָרֶץ אֲשֶׁר־אַתָּה רֹאֶה לְךָ אֶתְּנֶנָּה
16 וּלְזַרְעֲךָ עַד־עוֹלָם׃ וְשַׂמְתִּי אֶת־זַרְעֲךָ כַּעֲפַר הָאָרֶץ אֲשֶׁר ׀
אִם־יוּכַל אִישׁ לִמְנוֹת אֶת־עֲפַר הָאָרֶץ גַּם־זַרְעֲךָ יִמָּנֶה׃
17 18 קוּם הִתְהַלֵּךְ בָּאָרֶץ לְאָרְכָּהּ וּלְרָחְבָּהּ כִּי לְךָ אֶתְּנֶנָּה׃ וַיֶּאֱהַל
אַבְרָם וַיָּבֹא וַיֵּשֶׁב בְּאֵלֹנֵי מַמְרֵא אֲשֶׁר בְּחֶבְרוֹן וַיִּבֶן־שָׁם
מִזְבֵּחַ לַיהוָה׃* פ

Cap. XIV. יד

יד

א וַיְהִי בִּימֵי אַמְרָפֶל מֶלֶךְ־שִׁנְעָר אַרְיוֹךְ מֶלֶךְ אֶלָּסָר רביעי
2 כְּדָרְלָעֹמֶר מֶלֶךְ עֵילָם וְתִדְעָל מֶלֶךְ גּוֹיִם׃ עָשׂוּ מִלְחָמָה
אֶת־בֶּרַע מֶלֶךְ סְדֹם וְאֶת־בִּרְשַׁע מֶלֶךְ עֲמֹרָה שִׁנְאָב ׀ מֶלֶךְ
3 אַדְמָה וְשֶׁמְאֵבֶר מֶלֶךְ צְבֹיִים וּמֶלֶךְ בֶּלַע הִיא־צֹעַר׃ כָּל־
4 אֵלֶּה חָבְרוּ אֶל־עֵמֶק הַשִּׂדִּים הוּא יָם הַמֶּלַח׃ שְׁתֵּים
עֶשְׂרֵה שָׁנָה עָבְדוּ אֶת־כְּדָרְלָעֹמֶר וּשְׁלֹשׁ־עֶשְׂרֵה שָׁנָה מָרָדוּ׃
ה וּבְאַרְבַּע עֶשְׂרֵה שָׁנָה בָּא כְדָרְלָעֹמֶר וְהַמְּלָכִים אֲשֶׁר אִתּוֹ

ויכו

יד v. 2 צבוים

וַיַּכּ֤וּ אֶת־רְפָאִים֙ בְּעַשְׁתְּרֹ֣ת קַרְנַ֔יִם וְאֶת־הַזּוּזִ֖ים בְּהָ֑ם וְאֵת֙
6 הָֽאֵימִ֔ים בְּשָׁוֵ֖ה קִרְיָתָֽיִם׃ וְאֶת־הַחֹרִ֖י בְּהַרְרָ֣ם שֵׂעִ֑יר עַ֚ד אֵ֣יל
7 פָּארָ֔ן אֲשֶׁ֖ר עַל־הַמִּדְבָּֽר׃ וַ֠יָּשֻׁבוּ וַיָּבֹ֜אוּ אֶל־עֵ֤ין מִשְׁפָּט֙ הִ֣וא
קָדֵ֔שׁ וַיַּכּ֕וּ אֶֽת־כָּל־שְׂדֵ֖ה הָעֲמָלֵקִ֑י וְגַם֙ אֶת־הָ֣אֱמֹרִ֔י הַיֹּשֵׁ֖ב
8 בְּחַֽצְצֹ֥ן תָּמָֽר׃ וַיֵּצֵ֨א מֶֽלֶךְ־סְדֹ֜ם וּמֶ֣לֶךְ עֲמֹרָ֗ה וּמֶ֤לֶךְ אַדְמָה֙
וּמֶ֣לֶךְ צְבֹיִ֔ים וּמֶ֖לֶךְ בֶּ֣לַע הִוא־צֹ֑עַר וַיַּעַרְכ֤וּ אִתָּם֙ מִלְחָמָ֔ה
9 בְּעֵ֖מֶק הַשִּׂדִּֽים׃ אֵ֣ת כְּדָרְלָעֹ֜מֶר מֶ֣לֶךְ עֵילָ֗ם וְתִדְעָל֙ מֶ֣לֶךְ
גּוֹיִ֔ם וְאַמְרָפֶל֙ מֶ֣לֶךְ שִׁנְעָ֔ר וְאַרְי֖וֹךְ מֶ֣לֶךְ אֶלָּסָ֑ר אַרְבָּעָ֥ה
י מְלָכִ֖ים אֶת־הַחֲמִשָּֽׁה׃ וְעֵ֣מֶק הַשִּׂדִּ֗ים בֶּֽאֱרֹ֤ת בֶּאֱרֹת֙ חֵמָ֔ר
וַיָּנֻ֛סוּ מֶֽלֶךְ־סְדֹ֥ם וַעֲמֹרָ֖ה וַיִּפְּלוּ־שָׁ֑מָּה וְהַנִּשְׁאָרִ֖ים הֶ֥רָה נָּֽסוּ׃
11 וַ֠יִּקְחוּ אֶת־כָּל־רְכֻ֨שׁ סְדֹ֧ם וַעֲמֹרָ֛ה וְאֶת־כָּל־אָכְלָ֖ם וַיֵּלֵֽכוּ׃
12 וַיִּקְח֨וּ אֶת־ל֧וֹט וְאֶת־רְכֻשׁ֛וֹ בֶּן־אֲחִ֥י אַבְרָ֖ם וַיֵּלֵ֑כוּ וְה֥וּא יֹשֵׁ֖ב
13 בִּסְדֹֽם׃ וַיָּבֹא֙ הַפָּלִ֔יט וַיַּגֵּ֖ד לְאַבְרָ֣ם הָעִבְרִ֑י וְהוּא֩ שֹׁכֵ֨ן בְּאֵֽלֹנֵ֜י
מַמְרֵ֣א הָֽאֱמֹרִ֗י אֲחִ֤י אֶשְׁכֹּל֙ וַאֲחִ֣י עָנֵ֔ר וְהֵ֖ם בַּעֲלֵ֥י בְרִית־
14 אַבְרָֽם׃ וַיִּשְׁמַ֣ע אַבְרָ֔ם כִּ֥י נִשְׁבָּ֖ה אָחִ֑יו וַיָּ֨רֶק אֶת־חֲנִיכָ֜יו
טו יְלִידֵ֣י בֵית֗וֹ שְׁמֹנָ֤ה עָשָׂר֙ וּשְׁלֹ֣שׁ מֵא֔וֹת וַיִּרְדֹּ֖ף עַד־דָּֽן׃ וַיֵּחָלֵ֨ק
עֲלֵיהֶ֧ם ׀ לַ֛יְלָה ה֥וּא וַעֲבָדָ֖יו וַיַּכֵּ֑ם וַֽיִּרְדְּפֵם֙ עַד־חוֹבָ֔ה אֲשֶׁ֥ר
16 מִשְּׂמֹ֖אל לְדַמָּֽשֶׂק׃ וַיָּ֕שֶׁב אֵ֖ת כָּל־הָרְכֻ֑שׁ וְגַם֩ אֶת־ל֨וֹט אָחִ֤יו
17 וּרְכֻשׁוֹ֙ הֵשִׁ֔יב וְגַ֥ם אֶת־הַנָּשִׁ֖ים וְאֶת־הָעָֽם׃ וַיֵּצֵ֣א מֶֽלֶךְ־סְדֹם֮
לִקְרָאתוֹ֒ אַחֲרֵ֣י שׁוּב֗וֹ מֵֽהַכּוֹת֙ אֶת־כְּדָרְלָעֹ֔מֶר וְאֶת־הַמְּלָכִ֖ים
18 אֲשֶׁ֣ר אִתּ֑וֹ אֶל־עֵ֣מֶק שָׁוֵ֔ה ה֖וּא עֵ֥מֶק הַמֶּֽלֶךְ׃ וּמַלְכִּי־צֶ֙דֶק֙
19 מֶ֣לֶךְ שָׁלֵ֔ם הוֹצִ֖יא לֶ֣חֶם וָיָ֑יִן וְה֥וּא כֹהֵ֖ן לְאֵ֥ל עֶלְיֽוֹן׃ וַֽיְבָרְכֵ֖הוּ
כ וַיֹּאמַ֑ר בָּר֤וּךְ אַבְרָם֙ לְאֵ֣ל עֶלְי֔וֹן קֹנֵ֖ה שָׁמַ֥יִם וָאָֽרֶץ׃ וּבָרוּךְ֙
* אֵ֣ל עֶלְי֔וֹן אֲשֶׁר־מִגֵּ֥ן צָרֶ֖יךָ בְּיָדֶ֑ךָ וַיִּתֶּן־ל֥וֹ מַעֲשֵׂ֖ר מִכֹּֽל׃
21 וַיֹּ֥אמֶר מֶֽלֶךְ־סְדֹ֖ם אֶל־אַבְרָ֑ם תֶּן־לִ֣י הַנֶּ֔פֶשׁ וְהָרְכֻ֖שׁ קַח־ חמישי
22 לָֽךְ׃ וַיֹּ֥אמֶר אַבְרָ֖ם אֶל־מֶ֣לֶךְ סְדֹ֑ם הֲרִימֹ֨תִי יָדִ֤י אֶל־יְהוָה֙
23 אֵ֣ל עֶלְי֔וֹן קֹנֵ֖ה שָׁמַ֥יִם וָאָֽרֶץ׃ אִם־מִחוּט֙ וְעַ֣ד שְׂרוֹךְ־נַ֔עַל

ואם־אקח

v. 8 צבוים ק׳

וְאִם־אֶקַּח מִכָּל־אֲשֶׁר־לָךְ וְלֹא תֹאמַר אֲנִי הֶעֱשַׁרְתִּי אֶת־
24 אַבְרָם׃ בִּלְעָדַי רַק אֲשֶׁר אָכְלוּ הַנְּעָרִים וְחֵלֶק הָאֲנָשִׁים אֲשֶׁר
הָלְכוּ אִתִּי עָנֵר אֶשְׁכֹּל וּמַמְרֵא הֵם יִקְחוּ חֶלְקָם׃ ס

טו CAP. XV. טו

א אַחַר ׀ הַדְּבָרִים הָאֵלֶּה הָיָה דְבַר־יְהוָה אֶל־
אַבְרָם בַּמַּחֲזֶה לֵאמֹר אַל־תִּירָא אַבְרָם אָנֹכִי מָגֵן לָךְ שְׂכָרְךָ
2 הַרְבֵּה מְאֹד׃ וַיֹּאמֶר אַבְרָם אֲדֹנָי יְהוִה מַה־תִּתֶּן־לִי וְאָנֹכִי
3 הוֹלֵךְ עֲרִירִי וּבֶן־מֶשֶׁק בֵּיתִי הוּא דַּמֶּשֶׂק אֱלִיעֶזֶר׃ וַיֹּאמֶר
4 אַבְרָם הֵן לִי לֹא נָתַתָּה זָרַע וְהִנֵּה בֶן־בֵּיתִי יוֹרֵשׁ אֹתִי׃ וְהִנֵּה
דְבַר־יְהוָה אֵלָיו לֵאמֹר לֹא יִירָשְׁךָ זֶה כִּי־אִם אֲשֶׁר יֵצֵא
ה מִמֵּעֶיךָ הוּא יִירָשֶׁךָ׃ וַיּוֹצֵא אֹתוֹ הַחוּצָה וַיֹּאמֶר הַבֶּט־נָא
הַשָּׁמַיְמָה וּסְפֹר הַכּוֹכָבִים אִם־תּוּכַל לִסְפֹּר אֹתָם וַיֹּאמֶר לוֹ
6 7 כֹּה יִהְיֶה זַרְעֶךָ׃ וְהֶאֱמִן בַּיהוָה וַיַּחְשְׁבֶהָ לּוֹ צְדָקָה׃ * וַיֹּאמֶר ששי
אֵלָיו אֲנִי יְהוָה אֲשֶׁר הוֹצֵאתִיךָ מֵאוּר כַּשְׂדִּים לָתֶת לְךָ אֶת־
8 הָאָרֶץ הַזֹּאת לְרִשְׁתָּהּ׃ וַיֹּאמַר אֲדֹנָי יְהוִה בַּמָּה אֵדַע כִּי
9 אִירָשֶׁנָּה׃ וַיֹּאמֶר אֵלָיו קְחָה לִי עֶגְלָה מְשֻׁלֶּשֶׁת וְעֵז מְשֻׁלֶּשֶׁת
י וְאַיִל מְשֻׁלָּשׁ וְתֹר וְגוֹזָל׃ וַיִּקַּח־לוֹ אֶת־כָּל־אֵלֶּה וַיְבַתֵּר
אֹתָם בַּתָּוֶךְ וַיִּתֵּן אִישׁ־בִּתְרוֹ לִקְרַאת רֵעֵהוּ וְאֶת־הַצִּפֹּר לֹא
11 12 בָתָר׃ וַיֵּרֶד הָעַיִט עַל־הַפְּגָרִים וַיַּשֵּׁב אֹתָם אַבְרָם׃ וַיְהִי
הַשֶּׁמֶשׁ לָבוֹא וְתַרְדֵּמָה נָפְלָה עַל־אַבְרָם וְהִנֵּה אֵימָה חֲשֵׁכָה
13 גְדֹלָה נֹפֶלֶת עָלָיו׃ וַיֹּאמֶר לְאַבְרָם יָדֹעַ תֵּדַע כִּי־גֵר ׀ יִהְיֶה
זַרְעֲךָ בְּאֶרֶץ לֹא לָהֶם וַעֲבָדוּם וְעִנּוּ אֹתָם אַרְבַּע מֵאוֹת שָׁנָה׃
14 וְגַם אֶת־הַגּוֹי אֲשֶׁר יַעֲבֹדוּ דָּן אָנֹכִי וְאַחֲרֵי־כֵן יֵצְאוּ בִּרְכֻשׁ
טו גָּדוֹל׃ וְאַתָּה תָּבוֹא אֶל־אֲבֹתֶיךָ בְּשָׁלוֹם תִּקָּבֵר בְּשֵׂיבָה
16 טוֹבָה׃ וְדוֹר רְבִיעִי יָשׁוּבוּ הֵנָּה כִּי לֹא־שָׁלֵם עֲוֺן הָאֱמֹרִי
17 עַד־הֵנָּה׃ וַיְהִי הַשֶּׁמֶשׁ בָּאָה וַעֲלָטָה הָיָה וְהִנֵּה תַנּוּר עָשָׁן
18 וְלַפִּיד אֵשׁ אֲשֶׁר עָבַר בֵּין הַגְּזָרִים הָאֵלֶּה׃ בַּיּוֹם הַהוּא כָּרַת

יהוה

יְהוָ֛ה אֶת־אַבְרָ֖ם בְּרִ֣ית לֵאמֹ֑ר לְזַֽרְעֲךָ֗ נָתַ֙תִּי֙ אֶת־הָאָ֣רֶץ
19 הַזֹּ֔את מִנְּהַ֣ר מִצְרַ֔יִם עַד־הַנָּהָ֥ר הַגָּדֹ֖ל נְהַר־פְּרָֽת׃ אֶת־
כ הַקֵּינִי֙ וְאֶת־הַקְּנִזִּ֔י וְאֵ֖ת הַקַּדְמֹנִֽי׃ וְאֶת־הַחִתִּ֥י וְאֶת־הַפְּרִזִּ֖י
21 וְאֶת־הָרְפָאִֽים׃ וְאֶת־הָאֱמֹרִי֙ וְאֶת־הַֽכְּנַעֲנִ֔י וְאֶת־הַגִּרְגָּשִׁ֖י
וְאֶת־הַיְבוּסִֽי׃ ס

טז Cap. XVI. טז

א וְשָׂרַי֙ אֵ֣שֶׁת אַבְרָ֔ם לֹ֥א יָלְדָ֖ה ל֑וֹ וְלָ֛הּ שִׁפְחָ֥ה
2 מִצְרִ֖ית וּשְׁמָ֥הּ הָגָֽר׃ וַתֹּ֨אמֶר שָׂרַ֜י אֶל־אַבְרָ֗ם הִנֵּה־נָ֞א עֲצָרַ֤נִי
יְהוָה֙ מִלֶּ֔דֶת בֹּא־נָא֙ אֶל־שִׁפְחָתִ֔י אוּלַ֥י אִבָּנֶ֖ה מִמֶּ֑נָּה וַיִּשְׁמַ֥ע
3 אַבְרָ֖ם לְק֥וֹל שָׂרָֽי׃ וַתִּקַּ֞ח שָׂרַ֣י אֵֽשֶׁת־אַבְרָ֗ם אֶת־הָגָ֤ר
הַמִּצְרִית֙ שִׁפְחָתָ֔הּ מִקֵּץ֙ עֶ֣שֶׂר שָׁנִ֔ים לְשֶׁ֥בֶת אַבְרָ֖ם בְּאֶ֣רֶץ
4 כְּנָ֑עַן וַתִּתֵּ֥ן אֹתָ֛הּ לְאַבְרָ֥ם אִישָׁ֖הּ ל֥וֹ לְאִשָּֽׁה׃ וַיָּבֹ֥א אֶל־הָגָ֖ר
ה וַתַּ֑הַר וַתֵּ֙רֶא֙ כִּ֣י הָרָ֔תָה וַתֵּקַ֥ל גְּבִרְתָּ֖הּ בְּעֵינֶֽיהָ׃ וַתֹּ֨אמֶר שָׂרַ֣י
אֶל־אַבְרָם֮ חֲמָסִ֣י עָלֶ֒יךָ֒ אָנֹכִ֗י נָתַ֤תִּי שִׁפְחָתִי֙ בְּחֵיקֶ֔ךָ וַתֵּ֙רֶא֙
6 כִּ֣י הָרָ֔תָה וָאֵקַ֖ל בְּעֵינֶ֑יהָ יִשְׁפֹּ֥ט יְהוָ֖ה בֵּינִ֥י וּבֵינֶֽיךָ׃ וַיֹּ֨אמֶר
אַבְרָ֜ם אֶל־שָׂרַ֗י הִנֵּ֤ה שִׁפְחָתֵךְ֙ בְּיָדֵ֔ךְ עֲשִׂי־לָ֖הּ הַטּ֣וֹב בְּעֵינָ֑יִךְ
7 וַתְּעַנֶּ֣הָ שָׂרַ֔י וַתִּבְרַ֖ח מִפָּנֶֽיהָ׃ וַיִּמְצָאָ֞הּ מַלְאַ֧ךְ יְהוָ֛ה עַל־עֵ֥ין
8 הַמַּ֖יִם בַּמִּדְבָּ֑ר עַל־הָעַ֖יִן בְּדֶ֥רֶךְ שֽׁוּר׃ וַיֹּאמַ֗ר הָגָ֞ר שִׁפְחַ֥ת
שָׂרַ֛י אֵֽי־מִזֶּ֥ה בָ֖את וְאָ֣נָה תֵלֵ֑כִי וַתֹּ֕אמֶר מִפְּנֵי֙ שָׂרַ֣י גְּבִרְתִּ֔י
9 אָנֹכִ֖י בֹּרַֽחַת׃ וַיֹּ֤אמֶר לָהּ֙ מַלְאַ֣ךְ יְהוָ֔ה שׁ֖וּבִי אֶל־גְּבִרְתֵּ֑ךְ
י וְהִתְעַנִּ֖י תַּ֥חַת יָדֶֽיהָ׃ וַיֹּ֤אמֶר לָהּ֙ מַלְאַ֣ךְ יְהוָ֔ה הַרְבָּ֥ה אַרְבֶּ֖ה
11 אֶת־זַרְעֵ֑ךְ וְלֹ֥א יִסָּפֵ֖ר מֵרֹֽב׃ וַיֹּ֤אמֶר לָהּ֙ מַלְאַ֣ךְ יְהוָ֔ה הִנָּ֥ךְ
הָרָ֖ה וְיֹלַ֣דְתְּ בֵּ֑ן וְקָרָ֤את שְׁמוֹ֙ יִשְׁמָעֵ֔אל כִּֽי־שָׁמַ֥ע יְהוָ֖ה אֶל־
12 עָנְיֵֽךְ׃ וְה֤וּא יִהְיֶה֙ פֶּ֣רֶא אָדָ֔ם יָד֣וֹ בַכֹּ֔ל וְיַ֥ד כֹּ֖ל בּ֑וֹ וְעַל־פְּנֵ֥י
13 כָל־אֶחָ֖יו יִשְׁכֹּֽן׃ וַתִּקְרָ֤א שֵׁם־יְהוָה֙ הַדֹּבֵ֣ר אֵלֶ֔יהָ אַתָּ֖ה אֵ֣ל
14 רֳאִ֑י כִּ֣י אָֽמְרָ֗ה הֲגַ֥ם הֲלֹ֛ם רָאִ֖יתִי אַחֲרֵ֥י רֹאִֽי׃ עַל־כֵּן֙ קָרָ֣א
טו לַבְּאֵ֔ר בְּאֵ֥ר לַחַ֖י רֹאִ֑י הִנֵּ֥ה בֵין־קָדֵ֖שׁ וּבֵ֥ין בָּֽרֶד׃ וַתֵּ֧לֶד
הָגָ֛ר לְאַבְרָ֖ם בֵּ֑ן וַיִּקְרָ֨א אַבְרָ֧ם שֶׁם־בְּנ֛וֹ אֲשֶׁר־יָלְדָ֥ה הָגָ֖ר

ישמעאל

16 יִשְׁמָעֵאל׃ וְאַבְרָם בֶּן־שְׁמֹנִים שָׁנָה וְשֵׁשׁ שָׁנִים בְּלֶדֶת־הָגָר
אֶת־יִשְׁמָעֵאל לְאַבְרָם׃ ס

יז CAP. XVII. יז

א וַיְהִי אַבְרָם בֶּן־תִּשְׁעִים שָׁנָה וְתֵשַׁע שָׁנִים וַיֵּרָא
יְהוָה אֶל־אַבְרָם וַיֹּאמֶר אֵלָיו אֲנִי־אֵל שַׁדַּי הִתְהַלֵּךְ לְפָנַי
2 וֶהְיֵה תָמִים׃ וְאֶתְּנָה בְרִיתִי בֵּינִי וּבֵינֶךָ וְאַרְבֶּה אוֹתְךָ בִּמְאֹד
3 מְאֹד׃ וַיִּפֹּל אַבְרָם עַל־פָּנָיו וַיְדַבֵּר אִתּוֹ אֱלֹהִים לֵאמֹר׃
4 ה אֲנִי הִנֵּה בְרִיתִי אִתָּךְ וְהָיִיתָ לְאַב הֲמוֹן גּוֹיִם׃ וְלֹא־יִקָּרֵא
עוֹד אֶת־שִׁמְךָ אַבְרָם וְהָיָה שִׁמְךָ אַבְרָהָם כִּי אַב־הֲמוֹן גּוֹיִם
6 נְתַתִּיךָ׃ וְהִפְרֵתִי אֹתְךָ בִּמְאֹד מְאֹד וּנְתַתִּיךָ לְגוֹיִם וּמְלָכִים
7 מִמְּךָ יֵצֵאוּ׃ * וַהֲקִמֹתִי אֶת־בְּרִיתִי בֵּינִי וּבֵינֶךָ וּבֵין זַרְעֲךָ שביעי
אַחֲרֶיךָ לְדֹרֹתָם לִבְרִית עוֹלָם לִהְיוֹת לְךָ לֵאלֹהִים וּלְזַרְעֲךָ
8 אַחֲרֶיךָ׃ וְנָתַתִּי לְךָ וּלְזַרְעֲךָ אַחֲרֶיךָ אֵת ׀ אֶרֶץ מְגֻרֶיךָ אֵת
9 כָּל־אֶרֶץ כְּנַעַן לַאֲחֻזַּת עוֹלָם וְהָיִיתִי לָהֶם לֵאלֹהִים׃ וַיֹּאמֶר
אֱלֹהִים אֶל־אַבְרָהָם וְאַתָּה אֶת־בְּרִיתִי תִשְׁמֹר אַתָּה וְזַרְעֲךָ
י אַחֲרֶיךָ לְדֹרֹתָם׃ זֹאת בְּרִיתִי אֲשֶׁר תִּשְׁמְרוּ בֵּינִי וּבֵינֵיכֶם
11 וּבֵין זַרְעֲךָ אַחֲרֶיךָ הִמּוֹל לָכֶם כָּל־זָכָר׃ וּנְמַלְתֶּם אֵת בְּשַׂר
12 עָרְלַתְכֶם וְהָיָה לְאוֹת בְּרִית בֵּינִי וּבֵינֵיכֶם׃ וּבֶן־שְׁמֹנַת יָמִים
יִמּוֹל לָכֶם כָּל־זָכָר לְדֹרֹתֵיכֶם יְלִיד בָּיִת וּמִקְנַת־כֶּסֶף מִכֹּל
13 בֶּן־נֵכָר אֲשֶׁר לֹא מִזַּרְעֲךָ הוּא׃ הִמּוֹל ׀ יִמּוֹל יְלִיד בֵּיתְךָ
וּמִקְנַת כַּסְפֶּךָ וְהָיְתָה בְרִיתִי בִּבְשַׂרְכֶם לִבְרִית עוֹלָם׃
14 וְעָרֵל ׀ זָכָר אֲשֶׁר לֹא־יִמּוֹל אֶת־בְּשַׂר עָרְלָתוֹ וְנִכְרְתָה הַנֶּפֶשׁ
טו הַהִוא מֵעַמֶּיהָ אֶת־בְּרִיתִי הֵפַר׃ ס וַיֹּאמֶר אֱלֹהִים אֶל־
אַבְרָהָם שָׂרַי אִשְׁתְּךָ לֹא־תִקְרָא אֶת־שְׁמָהּ שָׂרָי כִּי שָׂרָה
16 שְׁמָהּ׃ וּבֵרַכְתִּי אֹתָהּ וְגַם נָתַתִּי מִמֶּנָּה לְךָ בֵּן וּבֵרַכְתִּיהָ וְהָיְתָה
17 לְגוֹיִם מַלְכֵי עַמִּים מִמֶּנָּה יִהְיוּ׃ וַיִּפֹּל אַבְרָהָם עַל־פָּנָיו
וַיִּצְחָק וַיֹּאמֶר בְּלִבּוֹ הַלְּבֶן מֵאָה־שָׁנָה יִוָּלֵד וְאִם־שָׂרָה
18 הֲבַת־תִּשְׁעִים שָׁנָה תֵּלֵד׃ וַיֹּאמֶר אַבְרָהָם אֶל־הָאֱלֹהִים לוּ

ישמעאל

19 יִשְׁמָעֵאל יִחְיֶה לְפָנֶיךָ׃ וַיֹּאמֶר אֱלֹהִים אֲבָל שָׂרָה אִשְׁתְּךָ
יֹלֶדֶת לְךָ בֵּן וְקָרָאתָ אֶת־שְׁמוֹ יִצְחָק וַהֲקִמֹתִי אֶת־בְּרִיתִי
כ אִתּוֹ לִבְרִית עוֹלָם לְזַרְעוֹ אַחֲרָיו׃ וּלְיִשְׁמָעֵאל שְׁמַעְתִּיךָ
הִנֵּה ׀ בֵּרַכְתִּי אֹתוֹ וְהִפְרֵיתִי אֹתוֹ וְהִרְבֵּיתִי אֹתוֹ בִּמְאֹד מְאֹד
21 שְׁנֵים־עָשָׂר נְשִׂיאִם יוֹלִיד וּנְתַתִּיו לְגוֹי גָּדוֹל׃ וְאֶת־בְּרִיתִי
אָקִים אֶת־יִצְחָק אֲשֶׁר תֵּלֵד לְךָ שָׂרָה לַמּוֹעֵד הַזֶּה בַּשָּׁנָה
22 הָאַחֶרֶת׃ וַיְכַל לְדַבֵּר אִתּוֹ וַיַּעַל אֱלֹהִים מֵעַל אַבְרָהָם׃
23 וַיִּקַּח אַבְרָהָם אֶת־יִשְׁמָעֵאל בְּנוֹ וְאֵת כָּל־יְלִידֵי בֵיתוֹ וְאֵת
כָּל־מִקְנַת כַּסְפּוֹ כָּל־זָכָר בְּאַנְשֵׁי בֵּית אַבְרָהָם וַיָּמָל אֶת־
בְּשַׂר עָרְלָתָם בְּעֶצֶם הַיּוֹם הַזֶּה כַּאֲשֶׁר דִּבֶּר אִתּוֹ אֱלֹהִים׃ *
מפטיר 24 וְאַבְרָהָם בֶּן־תִּשְׁעִים וָתֵשַׁע שָׁנָה בְּהִמֹּלוֹ בְּשַׂר עָרְלָתוֹ׃
כה וְיִשְׁמָעֵאל בְּנוֹ בֶּן־שְׁלֹשׁ עֶשְׂרֵה שָׁנָה בְּהִמֹּלוֹ אֵת בְּשַׂר עָרְלָתוֹ׃
26 27 בְּעֶצֶם הַיּוֹם הַזֶּה נִמּוֹל אַבְרָהָם וְיִשְׁמָעֵאל בְּנוֹ׃ וְכָל־אַנְשֵׁי
בֵיתוֹ יְלִיד בָּיִת וּמִקְנַת־כֶּסֶף מֵאֵת בֶּן־נֵכָר נִמֹּלוּ אִתּוֹ׃ פ פ פ

וירא ד 4

יח Cap. XVIII. יח

א וַיֵּרָא אֵלָיו יְהוָה בְּאֵלֹנֵי מַמְרֵא וְהוּא יֹשֵׁב פֶּתַח־הָאֹהֶל כְּחֹם
2 הַיּוֹם׃ וַיִּשָּׂא עֵינָיו וַיַּרְא וְהִנֵּה שְׁלֹשָׁה אֲנָשִׁים נִצָּבִים עָלָיו וַיַּרְא
3 וַיָּרָץ לִקְרָאתָם מִפֶּתַח הָאֹהֶל וַיִּשְׁתַּחוּ אָרְצָה׃ וַיֹּאמַר אֲדֹנָי
אִם־נָא מָצָאתִי חֵן בְּעֵינֶיךָ אַל־נָא תַעֲבֹר מֵעַל עַבְדֶּךָ׃
4 יֻקַּח־נָא מְעַט־מַיִם וְרַחֲצוּ רַגְלֵיכֶם וְהִשָּׁעֲנוּ תַּחַת הָעֵץ׃
ה וְאֶקְחָה פַת־לֶחֶם וְסַעֲדוּ לִבְּכֶם אַחַר תַּעֲבֹרוּ כִּי־עַל־כֵּן
עֲבַרְתֶּם עַל־עַבְדְּכֶם וַיֹּאמְרוּ כֵּן תַּעֲשֶׂה כַּאֲשֶׁר דִּבַּרְתָּ׃
6 וַיְמַהֵר אַבְרָהָם הָאֹהֱלָה אֶל־שָׂרָה וַיֹּאמֶר מַהֲרִי שְׁלֹשׁ סְאִים
7 קֶמַח סֹלֶת לוּשִׁי וַעֲשִׂי עֻגוֹת׃ וְאֶל־הַבָּקָר רָץ אַבְרָהָם וַיִּקַּח
בֶּן־בָּקָר רַךְ וָטוֹב וַיִּתֵּן אֶל־הַנַּעַר וַיְמַהֵר לַעֲשׂוֹת אֹתוֹ׃
8 וַיִּקַּח חֶמְאָה וְחָלָב וּבֶן־הַבָּקָר אֲשֶׁר עָשָׂה וַיִּתֵּן לִפְנֵיהֶם

י״ח v. 3 קדש

9 וְהוּא־עֹמֵד עֲלֵיהֶם תַּחַת הָעֵץ וַיֹּאכֵלוּ׃ וַיֹּאמְרוּ אֵלָיו אַיֵּה
י שָׂרָה אִשְׁתֶּךָ וַיֹּאמֶר הִנֵּה בָאֹהֶל׃ וַיֹּאמֶר שׁוֹב אָשׁוּב אֵלֶיךָ
כָּעֵת חַיָּה וְהִנֵּה־בֵן לְשָׂרָה אִשְׁתֶּךָ וְשָׂרָה שֹׁמַעַת פֶּתַח הָאֹהֶל
11 וְהוּא אַחֲרָיו׃ וְאַבְרָהָם וְשָׂרָה זְקֵנִים בָּאִים בַּיָּמִים חָדַל
12 לִהְיוֹת לְשָׂרָה אֹרַח כַּנָּשִׁים׃ וַתִּצְחַק שָׂרָה בְּקִרְבָּהּ לֵאמֹר
13 אַחֲרֵי בְלֹתִי הָיְתָה־לִּי עֶדְנָה וַאדֹנִי זָקֵן׃ וַיֹּאמֶר יְהוָה אֶל־
אַבְרָהָם לָמָּה זֶּה צָחֲקָה שָׂרָה לֵאמֹר הַאַף אֻמְנָם אֵלֵד וַאֲנִי
14 זָקַנְתִּי׃ הֲיִפָּלֵא מֵיְהוָה דָּבָר לַמּוֹעֵד אָשׁוּב אֵלֶיךָ כָּעֵת חַיָּה
טו וּלְשָׂרָה בֵן׃ * וַתְּכַחֵשׁ שָׂרָה ׀ לֵאמֹר לֹא צָחַקְתִּי כִּי ׀ יָרֵאָה שני
16 וַיֹּאמֶר ׀ לֹא כִּי צָחָקְתְּ׃ וַיָּקֻמוּ מִשָּׁם הָאֲנָשִׁים וַיַּשְׁקִפוּ עַל־
17 פְּנֵי סְדֹם וְאַבְרָהָם הֹלֵךְ עִמָּם לְשַׁלְּחָם׃ וַיהוָה אָמָר הַמְכַסֶּה
18 אֲנִי מֵאַבְרָהָם אֲשֶׁר אֲנִי עֹשֶׂה׃ וְאַבְרָהָם הָיוֹ יִהְיֶה לְגוֹי גָּדוֹל
19 וְעָצוּם וְנִבְרְכוּ־בוֹ כֹּל גּוֹיֵי הָאָרֶץ׃ כִּי יְדַעְתִּיו לְמַעַן אֲשֶׁר
יְצַוֶּה אֶת־בָּנָיו וְאֶת־בֵּיתוֹ אַחֲרָיו וְשָׁמְרוּ דֶּרֶךְ יְהוָה לַעֲשׂוֹת
צְדָקָה וּמִשְׁפָּט לְמַעַן הָבִיא יְהוָה עַל־אַבְרָהָם אֵת אֲשֶׁר־
כ דִּבֶּר עָלָיו׃ וַיֹּאמֶר יְהוָה זַעֲקַת סְדֹם וַעֲמֹרָה כִּי־רָבָּה
21 וְחַטָּאתָם כִּי כָבְדָה מְאֹד׃ אֵרֲדָה־נָּא וְאֶרְאֶה הַכְּצַעֲקָתָהּ
22 הַבָּאָה אֵלַי עָשׂוּ ׀ כָּלָה וְאִם־לֹא אֵדָעָה׃ וַיִּפְנוּ מִשָּׁם הָאֲנָשִׁים
23 וַיֵּלְכוּ סְדֹמָה וְאַבְרָהָם עוֹדֶנּוּ עֹמֵד לִפְנֵי יְהוָה׃ וַיִּגַּשׁ אַבְרָהָם
24 וַיֹּאמַר הַאַף תִּסְפֶּה צַדִּיק עִם רָשָׁע׃ אוּלַי יֵשׁ חֲמִשִּׁים
צַדִּיקִם בְּתוֹךְ הָעִיר הַאַף תִּסְפֶּה וְלֹא־תִשָּׂא לַמָּקוֹם לְמַעַן
כה חֲמִשִּׁים הַצַּדִּיקִם אֲשֶׁר בְּקִרְבָּהּ׃ חָלִלָה לְּךָ מֵעֲשֹׂת ׀ כַּדָּבָר
הַזֶּה לְהָמִית צַדִּיק עִם־רָשָׁע וְהָיָה כַצַּדִּיק כָּרָשָׁע חָלִלָה
26 לָּךְ הֲשֹׁפֵט כָּל־הָאָרֶץ לֹא יַעֲשֶׂה מִשְׁפָּט׃ וַיֹּאמֶר יְהוָה אִם־
אֶמְצָא בִסְדֹם חֲמִשִּׁים צַדִּיקִם בְּתוֹךְ הָעִיר וְנָשָׂאתִי לְכָל־
27 הַמָּקוֹם בַּעֲבוּרָם׃ וַיַּעַן אַבְרָהָם וַיֹּאמַר הִנֵּה־נָא הוֹאַלְתִּי
28 לְדַבֵּר אֶל־אֲדֹנָי וְאָנֹכִי עָפָר וָאֵפֶר׃ אוּלַי יַחְסְרוּן חֲמִשִּׁים
הַצַּדִּיקִם חֲמִשָּׁה הֲתַשְׁחִית בַּחֲמִשָּׁה אֶת־כָּל־הָעִיר וַיֹּאמֶר
לא

v. 9 נקד על אליו

29 לֹא אַשְׁחִית אִם־אֶמְצָא שָׁם אַרְבָּעִים וַחֲמִשָּׁה׃ וַיֹּסֶף עוֹד
לְדַבֵּר אֵלָיו וַיֹּאמַר אוּלַי יִמָּצְאוּן שָׁם אַרְבָּעִים וַיֹּאמֶר לֹא
ל אֶעֱשֶׂה בַּעֲבוּר הָאַרְבָּעִים׃ וַיֹּאמֶר אַל־נָא יִחַר לַאדֹנָי
וַאֲדַבֵּרָה אוּלַי יִמָּצְאוּן שָׁם שְׁלֹשִׁים וַיֹּאמֶר לֹא אֶעֱשֶׂה אִם־
31 אֶמְצָא שָׁם שְׁלֹשִׁים׃ וַיֹּאמֶר הִנֵּה־נָא הוֹאַלְתִּי לְדַבֵּר אֶל־
אֲדֹנָי אוּלַי יִמָּצְאוּן שָׁם עֶשְׂרִים וַיֹּאמֶר לֹא אַשְׁחִית בַּעֲבוּר
32 הָעֶשְׂרִים׃ וַיֹּאמֶר אַל־נָא יִחַר לַאדֹנָי וַאֲדַבְּרָה אַךְ־הַפַּעַם
אוּלַי יִמָּצְאוּן שָׁם עֲשָׂרָה וַיֹּאמֶר לֹא אַשְׁחִית בַּעֲבוּר הָעֲשָׂרָה׃
33 וַיֵּלֶךְ יְהוָה כַּאֲשֶׁר כִּלָּה לְדַבֵּר אֶל־אַבְרָהָם וְאַבְרָהָם שָׁב
לִמְקֹמוֹ׃ *

יט CAP. XIX. יט

א וַיָּבֹאוּ שְׁנֵי הַמַּלְאָכִים סְדֹמָה בָּעֶרֶב וְלוֹט יֹשֵׁב בְּשַׁעַר־ שלישי
סְדֹם וַיַּרְא־לוֹט וַיָּקָם לִקְרָאתָם וַיִּשְׁתַּחוּ אַפַּיִם אָרְצָה׃
2 וַיֹּאמֶר הִנֶּה נָּא־אֲדֹנַי סוּרוּ נָא אֶל־בֵּית עַבְדְּכֶם וְלִינוּ
וְרַחֲצוּ רַגְלֵיכֶם וְהִשְׁכַּמְתֶּם וַהֲלַכְתֶּם לְדַרְכְּכֶם וַיֹּאמְרוּ לֹּא
3 כִּי בָרְחוֹב נָלִין׃ וַיִּפְצַר־בָּם מְאֹד וַיָּסֻרוּ אֵלָיו וַיָּבֹאוּ אֶל־
4 בֵּיתוֹ וַיַּעַשׂ לָהֶם מִשְׁתֶּה וּמַצּוֹת אָפָה וַיֹּאכֵלוּ׃ טֶרֶם יִשְׁכָּבוּ
וְאַנְשֵׁי הָעִיר אַנְשֵׁי סְדֹם נָסַבּוּ עַל־הַבַּיִת מִנַּעַר וְעַד־זָקֵן
ה כָּל־הָעָם מִקָּצֶה׃ וַיִּקְרְאוּ אֶל־לוֹט וַיֹּאמְרוּ לוֹ אַיֵּה הָאֲנָשִׁים
6 אֲשֶׁר־בָּאוּ אֵלֶיךָ הַלָּיְלָה הוֹצִיאֵם אֵלֵינוּ וְנֵדְעָה אֹתָם׃ וַיֵּצֵא
7 אֲלֵהֶם לוֹט הַפֶּתְחָה וְהַדֶּלֶת סָגַר אַחֲרָיו׃ וַיֹּאמַר אַל־נָא
8 אַחַי תָּרֵעוּ׃ הִנֵּה־נָא לִי שְׁתֵּי בָנוֹת אֲשֶׁר לֹא־יָדְעוּ אִישׁ
אוֹצִיאָה־נָּא אֶתְהֶן אֲלֵיכֶם וַעֲשׂוּ לָהֶן כַּטּוֹב בְּעֵינֵיכֶם רַק
לָאֲנָשִׁים הָאֵל אַל־תַּעֲשׂוּ דָבָר כִּי־עַל־כֵּן בָּאוּ בְּצֵל קֹרָתִי׃
9 וַיֹּאמְרוּ ׀ גֶּשׁ־הָלְאָה וַיֹּאמְרוּ הָאֶחָד בָּא־לָגוּר וַיִּשְׁפֹּט שָׁפוֹט
עַתָּה נָרַע לְךָ מֵהֶם וַיִּפְצְרוּ בָאִישׁ בְּלוֹט מְאֹד וַיִּגְּשׁוּ לִשְׁבֹּר
י הַדָּלֶת׃ וַיִּשְׁלְחוּ הָאֲנָשִׁים אֶת־יָדָם וַיָּבִיאוּ אֶת־לוֹט אֲלֵיהֶם

הביתה

יט v. 2. חול v. 8 סבירין האלה

11 הַבָּיְתָה וְאֶת־הַדֶּלֶת סָגָרוּ׃ וְאֶת־הָאֲנָשִׁים אֲשֶׁר־פֶּתַח הַבַּיִת
12 הִכּוּ בַּסַּנְוֵרִים מִקָּטֹן וְעַד־גָּדוֹל וַיִּלְאוּ לִמְצֹא הַפָּתַח׃ וַיֹּאמְרוּ
הָאֲנָשִׁים אֶל־לוֹט עֹד מִי־לְךָ פֹה חָתָן וּבָנֶיךָ וּבְנֹתֶיךָ וְכֹל
13 אֲשֶׁר־לְךָ בָּעִיר הוֹצֵא מִן־הַמָּקוֹם׃ כִּי־מַשְׁחִתִים אֲנַחְנוּ
אֶת־הַמָּקוֹם הַזֶּה כִּי־גָדְלָה צַעֲקָתָם אֶת־פְּנֵי יְהוָה וַיְשַׁלְּחֵנוּ
14 יְהוָה לְשַׁחֲתָהּ׃ וַיֵּצֵא לוֹט וַיְדַבֵּר׀ אֶל־חֲתָנָיו׀ לֹקְחֵי בְנֹתָיו
וַיֹּאמֶר קוּמוּ צְּאוּ מִן־הַמָּקוֹם הַזֶּה כִּי־מַשְׁחִית יְהוָה אֶת־
טו הָעִיר וַיְהִי כִמְצַחֵק בְּעֵינֵי חֲתָנָיו׃ וּכְמוֹ הַשַּׁחַר עָלָה וַיָּאִיצוּ
הַמַּלְאָכִים בְּלוֹט לֵאמֹר קוּם קַח אֶת־אִשְׁתְּךָ וְאֶת־שְׁתֵּי
16 בְנֹתֶיךָ הַנִּמְצָאֹת פֶּן־תִּסָּפֶה בַּעֲוֺן הָעִיר׃ וַיִּתְמַהְמָהּ׀ וַיַּחֲזִיקוּ
הָאֲנָשִׁים בְּיָדוֹ וּבְיַד־אִשְׁתּוֹ וּבְיַד שְׁתֵּי בְנֹתָיו בְּחֶמְלַת יְהוָה
17 עָלָיו וַיֹּצִאֻהוּ וַיַּנִּחֻהוּ מִחוּץ לָעִיר׃ וַיְהִי כְהוֹצִיאָם אֹתָם
הַחוּצָה וַיֹּאמֶר הִמָּלֵט עַל־נַפְשֶׁךָ אַל־תַּבִּיט אַחֲרֶיךָ וְאַל־
18 תַּעֲמֹד בְּכָל־הַכִּכָּר הָהָרָה הִמָּלֵט פֶּן־תִּסָּפֶה׃ וַיֹּאמֶר לוֹט
19 אֲלֵהֶם אַל־נָא אֲדֹנָי׃ הִנֵּה־נָא מָצָא עַבְדְּךָ חֵן בְּעֵינֶיךָ
וַתַּגְדֵּל חַסְדְּךָ אֲשֶׁר עָשִׂיתָ עִמָּדִי לְהַחֲיוֹת אֶת־נַפְשִׁי וְאָנֹכִי
כ לֹא אוּכַל לְהִמָּלֵט הָהָרָה פֶּן־תִּדְבָּקַנִי הָרָעָה וָמַתִּי׃ הִנֵּה־
נָא הָעִיר הַזֹּאת קְרֹבָה לָנוּס שָׁמָּה וְהִוא מִצְעָר אִמָּלְטָה נָּא
21 שָׁמָּה הֲלֹא מִצְעָר הִוא וּתְחִי נַפְשִׁי׃ * וַיֹּאמֶר אֵלָיו הִנֵּה נָשָׂאתִי רביעי
פָנֶיךָ גַּם לַדָּבָר הַזֶּה לְבִלְתִּי הָפְכִּי אֶת־הָעִיר אֲשֶׁר דִּבַּרְתָּ׃
22 מַהֵר הִמָּלֵט שָׁמָּה כִּי לֹא אוּכַל לַעֲשׂוֹת דָּבָר עַד־בֹּאֲךָ
23 שָׁמָּה עַל־כֵּן קָרָא שֵׁם־הָעִיר צוֹעַר׃ הַשֶּׁמֶשׁ יָצָא עַל־
24 הָאָרֶץ וְלוֹט בָּא צֹעֲרָה׃ וַיהוָה הִמְטִיר עַל־סְדֹם וְעַל־
כה עֲמֹרָה גָּפְרִית וָאֵשׁ מֵאֵת יְהוָה מִן־הַשָּׁמָיִם׃ וַיַּהֲפֹךְ אֶת־
הֶעָרִים הָאֵל וְאֵת כָּל־הַכִּכָּר וְאֵת כָּל־יֹשְׁבֵי הֶעָרִים וְצֶמַח
26 27 הָאֲדָמָה׃ וַתַּבֵּט אִשְׁתּוֹ מֵאַחֲרָיו וַתְּהִי נְצִיב מֶלַח׃ וַיַּשְׁכֵּם
אַבְרָהָם בַּבֹּקֶר אֶל־הַמָּקוֹם אֲשֶׁר־עָמַד שָׁם אֶת־פְּנֵי יְהוָה׃

v. 18 קדש v. 23 סבירין יצאה v. 25 סבירין תאלה

28 וַיַּשְׁקֵף עַל־פְּנֵי סְדֹם וַעֲמֹרָה וְעַל כָּל־פְּנֵי אֶרֶץ הַכִּכָּר וַיַּרְא
29 וְהִנֵּה עָלָה קִיטֹר הָאָרֶץ כְּקִיטֹר הַכִּבְשָׁן׃ וַיְהִי בְּשַׁחֵת אֱלֹהִים
אֶת־עָרֵי הַכִּכָּר וַיִּזְכֹּר אֱלֹהִים אֶת־אַבְרָהָם וַיְשַׁלַּח אֶת־
לוֹט מִתּוֹךְ הַהֲפֵכָה בַּהֲפֹךְ אֶת־הֶעָרִים אֲשֶׁר־יָשַׁב בָּהֵן לוֹט׃
ל וַיַּעַל לוֹט מִצּוֹעַר וַיֵּשֶׁב בָּהָר וּשְׁתֵּי בְנֹתָיו עִמּוֹ כִּי יָרֵא לָשֶׁבֶת
31 בְּצוֹעַר וַיֵּשֶׁב בַּמְּעָרָה הוּא וּשְׁתֵּי בְנֹתָיו׃ וַתֹּאמֶר הַבְּכִירָה
אֶל־הַצְּעִירָה אָבִינוּ זָקֵן וְאִישׁ אֵין בָּאָרֶץ לָבוֹא עָלֵינוּ כְּדֶרֶךְ
32 כָּל־הָאָרֶץ׃ לְכָה נַשְׁקֶה אֶת־אָבִינוּ יַיִן וְנִשְׁכְּבָה עִמּוֹ וּנְחַיֶּה
33 מֵאָבִינוּ זָרַע׃ וַתַּשְׁקֶיןָ אֶת־אֲבִיהֶן יַיִן בַּלַּיְלָה הוּא וַתָּבֹא
הַבְּכִירָה וַתִּשְׁכַּב אֶת־אָבִיהָ וְלֹא־יָדַע בְּשִׁכְבָהּ וּבְקוּמָהּ׃
34 וַיְהִי מִמָּחֳרָת וַתֹּאמֶר הַבְּכִירָה אֶל־הַצְּעִירָה הֵן־שָׁכַבְתִּי
אֶמֶשׁ אֶת־אָבִי נַשְׁקֶנּוּ יַיִן גַּם־הַלַּיְלָה וּבֹאִי שִׁכְבִי עִמּוֹ וּנְחַיֶּה
לה מֵאָבִינוּ זָרַע׃ וַתַּשְׁקֶיןָ גַּם בַּלַּיְלָה הַהוּא אֶת־אֲבִיהֶן יָיִן
וַתָּקָם הַצְּעִירָה וַתִּשְׁכַּב עִמּוֹ וְלֹא־יָדַע בְּשִׁכְבָהּ וּבְקֻמָהּ׃
36 37 וַתַּהֲרֶיןָ שְׁתֵּי בְנוֹת־לוֹט מֵאֲבִיהֶן׃ וַתֵּלֶד הַבְּכִירָה בֵּן וַתִּקְרָא
38 שְׁמוֹ מוֹאָב הוּא אֲבִי־מוֹאָב עַד־הַיּוֹם׃ וְהַצְּעִירָה גַם־הִוא
יָלְדָה בֵּן וַתִּקְרָא שְׁמוֹ בֶּן־עַמִּי הוּא אֲבִי בְנֵי־עַמּוֹן עַד־
הַיּוֹם׃ ס

כ Cap. XX. כ

א וַיִּסַּע מִשָּׁם אַבְרָהָם אַרְצָה הַנֶּגֶב וַיֵּשֶׁב בֵּין־קָדֵשׁ
2 וּבֵין שׁוּר וַיָּגָר בִּגְרָר׃ וַיֹּאמֶר אַבְרָהָם אֶל־שָׂרָה אִשְׁתּוֹ
3 אֲחֹתִי הִוא וַיִּשְׁלַח אֲבִימֶלֶךְ מֶלֶךְ גְּרָר וַיִּקַּח אֶת־שָׂרָה׃ וַיָּבֹא
אֱלֹהִים אֶל־אֲבִימֶלֶךְ בַּחֲלוֹם הַלָּיְלָה וַיֹּאמֶר לוֹ הִנְּךָ מֵת
4 עַל־הָאִשָּׁה אֲשֶׁר־לָקַחְתָּ וְהִוא בְּעֻלַת בָּעַל׃ וַאֲבִימֶלֶךְ לֹא
ה קָרַב אֵלֶיהָ וַיֹּאמַר אֲדֹנָי הֲגוֹי גַּם־צַדִּיק תַּהֲרֹג׃ הֲלֹא הוּא
אָמַר־לִי אֲחֹתִי הִוא וְהִיא־גַם־הִוא אָמְרָה אָחִי הוּא בְּתָם־
6 לְבָבִי וּבְנִקְיֹן כַּפַּי עָשִׂיתִי זֹאת׃ וַיֹּאמֶר אֵלָיו הָאֱלֹהִים בַּחֲלֹם

גם

י״ט v. 33 סבירין ההוא ibid. נקוד על ו׳ תנינא

גַּ֣ם אָנֹכִ֤י יָדַ֨עְתִּי֙ כִּ֤י בְתָם־לְבָבְךָ֙ עָשִׂ֣יתָ זֹּ֔את וָאֶחְשֹׂ֧ךְ גַּם־אָנֹכִ֛י
7 אֽוֹתְךָ֖ מֵחֲטוֹ־לִ֑י עַל־כֵּ֥ן לֹא־נְתַתִּ֖יךָ לִנְגֹּ֥עַ אֵלֶֽיהָ׃ וְעַתָּ֗ה
הָשֵׁ֤ב אֵֽשֶׁת־הָאִישׁ֙ כִּֽי־נָבִ֣יא ה֔וּא וְיִתְפַּלֵּ֥ל בַּֽעַדְךָ֖ וֶֽחְיֵ֑ה וְאִם־
8 אֵֽינְךָ֣ מֵשִׁ֗יב דַּ֚ע כִּי־מ֣וֹת תָּמ֔וּת אַתָּ֖ה וְכָל־אֲשֶׁר־לָֽךְ׃ וַיַּשְׁכֵּ֨ם
אֲבִימֶ֜לֶךְ בַּבֹּ֗קֶר וַיִּקְרָא֙ לְכָל־עֲבָדָ֔יו וַיְדַבֵּ֛ר אֶת־כָּל־
9 הַדְּבָרִ֥ים הָאֵ֖לֶּה בְּאָזְנֵיהֶ֑ם וַיִּֽירְא֥וּ הָאֲנָשִׁ֖ים מְאֹֽד׃ וַיִּקְרָ֨א
אֲבִימֶ֜לֶךְ לְאַבְרָהָ֗ם וַיֹּ֨אמֶר ל֜וֹ מֶֽה־עָשִׂ֤יתָ לָּ֙נוּ֙ וּמֶֽה־חָטָ֣אתִי
לָ֔ךְ כִּֽי־הֵבֵ֧אתָ עָלַ֛י וְעַל־מַמְלַכְתִּ֖י חֲטָאָ֣ה גְדֹלָ֑ה מַעֲשִׂים֙
י אֲשֶׁ֣ר לֹא־יֵֽעָשׂ֔וּ עָשִׂ֖יתָ עִמָּדִֽי׃ וַיֹּ֥אמֶר אֲבִימֶ֖לֶךְ אֶל־אַבְרָהָ֑ם
11 מָ֣ה רָאִ֔יתָ כִּ֥י עָשִׂ֖יתָ אֶת־הַדָּבָ֥ר הַזֶּֽה׃ וַיֹּ֙אמֶר֙ אַבְרָהָ֔ם כִּ֣י
אָמַ֗רְתִּי רַ֚ק אֵין־יִרְאַ֣ת אֱלֹהִ֔ים בַּמָּק֖וֹם הַזֶּ֑ה וַהֲרָג֖וּנִי עַל־
12 דְּבַ֥ר אִשְׁתִּֽי׃ וְגַם־אָמְנָ֗ה אֲחֹתִ֤י בַת־אָבִי֙ הִ֔וא אַ֖ךְ לֹ֣א בַת־
13 אִמִּ֑י וַתְּהִי־לִ֖י לְאִשָּֽׁה׃ וַיְהִ֞י כַּאֲשֶׁ֧ר הִתְע֣וּ אֹתִ֗י אֱלֹהִים֮ מִבֵּ֣ית
אָבִי֒ וָאֹמַ֣ר לָ֔הּ זֶ֣ה חַסְדֵּ֔ךְ אֲשֶׁ֥ר תַּעֲשִׂ֖י עִמָּדִ֑י אֶ֤ל כָּל־הַמָּקוֹם֙
14 אֲשֶׁ֣ר נָב֣וֹא שָׁ֔מָּה אִמְרִי־לִ֖י אָחִ֥י הֽוּא׃ וַיִּקַּ֨ח אֲבִימֶ֜לֶךְ צֹ֣אן
וּבָקָ֗ר וַעֲבָדִים֙ וּשְׁפָחֹ֔ת וַיִּתֵּ֖ן לְאַבְרָהָ֑ם וַיָּ֣שֶׁב ל֔וֹ אֵ֖ת שָׂרָ֥ה
טו אִשְׁתּֽוֹ׃ וַיֹּ֣אמֶר אֲבִימֶ֔לֶךְ הִנֵּ֥ה אַרְצִ֖י לְפָנֶ֑יךָ בַּטּ֥וֹב בְּעֵינֶ֖יךָ
16 שֵֽׁב׃ וּלְשָׂרָ֣ה אָמַ֗ר הִנֵּ֨ה נָתַ֜תִּי אֶ֤לֶף כֶּ֙סֶף֙ לְאָחִ֔יךְ הִנֵּ֤ה הוּא־
17 לָךְ֙ כְּס֣וּת עֵינַ֔יִם לְכֹ֖ל אֲשֶׁ֣ר אִתָּ֑ךְ וְאֵ֥ת כֹּ֖ל וְנֹכָֽחַת׃ וַיִּתְפַּלֵּ֥ל
אַבְרָהָ֖ם אֶל־הָאֱלֹהִ֑ים וַיִּרְפָּ֨א אֱלֹהִ֜ים אֶת־אֲבִימֶ֧לֶךְ וְאֶת־
18 אִשְׁתּ֛וֹ וְאַמְהֹתָ֖יו וַיֵּלֵֽדוּ׃ כִּֽי־עָצֹ֤ר עָצַר֙ יְהוָ֔ה בְּעַ֖ד כָּל־רֶ֑חֶם
לְבֵ֣ית אֲבִימֶ֑לֶךְ עַל־דְּבַ֥ר שָׂרָ֖ה אֵ֥שֶׁת אַבְרָהָֽם׃ ס

כא CAP. XXI. כא

א וַֽיהוָ֛ה פָּקַ֥ד אֶת־שָׂרָ֖ה כַּאֲשֶׁ֣ר אָמָ֑ר וַיַּ֧עַשׂ יְהוָ֛ה
2 לְשָׂרָ֖ה כַּאֲשֶׁ֥ר דִּבֵּֽר׃ וַתַּהַר֩ וַתֵּ֨לֶד שָׂרָ֧ה לְאַבְרָהָ֛ם בֵּ֖ן לִזְקֻנָ֑יו
3 לַמּוֹעֵ֕ד אֲשֶׁר־דִּבֶּ֥ר אֹת֖וֹ אֱלֹהִֽים׃ וַיִּקְרָ֨א אַבְרָהָ֜ם אֶֽת־שֶׁם־
4 בְּנֽוֹ־הַנּֽוֹלַד־ל֛וֹ אֲשֶׁר־יָֽלְדָה־לּ֥וֹ שָׂרָ֖ה יִצְחָֽק׃ וַיָּ֤מָל אַבְרָהָם֙

את־יצחק

כ׳ v. 6 חסר א׳ v. 13 קדש

אֶת־יִצְחָק בְּנוֹ בֶּן־שְׁמֹנַת יָמִים כַּאֲשֶׁר צִוָּה אֹתוֹ אֱלֹהִים׃ *
חמישי ה 6 וְאַבְרָהָם בֶּן־מְאַת שָׁנָה בְּהִוָּלֶד לוֹ אֵת יִצְחָק בְּנוֹ׃ וַתֹּאמֶר
7 שָׂרָה צְחֹק עָשָׂה לִי אֱלֹהִים כָּל־הַשֹּׁמֵעַ יִצְחַק־לִי׃ וַתֹּאמֶר
מִי מִלֵּל לְאַבְרָהָם הֵינִיקָה בָנִים שָׂרָה כִּי־יָלַדְתִּי בֵן לִזְקֻנָיו׃
8 וַיִּגְדַּל הַיֶּלֶד וַיִּגָּמַל וַיַּעַשׂ אַבְרָהָם מִשְׁתֶּה גָדוֹל בְּיוֹם הִגָּמֵל
9 אֶת־יִצְחָק׃ וַתֵּרֶא שָׂרָה אֶת־בֶּן־הָגָר הַמִּצְרִית אֲשֶׁר־יָלְדָה
י לְאַבְרָהָם מְצַחֵק׃ וַתֹּאמֶר לְאַבְרָהָם גָּרֵשׁ הָאָמָה הַזֹּאת וְאֶת־
11 בְּנָהּ כִּי לֹא יִירַשׁ בֶּן־הָאָמָה הַזֹּאת עִם־בְּנִי עִם־יִצְחָק׃ וַיֵּרַע
12 הַדָּבָר מְאֹד בְּעֵינֵי אַבְרָהָם עַל אוֹדֹת בְּנוֹ׃ וַיֹּאמֶר אֱלֹהִים
אֶל־אַבְרָהָם אַל־יֵרַע בְּעֵינֶיךָ עַל־הַנַּעַר וְעַל־אֲמָתֶךָ כֹּל
אֲשֶׁר תֹּאמַר אֵלֶיךָ שָׂרָה שְׁמַע בְּקֹלָהּ כִּי בְיִצְחָק יִקָּרֵא לְךָ
13 14 זָרַע׃ וְגַם אֶת־בֶּן־הָאָמָה לְגוֹי אֲשִׂימֶנּוּ כִּי זַרְעֲךָ הוּא׃ וַיַּשְׁכֵּם
אַבְרָהָם ׀ בַּבֹּקֶר וַיִּקַּח־לֶחֶם וְחֵמַת מַיִם וַיִּתֵּן אֶל־הָגָר שָׂם
עַל־שִׁכְמָהּ וְאֶת־הַיֶּלֶד וַיְשַׁלְּחֶהָ וַתֵּלֶךְ וַתֵּתַע בְּמִדְבַּר בְּאֵר
טו שָׁבַע׃ וַיִּכְלוּ הַמַּיִם מִן־הַחֵמֶת וַתַּשְׁלֵךְ אֶת־הַיֶּלֶד תַּחַת אַחַד
16 הַשִּׂיחִם׃ וַתֵּלֶךְ וַתֵּשֶׁב לָהּ מִנֶּגֶד הַרְחֵק כִּמְטַחֲוֵי קֶשֶׁת כִּי
אָמְרָה אַל־אֶרְאֶה בְּמוֹת הַיָּלֶד וַתֵּשֶׁב מִנֶּגֶד וַתִּשָּׂא אֶת־קֹלָהּ
17 וַתֵּבְךְּ׃ וַיִּשְׁמַע אֱלֹהִים אֶת־קוֹל הַנַּעַר וַיִּקְרָא מַלְאַךְ אֱלֹהִים ׀
אֶל־הָגָר מִן־הַשָּׁמַיִם וַיֹּאמֶר לָהּ מַה־לָּךְ הָגָר אַל־תִּירְאִי
18 כִּי־שָׁמַע אֱלֹהִים אֶל־קוֹל הַנַּעַר בַּאֲשֶׁר הוּא־שָׁם׃ קוּמִי
שְׂאִי אֶת־הַנַּעַר וְהַחֲזִיקִי אֶת־יָדֵךְ בּוֹ כִּי־לְגוֹי גָּדוֹל אֲשִׂימֶנּוּ׃
19 וַיִּפְקַח אֱלֹהִים אֶת־עֵינֶיהָ וַתֵּרֶא בְּאֵר מָיִם וַתֵּלֶךְ וַתְּמַלֵּא
כ אֶת־הַחֵמֶת מַיִם וַתַּשְׁקְ אֶת־הַנָּעַר׃ וַיְהִי אֱלֹהִים אֶת־הַנַּעַר
21 וַיִּגְדָּל וַיֵּשֶׁב בַּמִּדְבָּר וַיְהִי רֹבֶה קַשָּׁת׃ וַיֵּשֶׁב בְּמִדְבַּר פָּארָן
וַתִּקַּח־לוֹ אִמּוֹ אִשָּׁה מֵאֶרֶץ מִצְרָיִם׃ * פ
ששי 22 וַיְהִי בָּעֵת הַהִוא וַיֹּאמֶר אֲבִימֶלֶךְ וּפִיכֹל שַׂר־צְבָאוֹ אֶל־
23 אַבְרָהָם לֵאמֹר אֱלֹהִים עִמְּךָ בְּכֹל אֲשֶׁר־אַתָּה עֹשֶׂה׃ וְעַתָּה
הִשָּׁבְעָה לִּי בֵאלֹהִים הֵנָּה אִם־תִּשְׁקֹר לִי וּלְנִינִי וּלְנֶכְדִּי

כחסד

כַּחֶסֶד אֲשֶׁר־עָשִׂיתִי עִמְּךָ תַּעֲשֶׂה עִמָּדִי וְעִם־הָאָרֶץ אֲשֶׁר־
24 כה גַּרְתָּה בָּהּ׃ וַיֹּאמֶר אַבְרָהָם אָנֹכִי אִשָּׁבֵעַ׃ וְהוֹכִחַ אַבְרָהָם
אֶת־אֲבִימֶלֶךְ עַל־אֹדוֹת בְּאֵר הַמַּיִם אֲשֶׁר גָּזְלוּ עַבְדֵי
26 אֲבִימֶלֶךְ׃ וַיֹּאמֶר אֲבִימֶלֶךְ לֹא יָדַעְתִּי מִי עָשָׂה אֶת־הַדָּבָר
הַזֶּה וְגַם־אַתָּה לֹא־הִגַּדְתָּ לִּי וְגַם אָנֹכִי לֹא שָׁמַעְתִּי בִּלְתִּי
27 הַיּוֹם׃ וַיִּקַּח אַבְרָהָם צֹאן וּבָקָר וַיִּתֵּן לַאֲבִימֶלֶךְ וַיִּכְרְתוּ
28 שְׁנֵיהֶם בְּרִית׃ וַיַּצֵּב אַבְרָהָם אֶת־שֶׁבַע כִּבְשֹׂת הַצֹּאן לְבַדְּהֶן׃
29 וַיֹּאמֶר אֲבִימֶלֶךְ אֶל־אַבְרָהָם מָה הֵנָּה שֶׁבַע כְּבָשֹׂת הָאֵלֶּה
ל אֲשֶׁר הִצַּבְתָּ לְבַדָּנָה׃ וַיֹּאמֶר כִּי אֶת־שֶׁבַע כְּבָשֹׂת תִּקַּח
מִיָּדִי בַּעֲבוּר תִּהְיֶה־לִּי לְעֵדָה כִּי חָפַרְתִּי אֶת־הַבְּאֵר הַזֹּאת׃
31 עַל־כֵּן קָרָא לַמָּקוֹם הַהוּא בְּאֵר שָׁבַע כִּי שָׁם נִשְׁבְּעוּ שְׁנֵיהֶם׃
32 וַיִּכְרְתוּ בְרִית בִּבְאֵר שָׁבַע וַיָּקָם אֲבִימֶלֶךְ וּפִיכֹל שַׂר־צְבָאוֹ
33 וַיָּשֻׁבוּ אֶל־אֶרֶץ פְּלִשְׁתִּים׃ וַיִּטַּע אֶשֶׁל בִּבְאֵר שָׁבַע וַיִּקְרָא־
34 שָׁם בְּשֵׁם יְהוָה אֵל עוֹלָם׃ וַיָּגָר אַבְרָהָם בְּאֶרֶץ פְּלִשְׁתִּים
יָמִים רַבִּים׃* פ

כב CAP. XXII. כב

א וַיְהִי אַחַר הַדְּבָרִים הָאֵלֶּה וְהָאֱלֹהִים נִסָּה אֶת־אַבְרָהָם שביעי
2 וַיֹּאמֶר אֵלָיו אַבְרָהָם וַיֹּאמֶר הִנֵּנִי׃ וַיֹּאמֶר קַח־נָא אֶת־
בִּנְךָ אֶת־יְחִידְךָ אֲשֶׁר־אָהַבְתָּ אֶת־יִצְחָק וְלֶךְ־לְךָ אֶל־אֶרֶץ
הַמֹּרִיָּה וְהַעֲלֵהוּ שָׁם לְעֹלָה עַל אַחַד הֶהָרִים אֲשֶׁר אֹמַר
3 אֵלֶיךָ׃ וַיַּשְׁכֵּם אַבְרָהָם בַּבֹּקֶר וַיַּחֲבֹשׁ אֶת־חֲמֹרוֹ וַיִּקַּח אֶת־
שְׁנֵי נְעָרָיו אִתּוֹ וְאֵת יִצְחָק בְּנוֹ וַיְבַקַּע עֲצֵי עֹלָה וַיָּקָם וַיֵּלֶךְ
4 אֶל־הַמָּקוֹם אֲשֶׁר־אָמַר־לוֹ הָאֱלֹהִים׃ בַּיּוֹם הַשְּׁלִישִׁי וַיִּשָּׂא
ה אַבְרָהָם אֶת־עֵינָיו וַיַּרְא אֶת־הַמָּקוֹם מֵרָחֹק׃ וַיֹּאמֶר אַבְרָהָם
אֶל־נְעָרָיו שְׁבוּ־לָכֶם פֹּה עִם־הַחֲמוֹר וַאֲנִי וְהַנַּעַר נֵלְכָה
6 עַד־כֹּה וְנִשְׁתַּחֲוֶה וְנָשׁוּבָה אֲלֵיכֶם׃ וַיִּקַּח אַבְרָהָם אֶת־עֲצֵי
הָעֹלָה וַיָּשֶׂם עַל־יִצְחָק בְּנוֹ וַיִּקַּח בְּיָדוֹ אֶת־הָאֵשׁ וְאֶת־
7 הַמַּאֲכֶלֶת וַיֵּלְכוּ שְׁנֵיהֶם יַחְדָּו׃ וַיֹּאמֶר יִצְחָק אֶל־אַבְרָהָם
אביו

אָבִיו֙ וַיֹּ֣אמֶר אָבִ֔י וַיֹּ֣אמֶר הִנֶּ֣נִּֽי בְנִ֔י וַיֹּ֗אמֶר הִנֵּ֤ה הָאֵשׁ֙ וְהָ֣עֵצִ֔ים

8 וְאַיֵּ֥ה הַשֶּׂ֖ה לְעֹלָֽה׃ וַיֹּ֙אמֶר֙ אַבְרָהָ֔ם אֱלֹהִ֞ים יִרְאֶה־לּ֥וֹ הַשֶּׂ֛ה

9 לְעֹלָ֖ה בְּנִ֑י וַיֵּלְכ֥וּ שְׁנֵיהֶ֖ם יַחְדָּֽו׃ וַיָּבֹ֗אוּ אֶֽל־הַמָּקוֹם֮ אֲשֶׁ֣ר

אָֽמַר־ל֣וֹ הָֽאֱלֹהִים֒ וַיִּ֨בֶן שָׁ֤ם אַבְרָהָם֙ אֶת־הַמִּזְבֵּ֔חַ וַֽיַּעֲרֹ֖ךְ אֶת־

הָֽעֵצִ֑ים וַֽיַּעֲקֹד֙ אֶת־יִצְחָ֣ק בְּנ֔וֹ וַיָּ֤שֶׂם אֹתוֹ֙ עַל־הַמִּזְבֵּ֔חַ מִמַּ֖עַל

10 לָֽעֵצִֽים׃ וַיִּשְׁלַ֤ח אַבְרָהָם֙ אֶת־יָד֔וֹ וַיִּקַּ֖ח אֶת־הַֽמַּֽאֲכֶ֑לֶת

11 לִשְׁחֹ֖ט אֶת־בְּנֽוֹ׃ וַיִּקְרָ֨א אֵלָ֜יו מַלְאַ֤ךְ יְהוָה֙ מִן־הַשָּׁמַ֔יִם וַיֹּ֖אמֶר

12 אַבְרָהָ֣ם ׀ אַבְרָהָ֑ם וַיֹּ֖אמֶר הִנֵּֽנִי׃ וַיֹּ֗אמֶר אַל־תִּשְׁלַ֤ח יָֽדְךָ֙ אֶל־

הַנַּ֔עַר וְאַל־תַּ֥עַשׂ ל֖וֹ מְא֑וּמָה כִּ֣י ׀ עַתָּ֣ה יָדַ֗עְתִּי כִּֽי־יְרֵ֤א אֱלֹהִים֙

13 אַ֔תָּה וְלֹ֥א חָשַׂ֛כְתָּ אֶת־בִּנְךָ֥ אֶת־יְחִֽידְךָ֖ מִמֶּֽנִּי׃ וַיִּשָּׂ֨א אַבְרָהָ֜ם

אֶת־עֵינָ֗יו וַיַּרְא֙ וְהִנֵּה־אַ֔יִל אַחַ֕ר נֶאֱחַ֥ז בַּסְּבַ֖ךְ בְּקַרְנָ֑יו וַיֵּ֤לֶךְ

14 אַבְרָהָם֙ וַיִּקַּ֣ח אֶת־הָאַ֔יִל וַיַּֽעֲלֵ֥הוּ לְעֹלָ֖ה תַּ֣חַת בְּנֽוֹ׃ וַיִּקְרָ֧א

אַבְרָהָ֛ם שֵֽׁם־הַמָּק֥וֹם הַה֖וּא יְהוָ֣ה ׀ יִרְאֶ֑ה אֲשֶׁר֙ יֵֽאָמֵ֣ר הַיּ֔וֹם

טו בְּהַ֥ר יְהוָ֖ה יֵֽרָאֶֽה׃ וַיִּקְרָ֛א מַלְאַ֥ךְ יְהוָ֖ה אֶל־אַבְרָהָ֑ם שֵׁנִ֖ית

16 מִן־הַשָּׁמָֽיִם׃ וַיֹּ֕אמֶר בִּ֥י נִשְׁבַּ֖עְתִּי נְאֻם־יְהוָ֑ה כִּ֗י יַ֚עַן אֲשֶׁ֤ר

עָשִׂ֙יתָ֙ אֶת־הַדָּבָ֣ר הַזֶּ֔ה וְלֹ֥א חָשַׂ֖כְתָּ אֶת־בִּנְךָ֥ אֶת־יְחִידֶֽךָ׃

17 כִּֽי־בָרֵ֣ךְ אֲבָרֶכְךָ֗ וְהַרְבָּ֨ה אַרְבֶּ֤ה אֶֽת־זַרְעֲךָ֙ כְּכֽוֹכְבֵ֣י הַשָּׁמַ֔יִם

וְכַח֕וֹל אֲשֶׁ֖ר עַל־שְׂפַ֣ת הַיָּ֑ם וְיִרַ֣שׁ זַרְעֲךָ֔ אֵ֖ת שַׁ֥עַר אֹֽיְבָֽיו׃

18 וְהִתְבָּֽרֲכ֣וּ בְזַרְעֲךָ֔ כֹּ֖ל גּוֹיֵ֣י הָאָ֑רֶץ עֵ֕קֶב אֲשֶׁ֥ר שָׁמַ֖עְתָּ בְּקֹלִֽי׃

19 וַיָּ֤שָׁב אַבְרָהָם֙ אֶל־נְעָרָ֔יו וַיָּקֻ֛מוּ וַיֵּלְכ֥וּ יַחְדָּ֖ו אֶל־בְּאֵ֣ר שָׁ֑בַע

וַיֵּ֥שֶׁב אַבְרָהָ֖ם בִּבְאֵ֥ר שָֽׁבַע׃
פ

מפטיר כ וַיְהִ֗י אַחֲרֵי֙ הַדְּבָרִ֣ים הָאֵ֔לֶּה וַיֻּגַּ֥ד לְאַבְרָהָ֖ם לֵאמֹ֑ר הִ֠נֵּה יָֽלְדָ֨ה

21 מִלְכָּ֥ה גַם־הִ֛וא בָּנִ֖ים לְנָח֥וֹר אָחִֽיךָ׃ אֶת־ע֥וּץ בְּכֹר֖וֹ וְאֶת־

22 בּ֣וּז אָחִ֑יו וְאֶת־קְמוּאֵ֖ל אֲבִ֥י אֲרָֽם׃ וְאֶת־כֶּ֣שֶׂד וְאֶת־חֲז֔וֹ וְאֶת־

23 פִּלְדָּ֖שׁ וְאֶת־יִדְלָ֑ף וְאֵ֖ת בְּתוּאֵֽל׃ וּבְתוּאֵ֖ל יָלַ֣ד אֶת־רִבְקָ֑ה

24 שְׁמֹנָ֥ה אֵ֙לֶּה֙ יָֽלְדָ֣ה מִלְכָּ֔ה לְנָח֖וֹר אֲחִ֣י אַבְרָהָֽם׃ וּפִֽילַגְשׁ֖וֹ

וּשְׁמָ֣הּ רְאוּמָ֑ה וַתֵּ֤לֶד גַּם־הִוא֙ אֶת־טֶ֣בַח וְאֶת־גַּ֔חַם וְאֶת־

תַּ֖חַשׁ וְאֶֽת־מַעֲכָֽה׃
פ פ פ

ויהיו

חיי שרה ה 5

Cap. XXIII. כג

כג

א וַיִּהְיוּ֙ חַיֵּ֣י שָׂרָ֔ה מֵאָ֥ה שָׁנָ֛ה וְעֶשְׂרִ֥ים שָׁנָ֖ה וְשֶׁ֣בַע שָׁנִ֑ים שְׁנֵ֖י חַיֵּ֥י
2 שָׂרָֽה׃ וַתָּ֣מָת שָׂרָ֗ה בְּקִרְיַ֥ת אַרְבַּ֛ע הִ֥וא חֶבְר֖וֹן בְּאֶ֣רֶץ כְּנָ֑עַן
3 וַיָּבֹא֙ אַבְרָהָ֔ם לִסְפֹּ֥ד לְשָׂרָ֖ה וְלִבְכֹּתָֽהּ׃ וַיָּ֙קָם֙ אַבְרָהָ֔ם מֵעַ֖ל
4 פְּנֵ֣י מֵת֑וֹ וַיְדַבֵּ֥ר אֶל־בְּנֵי־חֵ֖ת לֵאמֹֽר׃ גֵּר־וְתוֹשָׁ֥ב אָנֹכִ֖י עִמָּכֶ֑ם
ה תְּנ֨וּ לִ֤י אֲחֻזַּת־קֶ֙בֶר֙ עִמָּכֶ֔ם וְאֶקְבְּרָ֥ה מֵתִ֖י מִלְּפָנָֽי׃ וַיַּעֲנ֧וּ בְנֵי־
6 חֵ֛ת אֶת־אַבְרָהָ֖ם לֵאמֹ֥ר לֽוֹ׃ שְׁמָעֵ֣נוּ ׀ אֲדֹנִ֗י נְשִׂ֨יא אֱלֹהִ֤ים
אַתָּה֙ בְּתוֹכֵ֔נוּ בְּמִבְחַ֣ר קְבָרֵ֔ינוּ קְבֹ֖ר אֶת־מֵתֶ֑ךָ אִ֣ישׁ מִמֶּ֔נּוּ אֶת־
7 קִבְר֛וֹ לֹֽא־יִכְלֶ֥ה מִמְּךָ֖ מִקְּבֹ֥ר מֵתֶֽךָ׃ וַיָּ֧קָם אַבְרָהָ֛ם וַיִּשְׁתַּ֥חוּ
8 לְעַם־הָאָ֖רֶץ לִבְנֵי־חֵֽת׃ וַיְדַבֵּ֥ר אִתָּ֖ם לֵאמֹ֑ר אִם־יֵ֣שׁ אֶֽת־
נַפְשְׁכֶ֗ם לִקְבֹּ֤ר אֶת־מֵתִי֙ מִלְּפָנַ֔י שְׁמָע֕וּנִי וּפִגְעוּ־לִ֖י בְּעֶפְר֥וֹן
9 בֶּן־צֹֽחַר׃ וְיִתֶּן־לִ֗י אֶת־מְעָרַ֤ת הַמַּכְפֵּלָה֙ אֲשֶׁר־ל֔וֹ אֲשֶׁ֖ר
בִּקְצֵ֣ה שָׂדֵ֑הוּ בְּכֶ֤סֶף מָלֵא֙ יִתְּנֶ֣נָּה לִּ֔י בְּתוֹכְכֶ֖ם לַאֲחֻזַּת־קָֽבֶר׃
י וְעֶפְר֥וֹן יֹשֵׁ֖ב בְּת֣וֹךְ בְּנֵי־חֵ֑ת וַיַּ֩עַן֩ עֶפְר֨וֹן הַחִתִּ֤י אֶת־אַבְרָהָם֙
11 בְּאָזְנֵ֣י בְנֵי־חֵ֔ת לְכֹ֛ל בָּאֵ֥י שַֽׁעַר־עִיר֖וֹ לֵאמֹֽר׃ לֹֽא־אֲדֹנִ֣י
שְׁמָעֵ֔נִי הַשָּׂדֶה֙ נָתַ֣תִּי לָ֔ךְ וְהַמְּעָרָ֥ה אֲשֶׁר־בּ֖וֹ לְךָ֣ נְתַתִּ֑יהָ לְעֵינֵ֧י
12 בְנֵי־עַמִּ֛י נְתַתִּ֥יהָ לָּ֖ךְ קְבֹ֥ר מֵתֶֽךָ׃ וַיִּשְׁתַּ֙חוּ֙ אַבְרָהָ֔ם לִפְנֵ֖י עַ֥ם
13 הָאָֽרֶץ׃ וַיְדַבֵּ֨ר אֶל־עֶפְר֜וֹן בְּאָזְנֵ֤י עַם־הָאָ֙רֶץ֙ לֵאמֹ֔ר אַ֛ךְ
אִם־אַתָּ֥ה ל֖וּ שְׁמָעֵ֑נִי נָתַ֜תִּי כֶּ֤סֶף הַשָּׂדֶה֙ קַ֣ח מִמֶּ֔נִּי וְאֶקְבְּרָ֥ה
14 טו אֶת־מֵתִ֖י שָֽׁמָּה׃ וַיַּ֧עַן עֶפְר֛וֹן אֶת־אַבְרָהָ֖ם לֵאמֹ֥ר לֽוֹ׃ אֲדֹנִ֣י
שְׁמָעֵ֔נִי אֶ֠רֶץ אַרְבַּ֨ע מֵאֹ֧ת שֶֽׁקֶל־כֶּ֛סֶף בֵּינִ֥י וּבֵינְךָ֖ מַה־הִ֑וא
16 וְאֶת־מֵתְךָ֖ קְבֹֽר׃ וַיִּשְׁמַ֣ע אַבְרָהָם֮ אֶל־עֶפְרוֹן֒ וַיִּשְׁקֹ֤ל אַבְרָהָם֙
לְעֶפְרֹ֔ן אֶת־הַכֶּ֕סֶף אֲשֶׁ֥ר דִּבֶּ֖ר בְּאָזְנֵ֣י בְנֵי־חֵ֑ת אַרְבַּ֤ע מֵאוֹת֙
17 שֶׁ֣קֶל כֶּ֔סֶף עֹבֵ֖ר לַסֹּחֵֽר׃ * וַיָּ֣קָם ׀ שְׂדֵ֣ה עֶפְר֗וֹן אֲשֶׁר֙ בַּמַּכְפֵּלָ֔ה שני
אֲשֶׁ֖ר לִפְנֵ֣י מַמְרֵ֑א הַשָּׂדֶה֙ וְהַמְּעָרָ֣ה אֲשֶׁר־בּ֔וֹ וְכָל־הָעֵץ֙ אֲשֶׁ֣ר
18 בַּשָּׂדֶ֔ה אֲשֶׁ֥ר בְּכָל־גְּבֻל֖וֹ סָבִֽיב׃ לְאַבְרָהָ֥ם לְמִקְנָ֖ה לְעֵינֵ֣י

בני־חת

v. 2 כ׳ זעירא

19 בְּנֵי־חֵת בְּכֹל בָּאֵי שַׁעַר־עִירוֹ׃ וְאַחֲרֵי־כֵן קָבַר אַבְרָהָם
אֶת־שָׂרָה אִשְׁתּוֹ אֶל־מְעָרַת שְׂדֵה הַמַּכְפֵּלָה עַל־פְּנֵי מַמְרֵא
כ הִוא חֶבְרוֹן בְּאֶרֶץ כְּנָעַן׃ וַיָּקָם הַשָּׂדֶה וְהַמְּעָרָה אֲשֶׁר־בּוֹ
לְאַבְרָהָם לַאֲחֻזַּת־קָבֶר מֵאֵת בְּנֵי־חֵת׃ ס

כד Cap. XXIV. כד

א וְאַבְרָהָם זָקֵן בָּא בַּיָּמִים וַיהוָה בֵּרַךְ אֶת־
2 אַבְרָהָם בַּכֹּל׃ וַיֹּאמֶר אַבְרָהָם אֶל־עַבְדּוֹ זְקַן בֵּיתוֹ הַמֹּשֵׁל
3 בְּכָל־אֲשֶׁר־לוֹ שִׂים־נָא יָדְךָ תַּחַת יְרֵכִי׃ וְאַשְׁבִּיעֲךָ בַּיהוָה
אֱלֹהֵי הַשָּׁמַיִם וֵאלֹהֵי הָאָרֶץ אֲשֶׁר לֹא־תִקַּח אִשָּׁה לִבְנִי
4 מִבְּנוֹת הַכְּנַעֲנִי אֲשֶׁר אָנֹכִי יוֹשֵׁב בְּקִרְבּוֹ׃ כִּי אֶל־אַרְצִי
ה וְאֶל־מוֹלַדְתִּי תֵּלֵךְ וְלָקַחְתָּ אִשָּׁה לִבְנִי לְיִצְחָק׃ וַיֹּאמֶר אֵלָיו
הָעֶבֶד אוּלַי לֹא־תֹאבֶה הָאִשָּׁה לָלֶכֶת אַחֲרַי אֶל־הָאָרֶץ
הַזֹּאת הֶהָשֵׁב אָשִׁיב אֶת־בִּנְךָ אֶל־הָאָרֶץ אֲשֶׁר־יָצָאתָ מִשָּׁם׃
6 וַיֹּאמֶר אֵלָיו אַבְרָהָם הִשָּׁמֶר לְךָ פֶּן־תָּשִׁיב אֶת־בְּנִי שָׁמָּה׃
7 יְהוָה ׀ אֱלֹהֵי הַשָּׁמַיִם אֲשֶׁר לְקָחַנִי מִבֵּית אָבִי וּמֵאֶרֶץ מוֹלַדְתִּי
וַאֲשֶׁר דִּבֶּר־לִי וַאֲשֶׁר נִשְׁבַּע־לִי לֵאמֹר לְזַרְעֲךָ אֶתֵּן אֶת־
הָאָרֶץ הַזֹּאת הוּא יִשְׁלַח מַלְאָכוֹ לְפָנֶיךָ וְלָקַחְתָּ אִשָּׁה לִבְנִי
8 מִשָּׁם׃ וְאִם־לֹא תֹאבֶה הָאִשָּׁה לָלֶכֶת אַחֲרֶיךָ וְנִקִּיתָ מִשְּׁבֻעָתִי
9 זֹאת רַק אֶת־בְּנִי לֹא תָשֵׁב שָׁמָּה׃ וַיָּשֶׂם הָעֶבֶד אֶת־יָדוֹ תַּחַת
שלישי י יֶרֶךְ אַבְרָהָם אֲדֹנָיו וַיִּשָּׁבַע לוֹ עַל־הַדָּבָר הַזֶּה׃ * וַיִּקַּח הָעֶבֶד
עֲשָׂרָה גְמַלִּים מִגְּמַלֵּי אֲדֹנָיו וַיֵּלֶךְ וְכָל־טוּב אֲדֹנָיו בְּיָדוֹ וַיָּקָם
11 וַיֵּלֶךְ אֶל־אֲרַם נַהֲרַיִם אֶל־עִיר נָחוֹר׃ וַיַּבְרֵךְ הַגְּמַלִּים
מִחוּץ לָעִיר אֶל־בְּאֵר הַמָּיִם לְעֵת עֶרֶב לְעֵת צֵאת הַשֹּׁאֲבֹת׃
12 וַיֹּאמַר ׀ יְהוָה אֱלֹהֵי אֲדֹנִי אַבְרָהָם הַקְרֵה־נָא לְפָנַי הַיּוֹם
13 וַעֲשֵׂה־חֶסֶד עִם אֲדֹנִי אַבְרָהָם׃ הִנֵּה אָנֹכִי נִצָּב עַל־עֵין
14 הַמָּיִם וּבְנוֹת אַנְשֵׁי הָעִיר יֹצְאֹת לִשְׁאֹב מָיִם׃ וְהָיָה הַנַּעֲרָ אֲשֶׁר
אֹמַר אֵלֶיהָ הַטִּי־נָא כַדֵּךְ וְאֶשְׁתֶּה וְאָמְרָה שְׁתֵה וְגַם־גְּמַלֶּיךָ

אשקה

כ״ד v. 4. סבירין כִּי אִם v. 14. הנערה ק׳

אַשְׁקֶה אֹתָהּ הֹכַחְתָּ לְעַבְדְּךָ לְיִצְחָק וּבָהּ אֵדַע כִּי־עָשִׂיתָ
טו חֶסֶד עִם־אֲדֹנִי׃ וַיְהִי־הוּא טֶרֶם כִּלָּה לְדַבֵּר וְהִנֵּה רִבְקָה
יֹצֵאת אֲשֶׁר יֻלְּדָה לִבְתוּאֵל בֶּן־מִלְכָּה אֵשֶׁת נָחוֹר אֲחִי
16 אַבְרָהָם וְכַדָּהּ עַל־שִׁכְמָהּ׃ וְהַנַּעֲרָ טֹבַת מַרְאֶה מְאֹד בְּתוּלָה
17 וְאִישׁ לֹא יְדָעָהּ וַתֵּרֶד הָעַיְנָה וַתְּמַלֵּא כַדָּהּ וַתָּעַל׃ וַיָּרָץ
הָעֶבֶד לִקְרָאתָהּ וַיֹּאמֶר הַגְמִיאִינִי נָא מְעַט־מַיִם מִכַּדֵּךְ׃
18 וַתֹּאמֶר שְׁתֵה אֲדֹנִי וַתְּמַהֵר וַתֹּרֶד כַּדָּהּ עַל־יָדָהּ וַתַּשְׁקֵהוּ׃
19 וַתְּכַל לְהַשְׁקֹתוֹ וַתֹּאמֶר גַּם לִגְמַלֶּיךָ אֶשְׁאָב עַד אִם־כִּלּוּ
כ לִשְׁתֹּת׃ וַתְּמַהֵר וַתְּעַר כַּדָּהּ אֶל־הַשֹּׁקֶת וַתָּרָץ עוֹד אֶל־
21 הַבְּאֵר לִשְׁאֹב וַתִּשְׁאַב לְכָל־גְּמַלָּיו׃ וְהָאִישׁ מִשְׁתָּאֵה לָהּ
22 מַחֲרִישׁ לָדַעַת הַהִצְלִיחַ יְהוָה דַּרְכּוֹ אִם־לֹא׃ וַיְהִי כַּאֲשֶׁר
כִּלּוּ הַגְּמַלִּים לִשְׁתּוֹת וַיִּקַּח הָאִישׁ נֶזֶם זָהָב בֶּקַע מִשְׁקָלוֹ וּשְׁנֵי
23 צְמִידִים עַל־יָדֶיהָ עֲשָׂרָה זָהָב מִשְׁקָלָם׃ וַיֹּאמֶר בַּת־מִי אַתְּ
24 הַגִּידִי נָא לִי הֲיֵשׁ בֵּית־אָבִיךְ מָקוֹם לָנוּ לָלִין׃ וַתֹּאמֶר אֵלָיו
כה בַּת־בְּתוּאֵל אָנֹכִי בֶּן־מִלְכָּה אֲשֶׁר יָלְדָה לְנָחוֹר׃ וַתֹּאמֶר
26 אֵלָיו גַּם־תֶּבֶן גַּם־מִסְפּוֹא רַב עִמָּנוּ גַּם־מָקוֹם לָלוּן׃ וַיִּקֹּד
27 הָאִישׁ וַיִּשְׁתַּחוּ לַיהוָה׃ * וַיֹּאמֶר בָּרוּךְ יְהוָה אֱלֹהֵי אֲדֹנִי רביעי
אַבְרָהָם אֲשֶׁר לֹא־עָזַב חַסְדּוֹ וַאֲמִתּוֹ מֵעִם אֲדֹנִי אָנֹכִי בַּדֶּרֶךְ
28 נָחַנִי יְהוָה בֵּית אֲחֵי אֲדֹנִי׃ וַתָּרָץ הַנַּעֲרָ וַתַּגֵּד לְבֵית אִמָּהּ
29 כַּדְּבָרִים הָאֵלֶּה׃ וּלְרִבְקָה אָח וּשְׁמוֹ לָבָן וַיָּרָץ לָבָן אֶל־
ל הָאִישׁ הַחוּצָה אֶל־הָעָיִן׃ וַיְהִי ׀ כִּרְאֹת אֶת־הַנֶּזֶם וְאֶת־
הַצְּמִדִים עַל־יְדֵי אֲחֹתוֹ וּכְשָׁמְעוֹ אֶת־דִּבְרֵי רִבְקָה אֲחֹתוֹ
לֵאמֹר כֹּה־דִבֶּר אֵלַי הָאִישׁ וַיָּבֹא אֶל־הָאִישׁ וְהִנֵּה עֹמֵד עַל־
31 הַגְּמַלִּים עַל־הָעָיִן׃ וַיֹּאמֶר בּוֹא בְּרוּךְ יְהוָה לָמָּה תַעֲמֹד
32 בַּחוּץ וְאָנֹכִי פִּנִּיתִי הַבַּיִת וּמָקוֹם לַגְּמַלִּים׃ וַיָּבֹא הָאִישׁ
הַבַּיְתָה וַיְפַתַּח הַגְּמַלִּים וַיִּתֵּן תֶּבֶן וּמִסְפּוֹא לַגְּמַלִּים וּמַיִם
33 לִרְחֹץ רַגְלָיו וְרַגְלֵי הָאֲנָשִׁים אֲשֶׁר אִתּוֹ׃ וַיִּישֶׂם לְפָנָיו לֶאֱכֹל

ויאמר

v. 16. והנערה ק   v. 28. הנערה ק   v. 33. ויושם ק

34 וַיֹּאמַר לֹא אֹכַל עַד אִם־דִּבַּרְתִּי דְּבָרָי וַיֹּאמֶר דַּבֵּר׃ וַיֹּאמַר
לה עֶבֶד אַבְרָהָם אָנֹכִי׃ וַיהוָה בֵּרַךְ אֶת־אֲדֹנִי מְאֹד וַיִּגְדָּל וַיִּתֶּן־
לוֹ צֹאן וּבָקָר וְכֶסֶף וְזָהָב וַעֲבָדִם וּשְׁפָחֹת וּגְמַלִּים וַחֲמֹרִים׃
36 וַתֵּלֶד שָׂרָה אֵשֶׁת אֲדֹנִי בֵן לַאדֹנִי אַחֲרֵי זִקְנָתָהּ וַיִּתֶּן־לוֹ
37 אֶת־כָּל־אֲשֶׁר־לוֹ׃ וַיַּשְׁבִּעֵנִי אֲדֹנִי לֵאמֹר לֹא־תִקַּח אִשָּׁה
38 לִבְנִי מִבְּנוֹת הַכְּנַעֲנִי אֲשֶׁר אָנֹכִי יֹשֵׁב בְּאַרְצוֹ׃ אִם־לֹא אֶל־
39 בֵּית־אָבִי תֵּלֵךְ וְאֶל־מִשְׁפַּחְתִּי וְלָקַחְתָּ אִשָּׁה לִבְנִי׃ וָאֹמַר
מ אֶל־אֲדֹנִי אֻלַי לֹא־תֵלֵךְ הָאִשָּׁה אַחֲרָי׃ וַיֹּאמֶר אֵלָי יְהוָה
אֲשֶׁר־הִתְהַלַּכְתִּי לְפָנָיו יִשְׁלַח מַלְאָכוֹ אִתָּךְ וְהִצְלִיחַ דַּרְכֶּךָ
41 וְלָקַחְתָּ אִשָּׁה לִבְנִי מִמִּשְׁפַּחְתִּי וּמִבֵּית אָבִי׃ אָז תִּנָּקֶה מֵאָלָתִי
כִּי תָבוֹא אֶל־מִשְׁפַּחְתִּי וְאִם־לֹא יִתְּנוּ לָךְ וְהָיִיתָ נָקִי מֵאָלָתִי׃
42 וָאָבֹא הַיּוֹם אֶל־הָעָיִן וָאֹמַר יְהוָה אֱלֹהֵי אֲדֹנִי אַבְרָהָם אִם־
43 יֶשְׁךָ־נָּא מַצְלִיחַ דַּרְכִּי אֲשֶׁר אָנֹכִי הֹלֵךְ עָלֶיהָ׃ הִנֵּה אָנֹכִי
נִצָּב עַל־עֵין הַמָּיִם וְהָיָה הָעַלְמָה הַיֹּצֵאת לִשְׁאֹב וְאָמַרְתִּי
44 אֵלֶיהָ הַשְׁקִינִי־נָא מְעַט־מַיִם מִכַּדֵּךְ׃ וְאָמְרָה אֵלַי גַּם־אַתָּה
שְׁתֵה וְגַם לִגְמַלֶּיךָ אֶשְׁאָב הִוא הָאִשָּׁה אֲשֶׁר־הֹכִיחַ יְהוָה
מה לְבֶן־אֲדֹנִי׃ אֲנִי טֶרֶם אֲכַלֶּה לְדַבֵּר אֶל־לִבִּי וְהִנֵּה רִבְקָה
יֹצֵאת וְכַדָּהּ עַל־שִׁכְמָהּ וַתֵּרֶד הָעַיְנָה וַתִּשְׁאָב וָאֹמַר אֵלֶיהָ
46 הַשְׁקִינִי נָא׃ וַתְּמַהֵר וַתּוֹרֶד כַּדָּהּ מֵעָלֶיהָ וַתֹּאמֶר שְׁתֵה וְגַם־
47 גְּמַלֶּיךָ אַשְׁקֶה וָאֵשְׁתְּ וְגַם הַגְּמַלִּים הִשְׁקָתָה׃ וָאֶשְׁאַל אֹתָהּ
וָאֹמַר בַּת־מִי אַתְּ וַתֹּאמֶר בַּת־בְּתוּאֵל בֶּן־נָחוֹר אֲשֶׁר יָלְדָה־
48 לּוֹ מִלְכָּה וָאָשִׂם הַנֶּזֶם עַל־אַפָּהּ וְהַצְּמִידִים עַל־יָדֶיהָ׃ וָאֶקֹּד
וָאֶשְׁתַּחֲוֶה לַיהוָה וָאֲבָרֵךְ אֶת־יְהוָה אֱלֹהֵי אֲדֹנִי אַבְרָהָם
אֲשֶׁר הִנְחַנִי בְּדֶרֶךְ אֱמֶת לָקַחַת אֶת־בַּת־אֲחִי אֲדֹנִי לִבְנוֹ׃
49 וְעַתָּה אִם־יֶשְׁכֶם עֹשִׂים חֶסֶד וֶאֱמֶת אֶת־אֲדֹנִי הַגִּידוּ לִי וְאִם־
נ לֹא הַגִּידוּ לִי וְאֶפְנֶה עַל־יָמִין אוֹ עַל־שְׂמֹאל׃ וַיַּעַן לָבָן
וּבְתוּאֵל וַיֹּאמְרוּ מֵיְהוָה יָצָא הַדָּבָר לֹא נוּכַל דַּבֵּר אֵלֶיךָ רַע
51 אוֹ־טוֹב׃ הִנֵּה־רִבְקָה לְפָנֶיךָ קַח וָלֵךְ וּתְהִי אִשָּׁה לְבֶן־

אדניך

52 אֲדֹנֶיךָ כַּאֲשֶׁר דִּבֶּר יְהוָה׃ וַיְהִי כַּאֲשֶׁר שָׁמַע עֶבֶד אַבְרָהָם
53 אֶת־דִּבְרֵיהֶם וַיִּשְׁתַּחוּ אַרְצָה לַיהוָה׃* וַיּוֹצֵא הָעֶבֶד כְּלֵי־ חמישי
כֶסֶף וּכְלֵי זָהָב וּבְגָדִים וַיִּתֵּן לְרִבְקָה וּמִגְדָּנֹת נָתַן לְאָחִיהָ
54 וּלְאִמָּהּ׃ וַיֹּאכְלוּ וַיִּשְׁתּוּ הוּא וְהָאֲנָשִׁים אֲשֶׁר־עִמּוֹ וַיָּלִינוּ
נה וַיָּקוּמוּ בַבֹּקֶר וַיֹּאמֶר שַׁלְּחֻנִי לַאדֹנִי׃ וַיֹּאמֶר אָחִיהָ וְאִמָּהּ
56 תֵּשֵׁב הַנַּעֲרָ אִתָּנוּ יָמִים אוֹ עָשׂוֹר אַחַר תֵּלֵךְ׃ וַיֹּאמֶר אֲלֵהֶם
אַל־תְּאַחֲרוּ אֹתִי וַיהוָה הִצְלִיחַ דַּרְכִּי שַׁלְּחוּנִי וְאֵלְכָה לַאדֹנִי׃
57 58 וַיֹּאמְרוּ נִקְרָא לַנַּעֲרָ וְנִשְׁאֲלָה אֶת־פִּיהָ׃ וַיִּקְרְאוּ לְרִבְקָה
59 וַיֹּאמְרוּ אֵלֶיהָ הֲתֵלְכִי עִם־הָאִישׁ הַזֶּה וַתֹּאמֶר אֵלֵךְ׃ וַיְשַׁלְּחוּ
אֶת־רִבְקָה אֲחֹתָם וְאֶת־מֵנִקְתָּהּ וְאֶת־עֶבֶד אַבְרָהָם וְאֶת־
ס אֲנָשָׁיו׃ וַיְבָרְכוּ אֶת־רִבְקָה וַיֹּאמְרוּ לָהּ אֲחֹתֵנוּ אַתְּ הֲיִי
61 לְאַלְפֵי רְבָבָה וְיִירַשׁ זַרְעֵךְ אֵת שַׁעַר שֹׂנְאָיו׃ וַתָּקָם רִבְקָה
וְנַעֲרֹתֶיהָ וַתִּרְכַּבְנָה עַל־הַגְּמַלִּים וַתֵּלַכְנָה אַחֲרֵי הָאִישׁ וַיִּקַּח
62 הָעֶבֶד אֶת־רִבְקָה וַיֵּלַךְ׃ וְיִצְחָק בָּא מִבּוֹא בְּאֵר לַחַי רֹאִי
63 וְהוּא יוֹשֵׁב בְּאֶרֶץ הַנֶּגֶב׃ וַיֵּצֵא יִצְחָק לָשׂוּחַ בַּשָּׂדֶה לִפְנוֹת
64 עָרֶב וַיִּשָּׂא עֵינָיו וַיַּרְא וְהִנֵּה גְמַלִּים בָּאִים׃ וַתִּשָּׂא רִבְקָה
סה אֶת־עֵינֶיהָ וַתֵּרֶא אֶת־יִצְחָק וַתִּפֹּל מֵעַל הַגָּמָל׃ וַתֹּאמֶר
אֶל־הָעֶבֶד מִי־הָאִישׁ הַלָּזֶה הַהֹלֵךְ בַּשָּׂדֶה לִקְרָאתֵנוּ וַיֹּאמֶר
66 הָעֶבֶד הוּא אֲדֹנִי וַתִּקַּח הַצָּעִיף וַתִּתְכָּס׃ וַיְסַפֵּר הָעֶבֶד
67 לְיִצְחָק אֵת כָּל־הַדְּבָרִים אֲשֶׁר עָשָׂה׃ וַיְבִאֶהָ יִצְחָק הָאֹהֱלָה
שָׂרָה אִמּוֹ וַיִּקַּח אֶת־רִבְקָה וַתְּהִי־לוֹ לְאִשָּׁה וַיֶּאֱהָבֶהָ וַיִּנָּחֵם
יִצְחָק אַחֲרֵי אִמּוֹ׃* פ

כה CAP. XXV. כה

2 א וַיֹּסֶף אַבְרָהָם וַיִּקַּח אִשָּׁה וּשְׁמָהּ קְטוּרָה׃ וַתֵּלֶד לוֹ אֶת־ ששי
זִמְרָן וְאֶת־יָקְשָׁן וְאֶת־מְדָן וְאֶת־מִדְיָן וְאֶת־יִשְׁבָּק וְאֶת־
3 שׁוּחַ׃ וְיָקְשָׁן יָלַד אֶת־שְׁבָא וְאֶת־דְּדָן וּבְנֵי דְדָן הָיוּ אַשּׁוּרִם
4 וּלְטוּשִׁם וּלְאֻמִּים׃ וּבְנֵי מִדְיָן עֵיפָה וָעֵפֶר וַחֲנֹךְ וַאֲבִידָע

ואלדעה

כ״ד v. 55. הנערה ק׳ v. 57. לנערה ק׳

וְאֶלְדָּעָה כָּל־אֵלֶּה בְּנֵי קְטוּרָה׃ וַיִּתֵּן אַבְרָהָם אֶת־כָּל־ ה
אֲשֶׁר־לוֹ לְיִצְחָק׃ וְלִבְנֵי הַפִּילַגְשִׁים אֲשֶׁר לְאַבְרָהָם נָתַן 6
אַבְרָהָם מַתָּנֹת וַיְשַׁלְּחֵם מֵעַל יִצְחָק בְּנוֹ בְּעוֹדֶנּוּ חַי קֵדְמָה
אֶל־אֶרֶץ קֶדֶם׃ וְאֵלֶּה יְמֵי שְׁנֵי־חַיֵּי אַבְרָהָם אֲשֶׁר־חָי מְאַת 7
שָׁנָה וְשִׁבְעִים שָׁנָה וְחָמֵשׁ שָׁנִים׃ וַיִּגְוַע וַיָּמָת אַבְרָהָם בְּשֵׂיבָה 8
טוֹבָה זָקֵן וְשָׂבֵעַ וַיֵּאָסֶף אֶל־עַמָּיו׃ וַיִּקְבְּרוּ אֹתוֹ יִצְחָק 9
וְיִשְׁמָעֵאל בָּנָיו אֶל־מְעָרַת הַמַּכְפֵּלָה אֶל־שְׂדֵה עֶפְרֹן בֶּן־
צֹחַר הַחִתִּי אֲשֶׁר עַל־פְּנֵי מַמְרֵא׃ הַשָּׂדֶה אֲשֶׁר־קָנָה אַבְרָהָם י
מֵאֵת בְּנֵי־חֵת שָׁמָּה קֻבַּר אַבְרָהָם וְשָׂרָה אִשְׁתּוֹ׃ וַיְהִי אַחֲרֵי 11
מוֹת אַבְרָהָם וַיְבָרֶךְ אֱלֹהִים אֶת־יִצְחָק בְּנוֹ וַיֵּשֶׁב יִצְחָק עִם־
בְּאֵר לַחַי רֹאִי׃* פ

שביעי וְאֵלֶּה תֹּלְדֹת יִשְׁמָעֵאל בֶּן־אַבְרָהָם אֲשֶׁר יָלְדָה הָגָר הַמִּצְרִית 12
שִׁפְחַת שָׂרָה לְאַבְרָהָם׃ וְאֵלֶּה שְׁמוֹת בְּנֵי יִשְׁמָעֵאל בִּשְׁמֹתָם 13
לְתוֹלְדֹתָם בְּכֹר יִשְׁמָעֵאל נְבָיֹת וְקֵדָר וְאַדְבְּאֵל וּמִבְשָׂם׃
וּמִשְׁמָע וְדוּמָה וּמַשָּׂא׃ חֲדַד וְתֵימָא יְטוּר נָפִישׁ וָקֵדְמָה׃ * 14 טו
מפטיר אֵלֶּה הֵם בְּנֵי יִשְׁמָעֵאל וְאֵלֶּה שְׁמֹתָם בְּחַצְרֵיהֶם וּבְטִירֹתָם 16
שְׁנֵים־עָשָׂר נְשִׂיאִם לְאֻמֹּתָם׃ וְאֵלֶּה שְׁנֵי חַיֵּי יִשְׁמָעֵאל מְאַת 17
שָׁנָה וּשְׁלֹשִׁים שָׁנָה וְשֶׁבַע שָׁנִים וַיִּגְוַע וַיָּמָת וַיֵּאָסֶף אֶל־עַמָּיו׃
וַיִּשְׁכְּנוּ מֵחֲוִילָה עַד־שׁוּר אֲשֶׁר עַל־פְּנֵי מִצְרַיִם בֹּאֲכָה 18
אַשּׁוּרָה עַל־פְּנֵי כָל־אֶחָיו נָפָל׃ פ פ פ

תולדות ו 6

וְאֵלֶּה תּוֹלְדֹת יִצְחָק בֶּן־אַבְרָהָם אַבְרָהָם הוֹלִיד אֶת־ 19
יִצְחָק׃ וַיְהִי יִצְחָק בֶּן־אַרְבָּעִים שָׁנָה בְּקַחְתּוֹ אֶת־רִבְקָה כ
בַּת־בְּתוּאֵל הָאֲרַמִּי מִפַּדַּן אֲרָם אֲחוֹת לָבָן הָאֲרַמִּי לוֹ
לְאִשָּׁה׃ וַיֶּעְתַּר יִצְחָק לַיהוָה לְנֹכַח אִשְׁתּוֹ כִּי עֲקָרָה הִוא 21
וַיֵּעָתֶר לוֹ יְהוָה וַתַּהַר רִבְקָה אִשְׁתּוֹ׃ וַיִּתְרֹצְצוּ הַבָּנִים בְּקִרְבָּהּ 22
וַתֹּאמֶר אִם־כֵּן לָמָּה זֶּה אָנֹכִי וַתֵּלֶךְ לִדְרֹשׁ אֶת־יְהוָה׃ וַיֹּאמֶר 23
יהוה

יְהוָה לָהּ שְׁנֵי גֹייִם בְּבִטְנֵךְ וּשְׁנֵי לְאֻמִּים מִמֵּעַיִךְ יִפָּרֵדוּ וּלְאֹם
24 מִלְאֹם יֶאֱמָץ וְרַב יַעֲבֹד צָעִיר׃ וַיִּמְלְאוּ יָמֶיהָ לָלֶדֶת וְהִנֵּה
כה תוֹמִם בְּבִטְנָהּ׃ וַיֵּצֵא הָרִאשׁוֹן אַדְמוֹנִי כֻּלּוֹ כְּאַדֶּרֶת שֵׂעָר
26 וַיִּקְרְאוּ שְׁמוֹ עֵשָׂו׃ וְאַחֲרֵי־כֵן יָצָא אָחִיו וְיָדוֹ אֹחֶזֶת בַּעֲקֵב
עֵשָׂו וַיִּקְרָא שְׁמוֹ יַעֲקֹב וְיִצְחָק בֶּן־שִׁשִּׁים שָׁנָה בְּלֶדֶת אֹתָם׃
27 וַיִּגְדְּלוּ הַנְּעָרִים וַיְהִי עֵשָׂו אִישׁ יֹדֵעַ צַיִד אִישׁ שָׂדֶה וְיַעֲקֹב
28 אִישׁ תָּם יֹשֵׁב אֹהָלִים׃ וַיֶּאֱהַב יִצְחָק אֶת־עֵשָׂו כִּי־צַיִד בְּפִיו
29 וְרִבְקָה אֹהֶבֶת אֶת־יַעֲקֹב׃ וַיָּזֶד יַעֲקֹב נָזִיד וַיָּבֹא עֵשָׂו מִן־
ל הַשָּׂדֶה וְהוּא עָיֵף׃ וַיֹּאמֶר עֵשָׂו אֶל־יַעֲקֹב הַלְעִיטֵנִי נָא מִן־
הָאָדֹם הָאָדֹם הַזֶּה כִּי עָיֵף אָנֹכִי עַל־כֵּן קָרָא־שְׁמוֹ אֱדוֹם׃
31 32 וַיֹּאמֶר יַעֲקֹב מִכְרָה כַיּוֹם אֶת־בְּכֹרָתְךָ לִי׃ וַיֹּאמֶר עֵשָׂו הִנֵּה
33 אָנֹכִי הוֹלֵךְ לָמוּת וְלָמָּה־זֶּה לִי בְּכֹרָה׃ וַיֹּאמֶר יַעֲקֹב הִשָּׁבְעָה
34 לִּי כַּיּוֹם וַיִּשָּׁבַע לוֹ וַיִּמְכֹּר אֶת־בְּכֹרָתוֹ לְיַעֲקֹב׃ וְיַעֲקֹב נָתַן
לְעֵשָׂו לֶחֶם וּנְזִיד עֲדָשִׁים וַיֹּאכַל וַיֵּשְׁתְּ וַיָּקָם וַיֵּלַךְ וַיִּבֶז עֵשָׂו
אֶת־הַבְּכֹרָה׃ פ

כו Cap. XXVI. כו

א וַיְהִי רָעָב בָּאָרֶץ מִלְּבַד הָרָעָב הָרִאשׁוֹן אֲשֶׁר הָיָה בִּימֵי
אַבְרָהָם וַיֵּלֶךְ יִצְחָק אֶל־אֲבִימֶלֶךְ מֶלֶךְ־פְּלִשְׁתִּים גְּרָרָה׃
2 וַיֵּרָא אֵלָיו יְהוָה וַיֹּאמֶר אַל־תֵּרֵד מִצְרָיְמָה שְׁכֹן בָּאָרֶץ אֲשֶׁר
3 אֹמַר אֵלֶיךָ׃ גּוּר בָּאָרֶץ הַזֹּאת וְאֶהְיֶה עִמְּךָ וַאֲבָרְכֶךָּ כִּי־
לְךָ וּלְזַרְעֲךָ אֶתֵּן אֶת־כָּל־הָאֲרָצֹת הָאֵל וַהֲקִמֹתִי אֶת־
4 הַשְּׁבֻעָה אֲשֶׁר נִשְׁבַּעְתִּי לְאַבְרָהָם אָבִיךָ׃ וְהִרְבֵּיתִי אֶת־
זַרְעֲךָ כְּכוֹכְבֵי הַשָּׁמַיִם וְנָתַתִּי לְזַרְעֲךָ אֵת כָּל־הָאֲרָצֹת הָאֵל
ה וְהִתְבָּרְכוּ בְזַרְעֲךָ כֹּל גּוֹיֵי הָאָרֶץ׃ עֵקֶב אֲשֶׁר־שָׁמַע אַבְרָהָם
6 בְּקֹלִי וַיִּשְׁמֹר מִשְׁמַרְתִּי מִצְוֹתַי חֻקּוֹתַי וְתוֹרֹתָי׃ * וַיֵּשֶׁב יִצְחָק שני
7 בִּגְרָר׃ וַיִּשְׁאֲלוּ אַנְשֵׁי הַמָּקוֹם לְאִשְׁתּוֹ וַיֹּאמֶר אֲחֹתִי הִוא כִּי

ירא

כ״ה v. 23 גיים ק
כ״ו vv. 3, 4 סבירין האלה

יִרָא לֵאמֹר אִשְׁתִּי פֶּן־יַהַרְגֻנִי אַנְשֵׁי הַמָּקוֹם עַל־רִבְקָה כִּי־
8 טוֹבַת מַרְאֶה הִוא: וַיְהִי כִּי אָרְכוּ־לוֹ שָׁם הַיָּמִים וַיַּשְׁקֵף
אֲבִימֶלֶךְ מֶלֶךְ פְּלִשְׁתִּים בְּעַד הַחַלּוֹן וַיַּרְא וְהִנֵּה יִצְחָק
9 מְצַחֵק אֵת רִבְקָה אִשְׁתּוֹ: וַיִּקְרָא אֲבִימֶלֶךְ לְיִצְחָק וַיֹּאמֶר
אַךְ הִנֵּה אִשְׁתְּךָ הִוא וְאֵיךְ אָמַרְתָּ אֲחֹתִי הִוא וַיֹּאמֶר אֵלָיו
י יִצְחָק כִּי אָמַרְתִּי פֶּן־אָמוּת עָלֶיהָ: וַיֹּאמֶר אֲבִימֶלֶךְ מַה־
זֹּאת עָשִׂיתָ לָּנוּ כִּמְעַט שָׁכַב אַחַד הָעָם אֶת־אִשְׁתֶּךָ וְהֵבֵאתָ
11 עָלֵינוּ אָשָׁם: וַיְצַו אֲבִימֶלֶךְ אֶת־כָּל־הָעָם לֵאמֹר הַנֹּגֵעַ בָּאִישׁ
12 הַזֶּה וּבְאִשְׁתּוֹ מוֹת יוּמָת: וַיִּזְרַע יִצְחָק בָּאָרֶץ הַהִוא וַיִּמְצָא
שלישי 13 בַּשָּׁנָה הַהִוא מֵאָה שְׁעָרִים וַיְבָרְכֵהוּ יְהוָה: * וַיִּגְדַּל הָאִישׁ וַיֵּלֶךְ
14 הָלוֹךְ וְגָדֵל עַד כִּי־גָדַל מְאֹד: וַיְהִי־לוֹ מִקְנֵה־צֹאן וּמִקְנֵה
טו בָקָר וַעֲבֻדָּה רַבָּה וַיְקַנְאוּ אֹתוֹ פְּלִשְׁתִּים: וְכָל־הַבְּאֵרֹת
אֲשֶׁר חָפְרוּ עַבְדֵי אָבִיו בִּימֵי אַבְרָהָם אָבִיו סִתְּמוּם פְּלִשְׁתִּים
16 וַיְמַלְאוּם עָפָר: וַיֹּאמֶר אֲבִימֶלֶךְ אֶל־יִצְחָק לֵךְ מֵעִמָּנוּ כִּי־
17 עָצַמְתָּ מִמֶּנּוּ מְאֹד: וַיֵּלֶךְ מִשָּׁם יִצְחָק וַיִּחַן בְּנַחַל־גְּרָר וַיֵּשֶׁב
18 שָׁם: וַיָּשָׁב יִצְחָק וַיַּחְפֹּר ׀ אֶת־בְּאֵרֹת הַמַּיִם אֲשֶׁר חָפְרוּ
בִּימֵי אַבְרָהָם אָבִיו וַיְסַתְּמוּם פְּלִשְׁתִּים אַחֲרֵי מוֹת אַבְרָהָם
19 וַיִּקְרָא לָהֶן שֵׁמוֹת כַּשֵּׁמֹת אֲשֶׁר־קָרָא לָהֶן אָבִיו: וַיַּחְפְּרוּ
כ עַבְדֵי־יִצְחָק בַּנָּחַל וַיִּמְצְאוּ־שָׁם בְּאֵר מַיִם חַיִּים: וַיָּרִיבוּ
רֹעֵי גְרָר עִם־רֹעֵי יִצְחָק לֵאמֹר לָנוּ הַמָּיִם וַיִּקְרָא שֵׁם־
21 הַבְּאֵר עֵשֶׂק כִּי הִתְעַשְּׂקוּ עִמּוֹ: וַיַּחְפְּרוּ בְּאֵר אַחֶרֶת וַיָּרִיבוּ
22 גַּם־עָלֶיהָ וַיִּקְרָא שְׁמָהּ שִׂטְנָה: וַיַּעְתֵּק מִשָּׁם וַיַּחְפֹּר בְּאֵר
אַחֶרֶת וְלֹא רָבוּ עָלֶיהָ וַיִּקְרָא שְׁמָהּ רְחֹבוֹת וַיֹּאמֶר כִּי־עַתָּה
רביעי 23 הִרְחִיב יְהוָה לָנוּ וּפָרִינוּ בָאָרֶץ: * וַיַּעַל מִשָּׁם בְּאֵר שָׁבַע:
24 וַיֵּרָא אֵלָיו יְהוָה בַּלַּיְלָה הַהוּא וַיֹּאמֶר אָנֹכִי אֱלֹהֵי אַבְרָהָם
אָבִיךָ אַל־תִּירָא כִּי־אִתְּךָ אָנֹכִי וּבֵרַכְתִּיךָ וְהִרְבֵּיתִי אֶת־
כה זַרְעֲךָ בַּעֲבוּר אַבְרָהָם עַבְדִּי: וַיִּבֶן שָׁם מִזְבֵּחַ וַיִּקְרָא בְּשֵׁם
26 יְהוָה וַיֶּט־שָׁם אָהֳלוֹ וַיִּכְרוּ־שָׁם עַבְדֵי־יִצְחָק בְּאֵר: וַאֲבִימֶלֶךְ
הלך

27 הָלַךְ אֵלָיו מִגְּרָר וַאֲחֻזַּת מֵרֵעֵהוּ וּפִיכֹל שַׂר־צְבָאוֹ׃ וַיֹּאמֶר
אֲלֵהֶם יִצְחָק מַדּוּעַ בָּאתֶם אֵלָי וְאַתֶּם שְׂנֵאתֶם אֹתִי וַתְּשַׁלְּחוּנִי
28 מֵאִתְּכֶם׃ וַיֹּאמְרוּ רָאוֹ רָאִינוּ כִּי־הָיָה יְהוָה ׀ עִמָּךְ וַנֹּאמֶר
תְּהִי נָא אָלָה בֵּינוֹתֵינוּ בֵּינֵינוּ וּבֵינֶךָ וְנִכְרְתָה בְרִית עִמָּךְ׃
29 אִם־תַּעֲשֵׂה עִמָּנוּ רָעָה כַּאֲשֶׁר לֹא נְגַעֲנוּךָ וְכַאֲשֶׁר עָשִׂינוּ
עִמְּךָ רַק־טוֹב וַנְּשַׁלֵּחֲךָ בְּשָׁלוֹם אַתָּה עַתָּה בְּרוּךְ יְהוָה׃ *
ל 31 וַיַּעַשׂ לָהֶם מִשְׁתֶּה וַיֹּאכְלוּ וַיִּשְׁתּוּ׃ וַיַּשְׁכִּימוּ בַבֹּקֶר וַיִּשָּׁבְעוּ חמישי
32 אִישׁ לְאָחִיו וַיְשַׁלְּחֵם יִצְחָק וַיֵּלְכוּ מֵאִתּוֹ בְּשָׁלוֹם׃ וַיְהִי ׀ בַּיּוֹם
הַהוּא וַיָּבֹאוּ עַבְדֵי יִצְחָק וַיַּגִּדוּ לוֹ עַל־אֹדוֹת הַבְּאֵר אֲשֶׁר
33 חָפָרוּ וַיֹּאמְרוּ לוֹ מָצָאנוּ מָיִם׃ וַיִּקְרָא אֹתָהּ שִׁבְעָה עַל־כֵּן
34 שֵׁם־הָעִיר בְּאֵר שֶׁבַע עַד הַיּוֹם הַזֶּה׃ ס וַיְהִי עֵשָׂו בֶּן־
אַרְבָּעִים שָׁנָה וַיִּקַּח אִשָּׁה אֶת־יְהוּדִית בַּת־בְּאֵרִי הַחִתִּי
לה וְאֶת־בָּשְׂמַת בַּת־אֵילֹן הַחִתִּי׃ וַתִּהְיֶיןָ מֹרַת רוּחַ לְיִצְחָק
וּלְרִבְקָה׃ ס

כז CAP. XXVII. כז

א וַיְהִי כִּי־זָקֵן יִצְחָק וַתִּכְהֶיןָ עֵינָיו מֵרְאֹת וַיִּקְרָא אֶת־עֵשָׂו ׀
2 בְּנוֹ הַגָּדֹל וַיֹּאמֶר אֵלָיו בְּנִי וַיֹּאמֶר אֵלָיו הִנֵּנִי׃ וַיֹּאמֶר הִנֵּה־
3 נָא זָקַנְתִּי לֹא יָדַעְתִּי יוֹם מוֹתִי׃ וְעַתָּה שָׂא־נָא כֵלֶיךָ תֶּלְיְךָ
4 וְקַשְׁתֶּךָ וְצֵא הַשָּׂדֶה וְצוּדָה לִּי צֵידָה׃ וַעֲשֵׂה־לִי מַטְעַמִּים
כַּאֲשֶׁר אָהַבְתִּי וְהָבִיאָה לִּי וְאֹכֵלָה בַּעֲבוּר תְּבָרֶכְךָ נַפְשִׁי
ה בְּטֶרֶם אָמוּת׃ וְרִבְקָה שֹׁמַעַת בְּדַבֵּר יִצְחָק אֶל־עֵשָׂו בְּנוֹ
6 וַיֵּלֶךְ עֵשָׂו הַשָּׂדֶה לָצוּד צַיִד לְהָבִיא׃ וְרִבְקָה אָמְרָה אֶל־
יַעֲקֹב בְּנָהּ לֵאמֹר הִנֵּה שָׁמַעְתִּי אֶת־אָבִיךָ מְדַבֵּר אֶל־עֵשָׂו
7 אָחִיךָ לֵאמֹר׃ הָבִיאָה לִּי צַיִד וַעֲשֵׂה־לִי מַטְעַמִּים וְאֹכֵלָה
8 וַאֲבָרֶכְכָה לִפְנֵי יְהוָה לִפְנֵי מוֹתִי׃ וְעַתָּה בְנִי שְׁמַע בְּקֹלִי
9 לַאֲשֶׁר אֲנִי מְצַוָּה אֹתָךְ׃ לֶךְ־נָא אֶל־הַצֹּאן וְקַח־לִי מִשָּׁם
שְׁנֵי גְּדָיֵי עִזִּים טֹבִים וְאֶעֱשֶׂה אֹתָם מַטְעַמִּים לְאָבִיךָ כַּאֲשֶׁר

אהב

כ״ז v. 3 ציד ק

י אָהֵב׃ וְהֵבֵאתָ לְאָבִיךָ וְאָכָל בַּעֲבֻר אֲשֶׁר יְבָרֶכְךָ לִפְנֵי
11 מוֹתוֹ׃ וַיֹּאמֶר יַעֲקֹב אֶל־רִבְקָה אִמּוֹ הֵן עֵשָׂו אָחִי אִישׁ שָׂעִר
12 וְאָנֹכִי אִישׁ חָלָק׃ אוּלַי יְמֻשֵּׁנִי אָבִי וְהָיִיתִי בְעֵינָיו כִּמְתַעְתֵּעַ
13 וְהֵבֵאתִי עָלַי קְלָלָה וְלֹא בְרָכָה׃ וַתֹּאמֶר לוֹ אִמּוֹ עָלַי
14 קִלְלָתְךָ בְּנִי אַךְ שְׁמַע בְּקֹלִי וְלֵךְ קַח־לִי׃ וַיֵּלֶךְ וַיִּקַּח וַיָּבֵא
טו לְאִמּוֹ וַתַּעַשׂ אִמּוֹ מַטְעַמִּים כַּאֲשֶׁר אָהֵב אָבִיו׃ וַתִּקַּח רִבְקָה
אֶת־בִּגְדֵי עֵשָׂו בְּנָהּ הַגָּדֹל הַחֲמֻדֹת אֲשֶׁר אִתָּהּ בַּבָּיִת וַתַּלְבֵּשׁ
16 אֶת־יַעֲקֹב בְּנָהּ הַקָּטָן׃ וְאֵת עֹרֹת גְּדָיֵי הָעִזִּים הִלְבִּישָׁה עַל־
17 יָדָיו וְעַל חֶלְקַת צַוָּארָיו׃ וַתִּתֵּן אֶת־הַמַּטְעַמִּים וְאֶת־הַלֶּחֶם
18 אֲשֶׁר עָשָׂתָה בְּיַד יַעֲקֹב בְּנָהּ׃ וַיָּבֹא אֶל־אָבִיו וַיֹּאמֶר אָבִי
19 וַיֹּאמֶר הִנֶּנִּי מִי אַתָּה בְּנִי׃ וַיֹּאמֶר יַעֲקֹב אֶל־אָבִיו אָנֹכִי עֵשָׂו
בְּכֹרֶךָ עָשִׂיתִי כַּאֲשֶׁר דִּבַּרְתָּ אֵלָי קוּם־נָא שְׁבָה וְאָכְלָה
כ מִצֵּידִי בַּעֲבוּר תְּבָרְכַנִּי נַפְשֶׁךָ׃ וַיֹּאמֶר יִצְחָק אֶל־בְּנוֹ מַה־
זֶּה מִהַרְתָּ לִמְצֹא בְּנִי וַיֹּאמֶר כִּי הִקְרָה יְהוָה אֱלֹהֶיךָ לְפָנָי׃
21 וַיֹּאמֶר יִצְחָק אֶל־יַעֲקֹב גְּשָׁה־נָּא וַאֲמֻשְׁךָ בְּנִי הַאַתָּה זֶה בְּנִי
22 עֵשָׂו אִם־לֹא׃ וַיִּגַּשׁ יַעֲקֹב אֶל־יִצְחָק אָבִיו וַיְמֻשֵּׁהוּ וַיֹּאמֶר
23 הַקֹּל קוֹל יַעֲקֹב וְהַיָּדַיִם יְדֵי עֵשָׂו׃ וְלֹא הִכִּירוֹ כִּי־הָיוּ יָדָיו
24 כִּידֵי עֵשָׂו אָחִיו שְׂעִרֹת וַיְבָרְכֵהוּ׃ וַיֹּאמֶר אַתָּה זֶה בְּנִי עֵשָׂו
כה וַיֹּאמֶר אָנִי׃ וַיֹּאמֶר הַגִּשָׁה לִּי וְאֹכְלָה מִצֵּיד בְּנִי לְמַעַן תְּבָרֶכְךָ
26 נַפְשִׁי וַיַּגֶּשׁ־לוֹ וַיֹּאכַל וַיָּבֵא לוֹ יַיִן וַיֵּשְׁתְּ׃ וַיֹּאמֶר אֵלָיו יִצְחָק
27 אָבִיו גְּשָׁה־נָּא וּשְׁקָה־לִּי בְּנִי׃ וַיִּגַּשׁ וַיִּשַּׁק־לוֹ וַיָּרַח אֶת־רֵיחַ
בְּגָדָיו וַיְבָרְכֵהוּ וַיֹּאמֶר רְאֵה רֵיחַ בְּנִי כְּרֵיחַ שָׂדֶה אֲשֶׁר בֵּרְכוֹ
28 יְהוָה׃ *וְיִתֶּן־לְךָ הָאֱלֹהִים מִטַּל הַשָּׁמַיִם וּמִשְׁמַנֵּי הָאָרֶץ וְרֹב ששי
29 דָּגָן וְתִירֹשׁ׃ יַעַבְדוּךָ עַמִּים וְיִשְׁתַּחֲוֻ לְךָ לְאֻמִּים הֱוֵה גְבִיר
לְאַחֶיךָ וְיִשְׁתַּחֲווּ לְךָ בְּנֵי אִמֶּךָ אֹרְרֶיךָ אָרוּר וּמְבָרְכֶיךָ בָּרוּךְ׃
ל וַיְהִי כַּאֲשֶׁר כִּלָּה יִצְחָק לְבָרֵךְ אֶת־יַעֲקֹב וַיְהִי אַךְ יָצֹא יָצָא
31 יַעֲקֹב מֵאֵת פְּנֵי יִצְחָק אָבִיו וְעֵשָׂו אָחִיו בָּא מִצֵּידוֹ׃ וַיַּעַשׂ

גם־הוא

v. 29 וישתחוו ק׳

גַּם־הוּא מַטְעַמִּים וַיָּבֵא לְאָבִיו וַיֹּאמֶר לְאָבִיו יָקֻם אָבִי
32 וְיֹאכַל מִצֵּיד בְּנוֹ בַּעֲבֻר תְּבָרְכַנִּי נַפְשֶׁךָ׃ וַיֹּאמֶר לוֹ יִצְחָק
33 אָבִיו מִי־אָתָּה וַיֹּאמֶר אֲנִי בִּנְךָ בְכֹרְךָ עֵשָׂו׃ וַיֶּחֱרַד יִצְחָק
חֲרָדָה גְּדֹלָה עַד־מְאֹד וַיֹּאמֶר מִי־אֵפוֹא הוּא הַצָּד־צַיִד
וַיָּבֵא לִי וָאֹכַל מִכֹּל בְּטֶרֶם תָּבוֹא וָאֲבָרְכֵהוּ גַּם־בָּרוּךְ יִהְיֶה׃
34 כִּשְׁמֹעַ עֵשָׂו אֶת־דִּבְרֵי אָבִיו וַיִּצְעַק צְעָקָה גְּדֹלָה וּמָרָה
לה עַד־מְאֹד וַיֹּאמֶר לְאָבִיו בָּרְכֵנִי גַם־אָנִי אָבִי׃ וַיֹּאמֶר בָּא
36 אָחִיךָ בְּמִרְמָה וַיִּקַּח בִּרְכָתֶךָ׃ וַיֹּאמֶר הֲכִי קָרָא שְׁמוֹ יַעֲקֹב
וַיַּעְקְבֵנִי זֶה פַעֲמַיִם אֶת־בְּכֹרָתִי לָקָח וְהִנֵּה עַתָּה לָקַח
37 בִּרְכָתִי וַיֹּאמַר הֲלֹא־אָצַלְתָּ לִּי בְּרָכָה׃ וַיַּעַן יִצְחָק וַיֹּאמֶר
לְעֵשָׂו הֵן גְּבִיר שַׂמְתִּיו לָךְ וְאֶת־כָּל־אֶחָיו נָתַתִּי לוֹ לַעֲבָדִים
38 וְדָגָן וְתִירֹשׁ סְמַכְתִּיו וּלְכָה אֵפוֹא מָה אֶעֱשֶׂה בְּנִי׃ וַיֹּאמֶר
עֵשָׂו אֶל־אָבִיו הַבְרָכָה אַחַת הִוא־לְךָ אָבִי בָּרְכֵנִי גַם־אָנִי
39 אָבִי וַיִּשָּׂא עֵשָׂו קֹלוֹ וַיֵּבְךְּ׃ וַיַּעַן יִצְחָק אָבִיו וַיֹּאמֶר אֵלָיו הִנֵּה
מ מִשְׁמַנֵּי הָאָרֶץ יִהְיֶה מוֹשָׁבֶךָ וּמִטַּל הַשָּׁמַיִם מֵעָל׃ וְעַל־
חַרְבְּךָ תִחְיֶה וְאֶת־אָחִיךָ תַּעֲבֹד וְהָיָה כַּאֲשֶׁר תָּרִיד וּפָרַקְתָּ
41 עֻלּוֹ מֵעַל צַוָּארֶךָ׃ וַיִּשְׂטֹם עֵשָׂו אֶת־יַעֲקֹב עַל־הַבְּרָכָה
אֲשֶׁר בֵּרְכוֹ אָבִיו וַיֹּאמֶר עֵשָׂו בְּלִבּוֹ יִקְרְבוּ יְמֵי אֵבֶל אָבִי
42 וְאַהַרְגָה אֶת־יַעֲקֹב אָחִי׃ וַיֻּגַּד לְרִבְקָה אֶת־דִּבְרֵי עֵשָׂו בְּנָהּ
הַגָּדֹל וַתִּשְׁלַח וַתִּקְרָא לְיַעֲקֹב בְּנָהּ הַקָּטָן וַתֹּאמֶר אֵלָיו הִנֵּה
43 עֵשָׂו אָחִיךָ מִתְנַחֵם לְךָ לְהָרְגֶךָ׃ וְעַתָּה בְנִי שְׁמַע בְּקֹלִי וְקוּם
44 בְּרַח־לְךָ אֶל־לָבָן אָחִי חָרָנָה׃ וְיָשַׁבְתָּ עִמּוֹ יָמִים אֲחָדִים
מה עַד אֲשֶׁר־תָּשׁוּב חֲמַת אָחִיךָ׃ עַד־שׁוּב אַף־אָחִיךָ מִמְּךָ
וְשָׁכַח אֵת אֲשֶׁר־עָשִׂיתָ לּוֹ וְשָׁלַחְתִּי וּלְקַחְתִּיךָ מִשָּׁם לָמָה
46 אֶשְׁכַּל גַּם־שְׁנֵיכֶם יוֹם אֶחָד׃ וַתֹּאמֶר רִבְקָה אֶל־יִצְחָק
קַצְתִּי בְחַיַּי מִפְּנֵי בְּנוֹת חֵת אִם־לֹקֵחַ יַעֲקֹב אִשָּׁה מִבְּנוֹת־
חֵת כָּאֵלֶּה מִבְּנוֹת הָאָרֶץ לָמָּה לִּי חַיִּים׃

v. 40 חצי הספר בפסוקים v. 46 ק׳ זעירא

כח Cap. XXVIII. כח

א וַיִּקְרָ֥א יִצְחָ֛ק אֶֽל־יַעֲקֹ֖ב וַיְבָ֣רֶךְ אֹת֑וֹ וַיְצַוֵּ֙הוּ֙ וַיֹּ֣אמֶר ל֔וֹ
2 לֹֽא־תִקַּ֥ח אִשָּׁ֖ה מִבְּנ֥וֹת כְּנָֽעַן׃ ק֥וּם לֵךְ֙ פַּדֶּ֣נָֽה אֲרָ֔ם בֵּ֥יתָה
בְתוּאֵ֖ל אֲבִ֣י אִמֶּ֑ךָ וְקַח־לְךָ֤ מִשָּׁם֙ אִשָּׁ֔ה מִבְּנ֥וֹת לָבָ֖ן אֲחִ֥י
3 אִמֶּֽךָ׃ וְאֵ֤ל שַׁדַּי֙ יְבָרֵ֣ךְ אֹֽתְךָ֔ וְיַפְרְךָ֖ וְיַרְבֶּ֑ךָ וְהָיִ֖יתָ לִקְהַ֥ל
4 עַמִּֽים׃ וְיִֽתֶּן־לְךָ֙ אֶת־בִּרְכַּ֣ת אַבְרָהָ֔ם לְךָ֖ וּלְזַרְעֲךָ֣ אִתָּ֑ךְ
לְרִשְׁתְּךָ֙ אֶת־אֶ֣רֶץ מְגֻרֶ֔יךָ אֲשֶׁר־נָתַ֥ן אֱלֹהִ֖ים לְאַבְרָהָֽם׃ *
ה וַיִּשְׁלַ֤ח יִצְחָק֙ אֶֽת־יַעֲקֹ֔ב וַיֵּ֖לֶךְ פַּדֶּ֣נָֽה אֲרָ֑ם אֶל־לָבָ֤ן בֶּן־ שביעי
6 בְּתוּאֵל֙ הָֽאֲרַמִּ֔י אֲחִ֣י רִבְקָ֔ה אֵ֥ם יַעֲקֹ֖ב וְעֵשָֽׂו׃ וַיַּ֣רְא עֵשָׂ֗ו כִּֽי־
בֵרַ֣ךְ יִצְחָק֮ אֶֽת־יַעֲקֹב֒ וְשִׁלַּ֤ח אֹתוֹ֙ פַּדֶּ֣נָֽה אֲרָ֔ם לָקַֽחַת־ל֥וֹ
מִשָּׁ֖ם אִשָּׁ֑ה בְּבָרְכ֣וֹ אֹת֔וֹ וַיְצַ֤ו עָלָיו֙ לֵאמֹ֔ר לֹא־תִקַּ֥ח אִשָּׁ֖ה
7 מִבְּנ֥וֹת כְּנָֽעַן׃ * וַיִּשְׁמַ֣ע יַעֲקֹ֔ב אֶל־אָבִ֖יו וְאֶל־אִמּ֑וֹ וַיֵּ֖לֶךְ פַּדֶּ֥נָֽה מפטיר
8 אֲרָֽם׃ וַיַּ֣רְא עֵשָׂ֔ו כִּ֥י רָע֖וֹת בְּנ֣וֹת כְּנָ֑עַן בְּעֵינֵ֖י יִצְחָ֥ק אָבִֽיו׃
9 וַיֵּ֥לֶךְ עֵשָׂ֖ו אֶל־יִשְׁמָעֵ֑אל וַיִּקַּ֡ח אֶֽת־מָחֲלַ֣ת ׀ בַּת־יִשְׁמָעֵ֨אל
בֶּן־אַבְרָהָ֜ם אֲח֧וֹת נְבָי֛וֹת עַל־נָשָׁ֖יו ל֥וֹ לְאִשָּֽׁה׃ ס ס ס

ויצא ז 7

וַיֵּצֵ֥א יַעֲקֹ֖ב מִבְּאֵ֣ר שָׁ֑בַע וַיֵּ֖לֶךְ חָרָֽנָה׃ וַיִּפְגַּ֨ע
11 בַּמָּק֜וֹם וַיָּ֤לֶן שָׁם֙ כִּי־בָ֣א הַשֶּׁ֔מֶשׁ וַיִּקַּח֙ מֵאַבְנֵ֣י הַמָּק֔וֹם וַיָּ֖שֶׂם
12 מְרַֽאֲשֹׁתָ֑יו וַיִּשְׁכַּ֖ב בַּמָּק֥וֹם הַהֽוּא׃ וַֽיַּחֲלֹ֗ם וְהִנֵּ֤ה סֻלָּם֙ מֻצָּ֣ב
אַ֔רְצָה וְרֹאשׁ֖וֹ מַגִּ֣יעַ הַשָּׁמָ֑יְמָה וְהִנֵּה֙ מַלְאֲכֵ֣י אֱלֹהִ֔ים עֹלִ֥ים
13 וְיֹרְדִ֖ים בּֽוֹ׃ וְהִנֵּ֨ה יְהוָ֜ה נִצָּ֣ב עָלָיו֮ וַיֹּאמַר֒ אֲנִ֣י יְהוָ֗ה אֱלֹהֵי֙
אַבְרָהָ֣ם אָבִ֔יךָ וֵאלֹהֵ֖י יִצְחָ֑ק הָאָ֗רֶץ אֲשֶׁ֤ר אַתָּה֙ שֹׁכֵ֣ב עָלֶ֔יהָ
14 לְךָ֥ אֶתְּנֶ֖נָּה וּלְזַרְעֶֽךָ׃ וְהָיָ֤ה זַרְעֲךָ֙ כַּעֲפַ֣ר הָאָ֔רֶץ וּפָרַצְתָּ֛ יָ֥מָּה
וָקֵ֖דְמָה וְצָפֹ֣נָה וָנֶ֑גְבָּה וְנִבְרְכ֥וּ בְךָ֛ כָּל־מִשְׁפְּחֹ֥ת הָאֲדָמָ֖ה
טו וּבְזַרְעֶֽךָ׃ וְהִנֵּ֨ה אָנֹכִ֜י עִמָּ֗ךְ וּשְׁמַרְתִּ֙יךָ֙ בְּכֹ֣ל אֲשֶׁר־תֵּלֵ֔ךְ
וַהֲשִׁ֣בֹתִ֔יךָ אֶל־הָאֲדָמָ֖ה הַזֹּ֑את כִּ֚י לֹ֣א אֶֽעֱזָבְךָ֔ עַ֚ד אֲשֶׁ֣ר אִם־
16 עָשִׂ֔יתִי אֵ֥ת אֲשֶׁר־דִּבַּ֖רְתִּי לָֽךְ׃ וַיִּיקַ֣ץ יַעֲקֹב֮ מִשְּׁנָתוֹ֒ וַיֹּ֕אמֶר
אכן

17 אָכֵן יֵשׁ יְהוָה בַּמָּקוֹם הַזֶּה וְאָנֹכִי לֹא יָדָעְתִּי׃ וַיִּירָא וַיֹּאמַר
מַה־נּוֹרָא הַמָּקוֹם הַזֶּה אֵין זֶה כִּי אִם־בֵּית אֱלֹהִים וְזֶה שַׁעַר
18 הַשָּׁמָיִם׃ וַיַּשְׁכֵּם יַעֲקֹב בַּבֹּקֶר וַיִּקַּח אֶת־הָאֶבֶן אֲשֶׁר־שָׂם
19 מְרַאֲשֹׁתָיו וַיָּשֶׂם אֹתָהּ מַצֵּבָה וַיִּצֹק שֶׁמֶן עַל־רֹאשָׁהּ׃ וַיִּקְרָא
אֶת־שֵׁם־הַמָּקוֹם הַהוּא בֵּית־אֵל וְאוּלָם לוּז שֵׁם־הָעִיר
כ לָרִאשֹׁנָה׃ וַיִּדַּר יַעֲקֹב נֶדֶר לֵאמֹר אִם־יִהְיֶה אֱלֹהִים עִמָּדִי
וּשְׁמָרַנִי בַּדֶּרֶךְ הַזֶּה אֲשֶׁר אָנֹכִי הוֹלֵךְ וְנָתַן־לִי לֶחֶם לֶאֱכֹל
21 וּבֶגֶד לִלְבֹּשׁ׃ וְשַׁבְתִּי בְשָׁלוֹם אֶל־בֵּית אָבִי וְהָיָה יְהוָה לִי
22 לֵאלֹהִים׃ וְהָאֶבֶן הַזֹּאת אֲשֶׁר־שַׂמְתִּי מַצֵּבָה יִהְיֶה בֵּית
אֱלֹהִים וְכֹל אֲשֶׁר תִּתֶּן־לִי עַשֵּׂר אֲעַשְּׂרֶנּוּ לָךְ׃ *

כט Cap. XXIX. כט

שני א וַיִּשָּׂא יַעֲקֹב רַגְלָיו וַיֵּלֶךְ אַרְצָה בְנֵי־קֶדֶם׃
2 וַיַּרְא וְהִנֵּה
בְאֵר בַּשָּׂדֶה וְהִנֵּה־שָׁם שְׁלֹשָׁה עֶדְרֵי־צֹאן רֹבְצִים עָלֶיהָ
כִּי מִן־הַבְּאֵר הַהִוא יַשְׁקוּ הָעֲדָרִים וְהָאֶבֶן גְּדֹלָה עַל־פִּי
3 הַבְּאֵר׃ וְנֶאֶסְפוּ־שָׁמָּה כָל־הָעֲדָרִים וְגָלֲלוּ אֶת־הָאֶבֶן מֵעַל
פִּי הַבְּאֵר וְהִשְׁקוּ אֶת־הַצֹּאן וְהֵשִׁיבוּ אֶת־הָאֶבֶן עַל־פִּי
4 הַבְּאֵר לִמְקֹמָהּ׃ וַיֹּאמֶר לָהֶם יַעֲקֹב אַחַי מֵאַיִן אַתֶּם וַיֹּאמְרוּ
ה מֵחָרָן אֲנָחְנוּ׃ וַיֹּאמֶר לָהֶם הַיְדַעְתֶּם אֶת־לָבָן בֶּן־נָחוֹר
6 וַיֹּאמְרוּ יָדָעְנוּ׃ וַיֹּאמֶר לָהֶם הֲשָׁלוֹם לוֹ וַיֹּאמְרוּ שָׁלוֹם וְהִנֵּה
7 רָחֵל בִּתּוֹ בָּאָה עִם־הַצֹּאן׃ וַיֹּאמֶר הֵן עוֹד הַיּוֹם גָּדוֹל לֹא־
8 עֵת הֵאָסֵף הַמִּקְנֶה הַשְׁקוּ הַצֹּאן וּלְכוּ רְעוּ׃ וַיֹּאמְרוּ לֹא נוּכַל
עַד אֲשֶׁר יֵאָסְפוּ כָּל־הָעֲדָרִים וְגָלֲלוּ אֶת־הָאֶבֶן מֵעַל פִּי
9 הַבְּאֵר וְהִשְׁקִינוּ הַצֹּאן׃ עוֹדֶנּוּ מְדַבֵּר עִמָּם וְרָחֵל ׀ בָּאָה
י עִם־הַצֹּאן אֲשֶׁר לְאָבִיהָ כִּי רֹעָה הִוא׃ וַיְהִי כַּאֲשֶׁר רָאָה
יַעֲקֹב אֶת־רָחֵל בַּת־לָבָן אֲחִי אִמּוֹ וְאֶת־צֹאן לָבָן אֲחִי אִמּוֹ
וַיִּגַּשׁ יַעֲקֹב וַיָּגֶל אֶת־הָאֶבֶן מֵעַל פִּי הַבְּאֵר וַיַּשְׁק אֶת־צֹאן
11 לָבָן אֲחִי אִמּוֹ׃ וַיִּשַּׁק יַעֲקֹב לְרָחֵל וַיִּשָּׂא אֶת־קֹלוֹ וַיֵּבְךְּ׃
12 וַיַּגֵּד יַעֲקֹב לְרָחֵל כִּי אֲחִי אָבִיהָ הוּא וְכִי בֶן־רִבְקָה הוּא

ותרץ

13 וַתָּרָץ וַתַּגֵּד לְאָבִיהָ׃ וַיְהִי כִשְׁמֹעַ לָבָן אֶת־שֵׁמַע ׀ יַעֲקֹב בֶּן־
אֲחֹתוֹ וַיָּרָץ לִקְרָאתוֹ וַיְחַבֶּק־לוֹ וַיְנַשֶּׁק־לוֹ וַיְבִיאֵהוּ אֶל־
14 בֵּיתוֹ וַיְסַפֵּר לְלָבָן אֵת כָּל־הַדְּבָרִים הָאֵלֶּה׃ וַיֹּאמֶר לוֹ
טו לָבָן אַךְ עַצְמִי וּבְשָׂרִי אָתָּה וַיֵּשֶׁב עִמּוֹ חֹדֶשׁ יָמִים׃ וַיֹּאמֶר
לָבָן לְיַעֲקֹב הֲכִי־אָחִי אַתָּה וַעֲבַדְתַּנִי חִנָּם הַגִּידָה לִּי מַה־
16 מַּשְׂכֻּרְתֶּךָ׃ וּלְלָבָן שְׁתֵּי בָנוֹת שֵׁם הַגְּדֹלָה לֵאָה וְשֵׁם הַקְּטַנָּה
17 רָחֵל׃ וְעֵינֵי לֵאָה רַכּוֹת וְרָחֵל הָיְתָה יְפַת־תֹּאַר וִיפַת
18 מַרְאֶה׃ *וַיֶּאֱהַב יַעֲקֹב אֶת־רָחֵל וַיֹּאמֶר אֶעֱבָדְךָ שֶׁבַע שָׁנִים שלישי
19 בְּרָחֵל בִּתְּךָ הַקְּטַנָּה׃ וַיֹּאמֶר לָבָן טוֹב תִּתִּי אֹתָהּ לָךְ מִתִּתִּי
כ אֹתָהּ לְאִישׁ אַחֵר שְׁבָה עִמָּדִי׃ וַיַּעֲבֹד יַעֲקֹב בְּרָחֵל שֶׁבַע
21 שָׁנִים וַיִּהְיוּ בְעֵינָיו כְּיָמִים אֲחָדִים בְּאַהֲבָתוֹ אֹתָהּ׃ וַיֹּאמֶר
יַעֲקֹב אֶל־לָבָן הָבָה אֶת־אִשְׁתִּי כִּי מָלְאוּ יָמָי וְאָבוֹאָה אֵלֶיהָ׃
22 23 וַיֶּאֱסֹף לָבָן אֶת־כָּל־אַנְשֵׁי הַמָּקוֹם וַיַּעַשׂ מִשְׁתֶּה׃ וַיְהִי בָעֶרֶב
24 וַיִּקַּח אֶת־לֵאָה בִתּוֹ וַיָּבֵא אֹתָהּ אֵלָיו וַיָּבֹא אֵלֶיהָ׃ וַיִּתֵּן לָבָן
כה לָהּ אֶת־זִלְפָּה שִׁפְחָתוֹ לְלֵאָה בִתּוֹ שִׁפְחָה׃ וַיְהִי בַבֹּקֶר
וְהִנֵּה־הִוא לֵאָה וַיֹּאמֶר אֶל־לָבָן מַה־זֹּאת עָשִׂיתָ לִּי הֲלֹא
26 בְרָחֵל עָבַדְתִּי עִמָּךְ וְלָמָּה רִמִּיתָנִי׃ וַיֹּאמֶר לָבָן לֹא־יֵעָשֶׂה
27 כֵן בִּמְקוֹמֵנוּ לָתֵת הַצְּעִירָה לִפְנֵי הַבְּכִירָה׃ מַלֵּא שְׁבֻעַ זֹאת
וְנִתְּנָה לְךָ גַּם־אֶת־זֹאת בַּעֲבֹדָה אֲשֶׁר תַּעֲבֹד עִמָּדִי עוֹד
28 שֶׁבַע־שָׁנִים אֲחֵרוֹת׃ וַיַּעַשׂ יַעֲקֹב כֵּן וַיְמַלֵּא שְׁבֻעַ זֹאת וַיִּתֶּן־
29 לוֹ אֶת־רָחֵל בִּתּוֹ לוֹ לְאִשָּׁה׃ וַיִּתֵּן לָבָן לְרָחֵל בִּתּוֹ אֶת־
ל בִּלְהָה שִׁפְחָתוֹ לָהּ לְשִׁפְחָה׃ וַיָּבֹא גַּם אֶל־רָחֵל וַיֶּאֱהַב גַּם־
31 אֶת־רָחֵל מִלֵּאָה וַיַּעֲבֹד עִמּוֹ עוֹד שֶׁבַע־שָׁנִים אֲחֵרוֹת׃ וַיַּרְא
יְהוָה כִּי־שְׂנוּאָה לֵאָה וַיִּפְתַּח אֶת־רַחְמָהּ וְרָחֵל עֲקָרָה׃
32 וַתַּהַר לֵאָה וַתֵּלֶד בֵּן וַתִּקְרָא שְׁמוֹ רְאוּבֵן כִּי אָמְרָה כִּי־
33 רָאָה יְהוָה בְּעָנְיִי כִּי עַתָּה יֶאֱהָבַנִי אִישִׁי׃ וַתַּהַר עוֹד וַתֵּלֶד
בֵּן וַתֹּאמֶר כִּי־שָׁמַע יְהוָה כִּי־שְׂנוּאָה אָנֹכִי וַיִּתֶּן־לִי גַּם־אֶת־
34 זֶה וַתִּקְרָא שְׁמוֹ שִׁמְעוֹן׃ וַתַּהַר עוֹד וַתֵּלֶד בֵּן וַתֹּאמֶר עַתָּה

הפעם

הַפַּעַם יִלָּוֶה אִישִׁי אֵלַי כִּי־יָלַדְתִּי לוֹ שְׁלֹשָׁה בָנִים עַל־כֵּן
לה קָרָא־שְׁמוֹ לֵוִי׃ וַתַּהַר עוֹד וַתֵּלֶד בֵּן וַתֹּאמֶר הַפַּעַם אוֹדֶה
אֶת־יְהוָה עַל־כֵּן קָרְאָה שְׁמוֹ יְהוּדָה וַתַּעֲמֹד מִלֶּדֶת׃

ל Cap. XXX.

א וַתֵּרֶא רָחֵל כִּי לֹא יָלְדָה לְיַעֲקֹב וַתְּקַנֵּא רָחֵל בַּאֲחֹתָהּ
וַתֹּאמֶר אֶל־יַעֲקֹב הָבָה־לִּי בָנִים וְאִם־אַיִן מֵתָה אָנֹכִי׃
2 וַיִּחַר־אַף יַעֲקֹב בְּרָחֵל וַיֹּאמֶר הֲתַחַת אֱלֹהִים אָנֹכִי אֲשֶׁר־
3 מָנַע מִמֵּךְ פְּרִי־בָטֶן׃ וַתֹּאמֶר הִנֵּה אֲמָתִי בִלְהָה בֹּא אֵלֶיהָ
4 וְתֵלֵד עַל־בִּרְכַּי וְאִבָּנֶה גַם־אָנֹכִי מִמֶּנָּה׃ וַתִּתֶּן־לוֹ אֶת־
ה בִּלְהָה שִׁפְחָתָהּ לְאִשָּׁה וַיָּבֹא אֵלֶיהָ יַעֲקֹב׃ וַתַּהַר בִּלְהָה
6 וַתֵּלֶד לְיַעֲקֹב בֵּן׃ וַתֹּאמֶר רָחֵל דָּנַנִּי אֱלֹהִים וְגַם שָׁמַע בְּקֹלִי
7 וַיִּתֶּן־לִי בֵּן עַל־כֵּן קָרְאָה שְׁמוֹ דָּן׃ וַתַּהַר עוֹד וַתֵּלֶד בִּלְהָה
8 שִׁפְחַת רָחֵל בֵּן שֵׁנִי לְיַעֲקֹב׃ וַתֹּאמֶר רָחֵל נַפְתּוּלֵי אֱלֹהִים ׀
9 נִפְתַּלְתִּי עִם־אֲחֹתִי גַּם־יָכֹלְתִּי וַתִּקְרָא שְׁמוֹ נַפְתָּלִי׃ וַתֵּרֶא
לֵאָה כִּי עָמְדָה מִלֶּדֶת וַתִּקַּח אֶת־זִלְפָּה שִׁפְחָתָהּ וַתִּתֵּן אֹתָהּ
י לְיַעֲקֹב לְאִשָּׁה׃ וַתֵּלֶד זִלְפָּה שִׁפְחַת לֵאָה לְיַעֲקֹב בֵּן׃
11 12 וַתֹּאמֶר לֵאָה בָּגָד וַתִּקְרָא אֶת־שְׁמוֹ גָּד׃ וַתֵּלֶד זִלְפָּה שִׁפְחַת
13 לֵאָה בֵּן שֵׁנִי לְיַעֲקֹב׃ וַתֹּאמֶר לֵאָה בְּאָשְׁרִי כִּי אִשְּׁרוּנִי בָּנוֹת
14 וַתִּקְרָא אֶת־שְׁמוֹ אָשֵׁר׃ * וַיֵּלֶךְ רְאוּבֵן בִּימֵי קְצִיר־חִטִּים רביעי
וַיִּמְצָא דוּדָאִים בַּשָּׂדֶה וַיָּבֵא אֹתָם אֶל־לֵאָה אִמּוֹ וַתֹּאמֶר
טו רָחֵל אֶל־לֵאָה תְּנִי־נָא לִי מִדּוּדָאֵי בְּנֵךְ׃ וַתֹּאמֶר לָהּ הַמְעַט
קַחְתֵּךְ אֶת־אִישִׁי וְלָקַחַת גַּם אֶת־דּוּדָאֵי בְּנִי וַתֹּאמֶר רָחֵל
16 לָכֵן יִשְׁכַּב עִמָּךְ הַלַּיְלָה תַּחַת דּוּדָאֵי בְנֵךְ׃ וַיָּבֹא יַעֲקֹב ׀ מִן־
הַשָּׂדֶה בָּעֶרֶב וַתֵּצֵא לֵאָה לִקְרָאתוֹ וַתֹּאמֶר אֵלַי תָּבוֹא כִּי
17 שָׂכֹר שְׂכַרְתִּיךָ בְּדוּדָאֵי בְּנִי וַיִּשְׁכַּב עִמָּהּ בַּלַּיְלָה הוּא׃ וַיִּשְׁמַע
18 אֱלֹהִים אֶל־לֵאָה וַתַּהַר וַתֵּלֶד לְיַעֲקֹב בֵּן חֲמִישִׁי׃ וַתֹּאמֶר
לֵאָה נָתַן אֱלֹהִים שְׂכָרִי אֲשֶׁר־נָתַתִּי שִׁפְחָתִי לְאִישִׁי וַתִּקְרָא

שמו

ל׳ v. 11. בא גד ק׳ v. 16. סבירין ההוא

שְׁמוֹ יִשָּׂשכָר׃ וַתַּהַר עוֹד לֵאָה וַתֵּלֶד בֵּן־שִׁשִּׁי לְיַעֲקֹב׃ 19
וַתֹּאמֶר לֵאָה זְבָדַנִי אֱלֹהִים ׀ אֹתִי זֵבֶד טוֹב הַפַּעַם יִזְבְּלֵנִי כ
אִישִׁי כִּי־יָלַדְתִּי לוֹ שִׁשָּׁה בָנִים וַתִּקְרָא אֶת־שְׁמוֹ זְבֻלוּן׃
וְאַחַר יָלְדָה בַּת וַתִּקְרָא אֶת־שְׁמָהּ דִּינָה׃ וַיִּזְכֹּר אֱלֹהִים 21 22
אֶת־רָחֵל וַיִּשְׁמַע אֵלֶיהָ אֱלֹהִים וַיִּפְתַּח אֶת־רַחְמָהּ׃ וַתַּהַר 23
וַתֵּלֶד בֵּן וַתֹּאמֶר אָסַף אֱלֹהִים אֶת־חֶרְפָּתִי׃ וַתִּקְרָא אֶת־ 24
שְׁמוֹ יוֹסֵף לֵאמֹר יֹסֵף יְהוָה לִי בֵּן אַחֵר׃ וַיְהִי כַּאֲשֶׁר יָלְדָה כה
רָחֵל אֶת־יוֹסֵף וַיֹּאמֶר יַעֲקֹב אֶל־לָבָן שַׁלְּחֵנִי וְאֵלְכָה אֶל־
מְקוֹמִי וּלְאַרְצִי׃ תְּנָה אֶת־נָשַׁי וְאֶת־יְלָדַי אֲשֶׁר עָבַדְתִּי אֹתְךָ 26
בָּהֵן וְאֵלֵכָה כִּי אַתָּה יָדַעְתָּ אֶת־עֲבֹדָתִי אֲשֶׁר עֲבַדְתִּיךָ׃
וַיֹּאמֶר אֵלָיו לָבָן אִם־נָא מָצָאתִי חֵן בְּעֵינֶיךָ נִחַשְׁתִּי וַיְבָרְכֵנִי 27
חמישי יְהוָה בִּגְלָלֶךָ׃ * וַיֹּאמַר נָקְבָה שְׂכָרְךָ עָלַי וְאֶתֵּנָה׃ וַיֹּאמֶר 28 29
אֵלָיו אַתָּה יָדַעְתָּ אֵת אֲשֶׁר עֲבַדְתִּיךָ וְאֵת אֲשֶׁר־הָיָה מִקְנְךָ
אִתִּי׃ כִּי מְעַט אֲשֶׁר־הָיָה לְךָ לְפָנַי וַיִּפְרֹץ לָרֹב וַיְבָרֶךְ יְהוָה ל
אֹתְךָ לְרַגְלִי וְעַתָּה מָתַי אֶעֱשֶׂה גַם־אָנֹכִי לְבֵיתִי׃ וַיֹּאמֶר מָה 31
אֶתֶּן־לָךְ וַיֹּאמֶר יַעֲקֹב לֹא־תִתֶּן־לִי מְאוּמָה אִם־תַּעֲשֶׂה־לִּי
הַדָּבָר הַזֶּה אָשׁוּבָה אֶרְעֶה צֹאנְךָ אֶשְׁמֹר׃ אֶעֱבֹר בְּכָל־ 32
צֹאנְךָ הַיּוֹם הָסֵר מִשָּׁם כָּל־שֶׂה ׀ נָקֹד וְטָלוּא וְכָל־שֶׂה־חוּם
בַּכְּשָׂבִים וְטָלוּא וְנָקֹד בָּעִזִּים וְהָיָה שְׂכָרִי׃ וְעָנְתָה־בִּי צִדְקָתִי 33
בְּיוֹם מָחָר כִּי־תָבוֹא עַל־שְׂכָרִי לְפָנֶיךָ כֹּל אֲשֶׁר־אֵינֶנּוּ נָקֹד
וְטָלוּא בָּעִזִּים וְחוּם בַּכְּשָׂבִים גָּנוּב הוּא אִתִּי׃ וַיֹּאמֶר לָבָן הֵן 34
לוּ יְהִי כִדְבָרֶךָ׃ וַיָּסַר בַּיּוֹם הַהוּא אֶת־הַתְּיָשִׁים הָעֲקֻדִּים לה
וְהַטְּלֻאִים וְאֵת כָּל־הָעִזִּים הַנְּקֻדּוֹת וְהַטְּלֻאֹת כֹּל אֲשֶׁר־לָבָן
בּוֹ וְכָל־חוּם בַּכְּשָׂבִים וַיִּתֵּן בְּיַד־בָּנָיו׃ וַיָּשֶׂם דֶּרֶךְ שְׁלֹשֶׁת 36
יָמִים בֵּינוֹ וּבֵין יַעֲקֹב וְיַעֲקֹב רֹעֶה אֶת־צֹאן לָבָן הַנּוֹתָרֹת׃
וַיִּקַּח־לוֹ יַעֲקֹב מַקַּל לִבְנֶה לַח וְלוּז וְעַרְמוֹן וַיְפַצֵּל בָּהֵן 37
פְּצָלוֹת לְבָנוֹת מַחְשֹׂף הַלָּבָן אֲשֶׁר עַל־הַמַּקְלוֹת׃ וַיַּצֵּג אֶת־ 38
הַמַּקְלוֹת אֲשֶׁר פִּצֵּל בָּרֳהָטִים בְּשִׁקְתוֹת הַמָּיִם אֲשֶׁר תָּבֹאןָ

הצאן

39 הַצֹּאן לִשְׁתּוֹת לְנֹכַח הַצֹּאן וַיֵּחַמְנָה בְּבֹאָן לִשְׁתּוֹת׃ וַיֶּחֱמוּ
הַצֹּאן אֶל־הַמַּקְלוֹת וַתֵּלַדְןָ הַצֹּאן עֲקֻדִּים נְקֻדִּים וּטְלֻאִים׃
מ וְהַכְּשָׂבִים הִפְרִיד יַעֲקֹב וַיִּתֵּן פְּנֵי הַצֹּאן אֶל־עָקֹד וְכָל־חוּם
בְּצֹאן לָבָן וַיָּשֶׁת לוֹ עֲדָרִים לְבַדּוֹ וְלֹא שָׁתָם עַל־צֹאן לָבָן׃
41 וְהָיָה בְּכָל־יַחֵם הַצֹּאן הַמְקֻשָּׁרוֹת וְשָׂם יַעֲקֹב אֶת־הַמַּקְלוֹת
42 לְעֵינֵי הַצֹּאן בָּרְהָטִים לְיַחְמֵנָּה בַּמַּקְלוֹת׃ וּבְהַעֲטִיף הַצֹּאן
43 לֹא יָשִׂים וְהָיָה הָעֲטֻפִים לְלָבָן וְהַקְּשֻׁרִים לְיַעֲקֹב׃ וַיִּפְרֹץ
הָאִישׁ מְאֹד מְאֹד וַיְהִי־לוֹ צֹאן רַבּוֹת וּשְׁפָחוֹת וַעֲבָדִים
וּגְמַלִּים וַחֲמֹרִים׃

לא Cap. XXXI. לא

א וַיִּשְׁמַע אֶת־דִּבְרֵי בְנֵי־לָבָן לֵאמֹר לָקַח יַעֲקֹב אֵת כָּל־
אֲשֶׁר לְאָבִינוּ וּמֵאֲשֶׁר לְאָבִינוּ עָשָׂה אֵת כָּל־הַכָּבֹד הַזֶּה׃
2 וַיַּרְא יַעֲקֹב אֶת־פְּנֵי לָבָן וְהִנֵּה אֵינֶנּוּ עִמּוֹ כִּתְמוֹל שִׁלְשׁוֹם׃
3 וַיֹּאמֶר יְהוָה אֶל־יַעֲקֹב שׁוּב אֶל־אֶרֶץ אֲבוֹתֶיךָ וּלְמוֹלַדְתֶּךָ
4 וְאֶהְיֶה עִמָּךְ׃ וַיִּשְׁלַח יַעֲקֹב וַיִּקְרָא לְרָחֵל וּלְלֵאָה הַשָּׂדֶה
ה אֶל־צֹאנוֹ׃ וַיֹּאמֶר לָהֶן רֹאֶה אָנֹכִי אֶת־פְּנֵי אֲבִיכֶן כִּי־אֵינֶנּוּ
6 אֵלַי כִּתְמֹל שִׁלְשֹׁם וֵאלֹהֵי אָבִי הָיָה עִמָּדִי׃ וְאַתֵּנָה יְדַעְתֶּן
7 כִּי בְּכָל־כֹּחִי עָבַדְתִּי אֶת־אֲבִיכֶן׃ וַאֲבִיכֶן הֵתֶל בִּי וְהֶחֱלִף
אֶת־מַשְׂכֻּרְתִּי עֲשֶׂרֶת מֹנִים וְלֹא־נְתָנוֹ אֱלֹהִים לְהָרַע עִמָּדִי׃
8 אִם־כֹּה יֹאמַר נְקֻדִּים יִהְיֶה שְׂכָרֶךָ וְיָלְדוּ כָל־הַצֹּאן נְקֻדִּים
וְאִם־כֹּה יֹאמַר עֲקֻדִּים יִהְיֶה שְׂכָרֶךָ וְיָלְדוּ כָל־הַצֹּאן
9 י עֲקֻדִּים׃ וַיַּצֵּל אֱלֹהִים אֶת־מִקְנֵה אֲבִיכֶם וַיִּתֶּן־לִי׃ וַיְהִי
בְּעֵת יַחֵם הַצֹּאן וָאֶשָּׂא עֵינַי וָאֵרֶא בַּחֲלוֹם וְהִנֵּה הָעַתֻּדִים
11 הָעֹלִים עַל־הַצֹּאן עֲקֻדִּים נְקֻדִּים וּבְרֻדִּים׃ וַיֹּאמֶר אֵלַי
12 מַלְאַךְ הָאֱלֹהִים בַּחֲלוֹם יַעֲקֹב וָאֹמַר הִנֵּנִי׃ וַיֹּאמֶר שָׂא־נָא
עֵינֶיךָ וּרְאֵה כָּל־הָעַתֻּדִים הָעֹלִים עַל־הַצֹּאן עֲקֻדִּים נְקֻדִּים
13 וּבְרֻדִּים כִּי רָאִיתִי אֵת כָּל־אֲשֶׁר לָבָן עֹשֶׂה לָּךְ׃ אָנֹכִי הָאֵל

בית־אל

ל׳ v. 40. סבירין עם־ v. 42. ף׳ רבתי

בֵּית־אֵל אֲשֶׁר מָשַׁחְתָּ שָּׁם מַצֵּבָה אֲשֶׁר נָדַרְתָּ לִּי שָׁם נֶדֶר
עַתָּה קוּם צֵא מִן־הָאָרֶץ הַזֹּאת וְשׁוּב אֶל־אֶרֶץ מוֹלַדְתֶּךָ׃
וַתַּעַן רָחֵל וְלֵאָה וַתֹּאמַרְנָה לוֹ הַעוֹד לָנוּ חֵלֶק וְנַחֲלָה בְּבֵית 14
אָבִינוּ׃ הֲלוֹא נָכְרִיּוֹת נֶחְשַׁבְנוּ לוֹ כִּי מְכָרָנוּ וַיֹּאכַל גַּם־אָכוֹל טו
אֶת־כַּסְפֵּנוּ׃ כִּי כָל־הָעֹשֶׁר אֲשֶׁר הִצִּיל אֱלֹהִים מֵאָבִינוּ לָנוּ 16
ששי הוּא וּלְבָנֵינוּ וְעַתָּה כֹּל אֲשֶׁר אָמַר אֱלֹהִים אֵלֶיךָ עֲשֵׂה׃ *וַיָּקָם 17
יַעֲקֹב וַיִּשָּׂא אֶת־בָּנָיו וְאֶת־נָשָׁיו עַל־הַגְּמַלִּים׃ וַיִּנְהַג אֶת־ 18
כָּל־מִקְנֵהוּ וְאֶת־כָּל־רְכֻשׁוֹ אֲשֶׁר רָכָשׁ מִקְנֵה קִנְיָנוֹ אֲשֶׁר
רָכַשׁ בְּפַדַּן אֲרָם לָבוֹא אֶל־יִצְחָק אָבִיו אַרְצָה כְּנָעַן׃ וְלָבָן 19
הָלַךְ לִגְזֹז אֶת־צֹאנוֹ וַתִּגְנֹב רָחֵל אֶת־הַתְּרָפִים אֲשֶׁר לְאָבִיהָ׃
וַיִּגְנֹב יַעֲקֹב אֶת־לֵב לָבָן הָאֲרַמִּי עַל־בְּלִי הִגִּיד לוֹ כִּי בֹרֵחַ כ
הוּא׃ וַיִּבְרַח הוּא וְכָל־אֲשֶׁר־לוֹ וַיָּקָם וַיַּעֲבֹר אֶת־הַנָּהָר 21
וַיָּשֶׂם אֶת־פָּנָיו הַר הַגִּלְעָד׃ וַיֻּגַּד לְלָבָן בַּיּוֹם הַשְּׁלִישִׁי כִּי 22
בָרַח יַעֲקֹב׃ וַיִּקַּח אֶת־אֶחָיו עִמּוֹ וַיִּרְדֹּף אַחֲרָיו דֶּרֶךְ שִׁבְעַת 23
יָמִים וַיַּדְבֵּק אֹתוֹ בְּהַר הַגִּלְעָד׃ וַיָּבֹא אֱלֹהִים אֶל־לָבָן 24
הָאֲרַמִּי בַּחֲלֹם הַלָּיְלָה וַיֹּאמֶר לוֹ הִשָּׁמֶר לְךָ פֶּן־תְּדַבֵּר
עִם־יַעֲקֹב מִטּוֹב עַד־רָע׃ וַיַּשֵּׂג לָבָן אֶת־יַעֲקֹב וְיַעֲקֹב תָּקַע כה
אֶת־אָהֳלוֹ בָּהָר וְלָבָן תָּקַע אֶת־אֶחָיו בְּהַר הַגִּלְעָד׃ וַיֹּאמֶר 26
לָבָן לְיַעֲקֹב מֶה עָשִׂיתָ וַתִּגְנֹב אֶת־לְבָבִי וַתְּנַהֵג אֶת־בְּנֹתַי
כִּשְׁבֻיוֹת חָרֶב׃ לָמָּה נַחְבֵּאתָ לִבְרֹחַ וַתִּגְנֹב אֹתִי וְלֹא־הִגַּדְתָּ 27
לִּי וָאֲשַׁלֵּחֲךָ בְּשִׂמְחָה וּבְשִׁרִים בְּתֹף וּבְכִנּוֹר׃ וְלֹא נְטַשְׁתַּנִי 28
לְנַשֵּׁק לְבָנַי וְלִבְנֹתָי עַתָּה הִסְכַּלְתָּ עֲשׂוֹ׃ יֶשׁ־לְאֵל יָדִי לַעֲשׂוֹת 29
עִמָּכֶם רָע וֵאלֹהֵי אֲבִיכֶם אֶמֶשׁ ׀ אָמַר אֵלַי לֵאמֹר הִשָּׁמֶר
לְךָ מִדַּבֵּר עִם־יַעֲקֹב מִטּוֹב עַד־רָע׃ וְעַתָּה הָלֹךְ הָלַכְתָּ ל
כִּי־נִכְסֹף נִכְסַפְתָּה לְבֵית אָבִיךָ לָמָּה גָנַבְתָּ אֶת־אֱלֹהָי׃
וַיַּעַן יַעֲקֹב וַיֹּאמֶר לְלָבָן כִּי יָרֵאתִי כִּי אָמַרְתִּי פֶּן־תִּגְזֹל אֶת־ 31
בְּנוֹתֶיךָ מֵעִמִּי׃ עִם אֲשֶׁר תִּמְצָא אֶת־אֱלֹהֶיךָ לֹא יִחְיֶה נֶגֶד 32
אַחֵינוּ הַכֶּר־לְךָ מָה עִמָּדִי וְקַח־לָךְ וְלֹא־יָדַע יַעֲקֹב כִּי

33 רָחֵ֖ל גְּנָבָֽתַם׃ וַיָּבֹ֨א לָבָ֜ן בְּאֹ֥הֶל־יַעֲקֹ֣ב ׀ וּבְאֹ֣הֶל לֵאָ֗ה וּבְאֹ֛הֶל
שְׁתֵּ֥י הָאֲמָהֹ֖ת וְלֹ֣א מָצָ֑א וַיֵּצֵא֙ מֵאֹ֣הֶל לֵאָ֔ה וַיָּבֹ֖א בְּאֹ֥הֶל
34 רָחֵֽל׃ וְרָחֵ֞ל לָקְחָ֣ה אֶת־הַתְּרָפִ֗ים וַתְּשִׂמֵ֛ם בְּכַ֥ר הַגָּמָ֖ל וַתֵּ֣שֶׁב
לה עֲלֵיהֶ֑ם וַיְמַשֵּׁ֥שׁ לָבָ֛ן אֶת־כָּל־הָאֹ֖הֶל וְלֹ֥א מָצָֽא׃ וַתֹּ֣אמֶר
אֶל־אָבִ֗יהָ אַל־יִ֙חַר֙ בְּעֵינֵ֣י אֲדֹנִ֔י כִּ֣י ל֤וֹא אוּכַל֙ לָק֣וּם מִפָּנֶ֔יךָ
36 כִּי־דֶ֥רֶךְ נָשִׁ֖ים לִ֑י וַיְחַפֵּ֕שׂ וְלֹ֥א מָצָ֖א אֶת־הַתְּרָפִֽים׃ וַיִּ֥חַר
לְיַעֲקֹ֖ב וַיָּ֣רֶב בְּלָבָ֑ן וַיַּ֤עַן יַעֲקֹב֙ וַיֹּ֣אמֶר לְלָבָ֔ן מַה־פִּשְׁעִי֙ מַ֣ה
37 חַטָּאתִ֔י כִּ֥י דָלַ֖קְתָּ אַחֲרָֽי׃ כִּֽי־מִשַּׁ֣שְׁתָּ אֶת־כָּל־כֵּלַ֗י מַה־
מָּצָ֙אתָ֙ מִכֹּ֣ל כְּלֵֽי־בֵיתֶ֔ךָ שִׂ֣ים כֹּ֔ה נֶ֥גֶד אַחַ֖י וְאַחֶ֑יךָ וְיוֹכִ֖יחוּ
38 בֵּ֥ין שְׁנֵֽינוּ׃ זֶה֩ עֶשְׂרִ֨ים שָׁנָ֤ה אָנֹכִי֙ עִמָּ֔ךְ רְחֵלֶ֥יךָ וְעִזֶּ֖יךָ לֹ֣א
39 שִׁכֵּ֑לוּ וְאֵילֵ֥י צֹאנְךָ֖ לֹ֥א אָכָֽלְתִּי׃ טְרֵפָה֙ לֹא־הֵבֵ֣אתִי אֵלֶ֔יךָ
מ אָנֹכִ֣י אֲחַטֶּ֔נָּה מִיָּדִ֖י תְּבַקְשֶׁ֑נָּה גְּנֻֽבְתִ֣י י֔וֹם וּגְנֻבְתִ֖י לָֽיְלָה׃ הָיִ֧יתִי
41 בַיּ֛וֹם אֲכָלַ֥נִי חֹ֖רֶב וְקֶ֣רַח בַּלָּ֑יְלָה וַתִּדַּ֥ד שְׁנָתִ֖י מֵעֵינָֽי׃ זֶה־לִּ֞י
עֶשְׂרִ֣ים שָׁנָה֮ בְּבֵיתֶךָ֒ עֲבַדְתִּ֜יךָ אַרְבַּֽע־עֶשְׂרֵ֤ה שָׁנָה֙ בִּשְׁתֵּ֣י
בְנֹתֶ֔יךָ וְשֵׁ֥שׁ שָׁנִ֖ים בְּצֹאנֶ֑ךָ וַתַּחֲלֵ֥ף אֶת־מַשְׂכֻּרְתִּ֖י עֲשֶׂ֥רֶת מֹנִֽים׃
42 לוּלֵ֡י אֱלֹהֵ֣י אָבִי֩ אֱלֹהֵ֨י אַבְרָהָ֜ם וּפַ֤חַד יִצְחָק֙ הָ֣יָה לִ֔י כִּ֥י עַתָּ֖ה
רֵיקָ֣ם שִׁלַּחְתָּ֑נִי אֶת־עָנְיִ֞י וְאֶת־יְגִ֧יעַ כַּפַּ֛י רָאָ֥ה אֱלֹהִ֖ים וַיּ֥וֹכַח
43 אָֽמֶשׁ׃ * וַיַּ֨עַן לָבָ֜ן וַיֹּ֣אמֶר אֶֽל־יַעֲקֹ֗ב הַבָּנ֨וֹת בְּנֹתַ֜י וְהַבָּנִ֤ים בָּנַי֙ שביעי
וְהַצֹּ֣אן צֹאנִ֔י וְכֹ֛ל אֲשֶׁר־אַתָּ֥ה רֹאֶ֖ה לִי־ה֑וּא וְלִבְנֹתַ֞י מָֽה־
44 אֶעֱשֶׂ֤ה לָאֵ֙לֶּה֙ הַיּ֔וֹם א֥וֹ לִבְנֵיהֶ֖ן אֲשֶׁ֥ר יָלָֽדוּ׃ וְעַתָּ֗ה לְכָ֛ה
מה נִכְרְתָ֥ה בְרִ֖ית אֲנִ֣י וָאָ֑תָּה וְהָיָ֥ה לְעֵ֖ד בֵּינִ֥י וּבֵינֶֽךָ׃ וַיִּקַּ֥ח יַעֲקֹ֖ב
46 אָ֑בֶן וַיְרִימֶ֖הָ מַצֵּבָֽה׃ וַיֹּ֨אמֶר יַעֲקֹ֤ב לְאֶחָיו֙ לִקְט֣וּ אֲבָנִ֔ים
47 וַיִּקְח֥וּ אֲבָנִ֖ים וַיַּֽעֲשׂוּ־גָ֑ל וַיֹּ֥אכְלוּ שָׁ֖ם עַל־הַגָּֽל׃ וַיִּקְרָא־ל֣וֹ
48 לָבָ֔ן יְגַ֖ר שָֽׂהֲדוּתָ֑א וְיַעֲקֹ֕ב קָ֥רָא ל֖וֹ גַּלְעֵֽד׃ וַיֹּ֣אמֶר לָבָ֔ן הַגַּ֨ל
49 הַזֶּ֥ה עֵ֛ד בֵּינִ֥י וּבֵינְךָ֖ הַיּ֑וֹם עַל־כֵּ֥ן קָרָֽא־שְׁמ֖וֹ גַּלְעֵֽד׃ וְהַמִּצְפָּה֙
אֲשֶׁ֣ר אָמַ֔ר יִ֥צֶף יְהוָ֖ה בֵּינִ֣י וּבֵינֶ֑ךָ כִּ֥י נִסָּתֵ֖ר אִ֥ישׁ מֵרֵעֵֽהוּ׃
נ אִם־תְּעַנֶּ֣ה אֶת־בְּנֹתַ֗י וְאִם־תִּקַּ֤ח נָשִׁים֙ עַל־בְּנֹתַ֔י אֵ֥ין אִ֖ישׁ
51 עִמָּ֑נוּ רְאֵ֕ה אֱלֹהִ֥ים עֵ֖ד בֵּינִ֥י וּבֵינֶֽךָ׃ וַיֹּ֥אמֶר לָבָ֖ן לְיַעֲקֹ֑ב
הנה

52 הִנֵּה ׀ הַגַּל הַזֶּה וְהִנֵּה הַמַּצֵּבָה אֲשֶׁר יָרִיתִי בֵּינִי וּבֵינֶךָ׃ עֵד
הַגַּל הַזֶּה וְעֵדָה הַמַּצֵּבָה אִם־אָנִי לֹא־אֶעֱבֹר אֵלֶיךָ אֶת־
הַגַּל הַזֶּה וְאִם־אַתָּה לֹא־תַעֲבֹר אֵלַי אֶת־הַגַּל הַזֶּה וְאֶת־
53 הַמַּצֵּבָה הַזֹּאת לְרָעָה׃ אֱלֹהֵי אַבְרָהָם וֵאלֹהֵי נָחוֹר יִשְׁפְּטוּ
54 בֵינֵינוּ אֱלֹהֵי אֲבִיהֶם וַיִּשָּׁבַע יַעֲקֹב בְּפַחַד אָבִיו יִצְחָק׃ וַיִּזְבַּח
יַעֲקֹב זֶבַח בָּהָר וַיִּקְרָא לְאֶחָיו לֶאֱכָל־לָחֶם וַיֹּאכְלוּ לֶחֶם
וַיָּלִינוּ בָּהָר׃ *

לב Cap. XXXII. לב

מפטיר א וַיַּשְׁכֵּם לָבָן בַּבֹּקֶר וַיְנַשֵּׁק לְבָנָיו וְלִבְנוֹתָיו וַיְבָרֶךְ אֶתְהֶם
2 וַיֵּלֶךְ וַיָּשָׁב לָבָן לִמְקֹמוֹ׃ וְיַעֲקֹב הָלַךְ לְדַרְכּוֹ וַיִּפְגְּעוּ־בוֹ
3 מַלְאֲכֵי אֱלֹהִים׃ וַיֹּאמֶר יַעֲקֹב כַּאֲשֶׁר רָאָם מַחֲנֵה אֱלֹהִים
זֶה וַיִּקְרָא שֵׁם־הַמָּקוֹם הַהוּא מַחֲנָיִם׃ פ פ פ

וישלח ח 8

4 וַיִּשְׁלַח יַעֲקֹב מַלְאָכִים לְפָנָיו אֶל־עֵשָׂו אָחִיו אַרְצָה שֵׂעִיר
ה שְׂדֵה אֱדוֹם׃ וַיְצַו אֹתָם לֵאמֹר כֹּה תֹאמְרוּן לַאדֹנִי לְעֵשָׂו כֹּה
6 אָמַר עַבְדְּךָ יַעֲקֹב עִם־לָבָן גַּרְתִּי וָאֵחַר עַד־עָתָּה׃ וַיְהִי־
לִי שׁוֹר וַחֲמוֹר צֹאן וְעֶבֶד וְשִׁפְחָה וָאֶשְׁלְחָה לְהַגִּיד לַאדֹנִי
7 לִמְצֹא־חֵן בְּעֵינֶיךָ׃ וַיָּשֻׁבוּ הַמַּלְאָכִים אֶל־יַעֲקֹב לֵאמֹר
בָּאנוּ אֶל־אָחִיךָ אֶל־עֵשָׂו וְגַם הֹלֵךְ לִקְרָאתְךָ וְאַרְבַּע־
8 מֵאוֹת אִישׁ עִמּוֹ׃ וַיִּירָא יַעֲקֹב מְאֹד וַיֵּצֶר לוֹ וַיַּחַץ אֶת־הָעָם
אֲשֶׁר־אִתּוֹ וְאֶת־הַצֹּאן וְאֶת־הַבָּקָר וְהַגְּמַלִּים לִשְׁנֵי מַחֲנוֹת׃
9 וַיֹּאמֶר אִם־יָבוֹא עֵשָׂו אֶל־הַמַּחֲנֶה הָאַחַת וְהִכָּהוּ וְהָיָה
י הַמַּחֲנֶה הַנִּשְׁאָר לִפְלֵיטָה׃ וַיֹּאמֶר יַעֲקֹב אֱלֹהֵי אָבִי אַבְרָהָם
וֵאלֹהֵי אָבִי יִצְחָק יְהוָה הָאֹמֵר אֵלַי שׁוּב לְאַרְצְךָ וּלְמוֹלַדְתְּךָ
11 וְאֵיטִיבָה עִמָּךְ׃ קָטֹנְתִּי מִכֹּל הַחֲסָדִים וּמִכָּל־הָאֱמֶת אֲשֶׁר
עָשִׂיתָ אֶת־עַבְדֶּךָ כִּי בְמַקְלִי עָבַרְתִּי אֶת־הַיַּרְדֵּן הַזֶּה וְעַתָּה

ל״א v. 53. קדש

12 הָיִ֖יתִי לִשְׁנֵ֥י מַחֲנֽוֹת׃ הַצִּילֵ֥נִי נָ֛א מִיַּ֥ד אָחִ֖י מִיַּ֣ד עֵשָׂ֑ו כִּֽי־יָרֵ֤א
13 אָנֹכִי֙ אֹת֔וֹ פֶּן־יָב֣וֹא וְהִכַּ֔נִי אֵ֖ם עַל־בָּנִֽים׃ וְאַתָּ֣ה אָמַ֔רְתָּ הֵיטֵ֥ב
אֵיטִ֖יב עִמָּ֑ךְ וְשַׂמְתִּ֤י אֶֽת־זַרְעֲךָ֙ כְּח֣וֹל הַיָּ֔ם אֲשֶׁ֥ר לֹא־יִסָּפֵ֖ר
14 מֵרֹֽב׃ * וַיָּ֥לֶן שָׁ֖ם בַּלַּ֣יְלָה הַה֑וּא וַיִּקַּ֞ח מִן־הַבָּ֧א בְיָד֛וֹ מִנְחָ֖ה שני
טו לְעֵשָׂ֥ו אָחִֽיו׃ עִזִּ֣ים מָאתַ֔יִם וּתְיָשִׁ֖ים עֶשְׂרִ֑ים רְחֵלִ֥ים מָאתַ֖יִם
16 וְאֵילִ֥ים עֶשְׂרִֽים׃ גְּמַלִּ֧ים מֵינִיק֛וֹת וּבְנֵיהֶ֖ם שְׁלֹשִׁ֑ים פָּר֤וֹת
17 אַרְבָּעִים֙ וּפָרִ֣ים עֲשָׂרָ֔ה אֲתֹנֹ֣ת עֶשְׂרִ֔ים וַעְיָרִ֖ם עֲשָׂרָֽה׃ וַיִּתֵּן֙
בְּיַד־עֲבָדָ֔יו עֵ֥דֶר עֵ֖דֶר לְבַדּ֑וֹ וַיֹּ֤אמֶר אֶל־עֲבָדָיו֙ עִבְר֣וּ לְפָנַ֔י
18 וְרֶ֣וַח תָּשִׂ֔ימוּ בֵּ֥ין עֵ֖דֶר וּבֵ֥ין עֵֽדֶר׃ וַיְצַ֥ו אֶת־הָרִאשׁ֖וֹן לֵאמֹ֑ר
כִּ֣י יִֽפְגָשְׁךָ֞ עֵשָׂ֣ו אָחִ֗י וּשְׁאֵֽלְךָ֙ לֵאמֹ֔ר לְמִי־אַ֙תָּה֙ וְאָ֣נָה תֵלֵ֔ךְ
19 וּלְמִ֖י אֵ֥לֶּה לְפָנֶֽיךָ׃ וְאָמַרְתָּ֙ לְעַבְדְּךָ֣ לְיַעֲקֹ֔ב מִנְחָ֥ה הִוא֙
כ שְׁלוּחָ֔ה לַאדֹנִ֖י לְעֵשָׂ֑ו וְהִנֵּ֥ה גַם־ה֖וּא אַחֲרֵֽינוּ׃ וַיְצַ֞ו גַּ֣ם
אֶת־הַשֵּׁנִ֗י גַּ֚ם אֶת־הַשְּׁלִישִׁ֔י גַּ֚ם אֶת־כָּל־הַהֹ֣לְכִ֔ים אַחֲרֵ֥י
הָעֲדָרִ֖ים לֵאמֹ֑ר כַּדָּבָ֤ר הַזֶּה֙ תְּדַבְּר֣וּן אֶל־עֵשָׂ֔ו בְּמֹצַאֲכֶ֖ם
21 אֹתֽוֹ׃ וַאֲמַרְתֶּ֕ם גַּ֗ם הִנֵּ֛ה עַבְדְּךָ֥ יַעֲקֹ֖ב אַחֲרֵ֑ינוּ כִּֽי־אָמַ֞ר
אֲכַפְּרָ֣ה פָנָ֗יו בַּמִּנְחָה֙ הַהֹלֶ֣כֶת לְפָנָ֔י וְאַחֲרֵי־כֵן֙ אֶרְאֶ֣ה פָנָ֔יו
22 אוּלַ֖י יִשָּׂ֥א פָנָֽי׃ וַתַּעֲבֹ֥ר הַמִּנְחָ֖ה עַל־פָּנָ֑יו וְה֛וּא לָ֥ן בַּלַּֽיְלָה־
23 הַה֖וּא בַּֽמַּחֲנֶֽה׃ וַיָּ֣קָם ׀ בַּלַּ֣יְלָה הוּא֒ וַיִּקַּ֞ח אֶת־שְׁתֵּ֣י נָשָׁ֗יו וְאֶת־
שְׁתֵּ֙י שִׁפְחֹתָ֔יו וְאֶת־אַחַ֥ד עָשָׂ֖ר יְלָדָ֑יו וַֽיַּעֲבֹ֔ר אֵ֖ת מַעֲבַ֥ר יַבֹּֽק׃
24 כה וַיִּקָּחֵ֔ם וַיַּעֲבִרֵ֖ם אֶת־הַנָּ֑חַל וַיַּעֲבֵ֖ר אֶת־אֲשֶׁר־לֽוֹ׃ וַיִּוָּתֵ֥ר
26 יַעֲקֹ֖ב לְבַדּ֑וֹ וַיֵּאָבֵ֥ק אִישׁ֙ עִמּ֔וֹ עַ֖ד עֲל֥וֹת הַשָּֽׁחַר׃ וַיַּ֗רְא כִּ֣י
לֹ֤א יָכֹל֙ ל֔וֹ וַיִּגַּ֖ע בְּכַף־יְרֵכ֑וֹ וַתֵּ֙קַע֙ כַּף־יֶ֣רֶךְ יַעֲקֹ֔ב בְּהֵאָֽבְק֖וֹ
27 עִמּֽוֹ׃ וַיֹּ֣אמֶר שַׁלְּחֵ֔נִי כִּ֥י עָלָ֖ה הַשָּׁ֑חַר וַיֹּ֙אמֶר֙ לֹ֣א אֲשַֽׁלֵּחֲךָ֔ כִּ֖י
28 29 אִם־בֵּרַכְתָּֽנִי׃ וַיֹּ֥אמֶר אֵלָ֖יו מַה־שְּׁמֶ֑ךָ וַיֹּ֖אמֶר יַעֲקֹֽב׃ וַיֹּ֗אמֶר
לֹ֤א יַעֲקֹב֙ יֵאָמֵ֥ר עוֹד֙ שִׁמְךָ֔ כִּ֖י אִם־יִשְׂרָאֵ֑ל כִּֽי־שָׂרִ֧יתָ עִם־
ל אֱלֹהִ֛ים וְעִם־אֲנָשִׁ֖ים וַתּוּכָֽל׃ וַיִּשְׁאַ֣ל יַעֲקֹ֗ב וַיֹּ֙אמֶר֙ הַגִּֽידָה־
נָּ֣א שְׁמֶ֔ךָ וַיֹּ֕אמֶר לָ֥מָּה זֶּ֖ה תִּשְׁאַ֣ל לִשְׁמִ֑י וַיְבָ֥רֶךְ אֹת֖וֹ שָֽׁם׃ *

ויקרא

* v. 23. סבירין ההוא

31 וַיִּקְרָא יַעֲקֹב שֵׁם הַמָּקוֹם פְּנִיאֵל כִּי־רָאִיתִי אֱלֹהִים פָּנִים שלישי
32 אֶל־פָּנִים וַתִּנָּצֵל נַפְשִׁי׃ וַיִּזְרַח־לוֹ הַשֶּׁמֶשׁ כַּאֲשֶׁר עָבַר אֶת־
33 פְּנוּאֵל וְהוּא צֹלֵעַ עַל־יְרֵכוֹ׃ עַל־כֵּן לֹא־יֹאכְלוּ בְנֵי־
יִשְׂרָאֵל אֶת־גִּיד הַנָּשֶׁה אֲשֶׁר עַל־כַּף הַיָּרֵךְ עַד הַיּוֹם הַזֶּה
כִּי נָגַע בְּכַף־יֶרֶךְ יַעֲקֹב בְּגִיד הַנָּשֶׁה׃

לג Cap. XXXIII. לג

א וַיִּשָּׂא יַעֲקֹב עֵינָיו וַיַּרְא וְהִנֵּה עֵשָׂו בָּא וְעִמּוֹ אַרְבַּע מֵאוֹת
אִישׁ וַיַּחַץ אֶת־הַיְלָדִים עַל־לֵאָה וְעַל־רָחֵל וְעַל שְׁתֵּי
2 הַשְּׁפָחוֹת׃ וַיָּשֶׂם אֶת־הַשְּׁפָחוֹת וְאֶת־יַלְדֵיהֶן רִאשֹׁנָה וְאֶת־
3 לֵאָה וִילָדֶיהָ אַחֲרֹנִים וְאֶת־רָחֵל וְאֶת־יוֹסֵף אַחֲרֹנִים׃ וְהוּא
עָבַר לִפְנֵיהֶם וַיִּשְׁתַּחוּ אַרְצָה שֶׁבַע פְּעָמִים עַד־גִּשְׁתּוֹ עַד־
4 אָחִיו׃ וַיָּרָץ עֵשָׂו לִקְרָאתוֹ וַיְחַבְּקֵהוּ וַיִּפֹּל עַל־צַוָּארָו וַיִּשָּׁקֵהוּ
ה וַיִּבְכּוּ׃ וַיִּשָּׂא אֶת־עֵינָיו וַיַּרְא אֶת־הַנָּשִׁים וְאֶת־הַיְלָדִים
וַיֹּאמֶר מִי־אֵלֶּה לָּךְ וַיֹּאמַר הַיְלָדִים אֲשֶׁר־חָנַן אֱלֹהִים אֶת־
6 7 עַבְדֶּךָ׃ *וַתִּגַּשְׁןָ הַשְּׁפָחוֹת הֵנָּה וְיַלְדֵיהֶן וַתִּשְׁתַּחֲוֶיןָ׃ וַתִּגַּשׁ גַּם־ רביעי
8 לֵאָה וִילָדֶיהָ וַיִּשְׁתַּחֲווּ וְאַחַר נִגַּשׁ יוֹסֵף וְרָחֵל וַיִּשְׁתַּחֲווּ׃ וַיֹּאמֶר
מִי לְךָ כָּל־הַמַּחֲנֶה הַזֶּה אֲשֶׁר פָּגָשְׁתִּי וַיֹּאמֶר לִמְצֹא־חֵן בְּעֵינֵי
9 י אֲדֹנִי׃ וַיֹּאמֶר עֵשָׂו יֶשׁ־לִי רָב אָחִי יְהִי לְךָ אֲשֶׁר־לָךְ׃ וַיֹּאמֶר
יַעֲקֹב אַל־נָא אִם־נָא מָצָאתִי חֵן בְּעֵינֶיךָ וְלָקַחְתָּ מִנְחָתִי
מִיָּדִי כִּי עַל־כֵּן רָאִיתִי פָנֶיךָ כִּרְאֹת פְּנֵי אֱלֹהִים וַתִּרְצֵנִי׃
11 קַח־נָא אֶת־בִּרְכָתִי אֲשֶׁר הֻבָאת לָךְ כִּי־חַנַּנִי אֱלֹהִים וְכִי
12 יֶשׁ־לִי־כֹל וַיִּפְצַר־בּוֹ וַיִּקָּח׃ וַיֹּאמַר נִסְעָה וְנֵלֵכָה וְאֵלְכָה
13 לְנֶגְדֶּךָ׃ וַיֹּאמֶר אֵלָיו אֲדֹנִי יֹדֵעַ כִּי־הַיְלָדִים רַכִּים וְהַצֹּאן
וְהַבָּקָר עָלוֹת עָלָי וּדְפָקוּם יוֹם אֶחָד וָמֵתוּ כָּל־הַצֹּאן׃
14 יַעֲבָר־נָא אֲדֹנִי לִפְנֵי עַבְדּוֹ וַאֲנִי אֶתְנָהֲלָה לְאִטִּי לְרֶגֶל
הַמְּלָאכָה אֲשֶׁר־לְפָנַי וּלְרֶגֶל הַיְלָדִים עַד אֲשֶׁר־אָבֹא אֶל־
טו אֲדֹנִי שֵׂעִירָה׃ וַיֹּאמֶר עֵשָׂו אַצִּיגָה־נָּא עִמְּךָ מִן־הָעָם אֲשֶׁר

אתי

ל״ג v. 4. צואריו ק׳ ibid. נקוד על וישקהו

16 אִתִּ֑י וַיֹּ֕אמֶר לָ֣מָּה זֶּ֔ה אֶמְצָא־חֵ֖ן בְּעֵינֵ֥י אֲדֹנִֽי׃ וַיָּשָׁב֩ בַּיּ֨וֹם
17 הַה֥וּא עֵשָׂ֛ו לְדַרְכּ֖וֹ שֵׂעִֽירָה׃ וְיַעֲקֹב֙ נָסַ֣ע סֻכֹּ֔תָה וַיִּ֥בֶן ל֖וֹ בָּ֑יִת
וּלְמִקְנֵ֙הוּ֙ עָשָׂ֣ה סֻכֹּ֔ת עַל־כֵּ֛ן קָרָ֥א שֵׁם־הַמָּק֖וֹם סֻכּֽוֹת׃ ס
18 וַיָּבֹא֩ יַעֲקֹ֨ב שָׁלֵ֜ם עִ֣יר שְׁכֶ֗ם אֲשֶׁר֙ בְּאֶ֣רֶץ כְּנַ֔עַן בְּבֹא֖וֹ מִפַּדַּ֣ן
19 אֲרָ֑ם וַיִּ֖חַן אֶת־פְּנֵ֥י הָעִֽיר׃ וַיִּ֜קֶן אֶת־חֶלְקַ֣ת הַשָּׂדֶ֗ה אֲשֶׁ֤ר
נָֽטָה־שָׁם֙ אָהֳל֔וֹ מִיַּ֥ד בְּנֵֽי־חֲמ֖וֹר אֲבִ֣י שְׁכֶ֑ם בְּמֵאָ֖ה קְשִׂיטָֽה׃
כ וַיַּצֶּב־שָׁ֖ם מִזְבֵּ֑חַ וַיִּ֨קְרָא־ל֔וֹ אֵ֖ל אֱלֹהֵ֥י יִשְׂרָאֵֽל׃* ס

לד Cap. XXXIV. לד

א וַתֵּצֵ֤א דִינָה֙ בַּת־לֵאָ֔ה אֲשֶׁ֥ר יָלְדָ֖ה לְיַעֲקֹ֑ב לִרְא֖וֹת חמישי
2 בִּבְנ֥וֹת הָאָֽרֶץ׃ וַיַּ֨רְא אֹתָ֜הּ שְׁכֶ֧ם בֶּן־חֲמ֛וֹר הַחִוִּ֖י נְשִׂ֣יא הָאָ֑רֶץ
3 וַיִּקַּ֥ח אֹתָ֛הּ וַיִּשְׁכַּ֥ב אֹתָ֖הּ וַיְעַנֶּֽהָ׃ וַתִּדְבַּ֣ק נַפְשׁ֔וֹ בְּדִינָ֖ה בַּת־
4 יַעֲקֹ֑ב וַיֶּֽאֱהַב֙ אֶת־הַֽנַּעֲרָ֔ וַיְדַבֵּ֖ר עַל־לֵ֥ב הַֽנַּעֲרָ׃ וַיֹּ֣אמֶר
שְׁכֶ֔ם אֶל־חֲמ֥וֹר אָבִ֖יו לֵאמֹ֑ר קַֽח־לִ֛י אֶת־הַיַּלְדָּ֥ה הַזֹּ֖את
ה לְאִשָּֽׁה׃ וְיַעֲקֹ֣ב שָׁמַ֗ע כִּ֤י טִמֵּא֙ אֶת־דִּינָ֣ה בִתּ֔וֹ וּבָנָ֛יו הָי֥וּ אֶת־
6 מִקְנֵ֖הוּ בַּשָּׂדֶ֑ה וְהֶחֱרִ֥שׁ יַעֲקֹ֖ב עַד־בֹּאָֽם׃ וַיֵּצֵ֛א חֲמ֥וֹר אֲבִֽי־
7 שְׁכֶ֖ם אֶֽל־יַעֲקֹ֑ב לְדַבֵּ֖ר אִתּֽוֹ׃ וּבְנֵ֨י יַעֲקֹ֜ב בָּ֤אוּ מִן־הַשָּׂדֶה֙
כְּשָׁמְעָ֔ם וַיִּֽתְעַצְּבוּ֙ הָֽאֲנָשִׁ֔ים וַיִּ֥חַר לָהֶ֖ם מְאֹ֑ד כִּֽי נְבָלָ֞ה עָשָׂ֣ה
8 בְיִשְׂרָאֵ֗ל לִשְׁכַּב֙ אֶת־בַּֽת־יַעֲקֹ֔ב וְכֵ֖ן לֹ֥א יֵעָשֶֽׂה׃ וַיְדַבֵּ֥ר
חֲמ֖וֹר אִתָּ֣ם לֵאמֹ֑ר שְׁכֶ֣ם בְּנִ֗י חָֽשְׁקָ֤ה נַפְשׁוֹ֙ בְּבִתְּכֶ֔ם תְּנ֨וּ נָ֥א
9 אֹתָ֛הּ ל֖וֹ לְאִשָּֽׁה׃ וְהִֽתְחַתְּנ֖וּ אֹתָ֑נוּ בְּנֹֽתֵיכֶם֙ תִּתְּנוּ־לָ֔נוּ וְאֶת־
י בְּנֹתֵ֖ינוּ תִּקְח֥וּ לָכֶֽם׃ וְאִתָּ֖נוּ תֵּשֵׁ֑בוּ וְהָאָ֗רֶץ תִּהְיֶ֣ה לִפְנֵיכֶ֔ם
11 שְׁב֣וּ וּסְחָר֔וּהָ וְהֵאָחֲז֖וּ בָּֽהּ׃ וַיֹּ֤אמֶר שְׁכֶם֙ אֶל־אָבִ֣יהָ וְאֶל־
12 אַחֶ֔יהָ אֶמְצָא־חֵ֖ן בְּעֵינֵיכֶ֑ם וַאֲשֶׁ֥ר תֹּאמְר֛וּ אֵלַ֖י אֶתֵּֽן׃ הַרְבּ֨וּ
עָלַ֜י מְאֹד֙ מֹ֣הַר וּמַתָּ֔ן וְאֶ֨תְּנָ֔ה כַּאֲשֶׁ֥ר תֹּאמְר֖וּ אֵלָ֑י וּתְנוּ־לִ֥י
13 אֶת־הַֽנַּעֲרָ֖ לְאִשָּֽׁה׃ וַיַּעֲנ֨וּ בְנֵֽי־יַעֲקֹ֜ב אֶת־שְׁכֶ֨ם וְאֶת־חֲמ֥וֹר
14 אָבִ֛יו בְּמִרְמָ֖ה וַיְדַבֵּ֑רוּ אֲשֶׁ֣ר טִמֵּ֔א אֵ֖ת דִּינָ֥ה אֲחֹתָֽם׃ וַיֹּאמְר֣וּ
אֲלֵיהֶ֗ם לֹ֤א נוּכַל֙ לַעֲשׂוֹת֙ הַדָּבָ֣ר הַזֶּ֔ה לָתֵת֙ אֶת־אֲחֹתֵ֔נוּ לְאִ֖ישׁ

אשר־לו

ל״ד v. 3. הנערה ק׳ bis v. 12. הנערה ק׳

טו אֲשֶׁר־לוֹ עָרְלָה כִּי־חֶרְפָּה הִוא לָנוּ׃ אַךְ־בְּזֹאת נֵאוֹת לָכֶם
16 אִם תִּהְיוּ כָמֹנוּ לְהִמֹּל לָכֶם כָּל־זָכָר׃ וְנָתַנּוּ אֶת־בְּנֹתֵינוּ
לָכֶם וְאֶת־בְּנֹתֵיכֶם נִקַּח־לָנוּ וְיָשַׁבְנוּ אִתְּכֶם וְהָיִינוּ לְעַם
17 אֶחָד׃ וְאִם־לֹא תִשְׁמְעוּ אֵלֵינוּ לְהִמּוֹל וְלָקַחְנוּ אֶת־בִּתֵּנוּ
18 וְהָלָכְנוּ׃ וַיִּיטְבוּ דִבְרֵיהֶם בְּעֵינֵי חֲמוֹר וּבְעֵינֵי שְׁכֶם בֶּן־
19 חֲמוֹר׃ וְלֹא־אֵחַר הַנַּעַר לַעֲשׂוֹת הַדָּבָר כִּי חָפֵץ בְּבַת־
כ יַעֲקֹב וְהוּא נִכְבָּד מִכֹּל בֵּית אָבִיו׃ וַיָּבֹא חֲמוֹר וּשְׁכֶם בְּנוֹ
21 אֶל־שַׁעַר עִירָם וַיְדַבְּרוּ אֶל־אַנְשֵׁי עִירָם לֵאמֹר׃ הָאֲנָשִׁים
הָאֵלֶּה שְׁלֵמִים הֵם אִתָּנוּ וְיֵשְׁבוּ בָאָרֶץ וְיִסְחֲרוּ אֹתָהּ וְהָאָרֶץ
הִנֵּה רַחֲבַת־יָדַיִם לִפְנֵיהֶם אֶת־בְּנֹתָם נִקַּח־לָנוּ לְנָשִׁים וְאֶת־
22 בְּנֹתֵינוּ נִתֵּן לָהֶם׃ אַךְ־בְּזֹאת יֵאֹתוּ לָנוּ הָאֲנָשִׁים לָשֶׁבֶת אִתָּנוּ
לִהְיוֹת לְעַם אֶחָד בְּהִמּוֹל לָנוּ כָּל־זָכָר כַּאֲשֶׁר הֵם נִמֹּלִים׃
23 מִקְנֵהֶם וְקִנְיָנָם וְכָל־בְּהֶמְתָּם הֲלוֹא לָנוּ הֵם אַךְ נֵאוֹתָה לָהֶם
24 וְיֵשְׁבוּ אִתָּנוּ׃ וַיִּשְׁמְעוּ אֶל־חֲמוֹר וְאֶל־שְׁכֶם בְּנוֹ כָּל־יֹצְאֵי
כה שַׁעַר עִירוֹ וַיִּמֹּלוּ כָּל־זָכָר כָּל־יֹצְאֵי שַׁעַר עִירוֹ׃ וַיְהִי בַיּוֹם
הַשְּׁלִישִׁי בִּהְיוֹתָם כֹּאֲבִים וַיִּקְחוּ שְׁנֵי־בְנֵי־יַעֲקֹב שִׁמְעוֹן וְלֵוִי
אֲחֵי דִינָה אִישׁ חַרְבּוֹ וַיָּבֹאוּ עַל־הָעִיר בֶּטַח וַיַּהַרְגוּ כָּל־
26 זָכָר׃ וְאֶת־חֲמוֹר וְאֶת־שְׁכֶם בְּנוֹ הָרְגוּ לְפִי־חָרֶב וַיִּקְחוּ
27 אֶת־דִּינָה מִבֵּית שְׁכֶם וַיֵּצֵאוּ׃ בְּנֵי יַעֲקֹב בָּאוּ עַל־הַחֲלָלִים
28 וַיָּבֹזּוּ הָעִיר אֲשֶׁר טִמְּאוּ אֲחוֹתָם׃ אֶת־צֹאנָם וְאֶת־בְּקָרָם
וְאֶת־חֲמֹרֵיהֶם וְאֵת אֲשֶׁר־בָּעִיר וְאֶת־אֲשֶׁר בַּשָּׂדֶה לָקָחוּ׃
29 וְאֶת־כָּל־חֵילָם וְאֶת־כָּל־טַפָּם וְאֶת־נְשֵׁיהֶם שָׁבוּ וַיָּבֹזּוּ וְאֵת
ל כָּל־אֲשֶׁר בַּבָּיִת׃ וַיֹּאמֶר יַעֲקֹב אֶל־שִׁמְעוֹן וְאֶל־לֵוִי עֲכַרְתֶּם
אֹתִי לְהַבְאִישֵׁנִי בְּיֹשֵׁב הָאָרֶץ בַּכְּנַעֲנִי וּבַפְּרִזִּי וַאֲנִי מְתֵי מִסְפָּר
31 וְנֶאֶסְפוּ עָלַי וְהִכּוּנִי וְנִשְׁמַדְתִּי אֲנִי וּבֵיתִי׃ וַיֹּאמְרוּ הַכְזוֹנָה
יַעֲשֶׂה אֶת־אֲחוֹתֵנוּ׃ פ

לה Cap. XXXV. לה

א וַיֹּאמֶר אֱלֹהִים אֶל־יַעֲקֹב קוּם עֲלֵה בֵית־אֵל וְשֶׁב־שָׁם

ל״ד .v 31. ד׳ רבתי

ועשה־שם

וַעֲשֵׂה־שָׁם מִזְבֵּחַ לָאֵל הַנִּרְאֶה אֵלֶיךָ בְּבָרְחֲךָ מִפְּנֵי עֵשָׂו
2 אָחִיךָ׃ וַיֹּאמֶר יַעֲקֹב אֶל־בֵּיתוֹ וְאֶל כָּל־אֲשֶׁר עִמּוֹ הָסִרוּ אֶת־
אֱלֹהֵי הַנֵּכָר אֲשֶׁר בְּתֹכְכֶם וְהִטַּהֲרוּ וְהַחֲלִיפוּ שִׂמְלֹתֵיכֶם׃
3 וְנָקוּמָה וְנַעֲלֶה בֵּית־אֵל וְאֶעֱשֶׂה־שָּׁם מִזְבֵּחַ לָאֵל הָעֹנֶה אֹתִי
4 בְּיוֹם צָרָתִי וַיְהִי עִמָּדִי בַּדֶּרֶךְ אֲשֶׁר הָלָכְתִּי׃ וַיִּתְּנוּ אֶל־
יַעֲקֹב אֵת כָּל־אֱלֹהֵי הַנֵּכָר אֲשֶׁר בְּיָדָם וְאֶת־הַנְּזָמִים אֲשֶׁר
בְּאָזְנֵיהֶם וַיִּטְמֹן אֹתָם יַעֲקֹב תַּחַת הָאֵלָה אֲשֶׁר עִם־שְׁכֶם׃
ה וַיִּסָּעוּ וַיְהִי ׀ חִתַּת אֱלֹהִים עַל־הֶעָרִים אֲשֶׁר סְבִיבוֹתֵיהֶם
6 וְלֹא רָדְפוּ אַחֲרֵי בְּנֵי יַעֲקֹב׃ וַיָּבֹא יַעֲקֹב לוּזָה אֲשֶׁר בְּאֶרֶץ
7 כְּנַעַן הִוא בֵּית־אֵל הוּא וְכָל־הָעָם אֲשֶׁר־עִמּוֹ׃ וַיִּבֶן שָׁם
מִזְבֵּחַ וַיִּקְרָא לַמָּקוֹם אֵל בֵּית־אֵל כִּי שָׁם נִגְלוּ אֵלָיו הָאֱלֹהִים
8 בְּבָרְחוֹ מִפְּנֵי אָחִיו׃ וַתָּמָת דְּבֹרָה מֵינֶקֶת רִבְקָה וַתִּקָּבֵר
מִתַּחַת לְבֵית־אֵל תַּחַת הָאַלּוֹן וַיִּקְרָא שְׁמוֹ אַלּוֹן בָּכוּת׃ פ
9 וַיֵּרָא אֱלֹהִים אֶל־יַעֲקֹב עוֹד בְּבֹאוֹ מִפַּדַּן אֲרָם וַיְבָרֶךְ אֹתוֹ׃
י וַיֹּאמֶר־לוֹ אֱלֹהִים שִׁמְךָ יַעֲקֹב לֹא־יִקָּרֵא שִׁמְךָ עוֹד יַעֲקֹב
11 כִּי אִם־יִשְׂרָאֵל יִהְיֶה שְׁמֶךָ וַיִּקְרָא אֶת־שְׁמוֹ יִשְׂרָאֵל׃ וַיֹּאמֶר
לוֹ אֱלֹהִים אֲנִי אֵל שַׁדַּי פְּרֵה וּרְבֵה גּוֹי וּקְהַל גּוֹיִם יִהְיֶה מִמֶּךָּ
12 וּמְלָכִים מֵחֲלָצֶיךָ יֵצֵאוּ׃ * וְאֶת־הָאָרֶץ אֲשֶׁר נָתַתִּי לְאַבְרָהָם ששי לאש׳
13 וּלְיִצְחָק לְךָ אֶתְּנֶנָּה וּלְזַרְעֲךָ אַחֲרֶיךָ אֶתֵּן אֶת־הָאָרֶץ׃ וַיַּעַל
14 מֵעָלָיו אֱלֹהִים בַּמָּקוֹם אֲשֶׁר־דִּבֶּר אִתּוֹ׃ * וַיַּצֵּב יַעֲקֹב מַצֵּבָה ששי לספ׳
בַּמָּקוֹם אֲשֶׁר־דִּבֶּר אִתּוֹ מַצֶּבֶת אָבֶן וַיַּסֵּךְ עָלֶיהָ נֶסֶךְ וַיִּצֹק
טו עָלֶיהָ שָׁמֶן׃ וַיִּקְרָא יַעֲקֹב אֶת־שֵׁם הַמָּקוֹם אֲשֶׁר דִּבֶּר אִתּוֹ
16 שָׁם אֱלֹהִים בֵּית־אֵל׃ וַיִּסְעוּ מִבֵּית אֵל וַיְהִי־עוֹד כִּבְרַת־
17 הָאָרֶץ לָבוֹא אֶפְרָתָה וַתֵּלֶד רָחֵל וַתְּקַשׁ בְּלִדְתָּהּ׃ וַיְהִי
בְהַקְשֹׁתָהּ בְּלִדְתָּהּ וַתֹּאמֶר לָהּ הַמְיַלֶּדֶת אַל־תִּירְאִי כִּי־
18 גַם־זֶה לָךְ בֵּן׃ וַיְהִי בְּצֵאת נַפְשָׁהּ כִּי מֵתָה וַתִּקְרָא שְׁמוֹ בֶּן־
19 אוֹנִי וְאָבִיו קָרָא־לוֹ בִנְיָמִין׃ וַתָּמָת רָחֵל וַתִּקָּבֵר בְּדֶרֶךְ

ל״ה v. 7. קדש

כ אֶפְרָ֫תָה הִוא בֵּית לָחֶם׃ וַיַּצֵּב יַעֲקֹב מַצֵּבָה עַל־קְבֻרָתָהּ
21 הִוא מַצֶּבֶת קְבֻרַת־רָחֵל עַד־הַיּוֹם׃ וַיִּסַּע יִשְׂרָאֵל וַיֵּט
22 אָהֳלֹה מֵהָלְאָה לְמִגְדַּל־עֵדֶר׃ וַיְהִי בִּשְׁכֹּן יִשְׂרָאֵל בָּאָרֶץ
הַהִוא וַיֵּלֶךְ רְאוּבֵן וַיִּשְׁכַּב אֶת־בִּלְהָה פִּילֶגֶשׁ אָבִיו וַיִּשְׁמַע
יִשְׂרָאֵל פ
23 וַיִּהְיוּ בְנֵי־יַעֲקֹב שְׁנֵים עָשָׂר׃ בְּנֵי לֵאָה בְּכוֹר יַעֲקֹב רְאוּבֵן
24 וְשִׁמְעוֹן וְלֵוִי וִיהוּדָה וְיִשָּׂשכָר וּזְבֻלוּן׃ בְּנֵי רָחֵל יוֹסֵף וּבִנְיָמִן׃
כה 26 וּבְנֵי בִלְהָה שִׁפְחַת רָחֵל דָּן וְנַפְתָּלִי׃ וּבְנֵי זִלְפָּה שִׁפְחַת לֵאָה
27 גָּד וְאָשֵׁר אֵלֶּה בְּנֵי יַעֲקֹב אֲשֶׁר יֻלַּד־לוֹ בְּפַדַּן אֲרָם׃ וַיָּבֹא
יַעֲקֹב אֶל־יִצְחָק אָבִיו מַמְרֵא קִרְיַת הָאַרְבַּע הִוא חֶבְרוֹן
28 אֲשֶׁר־גָּר־שָׁם אַבְרָהָם וְיִצְחָק׃ וַיִּהְיוּ יְמֵי יִצְחָק מְאַת שָׁנָה
29 וּשְׁמֹנִים שָׁנָה׃ וַיִּגְוַע יִצְחָק וַיָּמָת וַיֵּאָסֶף אֶל־עַמָּיו זָקֵן וּשְׂבַע
יָמִים וַיִּקְבְּרוּ אֹתוֹ עֵשָׂו וְיַעֲקֹב בָּנָיו׃ פ

לו Cap. XXXVI. לו

א 2 וְאֵלֶּה תֹּלְדוֹת עֵשָׂו הוּא אֱדוֹם׃ עֵשָׂו לָקַח אֶת־נָשָׁיו מִבְּנוֹת
כְּנָעַן אֶת־עָדָה בַּת־אֵילוֹן הַחִתִּי וְאֶת־אָהֳלִיבָמָה בַּת־עֲנָה
3 בַּת־צִבְעוֹן הַחִוִּי׃ וְאֶת־בָּשְׂמַת בַּת־יִשְׁמָעֵאל אֲחוֹת נְבָיוֹת׃
4 וַתֵּלֶד עָדָה לְעֵשָׂו אֶת־אֱלִיפָז וּבָשְׂמַת יָלְדָה אֶת־רְעוּאֵל׃
ה וְאָהֳלִיבָמָה יָלְדָה אֶת־יְעִישׁ וְאֶת־יַעְלָם וְאֶת־קֹרַח אֵלֶּה
6 בְּנֵי עֵשָׂו אֲשֶׁר יֻלְּדוּ־לוֹ בְּאֶרֶץ כְּנָעַן׃ וַיִּקַּח עֵשָׂו אֶת־נָשָׁיו
וְאֶת־בָּנָיו וְאֶת־בְּנֹתָיו וְאֶת־כָּל־נַפְשׁוֹת בֵּיתוֹ וְאֶת־מִקְנֵהוּ
וְאֶת־כָּל־בְּהֶמְתּוֹ וְאֵת כָּל־קִנְיָנוֹ אֲשֶׁר רָכַשׁ בְּאֶרֶץ כְּנָעַן
7 וַיֵּלֶךְ אֶל־אֶרֶץ מִפְּנֵי יַעֲקֹב אָחִיו׃ כִּי־הָיָה רְכוּשָׁם רָב
מִשֶּׁבֶת יַחְדָּו וְלֹא יָכְלָה אֶרֶץ מְגוּרֵיהֶם לָשֵׂאת אֹתָם מִפְּנֵי
8 9 מִקְנֵיהֶם׃ וַיֵּשֶׁב עֵשָׂו בְּהַר שֵׂעִיר עֵשָׂו הוּא אֱדוֹם׃ וְאֵלֶּה
י תֹּלְדוֹת עֵשָׂו אֲבִי אֱדוֹם בְּהַר שֵׂעִיר׃ אֵלֶּה שְׁמוֹת בְּנֵי־עֵשָׂו
אֱלִיפַז בֶּן־עָדָה אֵשֶׁת עֵשָׂו רְעוּאֵל בֶּן־בָּשְׂמַת אֵשֶׁת עֵשָׂו׃

ויהיו

ל״ה v. 22. ב׳ טעמים: פסקא באמצע פסוק   ל״ו v. 5. יעוש ק׳

11 12 וַיִּהְיוּ בְּנֵי אֱלִיפָז תֵּימָן אוֹמָר צְפוֹ וְגַעְתָּם וּקְנַז׃ וְתִמְנַע ׀ הָיְתָה
פִילֶגֶשׁ לֶאֱלִיפַז בֶּן־עֵשָׂו וַתֵּלֶד לֶאֱלִיפַז אֶת־עֲמָלֵק אֵלֶּה בְּנֵי
13 עָדָה אֵשֶׁת עֵשָׂו׃ וְאֵלֶּה בְּנֵי רְעוּאֵל נַחַת וָזֶרַח שַׁמָּה וּמִזָּה
14 אֵלֶּה הָיוּ בְּנֵי בָשְׂמַת אֵשֶׁת עֵשָׂו׃ וְאֵלֶּה הָיוּ בְּנֵי אָהֳלִיבָמָה
בַת־עֲנָה בַּת־צִבְעוֹן אֵשֶׁת עֵשָׂו וַתֵּלֶד לְעֵשָׂו אֶת־יְעִישׁ וְאֶת־
טו יַעְלָם וְאֶת־קֹרַח׃ אֵלֶּה אַלּוּפֵי בְנֵי־עֵשָׂו בְּנֵי אֱלִיפַז בְּכוֹר
16 עֵשָׂו אַלּוּף תֵּימָן אַלּוּף אוֹמָר אַלּוּף צְפוֹ אַלּוּף קְנַז׃ אַלּוּף
קֹרַח אַלּוּף גַּעְתָּם אַלּוּף עֲמָלֵק אֵלֶּה אַלּוּפֵי אֱלִיפַז בְּאֶרֶץ
17 אֱדוֹם אֵלֶּה בְּנֵי עָדָה׃ וְאֵלֶּה בְּנֵי רְעוּאֵל בֶּן־עֵשָׂו אַלּוּף
נַחַת אַלּוּף זֶרַח אַלּוּף שַׁמָּה אַלּוּף מִזָּה אֵלֶּה אַלּוּפֵי רְעוּאֵל
18 בְּאֶרֶץ אֱדוֹם אֵלֶּה בְּנֵי בָשְׂמַת אֵשֶׁת עֵשָׂו׃ וְאֵלֶּה בְּנֵי
אָהֳלִיבָמָה אֵשֶׁת עֵשָׂו אַלּוּף יְעוּשׁ אַלּוּף יַעְלָם אַלּוּף קֹרַח
19 אֵלֶּה אַלּוּפֵי אָהֳלִיבָמָה בַּת־עֲנָה אֵשֶׁת עֵשָׂו׃ אֵלֶּה בְנֵי־עֵשָׂו
כ וְאֵלֶּה אַלּוּפֵיהֶם הוּא אֱדוֹם׃* ס אֵלֶּה בְנֵי־שֵׂעִיר שביעי
21 הַחֹרִי יֹשְׁבֵי הָאָרֶץ לוֹטָן וְשׁוֹבָל וְצִבְעוֹן וַעֲנָה׃ וְדִשׁוֹן וְאֵצֶר
22 וְדִישָׁן אֵלֶּה אַלּוּפֵי הַחֹרִי בְּנֵי שֵׂעִיר בְּאֶרֶץ אֱדוֹם׃ וַיִּהְיוּ בְנֵי־
23 לוֹטָן חֹרִי וְהֵימָם וַאֲחוֹת לוֹטָן תִּמְנָע׃ וְאֵלֶּה בְּנֵי שׁוֹבָל עַלְוָן
24 וּמָנַחַת וְעֵיבָל שְׁפוֹ וְאוֹנָם׃ וְאֵלֶּה בְנֵי־צִבְעוֹן וְאַיָּה וַעֲנָה
הוּא עֲנָה אֲשֶׁר מָצָא אֶת־הַיֵּמִם בַּמִּדְבָּר בִּרְעֹתוֹ אֶת־
כה הַחֲמֹרִים לְצִבְעוֹן אָבִיו׃ וְאֵלֶּה בְנֵי־עֲנָה דִּשֹׁן וְאָהֳלִיבָמָה
26 27 בַּת־עֲנָה׃ וְאֵלֶּה בְּנֵי דִישָׁן חֶמְדָּן וְאֶשְׁבָּן וְיִתְרָן וּכְרָן׃ אֵלֶּה
28 בְּנֵי־אֵצֶר בִּלְהָן וְזַעֲוָן וַעֲקָן׃ אֵלֶּה בְנֵי־דִישָׁן עוּץ וַאֲרָן׃
29 אֵלֶּה אַלּוּפֵי הַחֹרִי אַלּוּף לוֹטָן אַלּוּף שׁוֹבָל אַלּוּף צִבְעוֹן
ל אַלּוּף עֲנָה׃ אַלּוּף דִּשֹׁן אַלּוּף אֵצֶר אַלּוּף דִּישָׁן אֵלֶּה אַלּוּפֵי
הַחֹרִי לְאַלֻּפֵיהֶם בְּאֶרֶץ שֵׂעִיר׃ פ
31 וְאֵלֶּה הַמְּלָכִים אֲשֶׁר מָלְכוּ בְּאֶרֶץ אֱדוֹם לִפְנֵי מְלָךְ־מֶלֶךְ
32 לִבְנֵי יִשְׂרָאֵל׃ וַיִּמְלֹךְ בֶּאֱדוֹם בֶּלַע בֶּן־בְּעוֹר וְשֵׁם עִירוֹ

דנהבה

* v. 14. יעוש ק

33 דִּנְהָבָה: וַיָּמָת בָּלַע וַיִּמְלֹךְ תַּחְתָּיו יוֹבָב בֶּן־זֶרַח מִבָּצְרָה:
34 לה וַיָּמָת יוֹבָב וַיִּמְלֹךְ תַּחְתָּיו חֻשָׁם מֵאֶרֶץ הַתֵּימָנִי: וַיָּמָת חֻשָׁם
וַיִּמְלֹךְ תַּחְתָּיו הֲדַד בֶּן־בְּדַד הַמַּכֶּה אֶת־מִדְיָן בִּשְׂדֵה מוֹאָב
36 וְשֵׁם עִירוֹ עֲוִית: וַיָּמָת הֲדָד וַיִּמְלֹךְ תַּחְתָּיו שַׂמְלָה מִמַּשְׂרֵקָה:
37 38 וַיָּמָת שַׂמְלָה וַיִּמְלֹךְ תַּחְתָּיו שָׁאוּל מֵרְחֹבוֹת הַנָּהָר: וַיָּמָת
39 שָׁאוּל וַיִּמְלֹךְ תַּחְתָּיו בַּעַל חָנָן בֶּן־עַכְבּוֹר: וַיָּמָת בַּעַל חָנָן
בֶּן־עַכְבּוֹר וַיִּמְלֹךְ תַּחְתָּיו הֲדַר וְשֵׁם עִירוֹ פָּעוּ וְשֵׁם אִשְׁתּוֹ
מ מְהֵיטַבְאֵל בַּת־מַטְרֵד בַּת מֵי זָהָב: * וְאֵלֶּה שְׁמוֹת אַלּוּפֵי מפטיר
עֵשָׂו לְמִשְׁפְּחֹתָם לִמְקֹמֹתָם בִּשְׁמֹתָם אַלּוּף תִּמְנָע אַלּוּף עַלְוָה
41 42 אַלּוּף יְתֵת: אַלּוּף אָהֳלִיבָמָה אַלּוּף אֵלָה אַלּוּף פִּינֹן: אַלּוּף
43 קְנַז אַלּוּף תֵּימָן אַלּוּף מִבְצָר: אַלּוּף מַגְדִּיאֵל אַלּוּף עִירָם
אֵלֶּה ׀ אַלּוּפֵי אֱדוֹם לְמֹשְׁבֹתָם בְּאֶרֶץ אֲחֻזָּתָם הוּא עֵשָׂו אֲבִי
אֱדוֹם: פ פ פ

וישב ט 9

לז Cap. XXXVII. לז

א 2 וַיֵּשֶׁב יַעֲקֹב בְּאֶרֶץ מְגוּרֵי אָבִיו בְּאֶרֶץ כְּנָעַן: אֵלֶּה ׀ תֹּלְדוֹת
יַעֲקֹב יוֹסֵף בֶּן־שְׁבַע־עֶשְׂרֵה שָׁנָה הָיָה רֹעֶה אֶת־אֶחָיו בַּצֹּאן
וְהוּא נַעַר אֶת־בְּנֵי בִלְהָה וְאֶת־בְּנֵי זִלְפָּה נְשֵׁי אָבִיו וַיָּבֵא
3 יוֹסֵף אֶת־דִּבָּתָם רָעָה אֶל־אֲבִיהֶם: וְיִשְׂרָאֵל אָהַב אֶת־
יוֹסֵף מִכָּל־בָּנָיו כִּי־בֶן־זְקֻנִים הוּא לוֹ וְעָשָׂה לוֹ כְּתֹנֶת פַּסִּים:
4 וַיִּרְאוּ אֶחָיו כִּי־אֹתוֹ אָהַב אֲבִיהֶם מִכָּל־אֶחָיו וַיִּשְׂנְאוּ אֹתוֹ
ה וְלֹא יָכְלוּ דַּבְּרוֹ לְשָׁלֹם: וַיַּחֲלֹם יוֹסֵף חֲלוֹם וַיַּגֵּד לְאֶחָיו
6 וַיּוֹסִפוּ עוֹד שְׂנֹא אֹתוֹ: וַיֹּאמֶר אֲלֵיהֶם שִׁמְעוּ־נָא הַחֲלוֹם הַזֶּה
7 אֲשֶׁר חָלָמְתִּי: וְהִנֵּה אֲנַחְנוּ מְאַלְּמִים אֲלֻמִּים בְּתוֹךְ הַשָּׂדֶה
וְהִנֵּה קָמָה אֲלֻמָּתִי וְגַם־נִצָּבָה וְהִנֵּה תְסֻבֶּינָה אֲלֻמֹּתֵיכֶם
8 וַתִּשְׁתַּחֲוֶיןָ לַאֲלֻמָּתִי: וַיֹּאמְרוּ לוֹ אֶחָיו הֲמָלֹךְ תִּמְלֹךְ עָלֵינוּ
אִם־מָשׁוֹל תִּמְשֹׁל בָּנוּ וַיּוֹסִפוּ עוֹד שְׂנֹא אֹתוֹ עַל־חֲלֹמֹתָיו

ועל־דבריו

9 וְעַל־דְּבָרָיו׃ וַיַּחֲלֹם עוֹד חֲלוֹם אַחֵר וַיְסַפֵּר אֹתוֹ לְאֶחָיו
וַיֹּאמֶר הִנֵּה חָלַמְתִּי חֲלוֹם עוֹד וְהִנֵּה הַשֶּׁמֶשׁ וְהַיָּרֵחַ וְאַחַד
י עָשָׂר כּוֹכָבִים מִשְׁתַּחֲוִים לִי׃ וַיְסַפֵּר אֶל־אָבִיו וְאֶל־אֶחָיו
וַיִּגְעַר־בּוֹ אָבִיו וַיֹּאמֶר לוֹ מָה הַחֲלוֹם הַזֶּה אֲשֶׁר חָלָמְתָּ הֲבוֹא
11 נָבוֹא אֲנִי וְאִמְּךָ וְאַחֶיךָ לְהִשְׁתַּחֲוֺת לְךָ אָרְצָה׃ וַיְקַנְאוּ־בוֹ
12 אֶחָיו וְאָבִיו שָׁמַר אֶת־הַדָּבָר׃* וַיֵּלְכוּ אֶחָיו לִרְעוֹת אֶת־צֹאן שני
13 אֲבִיהֶם בִּשְׁכֶם׃ וַיֹּאמֶר יִשְׂרָאֵל אֶל־יוֹסֵף הֲלוֹא אַחֶיךָ רֹעִים
14 בִּשְׁכֶם לְכָה וְאֶשְׁלָחֲךָ אֲלֵיהֶם וַיֹּאמֶר לוֹ הִנֵּנִי׃ וַיֹּאמֶר לוֹ
לֶךְ־נָא רְאֵה אֶת־שְׁלוֹם אַחֶיךָ וְאֶת־שְׁלוֹם הַצֹּאן וַהֲשִׁבֵנִי
טו דָּבָר וַיִּשְׁלָחֵהוּ מֵעֵמֶק חֶבְרוֹן וַיָּבֹא שְׁכֶמָה׃ וַיִּמְצָאֵהוּ אִישׁ
16 וְהִנֵּה תֹעֶה בַּשָּׂדֶה וַיִּשְׁאָלֵהוּ הָאִישׁ לֵאמֹר מַה־תְּבַקֵּשׁ׃ וַיֹּאמֶר
17 אֶת־אַחַי אָנֹכִי מְבַקֵּשׁ הַגִּידָה־נָּא לִי אֵיפֹה הֵם רֹעִים׃ וַיֹּאמֶר
הָאִישׁ נָסְעוּ מִזֶּה כִּי שָׁמַעְתִּי אֹמְרִים נֵלְכָה דֹּתָיְנָה וַיֵּלֶךְ יוֹסֵף
18 אַחַר אֶחָיו וַיִּמְצָאֵם בְּדֹתָן׃ וַיִּרְאוּ אֹתוֹ מֵרָחֹק וּבְטֶרֶם יִקְרַב
19 אֲלֵיהֶם וַיִּתְנַכְּלוּ אֹתוֹ לַהֲמִיתוֹ׃ וַיֹּאמְרוּ אִישׁ אֶל־אָחִיו הִנֵּה
כ בַּעַל הַחֲלֹמוֹת הַלָּזֶה בָּא׃ וְעַתָּה ׀ לְכוּ וְנַהַרְגֵהוּ וְנַשְׁלִכֵהוּ
בְּאַחַד הַבֹּרוֹת וְאָמַרְנוּ חַיָּה רָעָה אֲכָלָתְהוּ וְנִרְאֶה מַה־יִּהְיוּ
21 חֲלֹמֹתָיו׃ וַיִּשְׁמַע רְאוּבֵן וַיַּצִּלֵהוּ מִיָּדָם וַיֹּאמֶר לֹא נַכֶּנּוּ נָפֶשׁ׃
22 וַיֹּאמֶר אֲלֵהֶם ׀ רְאוּבֵן אַל־תִּשְׁפְּכוּ־דָם הַשְׁלִיכוּ אֹתוֹ אֶל־
הַבּוֹר הַזֶּה אֲשֶׁר בַּמִּדְבָּר וְיָד אַל־תִּשְׁלְחוּ־בוֹ לְמַעַן הַצִּיל
23 אֹתוֹ מִיָּדָם לַהֲשִׁיבוֹ אֶל־אָבִיו׃* וַיְהִי כַּאֲשֶׁר־בָּא יוֹסֵף אֶל־ שלישי
אֶחָיו וַיַּפְשִׁיטוּ אֶת־יוֹסֵף אֶת־כֻּתָּנְתּוֹ אֶת־כְּתֹנֶת הַפַּסִּים
24 אֲשֶׁר עָלָיו׃ וַיִּקָּחֻהוּ וַיַּשְׁלִכוּ אֹתוֹ הַבֹּרָה וְהַבּוֹר רֵק אֵין בּוֹ
כה מָיִם׃ וַיֵּשְׁבוּ לֶאֱכָל־לֶחֶם וַיִּשְׂאוּ עֵינֵיהֶם וַיִּרְאוּ וְהִנֵּה אֹרְחַת
יִשְׁמְעֵאלִים בָּאָה מִגִּלְעָד וּגְמַלֵּיהֶם נֹשְׂאִים נְכֹאת וּצְרִי וָלֹט
26 הוֹלְכִים לְהוֹרִיד מִצְרָיְמָה׃ וַיֹּאמֶר יְהוּדָה אֶל־אֶחָיו מַה־
27 בֶּצַע כִּי נַהֲרֹג אֶת־אָחִינוּ וְכִסִּינוּ אֶת־דָּמוֹ׃ לְכוּ וְנִמְכְּרֶנּוּ

לישמעאלים

v. 12. נקוד על את

לַיִּשְׁמְעֵאלִים וְיָדֵנוּ אַל־תְּהִי־בוֹ כִּי־אָחִינוּ בְשָׂרֵנוּ הוּא
28 וַיִּשְׁמְעוּ אֶחָיו׃ וַיַּעַבְרוּ אֲנָשִׁים מִדְיָנִים סֹחֲרִים וַיִּמְשְׁכוּ
וַיַּעֲלוּ אֶת־יוֹסֵף מִן־הַבּוֹר וַיִּמְכְּרוּ אֶת־יוֹסֵף לַיִּשְׁמְעֵאלִים
29 בְּעֶשְׂרִים כָּסֶף וַיָּבִיאוּ אֶת־יוֹסֵף מִצְרָיְמָה׃ וַיָּשָׁב רְאוּבֵן
ל אֶל־הַבּוֹר וְהִנֵּה אֵין־יוֹסֵף בַּבּוֹר וַיִּקְרַע אֶת־בְּגָדָיו׃ וַיָּשָׁב
31 אֶל־אֶחָיו וַיֹּאמַר הַיֶּלֶד אֵינֶנּוּ וַאֲנִי אָנָה אֲנִי־בָא׃ וַיִּקְחוּ אֶת־
כְּתֹנֶת יוֹסֵף וַיִּשְׁחֲטוּ שְׂעִיר עִזִּים וַיִּטְבְּלוּ אֶת־הַכֻּתֹּנֶת בַּדָּם׃
32 וַיְשַׁלְּחוּ אֶת־כְּתֹנֶת הַפַּסִּים וַיָּבִיאוּ אֶל־אֲבִיהֶם וַיֹּאמְרוּ זֹאת
33 מָצָאנוּ הַכֶּר־נָא הַכְּתֹנֶת בִּנְךָ הִוא אִם־לֹא׃ וַיַּכִּירָהּ וַיֹּאמֶר
34 כְּתֹנֶת בְּנִי חַיָּה רָעָה אֲכָלָתְהוּ טָרֹף טֹרַף יוֹסֵף׃ וַיִּקְרַע
יַעֲקֹב שִׂמְלֹתָיו וַיָּשֶׂם שַׂק בְּמָתְנָיו וַיִּתְאַבֵּל עַל־בְּנוֹ יָמִים
לה רַבִּים׃ וַיָּקֻמוּ כָל־בָּנָיו וְכָל־בְּנֹתָיו לְנַחֲמוֹ וַיְמָאֵן לְהִתְנַחֵם
וַיֹּאמֶר כִּי־אֵרֵד אֶל־בְּנִי אָבֵל שְׁאֹלָה וַיֵּבְךְּ אֹתוֹ אָבִיו׃
36 וְהַמְּדָנִים מָכְרוּ אֹתוֹ אֶל־מִצְרָיִם לְפוֹטִיפַר סְרִיס פַּרְעֹה
שַׂר הַטַּבָּחִים׃* פ

לח Cap. XXXVIII. לח

א וַיְהִי בָּעֵת הַהִוא וַיֵּרֶד יְהוּדָה מֵאֵת אֶחָיו וַיֵּט עַד־אִישׁ עֲדֻלָּמִי רביעי
2 וּשְׁמוֹ חִירָה׃ וַיַּרְא־שָׁם יְהוּדָה בַּת־אִישׁ כְּנַעֲנִי וּשְׁמוֹ שׁוּעַ
3 וַיִּקָּחֶהָ וַיָּבֹא אֵלֶיהָ׃ וַתַּהַר וַתֵּלֶד בֵּן וַיִּקְרָא אֶת־שְׁמוֹ עֵר׃
4 ה וַתַּהַר עוֹד וַתֵּלֶד בֵּן וַתִּקְרָא אֶת־שְׁמוֹ אוֹנָן׃ וַתֹּסֶף עוֹד
וַתֵּלֶד בֵּן וַתִּקְרָא אֶת־שְׁמוֹ שֵׁלָה וְהָיָה בִכְזִיב בְּלִדְתָּהּ אֹתוֹ׃
6 7 וַיִּקַּח יְהוּדָה אִשָּׁה לְעֵר בְּכוֹרוֹ וּשְׁמָהּ תָּמָר׃ וַיְהִי עֵר בְּכוֹר
8 יְהוּדָה רַע בְּעֵינֵי יְהוָה וַיְמִתֵהוּ יְהוָה׃ וַיֹּאמֶר יְהוּדָה לְאוֹנָן
9 בֹּא אֶל־אֵשֶׁת אָחִיךָ וְיַבֵּם אֹתָהּ וְהָקֵם זֶרַע לְאָחִיךָ׃ וַיֵּדַע
אוֹנָן כִּי לֹּא לוֹ יִהְיֶה הַזָּרַע וְהָיָה אִם־בָּא אֶל־אֵשֶׁת אָחִיו
י וְשִׁחֵת אַרְצָה לְבִלְתִּי נְתָן־זֶרַע לְאָחִיו׃ וַיֵּרַע בְּעֵינֵי יְהוָה
11 אֲשֶׁר עָשָׂה וַיָּמֶת גַּם־אֹתוֹ׃ וַיֹּאמֶר יְהוּדָה לְתָמָר כַּלָּתוֹ שְׁבִי

אלמנה

ל״ח v. 3. סבירין ותקרא

אַלְמָנָה בֵית־אָבִיךְ עַד־יִגְדַּל שֵׁלָה בְנִי כִּי אָמַר פֶּן־יָמוּת
12 גַּם־הוּא כְּאֶחָיו וַתֵּלֶךְ תָּמָר וַתֵּשֶׁב בֵּית אָבִיהָ׃ וַיִּרְבּוּ הַיָּמִים
וַתָּמָת בַּת־שׁוּעַ אֵשֶׁת־יְהוּדָה וַיִּנָּחֶם יְהוּדָה וַיַּעַל עַל־גֹּזְזֵי
13 צֹאנוֹ הוּא וְחִירָה רֵעֵהוּ הָעֲדֻלָּמִי תִּמְנָתָה׃ וַיֻּגַּד לְתָמָר לֵאמֹר
14 הִנֵּה חָמִיךְ עֹלֶה תִמְנָתָה לָגֹז צֹאנוֹ׃ וַתָּסַר בִּגְדֵי אַלְמְנוּתָהּ
מֵעָלֶיהָ וַתְּכַס בַּצָּעִיף וַתִּתְעַלָּף וַתֵּשֶׁב בְּפֶתַח עֵינַיִם אֲשֶׁר
עַל־דֶּרֶךְ תִּמְנָתָה כִּי רָאֲתָה כִּי־גָדַל שֵׁלָה וְהִוא לֹא־נִתְּנָה
טו לוֹ לְאִשָּׁה׃ וַיִּרְאֶהָ יְהוּדָה וַיַּחְשְׁבֶהָ לְזוֹנָה כִּי כִסְּתָה פָּנֶיהָ׃
16 וַיֵּט אֵלֶיהָ אֶל־הַדֶּרֶךְ וַיֹּאמֶר הָבָה־נָּא אָבוֹא אֵלַיִךְ כִּי לֹא
יָדַע כִּי כַלָּתוֹ הִוא וַתֹּאמֶר מַה־תִּתֶּן־לִי כִּי תָבוֹא אֵלָי׃
17 וַיֹּאמֶר אָנֹכִי אֲשַׁלַּח גְּדִי־עִזִּים מִן־הַצֹּאן וַתֹּאמֶר אִם־תִּתֵּן
18 עֵרָבוֹן עַד שָׁלְחֶךָ׃ וַיֹּאמֶר מָה הָעֵרָבוֹן אֲשֶׁר אֶתֶּן־לָּךְ
וַתֹּאמֶר חֹתָמְךָ וּפְתִילֶךָ וּמַטְּךָ אֲשֶׁר בְּיָדֶךָ וַיִּתֶּן־לָהּ וַיָּבֹא
19 אֵלֶיהָ וַתַּהַר לוֹ׃ וַתָּקָם וַתֵּלֶךְ וַתָּסַר צְעִיפָהּ מֵעָלֶיהָ וַתִּלְבַּשׁ
כ בִּגְדֵי אַלְמְנוּתָהּ׃ וַיִּשְׁלַח יְהוּדָה אֶת־גְּדִי הָעִזִּים בְּיַד רֵעֵהוּ
21 הָעֲדֻלָּמִי לָקַחַת הָעֵרָבוֹן מִיַּד הָאִשָּׁה וְלֹא מְצָאָהּ׃ וַיִּשְׁאַל
אֶת־אַנְשֵׁי מְקֹמָהּ לֵאמֹר אַיֵּה הַקְּדֵשָׁה הִוא בָעֵינַיִם עַל־
22 הַדָּרֶךְ וַיֹּאמְרוּ לֹא־הָיְתָה בָזֶה קְדֵשָׁה׃ וַיָּשָׁב אֶל־יְהוּדָה
וַיֹּאמֶר לֹא מְצָאתִיהָ וְגַם אַנְשֵׁי הַמָּקוֹם אָמְרוּ לֹא־הָיְתָה בָזֶה
23 קְדֵשָׁה׃ וַיֹּאמֶר יְהוּדָה תִּקַּח־לָהּ פֶּן נִהְיֶה לָבוּז הִנֵּה שָׁלַחְתִּי
24 הַגְּדִי הַזֶּה וְאַתָּה לֹא מְצָאתָהּ׃ וַיְהִי ׀ כְּמִשְׁלֹשׁ חֳדָשִׁים וַיֻּגַּד
לִיהוּדָה לֵאמֹר זָנְתָה תָּמָר כַּלָּתֶךָ וְגַם הִנֵּה הָרָה לִזְנוּנִים
כה וַיֹּאמֶר יְהוּדָה הוֹצִיאוּהָ וְתִשָּׂרֵף׃ הִוא מוּצֵאת וְהִיא שָׁלְחָה
אֶל־חָמִיהָ לֵאמֹר לְאִישׁ אֲשֶׁר־אֵלֶּה לּוֹ אָנֹכִי הָרָה וַתֹּאמֶר
26 הַכֶּר־נָא לְמִי הַחֹתֶמֶת וְהַפְּתִילִים וְהַמַּטֶּה הָאֵלֶּה׃ וַיַּכֵּר
יְהוּדָה וַיֹּאמֶר צָדְקָה מִמֶּנִּי כִּי־עַל־כֵּן לֹא־נְתַתִּיהָ לְשֵׁלָה
27 בְנִי וְלֹא־יָסַף עוֹד לְדַעְתָּהּ׃ וַיְהִי בְּעֵת לִדְתָּהּ וְהִנֵּה תְאוֹמִים
28 בְּבִטְנָהּ׃ וַיְהִי בְלִדְתָּהּ וַיִּתֶּן־יָד וַתִּקַּח הַמְיַלֶּדֶת וַתִּקְשֹׁר עַל־

29 יָדוֹ שָׁנִי לֵאמֹר זֶה יָצָא רִאשֹׁנָה׃ וַיְהִי ׀ כְּמֵשִׁיב יָדוֹ וְהִנֵּה יָצָא
אָחִיו וַתֹּאמֶר מַה־פָּרַצְתָּ עָלֶיךָ פָּרֶץ וַיִּקְרָא שְׁמוֹ פָּרֶץ׃
ל וְאַחַר יָצָא אָחִיו אֲשֶׁר עַל־יָדוֹ הַשָּׁנִי וַיִּקְרָא שְׁמוֹ זָרַח׃* ס

לט Cap. XXXIX. לט

א וְיוֹסֵף הוּרַד מִצְרָיְמָה וַיִּקְנֵהוּ פּוֹטִיפַר סְרִיס חמישי
פַּרְעֹה שַׂר הַטַּבָּחִים אִישׁ מִצְרִי מִיַּד הַיִּשְׁמְעֵאלִים אֲשֶׁר
2 הוֹרִדֻהוּ שָׁמָּה׃ וַיְהִי יְהוָה אֶת־יוֹסֵף וַיְהִי אִישׁ מַצְלִיחַ וַיְהִי
3 בְּבֵית אֲדֹנָיו הַמִּצְרִי׃ וַיַּרְא אֲדֹנָיו כִּי יְהוָה אִתּוֹ וְכֹל אֲשֶׁר־
4 הוּא עֹשֶׂה יְהוָה מַצְלִיחַ בְּיָדוֹ׃ וַיִּמְצָא יוֹסֵף חֵן בְּעֵינָיו וַיְשָׁרֶת
ה אֹתוֹ וַיַּפְקִדֵהוּ עַל־בֵּיתוֹ וְכָל־יֶשׁ־לוֹ נָתַן בְּיָדוֹ׃ וַיְהִי מֵאָז
הִפְקִיד אֹתוֹ בְּבֵיתוֹ וְעַל כָּל־אֲשֶׁר יֶשׁ־לוֹ וַיְבָרֶךְ יְהוָה אֶת־
בֵּית הַמִּצְרִי בִּגְלַל יוֹסֵף וַיְהִי בִּרְכַּת יְהוָה בְּכָל־אֲשֶׁר יֶשׁ־
6 לוֹ בַּבַּיִת וּבַשָּׂדֶה׃ וַיַּעֲזֹב כָּל־אֲשֶׁר־לוֹ בְּיַד יוֹסֵף וְלֹא־יָדַע
אִתּוֹ מְאוּמָה כִּי אִם־הַלֶּחֶם אֲשֶׁר־הוּא אוֹכֵל וַיְהִי יוֹסֵף
7 יְפֵה־תֹאַר וִיפֵה מַרְאֶה׃* וַיְהִי אַחַר הַדְּבָרִים הָאֵלֶּה וַתִּשָּׂא ששי
אֵשֶׁת־אֲדֹנָיו אֶת־עֵינֶיהָ אֶל־יוֹסֵף וַתֹּאמֶר שִׁכְבָה עִמִּי׃
8 וַיְמָאֵן ׀ וַיֹּאמֶר אֶל־אֵשֶׁת אֲדֹנָיו הֵן אֲדֹנִי לֹא־יָדַע אִתִּי מַה־
9 בַּבָּיִת וְכֹל אֲשֶׁר־יֶשׁ־לוֹ נָתַן בְּיָדִי׃ אֵינֶנּוּ גָדוֹל בַּבַּיִת הַזֶּה
מִמֶּנִּי וְלֹא־חָשַׂךְ מִמֶּנִּי מְאוּמָה כִּי אִם־אוֹתָךְ בַּאֲשֶׁר אַתְּ־
אִשְׁתּוֹ וְאֵיךְ אֶעֱשֶׂה הָרָעָה הַגְּדֹלָה הַזֹּאת וְחָטָאתִי לֵאלֹהִים׃
י וַיְהִי כְּדַבְּרָהּ אֶל־יוֹסֵף יוֹם ׀ יוֹם וְלֹא־שָׁמַע אֵלֶיהָ לִשְׁכַּב
11 אֶצְלָהּ לִהְיוֹת עִמָּהּ׃ וַיְהִי כְּהַיּוֹם הַזֶּה וַיָּבֹא הַבַּיְתָה לַעֲשׂוֹת
12 מְלַאכְתּוֹ וְאֵין אִישׁ מֵאַנְשֵׁי הַבַּיִת שָׁם בַּבָּיִת׃ וַתִּתְפְּשֵׂהוּ בְּבִגְדוֹ
לֵאמֹר שִׁכְבָה עִמִּי וַיַּעֲזֹב בִּגְדוֹ בְּיָדָהּ וַיָּנָס וַיֵּצֵא הַחוּצָה׃
13 14 וַיְהִי כִּרְאוֹתָהּ כִּי־עָזַב בִּגְדוֹ בְּיָדָהּ וַיָּנָס הַחוּצָה׃ וַתִּקְרָא
לְאַנְשֵׁי בֵיתָהּ וַתֹּאמֶר לָהֶם לֵאמֹר רְאוּ הֵבִיא לָנוּ אִישׁ עִבְרִי
טו לְצַחֶק בָּנוּ בָּא אֵלַי לִשְׁכַּב עִמִּי וָאֶקְרָא בְּקוֹל גָּדוֹל׃ וַיְהִי
כְשָׁמְעוֹ כִּי־הֲרִימֹתִי קוֹלִי וָאֶקְרָא וַיַּעֲזֹב בִּגְדוֹ אֶצְלִי וַיָּנָס

ויצא

16 וַיֵּצֵא הַחוּצָה׃ וַתַּנַּח בִּגְדוֹ אֶצְלָהּ עַד־בּוֹא אֲדֹנָיו אֶל־בֵּיתוֹ׃
17 וַתְּדַבֵּר אֵלָיו כַּדְּבָרִים הָאֵלֶּה לֵאמֹר בָּא אֵלַי הָעֶבֶד הָעִבְרִי
18 אֲשֶׁר־הֵבֵאתָ לָּנוּ לְצַחֶק בִּי׃ וַיְהִי כַּהֲרִימִי קוֹלִי וָאֶקְרָא
19 וַיַּעֲזֹב בִּגְדוֹ אֶצְלִי וַיָּנָס הַחוּצָה׃ וַיְהִי כִשְׁמֹעַ אֲדֹנָיו אֶת־
דִּבְרֵי אִשְׁתּוֹ אֲשֶׁר דִּבְּרָה אֵלָיו לֵאמֹר כַּדְּבָרִים הָאֵלֶּה עָשָׂה
כ לִי עַבְדֶּךָ וַיִּחַר אַפּוֹ׃ וַיִּקַּח אֲדֹנֵי יוֹסֵף אֹתוֹ וַיִּתְּנֵהוּ אֶל־בֵּית
הַסֹּהַר מְקוֹם אֲשֶׁר־אֲסוּרֵי הַמֶּלֶךְ אֲסוּרִים וַיְהִי־שָׁם בְּבֵית
21 הַסֹּהַר׃ וַיְהִי יְהוָה אֶת־יוֹסֵף וַיֵּט אֵלָיו חָסֶד וַיִּתֵּן חִנּוֹ בְּעֵינֵי
22 שַׂר בֵּית־הַסֹּהַר׃ וַיִּתֵּן שַׂר בֵּית־הַסֹּהַר בְּיַד־יוֹסֵף אֵת כָּל־
הָאֲסִירִם אֲשֶׁר בְּבֵית הַסֹּהַר וְאֵת כָּל־אֲשֶׁר עֹשִׂים שָׁם הוּא
23 הָיָה עֹשֶׂה׃ אֵין ׀ שַׂר בֵּית־הַסֹּהַר רֹאֶה אֶת־כָּל־מְאוּמָה
בְּיָדוֹ בַּאֲשֶׁר יְהוָה אִתּוֹ וַאֲשֶׁר־הוּא עֹשֶׂה יְהוָה מַצְלִיחַ׃ * פ

Cap. XL. מ

א וַיְהִי אַחַר הַדְּבָרִים הָאֵלֶּה חָטְאוּ מַשְׁקֵה מֶלֶךְ־מִצְרַיִם שביעי
2 וְהָאֹפֶה לַאֲדֹנֵיהֶם לְמֶלֶךְ מִצְרָיִם׃ וַיִּקְצֹף פַּרְעֹה עַל שְׁנֵי
3 סָרִיסָיו עַל שַׂר הַמַּשְׁקִים וְעַל שַׂר הָאוֹפִים׃ וַיִּתֵּן אֹתָם
בְּמִשְׁמַר בֵּית שַׂר הַטַּבָּחִים אֶל־בֵּית הַסֹּהַר מְקוֹם אֲשֶׁר
4 יוֹסֵף אָסוּר שָׁם׃ וַיִּפְקֹד שַׂר הַטַּבָּחִים אֶת־יוֹסֵף אִתָּם וַיְשָׁרֶת
ה אֹתָם וַיִּהְיוּ יָמִים בְּמִשְׁמָר׃ וַיַּחַלְמוּ חֲלוֹם שְׁנֵיהֶם אִישׁ חֲלֹמוֹ
בְּלַיְלָה אֶחָד אִישׁ כְּפִתְרוֹן חֲלֹמוֹ הַמַּשְׁקֶה וְהָאֹפֶה אֲשֶׁר
6 לְמֶלֶךְ מִצְרַיִם אֲשֶׁר אֲסוּרִים בְּבֵית הַסֹּהַר׃ וַיָּבֹא אֲלֵיהֶם
7 יוֹסֵף בַּבֹּקֶר וַיַּרְא אֹתָם וְהִנָּם זֹעֲפִים׃ וַיִּשְׁאַל אֶת־סְרִיסֵי
פַרְעֹה אֲשֶׁר אִתּוֹ בְמִשְׁמַר בֵּית אֲדֹנָיו לֵאמֹר מַדּוּעַ פְּנֵיכֶם
8 רָעִים הַיּוֹם׃ וַיֹּאמְרוּ אֵלָיו חֲלוֹם חָלַמְנוּ וּפֹתֵר אֵין אֹתוֹ
וַיֹּאמֶר אֲלֵהֶם יוֹסֵף הֲלוֹא לֵאלֹהִים פִּתְרֹנִים סַפְּרוּ־נָא לִי׃
9 וַיְסַפֵּר שַׂר־הַמַּשְׁקִים אֶת־חֲלֹמוֹ לְיוֹסֵף וַיֹּאמֶר לוֹ בַּחֲלוֹמִי
י וְהִנֵּה־גֶפֶן לְפָנָי׃ וּבַגֶּפֶן שְׁלֹשָׁה שָׂרִיגִם וְהִוא כְפֹרַחַת עָלְתָה

נצה

ל״ט v. 20. אסירי ק׳

11 נִצָּהּ הִבְשִׁילוּ אַשְׁכְּלֹתֶיהָ עֲנָבִים׃ וְכוֹס פַּרְעֹה בְּיָדִי וָאֶקַּח
אֶת־הָעֲנָבִים וָאֶשְׂחַט אֹתָם אֶל־כּוֹס פַּרְעֹה וָאֶתֵּן אֶת־הַכּוֹס
12 עַל־כַּף פַּרְעֹה׃ וַיֹּאמֶר לוֹ יוֹסֵף זֶה פִּתְרֹנוֹ שְׁלֹשֶׁת הַשָּׂרִגִים
13 שְׁלֹשֶׁת יָמִים הֵם׃ בְּעוֹד ׀ שְׁלֹשֶׁת יָמִים יִשָּׂא פַרְעֹה אֶת־
רֹאשֶׁךָ וַהֲשִׁיבְךָ עַל־כַּנֶּךָ וְנָתַתָּ כוֹס־פַּרְעֹה בְּיָדוֹ כַּמִּשְׁפָּט
14 הָרִאשׁוֹן אֲשֶׁר הָיִיתָ מַשְׁקֵהוּ׃ כִּי אִם־זְכַרְתַּנִי אִתְּךָ כַּאֲשֶׁר
יִיטַב לָךְ וְעָשִׂיתָ־נָּא עִמָּדִי חָסֶד וְהִזְכַּרְתַּנִי אֶל־פַּרְעֹה
טו וְהוֹצֵאתַנִי מִן־הַבַּיִת הַזֶּה׃ כִּי־גֻנֹּב גֻּנַּבְתִּי מֵאֶרֶץ הָעִבְרִים
16 וְגַם־פֹּה לֹא־עָשִׂיתִי מְאוּמָה כִּי־שָׂמוּ אֹתִי בַּבּוֹר׃ וַיַּרְא שַׂר־
הָאֹפִים כִּי טוֹב פָּתָר וַיֹּאמֶר אֶל־יוֹסֵף אַף־אֲנִי בַּחֲלוֹמִי וְהִנֵּה
17 שְׁלֹשָׁה סַלֵּי חֹרִי עַל־רֹאשִׁי׃ וּבַסַּל הָעֶלְיוֹן מִכֹּל מַאֲכַל
פַּרְעֹה מַעֲשֵׂה אֹפֶה וְהָעוֹף אֹכֵל אֹתָם מִן־הַסַּל מֵעַל רֹאשִׁי׃
18 וַיַּעַן יוֹסֵף וַיֹּאמֶר זֶה פִּתְרֹנוֹ שְׁלֹשֶׁת הַסַּלִּים שְׁלֹשֶׁת יָמִים הֵם׃
19 בְּעוֹד ׀ שְׁלֹשֶׁת יָמִים יִשָּׂא פַרְעֹה אֶת־רֹאשְׁךָ מֵעָלֶיךָ וְתָלָה
כ אוֹתְךָ עַל־עֵץ וְאָכַל הָעוֹף אֶת־בְּשָׂרְךָ מֵעָלֶיךָ׃ *וַיְהִי ׀ בַּיּוֹם מפטיר
הַשְּׁלִישִׁי יוֹם הֻלֶּדֶת אֶת־פַּרְעֹה וַיַּעַשׂ מִשְׁתֶּה לְכָל־עֲבָדָיו
וַיִּשָּׂא אֶת־רֹאשׁ ׀ שַׂר הַמַּשְׁקִים וְאֶת־רֹאשׁ שַׂר הָאֹפִים בְּתוֹךְ
21 עֲבָדָיו׃ וַיָּשֶׁב אֶת־שַׂר הַמַּשְׁקִים עַל־מַשְׁקֵהוּ וַיִּתֵּן הַכּוֹס
22 עַל־כַּף פַּרְעֹה׃ וְאֵת שַׂר הָאֹפִים תָּלָה כַּאֲשֶׁר פָּתַר לָהֶם
23 יוֹסֵף׃ וְלֹא־זָכַר שַׂר־הַמַּשְׁקִים אֶת־יוֹסֵף וַיִּשְׁכָּחֵהוּ׃ פ פ פ

מקץ י 10

מא

Cap. XLI. מא

א וַיְהִי מִקֵּץ שְׁנָתַיִם יָמִים וּפַרְעֹה חֹלֵם וְהִנֵּה עֹמֵד עַל־הַיְאֹר׃
2 וְהִנֵּה מִן־הַיְאֹר עֹלֹת שֶׁבַע פָּרוֹת יְפוֹת מַרְאֶה וּבְרִיאֹת בָּשָׂר
3 וַתִּרְעֶינָה בָּאָחוּ׃ וְהִנֵּה שֶׁבַע פָּרוֹת אֲחֵרוֹת עֹלוֹת אַחֲרֵיהֶן
מִן־הַיְאֹר רָעוֹת מַרְאֶה וְדַקּוֹת בָּשָׂר וַתַּעֲמֹדְנָה אֵצֶל הַפָּרוֹת
4 עַל־שְׂפַת הַיְאֹר׃ וַתֹּאכַלְנָה הַפָּרוֹת רָעוֹת הַמַּרְאֶה וְדַקֹּת

הבשר

הַבָּשָׂר אֵת שֶׁבַע הַפָּרוֹת יְפֹת הַמַּרְאֶה וְהַבְּרִיאֹת וַיִּיקַץ
ה פַּרְעֹה׃ וַיִּישָׁן וַיַּחֲלֹם שֵׁנִית וְהִנֵּה ׀ שֶׁבַע שִׁבֳּלִים עֹלוֹת בְּקָנֶה
6 אֶחָד בְּרִיאוֹת וְטֹבוֹת׃ וְהִנֵּה שֶׁבַע שִׁבֳּלִים דַּקּוֹת וּשְׁדוּפֹת
7 קָדִים צֹמְחוֹת אַחֲרֵיהֶן׃ וַתִּבְלַעְנָה הַשִּׁבֳּלִים הַדַּקּוֹת אֵת שֶׁבַע
8 הַשִּׁבֳּלִים הַבְּרִיאוֹת וְהַמְּלֵאוֹת וַיִּיקַץ פַּרְעֹה וְהִנֵּה חֲלוֹם׃ וַיְהִי
בַבֹּקֶר וַתִּפָּעֶם רוּחוֹ וַיִּשְׁלַח וַיִּקְרָא אֶת־כָּל־חַרְטֻמֵּי מִצְרַיִם
וְאֶת־כָּל־חֲכָמֶיהָ וַיְסַפֵּר פַּרְעֹה לָהֶם אֶת־חֲלֹמוֹ וְאֵין־פּוֹתֵר
9 אוֹתָם לְפַרְעֹה׃ וַיְדַבֵּר שַׂר הַמַּשְׁקִים אֶת־פַּרְעֹה לֵאמֹר
י אֶת־חֲטָאַי אֲנִי מַזְכִּיר הַיּוֹם׃ פַּרְעֹה קָצַף עַל־עֲבָדָיו וַיִּתֵּן
אֹתִי בְּמִשְׁמַר בֵּית שַׂר הַטַּבָּחִים אֹתִי וְאֵת שַׂר הָאֹפִים׃
11 וַנַּחַלְמָה חֲלוֹם בְּלַיְלָה אֶחָד אֲנִי וָהוּא אִישׁ כְּפִתְרוֹן חֲלֹמוֹ
12 חָלָמְנוּ׃ וְשָׁם אִתָּנוּ נַעַר עִבְרִי עֶבֶד לְשַׂר הַטַּבָּחִים וַנְּסַפֶּר־
13 לוֹ וַיִּפְתָּר־לָנוּ אֶת־חֲלֹמֹתֵינוּ אִישׁ כַּחֲלֹמוֹ פָּתָר׃ וַיְהִי כַּאֲשֶׁר
14 פָּתַר־לָנוּ כֵּן הָיָה אֹתִי הֵשִׁיב עַל־כַּנִּי וְאֹתוֹ תָלָה׃ וַיִּשְׁלַח
פַּרְעֹה וַיִּקְרָא אֶת־יוֹסֵף וַיְרִיצֻהוּ מִן־הַבּוֹר וַיְגַלַּח וַיְחַלֵּף
טו שִׂמְלֹתָיו וַיָּבֹא אֶל־פַּרְעֹה׃ * וַיֹּאמֶר פַּרְעֹה אֶל־יוֹסֵף חֲלוֹם שני לאש׳
חָלַמְתִּי וּפֹתֵר אֵין אֹתוֹ וַאֲנִי שָׁמַעְתִּי עָלֶיךָ לֵאמֹר תִּשְׁמַע
16 חֲלוֹם לִפְתֹּר אֹתוֹ׃ וַיַּעַן יוֹסֵף אֶת־פַּרְעֹה לֵאמֹר בִּלְעָדָי
17 אֱלֹהִים יַעֲנֶה אֶת־שְׁלוֹם פַּרְעֹה׃ * וַיְדַבֵּר פַּרְעֹה אֶל־יוֹסֵף שני לספ׳
18 בַּחֲלֹמִי הִנְנִי עֹמֵד עַל־שְׂפַת הַיְאֹר׃ וְהִנֵּה מִן־הַיְאֹר עֹלֹת
19 שֶׁבַע פָּרוֹת בְּרִיאוֹת בָּשָׂר וִיפֹת תֹּאַר וַתִּרְעֶינָה בָּאָחוּ׃ וְהִנֵּה
שֶׁבַע־פָּרוֹת אֲחֵרוֹת עֹלוֹת אַחֲרֵיהֶן דַּלּוֹת וְרָעוֹת תֹּאַר
מְאֹד וְרַקּוֹת בָּשָׂר לֹא־רָאִיתִי כָהֵנָּה בְּכָל־אֶרֶץ מִצְרַיִם
כ לָרֹעַ׃ וַתֹּאכַלְנָה הַפָּרוֹת הָרַקּוֹת וְהָרָעוֹת אֵת שֶׁבַע הַפָּרוֹת
21 הָרִאשֹׁנוֹת הַבְּרִיאֹת׃ וַתָּבֹאנָה אֶל־קִרְבֶּנָה וְלֹא נוֹדַע כִּי־
בָאוּ אֶל־קִרְבֶּנָה וּמַרְאֵיהֶן רַע כַּאֲשֶׁר בַּתְּחִלָּה וָאִיקָץ׃
22 וָאֵרֶא בַּחֲלֹמִי וְהִנֵּה ׀ שֶׁבַע שִׁבֳּלִים עֹלֹת בְּקָנֶה אֶחָד מְלֵאֹת
23 וְטֹבוֹת׃ וְהִנֵּה שֶׁבַע שִׁבֳּלִים צְנֻמוֹת דַּקּוֹת שְׁדֻפוֹת קָדִים

24 צֹמְח֖וֹת אַחֲרֵיהֶֽם׃ וַתִּבְלַ֙עְןָ֙ הַשִּׁבֳּלִ֣ים הַדַּקֹּ֔ת אֵ֖ת שֶׁ֣בַע
כה הַשִּׁבֳּלִ֣ים הַטֹּב֑וֹת וָאֹמַר֙ אֶל־הַֽחַרְטֻמִּ֔ים וְאֵ֥ין מַגִּ֖יד לִֽי׃ וַיֹּ֤אמֶר
יוֹסֵף֙ אֶל־פַּרְעֹ֔ה חֲל֥וֹם פַּרְעֹ֖ה אֶחָ֣ד ה֑וּא אֵ֣ת אֲשֶׁ֧ר הָאֱלֹהִ֛ים
26 עֹשֶׂ֖ה הִגִּ֥יד לְפַרְעֹֽה׃ שֶׁ֣בַע פָּרֹ֣ת הַטֹּבֹ֗ת שֶׁ֤בַע שָׁנִים֙ הֵ֔נָּה
וְשֶׁ֤בַע הַשִּׁבֳּלִים֙ הַטֹּבֹ֔ת שֶׁ֥בַע שָׁנִ֖ים הֵ֑נָּה חֲל֖וֹם אֶחָ֥ד הֽוּא׃
27 וְשֶׁ֣בַע הַ֠פָּרוֹת הָֽרַקּ֨וֹת וְהָֽרָעֹ֜ת הָעֹלֹ֣ת אַחֲרֵיהֶ֗ן שֶׁ֤בַע שָׁנִים֙
הֵ֔נָּה וְשֶׁ֤בַע הַשִּׁבֳּלִים֙ הָֽרֵק֔וֹת שְׁדֻפ֖וֹת הַקָּדִ֑ים יִֽהְי֔וּ שֶׁ֖בַע שְׁנֵ֥י
28 רָעָֽב׃ ה֣וּא הַדָּבָ֔ר אֲשֶׁ֥ר דִּבַּ֖רְתִּי אֶל־פַּרְעֹ֑ה אֲשֶׁ֧ר הָאֱלֹהִ֛ים
29 עֹשֶׂ֖ה הֶרְאָ֥ה אֶת־פַּרְעֹֽה׃ הִנֵּ֛ה שֶׁ֥בַע שָׁנִ֖ים בָּא֑וֹת שָׂבָ֥ע גָּד֖וֹל
ל בְּכָל־אֶ֥רֶץ מִצְרָֽיִם׃ וְ֠קָמוּ שֶׁ֨בַע שְׁנֵ֤י רָעָב֙ אַחֲרֵיהֶ֔ן וְנִשְׁכַּ֥ח
31 כָּל־הַשָּׂבָ֖ע בְּאֶ֣רֶץ מִצְרָ֑יִם וְכִלָּ֥ה הָרָעָ֖ב אֶת־הָאָֽרֶץ׃ וְלֹֽא־
יִוָּדַ֤ע הַשָּׂבָע֙ בָּאָ֔רֶץ מִפְּנֵ֛י הָרָעָ֥ב הַה֖וּא אַחֲרֵי־כֵ֑ן כִּֽי־כָבֵ֥ד
32 ה֖וּא מְאֹֽד׃ וְעַ֨ל הִשָּׁנ֧וֹת הַחֲל֛וֹם אֶל־פַּרְעֹ֖ה פַּעֲמָ֑יִם כִּֽי־נָכ֤וֹן
33 הַדָּבָר֙ מֵעִ֣ם הָאֱלֹהִ֔ים וּמְמַהֵ֥ר הָאֱלֹהִ֖ים לַעֲשֹׂתֽוֹ׃ וְעַתָּה֙ יֵרֶ֣א
34 פַרְעֹ֔ה אִ֖ישׁ נָב֣וֹן וְחָכָ֑ם וִישִׁיתֵ֖הוּ עַל־אֶ֥רֶץ מִצְרָֽיִם׃ יַעֲשֶׂ֣ה
פַרְעֹ֔ה וְיַפְקֵ֥ד פְּקִדִ֖ים עַל־הָאָ֑רֶץ וְחִמֵּשׁ֙ אֶת־אֶ֣רֶץ מִצְרַ֔יִם
לה בְּשֶׁ֖בַע שְׁנֵ֥י הַשָּׂבָֽע׃ וְיִקְבְּצ֗וּ אֶת־כָּל־אֹ֙כֶל֙ הַשָּׁנִ֣ים הַטֹּבֹ֔ת
הַבָּאֹ֖ת הָאֵ֑לֶּה וְיִצְבְּרוּ־בָ֞ר תַּ֧חַת יַד־פַּרְעֹ֛ה אֹ֖כֶל בֶּעָרִ֥ים
36 וְשָׁמָֽרוּ׃ וְהָיָ֨ה הָאֹ֤כֶל לְפִקָּדוֹן֙ לָאָ֔רֶץ לְשֶׁ֙בַע֙ שְׁנֵ֣י הָרָעָ֔ב אֲשֶׁ֥ר
37 תִּהְיֶ֖יןָ בְּאֶ֣רֶץ מִצְרָ֑יִם וְלֹֽא־תִכָּרֵ֥ת הָאָ֖רֶץ בָּרָעָֽב׃ וַיִּיטַ֥ב
38 הַדָּבָ֖ר בְּעֵינֵ֣י פַרְעֹ֑ה וּבְעֵינֵ֖י כָּל־עֲבָדָֽיו׃ וַיֹּ֥אמֶר פַּרְעֹ֖ה
39 אֶל־עֲבָדָ֑יו הֲנִמְצָ֣א כָזֶ֔ה אִ֕ישׁ אֲשֶׁ֛ר ר֥וּחַ אֱלֹהִ֖ים בּֽוֹ׃ * וַיֹּ֤אמֶר שלישי
פַּרְעֹה֙ אֶל־יוֹסֵ֔ף אַחֲרֵ֨י הוֹדִ֧יעַ אֱלֹהִ֛ים אוֹתְךָ֖ אֶת־כָּל־זֹ֑את
מ אֵין־נָב֥וֹן וְחָכָ֖ם כָּמֽוֹךָ׃ אַתָּה֙ תִּהְיֶ֣ה עַל־בֵּיתִ֔י וְעַל־פִּ֖יךָ
41 יִשַּׁ֣ק כָּל־עַמִּ֑י רַ֥ק הַכִּסֵּ֖א אֶגְדַּ֥ל מִמֶּֽךָּ׃ וַיֹּ֥אמֶר פַּרְעֹ֖ה אֶל־
42 יוֹסֵ֑ף רְאֵה֙ נָתַ֣תִּי אֹֽתְךָ֔ עַ֖ל כָּל־אֶ֥רֶץ מִצְרָֽיִם׃ וַיָּ֨סַר פַּרְעֹ֤ה
אֶת־טַבַּעְתּוֹ֙ מֵעַ֣ל יָד֔וֹ וַיִּתֵּ֥ן אֹתָ֖הּ עַל־יַ֣ד יוֹסֵ֑ף וַיַּלְבֵּ֤שׁ אֹתוֹ֙
43 בִּגְדֵי־שֵׁ֔שׁ וַיָּ֛שֶׂם רְבִ֥ד הַזָּהָ֖ב עַל־צַוָּארֽוֹ׃ וַיַּרְכֵּ֣ב אֹת֗וֹ

במרכבת

בְּמִרְכֶּ֤בֶת הַמִּשְׁנֶה֙ אֲשֶׁר־ל֔וֹ וַיִּקְרְא֥וּ לְפָנָ֖יו אַבְרֵ֑ךְ וְנָת֣וֹן אֹת֔וֹ
44 עַ֖ל כָּל־אֶ֥רֶץ מִצְרָֽיִם׃ וַיֹּ֧אמֶר פַּרְעֹ֛ה אֶל־יוֹסֵ֖ף אֲנִ֣י פַרְעֹ֑ה
וּבִלְעָדֶ֗יךָ לֹֽא־יָרִ֨ים אִ֧ישׁ אֶת־יָד֛וֹ וְאֶת־רַגְל֖וֹ בְּכָל־אֶ֥רֶץ
מה מִצְרָֽיִם׃ וַיִּקְרָ֨א פַרְעֹ֣ה שֵׁם־יוֹסֵף֮ צָֽפְנַ֣ת פַּעְנֵ֒חַ֒ וַיִּתֶּן־ל֣וֹ אֶת־
אָֽסְנַ֗ת בַּת־פּ֥וֹטִי פֶ֛רַע כֹּהֵ֥ן אֹ֖ן לְאִשָּׁ֑ה וַיֵּצֵ֥א יוֹסֵ֖ף עַל־אֶ֥רֶץ
46 מִצְרָֽיִם׃ וְיוֹסֵף֙ בֶּן־שְׁלֹשִׁ֣ים שָׁנָ֔ה בְּעָמְד֕וֹ לִפְנֵ֖י פַּרְעֹ֣ה מֶֽלֶךְ־
מִצְרָ֑יִם וַיֵּצֵ֤א יוֹסֵף֙ מִלִּפְנֵ֣י פַרְעֹ֔ה וַֽיַּעֲבֹ֖ר בְּכָל־אֶ֥רֶץ מִצְרָֽיִם׃
47 48 וַתַּ֣עַשׂ הָאָ֔רֶץ בְּשֶׁ֖בַע שְׁנֵ֣י הַשָּׂבָ֑ע לִקְמָצִֽים׃ וַיִּקְבֹּ֞ץ אֶת־כָּל־
אֹ֣כֶל ׀ שֶׁ֣בַע שָׁנִ֗ים אֲשֶׁ֤ר הָיוּ֙ בְּאֶ֣רֶץ מִצְרַ֔יִם וַיִּתֶּן־אֹ֖כֶל בֶּעָרִ֑ים
49 אֹ֧כֶל שְׂדֵה־הָעִ֛יר אֲשֶׁ֥ר סְבִיבֹתֶ֖יהָ נָתַ֥ן בְּתוֹכָֽהּ׃ וַיִּצְבֹּ֨ר יוֹסֵ֥ף
בָּ֛ר כְּח֥וֹל הַיָּ֖ם הַרְבֵּ֣ה מְאֹ֑ד עַ֛ד כִּי־חָדַ֥ל לִסְפֹּ֖ר כִּי־אֵ֥ין
נ מִסְפָּֽר׃ וּלְיוֹסֵ֤ף יֻלַּד֙ שְׁנֵ֣י בָנִ֔ים בְּטֶ֥רֶם תָּב֖וֹא שְׁנַ֣ת הָרָעָ֑ב
51 אֲשֶׁ֤ר יָֽלְדָה־לּוֹ֙ אָֽסְנַ֔ת בַּת־פּ֥וֹטִי פֶ֖רַע כֹּהֵ֥ן אֽוֹן׃ וַיִּקְרָ֥א יוֹסֵ֛ף
אֶת־שֵׁ֥ם הַבְּכ֖וֹר מְנַשֶּׁ֑ה כִּֽי־נַשַּׁ֤נִי אֱלֹהִים֙ אֶת־כָּל־עֲמָלִ֔י וְאֵ֖ת
52 כָּל־בֵּ֥ית אָבִֽי׃ וְאֵ֛ת שֵׁ֥ם הַשֵּׁנִ֖י קָרָ֣א אֶפְרָ֑יִם כִּֽי־הִפְרַ֥נִי אֱלֹהִ֖ים
53 בְּאֶ֥רֶץ עָנְיִֽי׃ * וַתִּכְלֶ֕ינָה שֶׁ֖בַע שְׁנֵ֣י הַשָּׂבָ֑ע אֲשֶׁ֥ר הָיָ֖ה בְּאֶ֥רֶץ רביעי
54 מִצְרָֽיִם׃ וַתְּחִלֶּ֙ינָה֙ שֶׁ֚בַע שְׁנֵ֣י הָרָעָ֔ב לָב֖וֹא כַּאֲשֶׁ֣ר אָמַ֣ר יוֹסֵ֑ף
וַיְהִ֤י רָעָב֙ בְּכָל־הָ֣אֲרָצ֔וֹת וּבְכָל־אֶ֥רֶץ מִצְרַ֖יִם הָ֥יָה לָֽחֶם׃
נה וַתִּרְעַב֙ כָּל־אֶ֣רֶץ מִצְרַ֔יִם וַיִּצְעַ֥ק הָעָ֛ם אֶל־פַּרְעֹ֖ה לַלָּ֑חֶם
וַיֹּ֨אמֶר פַּרְעֹ֤ה לְכָל־מִצְרַ֙יִם֙ לְכ֣וּ אֶל־יוֹסֵ֔ף אֲשֶׁר־יֹאמַ֥ר
56 לָכֶ֖ם תַּעֲשֽׂוּ׃ וְהָרָעָ֣ב הָיָ֔ה עַ֖ל כָּל־פְּנֵ֣י הָאָ֑רֶץ וַיִּפְתַּ֨ח יוֹסֵ֜ף
אֶֽת־כָּל־אֲשֶׁ֤ר בָּהֶם֙ וַיִּשְׁבֹּ֣ר לְמִצְרַ֔יִם וַיֶּחֱזַ֥ק הָרָעָ֖ב בְּאֶ֥רֶץ
57 מִצְרָֽיִם׃ וְכָל־הָאָ֙רֶץ֙ בָּ֣אוּ מִצְרַ֔יְמָה לִשְׁבֹּ֖ר אֶל־יוֹסֵ֑ף כִּֽי־
חָזַ֥ק הָרָעָ֖ב בְּכָל־הָאָֽרֶץ׃

CAP. XLII. מב מב

א וַיַּ֣רְא יַעֲקֹ֔ב כִּ֥י יֶשׁ־שֶׁ֖בֶר בְּמִצְרָ֑יִם וַיֹּ֤אמֶר יַעֲקֹב֙ לְבָנָ֔יו
2 לָ֖מָּה תִּתְרָאֽוּ׃ וַיֹּ֕אמֶר הִנֵּ֣ה שָׁמַ֔עְתִּי כִּ֥י יֶשׁ־שֶׁ֖בֶר בְּמִצְרָ֑יִם
3 רְדוּ־שָׁ֙מָּה֙ וְשִׁבְרוּ־לָ֣נוּ מִשָּׁ֔ם וְנִחְיֶ֖ה וְלֹ֥א נָמֽוּת׃ וַיֵּרְד֥וּ אֲחֵֽי־

יוסף

4 יוֹסֵף עֲשָׂרָה לִשְׁבֹּר בָּר מִמִּצְרָיִם׃ וְאֶת־בִּנְיָמִין אֲחִי יוֹסֵף
ה לֹא־שָׁלַח יַעֲקֹב אֶת־אֶחָיו כִּי אָמַר פֶּן־יִקְרָאֶנּוּ אָסוֹן׃ וַיָּבֹאוּ
בְּנֵי יִשְׂרָאֵל לִשְׁבֹּר בְּתוֹךְ הַבָּאִים כִּי־הָיָה הָרָעָב בְּאֶרֶץ
6 כְּנָעַן׃ וְיוֹסֵף הוּא הַשַּׁלִּיט עַל־הָאָרֶץ הוּא הַמַּשְׁבִּיר לְכָל־
7 עַם הָאָרֶץ וַיָּבֹאוּ אֲחֵי יוֹסֵף וַיִּשְׁתַּחֲווּ־לוֹ אַפַּיִם אָרְצָה׃ וַיַּרְא
יוֹסֵף אֶת־אֶחָיו וַיַּכִּרֵם וַיִּתְנַכֵּר אֲלֵיהֶם וַיְדַבֵּר אִתָּם קָשׁוֹת
וַיֹּאמֶר אֲלֵהֶם מֵאַיִן בָּאתֶם וַיֹּאמְרוּ מֵאֶרֶץ כְּנַעַן לִשְׁבָּר־
8 9 אֹכֶל׃ וַיַּכֵּר יוֹסֵף אֶת־אֶחָיו וְהֵם לֹא הִכִּרֻהוּ׃ וַיִּזְכֹּר יוֹסֵף
אֵת הַחֲלֹמוֹת אֲשֶׁר חָלַם לָהֶם וַיֹּאמֶר אֲלֵהֶם מְרַגְּלִים אַתֶּם
י לִרְאוֹת אֶת־עֶרְוַת הָאָרֶץ בָּאתֶם׃ וַיֹּאמְרוּ אֵלָיו לֹא אֲדֹנִי
11 וַעֲבָדֶיךָ בָּאוּ לִשְׁבָּר־אֹכֶל׃ כֻּלָּנוּ בְּנֵי אִישׁ־אֶחָד נָחְנוּ כֵּנִים
12 אֲנַחְנוּ לֹא־הָיוּ עֲבָדֶיךָ מְרַגְּלִים׃ וַיֹּאמֶר אֲלֵהֶם לֹא כִּי־
13 עֶרְוַת הָאָרֶץ בָּאתֶם לִרְאוֹת׃ וַיֹּאמְרוּ שְׁנֵים עָשָׂר עֲבָדֶיךָ
אַחִים ׀ אֲנַחְנוּ בְּנֵי אִישׁ־אֶחָד בְּאֶרֶץ כְּנָעַן וְהִנֵּה הַקָּטֹן אֶת־
14 אָבִינוּ הַיּוֹם וְהָאֶחָד אֵינֶנּוּ׃ וַיֹּאמֶר אֲלֵהֶם יוֹסֵף הוּא אֲשֶׁר
טו דִּבַּרְתִּי אֲלֵכֶם לֵאמֹר מְרַגְּלִים אַתֶּם׃ בְּזֹאת תִּבָּחֵנוּ חֵי פַרְעֹה
16 אִם־תֵּצְאוּ מִזֶּה כִּי אִם־בְּבוֹא אֲחִיכֶם הַקָּטֹן הֵנָּה׃ שִׁלְחוּ
מִכֶּם אֶחָד וְיִקַּח אֶת־אֲחִיכֶם וְאַתֶּם הֵאָסְרוּ וְיִבָּחֲנוּ דִּבְרֵיכֶם
17 הַאֱמֶת אִתְּכֶם וְאִם־לֹא חֵי פַרְעֹה כִּי מְרַגְּלִים אַתֶּם׃ וַיֶּאֱסֹף
18 אֹתָם אֶל־מִשְׁמָר שְׁלֹשֶׁת יָמִים׃ וַיֹּאמֶר אֲלֵהֶם יוֹסֵף בַּיּוֹם
19 הַשְּׁלִישִׁי זֹאת עֲשׂוּ וִחְיוּ אֶת־הָאֱלֹהִים אֲנִי יָרֵא׃* אִם־כֵּנִים חמשי
אַתֶּם אֲחִיכֶם אֶחָד יֵאָסֵר בְּבֵית מִשְׁמַרְכֶם וְאַתֶּם לְכוּ הָבִיאוּ
כ שֶׁבֶר רַעֲבוֹן בָּתֵּיכֶם׃ וְאֶת־אֲחִיכֶם הַקָּטֹן תָּבִיאוּ אֵלַי וְיֵאָמְנוּ
21 דִבְרֵיכֶם וְלֹא תָמוּתוּ וַיַּעֲשׂוּ־כֵן׃ וַיֹּאמְרוּ אִישׁ אֶל־אָחִיו
אֲבָל אֲשֵׁמִים ׀ אֲנַחְנוּ עַל־אָחִינוּ אֲשֶׁר רָאִינוּ צָרַת נַפְשׁוֹ
בְּהִתְחַנְנוֹ אֵלֵינוּ וְלֹא שָׁמָעְנוּ עַל־כֵּן בָּאָה אֵלֵינוּ הַצָּרָה הַזֹּאת׃
22 וַיַּעַן רְאוּבֵן אֹתָם לֵאמֹר הֲלוֹא אָמַרְתִּי אֲלֵיכֶם ׀ לֵאמֹר אַל־
23 תֶּחֶטְאוּ בַיֶּלֶד וְלֹא שְׁמַעְתֶּם וְגַם־דָּמוֹ הִנֵּה נִדְרָשׁ׃ וְהֵם לֹא

ידעו

24 יָדְעוּ כִּי שֹׁמֵעַ יוֹסֵף כִּי הַמֵּלִיץ בֵּינֹתָם׃ וַיִּסֹּב מֵעֲלֵיהֶם וַיֵּבְךְּ
וַיָּשָׁב אֲלֵהֶם וַיְדַבֵּר אֲלֵהֶם וַיִּקַּח מֵאִתָּם אֶת־שִׁמְעוֹן וַיֶּאֱסֹר
כה אֹתוֹ לְעֵינֵיהֶם׃ וַיְצַו יוֹסֵף וַיְמַלְאוּ אֶת־כְּלֵיהֶם בָּר וּלְהָשִׁיב
כַּסְפֵּיהֶם אִישׁ אֶל־שַׂקּוֹ וְלָתֵת לָהֶם צֵדָה לַדָּרֶךְ וַיַּעַשׂ לָהֶם
26 27 כֵּן׃ וַיִּשְׂאוּ אֶת־שִׁבְרָם עַל־חֲמֹרֵיהֶם וַיֵּלְכוּ מִשָּׁם׃ וַיִּפְתַּח
הָאֶחָד אֶת־שַׂקּוֹ לָתֵת מִסְפּוֹא לַחֲמֹרוֹ בַּמָּלוֹן וַיַּרְא אֶת־
28 כַּסְפּוֹ וְהִנֵּה־הוּא בְּפִי אַמְתַּחְתּוֹ׃ וַיֹּאמֶר אֶל־אֶחָיו הוּשַׁב
כַּסְפִּי וְגַם הִנֵּה בְאַמְתַּחְתִּי וַיֵּצֵא לִבָּם וַיֶּחֶרְדוּ אִישׁ אֶל־אָחִיו
29 לֵאמֹר מַה־זֹּאת עָשָׂה אֱלֹהִים לָנוּ׃ וַיָּבֹאוּ אֶל־יַעֲקֹב אֲבִיהֶם
ל אַרְצָה כְּנָעַן וַיַּגִּידוּ לוֹ אֵת כָּל־הַקֹּרֹת אֹתָם לֵאמֹר׃ דִּבֶּר
הָאִישׁ אֲדֹנֵי הָאָרֶץ אִתָּנוּ קָשׁוֹת וַיִּתֵּן אֹתָנוּ כִּמְרַגְּלִים אֶת־
31 32 הָאָרֶץ׃ וַנֹּאמֶר אֵלָיו כֵּנִים אֲנָחְנוּ לֹא הָיִינוּ מְרַגְּלִים׃ שְׁנֵים־
עָשָׂר אֲנַחְנוּ אַחִים בְּנֵי אָבִינוּ הָאֶחָד אֵינֶנּוּ וְהַקָּטֹן הַיּוֹם אֶת־
33 אָבִינוּ בְּאֶרֶץ כְּנָעַן׃ וַיֹּאמֶר אֵלֵינוּ הָאִישׁ אֲדֹנֵי הָאָרֶץ בְּזֹאת
אֵדַע כִּי כֵנִים אַתֶּם אֲחִיכֶם הָאֶחָד הַנִּיחוּ אִתִּי וְאֶת־רַעֲבוֹן
34 בָּתֵּיכֶם קְחוּ וָלֵכוּ׃ וְהָבִיאוּ אֶת־אֲחִיכֶם הַקָּטֹן אֵלַי וְאֵדְעָה
כִּי לֹא מְרַגְּלִים אַתֶּם כִּי כֵנִים אַתֶּם אֶת־אֲחִיכֶם אֶתֵּן לָכֶם
לה וְאֶת־הָאָרֶץ תִּסְחָרוּ׃ וַיְהִי הֵם מְרִיקִים שַׂקֵּיהֶם וְהִנֵּה־אִישׁ
צְרוֹר־כַּסְפּוֹ בְּשַׂקּוֹ וַיִּרְאוּ אֶת־צְרֹרוֹת כַּסְפֵּיהֶם הֵמָּה
36 וַאֲבִיהֶם וַיִּירָאוּ׃ וַיֹּאמֶר אֲלֵהֶם יַעֲקֹב אֲבִיהֶם אֹתִי שִׁכַּלְתֶּם
יוֹסֵף אֵינֶנּוּ וְשִׁמְעוֹן אֵינֶנּוּ וְאֶת־בִּנְיָמִן תִּקָּחוּ עָלַי הָיוּ כֻלָּנָה׃
37 וַיֹּאמֶר רְאוּבֵן אֶל־אָבִיו לֵאמֹר אֶת־שְׁנֵי בָנַי תָּמִית אִם־לֹא
38 אֲבִיאֶנּוּ אֵלֶיךָ תְּנָה אֹתוֹ עַל־יָדִי וַאֲנִי אֲשִׁיבֶנּוּ אֵלֶיךָ׃ וַיֹּאמֶר
לֹא־יֵרֵד בְּנִי עִמָּכֶם כִּי־אָחִיו מֵת וְהוּא לְבַדּוֹ נִשְׁאָר וּקְרָאָהוּ
אָסוֹן בַּדֶּרֶךְ אֲשֶׁר תֵּלְכוּ־בָהּ וְהוֹרַדְתֶּם אֶת־שֵׂיבָתִי בְּיָגוֹן
שְׁאוֹלָה׃

מג Cap. XLIII. מג

2 א וְהָרָעָב כָּבֵד בָּאָרֶץ׃ וַיְהִי כַּאֲשֶׁר כִּלּוּ לֶאֱכֹל אֶת־הַשֶּׁבֶר
אשר

אֲשֶׁר הֵבִיאוּ מִמִּצְרָיִם וַיֹּאמֶר אֲלֵיהֶם אֲבִיהֶם שֻׁבוּ שִׁבְרוּ־
לָנוּ מְעַט־אֹכֶל׃ וַיֹּאמֶר אֵלָיו יְהוּדָה לֵאמֹר הָעֵד הֵעִד בָּנוּ 3
הָאִישׁ לֵאמֹר לֹא־תִרְאוּ פָנַי בִּלְתִּי אֲחִיכֶם אִתְּכֶם׃ אִם־ 4
יֶשְׁךָ מְשַׁלֵּחַ אֶת־אָחִינוּ אִתָּנוּ נֵרְדָה וְנִשְׁבְּרָה לְךָ אֹכֶל׃ וְאִם־ ה
אֵינְךָ מְשַׁלֵּחַ לֹא נֵרֵד כִּי־הָאִישׁ אָמַר אֵלֵינוּ לֹא־תִרְאוּ פָנַי
בִּלְתִּי אֲחִיכֶם אִתְּכֶם׃ וַיֹּאמֶר יִשְׂרָאֵל לָמָה הֲרֵעֹתֶם לִי 6
לְהַגִּיד לָאִישׁ הַעוֹד לָכֶם אָח׃ וַיֹּאמְרוּ שָׁאוֹל שָׁאַל־הָאִישׁ 7
לָנוּ וּלְמוֹלַדְתֵּנוּ לֵאמֹר הַעוֹד אֲבִיכֶם חַי הֲיֵשׁ לָכֶם אָח וַנַּגֶּד־
לוֹ עַל־פִּי הַדְּבָרִים הָאֵלֶּה הֲיָדוֹעַ נֵדַע כִּי יֹאמַר הוֹרִידוּ
אֶת־אֲחִיכֶם׃ וַיֹּאמֶר יְהוּדָה אֶל־יִשְׂרָאֵל אָבִיו שִׁלְחָה הַנַּעַר 8
אִתִּי וְנָקוּמָה וְנֵלֵכָה וְנִחְיֶה וְלֹא נָמוּת גַּם־אֲנַחְנוּ גַם־אַתָּה
גַּם־טַפֵּנוּ׃ אָנֹכִי אֶעֶרְבֶנּוּ מִיָּדִי תְּבַקְשֶׁנּוּ אִם־לֹא הֲבִיאֹתִיו 9
אֵלֶיךָ וְהִצַּגְתִּיו לְפָנֶיךָ וְחָטָאתִי לְךָ כָּל־הַיָּמִים׃ כִּי לוּלֵא י
הִתְמַהְמָהְנוּ כִּי־עַתָּה שַׁבְנוּ זֶה פַעֲמָיִם׃ וַיֹּאמֶר אֲלֵהֶם יִשְׂרָאֵל 11
אֲבִיהֶם אִם־כֵּן ׀ אֵפוֹא זֹאת עֲשׂוּ קְחוּ מִזִּמְרַת הָאָרֶץ בִּכְלֵיכֶם
וְהוֹרִידוּ לָאִישׁ מִנְחָה מְעַט צֳרִי וּמְעַט דְּבַשׁ נְכֹאת וָלֹט בָּטְנִים
וּשְׁקֵדִים׃ וְכֶסֶף מִשְׁנֶה קְחוּ בְיֶדְכֶם וְאֶת־הַכֶּסֶף הַמּוּשָׁב בְּפִי 12
אַמְתְּחֹתֵיכֶם תָּשִׁיבוּ בְיֶדְכֶם אוּלַי מִשְׁגֶּה הוּא׃ וְאֶת־אֲחִיכֶם 13
קָחוּ וְקוּמוּ שׁוּבוּ אֶל־הָאִישׁ׃ וְאֵל שַׁדַּי יִתֵּן לָכֶם רַחֲמִים 14
לִפְנֵי הָאִישׁ וְשִׁלַּח לָכֶם אֶת־אֲחִיכֶם אַחֵר וְאֶת־בִּנְיָמִין וַאֲנִי
כַּאֲשֶׁר שָׁכֹלְתִּי שָׁכָלְתִּי׃ וַיִּקְחוּ הָאֲנָשִׁים אֶת־הַמִּנְחָה הַזֹּאת טו
וּמִשְׁנֶה־כֶּסֶף לָקְחוּ בְיָדָם וְאֶת־בִּנְיָמִן וַיָּקֻמוּ וַיֵּרְדוּ מִצְרַיִם
וַיַּעַמְדוּ לִפְנֵי יוֹסֵף׃ * וַיַּרְא יוֹסֵף אִתָּם אֶת־בִּנְיָמִין וַיֹּאמֶר 16 ששי
לַאֲשֶׁר עַל־בֵּיתוֹ הָבֵא אֶת־הָאֲנָשִׁים הַבָּיְתָה וּטְבֹחַ טֶבַח
וְהָכֵן כִּי אִתִּי יֹאכְלוּ הָאֲנָשִׁים בַּצָּהֳרָיִם׃ וַיַּעַשׂ הָאִישׁ כַּאֲשֶׁר 17
אָמַר יוֹסֵף וַיָּבֵא הָאִישׁ אֶת־הָאֲנָשִׁים בֵּיתָה יוֹסֵף׃ וַיִּירְאוּ 18
הָאֲנָשִׁים כִּי הוּבְאוּ בֵּית יוֹסֵף וַיֹּאמְרוּ עַל־דְּבַר הַכֶּסֶף
הַשָּׁב בְּאַמְתְּחֹתֵינוּ בַּתְּחִלָּה אֲנַחְנוּ מוּבָאִים לְהִתְגֹּלֵל עָלֵינוּ

ולהתנפל

19 וּלְהִתְנַפֵּל עָלֵינוּ וְלָקַחַת אֹתָנוּ לַעֲבָדִים וְאֶת־חֲמֹרֵינוּ׃ וַיִּגְּשׁוּ
אֶל־הָאִישׁ אֲשֶׁר עַל־בֵּית יוֹסֵף וַיְדַבְּרוּ אֵלָיו פֶּתַח הַבָּיִת׃
כ 21 וַיֹּאמְרוּ בִּי אֲדֹנִי יָרֹד יָרַדְנוּ בַּתְּחִלָּה לִשְׁבָּר־אֹכֶל׃ וַיְהִי
כִּי־בָאנוּ אֶל־הַמָּלוֹן וַנִּפְתְּחָה אֶת־אַמְתְּחֹתֵינוּ וְהִנֵּה כֶסֶף־
22 אִישׁ בְּפִי אַמְתַּחְתּוֹ כַּסְפֵּנוּ בְּמִשְׁקָלוֹ וַנָּשֶׁב אֹתוֹ בְּיָדֵנוּ׃ וְכֶסֶף
אַחֵר הוֹרַדְנוּ בְיָדֵנוּ לִשְׁבָּר־אֹכֶל לֹא יָדַעְנוּ מִי־שָׂם כַּסְפֵּנוּ
23 בְּאַמְתְּחֹתֵינוּ׃ וַיֹּאמֶר שָׁלוֹם לָכֶם אַל־תִּירָאוּ אֱלֹהֵיכֶם וֵאלֹהֵי
אֲבִיכֶם נָתַן לָכֶם מַטְמוֹן בְּאַמְתְּחֹתֵיכֶם כַּסְפְּכֶם בָּא אֵלָי
24 וַיּוֹצֵא אֲלֵהֶם אֶת־שִׁמְעוֹן׃ וַיָּבֵא הָאִישׁ אֶת־הָאֲנָשִׁים בֵּיתָה
יוֹסֵף וַיִּתֶּן־מַיִם וַיִּרְחֲצוּ רַגְלֵיהֶם וַיִּתֵּן מִסְפּוֹא לַחֲמֹרֵיהֶם׃
כה וַיָּכִינוּ אֶת־הַמִּנְחָה עַד־בּוֹא יוֹסֵף בַּצָּהֳרָיִם כִּי שָׁמְעוּ כִּי־
26 שָׁם יֹאכְלוּ לָחֶם׃ וַיָּבֹא יוֹסֵף הַבַּיְתָה וַיָּבִיאּוּ לוֹ אֶת־הַמִּנְחָה
27 אֲשֶׁר־בְּיָדָם הַבָּיְתָה וַיִּשְׁתַּחֲווּ־לוֹ אָרְצָה׃ וַיִּשְׁאַל לָהֶם
לְשָׁלוֹם וַיֹּאמֶר הֲשָׁלוֹם אֲבִיכֶם הַזָּקֵן אֲשֶׁר אֲמַרְתֶּם הַעוֹדֶנּוּ
28 חָי׃ וַיֹּאמְרוּ שָׁלוֹם לְעַבְדְּךָ לְאָבִינוּ עוֹדֶנּוּ חָי וַיִּקְּדוּ וַיִּשְׁתַּחֲוֻ׃
29 וַיִּשָּׂא עֵינָיו וַיַּרְא אֶת־בִּנְיָמִין אָחִיו בֶּן־אִמּוֹ וַיֹּאמֶר הֲזֶה
אֲחִיכֶם הַקָּטֹן אֲשֶׁר אֲמַרְתֶּם אֵלָי וַיֹּאמַר אֱלֹהִים יָחְנְךָ בְּנִי׃ *
ל וַיְמַהֵר יוֹסֵף כִּי־נִכְמְרוּ רַחֲמָיו אֶל־אָחִיו וַיְבַקֵּשׁ לִבְכּוֹת שביעי
31 וַיָּבֹא הַחַדְרָה וַיֵּבְךְּ שָׁמָּה׃ וַיִּרְחַץ פָּנָיו וַיֵּצֵא וַיִּתְאַפַּק וַיֹּאמֶר
32 שִׂימוּ לָחֶם׃ וַיָּשִׂימוּ לוֹ לְבַדּוֹ וְלָהֶם לְבַדָּם וְלַמִּצְרִים הָאֹכְלִים
אִתּוֹ לְבַדָּם כִּי לֹא יוּכְלוּן הַמִּצְרִים לֶאֱכֹל אֶת־הָעִבְרִים
33 לֶחֶם כִּי־תוֹעֵבָה הִוא לְמִצְרָיִם׃ וַיֵּשְׁבוּ לְפָנָיו הַבְּכֹר כִּבְכֹרָתוֹ
34 וְהַצָּעִיר כִּצְעִרָתוֹ וַיִּתְמְהוּ הָאֲנָשִׁים אִישׁ אֶל־רֵעֵהוּ׃ וַיִּשָּׂא
מַשְׂאֹת מֵאֵת פָּנָיו אֲלֵהֶם וַתֵּרֶב מַשְׂאַת בִּנְיָמִן מִמַּשְׂאֹת כֻּלָּם
חָמֵשׁ יָדוֹת וַיִּשְׁתּוּ וַיִּשְׁכְּרוּ עִמּוֹ׃

מד CAP. XLIV. מד

א וַיְצַו אֶת־אֲשֶׁר עַל־בֵּיתוֹ לֵאמֹר מַלֵּא אֶת־אַמְתְּחֹת

האנשים

מ״ב v. 26. א׳ דגושה v. 28. וישתחו ק׳

הָאֲנָשִׁים֙ אֹ֔כֶל כַּאֲשֶׁ֥ר יוּכְל֖וּן שְׂאֵ֑ת וְשִׂ֥ים כֶּֽסֶף־אִ֖ישׁ בְּפִ֥י
2 אַמְתַּחְתּֽוֹ׃ וְאֶת־גְּבִיעִ֞י גְּבִ֣יעַ הַכֶּ֗סֶף תָּשִׂים֙ בְּפִי֙ אַמְתַּ֣חַת
3 הַקָּטֹ֔ן וְאֵ֖ת כֶּ֣סֶף שִׁבְר֑וֹ וַיַּ֕עַשׂ כִּדְבַ֥ר יוֹסֵ֖ף אֲשֶׁ֥ר דִּבֵּֽר׃ הַבֹּ֖קֶר
4 א֑וֹר וְהָאֲנָשִׁ֣ים שֻׁלְּח֔וּ הֵ֖מָּה וַחֲמֹרֵיהֶֽם׃ הֵ֠ם יָֽצְא֣וּ אֶת־הָעִיר֮
לֹ֣א הִרְחִ֒יקוּ֒ וְיוֹסֵ֣ף אָמַ֗ר לַֽאֲשֶׁ֤ר עַל־בֵּיתוֹ֙ ק֥וּם רְדֹ֖ף אַחֲרֵ֣י
הָאֲנָשִׁ֑ים וְהִשַּׂגְתָּם֙ וְאָמַרְתָּ֣ אֲלֵהֶ֔ם לָ֛מָּה שִׁלַּמְתֶּ֥ם רָעָ֖ה תַּ֥חַת
ה טוֹבָֽה׃ הֲל֣וֹא זֶ֗ה אֲשֶׁ֨ר יִשְׁתֶּ֤ה אֲדֹנִי֙ בּ֔וֹ וְה֕וּא נַחֵ֥שׁ יְנַחֵ֖שׁ בּ֑וֹ
6 הֲרֵעֹתֶ֖ם אֲשֶׁ֥ר עֲשִׂיתֶֽם׃ וַיַּשִּׂגֵ֑ם וַיְדַבֵּ֣ר אֲלֵהֶ֔ם אֶת־הַדְּבָרִ֖ים
7 הָאֵֽלֶּה׃ וַיֹּאמְר֣וּ אֵלָ֔יו לָ֚מָּה יְדַבֵּ֣ר אֲדֹנִ֔י כַּדְּבָרִ֖ים הָאֵ֑לֶּה
8 חָלִ֙ילָה֙ לַעֲבָדֶ֔יךָ מֵעֲשׂ֖וֹת כַּדָּבָ֥ר הַזֶּֽה׃ הֵ֣ן כֶּ֗סֶף אֲשֶׁ֤ר מָצָ֙אנוּ֙
בְּפִ֣י אַמְתְּחֹתֵ֔ינוּ הֱשִׁיבֹ֥נוּ אֵלֶ֖יךָ מֵאֶ֣רֶץ כְּנָ֑עַן וְאֵ֗יךְ נִגְנֹב֙ מִבֵּ֣ית
9 אֲדֹנֶ֔יךָ כֶּ֖סֶף א֥וֹ זָהָֽב׃ אֲשֶׁ֨ר יִמָּצֵ֥א אִתּ֛וֹ מֵעֲבָדֶ֖יךָ וָמֵ֑ת וְגַם־
י אֲנַ֕חְנוּ נִהְיֶ֥ה לַֽאדֹנִ֖י לַעֲבָדִֽים׃ וַיֹּ֕אמֶר גַּם־עַתָּ֥ה כְדִבְרֵיכֶ֖ם
כֶּן־ה֑וּא אֲשֶׁ֨ר יִמָּצֵ֤א אִתּוֹ֙ יִהְיֶה־לִּ֣י עָ֔בֶד וְאַתֶּ֖ם תִּהְי֥וּ נְקִיִּֽם׃
11 וַיְמַהֲר֗וּ וַיּוֹרִ֛דוּ אִ֥ישׁ אֶת־אַמְתַּחְתּ֖וֹ אָ֑רְצָה וַֽיִּפְתְּח֖וּ אִ֥ישׁ
12 אַמְתַּחְתּֽוֹ׃ וַיְחַפֵּ֕שׂ בַּגָּד֣וֹל הֵחֵ֔ל וּבַקָּטֹ֖ן כִּלָּ֑ה וַיִּמָּצֵא֙ הַגָּבִ֔יעַ
13 בְּאַמְתַּ֖חַת בִּנְיָמִֽן׃ וַֽיִּקְרְע֖וּ שִׂמְלֹתָ֑ם וַֽיַּעֲמֹס֙ אִ֣ישׁ עַל־חֲמֹר֔וֹ
14 וַיָּשֻׁ֖בוּ הָעִֽירָה׃ * וַיָּבֹ֨א יְהוּדָ֤ה וְאֶחָיו֙ בֵּ֣יתָה יוֹסֵ֔ף וְה֖וּא עוֹדֶ֣נּוּ מפטיר לאש׳
טו שָׁ֑ם וַיִּפְּל֥וּ לְפָנָ֖יו אָֽרְצָה׃ * וַיֹּ֤אמֶר לָהֶם֙ יוֹסֵ֔ף מָֽה־הַמַּעֲשֶׂ֥ה מפטיר לספ׳
הַזֶּ֖ה אֲשֶׁ֣ר עֲשִׂיתֶ֑ם הֲל֣וֹא יְדַעְתֶּ֔ם כִּֽי־נַחֵ֧שׁ יְנַחֵ֛שׁ אִ֖ישׁ אֲשֶׁ֥ר
16 כָּמֹֽנִי׃ וַיֹּ֣אמֶר יְהוּדָ֗ה מַה־נֹּאמַר֙ לַֽאדֹנִ֔י מַה־נְּדַבֵּ֖ר וּמַה־
נִּצְטַדָּ֑ק הָאֱלֹהִ֗ים מָצָא֙ אֶת־עֲוֺ֣ן עֲבָדֶ֔יךָ הִנֶּ֤נּוּ עֲבָדִים֙ לַֽאדֹנִ֔י
17 גַּם־אֲנַ֕חְנוּ גַּ֛ם אֲשֶׁר־נִמְצָ֥א הַגָּבִ֖יעַ בְּיָדֽוֹ׃ וַיֹּ֕אמֶר חָלִ֣ילָה לִּ֔י
מֵעֲשׂ֖וֹת זֹ֑את הָאִ֡ישׁ אֲשֶׁר֩ נִמְצָ֨א הַגָּבִ֜יעַ בְּיָד֗וֹ ה֚וּא יִהְיֶה־לִּ֣י
עָ֔בֶד וְאַתֶּ֕ם עֲל֥וּ לְשָׁל֖וֹם אֶל־אֲבִיכֶֽם׃ ס ס ס

ויגש יא 11

18 וַיִּגַּ֨שׁ אֵלָ֜יו יְהוּדָ֗ה וַיֹּאמֶר֮ בִּ֣י אֲדֹנִי֒ יְדַבֶּר־נָ֨א
עַבְדְּךָ֤ דָבָר֙ בְּאָזְנֵ֣י אֲדֹנִ֔י וְאַל־יִ֥חַר אַפְּךָ֖ בְּעַבְדֶּ֑ךָ כִּ֥י כָמ֖וֹךָ

כפרעה

19 כְּפַרְעֹה: אֲדֹנִי שָׁאַל אֶת־עֲבָדָיו לֵאמֹר הֲיֵשׁ־לָכֶם אָב אוֹ־
כ אָח: וַנֹּאמֶר אֶל־אֲדֹנִי יֶשׁ־לָנוּ אָב זָקֵן וְיֶלֶד זְקֻנִים קָטָן
21 וְאָחִיו מֵת וַיִּוָּתֵר הוּא לְבַדּוֹ לְאִמּוֹ וְאָבִיו אֲהֵבוֹ: וַתֹּאמֶר
22 אֶל־עֲבָדֶיךָ הוֹרִדֻהוּ אֵלָי וְאָשִׂימָה עֵינִי עָלָיו: וַנֹּאמֶר אֶל־
אֲדֹנִי לֹא־יוּכַל הַנַּעַר לַעֲזֹב אֶת־אָבִיו וְעָזַב אֶת־אָבִיו וָמֵת:
23 וַתֹּאמֶר אֶל־עֲבָדֶיךָ אִם־לֹא יֵרֵד אֲחִיכֶם הַקָּטֹן אִתְּכֶם לֹא
24 תֹסִפוּן לִרְאוֹת פָּנָי: וַיְהִי כִּי עָלִינוּ אֶל־עַבְדְּךָ אָבִי וַנַּגֶּד־
כה לוֹ אֵת דִּבְרֵי אֲדֹנִי: וַיֹּאמֶר אָבִינוּ שֻׁבוּ שִׁבְרוּ־לָנוּ מְעַט־
26 אֹכֶל: וַנֹּאמֶר לֹא נוּכַל לָרֶדֶת אִם־יֵשׁ אָחִינוּ הַקָּטֹן אִתָּנוּ
וְיָרַדְנוּ כִּי־לֹא נוּכַל לִרְאוֹת פְּנֵי הָאִישׁ וְאָחִינוּ הַקָּטֹן אֵינֶנּוּ
27 אִתָּנוּ: וַיֹּאמֶר עַבְדְּךָ אָבִי אֵלֵינוּ אַתֶּם יְדַעְתֶּם כִּי שְׁנַיִם יָלְדָה־
28 לִּי אִשְׁתִּי: וַיֵּצֵא הָאֶחָד מֵאִתִּי וָאֹמַר אַךְ טָרֹף טֹרָף וְלֹא
29 רְאִיתִיו עַד־הֵנָּה: וּלְקַחְתֶּם גַּם־אֶת־זֶה מֵעִם פָּנַי וְקָרָהוּ
ל אָסוֹן וְהוֹרַדְתֶּם אֶת־שֵׂיבָתִי בְּרָעָה שְׁאֹלָה: וְעַתָּה כְּבֹאִי
אֶל־עַבְדְּךָ אָבִי וְהַנַּעַר אֵינֶנּוּ אִתָּנוּ וְנַפְשׁוֹ קְשׁוּרָה בְנַפְשׁוֹ: *
31 וְהָיָה כִּרְאוֹתוֹ כִּי־אֵין הַנַּעַר וָמֵת וְהוֹרִידוּ עֲבָדֶיךָ אֶת־שֵׂיבַת שני
32 עַבְדְּךָ אָבִינוּ בְּיָגוֹן שְׁאֹלָה: כִּי עַבְדְּךָ עָרַב אֶת־הַנַּעַר מֵעִם
אָבִי לֵאמֹר אִם־לֹא אֲבִיאֶנּוּ אֵלֶיךָ וְחָטָאתִי לְאָבִי כָּל־
33 הַיָּמִים: וְעַתָּה יֵשֶׁב־נָא עַבְדְּךָ תַּחַת הַנַּעַר עֶבֶד לַאדֹנִי
34 וְהַנַּעַר יַעַל עִם־אֶחָיו: כִּי־אֵיךְ אֶעֱלֶה אֶל־אָבִי וְהַנַּעַר
אֵינֶנּוּ אִתִּי פֶּן אֶרְאֶה בָרָע אֲשֶׁר יִמְצָא אֶת־אָבִי:

CAP. XLV. מה

מה

א וְלֹא־יָכֹל יוֹסֵף לְהִתְאַפֵּק לְכֹל הַנִּצָּבִים עָלָיו וַיִּקְרָא
הוֹצִיאוּ כָל־אִישׁ מֵעָלָי וְלֹא־עָמַד אִישׁ אִתּוֹ בְּהִתְוַדַּע יוֹסֵף
2 אֶל־אֶחָיו: וַיִּתֵּן אֶת־קֹלוֹ בִּבְכִי וַיִּשְׁמְעוּ מִצְרַיִם וַיִּשְׁמַע
3 בֵּית פַּרְעֹה: וַיֹּאמֶר יוֹסֵף אֶל־אֶחָיו אֲנִי יוֹסֵף הַעוֹד אָבִי
4 חָי וְלֹא־יָכְלוּ אֶחָיו לַעֲנוֹת אֹתוֹ כִּי נִבְהֲלוּ מִפָּנָיו: וַיֹּאמֶר
יוֹסֵף אֶל־אֶחָיו גְּשׁוּ־נָא אֵלַי וַיִּגָּשׁוּ וַיֹּאמֶר אֲנִי יוֹסֵף אֲחִיכֶם

אשר־מכרתם

ה אֲשֶׁר־מְכַרְתֶּם אֹתִי מִצְרָיְמָה׃ וְעַתָּה ׀ אַל־תֵּעָצְבוּ וְאַל־
יִחַר בְּעֵינֵיכֶם כִּי־מְכַרְתֶּם אֹתִי הֵנָּה כִּי לְמִחְיָה שְׁלָחַנִי
6 אֱלֹהִים לִפְנֵיכֶם׃ כִּי־זֶה שְׁנָתַיִם הָרָעָב בְּקֶרֶב הָאָרֶץ וְעוֹד
7 חָמֵשׁ שָׁנִים אֲשֶׁר אֵין־חָרִישׁ וְקָצִיר׃ וַיִּשְׁלָחֵנִי אֱלֹהִים לִפְנֵיכֶם
לָשׂוּם לָכֶם שְׁאֵרִית בָּאָרֶץ וּלְהַחֲיוֹת לָכֶם לִפְלֵיטָה גְּדֹלָה׃ *
שלישי 8 וְעַתָּה לֹא־אַתֶּם שְׁלַחְתֶּם אֹתִי הֵנָּה כִּי הָאֱלֹהִים וַיְשִׂימֵנִי
לְאָב לְפַרְעֹה וּלְאָדוֹן לְכָל־בֵּיתוֹ וּמֹשֵׁל בְּכָל־אֶרֶץ מִצְרָיִם׃
9 מַהֲרוּ וַעֲלוּ אֶל־אָבִי וַאֲמַרְתֶּם אֵלָיו כֹּה אָמַר בִּנְךָ יוֹסֵף
שָׂמַנִי אֱלֹהִים לְאָדוֹן לְכָל־מִצְרָיִם רְדָה אֵלַי אַל־תַּעֲמֹד׃
י וְיָשַׁבְתָּ בְאֶרֶץ־גֹּשֶׁן וְהָיִיתָ קָרוֹב אֵלַי אַתָּה וּבָנֶיךָ וּבְנֵי בָנֶיךָ
11 וְצֹאנְךָ וּבְקָרְךָ וְכָל־אֲשֶׁר־לָךְ׃ וְכִלְכַּלְתִּי אֹתְךָ שָׁם כִּי־
עוֹד חָמֵשׁ שָׁנִים רָעָב פֶּן־תִּוָּרֵשׁ אַתָּה וּבֵיתְךָ וְכָל־אֲשֶׁר־
12 לָךְ׃ וְהִנֵּה עֵינֵיכֶם רֹאוֹת וְעֵינֵי אָחִי בִנְיָמִין כִּי־פִי הַמְדַבֵּר
13 אֲלֵיכֶם׃ וְהִגַּדְתֶּם לְאָבִי אֶת־כָּל־כְּבוֹדִי בְּמִצְרַיִם וְאֵת כָּל־
14 אֲשֶׁר רְאִיתֶם וּמִהַרְתֶּם וְהוֹרַדְתֶּם אֶת־אָבִי הֵנָּה׃ וַיִּפֹּל עַל־
טו צַוְּארֵי בִנְיָמִן־אָחִיו וַיֵּבְךְּ וּבִנְיָמִן בָּכָה עַל־צַוָּארָיו׃ וַיְנַשֵּׁק
16 לְכָל־אֶחָיו וַיֵּבְךְּ עֲלֵהֶם וְאַחֲרֵי כֵן דִּבְּרוּ אֶחָיו אִתּוֹ׃ וְהַקֹּל
נִשְׁמַע בֵּית פַּרְעֹה לֵאמֹר בָּאוּ אֲחֵי יוֹסֵף וַיִּיטַב בְּעֵינֵי פַרְעֹה
17 וּבְעֵינֵי עֲבָדָיו׃ וַיֹּאמֶר פַּרְעֹה אֶל־יוֹסֵף אֱמֹר אֶל־אַחֶיךָ
18 זֹאת עֲשׂוּ טַעֲנוּ אֶת־בְּעִירְכֶם וּלְכוּ־בֹאוּ אַרְצָה כְּנָעַן׃ וּקְחוּ
אֶת־אֲבִיכֶם וְאֶת־בָּתֵּיכֶם וּבֹאוּ אֵלָי וְאֶתְּנָה לָכֶם אֶת־טוּב
רביעי 19 אֶרֶץ מִצְרַיִם וְאִכְלוּ אֶת־חֵלֶב הָאָרֶץ׃ * וְאַתָּה צֻוֵּיתָה זֹאת
עֲשׂוּ קְחוּ־לָכֶם מֵאֶרֶץ מִצְרַיִם עֲגָלוֹת לְטַפְּכֶם וְלִנְשֵׁיכֶם
כ וּנְשָׂאתֶם אֶת־אֲבִיכֶם וּבָאתֶם׃ וְעֵינְכֶם אַל־תָּחֹס עַל־
21 כְּלֵיכֶם כִּי־טוּב כָּל־אֶרֶץ מִצְרַיִם לָכֶם הוּא׃ וַיַּעֲשׂוּ־כֵן
בְּנֵי יִשְׂרָאֵל וַיִּתֵּן לָהֶם יוֹסֵף עֲגָלוֹת עַל־פִּי פַרְעֹה וַיִּתֵּן לָהֶם
22 צֵדָה לַדָּרֶךְ׃ לְכֻלָּם נָתַן לָאִישׁ חֲלִפוֹת שְׂמָלֹת וּלְבִנְיָמִן נָתַן
23 שְׁלֹשׁ מֵאוֹת כֶּסֶף וְחָמֵשׁ חֲלִפֹת שְׂמָלֹת׃ וּלְאָבִיו שָׁלַח כְּזֹאת

עשרה

עֲשָׂרָה חֲמֹרִים נֹשְׂאִים מִטּוּב מִצְרָיִם וְעֶשֶׂר אֲתֹנֹת נֹשְׂאֹת בָּר
24 וָלֶחֶם וּמָזוֹן לְאָבִיו לַדָּרֶךְ׃ וַיְשַׁלַּח אֶת־אֶחָיו וַיֵּלֵכוּ וַיֹּאמֶר
כה אֲלֵהֶם אַל־תִּרְגְּזוּ בַּדָּרֶךְ׃ וַיַּעֲלוּ מִמִּצְרָיִם וַיָּבֹאוּ אֶרֶץ כְּנַעַן
26 אֶל־יַעֲקֹב אֲבִיהֶם׃ וַיַּגִּדוּ לוֹ לֵאמֹר עוֹד יוֹסֵף חַי וְכִי־הוּא
מֹשֵׁל בְּכָל־אֶרֶץ מִצְרָיִם וַיָּפָג לִבּוֹ כִּי לֹא־הֶאֱמִין לָהֶם׃
27 וַיְדַבְּרוּ אֵלָיו אֵת כָּל־דִּבְרֵי יוֹסֵף אֲשֶׁר דִּבֶּר אֲלֵהֶם וַיַּרְא
אֶת־הָעֲגָלוֹת אֲשֶׁר־שָׁלַח יוֹסֵף לָשֵׂאת אֹתוֹ וַתְּחִי רוּחַ יַעֲקֹב
28 אֲבִיהֶם׃ *וַיֹּאמֶר יִשְׂרָאֵל רַב עוֹד־יוֹסֵף בְּנִי חָי אֵלְכָה וְאֶרְאֶנּוּ חמישי
בְּטֶרֶם אָמוּת׃

מו CAP. XLVI. מו

א וַיִּסַּע יִשְׂרָאֵל וְכָל־אֲשֶׁר־לוֹ וַיָּבֹא בְּאֵרָה שָּׁבַע וַיִּזְבַּח
2 זְבָחִים לֵאלֹהֵי אָבִיו יִצְחָק׃ וַיֹּאמֶר אֱלֹהִים ׀ לְיִשְׂרָאֵל
3 בְּמַרְאֹת הַלַּיְלָה וַיֹּאמֶר יַעֲקֹב ׀ יַעֲקֹב וַיֹּאמֶר הִנֵּנִי׃ וַיֹּאמֶר
אָנֹכִי הָאֵל אֱלֹהֵי אָבִיךָ אַל־תִּירָא מֵרְדָה מִצְרַיְמָה כִּי־
4 לְגוֹי גָּדוֹל אֲשִׂימְךָ שָׁם׃ אָנֹכִי אֵרֵד עִמְּךָ מִצְרַיְמָה וְאָנֹכִי
ה אַעַלְךָ גַם־עָלֹה וְיוֹסֵף יָשִׁית יָדוֹ עַל־עֵינֶיךָ׃ וַיָּקָם יַעֲקֹב
מִבְּאֵר שָׁבַע וַיִּשְׂאוּ בְנֵי־יִשְׂרָאֵל אֶת־יַעֲקֹב אֲבִיהֶם וְאֶת־
טַפָּם וְאֶת־נְשֵׁיהֶם בָּעֲגָלוֹת אֲשֶׁר־שָׁלַח פַּרְעֹה לָשֵׂאת אֹתוֹ׃
6 וַיִּקְחוּ אֶת־מִקְנֵיהֶם וְאֶת־רְכוּשָׁם אֲשֶׁר רָכְשׁוּ בְּאֶרֶץ כְּנַעַן
7 וַיָּבֹאוּ מִצְרָיְמָה יַעֲקֹב וְכָל־זַרְעוֹ אִתּוֹ׃ בָּנָיו וּבְנֵי בָנָיו אִתּוֹ
בְּנֹתָיו וּבְנוֹת בָּנָיו וְכָל־זַרְעוֹ הֵבִיא אִתּוֹ מִצְרָיְמָה׃ ס
8 וְאֵלֶּה שְׁמוֹת בְּנֵי־יִשְׂרָאֵל הַבָּאִים מִצְרַיְמָה יַעֲקֹב וּבָנָיו בְּכֹר
9 י יַעֲקֹב רְאוּבֵן׃ וּבְנֵי רְאוּבֵן חֲנוֹךְ וּפַלּוּא וְחֶצְרֹן וְכַרְמִי׃ וּבְנֵי
שִׁמְעוֹן יְמוּאֵל וְיָמִין וְאֹהַד וְיָכִין וְצֹחַר וְשָׁאוּל בֶּן־הַכְּנַעֲנִית׃
11 12 וּבְנֵי לֵוִי גֵּרְשׁוֹן קְהָת וּמְרָרִי׃ וּבְנֵי יְהוּדָה עֵר וְאוֹנָן וְשֵׁלָה
וָפֶרֶץ וָזָרַח וַיָּמָת עֵר וְאוֹנָן בְּאֶרֶץ כְּנַעַן וַיִּהְיוּ בְנֵי־פֶרֶץ חֶצְרֹן
13 14 וְחָמוּל׃ וּבְנֵי יִשָּׂשכָר תּוֹלָע וּפֻוָה וְיוֹב וְשִׁמְרֹן׃ וּבְנֵי זְבוּלֻן
טו סֶרֶד וְאֵלוֹן וְיַחְלְאֵל׃ אֵלֶּה ׀ בְּנֵי לֵאָה אֲשֶׁר יָלְדָה לְיַעֲקֹב

מ״ה v. 25. סבירין ארצה

בְּפַדַּן אֲרָם וְאֵת דִּינָה בִתּוֹ כָּל־נֶפֶשׁ בָּנָיו וּבְנוֹתָיו שְׁלֹשִׁים
וְשָׁלֹשׁ׃ וּבְנֵי גָד צִפְיוֹן וְחַגִּי שׁוּנִי וְאֶצְבֹּן עֵרִי וַאֲרוֹדִי וְאַרְאֵלִי׃ 16
וּבְנֵי אָשֵׁר יִמְנָה וְיִשְׁוָה וְיִשְׁוִי וּבְרִיעָה וְשֶׂרַח אֲחֹתָם וּבְנֵי 17
בְרִיעָה חֶבֶר וּמַלְכִּיאֵל׃ אֵלֶּה בְּנֵי זִלְפָּה אֲשֶׁר־נָתַן לָבָן 18
לְלֵאָה בִתּוֹ וַתֵּלֶד אֶת־אֵלֶּה לְיַעֲקֹב שֵׁשׁ עֶשְׂרֵה נָפֶשׁ׃ בְּנֵי 19
רָחֵל אֵשֶׁת יַעֲקֹב יוֹסֵף וּבִנְיָמִן׃ וַיִּוָּלֵד לְיוֹסֵף בְּאֶרֶץ מִצְרַיִם כ
אֲשֶׁר יָלְדָה־לּוֹ אָסְנַת בַּת־פּוֹטִי פֶרַע כֹּהֵן אֹן אֶת־מְנַשֶּׁה
וְאֶת־אֶפְרָיִם׃ וּבְנֵי בִנְיָמִן בֶּלַע וָבֶכֶר וְאַשְׁבֵּל גֵּרָא וְנַעֲמָן 21
אֵחִי וָרֹאשׁ מֻפִּים וְחֻפִּים וָאָרְדְּ׃ אֵלֶּה בְּנֵי רָחֵל אֲשֶׁר יֻלַּד 22
לְיַעֲקֹב כָּל־נֶפֶשׁ אַרְבָּעָה עָשָׂר׃ וּבְנֵי־דָן חֻשִׁים׃ וּבְנֵי 23 24
נַפְתָּלִי יַחְצְאֵל וְגוּנִי וְיֵצֶר וְשִׁלֵּם׃ אֵלֶּה בְּנֵי בִלְהָה אֲשֶׁר־נָתַן כה
לָבָן לְרָחֵל בִּתּוֹ וַתֵּלֶד אֶת־אֵלֶּה לְיַעֲקֹב כָּל־נֶפֶשׁ שִׁבְעָה׃
כָּל־הַנֶּפֶשׁ הַבָּאָה לְיַעֲקֹב מִצְרַיְמָה יֹצְאֵי יְרֵכוֹ מִלְּבַד נְשֵׁי 26
בְנֵי־יַעֲקֹב כָּל־נֶפֶשׁ שִׁשִּׁים וָשֵׁשׁ׃ וּבְנֵי יוֹסֵף אֲשֶׁר־יֻלַּד־לוֹ 27
בְמִצְרַיִם נֶפֶשׁ שְׁנָיִם כָּל־הַנֶּפֶשׁ לְבֵית־יַעֲקֹב הַבָּאָה מִצְרַיְמָה
ששי שִׁבְעִים׃* ס וְאֶת־יְהוּדָה שָׁלַח לְפָנָיו אֶל־יוֹסֵף לְהוֹרֹת 28
לְפָנָיו גֹּשְׁנָה וַיָּבֹאוּ אַרְצָה גֹּשֶׁן׃ וַיֶּאְסֹר יוֹסֵף מֶרְכַּבְתּוֹ וַיַּעַל 29
לִקְרַאת־יִשְׂרָאֵל אָבִיו גֹּשְׁנָה וַיֵּרָא אֵלָיו וַיִּפֹּל עַל־צַוָּארָיו
וַיֵּבְךְּ עַל־צַוָּארָיו עוֹד׃ וַיֹּאמֶר יִשְׂרָאֵל אֶל־יוֹסֵף אָמוּתָה ל
הַפָּעַם אַחֲרֵי רְאוֹתִי אֶת־פָּנֶיךָ כִּי עוֹדְךָ חָי׃ וַיֹּאמֶר יוֹסֵף 31
אֶל־אֶחָיו וְאֶל־בֵּית אָבִיו אֶעֱלֶה וְאַגִּידָה לְפַרְעֹה וְאֹמְרָה
אֵלָיו אַחַי וּבֵית־אָבִי אֲשֶׁר בְּאֶרֶץ־כְּנַעַן בָּאוּ אֵלָי׃ וְהָאֲנָשִׁים 32
רֹעֵי צֹאן כִּי־אַנְשֵׁי מִקְנֶה הָיוּ וְצֹאנָם וּבְקָרָם וְכָל־אֲשֶׁר לָהֶם
הֵבִיאוּ׃ וְהָיָה כִּי־יִקְרָא לָכֶם פַּרְעֹה וְאָמַר מַה־מַּעֲשֵׂיכֶם׃ 33
וַאֲמַרְתֶּם אַנְשֵׁי מִקְנֶה הָיוּ עֲבָדֶיךָ מִנְּעוּרֵינוּ וְעַד־עַתָּה גַּם־ 34
אֲנַחְנוּ גַּם־אֲבֹתֵינוּ בַּעֲבוּר תֵּשְׁבוּ בְּאֶרֶץ גֹּשֶׁן כִּי־תוֹעֲבַת
מִצְרַיִם כָּל־רֹעֵה צֹאן׃

* v. 23. סבירין ובך

מז CAP. XLVII. מז

א וַיָּבֹא יוֹסֵף וַיַּגֵּד לְפַרְעֹה וַיֹּאמֶר אָבִי וְאַחַי וְצֹאנָם וּבְקָרָם
2 וְכָל־אֲשֶׁר לָהֶם בָּאוּ מֵאֶרֶץ כְּנָעַן וְהִנָּם בְּאֶרֶץ גֹּשֶׁן׃ וּמִקְצֵה
3 אֶחָיו לָקַח חֲמִשָּׁה אֲנָשִׁים וַיַּצִּגֵם לִפְנֵי פַרְעֹה׃ וַיֹּאמֶר פַּרְעֹה
אֶל־אֶחָיו מַה־מַּעֲשֵׂיכֶם וַיֹּאמְרוּ אֶל־פַּרְעֹה רֹעֵה צֹאן
4 עֲבָדֶיךָ גַּם־אֲנַחְנוּ גַּם־אֲבוֹתֵינוּ׃ וַיֹּאמְרוּ אֶל־פַּרְעֹה לָגוּר
בָּאָרֶץ בָּאנוּ כִּי־אֵין מִרְעֶה לַצֹּאן אֲשֶׁר לַעֲבָדֶיךָ כִּי־כָבֵד
הָרָעָב בְּאֶרֶץ כְּנָעַן וְעַתָּה יֵשְׁבוּ־נָא עֲבָדֶיךָ בְּאֶרֶץ גֹּשֶׁן׃
ה וַיֹּאמֶר פַּרְעֹה אֶל־יוֹסֵף לֵאמֹר אָבִיךָ וְאַחֶיךָ בָּאוּ אֵלֶיךָ׃
6 אֶרֶץ מִצְרַיִם לְפָנֶיךָ הִוא בְּמֵיטַב הָאָרֶץ הוֹשֵׁב אֶת־אָבִיךָ
וְאֶת־אַחֶיךָ יֵשְׁבוּ בְּאֶרֶץ גֹּשֶׁן וְאִם־יָדַעְתָּ וְיֶשׁ־בָּם אַנְשֵׁי־חַיִל
7 וְשַׂמְתָּם שָׂרֵי מִקְנֶה עַל־אֲשֶׁר־לִי׃ וַיָּבֵא יוֹסֵף אֶת־יַעֲקֹב
8 אָבִיו וַיַּעֲמִדֵהוּ לִפְנֵי פַרְעֹה וַיְבָרֶךְ יַעֲקֹב אֶת־פַּרְעֹה׃ וַיֹּאמֶר
9 פַּרְעֹה אֶל־יַעֲקֹב כַּמָּה יְמֵי שְׁנֵי חַיֶּיךָ׃ וַיֹּאמֶר יַעֲקֹב אֶל־
פַּרְעֹה יְמֵי שְׁנֵי מְגוּרַי שְׁלֹשִׁים וּמְאַת שָׁנָה מְעַט וְרָעִים הָיוּ
יְמֵי שְׁנֵי חַיַּי וְלֹא הִשִּׂיגוּ אֶת־יְמֵי שְׁנֵי חַיֵּי אֲבֹתַי בִּימֵי מְגוּרֵיהֶם׃
י 11 וַיְבָרֶךְ יַעֲקֹב אֶת־פַּרְעֹה וַיֵּצֵא מִלִּפְנֵי פַרְעֹה׃ * וַיּוֹשֵׁב יוֹסֵף שביעי
אֶת־אָבִיו וְאֶת־אֶחָיו וַיִּתֵּן לָהֶם אֲחֻזָּה בְּאֶרֶץ מִצְרַיִם בְּמֵיטַב
12 הָאָרֶץ בְּאֶרֶץ רַעְמְסֵס כַּאֲשֶׁר צִוָּה פַרְעֹה׃ וַיְכַלְכֵּל יוֹסֵף
אֶת־אָבִיו וְאֶת־אֶחָיו וְאֵת כָּל־בֵּית אָבִיו לֶחֶם לְפִי הַטָּף׃
13 וְלֶחֶם אֵין בְּכָל־הָאָרֶץ כִּי־כָבֵד הָרָעָב מְאֹד וַתֵּלַהּ אֶרֶץ
14 מִצְרַיִם וְאֶרֶץ כְּנַעַן מִפְּנֵי הָרָעָב׃ וַיְלַקֵּט יוֹסֵף אֶת־כָּל־
הַכֶּסֶף הַנִּמְצָא בְאֶרֶץ־מִצְרַיִם וּבְאֶרֶץ כְּנַעַן בַּשֶּׁבֶר אֲשֶׁר־
טו הֵם שֹׁבְרִים וַיָּבֵא יוֹסֵף אֶת־הַכֶּסֶף בֵּיתָה פַרְעֹה׃ וַיִּתֹּם
הַכֶּסֶף מֵאֶרֶץ מִצְרַיִם וּמֵאֶרֶץ כְּנַעַן וַיָּבֹאוּ כָל־מִצְרַיִם אֶל־
יוֹסֵף לֵאמֹר הָבָה־לָּנוּ לֶחֶם וְלָמָּה נָמוּת נֶגְדֶּךָ כִּי אָפֵס כָּסֶף׃
16 וַיֹּאמֶר יוֹסֵף הָבוּ מִקְנֵיכֶם וְאֶתְּנָה לָכֶם בְּמִקְנֵיכֶם אִם־אָפֵס
17 כָּסֶף׃ וַיָּבִיאוּ אֶת־מִקְנֵיהֶם אֶל־יוֹסֵף וַיִּתֵּן לָהֶם יוֹסֵף לֶחֶם

בסוסים

בַּסּוּסִים וּבְמִקְנֵה הַצֹּאן וּבְמִקְנֵה הַבָּקָר וּבַחֲמֹרִים וַיְנַהֲלֵם
18 בַּלֶּחֶם בְּכָל־מִקְנֵהֶם בַּשָּׁנָה הַהִוא׃ וַתִּתֹּם הַשָּׁנָה הַהִוא וַיָּבֹאוּ
אֵלָיו בַּשָּׁנָה הַשֵּׁנִית וַיֹּאמְרוּ לוֹ לֹא־נְכַחֵד מֵאֲדֹנִי כִּי אִם־
תַּם הַכֶּסֶף וּמִקְנֵה הַבְּהֵמָה אֶל־אֲדֹנִי לֹא נִשְׁאַר לִפְנֵי אֲדֹנִי
19 בִּלְתִּי אִם־גְּוִיָּתֵנוּ וְאַדְמָתֵנוּ׃ לָמָּה נָמוּת לְעֵינֶיךָ גַּם־אֲנַחְנוּ
גַּם־אַדְמָתֵנוּ קְנֵה־אֹתָנוּ וְאֶת־אַדְמָתֵנוּ בַּלָּחֶם וְנִהְיֶה אֲנַחְנוּ
וְאַדְמָתֵנוּ עֲבָדִים לְפַרְעֹה וְתֶן־זֶרַע וְנִחְיֶה וְלֹא נָמוּת וְהָאֲדָמָה
כ לֹא תֵשָׁם׃ וַיִּקֶן יוֹסֵף אֶת־כָּל־אַדְמַת מִצְרַיִם לְפַרְעֹה כִּי־
מָכְרוּ מִצְרַיִם אִישׁ שָׂדֵהוּ כִּי־חָזַק עֲלֵהֶם הָרָעָב וַתְּהִי הָאָרֶץ
21 לְפַרְעֹה׃ וְאֶת־הָעָם הֶעֱבִיר אֹתוֹ לֶעָרִים מִקְצֵה גְבוּל־
22 מִצְרַיִם וְעַד־קָצֵהוּ׃ רַק אַדְמַת הַכֹּהֲנִים לֹא קָנָה כִּי חֹק
לַכֹּהֲנִים מֵאֵת פַּרְעֹה וְאָכְלוּ אֶת־חֻקָּם אֲשֶׁר נָתַן לָהֶם פַּרְעֹה
23 עַל־כֵּן לֹא מָכְרוּ אֶת־אַדְמָתָם׃ וַיֹּאמֶר יוֹסֵף אֶל־הָעָם הֵן
קָנִיתִי אֶתְכֶם הַיּוֹם וְאֶת־אַדְמַתְכֶם לְפַרְעֹה הֵא־לָכֶם זֶרַע
24 וּזְרַעְתֶּם אֶת־הָאֲדָמָה׃ וְהָיָה בַּתְּבוּאֹת וּנְתַתֶּם חֲמִישִׁית
לְפַרְעֹה וְאַרְבַּע הַיָּדֹת יִהְיֶה לָכֶם לְזֶרַע הַשָּׂדֶה וּלְאָכְלְכֶם
כה וְלַאֲשֶׁר בְּבָתֵּיכֶם וְלֶאֱכֹל לְטַפְּכֶם׃ * וַיֹּאמְרוּ הֶחֱיִתָנוּ נִמְצָא־ מפטיר
26 חֵן בְּעֵינֵי אֲדֹנִי וְהָיִינוּ עֲבָדִים לְפַרְעֹה׃ וַיָּשֶׂם אֹתָהּ יוֹסֵף
לְחֹק עַד־הַיּוֹם הַזֶּה עַל־אַדְמַת מִצְרַיִם לְפַרְעֹה לַחֹמֶשׁ רַק
27 אַדְמַת הַכֹּהֲנִים לְבַדָּם לֹא הָיְתָה לְפַרְעֹה׃ וַיֵּשֶׁב יִשְׂרָאֵל
בְּאֶרֶץ מִצְרַיִם בְּאֶרֶץ גֹּשֶׁן וַיֵּאָחֲזוּ בָהּ וַיִּפְרוּ וַיִּרְבּוּ מְאֹד׃

ויחי יב 12

28 וַיְחִי יַעֲקֹב בְּאֶרֶץ מִצְרַיִם שְׁבַע עֶשְׂרֵה שָׁנָה וַיְהִי יְמֵי־
29 יַעֲקֹב שְׁנֵי חַיָּיו שֶׁבַע שָׁנִים וְאַרְבָּעִים וּמְאַת שָׁנָה׃ וַיִּקְרְבוּ
יְמֵי־יִשְׂרָאֵל לָמוּת וַיִּקְרָא ׀ לִבְנוֹ לְיוֹסֵף וַיֹּאמֶר לוֹ אִם־נָא
מָצָאתִי חֵן בְּעֵינֶיךָ שִׂים־נָא יָדְךָ תַּחַת יְרֵכִי וְעָשִׂיתָ עִמָּדִי
ל חֶסֶד וֶאֱמֶת אַל־נָא תִקְבְּרֵנִי בְּמִצְרָיִם׃ וְשָׁכַבְתִּי עִם־אֲבֹתַי

ונשאתני

v. 28. סבירין ויהיו

וּנְשָׂאתַ֙נִי֙ מִמִּצְרַ֔יִם וּקְבַרְתַּ֖נִי בִּקְבֻרָתָ֑ם וַיֹּאמַ֕ר אָנֹכִ֖י אֶעֱשֶׂ֥ה
31 כִדְבָרֶֽךָ׃ וַיֹּ֗אמֶר הִשָּֽׁבְעָה֙ לִ֔י וַיִּשָּׁבַ֖ע ל֑וֹ וַיִּשְׁתַּ֥חוּ יִשְׂרָאֵ֖ל עַל־
רֹ֥אשׁ הַמִּטָּֽה׃ פ

מח Cap. XLVIII. מח

א וַיְהִ֗י אַחֲרֵי֙ הַדְּבָרִ֣ים הָאֵ֔לֶּה וַיֹּ֣אמֶר לְיוֹסֵ֔ף הִנֵּ֥ה אָבִ֖יךָ חֹלֶ֑ה
2 וַיִּקַּ֞ח אֶת־שְׁנֵ֤י בָנָיו֙ עִמּ֔וֹ אֶת־מְנַשֶּׁ֖ה וְאֶת־אֶפְרָֽיִם׃ וַיַּגֵּ֣ד
לְיַעֲקֹ֔ב וַיֹּ֕אמֶר הִנֵּ֛ה בִּנְךָ֥ יוֹסֵ֖ף בָּ֣א אֵלֶ֑יךָ וַיִּתְחַזֵּק֙ יִשְׂרָאֵ֔ל
3 וַיֵּ֖שֶׁב עַל־הַמִּטָּֽה׃ וַיֹּ֤אמֶר יַעֲקֹב֙ אֶל־יוֹסֵ֔ף אֵ֥ל שַׁדַּ֛י נִרְאָֽה־
4 אֵלַ֥י בְּל֖וּז בְּאֶ֣רֶץ כְּנָ֑עַן וַיְבָ֖רֶךְ אֹתִֽי׃ וַיֹּ֣אמֶר אֵלַ֗י הִנְנִ֤י מַפְרְךָ֙
וְהִרְבִּיתִ֔ךָ וּנְתַתִּ֖יךָ לִקְהַ֣ל עַמִּ֑ים וְנָ֨תַתִּ֜י אֶת־הָאָ֧רֶץ הַזֹּ֛את
ה לְזַרְעֲךָ֥ אַחֲרֶ֖יךָ אֲחֻזַּ֥ת עוֹלָֽם׃ וְעַתָּ֡ה שְׁנֵֽי־בָנֶ֩יךָ֩ הַנּוֹלָדִ֨ים לְךָ֜
בְּאֶ֣רֶץ מִצְרַ֗יִם עַד־בֹּאִ֥י אֵלֶ֛יךָ מִצְרַ֖יְמָה לִי־הֵ֑ם אֶפְרַ֨יִם֙
6 וּמְנַשֶּׁ֔ה כִּרְאוּבֵ֥ן וְשִׁמְע֖וֹן יִֽהְיוּ־לִֽי׃ וּמוֹלַדְתְּךָ֛ אֲשֶׁר־הוֹלַ֥דְתָּ
7 אַחֲרֵיהֶ֖ם לְךָ֣ יִהְי֑וּ עַ֣ל שֵׁ֧ם אֲחֵיהֶ֛ם יִקָּרְא֖וּ בְּנַחֲלָתָֽם׃ וַאֲנִ֣י ׀
בְּבֹאִ֣י מִפַּדָּ֗ן מֵ֩תָה֩ עָלַ֨י רָחֵ֜ל בְּאֶ֤רֶץ כְּנַ֙עַן֙ בַּדֶּ֔רֶךְ בְּע֥וֹד
כִּבְרַת־אֶ֖רֶץ לָבֹ֣א אֶפְרָ֑תָה וָאֶקְבְּרֶ֤הָ שָּׁם֙ בְּדֶ֣רֶךְ אֶפְרָ֔ת הִ֖וא
8 בֵּ֥ית לָֽחֶם׃ וַיַּ֥רְא יִשְׂרָאֵ֖ל אֶת־בְּנֵ֣י יוֹסֵ֑ף וַיֹּ֖אמֶר מִי־אֵֽלֶּה׃
9 וַיֹּ֤אמֶר יוֹסֵף֙ אֶל־אָבִ֔יו בָּנַ֣י הֵ֔ם אֲשֶׁר־נָֽתַן־לִ֥י אֱלֹהִ֖ים בָּזֶ֑ה
י וַיֹּאמַ֕ר קָחֶם־נָ֥א אֵלַ֖י וַאֲבָרְכֵֽם׃ * וְעֵינֵ֤י יִשְׂרָאֵל֙ כָּבְד֣וּ מִזֹּ֔קֶן שני
לֹ֥א יוּכַ֖ל לִרְא֑וֹת וַיַּגֵּ֤שׁ אֹתָם֙ אֵלָ֔יו וַיִּשַּׁ֥ק לָהֶ֖ם וַיְחַבֵּ֥ק לָהֶֽם׃
11 וַיֹּ֤אמֶר יִשְׂרָאֵל֙ אֶל־יוֹסֵ֔ף רְאֹ֥ה פָנֶ֖יךָ לֹ֣א פִלָּ֑לְתִּי וְהִנֵּ֨ה הֶרְאָ֥ה
12 אֹתִ֛י אֱלֹהִ֖ים גַּ֥ם אֶת־זַרְעֶֽךָ׃ וַיּוֹצֵ֥א יוֹסֵ֛ף אֹתָ֖ם מֵעִ֣ם בִּרְכָּ֑יו
13 וַיִּשְׁתַּ֥חוּ לְאַפָּ֖יו אָֽרְצָה׃ וַיִּקַּ֣ח יוֹסֵף֮ אֶת־שְׁנֵיהֶם֒ אֶת־אֶפְרַ֤יִם
בִּֽימִינוֹ֙ מִשְּׂמֹ֣אל יִשְׂרָאֵ֔ל וְאֶת־מְנַשֶּׁ֥ה בִשְׂמֹאל֖וֹ מִימִ֣ין יִשְׂרָאֵ֑ל
14 וַיַּגֵּ֖שׁ אֵלָֽיו׃ וַיִּשְׁלַח֩ יִשְׂרָאֵ֨ל אֶת־יְמִינ֜וֹ וַיָּ֨שֶׁת עַל־רֹ֤אשׁ אֶפְרַ֙יִם֙
וְה֣וּא הַצָּעִ֔יר וְאֶת־שְׂמֹאל֖וֹ עַל־רֹ֣אשׁ מְנַשֶּׁ֑ה שִׂכֵּל֙ אֶת־יָדָ֔יו
טו כִּ֥י מְנַשֶּׁ֖ה הַבְּכֽוֹר׃ וַיְבָ֥רֶךְ אֶת־יוֹסֵ֖ף וַיֹּאמַ֑ר הָֽאֱלֹהִ֡ים אֲשֶׁ֣ר
הִתְהַלְּכ֨וּ אֲבֹתַ֤י לְפָנָיו֙ אַבְרָהָ֣ם וְיִצְחָ֔ק הָאֱלֹהִים֙ הָרֹעֶ֣ה אֹתִ֔י

מעודי

16 מֵעוֹדִי עַד־הַיּוֹם הַזֶּה׃ הַמַּלְאָךְ הַגֹּאֵל אֹתִי מִכָּל־רָע יְבָרֵךְ
אֶת־הַנְּעָרִים וְיִקָּרֵא בָהֶם שְׁמִי וְשֵׁם אֲבֹתַי אַבְרָהָם וְיִצְחָק
17 וְיִדְגּוּ לָרֹב בְּקֶרֶב הָאָרֶץ׃ * וַיַּרְא יוֹסֵף כִּי־יָשִׁית אָבִיו יַד־ שלישי
יְמִינוֹ עַל־רֹאשׁ אֶפְרַיִם וַיֵּרַע בְּעֵינָיו וַיִּתְמֹךְ יַד־אָבִיו לְהָסִיר
18 אֹתָהּ מֵעַל רֹאשׁ־אֶפְרַיִם עַל־רֹאשׁ מְנַשֶּׁה׃ וַיֹּאמֶר יוֹסֵף
אֶל־אָבִיו לֹא־כֵן אָבִי כִּי־זֶה הַבְּכֹר שִׂים יְמִינְךָ עַל־רֹאשׁוֹ׃
19 וַיְמָאֵן אָבִיו וַיֹּאמֶר יָדַעְתִּי בְנִי יָדַעְתִּי גַּם־הוּא יִהְיֶה־לְּעָם
וְגַם־הוּא יִגְדָּל וְאוּלָם אָחִיו הַקָּטֹן יִגְדַּל מִמֶּנּוּ וְזַרְעוֹ יִהְיֶה
כ מְלֹא־הַגּוֹיִם׃ וַיְבָרֲכֵם בַּיּוֹם הַהוּא לֵאמוֹר בְּךָ יְבָרֵךְ יִשְׂרָאֵל
לֵאמֹר יְשִׂמְךָ אֱלֹהִים כְּאֶפְרַיִם וְכִמְנַשֶּׁה וַיָּשֶׂם אֶת־אֶפְרַיִם
21 לִפְנֵי מְנַשֶּׁה׃ וַיֹּאמֶר יִשְׂרָאֵל אֶל־יוֹסֵף הִנֵּה אָנֹכִי מֵת וְהָיָה
22 אֱלֹהִים עִמָּכֶם וְהֵשִׁיב אֶתְכֶם אֶל־אֶרֶץ אֲבֹתֵיכֶם׃ וַאֲנִי נָתַתִּי
לְךָ שְׁכֶם אַחַד עַל־אַחֶיךָ אֲשֶׁר לָקַחְתִּי מִיַּד הָאֱמֹרִי בְּחַרְבִּי
וּבְקַשְׁתִּי׃ * פ

מט

Cap. XLIX. מט

א וַיִּקְרָא יַעֲקֹב אֶל־בָּנָיו וַיֹּאמֶר הֵאָסְפוּ וְאַגִּידָה לָכֶם אֵת רביעי
2 אֲשֶׁר־יִקְרָא אֶתְכֶם בְּאַחֲרִית הַיָּמִים׃ הִקָּבְצוּ וְשִׁמְעוּ בְּנֵי
3 יַעֲקֹב וְשִׁמְעוּ אֶל־יִשְׂרָאֵל אֲבִיכֶם׃ רְאוּבֵן בְּכֹרִי אַתָּה כֹּחִי
4 וְרֵאשִׁית אוֹנִי יֶתֶר שְׂאֵת וְיֶתֶר עָז׃ פַּחַז כַּמַּיִם אַל־תּוֹתַר כִּי
עָלִיתָ מִשְׁכְּבֵי אָבִיךָ אָז חִלַּלְתָּ יְצוּעִי עָלָה׃ פ
ה 6 שִׁמְעוֹן וְלֵוִי אַחִים כְּלֵי חָמָס מְכֵרֹתֵיהֶם׃ בְּסֹדָם אַל־תָּבֹא
נַפְשִׁי בִּקְהָלָם אַל־תֵּחַד כְּבֹדִי כִּי בְאַפָּם הָרְגוּ אִישׁ וּבִרְצֹנָם
7 עִקְּרוּ־שׁוֹר׃ אָרוּר אַפָּם כִּי עָז וְעֶבְרָתָם כִּי קָשָׁתָה אֲחַלְּקֵם
בְּיַעֲקֹב וַאֲפִיצֵם בְּיִשְׂרָאֵל׃ פ
8 יְהוּדָה אַתָּה יוֹדוּךָ אַחֶיךָ יָדְךָ בְּעֹרֶף אֹיְבֶיךָ יִשְׁתַּחֲווּ לְךָ
9 בְּנֵי אָבִיךָ׃ גּוּר אַרְיֵה יְהוּדָה מִטֶּרֶף בְּנִי עָלִיתָ כָּרַע רָבַץ
י כְּאַרְיֵה וּכְלָבִיא מִי יְקִימֶנּוּ׃ לֹא־יָסוּר שֵׁבֶט מִיהוּדָה וּמְחֹקֵק

מבין

מ"ט v. 8. בראש עמוד סימן בי"ה שמ"ו

11 מִבֵּין רַגְלָיו עַד כִּי־יָבֹא שִׁילֹה וְלוֹ יִקְּהַת עַמִּים׃ אֹסְרִי
לַגֶּפֶן עִירֹה וְלַשֹּׂרֵקָה בְּנִי אֲתֹנוֹ כִּבֵּס בַּיַּיִן לְבֻשׁוֹ וּבְדַם־
12 עֲנָבִים סוּתֹה׃ חַכְלִילִי עֵינַיִם מִיָּיִן וּלְבֶן־שִׁנַּיִם מֵחָלָב׃ פ
13 זְבוּלֻן לְחוֹף יַמִּים יִשְׁכֹּן וְהוּא לְחוֹף אֳנִיֹּת וְיַרְכָתוֹ עַל־צִידֹן׃ פ
14 טו יִשָּׂשכָר חֲמֹר גָּרֶם רֹבֵץ בֵּין הַמִּשְׁפְּתָיִם׃ וַיַּרְא מְנֻחָה כִּי
טוֹב וְאֶת־הָאָרֶץ כִּי נָעֵמָה וַיֵּט שִׁכְמוֹ לִסְבֹּל וַיְהִי לְמַס־
16 17 עֹבֵד׃ ס דָּן יָדִין עַמּוֹ כְּאַחַד שִׁבְטֵי יִשְׂרָאֵל׃ יְהִי־דָן
נָחָשׁ עֲלֵי־דֶרֶךְ שְׁפִיפֹן עֲלֵי־אֹרַח הַנֹּשֵׁךְ עִקְּבֵי־סוּס וַיִּפֹּל
18 19 רֹכְבוֹ אָחוֹר׃ לִישׁוּעָתְךָ קִוִּיתִי יְהוָה׃ * ס גָּד גְּדוּד יְגוּדֶנּוּ חמישי
כ וְהוּא יָגֻד עָקֵב׃ ס מֵאָשֵׁר שְׁמֵנָה לַחְמוֹ וְהוּא יִתֵּן מַעֲדַנֵּי־
21 מֶלֶךְ׃ ס נַפְתָּלִי אַיָּלָה שְׁלֻחָה הַנֹּתֵן אִמְרֵי־שָׁפֶר׃ ס
22 בֵּן פֹּרָת יוֹסֵף בֵּן פֹּרָת עֲלֵי־עָיִן בָּנוֹת צָעֲדָה עֲלֵי־שׁוּר׃
23 24 וַיְמָרְרֻהוּ וָרֹבּוּ וַיִּשְׂטְמֻהוּ בַּעֲלֵי חִצִּים׃ וַתֵּשֶׁב בְּאֵיתָן קַשְׁתּוֹ
וַיָּפֹזּוּ זְרֹעֵי יָדָיו מִידֵי אֲבִיר יַעֲקֹב מִשָּׁם רֹעֶה אֶבֶן יִשְׂרָאֵל׃
כה מֵאֵל אָבִיךָ וְיַעְזְרֶךָּ וְאֵת שַׁדַּי וִיבָרְכֶךָּ בִּרְכֹת שָׁמַיִם מֵעָל
26 בִּרְכֹת תְּהוֹם רֹבֶצֶת תָּחַת בִּרְכֹת שָׁדַיִם וָרָחַם׃ בִּרְכֹת אָבִיךָ
גָּבְרוּ עַל־בִּרְכֹת הוֹרַי עַד־תַּאֲוַת גִּבְעֹת עוֹלָם תִּהְיֶיןָ לְרֹאשׁ
יוֹסֵף וּלְקָדְקֹד נְזִיר אֶחָיו׃ * פ
27 בִּנְיָמִין זְאֵב יִטְרָף בַּבֹּקֶר יֹאכַל עַד וְלָעֶרֶב יְחַלֵּק שָׁלָל׃ ששי
28 כָּל־אֵלֶּה שִׁבְטֵי יִשְׂרָאֵל שְׁנֵים עָשָׂר וְזֹאת אֲשֶׁר־דִּבֶּר לָהֶם
29 אֲבִיהֶם וַיְבָרֶךְ אוֹתָם אִישׁ אֲשֶׁר כְּבִרְכָתוֹ בֵּרַךְ אֹתָם׃ וַיְצַו
אוֹתָם וַיֹּאמֶר אֲלֵהֶם אֲנִי נֶאֱסָף אֶל־עַמִּי קִבְרוּ אֹתִי אֶל־
ל אֲבֹתָי אֶל־הַמְּעָרָה אֲשֶׁר בִּשְׂדֵה עֶפְרוֹן הַחִתִּי׃ בַּמְּעָרָה
אֲשֶׁר בִּשְׂדֵה הַמַּכְפֵּלָה אֲשֶׁר־עַל־פְּנֵי מַמְרֵא בְּאֶרֶץ כְּנָעַן
אֲשֶׁר קָנָה אַבְרָהָם אֶת־הַשָּׂדֶה מֵאֵת עֶפְרֹן הַחִתִּי לַאֲחֻזַּת־
31 קָבֶר׃ שָׁמָּה קָבְרוּ אֶת־אַבְרָהָם וְאֵת שָׂרָה אִשְׁתּוֹ שָׁמָּה קָבְרוּ
32 אֶת־יִצְחָק וְאֵת רִבְקָה אִשְׁתּוֹ וְשָׁמָּה קָבַרְתִּי אֶת־לֵאָה׃ מִקְנֵה

השדה

v. 11. עירו ק׳ ibid. סותו ק׳ v. 13. סבירין עד־

33 הַשָּׂדֶה וְהַמְּעָרָה אֲשֶׁר־בּוֹ מֵאֵת בְּנֵי־חֵת׃ וַיְכַל יַעֲקֹב לְצַוֹּת
אֶת־בָּנָיו וַיֶּאֱסֹף רַגְלָיו אֶל־הַמִּטָּה וַיִּגְוַע וַיֵּאָסֶף אֶל־עַמָּיו׃

נ Cap. L. נ

א 2 וַיִּפֹּל יוֹסֵף עַל־פְּנֵי אָבִיו וַיֵּבְךְּ עָלָיו וַיִּשַּׁק־לוֹ׃ וַיְצַו יוֹסֵף
אֶת־עֲבָדָיו אֶת־הָרֹפְאִים לַחֲנֹט אֶת־אָבִיו וַיַּחַנְטוּ הָרֹפְאִים
3 אֶת־יִשְׂרָאֵל׃ וַיִּמְלְאוּ־לוֹ אַרְבָּעִים יוֹם כִּי כֵּן יִמְלְאוּ יְמֵי
4 הַחֲנֻטִים וַיִּבְכּוּ אֹתוֹ מִצְרַיִם שִׁבְעִים יוֹם׃ וַיַּעַבְרוּ יְמֵי
בְכִיתוֹ וַיְדַבֵּר יוֹסֵף אֶל־בֵּית פַּרְעֹה לֵאמֹר אִם־נָא מָצָאתִי
ה חֵן בְּעֵינֵיכֶם דַּבְּרוּ־נָא בְּאָזְנֵי פַרְעֹה לֵאמֹר׃ אָבִי הִשְׁבִּיעַנִי
לֵאמֹר הִנֵּה אָנֹכִי מֵת בְּקִבְרִי אֲשֶׁר כָּרִיתִי לִי בְּאֶרֶץ כְּנַעַן
שָׁמָּה תִּקְבְּרֵנִי וְעַתָּה אֶעֱלֶה־נָּא וְאֶקְבְּרָה אֶת־אָבִי וְאָשׁוּבָה׃
6 וַיֹּאמֶר פַּרְעֹה עֲלֵה וּקְבֹר אֶת־אָבִיךָ כַּאֲשֶׁר הִשְׁבִּיעֶךָ׃
7 וַיַּעַל יוֹסֵף לִקְבֹּר אֶת־אָבִיו וַיַּעֲלוּ אִתּוֹ כָּל־עַבְדֵי פַרְעֹה
8 זִקְנֵי בֵיתוֹ וְכֹל זִקְנֵי אֶרֶץ־מִצְרָיִם׃ וְכֹל בֵּית יוֹסֵף וְאֶחָיו
9 וּבֵית אָבִיו רַק טַפָּם וְצֹאנָם וּבְקָרָם עָזְבוּ בְּאֶרֶץ גֹּשֶׁן׃ וַיַּעַל
י עִמּוֹ גַּם־רֶכֶב גַּם־פָּרָשִׁים וַיְהִי הַמַּחֲנֶה כָּבֵד מְאֹד׃ וַיָּבֹאוּ
עַד־גֹּרֶן הָאָטָד אֲשֶׁר בְּעֵבֶר הַיַּרְדֵּן וַיִּסְפְּדוּ־שָׁם מִסְפֵּד גָּדוֹל
11 וְכָבֵד מְאֹד וַיַּעַשׂ לְאָבִיו אֵבֶל שִׁבְעַת יָמִים׃ וַיַּרְא יוֹשֵׁב
הָאָרֶץ הַכְּנַעֲנִי אֶת־הָאֵבֶל בְּגֹרֶן הָאָטָד וַיֹּאמְרוּ אֵבֶל־כָּבֵד
זֶה לְמִצְרָיִם עַל־כֵּן קָרָא שְׁמָהּ אָבֵל מִצְרַיִם אֲשֶׁר בְּעֵבֶר
12 13 הַיַּרְדֵּן׃ וַיַּעֲשׂוּ בָנָיו לוֹ כֵּן כַּאֲשֶׁר צִוָּם׃ וַיִּשְׂאוּ אֹתוֹ בָנָיו
אַרְצָה כְּנַעַן וַיִּקְבְּרוּ אֹתוֹ בִּמְעָרַת שְׂדֵה הַמַּכְפֵּלָה אֲשֶׁר קָנָה
אַבְרָהָם אֶת־הַשָּׂדֶה לַאֲחֻזַּת־קֶבֶר מֵאֵת עֶפְרֹן הַחִתִּי עַל־
14 פְּנֵי מַמְרֵא׃ וַיָּשָׁב יוֹסֵף מִצְרַיְמָה הוּא וְאֶחָיו וְכָל־הָעֹלִים
טו אִתּוֹ לִקְבֹּר אֶת־אָבִיו אַחֲרֵי קָבְרוֹ אֶת־אָבִיו׃ וַיִּרְאוּ אֲחֵי־
יוֹסֵף כִּי־מֵת אֲבִיהֶם וַיֹּאמְרוּ לוּ יִשְׂטְמֵנוּ יוֹסֵף וְהָשֵׁב יָשִׁיב
16 לָנוּ אֵת כָּל־הָרָעָה אֲשֶׁר גָּמַלְנוּ אֹתוֹ׃ וַיְצַוּוּ אֶל־יוֹסֵף לֵאמֹר

אביך

17 אָבִיךָ צִוָּה לִפְנֵי מוֹתוֹ לֵאמֹר׃ כֹּה־תֹאמְרוּ לְיוֹסֵף אָנָּא שָׂא
נָא פֶּשַׁע אַחֶיךָ וְחַטָּאתָם כִּי־רָעָה גְמָלוּךָ וְעַתָּה שָׂא נָא
18 לְפֶשַׁע עַבְדֵי אֱלֹהֵי אָבִיךָ וַיֵּבְךְּ יוֹסֵף בְּדַבְּרָם אֵלָיו׃ וַיֵּלְכוּ
19 גַּם־אֶחָיו וַיִּפְּלוּ לְפָנָיו וַיֹּאמְרוּ הִנֶּנּוּ לְךָ לַעֲבָדִים׃ וַיֹּאמֶר
כ אֲלֵהֶם יוֹסֵף אַל־תִּירָאוּ כִּי הֲתַחַת אֱלֹהִים אָנִי׃ וְאַתֶּם
חֲשַׁבְתֶּם עָלַי רָעָה אֱלֹהִים חֲשָׁבָהּ לְטֹבָה לְמַעַן עֲשֹׂה כַּיּוֹם
21 הַזֶּה לְהַחֲיֹת עַם־רָב׃ * וְעַתָּה אַל־תִּירָאוּ אָנֹכִי אֲכַלְכֵּל שביעי
22 אֶתְכֶם וְאֶת־טַפְּכֶם וַיְנַחֵם אוֹתָם וַיְדַבֵּר עַל־לִבָּם׃ וַיֵּשֶׁב
יוֹסֵף בְּמִצְרַיִם הוּא וּבֵית אָבִיו וַיְחִי יוֹסֵף מֵאָה וָעֶשֶׂר שָׁנִים׃ *
23 וַיַּרְא יוֹסֵף לְאֶפְרַיִם בְּנֵי שִׁלֵּשִׁים גַּם בְּנֵי מָכִיר בֶּן־מְנַשֶּׁה מפטיר
24 יֻלְּדוּ עַל־בִּרְכֵּי יוֹסֵף׃ וַיֹּאמֶר יוֹסֵף אֶל־אֶחָיו אָנֹכִי מֵת
וֵאלֹהִים פָּקֹד יִפְקֹד אֶתְכֶם וְהֶעֱלָה אֶתְכֶם מִן־הָאָרֶץ הַזֹּאת
כה אֶל־הָאָרֶץ אֲשֶׁר נִשְׁבַּע לְאַבְרָהָם לְיִצְחָק וּלְיַעֲקֹב׃ וַיַּשְׁבַּע
יוֹסֵף אֶת־בְּנֵי יִשְׂרָאֵל לֵאמֹר פָּקֹד יִפְקֹד אֱלֹהִים אֶתְכֶם
26 וְהַעֲלִתֶם אֶת־עַצְמֹתַי מִזֶּה׃ וַיָּמָת יוֹסֵף בֶּן־מֵאָה וָעֶשֶׂר שָׁנִים
וַיַּחַנְטוּ אֹתוֹ וַיִּישֶׂם בָּאָרוֹן בְּמִצְרָיִם׃

v. 17. ב׳ טעמים   v. 23. ס׳ רבתי

חזק

סכום פסוקי דספר בראשית אלף וחמש מאות ושלשים וארבעה. א״ך ל״ד סימן: וחציו ועל חרבך תחיה: ופרשיותיו י״ב. זה שמי לעלם סימן: וסדריו מ״ג. גם ברוך יהיה סימן: ופרקיו נ׳. יי׳ חננו לך קוינו סימן: מניין הפתוחות שלשה וארבעים והסתומות שמנה וארבעים. הכל תשעים ואחת פרשיות. צא אתה וכל העם אשר ברגליך סימן:

ואלה

ואלה שמות
EXODUS

א
CAPUT I. א

א וְאֵ֗לֶּה שְׁמוֹת֙ בְּנֵ֣י יִשְׂרָאֵ֔ל הַבָּאִ֖ים מִצְרָ֑יְמָה אֵ֣ת יַעֲקֹ֔ב אִ֖ישׁ

2,3 וּבֵיתֽוֹ בָּֽאוּ: רְאוּבֵ֣ן שִׁמְע֔וֹן לֵוִ֖י וִֽיהוּדָֽה: יִשָּׂשכָ֥ר זְבוּלֻ֖ן

4,5 וּבִנְיָמִֽן: דָּ֥ן וְנַפְתָּלִ֖י גָּ֥ד וְאָשֵֽׁר: וַֽיְהִ֗י כָּל־נֶ֛פֶשׁ יֹצְאֵ֥י יֶֽרֶךְ־

6 יַעֲקֹ֖ב שִׁבְעִ֣ים נָ֑פֶשׁ וְיוֹסֵ֖ף הָיָ֥ה בְמִצְרָֽיִם: וַיָּ֤מָת יוֹסֵף֙ וְכָל־

7 אֶחָ֔יו וְכֹ֖ל הַדּ֣וֹר הַהֽוּא: וּבְנֵ֣י יִשְׂרָאֵ֗ל פָּר֧וּ וַֽיִּשְׁרְצ֛וּ וַיִּרְבּ֥וּ

וַיַּֽעַצְמ֖וּ בִּמְאֹ֣ד מְאֹ֑ד וַתִּמָּלֵ֥א הָאָ֖רֶץ אֹתָֽם:
פ

8 וַיָּ֥קָם מֶֽלֶךְ־חָדָ֖שׁ עַל־מִצְרָ֑יִם אֲשֶׁ֥ר לֹֽא־יָדַ֖ע אֶת־יוֹסֵֽף:

9 וַיֹּ֖אמֶר אֶל־עַמּ֑וֹ הִנֵּ֗ה עַ֚ם בְּנֵ֣י יִשְׂרָאֵ֔ל רַ֥ב וְעָצ֖וּם מִמֶּֽנּוּ:

10 הָ֥בָה נִֽתְחַכְּמָ֖ה ל֑וֹ פֶּן־יִרְבֶּ֗ה וְהָיָ֞ה כִּֽי־תִקְרֶ֤אנָה מִלְחָמָה֙

וְנוֹסַ֤ף גַּם־הוּא֙ עַל־שֹׂ֣נְאֵ֔ינוּ וְנִלְחַם־בָּ֖נוּ וְעָלָ֥ה מִן־הָאָֽרֶץ:

11 וַיָּשִׂ֤ימוּ עָלָיו֙ שָׂרֵ֣י מִסִּ֔ים לְמַ֥עַן עַנֹּת֖וֹ בְּסִבְלֹתָ֑ם וַיִּ֜בֶן עָרֵ֤י

12 מִסְכְּנוֹת֙ לְפַרְעֹ֔ה אֶת־פִּתֹ֖ם וְאֶת־רַֽעַמְסֵֽס: וְכַאֲשֶׁר֙ יְעַנּ֣וּ

13 אֹת֔וֹ כֵּ֥ן יִרְבֶּ֖ה וְכֵ֣ן יִפְרֹ֑ץ וַיָּקֻ֕צוּ מִפְּנֵ֖י בְּנֵ֥י יִשְׂרָאֵֽל: וַיַּעֲבִ֧דוּ

14 מִצְרַ֛יִם אֶת־בְּנֵ֥י יִשְׂרָאֵ֖ל בְּפָֽרֶךְ: וַיְמָרְר֨וּ אֶת־חַיֵּיהֶ֜ם

בַּעֲבֹדָ֣ה קָשָׁ֗ה בְּחֹ֨מֶר֙ וּבִלְבֵנִ֔ים וּבְכָל־עֲבֹדָ֖ה בַּשָּׂדֶ֑ה אֵ֚ת

15 כָּל־עֲבֹ֣דָתָ֔ם אֲשֶׁר־עָבְד֥וּ בָהֶ֖ם בְּפָֽרֶךְ: וַיֹּ֨אמֶר֙ מֶ֣לֶךְ

מִצְרַ֔יִם לַֽמְיַלְּדֹ֖ת הָֽעִבְרִיֹּ֑ת אֲשֶׁ֨ר שֵׁ֤ם הָֽאַחַת֙ שִׁפְרָ֔ה וְשֵׁ֥ם

16 הַשֵּׁנִ֖ית פּוּעָֽה: וַיֹּ֗אמֶר בְּיַלֶּדְכֶן֙ אֶת־הָֽעִבְרִיּ֔וֹת וּרְאִיתֶ֖ן עַל־

הָאָבְנָ֑יִם אִם־בֵּ֥ן הוּא֙ וַהֲמִתֶּ֣ן אֹת֔וֹ וְאִם־בַּ֥ת הִ֖וא וָחָֽיָה:

17 וַתִּירֶ֤אןָ הַֽמְיַלְּדֹת֙ אֶת־הָ֣אֱלֹהִ֔ים וְלֹ֣א עָשׂ֔וּ כַּאֲשֶׁ֛ר דִּבֶּ֥ר אֲלֵיהֶ֖ן

18 מֶ֣לֶךְ מִצְרָ֑יִם וַתְּחַיֶּ֖יןָ אֶת־הַיְלָדִֽים:* וַיִּקְרָ֤א מֶֽלֶךְ־מִצְרַ֨יִם֙

לַֽמְיַלְּדֹ֔ת וַיֹּ֣אמֶר לָהֶ֔ן מַדּ֥וּעַ עֲשִׂיתֶ֖ן הַדָּבָ֣ר הַזֶּ֑ה וַתְּחַיֶּ֖יןָ

אֶת־הַיְלָדִֽים

---
*) יְנִיחַ ד׳ שִׁיטִין פְּנוּיוֹת וִיתְחִיל מִתְּחִלַּת שִׁיטָה ה׳

19 אֶת־הַיְלָדִים׃ וַתֹּאמַרְןָ הַמְיַלְּדֹת אֶל־פַּרְעֹה כִּי לֹא כַנָּשִׁים
הַמִּצְרִיֹּת הָעִבְרִיֹּת כִּי־חָיוֹת הֵנָּה בְּטֶרֶם תָּבוֹא אֲלֵהֶן
כ הַמְיַלֶּדֶת וְיָלָדוּ׃ וַיֵּיטֶב אֱלֹהִים לַמְיַלְּדֹת וַיִּרֶב הָעָם וַיַּעַצְמוּ
21 מְאֹד׃ וַיְהִי כִּי־יָרְאוּ הַמְיַלְּדֹת אֶת־הָאֱלֹהִים וַיַּעַשׂ לָהֶם
22 בָּתִּים׃ וַיְצַו פַּרְעֹה לְכָל־עַמּוֹ לֵאמֹר כָּל־הַבֵּן הַיִּלּוֹד
הַיְאֹרָה תַּשְׁלִיכֻהוּ וְכָל־הַבַּת תְּחַיּוּן׃ פ

ב CAP. II. ב

2 א וַיֵּלֶךְ אִישׁ מִבֵּית לֵוִי וַיִּקַּח אֶת־בַּת־לֵוִי׃ וַתַּהַר הָאִשָּׁה וַתֵּלֶד
3 בֵּן וַתֵּרֶא אֹתוֹ כִּי־טוֹב הוּא וַתִּצְפְּנֵהוּ שְׁלֹשָׁה יְרָחִים׃ וְלֹא־
יָכְלָה עוֹד הַצְּפִינוֹ וַתִּקַּח־לוֹ תֵּבַת גֹּמֶא וַתַּחְמְרָה בַחֵמָר
וּבַזָּפֶת וַתָּשֶׂם בָּהּ אֶת־הַיֶּלֶד וַתָּשֶׂם בַּסּוּף עַל־שְׂפַת הַיְאֹר׃
4 ה וַתֵּתַצַּב אֲחֹתוֹ מֵרָחֹק לְדֵעָה מַה־יֵּעָשֶׂה לוֹ׃ וַתֵּרֶד בַּת־
פַּרְעֹה לִרְחֹץ עַל־הַיְאֹר וְנַעֲרֹתֶיהָ הֹלְכֹת עַל־יַד הַיְאֹר
וַתֵּרֶא אֶת־הַתֵּבָה בְּתוֹךְ הַסּוּף וַתִּשְׁלַח אֶת־אֲמָתָהּ וַתִּקָּחֶהָ׃
6 וַתִּפְתַּח וַתִּרְאֵהוּ אֶת־הַיֶּלֶד וְהִנֵּה־נַעַר בֹּכֶה וַתַּחְמֹל עָלָיו
7 וַתֹּאמֶר מִיַּלְדֵי הָעִבְרִים זֶה׃ וַתֹּאמֶר אֲחֹתוֹ אֶל־בַּת־פַּרְעֹה
הַאֵלֵךְ וְקָרָאתִי לָךְ אִשָּׁה מֵינֶקֶת מִן הָעִבְרִיֹּת וְתֵינִק לָךְ אֶת־
8 הַיָּלֶד׃ וַתֹּאמֶר־לָהּ בַּת־פַּרְעֹה לֵכִי וַתֵּלֶךְ הָעַלְמָה וַתִּקְרָא
9 אֶת־אֵם הַיָּלֶד׃ וַתֹּאמֶר לָהּ בַּת־פַּרְעֹה הֵילִיכִי אֶת־הַיֶּלֶד
הַזֶּה וְהֵינִקִהוּ לִי וַאֲנִי אֶתֵּן אֶת־שְׂכָרֵךְ וַתִּקַּח הָאִשָּׁה הַיֶּלֶד
י וַתְּנִיקֵהוּ׃ וַיִּגְדַּל הַיֶּלֶד וַתְּבִאֵהוּ לְבַת־פַּרְעֹה וַיְהִי־לָהּ לְבֵן
11 וַתִּקְרָא שְׁמוֹ מֹשֶׁה וַתֹּאמֶר כִּי מִן־הַמַּיִם מְשִׁיתִהוּ׃ * וַיְהִי ׀ שלישי
בַּיָּמִים הָהֵם וַיִּגְדַּל מֹשֶׁה וַיֵּצֵא אֶל־אֶחָיו וַיַּרְא בְּסִבְלֹתָם וַיַּרְא
12 אִישׁ מִצְרִי מַכֶּה אִישׁ־עִבְרִי מֵאֶחָיו׃ וַיִּפֶן כֹּה וָכֹה וַיַּרְא כִּי
13 אֵין אִישׁ וַיַּךְ אֶת־הַמִּצְרִי וַיִּטְמְנֵהוּ בַּחוֹל׃ וַיֵּצֵא בַּיּוֹם הַשֵּׁנִי
וְהִנֵּה שְׁנֵי־אֲנָשִׁים עִבְרִים נִצִּים וַיֹּאמֶר לָרָשָׁע לָמָּה תַכֶּה
14 רֵעֶךָ׃ וַיֹּאמֶר מִי שָׂמְךָ לְאִישׁ שַׂר וְשֹׁפֵט עָלֵינוּ הַלְהָרְגֵנִי אַתָּה
אֹמֵר כַּאֲשֶׁר הָרַגְתָּ אֶת־הַמִּצְרִי וַיִּירָא מֹשֶׁה וַיֹּאמַר אָכֵן נוֹדַע

הדבר

הַדָּבָר: וַיִּשְׁמַע פַּרְעֹה אֶת־הַדָּבָר הַזֶּה וַיְבַקֵּשׁ לַהֲרֹג אֶת־ טו
מֹשֶׁה וַיִּבְרַח מֹשֶׁה מִפְּנֵי פַרְעֹה וַיֵּשֶׁב בְּאֶרֶץ־מִדְיָן וַיֵּשֶׁב עַל־
הַבְּאֵר: וּלְכֹהֵן מִדְיָן שֶׁבַע בָּנוֹת וַתָּבֹאנָה וַתִּדְלֶנָה וַתְּמַלֶּאנָה 16
אֶת־הָרְהָטִים לְהַשְׁקוֹת צֹאן אֲבִיהֶן: וַיָּבֹאוּ הָרֹעִים וַיְגָרְשׁוּם 17
וַיָּקָם מֹשֶׁה וַיּוֹשִׁעָן וַיַּשְׁקְ אֶת־צֹאנָם: וַתָּבֹאנָה אֶל־רְעוּאֵל 18
אֲבִיהֶן וַיֹּאמֶר מַדּוּעַ מִהַרְתֶּן בֹּא הַיּוֹם: וַתֹּאמַרְןָ אִישׁ מִצְרִי 19
הִצִּילָנוּ מִיַּד הָרֹעִים וְגַם־דָּלֹה דָלָה לָנוּ וַיַּשְׁקְ אֶת־הַצֹּאן:
וַיֹּאמֶר אֶל־בְּנֹתָיו וְאַיּוֹ לָמָּה זֶּה עֲזַבְתֶּן אֶת־הָאִישׁ קִרְאֶן לוֹ כ
וְיֹאכַל לָחֶם: וַיּוֹאֶל מֹשֶׁה לָשֶׁבֶת אֶת־הָאִישׁ וַיִּתֵּן אֶת־צִפֹּרָה 21
בִתּוֹ לְמֹשֶׁה: וַתֵּלֶד בֵּן וַיִּקְרָא אֶת־שְׁמוֹ גֵּרְשֹׁם כִּי אָמַר גֵּר 22
הָיִיתִי בְּאֶרֶץ נָכְרִיָּה:
‫פ‬

וַיְהִי בַיָּמִים הָרַבִּים הָהֵם וַיָּמָת מֶלֶךְ מִצְרַיִם וַיֵּאָנְחוּ בְנֵי־ 23
יִשְׂרָאֵל מִן־הָעֲבֹדָה וַיִּזְעָקוּ וַתַּעַל שַׁוְעָתָם אֶל־הָאֱלֹהִים מִן־
הָעֲבֹדָה: וַיִּשְׁמַע אֱלֹהִים אֶת־נַאֲקָתָם וַיִּזְכֹּר אֱלֹהִים אֶת־ 24
בְּרִיתוֹ אֶת־אַבְרָהָם אֶת־יִצְחָק וְאֶת־יַעֲקֹב: וַיַּרְא אֱלֹהִים כה
אֶת־בְּנֵי יִשְׂרָאֵל וַיֵּדַע אֱלֹהִים:* ‫ס‬

‫ג‬
CAP. III. ‫ג‬

רביעי
וּמֹשֶׁה הָיָה רֹעֶה אֶת־צֹאן יִתְרוֹ חֹתְנוֹ כֹּהֵן מִדְיָן וַיִּנְהַג א
אֶת־הַצֹּאן אַחַר הַמִּדְבָּר וַיָּבֹא אֶל־הַר הָאֱלֹהִים חֹרֵבָה:
וַיֵּרָא מַלְאַךְ יְהוָֹה אֵלָיו בְּלַבַּת־אֵשׁ מִתּוֹךְ הַסְּנֶה וַיַּרְא וְהִנֵּה 2
הַסְּנֶה בֹּעֵר בָּאֵשׁ וְהַסְּנֶה אֵינֶנּוּ אֻכָּל: וַיֹּאמֶר מֹשֶׁה אָסֻרָה־נָּא 3
וְאֶרְאֶה אֶת־הַמַּרְאֶה הַגָּדֹל הַזֶּה מַדּוּעַ לֹא־יִבְעַר הַסְּנֶה:
וַיַּרְא יְהוָֹה כִּי סָר לִרְאוֹת וַיִּקְרָא אֵלָיו אֱלֹהִים מִתּוֹךְ הַסְּנֶה 4
וַיֹּאמֶר מֹשֶׁה מֹשֶׁה וַיֹּאמֶר הִנֵּנִי: וַיֹּאמֶר אַל־תִּקְרַב הֲלֹם ה
שַׁל־נְעָלֶיךָ מֵעַל רַגְלֶיךָ כִּי הַמָּקוֹם אֲשֶׁר אַתָּה עוֹמֵד עָלָיו
אַדְמַת־קֹדֶשׁ הוּא: וַיֹּאמֶר אָנֹכִי אֱלֹהֵי אָבִיךָ אֱלֹהֵי אַבְרָהָם 6
אֱלֹהֵי יִצְחָק וֵאלֹהֵי יַעֲקֹב וַיַּסְתֵּר מֹשֶׁה פָּנָיו כִּי יָרֵא מֵהַבִּיט
אֶל־הָאֱלֹהִים

‫ב v. 22. סבירין ותקרא‬

7 אֶל־הָאֱלֹהִים: וַיֹּאמֶר יְהוָה רָאֹה רָאִיתִי אֶת־עֳנִי עַמִּי אֲשֶׁר
בְּמִצְרָיִם וְאֶת־צַעֲקָתָם שָׁמַעְתִּי מִפְּנֵי נֹגְשָׂיו כִּי יָדַעְתִּי אֶת־
8 מַכְאֹבָיו: וָאֵרֵד לְהַצִּילוֹ ׀ מִיַּד מִצְרַיִם וּלְהַעֲלֹתוֹ מִן־הָאָרֶץ
הַהִוא אֶל־אֶרֶץ טוֹבָה וּרְחָבָה אֶל־אֶרֶץ זָבַת חָלָב וּדְבָשׁ
אֶל־מְקוֹם הַכְּנַעֲנִי וְהַחִתִּי וְהָאֱמֹרִי וְהַפְּרִזִּי וְהַחִוִּי וְהַיְבוּסִי:
9 וְעַתָּה הִנֵּה צַעֲקַת בְּנֵי־יִשְׂרָאֵל בָּאָה אֵלָי וְגַם־רָאִיתִי אֶת־
י הַלַּחַץ אֲשֶׁר מִצְרַיִם לֹחֲצִים אֹתָם: וְעַתָּה לְכָה וְאֶשְׁלָחֲךָ
11 אֶל־פַּרְעֹה וְהוֹצֵא אֶת־עַמִּי בְנֵי־יִשְׂרָאֵל מִמִּצְרָיִם: וַיֹּאמֶר
מֹשֶׁה אֶל־הָאֱלֹהִים מִי אָנֹכִי כִּי אֵלֵךְ אֶל־פַּרְעֹה וְכִי אוֹצִיא
12 אֶת־בְּנֵי יִשְׂרָאֵל מִמִּצְרָיִם: וַיֹּאמֶר כִּי־אֶהְיֶה עִמָּךְ וְזֶה־לְּךָ
הָאוֹת כִּי אָנֹכִי שְׁלַחְתִּיךָ בְּהוֹצִיאֲךָ אֶת־הָעָם מִמִּצְרַיִם
13 תַּעַבְדוּן אֶת־הָאֱלֹהִים עַל הָהָר הַזֶּה: וַיֹּאמֶר מֹשֶׁה אֶל־
הָאֱלֹהִים הִנֵּה אָנֹכִי בָא אֶל־בְּנֵי יִשְׂרָאֵל וְאָמַרְתִּי לָהֶם אֱלֹהֵי
אֲבוֹתֵיכֶם שְׁלָחַנִי אֲלֵיכֶם וְאָמְרוּ־לִי מַה־שְּׁמוֹ מָה אֹמַר
14 אֲלֵהֶם: וַיֹּאמֶר אֱלֹהִים אֶל־מֹשֶׁה אֶהְיֶה אֲשֶׁר אֶהְיֶה וַיֹּאמֶר
טו כֹּה תֹאמַר לִבְנֵי יִשְׂרָאֵל אֶהְיֶה שְׁלָחַנִי אֲלֵיכֶם: וַיֹּאמֶר עוֹד
אֱלֹהִים אֶל־מֹשֶׁה כֹּה תֹאמַר אֶל־בְּנֵי יִשְׂרָאֵל יְהוָה אֱלֹהֵי
אֲבֹתֵיכֶם אֱלֹהֵי אַבְרָהָם אֱלֹהֵי יִצְחָק וֵאלֹהֵי יַעֲקֹב שְׁלָחַנִי
16 אֲלֵיכֶם זֶה־שְּׁמִי לְעֹלָם וְזֶה זִכְרִי לְדֹר דֹּר: * לֵךְ וְאָסַפְתָּ חמשי
אֶת־זִקְנֵי יִשְׂרָאֵל וְאָמַרְתָּ אֲלֵהֶם יְהוָה אֱלֹהֵי אֲבֹתֵיכֶם נִרְאָה
אֵלַי אֱלֹהֵי אַבְרָהָם יִצְחָק וְיַעֲקֹב לֵאמֹר פָּקֹד פָּקַדְתִּי אֶתְכֶם
17 וְאֶת־הֶעָשׂוּי לָכֶם בְּמִצְרָיִם: וָאֹמַר אַעֲלֶה אֶתְכֶם מֵעֳנִי
מִצְרַיִם אֶל־אֶרֶץ הַכְּנַעֲנִי וְהַחִתִּי וְהָאֱמֹרִי וְהַפְּרִזִּי וְהַחִוִּי
18 וְהַיְבוּסִי אֶל־אֶרֶץ זָבַת חָלָב וּדְבָשׁ: וְשָׁמְעוּ לְקֹלֶךָ וּבָאתָ
אַתָּה וְזִקְנֵי יִשְׂרָאֵל אֶל־מֶלֶךְ מִצְרַיִם וַאֲמַרְתֶּם אֵלָיו יְהוָה
אֱלֹהֵי הָעִבְרִיִּים נִקְרָה עָלֵינוּ וְעַתָּה נֵלְכָה־נָּא דֶּרֶךְ שְׁלֹשֶׁת
19 יָמִים בַּמִּדְבָּר וְנִזְבְּחָה לַיהוָה אֱלֹהֵינוּ: וַאֲנִי יָדַעְתִּי כִּי לֹא־
כ יִתֵּן אֶתְכֶם מֶלֶךְ מִצְרַיִם לַהֲלֹךְ וְלֹא בְּיָד חֲזָקָה: וְשָׁלַחְתִּי

אֶת־יָדִי וְהִכֵּיתִי אֶת־מִצְרַיִם בְּכֹל נִפְלְאֹתַי אֲשֶׁר אֶעֱשֶׂה
21 בְּקִרְבּוֹ וְאַחֲרֵי־כֵן יְשַׁלַּח אֶתְכֶם׃ וְנָתַתִּי אֶת־חֵן הָעָם־הַזֶּה
22 בְּעֵינֵי מִצְרָיִם וְהָיָה כִּי תֵלֵכוּן לֹא תֵלְכוּ רֵיקָם׃ וְשָׁאֲלָה אִשָּׁה
מִשְּׁכֶנְתָּהּ וּמִגָּרַת בֵּיתָהּ כְּלֵי־כֶסֶף וּכְלֵי זָהָב וּשְׂמָלֹת וְשַׂמְתֶּם
עַל־בְּנֵיכֶם וְעַל־בְּנֹתֵיכֶם וְנִצַּלְתֶּם אֶת־מִצְרָיִם׃

ד Cap. IV. ד

א וַיַּעַן מֹשֶׁה וַיֹּאמֶר וְהֵן לֹא־יַאֲמִינוּ לִי וְלֹא יִשְׁמְעוּ בְּקֹלִי כִּי
2 יֹאמְרוּ לֹא־נִרְאָה אֵלֶיךָ יְהוָה׃ וַיֹּאמֶר אֵלָיו יְהוָה מַזֶּה בְיָדֶךָ
3 וַיֹּאמֶר מַטֶּה׃ וַיֹּאמֶר הַשְׁלִיכֵהוּ אַרְצָה וַיַּשְׁלִכֵהוּ אַרְצָה וַיְהִי
4 לְנָחָשׁ וַיָּנָס מֹשֶׁה מִפָּנָיו׃ וַיֹּאמֶר יְהוָה אֶל־מֹשֶׁה שְׁלַח יָדְךָ
ה וֶאֱחֹז בִּזְנָבוֹ וַיִּשְׁלַח יָדוֹ וַיַּחֲזֶק בּוֹ וַיְהִי לְמַטֶּה בְּכַפּוֹ׃ לְמַעַן
יַאֲמִינוּ כִּי־נִרְאָה אֵלֶיךָ יְהוָה אֱלֹהֵי אֲבֹתָם אֱלֹהֵי אַבְרָהָם
6 אֱלֹהֵי יִצְחָק וֵאלֹהֵי יַעֲקֹב׃ וַיֹּאמֶר יְהוָה לוֹ עוֹד הָבֵא־נָא
יָדְךָ בְּחֵיקֶךָ וַיָּבֵא יָדוֹ בְּחֵיקוֹ וַיּוֹצִאָהּ וְהִנֵּה יָדוֹ מְצֹרַעַת כַּשָּׁלֶג׃
7 וַיֹּאמֶר הָשֵׁב יָדְךָ אֶל־חֵיקֶךָ וַיָּשֶׁב יָדוֹ אֶל־חֵיקוֹ וַיּוֹצִאָהּ
8 מֵחֵיקוֹ וְהִנֵּה־שָׁבָה כִּבְשָׂרוֹ׃ וְהָיָה אִם־לֹא יַאֲמִינוּ לָךְ וְלֹא
יִשְׁמְעוּ לְקֹל הָאֹת הָרִאשׁוֹן וְהֶאֱמִינוּ לְקֹל הָאֹת הָאַחֲרוֹן׃
9 וְהָיָה אִם־לֹא יַאֲמִינוּ גַּם לִשְׁנֵי הָאֹתוֹת הָאֵלֶּה וְלֹא יִשְׁמְעוּן
לְקֹלֶךָ וְלָקַחְתָּ מִמֵּימֵי הַיְאֹר וְשָׁפַכְתָּ הַיַּבָּשָׁה וְהָיוּ הַמַּיִם אֲשֶׁר
י תִּקַּח מִן־הַיְאֹר וְהָיוּ לְדָם בַּיַּבָּשֶׁת׃ וַיֹּאמֶר מֹשֶׁה אֶל־יְהוָה
בִּי אֲדֹנָי לֹא אִישׁ דְּבָרִים אָנֹכִי גַּם מִתְּמוֹל גַּם מִשִּׁלְשֹׁם גַּם מֵאָז
11 דַּבֶּרְךָ אֶל־עַבְדֶּךָ כִּי כְבַד־פֶּה וּכְבַד לָשׁוֹן אָנֹכִי׃ וַיֹּאמֶר
יְהוָה אֵלָיו מִי שָׂם פֶּה לָאָדָם אוֹ מִי־יָשׂוּם אִלֵּם אוֹ חֵרֵשׁ אוֹ
12 פִקֵּחַ אוֹ עִוֵּר הֲלֹא אָנֹכִי יְהוָה׃ וְעַתָּה לֵךְ וְאָנֹכִי אֶהְיֶה עִם־
13 פִּיךָ וְהוֹרֵיתִיךָ אֲשֶׁר תְּדַבֵּר׃ וַיֹּאמֶר בִּי אֲדֹנָי שְׁלַח־נָא בְּיַד־
14 תִּשְׁלָח׃ וַיִּחַר־אַף יְהוָה בְּמֹשֶׁה וַיֹּאמֶר הֲלֹא אַהֲרֹן אָחִיךָ הַלֵּוִי

ידעתי

ד׳ v. 2. מה זה ק׳

יָדַעְתִּי כִּי־דַבֵּר יְדַבֵּר הוּא וְגַם הִנֵּה־הוּא יֹצֵא לִקְרָאתֶךָ
טו וְרָאֲךָ וְשָׂמַח בְּלִבּוֹ׃ וְדִבַּרְתָּ אֵלָיו וְשַׂמְתָּ אֶת־הַדְּבָרִים בְּפִיו
וְאָנֹכִי אֶהְיֶה עִם־פִּיךָ וְעִם־פִּיהוּ וְהוֹרֵיתִי אֶתְכֶם אֵת אֲשֶׁר
16 תַּעֲשׂוּן׃ וְדִבֶּר־הוּא לְךָ אֶל־הָעָם וְהָיָה הוּא יִהְיֶה־לְּךָ לְפֶה
17 וְאַתָּה תִּהְיֶה־לּוֹ לֵאלֹהִים׃ וְאֶת־הַמַּטֶּה הַזֶּה תִּקַּח בְּיָדֶךָ
אֲשֶׁר תַּעֲשֶׂה־בּוֹ אֶת־הָאֹתֹת׃ * פ
18 וַיֵּלֶךְ מֹשֶׁה וַיָּשָׁב ׀ אֶל־יֶתֶר חֹתְנוֹ וַיֹּאמֶר לוֹ אֵלְכָה נָּא וְאָשׁוּבָה ששי
אֶל־אַחַי אֲשֶׁר־בְּמִצְרַיִם וְאֶרְאֶה הַעוֹדָם חַיִּים וַיֹּאמֶר יִתְרוֹ
19 לְמֹשֶׁה לֵךְ לְשָׁלוֹם׃ וַיֹּאמֶר יְהוָה אֶל־מֹשֶׁה בְּמִדְיָן לֵךְ שֻׁב
כ מִצְרָיִם כִּי־מֵתוּ כָּל־הָאֲנָשִׁים הַמְבַקְשִׁים אֶת־נַפְשֶׁךָ׃ וַיִּקַּח
מֹשֶׁה אֶת־אִשְׁתּוֹ וְאֶת־בָּנָיו וַיַּרְכִּבֵם עַל־הַחֲמֹר וַיָּשָׁב אַרְצָה
21 מִצְרָיִם וַיִּקַּח מֹשֶׁה אֶת־מַטֵּה הָאֱלֹהִים בְּיָדוֹ׃ וַיֹּאמֶר יְהוָה
אֶל־מֹשֶׁה בְּלֶכְתְּךָ לָשׁוּב מִצְרַיְמָה רְאֵה כָּל־הַמֹּפְתִים אֲשֶׁר־
שַׂמְתִּי בְיָדֶךָ וַעֲשִׂיתָם לִפְנֵי פַרְעֹה וַאֲנִי אֲחַזֵּק אֶת־לִבּוֹ וְלֹא
22 יְשַׁלַּח אֶת־הָעָם׃ וְאָמַרְתָּ אֶל־פַּרְעֹה כֹּה אָמַר יְהוָה בְּנִי
23 בְכֹרִי יִשְׂרָאֵל׃ וָאֹמַר אֵלֶיךָ שַׁלַּח אֶת־בְּנִי וְיַעַבְדֵנִי וַתְּמָאֵן
24 לְשַׁלְּחוֹ הִנֵּה אָנֹכִי הֹרֵג אֶת־בִּנְךָ בְּכֹרֶךָ׃ וַיְהִי בַדֶּרֶךְ בַּמָּלוֹן
כה וַיִּפְגְּשֵׁהוּ יְהוָה וַיְבַקֵּשׁ הֲמִיתוֹ׃ וַתִּקַּח צִפֹּרָה צֹר וַתִּכְרֹת אֶת־
עָרְלַת בְּנָהּ וַתַּגַּע לְרַגְלָיו וַתֹּאמֶר כִּי חֲתַן־דָּמִים אַתָּה לִי׃
26 וַיִּרֶף מִמֶּנּוּ אָז אָמְרָה חֲתַן דָּמִים לַמּוּלֹת׃ פ
27 וַיֹּאמֶר יְהוָה אֶל־אַהֲרֹן לֵךְ לִקְרַאת מֹשֶׁה הַמִּדְבָּרָה וַיֵּלֶךְ
28 וַיִּפְגְּשֵׁהוּ בְּהַר הָאֱלֹהִים וַיִּשַּׁק־לוֹ׃ וַיַּגֵּד מֹשֶׁה לְאַהֲרֹן אֵת
כָּל־דִּבְרֵי יְהוָה אֲשֶׁר שְׁלָחוֹ וְאֵת כָּל־הָאֹתֹת אֲשֶׁר צִוָּהוּ׃
29 ל וַיֵּלֶךְ מֹשֶׁה וְאַהֲרֹן וַיַּאַסְפוּ אֶת־כָּל־זִקְנֵי בְּנֵי יִשְׂרָאֵל׃ וַיְדַבֵּר
אַהֲרֹן אֵת כָּל־הַדְּבָרִים אֲשֶׁר־דִּבֶּר יְהוָה אֶל־מֹשֶׁה וַיַּעַשׂ
31 הָאֹתֹת לְעֵינֵי הָעָם׃ וַיַּאֲמֵן הָעָם וַיִּשְׁמְעוּ כִּי־פָקַד יְהוָה אֶת־
בְּנֵי יִשְׂרָאֵל וְכִי רָאָה אֶת־עָנְיָם וַיִּקְּדוּ וַיִּשְׁתַּחֲווּ׃ *

ואחר

v. 17. סבירין בה   v. 19. סבירין מצרימה

ה

שביעי א וְאַחַ֗ר בָּ֚אוּ מֹשֶׁ֣ה וְאַהֲרֹ֔ן וַיֹּאמְר֖וּ אֶל־פַּרְעֹ֑ה כֹּֽה־אָמַ֣ר
2 יְהֹוָ֗ה אֱלֹהֵ֣י יִשְׂרָאֵ֔ל שַׁלַּח֙ אֶת־עַמִּ֔י וְיָחֹ֥גּוּ לִ֖י בַּמִּדְבָּֽר: וַיֹּ֣אמֶר
פַּרְעֹ֔ה מִ֤י יְהֹוָה֙ אֲשֶׁ֣ר אֶשְׁמַ֣ע בְּקֹל֔וֹ לְשַׁלַּ֖ח אֶת־יִשְׂרָאֵ֑ל לֹ֤א
3 יָדַ֨עְתִּי֙ אֶת־יְהֹוָ֔ה וְגַ֥ם אֶת־יִשְׂרָאֵ֖ל לֹ֥א אֲשַׁלֵּֽחַ: וַיֹּ֣אמְר֔וּ אֱלֹהֵ֥י
הָעִבְרִ֖ים נִקְרָ֣א עָלֵ֑ינוּ נֵ֣לֲכָה נָּ֡א דֶּרֶךְ֩ שְׁלֹ֨שֶׁת יָמִ֜ים בַּמִּדְבָּ֗ר
4 וְנִזְבְּחָה֙ לַֽיהֹוָ֣ה אֱלֹהֵ֔ינוּ פֶּ֨ן־יִפְגָּעֵ֔נוּ בַּדֶּ֖בֶר א֥וֹ בֶחָֽרֶב: וַיֹּ֤אמֶר
אֲלֵהֶם֙ מֶ֣לֶךְ מִצְרַ֔יִם לָ֚מָּה מֹשֶׁ֣ה וְאַֽהֲרֹ֔ן תַּפְרִ֥יעוּ אֶת־הָעָ֖ם
5 מִֽמַּֽעֲשָׂ֑יו לְכ֖וּ לְסִבְלֹתֵיכֶֽם: וַיֹּ֣אמֶר פַּרְעֹ֔ה הֵן־רַבִּ֥ים עַתָּ֖ה
6 עַ֣ם הָאָ֑רֶץ וְהִשְׁבַּתֶּ֥ם אֹתָ֖ם מִסִּבְלֹתָֽם: וַיְצַ֥ו פַּרְעֹ֖ה בַּיּ֣וֹם הַה֑וּא
7 אֶת־הַנֹּֽגְשִׂ֣ים בָּעָ֔ם וְאֶת־שֹֽׁטְרָ֖יו לֵאמֹֽר: לֹ֣א תֹאסִפ֞וּן לָתֵ֨ת
תֶּ֤בֶן לָעָם֙ לִלְבֹּ֣ן הַלְּבֵנִ֔ים כִּתְמ֥וֹל שִׁלְשֹׁ֖ם הֵ֣ם יֵֽלְכ֔וּ וְקֹֽשְׁשׁ֥וּ
8 לָהֶ֖ם תֶּֽבֶן: וְאֶת־מַתְכֹּ֨נֶת הַלְּבֵנִ֜ים אֲשֶׁ֣ר הֵם֩ עֹשִׂ֨ים תְּמ֤וֹל
שִׁלְשֹׁם֙ תָּשִׂ֣ימוּ עֲלֵיהֶ֔ם לֹ֥א תִגְרְע֖וּ מִמֶּ֑נּוּ כִּֽי־נִרְפִּ֣ים הֵ֔ם עַל־
9 כֵּ֗ן הֵ֤ם צֹֽעֲקִים֙ לֵאמֹ֔ר נֵֽלֲכָ֖ה נִזְבְּחָ֥ה לֵֽאלֹהֵֽינוּ: תִּכְבַּ֧ד הָֽעֲבֹדָ֛ה
10 עַל־הָֽאֲנָשִׁ֖ים וְיַֽעֲשׂוּ־בָ֑הּ וְאַל־יִשְׁע֖וּ בְּדִבְרֵי־שָֽׁקֶר: וַיֵּ֨צְא֜וּ
נֹֽגְשֵׂ֤י הָעָם֙ וְשֹׁ֣טְרָ֔יו וַיֹּֽאמְר֥וּ אֶל־הָעָ֖ם לֵאמֹ֑ר כֹּ֖ה אָמַ֥ר פַּרְעֹ֑ה
11 אֵינֶ֛נִּי נֹתֵ֥ן לָכֶ֖ם תֶּֽבֶן: אַתֶּ֗ם לְכ֨וּ קְח֤וּ לָכֶם֙ תֶּ֔בֶן מֵֽאֲשֶׁ֖ר תִּמְצָ֑אוּ
12 כִּ֣י אֵ֥ין נִגְרָ֛ע מֵֽעֲבֹֽדַתְכֶ֖ם דָּבָֽר: וַיָּ֥פֶץ הָעָ֖ם בְּכָל־אֶ֣רֶץ מִצְרָ֑יִם
13 לְקֹשֵׁ֥שׁ קַ֖שׁ לַתֶּֽבֶן: וְהַנֹּֽגְשִׂ֖ים אָצִ֣ים לֵאמֹ֑ר כַּלּ֤וּ מַֽעֲשֵׂיכֶם֙ דְּבַר־
14 י֣וֹם בְּיוֹמ֔וֹ כַּֽאֲשֶׁ֖ר בִּֽהְי֥וֹת הַתֶּֽבֶן: וַיֻּכּ֗וּ שֹֽׁטְרֵי֙ בְּנֵ֣י יִשְׂרָאֵ֔ל אֲשֶׁר־
שָׂ֣מוּ עֲלֵהֶ֔ם נֹֽגְשֵׂ֥י פַרְעֹ֖ה לֵאמֹ֑ר מַדּ֡וּעַ לֹא֩ כִלִּיתֶ֨ם חָקְכֶ֤ם
15 לִלְבֹּן֙ כִּתְמ֣וֹל שִׁלְשֹׁ֔ם גַּם־תְּמ֖וֹל גַּם־הַיּֽוֹם: וַיָּבֹ֗אוּ שֹֽׁטְרֵי֙ בְּנֵ֣י
יִשְׂרָאֵ֔ל וַיִּצְעֲק֥וּ אֶל־פַּרְעֹ֖ה לֵאמֹ֑ר לָ֧מָּה תַֽעֲשֶׂ֛ה כֹ֖ה לַֽעֲבָדֶֽיךָ:
16 תֶּ֗בֶן אֵ֤ין נִתָּן֙ לַֽעֲבָדֶ֔יךָ וּלְבֵנִ֛ים אֹֽמְרִ֥ים לָ֖נוּ עֲשׂ֑וּ וְהִנֵּ֧ה עֲבָדֶ֛יךָ
17 מֻכִּ֖ים וְחָטָ֥את עַמֶּֽךָ: וַיֹּ֛אמֶר נִרְפִּ֥ים אַתֶּ֖ם נִרְפִּ֑ים עַל־כֵּן֙ אַתֶּ֣ם
18 אֹֽמְרִ֔ים נֵֽלֲכָ֖ה נִזְבְּחָ֣ה לַֽיהֹוָֽה: וְעַתָּה֙ לְכ֣וּ עִבְד֔וּ וְתֶ֖בֶן לֹֽא־
19 יִנָּתֵ֣ן לָכֶ֑ם וְתֹ֥כֶן לְבֵנִ֖ים תִּתֵּֽנוּ: וַיִּרְא֞וּ שֹֽׁטְרֵ֧י בְנֵֽי־יִשְׂרָאֵ֛ל אֹתָ֖ם
ברע

כ בְּרַע לֵאמֹר לֹא־תִגְרְעוּ מִלִּבְנֵיכֶם דְּבַר־יוֹם בְּיוֹמוֹ׃ וַיִּפְגְּעוּ
אֶת־מֹשֶׁה וְאֶת־אַהֲרֹן נִצָּבִים לִקְרָאתָם בְּצֵאתָם מֵאֵת
21 פַּרְעֹה׃ וַיֹּאמְרוּ אֲלֵהֶם יֵרֶא יְהוָה עֲלֵיכֶם וְיִשְׁפֹּט אֲשֶׁר
הִבְאַשְׁתֶּם אֶת־רֵיחֵנוּ בְּעֵינֵי פַרְעֹה וּבְעֵינֵי עֲבָדָיו לָתֶת־
22 חֶרֶב בְּיָדָם לְהָרְגֵנוּ׃ *וַיָּשָׁב מֹשֶׁה אֶל־יְהוָה וַיֹּאמַר אֲדֹנָי לָמָה מפטיר
23 הֲרֵעֹתָה לָעָם הַזֶּה לָמָּה זֶּה שְׁלַחְתָּנִי׃ וּמֵאָז בָּאתִי אֶל־
פַּרְעֹה לְדַבֵּר בִּשְׁמֶךָ הֵרַע לָעָם הַזֶּה וְהַצֵּל לֹא־הִצַּלְתָּ
אֶת־עַמֶּךָ׃

ו Cap. VI. ו

א וַיֹּאמֶר יְהוָה אֶל־מֹשֶׁה עַתָּה תִרְאֶה אֲשֶׁר אֶעֱשֶׂה לְפַרְעֹה
כִּי בְיָד חֲזָקָה יְשַׁלְּחֵם וּבְיָד חֲזָקָה יְגָרְשֵׁם מֵאַרְצוֹ׃ ס ס ס

וארא יד 14

2 3 וַיְדַבֵּר אֱלֹהִים אֶל־מֹשֶׁה וַיֹּאמֶר אֵלָיו אֲנִי יְהוָה׃ וָאֵרָא
אֶל־אַבְרָהָם אֶל־יִצְחָק וְאֶל־יַעֲקֹב בְּאֵל שַׁדָּי וּשְׁמִי יְהוָה
4 לֹא נוֹדַעְתִּי לָהֶם׃ וְגַם הֲקִמֹתִי אֶת־בְּרִיתִי אִתָּם לָתֵת לָהֶם
ה אֶת־אֶרֶץ כְּנָעַן אֵת אֶרֶץ מְגֻרֵיהֶם אֲשֶׁר־גָּרוּ בָהּ׃ וְגַם ׀ אֲנִי
שָׁמַעְתִּי אֶת־נַאֲקַת בְּנֵי יִשְׂרָאֵל אֲשֶׁר מִצְרַיִם מַעֲבִדִים
6 אֹתָם וָאֶזְכֹּר אֶת־בְּרִיתִי׃ לָכֵן אֱמֹר לִבְנֵי־יִשְׂרָאֵל אֲנִי יְהוָה
וְהוֹצֵאתִי אֶתְכֶם מִתַּחַת סִבְלֹת מִצְרַיִם וְהִצַּלְתִּי אֶתְכֶם
מֵעֲבֹדָתָם וְגָאַלְתִּי אֶתְכֶם בִּזְרוֹעַ נְטוּיָה וּבִשְׁפָטִים גְּדֹלִים׃
7 וְלָקַחְתִּי אֶתְכֶם לִי לְעָם וְהָיִיתִי לָכֶם לֵאלֹהִים וִידַעְתֶּם כִּי
אֲנִי יְהוָה אֱלֹהֵיכֶם הַמּוֹצִיא אֶתְכֶם מִתַּחַת סִבְלוֹת מִצְרָיִם׃
8 וְהֵבֵאתִי אֶתְכֶם אֶל־הָאָרֶץ אֲשֶׁר נָשָׂאתִי אֶת־יָדִי לָתֵת אֹתָהּ
לְאַבְרָהָם לְיִצְחָק וּלְיַעֲקֹב וְנָתַתִּי אֹתָהּ לָכֶם מוֹרָשָׁה אֲנִי
9 יְהוָה׃ וַיְדַבֵּר מֹשֶׁה כֵּן אֶל־בְּנֵי יִשְׂרָאֵל וְלֹא שָׁמְעוּ אֶל־מֹשֶׁה
מִקֹּצֶר רוּחַ וּמֵעֲבֹדָה קָשָׁה׃ פ
י 11 וַיְדַבֵּר יְהוָה אֶל־מֹשֶׁה לֵּאמֹר׃ בֹּא דַבֵּר אֶל־פַּרְעֹה מֶלֶךְ
12 מִצְרָיִם וִישַׁלַּח אֶת־בְּנֵי־יִשְׂרָאֵל מֵאַרְצוֹ׃ וַיְדַבֵּר מֹשֶׁה לִפְנֵי
יהוה

יְהוָה לֵאמֹר הֵן בְּנֵי־יִשְׂרָאֵל לֹא־שָׁמְעוּ אֵלַי וְאֵיךְ יִשְׁמָעֵנִי
פַרְעֹה וַאֲנִי עֲרַל שְׂפָתָיִם: פ
13 וַיְדַבֵּר יְהוָה אֶל־מֹשֶׁה וְאֶל־אַהֲרֹן וַיְצַוֵּם אֶל־בְּנֵי יִשְׂרָאֵל
וְאֶל־פַּרְעֹה מֶלֶךְ מִצְרָיִם לְהוֹצִיא אֶת־בְּנֵי־יִשְׂרָאֵל מֵאֶרֶץ
14 מִצְרָיִם: * ס אֵלֶּה רָאשֵׁי בֵית־אֲבֹתָם בְּנֵי רְאוּבֵן בְּכֹר שני
טו יִשְׂרָאֵל חֲנוֹךְ וּפַלּוּא חֶצְרֹן וְכַרְמִי אֵלֶּה מִשְׁפְּחֹת רְאוּבֵן: וּבְנֵי
שִׁמְעוֹן יְמוּאֵל וְיָמִין וְאֹהַד וְיָכִין וְצֹחַר וְשָׁאוּל בֶּן־הַכְּנַעֲנִית
16 אֵלֶּה מִשְׁפְּחֹת שִׁמְעוֹן: וְאֵלֶּה שְׁמוֹת בְּנֵי־לֵוִי לְתֹלְדֹתָם גֵּרְשׁוֹן
17 וּקְהָת וּמְרָרִי וּשְׁנֵי חַיֵּי לֵוִי שֶׁבַע וּשְׁלֹשִׁים וּמְאַת שָׁנָה: בְּנֵי
18 גֵרְשׁוֹן לִבְנִי וְשִׁמְעִי לְמִשְׁפְּחֹתָם: וּבְנֵי קְהָת עַמְרָם וְיִצְהָר
וְחֶבְרוֹן וְעֻזִּיאֵל וּשְׁנֵי חַיֵּי קְהָת שָׁלֹשׁ וּשְׁלֹשִׁים וּמְאַת שָׁנָה:
19 כ וּבְנֵי מְרָרִי מַחְלִי וּמוּשִׁי אֵלֶּה מִשְׁפְּחֹת הַלֵּוִי לְתֹלְדֹתָם: וַיִּקַּח
עַמְרָם אֶת־יוֹכֶבֶד דֹּדָתוֹ לוֹ לְאִשָּׁה וַתֵּלֶד לוֹ אֶת־אַהֲרֹן
21 וְאֶת־מֹשֶׁה וּשְׁנֵי חַיֵּי עַמְרָם שֶׁבַע וּשְׁלֹשִׁים וּמְאַת שָׁנָה: וּבְנֵי
22 יִצְהָר קֹרַח וָנֶפֶג וְזִכְרִי: וּבְנֵי עֻזִּיאֵל מִישָׁאֵל וְאֶלְצָפָן וְסִתְרִי:
23 וַיִּקַּח אַהֲרֹן אֶת־אֱלִישֶׁבַע בַּת־עַמִּינָדָב אֲחוֹת נַחְשׁוֹן לוֹ
לְאִשָּׁה וַתֵּלֶד לוֹ אֶת־נָדָב וְאֶת־אֲבִיהוּא אֶת־אֶלְעָזָר וְאֶת־
24 אִיתָמָר: וּבְנֵי קֹרַח אַסִּיר וְאֶלְקָנָה וַאֲבִיאָסָף אֵלֶּה מִשְׁפְּחֹת
כה הַקָּרְחִי: וְאֶלְעָזָר בֶּן־אַהֲרֹן לָקַח־לוֹ מִבְּנוֹת פּוּטִיאֵל לוֹ
לְאִשָּׁה וַתֵּלֶד לוֹ אֶת־פִּינְחָס אֵלֶּה רָאשֵׁי אֲבוֹת הַלְוִיִּם
26 לְמִשְׁפְּחֹתָם: הוּא אַהֲרֹן וּמֹשֶׁה אֲשֶׁר אָמַר יְהוָה לָהֶם הוֹצִיאוּ
27 אֶת־בְּנֵי יִשְׂרָאֵל מֵאֶרֶץ מִצְרַיִם עַל־צִבְאֹתָם: הֵם הַמְדַבְּרִים
אֶל־פַּרְעֹה מֶלֶךְ־מִצְרַיִם לְהוֹצִיא אֶת־בְּנֵי־יִשְׂרָאֵל
28 מִמִּצְרָיִם הוּא מֹשֶׁה וְאַהֲרֹן: וַיְהִי בְּיוֹם דִּבֶּר יְהוָה אֶל־מֹשֶׁה
29 בְּאֶרֶץ מִצְרָיִם: * ס וַיְדַבֵּר יְהוָה אֶל־מֹשֶׁה לֵּאמֹר אֲנִי שלישי
יְהוָה דַּבֵּר אֶל־פַּרְעֹה מֶלֶךְ מִצְרַיִם אֵת כָּל־אֲשֶׁר אֲנִי דֹּבֵר
ל אֵלֶיךָ: וַיֹּאמֶר מֹשֶׁה לִפְנֵי יְהוָה הֵן אֲנִי עֲרַל שְׂפָתַיִם וְאֵיךְ
יִשְׁמַע אֵלַי פַּרְעֹה: פ

v. 27. סבירין מארץ מצרים

ז Cap. VII.

א וַיֹּ֤אמֶר יְהוָה֙ אֶל־מֹשֶׁ֔ה רְאֵ֛ה נְתַתִּ֥יךָ אֱלֹהִ֖ים לְפַרְעֹ֑ה וְאַהֲרֹ֥ן
2 אָחִ֖יךָ יִהְיֶ֥ה נְבִיאֶֽךָ׃ אַתָּ֣ה תְדַבֵּ֔ר אֵ֖ת כָּל־אֲשֶׁ֣ר אֲצַוֶּ֑ךָּ וְאַהֲרֹ֤ן
אָחִ֙יךָ֙ יְדַבֵּ֣ר אֶל־פַּרְעֹ֔ה וְשִׁלַּ֥ח אֶת־בְּנֵי־יִשְׂרָאֵ֖ל מֵאַרְצֽוֹ׃
3 וַאֲנִ֥י אַקְשֶׁ֖ה אֶת־לֵ֣ב פַּרְעֹ֑ה וְהִרְבֵּיתִ֧י אֶת־אֹתֹתַ֛י וְאֶת־מוֹפְתַ֖י
4 בְּאֶ֥רֶץ מִצְרָֽיִם׃ וְלֹֽא־יִשְׁמַ֤ע אֲלֵכֶם֙ פַּרְעֹ֔ה וְנָתַתִּ֥י אֶת־יָדִ֖י
בְּמִצְרָ֑יִם וְהוֹצֵאתִ֨י אֶת־צִבְאֹתַ֜י אֶת־עַמִּ֤י בְנֵֽי־יִשְׂרָאֵל֙ מֵאֶ֣רֶץ
ה מִצְרַ֔יִם בִּשְׁפָטִ֖ים גְּדֹלִֽים׃ וְיָדְע֤וּ מִצְרַ֙יִם֙ כִּֽי־אֲנִ֣י יְהוָ֔ה בִּנְטֹתִ֥י
אֶת־יָדִ֖י עַל־מִצְרָ֑יִם וְהוֹצֵאתִ֥י אֶת־בְּנֵי־יִשְׂרָאֵ֖ל מִתּוֹכָֽם׃
6 7 וַיַּ֥עַשׂ מֹשֶׁ֖ה וְאַהֲרֹ֑ן כַּאֲשֶׁ֨ר צִוָּ֧ה יְהוָ֛ה אֹתָ֖ם כֵּ֥ן עָשֽׂוּ׃ וּמֹשֶׁה֙
בֶּן־שְׁמֹנִ֣ים שָׁנָ֔ה וְאַהֲרֹ֕ן בֶּן־שָׁלֹ֥שׁ וּשְׁמֹנִ֖ים שָׁנָ֑ה בְּדַבְּרָ֖ם אֶל־
פַּרְעֹֽה׃ * פ
8 9 וַיֹּ֣אמֶר יְהוָ֔ה אֶל־מֹשֶׁ֥ה וְאֶֽל־אַהֲרֹ֖ן לֵאמֹֽר׃ כִּי֩ יְדַבֵּ֨ר אֲלֵכֶ֤ם רביעי
פַּרְעֹה֙ לֵאמֹ֔ר תְּנ֥וּ לָכֶ֖ם מוֹפֵ֑ת וְאָמַרְתָּ֣ אֶֽל־אַהֲרֹ֗ן קַ֧ח אֶֽת־
י מַטְּךָ֛ וְהַשְׁלֵ֥ךְ לִפְנֵֽי־פַרְעֹ֖ה יְהִ֥י לְתַנִּֽין׃ וַיָּבֹ֨א מֹשֶׁ֤ה וְאַהֲרֹן֙
אֶל־פַּרְעֹ֔ה וַיַּ֣עֲשׂוּ כֵ֔ן כַּאֲשֶׁ֖ר צִוָּ֣ה יְהוָ֑ה וַיַּשְׁלֵ֨ךְ אַהֲרֹ֜ן אֶת־
11 מַטֵּ֗הוּ לִפְנֵ֥י פַרְעֹ֛ה וְלִפְנֵ֥י עֲבָדָ֖יו וַיְהִ֥י לְתַנִּֽין׃ וַיִּקְרָא֙ גַּם־
פַּרְעֹ֔ה לַחֲכָמִ֖ים וְלַֽמְכַשְּׁפִ֑ים וַיַּעֲשׂ֨וּ גַם־הֵ֜ם חַרְטֻמֵּ֥י מִצְרַ֛יִם
12 בְּלַהֲטֵיהֶ֖ם כֵּֽן׃ וַיַּשְׁלִ֙יכוּ֙ אִ֣ישׁ מַטֵּ֔הוּ וַיִּהְי֖וּ לְתַנִּינִ֑ם וַיִּבְלַ֥ע
13 מַטֵּֽה־אַהֲרֹ֖ן אֶת־מַטֹּתָֽם׃ וַיֶּחֱזַק֙ לֵ֣ב פַּרְעֹ֔ה וְלֹ֥א שָׁמַ֖ע אֲלֵהֶ֑ם
14 כַּאֲשֶׁ֖ר דִּבֶּ֥ר יְהוָֽה׃ ס וַיֹּ֤אמֶר יְהוָה֙ אֶל־מֹשֶׁ֔ה כָּבֵ֖ד לֵ֣ב
טו פַּרְעֹ֑ה מֵאֵ֖ן לְשַׁלַּ֥ח הָעָֽם׃ לֵ֣ךְ אֶל־פַּרְעֹ֞ה בַּבֹּ֗קֶר הִנֵּה֙ יֹצֵ֣א
הַמַּ֔יְמָה וְנִצַּבְתָּ֥ לִקְרָאת֖וֹ עַל־שְׂפַ֣ת הַיְאֹ֑ר וְהַמַּטֶּ֛ה אֲשֶׁר־
16 נֶהְפַּ֥ךְ לְנָחָ֖שׁ תִּקַּ֥ח בְּיָדֶֽךָ׃ וְאָמַרְתָּ֣ אֵלָ֗יו יְהוָ֞ה אֱלֹהֵ֤י הָֽעִבְרִים֙
שְׁלָחַ֤נִי אֵלֶ֙יךָ֙ לֵאמֹ֔ר שַׁלַּח֙ אֶת־עַמִּ֔י וְיַֽעַבְדֻ֖נִי בַּמִּדְבָּ֑ר וְהִנֵּ֥ה
17 לֹא־שָׁמַ֖עְתָּ עַד־כֹּֽה׃ כֹּ֚ה אָמַ֣ר יְהוָ֔ה בְּזֹ֣את תֵּדַ֔ע כִּ֖י אֲנִ֣י יְהוָ֑ה
הִנֵּ֣ה אָנֹכִ֣י מַכֶּ֣ה ׀ בַּמַּטֶּ֣ה אֲשֶׁר־בְּיָדִ֗י עַל־הַמַּ֛יִם אֲשֶׁ֥ר בַּיְאֹ֖ר

ונהפכו

14. v. סבירין את־העם

18 וְנֶהֶפְכוּ לְדָם׃ וְהַדָּגָה אֲשֶׁר־בַּיְאֹר תָּמוּת וּבָאַשׁ הַיְאֹר וְנִלְאוּ
19 מִצְרַיִם לִשְׁתּוֹת מַיִם מִן־הַיְאֹר׃ ס וַיֹּאמֶר יְהוָה אֶל־
מֹשֶׁה אֱמֹר אֶל־אַהֲרֹן קַח מַטְּךָ וּנְטֵה־יָדְךָ עַל־מֵימֵי מִצְרַיִם
עַל־נַהֲרֹתָם ׀ עַל־יְאֹרֵיהֶם וְעַל־אַגְמֵיהֶם וְעַל כָּל־מִקְוֵה
מֵימֵיהֶם וְיִהְיוּ־דָם וְהָיָה דָם בְּכָל־אֶרֶץ מִצְרַיִם וּבָעֵצִים
כ וּבָאֲבָנִים׃ וַיַּעֲשׂוּ־כֵן מֹשֶׁה וְאַהֲרֹן כַּאֲשֶׁר ׀ צִוָּה יְהוָה וַיָּרֶם
בַּמַּטֶּה וַיַּךְ אֶת־הַמַּיִם אֲשֶׁר בַּיְאֹר לְעֵינֵי פַרְעֹה וּלְעֵינֵי עֲבָדָיו
21 וַיֵּהָפְכוּ כָּל־הַמַּיִם אֲשֶׁר־בַּיְאֹר לְדָם׃ וְהַדָּגָה אֲשֶׁר־בַּיְאֹר
מֵתָה וַיִּבְאַשׁ הַיְאֹר וְלֹא־יָכְלוּ מִצְרַיִם לִשְׁתּוֹת מַיִם מִן־הַיְאֹר
22 וַיְהִי הַדָּם בְּכָל־אֶרֶץ מִצְרָיִם׃ וַיַּעֲשׂוּ־כֵן חַרְטֻמֵּי מִצְרַיִם
בְּלָטֵיהֶם וַיֶּחֱזַק לֵב־פַּרְעֹה וְלֹא־שָׁמַע אֲלֵהֶם כַּאֲשֶׁר דִּבֶּר
23 יְהוָה׃ וַיִּפֶן פַּרְעֹה וַיָּבֹא אֶל־בֵּיתוֹ וְלֹא־שָׁת לִבּוֹ גַּם־לָזֹאת׃
24 וַיַּחְפְּרוּ כָל־מִצְרַיִם סְבִיבֹת הַיְאֹר מַיִם לִשְׁתּוֹת כִּי לֹא יָכְלוּ
כה לִשְׁתֹּת מִמֵּימֵי הַיְאֹר׃ וַיִּמָּלֵא שִׁבְעַת יָמִים אַחֲרֵי הַכּוֹת־יְהוָה
אֶת־הַיְאֹר׃ פ
26 וַיֹּאמֶר יְהוָה אֶל־מֹשֶׁה בֹּא אֶל־פַּרְעֹה וְאָמַרְתָּ אֵלָיו כֹּה
27 אָמַר יְהוָה שַׁלַּח אֶת־עַמִּי וְיַעַבְדֻנִי׃ וְאִם־מָאֵן אַתָּה לְשַׁלֵּחַ
28 הִנֵּה אָנֹכִי נֹגֵף אֶת־כָּל־גְּבוּלְךָ בַּצְפַרְדְּעִים׃ וְשָׁרַץ הַיְאֹר
צְפַרְדְּעִים וְעָלוּ וּבָאוּ בְּבֵיתֶךָ וּבַחֲדַר מִשְׁכָּבְךָ וְעַל־מִטָּתֶךָ
29 וּבְבֵית עֲבָדֶיךָ וּבְעַמֶּךָ וּבְתַנּוּרֶיךָ וּבְמִשְׁאֲרוֹתֶיךָ׃ וּבְכָה
וּבְעַמְּךָ וּבְכָל־עֲבָדֶיךָ יַעֲלוּ הַצְפַרְדְּעִים׃

ח CAP. VIII. ח

א וַיֹּאמֶר יְהוָה אֶל־מֹשֶׁה אֱמֹר אֶל־אַהֲרֹן נְטֵה אֶת־יָדְךָ
בְּמַטֶּךָ עַל־הַנְּהָרֹת עַל־הַיְאֹרִים וְעַל־הָאֲגַמִּים וְהַעַל אֶת־
2 הַצְפַרְדְּעִים עַל־אֶרֶץ מִצְרָיִם׃ וַיֵּט אַהֲרֹן אֶת־יָדוֹ עַל מֵימֵי
3 מִצְרָיִם וַתַּעַל הַצְּפַרְדֵּעַ וַתְּכַס אֶת־אֶרֶץ מִצְרָיִם׃ וַיַּעֲשׂוּ־
כֵן הַחַרְטֻמִּים בְּלָטֵיהֶם וַיַּעֲלוּ אֶת־הַצְפַרְדְּעִים עַל־אֶרֶץ
4 מִצְרָיִם׃ וַיִּקְרָא פַרְעֹה לְמֹשֶׁה וּלְאַהֲרֹן וַיֹּאמֶר הַעְתִּירוּ

אל־יהוה

אֶל־יְהוָה וְיָסֵר הַצְפַרְדְּעִים מִמֶּנִּי וּמֵעַמִּי וַאֲשַׁלְּחָה אֶת־הָעָם
ה וְיִזְבְּחוּ לַיהוָה׃ וַיֹּאמֶר מֹשֶׁה לְפַרְעֹה הִתְפָּאֵר עָלַי לְמָתַי ׀
אַעְתִּיר לְךָ וְלַעֲבָדֶיךָ וּלְעַמְּךָ לְהַכְרִית הַצְפַרְדְּעִים מִמְּךָ
6 וּמִבָּתֶּיךָ רַק בַּיְאֹר תִּשָּׁאַרְנָה׃ וַיֹּאמֶר לְמָחָר וַיֹּאמֶר כִּדְבָרְךָ
7 לְמַעַן תֵּדַע כִּי־אֵין כַּיהוָה אֱלֹהֵינוּ׃* וְסָרוּ הַצְפַרְדְּעִים חמישי
8 מִמְּךָ וּמִבָּתֶּיךָ וּמֵעֲבָדֶיךָ וּמֵעַמֶּךָ רַק בַּיְאֹר תִּשָּׁאַרְנָה׃ וַיֵּצֵא
מֹשֶׁה וְאַהֲרֹן מֵעִם פַּרְעֹה וַיִּצְעַק מֹשֶׁה אֶל־יְהוָה עַל־דְּבַר
9 הַצְפַרְדְּעִים אֲשֶׁר־שָׂם לְפַרְעֹה׃ וַיַּעַשׂ יְהוָה כִּדְבַר מֹשֶׁה
וַיָּמֻתוּ הַצְפַרְדְּעִים מִן־הַבָּתִּים מִן־הַחֲצֵרֹת וּמִן־הַשָּׂדֹת׃
י 11 וַיִּצְבְּרוּ אֹתָם חֳמָרִם חֳמָרִם וַתִּבְאַשׁ הָאָרֶץ׃ וַיַּרְא פַּרְעֹה
כִּי הָיְתָה הָרְוָחָה וְהַכְבֵּד אֶת־לִבּוֹ וְלֹא שָׁמַע אֲלֵהֶם כַּאֲשֶׁר
12 דִּבֶּר יְהוָה׃ ס וַיֹּאמֶר יְהוָה אֶל־מֹשֶׁה אֱמֹר אֶל־אַהֲרֹן
נְטֵה אֶת־מַטְּךָ וְהַךְ אֶת־עֲפַר הָאָרֶץ וְהָיָה לְכִנִּם בְּכָל־אֶרֶץ
13 מִצְרָיִם׃ וַיַּעֲשׂוּ־כֵן וַיֵּט אַהֲרֹן אֶת־יָדוֹ בְמַטֵּהוּ וַיַּךְ אֶת־עֲפַר
הָאָרֶץ וַתְּהִי הַכִּנָּם בָּאָדָם וּבַבְּהֵמָה כָּל־עֲפַר הָאָרֶץ הָיָה
14 כִנִּים בְּכָל־אֶרֶץ מִצְרָיִם׃ וַיַּעֲשׂוּ־כֵן הַחַרְטֻמִּים בְּלָטֵיהֶם
לְהוֹצִיא אֶת־הַכִּנִּים וְלֹא יָכֹלוּ וַתְּהִי הַכִּנָּם בָּאָדָם וּבַבְּהֵמָה׃
טו וַיֹּאמְרוּ הַחַרְטֻמִּם אֶל־פַּרְעֹה אֶצְבַּע אֱלֹהִים הִוא וַיֶּחֱזַק
16 לֵב־פַּרְעֹה וְלֹא־שָׁמַע אֲלֵהֶם כַּאֲשֶׁר דִּבֶּר יְהוָה׃ ס וַיֹּאמֶר
יְהוָה אֶל־מֹשֶׁה הַשְׁכֵּם בַּבֹּקֶר וְהִתְיַצֵּב לִפְנֵי פַרְעֹה הִנֵּה יוֹצֵא
הַמָּיְמָה וְאָמַרְתָּ אֵלָיו כֹּה אָמַר יְהוָה שַׁלַּח עַמִּי וְיַעַבְדֻנִי׃
17 כִּי אִם־אֵינְךָ מְשַׁלֵּחַ אֶת־עַמִּי הִנְנִי מַשְׁלִיחַ בְּךָ וּבַעֲבָדֶיךָ
וּבְעַמְּךָ וּבְבָתֶּיךָ אֶת־הֶעָרֹב וּמָלְאוּ בָּתֵּי מִצְרַיִם אֶת־הֶעָרֹב
18 וְגַם הָאֲדָמָה אֲשֶׁר־הֵם עָלֶיהָ׃ וְהִפְלֵיתִי בַיּוֹם הַהוּא אֶת־
אֶרֶץ גֹּשֶׁן אֲשֶׁר עַמִּי עֹמֵד עָלֶיהָ לְבִלְתִּי הֱיוֹת־שָׁם עָרֹב לְמַעַן
19 תֵּדַע כִּי אֲנִי יְהוָה בְּקֶרֶב הָאָרֶץ׃* וְשַׂמְתִּי פְדֻת בֵּין עַמִּי וּבֵין ששי
כ עַמֶּךָ לְמָחָר יִהְיֶה הָאֹת הַזֶּה׃ וַיַּעַשׂ יְהוָה כֵּן וַיָּבֹא עָרֹב כָּבֵד

בֵּיתָה

v. 13. סבירין וכל־

בֵּיתָה פַרְעֹה וּבֵית עֲבָדָיו וּבְכָל־אֶרֶץ מִצְרַיִם תִּשָּׁחֵת הָאָרֶץ
21 מִפְּנֵי הֶעָרֹב׃ וַיִּקְרָא פַרְעֹה אֶל־מֹשֶׁה וּלְאַהֲרֹן וַיֹּאמֶר לְכוּ
22 זִבְחוּ לֵאלֹהֵיכֶם בָּאָרֶץ׃ וַיֹּאמֶר מֹשֶׁה לֹא נָכוֹן לַעֲשׂוֹת כֵּן
כִּי תּוֹעֲבַת מִצְרַיִם נִזְבַּח לַיהוָה אֱלֹהֵינוּ הֵן נִזְבַּח אֶת־תּוֹעֲבַת
23 מִצְרַיִם לְעֵינֵיהֶם וְלֹא יִסְקְלֻנוּ׃ דֶּרֶךְ שְׁלֹשֶׁת יָמִים נֵלֵךְ
24 בַּמִּדְבָּר וְזָבַחְנוּ לַיהוָה אֱלֹהֵינוּ כַּאֲשֶׁר יֹאמַר אֵלֵינוּ׃ וַיֹּאמֶר
פַּרְעֹה אָנֹכִי אֲשַׁלַּח אֶתְכֶם וּזְבַחְתֶּם לַיהוָה אֱלֹהֵיכֶם בַּמִּדְבָּר
כה רַק הַרְחֵק לֹא־תַרְחִיקוּ לָלֶכֶת הַעְתִּירוּ בַּעֲדִי׃ וַיֹּאמֶר מֹשֶׁה
הִנֵּה אָנֹכִי יוֹצֵא מֵעִמָּךְ וְהַעְתַּרְתִּי אֶל־יְהוָה וְסָר הֶעָרֹב
מִפַּרְעֹה מֵעֲבָדָיו וּמֵעַמּוֹ מָחָר רַק אַל־יֹסֵף פַּרְעֹה הָתֵל
26 לְבִלְתִּי שַׁלַּח אֶת־הָעָם לִזְבֹּחַ לַיהוָה׃ וַיֵּצֵא מֹשֶׁה מֵעִם
27 פַּרְעֹה וַיֶּעְתַּר אֶל־יְהוָה׃ וַיַּעַשׂ יְהוָה כִּדְבַר מֹשֶׁה וַיָּסַר
28 הֶעָרֹב מִפַּרְעֹה מֵעֲבָדָיו וּמֵעַמּוֹ לֹא נִשְׁאַר אֶחָד׃ וַיַּכְבֵּד
פַּרְעֹה אֶת־לִבּוֹ גַּם בַּפַּעַם הַזֹּאת וְלֹא שִׁלַּח אֶת־הָעָם׃ פ

ט CAP. IX. ט

א וַיֹּאמֶר יְהוָה אֶל־מֹשֶׁה בֹּא אֶל־פַּרְעֹה וְדִבַּרְתָּ אֵלָיו כֹּה־
2 אָמַר יְהוָה אֱלֹהֵי הָעִבְרִים שַׁלַּח אֶת־עַמִּי וְיַעַבְדֻנִי׃ כִּי
3 אִם־מָאֵן אַתָּה לְשַׁלֵּחַ וְעוֹדְךָ מַחֲזִיק בָּם׃ הִנֵּה יַד־יְהוָה
הוֹיָה בְּמִקְנְךָ אֲשֶׁר בַּשָּׂדֶה בַּסּוּסִים בַּחֲמֹרִים בַּגְּמַלִּים בַּבָּקָר
4 וּבַצֹּאן דֶּבֶר כָּבֵד מְאֹד׃ וְהִפְלָה יְהוָה בֵּין מִקְנֵה יִשְׂרָאֵל
ה וּבֵין מִקְנֵה מִצְרָיִם וְלֹא יָמוּת מִכָּל־לִבְנֵי יִשְׂרָאֵל דָּבָר׃ וַיָּשֶׂם
יְהוָה מוֹעֵד לֵאמֹר מָחָר יַעֲשֶׂה יְהוָה הַדָּבָר הַזֶּה בָּאָרֶץ׃
6 וַיַּעַשׂ יְהוָה אֶת־הַדָּבָר הַזֶּה מִמָּחֳרָת וַיָּמָת כֹּל מִקְנֵה מִצְרָיִם
7 וּמִמִּקְנֵה בְנֵי־יִשְׂרָאֵל לֹא־מֵת אֶחָד׃ וַיִּשְׁלַח פַּרְעֹה וְהִנֵּה
לֹא־מֵת מִמִּקְנֵה יִשְׂרָאֵל עַד־אֶחָד וַיִּכְבַּד לֵב פַּרְעֹה וְלֹא
שִׁלַּח אֶת־הָעָם׃ פ
8 וַיֹּאמֶר יְהוָה אֶל־מֹשֶׁה וְאֶל־אַהֲרֹן קְחוּ לָכֶם מְלֹא חָפְנֵיכֶם

ח׳ v. 20. סבירין ובבית

9 פִּיחַ כִּבְשָׁן וּזְרָקוֹ מֹשֶׁה הַשָּׁמַיְמָה לְעֵינֵי פַרְעֹה: וְהָיָה לְאָבָק
עַל כָּל־אֶרֶץ מִצְרָיִם וְהָיָה עַל־הָאָדָם וְעַל־הַבְּהֵמָה לִשְׁחִין
י פֹּרֵחַ אֲבַעְבֻּעֹת בְּכָל־אֶרֶץ מִצְרָיִם: וַיִּקְחוּ אֶת־פִּיחַ הַכִּבְשָׁן
וַיַּעַמְדוּ לִפְנֵי פַרְעֹה וַיִּזְרֹק אֹתוֹ מֹשֶׁה הַשָּׁמַיְמָה וַיְהִי שְׁחִין
11 אֲבַעְבֻּעֹת פֹּרֵחַ בָּאָדָם וּבַבְּהֵמָה: וְלֹא־יָכְלוּ הַחַרְטֻמִּים
לַעֲמֹד לִפְנֵי מֹשֶׁה מִפְּנֵי הַשְּׁחִין כִּי־הָיָה הַשְּׁחִין בַּחַרְטֻמִּם
12 וּבְכָל־מִצְרָיִם: וַיְחַזֵּק יְהוָֹה אֶת־לֵב פַּרְעֹה וְלֹא שָׁמַע
13 אֲלֵהֶם כַּאֲשֶׁר דִּבֶּר יְהוָֹה אֶל־מֹשֶׁה: ס   וַיֹּאמֶר יְהוָֹה
אֶל־מֹשֶׁה הַשְׁכֵּם בַּבֹּקֶר וְהִתְיַצֵּב לִפְנֵי פַרְעֹה וְאָמַרְתָּ אֵלָיו
14 כֹּה־אָמַר יְהוָֹה אֱלֹהֵי הָעִבְרִים שַׁלַּח אֶת־עַמִּי וְיַעַבְדֻנִי: כִּי ׀
בַּפַּעַם הַזֹּאת אֲנִי שֹׁלֵחַ אֶת־כָּל־מַגֵּפֹתַי אֶל־לִבְּךָ וּבַעֲבָדֶיךָ
טו וּבְעַמֶּךָ בַּעֲבוּר תֵּדַע כִּי אֵין כָּמֹנִי בְּכָל־הָאָרֶץ: כִּי עַתָּה
שָׁלַחְתִּי אֶת־יָדִי וָאַךְ אוֹתְךָ וְאֶת־עַמְּךָ בַּדָּבֶר וַתִּכָּחֵד מִן־
16 הָאָרֶץ: וְאוּלָם בַּעֲבוּר זֹאת הֶעֱמַדְתִּיךָ בַּעֲבוּר הַרְאֹתְךָ
שביעי 17 אֶת־כֹּחִי וּלְמַעַן סַפֵּר שְׁמִי בְּכָל־הָאָרֶץ: *עוֹדְךָ מִסְתּוֹלֵל
18 בְּעַמִּי לְבִלְתִּי שַׁלְּחָם: הִנְנִי מַמְטִיר כָּעֵת מָחָר בָּרָד כָּבֵד
מְאֹד אֲשֶׁר לֹא־הָיָה כָמֹהוּ בְּמִצְרַיִם לְמִן־הַיּוֹם הִוָּסְדָה
19 וְעַד־עָתָּה: וְעַתָּה שְׁלַח הָעֵז אֶת־מִקְנְךָ וְאֵת כָּל־אֲשֶׁר לְךָ
בַּשָּׂדֶה כָּל־הָאָדָם וְהַבְּהֵמָה אֲשֶׁר־יִמָּצֵא בַשָּׂדֶה וְלֹא יֵאָסֵף
כ הַבַּיְתָה וְיָרַד עֲלֵהֶם הַבָּרָד וָמֵתוּ: הַיָּרֵא אֶת־דְּבַר יְהוָֹה
מֵעַבְדֵי פַּרְעֹה הֵנִיס אֶת־עֲבָדָיו וְאֶת־מִקְנֵהוּ אֶל־הַבָּתִּים:
21 וַאֲשֶׁר לֹא־שָׂם לִבּוֹ אֶל־דְּבַר יְהוָֹה וַיַּעֲזֹב אֶת־עֲבָדָיו וְאֶת־
מִקְנֵהוּ בַּשָּׂדֶה:
פ
22 וַיֹּאמֶר יְהוָֹה אֶל־מֹשֶׁה נְטֵה אֶת־יָדְךָ עַל־הַשָּׁמַיִם וִיהִי בָרָד
בְּכָל־אֶרֶץ מִצְרָיִם עַל־הָאָדָם וְעַל־הַבְּהֵמָה וְעַל כָּל־עֵשֶׂב
23 הַשָּׂדֶה בְּאֶרֶץ מִצְרָיִם: וַיֵּט מֹשֶׁה אֶת־מַטֵּהוּ עַל־הַשָּׁמַיִם
וַיהוָֹה נָתַן קֹלֹת וּבָרָד וַתִּהֲלַךְ אֵשׁ אָרְצָה וַיַּמְטֵר יְהוָֹה בָּרָד
24 עַל־אֶרֶץ מִצְרָיִם: וַיְהִי בָרָד וְאֵשׁ מִתְלַקַּחַת בְּתוֹךְ הַבָּרָד
כבד

כָּבֵד מְאֹד אֲשֶׁר לֹא־הָיָה כָמֹהוּ בְּכָל־אֶרֶץ מִצְרַיִם מֵאָז
כה הָיְתָה לְגוֹי׃ וַיַּךְ הַבָּרָד בְּכָל־אֶרֶץ מִצְרַיִם אֵת כָּל־אֲשֶׁר
בַּשָּׂדֶה מֵאָדָם וְעַד־בְּהֵמָה וְאֵת כָּל־עֵשֶׂב הַשָּׂדֶה הִכָּה
26 הַבָּרָד וְאֶת־כָּל־עֵץ הַשָּׂדֶה שִׁבֵּר׃ רַק בְּאֶרֶץ גֹּשֶׁן אֲשֶׁר־שָׁם
27 בְּנֵי יִשְׂרָאֵל לֹא הָיָה בָּרָד׃ וַיִּשְׁלַח פַּרְעֹה וַיִּקְרָא לְמֹשֶׁה
וּלְאַהֲרֹן וַיֹּאמֶר אֲלֵהֶם חָטָאתִי הַפָּעַם יְהוָה הַצַּדִּיק וַאֲנִי
28 וְעַמִּי הָרְשָׁעִים׃ הַעְתִּירוּ אֶל־יְהוָה וְרַב מִהְיֹת קֹלֹת אֱלֹהִים
29 וּבָרָד וַאֲשַׁלְּחָה אֶתְכֶם וְלֹא תֹסִפוּן לַעֲמֹד׃ וַיֹּאמֶר אֵלָיו
מֹשֶׁה כְּצֵאתִי אֶת־הָעִיר אֶפְרֹשׂ אֶת־כַּפַּי אֶל־יְהוָה הַקֹּלוֹת
יֶחְדָּלוּן וְהַבָּרָד לֹא יִהְיֶה־עוֹד לְמַעַן תֵּדַע כִּי לַיהוָה הָאָרֶץ׃
ל וְאַתָּה וַעֲבָדֶיךָ יָדַעְתִּי כִּי טֶרֶם תִּירְאוּן מִפְּנֵי יְהוָה אֱלֹהִים׃
31 וְהַפִּשְׁתָּה וְהַשְּׂעֹרָה נֻכָּתָה כִּי הַשְּׂעֹרָה אָבִיב וְהַפִּשְׁתָּה גִּבְעֹל׃
32 33 וְהַחִטָּה וְהַכֻּסֶּמֶת לֹא נֻכּוּ כִּי אֲפִילֹת הֵנָּה׃ * וַיֵּצֵא מֹשֶׁה מֵעִם מפטיר
פַּרְעֹה אֶת־הָעִיר וַיִּפְרֹשׂ כַּפָּיו אֶל־יְהוָה וַיַּחְדְּלוּ הַקֹּלוֹת
34 וְהַבָּרָד וּמָטָר לֹא־נִתַּךְ אָרְצָה׃ וַיַּרְא פַּרְעֹה כִּי־חָדַל הַמָּטָר
לה וְהַבָּרָד וְהַקֹּלֹת וַיֹּסֶף לַחֲטֹא וַיַּכְבֵּד לִבּוֹ הוּא וַעֲבָדָיו׃ וַיֶּחֱזַק
לֵב פַּרְעֹה וְלֹא שִׁלַּח אֶת־בְּנֵי יִשְׂרָאֵל כַּאֲשֶׁר דִּבֶּר יְהוָה בְּיַד־
מֹשֶׁה׃ פ פ פ

בא טו 15

CAP. X. י

א וַיֹּאמֶר יְהוָה אֶל־מֹשֶׁה בֹּא אֶל־פַּרְעֹה כִּי־אֲנִי הִכְבַּדְתִּי אֶת־
2 לִבּוֹ וְאֶת־לֵב עֲבָדָיו לְמַעַן שִׁתִי אֹתֹתַי אֵלֶּה בְּקִרְבּוֹ׃ וּלְמַעַן
תְּסַפֵּר בְּאָזְנֵי בִנְךָ וּבֶן־בִּנְךָ אֵת אֲשֶׁר הִתְעַלַּלְתִּי בְּמִצְרַיִם
3 וְאֶת־אֹתֹתַי אֲשֶׁר־שַׂמְתִּי בָם וִידַעְתֶּם כִּי־אֲנִי יְהוָה׃ וַיָּבֹא
מֹשֶׁה וְאַהֲרֹן אֶל־פַּרְעֹה וַיֹּאמְרוּ אֵלָיו כֹּה־אָמַר יְהוָה אֱלֹהֵי
הָעִבְרִים עַד־מָתַי מֵאַנְתָּ לֵעָנֹת מִפָּנָי שַׁלַּח עַמִּי וְיַעַבְדֻנִי׃
4 כִּי אִם־מָאֵן אַתָּה לְשַׁלֵּחַ אֶת־עַמִּי הִנְנִי מֵבִיא מָחָר אַרְבֶּה
ה בִּגְבֻלֶךָ׃ וְכִסָּה אֶת־עֵין הָאָרֶץ וְלֹא יוּכַל לִרְאֹת אֶת־הָאָרֶץ
ואכל

וְאָכַל ׀ אֶת־יֶתֶר הַפְּלֵטָה הַנִּשְׁאֶרֶת לָכֶם מִן־הַבָּרָד וְאָכַל
6 אֶת־כָּל־הָעֵץ הַצֹּמֵחַ לָכֶם מִן־הַשָּׂדֶה׃ וּמָלְאוּ בָתֶּיךָ וּבָתֵּי
כָל־עֲבָדֶיךָ וּבָתֵּי כָל־מִצְרַיִם אֲשֶׁר לֹא־רָאוּ אֲבֹתֶיךָ וַאֲבוֹת
אֲבֹתֶיךָ מִיּוֹם הֱיוֹתָם עַל־הָאֲדָמָה עַד הַיּוֹם הַזֶּה וַיִּפֶן וַיֵּצֵא
7 מֵעִם פַּרְעֹה׃ וַיֹּאמְרוּ עַבְדֵי פַרְעֹה אֵלָיו עַד־מָתַי יִהְיֶה זֶה
לָנוּ לְמוֹקֵשׁ שַׁלַּח אֶת־הָאֲנָשִׁים וְיַעַבְדוּ אֶת־יְהוָה אֱלֹהֵיהֶם
8 הֲטֶרֶם תֵּדַע כִּי אָבְדָה מִצְרָיִם׃ וַיּוּשַׁב אֶת־מֹשֶׁה וְאֶת־אַהֲרֹן
אֶל־פַּרְעֹה וַיֹּאמֶר אֲלֵהֶם לְכוּ עִבְדוּ אֶת־יְהוָה אֱלֹהֵיכֶם מִי
9 וָמִי הַהֹלְכִים׃ וַיֹּאמֶר מֹשֶׁה בִּנְעָרֵינוּ וּבִזְקֵנֵינוּ נֵלֵךְ בְּבָנֵינוּ
י וּבִבְנוֹתֵנוּ בְּצֹאנֵנוּ וּבִבְקָרֵנוּ נֵלֵךְ כִּי חַג־יְהוָה לָנוּ׃ וַיֹּאמֶר
אֲלֵהֶם יְהִי כֵן יְהוָה עִמָּכֶם כַּאֲשֶׁר אֲשַׁלַּח אֶתְכֶם וְאֶת־טַפְּכֶם
11 רְאוּ כִּי רָעָה נֶגֶד פְּנֵיכֶם׃ לֹא כֵן לְכוּ־נָא הַגְּבָרִים וְעִבְדוּ
אֶת־יְהוָה כִּי אֹתָהּ אַתֶּם מְבַקְשִׁים וַיְגָרֶשׁ אֹתָם מֵאֵת פְּנֵי
12 פַרְעֹה׃ * ס וַיֹּאמֶר יְהוָה אֶל־מֹשֶׁה נְטֵה יָדְךָ עַל־אֶרֶץ שני
מִצְרַיִם בָּאַרְבֶּה וְיַעַל עַל־אֶרֶץ מִצְרָיִם וְיֹאכַל אֶת־כָּל־
13 עֵשֶׂב הָאָרֶץ אֵת כָּל־אֲשֶׁר הִשְׁאִיר הַבָּרָד׃ וַיֵּט מֹשֶׁה אֶת־
מַטֵּהוּ עַל־אֶרֶץ מִצְרַיִם וַיהוָה נִהַג רוּחַ־קָדִים בָּאָרֶץ כָּל־
הַיּוֹם הַהוּא וְכָל־הַלָּיְלָה הַבֹּקֶר הָיָה וְרוּחַ הַקָּדִים נָשָׂא אֶת־
14 הָאַרְבֶּה׃ וַיַּעַל הָאַרְבֶּה עַל כָּל־אֶרֶץ מִצְרַיִם וַיָּנַח בְּכֹל
גְּבוּל מִצְרָיִם כָּבֵד מְאֹד לְפָנָיו לֹא־הָיָה כֵן אַרְבֶּה כָּמֹהוּ
טו וְאַחֲרָיו לֹא יִהְיֶה־כֵּן׃ וַיְכַס אֶת־עֵין כָּל־הָאָרֶץ וַתֶּחְשַׁךְ
הָאָרֶץ וַיֹּאכַל אֶת־כָּל־עֵשֶׂב הָאָרֶץ וְאֵת כָּל־פְּרִי הָעֵץ
אֲשֶׁר הוֹתִיר הַבָּרָד וְלֹא־נוֹתַר כָּל־יֶרֶק בָּעֵץ וּבְעֵשֶׂב הַשָּׂדֶה
16 בְּכָל־אֶרֶץ מִצְרָיִם׃ וַיְמַהֵר פַּרְעֹה לִקְרֹא לְמֹשֶׁה וּלְאַהֲרֹן
17 וַיֹּאמֶר חָטָאתִי לַיהוָה אֱלֹהֵיכֶם וְלָכֶם׃ וְעַתָּה שָׂא נָא חַטָּאתִי
אַךְ הַפַּעַם וְהַעְתִּירוּ לַיהוָה אֱלֹהֵיכֶם וְיָסֵר מֵעָלַי רַק אֶת־
18 19 הַמָּוֶת הַזֶּה׃ וַיֵּצֵא מֵעִם פַּרְעֹה וַיֶּעְתַּר אֶל־יְהוָה׃ וַיַּהֲפֹךְ
יְהוָה רוּחַ־יָם חָזָק מְאֹד וַיִּשָּׂא אֶת־הָאַרְבֶּה וַיִּתְקָעֵהוּ יָמָּה
סוף

כ סוּף לֹא נִשְׁאַר אַרְבֶּה אֶחָד בְּכֹל גְּבוּל מִצְרָיִם׃ וַיְחַזֵּק יְהוָה
אֶת־לֵב פַּרְעֹה וְלֹא שִׁלַּח אֶת־בְּנֵי יִשְׂרָאֵל׃ פ
21 וַיֹּאמֶר יְהוָה אֶל־מֹשֶׁה נְטֵה יָדְךָ עַל־הַשָּׁמַיִם וִיהִי חֹשֶׁךְ עַל־
22 אֶרֶץ מִצְרָיִם וְיָמֵשׁ חֹשֶׁךְ׃ וַיֵּט מֹשֶׁה אֶת־יָדוֹ עַל־הַשָּׁמָיִם
23 וַיְהִי חֹשֶׁךְ־אֲפֵלָה בְּכָל־אֶרֶץ מִצְרַיִם שְׁלֹשֶׁת יָמִים׃ לֹא־
רָאוּ אִישׁ אֶת־אָחִיו וְלֹא־קָמוּ אִישׁ מִתַּחְתָּיו שְׁלֹשֶׁת יָמִים
24 וּלְכָל־בְּנֵי יִשְׂרָאֵל הָיָה אוֹר בְּמוֹשְׁבֹתָם׃ *וַיִּקְרָא פַרְעֹה אֶל־ שלישי
מֹשֶׁה וַיֹּאמֶר לְכוּ עִבְדוּ אֶת־יְהוָה רַק צֹאנְכֶם וּבְקַרְכֶם יֻצָּג
כה גַּם־טַפְּכֶם יֵלֵךְ עִמָּכֶם׃ וַיֹּאמֶר מֹשֶׁה גַּם־אַתָּה תִּתֵּן בְּיָדֵנוּ
26 זְבָחִים וְעֹלֹת וְעָשִׂינוּ לַיהוָה אֱלֹהֵינוּ׃ וְגַם־מִקְנֵנוּ יֵלֵךְ עִמָּנוּ
לֹא תִשָּׁאֵר פַּרְסָה כִּי מִמֶּנּוּ נִקַּח לַעֲבֹד אֶת־יְהוָה אֱלֹהֵינוּ
27 וַאֲנַחְנוּ לֹא־נֵדַע מַה־נַּעֲבֹד אֶת־יְהוָה עַד־בֹּאֵנוּ שָׁמָּה׃ וַיְחַזֵּק
28 יְהוָה אֶת־לֵב פַּרְעֹה וְלֹא אָבָה לְשַׁלְּחָם׃ וַיֹּאמֶר־לוֹ פַרְעֹה
לֵךְ מֵעָלָי הִשָּׁמֶר לְךָ אַל־תֹּסֶף רְאוֹת פָּנַי כִּי בְּיוֹם רְאֹתְךָ פָנַי
29 תָּמוּת׃ וַיֹּאמֶר מֹשֶׁה כֵּן דִּבַּרְתָּ לֹא־אֹסִף עוֹד רְאוֹת פָּנֶיךָ׃ פ

יא

Cap. XI. יא

א וַיֹּאמֶר יְהוָה אֶל־מֹשֶׁה עוֹד נֶגַע אֶחָד אָבִיא עַל־פַּרְעֹה וְעַל־
מִצְרַיִם אַחֲרֵי־כֵן יְשַׁלַּח אֶתְכֶם מִזֶּה כְּשַׁלְּחוֹ כָּלָה גָּרֵשׁ יְגָרֵשׁ
2 אֶתְכֶם מִזֶּה׃ דַּבֶּר־נָא בְּאָזְנֵי הָעָם וְיִשְׁאֲלוּ אִישׁ ׀ מֵאֵת רֵעֵהוּ
3 וְאִשָּׁה מֵאֵת רְעוּתָהּ כְּלֵי־כֶסֶף וּכְלֵי זָהָב׃ וַיִּתֵּן יְהוָה אֶת־
חֵן הָעָם בְּעֵינֵי מִצְרָיִם גַּם ׀ הָאִישׁ מֹשֶׁה גָּדוֹל מְאֹד בְּאֶרֶץ
4 מִצְרַיִם בְּעֵינֵי עַבְדֵי־פַרְעֹה וּבְעֵינֵי הָעָם׃ * ס וַיֹּאמֶר מֹשֶׁה רביעי
ה כֹּה אָמַר יְהוָה כַּחֲצֹת הַלַּיְלָה אֲנִי יוֹצֵא בְּתוֹךְ מִצְרָיִם׃ וּמֵת
כָּל־בְּכוֹר בְּאֶרֶץ מִצְרַיִם מִבְּכוֹר פַּרְעֹה הַיֹּשֵׁב עַל־כִּסְאוֹ
עַד בְּכוֹר הַשִּׁפְחָה אֲשֶׁר אַחַר הָרֵחָיִם וְכֹל בְּכוֹר בְּהֵמָה׃
6 וְהָיְתָה צְעָקָה גְדֹלָה בְּכָל־אֶרֶץ מִצְרָיִם אֲשֶׁר כָּמֹהוּ לֹא
7 נִהְיָתָה וְכָמֹהוּ לֹא תֹסִף׃ וּלְכֹל ׀ בְּנֵי יִשְׂרָאֵל לֹא יֶחֱרַץ־

כלב

י״א v. 6. ב׳ סבירין כמוה בענין

כֶּלֶב לְשֹׁנוֹ לְמֵאִישׁ וְעַד־בְּהֵמָה לְמַעַן תֵּדְעוּן אֲשֶׁר יַפְלֶה
8 יְהוָה בֵּין מִצְרַיִם וּבֵין יִשְׂרָאֵל׃ וְיָרְדוּ כָל־עֲבָדֶיךָ אֵלֶּה
אֵלַי וְהִשְׁתַּחֲווּ־לִי לֵאמֹר צֵא אַתָּה וְכָל־הָעָם אֲשֶׁר־בְּרַגְלֶיךָ
9 וְאַחֲרֵי־כֵן אֵצֵא וַיֵּצֵא מֵעִם־פַּרְעֹה בָּחֳרִי־אָף׃ ס וַיֹּאמֶר
יְהוָה אֶל־מֹשֶׁה לֹא־יִשְׁמַע אֲלֵיכֶם פַּרְעֹה לְמַעַן רְבוֹת מוֹפְתַי
י בְּאֶרֶץ מִצְרָיִם׃ וּמֹשֶׁה וְאַהֲרֹן עָשׂוּ אֶת־כָּל־הַמֹּפְתִים הָאֵלֶּה
לִפְנֵי פַרְעֹה וַיְחַזֵּק יְהוָה אֶת־לֵב פַּרְעֹה וְלֹא־שִׁלַּח אֶת־
בְּנֵי־יִשְׂרָאֵל מֵאַרְצוֹ׃ ס

יב

CAP. XII. יב

א וַיֹּאמֶר יְהוָה אֶל־מֹשֶׁה וְאֶל־אַהֲרֹן בְּאֶרֶץ מִצְרַיִם
2 לֵאמֹר׃ הַחֹדֶשׁ הַזֶּה לָכֶם רֹאשׁ חֳדָשִׁים רִאשׁוֹן הוּא לָכֶם
3 לְחָדְשֵׁי הַשָּׁנָה׃ דַּבְּרוּ אֶל־כָּל־עֲדַת יִשְׂרָאֵל לֵאמֹר בֶּעָשֹׂר
לַחֹדֶשׁ הַזֶּה וְיִקְחוּ לָהֶם אִישׁ שֶׂה לְבֵית־אָבֹת שֶׂה לַבָּיִת׃
4 וְאִם־יִמְעַט הַבַּיִת מִהְיֹת מִשֶּׂה וְלָקַח הוּא וּשְׁכֵנוֹ הַקָּרֹב אֶל־
ה בֵּיתוֹ בְּמִכְסַת נְפָשֹׁת אִישׁ לְפִי אָכְלוֹ תָּכֹסּוּ עַל־הַשֶּׂה׃ שֶׂה
תָמִים זָכָר בֶּן־שָׁנָה יִהְיֶה לָכֶם מִן־הַכְּבָשִׂים וּמִן־הָעִזִּים
6 תִּקָּחוּ׃ וְהָיָה לָכֶם לְמִשְׁמֶרֶת עַד אַרְבָּעָה עָשָׂר יוֹם לַחֹדֶשׁ
7 הַזֶּה וְשָׁחֲטוּ אֹתוֹ כֹּל קְהַל עֲדַת־יִשְׂרָאֵל בֵּין הָעַרְבָּיִם׃ וְלָקְחוּ
מִן־הַדָּם וְנָתְנוּ עַל־שְׁתֵּי הַמְּזוּזֹת וְעַל־הַמַּשְׁקוֹף עַל הַבָּתִּים
8 אֲשֶׁר־יֹאכְלוּ אֹתוֹ בָּהֶם׃ וְאָכְלוּ אֶת־הַבָּשָׂר בַּלַּיְלָה הַזֶּה
9 צְלִי־אֵשׁ וּמַצּוֹת עַל־מְרֹרִים יֹאכְלֻהוּ׃ אַל־תֹּאכְלוּ מִמֶּנּוּ
נָא וּבָשֵׁל מְבֻשָּׁל בַּמָּיִם כִּי אִם־צְלִי־אֵשׁ רֹאשׁוֹ עַל־כְּרָעָיו
י וְעַל־קִרְבּוֹ׃ וְלֹא־תוֹתִירוּ מִמֶּנּוּ עַד־בֹּקֶר וְהַנֹּתָר מִמֶּנּוּ עַד־
11 בֹּקֶר בָּאֵשׁ תִּשְׂרֹפוּ׃ וְכָכָה תֹּאכְלוּ אֹתוֹ מָתְנֵיכֶם חֲגֻרִים
נַעֲלֵיכֶם בְּרַגְלֵיכֶם וּמַקֶּלְכֶם בְּיֶדְכֶם וַאֲכַלְתֶּם אֹתוֹ בְּחִפָּזוֹן
12 פֶּסַח הוּא לַיהוָה׃ וְעָבַרְתִּי בְאֶרֶץ־מִצְרַיִם בַּלַּיְלָה הַזֶּה
וְהִכֵּיתִי כָל־בְּכוֹר בְּאֶרֶץ מִצְרַיִם מֵאָדָם וְעַד־בְּהֵמָה וּבְכָל־

13 אֱלֹהֵי מִצְרַיִם אֶעֱשֶׂה שְׁפָטִים אֲנִי יְהוָה׃ וְהָיָה הַדָּם לָכֶם לְאֹת
עַל הַבָּתִּים אֲשֶׁר אַתֶּם שָׁם וְרָאִיתִי אֶת־הַדָּם וּפָסַחְתִּי עֲלֵכֶם
14 וְלֹא־יִהְיֶה בָכֶם נֶגֶף לְמַשְׁחִית בְּהַכֹּתִי בְּאֶרֶץ מִצְרָיִם׃ וְהָיָה
הַיּוֹם הַזֶּה לָכֶם לְזִכָּרוֹן וְחַגֹּתֶם אֹתוֹ חַג לַיהוָה לְדֹרֹתֵיכֶם
טו חֻקַּת עוֹלָם תְּחָגֻּהוּ׃ שִׁבְעַת יָמִים מַצּוֹת תֹּאכֵלוּ אַךְ בַּיּוֹם
הָרִאשׁוֹן תַּשְׁבִּיתוּ שְּׂאֹר מִבָּתֵּיכֶם כִּי ׀ כָּל־אֹכֵל חָמֵץ וְנִכְרְתָה
16 הַנֶּפֶשׁ הַהִוא מִיִּשְׂרָאֵל מִיּוֹם הָרִאשֹׁן עַד־יוֹם הַשְּׁבִעִי׃ וּבַיּוֹם
הָרִאשׁוֹן מִקְרָא־קֹדֶשׁ וּבַיּוֹם הַשְּׁבִיעִי מִקְרָא־קֹדֶשׁ יִהְיֶה
לָכֶם כָּל־מְלָאכָה לֹא־יֵעָשֶׂה בָהֶם אַךְ אֲשֶׁר יֵאָכֵל לְכָל־
17 נֶפֶשׁ הוּא לְבַדּוֹ יֵעָשֶׂה לָכֶם׃ וּשְׁמַרְתֶּם אֶת־הַמַּצּוֹת כִּי בְּעֶצֶם
הַיּוֹם הַזֶּה הוֹצֵאתִי אֶת־צִבְאוֹתֵיכֶם מֵאֶרֶץ מִצְרָיִם וּשְׁמַרְתֶּם
18 אֶת־הַיּוֹם הַזֶּה לְדֹרֹתֵיכֶם חֻקַּת עוֹלָם׃ בָּרִאשֹׁן בְּאַרְבָּעָה
עָשָׂר יוֹם לַחֹדֶשׁ בָּעֶרֶב תֹּאכְלוּ מַצֹּת עַד יוֹם הָאֶחָד וְעֶשְׂרִים
19 לַחֹדֶשׁ בָּעָרֶב׃ שִׁבְעַת יָמִים שְׂאֹר לֹא יִמָּצֵא בְּבָתֵּיכֶם כִּי ׀
כָּל־אֹכֵל מַחְמֶצֶת וְנִכְרְתָה הַנֶּפֶשׁ הַהִוא מֵעֲדַת יִשְׂרָאֵל בַּגֵּר
כ וּבְאֶזְרַח הָאָרֶץ׃ כָּל־מַחְמֶצֶת לֹא תֹאכֵלוּ בְּכֹל מוֹשְׁבֹתֵיכֶם
תֹּאכְלוּ מַצּוֹת׃ * פ
חמישי 21 וַיִּקְרָא מֹשֶׁה לְכָל־זִקְנֵי יִשְׂרָאֵל וַיֹּאמֶר אֲלֵהֶם מִשְׁכוּ וּקְחוּ
22 לָכֶם צֹאן לְמִשְׁפְּחֹתֵיכֶם וְשַׁחֲטוּ הַפָּסַח׃ וּלְקַחְתֶּם אֲגֻדַּת
אֵזוֹב וּטְבַלְתֶּם בַּדָּם אֲשֶׁר־בַּסַּף וְהִגַּעְתֶּם אֶל־הַמַּשְׁקוֹף
וְאֶל־שְׁתֵּי הַמְּזוּזֹת מִן־הַדָּם אֲשֶׁר בַּסָּף וְאַתֶּם לֹא תֵצְאוּ אִישׁ
23 מִפֶּתַח־בֵּיתוֹ עַד־בֹּקֶר׃ וְעָבַר יְהוָה לִנְגֹּף אֶת־מִצְרַיִם
וְרָאָה אֶת־הַדָּם עַל־הַמַּשְׁקוֹף וְעַל שְׁתֵּי הַמְּזוּזֹת וּפָסַח יְהוָה
עַל־הַפֶּתַח וְלֹא יִתֵּן הַמַּשְׁחִית לָבֹא אֶל־בָּתֵּיכֶם לִנְגֹּף׃
24 וּשְׁמַרְתֶּם אֶת־הַדָּבָר הַזֶּה לְחָק־לְךָ וּלְבָנֶיךָ עַד־עוֹלָם׃
כה וְהָיָה כִּי־תָבֹאוּ אֶל־הָאָרֶץ אֲשֶׁר יִתֵּן יְהוָה לָכֶם כַּאֲשֶׁר דִּבֵּר
26 וּשְׁמַרְתֶּם אֶת־הָעֲבֹדָה הַזֹּאת׃ וְהָיָה כִּי־יֹאמְרוּ אֲלֵיכֶם
27 בְּנֵיכֶם מָה הָעֲבֹדָה הַזֹּאת לָכֶם׃ וַאֲמַרְתֶּם זֶבַח־פֶּסַח הוּא

ליהוה

לַיהוָה אֲשֶׁר פָּסַח עַל־בָּתֵּי בְנֵי־יִשְׂרָאֵל בְּמִצְרַיִם בְּנָגְפּוֹ
28 אֶת־מִצְרַיִם וְאֶת־בָּתֵּינוּ הִצִּיל וַיִּקֹּד הָעָם וַיִּשְׁתַּחֲווּ׃ וַיֵּלְכוּ
וַיַּעֲשׂוּ בְּנֵי יִשְׂרָאֵל כַּאֲשֶׁר צִוָּה יְהוָה אֶת־מֹשֶׁה וְאַהֲרֹן כֵּן
29 עָשׂוּ׃ * ס וַיְהִי ׀ בַּחֲצִי הַלַּיְלָה וַיהוָה הִכָּה כָל־בְּכוֹר ששי
בְּאֶרֶץ מִצְרַיִם מִבְּכֹר פַּרְעֹה הַיֹּשֵׁב עַל־כִּסְאוֹ עַד בְּכוֹר
ל הַשְּׁבִי אֲשֶׁר בְּבֵית הַבּוֹר וְכֹל בְּכוֹר בְּהֵמָה׃ וַיָּקָם פַּרְעֹה
לַיְלָה הוּא וְכָל־עֲבָדָיו וְכָל־מִצְרַיִם וַתְּהִי צְעָקָה גְדֹלָה
31 בְּמִצְרָיִם כִּי־אֵין בַּיִת אֲשֶׁר אֵין־שָׁם מֵת׃ וַיִּקְרָא לְמֹשֶׁה
וּלְאַהֲרֹן לַיְלָה וַיֹּאמֶר קוּמוּ צְּאוּ מִתּוֹךְ עַמִּי גַּם־אַתֶּם גַּם־
32 בְּנֵי יִשְׂרָאֵל וּלְכוּ עִבְדוּ אֶת־יְהוָה כְּדַבֶּרְכֶם׃ גַּם־צֹאנְכֶם
גַּם־בְּקַרְכֶם קְחוּ כַּאֲשֶׁר דִּבַּרְתֶּם וָלֵכוּ וּבֵרַכְתֶּם גַּם־אֹתִי׃
33 וַתֶּחֱזַק מִצְרַיִם עַל־הָעָם לְמַהֵר לְשַׁלְּחָם מִן־הָאָרֶץ כִּי
34 אָמְרוּ כֻּלָּנוּ מֵתִים׃ וַיִּשָּׂא הָעָם אֶת־בְּצֵקוֹ טֶרֶם יֶחְמָץ
לה מִשְׁאֲרֹתָם צְרֻרֹת בְּשִׂמְלֹתָם עַל־שִׁכְמָם׃ וּבְנֵי־יִשְׂרָאֵל עָשׂוּ
כִּדְבַר מֹשֶׁה וַיִּשְׁאֲלוּ מִמִּצְרַיִם כְּלֵי־כֶסֶף וּכְלֵי זָהָב וּשְׂמָלֹת׃
36 וַיהוָה נָתַן אֶת־חֵן הָעָם בְּעֵינֵי מִצְרַיִם וַיַּשְׁאִלוּם וַיְנַצְּלוּ אֶת־
מִצְרָיִם׃ פ
37 וַיִּסְעוּ בְנֵי־יִשְׂרָאֵל מֵרַעְמְסֵס סֻכֹּתָה כְּשֵׁשׁ־מֵאוֹת אֶלֶף
38 רַגְלִי הַגְּבָרִים לְבַד מִטָּף׃ וְגַם־עֵרֶב רַב עָלָה אִתָּם וְצֹאן
39 וּבָקָר מִקְנֶה כָּבֵד מְאֹד׃ וַיֹּאפוּ אֶת־הַבָּצֵק אֲשֶׁר הוֹצִיאוּ
מִמִּצְרַיִם עֻגֹת מַצּוֹת כִּי לֹא חָמֵץ כִּי־גֹרְשׁוּ מִמִּצְרַיִם וְלֹא
מ יָכְלוּ לְהִתְמַהְמֵהַּ וְגַם־צֵדָה לֹא־עָשׂוּ לָהֶם׃ וּמוֹשַׁב בְּנֵי
יִשְׂרָאֵל אֲשֶׁר יָשְׁבוּ בְּמִצְרָיִם שְׁלֹשִׁים שָׁנָה וְאַרְבַּע מֵאוֹת
41 שָׁנָה׃ וַיְהִי מִקֵּץ שְׁלֹשִׁים שָׁנָה וְאַרְבַּע מֵאוֹת שָׁנָה וַיְהִי בְּעֶצֶם
42 הַיּוֹם הַזֶּה יָצְאוּ כָּל־צִבְאוֹת יְהוָה מֵאֶרֶץ מִצְרָיִם׃ לֵיל
שִׁמֻּרִים הוּא לַיהוָה לְהוֹצִיאָם מֵאֶרֶץ מִצְרָיִם הוּא־הַלַּיְלָה
הַזֶּה לַיהוָה שִׁמֻּרִים לְכָל־בְּנֵי יִשְׂרָאֵל לְדֹרֹתָם׃ פ
43 וַיֹּאמֶר יְהוָה אֶל־מֹשֶׁה וְאַהֲרֹן זֹאת חֻקַּת הַפָּסַח כָּל־בֶּן־נֵכָר

לא־יאכל

6 אָֽבֶן: יְמִֽינְךָ יְהוָה נֶאְדָּרִי בַּכֹּחַ יְמִֽינְךָ
7 יְהוָה תִּרְעַץ אוֹיֵֽב: וּבְרֹב גְּאוֹנְךָ תַּהֲרֹס
8 קָמֶיךָ תְּשַׁלַּח חֲרֹנְךָ יֹאכְלֵמוֹ כַּקַּֽשׁ: וּבְרוּחַ
אַפֶּיךָ נֶעֶרְמוּ מַיִם נִצְּבוּ כְמוֹ־נֵד
9 נֹזְלִים קָֽפְאוּ תְהֹמֹת בְּלֶב־יָֽם: אָמַר
אוֹיֵב אֶרְדֹּף אַשִּׂיג אֲחַלֵּק שָׁלָל תִּמְלָאֵמוֹ
י נַפְשִׁי אָרִיק חַרְבִּי תּוֹרִישֵׁמוֹ יָדִֽי: נָשַׁפְתָּ
בְרוּחֲךָ כִּסָּמוֹ יָם צָֽלְלוּ כַּֽעוֹפֶרֶת בְּמַיִם
11 אַדִּירִֽים: מִֽי־כָמֹכָה בָּֽאֵלִם יְהוָה מִי
כָּמֹכָה נֶאְדָּר בַּקֹּדֶשׁ נוֹרָא תְהִלֹּת עֹשֵׂה־
12 13 פֶֽלֶא: נָטִיתָ יְמִינְךָ תִּבְלָעֵמוֹ אָֽרֶץ: נָחִיתָ
בְחַסְדְּךָ עַם־זוּ גָּאָלְתָּ נֵהַלְתָּ בְעָזְּךָ אֶל־נְוֵה
14 קָדְשֶֽׁךָ: שָֽׁמְעוּ עַמִּים יִרְגָּזוּן חִיל
טו אָחַז יֹשְׁבֵי פְּלָֽשֶׁת: אָז נִבְהֲלוּ אַלּוּפֵי
אֱדוֹם אֵילֵי מוֹאָב יֹאחֲזֵמוֹ רָעַד נָמֹגוּ
16 כֹּל יֹשְׁבֵי כְנָֽעַן: תִּפֹּל עֲלֵיהֶם אֵימָתָה
וָפַחַד בִּגְדֹל זְרוֹעֲךָ יִדְּמוּ כָּאָבֶן עַד־
יַעֲבֹר עַמְּךָ יְהוָה עַד־יַעֲבֹר עַם־זוּ
17 קָנִֽיתָ: תְּבִאֵמוֹ וְתִטָּעֵמוֹ בְּהַר נַחֲלָֽתְךָ מָכוֹן
לְשִׁבְתְּךָ פָּעַלְתָּ יְהוָה מִקְּדָשׁ אֲדֹנָי כּוֹנְנוּ
18 19 יָדֶֽיךָ: יְהוָה ׀ יִמְלֹךְ לְעֹלָם וָעֶֽד: כִּי
בָא סוּס פַּרְעֹה בְּרִכְבּוֹ וּבְפָרָשָׁיו בַּיָּם וַיָּשֶׁב יְהוָה עֲלֵהֶם אֶת־
מֵי הַיָּם וּבְנֵי יִשְׂרָאֵל הָלְכוּ בַיַּבָּשָׁה בְּתוֹךְ הַיָּֽם: פ
כ וַתִּקַּח מִרְיָם הַנְּבִיאָה אֲחוֹת אַהֲרֹן אֶת־הַתֹּף בְּיָדָהּ וַתֵּצֶאןָ
21 כָל־הַנָּשִׁים אַחֲרֶיהָ בְּתֻפִּים וּבִמְחֹלֹת: וַתַּעַן לָהֶם מִרְיָם
22 שִׁירוּ לַיהוָה כִּי־גָאֹה גָּאָה סוּס וְרֹכְבוֹ רָמָה בַיָּם: ס וַיַּסַּע
מֹשֶׁה אֶת־יִשְׂרָאֵל מִיַּם־סוּף וַיֵּצְאוּ אֶל־מִדְבַּר־שׁוּר וַיֵּלְכוּ
23 שְׁלֹשֶׁת־יָמִים בַּמִּדְבָּר וְלֹא־מָצְאוּ מָיִם: וַיָּבֹאוּ מָרָתָה וְלֹא

יכלו

יָכְלוּ לִשְׁתֹּת מַיִם מִמָּרָה כִּי מָרִים הֵם עַל־כֵּן קָרָא־שְׁמָהּ
24 כה מָרָה׃ וַיִּלֹּנוּ הָעָם עַל־מֹשֶׁה לֵּאמֹר מַה־נִּשְׁתֶּה׃ וַיִּצְעַק אֶל־
יְהוָה וַיּוֹרֵהוּ יְהוָה עֵץ וַיַּשְׁלֵךְ אֶל־הַמַּיִם וַיִּמְתְּקוּ הַמָּיִם שָׁם
26 שָׂם לוֹ חֹק וּמִשְׁפָּט וְשָׁם נִסָּהוּ׃ וַיֹּאמֶר אִם־שָׁמוֹעַ תִּשְׁמַע
לְקוֹל ׀ יְהוָה אֱלֹהֶיךָ וְהַיָּשָׁר בְּעֵינָיו תַּעֲשֶׂה וְהַאֲזַנְתָּ לְמִצְוֹתָיו
וְשָׁמַרְתָּ כָּל־חֻקָּיו כָּל־הַמַּחֲלָה אֲשֶׁר־שַׂמְתִּי בְמִצְרַיִם לֹא־
27 אָשִׂים עָלֶיךָ כִּי אֲנִי יְהוָה רֹפְאֶךָ׃* ס וַיָּבֹאוּ אֵילִמָה וְשָׁם רביעי לספ׳ חמישי לאש׳
שְׁתֵּים עֶשְׂרֵה עֵינֹת מַיִם וְשִׁבְעִים תְּמָרִים וַיַּחֲנוּ־שָׁם עַל־
הַמָּיִם׃

טז Cap. XVI. טז

א וַיִּסְעוּ מֵאֵילִם וַיָּבֹאוּ כָּל־עֲדַת בְּנֵי־יִשְׂרָאֵל אֶל־מִדְבַּר־
סִין אֲשֶׁר בֵּין־אֵילִם וּבֵין סִינָי בַּחֲמִשָּׁה עָשָׂר יוֹם לַחֹדֶשׁ הַשֵּׁנִי
2 לְצֵאתָם מֵאֶרֶץ מִצְרָיִם׃ וַיִּלִּינוּ כָּל־עֲדַת בְּנֵי־יִשְׂרָאֵל עַל־
3 מֹשֶׁה וְעַל־אַהֲרֹן בַּמִּדְבָּר׃ וַיֹּאמְרוּ אֲלֵהֶם בְּנֵי יִשְׂרָאֵל מִי־
יִתֵּן מוּתֵנוּ בְיַד־יְהוָה בְּאֶרֶץ מִצְרַיִם בְּשִׁבְתֵּנוּ עַל־סִיר הַבָּשָׂר
בְּאָכְלֵנוּ לֶחֶם לָשֹׂבַע כִּי־הוֹצֵאתֶם אֹתָנוּ אֶל־הַמִּדְבָּר הַזֶּה
4 לְהָמִית אֶת־כָּל־הַקָּהָל הַזֶּה בָּרָעָב׃ ס וַיֹּאמֶר יְהוָה
אֶל־מֹשֶׁה הִנְנִי מַמְטִיר לָכֶם לֶחֶם מִן־הַשָּׁמָיִם וְיָצָא הָעָם
וְלָקְטוּ דְּבַר־יוֹם בְּיוֹמוֹ לְמַעַן אֲנַסֶּנּוּ הֲיֵלֵךְ בְּתוֹרָתִי אִם־
ה לֹא׃ וְהָיָה בַּיּוֹם הַשִּׁשִּׁי וְהֵכִינוּ אֵת אֲשֶׁר־יָבִיאוּ וְהָיָה מִשְׁנֶה
6 עַל אֲשֶׁר־יִלְקְטוּ יוֹם ׀ יוֹם׃ וַיֹּאמֶר מֹשֶׁה וְאַהֲרֹן אֶל־כָּל־
בְּנֵי יִשְׂרָאֵל עֶרֶב וִידַעְתֶּם כִּי יְהוָה הוֹצִיא אֶתְכֶם מֵאֶרֶץ
7 מִצְרָיִם׃ וּבֹקֶר וּרְאִיתֶם אֶת־כְּבוֹד יְהוָה בְּשָׁמְעוֹ אֶת־
8 תְּלֻנֹּתֵיכֶם עַל־יְהוָה וְנַחְנוּ מָה כִּי תַלּוֹנוּ עָלֵינוּ׃ וַיֹּאמֶר מֹשֶׁה
בְּתֵת יְהוָה לָכֶם בָּעֶרֶב בָּשָׂר לֶאֱכֹל וְלֶחֶם בַּבֹּקֶר לִשְׂבֹּעַ
בִּשְׁמֹעַ יְהוָה אֶת־תְּלֻנֹּתֵיכֶם אֲשֶׁר־אַתֶּם מַלִּינִם עָלָיו וְנַחְנוּ
9 מָה לֹא־עָלֵינוּ תְלֻנֹּתֵיכֶם כִּי עַל־יְהוָה׃ וַיֹּאמֶר מֹשֶׁה אֶל־

אהרן

ס״ז v. 2. וילונו ק׳ v. 7. תלינו ק׳

אַהֲרֹן אֱמֹר אֶל־כָּל־עֲדַת בְּנֵי יִשְׂרָאֵל קִרְבוּ לִפְנֵי יְהוָה
י כִּי שָׁמַע אֵת תְּלֻנֹּתֵיכֶם׃ וַיְהִי כְּדַבֵּר אַהֲרֹן אֶל־כָּל־עֲדַת
בְּנֵי־יִשְׂרָאֵל וַיִּפְנוּ אֶל־הַמִּדְבָּר וְהִנֵּה כְּבוֹד יְהוָה נִרְאָה
בֶּעָנָן׃* פ
11 12 חמישי וַיְדַבֵּר יְהוָה אֶל־מֹשֶׁה לֵּאמֹר׃ שָׁמַעְתִּי אֶת־תְּלוּנֹּת בְּנֵי
לספ׳ ששי יִשְׂרָאֵל דַּבֵּר אֲלֵהֶם לֵאמֹר בֵּין הָעַרְבַּיִם תֹּאכְלוּ בָשָׂר
13 לאש׳ וּבַבֹּקֶר תִּשְׂבְּעוּ־לָחֶם וִידַעְתֶּם כִּי אֲנִי יְהוָה אֱלֹהֵיכֶם׃ וַיְהִי
בָעֶרֶב וַתַּעַל הַשְּׂלָו וַתְּכַס אֶת־הַמַּחֲנֶה וּבַבֹּקֶר הָיְתָה שִׁכְבַת
14 הַטַּל סָבִיב לַמַּחֲנֶה׃ וַתַּעַל שִׁכְבַת הַטָּל וְהִנֵּה עַל־פְּנֵי
טו הַמִּדְבָּר דַּק מְחֻסְפָּס דַּק כַּכְּפֹר עַל־הָאָרֶץ׃ וַיִּרְאוּ בְנֵי־
יִשְׂרָאֵל וַיֹּאמְרוּ אִישׁ אֶל־אָחִיו מָן הוּא כִּי לֹא יָדְעוּ מַה־
הוּא וַיֹּאמֶר מֹשֶׁה אֲלֵהֶם הוּא הַלֶּחֶם אֲשֶׁר נָתַן יְהוָה לָכֶם
16 לְאָכְלָה׃ זֶה הַדָּבָר אֲשֶׁר צִוָּה יְהוָה לִקְטוּ מִמֶּנּוּ אִישׁ לְפִי
אָכְלוֹ עֹמֶר לַגֻּלְגֹּלֶת מִסְפַּר נַפְשֹׁתֵיכֶם אִישׁ לַאֲשֶׁר בְּאָהֳלוֹ
17 תִּקָּחוּ׃ וַיַּעֲשׂוּ־כֵן בְּנֵי יִשְׂרָאֵל וַיִּלְקְטוּ הַמַּרְבֶּה וְהַמַּמְעִיט׃
18 וַיָּמֹדּוּ בָעֹמֶר וְלֹא הֶעְדִּיף הַמַּרְבֶּה וְהַמַּמְעִיט לֹא הֶחְסִיר
19 אִישׁ לְפִי־אָכְלוֹ לָקָטוּ׃ וַיֹּאמֶר מֹשֶׁה אֲלֵהֶם אִישׁ אַל־יוֹתֵר
כ מִמֶּנּוּ עַד־בֹּקֶר׃ וְלֹא־שָׁמְעוּ אֶל־מֹשֶׁה וַיּוֹתִרוּ אֲנָשִׁים מִמֶּנּוּ
21 עַד־בֹּקֶר וַיָּרֻם תּוֹלָעִים וַיִּבְאַשׁ וַיִּקְצֹף עֲלֵהֶם מֹשֶׁה׃ וַיִּלְקְטוּ
22 אֹתוֹ בַּבֹּקֶר בַּבֹּקֶר אִישׁ כְּפִי אָכְלוֹ וְחַם הַשֶּׁמֶשׁ וְנָמָס׃ וַיְהִי ׀
בַּיּוֹם הַשִּׁשִּׁי לָקְטוּ לֶחֶם מִשְׁנֶה שְׁנֵי הָעֹמֶר לָאֶחָד וַיָּבֹאוּ כָּל־
23 נְשִׂיאֵי הָעֵדָה וַיַּגִּידוּ לְמֹשֶׁה׃ וַיֹּאמֶר אֲלֵהֶם הוּא אֲשֶׁר דִּבֶּר
יְהוָה שַׁבָּתוֹן שַׁבַּת־קֹדֶשׁ לַיהוָה מָחָר אֵת אֲשֶׁר־תֹּאפוּ אֵפוּ
וְאֵת אֲשֶׁר־תְּבַשְּׁלוּ בַּשֵּׁלוּ וְאֵת כָּל־הָעֹדֵף הַנִּיחוּ לָכֶם
24 לְמִשְׁמֶרֶת עַד־הַבֹּקֶר׃ וַיַּנִּיחוּ אֹתוֹ עַד־הַבֹּקֶר כַּאֲשֶׁר צִוָּה
כה מֹשֶׁה וְלֹא הִבְאִישׁ וְרִמָּה לֹא־הָיְתָה בּוֹ׃ וַיֹּאמֶר מֹשֶׁה אִכְלֻהוּ
26 הַיּוֹם כִּי־שַׁבָּת הַיּוֹם לַיהוָה הַיּוֹם לֹא תִמְצָאֻהוּ בַּשָּׂדֶה׃ שֵׁשֶׁת
27 יָמִים תִּלְקְטֻהוּ וּבַיּוֹם הַשְּׁבִיעִי שַׁבָּת לֹא יִהְיֶה־בּוֹ׃ וַיְהִי בַּיּוֹם

השביעי

28 הַשְּׁבִיעִי יָצְאוּ מִן־הָעָם לִלְקֹט וְלֹא מָצָאוּ׃ ס וַיֹּאמֶר יְהוָה
29 אֶל־מֹשֶׁה עַד־אָנָה מֵאַנְתֶּם לִשְׁמֹר מִצְוֺתַי וְתוֹרֹתָי׃ רְאוּ כִּי־
יְהוָה נָתַן לָכֶם הַשַּׁבָּת עַל־כֵּן הוּא נֹתֵן לָכֶם בַּיּוֹם הַשִּׁשִּׁי
לֶחֶם יוֹמָיִם שְׁבוּ ׀ אִישׁ תַּחְתָּיו אַל־יֵצֵא אִישׁ מִמְּקֹמוֹ בַּיּוֹם
ל 31 הַשְּׁבִיעִי׃ וַיִּשְׁבְּתוּ הָעָם בַּיּוֹם הַשְּׁבִעִי׃ * וַיִּקְרְאוּ בֵית־יִשְׂרָאֵל ששי לספ׳
אֶת־שְׁמוֹ מָן וְהוּא כְּזֶרַע גַּד לָבָן וְטַעְמוֹ כְּצַפִּיחִת בִּדְבָשׁ׃
32 וַיֹּאמֶר מֹשֶׁה זֶה הַדָּבָר אֲשֶׁר צִוָּה יְהוָה מְלֹא הָעֹמֶר מִמֶּנּוּ
לְמִשְׁמֶרֶת לְדֹרֹתֵיכֶם לְמַעַן ׀ יִרְאוּ אֶת־הַלֶּחֶם אֲשֶׁר הֶאֱכַלְתִּי
33 אֶתְכֶם בַּמִּדְבָּר בְּהוֹצִיאִי אֶתְכֶם מֵאֶרֶץ מִצְרָיִם׃ וַיֹּאמֶר מֹשֶׁה
אֶל־אַהֲרֹן קַח צִנְצֶנֶת אַחַת וְתֶן־שָׁמָּה מְלֹא־הָעֹמֶר מָן וְהַנַּח
34 אֹתוֹ לִפְנֵי יְהוָה לְמִשְׁמֶרֶת לְדֹרֹתֵיכֶם׃ כַּאֲשֶׁר צִוָּה יְהוָה
לה אֶל־מֹשֶׁה וַיַּנִּיחֵהוּ אַהֲרֹן לִפְנֵי הָעֵדֻת לְמִשְׁמָרֶת׃ וּבְנֵי יִשְׂרָאֵל
אָכְלוּ אֶת־הַמָּן אַרְבָּעִים שָׁנָה עַד־בֹּאָם אֶל־אֶרֶץ נוֹשָׁבֶת
36 אֶת־הַמָּן אָכְלוּ עַד־בֹּאָם אֶל־קְצֵה אֶרֶץ כְּנָעַן׃ וְהָעֹמֶר
עֲשִׂרִית הָאֵיפָה הוּא׃ * פ

יז CAP. XVII. יז

א וַיִּסְעוּ כָּל־עֲדַת בְּנֵי־יִשְׂרָאֵל מִמִּדְבַּר־סִין לְמַסְעֵיהֶם עַל־ שביעי
2 פִּי יְהוָה וַיַּחֲנוּ בִּרְפִידִים וְאֵין מַיִם לִשְׁתֹּת הָעָם׃ וַיָּרֶב הָעָם
עִם־מֹשֶׁה וַיֹּאמְרוּ תְּנוּ־לָנוּ מַיִם וְנִשְׁתֶּה וַיֹּאמֶר לָהֶם מֹשֶׁה
3 מַה־תְּרִיבוּן עִמָּדִי מַה־תְּנַסּוּן אֶת־יְהוָה׃ וַיִּצְמָא שָׁם הָעָם
לַמַּיִם וַיָּלֶן הָעָם עַל־מֹשֶׁה וַיֹּאמֶר לָמָּה זֶּה הֶעֱלִיתָנוּ מִמִּצְרַיִם
4 לְהָמִית אֹתִי וְאֶת־בָּנַי וְאֶת־מִקְנַי בַּצָּמָא׃ וַיִּצְעַק מֹשֶׁה אֶל־
ה יְהוָה לֵאמֹר מָה אֶעֱשֶׂה לָעָם הַזֶּה עוֹד מְעַט וּסְקָלֻנִי׃ וַיֹּאמֶר
יְהוָה אֶל־מֹשֶׁה עֲבֹר לִפְנֵי הָעָם וְקַח אִתְּךָ מִזִּקְנֵי יִשְׂרָאֵל
6 וּמַטְּךָ אֲשֶׁר הִכִּיתָ בּוֹ אֶת־הַיְאֹר קַח בְּיָדְךָ וְהָלָכְתָּ׃ הִנְנִי
עֹמֵד לְפָנֶיךָ שָּׁם ׀ עַל־הַצּוּר בְּחֹרֵב וְהִכִּיתָ בַצּוּר וְיָצְאוּ מִמֶּנּוּ
7 מַיִם וְשָׁתָה הָעָם וַיַּעַשׂ כֵּן מֹשֶׁה לְעֵינֵי זִקְנֵי יִשְׂרָאֵל׃ וַיִּקְרָא

שם

יז v. 2. סבירין תנה

שֵׁם הַמָּקוֹם מַסָּה וּמְרִיבָה עַל־רִיב ׀ בְּנֵי יִשְׂרָאֵל וְעַל נַסֹּתָם
אֶת־יְהֹוָה לֵאמֹר הֲיֵשׁ יְהֹוָה בְּקִרְבֵּנוּ אִם־אָֽיִן׃ פ

8
9   וַיָּבֹא עֲמָלֵק וַיִּלָּחֶם עִם־יִשְׂרָאֵל בִּרְפִידִֽם׃ וַיֹּאמֶר מֹשֶׁה
אֶל־יְהוֹשֻׁעַ בְּחַר־לָנוּ אֲנָשִׁים וְצֵא הִלָּחֵם בַּעֲמָלֵק מָחָר אָנֹכִי
י   נִצָּב עַל־רֹאשׁ הַגִּבְעָה וּמַטֵּה הָאֱלֹהִים בְּיָדִֽי׃ וַיַּעַשׂ יְהוֹשֻׁעַ
כַּאֲשֶׁר אָמַר־לוֹ מֹשֶׁה לְהִלָּחֵם בַּעֲמָלֵק וּמֹשֶׁה אַהֲרֹן וְחוּר
11   עָלוּ רֹאשׁ הַגִּבְעָֽה׃ וְהָיָה כַּאֲשֶׁר יָרִים מֹשֶׁה יָדוֹ וְגָבַר יִשְׂרָאֵל
12   וְכַאֲשֶׁר יָנִיחַ יָדוֹ וְגָבַר עֲמָלֵֽק׃ וִידֵי מֹשֶׁה כְּבֵדִים וַיִּקְחוּ־אֶבֶן
וַיָּשִׂימוּ תַחְתָּיו וַיֵּשֶׁב עָלֶיהָ וְאַהֲרֹן וְחוּר תָּמְכוּ בְיָדָיו מִזֶּה
13   אֶחָד וּמִזֶּה אֶחָד וַיְהִי יָדָיו אֱמוּנָה עַד־בֹּא הַשָּֽׁמֶשׁ׃ וַיַּחֲלֹשׁ
יְהוֹשֻׁעַ אֶת־עֲמָלֵק וְאֶת־עַמּוֹ לְפִי־חָֽרֶב׃*
פ

מפטיר 14   וַיֹּאמֶר יְהֹוָה אֶל־מֹשֶׁה כְּתֹב זֹאת זִכָּרוֹן בַּסֵּפֶר וְשִׂים בְּאָזְנֵי
יְהוֹשֻׁעַ כִּי־מָחֹה אֶמְחֶה אֶת־זֵכֶר עֲמָלֵק מִתַּחַת הַשָּׁמָֽיִם׃
טו 16   וַיִּבֶן מֹשֶׁה מִזְבֵּחַ וַיִּקְרָא שְׁמוֹ יְהֹוָה ׀ נִסִּֽי׃ וַיֹּאמֶר כִּי־יָד עַל־
כֵּס יָהּ מִלְחָמָה לַֽיהֹוָה בַּעֲמָלֵק מִדֹּר דֹּֽר׃ פפפ

יתרו יז 17

יח

CAP. XVIII.   יח

א   וַיִּשְׁמַע יִתְרוֹ כֹהֵן מִדְיָן חֹתֵן מֹשֶׁה אֵת כָּל־אֲשֶׁר עָשָׂה
אֱלֹהִים לְמֹשֶׁה וּלְיִשְׂרָאֵל עַמּוֹ כִּי־הוֹצִיא יְהֹוָה אֶת־יִשְׂרָאֵל
2   מִמִּצְרָֽיִם׃ וַיִּקַּח יִתְרוֹ חֹתֵן מֹשֶׁה אֶת־צִפֹּרָה אֵשֶׁת מֹשֶׁה אַחַר
3   שִׁלּוּחֶֽיהָ׃ וְאֵת שְׁנֵי בָנֶיהָ אֲשֶׁר שֵׁם הָאֶחָד גֵּרְשֹׁם כִּי אָמַר גֵּר
4   הָיִיתִי בְּאֶרֶץ נָכְרִיָּֽה׃ וְשֵׁם הָאֶחָד אֱלִיעֶזֶר כִּי־אֱלֹהֵי אָבִי
ה   בְּעֶזְרִי וַיַּצִּלֵנִי מֵחֶרֶב פַּרְעֹֽה׃ וַיָּבֹא יִתְרוֹ חֹתֵן מֹשֶׁה וּבָנָיו
וְאִשְׁתּוֹ אֶל־מֹשֶׁה אֶל־הַמִּדְבָּר אֲשֶׁר־הוּא חֹנֶה שָׁם הַר
6   הָאֱלֹהִֽים׃ וַיֹּאמֶר אֶל־מֹשֶׁה אֲנִי חֹתֶנְךָ יִתְרוֹ בָּא אֵלֶיךָ
7   וְאִשְׁתְּךָ וּשְׁנֵי בָנֶיהָ עִמָּֽהּ׃ וַיֵּצֵא מֹשֶׁה לִקְרַאת חֹתְנוֹ וַיִּשְׁתַּחוּ
וַיִּשַּׁק־לוֹ וַיִּשְׁאֲלוּ אִישׁ־לְרֵעֵהוּ לְשָׁלוֹם וַיָּבֹאוּ הָאֹֽהֱלָה׃
וַיְסַפֵּר

8 וַיְסַפֵּר מֹשֶׁה לְחֹתְנוֹ אֵת כָּל־אֲשֶׁר עָשָׂה יְהוָה לְפַרְעֹה
וּלְמִצְרַיִם עַל אוֹדֹת יִשְׂרָאֵל אֵת כָּל־הַתְּלָאָה אֲשֶׁר מְצָאָתַם
9 בַּדֶּרֶךְ וַיַּצִּלֵם יְהוָה: וַיִּחַדְּ יִתְרוֹ עַל כָּל־הַטּוֹבָה אֲשֶׁר־עָשָׂה
י יְהוָה לְיִשְׂרָאֵל אֲשֶׁר הִצִּילוֹ מִיַּד מִצְרָיִם: וַיֹּאמֶר יִתְרוֹ בָּרוּךְ
יְהוָה אֲשֶׁר הִצִּיל אֶתְכֶם מִיַּד מִצְרַיִם וּמִיַּד פַּרְעֹה אֲשֶׁר הִצִּיל
11 אֶת־הָעָם מִתַּחַת יַד־מִצְרָיִם: עַתָּה יָדַעְתִּי כִּי־גָדוֹל יְהוָה
12 מִכָּל־הָאֱלֹהִים כִּי בַדָּבָר אֲשֶׁר זָדוּ עֲלֵיהֶם: וַיִּקַּח יִתְרוֹ חֹתֵן
מֹשֶׁה עֹלָה וּזְבָחִים לֵאלֹהִים וַיָּבֹא אַהֲרֹן וְכֹל ׀ זִקְנֵי יִשְׂרָאֵל
13 לֶאֱכָל־לֶחֶם עִם־חֹתֵן מֹשֶׁה לִפְנֵי הָאֱלֹהִים: *וַיְהִי מִמָּחֳרָת שני
וַיֵּשֶׁב מֹשֶׁה לִשְׁפֹּט אֶת־הָעָם וַיַּעֲמֹד הָעָם עַל־מֹשֶׁה מִן־
14 הַבֹּקֶר עַד־הָעָרֶב: וַיַּרְא חֹתֵן מֹשֶׁה אֵת כָּל־אֲשֶׁר־הוּא
עֹשֶׂה לָעָם וַיֹּאמֶר מָה־הַדָּבָר הַזֶּה אֲשֶׁר אַתָּה עֹשֶׂה לָעָם
מַדּוּעַ אַתָּה יוֹשֵׁב לְבַדֶּךָ וְכָל־הָעָם נִצָּב עָלֶיךָ מִן־בֹּקֶר
טו עַד־עָרֶב: וַיֹּאמֶר מֹשֶׁה לְחֹתְנוֹ כִּי־יָבֹא אֵלַי הָעָם לִדְרֹשׁ
16 אֱלֹהִים: כִּי־יִהְיֶה לָהֶם דָּבָר בָּא אֵלַי וְשָׁפַטְתִּי בֵּין אִישׁ וּבֵין
17 רֵעֵהוּ וְהוֹדַעְתִּי אֶת־חֻקֵּי הָאֱלֹהִים וְאֶת־תּוֹרֹתָיו: וַיֹּאמֶר
18 חֹתֵן מֹשֶׁה אֵלָיו לֹא־טוֹב הַדָּבָר אֲשֶׁר אַתָּה עֹשֶׂה: נָבֹל
תִּבֹּל גַּם־אַתָּה גַּם־הָעָם הַזֶּה אֲשֶׁר עִמָּךְ כִּי־כָבֵד מִמְּךָ
19 הַדָּבָר לֹא־תוּכַל עֲשֹׂהוּ לְבַדֶּךָ: עַתָּה שְׁמַע בְּקֹלִי אִיעָצְךָ
וִיהִי אֱלֹהִים עִמָּךְ הֱיֵה אַתָּה לָעָם מוּל הָאֱלֹהִים וְהֵבֵאתָ
כ אַתָּה אֶת־הַדְּבָרִים אֶל־הָאֱלֹהִים: וְהִזְהַרְתָּה אֶתְהֶם אֶת־
הַחֻקִּים וְאֶת־הַתּוֹרֹת וְהוֹדַעְתָּ לָהֶם אֶת־הַדֶּרֶךְ יֵלְכוּ בָהּ
21 וְאֶת־הַמַּעֲשֶׂה אֲשֶׁר יַעֲשׂוּן: וְאַתָּה תֶחֱזֶה מִכָּל־הָעָם אַנְשֵׁי־
חַיִל יִרְאֵי אֱלֹהִים אַנְשֵׁי אֱמֶת שֹׂנְאֵי בָצַע וְשַׂמְתָּ עֲלֵהֶם שָׂרֵי
22 אֲלָפִים שָׂרֵי מֵאוֹת שָׂרֵי חֲמִשִּׁים וְשָׂרֵי עֲשָׂרֹת: וְשָׁפְטוּ אֶת־
הָעָם בְּכָל־עֵת וְהָיָה כָּל־הַדָּבָר הַגָּדֹל יָבִיאוּ אֵלֶיךָ וְכָל־
23 הַדָּבָר הַקָּטֹן יִשְׁפְּטוּ־הֵם וְהָקֵל מֵעָלֶיךָ וְנָשְׂאוּ אִתָּךְ: אִם
אֶת־הַדָּבָר הַזֶּה תַּעֲשֶׂה וְצִוְּךָ אֱלֹהִים וְיָכָלְתָּ עֲמֹד וְגַם כָּל־

הָעָם

v. 9. סבירין הצילם v. 23. סבירין גם

24 הָעָ֣ם הַזֶּ֔ה עַל־מְקֹמ֖וֹ יָבֹ֥א בְשָׁלֽוֹם׃ *וַיִּשְׁמַ֥ע מֹשֶׁ֖ה לְק֣וֹל חֹתְנ֑וֹ שלישי
כה וַיַּ֕עַשׂ כֹּ֖ל אֲשֶׁ֥ר אָמָֽר׃ וַיִּבְחַ֨ר מֹשֶׁ֤ה אַנְשֵׁי־חַ֙יִל֙ מִכָּל־יִשְׂרָאֵ֔ל
וַיִּתֵּ֥ן אֹתָ֛ם רָאשִׁ֖ים עַל־הָעָ֑ם שָׂרֵ֤י אֲלָפִים֙ שָׂרֵ֣י מֵא֔וֹת שָׂרֵ֥י
26 חֲמִשִּׁ֖ים וְשָׂרֵ֥י עֲשָׂרֹֽת׃ וְשָֽׁפְט֥וּ אֶת־הָעָ֖ם בְּכָל־עֵ֑ת אֶת־הַדָּבָ֤ר
הַקָּשֶׁה֙ יְבִיא֣וּן אֶל־מֹשֶׁ֔ה וְכָל־הַדָּבָ֥ר הַקָּטֹ֖ן יִשְׁפּוּט֥וּ הֵֽם׃
27 וַיְשַׁלַּ֥ח מֹשֶׁ֖ה אֶת־חֹתְנ֑וֹ וַיֵּ֥לֶךְ ל֖וֹ אֶל־אַרְצֽוֹ׃* פ

יט Cap. XIX. יט

א בַּחֹ֙דֶשׁ֙ הַשְּׁלִישִׁ֔י לְצֵ֥את בְּנֵֽי־יִשְׂרָאֵ֖ל מֵאֶ֣רֶץ מִצְרָ֑יִם בַּיּ֣וֹם רביעי
2 הַזֶּ֔ה בָּ֖אוּ מִדְבַּ֥ר סִינָֽי׃ וַיִּסְע֣וּ מֵרְפִידִ֗ים וַיָּבֹ֙אוּ֙ מִדְבַּ֣ר סִינַ֔י
3 וַֽיַּחֲנ֖וּ בַּמִּדְבָּ֑ר וַיִּֽחַן־שָׁ֥ם יִשְׂרָאֵ֖ל נֶ֥גֶד הָהָֽר׃ וּמֹשֶׁ֥ה עָלָ֖ה אֶל־
הָאֱלֹהִ֑ים וַיִּקְרָ֨א אֵלָ֤יו יְהוָה֙ מִן־הָהָ֣ר לֵאמֹ֔ר כֹּ֤ה תֹאמַר֙
4 לְבֵ֣ית יַעֲקֹ֔ב וְתַגֵּ֖יד לִבְנֵ֥י יִשְׂרָאֵֽל׃ אַתֶּ֣ם רְאִיתֶ֔ם אֲשֶׁ֥ר עָשִׂ֖יתִי
לְמִצְרָ֑יִם וָאֶשָּׂ֤א אֶתְכֶם֙ עַל־כַּנְפֵ֣י נְשָׁרִ֔ים וָאָבִ֥א אֶתְכֶ֖ם אֵלָֽי׃
ה וְעַתָּ֗ה אִם־שָׁמ֤וֹעַ תִּשְׁמְעוּ֙ בְּקֹלִ֔י וּשְׁמַרְתֶּ֖ם אֶת־בְּרִיתִ֑י וִהְיִ֨יתֶם
6 לִ֤י סְגֻלָּה֙ מִכָּל־הָ֣עַמִּ֔ים כִּי־לִ֖י כָּל־הָאָֽרֶץ׃ וְאַתֶּ֧ם תִּהְיוּ־לִ֛י
מַמְלֶ֥כֶת כֹּהֲנִ֖ים וְג֣וֹי קָד֑וֹשׁ אֵ֚לֶּה הַדְּבָרִ֔ים אֲשֶׁ֥ר תְּדַבֵּ֖ר אֶל־
7 בְּנֵ֥י יִשְׂרָאֵֽל׃* וַיָּבֹ֣א מֹשֶׁ֔ה וַיִּקְרָ֖א לְזִקְנֵ֣י הָעָ֑ם וַיָּ֣שֶׂם לִפְנֵיהֶ֗ם חמישי
8 אֵ֚ת כָּל־הַדְּבָרִ֣ים הָאֵ֔לֶּה אֲשֶׁ֥ר צִוָּ֖הוּ יְהוָֽה׃ וַיַּֽעֲנ֨וּ כָל־הָעָ֤ם
יַחְדָּו֙ וַיֹּ֣אמְר֔וּ כֹּ֛ל אֲשֶׁר־דִּבֶּ֥ר יְהוָ֖ה נַעֲשֶׂ֑ה וַיָּ֧שֶׁב מֹשֶׁ֛ה אֶת־
9 דִּבְרֵ֥י הָעָ֖ם אֶל־יְהוָֽה׃ וַיֹּ֨אמֶר יְהוָ֜ה אֶל־מֹשֶׁ֗ה הִנֵּ֨ה אָנֹכִ֜י
בָּ֣א אֵלֶיךָ֮ בְּעַ֣ב הֶֽעָנָן֒ בַּעֲב֞וּר יִשְׁמַ֤ע הָעָם֙ בְּדַבְּרִ֣י עִמָּ֔ךְ וְגַם־
בְּךָ֖ יַאֲמִ֣ינוּ לְעוֹלָ֑ם וַיַּגֵּ֥ד מֹשֶׁ֛ה אֶת־דִּבְרֵ֥י הָעָ֖ם אֶל־יְהוָֽה׃
י וַיֹּ֨אמֶר יְהוָ֤ה אֶל־מֹשֶׁה֙ לֵ֣ךְ אֶל־הָעָ֔ם וְקִדַּשְׁתָּ֥ם הַיּ֖וֹם וּמָחָ֑ר
11 וְכִבְּס֖וּ שִׂמְלֹתָֽם׃ וְהָי֥וּ נְכֹנִ֖ים לַיּ֣וֹם הַשְּׁלִישִׁ֑י כִּ֣י ׀ בַּיּ֣וֹם הַשְּׁלִשִׁ֗י
12 יֵרֵ֧ד יְהוָ֛ה לְעֵינֵ֥י כָל־הָעָ֖ם עַל־הַ֥ר סִינָֽי׃ וְהִגְבַּלְתָּ֤ אֶת־
הָעָם֙ סָבִ֣יב לֵאמֹ֔ר הִשָּׁמְר֥וּ לָכֶ֛ם עֲל֥וֹת בָּהָ֖ר וּנְגֹ֣עַ בְּקָצֵ֑הוּ
13 כָּל־הַנֹּגֵ֥עַ בָּהָ֖ר מ֥וֹת יוּמָֽת׃ לֹֽא־תִגַּ֨ע בּ֜וֹ יָ֗ד כִּֽי־סָק֤וֹל יִסָּקֵל֙

או־ירה

אוֹ־יָרֹה יִיָּרֶה אִם־בְּהֵמָה אִם־אִישׁ לֹא יִחְיֶה בִּמְשֹׁךְ הַיֹּבֵל
14 הֵמָּה יַעֲלוּ בָהָר׃ * וַיֵּרֶד מֹשֶׁה מִן־הָהָר אֶל־הָעָם וַיְקַדֵּשׁ ששי לספ׳
טו אֶת־הָעָם וַיְכַבְּסוּ שִׂמְלֹתָם׃ וַיֹּאמֶר אֶל־הָעָם הֱיוּ נְכֹנִים
16 לִשְׁלֹשֶׁת יָמִים אַל־תִּגְּשׁוּ אֶל־אִשָּׁה׃ וַיְהִי בַיּוֹם הַשְּׁלִישִׁי בִּהְיֹת
הַבֹּקֶר וַיְהִי קֹלֹת וּבְרָקִים וְעָנָן כָּבֵד עַל־הָהָר וְקֹל שֹׁפָר
17 חָזָק מְאֹד וַיֶּחֱרַד כָּל־הָעָם אֲשֶׁר בַּמַּחֲנֶה׃ וַיּוֹצֵא מֹשֶׁה אֶת־
הָעָם לִקְרַאת הָאֱלֹהִים מִן־הַמַּחֲנֶה וַיִּתְיַצְּבוּ בְּתַחְתִּית הָהָר׃
18 וְהַר סִינַי עָשַׁן כֻּלּוֹ מִפְּנֵי אֲשֶׁר יָרַד עָלָיו יְהוָה בָּאֵשׁ וַיַּעַל
19 עֲשָׁנוֹ כְּעֶשֶׁן הַכִּבְשָׁן וַיֶּחֱרַד כָּל־הָהָר מְאֹד׃ וַיְהִי קוֹל הַשֹּׁפָר
כ הוֹלֵךְ וְחָזֵק מְאֹד מֹשֶׁה יְדַבֵּר וְהָאֱלֹהִים יַעֲנֶנּוּ בְקוֹל׃ * וַיֵּרֶד ששי לאש
יְהוָה עַל־הַר סִינַי אֶל־רֹאשׁ הָהָר וַיִּקְרָא יְהוָה לְמֹשֶׁה אֶל־ שביעי לספ׳
21 רֹאשׁ הָהָר וַיַּעַל מֹשֶׁה׃ וַיֹּאמֶר יְהוָה אֶל־מֹשֶׁה רֵד הָעֵד
22 בָּעָם פֶּן־יֶהֶרְסוּ אֶל־יְהוָה לִרְאוֹת וְנָפַל מִמֶּנּוּ רָב׃ וְגַם
הַכֹּהֲנִים הַנִּגָּשִׁים אֶל־יְהוָה יִתְקַדָּשׁוּ פֶּן־יִפְרֹץ בָּהֶם יְהוָה׃
23 וַיֹּאמֶר מֹשֶׁה אֶל־יְהוָה לֹא־יוּכַל הָעָם לַעֲלֹת אֶל־הַר סִינָי
כִּי־אַתָּה הַעֵדֹתָה בָּנוּ לֵאמֹר הַגְבֵּל אֶת־הָהָר וְקִדַּשְׁתּוֹ׃
24 וַיֹּאמֶר אֵלָיו יְהוָה לֶךְ־רֵד וְעָלִיתָ אַתָּה וְאַהֲרֹן עִמָּךְ וְהַכֹּהֲנִים
כה וְהָעָם אַל־יֶהֶרְסוּ לַעֲלֹת אֶל־יְהוָה פֶּן־יִפְרָץ־בָּם׃ וַיֵּרֶד
מֹשֶׁה אֶל־הָעָם וַיֹּאמֶר אֲלֵהֶם׃ ס

כ Cap. XX. כ

א וַיְדַבֵּר אֱלֹהִים אֵת כָּל־הַדְּבָרִים הָאֵלֶּה לֵאמֹר׃ ס
2 אָנֹכִי יְהוָה אֱלֹהֶיךָ אֲשֶׁר הוֹצֵאתִיךָ מֵאֶרֶץ מִצְרַיִם מִבֵּית
3 4 עֲבָדִים׃ לֹא־יִהְיֶה לְךָ אֱלֹהִים אֲחֵרִים עַל־פָּנָי׃ לֹא־
תַעֲשֶׂה־לְךָ פֶסֶל ׀ וְכָל־תְּמוּנָה אֲשֶׁר בַּשָּׁמַיִם ׀ מִמַּעַל וַאֲשֶׁר
ה בָּאָרֶץ מִתָּחַת וַאֲשֶׁר בַּמַּיִם ׀ מִתַּחַת לָאָרֶץ׃ לֹא־תִשְׁתַּחֲוֶה
לָהֶם וְלֹא תָעָבְדֵם כִּי אָנֹכִי יְהוָה אֱלֹהֶיךָ אֵל קַנָּא פֹּקֵד עֲוֺן
6 אָבֹת עַל־בָּנִים עַל־שִׁלֵּשִׁים וְעַל־רִבֵּעִים לְשֹׂנְאָי׃ וְעֹשֶׂה
7 חֶסֶד לַאֲלָפִים לְאֹהֲבַי וּלְשֹׁמְרֵי מִצְוֺתָי׃ ס לֹא תִשָּׂא אֶת־

שֵׁם־יְהוָה אֱלֹהֶיךָ לַשָּׁוְא כִּי לֹא יְנַקֶּה יְהוָה אֵת אֲשֶׁר־יִשָּׂא
אֶת־שְׁמוֹ לַשָּׁוְא׃ פ
8 9 זָכוֹר אֶת־יוֹם הַשַּׁבָּת לְקַדְּשׁוֹ׃ שֵׁשֶׁת יָמִים תַּעֲבֹד וְעָשִׂיתָ
י כָּל־מְלַאכְתֶּךָ׃ וְיוֹם הַשְּׁבִיעִי שַׁבָּת ׀ לַיהוָה אֱלֹהֶיךָ לֹא־
תַעֲשֶׂה כָל־מְלָאכָה אַתָּה ׀ וּבִנְךָ־וּבִתֶּךָ עַבְדְּךָ וַאֲמָתְךָ
11 וּבְהֶמְתֶּךָ וְגֵרְךָ אֲשֶׁר בִּשְׁעָרֶיךָ׃ כִּי שֵׁשֶׁת־יָמִים עָשָׂה יְהוָה
אֶת־הַשָּׁמַיִם וְאֶת־הָאָרֶץ אֶת־הַיָּם וְאֶת־כָּל־אֲשֶׁר־בָּם וַיָּנַח
בַּיּוֹם הַשְּׁבִיעִי עַל־כֵּן בֵּרַךְ יְהוָה אֶת־יוֹם הַשַּׁבָּת וַיְקַדְּשֵׁהוּ׃
12 ס כַּבֵּד אֶת־אָבִיךָ וְאֶת־אִמֶּךָ לְמַעַן יַאֲרִכוּן יָמֶיךָ עַל
13 14 הָאֲדָמָה אֲשֶׁר־יְהוָה אֱלֹהֶיךָ נֹתֵן לָךְ׃ ס לֹא תִרְצָח׃ ס
טו 16 לֹא תִנְאָף׃ ס לֹא תִגְנֹב׃ ס לֹא־תַעֲנֶה בְרֵעֲךָ עֵד שָׁקֶר׃
14/17 ס לֹא תַחְמֹד בֵּית רֵעֶךָ ס לֹא תַחְמֹד אֵשֶׁת רֵעֶךָ וְעַבְדּוֹ
וַאֲמָתוֹ וְשׁוֹרוֹ וַחֲמֹרוֹ וְכֹל אֲשֶׁר לְרֵעֶךָ׃ * פ
18 טו וְכָל־הָעָם רֹאִים אֶת־הַקּוֹלֹת וְאֶת־הַלַּפִּידִם וְאֵת קוֹל שביעי
הַשֹּׁפָר וְאֶת־הָהָר עָשֵׁן וַיַּרְא הָעָם וַיָּנֻעוּ וַיַּעַמְדוּ מֵרָחֹק׃ לאש׳
16/19 וַיֹּאמְרוּ אֶל־מֹשֶׁה דַּבֵּר־אַתָּה עִמָּנוּ וְנִשְׁמָעָה וְאַל־יְדַבֵּר
17/כ עִמָּנוּ אֱלֹהִים פֶּן־נָמוּת׃ וַיֹּאמֶר מֹשֶׁה אֶל־הָעָם אַל־תִּירָאוּ
כִּי לְבַעֲבוּר נַסּוֹת אֶתְכֶם בָּא הָאֱלֹהִים וּבַעֲבוּר תִּהְיֶה יִרְאָתוֹ
18/21 עַל־פְּנֵיכֶם לְבִלְתִּי תֶחֱטָאוּ׃ וַיַּעֲמֹד הָעָם מֵרָחֹק וּמֹשֶׁה נִגַּשׁ
19/22 אֶל־הָעֲרָפֶל אֲשֶׁר־שָׁם הָאֱלֹהִים׃ * ס וַיֹּאמֶר יְהוָה אֶל־ מפטיר
מֹשֶׁה כֹּה תֹאמַר אֶל־בְּנֵי יִשְׂרָאֵל אַתֶּם רְאִיתֶם כִּי מִן־הַשָּׁמַיִם לאש׳
כ/23 דִּבַּרְתִּי עִמָּכֶם׃ לֹא תַעֲשׂוּן אִתִּי אֱלֹהֵי כֶסֶף וֵאלֹהֵי זָהָב לֹא
21/24 תַעֲשׂוּ לָכֶם׃ * מִזְבַּח אֲדָמָה תַּעֲשֶׂה־לִּי וְזָבַחְתָּ עָלָיו אֶת־ מפטיר
עֹלֹתֶיךָ וְאֶת־שְׁלָמֶיךָ אֶת־צֹאנְךָ וְאֶת־בְּקָרֶךָ בְּכָל־הַמָּקוֹם לספ׳
22/כה אֲשֶׁר אַזְכִּיר אֶת־שְׁמִי אָבוֹא אֵלֶיךָ וּבֵרַכְתִּיךָ׃ וְאִם־מִזְבַּח
אֲבָנִים תַּעֲשֶׂה־לִּי לֹא־תִבְנֶה אֶתְהֶן גָּזִית כִּי חַרְבְּךָ הֵנַפְתָּ
23/26 עָלֶיהָ וַתְּחַלְלֶהָ׃ וְלֹא־תַעֲלֶה בְמַעֲלֹת עַל־מִזְבְּחִי אֲשֶׁר לֹא־
תִגָּלֶה עֶרְוָתְךָ עָלָיו׃ פ פ פ

ואלה

משפטים יח 18

כא Cap. XXI. כא

2 א וְאֵלֶּה הַמִּשְׁפָּטִים אֲשֶׁר תָּשִׂים לִפְנֵיהֶם׃ כִּי תִקְנֶה עֶבֶד עִבְרִי
3 שֵׁשׁ שָׁנִים יַעֲבֹד וּבַשְּׁבִעִת יֵצֵא לַחָפְשִׁי חִנָּם׃ אִם־בְּגַפּוֹ יָבֹא
4 בְּגַפּוֹ יֵצֵא אִם־בַּעַל אִשָּׁה הוּא וְיָצְאָה אִשְׁתּוֹ עִמּוֹ׃ אִם־
אֲדֹנָיו יִתֶּן־לוֹ אִשָּׁה וְיָלְדָה־לוֹ בָנִים אוֹ בָנוֹת הָאִשָּׁה וִילָדֶיהָ
ה תִּהְיֶה לַאדֹנֶיהָ וְהוּא יֵצֵא בְגַפּוֹ׃ וְאִם־אָמֹר יֹאמַר הָעֶבֶד
אָהַבְתִּי אֶת־אֲדֹנִי אֶת־אִשְׁתִּי וְאֶת־בָּנָי לֹא אֵצֵא חָפְשִׁי׃
6 וְהִגִּישׁוֹ אֲדֹנָיו אֶל־הָאֱלֹהִים וְהִגִּישׁוֹ אֶל־הַדֶּלֶת אוֹ אֶל־
הַמְּזוּזָה וְרָצַע אֲדֹנָיו אֶת־אָזְנוֹ בַּמַּרְצֵעַ וַעֲבָדוֹ לְעֹלָם׃ ס
7 וְכִי־יִמְכֹּר אִישׁ אֶת־בִּתּוֹ לְאָמָה לֹא תֵצֵא כְּצֵאת הָעֲבָדִים׃
8 אִם־רָעָה בְּעֵינֵי אֲדֹנֶיהָ אֲשֶׁר־לֹא יְעָדָהּ וְהֶפְדָּהּ לְעַם נָכְרִי
9 לֹא־יִמְשֹׁל לְמָכְרָהּ בְּבִגְדוֹ־בָהּ׃ וְאִם־לִבְנוֹ יִיעָדֶנָּה כְּמִשְׁפַּט
י הַבָּנוֹת יַעֲשֶׂה־לָּהּ׃ אִם־אַחֶרֶת יִקַּח־לוֹ שְׁאֵרָהּ כְּסוּתָהּ
11 וְעֹנָתָהּ לֹא יִגְרָע׃ וְאִם־שְׁלָשׁ־אֵלֶּה לֹא יַעֲשֶׂה לָהּ וְיָצְאָה
12 13 חִנָּם אֵין כָּסֶף׃ ס מַכֵּה אִישׁ וָמֵת מוֹת יוּמָת׃ וַאֲשֶׁר לֹא
צָדָה וְהָאֱלֹהִים אִנָּה לְיָדוֹ וְשַׂמְתִּי לְךָ מָקוֹם אֲשֶׁר יָנוּס שָׁמָּה׃ ס
14 וְכִי־יָזִד אִישׁ עַל־רֵעֵהוּ לְהָרְגוֹ בְעָרְמָה מֵעִם מִזְבְּחִי תִּקָּחֶנּוּ
טו 16 לָמוּת׃ ס וּמַכֵּה אָבִיו וְאִמּוֹ מוֹת יוּמָת׃ ס וְגֹנֵב אִישׁ
17 וּמְכָרוֹ וְנִמְצָא בְיָדוֹ מוֹת יוּמָת׃ ס וּמְקַלֵּל אָבִיו וְאִמּוֹ מוֹת
18 יוּמָת׃ ס וְכִי־יְרִיבֻן אֲנָשִׁים וְהִכָּה־אִישׁ אֶת־רֵעֵהוּ בְּאֶבֶן
19 אוֹ בְאֶגְרֹף וְלֹא יָמוּת וְנָפַל לְמִשְׁכָּב׃ אִם־יָקוּם וְהִתְהַלֵּךְ
* בַּחוּץ עַל־מִשְׁעַנְתּוֹ וְנִקָּה הַמַּכֶּה רַק שִׁבְתּוֹ יִתֵּן וְרַפֹּא יְרַפֵּא׃
כ ס וְכִי־יַכֶּה אִישׁ אֶת־עַבְדּוֹ אוֹ אֶת־אֲמָתוֹ בַּשֵּׁבֶט וּמֵת תַּחַת שני
21 יָדוֹ נָקֹם יִנָּקֵם׃ אַךְ אִם־יוֹם אוֹ יוֹמַיִם יַעֲמֹד לֹא יֻקַּם כִּי
22 כַסְפּוֹ הוּא׃ ס וְכִי־יִנָּצוּ אֲנָשִׁים וְנָגְפוּ אִשָּׁה הָרָה וְיָצְאוּ
יְלָדֶיהָ וְלֹא יִהְיֶה אָסוֹן עָנוֹשׁ יֵעָנֵשׁ כַּאֲשֶׁר יָשִׁית עָלָיו בַּעַל

הָאִשָּׁה

v. 8. לו ק׳

23 הָאִשָּׁה וְנָתַן בִּפְלִלִים׃ וְאִם־אָסוֹן יִהְיֶה וְנָתַתָּה נֶפֶשׁ תַּחַת
24 נָפֶשׁ׃ עַיִן תַּחַת עַיִן שֵׁן תַּחַת שֵׁן יָד תַּחַת יָד רֶגֶל תַּחַת רָגֶל׃
כה כְּוִיָּה תַּחַת כְּוִיָּה פֶּצַע תַּחַת פָּצַע חַבּוּרָה תַּחַת חַבּוּרָה׃ ס
26 וְכִי־יַכֶּה אִישׁ אֶת־עֵין עַבְדּוֹ אוֹ־אֶת־עֵין אֲמָתוֹ וְשִׁחֲתָהּ
27 לַחָפְשִׁי יְשַׁלְּחֶנּוּ תַּחַת עֵינוֹ׃ וְאִם־שֵׁן עַבְדּוֹ אוֹ־שֵׁן אֲמָתוֹ יַפִּיל
לַחָפְשִׁי יְשַׁלְּחֶנּוּ תַּחַת שִׁנּוֹ׃ פ
28 וְכִי־יִגַּח שׁוֹר אֶת־אִישׁ אוֹ אֶת־אִשָּׁה וָמֵת סָקוֹל יִסָּקֵל הַשּׁוֹר
29 וְלֹא יֵאָכֵל אֶת־בְּשָׂרוֹ וּבַעַל הַשּׁוֹר נָקִי׃ וְאִם שׁוֹר נַגָּח הוּא
מִתְּמֹל שִׁלְשֹׁם וְהוּעַד בִּבְעָלָיו וְלֹא יִשְׁמְרֶנּוּ וְהֵמִית אִישׁ אוֹ
ל אִשָּׁה הַשּׁוֹר יִסָּקֵל וְגַם־בְּעָלָיו יוּמָת׃ אִם־כֹּפֶר יוּשַׁת עָלָיו
31 וְנָתַן פִּדְיֹן נַפְשׁוֹ כְּכֹל אֲשֶׁר־יוּשַׁת עָלָיו׃ אוֹ־בֵן יִגָּח אוֹ־בַת
32 יִגָּח כַּמִּשְׁפָּט הַזֶּה יֵעָשֶׂה לּוֹ׃ אִם־עֶבֶד יִגַּח הַשּׁוֹר אוֹ אָמָה
33 כֶּסֶף ׀ שְׁלֹשִׁים שְׁקָלִים יִתֵּן לַאדֹנָיו וְהַשּׁוֹר יִסָּקֵל׃ ס וְכִי־
יִפְתַּח אִישׁ בּוֹר אוֹ כִּי־יִכְרֶה אִישׁ בֹּר וְלֹא יְכַסֶּנּוּ וְנָפַל־
34 שָׁמָּה שּׁוֹר אוֹ חֲמוֹר׃ בַּעַל הַבּוֹר יְשַׁלֵּם כֶּסֶף יָשִׁיב לִבְעָלָיו
לה וְהַמֵּת יִהְיֶה־לּוֹ׃ ס וְכִי־יִגֹּף שׁוֹר־אִישׁ אֶת־שׁוֹר רֵעֵהוּ
וָמֵת וּמָכְרוּ אֶת־הַשּׁוֹר הַחַי וְחָצוּ אֶת־כַּסְפּוֹ וְגַם אֶת־הַמֵּת
36 יֶחֱצוּן׃ אוֹ נוֹדַע כִּי שׁוֹר נַגָּח הוּא מִתְּמוֹל שִׁלְשֹׁם וְלֹא יִשְׁמְרֶנּוּ
37 בְּעָלָיו שַׁלֵּם יְשַׁלֵּם שׁוֹר תַּחַת הַשּׁוֹר וְהַמֵּת יִהְיֶה־לּוֹ׃ ס כִּי
יִגְנֹב־אִישׁ שׁוֹר אוֹ־שֶׂה וּטְבָחוֹ אוֹ מְכָרוֹ חֲמִשָּׁה בָקָר יְשַׁלֵּם
תַּחַת הַשּׁוֹר וְאַרְבַּע־צֹאן תַּחַת הַשֶּׂה׃

כב

Cap. XXII. כב

2 א אִם־בַּמַּחְתֶּרֶת יִמָּצֵא הַגַּנָּב וְהֻכָּה וָמֵת אֵין לוֹ דָּמִים׃ אִם־
זָרְחָה הַשֶּׁמֶשׁ עָלָיו דָּמִים לוֹ שַׁלֵּם יְשַׁלֵּם אִם־אֵין לוֹ וְנִמְכַּר
3 בִּגְנֵבָתוֹ׃ אִם־הִמָּצֵא תִמָּצֵא בְיָדוֹ הַגְּנֵבָה מִשּׁוֹר עַד־חֲמוֹר
4 עַד־שֶׂה חַיִּים שְׁנַיִם יְשַׁלֵּם׃ * ס כִּי יַבְעֶר־אִישׁ שָׂדֶה אוֹ־ שלישי
כֶּרֶם וְשִׁלַּח אֶת־בְּעִירֹה וּבִעֵר בִּשְׂדֵה אַחֵר מֵיטַב שָׂדֵהוּ

ומיטב

כ״א v. 30. סבירין בכל   כ״ב v. 4. בעירו ק׳

ה וּמֵיטַב כַּרְמוֹ יְשַׁלֵּם׃ ס כִּֽי־תֵצֵא אֵשׁ וּמָצְאָה קֹצִים וְנֶאֱכַל
גָּדִישׁ אוֹ הַקָּמָה אוֹ הַשָּׂדֶה שַׁלֵּם יְשַׁלֵּם הַמַּבְעִר אֶת־הַבְּעֵרָה׃
6 ס כִּֽי־יִתֵּן אִישׁ אֶל־רֵעֵהוּ כֶּסֶף אוֹ־כֵלִים לִשְׁמֹר וְגֻנַּב
7 מִבֵּית הָאִישׁ אִם־יִמָּצֵא הַגַּנָּב יְשַׁלֵּם שְׁנָיִם׃ אִם־לֹא יִמָּצֵא
הַגַּנָּב וְנִקְרַב בַּֽעַל־הַבַּיִת אֶל־הָאֱלֹהִים אִם־לֹא שָׁלַח יָדוֹ
8 בִּמְלֶאכֶת רֵעֵהוּ׃ עַל־כָּל־דְּבַר־פֶּשַׁע עַל־שׁוֹר עַל־חֲמוֹר
עַל־שֶׂה עַל־שַׂלְמָה עַל־כָּל־אֲבֵדָה אֲשֶׁר יֹאמַר כִּי־הוּא
זֶה עַד הָאֱלֹהִים יָבֹא דְּבַר־שְׁנֵיהֶם אֲשֶׁר יַרְשִׁיעֻן אֱלֹהִים
9 יְשַׁלֵּם שְׁנַיִם לְרֵעֵהוּ׃ ס כִּֽי־יִתֵּן אִישׁ אֶל־רֵעֵהוּ חֲמוֹר אוֹ־
שׁוֹר אוֹ־שֶׂה וְכָל־בְּהֵמָה לִשְׁמֹר וּמֵת אוֹ־נִשְׁבַּר אוֹ־נִשְׁבָּה
י אֵין רֹאֶה׃ שְׁבֻעַת יְהוָה ׀ תִּהְיֶה בֵּין שְׁנֵיהֶם אִם־לֹא שָׁלַח יָדוֹ
11 בִּמְלֶאכֶת רֵעֵהוּ וְלָקַח בְּעָלָיו וְלֹא יְשַׁלֵּם׃ וְאִם־גָּנֹב יִגָּנֵב
12 מֵעִמּוֹ יְשַׁלֵּם לִבְעָלָיו׃ אִם־טָרֹף יִטָּרֵף יְבִאֵהוּ עֵד הַטְּרֵפָה
לֹא יְשַׁלֵּם׃
פ
13 וְכִֽי־יִשְׁאַל אִישׁ מֵעִם רֵעֵהוּ וְנִשְׁבַּר אוֹ־מֵת בְּעָלָיו אֵין־עִמּוֹ
14 שַׁלֵּם יְשַׁלֵּם׃ אִם־בְּעָלָיו עִמּוֹ לֹא יְשַׁלֵּם אִם־שָׂכִיר הוּא בָּא
טו בִּשְׂכָרוֹ׃ ס וְכִֽי־יְפַתֶּה אִישׁ בְּתוּלָה אֲשֶׁר לֹא־אֹרָשָׂה
16 וְשָׁכַב עִמָּהּ מָהֹר יִמְהָרֶנָּה לּוֹ לְאִשָּׁה׃ אִם־מָאֵן יְמָאֵן אָבִיהָ
17 לְתִתָּהּ לוֹ כֶּסֶף יִשְׁקֹל כְּמֹהַר הַבְּתוּלֹת׃ ס מְכַשֵּׁפָה לֹא
18 19 תְחַיֶּה׃ כָּל־שֹׁכֵב עִם־בְּהֵמָה מוֹת יוּמָת׃ ס זֹבֵחַ לָאֱלֹהִים
כ יָחֳרָם בִּלְתִּי לַיהוָה לְבַדּוֹ׃ וְגֵר לֹא־תוֹנֶה וְלֹא תִלְחָצֶנּוּ כִּי־
21 גֵרִים הֱיִיתֶם בְּאֶרֶץ מִצְרָיִם׃ כָּל־אַלְמָנָה וְיָתוֹם לֹא תְעַנּוּן׃
22 אִם־עַנֵּה תְעַנֶּה אֹתוֹ כִּי אִם־צָעֹק יִצְעַק אֵלַי שָׁמֹעַ אֶשְׁמַע
23 צַעֲקָתוֹ׃ וְחָרָה אַפִּי וְהָרַגְתִּי אֶתְכֶם בֶּחָרֶב וְהָיוּ נְשֵׁיכֶם
אַלְמָנוֹת וּבְנֵיכֶם יְתֹמִים׃ פ
24 אִם־כֶּסֶף ׀ תַּלְוֶה אֶת־עַמִּי אֶת־הֶעָנִי עִמָּךְ לֹא־תִהְיֶה לוֹ
כה כְּנֹשֶׁה לֹא־תְשִׂימוּן עָלָיו נֶשֶׁךְ׃ אִם־חָבֹל תַּחְבֹּל שַׂלְמַת רֵעֶךָ

v. 24. סבירין ולא־

26 עַד־בֹּא הַשֶּׁמֶשׁ תְּשִׁיבֶנּוּ לוֹ׃ כִּי הִוא כְסוּתֹה לְבַדָּהּ הִוא
שִׂמְלָתוֹ לְעֹרוֹ בַּמֶּה יִשְׁכָּב וְהָיָה כִּי־יִצְעַק אֵלַי וְשָׁמַעְתִּי כִּי־
27 רביעי חַנּוּן אָנִי׃ ס אֱלֹהִים לֹא תְקַלֵּל וְנָשִׂיא בְעַמְּךָ לֹא תָאֹר׃
28 29 מְלֵאָתְךָ וְדִמְעֲךָ לֹא תְאַחֵר בְּכוֹר בָּנֶיךָ תִּתֶּן־לִּי׃ כֵּן־
תַּעֲשֶׂה לְשֹׁרְךָ לְצֹאנֶךָ שִׁבְעַת יָמִים יִהְיֶה עִם־אִמּוֹ בַּיּוֹם
ל הַשְּׁמִינִי תִּתְּנוֹ־לִי׃ וְאַנְשֵׁי־קֹדֶשׁ תִּהְיוּן לִי וּבָשָׂר בַּשָּׂדֶה
טְרֵפָה לֹא תֹאכֵלוּ לַכֶּלֶב תַּשְׁלִכוּן אֹתוֹ׃ ס

כג
Cap. XXIII. כג

א לֹא תִשָּׂא שֵׁמַע שָׁוְא אַל־תָּשֶׁת יָדְךָ עִם־רָשָׁע לִהְיֹת
2 עֵד חָמָס׃ לֹא־תִהְיֶה אַחֲרֵי־רַבִּים לְרָעֹת וְלֹא־תַעֲנֶה עַל־
3 רִב לִנְטֹת אַחֲרֵי רַבִּים לְהַטֹּת׃ וְדָל לֹא תֶהְדַּר בְּרִיבוֹ׃ ס
4 כִּי תִפְגַּע שׁוֹר אֹיִבְךָ אוֹ חֲמֹרוֹ תֹּעֶה הָשֵׁב תְּשִׁיבֶנּוּ לוֹ׃ ס
ה כִּי־תִרְאֶה חֲמוֹר שֹׂנַאֲךָ רֹבֵץ תַּחַת מַשָּׂאוֹ וְחָדַלְתָּ מֵעֲזֹב לוֹ
6 חמישי עָזֹב תַּעֲזֹב עִמּוֹ׃ ס לֹא תַטֶּה מִשְׁפַּט אֶבְיֹנְךָ בְּרִיבוֹ׃
7 מִדְּבַר־שֶׁקֶר תִּרְחָק וְנָקִי וְצַדִּיק אַל־תַּהֲרֹג כִּי לֹא־אַצְדִּיק
8 רָשָׁע׃ וְשֹׁחַד לֹא תִקָּח כִּי הַשֹּׁחַד יְעַוֵּר פִּקְחִים וִיסַלֵּף דִּבְרֵי
9 צַדִּיקִים׃ וְגֵר לֹא תִלְחָץ וְאַתֶּם יְדַעְתֶּם אֶת־נֶפֶשׁ הַגֵּר כִּי־
י גֵרִים הֱיִיתֶם בְּאֶרֶץ מִצְרָיִם׃ וְשֵׁשׁ שָׁנִים תִּזְרַע אֶת־אַרְצֶךָ
11 וְאָסַפְתָּ אֶת־תְּבוּאָתָהּ׃ וְהַשְּׁבִיעִת תִּשְׁמְטֶנָּה וּנְטַשְׁתָּהּ וְאָכְלוּ
אֶבְיֹנֵי עַמֶּךָ וְיִתְרָם תֹּאכַל חַיַּת הַשָּׂדֶה כֵּן־תַּעֲשֶׂה לְכַרְמְךָ
12 לְזֵיתֶךָ׃ שֵׁשֶׁת יָמִים תַּעֲשֶׂה מַעֲשֶׂיךָ וּבַיּוֹם הַשְּׁבִיעִי תִּשְׁבֹּת
13 לְמַעַן יָנוּחַ שׁוֹרְךָ וַחֲמֹרֶךָ וְיִנָּפֵשׁ בֶּן־אֲמָתְךָ וְהַגֵּר׃ וּבְכֹל
אֲשֶׁר־אָמַרְתִּי אֲלֵיכֶם תִּשָּׁמֵרוּ וְשֵׁם אֱלֹהִים אֲחֵרִים לֹא
14 תַזְכִּירוּ לֹא יִשָּׁמַע עַל־פִּיךָ׃ שָׁלֹשׁ רְגָלִים תָּחֹג לִי בַּשָּׁנָה׃
טו אֶת־חַג הַמַּצּוֹת תִּשְׁמֹר שִׁבְעַת יָמִים תֹּאכַל מַצּוֹת כַּאֲשֶׁר
צִוִּיתִךָ לְמוֹעֵד חֹדֶשׁ הָאָבִיב כִּי־בוֹ יָצָאתָ מִמִּצְרָיִם וְלֹא־
16 יֵרָאוּ פָנַי רֵיקָם׃ וְחַג הַקָּצִיר בִּכּוּרֵי מַעֲשֶׂיךָ אֲשֶׁר תִּזְרַע

בשדה

כ״ב v. 26. כסותו ק׳ v. 27. חצי הספר בפסוקים v. 29. סבירין וביום
כ״ג v. 13. סבירין בכל ibid. סבירין ולא

בַּשָּׂדֶה וְחַג הָאָסִף בְּצֵאת הַשָּׁנָה בְּאָסְפְּךָ אֶת־מַעֲשֶׂיךָ מִן־
17 הַשָּׂדֶה׃ שָׁלֹשׁ פְּעָמִים בַּשָּׁנָה יֵרָאֶה כָּל־זְכוּרְךָ אֶל־פְּנֵי
18 הָאָדֹן ׀ יְהוָה׃ לֹא־תִזְבַּח עַל־חָמֵץ דַּם־זִבְחִי וְלֹא־יָלִין
19 חֵלֶב־חַגִּי עַד־בֹּקֶר׃ רֵאשִׁית בִּכּוּרֵי אַדְמָתְךָ תָּבִיא בֵּית
יְהוָה אֱלֹהֶיךָ לֹא־תְבַשֵּׁל גְּדִי בַּחֲלֵב אִמּוֹ׃* פ ששי
כ הִנֵּה אָנֹכִי שֹׁלֵחַ מַלְאָךְ לְפָנֶיךָ לִשְׁמָרְךָ בַּדָּרֶךְ וְלַהֲבִיאֲךָ אֶל־
21 הַמָּקוֹם אֲשֶׁר הֲכִנֹתִי׃ הִשָּׁמֶר מִפָּנָיו וּשְׁמַע בְּקֹלוֹ אַל־תַּמֵּר
22 בּוֹ כִּי לֹא יִשָּׂא לְפִשְׁעֲכֶם כִּי שְׁמִי בְּקִרְבּוֹ׃ כִּי אִם־שָׁמוֹעַ
תִּשְׁמַע בְּקֹלוֹ וְעָשִׂיתָ כֹּל אֲשֶׁר אֲדַבֵּר וְאָיַבְתִּי אֶת־אֹיְבֶיךָ
23 וְצַרְתִּי אֶת־צֹרְרֶיךָ׃ כִּי־יֵלֵךְ מַלְאָכִי לְפָנֶיךָ וֶהֱבִיאֲךָ אֶל־
הָאֱמֹרִי וְהַחִתִּי וְהַפְּרִזִּי וְהַכְּנַעֲנִי הַחִוִּי וְהַיְבוּסִי וְהִכְחַדְתִּיו׃
24 לֹא־תִשְׁתַּחֲוֶה לֵאלֹהֵיהֶם וְלֹא תָעָבְדֵם וְלֹא תַעֲשֶׂה כְּמַעֲשֵׂיהֶם
כה כִּי הָרֵס תְּהָרְסֵם וְשַׁבֵּר תְּשַׁבֵּר מַצֵּבֹתֵיהֶם׃ וַעֲבַדְתֶּם אֵת יְהוָה
אֱלֹהֵיכֶם וּבֵרַךְ אֶת־לַחְמְךָ וְאֶת־מֵימֶיךָ וַהֲסִרֹתִי מַחֲלָה
26 מִקִּרְבֶּךָ׃* ס לֹא תִהְיֶה מְשַׁכֵּלָה וַעֲקָרָה בְּאַרְצֶךָ אֶת־ שביעי
27 מִסְפַּר יָמֶיךָ אֲמַלֵּא׃ אֶת־אֵימָתִי אֲשַׁלַּח לְפָנֶיךָ וְהַמֹּתִי אֶת־
כָּל־הָעָם אֲשֶׁר תָּבֹא בָּהֶם וְנָתַתִּי אֶת־כָּל־אֹיְבֶיךָ אֵלֶיךָ
28 עֹרֶף׃ וְשָׁלַחְתִּי אֶת־הַצִּרְעָה לְפָנֶיךָ וְגֵרְשָׁה אֶת־הַחִוִּי אֶת־
29 הַכְּנַעֲנִי וְאֶת־הַחִתִּי מִלְּפָנֶיךָ׃ לֹא אֲגָרְשֶׁנּוּ מִפָּנֶיךָ בְּשָׁנָה אֶחָת
ל פֶּן־תִּהְיֶה הָאָרֶץ שְׁמָמָה וְרַבָּה עָלֶיךָ חַיַּת הַשָּׂדֶה׃ מְעַט
מְעַט אֲגָרְשֶׁנּוּ מִפָּנֶיךָ עַד אֲשֶׁר תִּפְרֶה וְנָחַלְתָּ אֶת־הָאָרֶץ׃
31 וְשַׁתִּי אֶת־גְּבֻלְךָ מִיַּם־סוּף וְעַד־יָם פְּלִשְׁתִּים וּמִמִּדְבָּר עַד־
32 הַנָּהָר כִּי ׀ אֶתֵּן בְּיֶדְכֶם אֵת יֹשְׁבֵי הָאָרֶץ וְגֵרַשְׁתָּמוֹ מִפָּנֶיךָ׃
33 לֹא־תִכְרֹת לָהֶם וְלֵאלֹהֵיהֶם בְּרִית׃ לֹא יֵשְׁבוּ בְּאַרְצְךָ פֶּן־
יַחֲטִיאוּ אֹתְךָ לִי כִּי תַעֲבֹד אֶת־אֱלֹהֵיהֶם כִּי־יִהְיֶה לְךָ
לְמוֹקֵשׁ׃ פ

כד Cap. XXIV. כד

א וְאֶל־מֹשֶׁה אָמַר עֲלֵה אֶל־יְהוָה אַתָּה וְאַהֲרֹן נָדָב וַאֲבִיהוּא
ושבעים

2 וְשִׁבְעִים מִזִּקְנֵי יִשְׂרָאֵל וְהִשְׁתַּחֲוִיתֶם מֵרָחֹק׃ וְנִגַּשׁ מֹשֶׁה
3 לְבַדּוֹ אֶל־יְהוָה וְהֵם לֹא יִגָּשׁוּ וְהָעָם לֹא יַעֲלוּ עִמּוֹ׃ וַיָּבֹא
מֹשֶׁה וַיְסַפֵּר לָעָם אֵת כָּל־דִּבְרֵי יְהוָה וְאֵת כָּל־הַמִּשְׁפָּטִים
וַיַּעַן כָּל־הָעָם קוֹל אֶחָד וַיֹּאמְרוּ כָּל־הַדְּבָרִים אֲשֶׁר־דִּבֶּר
4 יְהוָה נַעֲשֶׂה׃ וַיִּכְתֹּב מֹשֶׁה אֵת כָּל־דִּבְרֵי יְהוָה וַיַּשְׁכֵּם בַּבֹּקֶר
וַיִּבֶן מִזְבֵּחַ תַּחַת הָהָר וּשְׁתֵּים עֶשְׂרֵה מַצֵּבָה לִשְׁנֵים עָשָׂר
ה שִׁבְטֵי יִשְׂרָאֵל׃ וַיִּשְׁלַח אֶת־נַעֲרֵי בְּנֵי יִשְׂרָאֵל וַיַּעֲלוּ עֹלֹת
6 וַיִּזְבְּחוּ זְבָחִים שְׁלָמִים לַיהוָה פָּרִים׃ וַיִּקַּח מֹשֶׁה חֲצִי הַדָּם
7 וַיָּשֶׂם בָּאַגָּנֹת וַחֲצִי הַדָּם זָרַק עַל־הַמִּזְבֵּחַ׃ וַיִּקַּח סֵפֶר הַבְּרִית
וַיִּקְרָא בְּאָזְנֵי הָעָם וַיֹּאמְרוּ כֹּל אֲשֶׁר־דִּבֶּר יְהוָה נַעֲשֶׂה
8 וְנִשְׁמָע׃ וַיִּקַּח מֹשֶׁה אֶת־הַדָּם וַיִּזְרֹק עַל־הָעָם וַיֹּאמֶר הִנֵּה
דַם־הַבְּרִית אֲשֶׁר כָּרַת יְהוָה עִמָּכֶם עַל כָּל־הַדְּבָרִים
9 הָאֵלֶּה׃ וַיַּעַל מֹשֶׁה וְאַהֲרֹן נָדָב וַאֲבִיהוּא וְשִׁבְעִים מִזִּקְנֵי
י יִשְׂרָאֵל׃ וַיִּרְאוּ אֵת אֱלֹהֵי יִשְׂרָאֵל וְתַחַת רַגְלָיו כְּמַעֲשֵׂה לִבְנַת
11 הַסַּפִּיר וּכְעֶצֶם הַשָּׁמַיִם לָטֹהַר׃ וְאֶל־אֲצִילֵי בְּנֵי יִשְׂרָאֵל
12 לֹא שָׁלַח יָדוֹ וַיֶּחֱזוּ אֶת־הָאֱלֹהִים וַיֹּאכְלוּ וַיִּשְׁתּוּ׃ ס וַיֹּאמֶר
יְהוָה אֶל־מֹשֶׁה עֲלֵה אֵלַי הָהָרָה וֶהְיֵה־שָׁם וְאֶתְּנָה לְךָ אֶת־
13 לֻחֹת הָאֶבֶן וְהַתּוֹרָה וְהַמִּצְוָה אֲשֶׁר כָּתַבְתִּי לְהוֹרֹתָם׃ וַיָּקָם
14 מֹשֶׁה וִיהוֹשֻׁעַ מְשָׁרְתוֹ וַיַּעַל מֹשֶׁה אֶל־הַר הָאֱלֹהִים׃ וְאֶל־
הַזְּקֵנִים אָמַר שְׁבוּ־לָנוּ בָזֶה עַד אֲשֶׁר־נָשׁוּב אֲלֵיכֶם וְהִנֵּה
טו אַהֲרֹן וְחוּר עִמָּכֶם מִי־בַעַל דְּבָרִים יִגַּשׁ אֲלֵהֶם׃* וַיַּעַל מֹשֶׁה מפטיר
16 אֶל־הָהָר וַיְכַס הֶעָנָן אֶת־הָהָר׃ * וַיִּשְׁכֹּן כְּבוֹד־יְהוָה עַל־ לספ׳
הַר סִינַי וַיְכַסֵּהוּ הֶעָנָן שֵׁשֶׁת יָמִים וַיִּקְרָא אֶל־מֹשֶׁה בַּיּוֹם מפטיר
17 הַשְּׁבִיעִי מִתּוֹךְ הֶעָנָן׃ וּמַרְאֵה כְּבוֹד יְהוָה כְּאֵשׁ אֹכֶלֶת בְּרֹאשׁ לאש׳
18 הָהָר לְעֵינֵי בְּנֵי יִשְׂרָאֵל׃ וַיָּבֹא מֹשֶׁה בְּתוֹךְ הֶעָנָן וַיַּעַל אֶל־
הָהָר וַיְהִי מֹשֶׁה בָּהָר אַרְבָּעִים יוֹם וְאַרְבָּעִים לָיְלָה׃ פ פ פ

וידבר

v. 5. סבירין וַיִּשְׁלַח

תרומה יט 19

כה CAP. XXV. כה

2 א וַיְדַבֵּר יְהוָה אֶל־מֹשֶׁה לֵּאמֹר׃ דַּבֵּר אֶל־בְּנֵי יִשְׂרָאֵל
וְיִקְחוּ־לִי תְּרוּמָה מֵאֵת כָּל־אִישׁ אֲשֶׁר יִדְּבֶנּוּ לִבּוֹ תִּקְחוּ
3 אֶת־תְּרוּמָתִי׃ וְזֹאת הַתְּרוּמָה אֲשֶׁר תִּקְחוּ מֵאִתָּם זָהָב וָכֶסֶף
4 ה וּנְחֹשֶׁת׃ וּתְכֵלֶת וְאַרְגָּמָן וְתוֹלַעַת שָׁנִי וְשֵׁשׁ וְעִזִּים׃ וְעֹרֹת
6 אֵילִם מְאָדָּמִים וְעֹרֹת תְּחָשִׁים וַעֲצֵי שִׁטִּים׃ שֶׁמֶן לַמָּאֹר
7 בְּשָׂמִים לְשֶׁמֶן הַמִּשְׁחָה וְלִקְטֹרֶת הַסַּמִּים׃ אַבְנֵי־שֹׁהַם וְאַבְנֵי
8 מִלֻּאִים לָאֵפֹד וְלַחֹשֶׁן׃ וְעָשׂוּ לִי מִקְדָּשׁ וְשָׁכַנְתִּי בְּתוֹכָם׃
9 כְּכֹל אֲשֶׁר אֲנִי מַרְאֶה אוֹתְךָ אֵת תַּבְנִית הַמִּשְׁכָּן וְאֵת תַּבְנִית
י כָּל־כֵּלָיו וְכֵן תַּעֲשׂוּ׃ ס וְעָשׂוּ אֲרוֹן עֲצֵי שִׁטִּים אַמָּתַיִם
11 וָחֵצִי אָרְכּוֹ וְאַמָּה וָחֵצִי רָחְבּוֹ וְאַמָּה וָחֵצִי קֹמָתוֹ׃ וְצִפִּיתָ
אֹתוֹ זָהָב טָהוֹר מִבַּיִת וּמִחוּץ תְּצַפֶּנּוּ וְעָשִׂיתָ עָלָיו זֵר זָהָב
12 סָבִיב׃ וְיָצַקְתָּ לּוֹ אַרְבַּע טַבְּעֹת זָהָב וְנָתַתָּה עַל אַרְבַּע
פַּעֲמֹתָיו וּשְׁתֵּי טַבָּעֹת עַל־צַלְעוֹ הָאֶחָת וּשְׁתֵּי טַבָּעֹת עַל־
13 צַלְעוֹ הַשֵּׁנִית׃ וְעָשִׂיתָ בַדֵּי עֲצֵי שִׁטִּים וְצִפִּיתָ אֹתָם זָהָב׃
14 וְהֵבֵאתָ אֶת־הַבַּדִּים בַּטַּבָּעֹת עַל צַלְעֹת הָאָרֹן לָשֵׂאת אֶת־
טו הָאָרֹן בָּהֶם׃ בְּטַבְּעֹת הָאָרֹן יִהְיוּ הַבַּדִּים לֹא יָסֻרוּ מִמֶּנּוּ׃
16 17 וְנָתַתָּ אֶל־הָאָרֹן אֵת הָעֵדֻת אֲשֶׁר אֶתֵּן אֵלֶיךָ׃ * וְעָשִׂיתָ כַפֹּרֶת שני
18 זָהָב טָהוֹר אַמָּתַיִם וָחֵצִי אָרְכָּהּ וְאַמָּה וָחֵצִי רָחְבָּהּ׃ וְעָשִׂיתָ
שְׁנַיִם כְּרֻבִים זָהָב מִקְשָׁה תַּעֲשֶׂה אֹתָם מִשְּׁנֵי קְצוֹת הַכַּפֹּרֶת׃
19 וַעֲשֵׂה כְּרוּב אֶחָד מִקָּצָה מִזֶּה וּכְרוּב־אֶחָד מִקָּצָה מִזֶּה
כ מִן־הַכַּפֹּרֶת תַּעֲשׂוּ אֶת־הַכְּרֻבִים עַל־שְׁנֵי קְצוֹתָיו׃ וְהָיוּ
הַכְּרֻבִים פֹּרְשֵׂי כְנָפַיִם לְמַעְלָה סֹכְכִים בְּכַנְפֵיהֶם עַל־
הַכַּפֹּרֶת וּפְנֵיהֶם אִישׁ אֶל־אָחִיו אֶל־הַכַּפֹּרֶת יִהְיוּ פְּנֵי
21 הַכְּרֻבִים׃ וְנָתַתָּ אֶת־הַכַּפֹּרֶת עַל־הָאָרֹן מִלְמָעְלָה וְאֶל־
22 הָאָרֹן תִּתֵּן אֶת־הָעֵדֻת אֲשֶׁר אֶתֵּן אֵלֶיךָ׃ וְנוֹעַדְתִּי לְךָ שָׁם
וְדִבַּרְתִּי אִתְּךָ מֵעַל הַכַּפֹּרֶת מִבֵּין שְׁנֵי הַכְּרֻבִים אֲשֶׁר עַל־
אֲרוֹן הָעֵדֻת אֵת כָּל־אֲשֶׁר אֲצַוֶּה אוֹתְךָ אֶל־בְּנֵי יִשְׂרָאֵל׃ פ

v. 15. סבירין ממנה

23 וְעָשִׂ֥יתָ שֻׁלְחָ֖ן עֲצֵ֣י שִׁטִּ֑ים אַמָּתַ֤יִם אָרְכּוֹ֙ וְאַמָּ֣ה רָחְבּ֔וֹ וְאַמָּ֥ה
24 וָחֵ֖צִי קֹמָתֽוֹ׃ וְצִפִּיתָ֥ אֹת֖וֹ זָהָ֣ב טָה֑וֹר וְעָשִׂ֥יתָ לּ֛וֹ זֵ֥ר זָהָ֖ב סָבִֽיב׃
כה וְעָשִׂ֨יתָ לּ֥וֹ מִסְגֶּ֛רֶת טֹ֖פַח סָבִ֑יב וְעָשִׂ֧יתָ זֵֽר־זָהָ֛ב לְמִסְגַּרְתּ֖וֹ
26 סָבִֽיב׃ וְעָשִׂ֣יתָ לּ֔וֹ אַרְבַּ֖ע טַבְּעֹ֣ת זָהָ֑ב וְנָתַתָּ֙ אֶת־הַטַּבָּעֹ֔ת עַ֚ל
27 אַרְבַּ֣ע הַפֵּאֹ֔ת אֲשֶׁ֖ר לְאַרְבַּ֥ע רַגְלָֽיו׃ לְעֻמַּת֙ הַמִּסְגֶּ֔רֶת תִּהְיֶ֖יןָ
28 הַטַּבָּעֹ֑ת לְבָתִּ֣ים לְבַדִּ֔ים לָשֵׂ֖את אֶת־הַשֻּׁלְחָֽן׃ וְעָשִׂ֤יתָ אֶת־
הַבַּדִּים֙ עֲצֵ֣י שִׁטִּ֔ים וְצִפִּיתָ֥ אֹתָ֖ם זָהָ֑ב וְנִשָּׂא־בָ֖ם אֶת־הַשֻּׁלְחָֽן׃
29 וְעָשִׂ֨יתָ קְּעָרֹתָ֜יו וְכַפֹּתָ֗יו וּקְשׂוֹתָיו֙ וּמְנַקִּיֹּתָ֔יו אֲשֶׁ֥ר יֻסַּ֖ךְ בָּהֵ֑ן
ל זָהָ֥ב טָה֖וֹר תַּעֲשֶׂ֥ה אֹתָֽם׃ וְנָתַתָּ֧ עַל־הַשֻּׁלְחָ֛ן לֶ֥חֶם פָּנִ֖ים לְפָנַ֥י
תָּמִֽיד׃ * פ
31 וְעָשִׂ֥יתָ מְנֹרַ֖ת זָהָ֣ב טָה֑וֹר מִקְשָׁ֞ה תֵּיעָשֶׂ֤ה הַמְּנוֹרָה֙ יְרֵכָ֣הּ וְקָנָ֔הּ שלישי לספ׳
32 גְּבִיעֶ֛יהָ כַּפְתֹּרֶ֥יהָ וּפְרָחֶ֖יהָ מִמֶּ֥נָּה יִהְיֽוּ׃ וְשִׁשָּׁ֣ה קָנִ֔ים יֹצְאִ֖ים
מִצִּדֶּ֑יהָ שְׁלֹשָׁ֣ה ׀ קְנֵ֣י מְנֹרָ֗ה מִצִּדָּהּ֙ הָֽאֶחָ֔ד וּשְׁלֹשָׁה֙ קְנֵ֣י מְנֹרָ֔ה
33 מִצִּדָּ֖הּ הַשֵּׁנִֽי׃ שְׁלֹשָׁ֣ה גְ֠בִעִ֠ים מְשֻׁקָּדִ֞ים בַּקָּנֶ֣ה הָאֶחָד֮ כַּפְתֹּ֣ר
וָפֶרַח֒ וּשְׁלֹשָׁ֣ה גְבִעִ֗ים מְשֻׁקָּדִ֛ים בַּקָּנֶ֥ה הָאֶחָ֖ד כַּפְתֹּ֣ר וָפָ֑רַח
34 כֵּ֚ן לְשֵׁ֣שֶׁת הַקָּנִ֔ים הַיֹּצְאִ֖ים מִן־הַמְּנֹרָֽה׃ וּבַמְּנֹרָ֖ה אַרְבָּעָ֣ה
לה גְבִעִ֑ים מְשֻׁ֨קָּדִ֔ים כַּפְתֹּרֶ֖יהָ וּפְרָחֶֽיהָ׃ וְכַפְתֹּ֡ר תַּחַת֩ שְׁנֵ֨י הַקָּנִ֜ים
מִמֶּ֗נָּה וְכַפְתֹּר֙ תַּ֣חַת שְׁנֵ֤י הַקָּנִים֙ מִמֶּ֔נָּה וְכַפְתֹּ֕ר תַּֽחַת־שְׁנֵ֥י
36 הַקָּנִ֖ים מִמֶּ֑נָּה לְשֵׁ֨שֶׁת֙ הַקָּנִ֔ים הַיֹּצְאִ֖ים מִן־הַמְּנֹרָֽה׃ כַּפְתֹּרֵיהֶ֥ם
37 וּקְנֹתָ֖ם מִמֶּ֣נָּה יִהְי֑וּ כֻּלָּ֛הּ מִקְשָׁ֥ה אַחַ֖ת זָהָ֥ב טָהֽוֹר׃ וְעָשִׂ֥יתָ
אֶת־נֵרֹתֶ֖יהָ שִׁבְעָ֑ה וְהֶֽעֱלָה֙ אֶת־נֵ֣רֹתֶ֔יהָ וְהֵאִ֖יר עַל־עֵ֥בֶר
38 39 פָּנֶֽיהָ׃ וּמַלְקָחֶ֥יהָ וּמַחְתֹּתֶ֖יהָ זָהָ֥ב טָהֽוֹר׃ כִּכָּ֛ר זָהָ֥ב טָה֖וֹר
מ יַעֲשֶׂ֣ה אֹתָ֑הּ אֵ֥ת כָּל־הַכֵּלִ֖ים הָאֵֽלֶּה׃ וּרְאֵ֖ה וַעֲשֵׂ֑ה בְּתַ֨בְנִיתָ֔ם
אֲשֶׁר־אַתָּ֖ה מָרְאֶ֥ה בָּהָֽר׃ * ס

כו CAP. XXVI. כו

א וְאֶת־הַמִּשְׁכָּ֥ן תַּעֲשֶׂ֖ה עֶ֣שֶׂר יְרִיעֹ֑ת שֵׁ֣שׁ מָשְׁזָ֗ר וּתְכֵ֤לֶת שלישי לאש׳
2 וְאַרְגָּמָן֙ וְתֹלַ֣עַת שָׁנִ֔י כְּרֻבִ֛ים מַעֲשֵׂ֥ה חֹשֵׁ֖ב תַּעֲשֶׂ֥ה אֹתָֽם׃ אֹ֣רֶךְ ׀

היריעה

כ״ה v. 39. סבירין תעשה

הַיְרִיעָה הָאַחַת שְׁמֹנֶה וְעֶשְׂרִים בָּאַמָּה וְרֹחַב אַרְבַּע בָּאַמָּה
3 הַיְרִיעָה הָאֶחָת מִדָּה אַחַת לְכָל־הַיְרִיעֹת׃ חֲמֵשׁ הַיְרִיעֹת
תִּהְיֶיןָ חֹבְרֹת אִשָּׁה אֶל־אֲחֹתָהּ וְחָמֵשׁ יְרִיעֹת חֹבְרֹת אִשָּׁה
4 אֶל־אֲחֹתָהּ׃ וְעָשִׂיתָ לֻלְאֹת תְּכֵלֶת עַל שְׂפַת הַיְרִיעָה
הָאֶחָת מִקָּצָה בַּחֹבָרֶת וְכֵן תַּעֲשֶׂה בִּשְׂפַת הַיְרִיעָה הַקִּיצוֹנָה
ה בַּמַּחְבֶּרֶת הַשֵּׁנִית׃ חֲמִשִּׁים לֻלָאֹת תַּעֲשֶׂה בַּיְרִיעָה הָאֶחָת
וַחֲמִשִּׁים לֻלָאֹת תַּעֲשֶׂה בִּקְצֵה הַיְרִיעָה אֲשֶׁר בַּמַּחְבֶּרֶת הַשֵּׁנִית
6 מַקְבִּילֹת הַלֻּלָאֹת אִשָּׁה אֶל־אֲחֹתָהּ׃ וְעָשִׂיתָ חֲמִשִּׁים קַרְסֵי
זָהָב וְחִבַּרְתָּ אֶת־הַיְרִיעֹת אִשָּׁה אֶל־אֲחֹתָהּ בַּקְּרָסִים וְהָיָה
7 הַמִּשְׁכָּן אֶחָד׃ וְעָשִׂיתָ יְרִיעֹת עִזִּים לְאֹהֶל עַל־הַמִּשְׁכָּן
8 עַשְׁתֵּי־עֶשְׂרֵה יְרִיעֹת תַּעֲשֶׂה אֹתָם׃ אֹרֶךְ ׀ הַיְרִיעָה הָאַחַת
שְׁלֹשִׁים בָּאַמָּה וְרֹחַב אַרְבַּע בָּאַמָּה הַיְרִיעָה הָאֶחָת מִדָּה
9 אַחַת לְעַשְׁתֵּי עֶשְׂרֵה יְרִיעֹת׃ וְחִבַּרְתָּ אֶת־חֲמֵשׁ הַיְרִיעֹת
לְבָד וְאֶת־שֵׁשׁ הַיְרִיעֹת לְבָד וְכָפַלְתָּ אֶת־הַיְרִיעָה הַשִּׁשִּׁית
י אֶל־מוּל פְּנֵי הָאֹהֶל׃ וְעָשִׂיתָ חֲמִשִּׁים לֻלָאֹת עַל שְׂפַת הַיְרִיעָה
הָאֶחָת הַקִּיצֹנָה בַּחֹבָרֶת וַחֲמִשִּׁים לֻלָאֹת עַל שְׂפַת הַיְרִיעָה
11 הַחֹבֶרֶת הַשֵּׁנִית׃ וְעָשִׂיתָ קַרְסֵי נְחֹשֶׁת חֲמִשִּׁים וְהֵבֵאתָ אֶת־
12 הַקְּרָסִים בַּלֻּלָאֹת וְחִבַּרְתָּ אֶת־הָאֹהֶל וְהָיָה אֶחָד׃ וְסֶרַח
הָעֹדֵף בִּירִיעֹת הָאֹהֶל חֲצִי הַיְרִיעָה הָעֹדֶפֶת תִּסְרַח עַל
13 אֲחֹרֵי הַמִּשְׁכָּן׃ וְהָאַמָּה מִזֶּה וְהָאַמָּה מִזֶּה בָּעֹדֵף בְּאֹרֶךְ
יְרִיעֹת הָאֹהֶל יִהְיֶה סָרוּחַ עַל־צִדֵּי הַמִּשְׁכָּן מִזֶּה וּמִזֶּה
14 לְכַסֹּתוֹ׃ וְעָשִׂיתָ מִכְסֶה לָאֹהֶל עֹרֹת אֵילִם מְאָדָּמִים וּמִכְסֵה
עֹרֹת תְּחָשִׁים מִלְמָעְלָה׃ * פ
טו 16 וְעָשִׂיתָ אֶת־הַקְּרָשִׁים לַמִּשְׁכָּן עֲצֵי שִׁטִּים עֹמְדִים׃ עֶשֶׂר אַמּוֹת רביעי
17 אֹרֶךְ הַקָּרֶשׁ וְאַמָּה וַחֲצִי הָאַמָּה רֹחַב הַקֶּרֶשׁ הָאֶחָד׃ שְׁתֵּי
יָדוֹת לַקֶּרֶשׁ הָאֶחָד מְשֻׁלָּבֹת אִשָּׁה אֶל־אֲחֹתָהּ כֵּן תַּעֲשֶׂה
18 לְכֹל קַרְשֵׁי הַמִּשְׁכָּן׃ וְעָשִׂיתָ אֶת־הַקְּרָשִׁים לַמִּשְׁכָּן עֶשְׂרִים
19 קֶרֶשׁ לִפְאַת נֶגְבָּה תֵימָנָה׃ וְאַרְבָּעִים אַדְנֵי־כֶסֶף תַּעֲשֶׂה

תחת

תַּחַת עֶשְׂרִים הַקָּרֶשׁ שְׁנֵי אֲדָנִים תַּחַת־הַקֶּרֶשׁ הָאֶחָד לִשְׁתֵּי
כ יְדֹתָיו וּשְׁנֵי אֲדָנִים תַּחַת־הַקֶּרֶשׁ הָאֶחָד לִשְׁתֵּי יְדֹתָיו׃ וּלְצֶלַע
21 הַמִּשְׁכָּן הַשֵּׁנִית לִפְאַת צָפוֹן עֶשְׂרִים קָרֶשׁ׃ וְאַרְבָּעִים אַדְנֵיהֶם
כָּסֶף שְׁנֵי אֲדָנִים תַּחַת הַקֶּרֶשׁ הָאֶחָד וּשְׁנֵי אֲדָנִים תַּחַת הַקֶּרֶשׁ
22 23 הָאֶחָד׃ וּלְיַרְכְּתֵי הַמִּשְׁכָּן יָמָּה תַּעֲשֶׂה שִׁשָּׁה קְרָשִׁים׃ וּשְׁנֵי
24 קְרָשִׁים תַּעֲשֶׂה לִמְקֻצְעֹת הַמִּשְׁכָּן בַּיַּרְכָתָיִם׃ וְיִהְיוּ תֹאֲמִם
מִלְּמַטָּה וְיַחְדָּו יִהְיוּ תַמִּים עַל־רֹאשׁוֹ אֶל־הַטַּבַּעַת הָאֶחָת
כה כֵּן יִהְיֶה לִשְׁנֵיהֶם לִשְׁנֵי הַמִּקְצֹעֹת יִהְיוּ׃ וְהָיוּ שְׁמֹנָה קְרָשִׁים
וְאַדְנֵיהֶם כֶּסֶף שִׁשָּׁה עָשָׂר אֲדָנִים שְׁנֵי אֲדָנִים תַּחַת הַקֶּרֶשׁ
26 הָאֶחָד וּשְׁנֵי אֲדָנִים תַּחַת הַקֶּרֶשׁ הָאֶחָד׃ וְעָשִׂיתָ בְרִיחִם עֲצֵי
27 שִׁטִּים חֲמִשָּׁה לְקַרְשֵׁי צֶלַע־הַמִּשְׁכָּן הָאֶחָד׃ וַחֲמִשָּׁה בְרִיחִם
לְקַרְשֵׁי צֶלַע־הַמִּשְׁכָּן הַשֵּׁנִית וַחֲמִשָּׁה בְרִיחִם לְקַרְשֵׁי צֶלַע
28 הַמִּשְׁכָּן לַיַּרְכָתַיִם יָמָּה׃ וְהַבְּרִיחַ הַתִּיכֹן בְּתוֹךְ הַקְּרָשִׁים
29 מַבְרִחַ מִן־הַקָּצֶה אֶל־הַקָּצֶה׃ וְאֶת־הַקְּרָשִׁים תְּצַפֶּה זָהָב
וְאֶת־טַבְּעֹתֵיהֶם תַּעֲשֶׂה זָהָב בָּתִּים לַבְּרִיחִם וְצִפִּיתָ אֶת־
ל הַבְּרִיחִם זָהָב׃ וַהֲקֵמֹתָ אֶת־הַמִּשְׁכָּן כְּמִשְׁפָּטוֹ אֲשֶׁר הָרְאֵיתָ
31 בָּהָר׃* ס וְעָשִׂיתָ פָרֹכֶת תְּכֵלֶת וְאַרְגָּמָן וְתוֹלַעַת שָׁנִי וְשֵׁשׁ חמישי
32 מָשְׁזָר מַעֲשֵׂה חֹשֵׁב יַעֲשֶׂה אֹתָהּ כְּרֻבִים׃ וְנָתַתָּה אֹתָהּ עַל־
אַרְבָּעָה עַמּוּדֵי שִׁטִּים מְצֻפִּים זָהָב וָוֵיהֶם זָהָב עַל־אַרְבָּעָה
33 אַדְנֵי־כָסֶף׃ וְנָתַתָּה אֶת־הַפָּרֹכֶת תַּחַת הַקְּרָסִים וְהֵבֵאתָ
שָׁמָּה מִבֵּית לַפָּרֹכֶת אֵת אֲרוֹן הָעֵדוּת וְהִבְדִּילָה הַפָּרֹכֶת
34 לָכֶם בֵּין הַקֹּדֶשׁ וּבֵין קֹדֶשׁ הַקֳּדָשִׁים׃ וְנָתַתָּ אֶת־הַכַּפֹּרֶת עַל
לה אֲרוֹן הָעֵדֻת בְּקֹדֶשׁ הַקֳּדָשִׁים׃ וְשַׂמְתָּ אֶת־הַשֻּׁלְחָן מִחוּץ
לַפָּרֹכֶת וְאֶת־הַמְּנֹרָה נֹכַח הַשֻּׁלְחָן עַל צֶלַע הַמִּשְׁכָּן תֵּימָנָה
36 וְהַשֻּׁלְחָן תִּתֵּן עַל־צֶלַע צָפוֹן׃ וְעָשִׂיתָ מָסָךְ לְפֶתַח הָאֹהֶל
37 תְּכֵלֶת וְאַרְגָּמָן וְתוֹלַעַת שָׁנִי וְשֵׁשׁ מָשְׁזָר מַעֲשֵׂה רֹקֵם׃ וְעָשִׂיתָ
לַמָּסָךְ חֲמִשָּׁה עַמּוּדֵי שִׁטִּים וְצִפִּיתָ אֹתָם זָהָב וָוֵיהֶם זָהָב
וְיָצַקְתָּ לָהֶם חֲמִשָּׁה אַדְנֵי נְחֹשֶׁת׃* ס

v. 31. סבירין תעשה

ועשית

כז CAP. XXVII. כז

א וְעָשִׂיתָ אֶת־הַמִּזְבֵּחַ עֲצֵי שִׁטִּים חָמֵשׁ אַמּוֹת אֹרֶךְ וְחָמֵשׁ ששי
2 אַמּוֹת רֹחַב רָבוּעַ יִהְיֶה הַמִּזְבֵּחַ וְשָׁלֹשׁ אַמּוֹת קֹמָתוֹ׃ וְעָשִׂיתָ
קַרְנֹתָיו עַל אַרְבַּע פִּנֹּתָיו מִמֶּנּוּ תִּהְיֶיןָ קַרְנֹתָיו וְצִפִּיתָ אֹתוֹ
3 נְחֹשֶׁת׃ וְעָשִׂיתָ סִּירֹתָיו לְדַשְּׁנוֹ וְיָעָיו וּמִזְרְקֹתָיו וּמִזְלְגֹתָיו
4 וּמַחְתֹּתָיו לְכָל־כֵּלָיו תַּעֲשֶׂה נְחֹשֶׁת׃ וְעָשִׂיתָ לּוֹ מִכְבָּר מַעֲשֵׂה
רֶשֶׁת נְחֹשֶׁת וְעָשִׂיתָ עַל־הָרֶשֶׁת אַרְבַּע טַבְּעֹת נְחֹשֶׁת עַל
ה אַרְבַּע קְצוֹתָיו׃ וְנָתַתָּה אֹתָהּ תַּחַת כַּרְכֹּב הַמִּזְבֵּחַ מִלְּמָטָּה
6 וְהָיְתָה הָרֶשֶׁת עַד חֲצִי הַמִּזְבֵּחַ׃ וְעָשִׂיתָ בַדִּים לַמִּזְבֵּחַ בַּדֵּי
7 עֲצֵי שִׁטִּים וְצִפִּיתָ אֹתָם נְחֹשֶׁת׃ וְהוּבָא אֶת־בַּדָּיו בַּטַּבָּעֹת
8 וְהָיוּ הַבַּדִּים עַל־שְׁתֵּי צַלְעֹת הַמִּזְבֵּחַ בִּשְׂאֵת אֹתוֹ׃ נְבוּב
לֻחֹת תַּעֲשֶׂה אֹתוֹ כַּאֲשֶׁר הֶרְאָה אֹתְךָ בָּהָר כֵּן יַעֲשׂוּ׃ * ס
9 וְעָשִׂיתָ אֵת חֲצַר הַמִּשְׁכָּן לִפְאַת נֶגֶב־תֵּימָנָה קְלָעִים לֶחָצֵר שביעי
י שֵׁשׁ מָשְׁזָר מֵאָה בָאַמָּה אֹרֶךְ לַפֵּאָה הָאֶחָת׃ וְעַמֻּדָיו עֶשְׂרִים
11 וְאַדְנֵיהֶם עֶשְׂרִים נְחֹשֶׁת וָוֵי הָעַמֻּדִים וַחֲשֻׁקֵיהֶם כָּסֶף׃ וְכֵן
לִפְאַת צָפוֹן בָּאֹרֶךְ קְלָעִים מֵאָה אֹרֶךְ וְעַמֻּדָו עֶשְׂרִים
12 וְאַדְנֵיהֶם עֶשְׂרִים נְחֹשֶׁת וָוֵי הָעַמֻּדִים וַחֲשֻׁקֵיהֶם כָּסֶף׃ וְרֹחַב
הֶחָצֵר לִפְאַת־יָם קְלָעִים חֲמִשִּׁים אַמָּה עַמֻּדֵיהֶם עֲשָׂרָה
13 וְאַדְנֵיהֶם עֲשָׂרָה׃ וְרֹחַב הֶחָצֵר לִפְאַת קֵדְמָה מִזְרָחָה חֲמִשִּׁים
14 אַמָּה׃ וַחֲמֵשׁ עֶשְׂרֵה אַמָּה קְלָעִים לַכָּתֵף עַמֻּדֵיהֶם שְׁלֹשָׁה
טו וְאַדְנֵיהֶם שְׁלֹשָׁה׃ וְלַכָּתֵף הַשֵּׁנִית חֲמֵשׁ עֶשְׂרֵה קְלָעִים
16 עַמֻּדֵיהֶם שְׁלֹשָׁה וְאַדְנֵיהֶם שְׁלֹשָׁה׃ וּלְשַׁעַר הֶחָצֵר מָסָךְ ׀
עֶשְׂרִים אַמָּה תְּכֵלֶת וְאַרְגָּמָן וְתוֹלַעַת שָׁנִי וְשֵׁשׁ מָשְׁזָר מַעֲשֵׂה
17 רֹקֵם עַמֻּדֵיהֶם אַרְבָּעָה וְאַדְנֵיהֶם אַרְבָּעָה׃ * כָּל־עַמּוּדֵי מפטיר
הֶחָצֵר סָבִיב מְחֻשָּׁקִים כֶּסֶף וָוֵיהֶם כָּסֶף וְאַדְנֵיהֶם נְחֹשֶׁת׃
18 אֹרֶךְ הֶחָצֵר מֵאָה בָאַמָּה וְרֹחַב ׀ חֲמִשִּׁים בַּחֲמִשִּׁים וְקֹמָה חָמֵשׁ

אמות

v. 3. סבירין כל־ v. 11. ועמדיו ק׳

19 אַמּ֔וֹת שֵׁ֥שׁ מָשְׁזָ֖ר וְאַדְנֵיהֶ֥ם נְחֹֽשֶׁת׃ לְכֹל֙ כְּלֵ֣י הַמִּשְׁכָּ֔ן בְּכֹ֖ל
עֲבֹדָת֑וֹ וְכָל־יְתֵדֹתָ֛יו וְכָל־יִתְדֹ֥ת הֶחָצֵ֖ר נְחֹֽשֶׁת׃ ססס

תצוה כ 20

כ וְאַתָּ֞ה תְּצַוֶּ֣ה ׀ אֶת־בְּנֵ֣י יִשְׂרָאֵ֗ל וְיִקְח֨וּ אֵלֶ֜יךָ שֶׁ֥מֶן זַ֛יִת
21 זָ֥ךְ כָּתִ֖ית לַמָּא֑וֹר לְהַעֲלֹ֥ת נֵ֖ר תָּמִֽיד׃ בְּאֹ֣הֶל מוֹעֵ֡ד מִחוּץ֩
לַפָּרֹ֨כֶת אֲשֶׁ֜ר עַל־הָעֵדֻ֗ת יַעֲרֹךְ֩ אֹת֨וֹ אַהֲרֹ֧ן וּבָנָ֛יו מֵעֶ֥רֶב עַד־
בֹּ֖קֶר לִפְנֵ֣י יְהוָ֑ה חֻקַּ֤ת עוֹלָם֙ לְדֹ֣רֹתָ֔ם מֵאֵ֖ת בְּנֵ֥י יִשְׂרָאֵֽל׃ ס

כח Cap. XXVIII. כח

א וְאַתָּ֡ה הַקְרֵ֣ב אֵלֶיךָ֩ אֶת־אַהֲרֹ֨ן אָחִ֜יךָ וְאֶת־בָּנָ֣יו אִתּ֗וֹ
מִתּ֛וֹךְ בְּנֵ֥י יִשְׂרָאֵ֖ל לְכַהֲנוֹ־לִ֑י אַהֲרֹ֕ן נָדָ֧ב וַאֲבִיה֛וּא אֶלְעָזָ֥ר
2 וְאִֽיתָמָ֖ר בְּנֵ֥י אַהֲרֹֽן׃ וְעָשִׂ֥יתָ בִגְדֵי־קֹ֖דֶשׁ לְאַהֲרֹ֣ן אָחִ֑יךָ
3 לְכָב֖וֹד וּלְתִפְאָֽרֶת׃ וְאַתָּ֗ה תְּדַבֵּר֙ אֶל־כָּל־חַכְמֵי־לֵ֔ב אֲשֶׁ֥ר
מִלֵּאתִ֖יו ר֣וּחַ חָכְמָ֑ה וְעָשׂ֞וּ אֶת־בִּגְדֵ֧י אַהֲרֹ֛ן לְקַדְּשׁ֖וֹ לְכַהֲנוֹ־
4 לִֽי׃ וְאֵ֨לֶּה הַבְּגָדִ֜ים אֲשֶׁ֣ר יַעֲשׂ֗וּ חֹ֤שֶׁן וְאֵפוֹד֙ וּמְעִ֔יל וּכְתֹ֥נֶת
תַּשְׁבֵּ֖ץ מִצְנֶ֣פֶת וְאַבְנֵ֑ט וְעָשׂ֨וּ בִגְדֵי־קֹ֜דֶשׁ לְאַהֲרֹ֥ן אָחִ֛יךָ וּלְבָנָ֖יו
ה לְכַהֲנוֹ־לִֽי׃ וְהֵם֙ יִקְח֣וּ אֶת־הַזָּהָ֔ב וְאֶת־הַתְּכֵ֖לֶת וְאֶת־
הָֽאַרְגָּמָ֑ן וְאֶת־תּוֹלַ֥עַת הַשָּׁנִ֖י וְאֶת־הַשֵּֽׁשׁ׃ פ
6 וְעָשׂ֖וּ אֶת־הָאֵפֹ֑ד זָ֠הָב תְּכֵ֨לֶת וְאַרְגָּמָ֜ן תּוֹלַ֧עַת שָׁנִ֛י וְשֵׁ֥שׁ מָשְׁזָ֖ר
7 מַעֲשֵׂ֥ה חֹשֵֽׁב׃ שְׁתֵּ֧י כְתֵפֹ֣ת חֹֽבְרֹ֗ת יִֽהְיֶה־לּ֛וֹ אֶל־שְׁנֵ֥י קְצוֹתָ֖יו
8 וְחֻבָּֽר׃ וְחֵ֤שֶׁב אֲפֻדָּתוֹ֙ אֲשֶׁ֣ר עָלָ֔יו כְּמַעֲשֵׂ֖הוּ מִמֶּ֣נּוּ יִהְיֶ֑ה זָהָ֗ב
9 תְּכֵ֧לֶת וְאַרְגָּמָ֛ן וְתוֹלַ֥עַת שָׁנִ֖י וְשֵׁ֥שׁ מָשְׁזָֽר׃ וְלָ֣קַחְתָּ֔ אֶת־שְׁתֵּ֖י
י אַבְנֵי־שֹׁ֑הַם וּפִתַּחְתָּ֣ עֲלֵיהֶ֔ם שְׁמ֖וֹת בְּנֵ֥י יִשְׂרָאֵֽל׃ שִׁשָּׁה֙ מִשְּׁמֹתָ֔ם
עַ֖ל הָאֶ֣בֶן הָאֶחָ֑ת וְאֶת־שְׁמ֞וֹת הַשִּׁשָּׁ֧ה הַנּֽוֹתָרִ֛ים עַל־הָאֶ֥בֶן
11 הַשֵּׁנִ֖ית כְּתוֹלְדֹתָֽם׃ מַעֲשֵׂ֣ה חָרַשׁ֮ אֶ֒בֶן֒ פִּתּוּחֵ֣י חֹתָ֗ם תְּפַתַּח֙
אֶת־שְׁתֵּ֣י הָאֲבָנִ֔ים עַל־שְׁמֹ֖ת בְּנֵ֣י יִשְׂרָאֵ֑ל מֻסַבֹּ֛ת מִשְׁבְּצ֥וֹת
12 זָהָ֖ב תַּעֲשֶׂ֥ה אֹתָֽם׃ וְשַׂמְתָּ֞ אֶת־שְׁתֵּ֣י הָאֲבָנִ֗ים עַ֚ל כִּתְפֹ֣ת

האפד

כ״ז v. 19. סבירין כל

הָאֵפֹד אַבְנֵי זִכָּרֹן לִבְנֵי יִשְׂרָאֵל וְנָשָׂא אַהֲרֹן אֶת־שְׁמוֹתָם

13 לִפְנֵי יְהוָה עַל־שְׁתֵּי כְתֵפָיו לְזִכָּרֹן:* ס וְעָשִׂיתָ מִשְׁבְּצֹת שני

14 זָהָב: וּשְׁתֵּי שַׁרְשְׁרֹת זָהָב טָהוֹר מִגְבָּלֹת תַּעֲשֶׂה אֹתָם מַעֲשֵׂה
עֲבֹת וְנָתַתָּה אֶת־שַׁרְשְׁרֹת הָעֲבֹתֹת עַל־הַמִּשְׁבְּצֹת: ס

טו וְעָשִׂיתָ חֹשֶׁן מִשְׁפָּט מַעֲשֵׂה חֹשֵׁב כְּמַעֲשֵׂה אֵפֹד תַּעֲשֶׂנּוּ זָהָב

16 תְּכֵלֶת וְאַרְגָּמָן וְתוֹלַעַת שָׁנִי וְשֵׁשׁ מָשְׁזָר תַּעֲשֶׂה אֹתוֹ: רָבוּעַ

17 יִהְיֶה כָּפוּל זֶרֶת אָרְכּוֹ וְזֶרֶת רָחְבּוֹ: וּמִלֵּאתָ בוֹ מִלֻּאַת אֶבֶן
אַרְבָּעָה טוּרִים אָבֶן טוּר אֹדֶם פִּטְדָה וּבָרֶקֶת הַטּוּר הָאֶחָד:

18
19 וְהַטּוּר הַשֵּׁנִי נֹפֶךְ סַפִּיר וְיָהֲלֹם: וְהַטּוּר הַשְּׁלִישִׁי לֶשֶׁם שְׁבוֹ

כ וְאַחְלָמָה: וְהַטּוּר הָרְבִיעִי תַּרְשִׁישׁ וְשֹׁהַם וְיָשְׁפֵה מְשֻׁבָּצִים

21 זָהָב יִהְיוּ בְּמִלּוּאֹתָם: וְהָאֲבָנִים תִּהְיֶיןָ עַל־שְׁמֹת בְּנֵי־יִשְׂרָאֵל
שְׁתֵּים עֶשְׂרֵה עַל־שְׁמֹתָם פִּתּוּחֵי חֹתָם אִישׁ עַל־שְׁמוֹ תִּהְיֶיןָ

22 לִשְׁנֵי עָשָׂר שָׁבֶט: וְעָשִׂיתָ עַל־הַחֹשֶׁן שַׁרְשֹׁת גַּבְלֻת מַעֲשֵׂה

23 עֲבֹת זָהָב טָהוֹר: וְעָשִׂיתָ עַל־הַחֹשֶׁן שְׁתֵּי טַבְּעוֹת זָהָב וְנָתַתָּ

24 אֶת־שְׁתֵּי הַטַּבָּעוֹת עַל־שְׁנֵי קְצוֹת הַחֹשֶׁן: וְנָתַתָּה אֶת־שְׁתֵּי

כה עֲבֹתֹת הַזָּהָב עַל־שְׁתֵּי הַטַּבָּעֹת אֶל־קְצוֹת הַחֹשֶׁן: וְאֵת שְׁתֵּי
קְצוֹת שְׁתֵּי הָעֲבֹתֹת תִּתֵּן עַל־שְׁתֵּי הַמִּשְׁבְּצוֹת וְנָתַתָּה עַל־

26 כִּתְפוֹת הָאֵפֹד אֶל־מוּל פָּנָיו: וְעָשִׂיתָ שְׁתֵּי טַבְּעוֹת זָהָב וְשַׂמְתָּ
אֹתָם עַל־שְׁנֵי קְצוֹת הַחֹשֶׁן עַל־שְׂפָתוֹ אֲשֶׁר אֶל־עֵבֶר הָאֵפוֹד

27 בָּיְתָה: וְעָשִׂיתָ שְׁתֵּי טַבְּעוֹת זָהָב וְנָתַתָּה אֹתָם עַל־שְׁתֵּי
כִתְפוֹת הָאֵפוֹד מִלְּמַטָּה מִמּוּל פָּנָיו לְעֻמַּת מַחְבַּרְתּוֹ מִמַּעַל

28 לְחֵשֶׁב הָאֵפוֹד: וְיִרְכְּסוּ אֶת־הַחֹשֶׁן מִטַּבְּעֹתָו אֶל־טַבְּעֹת
הָאֵפוֹד בִּפְתִיל תְּכֵלֶת לִהְיוֹת עַל־חֵשֶׁב הָאֵפוֹד וְלֹא־יִזַּח

29 הַחֹשֶׁן מֵעַל הָאֵפוֹד: וְנָשָׂא אַהֲרֹן אֶת־שְׁמוֹת בְּנֵי־יִשְׂרָאֵל
בְּחֹשֶׁן הַמִּשְׁפָּט עַל־לִבּוֹ בְּבֹאוֹ אֶל־הַקֹּדֶשׁ לְזִכָּרֹן לִפְנֵי־

ל יְהוָה תָּמִיד: וְנָתַתָּ אֶל־חֹשֶׁן הַמִּשְׁפָּט אֶת־הָאוּרִים וְאֶת־
הַתֻּמִּים וְהָיוּ עַל־לֵב אַהֲרֹן בְּבֹאוֹ לִפְנֵי יְהוָה וְנָשָׂא אַהֲרֹן

אֶת־מִשְׁפַּט

אֶת־מִשְׁפַּט בְּנֵי־יִשְׂרָאֵל עַל־לִבּוֹ לִפְנֵי יְהוָה תָּמִיד׃ * ס
31 32 וְעָשִׂיתָ אֶת־מְעִיל הָאֵפוֹד כְּלִיל תְּכֵלֶת׃ וְהָיָה פִי־רֹאשׁוֹ שלישי
בְּתוֹכוֹ שָׂפָה יִהְיֶה לְפִיו סָבִיב מַעֲשֵׂה אֹרֵג כְּפִי תַחְרָא יִהְיֶה־
33 לּוֹ לֹא יִקָּרֵעַ׃ וְעָשִׂיתָ עַל־שׁוּלָיו רִמֹּנֵי תְּכֵלֶת וְאַרְגָּמָן
וְתוֹלַעַת שָׁנִי עַל־שׁוּלָיו סָבִיב וּפַעֲמֹנֵי זָהָב בְּתוֹכָם סָבִיב׃
34 פַּעֲמֹן זָהָב וְרִמּוֹן פַּעֲמֹן זָהָב וְרִמּוֹן עַל־שׁוּלֵי הַמְּעִיל סָבִיב׃
לה וְהָיָה עַל־אַהֲרֹן לְשָׁרֵת וְנִשְׁמַע קוֹלוֹ בְּבֹאוֹ אֶל־הַקֹּדֶשׁ לִפְנֵי
36 יְהוָה וּבְצֵאתוֹ וְלֹא יָמוּת׃ ס וְעָשִׂיתָ צִּיץ זָהָב טָהוֹר וּפִתַּחְתָּ
37 עָלָיו פִּתּוּחֵי חֹתָם קֹדֶשׁ לַיהוָה׃ וְשַׂמְתָּ אֹתוֹ עַל־פְּתִיל
תְּכֵלֶת וְהָיָה עַל־הַמִּצְנָפֶת אֶל־מוּל פְּנֵי־הַמִּצְנֶפֶת יִהְיֶה׃
38 וְהָיָה עַל־מֵצַח אַהֲרֹן וְנָשָׂא אַהֲרֹן אֶת־עֲוֹן הַקֳּדָשִׁים אֲשֶׁר
יַקְדִּישׁוּ בְּנֵי יִשְׂרָאֵל לְכָל־מַתְּנֹת קָדְשֵׁיהֶם וְהָיָה עַל־מִצְחוֹ
39 תָּמִיד לְרָצוֹן לָהֶם לִפְנֵי יְהוָה׃ וְשִׁבַּצְתָּ הַכְּתֹנֶת שֵׁשׁ וְעָשִׂיתָ
מ מִצְנֶפֶת שֵׁשׁ וְאַבְנֵט תַּעֲשֶׂה מַעֲשֵׂה רֹקֵם׃ וְלִבְנֵי אַהֲרֹן תַּעֲשֶׂה
כֻתֳּנֹת וְעָשִׂיתָ לָהֶם אַבְנֵטִים וּמִגְבָּעוֹת תַּעֲשֶׂה לָהֶם לְכָבוֹד
41 וּלְתִפְאָרֶת׃ וְהִלְבַּשְׁתָּ אֹתָם אֶת־אַהֲרֹן אָחִיךָ וְאֶת־בָּנָיו
אִתּוֹ וּמָשַׁחְתָּ אֹתָם וּמִלֵּאתָ אֶת־יָדָם וְקִדַּשְׁתָּ אֹתָם וְכִהֲנוּ־לִי׃
42 וַעֲשֵׂה לָהֶם מִכְנְסֵי־בָד לְכַסּוֹת בְּשַׂר עֶרְוָה מִמָּתְנַיִם וְעַד־
43 יְרֵכַיִם יִהְיוּ׃ וְהָיוּ עַל־אַהֲרֹן וְעַל־בָּנָיו בְּבֹאָם ׀ אֶל־אֹהֶל
מוֹעֵד אוֹ בְגִשְׁתָּם אֶל־הַמִּזְבֵּחַ לְשָׁרֵת בַּקֹּדֶשׁ וְלֹא־יִשְׂאוּ עָוֹן
וָמֵתוּ חֻקַּת עוֹלָם לוֹ וּלְזַרְעוֹ אַחֲרָיו׃ * ס

כט — Cap. XXIX. כט

א וְזֶה הַדָּבָר אֲשֶׁר תַּעֲשֶׂה לָהֶם לְקַדֵּשׁ אֹתָם לְכַהֵן לִי רביעי
2 לְקַח פַּר אֶחָד בֶּן־בָּקָר וְאֵילִם שְׁנַיִם תְּמִימִם׃ וְלֶחֶם מַצּוֹת
וְחַלֹּת מַצֹּת בְּלוּלֹת בַּשֶּׁמֶן וּרְקִיקֵי מַצּוֹת מְשֻׁחִים בַּשָּׁמֶן סֹלֶת
3 חִטִּים תַּעֲשֶׂה אֹתָם׃ וְנָתַתָּ אוֹתָם עַל־סַל אֶחָד וְהִקְרַבְתָּ
4 אֹתָם בַּסָּל וְאֶת־הַפָּר וְאֵת שְׁנֵי הָאֵילִם׃ וְאֶת־אַהֲרֹן וְאֶת־
בָּנָיו תַּקְרִיב אֶל־פֶּתַח אֹהֶל מוֹעֵד וְרָחַצְתָּ אֹתָם בַּמָּיִם׃

ולקחת

ה וְלָקַחְתָּ אֶת־הַבְּגָדִים וְהִלְבַּשְׁתָּ אֶת־אַהֲרֹן אֶת־הַכֻּתֹּנֶת וְאֵת
מְעִיל הָאֵפֹד וְאֶת־הָאֵפֹד וְאֶת־הַחֹשֶׁן וְאָפַדְתָּ לוֹ בְּחֵשֶׁב
6 הָאֵפֹד׃ וְשַׂמְתָּ הַמִּצְנֶפֶת עַל־רֹאשׁוֹ וְנָתַתָּ אֶת־נֵזֶר הַקֹּדֶשׁ
7 עַל־הַמִּצְנָפֶת׃ וְלָקַחְתָּ אֶת־שֶׁמֶן הַמִּשְׁחָה וְיָצַקְתָּ עַל־רֹאשׁוֹ
8 9 וּמָשַׁחְתָּ אֹתוֹ׃ וְאֶת־בָּנָיו תַּקְרִיב וְהִלְבַּשְׁתָּם כֻּתֳּנֹת׃ וְחָגַרְתָּ
אֹתָם אַבְנֵט אַהֲרֹן וּבָנָיו וְחָבַשְׁתָּ לָהֶם מִגְבָּעֹת וְהָיְתָה לָהֶם
י כְּהֻנָּה לְחֻקַּת עוֹלָם וּמִלֵּאתָ יַד־אַהֲרֹן וְיַד־בָּנָיו׃ וְהִקְרַבְתָּ
אֶת־הַפָּר לִפְנֵי אֹהֶל מוֹעֵד וְסָמַךְ אַהֲרֹן וּבָנָיו אֶת־יְדֵיהֶם
11 עַל־רֹאשׁ הַפָּר׃ וְשָׁחַטְתָּ אֶת־הַפָּר לִפְנֵי יְהוָה פֶּתַח אֹהֶל
12 מוֹעֵד׃ וְלָקַחְתָּ מִדַּם הַפָּר וְנָתַתָּה עַל־קַרְנֹת הַמִּזְבֵּחַ
13 בְּאֶצְבָּעֶךָ וְאֶת־כָּל־הַדָּם תִּשְׁפֹּךְ אֶל־יְסוֹד הַמִּזְבֵּחַ׃ וְלָקַחְתָּ
אֶת־כָּל־הַחֵלֶב הַמְכַסֶּה אֶת־הַקֶּרֶב וְאֵת הַיֹּתֶרֶת עַל־
הַכָּבֵד וְאֵת שְׁתֵּי הַכְּלָיֹת וְאֶת־הַחֵלֶב אֲשֶׁר עֲלֵיהֶן וְהִקְטַרְתָּ
14 הַמִּזְבֵּחָה׃ וְאֶת־בְּשַׂר הַפָּר וְאֶת־עֹרוֹ וְאֶת־פִּרְשׁוֹ תִּשְׂרֹף
טו בָּאֵשׁ מִחוּץ לַמַּחֲנֶה חַטָּאת הוּא׃ וְאֶת־הָאַיִל הָאֶחָד תִּקָּח
16 וְסָמְכוּ אַהֲרֹן וּבָנָיו אֶת־יְדֵיהֶם עַל־רֹאשׁ הָאָיִל׃ וְשָׁחַטְתָּ
אֶת־הָאָיִל וְלָקַחְתָּ אֶת־דָּמוֹ וְזָרַקְתָּ עַל־הַמִּזְבֵּחַ סָבִיב׃
17 וְאֶת־הָאַיִל תְּנַתֵּחַ לִנְתָחָיו וְרָחַצְתָּ קִרְבּוֹ וּכְרָעָיו וְנָתַתָּ עַל־
18 נְתָחָיו וְעַל־רֹאשׁוֹ׃ וְהִקְטַרְתָּ אֶת־כָּל־הָאַיִל הַמִּזְבֵּחָה עֹלָה
19 הוּא לַיהוָה רֵיחַ נִיחוֹחַ אִשֶּׁה לַיהוָה הוּא׃ * וְלָקַחְתָּ אֵת הָאָיִל חמישי
כ הַשֵּׁנִי וְסָמַךְ אַהֲרֹן וּבָנָיו אֶת־יְדֵיהֶם עַל־רֹאשׁ הָאָיִל׃ וְשָׁחַטְתָּ
אֶת־הָאַיִל וְלָקַחְתָּ מִדָּמוֹ וְנָתַתָּה עַל־תְּנוּךְ אֹזֶן אַהֲרֹן וְעַל־
תְּנוּךְ אֹזֶן בָּנָיו הַיְמָנִית וְעַל־בֹּהֶן יָדָם הַיְמָנִית וְעַל־בֹּהֶן רַגְלָם
21 הַיְמָנִית וְזָרַקְתָּ אֶת־הַדָּם עַל־הַמִּזְבֵּחַ סָבִיב׃ וְלָקַחְתָּ מִן־
הַדָּם אֲשֶׁר עַל־הַמִּזְבֵּחַ וּמִשֶּׁמֶן הַמִּשְׁחָה וְהִזֵּיתָ עַל־אַהֲרֹן
וְעַל־בְּגָדָיו וְעַל־בָּנָיו וְעַל־בִּגְדֵי בָנָיו אִתּוֹ וְקָדַשׁ הוּא וּבְגָדָיו
22 וּבָנָיו וּבִגְדֵי בָנָיו אִתּוֹ׃ וְלָקַחְתָּ מִן־הָאַיִל הַחֵלֶב וְהָאַלְיָה
וְאֶת־הַחֵלֶב ׀ הַמְכַסֶּה אֶת־הַקֶּרֶב וְאֵת יֹתֶרֶת הַכָּבֵד וְאֵת ׀

שְׁתֵּי הַכְּלָיֹת וְאֶת־הַחֵלֶב אֲשֶׁר עֲלֵיהֶן וְאֵת שׁוֹק הַיָּמִין כִּי
23 אֵיל מִלֻּאִים הוּא׃ וְכִכַּר לֶחֶם אַחַת וְחַלַּת לֶחֶם שֶׁמֶן אַחַת
24 וְרָקִיק אֶחָד מִסַּל הַמַּצּוֹת אֲשֶׁר לִפְנֵי יְהוָה׃ וְשַׂמְתָּ הַכֹּל עַל
כַּפֵּי אַהֲרֹן וְעַל כַּפֵּי בָנָיו וְהֵנַפְתָּ אֹתָם תְּנוּפָה לִפְנֵי יְהוָה׃
כה וְלָקַחְתָּ אֹתָם מִיָּדָם וְהִקְטַרְתָּ הַמִּזְבֵּחָה עַל־הָעֹלָה לְרֵיחַ
26 נִיחוֹחַ לִפְנֵי יְהוָה אִשֶּׁה הוּא לַיהוָה׃ וְלָקַחְתָּ אֶת־הֶחָזֶה
מֵאֵיל הַמִּלֻּאִים אֲשֶׁר לְאַהֲרֹן וְהֵנַפְתָּ אֹתוֹ תְּנוּפָה לִפְנֵי יְהוָה
27 וְהָיָה לְךָ לְמָנָה׃ וְקִדַּשְׁתָּ אֵת ׀ חֲזֵה הַתְּנוּפָה וְאֵת שׁוֹק
הַתְּרוּמָה אֲשֶׁר הוּנַף וַאֲשֶׁר הוּרָם מֵאֵיל הַמִּלֻּאִים מֵאֲשֶׁר
28 לְאַהֲרֹן וּמֵאֲשֶׁר לְבָנָיו׃ וְהָיָה לְאַהֲרֹן וּלְבָנָיו לְחָק־עוֹלָם
מֵאֵת בְּנֵי יִשְׂרָאֵל כִּי תְרוּמָה הוּא וּתְרוּמָה יִהְיֶה מֵאֵת בְּנֵי־
29 יִשְׂרָאֵל מִזִּבְחֵי שַׁלְמֵיהֶם תְּרוּמָתָם לַיהוָה׃ וּבִגְדֵי הַקֹּדֶשׁ
אֲשֶׁר לְאַהֲרֹן יִהְיוּ לְבָנָיו אַחֲרָיו לְמָשְׁחָה בָהֶם וּלְמַלֵּא־בָם
ל אֶת־יָדָם׃ שִׁבְעַת יָמִים יִלְבָּשָׁם הַכֹּהֵן תַּחְתָּיו מִבָּנָיו אֲשֶׁר
31 יָבֹא אֶל־אֹהֶל מוֹעֵד לְשָׁרֵת בַּקֹּדֶשׁ׃ וְאֵת אֵיל הַמִּלֻּאִים
32 תִּקָּח וּבִשַּׁלְתָּ אֶת־בְּשָׂרוֹ בְּמָקֹם קָדֹשׁ׃ וְאָכַל אַהֲרֹן וּבָנָיו
אֶת־בְּשַׂר הָאַיִל וְאֶת־הַלֶּחֶם אֲשֶׁר בַּסָּל פֶּתַח אֹהֶל מוֹעֵד׃
33 וְאָכְלוּ אֹתָם אֲשֶׁר כֻּפַּר בָּהֶם לְמַלֵּא אֶת־יָדָם לְקַדֵּשׁ אֹתָם
34 וְזָר לֹא־יֹאכַל כִּי־קֹדֶשׁ הֵם׃ וְאִם־יִוָּתֵר מִבְּשַׂר הַמִּלֻּאִים
וּמִן־הַלֶּחֶם עַד־הַבֹּקֶר וְשָׂרַפְתָּ אֶת־הַנּוֹתָר בָּאֵשׁ לֹא יֵאָכֵל
לה כִּי־קֹדֶשׁ הוּא׃ וְעָשִׂיתָ לְאַהֲרֹן וּלְבָנָיו כָּכָה כְּכֹל אֲשֶׁר־
36 צִוִּיתִי אֹתָכָה שִׁבְעַת יָמִים תְּמַלֵּא יָדָם׃ וּפַר חַטָּאת תַּעֲשֶׂה
לַיּוֹם עַל־הַכִּפֻּרִים וְחִטֵּאתָ עַל־הַמִּזְבֵּחַ בְּכַפֶּרְךָ עָלָיו
37 וּמָשַׁחְתָּ אֹתוֹ לְקַדְּשׁוֹ׃ שִׁבְעַת יָמִים תְּכַפֵּר עַל־הַמִּזְבֵּחַ
וְקִדַּשְׁתָּ אֹתוֹ וְהָיָה הַמִּזְבֵּחַ קֹדֶשׁ קָדָשִׁים כָּל־הַנֹּגֵעַ בַּמִּזְבֵּחַ
38 יִקְדָּשׁ׃ * ס וְזֶה אֲשֶׁר תַּעֲשֶׂה עַל־הַמִּזְבֵּחַ כְּבָשִׂים בְּנֵי־ ששי
39 שָׁנָה שְׁנַיִם לַיּוֹם תָּמִיד׃ אֶת־הַכֶּבֶשׂ הָאֶחָד תַּעֲשֶׂה בַבֹּקֶר

ואת

v. 28. סבירין היא v. 35. סבירין את־ידם

מ וְאֵת הַכֶּבֶשׂ הַשֵּׁנִי תַּעֲשֶׂה בֵּין הָעַרְבָּיִם׃ וְעִשָּׂרֹן סֹלֶת בָּלוּל
בְּשֶׁמֶן כָּתִית רֶבַע הַהִין וְנֵסֶךְ רְבִיעִת הַהִין יָיִן לַכֶּבֶשׂ הָאֶחָד׃
41 וְאֵת הַכֶּבֶשׂ הַשֵּׁנִי תַּעֲשֶׂה בֵּין הָעַרְבָּיִם כְּמִנְחַת הַבֹּקֶר וּכְנִסְכָּהּ
42 תַּעֲשֶׂה־לָּהּ לְרֵיחַ נִיחֹחַ אִשֶּׁה לַיהוָה׃ עֹלַת תָּמִיד לְדֹרֹתֵיכֶם
פֶּתַח אֹהֶל־מוֹעֵד לִפְנֵי יְהוָה אֲשֶׁר אִוָּעֵד לָכֶם שָׁמָּה לְדַבֵּר
43 אֵלֶיךָ שָׁם׃ וְנֹעַדְתִּי שָׁמָּה לִבְנֵי יִשְׂרָאֵל וְנִקְדַּשׁ בִּכְבֹדִי׃
44 וְקִדַּשְׁתִּי אֶת־אֹהֶל מוֹעֵד וְאֶת־הַמִּזְבֵּחַ וְאֶת־אַהֲרֹן וְאֶת־
מה בָּנָיו אֲקַדֵּשׁ לְכַהֵן לִי׃ וְשָׁכַנְתִּי בְּתוֹךְ בְּנֵי יִשְׂרָאֵל וְהָיִיתִי לָהֶם
46 לֵאלֹהִים׃ וְיָדְעוּ כִּי אֲנִי יְהוָה אֱלֹהֵיהֶם אֲשֶׁר הוֹצֵאתִי אֹתָם
מֵאֶרֶץ מִצְרַיִם לְשָׁכְנִי בְתוֹכָם אֲנִי יְהוָה אֱלֹהֵיהֶם׃* פ

ל Cap. XXX. ל

שביעי 2 א וְעָשִׂיתָ מִזְבֵּחַ מִקְטַר קְטֹרֶת עֲצֵי שִׁטִּים תַּעֲשֶׂה אֹתוֹ׃ אַמָּה
אָרְכּוֹ וְאַמָּה רָחְבּוֹ רָבוּעַ יִהְיֶה וְאַמָּתַיִם קֹמָתוֹ מִמֶּנּוּ קַרְנֹתָיו׃
3 וְצִפִּיתָ אֹתוֹ זָהָב טָהוֹר אֶת־גַּגּוֹ וְאֶת־קִירֹתָיו סָבִיב וְאֶת־
4 קַרְנֹתָיו וְעָשִׂיתָ לּוֹ זֵר זָהָב סָבִיב׃ וּשְׁתֵּי טַבְּעֹת זָהָב תַּעֲשֶׂה־
לּוֹ ׀ מִתַּחַת לְזֵרוֹ עַל שְׁתֵּי צַלְעֹתָיו תַּעֲשֶׂה עַל־שְׁנֵי צִדָּיו וְהָיָה
ה לְבָתִּים לְבַדִּים לָשֵׂאת אֹתוֹ בָּהֵמָּה׃ וְעָשִׂיתָ אֶת־הַבַּדִּים
6 עֲצֵי שִׁטִּים וְצִפִּיתָ אֹתָם זָהָב׃ וְנָתַתָּה אֹתוֹ לִפְנֵי הַפָּרֹכֶת אֲשֶׁר
עַל־אֲרֹן הָעֵדֻת לִפְנֵי הַכַּפֹּרֶת אֲשֶׁר עַל־הָעֵדֻת אֲשֶׁר אִוָּעֵד
7 לְךָ שָׁמָּה׃ וְהִקְטִיר עָלָיו אַהֲרֹן קְטֹרֶת סַמִּים בַּבֹּקֶר בַּבֹּקֶר
מפטיר 8 בְּהֵיטִיבוֹ אֶת־הַנֵּרֹת יַקְטִירֶנָּה׃* וּבְהַעֲלֹת אַהֲרֹן אֶת־הַנֵּרֹת
בֵּין הָעַרְבַּיִם יַקְטִירֶנָּה קְטֹרֶת תָּמִיד לִפְנֵי יְהוָה לְדֹרֹתֵיכֶם׃
9 לֹא־תַעֲלוּ עָלָיו קְטֹרֶת זָרָה וְעֹלָה וּמִנְחָה וְנֵסֶךְ לֹא תִסְּכוּ
י עָלָיו׃ וְכִפֶּר אַהֲרֹן עַל־קַרְנֹתָיו אַחַת בַּשָּׁנָה מִדַּם חַטַּאת
הַכִּפֻּרִים אַחַת בַּשָּׁנָה יְכַפֵּר עָלָיו לְדֹרֹתֵיכֶם קֹדֶשׁ־קָדָשִׁים
הוּא לַיהוָה׃ פפפ

כי תשא כא 21

11 12 וַיְדַבֵּר יְהוָה אֶל־מֹשֶׁה לֵּאמֹר׃ כִּי תִשָּׂא אֶת־רֹאשׁ בְּנֵי־
ישראל

יִשְׂרָאֵל֙ לִפְקֻ֣דֵיהֶ֔ם וְנָ֨תְנ֜וּ אִ֣ישׁ כֹּ֧פֶר נַפְשׁ֛וֹ לַיהֹוָ֖ה בִּפְקֹ֣ד אֹתָ֑ם

13 וְלֹא־יִהְיֶ֥ה בָהֶ֛ם נֶ֖גֶף בִּפְקֹ֣ד אֹתָֽם: זֶ֣ה ׀ יִתְּנ֗וּ כָּל־הָעֹבֵר֙ עַל־ הַפְּקֻדִ֔ים מַחֲצִ֥ית הַשֶּׁ֖קֶל בְּשֶׁ֣קֶל הַקֹּ֑דֶשׁ עֶשְׂרִ֤ים גֵּרָה֙ הַשֶּׁ֔קֶל

14 מַחֲצִ֣ית הַשֶּׁ֔קֶל תְּרוּמָ֖ה לַיהֹוָֽה: כֹּ֗ל הָעֹבֵר֙ עַל־הַפְּקֻדִ֔ים

טו מִבֶּ֛ן עֶשְׂרִ֥ים שָׁנָ֖ה וָמָ֑עְלָה יִתֵּ֖ן תְּרוּמַ֥ת יְהֹוָֽה: הֶֽעָשִׁיר֙ לֹֽא־ יַרְבֶּ֗ה וְהַדַּל֙ לֹ֣א יַמְעִ֔יט מִֽמַּחֲצִ֖ית הַשָּׁ֑קֶל לָתֵת֙ אֶת־תְּרוּמַ֣ת

16 יְהֹוָ֔ה לְכַפֵּ֖ר עַל־נַפְשֹֽׁתֵיכֶֽם: וְלָקַחְתָּ֞ אֶת־כֶּ֣סֶף הַכִּפֻּרִ֗ים מֵאֵת֙ בְּנֵ֣י יִשְׂרָאֵ֔ל וְנָתַתָּ֤ אֹתוֹ֙ עַל־עֲבֹדַ֖ת אֹ֣הֶל מוֹעֵ֑ד וְהָיָה֩ לִבְנֵ֨י יִשְׂרָאֵ֤ל לְזִכָּרוֹן֙ לִפְנֵ֣י יְהֹוָ֔ה לְכַפֵּ֖ר עַל־נַפְשֹֽׁתֵיכֶֽם: פ

17 וַיְדַבֵּ֥ר יְהֹוָ֖ה אֶל־מֹשֶׁ֥ה לֵּאמֹֽר: וְעָשִׂ֜יתָ כִּיּ֥וֹר נְחֹ֛שֶׁת וְכַנּ֥וֹ נְחֹ֖שֶׁת

18 לְרָחְצָ֑ה וְנָתַתָּ֣ אֹת֗וֹ בֵּֽין־אֹ֤הֶל מוֹעֵד֙ וּבֵ֣ין הַמִּזְבֵּ֔חַ וְנָתַתָּ֥ שָׁ֖מָּה

19 מָֽיִם: וְרָחֲצ֛וּ אַהֲרֹ֥ן וּבָנָ֖יו מִמֶּ֑נּוּ אֶת־יְדֵיהֶ֖ם וְאֶת־רַגְלֵיהֶֽם: כ בְּבֹאָ֞ם אֶל־אֹ֤הֶל מוֹעֵד֙ יִרְחֲצוּ־מַ֖יִם וְלֹ֣א יָמֻ֑תוּ א֣וֹ בְגִשְׁתָּ֤ם

21 אֶל־הַמִּזְבֵּ֙חַ֙ לְשָׁרֵ֔ת לְהַקְטִ֥יר אִשֶּׁ֖ה לַֽיהֹוָֽה: וְרָחֲצ֥וּ יְדֵיהֶ֖ם וְרַגְלֵיהֶ֖ם וְלֹ֣א יָמֻ֑תוּ וְהָיְתָ֨ה לָהֶ֧ם חָק־עוֹלָ֛ם ל֥וֹ וּלְזַרְע֖וֹ לְדֹרֹתָֽם: פ

22 וַיְדַבֵּ֥ר יְהֹוָ֖ה אֶל־מֹשֶׁ֥ה לֵּאמֹֽר: וְאַתָּ֣ה קַח־לְךָ֮ בְּשָׂמִ֣ים רֹאשׁ֒

23 מָר־דְּרוֹר֙ חֲמֵ֣שׁ מֵא֔וֹת וְקִנְּמָן־בֶּ֥שֶׂם מַחֲצִית֖וֹ חֲמִשִּׁ֣ים וּמָאתָ֑יִם

24 וּקְנֵה־בֹ֖שֶׂם חֲמִשִּׁ֥ים וּמָאתָֽיִם: וְקִדָּ֕ה חֲמֵ֥שׁ מֵא֖וֹת בְּשֶׁ֣קֶל הַקֹּ֑דֶשׁ וְשֶׁ֥מֶן זַ֖יִת הִֽין:

כה וְעָשִׂ֣יתָ אֹת֗וֹ שֶׁ֚מֶן מִשְׁחַת־קֹ֔דֶשׁ רֹ֥קַח מִרְקַ֖חַת מַעֲשֵׂ֣ה רֹקֵ֑חַ שֶׁ֥מֶן מִשְׁחַת־קֹ֖דֶשׁ יִהְיֶֽה: וּמָשַׁחְתָּ֥ ב֖וֹ

26 אֶת־אֹ֣הֶל מוֹעֵ֑ד וְאֵ֖ת אֲר֥וֹן הָעֵדֻֽת:

27 וְאֶת־הַשֻּׁלְחָן֙ וְאֶת־כָּל־ כֵּלָ֔יו וְאֶת־הַמְּנֹרָ֖ה וְאֶת־כֵּלֶ֑יהָ וְאֵ֖ת מִזְבַּ֥ח הַקְּטֹֽרֶת: וְאֶת־

28 מִזְבַּ֤ח הָֽעֹלָה֙ וְאֶת־כָּל־כֵּלָ֔יו וְאֶת־הַכִּיֹּ֖ר וְאֶת־כַּנּֽוֹ:

29 וְקִדַּשְׁתָּ֣ אֹתָ֔ם וְהָי֖וּ קֹ֣דֶשׁ קָֽדָשִׁ֑ים כָּל־הַנֹּגֵ֥עַ בָּהֶ֖ם יִקְדָּֽשׁ:

ל וְאֶת־אַהֲרֹ֥ן וְאֶת־בָּנָ֖יו תִּמְשָׁ֑ח וְקִדַּשְׁתָּ֥ אֹתָ֖ם לְכַהֵ֥ן לִֽי:

31 וְאֶל־בְּנֵ֥י יִשְׂרָאֵ֖ל תְּדַבֵּ֣ר לֵאמֹ֑ר שֶׁ֠מֶן מִשְׁחַת־קֹ֨דֶשׁ יִהְיֶ֥ה זֶ֛ה לִ֖י לְדֹרֹתֵיכֶֽם:

32 עַל־בְּשַׂ֤ר אָדָם֙ לֹ֣א יִיסָ֔ךְ וּבְמַ֨תְכֻּנְתּ֔וֹ לֹ֥א תַעֲשׂ֖וּ כָּמֹ֑הוּ קֹ֣דֶשׁ

חוא

33 הוּא קֹדֶשׁ יִהְיֶה לָכֶם׃ אִישׁ אֲשֶׁר יִרְקַח כָּמֹהוּ וַאֲשֶׁר יִתֵּן
34 מִמֶּנּוּ עַל־זָר וְנִכְרַת מֵעַמָּיו׃ ס וַיֹּאמֶר יְהוָה אֶל־מֹשֶׁה
קַח־לְךָ סַמִּים נָטָף ׀ וּשְׁחֵלֶת וְחֶלְבְּנָה סַמִּים וּלְבֹנָה זַכָּה בַּד
לה בְּבַד יִהְיֶה׃ וְעָשִׂיתָ אֹתָהּ קְטֹרֶת רֹקַח מַעֲשֵׂה רוֹקֵחַ מְמֻלָּח
36 טָהוֹר קֹדֶשׁ׃ וְשָׁחַקְתָּ מִמֶּנָּה הָדֵק וְנָתַתָּה מִמֶּנָּה לִפְנֵי הָעֵדֻת
בְּאֹהֶל מוֹעֵד אֲשֶׁר אִוָּעֵד לְךָ שָׁמָּה קֹדֶשׁ קָדָשִׁים תִּהְיֶה לָכֶם׃
37 וְהַקְּטֹרֶת אֲשֶׁר תַּעֲשֶׂה בְּמַתְכֻּנְתָּהּ לֹא תַעֲשׂוּ לָכֶם קֹדֶשׁ
38 תִּהְיֶה לְךָ לַיהוָה׃ אִישׁ אֲשֶׁר־יַעֲשֶׂה כָמוֹהָ לְהָרִיחַ בָּהּ וְנִכְרַת
מֵעַמָּיו׃ ס

Cap. XXXI. לא

2 א וַיְדַבֵּר יְהוָה אֶל־מֹשֶׁה לֵּאמֹר׃ רְאֵה קָרָאתִי בְשֵׁם
3 בְּצַלְאֵל בֶּן־אוּרִי בֶן־חוּר לְמַטֵּה יְהוּדָה׃ וָאֲמַלֵּא אֹתוֹ רוּחַ
4 אֱלֹהִים בְּחָכְמָה וּבִתְבוּנָה וּבְדַעַת וּבְכָל־מְלָאכָה׃ לַחְשֹׁב
ה מַחֲשָׁבֹת לַעֲשׂוֹת בַּזָּהָב וּבַכֶּסֶף וּבַנְּחֹשֶׁת׃ וּבַחֲרֹשֶׁת אֶבֶן
6 לְמַלֹּאת וּבַחֲרֹשֶׁת עֵץ לַעֲשׂוֹת בְּכָל־מְלָאכָה׃ וַאֲנִי הִנֵּה
נָתַתִּי אִתּוֹ אֵת אָהֳלִיאָב בֶּן־אֲחִיסָמָךְ לְמַטֵּה־דָן וּבְלֵב כָּל־
7 חֲכַם־לֵב נָתַתִּי חָכְמָה וְעָשׂוּ אֵת כָּל־אֲשֶׁר צִוִּיתִךָ׃ אֵת ׀ אֹהֶל
מוֹעֵד וְאֶת־הָאָרֹן לָעֵדֻת וְאֶת־הַכַּפֹּרֶת אֲשֶׁר עָלָיו וְאֵת כָּל־
8 כְּלֵי הָאֹהֶל׃ וְאֶת־הַשֻּׁלְחָן וְאֶת־כֵּלָיו וְאֶת־הַמְּנֹרָה הַטְּהֹרָה
9 וְאֶת־כָּל־כֵּלֶיהָ וְאֵת מִזְבַּח הַקְּטֹרֶת׃ וְאֶת־מִזְבַּח הָעֹלָה
י וְאֶת־כָּל־כֵּלָיו וְאֶת־הַכִּיּוֹר וְאֶת־כַּנּוֹ׃ וְאֵת בִּגְדֵי הַשְּׂרָד
11 וְאֶת־בִּגְדֵי הַקֹּדֶשׁ לְאַהֲרֹן הַכֹּהֵן וְאֶת־בִּגְדֵי בָנָיו לְכַהֵן׃ וְאֵת
שֶׁמֶן הַמִּשְׁחָה וְאֶת־קְטֹרֶת הַסַּמִּים לַקֹּדֶשׁ כְּכֹל אֲשֶׁר־צִוִּיתִךָ
יַעֲשׂוּ׃ פ
12 13 וַיֹּאמֶר יְהוָה אֶל־מֹשֶׁה לֵּאמֹר׃ וְאַתָּה דַּבֵּר אֶל־בְּנֵי יִשְׂרָאֵל
לֵאמֹר אַךְ אֶת־שַׁבְּתֹתַי תִּשְׁמֹרוּ כִּי אוֹת הִוא בֵּינִי וּבֵינֵיכֶם
14 לְדֹרֹתֵיכֶם לָדַעַת כִּי אֲנִי יְהוָה מְקַדִּשְׁכֶם׃ וּשְׁמַרְתֶּם אֶת־
הַשַּׁבָּת כִּי קֹדֶשׁ הִוא לָכֶם מְחַלְלֶיהָ מוֹת יוּמָת כִּי כָּל־הָעֹשֶׂה

בה

טו בָּהּ מְלָאכָה וְנִכְרְתָה הַנֶּפֶשׁ הַהִוא מִקֶּרֶב עַמֶּיהָ׃ שֵׁשֶׁת יָמִים
יֵעָשֶׂה מְלָאכָה וּבַיּוֹם הַשְּׁבִיעִי שַׁבַּת שַׁבָּתוֹן קֹדֶשׁ לַיהוָה כָּל־
16 הָעֹשֶׂה מְלָאכָה בְּיוֹם הַשַּׁבָּת מוֹת יוּמָת׃ וְשָׁמְרוּ בְנֵי־יִשְׂרָאֵל
17 אֶת־הַשַּׁבָּת לַעֲשׂוֹת אֶת־הַשַּׁבָּת לְדֹרֹתָם בְּרִית עוֹלָם׃ בֵּינִי
וּבֵין בְּנֵי יִשְׂרָאֵל אוֹת הִוא לְעֹלָם כִּי־שֵׁשֶׁת יָמִים עָשָׂה יְהוָה
אֶת־הַשָּׁמַיִם וְאֶת־הָאָרֶץ וּבַיּוֹם הַשְּׁבִיעִי שָׁבַת וַיִּנָּפַשׁ׃* ס
18 וַיִּתֵּן אֶל־מֹשֶׁה כְּכַלֹּתוֹ לְדַבֵּר אִתּוֹ בְּהַר סִינַי שְׁנֵי לֻחֹת הָעֵדֻת שני
לֻחֹת אֶבֶן כְּתֻבִים בְּאֶצְבַּע אֱלֹהִים׃

לב Cap. XXXII. לב

א וַיַּרְא הָעָם כִּי־בֹשֵׁשׁ מֹשֶׁה לָרֶדֶת מִן־הָהָר וַיִּקָּהֵל הָעָם
עַל־אַהֲרֹן וַיֹּאמְרוּ אֵלָיו קוּם ׀ עֲשֵׂה־לָנוּ אֱלֹהִים אֲשֶׁר יֵלְכוּ
לְפָנֵינוּ כִּי־זֶה ׀ מֹשֶׁה הָאִישׁ אֲשֶׁר הֶעֱלָנוּ מֵאֶרֶץ מִצְרַיִם לֹא
2 יָדַעְנוּ מֶה־הָיָה לוֹ׃ וַיֹּאמֶר אֲלֵהֶם אַהֲרֹן פָּרְקוּ נִזְמֵי הַזָּהָב
3 אֲשֶׁר בְּאָזְנֵי נְשֵׁיכֶם בְּנֵיכֶם וּבְנֹתֵיכֶם וְהָבִיאוּ אֵלָי׃ וַיִּתְפָּרְקוּ
כָּל־הָעָם אֶת־נִזְמֵי הַזָּהָב אֲשֶׁר בְּאָזְנֵיהֶם וַיָּבִיאוּ אֶל־אַהֲרֹן׃
4 וַיִּקַּח מִיָּדָם וַיָּצַר אֹתוֹ בַּחֶרֶט וַיַּעֲשֵׂהוּ עֵגֶל מַסֵּכָה וַיֹּאמְרוּ
ה אֵלֶּה אֱלֹהֶיךָ יִשְׂרָאֵל אֲשֶׁר הֶעֱלוּךָ מֵאֶרֶץ מִצְרָיִם׃ וַיַּרְא
אַהֲרֹן וַיִּבֶן מִזְבֵּחַ לְפָנָיו וַיִּקְרָא אַהֲרֹן וַיֹּאמַר חַג לַיהוָה מָחָר׃
6 וַיַּשְׁכִּימוּ מִמָּחֳרָת וַיַּעֲלוּ עֹלֹת וַיַּגִּשׁוּ שְׁלָמִים וַיֵּשֶׁב הָעָם לֶאֱכֹל
וְשָׁתוֹ וַיָּקֻמוּ לְצַחֵק׃ פ
7 וַיְדַבֵּר יְהוָה אֶל־מֹשֶׁה לֶךְ־רֵד כִּי שִׁחֵת עַמְּךָ אֲשֶׁר הֶעֱלֵיתָ
8 מֵאֶרֶץ מִצְרָיִם׃ סָרוּ מַהֵר מִן־הַדֶּרֶךְ אֲשֶׁר צִוִּיתִם עָשׂוּ
לָהֶם עֵגֶל מַסֵּכָה וַיִּשְׁתַּחֲווּ־לוֹ וַיִּזְבְּחוּ־לוֹ וַיֹּאמְרוּ אֵלֶּה
9 אֱלֹהֶיךָ יִשְׂרָאֵל אֲשֶׁר הֶעֱלוּךָ מֵאֶרֶץ מִצְרָיִם׃ וַיֹּאמֶר יְהוָה
אֶל־מֹשֶׁה רָאִיתִי אֶת־הָעָם הַזֶּה וְהִנֵּה עַם־קְשֵׁה־עֹרֶף הוּא׃
י וְעַתָּה הַנִּיחָה לִּי וְיִחַר־אַפִּי בָהֶם וַאֲכַלֵּם וְאֶעֱשֶׂה אוֹתְךָ לְגוֹי
11 גָּדוֹל׃ וַיְחַל מֹשֶׁה אֶת־פְּנֵי יְהוָה אֱלֹהָיו וַיֹּאמֶר לָמָה יְהוָה
יֶחֱרֶה אַפְּךָ בְּעַמֶּךָ אֲשֶׁר הוֹצֵאתָ מֵאֶרֶץ מִצְרַיִם בְּכֹחַ גָּדוֹל
וביד

12 וּבְיָ֥ד חֲזָקָֽה׃ לָ֩מָּה֩ יֹאמְר֨וּ מִצְרַ֜יִם לֵאמֹ֗ר בְּרָעָ֤ה הֽוֹצִיאָם֙
לַהֲרֹ֤ג אֹתָם֙ בֶּֽהָרִ֔ים וּלְכַ֨לֹּתָ֔ם מֵעַ֖ל פְּנֵ֣י הָֽאֲדָמָ֑ה שׁ֚וּב מֵחֲר֣וֹן
13 אַפֶּ֔ךָ וְהִנָּחֵ֥ם עַל־הָֽרָעָ֖ה לְעַמֶּֽךָ׃ זְכֹ֡ר לְאַבְרָהָם֩ לְיִצְחָ֨ק
וּלְיִשְׂרָאֵ֜ל עֲבָדֶ֗יךָ אֲשֶׁ֨ר נִשְׁבַּ֣עְתָּ לָהֶם֮ בָּךְ֒ וַתְּדַבֵּ֣ר אֲלֵהֶ֔ם
אַרְבֶּה֙ אֶֽת־זַרְעֲכֶ֔ם כְּכוֹכְבֵ֖י הַשָּׁמָ֑יִם וְכָל־הָאָ֨רֶץ הַזֹּ֜את אֲשֶׁ֣ר
14 אָמַ֗רְתִּי אֶתֵּן֙ לְזַרְעֲכֶ֔ם וְנָחֲל֖וּ לְעֹלָֽם׃ וַיִּנָּ֖חֶם יְהוָ֑ה עַל־הָ֣רָעָ֔ה
אֲשֶׁ֥ר דִּבֶּ֖ר לַעֲשׂ֥וֹת לְעַמּֽוֹ׃ פ
טו וַיִּ֜פֶן וַיֵּ֤רֶד מֹשֶׁה֙ מִן־הָהָ֔ר וּשְׁנֵ֛י לֻחֹ֥ת הָעֵדֻ֖ת בְּיָד֑וֹ לֻחֹ֗ת כְּתֻבִים֙
16 מִשְּׁנֵ֣י עֶבְרֵיהֶ֔ם מִזֶּ֥ה וּמִזֶּ֖ה הֵ֥ם כְּתֻבִֽים׃ וְהַ֨לֻּחֹ֔ת מַעֲשֵׂ֥ה אֱלֹהִ֖ים
17 הֵ֑מָּה וְהַמִּכְתָּ֗ב מִכְתַּ֤ב אֱלֹהִים֙ ה֔וּא חָר֖וּת עַל־הַלֻּחֹֽת׃ וַיִּשְׁמַ֧ע
יְהוֹשֻׁ֛עַ אֶת־ק֥וֹל הָעָ֖ם בְּרֵעֹ֑ה וַיֹּ֙אמֶר֙ אֶל־מֹשֶׁ֔ה ק֥וֹל מִלְחָמָ֖ה
18 בַּֽמַּחֲנֶֽה׃ וַיֹּ֗אמֶר אֵ֥ין קוֹל֙ עֲנ֣וֹת גְּבוּרָ֔ה וְאֵ֥ין ק֖וֹל עֲנ֣וֹת חֲלוּשָׁ֑ה
19 ק֣וֹל עַנּ֔וֹת אָנֹכִ֖י שֹׁמֵֽעַ׃ וַֽיְהִ֗י כַּאֲשֶׁ֤ר קָרַב֙ אֶל־הַֽמַּחֲנֶ֔ה וַיַּ֥רְא
אֶת־הָעֵ֖גֶל וּמְחֹלֹ֑ת וַיִּֽחַר־אַ֣ף מֹשֶׁ֗ה וַיַּשְׁלֵ֤ךְ מִיָּדָו֙ אֶת־הַלֻּחֹ֔ת
כ וַיְשַׁבֵּ֥ר אֹתָ֖ם תַּ֥חַת הָהָֽר׃ וַיִּקַּ֞ח אֶת־הָעֵ֨גֶל אֲשֶׁ֤ר עָשׂוּ֙ וַיִּשְׂרֹ֣ף
בָּאֵ֔שׁ וַיִּטְחַ֖ן עַ֣ד אֲשֶׁר־דָּ֑ק וַיִּ֙זֶר֙ עַל־פְּנֵ֣י הַמַּ֔יִם וַיַּ֖שְׁקְ אֶת־
21 בְּנֵ֥י יִשְׂרָאֵֽל׃ וַיֹּ֤אמֶר מֹשֶׁה֙ אֶֽל־אַהֲרֹ֔ן מֶֽה־עָשָׂ֥ה לְךָ֖ הָעָ֣ם
22 הַזֶּ֑ה כִּֽי־הֵבֵ֥אתָ עָלָ֖יו חֲטָאָ֥ה גְדֹלָֽה׃ וַיֹּ֣אמֶר אַהֲרֹ֔ן אַל־יִ֥חַר
23 אַ֖ף אֲדֹנִ֑י אַתָּה֙ יָדַ֣עְתָּ אֶת־הָעָ֔ם כִּ֥י בְרָ֖ע הֽוּא׃ וַיֹּ֣אמְרוּ לִ֔י
עֲשֵׂה־לָ֣נוּ אֱלֹהִ֔ים אֲשֶׁ֥ר יֵלְכ֖וּ לְפָנֵ֑ינוּ כִּי־זֶ֣ה ׀ מֹשֶׁ֣ה הָאִ֗ישׁ
24 אֲשֶׁ֤ר הֶֽעֱלָ֙נוּ֙ מֵאֶ֣רֶץ מִצְרַ֔יִם לֹ֥א יָדַ֖עְנוּ מֶה־הָ֥יָה לֽוֹ׃ וָאֹמַ֤ר
לָהֶם֙ לְמִ֣י זָהָ֔ב הִתְפָּרָ֖קוּ וַיִּתְּנוּ־לִ֑י וָאַשְׁלִכֵ֣הוּ בָאֵ֔שׁ וַיֵּצֵ֖א
כה הָעֵ֥גֶל הַזֶּֽה׃ וַיַּ֤רְא מֹשֶׁה֙ אֶת־הָעָ֔ם כִּ֥י פָרֻ֖עַ ה֑וּא כִּֽי־פְרָעֹ֣ה
26 אַהֲרֹ֔ן לְשִׁמְצָ֖ה בְּקָמֵיהֶֽם׃ וַיַּעֲמֹ֤ד מֹשֶׁה֙ בְּשַׁ֣עַר הַֽמַּחֲנֶ֔ה וַיֹּ֕אמֶר
27 מִ֥י לַֽיהוָ֖ה אֵלָ֑י וַיֵּאָסְפ֥וּ אֵלָ֖יו כָּל־בְּנֵ֥י לֵוִֽי׃ וַיֹּ֣אמֶר לָהֶ֗ם כֹּֽה־
אָמַ֤ר יְהוָה֙ אֱלֹהֵ֣י יִשְׂרָאֵ֔ל שִׂ֥ימוּ אִישׁ־חַרְבּ֖וֹ עַל־יְרֵכ֑וֹ עִבְר֨וּ
וָשׁ֜וּבוּ מִשַּׁ֤עַר לָשַׁ֙עַר֙ בַּֽמַּחֲנֶ֔ה וְהִרְג֧וּ אִֽישׁ־אֶת־אָחִ֛יו וְאִ֥ישׁ

את־רעהו

v. 17. ברעו ק׳   v. 19. מידיו ק׳   v. 25. ק׳ דבוקה

28 אֶת־רֵעֵ֑הוּ וְאִ֖ישׁ אֶת־קְרֹבֽוֹ׃ וַיַּעֲשׂ֥וּ בְנֵֽי־לֵוִ֖י כִּדְבַ֣ר מֹשֶׁ֑ה
29 וַיִּפֹּ֤ל מִן־הָעָם֙ בַּיּ֣וֹם הַה֔וּא כִּשְׁלֹ֥שֶׁת אַלְפֵ֖י אִֽישׁ׃ וַיֹּ֣אמֶר מֹשֶׁ֗ה
מִלְא֨וּ יֶדְכֶ֤ם הַיּוֹם֙ לַֽיהוָ֔ה כִּ֛י אִ֥ישׁ בִּבְנ֖וֹ וּבְאָחִ֑יו וְלָתֵ֧ת עֲלֵיכֶ֛ם
ל הַיּ֖וֹם בְּרָכָֽה׃ וַיְהִי֙ מִֽמָּחֳרָ֔ת וַיֹּ֤אמֶר מֹשֶׁה֙ אֶל־הָעָ֔ם אַתֶּ֥ם
חֲטָאתֶ֖ם חֲטָאָ֣ה גְדֹלָ֑ה וְעַתָּה֙ אֶֽעֱלֶ֣ה אֶל־יְהוָ֔ה אוּלַ֥י אֲכַפְּרָ֖ה
31 בְּעַ֥ד חַטַּאתְכֶֽם׃ וַיָּ֧שָׁב מֹשֶׁ֛ה אֶל־יְהוָ֖ה וַיֹּאמַ֑ר אָ֣נָּ֗א חָטָ֞א
32 הָעָ֤ם הַזֶּה֙ חֲטָאָ֣ה גְדֹלָ֔ה וַיַּעֲשׂ֥וּ לָהֶ֖ם אֱלֹהֵ֥י זָהָֽב׃ וְעַתָּ֖ה אִם־
תִּשָּׂ֣א חַטָּאתָ֑ם וְאִם־אַ֕יִן מְחֵ֣נִי נָ֔א מִֽסִּפְרְךָ֖ אֲשֶׁ֥ר כָּתָֽבְתָּ׃
33 וַיֹּ֥אמֶר יְהוָ֖ה אֶל־מֹשֶׁ֑ה מִ֚י אֲשֶׁ֣ר חָֽטָא־לִ֔י אֶמְחֶ֖נּוּ מִסִּפְרִֽי׃
34 וְעַתָּ֞ה לֵ֣ךְ ׀ נְחֵ֣ה אֶת־הָעָ֗ם אֶ֤ל אֲשֶׁר־דִּבַּ֙רְתִּי֙ לָ֔ךְ הִנֵּ֥ה
מַלְאָכִ֖י יֵלֵ֣ךְ לְפָנֶ֑יךָ וּבְי֣וֹם פָּקְדִ֔י וּפָקַדְתִּ֥י עֲלֵהֶ֖ם חַטָּאתָֽם׃
לה וַיִּגֹּ֥ף יְהוָ֖ה אֶת־הָעָ֑ם עַ֚ל אֲשֶׁ֣ר עָשׂ֣וּ אֶת־הָעֵ֔גֶל אֲשֶׁ֥ר עָשָׂ֖ה
אַהֲרֹֽן׃ ס

לג Cap. XXXIII. לג

א וַיְדַבֵּ֨ר יְהוָ֤ה אֶל־מֹשֶׁה֙ לֵ֣ךְ עֲלֵ֣ה מִזֶּ֔ה אַתָּ֣ה וְהָעָ֔ם אֲשֶׁ֥ר
הֶעֱלִ֖יתָ מֵאֶ֣רֶץ מִצְרָ֑יִם אֶל־הָאָ֗רֶץ אֲשֶׁ֣ר נִ֠שְׁבַּעְתִּי לְאַבְרָהָ֨ם
2 לְיִצְחָ֤ק וּֽלְיַעֲקֹב֙ לֵאמֹ֔ר לְזַרְעֲךָ֖ אֶתְּנֶֽנָּה׃ וְשָׁלַחְתִּ֥י לְפָנֶ֖יךָ
מַלְאָ֑ךְ וְגֵֽרַשְׁתִּ֗י אֶת־הַֽכְּנַעֲנִי֙ הָֽאֱמֹרִ֔י וְהַֽחִתִּי֙ וְהַפְּרִזִּ֔י הַחִוִּ֖י
3 וְהַיְבוּסִֽי׃ אֶל־אֶ֛רֶץ זָבַ֥ת חָלָ֖ב וּדְבָ֑שׁ כִּי֩ לֹ֨א אֶֽעֱלֶ֜ה בְּקִרְבְּךָ֗
4 כִּ֤י עַם־קְשֵׁה־עֹ֙רֶף֙ אַ֔תָּה פֶּן־אֲכֶלְךָ֖ בַּדָּֽרֶךְ׃ וַיִּשְׁמַ֣ע הָעָ֗ם
אֶת־הַדָּבָ֥ר הָרָ֛ע הַזֶּ֖ה וַיִּתְאַבָּ֑לוּ וְלֹא־שָׁ֛תוּ אִ֥ישׁ עֶדְי֖וֹ עָלָֽיו׃
ה וַיֹּ֨אמֶר יְהוָ֜ה אֶל־מֹשֶׁ֗ה אֱמֹ֤ר אֶל־בְּנֵֽי־יִשְׂרָאֵל֙ אַתֶּ֣ם עַם־
קְשֵׁה־עֹ֔רֶף רֶ֧גַע אֶחָ֛ד אֶֽעֱלֶ֥ה בְקִרְבְּךָ֖ וְכִלִּיתִ֑יךָ וְעַתָּ֗ה הוֹרֵ֤ד
6 עֶדְיְךָ֙ מֵעָלֶ֔יךָ וְאֵדְעָ֖ה מָ֥ה אֶֽעֱשֶׂה־לָּֽךְ׃ וַיִּֽתְנַצְּל֧וּ בְנֵֽי־יִשְׂרָאֵ֛ל
7 אֶת־עֶדְיָ֖ם מֵהַ֥ר חוֹרֵֽב׃ וּמֹשֶׁה֩ יִקַּ֨ח אֶת־הָאֹ֜הֶל וְנָֽטָה־ל֣וֹ ׀
מִח֣וּץ לַֽמַּחֲנֶ֗ה הַרְחֵק֙ מִן־הַֽמַּחֲנֶ֔ה וְקָ֥רָא ל֖וֹ אֹ֣הֶל מוֹעֵ֑ד וְהָיָה֙
כָּל־מְבַקֵּ֣שׁ יְהוָ֔ה יֵצֵא֙ אֶל־אֹ֣הֶל מוֹעֵ֔ד אֲשֶׁ֖ר מִח֥וּץ לַֽמַּחֲנֶֽה׃

והיה

ל״ב v. 28. סבירין אלפים v. 31. ב׳ טעמים

8 וְהָיָה כְּצֵאת מֹשֶׁה אֶל־הָאֹהֶל יָקוּמוּ כָּל־הָעָם וְנִצְּבוּ אִישׁ
9 פֶּתַח אָהֳלוֹ וְהִבִּיטוּ אַחֲרֵי מֹשֶׁה עַד־בֹּאוֹ הָאֹהֱלָה׃ וְהָיָה
כְּבֹא מֹשֶׁה הָאֹהֱלָה יֵרֵד עַמּוּד הֶעָנָן וְעָמַד פֶּתַח הָאֹהֶל וְדִבֶּר
י עִם־מֹשֶׁה׃ וְרָאָה כָל־הָעָם אֶת־עַמּוּד הֶעָנָן עֹמֵד פֶּתַח
11 הָאֹהֶל וְקָם כָּל־הָעָם וְהִשְׁתַּחֲווּ אִישׁ פֶּתַח אָהֳלוֹ׃ וְדִבֶּר
יְהוָה אֶל־מֹשֶׁה פָּנִים אֶל־פָּנִים כַּאֲשֶׁר יְדַבֵּר אִישׁ אֶל־רֵעֵהוּ
וְשָׁב אֶל־הַמַּחֲנֶה וּמְשָׁרְתוֹ יְהוֹשֻׁעַ בִּן־נוּן נַעַר לֹא יָמִישׁ מִתּוֹךְ
הָאֹהֶל׃* פ

12 וַיֹּאמֶר מֹשֶׁה אֶל־יְהוָה רְאֵה אַתָּה אֹמֵר אֵלַי הַעַל אֶת־הָעָם שלישי
הַזֶּה וְאַתָּה לֹא הוֹדַעְתַּנִי אֵת אֲשֶׁר־תִּשְׁלַח עִמִּי וְאַתָּה אָמַרְתָּ
13 יְדַעְתִּיךָ בְשֵׁם וְגַם־מָצָאתָ חֵן בְּעֵינָי׃ וְעַתָּה אִם־נָא מָצָאתִי
חֵן בְּעֵינֶיךָ הוֹדִעֵנִי נָא אֶת־דְּרָכֶךָ וְאֵדָעֲךָ לְמַעַן אֶמְצָא־חֵן
14 בְּעֵינֶיךָ וּרְאֵה כִּי עַמְּךָ הַגּוֹי הַזֶּה׃ וַיֹּאמַר פָּנַי יֵלֵכוּ וַהֲנִחֹתִי
טו לָךְ׃ וַיֹּאמֶר אֵלָיו אִם־אֵין פָּנֶיךָ הֹלְכִים אַל־תַּעֲלֵנוּ מִזֶּה׃
16 וּבַמֶּה ׀ יִוָּדַע אֵפוֹא כִּי־מָצָאתִי חֵן בְּעֵינֶיךָ אֲנִי וְעַמֶּךָ הֲלוֹא
בְּלֶכְתְּךָ עִמָּנוּ וְנִפְלֵינוּ אֲנִי וְעַמְּךָ מִכָּל־הָעָם אֲשֶׁר עַל־פְּנֵי
הָאֲדָמָה׃* פ

17 וַיֹּאמֶר יְהוָה אֶל־מֹשֶׁה גַּם אֶת־הַדָּבָר הַזֶּה אֲשֶׁר דִּבַּרְתָּ רביעי
18 אֶעֱשֶׂה כִּי־מָצָאתָ חֵן בְּעֵינַי וָאֵדָעֲךָ בְּשֵׁם׃ וַיֹּאמַר הַרְאֵנִי
19 נָא אֶת־כְּבֹדֶךָ׃ וַיֹּאמֶר אֲנִי אַעֲבִיר כָּל־טוּבִי עַל־פָּנֶיךָ
וְקָרָאתִי בְשֵׁם יְהוָה לְפָנֶיךָ וְחַנֹּתִי אֶת־אֲשֶׁר אָחֹן וְרִחַמְתִּי
כ אֶת־אֲשֶׁר אֲרַחֵם׃ וַיֹּאמֶר לֹא תוּכַל לִרְאֹת אֶת־פָּנָי כִּי לֹא־
21 יִרְאַנִי הָאָדָם וָחָי׃ וַיֹּאמֶר יְהוָה הִנֵּה מָקוֹם אִתִּי וְנִצַּבְתָּ עַל־
22 הַצּוּר׃ וְהָיָה בַּעֲבֹר כְּבֹדִי וְשַׂמְתִּיךָ בְּנִקְרַת הַצּוּר וְשַׂכֹּתִי
23 כַפִּי עָלֶיךָ עַד־עָבְרִי׃ וַהֲסִרֹתִי אֶת־כַּפִּי וְרָאִיתָ אֶת־אֲחֹרָי
וּפָנַי לֹא יֵרָאוּ׃* פ

לד CAP. XXXIV. לד

א וַיֹּאמֶר יְהוָה אֶל־מֹשֶׁה פְּסָל־לְךָ שְׁנֵי־לֻחֹת אֲבָנִים כָּרִאשֹׁנִים חמישי

וכתבתי

וְכָתַבְתִּי֙ עַל־הַלֻּחֹ֔ת אֶת־הַדְּבָרִ֔ים אֲשֶׁ֥ר הָי֛וּ עַל־הַלֻּחֹ֥ת
2 הָרִאשֹׁנִ֖ים אֲשֶׁ֥ר שִׁבַּֽרְתָּ׃ וֶהְיֵ֥ה נָכ֖וֹן לַבֹּ֑קֶר וְעָלִ֤יתָ בַבֹּ֙קֶר֙
3 אֶל־הַ֣ר סִינַ֔י וְנִצַּבְתָּ֥ לִ֛י שָׁ֖ם עַל־רֹ֥אשׁ הָהָֽר׃ וְאִישׁ֙ לֹא־
יַעֲלֶ֣ה עִמָּ֔ךְ וְגַם־אִ֥ישׁ אַל־יֵרָ֖א בְּכָל־הָהָ֑ר גַּם־הַצֹּ֤אן וְהַבָּקָר֙
4 אַל־יִרְע֔וּ אֶל־מ֖וּל הָהָ֥ר הַהֽוּא׃ וַיִּפְסֹ֡ל שְׁנֵֽי־לֻחֹ֨ת אֲבָנִ֜ים
כָּרִאשֹׁנִ֗ים וַיַּשְׁכֵּ֨ם מֹשֶׁ֤ה בַבֹּ֙קֶר֙ וַיַּ֙עַל֙ אֶל־הַ֣ר סִינַ֔י כַּאֲשֶׁ֛ר
ה צִוָּ֥ה יְהוָ֖ה אֹת֑וֹ וַיִּקַּ֣ח בְּיָד֔וֹ שְׁנֵ֖י לֻחֹ֥ת אֲבָנִֽים׃ וַיֵּ֤רֶד יְהוָה֙
6 בֶּֽעָנָ֔ן וַיִּתְיַצֵּ֥ב עִמּ֖וֹ שָׁ֑ם וַיִּקְרָ֥א בְשֵׁ֖ם יְהוָֽה׃ וַיַּעֲבֹ֨ר יְהוָ֥ה ׀
עַל־פָּנָיו֮ וַיִּקְרָא֒ יְהוָ֣ה ׀ יְהוָ֔ה אֵ֥ל רַח֖וּם וְחַנּ֑וּן אֶ֥רֶךְ אַפַּ֖יִם
7 וְרַב־חֶ֥סֶד וֶאֱמֶֽת׃ נֹצֵ֥ר חֶ֙סֶד֙ לָאֲלָפִ֔ים נֹשֵׂ֥א עָוֺ֛ן וָפֶ֖שַׁע
וְחַטָּאָ֑ה וְנַקֵּה֙ לֹ֣א יְנַקֶּ֔ה פֹּקֵ֣ד ׀ עֲוֺ֣ן אָב֗וֹת עַל־בָּנִים֙ וְעַל־
8 בְּנֵ֣י בָנִ֔ים עַל־שִׁלֵּשִׁ֖ים וְעַל־רִבֵּעִֽים׃ וַיְמַהֵ֖ר מֹשֶׁ֑ה וַיִּקֹּ֥ד
9 אַ֖רְצָה וַיִּשְׁתָּֽחוּ׃ וַיֹּ֨אמֶר אִם־נָא֩ מָצָ֨אתִי חֵ֤ן בְּעֵינֶ֙יךָ֙ אֲדֹנָ֔י
יֵֽלֶךְ־נָ֥א אֲדֹנָ֖י בְּקִרְבֵּ֑נוּ כִּ֤י עַם־קְשֵׁה־עֹ֙רֶף֙ ה֔וּא וְסָלַחְתָּ֛
ששי י לַעֲוֺנֵ֥נוּ וּלְחַטָּאתֵ֖נוּ וּנְחַלְתָּֽנוּ׃ * וַיֹּ֗אמֶר הִנֵּ֣ה אָנֹכִי֮ כֹּרֵ֣ת בְּרִית֒
נֶ֤גֶד כָּל־עַמְּךָ֙ אֶעֱשֶׂ֣ה נִפְלָאֹ֔ת אֲשֶׁ֛ר לֹא־נִבְרְא֥וּ בְכָל־הָאָ֖רֶץ
וּבְכָל־הַגּוֹיִ֑ם וְרָאָ֣ה כָל־הָ֠עָם אֲשֶׁר־אַתָּ֨ה בְקִרְבּ֜וֹ אֶת־
11 מַעֲשֵׂ֤ה יְהוָה֙ כִּֽי־נוֹרָ֣א ה֔וּא אֲשֶׁ֥ר אֲנִ֖י עֹשֶׂ֥ה עִמָּֽךְ׃ שְׁמָ֨ר־לְךָ֔
אֵ֛ת אֲשֶׁ֥ר אָנֹכִ֖י מְצַוְּךָ֣ הַיּ֑וֹם הִנְנִ֧י גֹרֵ֣שׁ מִפָּנֶ֗יךָ אֶת־הָֽאֱמֹרִי֙
12 וְהַֽכְּנַעֲנִ֔י וְהַֽחִתִּי֙ וְהַפְּרִזִּ֔י וְהַֽחִוִּ֖י וְהַיְבוּסִֽי׃ הִשָּׁ֣מֶר לְךָ֗ פֶּן־
תִּכְרֹ֤ת בְּרִית֙ לְיוֹשֵׁ֣ב הָאָ֔רֶץ אֲשֶׁ֥ר אַתָּ֖ה בָּ֣א עָלֶ֑יהָ פֶּן־יִהְיֶ֥ה
13 לְמוֹקֵ֖שׁ בְּקִרְבֶּֽךָ׃ כִּ֤י אֶת־מִזְבְּחֹתָם֙ תִּתֹּצ֔וּן וְאֶת־מַצֵּבֹתָ֖ם
14 תְּשַׁבֵּר֑וּן וְאֶת־אֲשֵׁרָ֖יו תִּכְרֹתֽוּן׃ כִּ֛י לֹ֥א תִֽשְׁתַּחֲוֶ֖ה לְאֵ֣ל אַחֵ֑ר
טו כִּ֤י יְהוָה֙ קַנָּ֣א שְׁמ֔וֹ אֵ֥ל קַנָּ֖א הֽוּא׃ פֶּן־תִּכְרֹ֥ת בְּרִ֖ית לְיוֹשֵׁ֣ב
הָאָ֑רֶץ וְזָנ֣וּ ׀ אַחֲרֵ֣י אֱלֹהֵיהֶ֗ם וְזָֽבְחוּ֙ לֵאלֹ֣הֵיהֶ֔ם וְקָרָ֣א לְךָ֔
16 וְאָכַלְתָּ֖ מִזִּבְחֽוֹ׃ וְלָקַחְתָּ֥ מִבְּנֹתָ֖יו לְבָנֶ֑יךָ וְזָנ֣וּ בְנֹתָ֗יו אַחֲרֵי֙
17 אֱלֹהֵיהֶ֔ן וְהִזְנוּ֙ אֶת־בָּנֶ֔יךָ אַחֲרֵ֖י אֱלֹהֵיהֶֽן׃ אֱלֹהֵ֥י מַסֵּכָ֖ה לֹ֥א

תעשה־לך

v. 7. נון רבתי v. 14. ר׳ רבתי

18 תַּעֲשֶׂה־לָּ֗ךְ אֶת־חַ֣ג הַמַּצּוֹת֮ תִּשְׁמֹר֒ שִׁבְעַ֨ת יָמִ֜ים תֹּאכַ֤ל
מַצּוֹת֙ אֲשֶׁ֣ר צִוִּיתִ֔ךָ לְמוֹעֵ֖ד חֹ֣דֶשׁ הָאָבִ֑יב כִּ֚י בְּחֹ֣דֶשׁ הָֽאָבִ֔יב
19 יָצָ֖אתָ מִמִּצְרָֽיִם: כָּל־פֶּ֥טֶר רֶ֖חֶם לִ֑י וְכָֽל־מִקְנְךָ֙ תִּזָּכָ֔ר פֶּ֥טֶר
כ שׁ֖וֹר וָשֶֽׂה: וּפֶ֤טֶר חֲמוֹר֙ תִּפְדֶּ֣ה בְשֶׂ֔ה וְאִם־לֹ֥א תִפְדֶּ֖ה וַעֲרַפְתּ֑וֹ
21 כֹּ֣ל בְּכ֤וֹר בָּנֶ֙יךָ֙ תִּפְדֶּ֔ה וְלֹא־יֵרָא֥וּ פָנַ֖י רֵיקָֽם: שֵׁ֤שֶׁת יָמִים֙
22 תַּעֲבֹ֔ד וּבַיּ֥וֹם הַשְּׁבִיעִ֖י תִּשְׁבֹּ֑ת בֶּחָרִ֥ישׁ וּבַקָּצִ֖יר תִּשְׁבֹּֽת: וְחַ֤ג
שָׁבֻעֹת֙ תַּעֲשֶׂ֣ה לְךָ֔ בִּכּוּרֵ֖י קְצִ֣יר חִטִּ֑ים וְחַג֙ הָ֣אָסִ֔יף תְּקוּפַ֖ת
23 הַשָּׁנָֽה: שָׁלֹ֥שׁ פְּעָמִ֖ים בַּשָּׁנָ֑ה יֵרָאֶה֙ כָּל־זְכ֣וּרְךָ֔ אֶת־פְּנֵ֥י
24 הָֽאָדֹ֥ן ׀ יְהוָֹ֖ה אֱלֹהֵ֥י יִשְׂרָאֵֽל: כִּֽי־אוֹרִ֤ישׁ גּוֹיִם֙ מִפָּנֶ֔יךָ וְהִרְחַבְתִּ֖י
אֶת־גְּבֻלֶ֑ךָ וְלֹא־יַחְמֹ֥ד אִישׁ֙ אֶת־אַרְצְךָ֔ בַּעֲלֹֽתְךָ֗ לֵרָאוֹת֙
כה אֶת־פְּנֵי֙ יְהוָֹ֣ה אֱלֹהֶ֔יךָ שָׁלֹ֥שׁ פְּעָמִ֖ים בַּשָּׁנָֽה: לֹֽא־תִשְׁחַ֥ט
26 עַל־חָמֵ֖ץ דַּם־זִבְחִ֑י וְלֹא־יָלִ֣ין לַבֹּ֔קֶר זֶ֖בַח חַ֥ג הַפָּֽסַח: רֵאשִׁ֗ית
בִּכּוּרֵי֙ אַדְמָ֣תְךָ֔ תָּבִ֕יא בֵּ֖ית יְהוָֹ֣ה אֱלֹהֶ֑יךָ לֹֽא־תְבַשֵּׁ֥ל גְּדִ֖י
בַּחֲלֵ֥ב אִמּֽוֹ: *
פ

27 וַיֹּ֤אמֶר יְהוָֹה֙ אֶל־מֹשֶׁ֔ה כְּתָב־לְךָ֖ אֶת־הַדְּבָרִ֣ים הָאֵ֑לֶּה כִּ֞י
עַל־פִּ֣י ׀ הַדְּבָרִ֣ים הָאֵ֗לֶּה כָּרַ֧תִּי אִתְּךָ֛ בְּרִ֖ית וְאֶת־יִשְׂרָאֵֽל:
28 וַֽיְהִי־שָׁ֣ם עִם־יְהוָֹ֗ה אַרְבָּעִ֥ים יוֹם֙ וְאַרְבָּעִ֣ים לַ֔יְלָה לֶ֚חֶם לֹ֣א
אָכַ֔ל וּמַ֖יִם לֹ֣א שָׁתָ֑ה וַיִּכְתֹּ֣ב עַל־הַלֻּחֹ֗ת אֵ֚ת דִּבְרֵ֣י הַבְּרִ֔ית
29 עֲשֶׂ֖רֶת הַדְּבָרִֽים: וַיְהִ֗י בְּרֶ֤דֶת מֹשֶׁה֙ מֵהַ֣ר סִינַ֔י וּשְׁנֵ֨י לֻחֹ֤ת
הָֽעֵדֻת֙ בְּיַד־מֹשֶׁ֔ה בְּרִדְתּ֖וֹ מִן־הָהָ֑ר וּמֹשֶׁ֣ה לֹֽא־יָדַ֗ע כִּ֤י קָרַן֙
ל ע֣וֹר פָּנָ֔יו בְּדַבְּר֖וֹ אִתּֽוֹ: וַיַּ֨רְא אַהֲרֹ֜ן וְכָל־בְּנֵ֤י יִשְׂרָאֵל֙ אֶת־
31 מֹשֶׁ֔ה וְהִנֵּ֥ה קָרַ֖ן ע֣וֹר פָּנָ֑יו וַיִּֽירְא֖וּ מִגֶּ֥שֶׁת אֵלָֽיו: וַיִּקְרָ֤א אֲלֵהֶם֙
מֹשֶׁ֔ה וַיָּשֻׁ֧בוּ אֵלָ֛יו אַהֲרֹ֥ן וְכָל־הַנְּשִׂאִ֖ים בָּעֵדָ֑ה וַיְדַבֵּ֥ר מֹשֶׁ֖ה
32 אֲלֵהֶֽם: וְאַֽחֲרֵי־כֵ֥ן נִגְּשׁ֖וּ כָּל־בְּנֵ֣י יִשְׂרָאֵ֑ל וַיְצַוֵּ֕ם אֵת֙ כָּל־
33 אֲשֶׁ֨ר דִּבֶּ֧ר יְהוָֹ֛ה אִתּ֖וֹ בְּהַ֥ר סִינָֽי: * וַיְכַ֣ל מֹשֶׁ֔ה מִדַּבֵּ֖ר אִתָּ֑ם
34 וַיִּתֵּ֥ן עַל־פָּנָ֖יו מַסְוֶֽה: וּבְבֹ֨א מֹשֶׁ֜ה לִפְנֵ֤י יְהוָֹה֙ לְדַבֵּ֣ר אִתּ֔וֹ
יָסִ֥יר אֶת־הַמַּסְוֶ֖ה עַד־צֵאת֑וֹ וְיָצָ֗א וְדִבֶּר֙ אֶל־בְּנֵ֣י יִשְׂרָאֵ֔ל

את

אֵת אֲשֶׁר יְצֻוֶּה: וְרָאֽוּ בְנֵֽי־יִשְׂרָאֵל֙ אֶת־פְּנֵ֣י מֹשֶׁ֔ה כִּ֣י קָרַ֔ן לה

ע֖וֹר פְּנֵ֣י מֹשֶׁ֑ה וְהֵשִׁ֨יב מֹשֶׁ֤ה אֶת־הַמַּסְוֶה֙ עַל־פָּנָ֔יו עַד־בֹּא֖וֹ

לְדַבֵּ֥ר אִתּֽוֹ:   ס ס ס

וַיַּקְהֵל   כב 22

לה   CAP. XXXV.   לה

א   וַיַּקְהֵ֣ל מֹשֶׁ֗ה אֶֽת־כָּל־עֲדַ֛ת בְּנֵ֥י יִשְׂרָאֵ֖ל וַיֹּ֣אמֶר אֲלֵהֶ֑ם

2   אֵ֚לֶּה הַדְּבָרִ֔ים אֲשֶׁר־צִוָּ֥ה יְהוָ֖ה לַעֲשֹׂ֥ת אֹתָֽם: שֵׁ֣שֶׁת יָמִים֮

תֵּעָשֶׂ֣ה מְלָאכָה֒ וּבַיּ֣וֹם הַשְּׁבִיעִ֗י יִהְיֶ֨ה לָכֶ֥ם קֹ֛דֶשׁ שַׁבַּ֥ת שַׁבָּת֖וֹן

3   לַיהוָ֑ה כָּל־הָעֹשֶׂ֥ה ב֛וֹ מְלָאכָ֖ה יוּמָֽת: לֹא־תְבַעֲר֣וּ אֵ֔שׁ בְּכֹ֖ל

מֹשְׁבֹֽתֵיכֶ֑ם בְּי֖וֹם הַשַּׁבָּֽת: פ

4   וַיֹּ֣אמֶר מֹשֶׁ֗ה אֶל־כָּל־עֲדַ֛ת בְּנֵֽי־יִשְׂרָאֵ֖ל לֵאמֹ֑ר זֶ֣ה הַדָּבָ֔ר

5   אֲשֶׁר־צִוָּ֥ה יְהוָ֖ה לֵאמֹֽר: קְח֨וּ מֵֽאִתְּכֶ֤ם תְּרוּמָה֙ לַֽיהוָ֔ה כֹּ֚ל

6   נְדִ֣יב לִבּ֔וֹ יְבִיאֶ֕הָ אֵ֖ת תְּרוּמַ֣ת יְהוָ֑ה זָהָ֥ב וָכֶ֖סֶף וּנְחֹֽשֶׁת: וּתְכֵ֤לֶת

7   וְאַרְגָּמָן֙ וְתוֹלַ֣עַת שָׁנִ֔י וְשֵׁ֖שׁ וְעִזִּֽים: וְעֹרֹ֨ת אֵילִ֧ם מְאָדָּמִ֛ים וְעֹרֹ֥ת

8   תְּחָשִׁ֖ים וַעֲצֵ֥י שִׁטִּֽים: וְשֶׁ֖מֶן לַמָּא֑וֹר וּבְשָׂמִים֙ לְשֶׁ֣מֶן הַמִּשְׁחָ֔ה

9   וְלִקְטֹ֖רֶת הַסַּמִּֽים: וְאַ֨בְנֵי־שֹׁ֔הַם וְאַבְנֵ֖י מִלֻּאִ֑ים לָאֵפ֖וֹד וְלַחֹֽשֶׁן:

י   וְכָל־חֲכַם־לֵ֖ב בָּכֶ֑ם יָבֹ֣אוּ וְיַעֲשׂ֔וּ אֵ֛ת כָּל־אֲשֶׁ֥ר צִוָּ֖ה יְהוָֽה:

11   אֶת־הַ֨מִּשְׁכָּ֔ן אֶֽת־אָהֳל֖וֹ וְאֶת־מִכְסֵ֑הוּ אֶת־קְרָסָיו֙ וְאֶת־

12   קְרָשָׁ֔יו אֶת־בְּרִיחָ֖ו אֶת־עַמֻּדָ֥יו וְאֶת־אֲדָנָֽיו: אֶת־הָֽאָרֹ֥ן וְאֶת־

13   בַּדָּ֖יו אֶת־הַכַּפֹּ֑רֶת וְאֵ֖ת פָּרֹ֥כֶת הַמָּסָֽךְ: אֶת־הַשֻּׁלְחָ֥ן וְאֶת־

14   בַּדָּ֖יו וְאֶת־כָּל־כֵּלָ֑יו וְאֵ֖ת לֶ֥חֶם הַפָּנִֽים: וְאֶת־מְנֹרַ֧ת הַמָּא֛וֹר

טו   וְאֶת־כֵּלֶ֖יהָ וְאֶת־נֵרֹתֶ֑יהָ וְאֵ֖ת שֶׁ֥מֶן הַמָּאֽוֹר: וְאֶת־מִזְבַּ֤ח

הַקְּטֹ֨רֶת֙ וְאֶת־בַּדָּ֔יו וְאֵת֙ שֶׁ֣מֶן הַמִּשְׁחָ֔ה וְאֵ֖ת קְטֹ֣רֶת הַסַּמִּ֑ים

16   וְאֶת־מָסַ֥ךְ הַפֶּ֖תַח לְפֶ֣תַח הַמִּשְׁכָּֽן: אֵ֣ת ׀ מִזְבַּ֣ח הָעֹלָ֗ה וְאֶת־

מִכְבַּ֤ר הַנְּחֹ֨שֶׁת֙ אֲשֶׁר־ל֔וֹ אֶת־בַּדָּ֖יו וְאֶת־כָּל־כֵּלָ֑יו אֶת־

17   הַכִּיֹּ֖ר וְאֶת־כַּנּֽוֹ: אֵ֚ת קַלְעֵ֣י הֶֽחָצֵ֔ר אֶת־עַמֻּדָ֖יו וְאֶת־אֲדָנֶ֑יהָ

18   וְאֵ֕ת מָסַ֖ךְ שַׁ֥עַר הֶחָצֵֽר: אֶת־יִתְדֹ֧ת הַמִּשְׁכָּ֛ן וְאֶת־יִתְדֹ֥ת

הֶחָצֵ֖ר

19 הֶֽחָצֵר וְאֶת־מֵיתְרֵיהֶם׃ אֶת־בִּגְדֵי הַשְּׂרָד לְשָׁרֵת בַּקֹּדֶשׁ
כ אֶת־בִּגְדֵי הַקֹּדֶשׁ לְאַהֲרֹן הַכֹּהֵן וְאֶת־בִּגְדֵי בָנָיו לְכַהֵן׃ וַיֵּצְאוּ
21 כָּל־עֲדַת בְּנֵי־יִשְׂרָאֵל מִלִּפְנֵי מֹשֶׁה׃ * וַיָּבֹאוּ כָּל־אִישׁ אֲשֶׁר־ שני
נְשָׂאוֹ לִבּוֹ וְכֹל אֲשֶׁר נָדְבָה רוּחוֹ אֹתוֹ הֵבִיאוּ אֶת־תְּרוּמַת
יְהוָה לִמְלֶאכֶת אֹהֶל מוֹעֵד וּלְכָל־עֲבֹדָתוֹ וּלְבִגְדֵי הַקֹּדֶשׁ׃
22 וַיָּבֹאוּ הָאֲנָשִׁים עַל־הַנָּשִׁים כֹּל ׀ נְדִיב לֵב הֵבִיאוּ חָח וָנֶזֶם
וְטַבַּעַת וְכוּמָז כָּל־כְּלִי זָהָב וְכָל־אִישׁ אֲשֶׁר הֵנִיף תְּנוּפַת
23 זָהָב לַיהוָה׃ וְכָל־אִישׁ אֲשֶׁר־נִמְצָא אִתּוֹ תְּכֵלֶת וְאַרְגָּמָן
וְתוֹלַעַת שָׁנִי וְשֵׁשׁ וְעִזִּים וְעֹרֹת אֵילִם מְאָדָּמִים וְעֹרֹת תְּחָשִׁים
24 הֵבִיאוּ׃ כָּל־מֵרִים תְּרוּמַת כֶּסֶף וּנְחֹשֶׁת הֵבִיאוּ אֵת תְּרוּמַת
יְהוָה וְכֹל אֲשֶׁר נִמְצָא אִתּוֹ עֲצֵי שִׁטִּים לְכָל־מְלֶאכֶת הָעֲבֹדָה
כה הֵבִיאוּ׃ וְכָל־אִשָּׁה חַכְמַת־לֵב בְּיָדֶיהָ טָווּ וַיָּבִיאוּ מַטְוֶה אֶת־
26 הַתְּכֵלֶת וְאֶת־הָאַרְגָּמָן אֶת־תּוֹלַעַת הַשָּׁנִי וְאֶת־הַשֵּׁשׁ׃ וְכָל־
הַנָּשִׁים אֲשֶׁר נָשָׂא לִבָּן אֹתָנָה בְּחָכְמָה טָווּ אֶת־הָעִזִּים׃
27 וְהַנְּשִׂאִם הֵבִיאוּ אֵת אַבְנֵי הַשֹּׁהַם וְאֵת אַבְנֵי הַמִּלֻּאִים לָאֵפוֹד
28 וְלַחֹשֶׁן׃ וְאֶת־הַבֹּשֶׂם וְאֶת־הַשָּׁמֶן לְמָאוֹר וּלְשֶׁמֶן הַמִּשְׁחָה
29 וְלִקְטֹרֶת הַסַּמִּים׃ כָּל־אִישׁ וְאִשָּׁה אֲשֶׁר נָדַב לִבָּם אֹתָם
לְהָבִיא לְכָל־הַמְּלָאכָה אֲשֶׁר צִוָּה יְהוָה לַעֲשׂוֹת בְּיַד־מֹשֶׁה
הֵבִיאוּ בְנֵי־יִשְׂרָאֵל נְדָבָה לַיהוָה׃ * פ
ל וַיֹּאמֶר מֹשֶׁה אֶל־בְּנֵי יִשְׂרָאֵל רְאוּ קָרָא יְהוָה בְּשֵׁם בְּצַלְאֵל שלישי
31 בֶּן־אוּרִי בֶן־חוּר לְמַטֵּה יְהוּדָה׃ וַיְמַלֵּא אֹתוֹ רוּחַ אֱלֹהִים (שני כשהן
32 בְּחָכְמָה בִּתְבוּנָה וּבְדַעַת וּבְכָל־מְלָאכָה׃ וְלַחְשֹׁב מַחֲשָׁבֹת מחוברין)
33 לַעֲשֹׂת בַּזָּהָב וּבַכֶּסֶף וּבַנְּחֹשֶׁת׃ וּבַחֲרֹשֶׁת אֶבֶן לְמַלֹּאת
34 וּבַחֲרֹשֶׁת עֵץ לַעֲשׂוֹת בְּכָל־מְלֶאכֶת מַחֲשָׁבֶת׃ וּלְהוֹרֹת נָתַן
לה בְּלִבּוֹ הוּא וְאָהֳלִיאָב בֶּן־אֲחִיסָמָךְ לְמַטֵּה־דָן׃ מִלֵּא אֹתָם
חָכְמַת־לֵב לַעֲשׂוֹת כָּל־מְלֶאכֶת חָרָשׁ ׀ וְחֹשֵׁב וְרֹקֵם בַּתְּכֵלֶת
וּבָאַרְגָּמָן בְּתוֹלַעַת הַשָּׁנִי וּבַשֵּׁשׁ וְאֹרֵג עֹשֵׂי כָּל־מְלָאכָה וְחֹשְׁבֵי
מַחֲשָׁבֹת׃

ועשה

לו

Cap. XXXVI. לו

א וְעָשָׂה בְצַלְאֵל וְאָהֳלִיאָב וְכֹל ׀ אִישׁ חֲכַם־לֵב אֲשֶׁר נָתַן
יְהוָה חָכְמָה וּתְבוּנָה בָּהֵמָּה לָדַעַת לַעֲשֹׂת אֶת־כָּל־מְלֶאכֶת
2 עֲבֹדַת הַקֹּדֶשׁ לְכֹל אֲשֶׁר־צִוָּה יְהוָה׃ וַיִּקְרָא מֹשֶׁה אֶל־
בְּצַלְאֵל וְאֶל־אָהֳלִיאָב וְאֶל כָּל־אִישׁ חֲכַם־לֵב אֲשֶׁר נָתַן
יְהוָה חָכְמָה בְּלִבּוֹ כֹּל אֲשֶׁר נְשָׂאוֹ לִבּוֹ לְקָרְבָה אֶל־הַמְּלָאכָה
3 לַעֲשֹׂת אֹתָהּ׃ וַיִּקְחוּ מִלִּפְנֵי מֹשֶׁה אֵת כָּל־הַתְּרוּמָה אֲשֶׁר
הֵבִיאוּ בְּנֵי יִשְׂרָאֵל לִמְלֶאכֶת עֲבֹדַת הַקֹּדֶשׁ לַעֲשֹׂת אֹתָהּ וְהֵם
4 הֵבִיאוּ אֵלָיו עוֹד נְדָבָה בַּבֹּקֶר בַּבֹּקֶר׃ וַיָּבֹאוּ כָּל־הַחֲכָמִים
הָעֹשִׂים אֵת כָּל־מְלֶאכֶת הַקֹּדֶשׁ אִישׁ־אִישׁ מִמְּלַאכְתּוֹ אֲשֶׁר־
ה הֵמָּה עֹשִׂים׃ וַיֹּאמְרוּ אֶל־מֹשֶׁה לֵּאמֹר מַרְבִּים הָעָם לְהָבִיא
6 מִדֵּי הָעֲבֹדָה לַמְּלָאכָה אֲשֶׁר־צִוָּה יְהוָה לַעֲשֹׂת אֹתָהּ׃ וַיְצַו
מֹשֶׁה וַיַּעֲבִירוּ קוֹל בַּמַּחֲנֶה לֵאמֹר אִישׁ וְאִשָּׁה אַל־יַעֲשׂוּ־עוֹד
7 מְלָאכָה לִתְרוּמַת הַקֹּדֶשׁ וַיִּכָּלֵא הָעָם מֵהָבִיא׃ וְהַמְּלָאכָה
8 הָיְתָה דַיָּם לְכָל־הַמְּלָאכָה לַעֲשׂוֹת אֹתָהּ וְהוֹתֵר׃ * ס וַיַּעֲשׂוּ רביעי
כָל־חֲכַם־לֵב בְּעֹשֵׂי הַמְּלָאכָה אֶת־הַמִּשְׁכָּן עֶשֶׂר יְרִיעֹת שֵׁשׁ
מָשְׁזָר וּתְכֵלֶת וְאַרְגָּמָן וְתוֹלַעַת שָׁנִי כְּרֻבִים מַעֲשֵׂה חֹשֵׁב עָשָׂה
9 אֹתָם׃ אֹרֶךְ הַיְרִיעָה הָאַחַת שְׁמֹנֶה וְעֶשְׂרִים בָּאַמָּה וְרֹחַב
אַרְבַּע בָּאַמָּה הַיְרִיעָה הָאֶחָת מִדָּה אַחַת לְכָל־הַיְרִיעֹת׃
י וַיְחַבֵּר אֶת־חֲמֵשׁ הַיְרִיעֹת אַחַת אֶל־אֶחָת וְחָמֵשׁ יְרִיעֹת חִבַּר
11 אַחַת אֶל־אֶחָת׃ וַיַּעַשׂ לֻלְאֹת תְּכֵלֶת עַל שְׂפַת הַיְרִיעָה
הָאֶחָת מִקָּצָה בַּמַּחְבָּרֶת כֵּן עָשָׂה בִּשְׂפַת הַיְרִיעָה הַקִּיצוֹנָה
12 בַּמַּחְבֶּרֶת הַשֵּׁנִית׃ חֲמִשִּׁים לֻלָאֹת עָשָׂה בַּיְרִיעָה הָאֶחָת
וַחֲמִשִּׁים לֻלָאֹת עָשָׂה בִּקְצֵה הַיְרִיעָה אֲשֶׁר בַּמַּחְבֶּרֶת הַשֵּׁנִית
13 מַקְבִּילֹת הַלֻּלָאֹת אַחַת אֶל־אֶחָת׃ וַיַּעַשׂ חֲמִשִּׁים קַרְסֵי זָהָב
וַיְחַבֵּר אֶת־הַיְרִיעֹת אַחַת אֶל־אַחַת בַּקְּרָסִים וַיְהִי הַמִּשְׁכָּן
אֶחָד׃ פ
14 וַיַּעַשׂ יְרִיעֹת עִזִּים לְאֹהֶל עַל־הַמִּשְׁכָּן עַשְׁתֵּי־עֶשְׂרֵה יְרִיעֹת

עשה

טו עָשָׂה אֹתָם׃ אֹרֶךְ הַיְרִיעָה הָאַחַת שְׁלֹשִׁים בָּאַמָּה וְאַרְבַּע
אַמּוֹת רֹחַב הַיְרִיעָה הָאֶחָת מִדָּה אַחַת לְעַשְׁתֵּי עֶשְׂרֵה יְרִיעֹת׃
16 וַיְחַבֵּר אֶת־חֲמֵשׁ הַיְרִיעֹת לְבָד וְאֶת־שֵׁשׁ הַיְרִיעֹת לְבָד׃
17 וַיַּעַשׂ לֻלָאֹת חֲמִשִּׁים עַל שְׂפַת הַיְרִיעָה הַקִּיצֹנָה בַּמַּחְבָּרֶת
וַחֲמִשִּׁים לֻלָאֹת עָשָׂה עַל־שְׂפַת הַיְרִיעָה הַחֹבֶרֶת הַשֵּׁנִית׃
18 וַיַּעַשׂ קַרְסֵי נְחֹשֶׁת חֲמִשִּׁים לְחַבֵּר אֶת־הָאֹהֶל לִהְיֹת אֶחָד׃
19 וַיַּעַשׂ מִכְסֶה לָאֹהֶל עֹרֹת אֵילִם מְאָדָּמִים וּמִכְסֵה עֹרֹת
כ תְּחָשִׁים מִלְמָעְלָה׃* ס וַיַּעַשׂ אֶת־הַקְּרָשִׁים לַמִּשְׁכָּן עֲצֵי חמישי
21 שִׁטִּים עֹמְדִים׃ עֶשֶׂר אַמֹּת אֹרֶךְ הַקָּרֶשׁ וְאַמָּה וַחֲצִי הָאַמָּה
22 רֹחַב הַקֶּרֶשׁ הָאֶחָד׃ שְׁתֵּי יָדֹת לַקֶּרֶשׁ הָאֶחָד מְשֻׁלָּבֹת אַחַת
23 אֶל־אֶחָת כֵּן עָשָׂה לְכֹל קַרְשֵׁי הַמִּשְׁכָּן׃ וַיַּעַשׂ אֶת־הַקְּרָשִׁים
24 לַמִּשְׁכָּן עֶשְׂרִים קְרָשִׁים לִפְאַת נֶגֶב תֵּימָנָה׃ וְאַרְבָּעִים אַדְנֵי־
כֶסֶף עָשָׂה תַּחַת עֶשְׂרִים הַקְּרָשִׁים שְׁנֵי אֲדָנִים תַּחַת־הַקֶּרֶשׁ
הָאֶחָד לִשְׁתֵּי יְדֹתָיו וּשְׁנֵי אֲדָנִים תַּחַת־הַקֶּרֶשׁ הָאֶחָד לִשְׁתֵּי
כה יְדֹתָיו׃ וּלְצֶלַע הַמִּשְׁכָּן הַשֵּׁנִית לִפְאַת צָפוֹן עָשָׂה עֶשְׂרִים
26 קְרָשִׁים׃ וְאַרְבָּעִים אַדְנֵיהֶם כָּסֶף שְׁנֵי אֲדָנִים תַּחַת הַקֶּרֶשׁ
27 הָאֶחָד וּשְׁנֵי אֲדָנִים תַּחַת הַקֶּרֶשׁ הָאֶחָד׃ וּלְיַרְכְּתֵי הַמִּשְׁכָּן
28 יָמָּה עָשָׂה שִׁשָּׁה קְרָשִׁים׃ וּשְׁנֵי קְרָשִׁים עָשָׂה לִמְקֻצְעֹת הַמִּשְׁכָּן
29 בַּיַּרְכָתָיִם׃ וְהָיוּ תוֹאֲמִם מִלְּמַטָּה וְיַחְדָּו יִהְיוּ תַמִּים אֶל־רֹאשׁוֹ
ל אֶל־הַטַּבַּעַת הָאֶחָת כֵּן עָשָׂה לִשְׁנֵיהֶם לִשְׁנֵי הַמִּקְצֹעֹת׃ וְהָיוּ
שְׁמֹנָה קְרָשִׁים וְאַדְנֵיהֶם כֶּסֶף שִׁשָּׁה עָשָׂר אֲדָנִים שְׁנֵי אֲדָנִים
31 שְׁנֵי אֲדָנִים תַּחַת הַקֶּרֶשׁ הָאֶחָד׃ וַיַּעַשׂ בְּרִיחֵי עֲצֵי שִׁטִּים
32 חֲמִשָּׁה לְקַרְשֵׁי צֶלַע־הַמִּשְׁכָּן הָאֶחָת׃ וַחֲמִשָּׁה בְרִיחִם
לְקַרְשֵׁי צֶלַע־הַמִּשְׁכָּן הַשֵּׁנִית וַחֲמִשָּׁה בְרִיחִם לְקַרְשֵׁי הַמִּשְׁכָּן
33 לַיַּרְכָתַיִם יָמָּה׃ וַיַּעַשׂ אֶת־הַבְּרִיחַ הַתִּיכֹן לִבְרֹחַ בְּתוֹךְ
34 הַקְּרָשִׁים מִן־הַקָּצֶה אֶל־הַקָּצֶה׃ וְאֶת־הַקְּרָשִׁים צִפָּה זָהָב
וְאֶת־טַבְּעֹתָם עָשָׂה זָהָב בָּתִּים לַבְּרִיחִם וַיְצַף אֶת־הַבְּרִיחִם

זהב

* v. 29. סבירין ויהיו

לה זָהָב׃ וַיַּ֗עַשׂ אֶת־הַפָּרֹ֔כֶת תְּכֵ֥לֶת וְאַרְגָּמָ֖ן וְתוֹלַ֣עַת שָׁנִ֑י וְשֵׁ֣שׁ
36 מָשְׁזָ֑ר מַעֲשֵׂ֥ה חֹשֵׁ֛ב עָשָׂ֥ה אֹתָ֖הּ כְּרֻבִֽים׃ וַיַּ֣עַשׂ לָ֗הּ אַרְבָּעָה֙
עַמּוּדֵ֣י שִׁטִּ֔ים וַיְצַפֵּ֣ם זָהָ֔ב וָוֵיהֶ֖ם זָהָ֑ב וַיִּצֹ֣ק לָהֶ֔ם אַרְבָּעָ֖ה
37 אַדְנֵי־כָֽסֶף׃ וַיַּ֤עַשׂ מָסָךְ֙ לְפֶ֣תַח הָאֹ֔הֶל תְּכֵ֧לֶת וְאַרְגָּמָ֛ן וְתוֹלַ֥עַת
38 שָׁנִ֖י וְשֵׁ֣שׁ מָשְׁזָ֑ר מַעֲשֵׂ֖ה רֹקֵֽם׃ וְאֶת־עַמּוּדָ֣יו חֲמִשָּׁה֮ וְאֶת־וָוֵיהֶם֒
וְצִפָּ֛ה רָאשֵׁיהֶ֥ם וַחֲשֻׁקֵיהֶ֖ם זָהָ֑ב וְאַדְנֵיהֶ֥ם חֲמִשָּׁ֖ה נְחֹֽשֶׁת׃ פ

לז Cap. XXXVII. לז

א וַיַּ֧עַשׂ בְּצַלְאֵ֛ל אֶת־הָאָרֹ֖ן עֲצֵ֣י שִׁטִּ֑ים אַמָּתַ֨יִם וָחֵ֜צִי אָרְכּ֗וֹ
2 וְאַמָּ֤ה וָחֵ֙צִי֙ רָחְבּ֔וֹ וְאַמָּ֥ה וָחֵ֖צִי קֹמָתֽוֹ׃ וַיְצַפֵּ֛הוּ זָהָ֥ב טָה֖וֹר
3 מִבַּ֣יִת וּמִח֑וּץ וַיַּ֥עַשׂ ל֛וֹ זֵ֥ר זָהָ֖ב סָבִֽיב׃ וַיִּצֹ֣ק ל֗וֹ אַרְבַּע֙ טַבְּעֹ֣ת
זָהָ֔ב עַ֖ל אַרְבַּ֣ע פַּעֲמֹתָ֑יו וּשְׁתֵּ֣י טַבָּעֹ֗ת עַל־צַלְעוֹ֙ הָֽאֶחָ֔ת וּשְׁתֵּי֙
4 טַבָּעֹ֔ת עַל־צַלְע֖וֹ הַשֵּׁנִֽית׃ וַיַּ֥עַשׂ בַּדֵּ֖י עֲצֵ֣י שִׁטִּ֑ים וַיְצַ֥ף אֹתָ֖ם
ה זָהָֽב׃ וַיָּבֵ֤א אֶת־הַבַּדִּים֙ בַּטַּבָּעֹ֔ת עַ֖ל צַלְעֹ֣ת הָאָרֹ֑ן לָשֵׂ֖את
6 אֶת־הָאָרֹֽן׃ וַיַּ֥עַשׂ כַּפֹּ֖רֶת זָהָ֣ב טָה֑וֹר אַמָּתַ֤יִם וָחֵ֙צִי֙ אָרְכָּ֔הּ
7 וְאַמָּ֥ה וָחֵ֖צִי רָחְבָּֽהּ׃ וַיַּ֛עַשׂ שְׁנֵ֥י כְרֻבִ֖ים זָהָ֑ב מִקְשָׁה֙ עָשָׂ֣ה אֹתָ֔ם
8 מִשְּׁנֵ֖י קְצ֥וֹת הַכַּפֹּֽרֶת׃ כְּרוּב־אֶחָ֤ד מִקָּצָה֙ מִזֶּ֔ה וּכְרוּב־אֶחָ֥ד
מִקָּצָ֖ה מִזֶּ֑ה מִן־הַכַּפֹּ֛רֶת עָשָׂ֥ה אֶת־הַכְּרֻבִ֖ים מִשְּׁנֵ֥י קְצוֹוֹתָֽו׃
9 וַיִּהְי֣וּ הַכְּרֻבִים֩ פֹּרְשֵׂ֨י כְנָפַ֜יִם לְמַ֗עְלָה סֹכְכִ֤ים בְּכַנְפֵיהֶם֙
עַל־הַכַּפֹּ֔רֶת וּפְנֵיהֶ֖ם אִ֣ישׁ אֶל־אָחִ֑יו אֶ֨ל־הַכַּפֹּ֔רֶת הָי֖וּ פְּנֵ֥י
הַכְּרֻבִֽים׃ פ
י וַיַּ֥עַשׂ אֶת־הַשֻּׁלְחָ֖ן עֲצֵ֣י שִׁטִּ֑ים אַמָּתַ֤יִם אָרְכּוֹ֙ וְאַמָּ֣ה רָחְבּ֔וֹ
11 וְאַמָּ֥ה וָחֵ֖צִי קֹמָתֽוֹ׃ וַיְצַ֥ף אֹת֖וֹ זָהָ֣ב טָה֑וֹר וַיַּ֥עַשׂ ל֛וֹ זֵ֥ר זָהָ֖ב
12 סָבִֽיב׃ וַיַּ֨עַשׂ ל֥וֹ מִסְגֶּ֛רֶת טֹ֖פַח סָבִ֑יב וַיַּ֧עַשׂ זֵר־זָהָ֛ב לְמִסְגַּרְתּ֖וֹ
13 סָבִֽיב׃ וַיִּצֹ֣ק ל֔וֹ אַרְבַּ֖ע טַבְּעֹ֣ת זָהָ֑ב וַיִּתֵּן֙ אֶת־הַטַּבָּעֹ֔ת עַ֚ל
14 אַרְבַּ֣ע הַפֵּאֹ֔ת אֲשֶׁ֖ר לְאַרְבַּ֥ע רַגְלָֽיו׃ לְעֻמַּת֙ הַמִּסְגֶּ֔רֶת הָי֖וּ
טו הַטַּבָּעֹ֑ת בָּתִּים֙ לַבַּדִּ֔ים לָשֵׂ֖את אֶת־הַשֻּׁלְחָֽן׃ וַיַּ֣עַשׂ אֶת־
הַבַּדִּים֙ עֲצֵ֣י שִׁטִּ֔ים וַיְצַ֥ף אֹתָ֖ם זָהָ֑ב לָשֵׂ֖את אֶת־הַשֻּׁלְחָֽן׃

ויעש

ל״ז v. 8. קצותיו ק

16 וַיַּעַשׂ אֶת־הַכֵּלִ֣ים ׀ אֲשֶׁ֣ר עַל־הַשֻּׁלְחָ֡ן אֶת־קְעָרֹתָ֣יו וְאֶת־
כַּפֹּתָ֗יו וְאֵת֙ מְנַקִּיֹּתָ֔יו וְאֶת־הַקְּשָׂ֔וֹת אֲשֶׁ֥ר יֻסַּ֖ךְ בָּהֵ֑ן זָהָ֥ב
טָהֽוֹר׃
פ

17 וַיַּ֥עַשׂ אֶת־הַמְּנֹרָ֖ה זָהָ֣ב טָה֑וֹר מִקְשָׁ֞ה עָשָׂ֤ה אֶת־הַמְּנֹרָה֙ יְרֵכָ֣הּ שֵׁשׁ
(שלישי)

18 וְקָנָ֔הּ גְּבִיעֶ֛יהָ כַּפְתֹּרֶ֥יהָ וּפְרָחֶ֖יהָ מִמֶּ֣נָּה הָי֑וּ וְשִׁשָּׁ֣ה קָנִ֗ים יֹצְאִים֙ כשהן
מִצִּדֶּ֔יהָ שְׁלֹשָׁ֣ה ׀ קְנֵ֣י מְנֹרָ֗ה מִצִּדָּהּ֙ הָֽאֶחָ֔ד וּשְׁלֹשָׁה֙ קְנֵ֣י מְנֹרָ֔ה (מחוברין)

19 מִצִּדָּ֖הּ הַשֵּׁנִֽי׃ שְׁלֹשָׁ֣ה גְ֠בִעִים מְֽשֻׁקָּדִ֞ים בַּקָּנֶ֣ה הָאֶחָד֮ כַּפְתֹּ֣ר
וָפֶ֒רַח֒ וּשְׁלֹשָׁ֣ה גְבִעִ֗ים מְשֻׁקָּדִ֛ים בְּקָנֶ֥ה אֶחָ֖ד כַּפְתֹּ֣ר וָפָ֑רַח כֵּ֚ן
כ לְשֵׁ֣שֶׁת הַקָּנִ֔ים הַיֹּצְאִ֖ים מִן־הַמְּנֹרָֽה׃ וּבַמְּנֹרָ֖ה אַרְבָּעָ֣ה גְבִעִ֑ים

21 מְשֻׁ֨קָּדִ֔ים כַּפְתֹּרֶ֖יהָ וּפְרָחֶֽיהָ׃ וְכַפְתֹּ֡ר תַּחַת֩ שְׁנֵ֨י הַקָּנִ֜ים מִמֶּ֗נָּה
וְכַפְתֹּר֙ תַּ֚חַת שְׁנֵ֣י הַקָּנִ֔ים מִמֶּ֑נָּה וְכַפְתֹּ֕ר תַּֽחַת־שְׁנֵ֥י הַקָּנִ֖ים

22 מִמֶּ֑נָּה לְשֵׁ֙שֶׁת֙ הַקָּנִ֔ים הַיֹּצְאִ֖ים מִמֶּֽנָּה׃ כַּפְתֹּרֵיהֶ֥ם וּקְנֹתָ֖ם מִמֶּ֣נָּה

23 הָי֑וּ כֻּלָּ֛הּ מִקְשָׁ֥ה אַחַ֖ת זָהָ֥ב טָהֽוֹר׃ וַיַּ֥עַשׂ אֶת־נֵרֹתֶ֖יהָ שִׁבְעָ֑ה

24 וּמַלְקָחֶ֥יהָ וּמַחְתֹּתֶ֖יהָ זָהָ֥ב טָהֽוֹר׃ כִּכָּ֛ר זָהָ֥ב טָה֖וֹר עָשָׂ֣ה אֹתָ֑הּ
וְאֵ֖ת כָּל־כֵּלֶֽיהָ׃
פ

כה וַיַּ֛עַשׂ אֶת־מִזְבַּ֥ח הַקְּטֹ֖רֶת עֲצֵ֣י שִׁטִּ֑ים אַמָּ֣ה אָרְכּ֞וֹ וְאַמָּ֤ה

כו רָחְבּוֹ֙ רָב֔וּעַ וְאַמָּתַ֖יִם קֹֽמָת֑וֹ מִמֶּ֖נּוּ הָי֥וּ קַרְנֹתָֽיו׃ וַיְצַ֨ף אֹת֜וֹ
זָהָ֣ב טָה֗וֹר אֶת־גַּגּ֧וֹ וְאֶת־קִירֹתָ֛יו סָבִ֖יב וְאֶת־קַרְנֹתָ֑יו וַיַּ֥עַשׂ

27 ל֛וֹ זֵ֥ר זָהָ֖ב סָבִֽיב׃ וּשְׁתֵּי֩ טַבְּעֹ֨ת זָהָ֜ב עָֽשָׂה־ל֣וֹ ׀ מִתַּ֣חַת לְזֵר֗וֹ
עַ֚ל שְׁתֵּ֣י צַלְעֹתָ֔יו עַ֖ל שְׁנֵ֣י צִדָּ֑יו לְבָתִּ֣ים לְבַדִּ֔ים לָשֵׂ֥את אֹת֖וֹ

28 בָּהֶֽם׃ וַיַּ֥עַשׂ אֶת־הַבַּדִּ֖ים עֲצֵ֣י שִׁטִּ֑ים וַיְצַ֥ף אֹתָ֖ם זָהָֽב׃ וַיַּ֜עַשׂ
29 אֶת־שֶׁ֤מֶן הַמִּשְׁחָה֙ קֹ֔דֶשׁ וְאֶת־קְטֹ֥רֶת הַסַּמִּ֖ים טָה֑וֹר מַעֲשֵׂ֥ה
רֹקֵֽחַ׃
ס

CAP. XXXVIII. לח

לח

א וַיַּ֛עַשׂ אֶת־מִזְבַּ֥ח הָעֹלָ֖ה עֲצֵ֣י שִׁטִּ֑ים חָמֵשׁ֩ אַמּ֨וֹת אָרְכּ֜וֹ וְחָֽמֵשׁ־ שביעי
(רביעי)

2 אַמּ֤וֹת רָחְבּוֹ֙ רָב֔וּעַ וְשָׁלֹ֥שׁ אַמּ֖וֹת קֹמָת֑וֹ׃ וַיַּ֣עַשׂ קַרְנֹתָ֗יו עַ֚ל כשהן

3 אַרְבַּ֣ע פִּנֹּתָ֔יו מִמֶּ֖נּוּ הָי֣וּ קַרְנֹתָ֑יו וַיְצַ֥ף אֹת֖וֹ נְחֹֽשֶׁת׃ וַיַּ֜עַשׂ אֶת־ מחוברין)
כָּל־כְּלֵ֣י הַמִּזְבֵּ֗חַ אֶת־הַסִּירֹ֤ת וְאֶת־הַיָּעִים֙ וְאֶת־הַמִּזְרָקֹ֔ת
אֶת־הַמִּזְלָגֹת

4 אֶת־הַמִּזְלָגֹת וְאֶת־הַמַּחְתֹּת כָּל־כֵּלָיו עָשָׂה נְחֹשֶׁת׃ וַיַּעַשׂ
לַמִּזְבֵּחַ מִכְבָּר מַעֲשֵׂה רֶשֶׁת נְחֹשֶׁת תַּחַת כַּרְכֻּבּוֹ מִלְּמַטָּה
ה עַד־חֶצְיוֹ׃ וַיִּצֹק אַרְבַּע טַבָּעֹת בְּאַרְבַּע הַקְּצָוֹת לְמִכְבַּר
6 הַנְּחֹשֶׁת בָּתִּים לַבַּדִּים׃ וַיַּעַשׂ אֶת־הַבַּדִּים עֲצֵי שִׁטִּים וַיְצַף
7 אֹתָם נְחֹשֶׁת׃ וַיָּבֵא אֶת־הַבַּדִּים בַּטַּבָּעֹת עַל צַלְעֹת הַמִּזְבֵּחַ
8 לָשֵׂאת אֹתוֹ בָּהֶם נְבוּב לֻחֹת עָשָׂה אֹתוֹ׃ ס וַיַּעַשׂ אֵת הַכִּיּוֹר
נְחֹשֶׁת וְאֵת כַּנּוֹ נְחֹשֶׁת בְּמַרְאֹת הַצֹּבְאֹת אֲשֶׁר צָבְאוּ פֶּתַח
9 אֹהֶל מוֹעֵד׃ ס וַיַּעַשׂ אֶת־הֶחָצֵר לִפְאַת ׀ נֶגֶב תֵּימָנָה קַלְעֵי
י הֶחָצֵר שֵׁשׁ מָשְׁזָר מֵאָה בָּאַמָּה׃ עַמּוּדֵיהֶם עֶשְׂרִים וְאַדְנֵיהֶם
11 עֶשְׂרִים נְחֹשֶׁת וָוֵי הָעַמּוּדִים וַחֲשֻׁקֵיהֶם כָּסֶף׃ וְלִפְאַת צָפוֹן
מֵאָה בָאַמָּה עַמּוּדֵיהֶם עֶשְׂרִים וְאַדְנֵיהֶם עֶשְׂרִים נְחֹשֶׁת וָוֵי
12 הָעַמּוּדִים וַחֲשֻׁקֵיהֶם כָּסֶף׃ וְלִפְאַת־יָם קְלָעִים חֲמִשִּׁים
בָּאַמָּה עַמּוּדֵיהֶם עֲשָׂרָה וְאַדְנֵיהֶם עֲשָׂרָה וָוֵי הָעַמֻּדִים
13 וַחֲשׁוּקֵיהֶם כָּסֶף׃ וְלִפְאַת קֵדְמָה מִזְרָחָה חֲמִשִּׁים אַמָּה׃
14 קְלָעִים חֲמֵשׁ־עֶשְׂרֵה אַמָּה אֶל־הַכָּתֵף עַמּוּדֵיהֶם שְׁלֹשָׁה
טו וְאַדְנֵיהֶם שְׁלֹשָׁה׃ וְלַכָּתֵף הַשֵּׁנִית מִזֶּה וּמִזֶּה לְשַׁעַר הֶחָצֵר
קְלָעִים חֲמֵשׁ עֶשְׂרֵה אַמָּה עַמֻּדֵיהֶם שְׁלֹשָׁה וְאַדְנֵיהֶם שְׁלֹשָׁה׃
16 17 כָּל־קַלְעֵי הֶחָצֵר סָבִיב שֵׁשׁ מָשְׁזָר׃ וְהָאֲדָנִים לָעַמֻּדִים
נְחֹשֶׁת וָוֵי הָעַמּוּדִים וַחֲשׁוּקֵיהֶם כֶּסֶף וְצִפּוּי רָאשֵׁיהֶם כָּסֶף
18 וְהֵם מְחֻשָּׁקִים כֶּסֶף כֹּל עַמֻּדֵי הֶחָצֵר׃ * וּמָסַךְ שַׁעַר הֶחָצֵר מפטיר
מַעֲשֵׂה רֹקֵם תְּכֵלֶת וְאַרְגָּמָן וְתוֹלַעַת שָׁנִי וְשֵׁשׁ מָשְׁזָר וְעֶשְׂרִים
אַמָּה אֹרֶךְ וְקוֹמָה בְרֹחַב חָמֵשׁ אַמּוֹת לְעֻמַּת קַלְעֵי הֶחָצֵר׃
19 וְעַמֻּדֵיהֶם אַרְבָּעָה וְאַדְנֵיהֶם אַרְבָּעָה נְחֹשֶׁת וָוֵיהֶם כֶּסֶף וְצִפּוּי
כ רָאשֵׁיהֶם וַחֲשֻׁקֵיהֶם כָּסֶף׃ וְכָל־הַיְתֵדֹת לַמִּשְׁכָּן וְלֶחָצֵר
סָבִיב נְחֹשֶׁת׃ ססס

פקודי כג 23

21 אֵלֶּה פְקוּדֵי הַמִּשְׁכָּן מִשְׁכַּן הָעֵדֻת אֲשֶׁר פֻּקַּד עַל־פִּי
22 מֹשֶׁה עֲבֹדַת הַלְוִיִּם בְּיַד אִיתָמָר בֶּן־אַהֲרֹן הַכֹּהֵן׃ וּבְצַלְאֵל
בן־אורי

בֶּן־אוּרִי בֶן־חוּר לְמַטֵּה יְהוּדָה עָשָׂה אֵת כָּל־אֲשֶׁר־צִוָּה
23 יְהוָה אֶת־מֹשֶׁה׃ וְאִתּוֹ אָהֳלִיאָב בֶּן־אֲחִיסָמָךְ לְמַטֵּה־דָן
חָרָשׁ וְחֹשֵׁב וְרֹקֵם בַּתְּכֵלֶת וּבָאַרְגָּמָן וּבְתוֹלַעַת הַשָּׁנִי וּבַשֵּׁשׁ׃ ס
24 כָּל־הַזָּהָב הֶעָשׂוּי לַמְּלָאכָה בְּכֹל מְלֶאכֶת הַקֹּדֶשׁ וַיְהִי ׀ זְהַב
הַתְּנוּפָה תֵּשַׁע וְעֶשְׂרִים כִּכָּר וּשְׁבַע מֵאוֹת וּשְׁלֹשִׁים שֶׁקֶל
כה בְּשֶׁקֶל הַקֹּדֶשׁ׃ וְכֶסֶף פְּקוּדֵי הָעֵדָה מְאַת כִּכָּר וְאֶלֶף וּשְׁבַע
26 מֵאוֹת וַחֲמִשָּׁה וְשִׁבְעִים שֶׁקֶל בְּשֶׁקֶל הַקֹּדֶשׁ׃ בֶּקַע לַגֻּלְגֹּלֶת
מַחֲצִית הַשֶּׁקֶל בְּשֶׁקֶל הַקֹּדֶשׁ לְכֹל הָעֹבֵר עַל־הַפְּקֻדִים
מִבֶּן עֶשְׂרִים שָׁנָה וָמַעְלָה לְשֵׁשׁ־מֵאוֹת אֶלֶף וּשְׁלֹשֶׁת אֲלָפִים
27 וַחֲמֵשׁ מֵאוֹת וַחֲמִשִּׁים׃ וַיְהִי מְאַת כִּכַּר הַכֶּסֶף לָצֶקֶת אֵת
אַדְנֵי הַקֹּדֶשׁ וְאֵת אַדְנֵי הַפָּרֹכֶת מְאַת אֲדָנִים לִמְאַת הַכִּכָּר
28 כִּכָּר לָאָדֶן׃ וְאֶת־הָאֶלֶף וּשְׁבַע הַמֵּאוֹת וַחֲמִשָּׁה וְשִׁבְעִים
29 עָשָׂה וָוִים לָעַמּוּדִים וְצִפָּה רָאשֵׁיהֶם וְחִשַּׁק אֹתָם׃ וּנְחֹשֶׁת
ל הַתְּנוּפָה שִׁבְעִים כִּכָּר וְאַלְפַּיִם וְאַרְבַּע־מֵאוֹת שָׁקֶל׃ וַיַּעַשׂ
בָּהּ אֶת־אַדְנֵי פֶּתַח אֹהֶל מוֹעֵד וְאֵת מִזְבַּח הַנְּחֹשֶׁת וְאֶת־
31 מִכְבַּר הַנְּחֹשֶׁת אֲשֶׁר־לוֹ וְאֵת כָּל־כְּלֵי הַמִּזְבֵּחַ׃ וְאֶת־אַדְנֵי
הֶחָצֵר סָבִיב וְאֶת־אַדְנֵי שַׁעַר הֶחָצֵר וְאֵת כָּל־יִתְדֹת הַמִּשְׁכָּן
וְאֶת־כָּל־יִתְדֹת הֶחָצֵר סָבִיב׃

לט Cap. XXXIX. לט

א וּמִן־הַתְּכֵלֶת וְהָאַרְגָּמָן וְתוֹלַעַת הַשָּׁנִי עָשׂוּ בִגְדֵי־שְׂרָד
לְשָׁרֵת בַּקֹּדֶשׁ וַיַּעֲשׂוּ אֶת־בִּגְדֵי הַקֹּדֶשׁ אֲשֶׁר לְאַהֲרֹן כַּאֲשֶׁר
צִוָּה יְהוָה אֶת־מֹשֶׁה׃ * פ
2 וַיַּעַשׂ אֶת־הָאֵפֹד זָהָב תְּכֵלֶת וְאַרְגָּמָן וְתוֹלַעַת שָׁנִי וְשֵׁשׁ שני
3 מָשְׁזָר׃ וַיְרַקְּעוּ אֶת־פַּחֵי הַזָּהָב וְקִצֵּץ פְּתִילִם לַעֲשׂוֹת בְּתוֹךְ (חמישי כשהן
הַתְּכֵלֶת וּבְתוֹךְ הָאַרְגָּמָן וּבְתוֹךְ תּוֹלַעַת הַשָּׁנִי וּבְתוֹךְ הַשֵּׁשׁ מחוברין)
4 מַעֲשֵׂה חֹשֵׁב׃ כְּתֵפֹת עָשׂוּ־לוֹ חֹבְרֹת עַל־שְׁנֵי קְצוֹוֹתָו חֻבָּר׃
ה וְחֵשֶׁב אֲפֻדָּתוֹ אֲשֶׁר עָלָיו מִמֶּנּוּ הוּא כְּמַעֲשֵׂהוּ זָהָב תְּכֵלֶת
וארגמן

ל״ט v. 4. קצותיו ק׳

וְאַרְגָּמָן וְתוֹלַעַת שָׁנִי וְשֵׁשׁ מָשְׁזָר כַּאֲשֶׁר צִוָּה יְהוָה אֶת־
6 מֹשֶׁה׃ ס וַיַּעֲשׂוּ אֶת־אַבְנֵי הַשֹּׁהַם מֻסַבֹּת מִשְׁבְּצֹת זָהָב
7 מְפֻתָּחֹת פִּתּוּחֵי חוֹתָם עַל־שְׁמוֹת בְּנֵי יִשְׂרָאֵל׃ וַיָּשֶׂם אֹתָם
עַל כִּתְפֹת הָאֵפֹד אַבְנֵי זִכָּרוֹן לִבְנֵי יִשְׂרָאֵל כַּאֲשֶׁר צִוָּה
יְהוָה אֶת־מֹשֶׁה׃ פ

8 וַיַּעַשׂ אֶת־הַחֹשֶׁן מַעֲשֵׂה חֹשֵׁב כְּמַעֲשֵׂה אֵפֹד זָהָב תְּכֵלֶת
9 וְאַרְגָּמָן וְתוֹלַעַת שָׁנִי וְשֵׁשׁ מָשְׁזָר׃ רָבוּעַ הָיָה כָּפוּל עָשׂוּ אֶת־
י הַחֹשֶׁן זֶרֶת אָרְכּוֹ וְזֶרֶת רָחְבּוֹ כָּפוּל׃ וַיְמַלְאוּ־בוֹ אַרְבָּעָה
11 טוּרֵי אָבֶן טוּר אֹדֶם פִּטְדָה וּבָרֶקֶת הַטּוּר הָאֶחָד׃ וְהַטּוּר
12 הַשֵּׁנִי נֹפֶךְ סַפִּיר וְיָהֲלֹם׃ וְהַטּוּר הַשְּׁלִישִׁי לֶשֶׁם שְׁבוֹ וְאַחְלָמָה׃
13 וְהַטּוּר הָרְבִיעִי תַּרְשִׁישׁ שֹׁהַם וְיָשְׁפֵה מוּסַבֹּת מִשְׁבְּצֹת זָהָב
14 בְּמִלֻּאֹתָם׃ וְהָאֲבָנִים עַל־שְׁמֹת בְּנֵי־יִשְׂרָאֵל הֵנָּה שְׁתֵּים
עֶשְׂרֵה עַל־שְׁמֹתָם פִּתּוּחֵי חֹתָם אִישׁ עַל־שְׁמוֹ לִשְׁנֵים עָשָׂר
טו שָׁבֶט׃ וַיַּעֲשׂוּ עַל־הַחֹשֶׁן שַׁרְשְׁרֹת גַּבְלֻת מַעֲשֵׂה עֲבֹת זָהָב
16 טָהוֹר׃ וַיַּעֲשׂוּ שְׁתֵּי מִשְׁבְּצֹת זָהָב וּשְׁתֵּי טַבְּעֹת זָהָב וַיִּתְּנוּ אֶת־
17 שְׁתֵּי הַטַּבָּעֹת עַל־שְׁנֵי קְצוֹת הַחֹשֶׁן׃ וַיִּתְּנוּ שְׁתֵּי הָעֲבֹתֹת
18 הַזָּהָב עַל־שְׁתֵּי הַטַּבָּעֹת עַל־קְצוֹת הַחֹשֶׁן׃ וְאֵת שְׁתֵּי קְצוֹת
שְׁתֵּי הָעֲבֹתֹת נָתְנוּ עַל־שְׁתֵּי הַמִּשְׁבְּצֹת וַיִּתְּנֻם עַל־כִּתְפֹת
19 הָאֵפֹד אֶל־מוּל פָּנָיו׃ וַיַּעֲשׂוּ שְׁתֵּי טַבְּעֹת זָהָב וַיָּשִׂימוּ עַל־
שְׁנֵי קְצוֹת הַחֹשֶׁן עַל־שְׂפָתוֹ אֲשֶׁר אֶל־עֵבֶר הָאֵפֹד בָּיְתָה׃
כ וַיַּעֲשׂוּ שְׁתֵּי טַבְּעֹת זָהָב וַיִּתְּנֻם עַל־שְׁתֵּי כִתְפֹת הָאֵפֹד מִלְּמַטָּה
21 מִמּוּל פָּנָיו לְעֻמַּת מֶחְבַּרְתּוֹ מִמַּעַל לְחֵשֶׁב הָאֵפֹד׃ וַיִּרְכְּסוּ
אֶת־הַחֹשֶׁן מִטַּבְּעֹתָיו אֶל־טַבְּעֹת הָאֵפֹד בִּפְתִיל תְּכֵלֶת
לִהְיֹת עַל־חֵשֶׁב הָאֵפֹד וְלֹא־יִזַּח הַחֹשֶׁן מֵעַל הָאֵפֹד כַּאֲשֶׁר
צִוָּה יְהוָה אֶת־מֹשֶׁה׃* פ

22 23 וַיַּעַשׂ אֶת־מְעִיל הָאֵפֹד מַעֲשֵׂה אֹרֵג כְּלִיל תְּכֵלֶת׃ וּפִי־ שלישי
הַמְּעִיל בְּתוֹכוֹ כְּפִי תַחְרָא שָׂפָה לְפִיו סָבִיב לֹא יִקָּרֵעַ׃ (ששי כשהן
24 וַיַּעֲשׂוּ עַל־שׁוּלֵי הַמְּעִיל רִמּוֹנֵי תְּכֵלֶת וְאַרְגָּמָן וְתוֹלַעַת שָׁנִי מחוברין)

כה מָשְׁזָר: וַיַּעֲשׂוּ פַעֲמֹנֵי זָהָב טָהוֹר וַיִּתְּנוּ אֶת־הַפַּעֲמֹנִים בְּתוֹךְ

26 הָרִמֹּנִים עַל־שׁוּלֵי הַמְּעִיל סָבִיב בְּתוֹךְ הָרִמֹּנִים: פַּעֲמֹן

וְרִמֹּן פַּעֲמֹן וְרִמֹּן עַל־שׁוּלֵי הַמְּעִיל סָבִיב לְשָׁרֵת כַּאֲשֶׁר

27 צִוָּה יְהוָה אֶת־מֹשֶׁה: ס וַיַּעֲשׂוּ אֶת־הַכָּתְנֹת שֵׁשׁ מַעֲשֵׂה

28 אֹרֵג לְאַהֲרֹן וּלְבָנָיו: וְאֵת הַמִּצְנֶפֶת שֵׁשׁ וְאֶת־פַּאֲרֵי הַמִּגְבָּעֹת

29 שֵׁשׁ וְאֶת־מִכְנְסֵי הַבָּד שֵׁשׁ מָשְׁזָר: וְאֶת־הָאַבְנֵט שֵׁשׁ מָשְׁזָר

וּתְכֵלֶת וְאַרְגָּמָן וְתוֹלַעַת שָׁנִי מַעֲשֵׂה רֹקֵם כַּאֲשֶׁר צִוָּה יְהוָה

ל אֶת־מֹשֶׁה: ס וַיַּעֲשׂוּ אֶת־צִיץ נֵזֶר־הַקֹּדֶשׁ זָהָב טָהוֹר

31 וַיִּכְתְּבוּ עָלָיו מִכְתַּב פִּתּוּחֵי חֹתָם קֹדֶשׁ לַיהוָה: וַיִּתְּנוּ עָלָיו

פְּתִיל תְּכֵלֶת לָתֵת עַל־הַמִּצְנֶפֶת מִלְמָעְלָה כַּאֲשֶׁר צִוָּה יְהוָה

32 אֶת־מֹשֶׁה: ס וַתֵּכֶל כָּל־עֲבֹדַת מִשְׁכַּן אֹהֶל מוֹעֵד וַיַּעֲשׂוּ

בְּנֵי יִשְׂרָאֵל כְּכֹל אֲשֶׁר צִוָּה יְהוָה אֶת־מֹשֶׁה כֵּן עָשׂוּ: פ

רביעי 33 וַיָּבִיאוּ אֶת־הַמִּשְׁכָּן אֶל־מֹשֶׁה אֶת־הָאֹהֶל וְאֶת־כָּל־כֵּלָיו

34 קְרָסָיו קְרָשָׁיו בְּרִיחָו וְעַמֻּדָיו וַאֲדָנָיו: וְאֶת־מִכְסֵה עוֹרֹת

לה הָאֵילִם הַמְאָדָּמִים וְאֶת־מִכְסֵה עֹרֹת הַתְּחָשִׁים וְאֵת פָּרֹכֶת

36 הַמָּסָךְ: אֶת־אֲרֹן הָעֵדֻת וְאֶת־בַּדָּיו וְאֵת הַכַּפֹּרֶת: אֶת־

37 הַשֻּׁלְחָן אֶת־כָּל־כֵּלָיו וְאֵת לֶחֶם הַפָּנִים: אֶת־הַמְּנֹרָה

הַטְּהֹרָה אֶת־נֵרֹתֶיהָ נֵרֹת הַמַּעֲרָכָה וְאֶת־כָּל־כֵּלֶיהָ וְאֵת

38 שֶׁמֶן הַמָּאוֹר: וְאֵת מִזְבַּח הַזָּהָב וְאֵת שֶׁמֶן הַמִּשְׁחָה וְאֵת קְטֹרֶת

39 הַסַּמִּים וְאֵת מָסַךְ פֶּתַח הָאֹהֶל: אֵת מִזְבַּח הַנְּחֹשֶׁת וְאֶת־

מִכְבַּר הַנְּחֹשֶׁת אֲשֶׁר־לוֹ אֶת־בַּדָּיו וְאֶת־כָּל־כֵּלָיו אֶת־

מ הַכִּיֹּר וְאֶת־כַּנּוֹ: אֵת קַלְעֵי הֶחָצֵר אֶת־עַמֻּדֶיהָ וְאֶת־אֲדָנֶיהָ

וְאֶת־הַמָּסָךְ לְשַׁעַר הֶחָצֵר אֶת־מֵיתָרָיו וִיתֵדֹתֶיהָ וְאֵת כָּל־

41 כְּלֵי עֲבֹדַת הַמִּשְׁכָּן לְאֹהֶל מוֹעֵד: אֶת־בִּגְדֵי הַשְּׂרָד לְשָׁרֵת

בַּקֹּדֶשׁ אֶת־בִּגְדֵי הַקֹּדֶשׁ לְאַהֲרֹן הַכֹּהֵן וְאֶת־בִּגְדֵי בָנָיו לְכַהֵן:

42 כְּכֹל אֲשֶׁר־צִוָּה יְהוָה אֶת־מֹשֶׁה כֵּן עָשׂוּ בְּנֵי יִשְׂרָאֵל אֵת

43 כָּל־הָעֲבֹדָה: וַיַּרְא מֹשֶׁה אֶת־כָּל־הַמְּלָאכָה וְהִנֵּה עָשׂוּ

אֹתָהּ כַּאֲשֶׁר צִוָּה יְהוָה כֵּן עָשׂוּ וַיְבָרֶךְ אֹתָם מֹשֶׁה: פ

מ

חמישי
(שביעי
כשהן
מחוברין)

א 2 וַיְדַבֵּ֥ר יְהֹוָ֖ה אֶל־מֹשֶׁ֥ה לֵּאמֹֽר׃ בְּיוֹם־הַחֹ֥דֶשׁ הָרִאשׁ֖וֹן בְּאֶחָ֣ד

3 לַחֹ֑דֶשׁ תָּקִ֕ים אֶת־מִשְׁכַּ֖ן אֹ֥הֶל מוֹעֵֽד׃ וְשַׂמְתָּ֣ שָׁ֔ם אֵ֖ת אֲר֣וֹן

4 הָעֵד֑וּת וְסַכֹּתָ֥ עַל־הָאָרֹ֖ן אֶת־הַפָּרֹֽכֶת׃ וְהֵבֵאתָ֣ אֶת־הַשֻּׁלְחָ֗ן

וְעָרַכְתָּ֖ אֶת־עֶרְכּ֑וֹ וְהֵבֵאתָ֙ אֶת־הַמְּנֹרָ֔ה וְהַעֲלֵיתָ֖ אֶת־נֵרֹתֶֽיהָ׃

ה 5 וְנָתַתָּ֞ה אֶת־מִזְבַּ֤ח הַזָּהָב֙ לִקְטֹ֔רֶת לִפְנֵ֖י אֲר֣וֹן הָעֵדֻ֑ת וְשַׂמְתָּ֛

6 אֶת־מָסַ֥ךְ הַפֶּ֖תַח לַמִּשְׁכָּֽן׃ וְנָ֣תַתָּ֔ה אֵ֖ת מִזְבַּ֣ח הָעֹלָ֑ה לִפְנֵ֕י

7 פֶּ֖תַח מִשְׁכַּ֥ן אֹֽהֶל־מוֹעֵֽד׃ וְנָֽתַתָּ֙ אֶת־הַכִּיֹּ֔ר בֵּֽין־אֹ֥הֶל מוֹעֵ֖ד

8 וּבֵ֣ין הַמִּזְבֵּ֑חַ וְנָתַתָּ֥ שָׁ֖ם מָֽיִם׃ וְשַׂמְתָּ֥ אֶת־הֶחָצֵ֖ר סָבִ֑יב וְנָ֣תַתָּ֔

9 אֶת־מָסַ֖ךְ שַׁ֥עַר הֶֽחָצֵֽר׃ וְלָקַחְתָּ֙ אֶת־שֶׁ֣מֶן הַמִּשְׁחָ֔ה וּמָשַׁחְתָּ֥

אֶת־הַמִּשְׁכָּ֖ן וְאֶת־כָּל־אֲשֶׁר־בּ֑וֹ וְקִדַּשְׁתָּ֥ אֹת֛וֹ וְאֶת־כָּל־

י כֵּלָ֖יו וְהָ֥יָה קֹֽדֶשׁ׃ וּמָשַׁחְתָּ֛ אֶת־מִזְבַּ֥ח הָעֹלָ֖ה וְאֶת־כָּל־כֵּלָ֑יו

11 וְקִדַּשְׁתָּ֙ אֶת־הַמִּזְבֵּ֔חַ וְהָיָ֥ה הַמִּזְבֵּ֖חַ קֹ֣דֶשׁ קׇֽדָשִֽׁים׃ וּמָשַׁחְתָּ֥

12 אֶת־הַכִּיֹּ֖ר וְאֶת־כַּנּ֑וֹ וְקִדַּשְׁתָּ֖ אֹתֽוֹ׃ וְהִקְרַבְתָּ֤ אֶֽת־אַהֲרֹן֙ וְאֶת־

13 בָּנָ֔יו אֶל־פֶּ֖תַח אֹ֣הֶל מוֹעֵ֑ד וְרָחַצְתָּ֥ אֹתָ֖ם בַּמָּֽיִם׃ וְהִלְבַּשְׁתָּ֙

אֶֽת־אַהֲרֹ֔ן אֵ֖ת בִּגְדֵ֣י הַקֹּ֑דֶשׁ וּמָשַׁחְתָּ֥ אֹת֛וֹ וְקִדַּשְׁתָּ֥ אֹת֖וֹ וְכִהֵ֥ן

יד לִֽי׃ וְאֶת־בָּנָ֖יו תַּקְרִ֑יב וְהִלְבַּשְׁתָּ֥ אֹתָ֖ם כֻּתֳּנֹֽת׃ וּמָשַׁחְתָּ֣ אֹתָ֗ם

15 כַּֽאֲשֶׁ֤ר מָשַׁ֙חְתָּ֙ אֶת־אֲבִיהֶ֔ם וְכִהֲנ֖וּ לִ֑י וְ֠הָיְתָ֠ה לִהְיֹ֨ת לָהֶ֧ם

16 מׇשְׁחָתָ֛ם לִכְהֻנַּ֥ת עוֹלָ֖ם לְדֹֽרֹתָֽם׃ וַיַּ֖עַשׂ מֹשֶׁ֑ה כְּ֠כֹ֠ל אֲשֶׁ֨ר צִוָּ֧ה

שש 17 יְהֹוָ֛ה אֹת֖וֹ כֵּ֥ן עָשָֽׂה׃ ס וַיְהִ֞י בַּחֹ֧דֶשׁ הָרִאשׁ֛וֹן בַּשָּׁנָ֥ה הַשֵּׁנִ֖ית

18 בְּאֶחָ֣ד לַחֹ֑דֶשׁ הוּקַ֖ם הַמִּשְׁכָּֽן׃ וַיָּ֜קֶם מֹשֶׁ֣ה אֶת־הַמִּשְׁכָּ֗ן וַיִּתֵּן֙

אֶת־אֲדָנָ֔יו וַיָּ֙שֶׂם֙ אֶת־קְרָשָׁ֔יו וַיִּתֵּ֖ן אֶת־בְּרִיחָ֑יו וַיָּ֖קֶם אֶת־

19 עַמּוּדָֽיו׃ וַיִּפְרֹ֤שׂ אֶת־הָאֹ֙הֶל֙ עַל־הַמִּשְׁכָּ֔ן וַיָּ֜שֶׂם אֶת־מִכְסֵ֤ה

כ הָאֹ֙הֶל֙ עָלָ֖יו מִלְמָ֑עְלָה כַּֽאֲשֶׁ֛ר צִוָּ֥ה יְהֹוָ֖ה אֶת־מֹשֶֽׁה׃ ס וַיִּקַּ֞ח

וַיִּתֵּ֤ן אֶת־הָֽעֵדֻת֙ אֶל־הָ֣אָרֹ֔ן וַיָּ֥שֶׂם אֶת־הַבַּדִּ֖ים עַל־הָֽאָרֹ֑ן

21 וַיִּתֵּ֧ן אֶת־הַכַּפֹּ֛רֶת עַל־הָֽאָרֹ֖ן מִלְמָֽעְלָה׃ וַיָּבֵ֣א אֶת־הָֽאָרֹן֮

אֶל־הַמִּשְׁכָּן֒ וַיָּ֗שֶׂם אֵ֚ת פָּרֹ֣כֶת הַמָּסָ֔ךְ וַיָּ֕סֶךְ עַ֖ל אֲר֣וֹן הָעֵד֑וּת

22 כַּֽאֲשֶׁ֛ר צִוָּ֥ה יְהֹוָ֖ה אֶת־מֹשֶֽׁה׃ ס וַיִּתֵּ֤ן אֶת־הַשֻּׁלְחָן֙ בְּאֹ֣הֶל

מוֹעֵ֔ד

23 מוֹעֵ֗ד עַ֣ל יֶ֤רֶךְ הַמִּשְׁכָּן֙ צָפֹ֔נָה מִח֖וּץ לַפָּרֹ֑כֶת: וַיַּעֲרֹ֥ךְ עָלָ֖יו

24 עֵ֤רֶךְ לֶ֨חֶם֙ לִפְנֵ֣י יְהוָ֔ה כַּאֲשֶׁ֛ר צִוָּ֥ה יְהוָ֖ה אֶת־מֹשֶֽׁה: ס וַיָּ֣שֶׂם

    אֶת־הַמְּנֹרָה֙ בְּאֹ֣הֶל מוֹעֵ֔ד נֹ֛כַח הַשֻּׁלְחָ֖ן עַ֣ל יֶ֥רֶךְ הַמִּשְׁכָּ֖ן נֶֽגְבָּה:

כה
26 וַיַּ֥עַל הַנֵּרֹ֖ת לִפְנֵ֣י יְהוָ֑ה כַּאֲשֶׁ֛ר צִוָּ֥ה יְהוָ֖ה אֶת־מֹשֶֽׁה: ס וַיָּ֜שֶׂם

27 אֶת־מִזְבַּ֤ח הַזָּהָב֙ בְּאֹ֣הֶל מוֹעֵ֔ד לִפְנֵ֖י הַפָּרֹֽכֶת: וַיַּקְטֵ֥ר עָלָ֖יו

28 שביעי קְטֹ֣רֶת סַמִּ֑ים כַּאֲשֶׁ֛ר צִוָּ֥ה יְהוָ֖ה אֶת־מֹשֶֽׁה: ס וַיָּ֛שֶׂם אֶת־

29 מָסַ֥ךְ הַפֶּ֖תַח לַמִּשְׁכָּֽן: וְאֵת֙ מִזְבַּ֣ח הָעֹלָ֔ה שָׂ֕ם פֶּ֖תַח מִשְׁכַּ֣ן

    אֹֽהֶל־מוֹעֵ֑ד וַיַּ֣עַל עָלָ֗יו אֶת־הָעֹלָה֙ וְאֶת־הַמִּנְחָ֔ה כַּאֲשֶׁ֛ר

ל צִוָּ֥ה יְהוָ֖ה אֶת־מֹשֶֽׁה: ס וַיָּ֨שֶׂם֙ אֶת־הַכִּיֹּ֔ר בֵּֽין־אֹ֥הֶל מוֹעֵ֖ד

31 וּבֵ֣ין הַמִּזְבֵּ֑חַ וַיִּתֵּ֥ן שָׁ֖מָּה מַ֣יִם לְרׇחְצָֽה: וְרָחֲצ֤וּ מִמֶּ֨נּוּ֙ מֹשֶׁ֔ה

32 וְאַהֲרֹ֖ן וּבָנָ֑יו אֶת־יְדֵיהֶ֖ם וְאֶת־רַגְלֵיהֶֽם: בְּבֹאָ֞ם אֶל־אֹ֤הֶל

    מוֹעֵד֙ וּבְקׇרְבָתָ֣ם אֶל־הַמִּזְבֵּ֔חַ יִרְחָ֑צוּ כַּאֲשֶׁ֛ר צִוָּ֥ה יְהוָ֖ה אֶת־

33 מֹשֶֽׁה: ס וַיָּ֣קֶם אֶת־הֶֽחָצֵ֗ר סָבִיב֙ לַמִּשְׁכָּ֣ן וְלַמִּזְבֵּ֔חַ וַיִּתֵּ֕ן

מפטיר   אֶת־מָסַ֖ךְ שַׁ֣עַר הֶחָצֵ֑ר וַיְכַ֥ל מֹשֶׁ֖ה אֶת־הַמְּלָאכָֽה: פ

34 וַיְכַ֥ס הֶעָנָ֖ן אֶת־אֹ֣הֶל מוֹעֵ֑ד וּכְב֣וֹד יְהוָ֔ה מָלֵ֖א אֶת־הַמִּשְׁכָּֽן:

לה 35 וְלֹא־יָכֹ֣ל מֹשֶׁ֗ה לָבוֹא֙ אֶל־אֹ֣הֶל מוֹעֵ֔ד כִּֽי־שָׁכַ֥ן עָלָ֖יו הֶעָנָ֑ן

36 וּכְב֣וֹד יְהוָ֔ה מָלֵ֖א אֶת־הַמִּשְׁכָּֽן: וּבְהֵעָל֤וֹת הֶֽעָנָן֙ מֵעַ֣ל הַמִּשְׁכָּ֔ן

37 יִסְע֖וּ בְּנֵ֣י יִשְׂרָאֵ֑ל בְּכֹ֖ל מַסְעֵיהֶֽם: וְאִם־לֹ֥א יֵעָלֶ֖ה הֶעָנָ֑ן וְלֹ֣א

38 יִסְע֔וּ עַד־י֖וֹם הֵעָלֹתֽוֹ: כִּי֩ עֲנַ֨ן יְהוָ֤ה עַֽל־הַמִּשְׁכָּן֙ יוֹמָ֔ם וְאֵ֕שׁ

    תִּהְיֶ֥ה לַ֖יְלָה בּ֑וֹ לְעֵינֵ֥י כׇל־בֵּֽית־יִשְׂרָאֵ֖ל בְּכׇל־מַסְעֵיהֶֽם:

חזק

סכום פסוקי דספר ואלה שמות אלף ומאתים ותשעה. אר"ט סימן. וחצי
אלהים לא תקלל. ופרשיותיו אחד עשר. אי זה בית אשר תבנו לי
סימן. וסדריו עשרים ותשעה. ולילה ללילה יחוה דעת סימן.
ופרקיו ארבעים. תורת אלהיו בלבו סימן. מנין הפתוחות תשע
ושמים. והסתומות חמש ותשעים. הכל מאה וששים וארבע
פרשיות: ישלח עזרך מקדש ומציון יסעדך סימן:

ויקרא

ויקרא

LEVITICUS

ויקרא כד 24

CAPUT I. א

א וַיִּקְרָא אֶל־מֹשֶׁה וַיְדַבֵּר יְהוָה אֵלָיו מֵאֹהֶל מוֹעֵד לֵאמֹר׃
2 דַּבֵּר אֶל־בְּנֵי יִשְׂרָאֵל וְאָמַרְתָּ אֲלֵהֶם אָדָם כִּי־יַקְרִיב מִכֶּם
קָרְבָּן לַיהוָה מִן־הַבְּהֵמָה מִן־הַבָּקָר וּמִן־הַצֹּאן תַּקְרִיבוּ
3 אֶת־קָרְבַּנְכֶם׃ אִם־עֹלָה קָרְבָּנוֹ מִן־הַבָּקָר זָכָר תָּמִים
יַקְרִיבֶנּוּ אֶל־פֶּתַח אֹהֶל מוֹעֵד יַקְרִיב אֹתוֹ לִרְצֹנוֹ לִפְנֵי
4 יְהוָה׃ וְסָמַךְ יָדוֹ עַל רֹאשׁ הָעֹלָה וְנִרְצָה לוֹ לְכַפֵּר עָלָיו׃
ה וְשָׁחַט אֶת־בֶּן הַבָּקָר לִפְנֵי יְהוָה וְהִקְרִיבוּ בְּנֵי אַהֲרֹן הַכֹּהֲנִים
אֶת־הַדָּם וְזָרְקוּ אֶת־הַדָּם עַל־הַמִּזְבֵּחַ סָבִיב אֲשֶׁר־פֶּתַח
6 אֹהֶל מוֹעֵד׃ וְהִפְשִׁיט אֶת־הָעֹלָה וְנִתַּח אֹתָהּ לִנְתָחֶיהָ׃
7 וְנָתְנוּ בְּנֵי אַהֲרֹן הַכֹּהֵן אֵשׁ עַל־הַמִּזְבֵּחַ וְעָרְכוּ עֵצִים עַל־
8 הָאֵשׁ׃ וְעָרְכוּ בְּנֵי אַהֲרֹן הַכֹּהֲנִים אֵת הַנְּתָחִים אֶת־הָרֹאשׁ
וְאֶת־הַפָּדֶר עַל־הָעֵצִים אֲשֶׁר עַל־הָאֵשׁ אֲשֶׁר עַל־הַמִּזְבֵּחַ׃
9 וְקִרְבּוֹ וּכְרָעָיו יִרְחַץ בַּמָּיִם וְהִקְטִיר הַכֹּהֵן אֶת־הַכֹּל
י הַמִּזְבֵּחָה עֹלָה אִשֵּׁה רֵיחַ־נִיחוֹחַ לַיהוָה׃ ס וְאִם־מִן־
הַצֹּאן קָרְבָּנוֹ מִן הַכְּשָׂבִים אוֹ מִן־הָעִזִּים לְעֹלָה זָכָר תָּמִים
11 יַקְרִיבֶנּוּ׃ וְשָׁחַט אֹתוֹ עַל יֶרֶךְ הַמִּזְבֵּחַ צָפֹנָה לִפְנֵי יְהוָה וְזָרְקוּ
12 בְּנֵי אַהֲרֹן הַכֹּהֲנִים אֶת־דָּמוֹ עַל־הַמִּזְבֵּחַ סָבִיב׃ וְנִתַּח אֹתוֹ
לִנְתָחָיו וְאֶת־רֹאשׁוֹ וְאֶת־פִּדְרוֹ וְעָרַךְ הַכֹּהֵן אֹתָם עַל־
13 הָעֵצִים אֲשֶׁר עַל־הָאֵשׁ אֲשֶׁר עַל־הַמִּזְבֵּחַ׃ וְהַקֶּרֶב וְהַכְּרָעַיִם
יִרְחַץ בַּמָּיִם וְהִקְרִיב הַכֹּהֵן אֶת־הַכֹּל וְהִקְטִיר הַמִּזְבֵּחָה
עֹלָה הוּא אִשֵּׁה רֵיחַ נִיחֹחַ לַיהוָה׃* פ
14 שני וְאִם מִן־הָעוֹף עֹלָה קָרְבָּנוֹ לַיהוָה וְהִקְרִיב מִן־הַתֹּרִים אוֹ

מִן־בְּנֵי

* יניח ד׳ שיטין פנויות ויתחיל מתחלת שיטה ה׳ v. 1. א׳ זעירא

טו מִן־בְּנֵי הַיּוֹנָה אֶת־קָרְבָּנוֹ׃ וְהִקְרִיבוֹ הַכֹּהֵן אֶל־הַמִּזְבֵּחַ
וּמָלַק אֶת־רֹאשׁוֹ וְהִקְטִיר הַמִּזְבֵּחָה וְנִמְצָה דָמוֹ עַל קִיר
16 הַמִּזְבֵּחַ׃ וְהֵסִיר אֶת־מֻרְאָתוֹ בְּנֹצָתָהּ וְהִשְׁלִיךְ אֹתָהּ אֵצֶל
17 הַמִּזְבֵּחַ קֵדְמָה אֶל־מְקוֹם הַדָּשֶׁן׃ וְשִׁסַּע אֹתוֹ בִכְנָפָיו לֹא
יַבְדִּיל וְהִקְטִיר אֹתוֹ הַכֹּהֵן הַמִּזְבֵּחָה עַל־הָעֵצִים אֲשֶׁר עַל־
הָאֵשׁ עֹלָה הוּא אִשֵּׁה רֵיחַ נִיחֹחַ לַיהוָה׃ ס

ב CAP. II. ב

א וְנֶפֶשׁ כִּי־תַקְרִיב קָרְבַּן מִנְחָה לַיהוָה סֹלֶת יִהְיֶה קָרְבָּנוֹ
2 וְיָצַק עָלֶיהָ שֶׁמֶן וְנָתַן עָלֶיהָ לְבֹנָה׃ וֶהֱבִיאָהּ אֶל־בְּנֵי אַהֲרֹן
הַכֹּהֲנִים וְקָמַץ מִשָּׁם מְלֹא קֻמְצוֹ מִסָּלְתָּהּ וּמִשַּׁמְנָהּ עַל כָּל־
לְבֹנָתָהּ וְהִקְטִיר הַכֹּהֵן אֶת־אַזְכָּרָתָהּ הַמִּזְבֵּחָה אִשֵּׁה רֵיחַ
3 נִיחֹחַ לַיהוָה׃ וְהַנּוֹתֶרֶת מִן־הַמִּנְחָה לְאַהֲרֹן וּלְבָנָיו קֹדֶשׁ
4 קָדָשִׁים מֵאִשֵּׁי יְהוָה׃ ס וְכִי תַקְרִב קָרְבַּן מִנְחָה מַאֲפֵה
תַנּוּר סֹלֶת חַלּוֹת מַצֹּת בְּלוּלֹת בַּשֶּׁמֶן וּרְקִיקֵי מַצּוֹת מְשֻׁחִים
ה בַּשָּׁמֶן׃ ס וְאִם־מִנְחָה עַל־הַמַּחֲבַת קָרְבָּנֶךָ סֹלֶת בְּלוּלָה
6 בַשֶּׁמֶן מַצָּה תִהְיֶה׃ פָּתוֹת אֹתָהּ פִּתִּים וְיָצַקְתָּ עָלֶיהָ שָׁמֶן
7 מִנְחָה הִוא׃ * ס וְאִם־מִנְחַת מַרְחֶשֶׁת קָרְבָּנֶךָ סֹלֶת בַּשֶּׁמֶן שלישי
8 תֵּעָשֶׂה׃ וְהֵבֵאתָ אֶת־הַמִּנְחָה אֲשֶׁר יֵעָשֶׂה מֵאֵלֶּה לַיהוָה
9 וְהִקְרִיבָהּ אֶל־הַכֹּהֵן וְהִגִּישָׁהּ אֶל־הַמִּזְבֵּחַ׃ וְהֵרִים הַכֹּהֵן
מִן־הַמִּנְחָה אֶת־אַזְכָּרָתָהּ וְהִקְטִיר הַמִּזְבֵּחָה אִשֵּׁה רֵיחַ נִיחֹחַ
י לַיהוָה׃ וְהַנּוֹתֶרֶת מִן־הַמִּנְחָה לְאַהֲרֹן וּלְבָנָיו קֹדֶשׁ קָדָשִׁים
11 מֵאִשֵּׁי יְהוָה׃ כָּל־הַמִּנְחָה אֲשֶׁר תַּקְרִיבוּ לַיהוָה לֹא תֵעָשֶׂה
חָמֵץ כִּי כָל־שְׂאֹר וְכָל־דְּבַשׁ לֹא־תַקְטִירוּ מִמֶּנּוּ אִשֶּׁה
12 לַיהוָה׃ קָרְבַּן רֵאשִׁית תַּקְרִיבוּ אֹתָם לַיהוָה וְאֶל־הַמִּזְבֵּחַ
13 לֹא־יַעֲלוּ לְרֵיחַ נִיחֹחַ׃ וְכָל־קָרְבַּן מִנְחָתְךָ בַּמֶּלַח תִּמְלָח
וְלֹא תַשְׁבִּית מֶלַח בְּרִית אֱלֹהֶיךָ מֵעַל מִנְחָתֶךָ עַל כָּל־
14 קָרְבָּנְךָ תַּקְרִיב מֶלַח׃ ס וְאִם־תַּקְרִיב מִנְחַת בִּכּוּרִים
לַיהוָה אָבִיב קָלוּי בָּאֵשׁ גֶּרֶשׂ כַּרְמֶל תַּקְרִיב אֵת מִנְחַת

טו בְּכוּרֶיךָ׃ וְנָתַתָּ עָלֶיהָ שֶׁמֶן וְשַׂמְתָּ עָלֶיהָ לְבֹנָה מִנְחָה הִוא׃
16 וְהִקְטִיר הַכֹּהֵן אֶת־אַזְכָּרָתָהּ מִגִּרְשָׂהּ וּמִשַּׁמְנָהּ עַל כָּל־
לְבֹנָתָהּ אִשֶּׁה לַיהוָה׃* פ

ג CAP. III. ג

א וְאִם־זֶבַח שְׁלָמִים קָרְבָּנוֹ אִם מִן־הַבָּקָר הוּא מַקְרִיב אִם־ רביעי
2 זָכָר אִם־נְקֵבָה תָּמִים יַקְרִיבֶנּוּ לִפְנֵי יְהוָה׃ וְסָמַךְ יָדוֹ עַל־
רֹאשׁ קָרְבָּנוֹ וּשְׁחָטוֹ פֶּתַח אֹהֶל מוֹעֵד וְזָרְקוּ בְּנֵי אַהֲרֹן
3 הַכֹּהֲנִים אֶת־הַדָּם עַל־הַמִּזְבֵּחַ סָבִיב׃ וְהִקְרִיב מִזֶּבַח
הַשְּׁלָמִים אִשֶּׁה לַיהוָה אֶת־הַחֵלֶב הַמְכַסֶּה אֶת־הַקֶּרֶב וְאֵת
4 כָּל־הַחֵלֶב אֲשֶׁר עַל־הַקֶּרֶב׃ וְאֵת שְׁתֵּי הַכְּלָיֹת וְאֶת־הַחֵלֶב
אֲשֶׁר עֲלֵהֶן אֲשֶׁר עַל־הַכְּסָלִים וְאֶת־הַיֹּתֶרֶת עַל־הַכָּבֵד
ה עַל־הַכְּלָיוֹת יְסִירֶנָּה׃ וְהִקְטִירוּ אֹתוֹ בְנֵי־אַהֲרֹן הַמִּזְבֵּחָה
עַל־הָעֹלָה אֲשֶׁר עַל־הָעֵצִים אֲשֶׁר עַל־הָאֵשׁ אִשֵּׁה רֵיחַ
נִיחֹחַ לַיהוָה׃ פ
6 וְאִם־מִן־הַצֹּאן קָרְבָּנוֹ לְזֶבַח שְׁלָמִים לַיהוָה זָכָר אוֹ נְקֵבָה
7 תָּמִים יַקְרִיבֶנּוּ׃ אִם־כֶּשֶׂב הוּא־מַקְרִיב אֶת־קָרְבָּנוֹ וְהִקְרִיב
8 אֹתוֹ לִפְנֵי יְהוָה׃ וְסָמַךְ אֶת־יָדוֹ עַל־רֹאשׁ קָרְבָּנוֹ וְשָׁחַט אֹתוֹ
לִפְנֵי אֹהֶל מוֹעֵד וְזָרְקוּ בְּנֵי אַהֲרֹן אֶת־דָּמוֹ עַל־הַמִּזְבֵּחַ
9 סָבִיב׃ וְהִקְרִיב מִזֶּבַח הַשְּׁלָמִים אִשֶּׁה לַיהוָה חֶלְבּוֹ הָאַלְיָה
תְמִימָה לְעֻמַּת הֶעָצֶה יְסִירֶנָּה וְאֶת־הַחֵלֶב הַמְכַסֶּה אֶת־
י הַקֶּרֶב וְאֵת כָּל־הַחֵלֶב אֲשֶׁר עַל־הַקֶּרֶב׃ וְאֵת שְׁתֵּי הַכְּלָיֹת
וְאֶת־הַחֵלֶב אֲשֶׁר עֲלֵהֶן אֲשֶׁר עַל־הַכְּסָלִים וְאֶת־הַיֹּתֶרֶת
11 עַל־הַכָּבֵד עַל־הַכְּלָיֹת יְסִירֶנָּה׃ וְהִקְטִירוֹ הַכֹּהֵן הַמִּזְבֵּחָה
לֶחֶם אִשֶּׁה לַיהוָה׃ פ
12 13 וְאִם־עֵז קָרְבָּנוֹ וְהִקְרִיבוֹ לִפְנֵי יְהוָה׃ וְסָמַךְ אֶת־יָדוֹ עַל־
רֹאשׁוֹ וְשָׁחַט אֹתוֹ לִפְנֵי אֹהֶל מוֹעֵד וְזָרְקוּ בְּנֵי אַהֲרֹן אֶת־
14 דָּמוֹ עַל־הַמִּזְבֵּחַ סָבִיב׃ וְהִקְרִיב מִמֶּנּוּ קָרְבָּנוֹ אִשֶּׁה לַיהוָה
אֶת־הַחֵלֶב הַמְכַסֶּה אֶת־הַקֶּרֶב וְאֵת כָּל־הַחֵלֶב אֲשֶׁר עַל־

הקרב

טו הַקֶּרֶב׃ וְאֵת שְׁתֵּי הַכְּלָיֹת וְאֶת־הַחֵלֶב אֲשֶׁר עֲלֵהֶן אֲשֶׁר
עַל־הַכְּסָלִים וְאֶת־הַיֹּתֶרֶת עַל־הַכָּבֵד עַל־הַכְּלָיֹת יְסִירֶנָּה׃
16 וְהִקְטִירָם הַכֹּהֵן הַמִּזְבֵּחָה לֶחֶם אִשֶּׁה לְרֵיחַ נִיחֹחַ כָּל־חֵלֶב
17 לַיהוָה׃ חֻקַּת עוֹלָם לְדֹרֹתֵיכֶם בְּכֹל מוֹשְׁבֹתֵיכֶם כָּל־חֵלֶב
וְכָל־דָּם לֹא תֹאכֵלוּ׃* פ

Cap. IV. ד

ד

2 א וַיְדַבֵּר יְהוָה אֶל־מֹשֶׁה לֵּאמֹר׃ דַּבֵּר אֶל־בְּנֵי יִשְׂרָאֵל לֵאמֹר חמישי
נֶפֶשׁ כִּי־תֶחֱטָא בִשְׁגָגָה מִכֹּל מִצְוֹת יְהוָה אֲשֶׁר לֹא תֵעָשֶׂינָה
3 וְעָשָׂה מֵאַחַת מֵהֵנָּה׃ אִם הַכֹּהֵן הַמָּשִׁיחַ יֶחֱטָא לְאַשְׁמַת הָעָם
וְהִקְרִיב עַל חַטָּאתוֹ אֲשֶׁר חָטָא פַּר בֶּן־בָּקָר תָּמִים לַיהוָה
4 לְחַטָּאת׃ וְהֵבִיא אֶת־הַפָּר אֶל־פֶּתַח אֹהֶל מוֹעֵד לִפְנֵי יְהוָה
וְסָמַךְ אֶת־יָדוֹ עַל־רֹאשׁ הַפָּר וְשָׁחַט אֶת־הַפָּר לִפְנֵי יְהוָה׃
ה וְלָקַח הַכֹּהֵן הַמָּשִׁיחַ מִדַּם הַפָּר וְהֵבִיא אֹתוֹ אֶל־אֹהֶל מוֹעֵד׃
6 וְטָבַל הַכֹּהֵן אֶת־אֶצְבָּעוֹ בַּדָּם וְהִזָּה מִן־הַדָּם שֶׁבַע פְּעָמִים
7 לִפְנֵי יְהוָה אֶת־פְּנֵי פָּרֹכֶת הַקֹּדֶשׁ׃ וְנָתַן הַכֹּהֵן מִן־הַדָּם
עַל־קַרְנוֹת מִזְבַּח קְטֹרֶת הַסַּמִּים לִפְנֵי יְהוָה אֲשֶׁר בְּאֹהֶל
מוֹעֵד וְאֵת ׀ כָּל־דַּם הַפָּר יִשְׁפֹּךְ אֶל־יְסוֹד מִזְבַּח הָעֹלָה
8 אֲשֶׁר־פֶּתַח אֹהֶל מוֹעֵד׃ וְאֶת־כָּל־חֵלֶב פַּר הַחַטָּאת יָרִים
מִמֶּנּוּ אֶת־הַחֵלֶב הַמְכַסֶּה עַל־הַקֶּרֶב וְאֵת כָּל־הַחֵלֶב אֲשֶׁר
9 עַל־הַקֶּרֶב׃ וְאֵת שְׁתֵּי הַכְּלָיֹת וְאֶת־הַחֵלֶב אֲשֶׁר עֲלֵיהֶן
אֲשֶׁר עַל־הַכְּסָלִים וְאֶת־הַיֹּתֶרֶת עַל־הַכָּבֵד עַל־הַכְּלָיוֹת
י יְסִירֶנָּה׃ כַּאֲשֶׁר יוּרַם מִשּׁוֹר זֶבַח הַשְּׁלָמִים וְהִקְטִירָם הַכֹּהֵן
11 עַל מִזְבַּח הָעֹלָה׃ וְאֶת־עוֹר הַפָּר וְאֶת־כָּל־בְּשָׂרוֹ עַל־
12 רֹאשׁוֹ וְעַל־כְּרָעָיו וְקִרְבּוֹ וּפִרְשׁוֹ׃ וְהוֹצִיא אֶת־כָּל־הַפָּר
אֶל־מִחוּץ לַמַּחֲנֶה אֶל־מָקוֹם טָהוֹר אֶל־שֶׁפֶךְ הַדֶּשֶׁן וְשָׂרַף
אֹתוֹ עַל־עֵצִים בָּאֵשׁ עַל־שֶׁפֶךְ הַדֶּשֶׁן יִשָּׂרֵף׃ פ
13 וְאִם כָּל־עֲדַת יִשְׂרָאֵל יִשְׁגּוּ וְנֶעְלַם דָּבָר מֵעֵינֵי הַקָּהָל וְעָשׂוּ

אחת

ד' v. 4. סבירין אשר לפני

14 אַחַת מִכָּל־מִצְוֹת יְהוָה אֲשֶׁר לֹא־תֵעָשֶׂינָה וְאָשֵׁמוּ׃ וְנֽוֹדְעָה
הַֽחַטָּאת אֲשֶׁר חָֽטְאוּ עָלֶיהָ וְהִקְרִיבוּ הַקָּהָל פַּר בֶּן־בָּקָר
טו לְחַטָּאת וְהֵבִיאוּ אֹתוֹ לִפְנֵי אֹהֶל מוֹעֵד׃ וְסָֽמְכוּ זִקְנֵי הָעֵדָה
אֶת־יְדֵיהֶם עַל־רֹאשׁ הַפָּר לִפְנֵי יְהוָה וְשָׁחַט אֶת־הַפָּר לִפְנֵי
16 יְהוָה׃ וְהֵבִיא הַכֹּהֵן הַמָּשִׁיחַ מִדַּם הַפָּר אֶל־אֹהֶל מוֹעֵד׃
17 וְטָבַל הַכֹּהֵן אֶצְבָּעוֹ מִן־הַדָּם וְהִזָּה שֶׁבַע פְּעָמִים לִפְנֵי יְהוָה
18 אֵת פְּנֵי הַפָּרֹכֶת׃ וּמִן־הַדָּם יִתֵּן ׀ עַל־קַרְנֹת הַמִּזְבֵּחַ אֲשֶׁר
לִפְנֵי יְהוָה אֲשֶׁר בְּאֹהֶל מוֹעֵד וְאֵת כָּל־הַדָּם יִשְׁפֹּךְ אֶל־יְסוֹד
19 מִזְבַּח הָעֹלָה אֲשֶׁר־פֶּתַח אֹהֶל מוֹעֵד׃ וְאֵת כָּל־חֶלְבּוֹ יָרִים
כ מִמֶּנּוּ וְהִקְטִיר הַמִּזְבֵּחָה׃ וְעָשָׂה לַפָּר כַּאֲשֶׁר עָשָׂה לְפַר
הַחַטָּאת כֵּן יַעֲשֶׂה־לּוֹ וְכִפֶּר עֲלֵהֶם הַכֹּהֵן וְנִסְלַח לָהֶם׃
21 וְהוֹצִיא אֶת־הַפָּר אֶל־מִחוּץ לַמַּחֲנֶה וְשָׂרַף אֹתוֹ כַּאֲשֶׁר שָׂרַף
אֵת הַפָּר הָרִאשׁוֹן חַטַּאת הַקָּהָל הוּא׃ פ
22 אֲשֶׁר נָשִׂיא יֶחֱטָא וְעָשָׂה אַחַת מִכָּל־מִצְוֹת יְהוָה אֱלֹהָיו אֲשֶׁר
23 לֹא־תֵעָשֶׂינָה בִּשְׁגָגָה וְאָשֵׁם׃ אוֹ־הוֹדַע אֵלָיו חַטָּאתוֹ אֲשֶׁר
24 חָטָא בָּהּ וְהֵבִיא אֶת־קָרְבָּנוֹ שְׂעִיר עִזִּים זָכָר תָּמִים׃ וְסָמַךְ
יָדוֹ עַל־רֹאשׁ הַשָּׂעִיר וְשָׁחַט אֹתוֹ בִּמְקוֹם אֲשֶׁר־יִשְׁחַט אֶת־
כה הָעֹלָה לִפְנֵי יְהוָה חַטָּאת הוּא׃ וְלָקַח הַכֹּהֵן מִדַּם הַחַטָּאת
בְּאֶצְבָּעוֹ וְנָתַן עַל־קַרְנֹת מִזְבַּח הָעֹלָה וְאֶת־דָּמוֹ יִשְׁפֹּךְ אֶל־
26 יְסוֹד מִזְבַּח הָעֹלָה׃ וְאֶת־כָּל־חֶלְבּוֹ יַקְטִיר הַמִּזְבֵּחָה כְּחֵלֶב
זֶבַח הַשְּׁלָמִים וְכִפֶּר עָלָיו הַכֹּהֵן מֵחַטָּאתוֹ וְנִסְלַח לוֹ׃ * פ
27 וְאִם־נֶפֶשׁ אַחַת תֶּחֱטָא בִשְׁגָגָה מֵעַם הָאָרֶץ בַּעֲשֹׂתָהּ אַחַת ששי
28 מִמִּצְוֹת יְהוָה אֲשֶׁר לֹא־תֵעָשֶׂינָה וְאָשֵׁם׃ אוֹ הוֹדַע אֵלָיו
חַטָּאתוֹ אֲשֶׁר חָטָא וְהֵבִיא קָרְבָּנוֹ שְׂעִירַת עִזִּים תְּמִימָה נְקֵבָה
29 עַל־חַטָּאתוֹ אֲשֶׁר חָטָא׃ וְסָמַךְ אֶת־יָדוֹ עַל רֹאשׁ הַחַטָּאת
ל וְשָׁחַט אֶת־הַחַטָּאת בִּמְקוֹם הָעֹלָה׃ וְלָקַח הַכֹּהֵן מִדָּמָהּ
בְּאֶצְבָּעוֹ וְנָתַן עַל־קַרְנֹת מִזְבַּח הָעֹלָה וְאֶת־כָּל־דָּמָהּ יִשְׁפֹּךְ
31 אֶל־יְסוֹד הַמִּזְבֵּחַ׃ וְאֶת־כָּל־חֶלְבָּהּ יָסִיר כַּאֲשֶׁר הוּסַר

חלב

חֵלֶב מֵעַל זֶבַח הַשְּׁלָמִים וְהִקְטִיר הַכֹּהֵן הַמִּזְבֵּחָה לְרֵיחַ
נִיחֹחַ לַיהוָה וְכִפֶּר עָלָיו הַכֹּהֵן וְנִסְלַח לוֹ׃ פ
32 וְאִם־כֶּבֶשׂ יָבִיא קָרְבָּנוֹ לְחַטָּאת נְקֵבָה תְמִימָה יְבִיאֶנָּה׃
33 וְסָמַךְ אֶת־יָדוֹ עַל רֹאשׁ הַחַטָּאת וְשָׁחַט אֹתָהּ לְחַטָּאת בִּמְקוֹם
34 אֲשֶׁר יִשְׁחַט אֶת־הָעֹלָה׃ וְלָקַח הַכֹּהֵן מִדַּם הַחַטָּאת בְּאֶצְבָּעוֹ
וְנָתַן עַל־קַרְנֹת מִזְבַּח הָעֹלָה וְאֶת־כָּל־דָּמָהּ יִשְׁפֹּךְ אֶל־
לה יְסוֹד הַמִּזְבֵּחַ׃ וְאֶת־כָּל־חֶלְבָּהּ יָסִיר כַּאֲשֶׁר יוּסַר חֵלֶב
הַכֶּשֶׂב מִזֶּבַח הַשְּׁלָמִים וְהִקְטִיר הַכֹּהֵן אֹתָם הַמִּזְבֵּחָה עַל
אִשֵּׁי יְהוָה וְכִפֶּר עָלָיו הַכֹּהֵן עַל־חַטָּאתוֹ אֲשֶׁר־חָטָא וְנִסְלַח
לוֹ׃ פ

ה Cap. V. ה

א וְנֶפֶשׁ כִּי־תֶחֱטָא וְשָׁמְעָה קוֹל אָלָה וְהוּא עֵד אוֹ רָאָה אוֹ
2 יָדָע אִם־לוֹא יַגִּיד וְנָשָׂא עֲוֺנוֹ׃ אוֹ נֶפֶשׁ אֲשֶׁר תִּגַּע בְּכָל־
דָּבָר טָמֵא אוֹ בְנִבְלַת חַיָּה טְמֵאָה אוֹ בְּנִבְלַת בְּהֵמָה טְמֵאָה
3 אוֹ בְּנִבְלַת שֶׁרֶץ טָמֵא וְנֶעְלַם מִמֶּנּוּ וְהוּא טָמֵא וְאָשֵׁם׃ אוֹ כִי
יִגַּע בְּטֻמְאַת אָדָם לְכֹל טֻמְאָתוֹ אֲשֶׁר יִטְמָא בָּהּ וְנֶעְלַם מִמֶּנּוּ
4 וְהוּא יָדַע וְאָשֵׁם׃ אוֹ נֶפֶשׁ כִּי תִשָּׁבַע לְבַטֵּא בִשְׂפָתַיִם לְהָרַע ׀
אוֹ לְהֵיטִיב לְכֹל אֲשֶׁר יְבַטֵּא הָאָדָם בִּשְׁבֻעָה וְנֶעְלַם מִמֶּנּוּ
ה וְהוּא־יָדַע וְאָשֵׁם לְאַחַת מֵאֵלֶּה׃ וְהָיָה כִי־יֶאְשַׁם לְאַחַת
6 מֵאֵלֶּה וְהִתְוַדָּה אֲשֶׁר חָטָא עָלֶיהָ׃ וְהֵבִיא אֶת־אֲשָׁמוֹ לַיהוָה
עַל חַטָּאתוֹ אֲשֶׁר חָטָא נְקֵבָה מִן־הַצֹּאן כִּשְׂבָּה אוֹ־שְׂעִירַת
7 עִזִּים לְחַטָּאת וְכִפֶּר עָלָיו הַכֹּהֵן מֵחַטָּאתוֹ׃ וְאִם־לֹא תַגִּיעַ
יָדוֹ דֵּי שֶׂה וְהֵבִיא אֶת־אֲשָׁמוֹ אֲשֶׁר חָטָא שְׁתֵּי תֹרִים אוֹ־שְׁנֵי
8 בְנֵי־יוֹנָה לַיהוָה אֶחָד לְחַטָּאת וְאֶחָד לְעֹלָה׃ וְהֵבִיא אֹתָם
אֶל־הַכֹּהֵן וְהִקְרִיב אֶת־אֲשֶׁר לַחַטָּאת רִאשׁוֹנָה וּמָלַק אֶת־
9 רֹאשׁוֹ מִמּוּל עָרְפּוֹ וְלֹא יַבְדִּיל׃ וְהִזָּה מִדַּם הַחַטָּאת עַל־
קִיר הַמִּזְבֵּחַ וְהַנִּשְׁאָר בַּדָּם יִמָּצֵה אֶל־יְסוֹד הַמִּזְבֵּחַ חַטָּאת

הוא

הִוא: וְאֶת־הַשֵּׁנִי יַעֲשֶׂה עֹלָה כַּמִּשְׁפָּט וְכִפֶּר עָלָיו הַכֹּהֵן י

שביעי 11 מֵחַטָּאתוֹ אֲשֶׁר־חָטָא וְנִסְלַח לוֹ:*   וְאִם־לֹא תַשִּׂיג יָדוֹ

לִשְׁתֵּי תֹרִים אוֹ לִשְׁנֵי בְנֵי־יוֹנָה וְהֵבִיא אֶת־קָרְבָּנוֹ אֲשֶׁר

חָטָא עֲשִׂירִת הָאֵפָה סֹלֶת לְחַטָּאת לֹא־יָשִׂים עָלֶיהָ שֶׁמֶן

12 וְלֹא־יִתֵּן עָלֶיהָ לְבֹנָה כִּי חַטָּאת הִוא: וֶהֱבִיאָהּ אֶל־הַכֹּהֵן

וְקָמַץ הַכֹּהֵן ׀ מִמֶּנָּה מְלוֹא קֻמְצוֹ אֶת־אַזְכָּרָתָהּ וְהִקְטִיר

13 הַמִּזְבֵּחָה עַל אִשֵּׁי יְהוָה חַטָּאת הִוא: וְכִפֶּר עָלָיו הַכֹּהֵן

עַל־חַטָּאתוֹ אֲשֶׁר־חָטָא מֵאַחַת מֵאֵלֶּה וְנִסְלַח לוֹ וְהָיְתָה

14 לַכֹּהֵן כַּמִּנְחָה: ס וַיְדַבֵּר יְהוָה אֶל־מֹשֶׁה לֵּאמֹר: נֶפֶשׁ
טו

כִּי־תִמְעֹל מַעַל וְחָטְאָה בִּשְׁגָגָה מִקָּדְשֵׁי יְהוָה וְהֵבִיא אֶת־

אֲשָׁמוֹ לַיהוָה אַיִל תָּמִים מִן־הַצֹּאן בְּעֶרְכְּךָ כֶּסֶף־שְׁקָלִים

16 בְּשֶׁקֶל־הַקֹּדֶשׁ לְאָשָׁם: וְאֵת אֲשֶׁר חָטָא מִן־הַקֹּדֶשׁ יְשַׁלֵּם

וְאֶת־חֲמִישִׁתוֹ יוֹסֵף עָלָיו וְנָתַן אֹתוֹ לַכֹּהֵן וְהַכֹּהֵן יְכַפֵּר עָלָיו

בְּאֵיל הָאָשָׁם וְנִסְלַח לוֹ:

פ

17 וְאִם־נֶפֶשׁ כִּי תֶחֱטָא וְעָשְׂתָה אַחַת מִכָּל־מִצְוֺת יְהוָה אֲשֶׁר

18 לֹא תֵעָשֶׂינָה וְלֹא־יָדַע וְאָשֵׁם וְנָשָׂא עֲוֺנוֹ: וְהֵבִיא אַיִל תָּמִים

מִן־הַצֹּאן בְּעֶרְכְּךָ לְאָשָׁם אֶל־הַכֹּהֵן וְכִפֶּר עָלָיו הַכֹּהֵן עַל

19 שִׁגְגָתוֹ אֲשֶׁר־שָׁגָג וְהוּא לֹא־יָדַע וְנִסְלַח לוֹ: אָשָׁם הוּא אָשֹׁם

אָשַׁם לַיהוָה:

פ

21 וַיְדַבֵּר יְהוָה אֶל־מֹשֶׁה לֵּאמֹר: נֶפֶשׁ כִּי תֶחֱטָא וּמָעֲלָה מַעַל
ו

בַּיהוָה וְכִחֵשׁ בַּעֲמִיתוֹ בְּפִקָּדוֹן אוֹ־בִתְשׂוּמֶת יָד אוֹ בְגָזֵל אוֹ

22 עָשַׁק אֶת־עֲמִיתוֹ: אוֹ־מָצָא אֲבֵדָה וְכִחֶשׁ בָּהּ וְנִשְׁבַּע עַל־

שָׁקֶר עַל־אַחַת מִכֹּל אֲשֶׁר־יַעֲשֶׂה הָאָדָם לַחֲטֹא בָהֵנָּה:

23 וְהָיָה כִּי־יֶחֱטָא וְאָשֵׁם וְהֵשִׁיב אֶת־הַגְּזֵלָה אֲשֶׁר גָּזָל אוֹ אֶת־

הָעֹשֶׁק אֲשֶׁר עָשָׁק אוֹ אֶת־הַפִּקָּדוֹן אֲשֶׁר הָפְקַד אִתּוֹ אוֹ אֶת־

מפטיר 24 הָאֲבֵדָה אֲשֶׁר מָצָא:*   אוֹ מִכֹּל אֲשֶׁר־יִשָּׁבַע עָלָיו לַשֶּׁקֶר

וְשִׁלַּם אֹתוֹ בְּרֹאשׁוֹ וַחֲמִשִׁתָיו יֹסֵף עָלָיו לַאֲשֶׁר הוּא לוֹ יִתְּנֶנּוּ

כה בְּיוֹם אַשְׁמָתוֹ: וְאֶת־אֲשָׁמוֹ יָבִיא לַיהוָה אַיִל תָּמִים מִן־הַצֹּאן

בערכך

בְּעֶרְכְּךָ֥ לְאָשָׁ֖ם אֶל־הַכֹּהֵ֑ן וְכִפֶּר֩ עָלָ֨יו הַכֹּהֵ֜ן לִפְנֵ֤י יְהֹוָה֙ 26
וְנִסְלַ֣ח ל֑וֹ עַל־אַחַ֛ת מִכֹּ֥ל אֲשֶֽׁר־יַעֲשֶׂ֖ה לְאַשְׁמָ֥ה בָֽהּ׃ פ פ פ

צַו כה 25

וַיְדַבֵּ֥ר יְהֹוָ֖ה אֶל־מֹשֶׁ֥ה לֵּאמֹֽר׃ צַ֤ו אֶֽת־אַהֲרֹן֙ וְאֶת־בָּנָ֣יו 2 א
לֵאמֹ֔ר זֹ֥את תּוֹרַ֖ת הָֽעֹלָ֑ה הִ֣וא הָעֹלָ֡ה עַל֩ מֽוֹקְדָ֨ה עַל־הַמִּזְבֵּ֤חַ
כָּל־הַלַּ֙יְלָה֙ עַד־הַבֹּ֔קֶר וְאֵ֥שׁ הַמִּזְבֵּ֖חַ תּ֥וּקַד בּֽוֹ׃ וְלָבַ֨שׁ הַכֹּהֵ֜ן 3
מִדּ֣וֹ בַ֗ד וּמִֽכְנְסֵי־בַד֮ יִלְבַּ֣שׁ עַל־בְּשָׂרוֹ֒ וְהֵרִ֣ים אֶת־הַדֶּ֗שֶׁן
אֲשֶׁ֨ר תֹּאכַ֥ל הָאֵ֛שׁ אֶת־הָעֹלָ֖ה עַל־הַמִּזְבֵּ֑חַ וְשָׂמ֕וֹ אֵ֖צֶל
הַמִּזְבֵּֽחַ׃ וּפָשַׁט֙ אֶת־בְּגָדָ֔יו וְלָבַ֖שׁ בְּגָדִ֣ים אֲחֵרִ֑ים וְהוֹצִ֤יא 4
אֶת־הַדֶּ֙שֶׁן֙ אֶל־מִח֣וּץ לַֽמַּחֲנֶ֔ה אֶל־מָק֖וֹם טָה֑וֹר׃ וְהָאֵ֨שׁ עַל־ ה
הַמִּזְבֵּ֤חַ תּֽוּקַד־בּוֹ֙ לֹ֣א תִכְבֶּ֔ה וּבִעֵ֨ר עָלֶ֧יהָ הַכֹּהֵ֛ן עֵצִ֖ים בַּבֹּ֣קֶר
בַּבֹּ֑קֶר וְעָרַ֤ךְ עָלֶ֙יהָ֙ הָֽעֹלָ֔ה וְהִקְטִ֥יר עָלֶ֖יהָ חֶלְבֵ֥י הַשְּׁלָמִֽים׃
אֵ֗שׁ תָּמִ֛יד תּוּקַ֥ד עַל־הַמִּזְבֵּ֖חַ לֹ֥א תִכְבֶּֽה׃ ס וְזֹ֥את תּוֹרַ֣ת 6 7
הַמִּנְחָ֑ה הַקְרֵ֨ב אֹתָ֤הּ בְּנֵֽי־אַהֲרֹן֙ לִפְנֵ֣י יְהֹוָ֔ה אֶל־פְּנֵ֖י הַמִּזְבֵּֽחַ׃
וְהֵרִ֨ים מִמֶּ֜נּוּ בְּקֻמְצ֗וֹ מִסֹּ֤לֶת הַמִּנְחָה֙ וּמִשַּׁמְנָ֔הּ וְאֵת֙ כָּל־הַלְּבֹנָ֔ה 8
אֲשֶׁ֖ר עַל־הַמִּנְחָ֑ה וְהִקְטִ֣יר הַמִּזְבֵּ֗חַ רֵ֧יחַ נִיחֹ֛חַ אַזְכָּרָתָ֖הּ
לַֽיהֹוָֽה׃ וְהַנּוֹתֶ֣רֶת מִמֶּ֔נָּה יֹֽאכְל֖וּ אַהֲרֹ֣ן וּבָנָ֑יו מַצּ֤וֹת תֵּֽאָכֵל֙ 9
בְּמָק֣וֹם קָדֹ֔שׁ בַּחֲצַ֥ר אֹֽהֶל־מוֹעֵ֖ד יֹאכְלֽוּהָ׃ לֹ֤א תֵאָפֶה֙ חָמֵ֔ץ י
חֶלְקָ֛ם נָתַ֥תִּי אֹתָ֖הּ מֵֽאִשָּׁ֑י קֹ֤דֶשׁ קָֽדָשִׁים֙ הִ֔וא כַּחַטָּ֖את וְכָֽאָשָֽׁם׃
כָּל־זָכָ֞ר בִּבְנֵ֤י אַהֲרֹן֙ יֹֽאכְלֶ֔נָּה חָק־עוֹלָם֙ לְדֹרֹ֣תֵיכֶ֔ם מֵֽאִשֵּׁ֖י 11
יְהֹוָ֑ה כֹּ֛ל אֲשֶׁר־יִגַּ֥ע בָּהֶ֖ם יִקְדָּֽשׁ׃*
פ

וַיְדַבֵּ֥ר יְהֹוָ֖ה אֶל־מֹשֶׁ֥ה לֵּאמֹֽר׃ זֶ֡ה קָרְבַּן֩ אַהֲרֹ֨ן וּבָנָ֜יו אֲשֶׁר־ 12 שני 13
יַקְרִ֣יבוּ לַֽיהֹוָ֗ה בְּיוֹם֙ הִמָּשַׁ֣ח אֹת֔וֹ עֲשִׂירִ֥ת הָאֵפָ֛ה סֹ֥לֶת מִנְחָ֖ה
תָּמִ֑יד מַחֲצִיתָ֣הּ בַּבֹּ֔קֶר וּמַחֲצִיתָ֖הּ בָּעָֽרֶב׃ עַל־מַחֲבַ֗ת בַּשֶּׁ֙מֶן֙ 14
תֵּֽעָשֶׂ֔ה מֻרְבֶּ֖כֶת תְּבִיאֶ֑נָּה תֻּפִינֵי֙ מִנְחַ֣ת פִּתִּ֔ים תַּקְרִ֥יב רֵֽיחַ־
ניחח

נִיחֹחַ לַֽיהֹוָה׃ וְהַכֹּהֵ֣ן הַמָּשִׁ֧יחַ תַּחְתָּ֛יו מִבָּנָ֖יו יַעֲשֶׂ֣ה אֹתָ֑הּ חׇק־ טו

עוֹלָ֕ם לַיהֹוָ֖ה כָּלִ֥יל תׇּקְטָֽר׃ וְכׇל־מִנְחַ֥ת כֹּהֵ֛ן כָּלִ֥יל תִּהְיֶ֖ה 16

לֹ֥א תֵאָכֵֽל׃

פ

וַיְדַבֵּ֥ר יְהֹוָ֖ה אֶל־מֹשֶׁ֥ה לֵּאמֹֽר׃ דַּבֵּ֤ר אֶֽל־אַהֲרֹן֙ וְאֶל־בָּנָ֣יו 17
18

לֵאמֹ֔ר זֹ֥את תּוֹרַ֖ת הַֽחַטָּ֑את בִּמְק֡וֹם אֲשֶׁר֩ תִּשָּׁחֵ֨ט הָעֹלָ֜ה תִּשָּׁחֵ֤ט

הַֽחַטָּאת֙ לִפְנֵ֣י יְהֹוָ֔ה קֹ֥דֶשׁ קׇֽדָשִׁ֖ים הִֽוא׃ הַכֹּהֵ֛ן הַֽמְחַטֵּ֥א אֹתָ֖הּ 19

יֹאכְלֶ֑נָּה בְּמָק֤וֹם קָדֹשׁ֙ תֵּֽאָכֵ֔ל בַּחֲצַ֖ר אֹ֥הֶל מוֹעֵֽד׃ כֹּ֛ל אֲשֶׁר־ כ

יִגַּ֥ע בִּבְשָׂרָ֖הּ יִקְדָּ֑שׁ וַאֲשֶׁ֨ר יִזֶּ֤ה מִדָּמָהּ֙ עַל־הַבֶּ֔גֶד אֲשֶׁר֙ יִזֶּ֣ה

עָלֶ֔יהָ תְּכַבֵּ֖ס בְּמָק֥וֹם קָדֹֽשׁ׃ וּכְלִי־חֶ֛רֶשׂ אֲשֶׁ֥ר תְּבֻשַּׁל־בּ֖וֹ 21

יִשָּׁבֵ֑ר וְאִם־בִּכְלִ֤י נְחֹ֙שֶׁת֙ בֻּשָּׁ֔לָה וּמֹרַ֥ק וְשֻׁטַּ֖ף בַּמָּֽיִם׃ כׇּל־ 22

זָכָ֥ר בַּכֹּהֲנִ֖ים יֹאכַ֣ל אֹתָ֑הּ קֹ֥דֶשׁ קׇֽדָשִׁ֖ים הִֽוא׃ וְכׇל־חַטָּ֡את 23

אֲשֶׁר֩ יוּבָ֨א מִדָּמָ֜הּ אֶל־אֹ֧הֶל מוֹעֵ֛ד לְכַפֵּ֥ר בַּקֹּ֖דֶשׁ לֹ֣א תֵֽאָכֵ֑ל

בָּאֵ֖שׁ תִּשָּׂרֵֽף׃

פ

CAP. VII. ז

וְזֹ֖את תּוֹרַ֣ת הָאָשָׁ֑ם קֹ֥דֶשׁ קׇֽדָשִׁ֖ים הֽוּא׃ בִּמְק֗וֹם אֲשֶׁ֤ר יִשְׁחֲטוּ֙ א 2

אֶת־הָ֣עֹלָ֔ה יִשְׁחֲט֖וּ אֶת־הָאָשָׁ֑ם וְאֶת־דָּמ֛וֹ יִזְרֹ֥ק עַל־הַמִּזְבֵּ֖חַ

סָבִֽיב׃ וְאֵ֥ת כׇּל־חֶלְבּ֖וֹ יַקְרִ֣יב מִמֶּ֑נּוּ אֵ֚ת הָֽאַלְיָ֔ה וְאֶת־הַחֵ֖לֶב 3

הַֽמְכַסֶּ֥ה אֶת־הַקֶּֽרֶב׃ וְאֵת֙ שְׁתֵּ֣י הַכְּלָיֹ֔ת וְאֶת־הַחֵ֙לֶב֙ אֲשֶׁ֣ר 4

עֲלֵיהֶ֔ן אֲשֶׁ֖ר עַל־הַכְּסָלִ֑ים וְאֶת־הַיֹּתֶ֙רֶת֙ עַל־הַכָּבֵ֔ד עַל־

הַכְּלָיֹ֖ת יְסִירֶֽנָּה׃ וְהִקְטִ֨יר אֹתָ֤ם הַכֹּהֵן֙ הַמִּזְבֵּ֔חָה אִשֶּׁ֖ה לַיהֹוָ֑ה ה

אָשָׁ֖ם הֽוּא׃ כׇּל־זָכָ֥ר בַּכֹּהֲנִ֖ים יֹאכְלֶ֑נּוּ בְּמָק֤וֹם קָדוֹשׁ֙ יֵֽאָכֵ֔ל 6

קֹ֥דֶשׁ קׇֽדָשִׁ֖ים הֽוּא׃ כַּֽחַטָּאת֙ כָּ֣אָשָׁ֔ם תּוֹרָ֥ה אַחַ֖ת לָהֶ֑ם הַכֹּהֵ֛ן 7

אֲשֶׁ֥ר יְכַפֶּר־בּ֖וֹ ל֥וֹ יִהְיֶֽה׃ וְהַ֨כֹּהֵ֔ן הַמַּקְרִ֖יב אֶת־עֹ֣לַת אִ֑ישׁ 8

ע֤וֹר הָֽעֹלָה֙ אֲשֶׁ֣ר הִקְרִ֔יב לַכֹּהֵ֖ן ל֥וֹ יִהְיֶֽה׃ וְכׇל־מִנְחָ֗ה אֲשֶׁ֤ר 9

תֵּֽאָפֶה֙ בַּתַּנּ֔וּר וְכׇל־נַעֲשָׂ֥ה בַמַּרְחֶ֖שֶׁת וְעַֽל־מַחֲבַ֑ת לַכֹּהֵ֛ן

הַמַּקְרִ֥יב אֹתָ֖הּ ל֥וֹ תִֽהְיֶֽה׃ וְכׇל־מִנְחָ֥ה בְלוּלָ֛ה בַשֶּׁ֖מֶן וַחֲרֵבָ֑ה י

לְכׇל־בְּנֵ֧י אַהֲרֹ֛ן תִּהְיֶ֖ה אִ֥ישׁ כְּאָחִֽיו׃

פ

וְזֹ֥את תּוֹרַ֖ת זֶ֣בַח הַשְּׁלָמִ֑ים אֲשֶׁ֥ר יַקְרִ֖יב לַֽיהֹוָֽה׃ אִ֣ם עַל־ שלישי 11
12

תּוֹדָה֮

תּוֹדָה יַקְרִיבֶנּוּ וְהִקְרִיב | עַל־זֶבַח הַתּוֹדָה חַלּוֹת מַצּוֹת
בְּלוּלֹת בַּשֶּׁמֶן וּרְקִיקֵי מַצּוֹת מְשֻׁחִים בַּשָּׁמֶן וְסֹלֶת מֻרְבֶּכֶת
13 חַלֹּת בְּלוּלֹת בַּשָּׁמֶן׃ עַל־חַלֹּת לֶחֶם חָמֵץ יַקְרִיב קָרְבָּנוֹ
14 עַל־זֶבַח תּוֹדַת שְׁלָמָיו׃ וְהִקְרִיב מִמֶּנּוּ אֶחָד מִכָּל־קָרְבָּן
טו תְּרוּמָה לַיהוָה לַכֹּהֵן הַזֹּרֵק אֶת־דַּם הַשְּׁלָמִים לוֹ יִהְיֶה׃ וּבְשַׂר
זֶבַח תּוֹדַת שְׁלָמָיו בְּיוֹם קָרְבָּנוֹ יֵאָכֵל לֹא־יַנִּיחַ מִמֶּנּוּ עַד־
16 בֹּקֶר׃ וְאִם־נֶדֶר | אוֹ נְדָבָה זֶבַח קָרְבָּנוֹ בְּיוֹם הַקְרִיבוֹ אֶת־
17 זִבְחוֹ יֵאָכֵל וּמִמָּחֳרָת וְהַנּוֹתָר מִמֶּנּוּ יֵאָכֵל׃ וְהַנּוֹתָר מִבְּשַׂר
18 הַזָּבַח בַּיּוֹם הַשְּׁלִישִׁי בָּאֵשׁ יִשָּׂרֵף׃ וְאִם הֵאָכֹל יֵאָכֵל מִבְּשַׂר־
זֶבַח שְׁלָמָיו בַּיּוֹם הַשְּׁלִישִׁי לֹא יֵרָצֶה הַמַּקְרִיב אֹתוֹ לֹא יֵחָשֵׁב
19 לוֹ פִּגּוּל יִהְיֶה וְהַנֶּפֶשׁ הָאֹכֶלֶת מִמֶּנּוּ עֲוֺנָהּ תִּשָּׂא׃ וְהַבָּשָׂר
אֲשֶׁר־יִגַּע בְּכָל־טָמֵא לֹא יֵאָכֵל בָּאֵשׁ יִשָּׂרֵף וְהַבָּשָׂר כָּל־
כ טָהוֹר יֹאכַל בָּשָׂר׃ וְהַנֶּפֶשׁ אֲשֶׁר־תֹּאכַל בָּשָׂר מִזֶּבַח הַשְּׁלָמִים
אֲשֶׁר לַיהוָה וְטֻמְאָתוֹ עָלָיו וְנִכְרְתָה הַנֶּפֶשׁ הַהִוא מֵעַמֶּיהָ׃
21 וְנֶפֶשׁ כִּי־תִגַּע בְּכָל־טָמֵא בְּטֻמְאַת אָדָם אוֹ | בִּבְהֵמָה טְמֵאָה
אוֹ בְּכָל־שֶׁקֶץ טָמֵא וְאָכַל מִבְּשַׂר־זֶבַח הַשְּׁלָמִים אֲשֶׁר לַיהוָה
22 וְנִכְרְתָה הַנֶּפֶשׁ הַהִוא מֵעַמֶּיהָ׃ וַיְדַבֵּר יְהוָה אֶל־מֹשֶׁה לֵּאמֹר׃
23 דַּבֵּר אֶל־בְּנֵי יִשְׂרָאֵל לֵאמֹר כָּל־חֵלֶב שׁוֹר וְכֶשֶׂב וָעֵז לֹא
24 תֹאכֵלוּ׃ וְחֵלֶב נְבֵלָה וְחֵלֶב טְרֵפָה יֵעָשֶׂה לְכָל־מְלָאכָה
כה וְאָכֹל לֹא תֹאכְלֻהוּ׃ כִּי כָּל־אֹכֵל חֵלֶב מִן־הַבְּהֵמָה אֲשֶׁר
יַקְרִיב מִמֶּנָּה אִשֶּׁה לַיהוָה וְנִכְרְתָה הַנֶּפֶשׁ הָאֹכֶלֶת מֵעַמֶּיהָ׃
26 27 וְכָל־דָּם לֹא תֹאכְלוּ בְּכֹל מוֹשְׁבֹתֵיכֶם לָעוֹף וְלַבְּהֵמָה׃ כָּל־
נֶפֶשׁ אֲשֶׁר־תֹּאכַל כָּל־דָּם וְנִכְרְתָה הַנֶּפֶשׁ הַהִוא מֵעַמֶּיהָ׃ פ
28 29 וַיְדַבֵּר יְהוָה אֶל־מֹשֶׁה לֵּאמֹר׃ דַּבֵּר אֶל־בְּנֵי יִשְׂרָאֵל לֵאמֹר
הַמַּקְרִיב אֶת־זֶבַח שְׁלָמָיו לַיהוָה יָבִיא אֶת־קָרְבָּנוֹ לַיהוָה
ל מִזֶּבַח שְׁלָמָיו׃ יָדָיו תְּבִיאֶינָה אֵת אִשֵּׁי יְהוָה אֶת־הַחֵלֶב עַל־
הֶחָזֶה יְבִיאֶנּוּ אֵת הֶחָזֶה לְהָנִיף אֹתוֹ תְּנוּפָה לִפְנֵי יְהוָה׃

והקטיר

v. 18. סבירין ממנה

31 וְהִקְטִ֧יר הַכֹּהֵ֛ן אֶת־הַחֵ֖לֶב הַמִּזְבֵּ֑חָה וְהָיָה֙ הֶֽחָזֶ֔ה לְאַהֲרֹ֖ן
32 וּלְבָנָֽיו׃ וְאֵת֙ שׁ֣וֹק הַיָּמִ֔ין תִּתְּנ֥וּ תְרוּמָ֖ה לַכֹּהֵ֑ן מִזִּבְחֵ֖י שַׁלְמֵיכֶֽם׃
33 הַמַּקְרִ֞יב אֶת־דַּ֧ם הַשְּׁלָמִ֛ים וְאֶת־הַחֵ֖לֶב מִבְּנֵ֣י אַהֲרֹ֑ן ל֧וֹ
34 תִֽהְיֶ֛ה שׁ֥וֹק הַיָּמִ֖ין לְמָנָֽה׃ כִּי֩ אֶת־חֲזֵ֨ה הַתְּנוּפָ֜ה וְאֵ֣ת ׀ שׁ֣וֹק
הַתְּרוּמָ֗ה לָקַ֙חְתִּי֙ מֵאֵ֣ת בְּנֵֽי־יִשְׂרָאֵ֔ל מִזִּבְחֵ֖י שַׁלְמֵיהֶ֑ם וָאֶתֵּ֣ן
אֹ֠תָם לְאַהֲרֹ֨ן הַכֹּהֵ֤ן וּלְבָנָיו֙ לְחָק־עוֹלָ֔ם מֵאֵ֖ת בְּנֵ֥י יִשְׂרָאֵֽל׃
לה זֹ֣את מִשְׁחַ֤ת אַהֲרֹן֙ וּמִשְׁחַ֣ת בָּנָ֔יו מֵאִשֵּׁ֖י יְהוָ֑ה בְּיוֹם֙ הִקְרִ֣יב
36 אֹתָ֔ם לְכַהֵ֖ן לַיהוָֽה׃ אֲשֶׁר֩ צִוָּ֨ה יְהוָ֜ה לָתֵ֣ת לָהֶ֗ם בְּיוֹם֙ מָשְׁח֣וֹ
37 אֹתָ֔ם מֵאֵ֖ת בְּנֵ֣י יִשְׂרָאֵ֑ל חֻקַּ֥ת עוֹלָ֖ם לְדֹרֹתָֽם׃ זֹ֣את הַתּוֹרָ֗ה
לָֽעֹלָה֙ לַמִּנְחָ֔ה וְלַֽחַטָּ֖את וְלָֽאָשָׁ֑ם וְלַמִּ֨לּוּאִ֔ים וּלְזֶ֖בַח הַשְּׁלָמִֽים׃
38 אֲשֶׁ֨ר צִוָּ֧ה יְהוָ֛ה אֶת־מֹשֶׁ֖ה בְּהַ֣ר סִינָ֑י בְּי֨וֹם צַוֺּת֜וֹ אֶת־בְּנֵ֣י
יִשְׂרָאֵ֗ל לְהַקְרִ֛יב אֶת־קָרְבְּנֵיהֶ֥ם לַיהוָ֖ה בְּמִדְבַּ֥ר סִינָֽי׃ * פ

ח Cap. VIII. ח

רביעי 2 א וַיְדַבֵּ֥ר יְהוָ֖ה אֶל־מֹשֶׁ֥ה לֵּאמֹֽר׃ קַ֤ח אֶֽת־אַהֲרֹן֙ וְאֶת־בָּנָ֣יו
אִתּ֔וֹ וְאֵת֙ הַבְּגָדִ֔ים וְאֵ֖ת שֶׁ֣מֶן הַמִּשְׁחָ֑ה וְאֵ֣ת ׀ פַּ֣ר הַֽחַטָּ֗את וְאֵת֙
3 שְׁנֵ֣י הָֽאֵילִ֔ים וְאֵ֖ת סַ֥ל הַמַּצּֽוֹת׃ וְאֵ֥ת כָּל־הָעֵדָ֖ה הַקְהֵ֑ל אֶל־
4 פֶּ֖תַח אֹ֥הֶל מוֹעֵֽד׃ וַיַּ֣עַשׂ מֹשֶׁ֔ה כַּאֲשֶׁ֛ר צִוָּ֥ה יְהוָ֖ה אֹת֑וֹ וַתִּקָּהֵל֙
ה הָֽעֵדָ֔ה אֶל־פֶּ֖תַח אֹ֥הֶל מוֹעֵֽד׃ וַיֹּ֥אמֶר מֹשֶׁ֖ה אֶל־הָעֵדָ֑ה זֶ֣ה
6 הַדָּבָ֔ר אֲשֶׁר־צִוָּ֥ה יְהוָ֖ה לַעֲשֽׂוֹת׃ וַיַּקְרֵ֣ב מֹשֶׁ֔ה אֶת־אַהֲרֹ֖ן
7 וְאֶת־בָּנָ֑יו וַיִּרְחַ֥ץ אֹתָ֖ם בַּמָּֽיִם׃ וַיִּתֵּ֨ן עָלָ֜יו אֶת־הַכֻּתֹּ֗נֶת וַיַּחְגֹּ֤ר
אֹתוֹ֙ בָּֽאַבְנֵ֔ט וַיַּלְבֵּ֤שׁ אֹתוֹ֙ אֶת־הַמְּעִ֔יל וַיִּתֵּ֥ן עָלָ֖יו אֶת־הָאֵפֹ֑ד
8 וַיַּחְגֹּ֣ר אֹת֗וֹ בְּחֵ֙שֶׁב֙ הָֽאֵפֹ֔ד וַיֶּאְפֹּ֥ד ל֖וֹ בּֽוֹ׃ ° וַיָּ֥שֶׂם עָלָ֖יו אֶת־
9 הַחֹ֑שֶׁן וַיִּתֵּן֙ אֶל־הַחֹ֔שֶׁן אֶת־הָֽאוּרִ֖ים וְאֶת־הַתֻּמִּֽים׃ וַיָּ֥שֶׂם
אֶת־הַמִּצְנֶ֖פֶת עַל־רֹאשׁ֑וֹ וַיָּ֨שֶׂם עַל־הַמִּצְנֶ֜פֶת אֶל־מ֣וּל פָּנָ֗יו
י אֵ֚ת צִ֣יץ הַזָּהָב֙ נֵ֣זֶר הַקֹּ֔דֶשׁ כַּאֲשֶׁ֛ר צִוָּ֥ה יְהוָ֖ה אֶת־מֹשֶֽׁה׃ וַיִּקַּ֤ח
מֹשֶׁה֙ אֶת־שֶׁ֣מֶן הַמִּשְׁחָ֔ה וַיִּמְשַׁ֥ח אֶת־הַמִּשְׁכָּ֖ן וְאֶת־כָּל־אֲשֶׁר־
11 בּ֑וֹ וַיְקַדֵּ֖שׁ אֹתָֽם׃ וַיַּ֥ז מִמֶּ֛נּוּ עַל־הַמִּזְבֵּ֖חַ שֶׁ֣בַע פְּעָמִ֑ים וַיִּמְשַׁ֨ח

את־המזבח

ז׳ v. 36, 38. סבירין כאשר   ח׳ v. 8. חצי התורה בפסוקים

אֶת־הַמִּזְבֵּחַ וְאֶת־כָּל־כֵּלָיו וְאֶת־הַכִּיֹּר וְאֶת־כַּנּוֹ לְקַדְּשָׁם׃
12 וַיִּצֹק מִשֶּׁמֶן הַמִּשְׁחָה עַל רֹאשׁ אַהֲרֹן וַיִּמְשַׁח אֹתוֹ לְקַדְּשׁוֹ׃
13 וַיַּקְרֵב מֹשֶׁה אֶת־בְּנֵי אַהֲרֹן וַיַּלְבִּשֵׁם כֻּתֳּנֹת וַיַּחְגֹּר אֹתָם אַבְנֵט
14 וַיַּחֲבֹשׁ לָהֶם מִגְבָּעוֹת כַּאֲשֶׁר צִוָּה יְהוָה אֶת־מֹשֶׁה׃ * וַיַּגֵּשׁ אֵת חמישי
פַּר הַחַטָּאת וַיִּסְמֹךְ אַהֲרֹן וּבָנָיו אֶת־יְדֵיהֶם עַל־רֹאשׁ פַּר
טו הַחַטָּאת׃ וַיִּשְׁחָט וַיִּקַּח מֹשֶׁה אֶת־הַדָּם וַיִּתֵּן עַל־קַרְנוֹת
הַמִּזְבֵּחַ סָבִיב בְּאֶצְבָּעוֹ וַיְחַטֵּא אֶת־הַמִּזְבֵּחַ וְאֶת־הַדָּם יָצַק
16 אֶל־יְסוֹד הַמִּזְבֵּחַ וַיְקַדְּשֵׁהוּ לְכַפֵּר עָלָיו׃ וַיִּקַּח אֶת־כָּל־
הַחֵלֶב אֲשֶׁר עַל־הַקֶּרֶב וְאֵת יֹתֶרֶת הַכָּבֵד וְאֶת־שְׁתֵּי הַכְּלָיֹת
17 וְאֶת־חֶלְבְּהֶן וַיַּקְטֵר מֹשֶׁה הַמִּזְבֵּחָה׃ וְאֶת־הַפָּר וְאֶת־עֹרוֹ
וְאֶת־בְּשָׂרוֹ וְאֶת־פִּרְשׁוֹ שָׂרַף בָּאֵשׁ מִחוּץ לַמַּחֲנֶה כַּאֲשֶׁר
18 צִוָּה יְהוָה אֶת־מֹשֶׁה׃ וַיַּקְרֵב אֵת אֵיל הָעֹלָה וַיִּסְמְכוּ אַהֲרֹן
19 וּבָנָיו אֶת־יְדֵיהֶם עַל־רֹאשׁ הָאָיִל׃ וַיִּשְׁחָט וַיִּזְרֹק מֹשֶׁה אֶת־
כ הַדָּם עַל־הַמִּזְבֵּחַ סָבִיב׃ וְאֶת־הָאַיִל נִתַּח לִנְתָחָיו וַיַּקְטֵר
21 מֹשֶׁה אֶת־הָרֹאשׁ וְאֶת־הַנְּתָחִים וְאֶת־הַפָּדֶר׃ וְאֶת־הַקֶּרֶב
וְאֶת־הַכְּרָעַיִם רָחַץ בַּמָּיִם וַיַּקְטֵר מֹשֶׁה אֶת־כָּל־הָאַיִל
הַמִּזְבֵּחָה עֹלָה הוּא לְרֵיחַ־נִיחֹחַ אִשֶּׁה הוּא לַיהוָה כַּאֲשֶׁר
22 צִוָּה יְהוָה אֶת־מֹשֶׁה׃ * וַיַּקְרֵב אֶת־הָאַיִל הַשֵּׁנִי אֵיל הַמִּלֻּאִים ששי
23 וַיִּסְמְכוּ אַהֲרֹן וּבָנָיו אֶת־יְדֵיהֶם עַל־רֹאשׁ הָאָיִל׃ וַיִּשְׁחָט ׀
וַיִּקַּח מֹשֶׁה מִדָּמוֹ וַיִּתֵּן עַל־תְּנוּךְ אֹזֶן־אַהֲרֹן הַיְמָנִית וְעַל־
24 בֹּהֶן יָדוֹ הַיְמָנִית וְעַל־בֹּהֶן רַגְלוֹ הַיְמָנִית׃ וַיַּקְרֵב אֶת־בְּנֵי
אַהֲרֹן וַיִּתֵּן מֹשֶׁה מִן־הַדָּם עַל־תְּנוּךְ אָזְנָם הַיְמָנִית וְעַל־בֹּהֶן
יָדָם הַיְמָנִית וְעַל־בֹּהֶן רַגְלָם הַיְמָנִית וַיִּזְרֹק מֹשֶׁה אֶת־הַדָּם
כה עַל־הַמִּזְבֵּחַ סָבִיב׃ וַיִּקַּח אֶת־הַחֵלֶב וְאֶת־הָאַלְיָה וְאֶת־
כָּל־הַחֵלֶב אֲשֶׁר עַל־הַקֶּרֶב וְאֵת יֹתֶרֶת הַכָּבֵד וְאֶת־שְׁתֵּי
26 הַכְּלָיֹת וְאֶת־חֶלְבְּהֶן וְאֵת שׁוֹק הַיָּמִין׃ וּמִסַּל הַמַּצּוֹת אֲשֶׁר ׀
לִפְנֵי יְהוָה לָקַח חַלַּת מַצָּה אַחַת וְחַלַּת לֶחֶם שֶׁמֶן אַחַת
27 וְרָקִיק אֶחָד וַיָּשֶׂם עַל־הַחֲלָבִים וְעַל שׁוֹק הַיָּמִין׃ וַיִּתֵּן אֶת־

הכל

הַבֹּל֙ עַ֣ל כַּפֵּ֣י אַהֲרֹ֔ן וְעַ֖ל כַּפֵּ֣י בָנָ֑יו וַיָּ֧נֶף אֹתָ֛ם תְּנוּפָ֖ה לִפְנֵ֥י

יְהוָֽה: וַיִּקַּ֨ח מֹשֶׁ֤ה אֹתָם֙ מֵעַ֣ל כַּפֵּיהֶ֔ם וַיַּקְטֵ֥ר הַמִּזְבֵּ֖חָה עַל־ 28

הָעֹלָ֑ה מִלֻּאִ֥ים הֵ֛ם לְרֵ֥יחַ נִיחֹ֖חַ אִשֶּׁ֥ה ה֖וּא לַֽיהוָֽה: וַיִּקַּ֤ח מֹשֶׁה֙ 29

אֶת־הֶ֣חָזֶ֔ה וַיְנִיפֵ֥הוּ תְנוּפָ֖ה לִפְנֵ֣י יְהוָ֑ה מֵאֵ֣יל הַמִּלֻּאִ֗ים לְמֹשֶׁ֤ה

שביעי הָיָ֣ה לְמָנָ֔ה כַּאֲשֶׁ֛ר צִוָּ֥ה יְהוָ֖ה אֶת־מֹשֶֽׁה:* וַיִּקַּ֨ח מֹשֶׁ֜ה מִשֶּׁ֣מֶן ל 30

הַמִּשְׁחָ֗ה וּמִן־הַדָּם֮ אֲשֶׁ֣ר עַל־הַמִּזְבֵּ֒חַ֒ וַיַּ֤ז עַל־אַהֲרֹן֙ עַל־

בְּגָדָ֔יו וְעַל־בָּנָ֛יו וְעַל־בִּגְדֵ֥י בָנָ֖יו אִתּ֑וֹ וַיְקַדֵּ֤שׁ אֶֽת־אַהֲרֹן֙ אֶת־

בְּגָדָ֔יו וְאֶת־בָּנָ֛יו וְאֶת־בִּגְדֵ֥י בָנָ֖יו אִתּֽוֹ: וַיֹּ֨אמֶר מֹשֶׁ֜ה אֶל־ 31

אַהֲרֹ֣ן וְאֶל־בָּנָ֗יו בַּשְּׁל֤וּ אֶת־הַבָּשָׂר֙ פֶּ֚תַח אֹ֣הֶל מוֹעֵ֔ד וְשָׁם֙

תֹּאכְל֣וּ אֹת֔וֹ וְאֶת־הַלֶּ֔חֶם אֲשֶׁ֖ר בְּסַ֣ל הַמִּלֻּאִ֑ים כַּאֲשֶׁ֣ר צִוֵּ֔יתִי

לֵאמֹ֔ר אַהֲרֹ֥ן וּבָנָ֖יו יֹאכְלֻֽהוּ: וְהַנּוֹתָ֥ר בַּבָּשָׂ֖ר וּבַלָּ֑חֶם בָּאֵ֖שׁ 32

מפטיר תִּשְׂרֹֽפוּ:* וּמִפֶּ֩תַח֩ אֹ֨הֶל מוֹעֵ֜ד לֹ֤א תֵֽצְאוּ֙ שִׁבְעַ֣ת יָמִ֔ים עַ֚ד 33

י֣וֹם מְלֹ֔את יְמֵ֖י מִלֻּאֵיכֶ֑ם כִּ֚י שִׁבְעַ֣ת יָמִ֔ים יְמַלֵּ֖א אֶת־יֶדְכֶֽם:

כַּאֲשֶׁ֥ר עָשָׂ֖ה בַּיּ֣וֹם הַזֶּ֑ה צִוָּ֧ה יְהוָ֛ה לַעֲשֹׂ֖ת לְכַפֵּ֥ר עֲלֵיכֶֽם: 34

וּפֶ֩תַח֩ אֹ֨הֶל מוֹעֵ֜ד תֵּשְׁב֤וּ יוֹמָם֙ וָלַ֔יְלָה שִׁבְעַ֣ת יָמִ֔ים וּשְׁמַרְתֶּ֛ם ל‍ה

אֶת־מִשְׁמֶ֥רֶת יְהוָ֖ה וְלֹ֣א תָמ֑וּתוּ כִּי־כֵ֖ן צֻוֵּֽיתִי: וַיַּ֤עַשׂ אַהֲרֹן֙ 36

וּבָנָ֔יו אֵ֚ת כָּל־הַדְּבָרִ֔ים אֲשֶׁר־צִוָּ֥ה יְהוָ֖ה בְּיַד־מֹשֶֽׁה: ס ס ס

שְׁמִינִי   26 כו

CAP. IX. ט

וַיְהִי֙ בַּיּ֣וֹם הַשְּׁמִינִ֔י קָרָ֣א מֹשֶׁ֔ה לְאַהֲרֹ֖ן וּלְבָנָ֑יו וּלְזִקְנֵ֖י א

יִשְׂרָאֵֽל: וַיֹּ֣אמֶר אֶֽל־אַהֲרֹ֗ן קַח־לְ֠ךָ עֵ֣גֶל בֶּן־בָּקָ֧ר לְחַטָּ֛את 2

וְאַ֥יִל לְעֹלָ֖ה תְּמִימִ֑ם וְהַקְרֵ֖ב לִפְנֵ֥י יְהוָֽה: וְאֶל־בְּנֵ֥י יִשְׂרָאֵ֖ל 3

תְּדַבֵּ֣ר לֵאמֹ֑ר קְח֤וּ שְׂעִיר־עִזִּים֙ לְחַטָּ֔את וְעֵ֥גֶל וָכֶ֖בֶשׂ בְּנֵֽי־

שָׁנָ֥ה תְמִימִ֖ם לְעֹלָֽה: וְשׁ֨וֹר וָאַ֜יִל לִשְׁלָמִ֗ים לִזְבֹּ֨חַ֙ לִפְנֵ֣י יְהוָ֔ה 4

וּמִנְחָ֖ה בְלוּלָ֣ה בַשָּׁ֑מֶן כִּ֣י הַיּ֔וֹם יְהוָ֖ה נִרְאָ֥ה אֲלֵיכֶֽם: וַיִּקְח֗וּ ה

אֵ֚ת אֲשֶׁ֣ר צִוָּ֣ה מֹשֶׁ֔ה אֶל־פְּנֵ֖י אֹ֣הֶל מוֹעֵ֑ד וַֽיִּקְרְבוּ֙ כָּל־הָ֣עֵדָ֔ה 6

וַיַּ֣עַמְד֔וּ לִפְנֵ֥י יְהוָֽה: וַיֹּ֣אמֶר מֹשֶׁ֔ה זֶ֧ה הַדָּבָ֛ר אֲשֶׁר־צִוָּ֥ה יְהוָ֖ה

תעשו

7 תַּעֲשׂוּ וְיֵרָא אֲלֵיכֶם כְּבוֹד יְהוָה׃ וַיֹּאמֶר מֹשֶׁה אֶל־אַהֲרֹן
קְרַב אֶל־הַמִּזְבֵּחַ וַעֲשֵׂה אֶת־חַטָּאתְךָ וְאֶת־עֹלָתֶךָ וְכַפֵּר
בַּעַדְךָ וּבְעַד הָעָם וַעֲשֵׂה אֶת־קָרְבַּן הָעָם וְכַפֵּר בַּעֲדָם
8 כַּאֲשֶׁר צִוָּה יְהוָה׃ וַיִּקְרַב אַהֲרֹן אֶל־הַמִּזְבֵּחַ וַיִּשְׁחַט אֶת־
9 עֵגֶל הַחַטָּאת אֲשֶׁר־לוֹ׃ וַיַּקְרִבוּ בְּנֵי אַהֲרֹן אֶת־הַדָּם אֵלָיו
וַיִּטְבֹּל אֶצְבָּעוֹ בַּדָּם וַיִּתֵּן עַל־קַרְנוֹת הַמִּזְבֵּחַ וְאֶת־הַדָּם יָצַק
י אֶל־יְסוֹד הַמִּזְבֵּחַ׃ וְאֶת־הַחֵלֶב וְאֶת־הַכְּלָיֹת וְאֶת־הַיֹּתֶרֶת
מִן־הַכָּבֵד מִן־הַחַטָּאת הִקְטִיר הַמִּזְבֵּחָה כַּאֲשֶׁר צִוָּה יְהוָה
11 אֶת־מֹשֶׁה׃ וְאֶת־הַבָּשָׂר וְאֶת־הָעוֹר שָׂרַף בָּאֵשׁ מִחוּץ
12 לַמַּחֲנֶה׃ וַיִּשְׁחַט אֶת־הָעֹלָה וַיַּמְצִאוּ בְּנֵי אַהֲרֹן אֵלָיו אֶת־
13 הַדָּם וַיִּזְרְקֵהוּ עַל־הַמִּזְבֵּחַ סָבִיב׃ וְאֶת־הָעֹלָה הִמְצִיאוּ
14 אֵלָיו לִנְתָחֶיהָ וְאֶת־הָרֹאשׁ וַיַּקְטֵר עַל־הַמִּזְבֵּחַ׃ וַיִּרְחַץ אֶת־
טו הַקֶּרֶב וְאֶת־הַכְּרָעָיִם וַיַּקְטֵר עַל־הָעֹלָה הַמִּזְבֵּחָה׃ וַיַּקְרֵב
אֵת קָרְבַּן הָעָם וַיִּקַּח אֶת־שְׂעִיר הַחַטָּאת אֲשֶׁר לָעָם וַיִּשְׁחָטֵהוּ
16 וַיְחַטְּאֵהוּ כָּרִאשׁוֹן׃ וַיַּקְרֵב אֶת־הָעֹלָה וַיַּעֲשֶׂהָ כַּמִּשְׁפָּט׃ *
17 וַיַּקְרֵב אֶת־הַמִּנְחָה וַיְמַלֵּא כַפּוֹ מִמֶּנָּה וַיַּקְטֵר עַל־הַמִּזְבֵּחַ שני
18 מִלְּבַד עֹלַת הַבֹּקֶר׃ וַיִּשְׁחַט אֶת־הַשּׁוֹר וְאֶת־הָאַיִל זֶבַח
הַשְּׁלָמִים אֲשֶׁר לָעָם וַיַּמְצִאוּ בְּנֵי אַהֲרֹן אֶת־הַדָּם אֵלָיו
19 וַיִּזְרְקֵהוּ עַל־הַמִּזְבֵּחַ סָבִיב׃ וְאֶת־הַחֲלָבִים מִן־הַשּׁוֹר וּמִן־
כ הָאַיִל הָאַלְיָה וְהַמְכַסֶּה וְהַכְּלָיֹת וְיֹתֶרֶת הַכָּבֵד׃ וַיָּשִׂימוּ אֶת־
21 הַחֲלָבִים עַל־הֶחָזוֹת וַיַּקְטֵר הַחֲלָבִים הַמִּזְבֵּחָה׃ וְאֵת הֶחָזוֹת
וְאֵת שׁוֹק הַיָּמִין הֵנִיף אַהֲרֹן תְּנוּפָה לִפְנֵי יְהוָה כַּאֲשֶׁר צִוָּה
22 מֹשֶׁה׃ וַיִּשָּׂא אַהֲרֹן אֶת־יָדָו אֶל־הָעָם וַיְבָרְכֵם וַיֵּרֶד מֵעֲשֹׂת
23 הַחַטָּאת וְהָעֹלָה וְהַשְּׁלָמִים׃ וַיָּבֹא מֹשֶׁה וְאַהֲרֹן אֶל־אֹהֶל
מוֹעֵד וַיֵּצְאוּ וַיְבָרְכוּ אֶת־הָעָם וַיֵּרָא כְבוֹד־יְהוָה אֶל־כָּל־
24 הָעָם׃ * וַתֵּצֵא אֵשׁ מִלִּפְנֵי יְהוָה וַתֹּאכַל עַל־הַמִּזְבֵּחַ אֶת־ שלישי
הָעֹלָה וְאֶת־הַחֲלָבִים וַיַּרְא כָּל־הָעָם וַיָּרֹנּוּ וַיִּפְּלוּ עַל־
פְּנֵיהֶם׃

v. 22 ידיו ק

ויקחו

י Cap. X. י

א וַיִּקְחוּ בְנֵי־אַהֲרֹן נָדָב וַאֲבִיהוּא אִישׁ מַחְתָּתוֹ וַיִּתְּנוּ בָהֵן אֵשׁ
וַיָּשִׂימוּ עָלֶיהָ קְטֹרֶת וַיַּקְרִיבוּ לִפְנֵי יְהוָה אֵשׁ זָרָה אֲשֶׁר לֹא
צִוָּה אֹתָם׃ וַתֵּצֵא אֵשׁ מִלִּפְנֵי יְהוָה וַתֹּאכַל אוֹתָם וַיָּמֻתוּ 2
לִפְנֵי יְהוָה׃ וַיֹּאמֶר מֹשֶׁה אֶל־אַהֲרֹן הוּא אֲשֶׁר־דִּבֶּר יְהוָה | 3
לֵאמֹר בִּקְרֹבַי אֶקָּדֵשׁ וְעַל־פְּנֵי כָל־הָעָם אֶכָּבֵד וַיִּדֹּם
אַהֲרֹן׃ וַיִּקְרָא מֹשֶׁה אֶל־מִישָׁאֵל וְאֶל אֶלְצָפָן בְּנֵי עֻזִּיאֵל 4
דֹּד אַהֲרֹן וַיֹּאמֶר אֲלֵהֶם קִרְבוּ שְׂאוּ אֶת־אֲחֵיכֶם מֵאֵת פְּנֵי־
ה הַקֹּדֶשׁ אֶל־מִחוּץ לַמַּחֲנֶה׃ וַיִּקְרְבוּ וַיִּשָּׂאֻם בְּכֻתֳּנֹתָם אֶל־
מִחוּץ לַמַּחֲנֶה כַּאֲשֶׁר דִּבֶּר מֹשֶׁה׃ וַיֹּאמֶר מֹשֶׁה אֶל־אַהֲרֹן 6
וּלְאֶלְעָזָר וּלְאִיתָמָר | בָּנָיו רָאשֵׁיכֶם אַל־תִּפְרָעוּ | וּבִגְדֵיכֶם
לֹא־תִפְרֹמוּ וְלֹא תָמֻתוּ וְעַל כָּל־הָעֵדָה יִקְצֹף וַאֲחֵיכֶם כָּל־
בֵּית יִשְׂרָאֵל יִבְכּוּ אֶת־הַשְּׂרֵפָה אֲשֶׁר שָׂרַף יְהוָה׃ וּמִפֶּתַח 7
אֹהֶל מוֹעֵד לֹא תֵצְאוּ פֶּן־תָּמֻתוּ כִּי־שֶׁמֶן מִשְׁחַת יְהוָה עֲלֵיכֶם
וַיַּעֲשׂוּ כִּדְבַר מֹשֶׁה׃ פ
וַיְדַבֵּר יְהוָה אֶל־אַהֲרֹן לֵאמֹר׃ יַיִן וְשֵׁכָר אַל־תֵּשְׁתְּ | אַתָּה | 8 9
וּבָנֶיךָ אִתָּךְ בְּבֹאֲכֶם אֶל־אֹהֶל מוֹעֵד וְלֹא תָמֻתוּ חֻקַּת עוֹלָם
י לְדֹרֹתֵיכֶם׃ וּלְהַבְדִּיל בֵּין הַקֹּדֶשׁ וּבֵין הַחֹל וּבֵין הַטָּמֵא וּבֵין
הַטָּהוֹר׃ וּלְהוֹרֹת אֶת־בְּנֵי יִשְׂרָאֵל אֵת כָּל־הַחֻקִּים אֲשֶׁר 11
דִּבֶּר יְהוָה אֲלֵיהֶם בְּיַד־מֹשֶׁה׃* פ
רביעי וַיְדַבֵּר מֹשֶׁה אֶל־אַהֲרֹן וְאֶל אֶלְעָזָר וְאֶל־אִיתָמָר | בָּנָיו 12
הַנּוֹתָרִים קְחוּ אֶת־הַמִּנְחָה הַנּוֹתֶרֶת מֵאִשֵּׁי יְהוָה וְאִכְלוּהָ
מַצּוֹת אֵצֶל הַמִּזְבֵּחַ כִּי קֹדֶשׁ קָדָשִׁים הִוא׃ וַאֲכַלְתֶּם אֹתָהּ 13
בְּמָקוֹם קָדוֹשׁ כִּי חָקְךָ וְחָק־בָּנֶיךָ הִוא מֵאִשֵּׁי יְהוָה כִּי־כֵן
צֻוֵּיתִי׃ וְאֵת חֲזֵה הַתְּנוּפָה וְאֵת | שׁוֹק הַתְּרוּמָה תֹּאכְלוּ בְּמָקוֹם 14
טָהוֹר אַתָּה וּבָנֶיךָ וּבְנֹתֶיךָ אִתָּךְ כִּי־חָקְךָ וְחָק־בָּנֶיךָ נִתְּנוּ
טו מִזִּבְחֵי שַׁלְמֵי בְּנֵי יִשְׂרָאֵל׃ שׁוֹק הַתְּרוּמָה וַחֲזֵה הַתְּנוּפָה עַל
אִשֵּׁי הַחֲלָבִים יָבִיאוּ לְהָנִיף תְּנוּפָה לִפְנֵי יְהוָה וְהָיָה לְךָ
ולבניך

v. 4. הקורא יטעים הגריש קודם התרסא

16 וּלְבָנֶ֥יךָ אִתְּךָ֖ לְחָק־עוֹלָ֑ם כַּאֲשֶׁ֖ר צִוָּ֥ה יְהוָֽה׃ * וְאֵ֣ת ׀ שְׂעִ֣יר חמישי
הַֽחַטָּ֔את דָּרֹ֥שׁ דָּרַ֖שׁ מֹשֶׁ֑ה וְהִנֵּ֣ה שֹׂרָ֑ף וַ֠יִּקְצֹף עַל־אֶלְעָזָ֤ר
17 וְעַל־אִֽיתָמָר֙ בְּנֵ֣י אַהֲרֹ֔ן הַנּֽוֹתָרִ֖ם לֵאמֹֽר׃ מַדּ֗וּעַ לֹֽא־אֲכַלְתֶּ֤ם
אֶת־הַֽחַטָּאת֙ בִּמְק֣וֹם הַקֹּ֔דֶשׁ כִּ֛י קֹ֥דֶשׁ קָֽדָשִׁ֖ים הִ֑וא וְאֹתָ֣הּ ׀
נָתַ֣ן לָכֶ֗ם לָשֵׂאת֙ אֶת־עֲוֺ֣ן הָעֵדָ֔ה לְכַפֵּ֥ר עֲלֵיהֶ֖ם לִפְנֵ֥י יְהוָֽה׃
18 הֵ֚ן לֹֽא־הוּבָ֣א אֶת־דָּמָ֔הּ אֶל־הַקֹּ֖דֶשׁ פְּנִ֑ימָה אָכ֨וֹל תֹּאכְל֥וּ
19 אֹתָ֛הּ בַּקֹּ֖דֶשׁ כַּאֲשֶׁ֥ר צִוֵּֽיתִי׃ וַיְדַבֵּ֨ר אַהֲרֹ֜ן אֶל־מֹשֶׁ֗ה הֵ֣ן הַ֠יּוֹם
הִקְרִ֨יבוּ אֶת־חַטָּאתָ֤ם וְאֶת־עֹֽלָתָם֙ לִפְנֵ֣י יְהוָ֔ה וַתִּקְרֶ֥אנָה אֹתִ֖י
כ כָּאֵ֑לֶּה וְאָכַ֤לְתִּי חַטָּאת֙ הַיּ֔וֹם הַיִּיטַ֖ב בְּעֵינֵ֥י יְהוָֽה׃ וַיִּשְׁמַ֣ע מֹשֶׁ֔ה
וַיִּיטַ֖ב בְּעֵינָֽיו׃ * פ

CAP. XI. יא

יא

א 2 וַיְדַבֵּ֧ר יְהוָ֛ה אֶל־מֹשֶׁ֥ה וְאֶֽל־אַהֲרֹ֖ן לֵאמֹ֥ר אֲלֵהֶֽם׃ דַּבְּר֛וּ אֶל־ ששי
בְּנֵ֥י יִשְׂרָאֵ֖ל לֵאמֹ֑ר זֹ֤את הַֽחַיָּה֙ אֲשֶׁ֣ר תֹּֽאכְל֔וּ מִכָּל־הַבְּהֵמָ֖ה
3 אֲשֶׁ֥ר עַל־הָאָֽרֶץ׃ כֹּ֣ל ׀ מַפְרֶ֣סֶת פַּרְסָ֗ה וְשֹׁסַ֤עַת שֶׁ֙סַע֙ פְּרָסֹ֔ת
4 מַעֲלַ֥ת גֵּרָ֖ה בַּבְּהֵמָ֑ה אֹתָ֖הּ תֹּאכֵֽלוּ׃ אַ֤ךְ אֶת־זֶה֙ לֹ֣א תֹֽאכְל֔וּ
מִֽמַּעֲלֵי֙ הַגֵּרָ֔ה וּמִמַּפְרִסֵ֖י הַפַּרְסָ֑ה אֶֽת־הַ֠גָּמָל כִּֽי־מַעֲלֵ֨ה גֵרָ֜ה
ה ה֗וּא וּפַרְסָה֙ אֵינֶ֣נּוּ מַפְרִ֔יס טָמֵ֥א ה֖וּא לָכֶֽם׃ וְאֶת־הַשָּׁפָ֗ן כִּֽי־
6 מַעֲלֵ֤ה גֵרָה֙ ה֔וּא וּפַרְסָ֖ה לֹ֣א יַפְרִ֑יס טָמֵ֥א ה֖וּא לָכֶֽם׃ וְאֶת־
הָאַרְנֶ֗בֶת כִּֽי־מַעֲלַ֤ת גֵּרָה֙ הִ֔וא וּפַרְסָ֖ה לֹ֣א הִפְרִ֑יסָה טְמֵאָ֥ה
7 הִ֖וא לָכֶֽם׃ וְאֶת־הַ֠חֲזִיר כִּֽי־מַפְרִ֨יס פַּרְסָ֜ה ה֗וּא וְשֹׁסַ֥ע שֶׁ֙סַע֙
8 פַּרְסָ֔ה וְה֖וּא גֵּרָ֣ה לֹֽא־יִגָּ֑ר טָמֵ֥א ה֖וּא לָכֶֽם׃ מִבְּשָׂרָם֙ לֹ֣א
9 תֹאכֵ֔לוּ וּבְנִבְלָתָ֖ם לֹ֣א תִגָּ֑עוּ טְמֵאִ֥ים הֵ֖ם לָכֶֽם׃ אֶת־זֶה֙
תֹּֽאכְל֔וּ מִכֹּ֖ל אֲשֶׁ֣ר בַּמָּ֑יִם כֹּ֣ל אֲשֶׁר־לוֹ֩ סְנַפִּ֨יר וְקַשְׂקֶ֜שֶׂת
י בַּמַּ֗יִם בַּיַּמִּ֛ים וּבַנְּחָלִ֖ים אֹתָ֥ם תֹּאכֵֽלוּ׃ וְכֹל֩ אֲשֶׁ֨ר אֵֽין־ל֜וֹ
סְנַפִּ֣יר וְקַשְׂקֶ֗שֶׂת בַּיַּמִּים֙ וּבַנְּחָלִ֔ים מִכֹּל֙ שֶׁ֣רֶץ הַמַּ֔יִם וּמִכֹּ֛ל
11 נֶ֥פֶשׁ הַחַיָּ֖ה אֲשֶׁ֣ר בַּמָּ֑יִם שֶׁ֥קֶץ הֵ֖ם לָכֶֽם׃ וְשֶׁ֖קֶץ יִהְי֣וּ לָכֶ֑ם
12 מִבְּשָׂרָם֙ לֹ֣א תֹאכֵ֔לוּ וְאֶת־נִבְלָתָ֖ם תְּשַׁקֵּֽצוּ׃ כֹּ֣ל אֲשֶׁ֥ר אֵֽין־ל֛וֹ

סנפיר

* v. 16. דרש בראש שיטה והיא חצי התורה בתיבות

13 סְנַפִּיר וְקַשְׂקֶשֶׂת בַּמָּיִם שֶׁקֶץ הוּא לָכֶם׃ וְאֶת־אֵלֶּה תְּשַׁקְּצוּ
מִן־הָעוֹף לֹא יֵאָכְלוּ שֶׁקֶץ הֵם אֶת־הַנֶּשֶׁר וְאֶת־הַפֶּרֶס וְאֵת
14 טו הָעָזְנִיָּה׃ וְאֶת־הַדָּאָה וְאֶת־הָאַיָּה לְמִינָהּ׃ אֵת כָּל־עֹרֵב
16 לְמִינוֹ׃ וְאֵת בַּת הַיַּעֲנָה וְאֶת־הַתַּחְמָס וְאֶת־הַשָּׁחַף וְאֶת־
17 18 הַנֵּץ לְמִינֵהוּ׃ וְאֶת־הַכּוֹס וְאֶת־הַשָּׁלָךְ וְאֶת־הַיַּנְשׁוּף׃ וְאֶת־
19 הַתִּנְשֶׁמֶת וְאֶת־הַקָּאָת וְאֶת־הָרָחָם׃ וְאֵת הַחֲסִידָה הָאֲנָפָה
כ לְמִינָהּ וְאֶת־הַדּוּכִיפַת וְאֶת־הָעֲטַלֵּף׃ כֹּל שֶׁרֶץ הָעוֹף הַהֹלֵךְ
21 עַל־אַרְבַּע שֶׁקֶץ הוּא לָכֶם׃ אַךְ אֶת־זֶה תֹּאכְלוּ מִכֹּל שֶׁרֶץ
הָעוֹף הַהֹלֵךְ עַל־אַרְבַּע אֲשֶׁר־לֹא כְרָעַיִם מִמַּעַל לְרַגְלָיו
22 לְנַתֵּר בָּהֵן עַל־הָאָרֶץ׃ אֶת־אֵלֶּה מֵהֶם תֹּאכֵלוּ אֶת־הָאַרְבֶּה
לְמִינוֹ וְאֶת־הַסָּלְעָם לְמִינֵהוּ וְאֶת־הַחַרְגֹּל לְמִינֵהוּ וְאֶת־
23 הֶחָגָב לְמִינֵהוּ׃ וְכֹל שֶׁרֶץ הָעוֹף אֲשֶׁר־לוֹ אַרְבַּע רַגְלָיִם
24 שֶׁקֶץ הוּא לָכֶם׃ וּלְאֵלֶּה תִּטַּמָּאוּ כָּל־הַנֹּגֵעַ בְּנִבְלָתָם יִטְמָא
כה עַד־הָעָרֶב׃ וְכָל־הַנֹּשֵׂא מִנִּבְלָתָם יְכַבֵּס בְּגָדָיו וְטָמֵא עַד־
26 הָעָרֶב׃ לְכָל־הַבְּהֵמָה אֲשֶׁר הִוא מַפְרֶסֶת פַּרְסָה וְשֶׁסַע ׀
אֵינֶנָּה שֹׁסַעַת וְגֵרָה אֵינֶנָּה מַעֲלָה טְמֵאִים הֵם לָכֶם כָּל־הַנֹּגֵעַ
27 בָּהֶם יִטְמָא׃ וְכֹל ׀ הוֹלֵךְ עַל־כַּפָּיו בְּכָל־הַחַיָּה הַהֹלֶכֶת
עַל־אַרְבַּע טְמֵאִים הֵם לָכֶם כָּל־הַנֹּגֵעַ בְּנִבְלָתָם יִטְמָא עַד־
28 הָעָרֶב׃ וְהַנֹּשֵׂא אֶת־נִבְלָתָם יְכַבֵּס בְּגָדָיו וְטָמֵא עַד־הָעָרֶב
29 טְמֵאִים הֵמָּה לָכֶם׃ ס וְזֶה לָכֶם הַטָּמֵא בַּשֶּׁרֶץ הַשֹּׁרֵץ
ל עַל־הָאָרֶץ הַחֹלֶד וְהָעַכְבָּר וְהַצָּב לְמִינֵהוּ׃ וְהָאֲנָקָה וְהַכֹּחַ
31 וְהַלְּטָאָה וְהַחֹמֶט וְהַתִּנְשָׁמֶת׃ אֵלֶּה הַטְּמֵאִים לָכֶם בְּכָל־
32 הַשָּׁרֶץ כָּל־הַנֹּגֵעַ בָּהֶם בְּמֹתָם יִטְמָא עַד־הָעָרֶב׃ וְכֹל אֲשֶׁר־
יִפֹּל עָלָיו מֵהֶם ׀ בְּמֹתָם יִטְמָא מִכָּל־כְּלִי־עֵץ אוֹ בֶגֶד אוֹ־
עוֹר אוֹ שָׂק כָּל־כְּלִי אֲשֶׁר־יֵעָשֶׂה מְלָאכָה בָּהֶם בַּמַּיִם יוּבָא
33 וְטָמֵא עַד־הָעֶרֶב וְטָהֵר׃ * וְכָל־כְּלִי־חֶרֶשׂ אֲשֶׁר־יִפֹּל מֵהֶם שביעי
34 אֶל־תּוֹכוֹ כֹּל אֲשֶׁר בְּתוֹכוֹ יִטְמָא וְאֹתוֹ תִשְׁבֹּרוּ׃ מִכָּל־

האכל

v. 21. לו ק׳

הָאֹכֶל אֲשֶׁר יֵאָכֵל אֲשֶׁר יָבוֹא עָלָיו מַיִם יִטְמָא וְכָל־מַשְׁקֶה
לה אֲשֶׁר יִשָּׁתֶה בְּכָל־כְּלִי יִטְמָא׃ וְכֹל אֲשֶׁר־יִפֹּל מִנִּבְלָתָם ׀
עָלָיו יִטְמָא תַּנּוּר וְכִירַיִם יֻתָּץ טְמֵאִים הֵם וּטְמֵאִים יִהְיוּ
36 לָכֶם׃ אַךְ מַעְיָן וּבוֹר מִקְוֵה־מַיִם יִהְיֶה טָהוֹר וְנֹגֵעַ בְּנִבְלָתָם
37 יִטְמָא׃ וְכִי יִפֹּל מִנִּבְלָתָם עַל־כָּל־זֶרַע זֵרוּעַ אֲשֶׁר יִזָּרֵעַ
38 טָהוֹר הוּא׃ וְכִי יֻתַּן־מַיִם עַל־זֶרַע וְנָפַל מִנִּבְלָתָם עָלָיו
39 טָמֵא הוּא לָכֶם׃ ס וְכִי יָמוּת מִן־הַבְּהֵמָה אֲשֶׁר־הִיא
מ לָכֶם לְאָכְלָה הַנֹּגֵעַ בְּנִבְלָתָהּ יִטְמָא עַד־הָעָרֶב׃ וְהָאֹכֵל
מִנִּבְלָתָהּ יְכַבֵּס בְּגָדָיו וְטָמֵא עַד־הָעָרֶב וְהַנֹּשֵׂא אֶת־נִבְלָתָהּ
41 יְכַבֵּס בְּגָדָיו וְטָמֵא עַד־הָעָרֶב׃ וְכָל־הַשֶּׁרֶץ הַשֹּׁרֵץ עַל־
42 הָאָרֶץ שֶׁקֶץ הוּא לֹא יֵאָכֵל׃ כֹּל הוֹלֵךְ עַל־גָּחוֹן וְכֹל ׀ הוֹלֵךְ
עַל־אַרְבַּע עַד כָּל־מַרְבֵּה רַגְלַיִם לְכָל־הַשֶּׁרֶץ הַשֹּׁרֵץ
43 עַל־הָאָרֶץ לֹא תֹאכְלוּם כִּי־שֶׁקֶץ הֵם׃ אַל־תְּשַׁקְּצוּ אֶת־
נַפְשֹׁתֵיכֶם בְּכָל־הַשֶּׁרֶץ הַשֹּׁרֵץ וְלֹא תִטַּמְּאוּ בָּהֶם וְנִטְמֵתֶם
44 בָּם׃ כִּי אֲנִי יְהוָה אֱלֹהֵיכֶם וְהִתְקַדִּשְׁתֶּם וִהְיִיתֶם קְדֹשִׁים כִּי
קָדוֹשׁ אָנִי וְלֹא תְטַמְּאוּ אֶת־נַפְשֹׁתֵיכֶם בְּכָל־הַשֶּׁרֶץ הָרֹמֵשׂ
מה עַל־הָאָרֶץ׃* כִּי ׀ אֲנִי יְהוָה הַמַּעֲלֶה אֶתְכֶם מֵאֶרֶץ מִצְרַיִם מפטיר
46 לִהְיֹת לָכֶם לֵאלֹהִים וִהְיִיתֶם קְדֹשִׁים כִּי קָדוֹשׁ אָנִי׃ זֹאת
תּוֹרַת הַבְּהֵמָה וְהָעוֹף וְכֹל נֶפֶשׁ הַחַיָּה הָרֹמֶשֶׂת בַּמָּיִם וּלְכָל־
47 נֶפֶשׁ הַשֹּׁרֶצֶת עַל־הָאָרֶץ׃ לְהַבְדִּיל בֵּין הַטָּמֵא וּבֵין הַטָּהֹר
וּבֵין הַחַיָּה הַנֶּאֱכֶלֶת וּבֵין הַחַיָּה אֲשֶׁר לֹא תֵאָכֵל׃ פ פ פ

תזריע כז 27

CAP. XII. יב

יב

2 א וַיְדַבֵּר יְהוָה אֶל־מֹשֶׁה לֵּאמֹר׃ דַּבֵּר אֶל־בְּנֵי יִשְׂרָאֵל לֵאמֹר
אִשָּׁה כִּי תַזְרִיעַ וְיָלְדָה זָכָר וְטָמְאָה שִׁבְעַת יָמִים כִּימֵי נִדַּת
3 4 דְּוֺתָהּ תִּטְמָא׃ וּבַיּוֹם הַשְּׁמִינִי יִמּוֹל בְּשַׂר עָרְלָתוֹ׃ וּשְׁלֹשִׁים
יוֹם וּשְׁלֹשֶׁת יָמִים תֵּשֵׁב בִּדְמֵי טָהֳרָה בְּכָל־קֹדֶשׁ לֹא־תִגָּע

ואל־המקדש

י״א v. 34. סבירין יבואו   v.42. ו׳ רבתי והיא חצי התורה באותיות   v. 43. חסר א׳

ה וְאֶל־הַמִּקְדָּשׁ לֹא תָבֹא עַד־מְלֹאת יְמֵי טָהֳרָהּ׃ וְאִם־נְקֵבָה
תֵלֵד וְטָמְאָה שְׁבֻעַיִם כְּנִדָּתָהּ וְשִׁשִּׁים יוֹם וְשֵׁשֶׁת יָמִים תֵּשֵׁב
6 עַל־דְּמֵי טָהֳרָה׃ וּבִמְלֹאת | יְמֵי טָהֳרָהּ לְבֵן אוֹ לְבַת תָּבִיא
כֶּבֶשׂ בֶּן־שְׁנָתוֹ לְעֹלָה וּבֶן־יוֹנָה אוֹ־תֹר לְחַטָּאת אֶל־פֶּתַח
7 אֹהֶל־מוֹעֵד אֶל־הַכֹּהֵן׃ וְהִקְרִיבוֹ לִפְנֵי יְהוָה וְכִפֶּר עָלֶיהָ
וְטָהֲרָה מִמְּקֹר דָּמֶיהָ זֹאת תּוֹרַת הַיֹּלֶדֶת לַזָּכָר אוֹ לַנְּקֵבָה׃
8 וְאִם־לֹא תִמְצָא יָדָהּ דֵּי שֶׂה וְלָקְחָה שְׁתֵּי־תֹרִים אוֹ שְׁנֵי
בְּנֵי יוֹנָה אֶחָד לְעֹלָה וְאֶחָד לְחַטָּאת וְכִפֶּר עָלֶיהָ הַכֹּהֵן
וְטָהֵרָה׃ פ

יג Cap. XIII. יג

א 2 וַיְדַבֵּר יְהוָה אֶל־מֹשֶׁה וְאֶל־אַהֲרֹן לֵאמֹר׃ אָדָם כִּי־יִהְיֶה
בְעוֹר־בְּשָׂרוֹ שְׂאֵת אוֹ־סַפַּחַת אוֹ בַהֶרֶת וְהָיָה בְעוֹר־בְּשָׂרוֹ
לְנֶגַע צָרָעַת וְהוּבָא אֶל־אַהֲרֹן הַכֹּהֵן אוֹ אֶל־אַחַד מִבָּנָיו
3 הַכֹּהֲנִים׃ וְרָאָה הַכֹּהֵן אֶת־הַנֶּגַע בְּעוֹר־הַבָּשָׂר וְשֵׂעָר בַּנֶּגַע
הָפַךְ | לָבָן וּמַרְאֵה הַנֶּגַע עָמֹק מֵעוֹר בְּשָׂרוֹ נֶגַע צָרַעַת הוּא
4 וְרָאָהוּ הַכֹּהֵן וְטִמֵּא אֹתוֹ׃ וְאִם־בַּהֶרֶת לְבָנָה הִוא בְּעוֹר
בְּשָׂרוֹ וְעָמֹק אֵין־מַרְאֶהָ מִן־הָעוֹר וּשְׂעָרָה לֹא־הָפַךְ לָבָן
ה וְהִסְגִּיר הַכֹּהֵן אֶת־הַנֶּגַע שִׁבְעַת יָמִים׃ וְרָאָהוּ הַכֹּהֵן בַּיּוֹם
הַשְּׁבִיעִי וְהִנֵּה הַנֶּגַע עָמַד בְּעֵינָיו לֹא־פָשָׂה הַנֶּגַע בָּעוֹר
6 וְהִסְגִּירוֹ הַכֹּהֵן שִׁבְעַת יָמִים שֵׁנִית׃ * וְרָאָה הַכֹּהֵן אֹתוֹ בַּיּוֹם שני
הַשְּׁבִיעִי שֵׁנִית וְהִנֵּה כֵּהָה הַנֶּגַע וְלֹא־פָשָׂה הַנֶּגַע בָּעוֹר וְטִהֲרוֹ
7 הַכֹּהֵן מִסְפַּחַת הִוא וְכִבֶּס בְּגָדָיו וְטָהֵר׃ וְאִם־פָּשֹׂה תִפְשֶׂה
הַמִּסְפַּחַת בָּעוֹר אַחֲרֵי הֵרָאֹתוֹ אֶל־הַכֹּהֵן לְטָהֳרָתוֹ וְנִרְאָה
8 שֵׁנִית אֶל־הַכֹּהֵן׃ וְרָאָה הַכֹּהֵן וְהִנֵּה פָּשְׂתָה הַמִּסְפַּחַת בָּעוֹר
וְטִמְּאוֹ הַכֹּהֵן צָרַעַת הִוא׃ פ
9 י נֶגַע צָרַעַת כִּי תִהְיֶה בְּאָדָם וְהוּבָא אֶל־הַכֹּהֵן׃ וְרָאָה הַכֹּהֵן
וְהִנֵּה שְׂאֵת־לְבָנָה בָּעוֹר וְהִיא הָפְכָה שֵׂעָר לָבָן וּמִחְיַת בָּשָׂר
11 חַי בַּשְׂאֵת׃ צָרַעַת נוֹשֶׁנֶת הִוא בְּעוֹר בְּשָׂרוֹ וְטִמְּאוֹ הַכֹּהֵן לֹא
יסגרנו

12 יַסְגִּרֶנּוּ כִּי טָמֵא הוּא׃ וְאִם־פָּרוֹחַ תִּפְרַח הַצָּרַעַת בָּעוֹר
וְכִסְּתָה הַצָּרַעַת אֵת כָּל־עוֹר הַנֶּגַע מֵרֹאשׁוֹ וְעַד־רַגְלָיו
13 לְכָל־מַרְאֵה עֵינֵי הַכֹּהֵן׃ וְרָאָה הַכֹּהֵן וְהִנֵּה כִסְּתָה הַצָּרַעַת
אֶת־כָּל־בְּשָׂרוֹ וְטִהַר אֶת־הַנָּגַע כֻּלּוֹ הָפַךְ לָבָן טָהוֹר הוּא׃
14 טו וּבְיוֹם הֵרָאוֹת בּוֹ בָּשָׂר חַי יִטְמָא׃ וְרָאָה הַכֹּהֵן אֶת־הַבָּשָׂר
16 הַחַי וְטִמְּאוֹ הַבָּשָׂר הַחַי טָמֵא הוּא צָרַעַת הוּא׃ אוֹ כִי יָשׁוּב
17 הַבָּשָׂר הַחַי וְנֶהְפַּךְ לְלָבָן וּבָא אֶל־הַכֹּהֵן׃ וְרָאָהוּ הַכֹּהֵן וְהִנֵּה
נֶהְפַּךְ הַנֶּגַע לְלָבָן וְטִהַר הַכֹּהֵן אֶת־הַנֶּגַע טָהוֹר הוּא׃ * פ
18 19 וּבָשָׂר כִּי־יִהְיֶה בוֹ־בְעֹרוֹ שְׁחִין וְנִרְפָּא׃ וְהָיָה בִּמְקוֹם הַשְּׁחִין שלישי
שְׂאֵת לְבָנָה אוֹ בַהֶרֶת לְבָנָה אֲדַמְדָּמֶת וְנִרְאָה אֶל־הַכֹּהֵן׃
כ וְרָאָה הַכֹּהֵן וְהִנֵּה מַרְאֶהָ שָׁפָל מִן־הָעוֹר וּשְׂעָרָהּ הָפַךְ לָבָן
21 וְטִמְּאוֹ הַכֹּהֵן נֶגַע־צָרַעַת הִוא בַּשְּׁחִין פָּרָחָה׃ וְאִם ׀ יִרְאֶנָּה
הַכֹּהֵן וְהִנֵּה אֵין־בָּהּ שֵׂעָר לָבָן וּשְׁפָלָה אֵינֶנָּה מִן־הָעוֹר וְהִיא
22 כֵהָה וְהִסְגִּירוֹ הַכֹּהֵן שִׁבְעַת יָמִים׃ וְאִם־פָּשֹׂה תִפְשֶׂה בָּעוֹר
23 וְטִמֵּא הַכֹּהֵן אֹתוֹ נֶגַע הִוא׃ וְאִם־תַּחְתֶּיהָ תַּעֲמֹד הַבַּהֶרֶת
24 לֹא פָשָׂתָה צָרֶבֶת הַשְּׁחִין הִוא וְטִהֲרוֹ הַכֹּהֵן׃ * ס אוֹ בָשָׂר רביעי
כִּי־יִהְיֶה בְעֹרוֹ מִכְוַת־אֵשׁ וְהָיְתָה מִחְיַת הַמִּכְוָה בַּהֶרֶת (שני כשהן מחוברין)
כה לְבָנָה אֲדַמְדֶּמֶת אוֹ לְבָנָה׃ וְרָאָה אֹתָהּ הַכֹּהֵן וְהִנֵּה נֶהְפַּךְ
שֵׂעָר לָבָן בַּבַּהֶרֶת וּמַרְאֶהָ עָמֹק מִן־הָעוֹר צָרַעַת הִוא
26 בַּמִּכְוָה פָּרָחָה וְטִמֵּא אֹתוֹ הַכֹּהֵן נֶגַע צָרַעַת הִוא׃ וְאִם ׀
יִרְאֶנָּה הַכֹּהֵן וְהִנֵּה אֵין־בַּבַּהֶרֶת שֵׂעָר לָבָן וּשְׁפָלָה אֵינֶנָּה
27 מִן־הָעוֹר וְהִוא כֵהָה וְהִסְגִּירוֹ הַכֹּהֵן שִׁבְעַת יָמִים׃ וְרָאָהוּ
הַכֹּהֵן בַּיּוֹם הַשְּׁבִיעִי אִם־פָּשֹׂה תִפְשֶׂה בָּעוֹר וְטִמֵּא הַכֹּהֵן
28 אֹתוֹ נֶגַע צָרַעַת הִוא׃ וְאִם־תַּחְתֶּיהָ תַעֲמֹד הַבַּהֶרֶת לֹא־
פָשְׂתָה בָעוֹר וְהִוא כֵהָה שְׂאֵת הַמִּכְוָה הִוא וְטִהֲרוֹ הַכֹּהֵן כִּי־
צָרֶבֶת הַמִּכְוָה הִוא׃ * פ
29 ל וְאִישׁ אוֹ אִשָּׁה כִּי־יִהְיֶה בוֹ נָגַע בְּרֹאשׁ אוֹ בְזָקָן׃ וְרָאָה הַכֹּהֵן חמישי
אֶת־הַנֶּגַע וְהִנֵּה מַרְאֵהוּ עָמֹק מִן־הָעוֹר וּבוֹ שֵׂעָר צָהֹב דָּק

וטמא

31 וְטִמֵּא אֹתוֹ הַכֹּהֵן נֶתֶק הוּא צָרַעַת הָרֹאשׁ אוֹ הַזָּקָן הוּא׃ וְכִי־
יִרְאֶה הַכֹּהֵן אֶת־נֶגַע הַנֶּתֶק וְהִנֵּה אֵין־מַרְאֵהוּ עָמֹק מִן־
הָעוֹר וְשֵׂעָר שָׁחֹר אֵין בּוֹ וְהִסְגִּיר הַכֹּהֵן אֶת־נֶגַע הַנֶּתֶק שִׁבְעַת
32 יָמִים׃ וְרָאָה הַכֹּהֵן אֶת־הַנֶּגַע בַּיּוֹם הַשְּׁבִיעִי וְהִנֵּה לֹא־פָשָׂה
הַנֶּתֶק וְלֹא־הָיָה בוֹ שֵׂעָר צָהֹב וּמַרְאֵה הַנֶּתֶק אֵין עָמֹק מִן־
33 הָעוֹר׃ וְהִתְגַּלָּח וְאֶת־הַנֶּתֶק לֹא יְגַלֵּחַ וְהִסְגִּיר הַכֹּהֵן אֶת־
34 הַנֶּתֶק שִׁבְעַת יָמִים שֵׁנִית׃ וְרָאָה הַכֹּהֵן אֶת־הַנֶּתֶק בַּיּוֹם
הַשְּׁבִיעִי וְהִנֵּה לֹא־פָשָׂה הַנֶּתֶק בָּעוֹר וּמַרְאֵהוּ אֵינֶנּוּ עָמֹק
לה מִן־הָעוֹר וְטִהַר אֹתוֹ הַכֹּהֵן וְכִבֶּס בְּגָדָיו וְטָהֵר׃ וְאִם־פָּשֹׂה
36 יִפְשֶׂה הַנֶּתֶק בָּעוֹר אַחֲרֵי טָהֳרָתוֹ׃ וְרָאָהוּ הַכֹּהֵן וְהִנֵּה פָּשָׂה
הַנֶּתֶק בָּעוֹר לֹא־יְבַקֵּר הַכֹּהֵן לַשֵּׂעָר הַצָּהֹב טָמֵא הוּא׃
37 וְאִם־בְּעֵינָיו עָמַד הַנֶּתֶק וְשֵׂעָר שָׁחֹר צָמַח־בּוֹ נִרְפָּא הַנֶּתֶק
38 טָהוֹר הוּא וְטִהֲרוֹ הַכֹּהֵן׃ ס וְאִישׁ אוֹ־אִשָּׁה כִּי־יִהְיֶה בְעוֹר־
39 בְּשָׂרָם בֶּהָרֹת בֶּהָרֹת לְבָנֹת׃ וְרָאָה הַכֹּהֵן וְהִנֵּה בְעוֹר־בְּשָׂרָם
בֶּהָרֹת כֵּהוֹת לְבָנֹת בֹּהַק הוּא פָּרַח בָּעוֹר טָהוֹר הוּא׃ * ס
מ 41 וְאִישׁ כִּי יִמָּרֵט רֹאשׁוֹ קֵרֵחַ הוּא טָהוֹר הוּא׃ וְאִם מִפְּאַת ששי
42 פָּנָיו יִמָּרֵט רֹאשׁוֹ גִּבֵּחַ הוּא טָהוֹר הוּא׃ וְכִי־יִהְיֶה בַקָּרַחַת (שלישי כשהן
אוֹ בַגַּבַּחַת נֶגַע לָבָן אֲדַמְדָּם צָרַעַת פֹּרַחַת הִוא בְּקָרַחְתּוֹ אוֹ מחוברין)
43 בְגַבַּחְתּוֹ׃ וְרָאָה אֹתוֹ הַכֹּהֵן וְהִנֵּה שְׂאֵת־הַנֶּגַע לְבָנָה אֲדַמְדֶּמֶת
44 בְּקָרַחְתּוֹ אוֹ בְגַבַּחְתּוֹ כְּמַרְאֵה צָרַעַת עוֹר בָּשָׂר׃ אִישׁ־צָרוּעַ
מה הוּא טָמֵא הוּא טַמֵּא יְטַמְּאֶנּוּ הַכֹּהֵן בְּרֹאשׁוֹ נִגְעוֹ׃ וְהַצָּרוּעַ
אֲשֶׁר־בּוֹ הַנֶּגַע בְּגָדָיו יִהְיוּ פְרֻמִים וְרֹאשׁוֹ יִהְיֶה פָרוּעַ וְעַל־
46 שָׂפָם יַעְטֶה וְטָמֵא ׀ טָמֵא יִקְרָא׃ כָּל־יְמֵי אֲשֶׁר הַנֶּגַע בּוֹ יִטְמָא
47 טָמֵא הוּא בָּדָד יֵשֵׁב מִחוּץ לַמַּחֲנֶה מוֹשָׁבוֹ׃ ס וְהַבֶּגֶד כִּי־
48 יִהְיֶה בוֹ נֶגַע צָרָעַת בְּבֶגֶד צֶמֶר אוֹ בְּבֶגֶד פִּשְׁתִּים׃ אוֹ בִשְׁתִי
אוֹ בְעֵרֶב לַפִּשְׁתִּים וְלַצָּמֶר אוֹ בְעוֹר אוֹ בְּכָל־מְלֶאכֶת עוֹר׃
49 וְהָיָה הַנֶּגַע יְרַקְרַק ׀ אוֹ אֲדַמְדָּם בַּבֶּגֶד אוֹ בָעוֹר אוֹ־בַשְּׁתִי

או־בערב

V. 33. ג׳ רבתי

אֽוֹ־בָעֵ֙רֶב֙ א֣וֹ בְכׇל־כְּלִי־ע֔וֹר נֶ֥גַע צָרַ֖עַת ה֑וּא וְהׇרְאָ֖ה אֶת־
נ הַכֹּהֵֽן׃ וְרָאָ֥ה הַכֹּהֵ֖ן אֶת־הַנָּ֑גַע וְהִסְגִּ֥יר אֶת־הַנֶּ֖גַע שִׁבְעַ֥ת
51 יָמִֽים׃ וְרָאָ֨ה אֶת־הַנֶּ֜גַע בַּיּ֣וֹם הַשְּׁבִיעִ֗י כִּֽי־פָשָׂ֤ה הַנֶּ֙גַע֙ בַּבֶּ֔גֶד
אֽוֹ־בַשְּׁתִ֣י אֽוֹ־בָעֵ֔רֶב א֣וֹ בָע֔וֹר לְכֹ֛ל אֲשֶׁר־יֵעָשֶׂ֥ה הָע֖וֹר
52 לִמְלָאכָ֑ה צָרַ֧עַת מַמְאֶ֛רֶת הַנֶּ֖גַע טָמֵ֥א הֽוּא׃ וְשָׂרַ֨ף אֶת־הַבֶּ֜גֶד
א֣וֹ אֶת־הַשְּׁתִ֣י ׀ א֣וֹ אֶת־הָעֵ֗רֶב בַּצֶּ֙מֶר֙ א֣וֹ בַפִּשְׁתִּ֔ים א֚וֹ אֶת־
כׇּל־כְּלִ֣י הָע֔וֹר אֲשֶׁר־יִהְיֶ֥ה ב֖וֹ הַנָּ֑גַע כִּֽי־צָרַ֤עַת מַמְאֶ֙רֶת֙ הִ֔וא
53 בָּאֵ֖שׁ תִּשָּׂרֵֽף׃ וְאִם֮ יִרְאֶ֣ה הַכֹּהֵן֒ וְהִנֵּה֙ לֹֽא־פָשָׂ֣ה הַנֶּ֔גַע בַּבֶּ֕גֶד
54 א֥וֹ בַשְּׁתִ֖י א֣וֹ בָעֵ֑רֶב א֖וֹ בְּכׇל־כְּלִי־עֽוֹר׃ וְצִוָּה֙ הַכֹּהֵ֔ן וְכִ֨בְּס֔וּ
נה אֵ֥ת אֲשֶׁר־בּ֖וֹ הַנָּ֑גַע וְהִסְגִּיר֥וֹ שִׁבְעַת־יָמִ֖ים שֵׁנִֽית׃ * וְרָאָ֨ה שביעי
הַכֹּהֵ֜ן אַחֲרֵ֣י ׀ הֻכַּבֵּ֣ס אֶת־הַנֶּ֗גַע וְהִנֵּ֨ה לֹא־הָפַ֤ךְ הַנֶּ֙גַע אֶת־ (רביעי
עֵינוֹ֙ וְהַנֶּ֣גַע לֹא־פָשָׂ֔ה טָמֵ֣א ה֔וּא בָּאֵ֖שׁ תִּשְׂרְפֶ֑נּוּ פְּחֶ֣תֶת הִ֔וא כשהן מחוברין)
56 בְּקָרַחְתּ֖וֹ א֥וֹ בְגַבַּחְתּֽוֹ׃ וְאִם֮ רָאָ֣ה הַכֹּהֵן֒ וְהִנֵּה֙ כֵּהָ֣ה הַנֶּ֔גַע
אַחֲרֵ֖י הֻכַּבֵּ֣ס אֹת֑וֹ וְקָרַ֣ע אֹת֗וֹ מִן־הַבֶּ֙גֶד֙ א֣וֹ מִן־הָע֔וֹר א֥וֹ מִן־
57 הַשְּׁתִ֖י א֥וֹ מִן־הָעֵֽרֶב׃ * וְאִם־תֵּרָאֶ֨ה ע֜וֹד בַּבֶּ֗גֶד אֽוֹ־בַשְּׁתִ֤י מפטיר
אֽוֹ־בָעֵ֙רֶב֙ א֣וֹ בְכׇל־כְּלִי־ע֔וֹר פֹּרַ֖חַת הִ֑וא בָּאֵ֣שׁ תִּשְׂרְפֶ֔נּוּ אֵ֥ת
58 אֲשֶׁר־בּ֖וֹ הַנָּֽגַע׃ וְהַבֶּ֡גֶד אֽוֹ־הַשְּׁתִ֣י אֽוֹ־הָעֵ֩רֶב֩ אֽוֹ־כׇל־כְּלִ֨י
59 הָעוֹר֙ אֲשֶׁ֣ר תְּכַבֵּ֔ס וְסָ֥ר מֵהֶ֖ם הַנָּ֑גַע וְכֻבַּ֥ס שֵׁנִ֖ית וְטָהֵֽר׃ זֹ֡את
תּוֹרַ֣ת נֶֽגַע־צָרַ֩עַת֩ בֶּ֨גֶד הַצֶּ֜מֶר ׀ א֣וֹ הַפִּשְׁתִּ֗ים א֤וֹ הַשְּׁתִי֙ א֣וֹ
הָעֵ֔רֶב א֖וֹ כׇּל־כְּלִי־ע֑וֹר לְטַהֲר֖וֹ א֥וֹ לְטַמְּאֽוֹ׃ פ פ פ

מצרע כח 28

יד Cap. XIV. יד

א2 וַיְדַבֵּ֥ר יְהֹוָ֖ה אֶל־מֹשֶׁ֥ה לֵּאמֹֽר׃ זֹ֤את תִּהְיֶה֙ תּוֹרַ֣ת הַמְּצֹרָ֔ע
3 בְּי֖וֹם טׇהׇרָת֑וֹ וְהוּבָ֖א אֶל־הַכֹּהֵֽן׃ וְיָצָא֙ הַכֹּהֵ֔ן אֶל־מִח֖וּץ
לַֽמַּחֲנֶ֑ה וְרָאָה֙ הַכֹּהֵ֔ן וְהִנֵּ֛ה נִרְפָּ֥א נֶֽגַע־הַצָּרַ֖עַת מִן־הַצָּרֽוּעַ׃
4 וְצִוָּה֙ הַכֹּהֵ֔ן וְלָקַ֧ח לַמִּטַּהֵ֛ר שְׁתֵּֽי־צִפֳּרִ֥ים חַיּ֖וֹת טְהֹר֑וֹת וְעֵ֣ץ
ה אֶ֔רֶז וּשְׁנִ֥י תוֹלַ֖עַת וְאֵזֹֽב׃ וְצִוָּה֙ הַכֹּהֵ֔ן וְשָׁחַ֖ט אֶת־הַצִּפּ֣וֹר

האחת

6 הָאֶחָ֖ת אֶל־כְּלִי־חֶ֑רֶשׂ עַל־מַ֖יִם חַיִּֽים׃ אֶת־הַצִּפֹּ֤ר הַֽחַיָּה֙
יִקַּ֣ח אֹתָ֔הּ וְאֶת־עֵ֥ץ הָאֶ֖רֶז וְאֶת־שְׁנִ֣י הַתּוֹלַ֑עַת וְאֶת־הָאֵזֹ֑ב
וְטָבַ֨ל אוֹתָ֜ם וְאֵ֣ת ׀ הַצִּפֹּ֣ר הַֽחַיָּ֗ה בְּדַם֙ הַצִּפֹּ֣ר הַשְּׁחֻטָ֔ה עַ֖ל
7 הַמַּ֥יִם הַחַיִּֽים׃ וְהִזָּ֗ה עַ֧ל הַמִּטַּהֵ֛ר מִן־הַצָּרַ֖עַת שֶׁ֣בַע פְּעָמִ֑ים
8 וְטִהֲר֔וֹ וְשִׁלַּ֛ח אֶת־הַצִּפֹּ֥ר הַֽחַיָּ֖ה עַל־פְּנֵ֥י הַשָּׂדֶֽה׃ וְכִבֶּס֩
הַמִּטַּהֵ֨ר אֶת־בְּגָדָ֜יו וְגִלַּ֣ח אֶת־כָּל־שְׂעָר֗וֹ וְרָחַ֤ץ בַּמַּ֙יִם֙ וְטָהֵ֔ר
וְאַחַ֖ר יָב֣וֹא אֶל־הַֽמַּחֲנֶ֑ה וְיָשַׁ֛ב מִח֥וּץ לְאָהֳל֖וֹ שִׁבְעַ֥ת יָמִֽים׃
9 וְהָיָה֩ בַיּ֨וֹם הַשְּׁבִיעִ֜י יְגַלַּ֣ח אֶת־כָּל־שְׂעָר֗וֹ אֶת־רֹאשׁ֤וֹ וְאֶת־
זְקָנוֹ֙ וְאֵת֙ גַּבֹּ֣ת עֵינָ֔יו וְאֶת־כָּל־שְׂעָר֖וֹ יְגַלֵּ֑חַ וְכִבֶּ֣ס אֶת־בְּגָדָ֗יו
י וְרָחַ֧ץ אֶת־בְּשָׂר֛וֹ בַּמַּ֖יִם וְטָהֵֽר׃ וּבַיּ֤וֹם הַשְּׁמִינִי֙ יִקַּ֣ח שְׁנֵֽי־
כְבָשִׂים֙ תְּמִימִ֔ם וְכַבְשָׂ֥ה אַחַ֛ת בַּת־שְׁנָתָ֖הּ תְּמִימָ֑ה וּשְׁלֹשָׁ֣ה
11 עֶשְׂרֹנִ֗ים סֹ֤לֶת מִנְחָה֙ בְּלוּלָ֣ה בַשֶּׁ֔מֶן וְלֹ֥ג אֶחָ֖ד שָֽׁמֶן׃ וְהֶעֱמִ֞יד
הַכֹּהֵ֣ן הַֽמְטַהֵ֗ר אֵ֛ת הָאִ֥ישׁ הַמִּטַּהֵ֖ר וְאֹתָ֑ם לִפְנֵ֣י יְהוָ֔ה פֶּ֖תַח
12 אֹ֥הֶל מוֹעֵֽד׃ וְלָקַ֨ח הַכֹּהֵ֜ן אֶת־הַכֶּ֣בֶשׂ הָֽאֶחָ֗ד וְהִקְרִ֥יב אֹת֛וֹ
13 לְאָשָׁ֖ם וְאֶת־לֹ֣ג הַשָּׁ֑מֶן וְהֵנִ֥יף אֹתָ֛ם תְּנוּפָ֖ה לִפְנֵ֥י יְהוָֽה׃ * וְשָׁחַ֣ט שני
אֶת־הַכֶּ֗בֶשׂ בִּמְק֞וֹם אֲשֶׁ֨ר יִשְׁחַ֧ט אֶת־הַחַטָּ֛את וְאֶת־הָעֹלָ֖ה
בִּמְק֣וֹם הַקֹּ֑דֶשׁ כִּ֡י כַּֽחַטָּ֨את הָאָשָׁ֥ם הוּא֙ לַכֹּהֵ֔ן קֹ֥דֶשׁ קָֽדָשִׁ֖ים
14 הֽוּא׃ וְלָקַ֣ח הַכֹּהֵן֮ מִדַּ֣ם הָאָשָׁם֒ וְנָתַן֙ הַכֹּהֵ֔ן עַל־תְּנ֛וּךְ אֹ֥זֶן
הַמִּטַּהֵ֖ר הַיְמָנִ֑ית וְעַל־בֹּ֤הֶן יָדוֹ֙ הַיְמָנִ֔ית וְעַל־בֹּ֥הֶן רַגְל֖וֹ
טו הַיְמָנִֽית׃ וְלָקַ֥ח הַכֹּהֵ֖ן מִלֹּ֣ג הַשָּׁ֑מֶן וְיָצַ֛ק עַל־כַּ֥ף הַכֹּהֵ֖ן
16 הַשְּׂמָאלִֽית׃ וְטָבַ֤ל הַכֹּהֵן֙ אֶת־אֶצְבָּע֣וֹ הַיְמָנִ֔ית מִן־הַשֶּׁ֕מֶן
אֲשֶׁ֥ר עַל־כַּפּ֖וֹ הַשְּׂמָאלִ֑ית וְהִזָּ֨ה מִן־הַשֶּׁ֧מֶן בְּאֶצְבָּע֛וֹ שֶׁ֥בַע
17 פְּעָמִ֖ים לִפְנֵ֥י יְהוָֽה׃ וּמִיֶּ֨תֶר הַשֶּׁ֜מֶן אֲשֶׁ֣ר עַל־כַּפּ֗וֹ יִתֵּ֤ן הַכֹּהֵן֙
עַל־תְּנ֗וּךְ אֹ֤זֶן הַמִּטַּהֵר֙ הַיְמָנִ֔ית וְעַל־בֹּ֤הֶן יָדוֹ֙ הַיְמָנִ֔ית וְעַל־
18 בֹּ֖הֶן רַגְל֣וֹ הַיְמָנִ֑ית עַ֖ל דַּ֥ם הָאָשָֽׁם׃ וְהַנּוֹתָ֗ר בַּשֶּׁ֙מֶן֙ אֲשֶׁר֙ עַל־
כַּ֣ף הַכֹּהֵ֔ן יִתֵּ֖ן עַל־רֹ֣אשׁ הַמִּטַּהֵ֑ר וְכִפֶּ֥ר עָלָ֛יו הַכֹּהֵ֖ן לִפְנֵ֥י
19 יְהוָֽה׃ וְעָשָׂ֤ה הַכֹּהֵן֙ אֶת־הַ֣חַטָּ֔את וְכִפֶּ֕ר עַל־הַמִּטַּהֵ֖ר
כ מִטֻּמְאָת֑וֹ וְאַחַ֖ר יִשְׁחַ֥ט אֶת־הָעֹלָֽה׃ וְהֶעֱלָ֧ה הַכֹּהֵ֛ן אֶת־

העלה

הָעֹלָה וְאֶת־הַמִּנְחָה הַמִּזְבֵּחָה וְכִפֶּר עָלָיו הַכֹּהֵן וְטָהֵר׃ * ס
21 וְאִם־דַּל הוּא וְאֵין יָדוֹ מַשֶּׂגֶת וְלָקַח כֶּבֶשׂ אֶחָד אָשָׁם לִתְנוּפָה שלישי
לְכַפֵּר עָלָיו וְעִשָּׂרוֹן סֹלֶת אֶחָד בָּלוּל בַּשֶּׁמֶן לְמִנְחָה וְלֹג (חמישי כשהן
22 שָׁמֶן׃ וּשְׁתֵּי תֹרִים אוֹ שְׁנֵי בְּנֵי יוֹנָה אֲשֶׁר תַּשִּׂיג יָדוֹ וְהָיָה אֶחָד מחוברין)
23 חַטָּאת וְהָאֶחָד עֹלָה׃ וְהֵבִיא אֹתָם בַּיּוֹם הַשְּׁמִינִי לְטָהֳרָתוֹ
24 אֶל־הַכֹּהֵן אֶל־פֶּתַח אֹהֶל־מוֹעֵד לִפְנֵי יְהוָה׃ וְלָקַח הַכֹּהֵן
אֶת־כֶּבֶשׂ הָאָשָׁם וְאֶת־לֹג הַשָּׁמֶן וְהֵנִיף אֹתָם הַכֹּהֵן תְּנוּפָה
כה לִפְנֵי יְהוָה׃ וְשָׁחַט אֶת־כֶּבֶשׂ הָאָשָׁם וְלָקַח הַכֹּהֵן מִדַּם הָאָשָׁם
וְנָתַן עַל־תְּנוּךְ אֹזֶן־הַמִּטַּהֵר הַיְמָנִית וְעַל־בֹּהֶן יָדוֹ הַיְמָנִית
26 וְעַל־בֹּהֶן רַגְלוֹ הַיְמָנִית׃ וּמִן־הַשֶּׁמֶן יִצֹק הַכֹּהֵן עַל־כַּף
27 הַכֹּהֵן הַשְּׂמָאלִית׃ וְהִזָּה הַכֹּהֵן בְּאֶצְבָּעוֹ הַיְמָנִית מִן־הַשֶּׁמֶן
28 אֲשֶׁר עַל־כַּפּוֹ הַשְּׂמָאלִית שֶׁבַע פְּעָמִים לִפְנֵי יְהוָה׃ וְנָתַן
הַכֹּהֵן מִן־הַשֶּׁמֶן ׀ אֲשֶׁר עַל־כַּפּוֹ עַל־תְּנוּךְ אֹזֶן הַמִּטַּהֵר
הַיְמָנִית וְעַל־בֹּהֶן יָדוֹ הַיְמָנִית וְעַל־בֹּהֶן רַגְלוֹ הַיְמָנִית עַל־
29 מְקוֹם דַּם הָאָשָׁם׃ וְהַנּוֹתָר מִן־הַשֶּׁמֶן אֲשֶׁר עַל־כַּף הַכֹּהֵן
ל יִתֵּן עַל־רֹאשׁ הַמִּטַּהֵר לְכַפֵּר עָלָיו לִפְנֵי יְהוָה׃ וְעָשָׂה אֶת־
31 הָאֶחָד מִן־הַתֹּרִים אוֹ מִן־בְּנֵי הַיּוֹנָה מֵאֲשֶׁר תַּשִּׂיג יָדוֹ׃ אֵת
אֲשֶׁר־תַּשִּׂיג יָדוֹ אֶת־הָאֶחָד חַטָּאת וְאֶת־הָאֶחָד עֹלָה עַל־
32 הַמִּנְחָה וְכִפֶּר הַכֹּהֵן עַל הַמִּטַּהֵר לִפְנֵי יְהוָה׃ זֹאת תּוֹרַת
אֲשֶׁר־בּוֹ נֶגַע צָרָעַת אֲשֶׁר לֹא־תַשִּׂיג יָדוֹ בְּטָהֳרָתוֹ׃ * פ
33 34 וַיְדַבֵּר יְהוָה אֶל־מֹשֶׁה וְאֶל־אַהֲרֹן לֵאמֹר׃ כִּי תָבֹאוּ אֶל־ רביעי
אֶרֶץ כְּנַעַן אֲשֶׁר אֲנִי נֹתֵן לָכֶם לַאֲחֻזָּה וְנָתַתִּי נֶגַע צָרַעַת (ששי כשהן
לה בְּבֵית אֶרֶץ אֲחֻזַּתְכֶם׃ וּבָא אֲשֶׁר־לוֹ הַבַּיִת וְהִגִּיד לַכֹּהֵן מחוברין)
36 לֵאמֹר כְּנֶגַע נִרְאָה לִי בַּבָּיִת׃ וְצִוָּה הַכֹּהֵן וּפִנּוּ אֶת־הַבַּיִת
בְּטֶרֶם יָבֹא הַכֹּהֵן לִרְאוֹת אֶת־הַנֶּגַע וְלֹא יִטְמָא כָּל־אֲשֶׁר
37 בַּבָּיִת וְאַחַר כֵּן יָבֹא הַכֹּהֵן לִרְאוֹת אֶת־הַבָּיִת׃ וְרָאָה אֶת־
הַנֶּגַע וְהִנֵּה הַנֶּגַע בְּקִירֹת הַבַּיִת שְׁקַעֲרוּרֹת יְרַקְרַקֹּת אוֹ
38 אֲדַמְדַּמֹּת וּמַרְאֵיהֶן שָׁפָל מִן־הַקִּיר׃ וְיָצָא הַכֹּהֵן מִן־הַבַּיִת

אל־פתח

אֶל־פֶּ֫תַח הַבַּ֫יִת וְהִסְגִּ֥יר אֶת־הַבַּ֖יִת שִׁבְעַ֥ת יָמִֽים: וְשָׁ֥ב הַכֹּהֵן֙ 39

בַּיּ֣וֹם הַשְּׁבִיעִ֔י וְרָאָ֕ה וְהִנֵּ֛ה פָּשָׂ֥ה הַנֶּ֖גַע בְּקִירֹ֥ת הַבָּֽיִת: וְצִוָּה֙ 40

הַכֹּהֵ֔ן וְחִלְּצוּ֙ אֶת־הָ֣אֲבָנִ֔ים אֲשֶׁ֥ר בָּהֵ֖ן הַנָּ֑גַע וְהִשְׁלִ֤יכוּ אֶתְהֶן֙

אֶל־מִח֣וּץ לָעִ֔יר אֶל־מָק֖וֹם טָמֵֽא: וְאֶת־הַבַּ֛יִת יַקְצִ֥עַ מִבַּ֖יִת 41

סָבִ֑יב וְשָׁפְכ֗וּ אֶת־הֶֽעָפָר֙ אֲשֶׁ֣ר הִקְצ֔וּ אֶל־מִח֣וּץ לָעִ֔יר אֶל־

מָק֖וֹם טָמֵֽא: וְלָקְחוּ֙ אֲבָנִ֣ים אֲחֵר֔וֹת וְהֵבִ֖יאוּ אֶל־תַּ֣חַת הָאֲבָנִ֑ים 42

וְעָפָ֥ר אַחֵ֛ר יִקַּ֖ח וְטָ֥ח אֶת־הַבָּֽיִת: וְאִם־יָשׁ֤וּב הַנֶּ֨גַע֙ וּפָרַ֣ח 43

בַּבַּ֔יִת אַחַ֖ר חִלֵּ֣ץ אֶת־הָאֲבָנִ֑ים וְאַחֲרֵ֛י הִקְצ֥וֹת אֶת־הַבַּ֖יִת

וְאַחֲרֵ֥י הִטּֽוֹחַ: וּבָא֙ הַכֹּהֵ֔ן וְרָאָ֕ה וְהִנֵּ֛ה פָּשָׂ֥ה הַנֶּ֖גַע בַּבָּ֑יִת 44

צָרַ֨עַת מַמְאֶ֥רֶת הִ֛וא בַּבַּ֖יִת טָמֵ֥א הֽוּא: וְנָתַ֣ץ אֶת־הַבַּ֗יִת אֶת־ 45

אֲבָנָיו֙ וְאֶת־עֵצָ֔יו וְאֵ֖ת כָּל־עֲפַ֣ר הַבָּ֑יִת וְהוֹצִיא֙ אֶל־מִח֣וּץ

לָעִ֔יר אֶל־מָק֖וֹם טָמֵֽא: וְהַבָּא֙ אֶל־הַבַּ֔יִת כָּל־יְמֵ֖י הִסְגִּ֣יר 46

אֹת֑וֹ יִטְמָ֖א עַד־הָעָֽרֶב: וְהַשֹּׁכֵ֣ב בַּבַּ֔יִת יְכַבֵּ֖ס אֶת־בְּגָדָ֑יו 47

וְהָאֹכֵ֣ל בַּבַּ֔יִת יְכַבֵּ֖ס אֶת־בְּגָדָֽיו: וְאִם־בֹּ֨א יָבֹ֜א הַכֹּהֵ֗ן וְרָאָה֙ 48

וְ֠הִנֵּה לֹֽא־פָשָׂ֤ה הַנֶּ֨גַע֙ בַּבַּ֔יִת אַחֲרֵ֖י הִטֹּ֣חַ אֶת־הַבָּ֑יִת וְטִהַ֤ר

הַכֹּהֵן֙ אֶת־הַבַּ֔יִת כִּ֥י נִרְפָּ֖א הַנָּֽגַע: וְלָקַ֛ח לְחַטֵּ֥א אֶת־הַבַּ֖יִת 49

שְׁתֵּ֣י צִפֳּרִ֑ים וְעֵ֣ץ אֶ֔רֶז וּשְׁנִ֥י תוֹלַ֖עַת וְאֵזֹֽב: וְשָׁחַ֖ט אֶת־הַצִּפֹּ֣ר 50

הָאֶחָ֑ת אֶל־כְּלִי־חֶ֖רֶשׂ עַל־מַ֥יִם חַיִּֽים: וְלָקַ֣ח אֶת־עֵץ־ 51

הָאֶ֠רֶז וְאֶת־הָ֨אֵזֹ֜ב וְאֵ֣ת ׀ שְׁנִ֣י הַתּוֹלַ֗עַת וְאֵת֮ הַצִּפֹּ֣ר הַחַיָּה֒

וְטָבַ֣ל אֹתָ֗ם בְּדַם֙ הַצִּפֹּ֣ר הַשְּׁחוּטָ֔ה וּבַמַּ֖יִם הַֽחַיִּ֑ים וְהִזָּ֥ה אֶל־

הַבַּ֖יִת שֶׁ֥בַע פְּעָמִֽים: וְחִטֵּ֣א אֶת־הַבַּ֗יִת בְּדַם֙ הַצִּפּ֔וֹר וּבַמַּ֖יִם 52

הַֽחַיִּ֑ים וּבַצִּפֹּ֣ר הַחַיָּ֗ה וּבְעֵ֥ץ הָאֶ֛רֶז וּבָאֵזֹ֖ב וּבִשְׁנִ֥י הַתּוֹלָֽעַת:

וְשִׁלַּ֞ח אֶת־הַצִּפֹּ֧ר הַחַיָּ֛ה אֶל־מִח֥וּץ לָעִ֖יר אֶל־פְּנֵ֣י הַשָּׂדֶ֑ה 53

וְכִפֶּ֥ר עַל־הַבַּ֖יִת וְטָהֵֽר:* זֹ֖את הַתּוֹרָ֑ה לְכָל־נֶ֥גַע הַצָּרַ֖עַת 54

וְלַנָּֽתֶק: וּלְצָרַ֥עַת הַבֶּ֖גֶד וְלַבָּֽיִת: וְלַשְׂאֵ֥ת וְלַסַּפַּ֖חַת וְלַבֶּהָֽרֶת: 55, 56

לְהוֹרֹ֕ת בְּי֥וֹם הַטָּמֵ֖א וּבְי֣וֹם הַטָּהֹ֑ר זֹ֥את תּוֹרַ֖ת הַצָּרָֽעַת: פ 57

טו   CAP. XV. טו

וַיְדַבֵּ֣ר יְהֹוָ֔ה אֶל־מֹשֶׁ֥ה וְאֶֽל־אַהֲרֹ֖ן לֵאמֹֽר: דַּבְּרוּ֙ אֶל־בְּנֵ֣י 2

יִשְׂרָאֵ֔ל

יִשְׂרָאֵל וַאֲמַרְתֶּם אֲלֵהֶם אִישׁ אִישׁ כִּי יִהְיֶה זָב מִבְּשָׂרוֹ זוֹבוֹ
3 טָמֵא הוּא׃ וְזֹאת תִּהְיֶה טֻמְאָתוֹ בְּזוֹבוֹ רָר בְּשָׂרוֹ אֶת־זוֹבוֹ
4 אוֹ־הֶחְתִּים בְּשָׂרוֹ מִזּוֹבוֹ טֻמְאָתוֹ הִוא׃ כָּל־הַמִּשְׁכָּב אֲשֶׁר
יִשְׁכַּב עָלָיו הַזָּב יִטְמָא וְכָל־הַכְּלִי אֲשֶׁר־יֵשֵׁב עָלָיו יִטְמָא׃
ה וְאִישׁ אֲשֶׁר יִגַּע בְּמִשְׁכָּבוֹ יְכַבֵּס בְּגָדָיו וְרָחַץ בַּמַּיִם וְטָמֵא
6 עַד־הָעָרֶב׃ וְהַיֹּשֵׁב עַל־הַכְּלִי אֲשֶׁר־יֵשֵׁב עָלָיו הַזָּב יְכַבֵּס
7 בְּגָדָיו וְרָחַץ בַּמַּיִם וְטָמֵא עַד־הָעָרֶב׃ °וְהַנֹּגֵעַ בִּבְשַׂר הַזָּב
8 יְכַבֵּס בְּגָדָיו וְרָחַץ בַּמַּיִם וְטָמֵא עַד־הָעָרֶב׃ וְכִי־יָרֹק הַזָּב
9 בַּטָּהוֹר וְכִבֶּס בְּגָדָיו וְרָחַץ בַּמַּיִם וְטָמֵא עַד־הָעָרֶב׃ וְכָל־
י הַמֶּרְכָּב אֲשֶׁר יִרְכַּב עָלָיו הַזָּב יִטְמָא׃ וְכָל־הַנֹּגֵעַ בְּכֹל
אֲשֶׁר יִהְיֶה תַחְתָּיו יִטְמָא עַד־הָעָרֶב וְהַנּוֹשֵׂא אוֹתָם יְכַבֵּס
11 בְּגָדָיו וְרָחַץ בַּמַּיִם וְטָמֵא עַד־הָעָרֶב׃ וְכֹל אֲשֶׁר יִגַּע־בּוֹ
הַזָּב וְיָדָיו לֹא־שָׁטַף בַּמָּיִם וְכִבֶּס בְּגָדָיו וְרָחַץ בַּמַּיִם וְטָמֵא
12 עַד־הָעָרֶב׃ וּכְלִי־חֶרֶשׂ אֲשֶׁר־יִגַּע־בּוֹ הַזָּב יִשָּׁבֵר וְכָל־
13 כְּלִי־עֵץ יִשָּׁטֵף בַּמָּיִם׃ וְכִי־יִטְהַר הַזָּב מִזּוֹבוֹ וְסָפַר לוֹ
שִׁבְעַת יָמִים לְטָהֳרָתוֹ וְכִבֶּס בְּגָדָיו וְרָחַץ בְּשָׂרוֹ בְּמַיִם חַיִּים
14 וְטָהֵר׃ וּבַיּוֹם הַשְּׁמִינִי יִקַּח־לוֹ שְׁתֵּי תֹרִים אוֹ שְׁנֵי בְּנֵי יוֹנָה
וּבָא ׀ לִפְנֵי יְהוָה אֶל־פֶּתַח אֹהֶל מוֹעֵד וּנְתָנָם אֶל־הַכֹּהֵן׃
טו וְעָשָׂה אֹתָם הַכֹּהֵן אֶחָד חַטָּאת וְהָאֶחָד עֹלָה וְכִפֶּר עָלָיו
16 הַכֹּהֵן לִפְנֵי יְהוָה מִזּוֹבוֹ׃ * ס וְאִישׁ כִּי־תֵצֵא מִמֶּנּוּ שִׁכְבַת־ ששי
17 זֶרַע וְרָחַץ בַּמַּיִם אֶת־כָּל־בְּשָׂרוֹ וְטָמֵא עַד־הָעָרֶב׃ וְכָל־ (שביעי כשהן
בֶּגֶד וְכָל־עוֹר אֲשֶׁר־יִהְיֶה עָלָיו שִׁכְבַת־זָרַע וְכֻבַּס בַּמַּיִם מחוברין)
18 וְטָמֵא עַד־הָעָרֶב׃ וְאִשָּׁה אֲשֶׁר יִשְׁכַּב אִישׁ אֹתָהּ שִׁכְבַת־זָרַע
וְרָחֲצוּ בַמַּיִם וְטָמְאוּ עַד־הָעָרֶב׃ פ
19 וְאִשָּׁה כִּי־תִהְיֶה זָבָה דָּם יִהְיֶה זֹבָהּ בִּבְשָׂרָהּ שִׁבְעַת יָמִים
כ תִּהְיֶה בְנִדָּתָהּ וְכָל־הַנֹּגֵעַ בָּהּ יִטְמָא עַד־הָעָרֶב׃ וְכֹל° אֲשֶׁר
תִּשְׁכַּב עָלָיו בְּנִדָּתָהּ יִטְמָא וְכֹל אֲשֶׁר־תֵּשֵׁב עָלָיו יִטְמָא׃

וכל־הנגע

v. 7. חצי הספר בפסוקים

21 וְכָל־הַנֹּגֵעַ בְּמִשְׁכָּבָהּ יְכַבֵּס בְּגָדָיו וְרָחַץ בַּמַּיִם וְטָמֵא עַד־
22 הָעָרֶב׃ וְכָל־הַנֹּגֵעַ בְּכָל־כְּלִי אֲשֶׁר־תֵּשֵׁב עָלָיו יְכַבֵּס בְּגָדָיו
23 וְרָחַץ בַּמַּיִם וְטָמֵא עַד־הָעָרֶב׃ וְאִם עַל־הַמִּשְׁכָּב הוּא אוֹ
עַל־הַכְּלִי אֲשֶׁר־הִוא יֹשֶׁבֶת־עָלָיו בְּנָגְעוֹ־בוֹ יִטְמָא עַד־
24 הָעָרֶב׃ וְאִם שָׁכֹב יִשְׁכַּב אִישׁ אֹתָהּ וּתְהִי נִדָּתָהּ עָלָיו וְטָמֵא
שִׁבְעַת יָמִים וְכָל־הַמִּשְׁכָּב אֲשֶׁר־יִשְׁכַּב עָלָיו יִטְמָא׃ ס
כה וְאִשָּׁה כִּי־יָזוּב זוֹב דָּמָהּ יָמִים רַבִּים בְּלֹא עֶת־נִדָּתָהּ אוֹ
כִי־תָזוּב עַל־נִדָּתָהּ כָּל־יְמֵי זוֹב טֻמְאָתָהּ כִּימֵי נִדָּתָהּ תִּהְיֶה
26 טְמֵאָה הִוא׃ כָּל־הַמִּשְׁכָּב אֲשֶׁר־תִּשְׁכַּב עָלָיו כָּל־יְמֵי זוֹבָהּ
כְּמִשְׁכַּב נִדָּתָהּ יִהְיֶה־לָּהּ וְכָל־הַכְּלִי אֲשֶׁר תֵּשֵׁב עָלָיו טָמֵא
27 יִהְיֶה כְּטֻמְאַת נִדָּתָהּ׃ וְכָל־הַנּוֹגֵעַ בָּם יִטְמָא וְכִבֶּס בְּגָדָיו
28 וְרָחַץ בַּמַּיִם וְטָמֵא עַד־הָעָרֶב׃ וְאִם־טָהֲרָה מִזּוֹבָהּ וְסָפְרָה
שביעי 29 לָּהּ שִׁבְעַת יָמִים וְאַחַר תִּטְהָר׃ * וּבַיּוֹם הַשְּׁמִינִי תִּקַּח־
לָהּ שְׁתֵּי תֹרִים אוֹ שְׁנֵי בְּנֵי יוֹנָה וְהֵבִיאָה אוֹתָם אֶל־הַכֹּהֵן
ל אֶל־פֶּתַח אֹהֶל מוֹעֵד׃ וְעָשָׂה הַכֹּהֵן אֶת־הָאֶחָד חַטָּאת
וְאֶת־הָאֶחָד עֹלָה וְכִפֶּר עָלֶיהָ הַכֹּהֵן לִפְנֵי יְהוָה מִזּוֹב
מפטיר 31 טֻמְאָתָהּ׃ * וְהִזַּרְתֶּם אֶת־בְּנֵי־יִשְׂרָאֵל מִטֻּמְאָתָם וְלֹא יָמֻתוּ
32 בְּטֻמְאָתָם בְּטַמְּאָם אֶת־מִשְׁכָּנִי אֲשֶׁר בְּתוֹכָם׃ זֹאת תּוֹרַת
33 הַזָּב וַאֲשֶׁר תֵּצֵא מִמֶּנּוּ שִׁכְבַת־זֶרַע לְטָמְאָה־בָהּ׃ וְהַדָּוָה
בְּנִדָּתָהּ וְהַזָּב אֶת־זוֹבוֹ לַזָּכָר וְלַנְּקֵבָה וּלְאִישׁ אֲשֶׁר יִשְׁכַּב
עִם־טְמֵאָה׃ פפפ

אחרי מות כט 29

טז CAP. XVI. טז

א וַיְדַבֵּר יְהוָה אֶל־מֹשֶׁה אַחֲרֵי מוֹת שְׁנֵי בְּנֵי אַהֲרֹן בְּקָרְבָתָם
2 לִפְנֵי־יְהוָה וַיָּמֻתוּ׃ וַיֹּאמֶר יְהוָה אֶל־מֹשֶׁה דַּבֵּר אֶל־אַהֲרֹן
אָחִיךָ וְאַל־יָבֹא בְכָל־עֵת אֶל־הַקֹּדֶשׁ מִבֵּית לַפָּרֹכֶת אֶל־

פְּנֵי הַכַּפֹּרֶת אֲשֶׁר עַל־הָאָרֹן וְלֹא יָמוּת כִּי בֶּעָנָן אֵרָאֶה
3 עַל־הַכַּפֹּרֶת׃ בְּזֹאת יָבֹא אַהֲרֹן אֶל־הַקֹּדֶשׁ בְּפַר בֶּן־בָּקָר
4 לְחַטָּאת וְאַיִל לְעֹלָה׃ כְּתֹנֶת־בַּד קֹדֶשׁ יִלְבָּשׁ וּמִכְנְסֵי־בַד
יִהְיוּ עַל־בְּשָׂרוֹ וּבְאַבְנֵט בַּד יַחְגֹּר וּבְמִצְנֶפֶת בַּד יִצְנֹף בִּגְדֵי־
ה קֹדֶשׁ הֵם וְרָחַץ בַּמַּיִם אֶת־בְּשָׂרוֹ וּלְבֵשָׁם׃ וּמֵאֵת עֲדַת בְּנֵי
יִשְׂרָאֵל יִקַּח שְׁנֵי־שְׂעִירֵי עִזִּים לְחַטָּאת וְאַיִל אֶחָד לְעֹלָה׃
6 וְהִקְרִיב אַהֲרֹן אֶת־פַּר הַחַטָּאת אֲשֶׁר־לוֹ וְכִפֶּר בַּעֲדוֹ וּבְעַד
7 בֵּיתוֹ׃ וְלָקַח אֶת־שְׁנֵי הַשְּׂעִירִם וְהֶעֱמִיד אֹתָם לִפְנֵי יְהוָה
8 פֶּתַח אֹהֶל מוֹעֵד׃ וְנָתַן אַהֲרֹן עַל־שְׁנֵי הַשְּׂעִירִם גֹּרָלוֹת
9 גּוֹרָל אֶחָד לַיהוָה וְגוֹרָל אֶחָד לַעֲזָאזֵל׃ וְהִקְרִיב אַהֲרֹן
אֶת־הַשָּׂעִיר אֲשֶׁר עָלָה עָלָיו הַגּוֹרָל לַיהוָה וְעָשָׂהוּ חַטָּאת׃
י וְהַשָּׂעִיר אֲשֶׁר עָלָה עָלָיו הַגּוֹרָל לַעֲזָאזֵל יָעֳמַד־חַי לִפְנֵי
11 יְהוָה לְכַפֵּר עָלָיו לְשַׁלַּח אֹתוֹ לַעֲזָאזֵל הַמִּדְבָּרָה׃ וְהִקְרִיב
אַהֲרֹן אֶת־פַּר הַחַטָּאת אֲשֶׁר־לוֹ וְכִפֶּר בַּעֲדוֹ וּבְעַד בֵּיתוֹ
12 וְשָׁחַט אֶת־פַּר הַחַטָּאת אֲשֶׁר־לוֹ׃ וְלָקַח מְלֹא־הַמַּחְתָּה
גַּחֲלֵי־אֵשׁ מֵעַל הַמִּזְבֵּחַ מִלִּפְנֵי יְהוָה וּמְלֹא חָפְנָיו קְטֹרֶת
13 סַמִּים דַּקָּה וְהֵבִיא מִבֵּית לַפָּרֹכֶת׃ וְנָתַן אֶת־הַקְּטֹרֶת עַל־
הָאֵשׁ לִפְנֵי יְהוָה וְכִסָּה ׀ עֲנַן הַקְּטֹרֶת אֶת־הַכַּפֹּרֶת אֲשֶׁר עַל־
14 הָעֵדוּת וְלֹא יָמוּת׃ וְלָקַח מִדַּם הַפָּר וְהִזָּה בְאֶצְבָּעוֹ עַל־
פְּנֵי הַכַּפֹּרֶת קֵדְמָה וְלִפְנֵי הַכַּפֹּרֶת יַזֶּה שֶׁבַע־פְּעָמִים מִן־
טו הַדָּם בְּאֶצְבָּעוֹ׃ וְשָׁחַט אֶת־שְׂעִיר הַחַטָּאת אֲשֶׁר לָעָם וְהֵבִיא
אֶת־דָּמוֹ אֶל־מִבֵּית לַפָּרֹכֶת וְעָשָׂה אֶת־דָּמוֹ כַּאֲשֶׁר עָשָׂה
16 לְדַם הַפָּר וְהִזָּה אֹתוֹ עַל־הַכַּפֹּרֶת וְלִפְנֵי הַכַּפֹּרֶת׃ וְכִפֶּר
עַל־הַקֹּדֶשׁ מִטֻּמְאֹת בְּנֵי יִשְׂרָאֵל וּמִפִּשְׁעֵיהֶם לְכָל־חַטֹּאתָם
17 וְכֵן יַעֲשֶׂה לְאֹהֶל מוֹעֵד הַשֹּׁכֵן אִתָּם בְּתוֹךְ טֻמְאֹתָם׃ וְכָל־
אָדָם לֹא־יִהְיֶה ׀ בְּאֹהֶל מוֹעֵד בְּבֹאוֹ לְכַפֵּר בַּקֹּדֶשׁ עַד־
צֵאתוֹ וְכִפֶּר בַּעֲדוֹ וּבְעַד בֵּיתוֹ וּבְעַד כָּל־קְהַל יִשְׂרָאֵל׃ *

ויצא

v. 8. בראש עמוד סימן בי״ה שמו

18 (שני) וְיָצָ֗א אֶל־הַמִּזְבֵּ֛חַ אֲשֶׁ֥ר לִפְנֵֽי־יְהוָ֖ה וְכִפֶּ֣ר עָלָ֑יו וְלָקַ֞ח מִדַּ֤ם
19 הַפָּר֙ וּמִדַּ֣ם הַשָּׂעִ֔יר וְנָתַ֛ן עַל־קַרְנ֥וֹת הַמִּזְבֵּ֖חַ סָבִֽיב׃ וְהִזָּ֨ה
עָלָ֧יו מִן־הַדָּ֛ם בְּאֶצְבָּע֖וֹ שֶׁ֣בַע פְּעָמִ֑ים וְטִהֲר֣וֹ וְקִדְּשׁ֔וֹ מִטֻּמְאֹ֖ת
כ בְּנֵ֥י יִשְׂרָאֵֽל׃ וְכִלָּה֙ מִכַּפֵּ֣ר אֶת־הַקֹּ֔דֶשׁ וְאֶת־אֹ֥הֶל מוֹעֵ֖ד
21 וְאֶת־הַמִּזְבֵּ֑חַ וְהִקְרִ֖יב אֶת־הַשָּׂעִ֥יר הֶחָֽי׃ וְסָמַ֨ךְ אַהֲרֹ֜ן אֶת־
שְׁתֵּ֣י יָדָ֗ו עַל־רֹ֨אשׁ הַשָּׂעִיר֮ הַחַי֒ וְהִתְוַדָּ֣ה עָלָ֗יו אֶת־כָּל־עֲוֺנֹת֙
בְּנֵ֣י יִשְׂרָאֵ֔ל וְאֶת־כָּל־פִּשְׁעֵיהֶ֖ם לְכָל־חַטֹּאתָ֑ם וְנָתַ֤ן אֹתָם֙
22 עַל־רֹ֣אשׁ הַשָּׂעִ֔יר וְשִׁלַּ֛ח בְּיַד־אִ֥ישׁ עִתִּ֖י הַמִּדְבָּֽרָה׃ וְנָשָׂ֨א
הַשָּׂעִ֥יר עָלָ֛יו אֶת־כָּל־עֲוֺנֹתָ֖ם אֶל־אֶ֣רֶץ גְּזֵרָ֑ה וְשִׁלַּ֥ח אֶת־
23 הַשָּׂעִ֖יר בַּמִּדְבָּֽר׃ וּבָ֤א אַהֲרֹן֙ אֶל־אֹ֣הֶל מוֹעֵ֔ד וּפָשַׁט֙ אֶת־
24 בִּגְדֵ֣י הַבָּ֔ד אֲשֶׁ֥ר לָבַ֖שׁ בְּבֹא֣וֹ אֶל־הַקֹּ֑דֶשׁ וְהִנִּיחָ֖ם שָֽׁם׃ וְרָחַ֨ץ
אֶת־בְּשָׂר֤וֹ בַמַּ֙יִם֙ בְּמָק֣וֹם קָד֔וֹשׁ וְלָבַ֖שׁ אֶת־בְּגָדָ֑יו וְיָצָ֗א
וְעָשָׂ֤ה אֶת־עֹֽלָתוֹ֙ וְאֶת־עֹלַ֣ת הָעָ֔ם וְכִפֶּ֥ר בַּעֲד֖וֹ וּבְעַ֥ד הָעָֽם׃ *
כה 26 (שלישי) וְאֵ֛ת חֵ֥לֶב הַֽחַטָּ֖את יַקְטִ֥יר הַמִּזְבֵּֽחָה׃ וְהַֽמְשַׁלֵּ֤חַ אֶת־הַשָּׂעִיר֙
(שני כשהן מחוברין) לַעֲזָאזֵ֔ל יְכַבֵּ֣ס בְּגָדָ֔יו וְרָחַ֥ץ אֶת־בְּשָׂר֖וֹ בַּמָּ֑יִם וְאַחֲרֵי־כֵ֖ן
27 יָב֥וֹא אֶל־הַֽמַּחֲנֶֽה׃ וְאֵת֩ פַּ֨ר הַֽחַטָּ֜את וְאֵ֣ת ׀ שְׂעִ֣יר הַֽחַטָּ֗את
אֲשֶׁ֨ר הוּבָ֤א אֶת־דָּמָם֙ לְכַפֵּ֣ר בַּקֹּ֔דֶשׁ יוֹצִ֖יא אֶל־מִח֣וּץ לַֽמַּחֲנֶ֑ה
28 וְשָׂרְפ֣וּ בָאֵ֔שׁ אֶת־עֹרֹתָ֥ם וְאֶת־בְּשָׂרָ֖ם וְאֶת־פִּרְשָֽׁם׃ וְהַשֹּׂרֵ֣ף
אֹתָ֔ם יְכַבֵּ֣ס בְּגָדָ֔יו וְרָחַ֥ץ אֶת־בְּשָׂר֖וֹ בַּמָּ֑יִם וְאַחֲרֵי־כֵ֖ן יָב֥וֹא
29 אֶל־הַֽמַּחֲנֶֽה׃ וְהָיְתָ֥ה לָכֶ֖ם לְחֻקַּ֣ת עוֹלָ֑ם בַּחֹ֣דֶשׁ הַ֠שְּׁבִיעִ֠י
בֶּעָשׂ֨וֹר לַחֹ֜דֶשׁ תְּעַנּ֣וּ אֶת־נַפְשֹׁתֵיכֶ֗ם וְכָל־מְלָאכָה֙ לֹ֣א תַעֲשׂ֔וּ
ל הָֽאֶזְרָ֔ח וְהַגֵּ֖ר הַגָּ֥ר בְּתוֹכְכֶֽם׃ כִּֽי־בַיּ֥וֹם הַזֶּ֛ה יְכַפֵּ֥ר עֲלֵיכֶ֖ם
31 לְטַהֵ֣ר אֶתְכֶ֑ם מִכֹּל֙ חַטֹּ֣אתֵיכֶ֔ם לִפְנֵ֥י יְהוָ֖ה תִּטְהָֽרוּ׃ שַׁבַּ֨ת
32 שַׁבָּת֥וֹן הִיא֙ לָכֶ֔ם וְעִנִּיתֶ֖ם אֶת־נַפְשֹׁתֵיכֶ֑ם חֻקַּ֖ת עוֹלָֽם׃ וְכִפֶּ֨ר
הַכֹּהֵ֜ן אֲשֶׁר־יִמְשַׁ֣ח אֹת֗וֹ וַאֲשֶׁ֤ר יְמַלֵּא֙ אֶת־יָד֔וֹ לְכַהֵ֖ן תַּ֣חַת
33 אָבִ֑יו וְלָבַ֛שׁ אֶת־בִּגְדֵ֥י הַבָּ֖ד בִּגְדֵ֥י הַקֹּֽדֶשׁ׃ וְכִפֶּר֙ אֶת־מִקְדַּ֣שׁ
הַקֹּ֔דֶשׁ וְאֶת־אֹ֧הֶל מוֹעֵ֛ד וְאֶת־הַמִּזְבֵּ֖חַ יְכַפֵּ֑ר וְעַ֧ל הַכֹּהֲנִ֛ים

ועל־כל־עם

v. 21. ידיו ק׳

34 וְעַל־כָּל־עַם הַקָּהָל יְכַפֵּר׃ וְהָיְתָה־זֹּאת לָכֶם לְחֻקַּת עוֹלָם
לְכַפֵּר עַל־בְּנֵי יִשְׂרָאֵל מִכָּל־חַטֹּאתָם אַחַת בַּשָּׁנָה וַיַּעַשׂ
כַּאֲשֶׁר צִוָּה יְהוָה אֶת־מֹשֶׁה׃ * פ

יז CAP. XVII. יז

2 א וַיְדַבֵּר יְהוָה אֶל־מֹשֶׁה לֵּאמֹר׃ דַּבֵּר אֶל־אַהֲרֹן וְאֶל־בָּנָיו רביעי
וְאֶל כָּל־בְּנֵי יִשְׂרָאֵל וְאָמַרְתָּ אֲלֵיהֶם זֶה הַדָּבָר אֲשֶׁר־צִוָּה
3 יְהוָה לֵאמֹר׃ אִישׁ אִישׁ מִבֵּית יִשְׂרָאֵל אֲשֶׁר יִשְׁחַט שׁוֹר אוֹ־
4 כֶשֶׂב אוֹ־עֵז בַּמַּחֲנֶה אוֹ אֲשֶׁר יִשְׁחַט מִחוּץ לַמַּחֲנֶה׃ וְאֶל־
פֶּתַח אֹהֶל מוֹעֵד לֹא הֱבִיאוֹ לְהַקְרִיב קָרְבָּן לַיהוָה לִפְנֵי
מִשְׁכַּן יְהוָה דָּם יֵחָשֵׁב לָאִישׁ הַהוּא דָּם שָׁפָךְ וְנִכְרַת הָאִישׁ
ה הַהוּא מִקֶּרֶב עַמּוֹ׃ לְמַעַן אֲשֶׁר יָבִיאוּ בְּנֵי יִשְׂרָאֵל אֶת־
זִבְחֵיהֶם אֲשֶׁר הֵם זֹבְחִים עַל־פְּנֵי הַשָּׂדֶה וֶהֱבִיאֻם לַיהוָה
אֶל־פֶּתַח אֹהֶל מוֹעֵד אֶל־הַכֹּהֵן וְזָבְחוּ זִבְחֵי שְׁלָמִים לַיהוָה
6 אוֹתָם׃ וְזָרַק הַכֹּהֵן אֶת־הַדָּם עַל־מִזְבַּח יְהוָה פֶּתַח אֹהֶל
7 מוֹעֵד וְהִקְטִיר הַחֵלֶב לְרֵיחַ נִיחֹחַ לַיהוָה׃ וְלֹא־יִזְבְּחוּ עוֹד
אֶת־זִבְחֵיהֶם לַשְּׂעִירִם אֲשֶׁר הֵם זֹנִים אַחֲרֵיהֶם חֻקַּת עוֹלָם
8 תִּהְיֶה־זֹּאת לָהֶם לְדֹרֹתָם׃ * וַאֲלֵהֶם תֹּאמַר אִישׁ אִישׁ מִבֵּית חמישי
יִשְׂרָאֵל וּמִן־הַגֵּר אֲשֶׁר־יָגוּר בְּתוֹכָם אֲשֶׁר־יַעֲלֶה עֹלָה אוֹ־ (שלישי כשהן
9 זָבַח׃ וְאֶל־פֶּתַח אֹהֶל מוֹעֵד לֹא יְבִיאֶנּוּ לַעֲשׂוֹת אֹתוֹ לַיהוָה מחוברין)
י וְנִכְרַת הָאִישׁ הַהוּא מֵעַמָּיו׃ וְאִישׁ אִישׁ מִבֵּית יִשְׂרָאֵל וּמִן־
הַגֵּר הַגָּר בְּתוֹכָם אֲשֶׁר יֹאכַל כָּל־דָּם וְנָתַתִּי פָנַי בַּנֶּפֶשׁ
11 הָאֹכֶלֶת אֶת־הַדָּם וְהִכְרַתִּי אֹתָהּ מִקֶּרֶב עַמָּהּ׃ כִּי נֶפֶשׁ
הַבָּשָׂר בַּדָּם הִוא וַאֲנִי נְתַתִּיו לָכֶם עַל־הַמִּזְבֵּחַ לְכַפֵּר עַל־
12 נַפְשֹׁתֵיכֶם כִּי־הַדָּם הוּא בַּנֶּפֶשׁ יְכַפֵּר׃ עַל־כֵּן אָמַרְתִּי לִבְנֵי
יִשְׂרָאֵל כָּל־נֶפֶשׁ מִכֶּם לֹא־תֹאכַל דָּם וְהַגֵּר הַגָּר בְּתוֹכְכֶם
13 לֹא־יֹאכַל דָּם׃ וְאִישׁ אִישׁ מִבְּנֵי יִשְׂרָאֵל וּמִן־הַגֵּר הַגָּר
בְּתוֹכָם אֲשֶׁר יָצוּד צֵיד חַיָּה אוֹ־עוֹף אֲשֶׁר יֵאָכֵל וְשָׁפַךְ
14 אֶת־דָּמוֹ וְכִסָּהוּ בֶּעָפָר׃ כִּי־נֶפֶשׁ כָּל־בָּשָׂר דָּמוֹ בְנַפְשׁוֹ

הוא

הוּא וָאֹמַר לִבְנֵי יִשְׂרָאֵל דַּם כָּל־בָּשָׂר לֹא תֹאכֵלוּ כִּי נֶפֶשׁ
ט כָּל־בָּשָׂר דָּמוֹ הִוא כָּל־אֹכְלָיו יִכָּרֵת׃ וְכָל־נֶפֶשׁ אֲשֶׁר
תֹּאכַל נְבֵלָה וּטְרֵפָה בָּאֶזְרָח וּבַגֵּר וְכִבֶּס בְּגָדָיו וְרָחַץ בַּמַּיִם
16 וְטָמֵא עַד־הָעֶרֶב וְטָהֵר׃ וְאִם לֹא יְכַבֵּס וּבְשָׂרוֹ לֹא יִרְחָץ
וְנָשָׂא עֲוֺנוֹ׃ פ

יח Cap. XVIII. יח

א 2 וַיְדַבֵּר יְהוָה אֶל־מֹשֶׁה לֵּאמֹר׃ דַּבֵּר אֶל־בְּנֵי יִשְׂרָאֵל וְאָמַרְתָּ
3 אֲלֵהֶם אֲנִי יְהוָה אֱלֹהֵיכֶם׃ כְּמַעֲשֵׂה אֶרֶץ־מִצְרַיִם אֲשֶׁר
יְשַׁבְתֶּם־בָּהּ לֹא תַעֲשׂוּ וּכְמַעֲשֵׂה אֶרֶץ־כְּנַעַן אֲשֶׁר אֲנִי מֵבִיא
4 אֶתְכֶם שָׁמָּה לֹא תַעֲשׂוּ וּבְחֻקֹּתֵיהֶם לֹא תֵלֵכוּ׃ אֶת־מִשְׁפָּטַי
תַּעֲשׂוּ וְאֶת־חֻקֹּתַי תִּשְׁמְרוּ לָלֶכֶת בָּהֶם אֲנִי יְהוָה אֱלֹהֵיכֶם׃
ה וּשְׁמַרְתֶּם אֶת־חֻקֹּתַי וְאֶת־מִשְׁפָּטַי אֲשֶׁר יַעֲשֶׂה אֹתָם הָאָדָם
6 וָחַי בָּהֶם אֲנִי יְהוָה׃ * ס אִישׁ אִישׁ אֶל־כָּל־שְׁאֵר בְּשָׂרוֹ ששי
7 לֹא תִקְרְבוּ לְגַלּוֹת עֶרְוָה אֲנִי יְהוָה׃ ס עֶרְוַת אָבִיךָ וְעֶרְוַת
8 אִמְּךָ לֹא תְגַלֵּה אִמְּךָ הִוא לֹא תְגַלֶּה עֶרְוָתָהּ׃ ס עֶרְוַת
9 אֵשֶׁת־אָבִיךָ לֹא תְגַלֵּה עֶרְוַת אָבִיךָ הִוא׃ ס עֶרְוַת אֲחוֹתְךָ
בַת־אָבִיךָ אוֹ בַת־אִמֶּךָ מוֹלֶדֶת בַּיִת אוֹ מוֹלֶדֶת חוּץ לֹא
י תְגַלֶּה עֶרְוָתָן׃ ס עֶרְוַת בַּת־בִּנְךָ אוֹ בַת־בִּתְּךָ לֹא תְגַלֶּה
11 עֶרְוָתָן כִּי עֶרְוָתְךָ הֵנָּה׃ ס עֶרְוַת בַּת־אֵשֶׁת אָבִיךָ מוֹלֶדֶת
12 אָבִיךָ אֲחוֹתְךָ הִוא לֹא תְגַלֶּה עֶרְוָתָהּ׃ ס עֶרְוַת אֲחוֹת־
13 אָבִיךָ לֹא תְגַלֵּה שְׁאֵר אָבִיךָ הִוא׃ ס עֶרְוַת אֲחוֹת־
14 אִמְּךָ לֹא תְגַלֵּה כִּי־שְׁאֵר אִמְּךָ הִוא׃ ס עֶרְוַת אֲחִי־אָבִיךָ
ט לֹא תְגַלֵּה אֶל־אִשְׁתּוֹ לֹא תִקְרָב דֹּדָתְךָ הִוא׃ ס עֶרְוַת
כַּלָּתְךָ לֹא תְגַלֵּה אֵשֶׁת בִּנְךָ הִוא לֹא תְגַלֶּה עֶרְוָתָהּ׃ ס
16 17 עֶרְוַת אֵשֶׁת־אָחִיךָ לֹא תְגַלֵּה עֶרְוַת אָחִיךָ הִוא׃ ס עֶרְוַת
אִשָּׁה וּבִתָּהּ לֹא תְגַלֵּה אֶת־בַּת־בְּנָהּ וְאֶת־בַּת־בִּתָּהּ לֹא
18 תִקַּח לְגַלּוֹת עֶרְוָתָהּ שַׁאֲרָה הֵנָּה זִמָּה הִוא׃ וְאִשָּׁה אֶל־אֲחֹתָהּ
19 לֹא תִקָּח לִצְרֹר לְגַלּוֹת עֶרְוָתָהּ עָלֶיהָ בְּחַיֶּיהָ׃ וְאֶל־אִשָּׁה

בנדת

כ בְּנִדַּת טֻמְאָתָהּ לֹא תִקְרַב לְגַלּוֹת עֶרְוָתָהּ׃ וְאֶל־אֵשֶׁת עֲמִיתְךָ
21 לֹא־תִתֵּן שְׁכָבְתְּךָ לְזָרַע לְטָמְאָה־בָהּ׃ וּמִזַּרְעֲךָ לֹא־תִתֵּן
לְהַעֲבִיר לַמֹּלֶךְ וְלֹא תְחַלֵּל אֶת־שֵׁם אֱלֹהֶיךָ אֲנִי יְהוָה׃ * שביעי (רביעי כשהן מחוברין)
22 23 וְאֶת־זָכָר לֹא תִשְׁכַּב מִשְׁכְּבֵי אִשָּׁה תּוֹעֵבָה הִוא׃ וּבְכָל־
בְּהֵמָה לֹא־תִתֵּן שְׁכָבְתְּךָ לְטָמְאָה־בָהּ וְאִשָּׁה לֹא־תַעֲמֹד
24 לִפְנֵי בְהֵמָה לְרִבְעָהּ תֶּבֶל הוּא׃ אַל־תִּטַּמְּאוּ בְּכָל־אֵלֶּה
כִּי בְכָל־אֵלֶּה נִטְמְאוּ הַגּוֹיִם אֲשֶׁר־אֲנִי מְשַׁלֵּחַ מִפְּנֵיכֶם׃
כה וַתִּטְמָא הָאָרֶץ וָאֶפְקֹד עֲוֺנָהּ עָלֶיהָ וַתָּקִא הָאָרֶץ אֶת־יֹשְׁבֶיהָ׃
26 וּשְׁמַרְתֶּם אַתֶּם אֶת־חֻקֹּתַי וְאֶת־מִשְׁפָּטַי וְלֹא תַעֲשׂוּ מִכֹּל
27 הַתּוֹעֵבֹת הָאֵלֶּה הָאֶזְרָח וְהַגֵּר הַגָּר בְּתוֹכְכֶם׃ * כִּי אֶת־כָּל־ מפטיר לאש׳
הַתּוֹעֵבֹת הָאֵל עָשׂוּ אַנְשֵׁי־הָאָרֶץ אֲשֶׁר לִפְנֵיכֶם וַתִּטְמָא
28 הָאָרֶץ׃ * וְלֹא־תָקִיא הָאָרֶץ אֶתְכֶם בְּטַמַּאֲכֶם אֹתָהּ כַּאֲשֶׁר מפטיר לספ׳
29 קָאָה אֶת־הַגּוֹי אֲשֶׁר לִפְנֵיכֶם׃ כִּי כָּל־אֲשֶׁר יַעֲשֶׂה מִכֹּל
הַתּוֹעֵבֹת הָאֵלֶּה וְנִכְרְתוּ הַנְּפָשׁוֹת הָעֹשֹׂת מִקֶּרֶב עַמָּם׃
ל וּשְׁמַרְתֶּם אֶת־מִשְׁמַרְתִּי לְבִלְתִּי עֲשׂוֹת מֵחֻקּוֹת הַתּוֹעֵבֹת אֲשֶׁר
נַעֲשׂוּ לִפְנֵיכֶם וְלֹא תִטַּמְּאוּ בָּהֶם אֲנִי יְהוָה אֱלֹהֵיכֶם׃ פ פ פ

קדשים ל 30

יט CAP. XIX. יט

א 2 וַיְדַבֵּר יְהוָה אֶל־מֹשֶׁה לֵּאמֹר׃ דַּבֵּר אֶל־כָּל־עֲדַת בְּנֵי־
יִשְׂרָאֵל וְאָמַרְתָּ אֲלֵהֶם קְדֹשִׁים תִּהְיוּ כִּי קָדוֹשׁ אֲנִי יְהוָה
3 אֱלֹהֵיכֶם׃ אִישׁ אִמּוֹ וְאָבִיו תִּירָאוּ וְאֶת־שַׁבְּתֹתַי תִּשְׁמֹרוּ אֲנִי
4 יְהוָה אֱלֹהֵיכֶם׃ אַל־תִּפְנוּ אֶל־הָאֱלִילִם וֵאלֹהֵי מַסֵּכָה לֹא
ה תַעֲשׂוּ לָכֶם אֲנִי יְהוָה אֱלֹהֵיכֶם׃ וְכִי תִזְבְּחוּ זֶבַח שְׁלָמִים
6 לַיהוָה לִרְצֹנְכֶם תִּזְבָּחֻהוּ׃ בְּיוֹם זִבְחֲכֶם יֵאָכֵל וּמִמָּחֳרָת
7 וְהַנּוֹתָר עַד־יוֹם הַשְּׁלִישִׁי בָּאֵשׁ יִשָּׂרֵף׃ וְאִם הֵאָכֹל יֵאָכֵל
8 בַּיּוֹם הַשְּׁלִישִׁי פִּגּוּל הוּא לֹא יֵרָצֶה׃ וְאֹכְלָיו עֲוֺנוֹ יִשָּׂא

כי־את־קדש

י״ח v. 27. סבירין האלה v. 30. סבירין בהן

כִּי־אֶת־קֹדֶשׁ יְהוָה חִלֵּל וְנִכְרְתָה הַנֶּפֶשׁ הַהִוא מֵעַמֶּיהָ:

9 וּבְקֻצְרְכֶם אֶת־קְצִיר אַרְצְכֶם לֹא תְכַלֶּה פְּאַת שָׂדְךָ לִקְצֹר

י וְלֶקֶט קְצִירְךָ לֹא תְלַקֵּט: וְכַרְמְךָ לֹא תְעוֹלֵל וּפֶרֶט כַּרְמְךָ

11 לֹא תְלַקֵּט לֶעָנִי וְלַגֵּר תַּעֲזֹב אֹתָם אֲנִי יְהוָה אֱלֹהֵיכֶם: לֹא

12 תִּגְנֹבוּ וְלֹא־תְכַחֲשׁוּ וְלֹא־תְשַׁקְּרוּ אִישׁ בַּעֲמִיתוֹ: וְלֹא־

תִּשָּׁבְעוּ בִשְׁמִי לַשָּׁקֶר וְחִלַּלְתָּ אֶת־שֵׁם אֱלֹהֶיךָ אֲנִי יְהוָה:

13 לֹא־תַעֲשֹׁק אֶת־רֵעֲךָ וְלֹא תִגְזֹל לֹא־תָלִין פְּעֻלַּת שָׂכִיר

14 אִתְּךָ עַד־בֹּקֶר: לֹא־תְקַלֵּל חֵרֵשׁ וְלִפְנֵי עִוֵּר לֹא תִתֵּן מִכְשֹׁל

טו וְיָרֵאתָ מֵאֱלֹהֶיךָ אֲנִי יְהוָה: לֹא־תַעֲשׂוּ עָוֶל בַּמִּשְׁפָּט לֹא־

שני
(חמישי
כשהן
מחוברין)

תִשָּׂא פְנֵי־דָל וְלֹא תֶהְדַּר פְּנֵי גָדוֹל בְּצֶדֶק תִּשְׁפֹּט עֲמִיתֶךָ:

16 לֹא־תֵלֵךְ רָכִיל בְּעַמֶּיךָ לֹא תַעֲמֹד עַל־דַּם רֵעֶךָ אֲנִי יְהוָה:

17 לֹא־תִשְׂנָא אֶת־אָחִיךָ בִּלְבָבֶךָ הוֹכֵחַ תּוֹכִיחַ אֶת־עֲמִיתֶךָ

18 וְלֹא־תִשָּׂא עָלָיו חֵטְא: לֹא־תִקֹּם וְלֹא־תִטֹּר אֶת־בְּנֵי עַמֶּךָ

19 וְאָהַבְתָּ לְרֵעֲךָ כָּמוֹךָ אֲנִי יְהוָה: אֶת־חֻקֹּתַי תִּשְׁמֹרוּ בְּהֶמְתְּךָ

לֹא־תַרְבִּיעַ כִּלְאַיִם שָׂדְךָ לֹא־תִזְרַע כִּלְאָיִם וּבֶגֶד כִּלְאַיִם

כ שַׁעַטְנֵז לֹא יַעֲלֶה עָלֶיךָ: וְאִישׁ כִּי־יִשְׁכַּב אֶת־אִשָּׁה שִׁכְבַת־

זֶרַע וְהִוא שִׁפְחָה נֶחֱרֶפֶת לְאִישׁ וְהָפְדֵּה לֹא נִפְדָּתָה אוֹ חֻפְשָׁה

21 לֹא נִתַּן־לָהּ בִּקֹּרֶת תִּהְיֶה לֹא יוּמְתוּ כִּי־לֹא חֻפָּשָׁה: וְהֵבִיא

22 אֶת־אֲשָׁמוֹ לַיהוָה אֶל־פֶּתַח אֹהֶל מוֹעֵד אֵיל אָשָׁם: וְכִפֶּר

עָלָיו הַכֹּהֵן בְּאֵיל הָאָשָׁם לִפְנֵי יְהוָה עַל־חַטָּאתוֹ אֲשֶׁר חָטָא

וְנִסְלַח לוֹ מֵחַטָּאתוֹ אֲשֶׁר חָטָא:

פ

23 וְכִי־תָבֹאוּ אֶל־הָאָרֶץ וּנְטַעְתֶּם כָּל־עֵץ מַאֲכָל וַעֲרַלְתֶּם

שלישי

עָרְלָתוֹ אֶת־פִּרְיוֹ שָׁלֹשׁ שָׁנִים יִהְיֶה לָכֶם עֲרֵלִים לֹא יֵאָכֵל:

24 וּבַשָּׁנָה הָרְבִיעִת יִהְיֶה כָּל־פִּרְיוֹ קֹדֶשׁ הִלּוּלִים לַיהוָה:

כה וּבַשָּׁנָה הַחֲמִישִׁת תֹּאכְלוּ אֶת־פִּרְיוֹ לְהוֹסִיף לָכֶם תְּבוּאָתוֹ

26 אֲנִי יְהוָה אֱלֹהֵיכֶם: לֹא תֹאכְלוּ עַל־הַדָּם לֹא תְנַחֲשׁוּ וְלֹא

27 תְעוֹנֵנוּ: לֹא תַקִּפוּ פְּאַת רֹאשְׁכֶם וְלֹא תַשְׁחִית אֵת פְּאַת

28 זְקָנֶךָ: וְשֶׂרֶט לָנֶפֶשׁ לֹא תִתְּנוּ בִּבְשַׂרְכֶם וּכְתֹבֶת קַעֲקַע לֹא

תתנו

29 תִּתְּנוּ בָּכֶם אֲנִי יְהוָה׃ אַל־תְּחַלֵּל אֶת־בִּתְּךָ לְהַזְנוֹתָהּ וְלֹא־
ל תִזְנֶה הָאָרֶץ וּמָלְאָה הָאָרֶץ זִמָּה׃ אֶת־שַׁבְּתֹתַי תִּשְׁמֹרוּ
31 וּמִקְדָּשִׁי תִּירָאוּ אֲנִי יְהוָה׃ אַל־תִּפְנוּ אֶל־הָאֹבֹת וְאֶל־
הַיִּדְּעֹנִים אַל־תְּבַקְשׁוּ לְטָמְאָה בָהֶם אֲנִי יְהוָה אֱלֹהֵיכֶם׃
32 מִפְּנֵי שֵׂיבָה תָּקוּם וְהָדַרְתָּ פְּנֵי זָקֵן וְיָרֵאתָ מֵּאֱלֹהֶיךָ אֲנִי
33 יְהוָה׃ * ס וְכִי־יָגוּר אִתְּךָ גֵּר בְּאַרְצְכֶם לֹא תוֹנוּ אֹתוֹ׃ רביעי (ששי
34 כְּאֶזְרָח מִכֶּם יִהְיֶה לָכֶם הַגֵּר ׀ הַגָּר אִתְּכֶם וְאָהַבְתָּ לוֹ כָּמוֹךָ כשהן
לה כִּי־גֵרִים הֱיִיתֶם בְּאֶרֶץ מִצְרָיִם אֲנִי יְהוָה אֱלֹהֵיכֶם׃ לֹא־ מחוברין)
36 תַעֲשׂוּ עָוֶל בַּמִּשְׁפָּט בַּמִּדָּה בַּמִּשְׁקָל וּבַמְּשׂוּרָה׃ מֹאזְנֵי
צֶדֶק אַבְנֵי־צֶדֶק אֵיפַת צֶדֶק וְהִין צֶדֶק יִהְיֶה לָכֶם אֲנִי
יְהוָה אֱלֹהֵיכֶם אֲשֶׁר־הוֹצֵאתִי אֶתְכֶם מֵאֶרֶץ מִצְרָיִם׃
37 וּשְׁמַרְתֶּם אֶת־כָּל־חֻקֹּתַי וְאֶת־כָּל־מִשְׁפָּטַי וַעֲשִׂיתֶם אֹתָם
אֲנִי יְהוָה׃ * פ

כ CAP. XX. כ

א 2 וַיְדַבֵּר יְהוָה אֶל־מֹשֶׁה לֵּאמֹר׃ וְאֶל־בְּנֵי יִשְׂרָאֵל תֹּאמַר חמישי
אִישׁ אִישׁ מִבְּנֵי יִשְׂרָאֵל וּמִן־הַגֵּר ׀ הַגָּר בְּיִשְׂרָאֵל אֲשֶׁר יִתֵּן
3 מִזַּרְעוֹ לַמֹּלֶךְ מוֹת יוּמָת עַם הָאָרֶץ יִרְגְּמֻהוּ בָאָבֶן׃ וַאֲנִי אֶתֵּן
אֶת־פָּנַי בָּאִישׁ הַהוּא וְהִכְרַתִּי אֹתוֹ מִקֶּרֶב עַמּוֹ כִּי מִזַּרְעוֹ
נָתַן לַמֹּלֶךְ לְמַעַן טַמֵּא אֶת־מִקְדָּשִׁי וּלְחַלֵּל אֶת־שֵׁם קָדְשִׁי׃
4 וְאִם הַעְלֵם יַעְלִימוּ עַם הָאָרֶץ אֶת־עֵינֵיהֶם מִן־הָאִישׁ הַהוּא
ה בְּתִתּוֹ מִזַּרְעוֹ לַמֹּלֶךְ לְבִלְתִּי הָמִית אֹתוֹ׃ וְשַׂמְתִּי אֲנִי אֶת־
פָּנַי בָּאִישׁ הַהוּא וּבְמִשְׁפַּחְתּוֹ וְהִכְרַתִּי אֹתוֹ וְאֵת ׀ כָּל־הַזֹּנִים
6 אַחֲרָיו לִזְנוֹת אַחֲרֵי הַמֹּלֶךְ מִקֶּרֶב עַמָּם׃ וְהַנֶּפֶשׁ אֲשֶׁר תִּפְנֶה
אֶל־הָאֹבֹת וְאֶל־הַיִּדְּעֹנִים לִזְנֹת אַחֲרֵיהֶם וְנָתַתִּי אֶת־פָּנַי
7 בַּנֶּפֶשׁ הַהִוא וְהִכְרַתִּי אֹתוֹ מִקֶּרֶב עַמּוֹ׃ וְהִתְקַדִּשְׁתֶּם וִהְיִיתֶם
8 קְדֹשִׁים כִּי אֲנִי יְהוָה אֱלֹהֵיכֶם׃ * וּשְׁמַרְתֶּם אֶת־חֻקֹּתַי וַעֲשִׂיתֶם ששי (שביעי
9 אֹתָם אֲנִי יְהוָה מְקַדִּשְׁכֶם׃ כִּי־אִישׁ אִישׁ אֲשֶׁר יְקַלֵּל אֶת־ כשהן מחוברין)
אביו

כ׳ v. 6. סבירין אתת

י אָבִיו וְאֶת־אִמּוֹ מוֹת יוּמָת אָבִיו וְאִמּוֹ קִלֵּל דָּמָיו בּוֹ׃ וְאִישׁ
אֲשֶׁר יִנְאַף אֶת־אֵשֶׁת אִישׁ אֲשֶׁר יִנְאַף אֶת־אֵשֶׁת רֵעֵהוּ מוֹת־
11 יוּמַת הַנֹּאֵף וְהַנֹּאָפֶת׃ וְאִישׁ אֲשֶׁר יִשְׁכַּב אֶת־אֵשֶׁת אָבִיו
12 עֶרְוַת אָבִיו גִּלָּה מוֹת־יוּמְתוּ שְׁנֵיהֶם דְּמֵיהֶם בָּם׃ וְאִישׁ אֲשֶׁר
יִשְׁכַּב אֶת־כַּלָּתוֹ מוֹת יוּמְתוּ שְׁנֵיהֶם תֶּבֶל עָשׂוּ דְּמֵיהֶם בָּם׃
13 וְאִישׁ אֲשֶׁר יִשְׁכַּב אֶת־זָכָר מִשְׁכְּבֵי אִשָּׁה תּוֹעֵבָה עָשׂוּ שְׁנֵיהֶם
14 מוֹת יוּמָתוּ דְּמֵיהֶם בָּם׃ וְאִישׁ אֲשֶׁר יִקַּח אֶת־אִשָּׁה וְאֶת־
אִמָּהּ זִמָּה הִוא בָּאֵשׁ יִשְׂרְפוּ אֹתוֹ וְאֶתְהֶן וְלֹא־תִהְיֶה זִמָּה
טו בְּתוֹכְכֶם׃ וְאִישׁ אֲשֶׁר יִתֵּן שְׁכָבְתּוֹ בִּבְהֵמָה מוֹת יוּמָת וְאֶת־
16 הַבְּהֵמָה תַּהֲרֹגוּ׃ וְאִשָּׁה אֲשֶׁר תִּקְרַב אֶל־כָּל־בְּהֵמָה
לְרִבְעָה אֹתָהּ וְהָרַגְתָּ אֶת־הָאִשָּׁה וְאֶת־הַבְּהֵמָה מוֹת יוּמָתוּ
17 דְּמֵיהֶם בָּם׃ וְאִישׁ אֲשֶׁר־יִקַּח אֶת־אֲחֹתוֹ בַּת־אָבִיו אוֹ־
בַת־אִמּוֹ וְרָאָה אֶת־עֶרְוָתָהּ וְהִיא תִרְאֶה אֶת־עֶרְוָתוֹ חֶסֶד
הוּא וְנִכְרְתוּ לְעֵינֵי בְּנֵי עַמָּם עֶרְוַת אֲחֹתוֹ גִּלָּה עֲוֺנוֹ יִשָּׂא׃
18 וְאִישׁ אֲשֶׁר־יִשְׁכַּב אֶת־אִשָּׁה דָּוָה וְגִלָּה אֶת־עֶרְוָתָהּ אֶת־
מְקֹרָהּ הֶעֱרָה וְהִוא גִּלְּתָה אֶת־מְקוֹר דָּמֶיהָ וְנִכְרְתוּ שְׁנֵיהֶם
19 מִקֶּרֶב עַמָּם׃ וְעֶרְוַת אֲחוֹת אִמְּךָ וַאֲחוֹת אָבִיךָ לֹא תְגַלֵּה כִּי
כ אֶת־שְׁאֵרוֹ הֶעֱרָה עֲוֺנָם יִשָּׂאוּ׃ וְאִישׁ אֲשֶׁר יִשְׁכַּב אֶת־דֹּדָתוֹ
21 עֶרְוַת דֹּדוֹ גִּלָּה חֶטְאָם יִשָּׂאוּ עֲרִירִים יָמֻתוּ׃ וְאִישׁ אֲשֶׁר יִקַּח
אֶת־אֵשֶׁת אָחִיו נִדָּה הִוא עֶרְוַת אָחִיו גִּלָּה עֲרִירִים יִהְיוּ׃
22 וּשְׁמַרְתֶּם אֶת־כָּל־חֻקֹּתַי וְאֶת־כָּל־מִשְׁפָּטַי וַעֲשִׂיתֶם אֹתָם
וְלֹא־תָקִיא אֶתְכֶם הָאָרֶץ אֲשֶׁר אֲנִי מֵבִיא אֶתְכֶם שָׁמָּה לָשֶׁבֶת
שביעי 23 בָּהּ׃ * וְלֹא תֵלְכוּ בְּחֻקֹּת הַגּוֹי אֲשֶׁר־אֲנִי מְשַׁלֵּחַ מִפְּנֵיכֶם כִּי
24 אֶת־כָּל־אֵלֶּה עָשׂוּ וָאָקֻץ בָּם׃ וָאֹמַר לָכֶם אַתֶּם תִּירְשׁוּ
אֶת־אַדְמָתָם וַאֲנִי אֶתְּנֶנָּה לָכֶם לָרֶשֶׁת אֹתָהּ אֶרֶץ זָבַת
חָלָב וּדְבָשׁ אֲנִי יְהוָה אֱלֹהֵיכֶם אֲשֶׁר־הִבְדַּלְתִּי אֶתְכֶם מִן־
מפטיר כה הָעַמִּים׃ * וְהִבְדַּלְתֶּם בֵּין־הַבְּהֵמָה הַטְּהֹרָה לַטְּמֵאָה וּבֵין־
הָעוֹף הַטָּמֵא לַטָּהֹר וְלֹא־תְשַׁקְּצוּ אֶת־נַפְשֹׁתֵיכֶם בַּבְּהֵמָה

ובעוף

וּבָע֗וֹף וּבְכֹל֙ אֲשֶׁ֣ר תִּרְמֹ֣שׂ הָאֲדָמָ֔ה אֲשֶׁר־הִבְדַּ֥לְתִּי לָכֶ֖ם
26 לְטַמֵּֽא׃ וִהְיִ֤יתֶם לִי֙ קְדֹשִׁ֔ים כִּ֥י קָד֖וֹשׁ אֲנִ֣י יְהוָ֑ה וָאַבְדִּ֥ל אֶתְכֶ֛ם
27 מִן־הָֽעַמִּ֖ים לִהְי֥וֹת לִֽי׃ וְאִ֣ישׁ אֽוֹ־אִשָּׁ֗ה כִּֽי־יִהְיֶ֨ה בָהֶ֥ם א֛וֹב
א֥וֹ יִדְּעֹנִ֖י מ֣וֹת יוּמָ֑תוּ בָּאֶ֛בֶן יִרְגְּמ֥וּ אֹתָ֖ם דְּמֵיהֶ֥ם בָּֽם׃ פפפ

אמר לא 31

כא Cap. XXI. כא

א וַיֹּ֤אמֶר יְהוָה֙ אֶל־מֹשֶׁ֔ה אֱמֹ֥ר אֶל־הַכֹּהֲנִ֖ים בְּנֵ֣י אַהֲרֹ֑ן וְאָמַרְתָּ֣
2 אֲלֵהֶ֔ם לְנֶ֥פֶשׁ לֹֽא־יִטַּמָּ֖א בְּעַמָּֽיו׃ כִּ֚י אִם־לִשְׁאֵר֔וֹ הַקָּרֹ֖ב
3 אֵלָ֑יו לְאִמּ֣וֹ וּלְאָבִ֔יו וְלִבְנ֥וֹ וּלְבִתּ֖וֹ וּלְאָחִֽיו׃ וְלַאֲחֹת֤וֹ הַבְּתוּלָה֙
4 הַקְּרוֹבָ֣ה אֵלָ֔יו אֲשֶׁ֥ר לֹא־הָיְתָ֖ה לְאִ֑ישׁ לָ֖הּ יִטַּמָּֽא׃ לֹ֥א יִטַּמָּ֖א
ה בַּ֣עַל בְּעַמָּ֑יו לְהֵ֖חַלּֽוֹ׃ לֹא־יִקְרְחָ֤ה קָרְחָה֙ בְּרֹאשָׁ֔ם וּפְאַ֥ת
6 זְקָנָ֖ם לֹ֣א יְגַלֵּ֑חוּ וּבִ֨בְשָׂרָ֔ם לֹ֥א יִשְׂרְט֖וּ שָׂרָֽטֶת׃ קְדֹשִׁ֤ים יִהְיוּ֙
לֵאלֹ֣הֵיהֶ֔ם וְלֹ֣א יְחַלְּל֔וּ שֵׁ֖ם אֱלֹהֵיהֶ֑ם כִּי֩ אֶת־אִשֵּׁ֨י יְהוָ֜ה לֶ֧חֶם
7 אֱלֹהֵיהֶ֛ם הֵ֥ם מַקְרִיבִ֖ם וְהָ֥יוּ קֹֽדֶשׁ׃ אִשָּׁ֨ה זֹנָ֤ה וַחֲלָלָה֙ לֹ֣א
יִקָּ֔חוּ וְאִשָּׁ֛ה גְּרוּשָׁ֥ה מֵאִישָׁ֖הּ לֹ֣א יִקָּ֑חוּ כִּֽי־קָדֹ֥שׁ ה֖וּא לֵאלֹהָֽיו׃
8 וְקִדַּשְׁתּ֔וֹ כִּֽי־אֶת־לֶ֥חֶם אֱלֹהֶ֖יךָ ה֣וּא מַקְרִ֑יב קָדֹשׁ֙ יִֽהְיֶה־
9 לָּ֔ךְ כִּ֣י קָד֔וֹשׁ אֲנִ֥י יְהוָ֖ה מְקַדִּשְׁכֶֽם׃ וּבַת֙ אִ֣ישׁ כֹּהֵ֔ן כִּ֥י תֵחֵ֖ל
י לִזְנ֑וֹת אֶת־אָבִ֙יהָ֙ הִ֣יא מְחַלֶּ֔לֶת בָּאֵ֖שׁ תִּשָּׂרֵֽף׃ ס וְהַכֹּהֵן֩
הַגָּד֨וֹל מֵאֶחָ֜יו אֲשֶׁר־יוּצַ֥ק עַל־רֹאשׁ֣וֹ ׀ שֶׁ֤מֶן הַמִּשְׁחָה֙ וּמִלֵּ֣א
אֶת־יָד֔וֹ לִלְבֹּ֖שׁ אֶת־הַבְּגָדִ֑ים אֶת־רֹאשׁוֹ֙ לֹ֣א יִפְרָ֔ע וּבְגָדָ֖יו
11 לֹ֥א יִפְרֹֽם׃ וְעַ֛ל כָּל־נַפְשֹׁ֥ת מֵ֖ת לֹ֣א יָבֹ֑א לְאָבִ֥יו וּלְאִמּ֖וֹ לֹ֥א
12 יִטַּמָּֽא׃ וּמִן־הַמִּקְדָּשׁ֙ לֹ֣א יֵצֵ֔א וְלֹ֣א יְחַלֵּ֔ל אֵ֖ת מִקְדַּ֣שׁ אֱלֹהָ֑יו
13 כִּ֡י נֵ֠זֶר שֶׁ֣מֶן מִשְׁחַ֧ת אֱלֹהָ֛יו עָלָ֖יו אֲנִ֥י יְהוָֽה׃ וְה֕וּא אִשָּׁ֥ה
14 בִבְתוּלֶ֖יהָ יִקָּֽח׃ אַלְמָנָ֤ה וּגְרוּשָׁה֙ וַחֲלָלָ֣ה זֹנָ֔ה אֶת־אֵ֖לֶּה לֹ֣א
טו יִקָּ֑ח כִּ֛י אִם־בְּתוּלָ֥ה מֵעַמָּ֖יו יִקַּ֥ח אִשָּֽׁה׃ וְלֹֽא־יְחַלֵּ֥ל זַרְע֖וֹ
16 בְּעַמָּ֑יו כִּ֛י אֲנִ֥י יְהוָ֖ה מְקַדְּשֽׁוֹ׃* ס וַיְדַבֵּ֥ר יְהוָ֖ה אֶל־מֹשֶׁ֥ה שני

לאמר

כ״א v. 5. יקרחו ק׳

17 לֵאמֹר׃ דַּבֵּר אֶל־אַהֲרֹן לֵאמֹר אִישׁ מִזַּרְעֲךָ לְדֹרֹתָם אֲשֶׁר
18 יִהְיֶה בוֹ מוּם לֹא יִקְרַב לְהַקְרִיב לֶחֶם אֱלֹהָיו׃ כִּי כָל־אִישׁ
אֲשֶׁר־בּוֹ מוּם לֹא יִקְרָב אִישׁ עִוֵּר אוֹ פִסֵּחַ אוֹ חָרֻם אוֹ שָׂרוּעַ׃
19 כ אוֹ אִישׁ אֲשֶׁר־יִהְיֶה בוֹ שֶׁבֶר רָגֶל אוֹ שֶׁבֶר יָד׃ אוֹ־גִבֵּן אוֹ־
21 דַק אוֹ תְּבַלֻּל בְּעֵינוֹ אוֹ גָרָב אוֹ יַלֶּפֶת אוֹ מְרוֹחַ אָשֶׁךְ׃ כָּל־
אִישׁ אֲשֶׁר־בּוֹ מוּם מִזֶּרַע אַהֲרֹן הַכֹּהֵן לֹא יִגַּשׁ לְהַקְרִיב
אֶת־אִשֵּׁי יְהוָה מוּם בּוֹ אֵת לֶחֶם אֱלֹהָיו לֹא יִגַּשׁ לְהַקְרִיב׃
22 23 לֶחֶם אֱלֹהָיו מִקָּדְשֵׁי הַקֳּדָשִׁים וּמִן־הַקֳּדָשִׁים יֹאכֵל׃ אַךְ
אֶל־הַפָּרֹכֶת לֹא יָבֹא וְאֶל־הַמִּזְבֵּחַ לֹא יִגַּשׁ כִּי־מוּם בּוֹ וְלֹא
24 יְחַלֵּל אֶת־מִקְדָּשַׁי כִּי אֲנִי יְהוָה מְקַדְּשָׁם׃ וַיְדַבֵּר מֹשֶׁה אֶל־
אַהֲרֹן וְאֶל־בָּנָיו וְאֶל־כָּל־בְּנֵי יִשְׂרָאֵל׃ פ

כב Cap. XXII. כב

א 2 וַיְדַבֵּר יְהוָה אֶל־מֹשֶׁה לֵּאמֹר׃ דַּבֵּר אֶל־אַהֲרֹן וְאֶל־בָּנָיו
וְיִנָּזְרוּ מִקָּדְשֵׁי בְנֵי־יִשְׂרָאֵל וְלֹא יְחַלְּלוּ אֶת־שֵׁם קָדְשִׁי אֲשֶׁר
3 הֵם מַקְדִּשִׁים לִי אֲנִי יְהוָה׃ אֱמֹר אֲלֵהֶם לְדֹרֹתֵיכֶם כָּל־
אִישׁ ׀ אֲשֶׁר־יִקְרַב מִכָּל־זַרְעֲכֶם אֶל־הַקֳּדָשִׁים אֲשֶׁר יַקְדִּישׁוּ
בְנֵי־יִשְׂרָאֵל לַיהוָה וְטֻמְאָתוֹ עָלָיו וְנִכְרְתָה הַנֶּפֶשׁ הַהִוא
4 מִלְּפָנַי אֲנִי יְהוָה׃ אִישׁ אִישׁ מִזֶּרַע אַהֲרֹן וְהוּא צָרוּעַ אוֹ זָב
בַּקֳּדָשִׁים לֹא יֹאכַל עַד אֲשֶׁר יִטְהָר וְהַנֹּגֵעַ בְּכָל־טְמֵא־נֶפֶשׁ
ה אוֹ אִישׁ אֲשֶׁר־תֵּצֵא מִמֶּנּוּ שִׁכְבַת־זָרַע׃ אוֹ־אִישׁ אֲשֶׁר יִגַּע
בְּכָל־שֶׁרֶץ אֲשֶׁר יִטְמָא־לוֹ אוֹ בְאָדָם אֲשֶׁר יִטְמָא־לוֹ לְכֹל
6 טֻמְאָתוֹ׃ נֶפֶשׁ אֲשֶׁר תִּגַּע־בּוֹ וְטָמְאָה עַד־הָעָרֶב וְלֹא יֹאכַל
7 מִן־הַקֳּדָשִׁים כִּי אִם־רָחַץ בְּשָׂרוֹ בַּמָּיִם׃ וּבָא הַשֶּׁמֶשׁ וְטָהֵר
8 וְאַחַר יֹאכַל מִן־הַקֳּדָשִׁים כִּי לַחְמוֹ הוּא׃ נְבֵלָה וּטְרֵפָה לֹא
9 יֹאכַל לְטָמְאָה־בָהּ אֲנִי יְהוָה׃ וְשָׁמְרוּ אֶת־מִשְׁמַרְתִּי וְלֹא־
יִשְׂאוּ עָלָיו חֵטְא וּמֵתוּ בוֹ כִּי יְחַלְּלֻהוּ אֲנִי יְהוָה מְקַדְּשָׁם׃
י וְכָל־זָר לֹא־יֹאכַל קֹדֶשׁ תּוֹשַׁב כֹּהֵן וְשָׂכִיר לֹא־יֹאכַל קֹדֶשׁ׃
11 וְכֹהֵן כִּי־יִקְנֶה נֶפֶשׁ קִנְיַן כַּסְפּוֹ הוּא יֹאכַל בּוֹ וִילִיד בֵּיתוֹ הֵם
יאכלו

12 יֹאכְלוּ בְּלַחְמוֹ׃ וּבַת־כֹּהֵן כִּי תִהְיֶה לְאִישׁ זָר הִוא בִּתְרוּמַת
13 הַקֳּדָשִׁים לֹא תֹאכֵל׃ וּבַת־כֹּהֵן כִּי תִהְיֶה אַלְמָנָה וּגְרוּשָׁה
וְזֶרַע אֵין לָהּ וְשָׁבָה אֶל־בֵּית אָבִיהָ כִּנְעוּרֶיהָ מִלֶּחֶם אָבִיהָ
14 תֹּאכֵל וְכָל־זָר לֹא־יֹאכַל בּוֹ׃ וְאִישׁ כִּי־יֹאכַל קֹדֶשׁ בִּשְׁגָגָה
טו וְיָסַף חֲמִשִׁיתוֹ עָלָיו וְנָתַן לַכֹּהֵן אֶת־הַקֹּדֶשׁ׃ וְלֹא יְחַלְּלוּ אֶת־
16 קָדְשֵׁי בְּנֵי יִשְׂרָאֵל אֵת אֲשֶׁר־יָרִימוּ לַיהוָה׃ וְהִשִּׂיאוּ אוֹתָם עֲוֹן
אַשְׁמָה בְּאָכְלָם אֶת־קָדְשֵׁיהֶם כִּי אֲנִי יְהוָה מְקַדְּשָׁם׃ * פ
17 18 וַיְדַבֵּר יְהוָה אֶל־מֹשֶׁה לֵּאמֹר׃ דַּבֵּר אֶל־אַהֲרֹן וְאֶל־בָּנָיו שלישי
וְאֶל כָּל־בְּנֵי יִשְׂרָאֵל וְאָמַרְתָּ אֲלֵהֶם אִישׁ אִישׁ מִבֵּית יִשְׂרָאֵל
וּמִן־הַגֵּר בְּיִשְׂרָאֵל אֲשֶׁר יַקְרִיב קָרְבָּנוֹ לְכָל־נִדְרֵיהֶם
19 וּלְכָל־נִדְבוֹתָם אֲשֶׁר־יַקְרִיבוּ לַיהוָה לְעֹלָה׃ לִרְצֹנְכֶם
כ תָּמִים זָכָר בַּבָּקָר בַּכְּשָׂבִים וּבָעִזִּים׃ כֹּל אֲשֶׁר־בּוֹ מוּם לֹא
21 תַקְרִיבוּ כִּי־לֹא לְרָצוֹן יִהְיֶה לָכֶם׃ וְאִישׁ כִּי־יַקְרִיב זֶבַח־
שְׁלָמִים לַיהוָה לְפַלֵּא־נֶדֶר אוֹ לִנְדָבָה בַּבָּקָר אוֹ בַצֹּאן
22 תָּמִים יִהְיֶה לְרָצוֹן כָּל־מוּם לֹא יִהְיֶה־בּוֹ׃ עַוֶּרֶת אוֹ שָׁבוּר
אוֹ־חָרוּץ אוֹ־יַבֶּלֶת אוֹ גָרָב אוֹ יַלֶּפֶת לֹא־תַקְרִיבוּ אֵלֶּה
23 לַיהוָה וְאִשֶּׁה לֹא־תִתְּנוּ מֵהֶם עַל־הַמִּזְבֵּחַ לַיהוָה׃ וְשׁוֹר
וָשֶׂה שָׂרוּעַ וְקָלוּט נְדָבָה תַּעֲשֶׂה אֹתוֹ וּלְנֵדֶר לֹא יֵרָצֶה׃
24 וּמָעוּךְ וְכָתוּת וְנָתוּק וְכָרוּת לֹא תַקְרִיבוּ לַיהוָה וּבְאַרְצְכֶם
כה לֹא תַעֲשׂוּ׃ וּמִיַּד בֶּן־נֵכָר לֹא תַקְרִיבוּ אֶת־לֶחֶם אֱלֹהֵיכֶם
מִכָּל־אֵלֶּה כִּי מָשְׁחָתָם בָּהֶם מוּם בָּם לֹא יֵרָצוּ לָכֶם׃ ס
26 27 וַיְדַבֵּר יְהוָה אֶל־מֹשֶׁה לֵּאמֹר׃ שׁוֹר אוֹ־כֶשֶׂב אוֹ־עֵז כִּי
יִוָּלֵד וְהָיָה שִׁבְעַת יָמִים תַּחַת אִמּוֹ וּמִיּוֹם הַשְּׁמִינִי וָהָלְאָה
28 יֵרָצֶה לְקָרְבַּן אִשֶּׁה לַיהוָה׃ וְשׁוֹר אוֹ־שֶׂה אֹתוֹ וְאֶת־בְּנוֹ לֹא
29 תִשְׁחֲטוּ בְּיוֹם אֶחָד׃ וְכִי־תִזְבְּחוּ זֶבַח־תּוֹדָה לַיהוָה לִרְצֹנְכֶם
ל תִּזְבָּחוּ׃ בַּיּוֹם הַהוּא יֵאָכֵל לֹא־תוֹתִירוּ מִמֶּנּוּ עַד־בֹּקֶר
31 32 אֲנִי יְהוָה׃ וּשְׁמַרְתֶּם מִצְוֹתַי וַעֲשִׂיתֶם אֹתָם אֲנִי יְהוָה׃ וְלֹא
תְחַלְּלוּ אֶת־שֵׁם קָדְשִׁי וְנִקְדַּשְׁתִּי בְּתוֹךְ בְּנֵי יִשְׂרָאֵל אֲנִי יְהוָה

33 מְקַדִּשְׁכֶם׃ הַמּוֹצִיא אֶתְכֶם מֵאֶרֶץ מִצְרַיִם לִהְיוֹת לָכֶם
לֵאלֹהִים אֲנִי יְהוָה׃* פ

כג
Cap. XXIII. כג

רביעי א 2 וַיְדַבֵּר יְהוָה אֶל־מֹשֶׁה לֵּאמֹר׃ דַּבֵּר אֶל־בְּנֵי יִשְׂרָאֵל
וְאָמַרְתָּ אֲלֵהֶם מוֹעֲדֵי יְהוָה אֲשֶׁר־תִּקְרְאוּ אֹתָם מִקְרָאֵי
3 קֹדֶשׁ אֵלֶּה הֵם מוֹעֲדָי׃ שֵׁשֶׁת יָמִים תֵּעָשֶׂה מְלָאכָה וּבַיּוֹם
הַשְּׁבִיעִי שַׁבַּת שַׁבָּתוֹן מִקְרָא־קֹדֶשׁ כָּל־מְלָאכָה לֹא תַעֲשׂוּ
שַׁבָּת הִוא לַיהוָה בְּכֹל מוֹשְׁבֹתֵיכֶם׃ פ
4 אֵלֶּה מוֹעֲדֵי יְהוָה מִקְרָאֵי קֹדֶשׁ אֲשֶׁר־תִּקְרְאוּ אֹתָם בְּמוֹעֲדָם׃
ה בַּחֹדֶשׁ הָרִאשׁוֹן בְּאַרְבָּעָה עָשָׂר לַחֹדֶשׁ בֵּין הָעַרְבָּיִם פֶּסַח
6 לַיהוָה׃ וּבַחֲמִשָּׁה עָשָׂר יוֹם לַחֹדֶשׁ הַזֶּה חַג הַמַּצּוֹת לַיהוָה
7 שִׁבְעַת יָמִים מַצּוֹת תֹּאכֵלוּ׃ בַּיּוֹם הָרִאשׁוֹן מִקְרָא־קֹדֶשׁ
8 יִהְיֶה לָכֶם כָּל־מְלֶאכֶת עֲבֹדָה לֹא תַעֲשׂוּ׃ וְהִקְרַבְתֶּם אִשֶּׁה
לַיהוָה שִׁבְעַת יָמִים בַּיּוֹם הַשְּׁבִיעִי מִקְרָא־קֹדֶשׁ כָּל־מְלֶאכֶת
עֲבֹדָה לֹא תַעֲשׂוּ׃ פ
9, וַיְדַבֵּר יְהוָה אֶל־מֹשֶׁה לֵּאמֹר׃ דַּבֵּר אֶל־בְּנֵי יִשְׂרָאֵל וְאָמַרְתָּ
אֲלֵהֶם כִּי־תָבֹאוּ אֶל־הָאָרֶץ אֲשֶׁר אֲנִי נֹתֵן לָכֶם וּקְצַרְתֶּם
אֶת־קְצִירָהּ וַהֲבֵאתֶם אֶת־עֹמֶר רֵאשִׁית קְצִירְכֶם אֶל־
11 הַכֹּהֵן׃ וְהֵנִיף אֶת־הָעֹמֶר לִפְנֵי יְהוָה לִרְצֹנְכֶם מִמָּחֳרַת
12 הַשַּׁבָּת יְנִיפֶנּוּ הַכֹּהֵן׃ וַעֲשִׂיתֶם בְּיוֹם הֲנִיפְכֶם אֶת־הָעֹמֶר
13 כֶּבֶשׂ תָּמִים בֶּן־שְׁנָתוֹ לְעֹלָה לַיהוָה׃ וּמִנְחָתוֹ שְׁנֵי עֶשְׂרֹנִים
סֹלֶת בְּלוּלָה בַשֶּׁמֶן אִשֶּׁה לַיהוָה רֵיחַ נִיחֹחַ וְנִסְכֹּה יַיִן רְבִיעִת
14 הַהִין׃ וְלֶחֶם וְקָלִי וְכַרְמֶל לֹא תֹאכְלוּ עַד־עֶצֶם הַיּוֹם הַזֶּה
עַד הֲבִיאֲכֶם אֶת־קָרְבַּן אֱלֹהֵיכֶם חֻקַּת עוֹלָם לְדֹרֹתֵיכֶם
טו בְּכֹל מֹשְׁבֹתֵיכֶם׃ ס וּסְפַרְתֶּם לָכֶם מִמָּחֳרַת הַשַּׁבָּת
מִיּוֹם הֲבִיאֲכֶם אֶת־עֹמֶר הַתְּנוּפָה שֶׁבַע שַׁבָּתוֹת תְּמִימֹת
16 תִּהְיֶינָה׃ עַד מִמָּחֳרַת הַשַּׁבָּת הַשְּׁבִיעִת תִּסְפְּרוּ חֲמִשִּׁים יוֹם

והקרבתם

כ״ג v. 13. ונסכו ק׳

17 וְהִקְרַבְתֶּם מִנְחָה חֲדָשָׁה לַיהוָה׃ מִמּוֹשְׁבֹתֵיכֶם תָּבִיאּוּ ׀ לֶחֶם
תְּנוּפָה שְׁתַּיִם שְׁנֵי עֶשְׂרֹנִים סֹלֶת תִּהְיֶינָה חָמֵץ תֵּאָפֶינָה בִּכּוּרִים
18 לַיהוָה׃ וְהִקְרַבְתֶּם עַל־הַלֶּחֶם שִׁבְעַת כְּבָשִׂים תְּמִימִם בְּנֵי
שָׁנָה וּפַר בֶּן־בָּקָר אֶחָד וְאֵילִם שְׁנָיִם יִהְיוּ עֹלָה לַיהוָה
19 וּמִנְחָתָם וְנִסְכֵּיהֶם אִשֵּׁה רֵיחַ־נִיחֹחַ לַיהוָה׃ וַעֲשִׂיתֶם שְׂעִיר־
עִזִּים אֶחָד לְחַטָּאת וּשְׁנֵי כְבָשִׂים בְּנֵי שָׁנָה לְזֶבַח שְׁלָמִים׃
כ וְהֵנִיף הַכֹּהֵן ׀ אֹתָם עַל לֶחֶם הַבִּכֻּרִים תְּנוּפָה לִפְנֵי יְהוָה
21 עַל־שְׁנֵי כְּבָשִׂים קֹדֶשׁ יִהְיוּ לַיהוָה לַכֹּהֵן׃ וּקְרָאתֶם בְּעֶצֶם ׀
הַיּוֹם הַזֶּה מִקְרָא־קֹדֶשׁ יִהְיֶה לָכֶם כָּל־מְלֶאכֶת עֲבֹדָה לֹא
22 תַעֲשׂוּ חֻקַּת עוֹלָם בְּכָל־מוֹשְׁבֹתֵיכֶם לְדֹרֹתֵיכֶם׃ וּבְקֻצְרְכֶם
אֶת־קְצִיר אַרְצְכֶם לֹא־תְכַלֶּה פְּאַת שָׂדְךָ בְּקֻצְרֶךָ וְלֶקֶט
קְצִירְךָ לֹא תְלַקֵּט לֶעָנִי וְלַגֵּר תַּעֲזֹב אֹתָם אֲנִי יְהוָה
אֱלֹהֵיכֶם׃* פ
23 24 וַיְדַבֵּר יְהוָה אֶל־מֹשֶׁה לֵּאמֹר׃ דַּבֵּר אֶל־בְּנֵי יִשְׂרָאֵל חמישי
לֵאמֹר בַּחֹדֶשׁ הַשְּׁבִיעִי בְּאֶחָד לַחֹדֶשׁ יִהְיֶה לָכֶם שַׁבָּתוֹן
כה זִכְרוֹן תְּרוּעָה מִקְרָא־קֹדֶשׁ׃ כָּל־מְלֶאכֶת עֲבֹדָה לֹא תַעֲשׂוּ
26 וְהִקְרַבְתֶּם אִשֶּׁה לַיהוָה׃ ס וַיְדַבֵּר יְהוָה אֶל־מֹשֶׁה
27 לֵּאמֹר׃ אַךְ בֶּעָשׂוֹר לַחֹדֶשׁ הַשְּׁבִיעִי הַזֶּה יוֹם הַכִּפֻּרִים הוּא
מִקְרָא־קֹדֶשׁ יִהְיֶה לָכֶם וְעִנִּיתֶם אֶת־נַפְשֹׁתֵיכֶם וְהִקְרַבְתֶּם
28 אִשֶּׁה לַיהוָה׃ וְכָל־מְלָאכָה לֹא תַעֲשׂוּ בְּעֶצֶם הַיּוֹם הַזֶּה כִּי
29 יוֹם כִּפֻּרִים הוּא לְכַפֵּר עֲלֵיכֶם לִפְנֵי יְהוָה אֱלֹהֵיכֶם׃ כִּי
כָל־הַנֶּפֶשׁ אֲשֶׁר לֹא־תְעֻנֶּה בְּעֶצֶם הַיּוֹם הַזֶּה וְנִכְרְתָה
ל מֵעַמֶּיהָ׃ וְכָל־הַנֶּפֶשׁ אֲשֶׁר תַּעֲשֶׂה כָּל־מְלָאכָה בְּעֶצֶם הַיּוֹם
31 הַזֶּה וְהַאֲבַדְתִּי אֶת־הַנֶּפֶשׁ הַהִוא מִקֶּרֶב עַמָּהּ׃ כָּל־מְלָאכָה
32 לֹא תַעֲשׂוּ חֻקַּת עוֹלָם לְדֹרֹתֵיכֶם בְּכֹל מֹשְׁבֹתֵיכֶם׃ שַׁבַּת
שַׁבָּתוֹן הוּא לָכֶם וְעִנִּיתֶם אֶת־נַפְשֹׁתֵיכֶם בְּתִשְׁעָה לַחֹדֶשׁ
בָּעֶרֶב מֵעֶרֶב עַד־עֶרֶב תִּשְׁבְּתוּ שַׁבַּתְּכֶם׃* פ

וידבר

v. 17. אל״ף דגושה

ששי 33 34 וַיְדַבֵּ֥ר יְהוָ֖ה אֶל־מֹשֶׁ֥ה לֵּאמֹֽר׃ דַּבֵּ֞ר אֶל־בְּנֵ֤י יִשְׂרָאֵל֙ לֵאמֹ֔ר
בַּחֲמִשָּׁ֨ה עָשָׂ֜ר י֗וֹם לַחֹ֤דֶשׁ הַשְּׁבִיעִי֙ הַזֶּ֔ה חַ֧ג הַסֻּכּ֛וֹת שִׁבְעַ֥ת יָמִ֖ים
לה לַיהוָֽה׃ בַּיּ֥וֹם הָרִאשׁ֖וֹן מִקְרָא־קֹ֑דֶשׁ כָּל־מְלֶ֥אכֶת עֲבֹדָ֖ה
36 לֹ֥א תַעֲשֽׂוּ׃ שִׁבְעַ֣ת יָמִ֔ים תַּקְרִ֥יבוּ אִשֶּׁ֖ה לַיהוָ֑ה בַּיּ֣וֹם הַשְּׁמִינִ֡י
מִקְרָא־קֹ֩דֶשׁ֩ יִהְיֶ֨ה לָכֶ֜ם וְהִקְרַבְתֶּ֨ם אִשֶּׁ֤ה לַֽיהוָה֙ עֲצֶ֣רֶת
37 הִ֔וא כָּל־מְלֶ֥אכֶת עֲבֹדָ֖ה לֹ֥א תַעֲשֽׂוּ׃ אֵ֚לֶּה מוֹעֲדֵ֣י יְהוָ֔ה
אֲשֶׁר־תִּקְרְא֥וּ אֹתָ֖ם מִקְרָאֵ֣י קֹ֑דֶשׁ לְהַקְרִ֨יב אִשֶּׁ֜ה לַיהוָ֗ה
38 עֹלָ֧ה וּמִנְחָ֛ה זֶ֥בַח וּנְסָכִ֖ים דְּבַר־י֥וֹם בְּיוֹמֽוֹ׃ מִלְּבַ֖ד שַׁבְּתֹ֣ת
יְהוָ֑ה וּמִלְּבַ֣ד מַתְּנֽוֹתֵיכֶ֗ם וּמִלְּבַ֤ד כָּל־נִדְרֵיכֶם֙ וּמִלְּבַד֙ כָּל־
39 נִדְבֹ֣תֵיכֶ֔ם אֲשֶׁ֥ר תִּתְּנ֖וּ לַיהוָֽה׃ אַ֡ךְ בַּחֲמִשָּׁה֩ עָשָׂ֨ר י֜וֹם לַחֹ֣דֶשׁ
הַשְּׁבִיעִ֗י בְּאָסְפְּכֶם֙ אֶת־תְּבוּאַ֣ת הָאָ֔רֶץ תָּחֹ֥גּוּ אֶת־חַג־יְהוָ֖ה
שִׁבְעַ֣ת יָמִ֑ים בַּיּ֤וֹם הָרִאשׁוֹן֙ שַׁבָּת֔וֹן וּבַיּ֥וֹם הַשְּׁמִינִ֖י שַׁבָּתֽוֹן׃
מ וּלְקַחְתֶּ֨ם לָכֶ֜ם בַּיּ֣וֹם הָרִאשׁ֗וֹן פְּרִ֨י עֵ֤ץ הָדָר֙ כַּפֹּ֣ת תְּמָרִ֔ים
וַעֲנַ֥ף עֵֽץ־עָבֹ֖ת וְעַרְבֵי־נָ֑חַל וּשְׂמַחְתֶּ֗ם לִפְנֵ֛י יְהוָ֥ה אֱלֹהֵיכֶ֖ם
41 שִׁבְעַ֥ת יָמִֽים׃ וְחַגֹּתֶ֤ם אֹתוֹ֙ חַ֣ג לַֽיהוָ֔ה שִׁבְעַ֥ת יָמִ֖ים בַּשָּׁנָ֑ה חֻקַּ֤ת
42 עוֹלָם֙ לְדֹרֹ֣תֵיכֶ֔ם בַּחֹ֥דֶשׁ הַשְּׁבִיעִ֖י תָּחֹ֥גּוּ אֹתֽוֹ׃ בַּסֻּכֹּ֥ת תֵּשְׁב֖וּ
43 שִׁבְעַ֣ת יָמִ֑ים כָּל־הָֽאֶזְרָח֙ בְּיִשְׂרָאֵ֔ל יֵשְׁב֖וּ בַּסֻּכֹּֽת׃ לְמַ֘עַן֮
יֵדְע֣וּ דֹרֹתֵיכֶ֗ם כִּ֣י בַסֻּכּ֤וֹת הוֹשַׁ֙בְתִּי֙ אֶת־בְּנֵ֣י יִשְׂרָאֵ֔ל בְּהוֹצִיאִ֥י
44 אוֹתָ֖ם מֵאֶ֣רֶץ מִצְרָ֑יִם אֲנִ֖י יְהוָ֥ה אֱלֹהֵיכֶֽם׃ וַיְדַבֵּ֣ר מֹשֶׁ֔ה אֶת־
מֹעֲדֵ֖י יְהוָ֑ה אֶל־בְּנֵ֖י יִשְׂרָאֵֽל׃ * פ

כד CAP. XXIV. כד

שביעי א 2 וַיְדַבֵּ֥ר יְהוָ֖ה אֶל־מֹשֶׁ֥ה לֵּאמֹֽר׃ צַ֞ו אֶת־בְּנֵ֣י יִשְׂרָאֵ֗ל וְיִקְח֨וּ
3 אֵלֶ֜יךָ שֶׁ֣מֶן זַ֥יִת זָ֛ךְ כָּתִ֖ית לַמָּא֑וֹר לְהַעֲלֹ֥ת נֵ֖ר תָּמִֽיד׃ מִחוּץ֩
לְפָרֹ֨כֶת הָעֵדֻ֜ת בְּאֹ֣הֶל מוֹעֵ֗ד יַעֲרֹךְ֩ אֹת֨וֹ אַהֲרֹ֜ן מֵעֶ֥רֶב עַד־
4 בֹּ֛קֶר לִפְנֵ֥י יְהוָ֖ה תָּמִ֑יד חֻקַּ֥ת עוֹלָ֖ם לְדֹרֹתֵיכֶֽם׃ עַ֚ל הַמְּנֹרָ֣ה
הַטְּהֹרָ֔ה יַעֲרֹ֖ךְ אֶת־הַנֵּר֑וֹת לִפְנֵ֥י יְהוָ֖ה תָּמִֽיד׃ פ
ה וְלָקַחְתָּ֣ סֹ֔לֶת וְאָפִיתָ֣ אֹתָ֔הּ שְׁתֵּ֥ים עֶשְׂרֵ֖ה חַלּ֑וֹת שְׁנֵי֙ עֶשְׂרֹנִ֔ים
6 יִֽהְיֶ֖ה הַֽחַלָּ֥ה הָאֶחָֽת׃ וְשַׂמְתָּ֥ אוֹתָ֛ם שְׁתַּ֥יִם מַעֲרָכ֖וֹת שֵׁ֥שׁ
המערכת

7 הַֽמַּעֲרָ֑כֶת עַ֛ל הַשֻּׁלְחָ֥ן הַטָּהֹ֖ר לִפְנֵ֥י יְהוָֽה׃ וְנָתַתָּ֥ עַל־הַֽמַּעֲרֶ֖כֶת
8 לְבֹנָ֣ה זַכָּ֑ה וְהָיְתָ֤ה לַלֶּ֙חֶם֙ לְאַזְכָּרָ֔ה אִשֶּׁ֖ה לַֽיהוָֽה׃ בְּי֨וֹם הַשַּׁבָּ֜ת
בְּי֣וֹם הַשַּׁבָּ֗ת יַֽעַרְכֶ֛נּוּ לִפְנֵ֥י יְהוָ֖ה תָּמִ֑יד מֵאֵ֥ת בְּנֵֽי־יִשְׂרָאֵ֖ל
9 בְּרִ֥ית עוֹלָֽם׃ וְהָֽיְתָה֙ לְאַהֲרֹ֣ן וּלְבָנָ֔יו וַאֲכָלֻ֖הוּ בְּמָק֣וֹם קָדֹ֑שׁ
י כִּ֡י קֹדֶשׁ֩ קָֽדָשִׁ֨ים ה֥וּא ל֛וֹ מֵאִשֵּׁ֥י יְהוָ֖ה חָק־עוֹלָֽם׃ ס וַיֵּצֵא֙
בֶּן־אִשָּׁ֣ה יִשְׂרְאֵלִ֔ית וְהוּא֙ בֶּן־אִ֣ישׁ מִצְרִ֔י בְּת֖וֹךְ בְּנֵ֣י יִשְׂרָאֵ֑ל
11 וַיִּנָּצוּ֙ בַּֽמַּחֲנֶ֔ה בֶּ֚ן הַיִּשְׂרְאֵלִ֔ית וְאִ֖ישׁ הַיִּשְׂרְאֵלִֽי׃ וַ֠יִּקֹּב בֶּן־
הָֽאִשָּׁ֨ה הַיִּשְׂרְאֵלִ֤ית אֶת־הַשֵּׁם֙ וַיְקַלֵּ֔ל וַיָּבִ֥יאוּ אֹת֖וֹ אֶל־מֹשֶׁ֑ה
12 וְשֵׁ֥ם אִמּ֛וֹ שְׁלֹמִ֥ית בַּת־דִּבְרִ֖י לְמַטֵּה־דָֽן׃ וַיַּנִּיחֻ֖הוּ בַּמִּשְׁמָ֑ר
לִפְרֹ֥שׁ לָהֶ֖ם עַל־פִּ֥י יְהוָֽה׃ פ
13 14 וַיְדַבֵּ֥ר יְהוָ֖ה אֶל־מֹשֶׁ֥ה לֵּאמֹֽר׃ הוֹצֵ֣א אֶת־הַֽמְקַלֵּ֗ל אֶל־
מִחוּץ֙ לַֽמַּחֲנֶ֔ה וְסָֽמְכ֧וּ כָֽל־הַשֹּׁמְעִ֛ים אֶת־יְדֵיהֶ֖ם עַל־רֹאשׁ֑וֹ
טו וְרָגְמ֥וּ אֹת֖וֹ כָּל־הָעֵדָֽה׃ וְאֶל־בְּנֵ֥י יִשְׂרָאֵ֖ל תְּדַבֵּ֣ר לֵאמֹ֑ר
16 אִ֥ישׁ אִ֛ישׁ כִּֽי־יְקַלֵּ֥ל אֱלֹהָ֖יו וְנָשָׂ֥א חֶטְאֽוֹ׃ וְנֹקֵ֤ב שֵׁם־יְהוָה֙
מ֣וֹת יוּמָ֔ת רָג֥וֹם יִרְגְּמוּ־ב֖וֹ כָּל־הָעֵדָ֑ה כַּגֵּר֙ כָּֽאֶזְרָ֔ח בְּנָקְבוֹ־
17 18 שֵׁ֖ם יוּמָֽת׃ וְאִ֕ישׁ כִּ֥י יַכֶּ֖ה כָּל־נֶ֣פֶשׁ אָדָ֑ם מ֖וֹת יוּמָֽת׃ וּמַכֵּ֥ה
19 נֶֽפֶשׁ־בְּהֵמָ֖ה יְשַׁלְּמֶ֑נָּה נֶ֖פֶשׁ תַּ֥חַת נָֽפֶשׁ׃ וְאִ֕ישׁ כִּֽי־יִתֵּ֥ן מ֖וּם
כ בַּעֲמִית֑וֹ כַּאֲשֶׁ֣ר עָשָׂ֔ה כֵּ֖ן יֵעָ֥שֶׂה לּֽוֹ׃ שֶׁ֚בֶר תַּ֣חַת שֶׁ֔בֶר עַ֚יִן
תַּ֣חַת עַ֔יִן שֵׁ֖ן תַּ֣חַת שֵׁ֑ן כַּאֲשֶׁ֨ר יִתֵּ֥ן מוּם֙ בָּֽאָדָ֔ם כֵּ֖ן יִנָּ֥תֶן בּֽוֹ׃ *
21 22 וּמַכֵּ֥ה בְהֵמָ֖ה יְשַׁלְּמֶ֑נָּה וּמַכֵּ֥ה אָדָ֖ם יוּמָֽת׃ מִשְׁפַּ֤ט אֶחָד֙ יִהְיֶ֣ה מפטיר
23 לָכֶ֔ם כַּגֵּ֥ר כָּאֶזְרָ֖ח יִהְיֶ֑ה כִּ֛י אֲנִ֥י יְהוָ֖ה אֱלֹהֵיכֶֽם׃ וַיְדַבֵּ֣ר מֹשֶׁ֗ה
אֶל־בְּנֵ֣י יִשְׂרָאֵ֒ל וַיּוֹצִ֣יאוּ אֶת־הַֽמְקַלֵּ֗ל אֶל־מִחוּץ֙ לַֽמַּחֲנֶ֔ה
וַיִּרְגְּמ֥וּ אֹת֖וֹ אָ֑בֶן וּבְנֵֽי־יִשְׂרָאֵ֣ל עָשׂ֔וּ כַּאֲשֶׁ֛ר צִוָּ֥ה יְהוָ֖ה אֶת־
מֹשֶֽׁה׃ פפפ

בהר לב 32

כה Cap. XXV. כה

א 2 וַיְדַבֵּ֤ר יְהוָה֙ אֶל־מֹשֶׁ֔ה בְּהַ֥ר סִינַ֖י לֵאמֹֽר׃ דַּבֵּ֞ר אֶל־בְּנֵ֤י
ישראל

כ״ד v. 7. סבירין היא

יִשְׂרָאֵל וְאָמַרְתָּ אֲלֵהֶם כִּי תָבֹאוּ אֶל־הָאָרֶץ אֲשֶׁר אֲנִי נֹתֵן
3 לָכֶם וְשָׁבְתָה הָאָרֶץ שַׁבָּת לַיהוָה׃ שֵׁשׁ שָׁנִים תִּזְרַע שָׂדֶךָ
4 וְשֵׁשׁ שָׁנִים תִּזְמֹר כַּרְמֶךָ וְאָסַפְתָּ אֶת־תְּבוּאָתָהּ׃ וּבַשָּׁנָה
הַשְּׁבִיעִת שַׁבַּת שַׁבָּתוֹן יִהְיֶה לָאָרֶץ שַׁבָּת לַיהוָה שָׂדְךָ לֹא
ה תִזְרָע וְכַרְמְךָ לֹא תִזְמֹר׃ אֵת סְפִיחַ קְצִירְךָ לֹא תִקְצוֹר
6 וְאֶת־עִנְּבֵי נְזִירֶךָ לֹא תִבְצֹר שְׁנַת שַׁבָּתוֹן יִהְיֶה לָאָרֶץ׃ וְהָיְתָה
שַׁבַּת הָאָרֶץ לָכֶם לְאָכְלָה לְךָ וּלְעַבְדְּךָ וְלַאֲמָתֶךָ וְלִשְׂכִירְךָ
7 וּלְתוֹשָׁבְךָ הַגָּרִים עִמָּךְ׃ וְלִבְהֶמְתְּךָ וְלַחַיָּה אֲשֶׁר בְּאַרְצֶךָ
8 תִּהְיֶה כָל־תְּבוּאָתָהּ לֶאֱכֹל׃ ס וְסָפַרְתָּ לְךָ שֶׁבַע שַׁבְּתֹת
שָׁנִים שֶׁבַע שָׁנִים שֶׁבַע פְּעָמִים וְהָיוּ לְךָ יְמֵי שֶׁבַע שַׁבְּתֹת
9 הַשָּׁנִים תֵּשַׁע וְאַרְבָּעִים שָׁנָה׃ וְהַעֲבַרְתָּ שׁוֹפַר תְּרוּעָה בַּחֹדֶשׁ
הַשְּׁבִעִי בֶּעָשׂוֹר לַחֹדֶשׁ בְּיוֹם הַכִּפֻּרִים תַּעֲבִירוּ שׁוֹפָר בְּכָל־
י אַרְצְכֶם׃ וְקִדַּשְׁתֶּם אֵת שְׁנַת הַחֲמִשִּׁים שָׁנָה וּקְרָאתֶם דְּרוֹר
בָּאָרֶץ לְכָל־יֹשְׁבֶיהָ יוֹבֵל הִוא תִּהְיֶה לָכֶם וְשַׁבְתֶּם אִישׁ אֶל־
11 אֲחֻזָּתוֹ וְאִישׁ אֶל־מִשְׁפַּחְתּוֹ תָּשֻׁבוּ׃ יוֹבֵל הִוא שְׁנַת הַחֲמִשִּׁים
שָׁנָה תִּהְיֶה לָכֶם לֹא תִזְרָעוּ וְלֹא תִקְצְרוּ אֶת־סְפִיחֶיהָ וְלֹא
12 תִבְצְרוּ אֶת־נְזִרֶיהָ׃ כִּי יוֹבֵל הִוא קֹדֶשׁ תִּהְיֶה לָכֶם מִן־
13 הַשָּׂדֶה תֹּאכְלוּ אֶת־תְּבוּאָתָהּ׃ בִּשְׁנַת הַיּוֹבֵל הַזֹּאת תָּשֻׁבוּ
14 אִישׁ אֶל־אֲחֻזָּתוֹ׃ * וְכִי־תִמְכְּרוּ מִמְכָּר לַעֲמִיתֶךָ אוֹ קָנֹה שני
טו מִיַּד עֲמִיתֶךָ אַל־תּוֹנוּ אִישׁ אֶת־אָחִיו׃ בְּמִסְפַּר שָׁנִים אַחַר
הַיּוֹבֵל תִּקְנֶה מֵאֵת עֲמִיתֶךָ בְּמִסְפַּר שְׁנֵי־תְבוּאֹת יִמְכָּר־לָךְ׃
16 לְפִי ׀ רֹב הַשָּׁנִים תַּרְבֶּה מִקְנָתוֹ וּלְפִי מְעֹט הַשָּׁנִים תַּמְעִיט
17 מִקְנָתוֹ כִּי מִסְפַּר תְּבוּאֹת הוּא מֹכֵר לָךְ׃ וְלֹא תוֹנוּ אִישׁ אֶת־
18 עֲמִיתוֹ וְיָרֵאתָ מֵאֱלֹהֶיךָ כִּי אֲנִי יְהוָה אֱלֹהֵיכֶם׃ וַעֲשִׂיתֶם
אֶת־חֻקֹּתַי וְאֶת־מִשְׁפָּטַי תִּשְׁמְרוּ וַעֲשִׂיתֶם אֹתָם וִישַׁבְתֶּם
19 עַל־הָאָרֶץ לָבֶטַח׃ * וְנָתְנָה הָאָרֶץ פִּרְיָהּ וַאֲכַלְתֶּם לָשֹׂבַע שלישי
כ וִישַׁבְתֶּם לָבֶטַח עָלֶיהָ׃ וְכִי תֹאמְרוּ מַה־נֹּאכַל בַּשָּׁנָה הַשְּׁבִיעִת (שני כשהן מחוברין)
21 הֵן לֹא נִזְרָע וְלֹא נֶאֱסֹף אֶת־תְּבוּאָתֵנוּ׃ וְצִוִּיתִי אֶת־בִּרְכָתִי

לכם

לָכֶם בַּשָּׁנָה הַשִּׁשִּׁית וְעָשָׂת אֶת־הַתְּבוּאָה לִשְׁלֹשׁ הַשָּׁנִים׃
22 וּזְרַעְתֶּם אֵת הַשָּׁנָה הַשְּׁמִינִת וַאֲכַלְתֶּם מִן־הַתְּבוּאָה יָשָׁן עַד ׀
23 הַשָּׁנָה הַתְּשִׁיעִת עַד־בּוֹא תְּבוּאָתָהּ תֹּאכְלוּ יָשָׁן׃ וְהָאָרֶץ לֹא
תִמָּכֵר לִצְמִתֻת כִּי־לִי הָאָרֶץ כִּי־גֵרִים וְתוֹשָׁבִים אַתֶּם
24 עִמָּדִי׃ וּבְכֹל אֶרֶץ אֲחֻזַּתְכֶם גְּאֻלָּה תִּתְּנוּ לָאָרֶץ׃* ס
כה כִּי־יָמוּךְ אָחִיךָ וּמָכַר מֵאֲחֻזָּתוֹ וּבָא גֹאֲלוֹ הַקָּרֹב אֵלָיו וְגָאַל רביעי
26 אֵת מִמְכַּר אָחִיו׃ וְאִישׁ כִּי לֹא יִהְיֶה־לּוֹ גֹּאֵל וְהִשִּׂיגָה יָדוֹ
27 וּמָצָא כְּדֵי גְאֻלָּתוֹ׃ וְחִשַּׁב אֶת־שְׁנֵי מִמְכָּרוֹ וְהֵשִׁיב אֶת־
28 הָעֹדֵף לָאִישׁ אֲשֶׁר מָכַר־לוֹ וְשָׁב לַאֲחֻזָּתוֹ׃ וְאִם לֹא־מָצְאָה
יָדוֹ דֵּי הָשִׁיב לוֹ וְהָיָה מִמְכָּרוֹ בְּיַד הַקֹּנֶה אֹתוֹ עַד שְׁנַת
29 הַיּוֹבֵל וְיָצָא בַּיֹּבֵל וְשָׁב לַאֲחֻזָּתוֹ׃* ס וְאִישׁ כִּי־יִמְכֹּר חמישי (שלישי
בֵּית־מוֹשַׁב עִיר חוֹמָה וְהָיְתָה גְּאֻלָּתוֹ עַד־תֹּם שְׁנַת מִמְכָּרוֹ כשהן
ל יָמִים תִּהְיֶה גְאֻלָּתוֹ׃ וְאִם לֹא־יִגָּאֵל עַד־מְלֹאת לוֹ שָׁנָה מחוברין)
תְמִימָה וְקָם הַבַּיִת אֲשֶׁר־בָּעִיר אֲשֶׁר־לֹא חֹמָה לַצְּמִיתֻת
31 לַקֹּנֶה אֹתוֹ לְדֹרֹתָיו לֹא יֵצֵא בַּיֹּבֵל׃ וּבָתֵּי הַחֲצֵרִים אֲשֶׁר
אֵין־לָהֶם חֹמָה סָבִיב עַל־שְׂדֵה הָאָרֶץ יֵחָשֵׁב גְּאֻלָּה תִּהְיֶה־
32 לּוֹ וּבַיֹּבֵל יֵצֵא׃ וְעָרֵי הַלְוִיִּם בָּתֵּי עָרֵי אֲחֻזָּתָם גְּאֻלַּת עוֹלָם
33 תִּהְיֶה לַלְוִיִּם׃ וַאֲשֶׁר יִגְאַל מִן־הַלְוִיִּם וְיָצָא מִמְכַּר־בַּיִת
וְעִיר אֲחֻזָּתוֹ בַּיֹּבֵל כִּי בָתֵּי עָרֵי הַלְוִיִּם הִוא אֲחֻזָּתָם בְּתוֹךְ
34 בְּנֵי יִשְׂרָאֵל׃ וּשְׂדֵה מִגְרַשׁ עָרֵיהֶם לֹא יִמָּכֵר כִּי־אֲחֻזַּת עוֹלָם
לה הוּא לָהֶם׃ ס וְכִי־יָמוּךְ אָחִיךָ וּמָטָה יָדוֹ עִמָּךְ וְהֶחֱזַקְתָּ
36 בּוֹ גֵּר וְתוֹשָׁב וָחַי עִמָּךְ׃ אַל־תִּקַּח מֵאִתּוֹ נֶשֶׁךְ וְתַרְבִּית וְיָרֵאתָ
37 מֵאֱלֹהֶיךָ וְחֵי אָחִיךָ עִמָּךְ׃ אֶת־כַּסְפְּךָ לֹא־תִתֵּן לוֹ בְּנֶשֶׁךְ
38 וּבְמַרְבִּית לֹא־תִתֵּן אָכְלֶךָ׃ אֲנִי יְהוָה אֱלֹהֵיכֶם אֲשֶׁר־
הוֹצֵאתִי אֶתְכֶם מֵאֶרֶץ מִצְרָיִם לָתֵת לָכֶם אֶת־אֶרֶץ כְּנַעַן
39 לִהְיוֹת לָכֶם לֵאלֹהִים׃* ס וְכִי־יָמוּךְ אָחִיךָ עִמָּךְ וְנִמְכַּר־ ששי (רביעי
מ לָךְ לֹא־תַעֲבֹד בּוֹ עֲבֹדַת עָבֶד׃ כְּשָׂכִיר כְּתוֹשָׁב יִהְיֶה עִמָּךְ כשהן מחוברין)

עד־שנת

v. 30. לו ק׳ v. 34. סבירין היא

41 עַד־שְׁנַ֥ת הַיֹּבֵ֖ל יַעֲבֹ֥ד עִמָּֽךְ׃ וְיָצָא֙ מֵעִמָּ֔ךְ ה֖וּא וּבָנָ֣יו עִמּ֑וֹ
42 וְשָׁב֙ אֶל־מִשְׁפַּחְתּ֔וֹ וְאֶל־אֲחֻזַּ֥ת אֲבֹתָ֖יו יָשֽׁוּב׃ כִּֽי־עֲבָדַ֣י הֵ֔ם
אֲשֶׁר־הוֹצֵ֥אתִי אֹתָ֖ם מֵאֶ֣רֶץ מִצְרָ֑יִם לֹ֥א יִמָּכְר֖וּ מִמְכֶּ֥רֶת
43 44 עָֽבֶד׃ לֹא־תִרְדֶּ֥ה ב֖וֹ בְּפָ֑רֶךְ וְיָרֵ֖אתָ מֵאֱלֹהֶֽיךָ׃ וְעַבְדְּךָ֥
וַאֲמָתְךָ֖ אֲשֶׁ֣ר יִהְיוּ־לָ֑ךְ מֵאֵ֣ת הַגּוֹיִ֗ם אֲשֶׁר֙ סְבִיבֹ֣תֵיכֶ֔ם מֵהֶ֥ם
מה תִּקְנ֖וּ עֶ֥בֶד וְאָמָֽה׃ וְגַ֡ם מִבְּנֵי֩ הַתּוֹשָׁבִ֨ים הַגָּרִ֤ים עִמָּכֶם֙ מֵהֶ֣ם
תִּקְנ֔וּ וּמִמִּשְׁפַּחְתָּם֙ אֲשֶׁ֣ר עִמָּכֶ֔ם אֲשֶׁ֥ר הוֹלִ֖ידוּ בְּאַרְצְכֶ֑ם וְהָי֥וּ
46 לָכֶ֖ם לַאֲחֻזָּֽה׃ וְהִתְנַחַלְתֶּ֨ם אֹתָ֜ם לִבְנֵיכֶ֤ם אַחֲרֵיכֶם֙ לָרֶ֣שֶׁת
אֲחֻזָּ֔ה לְעֹלָ֖ם בָּהֶ֣ם תַּעֲבֹ֑דוּ וּבְאַ֨חֵיכֶ֤ם בְּנֵֽי־יִשְׂרָאֵל֙ אִ֣ישׁ
שביעי 47 בְּאָחִ֔יו לֹא־תִרְדֶּ֥ה ב֖וֹ בְּפָֽרֶךְ׃ * ס וְכִ֣י תַשִּׂ֗יג יַ֣ד גֵּ֤ר וְתוֹשָׁב֙
עִמָּ֔ךְ וּמָ֥ךְ אָחִ֖יךָ עִמּ֑וֹ וְנִמְכַּ֗ר לְגֵ֤ר תּוֹשָׁב֙ עִמָּ֔ךְ א֥וֹ לְעֵ֖קֶר
48 מִשְׁפַּ֥חַת גֵּֽר׃ אַחֲרֵ֣י נִמְכַּ֔ר גְּאֻלָּ֖ה תִּהְיֶה־לּ֑וֹ אֶחָ֥ד מֵאֶחָ֖יו
49 יִגְאָלֶֽנּוּ׃ אֽוֹ־דֹד֞וֹ א֤וֹ בֶן־דֹּדוֹ֙ יִגְאָלֶ֔נּוּ אֽוֹ־מִשְּׁאֵ֧ר בְּשָׂר֛וֹ
נ מִמִּשְׁפַּחְתּ֖וֹ יִגְאָלֶ֑נּוּ אֽוֹ־הִשִּׂ֥יגָה יָד֖וֹ וְנִגְאָֽל׃ וְחִשַּׁב֙ עִם־קֹנֵ֔הוּ
מִשְּׁנַת֙ הִמָּ֣כְרוֹ ל֔וֹ עַ֖ד שְׁנַ֣ת הַיֹּבֵ֑ל וְהָיָ֞ה כֶּ֤סֶף מִמְכָּרוֹ֙ בְּמִסְפַּ֣ר
51 שָׁנִ֔ים כִּימֵ֥י שָׂכִ֖יר יִהְיֶ֥ה עִמּֽוֹ׃ אִם־ע֥וֹד רַבּ֖וֹת בַּשָּׁנִ֑ים לְפִיהֶן֙
52 יָשִׁ֣יב גְּאֻלָּת֔וֹ מִכֶּ֖סֶף מִקְנָתֽוֹ׃ וְאִם־מְעַ֞ט נִשְׁאַ֥ר בַּשָּׁנִ֛ים עַד־
53 שְׁנַ֥ת הַיֹּבֵ֖ל וְחִשַּׁב־ל֑וֹ כְּפִ֣י שָׁנָ֔יו יָשִׁ֖יב אֶת־גְּאֻלָּתֽוֹ׃ כִּשְׂכִ֥יר
54 שָׁנָ֛ה בְּשָׁנָ֖ה יִהְיֶ֣ה עִמּ֑וֹ לֹֽא־יִרְדֶּ֥נּוּ בְּפֶ֖רֶךְ לְעֵינֶֽיךָ׃ וְאִם־לֹ֥א
מפטיר נה יִגָּאֵ֖ל בְּאֵ֑לֶּה וְיָצָא֙ בִּשְׁנַ֣ת הַיֹּבֵ֔ל ה֖וּא וּבָנָ֥יו עִמּֽוֹ׃ * כִּֽי־לִ֤י
בְנֵֽי־יִשְׂרָאֵל֙ עֲבָדִ֔ים עֲבָדַ֣י הֵ֔ם אֲשֶׁר־הוֹצֵ֥אתִי אוֹתָ֖ם מֵאֶ֣רֶץ
מִצְרָ֑יִם אֲנִ֖י יְהוָ֥ה אֱלֹהֵיכֶֽם׃

כו Cap. XXVI. כו

א לֹא־תַעֲשׂ֨וּ לָכֶ֜ם אֱלִילִ֗ם וּפֶ֤סֶל וּמַצֵּבָה֙ לֹא־תָקִ֣ימוּ לָכֶ֔ם
וְאֶ֣בֶן מַשְׂכִּ֗ית לֹ֤א תִתְּנוּ֙ בְּאַרְצְכֶ֔ם לְהִֽשְׁתַּחֲוֹ֖ת עָלֶ֑יהָ כִּ֛י אֲנִ֥י
2 יְהוָ֖ה אֱלֹהֵיכֶֽם׃ אֶת־שַׁבְּתֹתַ֣י תִּשְׁמֹ֔רוּ וּמִקְדָּשִׁ֖י תִּירָ֑אוּ אֲנִ֖י
יְהוָֽה׃ פפפ

אם־בחקתי

בחקתי לג 33

3 אִם־בְּחֻקֹּתַי תֵּלֵכוּ וְאֶת־מִצְוֺתַי תִּשְׁמְרוּ וַעֲשִׂיתֶם אֹתָם׃
4 וְנָתַתִּי גִשְׁמֵיכֶם בְּעִתָּם וְנָתְנָה הָאָרֶץ יְבוּלָהּ וְעֵץ הַשָּׂדֶה יִתֵּן
ה פִּרְיוֹ׃ וְהִשִּׂיג לָכֶם דַּיִשׁ אֶת־בָּצִיר וּבָצִיר יַשִּׂיג אֶת־זָרַע
6 וַאֲכַלְתֶּם לַחְמְכֶם לָשֹׂבַע וִישַׁבְתֶּם לָבֶטַח בְּאַרְצְכֶם׃ * וְנָתַתִּי שני
שָׁלוֹם בָּאָרֶץ וּשְׁכַבְתֶּם וְאֵין מַחֲרִיד וְהִשְׁבַּתִּי חַיָּה רָעָה מִן־
7 הָאָרֶץ וְחֶרֶב לֹא־תַעֲבֹר בְּאַרְצְכֶם׃ וּרְדַפְתֶּם אֶת־אֹיְבֵיכֶם
8 וְנָפְלוּ לִפְנֵיכֶם לֶחָרֶב׃ וְרָדְפוּ מִכֶּם חֲמִשָּׁה מֵאָה וּמֵאָה
9 מִכֶּם רְבָבָה יִרְדֹּפוּ וְנָפְלוּ אֹיְבֵיכֶם לִפְנֵיכֶם לֶחָרֶב׃ וּפָנִיתִי
אֲלֵיכֶם וְהִפְרֵיתִי אֶתְכֶם וְהִרְבֵּיתִי אֶתְכֶם וַהֲקִימֹתִי אֶת־
י בְּרִיתִי אִתְּכֶם׃ * וַאֲכַלְתֶּם יָשָׁן נוֹשָׁן וְיָשָׁן מִפְּנֵי חָדָשׁ תּוֹצִיאוּ׃ שלישי
11 12 וְנָתַתִּי מִשְׁכָּנִי בְּתוֹכְכֶם וְלֹא־תִגְעַל נַפְשִׁי אֶתְכֶם׃ וְהִתְהַלַּכְתִּי (חמישי כשהן
13 בְּתוֹכְכֶם וְהָיִיתִי לָכֶם לֵאלֹהִים וְאַתֶּם תִּהְיוּ־לִי לְעָם׃ אֲנִי מחוברין)
יְהוָֹה אֱלֹהֵיכֶם אֲשֶׁר הוֹצֵאתִי אֶתְכֶם מֵאֶרֶץ מִצְרַיִם מִהְיֹת
לָהֶם עֲבָדִים וָאֶשְׁבֹּר מֹטֹת עֻלְּכֶם וָאוֹלֵךְ אֶתְכֶם קוֹמְמִיּוּת׃ פ
14 וְאִם־לֹא תִשְׁמְעוּ לִי וְלֹא תַעֲשׂוּ אֵת כָּל־הַמִּצְוֺת הָאֵלֶּה׃
טו וְאִם־בְּחֻקֹּתַי תִּמְאָסוּ וְאִם אֶת־מִשְׁפָּטַי תִּגְעַל נַפְשְׁכֶם
16 לְבִלְתִּי עֲשׂוֹת אֶת־כָּל־מִצְוֺתַי לְהַפְרְכֶם אֶת־בְּרִיתִי׃ אַף־
אֲנִי אֶעֱשֶׂה־זֹּאת לָכֶם וְהִפְקַדְתִּי עֲלֵיכֶם בֶּהָלָה אֶת־הַשַּׁחֶפֶת
וְאֶת־הַקַּדַּחַת מְכַלּוֹת עֵינַיִם וּמְדִיבֹת נָפֶשׁ וּזְרַעְתֶּם לָרִיק
17 זַרְעֲכֶם וַאֲכָלֻהוּ אֹיְבֵיכֶם׃ וְנָתַתִּי פָנַי בָּכֶם וְנִגַּפְתֶּם לִפְנֵי
18 אֹיְבֵיכֶם וְרָדוּ בָכֶם שֹׂנְאֵיכֶם וְנַסְתֶּם וְאֵין־רֹדֵף אֶתְכֶם׃ וְאִם־
עַד־אֵלֶּה לֹא תִשְׁמְעוּ לִי וְיָסַפְתִּי לְיַסְּרָה אֶתְכֶם שֶׁבַע עַל־
19 חַטֹּאתֵיכֶם׃ וְשָׁבַרְתִּי אֶת־גְּאוֹן עֻזְּכֶם וְנָתַתִּי אֶת־שְׁמֵיכֶם
כ כַּבַּרְזֶל וְאֶת־אַרְצְכֶם כַּנְּחֻשָׁה׃ וְתַם לָרִיק כֹּחֲכֶם וְלֹא־תִתֵּן
21 אַרְצְכֶם אֶת־יְבוּלָהּ וְעֵץ הָאָרֶץ לֹא יִתֵּן פִּרְיוֹ׃ וְאִם־תֵּלְכוּ
עִמִּי קֶרִי וְלֹא תֹאבוּ לִשְׁמֹעַ לִי וְיָסַפְתִּי עֲלֵיכֶם מַכָּה שֶׁבַע

כחטאתיכם

22 בְּחַטֹּאתֵיכֶם׃ וְהִשְׁלַחְתִּי בָכֶם אֶת־חַיַּת הַשָּׂדֶה וְשִׁכְּלָה
אֶתְכֶם וְהִכְרִיתָה אֶת־בְּהֶמְתְּכֶם וְהִמְעִיטָה אֶתְכֶם וְנָשַׁמּוּ
23 דַּרְכֵיכֶם׃ וְאִם־בְּאֵלֶּה לֹא תִוָּסְרוּ לִי וַהֲלַכְתֶּם עִמִּי קֶרִי׃
24 וְהָלַכְתִּי אַף־אֲנִי עִמָּכֶם בְּקֶרִי וְהִכֵּיתִי אֶתְכֶם גַּם־אָנִי שֶׁבַע
עַל־חַטֹּאתֵיכֶם׃ וְהֵבֵאתִי עֲלֵיכֶם חֶרֶב נֹקֶמֶת נְקַם־בְּרִית
כה וְנֶאֱסַפְתֶּם אֶל־עָרֵיכֶם וְשִׁלַּחְתִּי דֶבֶר בְּתוֹכְכֶם וְנִתַּתֶּם בְּיַד־
26 אוֹיֵב׃ בְּשִׁבְרִי לָכֶם מַטֵּה־לֶחֶם וְאָפוּ עֶשֶׂר נָשִׁים לַחְמְכֶם
בְּתַנּוּר אֶחָד וְהֵשִׁיבוּ לַחְמְכֶם בַּמִּשְׁקָל וַאֲכַלְתֶּם וְלֹא תִשְׂבָּעוּ׃
27 וְאִם־בְּזֹאת לֹא תִשְׁמְעוּ לִי וַהֲלַכְתֶּם עִמִּי בְּקֶרִי׃ ס
28 וְהָלַכְתִּי עִמָּכֶם בַּחֲמַת־קֶרִי וְיִסַּרְתִּי אֶתְכֶם אַף־אָנִי שֶׁבַע
29 עַל־חַטֹּאתֵיכֶם׃ וַאֲכַלְתֶּם בְּשַׂר בְּנֵיכֶם וּבְשַׂר בְּנֹתֵיכֶם
ל תֹּאכֵלוּ׃ וְהִשְׁמַדְתִּי אֶת־בָּמֹתֵיכֶם וְהִכְרַתִּי אֶת־חַמָּנֵיכֶם
וְנָתַתִּי אֶת־פִּגְרֵיכֶם עַל־פִּגְרֵי גִּלּוּלֵיכֶם וְגָעֲלָה נַפְשִׁי אֶתְכֶם׃
31 וְנָתַתִּי אֶת־עָרֵיכֶם חָרְבָּה וַהֲשִׁמּוֹתִי אֶת־מִקְדְּשֵׁיכֶם וְלֹא
32 אָרִיחַ בְּרֵיחַ נִיחֹחֲכֶם׃ וַהֲשִׁמֹּתִי אֲנִי אֶת־הָאָרֶץ וְשָׁמְמוּ
33 עָלֶיהָ אֹיְבֵיכֶם הַיֹּשְׁבִים בָּהּ׃ וְאֶתְכֶם אֱזָרֶה בַגּוֹיִם וַהֲרִיקֹתִי
אַחֲרֵיכֶם חָרֶב וְהָיְתָה אַרְצְכֶם שְׁמָמָה וְעָרֵיכֶם יִהְיוּ חָרְבָּה׃
34 אָז תִּרְצֶה הָאָרֶץ אֶת־שַׁבְּתֹתֶיהָ כֹּל יְמֵי הָשַּׁמָּה וְאַתֶּם בְּאֶרֶץ
לה אֹיְבֵיכֶם אָז תִּשְׁבַּת הָאָרֶץ וְהִרְצָת אֶת־שַׁבְּתֹתֶיהָ׃ כָּל־יְמֵי
הָשַּׁמָּה תִּשְׁבֹּת אֵת אֲשֶׁר לֹא־שָׁבְתָה בְּשַׁבְּתֹתֵיכֶם בְּשִׁבְתְּכֶם
36 עָלֶיהָ׃ וְהַנִּשְׁאָרִים בָּכֶם וְהֵבֵאתִי מֹרֶךְ בִּלְבָבָם בְּאַרְצֹת
אֹיְבֵיהֶם וְרָדַף אֹתָם קוֹל עָלֶה נִדָּף וְנָסוּ מְנֻסַת־חֶרֶב וְנָפְלוּ
37 וְאֵין רֹדֵף׃ וְכָשְׁלוּ אִישׁ־בְּאָחִיו כְּמִפְּנֵי־חֶרֶב וְרֹדֵף אָיִן
38 וְלֹא־תִהְיֶה לָכֶם תְּקוּמָה לִפְנֵי אֹיְבֵיכֶם׃ וַאֲבַדְתֶּם בַּגּוֹיִם
39 וְאָכְלָה אֶתְכֶם אֶרֶץ אֹיְבֵיכֶם׃ וְהַנִּשְׁאָרִים בָּכֶם יִמַּקּוּ בַּעֲוֺנָם
מ בְּאַרְצֹת אֹיְבֵיכֶם וְאַף בַּעֲוֺנֹת אֲבֹתָם אִתָּם יִמָּקּוּ׃ וְהִתְוַדּוּ
אֶת־עֲוֺנָם וְאֶת־עֲוֺן אֲבֹתָם בְּמַעֲלָם אֲשֶׁר מָעֲלוּ־בִי וְאַף
41 אֲשֶׁר־הָלְכוּ עִמִּי בְּקֶרִי׃ אַף־אֲנִי אֵלֵךְ עִמָּם בְּקֶרִי וְהֵבֵאתִי

אתם

אֹתָם בְּאֶרֶץ אֹיְבֵיהֶם אוֹ־אָז יִכָּנַע לְבָבָם הֶעָרֵל וְאָז יִרְצוּ
42 אֶת־עֲוֺנָם׃ וְזָכַרְתִּי אֶת־בְּרִיתִי יַעֲקוֹב וְאַף אֶת־בְּרִיתִי יִצְחָק
43 וְאַף אֶת־בְּרִיתִי אַבְרָהָם אֶזְכֹּר וְהָאָרֶץ אֶזְכֹּר׃ וְהָאָרֶץ
תֵּעָזֵב מֵהֶם וְתִרֶץ אֶת־שַׁבְּתֹתֶיהָ בָּהְשַׁמָּה מֵהֶם וְהֵם יִרְצוּ
אֶת־עֲוֺנָם יַעַן וּבְיַעַן בְּמִשְׁפָּטַי מָאָסוּ וְאֶת־חֻקֹּתַי גָּעֲלָה נַפְשָׁם׃
44 וְאַף־גַּם־זֹאת בִּהְיוֹתָם בְּאֶרֶץ אֹיְבֵיהֶם לֹא־מְאַסְתִּים וְלֹא־
גְעַלְתִּים לְכַלֹּתָם לְהָפֵר בְּרִיתִי אִתָּם כִּי אֲנִי יְהוָה אֱלֹהֵיהֶם׃
מה וְזָכַרְתִּי לָהֶם בְּרִית רִאשֹׁנִים אֲשֶׁר הוֹצֵאתִי־אֹתָם מֵאֶרֶץ
46 מִצְרַיִם לְעֵינֵי הַגּוֹיִם לִהְיוֹת לָהֶם לֵאלֹהִים אֲנִי יְהוָה׃ אֵלֶּה
הַחֻקִּים וְהַמִּשְׁפָּטִים וְהַתּוֹרֹת אֲשֶׁר נָתַן יְהוָה בֵּינוֹ וּבֵין בְּנֵי
יִשְׂרָאֵל בְּהַר סִינַי בְּיַד־מֹשֶׁה׃ * פ

כז CAP. XXVII. כז

רביעי (ששי כשהן מחוברין)

2 א וַיְדַבֵּר יְהוָה אֶל־מֹשֶׁה לֵּאמֹר׃ דַּבֵּר אֶל־בְּנֵי יִשְׂרָאֵל
וְאָמַרְתָּ אֲלֵהֶם אִישׁ כִּי יַפְלִא נֶדֶר בְּעֶרְכְּךָ נְפָשֹׁת לַיהוָה׃
3 וְהָיָה עֶרְכְּךָ הַזָּכָר מִבֶּן עֶשְׂרִים שָׁנָה וְעַד בֶּן־שִׁשִּׁים שָׁנָה
4 וְהָיָה עֶרְכְּךָ חֲמִשִּׁים שֶׁקֶל כֶּסֶף בְּשֶׁקֶל הַקֹּדֶשׁ׃ וְאִם־נְקֵבָה
ה הִוא וְהָיָה עֶרְכְּךָ שְׁלֹשִׁים שָׁקֶל׃ וְאִם מִבֶּן־חָמֵשׁ שָׁנִים וְעַד
בֶּן־עֶשְׂרִים שָׁנָה וְהָיָה עֶרְכְּךָ הַזָּכָר עֶשְׂרִים שְׁקָלִים וְלַנְּקֵבָה
6 עֲשֶׂרֶת שְׁקָלִים׃ וְאִם מִבֶּן־חֹדֶשׁ וְעַד בֶּן־חָמֵשׁ שָׁנִים וְהָיָה
עֶרְכְּךָ הַזָּכָר חֲמִשָּׁה שְׁקָלִים כָּסֶף וְלַנְּקֵבָה עֶרְכְּךָ שְׁלֹשֶׁת
7 שְׁקָלִים כָּסֶף׃ וְאִם מִבֶּן־שִׁשִּׁים שָׁנָה וָמַעְלָה אִם־זָכָר וְהָיָה
8 עֶרְכְּךָ חֲמִשָּׁה עָשָׂר שָׁקֶל וְלַנְּקֵבָה עֲשָׂרָה שְׁקָלִים׃ וְאִם־
מָךְ הוּא מֵעֶרְכֶּךָ וְהֶעֱמִידוֹ לִפְנֵי הַכֹּהֵן וְהֶעֱרִיךְ אֹתוֹ הַכֹּהֵן
9 עַל־פִּי אֲשֶׁר תַּשִּׂיג יַד הַנֹּדֵר יַעֲרִיכֶנּוּ הַכֹּהֵן׃ ס וְאִם־
בְּהֵמָה אֲשֶׁר יַקְרִיבוּ מִמֶּנָּה קָרְבָּן לַיהוָה כֹּל אֲשֶׁר יִתֵּן מִמֶּנּוּ
י לַיהוָה יִהְיֶה־קֹּדֶשׁ׃ לֹא יַחֲלִיפֶנּוּ וְלֹא־יָמִיר אֹתוֹ טוֹב בְּרָע
אוֹ־רַע בְּטוֹב וְאִם־הָמֵר יָמִיר בְּהֵמָה בִּבְהֵמָה וְהָיָה־הוּא

ותמורתו

כ"ז v. 9. סבירין ממנה

11 וּתְמוּרָת֖וֹ יִהְיֶה־קֹּֽדֶשׁ׃ וְאִם֙ כָּל־בְּהֵמָ֣ה טְמֵאָ֔ה אֲשֶׁ֛ר לֹא־
יַקְרִ֥יבוּ מִמֶּ֛נָּה קָרְבָּ֖ן לַיהוָ֑ה וְהֶעֱמִ֥יד אֶת־הַבְּהֵמָ֖ה לִפְנֵ֥י
12 הַכֹּהֵֽן׃ וְהֶעֱרִ֤יךְ הַכֹּהֵן֙ אֹתָ֔הּ בֵּ֥ין ט֖וֹב וּבֵ֣ין רָ֑ע כְּעֶרְכְּךָ֥ הַכֹּהֵ֖ן
13 14 כֵּ֥ן יִהְיֶֽה׃ וְאִם־גָּאֹ֖ל יִגְאָלֶ֑נָּה וְיָסַ֥ף חֲמִישִׁת֖וֹ עַל־עֶרְכֶּֽךָ׃ וְאִ֗ישׁ
כִּֽי־יַקְדִּ֨שׁ אֶת־בֵּית֥וֹ קֹ֙דֶשׁ֙ לַֽיהוָ֔ה וְהֶעֱרִיכוֹ֙ הַכֹּהֵ֔ן בֵּ֥ין ט֖וֹב
טו וּבֵ֣ין רָ֑ע כַּאֲשֶׁ֨ר יַעֲרִ֥יךְ אֹת֛וֹ הַכֹּהֵ֖ן כֵּ֥ן יָקֽוּם׃ וְאִם־הַ֨מַּקְדִּ֔ישׁ
יִגְאַ֖ל אֶת־בֵּית֑וֹ וְ֠יָסַף חֲמִישִׁ֧ית כֶּֽסֶף־עֶרְכְּךָ֛ עָלָ֖יו וְהָ֥יָה לֽוֹ׃ *
16 וְאִ֣ם׀ מִשְּׂדֵ֣ה אֲחֻזָּת֗וֹ יַקְדִּ֥ישׁ אִישׁ֙ לַֽיהוָ֔ה וְהָיָ֥ה עֶרְכְּךָ֖ לְפִ֣י חמישי
17 זַרְע֑וֹ זֶ֚רַע חֹ֣מֶר שְׂעֹרִ֔ים בַּחֲמִשִּׁ֖ים שֶׁ֥קֶל כָּֽסֶף׃ אִם־מִשְּׁנַ֥ת (שביעי כשהן
18 הַיֹּבֵ֖ל יַקְדִּ֣ישׁ שָׂדֵ֑הוּ כְּעֶרְכְּךָ֖ יָקֽוּם׃ וְאִם־אַחַ֣ר הַיֹּבֵל֮ יַקְדִּ֣ישׁ מחוברין)
שָׂדֵהוּ֒ וְחִשַּׁב־ל֨וֹ הַכֹּהֵ֜ן אֶת־הַכֶּ֗סֶף עַל־פִּ֤י הַשָּׁנִים֙ הַנּ֣וֹתָרֹ֔ת
19 עַ֖ד שְׁנַ֣ת הַיֹּבֵ֑ל וְנִגְרַ֖ע מֵעֶרְכֶּֽךָ׃ וְאִם־גָּאֹ֤ל יִגְאַל֙ אֶת־הַשָּׂדֶ֔ה
הַמַּקְדִּ֖ישׁ אֹת֑וֹ וְ֠יָסַף חֲמִשִׁ֧ית כֶּֽסֶף־עֶרְכְּךָ֛ עָלָ֖יו וְקָ֥ם לֽוֹ׃
כ וְאִם־לֹ֤א יִגְאַל֙ אֶת־הַשָּׂדֶ֔ה וְאִם־מָכַ֥ר אֶת־הַשָּׂדֶ֖ה לְאִ֣ישׁ
21 אַחֵ֑ר לֹ֥א יִגָּאֵ֖ל עֽוֹד׃ וְהָיָ֨ה הַשָּׂדֶ֜ה בְּצֵאת֣וֹ בַיֹּבֵ֗ל קֹ֛דֶשׁ
22 לַֽיהוָ֖ה כִּשְׂדֵ֣ה הַחֵ֑רֶם לַכֹּהֵ֖ן תִּהְיֶ֥ה אֲחֻזָּתֽוֹ׃ * וְאִם֙ אֶת־שְׂדֵ֣ה ששי
23 מִקְנָת֔וֹ אֲשֶׁ֕ר לֹ֖א מִשְּׂדֵ֣ה אֲחֻזָּת֑וֹ יַקְדִּ֖ישׁ לַיהוָֽה׃ וְחִשַּׁב־ל֣וֹ
הַכֹּהֵ֗ן אֵ֚ת מִכְסַ֣ת הָֽעֶרְכְּךָ֔ עַ֖ד שְׁנַ֣ת הַיֹּבֵ֑ל וְנָתַ֤ן אֶת־הָֽעֶרְכְּךָ֙
24 בַּיּ֣וֹם הַה֔וּא קֹ֖דֶשׁ לַיהוָֽה׃ בִּשְׁנַ֤ת הַיּוֹבֵל֙ יָשׁ֣וּב הַשָּׂדֶ֔ה לַאֲשֶׁ֥ר
כה קָנָ֖הוּ מֵאִתּ֑וֹ לַאֲשֶׁר־ל֖וֹ אֲחֻזַּ֥ת הָאָֽרֶץ׃ וְכָל־עֶ֨רְכְּךָ֔ יִהְיֶ֖ה
26 בְּשֶׁ֣קֶל הַקֹּ֑דֶשׁ עֶשְׂרִ֥ים גֵּרָ֖ה יִהְיֶ֥ה הַשָּֽׁקֶל׃ אַךְ־בְּכ֞וֹר אֲשֶׁ֨ר
יְבֻכַּ֤ר לַֽיהוָה֙ בִּבְהֵמָ֔ה לֹֽא־יַקְדִּ֥ישׁ אִ֖ישׁ אֹת֑וֹ אִם־שׁ֣וֹר אִם־
27 שֶׂ֔ה לַֽיהוָ֖ה הֽוּא׃ וְאִ֨ם בַּבְּהֵמָ֤ה הַטְּמֵאָה֙ וּפָדָ֣ה בְעֶרְכֶּ֔ךָ וְיָסַ֥ף
28 חֲמִשִׁת֖וֹ עָלָ֑יו וְאִם־לֹ֥א יִגָּאֵ֖ל וְנִמְכַּ֥ר בְּעֶרְכֶּֽךָ׃ אַךְ־כָּל־חֵ֡רֶם
אֲשֶׁ֣ר יַחֲרִם֩ אִ֨ישׁ לַיהוָ֜ה מִכָּל־אֲשֶׁר־ל֗וֹ מֵאָדָ֤ם וּבְהֵמָה֙
וּמִשְּׂדֵ֣ה אֲחֻזָּת֔וֹ לֹ֥א יִמָּכֵ֖ר וְלֹ֣א יִגָּאֵ֑ל כָּל־חֵ֕רֶם קֹֽדֶשׁ־קָֽדָשִׁ֥ים
29 ה֖וּא לַיהוָֽה׃ * כָּל־חֵ֗רֶם אֲשֶׁ֧ר יָֽחֳרַ֛ם מִן־הָֽאָדָ֖ם לֹ֣א יִפָּדֶ֑ה שביעי
ל מ֖וֹת יוּמָֽת׃ וְכָל־מַעְשַׂ֨ר הָאָ֜רֶץ מִזֶּ֤רַע הָאָ֙רֶץ֙ מִפְּרִ֣י הָעֵ֔ץ

ליהוה

31 לַֽיהוָ֔ה ה֖וּא קֹ֥דֶשׁ לַֽיהוָֽה׃ וְאִם־גָּאֹ֥ל יִגְאַ֛ל אִ֖ישׁ מִמַּֽעַשְׂר֑וֹ
32 חֲמִֽשִׁית֖וֹ יֹסֵ֥ף עָלָֽיו׃ * וְכָל־מַעְשַׂ֤ר בָּקָר֙ וָצֹ֔אן כֹּ֥ל אֲשֶׁר־ מפטיר
33 יַעֲבֹ֖ר תַּ֣חַת הַשָּׁ֑בֶט הָֽעֲשִׂירִ֕י יִהְיֶה־קֹּ֖דֶשׁ לַֽיהוָֽה׃ לֹ֥א יְבַקֵּ֛ר
בֵּֽין־ט֥וֹב לָרַ֖ע וְלֹ֣א יְמִירֶ֑נּוּ וְאִם־הָמֵ֣ר יְמִירֶ֔נּוּ וְהָֽיָה־ה֧וּא
34 וּתְמוּרָת֛וֹ יִֽהְיֶה־קֹּ֖דֶשׁ לֹ֥א יִגָּאֵֽל׃ אֵ֣לֶּה הַמִּצְוֺ֗ת אֲשֶׁ֨ר צִוָּ֧ה
יְהוָ֛ה אֶת־מֹשֶׁ֖ה אֶל־בְּנֵ֣י יִשְׂרָאֵ֑ל בְּהַ֖ר סִינָֽי׃

חזק

סכום פסוקי דספר ויקרא שמונה מאות וחמשים ותשעה. נטף סימן : וחציו והנגע בבשר הזב : ופרשיותיו עשרה. בא גד סימן : וסדריו שלשה ועשרים. ובתורתו יהגה יומם ולילה סימן : ופרקיו שבעה ועשרים. ואהיה עמך ואברכך סימן : מניין הפתוחות שתים וחמשים. והסתומות ששה וארבעים. הכל שמנה ותשעים פרשיות. דודי צח ואדום סימן :

וידבר

במדבר

NUMERI

במדבר לד 34

א CAPUT I. א

א וַיְדַבֵּר יְהוָה אֶל־מֹשֶׁה בְּמִדְבַּר סִינַי בְּאֹהֶל מוֹעֵד בְּאֶחָד
לַחֹדֶשׁ הַשֵּׁנִי בַּשָּׁנָה הַשֵּׁנִית לְצֵאתָם מֵאֶרֶץ מִצְרַיִם לֵאמֹר׃
2 שְׂאוּ אֶת־רֹאשׁ כָּל־עֲדַת בְּנֵי־יִשְׂרָאֵל לְמִשְׁפְּחֹתָם לְבֵית
3 אֲבֹתָם בְּמִסְפַּר שֵׁמוֹת כָּל־זָכָר לְגֻלְגְּלֹתָם׃ מִבֶּן עֶשְׂרִים
שָׁנָה וָמַעְלָה כָּל־יֹצֵא צָבָא בְּיִשְׂרָאֵל תִּפְקְדוּ אֹתָם לְצִבְאֹתָם
4 אַתָּה וְאַהֲרֹן׃ וְאִתְּכֶם יִהְיוּ אִישׁ אִישׁ לַמַּטֶּה אִישׁ רֹאשׁ
ה לְבֵית־אֲבֹתָיו הוּא׃ וְאֵלֶּה שְׁמוֹת הָאֲנָשִׁים אֲשֶׁר יַעַמְדוּ
6 אִתְּכֶם לִרְאוּבֵן אֱלִיצוּר בֶּן־שְׁדֵיאוּר׃ לְשִׁמְעוֹן שְׁלֻמִיאֵל
7 8 בֶּן־צוּרִישַׁדָּי׃ לִיהוּדָה נַחְשׁוֹן בֶּן־עַמִּינָדָב׃ לְיִשָּׂשכָר נְתַנְאֵל
9 י בֶּן־צוּעָר׃ לִזְבוּלֻן אֱלִיאָב בֶּן־חֵלֹן׃ לִבְנֵי יוֹסֵף לְאֶפְרַיִם
11 אֱלִישָׁמָע בֶּן־עַמִּיהוּד לִמְנַשֶּׁה גַּמְלִיאֵל בֶּן־פְּדָהצוּר׃ לְבִנְיָמִן
12 13 אֲבִידָן בֶּן־גִּדְעֹנִי׃ לְדָן אֲחִיעֶזֶר בֶּן־עַמִּישַׁדָּי׃ לְאָשֵׁר
14 טו פַּגְעִיאֵל בֶּן־עָכְרָן׃ לְגָד אֶלְיָסָף בֶּן־דְּעוּאֵל׃ לְנַפְתָּלִי
16 אֲחִירַע בֶּן־עֵינָן׃ אֵלֶּה קְרִיאֵי הָעֵדָה נְשִׂיאֵי מַטּוֹת אֲבוֹתָם
17 רָאשֵׁי אַלְפֵי יִשְׂרָאֵל הֵם׃ וַיִּקַּח מֹשֶׁה וְאַהֲרֹן אֵת הָאֲנָשִׁים
18 הָאֵלֶּה אֲשֶׁר נִקְּבוּ בְּשֵׁמוֹת׃ וְאֵת כָּל־הָעֵדָה הִקְהִילוּ בְּאֶחָד
לַחֹדֶשׁ הַשֵּׁנִי וַיִּתְיַלְדוּ עַל־מִשְׁפְּחֹתָם לְבֵית אֲבֹתָם בְּמִסְפַּר
19 שֵׁמוֹת מִבֶּן עֶשְׂרִים שָׁנָה וָמַעְלָה לְגֻלְגְּלֹתָם׃ כַּאֲשֶׁר צִוָּה יְהוָה
כ אֶת־מֹשֶׁה וַיִּפְקְדֵם בְּמִדְבַּר סִינָי׃ * ס וַיִּהְיוּ בְנֵי־רְאוּבֵן שני
בְּכֹר יִשְׂרָאֵל תּוֹלְדֹתָם לְמִשְׁפְּחֹתָם לְבֵית אֲבֹתָם בְּמִסְפַּר
שֵׁמוֹת לְגֻלְגְּלֹתָם כָּל־זָכָר מִבֶּן עֶשְׂרִים שָׁנָה וָמַעְלָה כֹּל יֹצֵא
21 צָבָא׃ פְּקֻדֵיהֶם לְמַטֵּה רְאוּבֵן שִׁשָּׁה וְאַרְבָּעִים אֶלֶף וַחֲמֵשׁ
מֵאוֹת׃ פ

לבני

°יניח ד׳ שיטין פנויות ויתחיל מתחלת שיטה ה׳   v. 16. קרואי ק׳

22 לִבְנֵי שִׁמְעוֹן תּוֹלְדֹתָם לְמִשְׁפְּחֹתָם לְבֵית אֲבֹתָם פְּקֻדָיו
בְּמִסְפַּר שֵׁמוֹת לְגֻלְגְּלֹתָם כָּל־זָכָר מִבֶּן עֶשְׂרִים שָׁנָה וָמַעְלָה
23 כֹּל יֹצֵא צָבָא: פְּקֻדֵיהֶם לְמַטֵּה שִׁמְעוֹן תִּשְׁעָה וַחֲמִשִּׁים
אֶלֶף וּשְׁלֹשׁ מֵאוֹת: פ

24 לִבְנֵי גָד תּוֹלְדֹתָם לְמִשְׁפְּחֹתָם לְבֵית אֲבֹתָם בְּמִסְפַּר שֵׁמוֹת
כה מִבֶּן עֶשְׂרִים שָׁנָה וָמַעְלָה כֹּל יֹצֵא צָבָא: פְּקֻדֵיהֶם לְמַטֵּה
גָד חֲמִשָּׁה וְאַרְבָּעִים אֶלֶף וְשֵׁשׁ מֵאוֹת וַחֲמִשִּׁים: פ

26 לִבְנֵי יְהוּדָה תּוֹלְדֹתָם לְמִשְׁפְּחֹתָם לְבֵית אֲבֹתָם בְּמִסְפַּר
27 שֵׁמֹת מִבֶּן עֶשְׂרִים שָׁנָה וָמַעְלָה כֹּל יֹצֵא צָבָא: פְּקֻדֵיהֶם
לְמַטֵּה יְהוּדָה אַרְבָּעָה וְשִׁבְעִים אֶלֶף וְשֵׁשׁ מֵאוֹת: פ

28 לִבְנֵי יִשָּׂשכָר תּוֹלְדֹתָם לְמִשְׁפְּחֹתָם לְבֵית אֲבֹתָם בְּמִסְפַּר
29 שֵׁמֹת מִבֶּן עֶשְׂרִים שָׁנָה וָמַעְלָה כֹּל יֹצֵא צָבָא: פְּקֻדֵיהֶם
לְמַטֵּה יִשָּׂשכָר אַרְבָּעָה וַחֲמִשִּׁים אֶלֶף וְאַרְבַּע מֵאוֹת: פ

ל לִבְנֵי זְבוּלֻן תּוֹלְדֹתָם לְמִשְׁפְּחֹתָם לְבֵית אֲבֹתָם בְּמִסְפַּר שֵׁמֹת
31 מִבֶּן עֶשְׂרִים שָׁנָה וָמַעְלָה כֹּל יֹצֵא צָבָא: פְּקֻדֵיהֶם לְמַטֵּה
זְבוּלֻן שִׁבְעָה וַחֲמִשִּׁים אֶלֶף וְאַרְבַּע מֵאוֹת: פ

32 לִבְנֵי יוֹסֵף לִבְנֵי אֶפְרַיִם תּוֹלְדֹתָם לְמִשְׁפְּחֹתָם לְבֵית אֲבֹתָם
בְּמִסְפַּר שֵׁמֹת מִבֶּן עֶשְׂרִים שָׁנָה וָמַעְלָה כֹּל יֹצֵא צָבָא:
33 פְּקֻדֵיהֶם לְמַטֵּה אֶפְרָיִם אַרְבָּעִים אֶלֶף וַחֲמֵשׁ מֵאוֹת: פ

34 לִבְנֵי מְנַשֶּׁה תּוֹלְדֹתָם לְמִשְׁפְּחֹתָם לְבֵית אֲבֹתָם בְּמִסְפַּר
לה שֵׁמוֹת מִבֶּן עֶשְׂרִים שָׁנָה וָמַעְלָה כֹּל יֹצֵא צָבָא: פְּקֻדֵיהֶם
לְמַטֵּה מְנַשֶּׁה שְׁנַיִם וּשְׁלֹשִׁים אֶלֶף וּמָאתָיִם: פ

36 לִבְנֵי בִנְיָמִן תּוֹלְדֹתָם לְמִשְׁפְּחֹתָם לְבֵית אֲבֹתָם בְּמִסְפַּר שֵׁמֹת
37 מִבֶּן עֶשְׂרִים שָׁנָה וָמַעְלָה כֹּל יֹצֵא צָבָא: פְּקֻדֵיהֶם לְמַטֵּה
בִנְיָמִן חֲמִשָּׁה וּשְׁלֹשִׁים אֶלֶף וְאַרְבַּע מֵאוֹת: פ

38 לִבְנֵי דָן תּוֹלְדֹתָם לְמִשְׁפְּחֹתָם לְבֵית אֲבֹתָם בְּמִסְפַּר שֵׁמֹת
39 מִבֶּן עֶשְׂרִים שָׁנָה וָמַעְלָה כֹּל יֹצֵא צָבָא: פְּקֻדֵיהֶם לְמַטֵּה
דָן שְׁנַיִם וְשִׁשִּׁים אֶלֶף וּשְׁבַע מֵאוֹת: פ

לבני

מ לִבְנֵ֣י אָשֵׁ֔ר תּוֹלְדֹתָ֥ם לְמִשְׁפְּחֹתָ֖ם לְבֵ֣ית אֲבֹתָ֑ם בְּמִסְפַּ֣ר שֵׁמֹ֔ת
41 מִבֶּ֨ן עֶשְׂרִ֤ים שָׁנָה֙ וָמַ֔עְלָה כֹּ֖ל יֹצֵ֥א צָבָֽא׃ פְּקֻדֵיהֶ֖ם לְמַטֵּ֣ה
אָשֵׁ֑ר אֶחָ֧ד וְאַרְבָּעִ֛ים אֶ֖לֶף וַחֲמֵ֥שׁ מֵאֽוֹת׃ פ
42 בְּנֵ֣י נַפְתָּלִ֔י תּוֹלְדֹתָ֥ם לְמִשְׁפְּחֹתָ֖ם לְבֵ֣ית אֲבֹתָ֑ם בְּמִסְפַּ֣ר שֵׁמֹ֔ת
43 מִבֶּ֨ן עֶשְׂרִ֤ים שָׁנָה֙ וָמַ֔עְלָה כֹּ֖ל יֹצֵ֥א צָבָֽא׃ פְּקֻדֵיהֶ֖ם לְמַטֵּ֣ה
נַפְתָּלִ֑י שְׁלֹשָׁ֧ה וַחֲמִשִּׁ֛ים אֶ֖לֶף וְאַרְבַּ֥ע מֵאֽוֹת׃ פ
44 אֵ֣לֶּה הַפְּקֻדִ֡ים אֲשֶׁר֩ פָּקַ֨ד מֹשֶׁ֤ה וְאַהֲרֹן֙ וּנְשִׂיאֵ֣י יִשְׂרָאֵ֔ל שְׁנֵ֥ים
מה עָשָׂ֖ר אִ֑ישׁ אִישׁ־אֶחָ֥ד לְבֵית־אֲבֹתָ֖יו הָיֽוּ׃ וַיִּהְי֛וּ כָּל־פְּקוּדֵ֥י
בְנֵֽי־יִשְׂרָאֵ֖ל לְבֵ֣ית אֲבֹתָ֑ם מִבֶּ֨ן עֶשְׂרִ֤ים שָׁנָה֙ וָמַ֔עְלָה כָּל־
46 יֹצֵ֥א צָבָ֖א בְּיִשְׂרָאֵֽל׃ וַיִּהְיוּ֙ כָּל־הַפְּקֻדִ֔ים שֵׁשׁ־מֵא֥וֹת אֶ֖לֶף
47 וּשְׁלֹ֣שֶׁת אֲלָפִ֑ים וַחֲמֵ֥שׁ מֵא֖וֹת וַחֲמִשִּֽׁים׃ וְהַלְוִיִּ֖ם לְמַטֵּ֣ה אֲבֹתָ֑ם
לֹ֥א הָתְפָּקְד֖וּ בְּתוֹכָֽם׃ פ
48 49 וַיְדַבֵּ֥ר יְהוָ֖ה אֶל־מֹשֶׁ֥ה לֵּאמֹֽר׃ אַ֣ךְ אֶת־מַטֵּ֤ה לֵוִי֙ לֹ֣א תִפְקֹ֔ד
נ וְאֶת־רֹאשָׁ֣ם לֹ֣א תִשָּׂ֔א בְּת֖וֹךְ בְּנֵ֥י יִשְׂרָאֵֽל׃ וְאַתָּ֡ה הַפְקֵ֣ד אֶת־
הַלְוִיִּם֩ עַל־מִשְׁכַּ֨ן הָעֵדֻ֜ת וְעַ֣ל כָּל־כֵּלָיו֮ וְעַ֣ל כָּל־אֲשֶׁר־
לוֹ֒ הֵ֜מָּה יִשְׂא֤וּ אֶת־הַמִּשְׁכָּן֙ וְאֶת־כָּל־כֵּלָ֔יו וְהֵ֖ם יְשָׁרְתֻ֑הוּ
51 וְסָבִ֥יב לַמִּשְׁכָּ֖ן יַחֲנֽוּ׃ וּבִנְסֹ֣עַ הַמִּשְׁכָּ֗ן יוֹרִ֤ידוּ אֹתוֹ֙ הַלְוִיִּ֔ם
52 וּבַחֲנֹת֙ הַמִּשְׁכָּ֔ן יָקִ֥ימוּ אֹת֖וֹ הַלְוִיִּ֑ם וְהַזָּ֥ר הַקָּרֵ֖ב יוּמָֽת׃ וְחָנ֖וּ
בְּנֵ֣י יִשְׂרָאֵ֑ל אִ֧ישׁ עַל־מַחֲנֵ֛הוּ וְאִ֥ישׁ עַל־דִּגְל֖וֹ לְצִבְאֹתָֽם׃
53 וְהַלְוִיִּ֞ם יַחֲנ֤וּ סָבִיב֙ לְמִשְׁכַּ֣ן הָעֵדֻ֔ת וְלֹא־יִהְיֶ֣ה קֶ֔צֶף עַל־עֲדַ֖ת
54 בְּנֵ֣י יִשְׂרָאֵ֑ל וְשָֽׁמְרוּ֙ הַלְוִיִּ֔ם אֶת־מִשְׁמֶ֖רֶת מִשְׁכַּ֥ן הָעֵדֽוּת׃ וַֽיַּעֲשׂ֖וּ
פ בְּנֵ֣י יִשְׂרָאֵ֑ל כְּ֠כֹל אֲשֶׁ֨ר צִוָּ֧ה יְהוָ֛ה אֶת־מֹשֶׁ֖ה כֵּ֥ן עָשֽׂוּ׃ *

ב CAP. II. ב

א 2 וַיְדַבֵּ֣ר יְהוָ֔ה אֶל־מֹשֶׁ֥ה וְאֶֽל־אַהֲרֹ֖ן לֵאמֹֽר׃ אִ֣ישׁ עַל־דִּגְל֤וֹ שלישי
בְאֹתֹת֙ לְבֵ֣ית אֲבֹתָ֔ם יַחֲנ֖וּ בְּנֵ֣י יִשְׂרָאֵ֑ל מִנֶּ֕גֶד סָבִ֥יב לְאֹֽהֶל־
3 מוֹעֵ֖ד יַחֲנֽוּ׃ וְהַחֹנִים֙ קֵ֣דְמָה מִזְרָ֔חָה דֶּ֛גֶל מַחֲנֵ֥ה יְהוּדָ֖ה
4 לְצִבְאֹתָ֑ם וְנָשִׂיא֙ לִבְנֵ֣י יְהוּדָ֔ה נַחְשׁ֖וֹן בֶּן־עַמִּינָדָֽב׃ וּצְבָא֖וֹ
ה וּפְקֻדֵיהֶ֑ם אַרְבָּעָ֧ה וְשִׁבְעִ֛ים אֶ֖לֶף וְשֵׁ֥שׁ מֵאֽוֹת׃ וְהַחֹנִ֥ים עָלָ֖יו

מטה

6 מַטֵּה יִשָּׂשכָר וְנָשִׂיא לִבְנֵי יִשָּׂשכָר נְתַנְאֵל בֶּן־צוּעָר׃ וּצְבָאוֹ
7 וּפְקֻדָיו אַרְבָּעָה וַחֲמִשִּׁים אֶלֶף וְאַרְבַּע מֵאוֹת׃ מַטֵּה זְבוּלֻן
8 וְנָשִׂיא לִבְנֵי זְבוּלֻן אֱלִיאָב בֶּן־חֵלֹן׃ וּצְבָאוֹ וּפְקֻדָיו שִׁבְעָה
9 וַחֲמִשִּׁים אֶלֶף וְאַרְבַּע מֵאוֹת׃ כָּל־הַפְּקֻדִים לְמַחֲנֵה יְהוּדָה
מְאַת אֶלֶף וּשְׁמֹנִים אֶלֶף וְשֵׁשֶׁת־אֲלָפִים וְאַרְבַּע־מֵאוֹת
י לְצִבְאֹתָם רִאשֹׁנָה יִסָּעוּ׃ ס דֶּגֶל מַחֲנֵה רְאוּבֵן תֵּימָנָה
11 לְצִבְאֹתָם וְנָשִׂיא לִבְנֵי רְאוּבֵן אֱלִיצוּר בֶּן־שְׁדֵיאוּר׃ וּצְבָאוֹ
12 וּפְקֻדָיו שִׁשָּׁה וְאַרְבָּעִים אֶלֶף וַחֲמֵשׁ מֵאוֹת׃ וְהַחוֹנִם עָלָיו
מַטֵּה שִׁמְעוֹן וְנָשִׂיא לִבְנֵי שִׁמְעוֹן שְׁלֻמִיאֵל בֶּן־צוּרִישַׁדָּי׃
13 14 וּצְבָאוֹ וּפְקֻדֵיהֶם תִּשְׁעָה וַחֲמִשִּׁים אֶלֶף וּשְׁלֹשׁ מֵאוֹת׃ וּמַטֵּה
טו גָּד וְנָשִׂיא לִבְנֵי גָד אֶלְיָסָף בֶּן־רְעוּאֵל׃ וּצְבָאוֹ וּפְקֻדֵיהֶם
16 חֲמִשָּׁה וְאַרְבָּעִים אֶלֶף וְשֵׁשׁ מֵאוֹת וַחֲמִשִּׁים׃ כָּל־הַפְּקֻדִים
לְמַחֲנֵה רְאוּבֵן מְאַת אֶלֶף וְאֶחָד וַחֲמִשִּׁים אֶלֶף וְאַרְבַּע־
17 מֵאוֹת וַחֲמִשִּׁים לְצִבְאֹתָם וּשְׁנִיִּם יִסָּעוּ׃ ס וְנָסַע אֹהֶל־
מוֹעֵד מַחֲנֵה הַלְוִיִּם בְּתוֹךְ הַמַּחֲנֹת כַּאֲשֶׁר יַחֲנוּ כֵּן יִסָּעוּ אִישׁ
18 עַל־יָדוֹ לְדִגְלֵיהֶם׃ ס דֶּגֶל מַחֲנֵה אֶפְרַיִם לְצִבְאֹתָם יָמָּה
19 וְנָשִׂיא לִבְנֵי אֶפְרַיִם אֱלִישָׁמָע בֶּן־עַמִּיהוּד׃ וּצְבָאוֹ וּפְקֻדֵיהֶם
כ אַרְבָּעִים אֶלֶף וַחֲמֵשׁ מֵאוֹת׃ וְעָלָיו מַטֵּה מְנַשֶּׁה וְנָשִׂיא לִבְנֵי
21 מְנַשֶּׁה גַּמְלִיאֵל בֶּן־פְּדָהצוּר׃ וּצְבָאוֹ וּפְקֻדֵיהֶם שְׁנַיִם וּשְׁלֹשִׁים
22 אֶלֶף וּמָאתָיִם׃ וּמַטֵּה בִּנְיָמִן וְנָשִׂיא לִבְנֵי בִנְיָמִן אֲבִידָן בֶּן־
23 גִּדְעֹנִי׃ וּצְבָאוֹ וּפְקֻדֵיהֶם חֲמִשָּׁה וּשְׁלֹשִׁים אֶלֶף וְאַרְבַּע
24 מֵאוֹת׃ כָּל־הַפְּקֻדִים לְמַחֲנֵה אֶפְרַיִם מְאַת אֶלֶף וּשְׁמֹנַת־
כה אֲלָפִים וּמֵאָה לְצִבְאֹתָם וּשְׁלִשִׁים יִסָּעוּ׃ ס דֶּגֶל מַחֲנֵה
דָן צָפֹנָה לְצִבְאֹתָם וְנָשִׂיא לִבְנֵי דָן אֲחִיעֶזֶר בֶּן־עַמִּישַׁדָּי׃
26 27 וּצְבָאוֹ וּפְקֻדֵיהֶם שְׁנַיִם וְשִׁשִּׁים אֶלֶף וּשְׁבַע מֵאוֹת׃ וְהַחֹנִים
28 עָלָיו מַטֵּה אָשֵׁר וְנָשִׂיא לִבְנֵי אָשֵׁר פַּגְעִיאֵל בֶּן־עָכְרָן׃ וּצְבָאוֹ
29 וּפְקֻדֵיהֶם אֶחָד וְאַרְבָּעִים אֶלֶף וַחֲמֵשׁ מֵאוֹת׃ וּמַטֵּה נַפְתָּלִי
ל וְנָשִׂיא לִבְנֵי נַפְתָּלִי אֲחִירַע בֶּן־עֵינָן׃ וּצְבָאוֹ וּפְקֻדֵיהֶם שְׁלֹשָׁה

וחמשים

31 וַחֲמִשִּׁים אֶלֶף וְאַרְבַּע מֵאוֹת׃ כָּל־הַפְּקֻדִים לְמַחֲנֵה דָן
מְאַת אֶלֶף וְשִׁבְעָה וַחֲמִשִּׁים אֶלֶף וְשֵׁשׁ מֵאוֹת לָאַחֲרֹנָה יִסְעוּ
לְדִגְלֵיהֶם׃ פ
32 אֵלֶּה פְּקוּדֵי בְנֵי־יִשְׂרָאֵל לְבֵית אֲבֹתָם כָּל־פְּקוּדֵי הַמַּחֲנֹת
לְצִבְאֹתָם שֵׁשׁ־מֵאוֹת אֶלֶף וּשְׁלֹשֶׁת אֲלָפִים וַחֲמֵשׁ מֵאוֹת
33 וַחֲמִשִּׁים׃ וְהַלְוִיִּם לֹא הָתְפָּקְדוּ בְּתוֹךְ בְּנֵי יִשְׂרָאֵל כַּאֲשֶׁר
34 צִוָּה יְהוָה אֶת־מֹשֶׁה׃ וַיַּעֲשׂוּ בְּנֵי יִשְׂרָאֵל כְּכֹל אֲשֶׁר־צִוָּה
יְהוָה אֶת־מֹשֶׁה כֵּן־חָנוּ לְדִגְלֵיהֶם וְכֵן נָסָעוּ אִישׁ לְמִשְׁפְּחֹתָיו
עַל־בֵּית אֲבֹתָיו׃* פ

ג Cap. III. ג

א וְאֵלֶּה תּוֹלְדֹת אַהֲרֹן וּמֹשֶׁה בְּיוֹם דִּבֶּר יְהוָה אֶת־מֹשֶׁה בְּהַר רביעי
2 סִינָי׃ וְאֵלֶּה שְׁמוֹת בְּנֵי־אַהֲרֹן הַבְּכֹר ׀ נָדָב וַאֲבִיהוּא אֶלְעָזָר
3 וְאִיתָמָר׃ אֵלֶּה שְׁמוֹת בְּנֵי אַהֲרֹן הַכֹּהֲנִים הַמְּשֻׁחִים אֲשֶׁר־
4 מִלֵּא יָדָם לְכַהֵן׃ וַיָּמָת נָדָב וַאֲבִיהוּא לִפְנֵי יְהוָה בְּהַקְרִבָם
אֵשׁ זָרָה לִפְנֵי יְהוָה בְּמִדְבַּר סִינַי וּבָנִים לֹא־הָיוּ לָהֶם וַיְכַהֵן
אֶלְעָזָר וְאִיתָמָר עַל־פְּנֵי אַהֲרֹן אֲבִיהֶם׃ פ
ה 6 וַיְדַבֵּר יְהוָה אֶל־מֹשֶׁה לֵּאמֹר׃ הַקְרֵב אֶת־מַטֵּה לֵוִי
7 וְהַעֲמַדְתָּ אֹתוֹ לִפְנֵי אַהֲרֹן הַכֹּהֵן וְשֵׁרְתוּ אֹתוֹ׃ וְשָׁמְרוּ אֶת־
מִשְׁמַרְתּוֹ וְאֶת־מִשְׁמֶרֶת כָּל־הָעֵדָה לִפְנֵי אֹהֶל מוֹעֵד לַעֲבֹד
8 אֶת־עֲבֹדַת הַמִּשְׁכָּן׃ וְשָׁמְרוּ אֶת־כָּל־כְּלֵי אֹהֶל מוֹעֵד
9 וְאֶת־מִשְׁמֶרֶת בְּנֵי יִשְׂרָאֵל לַעֲבֹד אֶת־עֲבֹדַת הַמִּשְׁכָּן׃ וְנָתַתָּה
אֶת־הַלְוִיִּם לְאַהֲרֹן וּלְבָנָיו נְתוּנִם נְתוּנִם הֵמָּה לוֹ מֵאֵת בְּנֵי
י יִשְׂרָאֵל׃ וְאֶת־אַהֲרֹן וְאֶת־בָּנָיו תִּפְקֹד וְשָׁמְרוּ אֶת־כְּהֻנָּתָם
וְהַזָּר הַקָּרֵב יוּמָת׃ פ
11 12 וַיְדַבֵּר יְהוָה אֶל־מֹשֶׁה לֵּאמֹר׃ וַאֲנִי הִנֵּה לָקַחְתִּי אֶת־הַלְוִיִּם
מִתּוֹךְ בְּנֵי יִשְׂרָאֵל תַּחַת כָּל־בְּכוֹר פֶּטֶר רֶחֶם מִבְּנֵי יִשְׂרָאֵל
13 וְהָיוּ לִי הַלְוִיִּם׃ כִּי לִי כָּל־בְּכוֹר בְּיוֹם הַכֹּתִי כָל־בְּכוֹר

בארץ

בְּאֶ֣רֶץ מִצְרַ֗יִם הִקְדַּ֨שְׁתִּי לִ֤י כָל־בְּכוֹר֙ בְּיִשְׂרָאֵ֔ל מֵאָדָ֖ם עַד־
בְּהֵמָ֑ה לִ֥י יִהְי֖וּ אֲנִ֥י יְהוָֽה׃ * פ
14 טו וַיְדַבֵּ֤ר יְהוָה֙ אֶל־מֹשֶׁ֔ה בְּמִדְבַּ֥ר סִינַ֖י לֵאמֹֽר׃ פְּקֹד֙ אֶת־בְּנֵ֣י חמישי
לֵוִ֔י לְבֵ֥ית אֲבֹתָ֖ם לְמִשְׁפְּחֹתָ֑ם כָּל־זָכָ֛ר מִבֶּן־חֹ֥דֶשׁ וָמַ֖עְלָה
16 תִּפְקְדֵֽם׃ וַיִּפְקֹ֥ד אֹתָ֛ם מֹשֶׁ֖ה עַל־פִּ֣י יְהוָ֑ה כַּאֲשֶׁ֖ר צֻוָּֽה׃
17 18 וַיִּהְיוּ־אֵ֥לֶּה בְנֵֽי־לֵוִ֖י בִּשְׁמֹתָ֑ם גֵּֽרְשׁ֕וֹן וּקְהָ֖ת וּמְרָרִֽי׃ וְאֵ֛לֶּה
19 שְׁמ֥וֹת בְּנֵֽי־גֵרְשׁ֖וֹן לְמִשְׁפְּחֹתָ֑ם לִבְנִ֖י וְשִׁמְעִֽי׃ וּבְנֵ֥י קְהָ֖ת
כ לְמִשְׁפְּחֹתָ֑ם עַמְרָ֣ם וְיִצְהָ֔ר חֶבְר֖וֹן וְעֻזִּיאֵֽל׃ וּבְנֵ֧י מְרָרִ֛י
לְמִשְׁפְּחֹתָ֖ם מַחְלִ֣י וּמוּשִׁ֑י אֵ֥לֶּה הֵ֛ם מִשְׁפְּחֹ֥ת הַלֵּוִ֖י לְבֵ֥ית
21 אֲבֹתָֽם׃ לְגֵ֣רְשׁ֔וֹן מִשְׁפַּ֙חַת֙ הַלִּבְנִ֔י וּמִשְׁפַּ֖חַת הַשִּׁמְעִ֑י אֵ֣לֶּה הֵ֔ם
22 מִשְׁפְּחֹ֖ת הַגֵּרְשֻׁנִּֽי׃ פְּקֻדֵיהֶם֙ בְּמִסְפַּ֣ר כָּל־זָכָ֔ר מִבֶּן־חֹ֖דֶשׁ
23 וָמָ֑עְלָה פְּקֻ֣דֵיהֶ֔ם שִׁבְעַ֥ת אֲלָפִ֖ים וַחֲמֵ֥שׁ מֵאֽוֹת׃ מִשְׁפְּחֹ֖ת
24 הַגֵּרְשֻׁנִּ֑י אַחֲרֵ֧י הַמִּשְׁכָּ֛ן יַחֲנ֖וּ יָֽמָּה׃ וּנְשִׂ֥יא בֵֽית־אָ֖ב לַגֵּרְשֻׁנִּ֑י
כה אֶלְיָסָ֖ף בֶּן־לָאֵֽל׃ וּמִשְׁמֶ֤רֶת בְּנֵֽי־גֵרְשׁוֹן֙ בְּאֹ֣הֶל מוֹעֵ֔ד הַמִּשְׁכָּ֖ן
26 וְהָאֹ֑הֶל מִכְסֵ֕הוּ וּמָסַ֕ךְ פֶּ֖תַח אֹ֥הֶל מוֹעֵֽד׃ וְקַלְעֵ֣י הֶֽחָצֵ֗ר וְאֶת־
מָסַךְ֙ פֶּ֣תַח הֶֽחָצֵ֔ר אֲשֶׁ֧ר עַל־הַמִּשְׁכָּ֛ן וְעַל־הַמִּזְבֵּ֖חַ סָבִ֑יב
27 וְאֵת֙ מֵֽיתָרָ֔יו לְכֹ֖ל עֲבֹדָתֽוֹ׃ ס וְלִקְהָ֗ת מִשְׁפַּ֤חַת הָֽעַמְרָמִי֙
וּמִשְׁפַּ֣חַת הַיִּצְהָרִ֔י וּמִשְׁפַּ֙חַת֙ הַֽחֶבְרֹנִ֔י וּמִשְׁפַּ֖חַת הָֽעָזִּיאֵלִ֑י
28 אֵ֥לֶּה הֵ֖ם מִשְׁפְּחֹ֥ת הַקְּהָתִֽי׃ בְּמִסְפַּר֙ כָּל־זָכָ֔ר מִבֶּן־חֹ֖דֶשׁ
וָמָ֑עְלָה שְׁמֹנַ֤ת אֲלָפִים֙ וְשֵׁ֣שׁ מֵא֔וֹת שֹׁמְרֵ֖י מִשְׁמֶ֥רֶת הַקֹּֽדֶשׁ׃
29 ל מִשְׁפְּחֹ֥ת בְּנֵֽי־קְהָ֖ת יַחֲנ֑וּ עַ֛ל יֶ֥רֶךְ הַמִּשְׁכָּ֖ן תֵּימָֽנָה׃ וּנְשִׂ֥יא
31 בֵית־אָ֖ב לְמִשְׁפְּחֹ֣ת הַקְּהָתִ֑י אֱלִיצָפָ֖ן בֶּן־עֻזִּיאֵֽל׃ וּמִשְׁמַרְתָּ֡ם
הָאָרֹ֨ן וְהַשֻּׁלְחָ֤ן וְהַמְּנֹרָה֙ וְהַֽמִּזְבְּחֹ֔ת וּכְלֵ֣י הַקֹּ֔דֶשׁ אֲשֶׁ֥ר יְשָׁרְת֖וּ
32 בָּהֶ֑ם וְהַ֨מָּסָ֔ךְ וְכֹ֖ל עֲבֹדָתֽוֹ׃ וּנְשִׂיא֙ נְשִׂיאֵ֣י הַלֵּוִ֔י אֶלְעָזָ֖ר בֶּן־
33 אַהֲרֹ֣ן הַכֹּהֵ֑ן פְּקֻדַּ֕ת שֹׁמְרֵ֖י מִשְׁמֶ֥רֶת הַקֹּֽדֶשׁ׃ לִמְרָרִ֕י מִשְׁפַּ֙חַת֙
34 הַמַּחְלִ֔י וּמִשְׁפַּ֖חַת הַמּוּשִׁ֑י אֵ֥לֶּה הֵ֖ם מִשְׁפְּחֹ֥ת מְרָרִֽי׃ וּפְקֻדֵיהֶם֙
בְּמִסְפַּ֣ר כָּל־זָכָ֔ר מִבֶּן־חֹ֖דֶשׁ וָמָ֑עְלָה שֵׁ֥שֶׁת אֲלָפִ֖ים וּמָאתָֽיִם׃
לה וּנְשִׂ֤יא בֵֽית־אָב֙ לְמִשְׁפְּחֹ֣ת מְרָרִ֔י צוּרִיאֵ֖ל בֶּן־אֲבִיחָ֑יִל עַ֚ל

ירך

36 יֶ֣רֶךְ הַמִּשְׁכָּ֛ן יַחֲנ֖וּ צָפֹֽנָה׃ וּפְקֻדַּ֣ת מִשְׁמֶ֘רֶת֮ בְּנֵ֣י מְרָרִי֒ קַרְשֵׁי֙
הַמִּשְׁכָּ֔ן וּבְרִיחָ֖יו וְעַמֻּדָ֣יו וַאֲדָנָ֑יו וְכָל־כֵּלָ֔יו וְכֹ֖ל עֲבֹדָתֽוֹ׃
37 38 וְעַמֻּדֵ֧י הֶחָצֵ֛ר סָבִ֖יב וְאַדְנֵיהֶ֑ם וִיתֵדֹתָ֖ם וּמֵיתְרֵיהֶֽם׃ וְהַחֹנִ֣ים
לִפְנֵ֣י הַ֠מִּשְׁכָּן קֵ֡דְמָה לִפְנֵי֩ אֹֽהֶל־מוֹעֵ֨ד ׀ מִזְרָ֜חָה מֹשֶׁ֣ה ׀
וְאַהֲרֹ֣ן וּבָנָ֗יו שֹֽׁמְרִים֙ מִשְׁמֶ֣רֶת הַמִּקְדָּ֔שׁ לְמִשְׁמֶ֖רֶת בְּנֵ֣י יִשְׂרָאֵ֑ל
39 וְהַזָּ֥ר הַקָּרֵ֖ב יוּמָֽת׃ כָּל־פְּקוּדֵ֨י הַלְוִיִּ֜ם אֲשֶׁר֩ פָּקַ֨ד מֹשֶׁ֧ה
וְאַהֲרֹ֛ן עַל־פִּ֥י יְהוָ֖ה לְמִשְׁפְּחֹתָ֑ם כָּל־זָכָר֙ מִבֶּן־חֹ֣דֶשׁ וָמַ֔עְלָה
מ שְׁנַ֥יִם וְעֶשְׂרִ֖ים אָֽלֶף׃ * ס וַיֹּ֨אמֶר יְהוָ֜ה אֶל־מֹשֶׁ֗ה פְּקֹ֨ד ששי
כָּל־בְּכֹ֤ר זָכָר֙ לִבְנֵ֣י יִשְׂרָאֵ֔ל מִבֶּן־חֹ֖דֶשׁ וָמָ֑עְלָה וְשָׂ֕א אֵ֖ת
41 מִסְפַּ֥ר שְׁמֹתָֽם׃ וְלָקַחְתָּ֨ אֶת־הַלְוִיִּ֥ם לִי֙ אֲנִ֣י יְהוָ֔ה תַּ֥חַת כָּל־
בְּכֹ֖ר בִּבְנֵ֣י יִשְׂרָאֵ֑ל וְאֵת֙ בֶּהֱמַ֣ת הַלְוִיִּ֔ם תַּ֣חַת כָּל־בְּכ֔וֹר
42 בְּבֶהֱמַ֖ת בְּנֵ֥י יִשְׂרָאֵֽל׃ וַיִּפְקֹ֣ד מֹשֶׁ֔ה כַּאֲשֶׁ֛ר צִוָּ֥ה יְהוָ֖ה אֹת֑וֹ
43 אֶת־כָּל־בְּכ֖וֹר בִּבְנֵ֥י יִשְׂרָאֵֽל׃ וַיְהִי֩ כָל־בְּכ֨וֹר זָכָ֜ר בְּמִסְפַּ֥ר
שֵׁמֹ֛ת מִבֶּן־חֹ֥דֶשׁ וָמַ֖עְלָה לִפְקֻדֵיהֶ֑ם שְׁנַ֤יִם וְעֶשְׂרִים֙ אֶ֔לֶף
שְׁלֹשָׁ֥ה וְשִׁבְעִ֖ים וּמָאתָֽיִם׃ פ

44 מה וַיְדַבֵּ֥ר יְהוָ֖ה אֶל־מֹשֶׁ֥ה לֵּאמֹֽר׃ קַ֣ח אֶת־הַלְוִיִּ֗ם תַּ֤חַת כָּל־
בְּכוֹר֙ בִּבְנֵ֣י יִשְׂרָאֵ֔ל וְאֶת־בֶּהֱמַ֥ת הַלְוִיִּ֖ם תַּ֣חַת בְּהֶמְתָּ֑ם וְהָיוּ־
46 לִ֥י הַלְוִיִּ֖ם אֲנִ֥י יְהוָֽה׃ וְאֵת֙ פְּדוּיֵ֣י הַשְּׁלֹשָׁ֔ה וְהַשִּׁבְעִ֖ים וְהַמָּאתָ֑יִם
47 הָעֹדְפִים֙ עַל־הַלְוִיִּ֔ם מִבְּכ֖וֹר בְּנֵ֥י יִשְׂרָאֵֽל׃ וְלָקַחְתָּ֗ חֲמֵ֧שֶׁת
חֲמֵ֛שֶׁת שְׁקָלִ֖ים לַגֻּלְגֹּ֑לֶת בְּשֶׁ֤קֶל הַקֹּ֙דֶשׁ֙ תִּקָּ֔ח עֶשְׂרִ֥ים גֵּרָ֖ה
48 הַשָּֽׁקֶל׃ וְנָתַתָּ֣ה הַכֶּ֔סֶף לְאַהֲרֹ֖ן וּלְבָנָ֑יו פְּדוּיֵ֕י הָעֹדְפִ֖ים בָּהֶֽם׃
49 וַיִּקַּ֣ח מֹשֶׁ֔ה אֵ֖ת כֶּ֣סֶף הַפִּדְי֑וֹם מֵאֵת֙ הָעֹ֣דְפִ֔ים עַ֖ל פְּדוּיֵ֥י
נ הַלְוִיִּֽם׃ מֵאֵ֗ת בְּכ֛וֹר בְּנֵ֥י יִשְׂרָאֵ֖ל לָקַ֣ח אֶת־הַכָּ֑סֶף חֲמִשָּׁ֨ה
51 וְשִׁשִּׁ֜ים וּשְׁלֹ֧שׁ מֵא֛וֹת וָאֶ֖לֶף בְּשֶׁ֥קֶל הַקֹּֽדֶשׁ׃ וַיִּתֵּ֨ן מֹשֶׁ֜ה אֶת־
כֶּ֧סֶף הַפְּדֻיִ֛ם לְאַהֲרֹ֥ן וּלְבָנָ֖יו עַל־פִּ֣י יְהוָ֑ה כַּאֲשֶׁ֛ר צִוָּ֥ה יְהוָ֖ה
אֶת־מֹשֶֽׁה׃ * פ

וידבר

v. 39. נקוד על ואהרן v. 51. חסר ר'

ד CAP. IV. ד

2 א וַיְדַבֵּר יְהוָה אֶל־מֹשֶׁה וְאֶל־אַהֲרֹן לֵאמֹר׃ נָשֹׂא אֶת־רֹאשׁ שביעי
3 בְּנֵי קְהָת מִתּוֹךְ בְּנֵי לֵוִי לְמִשְׁפְּחֹתָם לְבֵית אֲבֹתָם׃ מִבֶּן
שְׁלֹשִׁים שָׁנָה וָמַעְלָה וְעַד בֶּן־חֲמִשִּׁים שָׁנָה כָּל־בָּא לַצָּבָא
4 לַעֲשׂוֹת מְלָאכָה בְּאֹהֶל מוֹעֵד׃ זֹאת עֲבֹדַת בְּנֵי־קְהָת בְּאֹהֶל
ה מוֹעֵד קֹדֶשׁ הַקֳּדָשִׁים׃ וּבָא אַהֲרֹן וּבָנָיו בִּנְסֹעַ הַמַּחֲנֶה וְהוֹרִדוּ
6 אֵת פָּרֹכֶת הַמָּסָךְ וְכִסּוּ־בָהּ אֵת אֲרֹן הָעֵדֻת׃ וְנָתְנוּ עָלָיו
כְּסוּי עוֹר תַּחַשׁ וּפָרְשׂוּ בֶגֶד־כְּלִיל תְּכֵלֶת מִלְמָעְלָה וְשָׂמוּ
7 בַּדָּיו׃ וְעַל ׀ שֻׁלְחַן הַפָּנִים יִפְרְשׂוּ בֶּגֶד תְּכֵלֶת וְנָתְנוּ עָלָיו
אֶת־הַקְּעָרֹת וְאֶת־הַכַּפֹּת וְאֶת־הַמְּנַקִּיֹּת וְאֵת קְשׂוֹת הַנָּסֶךְ
8 וְלֶחֶם הַתָּמִיד עָלָיו יִהְיֶה׃ וּפָרְשׂוּ עֲלֵיהֶם בֶּגֶד תּוֹלַעַת שָׁנִי
9 וְכִסּוּ אֹתוֹ בְּמִכְסֵה עוֹר תָּחַשׁ וְשָׂמוּ אֶת־בַּדָּיו׃ וְלָקְחוּ ׀ בֶּגֶד
תְּכֵלֶת וְכִסּוּ אֶת־מְנֹרַת הַמָּאוֹר וְאֶת־נֵרֹתֶיהָ וְאֶת־מַלְקָחֶיהָ
וְאֶת־מַחְתֹּתֶיהָ וְאֵת כָּל־כְּלֵי שַׁמְנָהּ אֲשֶׁר יְשָׁרְתוּ־לָהּ בָּהֶם׃
י וְנָתְנוּ אֹתָהּ וְאֶת־כָּל־כֵּלֶיהָ אֶל־מִכְסֵה עוֹר תָּחַשׁ וְנָתְנוּ
11 עַל־הַמּוֹט׃ וְעַל ׀ מִזְבַּח הַזָּהָב יִפְרְשׂוּ בֶּגֶד תְּכֵלֶת וְכִסּוּ אֹתוֹ
12 בְּמִכְסֵה עוֹר תָּחַשׁ וְשָׂמוּ אֶת־בַּדָּיו׃ וְלָקְחוּ אֶת־כָּל־כְּלֵי
הַשָּׁרֵת אֲשֶׁר יְשָׁרְתוּ־בָם בַּקֹּדֶשׁ וְנָתְנוּ אֶל־בֶּגֶד תְּכֵלֶת וְכִסּוּ
13 אוֹתָם בְּמִכְסֵה עוֹר תָּחַשׁ וְנָתְנוּ עַל־הַמּוֹט׃ וְדִשְּׁנוּ אֶת־
14 הַמִּזְבֵּחַ וּפָרְשׂוּ עָלָיו בֶּגֶד אַרְגָּמָן׃ וְנָתְנוּ עָלָיו אֶת־כָּל־
כֵּלָיו אֲשֶׁר יְשָׁרְתוּ עָלָיו בָּהֶם אֶת־הַמַּחְתֹּת אֶת־הַמִּזְלָגֹת
וְאֶת־הַיָּעִים וְאֶת־הַמִּזְרָקֹת כֹּל כְּלֵי הַמִּזְבֵּחַ וּפָרְשׂוּ עָלָיו
טו כְּסוּי עוֹר תַּחַשׁ וְשָׂמוּ בַדָּיו׃ וְכִלָּה אַהֲרֹן־וּבָנָיו לְכַסֹּת אֶת־
הַקֹּדֶשׁ וְאֶת־כָּל־כְּלֵי הַקֹּדֶשׁ בִּנְסֹעַ הַמַּחֲנֶה וְאַחֲרֵי־כֵן יָבֹאוּ
בְנֵי־קְהָת לָשֵׂאת וְלֹא־יִגְּעוּ אֶל־הַקֹּדֶשׁ וָמֵתוּ אֵלֶּה מַשָּׂא בְנֵי־
16 קְהָת בְּאֹהֶל מוֹעֵד׃ וּפְקֻדַּת אֶלְעָזָר ׀ בֶּן־אַהֲרֹן הַכֹּהֵן שֶׁמֶן
הַמָּאוֹר וּקְטֹרֶת הַסַּמִּים וּמִנְחַת הַתָּמִיד וְשֶׁמֶן הַמִּשְׁחָה פְּקֻדַּת
כָּל־הַמִּשְׁכָּן וְכָל־אֲשֶׁר־בּוֹ בְּקֹדֶשׁ וּבְכֵלָיו׃ * פ

וידבר

v. 3. סבירין הבא

מפטיר 17 18 וַיְדַבֵּר יְהוָה אֶל־מֹשֶׁה וְאֶל־אַהֲרֹן לֵאמֹר׃ אַל־תַּכְרִיתוּ
19 אֶת־שֵׁבֶט מִשְׁפְּחֹת הַקְּהָתִי מִתּוֹךְ הַלְוִיִּם׃ וְזֹאת ׀ עֲשׂוּ לָהֶם
וְחָיוּ וְלֹא יָמֻתוּ בְּגִשְׁתָּם אֶת־קֹדֶשׁ הַקֳּדָשִׁים אַהֲרֹן וּבָנָיו יָבֹאוּ
כ וְשָׂמוּ אוֹתָם אִישׁ אִישׁ עַל־עֲבֹדָתוֹ וְאֶל־מַשָּׂאוֹ׃ וְלֹא־יָבֹאוּ
לִרְאוֹת כְּבַלַּע אֶת־הַקֹּדֶשׁ וָמֵתוּ׃ פפפ

נשא לה 35

21 22 וַיְדַבֵּר יְהוָה אֶל־מֹשֶׁה לֵּאמֹר׃ נָשֹׂא אֶת־רֹאשׁ בְּנֵי גֵרְשׁוֹן
23 גַּם־הֵם לְבֵית אֲבֹתָם לְמִשְׁפְּחֹתָם׃ מִבֶּן שְׁלֹשִׁים שָׁנָה וָמַעְלָה
עַד בֶּן־חֲמִשִּׁים שָׁנָה תִּפְקֹד אוֹתָם כָּל־הַבָּא לִצְבֹא צָבָא
24 לַעֲבֹד עֲבֹדָה בְּאֹהֶל מוֹעֵד׃ זֹאת עֲבֹדַת מִשְׁפְּחֹת הַגֵּרְשֻׁנִּי
כה לַעֲבֹד וּלְמַשָּׂא׃ וְנָשְׂאוּ אֶת־יְרִיעֹת הַמִּשְׁכָּן וְאֶת־אֹהֶל מוֹעֵד
מִכְסֵהוּ וּמִכְסֵה הַתַּחַשׁ אֲשֶׁר־עָלָיו מִלְמָעְלָה וְאֶת־מָסַךְ
26 פֶּתַח אֹהֶל מוֹעֵד׃ וְאֵת קַלְעֵי הֶחָצֵר וְאֶת־מָסַךְ ׀ פֶּתַח ׀
שַׁעַר הֶחָצֵר אֲשֶׁר עַל־הַמִּשְׁכָּן וְעַל־הַמִּזְבֵּחַ סָבִיב וְאֵת
מֵיתְרֵיהֶם וְאֶת־כָּל־כְּלֵי עֲבֹדָתָם וְאֵת כָּל־אֲשֶׁר יֵעָשֶׂה לָהֶם
27 וְעָבָדוּ׃ עַל־פִּי אַהֲרֹן וּבָנָיו תִּהְיֶה כָּל־עֲבֹדַת בְּנֵי הַגֵּרְשֻׁנִּי
לְכָל־מַשָּׂאָם וּלְכֹל עֲבֹדָתָם וּפְקַדְתֶּם עֲלֵהֶם בְּמִשְׁמֶרֶת אֵת
28 כָּל־מַשָּׂאָם׃ זֹאת עֲבֹדַת מִשְׁפְּחֹת בְּנֵי הַגֵּרְשֻׁנִּי בְּאֹהֶל מוֹעֵד
29 וּמִשְׁמַרְתָּם בְּיַד אִיתָמָר בֶּן־אַהֲרֹן הַכֹּהֵן׃ ס בְּנֵי מְרָרִי
ל לְמִשְׁפְּחֹתָם לְבֵית־אֲבֹתָם תִּפְקֹד אֹתָם׃ מִבֶּן שְׁלֹשִׁים שָׁנָה
וָמַעְלָה וְעַד בֶּן־חֲמִשִּׁים שָׁנָה תִּפְקְדֵם כָּל־הַבָּא לַצָּבָא
31 לַעֲבֹד אֶת־עֲבֹדַת אֹהֶל מוֹעֵד׃ וְזֹאת מִשְׁמֶרֶת מַשָּׂאָם לְכָל־
עֲבֹדָתָם בְּאֹהֶל מוֹעֵד קַרְשֵׁי הַמִּשְׁכָּן וּבְרִיחָיו וְעַמּוּדָיו וַאֲדָנָיו׃
32 וְעַמּוּדֵי הֶחָצֵר סָבִיב וְאַדְנֵיהֶם וִיתֵדֹתָם וּמֵיתְרֵיהֶם לְכָל־
כְּלֵיהֶם וּלְכֹל עֲבֹדָתָם וּבְשֵׁמֹת תִּפְקְדוּ אֶת־כְּלֵי מִשְׁמֶרֶת
33 מַשָּׂאָם׃ זֹאת עֲבֹדַת מִשְׁפְּחֹת בְּנֵי מְרָרִי לְכָל־עֲבֹדָתָם בְּאֹהֶל
שני לספ׳ 34 מוֹעֵד בְּיַד אִיתָמָר בֶּן־אַהֲרֹן הַכֹּהֵן׃ * וַיִּפְקֹד מֹשֶׁה וְאַהֲרֹן

ונשיאי

* v. 19. סבירין ועל־

וּנְשִׂיאֵי הָעֵדָה אֶת־בְּנֵי הַקְּהָתִי לְמִשְׁפְּחֹתָם וּלְבֵית אֲבֹתָם:
לה מִבֶּן שְׁלֹשִׁים שָׁנָה וָמַעְלָה וְעַד בֶּן־חֲמִשִּׁים שָׁנָה כָּל־הַבָּא
36 לַצָּבָא לַעֲבֹדָה בְּאֹהֶל מוֹעֵד: וַיִּהְיוּ פְקֻדֵיהֶם לְמִשְׁפְּחֹתָם
37 אַלְפַּיִם שְׁבַע מֵאוֹת וַחֲמִשִּׁים: אֵלֶּה פְקוּדֵי מִשְׁפְּחֹת הַקְּהָתִי
כָּל־הָעֹבֵד בְּאֹהֶל מוֹעֵד אֲשֶׁר פָּקַד מֹשֶׁה וְאַהֲרֹן עַל־פִּי
38 יְהוָה בְּיַד־מֹשֶׁה: * ס וּפְקוּדֵי בְּנֵי גֵרְשׁוֹן לְמִשְׁפְּחוֹתָם שני לאש
39 וּלְבֵית אֲבֹתָם: מִבֶּן שְׁלֹשִׁים שָׁנָה וָמַעְלָה וְעַד בֶּן־חֲמִשִּׁים
מ שָׁנָה כָּל־הַבָּא לַצָּבָא לַעֲבֹדָה בְּאֹהֶל מוֹעֵד: וַיִּהְיוּ פְּקֻדֵיהֶם
41 לְמִשְׁפְּחֹתָם לְבֵית אֲבֹתָם אַלְפַּיִם וְשֵׁשׁ מֵאוֹת וּשְׁלֹשִׁים: אֵלֶּה
פְקוּדֵי מִשְׁפַּחַת בְּנֵי גֵרְשׁוֹן כָּל־הָעֹבֵד בְּאֹהֶל מוֹעֵד אֲשֶׁר
42 פָּקַד מֹשֶׁה וְאַהֲרֹן עַל־פִּי יְהוָה: וּפְקוּדֵי מִשְׁפְּחֹת בְּנֵי מְרָרִי
43 לְמִשְׁפְּחֹתָם לְבֵית אֲבֹתָם: מִבֶּן שְׁלֹשִׁים שָׁנָה וָמַעְלָה וְעַד
בֶּן־חֲמִשִּׁים שָׁנָה כָּל־הַבָּא לַצָּבָא לַעֲבֹדָה בְּאֹהֶל מוֹעֵד:
44 מה וַיִּהְיוּ פְקֻדֵיהֶם לְמִשְׁפְּחֹתָם שְׁלֹשֶׁת אֲלָפִים וּמָאתָיִם: אֵלֶּה
פְקוּדֵי מִשְׁפְּחֹת בְּנֵי מְרָרִי אֲשֶׁר פָּקַד מֹשֶׁה וְאַהֲרֹן עַל־פִּי
46 יְהוָה בְּיַד־מֹשֶׁה: כָּל־הַפְּקֻדִים אֲשֶׁר פָּקַד מֹשֶׁה וְאַהֲרֹן
47 וּנְשִׂיאֵי יִשְׂרָאֵל אֶת־הַלְוִיִּם לְמִשְׁפְּחֹתָם וּלְבֵית אֲבֹתָם: מִבֶּן
שְׁלֹשִׁים שָׁנָה וָמַעְלָה וְעַד בֶּן־חֲמִשִּׁים שָׁנָה כָּל־הַבָּא לַעֲבֹד
48 עֲבֹדַת עֲבֹדָה וַעֲבֹדַת מַשָּׂא בְּאֹהֶל מוֹעֵד: וַיִּהְיוּ פְּקֻדֵיהֶם
49 שְׁמֹנַת אֲלָפִים וַחֲמֵשׁ מֵאוֹת וּשְׁמֹנִים: עַל־פִּי יְהוָה פָּקַד אוֹתָם
בְּיַד־מֹשֶׁה אִישׁ אִישׁ עַל־עֲבֹדָתוֹ וְעַל־מַשָּׂאוֹ וּפְקֻדָיו אֲשֶׁר־
צִוָּה יְהוָה אֶת־מֹשֶׁה: * פ

ה Cap. V. ה

א 2 וַיְדַבֵּר יְהוָה אֶל־מֹשֶׁה לֵּאמֹר: צַו אֶת־בְּנֵי יִשְׂרָאֵל וִישַׁלְּחוּ שלישי
3 מִן־הַמַּחֲנֶה כָּל־צָרוּעַ וְכָל־זָב וְכֹל טָמֵא לָנָפֶשׁ: מִזָּכָר
עַד־נְקֵבָה תְּשַׁלֵּחוּ אֶל־מִחוּץ לַמַּחֲנֶה תְּשַׁלְּחוּם וְלֹא יְטַמְּאוּ
4 אֶת־מַחֲנֵיהֶם אֲשֶׁר אֲנִי שֹׁכֵן בְּתוֹכָם: וַיַּעֲשׂוּ־כֵן בְּנֵי יִשְׂרָאֵל

וישלחו

ד׳ v. 35. סבירין ושבע v. 49. סבירין כאשר

וַיְשַׁלְּח֣וּ אוֹתָ֔ם אֶל־מִח֖וּץ לַֽמַּחֲנֶ֑ה כַּאֲשֶׁ֨ר דִּבֶּ֤ר יְהוָה֙ אֶל־
מֹשֶׁ֔ה כֵּ֥ן עָשׂ֖וּ בְּנֵ֥י יִשְׂרָאֵֽל׃ פ
ה 6 וַיְדַבֵּ֥ר יְהוָ֖ה אֶל־מֹשֶׁ֥ה לֵּאמֹֽר׃ דַּבֵּר֮ אֶל־בְּנֵ֣י יִשְׂרָאֵל֒ אִ֣ישׁ
אֽוֹ־אִשָּׁ֗ה כִּ֤י יַעֲשׂוּ֙ מִכָּל־חַטֹּ֣את הָֽאָדָ֔ם לִמְעֹ֥ל מַ֖עַל בַּֽיהוָ֑ה
7 וְאָֽשְׁמָ֖ה הַנֶּ֥פֶשׁ הַהִֽוא׃ וְהִתְוַדּ֗וּ אֶֽת־חַטָּאתָם֮ אֲשֶׁ֣ר עָשׂוּ֒ וְהֵשִׁ֤יב
אֶת־אֲשָׁמוֹ֙ בְּרֹאשׁ֔וֹ וַחֲמִישִׁת֖וֹ יֹסֵ֣ף עָלָ֑יו וְנָתַ֕ן לַאֲשֶׁ֖ר אָשַׁ֥ם לֽוֹ׃
8 וְאִם־אֵ֨ין לָאִ֜ישׁ גֹּאֵ֗ל לְהָשִׁ֤יב הָאָשָׁם֙ אֵלָ֔יו הָאָשָׁ֛ם הַמּוּשָׁ֥ב
לַיהוָ֖ה לַכֹּהֵ֑ן מִלְּבַ֗ד אֵ֚יל הַכִּפֻּרִ֔ים אֲשֶׁ֥ר יְכַפֶּר־בּ֖וֹ עָלָֽיו׃
9 וְכָל־תְּרוּמָ֞ה לְכָל־קָדְשֵׁ֧י בְנֵֽי־יִשְׂרָאֵ֛ל אֲשֶׁר־יַקְרִ֥יבוּ לַכֹּהֵ֖ן
י ל֥וֹ יִהְיֶֽה׃ וְאִ֥ישׁ אֶת־קֳדָשָׁ֖יו ל֣וֹ יִהְי֑וּ אִ֛ישׁ אֲשֶׁר־יִתֵּ֥ן לַכֹּהֵ֖ן
ל֥וֹ יִהְיֶֽה׃* פ
11 12 וַיְדַבֵּ֥ר יְהוָ֖ה אֶל־מֹשֶׁ֥ה לֵּאמֹֽר׃ דַּבֵּר֙ אֶל־בְּנֵ֣י יִשְׂרָאֵ֔ל וְאָמַרְתָּ֖ רביעי
13 אֲלֵהֶ֑ם אִ֥ישׁ אִישׁ֙ כִּֽי־תִשְׂטֶ֣ה אִשְׁתּ֔וֹ וּמָעֲלָ֥ה ב֖וֹ מָֽעַל׃ וְשָׁכַ֨ב לאש׳
אִ֣ישׁ אֹתָהּ֮ שִׁכְבַת־זֶרַע֒ וְנֶעְלַם֙ מֵעֵינֵ֣י אִישָׁ֔הּ וְנִסְתְּרָ֖ה וְהִ֣יא
14 נִטְמָ֑אָה וְעֵד֙ אֵ֣ין בָּ֔הּ וְהִ֖וא לֹ֥א נִתְפָּֽשָׂה׃ וְעָבַ֨ר עָלָ֧יו רֽוּחַ־
קִנְאָ֛ה וְקִנֵּ֥א אֶת־אִשְׁתּ֖וֹ וְהִ֣וא נִטְמָ֑אָה אֽוֹ־עָבַ֨ר עָלָ֤יו רֽוּחַ־
טו קִנְאָה֙ וְקִנֵּ֣א אֶת־אִשְׁתּ֔וֹ וְהִ֖יא לֹ֥א נִטְמָֽאָה׃ וְהֵבִ֨יא הָאִ֣ישׁ אֶת־
אִשְׁתּוֹ֮ אֶל־הַכֹּהֵן֒ וְהֵבִ֤יא אֶת־קָרְבָּנָהּ֙ עָלֶ֔יהָ עֲשִׂירִ֥ת הָאֵיפָ֖ה
קֶ֣מַח שְׂעֹרִ֑ים לֹֽא־יִצֹ֨ק עָלָ֜יו שֶׁ֗מֶן וְלֹֽא־יִתֵּ֤ן עָלָיו֙ לְבֹנָ֔ה כִּֽי־
16 מִנְחַ֤ת קְנָאֹת֙ ה֔וּא מִנְחַ֥ת זִכָּר֖וֹן מַזְכֶּ֥רֶת עָוֺֽן׃ וְהִקְרִ֥יב אֹתָ֖הּ
17 הַכֹּהֵ֑ן וְהֶֽעֱמִדָ֖הּ לִפְנֵ֥י יְהוָֽה׃ וְלָקַ֧ח הַכֹּהֵ֛ן מַ֥יִם קְדֹשִׁ֖ים בִּכְלִי־
חָ֑רֶשׂ וּמִן־הֶֽעָפָ֗ר אֲשֶׁ֤ר יִהְיֶה֙ בְּקַרְקַ֣ע הַמִּשְׁכָּ֔ן יִקַּ֥ח הַכֹּהֵ֖ן
18 וְנָתַ֥ן אֶל־הַמָּֽיִם׃ וְהֶעֱמִ֨יד הַכֹּהֵ֥ן אֶֽת־הָאִשָּׁה֮ לִפְנֵ֣י יְהוָה֒
וּפָרַע֙ אֶת־רֹ֣אשׁ הָֽאִשָּׁ֔ה וְנָתַ֣ן עַל־כַּפֶּ֗יהָ אֵ֚ת מִנְחַ֣ת הַזִּכָּר֔וֹן
מִנְחַ֥ת קְנָאֹ֖ת הִ֑וא וּבְיַ֤ד הַכֹּהֵן֙ יִהְי֔וּ מֵ֥י הַמָּרִ֖ים הַמְאָרְרִֽים׃
19 וְהִשְׁבִּ֨יעַ אֹתָ֜הּ הַכֹּהֵ֗ן וְאָמַ֤ר אֶל־הָֽאִשָּׁה֙ אִם־לֹ֨א שָׁכַ֥ב אִישׁ֙
אֹתָ֔ךְ וְאִם־לֹ֥א שָׂטִ֛ית טֻמְאָ֖ה תַּ֣חַת אִישֵׁ֑ךְ הִנָּקִ֕י מִמֵּ֛י הַמָּרִ֥ים

המאררים

v. 15. סבירין היא

כ הַמְאָרְרִים הָאֵלֶּה׃ וְאַתְּ כִּי שָׂטִית תַּחַת אִישֵׁךְ וְכִי נִטְמֵאת
21 וַיִּתֵּן אִישׁ בָּךְ אֶת־שְׁכָבְתּוֹ מִבַּלְעֲדֵי אִישֵׁךְ׃ וְהִשְׁבִּיעַ הַכֹּהֵן
אֶת־הָאִשָּׁה בִּשְׁבֻעַת הָאָלָה וְאָמַר הַכֹּהֵן לָאִשָּׁה יִתֵּן יְהוָה
אוֹתָךְ לְאָלָה וְלִשְׁבֻעָה בְּתוֹךְ עַמֵּךְ בְּתֵת יְהוָה אֶת־יְרֵכֵךְ
22 נֹפֶלֶת וְאֶת־בִּטְנֵךְ צָבָה׃ וּבָאוּ הַמַּיִם הַמְאָרְרִים הָאֵלֶּה
בְּמֵעַיִךְ לַצְבּוֹת בֶּטֶן וְלַנְפִּל יָרֵךְ וְאָמְרָה הָאִשָּׁה אָמֵן ׀ אָמֵן׃
23 וְכָתַב אֶת־הָאָלֹת הָאֵלֶּה הַכֹּהֵן בַּסֵּפֶר וּמָחָה אֶל־מֵי הַמָּרִים׃
24 וְהִשְׁקָה אֶת־הָאִשָּׁה אֶת־מֵי הַמָּרִים הַמְאָרְרִים וּבָאוּ בָהּ
כה הַמַּיִם הַמְאָרְרִים לְמָרִים׃ וְלָקַח הַכֹּהֵן מִיַּד הָאִשָּׁה אֵת
מִנְחַת הַקְּנָאֹת וְהֵנִיף אֶת־הַמִּנְחָה לִפְנֵי יְהוָה וְהִקְרִיב אֹתָהּ
26 אֶל־הַמִּזְבֵּחַ׃ וְקָמַץ הַכֹּהֵן מִן־הַמִּנְחָה אֶת־אַזְכָּרָתָהּ
וְהִקְטִיר הַמִּזְבֵּחָה וְאַחַר יַשְׁקֶה אֶת־הָאִשָּׁה אֶת־הַמָּיִם׃
27 וְהִשְׁקָהּ אֶת־הַמַּיִם וְהָיְתָה אִם־נִטְמְאָה וַתִּמְעֹל מַעַל בְּאִישָׁהּ
וּבָאוּ בָהּ הַמַּיִם הַמְאָרְרִים לְמָרִים וְצָבְתָה בִטְנָהּ וְנָפְלָה
28 יְרֵכָהּ וְהָיְתָה הָאִשָּׁה לְאָלָה בְּקֶרֶב עַמָּהּ׃ וְאִם־לֹא נִטְמְאָה
29 הָאִשָּׁה וּטְהֹרָה הִוא וְנִקְּתָה וְנִזְרְעָה זָרַע׃ זֹאת תּוֹרַת הַקְּנָאֹת
ל אֲשֶׁר תִּשְׂטֶה אִשָּׁה תַּחַת אִישָׁהּ וְנִטְמָאָה׃ אוֹ אִישׁ אֲשֶׁר תַּעֲבֹר
עָלָיו רוּחַ קִנְאָה וְקִנֵּא אֶת־אִשְׁתּוֹ וְהֶעֱמִיד אֶת־הָאִשָּׁה לִפְנֵי
31 יְהוָה וְעָשָׂה לָהּ הַכֹּהֵן אֵת כָּל־הַתּוֹרָה הַזֹּאת׃ וְנִקָּה הָאִישׁ
מֵעָוֹן וְהָאִשָּׁה הַהִוא תִּשָּׂא אֶת־עֲוֹנָהּ׃ פ

CAP. VI. ו

א 2 וַיְדַבֵּר יְהוָה אֶל־מֹשֶׁה לֵּאמֹר׃ דַּבֵּר אֶל־בְּנֵי יִשְׂרָאֵל וְאָמַרְתָּ
אֲלֵהֶם אִישׁ אוֹ־אִשָּׁה כִּי יַפְלִא לִנְדֹּר נֶדֶר נָזִיר לְהַזִּיר
3 לַיהוָה׃ מִיַּיִן וְשֵׁכָר יַזִּיר חֹמֶץ יַיִן וְחֹמֶץ שֵׁכָר לֹא יִשְׁתֶּה
וְכָל־מִשְׁרַת עֲנָבִים לֹא יִשְׁתֶּה וַעֲנָבִים לַחִים וִיבֵשִׁים לֹא
4 יֹאכֵל׃ כֹּל יְמֵי נִזְרוֹ מִכֹּל אֲשֶׁר יֵעָשֶׂה מִגֶּפֶן הַיַּיִן מֵחַרְצַנִּים
ה וְעַד־זָג לֹא יֹאכֵל׃ כָּל־יְמֵי נֶדֶר נִזְרוֹ תַּעַר לֹא־יַעֲבֹר עַל־
רֹאשׁוֹ עַד־מְלֹאת הַיָּמִם אֲשֶׁר־יַזִּיר לַיהוָה קָדֹשׁ יִהְיֶה גַּדֵּל

6 פֶּרַע שְׂעַר רֹאשׁוֹ׃ כָּל־יְמֵי הַזִּרוֹ לַיהוָה עַל־נֶפֶשׁ מֵת לֹא
7 יָבֹא׃ לְאָבִיו וּלְאִמּוֹ לְאָחִיו וּלְאַחֹתוֹ לֹא־יִטַּמָּא לָהֶם בְּמֹתָם
8 כִּי נֵזֶר אֱלֹהָיו עַל־רֹאשׁוֹ׃ כֹּל יְמֵי נִזְרוֹ קָדֹשׁ הוּא לַיהוָה׃
9 וְכִי־יָמוּת מֵת עָלָיו בְּפֶתַע פִּתְאֹם וְטִמֵּא רֹאשׁ נִזְרוֹ וְגִלַּח
י רֹאשׁוֹ בְּיוֹם טָהֳרָתוֹ בַּיּוֹם הַשְּׁבִיעִי יְגַלְּחֶנּוּ׃ וּבַיּוֹם הַשְּׁמִינִי
יָבִא שְׁתֵּי תֹרִים אוֹ שְׁנֵי בְּנֵי יוֹנָה אֶל־הַכֹּהֵן אֶל־פֶּתַח אֹהֶל
11 מוֹעֵד׃ וְעָשָׂה הַכֹּהֵן אֶחָד לְחַטָּאת וְאֶחָד לְעֹלָה וְכִפֶּר עָלָיו
12 מֵאֲשֶׁר חָטָא עַל־הַנָּפֶשׁ וְקִדַּשׁ אֶת־רֹאשׁוֹ בַּיּוֹם הַהוּא׃ וְהִזִּיר
לַיהוָה אֶת־יְמֵי נִזְרוֹ וְהֵבִיא כֶּבֶשׂ בֶּן־שְׁנָתוֹ לְאָשָׁם וְהַיָּמִים
13 הָרִאשֹׁנִים יִפְּלוּ כִּי טָמֵא נִזְרוֹ׃ וְזֹאת תּוֹרַת הַנָּזִיר בְּיוֹם
14 מְלֹאת יְמֵי נִזְרוֹ יָבִיא אֹתוֹ אֶל־פֶּתַח אֹהֶל מוֹעֵד׃ וְהִקְרִיב
אֶת־קָרְבָּנוֹ לַיהוָה כֶּבֶשׂ בֶּן־שְׁנָתוֹ תָמִים אֶחָד לְעֹלָה
וְכַבְשָׂה אַחַת בַּת־שְׁנָתָהּ תְּמִימָה לְחַטָּאת וְאַיִל־אֶחָד תָּמִים
טו לִשְׁלָמִים׃ וְסַל מַצּוֹת סֹלֶת חַלֹּת בְּלוּלֹת בַּשֶּׁמֶן וּרְקִיקֵי
16 מַצּוֹת מְשֻׁחִים בַּשָּׁמֶן וּמִנְחָתָם וְנִסְכֵּיהֶם׃ וְהִקְרִיב הַכֹּהֵן
17 לִפְנֵי יְהוָה וְעָשָׂה אֶת־חַטָּאתוֹ וְאֶת־עֹלָתוֹ׃ וְאֶת־הָאַיִל
יַעֲשֶׂה זֶבַח שְׁלָמִים לַיהוָה עַל סַל הַמַּצּוֹת וְעָשָׂה הַכֹּהֵן אֶת־
18 מִנְחָתוֹ וְאֶת־נִסְכּוֹ׃ וְגִלַּח הַנָּזִיר פֶּתַח אֹהֶל מוֹעֵד אֶת־רֹאשׁ
נִזְרוֹ וְלָקַח אֶת־שְׂעַר רֹאשׁ נִזְרוֹ וְנָתַן עַל־הָאֵשׁ אֲשֶׁר־תַּחַת
19 זֶבַח הַשְּׁלָמִים׃ וְלָקַח הַכֹּהֵן אֶת־הַזְּרֹעַ בְּשֵׁלָה מִן־הָאַיִל
וְחַלַּת מַצָּה אַחַת מִן־הַסַּל וּרְקִיק מַצָּה אֶחָד וְנָתַן עַל־כַּפֵּי
כ הַנָּזִיר אַחַר הִתְגַּלְּחוֹ אֶת־נִזְרוֹ׃ וְהֵנִיף אוֹתָם הַכֹּהֵן ׀ תְּנוּפָה
לִפְנֵי יְהוָה קֹדֶשׁ הוּא לַכֹּהֵן עַל חֲזֵה הַתְּנוּפָה וְעַל שׁוֹק
21 הַתְּרוּמָה וְאַחַר יִשְׁתֶּה הַנָּזִיר יָיִן׃ זֹאת תּוֹרַת הַנָּזִיר אֲשֶׁר
יִדֹּר קָרְבָּנוֹ לַיהוָה עַל־נִזְרוֹ מִלְּבַד אֲשֶׁר־תַּשִּׂיג יָדוֹ כְּפִי
נִדְרוֹ אֲשֶׁר יִדֹּר כֵּן יַעֲשֶׂה עַל תּוֹרַת נִזְרוֹ׃ פ
22 23 וַיְדַבֵּר יְהוָה אֶל־מֹשֶׁה לֵּאמֹר׃ דַּבֵּר אֶל־אַהֲרֹן וְאֶל־בָּנָיו
24 לֵאמֹר כֹּה תְבָרְכוּ אֶת־בְּנֵי יִשְׂרָאֵל אָמוֹר לָהֶם׃ ס יְבָרֶכְךָ

יהוה

כה 26 יְהוָה וְיִשְׁמְרֶךָ׃ ס יָאֵר יְהוָה ׀ פָּנָיו אֵלֶיךָ וִיחֻנֶּךָּ׃ ס יִשָּׂא
27 יְהוָה ׀ פָּנָיו אֵלֶיךָ וְיָשֵׂם לְךָ שָׁלוֹם׃ ס וְשָׂמוּ אֶת־שְׁמִי
עַל־בְּנֵי יִשְׂרָאֵל וַאֲנִי אֲבָרְכֵם׃* ס

CAP. VII. ז

ז

א וַיְהִי בְּיוֹם כַּלּוֹת מֹשֶׁה לְהָקִים אֶת־הַמִּשְׁכָּן וַיִּמְשַׁח אֹתוֹ (רביעי לספ׳ חמישי לאש׳)
וַיְקַדֵּשׁ אֹתוֹ וְאֶת־כָּל־כֵּלָיו וְאֶת־הַמִּזְבֵּחַ וְאֶת־כָּל־כֵּלָיו
2 וַיִּמְשָׁחֵם וַיְקַדֵּשׁ אֹתָם׃ וַיַּקְרִיבוּ נְשִׂיאֵי יִשְׂרָאֵל רָאשֵׁי בֵּית
3 אֲבֹתָם הֵם נְשִׂיאֵי הַמַּטֹּת הֵם הָעֹמְדִים עַל־הַפְּקֻדִים׃ וַיָּבִיאוּ
אֶת־קָרְבָּנָם לִפְנֵי יְהוָה שֵׁשׁ־עֶגְלֹת צָב וּשְׁנֵי עָשָׂר בָּקָר עֲגָלָה
עַל־שְׁנֵי הַנְּשִׂאִים וְשׁוֹר לְאֶחָד וַיַּקְרִיבוּ אוֹתָם לִפְנֵי הַמִּשְׁכָּן׃
4 ה וַיֹּאמֶר יְהוָה אֶל־מֹשֶׁה לֵּאמֹר׃ קַח מֵאִתָּם וְהָיוּ לַעֲבֹד אֶת־
עֲבֹדַת אֹהֶל מוֹעֵד וְנָתַתָּה אוֹתָם אֶל־הַלְוִיִּם אִישׁ כְּפִי
6 עֲבֹדָתוֹ׃ וַיִּקַּח מֹשֶׁה אֶת־הָעֲגָלֹת וְאֶת־הַבָּקָר וַיִּתֵּן אוֹתָם
7 אֶל־הַלְוִיִּם׃ אֵת ׀ שְׁתֵּי הָעֲגָלוֹת וְאֵת אַרְבַּעַת הַבָּקָר נָתַן
8 לִבְנֵי גֵרְשׁוֹן כְּפִי עֲבֹדָתָם׃ וְאֵת ׀ אַרְבַּע הָעֲגָלֹת וְאֵת שְׁמֹנַת
הַבָּקָר נָתַן לִבְנֵי מְרָרִי כְּפִי עֲבֹדָתָם בְּיַד אִיתָמָר בֶּן־אַהֲרֹן
9 הַכֹּהֵן׃ וְלִבְנֵי קְהָת לֹא נָתָן כִּי־עֲבֹדַת הַקֹּדֶשׁ עֲלֵהֶם בַּכָּתֵף
י יִשָּׂאוּ׃ וַיַּקְרִיבוּ הַנְּשִׂאִים אֵת חֲנֻכַּת הַמִּזְבֵּחַ בְּיוֹם הִמָּשַׁח אֹתוֹ
11 וַיַּקְרִיבוּ הַנְּשִׂיאִם אֶת־קָרְבָּנָם לִפְנֵי הַמִּזְבֵּחַ׃ וַיֹּאמֶר יְהוָה
אֶל־מֹשֶׁה נָשִׂיא אֶחָד לַיּוֹם נָשִׂיא אֶחָד לַיּוֹם יַקְרִיבוּ אֶת־
12 קָרְבָּנָם לַחֲנֻכַּת הַמִּזְבֵּחַ׃* ס וַיְהִי הַמַּקְרִיב בַּיּוֹם הָרִאשׁוֹן (חמישי לספ׳)
13 אֶת־קָרְבָּנוֹ נַחְשׁוֹן בֶּן־עַמִּינָדָב לְמַטֵּה יְהוּדָה׃ וְקָרְבָּנוֹ
קַעֲרַת־כֶּסֶף אַחַת שְׁלֹשִׁים וּמֵאָה מִשְׁקָלָהּ מִזְרָק אֶחָד כֶּסֶף
שִׁבְעִים שֶׁקֶל בְּשֶׁקֶל הַקֹּדֶשׁ שְׁנֵיהֶם ׀ מְלֵאִים סֹלֶת בְּלוּלָה
14 טו בַשֶּׁמֶן לְמִנְחָה׃ כַּף אַחַת עֲשָׂרָה זָהָב מְלֵאָה קְטֹרֶת׃ פַּר
אֶחָד בֶּן־בָּקָר אַיִל אֶחָד כֶּבֶשׂ־אֶחָד בֶּן־שְׁנָתוֹ לְעֹלָה׃
16 17 שְׂעִיר־עִזִּים אֶחָד לְחַטָּאת׃ וּלְזֶבַח הַשְּׁלָמִים בָּקָר שְׁנַיִם

אילם

ד׳ v. 2. ק׳ דבוקה v. 3. סבירין ושנים

אֵילִ֣ם חֲמִשָּׁה֩ עַתּוּדִ֨ים חֲמִשָּׁ֜ה כְּבָשִׂ֧ים בְּנֵי־שָׁנָ֛ה חֲמִשָּׁ֖ה זֶ֥ה
קָרְבַּ֥ן נַחְשׁ֖וֹן בֶּן־עַמִּינָדָֽב׃ פ
18 19 בַּיּוֹם֙ הַשֵּׁנִ֔י הִקְרִ֖יב נְתַנְאֵ֣ל בֶּן־צוּעָ֑ר נְשִׂ֖יא יִשָּׂשכָֽר׃ הִקְרִ֨ב
אֶת־קָרְבָּנ֜וֹ קַעֲרַת־כֶּ֣סֶף אַחַ֗ת שְׁלֹשִׁ֣ים וּמֵאָה֮ מִשְׁקָלָהּ֒ מִזְרָ֤ק
אֶחָד֙ כֶּ֔סֶף שִׁבְעִ֥ים שֶׁ֖קֶל בְּשֶׁ֣קֶל הַקֹּ֑דֶשׁ שְׁנֵיהֶ֣ם ׀ מְלֵאִ֗ים סֹ֛לֶת
כ בְּלוּלָ֥ה בַשֶּׁ֖מֶן לְמִנְחָֽה׃ כַּ֥ף אַחַ֛ת עֲשָׂרָ֥ה זָהָ֖ב מְלֵאָ֥ה קְטֹֽרֶת׃
21 פַּ֣ר אֶחָ֞ד בֶּן־בָּקָ֗ר אַ֧יִל אֶחָ֛ד כֶּֽבֶשׂ־אֶחָ֥ד בֶּן־שְׁנָת֖וֹ לְעֹלָֽה׃
22 23 שְׂעִיר־עִזִּ֥ים אֶחָ֖ד לְחַטָּֽאת׃ וּלְזֶ֣בַח הַשְּׁלָמִים֮ בָּקָ֣ר שְׁנַ֒יִם֒
אֵילִ֤ם חֲמִשָּׁה֙ עַתֻּדִ֣ים חֲמִשָּׁ֔ה כְּבָשִׂ֥ים בְּנֵי־שָׁנָ֖ה חֲמִשָּׁ֑ה זֶ֛ה
קָרְבַּ֥ן נְתַנְאֵ֖ל בֶּן־צוּעָֽר׃ פ
24 כה בַּיּוֹם֙ הַשְּׁלִישִׁ֔י נָשִׂ֖יא לִבְנֵ֣י זְבוּלֻ֑ן אֱלִיאָ֖ב בֶּן־חֵלֹֽן׃ קָרְבָּנ֞וֹ
קַעֲרַת־כֶּ֣סֶף אַחַ֗ת שְׁלֹשִׁ֣ים וּמֵאָה֮ מִשְׁקָלָהּ֒ מִזְרָ֤ק אֶחָד֙ כֶּ֔סֶף
שִׁבְעִ֥ים שֶׁ֖קֶל בְּשֶׁ֣קֶל הַקֹּ֑דֶשׁ שְׁנֵיהֶ֣ם ׀ מְלֵאִ֗ים סֹ֛לֶת בְּלוּלָ֥ה
26 27 בַשֶּׁ֖מֶן לְמִנְחָֽה׃ כַּ֥ף אַחַ֛ת עֲשָׂרָ֥ה זָהָ֖ב מְלֵאָ֥ה קְטֹֽרֶת׃ פַּ֣ר
אֶחָ֞ד בֶּן־בָּקָ֗ר אַ֧יִל אֶחָ֛ד כֶּֽבֶשׂ־אֶחָ֥ד בֶּן־שְׁנָת֖וֹ לְעֹלָֽה׃
28 29 שְׂעִיר־עִזִּ֥ים אֶחָ֖ד לְחַטָּֽאת׃ וּלְזֶ֣בַח הַשְּׁלָמִים֮ בָּקָ֣ר שְׁנַ֒יִם֒
אֵילִ֤ם חֲמִשָּׁה֙ עַתֻּדִ֣ים חֲמִשָּׁ֔ה כְּבָשִׂ֥ים בְּנֵי־שָׁנָ֖ה חֲמִשָּׁ֑ה זֶ֛ה
קָרְבַּ֥ן אֱלִיאָ֖ב בֶּן־חֵלֹֽן׃ פ
ל בַּיּוֹם֙ הָֽרְבִיעִ֔י נָשִׂ֖יא לִבְנֵ֣י רְאוּבֵ֑ן אֱלִיצ֖וּר בֶּן־שְׁדֵיאֽוּר׃
31 קָרְבָּנ֞וֹ קַעֲרַת־כֶּ֣סֶף אַחַ֗ת שְׁלֹשִׁ֣ים וּמֵאָה֮ מִשְׁקָלָהּ֒ מִזְרָ֤ק
אֶחָד֙ כֶּ֔סֶף שִׁבְעִ֥ים שֶׁ֖קֶל בְּשֶׁ֣קֶל הַקֹּ֑דֶשׁ שְׁנֵיהֶ֣ם ׀ מְלֵאִ֗ים סֹ֛לֶת
32 בְּלוּלָ֥ה בַשֶּׁ֖מֶן לְמִנְחָֽה׃ כַּ֥ף אַחַ֛ת עֲשָׂרָ֥ה זָהָ֖ב מְלֵאָ֥ה קְטֹֽרֶת׃
33 פַּ֣ר אֶחָ֞ד בֶּן־בָּקָ֗ר אַ֧יִל אֶחָ֛ד כֶּֽבֶשׂ־אֶחָ֥ד בֶּן־שְׁנָת֖וֹ לְעֹלָֽה׃
34 לה שְׂעִיר־עִזִּ֥ים אֶחָ֖ד לְחַטָּֽאת׃ וּלְזֶ֣בַח הַשְּׁלָמִים֮ בָּקָ֣ר שְׁנַ֒יִם֒
אֵילִ֤ם חֲמִשָּׁה֙ עַתֻּדִ֣ים חֲמִשָּׁ֔ה כְּבָשִׂ֥ים בְּנֵי־שָׁנָ֖ה חֲמִשָּׁ֑ה זֶ֛ה
קָרְבַּ֥ן אֱלִיצ֖וּר בֶּן־שְׁדֵיאֽוּר׃ פ
36 בַּיּוֹם֙ הַחֲמִישִׁ֔י נָשִׂ֖יא לִבְנֵ֣י שִׁמְע֑וֹן שְׁלֻמִיאֵ֖ל בֶּן־צוּרִֽישַׁדָּֽי׃
37 קָרְבָּנ֞וֹ קַעֲרַת־כֶּ֣סֶף אַחַ֗ת שְׁלֹשִׁ֣ים וּמֵאָה֮ מִשְׁקָלָהּ֒ מִזְרָ֤ק
אחד

אֶחָ֜ד בֶּ֣סֶף שִׁבְעִ֣ים שֶׁ֗קֶל בְּשֶׁ֙קֶל֙ הַקֹּ֔דֶשׁ שְׁנֵיהֶ֑ם ׀ מְלֵאִ֣ים סֹ֤לֶת

38 בְּלוּלָ֥ה בַשֶּׁ֖מֶן לְמִנְחָֽה: כַּ֤ף אַחַת֙ עֲשָׂרָ֣ה זָהָ֔ב מְלֵאָ֖ה קְטֹֽרֶת:

39 פַּ֣ר אֶחָ֞ד בֶּן־בָּקָ֗ר אַ֧יִל אֶחָ֛ד כֶּֽבֶשׂ־אֶחָ֥ד בֶּן־שְׁנָת֖וֹ לְעֹלָֽה:

40 שְׂעִיר־עִזִּ֥ים אֶחָ֖ד לְחַטָּֽאת: וּלְזֶ֣בַח הַשְּׁלָמִים֮ בָּקָ֣ר שְׁנַ֒יִם֒
41

אֵילִ֤ם חֲמִשָּׁה֙ עַתֻּדִ֣ים חֲמִשָּׁ֔ה כְּבָשִׂ֥ים בְּנֵֽי־שָׁנָ֖ה חֲמִשָּׁ֑ה זֶ֛ה

קָרְבַּ֥ן שְׁלֻֽמִיאֵ֖ל בֶּן־צוּרִֽישַׁדָּֽי: ∗

פ

42 בַּיּוֹם֙ הַשִּׁשִּׁ֔י נָשִׂ֖יא לִבְנֵ֣י גָ֑ד אֶלְיָסָ֖ף בֶּן־דְּעוּאֵֽל: קָרְבָּנ֞וֹ שׁשׁי
43

קַֽעֲרַת־כֶּ֣סֶף אַחַ֗ת שְׁלֹשִׁ֣ים וּמֵאָה֮ מִשְׁקָלָהּ֒ מִזְרָ֤ק אֶחָד֙ כֶּ֔סֶף

שִׁבְעִ֣ים שֶׁ֗קֶל בְּשֶׁ֙קֶל֙ הַקֹּ֔דֶשׁ שְׁנֵיהֶ֑ם ׀ מְלֵאִ֣ים סֹ֤לֶת בְּלוּלָ֥ה

44 בַשֶּׁ֖מֶן לְמִנְחָֽה: כַּ֤ף אַחַת֙ עֲשָׂרָ֣ה זָהָ֔ב מְלֵאָ֖ה קְטֹֽרֶת: פַּ֣ר
45

אֶחָ֞ד בֶּן־בָּקָ֗ר אַ֧יִל אֶחָ֛ד כֶּֽבֶשׂ־אֶחָ֥ד בֶּן־שְׁנָת֖וֹ לְעֹלָֽה:

46 שְׂעִיר־עִזִּ֥ים אֶחָ֖ד לְחַטָּֽאת: וּלְזֶ֣בַח הַשְּׁלָמִים֮ בָּקָ֣ר שְׁנַ֒יִם֒
47

אֵילִ֤ם חֲמִשָּׁה֙ עַתֻּדִ֣ים חֲמִשָּׁ֔ה כְּבָשִׂ֥ים בְּנֵֽי־שָׁנָ֖ה חֲמִשָּׁ֑ה זֶ֛ה

קָרְבַּ֥ן אֶלְיָסָ֖ף בֶּן־דְּעוּאֵֽל: פ

48 בַּיּוֹם֙ הַשְּׁבִיעִ֔י נָשִׂ֖יא לִבְנֵ֣י אֶפְרָ֑יִם אֱלִישָׁמָ֖ע בֶּן־עַמִּיהֽוּד:

49 קָרְבָּנ֞וֹ קַֽעֲרַת־כֶּ֣סֶף אַחַ֗ת שְׁלֹשִׁ֣ים וּמֵאָה֮ מִשְׁקָלָהּ֒ מִזְרָ֤ק

אֶחָד֙ כֶּ֔סֶף שִׁבְעִ֣ים שֶׁ֗קֶל בְּשֶׁ֙קֶל֙ הַקֹּ֔דֶשׁ שְׁנֵיהֶ֑ם ׀ מְלֵאִ֣ים סֹ֤לֶת

50 בְּלוּלָ֥ה בַשֶּׁ֖מֶן לְמִנְחָֽה: כַּ֤ף אַחַת֙ עֲשָׂרָ֣ה זָהָ֔ב מְלֵאָ֖ה קְטֹֽרֶת:

51 פַּ֣ר אֶחָ֞ד בֶּן־בָּקָ֗ר אַ֧יִל אֶחָ֛ד כֶּֽבֶשׂ־אֶחָ֥ד בֶּן־שְׁנָת֖וֹ לְעֹלָֽה:

52 שְׂעִיר־עִזִּ֥ים אֶחָ֖ד לְחַטָּֽאת: וּלְזֶ֣בַח הַשְּׁלָמִים֮ בָּקָ֣ר שְׁנַ֒יִם֒
53

אֵילִ֤ם חֲמִשָּׁה֙ עַתֻּדִ֣ים חֲמִשָּׁ֔ה כְּבָשִׂ֥ים בְּנֵֽי־שָׁנָ֖ה חֲמִשָּׁ֑ה זֶ֛ה

קָרְבַּ֥ן אֱלִישָׁמָ֖ע בֶּן־עַמִּיהֽוּד: פ

54 בַּיּוֹם֙ הַשְּׁמִינִ֔י נָשִׂ֖יא לִבְנֵ֣י מְנַשֶּׁ֑ה גַּמְלִיאֵ֖ל בֶּן־פְּדָהצֽוּר:

55 קָרְבָּנ֞וֹ קַֽעֲרַת־כֶּ֣סֶף אַחַ֗ת שְׁלֹשִׁ֣ים וּמֵאָה֮ מִשְׁקָלָהּ֒ מִזְרָ֤ק

אֶחָד֙ כֶּ֔סֶף שִׁבְעִ֣ים שֶׁ֗קֶל בְּשֶׁ֙קֶל֙ הַקֹּ֔דֶשׁ שְׁנֵיהֶ֑ם ׀ מְלֵאִ֣ים סֹ֤לֶת

56 בְּלוּלָ֥ה בַשֶּׁ֖מֶן לְמִנְחָֽה: כַּ֤ף אַחַת֙ עֲשָׂרָ֣ה זָהָ֔ב מְלֵאָ֖ה קְטֹֽרֶת:

57 פַּ֣ר אֶחָ֞ד בֶּן־בָּקָ֗ר אַ֧יִל אֶחָ֛ד כֶּֽבֶשׂ־אֶחָ֥ד בֶּן־שְׁנָת֖וֹ לְעֹלָֽה:

58 שְׂעִיר־עִזִּ֥ים אֶחָ֖ד לְחַטָּֽאת: וּלְזֶ֣בַח הַשְּׁלָמִים֮ בָּקָ֣ר שְׁנַ֒יִם֒
59

אֵילִ֤ם

אֵילִ֤ם חֲמִשָּׁה֙ עַתֻּדִ֣ים חֲמִשָּׁ֔ה כְּבָשִׂ֥ים בְּנֵי־שָׁנָ֖ה חֲמִשָּׁ֑ה זֶ֛ה
קָרְבַּ֥ן גַּמְלִיאֵ֖ל בֶּן־פְּדָהצֽוּר׃ פ
ס 61 בַּיּוֹם֙ הַתְּשִׁיעִ֔י נָשִׂ֖יא לִבְנֵ֣י בִנְיָמִ֑ן אֲבִידָ֖ן בֶּן־גִּדְעֹנִֽי׃ קָרְבָּנ֞וֹ
קַֽעֲרַת־כֶּ֣סֶף אַחַ֗ת שְׁלֹשִׁ֣ים וּמֵאָה֮ מִשְׁקָלָהּ֒ מִזְרָ֤ק אֶחָד֙ כֶּ֔סֶף
שִׁבְעִ֥ים שֶׁ֖קֶל בְּשֶׁ֣קֶל הַקֹּ֑דֶשׁ שְׁנֵיהֶ֣ם ׀ מְלֵאִ֗ים סֹ֛לֶת בְּלוּלָ֥ה
62 63 בַשֶּׁ֖מֶן לְמִנְחָֽה׃ כַּ֥ף אַחַ֛ת עֲשָׂרָ֥ה זָהָ֖ב מְלֵאָ֥ה קְטֹֽרֶת׃ פַּ֣ר
אֶחָ֞ד בֶּן־בָּקָ֗ר אַ֧יִל אֶחָ֛ד כֶּֽבֶשׂ־אֶחָ֥ד בֶּן־שְׁנָת֖וֹ לְעֹלָֽה׃
64 סה שְׂעִיר־עִזִּ֥ים אֶחָ֖ד לְחַטָּֽאת׃ וּלְזֶ֣בַח הַשְּׁלָמִים֮ בָּקָ֣ר שְׁנַיִם֒
אֵילִ֤ם חֲמִשָּׁה֙ עַתֻּדִ֣ים חֲמִשָּׁ֔ה כְּבָשִׂ֥ים בְּנֵי־שָׁנָ֖ה חֲמִשָּׁ֑ה זֶ֛ה
קָרְבַּ֥ן אֲבִידָ֖ן בֶּן־גִּדְעֹנִֽי׃ פ
66 67 בַּיּוֹם֙ הָעֲשִׂירִ֔י נָשִׂ֖יא לִבְנֵ֣י דָ֑ן אֲחִיעֶ֖זֶר בֶּן־עַמִּישַׁדָּֽי׃ קָרְבָּנ֞וֹ
קַֽעֲרַת־כֶּ֣סֶף אַחַ֗ת שְׁלֹשִׁ֣ים וּמֵאָה֮ מִשְׁקָלָהּ֒ מִזְרָ֤ק אֶחָד֙ כֶּ֔סֶף
שִׁבְעִ֥ים שֶׁ֖קֶל בְּשֶׁ֣קֶל הַקֹּ֑דֶשׁ שְׁנֵיהֶ֣ם ׀ מְלֵאִ֗ים סֹ֛לֶת בְּלוּלָ֥ה
68 69 בַשֶּׁ֖מֶן לְמִנְחָֽה׃ כַּ֥ף אַחַ֛ת עֲשָׂרָ֥ה זָהָ֖ב מְלֵאָ֥ה קְטֹֽרֶת׃ פַּ֣ר
אֶחָ֞ד בֶּן־בָּקָ֗ר אַ֧יִל אֶחָ֛ד כֶּֽבֶשׂ־אֶחָ֥ד בֶּן־שְׁנָת֖וֹ לְעֹלָֽה׃
ע 71 שְׂעִיר־עִזִּ֥ים אֶחָ֖ד לְחַטָּֽאת׃ וּלְזֶ֣בַח הַשְּׁלָמִים֮ בָּקָ֣ר שְׁנַיִם֒
אֵילִ֤ם חֲמִשָּׁה֙ עַתֻּדִ֣ים חֲמִשָּׁ֔ה כְּבָשִׂ֥ים בְּנֵי־שָׁנָ֖ה חֲמִשָּׁ֑ה זֶ֛ה
קָרְבַּ֥ן אֲחִיעֶ֖זֶר בֶּן־עַמִּישַׁדָּֽי׃ * פ
72 בְּיוֹם֙ עַשְׁתֵּ֣י עָשָׂ֣ר י֔וֹם נָשִׂ֖יא לִבְנֵ֣י אָשֵׁ֑ר פַּגְעִיאֵ֖ל בֶּן־עָכְרָֽן׃ שביעי
73 קָרְבָּנ֞וֹ קַֽעֲרַת־כֶּ֣סֶף אַחַ֗ת שְׁלֹשִׁ֣ים וּמֵאָה֮ מִשְׁקָלָהּ֒ מִזְרָ֤ק
אֶחָד֙ כֶּ֔סֶף שִׁבְעִ֥ים שֶׁ֖קֶל בְּשֶׁ֣קֶל הַקֹּ֑דֶשׁ שְׁנֵיהֶ֣ם ׀ מְלֵאִ֗ים סֹ֛לֶת
74 בְּלוּלָ֥ה בַשֶּׁ֖מֶן לְמִנְחָֽה׃ כַּ֥ף אַחַ֛ת עֲשָׂרָ֥ה זָהָ֖ב מְלֵאָ֥ה קְטֹֽרֶת׃
עה פַּ֣ר אֶחָ֞ד בֶּן־בָּקָ֗ר אַ֧יִל אֶחָ֛ד כֶּֽבֶשׂ־אֶחָ֥ד בֶּן־שְׁנָת֖וֹ לְעֹלָֽה׃
76 77 שְׂעִיר־עִזִּ֥ים אֶחָ֖ד לְחַטָּֽאת׃ וּלְזֶ֣בַח הַשְּׁלָמִים֮ בָּקָ֣ר שְׁנַיִם֒
אֵילִ֤ם חֲמִשָּׁה֙ עַתֻּדִ֣ים חֲמִשָּׁ֔ה כְּבָשִׂ֥ים בְּנֵי־שָׁנָ֖ה חֲמִשָּׁ֑ה זֶ֛ה
קָרְבַּ֥ן פַּגְעִיאֵ֖ל בֶּן־עָכְרָֽן׃ פ
78 בְּיוֹם֙ שְׁנֵ֣ים עָשָׂ֣ר י֔וֹם נָשִׂ֖יא לִבְנֵ֣י נַפְתָּלִ֑י אֲחִירַ֖ע בֶּן־עֵינָֽן׃
79 קָרְבָּנ֞וֹ קַֽעֲרַת־כֶּ֣סֶף אַחַ֗ת שְׁלֹשִׁ֣ים וּמֵאָה֮ מִשְׁקָלָהּ֒ מִזְרָ֤ק

אחד

אֶחָד כֶּסֶף שִׁבְעִים שֶׁקֶל בְּשֶׁקֶל הַקֹּדֶשׁ שְׁנֵיהֶם ׀ מְלֵאִים סֹלֶת
פ בְּלוּלָה בַשֶּׁמֶן לְמִנְחָה׃ כַּף אַחַת עֲשָׂרָה זָהָב מְלֵאָה קְטֹרֶת׃
81 פַּר אֶחָד בֶּן־בָּקָר אַיִל אֶחָד כֶּבֶשׂ־אֶחָד בֶּן־שְׁנָתוֹ לְעֹלָה׃
82 83 שְׂעִיר־עִזִּים אֶחָד לְחַטָּאת׃ וּלְזֶבַח הַשְּׁלָמִים בָּקָר שְׁנַיִם
אֵילִם חֲמִשָּׁה עַתֻּדִים חֲמִשָּׁה כְּבָשִׂים בְּנֵי־שָׁנָה חֲמִשָּׁה זֶה
קָרְבַּן אֲחִירַע בֶּן־עֵינָן׃ פ
84 זֹאת ׀ חֲנֻכַּת הַמִּזְבֵּחַ בְּיוֹם הִמָּשַׁח אֹתוֹ מֵאֵת נְשִׂיאֵי יִשְׂרָאֵל
קַעֲרֹת כֶּסֶף שְׁתֵּים עֶשְׂרֵה מִזְרְקֵי־כֶסֶף שְׁנֵים עָשָׂר כַּפּוֹת
פה זָהָב שְׁתֵּים עֶשְׂרֵה׃ שְׁלֹשִׁים וּמֵאָה הַקְּעָרָה הָאַחַת כֶּסֶף
וְשִׁבְעִים הַמִּזְרָק הָאֶחָד כֹּל כֶּסֶף הַכֵּלִים אַלְפַּיִם וְאַרְבַּע־
86 מֵאוֹת בְּשֶׁקֶל הַקֹּדֶשׁ׃ כַּפּוֹת זָהָב שְׁתֵּים־עֶשְׂרֵה מְלֵאֹת
קְטֹרֶת עֲשָׂרָה עֲשָׂרָה הַכַּף בְּשֶׁקֶל הַקֹּדֶשׁ כָּל־זְהַב הַכַּפּוֹת
87 עֶשְׂרִים וּמֵאָה׃ * כָּל־הַבָּקָר לָעֹלָה שְׁנֵים עָשָׂר פָּרִים אֵילִם מפטיר
שְׁנֵים־עָשָׂר כְּבָשִׂים בְּנֵי־שָׁנָה שְׁנֵים עָשָׂר וּמִנְחָתָם וּשְׂעִירֵי
88 עִזִּים שְׁנֵים עָשָׂר לְחַטָּאת׃ וְכֹל בְּקַר ׀ זֶבַח הַשְּׁלָמִים עֶשְׂרִים
וְאַרְבָּעָה פָּרִים אֵילִם שִׁשִּׁים עַתֻּדִים שִׁשִּׁים כְּבָשִׂים בְּנֵי־
89 שָׁנָה שִׁשִּׁים זֹאת חֲנֻכַּת הַמִּזְבֵּחַ אַחֲרֵי הִמָּשַׁח אֹתוֹ׃ וּבְבֹא
מֹשֶׁה אֶל־אֹהֶל מוֹעֵד לְדַבֵּר אִתּוֹ וַיִּשְׁמַע אֶת־הַקּוֹל מִדַּבֵּר
אֵלָיו מֵעַל הַכַּפֹּרֶת אֲשֶׁר עַל־אֲרֹן הָעֵדֻת מִבֵּין שְׁנֵי הַכְּרֻבִים
וַיְדַבֵּר אֵלָיו׃ פ פ

בהעלתך לו 36

Cap. VIII. ח

ח

2 א וַיְדַבֵּר יְהוָה אֶל־מֹשֶׁה לֵּאמֹר׃ דַּבֵּר אֶל־אַהֲרֹן וְאָמַרְתָּ
אֵלָיו בְּהַעֲלֹתְךָ אֶת־הַנֵּרֹת אֶל־מוּל פְּנֵי הַמְּנוֹרָה יָאִירוּ
3 שִׁבְעַת הַנֵּרוֹת׃ וַיַּעַשׂ כֵּן אַהֲרֹן אֶל־מוּל פְּנֵי הַמְּנוֹרָה הֶעֱלָה
4 נֵרֹתֶיהָ כַּאֲשֶׁר צִוָּה יְהוָה אֶת־מֹשֶׁה׃ וְזֶה מַעֲשֵׂה הַמְּנֹרָה

מקשה

מִקְשָׁ֣ה זָהָ֔ב עַד־יְרֵכָ֥הּ עַד־פִּרְחָ֖הּ מִקְשָׁ֣ה הִ֑וא כַּמַּרְאֶ֗ה אֲשֶׁ֨ר
הֶרְאָ֤ה יְהוָה֙ אֶת־מֹשֶׁ֔ה כֵּ֥ן עָשָׂ֖ה אֶת־הַמְּנֹרָֽה׃ פ
ה 6 וַיְדַבֵּ֥ר יְהוָ֖ה אֶל־מֹשֶׁ֥ה לֵּאמֹֽר׃ קַ֚ח אֶת־הַלְוִיִּ֔ם מִתּ֖וֹךְ בְּנֵ֣י
7 יִשְׂרָאֵ֑ל וְטִהַרְתָּ֖ אֹתָֽם׃ וְכֹֽה־תַעֲשֶׂ֤ה לָהֶם֙ לְטַהֲרָ֔ם הַזֵּ֥ה עֲלֵיהֶ֖ם
מֵ֣י חַטָּ֑את וְהֶעֱבִ֤ירוּ תַ֙עַר֙ עַל־כָּל־בְּשָׂרָ֔ם וְכִבְּס֥וּ בִגְדֵיהֶ֖ם
8 וְהִטֶּהָֽרוּ׃ וְלָקְחוּ֙ פַּ֣ר בֶּן־בָּקָ֔ר וּמִנְחָת֔וֹ סֹ֖לֶת בְּלוּלָ֣ה בַשָּׁ֑מֶן
9 וּפַר־שֵׁנִ֥י בֶן־בָּקָ֖ר תִּקַּ֥ח לְחַטָּֽאת׃ וְהִקְרַבְתָּ֙ אֶת־הַלְוִיִּ֔ם
לִפְנֵ֖י אֹ֣הֶל מוֹעֵ֑ד וְהִ֨קְהַלְתָּ֔ אֶֽת־כָּל־עֲדַ֖ת בְּנֵ֥י יִשְׂרָאֵֽל׃
י וְהִקְרַבְתָּ֥ אֶת־הַלְוִיִּ֖ם לִפְנֵ֣י יְהוָ֑ה וְסָמְכ֧וּ בְנֵֽי־יִשְׂרָאֵ֛ל אֶת־
11 יְדֵיהֶ֖ם עַל־הַלְוִיִּֽם׃ וְהֵנִיף֩ אַהֲרֹ֨ן אֶת־הַלְוִיִּ֤ם תְּנוּפָה֙ לִפְנֵ֣י
12 יְהוָ֔ה מֵאֵ֖ת בְּנֵ֣י יִשְׂרָאֵ֑ל וְהָי֕וּ לַעֲבֹ֖ד אֶת־עֲבֹדַ֥ת יְהוָֽה׃ וְהַלְוִיִּם֙
יִסְמְכ֣וּ אֶת־יְדֵיהֶ֔ם עַ֖ל רֹ֣אשׁ הַפָּרִ֑ים וַ֠עֲשֵׂה אֶת־הָאֶחָ֨ד חַטָּ֜את
13 וְאֶת־הָאֶחָ֤ד עֹלָה֙ לַֽיהוָ֔ה לְכַפֵּ֖ר עַל־הַלְוִיִּֽם׃ וְהַֽעֲמַדְתָּ֙ אֶת־
הַלְוִיִּ֔ם לִפְנֵ֥י אַהֲרֹ֖ן וְלִפְנֵ֣י בָנָ֑יו וְהֵנַפְתָּ֥ אֹתָ֛ם תְּנוּפָ֖ה לַיהוָֽה׃
14 * וְהִבְדַּלְתָּ֙ אֶת־הַלְוִיִּ֔ם מִתּ֖וֹךְ בְּנֵ֣י יִשְׂרָאֵ֑ל וְהָ֥יוּ לִ֖י הַלְוִיִּֽם׃
שני טו וְאַֽחֲרֵי־כֵן֙ יָבֹ֣אוּ הַלְוִיִּ֔ם לַעֲבֹ֖ד אֶת־אֹ֣הֶל מוֹעֵ֑ד וְטִהַרְתָּ֙ אֹתָ֔ם
16 וְהֵנַפְתָּ֥ אֹתָ֖ם תְּנוּפָֽה׃ כִּי֩ נְתֻנִ֨ים נְתֻנִ֥ים הֵ֨מָּה֙ לִ֔י מִתּ֖וֹךְ בְּנֵ֣י
יִשְׂרָאֵ֑ל תַּחַת֩ פִּטְרַ֨ת כָּל־רֶ֜חֶם בְּכ֥וֹר כֹּל֙ מִבְּנֵ֣י יִשְׂרָאֵ֔ל
17 לָקַ֥חְתִּי אֹתָ֖ם לִֽי׃ כִּ֣י לִ֤י כָל־בְּכוֹר֙ בִּבְנֵ֣י יִשְׂרָאֵ֔ל בָּאָדָ֖ם
וּבַבְּהֵמָ֑ה בְּי֗וֹם הַכֹּתִ֤י כָל־בְּכוֹר֙ בְּאֶ֣רֶץ מִצְרַ֔יִם הִקְדַּ֥שְׁתִּי
18 אֹתָ֖ם לִֽי׃ וָאֶקַּח֙ אֶת־הַלְוִיִּ֔ם תַּ֥חַת כָּל־בְּכ֖וֹר בִּבְנֵ֥י יִשְׂרָאֵֽל׃
19 וָאֶתְּנָ֨ה אֶת־הַלְוִיִּ֜ם נְתֻנִ֣ים ׀ לְאַהֲרֹ֣ן וּלְבָנָ֗יו מִתּוֹךְ֮ בְּנֵ֣י יִשְׂרָאֵל֒
לַעֲבֹ֞ד אֶת־עֲבֹדַ֤ת בְּנֵֽי־יִשְׂרָאֵל֙ בְּאֹ֣הֶל מוֹעֵ֔ד וּלְכַפֵּ֖ר עַל־
בְּנֵ֣י יִשְׂרָאֵ֑ל וְלֹ֨א יִהְיֶ֜ה בִּבְנֵ֤י יִשְׂרָאֵל֙ נֶ֔גֶף בְּגֶ֥שֶׁת בְּנֵֽי־יִשְׂרָאֵ֖ל
כ אֶל־הַקֹּֽדֶשׁ׃ וַיַּ֨עַשׂ מֹשֶׁ֧ה וְאַהֲרֹ֛ן וְכָל־עֲדַ֥ת בְּנֵֽי־יִשְׂרָאֵ֖ל
לַלְוִיִּ֑ם כְּכֹל֩ אֲשֶׁר־צִוָּ֨ה יְהוָ֤ה אֶת־מֹשֶׁה֙ לַלְוִיִּ֔ם כֵּן־עָשׂ֥וּ
21 לָהֶ֖ם בְּנֵ֥י יִשְׂרָאֵֽל׃ וַיִּתְחַטְּא֣וּ הַלְוִיִּ֗ם וַֽיְכַבְּסוּ֙ בִּגְדֵיהֶ֔ם וַיָּ֨נֶף
אַהֲרֹ֥ן אֹתָ֛ם תְּנוּפָ֖ה לִפְנֵ֣י יְהוָ֑ה וַיְכַפֵּ֧ר עֲלֵיהֶ֛ם אַהֲרֹ֖ן לְטַהֲרָֽם׃

ואחרי־כן

22 וְאַֽחֲרֵי־כֵ֞ן בָּ֣אוּ הַלְוִיִּ֗ם לַֽעֲבֹ֤ד אֶת־עֲבֹֽדָתָם֙ בְּאֹ֣הֶל מוֹעֵ֔ד
לִפְנֵ֥י אַהֲרֹ֖ן וְלִפְנֵ֣י בָנָ֑יו כַּֽאֲשֶׁר֩ צִוָּ֨ה יְהוָ֤ה אֶת־מֹשֶׁה֙ עַל־
23 הַלְוִיִּ֔ם כֵּ֖ן עָשׂ֥וּ לָהֶֽם׃ ס וַיְדַבֵּ֥ר יְהוָ֖ה אֶל־מֹשֶׁ֥ה לֵּאמֹֽר׃
24 זֹ֖את אֲשֶׁ֣ר לַלְוִיִּ֑ם מִבֶּן֩ חָמֵ֨שׁ וְעֶשְׂרִ֤ים שָׁנָה֙ וָמַ֔עְלָה יָבוֹא֙
כה לִצְבֹ֣א צָבָ֔א בַּעֲבֹדַ֖ת אֹ֥הֶל מוֹעֵֽד׃ וּמִבֶּן֙ חֲמִשִּׁ֣ים שָׁנָ֔ה יָשׁ֖וּב
26 מִצְּבָ֣א הָעֲבֹדָ֑ה וְלֹ֥א יַעֲבֹ֖ד עֽוֹד׃ וְשֵׁרֵ֨ת אֶת־אֶחָ֜יו בְּאֹ֤הֶל
מוֹעֵד֙ לִשְׁמֹ֣ר מִשְׁמֶ֔רֶת וַעֲבֹדָ֖ה לֹ֣א יַעֲבֹ֑ד כָּ֛כָה תַּעֲשֶׂ֥ה לַלְוִיִּ֖ם
בְּמִשְׁמְרֹתָֽם׃* פ

ט CAP. IX. ט

א וַיְדַבֵּ֣ר יְהוָ֣ה אֶל־מֹשֶׁ֣ה בְמִדְבַּר־סִ֠ינַי בַּשָּׁנָ֨ה הַשֵּׁנִ֜ית לְצֵאתָ֨ם שלישי
2 מֵאֶ֧רֶץ מִצְרַ֛יִם בַּחֹ֥דֶשׁ הָרִאשׁ֖וֹן לֵאמֹֽר׃ וְיַעֲשׂ֧וּ בְנֵֽי־יִשְׂרָאֵ֛ל
3 אֶת־הַפָּ֖סַח בְּמוֹעֲדֽוֹ׃ בְּאַרְבָּעָ֣ה עָשָֽׂר־י֠וֹם בַּחֹ֨דֶשׁ הַזֶּ֜ה בֵּ֧ין
הָעַרְבַּ֛יִם תַּעֲשׂ֥וּ אֹת֖וֹ בְּמֹעֲד֑וֹ כְּכָל־חֻקֹּתָ֥יו וּכְכָל־מִשְׁפָּטָ֖יו
4 תַּעֲשׂ֥וּ אֹתֽוֹ׃ וַיְדַבֵּ֥ר מֹשֶׁ֛ה אֶל־בְּנֵ֥י יִשְׂרָאֵ֖ל לַעֲשֹׂ֥ת הַפָּֽסַח׃
ה וַיַּעֲשׂ֣וּ אֶת־הַפֶּ֡סַח בָּרִאשׁ֡וֹן בְּאַרְבָּעָה֩ עָשָׂ֨ר י֥וֹם לַחֹ֛דֶשׁ בֵּ֥ין
הָעַרְבַּ֖יִם בְּמִדְבַּ֣ר סִינָ֑י כְּ֠כֹל אֲשֶׁ֨ר צִוָּ֤ה יְהוָה֙ אֶת־מֹשֶׁ֔ה כֵּ֥ן
6 עָשׂ֖וּ בְּנֵ֥י יִשְׂרָאֵֽל׃ וַיְהִ֣י אֲנָשִׁ֗ים אֲשֶׁ֨ר הָי֤וּ טְמֵאִים֙ לְנֶ֣פֶשׁ אָדָ֔ם
וְלֹא־יָכְל֥וּ לַעֲשֹׂת־הַפֶּ֖סַח בַּיּ֣וֹם הַה֑וּא וַֽיִּקְרְב֞וּ לִפְנֵ֥י מֹשֶׁ֛ה
7 וְלִפְנֵ֥י אַהֲרֹ֖ן בַּיּ֥וֹם הַהֽוּא׃ וַ֠יֹּאמְרוּ הָאֲנָשִׁ֤ים הָהֵ֙מָּה֙ אֵלָ֔יו
אֲנַ֥חְנוּ טְמֵאִ֖ים לְנֶ֣פֶשׁ אָדָ֑ם לָ֣מָּה נִגָּרַ֗ע לְבִלְתִּ֨י הַקְרִ֜ב אֶת־
8 קָרְבַּ֤ן יְהוָה֙ בְּמֹ֣עֲד֔וֹ בְּת֖וֹךְ בְּנֵ֥י יִשְׂרָאֵֽל׃ וַיֹּ֥אמֶר אֲלֵהֶ֖ם מֹשֶׁ֑ה
עִמְד֣וּ וְאֶשְׁמְעָ֔ה מַה־יְצַוֶּ֥ה יְהוָ֖ה לָכֶֽם׃ פ
9 וַיְדַבֵּ֥ר יְהוָ֖ה אֶל־מֹשֶׁ֥ה לֵּאמֹֽר׃ דַּבֵּ֛ר אֶל־בְּנֵ֥י יִשְׂרָאֵ֖ל לֵאמֹ֑ר
י אִ֣ישׁ אִ֣ישׁ כִּֽי־יִהְיֶֽה־טָמֵ֣א ׀ לָנֶ֡פֶשׁ א֩וֹ בְדֶ֨רֶךְ רְחֹקָ֜ה לָכֶ֗ם א֚וֹ
11 לְדֹרֹ֣תֵיכֶ֔ם וְעָ֥שָׂה פֶ֖סַח לַיהוָֽה׃ בַּחֹ֨דֶשׁ הַשֵּׁנִ֜י בְּאַרְבָּעָ֨ה עָשָׂ֥ר
י֛וֹם בֵּ֥ין הָעַרְבַּ֖יִם יַעֲשׂ֣וּ אֹת֑וֹ עַל־מַצּ֥וֹת וּמְרֹרִ֖ים יֹאכְלֻֽהוּ׃
12 לֹֽא־יַשְׁאִ֤ירוּ מִמֶּ֙נּוּ֙ עַד־בֹּ֔קֶר וְעֶ֖צֶם לֹ֣א יִשְׁבְּרוּ־ב֑וֹ כְּכָל־

חקת

ט׳ v. 6. סבירין ויהיו v. 10. נקוד על ה׳

13 חֻקַּת הַפֶּסַח יַעֲשֶׂה אֹתוֹ׃ וְהָאִישׁ אֲשֶׁר־הוּא טָהוֹר וּבְדֶרֶךְ
לֹא־הָיָה וְחָדַל לַעֲשׂוֹת הַפֶּסַח וְנִכְרְתָה הַנֶּפֶשׁ הַהִוא מֵעַמֶּיהָ
כִּי ׀ קָרְבַּן יְהוָה לֹא הִקְרִיב בְּמֹעֲדוֹ חֶטְאוֹ יִשָּׂא הָאִישׁ הַהוּא׃
14 וְכִי־יָגוּר אִתְּכֶם גֵּר וְעָשָׂה פֶסַח לַיהוָה כְּחֻקַּת הַפֶּסַח
וּכְמִשְׁפָּטוֹ כֵּן יַעֲשֶׂה חֻקָּה אַחַת יִהְיֶה לָכֶם וְלַגֵּר וּלְאֶזְרַח
רביעי טו הָאָרֶץ׃ * ס וּבְיוֹם הָקִים אֶת־הַמִּשְׁכָּן כִּסָּה הֶעָנָן אֶת־
הַמִּשְׁכָּן לְאֹהֶל הָעֵדֻת וּבָעֶרֶב יִהְיֶה עַל־הַמִּשְׁכָּן כְּמַרְאֵה־
16 אֵשׁ עַד־בֹּקֶר׃ כֵּן יִהְיֶה תָמִיד הֶעָנָן יְכַסֶּנּוּ וּמַרְאֵה־אֵשׁ
17 לָיְלָה׃ וּלְפִי הֵעָלֹת הֶעָנָן מֵעַל הָאֹהֶל וְאַחֲרֵי כֵן יִסְעוּ בְּנֵי
יִשְׂרָאֵל וּבִמְקוֹם אֲשֶׁר יִשְׁכָּן־שָׁם הֶעָנָן שָׁם יַחֲנוּ בְּנֵי יִשְׂרָאֵל׃
18 עַל־פִּי יְהוָה יִסְעוּ בְּנֵי יִשְׂרָאֵל וְעַל־פִּי יְהוָה יַחֲנוּ כָּל־
19 יְמֵי אֲשֶׁר יִשְׁכֹּן הֶעָנָן עַל־הַמִּשְׁכָּן יַחֲנוּ׃ וּבְהַאֲרִיךְ הֶעָנָן
עַל־הַמִּשְׁכָּן יָמִים רַבִּים וְשָׁמְרוּ בְנֵי־יִשְׂרָאֵל אֶת־מִשְׁמֶרֶת
כ יְהוָה וְלֹא יִסָּעוּ׃ וְיֵשׁ אֲשֶׁר יִהְיֶה הֶעָנָן יָמִים מִסְפָּר עַל־
21 הַמִּשְׁכָּן עַל־פִּי יְהוָה יַחֲנוּ וְעַל־פִּי יְהוָה יִסָּעוּ׃ וְיֵשׁ אֲשֶׁר
יִהְיֶה הֶעָנָן מֵעֶרֶב עַד־בֹּקֶר וְנַעֲלָה הֶעָנָן בַּבֹּקֶר וְנָסָעוּ אוֹ
22 יוֹמָם וָלַיְלָה וְנַעֲלָה הֶעָנָן וְנָסָעוּ׃ אוֹ־יֹמַיִם אוֹ־חֹדֶשׁ אוֹ־
יָמִים בְּהַאֲרִיךְ הֶעָנָן עַל־הַמִּשְׁכָּן לִשְׁכֹּן עָלָיו יַחֲנוּ בְנֵי־
23 יִשְׂרָאֵל וְלֹא יִסָּעוּ וּבְהֵעָלֹתוֹ יִסָּעוּ׃ עַל־פִּי יְהוָה יַחֲנוּ וְעַל־
פִּי יְהוָה יִסָּעוּ אֶת־מִשְׁמֶרֶת יְהוָה שָׁמָרוּ עַל־פִּי יְהוָה בְּיַד־
מֹשֶׁה׃ פ

CAP. X. י

א 2 וַיְדַבֵּר יְהוָה אֶל־מֹשֶׁה לֵּאמֹר׃ עֲשֵׂה לְךָ שְׁתֵּי חֲצוֹצְרֹת כֶּסֶף
מִקְשָׁה תַּעֲשֶׂה אֹתָם וְהָיוּ לְךָ לְמִקְרָא הָעֵדָה וּלְמַסַּע אֶת־
3 הַמַּחֲנוֹת׃ וְתָקְעוּ בָּהֵן וְנוֹעֲדוּ אֵלֶיךָ כָּל־הָעֵדָה אֶל־פֶּתַח
4 אֹהֶל מוֹעֵד׃ וְאִם־בְּאַחַת יִתְקָעוּ וְנוֹעֲדוּ אֵלֶיךָ הַנְּשִׂיאִים
ה רָאשֵׁי אַלְפֵי יִשְׂרָאֵל׃ וּתְקַעְתֶּם תְּרוּעָה וְנָסְעוּ הַמַּחֲנוֹת
6 הַחֹנִים קֵדְמָה׃ וּתְקַעְתֶּם תְּרוּעָה שֵׁנִית וְנָסְעוּ הַמַּחֲנוֹת הַחֹנִים

תימנה

7 תֵּימָנָה תְּרוּעָה יִתְקְעוּ לְמַסְעֵיהֶם׃ וּבְהַקְהִיל אֶת־הַקָּהָל
8 תִּתְקְעוּ וְלֹא תָרִיעוּ׃ וּבְנֵי אַהֲרֹן הַכֹּהֲנִים יִתְקְעוּ בַּחֲצֹצְרוֹת
9 וְהָיוּ לָכֶם לְחֻקַּת עוֹלָם לְדֹרֹתֵיכֶם׃ וְכִי־תָבֹאוּ מִלְחָמָה
בְּאַרְצְכֶם עַל־הַצַּר הַצֹּרֵר אֶתְכֶם וַהֲרֵעֹתֶם בַּחֲצֹצְרֹת
י וְנִזְכַּרְתֶּם לִפְנֵי יְהוָה אֱלֹהֵיכֶם וְנוֹשַׁעְתֶּם מֵאֹיְבֵיכֶם׃ וּבְיוֹם
שִׂמְחַתְכֶם וּבְמוֹעֲדֵיכֶם וּבְרָאשֵׁי חָדְשֵׁכֶם וּתְקַעְתֶּם בַּחֲצֹצְרֹת
עַל עֹלֹתֵיכֶם וְעַל זִבְחֵי שַׁלְמֵיכֶם וְהָיוּ לָכֶם לְזִכָּרוֹן לִפְנֵי
אֱלֹהֵיכֶם אֲנִי יְהוָה אֱלֹהֵיכֶם׃* פ
11 וַיְהִי בַּשָּׁנָה הַשֵּׁנִית בַּחֹדֶשׁ הַשֵּׁנִי בְּעֶשְׂרִים בַּחֹדֶשׁ נַעֲלָה הֶעָנָן חמישי
12 מֵעַל מִשְׁכַּן הָעֵדֻת׃ וַיִּסְעוּ בְנֵי־יִשְׂרָאֵל לְמַסְעֵיהֶם מִמִּדְבַּר
13 סִינָי וַיִּשְׁכֹּן הֶעָנָן בְּמִדְבַּר פָּארָן׃ וַיִּסְעוּ בָּרִאשֹׁנָה עַל־פִּי
14 יְהוָה בְּיַד־מֹשֶׁה׃ וַיִּסַּע דֶּגֶל מַחֲנֵה בְנֵי־יְהוּדָה בָּרִאשֹׁנָה
טו לְצִבְאֹתָם וְעַל־צְבָאוֹ נַחְשׁוֹן בֶּן־עַמִּינָדָב׃ וְעַל־צְבָא מַטֵּה
16 בְּנֵי יִשָּׂשכָר נְתַנְאֵל בֶּן־צוּעָר׃ וְעַל־צְבָא מַטֵּה בְּנֵי זְבוּלֻן
17 אֱלִיאָב בֶּן־חֵלֹן׃ וְהוּרַד הַמִּשְׁכָּן וְנָסְעוּ בְנֵי־גֵרְשׁוֹן וּבְנֵי
18 מְרָרִי נֹשְׂאֵי הַמִּשְׁכָּן׃ וְנָסַע דֶּגֶל מַחֲנֵה רְאוּבֵן לְצִבְאֹתָם
19 וְעַל־צְבָאוֹ אֱלִיצוּר בֶּן־שְׁדֵיאוּר׃ וְעַל־צְבָא מַטֵּה בְּנֵי
כ שִׁמְעוֹן שְׁלֻמִיאֵל בֶּן־צוּרִישַׁדָּי׃ וְעַל־צְבָא מַטֵּה בְנֵי־גָד
21 אֶלְיָסָף בֶּן־דְּעוּאֵל׃ וְנָסְעוּ הַקְּהָתִים נֹשְׂאֵי הַמִּקְדָּשׁ וְהֵקִימוּ
22 אֶת־הַמִּשְׁכָּן עַד־בֹּאָם׃ וְנָסַע דֶּגֶל מַחֲנֵה בְנֵי־אֶפְרַיִם
23 לְצִבְאֹתָם וְעַל־צְבָאוֹ אֱלִישָׁמָע בֶּן־עַמִּיהוּד׃ וְעַל־צְבָא
24 מַטֵּה בְּנֵי מְנַשֶּׁה גַּמְלִיאֵל בֶּן־פְּדָהצוּר׃ וְעַל־צְבָא מַטֵּה בְּנֵי
כה בִנְיָמִן אֲבִידָן בֶּן־גִּדְעֹנִי׃ וְנָסַע דֶּגֶל מַחֲנֵה בְנֵי־דָן מְאַסֵּף
לְכָל־הַמַּחֲנֹת לְצִבְאֹתָם וְעַל־צְבָאוֹ אֲחִיעֶזֶר בֶּן־עַמִּישַׁדָּי׃
26 27 וְעַל־צְבָא מַטֵּה בְּנֵי אָשֵׁר פַּגְעִיאֵל בֶּן־עָכְרָן׃ וְעַל־צְבָא
28 מַטֵּה בְּנֵי נַפְתָּלִי אֲחִירַע בֶּן־עֵינָן׃ אֵלֶּה מַסְעֵי בְנֵי־יִשְׂרָאֵל
29 לְצִבְאֹתָם וַיִּסָּעוּ׃* ס וַיֹּאמֶר מֹשֶׁה לְחֹבָב בֶּן־רְעוּאֵל ששי
הַמִּדְיָנִי חֹתֵן מֹשֶׁה נֹסְעִים ׀ אֲנַחְנוּ אֶל־הַמָּקוֹם אֲשֶׁר אָמַר לספ׳

יְהוָה אֹתוֹ אֶתֵּן לָכֶם לְכָה אִתָּנוּ וְהֵטַבְנוּ לָךְ כִּי־יְהוָה דִּבֶּר־
ל טוֹב עַל־יִשְׂרָאֵל׃ וַיֹּאמֶר אֵלָיו לֹא אֵלֵךְ כִּי אִם־אֶל־אַרְצִי
31 וְאֶל־מוֹלַדְתִּי אֵלֵךְ׃ וַיֹּאמֶר אַל־נָא תַּעֲזֹב אֹתָנוּ כִּי ׀ עַל־
32 כֵּן יָדַעְתָּ חֲנֹתֵנוּ בַּמִּדְבָּר וְהָיִיתָ לָּנוּ לְעֵינָיִם׃ וְהָיָה כִּי־תֵלֵךְ
עִמָּנוּ וְהָיָה ׀ הַטּוֹב הַהוּא אֲשֶׁר יֵיטִיב יְהוָה עִמָּנוּ וְהֵטַבְנוּ לָךְ׃
33 וַיִּסְעוּ מֵהַר יְהוָה דֶּרֶךְ שְׁלֹשֶׁת יָמִים וַאֲרוֹן בְּרִית־יְהוָה נֹסֵעַ
34 לִפְנֵיהֶם דֶּרֶךְ שְׁלֹשֶׁת יָמִים לָתוּר לָהֶם מְנוּחָה׃ וַעֲנַן יְהוָה
ששי לאש׳ לה עֲלֵיהֶם יוֹמָם בְּנָסְעָם מִן־הַמַּחֲנֶה׃ * ׆ ס וַיְהִי בִּנְסֹעַ הָאָרֹן
וַיֹּאמֶר מֹשֶׁה קוּמָה ׀ יְהוָה וְיָפֻצוּ אֹיְבֶיךָ וְיָנֻסוּ מְשַׂנְאֶיךָ מִפָּנֶיךָ׃
36 וּבְנֻחֹה יֹאמַר שׁוּבָה יְהוָה רִבְבוֹת אַלְפֵי יִשְׂרָאֵל׃ ׆ פ

יא CAP. XI. יא

א וַיְהִי הָעָם כְּמִתְאֹנְנִים רַע בְּאָזְנֵי יְהוָה וַיִּשְׁמַע יְהוָה וַיִּחַר אַפּוֹ
2 וַתִּבְעַר־בָּם אֵשׁ יְהוָה וַתֹּאכַל בִּקְצֵה הַמַּחֲנֶה׃ וַיִּצְעַק הָעָם
3 אֶל־מֹשֶׁה וַיִּתְפַּלֵּל מֹשֶׁה אֶל־יְהוָה וַתִּשְׁקַע הָאֵשׁ׃ וַיִּקְרָא
שֵׁם־הַמָּקוֹם הַהוּא תַּבְעֵרָה כִּי־בָעֲרָה בָם אֵשׁ יְהוָה׃
4 וְהָאסַפְסֻף אֲשֶׁר בְּקִרְבּוֹ הִתְאַוּוּ תַּאֲוָה וַיָּשֻׁבוּ וַיִּבְכּוּ גַּם בְּנֵי
ה יִשְׂרָאֵל וַיֹּאמְרוּ מִי יַאֲכִלֵנוּ בָּשָׂר׃ זָכַרְנוּ אֶת־הַדָּגָה אֲשֶׁר־
נֹאכַל בְּמִצְרַיִם חִנָּם אֵת הַקִּשֻּׁאִים וְאֵת הָאֲבַטִּחִים וְאֶת־
6 הֶחָצִיר וְאֶת־הַבְּצָלִים וְאֶת־הַשּׁוּמִים׃ וְעַתָּה נַפְשֵׁנוּ יְבֵשָׁה
7 אֵין כֹּל בִּלְתִּי אֶל־הַמָּן עֵינֵינוּ׃ וְהַמָּן כִּזְרַע־גַּד הוּא וְעֵינוֹ
8 כְּעֵין הַבְּדֹלַח׃ שָׁטוּ הָעָם וְלָקְטוּ וְטָחֲנוּ בָרֵחַיִם אוֹ דָכוּ
בַּמְּדֹכָה וּבִשְּׁלוּ בַּפָּרוּר וְעָשׂוּ אֹתוֹ עֻגוֹת וְהָיָה טַעְמוֹ כְּטַעַם
9 לְשַׁד הַשָּׁמֶן׃ וּבְרֶדֶת הַטַּל עַל־הַמַּחֲנֶה לָיְלָה יֵרֵד הַמָּן
י עָלָיו׃ וַיִּשְׁמַע מֹשֶׁה אֶת־הָעָם בֹּכֶה לְמִשְׁפְּחֹתָיו אִישׁ לְפֶתַח
11 אָהֳלוֹ וַיִּחַר־אַף יְהוָה מְאֹד וּבְעֵינֵי מֹשֶׁה רָע׃ וַיֹּאמֶר מֹשֶׁה
אֶל־יְהוָה לָמָה הֲרֵעֹתָ לְעַבְדֶּךָ וְלָמָּה לֹא־מָצָתִי חֵן בְּעֵינֶיךָ
12 לָשׂוּם אֶת־מַשָּׂא כָּל־הָעָם הַזֶּה עָלָי׃ הֶאָנֹכִי הָרִיתִי אֵת

כל־העם

י׳ v. 35, 36. נ׳ הפוכה   v. 36. ובנוחו ק׳   י״א v. 4. א׳ נחה   v. 11. חסר א׳

כָּל־הָעָ֖ם הַזֶּ֑ה אִם־אָנֹכִ֣י יְלִדְתִּ֑יהוּ כִּֽי־תֹאמַ֨ר אֵלַ֜י שָׂאֵ֣הוּ
בְחֵיקֶ֗ךָ כַּאֲשֶׁ֨ר יִשָּׂ֤א הָֽאֹמֵן֙ אֶת־הַיֹּנֵ֔ק עַ֚ל הָֽאֲדָמָ֔ה אֲשֶׁ֥ר
13 נִשְׁבַּ֖עְתָּ לַאֲבֹתָֽיו׃ מֵאַ֤יִן לִי֙ בָּשָׂ֔ר לָתֵ֖ת לְכָל־הָעָ֣ם הַזֶּ֑ה כִּֽי־
14 יִבְכּ֤וּ עָלַי֙ לֵאמֹ֔ר תְּנָה־לָּ֥נוּ בָשָׂ֖ר וְנֹאכֵֽלָה׃ לֹֽא־אוּכַ֤ל אָנֹכִי֙
טו לְבַדִּ֔י לָשֵׂ֖את אֶת־כָּל־הָעָ֣ם הַזֶּ֑ה כִּ֥י כָבֵ֖ד מִמֶּֽנִּי׃ וְאִם־כָּ֣כָה ׀
אַתְּ־עֹ֣שֶׂה לִּ֗י הָרְגֵ֤נִי נָא֙ הָרֹ֔ג אִם־מָצָ֥אתִי חֵ֖ן בְּעֵינֶ֑יךָ וְאַל־
אֶרְאֶ֖ה בְּרָעָתִֽי׃ פ
16 וַיֹּ֨אמֶר יְהוָ֜ה אֶל־מֹשֶׁ֗ה אֶסְפָה־לִּ֞י שִׁבְעִ֣ים אִישׁ֮ מִזִּקְנֵ֣י
יִשְׂרָאֵל֒ אֲשֶׁ֣ר יָדַ֔עְתָּ כִּי־הֵ֛ם זִקְנֵ֥י הָעָ֖ם וְשֹׁטְרָ֑יו וְלָקַחְתָּ֤ אֹתָם֙
17 אֶל־אֹ֣הֶל מוֹעֵ֔ד וְהִֽתְיַצְּב֥וּ שָׁ֖ם עִמָּֽךְ׃ וְיָרַדְתִּ֗י וְדִבַּרְתִּ֣י עִמְּךָ֮
שָׁם֒ וְאָצַלְתִּ֗י מִן־הָר֛וּחַ אֲשֶׁ֥ר עָלֶ֖יךָ וְשַׂמְתִּ֣י עֲלֵיהֶ֑ם וְנָשְׂא֤וּ
18 אִתְּךָ֙ בְּמַשָּׂ֣א הָעָ֔ם וְלֹֽא־תִשָּׂ֥א אַתָּ֖ה לְבַדֶּֽךָ׃ וְאֶל־הָעָ֨ם
תֹּאמַ֜ר הִתְקַדְּשׁ֣וּ לְמָחָר֮ וַאֲכַלְתֶּ֣ם בָּשָׂר֒ כִּ֡י בְּכִיתֶם֩ בְּאָזְנֵ֨י
יְהוָ֜ה לֵאמֹ֗ר מִ֤י יַאֲכִלֵ֙נוּ֙ בָּשָׂ֔ר כִּי־ט֥וֹב לָ֖נוּ בְּמִצְרָ֑יִם וְנָתַ֨ן
19 יְהוָ֥ה לָכֶ֛ם בָּשָׂ֖ר וַאֲכַלְתֶּֽם׃ לֹ֣א י֥וֹם אֶחָ֛ד תֹּאכְל֖וּן וְלֹ֣א יוֹמָ֑יִם
כ וְלֹ֣א ׀ חֲמִשָּׁ֣ה יָמִ֗ים וְלֹא֙ עֲשָׂרָ֣ה יָמִ֔ים וְלֹ֖א עֶשְׂרִ֥ים יֽוֹם׃ עַ֣ד ׀
חֹ֣דֶשׁ יָמִ֗ים עַ֤ד אֲשֶׁר־יֵצֵא֙ מֵֽאַפְּכֶ֔ם וְהָיָ֥ה לָכֶ֖ם לְזָרָ֑א יַ֗עַן
כִּֽי־מְאַסְתֶּ֤ם אֶת־יְהוָה֙ אֲשֶׁ֣ר בְּקִרְבְּכֶ֔ם וַתִּבְכּ֤וּ לְפָנָיו֙ לֵאמֹ֔ר
21 לָ֥מָּה זֶּ֖ה יָצָ֥אנוּ מִמִּצְרָֽיִם׃ וַיֹּ֘אמֶר֮ מֹשֶׁה֒ שֵׁשׁ־מֵא֥וֹת אֶ֙לֶף֙
רַגְלִ֔י הָעָ֕ם אֲשֶׁ֥ר אָנֹכִ֖י בְּקִרְבּ֑וֹ וְאַתָּ֣ה אָמַ֗רְתָּ בָּשָׂר֙ אֶתֵּ֣ן לָהֶ֔ם
22 וְאָכְל֖וּ חֹ֥דֶשׁ יָמִֽים׃ הֲצֹ֧אן וּבָקָ֛ר יִשָּׁחֵ֥ט לָהֶ֖ם וּמָצָ֣א לָהֶ֑ם אִ֣ם
אֶת־כָּל־דְּגֵ֥י הַיָּ֛ם יֵאָסֵ֥ף לָהֶ֖ם וּמָצָ֥א לָהֶֽם׃ פ
23 וַיֹּ֤אמֶר יְהוָה֙ אֶל־מֹשֶׁ֔ה הֲיַ֥ד יְהוָ֖ה תִּקְצָ֑ר עַתָּ֥ה תִרְאֶ֛ה הֲיִקְרְךָ֥
24 דְבָרִ֖י אִם־לֹֽא׃ וַיֵּצֵ֣א מֹשֶׁ֗ה וַיְדַבֵּר֙ אֶל־הָעָ֔ם אֵ֖ת דִּבְרֵ֣י יְהוָ֑ה
וַיֶּאֱסֹ֞ף שִׁבְעִ֥ים אִישׁ֙ מִזִּקְנֵ֣י הָעָ֔ם וַיַּעֲמֵ֥ד אֹתָ֖ם סְבִיבֹ֥ת הָאֹֽהֶל׃
כה וַיֵּ֨רֶד יְהוָ֥ה ׀ בֶּעָנָן֮ וַיְדַבֵּ֣ר אֵלָיו֒ וַיָּ֗אצֶל מִן־הָר֙וּחַ֙ אֲשֶׁ֣ר עָלָ֔יו
וַיִּתֵּ֕ן עַל־שִׁבְעִ֥ים אִ֖ישׁ הַזְּקֵנִ֑ים וַיְהִ֗י כְּנ֤וֹחַ עֲלֵיהֶם֙ הָר֔וּחַ
26 וַיִּֽתְנַבְּא֖וּ וְלֹ֥א יָסָֽפוּ׃ וַיִּשָּׁאֲר֣וּ שְׁנֵֽי־אֲנָשִׁ֣ים ׀ בַּֽמַּחֲנֶ֡ה שֵׁ֣ם הָאֶחָ֣ד ׀

אלדד

אֶלְדָּד וְשֵׁם הַשֵּׁנִי מֵידָד וַתָּנַח עֲלֵהֶם הָרוּחַ וְהֵמָּה בַּכְּתֻבִים
27 וְלֹא יָצְאוּ הָאֹהֱלָה וַיִּתְנַבְּאוּ בַּמַּחֲנֶה׃ וַיָּרָץ הַנַּעַר וַיַּגֵּד לְמֹשֶׁה
28 וַיֹּאמַר אֶלְדָּד וּמֵידָד מִתְנַבְּאִים בַּמַּחֲנֶה׃ וַיַּעַן יְהוֹשֻׁעַ בִּן־נוּן
29 מְשָׁרֵת מֹשֶׁה מִבְּחֻרָיו וַיֹּאמַר אֲדֹנִי מֹשֶׁה כְּלָאֵם׃ וַיֹּאמֶר לוֹ
מֹשֶׁה הַמְקַנֵּא אַתָּה לִי וּמִי יִתֵּן כָּל־עַם יְהוָה נְבִיאִים כִּי־יִתֵּן
שביעי ל יְהוָה אֶת־רוּחוֹ עֲלֵיהֶם׃* וַיֵּאָסֵף מֹשֶׁה אֶל־הַמַּחֲנֶה הוּא
31 וְזִקְנֵי יִשְׂרָאֵל׃ וְרוּחַ נָסַע ׀ מֵאֵת יְהוָה וַיָּגָז שַׂלְוִים מִן־הַיָּם
וַיִּטֹּשׁ עַל־הַמַּחֲנֶה כְּדֶרֶךְ יוֹם כֹּה וּכְדֶרֶךְ יוֹם כֹּה סְבִיבוֹת
32 הַמַּחֲנֶה וּכְאַמָּתַיִם עַל־פְּנֵי הָאָרֶץ׃ וַיָּקָם הָעָם כָּל־הַיּוֹם
הַהוּא וְכָל־הַלַּיְלָה וְכֹל ׀ יוֹם הַמָּחֳרָת וַיַּאַסְפוּ אֶת־הַשְּׂלָו
הַמַּמְעִיט אָסַף עֲשָׂרָה חֳמָרִים וַיִּשְׁטְחוּ לָהֶם שָׁטוֹחַ סְבִיבוֹת
33 הַמַּחֲנֶה׃ הַבָּשָׂר עוֹדֶנּוּ בֵּין שִׁנֵּיהֶם טֶרֶם יִכָּרֵת וְאַף יְהוָה
34 חָרָה בָעָם וַיַּךְ יְהוָה בָּעָם מַכָּה רַבָּה מְאֹד׃ וַיִּקְרָא אֶת־
שֵׁם־הַמָּקוֹם הַהוּא קִבְרוֹת הַתַּאֲוָה כִּי־שָׁם קָבְרוּ אֶת־הָעָם
לה הַמִּתְאַוִּים׃ מִקִּבְרוֹת הַתַּאֲוָה נָסְעוּ הָעָם חֲצֵרוֹת וַיִּהְיוּ
בַּחֲצֵרוֹת׃ פ

יב Cap. XII. יב

א וַתְּדַבֵּר מִרְיָם וְאַהֲרֹן בְּמֹשֶׁה עַל־אֹדוֹת הָאִשָּׁה הַכֻּשִׁית אֲשֶׁר
2 לָקָח כִּי־אִשָּׁה כֻשִׁית לָקָח׃ וַיֹּאמְרוּ הֲרַק אַךְ־בְּמֹשֶׁה דִּבֶּר
3 יְהוָה הֲלֹא גַּם־בָּנוּ דִבֵּר וַיִּשְׁמַע יְהוָה׃ וְהָאִישׁ מֹשֶׁה עָנָו
4 מְאֹד מִכֹּל הָאָדָם אֲשֶׁר עַל־פְּנֵי הָאֲדָמָה׃ ס וַיֹּאמֶר יְהוָה
פִּתְאֹם אֶל־מֹשֶׁה וְאֶל־אַהֲרֹן וְאֶל־מִרְיָם צְאוּ שְׁלָשְׁתְּכֶם
ה אֶל־אֹהֶל מוֹעֵד וַיֵּצְאוּ שְׁלָשְׁתָּם׃ וַיֵּרֶד יְהוָה בְּעַמּוּד עָנָן
וַיַּעֲמֹד פֶּתַח הָאֹהֶל וַיִּקְרָא אַהֲרֹן וּמִרְיָם וַיֵּצְאוּ שְׁנֵיהֶם׃
6 וַיֹּאמֶר שִׁמְעוּ־נָא דְבָרָי אִם־יִהְיֶה נְבִיאֲכֶם יְהוָה בַּמַּרְאָה
7 אֵלָיו אֶתְוַדָּע בַּחֲלוֹם אֲדַבֶּר־בּוֹ׃ לֹא־כֵן עַבְדִּי מֹשֶׁה בְּכָל־
8 בֵּיתִי נֶאֱמָן הוּא׃ פֶּה אֶל־פֶּה אֲדַבֶּר־בּוֹ וּמַרְאֶה וְלֹא בְחִידֹת

ותמנות

י״א v. 32. השליו ק׳ י״ב v. 3. עניו ק׳

וּתְמֻנַ֥ת יְהוָ֖ה יַבִּ֑יט וּמַדּ֙וּעַ֙ לֹ֣א יְרֵאתֶ֔ם לְדַבֵּ֖ר בְּעַבְדִּ֥י בְמֹשֶֽׁה׃
9 י וַיִּֽחַר־אַ֧ף יְהוָ֛ה בָּ֖ם וַיֵּלַֽךְ׃ וְהֶעָנָ֗ן סָ֚ר מֵעַ֣ל הָאֹ֔הֶל וְהִנֵּ֥ה
מִרְיָ֖ם מְצֹרַ֣עַת כַּשָּׁ֑לֶג וַיִּ֧פֶן אַהֲרֹ֛ן אֶל־מִרְיָ֖ם וְהִנֵּ֥ה מְצֹרָֽעַת׃
11 וַיֹּ֥אמֶר אַהֲרֹ֖ן אֶל־מֹשֶׁ֑ה בִּ֣י אֲדֹנִ֔י אַל־נָ֨א תָשֵׁ֤ת עָלֵ֙ינוּ֙ חַטָּ֔את
12 אֲשֶׁ֥ר נוֹאַ֖לְנוּ וַאֲשֶׁ֥ר חָטָֽאנוּ׃ אַל־נָ֥א תְהִ֖י כַּמֵּ֑ת אֲשֶׁ֤ר בְּצֵאתוֹ֙
13 מֵרֶ֣חֶם אִמּ֔וֹ וַיֵּאָכֵ֖ל חֲצִ֥י בְשָׂרֽוֹ׃ וַיִּצְעַ֣ק מֹשֶׁ֔ה אֶל־יְהוָ֖ה לֵאמֹ֑ר
אֵ֕ל נָ֛א רְפָ֥א נָ֖א לָֽהּ׃ * פ
14 וַיֹּ֨אמֶר יְהוָ֜ה אֶל־מֹשֶׁ֗ה וְאָבִ֙יהָ֙ יָרֹ֤ק יָרַק֙ בְּפָנֶ֔יהָ הֲלֹ֥א תִכָּלֵ֖ם מפטיר
שִׁבְעַ֣ת יָמִ֑ים תִּסָּגֵ֞ר שִׁבְעַ֤ת יָמִים֙ מִח֣וּץ לַֽמַּחֲנֶ֔ה וְאַחַ֖ר תֵּאָסֵֽף׃
טו וַתִּסָּגֵ֥ר מִרְיָ֛ם מִח֥וּץ לַֽמַּחֲנֶ֖ה שִׁבְעַ֣ת יָמִ֑ים וְהָעָם֙ לֹ֣א נָסַ֔ע
16 עַד־הֵאָסֵ֖ף מִרְיָֽם׃ וְאַחַ֛ר נָסְע֥וּ הָעָ֖ם מֵחֲצֵר֑וֹת וַֽיַּחֲנ֖וּ בְּמִדְבַּ֥ר
פָּארָֽן׃ פ פ פ

שלח לך לז 37

יג CAP. XIII. יג

א 2 וַיְדַבֵּ֥ר יְהוָ֖ה אֶל־מֹשֶׁ֥ה לֵּאמֹֽר׃ שְׁלַח־לְךָ֣ אֲנָשִׁ֗ים וְיָתֻ֙רוּ֙
אֶת־אֶ֣רֶץ כְּנַ֔עַן אֲשֶׁר־אֲנִ֥י נֹתֵ֖ן לִבְנֵ֣י יִשְׂרָאֵ֑ל אִ֣ישׁ אֶחָד֩ אִ֨ישׁ
3 אֶחָ֜ד לְמַטֵּ֤ה אֲבֹתָיו֙ תִּשְׁלָ֔חוּ כֹּ֖ל נָשִׂ֥יא בָהֶֽם׃ וַיִּשְׁלַ֨ח אֹתָ֥ם
מֹשֶׁ֛ה מִמִּדְבַּ֥ר פָּארָ֖ן עַל־פִּ֣י יְהוָ֑ה כֻּלָּ֣ם אֲנָשִׁ֔ים רָאשֵׁ֥י בְנֵֽי־
4 יִשְׂרָאֵ֖ל הֵֽמָּה׃ וְאֵ֖לֶּה שְׁמוֹתָ֑ם לְמַטֵּ֣ה רְאוּבֵ֔ן שַׁמּ֖וּעַ בֶּן־זַכּֽוּר׃
ה 6 לְמַטֵּ֣ה שִׁמְע֔וֹן שָׁפָ֖ט בֶּן־חוֹרִֽי׃ לְמַטֵּ֣ה יְהוּדָ֔ה כָּלֵ֖ב בֶּן־יְפֻנֶּֽה׃
7 8 לְמַטֵּ֣ה יִשָּׂשכָ֔ר יִגְאָ֖ל בֶּן־יוֹסֵֽף׃ לְמַטֵּ֥ה אֶפְרָ֖יִם הוֹשֵׁ֥עַ בִּן־
9 י נֽוּן׃ לְמַטֵּ֣ה בִנְיָמִ֔ן פַּלְטִ֖י בֶּן־רָפֽוּא׃ לְמַטֵּ֣ה זְבוּלֻ֔ן גַּדִּיאֵ֖ל
11 12 בֶּן־סוֹדִֽי׃ לְמַטֵּ֥ה יוֹסֵ֖ף לְמַטֵּ֣ה מְנַשֶּׁ֑ה גַּדִּ֖י בֶּן־סוּסִֽי׃ לְמַטֵּ֣ה
13 14 דָ֔ן עַמִּיאֵ֖ל בֶּן־גְּמַלִּֽי׃ לְמַטֵּ֣ה אָשֵׁ֔ר סְת֖וּר בֶּן־מִיכָאֵֽל׃ לְמַטֵּ֥ה
טו 16 נַפְתָּלִ֔י נַחְבִּ֖י בֶּן־וָפְסִֽי׃ לְמַטֵּ֣ה גָ֔ד גְּאוּאֵ֖ל בֶּן־מָכִֽי׃ אֵ֣לֶּה
שְׁמ֣וֹת הָֽאֲנָשִׁ֔ים אֲשֶׁר־שָׁלַ֥ח מֹשֶׁ֖ה לָת֣וּר אֶת־הָאָ֑רֶץ וַיִּקְרָ֥א
17 מֹשֶׁ֛ה לְהוֹשֵׁ֥עַ בִּן־נ֖וּן יְהוֹשֻֽׁעַ׃ וַיִּשְׁלַ֤ח אֹתָם֙ מֹשֶׁ֔ה לָת֖וּר אֶת־
ארץ

אֶרֶץ כְּנָעַן וַיֹּאמֶר אֲלֵהֶם עֲלוּ זֶה בַּנֶּגֶב וַעֲלִיתֶם אֶת־הָהָר׃
18 וּרְאִיתֶם אֶת־הָאָרֶץ מַה־הִוא וְאֶת־הָעָם הַיֹּשֵׁב עָלֶיהָ הֶחָזָק
19 הוּא הֲרָפֶה הַמְעַט הוּא אִם־רָב׃ וּמָה הָאָרֶץ אֲשֶׁר־הוּא
יֹשֵׁב בָּהּ הֲטוֹבָה הִוא אִם־רָעָה וּמָה הֶעָרִים אֲשֶׁר־הוּא
כ יוֹשֵׁב בָּהֵנָּה הַבְּמַחֲנִים אִם בְּמִבְצָרִים׃ וּמָה הָאָרֶץ הַשְּׁמֵנָה
הִוא אִם־רָזָה הֲיֵשׁ־בָּהּ עֵץ אִם־אַיִן וְהִתְחַזַּקְתֶּם וּלְקַחְתֶּם
שני 21 מִפְּרִי הָאָרֶץ וְהַיָּמִים יְמֵי בִּכּוּרֵי עֲנָבִים׃ * וַיַּעֲלוּ וַיָּתֻרוּ אֶת־
22 הָאָרֶץ מִמִּדְבַּר־צִן עַד־רְחֹב לְבֹא חֲמָת׃ וַיַּעֲלוּ בַנֶּגֶב וַיָּבֹא
עַד־חֶבְרוֹן וְשָׁם אֲחִימַן שֵׁשַׁי וְתַלְמַי יְלִידֵי הָעֲנָק וְחֶבְרוֹן שֶׁבַע
23 שָׁנִים נִבְנְתָה לִפְנֵי צֹעַן מִצְרָיִם׃ וַיָּבֹאוּ עַד־נַחַל אֶשְׁכֹּל
וַיִּכְרְתוּ מִשָּׁם זְמוֹרָה וְאֶשְׁכּוֹל עֲנָבִים אֶחָד וַיִּשָּׂאֻהוּ בַמּוֹט
24 בִּשְׁנָיִם וּמִן־הָרִמֹּנִים וּמִן־הַתְּאֵנִים׃ לַמָּקוֹם הַהוּא קָרָא נַחַל
אֶשְׁכּוֹל עַל אֹדוֹת הָאֶשְׁכּוֹל אֲשֶׁר־כָּרְתוּ מִשָּׁם בְּנֵי יִשְׂרָאֵל׃
כה 26 וַיָּשֻׁבוּ מִתּוּר הָאָרֶץ מִקֵּץ אַרְבָּעִים יוֹם׃ וַיֵּלְכוּ וַיָּבֹאוּ אֶל־
מֹשֶׁה וְאֶל־אַהֲרֹן וְאֶל־כָּל־עֲדַת בְּנֵי־יִשְׂרָאֵל אֶל־מִדְבַּר
פָּארָן קָדֵשָׁה וַיָּשִׁיבוּ אֹתָם דָּבָר וְאֶת־כָּל־הָעֵדָה וַיַּרְאוּם
27 אֶת־פְּרִי הָאָרֶץ׃ וַיְסַפְּרוּ־לוֹ וַיֹּאמְרוּ בָּאנוּ אֶל־הָאָרֶץ אֲשֶׁר
28 שְׁלַחְתָּנוּ וְגַם זָבַת חָלָב וּדְבַשׁ הִוא וְזֶה־פִּרְיָהּ׃ אֶפֶס כִּי־עַז
הָעָם הַיֹּשֵׁב בָּאָרֶץ וְהֶעָרִים בְּצֻרוֹת גְּדֹלֹת מְאֹד וְגַם־יְלִדֵי
29 הָעֲנָק רָאִינוּ שָׁם׃ עֲמָלֵק יוֹשֵׁב בְּאֶרֶץ הַנֶּגֶב וְהַחִתִּי וְהַיְבוּסִי
וְהָאֱמֹרִי יוֹשֵׁב בָּהָר וְהַכְּנַעֲנִי יֹשֵׁב עַל־הַיָּם וְעַל יַד הַיַּרְדֵּן׃
ל וַיַּהַס כָּלֵב אֶת־הָעָם אֶל־מֹשֶׁה וַיֹּאמֶר עָלֹה נַעֲלֶה וְיָרַשְׁנוּ
31 אֹתָהּ כִּי־יָכוֹל נוּכַל לָהּ׃ וְהָאֲנָשִׁים אֲשֶׁר־עָלוּ עִמּוֹ אָמְרוּ
32 לֹא נוּכַל לַעֲלוֹת אֶל־הָעָם כִּי־חָזָק הוּא מִמֶּנּוּ׃ וַיֹּצִיאוּ דִּבַּת
הָאָרֶץ אֲשֶׁר תָּרוּ אֹתָהּ אֶל־בְּנֵי יִשְׂרָאֵל לֵאמֹר הָאָרֶץ אֲשֶׁר
עָבַרְנוּ בָהּ לָתוּר אֹתָהּ אֶרֶץ אֹכֶלֶת יוֹשְׁבֶיהָ הִוא וְכָל־הָעָם
33 אֲשֶׁר־רָאִינוּ בְתוֹכָהּ אַנְשֵׁי מִדּוֹת׃ וְשָׁם רָאִינוּ אֶת־הַנְּפִילִים

בני

v. 22. סבירין ויבאו   v. 30. ס׳ רבתי

בְּנֵ֥י עֲנָ֖ק מִן־הַנְּפִלִ֑ים וַנְּהִ֤י בְעֵינֵ֙ינוּ֙ כַּֽחֲגָבִ֔ים וְכֵ֥ן הָיִ֖ינוּ
בְּעֵינֵיהֶֽם׃

יד Cap. XIV. יד

א וַתִּשָּׂא֙ כָּל־הָ֣עֵדָ֔ה וַֽיִּתְּנ֖וּ אֶת־קוֹלָ֑ם וַיִּבְכּ֥וּ הָעָ֖ם בַּלַּ֥יְלָה
2 הַהֽוּא׃ וַיִּלֹּ֙נוּ֙ עַל־מֹשֶׁ֣ה וְעַֽל־אַהֲרֹ֔ן כֹּ֖ל בְּנֵ֣י יִשְׂרָאֵ֑ל וַיֹּֽאמְר֨וּ
אֲלֵהֶ֜ם כָּל־הָֽעֵדָ֗ה לוּ־מַ֙תְנוּ֙ בְּאֶ֣רֶץ מִצְרַ֔יִם א֛וֹ בַּמִּדְבָּ֥ר הַזֶּ֖ה
3 לוּ־מָֽתְנוּ׃ וְלָמָ֣ה יְ֠הוָה מֵבִ֨יא אֹתָ֜נוּ אֶל־הָאָ֤רֶץ הַזֹּאת֙ לִנְפֹּ֣ל
בַּחֶ֔רֶב נָשֵׁ֥ינוּ וְטַפֵּ֖נוּ יִהְי֣וּ לָבַ֑ז הֲל֧וֹא ט֛וֹב לָ֖נוּ שׁ֥וּב מִצְרָֽיְמָה׃
4 ה וַיֹּאמְר֖וּ אִ֣ישׁ אֶל־אָחִ֑יו נִתְּנָ֥ה רֹ֖אשׁ וְנָשׁ֥וּבָה מִצְרָֽיְמָה׃ וַיִּפֹּ֥ל
מֹשֶׁ֛ה וְאַהֲרֹ֖ן עַל־פְּנֵיהֶ֑ם לִפְנֵ֕י כָּל־קְהַ֥ל עֲדַ֖ת בְּנֵ֥י יִשְׂרָאֵֽל׃
6 וִיהוֹשֻׁ֣עַ בִּן־נ֗וּן וְכָלֵב֙ בֶּן־יְפֻנֶּ֔ה מִן־הַתָּרִ֖ים אֶת־הָאָ֑רֶץ קָרְע֖וּ
7 בִּגְדֵיהֶֽם׃ וַיֹּ֣אמְר֔וּ אֶל־כָּל־עֲדַ֥ת בְּנֵֽי־יִשְׂרָאֵ֖ל לֵאמֹ֑ר הָאָ֗רֶץ
אֲשֶׁ֨ר עָבַ֤רְנוּ בָהּ֙ לָת֣וּר אֹתָ֔הּ טוֹבָ֥ה הָאָ֖רֶץ מְאֹ֥ד מְאֹֽד׃ *
שלישי 8 אִם־חָפֵ֥ץ בָּ֙נוּ֙ יְהוָ֔ה וְהֵבִ֤יא אֹתָ֙נוּ֙ אֶל־הָאָ֣רֶץ הַזֹּ֔את וּנְתָנָ֖הּ
9 לָ֑נוּ אֶ֕רֶץ אֲשֶׁר־הִ֛וא זָבַ֥ת חָלָ֖ב וּדְבָֽשׁ׃ אַ֣ךְ בַּֽיהוָה֮ אַל־
תִּמְרֹ֒דוּ֒ וְאַתֶּ֗ם אַל־תִּֽירְאוּ֙ אֶת־עַ֣ם הָאָ֔רֶץ כִּ֥י לַחְמֵ֖נוּ הֵ֑ם
י סָ֣ר צִלָּ֧ם מֵעֲלֵיהֶ֛ם וַֽיהוָ֥ה אִתָּ֖נוּ אַל־תִּירָאֻֽם׃ וַיֹּֽאמְרוּ֙ כָּל־
הָ֣עֵדָ֔ה לִרְגּ֥וֹם אֹתָ֖ם בָּאֲבָנִ֑ים וּכְב֣וֹד יְהוָ֗ה נִרְאָה֙ בְּאֹ֣הֶל
מוֹעֵ֔ד אֶֽל־כָּל־בְּנֵ֖י יִשְׂרָאֵֽל׃ פ
11 וַיֹּ֤אמֶר יְהוָה֙ אֶל־מֹשֶׁ֔ה עַד־אָ֥נָה יְנַאֲצֻ֖נִי הָעָ֣ם הַזֶּ֑ה וְעַד־
אָ֙נָה֙ לֹא־יַאֲמִ֣ינוּ בִ֔י בְּכֹל֙ הָֽאֹת֔וֹת אֲשֶׁ֥ר עָשִׂ֖יתִי בְּקִרְבּֽוֹ׃
12 אַכֶּ֥נּוּ בַדֶּ֖בֶר וְאוֹרִשֶׁ֑נּוּ וְאֶֽעֱשֶׂה֙ אֹֽתְךָ֔ לְגוֹי־גָּד֥וֹל וְעָצ֖וּם מִמֶּֽנּוּ׃
13 וַיֹּ֥אמֶר מֹשֶׁ֖ה אֶל־יְהוָ֑ה וְשָׁמְע֣וּ מִצְרַ֔יִם כִּֽי־הֶעֱלִ֧יתָ בְכֹחֲךָ֛
14 אֶת־הָעָ֥ם הַזֶּ֖ה מִקִּרְבּֽוֹ׃ וְאָמְר֗וּ אֶל־יוֹשֵׁב֮ הָאָ֣רֶץ הַזֹּאת֒
שָֽׁמְעוּ֙ כִּֽי־אַתָּ֣ה יְהוָ֔ה בְּקֶ֖רֶב הָעָ֣ם הַזֶּ֑ה אֲשֶׁר־עַ֨יִן בְּעַ֜יִן
נִרְאָ֣ה ׀ אַתָּ֣ה יְהוָ֗ה וַעֲנָֽנְךָ֙ עֹמֵ֣ד עֲלֵהֶ֔ם וּבְעַמֻּ֣ד עָנָ֗ן אַתָּ֨ה הֹלֵ֤ךְ
טו לִפְנֵיהֶם֙ יוֹמָ֔ם וּבְעַמּ֥וּד אֵ֖שׁ לָֽיְלָה׃ וְהֵמַתָּ֛ה אֶת־הָעָ֥ם הַזֶּ֖ה
כְּאִ֣ישׁ אֶחָ֑ד וְאָֽמְרוּ֙ הַגּוֹיִ֔ם אֲשֶׁר־שָׁמְע֥וּ אֶֽת־שִׁמְעֲךָ֖ לֵאמֹֽר׃

מבלתי

16 מִבִּלְתִּ֞י יְכֹ֣לֶת יְהוָ֗ה לְהָבִיא֙ אֶת־הָעָ֣ם הַזֶּ֔ה אֶל־הָאָ֖רֶץ
17 אֲשֶׁר־נִשְׁבַּ֣ע לָהֶ֑ם וַיִּשְׁחָטֵ֖ם בַּמִּדְבָּֽר׃ וְעַתָּ֕ה יִגְדַּל־נָ֖א כֹּ֣חַ
18 אֲדֹנָ֑י כַּאֲשֶׁ֥ר דִּבַּ֖רְתָּ לֵאמֹֽר׃ יְהוָ֗ה אֶ֤רֶךְ אַפַּ֙יִם֙ וְרַב־חֶ֔סֶד
נֹשֵׂ֥א עָוֺ֖ן וָפָ֑שַׁע וְנַקֵּה֙ לֹ֣א יְנַקֶּ֔ה פֹּקֵ֞ד עֲוֺ֤ן אָבוֹת֙ עַל־בָּנִ֔ים
19 עַל־שִׁלֵּשִׁ֖ים וְעַל־רִבֵּעִֽים׃ סְלַֽח־נָ֗א לַעֲוֺ֛ן הָעָ֥ם הַזֶּ֖ה כְּגֹ֣דֶל
כ חַסְדֶּ֑ךָ וְכַאֲשֶׁ֤ר נָשָׂ֙אתָה֙ לָעָ֣ם הַזֶּ֔ה מִמִּצְרַ֖יִם וְעַד־הֵֽנָּה׃ וַיֹּ֣אמֶר
21 יְהוָ֔ה סָלַ֖חְתִּי כִּדְבָרֶֽךָ׃ וְאוּלָ֖ם חַי־אָ֑נִי וְיִמָּלֵ֥א כְבוֹד־יְהוָ֖ה
22 אֶת־כָּל־הָאָֽרֶץ׃ כִּ֣י כָל־הָאֲנָשִׁ֗ים הָרֹאִ֤ים אֶת־כְּבֹדִי֙ וְאֶת־
אֹ֣תֹתַ֔י אֲשֶׁר־עָשִׂ֥יתִי בְמִצְרַ֖יִם וּבַמִּדְבָּ֑ר וַיְנַסּ֣וּ אֹתִ֗י זֶ֚ה עֶ֣שֶׂר
23 פְּעָמִ֔ים וְלֹ֥א שָׁמְע֖וּ בְּקוֹלִֽי׃ אִם־יִרְאוּ֙ אֶת־הָאָ֔רֶץ אֲשֶׁ֥ר
24 נִשְׁבַּ֖עְתִּי לַאֲבֹתָ֑ם וְכָל־מְנַאֲצַ֖י לֹ֥א יִרְאֽוּהָ׃ וְעַבְדִּ֣י כָלֵ֗ב עֵ֣קֶב
הָֽיְתָ֞ה ר֤וּחַ אַחֶ֙רֶת֙ עִמּ֔וֹ וַיְמַלֵּ֖א אַחֲרָ֑י וַהֲבִיאֹתִ֗יו אֶל־הָאָ֙רֶץ֙
כה אֲשֶׁר־בָּ֣א שָׁ֔מָּה וְזַרְע֖וֹ יוֹרִשֶֽׁנָּה׃ וְהָעֲמָלֵקִ֥י וְהַכְּנַעֲנִ֖י יוֹשֵׁ֣ב
בָּעֵ֑מֶק מָחָ֗ר פְּנ֨וּ וּסְע֥וּ לָכֶ֛ם הַמִּדְבָּ֖ר דֶּ֥רֶךְ יַם־סֽוּף׃ * פ
26 27 וַיְדַבֵּ֣ר יְהוָ֔ה אֶל־מֹשֶׁ֥ה וְאֶֽל־אַהֲרֹ֖ן לֵאמֹֽר׃ עַד־מָתַ֗י לָעֵדָ֤ה רביעי
הָֽרָעָה֙ הַזֹּ֔את אֲשֶׁ֛ר הֵ֥מָּה מַלִּינִ֖ים עָלָ֑י אֶת־תְּלֻנּ֞וֹת בְּנֵ֣י יִשְׂרָאֵ֗ל
28 אֲשֶׁ֨ר הֵ֜מָּה מַלִּינִ֥ים עָלַ֖י שָׁמָֽעְתִּי׃ אֱמֹ֣ר אֲלֵהֶ֗ם חַי־אָ֙נִי֙ נְאֻם־
29 יְהוָ֔ה אִם־לֹ֕א כַּאֲשֶׁ֥ר דִּבַּרְתֶּ֖ם בְּאָזְנָ֑י כֵּ֖ן אֶעֱשֶׂ֥ה לָכֶֽם׃ בַּמִּדְבָּ֣ר
הַ֠זֶּה יִפְּל֨וּ פִגְרֵיכֶ֜ם וְכָל־פְּקֻדֵיכֶם֙ לְכָל־מִסְפַּרְכֶ֔ם מִבֶּ֛ן
ל עֶשְׂרִ֥ים שָׁנָ֖ה וָמָ֑עְלָה אֲשֶׁ֥ר הֲלִֽינֹתֶ֖ם עָלָֽי׃ אִם־אַתֶּם֙ תָּבֹ֣אוּ
אֶל־הָאָ֔רֶץ אֲשֶׁ֤ר נָשָׂ֙אתִי֙ אֶת־יָדִ֔י לְשַׁכֵּ֥ן אֶתְכֶ֖ם בָּ֑הּ כִּ֚י אִם־
31 כָּלֵ֣ב בֶּן־יְפֻנֶּ֔ה וִיהוֹשֻׁ֖עַ בִּן־נֽוּן׃ וְטַ֨פְּכֶ֔ם אֲשֶׁ֥ר אֲמַרְתֶּ֖ם לָבַ֣ז
יִהְיֶ֑ה וְהֵבֵיאתִ֣י אֹתָ֔ם וְיָֽדְעוּ֙ אֶת־הָאָ֔רֶץ אֲשֶׁ֥ר מְאַסְתֶּ֖ם בָּֽהּ׃
32 33 וּפִגְרֵיכֶ֖ם אַתֶּ֑ם יִפְּל֖וּ בַּמִּדְבָּ֥ר הַזֶּֽה׃ וּ֠בְנֵיכֶם יִהְי֨וּ רֹעִ֤ים
בַּמִּדְבָּר֙ אַרְבָּעִ֣ים שָׁנָ֔ה וְנָשְׂא֖וּ אֶת־זְנוּתֵיכֶ֑ם עַד־תֹּ֥ם פִּגְרֵיכֶ֖ם
34 בַּמִּדְבָּֽר׃ בְּמִסְפַּ֨ר הַיָּמִ֜ים אֲשֶׁר־תַּרְתֶּ֣ם אֶת־הָאָרֶץ֮ אַרְבָּעִ֣ים
י֗וֹם י֣וֹם לַשָּׁנָ֞ה י֣וֹם לַשָּׁנָ֗ה תִּשְׂאוּ֙ אֶת־עֲוֺנֹ֣תֵיכֶ֔ם אַרְבָּעִ֖ים שָׁנָ֑ה

וידעתם

v. 17. ד׳ רבתי

לה וִֽידַעְתֶּ֖ם אֶת־תְּנוּאָתִֽי׃ אֲנִ֣י יְהוָה֮ דִּבַּ֒רְתִּי֒ אִם־לֹ֣א ׀ זֹ֣את
אֶֽעֱשֶׂ֗ה לְכָל־הָעֵדָ֤ה הָֽרָעָה֙ הַזֹּ֔את הַנּוֹעָדִ֖ים עָלָ֑י בַּמִּדְבָּ֥ר
36 הַזֶּ֛ה יִתַּ֖מּוּ וְשָׁ֥ם יָמֻֽתוּ׃ וְהָ֣אֲנָשִׁ֔ים אֲשֶׁר־שָׁלַ֥ח מֹשֶׁ֖ה לָת֣וּר
אֶת־הָאָ֑רֶץ וַיָּשֻׁ֗בוּ וַיַּלֹּ֤ונוּ עָלָיו֙ אֶת־כָּל־הָ֣עֵדָ֔ה לְהוֹצִ֥יא
37 דִבָּ֖ה עַל־הָאָֽרֶץ׃ וַיָּמֻ֙תוּ֙ הָֽאֲנָשִׁ֔ים מוֹצִאֵ֥י דִבַּת־הָאָ֖רֶץ רָעָ֑ה
38 בַּמַּגֵּפָ֖ה לִפְנֵ֥י יְהוָֽה׃ וִיהוֹשֻׁ֣עַ בִּן־נ֔וּן וְכָלֵ֖ב בֶּן־יְפֻנֶּ֑ה חָיוּ֙ מִן־
39 הָאֲנָשִׁ֣ים הָהֵ֔ם הַהֹלְכִ֖ים לָת֥וּר אֶת־הָאָֽרֶץ׃ וַיְדַבֵּ֤ר מֹשֶׁה֙
אֶת־הַדְּבָרִ֣ים הָאֵ֔לֶּה אֶֽל־כָּל־בְּנֵ֖י יִשְׂרָאֵ֑ל וַיִּֽתְאַבְּל֥וּ הָעָ֖ם
מ מְאֹֽד׃ וַיַּשְׁכִּ֣מוּ בַבֹּ֔קֶר וַיַּֽעֲל֥וּ אֶל־רֹאשׁ־הָהָ֖ר לֵאמֹ֑ר הִנֶּ֗נּוּ
41 וְעָלִ֛ינוּ אֶל־הַמָּק֛וֹם אֲשֶׁר־אָמַ֥ר יְהוָ֖ה כִּ֥י חָטָֽאנוּ׃ וַיֹּ֣אמֶר
מֹשֶׁ֔ה לָ֥מָּה זֶּ֛ה אַתֶּ֥ם עֹבְרִ֖ים אֶת־פִּ֣י יְהוָ֑ה וְהִ֖וא לֹ֥א תִצְלָֽח׃
42 אַֽל־תַּעֲל֔וּ כִּ֛י אֵ֥ין יְהוָ֖ה בְּקִרְבְּכֶ֑ם וְלֹא֙ תִּנָּ֣גְפ֔וּ לִפְנֵ֖י אֹיְבֵיכֶֽם׃
43 כִּי֩ הָעֲמָלֵקִ֨י וְהַכְּנַעֲנִ֥י שָׁם֙ לִפְנֵיכֶ֔ם וּנְפַלְתֶּ֖ם בֶּחָ֑רֶב כִּֽי־עַל־
44 כֵּ֤ן שַׁבְתֶּם֙ מֵאַחֲרֵ֣י יְהוָ֔ה וְלֹא־יִהְיֶ֥ה יְהוָ֖ה עִמָּכֶֽם׃ וַיַּעְפִּ֕לוּ
לַעֲל֖וֹת אֶל־רֹ֣אשׁ הָהָ֑ר וַאֲר֤וֹן בְּרִית־יְהוָה֙ וּמֹשֶׁ֔ה לֹא־מָ֖שׁוּ
מה מִקֶּ֥רֶב הַֽמַּחֲנֶֽה׃ וַיֵּ֤רֶד הָֽעֲמָלֵקִי֙ וְהַֽכְּנַעֲנִ֔י הַיֹּשֵׁ֖ב בָּהָ֣ר הַה֑וּא
וַיַּכּ֥וּם וַיַּכְּת֖וּם עַד־הַֽחָרְמָֽה׃ פ

טו CAP. XV. טו

2 א וַיְדַבֵּ֥ר יְהוָ֖ה אֶל־מֹשֶׁ֥ה לֵּאמֹֽר׃ דַּבֵּר֙ אֶל־בְּנֵ֣י יִשְׂרָאֵ֔ל וְאָמַרְתָּ֖
אֲלֵהֶ֑ם כִּ֣י תָבֹ֗אוּ אֶל־אֶ֙רֶץ֙ מֽוֹשְׁבֹ֣תֵיכֶ֔ם אֲשֶׁ֥ר אֲנִ֖י נֹתֵ֥ן לָכֶֽם׃
3 וַעֲשִׂיתֶ֨ם אִשֶּׁ֤ה לַֽיהוָה֙ עֹלָ֣ה אוֹ־זֶ֔בַח לְפַלֵּא־נֶ֙דֶר֙ א֣וֹ בִנְדָבָ֔ה
א֖וֹ בְּמֹֽעֲדֵיכֶ֑ם לַעֲשׂ֞וֹת רֵ֤יחַ נִיחֹ֙חַ֙ לַֽיהוָ֔ה מִן־הַבָּקָ֖ר א֥וֹ מִן־
4 הַצֹּֽאן׃ וְהִקְרִ֛יב הַמַּקְרִ֥יב קָרְבָּנ֖וֹ לַֽיהוָ֑ה מִנְחָה֙ סֹ֣לֶת עִשָּׂר֔וֹן
ה בָּל֕וּל בִּרְבִעִ֥ת הַהִ֖ין שָֽׁמֶן׃ וְיַ֤יִן לַנֶּ֙סֶךְ֙ רְבִיעִ֣ית הַהִ֔ין תַּעֲשֶׂ֥ה
6 עַל־הָעֹלָ֖ה א֣וֹ לַזָּ֑בַח לַכֶּ֖בֶשׂ הָאֶחָֽד׃ א֤וֹ לָאַ֙יִל֙ תַּעֲשֶׂ֣ה מִנְחָ֔ה
7 סֹ֖לֶת שְׁנֵ֣י עֶשְׂרֹנִ֑ים בְּלוּלָ֥ה בַשֶּׁ֖מֶן שְׁלִשִׁ֥ית הַהִֽין׃ וְיַ֥יִן לַנֶּ֖סֶךְ
8 שְׁלִשִׁ֣ית הַהִ֑ין תַּקְרִ֥יב רֵֽיחַ־נִיחֹ֖חַ לַֽיהוָֽה׃ * וְכִֽי־תַעֲשֶׂ֥ה בֶן־ חמישי

בקר

י״ד .v 36. וילינו ק׳

9 בָּקָר עֹלָה אוֹ־זָבַח לְפַלֵּא־נֶדֶר אוֹ־שְׁלָמִים לַיהוָה׃ וְהִקְרִיב
עַל־בֶּן־הַבָּקָר מִנְחָה סֹלֶת שְׁלֹשָׁה עֶשְׂרֹנִים בָּלוּל בַּשֶּׁמֶן חֲצִי
י הַהִין׃ וְיַיִן תַּקְרִיב לַנֶּסֶךְ חֲצִי הַהִין אִשֵּׁה רֵיחַ־נִיחֹחַ לַיהוָה׃
11 כָּכָה יֵעָשֶׂה לַשּׁוֹר הָאֶחָד אוֹ לָאַיִל הָאֶחָד אוֹ־לַשֶּׂה בַכְּבָשִׂים
12 אוֹ בָעִזִּים׃ כַּמִּסְפָּר אֲשֶׁר תַּעֲשׂוּ כָּכָה תַּעֲשׂוּ לָאֶחָד כְּמִסְפָּרָם׃
13 כָּל־הָאֶזְרָח יַעֲשֶׂה־כָּכָה אֶת־אֵלֶּה לְהַקְרִיב אִשֵּׁה רֵיחַ־
14 נִיחֹחַ לַיהוָה׃ וְכִי־יָגוּר אִתְּכֶם גֵּר אוֹ אֲשֶׁר־בְּתוֹכְכֶם
לְדֹרֹתֵיכֶם וְעָשָׂה אִשֵּׁה רֵיחַ־נִיחֹחַ לַיהוָה כַּאֲשֶׁר תַּעֲשׂוּ כֵּן
טו יַעֲשֶׂה׃ הַקָּהָל חֻקָּה אַחַת לָכֶם וְלַגֵּר הַגָּר חֻקַּת עוֹלָם
16 לְדֹרֹתֵיכֶם כָּכֶם כַּגֵּר יִהְיֶה לִפְנֵי יְהוָה׃ תּוֹרָה אַחַת וּמִשְׁפָּט
אֶחָד יִהְיֶה לָכֶם וְלַגֵּר הַגָּר אִתְּכֶם׃* פ
ששי 17 18 וַיְדַבֵּר יְהוָה אֶל־מֹשֶׁה לֵּאמֹר׃ דַּבֵּר אֶל־בְּנֵי יִשְׂרָאֵל וְאָמַרְתָּ
אֲלֵהֶם בְּבֹאֲכֶם אֶל־הָאָרֶץ אֲשֶׁר אֲנִי מֵבִיא אֶתְכֶם שָׁמָּה׃
19 כ וְהָיָה בַּאֲכָלְכֶם מִלֶּחֶם הָאָרֶץ תָּרִימוּ תְרוּמָה לַיהוָה׃ רֵאשִׁית
עֲרִסֹתֵכֶם חַלָּה תָּרִימוּ תְרוּמָה כִּתְרוּמַת גֹּרֶן כֵּן תָּרִימוּ אֹתָהּ׃
21 מֵרֵאשִׁית עֲרִסֹתֵיכֶם תִּתְּנוּ לַיהוָה תְּרוּמָה לְדֹרֹתֵיכֶם׃ ס
22 וְכִי תִשְׁגּוּ וְלֹא תַעֲשׂוּ אֵת כָּל־הַמִּצְוֺת הָאֵלֶּה אֲשֶׁר־דִּבֶּר
23 יְהוָה אֶל־מֹשֶׁה׃ אֵת כָּל־אֲשֶׁר צִוָּה יְהוָה אֲלֵיכֶם בְּיַד־
24 מֹשֶׁה מִן־הַיּוֹם אֲשֶׁר צִוָּה יְהוָה וָהָלְאָה לְדֹרֹתֵיכֶם׃ וְהָיָה אִם
מֵעֵינֵי הָעֵדָה נֶעֶשְׂתָה לִשְׁגָגָה וְעָשׂוּ כָל־הָעֵדָה פַּר בֶּן־בָּקָר
אֶחָד לְעֹלָה לְרֵיחַ נִיחֹחַ לַיהוָה וּמִנְחָתוֹ וְנִסְכּוֹ כַּמִּשְׁפָּט
כה וּשְׂעִיר־עִזִּים אֶחָד לְחַטָּת׃ וְכִפֶּר הַכֹּהֵן עַל־כָּל־עֲדַת בְּנֵי
יִשְׂרָאֵל וְנִסְלַח לָהֶם כִּי־שְׁגָגָה הִוא וְהֵם הֵבִיאוּ אֶת־קָרְבָּנָם
26 אִשֶּׁה לַיהוָה וְחַטָּאתָם לִפְנֵי יְהוָה עַל־שִׁגְגָתָם׃ וְנִסְלַח לְכָל־
עֲדַת בְּנֵי יִשְׂרָאֵל וְלַגֵּר הַגָּר בְּתוֹכָם כִּי לְכָל־הָעָם בִּשְׁגָגָה׃*
שביעי 27 ס וְאִם־נֶפֶשׁ אַחַת תֶּחֱטָא בִשְׁגָגָה וְהִקְרִיבָה עֵז בַּת־שְׁנָתָהּ
28 לְחַטָּאת׃ וְכִפֶּר הַכֹּהֵן עַל־הַנֶּפֶשׁ הַשֹּׁגֶגֶת בְּחֶטְאָה בִשְׁגָגָה

לפני

* v. 24. חסר א׳

29 לִפְנֵי יְהוָה לְכַפֵּר עָלָיו וְנִסְלַח לוֹ׃ הָאֶזְרָח בִּבְנֵי יִשְׂרָאֵל
וְלַגֵּר הַגָּר בְּתוֹכָם תּוֹרָה אַחַת יִהְיֶה לָכֶם לָעֹשֶׂה בִּשְׁגָגָה׃
ל וְהַנֶּפֶשׁ אֲשֶׁר־תַּעֲשֶׂה ׀ בְּיָד רָמָה מִן־הָאֶזְרָח וּמִן־הַגֵּר אֶת־
יְהוָה הוּא מְגַדֵּף וְנִכְרְתָה הַנֶּפֶשׁ הַהִוא מִקֶּרֶב עַמָּהּ׃ כִּי
31 דְבַר־יְהוָה בָּזָה וְאֶת־מִצְוָתוֹ הֵפַר הִכָּרֵת ׀ תִּכָּרֵת הַנֶּפֶשׁ
הַהִוא עֲוֺנָה בָהּ׃ פ
32 וַיִּהְיוּ בְנֵי־יִשְׂרָאֵל בַּמִּדְבָּר וַיִּמְצְאוּ אִישׁ מְקֹשֵׁשׁ עֵצִים בְּיוֹם
33 הַשַּׁבָּת׃ וַיַּקְרִיבוּ אֹתוֹ הַמֹּצְאִים אֹתוֹ מְקֹשֵׁשׁ עֵצִים אֶל־מֹשֶׁה
34 וְאֶל־אַהֲרֹן וְאֶל כָּל־הָעֵדָה׃ וַיַּנִּיחוּ אֹתוֹ בַּמִּשְׁמָר כִּי לֹא
לה פֹרַשׁ מַה־יֵּעָשֶׂה לוֹ׃ ס וַיֹּאמֶר יְהוָה אֶל־מֹשֶׁה מוֹת יוּמַת
36 הָאִישׁ רָגוֹם אֹתוֹ בָאֲבָנִים כָּל־הָעֵדָה מִחוּץ לַמַּחֲנֶה׃ וַיֹּצִיאוּ
אֹתוֹ כָּל־הָעֵדָה אֶל־מִחוּץ לַמַּחֲנֶה וַיִּרְגְּמוּ אֹתוֹ בָּאֲבָנִים
וַיָּמֹת כַּאֲשֶׁר צִוָּה יְהוָה אֶת־מֹשֶׁה׃ * פ
37 38 וַיֹּאמֶר יְהוָה אֶל־מֹשֶׁה לֵּאמֹר׃ דַּבֵּר אֶל־בְּנֵי יִשְׂרָאֵל וְאָמַרְתָּ מפטיר
אֲלֵהֶם וְעָשׂוּ לָהֶם צִיצִת עַל־כַּנְפֵי בִגְדֵיהֶם לְדֹרֹתָם וְנָתְנוּ
39 עַל־צִיצִת הַכָּנָף פְּתִיל תְּכֵלֶת׃ וְהָיָה לָכֶם לְצִיצִת וּרְאִיתֶם
אֹתוֹ וּזְכַרְתֶּם אֶת־כָּל־מִצְוֺת יְהוָה וַעֲשִׂיתֶם אֹתָם וְלֹא־
תָתֻרוּ אַחֲרֵי לְבַבְכֶם וְאַחֲרֵי עֵינֵיכֶם אֲשֶׁר־אַתֶּם זֹנִים
מ אַחֲרֵיהֶם׃ לְמַעַן תִּזְכְּרוּ וַעֲשִׂיתֶם אֶת־כָּל־מִצְוֺתָי וִהְיִיתֶם
41 קְדֹשִׁים לֵאלֹהֵיכֶם׃ אֲנִי יְהוָה אֱלֹהֵיכֶם אֲשֶׁר הוֹצֵאתִי
אֶתְכֶם מֵאֶרֶץ מִצְרַיִם לִהְיוֹת לָכֶם לֵאלֹהִים אֲנִי יְהוָה
אֱלֹהֵיכֶם׃ פפפ

קרח לח 38

טז Cap. XVI. טז

א וַיִּקַּח קֹרַח בֶּן־יִצְהָר בֶּן־קְהָת בֶּן־לֵוִי וְדָתָן וַאֲבִירָם בְּנֵי
2 אֱלִיאָב וְאוֹן בֶּן־פֶּלֶת בְּנֵי רְאוּבֵן׃ וַיָּקֻמוּ לִפְנֵי מֹשֶׁה וַאֲנָשִׁים
מִבְּנֵי־יִשְׂרָאֵל חֲמִשִּׁים וּמָאתָיִם נְשִׂיאֵי עֵדָה קְרִאֵי מוֹעֵד

3 אַנְשֵׁי־שֵׁם׃ וַיִּקָּהֲלוּ עַל־מֹשֶׁה וְעַל־אַהֲרֹן וַיֹּאמְרוּ אֲלֵהֶם
רַב־לָכֶם כִּי כָל־הָעֵדָה כֻּלָּם קְדֹשִׁים וּבְתוֹכָם יְהוָה וּמַדּוּעַ
4 תִּתְנַשְּׂאוּ עַל־קְהַל יְהוָה׃ וַיִּשְׁמַע מֹשֶׁה וַיִּפֹּל עַל־פָּנָיו׃
ה וַיְדַבֵּר אֶל־קֹרַח וְאֶל־כָּל־עֲדָתוֹ לֵאמֹר בֹּקֶר וְיֹדַע יְהוָה
אֶת־אֲשֶׁר־לוֹ וְאֶת־הַקָּדוֹשׁ וְהִקְרִיב אֵלָיו וְאֵת אֲשֶׁר יִבְחַר־
6 בּוֹ יַקְרִיב אֵלָיו׃ זֹאת עֲשׂוּ קְחוּ־לָכֶם מַחְתּוֹת קֹרַח וְכָל־
7 עֲדָתוֹ׃ וּתְנוּ בָהֵן ׀ אֵשׁ וְשִׂימוּ עֲלֵיהֶן ׀ קְטֹרֶת לִפְנֵי יְהוָה מָחָר
וְהָיָה הָאִישׁ אֲשֶׁר־יִבְחַר יְהוָה הוּא הַקָּדוֹשׁ רַב־לָכֶם בְּנֵי לֵוִי׃
8 9 וַיֹּאמֶר מֹשֶׁה אֶל־קֹרַח שִׁמְעוּ־נָא בְּנֵי לֵוִי׃ הַמְעַט מִכֶּם
כִּי־הִבְדִּיל אֱלֹהֵי יִשְׂרָאֵל אֶתְכֶם מֵעֲדַת יִשְׂרָאֵל לְהַקְרִיב
אֶתְכֶם אֵלָיו לַעֲבֹד אֶת־עֲבֹדַת מִשְׁכַּן יְהוָה וְלַעֲמֹד לִפְנֵי
י הָעֵדָה לְשָׁרְתָם׃ וַיַּקְרֵב אֹתְךָ וְאֶת־כָּל־אַחֶיךָ בְנֵי־לֵוִי אִתָּךְ
11 וּבִקַּשְׁתֶּם גַּם־כְּהֻנָּה׃ לָכֵן אַתָּה וְכָל־עֲדָתְךָ הַנֹּעָדִים עַל־
12 יְהוָה וְאַהֲרֹן מַה־הוּא כִּי תַלּוֹנוּ עָלָיו׃ וַיִּשְׁלַח מֹשֶׁה לִקְרֹא
13 לְדָתָן וְלַאֲבִירָם בְּנֵי אֱלִיאָב וַיֹּאמְרוּ לֹא נַעֲלֶה׃ הַמְעַט כִּי
הֶעֱלִיתָנוּ מֵאֶרֶץ זָבַת חָלָב וּדְבַשׁ לַהֲמִיתֵנוּ בַּמִּדְבָּר כִּי־
14 תִשְׂתָּרֵר עָלֵינוּ גַּם־הִשְׂתָּרֵר׃ * אַף לֹא אֶל־אֶרֶץ זָבַת חָלָב שני
וּדְבַשׁ הֲבִיאֹתָנוּ וַתִּתֶּן־לָנוּ נַחֲלַת שָׂדֶה וָכָרֶם הַעֵינֵי הָאֲנָשִׁים
טו הָהֵם תְּנַקֵּר לֹא נַעֲלֶה׃ וַיִּחַר לְמֹשֶׁה מְאֹד וַיֹּאמֶר אֶל־יְהוָה
אַל־תֵּפֶן אֶל־מִנְחָתָם לֹא חֲמוֹר אֶחָד מֵהֶם נָשָׂאתִי וְלֹא
16 הֲרֵעֹתִי אֶת־אַחַד מֵהֶם׃ וַיֹּאמֶר מֹשֶׁה אֶל־קֹרַח אַתָּה וְכָל־
17 עֲדָתְךָ הֱיוּ לִפְנֵי יְהוָה אַתָּה וָהֵם וְאַהֲרֹן מָחָר׃ וּקְחוּ ׀ אִישׁ
מַחְתָּתוֹ וּנְתַתֶּם עֲלֵיהֶם קְטֹרֶת וְהִקְרַבְתֶּם לִפְנֵי יְהוָה אִישׁ
מַחְתָּתוֹ חֲמִשִּׁים וּמָאתַיִם מַחְתֹּת וְאַתָּה וְאַהֲרֹן אִישׁ מַחְתָּתוֹ׃
18 וַיִּקְחוּ אִישׁ מַחְתָּתוֹ וַיִּתְּנוּ עֲלֵיהֶם אֵשׁ וַיָּשִׂימוּ עֲלֵיהֶם קְטֹרֶת
19 וַיַּעַמְדוּ פֶּתַח אֹהֶל מוֹעֵד וּמֹשֶׁה וְאַהֲרֹן׃ וַיַּקְהֵל עֲלֵיהֶם
קֹרַח אֶת־כָּל־הָעֵדָה אֶל־פֶּתַח אֹהֶל מוֹעֵד וַיֵּרָא כְבוֹד־

יהוה

v. 11. תלינו ק'

כ יְהוָה אֶל־כָּל־הָעֵדָה׃* ס וַיְדַבֵּר יְהוָה אֶל־מֹשֶׁה וְאֶל־ שלישי
21 אַהֲרֹן לֵאמֹר׃ הִבָּדְלוּ מִתּוֹךְ הָעֵדָה הַזֹּאת וַאֲכַלֶּה אֹתָם
22 כְּרָגַע׃ וַיִּפְּלוּ עַל־פְּנֵיהֶם וַיֹּאמְרוּ אֵל אֱלֹהֵי הָרוּחֹת לְכָל־
23 בָּשָׂר הָאִישׁ אֶחָד יֶחֱטָא וְעַל כָּל־הָעֵדָה תִּקְצֹף׃ ס וַיְדַבֵּר
24 יְהוָה אֶל־מֹשֶׁה לֵּאמֹר׃ דַּבֵּר אֶל־הָעֵדָה לֵאמֹר הֵעָלוּ
כה מִסָּבִיב לְמִשְׁכַּן־קֹרַח דָּתָן וַאֲבִירָם׃ וַיָּקָם מֹשֶׁה וַיֵּלֶךְ אֶל־
26 דָּתָן וַאֲבִירָם וַיֵּלְכוּ אַחֲרָיו זִקְנֵי יִשְׂרָאֵל׃ וַיְדַבֵּר אֶל־הָעֵדָה
לֵאמֹר סוּרוּ נָא מֵעַל אָהֳלֵי הָאֲנָשִׁים הָרְשָׁעִים הָאֵלֶּה וְאַל־
27 תִּגְּעוּ בְּכָל־אֲשֶׁר לָהֶם פֶּן־תִּסָּפוּ בְּכָל־חַטֹּאתָם׃ וַיֵּעָלוּ
מֵעַל מִשְׁכַּן־קֹרַח דָּתָן וַאֲבִירָם מִסָּבִיב וְדָתָן וַאֲבִירָם יָצְאוּ
28 נִצָּבִים פֶּתַח אָהֳלֵיהֶם וּנְשֵׁיהֶם וּבְנֵיהֶם וְטַפָּם׃ וַיֹּאמֶר מֹשֶׁה
בְּזֹאת תֵּדְעוּן כִּי־יְהוָה שְׁלָחַנִי לַעֲשׂוֹת אֵת כָּל־הַמַּעֲשִׂים
29 הָאֵלֶּה כִּי־לֹא מִלִּבִּי׃ אִם־כְּמוֹת כָּל־הָאָדָם יְמֻתוּן אֵלֶּה
ל וּפְקֻדַּת כָּל־הָאָדָם יִפָּקֵד עֲלֵיהֶם לֹא יְהוָה שְׁלָחָנִי׃ וְאִם־
בְּרִיאָה יִבְרָא יְהוָה וּפָצְתָה הָאֲדָמָה אֶת־פִּיהָ וּבָלְעָה אֹתָם
וְאֶת־כָּל־אֲשֶׁר לָהֶם וְיָרְדוּ חַיִּים שְׁאֹלָה וִידַעְתֶּם כִּי נִאֲצוּ
31 הָאֲנָשִׁים הָאֵלֶּה אֶת־יְהוָה׃ וַיְהִי כְּכַלֹּתוֹ לְדַבֵּר אֵת כָּל־
32 הַדְּבָרִים הָאֵלֶּה וַתִּבָּקַע הָאֲדָמָה אֲשֶׁר תַּחְתֵּיהֶם׃ וַתִּפְתַּח
הָאָרֶץ אֶת־פִּיהָ וַתִּבְלַע אֹתָם וְאֶת־בָּתֵּיהֶם וְאֵת כָּל־הָאָדָם
33 אֲשֶׁר לְקֹרַח וְאֵת כָּל־הָרְכוּשׁ׃ וַיֵּרְדוּ הֵם וְכָל־אֲשֶׁר לָהֶם
חַיִּים שְׁאֹלָה וַתְּכַס עֲלֵיהֶם הָאָרֶץ וַיֹּאבְדוּ מִתּוֹךְ הַקָּהָל׃
34 וְכָל־יִשְׂרָאֵל אֲשֶׁר סְבִיבֹתֵיהֶם נָסוּ לְקֹלָם כִּי אָמְרוּ פֶּן־
לה תִּבְלָעֵנוּ הָאָרֶץ׃ וְאֵשׁ יָצְאָה מֵאֵת יְהוָה וַתֹּאכַל אֵת הַחֲמִשִּׁים
וּמָאתַיִם אִישׁ מַקְרִיבֵי הַקְּטֹרֶת׃ ס

יז CAP. XVII. יז

א 2 וַיְדַבֵּר יְהוָה אֶל־מֹשֶׁה לֵּאמֹר׃ אֱמֹר אֶל־אֶלְעָזָר
בֶּן־אַהֲרֹן הַכֹּהֵן וְיָרֵם אֶת־הַמַּחְתֹּת מִבֵּין הַשְּׂרֵפָה וְאֶת־
3 הָאֵשׁ זְרֵה־הָלְאָה כִּי קָדֵשׁוּ׃ אֵת מַחְתּוֹת הַחַטָּאִים הָאֵלֶּה

בנפשתם

בְּנַפְשֹׁתָם וְעָשׂוּ אֹתָם רִקֻּעֵי פַחִים צִפּוּי לַמִּזְבֵּחַ כִּי־הִקְרִיבֻם
4 לִפְנֵי־יְהוָה וַיִּקְדָּשׁוּ וְיִהְיוּ לְאוֹת לִבְנֵי יִשְׂרָאֵל׃ וַיִּקַּח אֶלְעָזָר
הַכֹּהֵן אֵת מַחְתּוֹת הַנְּחֹשֶׁת אֲשֶׁר הִקְרִיבוּ הַשְּׂרֻפִים וַיְרַקְּעוּם
ה צִפּוּי לַמִּזְבֵּחַ׃ זִכָּרוֹן לִבְנֵי יִשְׂרָאֵל לְמַעַן אֲשֶׁר לֹא־יִקְרַב
אִישׁ זָר אֲשֶׁר לֹא מִזֶּרַע אַהֲרֹן הוּא לְהַקְטִיר קְטֹרֶת לִפְנֵי
יְהוָה וְלֹא־יִהְיֶה כְקֹרַח וְכַעֲדָתוֹ כַּאֲשֶׁר דִּבֶּר יְהוָה בְּיַד־
מֹשֶׁה לוֹ׃ פ
6 וַיִּלֹּנוּ כָּל־עֲדַת בְּנֵי־יִשְׂרָאֵל מִמָּחֳרָת עַל־מֹשֶׁה וְעַל־אַהֲרֹן
7 לֵאמֹר אַתֶּם הֲמִתֶּם אֶת־עַם יְהוָה׃ וַיְהִי בְּהִקָּהֵל הָעֵדָה
עַל־מֹשֶׁה וְעַל־אַהֲרֹן וַיִּפְנוּ אֶל־אֹהֶל מוֹעֵד וְהִנֵּה כִסָּהוּ
8 הֶעָנָן וַיֵּרָא כְּבוֹד יְהוָה׃ וַיָּבֹא מֹשֶׁה וְאַהֲרֹן אֶל־פְּנֵי אֹהֶל
9 י רביעי מוֹעֵד׃ * ס וַיְדַבֵּר יְהוָה אֶל־מֹשֶׁה לֵּאמֹר׃ הֵרֹמּוּ מִתּוֹךְ
11 הָעֵדָה הַזֹּאת וַאֲכַלֶּה אֹתָם כְּרָגַע וַיִּפְּלוּ עַל־פְּנֵיהֶם׃ וַיֹּאמֶר
מֹשֶׁה אֶל־אַהֲרֹן קַח אֶת־הַמַּחְתָּה וְתֶן־עָלֶיהָ אֵשׁ מֵעַל
הַמִּזְבֵּחַ וְשִׂים קְטֹרֶת וְהוֹלֵךְ מְהֵרָה אֶל־הָעֵדָה וְכַפֵּר עֲלֵיהֶם
12 כִּי־יָצָא הַקֶּצֶף מִלִּפְנֵי יְהוָה הֵחֵל הַנָּגֶף׃ וַיִּקַּח אַהֲרֹן כַּאֲשֶׁר ׀
דִּבֶּר מֹשֶׁה וַיָּרָץ אֶל־תּוֹךְ הַקָּהָל וְהִנֵּה הֵחֵל הַנֶּגֶף בָּעָם וַיִּתֵּן
13 אֶת־הַקְּטֹרֶת וַיְכַפֵּר עַל־הָעָם׃ וַיַּעֲמֹד בֵּין־הַמֵּתִים וּבֵין
14 הַחַיִּים וַתֵּעָצַר הַמַּגֵּפָה׃ וַיִּהְיוּ הַמֵּתִים בַּמַּגֵּפָה אַרְבָּעָה עָשָׂר
טו אֶלֶף וּשְׁבַע מֵאוֹת מִלְּבַד הַמֵּתִים עַל־דְּבַר־קֹרַח׃ וַיָּשָׁב
אַהֲרֹן אֶל־מֹשֶׁה אֶל־פֶּתַח אֹהֶל מוֹעֵד וְהַמַּגֵּפָה נֶעֱצָרָה׃ * פ
16 17 חמישי וַיְדַבֵּר יְהוָה אֶל־מֹשֶׁה לֵּאמֹר׃ דַּבֵּר ׀ אֶל־בְּנֵי יִשְׂרָאֵל וְקַח
מֵאִתָּם מַטֶּה מַטֶּה לְבֵית אָב מֵאֵת כָּל־נְשִׂיאֵהֶם לְבֵית אֲבֹתָם
18 שְׁנֵים עָשָׂר מַטּוֹת אִישׁ אֶת־שְׁמוֹ תִּכְתֹּב עַל־מַטֵּהוּ׃ וְאֵת
שֵׁם אַהֲרֹן תִּכְתֹּב עַל־מַטֵּה לֵוִי כִּי מַטֶּה אֶחָד לְרֹאשׁ בֵּית
19 אֲבוֹתָם׃ וְהִנַּחְתָּם בְּאֹהֶל מוֹעֵד לִפְנֵי הָעֵדוּת אֲשֶׁר אִוָּעֵד
כ לָכֶם שָׁמָּה׃ ° וְהָיָה הָאִישׁ אֲשֶׁר אֶבְחַר־בּוֹ מַטֵּהוּ יִפְרָח

והשכתי

° v. 20. חצי הספר בפסוקים

וַהֲשִׁכֹּתִי מֵעָלַי אֶת־תְּלֻנּוֹת בְּנֵי יִשְׂרָאֵל אֲשֶׁר הֵם מַלִּינִם
21 עֲלֵיכֶם׃ וַיְדַבֵּר מֹשֶׁה אֶל־בְּנֵי יִשְׂרָאֵל וַיִּתְּנוּ אֵלָיו ׀ כָּל־
נְשִׂיאֵיהֶם מַטֶּה לְנָשִׂיא אֶחָד מַטֶּה לְנָשִׂיא אֶחָד לְבֵית אֲבֹתָם
22 שְׁנֵים עָשָׂר מַטּוֹת וּמַטֵּה אַהֲרֹן בְּתוֹךְ מַטּוֹתָם׃ וַיַּנַּח מֹשֶׁה
23 אֶת־הַמַּטֹּת לִפְנֵי יְהוָה בְּאֹהֶל הָעֵדֻת׃ וַיְהִי מִמָּחֳרָת וַיָּבֹא
מֹשֶׁה אֶל־אֹהֶל הָעֵדוּת וְהִנֵּה פָּרַח מַטֵּה־אַהֲרֹן לְבֵית לֵוִי
24 וַיֹּצֵא פֶרַח וַיָּצֵץ צִיץ וַיִּגְמֹל שְׁקֵדִים׃ וַיֹּצֵא מֹשֶׁה אֶת־כָּל־
הַמַּטֹּת מִלִּפְנֵי יְהוָה אֶל־כָּל־בְּנֵי יִשְׂרָאֵל וַיִּרְאוּ וַיִּקְחוּ אִישׁ
מַטֵּהוּ׃ * פ
כה וַיֹּאמֶר יְהוָה אֶל־מֹשֶׁה הָשֵׁב אֶת־מַטֵּה אַהֲרֹן לִפְנֵי הָעֵדוּת ששי
לְמִשְׁמֶרֶת לְאוֹת לִבְנֵי־מֶרִי וּתְכַל תְּלוּנֹּתָם מֵעָלַי וְלֹא יָמֻתוּ׃
26 וַיַּעַשׂ מֹשֶׁה כַּאֲשֶׁר צִוָּה יְהוָה אֹתוֹ כֵּן עָשָׂה׃ פ
27 וַיֹּאמְרוּ בְּנֵי יִשְׂרָאֵל אֶל־מֹשֶׁה לֵאמֹר הֵן גָּוַעְנוּ אָבַדְנוּ כֻּלָּנוּ
28 אָבָדְנוּ׃ כֹּל הַקָּרֵב ׀ הַקָּרֵב אֶל־מִשְׁכַּן יְהוָה יָמוּת הַאִם תַּמְנוּ
לִגְוֹעַ׃ ס

יח CAP. XVIII. יח

א וַיֹּאמֶר יְהוָה אֶל־אַהֲרֹן אַתָּה וּבָנֶיךָ וּבֵית־אָבִיךָ אִתָּךְ
תִּשְׂאוּ אֶת־עֲוֺן הַמִּקְדָּשׁ וְאַתָּה וּבָנֶיךָ אִתָּךְ תִּשְׂאוּ אֶת־עֲוֺן
2 כְּהֻנַּתְכֶם׃ וְגַם אֶת־אַחֶיךָ מַטֵּה לֵוִי שֵׁבֶט אָבִיךָ הַקְרֵב אִתָּךְ
וְיִלָּווּ עָלֶיךָ וִישָׁרְתוּךָ וְאַתָּה וּבָנֶיךָ אִתָּךְ לִפְנֵי אֹהֶל הָעֵדֻת׃
3 וְשָׁמְרוּ מִשְׁמַרְתְּךָ וּמִשְׁמֶרֶת כָּל־הָאֹהֶל אַךְ אֶל־כְּלֵי הַקֹּדֶשׁ
4 וְאֶל־הַמִּזְבֵּחַ לֹא יִקְרָבוּ וְלֹא־יָמֻתוּ גַם־הֵם גַּם־אַתֶּם׃ וְנִלְווּ
עָלֶיךָ וְשָׁמְרוּ אֶת־מִשְׁמֶרֶת אֹהֶל מוֹעֵד לְכֹל עֲבֹדַת הָאֹהֶל
ה וְזָר לֹא־יִקְרַב אֲלֵיכֶם׃ וּשְׁמַרְתֶּם אֵת מִשְׁמֶרֶת הַקֹּדֶשׁ וְאֵת
6 מִשְׁמֶרֶת הַמִּזְבֵּחַ וְלֹא־יִהְיֶה עוֹד קֶצֶף עַל־בְּנֵי יִשְׂרָאֵל׃ וַאֲנִי
הִנֵּה לָקַחְתִּי אֶת־אֲחֵיכֶם הַלְוִיִּם מִתּוֹךְ בְּנֵי יִשְׂרָאֵל לָכֶם
7 מַתָּנָה נְתֻנִים לַיהוָה לַעֲבֹד אֶת־עֲבֹדַת אֹהֶל מוֹעֵד׃ וְאַתָּה
וּבָנֶיךָ אִתְּךָ תִּשְׁמְרוּ אֶת־כְּהֻנַּתְכֶם לְכָל־דְּבַר הַמִּזְבֵּחַ

ולמבית

וּלְמִבֵּית לַפָּרֹכֶת וַעֲבַדְתֶּם עֲבֹדַת מַתָּנָה אֶתֵּן אֶת־כְּהֻנַּתְכֶם
וְהַזָּר הַקָּרֵב יוּמָת׃ פ
8 וַיְדַבֵּר יְהוָה אֶל־אַהֲרֹן וַאֲנִי הִנֵּה נָתַתִּי לְךָ אֶת־מִשְׁמֶרֶת
תְּרוּמֹתָי לְכָל־קָדְשֵׁי בְנֵי־יִשְׂרָאֵל לְךָ נְתַתִּים לְמָשְׁחָה
9 וּלְבָנֶיךָ לְחָק־עוֹלָם׃ זֶה־יִהְיֶה לְךָ מִקֹּדֶשׁ הַקֳּדָשִׁים מִן־
הָאֵשׁ כָּל־קָרְבָּנָם לְכָל־מִנְחָתָם וּלְכָל־חַטָּאתָם וּלְכָל־
אֲשָׁמָם אֲשֶׁר יָשִׁיבוּ לִי קֹדֶשׁ קָדָשִׁים לְךָ הוּא וּלְבָנֶיךָ׃
י בְּקֹדֶשׁ הַקֳּדָשִׁים תֹּאכְלֶנּוּ כָּל־זָכָר יֹאכַל אֹתוֹ קֹדֶשׁ יִהְיֶה־
11 לָּךְ׃ וְזֶה־לְּךָ תְּרוּמַת מַתָּנָם לְכָל־תְּנוּפֹת בְּנֵי יִשְׂרָאֵל לְךָ
נְתַתִּים וּלְבָנֶיךָ וְלִבְנֹתֶיךָ אִתְּךָ לְחָק־עוֹלָם כָּל־טָהוֹר
12 בְּבֵיתְךָ יֹאכַל אֹתוֹ׃ כֹּל חֵלֶב יִצְהָר וְכָל־חֵלֶב תִּירוֹשׁ
13 וְדָגָן רֵאשִׁיתָם אֲשֶׁר־יִתְּנוּ לַיהוָה לְךָ נְתַתִּים׃ בִּכּוּרֵי כָּל־
אֲשֶׁר בְּאַרְצָם אֲשֶׁר־יָבִיאוּ לַיהוָה לְךָ יִהְיֶה כָּל־טָהוֹר
14 טו בְּבֵיתְךָ יֹאכְלֶנּוּ׃ כָּל־חֵרֶם בְּיִשְׂרָאֵל לְךָ יִהְיֶה׃ כָּל־פֶּטֶר
רֶחֶם לְכָל־בָּשָׂר אֲשֶׁר־יַקְרִיבוּ לַיהוָה בָּאָדָם וּבַבְּהֵמָה
יִהְיֶה־לָּךְ אַךְ ׀ פָּדֹה תִפְדֶּה אֵת בְּכוֹר הָאָדָם וְאֵת בְּכוֹר־
16 הַבְּהֵמָה הַטְּמֵאָה תִּפְדֶּה׃ וּפְדוּיָו מִבֶּן־חֹדֶשׁ תִּפְדֶּה בְּעֶרְכְּךָ
17 כֶּסֶף חֲמֵשֶׁת שְׁקָלִים בְּשֶׁקֶל הַקֹּדֶשׁ עֶשְׂרִים גֵּרָה הוּא׃ אַךְ
בְּכוֹר־שׁוֹר אוֹ־בְכוֹר כֶּשֶׂב אוֹ־בְכוֹר עֵז לֹא תִפְדֶּה קֹדֶשׁ
הֵם אֶת־דָּמָם תִּזְרֹק עַל־הַמִּזְבֵּחַ וְאֶת־חֶלְבָּם תַּקְטִיר אִשֶּׁה
18 לְרֵיחַ נִיחֹחַ לַיהוָה׃ וּבְשָׂרָם יִהְיֶה־לָּךְ כַּחֲזֵה הַתְּנוּפָה וּכְשׁוֹק
19 הַיָּמִין לְךָ יִהְיֶה׃ כֹּל ׀ תְּרוּמֹת הַקֳּדָשִׁים אֲשֶׁר יָרִימוּ בְנֵי־
יִשְׂרָאֵל לַיהוָה נָתַתִּי לְךָ וּלְבָנֶיךָ וְלִבְנֹתֶיךָ אִתְּךָ לְחָק־עוֹלָם
כ בְּרִית מֶלַח עוֹלָם הִוא לִפְנֵי יְהוָה לְךָ וּלְזַרְעֲךָ אִתָּךְ׃ וַיֹּאמֶר
יְהוָה אֶל־אַהֲרֹן בְּאַרְצָם לֹא תִנְחָל וְחֵלֶק לֹא־יִהְיֶה לְךָ
21 בְּתוֹכָם אֲנִי חֶלְקְךָ וְנַחֲלָתְךָ בְּתוֹךְ בְּנֵי יִשְׂרָאֵל׃ * ס וְלִבְנֵי שביעי
לֵוִי הִנֵּה נָתַתִּי כָּל־מַעֲשֵׂר בְּיִשְׂרָאֵל לְנַחֲלָה חֵלֶף עֲבֹדָתָם

אשר־הם

v. 21. סבירין את־כל

22 אֲשֶׁר־הֵ֧ם עֹבְדִ֛ים אֶת־עֲבֹדַ֥ת אֹֽהֶל־מוֹעֵ֑ד וְלֹֽא־יִקְרְב֣וּ

23 ע֥וֹד בְּנֵ֖י יִשְׂרָאֵ֑ל אֶל־אֹ֤הֶל מוֹעֵד֙ לָשֵׂ֣את חֵ֔טְא לָמֽוּת: וְעָבַ֣ד
הַלֵּוִ֡י ה֡וּא אֶת־עֲבֹדַת֩ אֹ֨הֶל מוֹעֵ֜ד וְהֵ֤ם יִשְׂאוּ֙ עֲוֺנָ֔ם חֻקַּ֤ת

24 עוֹלָם֙ לְדֹרֹ֣תֵיכֶ֔ם וּבְתוֹךְ֙ בְּנֵ֣י יִשְׂרָאֵ֔ל לֹ֥א יִנְחֲל֖וּ נַחֲלָֽה: כִּ֞י
אֶת־מַעְשַׂ֣ר בְּנֵֽי־יִשְׂרָאֵ֗ל אֲשֶׁ֨ר יָרִ֤ימוּ לַֽיהֹוָה֙ תְּרוּמָ֔ה נָתַ֥תִּי
לַלְוִיִּ֖ם לְנַחֲלָ֑ה עַל־כֵּן֙ אָמַ֣רְתִּי לָהֶ֔ם בְּתוֹךְ֙ בְּנֵ֣י יִשְׂרָאֵ֔ל לֹ֥א
יִנְחֲל֖וּ נַחֲלָֽה: פ

כה
26 וַיְדַבֵּ֥ר יְהֹוָ֖ה אֶל־מֹשֶׁ֥ה לֵּאמֹֽר: וְאֶל־הַלְוִיִּ֣ם תְּדַבֵּר֮ וְאָמַרְתָּ֣
אֲלֵהֶם֒ כִּֽי־תִ֠קְח֠וּ מֵאֵ֨ת בְּנֵֽי־יִשְׂרָאֵ֜ל אֶת־הַֽמַּעֲשֵׂ֗ר אֲשֶׁ֨ר
נָתַ֧תִּי לָכֶ֛ם מֵֽאִתָּ֖ם בְּנַחֲלַתְכֶ֑ם וַהֲרֵֽמֹתֶ֤ם מִמֶּ֙נּוּ֙ תְּרוּמַ֣ת יְהֹוָ֔ה

27 מַֽעֲשֵׂ֖ר מִן־הַֽמַּעֲשֵֽׂר: וְנֶחְשַׁ֥ב לָכֶ֖ם תְּרוּמַתְכֶ֑ם כַּדָּגָן֙ מִן־

28 הַגֹּ֔רֶן וְכַֽמְלֵאָ֖ה מִן־הַיָּֽקֶב: כֵּ֣ן תָּרִ֤ימוּ גַם־אַתֶּם֙ תְּרוּמַ֣ת יְהֹוָ֔ה
מִכֹּל֙ מַעְשְׂרֹ֣תֵיכֶ֔ם אֲשֶׁ֣ר תִּקְח֔וּ מֵאֵ֖ת בְּנֵ֣י יִשְׂרָאֵ֑ל וּנְתַתֶּ֤ם מִמֶּ֙נּוּ֙

29 אֶת־תְּרוּמַ֣ת יְהֹוָ֔ה לְאַהֲרֹ֖ן הַכֹּהֵֽן: מִכֹּל֙ מַתְּנֹ֣תֵיכֶ֔ם תָּרִ֙ימוּ֙
אֵ֚ת כָּל־תְּרוּמַ֣ת יְהֹוָ֔ה מִכָּל־חֶלְבּ֖וֹ אֶת־מִקְדְּשׁ֥וֹ מִמֶּֽנּוּ: *

ל וְאָמַרְתָּ֖ אֲלֵהֶ֑ם בַּהֲרִֽימְכֶ֤ם אֶת־חֶלְבּוֹ֙ מִמֶּ֔נּוּ וְנֶחְשַׁב֙ לַלְוִיִּ֔ם מפטיר

31 כִּתְבוּאַ֥ת גֹּ֖רֶן וְכִתְבוּאַ֥ת יָֽקֶב: וַאֲכַלְתֶּ֤ם אֹתוֹ֙ בְּכָל־מָק֔וֹם
אַתֶּ֖ם וּבֵֽיתְכֶ֑ם כִּֽי־שָׂכָ֥ר הוּא֙ לָכֶ֔ם חֵ֖לֶף עֲבֹֽדַתְכֶ֖ם בְּאֹ֥הֶל

32 מוֹעֵֽד: וְלֹֽא־תִשְׂא֤וּ עָלָיו֙ חֵ֔טְא בַּהֲרִֽימְכֶ֥ם אֶת־חֶלְבּ֖וֹ מִמֶּ֑נּוּ
וְאֶת־קׇדְשֵׁ֧י בְנֵֽי־יִשְׂרָאֵ֛ל לֹ֥א תְחַלְּל֖וּ וְלֹ֥א תָמֽוּתוּ: פפפ

חקת לט 39

CAP. XIX. יט

יט
2 וַיְדַבֵּ֧ר יְהֹוָ֛ה אֶל־מֹשֶׁ֥ה וְאֶֽל־אַהֲרֹ֖ן לֵאמֹֽר: זֹ֚את חֻקַּ֣ת הַתּוֹרָ֔ה
אֲשֶׁר־צִוָּ֥ה יְהֹוָ֖ה לֵאמֹ֑ר דַּבֵּ֣ר ׀ אֶל־בְּנֵ֣י יִשְׂרָאֵ֗ל וְיִקְח֣וּ אֵלֶ֩יךָ֩
פָרָ֨ה אֲדֻמָּ֜ה תְּמִימָ֗ה אֲשֶׁ֤ר אֵֽין־בָּהּ֙ מ֔וּם אֲשֶׁ֛ר לֹא־עָלָ֥ה

3 עָלֶ֖יהָ עֹֽל: וּנְתַתֶּ֣ם אֹתָ֔הּ אֶל־אֶלְעָזָ֖ר הַכֹּהֵ֑ן וְהוֹצִ֤יא אֹתָהּ֙

4 אֶל־מִחוּץ֙ לַֽמַּחֲנֶ֔ה וְשָׁחַ֥ט אֹתָ֖הּ לְפָנָֽיו: וְלָקַ֞ח אֶלְעָזָ֤ר הַכֹּהֵן֙
מִדָּמָהּ֙

מִדָּמָהּ בְּאֶצְבָּעֽוֹ וְהִזָּ֧ה אֶל־נֹ֣כַח פְּנֵ֛י אֹֽהֶל־מוֹעֵ֖ד מִדָּמָ֑הּ שֶׁ֥בַע

ה פְּעָמִֽים׃ וְשָׂרַ֥ף אֶת־הַפָּרָ֖ה לְעֵינָ֑יו אֶת־עֹרָ֤הּ וְאֶת־בְּשָׂרָהּ֙

6 וְאֶת־דָּמָ֔הּ עַל־פִּרְשָׁ֖הּ יִשְׂרֹֽף׃ וְלָקַ֣ח הַכֹּהֵ֗ן עֵ֥ץ אֶ֛רֶז וְאֵז֖וֹב

7 וּשְׁנִ֣י תוֹלָ֑עַת וְהִשְׁלִ֕יךְ אֶל־תּ֖וֹךְ שְׂרֵפַ֥ת הַפָּרָֽה׃ וְכִבֶּ֨ס בְּגָדָ֜יו

הַכֹּהֵ֗ן וְרָחַ֤ץ בְּשָׂרוֹ֙ בַּמַּ֔יִם וְאַחַ֖ר יָבֹ֣א אֶל־הַֽמַּחֲנֶ֑ה וְטָמֵ֥א

8 הַכֹּהֵ֖ן עַד־הָעָֽרֶב׃ וְהַשֹּׂרֵ֣ף אֹתָ֔הּ יְכַבֵּ֤ס בְּגָדָיו֙ בַּמַּ֔יִם וְרָחַ֥ץ

9 בְּשָׂר֖וֹ בַּמָּ֑יִם וְטָמֵ֖א עַד־הָעָֽרֶב׃ וְאָסַ֣ף ׀ אִ֣ישׁ טָה֗וֹר אֵ֚ת אֵ֣פֶר

הַפָּרָ֔ה וְהִנִּ֛יחַ מִח֥וּץ לַֽמַּחֲנֶ֖ה בְּמָק֣וֹם טָה֑וֹר וְ֠הָ֣יְתָ֞ה לַעֲדַ֨ת

י בְּנֵֽי־יִשְׂרָאֵ֧ל לְמִשְׁמֶ֛רֶת לְמֵ֥י נִדָּ֖ה חַטָּ֥את הִֽוא׃ וְ֠כִבֶּס הָאֹסֵ֨ף

אֶת־אֵ֤פֶר הַפָּרָה֙ אֶת־בְּגָדָ֔יו וְטָמֵ֖א עַד־הָעָ֑רֶב וְהָֽיְתָ֞ה לִבְנֵ֣י

11 יִשְׂרָאֵ֗ל וְלַגֵּ֛ר הַגָּ֥ר בְּתוֹכָ֖ם לְחֻקַּ֥ת עוֹלָֽם׃ הַנֹּגֵ֥עַ בְּמֵ֖ת לְכָל־

12 נֶ֣פֶשׁ אָדָ֑ם וְטָמֵ֖א שִׁבְעַ֥ת יָמִֽים׃ ה֣וּא יִתְחַטָּא־ב֞וֹ בַּיּ֧וֹם הַשְּׁלִישִׁ֛י

וּבַיּ֥וֹם הַשְּׁבִיעִ֖י יִטְהָ֑ר וְאִם־לֹ֨א יִתְחַטָּ֜א בַּיּ֧וֹם הַשְּׁלִישִׁ֛י וּבַיּ֥וֹם

13 הַשְּׁבִיעִ֖י לֹ֥א יִטְהָֽר׃ כָּֽל־הַנֹּגֵ֡עַ בְּמֵ֣ת בְּנֶפֶשׁ֩ הָאָדָ֨ם אֲשֶׁר־

יָמ֜וּת וְלֹ֣א יִתְחַטָּ֗א אֶת־מִשְׁכַּ֤ן יְהֹוָה֙ טִמֵּ֔א וְנִכְרְתָ֛ה הַנֶּ֥פֶשׁ

הַהִ֖וא מִיִּשְׂרָאֵ֑ל כִּי֩ מֵ֨י נִדָּ֜ה לֹא־זֹרַ֤ק עָלָיו֙ טָמֵ֣א יִהְיֶ֔ה ע֖וֹד

14 טֻמְאָת֥וֹ בֽוֹ׃ זֹ֚את הַתּוֹרָ֔ה אָדָ֖ם כִּֽי־יָמ֣וּת בְּאֹ֑הֶל כָּל־הַבָּ֤א

טו אֶל־הָאֹ֙הֶל֙ וְכָל־אֲשֶׁ֣ר בָּאֹ֔הֶל יִטְמָ֖א שִׁבְעַ֥ת יָמִֽים׃ וְכֹל֙ כְּלִ֣י

16 פָת֔וּחַ אֲשֶׁ֛ר אֵין־צָמִ֥יד פָּתִ֖יל עָלָ֑יו טָמֵ֖א הֽוּא׃ וְכֹ֞ל אֲשֶׁר־

יִגַָּע עַל־פְּנֵ֣י הַשָּׂדֶ֗ה בַּֽחֲלַל־חֶ֙רֶב֙ א֣וֹ בְמֵ֔ת אֽוֹ־בְעֶ֥צֶם אָדָ֖ם

17 א֣וֹ בְקָ֑בֶר יִטְמָ֖א שִׁבְעַ֥ת יָמִֽים׃ וְלָֽקְחוּ֙ לַטָּמֵ֔א מֵעֲפַ֖ר שְׂרֵפַ֣ת

18 הַֽחַטָּ֑את וְנָתַ֥ן עָלָ֛יו מַ֥יִם חַיִּ֖ים אֶל־כֶּֽלִי׃ * וְלָקַ֨ח אֵז֜וֹב וְטָבַ֣ל

בַּמַּ֗יִם אִ֣ישׁ טָהוֹר�’ וְהִזָּ֤ה עַל־הָאֹ֙הֶל֙ וְעַל־כָּל־הַכֵּלִ֔ים וְעַל־

הַנְּפָשׁ֖וֹת אֲשֶׁ֣ר הָֽיוּ־שָׁ֑ם וְעַל־הַנֹּגֵ֗עַ בַּעֶ֙צֶם֙ א֚וֹ בֶֽחָלָ֔ל א֥וֹ בַמֵּ֖ת

19 א֥וֹ בַקָּֽבֶר׃ וְהִזָּ֤ה הַטָּהֹר֙ עַל־הַטָּמֵ֔א בַּיּ֥וֹם הַשְּׁלִישִׁ֖י וּבַיּ֣וֹם

הַשְּׁבִיעִ֑י וְחִטְּאוֹ֙ בַּיּ֣וֹם הַשְּׁבִיעִ֔י וְכִבֶּ֧ס בְּגָדָ֛יו וְרָחַ֥ץ בַּמַּ֖יִם

כ וְטָהֵ֥ר בָּעָֽרֶב׃ וְאִ֤ישׁ אֲשֶׁר־יִטְמָא֙ וְלֹ֣א יִתְחַטָּ֔א וְנִכְרְתָ֛ה

הַנֶּ֥פֶשׁ הַהִ֖וא מִתּ֣וֹךְ הַקָּהָ֑ל כִּי֩ אֶת־מִקְדַּ֨שׁ יְהֹוָ֜ה טִמֵּ֗א מֵ֥י נִדָּ֛ה

לֹא־זֹרַ֥ק

21 לֹא־זֹרַק עָלָיו טָמֵא הוּא׃ וְהָיְתָה לָהֶם לְחֻקַּת עוֹלָם וּמַזֵּה
מֵי־הַנִּדָּה יְכַבֵּס בְּגָדָיו וְהַנֹּגֵעַ בְּמֵי הַנִּדָּה יִטְמָא עַד־הָעָרֶב׃
22 וְכֹל אֲשֶׁר־יִגַּע־בּוֹ הַטָּמֵא יִטְמָא וְהַנֶּפֶשׁ הַנֹּגַעַת תִּטְמָא עַד־
הָעָרֶב׃ פ

כ CAP. XX. כ

א וַיָּבֹאוּ בְנֵי־יִשְׂרָאֵל כָּל־הָעֵדָה מִדְבַּר־צִן בַּחֹדֶשׁ הָרִאשׁוֹן
2 וַיֵּשֶׁב הָעָם בְּקָדֵשׁ וַתָּמָת שָׁם מִרְיָם וַתִּקָּבֵר שָׁם׃ וְלֹא־הָיָה
3 מַיִם לָעֵדָה וַיִּקָּהֲלוּ עַל־מֹשֶׁה וְעַל־אַהֲרֹן׃ וַיָּרֶב הָעָם עִם־
4 מֹשֶׁה וַיֹּאמְרוּ לֵאמֹר וְלוּ גָוַעְנוּ בִּגְוַע אַחֵינוּ לִפְנֵי יְהוָה׃ וְלָמָה
הֲבֵאתֶם אֶת־קְהַל יְהוָה אֶל־הַמִּדְבָּר הַזֶּה לָמוּת שָׁם אֲנַחְנוּ
ה וּבְעִירֵנוּ׃ וְלָמָה הֶעֱלִיתֻנוּ מִמִּצְרַיִם לְהָבִיא אֹתָנוּ אֶל־
הַמָּקוֹם הָרָע הַזֶּה לֹא ׀ מְקוֹם זֶרַע וּתְאֵנָה וְגֶפֶן וְרִמּוֹן וּמַיִם
6 אַיִן לִשְׁתּוֹת׃ וַיָּבֹא מֹשֶׁה וְאַהֲרֹן מִפְּנֵי הַקָּהָל אֶל־פֶּתַח אֹהֶל
מוֹעֵד וַיִּפְּלוּ עַל־פְּנֵיהֶם וַיֵּרָא כְבוֹד־יְהוָה אֲלֵיהֶם׃ * פ
7 8 וַיְדַבֵּר יְהוָה אֶל־מֹשֶׁה לֵּאמֹר׃ קַח אֶת־הַמַּטֶּה וְהַקְהֵל אֶת־ שלישי (שני כשה מחוברין)
הָעֵדָה אַתָּה וְאַהֲרֹן אָחִיךָ וְדִבַּרְתֶּם אֶל־הַסֶּלַע לְעֵינֵיהֶם
וְנָתַן מֵימָיו וְהוֹצֵאתָ לָהֶם מַיִם מִן־הַסֶּלַע וְהִשְׁקִיתָ אֶת־הָעֵדָה
9 וְאֶת־בְּעִירָם׃ וַיִּקַּח מֹשֶׁה אֶת־הַמַּטֶּה מִלִּפְנֵי יְהוָה כַּאֲשֶׁר
י צִוָּהוּ׃ וַיַּקְהִלוּ מֹשֶׁה וְאַהֲרֹן אֶת־הַקָּהָל אֶל־פְּנֵי הַסָּלַע
וַיֹּאמֶר לָהֶם שִׁמְעוּ־נָא הַמֹּרִים הֲמִן־הַסֶּלַע הַזֶּה נוֹצִיא לָכֶם
11 מָיִם׃ וַיָּרֶם מֹשֶׁה אֶת־יָדוֹ וַיַּךְ אֶת־הַסֶּלַע בְּמַטֵּהוּ פַּעֲמָיִם
12 וַיֵּצְאוּ מַיִם רַבִּים וַתֵּשְׁתְּ הָעֵדָה וּבְעִירָם׃ ס וַיֹּאמֶר יְהוָה
אֶל־מֹשֶׁה וְאֶל־אַהֲרֹן יַעַן לֹא־הֶאֱמַנְתֶּם בִּי לְהַקְדִּישֵׁנִי לְעֵינֵי
בְּנֵי יִשְׂרָאֵל לָכֵן לֹא תָבִיאוּ אֶת־הַקָּהָל הַזֶּה אֶל־הָאָרֶץ
13 אֲשֶׁר־נָתַתִּי לָהֶם׃ הֵמָּה מֵי מְרִיבָה אֲשֶׁר־רָבוּ בְנֵי־יִשְׂרָאֵל
14 אֶת־יְהוָה וַיִּקָּדֵשׁ בָּם׃ * ס וַיִּשְׁלַח מֹשֶׁה מַלְאָכִים מִקָּדֵשׁ רביעי
אֶל־מֶלֶךְ אֱדוֹם כֹּה אָמַר אָחִיךָ יִשְׂרָאֵל אַתָּה יָדַעְתָּ אֵת

כ׳ v. 1. ב׳ טעמים

טו כָּל־הַתְּלָאָה אֲשֶׁר מְצָאָתְנוּ׃ וַיֵּרְדוּ אֲבֹתֵינוּ מִצְרַיְמָה וַנֵּשֶׁב
16 בְּמִצְרַיִם יָמִים רַבִּים וַיָּרֵעוּ לָנוּ מִצְרַיִם וְלַאֲבֹתֵינוּ׃ וַנִּצְעַק
אֶל־יְהוָה וַיִּשְׁמַע קֹלֵנוּ וַיִּשְׁלַח מַלְאָךְ וַיֹּצִאֵנוּ מִמִּצְרָיִם וְהִנֵּה
17 אֲנַחְנוּ בְקָדֵשׁ עִיר קְצֵה גְבוּלֶךָ׃ נַעְבְּרָה־נָּא בְאַרְצֶךָ לֹא
נַעֲבֹר בְּשָׂדֶה וּבְכֶרֶם וְלֹא נִשְׁתֶּה מֵי בְאֵר דֶּרֶךְ הַמֶּלֶךְ נֵלֵךְ
18 לֹא נִטֶּה יָמִין וּשְׂמֹאול עַד אֲשֶׁר־נַעֲבֹר גְּבֻלֶךָ׃ וַיֹּאמֶר אֵלָיו
19 אֱדוֹם לֹא תַעֲבֹר בִּי פֶּן־בַּחֶרֶב אֵצֵא לִקְרָאתֶךָ׃ וַיֹּאמְרוּ
אֵלָיו בְּנֵי־יִשְׂרָאֵל בַּמְסִלָּה נַעֲלֶה וְאִם־מֵימֶיךָ נִשְׁתֶּה אֲנִי
כ וּמִקְנַי וְנָתַתִּי מִכְרָם רַק אֵין־דָּבָר בְּרַגְלַי אֶעֱבֹרָה׃ וַיֹּאמֶר
לֹא תַעֲבֹר וַיֵּצֵא אֱדוֹם לִקְרָאתוֹ בְּעַם כָּבֵד וּבְיָד חֲזָקָה׃
21 וַיְמָאֵן ׀ אֱדוֹם נְתֹן אֶת־יִשְׂרָאֵל עֲבֹר בִּגְבֻלוֹ וַיֵּט יִשְׂרָאֵל
מֵעָלָיו׃ פ
22 וַיִּסְעוּ מִקָּדֵשׁ וַיָּבֹאוּ בְנֵי־יִשְׂרָאֵל כָּל־הָעֵדָה הֹר הָהָר׃ חמישי (שלישי כשהן מחוברין)
23 וַיֹּאמֶר יְהוָה אֶל־מֹשֶׁה וְאֶל־אַהֲרֹן בְּהֹר הָהָר עַל־גְּבוּל
24 אֶרֶץ־אֱדוֹם לֵאמֹר׃ יֵאָסֵף אַהֲרֹן אֶל־עַמָּיו כִּי לֹא יָבֹא
אֶל־הָאָרֶץ אֲשֶׁר נָתַתִּי לִבְנֵי יִשְׂרָאֵל עַל אֲשֶׁר־מְרִיתֶם אֶת־
כה פִּי לְמֵי מְרִיבָה׃ קַח אֶת־אַהֲרֹן וְאֶת־אֶלְעָזָר בְּנוֹ וְהַעַל
26 אֹתָם הֹר הָהָר׃ וְהַפְשֵׁט אֶת־אַהֲרֹן אֶת־בְּגָדָיו וְהִלְבַּשְׁתָּם
27 אֶת־אֶלְעָזָר בְּנוֹ וְאַהֲרֹן יֵאָסֵף וּמֵת שָׁם׃ וַיַּעַשׂ מֹשֶׁה כַּאֲשֶׁר
28 צִוָּה יְהוָה וַיַּעֲלוּ אֶל־הֹר הָהָר לְעֵינֵי כָּל־הָעֵדָה׃ וַיַּפְשֵׁט
מֹשֶׁה אֶת־אַהֲרֹן אֶת־בְּגָדָיו וַיַּלְבֵּשׁ אֹתָם אֶת־אֶלְעָזָר בְּנוֹ
וַיָּמָת אַהֲרֹן שָׁם בְּרֹאשׁ הָהָר וַיֵּרֶד מֹשֶׁה וְאֶלְעָזָר מִן־הָהָר׃
29 וַיִּרְאוּ כָּל־הָעֵדָה כִּי גָוַע אַהֲרֹן וַיִּבְכּוּ אֶת־אַהֲרֹן שְׁלֹשִׁים
יוֹם כֹּל בֵּית יִשְׂרָאֵל׃ ס

כא CAP. XXI. כא

א וַיִּשְׁמַע הַכְּנַעֲנִי מֶלֶךְ־עֲרָד יֹשֵׁב הַנֶּגֶב כִּי בָּא יִשְׂרָאֵל
2 דֶּרֶךְ הָאֲתָרִים וַיִּלָּחֶם בְּיִשְׂרָאֵל וַיִּשְׁבְּ ׀ מִמֶּנּוּ שֶׁבִי׃ וַיִּדַּר
יִשְׂרָאֵל נֶדֶר לַיהוָה וַיֹּאמַר אִם־נָתֹן תִּתֵּן אֶת־הָעָם הַזֶּה בְּיָדִי
והחרמתי

3 וְהֶחֱרַמְתִּי אֶת־עָרֵיהֶם׃ וַיִּשְׁמַע יְהוָה בְּקוֹל יִשְׂרָאֵל וַיִּתֵּן
אֶת־הַכְּנַעֲנִי וַיַּחֲרֵם אֶתְהֶם וְאֶת־עָרֵיהֶם וַיִּקְרָא שֵׁם־הַמָּקוֹם
חָרְמָה׃ פ
4 וַיִּסְעוּ מֵהֹר הָהָר דֶּרֶךְ יַם־סוּף לִסְבֹב אֶת־אֶרֶץ אֱדוֹם
ה וַתִּקְצַר נֶפֶשׁ־הָעָם בַּדָּרֶךְ׃ וַיְדַבֵּר הָעָם בֵּאלֹהִים וּבְמֹשֶׁה
לָמָה הֶעֱלִיתֻנוּ מִמִּצְרַיִם לָמוּת בַּמִּדְבָּר כִּי אֵין לֶחֶם וְאֵין
6 מַיִם וְנַפְשֵׁנוּ קָצָה בַּלֶּחֶם הַקְּלֹקֵל׃ וַיְשַׁלַּח יְהוָה בָּעָם אֵת
הַנְּחָשִׁים הַשְּׂרָפִים וַיְנַשְּׁכוּ אֶת־הָעָם וַיָּמָת עַם־רָב מִיִּשְׂרָאֵל׃
7 וַיָּבֹא הָעָם אֶל־מֹשֶׁה וַיֹּאמְרוּ חָטָאנוּ כִּי־דִבַּרְנוּ בַיהוָה וָבָךְ
הִתְפַּלֵּל אֶל־יְהוָה וְיָסֵר מֵעָלֵינוּ אֶת־הַנָּחָשׁ וַיִּתְפַּלֵּל מֹשֶׁה
8 בְּעַד הָעָם׃ וַיֹּאמֶר יְהוָה אֶל־מֹשֶׁה עֲשֵׂה לְךָ שָׂרָף וְשִׂים
9 אֹתוֹ עַל־נֵס וְהָיָה כָּל־הַנָּשׁוּךְ וְרָאָה אֹתוֹ וָחָי׃ וַיַּעַשׂ מֹשֶׁה
נְחַשׁ נְחֹשֶׁת וַיְשִׂמֵהוּ עַל־הַנֵּס וְהָיָה אִם־נָשַׁךְ הַנָּחָשׁ אֶת־אִישׁ
י וְהִבִּיט אֶל־נְחַשׁ הַנְּחֹשֶׁת וָחָי׃ * וַיִּסְעוּ בְּנֵי יִשְׂרָאֵל וַיַּחֲנוּ ששי
11 בְּאֹבֹת׃ וַיִּסְעוּ מֵאֹבֹת וַיַּחֲנוּ בְּעִיֵּי הָעֲבָרִים בַּמִּדְבָּר אֲשֶׁר
12 עַל־פְּנֵי מוֹאָב מִמִּזְרַח הַשָּׁמֶשׁ׃ מִשָּׁם נָסָעוּ וַיַּחֲנוּ בְּנַחַל זָרֶד׃
13 מִשָּׁם נָסָעוּ וַיַּחֲנוּ מֵעֵבֶר אַרְנוֹן אֲשֶׁר בַּמִּדְבָּר הַיֹּצֵא מִגְּבֻל
14 הָאֱמֹרִי כִּי אַרְנוֹן גְּבוּל מוֹאָב בֵּין מוֹאָב וּבֵין הָאֱמֹרִי׃ עַל־
כֵּן יֵאָמַר בְּסֵפֶר מִלְחֲמֹת יְהוָה אֶת־וָהֵב בְּסוּפָה וְאֶת־
טו הַנְּחָלִים אַרְנוֹן׃ וְאֶשֶׁד הַנְּחָלִים אֲשֶׁר נָטָה לְשֶׁבֶת עָר וְנִשְׁעַן
16 לִגְבוּל מוֹאָב׃ וּמִשָּׁם בְּאֵרָה הִוא הַבְּאֵר אֲשֶׁר אָמַר יְהוָה
17 לְמֹשֶׁה אֱסֹף אֶת־הָעָם וְאֶתְּנָה לָהֶם מָיִם׃ ס אָז יָשִׁיר
18 יִשְׂרָאֵל אֶת־הַשִּׁירָה הַזֹּאת עֲלִי בְאֵר עֱנוּ־לָהּ׃ בְּאֵר חֲפָרוּהָ
שָׂרִים כָּרוּהָ נְדִיבֵי הָעָם בִּמְחֹקֵק בְּמִשְׁעֲנֹתָם וּמִמִּדְבָּר מַתָּנָה׃
19 כ וּמִמַּתָּנָה נַחֲלִיאֵל וּמִנַּחֲלִיאֵל בָּמוֹת׃ וּמִבָּמוֹת הַגַּיְא אֲשֶׁר
בִּשְׂדֵה מוֹאָב רֹאשׁ הַפִּסְגָּה וְנִשְׁקָפָה עַל־פְּנֵי הַיְשִׁימֹן׃ * פ
21 וַיִּשְׁלַח יִשְׂרָאֵל מַלְאָכִים אֶל־סִיחֹן מֶלֶךְ־הָאֱמֹרִי לֵאמֹר׃ שביעי (רביעי
22 אֶעְבְּרָה בְאַרְצֶךָ לֹא נִטֶּה בְּשָׂדֶה וּבְכֶרֶם לֹא נִשְׁתֶּה מֵי בְאֵר כשהן מחוברין

בדרך

23 בְּדֶרֶךְ הַמֶּלֶךְ נֵלֵךְ עַד אֲשֶׁר־נַעֲבֹר גְּבֻלֶךָ׃ וְלֹא־נָתַן סִיחֹן
אֶת־יִשְׂרָאֵל עֲבֹר בִּגְבֻלוֹ וַיֶּאֱסֹף סִיחֹן אֶת־כָּל־עַמּוֹ וַיֵּצֵא
לִקְרַאת יִשְׂרָאֵל הַמִּדְבָּרָה וַיָּבֹא יָהְצָה וַיִּלָּחֶם בְּיִשְׂרָאֵל׃
24 וַיַּכֵּהוּ יִשְׂרָאֵל לְפִי־חָרֶב וַיִּירַשׁ אֶת־אַרְצוֹ מֵאַרְנֹן עַד־
כה יַבֹּק עַד־בְּנֵי עַמּוֹן כִּי עַז גְּבוּל בְּנֵי עַמּוֹן׃ וַיִּקַּח יִשְׂרָאֵל אֵת
כָּל־הֶעָרִים הָאֵלֶּה וַיֵּשֶׁב יִשְׂרָאֵל בְּכָל־עָרֵי הָאֱמֹרִי בְּחֶשְׁבּוֹן
26 וּבְכָל־בְּנֹתֶיהָ׃ כִּי חֶשְׁבּוֹן עִיר סִיחֹן מֶלֶךְ הָאֱמֹרִי הִוא וְהוּא
נִלְחַם בְּמֶלֶךְ מוֹאָב הָרִאשׁוֹן וַיִּקַּח אֶת־כָּל־אַרְצוֹ מִיָּדוֹ עַד־
27 אַרְנֹן׃ עַל־כֵּן יֹאמְרוּ הַמֹּשְׁלִים בֹּאוּ חֶשְׁבּוֹן תִּבָּנֶה וְתִכּוֹנֵן
28 עִיר סִיחוֹן׃ כִּי־אֵשׁ יָצְאָה מֵחֶשְׁבּוֹן לֶהָבָה מִקִּרְיַת סִיחֹן
29 אָכְלָה עָר מוֹאָב בַּעֲלֵי בָּמוֹת אַרְנֹן׃ אוֹי־לְךָ מוֹאָב אָבַדְתָּ
עַם־כְּמוֹשׁ נָתַן בָּנָיו פְּלֵיטִם וּבְנֹתָיו בַּשְּׁבִית לְמֶלֶךְ אֱמֹרִי
ל סִיחוֹן׃ וַנִּירָם אָבַד חֶשְׁבּוֹן עַד־דִּיבֹן וַנַּשִּׁים עַד־נֹפַח אֲשֶׁר
31 32 עַד־מֵידְבָא׃ וַיֵּשֶׁב יִשְׂרָאֵל בְּאֶרֶץ הָאֱמֹרִי׃ וַיִּשְׁלַח מֹשֶׁה
לְרַגֵּל אֶת־יַעְזֵר וַיִּלְכְּדוּ בְּנֹתֶיהָ וַיִּירֶשׁ אֶת־הָאֱמֹרִי אֲשֶׁר־
33 שָׁם׃ וַיִּפְנוּ וַיַּעֲלוּ דֶּרֶךְ הַבָּשָׁן וַיֵּצֵא עוֹג מֶלֶךְ־הַבָּשָׁן לִקְרָאתָם
34 הוּא וְכָל־עַמּוֹ לַמִּלְחָמָה אֶדְרֶעִי׃ * וַיֹּאמֶר יְהוָה אֶל־מֹשֶׁה מפטיר
אַל־תִּירָא אֹתוֹ כִּי בְיָדְךָ נָתַתִּי אֹתוֹ וְאֶת־כָּל־עַמּוֹ וְאֶת־
אַרְצוֹ וְעָשִׂיתָ לּוֹ כַּאֲשֶׁר עָשִׂיתָ לְסִיחֹן מֶלֶךְ הָאֱמֹרִי אֲשֶׁר
לה יוֹשֵׁב בְּחֶשְׁבּוֹן׃ וַיַּכּוּ אֹתוֹ וְאֶת־בָּנָיו וְאֶת־כָּל־עַמּוֹ עַד־בִּלְתִּי
הִשְׁאִיר־לוֹ שָׂרִיד וַיִּירְשׁוּ אֶת־אַרְצוֹ׃

כב Cap. XXII. כב

א וַיִּסְעוּ בְּנֵי יִשְׂרָאֵל וַיַּחֲנוּ בְּעַרְבוֹת מוֹאָב מֵעֵבֶר לְיַרְדֵּן
יְרֵחוֹ׃ ססס

בלק מ 40

2 וַיַּרְא בָּלָק בֶּן־צִפּוֹר אֵת כָּל־אֲשֶׁר־עָשָׂה יִשְׂרָאֵל

לאמרי

כ״א v. 30 נקוד על ר׳ v. 32. ויורש ק׳

3 לֵאמֹר׃ וַיָּגָר מוֹאָב מִפְּנֵי הָעָם מְאֹד כִּי רַב־הוּא וַיָּקָץ
4 מוֹאָב מִפְּנֵי בְּנֵי יִשְׂרָאֵל׃ וַיֹּאמֶר מוֹאָב אֶל־זִקְנֵי מִדְיָן עַתָּה
יְלַחֲכוּ הַקָּהָל אֶת־כָּל־סְבִיבֹתֵינוּ כִּלְחֹךְ הַשּׁוֹר אֵת יֶרֶק
ה הַשָּׂדֶה וּבָלָק בֶּן־צִפּוֹר מֶלֶךְ לְמוֹאָב בָּעֵת הַהִוא׃ וַיִּשְׁלַח
מַלְאָכִים אֶל־בִּלְעָם בֶּן־בְּעוֹר פְּתוֹרָה אֲשֶׁר עַל־הַנָּהָר
אֶרֶץ בְּנֵי־עַמּוֹ לִקְרֹא־לוֹ לֵאמֹר הִנֵּה עַם יָצָא מִמִּצְרַיִם
6 הִנֵּה כִסָּה אֶת־עֵין הָאָרֶץ וְהוּא יֹשֵׁב מִמֻּלִי׃ וְעַתָּה לְכָה־נָּא
אָרָה־לִּי אֶת־הָעָם הַזֶּה כִּי־עָצוּם הוּא מִמֶּנִּי אוּלַי אוּכַל
נַכֶּה־בּוֹ וַאֲגָרְשֶׁנּוּ מִן־הָאָרֶץ כִּי יָדַעְתִּי אֵת אֲשֶׁר־תְּבָרֵךְ
7 מְבֹרָךְ וַאֲשֶׁר תָּאֹר יוּאָר׃ וַיֵּלְכוּ זִקְנֵי מוֹאָב וְזִקְנֵי מִדְיָן
וּקְסָמִים בְּיָדָם וַיָּבֹאוּ אֶל־בִּלְעָם וַיְדַבְּרוּ אֵלָיו דִּבְרֵי בָלָק׃
8 וַיֹּאמֶר אֲלֵיהֶם לִינוּ פֹה הַלַּיְלָה וַהֲשִׁבֹתִי אֶתְכֶם דָּבָר כַּאֲשֶׁר
9 יְדַבֵּר יְהוָה אֵלָי וַיֵּשְׁבוּ שָׂרֵי־מוֹאָב עִם־בִּלְעָם׃ וַיָּבֹא אֱלֹהִים
י אֶל־בִּלְעָם וַיֹּאמֶר מִי הָאֲנָשִׁים הָאֵלֶּה עִמָּךְ׃ וַיֹּאמֶר בִּלְעָם
11 אֶל־הָאֱלֹהִים בָּלָק בֶּן־צִפֹּר מֶלֶךְ מוֹאָב שָׁלַח אֵלָי׃ הִנֵּה
הָעָם הַיֹּצֵא מִמִּצְרַיִם וַיְכַס אֶת־עֵין הָאָרֶץ עַתָּה לְכָה קָבָה־
12 לִּי אֹתוֹ אוּלַי אוּכַל לְהִלָּחֶם בּוֹ וְגֵרַשְׁתִּיו׃ וַיֹּאמֶר אֱלֹהִים
אֶל־בִּלְעָם לֹא תֵלֵךְ עִמָּהֶם לֹא תָאֹר אֶת־הָעָם כִּי בָרוּךְ
13 הוּא׃ * וַיָּקָם בִּלְעָם בַּבֹּקֶר וַיֹּאמֶר אֶל־שָׂרֵי בָלָק לְכוּ אֶל־ שני
14 אַרְצְכֶם כִּי מֵאֵן יְהוָה לְתִתִּי לַהֲלֹךְ עִמָּכֶם׃ וַיָּקוּמוּ שָׂרֵי (חמישי
טו מוֹאָב וַיָּבֹאוּ אֶל־בָּלָק וַיֹּאמְרוּ מֵאֵן בִּלְעָם הֲלֹךְ עִמָּנוּ׃ וַיֹּסֶף כשהן מחוברי
16 עוֹד בָּלָק שְׁלֹחַ שָׂרִים רַבִּים וְנִכְבָּדִים מֵאֵלֶּה׃ וַיָּבֹאוּ אֶל־
בִּלְעָם וַיֹּאמְרוּ לוֹ כֹּה אָמַר בָּלָק בֶּן־צִפּוֹר אַל־נָא תִמָּנַע
17 מֵהֲלֹךְ אֵלָי׃ כִּי־כַבֵּד אֲכַבֶּדְךָ מְאֹד וְכֹל אֲשֶׁר־תֹּאמַר אֵלַי
18 אֶעֱשֶׂה וּלְכָה־נָּא קָבָה־לִּי אֵת הָעָם הַזֶּה׃ וַיַּעַן בִּלְעָם
וַיֹּאמֶר אֶל־עַבְדֵי בָלָק אִם־יִתֶּן־לִי בָלָק מְלֹא בֵיתוֹ כֶּסֶף
וְזָהָב לֹא אוּכַל לַעֲבֹר אֶת־פִּי יְהוָה אֱלֹהָי לַעֲשׂוֹת קְטַנָּה אוֹ

גדולה

v. 5. סבירין והנה   v. 12. סבירין ולא

19 גְּדוֹלָה׃ וְעַתָּה שְׁבוּ נָא בָזֶה גַּם־אַתֶּם הַלָּיְלָה וְאֵדְעָה מַה־
כ יֹּסֵף יְהוָה דַּבֵּר עִמִּי׃ וַיָּבֹא אֱלֹהִים ׀ אֶל־בִּלְעָם לַיְלָה
וַיֹּאמֶר לוֹ אִם־לִקְרֹא לְךָ בָּאוּ הָאֲנָשִׁים קוּם לֵךְ אִתָּם וְאַךְ
21 אֶת־הַדָּבָר אֲשֶׁר־אֲדַבֵּר אֵלֶיךָ אֹתוֹ תַעֲשֶׂה׃ * וַיָּקָם בִּלְעָם שלישי
22 בַּבֹּקֶר וַיַּחֲבֹשׁ אֶת־אֲתֹנוֹ וַיֵּלֶךְ עִם־שָׂרֵי מוֹאָב׃ וַיִּחַר־אַף
אֱלֹהִים כִּי־הוֹלֵךְ הוּא וַיִּתְיַצֵּב מַלְאַךְ יְהוָה בַּדֶּרֶךְ לְשָׂטָן לוֹ
23 וְהוּא רֹכֵב עַל־אֲתֹנוֹ וּשְׁנֵי נְעָרָיו עִמּוֹ׃ וַתֵּרֶא הָאָתוֹן אֶת־
מַלְאַךְ יְהוָה נִצָּב בַּדֶּרֶךְ וְחַרְבּוֹ שְׁלוּפָה בְּיָדוֹ וַתֵּט הָאָתוֹן
מִן־הַדֶּרֶךְ וַתֵּלֶךְ בַּשָּׂדֶה וַיַּךְ בִּלְעָם אֶת־הָאָתוֹן לְהַטֹּתָהּ
24 הַדָּרֶךְ׃ וַיַּעֲמֹד מַלְאַךְ יְהוָה בְּמִשְׁעוֹל הַכְּרָמִים גָּדֵר מִזֶּה
כה וְגָדֵר מִזֶּה׃ וַתֵּרֶא הָאָתוֹן אֶת־מַלְאַךְ יְהוָה וַתִּלָּחֵץ אֶל־
הַקִּיר וַתִּלְחַץ אֶת־רֶגֶל בִּלְעָם אֶל־הַקִּיר וַיֹּסֶף לְהַכֹּתָהּ׃
26 וַיּוֹסֶף מַלְאַךְ־יְהוָה עֲבוֹר וַיַּעֲמֹד בְּמָקוֹם צָר אֲשֶׁר אֵין־
27 דֶּרֶךְ לִנְטוֹת יָמִין וּשְׂמֹאול׃ וַתֵּרֶא הָאָתוֹן אֶת־מַלְאַךְ יְהוָה
וַתִּרְבַּץ תַּחַת בִּלְעָם וַיִּחַר־אַף בִּלְעָם וַיַּךְ אֶת־הָאָתוֹן בַּמַּקֵּל׃
28 וַיִּפְתַּח יְהוָה אֶת־פִּי הָאָתוֹן וַתֹּאמֶר לְבִלְעָם מֶה־עָשִׂיתִי
29 לְךָ כִּי הִכִּיתַנִי זֶה שָׁלֹשׁ רְגָלִים׃ וַיֹּאמֶר בִּלְעָם לָאָתוֹן כִּי
ל הִתְעַלַּלְתְּ בִּי לוּ יֶשׁ־חֶרֶב בְּיָדִי כִּי עַתָּה הֲרַגְתִּיךְ׃ וַתֹּאמֶר
הָאָתוֹן אֶל־בִּלְעָם הֲלוֹא אָנֹכִי אֲתֹנְךָ אֲשֶׁר־רָכַבְתָּ עָלַי
מֵעוֹדְךָ עַד־הַיּוֹם הַזֶּה הַהַסְכֵּן הִסְכַּנְתִּי לַעֲשׂוֹת לְךָ כֹּה
31 וַיֹּאמֶר לֹא׃ וַיְגַל יְהוָה אֶת־עֵינֵי בִלְעָם וַיַּרְא אֶת־מַלְאַךְ
יְהוָה נִצָּב בַּדֶּרֶךְ וְחַרְבּוֹ שְׁלֻפָה בְּיָדוֹ וַיִּקֹּד וַיִּשְׁתַּחוּ לְאַפָּיו׃
32 וַיֹּאמֶר אֵלָיו מַלְאַךְ יְהוָה עַל־מָה הִכִּיתָ אֶת־אֲתֹנְךָ זֶה שָׁלוֹשׁ
33 רְגָלִים הִנֵּה אָנֹכִי יָצָאתִי לְשָׂטָן כִּי־יָרַט הַדֶּרֶךְ לְנֶגְדִּי׃ וַתִּרְאַנִי
הָאָתוֹן וַתֵּט לְפָנַי זֶה שָׁלֹשׁ רְגָלִים אוּלַי נָטְתָה מִפָּנַי כִּי עַתָּה
34 גַּם־אֹתְכָה הָרַגְתִּי וְאוֹתָהּ הֶחֱיֵיתִי׃ וַיֹּאמֶר בִּלְעָם אֶל־מַלְאַךְ
יְהוָה חָטָאתִי כִּי לֹא יָדַעְתִּי כִּי אַתָּה נִצָּב לִקְרָאתִי בַּדָּרֶךְ
לה וְעַתָּה אִם־רַע בְּעֵינֶיךָ אָשׁוּבָה לִּי׃ וַיֹּאמֶר מַלְאַךְ יְהוָה אֶל־

בלעם

בִּלְעָם לֵךְ עִם־הָאֲנָשִׁים וְאֶפֶס אֶת־הַדָּבָר אֲשֶׁר־אֲדַבֵּר
36 אֵלֶיךָ אֹתוֹ תְדַבֵּר וַיֵּלֶךְ בִּלְעָם עִם־שָׂרֵי בָלָק׃ וַיִּשְׁמַע בָּלָק
כִּי בָא בִלְעָם וַיֵּצֵא לִקְרָאתוֹ אֶל־עִיר מוֹאָב אֲשֶׁר עַל־גְּבוּל
37 אַרְנֹן אֲשֶׁר בִּקְצֵה הַגְּבוּל׃ וַיֹּאמֶר בָּלָק אֶל־בִּלְעָם הֲלֹא
שָׁלֹחַ שָׁלַחְתִּי אֵלֶיךָ לִקְרֹא־לָךְ לָמָּה לֹא־הָלַכְתָּ אֵלָי הַאֻמְנָם
38 לֹא אוּכַל כַּבְּדֶךָ׃ וַיֹּאמֶר בִּלְעָם אֶל־בָּלָק הִנֵּה־בָאתִי אֵלֶיךָ
עַתָּה הֲיָכֹל אוּכַל דַּבֵּר מְאוּמָה הַדָּבָר אֲשֶׁר יָשִׂים אֱלֹהִים
39 בְּפִי אֹתוֹ אֲדַבֵּר׃ * וַיֵּלֶךְ בִּלְעָם עִם־בָּלָק וַיָּבֹאוּ קִרְיַת חֻצוֹת׃ רביעי
מ וַיִּזְבַּח בָּלָק בָּקָר וָצֹאן וַיְשַׁלַּח לְבִלְעָם וְלַשָּׂרִים אֲשֶׁר אִתּוֹ׃ (ששי כשהן
41 וַיְהִי בַבֹּקֶר וַיִּקַּח בָּלָק אֶת־בִּלְעָם וַיַּעֲלֵהוּ בָּמוֹת בָּעַל וַיַּרְא מחוברי׳
מִשָּׁם קְצֵה הָעָם׃

כג Cap. XXIII. כג

א וַיֹּאמֶר בִּלְעָם אֶל־בָּלָק בְּנֵה־לִי בָזֶה שִׁבְעָה מִזְבְּחֹת וְהָכֵן
2 לִי בָּזֶה שִׁבְעָה פָרִים וְשִׁבְעָה אֵילִים׃ וַיַּעַשׂ בָּלָק כַּאֲשֶׁר
3 דִּבֶּר בִּלְעָם וַיַּעַל בָּלָק וּבִלְעָם פַּר וָאַיִל בַּמִּזְבֵּחַ׃ וַיֹּאמֶר
בִּלְעָם לְבָלָק הִתְיַצֵּב עַל־עֹלָתֶךָ וְאֵלְכָה אוּלַי יִקָּרֵה יְהוָה
4 לִקְרָאתִי וּדְבַר מַה־יַּרְאֵנִי וְהִגַּדְתִּי לָךְ וַיֵּלֶךְ שֶׁפִי׃ וַיִּקָּר
אֱלֹהִים אֶל־בִּלְעָם וַיֹּאמֶר אֵלָיו אֶת־שִׁבְעַת הַמִּזְבְּחֹת
ה עָרַכְתִּי וָאַעַל פַּר וָאַיִל בַּמִּזְבֵּחַ׃ וַיָּשֶׂם יְהוָה דָּבָר בְּפִי
6 בִלְעָם וַיֹּאמֶר שׁוּב אֶל־בָּלָק וְכֹה תְדַבֵּר׃ וַיָּשָׁב אֵלָיו וְהִנֵּה
7 נִצָּב עַל־עֹלָתוֹ הוּא וְכָל־שָׂרֵי מוֹאָב׃ וַיִּשָּׂא מְשָׁלוֹ וַיֹּאמַר
מִן־אֲרָם יַנְחֵנִי בָלָק מֶלֶךְ־מוֹאָב מֵהַרְרֵי־קֶדֶם לְכָה אָרָה־
8 לִּי יַעֲקֹב וּלְכָה זֹעֲמָה יִשְׂרָאֵל׃ מָה אֶקֹּב לֹא קַבֹּה אֵל וּמָה
9 אֶזְעֹם לֹא זָעַם יְהוָה׃ כִּי־מֵרֹאשׁ צֻרִים אֶרְאֶנּוּ וּמִגְּבָעוֹת
י אֲשׁוּרֶנּוּ הֶן־עָם לְבָדָד יִשְׁכֹּן וּבַגּוֹיִם לֹא יִתְחַשָּׁב׃ מִי מָנָה
עֲפַר יַעֲקֹב וּמִסְפָּר אֶת־רֹבַע יִשְׂרָאֵל תָּמֹת נַפְשִׁי מוֹת יְשָׁרִים
11 וּתְהִי אַחֲרִיתִי כָּמֹהוּ׃ וַיֹּאמֶר בָּלָק אֶל־בִּלְעָם מֶה עָשִׂיתָ לִי
12 לָקֹב אֹיְבַי לְקַחְתִּיךָ וְהִנֵּה בֵּרַכְתָּ בָרֵךְ׃ וַיַּעַן וַיֹּאמַר הֲלֹא

את

חמישי 13 אֵת אֲשֶׁר יָשִׂ֖ים יְהֹוָ֥ה בְּפִ֖י אֹת֣וֹ אֶשְׁמֹ֣ר לְדַבֵּֽר: ⁂ וַיֹּ֤אמֶר אֵלָיו֙
בָּלָ֔ק לְךָ־נָּ֤א אִתִּי֙ אֶל־מָק֣וֹם אַחֵ֔ר אֲשֶׁ֥ר תִּרְאֶ֖נּוּ מִשָּׁ֑ם אֶ֚פֶס
14 קָצֵ֣הוּ תִרְאֶ֔ה וְכֻלּ֖וֹ לֹ֣א תִרְאֶ֑ה וְקָבְנוֹ־לִ֖י מִשָּֽׁם: וַיִּקָּחֵ֙הוּ֙
שְׂדֵ֣ה צֹפִ֔ים אֶל־רֹ֖אשׁ הַפִּסְגָּ֑ה וַיִּ֙בֶן֙ שִׁבְעָ֣ה מִזְבְּחֹ֔ת וַיַּ֛עַל פָּ֥ר
טו וָאַ֖יִל בַּמִּזְבֵּֽחַ: וַיֹּ֙אמֶר֙ אֶל־בָּלָ֔ק הִתְיַצֵּ֥ב כֹּ֖ה עַל־עֹלָתֶ֑ךָ
16 וְאָֽנֹכִ֖י אִקָּ֥רֶה כֹּֽה: וַיִּקָּ֤ר יְהֹוָה֙ אֶל־בִּלְעָ֔ם וַיָּ֥שֶׂם דָּבָ֖ר בְּפִ֑יו
17 וַיֹּ֥אמֶר שׁ֖וּב אֶל־בָּלָ֥ק וְכֹ֣ה תְדַבֵּֽר: וַיָּבֹ֣א אֵלָ֗יו וְהִנּ֤וֹ נִצָּב֙
עַל־עֹ֣לָת֔וֹ וְשָׂרֵ֥י מוֹאָ֖ב אִתּ֑וֹ וַיֹּ֤אמֶר לוֹ֙ בָּלָ֔ק מַה־דִּבֶּ֖ר יְהֹוָֽה:
18 וַיִּשָּׂ֥א מְשָׁל֖וֹ וַיֹּאמַ֑ר ק֤וּם בָּלָק֙ וּֽשֲׁמָ֔ע הַאֲזִ֥ינָה עָדַ֖י בְּנ֥וֹ צִפֹּֽר:
19 לֹ֣א אִ֥ישׁ אֵל֙ וִֽיכַזֵּ֔ב וּבֶן־אָדָ֖ם וְיִתְנֶחָ֑ם הַה֤וּא אָמַר֙ וְלֹ֣א יַעֲשֶׂ֔ה
כ וְדִבֶּ֖ר וְלֹ֥א יְקִימֶֽנָּה: הִנֵּ֥ה בָרֵ֖ךְ לָקָ֑חְתִּי וּבֵרֵ֖ךְ וְלֹ֥א אֲשִׁיבֶֽנָּה:
21 לֹֽא־הִבִּ֥יט אָ֙וֶן֙ בְּיַעֲקֹ֔ב וְלֹא־רָאָ֥ה עָמָ֖ל בְּיִשְׂרָאֵ֑ל יְהֹוָ֤ה אֱלֹהָיו֙
22 עִמּ֔וֹ וּתְרוּעַ֥ת מֶ֖לֶךְ בּֽוֹ: אֵ֖ל מוֹצִיאָ֣ם מִמִּצְרָ֑יִם כְּתֽוֹעֲפֹ֥ת רְאֵ֖ם
23 לֽוֹ: כִּ֤י לֹא־נַ֙חַשׁ֙ בְּיַעֲקֹ֔ב וְלֹא־קֶ֖סֶם בְּיִשְׂרָאֵ֑ל כָּעֵ֗ת יֵאָמֵ֤ר
24 לְיַעֲקֹב֙ וּלְיִשְׂרָאֵ֔ל מַה־פָּ֖עַל אֵֽל: הֶן־עָם֙ כְּלָבִ֣יא יָק֔וּם
וְכַאֲרִ֖י יִתְנַשָּׂ֑א לֹ֤א יִשְׁכַּב֙ עַד־יֹ֣אכַל טֶ֔רֶף וְדַם־חֲלָלִ֖ים
כה יִשְׁתֶּֽה: וַיֹּ֤אמֶר בָּלָק֙ אֶל־בִּלְעָ֔ם גַּם־קֹ֖ב לֹ֣א תִקֳּבֶ֑נּוּ גַּם־
26 בָּרֵ֖ךְ לֹ֣א תְבָרֲכֶ֑נּוּ: וַיַּ֣עַן בִּלְעָ֔ם וַיֹּ֖אמֶר אֶל־בָּלָ֑ק הֲלֹ֗א דִּבַּ֤רְתִּי
שׁשׁ 27 אֵלֶ֙יךָ֙ לֵאמֹ֔ר כֹּ֛ל אֲשֶׁר־יְדַבֵּ֥ר יְהֹוָ֖ה אֹת֥וֹ אֶֽעֱשֶֽׂה: ⁂ וַיֹּ֤אמֶר
(שביעי
כשהן
מחוברין) בָּלָק֙ אֶל־בִּלְעָ֔ם לְכָה־נָּא֙ אֶקָּ֣חֲךָ֔ אֶל־מָק֖וֹם אַחֵ֑ר אוּלַ֤י יִישַׁר֙
28 בְּעֵינֵ֣י הָאֱלֹהִ֔ים וְקַבֹּ֥תוֹ לִ֖י מִשָּֽׁם: וַיִּקַּ֥ח בָּלָ֖ק אֶת־בִּלְעָ֑ם רֹ֖אשׁ
29 הַפְּע֔וֹר הַנִּשְׁקָ֖ף עַל־פְּנֵ֥י הַיְשִׁימֹֽן: וַיֹּ֤אמֶר בִּלְעָם֙ אֶל־בָּלָ֔ק
בְּנֵה־לִ֥י בָזֶ֖ה שִׁבְעָ֣ה מִזְבְּחֹ֑ת וְהָכֵ֥ן לִי֙ בָּזֶ֔ה שִׁבְעָ֥ה פָרִ֖ים
ל וְשִׁבְעָ֥ה אֵילִֽם: וַיַּ֣עַשׂ בָּלָ֔ק כַּאֲשֶׁ֖ר אָמַ֣ר בִּלְעָ֑ם וַיַּ֛עַל פָּ֥ר
וָאַ֖יִל בַּמִּזְבֵּֽחַ:

כד
CAP. XXIV. כד

א וַיַּ֣רְא בִּלְעָ֗ם כִּ֣י ט֞וֹב בְּעֵינֵ֤י יְהֹוָה֙ לְבָרֵ֣ךְ אֶת־יִשְׂרָאֵ֔ל וְלֹֽא־
הָלַ֥ךְ

הָלַךְ כְּפַעַם־בְּפַעַם לִקְרַאת נְחָשִׁים וַיָּשֶׁת אֶל־הַמִּדְבָּר פָּנָיו׃
2 וַיִּשָּׂא בִלְעָם אֶת־עֵינָיו וַיַּרְא אֶת־יִשְׂרָאֵל שֹׁכֵן לִשְׁבָטָיו וַתְּהִי
3 עָלָיו רוּחַ אֱלֹהִים׃ וַיִּשָּׂא מְשָׁלוֹ וַיֹּאמַר נְאֻם בִּלְעָם בְּנוֹ בְעֹר
4 וּנְאֻם הַגֶּבֶר שְׁתֻם הָעָיִן׃ נְאֻם שֹׁמֵעַ אִמְרֵי־אֵל אֲשֶׁר מַחֲזֵה
ה שַׁדַּי יֶחֱזֶה נֹפֵל וּגְלוּי עֵינָיִם׃ מַה־טֹּבוּ אֹהָלֶיךָ יַעֲקֹב מִשְׁכְּנֹתֶיךָ
6 יִשְׂרָאֵל׃ כִּנְחָלִים נִטָּיוּ כְּגַנֹּת עֲלֵי נָהָר כַּאֲהָלִים נָטַע יְהוָה
7 כַּאֲרָזִים עֲלֵי־מָיִם׃ יִזַּל־מַיִם מִדָּלְיָו וְזַרְעוֹ בְּמַיִם רַבִּים
8 וְיָרֹם מֵאֲגַג מַלְכּוֹ וְתִנַּשֵּׂא מַלְכֻתוֹ׃ אֵל מוֹצִיאוֹ מִמִּצְרַיִם
כְּתוֹעֲפֹת רְאֵם לוֹ יֹאכַל גּוֹיִם צָרָיו וְעַצְמֹתֵיהֶם יְגָרֵם וְחִצָּיו
9 יִמְחָץ׃ כָּרַע שָׁכַב כַּאֲרִי וּכְלָבִיא מִי יְקִימֶנּוּ מְבָרְכֶיךָ בָרוּךְ
י וְאֹרְרֶיךָ אָרוּר׃ וַיִּחַר־אַף בָּלָק אֶל־בִּלְעָם וַיִּסְפֹּק אֶת־
כַּפָּיו וַיֹּאמֶר בָּלָק אֶל־בִּלְעָם לָקֹב אֹיְבַי קְרָאתִיךָ וְהִנֵּה
11 בֵּרַכְתָּ בָרֵךְ זֶה שָׁלֹשׁ פְּעָמִים׃ וְעַתָּה בְּרַח־לְךָ אֶל־מְקוֹמֶךָ
12 אָמַרְתִּי כַּבֵּד אֲכַבֶּדְךָ וְהִנֵּה מְנָעֲךָ יְהוָה מִכָּבוֹד׃ וַיֹּאמֶר
בִּלְעָם אֶל־בָּלָק הֲלֹא גַּם אֶל־מַלְאָכֶיךָ אֲשֶׁר־שָׁלַחְתָּ אֵלַי
13 דִּבַּרְתִּי לֵאמֹר׃ אִם־יִתֶּן־לִי בָלָק מְלֹא בֵיתוֹ כֶּסֶף וְזָהָב
לֹא אוּכַל לַעֲבֹר אֶת־פִּי יְהוָה לַעֲשׂוֹת טוֹבָה אוֹ רָעָה מִלִּבִּי
14 אֲשֶׁר־יְדַבֵּר יְהוָה אֹתוֹ אֲדַבֵּר׃ * וְעַתָּה הִנְנִי הוֹלֵךְ לְעַמִּי שביעי
לְכָה אִיעָצְךָ אֲשֶׁר יַעֲשֶׂה הָעָם הַזֶּה לְעַמְּךָ בְּאַחֲרִית הַיָּמִים׃
טו וַיִּשָּׂא מְשָׁלוֹ וַיֹּאמַר נְאֻם בִּלְעָם בְּנוֹ בְעֹר וּנְאֻם הַגֶּבֶר שְׁתֻם
16 הָעָיִן׃ נְאֻם שֹׁמֵעַ אִמְרֵי־אֵל וְיֹדֵעַ דַּעַת עֶלְיוֹן מַחֲזֵה שַׁדַּי
17 יֶחֱזֶה נֹפֵל וּגְלוּי עֵינָיִם׃ אֶרְאֶנּוּ וְלֹא עַתָּה אֲשׁוּרֶנּוּ וְלֹא קָרוֹב
דָּרַךְ כּוֹכָב מִיַּעֲקֹב וְקָם שֵׁבֶט מִיִּשְׂרָאֵל וּמָחַץ פַּאֲתֵי מוֹאָב
18 וְקַרְקַר כָּל־בְּנֵי־שֵׁת׃ וְהָיָה אֱדוֹם יְרֵשָׁה וְהָיָה יְרֵשָׁה שֵׂעִיר
19 אֹיְבָיו וְיִשְׂרָאֵל עֹשֶׂה חָיִל׃ וְיֵרְדְּ מִיַּעֲקֹב וְהֶאֱבִיד שָׂרִיד
כ מֵעִיר׃ וַיַּרְא אֶת־עֲמָלֵק וַיִּשָּׂא מְשָׁלוֹ וַיֹּאמַר רֵאשִׁית גּוֹיִם
21 עֲמָלֵק וְאַחֲרִיתוֹ עֲדֵי אֹבֵד׃ וַיַּרְא אֶת־הַקֵּינִי וַיִּשָּׂא מְשָׁלוֹ

ויאמר

v. 5. בראש עמוד סימן בי״ה שמ״ו

22 וַיֹּאמַר אֵיתָן מֽוֹשָׁבֶךָ וְשִׂים בַּסֶּלַע קִנֶּךָ׃ כִּי אִם־יִהְיֶה לְבָעֵר
23 קָיִן עַד־מָה אַשּׁוּר תִּשְׁבֶּךָּ׃ וַיִּשָּׂא מְשָׁלוֹ וַיֹּאמַר אוֹי מִי יִחְיֶה
24 מִשֻּׂמוֹ אֵל׃ וְצִים מִיַּד כִּתִּים וְעִנּוּ אַשּׁוּר וְעִנּוּ־עֵבֶר וְגַם־
כה הוּא עֲדֵי אֹבֵד׃ וַיָּקָם בִּלְעָם וַיֵּלֶךְ וַיָּשָׁב לִמְקֹמוֹ וְגַם־בָּלָק
הָלַךְ לְדַרְכּוֹ׃ פ

Cap. XXV. כה כה

א וַיֵּשֶׁב יִשְׂרָאֵל בַּשִּׁטִּים וַיָּחֶל הָעָם לִזְנוֹת אֶל־בְּנוֹת מוֹאָב׃
2 וַתִּקְרֶאןָ לָעָם לְזִבְחֵי אֱלֹהֵיהֶן וַיֹּאכַל הָעָם וַיִּשְׁתַּחֲווּ
3 לֵאלֹהֵיהֶן׃ וַיִּצָּמֶד יִשְׂרָאֵל לְבַעַל פְּעוֹר וַיִּחַר־אַף יְהוָה
4 בְּיִשְׂרָאֵל׃ וַיֹּאמֶר יְהוָה אֶל־מֹשֶׁה קַח אֶת־כָּל־רָאשֵׁי הָעָם
וְהוֹקַע אוֹתָם לַיהוָה נֶגֶד הַשָּׁמֶשׁ וְיָשֹׁב חֲרוֹן אַף־יְהוָה
ה מִיִּשְׂרָאֵל׃ וַיֹּאמֶר מֹשֶׁה אֶל־שֹׁפְטֵי יִשְׂרָאֵל הִרְגוּ אִישׁ אֲנָשָׁיו
6 הַנִּצְמָדִים לְבַעַל פְּעוֹר׃ וְהִנֵּה אִישׁ מִבְּנֵי יִשְׂרָאֵל בָּא וַיַּקְרֵב
אֶל־אֶחָיו אֶת־הַמִּדְיָנִית לְעֵינֵי מֹשֶׁה וּלְעֵינֵי כָּל־עֲדַת בְּנֵי־
7 יִשְׂרָאֵל וְהֵמָּה בֹכִים פֶּתַח אֹהֶל מוֹעֵד׃ * וַיַּרְא פִּינְחָס בֶּן־ מפטיר
אֶלְעָזָר בֶּן־אַהֲרֹן הַכֹּהֵן וַיָּקָם מִתּוֹךְ הָעֵדָה וַיִּקַּח רֹמַח בְּיָדוֹ׃
8 וַיָּבֹא אַחַר אִישׁ־יִשְׂרָאֵל אֶל־הַקֻּבָּה וַיִּדְקֹר אֶת־שְׁנֵיהֶם
אֵת אִישׁ יִשְׂרָאֵל וְאֶת־הָאִשָּׁה אֶל־קֳבָתָהּ וַתֵּעָצַר הַמַּגֵּפָה
9 מֵעַל בְּנֵי יִשְׂרָאֵל׃ וַיִּהְיוּ הַמֵּתִים בַּמַּגֵּפָה אַרְבָּעָה וְעֶשְׂרִים
אָלֶף׃ פ פ פ

פינחס מא 41

11 וַיְדַבֵּר יְהוָה אֶל־מֹשֶׁה לֵּאמֹר׃ פִּינְחָס בֶּן־אֶלְעָזָר בֶּן־אַהֲרֹן
הַכֹּהֵן הֵשִׁיב אֶת־חֲמָתִי מֵעַל בְּנֵי־יִשְׂרָאֵל בְּקַנְאוֹ אֶת־קִנְאָתִי
12 בְּתוֹכָם וְלֹא־כִלִּיתִי אֶת־בְּנֵי־יִשְׂרָאֵל בְּקִנְאָתִי׃ לָכֵן אֱמֹר
13 הִנְנִי נֹתֵן לוֹ אֶת־בְּרִיתִי שָׁלוֹם׃ וְהָיְתָה לּוֹ וּלְזַרְעוֹ אַחֲרָיו
בְּרִית כְּהֻנַּת עוֹלָם תַּחַת אֲשֶׁר קִנֵּא לֵאלֹהָיו וַיְכַפֵּר עַל־בְּנֵי

ישראל

כ״ה v. 12. ו׳ קטיעה

14 יִשְׂרָאֵל׃ וְשֵׁם אִישׁ יִשְׂרָאֵל הַמֻּכֶּה אֲשֶׁר הֻכָּה אֶת־הַמִּדְיָנִית
טו זִמְרִי בֶּן־סָלוּא נְשִׂיא בֵית־אָב לַשִּׁמְעֹנִי׃ וְשֵׁם הָאִשָּׁה הַמֻּכָּה
הַמִּדְיָנִית כָּזְבִּי בַת־צוּר רֹאשׁ אֻמּוֹת בֵּית־אָב בְּמִדְיָן
הוּא׃ פ
16 17 וַיְדַבֵּר יְהוָה אֶל־מֹשֶׁה לֵּאמֹר׃ צָרוֹר אֶת־הַמִּדְיָנִים וְהִכִּיתֶם
18 אוֹתָם׃ כִּי צֹרְרִים הֵם לָכֶם בְּנִכְלֵיהֶם אֲשֶׁר־נִכְּלוּ לָכֶם עַל־
דְּבַר פְּעוֹר וְעַל־דְּבַר כָּזְבִּי בַת־נְשִׂיא מִדְיָן אֲחֹתָם הַמֻּכָּה
19 בְיוֹם־הַמַּגֵּפָה עַל־דְּבַר־פְּעוֹר׃ וַיְהִי אַחֲרֵי הַמַּגֵּפָה ° פ

כו CAP. XXVI. כו

א וַיֹּאמֶר יְהוָה אֶל־מֹשֶׁה וְאֶל אֶלְעָזָר בֶּן־אַהֲרֹן הַכֹּהֵן לֵאמֹר׃
2 שְׂאוּ אֶת־רֹאשׁ ׀ כָּל־עֲדַת בְּנֵי־יִשְׂרָאֵל מִבֶּן עֶשְׂרִים שָׁנָה
3 וָמַעְלָה לְבֵית אֲבֹתָם כָּל־יֹצֵא צָבָא בְּיִשְׂרָאֵל׃ וַיְדַבֵּר מֹשֶׁה
וְאֶלְעָזָר הַכֹּהֵן אֹתָם בְּעַרְבֹת מוֹאָב עַל־יַרְדֵּן יְרֵחוֹ לֵאמֹר׃
4 מִבֶּן עֶשְׂרִים שָׁנָה וָמָעְלָה כַּאֲשֶׁר צִוָּה יְהוָה אֶת־מֹשֶׁה וּבְנֵי
ה יִשְׂרָאֵל הַיֹּצְאִים מֵאֶרֶץ מִצְרָיִם׃ * רְאוּבֵן בְּכוֹר יִשְׂרָאֵל בְּנֵי שני
6 רְאוּבֵן חֲנוֹךְ מִשְׁפַּחַת הַחֲנֹכִי לְפַלּוּא מִשְׁפַּחַת הַפַּלֻּאִי׃ לְחֶצְרֹן
7 מִשְׁפַּחַת הַחֶצְרוֹנִי לְכַרְמִי מִשְׁפַּחַת הַכַּרְמִי׃ אֵלֶּה מִשְׁפְּחֹת
הָראוּבֵנִי וַיִּהְיוּ פְקֻדֵיהֶם שְׁלֹשָׁה וְאַרְבָּעִים אֶלֶף וּשְׁבַע מֵאוֹת
8 9 וּשְׁלֹשִׁים׃ וּבְנֵי פַלּוּא אֱלִיאָב׃ וּבְנֵי אֱלִיאָב נְמוּאֵל וְדָתָן
וַאֲבִירָם הוּא־דָתָן וַאֲבִירָם קְרוּאֵי הָעֵדָה אֲשֶׁר הִצּוּ עַל־
י מֹשֶׁה וְעַל־אַהֲרֹן בַּעֲדַת־קֹרַח בְּהַצֹּתָם עַל־יְהוָה׃ וַתִּפְתַּח
הָאָרֶץ אֶת־פִּיהָ וַתִּבְלַע אֹתָם וְאֶת־קֹרַח בְּמוֹת הָעֵדָה בַּאֲכֹל
11 הָאֵשׁ אֵת חֲמִשִּׁים וּמָאתַיִם אִישׁ וַיִּהְיוּ לְנֵס׃ וּבְנֵי־קֹרַח לֹא־
12 מֵתוּ׃ ס בְּנֵי שִׁמְעוֹן לְמִשְׁפְּחֹתָם לִנְמוּאֵל מִשְׁפַּחַת הַנְּמוּאֵלִי
13 לְיָמִין מִשְׁפַּחַת הַיָּמִינִי לְיָכִין מִשְׁפַּחַת הַיָּכִינִי׃ לְזֶרַח מִשְׁפַּחַת
14 הַזַּרְחִי לְשָׁאוּל מִשְׁפַּחַת הַשָּׁאוּלִי׃ אֵלֶּה מִשְׁפְּחֹת הַשִּׁמְעֹנִי
טו שְׁנַיִם וְעֶשְׂרִים אֶלֶף וּמָאתָיִם׃ ס בְּנֵי גָד לְמִשְׁפְּחֹתָם

לצפון

כ״ה v. 19. פסקא באמצע פסוק — כ״ו v. 8. סבירין ובך — v. 9. קריאי ק׳

לִצְפוֹן מִשְׁפַּחַת הַצְּפוֹנִי לְחַגִּי מִשְׁפַּחַת הַחַגִּי לְשׁוּנִי מִשְׁפַּחַת
16 17 הַשּׁוּנִי׃ לְאָזְנִי מִשְׁפַּחַת הָאָזְנִי לְעֵרִי מִשְׁפַּחַת הָעֵרִי׃ לַאֲרוֹד
18 מִשְׁפַּחַת הָאֲרוֹדִי לְאַרְאֵלִי מִשְׁפַּחַת הָאַרְאֵלִי׃ אֵלֶּה מִשְׁפְּחֹת
19 בְּנֵי־גָד לִפְקֻדֵיהֶם אַרְבָּעִים אֶלֶף וַחֲמֵשׁ מֵאוֹת׃ ס בְּנֵי
כ יְהוּדָה עֵר וְאוֹנָן וַיָּמָת עֵר וְאוֹנָן בְּאֶרֶץ כְּנָעַן׃ וַיִּהְיוּ בְנֵי־
יְהוּדָה לְמִשְׁפְּחֹתָם לְשֵׁלָה מִשְׁפַּחַת הַשֵּׁלָנִי לְפֶרֶץ מִשְׁפַּחַת
21 הַפַּרְצִי לְזֶרַח מִשְׁפַּחַת הַזַּרְחִי׃ וַיִּהְיוּ בְנֵי־פֶרֶץ לְחֶצְרֹן
22 מִשְׁפַּחַת הַחֶצְרֹנִי לְחָמוּל מִשְׁפַּחַת הֶחָמוּלִי׃ אֵלֶּה מִשְׁפְּחֹת
23 יְהוּדָה לִפְקֻדֵיהֶם שִׁשָּׁה וְשִׁבְעִים אֶלֶף וַחֲמֵשׁ מֵאוֹת׃ ס בְּנֵי
יִשָּׂשכָר לְמִשְׁפְּחֹתָם תּוֹלָע מִשְׁפַּחַת הַתּוֹלָעִי לְפֻוָּה מִשְׁפַּחַת
24 הַפּוּנִי׃ לְיָשׁוּב מִשְׁפַּחַת הַיָּשֻׁבִי לְשִׁמְרֹן מִשְׁפַּחַת הַשִּׁמְרֹנִי׃
כה אֵלֶּה מִשְׁפְּחֹת יִשָּׂשכָר לִפְקֻדֵיהֶם אַרְבָּעָה וְשִׁשִּׁים אֶלֶף וּשְׁלֹשׁ
26 מֵאוֹת׃ ס בְּנֵי זְבוּלֻן לְמִשְׁפְּחֹתָם לְסֶרֶד מִשְׁפַּחַת הַסַּרְדִּי
27 לְאֵלוֹן מִשְׁפַּחַת הָאֵלֹנִי לְיַחְלְאֵל מִשְׁפַּחַת הַיַּחְלְאֵלִי׃ אֵלֶּה
מִשְׁפְּחֹת הַזְּבוּלֹנִי לִפְקֻדֵיהֶם שִׁשִּׁים אֶלֶף וַחֲמֵשׁ מֵאוֹת׃ ס
28 29 בְּנֵי יוֹסֵף לְמִשְׁפְּחֹתָם מְנַשֶּׁה וְאֶפְרָיִם׃ בְּנֵי מְנַשֶּׁה לְמָכִיר
מִשְׁפַּחַת הַמָּכִירִי וּמָכִיר הוֹלִיד אֶת־גִּלְעָד לְגִלְעָד מִשְׁפַּחַת
ל הַגִּלְעָדִי׃ אֵלֶּה בְּנֵי גִלְעָד אִיעֶזֶר מִשְׁפַּחַת הָאִיעֶזְרִי לְחֵלֶק
31 מִשְׁפַּחַת הַחֶלְקִי׃ וְאַשְׂרִיאֵל מִשְׁפַּחַת הָאַשְׂרְאֵלִי וְשֶׁכֶם
32 מִשְׁפַּחַת הַשִּׁכְמִי׃ וּשְׁמִידָע מִשְׁפַּחַת הַשְּׁמִידָעִי וְחֵפֶר מִשְׁפַּחַת
33 הַחֶפְרִי׃ וּצְלָפְחָד בֶּן־חֵפֶר לֹא־הָיוּ לוֹ בָּנִים כִּי אִם־בָּנוֹת
34 וְשֵׁם בְּנוֹת צְלָפְחָד מַחְלָה וְנֹעָה חָגְלָה מִלְכָּה וְתִרְצָה׃ אֵלֶּה
מִשְׁפְּחֹת מְנַשֶּׁה וּפְקֻדֵיהֶם שְׁנַיִם וַחֲמִשִּׁים אֶלֶף וּשְׁבַע מֵאוֹת׃
לה ס אֵלֶּה בְנֵי־אֶפְרַיִם לְמִשְׁפְּחֹתָם לְשׁוּתֶלַח מִשְׁפַּחַת
הַשֻּׁתַלְחִי לְבֶכֶר מִשְׁפַּחַת הַבַּכְרִי לְתַחַן מִשְׁפַּחַת הַתַּחֲנִי׃
36 37 וְאֵלֶּה בְּנֵי שׁוּתָלַח לְעֵרָן מִשְׁפַּחַת הָעֵרָנִי׃ אֵלֶּה מִשְׁפְּחֹת
בְּנֵי־אֶפְרַיִם לִפְקֻדֵיהֶם שְׁנַיִם וּשְׁלֹשִׁים אֶלֶף וַחֲמֵשׁ מֵאוֹת
38 אֵלֶּה בְנֵי־יוֹסֵף לְמִשְׁפְּחֹתָם׃ ס בְּנֵי בִנְיָמִן לְמִשְׁפְּחֹתָם

לבלע

לְבֶ֗לַע מִשְׁפַּ֙חַת֙ הַבַּלְעִ֔י לְאַשְׁבֵּ֕ל מִשְׁפַּ֖חַת הָֽאַשְׁבֵּלִ֑י לַאֲחִירָ֕ם
39 מִשְׁפַּ֖חַת הָאֲחִירָמִֽי׃ לִשְׁפוּפָ֕ם מִשְׁפַּ֖חַת הַשּׁוּפָמִ֑י לְחוּפָ֕ם
מ מִשְׁפַּ֖חַת הַחוּפָמִֽי׃ וַיִּהְי֥וּ בְנֵי־בֶ֖לַע אַ֣רְדְּ וְנַעֲמָ֑ן מִשְׁפַּ֙חַת֙
41 הָֽאַרְדִּ֔י לְנַֽעֲמָ֕ן מִשְׁפַּ֖חַת הַֽנַּעֲמִֽי׃ אֵ֥לֶּה בְנֵֽי־בִנְיָמִ֖ן לְמִשְׁפְּחֹתָ֑ם
42 וּפְקֻדֵיהֶ֕ם חֲמִשָּׁ֧ה וְאַרְבָּעִ֛ים אֶ֖לֶף וְשֵׁ֥שׁ מֵאֽוֹת׃ ס אֵ֤לֶּה
בְנֵי־דָן֙ לְמִשְׁפְּחֹתָ֔ם לְשׁוּחָ֕ם מִשְׁפַּ֖חַת הַשּׁוּחָמִ֑י אֵ֛לֶּה מִשְׁפְּחֹ֥ת
43 דָּ֖ן לְמִשְׁפְּחֹתָֽם׃ כָּל־מִשְׁפְּחֹ֥ת הַשּׁוּחָמִ֖י לִפְקֻדֵיהֶ֑ם אַרְבָּעָ֧ה
44 וְשִׁשִּׁ֛ים אֶ֖לֶף וְאַרְבַּ֥ע מֵאֽוֹת׃ ס בְּנֵ֣י אָשֵׁר֮ לְמִשְׁפְּחֹתָם֒
לְיִמְנָ֗ה מִשְׁפַּ֙חַת֙ הַיִּמְנָ֔ה לְיִשְׁוִ֕י מִשְׁפַּ֖חַת הַיִּשְׁוִ֑י לִבְרִיעָ֕ה
מה מִשְׁפַּ֖חַת הַבְּרִיעִֽי׃ לִבְנֵ֣י בְרִיעָ֔ה לְחֵ֕בֶר מִשְׁפַּ֖חַת הַֽחֶבְרִ֑י
46 47 לְמַ֨לְכִּיאֵ֔ל מִשְׁפַּ֖חַת הַמַּלְכִּיאֵלִֽי׃ וְשֵׁ֥ם בַּת־אָשֵׁ֖ר שָֽׂרַח׃ אֵ֛לֶּה
מִשְׁפְּחֹ֥ת בְּנֵי־אָשֵׁ֖ר לִפְקֻדֵיהֶ֑ם שְׁלֹשָׁ֧ה וַחֲמִשִּׁ֛ים אֶ֖לֶף וְאַרְבַּ֥ע
48 מֵאֽוֹת׃ ס בְּנֵ֤י נַפְתָּלִי֙ לְמִשְׁפְּחֹתָ֔ם לְיַ֨חְצְאֵ֔ל מִשְׁפַּ֖חַת
49 הַיַּחְצְאֵלִ֑י לְגוּנִ֕י מִשְׁפַּ֖חַת הַגּוּנִֽי׃ לְיֵ֕צֶר מִשְׁפַּ֖חַת הַיִּצְרִ֑י לְשִׁלֵּ֕ם
נ מִשְׁפַּ֖חַת הַשִּׁלֵּמִֽי׃ אֵ֛לֶּה מִשְׁפְּחֹ֥ת נַפְתָּלִ֖י לְמִשְׁפְּחֹתָ֑ם וּפְקֻדֵיהֶ֕ם
51 חֲמִשָּׁ֧ה וְאַרְבָּעִ֛ים אֶ֖לֶף וְאַרְבַּ֥ע מֵאֽוֹת׃ אֵ֠לֶּה פְּקוּדֵ֞י בְּנֵ֣י
יִשְׂרָאֵ֔ל שֵׁשׁ־מֵא֥וֹת אֶ֖לֶף וָאָ֑לֶף שְׁבַ֥ע מֵא֖וֹת וּשְׁלֹשִֽׁים׃ * פ
52 53 וַיְדַבֵּ֥ר יְהוָ֖ה אֶל־מֹשֶׁ֥ה לֵּאמֹֽר׃ לָאֵ֗לֶּה תֵּחָלֵ֥ק הָאָ֛רֶץ בְּנַחֲלָ֖ה שלישי
54 בְּמִסְפַּ֥ר שֵׁמֽוֹת׃ לָרַ֗ב תַּרְבֶּה֙ נַחֲלָת֔וֹ וְלַמְעַ֖ט תַּמְעִ֣יט נַחֲלָת֑וֹ
נה אִ֚ישׁ לְפִ֣י פְקֻדָ֔יו יֻתַּ֖ן נַחֲלָתֽוֹ׃ אַךְ־בְּגוֹרָ֕ל יֵחָלֵ֖ק אֶת־הָאָ֑רֶץ
56 לִשְׁמ֥וֹת מַטּֽוֹת־אֲבֹתָ֖ם יִנְחָֽלוּ׃ עַל־פִּי֙ הַגּוֹרָ֔ל תֵּחָלֵ֖ק נַחֲלָת֑וֹ
57 בֵּ֥ין רַ֖ב לִמְעָֽט׃ ס וְאֵ֨לֶּה פְקוּדֵ֣י הַלֵּוִי֮ לְמִשְׁפְּחֹתָם֒ לְגֵרְשׁ֕וֹן
מִשְׁפַּ֙חַת֙ הַגֵּ֣רְשֻׁנִּ֔י לִקְהָ֕ת מִשְׁפַּ֖חַת הַקְּהָתִ֑י לִמְרָרִ֕י מִשְׁפַּ֖חַת
58 הַמְּרָרִֽי׃ אֵ֣לֶּה ׀ מִשְׁפְּחֹ֣ת לֵוִ֗י מִשְׁפַּ֨חַת הַלִּבְנִ֜י מִשְׁפַּ֤חַת הַֽחֶבְרֹנִי֙
מִשְׁפַּ֤חַת הַמַּחְלִי֙ מִשְׁפַּ֣חַת הַמּוּשִׁ֔י מִשְׁפַּ֖חַת הַקָּרְחִ֑י וּקְהָ֖ת
59 הוֹלִ֥ד אֶת־עַמְרָֽם׃ וְשֵׁ֣ם ׀ אֵ֣שֶׁת עַמְרָ֗ם יוֹכֶ֙בֶד֙ בַּת־לֵוִ֔י אֲשֶׁ֨ר
יָלְדָ֥ה אֹתָ֛הּ לְלֵוִ֖י בְּמִצְרָ֑יִם וַתֵּ֣לֶד לְעַמְרָ֗ם אֶֽת־אַהֲרֹן֙ וְאֶת־

משה

V. 51. סבירין ושבע

ס מֹשֶׁה וְאֵת מִרְיָם אֲחֹתָם׃ וַיִּוָּלֵד לְאַהֲרֹן אֶת־נָדָב וְאֶת־
61 אֲבִיהוּא אֶת־אֶלְעָזָר וְאֶת־אִיתָמָר׃ וַיָּמָת נָדָב וַאֲבִיהוּא
62 בְּהַקְרִיבָם אֵשׁ־זָרָה לִפְנֵי יְהוָה׃ וַיִּהְיוּ פְקֻדֵיהֶם שְׁלֹשָׁה
וְעֶשְׂרִים אֶלֶף כָּל־זָכָר מִבֶּן־חֹדֶשׁ וָמָעְלָה כִּי ׀ לֹא הָתְפָּקְדוּ
בְּתוֹךְ בְּנֵי יִשְׂרָאֵל כִּי לֹא־נִתַּן לָהֶם נַחֲלָה בְּתוֹךְ בְּנֵי יִשְׂרָאֵל׃
63 אֵלֶּה פְּקוּדֵי מֹשֶׁה וְאֶלְעָזָר הַכֹּהֵן אֲשֶׁר פָּקְדוּ אֶת־בְּנֵי יִשְׂרָאֵל
64 בְּעַרְבֹת מוֹאָב עַל יַרְדֵּן יְרֵחוֹ׃ וּבְאֵלֶּה לֹא־הָיָה אִישׁ מִפְּקוּדֵי
מֹשֶׁה וְאַהֲרֹן הַכֹּהֵן אֲשֶׁר פָּקְדוּ אֶת־בְּנֵי יִשְׂרָאֵל בְּמִדְבַּר
סה סִינָי׃ כִּי־אָמַר יְהוָה לָהֶם מוֹת יָמֻתוּ בַּמִּדְבָּר וְלֹא־נוֹתַר
מֵהֶם אִישׁ כִּי אִם־כָּלֵב בֶּן־יְפֻנֶּה וִיהוֹשֻׁעַ בִּן־נוּן׃ ס

כז Cap. XXVII. כז

א וַתִּקְרַבְנָה בְּנוֹת צְלָפְחָד בֶּן־חֵפֶר בֶּן־גִּלְעָד בֶּן־
מָכִיר בֶּן־מְנַשֶּׁה לְמִשְׁפְּחֹת מְנַשֶּׁה בֶן־יוֹסֵף וְאֵלֶּה שְׁמוֹת
2 בְּנֹתָיו מַחְלָה נֹעָה וְחָגְלָה וּמִלְכָּה וְתִרְצָה׃ וַתַּעֲמֹדְנָה לִפְנֵי
מֹשֶׁה וְלִפְנֵי אֶלְעָזָר הַכֹּהֵן וְלִפְנֵי הַנְּשִׂיאִם וְכָל־הָעֵדָה פֶּתַח
3 אֹהֶל־מוֹעֵד לֵאמֹר׃ אָבִינוּ מֵת בַּמִּדְבָּר וְהוּא לֹא־הָיָה
בְּתוֹךְ הָעֵדָה הַנּוֹעָדִים עַל־יְהוָה בַּעֲדַת־קֹרַח כִּי־בְחֶטְאוֹ
4 מֵת וּבָנִים לֹא־הָיוּ לוֹ׃ לָמָּה יִגָּרַע שֵׁם־אָבִינוּ מִתּוֹךְ מִשְׁפַּחְתּוֹ
ה כִּי אֵין לוֹ בֵּן תְּנָה־לָּנוּ אֲחֻזָּה בְּתוֹךְ אֲחֵי אָבִינוּ׃ וַיַּקְרֵב מֹשֶׁה
אֶת־מִשְׁפָּטָן לִפְנֵי יְהוָה׃ פ
רביעי 6 7 וַיֹּאמֶר יְהוָה אֶל־מֹשֶׁה לֵּאמֹר׃ כֵּן בְּנוֹת צְלָפְחָד דֹּבְרֹת
נָתֹן תִּתֵּן לָהֶם אֲחֻזַּת נַחֲלָה בְּתוֹךְ אֲחֵי אֲבִיהֶם וְהַעֲבַרְתָּ
8 אֶת־נַחֲלַת אֲבִיהֶן לָהֶן׃ וְאֶל־בְּנֵי יִשְׂרָאֵל תְּדַבֵּר לֵאמֹר
אִישׁ כִּי־יָמוּת וּבֵן אֵין לוֹ וְהַעֲבַרְתֶּם אֶת־נַחֲלָתוֹ לְבִתּוֹ׃
9 י וְאִם־אֵין לוֹ בַּת וּנְתַתֶּם אֶת־נַחֲלָתוֹ לְאֶחָיו׃ וְאִם־אֵין לוֹ
11 אַחִים וּנְתַתֶּם אֶת־נַחֲלָתוֹ לַאֲחֵי אָבִיו׃ וְאִם־אֵין אַחִים
לְאָבִיו וּנְתַתֶּם אֶת־נַחֲלָתוֹ לִשְׁאֵרוֹ הַקָּרֹב אֵלָיו מִמִּשְׁפַּחְתּוֹ
וירש

כ״ז v. 5. ן׳ רבתי

וְיָרַשׁ אֹתָהּ וְהָיְתָה לִבְנֵי יִשְׂרָאֵל לְחֻקַּת מִשְׁפָּט כַּאֲשֶׁר צִוָּה
יְהוָה אֶת־מֹשֶׁה׃ פ
12 וַיֹּאמֶר יְהוָה אֶל־מֹשֶׁה עֲלֵה אֶל־הַר הָעֲבָרִים הַזֶּה וּרְאֵה
13 אֶת־הָאָרֶץ אֲשֶׁר נָתַתִּי לִבְנֵי יִשְׂרָאֵל׃ וְרָאִיתָה אֹתָהּ וְנֶאֱסַפְתָּ
14 אֶל־עַמֶּיךָ גַּם־אָתָּה כַּאֲשֶׁר נֶאֱסַף אַהֲרֹן אָחִיךָ׃ כַּאֲשֶׁר
מְרִיתֶם פִּי בְּמִדְבַּר־צִן בִּמְרִיבַת הָעֵדָה לְהַקְדִּישֵׁנִי בַמַּיִם
טו לְעֵינֵיהֶם הֵם מֵי־מְרִיבַת קָדֵשׁ מִדְבַּר־צִן׃ ס וַיְדַבֵּר
16 מֹשֶׁה אֶל־יְהוָה לֵאמֹר׃ יִפְקֹד יְהוָה אֱלֹהֵי הָרוּחֹת לְכָל־
17 בָּשָׂר אִישׁ עַל־הָעֵדָה׃ אֲשֶׁר־יֵצֵא לִפְנֵיהֶם וַאֲשֶׁר יָבֹא
לִפְנֵיהֶם וַאֲשֶׁר יוֹצִיאֵם וַאֲשֶׁר יְבִיאֵם וְלֹא תִהְיֶה עֲדַת יְהוָה
18 כַּצֹּאן אֲשֶׁר אֵין־לָהֶם רֹעֶה׃ וַיֹּאמֶר יְהוָה אֶל־מֹשֶׁה קַח־
לְךָ אֶת־יְהוֹשֻׁעַ בִּן־נוּן אִישׁ אֲשֶׁר־רוּחַ בּוֹ וְסָמַכְתָּ אֶת־יָדְךָ
19 עָלָיו׃ וְהַעֲמַדְתָּ אֹתוֹ לִפְנֵי אֶלְעָזָר הַכֹּהֵן וְלִפְנֵי כָּל־הָעֵדָה
כ וְצִוִּיתָה אֹתוֹ לְעֵינֵיהֶם׃ וְנָתַתָּה מֵהוֹדְךָ עָלָיו לְמַעַן יִשְׁמְעוּ
21 כָּל־עֲדַת בְּנֵי יִשְׂרָאֵל׃ וְלִפְנֵי אֶלְעָזָר הַכֹּהֵן יַעֲמֹד וְשָׁאַל
לוֹ בְּמִשְׁפַּט הָאוּרִים לִפְנֵי יְהוָה עַל־פִּיו יֵצְאוּ וְעַל־פִּיו יָבֹאוּ
22 הוּא וְכָל־בְּנֵי־יִשְׂרָאֵל אִתּוֹ וְכָל־הָעֵדָה׃ וַיַּעַשׂ מֹשֶׁה כַּאֲשֶׁר
צִוָּה יְהוָה אֹתוֹ וַיִּקַּח אֶת־יְהוֹשֻׁעַ וַיַּעֲמִדֵהוּ לִפְנֵי אֶלְעָזָר
23 הַכֹּהֵן וְלִפְנֵי כָּל־הָעֵדָה׃ וַיִּסְמֹךְ אֶת־יָדָיו עָלָיו וַיְצַוֵּהוּ
כַּאֲשֶׁר דִּבֶּר יְהוָה בְּיַד־מֹשֶׁה׃ * פ

כח CAP. XXVIII. כח

א 2 וַיְדַבֵּר יְהוָה אֶל־מֹשֶׁה לֵּאמֹר׃ צַו אֶת־בְּנֵי יִשְׂרָאֵל וְאָמַרְתָּ חמישי
אֲלֵהֶם אֶת־קָרְבָּנִי לַחְמִי לְאִשַּׁי רֵיחַ נִיחֹחִי תִּשְׁמְרוּ לְהַקְרִיב
3 לִי בְּמוֹעֲדוֹ׃ וְאָמַרְתָּ לָהֶם זֶה הָאִשֶּׁה אֲשֶׁר תַּקְרִיבוּ לַיהוָה
4 כְּבָשִׂים בְּנֵי־שָׁנָה תְמִימִם שְׁנַיִם לַיּוֹם עֹלָה תָמִיד׃ אֶת־
הַכֶּבֶשׂ אֶחָד תַּעֲשֶׂה בַבֹּקֶר וְאֵת הַכֶּבֶשׂ הַשֵּׁנִי תַּעֲשֶׂה בֵּין
ה הָעַרְבָּיִם׃ וַעֲשִׂירִית הָאֵיפָה סֹלֶת לְמִנְחָה בְּלוּלָה בְּשֶׁמֶן
6 כָּתִית רְבִיעִת הַהִין׃ עֹלַת תָּמִיד הָעֲשֻׂיָה בְּהַר סִינַי לְרֵיחַ

7 נִיחֹ֖חַ אִשֶּׁ֥ה לַֽיהוָֽה׃ וְנִסְכּוֹ֙ רְבִיעִ֣ת הַהִ֔ין לַכֶּ֖בֶשׂ הָאֶחָ֑ד
8 בַּקֹּ֗דֶשׁ הַסֵּ֛ךְ נֶ֥סֶךְ שֵׁכָ֖ר לַֽיהוָֽה׃ וְאֵת֙ הַכֶּ֣בֶשׂ הַשֵּׁנִ֔י תַּעֲשֶׂ֖ה
בֵּ֣ין הָעַרְבָּ֑יִם כְּמִנְחַ֨ת הַבֹּ֤קֶר וּכְנִסְכּוֹ֙ תַּעֲשֶׂ֔ה אִשֵּׁ֛ה רֵ֥יחַ נִיחֹ֖חַ
לַֽיהוָֽה׃ פ
9 וּבְיוֹם֙ הַשַּׁבָּ֔ת שְׁנֵֽי־כְבָשִׂ֥ים בְּנֵֽי־שָׁנָ֖ה תְּמִימִ֑ם וּשְׁנֵ֣י עֶשְׂרֹנִ֗ים
י סֹ֧לֶת מִנְחָ֛ה בְּלוּלָ֥ה בַשֶּׁ֖מֶן וְנִסְכּֽוֹ׃ עֹלַ֥ת שַׁבַּ֖ת בְּשַׁבַּתּ֑וֹ עַל־
עֹלַ֥ת הַתָּמִ֖יד וְנִסְכָּֽהּ׃ פ
11 וּבְרָאשֵׁי֙ חָדְשֵׁיכֶ֔ם תַּקְרִ֥יבוּ עֹלָ֖ה לַֽיהוָ֑ה פָּ֠רִים בְּנֵֽי־בָקָ֤ר
12 שְׁנַ֙יִם֙ וְאַ֣יִל אֶחָ֔ד כְּבָשִׂ֧ים בְּנֵֽי־שָׁנָ֛ה שִׁבְעָ֖ה תְּמִימִֽם׃ וּשְׁלֹשָׁ֣ה
עֶשְׂרֹנִ֗ים סֹ֤לֶת מִנְחָה֙ בְּלוּלָ֣ה בַשֶּׁ֔מֶן לַפָּ֖ר הָאֶחָ֑ד וּשְׁנֵ֣י עֶשְׂרֹנִ֗ים
13 סֹ֤לֶת מִנְחָה֙ בְּלוּלָ֣ה בַשֶּׁ֔מֶן לָאַ֖יִל הָאֶחָֽד׃ וְעִשָּׂרֹ֣ן עִשָּׂר֗וֹן סֹ֤לֶת
מִנְחָה֙ בְּלוּלָ֣ה בַשֶּׁ֔מֶן לַכֶּ֖בֶשׂ הָאֶחָ֑ד עֹלָה֙ רֵ֣יחַ נִיחֹ֔חַ אִשֶּׁ֖ה
14 לַֽיהוָֽה׃ וְנִסְכֵּיהֶ֗ם חֲצִ֣י הַהִין֩ יִהְיֶ֨ה לַפָּ֜ר וּשְׁלִישִׁ֧ת הַהִ֣ין לָאַ֗יִל
וּרְבִיעִ֥ת הַהִ֛ין לַכֶּ֖בֶשׂ יָ֑יִן זֹ֣את עֹלַ֥ת חֹ֙דֶשׁ֙ בְּחָדְשׁ֔וֹ לְחָדְשֵׁ֖י
טו הַשָּׁנָֽה׃ וּשְׂעִ֨יר עִזִּ֥ים אֶחָ֛ד לְחַטָּ֖את לַֽיהוָ֑ה עַל־עֹלַ֧ת הַתָּמִ֛יד
16 יֵעָשֶׂ֖ה וְנִסְכּֽוֹ׃ * ס וּבַחֹ֣דֶשׁ הָרִאשׁ֗וֹן בְּאַרְבָּעָ֥ה עָשָׂ֛ר י֖וֹם ששי
17 לַחֹ֑דֶשׁ פֶּ֖סַח לַֽיהוָֽה׃ וּבַחֲמִשָּׁ֨ה עָשָׂ֥ר י֛וֹם לַחֹ֥דֶשׁ הַזֶּ֖ה חָ֑ג
18 שִׁבְעַ֣ת יָמִ֔ים מַצּ֖וֹת יֵאָכֵֽל׃ בַּיּ֥וֹם הָרִאשׁ֖וֹן מִקְרָא־קֹ֑דֶשׁ כָּל־
19 מְלֶ֥אכֶת עֲבֹדָ֖ה לֹ֥א תַעֲשֽׂוּ׃ וְהִקְרַבְתֶּ֨ם אִשֶּׁ֤ה עֹלָה֙ לַֽיהוָ֔ה
פָּרִ֧ים בְּנֵי־בָקָ֛ר שְׁנַ֖יִם וְאַ֣יִל אֶחָ֑ד וְשִׁבְעָ֤ה כְבָשִׂים֙ בְּנֵ֣י שָׁנָ֔ה
כ תְּמִימִ֖ם יִהְי֥וּ לָכֶֽם׃ וּמִ֨נְחָתָ֔ם סֹ֖לֶת בְּלוּלָ֣ה בַשָּׁ֑מֶן שְׁלֹשָׁ֨ה
21 עֶשְׂרֹנִ֜ים לַפָּ֗ר וּשְׁנֵ֧י עֶשְׂרֹנִ֛ים לָאַ֖יִל תַּעֲשֽׂוּ׃ עִשָּׂר֤וֹן עִשָּׂרוֹן֙
22 תַּעֲשֶׂ֔ה לַכֶּ֖בֶשׂ הָאֶחָ֑ד לְשִׁבְעַ֖ת הַכְּבָשִֽׂים׃ וּשְׂעִ֥יר חַטָּ֖את אֶחָ֑ד
23 לְכַפֵּ֖ר עֲלֵיכֶֽם׃ מִלְּבַד֙ עֹלַ֣ת הַבֹּ֔קֶר אֲשֶׁ֖ר לְעֹלַ֣ת הַתָּמִ֑יד
24 תַּעֲשׂ֖וּ אֶת־אֵֽלֶּה׃ כָּאֵ֜לֶּה תַּעֲשׂ֤וּ לַיּוֹם֙ שִׁבְעַ֣ת יָמִ֔ים לֶ֛חֶם אִשֵּׁ֥ה
כה רֵֽיחַ־נִיחֹ֖חַ לַֽיהוָ֑ה עַל־עוֹלַ֧ת הַתָּמִ֛יד יֵעָשֶׂ֖ה וְנִסְכּֽוֹ׃ וּבַיּוֹם֙
הַשְּׁבִיעִ֔י מִקְרָא־קֹ֖דֶשׁ יִהְיֶ֣ה לָכֶ֑ם כָּל־מְלֶ֥אכֶת עֲבֹדָ֖ה לֹ֥א
26 תַעֲשֽׂוּ׃ ס וּבְי֣וֹם הַבִּכּוּרִ֗ים בְּהַקְרִיבְכֶ֞ם מִנְחָ֤ה חֲדָשָׁה֙

לַיהוה

לַיהוָ֔ה בְּשָׁבֻעֹֽתֵיכֶ֑ם מִֽקְרָא־קֹ֙דֶשׁ֙ יִהְיֶ֣ה לָכֶ֔ם כָּל־מְלֶ֥אכֶת
27 עֲבֹדָ֖ה לֹ֥א תַעֲשֽׂוּ׃ וְהִקְרַבְתֶּ֨ם עוֹלָ֜ה לְרֵ֤יחַ נִיחֹ֙חַ֙ לַֽיהוָ֔ה
פָּרִ֧ים בְּנֵי־בָקָ֛ר שְׁנַ֖יִם אַ֣יִל אֶחָ֑ד שִׁבְעָ֥ה כְבָשִׂ֖ים בְּנֵ֥י שָׁנָֽה׃
28 וּמִ֨נְחָתָ֔ם סֹ֖לֶת בְּלוּלָ֣ה בַשָּׁ֑מֶן שְׁלֹשָׁ֤ה עֶשְׂרֹנִים֙ לַפָּ֣ר הָאֶחָ֔ד שְׁנֵי֙
29 עֶשְׂרֹנִ֔ים לָאַ֖יִל הָאֶחָֽד׃ עִשָּׂרוֹן֙ עִשָּׂר֔וֹן לַכֶּ֖בֶשׂ הָאֶחָ֑ד לְשִׁבְעַ֖ת
ל 31 הַכְּבָשִֽׂים׃ שְׂעִ֥יר עִזִּ֖ים אֶחָ֑ד לְכַפֵּ֖ר עֲלֵיכֶֽם׃ מִלְּבַ֞ד עֹלַ֧ת
הַתָּמִ֛יד וּמִנְחָת֖וֹ תַּעֲשׂ֑וּ תְּמִימִ֥ם יִהְיוּ־לָכֶ֖ם וְנִסְכֵּיהֶֽם׃ פ

Cap. XXIX. כט

כט

א וּבַחֹ֨דֶשׁ הַשְּׁבִיעִ֜י בְּאֶחָ֣ד לַחֹ֗דֶשׁ מִֽקְרָא־קֹ֙דֶשׁ֙ יִהְיֶ֣ה לָכֶ֔ם
כָּל־מְלֶ֥אכֶת עֲבֹדָ֖ה לֹ֣א תַעֲשׂ֑וּ י֥וֹם תְּרוּעָ֖ה יִהְיֶ֥ה לָכֶֽם׃
2 וַעֲשִׂיתֶ֨ם עֹלָ֜ה לְרֵ֤יחַ נִיחֹ֙חַ֙ לַֽיהוָ֔ה פַּ֧ר בֶּן־בָּקָ֛ר אֶחָ֖ד אַ֣יִל
3 אֶחָ֑ד כְּבָשִׂ֧ים בְּנֵי־שָׁנָ֛ה שִׁבְעָ֖ה תְּמִימִֽם׃ וּמִ֨נְחָתָ֔ם סֹ֖לֶת
בְּלוּלָ֣ה בַשָּׁ֑מֶן שְׁלֹשָׁ֤ה עֶשְׂרֹנִים֙ לַפָּ֔ר שְׁנֵ֥י עֶשְׂרֹנִ֖ים לָאָֽיִל׃
4 ה וְעִשָּׂר֣וֹן אֶחָ֔ד לַכֶּ֖בֶשׂ הָאֶחָ֑ד לְשִׁבְעַ֖ת הַכְּבָשִֽׂים׃ וּשְׂעִיר־
6 עִזִּ֥ים אֶחָ֖ד חַטָּ֑את לְכַפֵּ֖ר עֲלֵיכֶֽם׃ מִלְּבַד֩ עֹלַ֨ת הַחֹ֜דֶשׁ
וּמִנְחָתָ֗הּ וְעֹלַ֤ת הַתָּמִיד֙ וּמִנְחָתָ֔הּ וְנִסְכֵּיהֶ֖ם כְּמִשְׁפָּטָ֑ם לְרֵ֣יחַ
7 נִיחֹ֔חַ אִשֶּׁ֖ה לַיהוָֽה׃ ס וּבֶעָשׂוֹר֩ לַחֹ֨דֶשׁ הַשְּׁבִיעִ֜י הַזֶּ֗ה
מִֽקְרָא־קֹ֙דֶשׁ֙ יִהְיֶ֣ה לָכֶ֔ם וְעִנִּיתֶ֖ם אֶת־נַפְשֹׁתֵיכֶ֑ם כָּל־מְלָאכָ֖ה
8 לֹ֥א תַעֲשֽׂוּ׃ וְהִקְרַבְתֶּ֨ם עֹלָ֤ה לַֽיהוָה֙ רֵ֣יחַ נִיחֹ֔חַ פַּ֧ר בֶּן־בָּקָ֛ר
אֶחָ֖ד אַ֣יִל אֶחָ֑ד כְּבָשִׂ֤ים בְּנֵֽי־שָׁנָה֙ שִׁבְעָ֔ה תְּמִימִ֖ם יִהְי֥וּ לָכֶֽם׃
9 וּמִ֨נְחָתָ֔ם סֹ֖לֶת בְּלוּלָ֣ה בַשָּׁ֑מֶן שְׁלֹשָׁ֤ה עֶשְׂרֹנִים֙ לַפָּ֔ר שְׁנֵי֙
י עֶשְׂרֹנִ֔ים לָאַ֖יִל הָאֶחָֽד׃ עִשָּׂרוֹן֙ עִשָּׂר֔וֹן לַכֶּ֖בֶשׂ הָאֶחָ֑ד לְשִׁבְעַ֖ת
11 הַכְּבָשִֽׂים׃ שְׂעִיר־עִזִּ֥ים אֶחָ֖ד חַטָּ֑את מִלְּבַ֞ד חַטַּ֤את הַכִּפֻּרִים֙
12 וְעֹלַ֣ת הַתָּמִ֔יד וּמִנְחָתָ֖הּ וְנִסְכֵּיהֶֽם׃ * ס וּבַחֲמִשָּׁה֩ עָשָׂ֨ר י֜וֹם שביעי
לַחֹ֣דֶשׁ הַשְּׁבִיעִ֗י מִֽקְרָא־קֹ֙דֶשׁ֙ יִהְיֶ֣ה לָכֶ֔ם כָּל־מְלֶ֥אכֶת עֲבֹדָ֖ה
13 לֹ֣א תַעֲשׂ֑וּ וְחַגֹּתֶ֥ם חַ֛ג לַיהוָ֖ה שִׁבְעַ֥ת יָמִֽים׃ וְהִקְרַבְתֶּ֨ם עֹלָ֜ה
אִשֵּׁ֨ה רֵ֤יחַ נִיחֹ֙חַ֙ לַֽיהוָ֔ה פָּרִ֧ים בְּנֵי־בָקָ֛ר שְׁלֹשָׁ֥ה עָשָׂ֖ר אֵילִ֣ם
14 שְׁנָ֑יִם כְּבָשִׂ֧ים בְּנֵי־שָׁנָ֛ה אַרְבָּעָ֥ה עָשָׂ֖ר תְּמִימִ֥ם יִהְיֽוּ׃ וּמִ֨נְחָתָ֔ם

סלת

סֹלֶת בְּלוּלָה בַשָּׁמֶן שְׁלֹשָׁה עֶשְׂרֹנִים לַפָּר הָאֶחָד לִשְׁלֹשָׁה
טו עָשָׂר פָּרִים שְׁנֵי עֶשְׂרֹנִים לָאַיִל הָאֶחָד לִשְׁנֵי הָאֵילִם׃ וְעִשָּׂרוֹן
16 עִשָּׂרוֹן לַכֶּבֶשׂ הָאֶחָד לְאַרְבָּעָה עָשָׂר כְּבָשִׂים׃ וּשְׂעִיר־עִזִּים
17 אֶחָד חַטָּאת מִלְּבַד עֹלַת הַתָּמִיד מִנְחָתָהּ וְנִסְכָּהּ׃ ס וּבַיּוֹם
הַשֵּׁנִי פָּרִים בְּנֵי־בָקָר שְׁנֵים עָשָׂר אֵילִם שְׁנָיִם כְּבָשִׂים בְּנֵי־
18 שָׁנָה אַרְבָּעָה עָשָׂר תְּמִימִם׃ וּמִנְחָתָם וְנִסְכֵּיהֶם לַפָּרִים
19 לָאֵילִם וְלַכְּבָשִׂים בְּמִסְפָּרָם כַּמִּשְׁפָּט׃ וּשְׂעִיר־עִזִּים אֶחָד
כ חַטָּאת מִלְּבַד עֹלַת הַתָּמִיד וּמִנְחָתָהּ וְנִסְכֵּיהֶם׃ ס וּבַיּוֹם
הַשְּׁלִישִׁי פָּרִים עַשְׁתֵּי־עָשָׂר אֵילִם שְׁנָיִם כְּבָשִׂים בְּנֵי־שָׁנָה
21 אַרְבָּעָה עָשָׂר תְּמִימִם׃ וּמִנְחָתָם וְנִסְכֵּיהֶם לַפָּרִים לָאֵילִם
22 וְלַכְּבָשִׂים בְּמִסְפָּרָם כַּמִּשְׁפָּט׃ וּשְׂעִיר חַטָּאת אֶחָד מִלְּבַד
23 עֹלַת הַתָּמִיד וּמִנְחָתָהּ וְנִסְכָּהּ׃ ס וּבַיּוֹם הָרְבִיעִי פָּרִים
עֲשָׂרָה אֵילִם שְׁנָיִם כְּבָשִׂים בְּנֵי־שָׁנָה אַרְבָּעָה עָשָׂר תְּמִימִם׃
24 מִנְחָתָם וְנִסְכֵּיהֶם לַפָּרִים לָאֵילִם וְלַכְּבָשִׂים בְּמִסְפָּרָם
כה כַּמִּשְׁפָּט׃ וּשְׂעִיר־עִזִּים אֶחָד חַטָּאת מִלְּבַד עֹלַת הַתָּמִיד
26 מִנְחָתָהּ וְנִסְכָּהּ׃ ס וּבַיּוֹם הַחֲמִישִׁי פָּרִים תִּשְׁעָה אֵילִם
27 שְׁנָיִם כְּבָשִׂים בְּנֵי־שָׁנָה אַרְבָּעָה עָשָׂר תְּמִימִם׃ וּמִנְחָתָם
וְנִסְכֵּיהֶם לַפָּרִים לָאֵילִם וְלַכְּבָשִׂים בְּמִסְפָּרָם כַּמִּשְׁפָּט׃
28 וּשְׂעִיר חַטָּאת אֶחָד מִלְּבַד עֹלַת הַתָּמִיד וּמִנְחָתָהּ וְנִסְכָּהּ׃
29 ס וּבַיּוֹם הַשִּׁשִּׁי פָּרִים שְׁמֹנָה אֵילִם שְׁנָיִם כְּבָשִׂים בְּנֵי־שָׁנָה
ל אַרְבָּעָה עָשָׂר תְּמִימִם׃ וּמִנְחָתָם וְנִסְכֵּיהֶם לַפָּרִים לָאֵילִם
31 וְלַכְּבָשִׂים בְּמִסְפָּרָם כַּמִּשְׁפָּט׃ וּשְׂעִיר חַטָּאת אֶחָד מִלְּבַד
32 עֹלַת הַתָּמִיד מִנְחָתָהּ וּנְסָכֶיהָ׃ ס וּבַיּוֹם הַשְּׁבִיעִי פָּרִים
שִׁבְעָה אֵילִם שְׁנָיִם כְּבָשִׂים בְּנֵי־שָׁנָה אַרְבָּעָה עָשָׂר תְּמִימִם׃
33 וּמִנְחָתָם וְנִסְכֵּהֶם לַפָּרִים לָאֵילִם וְלַכְּבָשִׂים בְּמִסְפָּרָם
34 כְּמִשְׁפָּטָם׃ וּשְׂעִיר חַטָּאת אֶחָד מִלְּבַד עֹלַת הַתָּמִיד מִנְחָתָהּ
לה וְנִסְכָּהּ׃ * ס בַּיּוֹם הַשְּׁמִינִי עֲצֶרֶת תִּהְיֶה לָכֶם כָּל־מְלֶאכֶת מפטיר

עבדה

v. 15. נקוד על ו׳ יתרא   v. 33 תסר י׳

36 עֲבֹדָה לֹא תַעֲשׂוּ׃ וְהִקְרַבְתֶּם עֹלָה אִשֵּׁה רֵיחַ נִיחֹחַ לַיהוָה
37 פַּר אֶחָד אַיִל אֶחָד כְּבָשִׂים בְּנֵי־שָׁנָה שִׁבְעָה תְּמִימִם׃ מִנְחָתָם
38 וְנִסְכֵּיהֶם לַפָּר לָאַיִל וְלַכְּבָשִׂים בְּמִסְפָּרָם כַּמִּשְׁפָּט׃ וּשְׂעִיר
39 חַטָּאת אֶחָד מִלְּבַד עֹלַת הַתָּמִיד וּמִנְחָתָהּ וְנִסְכָּהּ׃ אֵלֶּה תַּעֲשׂוּ
לַיהוָה בְּמוֹעֲדֵיכֶם לְבַד מִנִּדְרֵיכֶם וְנִדְבֹתֵיכֶם לְעֹלֹתֵיכֶם
וּלְמִנְחֹתֵיכֶם וּלְנִסְכֵּיכֶם וּלְשַׁלְמֵיכֶם׃

ל

CAP. XXX. ל

א וַיֹּאמֶר מֹשֶׁה אֶל־בְּנֵי יִשְׂרָאֵל כְּכֹל אֲשֶׁר־צִוָּה יְהוָה אֶת־
מֹשֶׁה׃ פ פ פ

מטות מב 42

2 וַיְדַבֵּר מֹשֶׁה אֶל־רָאשֵׁי הַמַּטּוֹת לִבְנֵי יִשְׂרָאֵל לֵאמֹר זֶה
3 הַדָּבָר אֲשֶׁר צִוָּה יְהוָה׃ אִישׁ כִּי־יִדֹּר נֶדֶר לַיהוָה אוֹ־הִשָּׁבַע
שְׁבֻעָה לֶאְסֹר אִסָּר עַל־נַפְשׁוֹ לֹא יַחֵל דְּבָרוֹ כְּכָל־הַיֹּצֵא
4 מִפִּיו יַעֲשֶׂה׃ וְאִשָּׁה כִּי־תִדֹּר נֶדֶר לַיהוָה וְאָסְרָה אִסָּר בְּבֵית
ה אָבִיהָ בִּנְעֻרֶיהָ׃ וְשָׁמַע אָבִיהָ אֶת־נִדְרָהּ וֶאֱסָרָהּ אֲשֶׁר אָסְרָה
עַל־נַפְשָׁהּ וְהֶחֱרִישׁ לָהּ אָבִיהָ וְקָמוּ כָּל־נְדָרֶיהָ וְכָל־אִסָּר
6 אֲשֶׁר־אָסְרָה עַל־נַפְשָׁהּ יָקוּם׃ וְאִם־הֵנִיא אָבִיהָ אֹתָהּ בְּיוֹם
שָׁמְעוֹ כָּל־נְדָרֶיהָ וֶאֱסָרֶיהָ אֲשֶׁר־אָסְרָה עַל־נַפְשָׁהּ לֹא יָקוּם
7 וַיהוָה יִסְלַח־לָהּ כִּי־הֵנִיא אָבִיהָ אֹתָהּ׃ וְאִם־הָיוֹ תִהְיֶה
לְאִישׁ וּנְדָרֶיהָ עָלֶיהָ אוֹ מִבְטָא שְׂפָתֶיהָ אֲשֶׁר אָסְרָה עַל־
8 נַפְשָׁהּ׃ וְשָׁמַע אִישָׁהּ בְּיוֹם שָׁמְעוֹ וְהֶחֱרִישׁ לָהּ וְקָמוּ נְדָרֶיהָ
9 וֶאֱסָרֶהָ אֲשֶׁר־אָסְרָה עַל־נַפְשָׁהּ יָקֻמוּ׃ וְאִם בְּיוֹם שְׁמֹעַ
אִישָׁהּ יָנִיא אוֹתָהּ וְהֵפֵר אֶת־נִדְרָהּ אֲשֶׁר עָלֶיהָ וְאֵת מִבְטָא
י שְׂפָתֶיהָ אֲשֶׁר אָסְרָה עַל־נַפְשָׁהּ וַיהוָה יִסְלַח־לָהּ׃ וְנֵדֶר
אַלְמָנָה וּגְרוּשָׁה כֹּל אֲשֶׁר־אָסְרָה עַל־נַפְשָׁהּ יָקוּם עָלֶיהָ׃
11 וְאִם־בֵּית אִישָׁהּ נָדָרָה אוֹ־אָסְרָה אִסָּר עַל־נַפְשָׁהּ בִּשְׁבֻעָה׃

ושמע

12 וְשָׁמַ֤ע אִישָׁהּ֙ וְהֶחֱרִ֣שׁ לָ֔הּ לֹ֖א הֵנִ֣יא אֹתָ֑הּ וְקָ֙מוּ֙ כָּל־נְדָרֶ֔יהָ
13 וְכָל־אִסָּ֛ר אֲשֶׁר־אָסְרָ֥ה עַל־נַפְשָׁ֖הּ יָקֽוּם׃ וְאִם־הָפֵר֩ יָפֵ֨ר
אֹתָ֥ם ׀ אִישָׁהּ֮ בְּי֣וֹם שָׁמְעוֹ֒ כָּל־מוֹצָ֨א שְׂפָתֶ֧יהָ לִנְדָרֶ֛יהָ וּלְאִסַּ֥ר
14 נַפְשָׁ֖הּ לֹ֣א יָק֑וּם אִישָׁ֣הּ הֲפֵרָ֔ם וַֽיהוָ֖ה יִֽסְלַֽח־לָֽהּ׃ כָּל־נֵ֛דֶר
וְכָל־שְׁבֻעַ֥ת אִסָּ֖ר לְעַנֹּ֣ת נָ֑פֶשׁ אִישָׁ֥הּ יְקִימֶ֖נּוּ וְאִישָׁ֥הּ יְפֵרֶֽנּוּ׃
טו וְאִם־הַחֲרֵשׁ֩ יַחֲרִ֨ישׁ לָ֥הּ אִישָׁהּ֮ מִיּ֣וֹם אֶל־יוֹם֒ וְהֵקִים֙ אֶת־
כָּל־נְדָרֶ֔יהָ א֥וֹ אֶת־כָּל־אֱסָרֶ֖יהָ אֲשֶׁ֣ר עָלֶ֑יהָ הֵקִ֣ים אֹתָ֔ם כִּֽי־
16 הֶחֱרִ֥שׁ לָ֖הּ בְּי֥וֹם שָׁמְעֽוֹ׃ וְאִם־הָפֵ֥ר יָפֵ֛ר אֹתָ֖ם אַחֲרֵ֣י שָׁמְע֑וֹ
17 וְנָשָׂ֖א אֶת־עֲוֺנָֽהּ׃ אֵ֣לֶּה הַֽחֻקִּ֗ים אֲשֶׁ֨ר צִוָּ֤ה יְהוָה֙ אֶת־מֹשֶׁ֔ה בֵּ֥ין
אִ֖ישׁ לְאִשְׁתּ֑וֹ בֵּֽין־אָ֣ב לְבִתּ֔וֹ בִּנְעֻרֶ֖יהָ בֵּ֥ית אָבִֽיהָ׃ * פ

לא CAP. XXXI. לא

שני א 2 וַיְדַבֵּ֥ר יְהוָ֖ה אֶל־מֹשֶׁ֥ה לֵּאמֹֽר׃ נְקֹ֗ם נִקְמַת֙ בְּנֵ֣י יִשְׂרָאֵ֔ל
3 מֵאֵ֖ת הַמִּדְיָנִ֑ים אַחַ֖ר תֵּאָסֵ֥ף אֶל־עַמֶּֽיךָ׃ וַיְדַבֵּ֨ר מֹשֶׁ֤ה אֶל־
הָעָם֙ לֵאמֹ֔ר הֵחָלְצ֧וּ מֵאִתְּכֶ֛ם אֲנָשִׁ֖ים לַצָּבָ֑א וְיִהְיוּ֙ עַל־מִדְיָ֔ן
4 לָתֵ֥ת נִקְמַת־יְהוָ֖ה בְּמִדְיָֽן׃ אֶ֚לֶף לַמַּטֶּ֔ה אֶ֖לֶף לַמַּטֶּ֑ה לְכֹל֙
ה מַטּ֣וֹת יִשְׂרָאֵ֔ל תִּשְׁלְח֖וּ לַצָּבָֽא׃ וַיִּמָּֽסְרוּ֙ מֵאַלְפֵ֣י יִשְׂרָאֵ֔ל אֶ֖לֶף
6 לַמַּטֶּ֑ה שְׁנֵים־עָשָׂ֥ר אֶ֖לֶף חֲלוּצֵ֥י צָבָֽא׃ וַיִּשְׁלַ֨ח אֹתָ֥ם מֹשֶׁ֛ה
אֶ֥לֶף לַמַּטֶּ֖ה לַצָּבָ֑א אֹ֠תָם וְאֶת־פִּ֨ינְחָ֜ס בֶּן־אֶלְעָזָ֤ר הַכֹּהֵן֙
7 לַצָּבָ֔א וּכְלֵ֥י הַקֹּ֛דֶשׁ וַחֲצֹצְר֥וֹת הַתְּרוּעָ֖ה בְּיָדֽוֹ׃ וַיִּצְבְּאוּ֙ עַל־
8 מִדְיָ֔ן כַּאֲשֶׁ֛ר צִוָּ֥ה יְהוָ֖ה אֶת־מֹשֶׁ֑ה וַיַּֽהַרְג֖וּ כָּל־זָכָֽר׃ וְאֶת־
מַלְכֵ֨י מִדְיָ֜ן הָרְג֣וּ עַל־חַלְלֵיהֶ֗ם אֶת־אֱוִ֤י וְאֶת־רֶ֙קֶם֙ וְאֶת־
צ֤וּר וְאֶת־חוּר֙ וְאֶת־רֶ֔בַע חֲמֵ֖שֶׁת מַלְכֵ֣י מִדְיָ֑ן וְאֵת֙ בִּלְעָ֣ם
9 בֶּן־בְּע֔וֹר הָרְג֖וּ בֶּחָֽרֶב׃ וַיִּשְׁבּ֧וּ בְנֵֽי־יִשְׂרָאֵ֛ל אֶת־נְשֵׁ֥י מִדְיָ֖ן
וְאֶת־טַפָּ֑ם וְאֵ֨ת כָּל־בְּהֶמְתָּ֧ם וְאֶת־כָּל־מִקְנֵהֶ֛ם וְאֶת־כָּל־
י חֵילָ֖ם בָּזָֽזוּ׃ וְאֵ֤ת כָּל־עָרֵיהֶם֙ בְּמ֣וֹשְׁבֹתָ֔ם וְאֵ֖ת כָּל־טִֽירֹתָ֑ם
11 שָׂרְפ֖וּ בָּאֵֽשׁ׃ וַיִּקְחוּ֙ אֶת־כָּל־הַשָּׁלָ֔ל וְאֵ֖ת כָּל־הַמַּלְק֑וֹחַ
12 בָּאָדָ֖ם וּבַבְּהֵמָֽה׃ וַיָּבִ֡אוּ אֶל־מֹשֶׁה֩ וְאֶל־אֶלְעָזָ֨ר הַכֹּהֵ֜ן וְאֶל־
עֲדַ֤ת בְּנֵֽי־יִשְׂרָאֵל֙ אֶת־הַשְּׁבִ֛י וְאֶת־הַמַּלְק֥וֹחַ וְאֶת־הַשָּׁלָ֖ל
אל־המחנה

אֶל־הַֽמַּחֲנֶה אֶל־עַרְבֹת מוֹאָב אֲשֶׁר עַל־יַרְדֵּן יְרֵחוֹ׃ * ס
13 וַיֵּצְאוּ מֹשֶׁה וְאֶלְעָזָר הַכֹּהֵן וְכָל־נְשִׂיאֵי הָעֵדָה לִקְרָאתָם שלישי
14 אֶל־מִחוּץ לַמַּחֲנֶה׃ וַיִּקְצֹף מֹשֶׁה עַל פְּקוּדֵי הֶחָיִל שָׂרֵי (שני כשהן
טו הָאֲלָפִים וְשָׂרֵי הַמֵּאוֹת הַבָּאִים מִצְּבָא הַמִּלְחָמָה׃ וַיֹּאמֶר מחוברין)
16 אֲלֵיהֶם מֹשֶׁה הַחִיִּיתֶם כָּל־נְקֵבָה׃ הֵן הֵנָּה הָיוּ לִבְנֵי יִשְׂרָאֵל
בִּדְבַר בִּלְעָם לִמְסָר־מַעַל בַּיהוָה עַל־דְּבַר־פְּעוֹר וַתְּהִי
17 הַמַּגֵּפָה בַּעֲדַת יְהוָה׃ וְעַתָּה הִרְגוּ כָל־זָכָר בַּטָּף וְכָל־אִשָּׁה
18 יֹדַעַת אִישׁ לְמִשְׁכַּב זָכָר הֲרֹגוּ׃ וְכֹל הַטַּף בַּנָּשִׁים אֲשֶׁר לֹא־
19 יָדְעוּ מִשְׁכַּב זָכָר הַחֲיוּ לָכֶם׃ וְאַתֶּם חֲנוּ מִחוּץ לַמַּחֲנֶה
שִׁבְעַת יָמִים כֹּל הֹרֵג נֶפֶשׁ וְכֹל ׀ נֹגֵעַ בֶּחָלָל תִּתְחַטְּאוּ בַּיּוֹם
כ הַשְּׁלִישִׁי וּבַיּוֹם הַשְּׁבִיעִי אַתֶּם וּשְׁבִיכֶם׃ וְכָל־בֶּגֶד וְכָל־
כְּלִי־עוֹר וְכָל־מַעֲשֵׂה עִזִּים וְכָל־כְּלִי־עֵץ תִּתְחַטָּאוּ׃ ס
21 וַיֹּאמֶר אֶלְעָזָר הַכֹּהֵן אֶל־אַנְשֵׁי הַצָּבָא הַבָּאִים לַמִּלְחָמָה
22 זֹאת חֻקַּת הַתּוֹרָה אֲשֶׁר־צִוָּה יְהוָה אֶת־מֹשֶׁה׃ אַךְ אֶת־
הַזָּהָב וְאֶת־הַכָּסֶף אֶת־הַנְּחֹשֶׁת אֶת־הַבַּרְזֶל אֶת־הַבְּדִיל
23 וְאֶת־הָעֹפָרֶת׃ כָּל־דָּבָר אֲשֶׁר־יָבֹא בָאֵשׁ תַּעֲבִירוּ בָאֵשׁ
וְטָהֵר אַךְ בְּמֵי נִדָּה יִתְחַטָּא וְכֹל אֲשֶׁר לֹא־יָבֹא בָּאֵשׁ תַּעֲבִירוּ
24 בַּמָּיִם׃ וְכִבַּסְתֶּם בִּגְדֵיכֶם בַּיּוֹם הַשְּׁבִיעִי וּטְהַרְתֶּם וְאַחַר
כה תָּבֹאוּ אֶל־הַמַּחֲנֶה׃ * ס וַיֹּאמֶר יְהוָה אֶל־מֹשֶׁה לֵּאמֹר׃ רביעי
26 שָׂא אֵת רֹאשׁ מַלְקוֹחַ הַשְּׁבִי בָּאָדָם וּבַבְּהֵמָה אַתָּה וְאֶלְעָזָר
27 הַכֹּהֵן וְרָאשֵׁי אֲבוֹת הָעֵדָה׃ וְחָצִיתָ אֶת־הַמַּלְקוֹחַ בֵּין תֹּפְשֵׂי
28 הַמִּלְחָמָה הַיֹּצְאִים לַצָּבָא וּבֵין כָּל־הָעֵדָה׃ וַהֲרֵמֹתָ מֶכֶס
לַיהוָה מֵאֵת אַנְשֵׁי הַמִּלְחָמָה הַיֹּצְאִים לַצָּבָא אֶחָד נֶפֶשׁ
מֵחֲמֵשׁ הַמֵּאוֹת מִן־הָאָדָם וּמִן־הַבָּקָר וּמִן־הַחֲמֹרִים וּמִן־
29 הַצֹּאן׃ מִמַּחֲצִיתָם תִּקָּחוּ וְנָתַתָּה לְאֶלְעָזָר הַכֹּהֵן תְּרוּמַת
ל יְהוָה׃ וּמִמַּחֲצִת בְּנֵי־יִשְׂרָאֵל תִּקַּח ׀ אֶחָד ׀ אָחֻז מִן־הַחֲמִשִּׁים
מִן־הָאָדָם מִן־הַבָּקָר מִן־הַחֲמֹרִים וּמִן־הַצֹּאן מִכָּל־
הַבְּהֵמָה וְנָתַתָּה אֹתָם לַלְוִיִּם שֹׁמְרֵי מִשְׁמֶרֶת מִשְׁכַּן יְהוָה׃

31 32 וַיַּעַשׂ מֹשֶׁה וְאֶלְעָזָר הַכֹּהֵן כַּאֲשֶׁר צִוָּה יְהוָה אֶת־מֹשֶׁה׃ וַיְהִי
הַמַּלְקוֹחַ יֶתֶר הַבָּז אֲשֶׁר בָּזְזוּ עַם הַצָּבָא צֹאן שֵׁשׁ־מֵאוֹת
33 אֶלֶף וְשִׁבְעִים אֶלֶף וַחֲמֵשֶׁת אֲלָפִים׃ וּבָקָר שְׁנַיִם וְשִׁבְעִים
34 לה אָלֶף׃ וַחֲמֹרִים אֶחָד וְשִׁשִּׁים אָלֶף׃ וְנֶפֶשׁ אָדָם מִן־הַנָּשִׁים
אֲשֶׁר לֹא־יָדְעוּ מִשְׁכַּב זָכָר כָּל־נֶפֶשׁ שְׁנַיִם וּשְׁלֹשִׁים אָלֶף׃
36 וַתְּהִי הַמֶּחֱצָה חֵלֶק הַיֹּצְאִים בַּצָּבָא מִסְפַּר הַצֹּאן שְׁלֹשׁ־
37 מֵאוֹת אֶלֶף וּשְׁלֹשִׁים אֶלֶף וְשִׁבְעַת אֲלָפִים וַחֲמֵשׁ מֵאוֹת׃ וַיְהִי
38 הַמֶּכֶס לַיהוָה מִן־הַצֹּאן שֵׁשׁ מֵאוֹת חָמֵשׁ וְשִׁבְעִים׃ וְהַבָּקָר
39 שִׁשָּׁה וּשְׁלֹשִׁים אָלֶף וּמִכְסָם לַיהוָה שְׁנַיִם וְשִׁבְעִים׃ וַחֲמֹרִים
מ שְׁלֹשִׁים אֶלֶף וַחֲמֵשׁ מֵאוֹת וּמִכְסָם לַיהוָה אֶחָד וְשִׁשִּׁים׃ וְנֶפֶשׁ
אָדָם שִׁשָּׁה עָשָׂר אָלֶף וּמִכְסָם לַיהוָה שְׁנַיִם וּשְׁלֹשִׁים נָפֶשׁ׃
41 וַיִּתֵּן מֹשֶׁה אֶת־מֶכֶס תְּרוּמַת יְהוָה לְאֶלְעָזָר הַכֹּהֵן כַּאֲשֶׁר
חמישי 42 צִוָּה יְהוָה אֶת־מֹשֶׁה׃ * וּמִמַּחֲצִית בְּנֵי יִשְׂרָאֵל אֲשֶׁר חָצָה
43 מֹשֶׁה מִן־הָאֲנָשִׁים הַצֹּבְאִים׃ וַתְּהִי מֶחֱצַת הָעֵדָה מִן־הַצֹּאן
שְׁלֹשׁ־מֵאוֹת אֶלֶף וּשְׁלֹשִׁים אֶלֶף שִׁבְעַת אֲלָפִים וַחֲמֵשׁ מֵאוֹת׃
44 מה וּבָקָר שִׁשָּׁה וּשְׁלֹשִׁים אָלֶף׃ וַחֲמֹרִים שְׁלֹשִׁים אֶלֶף וַחֲמֵשׁ
46 47 מֵאוֹת׃ וְנֶפֶשׁ אָדָם שִׁשָּׁה עָשָׂר אָלֶף׃ וַיִּקַּח מֹשֶׁה מִמַּחֲצִת
בְּנֵי־יִשְׂרָאֵל אֶת־הָאָחֻז אֶחָד מִן־הַחֲמִשִּׁים מִן־הָאָדָם וּמִן־
הַבְּהֵמָה וַיִּתֵּן אֹתָם לַלְוִיִּם שֹׁמְרֵי מִשְׁמֶרֶת מִשְׁכַּן יְהוָה כַּאֲשֶׁר
48 צִוָּה יְהוָה אֶת־מֹשֶׁה׃ וַיִּקְרְבוּ אֶל־מֹשֶׁה הַפְּקֻדִים אֲשֶׁר
49 לְאַלְפֵי הַצָּבָא שָׂרֵי הָאֲלָפִים וְשָׂרֵי הַמֵּאוֹת׃ וַיֹּאמְרוּ אֶל־
מֹשֶׁה עֲבָדֶיךָ נָשְׂאוּ אֶת־רֹאשׁ אַנְשֵׁי הַמִּלְחָמָה אֲשֶׁר בְּיָדֵנוּ
נ וְלֹא־נִפְקַד מִמֶּנּוּ אִישׁ׃ וַנַּקְרֵב אֶת־קָרְבַּן יְהוָה אִישׁ אֲשֶׁר
מָצָא כְלִי־זָהָב אֶצְעָדָה וְצָמִיד טַבַּעַת עָגִיל וְכוּמָז לְכַפֵּר
51 עַל־נַפְשֹׁתֵינוּ לִפְנֵי יְהוָה׃ וַיִּקַּח מֹשֶׁה וְאֶלְעָזָר הַכֹּהֵן אֶת־
52 הַזָּהָב מֵאִתָּם כֹּל כְּלִי מַעֲשֶׂה׃ וַיְהִי ׀ כָּל־זְהַב הַתְּרוּמָה אֲשֶׁר
הֵרִימוּ לַיהוָה שִׁשָּׁה עָשָׂר אֶלֶף שְׁבַע־מֵאוֹת וַחֲמִשִּׁים שֶׁקֶל

53 מֵאַת שָׂרֵי הָאֲלָפִים וּמֵאַת שָׂרֵי הַמֵּאוֹת׃ אַנְשֵׁי הַצָּבָא בָּזְזוּ
54 אִישׁ לוֹ׃ וַיִּקַּח מֹשֶׁה וְאֶלְעָזָר הַכֹּהֵן אֶת־הַזָּהָב מֵאֵת שָׂרֵי
הָאֲלָפִים וְהַמֵּאוֹת וַיָּבִאוּ אֹתוֹ אֶל־אֹהֶל מוֹעֵד זִכָּרוֹן לִבְנֵי־
יִשְׂרָאֵל לִפְנֵי יְהוָה׃* פ

לב Cap. XXXII. לב

א וּמִקְנֶה ׀ רַב הָיָה לִבְנֵי רְאוּבֵן וְלִבְנֵי־גָד עָצוּם מְאֹד וַיִּרְאוּ ששי
אֶת־אֶרֶץ יַעְזֵר וְאֶת־אֶרֶץ גִּלְעָד וְהִנֵּה הַמָּקוֹם מְקוֹם מִקְנֶה׃ (שלישי כשהן
2 וַיָּבֹאוּ בְנֵי־גָד וּבְנֵי רְאוּבֵן וַיֹּאמְרוּ אֶל־מֹשֶׁה וְאֶל־אֶלְעָזָר מחוברין)
3 הַכֹּהֵן וְאֶל־נְשִׂיאֵי הָעֵדָה לֵאמֹר׃ עֲטָרוֹת וְדִיבֹן וְיַעְזֵר
4 וְנִמְרָה וְחֶשְׁבּוֹן וְאֶלְעָלֵה וּשְׂבָם וּנְבוֹ וּבְעֹן׃ הָאָרֶץ אֲשֶׁר
הִכָּה יְהוָה לִפְנֵי עֲדַת יִשְׂרָאֵל אֶרֶץ מִקְנֶה הִוא וְלַעֲבָדֶיךָ
ה מִקְנֶה׃ ס וַיֹּאמְרוּ אִם־מָצָאנוּ חֵן בְּעֵינֶיךָ יֻתַּן אֶת־הָאָרֶץ
6 הַזֹּאת לַעֲבָדֶיךָ לַאֲחֻזָּה אַל־תַּעֲבִרֵנוּ אֶת־הַיַּרְדֵּן׃ וַיֹּאמֶר
מֹשֶׁה לִבְנֵי־גָד וְלִבְנֵי רְאוּבֵן הַאַחֵיכֶם יָבֹאוּ לַמִּלְחָמָה וְאַתֶּם
7 תֵּשְׁבוּ פֹה׃ וְלָמָּה תְנוֹאוּן אֶת־לֵב בְּנֵי יִשְׂרָאֵל מֵעֲבֹר אֶל־
8 הָאָרֶץ אֲשֶׁר־נָתַן לָהֶם יְהוָה׃ כֹּה עָשׂוּ אֲבֹתֵיכֶם בְּשָׁלְחִי אֹתָם
9 מִקָּדֵשׁ בַּרְנֵעַ לִרְאוֹת אֶת־הָאָרֶץ׃ וַיַּעֲלוּ עַד־נַחַל אֶשְׁכּוֹל
וַיִּרְאוּ אֶת־הָאָרֶץ וַיָּנִיאוּ אֶת־לֵב בְּנֵי יִשְׂרָאֵל לְבִלְתִּי־בֹא
י אֶל־הָאָרֶץ אֲשֶׁר־נָתַן לָהֶם יְהוָה׃ וַיִּחַר־אַף יְהוָה בַּיּוֹם
11 הַהוּא וַיִּשָּׁבַע לֵאמֹר׃ אִם־יִרְאוּ הָאֲנָשִׁים הָעֹלִים מִמִּצְרַיִם
מִבֶּן עֶשְׂרִים שָׁנָה וָמַעְלָה אֵת הָאֲדָמָה אֲשֶׁר נִשְׁבַּעְתִּי לְאַבְרָהָם
12 לְיִצְחָק וּלְיַעֲקֹב כִּי לֹא־מִלְאוּ אַחֲרָי׃ בִּלְתִּי כָּלֵב בֶּן־יְפֻנֶּה
13 הַקְּנִזִּי וִיהוֹשֻׁעַ בִּן־נוּן כִּי מִלְאוּ אַחֲרֵי יְהוָה׃ וַיִּחַר־אַף יְהוָה
בְּיִשְׂרָאֵל וַיְנִעֵם בַּמִּדְבָּר אַרְבָּעִים שָׁנָה עַד־תֹּם כָּל־הַדּוֹר
14 הָעֹשֶׂה הָרַע בְּעֵינֵי יְהוָה׃ וְהִנֵּה קַמְתֶּם תַּחַת אֲבֹתֵיכֶם תַּרְבּוּת
אֲנָשִׁים חַטָּאִים לִסְפּוֹת עוֹד עַל חֲרוֹן אַף־יְהוָה אֶל־יִשְׂרָאֵל׃
טו כִּי תְשׁוּבֻן מֵאַחֲרָיו וְיָסַף עוֹד לְהַנִּיחוֹ בַּמִּדְבָּר וְשִׁחַתֶּם לְכָל־

העם

ל״ב v. 7. תניאון ק׳

16 הָעָם הַזֶּה׃ ס וַיִּגְּשׁוּ אֵלָיו וַיֹּאמְרוּ גִּדְרֹת צֹאן נִבְנֶה לְמִקְנֵנוּ
17 פֹּה וְעָרִים לְטַפֵּנוּ׃ וַאֲנַחְנוּ נֵחָלֵץ חֻשִׁים לִפְנֵי בְּנֵי יִשְׂרָאֵל
עַד אֲשֶׁר אִם־הֲבִיאֹנֻם אֶל־מְקוֹמָם וְיָשַׁב טַפֵּנוּ בְּעָרֵי הַמִּבְצָר
18 מִפְּנֵי יֹשְׁבֵי הָאָרֶץ׃ לֹא נָשׁוּב אֶל־בָּתֵּינוּ עַד הִתְנַחֵל בְּנֵי
19 יִשְׂרָאֵל אִישׁ נַחֲלָתוֹ׃ כִּי לֹא נִנְחַל אִתָּם מֵעֵבֶר לַיַּרְדֵּן וָהָלְאָה
כִּי בָאָה נַחֲלָתֵנוּ אֵלֵינוּ מֵעֵבֶר הַיַּרְדֵּן מִזְרָחָה׃* פ
שביעי (רביעי כשהן מחוברין)
כ וַיֹּאמֶר אֲלֵיהֶם מֹשֶׁה אִם־תַּעֲשׂוּן אֶת־הַדָּבָר הַזֶּה אִם־
21 תֵּחָלְצוּ לִפְנֵי יְהוָה לַמִּלְחָמָה׃ וְעָבַר לָכֶם כָּל־חָלוּץ אֶת־
22 הַיַּרְדֵּן לִפְנֵי יְהוָה עַד הוֹרִישׁוֹ אֶת־אֹיְבָיו מִפָּנָיו׃ וְנִכְבְּשָׁה
הָאָרֶץ לִפְנֵי יְהוָה וְאַחַר תָּשֻׁבוּ וִהְיִיתֶם נְקִיִּם מֵיְהוָה וּמִיִּשְׂרָאֵל
23 וְהָיְתָה הָאָרֶץ הַזֹּאת לָכֶם לַאֲחֻזָּה לִפְנֵי יְהוָה׃ וְאִם־לֹא
תַעֲשׂוּן כֵּן הִנֵּה חֲטָאתֶם לַיהוָה וּדְעוּ חַטַּאתְכֶם אֲשֶׁר תִּמְצָא
24 אֶתְכֶם׃ בְּנוּ־לָכֶם עָרִים לְטַפְּכֶם וּגְדֵרֹת לְצֹנַאֲכֶם וְהַיֹּצֵא
כה מִפִּיכֶם תַּעֲשׂוּ׃ וַיֹּאמֶר בְּנֵי־גָד וּבְנֵי רְאוּבֵן אֶל־מֹשֶׁה לֵאמֹר
26 עֲבָדֶיךָ יַעֲשׂוּ כַּאֲשֶׁר אֲדֹנִי מְצַוֶּה׃ טַפֵּנוּ נָשֵׁינוּ מִקְנֵנוּ וְכָל־
27 בְּהֶמְתֵּנוּ יִהְיוּ־שָׁם בְּעָרֵי הַגִּלְעָד׃ וַעֲבָדֶיךָ יַעַבְרוּ כָּל־חֲלוּץ
28 צָבָא לִפְנֵי יְהוָה לַמִּלְחָמָה כַּאֲשֶׁר אֲדֹנִי דֹּבֵר׃ וַיְצַו לָהֶם
מֹשֶׁה אֵת אֶלְעָזָר הַכֹּהֵן וְאֵת יְהוֹשֻׁעַ בִּן־נוּן וְאֶת־רָאשֵׁי אֲבוֹת
29 הַמַּטּוֹת לִבְנֵי יִשְׂרָאֵל׃ וַיֹּאמֶר מֹשֶׁה אֲלֵהֶם אִם־יַעַבְרוּ בְנֵי־
גָד וּבְנֵי־רְאוּבֵן ׀ אִתְּכֶם אֶת־הַיַּרְדֵּן כָּל־חָלוּץ לַמִּלְחָמָה
לִפְנֵי יְהוָה וְנִכְבְּשָׁה הָאָרֶץ לִפְנֵיכֶם וּנְתַתֶּם לָהֶם אֶת־אֶרֶץ
ל הַגִּלְעָד לַאֲחֻזָּה׃ וְאִם־לֹא יַעַבְרוּ חֲלוּצִים אִתְּכֶם וְנֹאחֲזוּ
31 בְתֹכְכֶם בְּאֶרֶץ כְּנָעַן׃ וַיַּעֲנוּ בְנֵי־גָד וּבְנֵי רְאוּבֵן לֵאמֹר אֵת
32 אֲשֶׁר דִּבֶּר יְהוָה אֶל־עֲבָדֶיךָ כֵּן נַעֲשֶׂה׃ נַחְנוּ נַעֲבֹר חֲלוּצִים
לִפְנֵי יְהוָה אֶרֶץ כְּנָעַן וְאִתָּנוּ אֲחֻזַּת נַחֲלָתֵנוּ מֵעֵבֶר לַיַּרְדֵּן׃
33 וַיִּתֵּן לָהֶם ׀ מֹשֶׁה לִבְנֵי־גָד וְלִבְנֵי רְאוּבֵן וְלַחֲצִי ׀ שֵׁבֶט ׀ מְנַשֶּׁה
בֶן־יוֹסֵף אֶת־מַמְלֶכֶת סִיחֹן מֶלֶךְ הָאֱמֹרִי וְאֶת־מַמְלֶכֶת עוֹג

מלך

v. 23. סבירין והנה   v. 25. סבירין ויאמרו   v. 32. סבירין ארצה

34 מֶלֶךְ הַבָּשָׁן הָאָרֶץ לְעָרֶיהָ בִּגְבֻלֹת עָרֵי הָאָרֶץ סָבִיב׃ וַיִּבְנוּ
לה בְנֵי־גָד אֶת־דִּיבֹן וְאֶת־עֲטָרֹת וְאֵת עֲרֹעֵר׃ וְאֶת־עַטְרֹת
36 שׁוֹפָן וְאֶת־יַעְזֵר וְיָגְבְּהָה׃ וְאֶת־בֵּית נִמְרָה וְאֶת־בֵּית הָרָן
37 עָרֵי מִבְצָר וְגִדְרֹת צֹאן׃ וּבְנֵי רְאוּבֵן בָּנוּ אֶת־חֶשְׁבּוֹן וְאֶת־
38 אֶלְעָלֵא וְאֵת קִרְיָתָיִם׃ וְאֶת־נְבוֹ וְאֶת־בַּעַל מְעוֹן מוּסַבֹּת
שֵׁם וְאֶת־שִׂבְמָה וַיִּקְרְאוּ בְשֵׁמֹת אֶת־שְׁמוֹת הֶעָרִים אֲשֶׁר
39 בָּנוּ׃ * וַיֵּלְכוּ בְּנֵי מָכִיר בֶּן־מְנַשֶּׁה גִּלְעָדָה וַיִּלְכְּדֻהָ וַיּוֹרֶשׁ מפטיר
מ אֶת־הָאֱמֹרִי אֲשֶׁר־בָּהּ׃ וַיִּתֵּן מֹשֶׁה אֶת־הַגִּלְעָד לְמָכִיר בֶּן־
41 מְנַשֶּׁה וַיֵּשֶׁב בָּהּ׃ וְיָאִיר בֶּן־מְנַשֶּׁה הָלַךְ וַיִּלְכֹּד אֶת־חַוֺּתֵיהֶם
42 וַיִּקְרָא אֶתְהֶן חַוֺּת יָאִיר׃ וְנֹבַח הָלַךְ וַיִּלְכֹּד אֶת־קְנָת וְאֶת־
בְּנֹתֶיהָ וַיִּקְרָא לָה נֹבַח בִּשְׁמוֹ׃ פ פ פ

מסעי מג 43

לג Cap. XXXIII. לג

א אֵלֶּה מַסְעֵי בְנֵי־יִשְׂרָאֵל אֲשֶׁר יָצְאוּ מֵאֶרֶץ מִצְרַיִם לְצִבְאֹתָם
2 בְּיַד־מֹשֶׁה וְאַהֲרֹן׃ וַיִּכְתֹּב מֹשֶׁה אֶת־מוֹצָאֵיהֶם לְמַסְעֵיהֶם
3 עַל־פִּי יְהוָה וְאֵלֶּה מַסְעֵיהֶם לְמוֹצָאֵיהֶם׃ וַיִּסְעוּ מֵרַעְמְסֵס
בַּחֹדֶשׁ הָרִאשׁוֹן בַּחֲמִשָּׁה עָשָׂר יוֹם לַחֹדֶשׁ הָרִאשׁוֹן מִמָּחֳרַת
הַפֶּסַח יָצְאוּ בְנֵי־יִשְׂרָאֵל בְּיָד רָמָה לְעֵינֵי כָּל־מִצְרָיִם׃
4 וּמִצְרַיִם מְקַבְּרִים אֵת אֲשֶׁר הִכָּה יְהוָה בָּהֶם כָּל־בְּכוֹר
ה וּבֵאלֹהֵיהֶם עָשָׂה יְהוָה שְׁפָטִים׃ וַיִּסְעוּ בְנֵי־יִשְׂרָאֵל מֵרַעְמְסֵס
6 וַיַּחֲנוּ בְּסֻכֹּת׃ וַיִּסְעוּ מִסֻּכֹּת וַיַּחֲנוּ בְאֵתָם אֲשֶׁר בִּקְצֵה הַמִּדְבָּר׃
7 וַיִּסְעוּ מֵאֵתָם וַיָּשָׁב עַל־פִּי הַחִירֹת אֲשֶׁר עַל־פְּנֵי בַּעַל צְפוֹן
8 וַיַּחֲנוּ לִפְנֵי מִגְדֹּל׃ וַיִּסְעוּ מִפְּנֵי הַחִירֹת וַיַּעַבְרוּ בְתוֹךְ־הַיָּם
הַמִּדְבָּרָה וַיֵּלְכוּ דֶּרֶךְ שְׁלֹשֶׁת יָמִים בְּמִדְבַּר אֵתָם וַיַּחֲנוּ
9 בְּמָרָה׃ וַיִּסְעוּ מִמָּרָה וַיָּבֹאוּ אֵילִמָה וּבְאֵילִם שְׁתֵּים עֶשְׂרֵה
י עֵינֹת מַיִם וְשִׁבְעִים תְּמָרִים וַיַּחֲנוּ־שָׁם׃ וַיִּסְעוּ מֵאֵילִם וַיַּחֲנוּ

עַל־יַם־סוּף

ל״ג v. 8. סבירין מפי

11 12 שני עַל־יַם־סוּף׃ וַיִּסְעוּ מִיַּם־סוּף וַיַּחֲנוּ בְּמִדְבַּר־סִין׃ וַיִּסְעוּ
13 מִמִּדְבַּר־סִין וַיַּחֲנוּ בְּדׇפְקָה׃ וַיִּסְעוּ מִדׇּפְקָה וַיַּחֲנוּ בְּאָלוּשׁ׃
14 וַיִּסְעוּ מֵאָלוּשׁ וַיַּחֲנוּ בִּרְפִידִם וְלֹא־הָיָה שָׁם מַיִם לָעָם
טו 16 לִשְׁתּוֹת׃ וַיִּסְעוּ מֵרְפִידִם וַיַּחֲנוּ בְּמִדְבַּר סִינָי׃ וַיִּסְעוּ מִמִּדְבַּר
17 סִינָי וַיַּחֲנוּ בְּקִבְרֹת הַתַּאֲוָה׃ וַיִּסְעוּ מִקִּבְרֹת הַתַּאֲוָה וַיַּחֲנוּ
18 19 בַּחֲצֵרֹת׃ וַיִּסְעוּ מֵחֲצֵרֹת וַיַּחֲנוּ בְּרִתְמָה׃ וַיִּסְעוּ מֵרִתְמָה וַיַּחֲנוּ
כ 21 בְּרִמֹּן פָּרֶץ׃ וַיִּסְעוּ מֵרִמֹּן פָּרֶץ וַיַּחֲנוּ בְּלִבְנָה׃ וַיִּסְעוּ מִלִּבְנָה
22 23 וַיַּחֲנוּ בְּרִסָּה׃ וַיִּסְעוּ מֵרִסָּה וַיַּחֲנוּ בִּקְהֵלָתָה׃ וַיִּסְעוּ מִקְּהֵלָתָה
24 כה וַיַּחֲנוּ בְּהַר־שָׁפֶר׃ וַיִּסְעוּ מֵהַר־שָׁפֶר וַיַּחֲנוּ בַּחֲרָדָה׃ וַיִּסְעוּ
26 מֵחֲרָדָה וַיַּחֲנוּ בְּמַקְהֵלֹת׃ וַיִּסְעוּ מִמַּקְהֵלֹת וַיַּחֲנוּ בְּתָחַת׃
27 28 וַיִּסְעוּ מִתָּחַת וַיַּחֲנוּ בְּתָרַח׃ וַיִּסְעוּ מִתָּרַח וַיַּחֲנוּ בְּמִתְקָה׃
29 ל וַיִּסְעוּ מִמִּתְקָה וַיַּחֲנוּ בְּחַשְׁמֹנָה׃ וַיִּסְעוּ מֵחַשְׁמֹנָה וַיַּחֲנוּ
31 32 בְּמֹסֵרוֹת׃ וַיִּסְעוּ מִמֹּסֵרוֹת וַיַּחֲנוּ בִּבְנֵי יַעֲקָן׃ וַיִּסְעוּ מִבְּנֵי יַעֲקָן
33 34 וַיַּחֲנוּ בְּחֹר הַגִּדְגָּד׃ וַיִּסְעוּ מֵחֹר הַגִּדְגָּד וַיַּחֲנוּ בְּיׇטְבָתָה׃ וַיִּסְעוּ
לה מִיׇּטְבָתָה וַיַּחֲנוּ בְּעַבְרֹנָה׃ וַיִּסְעוּ מֵעַבְרֹנָה וַיַּחֲנוּ בְּעֶצְיֹן גָּבֶר׃
36 37 וַיִּסְעוּ מֵעֶצְיֹן גָּבֶר וַיַּחֲנוּ בְמִדְבַּר־צִן הִוא קָדֵשׁ׃ וַיִּסְעוּ מִקָּדֵשׁ
38 וַיַּחֲנוּ בְּהֹר הָהָר בִּקְצֵה אֶרֶץ אֱדוֹם׃ וַיַּעַל אַהֲרֹן הַכֹּהֵן אֶל־
הֹר הָהָר עַל־פִּי יְהוָה וַיָּמׇת שָׁם בִּשְׁנַת הָאַרְבָּעִים לְצֵאת
בְּנֵי־יִשְׂרָאֵל מֵאֶרֶץ מִצְרַיִם בַּחֹדֶשׁ הַחֲמִישִׁי בְּאֶחָד לַחֹדֶשׁ׃
39 וְאַהֲרֹן בֶּן־שָׁלֹשׁ וְעֶשְׂרִים וּמְאַת שָׁנָה בְּמֹתוֹ בְּהֹר הָהָר׃ ס
מ וַיִּשְׁמַע הַכְּנַעֲנִי מֶלֶךְ עֲרָד וְהוּא־יֹשֵׁב בַּנֶּגֶב בְּאֶרֶץ כְּנָעַן
41 42 בְּבֹא בְּנֵי יִשְׂרָאֵל׃ וַיִּסְעוּ מֵהֹר הָהָר וַיַּחֲנוּ בְּצַלְמֹנָה׃ וַיִּסְעוּ
43 44 מִצַּלְמֹנָה וַיַּחֲנוּ בְּפוּנֹן׃ וַיִּסְעוּ מִפּוּנֹן וַיַּחֲנוּ בְּאֹבֹת׃ וַיִּסְעוּ
מה מֵאֹבֹת וַיַּחֲנוּ בְּעִיֵּי הָעֲבָרִים בִּגְבוּל מוֹאָב׃ וַיִּסְעוּ מֵעִיִּים
46 וַיַּחֲנוּ בְּדִיבֹן גָּד׃ וַיִּסְעוּ מִדִּיבֹן גָּד וַיַּחֲנוּ בְּעַלְמֹן דִּבְלָתָיְמָה׃
47 וַיִּסְעוּ מֵעַלְמֹן דִּבְלָתָיְמָה וַיַּחֲנוּ בְּהָרֵי הָעֲבָרִים לִפְנֵי נְבוֹ׃
48 וַיִּסְעוּ מֵהָרֵי הָעֲבָרִים וַיַּחֲנוּ בְּעַרְבֹת מוֹאָב עַל יַרְדֵּן יְרֵחוֹ׃
49 וַיַּחֲנוּ עַל־הַיַּרְדֵּן מִבֵּית הַיְשִׁמֹת עַד אָבֵל הַשִּׁטִּים בְּעַרְבֹת

מואב

שלישי (חמישי כשהן מחוברין)

נ מוֹאָב׃ * ס וַיְדַבֵּר יְהוָה אֶל־מֹשֶׁה בְּעַרְבֹת מוֹאָב עַל־
51 יַרְדֵּן יְרֵחוֹ לֵאמֹר׃ דַּבֵּר אֶל־בְּנֵי יִשְׂרָאֵל וְאָמַרְתָּ אֲלֵהֶם כִּי
52 אַתֶּם עֹבְרִים אֶת־הַיַּרְדֵּן אֶל־אֶרֶץ כְּנָעַן׃ וְהוֹרַשְׁתֶּם אֶת־
כָּל־יֹשְׁבֵי הָאָרֶץ מִפְּנֵיכֶם וְאִבַּדְתֶּם אֵת כָּל־מַשְׂכִּיֹּתָם וְאֵת
כָּל־צַלְמֵי מַסֵּכֹתָם תְּאַבֵּדוּ וְאֵת כָּל־בָּמוֹתָם תַּשְׁמִידוּ׃
53 וְהוֹרַשְׁתֶּם אֶת־הָאָרֶץ וִישַׁבְתֶּם־בָּהּ כִּי לָכֶם נָתַתִּי אֶת־הָאָרֶץ
54 לָרֶשֶׁת אֹתָהּ׃ וְהִתְנַחַלְתֶּם אֶת־הָאָרֶץ בְּגוֹרָל לְמִשְׁפְּחֹתֵיכֶם
לָרַב תַּרְבּוּ אֶת־נַחֲלָתוֹ וְלַמְעַט תַּמְעִיט אֶת־נַחֲלָתוֹ אֶל
אֲשֶׁר־יֵצֵא לוֹ שָׁמָּה הַגּוֹרָל לוֹ יִהְיֶה לְמַטּוֹת אֲבֹתֵיכֶם תִּתְנֶחָלוּ׃
נה וְאִם־לֹא תוֹרִישׁוּ אֶת־יֹשְׁבֵי הָאָרֶץ מִפְּנֵיכֶם וְהָיָה אֲשֶׁר
תּוֹתִירוּ מֵהֶם לְשִׂכִּים בְּעֵינֵיכֶם וְלִצְנִינִם בְּצִדֵּיכֶם וְצָרְרוּ
56 אֶתְכֶם עַל־הָאָרֶץ אֲשֶׁר אַתֶּם יֹשְׁבִים בָּהּ׃ וְהָיָה כַּאֲשֶׁר
דִּמִּיתִי לַעֲשׂוֹת לָהֶם אֶעֱשֶׂה לָכֶם׃ פ

לד Cap. XXXIV. לד

א 2 וַיְדַבֵּר יְהוָה אֶל־מֹשֶׁה לֵּאמֹר׃ צַו אֶת־בְּנֵי יִשְׂרָאֵל וְאָמַרְתָּ
אֲלֵהֶם כִּי־אַתֶּם בָּאִים אֶל־הָאָרֶץ כְּנָעַן זֹאת הָאָרֶץ אֲשֶׁר
3 תִּפֹּל לָכֶם בְּנַחֲלָה אֶרֶץ כְּנַעַן לִגְבֻלֹתֶיהָ׃ וְהָיָה לָכֶם פְּאַת־
נֶגֶב מִמִּדְבַּר־צִן עַל־יְדֵי אֱדוֹם וְהָיָה לָכֶם גְּבוּל נֶגֶב מִקְצֵה
4 יָם־הַמֶּלַח קֵדְמָה׃ וְנָסַב לָכֶם הַגְּבוּל מִנֶּגֶב לְמַעֲלֵה עַקְרַבִּים
וְעָבַר צִנָה וְהָיָה תּוֹצְאֹתָיו מִנֶּגֶב לְקָדֵשׁ בַּרְנֵעַ וְיָצָא חֲצַר־
ה אַדָּר וְעָבַר עַצְמֹנָה׃ וְנָסַב הַגְּבוּל מֵעַצְמוֹן נַחְלָה מִצְרָיִם
6 וְהָיוּ תוֹצְאֹתָיו הַיָּמָּה׃ וּגְבוּל יָם וְהָיָה לָכֶם הַיָּם הַגָּדוֹל וּגְבוּל
7 זֶה־יִהְיֶה לָכֶם גְּבוּל יָם׃ וְזֶה־יִהְיֶה לָכֶם גְּבוּל צָפוֹן מִן־
8 הַיָּם הַגָּדֹל תְּתָאוּ לָכֶם הֹר הָהָר׃ מֵהֹר הָהָר תְּתָאוּ לְבֹא
9 חֲמָת וְהָיוּ תּוֹצְאֹת הַגְּבֻל צְדָדָה׃ וְיָצָא הַגְּבֻל זִפְרֹנָה וְהָיוּ
י תוֹצְאֹתָיו חֲצַר עֵינָן זֶה־יִהְיֶה לָכֶם גְּבוּל צָפוֹן׃ וְהִתְאַוִּיתֶם
11 לָכֶם לִגְבוּל קֵדְמָה מֵחֲצַר עֵינָן שְׁפָמָה׃ וְיָרַד הַגְּבֻל מִשְּׁפָם

הרבלה

ל״ד v. 2. סבירין ארץ v. 4. והיו ק׳

הָרִבְלָ֛ה מִקֶּ֥דֶם לָעָ֑יִן וְיָרַ֣ד הַגְּבֻ֗ל וּמָחָ֛ה עַל־כֶּ֥תֶף יָם־כִּנֶּ֖רֶת

12 קֵֽדְמָה: וְיָרַ֤ד הַגְּבוּל֙ הַיַּרְדֵּ֔נָה וְהָי֥וּ תֽוֹצְאֹתָ֖יו יָ֣ם הַמֶּ֑לַח זֹ֣את

13 תִּהְיֶ֨ה לָכֶ֥ם הָאָ֛רֶץ לִגְבֻֽלֹתֶ֖יהָ סָבִֽיב: וַיְצַ֣ו מֹשֶׁ֔ה אֶת־בְּנֵ֥י

יִשְׂרָאֵ֖ל לֵאמֹ֑ר זֹ֣את הָאָ֗רֶץ אֲשֶׁ֨ר תִּתְנַחֲל֤וּ אֹתָהּ֙ בְּגוֹרָ֔ל אֲשֶׁ֨ר

14 צִוָּ֣ה יְהֹוָ֗ה לָתֵ֛ת לְתִשְׁעַ֥ת הַמַּטּ֖וֹת וַחֲצִ֥י הַמַּטֶּֽה: כִּ֣י לָקְח֞וּ

מַטֵּ֣ה בְנֵ֣י הָראוּבֵנִ֗י לְבֵ֣ית אֲבֹתָ֔ם וּמַטֵּ֥ה בְנֵֽי־הַגָּדִ֖י לְבֵ֣ית אֲבֹתָ֑ם

15 וַחֲצִי֙ מַטֵּ֣ה מְנַשֶּׁ֔ה לָקְח֖וּ נַחֲלָתָֽם: שְׁנֵ֥י הַמַּטּ֖וֹת וַחֲצִ֣י הַמַּטֶּ֑ה

לָקְח֣וּ נַחֲלָתָ֗ם מֵעֵ֛בֶר לְיַרְדֵּ֥ן יְרֵח֖וֹ קֵ֥דְמָה מִזְרָֽחָה:פ

רביעי
(ששי
כשהן
מחוברין)

16 וַיְדַבֵּ֥ר יְהֹוָ֖ה אֶל־מֹשֶׁ֥ה לֵּאמֹֽר:

17 אֵ֚לֶּה שְׁמ֣וֹת הָֽאֲנָשִׁ֔ים אֲשֶׁר־

18 יִנְחֲל֥וּ לָכֶ֖ם אֶת־הָאָ֑רֶץ אֶלְעָזָר֙ הַכֹּהֵ֔ן וִיהוֹשֻׁ֖עַ בִּן־נֽוּן: וְנָשִׂ֥יא

19 אֶחָ֛ד נָשִׂ֥יא אֶחָ֖ד מִמַּטֶּ֑ה תִּקְח֖וּ לִנְחֹ֥ל אֶת־הָאָֽרֶץ: וְאֵ֖לֶּה

20 שְׁמ֣וֹת הָֽאֲנָשִׁ֑ים לְמַטֵּ֣ה יְהוּדָ֔ה כָּלֵ֖ב בֶּן־יְפֻנֶּֽה: וּלְמַטֵּה֙ בְּנֵ֣י

21 שִׁמְע֔וֹן שְׁמוּאֵ֖ל בֶּן־עַמִּיהֽוּד: לְמַטֵּ֣ה בִנְיָמִ֔ן אֱלִידָ֖ד בֶּן־

22 כִּסְלֽוֹן: וּלְמַטֵּ֥ה בְנֵי־דָ֖ן נָשִׂ֑יא בֻּקִּ֖י בֶּן־יָגְלִֽי:

23 לִבְנֵ֣י יוֹסֵ֔ף

24 לְמַטֵּ֣ה בְנֵֽי־מְנַשֶּׁ֔ה נָשִׂ֖יא חַנִּיאֵ֥ל בֶּן־אֵפֹֽד: וּלְמַטֵּ֥ה בְנֵֽי־

25 אֶפְרַ֨יִם֙ נָשִׂ֔יא קְמוּאֵ֖ל בֶּן־שִׁפְטָֽן: וּלְמַטֵּ֥ה בְנֵי־זְבוּלֻ֖ן נָשִׂ֑יא

26 אֱלִיצָפָ֖ן בֶּן־פַּרְנָֽךְ: וּלְמַטֵּ֥ה בְנֵֽי־יִשָּׂשכָ֖ר נָשִׂ֑יא פַּלְטִיאֵ֖ל בֶּן־

27 עַזָּֽן: וּלְמַטֵּ֥ה בְנֵֽי־אָשֵׁ֖ר נָשִׂ֑יא אֲחִיה֖וּד בֶּן־שְׁלֹמִֽי:

28 וּלְמַטֵּ֥ה

29 בְנֵֽי־נַפְתָּלִ֖י נָשִׂ֑יא פְּדַהְאֵ֖ל בֶּן־עַמִּיהֽוּד: אֵ֚לֶּה אֲשֶׁ֣ר צִוָּ֣ה

יְהֹוָ֑ה לְנַחֵ֥ל אֶת־בְּנֵֽי־יִשְׂרָאֵ֖ל בְּאֶ֥רֶץ כְּנָֽעַן:פ

לה

חמישי

1 וַיְדַבֵּ֧ר יְהֹוָ֛ה אֶל־מֹשֶׁ֖ה בְּעַֽרְבֹ֣ת מוֹאָ֑ב עַל־יַרְדֵּ֥ן יְרֵח֖וֹ

2 לֵאמֹֽר: צַו֮ אֶת־בְּנֵ֣י יִשְׂרָאֵל֒ וְנָתְנ֣וּ לַלְוִיִּ֗ם מִֽנַּחֲלַ֛ת אֲחֻזָּתָ֖ם

3 עָרִ֣ים לָשָׁ֑בֶת וּמִגְרָ֗שׁ לֶֽעָרִים֙ סְבִיבֹ֣תֵיהֶ֔ם תִּתְּנ֖וּ לַלְוִיִּֽם: וְהָי֧וּ

הֶעָרִ֣ים לָהֶ֗ם לָשָׁ֑בֶת וּמִגְרְשֵׁיהֶ֣ם יִהְי֗וּ לִבְהֶמְתָּם֙ וְלִרְכֻשָׁ֔ם

4 וּלְכֹ֖ל חַיָּתָֽם: וּמִגְרְשֵׁי֙ הֶֽעָרִ֔ים אֲשֶׁ֥ר תִּתְּנ֖וּ לַלְוִיִּ֑ם מִקִּ֤יר הָעִיר֙

5 וָח֔וּצָה אֶ֥לֶף אַמָּ֖ה סָבִֽיב: וּמַדֹּתֶ֞ם מִח֣וּץ לָעִ֗יר אֶת־פְּאַת־

קֵ֣דְמָה אַלְפַּ֪יִם בָּֽאַמָּ֟ה וְאֶת־פְּאַת־נֶ֜גֶב אַלְפַּ֤יִם בָּֽאַמָּה֙ וְאֶת־
פְּאַת־יָ֛ם ׀ אַלְפַּ֥יִם בָּֽאַמָּ֖ה וְאֵ֨ת פְּאַ֥ת צָפ֛וֹן אַלְפַּ֥יִם בָּֽאַמָּ֖ה
6 וְהָעִ֣יר בַּתָּ֑וֶךְ זֶ֚ה יִהְיֶ֣ה לָהֶ֔ם מִגְרְשֵׁ֖י הֶעָרִֽים׃ וְאֵ֣ת הֶֽעָרִ֗ים
אֲשֶׁ֤ר תִּתְּנוּ֙ לַלְוִיִּ֔ם אֵ֛ת שֵׁשׁ־עָרֵ֥י הַמִּקְלָ֖ט אֲשֶׁ֣ר תִּתְּנ֔וּ לָנֻ֥ס
7 שָׁ֖מָּה הָרֹצֵ֑חַ וַעֲלֵיהֶ֣ם תִּתְּנ֔וּ אַרְבָּעִ֥ים וּשְׁתַּ֖יִם עִֽיר׃ כָּל־
הֶֽעָרִים֙ אֲשֶׁ֣ר תִּתְּנוּ֙ לַלְוִיִּ֔ם אַרְבָּעִ֥ים וּשְׁמֹנֶ֖ה עִ֑יר אֶתְהֶ֖ן וְאֶת־
8 מִגְרְשֵׁיהֶֽן׃ וְהֶֽעָרִ֗ים אֲשֶׁ֤ר תִּתְּנוּ֙ מֵאֲחֻזַּ֣ת בְּנֵֽי־יִשְׂרָאֵ֔ל מֵאֵ֤ת
הָרַב֙ תַּרְבּ֔וּ וּמֵאֵ֥ת הַמְעַ֖ט תַּמְעִ֑יטוּ אִ֗ישׁ כְּפִ֤י נַחֲלָתוֹ֙ אֲשֶׁ֣ר
יִנְחָ֔לוּ יִתֵּ֥ן מֵעָרָ֖יו לַלְוִיִּֽם׃* פ
9 י וַיְדַבֵּ֥ר יְהוָ֖ה אֶל־מֹשֶׁ֥ה לֵּאמֹֽר׃ דַּבֵּר֙ אֶל־בְּנֵ֣י יִשְׂרָאֵ֔ל ששי (שביעי כשהן מחוברין)
וְאָמַרְתָּ֖ אֲלֵהֶ֑ם כִּ֛י אַתֶּ֥ם עֹבְרִ֥ים אֶת־הַיַּרְדֵּ֖ן אַ֥רְצָה כְּנָֽעַן׃
11 וְהִקְרִיתֶ֤ם לָכֶם֙ עָרִ֔ים עָרֵ֥י מִקְלָ֖ט תִּהְיֶ֣ינָה לָכֶ֑ם וְנָ֥ס שָׁ֙מָּה֙
12 רֹצֵ֔חַ מַכֵּה־נֶ֖פֶשׁ בִּשְׁגָגָֽה׃ וְהָי֨וּ לָכֶ֧ם הֶעָרִ֛ים לְמִקְלָ֖ט מִגֹּאֵ֑ל
13 וְלֹ֤א יָמוּת֙ הָֽרֹצֵ֔חַ עַד־עָמְד֛וֹ לִפְנֵ֥י הָעֵדָ֖ה לַמִּשְׁפָּֽט׃ וְהֶעָרִ֖ים
14 אֲשֶׁ֣ר תִּתֵּ֑נוּ שֵׁשׁ־עָרֵ֥י מִקְלָ֖ט תִּהְיֶ֥ינָה לָכֶֽם׃ אֵ֣ת ׀ שְׁלֹ֣שׁ הֶעָרִ֗ים
תִּתְּנוּ֙ מֵעֵ֣בֶר לַיַּרְדֵּ֔ן וְאֵת֙ שְׁלֹ֣שׁ הֶֽעָרִ֔ים תִּתְּנ֖וּ בְּאֶ֣רֶץ כְּנָ֑עַן
טו עָרֵ֥י מִקְלָ֖ט תִּהְיֶֽינָה׃ לִבְנֵ֣י יִשְׂרָאֵ֗ל וְלַגֵּ֤ר וְלַתּוֹשָׁב֙ בְּתוֹכָ֔ם
תִּהְיֶ֛ינָה שֵׁשׁ־הֶעָרִ֥ים הָאֵ֖לֶּה לְמִקְלָ֑ט לָנ֣וּס שָׁ֔מָּה כָּל־מַכֵּה־
16 נֶ֖פֶשׁ בִּשְׁגָגָֽה׃ וְאִם־בִּכְלִ֨י בַרְזֶ֧ל ׀ הִכָּ֛הוּ וַיָּמֹ֖ת רֹצֵ֣חַ ה֑וּא מ֥וֹת
17 יוּמַ֖ת הָרֹצֵֽחַ׃ וְאִ֨ם בְּאֶ֜בֶן יָ֠ד אֲשֶׁר־יָמ֨וּת בָּ֥הּ הִכָּ֛הוּ וַיָּמֹ֖ת
18 רֹצֵ֣חַ ה֑וּא מ֥וֹת יוּמַ֖ת הָרֹצֵֽחַ׃ א֡וֹ בִּכְלִ֣י עֵֽץ־יָד֩ אֲשֶׁר־יָמ֨וּת
19 בּ֥וֹ הִכָּ֛הוּ וַיָּמֹ֖ת רֹצֵ֣חַ ה֑וּא מ֥וֹת יוּמַ֖ת הָרֹצֵֽחַ׃ גֹּאֵ֣ל הַדָּ֔ם ה֥וּא
כ יָמִ֖ית אֶת־הָֽרֹצֵ֑חַ בְּפִגְעוֹ־ב֖וֹ ה֥וּא יְמִתֶֽנּוּ׃ וְאִם־בְּשִׂנְאָ֖ה
21 יֶהְדָּפֶ֑נּוּ אֽוֹ־הִשְׁלִ֥יךְ עָלָ֛יו בִּצְדִיָּ֖ה וַיָּמֹֽת׃ א֣וֹ בְאֵיבָ֞ה הִכָּ֤הוּ
בְיָדוֹ֙ וַיָּמֹ֔ת מֽוֹת־יוּמַ֥ת הַמַּכֶּ֖ה רֹצֵ֣חַ ה֑וּא גֹּאֵ֣ל הַדָּ֗ם יָמִ֛ית
22 אֶת־הָֽרֹצֵ֖חַ בְּפִגְעוֹ־בֽוֹ׃ וְאִם־בְּפֶ֥תַע בְּלֹא־אֵיבָ֖ה הֲדָפ֑וֹ
23 אֽוֹ־הִשְׁלִ֥יךְ עָלָ֛יו כָּל־כְּלִ֖י בְּלֹ֥א צְדִיָּֽה׃ א֣וֹ בְכָל־אֶ֜בֶן
אֲשֶׁר־יָמ֥וּת בָּהּ֙ בְּלֹ֣א רְא֔וֹת וַיַּפֵּ֥ל עָלָ֖יו וַיָּמֹ֑ת וְה֙וּא֙ לֹא־אוֹיֵ֣ב

לו

ל״ה v. 5. סבירין לכם

24 לוֹ וְלֹא מְבַקֵּשׁ רָעָתוֹ׃ וְשָׁפְטוּ הָעֵדָה בֵּין הַמַּכֶּה וּבֵין גֹּאֵל
כה הַדָּם עַל הַמִּשְׁפָּטִים הָאֵלֶּה׃ וְהִצִּילוּ הָעֵדָה אֶת־הָרֹצֵחַ
מִיַּד גֹּאֵל הַדָּם וְהֵשִׁיבוּ אֹתוֹ הָעֵדָה אֶל־עִיר מִקְלָטוֹ אֲשֶׁר־
נָס שָׁמָּה וְיָשַׁב בָּהּ עַד־מוֹת הַכֹּהֵן הַגָּדֹל אֲשֶׁר־מָשַׁח אֹתוֹ
26 בְּשֶׁמֶן הַקֹּדֶשׁ׃ וְאִם־יָצֹא יֵצֵא הָרֹצֵחַ אֶת־גְּבוּל עִיר מִקְלָטוֹ
27 אֲשֶׁר יָנוּס שָׁמָּה׃ וּמָצָא אֹתוֹ גֹּאֵל הַדָּם מִחוּץ לִגְבוּל עִיר
28 מִקְלָטוֹ וְרָצַח גֹּאֵל הַדָּם אֶת־הָרֹצֵחַ אֵין לוֹ דָּם׃ כִּי בְעִיר
מִקְלָטוֹ יֵשֵׁב עַד־מוֹת הַכֹּהֵן הַגָּדֹל וְאַחֲרֵי מוֹת הַכֹּהֵן הַגָּדֹל
29 יָשׁוּב הָרֹצֵחַ אֶל־אֶרֶץ אֲחֻזָּתוֹ׃ וְהָיוּ אֵלֶּה לָכֶם לְחֻקַּת מִשְׁפָּט
ל לְדֹרֹתֵיכֶם בְּכֹל מוֹשְׁבֹתֵיכֶם׃ כָּל־מַכֵּה־נֶפֶשׁ לְפִי עֵדִים
31 יִרְצַח אֶת־הָרֹצֵחַ וְעֵד אֶחָד לֹא־יַעֲנֶה בְנֶפֶשׁ לָמוּת׃ וְלֹא־
תִקְחוּ כֹפֶר לְנֶפֶשׁ רֹצֵחַ אֲשֶׁר־הוּא רָשָׁע לָמוּת כִּי־מוֹת
32 יוּמָת׃ וְלֹא־תִקְחוּ כֹפֶר לָנוּס אֶל־עִיר מִקְלָטוֹ לָשׁוּב לָשֶׁבֶת
33 בָּאָרֶץ עַד־מוֹת הַכֹּהֵן׃ וְלֹא־תַחֲנִיפוּ אֶת־הָאָרֶץ אֲשֶׁר אַתֶּם
בָּהּ כִּי הַדָּם הוּא יַחֲנִיף אֶת־הָאָרֶץ וְלָאָרֶץ לֹא־יְכֻפַּר לַדָּם
34 אֲשֶׁר שֻׁפַּךְ־בָּהּ כִּי־אִם בְּדַם שֹׁפְכוֹ׃ וְלֹא תְטַמֵּא אֶת־הָאָרֶץ
אֲשֶׁר אַתֶּם יֹשְׁבִים בָּהּ אֲשֶׁר אֲנִי שֹׁכֵן בְּתוֹכָהּ כִּי אֲנִי יְהוָֹה
שֹׁכֵן בְּתוֹךְ בְּנֵי יִשְׂרָאֵל׃* פ

לו Cap. XXXVI. לו

א וַיִּקְרְבוּ רָאשֵׁי הָאָבוֹת לְמִשְׁפַּחַת בְּנֵי־גִלְעָד בֶּן־מָכִיר בֶּן־ שביעי
מְנַשֶּׁה מִמִּשְׁפְּחֹת בְּנֵי יוֹסֵף וַיְדַבְּרוּ לִפְנֵי מֹשֶׁה וְלִפְנֵי הַנְּשִׂאִים
2 רָאשֵׁי אָבוֹת לִבְנֵי יִשְׂרָאֵל׃ וַיֹּאמְרוּ אֶת־אֲדֹנִי צִוָּה יְהוָֹה
לָתֵת אֶת־הָאָרֶץ בְּנַחֲלָה בְּגוֹרָל לִבְנֵי יִשְׂרָאֵל וַאדֹנִי צֻוָּה
3 בַיהוָֹה לָתֵת אֶת־נַחֲלַת צְלָפְחָד אָחִינוּ לִבְנֹתָיו׃ וְהָיוּ לְאֶחָד
מִבְּנֵי שִׁבְטֵי בְנֵי־יִשְׂרָאֵל לְנָשִׁים וְנִגְרְעָה נַחֲלָתָן מִנַּחֲלַת
אֲבֹתֵינוּ וְנוֹסַף עַל נַחֲלַת הַמַּטֶּה אֲשֶׁר תִּהְיֶינָה לָהֶם וּמִגֹּרַל
4 נַחֲלָתֵנוּ יִגָּרֵעַ׃ וְאִם־יִהְיֶה הַיֹּבֵל לִבְנֵי יִשְׂרָאֵל וְנוֹסְפָה נַחֲלָתָן
עַל נַחֲלַת הַמַּטֶּה אֲשֶׁר תִּהְיֶינָה לָהֶם וּמִנַּחֲלַת מַטֵּה אֲבֹתֵינוּ

ה יִגָּרַע נַחֲלָתֵנוּ׃ וַיְצַו מֹשֶׁה אֶת־בְּנֵי יִשְׂרָאֵל עַל־פִּי יְהוָה לֵאמֹר
6 כֵּן מַטֵּה בְנֵי־יוֹסֵף דֹּבְרִים׃ זֶה הַדָּבָר אֲשֶׁר־צִוָּה יְהוָה לִבְנוֹת
צְלָפְחָד לֵאמֹר לַטּוֹב בְּעֵינֵיהֶם תִּהְיֶינָה לְנָשִׁים אַךְ לְמִשְׁפַּחַת
7 מַטֵּה אֲבִיהֶם תִּהְיֶינָה לְנָשִׁים׃ וְלֹא־תִסֹּב נַחֲלָה לִבְנֵי יִשְׂרָאֵל
מִמַּטֶּה אֶל־מַטֶּה כִּי אִישׁ בְּנַחֲלַת מַטֵּה אֲבֹתָיו יִדְבְּקוּ בְּנֵי
8 יִשְׂרָאֵל׃ וְכָל־בַּת יֹרֶשֶׁת נַחֲלָה מִמַּטּוֹת בְּנֵי יִשְׂרָאֵל לְאֶחָד
מִמִּשְׁפַּחַת מַטֵּה אָבִיהָ תִּהְיֶה לְאִשָּׁה לְמַעַן יִירְשׁוּ בְּנֵי יִשְׂרָאֵל
9 אִישׁ נַחֲלַת אֲבֹתָיו׃ וְלֹא־תִסֹּב נַחֲלָה מִמַּטֶּה לְמַטֶּה אַחֵר
י כִּי־אִישׁ בְּנַחֲלָתוֹ יִדְבְּקוּ מַטּוֹת בְּנֵי יִשְׂרָאֵל׃ * כַּאֲשֶׁר צִוָּה מפטיר לאש׳
11 יְהוָה אֶת־מֹשֶׁה כֵּן עָשׂוּ בְּנוֹת צְלָפְחָד׃ * וַתִּהְיֶינָה מַחְלָה מפטיר לספ׳
תִרְצָה וְחָגְלָה וּמִלְכָּה וְנֹעָה בְּנוֹת צְלָפְחָד לִבְנֵי דֹדֵיהֶן
12 לְנָשִׁים׃ מִמִּשְׁפְּחֹת בְּנֵי־מְנַשֶּׁה בֶן־יוֹסֵף הָיוּ לְנָשִׁים וַתְּהִי
13 נַחֲלָתָן עַל־מַטֵּה מִשְׁפַּחַת אֲבִיהֶן׃ אֵלֶּה הַמִּצְוֹת וְהַמִּשְׁפָּטִים
אֲשֶׁר צִוָּה יְהוָה בְּיַד־מֹשֶׁה אֶל־בְּנֵי יִשְׂרָאֵל בְּעַרְבֹת מוֹאָב
עַל יַרְדֵּן יְרֵחוֹ׃

חזק

סכום פסוקי דספר במדבר אלף ומאתים ושמונים ושמנה׃ ארפח סימן׃ וחציו והיה האיש אשר אבחר בו מטהו יפרח׃ ופרשותיו עשרה יי׳ בדד ינחנו סימן׃ וסדריו שנים ושלשים· לב טהור ברא לי אלהים סימן׃ ופרקיו ששה ושלשים· לו חכמו ישכילו זאת סימן׃ מניין הפתוחות שתים ותשעים· והסתומות ששים וששׁ· הכל מאה וחמשים ושמנה פרשיות· אני חלקך ונחלתך סימן׃

אלה

22 כַּאֲשֶׁ֧ר עָשָׂ֣ה לִבְנֵ֣י עֵשָׂ֗ו הַיֹּֽשְׁבִים֙ בְּשֵׂעִ֔יר אֲשֶׁ֥ר הִשְׁמִ֛יד אֶת־

23 הַחֹרִ֖י מִפְּנֵיהֶ֑ם וַיִּֽירָשֻׁם֙ וַיֵּֽשְׁב֣וּ תַחְתָּ֔ם עַ֖ד הַיּ֥וֹם הַזֶּֽה׃ וְהָֽעַוִּ֛ים

הַיֹּֽשְׁבִ֥ים בַּֽחֲצֵרִ֖ים עַד־עַזָּ֑ה כַּפְתֹּרִים֙ הַיֹּֽצְאִ֣ים מִכַּפְתֹּ֔ר

24 הִשְׁמִידֻ֖ם וַיֵּֽשְׁב֥וּ תַחְתָּֽם׃ ק֣וּמוּ סְּע֗וּ וְעִבְרוּ֮ אֶת־נַ֣חַל אַרְנֹן֒

רְאֵ֣ה נָתַ֣תִּי בְ֠יָדְךָ אֶת־סִיחֹ֨ן מֶֽלֶךְ־חֶשְׁבּ֧וֹן הָֽאֱמֹרִ֛י וְאֶת־

אַרְצ֖וֹ הָחֵ֣ל רָ֑שׁ וְהִתְגָּ֥ר בּ֖וֹ מִלְחָמָֽה׃ הַיּ֣וֹם הַזֶּ֗ה אָחֵל֙ תֵּ֤ת

כה

פַּחְדְּךָ֙ וְיִרְאָ֣תְךָ֔ עַל־פְּנֵי֙ הָֽעַמִּ֔ים תַּ֖חַת כָּל־הַשָּׁמָ֑יִם אֲשֶׁ֤ר

26 יִשְׁמְעוּן֙ שִׁמְעֲךָ֔ וְרָֽגְז֥וּ וְחָל֖וּ מִפָּנֶֽיךָ׃ וָֽאֶשְׁלַ֤ח מַלְאָכִים֙ מִמִּדְבַּ֣ר

27 קְדֵמ֔וֹת אֶל־סִיח֖וֹן מֶ֣לֶךְ חֶשְׁבּ֑וֹן דִּבְרֵ֥י שָׁל֖וֹם לֵאמֹֽר׃ אֶעְבְּרָ֣ה

28 בְאַרְצֶ֔ךָ בַּדֶּ֥רֶךְ בַּדֶּ֖רֶךְ אֵלֵ֑ךְ לֹ֥א אָס֖וּר יָמִ֥ין וּשְׂמֹֽאול׃ אֹ֣כֶל

בַּכֶּ֤סֶף תַּשְׁבִּרֵ֨נִי֙ וְאָכַ֔לְתִּי וּמַ֛יִם בַּכֶּ֥סֶף תִּתֶּן־לִ֖י וְשָׁתִ֑יתִי רַ֖ק

29 אֶעְבְּרָ֥ה בְרַגְלָֽי׃ כַּאֲשֶׁ֨ר עָֽשׂוּ־לִ֜י בְּנֵ֣י עֵשָׂ֗ו הַיֹּֽשְׁבִים֙ בְּשֵׂעִ֔יר

וְהַמּ֣וֹאָבִ֔ים הַיֹּֽשְׁבִ֖ים בְּעָ֑ר עַ֤ד אֲשֶֽׁר־אֶֽעֱבֹר֙ אֶת־הַיַּרְדֵּ֔ן אֶל־

הָאָ֕רֶץ אֲשֶׁר־יְהוָ֥ה אֱלֹהֵ֖ינוּ נֹתֵ֥ן לָֽנוּ׃ וְלֹ֣א אָבָ֗ה סִיחֹן֙ מֶ֣לֶךְ

ל

חֶשְׁבּ֔וֹן הַֽעֲבִרֵ֖נוּ בּ֑וֹ כִּֽי־הִקְשָׁה֩ יְהוָ֨ה אֱלֹהֶ֜יךָ אֶת־רוּח֗וֹ וְאִמֵּץ֙

אֶת־לְבָב֔וֹ לְמַ֛עַן תִּתּ֥וֹ בְיָֽדְךָ֖ כַּיּ֥וֹם הַזֶּֽה׃ ס וַיֹּ֤אמֶר יְהוָה֙

ששׁ

31

אֵלַ֔י רְאֵ֗ה הַֽחִלֹּ֨תִי֙ תֵּ֣ת לְפָנֶ֔יךָ אֶת־סִיחֹ֖ן וְאֶת־אַרְצ֑וֹ הָחֵ֣ל

32 רָ֔שׁ לָרֶ֖שֶׁת אֶת־אַרְצֽוֹ׃ וַיֵּצֵא֩ סִיחֹ֨ן לִקְרָאתֵ֜נוּ ה֧וּא וְכָל־עַמּ֛וֹ

33 לַמִּלְחָמָ֖ה יָֽהְצָה׃ וַֽיִּתְּנֵ֛הוּ יְהוָ֥ה אֱלֹהֵ֖ינוּ לְפָנֵ֑ינוּ וַנַּ֥ךְ אֹת֖וֹ וְאֶת־

בָּנָ֖ו וְאֶת־כָּל־עַמּֽוֹ׃ וַנִּלְכֹּ֤ד אֶת־כָּל־עָרָיו֙ בָּעֵ֣ת הַהִ֔וא וַֽנַּחֲרֵם֙

34

אֶת־כָּל־עִ֣יר מְתִ֔ם וְהַנָּשִׁ֖ים וְהַטָּ֑ף לֹ֥א הִשְׁאַ֖רְנוּ שָׂרִֽיד׃ רַ֥ק

לה

36 הַבְּהֵמָ֖ה בָּזַ֣זְנוּ לָ֑נוּ וּשְׁלַ֖ל הֶֽעָרִ֖ים אֲשֶׁ֥ר לָכָֽדְנוּ׃ מֵֽעֲרֹעֵ֡ר אֲשֶׁר֩

עַל־שְׂפַת־נַ֨חַל אַרְנֹ֜ן וְהָעִ֨יר אֲשֶׁ֤ר בַּנַּ֨חַל֙ וְעַד־הַגִּלְעָ֔ד לֹ֤א

הָֽיְתָה֙ קִרְיָ֔ה אֲשֶׁ֥ר שָֽׂגְבָ֖ה מִמֶּ֑נּוּ אֶת־הַכֹּ֕ל נָתַ֛ן יְהוָ֥ה אֱלֹהֵ֖ינוּ

37 לְפָנֵֽינוּ׃ רַ֛ק אֶל־אֶ֥רֶץ בְּנֵֽי־עַמּ֖וֹן לֹ֣א קָרָ֑בְתָּ כָּל־יַ֞ד נַ֣חַל

יַבֹּ֗ק וְעָרֵ֣י הָהָ֔ר וְכֹ֥ל אֲשֶׁר־צִוָּ֖ה יְהוָ֥ה אֱלֹהֵֽינוּ׃

ונפן

CAP. III. ג

ג
א וַנֵּפֶן וַנַּעַל דֶּרֶךְ הַבָּשָׁן וַיֵּצֵא עוֹג מֶלֶךְ־הַבָּשָׁן לִקְרָאתֵנוּ הוּא
2 וְכָל־עַמּוֹ לַמִּלְחָמָה אֶדְרֶעִי׃ וַיֹּאמֶר יְהוָה אֵלַי אַל־תִּירָא
אֹתוֹ כִּי בְיָדְךָ נָתַתִּי אֹתוֹ וְאֶת־כָּל־עַמּוֹ וְאֶת־אַרְצוֹ וְעָשִׂיתָ
לּוֹ כַּאֲשֶׁר עָשִׂיתָ לְסִיחֹן מֶלֶךְ הָאֱמֹרִי אֲשֶׁר יוֹשֵׁב בְּחֶשְׁבּוֹן׃
3 וַיִּתֵּן יְהוָה אֱלֹהֵינוּ בְּיָדֵנוּ גַּם אֶת־עוֹג מֶלֶךְ־הַבָּשָׁן וְאֶת־כָּל־
4 עַמּוֹ וַנַּכֵּהוּ עַד־בִּלְתִּי הִשְׁאִיר־לוֹ שָׂרִיד׃ וַנִּלְכֹּד אֶת־כָּל־
עָרָיו בָּעֵת הַהִוא לֹא הָיְתָה קִרְיָה אֲשֶׁר לֹא־לָקַחְנוּ מֵאִתָּם
ה שִׁשִּׁים עִיר כָּל־חֶבֶל אַרְגֹּב מַמְלֶכֶת עוֹג בַּבָּשָׁן׃ כָּל־אֵלֶּה
עָרִים בְּצֻרֹת חוֹמָה גְבֹהָה דְּלָתַיִם וּבְרִיחַ לְבַד מֵעָרֵי הַפְּרָזִי
6 הַרְבֵּה מְאֹד׃ וַנַּחֲרֵם אוֹתָם כַּאֲשֶׁר עָשִׂינוּ לְסִיחֹן מֶלֶךְ חֶשְׁבּוֹן
7 הַחֲרֵם כָּל־עִיר מְתִם הַנָּשִׁים וְהַטָּף׃ וְכָל־הַבְּהֵמָה וּשְׁלַל
8 הֶעָרִים בַּזּוֹנוּ לָנוּ׃ וַנִּקַּח בָּעֵת הַהִוא אֶת־הָאָרֶץ מִיַּד שְׁנֵי
מַלְכֵי הָאֱמֹרִי אֲשֶׁר בְּעֵבֶר הַיַּרְדֵּן מִנַּחַל אַרְנֹן עַד־הַר
9 חֶרְמוֹן׃ צִידֹנִים יִקְרְאוּ־לְחֶרְמוֹן שִׂרְיֹן וְהָאֱמֹרִי יִקְרְאוּ־לוֹ
י שְׂנִיר׃ כֹּל ׀ עָרֵי הַמִּישֹׁר וְכָל־הַגִּלְעָד וְכָל־הַבָּשָׁן עַד־
11 סַלְכָה וְאֶדְרֶעִי עָרֵי מַמְלֶכֶת עוֹג בַּבָּשָׁן׃ כִּי רַק־עוֹג מֶלֶךְ
הַבָּשָׁן נִשְׁאַר מִיֶּתֶר הָרְפָאִים הִנֵּה עַרְשׂוֹ עֶרֶשׂ בַּרְזֶל הֲלֹה
הִוא בְּרַבַּת בְּנֵי עַמּוֹן תֵּשַׁע אַמּוֹת אָרְכָּהּ וְאַרְבַּע אַמּוֹת רָחְבָּהּ
12 בְּאַמַּת־אִישׁ׃ וְאֶת־הָאָרֶץ הַזֹּאת יָרַשְׁנוּ בָּעֵת הַהִוא מֵעֲרֹעֵר
אֲשֶׁר־עַל־נַחַל אַרְנֹן וַחֲצִי הַר־הַגִּלְעָד וְעָרָיו נָתַתִּי לָרְאוּבֵנִי
13 וְלַגָּדִי׃ וְיֶתֶר הַגִּלְעָד וְכָל־הַבָּשָׁן מַמְלֶכֶת עוֹג נָתַתִּי לַחֲצִי
שֵׁבֶט הַמְנַשֶּׁה כֹּל חֶבֶל הָאַרְגֹּב לְכָל־הַבָּשָׁן הַהוּא יִקָּרֵא
14 אֶרֶץ רְפָאִים׃ יָאִיר בֶּן־מְנַשֶּׁה לָקַח אֶת־כָּל־חֶבֶל אַרְגֹּב
עַד־גְּבוּל הַגְּשׁוּרִי וְהַמַּעֲכָתִי וַיִּקְרָא אֹתָם עַל־שְׁמוֹ אֶת־
טו הַבָּשָׁן חַוֹּת יָאִיר עַד הַיּוֹם הַזֶּה׃ * וּלְמָכִיר נָתַתִּי אֶת־הַגִּלְעָד׃ שביעי
16 וְלָרְאוּבֵנִי וְלַגָּדִי נָתַתִּי מִן־הַגִּלְעָד וְעַד־נַחַל אַרְנֹן תּוֹךְ הַנַּחַל

וגבל

v. 11. כתיב בה״א

17 וּגְבֻל וְעַד֙ יַבֹּ֣ק הַנַּ֔חַל גְּב֖וּל בְּנֵ֥י עַמּֽוֹן׃ וְהָעֲרָבָ֖ה וְהַיַּרְדֵּ֣ן וּגְבֻ֑ל
מִכִּנֶּ֗רֶת וְעַ֨ד יָ֤ם הָֽעֲרָבָה֙ יָ֣ם הַמֶּ֔לַח תַּ֛חַת אַשְׁדֹּ֥ת הַפִּסְגָּ֖ה
18 מִזְרָֽחָה׃ וָאֲצַ֣ו אֶתְכֶ֔ם בָּעֵ֥ת הַהִ֖וא לֵאמֹ֑ר יְהוָ֣ה אֱלֹהֵיכֶ֗ם
נָתַ֨ן לָכֶ֜ם אֶת־הָאָ֤רֶץ הַזֹּאת֙ לְרִשְׁתָּ֔הּ חֲלוּצִ֣ים תַּֽעַבְר֗וּ לִפְנֵ֛י
19 אֲחֵיכֶ֥ם בְּנֵֽי־יִשְׂרָאֵ֖ל כָּל־בְּנֵי־חָֽיִל׃ רַ֠ק נְשֵׁיכֶ֣ם וְטַפְּכֶם֮
וּמִקְנֵכֶם֒ יָדַ֕עְתִּי כִּֽי־מִקְנֶ֥ה רַ֖ב לָכֶ֑ם יֵשְׁבוּ֙ בְּעָ֣רֵיכֶ֔ם אֲשֶׁ֥ר
מפטיר כ נָתַ֖תִּי לָכֶֽם׃ *עַ֠ד אֲשֶׁר־יָנִ֨יחַ יְהוָ֥ה ׀ לַאֲחֵיכֶם֮ כָּכֶם֒ וְיָרְשׁ֣וּ גַם־
הֵ֔ם אֶת־הָאָ֕רֶץ אֲשֶׁ֨ר יְהוָ֧ה אֱלֹהֵיכֶ֛ם נֹתֵ֥ן לָהֶ֖ם בְּעֵ֣בֶר הַיַּרְדֵּ֑ן
21 וְשַׁבְתֶּ֗ם אִ֚ישׁ לִֽירֻשָּׁת֔וֹ אֲשֶׁ֖ר נָתַ֥תִּי לָכֶֽם׃ וְאֶת־יְהוֹשׁ֣וּעַ צִוֵּ֔יתִי
בָּעֵ֥ת הַהִ֖וא לֵאמֹ֑ר עֵינֶ֣יךָ הָֽרֹאֹ֗ת אֵת֩ כָּל־אֲשֶׁ֨ר עָשָׂ֜ה יְהוָ֤ה
אֱלֹֽהֵיכֶם֙ לִשְׁנֵי֙ הַמְּלָכִ֣ים הָאֵ֔לֶּה כֵּֽן־יַעֲשֶׂ֤ה יְהוָה֙ לְכָל־
22 הַמַּמְלָכ֔וֹת אֲשֶׁ֥ר אַתָּ֖ה עֹבֵ֥ר שָֽׁמָּה׃ לֹ֖א תִּירָא֑וּם כִּ֚י יְהוָ֣ה
אֱלֹֽהֵיכֶ֔ם ה֖וּא הַנִּלְחָ֥ם לָכֶֽם׃ ס ס ס

ואתחנן מה 45

23 24 וָאֶתְחַנַּ֖ן אֶל־יְהוָ֑ה בָּעֵ֥ת הַהִ֖וא לֵאמֹֽר׃ אֲדֹנָ֣י יְהוִ֗ה
אַתָּ֤ה הַֽחִלּ֙וֹתָ֙ לְהַרְא֣וֹת אֶֽת־עַבְדְּךָ֔ אֶת־גָּ֨דְלְךָ֔ וְאֶת־יָדְךָ֖
הַחֲזָקָ֑ה אֲשֶׁ֤ר מִי־אֵל֙ בַּשָּׁמַ֣יִם וּבָאָ֔רֶץ אֲשֶׁר־יַעֲשֶׂ֥ה כְמַעֲשֶׂ֖יךָ
כה וְכִגְבוּרֹתֶֽךָ׃ אֶעְבְּרָה־נָּ֗א וְאֶרְאֶה֙ אֶת־הָאָ֣רֶץ הַטּוֹבָ֔ה אֲשֶׁ֖ר
26 בְּעֵ֣בֶר הַיַּרְדֵּ֑ן הָהָ֥ר הַטּ֛וֹב הַזֶּ֖ה וְהַלְּבָנֹֽן׃ וַיִּתְעַבֵּ֨ר יְהוָ֥ה בִּי֙
לְמַ֣עַנְכֶ֔ם וְלֹ֥א שָׁמַ֖ע אֵלָ֑י וַיֹּ֨אמֶר יְהוָ֤ה אֵלַי֙ רַב־לָ֔ךְ אַל־
27 תּ֗וֹסֶף דַּבֵּ֥ר אֵלַ֛י ע֖וֹד בַּדָּבָ֥ר הַזֶּֽה׃ עֲלֵ֣ה ׀ רֹ֣אשׁ הַפִּסְגָּ֗ה וְשָׂ֥א
עֵינֶ֛יךָ יָ֧מָּה וְצָפֹ֛נָה וְתֵימָ֥נָה וּמִזְרָ֖חָה וּרְאֵ֣ה בְעֵינֶ֑יךָ כִּי־לֹ֥א
28 תַעֲבֹ֖ר אֶת־הַיַּרְדֵּ֥ן הַזֶּֽה׃ וְצַ֥ו אֶת־יְהוֹשֻׁ֖עַ וְחַזְּקֵ֣הוּ וְאַמְּצֵ֑הוּ
כִּי־ה֣וּא יַעֲבֹ֗ר לִפְנֵי֙ הָעָ֣ם הַזֶּ֔ה וְהוּא֙ יַנְחִ֣יל אוֹתָ֔ם אֶת־הָאָ֖רֶץ
29 אֲשֶׁ֥ר תִּרְאֶֽה׃ וַנֵּ֣שֶׁב בַּגָּ֔יְא מ֖וּל בֵּ֥ית פְּעֽוֹר׃ פ

ועתה

v. 20. סבירין לכם

Cap. IV. ד

א וְעַתָּה יִשְׂרָאֵל שְׁמַע אֶל־הַחֻקִּים וְאֶל־הַמִּשְׁפָּטִים אֲשֶׁר אָנֹכִי
מְלַמֵּד אֶתְכֶם לַעֲשׂוֹת לְמַעַן תִּחְיוּ וּבָאתֶם וִירִשְׁתֶּם אֶת־
2 הָאָרֶץ אֲשֶׁר יְהוָה אֱלֹהֵי אֲבֹתֵיכֶם נֹתֵן לָכֶם׃ לֹא תֹסִפוּ עַל־
הַדָּבָר אֲשֶׁר אָנֹכִי מְצַוֶּה אֶתְכֶם וְלֹא תִגְרְעוּ מִמֶּנּוּ לִשְׁמֹר
3 אֶת־מִצְוֺת יְהוָה אֱלֹהֵיכֶם אֲשֶׁר אָנֹכִי מְצַוֶּה אֶתְכֶם׃ עֵינֵיכֶם
הָרֹאוֹת אֵת אֲשֶׁר־עָשָׂה יְהוָה בְּבַעַל פְּעוֹר כִּי כָל־הָאִישׁ
אֲשֶׁר הָלַךְ אַחֲרֵי בַעַל־פְּעוֹר הִשְׁמִידוֹ יְהוָה אֱלֹהֶיךָ מִקִּרְבֶּךָ׃
4 ה וְאַתֶּם הַדְּבֵקִים בַּיהוָה אֱלֹהֵיכֶם חַיִּים כֻּלְּכֶם הַיּוֹם׃ * רְאֵה ׀ שני
לִמַּדְתִּי אֶתְכֶם חֻקִּים וּמִשְׁפָּטִים כַּאֲשֶׁר צִוַּנִי יְהוָה אֱלֹהָי
לַעֲשׂוֹת כֵּן בְּקֶרֶב הָאָרֶץ אֲשֶׁר אַתֶּם בָּאִים שָׁמָּה לְרִשְׁתָּהּ׃
6 וּשְׁמַרְתֶּם וַעֲשִׂיתֶם כִּי הִוא חָכְמַתְכֶם וּבִינַתְכֶם לְעֵינֵי הָעַמִּים
אֲשֶׁר יִשְׁמְעוּן אֵת כָּל־הַחֻקִּים הָאֵלֶּה וְאָמְרוּ רַק עַם־חָכָם
7 וְנָבוֹן הַגּוֹי הַגָּדוֹל הַזֶּה׃ כִּי מִי־גוֹי גָּדוֹל אֲשֶׁר־לוֹ אֱלֹהִים
8 קְרֹבִים אֵלָיו כַּיהוָה אֱלֹהֵינוּ בְּכָל־קָרְאֵנוּ אֵלָיו׃ וּמִי גּוֹי
גָּדוֹל אֲשֶׁר־לוֹ חֻקִּים וּמִשְׁפָּטִים צַדִּיקִם כְּכֹל הַתּוֹרָה הַזֹּאת
9 אֲשֶׁר אָנֹכִי נֹתֵן לִפְנֵיכֶם הַיּוֹם׃ רַק הִשָּׁמֶר לְךָ וּשְׁמֹר נַפְשְׁךָ
מְאֹד פֶּן־תִּשְׁכַּח אֶת־הַדְּבָרִים אֲשֶׁר־רָאוּ עֵינֶיךָ וּפֶן־יָסוּרוּ
י מִלְּבָבְךָ כֹּל יְמֵי חַיֶּיךָ וְהוֹדַעְתָּם לְבָנֶיךָ וְלִבְנֵי בָנֶיךָ׃ יוֹם
אֲשֶׁר עָמַדְתָּ לִפְנֵי יְהוָה אֱלֹהֶיךָ בְּחֹרֵב בֶּאֱמֹר יְהוָה אֵלַי
הַקְהֶל־לִי אֶת־הָעָם וְאַשְׁמִעֵם אֶת־דְּבָרָי אֲשֶׁר יִלְמְדוּן
לְיִרְאָה אֹתִי כָּל־הַיָּמִים אֲשֶׁר הֵם חַיִּים עַל־הָאֲדָמָה וְאֶת־
11 בְּנֵיהֶם יְלַמֵּדוּן׃ וַתִּקְרְבוּן וַתַּעַמְדוּן תַּחַת הָהָר וְהָהָר בֹּעֵר
12 בָּאֵשׁ עַד־לֵב הַשָּׁמַיִם חֹשֶׁךְ עָנָן וַעֲרָפֶל׃ וַיְדַבֵּר יְהוָה אֲלֵיכֶם
מִתּוֹךְ הָאֵשׁ קוֹל דְּבָרִים אַתֶּם שֹׁמְעִים וּתְמוּנָה אֵינְכֶם רֹאִים
13 זוּלָתִי קוֹל׃ וַיַּגֵּד לָכֶם אֶת־בְּרִיתוֹ אֲשֶׁר צִוָּה אֶתְכֶם לַעֲשׂוֹת
14 עֲשֶׂרֶת הַדְּבָרִים וַיִּכְתְּבֵם עַל־שְׁנֵי לֻחוֹת אֲבָנִים׃ וְאֹתִי צִוָּה
יְהוָה בָּעֵת הַהִוא לְלַמֵּד אֶתְכֶם חֻקִּים וּמִשְׁפָּטִים לַעֲשֹׂתְכֶם

טו אַתֶּם בָּאָרֶץ אֲשֶׁר אַתֶּם עֹבְרִים שָׁמָּה לְרִשְׁתָּהּ׃ וְנִשְׁמַרְתֶּם
מְאֹד לְנַפְשֹׁתֵיכֶם כִּי לֹא רְאִיתֶם כָּל־תְּמוּנָה בְּיוֹם דִּבֶּר יְהוָה
16 אֲלֵיכֶם בְּחֹרֵב מִתּוֹךְ הָאֵשׁ׃ פֶּן־תַּשְׁחִתוּן וַעֲשִׂיתֶם לָכֶם פֶּסֶל
17 תְּמוּנַת כָּל־סָמֶל תַּבְנִית זָכָר אוֹ נְקֵבָה׃ תַּבְנִית כָּל־בְּהֵמָה
אֲשֶׁר בָּאָרֶץ תַּבְנִית כָּל־צִפּוֹר כָּנָף אֲשֶׁר תָּעוּף בַּשָּׁמָיִם׃
18 תַּבְנִית כָּל־רֹמֵשׂ בָּאֲדָמָה תַּבְנִית כָּל־דָּגָה אֲשֶׁר־בַּמַּיִם
19 מִתַּחַת לָאָרֶץ׃ וּפֶן־תִּשָּׂא עֵינֶיךָ הַשָּׁמַיְמָה וְרָאִיתָ אֶת־
הַשֶּׁמֶשׁ וְאֶת־הַיָּרֵחַ וְאֶת־הַכּוֹכָבִים כֹּל צְבָא הַשָּׁמַיִם וְנִדַּחְתָּ
וְהִשְׁתַּחֲוִיתָ לָהֶם וַעֲבַדְתָּם אֲשֶׁר חָלַק יְהוָה אֱלֹהֶיךָ אֹתָם
כ לְכֹל הָעַמִּים תַּחַת כָּל־הַשָּׁמָיִם׃ וְאֶתְכֶם לָקַח יְהוָה וַיּוֹצִא
אֶתְכֶם מִכּוּר הַבַּרְזֶל מִמִּצְרָיִם לִהְיוֹת לוֹ לְעַם נַחֲלָה כַּיּוֹם
21 הַזֶּה׃ וַיהוָה הִתְאַנַּף־בִּי עַל־דִּבְרֵיכֶם וַיִּשָּׁבַע לְבִלְתִּי עָבְרִי
אֶת־הַיַּרְדֵּן וּלְבִלְתִּי־בֹא אֶל־הָאָרֶץ הַטּוֹבָה אֲשֶׁר יְהוָה
22 אֱלֹהֶיךָ נֹתֵן לְךָ נַחֲלָה׃ כִּי אָנֹכִי מֵת בָּאָרֶץ הַזֹּאת אֵינֶנִּי עֹבֵר
אֶת־הַיַּרְדֵּן וְאַתֶּם עֹבְרִים וִירִשְׁתֶּם אֶת־הָאָרֶץ הַטּוֹבָה
23 הַזֹּאת׃ הִשָּׁמְרוּ לָכֶם פֶּן־תִּשְׁכְּחוּ אֶת־בְּרִית יְהוָה אֱלֹהֵיכֶם
אֲשֶׁר כָּרַת עִמָּכֶם וַעֲשִׂיתֶם לָכֶם פֶּסֶל תְּמוּנַת כֹּל אֲשֶׁר
24 צִוְּךָ יְהוָה אֱלֹהֶיךָ׃ כִּי יְהוָה אֱלֹהֶיךָ אֵשׁ אֹכְלָה הוּא אֵל
קַנָּא׃ פ
כה כִּי־תוֹלִיד בָּנִים וּבְנֵי בָנִים וְנוֹשַׁנְתֶּם בָּאָרֶץ וְהִשְׁחַתֶּם
וַעֲשִׂיתֶם פֶּסֶל תְּמוּנַת כֹּל וַעֲשִׂיתֶם הָרַע בְּעֵינֵי יְהוָה־
26 אֱלֹהֶיךָ לְהַכְעִיסוֹ׃ הַעִידֹתִי בָכֶם הַיּוֹם אֶת־הַשָּׁמַיִם וְאֶת־
הָאָרֶץ כִּי־אָבֹד תֹּאבֵדוּן מַהֵר מֵעַל הָאָרֶץ אֲשֶׁר אַתֶּם
עֹבְרִים אֶת־הַיַּרְדֵּן שָׁמָּה לְרִשְׁתָּהּ לֹא־תַאֲרִיכֻן יָמִים עָלֶיהָ
27 כִּי הִשָּׁמֵד תִּשָּׁמֵדוּן׃ וְהֵפִיץ יְהוָה אֶתְכֶם בָּעַמִּים וְנִשְׁאַרְתֶּם
28 מְתֵי מִסְפָּר בַּגּוֹיִם אֲשֶׁר יְנַהֵג יְהוָה אֶתְכֶם שָׁמָּה׃ וַעֲבַדְתֶּם־
שָׁם אֱלֹהִים מַעֲשֵׂה יְדֵי אָדָם עֵץ וָאֶבֶן אֲשֶׁר לֹא־יִרְאוּן וְלֹא

ישמעון

v. 23. סבירין כאשר

29 יִשְׁמְעוּן וְלֹא יֹאכְלוּן וְלֹא יְרִיחֻן׃ וּבִקַּשְׁתֶּם מִשָּׁם אֶת־יְהוָה
ל אֱלֹהֶיךָ וּמָצָאתָ כִּי תִדְרְשֶׁנּוּ בְּכָל־לְבָבְךָ וּבְכָל־נַפְשֶׁךָ׃ בַּצַּר
לְךָ וּמְצָאוּךָ כֹּל הַדְּבָרִים הָאֵלֶּה בְּאַחֲרִית הַיָּמִים וְשַׁבְתָּ
31 עַד־יְהוָה אֱלֹהֶיךָ וְשָׁמַעְתָּ בְּקֹלוֹ׃ כִּי אֵל רַחוּם יְהוָה אֱלֹהֶיךָ
לֹא יַרְפְּךָ וְלֹא יַשְׁחִיתֶךָ וְלֹא יִשְׁכַּח אֶת־בְּרִית אֲבֹתֶיךָ אֲשֶׁר
32 נִשְׁבַּע לָהֶם׃ כִּי שְׁאַל־נָא לְיָמִים רִאשֹׁנִים אֲשֶׁר־הָיוּ לְפָנֶיךָ
לְמִן־הַיּוֹם אֲשֶׁר בָּרָא אֱלֹהִים ׀ אָדָם עַל־הָאָרֶץ וּלְמִקְצֵה
הַשָּׁמַיִם וְעַד־קְצֵה הַשָּׁמָיִם הֲנִהְיָה כַּדָּבָר הַגָּדוֹל הַזֶּה אוֹ
33 הֲנִשְׁמַע כָּמֹהוּ׃ הֲשָׁמַע עָם קוֹל אֱלֹהִים מְדַבֵּר מִתּוֹךְ־הָאֵשׁ
34 כַּאֲשֶׁר־שָׁמַעְתָּ אַתָּה וַיֶּחִי׃ אוֹ ׀ הֲנִסָּה אֱלֹהִים לָבוֹא לָקַחַת
לוֹ גוֹי מִקֶּרֶב גּוֹי בְּמַסֹּת בְּאֹתֹת וּבְמוֹפְתִים וּבְמִלְחָמָה וּבְיָד
חֲזָקָה וּבִזְרוֹעַ נְטוּיָה וּבְמוֹרָאִים גְּדֹלִים כְּכֹל אֲשֶׁר־עָשָׂה
לה לָכֶם יְהוָה אֱלֹהֵיכֶם בְּמִצְרַיִם לְעֵינֶיךָ׃ אַתָּה הָרְאֵתָ לָדַעַת
36 כִּי יְהוָה הוּא הָאֱלֹהִים אֵין עוֹד מִלְבַדּוֹ׃ מִן־הַשָּׁמַיִם
הִשְׁמִיעֲךָ אֶת־קֹלוֹ לְיַסְּרֶךָּ וְעַל־הָאָרֶץ הֶרְאֲךָ אֶת־אִשּׁוֹ
37 הַגְּדוֹלָה וּדְבָרָיו שָׁמַעְתָּ מִתּוֹךְ הָאֵשׁ׃ וְתַחַת כִּי אָהַב אֶת־
אֲבֹתֶיךָ וַיִּבְחַר בְּזַרְעוֹ אַחֲרָיו וַיּוֹצִאֲךָ בְּפָנָיו בְּכֹחוֹ הַגָּדֹל
38 מִמִּצְרָיִם׃ לְהוֹרִישׁ גּוֹיִם גְּדֹלִים וַעֲצֻמִים מִמְּךָ מִפָּנֶיךָ לַהֲבִיאֲךָ
39 לָתֶת־לְךָ אֶת־אַרְצָם נַחֲלָה כַּיּוֹם הַזֶּה׃ וְיָדַעְתָּ הַיּוֹם וַהֲשֵׁבֹתָ
אֶל־לְבָבֶךָ כִּי יְהוָה הוּא הָאֱלֹהִים בַּשָּׁמַיִם מִמַּעַל וְעַל־
מ הָאָרֶץ מִתָּחַת אֵין עוֹד׃ וְשָׁמַרְתָּ אֶת־חֻקָּיו וְאֶת־מִצְוֹתָיו
אֲשֶׁר אָנֹכִי מְצַוְּךָ הַיּוֹם אֲשֶׁר יִיטַב לְךָ וּלְבָנֶיךָ אַחֲרֶיךָ וּלְמַעַן
תַּאֲרִיךְ יָמִים עַל־הָאֲדָמָה אֲשֶׁר יְהוָה אֱלֹהֶיךָ נֹתֵן לְךָ כָּל־
הַיָּמִים׃ *

פ

שלישי לאש׳ 41 42 אָז יַבְדִּיל מֹשֶׁה שָׁלֹשׁ עָרִים בְּעֵבֶר הַיַּרְדֵּן מִזְרְחָה שָׁמֶשׁ׃ לָנֻס
שָׁמָּה רוֹצֵחַ אֲשֶׁר יִרְצַח אֶת־רֵעֵהוּ בִּבְלִי־דַעַת וְהוּא לֹא־
שֹׂנֵא לוֹ מִתְּמֹל שִׁלְשֹׁם וְנָס אֶל־אַחַת מִן־הֶעָרִים הָאֵל וָחָי׃

את־בצר

* v. 42. סבירין האלה

43 אֶת־בֶּ֧צֶר בַּמִּדְבָּ֛ר בְּאֶ֥רֶץ הַמִּישֹׁ֖ר לָרֻֽאוּבֵנִ֑י וְאֶת־רָאמֹ֤ת
44 בַּגִּלְעָד֙ לַגָּדִ֔י וְאֶת־גּוֹלָ֥ן בַּבָּשָׁ֖ן לַֽמְנַשִּֽׁי׃ וְזֹ֖את הַתּוֹרָ֑ה אֲשֶׁר־
מה שָׂ֣ם מֹשֶׁ֔ה לִפְנֵ֖י בְּנֵ֥י יִשְׂרָאֵֽל׃ אֵ֚לֶּה הָֽעֵדֹ֔ת וְהַֽחֻקִּ֖ים וְהַמִּשְׁפָּטִ֑ים
46 אֲשֶׁ֨ר דִּבֶּ֤ר מֹשֶׁה֙ אֶל־בְּנֵ֣י יִשְׂרָאֵ֔ל בְּצֵאתָ֖ם מִמִּצְרָֽיִם׃ בְּעֵ֣בֶר
הַיַּרְדֵּ֗ן בַּגַּ֙יְא֙ מ֚וּל בֵּ֣ית פְּע֔וֹר בְּאֶ֗רֶץ סִיחֹן֙ מֶ֣לֶךְ הָֽאֱמֹרִ֔י אֲשֶׁ֥ר
יוֹשֵׁ֖ב בְּחֶשְׁבּ֑וֹן אֲשֶׁ֨ר הִכָּ֤ה מֹשֶׁה֙ וּבְנֵ֣י יִשְׂרָאֵ֔ל בְּצֵאתָ֖ם מִמִּצְרָֽיִם׃
47 וַיִּֽירְשׁ֨וּ אֶת־אַרְצ֜וֹ וְאֶת־אֶ֣רֶץ ׀ ע֣וֹג מֶֽלֶךְ־הַבָּשָׁ֗ן שְׁנֵי֙ מַלְכֵ֣י
48 הָֽאֱמֹרִ֔י אֲשֶׁ֖ר בְּעֵ֣בֶר הַיַּרְדֵּ֑ן מִזְרַ֖ח שָֽׁמֶשׁ׃ מֵֽעֲרֹעֵ֞ר אֲשֶׁ֨ר
49 עַל־שְׂפַת־נַ֣חַל אַרְנֹ֔ן וְעַד־הַ֥ר שִׂיאֹ֖ן ה֥וּא חֶרְמֽוֹן׃ וְכָל־
הָ֨עֲרָבָ֜ה עֵ֤בֶר הַיַּרְדֵּן֙ מִזְרָ֔חָה וְעַ֖ד יָ֣ם הָעֲרָבָ֑ה תַּ֖חַת אַשְׁדֹּ֥ת
הַפִּסְגָּֽה׃ * פ

ה CAP. V. ה

שלישי לספ׳ רביעי לאש׳

א וַיִּקְרָ֣א מֹשֶׁה֮ אֶל־כָּל־יִשְׂרָאֵל֒ וַיֹּ֣אמֶר אֲלֵהֶ֗ם שְׁמַ֤ע יִשְׂרָאֵל֙
אֶת־הַֽחֻקִּ֣ים וְאֶת־הַמִּשְׁפָּטִ֔ים אֲשֶׁ֧ר אָנֹכִ֛י דֹּבֵ֥ר בְּאָזְנֵיכֶ֖ם הַיּ֑וֹם
2 וּלְמַדְתֶּ֣ם אֹתָ֔ם וּשְׁמַרְתֶּ֖ם לַעֲשֹׂתָֽם׃ יְהוָ֣ה אֱלֹהֵ֗ינוּ כָּרַ֥ת עִמָּ֛נוּ
3 בְּרִ֖ית בְּחֹרֵֽב׃ לֹ֣א אֶת־אֲבֹתֵ֔ינוּ כָּרַ֥ת יְהוָ֖ה אֶת־הַבְּרִ֣ית הַזֹּ֑את
4 כִּ֣י אִתָּ֔נוּ אֲנַ֨חְנוּ אֵ֥לֶּה פֹ֛ה הַיּ֖וֹם כֻּלָּ֥נוּ חַיִּֽים׃ פָּנִ֣ים ׀ בְּפָנִ֗ים
ה דִּבֶּ֨ר יְהוָ֧ה עִמָּכֶ֛ם בָּהָ֖ר מִתּ֥וֹךְ הָאֵֽשׁ׃ אָנֹכִ֞י עֹמֵ֣ד בֵּין־יְהוָ֣ה
וּבֵֽינֵיכֶם֮ בָּעֵ֣ת הַהִוא֒ לְהַגִּ֥יד לָכֶ֖ם אֶת־דְּבַ֣ר יְהוָ֑ה כִּ֤י יְרֵאתֶם֙
6 מִפְּנֵ֣י הָאֵ֔שׁ וְלֹֽא־עֲלִיתֶ֥ם בָּהָ֖ר לֵאמֹֽר׃ ס אָנֹכִי֙ יְהוָ֣ה
7 אֱלֹהֶ֔יךָ אֲשֶׁ֧ר הוֹצֵאתִ֛יךָ מֵאֶ֥רֶץ מִצְרַ֖יִם מִבֵּ֣ית עֲבָדִ֑ים לֹֽא־
8 יִהְיֶ֥ה לְךָ֛ אֱלֹהִ֥ים אֲחֵרִ֖ים עַל־פָּנָֽי׃ לֹֽא־תַעֲשֶׂ֨ה־לְךָ֥ פֶ֙סֶל֙ ׀
כָּל־תְּמוּנָ֔ה אֲשֶׁ֤ר בַּשָּׁמַ֙יִם֙ ׀ מִמַּ֔עַל וַאֲשֶׁ֥ר בָּאָ֖רֶץ מִתָּ֑חַת וַאֲשֶׁ֥ר
9 בַּמַּ֖יִם ׀ מִתַּ֥חַת לָאָֽרֶץ׃ לֹֽא־תִשְׁתַּחֲוֶ֥ה לָהֶ֖ם וְלֹ֣א תָעָבְדֵ֑ם כִּ֣י
אָנֹכִ֞י יְהוָ֤ה אֱלֹהֶ֙יךָ֙ אֵ֣ל קַנָּ֔א פֹּ֠קֵד עֲוֺ֨ן אָב֧וֹת עַל־בָּנִ֛ים וְעַל־
י שִׁלֵּשִׁ֥ים וְעַל־רִבֵּעִ֖ים לְשֹׂנְאָֽי׃ וְעֹ֥שֶׂה חֶ֖סֶד לַאֲלָפִ֑ים לְאֹהֲבַ֖י
11 וּלְשֹׁמְרֵ֥י מִצְוֺתָֽו׃ ס לֹ֥א תִשָּׂ֛א אֶת־שֵֽׁם־יְהוָ֥ה אֱלֹהֶ֖יךָ

לשוא

v. 10. מצותי ק׳

לַשָּׁוְא כִּי לֹא יְנַקֶּה יְהוָה אֵת אֲשֶׁר־יִשָּׂא אֶת־שְׁמוֹ לַשָּׁוְא׃ ס
12 שָׁמוֹר אֶת־יוֹם הַשַּׁבָּת לְקַדְּשׁוֹ כַּאֲשֶׁר צִוְּךָ ׀ יְהוָה אֱלֹהֶיךָ׃
13 14 שֵׁשֶׁת יָמִים תַּעֲבֹד וְעָשִׂיתָ כָּל־מְלַאכְתֶּךָ׃ וְיוֹם הַשְּׁבִיעִי
שַׁבָּת ׀ לַיהוָה אֱלֹהֶיךָ לֹא־תַעֲשֶׂה כָל־מְלָאכָה אַתָּה ׀ וּבִנְךָ־
וּבִתֶּךָ וְעַבְדְּךָ־וַאֲמָתֶךָ וְשׁוֹרְךָ וַחֲמֹרְךָ וְכָל־בְּהֶמְתֶּךָ וְגֵרְךָ
טו אֲשֶׁר בִּשְׁעָרֶיךָ לְמַעַן יָנוּחַ עַבְדְּךָ וַאֲמָתְךָ כָּמוֹךָ׃ וְזָכַרְתָּ
כִּי־עֶבֶד הָיִיתָ ׀ בְּאֶרֶץ מִצְרַיִם וַיֹּצִאֲךָ יְהוָה אֱלֹהֶיךָ מִשָּׁם
בְּיָד חֲזָקָה וּבִזְרֹעַ נְטוּיָה עַל־כֵּן צִוְּךָ יְהוָה אֱלֹהֶיךָ לַעֲשׂוֹת
16 אֶת־יוֹם הַשַּׁבָּת׃ ס כַּבֵּד אֶת־אָבִיךָ וְאֶת־אִמֶּךָ כַּאֲשֶׁר
צִוְּךָ יְהוָה אֱלֹהֶיךָ לְמַעַן ׀ יַאֲרִיכֻן יָמֶיךָ וּלְמַעַן יִיטַב לָךְ עַל
17 18 הָאֲדָמָה אֲשֶׁר־יְהוָה אֱלֹהֶיךָ נֹתֵן לָךְ׃ ס לֹא תִּרְצָח׃ ס
19 כ וְלֹא תִּנְאָף׃ ס וְלֹא תִּגְנֹב׃ ס וְלֹא־תַעֲנֶה בְרֵעֲךָ עֵד
21 שָׁוְא׃ ס וְלֹא תַחְמֹד אֵשֶׁת רֵעֶךָ ס וְלֹא תִתְאַוֶּה בֵּית
רֵעֶךָ שָׂדֵהוּ וְעַבְדּוֹ וַאֲמָתוֹ שׁוֹרוֹ וַחֲמֹרוֹ וְכֹל אֲשֶׁר לְרֵעֶךָ׃ *
22/19 ס אֶת־הַדְּבָרִים הָאֵלֶּה דִּבֶּר יְהוָה אֶל־כָּל־קְהַלְכֶם בָּהָר רביעי לספ׳
מִתּוֹךְ הָאֵשׁ הֶעָנָן וְהָעֲרָפֶל קוֹל גָּדוֹל וְלֹא יָסָף וַיִּכְתְּבֵם עַל־ חמישי
23/כ שְׁנֵי לֻחֹת אֲבָנִים וַיִּתְּנֵם אֵלָי׃ וַיְהִי כְּשָׁמְעֲכֶם אֶת־הַקּוֹל לאש׳
מִתּוֹךְ הַחֹשֶׁךְ וְהָהָר בֹּעֵר בָּאֵשׁ וַתִּקְרְבוּן אֵלַי כָּל־רָאשֵׁי
24/21 שִׁבְטֵיכֶם וְזִקְנֵיכֶם׃ וַתֹּאמְרוּ הֵן הֶרְאָנוּ יְהוָה אֱלֹהֵינוּ אֶת־
כְּבֹדוֹ וְאֶת־גָּדְלוֹ וְאֶת־קֹלוֹ שָׁמַעְנוּ מִתּוֹךְ הָאֵשׁ הַיּוֹם הַזֶּה
22/כה רָאִינוּ כִּי־יְדַבֵּר אֱלֹהִים אֶת־הָאָדָם וָחָי׃ וְעַתָּה לָמָּה נָמוּת
כִּי תֹאכְלֵנוּ הָאֵשׁ הַגְּדֹלָה הַזֹּאת אִם־יֹסְפִים ׀ אֲנַחְנוּ לִשְׁמֹעַ
26/23 אֶת־קוֹל יְהוָה אֱלֹהֵינוּ עוֹד וָמָתְנוּ׃ כִּי מִי כָל־בָּשָׂר אֲשֶׁר
27/24 שָׁמַע קוֹל אֱלֹהִים חַיִּים מְדַבֵּר מִתּוֹךְ־הָאֵשׁ כָּמֹנוּ וַיֶּחִי׃ קְרַב
אַתָּה וּשְׁמָע אֵת כָּל־אֲשֶׁר יֹאמַר יְהוָה אֱלֹהֵינוּ וְאַתְּ ׀ תְּדַבֵּר
אֵלֵינוּ אֵת כָּל־אֲשֶׁר יְדַבֵּר יְהוָה אֱלֹהֵינוּ אֵלֶיךָ וְשָׁמַעְנוּ
28/כה וְעָשִׂינוּ׃ וַיִּשְׁמַע יְהוָה אֶת־קוֹל דִּבְרֵיכֶם בְּדַבֶּרְכֶם אֵלָי
וַיֹּאמֶר יְהוָה אֵלַי שָׁמַעְתִּי אֶת־קוֹל דִּבְרֵי הָעָם הַזֶּה אֲשֶׁר

דברו

29/26 דִּבְּרוּ אֵלֶיךָ הֵיטִיבוּ כָּל־אֲשֶׁר דִּבֵּרוּ׃ מִֽי־יִתֵּן וְהָיָה לְבָבָם
זֶה לָהֶם לְיִרְאָה אֹתִי וְלִשְׁמֹר אֶת־כָּל־מִצְוֺתַי כָּל־הַיָּמִים
ל/27 לְמַעַן יִיטַב לָהֶם וְלִבְנֵיהֶם לְעֹלָם׃ לֵךְ אֱמֹר לָהֶם שׁוּבוּ
31/28 לָכֶם לְאָהֳלֵיכֶם׃ וְאַתָּה פֹּה עֲמֹד עִמָּדִי וַאֲדַבְּרָה אֵלֶיךָ אֵת
כָּל־הַמִּצְוָה וְהַחֻקִּים וְהַמִּשְׁפָּטִים אֲשֶׁר תְּלַמְּדֵם וְעָשׂוּ בָאָרֶץ
32/29 אֲשֶׁר אָנֹכִי נֹתֵן לָהֶם לְרִשְׁתָּהּ׃ וּשְׁמַרְתֶּם לַעֲשׂוֹת כַּאֲשֶׁר צִוָּה
ל/33 יְהוָה אֱלֹהֵיכֶם אֶתְכֶם לֹא תָסֻרוּ יָמִין וּשְׂמֹאל׃ בְּכָל־הַדֶּרֶךְ
אֲשֶׁר צִוָּה יְהוָה אֱלֹהֵיכֶם אֶתְכֶם תֵּלֵכוּ לְמַעַן תִּחְיוּן וְטוֹב
לָכֶם וְהַאֲרַכְתֶּם יָמִים בָּאָרֶץ אֲשֶׁר תִּירָשׁוּן׃

ו Cap. VI. ו

א וְזֹאת הַמִּצְוָה הַחֻקִּים וְהַמִּשְׁפָּטִים אֲשֶׁר צִוָּה יְהוָה
אֱלֹהֵיכֶם לְלַמֵּד אֶתְכֶם לַעֲשׂוֹת בָּאָרֶץ אֲשֶׁר אַתֶּם עֹבְרִים
2 שָׁמָּה לְרִשְׁתָּהּ׃ לְמַעַן תִּירָא אֶת־יְהוָה אֱלֹהֶיךָ לִשְׁמֹר אֶת־
כָּל־חֻקֹּתָיו וּמִצְוֺתָיו אֲשֶׁר אָנֹכִי מְצַוֶּךָ אַתָּה וּבִנְךָ וּבֶן־בִּנְךָ
3 כֹּל יְמֵי חַיֶּיךָ וּלְמַעַן יַאֲרִכֻן יָמֶיךָ׃ וְשָׁמַעְתָּ יִשְׂרָאֵל וְשָׁמַרְתָּ
לַעֲשׂוֹת אֲשֶׁר יִיטַב לְךָ וַאֲשֶׁר תִּרְבּוּן מְאֹד כַּאֲשֶׁר דִּבֶּר יְהוָה
אֱלֹהֵי אֲבֹתֶיךָ לָךְ אֶרֶץ זָבַת חָלָב וּדְבָשׁ׃* פ חמישי
לספ׳
4 ה שְׁמַ**ע** יִשְׂרָאֵל יְהוָה אֱלֹהֵינוּ ׀ יְהוָה ׀ אֶחָ**ד**׃ וְאָהַבְתָּ אֵת ששי לאש׳
יְהוָה אֱלֹהֶיךָ בְּכָל־לְבָבְךָ וּבְכָל־נַפְשְׁךָ וּבְכָל־מְאֹדֶךָ׃
6 וְהָיוּ הַדְּבָרִים הָאֵלֶּה אֲשֶׁר אָנֹכִי מְצַוְּךָ הַיּוֹם עַל־לְבָבֶךָ׃
7 וְשִׁנַּנְתָּם לְבָנֶיךָ וְדִבַּרְתָּ בָּם בְּשִׁבְתְּךָ בְּבֵיתֶךָ וּבְלֶכְתְּךָ בַדֶּרֶךְ
8 וּבְשָׁכְבְּךָ וּבְקוּמֶךָ׃ וּקְשַׁרְתָּם לְאוֹת עַל־יָדֶךָ וְהָיוּ לְטֹטָפֹת
9 בֵּין עֵינֶיךָ׃ וּכְתַבְתָּם עַל־מְזֻזוֹת בֵּיתֶךָ וּבִשְׁעָרֶיךָ׃* ס
י וְהָיָה כִּי־יְבִיאֲךָ ׀ יְהוָה אֱלֹהֶיךָ אֶל־הָאָרֶץ אֲשֶׁר נִשְׁבַּע לספ׳
לַאֲבֹתֶיךָ לְאַבְרָהָם לְיִצְחָק וּלְיַעֲקֹב לָתֶת לָךְ עָרִים גְּדֹלֹת
11 וְטֹבֹת אֲשֶׁר לֹא־בָנִיתָ׃ וּבָתִּים מְלֵאִים כָּל־טוּב אֲשֶׁר לֹא־
מִלֵּאתָ וּבֹרֹת חֲצוּבִים אֲשֶׁר לֹא־חָצַבְתָּ כְּרָמִים וְזֵיתִים אֲשֶׁר

לא־נטעת

ר v. 4. ע׳ ד׳ רבתי v. 11. ב׳ טעמים

12 לֹא־נָטָעְתָּ וְאָכַלְתָּ וְשָׂבָעְתָּ׃ הִשָּׁמֶר לְךָ פֶּן־תִּשְׁכַּח אֶת־יְהוָה
13 אֲשֶׁר הוֹצִיאֲךָ מֵאֶרֶץ מִצְרַיִם מִבֵּית עֲבָדִים׃ אֶת־יְהוָה
14 אֱלֹהֶיךָ תִּירָא וְאֹתוֹ תַעֲבֹד וּבִשְׁמוֹ תִּשָּׁבֵעַ׃ לֹא תֵלְכוּן אַחֲרֵי
טו אֱלֹהִים אֲחֵרִים מֵאֱלֹהֵי הָעַמִּים אֲשֶׁר סְבִיבוֹתֵיכֶם׃ כִּי אֵל
קַנָּא יְהוָה אֱלֹהֶיךָ בְּקִרְבֶּךָ פֶּן־יֶחֱרֶה אַף־יְהוָה אֱלֹהֶיךָ בָּךְ
16 וְהִשְׁמִידְךָ מֵעַל פְּנֵי הָאֲדָמָה׃ ס לֹא תְנַסּוּ אֶת־יְהוָה
17 אֱלֹהֵיכֶם כַּאֲשֶׁר נִסִּיתֶם בַּמַּסָּה׃ שָׁמוֹר תִּשְׁמְרוּן אֶת־מִצְוֺת
18 יְהוָה אֱלֹהֵיכֶם וְעֵדֹתָיו וְחֻקָּיו אֲשֶׁר צִוָּךְ׃ וְעָשִׂיתָ הַיָּשָׁר וְהַטּוֹב
בְּעֵינֵי יְהוָה לְמַעַן יִיטַב לָךְ וּבָאתָ וְיָרַשְׁתָּ אֶת־הָאָרֶץ הַטֹּבָה
19 אֲשֶׁר־נִשְׁבַּע יְהוָה לַאֲבֹתֶיךָ׃ לַהֲדֹף אֶת־כָּל־אֹיְבֶיךָ מִפָּנֶיךָ
כ כַּאֲשֶׁר דִּבֶּר יְהוָה׃ ס כִּי־יִשְׁאָלְךָ בִנְךָ מָחָר לֵאמֹר מָה
הָעֵדֹת וְהַחֻקִּים וְהַמִּשְׁפָּטִים אֲשֶׁר צִוָּה יְהוָה אֱלֹהֵינוּ אֶתְכֶם׃
21 וְאָמַרְתָּ לְבִנְךָ עֲבָדִים הָיִינוּ לְפַרְעֹה בְּמִצְרָיִם וַיֹּצִיאֵנוּ יְהוָה
22 מִמִּצְרַיִם בְּיָד חֲזָקָה׃ וַיִּתֵּן יְהוָה אוֹתֹת וּמֹפְתִים גְּדֹלִים
23 וְרָעִים ׀ בְּמִצְרַיִם בְּפַרְעֹה וּבְכָל־בֵּיתוֹ לְעֵינֵינוּ׃ וְאוֹתָנוּ
הוֹצִיא מִשָּׁם לְמַעַן הָבִיא אֹתָנוּ לָתֶת לָנוּ אֶת־הָאָרֶץ אֲשֶׁר
24 נִשְׁבַּע לַאֲבֹתֵינוּ׃ וַיְצַוֵּנוּ יְהוָה לַעֲשׂוֹת אֶת־כָּל־הַחֻקִּים הָאֵלֶּה
לְיִרְאָה אֶת־יְהוָה אֱלֹהֵינוּ לְטוֹב לָנוּ כָּל־הַיָּמִים לְחַיֹּתֵנוּ
כה כְּהַיּוֹם הַזֶּה׃ וּצְדָקָה תִּהְיֶה־לָּנוּ כִּי־נִשְׁמֹר לַעֲשׂוֹת אֶת־
כָּל־הַמִּצְוָה הַזֹּאת לִפְנֵי יְהוָה אֱלֹהֵינוּ כַּאֲשֶׁר צִוָּנוּ׃* ס

ז CAP. VII. ז

א כִּי יְבִיאֲךָ יְהוָה אֱלֹהֶיךָ אֶל־הָאָרֶץ אֲשֶׁר־אַתָּה בָא־ שביעי
שָׁמָּה לְרִשְׁתָּהּ וְנָשַׁל גּוֹיִם־רַבִּים ׀ מִפָּנֶיךָ הַחִתִּי וְהַגִּרְגָּשִׁי
וְהָאֱמֹרִי וְהַכְּנַעֲנִי וְהַפְּרִזִּי וְהַחִוִּי וְהַיְבוּסִי שִׁבְעָה גוֹיִם רַבִּים
2 וַעֲצוּמִים מִמֶּךָּ׃ וּנְתָנָם יְהוָה אֱלֹהֶיךָ לְפָנֶיךָ וְהִכִּיתָם הַחֲרֵם
3 תַּחֲרִים אֹתָם לֹא־תִכְרֹת לָהֶם בְּרִית וְלֹא תְחָנֵּם׃ וְלֹא
תִתְחַתֵּן בָּם בִּתְּךָ לֹא־תִתֵּן לִבְנוֹ וּבִתּוֹ לֹא־תִקַּח לִבְנֶךָ׃
4 כִּי־יָסִיר אֶת־בִּנְךָ מֵאַחֲרַי וְעָבְדוּ אֱלֹהִים אֲחֵרִים וְחָרָה

ה אַף־יְהוָה֙ בָּכֶם֙ וְהִשְׁמִידֶ֖ךָ מַהֵ֑ר כִּ֣י אִם־כֹּ֤ה תַעֲשׂוּ֙ לָהֶ֔ם
מִזְבְּחֹתֵיהֶ֣ם תִּתֹּ֔צוּ וּמַצֵּבֹתָ֖ם תְּשַׁבֵּ֑רוּ וַאֲשֵׁירֵהֶם֙ תְּגַדֵּע֔וּן
6 וּפְסִילֵיהֶ֖ם תִּשְׂרְפ֣וּן בָּאֵֽשׁ׃ כִּ֣י עַ֤ם קָדוֹשׁ֙ אַתָּ֔ה לַיהוָ֖ה
אֱלֹהֶ֑יךָ בְּךָ֣ בָּחַ֣ר ׀ יְהוָ֣ה אֱלֹהֶ֗יךָ לִהְי֥וֹת לוֹ֙ לְעַ֣ם סְגֻלָּ֔ה
7 מִכֹּל֙ הָֽעַמִּ֔ים אֲשֶׁ֖ר עַל־פְּנֵ֥י הָאֲדָמָֽה׃ לֹ֣א מֵֽרֻבְּכֶ֞ם מִכָּל־
הָֽעַמִּ֗ים חָשַׁ֧ק יְהוָ֛ה בָּכֶ֖ם וַיִּבְחַ֣ר בָּכֶ֑ם כִּֽי־אַתֶּ֥ם הַמְעַ֖ט מִכָּל־
8 הָעַמִּֽים׃ כִּי֩ מֵֽאַהֲבַ֨ת יְהוָ֜ה אֶתְכֶ֗ם וּמִשָּׁמְר֤וֹ אֶת־הַשְּׁבֻעָה֙
אֲשֶׁ֤ר נִשְׁבַּע֙ לַאֲבֹ֣תֵיכֶ֔ם הוֹצִ֧יא יְהוָ֛ה אֶתְכֶ֖ם בְּיָ֣ד חֲזָקָ֑ה וַֽיִּפְדְּךָ֙
מפטיר 9 מִבֵּ֣ית עֲבָדִ֔ים מִיַּ֖ד פַּרְעֹ֥ה מֶֽלֶךְ־מִצְרָֽיִם׃ וְיָ֣דַעְתָּ֔ כִּֽי־יְהוָ֥ה
אֱלֹהֶ֖יךָ ה֣וּא הָֽאֱלֹהִ֑ים הָאֵל֙ הַֽנֶּאֱמָ֔ן שֹׁמֵ֧ר הַבְּרִ֣ית וְהַחֶ֗סֶד
י לְאֹהֲבָ֛יו וּלְשֹׁמְרֵ֥י מִצְוֺתָ֖יו לְאֶ֥לֶף דּֽוֹר׃ וּמְשַׁלֵּ֧ם לְשֹׂנְאָ֛יו אֶל־
11 פָּנָ֖יו לְהַאֲבִיד֑וֹ לֹ֤א יְאַחֵר֙ לְשֹׂ֣נְא֔וֹ אֶל־פָּנָ֖יו יְשַׁלֶּם־לֽוֹ׃ וְשָׁמַרְתָּ֣
אֶת־הַמִּצְוָ֗ה וְאֶת־הַֽחֻקִּ֤ים וְאֶת־הַמִּשְׁפָּטִים֙ אֲשֶׁ֧ר אָנֹכִ֛י מְצַוְּךָ֥
הַיּ֖וֹם לַעֲשׂוֹתָֽם׃ פפפ

עֵקֶב מו 46

12 וְהָיָ֣ה ׀ עֵ֣קֶב תִּשְׁמְע֗וּן אֵ֤ת הַמִּשְׁפָּטִים֙ הָאֵ֔לֶּה וּשְׁמַרְתֶּ֥ם וַעֲשִׂיתֶ֖ם
אֹתָ֑ם וְשָׁמַר֩ יְהוָ֨ה אֱלֹהֶ֜יךָ לְךָ֗ אֶֽת־הַבְּרִית֙ וְאֶת־הַחֶ֔סֶד אֲשֶׁ֥ר
13 נִשְׁבַּ֖ע לַאֲבֹתֶֽיךָ׃ וַאֲהֵ֣בְךָ֔ וּבֵרַכְךָ֖ וְהִרְבֶּ֑ךָ וּבֵרַ֣ךְ פְּרִֽי־בִטְנְךָ֣
וּפְרִֽי־אַדְמָתֶ֗ךָ דְּגָ֨נְךָ֜ וְתִֽירֹֽשְׁךָ֣ וְיִצְהָרֶ֗ךָ שְׁגַר־אֲלָפֶ֙יךָ֙ וְעַשְׁתְּרֹ֣ת
14 צֹאנֶ֔ךָ עַ֚ל הָֽאֲדָמָ֔ה אֲשֶׁר־נִשְׁבַּ֥ע לַאֲבֹתֶ֖יךָ לָ֥תֶת לָֽךְ׃ בָּר֥וּךְ
תִּֽהְיֶ֖ה מִכָּל־הָעַמִּ֑ים לֹא־יִהְיֶ֥ה בְךָ֛ עָקָ֥ר וַֽעֲקָרָ֖ה וּבִבְהֶמְתֶּֽךָ׃
טו וְהֵסִ֧יר יְהוָ֛ה מִמְּךָ֖ כָּל־חֹ֑לִי וְכָל־מַדְוֵי֩ מִצְרַ֨יִם הָרָעִ֜ים אֲשֶׁ֣ר
16 יָדַ֗עְתָּ לֹ֤א יְשִׂימָם֙ בָּ֔ךְ וּנְתָנָ֖ם בְּכָל־שֹׂנְאֶֽיךָ׃ וְאָכַלְתָּ֣ אֶת־כָּל־
הָֽעַמִּ֗ים אֲשֶׁ֨ר יְהוָ֤ה אֱלֹהֶ֙יךָ֙ נֹתֵ֣ן לָ֔ךְ לֹא־תָח֥וֹס עֵֽינְךָ֖ עֲלֵיהֶ֑ם
17 וְלֹ֤א תַעֲבֹד֙ אֶת־אֱלֹ֣הֵיהֶ֔ם כִּֽי־מוֹקֵ֥שׁ ה֖וּא לָֽךְ׃ ס כִּ֤י תֹאמַר֙
בִּלְבָ֣בְךָ֔ רַבִּ֛ים הַגּוֹיִ֥ם הָאֵ֖לֶּה מִמֶּ֑נִּי אֵיכָ֥ה אוּכַ֖ל לְהוֹרִישָֽׁם׃
18 לֹ֥א תִירָ֖א מֵהֶ֑ם זָכֹ֣ר תִּזְכֹּ֗ר אֵ֤ת אֲשֶׁר־עָשָׂה֙ יְהוָ֣ה אֱלֹהֶ֔יךָ

לפרעה

---

19 לְפַרְעֹה וּלְכָל־מִצְרָיִם׃ הַמַּסֹּת הַגְּדֹלֹת אֲשֶׁר־רָאוּ עֵינֶיךָ
וְהָאֹתֹת וְהַמֹּפְתִים וְהַיָּד הַחֲזָקָה וְהַזְּרֹעַ הַנְּטוּיָה אֲשֶׁר הוֹצִאֲךָ
יְהוָה אֱלֹהֶיךָ כֵּן־יַעֲשֶׂה יְהוָה אֱלֹהֶיךָ לְכָל־הָעַמִּים אֲשֶׁר־
כ אַתָּה יָרֵא מִפְּנֵיהֶם׃ וְגַם אֶת־הַצִּרְעָה יְשַׁלַּח יְהוָה אֱלֹהֶיךָ בָּם
21 עַד־אֲבֹד הַנִּשְׁאָרִים וְהַנִּסְתָּרִים מִפָּנֶיךָ׃ לֹא תַעֲרֹץ מִפְּנֵיהֶם
22 כִּי־יְהוָה אֱלֹהֶיךָ בְּקִרְבֶּךָ אֵל גָּדוֹל וְנוֹרָא׃ וְנָשַׁל יְהוָה
אֱלֹהֶיךָ אֶת־הַגּוֹיִם הָאֵל מִפָּנֶיךָ מְעַט מְעָט לֹא תוּכַל כַּלֹּתָם
23 מַהֵר פֶּן־תִּרְבֶּה עָלֶיךָ חַיַּת הַשָּׂדֶה׃ וּנְתָנָם יְהוָה אֱלֹהֶיךָ
24 לְפָנֶיךָ וְהָמָם מְהוּמָה גְדֹלָה עַד הִשָּׁמְדָם׃ וְנָתַן מַלְכֵיהֶם
בְּיָדֶךָ וְהַאֲבַדְתָּ אֶת־שְׁמָם מִתַּחַת הַשָּׁמָיִם לֹא־יִתְיַצֵּב אִישׁ
כה בְּפָנֶיךָ עַד הִשְׁמִדְךָ אֹתָם׃ פְּסִילֵי אֱלֹהֵיהֶם תִּשְׂרְפוּן בָּאֵשׁ
לֹא־תַחְמֹד כֶּסֶף וְזָהָב עֲלֵיהֶם וְלָקַחְתָּ לָךְ פֶּן תִּוָּקֵשׁ בּוֹ כִּי
26 תוֹעֲבַת יְהוָה אֱלֹהֶיךָ הוּא׃ וְלֹא־תָבִיא תוֹעֵבָה אֶל־בֵּיתֶךָ
וְהָיִיתָ חֵרֶם כָּמֹהוּ שַׁקֵּץ ׀ תְּשַׁקְּצֶנּוּ וְתַעֵב ׀ תְּתַעֲבֶנּוּ כִּי־חֵרֶם
הוּא׃ פ

ח CAP. VIII. ח

א כָּל־הַמִּצְוָה אֲשֶׁר אָנֹכִי מְצַוְּךָ הַיּוֹם תִּשְׁמְרוּן לַעֲשׂוֹת לְמַעַן
תִּחְיוּן וּרְבִיתֶם וּבָאתֶם וִירִשְׁתֶּם אֶת־הָאָרֶץ אֲשֶׁר־נִשְׁבַּע
2 יְהוָה לַאֲבֹתֵיכֶם׃ וְזָכַרְתָּ אֶת־כָּל־הַדֶּרֶךְ אֲשֶׁר הוֹלִיכֲךָ
יְהוָה אֱלֹהֶיךָ זֶה אַרְבָּעִים שָׁנָה בַּמִּדְבָּר לְמַעַן עַנֹּתְךָ לְנַסֹּתְךָ
3 לָדַעַת אֶת־אֲשֶׁר בִּלְבָבְךָ הֲתִשְׁמֹר מִצְוֹתָו אִם־לֹא׃ וַיְעַנְּךָ
וַיַּרְעִבֶךָ וַיַּאֲכִלְךָ אֶת־הַמָּן אֲשֶׁר לֹא־יָדַעְתָּ וְלֹא יָדְעוּן
אֲבֹתֶיךָ לְמַעַן הוֹדִיעֲךָ כִּי לֹא עַל־הַלֶּחֶם לְבַדּוֹ יִחְיֶה הָאָדָם
4 כִּי עַל־כָּל־מוֹצָא פִי־יְהוָה יִחְיֶה הָאָדָם׃ שִׂמְלָתְךָ לֹא בָלְתָה
ה מֵעָלֶיךָ וְרַגְלְךָ לֹא בָצֵקָה זֶה אַרְבָּעִים שָׁנָה׃ וְיָדַעְתָּ עִם־
לְבָבֶךָ כִּי כַּאֲשֶׁר יְיַסֵּר אִישׁ אֶת־בְּנוֹ יְהוָה אֱלֹהֶיךָ מְיַסְּרֶךָּ׃
6 וְשָׁמַרְתָּ אֶת־מִצְוֹת יְהוָה אֱלֹהֶיךָ לָלֶכֶת בִּדְרָכָיו וּלְיִרְאָה
7 אֹתוֹ׃ כִּי יְהוָה אֱלֹהֶיךָ מְבִיאֲךָ אֶל־אֶרֶץ טוֹבָה אֶרֶץ נַחֲלֵי

מים

ד׳ v. 22. סבירין האלה   ח׳ v. 2. מצותיו ק׳

8 מַיִם עֲיָנֹת וּתְהֹמֹת יֹצְאִים בַּבִּקְעָה וּבָהָר׃ אֶרֶץ חִטָּה וּשְׂעֹרָה
9 וְגֶפֶן וּתְאֵנָה וְרִמּוֹן אֶרֶץ־זֵית שֶׁמֶן וּדְבָשׁ׃ אֶרֶץ אֲשֶׁר לֹא
בְמִסְכֵּנֻת תֹּאכַל־בָּהּ לֶחֶם לֹא־תֶחְסַר כֹּל בָּהּ אֶרֶץ אֲשֶׁר
י אֲבָנֶיהָ בַרְזֶל וּמֵהֲרָרֶיהָ תַּחְצֹב נְחֹשֶׁת׃ וְאָכַלְתָּ וְשָׂבָעְתָּ
וּבֵרַכְתָּ אֶת־יְהוָה אֱלֹהֶיךָ עַל־הָאָרֶץ הַטֹּבָה אֲשֶׁר נָתַן־
11 לָךְ׃ * הִשָּׁמֶר לְךָ פֶּן־תִּשְׁכַּח אֶת־יְהוָה אֱלֹהֶיךָ לְבִלְתִּי שְׁמֹר שני
12 מִצְוֺתָיו וּמִשְׁפָּטָיו וְחֻקֹּתָיו אֲשֶׁר אָנֹכִי מְצַוְּךָ הַיּוֹם׃ פֶּן־תֹּאכַל
13 וְשָׂבָעְתָּ וּבָתִּים טֹבִים תִּבְנֶה וְיָשָׁבְתָּ׃ וּבְקָרְךָ וְצֹאנְךָ יִרְבְּיֻן
14 וְכֶסֶף וְזָהָב יִרְבֶּה־לָּךְ וְכֹל אֲשֶׁר־לְךָ יִרְבֶּה׃ וְרָם לְבָבֶךָ
וְשָׁכַחְתָּ אֶת־יְהוָה אֱלֹהֶיךָ הַמּוֹצִיאֲךָ מֵאֶרֶץ מִצְרַיִם מִבֵּית
טו עֲבָדִים׃ הַמּוֹלִיכֲךָ בַּמִּדְבָּר ׀ הַגָּדֹל וְהַנּוֹרָא נָחָשׁ ׀ שָׂרָף וְעַקְרָב
וְצִמָּאוֹן אֲשֶׁר אֵין־מָיִם הַמּוֹצִיא לְךָ מַיִם מִצּוּר הַחַלָּמִישׁ׃
16 הַמַּאֲכִלְךָ מָן בַּמִּדְבָּר אֲשֶׁר לֹא־יָדְעוּן אֲבֹתֶיךָ לְמַעַן עַנֹּתְךָ
17 וּלְמַעַן נַסֹּתֶךָ לְהֵיטִבְךָ בְּאַחֲרִיתֶךָ׃ וְאָמַרְתָּ בִּלְבָבֶךָ כֹּחִי
18 וְעֹצֶם יָדִי עָשָׂה לִי אֶת־הַחַיִל הַזֶּה׃ וְזָכַרְתָּ אֶת־יְהוָה אֱלֹהֶיךָ
כִּי הוּא הַנֹּתֵן לְךָ כֹּחַ לַעֲשׂוֹת חָיִל לְמַעַן הָקִים אֶת־בְּרִיתוֹ
אֲשֶׁר־נִשְׁבַּע לַאֲבֹתֶיךָ כַּיּוֹם הַזֶּה׃ פ
19 וְהָיָה אִם־שָׁכֹחַ תִּשְׁכַּח אֶת־יְהוָה אֱלֹהֶיךָ וְהָלַכְתָּ אַחֲרֵי
אֱלֹהִים אֲחֵרִים וַעֲבַדְתָּם וְהִשְׁתַּחֲוִיתָ לָהֶם הַעִדֹתִי בָכֶם
כ הַיּוֹם כִּי אָבֹד תֹּאבֵדוּן׃ כַּגּוֹיִם אֲשֶׁר יְהוָה מַאֲבִיד מִפְּנֵיכֶם
כֵּן תֹּאבֵדוּן עֵקֶב לֹא תִשְׁמְעוּן בְּקוֹל יְהוָה אֱלֹהֵיכֶם׃ פ

ט CAP. IX. ט

א שְׁמַע יִשְׂרָאֵל אַתָּה עֹבֵר הַיּוֹם אֶת־הַיַּרְדֵּן לָבֹא לָרֶשֶׁת גּוֹיִם
2 גְּדֹלִים וַעֲצֻמִים מִמֶּךָּ עָרִים גְּדֹלֹת וּבְצֻרֹת בַּשָּׁמָיִם׃ עַם־
גָּדוֹל וָרָם בְּנֵי עֲנָקִים אֲשֶׁר אַתָּה יָדַעְתָּ וְאַתָּה שָׁמַעְתָּ מִי
3 יִתְיַצֵּב לִפְנֵי בְּנֵי עֲנָק׃ וְיָדַעְתָּ הַיּוֹם כִּי יְהוָה אֱלֹהֶיךָ הוּא־
הָעֹבֵר לְפָנֶיךָ אֵשׁ אֹכְלָה הוּא יַשְׁמִידֵם וְהוּא יַכְנִיעֵם לְפָנֶיךָ
4 וְהוֹרַשְׁתָּם וְהַאֲבַדְתָּם מַהֵר כַּאֲשֶׁר דִּבֶּר יְהוָה לָךְ׃ * אַל־ שלישי
תאמר

תֹּאמַר בִּלְבָבְךָ בַּהֲדֹף יְהוָה אֱלֹהֶיךָ אֹתָם ׀ מִלְּפָנֶיךָ לֵאמֹר
בְּצִדְקָתִי הֱבִיאַנִי יְהוָה לָרֶשֶׁת אֶת־הָאָרֶץ הַזֹּאת וּבְרִשְׁעַת
ה הַגּוֹיִם הָאֵלֶּה יְהוָה מוֹרִישָׁם מִפָּנֶיךָ׃ לֹא בְצִדְקָתְךָ וּבְיֹשֶׁר
לְבָבְךָ אַתָּה בָא לָרֶשֶׁת אֶת־אַרְצָם כִּי בְּרִשְׁעַת ׀ הַגּוֹיִם הָאֵלֶּה
יְהוָה אֱלֹהֶיךָ מוֹרִישָׁם מִפָּנֶיךָ וּלְמַעַן הָקִים אֶת־הַדָּבָר אֲשֶׁר
6 נִשְׁבַּע יְהוָה לַאֲבֹתֶיךָ לְאַבְרָהָם לְיִצְחָק וּלְיַעֲקֹב׃ וְיָדַעְתָּ כִּי
לֹא בְצִדְקָתְךָ יְהוָה אֱלֹהֶיךָ נֹתֵן לְךָ אֶת־הָאָרֶץ הַטּוֹבָה הַזֹּאת
7 לְרִשְׁתָּהּ כִּי עַם־קְשֵׁה־עֹרֶף אָתָּה׃ זְכֹר אַל־תִּשְׁכַּח אֵת
אֲשֶׁר־הִקְצַפְתָּ אֶת־יְהוָה אֱלֹהֶיךָ בַּמִּדְבָּר לְמִן־הַיּוֹם אֲשֶׁר־
יָצָאתָ ׀ מֵאֶרֶץ מִצְרַיִם עַד־בֹּאֲכֶם עַד־הַמָּקוֹם הַזֶּה מַמְרִים
8 הֱיִיתֶם עִם־יְהוָה׃ וּבְחֹרֵב הִקְצַפְתֶּם אֶת־יְהוָה וַיִּתְאַנַּף יְהוָה
9 בָּכֶם לְהַשְׁמִיד אֶתְכֶם׃ בַּעֲלֹתִי הָהָרָה לָקַחַת לוּחֹת הָאֲבָנִים
לוּחֹת הַבְּרִית אֲשֶׁר־כָּרַת יְהוָה עִמָּכֶם וָאֵשֵׁב בָּהָר אַרְבָּעִים
י יוֹם וְאַרְבָּעִים לַיְלָה לֶחֶם לֹא אָכַלְתִּי וּמַיִם לֹא שָׁתִיתִי׃ וַיִּתֵּן
יְהוָה אֵלַי אֶת־שְׁנֵי לוּחֹת הָאֲבָנִים כְּתֻבִים בְּאֶצְבַּע אֱלֹהִים
וַעֲלֵיהֶם כְּכָל־הַדְּבָרִים אֲשֶׁר דִּבֶּר יְהוָה עִמָּכֶם בָּהָר מִתּוֹךְ
11 הָאֵשׁ בְּיוֹם הַקָּהָל׃ וַיְהִי מִקֵּץ אַרְבָּעִים יוֹם וְאַרְבָּעִים לָיְלָה
12 נָתַן יְהוָה אֵלַי אֶת־שְׁנֵי לֻחֹת הָאֲבָנִים לֻחוֹת הַבְּרִית׃ וַיֹּאמֶר
יְהוָה אֵלַי קוּם רֵד מַהֵר מִזֶּה כִּי שִׁחֵת עַמְּךָ אֲשֶׁר הוֹצֵאתָ
מִמִּצְרָיִם סָרוּ מַהֵר מִן־הַדֶּרֶךְ אֲשֶׁר צִוִּיתִם עָשׂוּ לָהֶם מַסֵּכָה׃
13 וַיֹּאמֶר יְהוָה אֵלַי לֵאמֹר רָאִיתִי אֶת־הָעָם הַזֶּה וְהִנֵּה עַם־
14 קְשֵׁה־עֹרֶף הוּא׃ הֶרֶף מִמֶּנִּי וְאַשְׁמִידֵם וְאֶמְחֶה אֶת־שְׁמָם
טו מִתַּחַת הַשָּׁמָיִם וְאֶעֱשֶׂה אוֹתְךָ לְגוֹי־עָצוּם וָרָב מִמֶּנּוּ׃ וָאֵפֶן
וָאֵרֵד מִן־הָהָר וְהָהָר בֹּעֵר בָּאֵשׁ וּשְׁנֵי לוּחֹת הַבְּרִית עַל
16 שְׁתֵּי יָדָי׃ וָאֵרֶא וְהִנֵּה חֲטָאתֶם לַיהוָה אֱלֹהֵיכֶם עֲשִׂיתֶם לָכֶם
עֵגֶל מַסֵּכָה סַרְתֶּם מַהֵר מִן־הַדֶּרֶךְ אֲשֶׁר־צִוָּה יְהוָה אֶתְכֶם׃
17 וָאֶתְפֹּשׂ בִּשְׁנֵי הַלֻּחֹת וָאַשְׁלִכֵם מֵעַל שְׁתֵּי יָדָי וָאֲשַׁבְּרֵם
18 לְעֵינֵיכֶם׃ וָאֶתְנַפַּל לִפְנֵי יְהוָה כָּרִאשֹׁנָה אַרְבָּעִים יוֹם

וארבעים

וְאַרְבָּעִים לַיְלָה לֶחֶם לֹא אָכַלְתִּי וּמַיִם לֹא שָׁתִיתִי עַל כָּל־
חַטַּאתְכֶם אֲשֶׁר חֲטָאתֶם לַעֲשׂוֹת הָרַע בְּעֵינֵי יְהוָה לְהַכְעִיסוֹ׃
19 כִּי יָגֹרְתִּי מִפְּנֵי הָאַף וְהַחֵמָה אֲשֶׁר קָצַף יְהוָה עֲלֵיכֶם לְהַשְׁמִיד
כ אֶתְכֶם וַיִּשְׁמַע יְהוָה אֵלַי גַּם בַּפַּעַם הַהִוא׃ וּבְאַהֲרֹן הִתְאַנַּף
יְהוָה מְאֹד לְהַשְׁמִידוֹ וָאֶתְפַּלֵּל גַּם־בְּעַד אַהֲרֹן בָּעֵת הַהִוא׃
21 וְאֶת־חַטַּאתְכֶם אֲשֶׁר־עֲשִׂיתֶם אֶת־הָעֵגֶל לָקַחְתִּי וָאֶשְׂרֹף
אֹתוֹ ׀ בָּאֵשׁ וָאֶכֹּת אֹתוֹ טָחוֹן הֵיטֵב עַד אֲשֶׁר־דַּק לְעָפָר
22 וָאַשְׁלִךְ אֶת־עֲפָרוֹ אֶל־הַנַּחַל הַיֹּרֵד מִן־הָהָר׃ וּבְתַבְעֵרָה
23 וּבְמַסָּה וּבְקִבְרֹת הַתַּאֲוָה מַקְצִפִים הֱיִיתֶם אֶת־יְהוָה׃ וּבִשְׁלֹחַ
יְהוָה אֶתְכֶם מִקָּדֵשׁ בַּרְנֵעַ לֵאמֹר עֲלוּ וּרְשׁוּ אֶת־הָאָרֶץ אֲשֶׁר
נָתַתִּי לָכֶם וַתַּמְרוּ אֶת־פִּי יְהוָה אֱלֹהֵיכֶם וְלֹא הֶאֱמַנְתֶּם לוֹ
24 וְלֹא שְׁמַעְתֶּם בְּקֹלוֹ׃ מַמְרִים הֱיִיתֶם עִם־יְהוָה מִיּוֹם דַּעְתִּי
כה אֶתְכֶם׃ וָאֶתְנַפַּל לִפְנֵי יְהוָה אֵת אַרְבָּעִים הַיּוֹם וְאֶת־
אַרְבָּעִים הַלַּיְלָה אֲשֶׁר הִתְנַפָּלְתִּי כִּי־אָמַר יְהוָה לְהַשְׁמִיד
26 אֶתְכֶם׃ וָאֶתְפַּלֵּל אֶל־יְהוָה וָאֹמַר אֲדֹנָי יְהוִה אַל־תַּשְׁחֵת
עַמְּךָ וְנַחֲלָתְךָ אֲשֶׁר פָּדִיתָ בְּגָדְלֶךָ אֲשֶׁר־הוֹצֵאתָ מִמִּצְרַיִם
27 בְּיָד חֲזָקָה׃ זְכֹר לַעֲבָדֶיךָ לְאַבְרָהָם לְיִצְחָק וּלְיַעֲקֹב אַל־
28 תֵּפֶן אֶל־קְשִׁי הָעָם הַזֶּה וְאֶל־רִשְׁעוֹ וְאֶל־חַטָּאתוֹ׃ פֶּן־
יֹאמְרוּ הָאָרֶץ אֲשֶׁר הוֹצֵאתָנוּ מִשָּׁם מִבְּלִי יְכֹלֶת יְהוָה
לַהֲבִיאָם אֶל־הָאָרֶץ אֲשֶׁר־דִּבֶּר לָהֶם וּמִשִּׂנְאָתוֹ אוֹתָם
29 הוֹצִיאָם לַהֲמִתָם בַּמִּדְבָּר׃ וְהֵם עַמְּךָ וְנַחֲלָתֶךָ אֲשֶׁר הוֹצֵאתָ
בְּכֹחֲךָ הַגָּדֹל וּבִזְרֹעֲךָ הַנְּטוּיָה׃ * פ

י CAP. X. י

א בָּעֵת הַהִוא אָמַר יְהוָה אֵלַי פְּסָל־לְךָ שְׁנֵי־לוּחֹת אֲבָנִים רביעי
2 כָּרִאשֹׁנִים וַעֲלֵה אֵלַי הָהָרָה וְעָשִׂיתָ לְּךָ אֲרוֹן עֵץ׃ וְאֶכְתֹּב
עַל־הַלֻּחֹת אֶת־הַדְּבָרִים אֲשֶׁר הָיוּ עַל־הַלֻּחֹת הָרִאשֹׁנִים
3 אֲשֶׁר שִׁבַּרְתָּ וְשַׂמְתָּם בָּאָרוֹן׃ וָאַעַשׂ אֲרוֹן עֲצֵי שִׁטִּים וָאֶפְסֹל
שְׁנֵי־לֻחֹת אֲבָנִים כָּרִאשֹׁנִים וָאַעַל הָהָרָה וּשְׁנֵי הַלֻּחֹת בְּיָדִי׃

ויכתב

4 וַיִּכְתֹּב עַל־הַלֻּחֹת כַּמִּכְתָּב הָרִאשׁוֹן אֵת עֲשֶׂרֶת הַדְּבָרִים
אֲשֶׁר דִּבֶּר יְהוָה אֲלֵיכֶם בָּהָר מִתּוֹךְ הָאֵשׁ בְּיוֹם הַקָּהָל וַיִּתְּנֵם
ה יְהוָה אֵלָי׃ וָאֵפֶן וָאֵרֵד מִן־הָהָר וָאָשִׂם אֶת־הַלֻּחֹת בָּאָרוֹן
6 אֲשֶׁר עָשִׂיתִי וַיִּהְיוּ שָׁם כַּאֲשֶׁר צִוַּנִי יְהוָה׃ וּבְנֵי יִשְׂרָאֵל נָסְעוּ
מִבְּאֵרֹת בְּנֵי־יַעֲקָן מוֹסֵרָה שָׁם מֵת אַהֲרֹן וַיִּקָּבֵר שָׁם וַיְכַהֵן
7 אֶלְעָזָר בְּנוֹ תַּחְתָּיו׃ מִשָּׁם נָסְעוּ הַגֻּדְגֹּדָה וּמִן־הַגֻּדְגֹּדָה יָטְבָתָה
8 אֶרֶץ נַחֲלֵי־מָיִם׃ בָּעֵת הַהִוא הִבְדִּיל יְהוָה אֶת־שֵׁבֶט הַלֵּוִי
לָשֵׂאת אֶת־אֲרוֹן בְּרִית־יְהוָה לַעֲמֹד לִפְנֵי יְהוָה לְשָׁרְתוֹ
9 וּלְבָרֵךְ בִּשְׁמוֹ עַד הַיּוֹם הַזֶּה׃ עַל־כֵּן לֹא־הָיָה לְלֵוִי חֵלֶק
וְנַחֲלָה עִם־אֶחָיו יְהוָה הוּא נַחֲלָתוֹ כַּאֲשֶׁר דִּבֶּר יְהוָה אֱלֹהֶיךָ
י לוֹ׃ וְאָנֹכִי עָמַדְתִּי בָהָר כַּיָּמִים הָרִאשֹׁנִים אַרְבָּעִים יוֹם
וְאַרְבָּעִים לָיְלָה וַיִּשְׁמַע יְהוָה אֵלַי גַּם בַּפַּעַם הַהִוא לֹא־
11 אָבָה יְהוָה הַשְׁחִיתֶךָ׃ וַיֹּאמֶר יְהוָה אֵלַי קוּם לֵךְ לְמַסַּע לִפְנֵי
הָעָם וְיָבֹאוּ וְיִירְשׁוּ אֶת־הָאָרֶץ אֲשֶׁר־נִשְׁבַּעְתִּי לַאֲבֹתָם לָתֵת
לָהֶם׃ *
פ
12 וְעַתָּה יִשְׂרָאֵל מָה יְהוָה אֱלֹהֶיךָ שֹׁאֵל מֵעִמָּךְ כִּי אִם־לְיִרְאָה חמישי
אֶת־יְהוָה אֱלֹהֶיךָ לָלֶכֶת בְּכָל־דְּרָכָיו וּלְאַהֲבָה אֹתוֹ וְלַעֲבֹד
13 אֶת־יְהוָה אֱלֹהֶיךָ בְּכָל־לְבָבְךָ וּבְכָל־נַפְשֶׁךָ׃ לִשְׁמֹר אֶת־
מִצְוֹת יְהוָה וְאֶת־חֻקֹּתָיו אֲשֶׁר אָנֹכִי מְצַוְּךָ הַיּוֹם לְטוֹב לָךְ׃
14 הֵן לַיהוָה אֱלֹהֶיךָ הַשָּׁמַיִם וּשְׁמֵי הַשָּׁמָיִם הָאָרֶץ וְכָל־אֲשֶׁר־
טו בָּהּ׃ רַק בַּאֲבֹתֶיךָ חָשַׁק יְהוָה לְאַהֲבָה אוֹתָם וַיִּבְחַר בְּזַרְעָם
16 אַחֲרֵיהֶם בָּכֶם מִכָּל־הָעַמִּים כַּיּוֹם הַזֶּה׃ וּמַלְתֶּם אֵת עָרְלַת
17 לְבַבְכֶם וְעָרְפְּכֶם לֹא תַקְשׁוּ עוֹד׃ כִּי יְהוָה אֱלֹהֵיכֶם הוּא
אֱלֹהֵי הָאֱלֹהִים וַאֲדֹנֵי הָאֲדֹנִים הָאֵל הַגָּדֹל הַגִּבֹּר וְהַנּוֹרָא
18 אֲשֶׁר לֹא־יִשָּׂא פָנִים וְלֹא יִקַּח שֹׁחַד׃ עֹשֶׂה מִשְׁפַּט יָתוֹם
19 וְאַלְמָנָה וְאֹהֵב גֵּר לָתֶת לוֹ לֶחֶם וְשִׂמְלָה׃ וַאֲהַבְתֶּם אֶת־
כ הַגֵּר כִּי־גֵרִים הֱיִיתֶם בְּאֶרֶץ מִצְרָיִם׃ אֶת־יְהוָה אֱלֹהֶיךָ
21 תִּירָא אֹתוֹ תַעֲבֹד וּבוֹ תִדְבָּק וּבִשְׁמוֹ תִּשָּׁבֵעַ׃ הוּא תְהִלָּתְךָ

וְה֣וּא אֱלֹהֶ֔יךָ אֲשֶׁר־עָשָׂ֣ה אִתְּךָ֗ אֶת־הַגְּדֹלֹ֤ת וְאֶת־הַנּֽוֹרָאֹת֙
22 הָאֵ֔לֶּה אֲשֶׁ֥ר רָא֖וּ עֵינֶֽיךָ׃ בְּשִׁבְעִ֣ים נֶ֔פֶשׁ יָרְד֥וּ אֲבֹתֶ֖יךָ מִצְרָ֑יְמָה
וְעַתָּ֗ה שָֽׂמְךָ֙ יְהוָ֣ה אֱלֹהֶ֔יךָ כְּכוֹכְבֵ֥י הַשָּׁמַ֖יִם לָרֹֽב׃

יא Cap. XI. יא

א וְאָ֣הַבְתָּ֔ אֵ֖ת יְהוָ֣ה אֱלֹהֶ֑יךָ וְשָׁמַרְתָּ֣ מִשְׁמַרְתּ֗וֹ וְחֻקֹּתָ֛יו וּמִשְׁפָּטָ֥יו
2 וּמִצְוֺתָ֖יו כָּל־הַיָּמִֽים׃ וִֽידַעְתֶּם֮ הַיּוֹם֒ כִּ֣י ׀ לֹ֣א אֶת־בְּנֵיכֶ֗ם אֲשֶׁ֤ר
לֹא־יָֽדְעוּ֙ וַאֲשֶׁ֣ר לֹא־רָא֔וּ אֶת־מוּסַ֖ר יְהוָ֣ה אֱלֹהֵיכֶ֑ם אֶת־
3 גָּדְל֕וֹ אֶת־יָדוֹ֙ הַֽחֲזָקָ֔ה וּזְרֹע֖וֹ הַנְּטוּיָֽה׃ וְאֶת־אֹתֹתָיו֙ וְאֶת־
מַעֲשָׂ֔יו אֲשֶׁ֥ר עָשָׂ֖ה בְּת֣וֹךְ מִצְרָ֑יִם לְפַרְעֹ֥ה מֶֽלֶךְ־מִצְרַ֖יִם
4 וּלְכָל־אַרְצֽוֹ׃ וַאֲשֶׁ֣ר עָשָׂה֩ לְחֵ֨יל מִצְרַ֜יִם לְסוּסָ֣יו וּלְרִכְבּ֗וֹ
אֲשֶׁ֨ר הֵצִ֜יף אֶת־מֵ֤י יַם־סוּף֙ עַל־פְּנֵיהֶ֔ם בְּרָדְפָ֖ם אַחֲרֵיכֶ֑ם
ה וַיְאַבְּדֵ֣ם יְהוָ֔ה עַ֖ד הַיּ֥וֹם הַזֶּֽה׃ וַאֲשֶׁ֥ר עָשָׂ֛ה לָכֶ֖ם בַּמִּדְבָּ֑ר עַד־
6 בֹּאֲכֶ֖ם עַד־הַמָּק֥וֹם הַזֶּֽה׃ וַאֲשֶׁ֨ר עָשָׂ֜ה לְדָתָ֣ן וְלַאֲבִירָ֗ם בְּנֵ֣י
אֱלִיאָב֮ בֶּן־רְאוּבֵן֒ אֲשֶׁ֨ר פָּצְתָ֤ה הָאָ֙רֶץ֙ אֶת־פִּ֔יהָ וַתִּבְלָעֵ֥ם
וְאֶת־בָּתֵּיהֶ֖ם וְאֶת־אָהֳלֵיהֶ֑ם וְאֵ֤ת כָּל־הַיְקוּם֙ אֲשֶׁ֣ר בְּרַגְלֵיהֶ֔ם
7 בְּקֶ֖רֶב כָּל־יִשְׂרָאֵֽל׃ כִּ֤י עֵֽינֵיכֶם֙ הָרֹאֹ֔ת אֶֽת־כָּל־מַעֲשֵׂ֥ה יְהוָ֖ה
8 הַגָּדֹ֑ל אֲשֶׁ֖ר עָשָֽׂה׃ וּשְׁמַרְתֶּם֙ אֶת־כָּל־הַמִּצְוָ֔ה אֲשֶׁ֛ר אָנֹכִ֥י
מְצַוְּךָ֖ הַיּ֑וֹם לְמַ֣עַן תֶּחֶזְק֗וּ וּבָאתֶם֙ וִירִשְׁתֶּ֣ם אֶת־הָאָ֔רֶץ אֲשֶׁ֥ר
9 אַתֶּ֛ם עֹבְרִ֥ים שָׁ֖מָּה לְרִשְׁתָּֽהּ׃ וּלְמַ֨עַן תַּאֲרִ֤יכוּ יָמִים֙ עַל־
הָ֣אֲדָמָ֔ה אֲשֶׁר֩ נִשְׁבַּ֨ע יְהוָ֧ה לַאֲבֹתֵיכֶ֛ם לָתֵ֥ת לָהֶ֖ם וּלְזַרְעָ֑ם
י אֶ֛רֶץ זָבַ֥ת חָלָ֖ב וּדְבָֽשׁ׃ * ס כִּ֣י הָאָ֗רֶץ אֲשֶׁ֨ר אַתָּ֤ה בָא־ ששי
שָׁ֙מָּה֙ לְרִשְׁתָּ֔הּ לֹ֣א כְאֶ֤רֶץ מִצְרַ֙יִם֙ הִ֔וא אֲשֶׁ֥ר יְצָאתֶ֖ם מִשָּׁ֑ם
11 אֲשֶׁ֤ר תִּזְרַע֙ אֶת־זַרְעֲךָ֔ וְהִשְׁקִ֥יתָ בְרַגְלְךָ֖ כְּגַ֥ן הַיָּרָֽק׃ וְהָאָ֗רֶץ
אֲשֶׁ֨ר אַתֶּ֜ם עֹבְרִ֥ים שָׁ֙מָּה֙ לְרִשְׁתָּ֔הּ אֶ֥רֶץ הָרִ֖ים וּבְקָעֹ֑ת לִמְטַ֥ר
12 הַשָּׁמַ֖יִם תִּשְׁתֶּה־מָּֽיִם׃ אֶ֕רֶץ אֲשֶׁר־יְהוָ֥ה אֱלֹהֶ֖יךָ דֹּרֵ֣שׁ אֹתָ֑הּ
תָּמִ֗יד עֵינֵ֨י יְהוָ֤ה אֱלֹהֶ֙יךָ֙ בָּ֔הּ מֵרֵשִׁית֙ הַשָּׁנָ֔ה וְעַ֖ד אַחֲרִ֥ית
13 שָׁנָֽה׃ ס וְהָיָ֗ה אִם־שָׁמֹ֤עַ תִּשְׁמְעוּ֙ אֶל־מִצְוֺתַ֔י אֲשֶׁ֧ר אָנֹכִ֛י

מצוה

יא v. 12. חסר א׳

מְצַוֶּה אֶתְכֶם הַיּוֹם לְאַהֲבָה אֶת־יְהוָה אֱלֹהֵיכֶם וּלְעָבְדוֹ
14 בְּכָל־לְבַבְכֶם וּבְכָל־נַפְשְׁכֶם׃ וְנָתַתִּי מְטַר־אַרְצְכֶם בְּעִתּוֹ
טו יוֹרֶה וּמַלְקוֹשׁ וְאָסַפְתָּ דְגָנֶךָ וְתִירֹשְׁךָ וְיִצְהָרֶךָ׃ וְנָתַתִּי עֵשֶׂב
16 בְּשָׂדְךָ לִבְהֶמְתֶּךָ וְאָכַלְתָּ וְשָׂבָעְתָּ׃ הִשָּׁמְרוּ לָכֶם פֶּן־יִפְתֶּה
לְבַבְכֶם וְסַרְתֶּם וַעֲבַדְתֶּם אֱלֹהִים אֲחֵרִים וְהִשְׁתַּחֲוִיתֶם לָהֶם׃
17 וְחָרָה אַף־יְהוָה בָּכֶם וְעָצַר אֶת־הַשָּׁמַיִם וְלֹא־יִהְיֶה מָטָר
וְהָאֲדָמָה לֹא תִתֵּן אֶת־יְבוּלָהּ וַאֲבַדְתֶּם מְהֵרָה מֵעַל הָאָרֶץ
18 הַטֹּבָה אֲשֶׁר יְהוָה נֹתֵן לָכֶם׃ וְשַׂמְתֶּם אֶת־דְּבָרַי אֵלֶּה עַל־
לְבַבְכֶם וְעַל־נַפְשְׁכֶם וּקְשַׁרְתֶּם אֹתָם לְאוֹת עַל־יֶדְכֶם וְהָיוּ
19 לְטוֹטָפֹת בֵּין עֵינֵיכֶם׃ וְלִמַּדְתֶּם אֹתָם אֶת־בְּנֵיכֶם לְדַבֵּר
בָּם בְּשִׁבְתְּךָ בְּבֵיתֶךָ וּבְלֶכְתְּךָ בַדֶּרֶךְ וּבְשָׁכְבְּךָ וּבְקוּמֶךָ׃
כ 21 וּכְתַבְתָּם עַל־מְזוּזוֹת בֵּיתֶךָ וּבִשְׁעָרֶיךָ׃ לְמַעַן יִרְבּוּ יְמֵיכֶם
וִימֵי בְנֵיכֶם עַל הָאֲדָמָה אֲשֶׁר נִשְׁבַּע יְהוָה לַאֲבֹתֵיכֶם לָתֵת
22 לָהֶם כִּימֵי הַשָּׁמַיִם עַל־הָאָרֶץ׃ * ס כִּי אִם־שָׁמֹר תִּשְׁמְרוּן שביעי מפטיר
אֶת־כָּל־הַמִּצְוָה הַזֹּאת אֲשֶׁר אָנֹכִי מְצַוֶּה אֶתְכֶם לַעֲשֹׂתָהּ
לְאַהֲבָה אֶת־יְהוָה אֱלֹהֵיכֶם לָלֶכֶת בְּכָל־דְּרָכָיו וּלְדָבְקָה־
23 בוֹ׃ וְהוֹרִישׁ יְהוָה אֶת־כָּל־הַגּוֹיִם הָאֵלֶּה מִלִּפְנֵיכֶם וִירִשְׁתֶּם
24 גּוֹיִם גְּדֹלִים וַעֲצֻמִים מִכֶּם׃ כָּל־הַמָּקוֹם אֲשֶׁר תִּדְרֹךְ כַּף־
רַגְלְכֶם בּוֹ לָכֶם יִהְיֶה מִן־הַמִּדְבָּר וְהַלְּבָנוֹן מִן־הַנָּהָר נְהַר־
כה פְּרָת וְעַד הַיָּם הָאַחֲרוֹן יִהְיֶה גְּבֻלְכֶם׃ לֹא־יִתְיַצֵּב אִישׁ
בִּפְנֵיכֶם פַּחְדְּכֶם וּמוֹרַאֲכֶם יִתֵּן ׀ יְהוָה אֱלֹהֵיכֶם עַל־פְּנֵי כָל־
הָאָרֶץ אֲשֶׁר תִּדְרְכוּ־בָהּ כַּאֲשֶׁר דִּבֶּר לָכֶם׃ ס ס ס

ראה מז 47

26 27 רְאֵה אָנֹכִי נֹתֵן לִפְנֵיכֶם הַיּוֹם בְּרָכָה וּקְלָלָה׃ אֶת־
הַבְּרָכָה אֲשֶׁר תִּשְׁמְעוּ אֶל־מִצְוֺת יְהוָה אֱלֹהֵיכֶם אֲשֶׁר אָנֹכִי
28 מְצַוֶּה אֶתְכֶם הַיּוֹם׃ וְהַקְּלָלָה אִם־לֹא תִשְׁמְעוּ אֶל־מִצְוֺת
יְהוָה אֱלֹהֵיכֶם וְסַרְתֶּם מִן־הַדֶּרֶךְ אֲשֶׁר אָנֹכִי מְצַוֶּה אֶתְכֶם

הַיּ֑וֹם לָלֶ֕כֶת אַחֲרֵ֛י אֱלֹהִ֥ים אֲחֵרִ֖ים אֲשֶׁ֥ר לֹֽא־יְדַעְתֶּֽם׃ ס
29 וְהָיָ֗ה כִּ֤י יְבִֽיאֲךָ֙ יְהוָ֣ה אֱלֹהֶ֔יךָ אֶל־הָאָ֕רֶץ אֲשֶׁר־אַתָּ֥ה בָא־
שָׁ֖מָּה לְרִשְׁתָּ֑הּ וְנָתַתָּ֤ה אֶת־הַבְּרָכָה֙ עַל־הַ֣ר גְּרִזִ֔ים וְאֶת־
ל הַקְּלָלָ֖ה עַל־הַ֥ר עֵיבָֽל׃ הֲלֹא־הֵ֜מָּה בְּעֵ֣בֶר הַיַּרְדֵּ֗ן אַחֲרֵי֙
דֶּ֚רֶךְ מְב֣וֹא הַשֶּׁ֔מֶשׁ בְּאֶ֙רֶץ֙ הַֽכְּנַעֲנִ֔י הַיֹּשֵׁ֖ב בָּעֲרָבָ֑ה מ֚וּל הַגִּלְגָּ֔ל
31 אֵ֖צֶל אֵלוֹנֵ֥י מֹרֶֽה׃ כִּ֤י אַתֶּם֙ עֹבְרִ֣ים אֶת־הַיַּרְדֵּ֔ן לָבֹא֙ לָרֶ֣שֶׁת
אֶת־הָאָ֔רֶץ אֲשֶׁר־יְהוָ֥ה אֱלֹהֵיכֶ֖ם נֹתֵ֣ן לָכֶ֑ם וִירִשְׁתֶּ֥ם אֹתָ֖הּ
32 וִֽישַׁבְתֶּם־בָּֽהּ׃ וּשְׁמַרְתֶּ֣ם לַעֲשׂ֔וֹת אֵ֥ת כָּל־הַחֻקִּ֖ים וְאֶת־
הַמִּשְׁפָּטִ֑ים אֲשֶׁ֧ר אָנֹכִ֛י נֹתֵ֥ן לִפְנֵיכֶ֖ם הַיּֽוֹם׃

יב Cap. XII. יב

א אֵ֠לֶּה הַחֻקִּ֣ים וְהַמִּשְׁפָּטִים֮ אֲשֶׁ֣ר תִּשְׁמְר֣וּן לַעֲשׂוֹת֒ בָּאָ֗רֶץ
אֲשֶׁר֩ נָתַ֨ן יְהוָ֜ה אֱלֹהֵ֧י אֲבֹתֶ֛יךָ לְךָ֖ לְרִשְׁתָּ֑הּ כָּל־הַיָּמִ֕ים אֲשֶׁר־
2 אַתֶּ֥ם חַיִּ֖ים עַל־הָאֲדָמָֽה׃ אַבֵּ֣ד תְּ֠אַבְּדוּן אֶֽת־כָּל־הַמְּקֹמ֞וֹת
אֲשֶׁ֧ר עָֽבְדוּ־שָׁ֣ם הַגּוֹיִ֗ם אֲשֶׁ֥ר אַתֶּ֛ם יֹרְשִׁ֥ים אֹתָ֖ם אֶת־אֱלֹהֵיהֶ֑ם
עַל־הֶהָרִ֤ים הָֽרָמִים֙ וְעַל־הַגְּבָע֔וֹת וְתַ֖חַת כָּל־עֵ֥ץ רַעֲנָֽן׃
3 וְנִתַּצְתֶּ֣ם אֶת־מִזְבְּחֹתָ֗ם וְשִׁבַּרְתֶּם֙ אֶת־מַצֵּ֣בֹתָ֔ם וַאֲשֵֽׁרֵיהֶם֙
תִּשְׂרְפ֣וּן בָּאֵ֔שׁ וּפְסִילֵ֥י אֱלֹהֵיהֶ֖ם תְּגַדֵּע֑וּן וְאִבַּדְתֶּ֣ם אֶת־שְׁמָ֔ם
4 ה מִן־הַמָּק֖וֹם הַהֽוּא׃ לֹא־תַעֲשׂ֣וּן כֵּ֔ן לַיהוָ֖ה אֱלֹהֵיכֶֽם׃ כִּ֠י
אִֽם־אֶל־הַמָּק֞וֹם אֲשֶׁר־יִבְחַ֨ר יְהוָ֤ה אֱלֹֽהֵיכֶם֙ מִכָּל־שִׁבְטֵיכֶ֔ם
6 לָשׂ֥וּם אֶת־שְׁמ֖וֹ שָׁ֑ם לְשִׁכְנ֥וֹ תִדְרְשׁ֖וּ וּבָ֥אתָ שָֽׁמָּה׃ וַהֲבֵאתֶ֣ם
שָׁ֗מָּה עֹלֹֽתֵיכֶם֙ וְזִבְחֵיכֶ֔ם וְאֵת֙ מַעְשְׂרֹ֣תֵיכֶ֔ם וְאֵ֖ת תְּרוּמַ֣ת יֶדְכֶ֑ם
7 וְנִדְרֵיכֶם֙ וְנִדְבֹ֣תֵיכֶ֔ם וּבְכֹרֹ֥ת בְּקַרְכֶ֖ם וְצֹאנְכֶֽם׃ וַאֲכַלְתֶּם־
שָׁ֗ם לִפְנֵי֙ יְהוָ֣ה אֱלֹהֵיכֶ֔ם וּשְׂמַחְתֶּ֗ם בְּכֹל֙ מִשְׁלַ֣ח יֶדְכֶ֔ם אַתֶּ֖ם
8 וּבָתֵּיכֶ֑ם אֲשֶׁ֥ר בֵּֽרַכְךָ֖ יְהוָ֥ה אֱלֹהֶֽיךָ׃ לֹ֣א תַעֲשׂ֔וּן כְּ֠כֹל אֲשֶׁ֨ר
9 אֲנַ֧חְנוּ עֹשִׂ֛ים פֹּ֖ה הַיּ֑וֹם אִ֖ישׁ כָּל־הַיָּשָׁ֥ר בְּעֵינָֽיו׃ כִּ֥י לֹא־
בָאתֶ֖ם עַד־עָ֑תָּה אֶל־הַמְּנוּחָה֙ וְאֶל־הַֽנַּחֲלָ֔ה אֲשֶׁר־יְהוָ֥ה
י אֱלֹהֶ֖יךָ נֹתֵ֥ן לָֽךְ׃ וַעֲבַרְתֶּם֮ אֶת־הַיַּרְדֵּן֒ וִישַׁבְתֶּ֣ם בָּאָ֔רֶץ
אֲשֶׁר־יְהוָ֥ה אֱלֹהֵיכֶ֖ם מַנְחִ֣יל אֶתְכֶ֑ם וְהֵנִ֨יחַ לָכֶ֧ם מִכָּל־

שני 11 אֹיְבֵיכֶם מִסָּבִיב וִישַׁבְתֶּם־בֶּטַח: ‏* וְהָיָה הַמָּקוֹם אֲשֶׁר־יִבְחַר֩
יְהֹוָה אֱלֹהֵיכֶם בּוֹ לְשַׁכֵּן שְׁמוֹ שָׁם שָׁמָּה תָבִיאוּ אֵת כָּל־אֲשֶׁר
אָנֹכִי מְצַוֶּה אֶתְכֶם עוֹלֹתֵיכֶם וְזִבְחֵיכֶם מַעְשְׂרֹתֵיכֶם וּתְרֻמַת

12 יֶדְכֶם וְכֹל מִבְחַר נִדְרֵיכֶם אֲשֶׁר תִּדְּרוּ לַיהֹוָה: וּשְׂמַחְתֶּם לִפְנֵי֩
יְהֹוָה אֱלֹהֵיכֶם אַתֶּם וּבְנֵיכֶם וּבְנֹתֵיכֶם וְעַבְדֵיכֶם וְאַמְהֹתֵיכֶם
13 וְהַלֵּוִי אֲשֶׁר בְּשַׁעֲרֵיכֶם כִּי אֵין לוֹ חֵלֶק וְנַחֲלָה אִתְּכֶם: הִשָּׁמֶר

14 לְךָ פֶּן־תַּעֲלֶה עֹלֹתֶיךָ בְּכָל־מָקוֹם אֲשֶׁר תִּרְאֶה: כִּי אִם־
בַּמָּקוֹם אֲשֶׁר־יִבְחַר יְהֹוָה בְּאַחַד שְׁבָטֶיךָ שָׁם תַּעֲלֶה עֹלֹתֶיךָ

טו וְשָׁם תַּעֲשֶׂה כֹּל אֲשֶׁר אָנֹכִי מְצַוֶּךָּ: רַק בְּכָל־אַוַּת נַפְשְׁךָ
תִּזְבַּח ׀ וְאָכַלְתָּ בָשָׂר כְּבִרְכַּת יְהֹוָה אֱלֹהֶיךָ אֲשֶׁר נָתַן־לְךָ

16 בְּכָל־שְׁעָרֶיךָ הַטָּמֵא וְהַטָּהוֹר יֹאכְלֶנּוּ כַּצְּבִי וְכָאַיָּל: רַק
17 הַדָּם לֹא תֹאכֵלוּ עַל־הָאָרֶץ תִּשְׁפְּכֶנּוּ כַּמָּיִם: לֹא־תוּכַל
לֶאֱכֹל בִּשְׁעָרֶיךָ מַעְשַׂר דְּגָנְךָ וְתִירֹשְׁךָ וְיִצְהָרֶךָ וּבְכֹרֹת בְּקָרְךָ

18 וְצֹאנֶךָ וְכָל־נְדָרֶיךָ אֲשֶׁר תִּדֹּר וְנִדְבֹתֶיךָ וּתְרוּמַת יָדֶךָ: כִּי
אִם־לִפְנֵי יְהֹוָה אֱלֹהֶיךָ תֹּאכְלֶנּוּ בַּמָּקוֹם אֲשֶׁר יִבְחַר יְהֹוָה
אֱלֹהֶיךָ בּוֹ אַתָּה וּבִנְךָ וּבִתֶּךָ וְעַבְדְּךָ וַאֲמָתֶךָ וְהַלֵּוִי אֲשֶׁר

19 בִּשְׁעָרֶיךָ וְשָׂמַחְתָּ לִפְנֵי יְהֹוָה אֱלֹהֶיךָ בְּכֹל מִשְׁלַח יָדֶךָ: הִשָּׁמֶר
כ לְךָ פֶּן־תַּעֲזֹב אֶת־הַלֵּוִי כָּל־יָמֶיךָ עַל־אַדְמָתֶךָ: ס כִּי־
יַרְחִיב יְהֹוָה אֱלֹהֶיךָ אֶת־גְּבֻלְךָ כַּאֲשֶׁר דִּבֶּר־לָךְ וְאָמַרְתָּ
אֹכְלָה בָשָׂר כִּי־תְאַוֶּה נַפְשְׁךָ לֶאֱכֹל בָּשָׂר בְּכָל־אַוַּת נַפְשְׁךָ

21 תֹּאכַל בָּשָׂר: כִּי־יִרְחַק מִמְּךָ הַמָּקוֹם אֲשֶׁר יִבְחַר יְהֹוָה
אֱלֹהֶיךָ לָשׂוּם שְׁמוֹ שָׁם וְזָבַחְתָּ מִבְּקָרְךָ וּמִצֹּאנְךָ אֲשֶׁר נָתַן
יְהֹוָה לְךָ כַּאֲשֶׁר צִוִּיתִךָ וְאָכַלְתָּ בִּשְׁעָרֶיךָ בְּכֹל אַוַּת נַפְשֶׁךָ:

22 אַךְ כַּאֲשֶׁר יֵאָכֵל אֶת־הַצְּבִי וְאֶת־הָאַיָּל כֵּן תֹּאכְלֶנּוּ הַטָּמֵא
23 וְהַטָּהוֹר יַחְדָּו יֹאכְלֶנּוּ: רַק חֲזַק לְבִלְתִּי אֲכֹל הַדָּם כִּי הַדָּם
24 הוּא הַנָּפֶשׁ וְלֹא־תֹאכַל הַנֶּפֶשׁ עִם־הַבָּשָׂר: לֹא תֹּאכְלֶנּוּ
כה עַל־הָאָרֶץ תִּשְׁפְּכֶנּוּ כַּמָּיִם: לֹא תֹּאכְלֶנּוּ לְמַעַן יִיטַב לְךָ
26 וּלְבָנֶיךָ אַחֲרֶיךָ כִּי־תַעֲשֶׂה הַיָּשָׁר בְּעֵינֵי יְהֹוָה: רַק קָדָשֶׁיךָ
אֲשֶׁר־יִהְיוּ

אֲשֶׁר־יִהְיוּ לְךָ וּנְדָרֶיךָ תִּשָּׂא וּבָאתָ אֶל־הַמָּקוֹם אֲשֶׁר־יִבְחַר
27 יְהוָה׃ וְעָשִׂיתָ עֹלֹתֶיךָ הַבָּשָׂר וְהַדָּם עַל־מִזְבַּח יְהוָה אֱלֹהֶיךָ
וְדַם־זְבָחֶיךָ יִשָּׁפֵךְ עַל־מִזְבַּח יְהוָה אֱלֹהֶיךָ וְהַבָּשָׂר תֹּאכֵל׃
28 שְׁמֹר וְשָׁמַעְתָּ אֵת כָּל־הַדְּבָרִים הָאֵלֶּה אֲשֶׁר אָנֹכִי מְצַוֶּךָּ
לְמַעַן יִיטַב לְךָ וּלְבָנֶיךָ אַחֲרֶיךָ עַד־עוֹלָם כִּי תַעֲשֶׂה הַטּוֹב
29 שלישי וְהַיָּשָׁר בְּעֵינֵי יְהוָה אֱלֹהֶיךָ׃ * ס כִּי־יַכְרִית יְהוָה אֱלֹהֶיךָ
אֶת־הַגּוֹיִם אֲשֶׁר אַתָּה בָא־שָׁמָּה לָרֶשֶׁת אוֹתָם מִפָּנֶיךָ וְיָרַשְׁתָּ
ל אֹתָם וְיָשַׁבְתָּ בְּאַרְצָם׃ הִשָּׁמֶר לְךָ פֶּן־תִּנָּקֵשׁ אַחֲרֵיהֶם אַחֲרֵי
הִשָּׁמְדָם מִפָּנֶיךָ וּפֶן־תִּדְרֹשׁ לֵאלֹהֵיהֶם לֵאמֹר אֵיכָה יַעַבְדוּ
31 הַגּוֹיִם הָאֵלֶּה אֶת־אֱלֹהֵיהֶם וְאֶעֱשֶׂה־כֵּן גַּם־אָנִי׃ לֹא־תַעֲשֶׂה
כֵן לַיהוָה אֱלֹהֶיךָ כִּי כָל־תּוֹעֲבַת יְהוָה אֲשֶׁר שָׂנֵא עָשׂוּ
לֵאלֹהֵיהֶם כִּי גַם אֶת־בְּנֵיהֶם וְאֶת־בְּנֹתֵיהֶם יִשְׂרְפוּ בָאֵשׁ
לֵאלֹהֵיהֶם׃

יג Cap. XIII. יג

א אֵת כָּל־הַדָּבָר אֲשֶׁר אָנֹכִי מְצַוֶּה אֶתְכֶם אֹתוֹ תִשְׁמְרוּ
לַעֲשׂוֹת לֹא־תֹסֵף עָלָיו וְלֹא תִגְרַע מִמֶּנּוּ׃ פ
2 כִּי־יָקוּם בְּקִרְבְּךָ נָבִיא אוֹ חֹלֵם חֲלוֹם וְנָתַן אֵלֶיךָ אוֹת
3 אוֹ מוֹפֵת׃ וּבָא הָאוֹת וְהַמּוֹפֵת אֲשֶׁר־דִּבֶּר אֵלֶיךָ לֵאמֹר
נֵלְכָה אַחֲרֵי אֱלֹהִים אֲחֵרִים אֲשֶׁר לֹא־יְדַעְתָּם וְנָעָבְדֵם׃
4 לֹא תִשְׁמַע אֶל־דִּבְרֵי הַנָּבִיא הַהוּא אוֹ אֶל־חוֹלֵם הַחֲלוֹם
הַהוּא כִּי מְנַסֶּה יְהוָה אֱלֹהֵיכֶם אֶתְכֶם לָדַעַת הֲיִשְׁכֶם אֹהֲבִים
ה אֶת־יְהוָה אֱלֹהֵיכֶם בְּכָל־לְבַבְכֶם וּבְכָל־נַפְשְׁכֶם׃ אַחֲרֵי
יְהוָה אֱלֹהֵיכֶם תֵּלֵכוּ וְאֹתוֹ תִירָאוּ וְאֶת־מִצְוֹתָיו תִּשְׁמֹרוּ
6 וּבְקֹלוֹ תִשְׁמָעוּ וְאֹתוֹ תַעֲבֹדוּ וּבוֹ תִדְבָּקוּן׃ וְהַנָּבִיא הַהוּא אוֹ
חֹלֵם הַחֲלוֹם הַהוּא יוּמָת כִּי דִבֶּר־סָרָה עַל־יְהוָה אֱלֹהֵיכֶם
הַמּוֹצִיא אֶתְכֶם ׀ מֵאֶרֶץ מִצְרַיִם וְהַפֹּדְךָ מִבֵּית עֲבָדִים
לְהַדִּיחֲךָ מִן־הַדֶּרֶךְ אֲשֶׁר צִוְּךָ יְהוָה אֱלֹהֶיךָ לָלֶכֶת בָּהּ
7 וּבִעַרְתָּ הָרָע מִקִּרְבֶּךָ׃ ס כִּי יְסִיתְךָ אָחִיךָ בֶן־אִמֶּךָ אוֹ־
בִנְךָ

בִנְךָ֣ אֽוֹ־בִתְּךָ֗ א֣וֹ ׀ אֵ֣שֶׁת חֵיקֶ֗ךָ א֧וֹ רֵֽעֲךָ֛ אֲשֶׁ֥ר כְּנַפְשְׁךָ֖ בַּסֵּ֣תֶר
לֵאמֹ֑ר נֵֽלְכָ֗ה וְנַֽעַבְדָה֙ אֱלֹהִ֣ים אֲחֵרִ֔ים אֲשֶׁר֙ לֹ֣א יָדַ֔עְתָּ אַתָּ֖ה
8 וַאֲבֹתֶֽיךָ׃ מֵאֱלֹהֵ֣י הָעַמִּ֗ים אֲשֶׁר֙ סְבִיבֹ֣תֵיכֶ֔ם הַקְּרֹבִ֣ים אֵלֶ֔יךָ
9 א֖וֹ הָרְחֹקִ֣ים מִמֶּ֑ךָּ מִקְצֵ֥ה הָאָ֖רֶץ וְעַד־קְצֵ֥ה הָאָֽרֶץ׃ לֹא־
תֹאבֶ֣ה ל֔וֹ וְלֹ֥א תִשְׁמַ֖ע אֵלָ֑יו וְלֹא־תָח֤וֹס עֵֽינְךָ֙ עָלָ֔יו וְלֹֽא־
י תַחְמֹ֥ל וְלֹֽא־תְכַסֶּ֖ה עָלָֽיו׃ כִּ֤י הָרֹג֙ תַּֽהַרְגֶ֔נּוּ יָֽדְךָ֛ תִּֽהְיֶה־בּ֥וֹ
11 בָרִאשׁוֹנָ֖ה לַהֲמִית֑וֹ וְיַ֥ד כָּל־הָעָ֖ם בָּאַחֲרֹנָֽה׃ וּסְקַלְתּ֥וֹ בָאֲבָנִ֖ים
וָמֵ֑ת כִּ֣י בִקֵּ֗שׁ לְהַדִּֽיחֲךָ֙ מֵעַל֙ יְהוָ֣ה אֱלֹהֶ֔יךָ הַמּוֹצִֽיאֲךָ֛ מֵאֶ֥רֶץ
12 מִצְרַ֖יִם מִבֵּ֥ית עֲבָדִֽים׃ וְכָל־יִשְׂרָאֵ֕ל יִשְׁמְע֖וּ וְיִרָא֑וּן וְלֹֽא־
13 יוֹסִ֣פוּ לַעֲשׂ֗וֹת כַּדָּבָ֥ר הָרָ֛ע הַזֶּ֖ה בְּקִרְבֶּֽךָ׃ ס כִּֽי־תִשְׁמַ֞ע
בְּאַחַ֣ת עָרֶ֗יךָ אֲשֶׁר֩ יְהוָ֨ה אֱלֹהֶ֜יךָ נֹתֵ֥ן לְךָ֛ לָשֶׁ֥בֶת שָׁ֖ם לֵאמֹֽר׃
14 יָֽצְא֞וּ אֲנָשִׁ֤ים בְּנֵֽי־בְלִיַּ֙עַל֙ מִקִּרְבֶּ֔ךָ וַיַּדִּ֛יחוּ אֶת־יֹשְׁבֵ֥י עִירָ֖ם
לֵאמֹ֑ר נֵֽלְכָ֗ה וְנַֽעַבְדָ֛ה אֱלֹהִ֥ים אֲחֵרִ֖ים אֲשֶׁ֥ר לֹא־יְדַעְתֶּֽם׃
טו וְדָרַשְׁתָּ֧ וְחָקַרְתָּ֛ וְשָׁאַלְתָּ֖ הֵיטֵ֑ב וְהִנֵּ֤ה אֱמֶת֙ נָכ֣וֹן הַדָּבָ֔ר נֶעֶשְׂתָ֛ה
16 הַתּוֹעֵבָ֥ה הַזֹּ֖את בְּקִרְבֶּֽךָ׃ הַכֵּ֣ה תַכֶּ֗ה אֶת־יֹֽשְׁבֵ֛י הָעִ֥יר הַהִ֖וא
לְפִי־חָ֑רֶב הַחֲרֵ֨ם אֹתָ֧הּ וְאֶת־כָּל־אֲשֶׁר־בָּ֛הּ וְאֶת־בְּהֶמְתָּ֖הּ
17 לְפִי־חָֽרֶב׃ וְאֶת־כָּל־שְׁלָלָ֗הּ תִּקְבֹּץ֮ אֶל־תּ֣וֹךְ רְחֹבָהּ֒ וְשָׂרַפְתָּ֣
בָאֵ֡שׁ אֶת־הָעִ֣יר וְאֶת־כָּל־שְׁלָלָהּ֙ כָּלִ֔יל לַיהוָ֖ה אֱלֹהֶ֑יךָ
18 וְהָיְתָה֙ תֵּ֣ל עוֹלָ֔ם לֹ֥א תִבָּנֶ֖ה עֽוֹד׃ וְלֹֽא־יִדְבַּ֧ק בְּיָדְךָ֛ מְא֖וּמָה
מִן־הַחֵ֑רֶם לְמַ֡עַן יָשׁוּב֩ יְהוָ֨ה מֵחֲר֜וֹן אַפּ֗וֹ וְנָֽתַן־לְךָ֤ רַחֲמִים֙
19 וְרִֽחַמְךָ֣ וְהִרְבֶּ֔ךָ כַּאֲשֶׁ֥ר נִשְׁבַּ֖ע לַאֲבֹתֶֽיךָ׃ כִּ֣י תִשְׁמַ֗ע בְּקוֹל֙
יְהוָ֣ה אֱלֹהֶ֔יךָ לִשְׁמֹר֙ אֶת־כָּל־מִצְוֺתָ֔יו אֲשֶׁ֛ר אָנֹכִ֥י מְצַוְּךָ֖ הַיּ֑וֹם
לַעֲשׂוֹת֙ הַיָּשָׁ֔ר בְּעֵינֵ֖י יְהוָ֥ה אֱלֹהֶֽיךָ׃* ס

יד Cap. XIV. יד

רביעי
א בָּנִ֣ים אַתֶּ֔ם לַיהוָ֖ה אֱלֹהֵיכֶ֑ם לֹ֣א תִתְגֹּדְד֗וּ וְלֹֽא־תָשִׂ֧ימוּ
2 קָרְחָ֛ה בֵּ֥ין עֵינֵיכֶ֖ם לָמֵֽת׃ כִּ֣י עַ֤ם קָדוֹשׁ֙ אַתָּ֔ה לַיהוָ֖ה אֱלֹהֶ֑יךָ
וּבְךָ֞ בָּחַ֣ר יְהוָ֗ה לִֽהְי֥וֹת לוֹ֙ לְעַ֣ם סְגֻלָּ֔ה מִכֹּל֙ הָֽעַמִּ֔ים אֲשֶׁ֖ר
3 4 עַל־פְּנֵ֥י הָאֲדָמָֽה׃ ס לֹ֥א תֹאכַ֖ל כָּל־תּוֹעֵבָֽה׃ זֹ֥את

הבהמה

19 לֹא־תַטֶּה מִשְׁפָּט לֹא תַכִּיר פָּנִים וְלֹא־תִקַּח שֹׁחַד כִּי הַשֹּׁחַד
כ יְעַוֵּר עֵינֵי חֲכָמִים וִיסַלֵּף דִּבְרֵי צַדִּיקִם׃ צֶדֶק צֶדֶק תִּרְדֹּף
לְמַעַן תִּחְיֶה וְיָרַשְׁתָּ אֶת־הָאָרֶץ אֲשֶׁר־יְהוָה אֱלֹהֶיךָ נֹתֵן לָךְ׃
21 ס לֹא־תִטַּע לְךָ אֲשֵׁרָה כָּל־עֵץ אֵצֶל מִזְבַּח יְהוָה אֱלֹהֶיךָ
22 אֲשֶׁר תַּעֲשֶׂה־לָּךְ׃ וְלֹא־תָקִים לְךָ מַצֵּבָה אֲשֶׁר שָׂנֵא יְהוָה
אֱלֹהֶיךָ׃ ס

יז CAP. XVII. יז

א לֹא־תִזְבַּח לַיהוָה אֱלֹהֶיךָ שׁוֹר וָשֶׂה אֲשֶׁר יִהְיֶה בוֹ
2 מוּם כֹּל דָּבָר רָע כִּי תוֹעֲבַת יְהוָה אֱלֹהֶיךָ הוּא׃ ס כִּי־
יִמָּצֵא בְקִרְבְּךָ בְּאַחַד שְׁעָרֶיךָ אֲשֶׁר־יְהוָה אֱלֹהֶיךָ נֹתֵן לָךְ
אִישׁ אוֹ־אִשָּׁה אֲשֶׁר יַעֲשֶׂה אֶת־הָרַע בְּעֵינֵי יְהוָה־אֱלֹהֶיךָ
3 לַעֲבֹר בְּרִיתוֹ׃ וַיֵּלֶךְ וַיַּעֲבֹד אֱלֹהִים אֲחֵרִים וַיִּשְׁתַּחוּ לָהֶם
וְלַשֶּׁמֶשׁ ׀ אוֹ לַיָּרֵחַ אוֹ לְכָל־צְבָא הַשָּׁמַיִם אֲשֶׁר לֹא־צִוִּיתִי׃
4 וְהֻגַּד־לְךָ וְשָׁמָעְתָּ וְדָרַשְׁתָּ הֵיטֵב וְהִנֵּה אֱמֶת נָכוֹן הַדָּבָר
ה נֶעֶשְׂתָה הַתּוֹעֵבָה הַזֹּאת בְּיִשְׂרָאֵל׃ וְהוֹצֵאתָ אֶת־הָאִישׁ הַהוּא
אוֹ אֶת־הָאִשָּׁה הַהִוא אֲשֶׁר עָשׂוּ אֶת־הַדָּבָר הָרָע הַזֶּה אֶל־
שְׁעָרֶיךָ אֶת־הָאִישׁ אוֹ אֶת־הָאִשָּׁה וּסְקַלְתָּם בָּאֲבָנִים וָמֵתוּ׃
6 עַל־פִּי ׀ שְׁנַיִם עֵדִים אוֹ שְׁלֹשָׁה עֵדִים יוּמַת הַמֵּת לֹא יוּמַת
7 עַל־פִּי עֵד אֶחָד׃ יַד הָעֵדִים תִּהְיֶה־בּוֹ בָרִאשֹׁנָה לַהֲמִיתוֹ
וְיַד כָּל־הָעָם בָּאַחֲרֹנָה וּבִעַרְתָּ הָרָע מִקִּרְבֶּךָ׃ פ
8 כִּי יִפָּלֵא מִמְּךָ דָבָר לַמִּשְׁפָּט בֵּין־דָּם ׀ לְדָם בֵּין־דִּין לְדִין
וּבֵין נֶגַע לָנֶגַע דִּבְרֵי רִיבֹת בִּשְׁעָרֶיךָ וְקַמְתָּ וְעָלִיתָ אֶל־
9 הַמָּקוֹם אֲשֶׁר יִבְחַר יְהוָה אֱלֹהֶיךָ בּוֹ׃ וּבָאתָ אֶל־הַכֹּהֲנִים
הַלְוִיִּם וְאֶל־הַשֹּׁפֵט אֲשֶׁר יִהְיֶה בַּיָּמִים הָהֵם וְדָרַשְׁתָּ וְהִגִּידוּ
י לְךָ אֵת דְּבַר הַמִּשְׁפָּט׃ ° וְעָשִׂיתָ עַל־פִּי הַדָּבָר אֲשֶׁר יַגִּידוּ
לְךָ מִן־הַמָּקוֹם הַהוּא אֲשֶׁר יִבְחַר יְהוָה וְשָׁמַרְתָּ לַעֲשׂוֹת כְּכֹל
11 אֲשֶׁר יוֹרוּךָ׃ עַל־פִּי הַתּוֹרָה אֲשֶׁר יוֹרוּךָ וְעַל־הַמִּשְׁפָּט

אשר־יאמרו

י״ז v. 10. חצי הספר בפסוקים

אֲשֶׁר־יֹאמְרוּ לְךָ תַּעֲשֶׂה לֹא תָסוּר מִן־הַדָּבָר אֲשֶׁר־יַגִּידוּ
12 לְךָ יָמִין וּשְׂמֹאל׃ וְהָאִישׁ אֲשֶׁר־יַעֲשֶׂה בְזָדוֹן לְבִלְתִּי שְׁמֹעַ
אֶל־הַכֹּהֵן הָעֹמֵד לְשָׁרֶת שָׁם אֶת־יְהוָה אֱלֹהֶיךָ אוֹ אֶל־
13 הַשֹּׁפֵט וּמֵת הָאִישׁ הַהוּא וּבִעַרְתָּ הָרָע מִיִּשְׂרָאֵל׃ וְכָל־הָעָם
14 יִשְׁמְעוּ וְיִרָאוּ וְלֹא יְזִידוּן עוֹד׃ * ס כִּי־תָבֹא אֶל־הָאָרֶץ שני
אֲשֶׁר יְהוָה אֱלֹהֶיךָ נֹתֵן לָךְ וִירִשְׁתָּהּ וְיָשַׁבְתָּה בָּהּ וְאָמַרְתָּ
טו אָשִׂימָה עָלַי מֶלֶךְ כְּכָל־הַגּוֹיִם אֲשֶׁר סְבִיבֹתָי׃ שׂוֹם תָּשִׂים
עָלֶיךָ מֶלֶךְ אֲשֶׁר יִבְחַר יְהוָה אֱלֹהֶיךָ בּוֹ מִקֶּרֶב אַחֶיךָ תָּשִׂים
עָלֶיךָ מֶלֶךְ לֹא תוּכַל לָתֵת עָלֶיךָ אִישׁ נָכְרִי אֲשֶׁר לֹא־אָחִיךָ
16 הוּא׃ רַק לֹא־יַרְבֶּה־לּוֹ סוּסִים וְלֹא־יָשִׁיב אֶת־הָעָם
מִצְרַיְמָה לְמַעַן הַרְבּוֹת סוּס וַיהוָה אָמַר לָכֶם לֹא תֹסִפוּן
17 לָשׁוּב בַּדֶּרֶךְ הַזֶּה עוֹד׃ וְלֹא יַרְבֶּה־לּוֹ נָשִׁים וְלֹא יָסוּר לְבָבוֹ
18 וְכֶסֶף וְזָהָב לֹא יַרְבֶּה־לּוֹ מְאֹד׃ וְהָיָה כְשִׁבְתּוֹ עַל כִּסֵּא
מַמְלַכְתּוֹ וְכָתַב לוֹ אֶת־מִשְׁנֵה הַתּוֹרָה הַזֹּאת עַל־סֵפֶר מִלִּפְנֵי
19 הַכֹּהֲנִים הַלְוִיִּם׃ וְהָיְתָה עִמּוֹ וְקָרָא בוֹ כָּל־יְמֵי חַיָּיו לְמַעַן
יִלְמַד לְיִרְאָה אֶת־יְהוָה אֱלֹהָיו לִשְׁמֹר אֶת־כָּל־דִּבְרֵי
כ הַתּוֹרָה הַזֹּאת וְאֶת־הַחֻקִּים הָאֵלֶּה לַעֲשֹׂתָם׃ לְבִלְתִּי רוּם־
לְבָבוֹ מֵאֶחָיו וּלְבִלְתִּי סוּר מִן־הַמִּצְוָה יָמִין וּשְׂמֹאול לְמַעַן
יַאֲרִיךְ יָמִים עַל־מַמְלַכְתּוֹ הוּא וּבָנָיו בְּקֶרֶב יִשְׂרָאֵל׃ * ס

CAP. XVIII. יח

יח

א לֹא־יִהְיֶה לַכֹּהֲנִים הַלְוִיִּם כָּל־שֵׁבֶט לֵוִי חֵלֶק וְנַחֲלָה שלישי
2 עִם־יִשְׂרָאֵל אִשֵּׁי יְהוָה וְנַחֲלָתוֹ יֹאכֵלוּן׃ וְנַחֲלָה לֹא־יִהְיֶה־
3 לּוֹ בְּקֶרֶב אֶחָיו יְהוָה הוּא נַחֲלָתוֹ כַּאֲשֶׁר דִּבֶּר־לוֹ׃ ס וְזֶה
יִהְיֶה מִשְׁפַּט הַכֹּהֲנִים מֵאֵת הָעָם מֵאֵת זֹבְחֵי הַזֶּבַח אִם־שׁוֹר
4 אִם־שֶׂה וְנָתַן לַכֹּהֵן הַזְּרֹעַ וְהַלְּחָיַיִם וְהַקֵּבָה׃ רֵאשִׁית דְּגָנְךָ
ה תִּירֹשְׁךָ וְיִצְהָרֶךָ וְרֵאשִׁית גֵּז צֹאנְךָ תִּתֶּן־לוֹ׃ כִּי בוֹ בָּחַר
יְהוָה אֱלֹהֶיךָ מִכָּל־שְׁבָטֶיךָ לַעֲמֹד לְשָׁרֵת בְּשֵׁם־יְהוָה הוּא

ובניו

י״ז v. 11. סבירין ולא v. 19. סבירין בה

רביעי וּבָנָיו כָּל־הַיָּמִים׃ * ס וְכִי־יָבֹא הַלֵּוִי מֵאַחַד שְׁעָרֶיךָ 6
מִכָּל־יִשְׂרָאֵל אֲשֶׁר־הוּא גָּר שָׁם וּבָא בְּכָל־אַוַּת נַפְשׁוֹ אֶל־
הַמָּקוֹם אֲשֶׁר־יִבְחַר יְהוָה׃ וְשֵׁרֵת בְּשֵׁם יְהוָה אֱלֹהָיו כְּכָל־ 7
אֶחָיו הַלְוִיִּם הָעֹמְדִים שָׁם לִפְנֵי יְהוָה׃ חֵלֶק כְּחֵלֶק יֹאכֵלוּ 8
לְבַד מִמְכָּרָיו עַל־הָאָבוֹת׃ ס כִּי אַתָּה בָּא אֶל־הָאָרֶץ 9
אֲשֶׁר־יְהוָה אֱלֹהֶיךָ נֹתֵן לָךְ לֹא־תִלְמַד לַעֲשׂוֹת כְּתוֹעֲבֹת
הַגּוֹיִם הָהֵם׃ לֹא־יִמָּצֵא בְךָ מַעֲבִיר בְּנוֹ־וּבִתּוֹ בָּאֵשׁ קֹסֵם י
קְסָמִים מְעוֹנֵן וּמְנַחֵשׁ וּמְכַשֵּׁף׃ וְחֹבֵר חָבֶר וְשֹׁאֵל אוֹב וְיִדְּעֹנִי 11
וְדֹרֵשׁ אֶל־הַמֵּתִים׃ כִּי־תוֹעֲבַת יְהוָה כָּל־עֹשֵׂה אֵלֶּה וּבִגְלַל 12
הַתּוֹעֵבֹת הָאֵלֶּה יְהוָה אֱלֹהֶיךָ מוֹרִישׁ אוֹתָם מִפָּנֶיךָ׃ תָּמִים 13
חמשי תִּהְיֶה עִם יְהוָה אֱלֹהֶיךָ׃ * כִּי ׀ הַגּוֹיִם הָאֵלֶּה אֲשֶׁר אַתָּה יוֹרֵשׁ 14
אוֹתָם אֶל־מְעֹנְנִים וְאֶל־קֹסְמִים יִשְׁמָעוּ וְאַתָּה לֹא כֵן נָתַן
לְךָ יְהוָה אֱלֹהֶיךָ׃ נָבִיא מִקִּרְבְּךָ מֵאַחֶיךָ כָּמֹנִי יָקִים לְךָ טו
יְהוָה אֱלֹהֶיךָ אֵלָיו תִּשְׁמָעוּן׃ כְּכֹל אֲשֶׁר־שָׁאַלְתָּ מֵעִם יְהוָה 16
אֱלֹהֶיךָ בְּחֹרֵב בְּיוֹם הַקָּהָל לֵאמֹר לֹא אֹסֵף לִשְׁמֹעַ אֶת־
קוֹל יְהוָה אֱלֹהָי וְאֶת־הָאֵשׁ הַגְּדֹלָה הַזֹּאת לֹא־אֶרְאֶה עוֹד
וְלֹא אָמוּת׃ וַיֹּאמֶר יְהוָה אֵלָי הֵיטִיבוּ אֲשֶׁר דִּבֵּרוּ׃ נָבִיא 17 18
אָקִים לָהֶם מִקֶּרֶב אֲחֵיהֶם כָּמוֹךָ וְנָתַתִּי דְבָרַי בְּפִיו וְדִבֶּר
אֲלֵיהֶם אֵת כָּל־אֲשֶׁר אֲצַוֶּנּוּ׃ וְהָיָה הָאִישׁ אֲשֶׁר לֹא־יִשְׁמַע 19
אֶל־דְּבָרַי אֲשֶׁר יְדַבֵּר בִּשְׁמִי אָנֹכִי אֶדְרֹשׁ מֵעִמּוֹ׃ אַךְ הַנָּבִיא כ
אֲשֶׁר יָזִיד לְדַבֵּר דָּבָר בִּשְׁמִי אֵת אֲשֶׁר לֹא־צִוִּיתִיו לְדַבֵּר
וַאֲשֶׁר יְדַבֵּר בְּשֵׁם אֱלֹהִים אֲחֵרִים וּמֵת הַנָּבִיא הַהוּא׃ וְכִי 21
תֹאמַר בִּלְבָבֶךָ אֵיכָה נֵדַע אֶת־הַדָּבָר אֲשֶׁר לֹא־דִבְּרוֹ
יְהוָה׃ אֲשֶׁר יְדַבֵּר הַנָּבִיא בְּשֵׁם יְהוָה וְלֹא־יִהְיֶה הַדָּבָר וְלֹא 22
יָבֹא הוּא הַדָּבָר אֲשֶׁר לֹא־דִבְּרוֹ יְהוָה בְּזָדוֹן דִּבְּרוֹ הַנָּבִיא
לֹא תָגוּר מִמֶּנּוּ׃ ס

v. 13. ת׳ רבתי

יט CAP. XIX. יט

א כִּֽי־יַכְרִ֞ית יְהֹוָ֤ה אֱלֹהֶ֙יךָ֙ אֶת־הַגּוֹיִ֔ם אֲשֶׁר֙ יְהֹוָ֣ה אֱלֹהֶ֔יךָ
2 נֹתֵ֥ן לְךָ֖ אֶת־אַרְצָ֑ם וִֽירִשְׁתָּ֕ם וְיָשַׁבְתָּ֥ בְעָרֵיהֶ֖ם וּבְבָתֵּיהֶֽם׃
שָׁל֥וֹשׁ עָרִ֖ים תַּבְדִּ֣יל לָ֑ךְ בְּת֣וֹךְ אַרְצְךָ֔ אֲשֶׁר֙ יְהֹוָ֣ה אֱלֹהֶ֔יךָ
3 נֹתֵ֥ן לְךָ֖ לְרִשְׁתָּֽהּ׃ תָּכִ֣ין לְךָ֮ הַדֶּרֶךְ֒ וְשִׁלַּשְׁתָּ֙ אֶת־גְּב֣וּל אַרְצְךָ֔
4 אֲשֶׁ֥ר יַנְחִֽילְךָ֖ יְהֹוָ֣ה אֱלֹהֶ֑יךָ וְהָיָ֕ה לָנ֥וּס שָׁ֖מָּה כָּל־רֹצֵֽחַ׃ וְזֶה֙
דְּבַ֣ר הָרֹצֵ֔חַ אֲשֶׁר־יָנ֥וּס שָׁ֖מָּה וָחָ֑י אֲשֶׁ֨ר יַכֶּ֤ה אֶת־רֵעֵ֙הוּ֙
ה בִּבְלִי־דַ֔עַת וְה֛וּא לֹא־שֹׂנֵ֥א ל֖וֹ מִתְּמֹ֥ל שִׁלְשֹֽׁם׃ וַאֲשֶׁר֩ יָבֹ֨א
אֶת־רֵעֵ֣הוּ בַיַּעַר֮ לַחְטֹ֣ב עֵצִים֒ וְנִדְּחָ֨ה יָד֤וֹ בַגַּרְזֶן֙ לִכְרֹ֣ת
הָעֵ֔ץ וְנָשַׁ֤ל הַבַּרְזֶל֙ מִן־הָעֵ֔ץ וּמָצָ֥א אֶת־רֵעֵ֖הוּ וָמֵ֑ת ה֗וּא יָנ֛וּס
6 אֶל־אַחַ֥ת הֶעָרִים־הָאֵ֖לֶּה וָחָֽי׃ פֶּן־יִרְדֹּף֩ גֹּאֵ֨ל הַדָּ֜ם אַחֲרֵ֣י
הָרֹצֵ֗חַ כִּ֣י־יֵחַם֮ לְבָבוֹ֒ וְהִשִּׂיג֛וֹ כִּֽי־יִרְבֶּ֥ה הַדֶּ֖רֶךְ וְהִכָּ֣הוּ נָ֑פֶשׁ
וְלוֹ֙ אֵ֣ין מִשְׁפַּט־מָ֔וֶת כִּ֠י לֹ֣א שֹׂנֵ֥א ה֛וּא ל֖וֹ מִתְּמ֥וֹל שִׁלְשֽׁוֹם׃
7 8 עַל־כֵּ֛ן אָנֹכִ֥י מְצַוְּךָ֖ לֵאמֹ֑ר שָׁלֹ֥שׁ עָרִ֖ים תַּבְדִּ֥יל לָֽךְ׃ וְאִם־
יַרְחִ֞יב יְהֹוָ֤ה אֱלֹהֶ֙יךָ֙ אֶת־גְּבֻ֣לְךָ֔ כַּאֲשֶׁ֥ר נִשְׁבַּ֖ע לַאֲבֹתֶ֑יךָ וְנָ֤תַן
9 לְךָ֙ אֶת־כָּל־הָאָ֔רֶץ אֲשֶׁ֥ר דִּבֶּ֖ר לָתֵ֥ת לַאֲבֹתֶֽיךָ׃ כִּֽי־תִשְׁמֹר֩
אֶת־כָּל־הַמִּצְוָ֨ה הַזֹּ֜את לַעֲשֹׂתָ֗הּ אֲשֶׁ֣ר אָנֹכִ֣י מְצַוְּךָ֮ הַיּוֹם֒
לְאַהֲבָ֞ה אֶת־יְהֹוָ֧ה אֱלֹהֶ֛יךָ וְלָלֶ֥כֶת בִּדְרָכָ֖יו כָּל־הַיָּמִ֑ים
י וְיָסַפְתָּ֨ לְךָ֥ ע֙וֹד֙ שָׁלֹ֣שׁ עָרִ֔ים עַ֖ל הַשָּׁלֹ֥שׁ הָאֵֽלֶּה׃ וְלֹ֤א יִשָּׁפֵךְ֙
דַּ֣ם נָקִ֔י בְּקֶ֣רֶב אַרְצְךָ֔ אֲשֶׁר֙ יְהֹוָ֣ה אֱלֹהֶ֔יךָ נֹתֵ֥ן לְךָ֖ נַחֲלָ֑ה וְהָיָ֥ה
עָלֶ֖יךָ דָּמִֽים׃ פ
11 וְכִי־יִהְיֶ֥ה אִישׁ֙ שֹׂנֵ֣א לְרֵעֵ֔הוּ וְאָ֤רַב לוֹ֙ וְקָ֣ם עָלָ֔יו וְהִכָּ֥הוּ נֶ֖פֶשׁ
12 וָמֵ֑ת וְנָ֕ס אֶל־אַחַ֖ת הֶעָרִ֥ים הָאֵֽל׃ וְשָֽׁלְחוּ֙ זִקְנֵ֣י עִיר֔וֹ וְלָקְח֥וּ
13 אֹת֖וֹ מִשָּׁ֑ם וְנָתְנ֣וּ אֹת֗וֹ בְּיַ֛ד גֹּאֵ֥ל הַדָּ֖ם וָמֵֽת׃ לֹא־תָח֥וֹס עֵֽינְךָ֖
14 עָלָ֑יו וּבִעַרְתָּ֧ דַֽם־הַנָּקִ֛י מִיִּשְׂרָאֵ֖ל וְט֥וֹב לָֽךְ׃ * ס לֹ֤א תַסִּיג֙ ששי
גְּב֣וּל רֵֽעֲךָ֔ אֲשֶׁ֥ר גָּבְל֖וּ רִאשֹׁנִ֑ים בְּנַחֲלָֽתְךָ֙ אֲשֶׁ֣ר תִּנְחַ֔ל בָּאָ֕רֶץ
טו אֲשֶׁר֙ יְהֹוָ֣ה אֱלֹהֶ֔יךָ נֹתֵ֥ן לְךָ֖ לְרִשְׁתָּֽהּ׃ ס לֹא־יָק֨וּם עֵ֜ד

אחד

v. 11. סבירין האלה

אֶחָד֙ בְּאִ֣ישׁ לְכָל־עָוֺ֔ן וּלְכָל־חַטָּ֕את בְּכָל־חֵ֖טְא אֲשֶׁ֣ר יֶֽחֱטָ֑א
עַל־פִּ֣י ׀ שְׁנֵ֣י עֵדִ֗ים א֛וֹ עַל־פִּ֥י שְׁלֹשָֽׁה־עֵדִ֖ים יָק֥וּם דָּבָֽר׃

16
17
כִּֽי־יָק֥וּם עֵד־חָמָ֖ס בְּאִ֑ישׁ לַעֲנ֥וֹת בּ֖וֹ סָרָֽה׃ וְעָמְד֧וּ שְׁנֵֽי־
הָאֲנָשִׁ֛ים אֲשֶׁר־לָהֶ֥ם הָרִ֖יב לִפְנֵ֣י יְהוָ֑ה לִפְנֵ֤י הַכֹּֽהֲנִים֙

18
וְהַשֹּׁ֣פְטִ֔ים אֲשֶׁ֥ר יִהְי֖וּ בַּיָּמִ֥ים הָהֵֽם׃ וְדָרְשׁ֥וּ הַשֹּׁפְטִ֖ים הֵיטֵ֑ב

19
וְהִנֵּ֤ה עֵד־שֶׁ֙קֶר֙ הָעֵ֔ד שֶׁ֖קֶר עָנָ֥ה בְאָחִֽיו׃ וַעֲשִׂ֣יתֶם ל֔וֹ כַּאֲשֶׁ֥ר
זָמַ֖ם לַעֲשׂ֣וֹת לְאָחִ֑יו וּבִֽעַרְתָּ֥ הָרָ֖ע מִקִּרְבֶּֽךָ׃ וְהַנִּשְׁאָרִ֖ים יִשְׁמְע֣וּ

כ
וְיִרָ֑אוּ וְלֹֽא־יֹסִ֨פוּ לַעֲשׂ֜וֹת ע֗וֹד כַּדָּבָ֥ר הָרָ֛ע הַזֶּ֖ה בְּקִרְבֶּֽךָ׃

21
וְלֹ֥א תָח֖וֹס עֵינֶ֑ךָ נֶ֣פֶשׁ בְּנֶ֗פֶשׁ עַ֤יִן בְּעַ֙יִן֙ שֵׁ֣ן בְּשֵׁ֔ן יָ֥ד בְּיָ֖ד רֶ֥גֶל
בְּרָֽגֶל׃
ס

כ　CAP. XX.　כ

א
כִּֽי־תֵצֵ֨א לַמִּלְחָמָ֜ה עַל־אֹיְבֶ֗ךָ וְֽרָאִ֜יתָ ס֤וּס וָרֶ֙כֶב֙ עַ֚ם
רַ֣ב מִמְּךָ֔ לֹ֥א תִירָ֖א מֵהֶ֑ם כִּֽי־יְהוָ֤ה אֱלֹהֶ֙יךָ֙ עִמָּ֔ךְ הַמַּֽעַלְךָ֖

2
מֵאֶ֥רֶץ מִצְרָֽיִם׃ וְהָיָ֕ה כְּקָֽרָבְכֶ֖ם אֶל־הַמִּלְחָמָ֑ה וְנִגַּ֥שׁ הַכֹּהֵ֖ן

3
וְדִבֶּ֥ר אֶל־הָעָֽם׃ וְאָמַ֤ר אֲלֵהֶם֙ שְׁמַ֣ע יִשְׂרָאֵ֔ל אַתֶּ֨ם קְרֵבִ֥ים
הַיּ֛וֹם לַמִּלְחָמָ֖ה עַל־אֹיְבֵיכֶ֑ם אַל־יֵרַ֣ךְ לְבַבְכֶ֗ם אַל־תִּֽירְא֧וּ

4
וְאַֽל־תַּחְפְּז֛וּ וְאַל־תַּֽעַרְצ֖וּ מִפְּנֵיהֶֽם׃ כִּ֚י יְהוָ֣ה אֱלֹֽהֵיכֶ֔ם הַהֹלֵ֖ךְ

ה
עִמָּכֶ֑ם לְהִלָּחֵ֥ם לָכֶ֛ם עִם־אֹיְבֵיכֶ֖ם לְהוֹשִׁ֥יעַ אֶתְכֶֽם׃ וְדִבְּר֣וּ
הַשֹּׁטְרִים֮ אֶל־הָעָ֣ם לֵאמֹר֒ מִֽי־הָאִ֞ישׁ אֲשֶׁ֨ר בָּנָ֤ה בַֽיִת־חָדָשׁ֙
וְלֹ֣א חֲנָכ֔וֹ יֵלֵ֖ךְ וְיָשֹׁ֣ב לְבֵית֑וֹ פֶּן־יָמוּת֙ בַּמִּלְחָמָ֔ה וְאִ֥ישׁ אַחֵ֖ר

6
יַחְנְכֶֽנּוּ׃ וּמִֽי־הָאִ֞ישׁ אֲשֶׁ֨ר נָטַ֥ע כֶּ֙רֶם֙ וְלֹ֣א חִלְּל֔וֹ יֵלֵ֖ךְ וְיָשֹׁ֣ב

7
לְבֵית֑וֹ פֶּן־יָמוּת֙ בַּמִּלְחָמָ֔ה וְאִ֥ישׁ אַחֵ֖ר יְחַלְּלֶֽנּוּ׃ וּמִֽי־הָאִ֞ישׁ
אֲשֶׁר־אֵרַ֤שׂ אִשָּׁה֙ וְלֹ֣א לְקָחָ֔הּ יֵלֵ֖ךְ וְיָשֹׁ֣ב לְבֵית֑וֹ פֶּן־יָמוּת֙

8
בַּמִּלְחָמָ֔ה וְאִ֥ישׁ אַחֵ֖ר יִקָּחֶֽנָּה׃ וְיָסְפ֣וּ הַשֹּׁטְרִים֮ לְדַבֵּ֣ר אֶל־
הָעָם֒ וְאָמְר֗וּ מִי־הָאִ֤ישׁ הַיָּרֵא֙ וְרַ֣ךְ הַלֵּבָ֔ב יֵלֵ֖ךְ וְיָשֹׁ֣ב לְבֵית֑וֹ

9
וְלֹ֥א יִמַּ֛ס אֶת־לְבַ֥ב אֶחָ֖יו כִּלְבָבֽוֹ׃ וְהָיָ֛ה כְּכַלֹּ֥ת הַשֹּׁטְרִ֖ים
לְדַבֵּ֣ר אֶל־הָעָ֑ם וּפָקְד֛וּ שָׂרֵ֥י צְבָא֖וֹת בְּרֹ֥אשׁ הָעָֽם׃
ס

י
כִּֽי־תִקְרַ֣ב אֶל־עִ֔יר לְהִלָּחֵ֖ם עָלֶ֑יהָ וְקָרָ֥אתָ אֵלֶ֖יהָ לְשָׁלֽוֹם׃
וְהָיָה

11 וְהָיָה֙ אִם־שָׁל֣וֹם תַּֽעַנְךָ֔ וּפָתְחָ֖ה לָ֑ךְ וְהָיָ֞ה כָּל־הָעָ֣ם הַנִּמְצָא־
12 בָ֗הּ יִהְי֥וּ לְךָ֛ לָמַ֖ס וַעֲבָדֽוּךָ׃ וְאִם־לֹ֤א תַשְׁלִים֙ עִמָּ֔ךְ וְעָשְׂתָ֥ה
13 עִמְּךָ֖ מִלְחָמָ֑ה וְצַרְתָּ֖ עָלֶֽיהָ׃ וּנְתָנָ֛הּ יְהוָ֥ה אֱלֹהֶ֖יךָ בְּיָדֶ֑ךָ וְהִכִּיתָ֥
14 אֶת־כָּל־זְכוּרָ֖הּ לְפִי־חָֽרֶב׃ רַ֣ק הַ֠נָּשִׁים וְהַטַּ֨ף וְהַבְּהֵמָ֜ה
וְכֹל֩ אֲשֶׁ֨ר יִהְיֶ֥ה בָעִ֛יר כָּל־שְׁלָלָ֖הּ תָּבֹ֣ז לָ֑ךְ וְאָֽכַלְתָּ֙ אֶת־
טו שְׁלַ֣ל אֹיְבֶ֔יךָ אֲשֶׁ֥ר נָתַ֛ן יְהוָ֥ה אֱלֹהֶ֖יךָ לָֽךְ׃ כֵּ֤ן תַּעֲשֶׂה֙ לְכָל־
הֶ֣עָרִ֔ים הָרְחֹקֹ֥ת מִמְּךָ֖ מְאֹ֑ד אֲשֶׁ֛ר לֹא־מֵעָרֵ֥י הַגּֽוֹיִם־הָאֵ֖לֶּה
16 הֵֽנָּה׃ רַ֗ק מֵעָרֵ֤י הָֽעַמִּים֙ הָאֵ֔לֶּה אֲשֶׁר֙ יְהוָ֣ה אֱלֹהֶ֔יךָ נֹתֵ֥ן לְךָ֖
17 נַחֲלָ֑ה לֹ֥א תְחַיֶּ֖ה כָּל־נְשָׁמָֽה׃ כִּֽי־הַחֲרֵ֣ם תַּחֲרִימֵ֗ם הַֽחִתִּ֣י
וְהָאֱמֹרִי֮ הַכְּנַעֲנִ֣י וְהַפְּרִזִּי֒ הַחִוִּ֖י וְהַיְבוּסִ֑י כַּאֲשֶׁ֥ר צִוְּךָ֖ יְהוָ֥ה
18 אֱלֹהֶֽיךָ׃ לְמַ֗עַן אֲשֶׁ֨ר לֹֽא־יְלַמְּד֤וּ אֶתְכֶם֙ לַעֲשׂ֔וֹת כְּכֹל֙
תּֽוֹעֲבֹתָ֔ם אֲשֶׁ֥ר עָשׂ֖וּ לֵאלֹהֵיהֶ֑ם וַחֲטָאתֶ֖ם לַיהוָ֥ה אֱלֹהֵיכֶֽם׃
19 ס כִּֽי־תָצ֣וּר אֶל־עִיר֩ יָמִ֨ים רַבִּ֜ים לְהִלָּחֵ֧ם עָלֶ֣יהָ לְתָפְשָׂ֗הּ
לֹֽא־תַשְׁחִ֤ית אֶת־עֵצָהּ֙ לִנְדֹּ֤חַ עָלָיו֙ גַּרְזֶ֔ן כִּ֚י מִמֶּ֣נּוּ תֹאכֵ֔ל וְאֹת֖וֹ
כ לֹ֣א תִכְרֹ֑ת כִּ֤י הָֽאָדָם֙ עֵ֣ץ הַשָּׂדֶ֔ה לָבֹ֥א מִפָּנֶ֖יךָ בַּמָּצֽוֹר׃ רַ֞ק
עֵ֣ץ אֲשֶׁר־תֵּדַ֗ע כִּֽי־לֹא־עֵ֤ץ מַאֲכָל֙ ה֔וּא אֹת֥וֹ תַשְׁחִ֖ית וְכָרָ֑תָּ
וּבָנִ֣יתָ מָצ֗וֹר עַל־הָעִיר֙ אֲשֶׁר־הִ֨וא עֹשָׂ֧ה עִמְּךָ֛ מִלְחָמָ֖ה עַ֥ד
רִדְתָּֽהּ׃ פ

כא CAP. XXI. כא

א כִּֽי־יִמָּצֵ֣א חָלָ֗ל בָּאֲדָמָה֙ אֲשֶׁר֙ יְהוָ֣ה אֱלֹהֶ֔יךָ נֹתֵ֤ן לְךָ֙ לְרִשְׁתָּ֔הּ
2 נֹפֵ֖ל בַּשָּׂדֶ֑ה לֹ֥א נוֹדַ֖ע מִ֥י הִכָּֽהוּ׃ וְיָצְא֥וּ זְקֵנֶ֖יךָ וְשֹׁפְטֶ֑יךָ וּמָדְדוּ֙
3 אֶל־הֶ֣עָרִ֔ים אֲשֶׁ֖ר סְבִיבֹ֥ת הֶחָלָֽל׃ וְהָיָ֣ה הָעִ֔יר הַקְּרֹבָ֖ה
אֶל־הֶחָלָ֑ל וְלָֽקְח֡וּ זִקְנֵי֩ הָעִ֨יר הַהִ֜וא עֶגְלַ֣ת בָּקָ֗ר אֲשֶׁ֤ר לֹֽא־
4 עֻבַּד֙ בָּ֔הּ אֲשֶׁ֥ר לֹא־מָשְׁכָ֖ה בְּעֹֽל׃ וְהוֹרִ֡דוּ זִקְנֵי֩ הָעִ֨יר הַהִ֤וא
אֶת־הָֽעֶגְלָה֙ אֶל־נַ֣חַל אֵיתָ֔ן אֲשֶׁ֛ר לֹא־יֵעָבֵ֥ד בּ֖וֹ וְלֹ֣א יִזָּרֵ֑עַ
ה וְעָֽרְפוּ־שָׁ֥ם אֶת־הָעֶגְלָ֖ה בַּנָּֽחַל׃ וְנִגְּשׁ֣וּ הַכֹּהֲנִים֮ בְּנֵ֣י לֵוִי֒ כִּ֣י
בָ֗ם בָּחַ֞ר יְהוָ֤ה אֱלֹהֶ֙יךָ֙ לְשָׁ֣רְת֔וֹ וּלְבָרֵ֖ךְ בְּשֵׁ֣ם יְהוָ֑ה וְעַל־פִּיהֶ֥ם
6 יִהְיֶ֖ה כָּל־רִ֥יב וְכָל־נָֽגַע׃ וְכֹ֗ל זִקְנֵי֙ הָעִ֣יר הַהִ֔וא הַקְּרֹבִ֖ים

אֶל־הֶחָלָל יִרְחֲצוּ אֶת־יְדֵיהֶם עַל־הָעֶגְלָה הָעֲרוּפָה בַנָּחַל׃ *
7 וְעָנוּ וְאָמְרוּ יָדֵינוּ לֹא שָׁפְכָה אֶת־הַדָּם הַזֶּה וְעֵינֵינוּ לֹא רָאוּ׃ מפטיר
8 כַּפֵּר לְעַמְּךָ יִשְׂרָאֵל אֲשֶׁר־פָּדִיתָ יְהוָה וְאַל־תִּתֵּן דָּם נָקִי
9 בְּקֶרֶב עַמְּךָ יִשְׂרָאֵל וְנִכַּפֵּר לָהֶם הַדָּם׃ וְאַתָּה תְּבַעֵר הַדָּם
הַנָּקִי מִקִּרְבֶּךָ כִּי־תַעֲשֶׂה הַיָּשָׁר בְּעֵינֵי יְהוָה׃ ס ס ס

כי תצא מט 49

י כִּי־תֵצֵא לַמִּלְחָמָה עַל־אֹיְבֶיךָ וּנְתָנוֹ יְהוָה אֱלֹהֶיךָ
11 בְּיָדֶךָ וְשָׁבִיתָ שִׁבְיוֹ׃ וְרָאִיתָ בַּשִּׁבְיָה אֵשֶׁת יְפַת־תֹּאַר וְחָשַׁקְתָּ
12 בָהּ וְלָקַחְתָּ לְךָ לְאִשָּׁה׃ וַהֲבֵאתָהּ אֶל־תּוֹךְ בֵּיתֶךָ וְגִלְּחָה
13 אֶת־רֹאשָׁהּ וְעָשְׂתָה אֶת־צִפָּרְנֶיהָ׃ וְהֵסִירָה אֶת־שִׂמְלַת
שִׁבְיָהּ מֵעָלֶיהָ וְיָשְׁבָה בְּבֵיתֶךָ וּבָכְתָה אֶת־אָבִיהָ וְאֶת־אִמָּהּ
יֶרַח יָמִים וְאַחַר כֵּן תָּבוֹא אֵלֶיהָ וּבְעַלְתָּהּ וְהָיְתָה לְךָ לְאִשָּׁה׃
14 וְהָיָה אִם־לֹא חָפַצְתָּ בָּהּ וְשִׁלַּחְתָּהּ לְנַפְשָׁהּ וּמָכֹר לֹא־
תִמְכְּרֶנָּה בַּכָּסֶף לֹא־תִתְעַמֵּר בָּהּ תַּחַת אֲשֶׁר עִנִּיתָהּ׃ ס
טו כִּי־תִהְיֶיןָ לְאִישׁ שְׁתֵּי נָשִׁים הָאַחַת אֲהוּבָה וְהָאַחַת שְׂנוּאָה
וְיָלְדוּ־לוֹ בָנִים הָאֲהוּבָה וְהַשְּׂנוּאָה וְהָיָה הַבֵּן הַבְּכֹר לַשְּׂנִיאָה׃
16 וְהָיָה בְּיוֹם הַנְחִילוֹ אֶת־בָּנָיו אֵת אֲשֶׁר־יִהְיֶה לוֹ לֹא יוּכַל
17 לְבַכֵּר אֶת־בֶּן־הָאֲהוּבָה עַל־פְּנֵי בֶן־הַשְּׂנוּאָה הַבְּכֹר׃ כִּי
אֶת־הַבְּכֹר בֶּן־הַשְּׂנוּאָה יַכִּיר לָתֶת לוֹ פִּי שְׁנַיִם בְּכֹל אֲשֶׁר־
יִמָּצֵא לוֹ כִּי־הוּא רֵאשִׁית אֹנוֹ לוֹ מִשְׁפַּט הַבְּכֹרָה׃ ס כִּי־
18 יִהְיֶה לְאִישׁ בֵּן סוֹרֵר וּמוֹרֶה אֵינֶנּוּ שֹׁמֵעַ בְּקוֹל אָבִיו וּבְקוֹל
19 אִמּוֹ וְיִסְּרוּ אֹתוֹ וְלֹא יִשְׁמַע אֲלֵיהֶם׃ וְתָפְשׂוּ בוֹ אָבִיו וְאִמּוֹ
כ וְהוֹצִיאוּ אֹתוֹ אֶל־זִקְנֵי עִירוֹ וְאֶל־שַׁעַר מְקֹמוֹ׃ וְאָמְרוּ אֶל־
זִקְנֵי עִירוֹ בְּנֵנוּ זֶה סוֹרֵר וּמֹרֶה אֵינֶנּוּ שֹׁמֵעַ בְּקֹלֵנוּ זוֹלֵל וְסֹבֵא׃
21 וּרְגָמֻהוּ כָּל־אַנְשֵׁי עִירוֹ בָאֲבָנִים וָמֵת וּבִעַרְתָּ הָרָע מִקִּרְבֶּךָ
22 וְכָל־יִשְׂרָאֵל יִשְׁמְעוּ וְיִרָאוּ׃ * ס וְכִי־יִהְיֶה בְאִישׁ חֵטְא שני

משפט־מות

כ״א v. 7. שפכו ק׳

23 מִשְׁפַּט־מָוֶת וְהוּמָת וְתָלִיתָ אֹתוֹ עַל־עֵץ׃ לֹא־תָלִין נִבְלָתוֹ
עַל־הָעֵץ כִּי־קָבוֹר תִּקְבְּרֶנּוּ בַּיּוֹם הַהוּא כִּי־קִלְלַת אֱלֹהִים
תָּלוּי וְלֹא תְטַמֵּא אֶת־אַדְמָתְךָ אֲשֶׁר יְהוָה אֱלֹהֶיךָ נֹתֵן לְךָ
נַחֲלָה׃ ס

כב CAP. XXII. כב

א לֹא־תִרְאֶה אֶת־שׁוֹר אָחִיךָ אוֹ אֶת־שֵׂיוֹ נִדָּחִים
2 וְהִתְעַלַּמְתָּ מֵהֶם הָשֵׁב תְּשִׁיבֵם לְאָחִיךָ׃ וְאִם־לֹא קָרוֹב
אָחִיךָ אֵלֶיךָ וְלֹא יְדַעְתּוֹ וַאֲסַפְתּוֹ אֶל־תּוֹךְ בֵּיתֶךָ וְהָיָה עִמְּךָ
3 עַד דְּרֹשׁ אָחִיךָ אֹתוֹ וַהֲשֵׁבֹתוֹ לוֹ׃ וְכֵן תַּעֲשֶׂה לַחֲמֹרוֹ וְכֵן
תַּעֲשֶׂה לְשִׂמְלָתוֹ וְכֵן תַּעֲשֶׂה לְכָל־אֲבֵדַת אָחִיךָ אֲשֶׁר־
4 תֹּאבַד מִמֶּנּוּ וּמְצָאתָהּ לֹא תוּכַל לְהִתְעַלֵּם׃ ס לֹא־
תִרְאֶה אֶת־חֲמוֹר אָחִיךָ אוֹ שׁוֹרוֹ נֹפְלִים בַּדֶּרֶךְ וְהִתְעַלַּמְתָּ
ה מֵהֶם הָקֵם תָּקִים עִמּוֹ׃ ס לֹא־יִהְיֶה כְלִי־גֶבֶר עַל־אִשָּׁה
וְלֹא־יִלְבַּשׁ גֶּבֶר שִׂמְלַת אִשָּׁה כִּי תוֹעֲבַת יְהוָה אֱלֹהֶיךָ כָּל־
עֹשֵׂה אֵלֶּה׃ פ
6 כִּי יִקָּרֵא קַן־צִפּוֹר ׀ לְפָנֶיךָ בַּדֶּרֶךְ בְּכָל־עֵץ ׀ אוֹ עַל־
הָאָרֶץ אֶפְרֹחִים אוֹ בֵיצִים וְהָאֵם רֹבֶצֶת עַל־הָאֶפְרֹחִים אוֹ
7 עַל־הַבֵּיצִים לֹא־תִקַּח הָאֵם עַל־הַבָּנִים׃ שַׁלֵּחַ תְּשַׁלַּח
אֶת־הָאֵם וְאֶת־הַבָּנִים תִּקַּח־לָךְ לְמַעַן יִיטַב לָךְ וְהַאֲרַכְתָּ
8 יָמִים׃ * ס כִּי תִבְנֶה בַּיִת חָדָשׁ וְעָשִׂיתָ מַעֲקֶה לְגַגֶּךָ שלישי
9 וְלֹא־תָשִׂים דָּמִים בְּבֵיתֶךָ כִּי־יִפֹּל הַנֹּפֵל מִמֶּנּוּ׃ לֹא־תִזְרַע
כַּרְמְךָ כִּלְאָיִם פֶּן־תִּקְדַּשׁ הַמְלֵאָה הַזֶּרַע אֲשֶׁר תִּזְרָע וּתְבוּאַת
11 הַכָּרֶם׃ ס לֹא־תַחֲרֹשׁ בְּשׁוֹר־וּבַחֲמֹר יַחְדָּו׃ לֹא תִלְבַּשׁ
12 שַׁעַטְנֵז צֶמֶר וּפִשְׁתִּים יַחְדָּו׃ ס גְּדִלִים תַּעֲשֶׂה־לָּךְ עַל־
13 אַרְבַּע כַּנְפוֹת כְּסוּתְךָ אֲשֶׁר תְּכַסֶּה־בָּהּ׃ ס כִּי־יִקַּח אִישׁ
14 אִשָּׁה וּבָא אֵלֶיהָ וּשְׂנֵאָהּ׃ וְשָׂם לָהּ עֲלִילֹת דְּבָרִים וְהוֹצִא
עָלֶיהָ שֵׁם רָע וְאָמַר אֶת־הָאִשָּׁה הַזֹּאת לָקַחְתִּי וָאֶקְרַב אֵלֶיהָ

ולא־מצאתי

טו וְלֹא־מָצָאתִי לָהּ בְּתוּלִים׃ וְלָקַח אֲבִי הַנַּעַר וְאִמָּהּ וְהוֹצִיאוּ
16 אֶת־בְּתוּלֵי הַנַּעַר אֶל־זִקְנֵי הָעִיר הַשָּׁעְרָה׃ וְאָמַר אֲבִי
הַנַּעַר אֶל־הַזְּקֵנִים אֶת־בִּתִּי נָתַתִּי לָאִישׁ הַזֶּה לְאִשָּׁה וַיִּשְׂנָאֶהָ׃
17 וְהִנֵּה־הוּא שָׂם עֲלִילֹת דְּבָרִים לֵאמֹר לֹא־מָצָאתִי לְבִתְּךָ
בְּתוּלִים וְאֵלֶּה בְּתוּלֵי בִתִּי וּפָרְשׂוּ הַשִּׂמְלָה לִפְנֵי זִקְנֵי הָעִיר׃
18 19 וְלָקְחוּ זִקְנֵי הָעִיר־הַהִוא אֶת־הָאִישׁ וְיִסְּרוּ אֹתוֹ׃ וְעָנְשׁוּ אֹתוֹ
מֵאָה כֶסֶף וְנָתְנוּ לַאֲבִי הַנַּעֲרָה כִּי הוֹצִיא שֵׁם רָע עַל בְּתוּלַת
יִשְׂרָאֵל וְלוֹ־תִהְיֶה לְאִשָּׁה לֹא־יוּכַל לְשַׁלְּחָהּ כָּל־יָמָיו׃ ס
כ וְאִם־אֱמֶת הָיָה הַדָּבָר הַזֶּה לֹא־נִמְצְאוּ בְתוּלִים לַנַּעַר׃
21 וְהוֹצִיאוּ אֶת־הַנַּעַר אֶל־פֶּתַח בֵּית־אָבִיהָ וּסְקָלוּהָ אַנְשֵׁי
עִירָהּ בָּאֲבָנִים וָמֵתָה כִּי־עָשְׂתָה נְבָלָה בְּיִשְׂרָאֵל לִזְנוֹת בֵּית
22 אָבִיהָ וּבִעַרְתָּ הָרָע מִקִּרְבֶּךָ׃ ס כִּי־יִמָּצֵא אִישׁ שֹׁכֵב ׀
עִם־אִשָּׁה בְעֻלַת־בַּעַל וּמֵתוּ גַּם־שְׁנֵיהֶם הָאִישׁ הַשֹּׁכֵב עִם־
23 הָאִשָּׁה וְהָאִשָּׁה וּבִעַרְתָּ הָרָע מִיִּשְׂרָאֵל׃ ס כִּי יִהְיֶה נַעַר
בְתוּלָה מְאֹרָשָׂה לְאִישׁ וּמְצָאָהּ אִישׁ בָּעִיר וְשָׁכַב עִמָּהּ׃
24 וְהוֹצֵאתֶם אֶת־שְׁנֵיהֶם אֶל־שַׁעַר ׀ הָעִיר הַהִוא וּסְקַלְתֶּם
אֹתָם בָּאֲבָנִים וָמֵתוּ אֶת־הַנַּעַר עַל־דְּבַר אֲשֶׁר לֹא־צָעֲקָה
בָעִיר וְאֶת־הָאִישׁ עַל־דְּבַר אֲשֶׁר־עִנָּה אֶת־אֵשֶׁת רֵעֵהוּ
כה וּבִעַרְתָּ הָרָע מִקִּרְבֶּךָ׃ ס וְאִם־בַּשָּׂדֶה יִמְצָא הָאִישׁ אֶת־
הַנַּעַר הַמְאֹרָשָׂה וְהֶחֱזִיק־בָּהּ הָאִישׁ וְשָׁכַב עִמָּהּ וּמֵת הָאִישׁ
26 אֲשֶׁר־שָׁכַב עִמָּהּ לְבַדּוֹ׃ וְלַנַּעַר לֹא־תַעֲשֶׂה דָבָר אֵין לַנַּעַר
חֵטְא מָוֶת כִּי כַּאֲשֶׁר יָקוּם אִישׁ עַל־רֵעֵהוּ וּרְצָחוֹ נֶפֶשׁ כֵּן
27 הַדָּבָר הַזֶּה׃ כִּי בַשָּׂדֶה מְצָאָהּ צָעֲקָה הַנַּעַר הַמְאֹרָשָׂה וְאֵין
28 מוֹשִׁיעַ לָהּ׃ ס כִּי־יִמְצָא אִישׁ נַעַר בְתוּלָה אֲשֶׁר לֹא־
29 אֹרָשָׂה וּתְפָשָׂהּ וְשָׁכַב עִמָּהּ וְנִמְצָאוּ׃ וְנָתַן הָאִישׁ הַשֹּׁכֵב עִמָּהּ
לַאֲבִי הַנַּעַר חֲמִשִּׁים כָּסֶף וְלוֹ־תִהְיֶה לְאִשָּׁה תַּחַת אֲשֶׁר עִנָּהּ
לֹא־יוּכַל שַׁלְּחָהּ כָּל־יָמָיו׃ ס

לא־יקח

רה׳ ק׳ v. 15 bis, 16, 20, 21, 23, 24, 25, 26 bis, 27, 28, 29.

כג Cap. XXIII. כג

א לֹא־יִקַּח אִישׁ אֶת־אֵשֶׁת אָבִיו וְלֹא יְגַלֶּה כְּנַף אָבִיו׃ ס
2 3 לֹא־יָבֹא פְצוּעַ־דַּכָּא וּכְרוּת שָׁפְכָה בִּקְהַל יְהוָה׃ ס לֹא־
יָבֹא מַמְזֵר בִּקְהַל יְהוָה גַּם דּוֹר עֲשִׂירִי לֹא־יָבֹא לוֹ בִּקְהַל
4 יְהוָה׃ ס לֹא־יָבֹא עַמּוֹנִי וּמוֹאָבִי בִּקְהַל יְהוָה גַּם דּוֹר
ה עֲשִׂירִי לֹא־יָבֹא לָהֶם בִּקְהַל יְהוָה עַד־עוֹלָם׃ עַל־דְּבַר
אֲשֶׁר לֹא־קִדְּמוּ אֶתְכֶם בַּלֶּחֶם וּבַמַּיִם בַּדֶּרֶךְ בְּצֵאתְכֶם
מִמִּצְרָיִם וַאֲשֶׁר שָׂכַר עָלֶיךָ אֶת־בִּלְעָם בֶּן־בְּעוֹר מִפְּתוֹר
6 אֲרַם נַהֲרַיִם לְקַלְלֶךָּ׃ וְלֹא־אָבָה יְהוָה אֱלֹהֶיךָ לִשְׁמֹעַ אֶל־
בִּלְעָם וַיַּהֲפֹךְ יְהוָה אֱלֹהֶיךָ לְּךָ אֶת־הַקְּלָלָה לִבְרָכָה כִּי
7 אֲהֵבְךָ יְהוָה אֱלֹהֶיךָ׃ לֹא־תִדְרֹשׁ שְׁלֹמָם וְטֹבָתָם כָּל־יָמֶיךָ
8 לְעוֹלָם׃ * ס לֹא־תְתַעֵב אֲדֹמִי כִּי אָחִיךָ הוּא לֹא־תְתַעֵב רביעי
9 מִצְרִי כִּי־גֵר הָיִיתָ בְאַרְצוֹ׃ בָּנִים אֲשֶׁר־יִוָּלְדוּ לָהֶם דּוֹר
י שְׁלִישִׁי יָבֹא לָהֶם בִּקְהַל יְהוָה׃ ס כִּי־תֵצֵא מַחֲנֶה עַל־
11 אֹיְבֶיךָ וְנִשְׁמַרְתָּ מִכֹּל דָּבָר רָע׃ כִּי־יִהְיֶה בְךָ אִישׁ אֲשֶׁר
לֹא־יִהְיֶה טָהוֹר מִקְּרֵה־לָיְלָה וְיָצָא אֶל־מִחוּץ לַמַּחֲנֶה לֹא
12 יָבֹא אֶל־תּוֹךְ הַמַּחֲנֶה׃ וְהָיָה לִפְנוֹת־עֶרֶב יִרְחַץ בַּמָּיִם
13 וּכְבֹא הַשֶּׁמֶשׁ יָבֹא אֶל־תּוֹךְ הַמַּחֲנֶה׃ וְיָד תִּהְיֶה לְךָ מִחוּץ
14 לַמַּחֲנֶה וְיָצָאתָ שָׁמָּה חוּץ׃ וְיָתֵד תִּהְיֶה לְךָ עַל־אֲזֵנֶךָ וְהָיָה
טו בְּשִׁבְתְּךָ חוּץ וְחָפַרְתָּה בָהּ וְשַׁבְתָּ וְכִסִּיתָ אֶת־צֵאָתֶךָ׃ כִּי
יְהוָה אֱלֹהֶיךָ מִתְהַלֵּךְ ׀ בְּקֶרֶב מַחֲנֶךָ לְהַצִּילְךָ וְלָתֵת אֹיְבֶיךָ
לְפָנֶיךָ וְהָיָה מַחֲנֶיךָ קָדוֹשׁ וְלֹא־יִרְאֶה בְךָ עֶרְוַת דָּבָר וְשָׁב
16 מֵאַחֲרֶיךָ׃ ס לֹא־תַסְגִּיר עֶבֶד אֶל־אֲדֹנָיו אֲשֶׁר־יִנָּצֵל
17 אֵלֶיךָ מֵעִם אֲדֹנָיו׃ עִמְּךָ יֵשֵׁב בְּקִרְבְּךָ בַּמָּקוֹם אֲשֶׁר־יִבְחַר
18 בְּאַחַד שְׁעָרֶיךָ בַּטּוֹב לוֹ לֹא תּוֹנֶנּוּ׃ ס לֹא־תִהְיֶה קְדֵשָׁה
19 מִבְּנוֹת יִשְׂרָאֵל וְלֹא־יִהְיֶה קָדֵשׁ מִבְּנֵי יִשְׂרָאֵל׃ לֹא־תָבִיא
אֶתְנַן זוֹנָה וּמְחִיר כֶּלֶב בֵּית יְהוָה אֱלֹהֶיךָ לְכָל־נֶדֶר כִּי
כ תּוֹעֲבַת יְהוָה אֱלֹהֶיךָ גַּם־שְׁנֵיהֶם׃ ס לֹא־תַשִּׁיךְ לְאָחִיךָ

נשך

21 נֶשֶׁךְ כֶּסֶף נֶשֶׁךְ אֹכֶל נֶשֶׁךְ כָּל־דָּבָר אֲשֶׁר יִשָּׁךְ׃ לַנָּכְרִי תַשִּׁיךְ
וּלְאָחִיךָ לֹא תַשִּׁיךְ לְמַעַן יְבָרֶכְךָ יְהוָה אֱלֹהֶיךָ בְּכֹל מִשְׁלַח
22 יָדֶךָ עַל־הָאָרֶץ אֲשֶׁר־אַתָּה בָא־שָׁמָּה לְרִשְׁתָּהּ׃ ס כִּי־
תִדֹּר נֶדֶר לַיהוָה אֱלֹהֶיךָ לֹא תְאַחֵר לְשַׁלְּמוֹ כִּי־דָרֹשׁ יִדְרְשֶׁנּוּ
23 יְהוָה אֱלֹהֶיךָ מֵעִמָּךְ וְהָיָה בְךָ חֵטְא׃ וְכִי תֶחְדַּל לִנְדֹּר לֹא־
24 יִהְיֶה בְךָ חֵטְא׃ מוֹצָא שְׂפָתֶיךָ תִּשְׁמֹר וְעָשִׂיתָ כַּאֲשֶׁר נָדַרְתָּ
כה לַיהוָה אֱלֹהֶיךָ נְדָבָה אֲשֶׁר דִּבַּרְתָּ בְּפִיךָ׃ * ס כִּי תָבֹא חמישי
בְּכֶרֶם רֵעֶךָ וְאָכַלְתָּ עֲנָבִים כְּנַפְשְׁךָ שָׂבְעֶךָ וְאֶל־כֶּלְיְךָ לֹא
26 תִתֵּן׃ ס כִּי תָבֹא בְּקָמַת רֵעֶךָ וְקָטַפְתָּ מְלִילֹת בְּיָדֶךָ
וְחֶרְמֵשׁ לֹא תָנִיף עַל קָמַת רֵעֶךָ׃ ס

כד Cap. XXIV. כד

א כִּי־יִקַּח אִישׁ אִשָּׁה וּבְעָלָהּ וְהָיָה אִם־לֹא תִמְצָא־חֵן
בְּעֵינָיו כִּי־מָצָא בָהּ עֶרְוַת דָּבָר וְכָתַב לָהּ סֵפֶר כְּרִיתֻת
2 וְנָתַן בְּיָדָהּ וְשִׁלְּחָהּ מִבֵּיתוֹ׃ וְיָצְאָה מִבֵּיתוֹ וְהָלְכָה וְהָיְתָה
3 לְאִישׁ־אַחֵר׃ וּשְׂנֵאָהּ הָאִישׁ הָאַחֲרוֹן וְכָתַב לָהּ סֵפֶר כְּרִיתֻת
וְנָתַן בְּיָדָהּ וְשִׁלְּחָהּ מִבֵּיתוֹ אוֹ כִי יָמוּת הָאִישׁ הָאַחֲרוֹן אֲשֶׁר־
4 לְקָחָהּ לוֹ לְאִשָּׁה׃ לֹא־יוּכַל בַּעְלָהּ הָרִאשׁוֹן אֲשֶׁר־שִׁלְּחָהּ
לָשׁוּב לְקַחְתָּהּ לִהְיוֹת לוֹ לְאִשָּׁה אַחֲרֵי אֲשֶׁר הֻטַּמָּאָה כִּי־
תוֹעֵבָה הִוא לִפְנֵי יְהוָה וְלֹא תַחֲטִיא אֶת־הָאָרֶץ אֲשֶׁר יְהוָה
ה אֱלֹהֶיךָ נֹתֵן לְךָ נַחֲלָה׃ * ס כִּי־יִקַּח אִישׁ אִשָּׁה חֲדָשָׁה לֹא ששי
יֵצֵא בַּצָּבָא וְלֹא־יַעֲבֹר עָלָיו לְכָל־דָּבָר נָקִי יִהְיֶה לְבֵיתוֹ
6 שָׁנָה אֶחָת וְשִׂמַּח אֶת־אִשְׁתּוֹ אֲשֶׁר־לָקָח׃ לֹא־יַחֲבֹל רֵחַיִם
7 וָרָכֶב כִּי־נֶפֶשׁ הוּא חֹבֵל׃ ס כִּי־יִמָּצֵא אִישׁ גֹּנֵב נֶפֶשׁ
מֵאֶחָיו מִבְּנֵי יִשְׂרָאֵל וְהִתְעַמֶּר־בּוֹ וּמְכָרוֹ וּמֵת הַגַּנָּב הַהוּא
8 וּבִעַרְתָּ הָרָע מִקִּרְבֶּךָ׃ ס הִשָּׁמֶר בְּנֶגַע־הַצָּרַעַת לִשְׁמֹר
מְאֹד וְלַעֲשׂוֹת כְּכֹל אֲשֶׁר־יוֹרוּ אֶתְכֶם הַכֹּהֲנִים הַלְוִיִּם כַּאֲשֶׁר
9 צִוִּיתִם תִּשְׁמְרוּ לַעֲשׂוֹת׃ זָכוֹר אֵת אֲשֶׁר־עָשָׂה יְהוָה אֱלֹהֶיךָ

למרים

כ״ד v. 5. סבירין כל־ v. 7. סבירין בה v. 8. סבירין אשר

י לְמַרְיָם בַּדֶּרֶךְ בְּצֵאתְכֶם מִמִּצְרָיִם׃ ס כִּֽי־תַשֶּׁה בְרֵעֲךָ
11 מַשַּׁאת מְאוּמָה לֹֽא־תָבֹא אֶל־בֵּיתוֹ לַעֲבֹט עֲבֹטוֹ׃ בַּחוּץ
תַּעֲמֹד וְהָאִישׁ אֲשֶׁר אַתָּה נֹשֶׁה בוֹ יוֹצִיא אֵלֶיךָ אֶת־הַעֲבוֹט
12 13 הַחוּצָה׃ וְאִם־אִישׁ עָנִי הוּא לֹא תִשְׁכַּב בַּעֲבֹטוֹ׃ הָשֵׁב תָּשִׁיב
לוֹ אֶת־הָעֲבוֹט כְּבוֹא הַשֶּׁמֶשׁ וְשָׁכַב בְּשַׂלְמָתוֹ וּבֵרְכֶךָּ וּלְךָ
14 תִּהְיֶה צְדָקָה לִפְנֵי יְהוָה אֱלֹהֶיךָ׃ * ס לֹא־תַעֲשֹׁק שָׂכִיר שביעי
טו עָנִי וְאֶבְיוֹן מֵאַחֶיךָ אוֹ מִגֵּרְךָ אֲשֶׁר בְּאַרְצְךָ בִּשְׁעָרֶיךָ׃ בְּיוֹמוֹ
תִתֵּן שְׂכָרוֹ וְלֹא־תָבוֹא עָלָיו הַשֶּׁמֶשׁ כִּי עָנִי הוּא וְאֵלָיו הוּא
נֹשֵׂא אֶת־נַפְשׁוֹ וְלֹא־יִקְרָא עָלֶיךָ אֶל־יְהוָה וְהָיָה בְךָ חֵטְא׃
16 ס לֹא־יוּמְתוּ אָבוֹת עַל־בָּנִים וּבָנִים לֹא־יוּמְתוּ עַל־אָבוֹת
17 אִישׁ בְּחֶטְאוֹ יוּמָתוּ׃ ס לֹא תַטֶּה מִשְׁפַּט גֵּר יָתוֹם וְלֹא
18 תַחֲבֹל בֶּגֶד אַלְמָנָה׃ וְזָכַרְתָּ כִּי עֶבֶד הָיִיתָ בְּמִצְרַיִם וַיִּפְדְּךָ
יְהוָה אֱלֹהֶיךָ מִשָּׁם עַל־כֵּן אָנֹכִי מְצַוְּךָ לַעֲשׂוֹת אֶת־הַדָּבָר
19 הַזֶּה׃ ס כִּי תִקְצֹר קְצִירְךָ בְשָׂדֶךָ וְשָׁכַחְתָּ עֹמֶר בַּשָּׂדֶה
לֹא־תָשׁוּב לְקַחְתּוֹ לַגֵּר לַיָּתוֹם וְלָאַלְמָנָה יִהְיֶה לְמַעַן יְבָרֶכְךָ
כ יְהוָה אֱלֹהֶיךָ בְּכֹל מַעֲשֵׂה יָדֶיךָ׃ ס כִּי תַחְבֹּט זֵיתְךָ לֹא
21 תְפַאֵר אַחֲרֶיךָ לַגֵּר לַיָּתוֹם וְלָאַלְמָנָה יִהְיֶה׃ כִּי תִבְצֹר כַּרְמְךָ
22 לֹא תְעוֹלֵל אַחֲרֶיךָ לַגֵּר לַיָּתוֹם וְלָאַלְמָנָה יִהְיֶה׃ וְזָכַרְתָּ כִּי־
עֶבֶד הָיִיתָ בְּאֶרֶץ מִצְרָיִם עַל־כֵּן אָנֹכִי מְצַוְּךָ לַעֲשׂוֹת אֶת־
הַדָּבָר הַזֶּה׃ ס

כה CAP. XXV. כה

א כִּֽי־יִהְיֶה רִיב בֵּין אֲנָשִׁים וְנִגְּשׁוּ אֶל־הַמִּשְׁפָּט וּשְׁפָטוּם
2 וְהִצְדִּיקוּ אֶת־הַצַּדִּיק וְהִרְשִׁיעוּ אֶת־הָרָשָׁע׃ וְהָיָה אִם־
בִּן הַכּוֹת הָרָשָׁע וְהִפִּילוֹ הַשֹּׁפֵט וְהִכָּהוּ לְפָנָיו כְּדֵי רִשְׁעָתוֹ
3 בְּמִסְפָּר׃ אַרְבָּעִים יַכֶּנּוּ לֹא יֹסִיף פֶּן־יֹסִיף לְהַכֹּתוֹ עַל־
4 אֵלֶּה מַכָּה רַבָּה וְנִקְלָה אָחִיךָ לְעֵינֶיךָ׃ לֹא־תַחְסֹם שׁוֹר
ה בְּדִישׁוֹ׃ ס כִּֽי־יֵשְׁבוּ אַחִים יַחְדָּו וּמֵת אַחַד מֵהֶם וּבֵן אֵין־
לוֹ לֹא־תִהְיֶה אֵשֶׁת־הַמֵּת הַחוּצָה לְאִישׁ זָר יְבָמָהּ יָבֹא עָלֶיהָ

ולקחה

6 וּלְקָחָ֥הּ ל֛וֹ לְאִשָּׁ֖ה וְיִבְּמָֽהּ׃ וְהָיָ֗ה הַבְּכוֹר֙ אֲשֶׁ֣ר תֵּלֵ֔ד יָק֕וּם
7 עַל־שֵׁ֥ם אָחִ֖יו הַמֵּ֑ת וְלֹֽא־יִמָּחֶ֥ה שְׁמ֖וֹ מִיִּשְׂרָאֵֽל׃ וְאִם־לֹ֤א
יַחְפֹּץ֙ הָאִ֔ישׁ לָקַ֖חַת אֶת־יְבִמְתּ֑וֹ וְעָלְתָה֩ יְבִמְתּ֨וֹ הַשַּׁ֜עְרָה אֶל־
הַזְּקֵנִ֗ים וְאָֽמְרָה֙ מֵאֵ֨ן יְבָמִ֜י לְהָקִ֨ים לְאָחִ֥יו שֵׁם֙ בְּיִשְׂרָאֵ֔ל לֹ֥א
8 אָבָ֖ה יַבְּמִֽי׃ וְקָֽרְאוּ־ל֥וֹ זִקְנֵֽי־עִיר֖וֹ וְדִבְּר֣וּ אֵלָ֑יו וְעָמַ֣ד וְאָמַ֔ר
9 לֹ֥א חָפַ֖צְתִּי לְקַחְתָּֽהּ׃ וְנִגְּשָׁ֨ה יְבִמְתּ֣וֹ אֵלָיו֮ לְעֵינֵ֣י הַזְּקֵנִים֒
וְחָלְצָ֤ה נַעֲלוֹ֙ מֵעַ֣ל רַגְל֔וֹ וְיָרְקָ֖ה בְּפָנָ֑יו וְעָֽנְתָה֙ וְאָ֣מְרָ֔ה כָּ֚כָה
י יֵעָשֶׂ֣ה לָאִ֔ישׁ אֲשֶׁ֥ר לֹא־יִבְנֶ֖ה אֶת־בֵּ֥ית אָחִֽיו׃ וְנִקְרָ֥א שְׁמ֖וֹ
11 בְּיִשְׂרָאֵ֑ל בֵּ֖ית חֲל֥וּץ הַנָּֽעַל׃ ס כִּֽי־יִנָּצ֨וּ אֲנָשִׁ֤ים יַחְדָּו֙
אִ֣ישׁ וְאָחִ֔יו וְקָֽרְבָה֙ אֵ֣שֶׁת הָֽאֶחָ֔ד לְהַצִּ֥יל אֶת־אִישָׁ֖הּ מִיַּ֣ד
12 מַכֵּ֑הוּ וְשָׁלְחָ֣ה יָדָ֔הּ וְהֶחֱזִ֖יקָה בִּמְבֻשָֽׁיו׃ וְקַצֹּתָ֖ה אֶת־כַּפָּ֑הּ
13 לֹ֥א תָח֖וֹס עֵינֶֽךָ׃ ס לֹֽא־יִהְיֶ֥ה לְךָ֛ בְּכִֽיסְךָ֖ אֶ֣בֶן וָאָ֑בֶן
14 גְּדוֹלָ֖ה וּקְטַנָּֽה׃ לֹא־יִהְיֶ֥ה לְךָ֛ בְּבֵיתְךָ֖ אֵיפָ֣ה וְאֵיפָ֑ה גְּדוֹלָ֖ה
טו וּקְטַנָּֽה׃ אֶ֣בֶן שְׁלֵמָ֤ה וָצֶ֙דֶק֙ יִֽהְיֶה־לָּ֔ךְ אֵיפָ֧ה שְׁלֵמָ֛ה וָצֶ֖דֶק
יִֽהְיֶה־לָּ֑ךְ לְמַ֙עַן֙ יַאֲרִ֣יכוּ יָמֶ֔יךָ עַ֚ל הָֽאֲדָמָ֔ה אֲשֶׁר־יְהוָ֥ה
16 אֱלֹהֶ֖יךָ נֹתֵ֥ן לָֽךְ׃ כִּ֧י תוֹעֲבַ֛ת יְהוָ֥ה אֱלֹהֶ֖יךָ כָּל־עֹ֣שֵׂה אֵ֑לֶּה
כֹּ֖ל עֹ֥שֵׂה עָֽוֶל׃* פ
17 זָכ֕וֹר אֵ֛ת אֲשֶׁר־עָשָׂ֥ה לְךָ֖ עֲמָלֵ֑ק בַּדֶּ֖רֶךְ בְּצֵאתְכֶ֥ם מִמִּצְרָֽיִם׃ מפטיר
18 אֲשֶׁ֨ר קָֽרְךָ֜ בַּדֶּ֗רֶךְ וַיְזַנֵּ֤ב בְּךָ֙ כָּל־הַנֶּחֱשָׁלִ֣ים אַֽחֲרֶ֔יךָ וְאַתָּ֖ה
19 עָיֵ֣ף וְיָגֵ֑עַ וְלֹ֥א יָרֵ֖א אֱלֹהִֽים׃ וְהָיָ֡ה בְּהָנִ֣יחַ יְהוָ֣ה אֱלֹהֶ֣יךָ ׀
לְ֠ךָ מִכָּל־אֹ֨יְבֶ֜יךָ מִסָּבִ֗יב בָּאָ֙רֶץ֙ אֲשֶׁ֣ר יְהוָֽה־אֱ֠לֹהֶיךָ נֹתֵ֨ן לְךָ֤
נַחֲלָה֙ לְרִשְׁתָּ֔הּ תִּמְחֶה֙ אֶת־זֵ֣כֶר עֲמָלֵ֔ק מִתַּ֖חַת הַשָּׁמָ֑יִם לֹ֖א
תִּשְׁכָּֽח׃ פפפ

כי תבוא נ 50

כו CAP. XXVI. כו

א וְהָיָה֙ כִּֽי־תָב֣וֹא אֶל־הָאָ֔רֶץ אֲשֶׁר֙ יְהוָ֣ה אֱלֹהֶ֔יךָ נֹתֵ֥ן לְךָ֖ נַחֲלָ֑ה
2 וִירִשְׁתָּ֖הּ וְיָשַׁ֥בְתָּ בָּֽהּ׃ וְלָקַחְתָּ֞ מֵרֵאשִׁ֣ית ׀ כָּל־פְּרִ֣י הָאֲדָמָ֗ה
אשר

אֲשֶׁר תָּבִיא מֵאַרְצְךָ אֲשֶׁר יְהוָה אֱלֹהֶיךָ נֹתֵן לָךְ וְשַׂמְתָּ בַטֶּנֶא
וְהָלַכְתָּ אֶל־הַמָּקוֹם אֲשֶׁר יִבְחַר יְהוָה אֱלֹהֶיךָ לְשַׁכֵּן שְׁמוֹ
3 שָׁם׃ וּבָאתָ אֶל־הַכֹּהֵן אֲשֶׁר יִהְיֶה בַּיָּמִים הָהֵם וְאָמַרְתָּ אֵלָיו
הִגַּדְתִּי הַיּוֹם לַיהוָה אֱלֹהֶיךָ כִּי־בָאתִי אֶל־הָאָרֶץ אֲשֶׁר
4 נִשְׁבַּע יְהוָה לַאֲבֹתֵינוּ לָתֶת לָנוּ׃ וְלָקַח הַכֹּהֵן הַטֶּנֶא מִיָּדֶךָ
ה וְהִנִּיחוֹ לִפְנֵי מִזְבַּח יְהוָה אֱלֹהֶיךָ׃ וְעָנִיתָ וְאָמַרְתָּ לִפְנֵי ׀ יְהוָה
אֱלֹהֶיךָ אֲרַמִּי אֹבֵד אָבִי וַיֵּרֶד מִצְרַיְמָה וַיָּגָר שָׁם בִּמְתֵי מְעָט
6 וַיְהִי־שָׁם לְגוֹי גָּדוֹל עָצוּם וָרָב׃ וַיָּרֵעוּ אֹתָנוּ הַמִּצְרִים וַיְעַנּוּנוּ
7 וַיִּתְּנוּ עָלֵינוּ עֲבֹדָה קָשָׁה׃ וַנִּצְעַק אֶל־יְהוָה אֱלֹהֵי אֲבֹתֵינוּ
וַיִּשְׁמַע יְהוָה אֶת־קֹלֵנוּ וַיַּרְא אֶת־עָנְיֵנוּ וְאֶת־עֲמָלֵנוּ וְאֶת־
8 לַחֲצֵנוּ׃ וַיּוֹצִאֵנוּ יְהוָה מִמִּצְרַיִם בְּיָד חֲזָקָה וּבִזְרֹעַ נְטוּיָה
9 וּבְמֹרָא גָּדֹל וּבְאֹתוֹת וּבְמֹפְתִים׃ וַיְבִאֵנוּ אֶל־הַמָּקוֹם הַזֶּה
י וַיִּתֶּן־לָנוּ אֶת־הָאָרֶץ הַזֹּאת אֶרֶץ זָבַת חָלָב וּדְבָשׁ׃ וְעַתָּה
הִנֵּה הֵבֵאתִי אֶת־רֵאשִׁית פְּרִי הָאֲדָמָה אֲשֶׁר־נָתַתָּה לִּי יְהוָה
וְהִנַּחְתּוֹ לִפְנֵי יְהוָה אֱלֹהֶיךָ וְהִשְׁתַּחֲוִיתָ לִפְנֵי יְהוָה אֱלֹהֶיךָ׃
11 וְשָׂמַחְתָּ בְכָל־הַטּוֹב אֲשֶׁר נָתַן־לְךָ יְהוָה אֱלֹהֶיךָ וּלְבֵיתֶךָ
12 אַתָּה וְהַלֵּוִי וְהַגֵּר אֲשֶׁר בְּקִרְבֶּךָ׃ * ס כִּי תְכַלֶּה לַעְשֵׂר שני
אֶת־כָּל־מַעְשַׂר תְּבוּאָתְךָ בַּשָּׁנָה הַשְּׁלִישִׁת שְׁנַת הַמַּעֲשֵׂר
13 וְנָתַתָּה לַלֵּוִי לַגֵּר לַיָּתוֹם וְלָאַלְמָנָה וְאָכְלוּ בִשְׁעָרֶיךָ וְשָׂבֵעוּ׃
וְאָמַרְתָּ לִפְנֵי יְהוָה אֱלֹהֶיךָ בִּעַרְתִּי הַקֹּדֶשׁ מִן־הַבַּיִת וְגַם
נְתַתִּיו לַלֵּוִי וְלַגֵּר לַיָּתוֹם וְלָאַלְמָנָה כְּכָל־מִצְוָתְךָ אֲשֶׁר
14 צִוִּיתָנִי לֹא־עָבַרְתִּי מִמִּצְוֹתֶיךָ וְלֹא שָׁכָחְתִּי׃ לֹא־אָכַלְתִּי
בְאֹנִי מִמֶּנּוּ וְלֹא־בִעַרְתִּי מִמֶּנּוּ בְּטָמֵא וְלֹא־נָתַתִּי מִמֶּנּוּ לְמֵת
טו שָׁמַעְתִּי בְּקוֹל יְהוָה אֱלֹהָי עָשִׂיתִי כְּכֹל אֲשֶׁר צִוִּיתָנִי׃ הַשְׁקִיפָה
מִמְּעוֹן קָדְשְׁךָ מִן־הַשָּׁמַיִם וּבָרֵךְ אֶת־עַמְּךָ אֶת־יִשְׂרָאֵל וְאֵת
הָאֲדָמָה אֲשֶׁר נָתַתָּה לָנוּ כַּאֲשֶׁר נִשְׁבַּעְתָּ לַאֲבֹתֵינוּ אֶרֶץ זָבַת
16 חָלָב וּדְבָשׁ׃ * ס הַיּוֹם הַזֶּה יְהוָה אֱלֹהֶיךָ מְצַוְּךָ לַעֲשׂוֹת שלישי
אֶת־הַחֻקִּים הָאֵלֶּה וְאֶת־הַמִּשְׁפָּטִים וְשָׁמַרְתָּ וְעָשִׂיתָ אוֹתָם

בכל־לבבך

17 בְּכָל־לְבָבְךָ וּבְכָל־נַפְשֶׁךָ׃ אֶת־יְהוָה הֶאֱמַרְתָּ הַיּוֹם לִהְיוֹת
לְךָ לֵאלֹהִים וְלָלֶכֶת בִּדְרָכָיו וְלִשְׁמֹר חֻקָּיו וּמִצְוֺתָיו וּמִשְׁפָּטָיו
18 וְלִשְׁמֹעַ בְּקֹלוֹ׃ וַיהוָה הֶאֱמִירְךָ הַיּוֹם לִהְיוֹת לוֹ לְעַם סְגֻלָּה
19 כַּאֲשֶׁר דִּבֶּר־לָךְ וְלִשְׁמֹר כָּל־מִצְוֺתָיו׃ וּלְתִתְּךָ עֶלְיוֹן עַל
כָּל־הַגּוֹיִם אֲשֶׁר עָשָׂה לִתְהִלָּה וּלְשֵׁם וּלְתִפְאָרֶת וְלִהְיֹתְךָ
עַם־קָדֹשׁ לַיהוָה אֱלֹהֶיךָ כַּאֲשֶׁר דִּבֵּר׃ *

כז CAP. XXVII. כז

רביעי א וַיְצַו מֹשֶׁה וְזִקְנֵי יִשְׂרָאֵל אֶת־הָעָם לֵאמֹר שָׁמֹר אֶת־כָּל־
2 הַמִּצְוָה אֲשֶׁר אָנֹכִי מְצַוֶּה אֶתְכֶם הַיּוֹם׃ וְהָיָה בַּיּוֹם אֲשֶׁר
תַּעַבְרוּ אֶת־הַיַּרְדֵּן אֶל־הָאָרֶץ אֲשֶׁר־יְהוָה אֱלֹהֶיךָ נֹתֵן לָךְ
3 וַהֲקֵמֹתָ לְךָ אֲבָנִים גְּדֹלוֹת וְשַׂדְתָּ אֹתָם בַּשִּׂיד׃ וְכָתַבְתָּ עֲלֵיהֶן
אֶת־כָּל־דִּבְרֵי הַתּוֹרָה הַזֹּאת בְּעָבְרֶךָ לְמַעַן אֲשֶׁר תָּבֹא
אֶל־הָאָרֶץ אֲשֶׁר־יְהוָה אֱלֹהֶיךָ ׀ נֹתֵן לְךָ אֶרֶץ זָבַת חָלָב
4 וּדְבַשׁ כַּאֲשֶׁר דִּבֶּר יְהוָה אֱלֹהֵי־אֲבֹתֶיךָ לָךְ׃ וְהָיָה בְּעָבְרְכֶם
אֶת־הַיַּרְדֵּן תָּקִימוּ אֶת־הָאֲבָנִים הָאֵלֶּה אֲשֶׁר אָנֹכִי מְצַוֶּה
ה אֶתְכֶם הַיּוֹם בְּהַר עֵיבָל וְשַׂדְתָּ אוֹתָם בַּשִּׂיד׃ וּבָנִיתָ שָּׁם
מִזְבֵּחַ לַיהוָה אֱלֹהֶיךָ מִזְבַּח אֲבָנִים לֹא־תָנִיף עֲלֵיהֶם בַּרְזֶל׃
6 אֲבָנִים שְׁלֵמוֹת תִּבְנֶה אֶת־מִזְבַּח יְהוָה אֱלֹהֶיךָ וְהַעֲלִיתָ עָלָיו
7 עוֹלֹת לַיהוָה אֱלֹהֶיךָ׃ וְזָבַחְתָּ שְׁלָמִים וְאָכַלְתָּ שָּׁם וְשָׂמַחְתָּ
8 לִפְנֵי יְהוָה אֱלֹהֶיךָ׃ וְכָתַבְתָּ עַל־הָאֲבָנִים אֶת־כָּל־דִּבְרֵי
9 הַתּוֹרָה הַזֹּאת בַּאֵר הֵיטֵב׃ ס וַיְדַבֵּר מֹשֶׁה וְהַכֹּהֲנִים הַלְוִיִּם
אֶל־כָּל־יִשְׂרָאֵל לֵאמֹר הַסְכֵּת ׀ וּשְׁמַע יִשְׂרָאֵל הַיּוֹם הַזֶּה
י נִהְיֵיתָ לְעָם לַיהוָה אֱלֹהֶיךָ׃ וְשָׁמַעְתָּ בְּקוֹל יְהוָה אֱלֹהֶיךָ
וְעָשִׂיתָ אֶת־מִצְוֺתוֹ וְאֶת־חֻקָּיו אֲשֶׁר אָנֹכִי מְצַוְּךָ הַיּוֹם׃ * ס
חמישי 11 12 וַיְצַו מֹשֶׁה אֶת־הָעָם בַּיּוֹם הַהוּא לֵאמֹר׃ אֵלֶּה יַעַמְדוּ לְבָרֵךְ
אֶת־הָעָם עַל־הַר גְּרִזִים בְּעָבְרְכֶם אֶת־הַיַּרְדֵּן שִׁמְעוֹן וְלֵוִי
13 וִיהוּדָה וְיִשָּׂשכָר וְיוֹסֵף וּבִנְיָמִן׃ וְאֵלֶּה יַעַמְדוּ עַל־הַקְּלָלָה

בהר

כ״ז v. 10. מצותיו ק׳

14 בְּהַר עֵיבָל רְאוּבֵן גָּד וְאָשֵׁר וּזְבוּלֻן דָּן וְנַפְתָּלִי׃ וְעָנוּ הַלְוִיִּם
טו וְאָמְרוּ אֶל־כָּל־אִישׁ יִשְׂרָאֵל קוֹל רָם׃ ס אָרוּר הָאִישׁ
אֲשֶׁר יַעֲשֶׂה פֶסֶל וּמַסֵּכָה תּוֹעֲבַת יְהוָה מַעֲשֵׂה יְדֵי חָרָשׁ וְשָׂם
16 בַּסָּתֶר וְעָנוּ כָל־הָעָם וְאָמְרוּ אָמֵן׃ ס אָרוּר מַקְלֶה אָבִיו
17 וְאִמּוֹ וְאָמַר כָּל־הָעָם אָמֵן׃ ס אָרוּר מַסִּיג גְּבוּל רֵעֵהוּ
18 וְאָמַר כָּל־הָעָם אָמֵן׃ ס אָרוּר מַשְׁגֶּה עִוֵּר בַּדָּרֶךְ וְאָמַר
19 כָּל־הָעָם אָמֵן׃ ס אָרוּר מַטֶּה מִשְׁפַּט גֵּר־יָתוֹם וְאַלְמָנָה
כ וְאָמַר כָּל־הָעָם אָמֵן׃ אָרוּר שֹׁכֵב עִם־אֵשֶׁת אָבִיו כִּי גִלָּה
21 כְּנַף אָבִיו וְאָמַר כָּל־הָעָם אָמֵן׃ ס אָרוּר שֹׁכֵב עִם־כָּל־
22 בְּהֵמָה וְאָמַר כָּל־הָעָם אָמֵן׃ ס אָרוּר שֹׁכֵב עִם־אֲחֹתוֹ
23 בַּת־אָבִיו אוֹ בַת־אִמּוֹ וְאָמַר כָּל־הָעָם אָמֵן׃ ס אָרוּר
24 שֹׁכֵב עִם־חֹתַנְתּוֹ וְאָמַר כָּל־הָעָם אָמֵן׃ ס אָרוּר מַכֵּה
כה רֵעֵהוּ בַּסָּתֶר וְאָמַר כָּל־הָעָם אָמֵן׃ ס אָרוּר לֹקֵחַ שֹׁחַד
26 לְהַכּוֹת נֶפֶשׁ דַּם נָקִי וְאָמַר כָּל־הָעָם אָמֵן׃ ס אָרוּר אֲשֶׁר
לֹא־יָקִים אֶת־דִּבְרֵי הַתּוֹרָה־הַזֹּאת לַעֲשׂוֹת אוֹתָם וְאָמַר
כָּל־הָעָם אָמֵן׃ פ

כח Cap. XXVIII. כח

א וְהָיָה אִם־שָׁמוֹעַ תִּשְׁמַע בְּקוֹל יְהוָה אֱלֹהֶיךָ לִשְׁמֹר לַעֲשׂוֹת
אֶת־כָּל־מִצְוֹתָיו אֲשֶׁר אָנֹכִי מְצַוְּךָ הַיּוֹם וּנְתָנְךָ יְהוָה אֱלֹהֶיךָ
2 עֶלְיוֹן עַל כָּל־גּוֹיֵי הָאָרֶץ׃ וּבָאוּ עָלֶיךָ כָּל־הַבְּרָכוֹת הָאֵלֶּה
3 וְהִשִּׂיגֻךָ כִּי תִשְׁמַע בְּקוֹל יְהוָה אֱלֹהֶיךָ׃ בָּרוּךְ אַתָּה בָּעִיר
4 וּבָרוּךְ אַתָּה בַּשָּׂדֶה׃ בָּרוּךְ פְּרִי־בִטְנְךָ וּפְרִי אַדְמָתְךָ
ה וּפְרִי בְהֶמְתֶּךָ שְׁגַר אֲלָפֶיךָ וְעַשְׁתְּרוֹת צֹאנֶךָ׃ בָּרוּךְ טַנְאֲךָ
6 7 וּמִשְׁאַרְתֶּךָ׃ בָּרוּךְ אַתָּה בְּבֹאֶךָ וּבָרוּךְ אַתָּה בְּצֵאתֶךָ׃ * יִתֵּן ששי
יְהוָה אֶת־אֹיְבֶיךָ הַקָּמִים עָלֶיךָ נִגָּפִים לְפָנֶיךָ בְּדֶרֶךְ אֶחָד
8 יֵצְאוּ אֵלֶיךָ וּבְשִׁבְעָה דְרָכִים יָנוּסוּ לְפָנֶיךָ׃ יְצַו יְהוָה אִתְּךָ
אֶת־הַבְּרָכָה בַּאֲסָמֶיךָ וּבְכֹל מִשְׁלַח יָדֶךָ וּבֵרַכְךָ בָּאָרֶץ
9 אֲשֶׁר־יְהוָה אֱלֹהֶיךָ נֹתֵן לָךְ׃ יְקִימְךָ יְהוָה לוֹ לְעַם קָדוֹשׁ

כַּאֲשֶׁר נִשְׁבַּע־לָךְ כִּי תִשְׁמֹר אֶת־מִצְוֺת יְהוָה אֱלֹהֶיךָ וְהָלַכְתָּ
י בִּדְרָכָיו׃ וְרָאוּ כָּל־עַמֵּי הָאָרֶץ כִּי שֵׁם יְהוָה נִקְרָא עָלֶיךָ
11 וְיָרְאוּ מִמֶּךָּ׃ וְהוֹתִרְךָ יְהוָה לְטוֹבָה בִּפְרִי בִטְנְךָ וּבִפְרִי
בְהֶמְתְּךָ וּבִפְרִי אַדְמָתֶךָ עַל הָאֲדָמָה אֲשֶׁר נִשְׁבַּע יְהוָה
12 לַאֲבֹתֶיךָ לָתֶת לָךְ׃ יִפְתַּח יְהוָה ׀ לְךָ אֶת־אוֹצָרוֹ הַטּוֹב
אֶת־הַשָּׁמַיִם לָתֵת מְטַר־אַרְצְךָ בְּעִתּוֹ וּלְבָרֵךְ אֵת כָּל־
13 מַעֲשֵׂה יָדֶךָ וְהִלְוִיתָ גּוֹיִם רַבִּים וְאַתָּה לֹא תִלְוֶה׃ וּנְתָנְךָ
יְהוָה לְרֹאשׁ וְלֹא לְזָנָב וְהָיִיתָ רַק לְמַעְלָה וְלֹא תִהְיֶה לְמָטָּה
כִּי־תִשְׁמַע אֶל־מִצְוֺת ׀ יְהוָה אֱלֹהֶיךָ אֲשֶׁר אָנֹכִי מְצַוְּךָ הַיּוֹם
14 לִשְׁמֹר וְלַעֲשׂוֹת׃ וְלֹא תָסוּר מִכָּל־הַדְּבָרִים אֲשֶׁר אָנֹכִי
מְצַוֶּה אֶתְכֶם הַיּוֹם יָמִין וּשְׂמֹאול לָלֶכֶת אַחֲרֵי אֱלֹהִים אֲחֵרִים
לְעָבְדָם׃ פ

טו וְהָיָה אִם־לֹא תִשְׁמַע בְּקוֹל יְהוָה אֱלֹהֶיךָ לִשְׁמֹר לַעֲשׂוֹת
אֶת־כָּל־מִצְוֺתָיו וְחֻקֹּתָיו אֲשֶׁר אָנֹכִי מְצַוְּךָ הַיּוֹם וּבָאוּ עָלֶיךָ
16 כָּל־הַקְּלָלוֹת הָאֵלֶּה וְהִשִּׂיגוּךָ׃ אָרוּר אַתָּה בָּעִיר וְאָרוּר
17 18 אַתָּה בַּשָּׂדֶה׃ אָרוּר טַנְאֲךָ וּמִשְׁאַרְתֶּךָ׃ אָרוּר פְּרִי־בִטְנְךָ
19 וּפְרִי אַדְמָתֶךָ שְׁגַר אֲלָפֶיךָ וְעַשְׁתְּרֹת צֹאנֶךָ׃ אָרוּר אַתָּה
כ בְּבֹאֶךָ וְאָרוּר אַתָּה בְּצֵאתֶךָ׃ יְשַׁלַּח יְהוָה ׀ בְּךָ אֶת־הַמְּאֵרָה
אֶת־הַמְּהוּמָה וְאֶת־הַמִּגְעֶרֶת בְּכָל־מִשְׁלַח יָדְךָ אֲשֶׁר תַּעֲשֶׂה
עַד הִשָּׁמֶדְךָ וְעַד־אֲבָדְךָ מַהֵר מִפְּנֵי רֹעַ מַעֲלָלֶיךָ אֲשֶׁר
21 עֲזַבְתָּנִי׃ יַדְבֵּק יְהוָה בְּךָ אֶת־הַדָּבֶר עַד כַּלֹּתוֹ אֹתְךָ מֵעַל
22 הָאֲדָמָה אֲשֶׁר־אַתָּה בָא־שָׁמָּה לְרִשְׁתָּהּ׃ יַכְּכָה יְהוָה בַּשַּׁחֶפֶת
וּבַקַּדַּחַת וּבַדַּלֶּקֶת וּבַחַרְחֻר וּבַחֶרֶב וּבַשִּׁדָּפוֹן וּבַיֵּרָקוֹן
23 וּרְדָפוּךָ עַד אָבְדֶךָ׃ וְהָיוּ שָׁמֶיךָ אֲשֶׁר עַל־רֹאשְׁךָ נְחֹשֶׁת
24 וְהָאָרֶץ אֲשֶׁר־תַּחְתֶּיךָ בַּרְזֶל׃ יִתֵּן יְהוָה אֶת־מְטַר אַרְצְךָ
כה אָבָק וְעָפָר מִן־הַשָּׁמַיִם יֵרֵד עָלֶיךָ עַד הִשָּׁמְדָךְ׃ יִתֶּנְךָ יְהוָה ׀
נִגָּף לִפְנֵי אֹיְבֶיךָ בְּדֶרֶךְ אֶחָד תֵּצֵא אֵלָיו וּבְשִׁבְעָה דְרָכִים
26 תָּנוּס לְפָנָיו וְהָיִיתָ לְזַעֲוָה לְכֹל מַמְלְכוֹת הָאָרֶץ׃ וְהָיְתָה

נבלתך

נִבְלָתְךָ לְמַאֲכָל לְכָל־עוֹף הַשָּׁמַיִם וּלְבֶהֱמַת הָאָרֶץ וְאֵין
27 מַחֲרִיד׃ יַכְּכָה יְהוָה בִּשְׁחִין מִצְרַיִם וּבַעְפֹלִים וּבַגָּרָב וּבֶחָרֶס
28 אֲשֶׁר לֹא־תוּכַל לְהֵרָפֵא׃ יַכְּכָה יְהוָה בְּשִׁגָּעוֹן וּבְעִוָּרוֹן
29 וּבְתִמְהוֹן לֵבָב׃ וְהָיִיתָ מְמַשֵּׁשׁ בַּצָּהֳרַיִם כַּאֲשֶׁר יְמַשֵּׁשׁ הָעִוֵּר
בָּאֲפֵלָה וְלֹא תַצְלִיחַ אֶת־דְּרָכֶיךָ וְהָיִיתָ אַךְ עָשׁוּק וְגָזוּל
ל כָּל־הַיָּמִים וְאֵין מוֹשִׁיעַ׃ אִשָּׁה תְאָרֵשׂ וְאִישׁ אַחֵר יִשְׁגָּלֶנָּה
31 בַּיִת תִּבְנֶה וְלֹא־תֵשֵׁב בּוֹ כֶּרֶם תִּטַּע וְלֹא תְחַלְּלֶנּוּ׃ שׁוֹרְךָ
טָבוּחַ לְעֵינֶיךָ וְלֹא תֹאכַל מִמֶּנּוּ חֲמֹרְךָ גָּזוּל מִלְּפָנֶיךָ וְלֹא
32 יָשׁוּב לָךְ צֹאנְךָ נְתֻנוֹת לְאֹיְבֶיךָ וְאֵין לְךָ מוֹשִׁיעַ׃ בָּנֶיךָ וּבְנֹתֶיךָ
נְתֻנִים לְעַם אַחֵר וְעֵינֶיךָ רֹאוֹת וְכָלוֹת אֲלֵיהֶם כָּל־הַיּוֹם
33 וְאֵין לְאֵל יָדֶךָ׃ פְּרִי אַדְמָתְךָ וְכָל־יְגִיעֲךָ יֹאכַל עַם אֲשֶׁר
34 לֹא־יָדָעְתָּ וְהָיִיתָ רַק עָשׁוּק וְרָצוּץ כָּל־הַיָּמִים׃ וְהָיִיתָ מְשֻׁגָּע
לה מִמַּרְאֵה עֵינֶיךָ אֲשֶׁר תִּרְאֶה׃ יַכְּכָה יְהוָה בִּשְׁחִין רָע עַל־
הַבִּרְכַּיִם וְעַל־הַשֹּׁקַיִם אֲשֶׁר לֹא־תוּכַל לְהֵרָפֵא מִכַּף רַגְלְךָ
36 וְעַד קָדְקֳדֶךָ׃ יוֹלֵךְ יְהוָה אֹתְךָ וְאֶת־מַלְכְּךָ אֲשֶׁר תָּקִים
עָלֶיךָ אֶל־גּוֹי אֲשֶׁר לֹא־יָדַעְתָּ אַתָּה וַאֲבֹתֶיךָ וְעָבַדְתָּ שָּׁם
37 אֱלֹהִים אֲחֵרִים עֵץ וָאָבֶן׃ וְהָיִיתָ לְשַׁמָּה לְמָשָׁל וְלִשְׁנִינָה
38 בְּכֹל הָעַמִּים אֲשֶׁר־יְנַהֶגְךָ יְהוָה שָׁמָּה׃ זֶרַע רַב תּוֹצִיא הַשָּׂדֶה
39 וּמְעַט תֶּאֱסֹף כִּי יַחְסְלֶנּוּ הָאַרְבֶּה׃ כְּרָמִים תִּטַּע וְעָבָדְתָּ וְיַיִן
מ לֹא־תִשְׁתֶּה וְלֹא תֶאֱגֹר כִּי תֹאכְלֶנּוּ הַתֹּלָעַת׃ זֵיתִים יִהְיוּ לְךָ
41 בְּכָל־גְּבוּלֶךָ וְשֶׁמֶן לֹא תָסוּךְ כִּי יִשַּׁל זֵיתֶךָ׃ בָּנִים וּבָנוֹת
42 תּוֹלִיד וְלֹא־יִהְיוּ לָךְ כִּי יֵלְכוּ בַּשֶּׁבִי׃ כָּל־עֵצְךָ וּפְרִי אַדְמָתֶךָ
43 יְיָרֵשׁ הַצְּלָצַל׃ הַגֵּר אֲשֶׁר בְּקִרְבְּךָ יַעֲלֶה עָלֶיךָ מַעְלָה מָּעְלָה
44 וְאַתָּה תֵרֵד מַטָּה מָּטָּה׃ הוּא יַלְוְךָ וְאַתָּה לֹא תַלְוֶנּוּ הוּא
מה יִהְיֶה לְרֹאשׁ וְאַתָּה תִּהְיֶה לְזָנָב׃ וּבָאוּ עָלֶיךָ כָּל־הַקְּלָלוֹת
הָאֵלֶּה וּרְדָפוּךָ וְהִשִּׂיגוּךָ עַד הִשָּׁמְדָךְ כִּי־לֹא שָׁמַעְתָּ בְּקוֹל
46 יְהוָה אֱלֹהֶיךָ לִשְׁמֹר מִצְוֹתָיו וְחֻקֹּתָיו אֲשֶׁר צִוָּךְ׃ וְהָיוּ בְךָ

לאות

v. 27. ובטחורים ק׳ v. 30. ישכבנה ק׳

47 לְאוֹת וּלְמוֹפֵת וּבְזַרְעֲךָ עַד־עוֹלָם׃ תַּחַת אֲשֶׁר לֹא־עָבַדְתָּ
48 אֶת־יְהוָה אֱלֹהֶיךָ בְּשִׂמְחָה וּבְטוּב לֵבָב מֵרֹב כֹּל׃ וְעָבַדְתָּ
אֶת־אֹיְבֶיךָ אֲשֶׁר יְשַׁלְּחֶנּוּ יְהוָה בָּךְ בְּרָעָב וּבְצָמָא וּבְעֵירֹם
וּבְחֹסֶר כֹּל וְנָתַן עֹל בַּרְזֶל עַל־צַוָּארֶךָ עַד הִשְׁמִידוֹ אֹתָךְ׃
49 יִשָּׂא יְהוָה עָלֶיךָ גּוֹי מֵרָחֹק מִקְצֵה הָאָרֶץ כַּאֲשֶׁר יִדְאֶה הַנָּשֶׁר
נ גּוֹי אֲשֶׁר לֹא־תִשְׁמַע לְשֹׁנוֹ׃ גּוֹי עַז פָּנִים אֲשֶׁר לֹא־יִשָּׂא פָנִים
51 לְזָקֵן וְנַעַר לֹא יָחֹן׃ וְאָכַל פְּרִי בְהֶמְתְּךָ וּפְרִי־אַדְמָתְךָ עַד
הִשָּׁמְדָךְ אֲשֶׁר לֹא־יַשְׁאִיר לְךָ דָּגָן תִּירוֹשׁ וְיִצְהָר שְׁגַר אֲלָפֶיךָ
52 וְעַשְׁתְּרֹת צֹאנֶךָ עַד הַאֲבִידוֹ אֹתָךְ׃ וְהֵצַר לְךָ בְּכָל־שְׁעָרֶיךָ
עַד רֶדֶת חֹמֹתֶיךָ הַגְּבֹהֹת וְהַבְּצֻרוֹת אֲשֶׁר אַתָּה בֹּטֵחַ בָּהֵן
בְּכָל־אַרְצֶךָ וְהֵצַר לְךָ בְּכָל־שְׁעָרֶיךָ בְּכָל־אַרְצְךָ אֲשֶׁר
53 נָתַן יְהוָה אֱלֹהֶיךָ לָךְ׃ וְאָכַלְתָּ פְרִי־בִטְנְךָ בְּשַׂר בָּנֶיךָ וּבְנֹתֶיךָ
אֲשֶׁר נָתַן־לְךָ יְהוָה אֱלֹהֶיךָ בְּמָצוֹר וּבְמָצוֹק אֲשֶׁר־יָצִיק לְךָ
54 אֹיְבֶךָ׃ הָאִישׁ הָרַךְ בְּךָ וְהֶעָנֹג מְאֹד תֵּרַע עֵינוֹ בְאָחִיו וּבְאֵשֶׁת
נה חֵיקוֹ וּבְיֶתֶר בָּנָיו אֲשֶׁר יוֹתִיר׃ מִתֵּת ׀ לְאַחַד מֵהֶם מִבְּשַׂר
בָּנָיו אֲשֶׁר יֹאכֵל מִבְּלִי הִשְׁאִיר־לוֹ כֹּל בְּמָצוֹר וּבְמָצוֹק אֲשֶׁר
56 יָצִיק לְךָ אֹיִבְךָ בְּכָל־שְׁעָרֶיךָ׃ הָרַכָּה בְךָ וְהָעֲנֻגָּה אֲשֶׁר
לֹא־נִסְּתָה כַף־רַגְלָהּ הַצֵּג עַל־הָאָרֶץ מֵהִתְעַנֵּג וּמֵרֹךְ תֵּרַע
57 עֵינָהּ בְּאִישׁ חֵיקָהּ וּבִבְנָהּ וּבְבִתָּהּ׃ וּבְשִׁלְיָתָהּ הַיּוֹצֵת ׀ מִבֵּין
רַגְלֶיהָ וּבְבָנֶיהָ אֲשֶׁר תֵּלֵד כִּי־תֹאכְלֵם בְּחֹסֶר־כֹּל בַּסָּתֶר
58 בְּמָצוֹר וּבְמָצוֹק אֲשֶׁר יָצִיק לְךָ אֹיִבְךָ בִּשְׁעָרֶיךָ׃ אִם־לֹא
תִשְׁמֹר לַעֲשׂוֹת אֶת־כָּל־דִּבְרֵי הַתּוֹרָה הַזֹּאת הַכְּתֻבִים
בַּסֵּפֶר הַזֶּה לְיִרְאָה אֶת־הַשֵּׁם הַנִּכְבָּד וְהַנּוֹרָא הַזֶּה אֵת יְהוָה
59 אֱלֹהֶיךָ׃ וְהִפְלָא יְהוָה אֶת־מַכֹּתְךָ וְאֵת מַכּוֹת זַרְעֶךָ מַכּוֹת
ס גְּדֹלֹת וְנֶאֱמָנוֹת וָחֳלָיִם רָעִים וְנֶאֱמָנִים׃ וְהֵשִׁיב בְּךָ אֵת כָּל־
61 מַדְוֵה מִצְרַיִם אֲשֶׁר יָגֹרְתָּ מִפְּנֵיהֶם וְדָבְקוּ בָּךְ׃ גַּם כָּל־חֳלִי
וְכָל־מַכָּה אֲשֶׁר לֹא כָתוּב בְּסֵפֶר הַתּוֹרָה הַזֹּאת יַעְלֵם יְהוָה

עליך

v. 57. חסר א׳

62 עֲלֵיךָ עַד הִשָּׁמְדָךְ׃ וְנִשְׁאַרְתֶּם בִּמְתֵי מְעָט תַּחַת אֲשֶׁר הֱיִיתֶם
כְּכוֹכְבֵי הַשָּׁמַיִם לָרֹב כִּי־לֹא שָׁמַעְתָּ בְּקוֹל יְהוָה אֱלֹהֶיךָ׃
63 וְהָיָה כַּאֲשֶׁר־שָׂשׂ יְהוָה עֲלֵיכֶם לְהֵיטִיב אֶתְכֶם וּלְהַרְבּוֹת
אֶתְכֶם כֵּן יָשִׂישׂ יְהוָה עֲלֵיכֶם לְהַאֲבִיד אֶתְכֶם וּלְהַשְׁמִיד
אֶתְכֶם וְנִסַּחְתֶּם מֵעַל הָאֲדָמָה אֲשֶׁר־אַתָּה בָא־שָׁמָּה לְרִשְׁתָּהּ׃
64 וֶהֱפִיצְךָ יְהוָה בְּכָל־הָעַמִּים מִקְצֵה הָאָרֶץ וְעַד־קְצֵה הָאָרֶץ
וְעָבַדְתָּ שָּׁם אֱלֹהִים אֲחֵרִים אֲשֶׁר לֹא־יָדַעְתָּ אַתָּה וַאֲבֹתֶיךָ
סה עֵץ וָאָבֶן׃ וּבַגּוֹיִם הָהֵם לֹא תַרְגִּיעַ וְלֹא־יִהְיֶה מָנוֹחַ לְכַף־
רַגְלֶךָ וְנָתַן יְהוָה לְךָ שָׁם לֵב רַגָּז וְכִלְיוֹן עֵינַיִם וְדַאֲבוֹן נָפֶשׁ׃
66 וְהָיוּ חַיֶּיךָ תְּלֻאִים לְךָ מִנֶּגֶד וּפָחַדְתָּ לַיְלָה וְיוֹמָם וְלֹא תַאֲמִין
67 בְּחַיֶּיךָ׃ בַּבֹּקֶר תֹּאמַר מִי־יִתֵּן עֶרֶב וּבָעֶרֶב תֹּאמַר מִי־יִתֵּן
בֹּקֶר מִפַּחַד לְבָבְךָ אֲשֶׁר תִּפְחָד וּמִמַּרְאֵה עֵינֶיךָ אֲשֶׁר תִּרְאֶה׃
68 וֶהֱשִׁיבְךָ יְהוָה ׀ מִצְרַיִם בָּאֳנִיּוֹת בַּדֶּרֶךְ אֲשֶׁר אָמַרְתִּי לְךָ
לֹא־תֹסִיף עוֹד לִרְאֹתָהּ וְהִתְמַכַּרְתֶּם שָׁם לְאֹיְבֶיךָ לַעֲבָדִים
69 וְלִשְׁפָחוֹת וְאֵין קֹנֶה׃ ס אֵלֶּה דִבְרֵי הַבְּרִית אֲשֶׁר־צִוָּה
יְהוָה אֶת־מֹשֶׁה לִכְרֹת אֶת־בְּנֵי יִשְׂרָאֵל בְּאֶרֶץ מוֹאָב מִלְּבַד
הַבְּרִית אֲשֶׁר־כָּרַת אִתָּם בְּחֹרֵב׃ * פ

כט CAP. XXIX. כט

א וַיִּקְרָא מֹשֶׁה אֶל־כָּל־יִשְׂרָאֵל וַיֹּאמֶר אֲלֵהֶם אַתֶּם רְאִיתֶם שביעי
אֵת כָּל־אֲשֶׁר עָשָׂה יְהוָה לְעֵינֵיכֶם בְּאֶרֶץ מִצְרַיִם לְפַרְעֹה
2 וּלְכָל־עֲבָדָיו וּלְכָל־אַרְצוֹ׃ הַמַּסּוֹת הַגְּדֹלֹת אֲשֶׁר רָאוּ
3 עֵינֶיךָ הָאֹתֹת וְהַמֹּפְתִים הַגְּדֹלִים הָהֵם׃ וְלֹא־נָתַן יְהוָה לָכֶם
לֵב לָדַעַת וְעֵינַיִם לִרְאוֹת וְאָזְנַיִם לִשְׁמֹעַ עַד הַיּוֹם הַזֶּה׃
4 וָאוֹלֵךְ אֶתְכֶם אַרְבָּעִים שָׁנָה בַּמִּדְבָּר לֹא־בָלוּ שַׂלְמֹתֵיכֶם
ה מֵעֲלֵיכֶם וְנַעַלְךָ לֹא־בָלְתָה מֵעַל רַגְלֶךָ׃ לֶחֶם לֹא אֲכַלְתֶּם
וְיַיִן וְשֵׁכָר לֹא שְׁתִיתֶם לְמַעַן תֵּדְעוּ כִּי אֲנִי יְהוָה אֱלֹהֵיכֶם׃ *
6 וַתָּבֹאוּ אֶל־הַמָּקוֹם הַזֶּה וַיֵּצֵא סִיחֹן מֶלֶךְ־חֶשְׁבּוֹן וְעוֹג מֶלֶךְ־ מפטיר
7 הַבָּשָׁן לִקְרָאתֵנוּ לַמִּלְחָמָה וַנַּכֵּם׃ וַנִּקַּח אֶת־אַרְצָם וַנִּתְּנָהּ
לנחלה

8 לְנַחֲלָה לָרֽאוּבֵנִי וְלַגָּדִי וְלַחֲצִי שֵׁבֶט הַֽמְנַשִּׁי׃ וּשְׁמַרְתֶּם אֶת־
דִּבְרֵי הַבְּרִית הַזֹּאת וַעֲשִׂיתֶם אֹתָם לְמַעַן תַּשְׂכִּילוּ אֵת כָּל־
אֲשֶׁר תַּעֲשֽׂוּן׃ פפפ

נצבים נא 51

9 אַתֶּם נִצָּבִים הַיּוֹם כֻּלְּכֶם לִפְנֵי יְהוָה אֱלֹהֵיכֶם רָאשֵׁיכֶם
י שִׁבְטֵיכֶם זִקְנֵיכֶם וְשֹׁטְרֵיכֶם כֹּל אִישׁ יִשְׂרָאֵל׃ טַפְּכֶם נְשֵׁיכֶם
וְגֵרְךָ אֲשֶׁר בְּקֶרֶב מַחֲנֶיךָ מֵחֹטֵב עֵצֶיךָ עַד שֹׁאֵב מֵימֶיךָ׃
11 לְעָבְרְךָ בִּבְרִית יְהוָה אֱלֹהֶיךָ וּבְאָלָתוֹ אֲשֶׁר יְהוָה אֱלֹהֶיךָ
12 שני כֹּרֵת עִמְּךָ הַיּוֹם׃ * לְמַעַן הָקִים־אֹתְךָ הַיּוֹם ׀ לוֹ לְעָם וְהוּא
יִהְיֶה־לְּךָ לֵאלֹהִים כַּאֲשֶׁר דִּבֶּר־לָךְ וְכַאֲשֶׁר נִשְׁבַּע לַאֲבֹתֶיךָ
13 לְאַבְרָהָם לְיִצְחָק וּלְיַעֲקֹב׃ וְלֹא אִתְּכֶם לְבַדְּכֶם אָנֹכִי כֹּרֵת
14 אֶת־הַבְּרִית הַזֹּאת וְאֶת־הָאָלָה הַזֹּאת׃ כִּי אֶת־אֲשֶׁר יֶשְׁנוֹ
פֹּה עִמָּנוּ עֹמֵד הַיּוֹם לִפְנֵי יְהוָה אֱלֹהֵינוּ וְאֵת אֲשֶׁר אֵינֶנּוּ פֹּה
טו שלישי עִמָּנוּ הַיּוֹם׃ * כִּי־אַתֶּם יְדַעְתֶּם אֵת אֲשֶׁר־יָשַׁבְנוּ בְּאֶרֶץ
מִצְרָיִם וְאֵת אֲשֶׁר־עָבַרְנוּ בְּקֶרֶב הַגּוֹיִם אֲשֶׁר עֲבַרְתֶּם׃
16 וַתִּרְאוּ אֶת־שִׁקּוּצֵיהֶם וְאֵת גִּלֻּלֵיהֶם עֵץ וָאֶבֶן כֶּסֶף וְזָהָב
17 אֲשֶׁר עִמָּהֶם׃ פֶּן־יֵשׁ בָּכֶם אִישׁ אוֹ־אִשָּׁה אוֹ מִשְׁפָּחָה אוֹ־
שֵׁבֶט אֲשֶׁר לְבָבוֹ פֹנֶה הַיּוֹם מֵעִם יְהוָה אֱלֹהֵינוּ לָלֶכֶת לַעֲבֹד
אֶת־אֱלֹהֵי הַגּוֹיִם הָהֵם פֶּן־יֵשׁ בָּכֶם שֹׁרֶשׁ פֹּרֶה רֹאשׁ וְלַעֲנָה׃
18 וְהָיָה בְּשָׁמְעוֹ אֶת־דִּבְרֵי הָאָלָה הַזֹּאת וְהִתְבָּרֵךְ בִּלְבָבוֹ
לֵאמֹר שָׁלוֹם יִהְיֶה־לִּי כִּי בִּשְׁרִרוּת לִבִּי אֵלֵךְ לְמַעַן סְפוֹת
19 הָרָוָה אֶת־הַצְּמֵאָה׃ לֹא־יֹאבֶה יְהוָה סְלֹחַ לוֹ כִּי אָז יֶעְשַׁן
אַף־יְהוָה וְקִנְאָתוֹ בָּאִישׁ הַהוּא וְרָבְצָה בּוֹ כָּל־הָאָלָה
הַכְּתוּבָה בַּסֵּפֶר הַזֶּה וּמָחָה יְהוָה אֶת־שְׁמוֹ מִתַּחַת הַשָּׁמָיִם׃
כ וְהִבְדִּילוֹ יְהוָה לְרָעָה מִכֹּל שִׁבְטֵי יִשְׂרָאֵל כְּכֹל אָלוֹת הַבְּרִית
21 הַכְּתוּבָה בְּסֵפֶר הַתּוֹרָה הַזֶּה׃ וְאָמַר הַדּוֹר הָאַחֲרוֹן בְּנֵיכֶם
אֲשֶׁר יָקוּמוּ מֵאַחֲרֵיכֶם וְהַנָּכְרִי אֲשֶׁר יָבֹא מֵאֶרֶץ רְחוֹקָה

וראו

וְרָאוּ אֶת־מַכּוֹת הָאָרֶץ הַהִוא וְאֶת־תַּחֲלֻאֶיהָ אֲשֶׁר־חִלָּה
22 יְהוָה בָּהּ׃ גָּפְרִית וָמֶלַח שְׂרֵפָה כָל־אַרְצָהּ לֹא תִזָּרַע וְלֹא
תַצְמִחַ וְלֹא־יַעֲלֶה בָהּ כָּל־עֵשֶׂב כְּמַהְפֵּכַת סְדֹם וַעֲמֹרָה
23 אַדְמָה וּצְבֹיִים אֲשֶׁר הָפַךְ יְהוָה בְּאַפּוֹ וּבַחֲמָתוֹ׃ וְאָמְרוּ
כָּל־הַגּוֹיִם עַל־מֶה עָשָׂה יְהוָה כָּכָה לָאָרֶץ הַזֹּאת מֶה חֳרִי
24 הָאַף הַגָּדוֹל הַזֶּה׃ וְאָמְרוּ עַל אֲשֶׁר עָזְבוּ אֶת־בְּרִית יְהוָה
אֱלֹהֵי אֲבֹתָם אֲשֶׁר כָּרַת עִמָּם בְּהוֹצִיאוֹ אֹתָם מֵאֶרֶץ מִצְרָיִם׃
כה וַיֵּלְכוּ וַיַּעַבְדוּ אֱלֹהִים אֲחֵרִים וַיִּשְׁתַּחֲווּ לָהֶם אֱלֹהִים אֲשֶׁר
26 לֹא־יְדָעוּם וְלֹא חָלַק לָהֶם׃ וַיִּחַר־אַף יְהוָה בָּאָרֶץ הַהִוא
לְהָבִיא עָלֶיהָ אֶת־כָּל־הַקְּלָלָה הַכְּתוּבָה בַּסֵּפֶר הַזֶּה׃
27 וַיִּתְּשֵׁם יְהוָה מֵעַל אַדְמָתָם בְּאַף וּבְחֵמָה וּבְקֶצֶף גָּדוֹל
28 וַיַּשְׁלִכֵם אֶל־אֶרֶץ אַחֶרֶת כַּיּוֹם הַזֶּה׃ הַנִּסְתָּרֹת לַיהוָה
אֱלֹהֵינוּ וְהַנִּגְלֹת לָנוּ וּלְבָנֵינוּ עַד־עוֹלָם לַעֲשׂוֹת אֶת־כָּל־
דִּבְרֵי הַתּוֹרָה הַזֹּאת׃ * ס

CAP. XXX. ל

ל

א וְהָיָה כִי־יָבֹאוּ עָלֶיךָ כָּל־הַדְּבָרִים הָאֵלֶּה הַבְּרָכָה (רביעי)
וְהַקְּלָלָה אֲשֶׁר נָתַתִּי לְפָנֶיךָ וַהֲשֵׁבֹתָ אֶל־לְבָבֶךָ בְּכָל־הַגּוֹיִם (שני כשה׳ מחוברין)
2 אֲשֶׁר הִדִּיחֲךָ יְהוָה אֱלֹהֶיךָ שָׁמָּה׃ וְשַׁבְתָּ עַד־יְהוָה אֱלֹהֶיךָ
וְשָׁמַעְתָּ בְקֹלוֹ כְּכֹל אֲשֶׁר־אָנֹכִי מְצַוְּךָ הַיּוֹם אַתָּה וּבָנֶיךָ
3 בְּכָל־לְבָבְךָ וּבְכָל־נַפְשֶׁךָ׃ וְשָׁב יְהוָה אֱלֹהֶיךָ אֶת־שְׁבוּתְךָ
וְרִחֲמֶךָ וְשָׁב וְקִבֶּצְךָ מִכָּל־הָעַמִּים אֲשֶׁר הֱפִיצְךָ יְהוָה אֱלֹהֶיךָ
4 שָׁמָּה׃ אִם־יִהְיֶה נִדַּחֲךָ בִּקְצֵה הַשָּׁמָיִם מִשָּׁם יְקַבֶּצְךָ יְהוָה
ה אֱלֹהֶיךָ וּמִשָּׁם יִקָּחֶךָ׃ וֶהֱבִיאֲךָ יְהוָה אֱלֹהֶיךָ אֶל־הָאָרֶץ
6 אֲשֶׁר־יָרְשׁוּ אֲבֹתֶיךָ וִירִשְׁתָּהּ וְהֵיטִבְךָ וְהִרְבְּךָ מֵאֲבֹתֶיךָ׃ וּמָל
יְהוָה אֱלֹהֶיךָ אֶת־לְבָבְךָ וְאֶת־לְבַב זַרְעֶךָ לְאַהֲבָה אֶת־
7 יְהוָה אֱלֹהֶיךָ בְּכָל־לְבָבְךָ וּבְכָל־נַפְשְׁךָ לְמַעַן חַיֶּיךָ׃ * וְנָתַן (חמישי (שלישי כשהן מחוברין))
יְהוָה אֱלֹהֶיךָ אֵת כָּל־הָאָלוֹת הָאֵלֶּה עַל־אֹיְבֶיךָ וְעַל־

שנאיך

כ״ט v. 22. וצבוים ק׳ v. 27. ל׳ רבתי v. 28. י״א נקודות

שֹׂנְאֶ֖יךָ אֲשֶׁ֣ר רְדָפ֑וּךָ: וְאַתָּ֣ה תָשׁ֔וּב וְשָׁמַעְתָּ֖ בְּק֣וֹל יְהוָ֑ה 8

וְעָשִׂ֙יתָ֙ אֶת־כָּל־מִצְוֹתָ֔יו אֲשֶׁ֛ר אָנֹכִ֥י מְצַוְּךָ֖ הַיּֽוֹם: וְהוֹתִֽירְךָ֩ 9
יְהוָ֨ה אֱלֹהֶ֜יךָ בְּכֹ֣ל ׀ מַעֲשֵׂ֣ה יָדֶ֗ךָ בִּפְרִ֨י בִטְנְךָ֜ וּבִפְרִ֤י בְהֶמְתְּךָ֙
וּבִפְרִ֣י אַדְמָֽתְךָ֖ לְטֹבָ֑ה כִּ֣י ׀ יָשׁ֣וּב יְהוָ֗ה לָשׂ֤וּשׂ עָלֶ֙יךָ֙ לְט֔וֹב
כַּאֲשֶׁר־שָׂ֖שׂ עַל־אֲבֹתֶֽיךָ: כִּ֣י תִשְׁמַ֗ע בְּקוֹל֙ יְהוָ֣ה אֱלֹהֶ֔יךָ י
לִשְׁמֹ֤ר מִצְוֹתָיו֙ וְחֻקֹּתָ֔יו הַכְּתוּבָ֕ה בְּסֵ֖פֶר הַתּוֹרָ֣ה הַזֶּ֑ה כִּ֣י
תָשׁוּב֙ אֶל־יְהוָ֣ה אֱלֹהֶ֔יךָ בְּכָל־לְבָבְךָ֖ וּבְכָל־נַפְשֶֽׁךָ: ס   11

ששׁ כִּ֚י הַמִּצְוָ֣ה הַזֹּ֔את אֲשֶׁ֛ר אָנֹכִ֥י מְצַוְּךָ֖ הַיּ֑וֹם לֹֽא־נִפְלֵ֥את הִוא֙
מִמְּךָ֔ וְלֹ֥א־רְחֹקָ֖ה הִֽוא: לֹ֥א בַשָּׁמַ֖יִם הִ֑וא לֵאמֹ֗ר מִ֣י יַעֲלֶה־ 12
לָּ֤נוּ הַשָּׁמַ֙יְמָה֙ וְיִקָּחֶ֣הָ לָּ֔נוּ וְיַשְׁמִעֵ֥נוּ אֹתָ֖הּ וְנַעֲשֶֽׂנָּה: וְלֹֽא־מֵעֵ֥בֶר 13
לַיָּ֖ם הִ֑וא לֵאמֹ֗ר מִ֣י יַעֲבָר־לָ֜נוּ אֶל־עֵ֤בֶר הַיָּם֙ וְיִקָּחֶ֣הָ לָּ֔נוּ
וְיַשְׁמִעֵ֥נוּ אֹתָ֖הּ וְנַעֲשֶֽׂנָּה: כִּֽי־קָר֥וֹב אֵלֶ֛יךָ הַדָּבָ֖ר מְאֹ֑ד בְּפִ֥יךָ 14

שביעי וּבִֽלְבָבְךָ֖ לַעֲשֹׂתֽוֹ: ס   רְאֵ֨ה נָתַ֤תִּי לְפָנֶ֙יךָ֙ הַיּ֔וֹם אֶת־הַֽחַיִּ֖ים טו
(רביעי וְאֶת־הַטּ֑וֹב וְאֶת־הַמָּ֖וֶת וְאֶת־הָרָֽע: אֲשֶׁ֨ר אָנֹכִ֣י מְצַוְּךָ֮ הַיּוֹם֒ 16
כשהן
מחוברין) לְאַהֲבָ֞ה אֶת־יְהוָ֤ה אֱלֹהֶ֙יךָ֙ לָלֶ֣כֶת בִּדְרָכָ֔יו וְלִשְׁמֹ֛ר מִצְוֹתָ֥יו
וְחֻקֹּתָ֖יו וּמִשְׁפָּטָ֑יו וְחָיִ֣יתָ וְרָבִ֔יתָ וּבֵֽרַכְךָ֙ יְהוָ֣ה אֱלֹהֶ֔יךָ בָּאָ֕רֶץ
אֲשֶׁר־אַתָּ֥ה בָא־שָׁ֖מָּה לְרִשְׁתָּֽהּ: וְאִם־יִפְנֶ֣ה לְבָבְךָ֖ וְלֹ֣א 17
תִשְׁמָ֑ע וְנִדַּחְתָּ֗ וְהִֽשְׁתַּחֲוִ֛יתָ לֵאלֹהִ֥ים אֲחֵרִ֖ים וַעֲבַדְתָּֽם:

מפטיר הִגַּ֤דְתִּי לָכֶם֙ הַיּ֔וֹם כִּ֥י אָבֹ֖ד תֹּאבֵד֑וּן לֹֽא־תַאֲרִיכֻ֤ן יָמִים֙ עַל־ 18
הָ֣אֲדָמָ֔ה אֲשֶׁ֨ר אַתָּ֤ה עֹבֵר֙ אֶת־הַיַּרְדֵּ֔ן לָב֥וֹא שָׁ֖מָּה לְרִשְׁתָּֽהּ:
הַעִדֹ֨תִי בָכֶ֣ם הַיּוֹם֮ אֶת־הַשָּׁמַ֣יִם וְאֶת־הָאָרֶץ֒ הַֽחַיִּ֤ים וְהַמָּ֙וֶת֙ 19
נָתַ֣תִּי לְפָנֶ֔יךָ הַבְּרָכָ֖ה וְהַקְּלָלָ֑ה וּבָֽחַרְתָּ֙ בַּֽחַיִּ֔ים לְמַ֥עַן תִּֽחְיֶ֖ה
אַתָּ֥ה וְזַרְעֶֽךָ: לְאַֽהֲבָה֙ אֶת־יְהוָ֣ה אֱלֹהֶ֔יךָ לִשְׁמֹ֥עַ בְּקֹל֖וֹ כ
וּלְדָבְקָה־ב֑וֹ כִּ֣י ה֤וּא חַיֶּ֙יךָ֙ וְאֹ֣רֶךְ יָמֶ֔יךָ לָשֶׁ֣בֶת עַל־הָאֲדָמָ֗ה
אֲשֶׁר֩ נִשְׁבַּ֨ע יְהוָ֜ה לַאֲבֹתֶ֛יךָ לְאַבְרָהָ֛ם לְיִצְחָ֥ק וּֽלְיַעֲקֹ֖ב לָתֵ֥ת
לָהֶֽם: פפפ

וילך

וילך נב 52

לא CAP. XXXI. לא

א וַיֵּ֖לֶךְ מֹשֶׁ֑ה וַיְדַבֵּ֞ר אֶת־הַדְּבָרִ֥ים הָאֵ֖לֶּה אֶל־כָּל־יִשְׂרָאֵֽל׃
2 וַיֹּ֣אמֶר אֲלֵהֶ֗ם בֶּן־מֵאָ֨ה וְעֶשְׂרִ֤ים שָׁנָה֙ אָנֹכִ֣י הַיּ֔וֹם לֹא־אוּכַ֥ל
עוֹד֙ לָצֵ֣את וְלָב֑וֹא וַֽיהוָה֙ אָמַ֣ר אֵלַ֔י לֹ֥א תַעֲבֹ֖ר אֶת־הַיַּרְדֵּ֥ן
3 הַזֶּֽה׃ יְהוָ֨ה אֱלֹהֶ֜יךָ ה֣וּא ׀ עֹבֵ֣ר לְפָנֶ֗יךָ הֽוּא־יַשְׁמִ֞יד אֶת־הַגּוֹיִ֥ם
הָאֵ֛לֶּה מִלְּפָנֶ֖יךָ וִירִשְׁתָּ֑ם יְהוֹשֻׁ֗עַ ה֚וּא עֹבֵ֣ר לְפָנֶ֔יךָ כַּאֲשֶׁ֖ר
4 דִּבֶּ֥ר יְהוָֽה׃ * וְעָשָׂ֤ה יְהוָה֙ לָהֶ֔ם כַּאֲשֶׁ֣ר עָשָׂ֗ה לְסִיח֥וֹן וּלְע֛וֹג שני
ה מַלְכֵ֥י הָאֱמֹרִ֖י וּלְאַרְצָ֑ם אֲשֶׁ֥ר הִשְׁמִ֖יד אֹתָֽם׃ וּנְתָנָ֥ם יְהוָ֖ה
לִפְנֵיכֶ֑ם וַעֲשִׂיתֶ֣ם לָהֶ֔ם כְּכָל־הַמִּצְוָ֔ה אֲשֶׁ֥ר צִוִּ֖יתִי אֶתְכֶֽם׃
6 חִזְק֣וּ וְאִמְצ֔וּ אַל־תִּֽירְא֥וּ וְאַל־תַּעַרְצ֖וּ מִפְּנֵיהֶ֑ם כִּ֣י ׀ יְהוָ֣ה
7 אֱלֹהֶ֗יךָ ה֚וּא הַהֹלֵ֣ךְ עִמָּ֔ךְ לֹ֥א יַרְפְּךָ֖ וְלֹ֥א יַעַזְבֶֽךָּ׃ * ס וַיִּקְרָ֨א שלישי
מֹשֶׁ֜ה לִיהוֹשֻׁ֗עַ וַיֹּ֨אמֶר אֵלָ֜יו לְעֵינֵ֣י כָל־יִשְׂרָאֵל֮ חֲזַ֣ק וֶאֱמָץ֒ (חמישי
כִּ֣י אַתָּ֗ה תָּבוֹא֙ אֶת־הָעָ֣ם הַזֶּ֔ה אֶל־הָאָ֕רֶץ אֲשֶׁ֨ר נִשְׁבַּ֧ע יְהוָ֛ה כשהן מחוברין
8 לַאֲבֹתָ֖ם לָתֵ֣ת לָהֶ֑ם וְאַתָּ֖ה תַּנְחִילֶ֥נָּה אוֹתָֽם׃ וַֽיהוָ֞ה ה֣וּא ׀
הַהֹלֵ֣ךְ לְפָנֶ֗יךָ ה֚וּא יִהְיֶ֣ה עִמָּ֔ךְ לֹ֥א יַרְפְּךָ֖ וְלֹ֣א יַעַזְבֶ֑ךָּ לֹ֥א
9 תִירָ֖א וְלֹ֥א תֵחָֽת׃ וַיִּכְתֹּ֣ב מֹשֶׁה֮ אֶת־הַתּוֹרָ֣ה הַזֹּאת֒ וַֽיִּתְּנָ֗הּ
אֶל־הַכֹּהֲנִים֙ בְּנֵ֣י לֵוִ֔י הַנֹּ֣שְׂאִ֔ים אֶת־אֲר֖וֹן בְּרִ֣ית יְהוָ֑ה וְאֶל־
י כָּל־זִקְנֵ֖י יִשְׂרָאֵֽל׃ * וַיְצַ֥ו מֹשֶׁ֖ה אוֹתָ֣ם לֵאמֹ֑ר מִקֵּ֣ץ ׀ שֶׁ֣בַע רביעי
11 שָׁנִ֗ים בְּמֹעֵ֛ד שְׁנַ֥ת הַשְּׁמִטָּ֖ה בְּחַ֥ג הַסֻּכּֽוֹת׃ בְּב֣וֹא כָל־יִשְׂרָאֵ֗ל
לֵֽרָאוֹת֙ אֶת־פְּנֵי֙ יְהוָ֣ה אֱלֹהֶ֔יךָ בַּמָּק֖וֹם אֲשֶׁ֣ר יִבְחָ֑ר תִּקְרָ֞א
12 אֶת־הַתּוֹרָ֥ה הַזֹּ֛את נֶ֥גֶד כָּל־יִשְׂרָאֵ֖ל בְּאָזְנֵיהֶֽם׃ הַקְהֵ֣ל אֶת־
הָעָ֗ם הָֽאֲנָשִׁ֤ים וְהַנָּשִׁים֙ וְהַטַּ֔ף וְגֵרְךָ֖ אֲשֶׁ֣ר בִּשְׁעָרֶ֑יךָ לְמַ֨עַן
יִשְׁמְע֜וּ וּלְמַ֣עַן יִלְמְד֗וּ וְיָֽרְאוּ֙ אֶת־יְהוָ֣ה אֱלֹהֵיכֶ֔ם וְשָׁמְר֣וּ
13 לַעֲשׂ֔וֹת אֶת־כָּל־דִּבְרֵ֖י הַתּוֹרָ֥ה הַזֹּֽאת׃ וּבְנֵיהֶ֞ם אֲשֶׁ֣ר לֹא־
יָֽדְע֗וּ יִשְׁמְעוּ֙ וְלָ֣מְד֔וּ לְיִרְאָ֖ה אֶת־יְהוָ֣ה אֱלֹהֵיכֶ֑ם כָּל־הַיָּמִ֗ים
אֲשֶׁ֨ר אַתֶּ֤ם חַיִּים֙ עַל־הָ֣אֲדָמָ֔ה אֲשֶׁ֨ר אַתֶּ֜ם עֹבְרִ֧ים אֶת־הַיַּרְדֵּ֛ן
שָׁ֖מָּה לְרִשְׁתָּֽהּ׃ * פ

v. 12, 13. סבירין אלהיהם

הוּא וְהוֹשֵׁעַ בִּן־נוּן׃ וַיְכַל מֹשֶׁה לְדַבֵּר אֶת־כָּל־הַדְּבָרִים מה
הָאֵלֶּה אֶל־כָּל־יִשְׂרָאֵל׃ וַיֹּאמֶר אֲלֵהֶם שִׂימוּ לְבַבְכֶם 46
לְכָל־הַדְּבָרִים אֲשֶׁר אָנֹכִי מֵעִיד בָּכֶם הַיּוֹם אֲשֶׁר תְּצַוֻּם
אֶת־בְּנֵיכֶם לִשְׁמֹר לַעֲשׂוֹת אֶת־כָּל־דִּבְרֵי הַתּוֹרָה הַזֹּאת׃
כִּי לֹא־דָבָר רֵק הוּא מִכֶּם כִּי־הוּא חַיֵּיכֶם וּבַדָּבָר הַזֶּה 47
תַּאֲרִיכוּ יָמִים עַל־הָאֲדָמָה אֲשֶׁר אַתֶּם עֹבְרִים אֶת־הַיַּרְדֵּן
שָׁמָּה לְרִשְׁתָּהּ׃* פ
מפטיר וַיְדַבֵּר יְהוָה אֶל־מֹשֶׁה בְּעֶצֶם הַיּוֹם הַזֶּה לֵאמֹר׃ עֲלֵה אֶל־ 48 49
הַר הָעֲבָרִים הַזֶּה הַר־נְבוֹ אֲשֶׁר בְּאֶרֶץ מוֹאָב אֲשֶׁר עַל־פְּנֵי
יְרֵחוֹ וּרְאֵה אֶת־אֶרֶץ כְּנַעַן אֲשֶׁר אֲנִי נֹתֵן לִבְנֵי יִשְׂרָאֵל
לַאֲחֻזָּה׃ וּמֻת בָּהָר אֲשֶׁר אַתָּה עֹלֶה שָׁמָּה וְהֵאָסֵף אֶל־עַמֶּיךָ נ
כַּאֲשֶׁר־מֵת אַהֲרֹן אָחִיךָ בְּהֹר הָהָר וַיֵּאָסֶף אֶל־עַמָּיו׃ עַל 51
אֲשֶׁר מְעַלְתֶּם בִּי בְּתוֹךְ בְּנֵי יִשְׂרָאֵל בְּמֵי־מְרִיבַת קָדֵשׁ
מִדְבַּר־צִן עַל אֲשֶׁר לֹא־קִדַּשְׁתֶּם אוֹתִי בְּתוֹךְ בְּנֵי יִשְׂרָאֵל׃
כִּי מִנֶּגֶד תִּרְאֶה אֶת־הָאָרֶץ וְשָׁמָּה לֹא תָבוֹא אֶל־הָאָרֶץ 52
אֲשֶׁר־אֲנִי נֹתֵן לִבְנֵי יִשְׂרָאֵל׃ פ פ פ

וזאת הברכה נד 54

לג Cap. XXXIII. לג

וְזֹאת הַבְּרָכָה אֲשֶׁר בֵּרַךְ מֹשֶׁה אִישׁ הָאֱלֹהִים אֶת־בְּנֵי יִשְׂרָאֵל א
לִפְנֵי מוֹתוֹ׃ וַיֹּאמַר יְהוָה מִסִּינַי בָּא וְזָרַח מִשֵּׂעִיר לָמוֹ הוֹפִיעַ 2
מֵהַר פָּארָן וְאָתָה מֵרִבְבֹת קֹדֶשׁ מִימִינוֹ אשדת לָמוֹ׃ אַף חֹבֵב 3
עַמִּים כָּל־קְדֹשָׁיו בְּיָדֶךָ וְהֵם תֻּכּוּ לְרַגְלֶךָ יִשָּׂא מִדַּבְּרֹתֶיךָ׃
תּוֹרָה צִוָּה־לָנוּ מֹשֶׁה מוֹרָשָׁה קְהִלַּת יַעֲקֹב׃ וַיְהִי בִישֻׁרוּן 4 ה
מֶלֶךְ בְּהִתְאַסֵּף רָאשֵׁי עָם יַחַד שִׁבְטֵי יִשְׂרָאֵל׃ יְחִי רְאוּבֵן 6
וְאַל־יָמֹת וִיהִי מְתָיו מִסְפָּר׃ ס וְזֹאת לִיהוּדָה וַיֹּאמַר שְׁמַע 7
יְהוָה קוֹל יְהוּדָה וְאֶל־עַמּוֹ תְּבִיאֶנּוּ יָדָיו רָב לוֹ וְעֵזֶר מִצָּרָיו
תִּהְיֶה׃* פ

וללוי

ל״ג v. 2. תרין מילין

8 וּלְלֵוִ֣י אָמַ֔ר תֻּמֶּ֥יךָ וְאוּרֶ֖יךָ לְאִ֣ישׁ חֲסִידֶ֑ךָ אֲשֶׁ֤ר נִסִּיתוֹ֙ בְּמַסָּ֔ה שני
9 תְּרִיבֵ֖הוּ עַל־מֵ֥י מְרִיבָֽה׃ הָאֹמֵ֞ר לְאָבִ֤יו וּלְאִמּוֹ֙ לֹ֣א רְאִיתִ֔יו
וְאֶת־אֶחָיו֙ לֹ֣א הִכִּ֔יר וְאֶת־בָּנָ֖ו לֹ֣א יָדָ֑ע כִּ֤י שָֽׁמְרוּ֙ אִמְרָתֶ֔ךָ
י וּבְרִיתְךָ֖ יִנְצֹֽרוּ׃ יוֹר֤וּ מִשְׁפָּטֶ֙יךָ֙ לְיַעֲקֹ֔ב וְתוֹרָתְךָ֖ לְיִשְׂרָאֵ֑ל
11 יָשִׂ֤ימוּ קְטוֹרָה֙ בְּאַפֶּ֔ךָ וְכָלִ֖יל עַֽל־מִזְבְּחֶֽךָ׃ בָּרֵ֤ךְ יְהֹוָה֙ חֵיל֔וֹ
וּפֹ֥עַל יָדָ֖יו תִּרְצֶ֑ה מְחַ֨ץ מָתְנַ֧יִם קָמָ֛יו וּמְשַׂנְאָ֖יו מִן־יְקוּמֽוּן׃ ס
12 לְבִנְיָמִ֣ן אָמַ֔ר יְדִ֣יד יְהֹוָ֔ה יִשְׁכֹּ֥ן לָבֶ֖טַח עָלָ֑יו חֹפֵ֤ף עָלָיו֙ כָּל־
13 הַיּ֔וֹם וּבֵ֥ין כְּתֵפָ֖יו שָׁכֵֽן׃ * ס וּלְיוֹסֵ֣ף אָמַ֔ר מְבֹרֶ֥כֶת יְהֹוָ֖ה שלישי
14 אַרְצ֑וֹ מִמֶּ֤גֶד שָׁמַ֙יִם֙ מִטָּ֔ל וּמִתְּה֖וֹם רֹבֶ֥צֶת תָּֽחַת׃ וּמִמֶּ֖גֶד תְּבוּאֹ֣ת
טו שָׁ֑מֶשׁ וּמִמֶּ֖גֶד גֶּ֥רֶשׁ יְרָחִֽים׃ וּמֵרֹ֖אשׁ הַרְרֵי־קֶ֑דֶם וּמִמֶּ֖גֶד גִּבְע֥וֹת
16 עוֹלָֽם׃ וּמִמֶּ֗גֶד אֶ֚רֶץ וּמְלֹאָ֔הּ וּרְצ֥וֹן שֹׁכְנִ֖י סְנֶ֑ה תָּב֙וֹאתָה֙ לְרֹ֣אשׁ
17 יוֹסֵ֔ף וּלְקָדְקֹ֖ד נְזִ֥יר אֶחָֽיו׃ בְּכ֨וֹר שׁוֹר֜וֹ הָדָ֣ר ל֗וֹ וְקַרְנֵ֤י רְאֵם֙
קַרְנָ֔יו בָּהֶ֗ם עַמִּ֛ים יְנַגַּ֥ח יַחְדָּ֖ו אַפְסֵי־אָ֑רֶץ וְהֵם֙ רִבְב֣וֹת אֶפְרַ֔יִם
18 וְהֵ֖ם אַלְפֵ֥י מְנַשֶּֽׁה׃ * ס וְלִזְבוּלֻ֣ן אָמַ֔ר שְׂמַ֥ח זְבוּלֻ֖ן בְּצֵאתֶ֑ךָ רביעי
19 וְיִשָּׂשכָ֖ר בְּאֹהָלֶֽיךָ׃ עַמִּים֙ הַר־יִקְרָ֔אוּ שָׁ֖ם יִזְבְּח֣וּ זִבְחֵי־צֶ֑דֶק
כ כִּ֣י שֶׁ֤פַע יַמִּים֙ יִינָ֔קוּ וּשְׂפֻנֵ֖י טְמ֥וּנֵי חֽוֹל׃ ס וּלְגָ֣ד אָמַ֔ר
21 בָּר֖וּךְ מַרְחִ֣יב גָּ֑ד כְּלָבִ֣יא שָׁכֵ֔ן וְטָרַ֥ף זְר֖וֹעַ אַף־קָדְקֹֽד׃ וַיַּ֤רְא
רֵאשִׁית֙ ל֔וֹ כִּי־שָׁ֛ם חֶלְקַ֥ת מְחֹקֵ֖ק סָפ֑וּן וַיֵּ֙תֵא֙ רָ֣אשֵׁי עָ֔ם צִדְקַ֤ת
22 יְהֹוָה֙ עָשָׂ֔ה וּמִשְׁפָּטָ֖יו עִם־יִשְׂרָאֵֽל׃ * ס וּלְדָ֣ן אָמַ֔ר דָּ֖ן גּ֣וּר חמישי
23 אַרְיֵ֑ה יְזַנֵּ֖ק מִן־הַבָּשָֽׁן׃ וּלְנַפְתָּלִ֣י אָמַ֔ר נַפְתָּלִי֙ שְׂבַ֣ע רָצ֔וֹן
24 וּמָלֵ֖א בִּרְכַּ֣ת יְהֹוָ֑ה יָ֥ם וְדָר֖וֹם יְרָֽשָׁה׃ ס וּלְאָשֵׁ֣ר אָמַ֔ר
כה בָּר֥וּךְ מִבָּנִ֖ים אָשֵׁ֑ר יְהִ֤י רְצוּי֙ אֶחָ֔יו וְטֹבֵ֥ל בַּשֶּׁ֖מֶן רַגְלֽוֹ׃ בַּרְזֶ֥ל
26 וּנְחֹ֖שֶׁת מִנְעָלֶ֑ךָ וּכְיָמֶ֖יךָ דָּבְאֶֽךָ׃ אֵ֥ין כָּאֵ֖ל יְשֻׁר֑וּן רֹכֵ֤ב שָׁמַ֙יִם֙
27 בְּעֶזְרֶ֔ךָ וּבְגַאֲוָת֖וֹ שְׁחָקִֽים׃ * מְעֹנָה֙ אֱלֹ֣הֵי קֶ֔דֶם וּמִתַּ֖חַת זְרֹעֹ֣ת ששי
28 עוֹלָ֑ם וַיְגָ֧רֶשׁ מִפָּנֶ֛יךָ אוֹיֵ֖ב וַיֹּ֥אמֶר הַשְׁמֵֽד׃ וַיִּשְׁכֹּן֩ יִשְׂרָאֵ֨ל
בֶּ֤טַח בָּדָד֙ עֵ֣ין יַעֲקֹ֔ב אֶל־אֶ֖רֶץ דָּגָ֣ן וְתִיר֑וֹשׁ אַף־שָׁמָ֖יו יַ֥עַרְפוּ־
29 טָֽל׃ אַשְׁרֶ֨יךָ יִשְׂרָאֵ֜ל מִ֣י כָמ֗וֹךָ עַ֚ם נוֹשַׁ֣ע בַּֽיהֹוָ֔ה מָגֵ֣ן עֶזְרֶ֔ךָ

ואשר־חרב

v. 9. בניו ק׳

וַאֲשֶׁר־חֶרֶב גַּאֲוָתֶךָ וְיִכָּחֲשׁוּ אֹיְבֶיךָ לָךְ וְאַתָּה עַל־בָּמוֹתֵימוֹ
תִדְרֹךְ: * ס

לד Cap. XXXIV. לד

א וַיַּעַל מֹשֶׁה מֵעַרְבֹת מוֹאָב אֶל־הַר נְבוֹ רֹאשׁ הַפִּסְגָּה שביעי
אֲשֶׁר עַל־פְּנֵי יְרֵחוֹ וַיַּרְאֵהוּ יְהוָה אֶת־כָּל־הָאָרֶץ אֶת־
2 הַגִּלְעָד עַד־דָּן: וְאֵת כָּל־נַפְתָּלִי וְאֶת־אֶרֶץ אֶפְרַיִם וּמְנַשֶּׁה
3 וְאֵת כָּל־אֶרֶץ יְהוּדָה עַד הַיָּם הָאַחֲרוֹן: וְאֶת־הַנֶּגֶב וְאֶת־
4 הַכִּכָּר בִּקְעַת יְרֵחוֹ עִיר הַתְּמָרִים עַד־צֹעַר: וַיֹּאמֶר יְהוָה
אֵלָיו זֹאת הָאָרֶץ אֲשֶׁר נִשְׁבַּעְתִּי לְאַבְרָהָם לְיִצְחָק וּלְיַעֲקֹב
לֵאמֹר לְזַרְעֲךָ אֶתְּנֶנָּה הֶרְאִיתִיךָ בְעֵינֶיךָ וְשָׁמָּה לֹא תַעֲבֹר:
ה וַיָּמָת שָׁם מֹשֶׁה עֶבֶד־יְהוָה בְּאֶרֶץ מוֹאָב עַל־פִּי יְהוָה:
6 וַיִּקְבֹּר אֹתוֹ בַגַּי בְּאֶרֶץ מוֹאָב מוּל בֵּית פְּעוֹר וְלֹא־יָדַע
7 אִישׁ אֶת־קְבֻרָתוֹ עַד הַיּוֹם הַזֶּה: וּמֹשֶׁה בֶּן־מֵאָה וְעֶשְׂרִים
8 שָׁנָה בְּמֹתוֹ לֹא־כָהֲתָה עֵינוֹ וְלֹא־נָס לֵחֹה: וַיִּבְכּוּ בְנֵי
יִשְׂרָאֵל אֶת־מֹשֶׁה בְּעַרְבֹת מוֹאָב שְׁלֹשִׁים יוֹם וַיִּתְּמוּ יְמֵי
9 בְכִי אֵבֶל מֹשֶׁה: וִיהוֹשֻׁעַ בִּן־נוּן מָלֵא רוּחַ חָכְמָה כִּי־סָמַךְ
מֹשֶׁה אֶת־יָדָיו עָלָיו וַיִּשְׁמְעוּ אֵלָיו בְּנֵי־יִשְׂרָאֵל וַיַּעֲשׂוּ כַּאֲשֶׁר
י צִוָּה יְהוָה אֶת־מֹשֶׁה: וְלֹא־קָם נָבִיא עוֹד בְּיִשְׂרָאֵל כְּמֹשֶׁה
11 אֲשֶׁר יְדָעוֹ יְהוָה פָּנִים אֶל־פָּנִים: לְכָל־הָאֹתֹת וְהַמּוֹפְתִים
אֲשֶׁר שְׁלָחוֹ יְהוָה לַעֲשׂוֹת בְּאֶרֶץ מִצְרָיִם לְפַרְעֹה וּלְכָל־
12 עֲבָדָיו וּלְכָל־אַרְצוֹ: וּלְכֹל הַיָּד הַחֲזָקָה וּלְכֹל הַמּוֹרָא
הַגָּדוֹל אֲשֶׁר עָשָׂה מֹשֶׁה לְעֵינֵי כָּל־יִשְׂרָאֵל:

חזק

נשלמו חמשה חומשי תורה. תהלה לאל גדול ונורא:

סכום פסוקי דספר דברים תשע מאות וחמשים וחמשה הנץ סימן: וחציו. ועשית על פי הדבר אשר יגידו לך: ופרשותיו אחד עשר אסרו חג בעבותים סימן: וסדריו עשרים ושבעה יפיח אמונה יגיד צדק סימן:

ופרקיו שלשים וארבעה אודה יי׳ בכל לבב סימן: מנין הפתוחות שלשים וארבעה והסתומות מאה ועשרים וארבעה הכל מאה וחמשים ושמנה פרשיות וכסא כבוד ינחילם סימן:

סכום הפסוקים של כל התורה חמשת אלפים ושמנה מאות וארבעים וחמשה ואור החמה יהיה שבעתים סימן: וחציו וישם עליו את החשן ויתן אל החשן את האורים ואת התמים: מנין פתוחות של כל התורה מאתים ותשעים יבא דודי לגנו ויאכל פרי מגדיו סימן: והסתומות שלש מאות ושבעים ותשעה או אסרה אסר על נפשה בשבעה סימן: נמצאו מנין כל הפרשיות פתוחות וסתומות שש מאות וששים ותשעה לא תחסר כל בה סימן:

נביאים ראשונים
PROPHETAE PRIORES

JEHOSUAH	יהושע
JUDICUM	שופטים
I. SAMUELIS	שמואל א׳
II. SAMUELIS	שמואל ב׳
I. REGUM	מלכים א׳
II. REGUM	מלכים ב׳

יהושע

LIBER JEHOSUAH

CAPUT I. א

א

א וַיְהִ֗י אַחֲרֵ֛י מ֥וֹת מֹשֶׁ֖ה עֶ֣בֶד יְהוָ֑ה וַיֹּ֤אמֶר יְהוָה֙ אֶל־יְהוֹשֻׁ֣עַ
2 בִּן־נ֔וּן מְשָׁרֵ֥ת מֹשֶׁ֖ה לֵאמֹֽר׃ מֹשֶׁ֥ה עַבְדִּ֖י מֵ֑ת וְעַתָּה֩ ק֨וּם
עֲבֹ֜ר אֶת־הַיַּרְדֵּ֣ן הַזֶּ֗ה אַתָּה֙ וְכָל־הָעָ֣ם הַזֶּ֔ה אֶל־הָאָ֕רֶץ אֲשֶׁ֧ר
3 אָנֹכִ֛י נֹתֵ֥ן לָהֶ֖ם לִבְנֵ֥י יִשְׂרָאֵֽל׃ כָּל־מָק֗וֹם אֲשֶׁ֨ר תִּדְרֹ֧ךְ כַּף־
4 רַגְלְכֶ֛ם בּ֖וֹ לָכֶ֣ם נְתַתִּ֑יו כַּאֲשֶׁ֥ר דִּבַּ֖רְתִּי אֶל־מֹשֶֽׁה׃ מֵהַמִּדְבָּ֨ר
וְהַלְּבָנ֜וֹן הַזֶּ֗ה וְֽעַד־הַנָּהָ֧ר הַגָּד֛וֹל נְהַר־פְּרָ֗ת כֹּ֚ל אֶ֣רֶץ הַֽחִתִּ֔ים
ה וְעַד־הַיָּ֥ם הַגָּד֖וֹל מְב֣וֹא הַשָּׁ֑מֶשׁ יִהְיֶ֖ה גְּבוּלְכֶֽם׃ לֹא־יִתְיַצֵּ֥ב
אִישׁ֙ לְפָנֶ֔יךָ כֹּ֖ל יְמֵ֣י חַיֶּ֑יךָ כַּאֲשֶׁ֨ר הָיִ֤יתִי עִם־מֹשֶׁה֙ אֶהְיֶ֣ה עִמָּ֔ךְ
6 לֹ֥א אַרְפְּךָ֖ וְלֹ֥א אֶעֶזְבֶֽךָּ׃ חֲזַ֖ק וֶאֱמָ֑ץ כִּ֣י אַתָּ֗ה תַּנְחִיל֙ אֶת־
הָעָ֣ם הַזֶּ֔ה אֶת־הָאָ֕רֶץ אֲשֶׁר־נִשְׁבַּ֥עְתִּי לַאֲבוֹתָ֖ם לָתֵ֥ת לָהֶֽם׃
7 רַק֩ חֲזַ֨ק וֶאֱמַ֜ץ מְאֹ֗ד לִשְׁמֹ֤ר לַעֲשׂוֹת֙ כְּכָל־הַתּוֹרָ֗ה אֲשֶׁ֤ר צִוְּךָ֙
מֹשֶׁ֣ה עַבְדִּ֔י אַל־תָּס֥וּר מִמֶּ֖נּוּ יָמִ֣ין וּשְׂמֹ֑אול לְמַ֣עַן תַּשְׂכִּ֔יל
8 בְּכֹ֖ל אֲשֶׁ֥ר תֵּלֵֽךְ׃ לֹֽא־יָמ֡וּשׁ סֵפֶר֩ הַתּוֹרָ֨ה הַזֶּ֜ה מִפִּ֗יךָ וְהָגִ֤יתָ
בּוֹ֙ יוֹמָ֣ם וָלַ֔יְלָה לְמַ֙עַן֙ תִּשְׁמֹ֣ר לַעֲשׂ֔וֹת כְּכָל־הַכָּת֖וּב בּ֑וֹ כִּי־
9 אָ֛ז תַּצְלִ֥יחַ אֶת־דְּרָכֶ֖ךָ וְאָ֥ז תַּשְׂכִּֽיל׃ הֲל֤וֹא צִוִּיתִ֙יךָ֙ חֲזַ֣ק
וֶאֱמָ֔ץ אַֽל־תַּעֲרֹ֖ץ וְאַל־תֵּחָ֑ת כִּ֤י עִמְּךָ֙ יְהוָ֣ה אֱלֹהֶ֔יךָ בְּכֹ֖ל
11 אֲשֶׁ֥ר תֵּלֵֽךְ׃ וַיְצַ֣ו יְהוֹשֻׁ֔עַ אֶת־שֹׁטְרֵ֥י הָעָ֖ם לֵאמֹֽר׃ עִבְר֣וּ ׀
בְּקֶ֣רֶב הַֽמַּחֲנֶ֗ה וְצַוּ֤וּ אֶת־הָעָם֙ לֵאמֹ֔ר הָכִ֥ינוּ לָכֶ֖ם צֵידָ֑ה כִּ֞י
בְּע֣וֹד ׀ שְׁלֹ֣שֶׁת יָמִ֗ים אַתֶּם֙ עֹבְרִים֙ אֶת־הַיַּרְדֵּ֣ן הַזֶּ֔ה לָבוֹא֙
לָרֶ֣שֶׁת אֶת־הָאָ֔רֶץ אֲשֶׁר֙ יְהוָ֣ה אֱלֹהֵיכֶ֔ם נֹתֵ֥ן לָכֶ֖ם לְרִשְׁתָּֽהּ׃
12 וְלָרֽאוּבֵנִי֙ וְלַגָּדִ֔י וְלַחֲצִ֖י שֵׁ֣בֶט הַֽמְנַשֶּׁ֑ה אָמַ֥ר יְהוֹשֻׁ֖עַ לֵאמֹֽר׃
13 זָכוֹר֙ אֶת־הַדָּבָ֔ר אֲשֶׁ֨ר צִוָּ֥ה אֶתְכֶ֛ם מֹשֶׁ֥ה עֶֽבֶד־יְהוָ֖ה לֵאמֹ֑ר
יְהוָ֤ה אֱלֹֽהֵיכֶם֙ מֵנִ֣יחַ לָכֶ֔ם וְנָתַ֥ן לָכֶ֖ם אֶת־הָאָ֥רֶץ הַזֹּֽאת׃

נשיכם

v. 1. הפטרת שמחת תורה   v. 7. סבירין ממנה

14 נְשֵׁיכֶם טַפְּכֶם וּמִקְנֵיכֶם יֵשְׁבוּ בָּאָרֶץ אֲשֶׁר נָתַן לָכֶם מֹשֶׁה
בְּעֵבֶר הַיַּרְדֵּן וְאַתֶּם תַּעַבְרוּ חֲמֻשִׁים לִפְנֵי אֲחֵיכֶם כֹּל גִּבּוֹרֵי
טו הַחַיִל וַעֲזַרְתֶּם אוֹתָם׃ עַד אֲשֶׁר־יָנִיחַ יְהוָה ׀ לַאֲחֵיכֶם כָּכֶם
וְיָרְשׁוּ גַם־הֵמָּה אֶת־הָאָרֶץ אֲשֶׁר־יְהוָה אֱלֹהֵיכֶם נֹתֵן לָהֶם
וְשַׁבְתֶּם לְאֶרֶץ יְרֻשַּׁתְכֶם וִירִשְׁתֶּם אוֹתָהּ אֲשֶׁר ׀ נָתַן לָכֶם
16 מֹשֶׁה עֶבֶד יְהוָה בְּעֵבֶר הַיַּרְדֵּן מִזְרַח הַשָּׁמֶשׁ׃ וַיַּעֲנוּ אֶת־
יְהוֹשֻׁעַ לֵאמֹר כֹּל אֲשֶׁר־צִוִּיתָנוּ נַעֲשֶׂה וְאֶל־כָּל־אֲשֶׁר
17 תִּשְׁלָחֵנוּ נֵלֵךְ׃ כְּכֹל אֲשֶׁר־שָׁמַעְנוּ אֶל־מֹשֶׁה כֵּן נִשְׁמַע אֵלֶיךָ
18 רַק יִהְיֶה יְהוָה אֱלֹהֶיךָ עִמָּךְ כַּאֲשֶׁר הָיָה עִם־מֹשֶׁה׃ כָּל־
אִישׁ אֲשֶׁר־יַמְרֶה אֶת־פִּיךָ וְלֹא־יִשְׁמַע אֶת־דְּבָרֶיךָ לְכֹל
אֲשֶׁר־תְּצַוֶּנּוּ יוּמָת רַק חֲזַק וֶאֱמָץ׃

ב Cap. II. ב

א וַיִּשְׁלַח יְהוֹשֻׁעַ־בִּן־נוּן מִן־הַשִּׁטִּים שְׁנַיִם־אֲנָשִׁים מְרַגְּלִים
חֶרֶשׁ לֵאמֹר לְכוּ רְאוּ אֶת־הָאָרֶץ וְאֶת־יְרִיחוֹ וַיֵּלְכוּ וַיָּבֹאוּ
2 בֵּית־אִשָּׁה זוֹנָה וּשְׁמָהּ רָחָב וַיִּשְׁכְּבוּ־שָׁמָּה׃ וַיֵּאָמַר לְמֶלֶךְ
יְרִיחוֹ לֵאמֹר הִנֵּה אֲנָשִׁים בָּאוּ הֵנָּה הַלַּיְלָה מִבְּנֵי יִשְׂרָאֵל
3 לַחְפֹּר אֶת־הָאָרֶץ׃ וַיִּשְׁלַח מֶלֶךְ יְרִיחוֹ אֶל־רָחָב לֵאמֹר
הוֹצִיאִי הָאֲנָשִׁים הַבָּאִים אֵלַיִךְ אֲשֶׁר־בָּאוּ לְבֵיתֵךְ כִּי לַחְפֹּר
4 אֶת־כָּל־הָאָרֶץ בָּאוּ׃ וַתִּקַּח הָאִשָּׁה אֶת־שְׁנֵי הָאֲנָשִׁים וַתִּצְפְּנוֹ
ה וַתֹּאמֶר כֵּן בָּאוּ אֵלַי הָאֲנָשִׁים וְלֹא יָדַעְתִּי מֵאַיִן הֵמָּה׃ וַיְהִי
הַשַּׁעַר לִסְגּוֹר בַּחֹשֶׁךְ וְהָאֲנָשִׁים יָצָאוּ לֹא יָדַעְתִּי אָנָה הָלְכוּ
6 הָאֲנָשִׁים רִדְפוּ מַהֵר אַחֲרֵיהֶם כִּי תַשִּׂיגוּם׃ וְהִיא הֶעֱלָתַם
7 הַגָּגָה וַתִּטְמְנֵם בְּפִשְׁתֵּי הָעֵץ הָעֲרֻכוֹת לָהּ עַל־הַגָּג׃ וְהָאֲנָשִׁים
רָדְפוּ אַחֲרֵיהֶם דֶּרֶךְ הַיַּרְדֵּן עַל הַמַּעְבְּרוֹת וְהַשַּׁעַר סָגָרוּ
8 אַחֲרֵי כַּאֲשֶׁר יָצְאוּ הָרֹדְפִים אַחֲרֵיהֶם׃ וְהֵמָּה טֶרֶם יִשְׁכָּבוּן
9 וְהִיא עָלְתָה עֲלֵיהֶם עַל־הַגָּג׃ וַתֹּאמֶר אֶל־הָאֲנָשִׁים יָדַעְתִּי
כִּי־נָתַן יְהוָה לָכֶם אֶת־הָאָרֶץ וְכִי־נָפְלָה אֵימַתְכֶם עָלֵינוּ

ב׳ v. 1. הפטרת שלח לך

י וְכִי נָמֹגוּ כָּל־יֹשְׁבֵי הָאָרֶץ מִפְּנֵיכֶם׃ כִּי שָׁמַעְנוּ אֵת אֲשֶׁר־
הוֹבִישׁ יְהוָה אֶת־מֵי יַם־סוּף מִפְּנֵיכֶם בְּצֵאתְכֶם מִמִּצְרָיִם
וַאֲשֶׁר עֲשִׂיתֶם לִשְׁנֵי מַלְכֵי הָאֱמֹרִי אֲשֶׁר בְּעֵבֶר הַיַּרְדֵּן לְסִיחֹן
11 וּלְעוֹג אֲשֶׁר הֶחֱרַמְתֶּם אוֹתָם׃ וַנִּשְׁמַע וַיִּמַּס לְבָבֵנוּ וְלֹא־קָמָה
עוֹד רוּחַ בְּאִישׁ מִפְּנֵיכֶם כִּי יְהוָה אֱלֹהֵיכֶם הוּא אֱלֹהִים
12 בַּשָּׁמַיִם מִמַּעַל וְעַל־הָאָרֶץ מִתָּחַת׃ וְעַתָּה הִשָּׁבְעוּ־נָא לִי
בַּיהוָה כִּי־עָשִׂיתִי עִמָּכֶם חָסֶד וַעֲשִׂיתֶם גַּם־אַתֶּם עִם־בֵּית
13 אָבִי חֶסֶד וּנְתַתֶּם לִי אוֹת אֱמֶת׃ וְהַחֲיִתֶם אֶת־אָבִי וְאֶת־
אִמִּי וְאֶת־אַחַי וְאֶת־אַחְוֹתַי וְאֵת כָּל־אֲשֶׁר לָהֶם וְהִצַּלְתֶּם
14 אֶת־נַפְשֹׁתֵינוּ מִמָּוֶת׃ וַיֹּאמְרוּ לָהּ הָאֲנָשִׁים נַפְשֵׁנוּ תַחְתֵּיכֶם
לָמוּת אִם לֹא תַגִּידוּ אֶת־דְּבָרֵנוּ זֶה וְהָיָה בְּתֵת־יְהוָה לָנוּ
טו אֶת־הָאָרֶץ וְעָשִׂינוּ עִמָּךְ חֶסֶד וֶאֱמֶת׃ וַתּוֹרִדֵם בַּחֶבֶל בְּעַד
16 הַחַלּוֹן כִּי בֵיתָהּ בְּקִיר הַחוֹמָה וּבַחוֹמָה הִיא יוֹשָׁבֶת׃ וַתֹּאמֶר
לָהֶם הָהָרָה לֵּכוּ פֶּן־יִפְגְּעוּ בָכֶם הָרֹדְפִים וְנַחְבֵּתֶם שָׁמָּה
שְׁלֹשֶׁת יָמִים עַד שׁוֹב הָרֹדְפִים וְאַחַר תֵּלְכוּ לְדַרְכְּכֶם׃
17 וַיֹּאמְרוּ אֵלֶיהָ הָאֲנָשִׁים נְקִיִּם אֲנַחְנוּ מִשְּׁבֻעָתֵךְ הַזֶּה אֲשֶׁר
18 הִשְׁבַּעְתָּנוּ׃ הִנֵּה אֲנַחְנוּ בָאִים בָּאָרֶץ אֶת־תִּקְוַת חוּט הַשָּׁנִי
הַזֶּה תִּקְשְׁרִי בַּחַלּוֹן אֲשֶׁר הוֹרַדְתֵּנוּ בוֹ וְאֶת־אָבִיךְ וְאֶת־
אִמֵּךְ וְאֶת־אַחַיִךְ וְאֵת כָּל־בֵּית אָבִיךְ תַּאַסְפִי אֵלַיִךְ הַבָּיְתָה׃
19 וְהָיָה כֹּל אֲשֶׁר־יֵצֵא מִדַּלְתֵי בֵיתֵךְ ׀ הַחוּצָה דָּמוֹ בְרֹאשׁוֹ
וַאֲנַחְנוּ נְקִיִּם וְכֹל אֲשֶׁר יִהְיֶה אִתָּךְ בַּבַּיִת דָּמוֹ בְרֹאשֵׁנוּ אִם־יָד
כ תִּהְיֶה־בּוֹ׃ וְאִם־תַּגִּידִי אֶת־דְּבָרֵנוּ זֶה וְהָיִינוּ נְקִיִּם מִשְּׁבֻעָתֵךְ
21 אֲשֶׁר הִשְׁבַּעְתָּנוּ׃ וַתֹּאמֶר כְּדִבְרֵיכֶם כֶּן־הוּא וַתְּשַׁלְּחֵם וַיֵּלֵכוּ
22 וַתִּקְשֹׁר אֶת־תִּקְוַת הַשָּׁנִי בַּחַלּוֹן׃ וַיֵּלְכוּ וַיָּבֹאוּ הָהָרָה וַיֵּשְׁבוּ
שָׁם שְׁלֹשֶׁת יָמִים עַד־שָׁבוּ הָרֹדְפִים וַיְבַקְשׁוּ הָרֹדְפִים בְּכָל־
23 הַדֶּרֶךְ וְלֹא מָצָאוּ׃ וַיָּשֻׁבוּ שְׁנֵי הָאֲנָשִׁים וַיֵּרְדוּ מֵהָהָר וַיַּעַבְרוּ
וַיָּבֹאוּ אֶל־יְהוֹשֻׁעַ בִּן־נוּן וַיְסַפְּרוּ־לוֹ אֵת כָּל־הַמֹּצְאוֹת

אותם

v. 13. אחיותי ק׳

24 אוֹתָם׃ וַיֹּאמְרוּ אֶל־יְהוֹשֻׁעַ כִּי־נָתַן יְהוָה בְּיָדֵנוּ אֶת־כָּל־
הָאָרֶץ וְגַם־נָמֹגוּ כָּל־יֹשְׁבֵי הָאָרֶץ מִפָּנֵינוּ׃

ג CAP. III. ג

א וַיַּשְׁכֵּם יְהוֹשֻׁעַ בַּבֹּקֶר וַיִּסְעוּ מֵהַשִּׁטִּים וַיָּבֹאוּ עַד־הַיַּרְדֵּן
2 הוּא וְכָל־בְּנֵי יִשְׂרָאֵל וַיָּלִנוּ שָׁם טֶרֶם יַעֲבֹרוּ׃ וַיְהִי מִקְצֵה
3 שְׁלֹשֶׁת יָמִים וַיַּעַבְרוּ הַשֹּׁטְרִים בְּקֶרֶב הַמַּחֲנֶה׃ וַיְצַוּוּ אֶת־
הָעָם לֵאמֹר כִּרְאֹתְכֶם אֵת אֲרוֹן בְּרִית־יְהוָה אֱלֹהֵיכֶם
וְהַכֹּהֲנִים הַלְוִיִּם נֹשְׂאִים אֹתוֹ וְאַתֶּם תִּסְעוּ מִמְּקוֹמְכֶם
4 וַהֲלַכְתֶּם אַחֲרָיו׃ אַךְ ׀ רָחוֹק יִהְיֶה בֵּינֵיכֶם וּבֵינָו כְּאַלְפַּיִם
אַמָּה בַּמִּדָּה אַל־תִּקְרְבוּ אֵלָיו לְמַעַן אֲשֶׁר־תֵּדְעוּ אֶת־
הַדֶּרֶךְ אֲשֶׁר תֵּלְכוּ־בָהּ כִּי לֹא עֲבַרְתֶּם בַּדֶּרֶךְ מִתְּמוֹל
ה שִׁלְשׁוֹם׃ וַיֹּאמֶר יְהוֹשֻׁעַ אֶל־הָעָם הִתְקַדָּשׁוּ כִּי מָחָר
6 יַעֲשֶׂה יְהוָה בְּקִרְבְּכֶם נִפְלָאוֹת׃ וַיֹּאמֶר יְהוֹשֻׁעַ אֶל־הַכֹּהֲנִים
לֵאמֹר שְׂאוּ אֶת־אֲרוֹן הַבְּרִית וְעִבְרוּ לִפְנֵי הָעָם וַיִּשְׂאוּ אֶת־
7 אֲרוֹן הַבְּרִית וַיֵּלְכוּ לִפְנֵי הָעָם׃ וַיֹּאמֶר יְהוָה אֶל־יְהוֹשֻׁעַ
הַיּוֹם הַזֶּה אָחֵל גַּדֶּלְךָ בְּעֵינֵי כָּל־יִשְׂרָאֵל אֲשֶׁר יֵדְעוּן כִּי
8 כַּאֲשֶׁר הָיִיתִי עִם־מֹשֶׁה אֶהְיֶה עִמָּךְ׃ וְאַתָּה תְּצַוֶּה אֶת־
הַכֹּהֲנִים נֹשְׂאֵי אֲרוֹן־הַבְּרִית לֵאמֹר כְּבֹאֲכֶם עַד־קְצֵה מֵי
9 הַיַּרְדֵּן בַּיַּרְדֵּן תַּעֲמֹדוּ׃ וַיֹּאמֶר יְהוֹשֻׁעַ אֶל־בְּנֵי יִשְׂרָאֵל
י גֹּשׁוּ הֵנָּה וְשִׁמְעוּ אֶת־דִּבְרֵי יְהוָה אֱלֹהֵיכֶם׃ וַיֹּאמֶר יְהוֹשֻׁעַ
בְּזֹאת תֵּדְעוּן כִּי אֵל חַי בְּקִרְבְּכֶם וְהוֹרֵשׁ יוֹרִישׁ מִפְּנֵיכֶם
אֶת־הַכְּנַעֲנִי וְאֶת־הַחִתִּי וְאֶת־הַחִוִּי וְאֶת־הַפְּרִזִּי וְאֶת־
11 הַגִּרְגָּשִׁי וְהָאֱמֹרִי וְהַיְבוּסִי׃ הִנֵּה אֲרוֹן הַבְּרִית אֲדוֹן כָּל־
12 הָאָרֶץ עֹבֵר לִפְנֵיכֶם בַּיַּרְדֵּן׃ וְעַתָּה קְחוּ לָכֶם שְׁנֵי עָשָׂר אִישׁ
13 מִשִּׁבְטֵי יִשְׂרָאֵל אִישׁ־אֶחָד אִישׁ־אֶחָד לַשָּׁבֶט׃ וְהָיָה כְּנוֹחַ
כַּפּוֹת רַגְלֵי הַכֹּהֲנִים נֹשְׂאֵי אֲרוֹן יְהוָה אֲדוֹן כָּל־הָאָרֶץ בְּמֵי
הַיַּרְדֵּן מֵי הַיַּרְדֵּן יִכָּרֵתוּן הַמַּיִם הַיֹּרְדִים מִלְמָעְלָה וְיַעַמְדוּ

ב׳ v. 4. ובינו ק׳   v. 5. הפטרת יום ראשון שלפסח כמנהג האשכנזים

14 נֵ֣ד אֶחָֽד׃ וַיְהִ֗י בִּנְסֹ֤עַ הָעָם֙ מֵאָ֣הֳלֵיהֶ֔ם לַעֲבֹ֖ר אֶת־הַיַּרְדֵּ֑ן
טו וְהַכֹּהֲנִ֗ים נֹשְׂאֵ֛י הָאָר֥וֹן הַבְּרִ֖ית לִפְנֵ֥י הָעָֽם׃ וּכְב֞וֹא נֹשְׂאֵ֣י
הָאָר֗וֹן עַד־הַיַּרְדֵּן֙ וְרַגְלֵ֣י הַכֹּהֲנִ֔ים נֹשְׂאֵ֣י הָאָר֔וֹן נִטְבְּל֖וּ בִּקְצֵ֣ה
16 הַמָּ֑יִם וְהַיַּרְדֵּ֗ן מָלֵא֙ עַל־כָּל־גְּדוֹתָ֔יו כֹּ֖ל יְמֵ֥י קָצִֽיר׃ וַיַּעַמְד֨וּ
הַמַּ֜יִם הַיֹּרְדִ֣ים מִלְמַ֗עְלָה קָ֤מוּ נֵד־אֶחָד֙ הַרְחֵ֨ק מְאֹ֜ד בְּאָדָ֤ם
הָעִיר֙ אֲשֶׁר֙ מִצַּ֣ד צָֽרְתָ֔ן וְהַיֹּרְדִ֗ים עַ֣ל יָ֧ם הָעֲרָבָ֛ה יָם־הַמֶּ֖לַח
17 תַּ֣מּוּ נִכְרָ֑תוּ וְהָעָ֥ם עָבְר֖וּ נֶ֥גֶד יְרִיחֽוֹ׃ וַיַּעַמְד֣וּ הַכֹּהֲנִ֡ים נֹשְׂאֵ֡י
הָאָרוֹן֩ בְּרִ֨ית־יְהוָ֜ה בֶּחָרָבָ֛ה בְּת֥וֹךְ הַיַּרְדֵּ֖ן הָכֵ֑ן וְכָל־יִשְׂרָאֵ֗ל
עֹבְרִים֙ בֶּחָ֣רָבָ֔ה עַ֚ד אֲשֶׁר־תַּ֣מּוּ כָּל־הַגּ֔וֹי לַעֲבֹ֖ר אֶת־
הַיַּרְדֵּֽן׃

CAP. IV. ד

א וַיְהִ֗י כַּאֲשֶׁר־תַּ֙מּוּ֙ כָל־הַגּ֔וֹי לַעֲב֖וֹר אֶת־הַיַּרְדֵּ֑ן וַיֹּ֣אמֶר
2 יְהוָ֔ה אֶל־יְהוֹשֻׁ֖עַ לֵאמֹֽר׃ קְח֤וּ לָכֶם֙ מִן־הָעָ֔ם שְׁנֵ֥ים עָשָׂ֖ר
3 אֲנָשִׁ֑ים אִֽישׁ־אֶחָ֥ד אִֽישׁ־אֶחָ֖ד מִשָּֽׁבֶט׃ וְצַוּ֨וּ אוֹתָ֜ם לֵאמֹ֗ר
שְׂאוּ־לָכֶ֨ם מִזֶּ֜ה מִתּ֣וֹךְ הַיַּרְדֵּ֗ן מִמַּצַּב֙ רַגְלֵ֣י הַכֹּהֲנִ֔ים הָכִ֖ין
שְׁתֵּים־עֶשְׂרֵ֣ה אֲבָנִ֑ים וְהַעֲבַרְתֶּ֤ם אוֹתָם֙ עִמָּכֶ֔ם וְהִנַּחְתֶּ֣ם אוֹתָ֔ם
4 בַּמָּל֕וֹן אֲשֶׁר־תָּלִ֥ינוּ ב֖וֹ הַלָּֽיְלָה׃ וַיִּקְרָ֣א יְהוֹשֻׁ֔עַ אֶל־שְׁנֵ֤ים
הֶעָשָׂר֙ אִ֔ישׁ אֲשֶׁ֥ר הֵכִ֖ין מִבְּנֵ֣י יִשְׂרָאֵ֑ל אִֽישׁ־אֶחָ֥ד אִֽישׁ־אֶחָ֖ד
ה מִשָּֽׁבֶט׃ וַיֹּ֤אמֶר לָהֶם֙ יְהוֹשֻׁ֔עַ עִבְר֗וּ לִפְנֵ֛י אֲר֥וֹן יְהוָ֥ה אֱלֹהֵיכֶ֖ם
אֶל־תּ֣וֹךְ הַיַּרְדֵּ֑ן וְהָרִ֨ימוּ לָכֶ֜ם אִ֣ישׁ אֶ֤בֶן אַחַת֙ עַל־שִׁכְמ֔וֹ
6 לְמִסְפַּ֖ר שִׁבְטֵ֥י בְנֵֽי־יִשְׂרָאֵֽל׃ לְמַ֗עַן תִּהְיֶ֥ה זֹ֛את א֖וֹת בְּקִרְבְּכֶ֑ם
כִּֽי־יִשְׁאָל֨וּן בְּנֵיכֶ֜ם מָחָ֣ר לֵאמֹ֔ר מָ֛ה הָאֲבָנִ֥ים הָאֵ֖לֶּה לָכֶֽם׃
7 וַאֲמַרְתֶּ֣ם לָהֶ֗ם אֲשֶׁ֨ר נִכְרְת֜וּ מֵימֵ֤י הַיַּרְדֵּן֙ מִפְּנֵי֙ אֲר֣וֹן בְּרִית־
יְהוָ֔ה בְּעָבְרוֹ֙ בַּיַּרְדֵּ֔ן נִכְרְת֖וּ מֵ֣י הַיַּרְדֵּ֑ן וְהָיוּ֩ הָאֲבָנִ֨ים הָאֵ֧לֶּה
8 לְזִכָּר֛וֹן לִבְנֵ֥י יִשְׂרָאֵ֖ל עַד־עוֹלָֽם׃ וַיַּֽעֲשׂוּ־כֵ֣ן בְּנֵֽי־יִשְׂרָאֵ֮ל
כַּאֲשֶׁ֣ר צִוָּ֣ה יְהוֹשֻׁעַ֒ וַיִּשְׂא֡וּ שְׁתֵּֽי־עֶשְׂרֵ֨ה אֲבָנִ֜ים מִתּ֣וֹךְ הַיַּרְדֵּ֗ן
כַּאֲשֶׁ֨ר דִּבֶּ֤ר יְהוָה֙ אֶל־יְהוֹשֻׁ֔עַ לְמִסְפַּ֖ר שִׁבְטֵ֣י בְנֵי־יִשְׂרָאֵ֑ל

ויעברום

ג׳ v. 16. מאדם ק׳ v. 17. אין כאן פסקא ד׳ v. 1. פסקא באמצע פסוק

9 וַיַּֽעַבְר֥וּם עִמָּ֛ם אֶל־הַמָּל֖וֹן וַיַּנִּח֥וּם שָֽׁם׃ וּשְׁתֵּ֥ים עֶשְׂרֵ֖ה אֲבָנִ֑ים
הֵקִ֣ים יְהוֹשֻׁ֗עַ בְּת֣וֹךְ הַיַּרְדֵּ֔ן תַּ֗חַת מַצַּב֙ רַגְלֵ֣י הַכֹּהֲנִ֔ים נֹֽשְׂאֵ֖י
י אֲר֣וֹן הַבְּרִ֑ית וַיִּ֣הְיוּ שָׁ֔ם עַ֖ד הַיּ֥וֹם הַזֶּֽה׃ וְהַכֹּהֲנִ֞ים נֹשְׂאֵ֣י הָאָר֗וֹן
עֹֽמְדִים֮ בְּת֣וֹךְ הַיַּרְדֵּן֒ עַ֣ד תֹּ֣ם כָּל־הַ֠דָּבָר אֲשֶׁר־צִוָּ֨ה יְהוָ֜ה
אֶת־יְהוֹשֻׁ֙עַ֙ לְדַבֵּ֣ר אֶל־הָעָ֔ם כְּכֹ֛ל אֲשֶׁר־צִוָּ֥ה מֹשֶׁ֖ה אֶת־
11 יְהוֹשֻׁ֑עַ וַיְמַהֲר֥וּ הָעָ֖ם וַיַּעֲבֹֽרוּ׃ וַיְהִ֛י כַּאֲשֶׁר־תַּ֥ם כָּל־הָעָ֖ם
12 לַעֲב֑וֹר וַיַּעֲבֹ֧ר אֲרוֹן־יְהוָ֛ה וְהַכֹּהֲנִ֖ים לִפְנֵ֥י הָעָֽם׃ וַ֠יַּעַבְרוּ
בְּנֵֽי־רְא֨וּבֵן וּבְנֵי־גָ֜ד וַחֲצִ֨י שֵׁ֤בֶט הַֽמְנַשֶּׁה֙ חֲמֻשִׁ֔ים לִפְנֵ֖י בְּנֵ֣י
13 יִשְׂרָאֵ֑ל כַּאֲשֶׁ֛ר דִּבֶּ֥ר אֲלֵיהֶ֖ם מֹשֶֽׁה׃ כְּאַרְבָּעִ֥ים אֶ֖לֶף חֲלוּצֵ֣י
הַצָּבָ֑א עָבְר֞וּ לִפְנֵ֤י יְהוָה֙ לַמִּלְחָמָ֔ה אֶ֖ל עַֽרְב֥וֹת יְרִיחֽוֹ׃
14 בַּיּ֣וֹם הַה֗וּא גִּדַּ֤ל יְהוָה֙ אֶת־יְהוֹשֻׁ֔עַ בְּעֵינֵ֖י כָּל־יִשְׂרָאֵ֑ל וַיִּֽרְא֣וּ
אֹת֗וֹ כַּאֲשֶׁ֛ר יָֽרְא֥וּ אֶת־מֹשֶׁ֖ה כָּל־יְמֵ֥י חַיָּֽיו׃
טו 16 וַיֹּ֥אמֶר יְהוָ֖ה אֶל־יְהוֹשֻׁ֥עַ לֵאמֹֽר׃ צַוֵּה֙ אֶת־הַכֹּ֣הֲנִ֔ים נֹֽשְׂאֵ֖י
17 אֲר֣וֹן הָעֵד֑וּת וְיַעֲל֖וּ מִן־הַיַּרְדֵּֽן׃ וַיְצַ֣ו יְהוֹשֻׁ֔עַ אֶת־הַכֹּהֲנִ֖ים
18 לֵאמֹ֑ר עֲל֖וּ מִן־הַיַּרְדֵּֽן׃ וַ֠יְהִי בַּעֲל֨וֹת הַכֹּהֲנִ֜ים נֹשְׂאֵ֣י אֲר֣וֹן
בְּרִית־יְהוָה֮ מִתּ֣וֹךְ הַיַּרְדֵּן֒ נִתְּק֗וּ כַּפּוֹת֙ רַגְלֵ֣י הַכֹּהֲנִ֔ים אֶ֖ל
הֶחָֽרָבָ֑ה וַיָּשֻׁ֤בוּ מֵֽי־הַיַּרְדֵּן֙ לִמְקוֹמָ֔ם וַיֵּלְכ֥וּ כִתְמוֹל־שִׁלְשׁ֖וֹם
19 עַל־כָּל־גְּדוֹתָֽיו׃ וְהָעָ֗ם עָלוּ֙ מִן־הַיַּרְדֵּ֔ן בֶּעָשׂ֖וֹר לַחֹ֣דֶשׁ
כ הָרִאשׁ֑וֹן וַֽיַּחֲנוּ֙ בַּגִּלְגָּ֔ל בִּקְצֵ֖ה מִזְרַ֥ח יְרִיחֽוֹ׃ וְאֵת֩ שְׁתֵּ֨ים עֶשְׂרֵ֜ה
הָאֲבָנִ֣ים הָאֵ֗לֶּה אֲשֶׁ֤ר לָֽקְחוּ֙ מִן־הַיַּרְדֵּ֔ן הֵקִ֥ים יְהוֹשֻׁ֖עַ בַּגִּלְגָּֽל׃
21 וַיֹּ֛אמֶר אֶל־בְּנֵ֥י יִשְׂרָאֵ֖ל לֵאמֹ֑ר אֲשֶׁר֩ יִשְׁאָל֨וּן בְּנֵיכֶ֜ם מָחָ֗ר
22 אֶת־אֲבוֹתָם֙ לֵאמֹ֔ר מָ֖ה הָאֲבָנִ֥ים הָאֵֽלֶּה׃ וְהוֹדַעְתֶּ֖ם אֶת־
23 בְּנֵיכֶ֣ם לֵאמֹ֑ר בַּיַּבָּשָׁה֙ עָבַ֣ר יִשְׂרָאֵ֔ל אֶת־הַיַּרְדֵּ֖ן הַזֶּֽה׃ אֲשֶׁר־
הוֹבִישׁ֩ יְהוָ֨ה אֱלֹהֵיכֶ֜ם אֶת־מֵ֤י הַיַּרְדֵּן֙ מִפְּנֵיכֶ֔ם עַד־עָבְרְכֶ֑ם
כַּאֲשֶׁ֨ר עָשָׂ֜ה יְהוָ֧ה אֱלֹהֵיכֶ֛ם לְיַם־ס֖וּף אֲשֶׁר־הוֹבִ֣ישׁ מִפָּנֵ֑ינוּ
24 עַד־עָבְרֵֽנוּ׃ לְ֠מַעַן דַּ֜עַת כָּל־עַמֵּ֣י הָאָ֗רֶץ אֶת־יַ֣ד יְהוָ֔ה כִּ֥י
חֲזָקָ֖ה הִ֑יא לְמַ֧עַן יְרָאתֶ֛ם אֶת־יְהוָ֥ה אֱלֹהֵיכֶ֖ם כָּל־הַיָּמִֽים׃

ויהי

v. 18. כעלות ק׳

Cap. V. ה

א וַיְהִ֣י כִ֠שְׁמֹעַ כָּל־מַלְכֵ֨י הָאֱמֹרִ֜י אֲשֶׁ֨ר בְּעֵ֣בֶר הַיַּרְדֵּן֮ יָ֒מָּה֒ וְכָל־
מַלְכֵ֤י הַֽכְּנַעֲנִי֙ אֲשֶׁ֣ר עַל־הַיָּ֔ם אֵ֠ת אֲשֶׁר־הוֹבִ֨ישׁ יְהוָ֜ה אֶת־מֵ֧י
הַיַּרְדֵּ֛ן מִפְּנֵ֥י בְנֵֽי־יִשְׂרָאֵ֖ל עַד־עָבְרָ֑נוּ וַיִּמַּ֣ס לְבָבָ֗ם וְלֹא־הָ֨יָה
2 בָ֥ם עוֹד֙ ר֔וּחַ מִפְּנֵ֖י בְּנֵֽי־יִשְׂרָאֵֽל׃ בָּעֵ֣ת הַהִ֗יא אָמַ֤ר יְהוָה֙
אֶל־יְהוֹשֻׁ֔עַ עֲשֵׂ֥ה לְךָ֖ חַרְב֣וֹת צֻרִ֑ים וְשׁ֛וּב מֹ֥ל אֶת־בְּנֵֽי־
3 יִשְׂרָאֵ֖ל שֵׁנִֽית׃ וַיַּעַשׂ־ל֥וֹ יְהוֹשֻׁ֖עַ חַרְב֣וֹת צֻרִ֑ים וַיָּ֙מָל֙ אֶת־בְּנֵ֣י
4 יִשְׂרָאֵ֔ל אֶל־גִּבְעַ֖ת הָעֲרָלֽוֹת׃ וְזֶ֥ה הַדָּבָ֖ר אֲשֶׁר־מָ֣ל יְהוֹשֻׁ֑עַ
כָּל־הָעָ֣ם הַיֹּצֵא֩ מִמִּצְרַ֨יִם הַזְּכָרִ֜ים כֹּ֣ל ׀ אַנְשֵׁ֣י הַמִּלְחָמָ֗ה
ה מֵ֤תוּ בַמִּדְבָּר֙ בַּדֶּ֔רֶךְ בְּצֵאתָ֖ם מִמִּצְרָֽיִם׃ כִּֽי־מֻלִ֣ים הָי֔וּ כָּל־
הָעָ֖ם הַיֹּצְאִ֑ים וְכָל־הָ֠עָם הַיִּלֹּדִ֨ים בַּמִּדְבָּ֥ר בַּדֶּ֛רֶךְ בְּצֵאתָ֥ם
6 מִמִּצְרַ֖יִם לֹא־מָֽלוּ׃ כִּ֣י ׀ אַרְבָּעִ֣ים שָׁנָ֗ה הָלְכ֣וּ בְנֵֽי־יִשְׂרָאֵל֮
בַּמִּדְבָּר֒ עַד־תֹּ֨ם כָּל־הַגּ֜וֹי אַנְשֵׁ֤י הַמִּלְחָמָה֙ הַיֹּצְאִ֣ים מִמִּצְרַ֔יִם
אֲשֶׁ֥ר לֹא־שָׁמְע֖וּ בְּק֣וֹל יְהוָ֑ה אֲשֶׁר֩ נִשְׁבַּ֨ע יְהוָ֜ה לָהֶ֗ם לְבִלְתִּ֞י
הַרְאוֹתָ֣ם אֶת־הָאָ֗רֶץ אֲשֶׁר֩ נִשְׁבַּ֨ע יְהוָ֤ה לַאֲבוֹתָם֙ לָ֣תֶת לָ֔נוּ
7 אֶ֛רֶץ זָבַ֥ת חָלָ֖ב וּדְבָֽשׁ׃ וְאֶת־בְּנֵיהֶם֙ הֵקִ֣ים תַּחְתָּ֔ם אֹתָ֖ם
8 מָ֣ל יְהוֹשֻׁ֑עַ כִּֽי־עֲרֵלִ֣ים הָי֔וּ כִּ֛י לֹא־מָ֥לוּ אוֹתָ֖ם בַּדָּֽרֶךְ׃ וַיְהִ֛י
כַּאֲשֶׁר־תַּ֥מּוּ כָל־הַגּ֖וֹי לְהִמּ֑וֹל וַיֵּשְׁב֥וּ תַחְתָּ֛ם בַּֽמַּחֲנֶ֖ה עַ֥ד
9 חֲיוֹתָֽם׃ וַיֹּ֤אמֶר יְהוָה֙ אֶל־יְהוֹשֻׁ֔עַ הַיּ֗וֹם גַּלּ֛וֹתִי אֶת־חֶרְפַּ֥ת
מִצְרַ֖יִם מֵעֲלֵיכֶ֑ם וַיִּקְרָ֞א שֵׁ֣ם הַמָּק֤וֹם הַהוּא֙ גִּלְגָּ֔ל עַ֖ד הַיּ֥וֹם
י הַזֶּֽה׃ וַיַּחֲנ֥וּ בְנֵֽי־יִשְׂרָאֵ֖ל בַּגִּלְגָּ֑ל וַיַּעֲשׂ֣וּ אֶת־הַפֶּ֡סַח בְּאַרְבָּעָה֩
11 עָשָׂ֨ר י֥וֹם לַחֹ֛דֶשׁ בָּעֶ֖רֶב בְּעַֽרְב֥וֹת יְרִיחֽוֹ׃ וַ֠יֹּאכְלוּ מֵעֲב֥וּר
12 הָאָ֛רֶץ מִמָּחֳרַ֥ת הַפֶּ֖סַח מַצּ֣וֹת וְקָל֑וּי בְּעֶ֖צֶם הַיּ֥וֹם הַזֶּֽה׃ וַיִּשְׁבֹּ֨ת
הַמָּ֜ן מִֽמָּחֳרָ֗ת בְּאָכְלָם֙ מֵעֲב֣וּר הָאָ֔רֶץ וְלֹא־הָ֥יָה ע֛וֹד לִבְנֵ֥י
13 יִשְׂרָאֵ֖ל מָ֑ן וַיֹּאכְל֗וּ מִתְּבוּאַת֙ אֶ֣רֶץ כְּנַ֔עַן בַּשָּׁנָ֖ה הַהִֽיא׃ וַיְהִ֗י
בִּֽהְי֣וֹת יְהוֹשֻׁעַ֮ בִּירִיחוֹ֒ וַיִּשָּׂ֤א עֵינָיו֙ וַיַּ֔רְא וְהִנֵּה־אִישׁ֙ עֹמֵ֣ד לְנֶגְדּ֔וֹ
וְחַרְבּ֥וֹ שְׁלוּפָ֖ה בְּיָד֑וֹ וַיֵּ֨לֶךְ יְהוֹשֻׁ֤עַ אֵלָיו֙ וַיֹּ֣אמֶר ל֔וֹ הֲלָ֖נוּ אַתָּ֥ה

אם־לצרינו

v. 1. עברם ק׳   v. 2. הפטרת יום ראשון של פסח כמנהג הספרדים

14 אִם־לְצָרֵֽינוּ׃ וַיֹּ֣אמֶר ׀ לֹ֗א כִּ֛י אֲנִ֥י שַׂר־צְבָֽא־יְהוָ֖ה עַתָּ֣ה
בָ֑אתִי וַיִּפֹּל֩ יְהוֹשֻׁ֨עַ אֶל־פָּנָ֥יו אַ֛רְצָה וַיִּשְׁתָּ֖חוּ וַיֹּ֣אמֶר ל֔וֹ מָ֥ה
טו אֲדֹנִ֖י מְדַבֵּ֥ר אֶל־עַבְדּֽוֹ׃ וַיֹּאמֶר֩ שַׂר־צְבָ֨א יְהוָ֜ה אֶל־יְהוֹשֻׁ֗עַ
שַׁל־נַֽעַלְךָ֙ מֵעַ֣ל רַגְלֶ֔ךָ כִּ֣י הַמָּק֗וֹם אֲשֶׁ֨ר אַתָּ֛ה עֹמֵ֥ד עָלָ֖יו קֹ֣דֶשׁ
ה֑וּא וַיַּ֥עַשׂ יְהוֹשֻׁ֖עַ כֵּֽן׃ °

Cap. VI. ו

א וִֽירִיחוֹ֙ סֹגֶ֣רֶת וּמְסֻגֶּ֔רֶת מִפְּנֵ֖י בְּנֵ֣י יִשְׂרָאֵ֑ל אֵ֥ין יוֹצֵ֖א וְאֵ֥ין
2 בָּֽא׃ וַיֹּ֤אמֶר יְהוָה֙ אֶל־יְהוֹשֻׁ֔עַ רְאֵה֙ נָתַ֣תִּי בְיָדְךָ֔ אֶת־יְרִיח֖וֹ
3 וְאֶת־מַלְכָּ֑הּ גִּבּוֹרֵ֖י הֶחָֽיִל׃ וְסַבֹּתֶ֣ם אֶת־הָעִ֗יר כֹּ֚ל אַנְשֵׁ֣י
הַמִּלְחָמָ֔ה הַקֵּ֥יף אֶת־הָעִ֖יר פַּ֣עַם אֶ֑חָת כֹּ֥ה תַעֲשֶׂ֖ה שֵׁ֥שֶׁת
4 יָמִֽים׃ וְשִׁבְעָ֣ה כֹהֲנִ֡ים יִשְׂאוּ֩ שִׁבְעָ֨ה שׁוֹפְר֤וֹת הַיּֽוֹבְלִים֙ לִפְנֵ֣י
הָֽאָר֔וֹן וּבַיּוֹם֙ הַשְּׁבִיעִ֔י תָּסֹ֥בּוּ אֶת־הָעִ֖יר שֶׁ֣בַע פְּעָמִ֑ים
ה וְהַכֹּ֣הֲנִ֔ים יִתְקְע֖וּ בַּשּׁוֹפָרֽוֹת׃ וְהָיָ֞ה בִּמְשֹׁ֣ךְ ׀ בְּקֶ֣רֶן הַיּוֹבֵ֗ל
בְּשָׁמְעֲכֶם֙ אֶת־ק֣וֹל הַשּׁוֹפָ֔ר יָרִ֥יעוּ כָל־הָעָ֖ם תְּרוּעָ֣ה גְדוֹלָ֑ה
6 וְנָֽפְלָה֩ חוֹמַ֨ת הָעִ֜יר תַּחְתֶּ֗יהָ וְעָל֥וּ הָעָ֖ם אִ֥ישׁ נֶגְדּֽוֹ׃ וַיִּקְרָ֞א
יְהוֹשֻׁ֤עַ בִּן־נוּן֙ אֶל־הַכֹּ֣הֲנִ֔ים וַיֹּ֣אמֶר אֲלֵהֶ֔ם שְׂא֖וּ אֶת־אֲר֣וֹן
הַבְּרִ֑ית וְשִׁבְעָ֣ה כֹהֲנִ֡ים יִשְׂאוּ֩ שִׁבְעָ֨ה שׁוֹפְר֤וֹת יוֹבְלִים֙ לִפְנֵ֖י
7 אֲר֥וֹן יְהוָֽה׃ וַיֹּאמְרוּ֙ אֶל־הָעָ֔ם עִבְר֖וּ וְסֹ֣בּוּ אֶת־הָעִ֑יר וְהֶ֣חָל֔וּץ
8 יַעֲבֹ֕ר לִפְנֵ֖י אֲר֥וֹן יְהוָֽה׃ וַיְהִ֗י כֶּאֱמֹ֣ר יְהוֹשֻׁעַ֮ אֶל־הָעָם֒ וְשִׁבְעָ֣ה
הַכֹּהֲנִ֡ים נֹשְׂאִים֩ שִׁבְעָ֨ה שׁוֹפְר֤וֹת הַיּֽוֹבְלִים֙ לִפְנֵ֣י יְהוָ֔ה עָֽבְר֔וּ
9 וְתָֽקְע֖וּ בַּשּׁוֹפָר֑וֹת וַֽאֲרוֹן֙ בְּרִ֣ית יְהוָ֔ה הֹלֵ֖ךְ אַחֲרֵיהֶֽם׃ וְהֶֽחָל֗וּץ
הֹלֵ֕ךְ לִפְנֵי֙ הַכֹּ֣הֲנִ֔ים תֹּקְע֖וּ הַשּׁוֹפָר֑וֹת וְהַֽמְאַסֵּף֙ הֹלֵ֣ךְ אַחֲרֵ֣י
י הָֽאָר֔וֹן הָל֖וֹךְ וְתָק֥וֹעַ בַּשּׁוֹפָרֽוֹת׃ וְאֶת־הָעָם֩ צִוָּ֨ה יְהוֹשֻׁ֜עַ
לֵאמֹ֗ר לֹ֤א תָרִ֙יעוּ֙ וְלֹֽא־תַשְׁמִ֣יעוּ אֶת־קֽוֹלְכֶ֔ם וְלֹא־יֵצֵ֥א
מִפִּיכֶ֖ם דָּבָ֑ר עַ֠ד י֣וֹם אָמְרִ֧י אֲלֵיכֶ֛ם הָרִ֖יעוּ וַהֲרֵיעֹתֶֽם׃
11 וַיַּסֵּ֤ב אֲרוֹן־יְהוָה֙ אֶת־הָעִ֔יר הַקֵּ֖ף פַּ֣עַם אֶחָ֑ת וַיָּבֹ֙אוּ֙ הַֽמַּחֲנֶ֔ה
12 וַיָּלִ֖ינוּ בַּֽמַּחֲנֶֽה׃ וַיַּשְׁכֵּ֥ם יְהוֹשֻׁ֖עַ בַּבֹּ֑קֶר וַיִּשְׂא֥וּ הַכֹּהֲנִ֖ים

את־ארון

ה׳ v. 15. אין כאן פסקא   ר׳ v. 5. כשמעכם ק׳   v. 7. ויאמר ק׳   v. 9. תקעי ק׳

13 אֶת־אֲרוֹן יְהוָה׃ וְשִׁבְעָה הַכֹּהֲנִים נֹשְׂאִים שִׁבְעָה שׁוֹפְרוֹת
הַיֹּבְלִים לִפְנֵי אֲרוֹן יְהוָה הֹלְכִים הָלוֹךְ וְתָקְעוּ בַּשּׁוֹפָרוֹת
וְהֶחָלוּץ הֹלֵךְ לִפְנֵיהֶם וְהַמְאַסֵּף הֹלֵךְ אַחֲרֵי אֲרוֹן יְהוָה הוֹלֵךְ
14 וְתָקוֹעַ בַּשּׁוֹפָרוֹת׃ וַיָּסֹבּוּ אֶת־הָעִיר בַּיּוֹם הַשֵּׁנִי פַּעַם אַחַת
טו וַיָּשֻׁבוּ הַמַּחֲנֶה כֹּה עָשׂוּ שֵׁשֶׁת יָמִים׃ וַיְהִי ׀ בַּיּוֹם הַשְּׁבִיעִי
וַיַּשְׁכִּמוּ כַּעֲלוֹת הַשַּׁחַר וַיָּסֹבּוּ אֶת־הָעִיר כַּמִּשְׁפָּט הַזֶּה שֶׁבַע
16 פְּעָמִים רַק בַּיּוֹם הַהוּא סָבְבוּ אֶת־הָעִיר שֶׁבַע פְּעָמִים׃ וַיְהִי
בַּפַּעַם הַשְּׁבִיעִית תָּקְעוּ הַכֹּהֲנִים בַּשּׁוֹפָרוֹת וַיֹּאמֶר יְהוֹשֻׁעַ
17 אֶל־הָעָם הָרִיעוּ כִּי־נָתַן יְהוָה לָכֶם אֶת־הָעִיר׃ וְהָיְתָה
הָעִיר חֵרֶם הִיא וְכָל־אֲשֶׁר־בָּהּ לַיהוָה רַק רָחָב הַזּוֹנָה תִּחְיֶה
הִיא וְכָל־אֲשֶׁר אִתָּהּ בַּבַּיִת כִּי הֶחְבְּאַתָה אֶת־הַמַּלְאָכִים
18 אֲשֶׁר שָׁלָחְנוּ׃ וְרַק־אַתֶּם שִׁמְרוּ מִן־הַחֵרֶם פֶּן־תַּחֲרִימוּ
וּלְקַחְתֶּם מִן־הַחֵרֶם וְשַׂמְתֶּם אֶת־מַחֲנֵה יִשְׂרָאֵל לְחֵרֶם
19 וַעֲכַרְתֶּם אוֹתוֹ׃ וְכֹל ׀ כֶּסֶף וְזָהָב וּכְלֵי נְחֹשֶׁת וּבַרְזֶל קֹדֶשׁ
כ הוּא לַיהוָה אוֹצַר יְהוָה יָבוֹא׃ וַיָּרַע הָעָם וַיִּתְקְעוּ בַּשֹּׁפָרוֹת
וַיְהִי כִשְׁמֹעַ הָעָם אֶת־קוֹל הַשּׁוֹפָר וַיָּרִיעוּ הָעָם תְּרוּעָה
גְדוֹלָה וַתִּפֹּל הַחוֹמָה תַּחְתֶּיהָ וַיַּעַל הָעָם הָעִירָה אִישׁ נֶגְדּוֹ
21 וַיִּלְכְּדוּ אֶת־הָעִיר׃ וַיַּחֲרִימוּ אֶת־כָּל־אֲשֶׁר בָּעִיר מֵאִישׁ
וְעַד־אִשָּׁה מִנַּעַר וְעַד־זָקֵן וְעַד שׁוֹר וָשֶׂה וַחֲמוֹר לְפִי־חָרֶב׃
22 וְלִשְׁנַיִם הָאֲנָשִׁים הַמְרַגְּלִים אֶת־הָאָרֶץ אָמַר יְהוֹשֻׁעַ בֹּאוּ
בֵּית־הָאִשָּׁה הַזּוֹנָה וְהוֹצִיאוּ מִשָּׁם אֶת־הָאִשָּׁה וְאֶת־כָּל־
23 אֲשֶׁר־לָהּ כַּאֲשֶׁר נִשְׁבַּעְתֶּם לָהּ׃ וַיָּבֹאוּ הַנְּעָרִים הַמְרַגְּלִים
וַיֹּצִיאוּ אֶת־רָחָב וְאֶת־אָבִיהָ וְאֶת־אִמָּהּ וְאֶת־אַחֶיהָ וְאֶת־
כָּל־אֲשֶׁר־לָהּ וְאֵת כָּל־מִשְׁפְּחוֹתֶיהָ הוֹצִיאוּ וַיַּנִּיחוּם מִחוּץ
24 לְמַחֲנֵה יִשְׂרָאֵל׃ וְהָעִיר שָׂרְפוּ בָאֵשׁ וְכָל־אֲשֶׁר־בָּהּ רַק ׀
הַכֶּסֶף וְהַזָּהָב וּכְלֵי הַנְּחֹשֶׁת וְהַבַּרְזֶל נָתְנוּ אוֹצַר בֵּית־יְהוָה׃
כה וְאֶת־רָחָב הַזּוֹנָה וְאֶת־בֵּית אָבִיהָ וְאֶת־כָּל־אֲשֶׁר־לָהּ הֶחֱיָה

v. 13. הלוך ק׳

יְהוֹשֻׁעַ וַתֵּשֶׁב בְּקֶרֶב יִשְׂרָאֵל עַד הַיּוֹם הַזֶּה כִּי הֶחְבִּיאָה אֶת־
26 הַמַּלְאָכִים אֲשֶׁר־שָׁלַח יְהוֹשֻׁעַ לְרַגֵּל אֶת־יְרִיחוֹ׃ וַיַּשְׁבַּע
יְהוֹשֻׁעַ בָּעֵת הַהִיא לֵאמֹר אָרוּר הָאִישׁ לִפְנֵי יְהוָה אֲשֶׁר יָקוּם
וּבָנָה אֶת־הָעִיר הַזֹּאת אֶת־יְרִיחוֹ בִּבְכֹרוֹ יְיַסְּדֶנָּה וּבִצְעִירוֹ
27 יַצִּיב דְּלָתֶיהָ׃ וַיְהִי יְהוָה אֶת־יְהוֹשֻׁעַ וַיְהִי שָׁמְעוֹ בְּכָל־
הָאָרֶץ׃

ז Cap. VII. ז

א וַיִּמְעֲלוּ בְנֵי־יִשְׂרָאֵל מַעַל בַּחֵרֶם וַיִּקַּח עָכָן בֶּן־כַּרְמִי
בֶּן־זַבְדִּי בֶּן־זֶרַח לְמַטֵּה יְהוּדָה מִן־הַחֵרֶם וַיִּחַר־אַף יְהוָה
2 בִּבְנֵי יִשְׂרָאֵל׃ וַיִּשְׁלַח יְהוֹשֻׁעַ אֲנָשִׁים מִירִיחוֹ הָעַי אֲשֶׁר
עִם־בֵּית אָוֶן מִקֶּדֶם לְבֵית־אֵל וַיֹּאמֶר אֲלֵיהֶם לֵאמֹר עֲלוּ
3 וְרַגְּלוּ אֶת־הָאָרֶץ וַיַּעֲלוּ הָאֲנָשִׁים וַיְרַגְּלוּ אֶת־הָעָי׃ וַיָּשֻׁבוּ
אֶל־יְהוֹשֻׁעַ וַיֹּאמְרוּ אֵלָיו אַל־יַעַל כָּל־הָעָם כְּאַלְפַּיִם אִישׁ
אוֹ כִּשְׁלֹשֶׁת אֲלָפִים אִישׁ יַעֲלוּ וְיַכּוּ אֶת־הָעָי אַל־תְּיַגַּע־
4 שָׁמָּה אֶת־כָּל־הָעָם כִּי מְעַט הֵמָּה׃ וַיַּעֲלוּ מִן־הָעָם שָׁמָּה
ה כִּשְׁלֹשֶׁת אֲלָפִים אִישׁ וַיָּנֻסוּ לִפְנֵי אַנְשֵׁי הָעָי׃ וַיַּכּוּ מֵהֶם
אַנְשֵׁי הָעַי כִּשְׁלֹשִׁים וְשִׁשָּׁה אִישׁ וַיִּרְדְּפוּם לִפְנֵי הַשַּׁעַר עַד־
6 הַשְּׁבָרִים וַיַּכּוּם בַּמּוֹרָד וַיִּמַּס לְבַב־הָעָם וַיְהִי לְמָיִם׃ וַיִּקְרַע
יְהוֹשֻׁעַ שִׂמְלֹתָיו וַיִּפֹּל עַל־פָּנָיו אַרְצָה לִפְנֵי אֲרוֹן יְהוָה עַד־
7 הָעֶרֶב הוּא וְזִקְנֵי יִשְׂרָאֵל וַיַּעֲלוּ עָפָר עַל־רֹאשָׁם׃ וַיֹּאמֶר
יְהוֹשֻׁעַ אֲהָהּ ׀ אֲדֹנָי יְהוִה לָמָה הֵעֲבַרְתָּ הַעֲבִיר אֶת־הָעָם
הַזֶּה אֶת־הַיַּרְדֵּן לָתֵת אֹתָנוּ בְּיַד הָאֱמֹרִי לְהַאֲבִידֵנוּ וְלוּ
8 הוֹאַלְנוּ וַנֵּשֶׁב בְּעֵבֶר הַיַּרְדֵּן׃ בִּי אֲדֹנָי מָה אֹמַר אַחֲרֵי אֲשֶׁר
9 הָפַךְ יִשְׂרָאֵל עֹרֶף לִפְנֵי אֹיְבָיו׃ וְיִשְׁמְעוּ הַכְּנַעֲנִי וְכֹל יֹשְׁבֵי
הָאָרֶץ וְנָסַבּוּ עָלֵינוּ וְהִכְרִיתוּ אֶת־שְׁמֵנוּ מִן־הָאָרֶץ וּמַה־
י תַּעֲשֵׂה לְשִׁמְךָ הַגָּדוֹל׃ וַיֹּאמֶר יְהוָה אֶל־יְהוֹשֻׁעַ קֻם לָךְ
11 לָמָּה זֶּה אַתָּה נֹפֵל עַל־פָּנֶיךָ׃ חָטָא יִשְׂרָאֵל וְגַם עָבְרוּ אֶת־
בְּרִיתִי אֲשֶׁר צִוִּיתִי אוֹתָם וְגַם לָקְחוּ מִן־הַחֵרֶם וְגַם גָּנְבוּ וְגַם
כחשו

12 כִּחֲשׁוּ וְגַם שָׂמוּ בִכְלֵיהֶם׃ וְלֹא יֻכְלוּ בְּנֵי יִשְׂרָאֵל לָקוּם לִפְנֵי
אֹיְבֵיהֶם עֹרֶף יִפְנוּ לִפְנֵי אֹיְבֵיהֶם כִּי הָיוּ לְחֵרֶם לֹא אוֹסִיף
13 לִהְיוֹת עִמָּכֶם אִם־לֹא תַשְׁמִידוּ הַחֵרֶם מִקִּרְבְּכֶם׃ קֻם קַדֵּשׁ
אֶת־הָעָם וְאָמַרְתָּ הִתְקַדְּשׁוּ לְמָחָר כִּי כֹה אָמַר יְהוָה אֱלֹהֵי
יִשְׂרָאֵל חֵרֶם בְּקִרְבְּךָ יִשְׂרָאֵל לֹא תוּכַל לָקוּם לִפְנֵי אֹיְבֶיךָ
14 עַד־הֲסִירְכֶם הַחֵרֶם מִקִּרְבְּכֶם׃ וְנִקְרַבְתֶּם בַּבֹּקֶר לְשִׁבְטֵיכֶם
וְהָיָה הַשֵּׁבֶט אֲשֶׁר־יִלְכְּדֶנּוּ יְהוָה יִקְרַב לַמִּשְׁפָּחוֹת וְהַמִּשְׁפָּחָה
אֲשֶׁר־יִלְכְּדֶנָּה יְהוָה תִּקְרַב לַבָּתִּים וְהַבַּיִת אֲשֶׁר יִלְכְּדֶנּוּ
טו יְהוָה יִקְרַב לַגְּבָרִים׃ וְהָיָה הַנִּלְכָּד בַּחֵרֶם יִשָּׂרֵף בָּאֵשׁ אֹתוֹ
וְאֶת־כָּל־אֲשֶׁר־לוֹ כִּי עָבַר אֶת־בְּרִית יְהוָה וְכִי־עָשָׂה
16 נְבָלָה בְּיִשְׂרָאֵל׃ וַיַּשְׁכֵּם יְהוֹשֻׁעַ בַּבֹּקֶר וַיַּקְרֵב אֶת־יִשְׂרָאֵל
17 לִשְׁבָטָיו וַיִּלָּכֵד שֵׁבֶט יְהוּדָה׃ וַיַּקְרֵב אֶת־מִשְׁפַּחַת יְהוּדָה
וַיִּלְכֹּד אֵת מִשְׁפַּחַת הַזַּרְחִי וַיַּקְרֵב אֶת־מִשְׁפַּחַת הַזַּרְחִי
18 לַגְּבָרִים וַיִּלָּכֵד זַבְדִּי׃ וַיַּקְרֵב אֶת־בֵּיתוֹ לַגְּבָרִים וַיִּלָּכֵד
19 עָכָן בֶּן־כַּרְמִי בֶן־זַבְדִּי בֶּן־זֶרַח לְמַטֵּה יְהוּדָה׃ וַיֹּאמֶר
יְהוֹשֻׁעַ אֶל־עָכָן בְּנִי שִׂים־נָא כָבוֹד לַיהוָה אֱלֹהֵי יִשְׂרָאֵל
כ וְתֶן־לוֹ תוֹדָה וְהַגֶּד־נָא לִי מֶה עָשִׂיתָ אַל־תְּכַחֵד מִמֶּנִּי׃ וַיַּעַן
עָכָן אֶת־יְהוֹשֻׁעַ וַיֹּאמַר אָמְנָה אָנֹכִי חָטָאתִי לַיהוָה אֱלֹהֵי
21 יִשְׂרָאֵל וְכָזֹאת וְכָזֹאת עָשִׂיתִי׃ וָאֵרֶאה בַשָּׁלָל אַדֶּרֶת שִׁנְעָר
אַחַת טוֹבָה וּמָאתַיִם שְׁקָלִים כֶּסֶף וּלְשׁוֹן זָהָב אֶחָד חֲמִשִּׁים
שְׁקָלִים מִשְׁקָלוֹ וָאֶחְמְדֵם וָאֶקָּחֵם וְהִנָּם טְמוּנִים בָּאָרֶץ בְּתוֹךְ
22 הָאָהֳלִי וְהַכֶּסֶף תַּחְתֶּיהָ׃ וַיִּשְׁלַח יְהוֹשֻׁעַ מַלְאָכִים וַיָּרֻצוּ
23 הָאֹהֱלָה וְהִנֵּה טְמוּנָה בְּאָהֳלוֹ וְהַכֶּסֶף תַּחְתֶּיהָ׃ וַיִּקָּחוּם מִתּוֹךְ
הָאֹהֶל וַיְבִאוּם אֶל־יְהוֹשֻׁעַ וְאֶל כָּל־בְּנֵי יִשְׂרָאֵל וַיַּצִּקֻם לִפְנֵי
24 יְהוָה׃ וַיִּקַּח יְהוֹשֻׁעַ אֶת־עָכָן בֶּן־זֶרַח וְאֶת־הַכֶּסֶף וְאֶת־
הָאַדֶּרֶת וְאֶת־לְשׁוֹן הַזָּהָב וְאֶת־בָּנָיו וְאֶת־בְּנֹתָיו וְאֶת־שׁוֹרוֹ
וְאֶת־חֲמֹרוֹ וְאֶת־צֹאנוֹ וְאֶת־אָהֳלוֹ וְאֶת־כָּל־אֲשֶׁר־לוֹ וְכָל־

ישראל

v. 21. וארא ק׳

כה יִשְׂרָאֵל עִמּוֹ וַיַּעֲלוּ אֹתָם עֵמֶק עָכוֹר׃ וַיֹּאמֶר יְהוֹשֻׁעַ מֶה
עֲכַרְתָּנוּ יַעְכָּרְךָ יְהוָה בַּיּוֹם הַזֶּה וַיִּרְגְּמוּ אֹתוֹ כָל־יִשְׂרָאֵל
26 אֶבֶן וַיִּשְׂרְפוּ אֹתָם בָּאֵשׁ וַיִּסְקְלוּ אֹתָם בָּאֲבָנִים׃ וַיָּקִימוּ
עָלָיו גַּל־אֲבָנִים גָּדוֹל עַד הַיּוֹם הַזֶּה וַיָּשָׁב יְהוָה מֵחֲרוֹן
אַפּוֹ עַל־כֵּן קָרָא שֵׁם הַמָּקוֹם הַהוּא עֵמֶק עָכוֹר עַד הַיּוֹם
הַזֶּה׃

ח Cap. VIII. ח

א וַיֹּאמֶר יְהוָה אֶל־יְהוֹשֻׁעַ אַל־תִּירָא וְאַל־תֵּחָת קַח עִמְּךָ
אֵת כָּל־עַם הַמִּלְחָמָה וְקוּם עֲלֵה הָעָי רְאֵה ׀ נָתַתִּי בְיָדְךָ
2 אֶת־מֶלֶךְ הָעַי וְאֶת־עַמּוֹ וְאֶת־עִירוֹ וְאֶת־אַרְצוֹ׃ וְעָשִׂיתָ
לָעַי וּלְמַלְכָּהּ כַּאֲשֶׁר עָשִׂיתָ לִירִיחוֹ וּלְמַלְכָּהּ רַק־שְׁלָלָהּ
3 וּבְהֶמְתָּהּ תָּבֹזּוּ לָכֶם שִׂים־לְךָ אֹרֵב לָעִיר מֵאַחֲרֶיהָ׃ וַיָּקָם
יְהוֹשֻׁעַ וְכָל־עַם הַמִּלְחָמָה לַעֲלוֹת הָעָי וַיִּבְחַר יְהוֹשֻׁעַ שְׁלֹשִׁים
4 אֶלֶף אִישׁ גִּבּוֹרֵי הַחַיִל וַיִּשְׁלָחֵם לָיְלָה׃ וַיְצַו אֹתָם לֵאמֹר
רְאוּ אַתֶּם אֹרְבִים לָעִיר מֵאַחֲרֵי הָעִיר אַל־תַּרְחִיקוּ מִן־
ה הָעִיר מְאֹד וִהְיִיתֶם כֻּלְּכֶם נְכֹנִים׃ וַאֲנִי וְכָל־הָעָם אֲשֶׁר אִתִּי
נִקְרַב אֶל־הָעִיר וְהָיָה כִּי־יֵצְאוּ לִקְרָאתֵנוּ כַּאֲשֶׁר בָּרִאשֹׁנָה
6 וְנַסְנוּ לִפְנֵיהֶם׃ וְיָצְאוּ אַחֲרֵינוּ עַד הַתִּיקֵנוּ אוֹתָם מִן־הָעִיר
7 כִּי יֹאמְרוּ נָסִים לְפָנֵינוּ כַּאֲשֶׁר בָּרִאשֹׁנָה וְנַסְנוּ לִפְנֵיהֶם׃ וְאַתֶּם
תָּקֻמוּ מֵהָאוֹרֵב וְהוֹרַשְׁתֶּם אֶת־הָעִיר וּנְתָנָהּ יְהוָה אֱלֹהֵיכֶם
8 בְּיֶדְכֶם׃ וְהָיָה כְּתָפְשְׂכֶם אֶת־הָעִיר תַּצִּיתוּ אֶת־הָעִיר בָּאֵשׁ
9 כִּדְבַר יְהוָה תַּעֲשׂוּ רְאוּ צִוִּיתִי אֶתְכֶם׃ וַיִּשְׁלָחֵם יְהוֹשֻׁעַ וַיֵּלְכוּ
אֶל־הַמַּאֲרָב וַיֵּשְׁבוּ בֵּין בֵּית־אֵל וּבֵין הָעַי מִיָּם לָעָי וַיָּלֶן
י יְהוֹשֻׁעַ בַּלַּיְלָה הַהוּא בְּתוֹךְ הָעָם׃ וַיַּשְׁכֵּם יְהוֹשֻׁעַ בַּבֹּקֶר
וַיִּפְקֹד אֶת־הָעָם וַיַּעַל הוּא וְזִקְנֵי יִשְׂרָאֵל לִפְנֵי הָעָם הָעָי׃
11 וְכָל־הָעָם הַמִּלְחָמָה אֲשֶׁר אִתּוֹ עָלוּ וַיִּגְּשׁוּ וַיָּבֹאוּ נֶגֶד הָעִיר
12 וַיַּחֲנוּ מִצְּפוֹן לָעַי וְהַגַּי בֵּינָו וּבֵין־הָעָי׃ וַיִּקַּח כַּחֲמֵשֶׁת אֲלָפִים

איש

ח׳ v. 11. בינו ק׳

אִ֑ישׁ וַיָּ֨שֶׂם אוֹתָ֜ם אֹ֗רֵב בֵּ֧ין בֵּֽית־אֵ֛ל וּבֵ֥ין הָעַ֖י מִיָּ֥ם לָעִֽיר׃
13 וַיָּשִׂ֨ימוּ הָעָ֜ם אֶת־כָּל־הַֽמַּחֲנֶ֗ה אֲשֶׁר֙ מִצְּפ֣וֹן לָעִ֔יר וְאֶת־
עֲקֵב֖וֹ מִיָּ֣ם לָעִ֑יר וַיֵּ֧לֶךְ יְהוֹשֻׁ֛עַ בַּלַּ֥יְלָה הַה֖וּא בְּת֥וֹךְ הָעֵֽמֶק׃
14 וַיְהִ֞י כִּרְא֣וֹת מֶלֶךְ־הָעַ֗י וַֽיְמַהֲר֡וּ וַיַּשְׁכִּ֡ימוּ וַיֵּצְא֣וּ אַנְשֵֽׁי־הָעִ֣יר
לִקְרַֽאת־יִשְׂרָאֵ֩ל לַמִּלְחָמָ֨ה ה֧וּא וְכָל־עַמּ֛וֹ לַמּוֹעֵ֖ד לִפְנֵ֣י
טו הָעֲרָבָ֑ה וְהוּא֙ לֹ֣א יָדַ֔ע כִּֽי־אֹרֵ֥ב ל֖וֹ מֵאַחֲרֵ֥י הָעִֽיר׃ וַיִּנָּגְע֛וּ
16 יְהוֹשֻׁ֥עַ וְכָל־יִשְׂרָאֵ֖ל לִפְנֵיהֶ֑ם וַיָּנֻ֖סוּ דֶּ֥רֶךְ הַמִּדְבָּֽר׃ וַיִּזָּעֲק֗וּ
כָּל־הָעָם֙ אֲשֶׁ֣ר בָּעִ֔יר לִרְדֹּ֖ף אַחֲרֵיהֶ֑ם וַֽיִּרְדְּפוּ֙ אַחֲרֵ֣י יְהוֹשֻׁ֔עַ
17 וַיִּנָּתְק֖וּ מִן־הָעִֽיר׃ וְלֹֽא־נִשְׁאַ֣ר אִ֗ישׁ בָּעַי֙ וּבֵ֣ית אֵ֔ל אֲשֶׁ֥ר לֹֽא־
יָצְא֖וּ אַחֲרֵ֣י יִשְׂרָאֵ֑ל וַיַּעַזְב֤וּ אֶת־הָעִיר֙ פְּתוּחָ֔ה וַֽיִּרְדְּפ֖וּ אַחֲרֵ֥י
יִשְׂרָאֵֽל׃
18 וַיֹּ֨אמֶר יְהוָ֜ה אֶל־יְהוֹשֻׁ֗עַ נְטֵ֞ה בַּכִּיד֤וֹן אֲשֶׁר־בְּיָֽדְךָ֙ אֶל־הָעַ֔י
כִּ֥י בְיָדְךָ֖ אֶתְּנֶ֑נָּה וַיֵּ֧ט יְהוֹשֻׁ֛עַ בַּכִּיד֥וֹן אֲשֶׁר־בְּיָד֖וֹ אֶל־הָעִֽיר׃
19 וְהָאוֹרֵ֡ב קָם֩ מְהֵרָ֨ה מִמְּקוֹמ֜וֹ וַיָּר֗וּצוּ כִּנְט֣וֹת יָד֔וֹ וַיָּבֹ֥אוּ הָעִ֖יר
כ וַֽיִּלְכְּד֑וּהָ וַיְמַהֲר֕וּ וַיַּצִּ֥יתוּ אֶת־הָעִ֖יר בָּאֵֽשׁ׃ וַיִּפְנ֞וּ אַנְשֵׁ֣י הָעַ֗י
אַֽחֲרֵיהֶ֗ם וַיִּרְאוּ֙ וְהִנֵּ֨ה עָלָ֜ה עֲשַׁ֤ן הָעִיר֙ הַשָּׁמַ֔יְמָה וְלֹא־הָיָ֨ה
בָהֶ֥ם יָדַ֛יִם לָנ֖וּס הֵ֣נָּה וָהֵ֑נָּה וְהָעָם֙ הַנָּ֣ס הַמִּדְבָּ֔ר נֶהְפַּ֖ךְ אֶל־
21 הָרוֹדֵֽף׃ וִיהוֹשֻׁ֣עַ וְכָל־יִשְׂרָאֵ֡ל רָאוּ֩ כִּֽי־לָכַ֨ד הָאֹרֵ֜ב אֶת־
22 הָעִ֗יר וְכִ֥י עָלָ֖ה עֲשַׁ֣ן הָעִ֑יר וַיָּשֻׁ֖בוּ וַיַּכּ֥וּ אֶת־אַנְשֵׁ֥י הָעָֽי׃ וְ֠אֵלֶּה
יָצְא֤וּ מִן־הָעִיר֙ לִקְרָאתָ֔ם וַיִּהְי֤וּ לְיִשְׂרָאֵל֙ בַּתָּ֔וֶךְ אֵ֥לֶּה מִזֶּ֖ה
וְאֵ֣לֶּה מִזֶּ֑ה וַיַּכּ֣וּ אוֹתָ֔ם עַד־בִּלְתִּ֥י הִשְׁאִֽיר־ל֖וֹ שָׂרִ֥יד וּפָלִֽיט׃
23 24 וְאֶת־מֶ֥לֶךְ הָעַ֖י תָּ֣פְשׂוּ חָ֑י וַיַּקְרִ֥בוּ אֹת֖וֹ אֶל־יְהוֹשֻֽׁעַ׃ וַיְהִ֣י
כְּכַלּ֣וֹת יִ֠שְׂרָאֵל לַהֲרֹ֨ג אֶת־כָּל־יֹשְׁבֵ֜י הָעַ֗י בַּשָּׂדֶה֙ בַּמִּדְבָּר֙
אֲשֶׁ֣ר רְדָפ֣וּם בּ֔וֹ וַֽיִּפְּל֥וּ כֻלָּ֛ם לְפִי־חֶ֖רֶב עַד־תֻּמָּ֑ם °
כה וַיָּשֻׁ֤בוּ כָל־יִשְׂרָאֵל֙ הָעַ֔י וַיַּכּ֥וּ אֹתָ֖הּ לְפִי־חָֽרֶב׃ וַיְהִ֨י כָל־
הַנֹּ֜פְלִ֣ים בַּיּ֣וֹם הַהוּא֮ מֵאִ֣ישׁ וְעַד־אִשָּׁה֒ שְׁנֵ֥ים עָשָׂ֖ר אָ֑לֶף כֹּ֖ל
26 אַנְשֵׁ֥י הָעָֽי׃ וִיהוֹשֻׁ֙עַ֙ לֹא־הֵשִׁ֣יב יָד֔וֹ אֲשֶׁ֥ר נָטָ֖ה בַּכִּיד֑וֹן עַ֚ד

אשר

v. 12. ס״א לָעָֽי ק׳ v. 16. בעי ק׳ v. 17. סבירין ובבית v. 22. ס״א להם
v. 24. פסקא באמצע פסוק

אֲשֶׁר הֶחֱרִים אֵת כָּל־יֹשְׁבֵי הָעָי׃ 27 רַק הַבְּהֵמָה וּשְׁלַל הָעִיר
הַהִיא בָּזְזוּ לָהֶם יִשְׂרָאֵל כִּדְבַר יְהוָה אֲשֶׁר צִוָּה אֶת־יְהוֹשֻׁעַ׃
28 וַיִּשְׂרֹף יְהוֹשֻׁעַ אֶת־הָעָי וַיְשִׂימֶהָ תֵּל־עוֹלָם שְׁמָמָה עַד הַיּוֹם
הַזֶּה׃ 29 וְאֶת־מֶלֶךְ הָעַי תָּלָה עַל־הָעֵץ עַד־עֵת הָעָרֶב וּכְבוֹא
הַשֶּׁמֶשׁ צִוָּה יְהוֹשֻׁעַ וַיֹּרִידוּ אֶת־נִבְלָתוֹ מִן־הָעֵץ וַיַּשְׁלִיכוּ
אוֹתָהּ אֶל־פֶּתַח שַׁעַר הָעִיר וַיָּקִימוּ עָלָיו גַּל־אֲבָנִים גָּדוֹל
עַד הַיּוֹם הַזֶּה׃
ל אָז יִבְנֶה יְהוֹשֻׁעַ מִזְבֵּחַ לַיהוָה אֱלֹהֵי יִשְׂרָאֵל בְּהַר עֵיבָל׃
31 כַּאֲשֶׁר צִוָּה מֹשֶׁה עֶבֶד־יְהוָה אֶת־בְּנֵי יִשְׂרָאֵל כַּכָּתוּב בְּסֵפֶר
תּוֹרַת מֹשֶׁה מִזְבַּח אֲבָנִים שְׁלֵמוֹת אֲשֶׁר לֹא־הֵנִיף עֲלֵיהֶן
בַּרְזֶל וַיַּעֲלוּ עָלָיו עֹלוֹת לַיהוָה וַיִּזְבְּחוּ שְׁלָמִים׃ 32 וַיִּכְתָּב־שָׁם
עַל־הָאֲבָנִים אֵת מִשְׁנֵה תּוֹרַת מֹשֶׁה אֲשֶׁר כָּתַב לִפְנֵי בְּנֵי
יִשְׂרָאֵל׃ 33 וְכָל־יִשְׂרָאֵל וּזְקֵנָיו וְשֹׁטְרִים ׀ וְשֹׁפְטָיו עֹמְדִים מִזֶּה ׀
וּמִזֶּה ׀ לָאָרוֹן נֶגֶד הַכֹּהֲנִים הַלְוִיִּם נֹשְׂאֵי ׀ אֲרוֹן בְּרִית־יְהוָה
כַּגֵּר כָּאֶזְרָח חֶצְיוֹ אֶל־מוּל הַר־גְּרִזִים וְהַחֶצְיוֹ אֶל־מוּל הַר־
עֵיבָל כַּאֲשֶׁר צִוָּה מֹשֶׁה עֶבֶד־יְהוָה לְבָרֵךְ אֶת־הָעָם יִשְׂרָאֵל
בָּרִאשֹׁנָה׃ 34 וְאַחֲרֵי־כֵן קָרָא אֶת־כָּל־דִּבְרֵי הַתּוֹרָה הַבְּרָכָה
וְהַקְּלָלָה כְּכָל־הַכָּתוּב בְּסֵפֶר הַתּוֹרָה׃ לה לֹא־הָיָה דָבָר מִכֹּל
אֲשֶׁר־צִוָּה מֹשֶׁה אֲשֶׁר לֹא־קָרָא יְהוֹשֻׁעַ נֶגֶד כָּל־קְהַל יִשְׂרָאֵל
וְהַנָּשִׁים וְהַטַּף וְהַגֵּר הַהֹלֵךְ בְּקִרְבָּם׃

ט Cap. IX. ט

א וַיְהִי כִשְׁמֹעַ כָּל־הַמְּלָכִים אֲשֶׁר בְּעֵבֶר הַיַּרְדֵּן בָּהָר וּבַשְּׁפֵלָה
וּבְכֹל חוֹף הַיָּם הַגָּדוֹל אֶל־מוּל הַלְּבָנוֹן הַחִתִּי וְהָאֱמֹרִי
הַכְּנַעֲנִי הַפְּרִזִּי הַחִוִּי וְהַיְבוּסִי׃ 2 וַיִּתְקַבְּצוּ יַחְדָּו לְהִלָּחֵם עִם־
יְהוֹשֻׁעַ וְעִם־יִשְׂרָאֵל פֶּה אֶחָד׃ 3 וְיֹשְׁבֵי גִבְעוֹן שָׁמְעוּ אֵת
אֲשֶׁר עָשָׂה יְהוֹשֻׁעַ לִירִיחוֹ וְלָעָי׃ 4 וַיַּעֲשׂוּ גַם־הֵמָּה בְעָרְמָה
וַיֵּלְכוּ וַיִּצְטַיָּרוּ וַיִּקְחוּ שַׂקִּים בָּלִים לַחֲמוֹרֵיהֶם וְנֹאדוֹת
יַיִן בָּלִים וּמְבֻקָּעִים וּמְצֹרָרִים׃ ה וּנְעָלוֹת בָּלוֹת וּמְטֻלָּאוֹת

ברגליהם

בְּרַגְלֵיהֶם וּשְׂלָמוֹת בָּלוֹת עֲלֵיהֶם וְכֹל לֶחֶם צֵידָם יָבֵשׁ הָיָה
6 נִקֻּדִים׃ וַיֵּלְכוּ אֶל־יְהוֹשֻׁעַ אֶל־הַמַּחֲנֶה הַגִּלְגָּל וַיֹּאמְרוּ אֵלָיו
וְאֶל־אִישׁ יִשְׂרָאֵל מֵאֶרֶץ רְחוֹקָה בָּאנוּ וְעַתָּה כִּרְתוּ־לָנוּ
7 בְרִית׃ וַיֹּאמְרוּ אִישׁ־יִשְׂרָאֵל אֶל־הַחִוִּי אוּלַי בְּקִרְבִּי אַתָּה
8 יוֹשֵׁב וְאֵיךְ אֶכְרוֹת־לְךָ בְרִית׃ וַיֹּאמְרוּ אֶל־יְהוֹשֻׁעַ עֲבָדֶיךָ
9 אֲנָחְנוּ וַיֹּאמֶר אֲלֵיהֶם יְהוֹשֻׁעַ מִי אַתֶּם וּמֵאַיִן תָּבֹאוּ׃ וַיֹּאמְרוּ
אֵלָיו מֵאֶרֶץ רְחוֹקָה מְאֹד בָּאוּ עֲבָדֶיךָ לְשֵׁם יְהוָה אֱלֹהֶיךָ
י כִּי־שָׁמַעְנוּ שָׁמְעוֹ וְאֵת כָּל־אֲשֶׁר עָשָׂה בְּמִצְרָיִם׃ וְאֵת ׀ כָּל־
אֲשֶׁר עָשָׂה לִשְׁנֵי מַלְכֵי הָאֱמֹרִי אֲשֶׁר בְּעֵבֶר הַיַּרְדֵּן לְסִיחוֹן
11 מֶלֶךְ חֶשְׁבּוֹן וּלְעוֹג מֶלֶךְ־הַבָּשָׁן אֲשֶׁר בְּעַשְׁתָּרוֹת׃ וַיֹּאמְרוּ
אֵלֵינוּ זְקֵינֵינוּ וְכָל־יֹשְׁבֵי אַרְצֵנוּ לֵאמֹר קְחוּ בְיֶדְכֶם צֵידָה
לַדֶּרֶךְ וּלְכוּ לִקְרָאתָם וַאֲמַרְתֶּם אֲלֵיהֶם עַבְדֵיכֶם אֲנַחְנוּ
12 וְעַתָּה כִּרְתוּ־לָנוּ בְרִית׃ זֶה ׀ לַחְמֵנוּ חָם הִצְטַיַּדְנוּ אֹתוֹ
מִבָּתֵּינוּ בְּיוֹם צֵאתֵנוּ לָלֶכֶת אֲלֵיכֶם וְעַתָּה הִנֵּה יָבֵשׁ וְהָיָה
13 נִקֻּדִים׃ וְאֵלֶּה נֹאדוֹת הַיַּיִן אֲשֶׁר מִלֵּאנוּ חֲדָשִׁים וְהִנֵּה הִתְבַּקָּעוּ
14 וְאֵלֶּה שַׂלְמוֹתֵינוּ וּנְעָלֵינוּ בָּלוּ מֵרֹב הַדֶּרֶךְ מְאֹד׃ וַיִּקְחוּ
טו הָאֲנָשִׁים מִצֵּידָם וְאֶת־פִּי יְהוָה לֹא שָׁאָלוּ׃ וַיַּעַשׂ לָהֶם יְהוֹשֻׁעַ
שָׁלוֹם וַיִּכְרֹת לָהֶם בְּרִית לְחַיּוֹתָם וַיִּשָּׁבְעוּ לָהֶם נְשִׂיאֵי הָעֵדָה׃
16 וַיְהִי מִקְצֵה שְׁלֹשֶׁת יָמִים אַחֲרֵי אֲשֶׁר־כָּרְתוּ לָהֶם בְּרִית
17 וַיִּשְׁמְעוּ כִּי־קְרֹבִים הֵם אֵלָיו וּבְקִרְבּוֹ הֵם יֹשְׁבִים׃ וַיִּסְעוּ
בְנֵי־יִשְׂרָאֵל וַיָּבֹאוּ אֶל־עָרֵיהֶם בַּיּוֹם הַשְּׁלִישִׁי וְעָרֵיהֶם גִּבְעוֹן
18 וְהַכְּפִירָה וּבְאֵרוֹת וְקִרְיַת יְעָרִים׃ וְלֹא הִכּוּם בְּנֵי יִשְׂרָאֵל
כִּי־נִשְׁבְּעוּ לָהֶם נְשִׂיאֵי הָעֵדָה בַּיהוָה אֱלֹהֵי יִשְׂרָאֵל וַיִּלֹּנוּ
19 כָל־הָעֵדָה עַל־הַנְּשִׂיאִים׃ וַיֹּאמְרוּ כָל־הַנְּשִׂיאִים אֶל־כָּל־
הָעֵדָה אֲנַחְנוּ נִשְׁבַּעְנוּ לָהֶם בַּיהוָה אֱלֹהֵי יִשְׂרָאֵל וְעַתָּה לֹא
כ נוּכַל לִנְגֹּעַ בָּהֶם׃ זֹאת נַעֲשֶׂה לָהֶם וְהַחֲיֵה אוֹתָם וְלֹא־יִהְיֶה
21 עָלֵינוּ קֶצֶף עַל־הַשְּׁבוּעָה אֲשֶׁר־נִשְׁבַּעְנוּ לָהֶם׃ וַיֹּאמְרוּ

אליהם

ס׳ v. 7. ויאמר ק׳ ibid. אכרת ק׳

אֲלֵיהֶם הַנְּשִׂיאִים יִחְיוּ וַיִּהְיוּ חֹטְבֵי עֵצִים וְשֹׁאֲבֵי־מַיִם לְכָל־
22 הָעֵדָה כַּאֲשֶׁר דִּבְּרוּ לָהֶם הַנְּשִׂיאִים׃ וַיִּקְרָא לָהֶם יְהוֹשֻׁעַ
וַיְדַבֵּר אֲלֵיהֶם לֵאמֹר לָמָּה רִמִּיתֶם אֹתָנוּ לֵאמֹר רְחוֹקִים
23 אֲנַחְנוּ מִכֶּם מְאֹד וְאַתֶּם בְּקִרְבֵּנוּ יֹשְׁבִים׃ וְעַתָּה אֲרוּרִים
אַתֶּם וְלֹא־יִכָּרֵת מִכֶּם עֶבֶד וְחֹטְבֵי עֵצִים וְשֹׁאֲבֵי מַיִם לְבֵית
24 אֱלֹהָי׃ וַיַּעֲנוּ אֶת־יְהוֹשֻׁעַ וַיֹּאמְרוּ כִּי הֻגֵּד הֻגַּד לַעֲבָדֶיךָ אֵת
אֲשֶׁר צִוָּה יְהוָה אֱלֹהֶיךָ אֶת־מֹשֶׁה עַבְדּוֹ לָתֵת לָכֶם אֶת־
כָּל־הָאָרֶץ וּלְהַשְׁמִיד אֶת־כָּל־יֹשְׁבֵי הָאָרֶץ מִפְּנֵיכֶם וַנִּירָא
כה מְאֹד לְנַפְשֹׁתֵינוּ מִפְּנֵיכֶם וַנַּעֲשֵׂה אֶת־הַדָּבָר הַזֶּה׃ וְעַתָּה הִנְנוּ
26 בְיָדֶךָ כַּטּוֹב וְכַיָּשָׁר בְּעֵינֶיךָ לַעֲשׂוֹת לָנוּ עֲשֵׂה׃ וַיַּעַשׂ לָהֶם
27 כֵּן וַיַּצֵּל אוֹתָם מִיַּד בְּנֵי־יִשְׂרָאֵל וְלֹא הֲרָגוּם׃ וַיִּתְּנֵם יְהוֹשֻׁעַ
בַּיּוֹם הַהוּא חֹטְבֵי עֵצִים וְשֹׁאֲבֵי מַיִם לָעֵדָה וּלְמִזְבַּח יְהוָה
עַד־הַיּוֹם הַזֶּה אֶל־הַמָּקוֹם אֲשֶׁר יִבְחָר׃

י Cap. X. י

א וַיְהִי כִשְׁמֹעַ אֲדֹנִי־צֶדֶק מֶלֶךְ יְרוּשָׁלִַם כִּי־לָכַד יְהוֹשֻׁעַ אֶת־
הָעַי וַיַּחֲרִימָהּ כַּאֲשֶׁר עָשָׂה לִירִיחוֹ וּלְמַלְכָּהּ כֵּן־עָשָׂה לָעַי
וּלְמַלְכָּהּ וְכִי הִשְׁלִימוּ יֹשְׁבֵי גִבְעוֹן אֶת־יִשְׂרָאֵל וַיִּהְיוּ בְּקִרְבָּם׃
2 וַיִּירְאוּ מְאֹד כִּי עִיר גְּדוֹלָה גִּבְעוֹן כְּאַחַת עָרֵי הַמַּמְלָכָה וְכִי
3 הִיא גְדוֹלָה מִן־הָעַי וְכָל־אֲנָשֶׁיהָ גִּבֹּרִים׃ וַיִּשְׁלַח אֲדֹנִי־
צֶדֶק מֶלֶךְ יְרוּשָׁלִַם אֶל־הוֹהָם מֶלֶךְ־חֶבְרוֹן וְאֶל־פִּרְאָם
מֶלֶךְ־יַרְמוּת וְאֶל־יָפִיעַ מֶלֶךְ־לָכִישׁ וְאֶל־דְּבִיר מֶלֶךְ־
4 עֶגְלוֹן לֵאמֹר׃ עֲלוּ־אֵלַי וְעִזְרֻנִי וְנַכֶּה אֶת־גִּבְעוֹן כִּי־הִשְׁלִימָה
ה אֶת־יְהוֹשֻׁעַ וְאֶת־בְּנֵי יִשְׂרָאֵל׃ וַיֵּאָסְפוּ וַיַּעֲלוּ חֲמֵשֶׁת ׀ מַלְכֵי
הָאֱמֹרִי מֶלֶךְ יְרוּשָׁלִַם מֶלֶךְ־חֶבְרוֹן מֶלֶךְ־יַרְמוּת מֶלֶךְ־
לָכִישׁ מֶלֶךְ־עֶגְלוֹן הֵם וְכָל־מַחֲנֵיהֶם וַיַּחֲנוּ עַל־גִּבְעוֹן וַיִּלָּחֲמוּ
6 עָלֶיהָ׃ וַיִּשְׁלְחוּ אַנְשֵׁי גִבְעוֹן אֶל־יְהוֹשֻׁעַ אֶל־הַמַּחֲנֶה הַגִּלְגָּלָה
לֵאמֹר אַל־תֶּרֶף יָדֶיךָ מֵעֲבָדֶיךָ עֲלֵה אֵלֵינוּ מְהֵרָה וְהוֹשִׁיעָה
לָּנוּ וְעָזְרֵנוּ כִּי נִקְבְּצוּ אֵלֵינוּ כָּל־מַלְכֵי הָאֱמֹרִי יֹשְׁבֵי הָהָר׃

7 וַיַּעַל יְהוֹשֻׁעַ מִן־הַגִּלְגָּל הוּא וְכָל־עַם הַמִּלְחָמָה עִמּוֹ וְכֹל
גִּבּוֹרֵי הֶחָיִל׃
8 וַיֹּאמֶר יְהוָה אֶל־יְהוֹשֻׁעַ אַל־תִּירָא מֵהֶם כִּי בְיָדְךָ נְתַתִּים
9 לֹא־יַעֲמֹד אִישׁ מֵהֶם בְּפָנֶיךָ׃ וַיָּבֹא אֲלֵיהֶם יְהוֹשֻׁעַ פִּתְאֹם
י כָּל־הַלַּיְלָה עָלָה מִן־הַגִּלְגָּל׃ וַיְהֻמֵּם יְהוָה לִפְנֵי יִשְׂרָאֵל
וַיַּכֵּם מַכָּה־גְדוֹלָה בְּגִבְעוֹן וַיִּרְדְּפֵם דֶּרֶךְ מַעֲלֵה בֵית־חוֹרֹן
11 וַיַּכֵּם עַד־עֲזֵקָה וְעַד־מַקֵּדָה׃ וַיְהִי בְּנֻסָם ׀ מִפְּנֵי יִשְׂרָאֵל הֵם
בְּמוֹרַד בֵּית־חוֹרֹן וַיהוָה הִשְׁלִיךְ עֲלֵיהֶם אֲבָנִים גְּדֹלוֹת מִן־
הַשָּׁמַיִם עַד־עֲזֵקָה וַיָּמֻתוּ רַבִּים אֲשֶׁר־מֵתוּ בְּאַבְנֵי הַבָּרָד
12 מֵאֲשֶׁר הָרְגוּ בְּנֵי יִשְׂרָאֵל בֶּחָרֶב׃ אָז יְדַבֵּר יְהוֹשֻׁעַ לַיהוָה
בְּיוֹם תֵּת יְהוָה אֶת־הָאֱמֹרִי לִפְנֵי בְּנֵי יִשְׂרָאֵל וַיֹּאמֶר ׀ לְעֵינֵי
13 יִשְׂרָאֵל שֶׁמֶשׁ בְּגִבְעוֹן דּוֹם וְיָרֵחַ בְּעֵמֶק אַיָּלוֹן׃ וַיִּדֹּם הַשֶּׁמֶשׁ
וְיָרֵחַ עָמָד עַד־יִקֹּם גּוֹי אֹיְבָיו הֲלֹא־הִיא כְתוּבָה עַל־סֵפֶר
הַיָּשָׁר וַיַּעֲמֹד הַשֶּׁמֶשׁ בַּחֲצִי הַשָּׁמַיִם וְלֹא־אָץ לָבוֹא כְּיוֹם
14 תָּמִים׃ וְלֹא הָיָה כַּיּוֹם הַהוּא לְפָנָיו וְאַחֲרָיו לִשְׁמֹעַ יְהוָה
בְּקוֹל אִישׁ כִּי יְהוָה נִלְחָם לְיִשְׂרָאֵל׃
טו 16 וַיָּשָׁב יְהוֹשֻׁעַ וְכָל־יִשְׂרָאֵל עִמּוֹ אֶל־הַמַּחֲנֶה הַגִּלְגָּלָה׃ וַיָּנֻסוּ
17 חֲמֵשֶׁת הַמְּלָכִים הָאֵלֶּה וַיֵּחָבְאוּ בַמְּעָרָה בְּמַקֵּדָה׃ וַיֻּגַּד
לִיהוֹשֻׁעַ לֵאמֹר נִמְצְאוּ חֲמֵשֶׁת הַמְּלָכִים נֶחְבְּאִים בַּמְּעָרָה
18 בְּמַקֵּדָה׃ וַיֹּאמֶר יְהוֹשֻׁעַ גֹּלּוּ אֲבָנִים גְּדֹלוֹת אֶל־פִּי הַמְּעָרָה
19 וְהַפְקִידוּ עָלֶיהָ אֲנָשִׁים לְשָׁמְרָם׃ וְאַתֶּם אַל־תַּעֲמֹדוּ רִדְפוּ
אַחֲרֵי אֹיְבֵיכֶם וְזִנַּבְתֶּם אוֹתָם אַל־תִּתְּנוּם לָבוֹא אֶל־עָרֵיהֶם
כ כִּי נְתָנָם יְהוָה אֱלֹהֵיכֶם בְּיֶדְכֶם׃ וַיְהִי כְּכַלּוֹת יְהוֹשֻׁעַ וּבְנֵי
יִשְׂרָאֵל לְהַכּוֹתָם מַכָּה גְדוֹלָה־מְאֹד עַד־תֻּמָּם וְהַשְּׂרִידִים
21 שָׂרְדוּ מֵהֶם וַיָּבֹאוּ אֶל־עָרֵי הַמִּבְצָר׃ וַיָּשֻׁבוּ כָל־הָעָם אֶל־
הַמַּחֲנֶה אֶל־יְהוֹשֻׁעַ מַקֵּדָה בְּשָׁלוֹם לֹא־חָרַץ לִבְנֵי יִשְׂרָאֵל
22 לְאִישׁ אֶת־לְשֹׁנוֹ׃ וַיֹּאמֶר יְהוֹשֻׁעַ פִּתְחוּ אֶת־פִּי הַמְּעָרָה
וְהוֹצִיאוּ אֵלַי אֶת־חֲמֵשֶׁת הַמְּלָכִים הָאֵלֶּה מִן־הַמְּעָרָה׃

ויעשו

23 וַיַּ֣עֲשׂוּ כֵּ֔ן וַיּוֹצִ֨יאוּ אֵלָ֜יו אֶת־חֲמֵ֨שֶׁת הַמְּלָכִ֤ים הָאֵ֙לֶּה֙ מִן־
הַמְּעָרָ֑ה אֵ֣ת ׀ מֶ֣לֶךְ יְרוּשָׁלִַ֡ם אֶת־מֶ֨לֶךְ חֶבְר֜וֹן אֶת־מֶ֣לֶךְ
24 יַרְמוּת֙ אֶת־מֶ֣לֶךְ לָכִ֔ישׁ אֶת־מֶ֖לֶךְ עֶגְלֽוֹן׃ וַיְהִ֡י כְּֽהוֹצִיאָ֞ם
אֶת־הַמְּלָכִ֣ים הָאֵלֶּה֮ אֶל־יְהוֹשֻׁעַ֒ וַיִּקְרָ֨א יְהוֹשֻׁ֜עַ אֶל־כָּל־
אִ֣ישׁ יִשְׂרָאֵ֗ל וַ֠יֹּאמֶר אֶל־קְצִינֵ֞י אַנְשֵׁ֤י הַמִּלְחָמָה֙ הֶהָלְכ֣וּא
אִתּ֔וֹ קִרְב֗וּ שִׂ֚ימוּ אֶת־רַגְלֵיכֶ֔ם עַל־צַוְּארֵ֖י הַמְּלָכִ֣ים הָאֵ֑לֶּה
כה וַֽיִּקְרְב֔וּ וַיָּשִׂ֥ימוּ אֶת־רַגְלֵיהֶ֖ם עַל־צַוְּארֵיהֶֽם׃ וַיֹּ֤אמֶר אֲלֵיהֶם֙
יְהוֹשֻׁ֔עַ אַל־תִּֽירְא֖וּ וְאַל־תֵּחָ֑תּוּ חִזְק֣וּ וְאִמְצ֔וּ כִּ֣י כָ֗כָה יַעֲשֶׂ֤ה
26 יְהוָה֙ לְכָל־אֹ֣יְבֵיכֶ֔ם אֲשֶׁ֥ר אַתֶּ֖ם נִלְחָמִ֥ים אוֹתָֽם׃ וַיַּכֵּ֨ם יְהוֹשֻׁ֤עַ
אַֽחֲרֵי־כֵן֙ וַיְמִיתֵ֔ם וַֽיִּתְלֵ֔ם עַ֖ל חֲמִשָּׁ֣ה עֵצִ֑ים וַיִּֽהְי֛וּ תְּלוּיִ֥ם עַל־
27 הָעֵצִ֖ים עַד־הָעָֽרֶב׃ וַיְהִ֞י לְעֵ֣ת ׀ בּ֣וֹא הַשֶּׁ֗מֶשׁ צִוָּ֤ה יְהוֹשֻׁ֙עַ֙
וַיֹּֽרִידוּם֙ מֵעַ֣ל הָֽעֵצִ֔ים וַיַּ֨שְׁלִכֻ֔ם אֶל־הַמְּעָרָ֖ה אֲשֶׁ֣ר נֶחְבְּאוּ־
שָׁ֑ם וַיָּשִׂ֜מוּ אֲבָנִ֣ים גְּדֹלוֹת֙ עַל־פִּ֣י הַמְּעָרָ֔ה עַד־עֶ֖צֶם הַיּ֥וֹם
28 הַזֶּֽה׃ וְאֶת־מַקֵּדָה֩ לָכַ֨ד יְהוֹשֻׁ֜עַ בַּיּ֣וֹם הַה֗וּא וַיַּכֶּ֣הָ לְפִי־
חֶרֶב֮ וְאֶת־מַלְכָּהּ֒ הֶחֱרִ֣ם אוֹתָ֗ם וְאֶת־כָּל־הַנֶּ֙פֶשׁ֙ אֲשֶׁר־בָּ֔הּ
לֹ֥א הִשְׁאִ֖יר שָׂרִ֑יד וַיַּ֙עַשׂ֙ לְמֶ֣לֶךְ מַקֵּדָ֔ה כַּאֲשֶׁ֥ר עָשָׂ֖ה לְמֶ֥לֶךְ
29 יְרִיחֽוֹ׃ וַיַּעֲבֹ֨ר יְהוֹשֻׁ֜עַ וְכָל־יִשְׂרָאֵ֥ל עִמּ֛וֹ מִמַּקֵּדָ֖ה לִבְנָ֑ה
ל וַיִּלָּ֖חֶם עִם־לִבְנָֽה׃ וַיִּתֵּ֣ן יְ֠הוָה גַּם־אוֹתָ֨הּ בְּיַ֣ד יִשְׂרָאֵל֮ וְאֶת־
מַלְכָּהּ֒ וַיַּכֶּ֣הָ לְפִי־חֶ֗רֶב וְאֶת־כָּל־הַנֶּ֙פֶשׁ֙ אֲשֶׁר־בָּ֔הּ לֹֽא־
הִשְׁאִ֥יר בָּ֖הּ שָׂרִ֑יד וַיַּ֣עַשׂ לְמַלְכָּ֔הּ כַּאֲשֶׁ֥ר עָשָׂ֖ה לְמֶ֥לֶךְ יְרִיחֽוֹ׃
31 וַיַּעֲבֹ֨ר יְהוֹשֻׁ֜עַ וְכָל־יִשְׂרָאֵ֥ל עִמּ֛וֹ מִלִּבְנָ֖ה לָכִ֑ישָׁה וַיִּ֣חַן
32 עָלֶ֔יהָ וַיִּלָּ֖חֶם בָּֽהּ׃ וַיִּתֵּ֨ן יְהוָ֜ה אֶת־לָכִ֗ישׁ בְּיַ֣ד יִשְׂרָאֵל֮ וַֽיִּלְכְּדָהּ֒
בַּיּ֣וֹם הַשֵּׁנִ֔י וַיַּכֶּ֣הָ לְפִי־חֶ֗רֶב וְאֶת־כָּל־הַנֶּ֛פֶשׁ אֲשֶׁר־בָּ֖הּ כְּכֹ֥ל
אֲשֶׁר־עָשָׂ֖ה לְלִבְנָֽה׃
33 אָ֣ז עָלָ֔ה הֹרָם֙ מֶ֣לֶךְ גֶּ֔זֶר לַעְזֹ֖ר אֶת־לָכִ֑ישׁ וַיַּכֵּ֤הוּ יְהוֹשֻׁ֙עַ֙ וְאֶת־
34 עַמּ֔וֹ עַד־בִּלְתִּ֥י הִשְׁאִֽיר־ל֖וֹ שָׂרִֽיד׃ וַיַּעֲבֹ֨ר יְהוֹשֻׁ֜עַ וְכָל־
יִשְׂרָאֵ֥ל עִמּ֛וֹ מִלָּכִ֖ישׁ עֶגְלֹ֑נָה וַיַּחֲנ֣וּ עָלֶ֔יהָ וַיִּֽלָּחֲמ֖וּ עָלֶֽיהָ׃

וילכדוה

v. 24. יתיר א׳

לה וַֽיִּלְכְּד֙וּהָ֙ בַּיּ֣וֹם הַה֔וּא וַיַּכּ֣וּהָ לְפִי־חֶ֔רֶב וְאֵת֙ כָּל־הַנֶּ֣פֶשׁ אֲשֶׁר־
36 בָּ֔הּ בַּיּ֥וֹם הַה֖וּא הֶחֱרִ֑ים כְּכֹ֥ל אֲשֶׁר־עָשָׂ֖ה לְלָכִֽישׁ׃ וַיַּ֨עַל
יְהוֹשֻׁ֜עַ וְכָל־יִשְׂרָאֵ֥ל עִמּ֛וֹ מֵעֶגְל֖וֹנָה חֶבְר֑וֹנָה וַיִּלָּחֲמ֖וּ עָלֶֽיהָ׃
37 וַיִּלְכְּד֣וּהָ וַיַּכּֽוּהָ־לְפִי־חֶ֠רֶב וְאֶת־מַלְכָּ֨הּ וְאֶת־כָּל־עָרֶ֜יהָ
וְאֶת־כָּל־הַנֶּ֣פֶשׁ אֲשֶׁר־בָּ֗הּ לֹֽא־הִשְׁאִ֥יר שָׂרִ֛יד כְּכֹ֥ל אֲשֶׁר־
עָשָׂ֖ה לְעֶגְל֑וֹן וַיַּחֲרֵ֣ם אוֹתָ֔הּ וְאֶת־כָּל־הַנֶּ֖פֶשׁ אֲשֶׁר־בָּֽהּ׃
38 39 וַיָּ֧שָׁב יְהוֹשֻׁ֛עַ וְכָל־יִשְׂרָאֵ֥ל עִמּ֖וֹ דְּבִ֑רָה וַיִּלָּ֖חֶם עָלֶֽיהָ׃ וַֽיִּלְכְּדָ֞הּ
וְאֶת־מַלְכָּ֤הּ וְאֶת־כָּל־עָרֶ֙יהָ֙ וַיַּכּ֣וּם לְפִי־חֶ֔רֶב וַיַּחֲרִ֙ימוּ֙ אֶת־
כָּל־נֶ֣פֶשׁ אֲשֶׁר־בָּ֔הּ לֹ֥א הִשְׁאִ֖יר שָׂרִ֑יד כַּאֲשֶׁ֨ר עָשָׂ֜ה לְחֶבְר֗וֹן
כֵּן־עָשָׂ֤ה לִדְבִ֙רָה֙ וּלְמַלְכָּ֔הּ וְכַאֲשֶׁ֥ר עָשָׂ֛ה לְלִבְנָ֖ה וּלְמַלְכָּֽהּ׃
מ וַיַּכֶּ֣ה יְהוֹשֻׁ֣עַ אֶת־כָּל־הָ֠אָרֶץ הָהָ֨ר וְהַנֶּ֜גֶב וְהַשְּׁפֵלָ֣ה וְהָאֲשֵׁד֗וֹת
וְאֵת֙ כָּל־מַלְכֵיהֶ֔ם לֹ֥א הִשְׁאִ֖יר שָׂרִ֑יד וְאֵ֤ת כָּל־הַנְּשָׁמָה֙
41 הֶחֱרִ֔ים כַּאֲשֶׁ֣ר צִוָּ֔ה יְהוָ֖ה אֱלֹהֵ֥י יִשְׂרָאֵֽל׃ וַיַּכֵּ֣ם יְהוֹשֻׁ֔עַ מִקָּדֵ֥שׁ
42 בַּרְנֵ֖עַ וְעַד־עַזָּ֑ה וְאֵ֛ת כָּל־אֶ֥רֶץ גֹּ֖שֶׁן וְעַד־גִּבְעֽוֹן׃ וְאֵ֨ת כָּל־
הַמְּלָכִ֤ים הָאֵ֙לֶּה֙ וְאֶת־אַרְצָ֔ם לָכַ֥ד יְהוֹשֻׁ֖עַ פַּ֣עַם אֶחָ֑ת כִּ֗י
43 יְהוָה֙ אֱלֹהֵ֣י יִשְׂרָאֵ֔ל נִלְחָ֖ם לְיִשְׂרָאֵֽל׃ וַיָּ֤שָׁב יְהוֹשֻׁ֙עַ֙ וְכָל־
יִשְׂרָאֵ֣ל עִמּ֔וֹ אֶל־הַֽמַּחֲנֶ֖ה הַגִּלְגָּֽלָה׃

יא Cap. XI. יא

א וַיְהִ֕י כִּשְׁמֹ֖עַ יָבִ֣ין מֶֽלֶךְ־חָצ֑וֹר וַיִּשְׁלַ֗ח אֶל־יוֹבָב֙ מֶ֣לֶךְ מָד֔וֹן
2 וְאֶל־מֶ֥לֶךְ שִׁמְר֖וֹן וְאֶל־מֶ֥לֶךְ אַכְשָֽׁף׃ וְאֶל־הַמְּלָכִ֞ים אֲשֶׁ֨ר
מִצְּפ֥וֹן בָּהָ֛ר וּבָעֲרָבָ֖ה נֶ֣גֶב כִּנְר֑וֹת וּבַשְּׁפֵלָ֔ה וּבְנָפ֥וֹת דּ֖וֹר מִיָּֽם׃
3 הַֽכְּנַעֲנִי֙ מִמִּזְרָ֣ח וּמִיָּ֔ם וְהָאֱמֹרִ֧י וְהַחִתִּ֛י וְהַפְּרִזִּ֥י וְהַיְבוּסִ֖י בָּהָ֑ר
4 וְהַ֣חִוִּי֔ תַּ֥חַת חֶרְמ֖וֹן בְּאֶ֥רֶץ הַמִּצְפָּֽה׃ וַיֵּצְא֞וּ הֵ֤ם וְכָל־מַחֲנֵיהֶם֙
עִמָּ֔ם עַם־רָ֕ב כַּח֛וֹל אֲשֶׁ֥ר עַל־שְׂפַת־הַיָּ֖ם לָרֹ֑ב וְס֥וּס וָרֶ֖כֶב
ה רַב־מְאֹֽד׃ וַיִּוָּ֣עֲד֔וּ כֹּ֖ל הַמְּלָכִ֣ים הָאֵ֑לֶּה וַיָּבֹ֜אוּ וַיַּחֲנ֤וּ יַחְדָּו֙
אֶל־מֵ֣י מֵר֔וֹם לְהִלָּחֵ֖ם עִם־יִשְׂרָאֵֽל׃
6 וַיֹּ֨אמֶר יְהוָ֜ה אֶל־יְהוֹשֻׁ֗עַ אַל־תִּירָא֮ מִפְּנֵיהֶם֒ כִּֽי־מָחָ֞ר כָּעֵ֣ת

הזאת

הַזֹּאת אָנֹכִֽי נֹתֵ֣ן אֶת־כֻּלָּ֣ם חֲלָלִ֔ים לִפְנֵ֖י יִשְׂרָאֵ֑ל אֶת־סוּסֵיהֶ֣ם

7 תְּעַקֵּ֔ר וְאֶת־מַרְכְּבֹתֵיהֶ֖ם תִּשְׂרֹ֥ף בָּאֵֽשׁ׃ וַיָּבֹ֣א יְהוֹשֻׁ֡עַ וְכָל־עַם֩

הַמִּלְחָמָ֨ה עִמּ֧וֹ עֲלֵיהֶ֛ם עַל־מֵ֥י מֵר֖וֹם פִּתְאֹ֑ם וַֽיִּפְּל֖וּ בָּהֶֽם׃

8 וַיִּתְּנֵ֨ם יְהֹוָ֜ה בְּיַֽד־יִשְׂרָאֵ֗ל וַיַּכּ֜וּם וַֽיִּרְדְּפ֙וּם עַד־צִיד֤וֹן רַבָּה֙

וְעַד֙ מִשְׂרְפ֣וֹת מַ֔יִם וְעַד־בִּקְעַ֥ת מִצְפֶּ֖ה מִזְרָ֑חָה וַיַּכֻּ֕ם עַד־

9 בִּלְתִּ֥י הִשְׁאִֽיר־לָהֶ֖ם שָׂרִֽיד׃ וַיַּ֤עַשׂ לָהֶם֙ יְהוֹשֻׁ֔עַ כַּאֲשֶׁ֥ר אָֽמַר־

ל֖וֹ יְהֹוָ֑ה אֶת־סוּסֵיהֶ֣ם עִקֵּ֔ר וְאֶת־מַרְכְּבֹתֵיהֶ֖ם שָׂרַ֥ף בָּאֵֽשׁ׃

י וַיָּ֨שָׁב יְהוֹשֻׁ֜עַ בָּעֵ֤ת הַהִיא֙ וַיִּלְכֹּ֣ד אֶת־חָצ֔וֹר וְאֶת־מַלְכָּ֖הּ הִכָּ֣ה

בֶחָ֑רֶב כִּֽי־חָצ֣וֹר לְפָנִ֔ים הִ֣יא רֹ֔אשׁ כָּל־הַמַּמְלָכ֖וֹת הָאֵֽלֶּה׃

11 וַ֠יַּכּ֠וּ אֶת־כָּל־הַנֶּ֨פֶשׁ אֲשֶׁר־בָּ֤הּ לְפִי־חֶ֙רֶב֙ הַֽחֲרֵ֔ם לֹ֥א נוֹתַ֖ר

12 כָּל־נְשָׁמָ֑ה וְאֶת־חָצ֖וֹר שָׂרַ֥ף בָּאֵֽשׁ׃ וְאֶת־כָּל־עָרֵ֣י הַמְּלָכִֽים־

הָ֠אֵ֠לֶּה וְֽאֶת־כָּל־מַלְכֵיהֶ֞ם לָכַ֧ד יְהוֹשֻׁ֛עַ וַיַּכֵּ֥ם לְפִי־חֶ֖רֶב

13 הֶֽחֱרִ֣ים אוֹתָ֑ם כַּאֲשֶׁ֣ר צִוָּ֔ה מֹשֶׁ֖ה עֶ֥בֶד יְהֹוָֽה׃ רַ֣ק כָּל־הֶעָרִ֣ים

הָעֹֽמְד֣וֹת עַל־תִּלָּ֔ם לֹ֥א שְׂרָפָ֖ם יִשְׂרָאֵ֑ל זֽוּלָתִ֛י אֶת־חָצ֥וֹר

14 לְבַדָּ֖הּ שָׂרַ֥ף יְהוֹשֻֽׁעַ׃ וְ֠כֹ֠ל שְׁלַ֞ל הֶעָרִ֤ים הָאֵ֙לֶּה֙ וְהַבְּהֵמָ֔ה

בָּזְז֥וּ לָהֶ֖ם בְּנֵ֣י יִשְׂרָאֵ֑ל רַ֣ק אֶת־כָּל־הָ֠אָדָ֠ם הִכּ֣וּ לְפִי־חֶ֗רֶב

טו עַד־הִשְׁמִדָ֣ם אוֹתָ֔ם לֹ֥א הִשְׁאִ֖ירוּ כָּל־נְשָׁמָֽה׃ כַּאֲשֶׁ֨ר צִוָּ֤ה

יְהֹוָה֙ אֶת־מֹשֶׁ֣ה עַבְדּ֔וֹ כֵּן־צִוָּ֥ה מֹשֶׁ֖ה אֶת־יְהוֹשֻׁ֑עַ וְכֵן֙ עָשָׂ֣ה

יְהוֹשֻׁ֔עַ לֹֽא־הֵסִ֣יר דָּבָ֔ר מִכֹּ֛ל אֲשֶׁר־צִוָּ֥ה יְהֹוָ֖ה אֶת־מֹשֶֽׁה׃

16 וַיִּקַּ֨ח יְהוֹשֻׁ֜עַ אֶת־כָּל־הָאָ֣רֶץ הַזֹּ֗את הָהָ֤ר וְאֶת־כָּל־הַנֶּ֙גֶב֙

וְאֵת֙ כָּל־אֶ֣רֶץ הַגֹּ֔שֶׁן וְאֶת־הַשְּׁפֵלָ֖ה וְאֶת־הָֽעֲרָבָ֑ה וְאֶת־הַ֥ר

17 יִשְׂרָאֵ֖ל וּשְׁפֵלָתֹֽה׃ מִן־הָהָ֤ר הֶֽחָלָק֙ הָעוֹלֶ֣ה שֵׂעִ֔יר וְעַד־בַּ֤עַל

גָּד֙ בְּבִקְעַ֣ת הַלְּבָנ֔וֹן תַּ֖חַת הַר־חֶרְמ֑וֹן וְאֵ֤ת כָּל־מַלְכֵיהֶם֙

18 לָכַ֔ד וַיַּכֵּ֖ם וַיְמִיתֵֽם׃ יָמִ֣ים רַבִּ֗ים עָשָׂ֧ה יְהוֹשֻׁ֛עַ אֶת־כָּל־

19 הַמְּלָכִ֥ים הָאֵ֖לֶּה מִלְחָמָֽה׃ לֹֽא־הָֽיְתָ֣ה עִ֗יר אֲשֶׁ֤ר הִשְׁלִ֙ימָה֙

אֶל־בְּנֵ֣י יִשְׂרָאֵ֔ל בִּלְתִּ֥י הַֽחִוִּ֖י יֹשְׁבֵ֣י גִבְע֑וֹן אֶת־הַכֹּ֖ל לָקְח֥וּ

כ בַמִּלְחָמָֽה׃ כִּ֣י מֵאֵ֣ת יְהֹוָ֣ה ׀ הָֽיְתָ֞ה לְחַזֵּ֤ק אֶת־לִבָּם֙ לִקְרַ֣את

הַמִּלְחָמָה אֶת־יִשְׂרָאֵל לְמַעַן הַחֲרִימָם לְבִלְתִּי הֱיוֹת־לָהֶם
תְּחִנָּה כִּי לְמַעַן הַשְׁמִידָם כַּאֲשֶׁר צִוָּה יְהוָה אֶת־מֹשֶׁה׃
21 וַיָּבֹא יְהוֹשֻׁעַ בָּעֵת הַהִיא וַיַּכְרֵת אֶת־הָעֲנָקִים מִן־הָהָר מִן־
חֶבְרוֹן מִן־דְּבִר מִן־עֲנָב וּמִכֹּל הַר יְהוּדָה וּמִכֹּל הַר יִשְׂרָאֵל
22 עִם־עָרֵיהֶם הֶחֱרִימָם יְהוֹשֻׁעַ׃ לֹא־נוֹתַר עֲנָקִים בְּאֶרֶץ בְּנֵי
23 יִשְׂרָאֵל רַק בְּעַזָּה בְּגַת וּבְאַשְׁדּוֹד נִשְׁאָרוּ׃ וַיִּקַּח יְהוֹשֻׁעַ אֶת־
כָּל־הָאָרֶץ כְּכֹל אֲשֶׁר דִּבֶּר יְהוָה אֶל־מֹשֶׁה וַיִּתְּנָהּ יְהוֹשֻׁעַ
לְנַחֲלָה לְיִשְׂרָאֵל כְּמַחְלְקֹתָם לְשִׁבְטֵיהֶם וְהָאָרֶץ שָׁקְטָה
מִמִּלְחָמָה׃

יב Cap. XII. יב

א וְאֵלֶּה מַלְכֵי הָאָרֶץ אֲשֶׁר הִכּוּ בְנֵי־יִשְׂרָאֵל וַיִּרְשׁוּ אֶת־
אַרְצָם בְּעֵבֶר הַיַּרְדֵּן מִזְרְחָה הַשָּׁמֶשׁ מִנַּחַל אַרְנוֹן עַד־
2 הַר חֶרְמוֹן וְכָל־הָעֲרָבָה מִזְרָחָה׃ סִיחוֹן מֶלֶךְ הָאֱמֹרִי
הַיּוֹשֵׁב בְּחֶשְׁבּוֹן מֹשֵׁל מֵעֲרוֹעֵר אֲשֶׁר עַל־שְׂפַת־נַחַל אַרְנוֹן
וְתוֹךְ הַנַּחַל וַחֲצִי הַגִּלְעָד וְעַד יַבֹּק הַנַּחַל גְּבוּל בְּנֵי עַמּוֹן׃
3 וְהָעֲרָבָה עַד־יָם כִּנְרוֹת מִזְרָחָה וְעַד יָם הָעֲרָבָה יָם־
הַמֶּלַח מִזְרָחָה דֶּרֶךְ בֵּית הַיְשִׁמוֹת וּמִתֵּימָן תַּחַת אַשְׁדּוֹת
4 הַפִּסְגָּה׃ וּגְבוּל עוֹג מֶלֶךְ הַבָּשָׁן מִיֶּתֶר הָרְפָאִים הַיּוֹשֵׁב
ה בְּעַשְׁתָּרוֹת וּבְאֶדְרֶעִי׃ וּמֹשֵׁל בְּהַר חֶרְמוֹן וּבְסַלְכָה וּבְכָל־
הַבָּשָׁן עַד־גְּבוּל הַגְּשׁוּרִי וְהַמַּעֲכָתִי וַחֲצִי הַגִּלְעָד גְּבוּל
6 סִיחוֹן מֶלֶךְ־חֶשְׁבּוֹן׃ מֹשֶׁה עֶבֶד־יְהוָה וּבְנֵי יִשְׂרָאֵל הִכּוּם
וַיִּתְּנָהּ מֹשֶׁה עֶבֶד־יְהוָה יְרֻשָּׁה לָרְאוּבֵנִי וְלַגָּדִי וְלַחֲצִי שֵׁבֶט
7 הַמְנַשֶּׁה׃ וְאֵלֶּה מַלְכֵי הָאָרֶץ אֲשֶׁר הִכָּה יְהוֹשֻׁעַ וּבְנֵי
יִשְׂרָאֵל בְּעֵבֶר הַיַּרְדֵּן יָמָּה מִבַּעַל גָּד בְּבִקְעַת הַלְּבָנוֹן
וְעַד־הָהָר הֶחָלָק הָעֹלֶה שֵׂעִירָה וַיִּתְּנָהּ יְהוֹשֻׁעַ לְשִׁבְטֵי
8 יִשְׂרָאֵל יְרֻשָּׁה כְּמַחְלְקֹתָם׃ בָּהָר וּבַשְּׁפֵלָה וּבָעֲרָבָה
וּבָאֲשֵׁדוֹת וּבַמִּדְבָּר וּבַנֶּגֶב הַחִתִּי הָאֱמֹרִי וְהַכְּנַעֲנִי הַפְּרִזִּי
הַחִוִּי וְהַיְבוּסִי׃

מלך

9 מֶ֣לֶךְ יְרִיחוֹ֙ אֶחָ֔ד
מֶ֥לֶךְ הָעַ֛י אֲשֶׁר־מִצַּ֥ד בֵּֽית־אֵ֖ל אֶחָֽד׃
י מֶ֤לֶךְ יְרֽוּשָׁלִַ֙ם֙ אֶחָ֔ד
מֶ֥לֶךְ חֶבְר֖וֹן אֶחָֽד׃
11 מֶ֤לֶךְ יַרְמוּת֙ אֶחָ֔ד
מֶ֥לֶךְ לָכִ֖ישׁ אֶחָֽד׃
12 מֶ֤לֶךְ עֶגְלוֹן֙ אֶחָ֔ד
מֶ֥לֶךְ גֶּ֖זֶר אֶחָֽד׃
13 מֶ֤לֶךְ דְּבִר֙ אֶחָ֔ד
מֶ֥לֶךְ גֶּ֖דֶר אֶחָֽד׃
14 מֶ֤לֶךְ חָרְמָה֙ אֶחָ֔ד
מֶ֥לֶךְ עֲרָ֖ד אֶחָֽד׃
טו מֶ֤לֶךְ לִבְנָה֙ אֶחָ֔ד
מֶ֥לֶךְ עֲדֻלָּ֖ם אֶחָֽד׃
16 מֶ֤לֶךְ מַקֵּדָה֙ אֶחָ֔ד
מֶ֥לֶךְ בֵּֽית־אֵ֖ל אֶחָֽד׃
17 מֶ֤לֶךְ תַּפּ֙וּחַ֙ אֶחָ֔ד
מֶ֥לֶךְ חֵ֖פֶר אֶחָֽד׃
18 מֶ֤לֶךְ אֲפֵק֙ אֶחָ֔ד
מֶ֥לֶךְ לַשָּׁר֖וֹן אֶחָֽד׃
19 מֶ֤לֶךְ מָדוֹן֙ אֶחָ֔ד
מֶ֥לֶךְ חָצ֖וֹר אֶחָֽד׃
כ מֶ֨לֶךְ שִׁמְר֤וֹן מְראוֹן֙ אֶחָ֔ד
מֶ֥לֶךְ אַכְשָׁ֖ף אֶחָֽד׃
21 מֶ֤לֶךְ תַּעְנַךְ֙ אֶחָ֔ד
מֶ֥לֶךְ מְגִדּ֖וֹ אֶחָֽד׃
22 מֶ֤לֶךְ קֶ֙דֶשׁ֙ אֶחָ֔ד
מֶֽלֶךְ־יָקְנְעָ֥ם לַכַּרְמֶ֖ל אֶחָֽד׃

מלך

23 מֶלֶךְ דּוֹר לְנָפַת דּוֹר אֶחָד
מֶלֶךְ־גּוֹיִם לְגִלְגָּל אֶחָד׃
24 מֶלֶךְ תִּרְצָה אֶחָד
כָּל־מְלָכִים שְׁלֹשִׁים וְאֶחָד׃

יג Cap. XIII. יג

א וִיהוֹשֻׁעַ זָקֵן בָּא בַּיָּמִים וַיֹּאמֶר יְהוָה אֵלָיו אַתָּה זָקַנְתָּה
2 בָּאתָ בַיָּמִים וְהָאָרֶץ נִשְׁאֲרָה הַרְבֵּה־מְאֹד לְרִשְׁתָּהּ׃ זֹאת
3 הָאָרֶץ הַנִּשְׁאָרֶת כָּל־גְּלִילוֹת הַפְּלִשְׁתִּים וְכָל־הַגְּשׁוּרִי׃ מִן־
הַשִּׁיחוֹר אֲשֶׁר | עַל־פְּנֵי מִצְרַיִם וְעַד גְּבוּל עֶקְרוֹן צָפוֹנָה
לַכְּנַעֲנִי תֵּחָשֵׁב חֲמֵשֶׁת | סַרְנֵי פְלִשְׁתִּים הָעַזָּתִי וְהָאַשְׁדּוֹדִי
4 הָאֶשְׁקְלוֹנִי הַגִּתִּי וְהָעֶקְרוֹנִי וְהָעַוִּים׃ מִתֵּימָן כָּל־אֶרֶץ הַכְּנַעֲנִי
ה וּמְעָרָה אֲשֶׁר לַצִּידֹנִים עַד־אֲפֵקָה עַד גְּבוּל הָאֱמֹרִי׃ וְהָאָרֶץ
הַגִּבְלִי וְכָל־הַלְּבָנוֹן מִזְרַח הַשֶּׁמֶשׁ מִבַּעַל גָּד תַּחַת הַר־חֶרְמוֹן
6 עַד לְבוֹא חֲמָת׃ כָּל־יֹשְׁבֵי הָהָר מִן־הַלְּבָנוֹן עַד־מִשְׂרְפֹת
מַיִם כָּל־צִידֹנִים אָנֹכִי אוֹרִישֵׁם מִפְּנֵי בְּנֵי יִשְׂרָאֵל רַק הַפִּלֶהָ
7 לְיִשְׂרָאֵל בְּנַחֲלָה כַּאֲשֶׁר צִוִּיתִךָ׃ וְעַתָּה חַלֵּק אֶת־הָאָרֶץ
8 הַזֹּאת בְּנַחֲלָה לְתִשְׁעַת הַשְּׁבָטִים וַחֲצִי הַשֵּׁבֶט הַמְנַשֶּׁה׃ עִמּוֹ
הָרְאוּבֵנִי וְהַגָּדִי לָקְחוּ נַחֲלָתָם אֲשֶׁר נָתַן לָהֶם מֹשֶׁה בְּעֵבֶר
9 הַיַּרְדֵּן מִזְרָחָה כַּאֲשֶׁר נָתַן לָהֶם מֹשֶׁה עֶבֶד יְהוָה׃ מֵעֲרוֹעֵר
אֲשֶׁר עַל־שְׂפַת־נַחַל אַרְנוֹן וְהָעִיר אֲשֶׁר בְּתוֹךְ־הַנַּחַל וְכָל־
י הַמִּישֹׁר מֵידְבָא עַד־דִּיבוֹן׃ וְכֹל עָרֵי סִיחוֹן מֶלֶךְ הָאֱמֹרִי
11 אֲשֶׁר מָלַךְ בְּחֶשְׁבּוֹן עַד־גְּבוּל בְּנֵי עַמּוֹן׃ וְהַגִּלְעָד וּגְבוּל
הַגְּשׁוּרִי וְהַמַּעֲכָתִי וְכֹל הַר חֶרְמוֹן וְכָל־הַבָּשָׁן עַד־סַלְכָה׃
12 כָּל־מַמְלְכוּת עוֹג בַּבָּשָׁן אֲשֶׁר־מָלַךְ בְּעַשְׁתָּרוֹת וּבְאֶדְרֶעִי
13 הוּא נִשְׁאַר מִיֶּתֶר הָרְפָאִים וַיַּכֵּם מֹשֶׁה וַיֹּרִשֵׁם׃ וְלֹא הוֹרִישׁוּ
בְּנֵי יִשְׂרָאֵל אֶת־הַגְּשׁוּרִי וְאֶת־הַמַּעֲכָתִי וַיֵּשֶׁב גְּשׁוּר וּמַעֲכָת
14 בְּקֶרֶב יִשְׂרָאֵל עַד הַיּוֹם הַזֶּה׃ רַק לְשֵׁבֶט הַלֵּוִי לֹא נָתַן נַחֲלָה
טו אִשֵּׁי יְהוָה אֱלֹהֵי יִשְׂרָאֵל הוּא נַחֲלָתוֹ כַּאֲשֶׁר דִּבֶּר־לוֹ׃ וַיִּתֵּן

משה

16 מֹשֶׁה לְמַטֵּה בְנֵי־רְאוּבֵן לְמִשְׁפְּחוֹתָם׃ וַיְהִי לָהֶם הַגְּבוּל
מֵעֲרוֹעֵר אֲשֶׁר עַל־שְׂפַת־נַחַל אַרְנוֹן וְהָעִיר אֲשֶׁר בְּתוֹךְ־
17 הַנַּחַל וְכָל־הַמִּישֹׁר עַל־מֵידְבָא׃ חֶשְׁבּוֹן וְכָל־עָרֶיהָ אֲשֶׁר
18 בַּמִּישֹׁר דִּיבֹן וּבָמוֹת בַּעַל וּבֵית בַּעַל מְעוֹן׃ וְיַהְצָה וּקְדֵמֹת
19 כ וּמֵפָעַת׃ וְקִרְיָתַיִם וְשִׂבְמָה וְצֶרֶת הַשַּׁחַר בְּהַר הָעֵמֶק׃ וּבֵית
21 פְּעוֹר וְאַשְׁדּוֹת הַפִּסְגָּה וּבֵית הַיְשִׁמוֹת׃ וְכֹל עָרֵי הַמִּישֹׁר
וְכָל־מַמְלְכוּת סִיחוֹן מֶלֶךְ הָאֱמֹרִי אֲשֶׁר מָלַךְ בְּחֶשְׁבּוֹן אֲשֶׁר
הִכָּה מֹשֶׁה אֹתוֹ ׀ וְאֶת־נְשִׂיאֵי מִדְיָן אֶת־אֱוִי וְאֶת־רֶקֶם וְאֶת־
22 צוּר וְאֶת־חוּר וְאֶת־רֶבַע נְסִיכֵי סִיחוֹן יֹשְׁבֵי הָאָרֶץ׃ וְאֶת־
בִּלְעָם בֶּן־בְּעוֹר הַקּוֹסֵם הָרְגוּ בְנֵי־יִשְׂרָאֵל בַּחֶרֶב אֶל־
23 חַלְלֵיהֶם׃ וַיְהִי גְּבוּל בְּנֵי רְאוּבֵן הַיַּרְדֵּן וּגְבוּל זֹאת נַחֲלַת
24 בְּנֵי־רְאוּבֵן לְמִשְׁפְּחוֹתָם הֶעָרִים וְחַצְרֵיהֶן׃ וַיִּתֵּן מֹשֶׁה
כה לְמַטֵּה־גָד לִבְנֵי־גָד לְמִשְׁפְּחֹתָם׃ וַיְהִי לָהֶם הַגְּבוּל יַעְזֵר
וְכָל־עָרֵי הַגִּלְעָד וַחֲצִי אֶרֶץ בְּנֵי עַמּוֹן עַד־עֲרוֹעֵר אֲשֶׁר
26 עַל־פְּנֵי רַבָּה׃ ° וּמֵחֶשְׁבּוֹן עַד־רָמַת הַמִּצְפֶּה וּבְטֹנִים
27 וּמִמַּחֲנַיִם עַד־גְּבוּל לִדְבִר׃ וּבָעֵמֶק בֵּית הָרָם וּבֵית נִמְרָה
וְסֻכּוֹת וְצָפוֹן יֶתֶר מַמְלְכוּת סִיחוֹן מֶלֶךְ חֶשְׁבּוֹן הַיַּרְדֵּן וּגְבֻל
28 עַד־קְצֵה יָם־כִּנֶּרֶת עֵבֶר הַיַּרְדֵּן מִזְרָחָה׃ זֹאת נַחֲלַת בְּנֵי־
29 גָד לְמִשְׁפְּחֹתָם הֶעָרִים וְחַצְרֵיהֶם׃ וַיִּתֵּן מֹשֶׁה לַחֲצִי שֵׁבֶט
ל מְנַשֶּׁה וַיְהִי לַחֲצִי מַטֵּה בְנֵי־מְנַשֶּׁה לְמִשְׁפְּחוֹתָם׃ וַיְהִי גְבוּלָם
מִמַּחֲנַיִם כָּל־הַבָּשָׁן כָּל־מַמְלְכוּת ׀ עוֹג מֶלֶךְ־הַבָּשָׁן וְכָל־
31 חַוֹּת יָאִיר אֲשֶׁר בַּבָּשָׁן שִׁשִּׁים עִיר׃ וַחֲצִי הַגִּלְעָד וְעַשְׁתָּרוֹת
וְאֶדְרֶעִי עָרֵי מַמְלְכוּת עוֹג בַּבָּשָׁן לִבְנֵי מָכִיר בֶּן־מְנַשֶּׁה לַחֲצִי
32 בְנֵי־מָכִיר לְמִשְׁפְּחוֹתָם׃ אֵלֶּה אֲשֶׁר־נִחַל מֹשֶׁה בְּעַרְבוֹת
33 מוֹאָב מֵעֵבֶר לְיַרְדֵּן יְרִיחוֹ מִזְרָחָה׃ וּלְשֵׁבֶט הַלֵּוִי לֹא־נָתַן
מֹשֶׁה נַחֲלָה יְהוָה אֱלֹהֵי יִשְׂרָאֵל הוּא נַחֲלָתָם כַּאֲשֶׁר דִּבֶּר
לָהֶם׃

ואלה

v. 26. חצי הספר בפסוקים

CAP. XIV. יד

א וְאֵ֣לֶּה אֲשֶׁר־נָחֲל֣וּ בְנֵי־יִשְׂרָאֵ֖ל בְּאֶ֣רֶץ כְּנָ֑עַן אֲשֶׁ֣ר נִחֲל֣וּ
אוֹתָ֗ם אֶלְעָזָ֤ר הַכֹּהֵן֙ וִיהוֹשֻׁ֣עַ בִּן־נ֔וּן וְרָאשֵׁ֛י אֲב֥וֹת הַמַּטּ֖וֹת
2 לִבְנֵ֥י יִשְׂרָאֵֽל: בְּגוֹרַ֖ל נַחֲלָתָ֑ם כַּאֲשֶׁ֨ר צִוָּ֤ה יְהוָה֙ בְּיַד־מֹשֶׁ֔ה
3 לְתִשְׁעַ֥ת הַמַּטּ֖וֹת וַחֲצִ֣י הַמַּטֶּֽה: כִּֽי־נָתַ֨ן מֹשֶׁ֜ה נַחֲלַ֣ת שְׁנֵ֣י הַמַּטּ֗וֹת
וַחֲצִ֤י הַמַּטֶּה֙ מֵעֵ֣בֶר לַיַּרְדֵּ֔ן וְלַ֨לְוִיִּ֔ם לֹֽא־נָתַ֥ן נַחֲלָ֖ה בְּתוֹכָֽם:
4 כִּֽי־הָי֤וּ בְנֵֽי־יוֹסֵף֙ שְׁנֵ֣י מַטּ֔וֹת מְנַשֶּׁ֖ה וְאֶפְרָ֑יִם וְלֹֽא־נָתְנוּ֩ חֵ֨לֶק
לַלְוִיִּם֙ בָּאָ֔רֶץ כִּ֣י אִם־עָרִים֙ לָשֶׁ֔בֶת וּמִ֨גְרְשֵׁיהֶ֔ם לְמִקְנֵיהֶ֖ם
5 וּלְקִנְיָנָֽם: כַּאֲשֶׁ֨ר צִוָּ֤ה יְהוָה֙ אֶת־מֹשֶׁ֔ה כֵּ֥ן עָשׂ֖וּ בְּנֵ֣י יִשְׂרָאֵ֑ל
6 וַֽיַּחְלְק֖וּ אֶת־הָאָֽרֶץ: וַיִּגְּשׁ֨וּ בְנֵֽי־יְהוּדָ֤ה אֶל־יְהוֹשֻׁ֨עַ֙ בַּגִּלְגָּ֔ל
וַיֹּ֣אמֶר אֵלָ֗יו כָּלֵ֤ב בֶּן־יְפֻנֶּה֙ הַקְּנִזִּ֔י אַתָּ֣ה יָדַ֗עְתָּ אֶת־הַדָּבָ֗ר
אֲשֶׁר־דִּבֶּ֨ר יְהוָ֜ה אֶל־מֹשֶׁ֣ה אִישׁ־הָאֱלֹהִ֗ים עַ֧ל אֹדוֹתַ֛י וְעַ֥ל
7 אֹדוֹתֶ֖יךָ בְּקָדֵ֥שׁ בַּרְנֵֽעַ: בֶּן־אַרְבָּעִ֨ים שָׁנָ֜ה אָנֹכִ֗י בִּשְׁלֹ֤חַ מֹשֶׁה֙
עֶֽבֶד־יְהוָ֤ה אֹתִי֙ מִקָּדֵ֣שׁ בַּרְנֵ֔עַ לְרַגֵּ֖ל אֶת־הָאָ֑רֶץ וָאָשֵׁ֤ב אֹתוֹ֙
8 דָּבָ֔ר כַּאֲשֶׁ֖ר עִם־לְבָבִֽי: וְאַחַי֙ אֲשֶׁ֣ר עָל֣וּ עִמִּ֔י הִמְסִ֖יו אֶת־
9 לֵ֣ב הָעָ֑ם וְאָ֣נֹכִ֔י מִלֵּ֕אתִי אַחֲרֵ֖י יְהוָ֥ה אֱלֹהָֽי: וַיִּשָּׁבַ֣ע מֹשֶׁ֗ה
בַּיּ֣וֹם הַהוּא֮ לֵאמֹר֒ אִם־לֹ֗א הָאָ֨רֶץ֙ אֲשֶׁ֨ר דָּרְכָ֤ה רַגְלְךָ֙ בָּ֔הּ
לְךָ֨ תִֽהְיֶ֧ה לְנַחֲלָ֛ה וּלְבָנֶ֖יךָ עַד־עוֹלָ֑ם כִּ֣י מִלֵּ֔אתָ אַחֲרֵ֖י יְהוָ֥ה
י אֱלֹהָֽי: וְעַתָּ֗ה הִנֵּה֩ הֶחֱיָ֨ה יְהוָ֤ה ׀ אוֹתִי֙ כַּאֲשֶׁ֣ר דִּבֵּ֔ר זֶ֣ה
אַרְבָּעִ֤ים וְחָמֵשׁ֙ שָׁנָ֔ה מֵאָ֨ז דִּבֶּ֤ר יְהוָה֙ אֶת־הַדָּבָ֣ר הַזֶּ֔ה אֶל־
מֹשֶׁ֔ה אֲשֶׁר־הָלַ֥ךְ יִשְׂרָאֵ֖ל בַּמִּדְבָּ֑ר וְעַתָּה֙ הִנֵּ֣ה אָנֹכִ֣י הַיּ֔וֹם בֶּן־
11 חָמֵ֥שׁ וּשְׁמֹנִ֖ים שָׁנָֽה: עוֹדֶ֨נִּי הַיּ֜וֹם חָזָ֗ק כַּֽאֲשֶׁר֙ בְּי֨וֹם שְׁלֹ֤חַ אוֹתִי֙
12 מֹשֶׁ֔ה כְּכֹ֥חִי אָ֖ז וּכְכֹ֣חִי עָ֑תָּה לַמִּלְחָמָ֖ה וְלָצֵ֥את וְלָבֽוֹא: וְעַתָּ֗ה
תְּנָה־לִּ֤י אֶת־הָהָ֣ר הַזֶּ֔ה אֲשֶׁר־דִּבֶּ֥ר יְהוָ֖ה בַּיּ֣וֹם הַה֑וּא כִּ֣י
אַתָּֽה־שָׁמַ֜עְתָּ בַיּ֣וֹם הַה֗וּא כִּֽי־עֲנָקִ֥ים שָׁם֙ וְעָרִ֣ים גְּדֹל֣וֹת
בְּצֻר֔וֹת אוּלַ֨י יְהוָ֤ה אוֹתִי֙ וְהֽוֹרַשְׁתִּ֔ים כַּאֲשֶׁ֖ר דִּבֶּ֥ר יְהוָֽה:
13 וַֽיְבָרְכֵ֖הוּ יְהוֹשֻׁ֑עַ וַיִּתֵּ֧ן אֶת־חֶבְר֛וֹן לְכָלֵ֥ב בֶּן־יְפֻנֶּ֖ה לְנַחֲלָֽה:
14 עַל־כֵּ֣ן הָיְתָֽה־חֶ֠בְרוֹן לְכָלֵ֨ב בֶּן־יְפֻנֶּ֤ה הַקְּנִזִּי֙ לְֽנַחֲלָ֔ה עַ֖ד
הַיּ֣וֹם

טו הַיּוֹם הַזֶּה יַעַן אֲשֶׁר מִלֵּא אַחֲרֵי יְהוָה אֱלֹהֵי יִשְׂרָאֵל׃ וְשֵׁם
חֶבְרוֹן לְפָנִים קִרְיַת אַרְבַּע הָאָדָם הַגָּדוֹל בָּעֲנָקִים הוּא
וְהָאָרֶץ שָׁקְטָה מִמִּלְחָמָה׃

טו Cap. XV. טו

א וַיְהִי הַגּוֹרָל לְמַטֵּה בְּנֵי יְהוּדָה לְמִשְׁפְּחֹתָם אֶל־גְּבוּל
2 אֱדוֹם מִדְבַּר־צִן נֶגְבָּה מִקְצֵה תֵימָן׃ וַיְהִי לָהֶם גְּבוּל נֶגֶב
3 מִקְצֵה יָם הַמֶּלַח מִן־הַלָּשֹׁן הַפֹּנֶה נֶגְבָּה׃ וְיָצָא אֶל־מִנֶּגֶב
לְמַעֲלֵה עַקְרַבִּים וְעָבַר צִנָה וְעָלָה מִנֶּגֶב לְקָדֵשׁ בַּרְנֵעַ וְעָבַר
4 חֶצְרוֹן וְעָלָה אַדָּרָה וְנָסַב הַקַּרְקָעָה׃ וְעָבַר עַצְמוֹנָה וְיָצָא
נַחַל מִצְרַיִם וְהָיָה תֹּצְאוֹת הַגְּבוּל יָמָּה זֶה־יִהְיֶה לָכֶם גְּבוּל
ה נֶגֶב׃ וּגְבוּל קֵדְמָה יָם הַמֶּלַח עַד־קְצֵה הַיַּרְדֵּן וּגְבוּל לִפְאַת
6 צָפוֹנָה מִלְּשׁוֹן הַיָּם מִקְצֵה הַיַּרְדֵּן׃ וְעָלָה הַגְּבוּל בֵּית חָגְלָה
וְעָבַר מִצְּפוֹן לְבֵית הָעֲרָבָה וְעָלָה הַגְּבוּל אֶבֶן בֹּהַן בֶּן־
7 רְאוּבֵן׃ וְעָלָה הַגְּבוּל ׀ דְּבִרָה מֵעֵמֶק עָכוֹר וְצָפוֹנָה פֹּנֶה
אֶל־הַגִּלְגָּל אֲשֶׁר־נֹכַח לְמַעֲלֵה אֲדֻמִּים אֲשֶׁר מִנֶּגֶב לַנָּחַל
וְעָבַר הַגְּבוּל אֶל־מֵי־עֵין שֶׁמֶשׁ וְהָיוּ תֹצְאֹתָיו אֶל־עֵין רֹגֵל׃
8 וְעָלָה הַגְּבוּל גֵּי בֶן־הִנֹּם אֶל־כֶּתֶף הַיְבוּסִי מִנֶּגֶב הִיא יְרוּשָׁלִָם
וְעָלָה הַגְּבוּל אֶל־רֹאשׁ הָהָר אֲשֶׁר עַל־פְּנֵי גֵי־הִנֹּם יָמָּה
9 אֲשֶׁר בִּקְצֵה עֵמֶק־רְפָאִים צָפוֹנָה׃ וְתָאַר הַגְּבוּל מֵרֹאשׁ
הָהָר אֶל־מַעְיַן מֵי נֶפְתּוֹחַ וְיָצָא אֶל־עָרֵי הַר־עֶפְרוֹן וְתָאַר
י הַגְּבוּל בַּעֲלָה הִיא קִרְיַת יְעָרִים׃ וְנָסַב הַגְּבוּל מִבַּעֲלָה יָמָּה
אֶל־הַר שֵׂעִיר וְעָבַר אֶל־כֶּתֶף הַר־יְעָרִים מִצָּפוֹנָה הִיא
11 כְסָלוֹן וְיָרַד בֵּית־שֶׁמֶשׁ וְעָבַר תִּמְנָה׃ וְיָצָא הַגְּבוּל אֶל־כֶּתֶף
עֶקְרוֹן צָפוֹנָה וְתָאַר הַגְּבוּל שִׁכְּרוֹנָה וְעָבַר הַר־הַבַּעֲלָה
12 וְיָצָא יַבְנְאֵל וְהָיוּ תֹּצְאוֹת הַגְּבוּל יָמָּה׃ וּגְבוּל יָם הַיָּמָּה
הַגָּדוֹל וּגְבוּל זֶה גְּבוּל בְּנֵי־יְהוּדָה סָבִיב לְמִשְׁפְּחֹתָם׃

ולכלב

v. 4. והיו ק׳

13 וּלְכָלֵב בֶּן־יְפֻנֶּה נָתַן חֵלֶק בְּתוֹךְ בְּנֵי־יְהוּדָה אֶל־פִּי יְהוָה
14 לִיהוֹשֻׁעַ אֶת־קִרְיַת אַרְבַּע אֲבִי הָעֲנָק הִיא חֶבְרוֹן׃ וַיֹּרֶשׁ
מִשָּׁם כָּלֵב אֶת־שְׁלוֹשָׁה בְּנֵי הָעֲנָק אֶת־שֵׁשַׁי וְאֶת־אֲחִימַן
טו וְאֶת־תַּלְמַי יְלִידֵי הָעֲנָק׃ וַיַּעַל מִשָּׁם אֶל־יֹשְׁבֵי דְּבִר וְשֵׁם־
16 דְּבִר לְפָנִים קִרְיַת־סֵפֶר׃ וַיֹּאמֶר כָּלֵב אֲשֶׁר־יַכֶּה אֶת־
קִרְיַת־סֵפֶר וּלְכָדָהּ וְנָתַתִּי לוֹ אֶת־עַכְסָה בִתִּי לְאִשָּׁה׃
17 וַיִּלְכְּדָהּ עָתְנִיאֵל בֶּן־קְנַז אֲחִי כָלֵב וַיִּתֶּן־לוֹ אֶת־עַכְסָה
18 בִתּוֹ לְאִשָּׁה׃ וַיְהִי בְּבוֹאָהּ וַתְּסִיתֵהוּ לִשְׁאוֹל מֵאֵת־אָבִיהָ
19 שָׂדֶה וַתִּצְנַח מֵעַל הַחֲמוֹר וַיֹּאמֶר־לָהּ כָּלֵב מַה־לָּךְ׃ וַתֹּאמֶר
תְּנָה־לִּי בְרָכָה כִּי אֶרֶץ הַנֶּגֶב נְתַתָּנִי וְנָתַתָּה לִי גֻּלֹּת מָיִם
וַיִּתֶּן־לָהּ אֵת גֻּלֹּת עִלִּיּוֹת וְאֵת גֻּלֹּת תַּחְתִּיּוֹת׃
כ 21 זֹאת נַחֲלַת מַטֵּה בְנֵי־יְהוּדָה לְמִשְׁפְּחֹתָם׃ וַיִּהְיוּ הֶעָרִים
מִקְצֵה לְמַטֵּה בְנֵי־יְהוּדָה אֶל־גְּבוּל אֱדוֹם בַּנֶּגְבָּה קַבְצְאֵל
22 23 וְעֵדֶר וְיָגוּר׃ וְקִינָה וְדִימוֹנָה וְעַדְעָדָה׃ וְקֶדֶשׁ וְחָצוֹר וְיִתְנָן׃
24 כה זִיף וָטֶלֶם וּבְעָלוֹת׃ וְחָצוֹר ׀ חֲדַתָּה וּקְרִיּוֹת חֶצְרוֹן הִיא
26 27 חָצוֹר׃ אֲמָם וּשְׁמַע וּמוֹלָדָה׃ וַחֲצַר גַּדָּה וְחֶשְׁמוֹן וּבֵית פָּלֶט׃
28 29 וַחֲצַר שׁוּעָל וּבְאֵר שָׁבַע וּבִזְיוֹתְיָה׃ בַּעֲלָה וְעִיִּים וָעָצֶם׃
ל 31 32 וְאֶלְתּוֹלַד וּכְסִיל וְחָרְמָה׃ וְצִקְלַג וּמַדְמַנָּה וְסַנְסַנָּה׃ וּלְבָאוֹת
וְשִׁלְחִים וְעַיִן וְרִמּוֹן כָּל־עָרִים עֶשְׂרִים וָתֵשַׁע וְחַצְרֵיהֶן׃
33 בַּשְּׁפֵלָה אֶשְׁתָּאוֹל וְצָרְעָה וְאַשְׁנָה׃ וְזָנוֹחַ וְעֵין גַּנִּים תַּפּוּחַ
34 לה וְהָעֵינָם׃ יַרְמוּת וַעֲדֻלָּם שׂוֹכֹה וַעֲזֵקָה׃ וְשַׁעֲרַיִם וַעֲדִיתַיִם
36 37 וְהַגְּדֵרָה וּגְדֵרֹתָיִם עָרִים אַרְבַּע־עֶשְׂרֵה וְחַצְרֵיהֶן׃ צְנָן
38 39 וַחֲדָשָׁה וּמִגְדַּל־גָּד׃ וְדִלְעָן וְהַמִּצְפֶּה וְיָקְתְאֵל׃ לָכִישׁ וּבָצְקַת
מ 41 וְעֶגְלוֹן׃ וְכַבּוֹן וְלַחְמָס וְכִתְלִישׁ׃ וּגְדֵרוֹת בֵּית־דָּגוֹן וְנַעֲמָה
42 וּמַקֵּדָה עָרִים שֵׁשׁ־עֶשְׂרֵה וְחַצְרֵיהֶן׃ לִבְנָה וָעֶתֶר וְעָשָׁן׃
43 44 וְיִפְתָּח וְאַשְׁנָה וּנְצִיב׃ וּקְעִילָה וְאַכְזִיב וּמָרֵאשָׁה עָרִים תֵּשַׁע
מה 46 וְחַצְרֵיהֶן׃ עֶקְרוֹן וּבְנֹתֶיהָ וַחֲצֵרֶיהָ׃ מֵעֶקְרוֹן וָיָמָּה כֹּל
47 אֲשֶׁר־עַל־יַד אַשְׁדּוֹד וְחַצְרֵיהֶן׃ אַשְׁדּוֹד בְּנוֹתֶיהָ וַחֲצֵרֶיהָ

עַזָּה בְּנוֹתֶיהָ וַחֲצֵרֶיהָ עַד־נַחַל מִצְרָיִם וְהַיָּם הַגָּבוֹל וּגְבוּל׃
48 49 וּבָהָר שָׁמִיר וְיַתִּיר וְשׂוֹכֹה׃ וְדַנָּה וְקִרְיַת־סַנָּה הִיא דְבִר׃
נ 51 וַעֲנָב וְאֶשְׁתְּמֹה וְעָנִים׃ וְגֹשֶׁן וְחֹלֹן וְגִלֹה עָרִים אַחַת־עֶשְׂרֵה
52 53 וְחַצְרֵיהֶן׃ אֲרַב וְרוּמָה וְאֶשְׁעָן׃ וְיָנִים וּבֵית־תַּפּוּחַ וַאֲפֵקָה׃
54 וְחֻמְטָה וְקִרְיַת אַרְבַּע הִיא חֶבְרוֹן וְצִיעֹר עָרִים תֵּשַׁע
נה 56 וְחַצְרֵיהֶן׃ מָעוֹן ׀ כַּרְמֶל וָזִיף וְיוּטָּה׃ וְיִזְרְעֶאל וְיָקְדְעָם
57 58 וְזָנוֹחַ׃ הַקַּיִן גִּבְעָה וְתִמְנָה עָרִים עֶשֶׂר וְחַצְרֵיהֶן׃ חַלְחוּל
59 בֵּית־צוּר וּגְדוֹר׃ וּמַעֲרָת וּבֵית־עֲנוֹת וְאֶלְתְּקֹן עָרִים שֵׁשׁ
ס וְחַצְרֵיהֶן׃ קִרְיַת־בַּעַל הִיא קִרְיַת יְעָרִים וְהָרַבָּה עָרִים
61 שְׁתַּיִם וְחַצְרֵיהֶן׃ בַּמִּדְבָּר בֵּית הָעֲרָבָה מִדִּין וּסְכָכָה׃
62 63 וְהַנִּבְשָׁן וְעִיר־הַמֶּלַח וְעֵין גֶּדִי עָרִים שֵׁשׁ וְחַצְרֵיהֶן׃ וְאֶת־
הַיְבוּסִי יוֹשְׁבֵי יְרוּשָׁלִַם לֹא־יָוכְלוּ בְנֵי־יְהוּדָה לְהוֹרִישָׁם וַיֵּשֶׁב
הַיְבוּסִי אֶת־בְּנֵי יְהוּדָה בִּירוּשָׁלִַם עַד הַיּוֹם הַזֶּה׃

טז Cap. XVI. טז

א וַיֵּצֵא הַגּוֹרָל לִבְנֵי יוֹסֵף מִיַּרְדֵּן יְרִיחוֹ לְמֵי יְרִיחוֹ מִזְרָחָה
2 הַמִּדְבָּר עֹלֶה מִירִיחוֹ בָּהָר בֵּית־אֵל׃ וְיָצָא מִבֵּית־אֵל לוּזָה
3 וְעָבַר אֶל־גְּבוּל הָאַרְכִּי עֲטָרוֹת׃ וְיָרַד־יָמָּה אֶל־גְּבוּל
הַיַּפְלֵטִי עַד גְּבוּל בֵּית־חוֹרֹן תַּחְתּוֹן וְעַד־גָּזֶר וְהָיוּ תֹצְאֹתָו
4 ה יָמָּה׃ וַיִּנְחֲלוּ בְנֵי־יוֹסֵף מְנַשֶּׁה וְאֶפְרָיִם׃ וַיְהִי גְּבוּל בְּנֵי־
אֶפְרַיִם לְמִשְׁפְּחֹתָם וַיְהִי גְּבוּל נַחֲלָתָם מִזְרָחָה עַטְרוֹת אַדָּר
6 עַד־בֵּית חוֹרֹן עֶלְיוֹן׃ וְיָצָא הַגְּבוּל הַיָּמָּה הַמִּכְמְתָת מִצָּפוֹן
וְנָסַב הַגְּבוּל מִזְרָחָה תַּאֲנַת שִׁלֹה וְעָבַר אוֹתוֹ מִמִּזְרַח יָנוֹחָה׃
7 וְיָרַד מִיָּנוֹחָה עֲטָרוֹת וְנַעֲרָתָה וּפָגַע בִּירִיחוֹ וְיָצָא הַיַּרְדֵּן׃
8 מִתַּפּוּחַ יֵלֵךְ הַגְּבוּל יָמָּה נַחַל קָנָה וְהָיוּ תֹצְאֹתָיו הַיָּמָּה זֹאת
9 נַחֲלַת מַטֵּה בְנֵי־אֶפְרַיִם לְמִשְׁפְּחֹתָם׃ וְהֶעָרִים הַמִּבְדָּלוֹת
לִבְנֵי אֶפְרַיִם בְּתוֹךְ נַחֲלַת בְּנֵי־מְנַשֶּׁה כָּל־הֶעָרִים וְחַצְרֵיהֶן׃

ס״ו v. 47. הגדול ק׳ v. 53. וינום ק׳ v. 63. יכלו ק׳ ט״ז v. 3. תוצאתיו ק׳

וְלֹא הוֹרִישׁוּ אֶת־הַכְּנַעֲנִי הַיּוֹשֵׁב בְּגָזֶר וַיֵּשֶׁב הַכְּנַעֲנִי
בְּקֶרֶב אֶפְרַיִם עַד־הַיּוֹם הַזֶּה וַיְהִי לְמַס־עֹבֵד׃

יז Cap. XVII. יז

א וַיְהִי הַגּוֹרָל לְמַטֵּה מְנַשֶּׁה כִּי־הוּא בְּכוֹר יוֹסֵף לְמָכִיר
בְּכוֹר מְנַשֶּׁה אֲבִי הַגִּלְעָד כִּי הוּא הָיָה אִישׁ מִלְחָמָה וַיְהִי־
2 לוֹ הַגִּלְעָד וְהַבָּשָׁן׃ וַיְהִי לִבְנֵי מְנַשֶּׁה הַנּוֹתָרִים לְמִשְׁפְּחֹתָם
לִבְנֵי אֲבִיעֶזֶר וְלִבְנֵי־חֵלֶק וְלִבְנֵי אַשְׂרִיאֵל וְלִבְנֵי־שֶׁכֶם
וְלִבְנֵי־חֵפֶר וְלִבְנֵי שְׁמִידָע אֵלֶּה בְּנֵי מְנַשֶּׁה בֶּן־יוֹסֵף הַזְּכָרִים
3 לְמִשְׁפְּחֹתָם׃ וְלִצְלָפְחָד בֶּן־חֵפֶר בֶּן־גִּלְעָד בֶּן־מָכִיר בֶּן־
מְנַשֶּׁה לֹא־הָיוּ לוֹ בָּנִים כִּי אִם־בָּנוֹת וְאֵלֶּה שְׁמוֹת בְּנֹתָיו
4 מַחְלָה וְנֹעָה חָגְלָה מִלְכָּה וְתִרְצָה׃ וַתִּקְרַבְנָה לִפְנֵי אֶלְעָזָר
הַכֹּהֵן וְלִפְנֵי ׀ יְהוֹשֻׁעַ בִּן־נוּן וְלִפְנֵי הַנְּשִׂיאִים לֵאמֹר יְהוָה
צִוָּה אֶת־מֹשֶׁה לָתֶת־לָנוּ נַחֲלָה בְּתוֹךְ אַחֵינוּ וַיִּתֵּן לָהֶם אֶל־
ה פִּי יְהוָה נַחֲלָה בְּתוֹךְ אֲחֵי אֲבִיהֶן׃ וַיִּפְּלוּ חַבְלֵי־מְנַשֶּׁה עֲשָׂרָה
6 לְבַד מֵאֶרֶץ הַגִּלְעָד וְהַבָּשָׁן אֲשֶׁר מֵעֵבֶר לַיַּרְדֵּן׃ כִּי בְּנוֹת
מְנַשֶּׁה נָחֲלוּ נַחֲלָה בְּתוֹךְ בָּנָיו וְאֶרֶץ הַגִּלְעָד הָיְתָה לִבְנֵי־
7 מְנַשֶּׁה הַנּוֹתָרִים׃ וַיְהִי גְבוּל־מְנַשֶּׁה מֵאָשֵׁר הַמִּכְמְתָת אֲשֶׁר
עַל־פְּנֵי שְׁכֶם וְהָלַךְ הַגְּבוּל אֶל־הַיָּמִין אֶל־יֹשְׁבֵי עֵין תַּפּוּחַ׃
8 לִמְנַשֶּׁה הָיְתָה אֶרֶץ תַּפּוּחַ וְתַפּוּחַ אֶל־גְּבוּל מְנַשֶּׁה לִבְנֵי
9 אֶפְרָיִם׃ וְיָרַד הַגְּבוּל נַחַל קָנָה נֶגְבָּה לַנַּחַל עָרִים הָאֵלֶּה
לְאֶפְרַיִם בְּתוֹךְ עָרֵי מְנַשֶּׁה וּגְבוּל מְנַשֶּׁה מִצְּפוֹן לַנַּחַל וַיְהִי
י תֹצְאֹתָיו הַיָּמָּה׃ נֶגְבָּה לְאֶפְרַיִם וְצָפוֹנָה לִמְנַשֶּׁה וַיְהִי הַיָּם
11 גְּבוּלוֹ וּבְאָשֵׁר יִפְגְּעוּן מִצָּפוֹן וּבְיִשָּׂשכָר מִמִּזְרָח׃ וַיְהִי לִמְנַשֶּׁה
בְּיִשָּׂשכָר וּבְאָשֵׁר בֵּית־שְׁאָן וּבְנוֹתֶיהָ וְיִבְלְעָם וּבְנוֹתֶיהָ וְאֶת־
יֹשְׁבֵי דֹאר וּבְנוֹתֶיהָ וְיֹשְׁבֵי עֵין־דֹּר וּבְנֹתֶיהָ וְיֹשְׁבֵי תַעְנַךְ
12 וּבְנֹתֶיהָ וְיֹשְׁבֵי מְגִדּוֹ וּבְנוֹתֶיהָ שְׁלֹשֶׁת הַנָּפֶת׃ וְלֹא יָכְלוּ בְּנֵי
מְנַשֶּׁה לְהוֹרִישׁ אֶת־הֶעָרִים הָאֵלֶּה וַיּוֹאֶל הַכְּנַעֲנִי לָשֶׁבֶת

בארץ

13 בָּאָרֶץ הַזֹּאת׃ וַיְהִי כִּי חָזְקוּ בְּנֵי יִשְׂרָאֵל וַיִּתְּנוּ אֶת־הַכְּנַעֲנִי
14 לָמַס וְהוֹרֵשׁ לֹא הוֹרִישׁוֹ׃ וַיְדַבְּרוּ בְּנֵי יוֹסֵף אֶת־יְהוֹשֻׁעַ
לֵאמֹר מַדּוּעַ נָתַתָּה לִּי נַחֲלָה גּוֹרָל אֶחָד וְחֶבֶל אֶחָד וַאֲנִי
טו עַם־רָב עַד אֲשֶׁר־עַד־כֹּה בֵּרְכַנִי יְהוָה׃ וַיֹּאמֶר אֲלֵיהֶם
יְהוֹשֻׁעַ אִם־עַם־רַב אַתָּה עֲלֵה לְךָ הַיַּעְרָה וּבֵרֵאתָ לְךָ שָׁם
16 בְּאֶרֶץ הַפְּרִזִּי וְהָרְפָאִים כִּי־אָץ לְךָ הַר־אֶפְרָיִם׃ וַיֹּאמְרוּ
בְּנֵי יוֹסֵף לֹא־יִמָּצֵא לָנוּ הָהָר וְרֶכֶב בַּרְזֶל בְּכָל־הַכְּנַעֲנִי
הַיֹּשֵׁב בְּאֶרֶץ־הָעֵמֶק לַאֲשֶׁר בְּבֵית־שְׁאָן וּבְנוֹתֶיהָ וְלַאֲשֶׁר
17 בְּעֵמֶק יִזְרְעֶאל׃ וַיֹּאמֶר יְהוֹשֻׁעַ אֶל־בֵּית יוֹסֵף לְאֶפְרַיִם
וְלִמְנַשֶּׁה לֵאמֹר עַם־רַב אַתָּה וְכֹחַ גָּדוֹל לָךְ לֹא־יִהְיֶה לְךָ
18 גּוֹרָל אֶחָד׃ כִּי הַר יִהְיֶה־לָּךְ כִּי־יַעַר הוּא וּבֵרֵאתוֹ וְהָיָה
לְךָ תֹּצְאֹתָיו כִּי־תוֹרִישׁ אֶת־הַכְּנַעֲנִי כִּי רֶכֶב בַּרְזֶל לוֹ כִּי
חָזָק הוּא׃

יח Cap. XVIII. יח

א וַיִּקָּהֲלוּ כָּל־עֲדַת בְּנֵי־יִשְׂרָאֵל שִׁלֹה וַיַּשְׁכִּינוּ שָׁם אֶת־אֹהֶל
2 מוֹעֵד וְהָאָרֶץ נִכְבְּשָׁה לִפְנֵיהֶם׃ וַיִּוָּתְרוּ בִּבְנֵי יִשְׂרָאֵל אֲשֶׁר
3 לֹא־חָלְקוּ אֶת־נַחֲלָתָם שִׁבְעָה שְׁבָטִים׃ וַיֹּאמֶר יְהוֹשֻׁעַ אֶל־
בְּנֵי יִשְׂרָאֵל עַד־אָנָה אַתֶּם מִתְרַפִּים לָבוֹא לָרֶשֶׁת אֶת־
4 הָאָרֶץ אֲשֶׁר נָתַן לָכֶם יְהוָה אֱלֹהֵי אֲבוֹתֵיכֶם׃ הָבוּ לָכֶם
שְׁלֹשָׁה אֲנָשִׁים לַשָּׁבֶט וְאֶשְׁלָחֵם וְיָקֻמוּ וְיִתְהַלְּכוּ בָאָרֶץ וְיִכְתְּבוּ
ה אוֹתָהּ לְפִי נַחֲלָתָם וְיָבֹאוּ אֵלָי׃ וְהִתְחַלְּקוּ אֹתָהּ לְשִׁבְעָה
חֲלָקִים יְהוּדָה יַעֲמֹד עַל־גְּבוּלוֹ מִנֶּגֶב וּבֵית יוֹסֵף יַעַמְדוּ
6 עַל־גְּבוּלָם מִצָּפוֹן׃ וְאַתֶּם תִּכְתְּבוּ אֶת־הָאָרֶץ שִׁבְעָה חֲלָקִים
וַהֲבֵאתֶם אֵלַי הֵנָּה וְיָרִיתִי לָכֶם גּוֹרָל פֹּה לִפְנֵי יְהוָה אֱלֹהֵינוּ׃
7 כִּי אֵין־חֵלֶק לַלְוִיִּם בְּקִרְבְּכֶם כִּי־כְהֻנַּת יְהוָה נַחֲלָתוֹ וְגָד
וּרְאוּבֵן וַחֲצִי שֵׁבֶט הַמְנַשֶּׁה לָקְחוּ נַחֲלָתָם מֵעֵבֶר לַיַּרְדֵּן
8 מִזְרָחָה אֲשֶׁר נָתַן לָהֶם מֹשֶׁה עֶבֶד יְהוָה׃ וַיָּקֻמוּ הָאֲנָשִׁים
וַיֵּלֵכוּ וַיְצַו יְהוֹשֻׁעַ אֶת־הַהֹלְכִים לִכְתֹּב אֶת־הָאָרֶץ לֵאמֹר

לְכוּ וְהִתְהַלְּכוּ בָאָרֶץ וְכִתְבוּ אוֹתָהּ וְשׁוּבוּ אֵלַי וּפֹה אַשְׁלִיךְ
9 לָכֶם גּוֹרָל לִפְנֵי יְהוָה בְּשִׁלֹה׃ וַיֵּלְכוּ הָאֲנָשִׁים וַיַּעַבְרוּ
בָאָרֶץ וַיִּכְתְּבוּהָ לֶעָרִים לְשִׁבְעָה חֲלָקִים עַל־סֵפֶר וַיָּבֹאוּ
י אֶל־יְהוֹשֻׁעַ אֶל־הַמַּחֲנֶה שִׁלֹה׃ וַיַּשְׁלֵךְ לָהֶם יְהוֹשֻׁעַ גּוֹרָל
בְּשִׁלֹה לִפְנֵי יְהוָה וַיְחַלֶּק־שָׁם יְהוֹשֻׁעַ אֶת־הָאָרֶץ לִבְנֵי יִשְׂרָאֵל
11 כְּמַחְלְקֹתָם׃ וַיַּעַל גּוֹרַל מַטֵּה בְנֵי־בִנְיָמִן לְמִשְׁפְּחֹתָם וַיֵּצֵא
12 גְּבוּל גּוֹרָלָם בֵּין בְּנֵי יְהוּדָה וּבֵין בְּנֵי יוֹסֵף׃ וַיְהִי לָהֶם הַגְּבוּל
לִפְאַת צָפוֹנָה מִן־הַיַּרְדֵּן וְעָלָה הַגְּבוּל אֶל־כֶּתֶף יְרִיחוֹ
מִצָּפוֹן וְעָלָה בָהָר יָמָּה וְהָיָה תֹּצְאֹתָיו מִדְבָּרָה בֵּית אָוֶן׃
13 וְעָבַר מִשָּׁם הַגְּבוּל לוּזָה אֶל־כֶּתֶף לוּזָה נֶגְבָּה הִיא בֵּית־אֵל
וְיָרַד הַגְּבוּל עַטְרוֹת אַדָּר עַל־הָהָר אֲשֶׁר מִנֶּגֶב לְבֵית־חֹרֹן
14 תַּחְתּוֹן׃ וְתָאַר הַגְּבוּל וְנָסַב לִפְאַת־יָם נֶגְבָּה מִן־הָהָר אֲשֶׁר
עַל־פְּנֵי בֵית־חֹרוֹן נֶגְבָּה וְהָיָה תֹצְאֹתָיו אֶל־קִרְיַת־בַּעַל
טו הִיא קִרְיַת יְעָרִים עִיר בְּנֵי יְהוּדָה זֹאת פְּאַת־יָם׃ וּפְאַת־
נֶגְבָּה מִקְצֵה קִרְיַת יְעָרִים וְיָצָא הַגְּבוּל יָמָּה וְיָצָא אֶל־מַעְיַן
16 מֵי נֶפְתּוֹחַ׃ וְיָרַד הַגְּבוּל אֶל־קְצֵה הָהָר אֲשֶׁר עַל־פְּנֵי גֵּי
בֶן־הִנֹּם אֲשֶׁר בְּעֵמֶק רְפָאִים צָפוֹנָה וְיָרַד גֵּי הִנֹּם אֶל־כֶּתֶף
17 הַיְבוּסִי נֶגְבָּה וְיָרַד עֵין רֹגֵל׃ וְתָאַר מִצָּפוֹן וְיָצָא עֵין שֶׁמֶשׁ
וְיָצָא אֶל־גְּלִילוֹת אֲשֶׁר־נֹכַח מַעֲלֵה אֲדֻמִּים וְיָרַד אֶבֶן
18 בֹּהַן בֶּן־רְאוּבֵן׃ וְעָבַר אֶל־כֶּתֶף מוּל־הָעֲרָבָה צָפוֹנָה וְיָרַד
19 הָעֲרָבָתָה׃ וְעָבַר הַגְּבוּל אֶל־כֶּתֶף בֵּית־חָגְלָה צָפוֹנָה וְהָיָה׀
תּוֹצְאוֹתָיו הַגְּבוּל אֶל־לְשׁוֹן יָם־הַמֶּלַח צָפוֹנָה אֶל־קְצֵה
כ הַיַּרְדֵּן נֶגְבָּה זֶה גְּבוּל נֶגֶב׃ וְהַיַּרְדֵּן יִגְבֹּל־אֹתוֹ לִפְאַת־קֵדְמָה
21 זֹאת נַחֲלַת בְּנֵי בִנְיָמִן לִגְבוּלֹתֶיהָ סָבִיב לְמִשְׁפְּחֹתָם׃ וְהָיוּ
הֶעָרִים לְמַטֵּה בְּנֵי בִנְיָמִן לְמִשְׁפְּחוֹתֵיהֶם יְרִיחוֹ וּבֵית־חָגְלָה
22 23 וְעֵמֶק קְצִיץ׃ וּבֵית הָעֲרָבָה וּצְמָרַיִם וּבֵית־אֵל׃ וְהָעַוִּים
24 וְהַפָּרָה וְעָפְרָה׃ וּכְפַר הָעַמֹּנָי וְהָעָפְנִי וָגָבַע עָרִים שְׁתֵּים־

עשרה

v. 12. והיו ק׳ v. 14. והיו ק׳ v. 19. והיו ק׳ ibid. תוצאות ק׳ v. 24. העמנה ק׳

עֶשְׂרֵ֖ה וְחַצְרֵיהֶֽן׃ גִּבְע֥וֹן וְהָרָמָ֖ה וּבְאֵרֽוֹת׃ וְהַמִּצְפֶּ֥ה כה 26
וְהַכְּפִירָ֖ה וְהַמֹּצָֽה׃ וְרֶ֥קֶם וְיִרְפְּאֵ֖ל וְתַרְאֲלָֽה׃ וְצֵלַ֡ע הָאֶ֜לֶף 27 28
וְהַיְבוּסִ֨י הִ֤יא יְרֽוּשָׁלִַ֙ם֙ גִּבְעַ֣ת קִרְיַ֔ת עָרִ֖ים אַרְבַּֽע־עֶשְׂרֵ֣ה
וְחַצְרֵיהֶ֑ן זֹ֛את נַחֲלַ֥ת בְּנֵֽי־בִנְיָמִ֖ן לְמִשְׁפְּחֹתָֽם׃

יט Cap. XIX. יט

וַיֵּצֵ֞א הַגּוֹרָ֤ל הַשֵּׁנִי֙ לְשִׁמְע֔וֹן לְמַטֵּ֥ה בְנֵֽי־שִׁמְע֖וֹן לְמִשְׁפְּחוֹתָ֑ם א
וַיְהִי֙ נַחֲלָתָ֔ם בְּת֖וֹךְ נַחֲלַ֥ת בְּנֵֽי־יְהוּדָֽה׃ וַיְהִ֥י לָהֶ֖ם בְּנַחֲלָתָ֑ם 2
בְּאֵֽר־שֶׁ֥בַע וְשֶׁ֖בַע וּמוֹלָדָֽה׃ וַחֲצַ֥ר שׁוּעָ֛ל וּבָלָ֖ה וָעָֽצֶם׃ 3
וְאֶלְתּוֹלַ֥ד וּבְת֖וּל וְחָרְמָֽה׃ וְצִֽקְלַ֥ג וּבֵית־הַמַּרְכָּב֖וֹת וַחֲצַ֥ר 4 ה
סוּסָֽה׃ וּבֵ֥ית לְבָא֖וֹת וְשָֽׁרוּחֶ֑ן עָרִ֛ים שְׁלֹשׁ־עֶשְׂרֵ֖ה וְחַצְרֵיהֶֽן׃ 6
עַ֥יִן ׀ רִמּ֖וֹן וָעֶ֣תֶר וְעָשָׁ֑ן עָרִ֥ים אַרְבַּ֖ע וְחַצְרֵיהֶֽן׃ וְכָל־הַחֲצֵרִ֗ים 7 8
אֲשֶׁר֙ סְבִיבוֹת֙ הֶעָרִ֣ים הָאֵ֔לֶּה עַד־בַּעֲלַ֥ת בְּאֵ֖ר רָאמַ֣ת נֶ֑גֶב
זֹ֗את נַחֲלַ֛ת מַטֵּ֥ה בְנֵֽי־שִׁמְע֖וֹן לְמִשְׁפְּחֹתָֽם׃ מֵחֶ֙בֶל֙ בְּנֵ֣י יְהוּדָ֔ה 9
נַחֲלַ֖ת בְּנֵ֣י שִׁמְע֑וֹן כִּֽי־הָיָ֞ה חֵ֤לֶק בְּנֵֽי־יְהוּדָה֙ רַ֣ב מֵהֶ֔ם וַיִּנְחֲל֥וּ
בְנֵֽי־שִׁמְע֖וֹן בְּת֥וֹךְ נַחֲלָתָֽם׃ וַיַּ֙עַל֙ הַגּוֹרָ֣ל הַשְּׁלִישִׁ֔י לִבְנֵ֥י י
זְבוּלֻ֖ן לְמִשְׁפְּחֹתָ֑ם וַיְהִ֛י גְּב֥וּל נַחֲלָתָ֖ם עַד־שָׂרִֽיד׃ וְעָלָ֨ה 11
גְבוּלָ֧ם ׀ לַיָּ֛מָּה וּמַרְעֲלָ֖ה וּפָגַ֣ע בְּדַבָּ֑שֶׁת וּפָגַע֙ אֶל־הַנַּ֔חַל
אֲשֶׁ֖ר עַל־פְּנֵ֥י יָקְנְעָֽם׃ וְשָׁ֣ב מִשָּׂרִ֗יד קֵ֚דְמָה מִזְרַ֣ח הַשֶּׁ֔מֶשׁ 12
עַל־גְּב֖וּל כִּסְלֹ֣ת תָּבֹ֑ר וְיָצָ֥א אֶל־הַדָּבְרַ֖ת וְעָלָ֥ה יָפִֽיעַ׃ וּמִשָּׁ֞ם 13
עָבַ֤ר קֵ֙דְמָה֙ מִזְרָ֔חָה גִּתָּ֥ה חֵ֖פֶר עִתָּ֣ה קָצִ֑ין וְיָצָ֛א רִמּ֥וֹן הַמְּתֹאָ֖ר
הַנֵּעָֽה׃ וְנָסַ֤ב אֹתוֹ֙ הַגְּב֔וּל מִצְּפ֖וֹן חַנָּתֹ֑ן וְהָיוּ֙ תֹּֽצְאֹתָ֔יו גֵּ֖י יִפְתַּח־ 14
אֵֽל׃ וְקַטָּ֤ת וְנַהֲלָל֙ וְשִׁמְר֔וֹן וְיִדְאֲלָ֖ה וּבֵ֣ית לָ֑חֶם עָרִ֥ים שְׁתֵּים־ טו
עֶשְׂרֵ֖ה וְחַצְרֵיהֶֽן׃ זֹ֛את נַחֲלַ֥ת בְּנֵֽי־זְבוּלֻ֖ן לְמִשְׁפְּחוֹתָ֑ם הֶעָרִ֥ים 16
הָאֵ֖לֶּה וְחַצְרֵיהֶֽן׃
לְיִ֙שָּׂשכָ֔ר יָצָ֖א הַגּוֹרָ֣ל הָרְבִיעִ֑י לִבְנֵ֥י יִשָּׂשכָ֖ר לְמִשְׁפְּחוֹתָֽם׃ 17
וַיְהִ֖י גְּבוּלָ֑ם יִזְרְעֶ֥אלָה וְהַכְּסֻל֖וֹת וְשׁוּנֵֽם׃ וַחֲפָרַ֥יִם וְשִׁיאֹ֖ן 18 19
וַאֲנָחֲרַֽת׃ וְהָֽרַבִּ֥ית וְקִשְׁי֖וֹן וָאָֽבֶץ׃ וְרֶ֧מֶת וְעֵין־גַּנִּ֛ים וְעֵ֥ין חַדָּ֖ה כ 21

ובית

22 וּבֵית פַּצֵּץ׃ וּפָגַע הַגְּבוּל בְּתָבוֹר וְשַׁחֲצוֹמָה וּבֵית שֶׁמֶשׁ וְהָיוּ
23 תֹּצְאוֹת גְּבוּלָם הַיַּרְדֵּן עָרִים שֵׁשׁ־עֶשְׂרֵה וְחַצְרֵיהֶן׃ זֹאת
נַחֲלַת מַטֵּה בְנֵי־יִשָּׂשכָר לְמִשְׁפְּחֹתָם הֶעָרִים וְחַצְרֵיהֶן׃
24 כה וַיֵּצֵא הַגּוֹרָל הַחֲמִישִׁי לְמַטֵּה בְנֵי־אָשֵׁר לְמִשְׁפְּחוֹתָם׃ וַיְהִי
26 גְּבוּלָם חֶלְקַת וַחֲלִי וָבֶטֶן וְאַכְשָׁף׃ וְאַלַמֶּלֶךְ וְעַמְעָד וּמִשְׁאָל
27 וּפָגַע בְּכַרְמֶל הַיָּמָּה וּבְשִׁיחוֹר לִבְנָת׃ וְשָׁב מִזְרַח הַשֶּׁמֶשׁ בֵּית
דָּגֹן וּפָגַע בִּזְבֻלוּן וּבְגֵי יִפְתַּח־אֵל צָפוֹנָה בֵּית הָעֵמֶק וּנְעִיאֵל
28 וְיָצָא אֶל־כָּבוּל מִשְּׂמֹאל׃ וְעֶבְרֹן וּרְחֹב וְחַמּוֹן וְקָנָה עַד
29 צִידוֹן רַבָּה׃ וְשָׁב הַגְּבוּל הָרָמָה וְעַד־עִיר מִבְצַר־צֹר וְשָׁב
ל הַגְּבוּל חֹסָה וְיָהָיוּ תֹצְאֹתָיו הַיָּמָּה מֵחֶבֶל אַכְזִיבָה׃ וְעֻמָה
31 וַאֲפֵק וּרְחֹב עָרִים עֶשְׂרִים וּשְׁתַּיִם וְחַצְרֵיהֶן׃ זֹאת נַחֲלַת
32 מַטֵּה בְנֵי־אָשֵׁר לְמִשְׁפְּחֹתָם הֶעָרִים הָאֵלֶּה וְחַצְרֵיהֶן׃ לִבְנֵי
33 נַפְתָּלִי יָצָא הַגּוֹרָל הַשִּׁשִּׁי לִבְנֵי נַפְתָּלִי לְמִשְׁפְּחֹתָם׃ וַיְהִי
גְבוּלָם מֵחֵלֶף מֵאֵלוֹן בְּצַעֲנַנִּים וַאֲדָמִי הַנֶּקֶב וְיַבְנְאֵל עַד־
34 לַקּוּם וַיְהִי תֹצְאֹתָיו הַיַּרְדֵּן׃ וְשָׁב הַגְּבוּל יָמָּה אַזְנוֹת תָּבוֹר
וְיָצָא מִשָּׁם חוּקֹקָה וּפָגַע בִּזְבֻלוּן מִנֶּגֶב וּבְאָשֵׁר פָּגַע מִיָּם
לה וּבִיהוּדָה הַיַּרְדֵּן מִזְרַח הַשָּׁמֶשׁ׃ וְעָרֵי מִבְצָר הַצִּדִּים צֵר
36 37 וְחַמַּת רַקַּת וְכִנָּרֶת׃ וַאֲדָמָה וְהָרָמָה וְחָצוֹר׃ וְקֶדֶשׁ וְאֶדְרֶעִי
38 וְעֵין חָצוֹר׃ וְיִרְאוֹן וּמִגְדַּל־אֵל חֳרֵם וּבֵית־עֲנָת וּבֵית שָׁמֶשׁ
39 עָרִים תְּשַׁע־עֶשְׂרֵה וְחַצְרֵיהֶן׃ זֹאת נַחֲלַת מַטֵּה בְנֵי־נַפְתָּלִי
מ לְמִשְׁפְּחֹתָם הֶעָרִים וְחַצְרֵיהֶן׃ לְמַטֵּה בְנֵי־דָן לְמִשְׁפְּחֹתָם
41 יָצָא הַגּוֹרָל הַשְּׁבִיעִי׃ וַיְהִי גְּבוּל נַחֲלָתָם צָרְעָה וְאֶשְׁתָּאוֹל
42 43 וְעִיר שָׁמֶשׁ׃ וְשַׁעֲלַבִּין וְאַיָּלוֹן וְיִתְלָה׃ וְאֵילוֹן וְתִמְנָתָה וְעֶקְרוֹן׃
44 מה וְאֶלְתְּקֵה וְגִבְּתוֹן וּבַעֲלָת׃ וִיהֻד וּבְנֵי־בְרַק וְגַת־רִמּוֹן׃ וּמֵי
46 47 הַיַּרְקוֹן וְהָרַקּוֹן עִם־הַגְּבוּל מוּל יָפוֹ׃ וַיֵּצֵא גְבוּל־בְּנֵי־דָן
מֵהֶם וַיַּעֲלוּ בְנֵי־דָן וַיִּלָּחֲמוּ עִם־לֶשֶׁם וַיִּלְכְּדוּ אוֹתָהּ ׀ וַיַּכּוּ
אוֹתָהּ לְפִי־חֶרֶב וַיִּרְשׁוּ אוֹתָהּ וַיֵּשְׁבוּ בָהּ וַיִּקְרְאוּ לְלֶשֶׁם דָּן

כשם

v. 22. ושחצימה ק׳ v. 29. והיו ק׳

48 כְּשֵׁ֖ם דָּ֥ן אֲבִיהֶֽם׃ זֹ֗את נַחֲלַ֛ת מַטֵּ֥ה בְנֵי־דָ֖ן לְמִשְׁפְּחֹתָ֑ם הֶעָרִ֥ים
49 הָאֵ֖לֶּה וְחַצְרֵיהֶֽן׃ וַיְכַלּ֥וּ לִנְחֹֽל־אֶת־הָאָ֖רֶץ לִגְבוּלֹתֶ֑יהָ
נ וַיִּתְּנ֨וּ בְנֵֽי־יִשְׂרָאֵ֧ל נַחֲלָ֛ה לִיהוֹשֻׁ֥עַ בִּן־נ֖וּן בְּתוֹכָֽם׃ עַל־פִּ֨י
יְהוָ֜ה נָ֣תְנוּ ל֗וֹ אֶת־הָעִיר֙ אֲשֶׁ֣ר שָׁאָ֔ל אֶת־תִּמְנַת־סֶ֖רַח בְּהַ֣ר
אֶפְרָ֑יִם וַיִּבְנֶ֥ה אֶת־הָעִ֖יר וַיֵּ֥שֶׁב בָּֽהּ׃
51 אֵ֣לֶּה הַנְּחָלֹ֡ת אֲשֶׁ֣ר נִחֲל֣וּ אֶלְעָזָ֣ר הַכֹּהֵ֣ן ׀ וִיהוֹשֻׁ֣עַ בִּן־נ֡וּן וְרָאשֵׁ֣י
הָאָב֣וֹת לְמַטּ֣וֹת בְּנֵֽי־יִשְׂרָאֵ֣ל ׀ בְּגוֹרָ֣ל ׀ בְּשִׁלֹה֙ לִפְנֵ֣י יְהוָ֔ה
פֶּ֖תַח אֹ֣הֶל מוֹעֵ֑ד וַיְכַלּ֕וּ מֵֽחַלֵּ֖ק אֶת־הָאָֽרֶץ׃

כ Cap. XX. כ

א 2 וַיְדַבֵּ֣ר יְהוָ֔ה אֶל־יְהוֹשֻׁ֖עַ לֵאמֹֽר׃ דַּבֵּ֛ר אֶל־בְּנֵ֥י יִשְׂרָאֵ֖ל
לֵאמֹ֑ר תְּנ֤וּ לָכֶם֙ אֶת־עָרֵ֣י הַמִּקְלָ֔ט אֲשֶׁר־דִּבַּ֥רְתִּי אֲלֵיכֶ֖ם
3 בְּיַד־מֹשֶֽׁה׃ לָנ֥וּס שָׁ֙מָּה֙ רוֹצֵ֔חַ מַכֵּה־נֶ֥פֶשׁ בִּשְׁגָגָ֖ה בִּבְלִי־
4 דָ֑עַת וְהָי֣וּ לָכֶם֙ לְמִקְלָ֔ט מִגֹּאֵ֖ל הַדָּֽם׃ וְנָ֞ס אֶל־אַחַ֣ת ׀ מֵהֶעָרִ֣ים
הָאֵ֗לֶּה וְעָמַד֙ פֶּ֚תַח שַׁ֣עַר הָעִ֔יר וְדִבֶּ֛ר בְּאָזְנֵ֛י זִקְנֵ֥י הָעִֽיר־הַהִ֖יא
אֶת־דְּבָרָ֑יו וְאָסְפ֨וּ אֹת֤וֹ הָעִ֙ירָה֙ אֲלֵיהֶ֔ם וְנָתְנוּ־ל֥וֹ מָק֖וֹם וְיָשַׁ֥ב
ה עִמָּֽם׃ וְכִ֨י יִרְדֹּ֜ף גֹּאֵ֤ל הַדָּם֙ אַחֲרָ֔יו וְלֹֽא־יַסְגִּ֥רוּ אֶת־הָרֹצֵ֖חַ
בְּיָד֑וֹ כִּ֣י בִבְלִי־דַ֗עַת הִכָּה֙ אֶת־רֵעֵ֔הוּ וְלֹֽא־שֹׂנֵ֥א ה֛וּא ל֖וֹ
6 מִתְּמ֥וֹל שִׁלְשֽׁוֹם׃ וְיָשַׁ֣ב ׀ בָּעִ֣יר הַהִ֗יא עַד־עָמְד֞וֹ לִפְנֵ֤י הָֽעֵדָה֙
לַמִּשְׁפָּ֔ט עַד־מוֹת֙ הַכֹּהֵ֣ן הַגָּד֔וֹל אֲשֶׁ֥ר יִהְיֶ֖ה בַּיָּמִ֣ים הָהֵ֑ם אָ֣ז ׀
יָשׁ֣וּב הָרוֹצֵ֗חַ וּבָ֤א אֶל־עִירוֹ֙ וְאֶל־בֵּית֔וֹ אֶל־הָעִ֖יר אֲשֶׁר־נָ֥ס
7 מִשָּֽׁם׃ וַיַּקְדִּ֡שׁוּ אֶת־קֶ֣דֶשׁ בַּגָּלִיל֩ בְּהַ֨ר נַפְתָּלִ֜י וְאֶת־שְׁכֶ֣ם
בְּהַ֣ר אֶפְרָ֔יִם וְאֶת־קִרְיַ֥ת אַרְבַּ֛ע הִ֥יא חֶבְר֖וֹן בְּהַ֥ר יְהוּדָֽה׃
8 וּמֵעֵ֜בֶר לְיַרְדֵּ֤ן יְרִיחוֹ֙ מִזְרָ֔חָה נָֽתְנ֞וּ אֶת־בֶּ֧צֶר בַּמִּדְבָּ֛ר בַּמִּישֹׁ֖ר
מִמַּטֵּ֣ה רְאוּבֵ֑ן וְאֶת־רָאמֹ֤ת בַּגִּלְעָד֙ מִמַּטֵּה־גָ֔ד וְאֶת־גָּל֥וֹן
9 בַּבָּשָׁ֖ן מִמַּטֵּ֥ה מְנַשֶּֽׁה׃ אֵ֣לֶּה הָי֞וּ עָרֵ֣י הַמּֽוּעָדָ֗ה לְכֹ֣ל ׀ בְּנֵ֣י
יִשְׂרָאֵ֗ל וְלַגֵּר֙ הַגָּ֣ר בְּתוֹכָ֔ם לָנ֣וּס שָׁ֔מָּה כָּל־מַכֵּה־נֶ֖פֶשׁ בִּשְׁגָגָ֑ה
וְלֹ֣א יָמ֗וּת בְּיַד֙ גֹּאֵ֣ל הַדָּ֔ם עַד־עָמְד֖וֹ לִפְנֵ֥י הָעֵדָֽה׃

כ׳ v. 8. גולן ק׳

כא Cap. XXI. כא

א וַיִּגְּשׁוּ רָאשֵׁי אֲבוֹת הַלְוִיִּם אֶל־אֶלְעָזָר הַכֹּהֵן וְאֶל־יְהוֹשֻׁעַ
2 בִּן־נוּן וְאֶל־רָאשֵׁי אֲבוֹת הַמַּטּוֹת לִבְנֵי יִשְׂרָאֵל׃ וַיְדַבְּרוּ
אֲלֵיהֶם בְּשִׁלֹה בְּאֶרֶץ כְּנַעַן לֵאמֹר יְהוָה צִוָּה בְיַד־מֹשֶׁה
3 לָתֶת־לָנוּ עָרִים לָשָׁבֶת וּמִגְרְשֵׁיהֶן לִבְהֶמְתֵּנוּ׃ וַיִּתְּנוּ בְנֵי־
יִשְׂרָאֵל לַלְוִיִּם מִנַּחֲלָתָם אֶל־פִּי יְהוָה אֶת־הֶעָרִים הָאֵלֶּה
4 וְאֶת־מִגְרְשֵׁיהֶן׃ וַיֵּצֵא הַגּוֹרָל לְמִשְׁפְּחֹת הַקְּהָתִי וַיְהִי
לִבְנֵי אַהֲרֹן הַכֹּהֵן מִן־הַלְוִיִּם מִמַּטֵּה יְהוּדָה וּמִמַּטֵּה הַשִּׁמְעֹנִי
וּמִמַּטֵּה בִנְיָמִן בַּגּוֹרָל עָרִים שְׁלֹשׁ עֶשְׂרֵה׃
ה וְלִבְנֵי קְהָת הַנּוֹתָרִים מִמִּשְׁפְּחֹת מַטֵּה־אֶפְרַיִם וּמִמַּטֵּה־דָן
6 וּמֵחֲצִי מַטֵּה מְנַשֶּׁה בַּגּוֹרָל עָרִים עֶשֶׂר׃ וְלִבְנֵי גֵרְשׁוֹן
מִמִּשְׁפְּחוֹת מַטֵּה־יִשָּׂשכָר וּמִמַּטֵּה־אָשֵׁר וּמִמַּטֵּה נַפְתָּלִי
7 וּמֵחֲצִי מַטֵּה מְנַשֶּׁה בַבָּשָׁן בַּגּוֹרָל עָרִים שְׁלֹשׁ עֶשְׂרֵה׃ לִבְנֵי
מְרָרִי לְמִשְׁפְּחֹתָם מִמַּטֵּה רְאוּבֵן וּמִמַּטֵּה־גָד וּמִמַּטֵּה זְבוּלֻן
8 עָרִים שְׁתֵּים עֶשְׂרֵה׃ וַיִּתְּנוּ בְנֵי־יִשְׂרָאֵל לַלְוִיִּם אֶת־
הֶעָרִים הָאֵלֶּה וְאֶת־מִגְרְשֵׁיהֶן כַּאֲשֶׁר צִוָּה יְהוָה בְּיַד־מֹשֶׁה
9 בַּגּוֹרָל׃ וַיִּתְּנוּ מִמַּטֵּה בְּנֵי יְהוּדָה וּמִמַּטֵּה בְּנֵי שִׁמְעוֹן אֵת
י הֶעָרִים הָאֵלֶּה אֲשֶׁר־יִקְרָא אֶתְהֶן בְּשֵׁם׃ וַיְהִי לִבְנֵי אַהֲרֹן
מִמִּשְׁפְּחוֹת הַקְּהָתִי מִבְּנֵי לֵוִי כִּי לָהֶם הָיָה הַגּוֹרָל רִאישֹׁנָה׃
11 וַיִּתְּנוּ לָהֶם אֶת־קִרְיַת אַרְבַּע אֲבִי הָעֲנוֹק הִיא חֶבְרוֹן בְּהַר
12 יְהוּדָה וְאֶת־מִגְרָשֶׁהָ סְבִיבֹתֶיהָ׃ וְאֶת־שְׂדֵה הָעִיר וְאֶת־
13 חֲצֵרֶיהָ נָתְנוּ לְכָלֵב בֶּן־יְפֻנֶּה בַּאֲחֻזָּתוֹ׃ וְלִבְנֵי ׀ אַהֲרֹן
הַכֹּהֵן נָתְנוּ אֶת־עִיר מִקְלַט הָרֹצֵחַ אֶת־חֶבְרוֹן וְאֶת־מִגְרָשֶׁהָ
14 וְאֶת־לִבְנָה וְאֶת־מִגְרָשֶׁהָ׃ וְאֶת־יַתִּר וְאֶת־מִגְרָשֶׁהָ וְאֶת־
טו אֶשְׁתְּמֹעַ וְאֶת־מִגְרָשֶׁהָ׃ וְאֶת־חֹלֹן וְאֶת־מִגְרָשֶׁהָ וְאֶת־דְּבִר
16 וְאֶת־מִגְרָשֶׁהָ׃ וְאֶת־עַיִן וְאֶת־מִגְרָשֶׁהָ וְאֶת־יֻטָּה וְאֶת־

מגרשה

v. 10. ראשנה ק

מִגְרָשֶׁהָ אֶת־בֵּית שֶׁמֶשׁ וְאֶת־מִגְרָשֶׁהָ עָרִים תֵּשַׁע מֵאֵת שְׁנֵי
17 הַשְּׁבָטִים הָאֵלֶּה׃ וּמִמַּטֵּה בִנְיָמִין אֶת־גִּבְעוֹן וְאֶת־מִגְרָשֶׁהָ
18 אֶת־גֶּבַע וְאֶת־מִגְרָשֶׁהָ׃ אֶת־עֲנָתוֹת וְאֶת־מִגְרָשֶׁהָ וְאֶת־
19 עַלְמוֹן וְאֶת־מִגְרָשֶׁהָ עָרִים אַרְבַּע׃ כָּל־עָרֵי בְנֵי־אַהֲרֹן
כ הַכֹּהֲנִים שְׁלֹשׁ־עֶשְׂרֵה עָרִים וּמִגְרְשֵׁיהֶן׃ וּלְמִשְׁפְּחוֹת בְּנֵי־
קְהָת הַלְוִיִּם הַנּוֹתָרִים מִבְּנֵי קְהָת וַיְהִי עָרֵי גוֹרָלָם מִמַּטֵּה
21 אֶפְרָיִם׃ וַיִּתְּנוּ לָהֶם אֶת־עִיר מִקְלַט הָרֹצֵחַ אֶת־שְׁכֶם וְאֶת־
22 מִגְרָשֶׁהָ בְּהַר אֶפְרָיִם וְאֶת־גֶּזֶר וְאֶת־מִגְרָשֶׁהָ׃ וְאֶת־קִבְצַיִם
וְאֶת־מִגְרָשֶׁהָ וְאֶת־בֵּית חוֹרֹן וְאֶת־מִגְרָשֶׁהָ עָרִים אַרְבַּע׃
23 וּמִמַּטֵּה־דָן אֶת־אֶלְתְּקֵא וְאֶת־מִגְרָשֶׁהָ אֶת־גִּבְּתוֹן וְאֶת־
24 מִגְרָשֶׁהָ׃ אֶת־אַיָּלוֹן וְאֶת־מִגְרָשֶׁהָ אֶת־גַּת־רִמּוֹן וְאֶת־מִגְרָשֶׁהָ
כה עָרִים אַרְבַּע׃ וּמִמַּחֲצִית מַטֵּה מְנַשֶּׁה אֶת־תַּעְנַךְ וְאֶת־
26 מִגְרָשֶׁהָ וְאֶת־גַּת־רִמּוֹן וְאֶת־מִגְרָשֶׁהָ עָרִים שְׁתָּיִם׃ כָּל־
עָרִים עֶשֶׂר וּמִגְרְשֵׁיהֶן לְמִשְׁפְּחוֹת בְּנֵי־קְהָת הַנּוֹתָרִים׃
27 וְלִבְנֵי גֵרְשׁוֹן מִמִּשְׁפְּחֹת הַלְוִיִּם מֵחֲצִי מַטֵּה מְנַשֶּׁה אֶת־עִיר
מִקְלַט הָרֹצֵחַ אֶת־גָּלוֹן בַּבָּשָׁן וְאֶת־מִגְרָשֶׁהָ וְאֶת־בְּעֶשְׁתְּרָה
28 וְאֶת־מִגְרָשֶׁהָ עָרִים שְׁתָּיִם׃ וּמִמַּטֵּה יִשָּׂשכָר אֶת־קִשְׁיוֹן
29 וְאֶת־מִגְרָשֶׁהָ אֶת־דָּבְרַת וְאֶת־מִגְרָשֶׁהָ׃ אֶת־יַרְמוּת וְאֶת־
ל מִגְרָשֶׁהָ אֶת־עֵין גַּנִּים וְאֶת־מִגְרָשֶׁהָ עָרִים אַרְבַּע׃ וּמִמַּטֵּה
אָשֵׁר אֶת־מִשְׁאָל וְאֶת־מִגְרָשֶׁהָ אֶת־עַבְדּוֹן וְאֶת־מִגְרָשֶׁהָ׃
31 אֶת־חֶלְקָת וְאֶת־מִגְרָשֶׁהָ וְאֶת־רְחֹב וְאֶת־מִגְרָשֶׁהָ עָרִים
32 אַרְבַּע׃ וּמִמַּטֵּה נַפְתָּלִי אֶת־עִיר ׀ מִקְלַט הָרֹצֵחַ אֶת־
קֶדֶשׁ בַּגָּלִיל וְאֶת־מִגְרָשֶׁהָ וְאֶת־חַמֹּת דֹּאר וְאֶת־מִגְרָשֶׁהָ
33 וְאֶת־קַרְתָּן וְאֶת־מִגְרָשֶׁהָ עָרִים שָׁלֹשׁ׃ כָּל־עָרֵי הַגֵּרְשֻׁנִּי
34 לְמִשְׁפְּחֹתָם שְׁלֹשׁ־עֶשְׂרֵה עִיר וּמִגְרְשֵׁיהֶן׃ וּלְמִשְׁפְּחוֹת
בְּנֵי־מְרָרִי הַלְוִיִּם הַנּוֹתָרִים מֵאֵת מַטֵּה זְבוּלֻן אֶת־יָקְנְעָם
לה וְאֶת־מִגְרָשֶׁהָ אֶת־קַרְתָּה וְאֶת־מִגְרָשֶׁהָ׃ אֶת־דִּמְנָה וְאֶת־

מגרשה

v. 27. גולן ק׳

38 מִגְרָשֶׁ֔הָ אֶת־נַהֲלָ֖ל וְאֶת־מִגְרָשֶׁ֑הָ עָרִ֖ים אַרְבַּֽע׃ ° וּמִמַּטֵּה־
גָ֞ד אֶת־עִ֣יר מִקְלַ֤ט הָֽרֹצֵ֙חַ֙ אֶת־רָמֹ֣ת בַּגִּלְעָ֔ד וְאֶת־מִגְרָשֶׁ֑הָ
39 וְאֶֽת־מַחֲנַ֖יִם וְאֶת־מִגְרָשֶֽׁהָ׃ אֶת־חֶשְׁבּוֹן֙ וְאֶת־מִגְרָשֶׁ֔הָ אֶת־
מ יַעְזֵ֖ר וְאֶת־מִגְרָשֶׁ֑הָ כָּל־עָרִ֖ים אַרְבַּֽע׃ כָּל־הֶ֣עָרִ֔ים לִבְנֵ֤י
מְרָרִי֙ לְמִשְׁפְּחֹתָ֔ם הַנּוֹתָרִ֖ים מִמִּשְׁפְּח֣וֹת הַלְוִיִּ֑ם וַיְהִי֙ גּֽוֹרָלָ֔ם
41 עָרִ֖ים שְׁתֵּ֥ים עֶשְׂרֵֽה׃ כֹּ֗ל עָרֵי֙ הַלְוִיִּ֔ם בְּת֖וֹךְ אֲחֻזַּ֣ת בְּנֵֽי־יִשְׂרָאֵ֑ל
42 עָרִ֛ים אַרְבָּעִ֥ים וּשְׁמֹנֶ֖ה וּמִגְרְשֵׁיהֶֽן׃ תִּֽהְיֶ֙ינָה֙ הֶעָרִ֣ים הָאֵ֔לֶּה
עִ֥יר עִ֖יר וּמִגְרָשֶׁ֣יהָ סְבִיבֹתֶ֑יהָ כֵּ֖ן לְכָל־הֶעָרִ֥ים הָאֵֽלֶּה׃
43 וַיִּתֵּ֤ן יְהוָה֙ לְיִשְׂרָאֵ֔ל אֶת־כָּל־הָאָ֕רֶץ אֲשֶׁ֥ר נִשְׁבַּ֖ע לָתֵ֣ת
44 לַאֲבוֹתָ֑ם וַיִּרָשׁ֖וּהָ וַיֵּ֥שְׁבוּ בָֽהּ׃ וַיָּ֨נַח יְהוָ֤ה לָהֶם֙ מִסָּבִ֔יב כְּכֹ֥ל
אֲשֶׁר־נִשְׁבַּ֖ע לַאֲבוֹתָ֑ם וְלֹא־עָ֨מַד אִ֤ישׁ בִּפְנֵיהֶם֙ מִכָּל־
מה אֹ֣יְבֵיהֶ֔ם אֵ֚ת כָּל־אֹ֣יְבֵיהֶ֔ם נָתַ֥ן יְהוָ֖ה בְּיָדָֽם׃ לֹֽא־נָפַ֣ל דָּבָ֔ר
מִכֹּל֙ הַדָּבָ֣ר הַטּ֔וֹב אֲשֶׁר־דִּבֶּ֥ר יְהוָ֖ה אֶל־בֵּ֣ית יִשְׂרָאֵ֑ל הַכֹּ֖ל
בָּֽא׃

כב Cap. XXII. כב

2א אָ֚ז יִקְרָ֣א יְהוֹשֻׁ֔עַ לָרְאוּבֵנִ֖י וְלַגָּדִ֑י וְלַחֲצִ֖י מַטֵּ֥ה מְנַשֶּֽׁה׃ וַיֹּ֣אמֶר
אֲלֵיהֶ֔ם אַתֶּ֣ם שְׁמַרְתֶּ֔ם אֵ֚ת כָּל־אֲשֶׁ֣ר צִוָּ֣ה אֶתְכֶ֔ם מֹשֶׁ֖ה עֶ֣בֶד
3 יְהוָ֑ה וַתִּשְׁמְע֣וּ בְקוֹלִ֔י לְכֹ֥ל אֲשֶׁר־צִוִּ֖יתִי אֶתְכֶֽם׃ לֹא־עֲזַבְתֶּ֣ם
אֶת־אֲחֵיכֶ֗ם זֶ֚ה יָמִ֣ים רַבִּ֔ים עַ֖ד הַיּ֣וֹם הַזֶּ֑ה וּשְׁמַרְתֶּ֕ם אֶֽת־
4 מִשְׁמֶ֕רֶת מִצְוַ֖ת יְהוָ֥ה אֱלֹהֵיכֶֽם׃ וְעַתָּ֗ה הֵנִ֨יחַ יְהוָ֤ה אֱלֹֽהֵיכֶם֙
לַאֲחֵיכֶ֔ם כַּאֲשֶׁ֖ר דִּבֶּ֣ר לָהֶ֑ם וְעַתָּ֡ה פְּנוּ֩ וּלְכ֨וּ לָכֶ֜ם לְאָהֳלֵיכֶ֗ם
אֶל־אֶ֙רֶץ֙ אֲחֻזַּתְכֶ֔ם אֲשֶׁ֣ר ׀ נָתַ֣ן לָכֶ֗ם מֹשֶׁה֙ עֶ֣בֶד יְהוָ֔ה בְּעֵ֖בֶר
ה הַיַּרְדֵּֽן׃ רַ֣ק ׀ שִׁמְר֣וּ מְאֹ֗ד לַעֲשׂ֞וֹת אֶת־הַמִּצְוָ֣ה וְאֶת־הַתּוֹרָ֗ה

אשר

v. 36. בקצת ספרים נמצאו כאן ב׳ פסוקים האלה· לקוחים מדברי הימים א׳ ו׳ פסוק ס״ג וס״ד· וכפי המסורה אינם ראוים להיות· ולמען לא יחסרו לקורא הצגנום פה בגליון:

36 37 ° וּמִמַּטֵּ֣ה רְאוּבֵ֗ן אֶת־בֶּ֛צֶר וְאֶת־מִגְרָשֶׁ֖הָ וְאֶת־יַ֥הְצָה וְאֶת־מִגְרָשֶֽׁהָ׃ אֶת־קְדֵמוֹת֙
וְאֶת־מִגְרָשֶׁ֔הָ וְאֶת־מֵיפַ֖עַת וְאֶת־מִגְרָשֶׁ֑הָ עָרִ֖ים אַרְבַּֽע׃

אֲשֶׁר צִוָּה אֶתְכֶם מֹשֶׁה עֶבֶד־יְהוָה לְאַהֲבָה אֶת־יְהוָה
אֱלֹהֵיכֶם וְלָלֶכֶת בְּכָל־דְּרָכָיו וְלִשְׁמֹר מִצְוֺתָיו וּלְדָבְקָה־
6 בוֹ וּלְעָבְדוֹ בְּכָל־לְבַבְכֶם וּבְכָל־נַפְשְׁכֶם׃ וַיְבָרְכֵם יְהוֹשֻׁעַ
7 וַיְשַׁלְּחֵם וַיֵּלְכוּ אֶל־אָהֳלֵיהֶם׃ וְלַחֲצִי ׀ שֵׁבֶט הַמְנַשֶּׁה נָתַן
מֹשֶׁה בַּבָּשָׁן וּלְחֶצְיוֹ נָתַן יְהוֹשֻׁעַ עִם־אֲחֵיהֶם מֵעֵבֶר הַיַּרְדֵּן
8 יָמָּה וְגַם כִּי שִׁלְּחָם יְהוֹשֻׁעַ אֶל־אָהֳלֵיהֶם וַיְבָרְכֵם׃ וַיֹּאמֶר
אֲלֵיהֶם לֵאמֹר בִּנְכָסִים רַבִּים שׁוּבוּ אֶל־אָהֳלֵיכֶם וּבְמִקְנֶה
רַב־מְאֹד בְּכֶסֶף וּבְזָהָב וּבִנְחֹשֶׁת וּבְבַרְזֶל וּבִשְׂלָמוֹת הַרְבֵּה
9 מְאֹד חִלְקוּ שְׁלַל־אֹיְבֵיכֶם עִם־אֲחֵיכֶם׃ וַיָּשֻׁבוּ וַיֵּלְכוּ
בְּנֵי־רְאוּבֵן וּבְנֵי־גָד וַחֲצִי ׀ שֵׁבֶט הַמְנַשֶּׁה מֵאֵת בְּנֵי יִשְׂרָאֵל
מִשִּׁלֹה אֲשֶׁר בְּאֶרֶץ־כְּנָעַן לָלֶכֶת אֶל־אֶרֶץ הַגִּלְעָד אֶל־
אֶרֶץ אֲחֻזָּתָם אֲשֶׁר נֹאחֲזוּ־בָהּ עַל־פִּי יְהוָה בְּיַד־מֹשֶׁה׃
י וַיָּבֹאוּ אֶל־גְּלִילוֹת הַיַּרְדֵּן אֲשֶׁר בְּאֶרֶץ כְּנָעַן וַיִּבְנוּ בְנֵי־רְאוּבֵן
וּבְנֵי־גָד וַחֲצִי שֵׁבֶט הַמְנַשֶּׁה שָׁם מִזְבֵּחַ עַל־הַיַּרְדֵּן מִזְבֵּחַ גָּדוֹל
11 לְמַרְאֶה׃ וַיִּשְׁמְעוּ בְנֵי־יִשְׂרָאֵל לֵאמֹר הִנֵּה בָנוּ בְנֵי־רְאוּבֵן
וּבְנֵי־גָד וַחֲצִי שֵׁבֶט הַמְנַשֶּׁה אֶת־הַמִּזְבֵּחַ אֶל־מוּל אֶרֶץ
12 כְּנַעַן אֶל־גְּלִילוֹת הַיַּרְדֵּן אֶל־עֵבֶר בְּנֵי יִשְׂרָאֵל׃ וַיִּשְׁמְעוּ
בְּנֵי יִשְׂרָאֵל וַיִּקָּהֲלוּ כָּל־עֲדַת בְּנֵי־יִשְׂרָאֵל שִׁלֹה לַעֲלוֹת
עֲלֵיהֶם לַצָּבָא׃

13 וַיִּשְׁלְחוּ בְנֵי־יִשְׂרָאֵל אֶל־בְּנֵי־רְאוּבֵן וְאֶל־בְּנֵי־גָד וְאֶל־
חֲצִי שֵׁבֶט־מְנַשֶּׁה אֶל־אֶרֶץ הַגִּלְעָד אֶת־פִּינְחָס בֶּן־אֶלְעָזָר
14 הַכֹּהֵן׃ וַעֲשָׂרָה נְשִׂאִים עִמּוֹ נָשִׂיא אֶחָד נָשִׂיא אֶחָד לְבֵית אָב
לְכֹל מַטּוֹת יִשְׂרָאֵל וְאִישׁ רֹאשׁ בֵּית־אֲבוֹתָם הֵמָּה לְאַלְפֵי
טו יִשְׂרָאֵל׃ וַיָּבֹאוּ אֶל־בְּנֵי־רְאוּבֵן וְאֶל־בְּנֵי־גָד וְאֶל־חֲצִי
16 שֵׁבֶט־מְנַשֶּׁה אֶל־אֶרֶץ הַגִּלְעָד וַיְדַבְּרוּ אִתָּם לֵאמֹר׃ כֹּה
אָמְרוּ כֹּל ׀ עֲדַת יְהוָה מָה־הַמַּעַל הַזֶּה אֲשֶׁר מְעַלְתֶּם בֵּאלֹהֵי
יִשְׂרָאֵל לָשׁוּב הַיּוֹם מֵאַחֲרֵי יְהוָה בִּבְנוֹתְכֶם לָכֶם מִזְבֵּחַ

v. 7. בעבר ק׳

17 לִמְרָדְכֶם הַיּוֹם בַּיהוָה: הַמְעַט־לָנוּ אֶת־עֲוֺן פְּעוֹר אֲשֶׁר
לֹא־הִטַּהַרְנוּ מִמֶּנּוּ עַד הַיּוֹם הַזֶּה וַיְהִי הַנֶּגֶף בַּעֲדַת יְהוָה:
18 וְאַתֶּם תָּשֻׁבוּ הַיּוֹם מֵאַחֲרֵי יְהוָה וְהָיָה אַתֶּם תִּמְרְדוּ הַיּוֹם
19 בַּיהוָה וּמָחָר אֶל־כָּל־עֲדַת יִשְׂרָאֵל יִקְצֹף: וְאַךְ אִם־טְמֵאָה
אֶרֶץ אֲחֻזַּתְכֶם עִבְרוּ לָכֶם אֶל־אֶרֶץ אֲחֻזַּת יְהוָה אֲשֶׁר שָׁכַן־
שָׁם מִשְׁכַּן יְהוָה וְהֵאָחֲזוּ בְּתוֹכֵנוּ וּבַיהוָה אַל־תִּמְרֹדוּ וְאֹתָנוּ
אַל־תִּמְרֹדוּ בִּבְנֹתְכֶם לָכֶם מִזְבֵּחַ מִבַּלְעֲדֵי מִזְבַּח יְהוָה
כ אֱלֹהֵינוּ: הֲלוֹא ׀ עָכָן בֶּן־זֶרַח מָעַל מַעַל בַּחֵרֶם וְעַל־כָּל־
עֲדַת יִשְׂרָאֵל הָיָה קָצֶף וְהוּא אִישׁ אֶחָד לֹא גָוַע בַּעֲוֺנוֹ:
21 וַיַּעֲנוּ בְּנֵי־רְאוּבֵן וּבְנֵי־גָד וַחֲצִי שֵׁבֶט הַמְנַשֶּׁה וַיְדַבְּרוּ
22 אֶת־רָאשֵׁי אַלְפֵי יִשְׂרָאֵל: אֵל ׀ אֱלֹהִים ׀ יְהוָה אֵל ׀ אֱלֹהִים ׀
יְהוָה הוּא יֹדֵעַ וְיִשְׂרָאֵל הוּא יֵדָע אִם־בְּמֶרֶד וְאִם־בְּמַעַל
23 בַּיהוָה אַל־תּוֹשִׁיעֵנוּ הַיּוֹם הַזֶּה: לִבְנוֹת לָנוּ מִזְבֵּחַ לָשׁוּב
מֵאַחֲרֵי יְהוָה וְאִם־לְהַעֲלוֹת עָלָיו עוֹלָה וּמִנְחָה וְאִם־לַעֲשׂוֹת
24 עָלָיו זִבְחֵי שְׁלָמִים יְהוָה הוּא יְבַקֵּשׁ: וְאִם־לֹא מִדְּאָגָה מִדָּבָר
עָשִׂינוּ אֶת־זֹאת לֵאמֹר מָחָר יֹאמְרוּ בְנֵיכֶם לְבָנֵינוּ לֵאמֹר
כה מַה־לָּכֶם וְלַיהוָה אֱלֹהֵי יִשְׂרָאֵל: וּגְבוּל נָתַן־יְהוָה בֵּינֵנוּ
וּבֵינֵיכֶם בְּנֵי־רְאוּבֵן וּבְנֵי־גָד אֶת־הַיַּרְדֵּן אֵין־לָכֶם חֵלֶק
בַּיהוָה וְהִשְׁבִּיתוּ בְנֵיכֶם אֶת־בָּנֵינוּ לְבִלְתִּי יְרֹא אֶת־יְהוָה:
26 וַנֹּאמֶר נַעֲשֶׂה־נָּא לָנוּ לִבְנוֹת אֶת־הַמִּזְבֵּחַ לֹא לְעוֹלָה וְלֹא
27 לְזָבַח: כִּי עֵד הוּא בֵּינֵינוּ וּבֵינֵיכֶם וּבֵין דֹּרוֹתֵינוּ אַחֲרֵינוּ
לַעֲבֹד אֶת־עֲבֹדַת יְהוָה לְפָנָיו בְּעֹלוֹתֵינוּ וּבִזְבָחֵינוּ וּבִשְׁלָמֵינוּ
28 וְלֹא־יֹאמְרוּ בְנֵיכֶם מָחָר לְבָנֵינוּ אֵין־לָכֶם חֵלֶק בַּיהוָה: וַנֹּאמֶר וְהָיָה כִּי־יֹאמְרוּ אֵלֵינוּ וְאֶל־דֹּרֹתֵינוּ מָחָר וְאָמַרְנוּ
רְאוּ אֶת־תַּבְנִית מִזְבַּח יְהוָה אֲשֶׁר־עָשׂוּ אֲבוֹתֵינוּ לֹא לְעוֹלָה
29 וְלֹא לְזֶבַח כִּי־עֵד הוּא בֵּינֵינוּ וּבֵינֵיכֶם: חָלִילָה לָּנוּ מִמֶּנּוּ
לִמְרֹד בַּיהוָה וְלָשׁוּב הַיּוֹם מֵאַחֲרֵי יְהוָה לִבְנוֹת מִזְבֵּחַ לְעֹלָה
לְמִנְחָה וּלְזָבַח מִלְּבַד מִזְבַּח יְהוָה אֱלֹהֵינוּ אֲשֶׁר לִפְנֵי מִשְׁכָּנוֹ:
וישמע

ל וַיִּשְׁמַע פִּינְחָס הַכֹּהֵן וּנְשִׂיאֵי הָעֵדָה וְרָאשֵׁי אַלְפֵי יִשְׂרָאֵל
אֲשֶׁר אִתּוֹ אֶת־הַדְּבָרִים אֲשֶׁר דִּבְּרוּ בְּנֵי־רְאוּבֵן וּבְנֵי־גָד
31 וּבְנֵי מְנַשֶּׁה וַיִּיטַב בְּעֵינֵיהֶם׃ וַיֹּאמֶר פִּינְחָס בֶּן־אֶלְעָזָר הַכֹּהֵן
אֶל־בְּנֵי־רְאוּבֵן וְאֶל־בְּנֵי־גָד וְאֶל־בְּנֵי מְנַשֶּׁה הַיּוֹם ׀ יָדַעְנוּ
כִּי־בְתוֹכֵנוּ יְהוָה אֲשֶׁר לֹא־מְעַלְתֶּם בַּיהוָה הַמַּעַל הַזֶּה אָז
32 הִצַּלְתֶּם אֶת־בְּנֵי יִשְׂרָאֵל מִיַּד יְהוָה׃ וַיָּשָׁב פִּינְחָס בֶּן־אֶלְעָזָר
הַכֹּהֵן ׀ וְהַנְּשִׂיאִים מֵאֵת בְּנֵי־רְאוּבֵן וּמֵאֵת בְּנֵי־גָד מֵאֶרֶץ
הַגִּלְעָד אֶל־אֶרֶץ כְּנַעַן אֶל־בְּנֵי יִשְׂרָאֵל וַיָּשִׁבוּ אוֹתָם דָּבָר׃
33 וַיִּיטַב הַדָּבָר בְּעֵינֵי בְּנֵי יִשְׂרָאֵל וַיְבָרְכוּ אֱלֹהִים בְּנֵי יִשְׂרָאֵל
וְלֹא אָמְרוּ לַעֲלוֹת עֲלֵיהֶם לַצָּבָא לְשַׁחֵת אֶת־הָאָרֶץ אֲשֶׁר
34 בְּנֵי־רְאוּבֵן וּבְנֵי־גָד יֹשְׁבִים בָּהּ׃ וַיִּקְרְאוּ בְּנֵי־רְאוּבֵן וּבְנֵי־
גָד לַמִּזְבֵּחַ כִּי עֵד הוּא בֵּינֹתֵינוּ כִּי יְהוָה הָאֱלֹהִים׃

כג Cap. XXIII. כג

א וַיְהִי מִיָּמִים רַבִּים אַחֲרֵי אֲשֶׁר־הֵנִיחַ יְהוָה לְיִשְׂרָאֵל מִכָּל־
2 אֹיְבֵיהֶם מִסָּבִיב וִיהוֹשֻׁעַ זָקֵן בָּא בַּיָּמִים׃ וַיִּקְרָא יְהוֹשֻׁעַ
לְכָל־יִשְׂרָאֵל לִזְקֵנָיו וּלְרָאשָׁיו וּלְשֹׁפְטָיו וּלְשֹׁטְרָיו וַיֹּאמֶר
3 אֲלֵהֶם אֲנִי זָקַנְתִּי בָּאתִי בַּיָּמִים׃ וְאַתֶּם רְאִיתֶם אֵת כָּל־
אֲשֶׁר עָשָׂה יְהוָה אֱלֹהֵיכֶם לְכָל־הַגּוֹיִם הָאֵלֶּה מִפְּנֵיכֶם כִּי
4 יְהוָה אֱלֹהֵיכֶם הוּא הַנִּלְחָם לָכֶם׃ רְאוּ הִפַּלְתִּי לָכֶם אֶת־
הַגּוֹיִם הַנִּשְׁאָרִים הָאֵלֶּה בְּנַחֲלָה לְשִׁבְטֵיכֶם מִן־הַיַּרְדֵּן וְכָל־
ה הַגּוֹיִם אֲשֶׁר הִכְרַתִּי וְהַיָּם הַגָּדוֹל מְבוֹא הַשָּׁמֶשׁ׃ וַיהוָה אֱלֹהֵיכֶם
הוּא יֶהְדֳּפֵם מִפְּנֵיכֶם וְהוֹרִישׁ אֹתָם מִלִּפְנֵיכֶם וִירִשְׁתֶּם אֶת־
6 אַרְצָם כַּאֲשֶׁר דִּבֶּר יְהוָה אֱלֹהֵיכֶם לָכֶם׃ וַחֲזַקְתֶּם מְאֹד
לִשְׁמֹר וְלַעֲשׂוֹת אֵת כָּל־הַכָּתוּב בְּסֵפֶר תּוֹרַת מֹשֶׁה לְבִלְתִּי
7 סוּר־מִמֶּנּוּ יָמִין וּשְׂמֹאול׃ לְבִלְתִּי־בוֹא בַּגּוֹיִם הָאֵלֶּה הַנִּשְׁאָרִים
הָאֵלֶּה אִתְּכֶם וּבְשֵׁם אֱלֹהֵיהֶם לֹא־תַזְכִּירוּ וְלֹא תַשְׁבִּיעוּ
8 וְלֹא תַעַבְדוּם וְלֹא תִשְׁתַּחֲווּ לָהֶם׃ כִּי אִם־בַּיהוָה אֱלֹהֵיכֶם
9 תִּדְבָּקוּ כַּאֲשֶׁר עֲשִׂיתֶם עַד הַיּוֹם הַזֶּה׃ וַיּוֹרֶשׁ יְהוָה מִפְּנֵיכֶם

גוים

גּוֹיִם גְּדֹלִים וַעֲצוּמִים וְאַתֶּם לֹא־עָמַד אִישׁ בִּפְנֵיכֶם עַד
י הַיּוֹם הַזֶּה׃ אִישׁ־אֶחָד מִכֶּם יִרְדָּף־אָלֶף כִּי ׀ יְהוָה אֱלֹהֵיכֶם
11 הוּא הַנִּלְחָם לָכֶם כַּאֲשֶׁר דִּבֶּר לָכֶם׃ וְנִשְׁמַרְתֶּם מְאֹד
12 לְנַפְשֹׁתֵיכֶם לְאַהֲבָה אֶת־יְהוָה אֱלֹהֵיכֶם׃ כִּי ׀ אִם־שׁוֹב
תָּשׁוּבוּ וּדְבַקְתֶּם בְּיֶתֶר הַגּוֹיִם הָאֵלֶּה הַנִּשְׁאָרִים הָאֵלֶּה אִתְּכֶם
13 וְהִתְחַתַּנְתֶּם בָּהֶם וּבָאתֶם בָּהֶם וְהֵם בָּכֶם׃ יָדוֹעַ תֵּדְעוּ כִּי לֹא
יוֹסִיף יְהוָה אֱלֹהֵיכֶם לְהוֹרִישׁ אֶת־הַגּוֹיִם הָאֵלֶּה מִלִּפְנֵיכֶם
וְהָיוּ לָכֶם לְפַח וּלְמוֹקֵשׁ וּלְשֹׁטֵט בְּצִדֵּיכֶם וְלִצְנִנִים בְּעֵינֵיכֶם
עַד־אֲבָדְכֶם מֵעַל הָאֲדָמָה הַטּוֹבָה הַזֹּאת אֲשֶׁר נָתַן לָכֶם
14 יְהוָה אֱלֹהֵיכֶם׃ וְהִנֵּה אָנֹכִי הוֹלֵךְ הַיּוֹם בְּדֶרֶךְ כָּל־הָאָרֶץ
וִידַעְתֶּם בְּכָל־לְבַבְכֶם וּבְכָל־נַפְשְׁכֶם כִּי לֹא־נָפַל דָּבָר
אֶחָד מִכֹּל ׀ הַדְּבָרִים הַטּוֹבִים אֲשֶׁר דִּבֶּר יְהוָה אֱלֹהֵיכֶם
טו עֲלֵיכֶם הַכֹּל בָּאוּ לָכֶם לֹא־נָפַל מִמֶּנּוּ דָּבָר אֶחָד׃ וְהָיָה
כַּאֲשֶׁר־בָּא עֲלֵיכֶם כָּל־הַדָּבָר הַטּוֹב אֲשֶׁר דִּבֶּר יְהוָה
אֱלֹהֵיכֶם אֲלֵיכֶם כֵּן יָבִיא יְהוָה עֲלֵיכֶם אֵת כָּל־הַדָּבָר
הָרָע עַד־הַשְׁמִידוֹ אוֹתְכֶם מֵעַל הָאֲדָמָה הַטּוֹבָה הַזֹּאת
16 אֲשֶׁר נָתַן לָכֶם יְהוָה אֱלֹהֵיכֶם׃ בְּעָבְרְכֶם אֶת־בְּרִית יְהוָה
אֱלֹהֵיכֶם אֲשֶׁר צִוָּה אֶתְכֶם וַהֲלַכְתֶּם וַעֲבַדְתֶּם אֱלֹהִים אֲחֵרִים
וְהִשְׁתַּחֲוִיתֶם לָהֶם וְחָרָה אַף־יְהוָה בָּכֶם וַאֲבַדְתֶּם מְהֵרָה
מֵעַל הָאָרֶץ הַטּוֹבָה אֲשֶׁר נָתַן לָכֶם׃

כד Cap. XXIV. כד

א וַיֶּאֱסֹף יְהוֹשֻׁעַ אֶת־כָּל־שִׁבְטֵי יִשְׂרָאֵל שְׁכֶמָה וַיִּקְרָא
לְזִקְנֵי יִשְׂרָאֵל וּלְרָאשָׁיו וּלְשֹׁפְטָיו וּלְשֹׁטְרָיו וַיִּתְיַצְּבוּ לִפְנֵי
2 הָאֱלֹהִים׃ וַיֹּאמֶר יְהוֹשֻׁעַ אֶל־כָּל־הָעָם כֹּה־אָמַר יְהוָה
אֱלֹהֵי יִשְׂרָאֵל בְּעֵבֶר הַנָּהָר יָשְׁבוּ אֲבוֹתֵיכֶם מֵעוֹלָם תֶּרַח
3 אֲבִי אַבְרָהָם וַאֲבִי נָחוֹר וַיַּעַבְדוּ אֱלֹהִים אֲחֵרִים׃ וָאֶקַּח
אֶת־אֲבִיכֶם אֶת־אַבְרָהָם מֵעֵבֶר הַנָּהָר וָאוֹלֵךְ אוֹתוֹ בְּכָל־

ארץ

4 אֶרֶץ כְּנָעַן וָאַרְבֶּ אֶת־זַרְעוֹ וָאֶתֶּן־לוֹ אֶת־יִצְחָק׃ וָאֶתֵּן
לְיִצְחָק אֶת־יַעֲקֹב וְאֶת־עֵשָׂו וָאֶתֵּן לְעֵשָׂו אֶת־הַר שֵׂעִיר
ה לָרֶשֶׁת אוֹתוֹ וְיַעֲקֹב וּבָנָיו יָרְדוּ מִצְרָיִם׃ וָאֶשְׁלַח אֶת־מֹשֶׁה
וְאֶת־אַהֲרֹן וָאֶגֹּף אֶת־מִצְרַיִם כַּאֲשֶׁר עָשִׂיתִי בְּקִרְבּוֹ וְאַחַר
6 הוֹצֵאתִי אֶתְכֶם׃ וָאוֹצִיא אֶת־אֲבוֹתֵיכֶם מִמִּצְרַיִם וַתָּבֹאוּ
הַיָּמָּה וַיִּרְדְּפוּ מִצְרַיִם אַחֲרֵי אֲבוֹתֵיכֶם בְּרֶכֶב וּבְפָרָשִׁים
7 יַם־סוּף׃ וַיִּצְעֲקוּ אֶל־יְהוָה וַיָּשֶׂם מַאֲפֵל בֵּינֵיכֶם ׀ וּבֵין
הַמִּצְרִים וַיָּבֵא עָלָיו אֶת־הַיָּם וַיְכַסֵּהוּ וַתִּרְאֶינָה עֵינֵיכֶם אֵת
8 אֲשֶׁר־עָשִׂיתִי בְּמִצְרָיִם וַתֵּשְׁבוּ בַמִּדְבָּר יָמִים רַבִּים׃ וָאָבִאָה
אֶתְכֶם אֶל־אֶרֶץ הָאֱמֹרִי הַיּוֹשֵׁב בְּעֵבֶר הַיַּרְדֵּן וַיִּלָּחֲמוּ אִתְּכֶם
וָאֶתֵּן אוֹתָם בְּיֶדְכֶם וַתִּירְשׁוּ אֶת־אַרְצָם וָאַשְׁמִידֵם מִפְּנֵיכֶם׃
9 וַיָּקָם בָּלָק בֶּן־צִפּוֹר מֶלֶךְ מוֹאָב וַיִּלָּחֶם בְּיִשְׂרָאֵל וַיִּשְׁלַח
י וַיִּקְרָא לְבִלְעָם בֶּן־בְּעוֹר לְקַלֵּל אֶתְכֶם׃ וְלֹא אָבִיתִי לִשְׁמֹעַ
11 לְבִלְעָם וַיְבָרֶךְ בָּרוֹךְ אֶתְכֶם וָאַצִּל אֶתְכֶם מִיָּדוֹ׃ וַתַּעַבְרוּ
אֶת־הַיַּרְדֵּן וַתָּבֹאוּ אֶל־יְרִיחוֹ וַיִּלָּחֲמוּ בָכֶם בַּעֲלֵי־יְרִיחוֹ
הָאֱמֹרִי וְהַפְּרִזִּי וְהַכְּנַעֲנִי וְהַחִתִּי וְהַגִּרְגָּשִׁי הַחִוִּי וְהַיְבוּסִי וָאֶתֵּן
12 אוֹתָם בְּיֶדְכֶם׃ וָאֶשְׁלַח לִפְנֵיכֶם אֶת־הַצִּרְעָה וַתְּגָרֶשׁ אוֹתָם
13 מִפְּנֵיכֶם שְׁנֵי מַלְכֵי הָאֱמֹרִי לֹא בְחַרְבְּךָ וְלֹא בְקַשְׁתֶּךָ׃ וָאֶתֵּן
לָכֶם אֶרֶץ ׀ אֲשֶׁר לֹא־יָגַעְתָּ בָּהּ וְעָרִים אֲשֶׁר לֹא־בְנִיתֶם
וַתֵּשְׁבוּ בָּהֶם כְּרָמִים וְזֵיתִים אֲשֶׁר לֹא־נְטַעְתֶּם אַתֶּם אֹכְלִים׃
14 וְעַתָּה יְראוּ אֶת־יְהוָה וְעִבְדוּ אֹתוֹ בְּתָמִים וּבֶאֱמֶת וְהָסִירוּ
אֶת־אֱלֹהִים אֲשֶׁר עָבְדוּ אֲבוֹתֵיכֶם בְּעֵבֶר הַנָּהָר וּבְמִצְרַיִם
טו וְעִבְדוּ אֶת־יְהוָה׃ וְאִם רַע בְּעֵינֵיכֶם לַעֲבֹד אֶת־יְהוָה בַּחֲרוּ
לָכֶם הַיּוֹם אֶת־מִי תַעֲבֹדוּן אִם אֶת־אֱלֹהִים אֲשֶׁר־עָבְדוּ
אֲבוֹתֵיכֶם אֲשֶׁר בְּעֵבֶר הַנָּהָר וְאִם אֶת־אֱלֹהֵי הָאֱמֹרִי אֲשֶׁר
16 אַתֶּם יֹשְׁבִים בְּאַרְצָם וְאָנֹכִי וּבֵיתִי נַעֲבֹד אֶת־יְהוָה׃ וַיַּעַן
הָעָם וַיֹּאמֶר חָלִילָה לָּנוּ מֵעֲזֹב אֶת־יְהוָה לַעֲבֹד אֱלֹהִים

אחרים

v. 3. וארבה ק׳ v. 8. ואביא ק׳ v. 15. מעבר ק׳

17 אֲחֵרִים: כִּי יְהוָה אֱלֹהֵינוּ הוּא הַמַּעֲלֶה אֹתָנוּ וְאֶת־אֲבוֹתֵינוּ
מֵאֶרֶץ מִצְרַיִם מִבֵּית עֲבָדִים וַאֲשֶׁר עָשָׂה לְעֵינֵינוּ אֶת־
הָאֹתוֹת הַגְּדֹלוֹת הָאֵלֶּה וַיִּשְׁמְרֵנוּ בְּכָל־הַדֶּרֶךְ אֲשֶׁר הָלַכְנוּ
18 בָהּ וּבְכֹל הָעַמִּים אֲשֶׁר עָבַרְנוּ בְּקִרְבָּם: וַיְגָרֶשׁ יְהוָה אֶת־
כָּל־הָעַמִּים וְאֶת־הָאֱמֹרִי יֹשֵׁב הָאָרֶץ מִפָּנֵינוּ גַּם־אֲנַחְנוּ
19 נַעֲבֹד אֶת־יְהוָה כִּי־הוּא אֱלֹהֵינוּ: וַיֹּאמֶר יְהוֹשֻׁעַ אֶל־
הָעָם לֹא תוּכְלוּ לַעֲבֹד אֶת־יְהוָה כִּי־אֱלֹהִים קְדֹשִׁים הוּא
כ אֵל־קַנּוֹא הוּא לֹא־יִשָּׂא לְפִשְׁעֲכֶם וּלְחַטֹּאותֵיכֶם: כִּי תַעַזְבוּ
אֶת־יְהוָה וַעֲבַדְתֶּם אֱלֹהֵי נֵכָר וְשָׁב וְהֵרַע לָכֶם וְכִלָּה אֶתְכֶם
21 אַחֲרֵי אֲשֶׁר־הֵיטִיב לָכֶם: וַיֹּאמֶר הָעָם אֶל־יְהוֹשֻׁעַ לֹא כִּי
22 אֶת־יְהוָה נַעֲבֹד: וַיֹּאמֶר יְהוֹשֻׁעַ אֶל־הָעָם עֵדִים אַתֶּם בָּכֶם
כִּי־אַתֶּם בְּחַרְתֶּם לָכֶם אֶת־יְהוָה לַעֲבֹד אוֹתוֹ וַיֹּאמְרוּ עֵדִים:
23 וְעַתָּה הָסִירוּ אֶת־אֱלֹהֵי הַנֵּכָר אֲשֶׁר בְּקִרְבְּכֶם וְהַטּוּ אֶת־
24 לְבַבְכֶם אֶל־יְהוָה אֱלֹהֵי יִשְׂרָאֵל: וַיֹּאמְרוּ הָעָם אֶל־יְהוֹשֻׁעַ
כה אֶת־יְהוָה אֱלֹהֵינוּ נַעֲבֹד וּבְקוֹלוֹ נִשְׁמָע: וַיִּכְרֹת יְהוֹשֻׁעַ בְּרִית
26 לָעָם בַּיּוֹם הַהוּא וַיָּשֶׂם לוֹ חֹק וּמִשְׁפָּט בִּשְׁכֶם: וַיִּכְתֹּב יְהוֹשֻׁעַ
אֶת־הַדְּבָרִים הָאֵלֶּה בְּסֵפֶר תּוֹרַת אֱלֹהִים וַיִּקַּח אֶבֶן גְּדוֹלָה
27 וַיְקִימֶהָ שָּׁם תַּחַת הָאַלָּה אֲשֶׁר בְּמִקְדַּשׁ יְהוָה: וַיֹּאמֶר
יְהוֹשֻׁעַ אֶל־כָּל־הָעָם הִנֵּה הָאֶבֶן הַזֹּאת תִּהְיֶה־בָּנוּ לְעֵדָה
כִּי־הִיא שָׁמְעָה אֵת כָּל־אִמְרֵי יְהוָה אֲשֶׁר דִּבֶּר עִמָּנוּ וְהָיְתָה
28 בָכֶם לְעֵדָה פֶּן־תְּכַחֲשׁוּן בֵּאלֹהֵיכֶם: וַיְשַׁלַּח יְהוֹשֻׁעַ אֶת־
29 הָעָם אִישׁ לְנַחֲלָתוֹ: וַיְהִי אַחֲרֵי הַדְּבָרִים הָאֵלֶּה וַיָּמָת
ל יְהוֹשֻׁעַ בִּן־נוּן עֶבֶד יְהוָה בֶּן־מֵאָה וָעֶשֶׂר שָׁנִים: וַיִּקְבְּרוּ
אֹתוֹ בִּגְבוּל נַחֲלָתוֹ בְּתִמְנַת־סֶרַח אֲשֶׁר בְּהַר־אֶפְרָיִם מִצְּפוֹן
31 לְהַר־גָּעַשׁ: וַיַּעֲבֹד יִשְׂרָאֵל אֶת־יְהוָה כֹּל יְמֵי יְהוֹשֻׁעַ וְכֹל
יְמֵי הַזְּקֵנִים אֲשֶׁר הֶאֱרִיכוּ יָמִים אַחֲרֵי יְהוֹשֻׁעַ וַאֲשֶׁר יָדְעוּ
32 אֵת כָּל־מַעֲשֵׂה יְהוָה אֲשֶׁר עָשָׂה לְיִשְׂרָאֵל: וְאֶת־עַצְמוֹת
יוֹסֵף אֲשֶׁר־הֶעֱלוּ בְנֵי־יִשְׂרָאֵל מִמִּצְרַיִם קָבְרוּ בִשְׁכֶם
בחלקת

בְּחֶלְקַת הַשָּׂדֶה אֲשֶׁר קָנָה יַעֲקֹב מֵאֵת בְּנֵי־חֲמוֹר אֲבִי־שְׁכֶם
33 בְּמֵאָה קְשִׂיטָה וַיִּהְיוּ לִבְנֵי־יוֹסֵף לְנַחֲלָה׃ וְאֶלְעָזָר בֶּן־
אַהֲרֹן מֵת וַיִּקְבְּרוּ אֹתוֹ בְּגִבְעַת פִּינְחָס בְּנוֹ אֲשֶׁר נִתַּן־לוֹ
בְּהַר אֶפְרָיִם׃

חזק

סכום הפסוקים של יהושע שש מאות וחמשים וששה. ותרן לשן אלם סימן: וחציו. ומחשבן עד רמת המצפה: וסדריו ארבעה עשר. היתה עלי יד יי׳ סימן:

שופטים

LIBER JUDICUM

CAPUT I. א

א

א וַיְהִי אַחֲרֵי מוֹת יְהוֹשֻׁעַ וַיִּשְׁאֲלוּ בְּנֵי יִשְׂרָאֵל בַּיהוָה לֵאמֹר
2 מִי יַעֲלֶה־לָּנוּ אֶל־הַכְּנַעֲנִי בַּתְּחִלָּה לְהִלָּחֶם בּוֹ׃ וַיֹּאמֶר
3 יְהוָה יְהוּדָה יַעֲלֶה הִנֵּה נָתַתִּי אֶת־הָאָרֶץ בְּיָדוֹ׃ וַיֹּאמֶר
יְהוּדָה לְשִׁמְעוֹן אָחִיו עֲלֵה אִתִּי בְגוֹרָלִי וְנִלָּחֲמָה בַּכְּנַעֲנִי
4 וְהָלַכְתִּי גַם־אֲנִי אִתְּךָ בְּגוֹרָלֶךָ וַיֵּלֶךְ אִתּוֹ שִׁמְעוֹן׃ וַיַּעַל
יְהוּדָה וַיִּתֵּן יְהוָה אֶת־הַכְּנַעֲנִי וְהַפְּרִזִּי בְּיָדָם וַיַּכּוּם בְּבֶזֶק
ה עֲשֶׂרֶת אֲלָפִים אִישׁ׃ וַיִּמְצְאוּ אֶת־אֲדֹנִי בֶזֶק בְּבֶזֶק וַיִּלָּחֲמוּ
6 בּוֹ וַיַּכּוּ אֶת־הַכְּנַעֲנִי וְאֶת־הַפְּרִזִּי׃ וַיָּנָס אֲדֹנִי בֶזֶק וַיִּרְדְּפוּ
7 אַחֲרָיו וַיֹּאחֲזוּ אֹתוֹ וַיְקַצְּצוּ אֶת־בְּהֹנוֹת יָדָיו וְרַגְלָיו׃ וַיֹּאמֶר
אֲדֹנִי־בֶזֶק שִׁבְעִים ׀ מְלָכִים בְּהֹנוֹת יְדֵיהֶם וְרַגְלֵיהֶם מְקֻצָּצִים
הָיוּ מְלַקְּטִים תַּחַת שֻׁלְחָנִי כַּאֲשֶׁר עָשִׂיתִי כֵּן שִׁלַּם־לִי אֱלֹהִים
8 וַיְבִיאֻהוּ יְרוּשָׁלִַם וַיָּמָת שָׁם׃ וַיִּלָּחֲמוּ בְנֵי־יְהוּדָה בִּירוּשָׁלִַם
וַיִּלְכְּדוּ אוֹתָהּ וַיַּכּוּהָ לְפִי־חָרֶב וְאֶת־הָעִיר שִׁלְּחוּ בָאֵשׁ׃
9 וְאַחַר יָרְדוּ בְּנֵי יְהוּדָה לְהִלָּחֵם בַּכְּנַעֲנִי יוֹשֵׁב הָהָר וְהַנֶּגֶב
י וְהַשְּׁפֵלָה׃ וַיֵּלֶךְ יְהוּדָה אֶל־הַכְּנַעֲנִי הַיּוֹשֵׁב בְּחֶבְרוֹן וְשֵׁם־
חֶבְרוֹן לְפָנִים קִרְיַת אַרְבַּע וַיַּכּוּ אֶת־שֵׁשַׁי וְאֶת־אֲחִימַן וְאֶת־
11 תַּלְמָי׃ וַיֵּלֶךְ מִשָּׁם אֶל־יוֹשְׁבֵי דְּבִיר וְשֵׁם־דְּבִיר לְפָנִים
12 קִרְיַת־סֵפֶר׃ וַיֹּאמֶר כָּלֵב אֲשֶׁר־יַכֶּה אֶת־קִרְיַת־סֵפֶר
13 וּלְכָדָהּ וְנָתַתִּי לוֹ אֶת־עַכְסָה בִתִּי לְאִשָּׁה׃ וַיִּלְכְּדָהּ עָתְנִיאֵל
בֶּן־קְנַז אֲחִי כָלֵב הַקָּטֹן מִמֶּנּוּ וַיִּתֶּן־לוֹ אֶת־עַכְסָה בִתּוֹ
14 לְאִשָּׁה׃ וַיְהִי בְּבוֹאָהּ וַתְּסִיתֵהוּ לִשְׁאֹל מֵאֵת־אָבִיהָ הַשָּׂדֶה
טו וַתִּצְנַח מֵעַל הַחֲמוֹר וַיֹּאמֶר־לָהּ כָּלֵב מַה־לָּךְ׃ וַתֹּאמֶר לוֹ
הָבָה־לִּי בְרָכָה כִּי אֶרֶץ הַנֶּגֶב נְתַתָּנִי וְנָתַתָּה לִי גֻּלֹּת מָיִם
16 וַיִּתֶּן־לָהּ כָּלֵב אֵת גֻּלֹּת עִלִּית וְאֵת גֻּלֹּת תַּחְתִּית׃ וּבְנֵי
קֵינִי

קֵינִי֙ חֹתֵ֣ן מֹשֶׁ֔ה עָל֣וּ מֵעִ֣יר הַתְּמָרִ֗ים אֶת־בְּנֵ֤י יְהוּדָה֙ מִדְבַּ֣ר

17 יְהוּדָ֔ה אֲשֶׁ֖ר בְּנֶ֣גֶב עֲרָ֑ד וַיֵּ֖לֶךְ וַיֵּ֥שֶׁב אֶת־הָעָֽם׃ וַיֵּ֣לֶךְ יְהוּדָ֞ה

אֶת־שִׁמְע֣וֹן אָחִ֗יו וַיַּכּוּ֙ אֶת־הַֽכְּנַעֲנִ֔י יוֹשֵׁ֣ב צְפַ֑ת וַיַּחֲרִ֣ימוּ אוֹתָ֔הּ

18 וַיִּקְרָ֥א אֶת־שֵׁם־הָעִ֖יר חָרְמָֽה׃ וַיִּלְכֹּ֤ד יְהוּדָה֙ אֶת־עַזָּ֣ה וְאֶת־

גְּבוּלָ֔הּ וְאֶֽת־אַשְׁקְל֖וֹן וְאֶת־גְּבוּלָ֑הּ וְאֶת־עֶקְר֖וֹן וְאֶת־גְּבוּלָֽהּ׃

19 וַיְהִ֤י יְהוָה֙ אֶת־יְהוּדָ֔ה וַיֹּ֖רֶשׁ אֶת־הָהָ֑ר כִּ֣י לֹ֣א לְהוֹרִ֗ישׁ אֶת־

כ יֹשְׁבֵ֣י הָעֵ֔מֶק כִּי־רֶ֥כֶב בַּרְזֶ֖ל לָהֶֽם׃ וַיִּתְּנ֤וּ לְכָלֵב֙ אֶת־חֶבְר֔וֹן

21 כַּאֲשֶׁ֖ר דִּבֶּ֣ר מֹשֶׁ֑ה וַיּ֣וֹרֶשׁ מִשָּׁ֔ם אֶת־שְׁלֹשָׁ֖ה בְּנֵ֥י הָעֲנָֽק׃ וְאֶת־

הַיְבוּסִי֙ יֹשֵׁ֣ב יְרֽוּשָׁלִַ֔ם לֹ֥א הוֹרִ֖ישׁוּ בְּנֵ֣י בִנְיָמִ֑ן וַיֵּ֨שֶׁב הַיְבוּסִ֜י

22 אֶת־בְּנֵ֤י בִנְיָמִן֙ בִּיר֣וּשָׁלִַ֔ם עַ֖ד הַיּ֥וֹם הַזֶּֽה׃ וַיַּעֲל֧וּ בֵית־

23 יוֹסֵ֛ף גַּם־הֵ֖ם בֵּֽית־אֵ֑ל וַֽיהוָ֖ה עִמָּֽם׃ וַיָּתִ֥ירוּ בֵית־יוֹסֵ֖ף

24 בְּבֵֽית־אֵ֑ל וְשֵׁם־הָעִ֥יר לְפָנִ֖ים לֽוּז׃ וַיִּרְאוּ֙ הַשֹּׁ֣מְרִ֔ים אִ֖ישׁ

יוֹצֵ֣א מִן־הָעִ֑יר וַיֹּ֣אמְרוּ ל֗וֹ הַרְאֵ֤נוּ נָא֙ אֶת־מְב֣וֹא הָעִ֔יר וְעָשִׂ֥ינוּ

כה עִמְּךָ֖ חָֽסֶד׃ וַיַּרְאֵם֙ אֶת־מְב֣וֹא הָעִ֔יר וַיַּכּ֥וּ אֶת־הָעִ֖יר לְפִי־

26 חָ֑רֶב וְאֶת־הָאִ֥ישׁ וְאֶת־כָּל־מִשְׁפַּחְתּ֖וֹ שִׁלֵּֽחוּ׃ וַיֵּ֣לֶךְ הָאִ֗ישׁ

אֶ֚רֶץ הַֽחִתִּ֔ים וַיִּ֣בֶן עִ֔יר וַיִּקְרָ֥א שְׁמָ֖הּ ל֑וּז ה֣וּא שְׁמָ֔הּ עַ֖ד הַיּ֥וֹם

27 הַזֶּֽה׃ וְלֹא־הוֹרִ֣ישׁ מְנַשֶּׁ֗ה אֶת־בֵּֽית־שְׁאָן֙ וְאֶת־בְּנוֹתֶ֔יהָ

וְאֶת־תַּעְנַ֣ךְ וְאֶת־בְּנֹתֶ֗יהָ וְאֶת־יֹשֵׁ֤ב דוֹר֙ וְאֶת־בְּנוֹתֶ֔יהָ וְאֶת־

יֽוֹשְׁבֵ֤י יִבְלְעָם֙ וְאֶת־בְּנֹתֶ֔יהָ וְאֶת־יוֹשְׁבֵ֥י מְגִדּ֖וֹ וְאֶת־בְּנוֹתֶ֑יהָ

28 וַיּ֙וֹאֶל֙ הַֽכְּנַעֲנִ֔י לָשֶׁ֖בֶת בָּאָ֥רֶץ הַזֹּֽאת׃ וַֽיְהִי֙ כִּֽי־חָזַ֣ק יִשְׂרָאֵ֔ל

29 וַיָּ֥שֶׂם אֶת־הַֽכְּנַעֲנִ֖י לָמַ֑ס וְהוֹרֵ֖ישׁ לֹ֥א הוֹרִישֽׁוֹ׃ וְאֶפְרַ֗יִם

לֹ֤א הוֹרִישׁ֙ אֶת־הַֽכְּנַעֲנִ֔י הַיּוֹשֵׁ֣ב בְּגָ֑זֶר וַיֵּ֧שֶׁב הַֽכְּנַעֲנִ֛י בְּקִרְבּ֖וֹ

ל בְּגָֽזֶר׃ זְבוּלֻ֗ן לֹ֤א הוֹרִישׁ֙ אֶת־יוֹשְׁבֵ֣י קִטְר֔וֹן וְאֶת־יוֹשְׁבֵ֖י

31 נַהֲלֹ֑ל וַיֵּ֤שֶׁב הַֽכְּנַעֲנִי֙ בְּקִרְבּ֔וֹ וַיִּֽהְי֖וּ לָמַֽס׃ אָשֵׁ֗ר לֹ֤א הוֹרִישׁ֙

אֶת־יֹשְׁבֵ֣י עַכּ֔וֹ וְאֶת־יוֹשְׁבֵ֖י צִיד֑וֹן וְאֶת־אַחְלָ֤ב וְאֶת־אַכְזִיב֙

32 וְאֶת־חֶלְבָּ֔ה וְאֶת־אֲפִ֖יק וְאֶת־רְחֹֽב׃ וַיֵּ֙שֶׁב֙ הָאָ֣שֵׁרִ֔י בְּקֶ֖רֶב

33 הַֽכְּנַעֲנִ֖י יֹשְׁבֵ֣י הָאָ֑רֶץ כִּ֖י לֹ֥א הוֹרִישֽׁוֹ׃ נַפְתָּלִ֗י לֹא־הוֹרִ֜ישׁ

אֶת־יֹשְׁבֵ֣י

אֶת־יֹשְׁבֵי בֵית־שֶׁמֶשׁ וְאֶת־יֹשְׁבֵי בֵית־עֲנָת וַיֵּשֶׁב בְּקֶרֶב
הַכְּנַעֲנִי יֹשְׁבֵי הָאָרֶץ וְיֹשְׁבֵי בֵית־שֶׁמֶשׁ וּבֵית עֲנָת הָיוּ לָהֶם
34 לָמַס׃ וַיִּלְחֲצוּ הָאֱמֹרִי אֶת־בְּנֵי־דָן הָהָרָה כִּי־לֹא נְתָנוֹ
לה לָרֶדֶת לָעֵמֶק׃ וַיּוֹאֶל הָאֱמֹרִי לָשֶׁבֶת בְּהַר־חֶרֶס בְּאַיָּלוֹן
36 וּבְשַׁעַלְבִים וַתִּכְבַּד יַד בֵּית־יוֹסֵף וַיִּהְיוּ לָמַס׃ וּגְבוּל הָאֱמֹרִי
מִמַּעֲלֵה עַקְרַבִּים מֵהַסֶּלַע וָמָעְלָה׃

Cap. II. ב

ב

א וַיַּעַל מַלְאַךְ־יְהוָה מִן־הַגִּלְגָּל אֶל־הַבֹּכִים ° וַיֹּאמֶר
אַעֲלֶה אֶתְכֶם מִמִּצְרַיִם וָאָבִיא אֶתְכֶם אֶל־הָאָרֶץ אֲשֶׁר
נִשְׁבַּעְתִּי לַאֲבֹתֵיכֶם וָאֹמַר לֹא־אָפֵר בְּרִיתִי אִתְּכֶם לְעוֹלָם׃
2 וְאַתֶּם לֹא־תִכְרְתוּ בְרִית לְיוֹשְׁבֵי הָאָרֶץ הַזֹּאת מִזְבְּחוֹתֵיהֶם
3 תִּתֹּצוּן וְלֹא־שְׁמַעְתֶּם בְּקֹלִי מַה־זֹּאת עֲשִׂיתֶם׃ וְגַם אָמַרְתִּי
לֹא־אֲגָרֵשׁ אוֹתָם מִפְּנֵיכֶם וְהָיוּ לָכֶם לְצִדִּים וֵאלֹהֵיהֶם יִהְיוּ
4 לָכֶם לְמוֹקֵשׁ׃ וַיְהִי כְּדַבֵּר מַלְאַךְ יְהוָה אֶת־הַדְּבָרִים הָאֵלֶּה
ה אֶל־כָּל־בְּנֵי יִשְׂרָאֵל וַיִּשְׂאוּ הָעָם אֶת־קוֹלָם וַיִּבְכּוּ׃ וַיִּקְרְאוּ
6 שֵׁם־הַמָּקוֹם הַהוּא בֹּכִים וַיִּזְבְּחוּ־שָׁם לַיהוָה׃ וַיְשַׁלַּח
יְהוֹשֻׁעַ אֶת־הָעָם וַיֵּלְכוּ בְנֵי־יִשְׂרָאֵל אִישׁ לְנַחֲלָתוֹ לָרֶשֶׁת
7 אֶת־הָאָרֶץ׃ וַיַּעַבְדוּ הָעָם אֶת־יְהוָה כֹּל יְמֵי יְהוֹשֻׁעַ וְכֹל ׀
יְמֵי הַזְּקֵנִים אֲשֶׁר הֶאֱרִיכוּ יָמִים אַחֲרֵי יְהוֹשׁוּעַ אֲשֶׁר רָאוּ
8 אֵת כָּל־מַעֲשֵׂה יְהוָה הַגָּדוֹל אֲשֶׁר עָשָׂה לְיִשְׂרָאֵל׃ וַיָּמָת
9 יְהוֹשֻׁעַ בִּן־נוּן עֶבֶד יְהוָה בֶּן־מֵאָה וָעֶשֶׂר שָׁנִים׃ וַיִּקְבְּרוּ
אוֹתוֹ בִּגְבוּל נַחֲלָתוֹ בְּתִמְנַת־חֶרֶס בְּהַר אֶפְרָיִם מִצְּפוֹן לְהַר־
י גָּעַשׁ׃ וְגַם כָּל־הַדּוֹר הַהוּא נֶאֶסְפוּ אֶל־אֲבוֹתָיו וַיָּקָם דּוֹר
אַחֵר אַחֲרֵיהֶם אֲשֶׁר לֹא־יָדְעוּ אֶת־יְהוָה וְגַם אֶת־הַמַּעֲשֶׂה
11 אֲשֶׁר עָשָׂה לְיִשְׂרָאֵל׃ וַיַּעֲשׂוּ בְנֵי־יִשְׂרָאֵל אֶת־הָרַע
12 בְּעֵינֵי יְהוָה וַיַּעַבְדוּ אֶת־הַבְּעָלִים׃ וַיַּעַזְבוּ אֶת־יְהוָה ׀ אֱלֹהֵי
אֲבוֹתָם הַמּוֹצִיא אוֹתָם מֵאֶרֶץ מִצְרַיִם וַיֵּלְכוּ אַחֲרֵי ׀ אֱלֹהִים

אחרים

ב׳ v. 1. פסקא באמצע פסוק

אֲחֵרִים מֵאֱלֹהֵי הָעַמִּים אֲשֶׁר סְבִיבוֹתֵיהֶם וַיִּשְׁתַּחֲווּ לָהֶם
13 וַיַּכְעִסוּ אֶת־יְהוָה׃ וַיַּעַזְבוּ אֶת־יְהוָה וַיַּעַבְדוּ לַבַּעַל
14 וְלָעַשְׁתָּרוֹת׃ וַיִּחַר־אַף יְהוָה בְּיִשְׂרָאֵל וַיִּתְּנֵם בְּיַד שֹׁסִים
וַיָּשֹׁסּוּ אוֹתָם וַיִּמְכְּרֵם בְּיַד אוֹיְבֵיהֶם מִסָּבִיב וְלֹא־יָכְלוּ עוֹד
טו לַעֲמֹד לִפְנֵי אוֹיְבֵיהֶם׃ בְּכֹל ׀ אֲשֶׁר יָצְאוּ יַד־יְהוָה הָיְתָה־
בָּם לְרָעָה כַּאֲשֶׁר דִּבֶּר יְהוָה וְכַאֲשֶׁר נִשְׁבַּע יְהוָה לָהֶם וַיֵּצֶר
16 17 לָהֶם מְאֹד׃ וַיָּקֶם יְהוָה שֹׁפְטִים וַיּוֹשִׁיעוּם מִיַּד שֹׁסֵיהֶם׃ וְגַם
אֶל־שֹׁפְטֵיהֶם לֹא שָׁמֵעוּ כִּי זָנוּ אַחֲרֵי אֱלֹהִים אֲחֵרִים וַיִּשְׁתַּחֲווּ
לָהֶם סָרוּ מַהֵר מִן־הַדֶּרֶךְ אֲשֶׁר הָלְכוּ אֲבוֹתָם לִשְׁמֹעַ מִצְוֹת־
18 יְהוָה לֹא־עָשׂוּ כֵן׃ וְכִי־הֵקִים יְהוָה ׀ לָהֶם שֹׁפְטִים וְהָיָה יְהוָה
עִם־הַשֹּׁפֵט וְהוֹשִׁיעָם מִיַּד אֹיְבֵיהֶם כֹּל יְמֵי הַשּׁוֹפֵט כִּי־יִנָּחֵם
19 יְהוָה מִנַּאֲקָתָם מִפְּנֵי לֹחֲצֵיהֶם וְדֹחֲקֵיהֶם׃ וְהָיָה ׀ בְּמוֹת
הַשּׁוֹפֵט יָשֻׁבוּ וְהִשְׁחִיתוּ מֵאֲבוֹתָם לָלֶכֶת אַחֲרֵי אֱלֹהִים אֲחֵרִים
לְעָבְדָם וּלְהִשְׁתַּחֲוֺת לָהֶם לֹא הִפִּילוּ מִמַּעַלְלֵיהֶם וּמִדַּרְכָּם
כ הַקָּשָׁה׃ וַיִּחַר־אַף יְהוָה בְּיִשְׂרָאֵל וַיֹּאמֶר יַעַן אֲשֶׁר עָבְרוּ
הַגּוֹי הַזֶּה אֶת־בְּרִיתִי אֲשֶׁר צִוִּיתִי אֶת־אֲבוֹתָם וְלֹא שָׁמְעוּ
21 לְקוֹלִי׃ גַּם־אֲנִי לֹא אוֹסִיף לְהוֹרִישׁ אִישׁ מִפְּנֵיהֶם מִן־הַגּוֹיִם
22 אֲשֶׁר־עָזַב יְהוֹשֻׁעַ וַיָּמֹת׃ לְמַעַן נַסּוֹת בָּם אֶת־יִשְׂרָאֵל
הֲשֹׁמְרִים הֵם אֶת־דֶּרֶךְ יְהוָה לָלֶכֶת בָּם כַּאֲשֶׁר שָׁמְרוּ
23 אֲבוֹתָם אִם־לֹא׃ וַיַּנַּח יְהוָה אֶת־הַגּוֹיִם הָאֵלֶּה לְבִלְתִּי
הוֹרִישָׁם מַהֵר וְלֹא נְתָנָם בְּיַד יְהוֹשֻׁעַ׃

CAP. III. ג

ג

א וְאֵלֶּה הַגּוֹיִם אֲשֶׁר הִנִּיחַ יְהוָה לְנַסּוֹת בָּם אֶת־יִשְׂרָאֵל אֵת
2 כָּל־אֲשֶׁר לֹא־יָדְעוּ אֵת כָּל־מִלְחֲמוֹת כְּנָעַן׃ רַק לְמַעַן דַּעַת
דֹּרוֹת בְּנֵי־יִשְׂרָאֵל לְלַמְּדָם מִלְחָמָה רַק אֲשֶׁר־לְפָנִים לֹא
3 יְדָעוּם׃ חֲמֵשֶׁת ׀ סַרְנֵי פְלִשְׁתִּים וְכָל־הַכְּנַעֲנִי וְהַצִּידֹנִי וְהַחִוִּי
4 יֹשֵׁב הַר הַלְּבָנוֹן מֵהַר בַּעַל חֶרְמוֹן עַד לְבוֹא חֲמָת׃ וַיִּהְיוּ

לנסות

ב׳ v. 22. סבירין בה

לְנַסּ֥וֹת בָּ֖ם אֶת־יִשְׂרָאֵ֑ל לָדַ֗עַת הֲיִשְׁמְעוּ֙ אֶת־מִצְוֺ֣ת יְהוָ֔ה
ה אֲשֶׁר־צִוָּ֥ה אֶת־אֲבוֹתָ֖ם בְּיַד־מֹשֶֽׁה׃ וּבְנֵ֣י יִשְׂרָאֵ֔ל יָשְׁב֖וּ בְּקֶ֣רֶב
6 הַֽכְּנַעֲנִ֑י הַחִתִּ֣י וְהָאֱמֹרִ֗י וְהַפְּרִזִּי֙ וְהַֽחִוִּ֔י וְהַיְבוּסִֽי׃ וַיִּקְח֨וּ אֶת־
בְּנֽוֹתֵיהֶ֜ם לָהֶם֙ לְנָשִׁ֔ים וְאֶת־בְּנוֹתֵיהֶ֖ם נָתְנ֣וּ לִבְנֵיהֶ֑ם וַיַּֽעַבְד֖וּ
7 אֶת־אֱלֹהֵיהֶֽם׃ וַיַּעֲשׂ֨וּ בְנֵֽי־יִשְׂרָאֵ֥ל אֶת־הָרַע֙ בְּעֵינֵ֣י יְהוָ֔ה
וַיִּשְׁכְּח֖וּ אֶת־יְהוָ֣ה אֱלֹהֵיהֶ֑ם וַיַּעַבְד֥וּ אֶת־הַבְּעָלִ֖ים וְאֶת־
8 הָאֲשֵׁרֽוֹת׃ וַיִּֽחַר־אַ֤ף יְהוָה֙ בְּיִשְׂרָאֵ֔ל וַֽיִּמְכְּרֵ֗ם בְּיַד֙ כּוּשַׁ֣ן
רִשְׁעָתַ֔יִם מֶ֖לֶךְ אֲרַ֣ם נַהֲרָ֑יִם וַיַּעַבְד֧וּ בְנֵֽי־יִשְׂרָאֵ֛ל אֶת־כּוּשַׁ֥ן
9 רִשְׁעָתַ֖יִם שְׁמֹנֶ֥ה שָׁנִֽים׃ וַיִּזְעֲק֤וּ בְנֵֽי־יִשְׂרָאֵל֙ אֶל־יְהוָ֔ה וַיָּ֨קֶם
יְהוָ֥ה מוֹשִׁ֛יעַ לִבְנֵ֥י יִשְׂרָאֵ֖ל וַיּֽוֹשִׁיעֵ֑ם אֵ֚ת עָתְנִיאֵ֣ל בֶּן־קְנַ֔ז אֲחִ֥י
י כָלֵ֖ב הַקָּטֹ֥ן מִמֶּֽנּוּ׃ וַתְּהִ֨י עָלָ֜יו רֽוּחַ־יְהוָ֮ וַיִּשְׁפֹּ֣ט אֶת־יִשְׂרָאֵל֒
וַיֵּצֵא֙ לַמִּלְחָמָ֔ה וַיִּתֵּ֣ן יְהוָ֔ה בְּיָד֔וֹ אֶת־כּוּשַׁ֥ן רִשְׁעָתַ֖יִם מֶ֣לֶךְ
11 אֲרָ֑ם וַתָּ֣עָז יָד֔וֹ עַ֖ל כּוּשַׁ֥ן רִשְׁעָתָֽיִם׃ וַתִּשְׁקֹ֥ט הָאָ֖רֶץ אַרְבָּעִ֣ים
שָׁנָ֑ה וַיָּ֖מָת עָתְנִיאֵ֥ל בֶּן־קְנַֽז׃
12 וַיֹּסִ֙פוּ֙ בְּנֵ֣י יִשְׂרָאֵ֔ל לַעֲשׂ֥וֹת הָרַ֖ע בְּעֵינֵ֣י יְהוָ֑ה וַיְחַזֵּ֨ק יְהוָ֜ה אֶת־
עֶגְל֣וֹן מֶלֶךְ־מוֹאָב֮ עַל־יִשְׂרָאֵל֒ עַ֛ל כִּֽי־עָשׂ֥וּ אֶת־הָרַ֖ע בְּעֵינֵ֥י
13 יְהוָֽה׃ וַיֶּאֱסֹ֣ף אֵלָ֔יו אֶת־בְּנֵ֥י עַמּ֖וֹן וַעֲמָלֵ֑ק וַיֵּ֙לֶךְ֙ וַיַּךְ֙ אֶת־
14 יִשְׂרָאֵ֔ל וַיִּֽירְשׁ֖וּ אֶת־עִ֥יר הַתְּמָרִֽים׃ וַיַּעַבְד֧וּ בְנֵֽי־יִשְׂרָאֵ֛ל
טו אֶת־עֶגְל֥וֹן מֶֽלֶךְ־מוֹאָ֖ב שְׁמוֹנֶ֥ה עֶשְׂרֵ֖ה שָׁנָֽה׃ וַיִּזְעֲק֣וּ בְנֵֽי־
יִשְׂרָאֵל֮ אֶל־יְהוָה֒ וַיָּקֶם֩ יְהוָ֨ה לָהֶ֜ם מוֹשִׁ֗יעַ אֶת־אֵה֤וּד בֶּן־
גֵּרָא֙ בֶּן־הַיְמִינִ֔י אִ֥ישׁ אִטֵּ֖ר יַד־יְמִינ֑וֹ וַיִּשְׁלְח֨וּ בְנֵֽי־יִשְׂרָאֵ֤ל
16 בְּיָדוֹ֙ מִנְחָ֔ה לְעֶגְל֖וֹן מֶ֥לֶךְ מוֹאָֽב׃ וַיַּ֨עַשׂ ל֜וֹ אֵה֗וּד חֶ֙רֶב֙ וְלָ֣הּ
שְׁנֵ֣י פֵי֔וֹת גֹּ֖מֶד אָרְכָּ֑הּ וַיַּחְגֹּ֤ר אוֹתָהּ֙ מִתַּ֣חַת לְמַדָּ֔יו עַ֖ל יֶ֥רֶךְ
17 יְמִינֽוֹ׃ וַיַּקְרֵב֙ אֶת־הַמִּנְחָ֔ה לְעֶגְל֖וֹן מֶ֣לֶךְ מוֹאָ֑ב וְעֶגְל֕וֹן אִ֥ישׁ
18 בָּרִ֖יא מְאֹֽד׃ וַיְהִי֙ כַּאֲשֶׁ֣ר כִּלָּ֔ה לְהַקְרִ֖יב אֶת־הַמִּנְחָ֑ה וַיְשַׁלַּח֙
19 אֶת־הָעָ֔ם נֹשְׂאֵ֖י הַמִּנְחָֽה׃ וְה֣וּא שָׁ֗ב מִן־הַפְּסִילִים֙ אֲשֶׁ֣ר אֶת־
הַגִּלְגָּ֔ל וַיֹּ֕אמֶר דְּבַר־סֵ֥תֶר לִ֛י אֵלֶ֖יךָ הַמֶּ֑לֶךְ וַיֹּ֣אמֶר הָ֔ס וַיֵּֽצְאוּ֙
כ מֵֽעָלָ֔יו כָּל־הָעֹמְדִ֖ים עָלָֽיו׃ וְאֵה֣וּד ׀ בָּ֣א אֵלָ֗יו וְהֽוּא־יֹשֵׁ֞ב

בעלית

בַּעֲלִיַּת הַמְּקֵרָה אֲשֶׁר־לוֹ לְבַדּוֹ וַיֹּאמֶר אֵהוּד דְּבַר־אֱלֹהִים
21 לִי אֵלֶיךָ וַיָּקָם מֵעַל הַכִּסֵּא: וַיִּשְׁלַח אֵהוּד אֶת־יַד שְׂמֹאלוֹ
22 וַיִּקַּח אֶת־הַחֶרֶב מֵעַל יֶרֶךְ יְמִינוֹ וַיִּתְקָעֶהָ בְּבִטְנוֹ: וַיָּבֹא
גַם־הַנִּצָּב אַחַר הַלַּהַב וַיִּסְגֹּר הַחֵלֶב בְּעַד הַלַּהַב כִּי לֹא
23 שָׁלַף הַחֶרֶב מִבִּטְנוֹ וַיֵּצֵא הַפַּרְשְׁדֹנָה: וַיֵּצֵא אֵהוּד הַמִּסְדְּרוֹנָה
24 וַיִּסְגֹּר דַּלְתוֹת הָעֲלִיָּה בַּעֲדוֹ וְנָעָל: וְהוּא יָצָא וַעֲבָדָיו בָּאוּ
וַיִּרְאוּ וְהִנֵּה דַּלְתוֹת הָעֲלִיָּה נְעֻלוֹת וַיֹּאמְרוּ אַךְ מֵסִיךְ הוּא
כה אֶת־רַגְלָיו בַּחֲדַר הַמְּקֵרָה: וַיָּחִילוּ עַד־בּוֹשׁ וְהִנֵּה אֵינֶנּוּ
פֹּתֵחַ דַּלְתוֹת הָעֲלִיָּה וַיִּקְחוּ אֶת־הַמַּפְתֵּחַ וַיִּפְתָּחוּ וְהִנֵּה
26 אֲדֹנֵיהֶם נֹפֵל אַרְצָה מֵת: וְאֵהוּד נִמְלַט עַד הִתְמַהְמְהָם
27 וְהוּא עָבַר אֶת־הַפְּסִילִים וַיִּמָּלֵט הַשְּׂעִירָתָה: וַיְהִי בְּבוֹאוֹ
וַיִּתְקַע בַּשּׁוֹפָר בְּהַר אֶפְרָיִם וַיֵּרְדוּ עִמּוֹ בְנֵי־יִשְׂרָאֵל מִן־
28 הָהָר וְהוּא לִפְנֵיהֶם: וַיֹּאמֶר אֲלֵהֶם רִדְפוּ אַחֲרַי כִּי־נָתַן
יְהוָה אֶת־אֹיְבֵיכֶם אֶת־מוֹאָב בְּיֶדְכֶם וַיֵּרְדוּ אַחֲרָיו וַיִּלְכְּדוּ
29 אֶת־מַעְבְּרוֹת הַיַּרְדֵּן לְמוֹאָב וְלֹא־נָתְנוּ אִישׁ לַעֲבֹר: וַיַּכּוּ
אֶת־מוֹאָב בָּעֵת הַהִיא כַּעֲשֶׂרֶת אֲלָפִים אִישׁ כָּל־שָׁמֵן וְכָל־
ל אִישׁ חָיִל וְלֹא נִמְלַט אִישׁ: וַתִּכָּנַע מוֹאָב בַּיּוֹם הַהוּא תַּחַת
31 יַד יִשְׂרָאֵל וַתִּשְׁקֹט הָאָרֶץ שְׁמוֹנִים שָׁנָה: וְאַחֲרָיו הָיָה
שַׁמְגַּר בֶּן־עֲנָת וַיַּךְ אֶת־פְּלִשְׁתִּים שֵׁשׁ־מֵאוֹת אִישׁ בְּמַלְמַד
הַבָּקָר וַיּוֹשַׁע גַּם־הוּא אֶת־יִשְׂרָאֵל:

Cap. IV. ד

ד

א וַיֹּסִפוּ בְּנֵי יִשְׂרָאֵל לַעֲשׂוֹת הָרַע בְּעֵינֵי יְהוָה וְאֵהוּד מֵת:
2 וַיִּמְכְּרֵם יְהוָה בְּיַד יָבִין מֶלֶךְ־כְּנַעַן אֲשֶׁר מָלַךְ בְּחָצוֹר
3 וְשַׂר־צְבָאוֹ סִיסְרָא וְהוּא יוֹשֵׁב בַּחֲרֹשֶׁת הַגּוֹיִם: וַיִּצְעֲקוּ
בְנֵי־יִשְׂרָאֵל אֶל־יְהוָה כִּי תְּשַׁע מֵאוֹת רֶכֶב־בַּרְזֶל לוֹ וְהוּא
4 לָחַץ אֶת־בְּנֵי יִשְׂרָאֵל בְּחָזְקָה עֶשְׂרִים שָׁנָה: וּדְבוֹרָה
אִשָּׁה נְבִיאָה אֵשֶׁת לַפִּידוֹת הִיא שֹׁפְטָה אֶת־יִשְׂרָאֵל בָּעֵת

ד׳ v. 4. הפטרת בשלח

ה הַהִֽיא׃ וְהִיא יוֹשֶׁבֶת תַּֽחַת־תֹּמֶר דְּבוֹרָה בֵּין הָֽרָמָה וּבֵין
בֵּֽית־אֵל בְּהַר אֶפְרָיִם וַיַּעֲלוּ אֵלֶיהָ בְּנֵי יִשְׂרָאֵל לַמִּשְׁפָּֽט׃
6 וַתִּשְׁלַח וַתִּקְרָא לְבָרָק בֶּן־אֲבִינֹעַם מִקֶּדֶשׁ נַפְתָּלִי וַתֹּאמֶר
אֵלָיו הֲלֹא צִוָּה ׀ יְהוָה אֱלֹהֵי־יִשְׂרָאֵל לֵךְ וּמָשַׁכְתָּ בְּהַר
תָּבוֹר וְלָקַחְתָּ עִמְּךָ עֲשֶׂרֶת אֲלָפִים אִישׁ מִבְּנֵי נַפְתָּלִי וּמִבְּנֵי
7 זְבֻלֽוּן׃ וּמָשַׁכְתִּי אֵלֶיךָ אֶל־נַחַל קִישׁוֹן אֶת־סִֽיסְרָא שַׂר־
8 צְבָא יָבִין וְאֶת־רִכְבּוֹ וְאֶת־הֲמוֹנוֹ וּנְתַתִּיהוּ בְּיָדֶֽךָ׃ וַיֹּאמֶר
אֵלֶיהָ בָּרָק אִם־תֵּלְכִי עִמִּי וְהָלָכְתִּי וְאִם־לֹא תֵלְכִי עִמִּי
9 לֹא אֵלֵֽךְ׃ וַתֹּאמֶר הָלֹךְ אֵלֵךְ עִמָּךְ אֶפֶס כִּי לֹא תִֽהְיֶה
תִּֽפְאַרְתְּךָ עַל־הַדֶּרֶךְ אֲשֶׁר־אַתָּה הוֹלֵךְ כִּי בְֽיַד־אִשָּׁה יִמְכֹּר
יְהוָה אֶת־סִֽיסְרָא וַתָּקָם דְּבוֹרָה וַתֵּלֶךְ עִם־בָּרָק קֶֽדְשָׁה׃
י וַיַּזְעֵק בָּרָק אֶת־זְבוּלֻן וְאֶת־נַפְתָּלִי קֶדְשָׁה וַיַּעַל בְּרַגְלָיו
11 עֲשֶׂרֶת אַלְפֵי אִישׁ וַתַּעַל עִמּוֹ דְּבוֹרָֽה׃ וְחֶבֶר הַקֵּינִי נִפְרָד
מִקַּיִן מִבְּנֵי חֹבָב חֹתֵן מֹשֶׁה וַיֵּט אָהֳלוֹ עַד־אֵלוֹן בְּצַעֲנַנִּים
12 אֲשֶׁר אֶת־קֶֽדֶשׁ׃ וַיַּגִּדוּ לְסִֽיסְרָא כִּי עָלָה בָּרָק בֶּן־אֲבִינֹעַם
13 הַר־תָּבֽוֹר׃ וַיַּזְעֵק סִֽיסְרָא אֶת־כָּל־רִכְבּוֹ תְּשַׁע מֵאוֹת רֶכֶב
בַּרְזֶל וְאֶת־כָּל־הָעָם אֲשֶׁר אִתּוֹ מֵחֲרֹשֶׁת הַגּוֹיִם אֶל־נַחַל
14 קִישֽׁוֹן׃ וַתֹּאמֶר דְּבֹרָה אֶל־בָּרָק קוּם כִּי זֶה הַיּוֹם אֲשֶׁר נָתַן
יְהוָה אֶת־סִֽיסְרָא בְּיָדֶךָ הֲלֹא יְהוָה יָצָא לְפָנֶיךָ וַיֵּרֶד בָּרָק
טו מֵהַר תָּבוֹר וַעֲשֶׂרֶת אֲלָפִים אִישׁ אַחֲרָֽיו׃ וַיָּהָם יְהוָה אֶת־
סִֽיסְרָא וְאֶת־כָּל־הָרֶכֶב וְאֶת־כָּל־הַמַּחֲנֶה לְפִי־חֶרֶב לִפְנֵי
16 בָרָק וַיֵּרֶד סִֽיסְרָא מֵעַל הַמֶּרְכָּבָה וַיָּנָס בְּרַגְלָֽיו׃ וּבָרָק רָדַף
אַחֲרֵי הָרֶכֶב וְאַחֲרֵי הַֽמַּחֲנֶה עַד חֲרֹשֶׁת הַגּוֹיִם וַיִּפֹּל כָּל־
17 מַחֲנֵה סִֽיסְרָא לְפִי־חֶרֶב לֹא נִשְׁאַר עַד־אֶחָֽד׃ וְסִֽיסְרָא
נָס בְּרַגְלָיו אֶל־אֹהֶל יָעֵל אֵשֶׁת חֶבֶר הַקֵּינִי כִּי שָׁלוֹם בֵּין
18 יָבִין מֶֽלֶךְ־חָצוֹר וּבֵין בֵּית חֶבֶר הַקֵּינִֽי׃ וַתֵּצֵא יָעֵל לִקְרַאת
סִֽיסְרָא וַתֹּאמֶר אֵלָיו סוּרָה אֲדֹנִי סוּרָה אֵלַי אַל־תִּירָא וַיָּסַר

אליה

v. 10. סבירין אלפים   v. 11. בצעננים ק׳

אֵלֶ֨יהָ֙ הָאֹ֣הֱלָה וַתְּכַסֵּ֖הוּ בַּשְּׂמִיכָֽה׃ וַיֹּ֧אמֶר אֵלֶ֛יהָ הַשְׁקִינִי־ 19

נָ֤א מְעַט־מַ֙יִם֙ כִּ֣י צָמֵ֔אתִי וַתִּפְתַּ֛ח אֶת־נֹ֥אוד הֶחָלָ֖ב וַתַּשְׁקֵ֑הוּ

וַתְּכַסֵּֽהוּ׃ וַיֹּ֣אמֶר אֵלֶ֔יהָ עֲמֹ֖ד פֶּ֣תַח הָאֹ֑הֶל וְהָיָה֩ אִם־אִ֨ישׁ כ

יָבֹ֜א וּשְׁאֵלֵ֗ךְ וְאָמַ֛ר הֲיֵשׁ־פֹּ֥ה אִ֖ישׁ וְאָמַ֥רְתְּ אָֽיִן׃ וַתִּקַּ֣ח יָעֵ֣ל 21

אֵֽשֶׁת־חֶ֠בֶר אֶת־יְתַ֨ד הָאֹ֜הֶל וַתָּ֧שֶׂם אֶת־הַמַּקֶּ֣בֶת בְּיָדָ֗הּ

וַתָּב֤וֹא אֵלָיו֙ בַּלָּ֔אט וַתִּתְקַ֤ע אֶת־הַיָּתֵד֙ בְּרַקָּת֔וֹ וַתִּצְנַ֖ח בָּאָ֑רֶץ

וְהֽוּא־נִרְדָּ֥ם וַיָּ֖עַף וַיָּמֹֽת׃ וְהִנֵּ֣ה בָרָ֗ק רֹדֵף֙ אֶת־סִ֣יסְרָ֔א וַתֵּצֵ֤א 22

יָעֵל֙ לִקְרָאת֔וֹ וַתֹּ֣אמֶר ל֔וֹ לֵ֣ךְ וְאַרְאֶ֔ךָּ אֶת־הָאִ֖ישׁ אֲשֶׁר־אַתָּ֣ה

מְבַקֵּ֑שׁ וַיָּבֹ֣א אֵלֶ֔יהָ וְהִנֵּ֤ה סִֽיסְרָא֙ נֹפֵ֣ל מֵ֔ת וְהַיָּתֵ֖ד בְּרַקָּתֽוֹ׃

וַיַּכְנַ֤ע אֱלֹהִים֙ בַּיּ֣וֹם הַה֔וּא אֵ֖ת יָבִ֣ין מֶֽלֶךְ־כְּנָ֑עַן לִפְנֵ֖י בְּנֵ֥י 23

יִשְׂרָאֵֽל׃ וַתֵּ֜לֶךְ יַ֤ד בְּנֵֽי־יִשְׂרָאֵל֙ הָל֣וֹךְ וְקָשָׁ֔ה עַ֖ל יָבִ֣ין מֶֽלֶךְ־ 24

כְּנָ֑עַן עַ֚ד אֲשֶׁ֣ר הִכְרִ֔יתוּ אֵ֖ת יָבִ֥ין מֶֽלֶךְ־כְּנָֽעַן׃

ה

CAP. V. ה

וַתָּ֣שַׁר דְּבוֹרָ֔ה וּבָרָ֖ק בֶּן־אֲבִינֹ֑עַם בַּיּ֥וֹם הַה֖וּא א

לֵאמֹֽר׃   בִּפְרֹ֤עַ פְּרָעוֹת֙ בְּיִשְׂרָאֵ֔ל   בְּהִתְנַדֵּ֖ב 2

עָ֑ם בָּרֲכ֖וּ יְהוָֽה׃   שִׁמְע֣וּ מְלָכִ֔ים הַאֲזִ֖ינוּ 3

רֹֽזְנִ֑ים   אָֽנֹכִ֗י לַֽיהוָה֙ אָֽנֹכִ֣י אָשִׁ֔ירָה   אֲזַמֵּ֕ר

לַֽיהוָ֖ה אֱלֹהֵ֥י יִשְׂרָאֵֽל׃   יְהוָ֗ה בְּצֵאתְךָ֤ 4

מִשֵּׂעִיר֙   בְּצַעְדְּךָ֙ מִשְּׂדֵ֣ה אֱד֔וֹם   אֶ֣רֶץ

רָעָ֔שָׁה גַּם־שָׁמַ֖יִם נָטָ֑פוּ   גַּם־עָבִ֖ים נָ֥טְפוּ

מָֽיִם׃   הָרִ֥ים נָזְל֖וּ מִפְּנֵ֣י יְהוָ֑ה   זֶ֣ה ה

סִינַ֔י מִפְּנֵ֕י יְהוָ֖ה אֱלֹהֵ֥י יִשְׂרָאֵֽל׃   בִּימֵ֞י שַׁמְגַּ֤ר בֶּן־ 6

עֲנָ֗ת   בִּימֵ֣י יָעֵ֔ל חָדְל֖וּ אֳרָח֑וֹת   וְהֹלְכֵ֣י

נְתִיב֕וֹת יֵלְכ֕וּ אֳרָח֖וֹת עֲקַלְקַלּֽוֹת׃   חָדְל֧וּ פְרָז֛וֹן בְּיִשְׂרָאֵ֖ל 7

חָדֵ֑לּוּ   עַ֤ד שַׁקַּ֙מְתִּי֙ דְּבוֹרָ֔ה   שַׁקַּ֥מְתִּי

אֵ֖ם בְּיִשְׂרָאֵֽל׃   יִבְחַר֙ אֱלֹהִ֣ים 8

חֲדָשִׁ֔ים   אָ֖ז לָ֣חֶם שְׁעָרִ֑ים   מָגֵ֤ן

אִם־יֵֽרָאֶה֙ וָרֹ֔מַח   בְּאַרְבָּעִ֖ים אֶ֑לֶף

בְּיִשְׂרָאֵֽל

9 בְּיִשְׂרָאֵל׃ לִבִּי לְחוֹקְקֵי יִשְׂרָאֵל הַמִּתְנַדְּבִים
י בָּעָם בָּרְכוּ יְהוָה׃ רֹכְבֵי אֲתֹנוֹת
צְחֹרוֹת יֹשְׁבֵי עַל־מִדִּין וְהֹלְכֵי
11 עַל־דֶּרֶךְ שִׂיחוּ׃ מִקּוֹל מְחַצְצִים בֵּין
מַשְׁאַבִּים שָׁם יְתַנּוּ צִדְקוֹת יְהוָה צִדְקֹת
פִּרְזֹנוֹ בְּיִשְׂרָאֵל אָז יָרְדוּ לַשְּׁעָרִים עַם־
12 יְהוָה׃ עוּרִי עוּרִי דְּבוֹרָה עוּרִי
עוּרִי דַּבְּרִי־שִׁיר קוּם בָּרָק וּשֲׁבֵה שֶׁבְיְךָ בֶּן־
13 אֲבִינֹעַם׃ אָז יְרַד שָׂרִיד לְאַדִּירִים עָם יְהוָה
14 יְרַד־לִי בַּגִּבּוֹרִים׃ מִנִּי אֶפְרַיִם שָׁרְשָׁם
בַּעֲמָלֵק אַחֲרֶיךָ בִנְיָמִין בַּעֲמָמֶיךָ מִנִּי
מָכִיר יָרְדוּ מְחֹקְקִים וּמִזְּבוּלֻן מֹשְׁכִים בְּשֵׁבֶט
טו סֹפֵר׃ וְשָׂרַי בְּיִשָּׂשכָר עִם־דְּבֹרָה וְיִשָּׂשכָר
כֵּן בָּרָק בָּעֵמֶק שֻׁלַּח
בְּרַגְלָיו בִּפְלַגּוֹת רְאוּבֵן גְּדֹלִים
16 חִקְקֵי־לֵב׃ לָמָּה יָשַׁבְתָּ בֵּין
הַמִּשְׁפְּתַיִם לִשְׁמֹעַ שְׁרִקוֹת עֲדָרִים לִפְלַגּוֹת
17 רְאוּבֵן גְּדוֹלִים חִקְרֵי־לֵב׃ גִּלְעָד בְּעֵבֶר הַיַּרְדֵּן
שָׁכֵן וְדָן לָמָּה יָגוּר אֳנִיּוֹת אָשֵׁר
יָשַׁב לְחוֹף יַמִּים וְעַל מִפְרָצָיו
18 יִשְׁכּוֹן׃ זְבֻלוּן עַם חֵרֵף נַפְשׁוֹ לָמוּת וְנַפְתָּלִי
19 עַל מְרוֹמֵי שָׂדֶה׃ בָּאוּ מְלָכִים
נִלְחָמוּ אָז נִלְחֲמוּ מַלְכֵי כְנַעַן בְּתַעְנַךְ
עַל־מֵי מְגִדּוֹ בֶּצַע כֶּסֶף לֹא
כ לָקָחוּ׃ מִן־שָׁמַיִם נִלְחָמוּ הַכּוֹכָבִים
21 מִמְּסִלּוֹתָם נִלְחֲמוּ עִם־סִיסְרָא׃ נַחַל קִישׁוֹן
גְּרָפָם נַחַל קְדוּמִים נַחַל קִישׁוֹן תִּדְרְכִי
22 נַפְשִׁי עֹז׃ אָז הָלְמוּ עִקְּבֵי־
סוּס

23 סוּס　　מִדַּהֲרוֹת דַּהֲרוֹת אַבִּירָיו׃　　אוֹרוּ
מֵרוֹז אָמַר מַלְאַךְ יְהוָה　　אֹרוּ אָרוֹר
יֹשְׁבֶיהָ　　כִּי לֹא־בָאוּ לְעֶזְרַת יְהוָה　　לְעֶזְרַת
24 יְהוָה בַּגִּבּוֹרִים׃　　תְּבֹרַךְ מִנָּשִׁים
יָעֵל　　אֵשֶׁת חֶבֶר הַקֵּינִי　　מִנָּשִׁים
כה בָּאֹהֶל תְּבֹרָךְ׃　　מַיִם שָׁאַל חָלָב
26 נָתָנָה　　בְּסֵפֶל אַדִּירִים הִקְרִיבָה חֶמְאָה׃　　יָדָהּ
לַיָּתֵד תִּשְׁלַחְנָה　　וִימִינָהּ לְהַלְמוּת
עֲמֵלִים　　וְהָלְמָה סִיסְרָא מָחֲקָה רֹאשׁוֹ　　וּמָחֲצָה
27 וְחָלְפָה רַקָּתוֹ׃　　בֵּין רַגְלֶיהָ כָּרַע נָפַל
שָׁכָב　　בֵּין רַגְלֶיהָ כָּרַע נָפָל　　בַּאֲשֶׁר
28 כָּרַע שָׁם נָפַל שָׁדוּד׃　　בְּעַד הַחַלּוֹן נִשְׁקְפָה
וַתְּיַבֵּב　　אֵם סִיסְרָא בְּעַד הָאֶשְׁנָב　　מַדּוּעַ
בֹּשֵׁשׁ רִכְבּוֹ לָבוֹא　　מַדּוּעַ אֶחֱרוּ פַּעֲמֵי
29 מַרְכְּבוֹתָיו׃　　חַכְמוֹת שָׂרוֹתֶיהָ תַּעֲנֶינָּה　　אַף־
ל הִיא תָּשִׁיב אֲמָרֶיהָ לָהּ׃　　הֲלֹא יִמְצְאוּ יְחַלְּקוּ
שָׁלָל　　רַחַם רַחֲמָתַיִם לְרֹאשׁ גֶּבֶר　　שְׁלַל
צְבָעִים לְסִיסְרָא　　שְׁלַל צְבָעִים
31 רִקְמָה　　צֶבַע רִקְמָתַיִם לְצַוְּארֵי שָׁלָל׃　　כֵּן
יֹאבְדוּ כָל־אוֹיְבֶיךָ יְהוָה　　וְאֹהֲבָיו כְּצֵאת הַשֶּׁמֶשׁ
בִּגְבֻרָתוֹ　　וַתִּשְׁקֹט הָאָרֶץ　　אַרְבָּעִים שָׁנָה׃

CAP. VI. ו

ו

א וַיַּעֲשׂוּ בְנֵי־יִשְׂרָאֵל הָרַע בְּעֵינֵי יְהוָה וַיִּתְּנֵם יְהוָה בְּיַד־מִדְיָן
2 שֶׁבַע שָׁנִים׃ וַתָּעָז יַד־מִדְיָן עַל־יִשְׂרָאֵל מִפְּנֵי מִדְיָן עָשׂוּ
לָהֶם ׀ בְּנֵי יִשְׂרָאֵל אֶת־הַמִּנְהָרוֹת אֲשֶׁר בֶּהָרִים וְאֶת־הַמְּעָרוֹת
3 וְאֶת־הַמְּצָדוֹת׃ וְהָיָה אִם־זָרַע יִשְׂרָאֵל וְעָלָה מִדְיָן וַעֲמָלֵק
4 וּבְנֵי־קֶדֶם וְעָלוּ עָלָיו׃ וַיַּחֲנוּ עֲלֵיהֶם וַיַּשְׁחִיתוּ אֶת־יְבוּל
הָאָרֶץ עַד־בּוֹאֲךָ עַזָּה וְלֹא־יַשְׁאִירוּ מִחְיָה בְּיִשְׂרָאֵל וְשֶׂה

ה וְשׁ֥וֹר וַחֲמֽוֹר׃ כִּ֣י הֵם֩ וּמִקְנֵיהֶ֨ם יַעֲל֜וּ וְאָהֳלֵיהֶ֗ם יָבֹ֣אוּ כְדֵֽי־
אַרְבֶּה֙ לָרֹ֔ב וְלָהֶ֥ם וְלִגְמַלֵּיהֶ֖ם אֵ֣ין מִסְפָּ֑ר וַיָּבֹ֥אוּ בָאָ֖רֶץ
6 לְשַׁחֲתָֽהּ׃ וַיִּדַּ֧ל יִשְׂרָאֵ֛ל מְאֹ֖ד מִפְּנֵ֣י מִדְיָ֑ן וַיִּזְעֲק֥וּ בְנֵֽי־יִשְׂרָאֵ֖ל
7 אֶל־יְהוָֽה׃ וַיְהִ֕י כִּֽי־זָעֲק֥וּ בְנֵֽי־יִשְׂרָאֵ֖ל אֶל־יְהוָ֑ה עַ֖ל
8 אֹד֥וֹת מִדְיָֽן׃ וַיִּשְׁלַ֧ח יְהוָ֛ה אִ֥ישׁ נָבִ֖יא אֶל־בְּנֵ֣י יִשְׂרָאֵ֑ל וַיֹּ֨אמֶר
לָהֶ֜ם כֹּה־אָמַ֣ר יְהוָ֣ה ׀ אֱלֹהֵ֣י יִשְׂרָאֵ֗ל אָנֹכִ֞י הֶעֱלֵ֤יתִי אֶתְכֶם֙
9 מִמִּצְרַ֔יִם וָאֹצִ֥יא אֶתְכֶ֖ם מִבֵּ֥ית עֲבָדִֽים׃ וָאַצִּ֤ל אֶתְכֶם֙ מִיַּ֣ד
מִצְרַ֔יִם וּמִיַּ֖ד כָּל־לֹחֲצֵיכֶ֑ם וָאֲגָרֵ֤שׁ אוֹתָם֙ מִפְּנֵיכֶ֔ם וָאֶתְּנָ֥ה
י לָכֶ֖ם אֶת־אַרְצָֽם׃ וָאֹמְרָ֣ה לָכֶ֗ם אֲנִי֙ יְהוָ֣ה אֱלֹהֵיכֶ֔ם לֹ֤א
תִֽירְאוּ֙ אֶת־אֱלֹהֵ֣י הָאֱמֹרִ֔י אֲשֶׁ֥ר אַתֶּ֖ם יוֹשְׁבִ֣ים בְּאַרְצָ֑ם וְלֹ֥א
11 שְׁמַעְתֶּ֖ם בְּקוֹלִֽי׃ וַיָּבֹ֞א מַלְאַ֣ךְ יְהוָ֗ה וַיֵּ֨שֶׁב֙ תַּ֤חַת הָֽאֵלָה֙
אֲשֶׁ֣ר בְּעָפְרָ֔ה אֲשֶׁ֖ר לְיוֹאָ֣שׁ אֲבִ֣י הָעֶזְרִ֑י וְגִדְע֣וֹן בְּנ֗וֹ חֹבֵ֤ט
12 חִטִּים֙ בַּגַּ֔ת לְהָנִ֖יס מִפְּנֵ֥י מִדְיָֽן׃ וַיֵּרָ֥א אֵלָ֖יו מַלְאַ֣ךְ יְהוָ֑ה
13 וַיֹּ֣אמֶר אֵלָ֔יו יְהוָ֥ה עִמְּךָ֖ גִּבּ֥וֹר הֶחָֽיִל׃ וַיֹּ֨אמֶר אֵלָ֜יו גִּדְע֗וֹן
בִּ֣י אֲדֹנִ֔י וְיֵ֤שׁ יְהוָה֙ עִמָּ֔נוּ וְלָ֥מָּה מְצָאַ֖תְנוּ כָּל־זֹ֑את וְאַיֵּ֣ה כָֽל־
נִפְלְאֹתָ֡יו אֲשֶׁ֣ר סִפְּרוּ־לָנוּ֩ אֲבוֹתֵ֨ינוּ לֵאמֹ֜ר הֲלֹ֤א מִמִּצְרַ֨יִם֙
14 הֶעֱלָ֣נוּ יְהוָ֔ה וְעַתָּה֙ נְטָשָׁ֣נוּ יְהוָ֔ה וַֽיִּתְּנֵ֖נוּ בְּכַף־מִדְיָֽן׃ וַיִּ֤פֶן
אֵלָיו֙ יְהוָ֔ה וַיֹּ֗אמֶר לֵ֚ךְ בְּכֹחֲךָ֣ זֶ֔ה וְהוֹשַׁעְתָּ֥ אֶת־יִשְׂרָאֵ֖ל מִכַּ֣ף
טו מִדְיָ֑ן הֲלֹ֖א שְׁלַחְתִּֽיךָ׃ וַיֹּ֤אמֶר אֵלָיו֙ בִּ֣י אֲדֹנָ֔י בַּמָּ֥ה אוֹשִׁ֖יעַ
אֶת־יִשְׂרָאֵ֑ל הִנֵּ֤ה אַלְפִּי֙ הַדַּ֣ל בִּמְנַשֶּׁ֔ה וְאָנֹכִ֥י הַצָּעִ֖יר בְּבֵ֥ית
16 אָבִֽי׃ וַיֹּ֤אמֶר אֵלָיו֙ יְהוָ֔ה כִּ֥י אֶֽהְיֶ֖ה עִמָּ֑ךְ וְהִכִּיתָ֥ אֶת־מִדְיָ֖ן
17 כְּאִ֥ישׁ אֶחָֽד׃ וַיֹּ֣אמֶר אֵלָ֔יו אִם־נָ֛א מָצָ֥אתִי חֵ֖ן בְּעֵינֶ֑יךָ וְעָשִׂ֤יתָ
18 לִּי֙ א֔וֹת שָׁאַתָּ֖ה מְדַבֵּ֥ר עִמִּֽי׃ אַל־נָ֨א תָמֻ֜שׁ מִזֶּ֗ה עַד־בֹּאִ֤י
אֵלֶ֨יךָ֙ וְהֹצֵאתִי֙ אֶת־מִנְחָתִ֔י וְהִנַּחְתִּ֖י לְפָנֶ֑יךָ וַיֹּאמַ֕ר אָנֹכִ֥י אֵשֵׁ֖ב
19 עַ֥ד שׁוּבֶֽךָ׃ וְגִדְע֣וֹן בָּ֗א וַיַּ֤עַשׂ גְּדִֽי־עִזִּים֙ וְאֵֽיפַת־קֶ֣מַח מַצּ֔וֹת
הַבָּשָׂר֙ שָׂ֣ם בַּסַּ֔ל וְהַמָּרַ֖ק שָׂ֣ם בַּפָּר֑וּר וַיּוֹצֵ֥א אֵלָ֛יו אֶל־תַּ֥חַת
כ הָאֵלָ֖ה וַיַּגַּֽשׁ׃ וַיֹּ֨אמֶר אֵלָ֜יו מַלְאַ֣ךְ הָאֱלֹהִ֗ים קַ֣ח אֶת־הַבָּשָׂר֙

ואת־המצות

v. 5. ובאו ק׳

וְאֶת־הַמַּצּוֹת וְהַנַּח אֶל־הַסֶּלַע הַלָּז וְאֶת־הַמָּרַק שְׁפוֹךְ וַיַּעַשׂ
21 כֵּן׃ וַיִּשְׁלַח מַלְאַךְ יְהוָה אֶת־קְצֵה הַמִּשְׁעֶנֶת אֲשֶׁר בְּיָדוֹ וַיִּגַּע
בַּבָּשָׂר וּבַמַּצּוֹת וַתַּעַל הָאֵשׁ מִן־הַצּוּר וַתֹּאכַל אֶת־הַבָּשָׂר
22 וְאֶת־הַמַּצּוֹת וּמַלְאַךְ יְהוָה הָלַךְ מֵעֵינָיו׃ וַיַּרְא גִּדְעוֹן כִּי־
מַלְאַךְ יְהוָה הוּא וַיֹּאמֶר גִּדְעוֹן אֲהָהּ אֲדֹנָי יֱהוִה כִּי־עַל־כֵּן
23 רָאִיתִי מַלְאַךְ יְהוָה פָּנִים אֶל־פָּנִים׃ וַיֹּאמֶר לוֹ יְהוָה שָׁלוֹם
24 לְךָ אַל־תִּירָא לֹא תָּמוּת׃ וַיִּבֶן שָׁם גִּדְעוֹן מִזְבֵּחַ לַיהוָה
וַיִּקְרָא־לוֹ יְהוָה ׀ שָׁלוֹם עַד הַיּוֹם הַזֶּה עוֹדֶנּוּ בְּעָפְרַת אֲבִי
כה הָעֶזְרִי׃ וַיְהִי בַּלַּיְלָה הַהוּא וַיֹּאמֶר לוֹ יְהוָה קַח אֶת־פַּר־
הַשּׁוֹר אֲשֶׁר לְאָבִיךָ וּפַר הַשֵּׁנִי שֶׁבַע שָׁנִים וְהָרַסְתָּ אֶת־מִזְבַּח
26 הַבַּעַל אֲשֶׁר לְאָבִיךָ וְאֶת־הָאֲשֵׁרָה אֲשֶׁר־עָלָיו תִּכְרֹת׃ וּבָנִיתָ
מִזְבֵּחַ לַיהוָה אֱלֹהֶיךָ עַל רֹאשׁ הַמָּעוֹז הַזֶּה בַּמַּעֲרָכָה וְלָקַחְתָּ
אֶת־הַפָּר הַשֵּׁנִי וְהַעֲלִיתָ עוֹלָה בַּעֲצֵי הָאֲשֵׁרָה אֲשֶׁר תִּכְרֹת׃
27 וַיִּקַּח גִּדְעוֹן עֲשָׂרָה אֲנָשִׁים מֵעֲבָדָיו וַיַּעַשׂ כַּאֲשֶׁר דִּבֶּר אֵלָיו
יְהוָה וַיְהִי כַּאֲשֶׁר יָרֵא אֶת־בֵּית אָבִיו וְאֶת־אַנְשֵׁי הָעִיר
28 מֵעֲשׂוֹת יוֹמָם וַיַּעַשׂ לָיְלָה׃ וַיַּשְׁכִּימוּ אַנְשֵׁי הָעִיר בַּבֹּקֶר וְהִנֵּה
נֻתַּץ מִזְבַּח הַבַּעַל וְהָאֲשֵׁרָה אֲשֶׁר־עָלָיו כֹּרָתָה וְאֵת הַפָּר
29 הַשֵּׁנִי הֹעֲלָה עַל־הַמִּזְבֵּחַ הַבָּנוּי׃ וַיֹּאמְרוּ אִישׁ אֶל־רֵעֵהוּ
מִי עָשָׂה הַדָּבָר הַזֶּה וַיִּדְרְשׁוּ וַיְבַקְשׁוּ וַיֹּאמְרוּ גִּדְעוֹן בֶּן־יוֹאָשׁ
ל עָשָׂה הַדָּבָר הַזֶּה׃ וַיֹּאמְרוּ אַנְשֵׁי הָעִיר אֶל־יוֹאָשׁ הוֹצֵא
אֶת־בִּנְךָ וְיָמֹת כִּי נָתַץ אֶת־מִזְבַּח הַבַּעַל וְכִי כָרַת הָאֲשֵׁרָה
31 אֲשֶׁר־עָלָיו׃ וַיֹּאמֶר יוֹאָשׁ לְכֹל אֲשֶׁר־עָמְדוּ עָלָיו הַאַתֶּם ׀
תְּרִיבוּן לַבַּעַל אִם־אַתֶּם תּוֹשִׁיעוּן אוֹתוֹ אֲשֶׁר יָרִיב לוֹ יוּמַת
עַד־הַבֹּקֶר אִם־אֱלֹהִים הוּא יָרֶב לוֹ כִּי נָתַץ אֶת־מִזְבְּחוֹ׃
32 וַיִּקְרָא־לוֹ בַיּוֹם־הַהוּא יְרֻבַּעַל לֵאמֹר יָרֶב בּוֹ הַבַּעַל כִּי
33 נָתַץ אֶת־מִזְבְּחוֹ׃ וְכָל־מִדְיָן וַעֲמָלֵק וּבְנֵי־קֶדֶם נֶאֶסְפוּ
34 יַחְדָּו וַיַּעַבְרוּ וַיַּחֲנוּ בְּעֵמֶק יִזְרְעֶאל׃ וְרוּחַ יְהוָה לָבְשָׁה אֶת־
לה גִּדְעוֹן וַיִּתְקַע בַּשּׁוֹפָר וַיִּזָּעֵק אֲבִיעֶזֶר אַחֲרָיו׃ וּמַלְאָכִים

שלח

שָׁלַ֖ח בְּכָל־מְנַשֶּׁ֔ה וַיִּזָּעֵ֥ק גַּם־ה֖וּא אַחֲרָ֑יו וּמַלְאָכִ֣ים שָׁלַ֗ח
36 בְּאָשֵׁ֤ר וּבִזְבֻלוּן֙ וּבְנַפְתָּלִ֔י וַֽיַּעֲל֖וּ לִקְרָאתָֽם׃ וַיֹּ֥אמֶר גִּדְע֖וֹן
אֶל־הָאֱלֹהִ֑ים אִם־יֶשְׁךָ֞ מוֹשִׁ֧יעַ בְּיָדִ֛י אֶת־יִשְׂרָאֵ֖ל כַּאֲשֶׁ֥ר
37 דִּבַּֽרְתָּ׃ הִנֵּ֣ה אָנֹכִ֗י מַצִּ֛יג אֶת־גִּזַּ֥ת הַצֶּ֖מֶר בַּגֹּ֑רֶן אִ֣ם טַ֡ל יִֽהְיֶה֩
עַל־הַגִּזָּ֨ה לְבַדָּ֜הּ וְעַל־כָּל־הָאָ֧רֶץ֙ חֹ֔רֶב וְיָדַעְתִּ֗י כִּֽי־תוֹשִׁ֧יעַ
38 בְּיָדִ֛י אֶת־יִשְׂרָאֵ֖ל כַּאֲשֶׁ֥ר דִּבַּֽרְתָּ׃ וַֽיְהִי־כֵ֔ן וַיַּשְׁכֵּם֙ מִֽמָּחֳרָ֔ת
39 וַיָּ֣זַר אֶת־הַגִּזָּ֔ה וַיִּ֤מֶץ טַל֙ מִן־הַגִּזָּ֔ה מְל֥וֹא הַסֵּ֖פֶל מָֽיִם׃ וַיֹּ֤אמֶר
גִּדְעוֹן֙ אֶל־הָ֣אֱלֹהִ֔ים אַל־יִ֤חַר אַפְּךָ֙ בִּ֔י וַאֲדַבְּרָ֖ה אַ֣ךְ הַפָּ֑עַם
אֲנַסֶּ֤ה נָּֽא־רַק־הַפַּ֙עַם֙ בַּגִּזָּ֔ה יְהִי־נָ֨א חֹ֤רֶב אֶל־הַגִּזָּה֙ לְבַדָּ֔הּ
מ וְעַל־כָּל־הָאָ֖רֶץ יִֽהְיֶה־טָּֽל׃ וַיַּ֧עַשׂ אֱלֹהִ֛ים כֵּ֖ן בַּלַּ֣יְלָה הַה֑וּא
וַֽיְהִי־חֹ֤רֶב אֶל־הַגִּזָּה֙ לְבַדָּ֔הּ וְעַל־כָּל־הָאָ֖רֶץ הָ֥יָה טָֽל׃

CAP. VII. ז

ז

א וַיַּשְׁכֵּ֨ם יְרֻבַּ֜עַל ה֣וּא גִדְע֗וֹן וְכָל־הָעָם֙ אֲשֶׁ֣ר אִתּ֔וֹ וַֽיַּחֲנ֖וּ
עַל־עֵ֣ין חֲרֹ֑ד וּמַחֲנֵ֤ה מִדְיָן֙ הָֽיָה־ל֣וֹ מִצָּפ֔וֹן מִגִּבְעַ֥ת הַמּוֹרֶ֖ה
2 בָּעֵֽמֶק׃ וַיֹּ֨אמֶר יְהוָ֜ה אֶל־גִּדְע֗וֹן רַב֙ הָעָם֙ אֲשֶׁ֣ר אִתָּ֔ךְ
מִתִּתִּ֥י אֶת־מִדְיָ֖ן בְּיָדָ֑ם פֶּן־יִתְפָּאֵ֨ר עָלַ֤י יִשְׂרָאֵל֙ לֵאמֹ֔ר יָדִ֖י
3 הוֹשִׁ֥יעָה לִּֽי׃ וְעַתָּ֗ה קְרָ֨א נָ֜א בְּאָזְנֵ֤י הָעָם֙ לֵאמֹ֔ר מִֽי־יָרֵ֣א
וְחָרֵ֔ד יָשֹׁ֥ב וְיִצְפֹּ֖ר מֵהַ֣ר הַגִּלְעָ֑ד וַיָּ֣שָׁב מִן־הָעָ֗ם עֶשְׂרִ֤ים וּשְׁנַ֙יִם֙
4 אֶ֔לֶף וַעֲשֶׂ֥רֶת אֲלָפִ֖ים נִשְׁאָֽרוּ׃ וַיֹּ֨אמֶר יְהוָ֜ה אֶל־גִּדְע֗וֹן
ע֚וֹד הָעָ֣ם רָ֔ב הוֹרֵ֤ד אוֹתָם֙ אֶל־הַמַּ֔יִם וְאֶצְרְפֶ֥נּוּ לְךָ֖ שָׁ֑ם
וְהָיָ֡ה אֲשֶׁר֩ אֹמַ֨ר אֵלֶ֜יךָ זֶ֣ה ׀ יֵלֵ֣ךְ אִתָּ֗ךְ ה֚וּא יֵלֵ֣ךְ אִתָּ֔ךְ וְכֹ֨ל
ה אֲשֶׁר־אֹמַ֜ר אֵלֶ֗יךָ זֶ֚ה לֹֽא־יֵלֵ֣ךְ עִמָּ֔ךְ ה֖וּא לֹ֥א יֵלֵֽךְ׃ וַיּ֥וֹרֶד
אֶת־הָעָ֖ם אֶל־הַמָּ֑יִם וַיֹּ֨אמֶר יְהוָ֜ה אֶל־גִּדְע֗וֹן כֹּ֣ל אֲשֶׁר־יָלֹק֩
בִּלְשׁוֹנ֨וֹ מִן־הַמַּ֜יִם כַּאֲשֶׁ֨ר יָלֹ֤ק הַכֶּ֙לֶב֙ תַּצִּ֣יג אוֹתוֹ֙ לְבָ֔ד וְכֹ֛ל
6 אֲשֶׁר־יִכְרַ֥ע עַל־בִּרְכָּ֖יו לִשְׁתּֽוֹת׃ וַיְהִ֗י מִסְפַּ֞ר הַֽמֲלַקְקִ֤ים
בְּיָדָם֙ אֶל־פִּיהֶ֔ם שְׁלֹ֥שׁ מֵא֖וֹת אִ֑ישׁ וְכֹל֙ יֶ֣תֶר הָעָ֔ם כָּרְע֥וּ עַל־
7 בִּרְכֵיהֶ֖ם לִשְׁתּ֥וֹת מָֽיִם׃ וַיֹּ֨אמֶר יְהוָ֜ה אֶל־גִּדְע֗וֹן בִּשְׁלֹשׁ֩
מֵא֨וֹת הָאִ֤ישׁ הַֽמֲלַקְקִים֙ אוֹשִׁ֣יעַ אֶתְכֶ֔ם וְנָתַתִּ֥י אֶת־מִדְיָ֖ן בְּיָדֶ֑ךָ

וכל־העם

8 וְכָל־הָעָם יֵלְכוּ אִישׁ לִמְקֹמוֹ׃ וַיִּקְחוּ אֶת־צֵדָה הָעָם בְּיָדָם
וְאֵת שׁוֹפְרֹתֵיהֶם וְאֵת כָּל־אִישׁ יִשְׂרָאֵל שִׁלַּח אִישׁ לְאֹהָלָיו
וּבִשְׁלֹשׁ־מֵאוֹת הָאִישׁ הֶחֱזִיק וּמַחֲנֵה מִדְיָן הָיָה לוֹ מִתַּחַת
9 בָּעֵמֶק׃ וַיְהִי בַּלַּיְלָה הַהוּא וַיֹּאמֶר אֵלָיו יְהוָה קוּם רֵד
י בַּמַּחֲנֶה כִּי נְתַתִּיו בְּיָדֶךָ׃ וְאִם־יָרֵא אַתָּה לָרֶדֶת רֵד אַתָּה
11 וּפֻרָה נַעַרְךָ אֶל־הַמַּחֲנֶה׃ וְשָׁמַעְתָּ מַה־יְדַבֵּרוּ וְאַחַר תֶּחֱזַקְנָה
יָדֶיךָ וְיָרַדְתָּ בַּמַּחֲנֶה וַיֵּרֶד הוּא וּפֻרָה נַעֲרוֹ אֶל־קְצֵה
12 הַחֲמֻשִׁים אֲשֶׁר בַּמַּחֲנֶה׃ וּמִדְיָן וַעֲמָלֵק וְכָל־בְּנֵי־קֶדֶם
נֹפְלִים בָּעֵמֶק כָּאַרְבֶּה לָרֹב וְלִגְמַלֵּיהֶם אֵין מִסְפָּר כַּחוֹל
13 שֶׁעַל־שְׂפַת הַיָּם לָרֹב׃ וַיָּבֹא גִדְעוֹן וְהִנֵּה־אִישׁ מְסַפֵּר לְרֵעֵהוּ
חֲלוֹם וַיֹּאמֶר הִנֵּה חֲלוֹם חָלַמְתִּי וְהִנֵּה צְלוֹל לֶחֶם שְׂעֹרִים
מִתְהַפֵּךְ בְּמַחֲנֵה מִדְיָן וַיָּבֹא עַד־הָאֹהֶל וַיַּכֵּהוּ וַיִּפֹּל וַיַּהַפְכֵהוּ
14 לְמַעְלָה וְנָפַל הָאֹהֶל׃ וַיַּעַן רֵעֵהוּ וַיֹּאמֶר אֵין זֹאת בִּלְתִּי
אִם־חֶרֶב גִּדְעוֹן בֶּן־יוֹאָשׁ אִישׁ יִשְׂרָאֵל נָתַן הָאֱלֹהִים בְּיָדוֹ
טו אֶת־מִדְיָן וְאֶת־כָּל־הַמַּחֲנֶה׃ וַיְהִי כִשְׁמֹעַ גִּדְעוֹן אֶת־
מִסְפַּר הַחֲלוֹם וְאֶת־שִׁבְרוֹ וַיִּשְׁתָּחוּ וַיָּשָׁב אֶל־מַחֲנֵה יִשְׂרָאֵל
16 וַיֹּאמֶר קוּמוּ כִּי־נָתַן יְהוָה בְּיֶדְכֶם אֶת־מַחֲנֵה מִדְיָן׃ וַיַּחַץ
אֶת־שְׁלֹשׁ־מֵאוֹת הָאִישׁ שְׁלֹשָׁה רָאשִׁים וַיִּתֵּן שׁוֹפָרוֹת בְּיַד־
17 כֻּלָּם וְכַדִּים רֵקִים וְלַפִּדִים בְּתוֹךְ הַכַּדִּים׃ וַיֹּאמֶר אֲלֵיהֶם
מִמֶּנִּי תִרְאוּ וְכֵן תַּעֲשׂוּ וְהִנֵּה אָנֹכִי בָא בִּקְצֵה הַמַּחֲנֶה וְהָיָה
18 כַאֲשֶׁר־אֶעֱשֶׂה כֵּן תַּעֲשׂוּן׃ וְתָקַעְתִּי בַּשּׁוֹפָר אָנֹכִי וְכָל־אֲשֶׁר
אִתִּי וּתְקַעְתֶּם בַּשּׁוֹפָרוֹת גַּם־אַתֶּם סְבִיבוֹת כָּל־הַמַּחֲנֶה
19 וַאֲמַרְתֶּם לַיהוָה וּלְגִדְעוֹן׃ וַיָּבֹא גִדְעוֹן וּמֵאָה־אִישׁ אֲשֶׁר־
אִתּוֹ בִּקְצֵה הַמַּחֲנֶה רֹאשׁ הָאַשְׁמֹרֶת הַתִּיכוֹנָה אַךְ הָקֵם הֵקִימוּ
אֶת־הַשֹּׁמְרִים וַיִּתְקְעוּ בַּשּׁוֹפָרוֹת וְנָפוֹץ הַכַּדִּים אֲשֶׁר בְּיָדָם׃
כ וַיִּתְקְעוּ שְׁלֹשֶׁת הָרָאשִׁים בַּשּׁוֹפָרוֹת וַיִּשְׁבְּרוּ הַכַּדִּים וַיַּחֲזִיקוּ
בְיַד־שְׂמֹאולָם בַּלַּפִּדִים וּבְיַד־יְמִינָם הַשּׁוֹפָרוֹת לִתְקוֹעַ

ויקראו

v. 13. צליל ק׳

21 וַיִּקְרְא֖וּ חֶ֥רֶב לַֽיהוָ֖ה וּלְגִדְעֽוֹן׃ וַיַּֽעַמְדוּ֙ אִ֣ישׁ תַּחְתָּ֔יו סָבִ֖יב
22 לַֽמַּחֲנֶ֑ה וַיָּ֥רָץ כָּל־הַֽמַּחֲנֶ֛ה וַיָּרִ֖יעוּ וַיָּנִֽיסוּ׃ וַֽיִּתְקְעוּ֮ שְׁלֹשׁ־
מֵא֣וֹת הַשּֽׁוֹפָרוֹת֒ וַיָּ֣שֶׂם יְהוָ֗ה אֵ֚ת חֶ֣רֶב אִ֣ישׁ בְּרֵעֵ֔הוּ וּבְכָל־
הַֽמַּחֲנֶ֑ה וַיָּ֨נָס הַֽמַּחֲנֶ֜ה עַד־בֵּ֤ית הַשִּׁטָּה֙ צְֽרֵרָ֔תָה עַ֛ד שְֽׂפַת־
23 אָבֵ֥ל מְחוֹלָ֖ה עַל־טַבָּֽת׃ וַיִּצָּעֵ֨ק אִֽישׁ־יִשְׂרָאֵ֧ל מִנַּפְתָּלִ֛י וּמִן־
24 אָשֵׁ֖ר וּמִן־כָּל־מְנַשֶּׁ֑ה וַֽיִּרְדְּפ֖וּ אַחֲרֵ֥י מִדְיָֽן׃ וּמַלְאָכִ֡ים שָׁלַ֣ח
גִּדְע֣וֹן בְּכָל־הַ֣ר אֶפְרַיִם֩ לֵאמֹ֨ר רְד֜וּ לִקְרַ֣את מִדְיָ֗ן וְלִכְד֤וּ
לָהֶם֙ אֶת־הַמַּ֔יִם עַ֛ד בֵּ֥ית בָּרָ֖ה וְאֶת־הַיַּרְדֵּ֑ן וַיִּצָּעֵ֞ק כָּל־
אִ֤ישׁ אֶפְרַ֙יִם֙ וַיִּלְכְּד֣וּ אֶת־הַמַּ֔יִם עַ֚ד בֵּ֣ית בָּרָ֔ה וְאֶת־הַיַּרְדֵּֽן׃
כה וַֽיִּלְכְּד֡וּ שְׁנֵי־שָׂרֵ֨י מִדְיָ֜ן אֶת־עֹרֵ֣ב וְאֶת־זְאֵ֗ב וַיַּהַרְג֨וּ אֶת־
עוֹרֵ֜ב בְּצוּר־עוֹרֵ֗ב וְאֶת־זְאֵב֙ הָרְג֣וּ בְיֶֽקֶב־זְאֵ֔ב וַֽיִּרְדְּפ֖וּ
אֶל־מִדְיָ֑ן וְרֹאשׁ־עֹרֵ֣ב וּזְאֵ֗ב הֵבִ֙יאוּ֙ אֶל־גִּדְע֔וֹן מֵעֵ֖בֶר
לַיַּרְדֵּֽן׃ ס

Cap. VIII. ח

ח

א וַיֹּאמְר֨וּ אֵלָ֜יו אִ֣ישׁ אֶפְרַ֗יִם מָֽה־הַדָּבָ֤ר הַזֶּה֙ עָשִׂ֣יתָ לָּ֔נוּ
לְבִלְתִּי֙ קְרֹ֣אות לָ֔נוּ כִּ֥י הָלַ֖כְתָּ לְהִלָּחֵ֣ם בְּמִדְיָ֑ן וַיְרִיב֥וּן אִתּ֖וֹ
2 בְּחָזְקָֽה׃ וַיֹּ֣אמֶר אֲלֵיהֶ֔ם מֶֽה־עָשִׂ֥יתִי עַתָּ֖ה כָּכֶ֑ם הֲלוֹא֙ ט֚וֹב
3 עֹלְל֣וֹת אֶפְרַ֔יִם מִבְצִ֖יר אֲבִיעֶֽזֶר׃ בְּיֶדְכֶ֡ם נָתַן֩ אֱלֹהִ֨ים אֶת־
שָׂרֵ֤י מִדְיָן֙ אֶת־עֹרֵ֣ב וְאֶת־זְאֵ֔ב וּמַה־יָּכֹ֖לְתִּי עֲשׂ֣וֹת כָּכֶ֑ם אָ֗ז
4 רָפְתָ֤ה רוּחָם֙ מֵֽעָלָ֔יו בְּדַבְּר֖וֹ הַדָּבָ֥ר הַזֶּֽה׃ וַיָּבֹ֥א גִדְע֖וֹן הַיַּרְדֵּ֑נָה
עֹבֵ֗ר ה֛וּא וּשְׁלֹשׁ־מֵא֥וֹת הָאִ֖ישׁ אֲשֶׁ֣ר אִתּ֑וֹ עֲיֵפִ֖ים וְרֹדְפִֽים׃
ה וַיֹּ֙אמֶר֙ לְאַנְשֵׁ֣י סֻכּ֔וֹת תְּנוּ־נָא֙ כִּכְּר֣וֹת לֶ֔חֶם לָעָ֖ם אֲשֶׁ֣ר בְּרַגְלָ֑י
כִּֽי־עֲיֵפִ֣ים הֵ֔ם וְאָנֹכִ֗י רֹדֵ֞ף אַחֲרֵ֛י זֶ֥בַח וְצַלְמֻנָּ֖ע מַלְכֵ֥י מִדְיָֽן׃
6 וַיֹּ֙אמֶר֙ שָׂרֵ֣י סֻכּ֔וֹת הֲכַף֩ זֶ֨בַח וְצַלְמֻנָּ֜ע עַתָּ֗ה בְּיָדֶ֑ךָ כִּֽי־נִתֵּ֥ן
7 לִצְבָאֲךָ֖ לָֽחֶם׃ וַיֹּ֣אמֶר גִּדְע֔וֹן לָכֵ֗ן בְּתֵ֧ת יְהוָ֛ה אֶת־זֶ֥בַח
וְאֶת־צַלְמֻנָּ֖ע בְּיָדִ֑י וְדַשְׁתִּי֙ אֶת־בְּשַׂרְכֶ֔ם אֶת־קוֹצֵ֥י הַמִּדְבָּ֖ר
8 וְאֶת־הַֽבַּרְקֳנִֽים׃ וַיַּ֤עַל מִשָּׁם֙ פְּנוּאֵ֔ל וַיְדַבֵּ֥ר אֲלֵיהֶ֖ם כָּזֹ֑את

ויענו

ז׳ v. 21. ויניסו ק׳ v. 22. סבירין עד v. 25. אין כאן פסקא ח׳ v. 6. סבירין ויאמרו

9 וַיַּעֲנוּ אוֹתוֹ אַנְשֵׁי פְנוּאֵל כַּאֲשֶׁר עָנוּ אַנְשֵׁי סֻכּוֹת׃ וַיֹּאמֶר
גַּם־לְאַנְשֵׁי פְנוּאֵל לֵאמֹר בְּשׁוּבִי בְשָׁלוֹם אֶתֹּץ אֶת־הַמִּגְדָּל
י הַזֶּה׃ וְזֶבַח וְצַלְמֻנָּע בַּקַּרְקֹר וּמַחֲנֵיהֶם עִמָּם כַּחֲמֵשֶׁת
עָשָׂר אֶלֶף כֹּל הַנּוֹתָרִים מִכֹּל מַחֲנֵה בְנֵי־קֶדֶם וְהַנֹּפְלִים
11 מֵאָה וְעֶשְׂרִים אֶלֶף אִישׁ שֹׁלֵף חָרֶב׃ וַיַּעַל גִּדְעוֹן דֶּרֶךְ הַשְּׁכוּנֵי
בָאֳהָלִים מִקֶּדֶם לְנֹבַח וְיָגְבְּהָה וַיַּךְ אֶת־הַמַּחֲנֶה וְהַמַּחֲנֶה הָיָה
12 בֶטַח׃ וַיָּנוּסוּ זֶבַח וְצַלְמֻנָּע וַיִּרְדֹּף אַחֲרֵיהֶם וַיִּלְכֹּד אֶת־שְׁנֵי
מַלְכֵי מִדְיָן אֶת־זֶבַח וְאֶת־צַלְמֻנָּע וְכָל־הַמַּחֲנֶה הֶחֱרִיד׃
13 וַיָּשָׁב גִּדְעוֹן בֶּן־יוֹאָשׁ מִן־הַמִּלְחָמָה מִלְמַעֲלֵה הֶחָרֶס׃
14 וַיִּלְכָּד־נַעַר מֵאַנְשֵׁי סֻכּוֹת וַיִּשְׁאָלֵהוּ וַיִּכְתֹּב אֵלָיו אֶת־שָׂרֵי
טו סֻכּוֹת וְאֶת־זְקֵנֶיהָ שִׁבְעִים וְשִׁבְעָה אִישׁ׃ וַיָּבֹא אֶל־אַנְשֵׁי
סֻכּוֹת וַיֹּאמֶר הִנֵּה זֶבַח וְצַלְמֻנָּע אֲשֶׁר חֵרַפְתֶּם אוֹתִי לֵאמֹר
הֲכַף זֶבַח וְצַלְמֻנָּע עַתָּה בְּיָדֶךָ כִּי נִתֵּן לַאֲנָשֶׁיךָ הַיְּעֵפִים לָחֶם׃
16 וַיִּקַּח אֶת־זִקְנֵי הָעִיר וְאֶת־קוֹצֵי הַמִּדְבָּר וְאֶת־הַבַּרְקֳנִים
17 וַיֹּדַע בָּהֶם אֵת אַנְשֵׁי סֻכּוֹת׃ וְאֶת־מִגְדַּל פְּנוּאֵל נָתָץ וַיַּהֲרֹג
18 אֶת־אַנְשֵׁי הָעִיר׃ וַיֹּאמֶר אֶל־זֶבַח וְאֶל־צַלְמֻנָּע אֵיפֹה
הָאֲנָשִׁים אֲשֶׁר הֲרַגְתֶּם בְּתָבוֹר וַיֹּאמְרוּ כָּמוֹךָ כְמוֹהֶם אֶחָד
19 כְּתֹאַר בְּנֵי הַמֶּלֶךְ׃ וַיֹּאמַר אַחַי בְּנֵי־אִמִּי הֵם חַי־יְהוָה לוּ
כ הַחֲיִתֶם אוֹתָם לֹא הָרַגְתִּי אֶתְכֶם׃ וַיֹּאמֶר לְיֶתֶר בְּכוֹרוֹ קוּם
הֲרֹג אוֹתָם וְלֹא־שָׁלַף הַנַּעַר חַרְבּוֹ כִּי יָרֵא כִּי עוֹדֶנּוּ נָעַר׃
21 וַיֹּאמֶר זֶבַח וְצַלְמֻנָּע קוּם אַתָּה וּפְגַע־בָּנוּ כִּי כָאִישׁ גְּבוּרָתוֹ
וַיָּקָם גִּדְעוֹן וַיַּהֲרֹג אֶת־זֶבַח וְאֶת־צַלְמֻנָּע וַיִּקַּח אֶת־הַשַּׂהֲרֹנִים
22 אֲשֶׁר בְּצַוְּארֵי גְמַלֵּיהֶם׃ וַיֹּאמְרוּ אִישׁ־יִשְׂרָאֵל אֶל־גִּדְעוֹן
מְשָׁל־בָּנוּ גַּם־אַתָּה גַּם־בִּנְךָ גַּם בֶּן־בְּנֶךָ כִּי הוֹשַׁעְתָּנוּ מִיַּד
23 מִדְיָן׃ וַיֹּאמֶר אֲלֵהֶם גִּדְעוֹן לֹא־אֶמְשֹׁל אֲנִי בָּכֶם וְלֹא־יִמְשֹׁל
24 בְּנִי בָּכֶם יְהוָה יִמְשֹׁל בָּכֶם׃ וַיֹּאמֶר אֲלֵהֶם גִּדְעוֹן אֶשְׁאֲלָה
מִכֶּם שְׁאֵלָה וּתְנוּ־לִי אִישׁ נֶזֶם שְׁלָלוֹ כִּי־נִזְמֵי זָהָב לָהֶם כִּי
כה יִשְׁמְעֵאלִים הֵם׃ וַיֹּאמְרוּ נָתוֹן נִתֵּן וַיִּפְרְשׂוּ אֶת־הַשִּׂמְלָה

וישליכו

26 וַיַּשְׁלִיכוּ שָׁמָּה אִישׁ נֶזֶם שְׁלָלוֹ׃ וַיְהִי מִשְׁקַל נִזְמֵי הַזָּהָב אֲשֶׁר
שָׁאָל אֶלֶף וּשְׁבַע־מֵאוֹת זָהָב לְבַד מִן־הַשַּׂהֲרֹנִים וְהַנְּטִפוֹת
וּבִגְדֵי הָאַרְגָּמָן שֶׁעַל מַלְכֵי מִדְיָן וּלְבַד מִן־הָעֲנָקוֹת אֲשֶׁר
27 בְּצַוְּארֵי גְמַלֵּיהֶם׃ וַיַּעַשׂ אוֹתוֹ גִדְעוֹן לְאֵפוֹד וַיַּצֵּג אוֹתוֹ בְעִירוֹ
בְּעָפְרָה וַיִּזְנוּ כָל־יִשְׂרָאֵל אַחֲרָיו שָׁם וַיְהִי לְגִדְעוֹן וּלְבֵיתוֹ
28 לְמוֹקֵשׁ׃ וַיִּכָּנַע מִדְיָן לִפְנֵי בְּנֵי יִשְׂרָאֵל וְלֹא יָסְפוּ לָשֵׂאת
29 רֹאשָׁם וַתִּשְׁקֹט הָאָרֶץ אַרְבָּעִים שָׁנָה בִּימֵי גִדְעוֹן׃ וַיֵּלֶךְ
ל יְרֻבַּעַל בֶּן־יוֹאָשׁ וַיֵּשֶׁב בְּבֵיתוֹ׃ וּלְגִדְעוֹן הָיוּ שִׁבְעִים בָּנִים
31 יֹצְאֵי יְרֵכוֹ כִּי־נָשִׁים רַבּוֹת הָיוּ לוֹ׃ וּפִילַגְשׁוֹ אֲשֶׁר בִּשְׁכֶם
32 יָלְדָה־לּוֹ גַם־הִיא בֵּן וַיָּשֶׂם אֶת־שְׁמוֹ אֲבִימֶלֶךְ׃ וַיָּמָת גִּדְעוֹן
בֶּן־יוֹאָשׁ בְּשֵׂיבָה טוֹבָה וַיִּקָּבֵר בְּקֶבֶר יוֹאָשׁ אָבִיו בְּעָפְרָה
33 אֲבִי הָעֶזְרִי׃ וַיְהִי כַּאֲשֶׁר מֵת גִּדְעוֹן וַיָּשׁוּבוּ בְּנֵי יִשְׂרָאֵל
34 וַיִּזְנוּ אַחֲרֵי הַבְּעָלִים וַיָּשִׂימוּ לָהֶם בַּעַל בְּרִית לֵאלֹהִים׃ וְלֹא
זָכְרוּ בְּנֵי יִשְׂרָאֵל אֶת־יְהוָה אֱלֹהֵיהֶם הַמַּצִּיל אוֹתָם מִיַּד
לה כָּל־אֹיְבֵיהֶם מִסָּבִיב׃ וְלֹא־עָשׂוּ חֶסֶד עִם־בֵּית יְרֻבַּעַל
גִּדְעוֹן כְּכָל־הַטּוֹבָה אֲשֶׁר עָשָׂה עִם־יִשְׂרָאֵל׃

CAP. IX. ט

ט
א וַיֵּלֶךְ אֲבִימֶלֶךְ בֶּן־יְרֻבַּעַל שְׁכֶמָה אֶל־אֲחֵי אִמּוֹ וַיְדַבֵּר
2 אֲלֵיהֶם וְאֶל־כָּל־מִשְׁפַּחַת בֵּית־אֲבִי אִמּוֹ לֵאמֹר׃ דַּבְּרוּ־
נָא בְּאָזְנֵי כָל־בַּעֲלֵי שְׁכֶם מַה־טּוֹב לָכֶם הַמְשֹׁל בָּכֶם
שִׁבְעִים אִישׁ כֹּל בְּנֵי יְרֻבַּעַל אִם־מְשֹׁל בָּכֶם אִישׁ אֶחָד
3 וּזְכַרְתֶּם כִּי־עַצְמְכֶם וּבְשַׂרְכֶם אָנִי׃ וַיְדַבְּרוּ אֲחֵי־אִמּוֹ עָלָיו
בְּאָזְנֵי כָּל־בַּעֲלֵי שְׁכֶם אֵת כָּל־הַדְּבָרִים הָאֵלֶּה וַיֵּט לִבָּם
4 אַחֲרֵי אֲבִימֶלֶךְ כִּי אָמְרוּ אָחִינוּ הוּא׃ וַיִּתְּנוּ־לוֹ שִׁבְעִים
כֶּסֶף מִבֵּית בַּעַל בְּרִית וַיִּשְׂכֹּר בָּהֶם אֲבִימֶלֶךְ אֲנָשִׁים רֵיקִים
ה וּפֹחֲזִים וַיֵּלְכוּ אַחֲרָיו׃ וַיָּבֹא בֵית־אָבִיו עָפְרָתָה וַיַּהֲרֹג אֶת־
אֶחָיו בְּנֵי־יְרֻבַּעַל שִׁבְעִים אִישׁ עַל־אֶבֶן אֶחָת וַיִּוָּתֵר יוֹתָם
6 בֶּן־יְרֻבַּעַל הַקָּטֹן כִּי נֶחְבָּא׃ וַיֵּאָסְפוּ כָּל־בַּעֲלֵי שְׁכֶם

וכל־בית

וְכָל־בֵּית מִלּוֹא וַיֵּלְכוּ וַיַּמְלִיכוּ אֶת־אֲבִימֶלֶךְ לְמֶלֶךְ עִם־
7 אֵלוֹן מֻצָּב אֲשֶׁר בִּשְׁכֶם׃ וַיַּגִּדוּ לְיוֹתָם וַיֵּלֶךְ וַיַּעֲמֹד בְּרֹאשׁ
הַר־גְּרִזִּים וַיִּשָּׂא קוֹלוֹ וַיִּקְרָא וַיֹּאמֶר לָהֶם שִׁמְעוּ אֵלַי בַּעֲלֵי
8 שְׁכֶם וְיִשְׁמַע אֲלֵיכֶם אֱלֹהִים׃ הָלוֹךְ הָלְכוּ הָעֵצִים לִמְשֹׁחַ
9 עֲלֵיהֶם מֶלֶךְ וַיֹּאמְרוּ לַזַּיִת מָלְוֹכָה עָלֵינוּ׃ וַיֹּאמֶר לָהֶם
הַזַּיִת הֶחֳדַלְתִּי אֶת־דִּשְׁנִי אֲשֶׁר־בִּי יְכַבְּדוּ אֱלֹהִים וַאֲנָשִׁים
י וְהָלַכְתִּי לָנוּעַ עַל־הָעֵצִים׃ וַיֹּאמְרוּ הָעֵצִים לַתְּאֵנָה לְכִי־
11 אַתְּ מָלְכִי עָלֵינוּ׃ וַתֹּאמֶר לָהֶם הַתְּאֵנָה הֶחֳדַלְתִּי אֶת־מָתְקִי
12 וְאֶת־תְּנוּבָתִי הַטּוֹבָה וְהָלַכְתִּי לָנוּעַ עַל־הָעֵצִים׃ וַיֹּאמְרוּ
13 הָעֵצִים לַגָּפֶן לְכִי־אַתְּ מָלְוֹכִי עָלֵינוּ׃ וַתֹּאמֶר לָהֶם הַגֶּפֶן
הֶחֳדַלְתִּי אֶת־תִּירוֹשִׁי הַמְשַׂמֵּחַ אֱלֹהִים וַאֲנָשִׁים וְהָלַכְתִּי
14 לָנוּעַ עַל־הָעֵצִים׃ וַיֹּאמְרוּ כָל־הָעֵצִים אֶל־הָאָטָד לֵךְ
טו אַתָּה מְלָךְ־עָלֵינוּ׃ וַיֹּאמֶר הָאָטָד אֶל־הָעֵצִים אִם בֶּאֱמֶת
אַתֶּם מֹשְׁחִים אֹתִי לְמֶלֶךְ עֲלֵיכֶם בֹּאוּ חֲסוּ בְצִלִּי וְאִם־אַיִן
16 תֵּצֵא אֵשׁ מִן־הָאָטָד וְתֹאכַל אֶת־אַרְזֵי הַלְּבָנוֹן׃ וְעַתָּה אִם־
בֶּאֱמֶת וּבְתָמִים עֲשִׂיתֶם וַתַּמְלִיכוּ אֶת־אֲבִימֶלֶךְ וְאִם־טוֹבָה
עֲשִׂיתֶם עִם־יְרֻבַּעַל וְעִם־בֵּיתוֹ וְאִם־כִּגְמוּל יָדָיו עֲשִׂיתֶם
17 לוֹ׃ אֲשֶׁר־נִלְחַם אָבִי עֲלֵיכֶם וַיַּשְׁלֵךְ אֶת־נַפְשׁוֹ מִנֶּגֶד וַיַּצֵּל
18 אֶתְכֶם מִיַּד מִדְיָן׃ וְאַתֶּם קַמְתֶּם עַל־בֵּית אָבִי הַיּוֹם וַתַּהַרְגוּ
אֶת־בָּנָיו שִׁבְעִים אִישׁ עַל־אֶבֶן אֶחָת וַתַּמְלִיכוּ אֶת־אֲבִימֶלֶךְ
19 בֶּן־אֲמָתוֹ עַל־בַּעֲלֵי שְׁכֶם כִּי אֲחִיכֶם הוּא׃ וְאִם־בֶּאֱמֶת
וּבְתָמִים עֲשִׂיתֶם עִם־יְרֻבַּעַל וְעִם־בֵּיתוֹ הַיּוֹם הַזֶּה שִׂמְחוּ
כ בַּאֲבִימֶלֶךְ וְיִשְׂמַח גַּם־הוּא בָּכֶם׃ וְאִם־אַיִן תֵּצֵא אֵשׁ
מֵאֲבִימֶלֶךְ וְתֹאכַל אֶת־בַּעֲלֵי שְׁכֶם וְאֶת־בֵּית מִלּוֹא וְתֵצֵא
21 אֵשׁ מִבַּעֲלֵי שְׁכֶם וּמִבֵּית מִלּוֹא וְתֹאכַל אֶת־אֲבִימֶלֶךְ׃ וַיָּנָס
יוֹתָם וַיִּבְרַח וַיֵּלֶךְ בְּאֵרָה וַיֵּשֶׁב שָׁם מִפְּנֵי אֲבִימֶלֶךְ אָחִיו׃
22 23 וַיָּשַׂר אֲבִימֶלֶךְ עַל־יִשְׂרָאֵל שָׁלֹשׁ שָׁנִים׃ וַיִּשְׁלַח אֱלֹהִים

רוח

v. 8. מלכה ק׳ v. 12. מלכי ק׳

רוּחַ רָעָה בֵּין אֲבִימֶלֶךְ וּבֵין בַּעֲלֵי שְׁכֶם וַיִּבְגְּדוּ בַעֲלֵי־שְׁכֶם

24 בַּאֲבִימֶלֶךְ: לָבוֹא חֲמַס שִׁבְעִים בְּנֵי־יְרֻבַּעַל וְדָמָם לָשׂוּם עַל־אֲבִימֶלֶךְ אֲחִיהֶם אֲשֶׁר הָרַג אוֹתָם וְעַל בַּעֲלֵי שְׁכֶם

כה אֲשֶׁר־חִזְּקוּ אֶת־יָדָיו לַהֲרֹג אֶת־אֶחָיו: וַיָּשִׂמוּ לוֹ בַעֲלֵי שְׁכֶם מְאָרְבִים עַל רָאשֵׁי הֶהָרִים וַיִּגְזְלוּ אֵת כָּל־אֲשֶׁר־יַעֲבֹר

26 עֲלֵיהֶם בַּדָּרֶךְ וַיֻּגַּד לַאֲבִימֶלֶךְ: וַיָּבֹא גַּעַל בֶּן־עֶבֶד

27 וְאֶחָיו וַיַּעַבְרוּ בִּשְׁכֶם וַיִּבְטְחוּ־בוֹ בַּעֲלֵי שְׁכֶם: וַיֵּצְאוּ הַשָּׂדֶה וַיִּבְצְרוּ אֶת־כַּרְמֵיהֶם וַיִּדְרְכוּ וַיַּעֲשׂוּ הִלּוּלִים וַיָּבֹאוּ בֵּית

28 אֱלֹהֵיהֶם וַיֹּאכְלוּ וַיִּשְׁתּוּ וַיְקַלְלוּ אֶת־אֲבִימֶלֶךְ: וַיֹּאמֶר ׀ גַּעַל בֶּן־עֶבֶד מִי־אֲבִימֶלֶךְ וּמִי־שְׁכֶם כִּי נַעַבְדֶנּוּ הֲלֹא בֶן־ יְרֻבַּעַל וּזְבֻל פְּקִידוֹ עִבְדוּ אֶת־אַנְשֵׁי חֲמוֹר אֲבִי שְׁכֶם וּמַדּוּעַ

29 נַעַבְדֶנּוּ אֲנָחְנוּ: וּמִי יִתֵּן אֶת־הָעָם הַזֶּה בְּיָדִי וְאָסִירָה אֶת־

ל אֲבִימֶלֶךְ וַיֹּאמֶר לַאֲבִימֶלֶךְ רַבֶּה צְבָאֲךָ וָצֵאָה: וַיִּשְׁמַע זְבֻל

31 שַׂר־הָעִיר אֶת־דִּבְרֵי גַּעַל בֶּן־עָבֶד וַיִּחַר אַפּוֹ: וַיִּשְׁלַח מַלְאָכִים אֶל־אֲבִימֶלֶךְ בְּתָרְמָה לֵאמֹר הִנֵּה גַעַל בֶּן־עֶבֶד

32 וְאֶחָיו בָּאִים שְׁכֶמָה וְהִנָּם צָרִים אֶת־הָעִיר עָלֶיךָ: וְעַתָּה

33 קוּם לַיְלָה אַתָּה וְהָעָם אֲשֶׁר־אִתָּךְ וֶאֱרֹב בַּשָּׂדֶה: וְהָיָה בַבֹּקֶר כִּזְרֹחַ הַשֶּׁמֶשׁ תַּשְׁכִּים וּפָשַׁטְתָּ עַל־הָעִיר וְהִנֵּה־הוּא וְהָעָם אֲשֶׁר־אִתּוֹ יֹצְאִים אֵלֶיךָ וְעָשִׂיתָ לּוֹ כַּאֲשֶׁר תִּמְצָא

34 יָדֶךָ: וַיָּקָם אֲבִימֶלֶךְ וְכָל־הָעָם אֲשֶׁר־עִמּוֹ לָיְלָה וַיֶּאֶרְבוּ

לה עַל־שְׁכֶם אַרְבָּעָה רָאשִׁים: וַיֵּצֵא גַּעַל בֶּן־עֶבֶד וַיַּעֲמֹד פֶּתַח שַׁעַר הָעִיר וַיָּקָם אֲבִימֶלֶךְ וְהָעָם אֲשֶׁר־אִתּוֹ מִן־הַמַּאְרָב:

36 וַיַּרְא־גַּעַל אֶת־הָעָם וַיֹּאמֶר אֶל־זְבֻל הִנֵּה־עָם יוֹרֵד מֵרָאשֵׁי הֶהָרִים וַיֹּאמֶר אֵלָיו זְבֻל אֵת צֵל הֶהָרִים אַתָּה רֹאֶה כָּאֲנָשִׁים:

37 וַיֹּסֶף עוֹד גַּעַל לְדַבֵּר וַיֹּאמֶר הִנֵּה־עָם יוֹרְדִים מֵעִם טַבּוּר הָאָרֶץ וְרֹאשׁ־אֶחָד בָּא מִדֶּרֶךְ אֵלוֹן מְעוֹנְנִים: וַיֹּאמֶר אֵלָיו

38 זְבֻל אַיֵּה אֵפוֹא פִיךָ אֲשֶׁר תֹּאמַר מִי אֲבִימֶלֶךְ כִּי נַעַבְדֶנּוּ הֲלֹא זֶה הָעָם אֲשֶׁר מָאַסְתָּה בּוֹ צֵא־נָא עַתָּה וְהִלָּחֶם בּוֹ:

39 מ וַיֵּצֵא גַעַל לִפְנֵי בַּעֲלֵי שְׁכֶם וַיִּלָּחֶם בַּאֲבִימֶלֶךְ׃ וַיִּרְדְּפֵהוּ
אֲבִימֶלֶךְ וַיָּנָס מִפָּנָיו וַיִּפְּלוּ חֲלָלִים רַבִּים עַד־פֶּתַח הַשָּׁעַר׃
41 וַיֵּשֶׁב אֲבִימֶלֶךְ בָּארוּמָה וַיְגָרֶשׁ זְבֻל אֶת־גַּעַל וְאֶת־אֶחָיו
42 מִשֶּׁבֶת בִּשְׁכֶם׃ וַיְהִי מִמָּחֳרָת וַיֵּצֵא הָעָם הַשָּׂדֶה וַיַּגִּדוּ
43 לַאֲבִימֶלֶךְ׃ וַיִּקַּח אֶת־הָעָם וַיֶּחֱצֵם לִשְׁלֹשָׁה רָאשִׁים וַיֶּאֱרֹב
בַּשָּׂדֶה וַיַּרְא וְהִנֵּה הָעָם יֹצֵא מִן־הָעִיר וַיָּקָם עֲלֵיהֶם וַיַּכֵּם׃
44 וַאֲבִימֶלֶךְ וְהָרָאשִׁים אֲשֶׁר עִמּוֹ פָּשְׁטוּ וַיַּעַמְדוּ פֶּתַח שַׁעַר
הָעִיר וּשְׁנֵי הָרָאשִׁים פָּשְׁטוּ עַל־כָּל־אֲשֶׁר בַּשָּׂדֶה וַיַּכּוּם׃
מה וַאֲבִימֶלֶךְ נִלְחָם בָּעִיר כֹּל הַיּוֹם הַהוּא וַיִּלְכֹּד אֶת־הָעִיר
וְאֶת־הָעָם אֲשֶׁר־בָּהּ הָרָג וַיִּתֹּץ אֶת־הָעִיר וַיִּזְרָעֶהָ מֶלַח׃
46 וַיִּשְׁמְעוּ כָּל־בַּעֲלֵי מִגְדַּל־שְׁכֶם וַיָּבֹאוּ אֶל־צְרִיחַ בֵּית
47 אֵל בְּרִית׃ וַיֻּגַּד לַאֲבִימֶלֶךְ כִּי הִתְקַבְּצוּ כָּל־בַּעֲלֵי מִגְדַּל־
48 שְׁכֶם׃ וַיַּעַל אֲבִימֶלֶךְ הַר־צַלְמוֹן הוּא וְכָל־הָעָם אֲשֶׁר־
אִתּוֹ וַיִּקַּח אֲבִימֶלֶךְ אֶת־הַקַּרְדֻּמּוֹת בְּיָדוֹ וַיִּכְרֹת שׂוֹכַת עֵצִים
וַיִּשָּׂאֶהָ וַיָּשֶׂם עַל־שִׁכְמוֹ וַיֹּאמֶר אֶל־הָעָם אֲשֶׁר־עִמּוֹ מָה
49 רְאִיתֶם עָשִׂיתִי מַהֲרוּ עֲשׂוּ כָמוֹנִי׃ וַיִּכְרְתוּ גַם־כָּל־הָעָם
אִישׁ שׂוֹכֹה וַיֵּלְכוּ אַחֲרֵי אֲבִימֶלֶךְ וַיָּשִׂימוּ עַל־הַצְּרִיחַ וַיַּצִּיתוּ
עֲלֵיהֶם אֶת־הַצְּרִיחַ בָּאֵשׁ וַיָּמֻתוּ גַּם כָּל־אַנְשֵׁי מִגְדַּל־שְׁכֶם
נ כְּאֶלֶף אִישׁ וְאִשָּׁה׃ וַיֵּלֶךְ אֲבִימֶלֶךְ אֶל־תֵּבֵץ וַיִּחַן בְּתֵבֵץ
51 וַיִּלְכְּדָהּ׃ וּמִגְדַּל־עֹז הָיָה בְתוֹךְ־הָעִיר וַיָּנֻסוּ שָׁמָּה כָּל־
הָאֲנָשִׁים וְהַנָּשִׁים וְכֹל בַּעֲלֵי הָעִיר וַיִּסְגְּרוּ בַּעֲדָם וַיַּעֲלוּ עַל־
52 גַּג הַמִּגְדָּל׃ וַיָּבֹא אֲבִימֶלֶךְ עַד־הַמִּגְדָּל וַיִּלָּחֶם בּוֹ וַיִּגַּשׁ עַד־
53 פֶּתַח הַמִּגְדָּל לְשָׂרְפוֹ בָאֵשׁ׃ וַתַּשְׁלֵךְ אִשָּׁה אַחַת פֶּלַח רֶכֶב
54 עַל־רֹאשׁ אֲבִימֶלֶךְ וַתָּרִץ אֶת־גֻּלְגָּלְתּוֹ׃ וַיִּקְרָא מְהֵרָה אֶל־
הַנַּעַר ׀ נֹשֵׂא כֵלָיו וַיֹּאמֶר לוֹ שְׁלֹף חַרְבְּךָ וּמוֹתְתֵנִי פֶּן־יֹאמְרוּ
נה לִי אִשָּׁה הֲרָגָתְהוּ וַיִּדְקְרֵהוּ נַעֲרוֹ וַיָּמֹת׃ וַיִּרְאוּ אִישׁ־יִשְׂרָאֵל
56 כִּי מֵת אֲבִימֶלֶךְ וַיֵּלְכוּ אִישׁ לִמְקֹמוֹ׃ וַיָּשֶׁב אֱלֹהִים אֵת רָעַת
57 אֲבִימֶלֶךְ אֲשֶׁר עָשָׂה לְאָבִיו לַהֲרֹג אֶת־שִׁבְעִים אֶחָיו׃ וְאֵת

כל־רעת

כָּל־רָעַת אַנְשֵׁי שְׁכֶם הֵשִׁיב אֱלֹהִים בְּרֹאשָׁם וַתָּבֹא אֲלֵיהֶם
קִלְלַת יוֹתָם בֶּן־יְרֻבָּעַל׃

CAP. X. י

א וַיָּקָם אַחֲרֵי אֲבִימֶלֶךְ לְהוֹשִׁיעַ אֶת־יִשְׂרָאֵל תּוֹלָע בֶּן־
פּוּאָה בֶּן־דּוֹדוֹ אִישׁ יִשָּׂשכָר וְהוּא־יֹשֵׁב בְּשָׁמִיר בְּהַר
2 אֶפְרָיִם׃ וַיִּשְׁפֹּט אֶת־יִשְׂרָאֵל עֶשְׂרִים וְשָׁלֹשׁ שָׁנָה וַיָּמָת וַיִּקָּבֵר
3 בְּשָׁמִיר׃ וַיָּקָם אַחֲרָיו יָאִיר הַגִּלְעָדִי וַיִּשְׁפֹּט אֶת־יִשְׂרָאֵל
4 עֶשְׂרִים וּשְׁתַּיִם שָׁנָה׃ וַיְהִי־לוֹ שְׁלֹשִׁים בָּנִים רֹכְבִים עַל־
שְׁלֹשִׁים עֲיָרִים וּשְׁלֹשִׁים עֲיָרִים לָהֶם לָהֶם יִקְרְאוּ ׀ חַוֹּת
ה יָאִיר עַד הַיּוֹם הַזֶּה אֲשֶׁר בְּאֶרֶץ הַגִּלְעָד׃ וַיָּמָת יָאִיר וַיִּקָּבֵר
בְּקָמוֹן׃
6 וַיֹּסִפוּ ׀ בְּנֵי יִשְׂרָאֵל לַעֲשׂוֹת הָרַע בְּעֵינֵי יְהוָה וַיַּעַבְדוּ אֶת־
הַבְּעָלִים וְאֶת־הָעַשְׁתָּרוֹת וְאֶת־אֱלֹהֵי אֲרָם וְאֶת־אֱלֹהֵי
צִידוֹן וְאֵת ׀ אֱלֹהֵי מוֹאָב וְאֵת אֱלֹהֵי בְנֵי־עַמּוֹן וְאֵת אֱלֹהֵי
7 פְלִשְׁתִּים וַיַּעַזְבוּ אֶת־יְהוָה וְלֹא עֲבָדוּהוּ׃ וַיִּחַר־אַף יְהוָה
8 בְּיִשְׂרָאֵל וַיִּמְכְּרֵם בְּיַד־פְּלִשְׁתִּים וּבְיַד בְּנֵי עַמּוֹן׃ ° וַיִּרְעֲצוּ
וַיְרֹצְצוּ אֶת־בְּנֵי יִשְׂרָאֵל בַּשָּׁנָה הַהִיא שְׁמֹנֶה עֶשְׂרֵה שָׁנָה
אֶת־כָּל־בְּנֵי יִשְׂרָאֵל אֲשֶׁר בְּעֵבֶר הַיַּרְדֵּן בְּאֶרֶץ הָאֱמֹרִי
9 אֲשֶׁר בַּגִּלְעָד׃ וַיַּעַבְרוּ בְנֵי־עַמּוֹן אֶת־הַיַּרְדֵּן לְהִלָּחֵם גַּם־
בִּיהוּדָה וּבְבִנְיָמִין וּבְבֵית אֶפְרָיִם וַתֵּצֶר לְיִשְׂרָאֵל מְאֹד׃
י וַיִּזְעֲקוּ בְּנֵי יִשְׂרָאֵל אֶל־יְהוָה לֵאמֹר חָטָאנוּ לָךְ וְכִי עָזַבְנוּ
אֶת־אֱלֹהֵינוּ וַנַּעֲבֹד אֶת־הַבְּעָלִים׃
11 וַיֹּאמֶר יְהוָה אֶל־בְּנֵי יִשְׂרָאֵל הֲלֹא מִמִּצְרַיִם וּמִן־הָאֱמֹרִי
12 וּמִן־בְּנֵי עַמּוֹן וּמִן־פְּלִשְׁתִּים׃ וְצִידוֹנִים וַעֲמָלֵק וּמָעוֹן לָחֲצוּ
13 אֶתְכֶם וַתִּצְעֲקוּ אֵלַי וָאוֹשִׁיעָה אֶתְכֶם מִיָּדָם׃ וְאַתֶּם עֲזַבְתֶּם
אוֹתִי וַתַּעַבְדוּ אֱלֹהִים אֲחֵרִים לָכֵן לֹא־אוֹסִיף לְהוֹשִׁיעַ
14 אֶתְכֶם׃ לְכוּ וְזַעֲקוּ אֶל־הָאֱלֹהִים אֲשֶׁר בְּחַרְתֶּם בָּם הֵמָּה

יושיעו

° v. 8. חצי הספר בפסוקים

טו הוֹשִׁיעוּ לָכֶם בְּעֵת צָרַתְכֶם׃ וַיֹּאמְרוּ בְנֵי־יִשְׂרָאֵל אֶל־יְהוָה
חָטָאנוּ עֲשֵׂה־אַתָּה לָנוּ כְּכָל־הַטּוֹב בְּעֵינֶיךָ אַךְ הַצִּילֵנוּ נָא
16 הַיּוֹם הַזֶּה׃ וַיָּסִירוּ אֶת־אֱלֹהֵי הַנֵּכָר מִקִּרְבָּם וַיַּעַבְדוּ אֶת־
17 יְהוָה וַתִּקְצַר נַפְשׁוֹ בַּעֲמַל יִשְׂרָאֵל׃ וַיִּצָּעֲקוּ בְּנֵי עַמּוֹן
18 וַיַּחֲנוּ בַּגִּלְעָד וַיֵּאָסְפוּ בְּנֵי יִשְׂרָאֵל וַיַּחֲנוּ בַּמִּצְפָּה׃ וַיֹּאמְרוּ
הָעָם שָׂרֵי גִלְעָד אִישׁ אֶל־רֵעֵהוּ מִי הָאִישׁ אֲשֶׁר יָחֵל לְהִלָּחֵם
בִּבְנֵי עַמּוֹן יִהְיֶה לְרֹאשׁ לְכֹל יֹשְׁבֵי גִלְעָד׃

יא CAP. XI. יא

א וְיִפְתָּח הַגִּלְעָדִי הָיָה גִּבּוֹר חַיִל וְהוּא בֶּן־אִשָּׁה זוֹנָה וַיּוֹלֶד
2 גִּלְעָד אֶת־יִפְתָּח׃ וַתֵּלֶד אֵשֶׁת־גִּלְעָד לוֹ בָּנִים וַיִּגְדְּלוּ בְנֵי־
הָאִשָּׁה וַיְגָרְשׁוּ אֶת־יִפְתָּח וַיֹּאמְרוּ לוֹ לֹא־תִנְחַל בְּבֵית־אָבִינוּ
3 כִּי בֶּן־אִשָּׁה אַחֶרֶת אָתָּה׃ וַיִּבְרַח יִפְתָּח מִפְּנֵי אֶחָיו וַיֵּשֶׁב
בְּאֶרֶץ טוֹב וַיִּתְלַקְּטוּ אֶל־יִפְתָּח אֲנָשִׁים רֵיקִים וַיֵּצְאוּ עִמּוֹ׃
4 ה וַיְהִי מִיָּמִים וַיִּלָּחֲמוּ בְנֵי־עַמּוֹן עִם־יִשְׂרָאֵל׃ וַיְהִי כַּאֲשֶׁר־
נִלְחֲמוּ בְנֵי־עַמּוֹן עִם־יִשְׂרָאֵל וַיֵּלְכוּ זִקְנֵי גִלְעָד לָקַחַת אֶת־
6 יִפְתָּח מֵאֶרֶץ טוֹב׃ וַיֹּאמְרוּ לְיִפְתָּח לְכָה וְהָיִיתָה לָּנוּ לְקָצִין
7 וְנִלָּחֲמָה בִּבְנֵי עַמּוֹן׃ וַיֹּאמֶר יִפְתָּח לְזִקְנֵי גִלְעָד הֲלֹא אַתֶּם
שְׂנֵאתֶם אוֹתִי וַתְּגָרְשׁוּנִי מִבֵּית אָבִי וּמַדּוּעַ בָּאתֶם אֵלַי עַתָּה
8 כַּאֲשֶׁר צַר לָכֶם׃ וַיֹּאמְרוּ זִקְנֵי גִלְעָד אֶל־יִפְתָּח לָכֵן עַתָּה
שַׁבְנוּ אֵלֶיךָ וְהָלַכְתָּ עִמָּנוּ וְנִלְחַמְתָּ בִּבְנֵי עַמּוֹן וְהָיִיתָ לָּנוּ
9 לְרֹאשׁ לְכֹל יֹשְׁבֵי גִלְעָד׃ וַיֹּאמֶר יִפְתָּח אֶל־זִקְנֵי גִלְעָד
אִם־מְשִׁיבִים אַתֶּם אוֹתִי לְהִלָּחֵם בִּבְנֵי עַמּוֹן וְנָתַן יְהוָה
י אוֹתָם לְפָנָי אָנֹכִי אֶהְיֶה לָכֶם לְרֹאשׁ׃ וַיֹּאמְרוּ זִקְנֵי־גִלְעָד
אֶל־יִפְתָּח יְהוָה יִהְיֶה שֹׁמֵעַ בֵּינוֹתֵינוּ אִם־לֹא כִדְבָרְךָ כֵּן
11 נַעֲשֶׂה׃ וַיֵּלֶךְ יִפְתָּח עִם־זִקְנֵי גִלְעָד וַיָּשִׂימוּ הָעָם אוֹתוֹ
עֲלֵיהֶם לְרֹאשׁ וּלְקָצִין וַיְדַבֵּר יִפְתָּח אֶת־כָּל־דְּבָרָיו לִפְנֵי
יְהוָה בַּמִּצְפָּה׃

יא v. 1. הפטרת חקת

12 וַיִּשְׁלַח יִפְתָּח מַלְאָכִים אֶל־מֶלֶךְ בְּנֵי־עַמּוֹן לֵאמֹר מַה־לִּי
13 וָלָךְ כִּי־בָאתָ אֵלַי לְהִלָּחֵם בְּאַרְצִי׃ וַיֹּאמֶר מֶלֶךְ בְּנֵי־עַמּוֹן
אֶל־מַלְאֲכֵי יִפְתָּח כִּי־לָקַח יִשְׂרָאֵל אֶת־אַרְצִי בַּעֲלוֹתוֹ
מִמִּצְרַיִם מֵאַרְנוֹן וְעַד־הַיַּבֹּק וְעַד־הַיַּרְדֵּן וְעַתָּה הָשִׁיבָה
14 אֶתְהֶן בְּשָׁלוֹם׃ וַיּוֹסֶף עוֹד יִפְתָּח וַיִּשְׁלַח מַלְאָכִים אֶל־
טו מֶלֶךְ בְּנֵי עַמּוֹן׃ וַיֹּאמֶר לוֹ כֹּה אָמַר יִפְתָּח לֹא־לָקַח
16 יִשְׂרָאֵל אֶת־אֶרֶץ מוֹאָב וְאֶת־אֶרֶץ בְּנֵי עַמּוֹן׃ כִּי בַּעֲלוֹתָם
מִמִּצְרָיִם וַיֵּלֶךְ יִשְׂרָאֵל בַּמִּדְבָּר עַד־יַם־סוּף וַיָּבֹא קָדֵשָׁה׃
17 וַיִּשְׁלַח יִשְׂרָאֵל מַלְאָכִים ׀ אֶל־מֶלֶךְ אֱדוֹם ׀ לֵאמֹר אֶעְבְּרָה־
נָּא בְאַרְצֶךָ וְלֹא שָׁמַע מֶלֶךְ אֱדוֹם וְגַם אֶל־מֶלֶךְ מוֹאָב שָׁלַח
18 וְלֹא אָבָה וַיֵּשֶׁב יִשְׂרָאֵל בְּקָדֵשׁ׃ וַיֵּלֶךְ בַּמִּדְבָּר וַיָּסָב אֶת־
אֶרֶץ אֱדוֹם וְאֶת־אֶרֶץ מוֹאָב וַיָּבֹא מִמִּזְרַח־שֶׁמֶשׁ לְאֶרֶץ
מוֹאָב וַיַּחֲנוּן בְּעֵבֶר אַרְנוֹן וְלֹא־בָאוּ בִּגְבוּל מוֹאָב כִּי אַרְנוֹן
19 גְּבוּל מוֹאָב׃ וַיִּשְׁלַח יִשְׂרָאֵל מַלְאָכִים אֶל־סִיחוֹן מֶלֶךְ־
הָאֱמֹרִי מֶלֶךְ חֶשְׁבּוֹן וַיֹּאמֶר לוֹ יִשְׂרָאֵל נַעְבְּרָה־נָּא בְאַרְצְךָ
כ עַד־מְקוֹמִי׃ וְלֹא־הֶאֱמִין סִיחוֹן אֶת־יִשְׂרָאֵל עֲבֹר בִּגְבֻלוֹ
וַיֶּאֱסֹף סִיחוֹן אֶת־כָּל־עַמּוֹ וַיַּחֲנוּ בְּיָהְצָה וַיִּלָּחֶם עִם־
21 יִשְׂרָאֵל׃ וַיִּתֵּן יְהוָה אֱלֹהֵי־יִשְׂרָאֵל אֶת־סִיחוֹן וְאֶת־כָּל־
עַמּוֹ בְּיַד יִשְׂרָאֵל וַיַּכּוּם וַיִּירַשׁ יִשְׂרָאֵל אֵת כָּל־אֶרֶץ הָאֱמֹרִי
22 יוֹשֵׁב הָאָרֶץ הַהִיא׃ וַיִּירְשׁוּ אֵת כָּל־גְּבוּל הָאֱמֹרִי מֵאַרְנוֹן
23 וְעַד־הַיַּבֹּק וּמִן־הַמִּדְבָּר וְעַד־הַיַּרְדֵּן׃ וְעַתָּה יְהוָה ׀ אֱלֹהֵי
יִשְׂרָאֵל הוֹרִישׁ אֶת־הָאֱמֹרִי מִפְּנֵי עַמּוֹ יִשְׂרָאֵל וְאַתָּה תִּירָשֶׁנּוּ׃
24 הֲלֹא אֵת אֲשֶׁר יוֹרִישְׁךָ כְּמוֹשׁ אֱלֹהֶיךָ אוֹתוֹ תִירָשׁ וְאֵת כָּל־
כה אֲשֶׁר הוֹרִישׁ יְהוָה אֱלֹהֵינוּ מִפָּנֵינוּ אוֹתוֹ נִירָשׁ׃ וְעַתָּה הֲטוֹב
טוֹב אַתָּה מִבָּלָק בֶּן־צִפּוֹר מֶלֶךְ מוֹאָב הֲרוֹב רָב עִם־
26 יִשְׂרָאֵל אִם־נִלְחֹם נִלְחַם בָּם׃ בְּשֶׁבֶת יִשְׂרָאֵל בְּחֶשְׁבּוֹן
וּבִבְנוֹתֶיהָ וּבְעַרְעוֹר וּבִבְנוֹתֶיהָ וּבְכָל־הֶעָרִים אֲשֶׁר עַל־

ידי

v. 15. סבירין ויאמרו

יְדֵי אַרְנוֹן שְׁלֹשׁ מֵאוֹת שָׁנָה וּמַדּוּעַ לֹא־הִצַּלְתֶּם בָּעֵת הַהִיא׃
וְאָנֹכִי לֹא־חָטָאתִי לָךְ וְאַתָּה עֹשֶׂה אִתִּי רָעָה לְהִלָּחֶם בִּי 27
יִשְׁפֹּט יְהוָה הַשֹּׁפֵט הַיּוֹם בֵּין בְּנֵי יִשְׂרָאֵל וּבֵין בְּנֵי עַמּוֹן׃
וְלֹא שָׁמַע מֶלֶךְ בְּנֵי עַמּוֹן אֶל־דִּבְרֵי יִפְתָּח אֲשֶׁר שָׁלַח 28
אֵלָיו׃
וַתְּהִי עַל־יִפְתָּח רוּחַ יְהוָה וַיַּעֲבֹר אֶת־הַגִּלְעָד וְאֶת־מְנַשֶּׁה 29
וַיַּעֲבֹר אֶת־מִצְפֵּה גִלְעָד וּמִמִּצְפֵּה גִלְעָד עָבַר בְּנֵי עַמּוֹן׃
וַיִּדַּר יִפְתָּח נֶדֶר לַיהוָה וַיֹּאמַר אִם־נָתוֹן תִּתֵּן אֶת־בְּנֵי עַמּוֹן ל
בְּיָדִי׃ וְהָיָה הַיּוֹצֵא אֲשֶׁר יֵצֵא מִדַּלְתֵי בֵיתִי לִקְרָאתִי בְּשׁוּבִי 31
בְשָׁלוֹם מִבְּנֵי עַמּוֹן וְהָיָה לַיהוָה וְהַעֲלִיתִהוּ עוֹלָה׃ וַיַּעֲבֹר 32
יִפְתָּח אֶל־בְּנֵי עַמּוֹן לְהִלָּחֶם בָּם וַיִּתְּנֵם יְהוָה בְּיָדוֹ׃ וַיַּכֵּם 33
מֵעֲרוֹעֵר וְעַד־בּוֹאֲךָ מִנִּית עֶשְׂרִים עִיר וְעַד אָבֵל כְּרָמִים
מַכָּה גְּדוֹלָה מְאֹד וַיִּכָּנְעוּ בְּנֵי עַמּוֹן מִפְּנֵי בְּנֵי יִשְׂרָאֵל׃ וַיָּבֹא 34
יִפְתָּח הַמִּצְפָּה אֶל־בֵּיתוֹ וְהִנֵּה בִתּוֹ יֹצֵאת לִקְרָאתוֹ בְּתֻפִּים
וּבִמְחֹלוֹת וְרַק הִיא יְחִידָה אֵין־לוֹ מִמֶּנּוּ בֵּן אוֹ־בַת׃ וַיְהִי לה
כִרְאוֹתוֹ אוֹתָהּ וַיִּקְרַע אֶת־בְּגָדָיו וַיֹּאמֶר אֲהָהּ בִּתִּי הַכְרֵעַ
הִכְרַעְתִּנִי וְאַתְּ הָיִית בְּעֹכְרָי וְאָנֹכִי פָּצִיתִי פִי אֶל־יְהוָה וְלֹא
אוּכַל לָשׁוּב׃ וַתֹּאמֶר אֵלָיו אָבִי פָּצִיתָה אֶת־פִּיךָ אֶל־יְהוָה 36
עֲשֵׂה לִי כַּאֲשֶׁר יָצָא מִפִּיךָ אַחֲרֵי אֲשֶׁר עָשָׂה לְךָ יְהוָה נְקָמוֹת
מֵאֹיְבֶיךָ מִבְּנֵי עַמּוֹן׃ וַתֹּאמֶר אֶל־אָבִיהָ יֵעָשֶׂה לִּי הַדָּבָר 37
הַזֶּה הַרְפֵּה מִמֶּנִּי שְׁנַיִם חֳדָשִׁים וְאֵלְכָה וְיָרַדְתִּי עַל־הֶהָרִים
וְאֶבְכֶּה עַל־בְּתוּלַי אָנֹכִי וְרֵעוֹתָי׃ וַיֹּאמֶר לֵכִי וַיִּשְׁלַח אוֹתָהּ 38
שְׁנֵי חֳדָשִׁים וַתֵּלֶךְ הִיא וְרֵעוֹתֶיהָ וַתֵּבְךְּ עַל־בְּתוּלֶיהָ עַל־
הֶהָרִים׃ וַיְהִי מִקֵּץ ׀ שְׁנַיִם חֳדָשִׁים וַתָּשָׁב אֶל־אָבִיהָ וַיַּעַשׂ 39
לָהּ אֶת־נִדְרוֹ אֲשֶׁר נָדָר וְהִיא לֹא־יָדְעָה אִישׁ וַתְּהִי־חֹק
בְּיִשְׂרָאֵל׃ מִיָּמִים ׀ יָמִימָה תֵּלַכְנָה בְּנוֹת יִשְׂרָאֵל לְתַנּוֹת מ
לְבַת־יִפְתָּח הַגִּלְעָדִי אַרְבַּעַת יָמִים בַּשָּׁנָה׃

ויצעק

v. 34. סבירין ממנה   v. 37. ורעותי ק׳

CAP. XII. יב

יב

א וַיִּצָּעֵק֙ אִ֣ישׁ אֶפְרַ֔יִם וַֽיַּעֲבֹ֖ר צָפ֑וֹנָה וַיֹּאמְר֨וּ לְיִפְתָּ֜ח מַדּ֣וּעַ ׀
עָבַ֗רְתָּ ׀ לְהִלָּחֵ֤ם בִּבְנֵֽי־עַמּוֹן֙ וְלָ֔נוּ לֹ֥א קָרָ֖אתָ לָלֶ֣כֶת עִמָּ֑ךְ
2 בֵּיתְךָ֕ נִשְׂרֹ֥ף עָלֶ֖יךָ בָּאֵֽשׁ: וַיֹּ֨אמֶר יִפְתָּ֜ח אֲלֵיהֶ֗ם אִ֣ישׁ רִ֠יב
הָיִ֜יתִי אֲנִ֛י וְעַמִּ֥י וּבְנֵֽי־עַמּ֖וֹן מְאֹ֑ד וָאֶזְעַ֣ק אֶתְכֶ֔ם וְלֹא־הֽוֹשַׁעְתֶּ֖ם
3 אוֹתִ֥י מִיָּדָֽם: וָֽאֶרְאֶ֞ה כִּֽי־אֵינְךָ֣ מוֹשִׁ֗יעַ וָאָשִׂ֨ימָה נַפְשִׁ֤י בְכַפִּי֙
וָֽאֶעְבְּרָה֙ אֶל־בְּנֵ֣י עַמּ֔וֹן וַיִּתְּנֵ֥ם יְהֹוָ֖ה בְּיָדִ֑י וְלָמָ֞ה עֲלִיתֶ֥ם אֵלַ֛י
4 הַיּ֥וֹם הַזֶּ֖ה לְהִלָּ֥חֶם בִּֽי: וַיִּקְבֹּ֤ץ יִפְתָּח֙ אֶת־כָּל־אַנְשֵׁ֣י גִלְעָ֔ד
וַיִּלָּ֖חֶם אֶת־אֶפְרָ֑יִם וַיַּכּ֩וּ֩ אַנְשֵׁ֨י גִלְעָ֤ד אֶת־אֶפְרַ֙יִם֙ כִּ֣י אָמְר֔וּ
5 פְּלִיטֵ֤י אֶפְרַ֙יִם֙ אַתֶּ֔ם גִּלְעָ֕ד בְּת֥וֹךְ אֶפְרַ֖יִם בְּת֣וֹךְ מְנַשֶּֽׁה: וַיִּלְכֹּ֣ד
גִּלְעָ֗ד אֶֽת־מַעְבְּר֣וֹת הַיַּרְדֵּן֮ לְאֶפְרָ֒יִם֒ וְֽ֠הָיָ֞ה כִּ֣י יֹֽאמְר֞וּ פְּלִיטֵ֤י
אֶפְרַ֙יִם֙ אֶֽעֱבֹ֔רָה וַיֹּ֨אמְרוּ ל֧וֹ אַנְשֵֽׁי־גִלְעָ֛ד הַֽאֶפְרָתִ֥י אַ֖תָּה
6 וַיֹּ֣אמֶר ׀ לֹֽא: וַיֹּ֣אמְרוּ לוֹ֩ אֱמָר־נָ֨א שִׁבֹּ֜לֶת וַיֹּ֣אמֶר סִבֹּ֗לֶת
וְלֹ֤א יָכִין֙ לְדַבֵּ֣ר כֵּ֔ן וַיֹּֽאחֲז֣וּ אוֹת֔וֹ וַיִּשְׁחָט֖וּהוּ אֶל־מַעְבְּר֣וֹת
הַיַּרְדֵּ֑ן וַיִּפֹּ֞ל בָּעֵ֤ת הַהִיא֙ מֵֽאֶפְרַ֔יִם אַרְבָּעִ֥ים וּשְׁנַ֖יִם אָֽלֶף:
7 וַיִּשְׁפֹּ֥ט יִפְתָּ֛ח אֶת־יִשְׂרָאֵ֖ל שֵׁ֣שׁ שָׁנִ֑ים וַיָּ֗מָת יִפְתָּח֙ הַגִּלְעָדִ֔י
וַיִּקָּבֵ֖ר בְּעָרֵ֥י גִלְעָֽד:

8 וַיִּשְׁפֹּ֤ט אַֽחֲרָיו֙ אֶת־יִשְׂרָאֵ֔ל אִבְצָ֖ן מִבֵּ֣ית לָ֑חֶם: וַֽיְהִי־ל֞וֹ
9 שְׁלֹשִׁ֣ים בָּנִ֗ים וּשְׁלֹשִׁ֤ים בָּנוֹת֙ שִׁלַּ֣ח הַח֔וּצָה וּשְׁלֹשִׁ֥ים בָּנ֖וֹת
הֵבִ֣יא לְבָנָ֖יו מִן־הַח֑וּץ וַיִּשְׁפֹּ֥ט אֶת־יִשְׂרָאֵ֖ל שֶׁ֥בַע שָׁנִֽים: וַיָּ֥מָת
11 אִבְצָ֖ן וַיִּקָּבֵ֥ר בְּבֵ֥ית לָֽחֶם: וַיִּשְׁפֹּ֤ט אַֽחֲרָיו֙ אֶת־יִשְׂרָאֵ֔ל
12 אֵיל֖וֹן הַזְּבֽוּלֹנִ֑י וַיִּשְׁפֹּ֥ט אֶת־יִשְׂרָאֵ֖ל עֶ֥שֶׂר שָׁנִֽים: וַיָּ֛מָת אֵיל֥וֹן
13 הַזְּבֽוּלֹנִ֖י וַיִּקָּבֵ֣ר בְּאַיָּל֑וֹן בְּאֶ֖רֶץ זְבוּלֻֽן: וַיִּשְׁפֹּ֤ט אַחֲרָיו֙
14 אֶת־יִשְׂרָאֵ֔ל עַבְדּ֥וֹן בֶּן־הִלֵּ֖ל הַפִּרְעָתֽוֹנִֽי: וַֽיְהִי־ל֞וֹ אַרְבָּעִ֣ים
בָּנִ֗ים וּשְׁלֹשִׁים֙ בְּנֵ֣י בָנִ֔ים רֹכְבִ֖ים עַל־שִׁבְעִ֣ים עֲיָרִ֑ם וַיִּשְׁפֹּ֥ט
15 אֶת־יִשְׂרָאֵ֖ל שְׁמֹנֶ֥ה שָׁנִֽים: וַיָּ֛מָת עַבְדּ֥וֹן בֶּן־הִלֵּ֖ל הַפִּרְעָתֽוֹנִֽי
וַיִּקָּבֵ֤ר בְּפִרְעָתוֹן֙ בְּאֶ֣רֶץ אֶפְרַ֔יִם בְּהַ֖ר הָעֲמָלֵקִֽי:

יג

CAP. XIII. יג

א וַיֹּסִ֙פוּ֙ בְּנֵ֣י יִשְׂרָאֵ֔ל לַעֲשׂ֥וֹת הָרַ֖ע בְּעֵינֵ֣י יְהוָ֑ה וַיִּתְּנֵ֧ם יְהוָ֛ה
בְּיַד־פְּלִשְׁתִּ֖ים אַרְבָּעִ֥ים שָׁנָֽה׃
2 וַיְהִי֩ אִ֨ישׁ אֶחָ֧ד מִצָּרְעָ֛ה מִמִּשְׁפַּ֥חַת הַדָּנִ֖י וּשְׁמ֣וֹ מָנ֑וֹחַ וְאִשְׁתּ֥וֹ
3 עֲקָרָ֖ה וְלֹ֥א יָלָֽדָה׃ וַיֵּרָ֥א מַלְאַךְ־יְהוָ֖ה אֶל־הָאִשָּׁ֑ה וַיֹּ֣אמֶר
אֵלֶ֗יהָ הִנֵּה־נָ֤א אַתְּ־עֲקָרָה֙ וְלֹ֣א יָלַ֔דְתְּ וְהָרִ֖ית וְיָלַ֥דְתְּ בֵּֽן׃
4 וְעַתָּה֙ הִשָּׁ֣מְרִי נָ֔א וְאַל־תִּשְׁתִּ֖י יַ֣יִן וְשֵׁכָ֑ר וְאַל־תֹּאכְלִ֖י כָּל־
ה טָמֵֽא׃ כִּי֩ הִנָּ֨ךְ הָרָ֜ה וְיֹלַ֣דְתְּ בֵּ֗ן וּמוֹרָה֙ לֹא־יַעֲלֶ֣ה עַל־רֹאשׁ֔וֹ
כִּֽי־נְזִ֧יר אֱלֹהִ֛ים יִהְיֶ֥ה הַנַּ֖עַר מִן־הַבָּ֑טֶן וְה֗וּא יָחֵ֛ל לְהוֹשִׁ֥יעַ
6 אֶת־יִשְׂרָאֵ֖ל מִיַּ֥ד פְּלִשְׁתִּֽים׃ וַתָּבֹ֣א הָאִשָּׁ֗ה וַתֹּ֣אמֶר לְאִישָׁהּ֮
לֵאמֹר֒ אִ֣ישׁ הָאֱלֹהִים֙ בָּ֣א אֵלַ֔י וּמַרְאֵ֕הוּ כְּמַרְאֵ֛ה מַלְאַ֥ךְ
הָאֱלֹהִ֖ים נוֹרָ֣א מְאֹ֑ד וְלֹ֤א שְׁאִלְתִּ֙יהוּ֙ אֵי־מִזֶּ֣ה ה֔וּא וְאֶת־שְׁמ֖וֹ
7 לֹא־הִגִּ֥יד לִֽי׃ וַיֹּ֣אמֶר לִ֔י הִנָּ֥ךְ הָרָ֖ה וְיֹלַ֣דְתְּ בֵּ֑ן וְעַתָּ֡ה אַל־
תִּשְׁתִּ֣י ׀ יַ֣יִן וְשֵׁכָ֗ר וְאַל־תֹּֽאכְלִי֙ כָּל־טֻמְאָ֔ה כִּֽי־נְזִ֤יר אֱלֹהִים֙
8 יִהְיֶ֣ה הַנַּ֔עַר מִן־הַבֶּ֖טֶן עַד־י֥וֹם מוֹתֽוֹ׃ וַיֶּעְתַּ֥ר מָנ֛וֹחַ אֶל־
יְהוָ֖ה וַיֹּאמַ֑ר בִּ֣י אֲדוֹנָ֔י אִ֣ישׁ הָאֱלֹהִ֞ים אֲשֶׁ֣ר שָׁלַ֗חְתָּ יָבוֹא־נָ֥א
9 עוֹד֙ אֵלֵ֔ינוּ וְיוֹרֵ֕נוּ מַֽה־נַּעֲשֶׂ֖ה לַנַּ֥עַר הַיּוּלָּֽד׃ וַיִּשְׁמַ֥ע הָאֱלֹהִ֖ים
בְּק֣וֹל מָנ֑וֹחַ וַיָּבֹ֨א מַלְאַ֤ךְ הָֽאֱלֹהִים֙ ע֣וֹד אֶל־הָאִשָּׁ֔ה וְהִיא֙
י יוֹשֶׁ֣בֶת בַּשָּׂדֶ֔ה וּמָנ֥וֹחַ אִישָׁ֖הּ אֵ֥ין עִמָּֽהּ׃ וַתְּמַהֵר֙ הָֽאִשָּׁ֔ה וַתָּ֖רָץ
וַתַּגֵּ֣ד לְאִישָׁ֑הּ וַתֹּ֣אמֶר אֵלָ֗יו הִנֵּ֨ה נִרְאָ֤ה אֵלַי֙ הָאִ֔ישׁ אֲשֶׁר־בָּ֥א
11 בַיּ֖וֹם אֵלָֽי׃ וַיָּ֥קָם וַיֵּ֛לֶךְ מָנ֖וֹחַ אַחֲרֵ֣י אִשְׁתּ֑וֹ וַיָּבֹא֙ אֶל־הָאִ֔ישׁ
וַיֹּ֣אמֶר ל֗וֹ הַאַתָּ֥ה הָאִ֛ישׁ אֲשֶׁר־דִּבַּ֥רְתָּ אֶל־הָאִשָּׁ֖ה וַיֹּ֥אמֶר
12 אָֽנִי׃ וַיֹּ֣אמֶר מָנ֔וֹחַ עַתָּ֖ה יָבֹ֣א דְבָרֶ֑יךָ מַה־יִּהְיֶ֥ה מִשְׁפַּט־הַנַּ֖עַר
13 וּמַעֲשֵֽׂהוּ׃ וַיֹּ֛אמֶר מַלְאַ֥ךְ יְהוָ֖ה אֶל־מָנ֑וֹחַ מִכֹּ֛ל אֲשֶׁר־אָמַ֥רְתִּי
14 אֶל־הָאִשָּׁ֖ה תִּשָּׁמֵֽר׃ מִכֹּ֨ל אֲשֶׁר־יֵצֵ֜א מִגֶּ֣פֶן הַיַּ֗יִן לֹ֤א תֹאכַל֙
וְיַ֤יִן וְשֵׁכָר֙ אַל־תֵּ֔שְׁתְּ וְכָל־טֻמְאָ֖ה אַל־תֹּאכַ֑ל כֹּ֥ל אֲשֶׁר־
טו צִוִּיתִ֖יהָ תִּשְׁמֹֽר׃ וַיֹּ֥אמֶר מָנ֖וֹחַ אֶל־מַלְאַ֣ךְ יְהוָ֑ה נַעְצְרָה־נָּ֣א

אותך

v. 2. הפטרת נשא

16 אֹתְךָ וְנַעֲשֶׂה לְפָנֶיךָ גְּדִי עִזִּים׃ וַיֹּאמֶר מַלְאַךְ יְהוָה אֶל־
מָנוֹחַ אִם־תַּעְצְרֵנִי לֹא־אֹכַל בְּלַחְמֶךָ וְאִם־תַּעֲשֶׂה עֹלָה
לַיהוָה תַּעֲלֶנָּה כִּי לֹא־יָדַע מָנוֹחַ כִּי־מַלְאַךְ יְהוָה הוּא׃
17 וַיֹּאמֶר מָנוֹחַ אֶל־מַלְאַךְ יְהוָה מִי שְׁמֶךָ כִּי־יָבֹא דְבָרְיךָ
18 וְכִבַּדְנוּךָ׃ וַיֹּאמֶר לוֹ מַלְאַךְ יְהוָה לָמָּה זֶּה תִּשְׁאַל לִשְׁמִי
19 וְהוּא־פֶלִאי׃ וַיִּקַּח מָנוֹחַ אֶת־גְּדִי הָעִזִּים וְאֶת־הַמִּנְחָה וַיַּעַל
כ עַל־הַצּוּר לַיהוָה וּמַפְלִא לַעֲשׂוֹת וּמָנוֹחַ וְאִשְׁתּוֹ רֹאִים׃ וַיְהִי
בַעֲלוֹת הַלַּהַב מֵעַל הַמִּזְבֵּחַ הַשָּׁמַיְמָה וַיַּעַל מַלְאַךְ־יְהוָה
בְּלַהַב הַמִּזְבֵּחַ וּמָנוֹחַ וְאִשְׁתּוֹ רֹאִים וַיִּפְּלוּ עַל־פְּנֵיהֶם אָרְצָה׃
21 וְלֹא־יָסַף עוֹד מַלְאַךְ יְהוָה לְהֵרָאֹה אֶל־מָנוֹחַ וְאֶל־אִשְׁתּוֹ
22 אָז יָדַע מָנוֹחַ כִּי־מַלְאַךְ יְהוָה הוּא׃ וַיֹּאמֶר מָנוֹחַ אֶל־אִשְׁתּוֹ
23 מוֹת נָמוּת כִּי אֱלֹהִים רָאִינוּ׃ וַתֹּאמֶר לוֹ אִשְׁתּוֹ לוּ חָפֵץ
יְהוָה לַהֲמִיתֵנוּ לֹא־לָקַח מִיָּדֵנוּ עֹלָה וּמִנְחָה וְלֹא הֶרְאָנוּ
24 אֶת־כָּל־אֵלֶּה וְכָעֵת לֹא הִשְׁמִיעָנוּ כָּזֹאת׃ וַתֵּלֶד הָאִשָּׁה בֵּן
כה וַתִּקְרָא אֶת־שְׁמוֹ שִׁמְשׁוֹן וַיִּגְדַּל הַנַּעַר וַיְבָרְכֵהוּ יְהוָה׃ וַתָּחֶל
רוּחַ יְהוָה לְפַעֲמוֹ בְּמַחֲנֵה־דָן בֵּין צָרְעָה וּבֵין אֶשְׁתָּאֹל׃

יד CAP. XIV. יד

א וַיֵּרֶד שִׁמְשׁוֹן תִּמְנָתָה וַיַּרְא אִשָּׁה בְּתִמְנָתָה מִבְּנוֹת פְּלִשְׁתִּים׃
2 וַיַּעַל וַיַּגֵּד לְאָבִיו וּלְאִמּוֹ וַיֹּאמֶר אִשָּׁה רָאִיתִי בְתִמְנָתָה מִבְּנוֹת
3 פְּלִשְׁתִּים וְעַתָּה קְחוּ־אוֹתָהּ לִי לְאִשָּׁה׃ וַיֹּאמֶר לוֹ אָבִיו וְאִמּוֹ
הַאֵין בִּבְנוֹת אַחֶיךָ וּבְכָל־עַמִּי אִשָּׁה כִּי־אַתָּה הוֹלֵךְ לָקַחַת
אִשָּׁה מִפְּלִשְׁתִּים הָעֲרֵלִים וַיֹּאמֶר שִׁמְשׁוֹן אֶל־אָבִיו אוֹתָהּ
4 קַח־לִי כִּי־הִיא יָשְׁרָה בְעֵינָי׃ וְאָבִיו וְאִמּוֹ לֹא יָדְעוּ כִּי מֵיְהוָה
הִיא כִּי־תֹאֲנָה הוּא־מְבַקֵּשׁ מִפְּלִשְׁתִּים וּבָעֵת הַהִיא פְּלִשְׁתִּים
ה מֹשְׁלִים בְּיִשְׂרָאֵל׃ וַיֵּרֶד שִׁמְשׁוֹן וְאָבִיו וְאִמּוֹ תִּמְנָתָה וַיָּבֹאוּ
6 עַד־כַּרְמֵי תִמְנָתָה וְהִנֵּה כְּפִיר אֲרָיוֹת שֹׁאֵג לִקְרָאתוֹ׃ וַתִּצְלַח

עליו

יג v. 17. דברך ק׳ v. 18. פלי ק׳

עָלָיו רוּחַ יְהוָה וַיְשַׁסְּעֵהוּ כְּשַׁסַּע הַגְּדִי וּמְאוּמָה אֵין בְּיָדוֹ
7 וְלֹא הִגִּיד לְאָבִיו וּלְאִמּוֹ אֵת אֲשֶׁר עָשָׂה׃ וַיֵּרֶד וַיְדַבֵּר לָאִשָּׁה
8 וַתִּישַׁר בְּעֵינֵי שִׁמְשׁוֹן׃ וַיָּשָׁב מִיָּמִים לְקַחְתָּהּ וַיָּסַר לִרְאוֹת
אֵת מַפֶּלֶת הָאַרְיֵה וְהִנֵּה עֲדַת דְּבֹרִים בִּגְוִיַּת הָאַרְיֵה וּדְבָשׁ׃
9 וַיִּרְדֵּהוּ אֶל־כַּפָּיו וַיֵּלֶךְ הָלוֹךְ וְאָכֹל וַיֵּלֶךְ אֶל־אָבִיו וְאֶל־
אִמּוֹ וַיִּתֵּן לָהֶם וַיֹּאכֵלוּ וְלֹא־הִגִּיד לָהֶם כִּי מִגְּוִיַּת הָאַרְיֵה
י רָדָה הַדְּבָשׁ׃ וַיֵּרֶד אָבִיהוּ אֶל־הָאִשָּׁה וַיַּעַשׂ שָׁם שִׁמְשׁוֹן
11 מִשְׁתֶּה כִּי כֵּן יַעֲשׂוּ הַבַּחוּרִים׃ וַיְהִי כִּרְאוֹתָם אוֹתוֹ וַיִּקְחוּ
12 שְׁלֹשִׁים מֵרֵעִים וַיִּהְיוּ אִתּוֹ׃ וַיֹּאמֶר לָהֶם שִׁמְשׁוֹן אָחוּדָה־נָּא
לָכֶם חִידָה אִם־הַגֵּד תַּגִּידוּ אוֹתָהּ לִי שִׁבְעַת יְמֵי הַמִּשְׁתֶּה
וּמְצָאתֶם וְנָתַתִּי לָכֶם שְׁלֹשִׁים סְדִינִים וּשְׁלֹשִׁים חֲלִפֹת בְּגָדִים׃
13 וְאִם־לֹא תוּכְלוּ לְהַגִּיד לִי וּנְתַתֶּם אַתֶּם לִי שְׁלֹשִׁים סְדִינִים
וּשְׁלֹשִׁים חֲלִיפוֹת בְּגָדִים וַיֹּאמְרוּ לוֹ חוּדָה חִידָתְךָ וְנִשְׁמָעֶנָּה׃
14 וַיֹּאמֶר לָהֶם מֵהָאֹכֵל יָצָא מַאֲכָל וּמֵעַז יָצָא מָתוֹק וְלֹא
טו יָכְלוּ לְהַגִּיד הַחִידָה שְׁלֹשֶׁת יָמִים׃ וַיְהִי ׀ בַּיּוֹם הַשְּׁבִיעִי
וַיֹּאמְרוּ לְאֵשֶׁת־שִׁמְשׁוֹן פַּתִּי אֶת־אִישֵׁךְ וְיַגֶּד־לָנוּ אֶת־הַחִידָה
פֶּן־נִשְׂרֹף אוֹתָךְ וְאֶת־בֵּית אָבִיךְ בָּאֵשׁ הַלְיָרְשֵׁנוּ קְרָאתֶם
16 לָנוּ הֲלֹא׃ וַתֵּבְךְּ אֵשֶׁת שִׁמְשׁוֹן עָלָיו וַתֹּאמֶר רַק־שְׂנֵאתַנִי וְלֹא
אֲהַבְתָּנִי הַחִידָה חַדְתָּ לִבְנֵי עַמִּי וְלִי לֹא הִגַּדְתָּה וַיֹּאמֶר לָהּ
17 הִנֵּה לְאָבִי וּלְאִמִּי לֹא הִגַּדְתִּי וְלָךְ אַגִּיד׃ וַתֵּבְךְּ עָלָיו שִׁבְעַת
הַיָּמִים אֲשֶׁר־הָיָה לָהֶם הַמִּשְׁתֶּה וַיְהִי ׀ בַּיּוֹם הַשְּׁבִיעִי וַיַּגֶּד־
18 לָהּ כִּי הֱצִיקַתְהוּ וַתַּגֵּד הַחִידָה לִבְנֵי עַמָּהּ׃ וַיֹּאמְרוּ לוֹ אַנְשֵׁי
הָעִיר בַּיּוֹם הַשְּׁבִיעִי בְּטֶרֶם יָבֹא הַחַרְסָה מַה־מָּתוֹק מִדְּבַשׁ
וּמֶה עַז מֵאֲרִי וַיֹּאמֶר לָהֶם לוּלֵא חֲרַשְׁתֶּם בְּעֶגְלָתִי לֹא
19 מְצָאתֶם חִידָתִי׃ וַתִּצְלַח עָלָיו רוּחַ יְהוָה וַיֵּרֶד אַשְׁקְלוֹן וַיַּךְ
מֵהֶם ׀ שְׁלֹשִׁים אִישׁ וַיִּקַּח אֶת־חֲלִיצוֹתָם וַיִּתֵּן הַחֲלִיפוֹת
כ לְמַגִּידֵי הַחִידָה וַיִּחַר אַפּוֹ וַיַּעַל בֵּית אָבִיהוּ׃ וַתְּהִי אֵשֶׁת
שִׁמְשׁוֹן לְמֵרֵעֵהוּ אֲשֶׁר רֵעָה לוֹ׃

טו Cap. XV. טו

א וַיְהִי מִיָּמִים בִּימֵי קְצִיר־חִטִּים וַיִּפְקֹד שִׁמְשׁוֹן אֶת־אִשְׁתּוֹ
בִּגְדִי עִזִּים וַיֹּאמֶר אָבֹאָה אֶל־אִשְׁתִּי הֶחָדְרָה וְלֹא־נְתָנוֹ
2 אָבִיהָ לָבוֹא׃ וַיֹּאמֶר אָבִיהָ אָמֹר אָמַרְתִּי כִּי־שָׂנֹא שְׂנֵאתָהּ
וָאֶתְּנֶנָּה לְמֵרֵעֶךָ הֲלֹא אֲחוֹתָהּ הַקְּטַנָּה טוֹבָה מִמֶּנָּה תְּהִי־נָא
3 לְךָ תַּחְתֶּיהָ׃ וַיֹּאמֶר לָהֶם שִׁמְשׁוֹן נִקֵּיתִי הַפַּעַם מִפְּלִשְׁתִּים
4 כִּי־עֹשֶׂה אֲנִי עִמָּם רָעָה׃ וַיֵּלֶךְ שִׁמְשׁוֹן וַיִּלְכֹּד שְׁלֹשׁ־מֵאוֹת
שׁוּעָלִים וַיִּקַּח לַפִּדִים וַיֶּפֶן זָנָב אֶל־זָנָב וַיָּשֶׂם לַפִּיד אֶחָד
ה בֵּין־שְׁנֵי הַזְּנָבוֹת בַּתָּוֶךְ׃ וַיַּבְעֶר־אֵשׁ בַּלַּפִּידִים וַיְשַׁלַּח בְּקָמוֹת
6 פְּלִשְׁתִּים וַיַּבְעֵר מִגָּדִישׁ וְעַד־קָמָה וְעַד־כֶּרֶם זָיִת׃ וַיֹּאמְרוּ
פְלִשְׁתִּים מִי עָשָׂה זֹאת וַיֹּאמְרוּ שִׁמְשׁוֹן חֲתַן הַתִּמְנִי כִּי לָקַח
אֶת־אִשְׁתּוֹ וַיִּתְּנָהּ לְמֵרֵעֵהוּ וַיַּעֲלוּ פְלִשְׁתִּים וַיִּשְׂרְפוּ אוֹתָהּ
7 וְאֶת־אָבִיהָ בָּאֵשׁ׃ וַיֹּאמֶר לָהֶם שִׁמְשׁוֹן אִם־תַּעֲשׂוּן כָּזֹאת
8 כִּי אִם־נִקַּמְתִּי בָכֶם וְאַחַר אֶחְדָּל׃ וַיַּךְ אוֹתָם שׁוֹק עַל־
9 יָרֵךְ מַכָּה גְדוֹלָה וַיֵּרֶד וַיֵּשֶׁב בִּסְעִיף סֶלַע עֵיטָם׃ וַיַּעֲלוּ
י פְלִשְׁתִּים וַיַּחֲנוּ בִּיהוּדָה וַיִּנָּטְשׁוּ בַּלֶּחִי׃ וַיֹּאמְרוּ אִישׁ יְהוּדָה
לָמָה עֲלִיתֶם עָלֵינוּ וַיֹּאמְרוּ לֶאֱסוֹר אֶת־שִׁמְשׁוֹן עָלִינוּ לַעֲשׂוֹת
11 לוֹ כַּאֲשֶׁר עָשָׂה לָנוּ׃ וַיֵּרְדוּ שְׁלֹשֶׁת אֲלָפִים אִישׁ מִיהוּדָה אֶל־
סְעִיף סֶלַע עֵיטָם וַיֹּאמְרוּ לְשִׁמְשׁוֹן הֲלֹא יָדַעְתָּ כִּי־מֹשְׁלִים
בָּנוּ פְּלִשְׁתִּים וּמַה־זֹּאת עָשִׂיתָ לָּנוּ וַיֹּאמֶר לָהֶם כַּאֲשֶׁר עָשׂוּ
12 לִי כֵּן עָשִׂיתִי לָהֶם׃ וַיֹּאמְרוּ לוֹ לֶאֱסָרְךָ יָרַדְנוּ לְתִתְּךָ בְּיַד־
פְּלִשְׁתִּים וַיֹּאמֶר לָהֶם שִׁמְשׁוֹן הִשָּׁבְעוּ לִי פֶּן־תִּפְגְּעוּן בִּי
13 אַתֶּם׃ וַיֹּאמְרוּ לוֹ לֵאמֹר לֹא כִּי־אָסֹר נֶאֱסָרְךָ וּנְתַנּוּךָ בְיָדָם
וְהָמֵת לֹא נְמִיתֶךָ וַיַּאַסְרֻהוּ בִּשְׁנַיִם עֲבֹתִים חֲדָשִׁים וַיַּעֲלוּהוּ
14 מִן־הַסָּלַע׃ הוּא־בָא עַד־לֶחִי וּפְלִשְׁתִּים הֵרִיעוּ לִקְרָאתוֹ
וַתִּצְלַח עָלָיו רוּחַ יְהוָה וַתִּהְיֶינָה הָעֲבֹתִים אֲשֶׁר עַל־זְרוֹעוֹתָיו
טו כַּפִּשְׁתִּים אֲשֶׁר בָּעֲרוּ בָאֵשׁ וַיִּמַּסּוּ אֱסוּרָיו מֵעַל יָדָיו׃ וַיִּמְצָא
לְחִי־חֲמוֹר טְרִיָּה וַיִּשְׁלַח יָדוֹ וַיִּקָּחֶהָ וַיַּךְ־בָּהּ אֶלֶף אִישׁ׃

ויאמר

16 וַיֹּ֣אמֶר שִׁמְשׁ֔וֹן בִּלְחִ֣י הַחֲמ֔וֹר חֲמ֖וֹר חֲמֹרָתָ֑יִם בִּלְחִ֣י הַחֲמ֔וֹר
17 הִכֵּ֖יתִי אֶ֥לֶף אִֽישׁ׃ וַיְהִי֙ כְּכַלֹּת֣וֹ לְדַבֵּ֔ר וַיַּשְׁלֵ֥ךְ הַלְּחִ֖י מִיָּד֑וֹ
18 וַיִּקְרָ֛א לַמָּק֥וֹם הַה֖וּא רָ֥מַת לֶֽחִי׃ וַיִּצְמָא֙ מְאֹ֔ד וַיִּקְרָ֣א אֶל־
יְהוָ֔ה וַיֹּאמַ֕ר אַתָּ֗ה נָתַ֛תָּ בְיַֽד־עַבְדְּךָ֖ אֶת־הַתְּשׁוּעָ֥ה הַגְּדֹלָ֖ה
19 הַזֹּ֑את וְעַתָּה֙ אָמ֣וּת בַּצָּמָ֔א וְנָֽפַלְתִּ֖י בְּיַ֥ד הָעֲרֵלִֽים׃ וַיִּבְקַ֨ע
אֱלֹהִ֜ים אֶת־הַמַּכְתֵּ֣שׁ אֲשֶׁר־בַּלֶּ֗חִי וַיֵּצְא֨וּ מִמֶּ֥נּוּ מַ֙יִם֙ וַיֵּ֔שְׁתְּ
וַתָּ֥שָׁב רוּח֖וֹ וַיֶּ֑חִי עַל־כֵּ֣ן ׀ קָרָ֣א שְׁמָ֗הּ עֵ֤ין הַקּוֹרֵא֙ אֲשֶׁ֣ר בַּלֶּ֔חִי
כ עַ֖ד הַיּ֥וֹם הַזֶּֽה׃ וַיִּשְׁפֹּ֧ט אֶֽת־יִשְׂרָאֵ֛ל בִּימֵ֥י פְלִשְׁתִּ֖ים עֶשְׂרִ֥ים
שָׁנָֽה׃

טז Cap. XVI. טז

א וַיֵּ֥לֶךְ שִׁמְשׁ֖וֹן עַזָּ֑תָה וַיַּרְא־שָׁם֙ אִשָּׁ֣ה זוֹנָ֔ה וַיָּבֹ֖א אֵלֶֽיהָ׃
2 לַֽעַזָּתִ֣ים ׀ לֵאמֹ֗ר בָּ֤א שִׁמְשׁוֹן֙ הֵ֔נָּה וַיָּסֹ֜בּוּ וַיֶּאֶרְבוּ־ל֤וֹ כָל־
הַלַּ֙יְלָה֙ בְּשַׁ֣עַר הָעִ֔יר וַיִּֽתְחָרְשׁ֤וּ כָל־הַלַּ֙יְלָה֙ לֵאמֹ֔ר עַד־א֥וֹר
3 הַבֹּ֖קֶר וַהֲרַגְנֻֽהוּ׃ וַיִּשְׁכַּ֣ב שִׁמְשׁוֹן֮ עַד־חֲצִ֣י הַלַּיְלָה֒ וַיָּ֣קָם ׀
בַּחֲצִ֣י הַלַּ֗יְלָה וַיֶּאֱחֹ֞ז בְּדַלְת֤וֹת שַֽׁעַר־הָעִיר֙ וּבִשְׁתֵּ֣י הַמְּזֻז֔וֹת
וַיִּסָּעֵם֙ עִם־הַבְּרִ֔יחַ וַיָּ֖שֶׂם עַל־כְּתֵפָ֑יו וַֽיַּעֲלֵם֙ אֶל־רֹ֣אשׁ הָהָ֔ר
4 אֲשֶׁ֖ר עַל־פְּנֵ֥י חֶבְרֽוֹן׃ וַֽיְהִי֙ אַחֲרֵי־כֵ֔ן וַיֶּאֱהַ֥ב אִשָּׁ֖ה בְּנַ֣חַל
ה שֹׂרֵ֑ק וּשְׁמָ֖הּ דְּלִילָֽה׃ וַיַּעֲל֨וּ אֵלֶ֜יהָ סַרְנֵ֣י פְלִשְׁתִּ֗ים וַיֹּ֨אמְרוּ
לָ֜הּ פַּתִּ֣י אוֹת֗וֹ וּרְאִי֙ בַּמֶּה֙ כֹּח֣וֹ גָד֔וֹל וּבַמֶּה֙ נ֣וּכַל ל֔וֹ וַאֲסַרְנֻ֖הוּ
6 לְעַנֹּת֑וֹ וַאֲנַ֙חְנוּ֙ נִתַּן־לָ֔ךְ אִ֕ישׁ אֶ֥לֶף וּמֵאָ֖ה כָּֽסֶף׃ וַתֹּ֤אמֶר
דְּלִילָה֙ אֶל־שִׁמְשׁ֔וֹן הַגִּֽידָה־נָּ֣א לִ֔י בַּמֶּ֖ה כֹּחֲךָ֣ גָד֑וֹל וּבַמֶּ֥ה
7 תֵאָסֵ֖ר לְעַנּוֹתֶֽךָ׃ וַיֹּ֤אמֶר אֵלֶ֙יהָ֙ שִׁמְשׁ֔וֹן אִם־יַאַסְרֻ֗נִי בְּשִׁבְעָ֛ה
יְתָרִ֥ים לַחִ֖ים אֲשֶׁ֣ר לֹא־חֹרָ֑בוּ וְחָלִ֥יתִי וְהָיִ֖יתִי כְּאַחַ֥ד הָאָדָֽם׃
8 וַיַּעֲלוּ־לָ֞הּ סַרְנֵ֣י פְלִשְׁתִּ֗ים שִׁבְעָ֛ה יְתָרִ֥ים לַחִ֖ים אֲשֶׁ֣ר לֹא־
9 חֹרָ֑בוּ וַתַּאַסְרֵ֖הוּ בָּהֶֽם׃ וְהָאֹרֵ֗ב יֹשֵׁ֥ב לָהּ֙ בַּחֶ֔דֶר וַתֹּ֣אמֶר
אֵלָ֔יו פְּלִשְׁתִּ֥ים עָלֶ֖יךָ שִׁמְשׁ֑וֹן וַיְנַתֵּק֙ אֶת־הַיְתָרִ֔ים כַּאֲשֶׁ֨ר
י יִנָּתֵ֤ק פְּתִֽיל־הַנְּעֹ֙רֶת֙ בַּהֲרִיח֣וֹ אֵ֔שׁ וְלֹ֥א נוֹדַ֖ע כֹּחֽוֹ׃ וַתֹּ֤אמֶר
דְּלִילָה֙ אֶל־שִׁמְשׁ֔וֹן הִנֵּה֙ הֵתַ֣לְתָּ בִּ֔י וַתְּדַבֵּ֥ר אֵלַ֖י כְּזָבִ֑ים עַתָּה֙

הגידה־נא

11 הַגִּֽידָה־נָּא לִי בַּמֶּה תֵּאָסֵר׃ וַיֹּאמֶר אֵלֶיהָ אִם־אָסוֹר יַאַסְרוּנִי
בַּעֲבֹתִים חֲדָשִׁים אֲשֶׁר לֹא־נַעֲשָׂה בָהֶם מְלָאכָה וְחָלִיתִי
12 וְהָיִיתִי כְּאַחַד הָאָדָם׃ וַתִּקַּח דְּלִילָה עֲבֹתִים חֲדָשִׁים
וַתַּאַסְרֵהוּ בָהֶם וַתֹּאמֶר אֵלָיו פְּלִשְׁתִּים עָלֶיךָ שִׁמְשׁוֹן וְהָאֹרֵב
13 יֹשֵׁב בֶּחָדֶר וַיְנַתְּקֵם מֵעַל זְרֹעֹתָיו כַּחוּט׃ וַתֹּאמֶר דְּלִילָה
אֶל־שִׁמְשׁוֹן עַד־הֵנָּה הֵתַלְתָּ בִּי וַתְּדַבֵּר אֵלַי כְּזָבִים הַגִּידָה
לִּי בַּמֶּה תֵּאָסֵר וַיֹּאמֶר אֵלֶיהָ אִם־תַּאַרְגִי אֶת־שֶׁבַע מַחְלְפוֹת
14 רֹאשִׁי עִם־הַמַּסָּכֶת׃ וַתִּתְקַע בַּיָּתֵד וַתֹּאמֶר אֵלָיו פְּלִשְׁתִּים
עָלֶיךָ שִׁמְשׁוֹן וַיִּיקַץ מִשְּׁנָתוֹ וַיִּסַּע אֶת־הַיְתַד הָאֶרֶג וְאֶת־
טו הַמַּסָּכֶת׃ וַתֹּאמֶר אֵלָיו אֵיךְ תֹּאמַר אֲהַבְתִּיךְ וְלִבְּךָ אֵין אִתִּי
זֶה שָׁלֹשׁ פְּעָמִים הֵתַלְתָּ בִּי וְלֹא־הִגַּדְתָּ לִּי בַּמֶּה כֹּחֲךָ גָדוֹל׃
16 וַיְהִי כִּי־הֵצִיקָה לּוֹ בִדְבָרֶיהָ כָּל־הַיָּמִים וַתְּאַלְצֵהוּ וַתִּקְצַר
17 נַפְשׁוֹ לָמוּת׃ וַיַּגֶּד־לָהּ אֶת־כָּל־לִבּוֹ וַיֹּאמֶר לָהּ מוֹרָה לֹא־
עָלָה עַל־רֹאשִׁי כִּי־נְזִיר אֱלֹהִים אֲנִי מִבֶּטֶן אִמִּי אִם־גֻּלַּחְתִּי
18 וְסָר מִמֶּנִּי כֹחִי וְחָלִיתִי וְהָיִיתִי כְּכָל־הָאָדָם׃ וַתֵּרֶא דְלִילָה
כִּי־הִגִּיד לָהּ אֶת־כָּל־לִבּוֹ וַתִּשְׁלַח וַתִּקְרָא לְסַרְנֵי פְלִשְׁתִּים
לֵאמֹר עֲלוּ הַפַּעַם כִּי־הִגִּיד לָה אֶת־כָּל־לִבּוֹ וְעָלוּ אֵלֶיהָ
19 סַרְנֵי פְלִשְׁתִּים וַיַּעֲלוּ הַכֶּסֶף בְּיָדָם׃ וַתְּיַשְּׁנֵהוּ עַל־בִּרְכֶּיהָ
וַתִּקְרָא לָאִישׁ וַתְּגַלַּח אֶת־שֶׁבַע מַחְלְפוֹת רֹאשׁוֹ וַתָּחֶל
כ לְעַנּוֹתוֹ וַיָּסַר כֹּחוֹ מֵעָלָיו׃ וַתֹּאמֶר פְּלִשְׁתִּים עָלֶיךָ שִׁמְשׁוֹן
וַיִּקַץ מִשְּׁנָתוֹ וַיֹּאמֶר אֵצֵא כְּפַעַם בְּפַעַם וְאִנָּעֵר וְהוּא לֹא
21 יָדַע כִּי יְהוָה סָר מֵעָלָיו׃ וַיֹּאחֲזוּהוּ פְלִשְׁתִּים וַיְנַקְּרוּ אֶת־
עֵינָיו וַיּוֹרִידוּ אוֹתוֹ עַזָּתָה וַיַּאַסְרוּהוּ בַּנְחֻשְׁתַּיִם וַיְהִי טוֹחֵן
22 בְּבֵית הָאֲסִירִים׃ וַיָּחֶל שְׂעַר־רֹאשׁוֹ לְצַמֵּחַ כַּאֲשֶׁר גֻּלָּח׃
23 וְסַרְנֵי פְלִשְׁתִּים נֶאֶסְפוּ לִזְבֹּחַ זֶבַח־גָּדוֹל לְדָגוֹן אֱלֹהֵיהֶם
24 וּלְשִׂמְחָה וַיֹּאמְרוּ נָתַן אֱלֹהֵינוּ בְּיָדֵנוּ אֵת שִׁמְשׁוֹן אוֹיְבֵנוּ׃ וַיִּרְאוּ
אֹתוֹ הָעָם וַיְהַלְלוּ אֶת־אֱלֹהֵיהֶם כִּי אָמְרוּ נָתַן אֱלֹהֵינוּ בְיָדֵנוּ

את־אויבנו

v. 18. לי ק v. 21. האסורים ק

אֶת־אוֹיְבֵ֔נוּ וְאֵת֙ מַחֲרִ֣יב אַרְצֵ֔נוּ וַאֲשֶׁ֥ר הִרְבָּ֖ה אֶת־חֲלָלֵֽינוּ׃
כה וַיְהִי֙ כִּ֣יטוֹב לִבָּ֔ם וַיֹּ֣אמְר֔וּ קִרְא֥וּ לְשִׁמְשׁ֖וֹן וִישַׂחֶק־לָ֑נוּ וַיִּקְרְא֨וּ
לְשִׁמְשׁ֜וֹן מִבֵּ֣ית הָאֲסִירִ֗ים וַיְצַחֵק֙ לִפְנֵיהֶ֔ם וַיַּעֲמִ֥ידוּ אוֹת֖וֹ בֵּ֥ין
26 הָעַמּוּדִֽים׃ וַיֹּ֨אמֶר שִׁמְשׁ֜וֹן אֶל־הַנַּ֣עַר הַמַּחֲזִ֣יק בְּיָדוֹ֮ הַנִּ֣יחָה
אוֹתִי֒ וְהֵימִשֵׁ֙נִי֙ אֶת־הָֽעַמֻּדִ֔ים אֲשֶׁ֥ר הַבַּ֖יִת נָכ֣וֹן עֲלֵיהֶ֑ם וְאֶשָּׁעֵ֖ן
27 עֲלֵיהֶֽם׃ וְהַבַּ֗יִת מָלֵ֤א הָֽאֲנָשִׁים֙ וְהַנָּשִׁ֔ים וְשָׁ֕מָּה כֹּ֖ל סַרְנֵ֣י
פְלִשְׁתִּ֑ים וְעַל־הַגָּ֗ג כִּשְׁלֹ֤שֶׁת אֲלָפִים֙ אִ֣ישׁ וְאִשָּׁ֔ה הָרֹאִ֖ים
28 בִּשְׂח֥וֹק שִׁמְשֽׁוֹן׃ וַיִּקְרָ֥א שִׁמְשׁ֛וֹן אֶל־יְהוָ֖ה וַיֹּאמַ֑ר אֲדֹנָ֣י יֱהוִ֡ה
זָכְרֵ֣נִי נָא֩ וְחַזְּקֵ֨נִי נָ֜א אַ֣ךְ הַפַּ֗עַם הַזֶּה֙ הָאֱלֹהִ֔ים וְאִנָּקְמָ֧ה נְקַם־
29 אַחַ֛ת מִשְּׁתֵ֥י עֵינַ֖י מִפְּלִשְׁתִּֽים׃ וַיִּלְפֹּ֨ת שִׁמְשׁ֜וֹן אֶת־שְׁנֵ֣י ׀ עַמּוּדֵ֣י
הַתָּ֗וֶךְ אֲשֶׁ֤ר הַבַּ֙יִת֙ נָכ֣וֹן עֲלֵיהֶ֔ם וַיִּסָּמֵ֖ךְ עֲלֵיהֶ֑ם אֶחָ֥ד בִּֽימִינ֖וֹ
ל וְאֶחָ֥ד בִּשְׂמֹאלֽוֹ׃ וַיֹּ֣אמֶר שִׁמְשׁ֗וֹן תָּמ֣וֹת נַפְשִׁי֮ עִם־פְּלִשְׁתִּים֒
וַיֵּ֣ט בְּכֹ֔חַ וַיִּפֹּ֤ל הַבַּ֙יִת֙ עַל־הַסְּרָנִ֔ים וְעַל־כָּל־הָעָ֖ם אֲשֶׁר־בּ֑וֹ
וַיִּהְי֤וּ הַמֵּתִים֙ אֲשֶׁ֣ר הֵמִ֣ית בְּמוֹת֔וֹ רַבִּ֕ים מֵאֲשֶׁ֥ר הֵמִ֖ית בְּחַיָּֽיו׃
31 וַיֵּרְד֨וּ אֶחָ֜יו וְכָל־בֵּ֣ית אָבִ֗יהוּ וַיִּשְׂא֤וּ אֹתוֹ֙ וַֽיַּעֲל֣וּ ׀ וַיִּקְבְּר֣וּ
אוֹת֗וֹ בֵּ֤ין צָרְעָה֙ וּבֵ֣ין אֶשְׁתָּאֹ֔ל בְּקֶ֖בֶר מָנ֣וֹחַ אָבִ֑יו וְה֛וּא שָׁפַ֥ט
אֶת־יִשְׂרָאֵ֖ל עֶשְׂרִ֥ים שָׁנָֽה׃

יז Cap. XVII. יז

א 2 וַֽיְהִי־אִ֥ישׁ מֵֽהַר־אֶפְרָ֖יִם וּשְׁמ֥וֹ מִיכָֽיְהוּ׃ וַיֹּ֣אמֶר לְאִמּ֡וֹ אֶֽלֶף
וּמֵאָה֩ הַכֶּ֨סֶף אֲשֶׁ֥ר לֻֽקַּֽח־לָךְ֮ וְאַ֣תִּי אָלִית֒ וְגַם֙ אָמַ֣רְתְּ בְּאָזְנַ֔י
הִנֵּה־הַכֶּ֥סֶף אִתִּ֖י אֲנִ֣י לְקַחְתִּ֑יו וַתֹּ֣אמֶר אִמּ֔וֹ בָּר֥וּךְ בְּנִ֖י לַיהוָֽה׃
3 וַיָּ֛שֶׁב אֶת־אֶֽלֶף־וּמֵאָ֥ה הַכֶּ֖סֶף לְאִמּ֑וֹ וַתֹּ֣אמֶר אִ֠מּוֹ הַקְדֵּ֨שׁ
הִקְדַּ֜שְׁתִּי אֶת־הַכֶּ֤סֶף לַֽיהוָה֙ מִיָּדִ֔י לִבְנִ֕י לַעֲשׂ֖וֹת פֶּ֣סֶל וּמַסֵּכָ֑ה
4 וְעַתָּ֖ה אֲשִׁיבֶ֥נּוּ לָֽךְ׃ וַיָּ֥שֶׁב אֶת־הַכֶּ֖סֶף לְאִמּ֑וֹ וַתִּקַּ֣ח אִ֠מּוֹ
מָאתַ֨יִם כֶּ֜סֶף וַתִּתְּנֵ֣הוּ לַצּוֹרֵ֗ף וַיַּעֲשֵׂ֙הוּ֙ פֶּ֣סֶל וּמַסֵּכָ֔ה וַיְהִ֖י
ה בְּבֵ֥ית מִיכָֽיְהוּ׃ וְהָאִ֣ישׁ מִיכָ֔ה ל֖וֹ בֵּ֣ית אֱלֹהִ֑ים וַיַּ֤עַשׂ אֵפוֹד֙
6 וּתְרָפִ֔ים וַיְמַלֵּ֗א אֶת־יַד֙ אַחַ֣ד מִבָּנָ֔יו וַֽיְהִי־ל֖וֹ לְכֹהֵֽן׃ בַּיָּמִ֣ים

ההם

ט״ז v. 25. כטוב ק׳ ibid. האסורים ק׳ v. 26. והמישני ק׳ י״ז v. 2. ואת ק׳

7 הָהֵ֗ם אֵ֤ין מֶ֙לֶךְ֙ בְּיִשְׂרָאֵ֔ל אִ֛ישׁ הַיָּשָׁ֥ר בְּעֵינָ֖יו יַעֲשֶֽׂה׃   וַֽיְהִי־
נַ֗עַר מִבֵּ֥ית לֶ֙חֶם֙ יְהוּדָ֔ה מִמִּשְׁפַּ֖חַת יְהוּדָ֑ה וְה֥וּא לֵוִ֖י וְה֥וּא
8 גָֽר־שָֽׁם׃ וַיֵּ֨לֶךְ הָאִ֜ישׁ מֵהָעִ֗יר מִבֵּ֥ית לֶ֙חֶם֙ יְהוּדָ֔ה לָג֖וּר בַּאֲשֶׁ֣ר
יִמְצָ֑א וַיָּבֹ֧א הַר־אֶפְרַ֛יִם עַד־בֵּ֥ית מִיכָ֖ה לַעֲשׂ֥וֹת דַּרְכּֽוֹ׃
9 וַיֹּֽאמֶר־ל֥וֹ מִיכָ֖ה מֵאַ֣יִן תָּב֑וֹא וַיֹּ֨אמֶר אֵלָ֜יו לֵוִ֣י אָנֹ֗כִי מִבֵּ֥ית
י לֶ֙חֶם֙ יְהוּדָ֔ה וְאָנֹכִ֣י הֹלֵ֔ךְ לָג֖וּר בַּאֲשֶׁ֣ר אֶמְצָֽא׃ וַיֹּאמֶר֩ ל֨וֹ
מִיכָ֜ה שְׁבָ֣ה עִמָּדִ֗י וֶהְיֵה־לִי֙ לְאָ֣ב וּלְכֹהֵ֔ן וְאָנֹכִ֥י אֶתֶּן־לְךָ֛
11 עֲשֶׂ֤רֶת כֶּ֙סֶף֙ לַיָּמִ֔ים וְעֵ֥רֶךְ בְּגָדִ֖ים וּמִחְיָתֶ֑ךָ וַיֵּ֖לֶךְ הַלֵּוִֽי׃ וַיּ֥וֹאֶל
12 הַלֵּוִ֖י לָשֶׁ֣בֶת אֶת־הָאִ֑ישׁ וַיְהִ֤י הַנַּ֙עַר֙ ל֔וֹ כְּאַחַ֖ד מִבָּנָֽיו׃ וַיְמַלֵּ֨א
מִיכָ֜ה אֶת־יַ֣ד הַלֵּוִ֗י וַֽיְהִי־ל֤וֹ הַנַּ֙עַר֙ לְכֹהֵ֔ן וַיְהִ֖י בְּבֵ֥ית מִיכָֽה׃
13 וַיֹּ֣אמֶר מִיכָ֔ה עַתָּ֣ה יָדַ֗עְתִּי כִּֽי־יֵיטִ֧יב יְהוָ֛ה לִ֖י כִּ֧י הָיָה־לִ֛י
הַלֵּוִ֖י לְכֹהֵֽן׃

יח   C'AP. XVIII.

א בַּיָּמִ֣ים הָהֵ֔ם אֵ֥ין מֶ֖לֶךְ בְּיִשְׂרָאֵ֑ל וּבַיָּמִ֣ים הָהֵ֗ם שֵׁ֣בֶט הַדָּנִ֞י
מְבַקֶּשׁ־ל֤וֹ נַֽחֲלָה֙ לָשֶׁ֔בֶת כִּי֩ לֹֽא־נָ֨פְלָה לּ֜וֹ עַד־הַיּ֥וֹם הַה֛וּא
2 בְּתוֹךְ־שִׁבְטֵ֥י יִשְׂרָאֵ֖ל בְּנַחֲלָֽה׃   וַיִּשְׁלְח֣וּ בְנֵי־דָ֣ן ׀ מִמִּשְׁפַּחְתָּ֡ם
חֲמִשָּׁה֩ אֲנָשִׁ֨ים מִקְצוֹתָ֜ם אֲנָשִׁ֣ים בְּנֵי־חַ֗יִל מִצָּרְעָה֙ וּמֵֽאֶשְׁתָּאֹ֔ל
לְרַגֵּ֥ל אֶת־הָאָ֖רֶץ וּלְחָקְרָ֑הּ וַיֹּאמְר֣וּ אֲלֵהֶ֔ם לְכ֖וּ חִקְר֥וּ אֶת־
3 הָאָ֑רֶץ וַיָּבֹ֤אוּ הַר־אֶפְרַ֙יִם֙ עַד־בֵּ֣ית מִיכָ֔ה וַיָּלִ֖ינוּ שָֽׁם׃ הֵ֚מָּה
עִם־בֵּ֣ית מִיכָ֔ה וְהֵ֣מָּה הִכִּ֔ירוּ אֶת־ק֖וֹל הַנַּ֣עַר הַלֵּוִ֑י וַיָּס֣וּרוּ
שָׁ֗ם וַיֹּ֤אמְרוּ לוֹ֙ מִֽי־הֱבִיאֲךָ֣ הֲלֹ֔ם וּמָֽה־אַתָּ֥ה עֹשֶׂ֛ה בָּזֶ֖ה וּמַה־
4 לְּךָ֥ פֹּֽה׃ וַיֹּ֣אמֶר אֲלֵהֶ֔ם כָּזֹ֣ה וְכָזֶ֔ה עָ֥שָׂה לִ֖י מִיכָ֑ה וַיִּשְׂכְּרֵ֖נִי
ה וָאֱהִי־ל֥וֹ לְכֹהֵֽן׃ וַיֹּ֥אמְרוּ ל֖וֹ שְׁאַל־נָ֣א בֵאלֹהִ֑ים וְנֵ֣דְעָ֔ה
6 הֲתַצְלִ֣יחַ דַּרְכֵּ֔נוּ אֲשֶׁ֥ר אֲנַ֖חְנוּ הֹלְכִ֣ים עָלֶ֑יהָ וַיֹּ֧אמֶר לָהֶ֣ם
הַכֹּהֵ֗ן לְכ֣וּ לְשָׁל֑וֹם נֹ֣כַח יְהוָ֔ה דַּרְכְּכֶ֖ם אֲשֶׁ֥ר תֵּֽלְכוּ־בָֽהּ׃
7 וַיֵּלְכוּ֙ חֲמֵ֣שֶׁת הָאֲנָשִׁ֔ים וַיָּבֹ֖אוּ לָ֑יְשָׁה וַיִּרְא֣וּ אֶת־הָעָ֣ם אֲשֶׁר־
בְּקִרְבָּ֞הּ יוֹשֶֽׁבֶת־לָבֶ֤טַח כְּמִשְׁפַּ֣ט צִֽדֹנִים֙ שֹׁקֵ֣ט ׀ וּבֹטֵ֔חַ וְאֵין־

מכלים

מַכְלִים דָּבָר בָּאָרֶץ יוֹרֵשׁ עֶצֶר וּרְחֹקִים הֵמָּה מִצִּדֹנִים
8 וְדָבָר אֵין־לָהֶם עִם־אָדָם׃ וַיָּבֹאוּ אֶל־אֲחֵיהֶם צָרְעָה
9 וְאֶשְׁתָּאֹל וַיֹּאמְרוּ לָהֶם אֲחֵיהֶם מָה אַתֶּם׃ וַיֹּאמְרוּ קוּמָה
וְנַעֲלֶה עֲלֵיהֶם כִּי רָאִינוּ אֶת־הָאָרֶץ וְהִנֵּה טוֹבָה מְאֹד וְאַתֶּם
מַחְשִׁים אַל־תֵּעָצְלוּ לָלֶכֶת לָבֹא לָרֶשֶׁת אֶת־הָאָרֶץ׃
י כְּבֹאֲכֶם תָּבֹאוּ ׀ אֶל־עַם בֹּטֵחַ וְהָאָרֶץ רַחֲבַת יָדַיִם כִּי־נְתָנָהּ
אֱלֹהִים בְּיֶדְכֶם מָקוֹם אֲשֶׁר אֵין־שָׁם מַחְסוֹר כָּל־דָּבָר אֲשֶׁר
11 בָּאָרֶץ׃ וַיִּסְעוּ מִשָּׁם מִמִּשְׁפַּחַת הַדָּנִי מִצָּרְעָה וּמֵאֶשְׁתָּאֹל
12 שֵׁשׁ־מֵאוֹת אִישׁ חָגוּר כְּלֵי מִלְחָמָה׃ וַיַּעֲלוּ וַיַּחֲנוּ בְּקִרְיַת
יְעָרִים בִּיהוּדָה עַל־כֵּן קָרְאוּ לַמָּקוֹם הַהוּא מַחֲנֵה־דָן עַד
13 הַיּוֹם הַזֶּה הִנֵּה אַחֲרֵי קִרְיַת יְעָרִים׃ וַיַּעַבְרוּ מִשָּׁם הַר־אֶפְרָיִם
14 וַיָּבֹאוּ עַד־בֵּית מִיכָה׃ וַיַּעֲנוּ חֲמֵשֶׁת הָאֲנָשִׁים הַהֹלְכִים לְרַגֵּל
אֶת־הָאָרֶץ לַיִשׁ וַיֹּאמְרוּ אֶל־אֲחֵיהֶם הַיְדַעְתֶּם כִּי יֵשׁ בַּבָּתִּים
הָאֵלֶּה אֵפוֹד וּתְרָפִים וּפֶסֶל וּמַסֵּכָה וְעַתָּה דְּעוּ מַה־תַּעֲשׂוּ׃
טו וַיָּסוּרוּ שָׁמָּה וַיָּבֹאוּ אֶל־בֵּית־הַנַּעַר הַלֵּוִי בֵּית מִיכָה וַיִּשְׁאֲלוּ־
16 לוֹ לְשָׁלוֹם׃ וְשֵׁשׁ־מֵאוֹת אִישׁ חֲגוּרִים כְּלֵי מִלְחַמְתָּם נִצָּבִים
17 פֶּתַח הַשָּׁעַר אֲשֶׁר מִבְּנֵי־דָן׃ וַיַּעֲלוּ חֲמֵשֶׁת הָאֲנָשִׁים הַהֹלְכִים
לְרַגֵּל אֶת־הָאָרֶץ בָּאוּ שָׁמָּה לָקְחוּ אֶת־הַפֶּסֶל וְאֶת־הָאֵפוֹד
וְאֶת־הַתְּרָפִים וְאֶת־הַמַּסֵּכָה וְהַכֹּהֵן נִצָּב פֶּתַח הַשַּׁעַר וְשֵׁשׁ־
18 מֵאוֹת הָאִישׁ הֶחָגוּר כְּלֵי הַמִּלְחָמָה׃ וְאֵלֶּה בָּאוּ בֵּית מִיכָה
וַיִּקְחוּ אֶת־פֶּסֶל הָאֵפוֹד וְאֶת־הַתְּרָפִים וְאֶת־הַמַּסֵּכָה וַיֹּאמֶר
19 אֲלֵיהֶם הַכֹּהֵן מָה אַתֶּם עֹשִׂים׃ וַיֹּאמְרוּ לוֹ הַחֲרֵשׁ שִׂים־יָדְךָ
עַל־פִּיךָ וְלֵךְ עִמָּנוּ וֶהְיֵה־לָנוּ לְאָב וּלְכֹהֵן הֲטוֹב ׀ הֱיוֹתְךָ
כֹהֵן לְבֵית אִישׁ אֶחָד אוֹ הֱיוֹתְךָ כֹהֵן לְשֵׁבֶט וּלְמִשְׁפָּחָה
כ בְּיִשְׂרָאֵל׃ וַיִּיטַב לֵב הַכֹּהֵן וַיִּקַּח אֶת־הָאֵפוֹד וְאֶת־הַתְּרָפִים
21 וְאֶת־הַפָּסֶל וַיָּבֹא בְּקֶרֶב הָעָם׃ וַיִּפְנוּ וַיֵּלֵכוּ וַיָּשִׂימוּ אֶת־
22 הַטַּף וְאֶת־הַמִּקְנֶה וְאֶת־הַכְּבוּדָּה לִפְנֵיהֶם׃ הֵמָּה הִרְחִיקוּ
מִבֵּית מִיכָה וְהָאֲנָשִׁים אֲשֶׁר בַּבָּתִּים אֲשֶׁר עִם־בֵּית מִיכָה

נזעקו

23 נִזְעָקוּ וַיַּדְבִּיקוּ אֶת־בְּנֵי־דָן׃ וַיִּקְרְאוּ אֶל־בְּנֵי־דָן וַיַּסֵּבּוּ
24 פְּנֵיהֶם וַיֹּאמְרוּ לְמִיכָה מַה־לְּךָ כִּי נִזְעָקְתָּ׃ וַיֹּאמֶר אֶת־
אֱלֹהַי אֲשֶׁר־עָשִׂיתִי לְקַחְתֶּם וְאֶת־הַכֹּהֵן וַתֵּלְכוּ וּמַה־לִּי
כה עוֹד וּמַה־זֶּה תֹּאמְרוּ אֵלַי מַה־לָּךְ׃ וַיֹּאמְרוּ אֵלָיו בְּנֵי־דָן
אַל־תַּשְׁמַע קוֹלְךָ עִמָּנוּ פֶּן־יִפְגְּעוּ בָכֶם אֲנָשִׁים מָרֵי נֶפֶשׁ
26 וְאָסַפְתָּה נַפְשְׁךָ וְנֶפֶשׁ בֵּיתֶךָ׃ וַיֵּלְכוּ בְנֵי־דָן לְדַרְכָּם וַיַּרְא
27 מִיכָה כִּי־חֲזָקִים הֵמָּה מִמֶּנּוּ וַיִּפֶן וַיָּשָׁב אֶל־בֵּיתוֹ׃ וְהֵמָּה
לָקְחוּ אֵת אֲשֶׁר־עָשָׂה מִיכָה וְאֶת־הַכֹּהֵן אֲשֶׁר הָיָה־לוֹ וַיָּבֹאוּ
עַל־לַיִשׁ עַל־עַם שֹׁקֵט וּבֹטֵחַ וַיַּכּוּ אוֹתָם לְפִי־חָרֶב וְאֶת־
28 הָעִיר שָׂרְפוּ בָאֵשׁ׃ וְאֵין מַצִּיל כִּי רְחוֹקָה־הִיא מִצִּידוֹן וְדָבָר
אֵין־לָהֶם עִם־אָדָם וְהִיא בָּעֵמֶק אֲשֶׁר לְבֵית־רְחוֹב וַיִּבְנוּ
29 אֶת־הָעִיר וַיֵּשְׁבוּ בָהּ׃ וַיִּקְרְאוּ שֵׁם־הָעִיר דָּן בְּשֵׁם דָּן אֲבִיהֶם
אֲשֶׁר יוּלַּד לְיִשְׂרָאֵל וְאוּלָם לַיִשׁ שֵׁם־הָעִיר לָרִאשֹׁנָה׃
ל וַיָּקִימוּ לָהֶם בְּנֵי־דָן אֶת־הַפָּסֶל וִיהוֹנָתָן בֶּן־גֵּרְשֹׁם
בֶּן־מְנַשֶּׁה הוּא וּבָנָיו הָיוּ כֹהֲנִים לְשֵׁבֶט הַדָּנִי עַד־יוֹם
31 גְּלוֹת הָאָרֶץ׃ וַיָּשִׂימוּ לָהֶם אֶת־פֶּסֶל מִיכָה אֲשֶׁר עָשָׂה כָּל־
יְמֵי הֱיוֹת בֵּית־הָאֱלֹהִים בְּשִׁלֹה׃

יט CAP. XIX. יט

א וַיְהִי בַּיָּמִים הָהֵם וּמֶלֶךְ אֵין בְּיִשְׂרָאֵל וַיְהִי ׀ אִישׁ לֵוִי גָּר
בְּיַרְכְּתֵי הַר־אֶפְרַיִם וַיִּקַּח־לוֹ אִשָּׁה פִילֶגֶשׁ מִבֵּית לֶחֶם
2 יְהוּדָה׃ וַתִּזְנֶה עָלָיו פִּילַגְשׁוֹ וַתֵּלֶךְ מֵאִתּוֹ אֶל־בֵּית אָבִיהָ
אֶל־בֵּית לֶחֶם יְהוּדָה וַתְּהִי־שָׁם יָמִים אַרְבָּעָה חֳדָשִׁים׃
3 וַיָּקָם אִישָׁהּ וַיֵּלֶךְ אַחֲרֶיהָ לְדַבֵּר עַל־לִבָּהּ לַהֲשִׁיבוֹ וְנַעֲרוֹ
עִמּוֹ וְצֶמֶד חֲמֹרִים וַתְּבִיאֵהוּ בֵּית אָבִיהָ וַיִּרְאֵהוּ אֲבִי הַנַּעֲרָה
4 וַיִּשְׂמַח לִקְרָאתוֹ׃ וַיֶּחֱזַק־בּוֹ חֹתְנוֹ אֲבִי הַנַּעֲרָה וַיֵּשֶׁב אִתּוֹ
ה שְׁלֹשֶׁת יָמִים וַיֹּאכְלוּ וַיִּשְׁתּוּ וַיָּלִינוּ שָׁם׃ וַיְהִי בַּיּוֹם הָרְבִיעִי
וַיַּשְׁכִּימוּ בַבֹּקֶר וַיָּקָם לָלֶכֶת וַיֹּאמֶר אֲבִי הַנַּעֲרָה אֶל־חֲתָנוֹ

י״ח v. 30. נ׳ תלויה   י״ט v. 3. להשיבה ק׳

6 סְעָד לִבְּךָ פַּת־לֶחֶם וְאַחַר תֵּלֵכוּ׃ וַיֵּשְׁבוּ וַיֹּאכְלוּ שְׁנֵיהֶם
יַחְדָּו וַיִּשְׁתּוּ וַיֹּאמֶר אֲבִי הַנַּעֲרָה אֶל־הָאִישׁ הוֹאֶל־נָא וְלִין
7 וְיִטַב לִבֶּךָ׃ וַיָּקָם הָאִישׁ לָלֶכֶת וַיִּפְצַר־בּוֹ חֹתְנוֹ וַיָּשָׁב וַיָּלֶן
8 שָׁם׃ וַיַּשְׁכֵּם בַּבֹּקֶר בַּיּוֹם הַחֲמִישִׁי לָלֶכֶת וַיֹּאמֶר ׀ אֲבִי הַנַּעֲרָה
סְעָד־נָא לְבָבְךָ וְהִתְמַהְמְהוּ עַד־נְטוֹת הַיּוֹם וַיֹּאכְלוּ שְׁנֵיהֶם׃
9 וַיָּקָם הָאִישׁ לָלֶכֶת הוּא וּפִילַגְשׁוֹ וְנַעֲרוֹ וַיֹּאמֶר לוֹ חֹתְנוֹ אֲבִי
הַנַּעֲרָה הִנֵּה־נָא רָפָה הַיּוֹם לַעֲרוֹב לִינוּ־נָא הִנֵּה חֲנוֹת הַיּוֹם
לִין פֹּה וְיִיטַב לְבָבֶךָ וְהִשְׁכַּמְתֶּם מָחָר לְדַרְכְּכֶם וְהָלַכְתָּ
י לְאֹהָלֶךָ׃ וְלֹא־אָבָה הָאִישׁ לָלוּן וַיָּקָם וַיֵּלֶךְ וַיָּבֹא עַד־נֹכַח
יְבוּס הִיא יְרוּשָׁלִָם וְעִמּוֹ צֶמֶד חֲמוֹרִים חֲבוּשִׁים וּפִילַגְשׁוֹ
11 עִמּוֹ׃ הֵם עִם־יְבוּס וְהַיּוֹם רַד מְאֹד וַיֹּאמֶר הַנַּעַר אֶל־אֲדֹנָיו
12 לְכָה־נָּא וְנָסוּרָה אֶל־עִיר־הַיְבוּסִי הַזֹּאת וְנָלִין בָּהּ׃ וַיֹּאמֶר
אֵלָיו אֲדֹנָיו לֹא נָסוּר אֶל־עִיר נָכְרִי אֲשֶׁר לֹא־מִבְּנֵי יִשְׂרָאֵל
13 הֵנָּה וְעָבַרְנוּ עַד־גִּבְעָה׃ וַיֹּאמֶר לְנַעֲרוֹ לְךָ וְנִקְרְבָה בְּאַחַד
14 הַמְּקֹמוֹת וְלַנּוּ בַגִּבְעָה אוֹ בָרָמָה׃ וַיַּעַבְרוּ וַיֵּלֵכוּ וַתָּבֹא לָהֶם
טו הַשֶּׁמֶשׁ אֵצֶל הַגִּבְעָה אֲשֶׁר לְבִנְיָמִן׃ וַיָּסֻרוּ שָׁם לָבוֹא לָלוּן
בַּגִּבְעָה וַיָּבֹא וַיֵּשֶׁב בִּרְחוֹב הָעִיר וְאֵין אִישׁ מְאַסֵּף־אוֹתָם
16 הַבַּיְתָה לָלוּן׃ וְהִנֵּה ׀ אִישׁ זָקֵן בָּא מִן־מַעֲשֵׂהוּ מִן־הַשָּׂדֶה
בָּעֶרֶב וְהָאִישׁ מֵהַר אֶפְרַיִם וְהוּא־גָר בַּגִּבְעָה וְאַנְשֵׁי הַמָּקוֹם
17 בְּנֵי יְמִינִי׃ וַיִּשָּׂא עֵינָיו וַיַּרְא אֶת־הָאִישׁ הָאֹרֵחַ בִּרְחֹב הָעִיר
18 וַיֹּאמֶר הָאִישׁ הַזָּקֵן אָנָה תֵלֵךְ וּמֵאַיִן תָּבוֹא׃ וַיֹּאמֶר אֵלָיו
עֹבְרִים אֲנַחְנוּ מִבֵּית־לֶחֶם יְהוּדָה עַד־יַרְכְּתֵי הַר־אֶפְרַיִם
מִשָּׁם אָנֹכִי וָאֵלֵךְ עַד־בֵּית לֶחֶם יְהוּדָה וְאֶת־בֵּית יְהוָה אֲנִי
19 הֹלֵךְ וְאֵין אִישׁ מְאַסֵּף אוֹתִי הַבָּיְתָה׃ וְגַם־תֶּבֶן גַּם־מִסְפּוֹא
יֵשׁ לַחֲמוֹרֵינוּ וְגַם לֶחֶם וָיַיִן יֶשׁ־לִי וְלַאֲמָתֶךָ וְלַנַּעַר עִם־
כ עֲבָדֶיךָ אֵין מַחְסוֹר כָּל־דָּבָר׃ וַיֹּאמֶר הָאִישׁ הַזָּקֵן שָׁלוֹם
21 לָךְ רַק כָּל־מַחְסוֹרְךָ עָלָי רַק בָּרְחוֹב אַל־תָּלַן׃ וַיְבִיאֵהוּ

לביתו

v. 13. לכה ק׳

לְבֵיתוֹ וַיָּבוֹל לַחֲמוֹרִים וַיִּרְחֲצוּ רַגְלֵיהֶם וַיֹּאכְלוּ וַיִּשְׁתּוּ׃
22 הֵמָּה מֵיטִיבִים אֶת־לִבָּם וְהִנֵּה אַנְשֵׁי הָעִיר אַנְשֵׁי בְנֵי־בְלִיַּעַל
נָסַבּוּ אֶת־הַבַּיִת מִתְדַּפְּקִים עַל־הַדָּלֶת וַיֹּאמְרוּ אֶל־הָאִישׁ
בַּעַל הַבַּיִת הַזָּקֵן לֵאמֹר הוֹצֵא אֶת־הָאִישׁ אֲשֶׁר־בָּא אֶל־
23 בֵּיתְךָ וְנֵדָעֶנּוּ׃ וַיֵּצֵא אֲלֵיהֶם הָאִישׁ בַּעַל הַבַּיִת וַיֹּאמֶר אֲלֵהֶם
אַל־אַחַי אַל־תָּרֵעוּ נָא אַחֲרֵי אֲשֶׁר־בָּא הָאִישׁ הַזֶּה אֶל־
24 בֵּיתִי אַל־תַּעֲשׂוּ אֶת־הַנְּבָלָה הַזֹּאת׃ הִנֵּה בִתִּי הַבְּתוּלָה
וּפִילַגְשֵׁהוּ אוֹצִיאָה־נָּא אוֹתָם וְעַנּוּ אוֹתָם וַעֲשׂוּ לָהֶם הַטּוֹב
כה בְּעֵינֵיכֶם וְלָאִישׁ הַזֶּה לֹא תַעֲשׂוּ דְּבַר הַנְּבָלָה הַזֹּאת׃ וְלֹא־
אָבוּ הָאֲנָשִׁים לִשְׁמֹעַ לוֹ וַיַּחֲזֵק הָאִישׁ בְּפִילַגְשׁוֹ וַיֹּצֵא אֲלֵיהֶם
הַחוּץ וַיֵּדְעוּ אוֹתָהּ וַיִּתְעַלְּלוּ־בָהּ כָּל־הַלַּיְלָה עַד־הַבֹּקֶר
26 וַיְשַׁלְּחוּהָ בַּעֲלוֹת הַשָּׁחַר׃ וַתָּבֹא הָאִשָּׁה לִפְנוֹת הַבֹּקֶר וַתִּפֹּל
27 פֶּתַח בֵּית־הָאִישׁ אֲשֶׁר־אֲדוֹנֶיהָ שָּׁם עַד־הָאוֹר׃ וַיָּקָם אֲדֹנֶיהָ
בַּבֹּקֶר וַיִּפְתַּח דַּלְתוֹת הַבַּיִת וַיֵּצֵא לָלֶכֶת לְדַרְכּוֹ וְהִנֵּה הָאִשָּׁה
28 פִילַגְשׁוֹ נֹפֶלֶת פֶּתַח הַבַּיִת וְיָדֶיהָ עַל־הַסַּף׃ וַיֹּאמֶר אֵלֶיהָ
קוּמִי וְנֵלֵכָה וְאֵין עֹנֶה וַיִּקָּחֶהָ עַל־הַחֲמוֹר וַיָּקָם הָאִישׁ וַיֵּלֶךְ
29 לִמְקֹמוֹ׃ וַיָּבֹא אֶל־בֵּיתוֹ וַיִּקַּח אֶת־הַמַּאֲכֶלֶת וַיַּחֲזֵק בְּפִילַגְשׁוֹ
וַיְנַתְּחֶהָ לַעֲצָמֶיהָ לִשְׁנֵים עָשָׂר נְתָחִים וַיְשַׁלְּחֶהָ בְּכֹל גְּבוּל
ל יִשְׂרָאֵל׃ וְהָיָה כָל־הָרֹאֶה וְאָמַר לֹא־נִהְיְתָה וְלֹא־נִרְאֲתָה
כָּזֹאת לְמִיּוֹם עֲלוֹת בְּנֵי־יִשְׂרָאֵל מֵאֶרֶץ מִצְרַיִם עַד הַיּוֹם הַזֶּה
שִׂימוּ־לָכֶם עָלֶיהָ עֻצוּ וְדַבֵּרוּ׃

CAP. XX. כ

כ

א וַיֵּצְאוּ כָּל־בְּנֵי יִשְׂרָאֵל וַתִּקָּהֵל הָעֵדָה כְּאִישׁ אֶחָד לְמִדָּן
2 וְעַד־בְּאֵר שֶׁבַע וְאֶרֶץ הַגִּלְעָד אֶל־יְהוָה הַמִּצְפָּה׃ וַיִּתְיַצְּבוּ
פִּנּוֹת כָּל־הָעָם כֹּל שִׁבְטֵי יִשְׂרָאֵל בִּקְהַל עַם הָאֱלֹהִים אַרְבַּע
3 מֵאוֹת אֶלֶף אִישׁ רַגְלִי שֹׁלֵף חָרֶב׃ וַיִּשְׁמְעוּ בְּנֵי בִנְיָמִן כִּי־
עָלוּ בְנֵי־יִשְׂרָאֵל הַמִּצְפָּה וַיֹּאמְרוּ בְּנֵי יִשְׂרָאֵל דַּבְּרוּ אֵיכָה

נהיתה

י״ט v. 21. ויבל ק׳ v. 25. כעלות ק׳

4 נִהְיְתָה הָרָעָה הַזֹּאת׃ וַיַּעַן הָאִישׁ הַלֵּוִי אִישׁ הָאִשָּׁה הַנִּרְצָחָה
וַיֹּאמַר הַגִּבְעָתָה אֲשֶׁר לְבִנְיָמִן בָּאתִי אֲנִי וּפִילַגְשִׁי לָלוּן׃
ה וַיָּקֻמוּ עָלַי בַּעֲלֵי הַגִּבְעָה וַיָּסֹבּוּ עָלַי אֶת־הַבַּיִת לָיְלָה אוֹתִי
6 דִּמּוּ לַהֲרֹג וְאֶת־פִּילַגְשִׁי עִנּוּ וַתָּמֹת׃ וָאֹחֵז בְּפִילַגְשִׁי וָאֲנַתְּחֶהָ
וָאֲשַׁלְּחֶהָ בְּכָל־שְׂדֵה נַחֲלַת יִשְׂרָאֵל כִּי עָשׂוּ זִמָּה וּנְבָלָה
7 בְּיִשְׂרָאֵל׃ הִנֵּה כֻלְּכֶם בְּנֵי יִשְׂרָאֵל הָבוּ לָכֶם דָּבָר וְעֵצָה
8 הֲלֹם׃ וַיָּקָם כָּל־הָעָם כְּאִישׁ אֶחָד לֵאמֹר לֹא נֵלֵךְ אִישׁ
9 לְאָהֳלוֹ וְלֹא נָסוּר אִישׁ לְבֵיתוֹ׃ וְעַתָּה זֶה הַדָּבָר אֲשֶׁר נַעֲשֶׂה
י לַגִּבְעָה עָלֶיהָ בְּגוֹרָל׃ וְלָקַחְנוּ עֲשָׂרָה אֲנָשִׁים לַמֵּאָה לְכֹל ׀
שִׁבְטֵי יִשְׂרָאֵל וּמֵאָה לָאֶלֶף וְאֶלֶף לָרְבָבָה לָקַחַת צֵדָה
לָעָם לַעֲשׂוֹת לְבוֹאָם לְגֶבַע בִּנְיָמִן כְּכָל־הַנְּבָלָה אֲשֶׁר עָשָׂה
11 בְּיִשְׂרָאֵל׃ וַיֵּאָסֵף כָּל־אִישׁ יִשְׂרָאֵל אֶל־הָעִיר כְּאִישׁ אֶחָד
12 חֲבֵרִים׃ וַיִּשְׁלְחוּ שִׁבְטֵי יִשְׂרָאֵל אֲנָשִׁים בְּכָל־שִׁבְטֵי בִנְיָמִן
13 לֵאמֹר מָה הָרָעָה הַזֹּאת אֲשֶׁר נִהְיְתָה בָּכֶם׃ וְעַתָּה תְּנוּ אֶת־
הָאֲנָשִׁים בְּנֵי־בְלִיַּעַל אֲשֶׁר בַּגִּבְעָה וּנְמִיתֵם וּנְבַעֲרָה רָעָה
מִיִּשְׂרָאֵל וְלֹא אָבוּ ְּ ֵ בִּנְיָמִן לִשְׁמֹעַ בְּקוֹל אֲחֵיהֶם בְּנֵי־
14 יִשְׂרָאֵל׃ וַיֵּאָסְפוּ בְנֵי־בִנְיָמִן מִן־הֶעָרִים הַגִּבְעָתָה לָצֵאת
טו לַמִּלְחָמָה עִם־בְּנֵי יִשְׂרָאֵל׃ וַיִּתְפָּקְדוּ בְּנֵי בִנְיָמִן בַּיּוֹם הַהוּא
מֵהֶעָרִים עֶשְׂרִים וְשִׁשָּׁה אֶלֶף אִישׁ שֹׁלֵף חָרֶב לְבַד מִיֹּשְׁבֵי
16 הַגִּבְעָה הִתְפָּקְדוּ שְׁבַע מֵאוֹת אִישׁ בָּחוּר׃ מִכֹּל ׀ הָעָם הַזֶּה
שְׁבַע מֵאוֹת אִישׁ בָּחוּר אִטֵּר יַד־יְמִינוֹ כָּל־זֶה קֹלֵעַ בָּאֶבֶן
17 אֶל־הַשַּׂעֲרָה וְלֹא יַחֲטִא׃ וְאִישׁ יִשְׂרָאֵל הִתְפָּקְדוּ לְבַד
מִבִּנְיָמִן אַרְבַּע מֵאוֹת אֶלֶף אִישׁ שֹׁלֵף חָרֶב כָּל־זֶה אִישׁ
18 מִלְחָמָה׃ וַיָּקֻמוּ וַיַּעֲלוּ בֵית־אֵל וַיִּשְׁאֲלוּ בֵאלֹהִים וַיֹּאמְרוּ
בְּנֵי יִשְׂרָאֵל מִי יַעֲלֶה־לָּנוּ בַתְּחִלָּה לַמִּלְחָמָה עִם־בְּנֵי בִנְיָמִן
19 וַיֹּאמֶר יְהוָה יְהוּדָה בַתְּחִלָּה׃ וַיָּקוּמוּ בְנֵי־יִשְׂרָאֵל בַּבֹּקֶר
כ וַיַּחֲנוּ עַל־הַגִּבְעָה׃ וַיֵּצֵא אִישׁ יִשְׂרָאֵל לַמִּלְחָמָה עִם־בִּנְיָמִן

ויערכו

v. 13. בני קרי ולא כתיב

21 וַיַּעַרְכוּ אִתָּם אִישׁ־יִשְׂרָאֵל מִלְחָמָה אֶל־הַגִּבְעָה׃ וַיֵּצְאוּ
בְנֵי־בִנְיָמִן מִן־הַגִּבְעָה וַיַּשְׁחִיתוּ בְיִשְׂרָאֵל בַּיּוֹם הַהוּא שְׁנַיִם
22 וְעֶשְׂרִים אֶלֶף אִישׁ אָרְצָה׃ וַיִּתְחַזֵּק הָעָם אִישׁ יִשְׂרָאֵל וַיֹּסִפוּ
לַעֲרֹךְ מִלְחָמָה בַּמָּקוֹם אֲשֶׁר־עָרְכוּ שָׁם בַּיּוֹם הָרִאשׁוֹן׃
23 וַיַּעֲלוּ בְנֵי־יִשְׂרָאֵל וַיִּבְכּוּ לִפְנֵי־יְהוָה עַד־הָעֶרֶב וַיִּשְׁאֲלוּ
בַיהוָה לֵאמֹר הַאוֹסִיף לָגֶשֶׁת לַמִּלְחָמָה עִם־בְּנֵי בִנְיָמִן אָחִי
24 וַיֹּאמֶר יְהוָה עֲלוּ אֵלָיו׃ וַיִּקְרְבוּ בְנֵי־יִשְׂרָאֵל אֶל־בְּנֵי
כה בִנְיָמִן בַּיּוֹם הַשֵּׁנִי׃ וַיֵּצֵא בִנְיָמִן ׀ לִקְרָאתָם ׀ מִן־הַגִּבְעָה
בַּיּוֹם הַשֵּׁנִי וַיַּשְׁחִיתוּ בִבְנֵי יִשְׂרָאֵל עוֹד שְׁמֹנַת עָשָׂר אֶלֶף אִישׁ
26 אַרְצָה כָּל־אֵלֶּה שֹׁלְפֵי חָרֶב׃ וַיַּעֲלוּ כָל־בְּנֵי יִשְׂרָאֵל וְכָל־
הָעָם וַיָּבֹאוּ בֵית־אֵל וַיִּבְכּוּ וַיֵּשְׁבוּ שָׁם לִפְנֵי יְהוָה וַיָּצוּמוּ
בַיּוֹם־הַהוּא עַד־הָעָרֶב וַיַּעֲלוּ עֹלוֹת וּשְׁלָמִים לִפְנֵי יְהוָה׃
27 וַיִּשְׁאֲלוּ בְנֵי־יִשְׂרָאֵל בַּיהוָה וְשָׁם אֲרוֹן בְּרִית הָאֱלֹהִים בַּיָּמִים
28 הָהֵם׃ וּפִינְחָס בֶּן־אֶלְעָזָר בֶּן־אַהֲרֹן עֹמֵד ׀ לְפָנָיו בַּיָּמִים
הָהֵם לֵאמֹר הַאוֹסִף עוֹד לָצֵאת לַמִּלְחָמָה עִם־בְּנֵי־בִנְיָמִן
אָחִי אִם־אֶחְדָּל וַיֹּאמֶר יְהוָה עֲלוּ כִּי מָחָר אֶתְּנֶנּוּ בְיָדֶךָ׃
29 ל וַיָּשֶׂם יִשְׂרָאֵל אֹרְבִים אֶל־הַגִּבְעָה סָבִיב׃ וַיַּעֲלוּ בְנֵי־
יִשְׂרָאֵל אֶל־בְּנֵי בִנְיָמִן בַּיּוֹם הַשְּׁלִישִׁי וַיַּעַרְכוּ אֶל־הַגִּבְעָה
31 כְּפַעַם בְּפָעַם׃ וַיֵּצְאוּ בְנֵי־בִנְיָמִן לִקְרַאת הָעָם הָנְתְּקוּ מִן־
הָעִיר וַיָּחֵלּוּ לְהַכּוֹת מֵהָעָם חֲלָלִים כְּפַעַם ׀ בְּפַעַם בַּמְסִלּוֹת
אֲשֶׁר אַחַת עֹלָה בֵית־אֵל וְאַחַת גִּבְעָתָה בַּשָּׂדֶה כִּשְׁלֹשִׁים
32 אִישׁ בְּיִשְׂרָאֵל׃ וַיֹּאמְרוּ בְּנֵי בִנְיָמִן נִגָּפִים הֵם לְפָנֵינוּ כְּבָרִאשֹׁנָה
וּבְנֵי יִשְׂרָאֵל אָמְרוּ נָנוּסָה וּנְתַקְּנֻהוּ מִן־הָעִיר אֶל־הַמְסִלּוֹת׃
33 וְכֹל ׀ אִישׁ יִשְׂרָאֵל קָמוּ מִמְּקוֹמוֹ וַיַּעַרְכוּ בְּבַעַל תָּמָר וְאֹרֵב
34 יִשְׂרָאֵל מֵגִיחַ מִמְּקֹמוֹ מִמַּעֲרֵה־גָבַע׃ וַיָּבֹאוּ מִנֶּגֶד לַגִּבְעָה
עֲשֶׂרֶת אֲלָפִים אִישׁ בָּחוּר מִכָּל־יִשְׂרָאֵל וְהַמִּלְחָמָה כָּבֵדָה
לה וְהֵם לֹא יָדְעוּ כִּי־נֹגַעַת עֲלֵיהֶם הָרָעָה׃ וַיִּגֹּף יְהוָה ׀ אֶת־
בִּנְיָמִן לִפְנֵי יִשְׂרָאֵל וַיַּשְׁחִיתוּ בְנֵי יִשְׂרָאֵל בְּבִנְיָמִן בַּיּוֹם הַהוּא

36 עֶשְׂרִים וַחֲמִשָּׁה אֶלֶף וּמֵאָה אִישׁ כָּל־אֵלֶּה שֹׁלֵף חָרֶב׃ וַיִּרְאוּ
בְנֵי־בִנְיָמִן כִּי נִגָּפוּ וַיִּתְּנוּ אִישׁ־יִשְׂרָאֵל מָקוֹם לְבִנְיָמִן כִּי
37 בָטְחוּ אֶל־הָאֹרֵב אֲשֶׁר שָׂמוּ אֶל־הַגִּבְעָה׃ וְהָאֹרֵב הֵחִישׁוּ
וַיִּפְשְׁטוּ אֶל־הַגִּבְעָה וַיִּמְשֹׁךְ הָאֹרֵב וַיַּךְ אֶת־כָּל־הָעִיר
38 לְפִי־חָרֶב׃ וְהַמּוֹעֵד הָיָה לְאִישׁ יִשְׂרָאֵל עִם־הָאֹרֵב הֶרֶב
39 לְהַעֲלוֹתָם מַשְׂאַת הֶעָשָׁן מִן־הָעִיר׃ וַיַּהֲפֹךְ אִישׁ־יִשְׂרָאֵל
בַּמִּלְחָמָה וּבִנְיָמִן הֵחֵל לְהַכּוֹת חֲלָלִים בְּאִישׁ־יִשְׂרָאֵל
כִּשְׁלֹשִׁים אִישׁ כִּי אָמְרוּ אַךְ נִגּוֹף נִגָּף הוּא לְפָנֵינוּ כַּמִּלְחָמָה
מ הָרִאשֹׁנָה׃ וְהַמַּשְׂאֵת הֵחֵלָּה לַעֲלוֹת מִן־הָעִיר עַמּוּד עָשָׁן
41 וַיִּפֶן בִּנְיָמִן אַחֲרָיו וְהִנֵּה עָלָה כְלִיל־הָעִיר הַשָּׁמָיְמָה׃ וְאִישׁ
יִשְׂרָאֵל הָפַךְ וַיִּבָּהֵל אִישׁ בִּנְיָמִן כִּי רָאָה כִּי־נָגְעָה עָלָיו
42 הָרָעָה׃ וַיִּפְנוּ לִפְנֵי אִישׁ יִשְׂרָאֵל אֶל־דֶּרֶךְ הַמִּדְבָּר וְהַמִּלְחָמָה
43 הִדְבִּיקָתְהוּ וַאֲשֶׁר מֵהֶעָרִים מַשְׁחִיתִים אוֹתוֹ בְּתוֹכוֹ׃ כִּתְּרוּ
אֶת־בִּנְיָמִן הִרְדִּיפֻהוּ מְנוּחָה הִדְרִיכֻהוּ עַד נֹכַח הַגִּבְעָה
44 מִמִּזְרַח־שָׁמֶשׁ׃ וַיִּפְּלוּ מִבִּנְיָמִן שְׁמֹנָה־עָשָׂר אֶלֶף אִישׁ אֶת־
מה כָּל־אֵלֶּה אַנְשֵׁי־חָיִל׃ וַיִּפְנוּ וַיָּנֻסוּ הַמִּדְבָּרָה אֶל־סֶלַע
הָרִמּוֹן וַיְעֹלְלֻהוּ בַּמְסִלּוֹת חֲמֵשֶׁת אֲלָפִים אִישׁ וַיַּדְבִּיקוּ
46 אַחֲרָיו עַד־גִּדְעֹם וַיַּכּוּ מִמֶּנּוּ אַלְפַּיִם אִישׁ׃ וַיְהִי כָל־הַנֹּפְלִים
מִבִּנְיָמִן עֶשְׂרִים וַחֲמִשָּׁה אֶלֶף אִישׁ שֹׁלֵף חֶרֶב בַּיּוֹם הַהוּא
47 אֶת־כָּל־אֵלֶּה אַנְשֵׁי־חָיִל׃ וַיִּפְנוּ וַיָּנֻסוּ הַמִּדְבָּרָה אֶל־סֶלַע
הָרִמּוֹן שֵׁשׁ מֵאוֹת אִישׁ וַיֵּשְׁבוּ בְּסֶלַע רִמּוֹן אַרְבָּעָה חֳדָשִׁים׃
48 וְאִישׁ יִשְׂרָאֵל שָׁבוּ אֶל־בְּנֵי בִנְיָמִן וַיַּכּוּם לְפִי־חֶרֶב מֵעִיר
מְתֹם עַד־בְּהֵמָה עַד כָּל־הַנִּמְצָא גַּם כָּל־הֶעָרִים הַנִּמְצָאוֹת
שִׁלְּחוּ בָאֵשׁ׃

כא Cap. XXI. כא

א וְאִישׁ יִשְׂרָאֵל נִשְׁבַּע בַּמִּצְפָּה לֵאמֹר אִישׁ מִמֶּנּוּ לֹא־יִתֵּן בִּתּוֹ
2 לְבִנְיָמִן לְאִשָּׁה׃ וַיָּבֹא הָעָם בֵּית־אֵל וַיֵּשְׁבוּ שָׁם עַד־הָעֶרֶב
3 לִפְנֵי הָאֱלֹהִים וַיִּשְׂאוּ קוֹלָם וַיִּבְכּוּ בְּכִי גָדוֹל׃ וַיֹּאמְרוּ לָמָה

יְהוָה אֱלֹהֵי יִשְׂרָאֵל הָיְתָה זֹּאת בְּיִשְׂרָאֵל לְהִפָּקֵד הַיּוֹם
4 מִיִּשְׂרָאֵל שֵׁבֶט אֶחָד׃ וַיְהִי מִמָּחֳרָת וַיַּשְׁכִּימוּ הָעָם וַיִּבְנוּ־שָׁם
ה מִזְבֵּחַ וַיַּעֲלוּ עֹלוֹת וּשְׁלָמִים׃ וַיֹּאמְרוּ בְּנֵי יִשְׂרָאֵל מִי אֲשֶׁר
לֹא־עָלָה בַקָּהָל מִכָּל־שִׁבְטֵי יִשְׂרָאֵל אֶל־יְהוָה כִּי הַשְּׁבוּעָה
הַגְּדוֹלָה הָיְתָה לַאֲשֶׁר לֹא־עָלָה אֶל־יְהוָה הַמִּצְפָּה לֵאמֹר
6 מוֹת יוּמָת׃ וַיִּנָּחֲמוּ בְּנֵי יִשְׂרָאֵל אֶל־בִּנְיָמִן אָחִיו וַיֹּאמְרוּ נִגְדַּע
7 הַיּוֹם שֵׁבֶט אֶחָד מִיִּשְׂרָאֵל׃ מַה־נַּעֲשֶׂה לָהֶם לַנּוֹתָרִים לְנָשִׁים
וַאֲנַחְנוּ נִשְׁבַּעְנוּ בַיהוָה לְבִלְתִּי תֵּת־לָהֶם מִבְּנוֹתֵינוּ לְנָשִׁים׃
8 וַיֹּאמְרוּ מִי אֶחָד מִשִּׁבְטֵי יִשְׂרָאֵל אֲשֶׁר לֹא־עָלָה אֶל־יְהוָה
הַמִּצְפָּה וְהִנֵּה לֹא בָא־אִישׁ אֶל־הַמַּחֲנֶה מִיָּבֵישׁ גִּלְעָד אֶל־
9 הַקָּהָל׃ וַיִּתְפָּקֵד הָעָם וְהִנֵּה אֵין־שָׁם אִישׁ מִיּוֹשְׁבֵי יָבֵשׁ גִּלְעָד׃
י וַיִּשְׁלְחוּ־שָׁם הָעֵדָה שְׁנֵים־עָשָׂר אֶלֶף אִישׁ מִבְּנֵי הֶחָיִל וַיְצַוּוּ
אוֹתָם לֵאמֹר לְכוּ וְהִכִּיתֶם אֶת־יוֹשְׁבֵי יָבֵשׁ גִּלְעָד לְפִי־חֶרֶב
11 וְהַנָּשִׁים וְהַטָּף׃ וְזֶה הַדָּבָר אֲשֶׁר תַּעֲשׂוּ כָּל־זָכָר וְכָל־אִשָּׁה
12 יֹדַעַת מִשְׁכַּב־זָכָר תַּחֲרִימוּ׃ וַיִּמְצְאוּ מִיּוֹשְׁבֵי ׀ יָבֵישׁ גִּלְעָד
אַרְבַּע מֵאוֹת נַעֲרָה בְתוּלָה אֲשֶׁר לֹא־יָדְעָה אִישׁ לְמִשְׁכַּב
זָכָר וַיָּבִיאוּ אוֹתָם אֶל־הַמַּחֲנֶה שִׁלֹה אֲשֶׁר בְּאֶרֶץ כְּנָעַן׃
13 וַיִּשְׁלְחוּ כָּל־הָעֵדָה וַיְדַבְּרוּ אֶל־בְּנֵי בִנְיָמִן אֲשֶׁר בְּסֶלַע
14 רִמּוֹן וַיִּקְרְאוּ לָהֶם שָׁלוֹם׃ וַיָּשָׁב בִּנְיָמִן בָּעֵת הַהִיא וַיִּתְּנוּ
לָהֶם הַנָּשִׁים אֲשֶׁר חִיּוּ מִנְּשֵׁי יָבֵשׁ גִּלְעָד וְלֹא־מָצְאוּ לָהֶם כֵּן׃
טו וְהָעָם נִחָם לְבִנְיָמִן כִּי־עָשָׂה יְהוָה פֶּרֶץ בְּשִׁבְטֵי יִשְׂרָאֵל׃
16 וַיֹּאמְרוּ זִקְנֵי הָעֵדָה מַה־נַּעֲשֶׂה לַנּוֹתָרִים לְנָשִׁים כִּי־נִשְׁמְדָה
17 מִבִּנְיָמִן אִשָּׁה׃ וַיֹּאמְרוּ יְרֻשַּׁת פְּלֵיטָה לְבִנְיָמִן וְלֹא־יִמָּחֶה
שֵׁבֶט מִיִּשְׂרָאֵל׃ וַאֲנַחְנוּ לֹא נוּכַל לָתֶת־לָהֶם נָשִׁים מִבְּנוֹתֵינוּ
18 כִּי־נִשְׁבְּעוּ בְנֵי־יִשְׂרָאֵל לֵאמֹר אָרוּר נֹתֵן אִשָּׁה לְבִנְיָמִן׃
19 וַיֹּאמְרוּ הִנֵּה חַג־יְהוָה בְּשִׁלוֹ מִיָּמִים ׀ יָמִימָה אֲשֶׁר מִצְּפוֹנָה
לְבֵית־אֵל מִזְרְחָה הַשֶּׁמֶשׁ לִמְסִלָּה הָעֹלָה מִבֵּית־אֵל שְׁכֶמָה
כ וּמִנֶּגֶב לִלְבוֹנָה׃ וַיְצַוּ אֶת־בְּנֵי בִנְיָמִן לֵאמֹר לְכוּ וַאֲרַבְתֶּם

v. 20. ויצוו ק׳

בכרמים

21 בַּכְּרָמִֽים׃ וּרְאִיתֶ֗ם וְהִנֵּ֨ה אִם־יֵ֨צְא֜וּ בְנוֹת־שִׁילוֹ֮ לָח֣וּל
בַּמְּחֹלוֹת֒ וִֽיצָאתֶם֙ מִן־הַכְּרָמִ֔ים וַחֲטַפְתֶּ֥ם לָכֶ֛ם אִ֥ישׁ אִשְׁתּ֖וֹ
22 מִבְּנ֣וֹת שִׁיל֑וֹ וַהֲלַכְתֶּ֖ם אֶ֥רֶץ בִּנְיָמִֽן׃ וְהָיָ֡ה כִּֽי־יָבֹ֣אוּ אֲבוֹתָם֩
א֨וֹ אֲחֵיהֶ֜ם לָר֣וּב ׀ אֵלֵ֗ינוּ וְאָמַ֤רְנוּ אֲלֵיהֶם֙ חָנּ֣וּנוּ אוֹתָ֔ם כִּ֣י לֹ֥א
לָקַ֛חְנוּ אִ֥ישׁ אִשְׁתּ֖וֹ בַּמִּלְחָמָ֑ה כִּ֣י לֹ֥א אַתֶּ֛ם נְתַתֶּ֥ם לָהֶ֖ם כָּעֵ֥ת
23 תֶּאְשָֽׁמוּ׃ וַיַּֽעֲשׂוּ־כֵן֙ בְּנֵ֣י בִנְיָמִ֔ן וַיִּשְׂא֤וּ נָשִׁים֙ לְמִסְפָּרָ֔ם מִן־
הַמְּחֹלְל֖וֹת אֲשֶׁ֣ר גָּזָ֑לוּ וַיֵּלְכ֗וּ וַיָּשׁ֙וּבוּ֙ אֶל־נַ֣חֲלָתָ֔ם וַיִּבְנוּ֙ אֶת־
24 הֶ֣עָרִ֔ים וַיֵּשְׁב֖וּ בָּהֶֽם׃ וַיִּתְהַלְּכ֨וּ מִשָּׁ֤ם בְּנֵֽי־יִשְׂרָאֵל֙ בָּעֵ֣ת הַהִ֔יא
כה אִ֥ישׁ לְשִׁבְט֖וֹ וּלְמִשְׁפַּחְתּ֑וֹ וַיֵּצְא֣וּ מִשָּׁ֔ם אִ֖ישׁ לְנַחֲלָתֽוֹ׃ בַּיָּמִ֣ים
הָהֵ֔ם אֵ֥ין מֶ֖לֶךְ בְּיִשְׂרָאֵ֑ל אִ֛ישׁ הַיָּשָׁ֥ר בְּעֵינָ֖יו יַעֲשֶֽׂה׃

---

v. 22. לריב ק׳

חזק

סכום הפסוקים של ספר שפטים שש מאות ושמנה עשר. יראו את י״י קדשיו סימן: וחציו. וירעצו וירצצו את בני ישראל: וסדריו י״ד. דובב שפתי ישנים סימן:

שמואל א

LIBER I. SAMUELIS

CAPUT I. א

א וַיְהִי֩ אִ֨ישׁ אֶחָ֜ד מִן־הָרָמָתַ֛יִם צוֹפִ֖ים מֵהַ֣ר אֶפְרָ֑יִם וּשְׁמ֡וֹ
אֶלְקָנָה֩ בֶּן־יְרֹחָ֨ם בֶּן־אֱלִיה֜וּא בֶּן־תֹּ֧חוּ בֶן־צ֛וּף אֶפְרָתִֽי׃

2 וְלוֹ֙ שְׁתֵּ֣י נָשִׁ֔ים שֵׁ֤ם אַחַת֙ חַנָּ֔ה וְשֵׁ֥ם הַשֵּׁנִ֖ית פְּנִנָּ֑ה וַיְהִ֤י לִפְנִנָּה֙

3 יְלָדִ֔ים וּלְחַנָּ֖ה אֵ֥ין יְלָדִֽים׃ וְעָלָה֩ הָאִ֨ישׁ הַה֤וּא מֵֽעִירוֹ֙
מִיָּמִ֣ים ׀ יָמִ֔ימָה לְהִֽשְׁתַּחֲוֺ֧ת וְלִזְבֹּ֛חַ לַיהוָ֥ה צְבָא֖וֹת בְּשִׁלֹ֑ה

4 וְשָׁ֗ם שְׁנֵ֤י בְנֵֽי־עֵלִי֙ חָפְנִ֣י וּפִ֣נְחָ֔ס כֹּהֲנִ֖ים לַיהוָֽה׃ וַיְהִ֣י הַיּ֔וֹם
וַיִּזְבַּ֖ח אֶלְקָנָ֑ה וְנָתַ֞ן לִפְנִנָּ֣ה אִשְׁתּ֗וֹ וּֽלְכָל־בָּנֶ֛יהָ וּבְנוֹתֶ֖יהָ

5 מָנֽוֹת׃ וּלְחַנָּ֕ה יִתֵּ֛ן מָנָ֥ה אַחַ֖ת אַפָּ֑יִם כִּ֤י אֶת־חַנָּה֙ אָהֵ֔ב וַֽיהוָ֖ה

6 סָגַ֥ר רַחְמָֽהּ׃ וְכִֽעֲסַ֤תָּה צָֽרָתָהּ֙ גַּם־כַּ֔עַס בַּעֲב֖וּר הַרְּעִמָ֑הּ

7 כִּֽי־סָגַ֥ר יְהוָ֖ה בְּעַ֣ד רַחְמָֽהּ׃ וְכֵ֨ן יַעֲשֶׂ֜ה שָׁנָ֣ה בְשָׁנָ֗ה מִדֵּ֤י

8 עֲלֹתָהּ֙ בְּבֵ֣ית יְהוָ֔ה כֵּ֖ן תַּכְעִסֶ֑נָּה וַתִּבְכֶּ֖ה וְלֹ֥א תֹאכַֽל׃ וַיֹּ֨אמֶר
לָ֜הּ אֶלְקָנָ֣ה אִישָׁ֗הּ חַנָּה֙ לָ֣מֶה תִבְכִּ֗י וְלָ֙מֶה֙ לֹ֣א תֹֽאכְלִ֔י וְלָ֖מֶה

9 יֵרַ֣ע לְבָבֵ֑ךְ הֲל֤וֹא אָֽנֹכִי֙ ט֣וֹב לָ֔ךְ מֵעֲשָׂרָ֖ה בָּנִֽים׃ וַתָּ֣קָם חַנָּ֗ה
אַחֲרֵ֛י אָכְלָ֥ה בְשִׁלֹ֖ה וְאַחֲרֵ֣י שָׁתֹ֑ה וְעֵלִ֣י הַכֹּהֵ֗ן יֹשֵׁב֙ עַל־

י הַכִּסֵּ֔א עַל־מְזוּזַ֖ת הֵיכַ֥ל יְהוָֽה׃ וְהִ֖יא מָ֣רַת נָ֑פֶשׁ וַתִּתְפַּלֵּ֥ל

11 עַל־יְהוָ֖ה וּבָכֹ֥ה תִבְכֶּֽה׃ וַתִּדֹּ֨ר נֶ֜דֶר וַתֹּאמַ֗ר יְהוָ֤ה צְבָאוֹת֙
אִם־רָאֹ֨ה תִרְאֶ֥ה ׀ בָּעֳנִ֣י אֲמָתֶךָ֮ וּזְכַרְתַּ֣נִי וְלֹֽא־תִשְׁכַּ֣ח אֶת־
אֲמָתֶךָ֒ וְנָתַתָּ֤ה לַאֲמָֽתְךָ֙ זֶ֣רַע אֲנָשִׁ֔ים וּנְתַתִּ֥יו לַֽיהוָ֖ה כָּל־יְמֵ֣י

12 חַיָּ֔יו וּמוֹרָ֖ה לֹא־יַעֲלֶ֥ה עַל־רֹאשֽׁוֹ׃ וְהָיָה֙ כִּ֣י הִרְבְּתָ֔ה

13 לְהִתְפַּלֵּ֖ל לִפְנֵ֣י יְהוָ֑ה וְעֵלִ֖י שֹׁמֵ֥ר אֶת־פִּֽיהָ׃ וְחַנָּ֗ה הִ֚יא
מְדַבֶּ֣רֶת עַל־לִבָּ֔הּ רַ֚ק שְׂפָתֶ֣יהָ נָּע֔וֹת וְקוֹלָ֖הּ לֹ֣א יִשָּׁמֵ֑עַ

14 וַיַּחְשְׁבֶ֥הָ עֵלִ֖י לְשִׁכֹּרָֽה׃ וַיֹּ֤אמֶר אֵלֶ֨יהָ֙ עֵלִ֔י עַד־מָתַ֖י תִּשְׁתַּכָּרִ֑ין

טו הָסִ֥ירִי אֶת־יֵינֵ֖ךְ מֵעָלָֽיִךְ׃ וַתַּ֨עַן חַנָּ֤ה וַתֹּ֨אמֶר֙ לֹ֣א אֲדֹנִ֔י אִשָּׁ֤ה
קְשַׁת־ר֨וּחַ֙ אָנֹ֔כִי וְיַ֥יִן וְשֵׁכָ֖ר לֹ֣א שָׁתִ֑יתִי וָאֶשְׁפֹּ֥ךְ אֶת־נַפְשִׁ֖י

לִפְנֵ֥י

16 לִפְנֵ֣י יְהוָ֑ה׃ אַל־תִּתֵּן֙ אֶת־אֲמָ֣תְךָ֔ לִפְנֵ֖י בַּת־בְּלִיָּ֑עַל כִּֽי־
17 מֵרֹ֥ב שִׂיחִ֛י וְכַעְסִ֖י דִּבַּ֥רְתִּי עַד־הֵֽנָּה׃ וַיַּ֧עַן עֵלִ֛י וַיֹּ֖אמֶר לְכִ֣י
לְשָׁל֑וֹם וֵאלֹהֵ֣י יִשְׂרָאֵ֗ל יִתֵּן֙ אֶת־שֵׁ֣לָתֵ֔ךְ אֲשֶׁ֥ר שָׁאַ֖לְתְּ מֵעִמּֽוֹ׃
18 וַתֹּ֕אמֶר תִּמְצָ֧א שִׁפְחָתְךָ֛ חֵ֖ן בְּעֵינֶ֑יךָ וַתֵּ֨לֶךְ הָאִשָּׁ֤ה לְדַרְכָּהּ֙
19 וַתֹּאכַ֔ל וּפָנֶ֥יהָ לֹא־הָיוּ־לָ֖הּ עֽוֹד׃ וַיַּשְׁכִּ֣מוּ בַבֹּ֗קֶר וַיִּֽשְׁתַּחֲווּ֙
לִפְנֵ֣י יְהוָ֔ה וַיָּשֻׁ֛בוּ וַיָּבֹ֥אוּ אֶל־בֵּיתָ֖ם הָֽרָמָ֑תָה וַיֵּ֤דַע אֶלְקָנָה֙
כ אֶת־חַנָּ֣ה אִשְׁתּ֔וֹ וַֽיִּזְכְּרֶ֖הָ יְהוָֽה׃ וַיְהִי֙ לִתְקֻפ֣וֹת הַיָּמִ֔ים וַתַּ֥הַר
חַנָּ֖ה וַתֵּ֣לֶד בֵּ֑ן וַתִּקְרָ֤א אֶת־שְׁמוֹ֙ שְׁמוּאֵ֔ל כִּ֥י מֵיְהוָ֖ה שְׁאִלְתִּֽיו׃
21 וַיַּ֛עַל הָאִ֥ישׁ אֶלְקָנָ֖ה וְכָל־בֵּית֑וֹ לִזְבֹּ֧חַ לַיהוָ֛ה אֶת־זֶ֥בַח הַיָּמִ֖ים
22 וְאֶת־נִדְרֽוֹ׃ וְחַנָּ֖ה לֹ֣א עָלָ֑תָה כִּֽי־אָמְרָ֣ה לְאִישָׁ֗הּ עַ֣ד יִגָּמֵ֤ל
הַנַּ֙עַר֙ וַהֲבִאֹתִ֔יו וְנִרְאָה֙ אֶת־פְּנֵ֣י יְהוָ֔ה וְיָ֥שַׁב שָׁ֖ם עַד־עוֹלָֽם׃
23 וַיֹּ֣אמֶר לָ֩הּ֩ אֶלְקָנָ֨ה אִישָׁ֜הּ עֲשִׂ֧י הַטּ֣וֹב בְּעֵינַ֗יִךְ שְׁבִי֙ עַד־גָּמְלֵ֣ךְ
אֹת֔וֹ אַ֛ךְ יָקֵ֥ם יְהוָ֖ה אֶת־דְּבָר֑וֹ וַתֵּ֤שֶׁב הָֽאִשָּׁה֙ וַתֵּ֣ינֶק אֶת־בְּנָ֔הּ
24 עַד־גָמְלָ֖הּ אֹתֽוֹ׃ וַתַּעֲלֵ֨הוּ עִמָּ֜הּ כַּאֲשֶׁ֣ר גְּמָלַ֗תּוּ בְּפָרִ֤ים שְׁלֹשָׁה֙
וְאֵיפָ֨ה אַחַ֤ת קֶ֙מַח֙ וְנֵ֣בֶל יַ֔יִן וַתְּבִאֵ֖הוּ בֵית־יְהוָ֣ה שִׁל֑וֹ וְהַנַּ֖עַר
כה 26 נָֽעַר׃ וַֽיִּשְׁחֲט֖וּ אֶת־הַפָּ֑ר וַיָּבִ֥אוּ אֶת־הַנַּ֖עַר אֶל־עֵלִֽי׃ וַתֹּ֙אמֶר֙
בִּ֣י אֲדֹנִ֔י חֵ֥י נַפְשְׁךָ֖ אֲדֹנִ֑י אֲנִ֣י הָאִשָּׁ֗ה הַנִּצֶּ֤בֶת עִמְּכָה֙ בָּזֶ֔ה
27 לְהִתְפַּלֵּ֖ל אֶל־יְהוָֽה׃ אֶל־הַנַּ֥עַר הַזֶּ֖ה הִתְפַּלָּ֑לְתִּי וַיִּתֵּ֨ן יְהוָ֥ה
28 לִי֙ אֶת־שְׁאֵ֣לָתִ֔י אֲשֶׁ֥ר שָׁאַ֖לְתִּי מֵעִמּֽוֹ׃ וְגַ֣ם אָנֹכִ֗י הִשְׁאִלְתִּ֙הוּ֙
לַֽיהוָ֔ה כָּל־הַיָּמִים֙ אֲשֶׁ֣ר הָיָ֔ה ה֥וּא שָׁא֖וּל לַיהוָ֑ה וַיִּשְׁתַּ֥חוּ שָׁ֖ם
לַיהוָֽה׃

ב Cap. II. ב

א וַתִּתְפַּלֵּ֤ל חַנָּה֙ וַתֹּאמַ֔ר עָלַ֤ץ לִבִּי֙ בַּֽיהוָ֔ה רָ֥מָה קַרְנִ֖י בַּֽיהוָ֑ה
2 רָ֤חַב פִּי֙ עַל־א֣וֹיְבַ֔י כִּ֥י שָׂמַ֖חְתִּי בִּישׁוּעָתֶֽךָ׃ אֵין־קָד֥וֹשׁ כַּיהוָ֖ה
3 כִּ֣י אֵ֣ין בִּלְתֶּ֑ךָ וְאֵ֥ין צ֖וּר כֵּאלֹהֵֽינוּ׃ אַל־תַּרְבּ֤וּ תְדַבְּרוּ֙ גְּבֹהָ֣ה
גְבֹהָ֔ה יֵצֵ֥א עָתָ֖ק מִפִּיכֶ֑ם כִּ֣י אֵ֤ל דֵּעוֹת֙ יְהוָ֔ה וְלֹ֥א נִתְכְּנ֖וּ
4 ה עֲלִלֽוֹת׃ קֶ֥שֶׁת גִּבֹּרִ֖ים חַתִּ֑ים וְנִכְשָׁלִ֖ים אָ֥זְרוּ חָֽיִל׃ שְׂבֵעִ֞ים

בלחם

ב׳ v. 3. ולו ק׳

בַּלֶּחֶם נִשְׂכָּרוּ וּרְעֵבִים חָדֵלּוּ עַד־עֲקָרָה יָלְדָה שִׁבְעָה וְרַבַּת
6 7 בָּנִים אֻמְלָלָה׃ יְהוָה מֵמִית וּמְחַיֶּה מוֹרִיד שְׁאוֹל וַיָּעַל׃ יְהוָה
8 מוֹרִישׁ וּמַעֲשִׁיר מַשְׁפִּיל אַף־מְרוֹמֵם׃ מֵקִים מֵעָפָר דָּל
מֵאַשְׁפֹּת יָרִים אֶבְיוֹן לְהוֹשִׁיב עִם־נְדִיבִים וְכִסֵּא כָבוֹד
9 יַנְחִלֵם כִּי לַיהוָה מְצֻקֵי אֶרֶץ וַיָּשֶׁת עֲלֵיהֶם תֵּבֵל׃ רַגְלֵי
חֲסִידָו יִשְׁמֹר וּרְשָׁעִים בַּחֹשֶׁךְ יִדָּמּוּ כִּי־לֹא בְכֹחַ יִגְבַּר־אִישׁ׃
י יְהוָה יֵחַתּוּ מְרִיבָו עָלָו בַּשָּׁמַיִם יַרְעֵם יְהוָה יָדִין אַפְסֵי־אָרֶץ
וְיִתֶּן־עֹז לְמַלְכּוֹ וְיָרֵם קֶרֶן מְשִׁיחוֹ׃
11 וַיֵּלֶךְ אֶלְקָנָה הָרָמָתָה עַל־בֵּיתוֹ וְהַנַּעַר הָיָה מְשָׁרֵת אֶת־
12 יְהוָה אֶת־פְּנֵי עֵלִי הַכֹּהֵן׃ וּבְנֵי עֵלִי בְּנֵי בְלִיָּעַל לֹא יָדְעוּ
13 אֶת־יְהוָה׃ וּמִשְׁפַּט הַכֹּהֲנִים אֶת־הָעָם כָּל־אִישׁ זֹבֵחַ זֶבַח
וּבָא נַעַר הַכֹּהֵן כְּבַשֵּׁל הַבָּשָׂר וְהַמַּזְלֵג שְׁלֹשׁ הַשִּׁנַּיִם בְּיָדוֹ׃
14 וְהִכָּה בַכִּיּוֹר אוֹ בַדּוּד אוֹ בַקַּלַּחַת אוֹ בַפָּרוּר כֹּל אֲשֶׁר
יַעֲלֶה הַמַּזְלֵג יִקַּח הַכֹּהֵן בּוֹ כָּכָה יַעֲשׂוּ לְכָל־יִשְׂרָאֵל הַבָּאִים
טו שָׁם בְּשִׁלֹה׃ גַּם בְּטֶרֶם יַקְטִרוּן אֶת־הַחֵלֶב וּבָא ׀ נַעַר הַכֹּהֵן
וְאָמַר לָאִישׁ הַזֹּבֵחַ תְּנָה בָשָׂר לִצְלוֹת לַכֹּהֵן וְלֹא־יִקַּח מִמְּךָ
16 בָּשָׂר מְבֻשָּׁל כִּי אִם־חָי׃ וַיֹּאמֶר אֵלָיו הָאִישׁ קַטֵּר יַקְטִירוּן
כַּיּוֹם הַחֵלֶב וְקַח־לְךָ כַּאֲשֶׁר תְּאַוֶּה נַפְשֶׁךָ וְאָמַר ׀ לוֹ כִּי
17 עַתָּה תִתֵּן וְאִם־לֹא לָקַחְתִּי בְחָזְקָה׃ וַתְּהִי חַטַּאת הַנְּעָרִים
גְּדוֹלָה מְאֹד אֶת־פְּנֵי יְהוָה כִּי נִאֲצוּ הָאֲנָשִׁים אֵת מִנְחַת יְהוָה׃
18 19 וּשְׁמוּאֵל מְשָׁרֵת אֶת־פְּנֵי יְהוָה נַעַר חָגוּר אֵפוֹד בָּד׃ וּמְעִיל
קָטֹן תַּעֲשֶׂה־לּוֹ אִמּוֹ וְהַעַלְתָה לוֹ מִיָּמִים ׀ יָמִימָה בַּעֲלוֹתָהּ
כ אֶת־אִישָׁהּ לִזְבֹּחַ אֶת־זֶבַח הַיָּמִים׃ וּבֵרַךְ עֵלִי אֶת־אֶלְקָנָה
וְאֶת־אִשְׁתּוֹ וְאָמַר יָשֵׂם יְהוָה לְךָ זֶרַע מִן־הָאִשָּׁה הַזֹּאת תַּחַת
21 הַשְּׁאֵלָה אֲשֶׁר שָׁאַל לַיהוָה וְהָלְכוּ לִמְקֹמוֹ׃ כִּי־פָקַד יְהוָה
אֶת־חַנָּה וַתַּהַר וַתֵּלֶד שְׁלֹשָׁה־בָנִים וּשְׁתֵּי בָנוֹת וַיִּגְדַּל הַנַּעַר
22 שְׁמוּאֵל עִם־יְהוָה׃ וְעֵלִי זָקֵן מְאֹד וְשָׁמַע אֵת כָּל־אֲשֶׁר

יעשון

v. 9. חסידיו ק׳ v. 10. מריביו ק׳ ibid. עליו ק׳ v. 16. לא ק׳

יַעֲשׂוּן בָּנָיו לְכָל־יִשְׂרָאֵל וְאֵת אֲשֶׁר־יִשְׁכְּבֻן אֶת־הַנָּשִׁים
הַצֹּבְאוֹת פֶּתַח אֹהֶל מוֹעֵד׃ וַיֹּאמֶר לָהֶם לָמָּה תַעֲשׂוּן 23
כַּדְּבָרִים הָאֵלֶּה אֲשֶׁר אָנֹכִי שֹׁמֵעַ אֶת־דִּבְרֵיכֶם רָעִים מֵאֵת
כָּל־הָעָם אֵלֶּה׃ אַל בָּנָי כִּי לוֹא־טוֹבָה הַשְּׁמֻעָה אֲשֶׁר אָנֹכִי 24
שֹׁמֵעַ מַעֲבִרִים עַם־יְהוָה׃ אִם־יֶחֱטָא אִישׁ לְאִישׁ וּפִלְלוֹ כה
אֱלֹהִים וְאִם לַיהוָה יֶחֱטָא־אִישׁ מִי יִתְפַּלֶּל־לוֹ וְלֹא יִשְׁמְעוּ
לְקוֹל אֲבִיהֶם כִּי־חָפֵץ יְהוָה לַהֲמִיתָם׃ וְהַנַּעַר שְׁמוּאֵל 26
הֹלֵךְ וְגָדֵל וָטוֹב גַּם עִם־יְהוָה וְגַם עִם־אֲנָשִׁים׃ וַיָּבֹא 27
אִישׁ־אֱלֹהִים אֶל־עֵלִי וַיֹּאמֶר אֵלָיו כֹּה אָמַר יְהוָה הֲנִגְלֹה
נִגְלֵיתִי אֶל־בֵּית אָבִיךָ בִּהְיוֹתָם בְּמִצְרַיִם לְבֵית פַּרְעֹה׃
וּבָחֹר אֹתוֹ מִכָּל־שִׁבְטֵי יִשְׂרָאֵל לִי לְכֹהֵן לַעֲלוֹת עַל־מִזְבְּחִי 28
לְהַקְטִיר קְטֹרֶת לָשֵׂאת אֵפוֹד לְפָנָי וָאֶתְּנָה לְבֵית אָבִיךָ אֶת־
כָּל־אִשֵּׁי בְּנֵי יִשְׂרָאֵל׃ לָמָּה תִבְעֲטוּ בְּזִבְחִי וּבְמִנְחָתִי אֲשֶׁר 29
צִוִּיתִי מָעוֹן וַתְּכַבֵּד אֶת־בָּנֶיךָ מִמֶּנִּי לְהַבְרִיאֲכֶם מֵרֵאשִׁית
כָּל־מִנְחַת יִשְׂרָאֵל לְעַמִּי׃ לָכֵן נְאֻם־יְהוָה אֱלֹהֵי יִשְׂרָאֵל ל
אָמוֹר אָמַרְתִּי בֵּיתְךָ וּבֵית אָבִיךָ יִתְהַלְּכוּ לְפָנַי עַד־עוֹלָם
וְעַתָּה נְאֻם־יְהוָה חָלִילָה לִּי כִּי־מְכַבְּדַי אֲכַבֵּד וּבֹזַי יֵקָלּוּ׃
הִנֵּה יָמִים בָּאִים וְגָדַעְתִּי אֶת־זְרֹעֲךָ וְאֶת־זְרֹעַ בֵּית אָבִיךָ 31
מִהְיוֹת זָקֵן בְּבֵיתֶךָ׃ וְהִבַּטְתָּ צַר מָעוֹן בְּכֹל אֲשֶׁר־יֵיטִיב 32
אֶת־יִשְׂרָאֵל וְלֹא־יִהְיֶה זָקֵן בְּבֵיתְךָ כָּל־הַיָּמִים׃ וְאִישׁ לֹא־ 33
אַכְרִית לְךָ מֵעִם מִזְבְּחִי לְכַלּוֹת אֶת־עֵינֶיךָ וְלַאֲדִיב אֶת־
נַפְשֶׁךָ וְכָל־מַרְבִּית בֵּיתְךָ יָמוּתוּ אֲנָשִׁים׃ וְזֶה־לְּךָ הָאוֹת 34
אֲשֶׁר יָבֹא אֶל־שְׁנֵי בָנֶיךָ אֶל־חָפְנִי וּפִינְחָס בְּיוֹם אֶחָד יָמוּתוּ
שְׁנֵיהֶם׃ וַהֲקִימֹתִי לִי כֹּהֵן נֶאֱמָן כַּאֲשֶׁר בִּלְבָבִי וּבְנַפְשִׁי יַעֲשֶׂה לה
וּבָנִיתִי לוֹ בַּיִת נֶאֱמָן וְהִתְהַלֵּךְ לִפְנֵי־מְשִׁיחִי כָּל־הַיָּמִים׃
וְהָיָה כָּל־הַנּוֹתָר בְּבֵיתְךָ יָבוֹא לְהִשְׁתַּחֲוֹת לוֹ לַאֲגוֹרַת כֶּסֶף 36
וְכִכַּר־לָחֶם וְאָמַר סְפָחֵנִי נָא אֶל־אַחַת הַכְּהֻנּוֹת לֶאֱכֹל פַּת־
לָחֶם׃

ג Cap. III. ג

א וְהַנַּ֨עַר שְׁמוּאֵ֜ל מְשָׁרֵ֧ת אֶת־יְהוָ֛ה לִפְנֵ֥י עֵלִ֑י וּדְבַר־יְהוָ֗ה
2 הָיָ֤ה יָקָר֙ בַּיָּמִ֣ים הָהֵ֔ם אֵ֥ין חָז֖וֹן נִפְרָֽץ׃ וַֽיְהִי֙ בַּיּ֣וֹם הַה֔וּא
3 וְעֵלִ֖י שֹׁכֵ֣ב בִּמְקֹמ֑וֹ וְעֵינָו֙ הֵחֵ֣לּוּ כֵה֔וֹת לֹ֥א יוּכַ֖ל לִרְאֽוֹת׃ וְנֵ֤ר
אֱלֹהִים֙ טֶ֣רֶם יִכְבֶּ֔ה וּשְׁמוּאֵ֖ל שֹׁכֵ֑ב בְּהֵיכַ֣ל יְהוָ֔ה אֲשֶׁר־שָׁ֖ם
4 ה אֲר֥וֹן אֱלֹהִֽים׃ וַיִּקְרָ֧א יְהוָ֛ה אֶל־שְׁמוּאֵ֖ל וַיֹּ֥אמֶר הִנֵּֽנִי׃ וַיָּ֣רָץ
אֶל־עֵלִ֗י וַיֹּ֙אמֶר֙ הִנְנִי֙ כִּֽי־קָרָ֣אתָ לִּ֔י וַיֹּ֥אמֶר לֹֽא־קָרָ֖אתִי שׁ֣וּב
6 שְׁכָ֑ב וַיֵּ֖לֶךְ וַיִּשְׁכָּֽב׃ וַיֹּ֣סֶף יְהוָ֗ה קְרֹ֣א עוֹד֮ שְׁמוּאֵל֒ וַיָּ֤קָם
שְׁמוּאֵל֙ וַיֵּ֣לֶךְ אֶל־עֵלִ֔י וַיֹּ֥אמֶר הִנְנִ֖י כִּ֣י קָרָ֣אתָ לִ֑י וַיֹּ֛אמֶר
7 לֹֽא־קָרָ֥אתִי בְנִ֖י שׁ֥וּב שְׁכָֽב׃ וּשְׁמוּאֵ֕ל טֶ֖רֶם יָדַ֣ע אֶת־יְהוָ֑ה
8 וְטֶ֛רֶם יִגָּלֶ֥ה אֵלָ֖יו דְּבַר־יְהוָֽה׃ וַיֹּ֨סֶף יְהוָ֜ה קְרֹא־שְׁמוּאֵל֮
בַּשְּׁלִשִׁית֒ וַיָּ֙קָם֙ וַיֵּ֣לֶךְ אֶל־עֵלִ֔י וַיֹּ֣אמֶר הִנְנִ֔י כִּ֥י קָרָ֖אתָ לִ֑י
9 וַיָּ֣בֶן עֵלִ֔י כִּ֥י יְהוָ֖ה קֹרֵ֥א לַנָּֽעַר׃ וַיֹּ֨אמֶר עֵלִ֥י לִשְׁמוּאֵל֮ לֵ֣ךְ
שְׁכָב֒ וְהָיָה֙ אִם־יִקְרָ֣א אֵלֶ֔יךָ וְאָמַרְתָּ֙ דַּבֵּ֣ר יְהוָ֔ה כִּ֥י שֹׁמֵ֖עַ
י עַבְדֶּ֑ךָ וַיֵּ֣לֶךְ שְׁמוּאֵ֔ל וַיִּשְׁכַּ֖ב בִּמְקוֹמֽוֹ׃ וַיָּבֹ֤א יְהוָה֙ וַיִּתְיַצַּ֔ב
וַיִּקְרָ֥א כְפַֽעַם־בְּפַ֖עַם שְׁמוּאֵ֣ל ׀ שְׁמוּאֵ֑ל וַיֹּ֣אמֶר שְׁמוּאֵ֔ל דַּבֵּ֕ר
11 כִּ֥י שֹׁמֵ֖עַ עַבְדֶּֽךָ׃ וַיֹּ֣אמֶר יְהוָה֮ אֶל־שְׁמוּאֵל֒ הִנֵּ֧ה אָנֹכִ֛י עֹשֶׂ֥ה
12 דָבָ֖ר בְּיִשְׂרָאֵ֑ל אֲשֶׁר֙ כָּל־שֹׁ֣מְע֔וֹ תְּצִלֶּ֖ינָה שְׁתֵּ֥י אָזְנָֽיו׃ בַּיּ֤וֹם
הַהוּא֙ אָקִ֣ים אֶל־עֵלִ֔י אֵ֛ת כָּל־אֲשֶׁ֥ר דִּבַּ֖רְתִּי אֶל־בֵּית֑וֹ הָחֵ֖ל
13 וְכַלֵּֽה׃ וְהִגַּ֣דְתִּי ל֔וֹ כִּֽי־שֹׁפֵ֥ט אֲנִ֛י אֶת־בֵּית֖וֹ עַד־עוֹלָ֑ם בַּעֲוֺ֣ן
14 אֲשֶׁר־יָדַ֗ע כִּֽי־מְקַלְלִ֤ים לָהֶם֙ בָּנָ֔יו וְלֹ֥א כִהָ֖ה בָּֽם׃ וְלָכֵ֥ן
נִשְׁבַּ֖עְתִּי לְבֵ֣ית עֵלִ֑י אִם־יִתְכַּפֵּ֞ר עֲוֺ֧ן בֵּית־עֵלִ֛י בְּזֶ֥בַח וּבְמִנְחָ֖ה
טו עַד־עוֹלָֽם׃ וַיִּשְׁכַּ֤ב שְׁמוּאֵל֙ עַד־הַבֹּ֔קֶר וַיִּפְתַּ֖ח אֶת־דַּלְת֣וֹת
בֵּית־יְהוָ֑ה וּשְׁמוּאֵל֙ יָרֵ֔א מֵהַגִּ֥יד אֶת־הַמַּרְאָ֖ה אֶל־עֵלִֽי׃
16 וַיִּקְרָ֤א עֵלִי֙ אֶת־שְׁמוּאֵ֔ל וַיֹּ֖אמֶר שְׁמוּאֵ֣ל בְּנִ֑י וַיֹּ֖אמֶר הִנֵּֽנִי׃
17 וַיֹּ֗אמֶר מָ֤ה הַדָּבָר֙ אֲשֶׁ֣ר דִּבֶּ֣ר אֵלֶ֔יךָ אַל־נָ֥א תְכַחֵ֖ד מִמֶּ֑נִּי כֹּ֣ה
יַעֲשֶׂה־לְּךָ֤ אֱלֹהִים֙ וְכֹ֣ה יוֹסִ֔יף אִם־תְּכַחֵ֤ד מִמֶּ֙נִּי֙ דָּבָ֔ר מִכָּל־

הדבר

v. 2. ועיניו ק׳

18 הַדָּבָ֖ר אֲשֶׁר־דִּבֶּ֥ר אֵלֶֽיךָ׃ וַיַּגֶּד־ל֤וֹ שְׁמוּאֵל֙ אֶת־כָּל־
הַדְּבָרִ֔ים וְלֹ֥א כִחֵ֖ד מִמֶּ֑נּוּ וַיֹּאמַ֕ר יְהוָ֣ה ה֔וּא הַטּ֥וֹב בְּעֵינָ֖ו
19 יַעֲשֶֽׂה׃ וַיִּגְדַּ֖ל שְׁמוּאֵ֑ל וַֽיהוָה֙ הָיָ֣ה עִמּ֔וֹ וְלֹֽא־הִפִּ֥יל מִכָּל־
כ דְּבָרָ֖יו אָֽרְצָה׃ וַיֵּ֙דַע֙ כָּל־יִשְׂרָאֵ֔ל מִדָּ֖ן וְעַד־בְּאֵ֣ר שָׁ֑בַע כִּ֤י
21 נֶֽאֱמָן֙ שְׁמוּאֵ֔ל לְנָבִ֖יא לַיהוָֽה׃ וַיֹּ֥סֶף יְהוָ֖ה לְהֵרָאֹ֣ה בְשִׁלֹ֑ה
כִּֽי־נִגְלָ֨ה יְהוָ֧ה אֶל־שְׁמוּאֵ֛ל בְּשִׁל֖וֹ בִּדְבַ֥ר יְהוָֽה׃

ד Cap. IV. ד

א וַיְהִ֥י דְבַר־שְׁמוּאֵ֖ל לְכָל־יִשְׂרָאֵ֑ל וַיֵּצֵ֨א יִשְׂרָאֵ֜ל לִקְרַ֤את
פְּלִשְׁתִּים֙ לַמִּלְחָמָ֔ה וַֽיַּחֲנוּ֙ עַל־הָאֶ֣בֶן הָעֵ֔זֶר וּפְלִשְׁתִּ֖ים חָנ֥וּ
2 בַאֲפֵֽק׃ וַיַּעַרְכ֨וּ פְלִשְׁתִּ֜ים לִקְרַ֣את יִשְׂרָאֵ֗ל וַתִּטֹּשׁ֙ הַמִּלְחָמָ֔ה
וַיִּנָּגֶ֥ף יִשְׂרָאֵ֖ל לִפְנֵ֣י פְלִשְׁתִּ֑ים וַיַּכּ֤וּ בַמַּעֲרָכָה֙ בַּשָּׂדֶ֔ה כְּאַרְבַּ֥עַת
3 אֲלָפִ֖ים אִֽישׁ׃ וַיָּבֹ֣א הָעָם֮ אֶל־הַֽמַּחֲנֶה֒ וַיֹּאמְרוּ֙ זִקְנֵ֣י יִשְׂרָאֵ֔ל
לָ֣מָּה נְגָפָ֧נוּ יְהוָ֛ה הַיּ֖וֹם לִפְנֵ֣י פְלִשְׁתִּ֑ים נִקְחָ֧ה אֵלֵ֣ינוּ מִשִּׁלֹ֗ה
אֶת־אֲרוֹן֙ בְּרִ֣ית יְהוָ֔ה וְיָבֹ֣א בְקִרְבֵּ֔נוּ וְיֹשִׁעֵ֖נוּ מִכַּ֥ף אֹיְבֵֽינוּ׃
4 וַיִּשְׁלַ֤ח הָעָם֙ שִׁלֹ֔ה וַיִּשְׂא֣וּ מִשָּׁ֔ם אֵ֣ת אֲר֧וֹן בְּרִית־יְהוָ֛ה צְבָא֖וֹת
יֹשֵׁ֣ב הַכְּרֻבִ֑ים וְשָׁ֞ם שְׁנֵ֣י בְנֵֽי־עֵלִ֗י עִם־אֲרוֹן֙ בְּרִ֣ית הָאֱלֹהִ֔ים
ה חָפְנִ֖י וּפִֽינְחָֽס׃ וַיְהִ֗י כְּב֞וֹא אֲר֤וֹן בְּרִית־יְהוָה֙ אֶל־הַֽמַּחֲנֶ֔ה
6 וַיָּרִ֥עוּ כָל־יִשְׂרָאֵ֖ל תְּרוּעָ֣ה גְדוֹלָ֑ה וַתֵּהֹ֖ם הָאָֽרֶץ׃ וַיִּשְׁמְע֤וּ
פְלִשְׁתִּים֙ אֶת־ק֣וֹל הַתְּרוּעָ֔ה וַיֹּ֣אמְר֔וּ מֶ֠ה ק֣וֹל הַתְּרוּעָ֧ה
הַגְּדוֹלָ֛ה הַזֹּ֖את בְּמַחֲנֵ֣ה הָעִבְרִ֑ים וַיֵּ֣דְע֔וּ כִּ֚י אֲר֣וֹן יְהוָ֔ה בָּ֖א
7 אֶל־הַֽמַּחֲנֶֽה׃ וַיִּֽרְאוּ֙ הַפְּלִשְׁתִּ֔ים כִּ֥י אָֽמְר֖וּ בָּ֥א אֱלֹהִ֖ים אֶל־
הַֽמַּחֲנֶ֑ה וַיֹּאמְרוּ֙ א֣וֹי לָ֔נוּ כִּ֚י לֹ֣א הָֽיְתָ֔ה כָּזֹ֖את אֶתְמ֥וֹל שִׁלְשֹֽׁם׃
8 א֣וֹי לָ֔נוּ מִ֣י יַצִּילֵ֔נוּ מִיַּ֛ד הָאֱלֹהִ֥ים הָאַדִּירִ֖ים הָאֵ֑לֶּה אֵ֣לֶּה הֵ֗ם
9 הָאֱלֹהִים֙ הַמַּכִּ֣ים אֶת־מִצְרַ֔יִם בְּכָל־מַכָּ֖ה בַּמִּדְבָּֽר׃ הִֽתְחַזְּק֞וּ
וִֽהְי֤וּ לַאֲנָשִׁים֙ פְּלִשְׁתִּ֔ים פֶּ֚ן תַּעַבְד֣וּ לָעִבְרִ֔ים כַּאֲשֶׁ֥ר עָבְד֖וּ
י לָכֶ֑ם וִהְיִיתֶ֥ם לַאֲנָשִׁ֖ים וְנִלְחַמְתֶּֽם׃ וַיִּלָּחֲמ֣וּ פְלִשְׁתִּ֗ים וַיִּנָּגֶף֙
יִשְׂרָאֵ֔ל וַיָּנֻ֙סוּ֙ אִ֣ישׁ לְאֹהָלָ֔יו וַתְּהִ֥י הַמַּכָּ֖ה גְּדוֹלָ֣ה מְאֹ֑ד וַיִּפֹּל֙

מישראל

v. 18. ב׳ בעיניו ק׳

11 מִיִּשְׂרָאֵל שְׁלֹשִׁים אֶלֶף רַגְלִי׃ וַאֲרוֹן אֱלֹהִים נִלְקָח וּשְׁנֵי בְנֵי־
12 עֵלִי מֵתוּ חָפְנִי וּפִינְחָס׃ וַיָּרָץ אִישׁ־בִּנְיָמִן מֵהַמַּעֲרָכָה וַיָּבֹא
13 שִׁלֹה בַּיּוֹם הַהוּא וּמַדָּיו קְרֻעִים וַאֲדָמָה עַל־רֹאשׁוֹ׃ וַיָּבוֹא
וְהִנֵּה עֵלִי יֹשֵׁב עַל־הַכִּסֵּא יַךְ דֶּרֶךְ מְצַפֶּה כִּי־הָיָה לִבּוֹ
חָרֵד עַל אֲרוֹן הָאֱלֹהִים וְהָאִישׁ בָּא לְהַגִּיד בָּעִיר וַתִּזְעַק
14 כָּל־הָעִיר׃ וַיִּשְׁמַע עֵלִי אֶת־קוֹל הַצְּעָקָה וַיֹּאמֶר מֶה קוֹל
טו הֶהָמוֹן הַזֶּה וְהָאִישׁ מִהַר וַיָּבֹא וַיַּגֵּד לְעֵלִי׃ וְעֵלִי בֶּן־תִּשְׁעִים
16 וּשְׁמֹנֶה שָׁנָה וְעֵינָיו קָמָה וְלֹא יָכוֹל לִרְאוֹת׃ וַיֹּאמֶר הָאִישׁ
אֶל־עֵלִי אָנֹכִי הַבָּא מִן־הַמַּעֲרָכָה וַאֲנִי מִן־הַמַּעֲרָכָה נַסְתִּי
17 הַיּוֹם וַיֹּאמֶר מֶה־הָיָה הַדָּבָר בְּנִי׃ וַיַּעַן הַמְבַשֵּׂר וַיֹּאמֶר נָס
יִשְׂרָאֵל לִפְנֵי פְלִשְׁתִּים וְגַם מַגֵּפָה גְדוֹלָה הָיְתָה בָעָם וְגַם־
18 שְׁנֵי בָנֶיךָ מֵתוּ חָפְנִי וּפִינְחָס וַאֲרוֹן הָאֱלֹהִים נִלְקָחָה׃ וַיְהִי
כְּהַזְכִּירוֹ ׀ אֶת־אֲרוֹן הָאֱלֹהִים וַיִּפֹּל מֵעַל־הַכִּסֵּא אֲחֹרַנִּית
בְּעַד ׀ יַד הַשַּׁעַר וַתִּשָּׁבֵר מַפְרַקְתּוֹ וַיָּמֹת כִּי־זָקֵן הָאִישׁ וְכָבֵד
19 וְהוּא שָׁפַט אֶת־יִשְׂרָאֵל אַרְבָּעִים שָׁנָה׃ וְכַלָּתוֹ אֵשֶׁת־פִּינְחָס
הָרָה לָלַת וַתִּשְׁמַע אֶת־הַשְּׁמֻעָה אֶל־הִלָּקַח אֲרוֹן הָאֱלֹהִים
וּמֵת חָמִיהָ וְאִישָׁהּ וַתִּכְרַע וַתֵּלֶד כִּי־נֶהֶפְכוּ עָלֶיהָ צִרֶיהָ׃
כ וּכְעֵת מוּתָהּ וַתְּדַבֵּרְנָה הַנִּצָּבוֹת עָלֶיהָ אַל־תִּירְאִי כִּי בֵן
21 יָלָדְתְּ וְלֹא עָנְתָה וְלֹא־שָׁתָה לִבָּהּ׃ וַתִּקְרָא לַנַּעַר אִי־כָבוֹד
לֵאמֹר גָּלָה כָבוֹד מִיִּשְׂרָאֵל אֶל־הִלָּקַח אֲרוֹן הָאֱלֹהִים וְאֶל־
22 חָמִיהָ וְאִישָׁהּ׃ וַתֹּאמֶר גָּלָה כָבוֹד מִיִּשְׂרָאֵל כִּי נִלְקַח אֲרוֹן
הָאֱלֹהִים׃

Cap. V. ה

ה
א וּפְלִשְׁתִּים לָקְחוּ אֵת אֲרוֹן הָאֱלֹהִים וַיְבִאֻהוּ מֵאֶבֶן הָעֶזֶר
2 אַשְׁדּוֹדָה׃ וַיִּקְחוּ פְלִשְׁתִּים אֶת־אֲרוֹן הָאֱלֹהִים וַיָּבִיאוּ אֹתוֹ
3 בֵּית דָּגוֹן וַיַּצִּיגוּ אֹתוֹ אֵצֶל דָּגוֹן׃ וַיַּשְׁכִּמוּ אַשְׁדּוֹדִים מִמָּחֳרָת
וְהִנֵּה דָגוֹן נֹפֵל לְפָנָיו אַרְצָה לִפְנֵי אֲרוֹן יְהוָה וַיִּקְחוּ אֶת־

דגון

ד' v. 13. יד ק'

4 דָּג֖וֹן וַיָּשִׁ֥בוּ אֹת֖וֹ לִמְקוֹמֽוֹ׃ וַיַּשְׁכִּ֣מוּ בַבֹּ֘קֶר֮ מִֽמָּחֳרָת֒ וְהִנֵּ֣ה דָג֗וֹן
נֹפֵ֤ל לְפָנָיו֙ אַ֔רְצָה לִפְנֵ֖י אֲר֣וֹן יְהוָ֑ה וְרֹ֨אשׁ דָּג֜וֹן וּשְׁתֵּ֣י ׀ כַּפּ֣וֹת
ה יָדָ֗יו כְּרֻתוֹת֙ אֶל־הַמִּפְתָּ֔ן רַ֥ק דָּג֖וֹן נִשְׁאַ֥ר עָלָֽיו׃ עַל־כֵּ֣ן לֹֽא־
יִדְרְכ֣וּ כֹהֲנֵי֩ דָג֨וֹן וְכָל־הַבָּאִ֧ים בֵּית־דָּג֛וֹן עַל־מִפְתַּ֥ן דָּג֖וֹן
6 בְּאַשְׁדּ֑וֹד עַ֖ד הַיּ֥וֹם הַזֶּֽה׃ וַתִּכְבַּ֧ד יַד־יְהוָ֛ה אֶל־
הָאַשְׁדּוֹדִ֖ים וַיְשִׁמֵּ֑ם וַיַּ֤ךְ אֹתָם֙ בַּעְפָלִ֔ים אֶת־אַשְׁדּ֖וֹד וְאֶת־
7 גְּבוּלֶֽיהָ׃ וַיִּרְא֥וּ אַנְשֵֽׁי־אַשְׁדּ֖וֹד כִּי־כֵ֑ן וְאָמְר֗וּ לֹא־יֵשֵׁ֞ב אֲר֨וֹן
אֱלֹהֵ֤י יִשְׂרָאֵל֙ עִמָּ֔נוּ כִּֽי־קָשְׁתָ֤ה יָדוֹ֙ עָלֵ֔ינוּ וְעַ֖ל דָּג֥וֹן אֱלֹהֵֽינוּ׃
8 וַיִּשְׁלְח֡וּ וַיַּאַסְפוּ֩ אֶת־כָּל־סַרְנֵ֨י פְלִשְׁתִּ֜ים אֲלֵיהֶ֗ם וַיֹּאמְרוּ֙
מַֽה־נַּעֲשֶׂ֗ה לַֽאֲרוֹן֙ אֱלֹהֵ֣י יִשְׂרָאֵ֔ל וַיֹּאמְר֗וּ גַּ֚ת יִסֹּ֔ב אֲר֖וֹן אֱלֹהֵ֣י
9 יִשְׂרָאֵ֑ל וַיַּסֵּ֕בּוּ אֶת־אֲר֖וֹן אֱלֹהֵ֥י יִשְׂרָאֵֽל׃ וַיְהִ֞י אַחֲרֵ֣י ׀
הֵסַ֣בּוּ אֹת֗וֹ וַתְּהִ֨י יַד־יְהוָ֤ה ׀ בָּעִיר֙ מְהוּמָ֣ה גְּדוֹלָ֣ה מְאֹ֔ד וַיַּ֛ךְ
אֶת־אַנְשֵׁ֥י הָעִ֖יר מִקָּטֹ֣ן וְעַד־גָּד֑וֹל וַיִּשָּׂתְר֥וּ לָהֶ֖ם עְפָלִֽים׃
י וַֽיְשַׁלְּח֛וּ אֶת־אֲר֥וֹן הָאֱלֹהִ֖ים עֶקְר֑וֹן וַיְהִ֗י כְּב֨וֹא אֲר֤וֹן הָאֱלֹהִים֙
עֶקְר֔וֹן וַיִּזְעֲק֨וּ הָעֶקְרֹנִ֜ים לֵאמֹ֗ר הֵסַ֤בּוּ אֵלַי֙ אֶת־אֲרוֹן֙ אֱלֹהֵ֣י
11 יִשְׂרָאֵ֔ל לַהֲמִיתֵ֖נִי וְאֶת־עַמִּֽי׃ וַיִּשְׁלְח֡וּ וַיַּאַסְפוּ֩ אֶת־כָּל־סַרְנֵ֨י
פְלִשְׁתִּ֜ים וַיֹּאמְרוּ֙ שַׁלְּח֞וּ אֶת־אֲר֨וֹן אֱלֹהֵ֤י יִשְׂרָאֵל֙ וְיָשֹׁ֣ב
לִמְקֹמ֔וֹ וְלֹֽא־יָמִ֥ית אֹתִ֖י וְאֶת־עַמִּ֑י כִּֽי־הָיְתָ֤ה מְהֽוּמַת־מָ֙וֶת֙
12 בְּכָל־הָעִ֔יר כָּבְדָ֥ה מְאֹ֛ד יַ֥ד הָאֱלֹהִ֖ים שָֽׁם׃ וְהָֽאֲנָשִׁים֙ אֲשֶׁ֣ר
לֹא־מֵ֔תוּ הֻכּ֖וּ בַּעְפָלִ֑ים וַתַּ֛עַל שַׁוְעַ֥ת הָעִ֖יר הַשָּׁמָֽיִם׃

Cap. VI. ו

ו

2 א וַיְהִ֧י אֲרוֹן־יְהוָ֛ה בִּשְׂדֵ֥ה פְלִשְׁתִּ֖ים שִׁבְעָ֥ה חֳדָשִֽׁים׃ וַיִּקְרְא֣וּ
פְלִשְׁתִּ֗ים לַכֹּהֲנִ֤ים וְלַקֹּסְמִים֙ לֵאמֹ֔ר מַה־נַּעֲשֶׂ֖ה לַאֲר֣וֹן יְהוָ֑ה
3 הוֹדִעֻ֕נוּ בַּמֶּ֖ה נְשַׁלְּחֶ֥נּוּ לִמְקוֹמֽוֹ׃ וַיֹּאמְר֗וּ אִֽם־מְשַׁלְּחִ֞ים אֶת־
אֲר֨וֹן אֱלֹהֵ֤י יִשְׂרָאֵל֙ אַל־תְּשַׁלְּח֣וּ אֹת֔וֹ רֵיקָ֔ם כִּֽי־הָשֵׁ֥ב תָּשִׁ֛יבוּ
ל֖וֹ אָשָׁ֑ם אָ֤ז תֵּרָֽפְאוּ֙ וְנוֹדַ֣ע לָכֶ֔ם לָ֛מָּה לֹא־תָס֥וּר יָד֖וֹ מִכֶּֽם׃
4 וַיֹּאמְר֗וּ מָ֣ה הָאָשָׁם֮ אֲשֶׁ֣ר נָשִׁ֣יב לוֹ֒ וַיֹּאמְר֗וּ מִסְפַּר֙ סַרְנֵ֣י

פלשתים

ה׳ v. 6. בטחרים ק׳   v. 9. טחרים ק׳   v. 12. בטחרים ק׳

פְלִשְׁתִּים חֲמִשָּׁה עָפְלֵי זָהָב וַחֲמִשָּׁה עַכְבְּרֵי זָהָב כִּי־מַגֵּפָה
ה אַחַת לְכֻלָּם וּלְסַרְנֵיכֶם׃ וַעֲשִׂיתֶם צַלְמֵי עָפְלֵיכֶם וְצַלְמֵי
עַכְבְּרֵיכֶם הַמַּשְׁחִיתִם אֶת־הָאָרֶץ וּנְתַתֶּם לֵאלֹהֵי יִשְׂרָאֵל
כָּבוֹד אוּלַי יָקֵל אֶת־יָדוֹ מֵעֲלֵיכֶם וּמֵעַל אֱלֹהֵיכֶם וּמֵעַל
6 אַרְצְכֶם׃ וְלָמָּה תְכַבְּדוּ אֶת־לְבַבְכֶם כַּאֲשֶׁר כִּבְּדוּ מִצְרַיִם
וּפַרְעֹה אֶת־לִבָּם הֲלוֹא כַּאֲשֶׁר הִתְעַלֵּל בָּהֶם וַיְשַׁלְּחוּם
7 וַיֵּלֵכוּ׃ וְעַתָּה קְחוּ וַעֲשׂוּ עֲגָלָה חֲדָשָׁה אֶחָת וּשְׁתֵּי פָרוֹת
עָלוֹת אֲשֶׁר לֹא־עָלָה עֲלֵיהֶם עֹל וַאֲסַרְתֶּם אֶת־הַפָּרוֹת
8 בָּעֲגָלָה וַהֲשֵׁבֹתֶם בְּנֵיהֶם מֵאַחֲרֵיהֶם הַבָּיְתָה׃ וּלְקַחְתֶּם
אֶת־אֲרוֹן יְהוָה וּנְתַתֶּם אֹתוֹ אֶל־הָעֲגָלָה וְאֵת ׀ כְּלֵי הַזָּהָב
אֲשֶׁר הֲשֵׁבֹתֶם לוֹ אָשָׁם תָּשִׂימוּ בָאַרְגַּז מִצִּדּוֹ וְשִׁלַּחְתֶּם אֹתוֹ
9 וְהָלָךְ׃ וּרְאִיתֶם אִם־דֶּרֶךְ גְּבוּלוֹ יַעֲלֶה בֵּית שֶׁמֶשׁ הוּא עָשָׂה
לָנוּ אֶת־הָרָעָה הַגְּדוֹלָה הַזֹּאת וְאִם־לֹא וְיָדַעְנוּ כִּי לֹא יָדוֹ
י נָגְעָה בָּנוּ מִקְרֶה הוּא הָיָה לָנוּ׃ וַיַּעֲשׂוּ הָאֲנָשִׁים כֵּן וַיִּקְחוּ
שְׁתֵּי פָרוֹת עָלוֹת וַיַּאַסְרוּם בָּעֲגָלָה וְאֶת־בְּנֵיהֶם כָּלוּ בַבָּיִת׃
11 וַיָּשִׂמוּ אֶת־אֲרוֹן יְהוָה אֶל־הָעֲגָלָה וְאֵת הָאַרְגַּז וְאֵת עַכְבְּרֵי
12 הַזָּהָב וְאֵת צַלְמֵי טְחֹרֵיהֶם׃ וַיִּשַּׁרְנָה הַפָּרוֹת בַּדֶּרֶךְ עַל־
דֶּרֶךְ בֵּית שֶׁמֶשׁ בִּמְסִלָּה אַחַת הָלְכוּ הָלֹךְ וְגָעוֹ וְלֹא־סָרוּ
יָמִין וּשְׂמֹאול וְסַרְנֵי פְלִשְׁתִּים הֹלְכִים אַחֲרֵיהֶם עַד־גְּבוּל
13 בֵּית שָׁמֶשׁ׃ וּבֵית שֶׁמֶשׁ קֹצְרִים קְצִיר־חִטִּים בָּעֵמֶק וַיִּשְׂאוּ
14 אֶת־עֵינֵיהֶם וַיִּרְאוּ אֶת־הָאָרוֹן וַיִּשְׂמְחוּ לִרְאוֹת׃ וְהָעֲגָלָה
בָּאָה אֶל־שְׂדֵה יְהוֹשֻׁעַ בֵּית־הַשִּׁמְשִׁי וַתַּעֲמֹד שָׁם וְשָׁם אֶבֶן
גְּדוֹלָה וַיְבַקְּעוּ אֶת־עֲצֵי הָעֲגָלָה וְאֶת־הַפָּרוֹת הֶעֱלוּ עֹלָה
טו לַיהוָה׃ וְהַלְוִיִּם הוֹרִידוּ ׀ אֶת־אֲרוֹן יְהוָה וְאֶת־הָאַרְגַּז
אֲשֶׁר־אִתּוֹ אֲשֶׁר־בּוֹ כְלֵי־זָהָב וַיָּשִׂמוּ אֶל־הָאֶבֶן הַגְּדוֹלָה
וְאַנְשֵׁי בֵית־שֶׁמֶשׁ הֶעֱלוּ עֹלוֹת וַיִּזְבְּחוּ זְבָחִים בַּיּוֹם הַהוּא
16 לַיהוָה׃ וַחֲמִשָּׁה סַרְנֵי־פְלִשְׁתִּים רָאוּ וַיָּשֻׁבוּ עֶקְרוֹן בַּיּוֹם

ההוא

v. 4. טחרי ק׳   v. 5. טחריכם ק׳

17 הַהוּא: וְאֵ֙לֶּה֙ טְחֹרֵ֣י הַזָּהָ֔ב אֲשֶׁ֙ר הֵשִׁ֧יבוּ פְלִשְׁתִּ֛ים אָשָׁ֖ם
לַֽיהוָ֑ה לְאַשְׁדּ֨וֹד אֶחָ֜ד לְעַזָּ֤ה אֶחָד֙ לְאַשְׁקְל֣וֹן אֶחָ֔ד לְגַ֥ת אֶחָ֖ד
18 לְעֶקְר֥וֹן אֶחָֽד: וְעַכְבְּרֵ֣י הַזָּהָ֗ב מִסְפַּ֞ר כָּל־עָרֵ֤י פְלִשְׁתִּים֙
לַֽחֲמֵ֣שֶׁת הַסְּרָנִ֔ים מֵעִ֣יר מִבְצָ֔ר וְעַ֖ד כֹּ֣פֶר הַפְּרָזִ֑י וְעַ֣ד ׀ אָבֵ֣ל
הַגְּדוֹלָ֗ה אֲשֶׁ֙ר הִנִּ֤יחוּ עָלֶ֙יהָ֙ אֵ֚ת אֲר֣וֹן יְהוָ֔ה עַ֖ד הַיּ֣וֹם הַזֶּ֑ה
19 בִּשְׂדֵ֥ה יְהוֹשֻׁ֖עַ בֵּֽית־הַשִּׁמְשִֽׁי: וַיַּ֞ךְ בְּאַנְשֵׁ֣י בֵֽית־שֶׁ֗מֶשׁ כִּ֤י רָאוּ֙
בַּֽאֲר֣וֹן יְהוָ֔ה וַיַּ֤ךְ בָּעָם֙ שִׁבְעִ֣ים אִ֔ישׁ חֲמִשִּׁ֥ים אֶ֖לֶף אִ֑ישׁ
וַיִּֽתְאַבְּל֣וּ הָעָ֔ם כִּֽי־הִכָּ֧ה יְהוָ֛ה בָּעָ֖ם מַכָּ֥ה גְדוֹלָֽה: וַיֹּֽאמְרוּ֙
כ אַנְשֵׁ֣י בֵֽית־שֶׁ֔מֶשׁ מִ֚י יוּכַ֣ל לַֽעֲמֹ֔ד לִפְנֵ֛י יְהוָ֥ה הָֽאֱלֹהִ֖ים הַקָּד֣וֹשׁ
הַזֶּ֑ה וְאֶל־מִ֖י יַֽעֲלֶ֥ה מֵֽעָלֵֽינוּ: וַֽיִּשְׁלְחוּ֙ מַלְאָכִ֔ים אֶל־יֽוֹשְׁבֵ֖י 21
קִרְיַת־יְעָרִ֣ים לֵאמֹ֑ר הֵשִׁ֣בוּ פְלִשְׁתִּים֮ אֶת־אֲר֣וֹן יְהוָה֒ רְד֕וּ
הַעֲל֥וּ אֹת֖וֹ אֲלֵיכֶֽם: ס

ז   CAP. VII. ז

א וַיָּבֹ֜אוּ אַנְשֵׁ֣י ׀ קִרְיַ֣ת יְעָרִ֗ים וַיַּֽעֲלוּ֙ אֶת־אֲר֣וֹן יְהוָ֔ה וַיָּבִ֤אוּ אֹתוֹ֙
אֶל־בֵּ֣ית אֲבִֽינָדָ֔ב בַּגִּבְעָ֑ה וְאֶת־אֶלְעָזָ֤ר בְּנוֹ֙ קִדְּשׁ֔וּ לִשְׁמֹ֖ר
2 אֶת־אֲר֥וֹן יְהוָֽה: וַיְהִ֗י מִיּ֞וֹם שֶׁ֤בֶת הָֽאָרוֹן֙ בְּקִרְיַ֣ת יְעָרִ֔ים
וַיִּרְבּוּ֙ הַיָּמִ֔ים וַיִּֽהְי֖וּ עֶשְׂרִ֣ים שָׁנָ֑ה וַיִּנָּ֛הוּ כָּל־בֵּ֥ית יִשְׂרָאֵ֖ל אַֽחֲרֵ֥י
3 יְהוָֽה: ס וַיֹּ֣אמֶר שְׁמוּאֵ֗ל אֶל־כָּל־בֵּ֤ית יִשְׂרָאֵל֙ לֵאמֹ֔ר אִם־
בְּכָל־לְבַבְכֶ֗ם אַתֶּ֤ם שָׁבִים֙ אֶל־יְהוָ֔ה הָסִ֜ירוּ אֶת־אֱלֹהֵ֤י
הַנֵּכָר֙ מִתּֽוֹכְכֶ֔ם וְהָעַשְׁתָּר֑וֹת וְהָכִ֤ינוּ לְבַבְכֶם֙ אֶל־יְהוָ֔ה
4 וְעִבְדֻ֥הוּ לְבַדּ֖וֹ וְיַצֵּ֥ל אֶתְכֶ֖ם מִיַּ֣ד פְּלִשְׁתִּֽים: וַיָּסִ֙ירוּ֙ בְּנֵ֣י
יִשְׂרָאֵ֔ל אֶת־הַבְּעָלִ֖ים וְאֶת־הָֽעַשְׁתָּרֹ֑ת וַיַּֽעַבְד֥וּ אֶת־יְהוָ֖ה
5 לְבַדּֽוֹ: וַיֹּ֣אמֶר שְׁמוּאֵ֔ל קִבְצ֥וּ אֶת־כָּל־יִשְׂרָאֵ֖ל הַמִּצְפָּ֑תָה
6 וְאֶתְפַּלֵּ֥ל בַּֽעַדְכֶ֖ם אֶל־יְהוָֽה: וַיִּקָּֽבְצ֣וּ הַ֠מִּצְפָּתָה וַיִּֽשְׁאֲבוּ־
מַ֜יִם וַֽיִּשְׁפְּכ֣וּ ׀ לִפְנֵ֣י יְהוָ֗ה וַיָּצ֙וּמוּ֙ בַּיּ֣וֹם הַה֔וּא וַיֹּ֣אמְרוּ שָׁ֔ם
חָטָ֖אנוּ לַֽיהוָ֑ה וַיִּשְׁפֹּ֧ט שְׁמוּאֵ֛ל אֶת־בְּנֵ֥י יִשְׂרָאֵ֖ל בַּמִּצְפָּֽה:
7 וַיִּשְׁמְע֣וּ פְלִשְׁתִּ֗ים כִּֽי־הִתְקַבְּצ֤וּ בְנֵֽי־יִשְׂרָאֵל֙ הַמִּצְפָּ֔תָה וַיַּֽעֲל֥וּ
סַרְנֵֽי־פְלִשְׁתִּים֙

סַרְנֵי־פְלִשְׁתִּים אֶל־יִשְׂרָאֵל וַיִּשְׁמְעוּ בְּנֵי יִשְׂרָאֵל וַיִּרְאוּ מִפְּנֵי
8 פְּלִשְׁתִּים׃ וַיֹּאמְרוּ בְנֵי־יִשְׂרָאֵל אֶל־שְׁמוּאֵל אַל־תַּחֲרֵשׁ
9 מִמֶּנּוּ מִזְּעֹק אֶל־יְהוָה אֱלֹהֵינוּ וְיֹשִׁעֵנוּ מִיַּד פְּלִשְׁתִּים׃ וַיִּקַּח
שְׁמוּאֵל טְלֵה חָלָב אֶחָד וַיַּעֲלֵהָ עוֹלָה כָּלִיל לַיהוָה וַיִּזְעַק
י שְׁמוּאֵל אֶל־יְהוָה בְּעַד יִשְׂרָאֵל וַיַּעֲנֵהוּ יְהוָה׃ וַיְהִי שְׁמוּאֵל
מַעֲלֶה הָעוֹלָה וּפְלִשְׁתִּים נִגְּשׁוּ לַמִּלְחָמָה בְּיִשְׂרָאֵל וַיַּרְעֵם
יְהוָה בְּקוֹל־גָּדוֹל בַּיּוֹם הַהוּא עַל־פְּלִשְׁתִּים וַיְהֻמֵּם וַיִּנָּגְפוּ
11 לִפְנֵי יִשְׂרָאֵל׃ וַיֵּצְאוּ אַנְשֵׁי יִשְׂרָאֵל מִן־הַמִּצְפָּה וַיִּרְדְּפוּ אֶת־
12 פְּלִשְׁתִּים וַיַּכּוּם עַד־מִתַּחַת לְבֵית כָּר׃ וַיִּקַּח שְׁמוּאֵל אֶבֶן
אַחַת וַיָּשֶׂם בֵּין־הַמִּצְפָּה וּבֵין הַשֵּׁן וַיִּקְרָא אֶת־שְׁמָהּ אֶבֶן
13 הָעָזֶר וַיֹּאמַר עַד־הֵנָּה עֲזָרָנוּ יְהוָה׃ וַיִּכָּנְעוּ הַפְּלִשְׁתִּים וְלֹא־
יָסְפוּ עוֹד לָבוֹא בִּגְבוּל יִשְׂרָאֵל וַתְּהִי יַד־יְהוָה בַּפְּלִשְׁתִּים
14 כֹּל יְמֵי שְׁמוּאֵל׃ וַתָּשֹׁבְנָה הֶעָרִים אֲשֶׁר לָקְחוּ־פְלִשְׁתִּים
מֵאֵת יִשְׂרָאֵל ׀ לְיִשְׂרָאֵל מֵעֶקְרוֹן וְעַד־גַּת וְאֶת־גְּבוּלָן הִצִּיל
יִשְׂרָאֵל מִיַּד פְּלִשְׁתִּים וַיְהִי שָׁלוֹם בֵּין יִשְׂרָאֵל וּבֵין הָאֱמֹרִי׃
טו 16 וַיִּשְׁפֹּט שְׁמוּאֵל אֶת־יִשְׂרָאֵל כֹּל יְמֵי חַיָּיו׃ וְהָלַךְ מִדֵּי שָׁנָה
בְּשָׁנָה וְסָבַב בֵּית־אֵל וְהַגִּלְגָּל וְהַמִּצְפָּה וְשָׁפַט אֶת־יִשְׂרָאֵל
17 אֵת כָּל־הַמְּקוֹמוֹת הָאֵלֶּה׃ וּתְשֻׁבָתוֹ הָרָמָתָה כִּי־שָׁם בֵּיתוֹ
וְשָׁם שָׁפָט אֶת־יִשְׂרָאֵל וַיִּבֶן־שָׁם מִזְבֵּחַ לַיהוָה׃

ח Cap. VIII. ח

א וַיְהִי כַּאֲשֶׁר זָקֵן שְׁמוּאֵל וַיָּשֶׂם אֶת־בָּנָיו שֹׁפְטִים לְיִשְׂרָאֵל׃
2 וַיְהִי שֶׁם־בְּנוֹ הַבְּכוֹר יוֹאֵל וְשֵׁם מִשְׁנֵהוּ אֲבִיָּה שֹׁפְטִים בִּבְאֵר
3 שָׁבַע׃ וְלֹא־הָלְכוּ בָנָיו בִּדְרָכוֹ וַיִּטּוּ אַחֲרֵי הַבָּצַע וַיִּקְחוּ־
4 שֹׁחַד וַיַּטּוּ מִשְׁפָּט׃ וַיִּתְקַבְּצוּ כֹּל זִקְנֵי יִשְׂרָאֵל וַיָּבֹאוּ אֶל־
ה שְׁמוּאֵל הָרָמָתָה׃ וַיֹּאמְרוּ אֵלָיו הִנֵּה אַתָּה זָקַנְתָּ וּבָנֶיךָ לֹא
הָלְכוּ בִּדְרָכֶיךָ עַתָּה שִׂימָה־לָּנוּ מֶלֶךְ לְשָׁפְטֵנוּ כְּכָל־הַגּוֹיִם׃
6 וַיֵּרַע הַדָּבָר בְּעֵינֵי שְׁמוּאֵל כַּאֲשֶׁר אָמְרוּ תְּנָה־לָּנוּ מֶלֶךְ
לְשָׁפְטֵנוּ וַיִּתְפַּלֵּל שְׁמוּאֵל אֶל־יְהוָה׃

ז׳ v. 9. ויעלהו ק׳ ח׳ v. 3. בדרכיו ק׳

7 וַיֹּ֤אמֶר יְהוָה֙ אֶל־שְׁמוּאֵ֔ל שְׁמַע֙ בְּק֣וֹל הָעָ֔ם לְכֹ֥ל אֲשֶׁר־
יֹאמְר֖וּ אֵלֶ֑יךָ כִּ֣י לֹ֤א אֹֽתְךָ֙ מָאָ֔סוּ כִּֽי־אֹתִ֥י מָאֲס֖וּ מִמְּלֹ֥ךְ
8 עֲלֵיהֶֽם׃ כְּכָל־הַֽמַּעֲשִׂ֣ים אֲשֶׁר־עָשׂ֡וּ מִיּוֹם֩ הַעֲלֹתִ֨י אוֹתָ֤ם
מִמִּצְרַ֙יִם֙ וְעַד־הַיּ֣וֹם הַזֶּ֔ה וַיַּֽעַזְבֻ֔נִי וַיַּעַבְד֖וּ אֱלֹהִ֣ים אֲחֵרִ֑ים
9 כֵּ֛ן הֵ֥מָּה עֹשִׂ֖ים גַּם־לָֽךְ׃ וְעַתָּ֖ה שְׁמַ֣ע בְּקוֹלָ֑ם אַ֗ךְ כִּֽי־הָעֵ֤ד
תָּעִיד֙ בָּהֶ֔ם וְהִגַּדְתָּ֣ לָהֶ֔ם מִשְׁפַּ֣ט הַמֶּ֔לֶךְ אֲשֶׁ֥ר יִמְלֹ֖ךְ עֲלֵיהֶֽם׃
י וַיֹּ֣אמֶר שְׁמוּאֵ֔ל אֵ֖ת כָּל־דִּבְרֵ֣י יְהוָ֑ה אֶל־הָעָ֕ם הַשֹּׁאֲלִ֥ים
11 מֵאִתּ֖וֹ מֶֽלֶךְ׃ וַיֹּ֕אמֶר זֶ֣ה יִהְיֶ֔ה מִשְׁפַּ֣ט הַמֶּ֔לֶךְ אֲשֶׁ֥ר יִמְלֹ֖ךְ
עֲלֵיכֶ֑ם אֶת־בְּנֵיכֶ֣ם יִקָּ֗ח וְשָׂ֥ם לוֹ֙ בְּמֶרְכַּבְתּ֣וֹ וּבְפָרָשָׁ֔יו וְרָצ֖וּ
12 לִפְנֵ֥י מֶרְכַּבְתּֽוֹ׃ וְלָשׂ֣וּם ל֔וֹ שָׂרֵ֥י אֲלָפִ֖ים וְשָׂרֵ֣י חֲמִשִּׁ֑ים וְלַחֲרֹ֤שׁ
חֲרִישׁוֹ֙ וְלִקְצֹ֣ר קְצִיר֔וֹ וְלַעֲשׂ֥וֹת כְּלֵֽי־מִלְחַמְתּ֖וֹ וּכְלֵ֥י רִכְבּֽוֹ׃
13 14 וְאֶת־בְּנוֹתֵיכֶ֖ם יִקָּ֑ח לְרַקָּח֥וֹת וּלְטַבָּח֖וֹת וּלְאֹפֽוֹת׃ וְאֶת־
שְׂדוֹתֵיכֶ֧ם וְאֶת־כַּרְמֵיכֶ֛ם וְזֵיתֵיכֶ֖ם הַטּוֹבִ֣ים יִקָּ֑ח וְנָתַ֖ן
טו לַעֲבָדָֽיו׃ וְזַרְעֵיכֶ֥ם וְכַרְמֵיכֶ֖ם יַעְשֹׂ֑ר וְנָתַ֥ן לְסָרִיסָ֖יו וְלַעֲבָדָֽיו׃
16 וְאֶת־עַבְדֵיכֶם֩ וְאֶת־שִׁפְח֨וֹתֵיכֶ֜ם וְאֶת־בַּחוּרֵיכֶ֧ם הַטּוֹבִ֛ים
17 וְאֶת־חֲמוֹרֵיכֶ֖ם יִקָּ֑ח וְעָשָׂ֖ה לִמְלַאכְתּֽוֹ׃ צֹאנְכֶ֖ם יַעְשֹׂ֑ר וְאַתֶּ֖ם
18 תִּהְיוּ־ל֥וֹ לַעֲבָדִֽים׃ וּזְעַקְתֶּם֙ בַּיּ֣וֹם הַה֔וּא מִלִּפְנֵ֣י מַלְכְּכֶ֔ם
אֲשֶׁ֥ר בְּחַרְתֶּ֖ם לָכֶ֑ם וְלֹֽא־יַעֲנֶ֧ה יְהוָ֛ה אֶתְכֶ֖ם בַּיּ֥וֹם הַהֽוּא׃
19 וַיְמָאֲנ֣וּ הָעָ֔ם לִשְׁמֹ֖עַ בְּק֣וֹל שְׁמוּאֵ֑ל וַיֹּ֣אמְרוּ לֹּ֔א כִּ֥י אִם־מֶ֖לֶךְ
כ יִהְיֶ֥ה עָלֵֽינוּ׃ וְהָיִ֥ינוּ גַם־אֲנַ֖חְנוּ כְּכָל־הַגּוֹיִ֑ם וּשְׁפָטָ֤נוּ מַלְכֵּ֙נוּ֙
21 וְיָצָ֣א לְפָנֵ֔ינוּ וְנִלְחַ֖ם אֶת־מִלְחֲמֹתֵֽנוּ׃ וַיִּשְׁמַ֣ע שְׁמוּאֵ֔ל אֵ֖ת
22 כָּל־דִּבְרֵ֣י הָעָ֑ם וַֽיְדַבְּרֵ֖ם בְּאָזְנֵ֥י יְהוָֽה׃ וַיֹּ֨אמֶר יְהוָ֜ה אֶל־
שְׁמוּאֵל֙ שְׁמַ֣ע בְּקוֹלָ֔ם וְהִמְלַכְתָּ֥ לָהֶ֖ם מֶ֑לֶךְ וַיֹּ֤אמֶר שְׁמוּאֵל֙
אֶל־אַנְשֵׁ֣י יִשְׂרָאֵ֔ל לְכ֖וּ אִ֥ישׁ לְעִירֽוֹ׃

ט Cap. IX. ט

א וַיְהִי־אִ֣ישׁ מִבִּן־יָמִ֗ין וּשְׁמוֹ֩ קִ֨ישׁ בֶּן־אֲבִיאֵ֜ל בֶּן־צְר֣וֹר בֶּן־
2 בְּכוֹרַ֧ת בֶּן־אֲפִ֛יחַ בֶּן־אִ֥ישׁ יְמִינִ֖י גִּבּ֥וֹר חָֽיִל׃ וְלוֹ־הָיָ֨ה בֵ֜ן

ושמו

ט׳ v. 1. מבנימין ק׳

וּשְׁמוֹ שָׁאוּל בָּחוּר וָטוֹב וְאֵין אִישׁ מִבְּנֵי יִשְׂרָאֵל טוֹב מִמֶּנּוּ
3 מִשִּׁכְמוֹ וָמַעְלָה גָּבֹהַּ מִכָּל־הָעָם׃ וַתֹּאבַדְנָה הָאֲתֹנוֹת לְקִישׁ
אֲבִי שָׁאוּל וַיֹּאמֶר קִישׁ אֶל־שָׁאוּל בְּנוֹ קַח־נָא אִתְּךָ אֶת־
4 אַחַד מֵהַנְּעָרִים וְקוּם לֵךְ בַּקֵּשׁ אֶת־הָאֲתֹנֹת׃ וַיַּעֲבֹר בְּהַר־
אֶפְרַיִם וַיַּעֲבֹר בְּאֶרֶץ־שָׁלִשָׁה וְלֹא מָצָאוּ וַיַּעַבְרוּ בְאֶרֶץ־
ה שַׁעֲלִים וָאַיִן וַיַּעֲבֹר בְּאֶרֶץ־יְמִינִי וְלֹא מָצָאוּ׃ הֵמָּה בָּאוּ
בְּאֶרֶץ צוּף וְשָׁאוּל אָמַר לְנַעֲרוֹ אֲשֶׁר־עִמּוֹ לְכָה וְנָשׁוּבָה
6 פֶּן־יֶחְדַּל אָבִי מִן־הָאֲתֹנוֹת וְדָאַג לָנוּ׃ וַיֹּאמֶר לוֹ הִנֵּה־נָא
אִישׁ־אֱלֹהִים בָּעִיר הַזֹּאת וְהָאִישׁ נִכְבָּד כֹּל אֲשֶׁר־יְדַבֵּר
בּוֹא יָבוֹא עַתָּה נֵלְכָה שָּׁם אוּלַי יַגִּיד לָנוּ אֶת־דַּרְכֵּנוּ אֲשֶׁר־
7 הָלַכְנוּ עָלֶיהָ׃ וַיֹּאמֶר שָׁאוּל לְנַעֲרוֹ וְהִנֵּה נֵלֵךְ וּמַה־נָּבִיא
לָאִישׁ כִּי הַלֶּחֶם אָזַל מִכֵּלֵינוּ וּתְשׁוּרָה אֵין־לְהָבִיא לְאִישׁ
8 הָאֱלֹהִים מָה אִתָּנוּ׃ וַיֹּסֶף הַנַּעַר לַעֲנוֹת אֶת־שָׁאוּל וַיֹּאמֶר
הִנֵּה נִמְצָא בְיָדִי רֶבַע שֶׁקֶל כָּסֶף וְנָתַתִּי לְאִישׁ הָאֱלֹהִים
9 וְהִגִּיד לָנוּ אֶת־דַּרְכֵּנוּ׃ לְפָנִים ׀ בְּיִשְׂרָאֵל כֹּה־אָמַר הָאִישׁ
בְּלֶכְתּוֹ לִדְרוֹשׁ אֱלֹהִים לְכוּ וְנֵלְכָה עַד־הָרֹאֶה כִּי לַנָּבִיא
י הַיּוֹם יִקָּרֵא לְפָנִים הָרֹאֶה׃ וַיֹּאמֶר שָׁאוּל לְנַעֲרוֹ טוֹב דְּבָרְךָ
לְכָה ׀ נֵלֵכָה וַיֵּלְכוּ אֶל־הָעִיר אֲשֶׁר־שָׁם אִישׁ הָאֱלֹהִים׃
11 הֵמָּה עֹלִים בְּמַעֲלֵה הָעִיר וְהֵמָּה מָצְאוּ נְעָרוֹת יֹצְאוֹת לִשְׁאֹב
12 מָיִם וַיֹּאמְרוּ לָהֶן הֲיֵשׁ בָּזֶה הָרֹאֶה׃ וַתַּעֲנֶינָה אוֹתָם וַתֹּאמַרְנָה
יֵּשׁ הִנֵּה לְפָנֶיךָ מַהֵר ׀ עַתָּה כִּי הַיּוֹם בָּא לָעִיר כִּי זֶבַח הַיּוֹם
13 לָעָם בַּבָּמָה׃ כְּבֹאֲכֶם הָעִיר כֵּן תִּמְצְאוּן אֹתוֹ בְּטֶרֶם יַעֲלֶה
הַבָּמָתָה לֶאֱכֹל כִּי לֹא־יֹאכַל הָעָם עַד־בֹּאוֹ כִּי־הוּא יְבָרֵךְ
הַזֶּבַח אַחֲרֵי־כֵן יֹאכְלוּ הַקְּרֻאִים וְעַתָּה עֲלוּ כִּי־אֹתוֹ כְהַיּוֹם
14 תִּמְצְאוּן אֹתוֹ׃ וַיַּעֲלוּ הָעִיר הֵמָּה בָּאִים בְּתוֹךְ הָעִיר וְהִנֵּה
טו שְׁמוּאֵל יֹצֵא לִקְרָאתָם לַעֲלוֹת הַבָּמָה׃ וַיהוָה גָּלָה אֶת־
16 אֹזֶן שְׁמוּאֵל יוֹם אֶחָד לִפְנֵי בוֹא־שָׁאוּל לֵאמֹר׃ כָּעֵת ׀ מָחָר
אֶשְׁלַח אֵלֶיךָ אִישׁ מֵאֶרֶץ בִּנְיָמִן וּמְשַׁחְתּוֹ לְנָגִיד עַל־עַמִּי

ישראל

יִשְׂרָאֵל וְהוֹשִׁיעַ אֶת־עַמִּי מִיַּד פְּלִשְׁתִּים כִּי רָאִיתִי אֶת־עַמִּי
17 כִּי בָּאָה צַעֲקָתוֹ אֵלָי׃ וּשְׁמוּאֵל רָאָה אֶת־שָׁאוּל וַיהוָה עָנָהוּ
18 הִנֵּה הָאִישׁ אֲשֶׁר אָמַרְתִּי אֵלֶיךָ זֶה יַעְצֹר בְּעַמִּי׃ וַיִּגַּשׁ שָׁאוּל
אֶת־שְׁמוּאֵל בְּתוֹךְ הַשָּׁעַר וַיֹּאמֶר הַגִּידָה־נָּא לִי אֵי־זֶה בֵּית
19 הָרֹאֶה׃ וַיַּעַן שְׁמוּאֵל אֶת־שָׁאוּל וַיֹּאמֶר אָנֹכִי הָרֹאֶה עֲלֵה
לְפָנַי הַבָּמָה וַאֲכַלְתֶּם עִמִּי הַיּוֹם וְשִׁלַּחְתִּיךָ בַבֹּקֶר וְכֹל אֲשֶׁר
כ בִּלְבָבְךָ אַגִּיד לָךְ׃ וְלָאֲתֹנוֹת הָאֹבְדוֹת לְךָ הַיּוֹם שְׁלֹשֶׁת
הַיָּמִים אַל־תָּשֶׂם אֶת־לִבְּךָ לָהֶם כִּי נִמְצָאוּ וּלְמִי כָּל־
21 חֶמְדַּת יִשְׂרָאֵל הֲלוֹא לְךָ וּלְכֹל בֵּית אָבִיךָ׃ וַיַּעַן שָׁאוּל
וַיֹּאמֶר הֲלוֹא בֶן־יְמִינִי אָנֹכִי מִקְּטַנֵּי שִׁבְטֵי יִשְׂרָאֵל וּמִשְׁפַּחְתִּי
הַצְּעִרָה מִכָּל־מִשְׁפְּחוֹת שִׁבְטֵי בִנְיָמִן וְלָמָּה דִּבַּרְתָּ אֵלַי
22 כַּדָּבָר הַזֶּה׃ וַיִּקַּח שְׁמוּאֵל אֶת־שָׁאוּל וְאֶת־נַעֲרוֹ וַיְבִיאֵם
לִשְׁכָּתָה וַיִּתֵּן לָהֶם מָקוֹם בְּרֹאשׁ הַקְּרוּאִים וְהֵמָּה כִּשְׁלֹשִׁים
23 אִישׁ׃ וַיֹּאמֶר שְׁמוּאֵל לַטַּבָּח תְּנָה אֶת־הַמָּנָה אֲשֶׁר נָתַתִּי לָךְ
24 אֲשֶׁר אָמַרְתִּי אֵלֶיךָ שִׂים אֹתָהּ עִמָּךְ׃ וַיָּרֶם הַטַּבָּח אֶת־הַשּׁוֹק
וְהֶעָלֶיהָ וַיָּשֶׂם ׀ לִפְנֵי שָׁאוּל וַיֹּאמֶר הִנֵּה הַנִּשְׁאָר שִׂים־לְפָנֶיךָ
אֱכֹל כִּי לַמּוֹעֵד שָׁמוּר־לְךָ לֵאמֹר הָעָם קָרָאתִי וַיֹּאכַל
כה שָׁאוּל עִם־שְׁמוּאֵל בַּיּוֹם הַהוּא׃ וַיֵּרְדוּ מֵהַבָּמָה הָעִיר וַיְדַבֵּר
26 עִם־שָׁאוּל עַל־הַגָּג׃ וַיַּשְׁכִּמוּ וַיְהִי כַּעֲלוֹת הַשַּׁחַר וַיִּקְרָא
שְׁמוּאֵל אֶל־שָׁאוּל הַגָּג לֵאמֹר קוּמָה וַאֲשַׁלְּחֶךָּ וַיָּקָם שָׁאוּל
27 וַיֵּצְאוּ שְׁנֵיהֶם הוּא וּשְׁמוּאֵל הַחוּצָה׃ הֵמָּה יוֹרְדִים בִּקְצֵה
הָעִיר וּשְׁמוּאֵל אָמַר אֶל־שָׁאוּל אֱמֹר לַנַּעַר וְיַעֲבֹר לְפָנֵינוּ
וַיַּעֲבֹר וְאַתָּה עֲמֹד כַּיּוֹם וְאַשְׁמִיעֲךָ אֶת־דְּבַר אֱלֹהִים׃

י CAP. X. י

א וַיִּקַּח שְׁמוּאֵל אֶת־פַּךְ הַשֶּׁמֶן וַיִּצֹק עַל־רֹאשׁוֹ וַיִּשָּׁקֵהוּ
2 וַיֹּאמֶר הֲלוֹא כִּי־מְשָׁחֲךָ יְהוָה עַל־נַחֲלָתוֹ לְנָגִיד׃ בְּלֶכְתְּךָ
הַיּוֹם מֵעִמָּדִי וּמָצָאתָ שְׁנֵי אֲנָשִׁים עִם־קְבֻרַת רָחֵל בִּגְבוּל

ט׳ v. 26. הגגה ק׳

בִּנְיָמִן בְּצֶלְצַח וְאָמְרוּ אֵלֶיךָ נִמְצְאוּ הָאֲתֹנוֹת אֲשֶׁר הָלַכְתָּ
לְבַקֵּשׁ וְהִנֵּה נָטַשׁ אָבִיךָ אֶת־דִּבְרֵי הָאֲתֹנוֹת וְדָאַג לָכֶם לֵאמֹר
3 מָה אֶעֱשֶׂה לִבְנִי׃ וְחָלַפְתָּ מִשָּׁם וָהָלְאָה וּבָאתָ עַד־אֵלוֹן
תָּבוֹר וּמְצָאוּךָ שָּׁם שְׁלֹשָׁה אֲנָשִׁים עֹלִים אֶל־הָאֱלֹהִים בֵּית־
אֵל אֶחָד נֹשֵׂא ׀ שְׁלֹשָׁה גְדָיִים וְאֶחָד נֹשֵׂא שְׁלֹשֶׁת כִּכְּרוֹת לֶחֶם
4 וְאֶחָד נֹשֵׂא נֵבֶל־יָיִן׃ וְשָׁאֲלוּ לְךָ לְשָׁלוֹם וְנָתְנוּ לְךָ שְׁתֵּי־לֶחֶם
ה וְלָקַחְתָּ מִיָּדָם׃ אַחַר כֵּן תָּבוֹא גִּבְעַת הָאֱלֹהִים אֲשֶׁר־שָׁם
נְצִבֵי פְלִשְׁתִּים וִיהִי כְבֹאֲךָ שָׁם הָעִיר וּפָגַעְתָּ חֶבֶל נְבִאִים
יֹרְדִים מֵהַבָּמָה וְלִפְנֵיהֶם נֵבֶל וְתֹף וְחָלִיל וְכִנּוֹר וְהֵמָּה
6 מִתְנַבְּאִים׃ וְצָלְחָה עָלֶיךָ רוּחַ יְהוָֹה וְהִתְנַבִּיתָ עִמָּם וְנֶהְפַּכְתָּ
7 לְאִישׁ אַחֵר׃ וְהָיָה כִּי תָבֹאינָה הָאֹתוֹת הָאֵלֶּה לָךְ עֲשֵׂה לְךָ
8 אֲשֶׁר תִּמְצָא יָדֶךָ כִּי הָאֱלֹהִים עִמָּךְ׃ וְיָרַדְתָּ לְפָנַי הַגִּלְגָּל
וְהִנֵּה אָנֹכִי יֹרֵד אֵלֶיךָ לְהַעֲלוֹת עֹלוֹת לִזְבֹּחַ זִבְחֵי שְׁלָמִים
שִׁבְעַת יָמִים תּוֹחֵל עַד־בּוֹאִי אֵלֶיךָ וְהוֹדַעְתִּי לְךָ אֵת אֲשֶׁר
9 תַּעֲשֶׂה׃ וְהָיָה כְּהַפְנֹתוֹ שִׁכְמוֹ לָלֶכֶת מֵעִם שְׁמוּאֵל וַיַּהֲפָךְ־
לוֹ אֱלֹהִים לֵב אַחֵר וַיָּבֹאוּ כָּל־הָאֹתוֹת הָאֵלֶּה בַּיּוֹם
י הַהוּא׃ וַיָּבֹאוּ שָׁם הַגִּבְעָתָה וְהִנֵּה חֶבֶל־נְבִאִים לִקְרָאתוֹ
11 וַתִּצְלַח עָלָיו רוּחַ אֱלֹהִים וַיִּתְנַבֵּא בְּתוֹכָם׃ וַיְהִי כָּל־יוֹדְעוֹ
מֵאִתְּמוֹל שִׁלְשֹׁם וַיִּרְאוּ וְהִנֵּה עִם־נְבִאִים נִבָּא ° וַיֹּאמֶר
הָעָם אִישׁ אֶל־רֵעֵהוּ מַה־זֶּה הָיָה לְבֶן־קִישׁ הֲגַם שָׁאוּל
12 בַּנְּבִיאִים׃ וַיַּעַן אִישׁ מִשָּׁם וַיֹּאמֶר וּמִי אֲבִיהֶם עַל־כֵּן הָיְתָה
13 לְמָשָׁל הֲגַם שָׁאוּל בַּנְּבִאִים׃ וַיְכַל מֵהִתְנַבּוֹת וַיָּבֹא הַבָּמָה׃
14 וַיֹּאמֶר דּוֹד שָׁאוּל אֵלָיו וְאֶל־נַעֲרוֹ אָן הֲלַכְתֶּם וַיֹּאמֶר לְבַקֵּשׁ
טו אֶת־הָאֲתֹנוֹת וַנִּרְאֶה כִי־אַיִן וַנָּבוֹא אֶל־שְׁמוּאֵל׃ וַיֹּאמֶר
16 דּוֹד שָׁאוּל הַגִּידָה־נָּא לִי מָה־אָמַר לָכֶם שְׁמוּאֵל׃ וַיֹּאמֶר
שָׁאוּל אֶל־דּוֹדוֹ הַגֵּד הִגִּיד לָנוּ כִּי נִמְצְאוּ הָאֲתֹנוֹת וְאֶת־
דְּבַר הַמְּלוּכָה לֹא־הִגִּיד לוֹ אֲשֶׁר אָמַר שְׁמוּאֵל׃

ויצעק

v. 7. תבאנה ק׳   v. 11. פסקא באמצע פסוק

17 18 וַיַּצְעֵק שְׁמוּאֵל אֶת־הָעָם אֶל־יְהוָה הַמִּצְפָּה׃ וַיֹּאמֶר ׀ אֶל־
בְּנֵי יִשְׂרָאֵל כֹּה־אָמַר יְהוָה אֱלֹהֵי יִשְׂרָאֵל אָנֹכִי הֶעֱלֵיתִי
אֶת־יִשְׂרָאֵל מִמִּצְרָיִם וָאַצִּיל אֶתְכֶם מִיַּד מִצְרַיִם וּמִיַּד כָּל־
19 הַמַּמְלָכוֹת הַלֹּחֲצִים אֶתְכֶם׃ וְאַתֶּם הַיּוֹם מְאַסְתֶּם אֶת־
אֱלֹהֵיכֶם אֲשֶׁר־הוּא מוֹשִׁיעַ לָכֶם מִכָּל־רָעוֹתֵיכֶם וְצָרֹתֵיכֶם
וַתֹּאמְרוּ לוֹ כִּי־מֶלֶךְ תָּשִׂים עָלֵינוּ וְעַתָּה הִתְיַצְּבוּ לִפְנֵי
כ יְהוָה לְשִׁבְטֵיכֶם וּלְאַלְפֵיכֶם׃ וַיַּקְרֵב שְׁמוּאֵל אֵת כָּל־שִׁבְטֵי
21 יִשְׂרָאֵל וַיִּלָּכֵד שֵׁבֶט בִּנְיָמִן׃ וַיַּקְרֵב אֶת־שֵׁבֶט בִּנְיָמִן
לְמִשְׁפְּחֹתָו וַתִּלָּכֵד מִשְׁפַּחַת הַמַּטְרִי וַיִּלָּכֵד שָׁאוּל בֶּן־קִישׁ
22 וַיְבַקְשֻׁהוּ וְלֹא נִמְצָא׃ וַיִּשְׁאֲלוּ־עוֹד בַּיהוָה הֲבָא עוֹד הֲלֹם
אִישׁ ° וַיֹּאמֶר יְהוָה הִנֵּה־הוּא נֶחְבָּא אֶל־הַכֵּלִים׃
23 וַיָּרֻצוּ וַיִּקָּחֻהוּ מִשָּׁם וַיִּתְיַצֵּב בְּתוֹךְ הָעָם וַיִּגְבַּהּ מִכָּל־הָעָם
24 מִשִּׁכְמוֹ וָמָעְלָה׃ וַיֹּאמֶר שְׁמוּאֵל אֶל־כָּל־הָעָם הַרְּאִיתֶם
אֲשֶׁר בָּחַר־בּוֹ יְהוָה כִּי אֵין כָּמֹהוּ בְּכָל־הָעָם וַיָּרִעוּ כָל־
כה הָעָם וַיֹּאמְרוּ יְחִי הַמֶּלֶךְ׃ וַיְדַבֵּר שְׁמוּאֵל אֶל־הָעָם אֵת
מִשְׁפַּט הַמְּלֻכָה וַיִּכְתֹּב בַּסֵּפֶר וַיַּנַּח לִפְנֵי יְהוָה וַיְשַׁלַּח שְׁמוּאֵל
26 אֶת־כָּל־הָעָם אִישׁ לְבֵיתוֹ׃ וְגַם־שָׁאוּל הָלַךְ לְבֵיתוֹ גִּבְעָתָה
27 וַיֵּלְכוּ עִמּוֹ הַחַיִל אֲשֶׁר־נָגַע אֱלֹהִים בְּלִבָּם׃ וּבְנֵי בְלִיַּעַל
אָמְרוּ מַה־יֹּשִׁעֵנוּ זֶה וַיִּבְזֻהוּ וְלֹא־הֵבִיאוּ לוֹ מִנְחָה וַיְהִי
כְּמַחֲרִישׁ׃

יא CAP. XI. יא

א וַיַּעַל נָחָשׁ הָעַמּוֹנִי וַיִּחַן עַל־יָבֵישׁ גִּלְעָד וַיֹּאמְרוּ כָּל־אַנְשֵׁי
2 יָבֵישׁ אֶל־נָחָשׁ כְּרָת־לָנוּ בְרִית וְנַעַבְדֶךָּ׃ וַיֹּאמֶר אֲלֵיהֶם
נָחָשׁ הָעַמּוֹנִי בְּזֹאת אֶכְרֹת לָכֶם בִּנְקוֹר לָכֶם כָּל־עֵין יָמִין
3 וְשַׂמְתִּיהָ חֶרְפָּה עַל־כָּל־יִשְׂרָאֵל׃ וַיֹּאמְרוּ אֵלָיו זִקְנֵי יָבֵישׁ
הֶרֶף לָנוּ שִׁבְעַת יָמִים וְנִשְׁלְחָה מַלְאָכִים בְּכֹל גְּבוּל יִשְׂרָאֵל
4 וְאִם־אֵין מוֹשִׁיעַ אֹתָנוּ וְיָצָאנוּ אֵלֶיךָ׃ וַיָּבֹאוּ הַמַּלְאָכִים גִּבְעַת

שאול

י׳ v. 21. למשפחותיו ק׳   v. 22. פסקא באמצע פסוק

שָׁאוּל וַיְדַבְּרוּ הַדְּבָרִים בְּאָזְנֵי הָעָם וַיִּשְׂאוּ כָל־הָעָם אֶת־
ה קוֹלָם וַיִּבְכּוּ׃ וְהִנֵּה שָׁאוּל בָּא אַחֲרֵי הַבָּקָר מִן־הַשָּׂדֶה וַיֹּאמֶר
שָׁאוּל מַה־לָּעָם כִּי יִבְכּוּ וַיְסַפְּרוּ־לוֹ אֶת־דִּבְרֵי אַנְשֵׁי יָבֵישׁ׃
6 וַתִּצְלַח רוּחַ־אֱלֹהִים עַל־שָׁאוּל בְּשָׁמְעוֹ אֶת־הַדְּבָרִים
7 הָאֵלֶּה וַיִּחַר אַפּוֹ מְאֹד׃ וַיִּקַּח צֶמֶד בָּקָר וַיְנַתְּחֵהוּ וַיְשַׁלַּח
בְּכָל־גְּבוּל יִשְׂרָאֵל בְּיַד הַמַּלְאָכִים ׀ לֵאמֹר אֲשֶׁר אֵינֶנּוּ יֹצֵא
אַחֲרֵי שָׁאוּל וְאַחַר שְׁמוּאֵל כֹּה יֵעָשֶׂה לִבְקָרוֹ וַיִּפֹּל פַּחַד־
8 יְהוָה עַל־הָעָם וַיֵּצְאוּ כְּאִישׁ אֶחָד׃ וַיִּפְקְדֵם בְּבָזֶק וַיִּהְיוּ
בְנֵי־יִשְׂרָאֵל שְׁלֹשׁ מֵאוֹת אֶלֶף וְאִישׁ יְהוּדָה שְׁלֹשִׁים אָלֶף׃
9 וַיֹּאמְרוּ לַמַּלְאָכִים הַבָּאִים כֹּה תֹאמְרוּן לְאִישׁ יָבֵישׁ גִּלְעָד
מָחָר תִּהְיֶה־לָכֶם תְּשׁוּעָה בְּחֹם הַשָּׁמֶשׁ וַיָּבֹאוּ הַמַּלְאָכִים
י וַיַּגִּידוּ לְאַנְשֵׁי יָבֵישׁ וַיִּשְׂמָחוּ׃ וַיֹּאמְרוּ אַנְשֵׁי יָבֵישׁ מָחָר נֵצֵא
11 אֲלֵיכֶם וַעֲשִׂיתֶם לָּנוּ כְּכָל־הַטּוֹב בְּעֵינֵיכֶם׃ וַיְהִי מִמָּחֳרָת
וַיָּשֶׂם שָׁאוּל אֶת־הָעָם שְׁלֹשָׁה רָאשִׁים וַיָּבֹאוּ בְתוֹךְ־הַמַּחֲנֶה
בְּאַשְׁמֹרֶת הַבֹּקֶר וַיַּכּוּ אֶת־עַמּוֹן עַד־חֹם הַיּוֹם וַיְהִי הַנִּשְׁאָרִים
12 וַיָּפֻצוּ וְלֹא נִשְׁאֲרוּ־בָם שְׁנַיִם יָחַד׃ וַיֹּאמֶר הָעָם אֶל־שְׁמוּאֵל
13 מִי הָאֹמֵר שָׁאוּל יִמְלֹךְ עָלֵינוּ תְּנוּ הָאֲנָשִׁים וּנְמִיתֵם׃ וַיֹּאמֶר
שָׁאוּל לֹא־יוּמַת אִישׁ בַּיּוֹם הַזֶּה כִּי הַיּוֹם עָשָׂה־יְהוָה תְּשׁוּעָה
בְּיִשְׂרָאֵל׃
14 וַיֹּאמֶר שְׁמוּאֵל אֶל־הָעָם לְכוּ וְנֵלְכָה הַגִּלְגָּל וּנְחַדֵּשׁ שָׁם
טו הַמְּלוּכָה׃ וַיֵּלְכוּ כָל־הָעָם הַגִּלְגָּל וַיַּמְלִכוּ שָׁם אֶת־שָׁאוּל
לִפְנֵי יְהוָה בַּגִּלְגָּל וַיִּזְבְּחוּ־שָׁם זְבָחִים שְׁלָמִים לִפְנֵי יְהוָה
וַיִּשְׂמַח שָׁם שָׁאוּל וְכָל־אַנְשֵׁי יִשְׂרָאֵל עַד־מְאֹד׃

יב CAP. XII. יב

א וַיֹּאמֶר שְׁמוּאֵל אֶל־כָּל־יִשְׂרָאֵל הִנֵּה שָׁמַעְתִּי בְקֹלְכֶם
2 לְכֹל אֲשֶׁר־אֲמַרְתֶּם לִי וָאַמְלִיךְ עֲלֵיכֶם מֶלֶךְ׃ וְעַתָּה הִנֵּה
הַמֶּלֶךְ ׀ מִתְהַלֵּךְ לִפְנֵיכֶם וַאֲנִי זָקַנְתִּי וָשַׂבְתִּי וּבָנַי הִנָּם אִתְּכֶם
ואני

רא v. 6. כשמעו ק׳ v. 9. כחם ק׳ v. 14. הפטרת קרח

3 וַאֲנִי הִתְהַלַּכְתִּי לִפְנֵיכֶם מִנְּעֻרַי עַד־הַיּוֹם הַזֶּה׃ הִנְנִי עֲנוּ
בִי נֶגֶד יְהוָה וְנֶגֶד מְשִׁיחוֹ אֶת־שׁוֹר ׀ מִי לָקַחְתִּי וַחֲמוֹר מִי
לָקַחְתִּי וְאֶת־מִי עָשַׁקְתִּי אֶת־מִי רַצּוֹתִי וּמִיַּד־מִי לָקַחְתִּי
4 כֹפֶר וְאַעְלִים עֵינַי בּוֹ וְאָשִׁיב לָכֶם׃ וַיֹּאמְרוּ לֹא עֲשַׁקְתָּנוּ
ה וְלֹא רַצּוֹתָנוּ וְלֹא־לָקַחְתָּ מִיַּד־אִישׁ מְאוּמָה׃ וַיֹּאמֶר אֲלֵיהֶם
עֵד יְהוָה בָּכֶם וְעֵד מְשִׁיחוֹ הַיּוֹם הַזֶּה כִּי לֹא מְצָאתֶם בְּיָדִי
6 מְאוּמָה וַיֹּאמֶר עֵד׃ וַיֹּאמֶר שְׁמוּאֵל אֶל־הָעָם יְהוָה אֲשֶׁר
עָשָׂה אֶת־מֹשֶׁה וְאֶת־אַהֲרֹן וַאֲשֶׁר הֶעֱלָה אֶת־אֲבֹתֵיכֶם
7 מֵאֶרֶץ מִצְרָיִם׃ וְעַתָּה הִתְיַצְּבוּ וְאִשָּׁפְטָה אִתְּכֶם לִפְנֵי יְהוָה
אֵת כָּל־צִדְקוֹת יְהוָה אֲשֶׁר־עָשָׂה אִתְּכֶם וְאֶת־אֲבוֹתֵיכֶם׃
8 כַּאֲשֶׁר־בָּא יַעֲקֹב מִצְרָיִם וַיִּזְעֲקוּ אֲבוֹתֵיכֶם אֶל־יְהוָה וַיִּשְׁלַח
יְהוָה אֶת־מֹשֶׁה וְאֶת־אַהֲרֹן וַיּוֹצִיאוּ אֶת־אֲבֹתֵיכֶם מִמִּצְרַיִם
9 וַיֹּשִׁבוּם בַּמָּקוֹם הַזֶּה׃ וַיִּשְׁכְּחוּ אֶת־יְהוָה אֱלֹהֵיהֶם וַיִּמְכֹּר
אֹתָם בְּיַד סִיסְרָא שַׂר־צְבָא חָצוֹר וּבְיַד־פְּלִשְׁתִּים וּבְיַד
י מֶלֶךְ מוֹאָב וַיִּלָּחֲמוּ בָּם׃ וַיִּזְעֲקוּ אֶל־יְהוָה וַיֹּאמֶר חָטָאנוּ
כִּי עָזַבְנוּ אֶת־יְהוָה וַנַּעֲבֹד אֶת־הַבְּעָלִים וְאֶת־הָעַשְׁתָּרוֹת
11 וְעַתָּה הַצִּילֵנוּ מִיַּד אֹיְבֵינוּ וְנַעַבְדֶךָּ׃ וַיִּשְׁלַח יְהוָה אֶת־יְרֻבַּעַל
וְאֶת־בְּדָן וְאֶת־יִפְתָּח וְאֶת־שְׁמוּאֵל וַיַּצֵּל אֶתְכֶם מִיַּד
12 אֹיְבֵיכֶם מִסָּבִיב וַתֵּשְׁבוּ בֶּטַח׃ וַתִּרְאוּ כִּי־נָחָשׁ מֶלֶךְ בְּנֵי־
עַמּוֹן בָּא עֲלֵיכֶם וַתֹּאמְרוּ לִי לֹא כִּי־מֶלֶךְ יִמְלֹךְ עָלֵינוּ
13 וַיהוָה אֱלֹהֵיכֶם מַלְכְּכֶם׃ וְעַתָּה הִנֵּה הַמֶּלֶךְ אֲשֶׁר בְּחַרְתֶּם
14 אֲשֶׁר שְׁאֶלְתֶּם וְהִנֵּה נָתַן יְהוָה עֲלֵיכֶם מֶלֶךְ׃ אִם־תִּירְאוּ
אֶת־יְהוָה וַעֲבַדְתֶּם אֹתוֹ וּשְׁמַעְתֶּם בְּקֹלוֹ וְלֹא תַמְרוּ אֶת־
פִּי יְהוָה וִהְיִתֶם גַּם־אַתֶּם וְגַם־הַמֶּלֶךְ אֲשֶׁר מָלַךְ עֲלֵיכֶם
טו אַחַר יְהוָה אֱלֹהֵיכֶם׃ וְאִם־לֹא תִשְׁמְעוּ בְּקוֹל יְהוָה וּמְרִיתֶם
16 אֶת־פִּי יְהוָה וְהָיְתָה יַד־יְהוָה בָּכֶם וּבַאֲבֹתֵיכֶם׃ גַּם־עַתָּה
הִתְיַצְּבוּ וּרְאוּ אֶת־הַדָּבָר הַגָּדוֹל הַזֶּה אֲשֶׁר יְהוָה עֹשֶׂה

לעיניכם

v. 5. ויאמרו סבירין v. 10. ויאמרו ק׳

17 לְעֵינֵיכֶם׃ הֲלוֹא קְצִיר־חִטִּים הַיּוֹם אֶקְרָא אֶל־יְהוָה וְיִתֵּן
קֹלוֹת וּמָטָר וּדְעוּ וּרְאוּ כִּי־רָעַתְכֶם רַבָּה אֲשֶׁר עֲשִׂיתֶם
18 בְּעֵינֵי יְהוָה לִשְׁאוֹל לָכֶם מֶלֶךְ׃ וַיִּקְרָא שְׁמוּאֵל אֶל־יְהוָה
וַיִּתֵּן יְהוָה קֹלֹת וּמָטָר בַּיּוֹם הַהוּא וַיִּירָא כָל־הָעָם מְאֹד
19 אֶת־יְהוָה וְאֶת־שְׁמוּאֵל׃ וַיֹּאמְרוּ כָל־הָעָם אֶל־שְׁמוּאֵל
הִתְפַּלֵּל בְּעַד־עֲבָדֶיךָ אֶל־יְהוָה אֱלֹהֶיךָ וְאַל־נָמוּת כִּי־
כ יָסַפְנוּ עַל־כָּל־חַטֹּאתֵינוּ רָעָה לִשְׁאֹל לָנוּ מֶלֶךְ׃ וַיֹּאמֶר
שְׁמוּאֵל אֶל־הָעָם אַל־תִּירָאוּ אַתֶּם עֲשִׂיתֶם אֵת כָּל־הָרָעָה
הַזֹּאת אַךְ אַל־תָּסוּרוּ מֵאַחֲרֵי יְהוָה וַעֲבַדְתֶּם אֶת־יְהוָה
21 בְּכָל־לְבַבְכֶם׃ וְלֹא תָּסוּרוּ כִּי ׀ אַחֲרֵי הַתֹּהוּ אֲשֶׁר לֹא־
22 יוֹעִילוּ וְלֹא יַצִּילוּ כִּי־תֹהוּ הֵמָּה׃ כִּי לֹא־יִטֹּשׁ יְהוָה אֶת־
עַמּוֹ בַּעֲבוּר שְׁמוֹ הַגָּדוֹל כִּי הוֹאִיל יְהוָה לַעֲשׂוֹת אֶתְכֶם לוֹ
23 לְעָם׃ גַּם אָנֹכִי חָלִילָה לִּי מֵחֲטֹא לַיהוָה מֵחֲדֹל לְהִתְפַּלֵּל
24 בְּעַדְכֶם וְהוֹרֵיתִי אֶתְכֶם בְּדֶרֶךְ הַטּוֹבָה וְהַיְשָׁרָה׃ אַךְ ׀ יְראוּ
אֶת־יְהוָה וַעֲבַדְתֶּם אֹתוֹ בֶּאֱמֶת בְּכָל־לְבַבְכֶם כִּי רְאוּ אֵת
כה אֲשֶׁר־הִגְדִּל עִמָּכֶם׃ וְאִם־הָרֵעַ תָּרֵעוּ גַּם־אַתֶּם גַּם־מַלְכְּכֶם
תִּסָּפוּ׃

Cap. XIII. יג

יג

א בֶּן־שָׁנָה שָׁאוּל בְּמָלְכוֹ וּשְׁתֵּי שָׁנִים מָלַךְ עַל־יִשְׂרָאֵל׃
2 וַיִּבְחַר־לוֹ שָׁאוּל שְׁלֹשֶׁת אֲלָפִים מִיִּשְׂרָאֵל וַיִּהְיוּ עִם־שָׁאוּל
אַלְפַּיִם בְּמִכְמָשׂ וּבְהַר בֵּית־אֵל וְאֶלֶף הָיוּ עִם־יוֹנָתָן בְּגִבְעַת
3 בִּנְיָמִין וְיֶתֶר הָעָם שִׁלַּח אִישׁ לְאֹהָלָיו׃ וַיַּךְ יוֹנָתָן אֵת נְצִיב
פְּלִשְׁתִּים אֲשֶׁר בְּגֶבַע וַיִּשְׁמְעוּ פְּלִשְׁתִּים וְשָׁאוּל תָּקַע בַּשּׁוֹפָר
4 בְּכָל־הָאָרֶץ לֵאמֹר יִשְׁמְעוּ הָעִבְרִים׃ וְכָל־יִשְׂרָאֵל שָׁמְעוּ
לֵאמֹר הִכָּה שָׁאוּל אֶת־נְצִיב פְּלִשְׁתִּים וְגַם־נִבְאַשׁ יִשְׂרָאֵל
ה בַּפְּלִשְׁתִּים וַיִּצָּעֲקוּ הָעָם אַחֲרֵי שָׁאוּל הַגִּלְגָּל׃ וּפְלִשְׁתִּים
נֶאֶסְפוּ ׀ לְהִלָּחֵם עִם־יִשְׂרָאֵל שְׁלֹשִׁים אֶלֶף רֶכֶב וְשֵׁשֶׁת
אֲלָפִים פָּרָשִׁים וְעָם כַּחוֹל אֲשֶׁר עַל־שְׂפַת־הַיָּם לָרֹב וַיַּעֲלוּ

ויחנו

6 וַיַּחֲנוּ בְמִכְמָשׂ קִדְמַת בֵּית אָוֶן׃ וְאִישׁ יִשְׂרָאֵל רָאוּ כִּי צַר־
לוֹ כִּי נִגַּשׂ הָעָם וַיִּתְחַבְּאוּ הָעָם בַּמְּעָרוֹת וּבַחֲוָחִים וּבַסְּלָעִים
7 וּבַצְּרִחִים וּבַבֹּרוֹת׃ וְעִבְרִים עָבְרוּ אֶת־הַיַּרְדֵּן אֶרֶץ גָּד
8 וְגִלְעָד וְשָׁאוּל עוֹדֶנּוּ בַגִּלְגָּל וְכָל־הָעָם חָרְדוּ אַחֲרָיו׃ וַיִּיחֶל ׀
שִׁבְעַת יָמִים לַמּוֹעֵד אֲשֶׁר שְׁמוּאֵל וְלֹא־בָא שְׁמוּאֵל הַגִּלְגָּל
9 וַיָּפֶץ הָעָם מֵעָלָיו׃ וַיֹּאמֶר שָׁאוּל הַגִּשׁוּ אֵלַי הָעֹלָה וְהַשְּׁלָמִים
י וַיַּעַל הָעֹלָה׃ וַיְהִי כְּכַלֹּתוֹ לְהַעֲלוֹת הָעֹלָה וְהִנֵּה שְׁמוּאֵל
11 בָּא וַיֵּצֵא שָׁאוּל לִקְרָאתוֹ לְבָרְכוֹ׃ וַיֹּאמֶר שְׁמוּאֵל מֶה עָשִׂיתָ
וַיֹּאמֶר שָׁאוּל כִּי־רָאִיתִי כִי־נָפַץ הָעָם מֵעָלַי וְאַתָּה לֹא־
12 בָאתָ לְמוֹעֵד הַיָּמִים וּפְלִשְׁתִּים נֶאֱסָפִים מִכְמָשׂ׃ וָאֹמַר עַתָּה
יֵרְדוּ פְלִשְׁתִּים אֵלַי הַגִּלְגָּל וּפְנֵי יְהוָה לֹא חִלִּיתִי וָאֶתְאַפַּק
13 וָאַעֲלֶה הָעֹלָה׃ וַיֹּאמֶר שְׁמוּאֵל אֶל־שָׁאוּל נִסְכָּלְתָּ לֹא
שָׁמַרְתָּ אֶת־מִצְוַת יְהוָה אֱלֹהֶיךָ אֲשֶׁר צִוָּךְ כִּי עַתָּה הֵכִין יְהוָה
14 אֶת־מַמְלַכְתְּךָ אֶל־יִשְׂרָאֵל עַד־עוֹלָם׃ וְעַתָּה מַמְלַכְתְּךָ
לֹא־תָקוּם בִּקֵּשׁ יְהוָה לוֹ אִישׁ כִּלְבָבוֹ וַיְצַוֵּהוּ יְהוָה לְנָגִיד
טו עַל־עַמּוֹ כִּי לֹא שָׁמַרְתָּ אֵת אֲשֶׁר־צִוְּךָ יְהוָה׃ וַיָּקָם
שְׁמוּאֵל וַיַּעַל מִן־הַגִּלְגָּל גִּבְעַת בִּנְיָמִן וַיִּפְקֹד שָׁאוּל אֶת־
16 הָעָם הַנִּמְצְאִים עִמּוֹ כְּשֵׁשׁ מֵאוֹת אִישׁ׃ וְשָׁאוּל וְיוֹנָתָן בְּנוֹ
וְהָעָם הַנִּמְצָא עִמָּם יֹשְׁבִים בְּגֶבַע בִּנְיָמִן וּפְלִשְׁתִּים חָנוּ
17 בְמִכְמָשׂ׃ וַיֵּצֵא הַמַּשְׁחִית מִמַּחֲנֵה פְלִשְׁתִּים שְׁלֹשָׁה רָאשִׁים
18 הָרֹאשׁ אֶחָד יִפְנֶה אֶל־דֶּרֶךְ עָפְרָה אֶל־אֶרֶץ שׁוּעָל׃ וְהָרֹאשׁ
אֶחָד יִפְנֶה דֶּרֶךְ בֵּית חֹרוֹן וְהָרֹאשׁ אֶחָד יִפְנֶה דֶּרֶךְ הַגְּבוּל
19 הַנִּשְׁקָף עַל־גֵּי הַצְּבֹעִים הַמִּדְבָּרָה׃ וְחָרָשׁ לֹא יִמָּצֵא
בְּכֹל אֶרֶץ יִשְׂרָאֵל כִּי־אָמַר פְּלִשְׁתִּים פֶּן יַעֲשׂוּ הָעִבְרִים
כ חֶרֶב אוֹ חֲנִית׃ וַיֵּרְדוּ כָל־יִשְׂרָאֵל הַפְּלִשְׁתִּים לִלְטוֹשׁ אִישׁ
אֶת־מַחֲרַשְׁתּוֹ וְאֶת־אֵתוֹ וְאֶת־קַרְדֻּמּוֹ וְאֵת מַחֲרֵשָׁתוֹ׃
21 וְהָיְתָה הַפְּצִירָה פִים לַמַּחֲרֵשֹׁת וְלָאֵתִים וְלִשְׁלֹשׁ קִלְּשׁוֹן

ולהקרדמים

v. 8. ויוחל ק׳ v. 19. אמרו ק׳

22 וּלְהַקַּרְדֻּמִּים וּלְהַצִּיב הַדָּרְבָן׃ וְהָיָה בְּיוֹם מִלְחֶמֶת וְלֹא
נִמְצָא חֶרֶב וַחֲנִית בְּיַד כָּל־הָעָם אֲשֶׁר אֶת־שָׁאוּל וְאֶת־
23 יוֹנָתָן וַתִּמָּצֵא לְשָׁאוּל וּלְיוֹנָתָן בְּנוֹ׃ וַיֵּצֵא מַצַּב פְּלִשְׁתִּים אֶל־
מַעֲבַר מִכְמָשׂ׃

Cap. XIV. יד

יד

א וַיְהִי הַיּוֹם וַיֹּאמֶר יוֹנָתָן בֶּן־שָׁאוּל אֶל־הַנַּעַר נֹשֵׂא כֵלָיו
לְכָה וְנַעְבְּרָה אֶל־מַצַּב פְּלִשְׁתִּים אֲשֶׁר מֵעֵבֶר הַלָּז וּלְאָבִיו
2 לֹא הִגִּיד׃ וְשָׁאוּל יוֹשֵׁב בִּקְצֵה הַגִּבְעָה תַּחַת הָרִמּוֹן אֲשֶׁר
3 בְּמִגְרוֹן וְהָעָם אֲשֶׁר עִמּוֹ כְּשֵׁשׁ מֵאוֹת אִישׁ׃ וַאֲחִיָּה בֶן־אֲחִטוּב
אֲחִי אִיכָבוֹד ׀ בֶּן־פִּינְחָס בֶּן־עֵלִי כֹּהֵן ׀ יְהוָה בְּשִׁלוֹ נֹשֵׂא
4 אֵפוֹד וְהָעָם לֹא יָדַע כִּי הָלַךְ יוֹנָתָן׃ וּבֵין הַמַּעְבְּרוֹת אֲשֶׁר
בִּקֵּשׁ יוֹנָתָן לַעֲבֹר עַל־מַצַּב פְּלִשְׁתִּים שֵׁן־הַסֶּלַע מֵהָעֵבֶר
מִזֶּה וְשֵׁן־הַסֶּלַע מֵהָעֵבֶר מִזֶּה וְשֵׁם הָאֶחָד בּוֹצֵץ וְשֵׁם הָאֶחָד
ה סֶנֶּה׃ הַשֵּׁן הָאֶחָד מָצוּק מִצָּפוֹן מוּל מִכְמָשׂ וְהָאֶחָד מִנֶּגֶב
6 מוּל גָּבַע׃ וַיֹּאמֶר יְהוֹנָתָן אֶל־הַנַּעַר ׀ נֹשֵׂא כֵלָיו לְכָה וְנַעְבְּרָה
אֶל־מַצַּב הָעֲרֵלִים הָאֵלֶּה אוּלַי יַעֲשֶׂה יְהוָה לָנוּ כִּי אֵין
7 לַיהוָה מַעְצוֹר לְהוֹשִׁיעַ בְּרַב אוֹ בִמְעָט׃ וַיֹּאמֶר לוֹ נֹשֵׂא
כֵלָיו עֲשֵׂה כָּל־אֲשֶׁר בִּלְבָבֶךָ נְטֵה לָךְ הִנְנִי עִמְּךָ כִּלְבָבֶךָ׃
8 וַיֹּאמֶר יְהוֹנָתָן הִנֵּה אֲנַחְנוּ עֹבְרִים אֶל־הָאֲנָשִׁים וְנִגְלִינוּ
9 אֲלֵיהֶם׃ אִם־כֹּה יֹאמְרוּ אֵלֵינוּ דֹּמּוּ עַד־הַגִּיעֵנוּ אֲלֵיכֶם
י וְעָמַדְנוּ תַחְתֵּינוּ וְלֹא נַעֲלֶה אֲלֵיהֶם׃ וְאִם־כֹּה יֹאמְרוּ עֲלוּ
11 עָלֵינוּ וְעָלִינוּ כִּי־נְתָנָם יְהוָה בְּיָדֵנוּ וְזֶה־לָּנוּ הָאוֹת׃ וַיִּגָּלוּ
שְׁנֵיהֶם אֶל־מַצַּב פְּלִשְׁתִּים וַיֹּאמְרוּ פְלִשְׁתִּים הִנֵּה עִבְרִים
12 יֹצְאִים מִן־הַחֹרִים אֲשֶׁר הִתְחַבְּאוּ־שָׁם׃ וַיַּעֲנוּ אַנְשֵׁי הַמַּצָּבָה
אֶת־יוֹנָתָן ׀ וְאֶת־נֹשֵׂא כֵלָיו וַיֹּאמְרוּ עֲלוּ אֵלֵינוּ וְנוֹדִיעָה
אֶתְכֶם דָּבָר ° וַיֹּאמֶר יוֹנָתָן אֶל־נֹשֵׂא כֵלָיו עֲלֵה אַחֲרַי
13 כִּי־נְתָנָם יְהוָה בְּיַד יִשְׂרָאֵל׃ וַיַּעַל יוֹנָתָן עַל־יָדָיו וְעַל־

רגליו

י״ד v. 12. פסקא באמצע פסוק

רַגְלָ֔יו וְנֹשֵׂ֥א כֵלָ֖יו אַחֲרָ֑יו וַיִּפְּלוּ֙ לִפְנֵ֣י יֽוֹנָתָ֔ן וְנֹשֵׂ֥א כֵלָ֖יו מְמוֹתֵ֥ת
14 אַחֲרָֽיו׃ וַתְּהִ֞י הַמַּכָּ֣ה הָרִאשֹׁנָ֗ה אֲשֶׁ֨ר הִכָּ֧ה יוֹנָתָ֛ן וְנֹשֵׂ֥א כֵלָ֖יו
טו כְּעֶשְׂרִ֣ים אִ֑ישׁ כְּבַחֲצִ֥י מַעֲנָ֖ה צֶ֥מֶד שָׂדֶֽה׃ וַתְּהִי֩ חֲרָדָ֨ה בַֽמַּחֲנֶ֤ה
בַשָּׂדֶה֙ וּבְכָל־הָעָ֔ם הַמַּצָּב֙ וְהַמַּשְׁחִ֔ית חָרְד֖וּ גַּם־הֵ֑מָּה וַתִּרְגַּ֣ז
16 הָאָ֔רֶץ וַתְּהִ֖י לְחֶרְדַּ֥ת אֱלֹהִֽים׃ וַיִּרְא֤וּ הַצֹּפִים֙ לְשָׁא֔וּל בְּגִבְעַ֖ת
17 בִּנְיָמִ֑ן וְהִנֵּ֧ה הֶהָמ֛וֹן נָמ֖וֹג וַיֵּ֥לֶךְ וַהֲלֹֽם׃ וַיֹּ֣אמֶר שָׁא֗וּל לָעָם֙
אֲשֶׁ֣ר אִתּ֔וֹ פִּקְדוּ־נָ֣א וּרְא֔וּ מִ֖י הָלַ֣ךְ מֵעִמָּ֑נוּ וַֽיִּפְקְד֔וּ וְהִנֵּ֥ה אֵ֛ין
18 יוֹנָתָ֖ן וְנֹשֵׂ֥א כֵלָֽיו׃ וַיֹּ֤אמֶר שָׁאוּל֙ לַאֲחִיָּ֔ה הַגִּ֖ישָׁה אֲר֣וֹן הָאֱלֹהִ֑ים
19 כִּֽי־הָיָ֞ה אֲר֧וֹן הָאֱלֹהִ֛ים בַּיּ֥וֹם הַה֖וּא וּבְנֵ֥י יִשְׂרָאֵֽל׃ וַיְהִ֗י עַ֣ד
דִּבֶּ֤ר שָׁאוּל֙ אֶל־הַכֹּהֵ֔ן וְהֶהָמ֗וֹן אֲשֶׁר֙ בְּמַחֲנֵ֣ה פְלִשְׁתִּ֔ים וַיֵּ֥לֶךְ
כ הָל֖וֹךְ וָרָ֑ב ° וַיֹּ֤אמֶר שָׁאוּל֙ אֶל־הַכֹּהֵ֔ן אֱסֹ֖ף יָדֶֽךָ׃ וַיִּזָּעֵק֙
שָׁא֔וּל וְכָל־הָעָם֙ אֲשֶׁ֣ר אִתּ֔וֹ וַיָּבֹ֖אוּ עַד־הַמִּלְחָמָ֑ה וְהִנֵּ֨ה
21 הָיְתָ֤ה חֶרֶב֙ אִ֣ישׁ בְּרֵעֵ֔הוּ מְהוּמָ֖ה גְּדוֹלָ֥ה מְאֹֽד׃ וְהָעִבְרִ֞ים
הָי֣וּ לַפְּלִשְׁתִּים֙ כְּאֶתְמ֣וֹל שִׁלְשׁ֔וֹם אֲשֶׁ֨ר עָל֥וּ עִמָּ֛ם בַּֽמַּחֲנֶ֖ה
סָבִ֑יב וְגַם־הֵ֗מָּה לִֽהְיוֹת֙ עִם־יִשְׂרָאֵ֔ל אֲשֶׁ֥ר עִם־שָׁא֖וּל וְיוֹנָתָֽן׃
22 וְכֹל֩ אִ֨ישׁ יִשְׂרָאֵ֜ל הַמִּֽתְחַבְּאִ֤ים בְּהַר־אֶפְרַ֙יִם֙ שָֽׁמְע֔וּ כִּֽי־נָ֖סוּ
23 פְּלִשְׁתִּ֑ים וַיַּדְבְּק֥וּ גַם־הֵ֛מָּה אַחֲרֵיהֶ֖ם בַּמִּלְחָמָֽה׃ וַיּ֧וֹשַׁע יְהוָ֛ה
בַּיּ֥וֹם הַה֖וּא אֶת־יִשְׂרָאֵ֑ל וְהַ֨מִּלְחָמָ֔ה עָבְרָ֖ה אֶת־בֵּ֥ית אָֽוֶן׃
24 וְאִישׁ־יִשְׂרָאֵ֥ל נִגַּ֖שׂ בַּיּ֣וֹם הַה֑וּא וַיֹּאֶל֩ שָׁא֨וּל אֶת־הָעָ֜ם לֵאמֹ֗ר
אָר֣וּר הָ֠אִישׁ אֲשֶׁר־יֹ֨אכַל לֶ֜חֶם עַד־הָעֶ֗רֶב וְנִקַּמְתִּי֙ מֵאֹ֣יְבַ֔י
כה וְלֹ֥א טָעַ֛ם כָּל־הָעָ֖ם לָֽחֶם׃ וְכָל־הָאָ֖רֶץ בָּ֣אוּ בַיָּ֑עַר וַיְהִ֥י
26 דְבַ֖שׁ עַל־פְּנֵ֥י הַשָּׂדֶֽה׃ וַיָּבֹ֤א הָעָם֙ אֶל־הַיַּ֔עַר וְהִנֵּ֖ה הֵ֣לֶךְ
דְּבָ֑שׁ וְאֵין־מַשִּׂ֤יג יָדוֹ֙ אֶל־פִּ֔יו כִּֽי־יָרֵ֥א הָעָ֖ם אֶת־הַשְּׁבֻעָֽה׃
27 וְיוֹנָתָ֣ן לֹא־שָׁמַ֗ע בְּהַשְׁבִּ֣יעַ אָבִיו֮ אֶת־הָעָם֒ וַיִּשְׁלַ֗ח אֶת־קְצֵ֤ה
הַמַּטֶּה֙ אֲשֶׁ֣ר בְּיָד֔וֹ וַיִּטְבֹּ֥ל אוֹתָ֖הּ בְּיַעְרַ֣ת הַדְּבָ֑שׁ וַיָּ֤שֶׁב יָדוֹ֙
28 אֶל־פִּ֔יו וַתָּאֹ֖רְנָה עֵינָֽיו׃ וַיַּ֡עַן אִישׁ֩ מֵהָעָ֨ם וַיֹּ֜אמֶר הַשְׁבֵּ֨עַ
הִשְׁבִּ֨יעַ אָבִ֤יךָ אֶת־הָעָם֙ לֵאמֹ֔ר אָר֥וּר הָאִ֛ישׁ אֲשֶׁר־יֹ֥אכַל

לחם

v. 19. פסקא באמצע פסוק   v. 27. ותארנה ק׳

29 לֶחֶם הַיּוֹם וַיָּעַף הָעָם׃ וַיֹּאמֶר יוֹנָתָן עָכַר אָבִי אֶת־הָאָרֶץ
ל רְאוּ־נָא כִּי־אֹרוּ עֵינַי כִּי טָעַמְתִּי מְעַט דְּבַשׁ הַזֶּה׃ אַף כִּי
לוּא אָכֹל אָכַל הַיּוֹם הָעָם מִשְּׁלַל אֹיְבָיו אֲשֶׁר מָצָא כִּי עַתָּה
31 לֹא־רָבְתָה מַכָּה בַּפְּלִשְׁתִּים׃ וַיַּכּוּ בַּיּוֹם הַהוּא בַּפְּלִשְׁתִּים
32 מִמִּכְמָשׂ אַיָּלֹנָה וַיָּעַף הָעָם מְאֹד׃ וַיַּעַשׂ הָעָם אֶל־שָׁלָל
וַיִּקְחוּ צֹאן וּבָקָר וּבְנֵי בָקָר וַיִּשְׁחֲטוּ־אָרְצָה וַיֹּאכַל הָעָם
33 עַל־הַדָּם׃ וַיַּגִּידוּ לְשָׁאוּל לֵאמֹר הִנֵּה הָעָם חֹטָאִים לַיהוָה
לֶאֱכֹל עַל־הַדָּם וַיֹּאמֶר בְּגַדְתֶּם גֹּלּוּ־אֵלַי הַיּוֹם אֶבֶן גְּדוֹלָה׃
34 וַיֹּאמֶר שָׁאוּל פֻּצוּ בָעָם וַאֲמַרְתֶּם לָהֶם הַגִּישׁוּ אֵלַי אִישׁ שׁוֹרוֹ
וְאִישׁ שְׂיֵהוּ וּשְׁחַטְתֶּם בָּזֶה וַאֲכַלְתֶּם וְלֹא־תֶחֶטְאוּ לַיהוָה
לֶאֱכֹל אֶל־הַדָּם וַיַּגִּשׁוּ כָל־הָעָם אִישׁ שׁוֹרוֹ בְיָדוֹ הַלַּיְלָה
לה וַיִּשְׁחֲטוּ־שָׁם׃ וַיִּבֶן שָׁאוּל מִזְבֵּחַ לַיהוָה אֹתוֹ הֵחֵל לִבְנוֹת
36 מִזְבֵּחַ לַיהוָה׃ וַיֹּאמֶר שָׁאוּל נֵרְדָה אַחֲרֵי פְלִשְׁתִּים ׀
לַיְלָה וְנָבֹזָה בָהֶם ׀ עַד־אוֹר הַבֹּקֶר וְלֹא־נַשְׁאֵר בָּהֶם אִישׁ
וַיֹּאמְרוּ כָּל־הַטּוֹב בְּעֵינֶיךָ עֲשֵׂה ° וַיֹּאמֶר הַכֹּהֵן נִקְרְבָה
37 הֲלֹם אֶל־הָאֱלֹהִים׃ וַיִּשְׁאַל שָׁאוּל בֵּאלֹהִים הַאֵרֵד אַחֲרֵי
38 פְלִשְׁתִּים הֲתִתְּנֵם בְּיַד יִשְׂרָאֵל וְלֹא עָנָהוּ בַּיּוֹם הַהוּא׃ וַיֹּאמֶר
שָׁאוּל גֹּשׁוּ הֲלֹם כֹּל פִּנּוֹת הָעָם וּדְעוּ וּרְאוּ בַּמָּה הָיְתָה הַחַטָּאת
39 הַזֹּאת הַיּוֹם׃ כִּי חַי־יְהוָה הַמּוֹשִׁיעַ אֶת־יִשְׂרָאֵל כִּי אִם־
מ יֶשְׁנוֹ בְּיוֹנָתָן בְּנִי כִּי מוֹת יָמוּת וְאֵין עֹנֵהוּ מִכָּל־הָעָם׃ וַיֹּאמֶר
אֶל־כָּל־יִשְׂרָאֵל אַתֶּם תִּהְיוּ לְעֵבֶר אֶחָד וַאֲנִי וְיוֹנָתָן בְּנִי
נִהְיֶה לְעֵבֶר אֶחָד וַיֹּאמְרוּ הָעָם אֶל־שָׁאוּל הַטּוֹב בְּעֵינֶיךָ
41 עֲשֵׂה׃ וַיֹּאמֶר שָׁאוּל אֶל־יְהוָה אֱלֹהֵי יִשְׂרָאֵל הָבָה תָמִים
42 וַיִּלָּכֵד יוֹנָתָן וְשָׁאוּל וְהָעָם יָצָאוּ׃ וַיֹּאמֶר שָׁאוּל הַפִּילוּ בֵּינִי
43 וּבֵין יוֹנָתָן בְּנִי וַיִּלָּכֵד יוֹנָתָן׃ וַיֹּאמֶר שָׁאוּל אֶל־יוֹנָתָן הַגִּידָה
לִּי מֶה עָשִׂיתָה וַיַּגֶּד־לוֹ יוֹנָתָן וַיֹּאמֶר טָעֹם טָעַמְתִּי בִּקְצֵה
44 הַמַּטֶּה אֲשֶׁר־בְּיָדִי מְעַט דְּבַשׁ הִנְנִי אָמוּת׃ וַיֹּאמֶר שָׁאוּל

כה־יעשה

v. 32. ויעט ק ibid. השלל ק v. 36. פסקא באמצע פסוק

מה כֹּה־יַעֲשֶׂה אֱלֹהִים וְכֹה יוֹסִף כִּי־מוֹת תָּמוּת יוֹנָתָן׃ וַיֹּאמֶר
הָעָם אֶל־שָׁאוּל הֲיוֹנָתָן ׀ יָמוּת אֲשֶׁר עָשָׂה הַיְשׁוּעָה הַגְּדוֹלָה
הַזֹּאת בְּיִשְׂרָאֵל חָלִילָה חַי־יְהוָה אִם־יִפֹּל מִשַּׂעֲרַת רֹאשׁוֹ
אַרְצָה כִּי־עִם־אֱלֹהִים עָשָׂה הַיּוֹם הַזֶּה וַיִּפְדּוּ הָעָם אֶת־
46 יוֹנָתָן וְלֹא־מֵת׃ וַיַּעַל שָׁאוּל מֵאַחֲרֵי פְּלִשְׁתִּים וּפְלִשְׁתִּים
47 הָלְכוּ לִמְקוֹמָם׃ וְשָׁאוּל לָכַד הַמְּלוּכָה עַל־יִשְׂרָאֵל וַיִּלָּחֶם
סָבִיב ׀ בְּכָל־אֹיְבָיו בְּמוֹאָב ׀ וּבִבְנֵי־עַמּוֹן וּבֶאֱדוֹם וּבְמַלְכֵי
48 צוֹבָה וּבַפְּלִשְׁתִּים וּבְכֹל אֲשֶׁר־יִפְנֶה יַרְשִׁיעַ׃ וַיַּעַשׂ חַיִל וַיַּךְ
49 אֶת־עֲמָלֵק וַיַּצֵּל אֶת־יִשְׂרָאֵל מִיַּד שֹׁסֵהוּ׃ וַיִּהְיוּ בְּנֵי שָׁאוּל
יוֹנָתָן וְיִשְׁוִי וּמַלְכִּי־שׁוּעַ וְשֵׁם שְׁתֵּי בְנֹתָיו שֵׁם הַבְּכִירָה מֵרַב
נ וְשֵׁם הַקְּטַנָּה מִיכַל׃ וְשֵׁם אֵשֶׁת שָׁאוּל אֲחִינֹעַם בַּת־אֲחִימָעַץ
51 וְשֵׁם שַׂר־צְבָאוֹ אֲבִינֵר בֶּן־נֵר דּוֹד שָׁאוּל׃ וְקִישׁ אֲבִי־שָׁאוּל
52 וְנֵר אֲבִי־אַבְנֵר בֶּן־אֲבִיאֵל׃ וַתְּהִי הַמִּלְחָמָה חֲזָקָה עַל־
פְּלִשְׁתִּים כֹּל יְמֵי שָׁאוּל וְרָאָה שָׁאוּל כָּל־אִישׁ גִּבּוֹר וְכָל־
בֶּן־חַיִל וַיַּאַסְפֵהוּ אֵלָיו׃

טו

CAP. XV. טו

א וַיֹּאמֶר שְׁמוּאֵל אֶל־שָׁאוּל אֹתִי שָׁלַח יְהוָה לִמְשָׁחֳךָ לְמֶלֶךְ
2 עַל־עַמּוֹ עַל־יִשְׂרָאֵל וְעַתָּה שְׁמַע לְקוֹל דִּבְרֵי יְהוָה׃ כֹּה
אָמַר יְהוָה צְבָאוֹת פָּקַדְתִּי אֵת אֲשֶׁר־עָשָׂה עֲמָלֵק לְיִשְׂרָאֵל
3 אֲשֶׁר־שָׂם לוֹ בַּדֶּרֶךְ בַּעֲלֹתוֹ מִמִּצְרָיִם׃ עַתָּה לֵךְ וְהִכִּיתָה
אֶת־עֲמָלֵק וְהַחֲרַמְתֶּם אֶת־כָּל־אֲשֶׁר־לוֹ וְלֹא תַחְמֹל עָלָיו
וְהֵמַתָּה מֵאִישׁ עַד־אִשָּׁה מֵעֹלֵל וְעַד־יוֹנֵק מִשּׁוֹר וְעַד־שֶׂה
4 מִגָּמָל וְעַד־חֲמוֹר׃ וַיְשַׁמַּע שָׁאוּל אֶת־הָעָם וַיִּפְקְדֵם
בַּטְּלָאִים מָאתַיִם אֶלֶף רַגְלִי וַעֲשֶׂרֶת אֲלָפִים אֶת־אִישׁ
ה 6 יְהוּדָה׃ וַיָּבֹא שָׁאוּל עַד־עִיר עֲמָלֵק וַיָּרֶב בַּנָּחַל׃ וַיֹּאמֶר
שָׁאוּל אֶל־הַקֵּינִי לְכוּ סֻּרוּ רְדוּ מִתּוֹךְ עֲמָלֵקִי פֶּן־אֹסִפְךָ
עִמּוֹ וְאַתָּה עָשִׂיתָה חֶסֶד עִם־כָּל־בְּנֵי יִשְׂרָאֵל בַּעֲלוֹתָם

ממצרים

ס״ו v. 1. הפטרת פ׳ זכור כמנהג האשכנזים v. 2. הפטרת פ׳ זכור כמנהג הספרדים

7 מִמִּצְרָ֑יִם וַיָּ֥סַר קֵינִ֖י מִתּ֥וֹךְ עֲמָלֵֽק׃ וַיַּ֥ךְ שָׁא֖וּל אֶת־עֲמָלֵ֑ק
8 מֵחֲוִילָה֙ בּוֹאֲךָ֣ שׁ֔וּר אֲשֶׁ֖ר עַל־פְּנֵ֥י מִצְרָֽיִם׃ וַיִּתְפֹּ֛שׂ אֶת־אֲגַ֥ג
9 מֶֽלֶךְ־עֲמָלֵ֖ק חָ֑י וְאֶת־כָּל־הָעָ֖ם הֶחֱרִ֥ים לְפִי־חָֽרֶב׃ וַיַּחְמֹ֨ל
שָׁא֜וּל וְהָעָ֗ם עַל־אֲגָ֡ג וְעַל־מֵיטַ֣ב הַצֹּאן֩ וְהַבָּקָ֨ר וְהַמִּשְׁנִ֤ים
וְעַל־הַכָּרִים֙ וְעַל־כָּל־הַטּ֔וֹב וְלֹ֥א אָב֖וּ הַחֲרִימָ֑ם וְכָל־
הַמְּלָאכָ֛ה נְמִבְזָ֥ה וְנָמֵ֖ס אֹתָ֥הּ הֶחֱרִֽימוּ׃
י 11 וַֽיְהִי֙ דְּבַר־יְהוָ֔ה אֶל־שְׁמוּאֵ֖ל לֵאמֹֽר׃ נִחַ֗מְתִּי כִּֽי־הִמְלַ֤כְתִּי
אֶת־שָׁאוּל֙ לְמֶ֔לֶךְ כִּי־שָׁב֙ מֵאַחֲרַ֔י וְאֶת־דְּבָרַ֖י לֹ֣א הֵקִ֑ים
12 וַיִּ֙חַר֙ לִשְׁמוּאֵ֔ל וַיִּזְעַ֥ק אֶל־יְהוָ֖ה כָּל־הַלָּֽיְלָה׃ וַיַּשְׁכֵּ֧ם שְׁמוּאֵ֛ל
לִקְרַ֥את שָׁא֖וּל בַּבֹּ֑קֶר וַיֻּגַּ֨ד לִשְׁמוּאֵ֜ל לֵאמֹ֗ר בָּֽא־שָׁא֤וּל
13 הַכַּרְמֶ֙לָה֙ וְהִנֵּ֨ה מַצִּ֥יב לוֹ֙ יָ֔ד וַיִּסֹּב֙ וַֽיַּעֲבֹ֔ר וַיֵּ֖רֶד הַגִּלְגָּֽל׃ וַיָּבֹ֥א
שְׁמוּאֵ֖ל אֶל־שָׁא֑וּל וַיֹּ֨אמֶר ל֤וֹ שָׁאוּל֙ בָּר֤וּךְ אַתָּה֙ לַֽיהוָ֔ה
14 הֲקִימֹ֖תִי אֶת־דְּבַ֥ר יְהוָֽה׃ וַיֹּ֣אמֶר שְׁמוּאֵ֔ל וּמֶ֛ה קֽוֹל־הַצֹּ֥אן
טו הַזֶּ֖ה בְּאָזְנָ֑י וְק֣וֹל הַבָּקָ֔ר אֲשֶׁ֥ר אָנֹכִ֖י שֹׁמֵֽעַ׃ וַיֹּ֨אמֶר שָׁא֜וּל
מֵעֲמָלֵקִ֣י הֱבִיא֗וּם אֲשֶׁ֨ר חָמַ֤ל הָעָם֙ עַל־מֵיטַ֤ב הַצֹּאן֙ וְהַבָּקָ֔ר
16 לְמַ֥עַן זְבֹ֖חַ לַיהוָ֣ה אֱלֹהֶ֑יךָ וְאֶת־הַיּוֹתֵ֖ר הֶחֱרַֽמְנוּ׃ וַיֹּ֤אמֶר
שְׁמוּאֵל֙ אֶל־שָׁא֔וּל הֶ֚רֶף וְאַגִּ֣ידָה לְּךָ֔ אֵת֩ אֲשֶׁ֨ר דִּבֶּ֧ר יְהוָ֛ה
17 אֵלַ֖י הַלָּ֑יְלָה וַיֹּאמְר֥וּ ל֖וֹ דַּבֵּֽר׃ וַיֹּ֣אמֶר שְׁמוּאֵ֔ל הֲל֗וֹא אִם־
קָטֹ֤ן אַתָּה֙ בְּעֵינֶ֔יךָ רֹ֛אשׁ שִׁבְטֵ֥י יִשְׂרָאֵ֖ל אָ֑תָּה וַיִּמְשָׁחֲךָ֧ יְהוָ֛ה
18 לְמֶ֖לֶךְ עַל־יִשְׂרָאֵֽל׃ וַיִּשְׁלָחֲךָ֥ יְהוָ֖ה בְּדָ֑רֶךְ וַיֹּ֗אמֶר לֵ֣ךְ
וְהַחֲרַמְתָּ֞ה אֶת־הַֽחַטָּאִים֙ אֶת־עֲמָלֵ֔ק וְנִלְחַמְתָּ֣ ב֔וֹ עַד־
19 כַּלּוֹתָ֖ם אֹתָֽם׃ וְלָ֥מָּה לֹא־שָׁמַ֖עְתָּ בְּק֣וֹל יְהוָ֑ה וַתַּ֙עַט֙ אֶל־
כ הַשָּׁלָ֔ל וַתַּ֥עַשׂ הָרַ֖ע בְּעֵינֵ֥י יְהוָֽה׃ וַיֹּ֨אמֶר שָׁא֜וּל אֶל־שְׁמוּאֵ֗ל
אֲשֶׁ֤ר שָׁמַ֙עְתִּי֙ בְּק֣וֹל יְהוָ֔ה וָאֵלֵ֕ךְ בַּדֶּ֖רֶךְ אֲשֶׁר־שְׁלָחַ֣נִי יְהוָ֑ה
21 וָאָבִ֗יא אֶת־אֲגַג֙ מֶ֣לֶךְ עֲמָלֵ֔ק וְאֶת־עֲמָלֵ֖ק הֶחֱרַֽמְתִּי׃ וַיִּקַּ֨ח
הָעָ֧ם מֵהַשָּׁלָ֛ל צֹ֥אן וּבָקָ֖ר רֵאשִׁ֣ית הַחֵ֑רֶם לִזְבֹּ֛חַ לַיהוָ֥ה אֱלֹהֶ֖יךָ
22 בַּגִּלְגָּֽל׃ וַיֹּ֣אמֶר שְׁמוּאֵ֗ל הַחֵ֤פֶץ לַֽיהוָה֙ בְּעֹל֣וֹת וּזְבָחִ֔ים

v. 16. ויאמר ק׳

כִּשְׁמֹעַ בְּקוֹל יְהוָה הִנֵּה שְׁמֹעַ מִזֶּבַח טוֹב לְהַקְשִׁיב מֵחֵלֶב
23 אֵילִים׃ כִּי חַטַּאת־קֶסֶם מֶרִי וְאָוֶן וּתְרָפִים הַפְצַר יַעַן
24 מָאַסְתָּ אֶת־דְּבַר יְהוָה וַיִּמְאָסְךָ מִמֶּלֶךְ׃ וַיֹּאמֶר שָׁאוּל
אֶל־שְׁמוּאֵל חָטָאתִי כִּי־עָבַרְתִּי אֶת־פִּי־יְהוָה וְאֶת־דְּבָרֶיךָ
כה כִּי יָרֵאתִי אֶת־הָעָם וָאֶשְׁמַע בְּקוֹלָם׃ וְעַתָּה שָׂא נָא אֶת־
26 חַטָּאתִי וְשׁוּב עִמִּי וְאֶשְׁתַּחֲוֶה לַיהוָה׃ וַיֹּאמֶר שְׁמוּאֵל אֶל־
שָׁאוּל לֹא אָשׁוּב עִמָּךְ כִּי מָאַסְתָּה אֶת־דְּבַר יְהוָה וַיִּמְאָסְךָ
27 יְהוָה מִהְיוֹת מֶלֶךְ עַל־יִשְׂרָאֵל׃ וַיִּסֹּב שְׁמוּאֵל לָלֶכֶת וַיַּחֲזֵק
28 בִּכְנַף־מְעִילוֹ וַיִּקָּרַע׃ וַיֹּאמֶר אֵלָיו שְׁמוּאֵל קָרַע יְהוָה אֶת־
מַמְלְכוּת יִשְׂרָאֵל מֵעָלֶיךָ הַיּוֹם וּנְתָנָהּ לְרֵעֲךָ הַטּוֹב מִמֶּךָּ׃
29 וְגַם נֵצַח יִשְׂרָאֵל לֹא יְשַׁקֵּר וְלֹא יִנָּחֵם כִּי לֹא אָדָם הוּא
ל לְהִנָּחֵם׃ וַיֹּאמֶר חָטָאתִי עַתָּה כַּבְּדֵנִי נָא נֶגֶד זִקְנֵי־עַמִּי וְנֶגֶד
31 יִשְׂרָאֵל וְשׁוּב עִמִּי וְהִשְׁתַּחֲוֵיתִי לַיהוָה אֱלֹהֶיךָ׃ וַיָּשָׁב שְׁמוּאֵל
32 אַחֲרֵי שָׁאוּל וַיִּשְׁתַּחוּ שָׁאוּל לַיהוָה׃ וַיֹּאמֶר שְׁמוּאֵל הַגִּישׁוּ
אֵלַי אֶת־אֲגַג מֶלֶךְ עֲמָלֵק וַיֵּלֶךְ אֵלָיו אֲגַג מַעֲדַנֹּת וַיֹּאמֶר אֲגָג
33 אָכֵן סָר מַר־הַמָּוֶת׃ וַיֹּאמֶר שְׁמוּאֵל כַּאֲשֶׁר שִׁכְּלָה נָשִׁים
חַרְבֶּךָ כֵּן־תִּשְׁכַּל מִנָּשִׁים אִמֶּךָ וַיְשַׁסֵּף שְׁמוּאֵל אֶת־אֲגָג לִפְנֵי
34 יְהוָה בַּגִּלְגָּל׃ וַיֵּלֶךְ שְׁמוּאֵל הָרָמָתָה וְשָׁאוּל עָלָה אֶל־
לה בֵּיתוֹ גִּבְעַת שָׁאוּל׃ וְלֹא־יָסַף שְׁמוּאֵל לִרְאוֹת אֶת־שָׁאוּל
עַד־יוֹם מוֹתוֹ כִּי־הִתְאַבֵּל שְׁמוּאֵל אֶל־שָׁאוּל וַיהוָה נִחָם
כִּי־הִמְלִיךְ אֶת־שָׁאוּל עַל־יִשְׂרָאֵל׃

Cap. XVI. טז

טז

א וַיֹּאמֶר יְהוָה אֶל־שְׁמוּאֵל עַד־מָתַי אַתָּה מִתְאַבֵּל אֶל־
שָׁאוּל וַאֲנִי מְאַסְתִּיו מִמְּלֹךְ עַל־יִשְׂרָאֵל מַלֵּא קַרְנְךָ שֶׁמֶן וְלֵךְ
אֶשְׁלָחֲךָ אֶל־יִשַׁי בֵּית־הַלַּחְמִי כִּי־רָאִיתִי בְּבָנָיו לִי מֶלֶךְ׃
2 וַיֹּאמֶר שְׁמוּאֵל אֵיךְ אֵלֵךְ וְשָׁמַע שָׁאוּל וַהֲרָגָנִי ° וַיֹּאמֶר
יְהוָה עֶגְלַת בָּקָר תִּקַּח בְּיָדֶךָ וְאָמַרְתָּ לִזְבֹּחַ לַיהוָה בָּאתִי׃

וקראת

ט״ז v. 2. פסקא באמצע פסוק

3 וְקָרָאתָ לְיִשַׁי בַּזָּבַח וְאָנֹכִי אוֹדִיעֲךָ אֵת אֲשֶׁר־תַּעֲשֶׂה וּמָשַׁחְתָּ
4 לִי אֵת אֲשֶׁר־אֹמַר אֵלֶיךָ׃ וַיַּעַשׂ שְׁמוּאֵל אֵת אֲשֶׁר דִּבֶּר
יְהוָה וַיָּבֹא בֵּית לָחֶם וַיֶּחֶרְדוּ זִקְנֵי הָעִיר לִקְרָאתוֹ וַיֹּאמֶר
ה שָׁלֹם בּוֹאֶךָ׃ וַיֹּאמֶר ׀ שָׁלוֹם לִזְבֹּחַ לַיהוָה בָּאתִי הִתְקַדְּשׁוּ
וּבָאתֶם אִתִּי בַּזָּבַח וַיְקַדֵּשׁ אֶת־יִשַׁי וְאֶת־בָּנָיו וַיִּקְרָא לָהֶם
6 לַזָּבַח׃ וַיְהִי בְּבוֹאָם וַיַּרְא אֶת־אֱלִיאָב וַיֹּאמֶר אַךְ נֶגֶד יְהוָה
7 מְשִׁיחוֹ׃ וַיֹּאמֶר יְהוָה אֶל־שְׁמוּאֵל אַל־תַּבֵּט אֶל־מַרְאֵהוּ
וְאֶל־גְּבֹהַּ קוֹמָתוֹ כִּי מְאַסְתִּיהוּ כִּי ׀ לֹא אֲשֶׁר יִרְאֶה הָאָדָם
8 כִּי הָאָדָם יִרְאֶה לַעֵינַיִם וַיהוָה יִרְאֶה לַלֵּבָב׃ וַיִּקְרָא יִשַׁי
אֶל־אֲבִינָדָב וַיַּעֲבִרֵהוּ לִפְנֵי שְׁמוּאֵל וַיֹּאמֶר גַּם־בָּזֶה לֹא־
9 בָחַר יְהוָה׃ וַיַּעֲבֵר יִשַׁי שַׁמָּה וַיֹּאמֶר גַּם־בָּזֶה לֹא־בָחַר
י יְהוָה׃ וַיַּעֲבֵר יִשַׁי שִׁבְעַת בָּנָיו לִפְנֵי שְׁמוּאֵל וַיֹּאמֶר שְׁמוּאֵל
11 אֶל־יִשַׁי לֹא־בָחַר יְהוָה בָּאֵלֶּה׃ וַיֹּאמֶר שְׁמוּאֵל אֶל־יִשַׁי
הֲתַמּוּ הַנְּעָרִים וַיֹּאמֶר עוֹד שָׁאַר הַקָּטָן וְהִנֵּה רֹעֶה בַּצֹּאן
וַיֹּאמֶר שְׁמוּאֵל אֶל־יִשַׁי שִׁלְחָה וְקָחֶנּוּ כִּי לֹא־נָסֹב עַד־בֹּאוֹ
12 פֹה׃ וַיִּשְׁלַח וַיְבִיאֵהוּ וְהוּא אַדְמוֹנִי עִם־יְפֵה עֵינַיִם וְטוֹב
13 רֹאִי ◦ וַיֹּאמֶר יְהוָה קוּם מְשָׁחֵהוּ כִּי־זֶה הוּא׃ וַיִּקַּח
שְׁמוּאֵל אֶת־קֶרֶן הַשֶּׁמֶן וַיִּמְשַׁח אֹתוֹ בְּקֶרֶב אֶחָיו וַתִּצְלַח
רוּחַ־יְהוָה אֶל־דָּוִד מֵהַיּוֹם הַהוּא וָמָעְלָה וַיָּקָם שְׁמוּאֵל וַיֵּלֶךְ
14 הָרָמָתָה׃ וְרוּחַ יְהוָה סָרָה מֵעִם שָׁאוּל וּבִעֲתַתּוּ רוּחַ־רָעָה
טו מֵאֵת יְהוָה׃ וַיֹּאמְרוּ עַבְדֵי־שָׁאוּל אֵלָיו הִנֵּה־נָא רוּחַ־
16 אֱלֹהִים רָעָה מְבַעִתֶּךָ׃ יֹאמַר־נָא אֲדֹנֵנוּ עֲבָדֶיךָ לְפָנֶיךָ
יְבַקְשׁוּ אִישׁ יֹדֵעַ מְנַגֵּן בַּכִּנּוֹר וְהָיָה בִּהְיוֹת עָלֶיךָ רוּחַ־אֱלֹהִים
17 רָעָה וְנִגֵּן בְּיָדוֹ וְטוֹב לָךְ׃ וַיֹּאמֶר שָׁאוּל אֶל־עֲבָדָיו רְאוּ־
18 נָא לִי אִישׁ מֵיטִיב לְנַגֵּן וַהֲבִיאוֹתֶם אֵלָי׃ וַיַּעַן אֶחָד מֵהַנְּעָרִים
וַיֹּאמֶר הִנֵּה רָאִיתִי בֵּן לְיִשַׁי בֵּית הַלַּחְמִי יֹדֵעַ נַגֵּן וְגִבּוֹר חַיִל
19 וְאִישׁ מִלְחָמָה וּנְבוֹן דָּבָר וְאִישׁ תֹּאַר וַיהוָה עִמּוֹ׃ וַיִּשְׁלַח
שָׁאוּל מַלְאָכִים אֶל־יִשָׁי וַיֹּאמֶר שִׁלְחָה אֵלַי אֶת־דָּוִד בִּנְךָ

v. 4. סבירין ויאמרו   v. 12. פסקא באמצע פסוק

כ אֲשֶׁר בַּצֹּאן׃ וַיִּקַּח יִשַׁי חֲמוֹר לֶחֶם וְנֹאד יַיִן וּגְדִי עִזִּים אֶחָד
21 וַיִּשְׁלַח בְּיַד־דָּוִד בְּנוֹ אֶל־שָׁאוּל׃ וַיָּבֹא דָוִד אֶל־שָׁאוּל
22 וַיַּעֲמֹד לְפָנָיו וַיֶּאֱהָבֵהוּ מְאֹד וַיְהִי־לוֹ נֹשֵׂא כֵלִים׃ וַיִּשְׁלַח
שָׁאוּל אֶל־יִשַׁי לֵאמֹר יַעֲמָד־נָא דָוִד לְפָנַי כִּי־מָצָא חֵן
23 בְּעֵינָי׃ וְהָיָה בִּהְיוֹת רוּחַ־אֱלֹהִים אֶל־שָׁאוּל וְלָקַח דָּוִד
אֶת־הַכִּנּוֹר וְנִגֵּן בְּיָדוֹ וְרָוַח לְשָׁאוּל וְטוֹב לוֹ וְסָרָה מֵעָלָיו
רוּחַ הָרָעָה׃

יז CAP. XVII. יז

א וַיַּאַסְפוּ פְלִשְׁתִּים אֶת־מַחֲנֵיהֶם לַמִּלְחָמָה וַיֵּאָסְפוּ שֹׂכֹה אֲשֶׁר
2 לִיהוּדָה וַיַּחֲנוּ בֵּין־שׂוֹכֹה וּבֵין־עֲזֵקָה בְּאֶפֶס דַּמִּים׃ וְשָׁאוּל
וְאִישׁ־יִשְׂרָאֵל נֶאֶסְפוּ וַיַּחֲנוּ בְּעֵמֶק הָאֵלָה וַיַּעַרְכוּ מִלְחָמָה
3 לִקְרַאת פְּלִשְׁתִּים׃ וּפְלִשְׁתִּים עֹמְדִים אֶל־הָהָר מִזֶּה
4 וְיִשְׂרָאֵל עֹמְדִים אֶל־הָהָר מִזֶּה וְהַגַּיְא בֵּינֵיהֶם׃ וַיֵּצֵא אִישׁ־
הַבֵּנַיִם מִמַּחֲנוֹת פְּלִשְׁתִּים גָּלְיָת שְׁמוֹ מִגַּת גָּבְהוֹ שֵׁשׁ אַמּוֹת
ה וָזָרֶת׃ וְכוֹבַע נְחֹשֶׁת עַל־רֹאשׁוֹ וְשִׁרְיוֹן קַשְׂקַשִּׂים הוּא לָבוּשׁ
6 וּמִשְׁקַל הַשִּׁרְיוֹן חֲמֵשֶׁת־אֲלָפִים שְׁקָלִים נְחֹשֶׁת׃ וּמִצְחַת
7 נְחֹשֶׁת עַל־רַגְלָיו וְכִידוֹן נְחֹשֶׁת בֵּין כְּתֵפָיו׃ וְחֵץ חֲנִיתוֹ כִּמְנוֹר
אֹרְגִים וְלַהֶבֶת חֲנִיתוֹ שֵׁשׁ־מֵאוֹת שְׁקָלִים בַּרְזֶל וְנֹשֵׂא הַצִּנָּה
8 הֹלֵךְ לְפָנָיו׃ וַיַּעֲמֹד וַיִּקְרָא אֶל־מַעַרְכֹת יִשְׂרָאֵל וַיֹּאמֶר
לָהֶם לָמָּה תֵצְאוּ לַעֲרֹךְ מִלְחָמָה הֲלוֹא אָנֹכִי הַפְּלִשְׁתִּי
9 וְאַתֶּם עֲבָדִים לְשָׁאוּל בְּרוּ־לָכֶם אִישׁ וְיֵרֵד אֵלָי׃ אִם־יוּכַל
לְהִלָּחֵם אִתִּי וְהִכָּנִי וְהָיִינוּ לָכֶם לַעֲבָדִים וְאִם־אֲנִי אוּכַל־
י לוֹ וְהִכִּיתִיו וִהְיִיתֶם לָנוּ לַעֲבָדִים וַעֲבַדְתֶּם אֹתָנוּ׃ וַיֹּאמֶר
הַפְּלִשְׁתִּי אֲנִי חֵרַפְתִּי אֶת־מַעַרְכוֹת יִשְׂרָאֵל הַיּוֹם הַזֶּה תְּנוּ־
11 לִי אִישׁ וְנִלָּחֲמָה יָחַד׃ וַיִּשְׁמַע שָׁאוּל וְכָל־יִשְׂרָאֵל אֶת־
12 דִּבְרֵי הַפְּלִשְׁתִּי הָאֵלֶּה וַיֵּחַתּוּ וַיִּרְאוּ מְאֹד׃ וְדָוִד בֶּן־אִישׁ
אֶפְרָתִי הַזֶּה מִבֵּית לֶחֶם יְהוּדָה וּשְׁמוֹ יִשַׁי וְלוֹ שְׁמֹנָה בָנִים
13 וְהָאִישׁ בִּימֵי שָׁאוּל זָקֵן בָּא בַאֲנָשִׁים׃ וַיֵּלְכוּ שְׁלֹשֶׁת בְּנֵי־יִשַׁי

י״ז v. 7. ועץ ק׳

הַגְּדֹלִ֔ים הָלְכ֖וּ אַחֲרֵי־שָׁא֣וּל לַמִּלְחָמָ֑ה וְשֵׁ֣ם ׀ שְׁלֹ֣שֶׁת בָּנָ֗יו
אֲשֶׁ֤ר הָֽלְכוּ֙ בַּמִּלְחָמָ֔ה אֱלִיאָ֣ב הַבְּכ֗וֹר וּמִשְׁנֵ֙הוּ֙ אֲבִ֣ינָדָ֔ב
14 וְהַשְּׁלִשִׁ֖י שַׁמָּֽה׃ וְדָוִ֖ד ה֣וּא הַקָּטָ֑ן וּשְׁלֹשָׁה֙ הַגְּדֹלִ֔ים הָלְכ֖וּ
טו אַחֲרֵ֥י שָׁאֽוּל׃ וְדָוִ֗ד הֹלֵ֥ךְ וָשָׁ֛ב מֵעַ֥ל שָׁא֖וּל לִרְע֛וֹת אֶת־צֹ֥אן
16 אָבִ֖יו בֵּֽית־לָֽחֶם׃ וַיִּגַּ֥שׁ הַפְּלִשְׁתִּ֖י הַשְׁכֵּ֣ם וְהַעֲרֵ֑ב וַיִּתְיַצֵּ֖ב
אַרְבָּעִ֥ים יֽוֹם׃
17 וַיֹּ֨אמֶר יִשַׁ֜י לְדָוִ֣ד בְּנ֗וֹ קַח־נָ֤א לְאַחֶ֙יךָ֙ אֵיפַ֤ת הַקָּלִיא֙ הַזֶּ֔ה
18 וַעֲשָׂרָ֥ה לֶ֖חֶם הַזֶּ֑ה וְהָרֵ֥ץ הַֽמַּחֲנֶ֖ה לְאַחֶֽיךָ׃ וְ֠אֵת עֲשֶׂ֜רֶת חֲרִצֵ֤י
הֶֽחָלָב֙ הָאֵ֔לֶּה תָּבִ֖יא לְשַׂר־הָאָ֑לֶף וְאֶת־אַחֶ֙יךָ֙ תִּפְקֹ֣ד לְשָׁל֔וֹם
19 וְאֶת־עֲרֻבָּתָ֖ם תִּקָּֽח׃ וְשָׁא֤וּל וְהֵ֙מָּה֙ וְכָל־אִ֣ישׁ יִשְׂרָאֵ֔ל בְּעֵ֖מֶק
כ הָאֵלָ֑ה נִלְחָמִ֖ים עִם־פְּלִשְׁתִּֽים׃ וַיַּשְׁכֵּ֨ם דָּוִ֜ד בַּבֹּ֗קֶר וַיִּטֹּ֤שׁ
אֶת־הַצֹּאן֙ עַל־שֹׁמֵ֔ר וַיִּשָּׂ֣א וַיֵּ֔לֶךְ כַּאֲשֶׁ֖ר צִוָּ֣הוּ יִשָׁ֑י וַיָּבֹא֙
הַמַּעְגָּ֔לָה וְהַחַ֗יִל הַיֹּצֵא֙ אֶל־הַמַּ֣עֲרָכָ֔ה וְהֵרֵ֖עוּ בַּמִּלְחָמָֽה׃
21 22 וַתַּעֲרֹ֤ךְ יִשְׂרָאֵל֙ וּפְלִשְׁתִּ֔ים מַעֲרָכָ֖ה לִקְרַ֥את מַעֲרָכָֽה׃ וַיִּטֹּשׁ֩
דָּוִ֨ד אֶת־הַכֵּלִ֜ים מֵעָלָ֗יו עַל־יַד֙ שׁוֹמֵ֣ר הַכֵּלִ֔ים וַיָּ֖רָץ
23 הַמַּעֲרָכָ֑ה וַיָּבֹ֕א וַיִּשְׁאַ֥ל לְאֶחָ֖יו לְשָׁלֽוֹם׃ וְה֣וּא ׀ מְדַבֵּ֣ר עִמָּ֗ם
וְהִנֵּ֣ה אִ֣ישׁ הַ֠בֵּנַיִם עוֹלֶ֞ה גָּלְיָ֨ת הַפְּלִשְׁתִּ֤י שְׁמוֹ֙ מִגַּת֙ מִמַּעַרְוֺ֣ת
24 פְּלִשְׁתִּ֔ים וַיְדַבֵּ֕ר כַּדְּבָרִ֖ים הָאֵ֑לֶּה וַיִּשְׁמַ֖ע דָּוִֽד׃ וְכֹל֙ אִ֣ישׁ
יִשְׂרָאֵ֔ל בִּרְאוֹתָ֖ם אֶת־הָאִ֑ישׁ וַיָּנֻ֙סוּ֙ מִפָּנָ֔יו וַיִּֽירְא֖וּ מְאֹֽד׃
כה וַיֹּ֣אמֶר ׀ אִ֣ישׁ יִשְׂרָאֵ֗ל הַרְּאִיתֶם֙ הָאִ֤ישׁ הָעֹלֶה֙ הַזֶּ֔ה כִּ֛י לְחָרֵ֥ף
אֶת־יִשְׂרָאֵ֖ל עֹלֶ֑ה וְהָיָ֡ה הָאִ֣ישׁ אֲשֶׁר־יַכֶּנּוּ֩ יַעְשְׁרֶ֨נּוּ הַמֶּ֜לֶךְ ׀
עֹ֣שֶׁר גָּד֗וֹל וְאֶת־בִּתּוֹ֙ יִתֶּן־ל֔וֹ וְאֵת֙ בֵּ֣ית אָבִ֔יו יַעֲשֶׂ֥ה חָפְשִׁ֖י
26 בְּיִשְׂרָאֵֽל׃ וַיֹּ֣אמֶר דָּוִ֗ד אֶֽל־הָאֲנָשִׁ֞ים הָעֹמְדִ֣ים עִמּוֹ֮ לֵאמֹר֒
מַה־יֵּעָשֶׂ֗ה לָאִישׁ֙ אֲשֶׁ֤ר יַכֶּה֙ אֶת־הַפְּלִשְׁתִּ֣י הַלָּ֔ז וְהֵסִ֥יר חֶרְפָּ֖ה
מֵעַ֣ל יִשְׂרָאֵ֑ל כִּ֣י מִ֗י הַפְּלִשְׁתִּ֤י הֶֽעָרֵל֙ הַזֶּ֔ה כִּ֣י חֵרֵ֔ף מַעַרְכ֖וֹת
27 אֱלֹהִ֥ים חַיִּֽים׃ וַיֹּ֤אמֶר לוֹ֙ הָעָ֔ם כַּדָּבָ֥ר הַזֶּ֖ה לֵאמֹ֑ר כֹּ֣ה יֵעָשֶׂ֔ה
28 לָאִ֖ישׁ אֲשֶׁ֥ר יַכֶּֽנּוּ׃ וַיִּשְׁמַ֤ע אֱלִיאָב֙ אָחִ֣יו הַגָּד֔וֹל בְּדַבְּר֖וֹ אֶל־

האנשים

v. 23. ממערכות ק׳

הָאֲנָשִׁים וַיִּחַר־אַף אֱלִיאָב בְּדָוִד וַיֹּאמֶר ׀ לָמָּה־זֶּה יָרַדְתָּ
וְעַל־מִי נָטַשְׁתָּ מְעַט הַצֹּאן הָהֵנָּה בַּמִּדְבָּר אֲנִי יָדַעְתִּי אֶת־
זְדֹנְךָ וְאֵת רֹעַ לְבָבֶךָ כִּי לְמַעַן רְאוֹת הַמִּלְחָמָה יָרָדְתָּ׃
29 ל וַיֹּאמֶר דָּוִד מֶה עָשִׂיתִי עָתָּה הֲלוֹא דָּבָר הוּא׃ וַיִּסֹּב מֵאֶצְלוֹ
אֶל־מוּל אַחֵר וַיֹּאמֶר כַּדָּבָר הַזֶּה וַיְשִׁבֻהוּ הָעָם דָּבָר כַּדָּבָר
31 הָרִאשׁוֹן׃ וַיִּשָּׁמְעוּ הַדְּבָרִים אֲשֶׁר דִּבֶּר דָּוִד וַיַּגִּדוּ לִפְנֵי־
32 שָׁאוּל וַיִּקָּחֵהוּ׃ וַיֹּאמֶר דָּוִד אֶל־שָׁאוּל אַל־יִפֹּל לֵב־אָדָם
33 עָלָיו עַבְדְּךָ יֵלֵךְ וְנִלְחַם עִם־הַפְּלִשְׁתִּי הַזֶּה׃ וַיֹּאמֶר שָׁאוּל
אֶל־דָּוִד לֹא תוּכַל לָלֶכֶת אֶל־הַפְּלִשְׁתִּי הַזֶּה לְהִלָּחֵם עִמּוֹ
34 כִּי־נַעַר אַתָּה וְהוּא אִישׁ מִלְחָמָה מִנְּעֻרָיו׃ וַיֹּאמֶר דָּוִד
אֶל־שָׁאוּל רֹעֶה הָיָה עַבְדְּךָ לְאָבִיו בַּצֹּאן וּבָא הָאֲרִי וְאֶת־
לה הַדּוֹב וְנָשָׂא שֶׂה מֵהָעֵדֶר׃ וְיָצָאתִי אַחֲרָיו וְהִכִּתִיו וְהִצַּלְתִּי
36 מִפִּיו וַיָּקָם עָלַי וְהֶחֱזַקְתִּי בִּזְקָנוֹ וְהִכִּתִיו וַהֲמִיתִּיו׃ גַּם אֶת־
הָאֲרִי גַּם־הַדּוֹב הִכָּה עַבְדֶּךָ וְהָיָה הַפְּלִשְׁתִּי הֶעָרֵל הַזֶּה
37 כְּאַחַד מֵהֶם כִּי חֵרֵף מַעַרְכֹת אֱלֹהִים חַיִּים׃ וַיֹּאמֶר דָּוִד
יְהוָה אֲשֶׁר הִצִּלַנִי מִיַּד הָאֲרִי וּמִיַּד הַדֹּב הוּא יַצִּילֵנִי מִיַּד
הַפְּלִשְׁתִּי הַזֶּה וַיֹּאמֶר שָׁאוּל אֶל־דָּוִד לֵךְ וַיהוָה יִהְיֶה עִמָּךְ׃
38 וַיַּלְבֵּשׁ שָׁאוּל אֶת־דָּוִד מַדָּיו וְנָתַן קוֹבַע נְחֹשֶׁת עַל־רֹאשׁוֹ
39 וַיַּלְבֵּשׁ אֹתוֹ שִׁרְיוֹן׃ וַיַּחְגֹּר דָּוִד אֶת־חַרְבּוֹ מֵעַל לְמַדָּיו וַיֹּאֶל
לָלֶכֶת כִּי לֹא־נִסָּה וַיֹּאמֶר דָּוִד אֶל־שָׁאוּל לֹא אוּכַל לָלֶכֶת
מ בָּאֵלֶּה כִּי לֹא נִסִּיתִי וַיְסִרֵם דָּוִד מֵעָלָיו׃ וַיִּקַּח מַקְלוֹ בְּיָדוֹ
וַיִּבְחַר־לוֹ חֲמִשָּׁה חַלֻּקֵי־אֲבָנִים ׀ מִן־הַנַּחַל וַיָּשֶׂם אֹתָם בִּכְלִי
הָרֹעִים אֲשֶׁר־לוֹ וּבַיַּלְקוּט וְקַלְעוֹ בְיָדוֹ וַיִּגַּשׁ אֶל־הַפְּלִשְׁתִּי׃
41 וַיֵּלֶךְ הַפְּלִשְׁתִּי הֹלֵךְ וְקָרֵב אֶל־דָּוִד וְהָאִישׁ נֹשֵׂא הַצִּנָּה
42 לְפָנָיו׃ וַיַּבֵּט הַפְּלִשְׁתִּי וַיִּרְאֶה אֶת־דָּוִד וַיִּבְזֵהוּ כִּי־הָיָה נַעַר
43 וְאַדְמֹנִי עִם־יְפֵה מַרְאֶה׃ וַיֹּאמֶר הַפְּלִשְׁתִּי אֶל־דָּוִד הֲכֶלֶב
אָנֹכִי כִּי־אַתָּה בָא־אֵלַי בַּמַּקְלוֹת וַיְקַלֵּל הַפְּלִשְׁתִּי אֶת־דָּוִד
44 בֵּאלֹהָיו׃ וַיֹּאמֶר הַפְּלִשְׁתִּי אֶל־דָּוִד לְכָה אֵלַי וְאֶתְּנָה אֶת־

בשרך

מה בְּשָׂרְךָ לְעוֹף הַשָּׁמַיִם וּלְבֶהֱמַת הַשָּׂדֶה: וַיֹּאמֶר דָּוִד אֶל־
הַפְּלִשְׁתִּי אַתָּה בָּא אֵלַי בְּחֶרֶב וּבַחֲנִית וּבְכִידוֹן וְאָנֹכִי בָא־
אֵלֶיךָ בְּשֵׁם יְהוָה צְבָאוֹת אֱלֹהֵי מַעַרְכוֹת יִשְׂרָאֵל אֲשֶׁר
46 חֵרַפְתָּ: הַיּוֹם הַזֶּה יְסַגֶּרְךָ יְהוָה בְּיָדִי וְהִכִּיתִךָ וַהֲסִרֹתִי אֶת־
רֹאשְׁךָ מֵעָלֶיךָ וְנָתַתִּי פֶּגֶר מַחֲנֵה פְלִשְׁתִּים הַיּוֹם הַזֶּה לְעוֹף
הַשָּׁמַיִם וּלְחַיַּת הָאָרֶץ וְיֵדְעוּ כָּל־הָאָרֶץ כִּי יֵשׁ אֱלֹהִים
47 לְיִשְׂרָאֵל: וְיֵדְעוּ כָּל־הַקָּהָל הַזֶּה כִּי־לֹא בְּחֶרֶב וּבַחֲנִית
48 יְהוֹשִׁיעַ יְהוָה כִּי לַיהוָה הַמִּלְחָמָה וְנָתַן אֶתְכֶם בְּיָדֵנוּ: וְהָיָה
כִּי־קָם הַפְּלִשְׁתִּי וַיֵּלֶךְ וַיִּקְרַב לִקְרַאת דָּוִד וַיְמַהֵר דָּוִד
49 וַיָּרָץ הַמַּעֲרָכָה לִקְרַאת הַפְּלִשְׁתִּי: וַיִּשְׁלַח דָּוִד אֶת־יָדוֹ
אֶל־הַכֶּלִי וַיִּקַּח מִשָּׁם אֶבֶן וַיְקַלַּע וַיַּךְ אֶת־הַפְּלִשְׁתִּי אֶל־
נ מִצְחוֹ וַתִּטְבַּע הָאֶבֶן בְּמִצְחוֹ וַיִּפֹּל עַל־פָּנָיו אָרְצָה: וַיֶּחֱזַק
דָּוִד מִן־הַפְּלִשְׁתִּי בַּקֶּלַע וּבָאֶבֶן וַיַּךְ אֶת־הַפְּלִשְׁתִּי וַיְמִתֵהוּ
51 וְחֶרֶב אֵין בְּיַד־דָּוִד: וַיָּרָץ דָּוִד וַיַּעֲמֹד אֶל־הַפְּלִשְׁתִּי וַיִּקַּח
אֶת־חַרְבּוֹ וַיִּשְׁלְפָהּ מִתַּעְרָהּ וַיְמֹתְתֵהוּ וַיִּכְרָת־בָּהּ אֶת־רֹאשׁוֹ
52 וַיִּרְאוּ הַפְּלִשְׁתִּים כִּי־מֵת גִּבּוֹרָם וַיָּנֻסוּ: וַיָּקֻמוּ אַנְשֵׁי יִשְׂרָאֵל
וִיהוּדָה וַיָּרִעוּ וַיִּרְדְּפוּ אֶת־הַפְּלִשְׁתִּים עַד־בּוֹאֲךָ גַיְא וְעַד
שַׁעֲרֵי עֶקְרוֹן וַיִּפְּלוּ חַלְלֵי פְלִשְׁתִּים בְּדֶרֶךְ שַׁעֲרַיִם וְעַד־גַּת
53 וְעַד־עֶקְרוֹן: וַיָּשֻׁבוּ בְּנֵי יִשְׂרָאֵל מִדְּלֹק אַחֲרֵי פְלִשְׁתִּים
54 וַיָּשֹׁסּוּ אֶת־מַחֲנֵיהֶם: וַיִּקַּח דָּוִד אֶת־רֹאשׁ הַפְּלִשְׁתִּי וַיְבִאֵהוּ
נה יְרוּשָׁלִָם וְאֶת־כֵּלָיו שָׂם בְּאָהֳלוֹ: וְכִרְאוֹת שָׁאוּל אֶת־
דָּוִד יֹצֵא לִקְרַאת הַפְּלִשְׁתִּי אָמַר אֶל־אַבְנֵר שַׂר הַצָּבָא בֶּן־
מִי־זֶה הַנַּעַר אַבְנֵר וַיֹּאמֶר אַבְנֵר חֵי־נַפְשְׁךָ הַמֶּלֶךְ אִם־
56 יָדָעְתִּי: וַיֹּאמֶר הַמֶּלֶךְ שְׁאַל אַתָּה בֶּן־מִי־זֶה הָעָלֶם:
57 וּכְשׁוּב דָּוִד מֵהַכּוֹת אֶת־הַפְּלִשְׁתִּי וַיִּקַּח אֹתוֹ אַבְנֵר
58 וַיְבִאֵהוּ לִפְנֵי שָׁאוּל וְרֹאשׁ הַפְּלִשְׁתִּי בְּיָדוֹ: וַיֹּאמֶר אֵלָיו שָׁאוּל
בֶּן־מִי אַתָּה הַנַּעַר וַיֹּאמֶר דָּוִד בֶּן־עַבְדְּךָ יִשַׁי בֵּית הַלַּחְמִי:

ויהי

יח

Cap. XVIII. יח

א וַיְהִ֗י כְּכַלֹּתוֹ֙ לְדַבֵּ֣ר אֶל־שָׁא֔וּל וְנֶ֙פֶשׁ֙ יְה֣וֹנָתָ֔ן נִקְשְׁרָ֖ה בְּנֶ֣פֶשׁ
2 דָּוִ֑ד וַיֶּאֱהָבוֹ֥ יְהוֹנָתָ֖ן כְּנַפְשֽׁוֹ׃ וַיִּקָּחֵ֥הוּ שָׁא֖וּל בַּיּ֣וֹם הַה֑וּא וְלֹ֣א
3 נְתָנ֔וֹ לָשׁ֖וּב בֵּ֥ית אָבִֽיו׃ וַיִּכְרֹ֧ת יְהוֹנָתָ֛ן וְדָוִ֖ד בְּרִ֑ית בְּאַהֲבָת֥וֹ
4 אֹת֖וֹ כְּנַפְשֽׁוֹ׃ וַיִּתְפַּשֵּׁ֣ט יְהוֹנָתָ֗ן אֶֽת־הַמְּעִיל֙ אֲשֶׁ֣ר עָלָ֔יו וַֽיִּתְּנֵ֖הוּ
ה לְדָוִ֑ד וּמַדָּ֕יו וְעַד־חַרְבּ֥וֹ וְעַד־קַשְׁתּ֖וֹ וְעַד־חֲגֹרֽוֹ׃ וַיֵּצֵ֨א דָוִ֜ד
בְּכֹל֩ אֲשֶׁ֨ר יִשְׁלָחֶ֤נּוּ שָׁאוּל֙ יַשְׂכִּ֔יל וַיְשִׂמֵ֣הוּ שָׁא֔וּל עַ֖ל אַנְשֵׁ֣י
הַמִּלְחָמָ֑ה וַיִּיטַב֙ בְּעֵינֵ֣י כָל־הָעָ֔ם וְגַ֖ם בְּעֵינֵ֥י עַבְדֵ֥י שָׁאֽוּל׃
6 וַיְהִ֣י בְּבוֹאָ֗ם בְּשׁ֤וּב דָּוִד֙ מֵהַכּ֣וֹת אֶת־הַפְּלִשְׁתִּ֔י וַתֵּצֶ֨אנָה הַנָּשִׁ֜ים
מִכָּל־עָרֵ֤י יִשְׂרָאֵל֙ לָשׁ֣וֹר וְהַמְּחֹל֔וֹת לִקְרַ֖את שָׁא֣וּל הַמֶּ֑לֶךְ
7 בְּתֻפִּ֥ים בְּשִׂמְחָ֖ה וּבְשָׁלִשִֽׁים׃ וַֽתַּעֲנֶ֛ינָה הַנָּשִׁ֥ים הַֽמְשַׂחֲק֖וֹת
8 וַתֹּאמַ֑רְןָ הִכָּ֤ה שָׁאוּל֙ בַּאֲלָפָ֔ו וְדָוִ֖ד בְּרִבְבֹתָֽיו׃ וַיִּ֨חַר לְשָׁא֜וּל
מְאֹ֗ד וַיֵּ֤רַע בְּעֵינָיו֙ הַדָּבָ֣ר הַזֶּ֔ה וַיֹּ֗אמֶר נָתְנ֤וּ לְדָוִד֙ רְבָב֔וֹת
9 וְלִ֥י נָתְנ֖וּ הָאֲלָפִ֑ים וְע֥וֹד ל֖וֹ אַ֥ךְ הַמְּלוּכָֽה׃ וַיְהִ֥י שָׁא֖וּל עָוֺ֣ן
י אֶת־דָּוִ֑ד מֵֽהַיּ֥וֹם הַה֖וּא וָהָֽלְאָה׃ וַיְהִ֣י מִֽמָּחֳרָ֗ת וַתִּצְלַ֣ח
ר֣וּחַ אֱלֹהִ֣ים ׀ רָעָ֣ה ׀ אֶל־שָׁאוּל֮ וַיִּתְנַבֵּ֣א בְתוֹךְ־הַבַּ֔יִת וְדָוִ֛ד
11 מְנַגֵּ֥ן בְּיָד֖וֹ כְּי֣וֹם ׀ בְּי֑וֹם וְהַחֲנִ֖ית בְּיַד־שָׁאֽוּל׃ וַיָּ֤טֶל שָׁאוּל֙
אֶת־הַֽחֲנִ֔ית וַיֹּ֕אמֶר אַכֶּ֥ה בְדָוִ֖ד וּבַקִּ֑יר וַיִּסֹּ֥ב דָּוִ֛ד מִפָּנָ֖יו
12 פַּעֲמָֽיִם׃ וַיִּרָ֥א שָׁא֖וּל מִלִּפְנֵ֣י דָוִ֑ד כִּֽי־הָיָ֤ה יְהוָה֙ עִמּ֔וֹ וּמֵעִ֥ם
13 שָׁא֖וּל סָֽר׃ וַיְסִרֵ֤הוּ שָׁאוּל֙ מֵֽעִמּ֔וֹ וַיְשִׂמֵ֥הוּ ל֖וֹ שַׂר־אָ֑לֶף וַיֵּצֵ֥א
14 וַיָּבֹ֖א לִפְנֵ֥י הָעָֽם׃ וַיְהִ֥י דָוִ֛ד לְכָל־דְּרָכָ֖ו מַשְׂכִּ֑יל וַֽיהוָ֖ה
טו עִמּֽוֹ׃ וַיַּ֣רְא שָׁא֔וּל אֲשֶׁר־ה֖וּא מַשְׂכִּ֣יל מְאֹ֑ד וַיָּ֖גָר מִפָּנָֽיו׃
16 וְכָל־יִשְׂרָאֵל֙ וִֽיהוּדָ֔ה אֹהֵ֖ב אֶת־דָּוִ֑ד כִּֽי־ה֛וּא יוֹצֵ֥א וָבָ֖א
לִפְנֵיהֶֽם׃
17 וַיֹּ֨אמֶר שָׁא֜וּל אֶל־דָּוִ֗ד הִנֵּה֩ בִתִּ֨י הַגְּדוֹלָ֤ה מֵרַב֙ אֹתָהּ֙ אֶתֶּן־לְךָ֣
לְאִשָּׁ֔ה אַ֚ךְ הֱיֵה־לִּ֣י לְבֶן־חַ֔יִל וְהִלָּחֵ֖ם מִלְחֲמ֣וֹת יְהוָ֑ה וְשָׁא֣וּל
18 אָמַ֗ר אַל־תְּהִ֤י יָדִי֙ בּ֔וֹ וּתְהִי־ב֖וֹ יַד־פְּלִשְׁתִּֽים׃ וַיֹּ֤אמֶר דָּוִד֙

אל־שאול

v. 1. ויאהבהו ק׳ v. 6. לשיר ק׳ v. 7. באלפיו ק׳ v. 9. עוין ק׳
v. 14. סבירין בכל ibid. דרכיו ק׳

אֶל־שָׁאוּל מִי אָנֹכִי וּמִי חַיַּי מִשְׁפַּחַת אָבִי בְּיִשְׂרָאֵל כִּי־אֶהְיֶה
19 חָתָן לַמֶּלֶךְ׃ וַיְהִי בְּעֵת תֵּת אֶת־מֵרַב בַּת־שָׁאוּל לְדָוִד
כ וְהִיא נִתְּנָה לְעַדְרִיאֵל הַמְּחֹלָתִי לְאִשָּׁה׃ וַתֶּאֱהַב מִיכַל בַּת־
21 שָׁאוּל אֶת־דָּוִד וַיַּגִּדוּ לְשָׁאוּל וַיִּשַׁר הַדָּבָר בְּעֵינָיו׃ וַיֹּאמֶר
שָׁאוּל אֶתְּנֶנָּה לּוֹ וּתְהִי־לוֹ לְמוֹקֵשׁ וּתְהִי־בוֹ יַד־פְּלִשְׁתִּים
22 וַיֹּאמֶר שָׁאוּל אֶל־דָּוִד בִּשְׁתַּיִם תִּתְחַתֵּן בִּי הַיּוֹם׃ וַיְצַו שָׁאוּל
אֶת־עֲבָדָו דַּבְּרוּ אֶל־דָּוִד בַּלָּט לֵאמֹר הִנֵּה חָפֵץ בְּךָ הַמֶּלֶךְ
23 וְכָל־עֲבָדָיו אֲהֵבוּךָ וְעַתָּה הִתְחַתֵּן בַּמֶּלֶךְ׃ וַיְדַבְּרוּ עַבְדֵי
שָׁאוּל בְּאָזְנֵי דָוִד אֶת־הַדְּבָרִים הָאֵלֶּה וַיֹּאמֶר דָּוִד הַנְקַלָּה
24 בְעֵינֵיכֶם הִתְחַתֵּן בַּמֶּלֶךְ וְאָנֹכִי אִישׁ־רָשׁ וְנִקְלֶה׃ וַיַּגִּדוּ עַבְדֵי
שָׁאוּל לוֹ לֵאמֹר כַּדְּבָרִים הָאֵלֶּה דִּבֶּר דָּוִד׃
כה וַיֹּאמֶר שָׁאוּל כֹּה־תֹאמְרוּ לְדָוִד אֵין־חֵפֶץ לַמֶּלֶךְ בְּמֹהַר
כִּי בְּמֵאָה עָרְלוֹת פְּלִשְׁתִּים לְהִנָּקֵם בְּאֹיְבֵי הַמֶּלֶךְ וְשָׁאוּל
26 חָשַׁב לְהַפִּיל אֶת־דָּוִד בְּיַד־פְּלִשְׁתִּים׃ וַיַּגִּדוּ עֲבָדָיו לְדָוִד
אֶת־הַדְּבָרִים הָאֵלֶּה וַיִּשַׁר הַדָּבָר בְּעֵינֵי דָוִד לְהִתְחַתֵּן
27 בַּמֶּלֶךְ וְלֹא מָלְאוּ הַיָּמִים׃ וַיָּקָם דָּוִד וַיֵּלֶךְ ׀ הוּא וַאֲנָשָׁיו וַיַּךְ
בַּפְּלִשְׁתִּים מָאתַיִם אִישׁ וַיָּבֵא דָוִד אֶת־עָרְלֹתֵיהֶם וַיְמַלְאוּם
לַמֶּלֶךְ לְהִתְחַתֵּן בַּמֶּלֶךְ וַיִּתֶּן־לוֹ שָׁאוּל אֶת־מִיכַל בִּתּוֹ
28 לְאִשָּׁה׃ וַיַּרְא שָׁאוּל וַיֵּדַע כִּי יְהוָה עִם־דָּוִד וּמִיכַל בַּת־
29 שָׁאוּל אֲהֵבַתְהוּ׃ וַיֹּאסֶף שָׁאוּל לֵרֹא מִפְּנֵי דָוִד עוֹד וַיְהִי
ל שָׁאוּל אֹיֵב אֶת־דָּוִד כָּל־הַיָּמִים׃ וַיֵּצְאוּ שָׂרֵי פְלִשְׁתִּים
וַיְהִי ׀ מִדֵּי צֵאתָם שָׂכַל דָּוִד מִכֹּל עַבְדֵי שָׁאוּל וַיִּיקַר שְׁמוֹ
מְאֹד׃

CAP. XIX. יט

יט

א וַיְדַבֵּר שָׁאוּל אֶל־יוֹנָתָן בְּנוֹ וְאֶל־כָּל־עֲבָדָיו לְהָמִית
2 אֶת־דָּוִד וִיהוֹנָתָן בֶּן־שָׁאוּל חָפֵץ בְּדָוִד מְאֹד׃ וַיַּגֵּד יְהוֹנָתָן
לְדָוִד לֵאמֹר מְבַקֵּשׁ שָׁאוּל אָבִי לַהֲמִיתֶךָ וְעַתָּה הִשָּׁמֶר־נָא

בבקר

י״ח v. 22. עבדיו ק׳ v. 25. סבירין כי אם־

3 בַבֹּ֖קֶר וְיָשַׁבְתָּ֥ בַסֵּ֖תֶר וְנַחְבֵּֽאתָ׃ וַאֲנִ֨י אֵצֵ֜א וְעָמַדְתִּ֣י לְיַד־
אָבִ֗י בַּשָּׂדֶה֙ אֲשֶׁ֣ר אַתָּ֣ה שָׁ֔ם וַאֲנִ֕י אֲדַבֵּ֥ר בְּךָ֖ אֶל־אָבִ֑י וְרָאִ֥יתִי
4 מָ֖ה וְהִגַּ֥דְתִּי לָֽךְ׃ וַיְדַבֵּ֨ר יְהוֹנָתָ֤ן בְּדָוִד֙ ט֔וֹב אֶל־שָׁא֖וּל
אָבִ֑יו וַיֹּ֣אמֶר אֵ֠לָיו אַל־יֶחֱטָ֨א הַמֶּ֜לֶךְ בְּעַבְדּ֣וֹ בְדָוִ֗ד כִּ֣י ל֤וֹא
ה חָטָא֙ לָ֔ךְ וְכִ֥י מַעֲשָׂ֖יו טוֹב־לְךָ֥ מְאֹֽד׃ וַיָּשֶׂם֩ אֶת־נַפְשׁ֨וֹ בְכַפּ֜וֹ
וַיַּ֣ךְ אֶת־הַפְּלִשְׁתִּ֗י וַיַּ֨עַשׂ יְהוָ֜ה תְּשׁוּעָ֤ה גְדוֹלָה֙ לְכָל־יִשְׂרָאֵ֔ל
רָאִ֖יתָ וַתִּשְׂמָ֑ח וְלָ֤מָּה תֶֽחֱטָא֙ בְּדָ֣ם נָקִ֔י לְהָמִ֥ית אֶת־דָּוִ֖ד חִנָּֽם׃
6 וַיִּשְׁמַ֥ע שָׁא֖וּל בְּק֣וֹל יְהוֹנָתָ֑ן וַיִּשָּׁבַ֣ע שָׁא֔וּל חַי־יְהוָ֖ה אִם־
7 יוּמָֽת׃ וַיִּקְרָ֤א יְהוֹנָתָן֙ לְדָוִ֔ד וַיַּגֶּד־לוֹ֙ יְה֣וֹנָתָ֔ן אֵ֥ת כָּל־הַדְּבָרִ֖ים
הָאֵ֑לֶּה וַיָּבֵ֨א יְהוֹנָתָ֤ן אֶת־דָּוִד֙ אֶל־שָׁא֔וּל וַיְהִ֥י לְפָנָ֖יו כְּאֶתְמ֥וֹל
8 שִׁלְשֽׁוֹם׃ וַתּ֥וֹסֶף הַמִּלְחָמָ֖ה לִהְי֑וֹת וַיֵּצֵ֨א דָוִ֜ד וַיִּלָּ֣חֶם
9 בַּפְּלִשְׁתִּ֗ים וַיַּ֤ךְ בָּהֶם֙ מַכָּ֣ה גְדוֹלָ֔ה וַיָּנֻ֖סוּ מִפָּנָֽיו׃ וַתְּהִי֩ ר֨וּחַ
יְהוָ֤ה ׀ רָעָה֙ אֶל־שָׁא֔וּל וְהוּא֙ בְּבֵית֣וֹ יוֹשֵׁ֔ב וַחֲנִית֖וֹ בְּיָד֑וֹ וְדָוִ֖ד
י מְנַגֵּ֥ן בְּיָֽד׃ וַיְבַקֵּ֨שׁ שָׁא֜וּל לְהַכּ֤וֹת בַּחֲנִית֙ בְּדָוִ֣ד וּבַקִּ֔יר וַיִּפְטַר֙
מִפְּנֵ֣י שָׁא֔וּל וַיַּ֥ךְ אֶֽת־הַחֲנִ֖ית בַּקִּ֑יר וְדָוִ֛ד נָ֥ס וַיִּמָּלֵ֖ט בַּלַּ֥יְלָה
הֽוּא׃

11 וַיִּשְׁלַח֩ שָׁא֨וּל מַלְאָכִ֜ים אֶל־בֵּ֤ית דָּוִד֙ לְשָׁמְר֔וֹ וְלַהֲמִית֖וֹ
בַּבֹּ֑קֶר וַתַּגֵּ֣ד לְדָוִ֗ד מִיכַ֤ל אִשְׁתּוֹ֙ לֵאמֹ֔ר אִם־אֵינְךָ֙ מְמַלֵּ֤ט
12 אֶת־נַפְשְׁךָ֙ הַלַּ֔יְלָה מָחָ֖ר אַתָּ֥ה מוּמָֽת׃ וַתֹּ֧רֶד מִיכַ֛ל אֶת־דָּוִ֖ד
13 בְּעַ֣ד הַֽחַלּ֑וֹן וַיֵּ֥לֶךְ וַיִּבְרַ֖ח וַיִּמָּלֵֽט׃ וַתִּקַּ֨ח מִיכַ֜ל אֶת־הַתְּרָפִ֗ים
וַתָּ֙שֶׂם֙ אֶל־הַמִּטָּ֔ה וְאֵת֙ כְּבִ֣יר הָֽעִזִּ֔ים שָׂ֖מָה מְרַאֲשֹׁתָ֑יו וַתְּכַ֖ס
14 בַּבָּֽגֶד׃ וַיִּשְׁלַ֥ח שָׁא֛וּל מַלְאָכִ֖ים לָקַ֣חַת אֶת־דָּוִ֑ד וַתֹּ֖אמֶר
טו חֹלֶ֥ה הֽוּא׃ וַיִּשְׁלַ֤ח שָׁאוּל֙ אֶת־הַמַּלְאָכִ֔ים לִרְא֥וֹת אֶת־דָּוִ֖ד
16 לֵאמֹ֑ר הַעֲל֨וּ אֹת֧וֹ בַמִּטָּ֛ה אֵלַ֖י לַהֲמִתֽוֹ׃ וַיָּבֹ֙אוּ֙ הַמַּלְאָכִ֔ים
17 וְהִנֵּ֥ה הַתְּרָפִ֖ים אֶל־הַמִּטָּ֑ה וּכְבִ֥יר הָעִזִּ֖ים מְרַאֲשֹׁתָֽיו׃ וַיֹּ֨אמֶר
שָׁא֜וּל אֶל־מִיכַ֗ל לָ֤מָּה כָּ֙כָה֙ רִמִּיתִ֔נִי וַתְּשַׁלְּחִ֥י אֶת־אֹיְבִ֖י
וַיִּמָּלֵ֑ט וַתֹּ֤אמֶר מִיכַל֙ אֶל־שָׁא֔וּל הוּא־אָמַ֥ר אֵלַ֛י שַׁלְּחִ֖נִי לָמָ֥ה

אמיתך

v. 10. סבירין ההוא

18 אֲמִיתֶֽךָ׃ וְדָוִד בָּרַח וַיִּמָּלֵט וַיָּבֹא אֶל־שְׁמוּאֵל הָרָמָתָה וַיַּגֶּד־
לוֹ אֵת כָּל־אֲשֶׁר עָשָׂה־לוֹ שָׁאוּל וַיֵּלֶךְ הוּא וּשְׁמוּאֵל וַיֵּשְׁבוּ
19 כ בְּנָוֹיִת׃ וַיֻּגַּד לְשָׁאוּל לֵאמֹר הִנֵּה דָוִד בְּנָוֹיַת בָּרָמָֽה׃ וַיִּשְׁלַח
שָׁאוּל מַלְאָכִים לָקַחַת אֶת־דָּוִד וַיַּרְא אֶת־לַהֲקַת הַנְּבִיאִים
נִבְּאִים וּשְׁמוּאֵל עֹמֵד נִצָּב עֲלֵיהֶם וַתְּהִי עַל־מַלְאֲכֵי שָׁאוּל
21 רוּחַ אֱלֹהִים וַיִּתְנַבְּאוּ גַּם־הֵֽמָּה׃ וַיַּגִּדוּ לְשָׁאוּל וַיִּשְׁלַח
מַלְאָכִים אֲחֵרִים וַיִּתְנַבְּאוּ גַּם־הֵמָּה ° וַיֹּסֶף שָׁאוּל וַיִּשְׁלַח
22 מַלְאָכִים שְׁלִשִׁים וַיִּֽתְנַבְּאוּ גַּם־הֵֽמָּה׃ וַיֵּלֶךְ גַּם־הוּא הָרָמָתָה
וַיָּבֹא עַד־בּוֹר הַגָּדוֹל אֲשֶׁר בַּשֵּׂכוּ וַיִּשְׁאַל וַיֹּאמֶר אֵיפֹה
23 שְׁמוּאֵל וְדָוִד וַיֹּאמֶר הִנֵּה בְּנָוֹיַת בָּרָמָֽה׃ וַיֵּלֶךְ שָׁם אֶל־נָוֹיַת
בָּרָמָה וַתְּהִי עָלָיו גַּם־הוּא רוּחַ אֱלֹהִים וַיֵּלֶךְ הָלוֹךְ וַיִּתְנַבֵּא
24 עַד־בֹּאוֹ בְּנָוֹיַת בָּרָמָֽה׃ וַיִּפְשַׁט גַּם־הוּא בְּגָדָיו וַיִּתְנַבֵּא גַם־
הוּא לִפְנֵי שְׁמוּאֵל וַיִּפֹּל עָרֹם כָּל־הַיּוֹם הַהוּא וְכָל־הַלָּיְלָה
עַל־כֵּן יֹֽאמְרוּ הֲגַם שָׁאוּל בַּנְּבִיאִֽם׃

Cap. XX. כ

א וַיִּבְרַח דָּוִד מִנָּוֹות בָּרָמָה וַיָּבֹא וַיֹּאמֶר ׀ לִפְנֵי יְהוֹנָתָן מֶה
עָשִׂיתִי מֶה־עֲוֺנִי וּמֶֽה־חַטָּאתִי לִפְנֵי אָבִיךָ כִּי מְבַקֵּשׁ אֶת־
2 נַפְשִֽׁי׃ וַיֹּאמֶר לוֹ חָלִילָה לֹא תָמוּת הִנֵּה לוֹ־עָשָׂה אָבִי
דָּבָר גָּדוֹל אוֹ דָּבָר קָטֹן וְלֹא יִגְלֶה אֶת־אָזְנִי וּמַדּוּעַ יַסְתִּיר
3 אָבִי מִמֶּנִּי אֶת־הַדָּבָר הַזֶּה אֵין זֹֽאת׃ וַיִּשָּׁבַע עוֹד דָּוִד
וַיֹּאמֶר יָדֹעַ יָדַע אָבִיךָ כִּי־מָצָאתִי חֵן בְּעֵינֶיךָ וַיֹּאמֶר אַל־
יֵֽדַע־זֹאת יְהוֹנָתָן פֶּן־יֵעָצֵב וְאוּלָם חַי־יְהוָה וְחֵי נַפְשֶׁךָ כִּי
4 כְפֶשַׂע בֵּינִי וּבֵין הַמָּֽוֶת׃ וַיֹּאמֶר יְהוֹנָתָן אֶל־דָּוִד מַה־תֹּאמַר
נַפְשְׁךָ וְאֶֽעֱשֶׂה־לָּֽךְ׃
ה וַיֹּאמֶר דָּוִד אֶל־יְהוֹנָתָן הִנֵּה־חֹדֶשׁ מָחָר וְאָנֹכִי יָשֹׁב־אֵשֵׁב
עִם־הַמֶּלֶךְ לֶאֱכוֹל וְשִׁלַּחְתַּנִי וְנִסְתַּרְתִּי בַשָּׂדֶה עַד הָעֶרֶב
6 הַשְּׁלִשִֽׁית׃ אִם־פָּקֹד יִפְקְדֵנִי אָבִיךָ וְאָמַרְתָּ נִשְׁאֹל נִשְׁאַל
ממני

י"ט v. 18. בניות ק׳ v. 19. בניות ק׳ v. 21. פסקא באמצע פסוק
v. 22. בניות ק׳ v. 23. ניות ק׳ ibid. בניות ק׳ כ׳ v. 1. מניות ק׳ v. 2. לא־יעשה ק׳

מִמֶּנִּי דָוִד לָרוּץ בֵּית־לֶחֶם עִירוֹ כִּי זֶבַח הַיָּמִים שָׁם
7 לְכָל־הַמִּשְׁפָּחָה׃ אִם־כֹּה יֹאמַר טוֹב שָׁלוֹם לְעַבְדֶּךָ וְאִם־
8 חָרֹה יֶחֱרֶה לוֹ דַּע כִּי־כָלְתָה הָרָעָה מֵעִמּוֹ׃ וְעָשִׂיתָ חֶסֶד
עַל־עַבְדֶּךָ כִּי בִּבְרִית יְהוָה הֵבֵאתָ אֶת־עַבְדְּךָ עִמָּךְ וְאִם־
יֶשׁ־בִּי עָוֹן הֲמִיתֵנִי אַתָּה וְעַד־אָבִיךָ לָמָּה־זֶּה תְבִיאֵנִי׃
9 וַיֹּאמֶר יְהוֹנָתָן חָלִילָה לָּךְ כִּי ׀ אִם־יָדֹעַ אֵדַע כִּי־כָלְתָה
י הָרָעָה מֵעִם אָבִי לָבוֹא עָלֶיךָ וְלֹא אֹתָהּ אַגִּיד לָךְ׃ וַיֹּאמֶר
דָּוִד אֶל־יְהוֹנָתָן מִי יַגִּיד לִי אוֹ מַה־יַּעַנְךָ אָבִיךָ קָשָׁה׃
11 וַיֹּאמֶר יְהוֹנָתָן אֶל־דָּוִד לְכָה וְנֵצֵא הַשָּׂדֶה וַיֵּצְאוּ שְׁנֵיהֶם
12 הַשָּׂדֶה׃ וַיֹּאמֶר יְהוֹנָתָן אֶל־דָּוִד יְהוָה אֱלֹהֵי יִשְׂרָאֵל כִּי־
אֶחְקֹר אֶת־אָבִי כָּעֵת ׀ מָחָר הַשְּׁלִשִׁית וְהִנֵּה־טוֹב אֶל־דָּוִד
13 וְלֹא־אָז אֶשְׁלַח אֵלֶיךָ וְגָלִיתִי אֶת־אָזְנֶךָ׃ כֹּה־יַעֲשֶׂה יְהוָה
לִיהוֹנָתָן וְכֹה יֹסִיף כִּי־יֵיטִב אֶל־אָבִי אֶת־הָרָעָה עָלֶיךָ
וְגָלִיתִי אֶת־אָזְנֶךָ וְשִׁלַּחְתִּיךָ וְהָלַכְתָּ לְשָׁלוֹם וִיהִי יְהוָה עִמָּךְ
14 כַּאֲשֶׁר הָיָה עִם־אָבִי׃ וְלֹא אִם־עוֹדֶנִּי חָי וְלֹא־תַעֲשֶׂה עִמָּדִי
טו חֶסֶד יְהוָה וְלֹא אָמוּת׃ וְלֹא־תַכְרִית אֶת־חַסְדְּךָ מֵעִם בֵּיתִי
עַד־עוֹלָם וְלֹא בְּהַכְרִת יְהוָה אֶת־אֹיְבֵי דָוִד אִישׁ מֵעַל פְּנֵי
16 הָאֲדָמָה׃ וַיִּכְרֹת יְהוֹנָתָן עִם־בֵּית דָּוִד וּבִקֵּשׁ יְהוָה מִיַּד
17 אֹיְבֵי דָוִד׃ וַיּוֹסֶף יְהוֹנָתָן לְהַשְׁבִּיעַ אֶת־דָּוִד בְּאַהֲבָתוֹ אֹתוֹ
18 כִּי־אַהֲבַת נַפְשׁוֹ אֲהֵבוֹ׃ ° וַיֹּאמֶר־לוֹ יְהוֹנָתָן מָחָר חֹדֶשׁ
19 וְנִפְקַדְתָּ כִּי יִפָּקֵד מוֹשָׁבֶךָ׃ וְשִׁלַּשְׁתָּ תֵּרֵד מְאֹד וּבָאתָ אֶל־
הַמָּקוֹם אֲשֶׁר־נִסְתַּרְתָּ שָּׁם בְּיוֹם הַמַּעֲשֶׂה וְיָשַׁבְתָּ אֵצֶל הָאֶבֶן
כ הָאָזֶל׃ וַאֲנִי שְׁלֹשֶׁת הַחִצִּים צִדָּה אוֹרֶה לְשַׁלַּח־לִי לְמַטָּרָה׃
21 וְהִנֵּה אֶשְׁלַח אֶת־הַנַּעַר לֵךְ מְצָא אֶת־הַחִצִּים אִם־אָמֹר
אֹמַר לַנַּעַר הִנֵּה הַחִצִּים ׀ מִמְּךָ וָהֵנָּה קָחֶנּוּ ׀ וָבֹאָה כִּי־שָׁלוֹם
22 לְךָ וְאֵין דָּבָר חַי־יְהוָה׃ וְאִם־כֹּה אֹמַר לָעֶלֶם הִנֵּה הַחִצִּים
23 מִמְּךָ וָהָלְאָה לֵךְ כִּי שִׁלַּחֲךָ יְהוָה׃ וְהַדָּבָר אֲשֶׁר דִּבַּרְנוּ אֲנִי
24 וָאָתָּה הִנֵּה יְהוָה בֵּינִי וּבֵינְךָ עַד־עוֹלָם׃ וַיִּסָּתֵר דָּוִד

v. 8. סבירין עם   v. 18. הפטרה לערב ראש השנה

בשדה

כה בַּשָּׂדֶה וַיְהִי הַחֹדֶשׁ וַיֵּשֶׁב הַמֶּלֶךְ עַל־הַלֶּחֶם לֶאֱכוֹל׃ וַיֵּשֶׁב
הַמֶּלֶךְ עַל־מוֹשָׁבוֹ כְּפַעַם ׀ בְּפַעַם אֶל־מוֹשַׁב הַקִּיר וַיָּקָם
26 יְהוֹנָתָן וַיֵּשֶׁב אַבְנֵר מִצַּד שָׁאוּל וַיִּפָּקֵד מְקוֹם דָּוִד׃ וְלֹא־
דִבֶּר שָׁאוּל מְאוּמָה בַּיּוֹם הַהוּא כִּי אָמַר מִקְרֶה הוּא בִּלְתִּי
27 טָהוֹר הוּא כִּי־לֹא טָהוֹר׃ וַיְהִי מִמָּחֳרַת הַחֹדֶשׁ הַשֵּׁנִי
וַיִּפָּקֵד מְקוֹם דָּוִד ° וַיֹּאמֶר שָׁאוּל אֶל־יְהוֹנָתָן בְּנוֹ מַדּוּעַ
28 לֹא־בָא בֶן־יִשַׁי גַּם־תְּמוֹל גַּם־הַיּוֹם אֶל־הַלָּחֶם׃ וַיַּעַן
יְהוֹנָתָן אֶת־שָׁאוּל נִשְׁאֹל נִשְׁאַל דָּוִד מֵעִמָּדִי עַד־בֵּית לָחֶם׃
29 וַיֹּאמֶר שַׁלְּחֵנִי נָא כִּי זֶבַח מִשְׁפָּחָה לָנוּ בָּעִיר וְהוּא צִוָּה־לִי
אָחִי וְעַתָּה אִם־מָצָאתִי חֵן בְּעֵינֶיךָ אִמָּלְטָה נָּא וְאֶרְאֶה אֶת־
ל אֶחָי עַל־כֵּן לֹא־בָא אֶל־שֻׁלְחַן הַמֶּלֶךְ׃ וַיִּחַר־אַף שָׁאוּל
בִּיהוֹנָתָן וַיֹּאמֶר לוֹ בֶּן־נַעֲוַת הַמַּרְדּוּת הֲלוֹא יָדַעְתִּי כִּי־
31 בֹחֵר אַתָּה לְבֶן־יִשַׁי לְבָשְׁתְּךָ וּלְבֹשֶׁת עֶרְוַת אִמֶּךָ׃ כִּי
כָל־הַיָּמִים אֲשֶׁר בֶּן־יִשַׁי חַי עַל־הָאֲדָמָה לֹא תִכּוֹן אַתָּה
32 וּמַלְכוּתֶךָ וְעַתָּה שְׁלַח וְקַח אֹתוֹ אֵלַי כִּי בֶן־מָוֶת הוּא׃ וַיַּעַן
יְהוֹנָתָן אֶת־שָׁאוּל אָבִיו וַיֹּאמֶר אֵלָיו לָמָּה יוּמַת מֶה עָשָׂה׃
33 וַיָּטֶל שָׁאוּל אֶת־הַחֲנִית עָלָיו לְהַכֹּתוֹ וַיֵּדַע יְהוֹנָתָן כִּי־כָלָה
34 הִיא מֵעִם אָבִיו לְהָמִית אֶת־דָּוִד׃ וַיָּקָם יְהוֹנָתָן מֵעִם
הַשֻּׁלְחָן בָּחֳרִי־אָף וְלֹא־אָכַל בְּיוֹם־הַחֹדֶשׁ הַשֵּׁנִי לֶחֶם כִּי
לה נֶעְצַב אֶל־דָּוִד כִּי הִכְלִמוֹ אָבִיו׃ וַיְהִי בַבֹּקֶר וַיֵּצֵא יְהוֹנָתָן
36 הַשָּׂדֶה לְמוֹעֵד דָּוִד וְנַעַר קָטֹן עִמּוֹ׃ וַיֹּאמֶר לְנַעֲרוֹ רֻץ מְצָא
נָא אֶת־הַחִצִּים אֲשֶׁר אָנֹכִי מוֹרֶה הַנַּעַר רָץ וְהוּא־יָרָה הַחֵצִי
37 לְהַעֲבִרוֹ׃ וַיָּבֹא הַנַּעַר עַד־מְקוֹם הַחֵצִי אֲשֶׁר יָרָה יְהוֹנָתָן
וַיִּקְרָא יְהוֹנָתָן אַחֲרֵי הַנַּעַר וַיֹּאמֶר הֲלוֹא הַחֵצִי מִמְּךָ וָהָלְאָה׃
38 וַיִּקְרָא יְהוֹנָתָן אַחֲרֵי הַנַּעַר מְהֵרָה חוּשָׁה אַל־תַּעֲמֹד וַיְלַקֵּט
39 נַעַר יְהוֹנָתָן אֶת־הַחִצִּי וַיָּבֹא אֶל־אֲדֹנָיו׃ וְהַנַּעַר לֹא־יָדַע
מ מְאוּמָה אַךְ יְהוֹנָתָן וְדָוִד יָדְעוּ אֶת־הַדָּבָר׃ וַיִּתֵּן יְהוֹנָתָן

את־כליו

v. 24. אל ק׳ v. 27. פסקא באמצע פסוק v. 38. החצים ק׳

אֶת־כֵּלָיו אֶל־הַנַּעַר אֲשֶׁר־לוֹ וַיֹּאמֶר לוֹ לֵךְ הָבֵיא הָעִיר׃
41 הַנַּעַר בָּא וְדָוִד קָם מֵאֵצֶל הַנֶּגֶב וַיִּפֹּל לְאַפָּיו אַרְצָה וַיִּשְׁתַּחוּ
שָׁלֹשׁ פְּעָמִים וַיִּשְּׁקוּ ׀ אִישׁ אֶת־רֵעֵהוּ וַיִּבְכּוּ אִישׁ אֶת־רֵעֵהוּ
42 עַד־דָּוִד הִגְדִּיל׃ וַיֹּאמֶר יְהוֹנָתָן לְדָוִד לֵךְ לְשָׁלוֹם אֲשֶׁר
נִשְׁבַּעְנוּ שְׁנֵינוּ אֲנַחְנוּ בְּשֵׁם יְהוָה לֵאמֹר יְהוָה יִהְיֶה ׀ בֵּינִי
וּבֵינֶךָ וּבֵין זַרְעִי וּבֵין זַרְעֲךָ עַד־עוֹלָם׃

כא

Cap. XXI. כא

א 2 וַיָּקָם וַיֵּלַךְ וִיהוֹנָתָן בָּא הָעִיר׃ וַיָּבֹא דָוִד נֹבֶה אֶל־אֲחִימֶלֶךְ
הַכֹּהֵן וַיֶּחֱרַד אֲחִימֶלֶךְ לִקְרַאת דָּוִד וַיֹּאמֶר לוֹ מַדּוּעַ אַתָּה
3 לְבַדֶּךָ וְאִישׁ אֵין אִתָּךְ׃ וַיֹּאמֶר דָּוִד לַאֲחִימֶלֶךְ הַכֹּהֵן הַמֶּלֶךְ
צִוַּנִי דָבָר וַיֹּאמֶר אֵלַי אִישׁ אַל־יֵדַע מְאוּמָה אֶת־הַדָּבָר
אֲשֶׁר־אָנֹכִי שֹׁלֵחֲךָ וַאֲשֶׁר צִוִּיתִךָ וְאֶת־הַנְּעָרִים יוֹדַעְתִּי אֶל־
4 מְקוֹם פְּלֹנִי אַלְמוֹנִי׃ וְעַתָּה מַה־יֵּשׁ תַּחַת־יָדְךָ חֲמִשָּׁה־
ה לֶחֶם תְּנָה בְיָדִי אוֹ הַנִּמְצָא׃ וַיַּעַן הַכֹּהֵן אֶת־דָּוִד וַיֹּאמֶר
אֵין־לֶחֶם חֹל אֶל־תַּחַת יָדִי כִּי־אִם־לֶחֶם קֹדֶשׁ יֵשׁ אִם־
נִשְׁמְרוּ הַנְּעָרִים אַךְ מֵאִשָּׁה׃
6 וַיַּעַן דָּוִד אֶת־הַכֹּהֵן וַיֹּאמֶר לוֹ כִּי אִם־אִשָּׁה עֲצֻרָה־לָנוּ
כִּתְמוֹל שִׁלְשֹׁם בְּצֵאתִי וַיִּהְיוּ כְלֵי־הַנְּעָרִים קֹדֶשׁ וְהוּא דֶּרֶךְ
7 חֹל וְאַף כִּי הַיּוֹם יִקְדַּשׁ בַּכֶּלִי׃ וַיִּתֶּן־לוֹ הַכֹּהֵן קֹדֶשׁ כִּי
לֹא־הָיָה שָׁם לֶחֶם כִּי־אִם־לֶחֶם הַפָּנִים הַמּוּסָרִים מִלִּפְנֵי
8 יְהוָה לָשׂוּם לֶחֶם חֹם בְּיוֹם הִלָּקְחוֹ׃ וְשָׁם אִישׁ מֵעַבְדֵי שָׁאוּל
בַּיּוֹם הַהוּא נֶעְצָר לִפְנֵי יְהוָה וּשְׁמוֹ דֹּאֵג הָאֲדֹמִי אַבִּיר הָרֹעִים
9 אֲשֶׁר לְשָׁאוּל׃ וַיֹּאמֶר דָּוִד לַאֲחִימֶלֶךְ וְאִין יֶשׁ־פֹּה תַחַת־
יָדְךָ חֲנִית אוֹ־חָרֶב כִּי גַם־חַרְבִּי וְגַם־כֵּלַי לֹא־לָקַחְתִּי
י בְיָדִי כִּי־הָיָה דְבַר־הַמֶּלֶךְ נָחוּץ׃ וַיֹּאמֶר הַכֹּהֵן חֶרֶב
גָּלְיָת הַפְּלִשְׁתִּי אֲשֶׁר־הִכִּיתָ ׀ בְּעֵמֶק הָאֵלָה הִנֵּה־הִיא לוּטָה
בַשִּׂמְלָה אַחֲרֵי הָאֵפוֹד אִם־אֹתָהּ תִּקַּח־לְךָ קָח כִּי אֵין
11 אַחֶרֶת זוּלָתָהּ בָּזֶה וַיֹּאמֶר דָּוִד אֵין כָּמוֹהָ תְּנֶנָּה לִּי׃ וַיָּקָם
דוד

דָּוִד וַיִּבְרַח בַּיּוֹם־הַהוּא מִפְּנֵי שָׁאוּל וַיָּבֹא אֶל־אָכִישׁ מֶלֶךְ
12 גַּת׃ וַיֹּאמְרוּ עַבְדֵי אָכִישׁ אֵלָיו הֲלוֹא־זֶה דָוִד מֶלֶךְ הָאָרֶץ
הֲלוֹא לָזֶה יַעֲנוּ בַמְּחֹלוֹת לֵאמֹר הִכָּה שָׁאוּל בַּאֲלָפָו וְדָוִד
13 בְּרִבְבֹתָו׃ וַיָּשֶׂם דָּוִד אֶת־הַדְּבָרִים הָאֵלֶּה בִּלְבָבוֹ וַיִּרָא
14 מְאֹד מִפְּנֵי אָכִישׁ מֶלֶךְ־גַּת׃ וַיְשַׁנּוֹ אֶת־טַעְמוֹ בְּעֵינֵיהֶם
וַיִּתְהֹלֵל בְּיָדָם וַיְתָו עַל־דַּלְתוֹת הַשַּׁעַר וַיּוֹרֶד רִירוֹ אֶל־
טו זְקָנוֹ׃ וַיֹּאמֶר אָכִישׁ אֶל־עֲבָדָיו הִנֵּה תִרְאוּ אִישׁ מִשְׁתַּגֵּעַ
16 לָמָּה תָּבִיאוּ אֹתוֹ אֵלָי׃ חֲסַר מְשֻׁגָּעִים אָנִי כִּי־הֲבֵאתֶם אֶת־
זֶה לְהִשְׁתַּגֵּעַ עָלָי הֲזֶה יָבוֹא אֶל־בֵּיתִי׃

כב CAP. XXII. כב

א וַיֵּלֶךְ דָּוִד מִשָּׁם וַיִּמָּלֵט אֶל־מְעָרַת עֲדֻלָּם וַיִּשְׁמְעוּ אֶחָיו
2 וְכָל־בֵּית אָבִיו וַיֵּרְדוּ אֵלָיו שָׁמָּה׃ וַיִּתְקַבְּצוּ אֵלָיו כָּל־אִישׁ
מָצוֹק וְכָל־אִישׁ אֲשֶׁר־לוֹ נֹשֶׁא וְכָל־אִישׁ מַר־נֶפֶשׁ וַיְהִי
3 עֲלֵיהֶם לְשָׂר וַיִּהְיוּ עִמּוֹ כְּאַרְבַּע מֵאוֹת אִישׁ׃ וַיֵּלֶךְ דָּוִד
מִשָּׁם מִצְפֵּה מוֹאָב וַיֹּאמֶר ׀ אֶל־מֶלֶךְ מוֹאָב יֵצֵא־נָא אָבִי
4 וְאִמִּי אִתְּכֶם עַד אֲשֶׁר אֵדַע מַה־יַּעֲשֶׂה־לִּי אֱלֹהִים׃ וַיַּנְחֵם
אֶת־פְּנֵי מֶלֶךְ מוֹאָב וַיֵּשְׁבוּ עִמּוֹ כָּל־יְמֵי הֱיוֹת־דָּוִד
ה בַּמְּצוּדָה׃ וַיֹּאמֶר גָּד הַנָּבִיא אֶל־דָּוִד לֹא תֵשֵׁב בַּמְּצוּדָה
לֵךְ וּבָאתָ־לְּךָ אֶרֶץ יְהוּדָה וַיֵּלֶךְ דָּוִד וַיָּבֹא יַעַר חָרֶת׃
6 וַיִּשְׁמַע שָׁאוּל כִּי נוֹדַע דָּוִד וַאֲנָשִׁים אֲשֶׁר אִתּוֹ וְשָׁאוּל
יוֹשֵׁב בַּגִּבְעָה תַּחַת־הָאֶשֶׁל בָּרָמָה וַחֲנִיתוֹ בְיָדוֹ וְכָל־עֲבָדָיו
7 נִצָּבִים עָלָיו׃ וַיֹּאמֶר שָׁאוּל לַעֲבָדָיו הַנִּצָּבִים עָלָיו שִׁמְעוּ־
נָא בְּנֵי יְמִינִי גַּם־לְכֻלְּכֶם יִתֵּן בֶּן־יִשַׁי שָׂדוֹת וּכְרָמִים לְכֻלְּכֶם
8 יָשִׂים שָׂרֵי אֲלָפִים וְשָׂרֵי מֵאוֹת׃ כִּי קְשַׁרְתֶּם כֻּלְּכֶם עָלַי
וְאֵין־גֹּלֶה אֶת־אָזְנִי בִּכְרָת־בְּנִי עִם־בֶּן־יִשַׁי וְאֵין־חֹלֶה מִכֶּם
עָלַי וְגֹלֶה אֶת־אָזְנִי כִּי הֵקִים בְּנִי אֶת־עַבְדִּי עָלַי לְאֹרֵב
9 כַּיּוֹם הַזֶּה׃ וַיַּעַן דֹּאֵג הָאֲדֹמִי וְהוּא נִצָּב עַל־עַבְדֵי־שָׁאוּל

ויאמר

כ״א v. 12. באלפיו ק׳ ibid. ברבבתיו ק׳

וַיֹּאמַר רָאִיתִי אֶת־בֶּן־יִשַׁי בָּא נֹבֶה אֶל־אֲחִימֶלֶךְ בֶּן־
י אֲחִטוּב׃ וַיִּשְׁאַל־לוֹ בַּיהוָה וְצֵידָה נָתַן לוֹ וְאֵת חֶרֶב גָּלְיָת
11 הַפְּלִשְׁתִּי נָתַן לוֹ׃ וַיִּשְׁלַח הַמֶּלֶךְ לִקְרֹא אֶת־אֲחִימֶלֶךְ בֶּן־
אֲחִיטוּב הַכֹּהֵן וְאֵת כָּל־בֵּית אָבִיו הַכֹּהֲנִים אֲשֶׁר בְּנֹב וַיָּבֹאוּ
12 כֻלָּם אֶל־הַמֶּלֶךְ׃ וַיֹּאמֶר שָׁאוּל שְׁמַע־נָא בֶּן־אֲחִיטוּב
13 וַיֹּאמֶר הִנְנִי אֲדֹנִי׃ וַיֹּאמֶר אֵלָו שָׁאוּל לָמָּה קְשַׁרְתֶּם עָלַי
אַתָּה וּבֶן־יִשָׁי בְּתִתְּךָ לוֹ לֶחֶם וְחֶרֶב וְשָׁאוֹל לוֹ בֵּאלֹהִים
14 לָקוּם אֵלַי לְאֹרֵב כַּיּוֹם הַזֶּה׃ וַיַּעַן אֲחִימֶלֶךְ אֶת־הַמֶּלֶךְ
וַיֹּאמַר וּמִי בְכָל־עֲבָדֶיךָ כְּדָוִד נֶאֱמָן וַחֲתַן הַמֶּלֶךְ וְסָר אֶל־
טו מִשְׁמַעְתֶּךָ וְנִכְבָּד בְּבֵיתֶךָ׃ הַיּוֹם הַחִלֹּתִי לִשְׁאָול־לוֹ בֵאלֹהִים
חָלִילָה לִּי אַל־יָשֵׂם הַמֶּלֶךְ בְּעַבְדּוֹ דָבָר בְּכָל־בֵּית אָבִי כִּי
16 לֹא־יָדַע עַבְדְּךָ בְּכָל־זֹאת דָּבָר קָטֹן אוֹ גָדוֹל׃ וַיֹּאמֶר
17 הַמֶּלֶךְ מוֹת תָּמוּת אֲחִימֶלֶךְ אַתָּה וְכָל־בֵּית אָבִיךָ׃ וַיֹּאמֶר
הַמֶּלֶךְ לָרָצִים הַנִּצָּבִים עָלָיו סֹבּוּ וְהָמִיתוּ ׀ כֹּהֲנֵי יְהוָה כִּי
גַם־יָדָם עִם־דָּוִד וְכִי יָדְעוּ כִּי־בֹרֵחַ הוּא וְלֹא גָלוּ אֶת־אָזְנוֹ
וְלֹא־אָבוּ עַבְדֵי הַמֶּלֶךְ לִשְׁלֹחַ אֶת־יָדָם לִפְגֹעַ בְּכֹהֲנֵי יְהוָה׃
18 וַיֹּאמֶר הַמֶּלֶךְ לְדוֹיֵג סֹב אַתָּה וּפְגַע בַּכֹּהֲנִים וַיִּסֹּב דּוֹיֵג
הָאֲדֹמִי וַיִּפְגַּע־הוּא בַּכֹּהֲנִים וַיָּמֶת ׀ בַּיּוֹם הַהוּא שְׁמֹנִים
19 וַחֲמִשָּׁה אִישׁ נֹשֵׂא אֵפוֹד בָּד׃ וְאֵת נֹב עִיר־הַכֹּהֲנִים הִכָּה
לְפִי־חֶרֶב מֵאִישׁ וְעַד־אִשָּׁה מֵעוֹלֵל וְעַד־יוֹנֵק וְשׁוֹר וַחֲמוֹר
כ וָשֶׂה לְפִי־חָרֶב׃ וַיִּמָּלֵט בֵּן־אֶחָד לַאֲחִימֶלֶךְ בֶּן־אֲחִטוּב
21 וּשְׁמוֹ אֶבְיָתָר וַיִּבְרַח אַחֲרֵי דָוִד׃ וַיַּגֵּד אֶבְיָתָר לְדָוִד כִּי הָרַג
22 שָׁאוּל אֵת כֹּהֲנֵי יְהוָה׃ וַיֹּאמֶר דָּוִד לְאֶבְיָתָר יָדַעְתִּי בַּיּוֹם
הַהוּא כִּי־שָׁם דּוֹיֵג הָאֲדֹמִי כִּי־הַגֵּד יַגִּיד לְשָׁאוּל אָנֹכִי סַבֹּתִי
23 בְּכָל־נֶפֶשׁ בֵּית אָבִיךָ׃ שְׁבָה אִתִּי אַל־תִּירָא כִּי אֲשֶׁר־
יְבַקֵּשׁ אֶת־נַפְשִׁי יְבַקֵּשׁ אֶת־נַפְשֶׁךָ כִּי־מִשְׁמֶרֶת אַתָּה עִמָּדִי׃ ס

ויגדו

v. 13. אליו ק׳ v. 15. לשאל ק׳ v. 17. אזני ק׳ v. 18. לדואג ק׳
ibid. דואג ק׳ v. 22. דואג ק׳ v. 23. אין כאן פסקא

כג CAP. XXIII. כג

א וַיַּגִּדוּ לְדָוִד לֵאמֹר הִנֵּה פְלִשְׁתִּים נִלְחָמִים בִּקְעִילָה וְהֵמָּה
2 שֹׁסִים אֶת־הַגֳּרָנוֹת׃ וַיִּשְׁאַל דָּוִד בַּיהוָה לֵאמֹר הַאֵלֵךְ וְהִכֵּיתִי
בַּפְּלִשְׁתִּים הָאֵלֶּה ס וַיֹּאמֶר יְהוָה אֶל־דָּוִד לֵךְ וְהִכִּיתָ
3 בַפְּלִשְׁתִּים וְהוֹשַׁעְתָּ אֶת־קְעִילָה׃ וַיֹּאמְרוּ אַנְשֵׁי דָוִד אֵלָיו
הִנֵּה אֲנַחְנוּ פֹה בִּיהוּדָה יְרֵאִים וְאַף כִּי־נֵלֵךְ קְעִלָה אֶל־
4 מַעַרְכוֹת פְּלִשְׁתִּים׃ וַיּוֹסֶף עוֹד דָּוִד לִשְׁאוֹל בַּיהוָה וַיַּעֲנֵהוּ
יְהוָה וַיֹּאמֶר קוּם רֵד קְעִילָה כִּי־אֲנִי נֹתֵן אֶת־פְּלִשְׁתִּים
ה בְּיָדֶךָ׃ וַיֵּלֶךְ דָּוִד וַאֲנָשָׁו קְעִילָה וַיִּלָּחֶם בַּפְּלִשְׁתִּים וַיִּנְהַג
אֶת־מִקְנֵיהֶם וַיַּךְ בָּהֶם מַכָּה גְדוֹלָה וַיֹּשַׁע דָּוִד אֵת יֹשְׁבֵי
6 קְעִילָה׃ וַיְהִי בִּבְרֹחַ אֶבְיָתָר בֶּן־אֲחִימֶלֶךְ אֶל־דָּוִד
7 קְעִילָה אֵפוֹד יָרַד בְּיָדוֹ׃ וַיֻּגַּד לְשָׁאוּל כִּי־בָא דָוִד קְעִילָה
וַיֹּאמֶר שָׁאוּל נִכַּר אֹתוֹ אֱלֹהִים בְּיָדִי כִּי נִסְגַּר לָבוֹא בְּעִיר
8 דְּלָתַיִם וּבְרִיחַ׃ וַיְשַׁמַּע שָׁאוּל אֶת־כָּל־הָעָם לַמִּלְחָמָה
9 לָרֶדֶת קְעִילָה לָצוּר אֶל־דָּוִד וְאֶל־אֲנָשָׁיו׃ וַיֵּדַע דָּוִד כִּי
עָלָיו שָׁאוּל מַחֲרִישׁ הָרָעָה וַיֹּאמֶר אֶל־אֶבְיָתָר הַכֹּהֵן הַגִּישָׁה
י הָאֵפוֹד׃ וַיֹּאמֶר דָּוִד יְהוָה אֱלֹהֵי יִשְׂרָאֵל שָׁמֹעַ שָׁמַע
עַבְדְּךָ כִּי־מְבַקֵּשׁ שָׁאוּל לָבוֹא אֶל־קְעִילָה לְשַׁחֵת לָעִיר
11 בַּעֲבוּרִי׃ הֲיַסְגִּרֻנִי בַעֲלֵי קְעִילָה בְיָדוֹ הֲיֵרֵד שָׁאוּל כַּאֲשֶׁר
שָׁמַע עַבְדֶּךָ יְהוָה אֱלֹהֵי יִשְׂרָאֵל הַגֶּד־נָא לְעַבְדֶּךָ ס וַיֹּאמֶר
12 יְהוָה יֵרֵד׃ וַיֹּאמֶר דָּוִד הֲיַסְגִּרוּ בַּעֲלֵי קְעִילָה אֹתִי וְאֶת־
13 אֲנָשַׁי בְּיַד שָׁאוּל וַיֹּאמֶר יְהוָה יַסְגִּירוּ׃ וַיָּקָם דָּוִד וַאֲנָשָׁיו
כְּשֵׁשׁ־מֵאוֹת אִישׁ וַיֵּצְאוּ מִקְּעִלָה וַיִּתְהַלְּכוּ בַּאֲשֶׁר יִתְהַלָּכוּ
14 וּלְשָׁאוּל הֻגַּד כִּי־נִמְלַט דָּוִד מִקְּעִילָה וַיֶּחְדַּל לָצֵאת׃ וַיֵּשֶׁב
דָּוִד בַּמִּדְבָּר בַּמְּצָדוֹת וַיֵּשֶׁב בָּהָר בְּמִדְבַּר־זִיף וַיְבַקְשֵׁהוּ
טו שָׁאוּל כָּל־הַיָּמִים וְלֹא־נְתָנוֹ אֱלֹהִים בְּיָדוֹ׃ וַיַּרְא דָוִד כִּי־
יָצָא שָׁאוּל לְבַקֵּשׁ אֶת־נַפְשׁוֹ וְדָוִד בְּמִדְבַּר־זִיף בַּחֹרְשָׁה׃

ויקם

v. 2. פסקא באמצע פסוק   v. 5. ואנשיו ק׳   v. 11. פסקא באמצע פסוק

16 וַיָּ֨קָם֙ יְהוֹנָתָ֣ן בֶּן־שָׁא֔וּל וַיֵּ֥לֶךְ אֶל־דָּוִ֖ד חֹ֑רְשָׁה וַיְחַזֵּ֥ק אֶת־
17 יָד֖וֹ בֵּאלֹהִֽים׃ וַיֹּ֨אמֶר אֵלָ֜יו אַל־תִּירָ֗א כִּ֠י לֹ֤א תִֽמְצָאֲךָ֙ יַ֚ד
שָׁא֣וּל אָבִ֔י וְאַתָּה֙ תִּמְלֹ֣ךְ עַל־יִשְׂרָאֵ֔ל וְאָנֹכִ֖י אֶֽהְיֶה־לְּךָ֣
18 לְמִשְׁנֶ֑ה וְגַם־שָׁא֥וּל אָבִ֖י יֹדֵ֥עַ כֵּֽן׃ וַיִּכְרְת֧וּ שְׁנֵיהֶ֛ם בְּרִ֖ית לִפְנֵ֣י
19 יְהוָ֑ה וַיֵּ֤שֶׁב דָּוִד֙ בַּחֹ֔רְשָׁה וִיהוֹנָתָ֖ן הָלַ֥ךְ לְבֵיתֽוֹ׃ וַיַּעֲל֤וּ
זִפִים֙ אֶל־שָׁא֔וּל הַגִּבְעָ֖תָה לֵאמֹ֑ר הֲל֨וֹא דָוִ֜ד מִסְתַּתֵּ֨ר עִמָּ֤נוּ
בַמְּצָדוֹת֙ בַּחֹ֔רְשָׁה בְּגִבְעַת֙ הַחֲכִילָ֔ה אֲשֶׁ֖ר מִימִ֥ין הַיְשִׁימֽוֹן׃
כ וְעַתָּ֗ה לְכָל־אַוַּ֨ת נַפְשְׁךָ֥ הַמֶּ֛לֶךְ לָרֶ֖דֶת רֵ֑ד וְלָ֥נוּ הַסְגִּיר֖וֹ בְּיַ֥ד
21 הַמֶּֽלֶךְ׃ וַיֹּ֣אמֶר שָׁא֔וּל בְּרוּכִ֥ים אַתֶּ֖ם לַֽיהוָ֑ה כִּ֥י חֲמַלְתֶּ֖ם עָלָֽי׃
22 לְכוּ־נָ֞א הָכִ֣ינוּ ע֗וֹד וּדְע֤וּ וּרְאוּ֙ אֶת־מְקוֹמוֹ֙ אֲשֶׁ֣ר תִּהְיֶ֣ה רַגְל֔וֹ
23 מִ֖י רָאָ֣הוּ שָׁ֑ם כִּ֚י אָמַ֣ר אֵלַ֔י עָר֥וֹם יַעְרִ֖ם הֽוּא׃ וּרְא֣וּ וּדְע֗וּ
מִכֹּ֤ל הַמַּֽחֲבֹאִים֙ אֲשֶׁ֣ר יִתְחַבֵּ֣א שָׁ֔ם וְשַׁבְתֶּ֤ם אֵלַי֙ אֶל־נָכ֔וֹן
וְהָלַכְתִּ֖י אִתְּכֶ֑ם וְהָיָה֙ אִם־יֶשְׁנ֣וֹ בָאָ֔רֶץ וְחִפַּשְׂתִּ֣י אֹת֔וֹ בְּכֹ֖ל
24 אַלְפֵ֥י יְהוּדָֽה׃ וַיָּק֛וּמוּ וַיֵּלְכ֥וּ זִ֖יפָה לִפְנֵ֣י שָׁא֑וּל וְדָוִ֨ד וַאֲנָשָׁ֜יו
כה בְּמִדְבַּ֤ר מָעוֹן֙ בָּֽעֲרָבָ֔ה אֶ֖ל יְמִ֥ין הַיְשִׁימֽוֹן׃ וַיֵּלֶךְ֩ שָׁא֨וּל וַאֲנָשָׁ֜יו
לְבַקֵּשׁ֙ וַיַּגִּ֣דוּ לְדָוִ֔ד וַיֵּ֣רֶד הַסֶּ֔לַע וַיֵּ֖שֶׁב בְּמִדְבַּ֣ר מָע֑וֹן וַיִּשְׁמַ֣ע
26 שָׁא֔וּל וַיִּרְדֹּ֥ף אַחֲרֵי־דָוִ֖ד מִדְבַּ֥ר מָעֽוֹן׃ וַיֵּלֶךְ֩ שָׁא֨וּל מִצַּ֤ד
הָהָר֙ מִזֶּ֔ה וְדָוִ֧ד וַאֲנָשָׁ֛יו מִצַּ֥ד הָהָ֖ר מִזֶּ֑ה וַיְהִ֨י דָוִ֜ד נֶחְפָּ֗ז
לָלֶ֙כֶת֙ מִפְּנֵ֣י שָׁא֔וּל וְשָׁא֣וּל וַאֲנָשָׁ֗יו עֹֽטְרִ֛ים אֶל־דָּוִ֥ד וְאֶל־
27 אֲנָשָׁ֖יו לְתָפְשָֽׂם׃ וּמַלְאָ֣ךְ בָּ֔א אֶל־שָׁא֖וּל לֵאמֹ֑ר מַהֲרָ֣ה וְלֵ֔כָה
28 כִּֽי־פָשְׁט֥וּ פְלִשְׁתִּ֖ים עַל־הָאָֽרֶץ׃ וַיָּ֣שָׁב שָׁא֗וּל מִרְדֹף֙ אַחֲרֵ֣י
דָוִ֔ד וַיֵּ֖לֶךְ לִקְרַ֣את פְּלִשְׁתִּ֑ים עַל־כֵּ֗ן קָֽרְאוּ֙ לַמָּק֣וֹם הַה֔וּא
סֶ֖לַע הַֽמַּחְלְקֽוֹת׃

כד CAP. XXIV. כד

א 2 וַיַּ֥עַל דָּוִ֖ד מִשָּׁ֑ם וַיֵּ֖שֶׁב בִּמְצָד֥וֹת עֵין־גֶּֽדִי׃ ° וַיְהִ֗י כַּאֲשֶׁר֙
שָׁ֣ב שָׁא֔וּל מֵאַחֲרֵ֖י פְּלִשְׁתִּ֑ים וַיַּגִּ֤דוּ לוֹ֙ לֵאמֹ֔ר הִנֵּ֣ה דָוִ֔ד בְּמִדְבַּ֖ר
3 עֵ֥ין גֶּֽדִי׃ וַיִּקַּ֣ח שָׁא֗וּל שְׁל֧שֶׁת אֲלָפִ֛ים אִ֥ישׁ בָּח֖וּר מִכָּל־

ישראל

כ״ד v. 2. בנ״א כאן תחלת סימן כ״ד

יִשְׂרָאֵל וַיֵּלֶךְ לְבַקֵּשׁ אֶת־דָּוִד וַאֲנָשָׁיו עַל־פְּנֵי צוּרֵי הַיְּעֵלִים׃
4 וַיָּבֹא אֶל־גִּדְרוֹת הַצֹּאן עַל־הַדֶּרֶךְ וְשָׁם מְעָרָה וַיָּבֹא שָׁאוּל
לְהָסֵךְ אֶת־רַגְלָיו וְדָוִד וַאֲנָשָׁיו בְּיַרְכְּתֵי הַמְּעָרָה יֹשְׁבִים׃
ה וַיֹּאמְרוּ אַנְשֵׁי דָוִד אֵלָיו הִנֵּה הַיּוֹם אֲשֶׁר־אָמַר יְהוָה אֵלֶיךָ
הִנֵּה אָנֹכִי נֹתֵן אֶת־אֹיִבְיךָ בְּיָדֶךָ וְעָשִׂיתָ לּוֹ כַּאֲשֶׁר יִטַב
בְּעֵינֶיךָ וַיָּקָם דָּוִד וַיִּכְרֹת אֶת־כְּנַף־הַמְּעִיל אֲשֶׁר־לְשָׁאוּל
6 בַּלָּט׃ וַיְהִי אַחֲרֵי־כֵן וַיַּךְ לֵב־דָּוִד אֹתוֹ עַל אֲשֶׁר כָּרַת אֶת־
7 כָּנָף אֲשֶׁר לְשָׁאוּל׃ וַיֹּאמֶר לַאֲנָשָׁיו חָלִילָה לִּי מֵיְהוָה אִם־
אֶעֱשֶׂה אֶת־הַדָּבָר הַזֶּה לַאדֹנִי לִמְשִׁיחַ יְהוָה לִשְׁלֹחַ יָדִי
8 בּוֹ כִּי־מְשִׁיחַ יְהוָה הוּא׃ וַיְשַׁסַּע דָּוִד אֶת־אֲנָשָׁיו בַּדְּבָרִים
וְלֹא נְתָנָם לָקוּם אֶל־שָׁאוּל וְשָׁאוּל קָם מֵהַמְּעָרָה וַיֵּלֶךְ
9 בַּדָּרֶךְ׃ וַיָּקָם דָּוִד אַחֲרֵי־כֵן וַיֵּצֵא מֵן הַמְּעָרָה וַיִּקְרָא
אַחֲרֵי־שָׁאוּל לֵאמֹר אֲדֹנִי הַמֶּלֶךְ וַיַּבֵּט שָׁאוּל אַחֲרָיו וַיִּקֹּד
י דָּוִד אַפַּיִם אַרְצָה וַיִּשְׁתָּחוּ׃ וַיֹּאמֶר דָּוִד לְשָׁאוּל לָמָּה תִשְׁמַע
11 אֶת־דִּבְרֵי אָדָם לֵאמֹר הִנֵּה דָוִד מְבַקֵּשׁ רָעָתֶךָ׃ הִנֵּה הַיּוֹם
הַזֶּה רָאוּ עֵינֶיךָ אֵת אֲשֶׁר־נְתָנְךָ יְהוָה ׀ הַיּוֹם ׀ בְּיָדִי בַּמְּעָרָה
וְאָמַר לַהֲרָגְךָ וַתָּחָס עָלֶיךָ וָאֹמַר לֹא־אֶשְׁלַח יָדִי בַּאדֹנִי
12 כִּי־מְשִׁיחַ יְהוָה הוּא׃ וְאָבִי רְאֵה גַּם רְאֵה אֶת־כְּנַף מְעִילְךָ
בְּיָדִי כִּי בְּכָרְתִי אֶת־כְּנַף מְעִילְךָ וְלֹא הֲרַגְתִּיךָ דַּע וּרְאֵה
כִּי אֵין בְּיָדִי רָעָה וָפֶשַׁע וְלֹא־חָטָאתִי לָךְ וְאַתָּה צֹדֶה אֶת־
13 נַפְשִׁי לְקַחְתָּהּ׃ יִשְׁפֹּט יְהוָה בֵּינִי וּבֵינֶךָ וּנְקָמַנִי יְהוָה מִמֶּךָּ
14 וְיָדִי לֹא תִהְיֶה־בָּךְ׃ כַּאֲשֶׁר יֹאמַר מְשַׁל הַקַּדְמֹנִי מֵרְשָׁעִים
טו יֵצֵא רֶשַׁע וְיָדִי לֹא תִהְיֶה־בָּךְ׃ אַחֲרֵי מִי יָצָא מֶלֶךְ יִשְׂרָאֵל
אַחֲרֵי מִי אַתָּה רֹדֵף אַחֲרֵי כֶּלֶב מֵת אַחֲרֵי פַּרְעֹשׁ אֶחָד׃
16 וְהָיָה יְהוָה לְדַיָּן וְשָׁפַט בֵּינִי וּבֵינֶךָ וְיֵרֶא וְיָרֵב אֶת־רִיבִי
17 וְיִשְׁפְּטֵנִי מִיָּדֶךָ׃ וַיְהִי ׀ כְּכַלּוֹת דָּוִד לְדַבֵּר אֶת־הַדְּבָרִים
הָאֵלֶּה אֶל־שָׁאוּל וַיֹּאמֶר שָׁאוּל הֲקֹלְךָ זֶה בְּנִי דָוִד וַיִּשָּׂא

שאול

v. 5. איבך ק׳   v. 9. מהמערה ק׳

18 שָׁאוּל קֹלוֹ וַיֵּבְךְּ׃ וַיֹּאמֶר אֶל־דָּוִד צַדִּיק אַתָּה מִמֶּנִּי כִּי
19 אַתָּה גְּמַלְתַּנִי הַטּוֹבָה וַאֲנִי גְּמַלְתִּיךָ הָרָעָה׃ וְאַתְּ הִגַּדְתָּ הַיּוֹם
אֵת אֲשֶׁר־עָשִׂיתָה אִתִּי טוֹבָה אֵת אֲשֶׁר סִגְּרַנִי יְהוָה בְּיָדְךָ
כ וְלֹא הֲרַגְתָּנִי׃ וְכִי־יִמְצָא אִישׁ אֶת־אֹיְבוֹ וְשִׁלְּחוֹ בְּדֶרֶךְ
טוֹבָה וַיהוָה יְשַׁלֶּמְךָ טוֹבָה תַּחַת הַיּוֹם הַזֶּה אֲשֶׁר עָשִׂיתָה לִי׃
21 וְעַתָּה הִנֵּה יָדַעְתִּי כִּי מָלֹךְ תִּמְלוֹךְ וְקָמָה בְּיָדְךָ מַמְלֶכֶת
22 יִשְׂרָאֵל׃ וְעַתָּה הִשָּׁבְעָה לִּי בַּיהוָה אִם־תַּכְרִית אֶת־זַרְעִי
23 אַחֲרָי וְאִם־תַּשְׁמִיד אֶת־שְׁמִי מִבֵּית אָבִי׃ וַיִּשָּׁבַע דָּוִד לְשָׁאוּל
וַיֵּלֶךְ שָׁאוּל אֶל־בֵּיתוֹ וְדָוִד וַאֲנָשָׁיו עָלוּ עַל־הַמְּצוּדָה׃

כה

Cap. XXV. כה

א וַיָּמָת שְׁמוּאֵל וַיִּקָּבְצוּ כָל־יִשְׂרָאֵל וַיִּסְפְּדוּ־לוֹ וַיִּקְבְּרֻהוּ
2 בְּבֵיתוֹ בָּרָמָה וַיָּקָם דָּוִד וַיֵּרֶד אֶל־מִדְבַּר פָּארָן׃ וְאִישׁ
בְּמָעוֹן וּמַעֲשֵׂהוּ בַכַּרְמֶל וְהָאִישׁ גָּדוֹל מְאֹד וְלוֹ צֹאן שְׁלֹשֶׁת־
3 אֲלָפִים וְאֶלֶף עִזִּים וַיְהִי בִּגְזֹז אֶת־צֹאנוֹ בַּכַּרְמֶל׃ וְשֵׁם
הָאִישׁ נָבָל וְשֵׁם אִשְׁתּוֹ אֲבִגָיִל וְהָאִשָּׁה טוֹבַת־שֶׂכֶל וִיפַת
4 תֹּאַר וְהָאִישׁ קָשֶׁה וְרַע מַעֲלָלִים וְהוּא כָלִבּוֹ׃ וַיִּשְׁמַע דָּוִד
ה בַּמִּדְבָּר כִּי־גֹזֵז נָבָל אֶת־צֹאנוֹ׃ וַיִּשְׁלַח דָּוִד עֲשָׂרָה נְעָרִים
וַיֹּאמֶר דָּוִד לַנְּעָרִים עֲלוּ כַרְמֶלָה וּבָאתֶם אֶל־נָבָל
6 וּשְׁאֶלְתֶּם־לוֹ בִשְׁמִי לְשָׁלוֹם׃ וַאֲמַרְתֶּם כֹּה לֶחָי וְאַתָּה שָׁלוֹם
7 וּבֵיתְךָ שָׁלוֹם וְכֹל אֲשֶׁר־לְךָ שָׁלוֹם׃ וְעַתָּה שָׁמַעְתִּי כִּי גֹזְזִים
לָךְ עַתָּה הָרֹעִים אֲשֶׁר־לְךָ הָיוּ עִמָּנוּ לֹא הֶכְלַמְנוּם וְלֹא־
8 נִפְקַד לָהֶם מְאוּמָה כָּל־יְמֵי הֱיוֹתָם בַּכַּרְמֶל׃ שְׁאַל אֶת־
נְעָרֶיךָ וְיַגִּידוּ לָךְ וְיִמְצְאוּ הַנְּעָרִים חֵן בְּעֵינֶיךָ כִּי־עַל־יוֹם
טוֹב בָּנוּ תְּנָה־נָּא אֵת אֲשֶׁר תִּמְצָא יָדְךָ לַעֲבָדֶיךָ וּלְבִנְךָ
9 לְדָוִד׃ וַיָּבֹאוּ נַעֲרֵי דָוִד וַיְדַבְּרוּ אֶל־נָבָל כְּכָל־הַדְּבָרִים
י הָאֵלֶּה בְּשֵׁם דָּוִד וַיָּנוּחוּ׃ וַיַּעַן נָבָל אֶת־עַבְדֵי דָוִד וַיֹּאמֶר
מִי דָוִד וּמִי בֶן־יִשָׁי הַיּוֹם רַבּוּ עֲבָדִים הַמִּתְפָּרְצִים אִישׁ

מפני

כ״ד v. 19. ואתה ק׳   כ״ה v. 3. כלבי ק׳   v. 8. חסר א׳

11 מִפְּנֵי אֲדֹנָיו׃ וְלָקַחְתִּי אֶת־לַחְמִי וְאֶת־מֵימַי וְאֵת טִבְחָתִי
אֲשֶׁר טָבַחְתִּי לְגֹזְזָי וְנָתַתִּי לַאֲנָשִׁים אֲשֶׁר לֹא יָדַעְתִּי אֵי מִזֶּה
12 הֵמָּה׃ וַיַּהַפְכוּ נַעֲרֵי־דָוִד לְדַרְכָּם וַיָּשֻׁבוּ וַיָּבֹאוּ וַיַּגִּדוּ לוֹ
13 כְּכֹל הַדְּבָרִים הָאֵלֶּה׃ וַיֹּאמֶר דָּוִד לַאֲנָשָׁיו חִגְרוּ ׀ אִישׁ אֶת־
חַרְבּוֹ וַיַּחְגְּרוּ אִישׁ אֶת־חַרְבּוֹ וַיַּחְגֹּר גַּם־דָּוִד אֶת־חַרְבּוֹ
וַיַּעֲלוּ ׀ אַחֲרֵי דָוִד כְּאַרְבַּע מֵאוֹת אִישׁ וּמָאתַיִם יָשְׁבוּ עַל־
14 הַכֵּלִים׃ וְלַאֲבִיגַיִל אֵשֶׁת נָבָל הִגִּיד נַעַר־אֶחָד מֵהַנְּעָרִים
לֵאמֹר הִנֵּה שָׁלַח דָּוִד מַלְאָכִים ׀ מֵהַמִּדְבָּר לְבָרֵךְ אֶת־
טו אֲדֹנֵינוּ וַיָּעַט בָּהֶם׃ וְהָאֲנָשִׁים טֹבִים לָנוּ מְאֹד וְלֹא הָכְלַמְנוּ
וְלֹא־פָקַדְנוּ מְאוּמָה כָּל־יְמֵי הִתְהַלַּכְנוּ אִתָּם בִּהְיוֹתֵנוּ
16 בַּשָּׂדֶה׃ חוֹמָה הָיוּ עָלֵינוּ גַּם־לַיְלָה גַּם־יוֹמָם כָּל־יְמֵי
17 הֱיוֹתֵנוּ עִמָּם רֹעִים הַצֹּאן׃ וְעַתָּה דְּעִי וּרְאִי מַה־תַּעֲשִׂי כִּי־
כָלְתָה הָרָעָה אֶל־אֲדֹנֵינוּ וְעַל־כָּל־בֵּיתוֹ וְהוּא בֶּן־בְּלִיַּעַל
18 מִדַּבֵּר אֵלָיו׃ וַתְּמַהֵר אֲבוֹגַיִל וַתִּקַּח מָאתַיִם לֶחֶם וּשְׁנַיִם
נִבְלֵי־יַיִן וְחָמֵשׁ צֹאן עֲשׂוּוֹת וְחָמֵשׁ סְאִים קָלִי וּמֵאָה צִמֻּקִים
19 וּמָאתַיִם דְּבֵלִים וַתָּשֶׂם עַל־הַחֲמֹרִים׃ וַתֹּאמֶר לִנְעָרֶיהָ
עִבְרוּ לְפָנַי הִנְנִי אַחֲרֵיכֶם בָּאָה וּלְאִישָׁהּ נָבָל לֹא הִגִּידָה׃
כ וְהָיָה הִיא ׀ רֹכֶבֶת עַל־הַחֲמוֹר וְיֹרֶדֶת בְּסֵתֶר הָהָר וְהִנֵּה
21 דָוִד וַאֲנָשָׁיו יֹרְדִים לִקְרָאתָהּ וַתִּפְגֹּשׁ אֹתָם׃ וְדָוִד אָמַר אַךְ
לַשֶּׁקֶר שָׁמַרְתִּי אֶת־כָּל־אֲשֶׁר לָזֶה בַּמִּדְבָּר וְלֹא־נִפְקַד
22 מִכָּל־אֲשֶׁר־לוֹ מְאוּמָה וַיָּשֶׁב־לִי רָעָה תַּחַת טוֹבָה׃ כֹּה־
יַעֲשֶׂה אֱלֹהִים לְאֹיְבֵי דָוִד וְכֹה יֹסִיף אִם־אַשְׁאִיר מִכָּל־
23 אֲשֶׁר־לוֹ עַד־הַבֹּקֶר מַשְׁתִּין בְּקִיר׃ וַתֵּרֶא אֲבִיגַיִל אֶת־
דָּוִד וַתְּמַהֵר וַתֵּרֶד מֵעַל הַחֲמוֹר וַתִּפֹּל לְאַפֵּי דָוִד עַל־
24 פָּנֶיהָ וַתִּשְׁתַּחוּ אָרֶץ׃ וַתִּפֹּל עַל־רַגְלָיו וַתֹּאמֶר בִּי־אֲנִי אֲדֹנִי
הֶעָוֹן וּתְדַבֶּר־נָא אֲמָתְךָ בְּאָזְנֶיךָ וּשְׁמַע אֵת דִּבְרֵי אֲמָתֶךָ׃
כה אַל־נָא יָשִׂים אֲדֹנִי ׀ אֶת־לִבּוֹ אֶל־אִישׁ הַבְּלִיַּעַל הַזֶּה עַל־

נבל

v. 18. אביגיל ק׳ ibid. עשויות ק׳ v. 23. סבירין ארצה

נָבָל כִּי כִשְׁמוֹ כֶּן־הוּא נָבָל שְׁמוֹ וּנְבָלָה עִמּוֹ וַאֲנִי אֲמָתְךָ
26 לֹא רָאִיתִי אֶת־נַעֲרֵי אֲדֹנִי אֲשֶׁר שָׁלָחְתָּ׃ וְעַתָּה אֲדֹנִי חַי־
יְהוָה וְחֵי־נַפְשְׁךָ אֲשֶׁר מְנָעֲךָ יְהוָה מִבּוֹא בְדָמִים וְהוֹשֵׁעַ יָדְךָ
לָךְ וְעַתָּה יִהְיוּ כְנָבָל אֹיְבֶיךָ וְהַמְבַקְשִׁים אֶל־אֲדֹנִי רָעָה׃
27 וְעַתָּה הַבְּרָכָה הַזֹּאת אֲשֶׁר־הֵבִיא שִׁפְחָתְךָ לַאדֹנִי וְנִתְּנָה
28 לַנְּעָרִים הַמִּתְהַלְּכִים בְּרַגְלֵי אֲדֹנִי׃ שָׂא נָא לְפֶשַׁע אֲמָתֶךָ
כִּי עָשֹׂה־יַעֲשֶׂה יְהוָה לַאדֹנִי בַּיִת נֶאֱמָן כִּי־מִלְחֲמוֹת יְהוָה
29 אֲדֹנִי נִלְחָם וְרָעָה לֹא־תִמָּצֵא בְךָ מִיָּמֶיךָ׃ וַיָּקָם אָדָם
לִרְדָפְךָ וּלְבַקֵּשׁ אֶת־נַפְשֶׁךָ וְהָיְתָה נֶפֶשׁ אֲדֹנִי צְרוּרָה ׀
בִּצְרוֹר הַחַיִּים אֵת יְהוָה אֱלֹהֶיךָ וְאֵת נֶפֶשׁ אֹיְבֶיךָ יְקַלְּעֶנָּה
ל בְּתוֹךְ כַּף הַקָּלַע׃ וְהָיָה כִּי־יַעֲשֶׂה יְהוָה לַאדֹנִי כְּכֹל אֲשֶׁר־
31 דִּבֶּר אֶת־הַטּוֹבָה עָלֶיךָ וְצִוְּךָ לְנָגִיד עַל־יִשְׂרָאֵל׃ וְלֹא
תִהְיֶה זֹאת ׀ לְךָ לְפוּקָה וּלְמִכְשׁוֹל לֵב לַאדֹנִי וְלִשְׁפָּךְ־דָּם
חִנָּם וּלְהוֹשִׁיעַ אֲדֹנִי לוֹ וְהֵיטִב יְהוָה לַאדֹנִי וְזָכַרְתָּ אֶת־
32 אֲמָתֶךָ׃ וַיֹּאמֶר דָּוִד לַאֲבִיגַל בָּרוּךְ יְהוָה אֱלֹהֵי יִשְׂרָאֵל
33 אֲשֶׁר שְׁלָחֵךְ הַיּוֹם הַזֶּה לִקְרָאתִי׃ וּבָרוּךְ טַעְמֵךְ וּבְרוּכָה
אָתְּ אֲשֶׁר כְּלִתִנִי הַיּוֹם הַזֶּה מִבּוֹא בְדָמִים וְהֹשֵׁעַ יָדִי לִי׃
34 וְאוּלָם חַי־יְהוָה אֱלֹהֵי יִשְׂרָאֵל אֲשֶׁר מְנָעַנִי מֵהָרַע אֹתָךְ כִּי ׀
לוּלֵי מִהַרְתְּ וַתָּבֹאתִי לִקְרָאתִי כִּי אִם־נוֹתַר לְנָבָל עַד־
לה אוֹר הַבֹּקֶר מַשְׁתִּין בְּקִיר׃ וַיִּקַּח דָּוִד מִיָּדָהּ אֵת אֲשֶׁר־הֵבִיאָה
לוֹ וְלָהּ אָמַר עֲלִי לְשָׁלוֹם לְבֵיתֵךְ רְאִי שָׁמַעְתִּי בְקוֹלֵךְ וָאֶשָּׂא
36 פָּנָיִךְ׃ וַתָּבֹא אֲבִיגַיִל ׀ אֶל־נָבָל וְהִנֵּה־לוֹ מִשְׁתֶּה בְּבֵיתוֹ
כְּמִשְׁתֵּה הַמֶּלֶךְ וְלֵב נָבָל טוֹב עָלָיו וְהוּא שִׁכֹּר עַד־מְאֹד
37 וְלֹא־הִגִּידָה לּוֹ דָּבָר קָטֹן וְגָדוֹל עַד־אוֹר הַבֹּקֶר׃ וַיְהִי
בַבֹּקֶר בְּצֵאת הַיַּיִן מִנָּבָל וַתַּגֶּד־לוֹ אִשְׁתּוֹ אֶת־הַדְּבָרִים
38 הָאֵלֶּה וַיָּמָת לִבּוֹ בְּקִרְבּוֹ וְהוּא הָיָה לְאָבֶן׃ וַיְהִי כַּעֲשֶׂרֶת
39 הַיָּמִים וַיִּגֹּף יְהוָה אֶת־נָבָל וַיָּמֹת׃ וַיִּשְׁמַע דָּוִד כִּי מֵת נָבָל

v. 34. ותבאת ק׳

וַיֹּאמֶר בָּרוּךְ יְהוָה אֲשֶׁר רָב אֶת־רִיב חֶרְפָּתִי מִיַּד נָבָל
וְאֶת־עַבְדּוֹ חָשַׂךְ מֵרָעָה וְאֵת רָעַת נָבָל הֵשִׁיב יְהוָה בְּרֹאשׁוֹ
מ וַיִּשְׁלַח דָּוִד וַיְדַבֵּר בַּאֲבִיגַיִל לְקַחְתָּהּ לוֹ לְאִשָּׁה: וַיָּבֹאוּ
עַבְדֵי דָוִד אֶל־אֲבִיגַיִל הַכַּרְמֶלָה וַיְדַבְּרוּ אֵלֶיהָ לֵאמֹר דָּוִד
41 שְׁלָחָנוּ אֵלַיִךְ לְקַחְתֵּךְ לוֹ לְאִשָּׁה: וַתָּקָם וַתִּשְׁתַּחוּ אַפַּיִם
אָרְצָה וַתֹּאמֶר הִנֵּה אֲמָתְךָ לְשִׁפְחָה לִרְחֹץ רַגְלֵי עַבְדֵי
42 אֲדֹנִי: וַתְּמַהֵר וַתָּקָם אֲבִיגַיִל וַתִּרְכַּב עַל־הַחֲמוֹר וְחָמֵשׁ
נַעֲרֹתֶיהָ הַהֹלְכוֹת לְרַגְלָהּ וַתֵּלֶךְ אַחֲרֵי מַלְאֲכֵי דָוִד וַתְּהִי־
43 לוֹ לְאִשָּׁה: וְאֶת־אֲחִינֹעַם לָקַח דָּוִד מִיִּזְרְעֶאל וַתִּהְיֶיןָ גַּם־
44 שְׁתֵּיהֶן לוֹ לְנָשִׁים: וְשָׁאוּל נָתַן אֶת־מִיכַל בִּתּוֹ אֵשֶׁת דָּוִד
לְפַלְטִי בֶן־לַיִשׁ אֲשֶׁר מִגַּלִּים: ׃

CAP. XXVI. כו

כו

א וַיָּבֹאוּ הַזִּפִים אֶל־שָׁאוּל הַגִּבְעָתָה לֵאמֹר הֲלוֹא דָוִד
2 מִסְתַּתֵּר בְּגִבְעַת הַחֲכִילָה עַל פְּנֵי הַיְשִׁימֹן: וַיָּקָם שָׁאוּל וַיֵּרֶד
אֶל־מִדְבַּר־זִיף וְאִתּוֹ שְׁלֹשֶׁת־אֲלָפִים אִישׁ בְּחוּרֵי יִשְׂרָאֵל
3 לְבַקֵּשׁ אֶת־דָּוִד בְּמִדְבַּר־זִיף: וַיִּחַן שָׁאוּל בְּגִבְעַת הַחֲכִילָה
אֲשֶׁר עַל־פְּנֵי הַיְשִׁימֹן עַל־הַדָּרֶךְ וְדָוִד יֹשֵׁב בַּמִּדְבָּר וַיַּרְא
4 כִּי בָא שָׁאוּל אַחֲרָיו הַמִּדְבָּרָה: וַיִּשְׁלַח דָּוִד מְרַגְּלִים וַיֵּדַע
5 כִּי־בָא שָׁאוּל אֶל־נָכוֹן: וַיָּקָם דָּוִד וַיָּבֹא אֶל־הַמָּקוֹם אֲשֶׁר
חָנָה־שָׁם שָׁאוּל וַיַּרְא דָּוִד אֶת־הַמָּקוֹם אֲשֶׁר שָׁכַב־שָׁם
שָׁאוּל וְאַבְנֵר בֶּן־נֵר שַׂר־צְבָאוֹ וְשָׁאוּל שֹׁכֵב בַּמַּעְגָּל וְהָעָם
6 חֹנִים סְבִיבֹתָו: וַיַּעַן דָּוִד וַיֹּאמֶר אֶל־אֲחִימֶלֶךְ הַחִתִּי וְאֶל־
אֲבִישַׁי בֶּן־צְרוּיָה אֲחִי יוֹאָב לֵאמֹר מִי־יֵרֵד אִתִּי אֶל־שָׁאוּל
7 אֶל־הַמַּחֲנֶה וַיֹּאמֶר אֲבִישַׁי אֲנִי אֵרֵד עִמָּךְ: וַיָּבֹא דָוִד
וַאֲבִישַׁי ׀ אֶל־הָעָם לַיְלָה וְהִנֵּה שָׁאוּל שֹׁכֵב יָשֵׁן בַּמַּעְגָּל
וַחֲנִיתוֹ מְעוּכָה־בָאָרֶץ מְרַאֲשֹׁתָו וְאַבְנֵר וְהָעָם שֹׁכְבִים
8 סְבִיבֹתָו: וַיֹּאמֶר אֲבִישַׁי אֶל־דָּוִד סִגַּר אֱלֹהִים הַיּוֹם
אֶת־אוֹיִבְךָ

אֶת־אוֹיִבְךָ בְּיָדֶךָ וְעַתָּה אַכֶּנּוּ נָא בַּחֲנִית וּבָאָרֶץ פַּעַם אַחַת
9 וְלֹא אֶשְׁנֶה לוֹ׃ וַיֹּאמֶר דָּוִד אֶל־אֲבִישַׁי אַל־תַּשְׁחִיתֵהוּ כִּי
מִי שָׁלַח יָדוֹ בִּמְשִׁיחַ יְהוָה וְנִקָּה׃
י וַיֹּאמֶר דָּוִד חַי־יְהוָה כִּי אִם־יְהוָה יִגָּפֶנּוּ אוֹ־יוֹמוֹ יָבוֹא וָמֵת
11 אוֹ בַמִּלְחָמָה יֵרֵד וְנִסְפָּה׃ חָלִילָה לִּי מֵיהוָה מִשְּׁלֹחַ יָדִי
בִּמְשִׁיחַ יְהוָה וְעַתָּה קַח־נָא אֶת־הַחֲנִית אֲשֶׁר מְרַאֲשֹׁתָו וְאֶת־
12 צַפַּחַת הַמַּיִם וְנֵלְכָה לָּנוּ׃ וַיִּקַּח דָּוִד אֶת־הַחֲנִית וְאֶת־צַפַּחַת
הַמַּיִם מֵרַאֲשֹׁתֵי שָׁאוּל וַיֵּלְכוּ לָהֶם וְאֵין רֹאֶה וְאֵין יוֹדֵעַ וְאֵין
מֵקִיץ כִּי כֻלָּם יְשֵׁנִים כִּי תַּרְדֵּמַת יְהוָה נָפְלָה עֲלֵיהֶם׃
13 וַיַּעֲבֹר דָּוִד הָעֵבֶר וַיַּעֲמֹד עַל־רֹאשׁ־הָהָר מֵרָחֹק רַב
14 הַמָּקוֹם בֵּינֵיהֶם׃ וַיִּקְרָא דָוִד אֶל־הָעָם וְאֶל־אַבְנֵר בֶּן־נֵר
לֵאמֹר הֲלוֹא תַעֲנֶה אַבְנֵר וַיַּעַן אַבְנֵר וַיֹּאמֶר מִי אַתָּה קָרָאתָ
טו אֶל־הַמֶּלֶךְ׃ וַיֹּאמֶר דָּוִד אֶל־אַבְנֵר הֲלוֹא־אִישׁ אַתָּה
וּמִי כָמוֹךָ בְּיִשְׂרָאֵל וְלָמָּה לֹא שָׁמַרְתָּ אֶל־אֲדֹנֶיךָ הַמֶּלֶךְ
16 כִּי־בָא אַחַד הָעָם לְהַשְׁחִית אֶת־הַמֶּלֶךְ אֲדֹנֶיךָ׃ לֹא־טוֹב
הַדָּבָר הַזֶּה אֲשֶׁר עָשִׂיתָ חַי־יְהוָה כִּי בְנֵי־מָוֶת אַתֶּם אֲשֶׁר
לֹא־שְׁמַרְתֶּם עַל־אֲדֹנֵיכֶם עַל־מְשִׁיחַ יְהוָה וְעַתָּה ׀ רְאֵה
17 אֵי־חֲנִית הַמֶּלֶךְ וְאֶת־צַפַּחַת הַמַּיִם אֲשֶׁר מְרַאֲשֹׁתָו׃ וַיַּכֵּר
שָׁאוּל אֶת־קוֹל דָּוִד וַיֹּאמֶר הֲקוֹלְךָ זֶה בְּנִי דָוִד וַיֹּאמֶר דָּוִד
18 קוֹלִי אֲדֹנִי הַמֶּלֶךְ׃ וַיֹּאמֶר לָמָּה זֶּה אֲדֹנִי רֹדֵף אַחֲרֵי עַבְדּוֹ
19 כִּי מֶה עָשִׂיתִי וּמַה־בְּיָדִי רָעָה׃ וְעַתָּה יִשְׁמַע־נָא אֲדֹנִי הַמֶּלֶךְ
אֵת דִּבְרֵי עַבְדּוֹ אִם־יְהוָה הֱסִיתְךָ בִי יָרַח מִנְחָה וְאִם ׀ בְּנֵי
הָאָדָם אֲרוּרִים הֵם לִפְנֵי יְהוָה כִּי־גֵרְשׁוּנִי הַיּוֹם מֵהִסְתַּפֵּחַ
כ בְּנַחֲלַת יְהוָה לֵאמֹר לֵךְ עֲבֹד אֱלֹהִים אֲחֵרִים׃ וְעַתָּה אַל־
יִפֹּל דָּמִי אַרְצָה מִנֶּגֶד פְּנֵי יְהוָה כִּי־יָצָא מֶלֶךְ יִשְׂרָאֵל לְבַקֵּשׁ
21 אֶת־פַּרְעֹשׁ אֶחָד כַּאֲשֶׁר יִרְדֹּף הַקֹּרֵא בֶּהָרִים׃ וַיֹּאמֶר שָׁאוּל
חָטָאתִי שׁוּב בְּנִי־דָוִד כִּי לֹא־אָרַע לְךָ עוֹד תַּחַת אֲשֶׁר

יקרה

v. 11. v. 16. מראשתיו ק׳

יָקְרָה נַפְשִׁי בְּעֵינֶיךָ הַיּוֹם הַזֶּה הִנֵּה הִסְכַּלְתִּי וָאֶשְׁגֶּה הַרְבֵּה
22 מְאֹד׃ וַיַּעַן דָּוִד וַיֹּאמֶר הִנֵּה הַחֲנִית הַמֶּלֶךְ וְיַעֲבֹר אֶחָד
23 מֵהַנְּעָרִים וְיִקָּחֶהָ׃ וַיהוָה יָשִׁיב לָאִישׁ אֶת־צִדְקָתוֹ וְאֶת־
אֱמֻנָתוֹ אֲשֶׁר נְתָנְךָ יְהוָה ׀ הַיּוֹם בְּיָד וְלֹא אָבִיתִי לִשְׁלֹחַ יָדִי
24 בִּמְשִׁיחַ יְהוָה׃ וְהִנֵּה כַּאֲשֶׁר גָּדְלָה נַפְשְׁךָ הַיּוֹם הַזֶּה בְּעֵינָי
כה כֵּן תִּגְדַּל נַפְשִׁי בְּעֵינֵי יְהוָה וְיַצִּלֵנִי מִכָּל־צָרָה׃ וַיֹּאמֶר שָׁאוּל
אֶל־דָּוִד בָּרוּךְ אַתָּה בְּנִי דָוִד גַּם עָשֹׂה תַעֲשֶׂה וְגַם יָכֹל
תּוּכָל וַיֵּלֶךְ דָּוִד לְדַרְכּוֹ וְשָׁאוּל שָׁב לִמְקוֹמוֹ׃

כז CAP. XXVII. כז

א וַיֹּאמֶר דָּוִד אֶל־לִבּוֹ עַתָּה אֶסָּפֶה יוֹם־אֶחָד בְּיַד־שָׁאוּל
אֵין־לִי טוֹב כִּי הִמָּלֵט אִמָּלֵט ׀ אֶל־אֶרֶץ פְּלִשְׁתִּים וְנוֹאַשׁ
מִמֶּנִּי שָׁאוּל לְבַקְשֵׁנִי עוֹד בְּכָל־גְּבוּל יִשְׂרָאֵל וְנִמְלַטְתִּי מִיָּדוֹ׃
2 וַיָּקָם דָּוִד וַיַּעֲבֹר הוּא וְשֵׁשׁ־מֵאוֹת אִישׁ אֲשֶׁר עִמּוֹ אֶל־אָכִישׁ
3 בֶּן־מָעוֹךְ מֶלֶךְ גַּת׃ וַיֵּשֶׁב דָּוִד עִם־אָכִישׁ בְּגַת הוּא וַאֲנָשָׁיו
אִישׁ וּבֵיתוֹ דָּוִד וּשְׁתֵּי נָשָׁיו אֲחִינֹעַם הַיִּזְרְעֵאלִת וַאֲבִיגַיִל
4 אֵשֶׁת־נָבָל הַכַּרְמְלִית׃ וַיֻּגַּד לְשָׁאוּל כִּי־בָרַח דָּוִד גַּת וְלֹא־
ה יוֹסַף עוֹד לְבַקְשׁוֹ׃ וַיֹּאמֶר דָּוִד אֶל־אָכִישׁ אִם־נָא מָצָאתִי
חֵן בְּעֵינֶיךָ יִתְּנוּ־לִי מָקוֹם בְּאַחַת עָרֵי הַשָּׂדֶה וְאֵשְׁבָה שָּׁם
6 וְלָמָּה יֵשֵׁב עַבְדְּךָ בְּעִיר הַמַּמְלָכָה עִמָּךְ׃ וַיִּתֶּן־לוֹ אָכִישׁ
בַּיּוֹם הַהוּא אֶת־צִקְלָג לָכֵן הָיְתָה צִקְלַג לְמַלְכֵי יְהוּדָה עַד
7 הַיּוֹם הַזֶּה׃ וַיְהִי מִסְפַּר הַיָּמִים אֲשֶׁר־יָשַׁב דָּוִד בִּשְׂדֵה
8 פְלִשְׁתִּים יָמִים וְאַרְבָּעָה חֳדָשִׁים׃ וַיַּעַל דָּוִד וַאֲנָשָׁיו וַיִּפְשְׁטוּ
אֶל־הַגְּשׁוּרִי וְהַגִּרְזִי וְהָעֲמָלֵקִי כִּי הֵנָּה יֹשְׁבוֹת הָאָרֶץ אֲשֶׁר
9 מֵעוֹלָם בּוֹאֲךָ שׁוּרָה וְעַד־אֶרֶץ מִצְרָיִם׃ וְהִכָּה דָוִד אֶת־
הָאָרֶץ וְלֹא יְחַיֶּה אִישׁ וְאִשָּׁה וְלָקַח צֹאן וּבָקָר וַחֲמֹרִים
י וּגְמַלִּים וּבְגָדִים וַיָּשָׁב וַיָּבֹא אֶל־אָכִישׁ׃ וַיֹּאמֶר אָכִישׁ
אַל־פְּשַׁטְתֶּם הַיּוֹם וַיֹּאמֶר דָּוִד עַל־נֶגֶב יְהוּדָה וְעַל־נֶגֶב

הירחמאלי

כ״ו v. 22. חנית ק׳   כ״ז v. 4. יסף ק׳   v. 8. והגזרי ק׳

11 הַיְּרַחְמְאֵלִ֔י וְאֶל־נֶ֖גֶב הַקֵּינִֽי׃ וְאִ֨ישׁ וְאִשָּׁ֜ה לֹֽא־יְחַיֶּ֣ה דָוִ֗ד
לְהָבִ֥יא גַת֙ לֵאמֹ֔ר פֶּן־יַגִּ֥דוּ עָלֵ֖ינוּ לֵאמֹ֑ר כֹּֽה־עָשָׂ֤ה דָוִד֙ וְכֹ֣ה
12 מִשְׁפָּט֔וֹ כָּל־הַ֨יָּמִ֔ים אֲשֶׁ֥ר יָשַׁ֖ב בִּשְׂדֵ֥ה פְלִשְׁתִּֽים׃ וַיַּאֲמֵ֥ן אָכִ֖ישׁ
בְּדָוִ֣ד לֵאמֹ֑ר הַבְאֵ֤שׁ הִבְאִישׁ֙ בְּעַמּ֣וֹ בְיִשְׂרָאֵ֔ל וְהָ֥יָה לִ֖י לְעֶ֥בֶד
עוֹלָֽם׃

כח

Cap. XXVIII. כח

א וַיְהִ֞י בַּיָּמִ֣ים הָהֵ֗ם וַיִּקְבְּצ֨וּ פְלִשְׁתִּ֤ים אֶת־מַֽחֲנֵיהֶם֙ לַצָּבָ֔א
לְהִלָּחֵ֖ם בְּיִשְׂרָאֵ֑ל וַיֹּ֤אמֶר אָכִישׁ֙ אֶל־דָּוִ֔ד יָדֹ֙עַ֙ תֵּדַ֔ע כִּ֤י אִתִּי֙
2 תֵּצֵ֣א בַֽמַּחֲנֶ֔ה אַתָּ֖ה וַאֲנָשֶֽׁיךָ׃ וַיֹּ֤אמֶר דָּוִד֙ אֶל־אָכִ֔ישׁ לָכֵן֙
אַתָּ֣ה תֵדַ֔ע אֵ֥ת אֲשֶׁר־יַעֲשֶׂ֖ה עַבְדֶּ֑ךָ וַיֹּ֤אמֶר אָכִישׁ֙ אֶל־דָּוִ֔ד
לָכֵ֗ן שֹׁמֵ֥ר לְרֹאשִׁ֛י אֲשִֽׂימְךָ֖ כָּל־הַיָּמִֽים׃
3 וּשְׁמוּאֵ֣ל מֵ֔ת וַיִּסְפְּדוּ־לוֹ֙ כָּל־יִשְׂרָאֵ֔ל וַיִּקְבְּרֻ֥הוּ בָרָמָ֖ה
וּבְעִיר֑וֹ וְשָׁא֗וּל הֵסִ֛יר הָאֹב֥וֹת וְאֶת־הַיִּדְּעֹנִ֖ים מֵהָאָֽרֶץ׃
4 וַיִּקָּבְצ֣וּ פְלִשְׁתִּ֔ים וַיָּבֹ֖אוּ וַיַּחֲנ֣וּ בְשׁוּנֵ֑ם וַיִּקְבֹּ֤ץ שָׁאוּל֙ אֶת־
ה כָּל־יִשְׂרָאֵ֔ל וַֽיַּחֲנ֖וּ בַּגִּלְבֹּֽעַ׃ וַיַּ֥רְא שָׁא֖וּל אֶת־מַחֲנֵ֣ה פְלִשְׁתִּ֑ים
6 וַיִּרָ֕א וַיֶּחֱרַ֥ד לִבּ֖וֹ מְאֹֽד׃ וַיִּשְׁאַ֤ל שָׁאוּל֙ בַּֽיהוָ֔ה וְלֹ֥א עָנָ֖הוּ
7 יְהוָ֑ה גַּ֧ם בַּחֲלֹמ֛וֹת גַּ֥ם בָּאוּרִ֖ים גַּ֥ם בַּנְּבִיאִֽם׃ וַיֹּ֨אמֶר שָׁא֜וּל
לַעֲבָדָ֗יו בַּקְּשׁוּ־לִי֙ אֵ֣שֶׁת בַּעֲלַת־א֔וֹב וְאֵלְכָ֥ה אֵלֶ֖יהָ
וְאֶדְרְשָׁה־בָּ֑הּ וַיֹּאמְר֤וּ עֲבָדָיו֙ אֵלָ֔יו הִנֵּ֛ה אֵ֥שֶׁת בַּעֲלַת־א֖וֹב
8 בְּעֵ֥ין דּֽוֹר׃ וַיִּתְחַפֵּ֣שׂ שָׁא֗וּל וַיִּלְבַּשׁ֙ בְּגָדִ֣ים אֲחֵרִ֔ים וַיֵּ֣לֶךְ ה֗וּא
וּשְׁנֵ֤י אֲנָשִׁים֙ עִמּ֔וֹ וַיָּבֹ֥אוּ אֶל־הָאִשָּׁ֖ה לָ֑יְלָה וַיֹּ֗אמֶר קָסֳומִי־נָ֥א
9 לִי֙ בָּא֔וֹב וְהַ֣עֲלִי לִ֔י אֵ֥ת אֲשֶׁר־אֹמַ֖ר אֵלָֽיִךְ׃ וַתֹּ֨אמֶר הָאִשָּׁ֜ה
אֵלָ֗יו הִנֵּ֨ה אַתָּ֤ה יָדַ֙עְתָּ֙ אֵ֣ת אֲשֶׁר־עָשָׂ֣ה שָׁא֔וּל אֲשֶׁ֥ר הִכְרִ֛ית
אֶת־הָאֹב֥וֹת וְאֶת־הַיִּדְּעֹנִ֖י מִן־הָאָ֑רֶץ וְלָמָ֛ה אַתָּ֥ה מִתְנַקֵּ֖שׁ
י בְּנַפְשִׁ֥י לַהֲמִיתֵֽנִי׃ וַיִּשָּׁ֤בַֽע לָהּ֙ שָׁא֔וּל בַּֽיהוָ֖ה לֵאמֹ֑ר חַי־יְהוָ֕ה
11 אִם־יִקְּרֵ֥ךְ עָוֺ֖ן בַּדָּבָ֥ר הַזֶּֽה׃ וַתֹּ֙אמֶר֙ הָֽאִשָּׁ֔ה אֶת־מִ֖י אַֽעֲלֶה־
12 לָּ֑ךְ וַיֹּ֕אמֶר אֶת־שְׁמוּאֵ֖ל הַֽעֲלִי־לִֽי׃ וַתֵּ֤רֶא הָֽאִשָּׁה֙ אֶת־שְׁמוּאֵ֔ל

ותזעק

כ״ח v. 8. יתיר ו׳

וַתִּזְעַ֣ק בְּק֣וֹל גָּד֔וֹל וַתֹּ֩אמֶר֩ הָאִשָּׁ֨ה אֶל־שָׁא֤וּל לֵאמֹר֙ לָ֣מָּה

13 רִמִּיתָ֔נִי וְאַתָּ֖ה שָׁאֽוּל׃ וַיֹּ֨אמֶר לָ֥הּ הַמֶּ֛לֶךְ אַל־תִּֽירְאִ֖י כִּ֣י מָ֣ה
רָאִ֑ית וַתֹּ֤אמֶר הָֽאִשָּׁה֙ אֶל־שָׁא֔וּל אֱלֹהִ֥ים רָאִ֖יתִי עֹלִ֥ים מִן־

14 הָאָֽרֶץ׃ וַיֹּ֤אמֶר לָהּ֙ מַֽה־תָּאֳר֔וֹ וַתֹּ֗אמֶר אִ֤ישׁ זָקֵן֙ עֹלֶ֔ה וְה֖וּא
עֹטֶ֣ה מְעִ֑יל וַיֵּ֤דַע שָׁאוּל֙ כִּֽי־שְׁמוּאֵ֣ל ה֔וּא וַיִּקֹּ֥ד אַפַּ֛יִם אַ֖רְצָה

טו וַיִּשְׁתָּֽחוּ׃ וַיֹּ֤אמֶר שְׁמוּאֵל֙ אֶל־שָׁא֔וּל לָ֥מָּה הִרְגַּזְתַּ֖נִי
לְהַעֲל֣וֹת אֹתִ֑י וַיֹּ֣אמֶר שָׁ֠אוּל צַר־לִ֨י מְאֹ֜ד וּפְלִשְׁתִּ֣ים ׀ נִלְחָמִ֣ים
בִּ֗י וֵֽאלֹהִ֞ים סָ֤ר מֵֽעָלַי֙ וְלֹֽא־עָנָ֣נִי ע֗וֹד גַּ֤ם בְּיַֽד־הַנְּבִיאִם֙ גַּם־

16 בַּֽחֲלֹמ֔וֹת וָֽאֶקְרָאֶ֣ה לְךָ֔ לְהֽוֹדִיעֵ֖נִי מָ֣ה אֶֽעֱשֶׂ֑ה׃ וַיֹּ֣אמֶר

17 שְׁמוּאֵ֔ל וְלָ֖מָּה תִּשְׁאָלֵ֑נִי וַיהוָ֛ה סָ֥ר מֵֽעָלֶ֖יךָ וַיְהִ֥י עָרֶֽךָ׃ וַיַּ֤עַשׂ
יְהוָה֙ ל֔וֹ כַּֽאֲשֶׁ֖ר דִּבֶּ֣ר בְּיָדִ֑י וַיִּקְרַ֨ע יְהוָ֤ה אֶת־הַמַּמְלָכָה֙ מִיָּדֶ֔ךָ

18 וַֽיִּתְּנָ֖הּ לְרֵעֲךָ֥ לְדָוִֽד׃ כַּֽאֲשֶׁ֣ר לֹֽא־שָׁמַ֗עְתָּ בְּק֣וֹל יְהוָ֔ה וְלֹֽא־
עָשִׂ֥יתָ חֲרֽוֹן־אַפּ֖וֹ בַּֽעֲמָלֵ֑ק עַל־כֵּן֙ הַדָּבָ֣ר הַזֶּ֔ה עָֽשָׂה־לְךָ֥

19 יְהוָ֖ה הַיּ֥וֹם הַזֶּֽה׃ וְיִתֵּ֣ן יְ֠הוָה גַּ֣ם אֶת־יִשְׂרָאֵ֤ל עִמְּךָ֙ בְּיַד־
פְּלִשְׁתִּ֔ים וּמָחָ֕ר אַתָּ֥ה וּבָנֶ֖יךָ עִמִּ֑י גַּ֚ם אֶת־מַֽחֲנֵ֣ה יִשְׂרָאֵ֔ל יִתֵּ֥ן

כ יְהוָ֖ה בְּיַד־פְּלִשְׁתִּֽים׃ וַיְמַהֵ֣ר שָׁא֗וּל וַיִּפֹּ֤ל מְלֹֽא־קֽוֹמָתוֹ֙
אַ֔רְצָה וַיִּרָ֥א מְאֹ֖ד מִדִּבְרֵ֣י שְׁמוּאֵ֑ל גַּם־כֹּ֚חַ לֹא־הָ֣יָה ב֔וֹ כִּ֣י

21 לֹ֤א אָֽכַל֙ לֶ֔חֶם כָּל־הַיּ֖וֹם וְכָל־הַלָּֽיְלָה׃ וַתָּב֤וֹא הָֽאִשָּׁה֙ אֶל־
שָׁא֔וּל וַתֵּ֖רֶא כִּֽי־נִבְהַ֣ל מְאֹ֑ד וַתֹּ֣אמֶר אֵלָ֗יו הִנֵּ֨ה שָֽׁמְעָ֤ה
שִׁפְחָֽתְךָ֙ בְּקוֹלֶ֔ךָ וָֽאָשִׂ֤ים נַפְשִׁי֙ בְּכַפִּ֔י וָֽאֶשְׁמַ֔ע אֶת־דְּבָרֶ֖יךָ

22 אֲשֶׁ֥ר דִּבַּ֖רְתָּ אֵלָֽי׃ וְעַתָּ֗ה שְׁמַֽע־נָ֤א גַם־אַתָּה֙ בְּק֣וֹל שִׁפְחָתֶ֔ךָ
וְאָשִׂ֧מָה לְפָנֶ֛יךָ פַּת־לֶ֖חֶם וֶֽאֱכ֑וֹל וִֽיהִ֤י בְךָ֙ כֹּ֔חַ כִּ֥י תֵלֵ֖ךְ

23 בַּדָּֽרֶךְ׃ וַיְמָאֵ֗ן וַיֹּ֨אמֶר֙ לֹ֣א אֹכַ֔ל וַיִּפְרְצוּ־ב֤וֹ עֲבָדָיו֙ וְגַם־
הָ֣אִשָּׁ֔ה וַיִּשְׁמַ֖ע לְקֹלָ֑ם וַיָּ֨קָם֙ מֵֽהָאָ֔רֶץ וַיֵּ֖שֶׁב אֶל־הַמִּטָּֽה׃

24 וְלָֽאִשָּׁ֤ה עֵֽגֶל־מַרְבֵּק֙ בַּבַּ֔יִת וַתְּמַהֵ֖ר וַתִּזְבָּחֵ֑הוּ וַתִּקַּֽח־קֶ֙מַח֙

כה וַתָּ֔לָשׁ וַתֹּפֵ֖הוּ מַצּֽוֹת׃ וַתַּגֵּ֧שׁ לִפְנֵֽי־שָׁא֛וּל וְלִפְנֵ֥י עֲבָדָ֖יו וַיֹּאכֵ֑לוּ
וַיָּקֻ֥מוּ וַיֵּֽלְכ֖וּ בַּלַּ֥יְלָה הַהֽוּא׃

ויקבצו

CAP. XXIX. כט

כט

א וַיִּקְבְּצ֨וּ פְלִשְׁתִּ֤ים אֶת־כָּל־מַחֲנֵיהֶם֙ אֲפֵ֔קָה וְיִשְׂרָאֵ֣ל חֹנִ֔ים
2 בַּעַ֖יִן אֲשֶׁ֣ר בְּיִזְרְעֶֽאל׃ וְסַרְנֵ֤י פְלִשְׁתִּים֙ עֹֽבְרִ֔ים לְמֵא֖וֹת
3 וְלַאֲלָפִ֑ים וְדָוִ֣ד וַאֲנָשָׁ֗יו עֹבְרִ֤ים בָּאַֽחֲרֹנָה֙ עִם־אָכִ֔ישׁ וַיֹּאמְרוּ֙
שָׂרֵ֣י פְלִשְׁתִּ֔ים מָ֥ה הָעִבְרִ֖ים הָאֵ֑לֶּה וַיֹּ֨אמֶר אָכִ֜ישׁ אֶל־שָׂרֵ֣י
פְלִשְׁתִּ֗ים הֲלֽוֹא־זֶ֨ה דָוִ֜ד עֶ֣בֶד ׀ שָׁא֣וּל מֶֽלֶךְ־יִשְׂרָאֵ֗ל אֲשֶׁ֨ר
הָיָ֤ה אִתִּי֙ זֶ֤ה יָמִים֙ אוֹ־זֶ֣ה שָׁנִ֔ים וְלֹֽא־מָצָ֤אתִי בוֹ֙ מְא֔וּמָה
4 מִיּ֥וֹם נָפְל֖וֹ עַד־הַיּ֥וֹם הַזֶּֽה׃   וַיִּקְצְפ֤וּ עָלָיו֙ שָׂרֵ֣י פְלִשְׁתִּ֔ים
וַיֹּ֨אמְרוּ ל֜וֹ שָׂרֵ֣י פְלִשְׁתִּ֗ים הָשֵׁ֤ב אֶת־הָאִישׁ֙ וְיָשֹׁ֣ב אֶל־מְקוֹמ֔וֹ
אֲשֶׁ֣ר הִפְקַדְתּ֣וֹ שָׁ֗ם וְלֹֽא־יֵרֵ֤ד עִמָּ֙נוּ֙ בַּמִּלְחָמָ֔ה וְלֹֽא־יִֽהְיֶה־
לָּ֥נוּ לְשָׂטָ֖ן בַּמִּלְחָמָ֑ה וּבַמֶּ֗ה יִתְרַצֶּ֥ה זֶה֙ אֶל־אֲדֹנָ֔יו הֲל֕וֹא
5 בְּרָאשֵׁ֕י הָאֲנָשִׁ֖ים הָהֵֽם׃ הֲלוֹא־זֶ֣ה דָוִ֔ד אֲשֶׁ֧ר יַעֲנוּ־ל֛וֹ בַּמְּחֹל֖וֹת
6 לֵאמֹ֑ר הִכָּ֤ה שָׁאוּל֙ בַּאֲלָפָ֔ו וְדָוִ֖ד בְּרִבְבֹתָֽו׃   וַיִּקְרָ֨א אָכִ֜ישׁ
אֶל־דָּוִ֗ד וַיֹּ֣אמֶר אֵלָיו֮ חַי־יְהוָה֒ כִּֽי־יָשָׁ֣ר אַ֠תָּה וְט֨וֹב בְּעֵינַ֜י
צֵֽאתְךָ֣ וּבֹאֲךָ֣ אִתִּ֣י בַּֽמַּחֲנֶ֗ה כִּ֠י לֹֽא־מָצָ֤אתִי בְךָ֙ רָעָ֔ה מִיּ֛וֹם
בֹּאֲךָ֥ אֵלַ֖י עַד־הַיּ֣וֹם הַזֶּ֑ה וּבְעֵינֵ֥י הַסְּרָנִ֖ים לֹא־ט֥וֹב אָֽתָּה׃
7 וְעַתָּ֥ה שׁ֖וּב וְלֵ֣ךְ בְּשָׁל֑וֹם וְלֹֽא־תַעֲשֶׂ֣ה רָ֔ע בְּעֵינֵ֖י סַרְנֵ֥י
8 פְלִשְׁתִּֽים׃   וַיֹּ֨אמֶר דָּוִ֜ד אֶל־אָכִ֗ישׁ כִּ֤י מֶ֤ה עָשִׂ֙יתִי֙ וּמַה־
מָּצָ֣אתָ בְעַבְדְּךָ֔ מִיּוֹם֙ אֲשֶׁ֣ר הָיִ֣יתִי לְפָנֶ֔יךָ עַ֖ד הַיּ֣וֹם הַזֶּ֑ה כִּ֣י
9 לֹ֤א אָבוֹא֙ וְנִלְחַ֔מְתִּי בְּאֹיְבֵ֖י אֲדֹנִ֥י הַמֶּֽלֶךְ׃ וַיַּ֣עַן אָכִישׁ֮ וַיֹּ֣אמֶר
אֶל־דָּוִד֒ יָדַ֕עְתִּי כִּ֣י ט֤וֹב אַתָּה֙ בְּעֵינַ֔י כְּמַלְאַ֖ךְ אֱלֹהִ֑ים אַ֗ךְ
10 שָׂרֵ֤י פְלִשְׁתִּים֙ אָֽמְר֔וּ לֹֽא־יַעֲלֶ֥ה עִמָּ֖נוּ בַּמִּלְחָמָֽה׃ וְעַתָּה֙
הַשְׁכֵּ֣ם בַּבֹּ֔קֶר וְעַבְדֵ֥י אֲדֹנֶ֖יךָ אֲשֶׁר־בָּ֣אוּ אִתָּ֑ךְ וְהִשְׁכַּמְתֶּ֣ם
11 בַּבֹּ֔קֶר וְא֥וֹר לָכֶ֖ם וָלֵֽכוּ׃ וַיַּשְׁכֵּ֨ם דָּוִ֜ד ה֤וּא וַאֲנָשָׁיו֙ לָלֶ֣כֶת
בַּבֹּ֔קֶר לָשׁ֖וּב אֶל־אֶ֣רֶץ פְּלִשְׁתִּ֑ים וּפְלִשְׁתִּ֖ים עָל֥וּ יִזְרְעֶֽאל׃

CAP. XXX. ל

ל

א וַיְהִ֞י בְּבֹ֨א דָוִ֧ד וַאֲנָשָׁ֛יו צִֽקְלַ֖ג בַּיּ֣וֹם הַשְּׁלִישִׁ֑י וַעֲמָלֵקִ֣י
פָשְׁט֗וּ אֶל־נֶ֙גֶב֙ וְאֶל־צִ֣קְלַ֔ג וַיַּכּוּ֙ אֶת־צִ֣קְלַ֔ג וַיִּשְׂרְפ֥וּ אֹתָ֖הּ
בָּאֵֽשׁ

2 בָּאֵשׁ׃ וַיִּשְׁבּוּ אֶת־הַנָּשִׁים אֲשֶׁר־בָּהּ מִקָּטֹן וְעַד־גָּדוֹל לֹא
3 הֵמִיתוּ אִישׁ וַיִּנְהֲגוּ וַיֵּלְכוּ לְדַרְכָּם׃ וַיָּבֹא דָוִד וַאֲנָשָׁיו אֶל־
הָעִיר וְהִנֵּה שְׂרוּפָה בָּאֵשׁ וּנְשֵׁיהֶם וּבְנֵיהֶם וּבְנֹתֵיהֶם נִשְׁבּוּ׃
4 וַיִּשָּׂא דָוִד וְהָעָם אֲשֶׁר־אִתּוֹ אֶת־קוֹלָם וַיִּבְכּוּ עַד אֲשֶׁר אֵין־
ה בָּהֶם כֹּחַ לִבְכּוֹת׃ וּשְׁתֵּי נְשֵׁי־דָוִד נִשְׁבּוּ אֲחִינֹעַם הַיִּזְרְעֵלִית
6 וַאֲבִיגַיִל אֵשֶׁת נָבָל הַכַּרְמְלִי׃ וַתֵּצֶר לְדָוִד מְאֹד כִּי־אָמְרוּ
הָעָם לְסָקְלוֹ כִּי־מָרָה נֶפֶשׁ כָּל־הָעָם אִישׁ עַל־בָּנָו וְעַל־
7 בְּנֹתָיו וַיִּתְחַזֵּק דָּוִד בַּיהוָה אֱלֹהָיו׃ וַיֹּאמֶר דָּוִד אֶל־
אֶבְיָתָר הַכֹּהֵן בֶּן־אֲחִימֶלֶךְ הַגִּישָׁה־נָּא לִי הָאֵפוֹד וַיַּגֵּשׁ
8 אֶבְיָתָר אֶת־הָאֵפוֹד אֶל־דָּוִד׃ וַיִּשְׁאַל דָּוִד בַּיהוָה לֵאמֹר
אֶרְדֹּף אַחֲרֵי הַגְּדוּד־הַזֶּה הַאַשִּׂגֶנּוּ וַיֹּאמֶר לוֹ רְדֹף כִּי־הַשֵּׂג
9 תַּשִּׂיג וְהַצֵּל תַּצִּיל׃ וַיֵּלֶךְ דָּוִד הוּא וְשֵׁשׁ־מֵאוֹת אִישׁ אֲשֶׁר
י אִתּוֹ וַיָּבֹאוּ עַד־נַחַל הַבְּשׂוֹר וְהַנּוֹתָרִים עָמָדוּ׃ וַיִּרְדֹּף דָּוִד
הוּא וְאַרְבַּע־מֵאוֹת אִישׁ וַיַּעַמְדוּ מָאתַיִם אִישׁ אֲשֶׁר פִּגְּרוּ
11 מֵעֲבֹר אֶת־נַחַל הַבְּשׂוֹר׃ וַיִּמְצְאוּ אִישׁ־מִצְרִי בַּשָּׂדֶה וַיִּקְחוּ
12 אֹתוֹ אֶל־דָּוִד וַיִּתְּנוּ־לוֹ לֶחֶם וַיֹּאכַל וַיַּשְׁקֻהוּ מָיִם׃ וַיִּתְּנוּ־
לוֹ פֶלַח דְּבֵלָה וּשְׁנֵי צִמֻּקִים וַיֹּאכַל וַתָּשָׁב רוּחוֹ אֵלָיו כִּי
לֹא־אָכַל לֶחֶם וְלֹא־שָׁתָה מַיִם שְׁלֹשָׁה יָמִים וּשְׁלֹשָׁה לֵילוֹת׃
13 וַיֹּאמֶר לוֹ דָוִד לְמִי־אַתָּה וְאֵי מִזֶּה אָתָּה וַיֹּאמֶר נַעַר מִצְרִי
אָנֹכִי עֶבֶד לְאִישׁ עֲמָלֵקִי וַיַּעַזְבֵנִי אֲדֹנִי כִּי חָלִיתִי הַיּוֹם
14 שְׁלֹשָׁה׃ אֲנַחְנוּ פָּשַׁטְנוּ נֶגֶב הַכְּרֵתִי וְעַל־אֲשֶׁר לִיהוּדָה וְעַל־
טו נֶגֶב כָּלֵב וְאֶת־צִקְלַג שָׂרַפְנוּ בָאֵשׁ׃ וַיֹּאמֶר אֵלָיו דָּוִד הֲתוֹרִדֵנִי
אֶל־הַגְּדוּד הַזֶּה וַיֹּאמֶר הִשָּׁבְעָה לִּי בֵאלֹהִים אִם־תְּמִיתֵנִי
16 וְאִם־תַּסְגִּרֵנִי בְּיַד־אֲדֹנִי וְאוֹרִדְךָ אֶל־הַגְּדוּד הַזֶּה׃ וַיֹּרִדֵהוּ
וְהִנֵּה נְטֻשִׁים עַל־פְּנֵי כָל־הָאָרֶץ אֹכְלִים וְשֹׁתִים וְחֹגְגִים בְּכֹל
הַשָּׁלָל הַגָּדוֹל אֲשֶׁר לָקְחוּ מֵאֶרֶץ פְּלִשְׁתִּים וּמֵאֶרֶץ יְהוּדָה׃
17 וַיַּכֵּם דָּוִד מֵהַנֶּשֶׁף וְעַד־הָעֶרֶב לְמָחֳרָתָם וְלֹא־נִמְלַט מֵהֶם

אִישׁ

v. 6. בניו ק׳

אִישׁ כִּי אִם־אַרְבַּע מֵאוֹת אִישׁ־נַעַר אֲשֶׁר־רָכְבוּ עַל־
18 הַגְּמַלִּים וַיָּנֻסוּ׃ וַיַּצֵּל דָּוִד אֵת כָּל־אֲשֶׁר לָקְחוּ עֲמָלֵק וְאֶת־
19 שְׁתֵּי נָשָׁיו הִצִּיל דָּוִד׃ וְלֹא נֶעְדַּר־לָהֶם מִן־הַקָּטֹן וְעַד־
הַגָּדוֹל וְעַד־בָּנִים וּבָנוֹת וּמִשָּׁלָל וְעַד כָּל־אֲשֶׁר לָקְחוּ לָהֶם
כ הַכֹּל הֵשִׁיב דָּוִד׃ וַיִּקַּח דָּוִד אֶת־כָּל־הַצֹּאן וְהַבָּקָר נָהֲגוּ
21 לִפְנֵי הַמִּקְנֶה הַהוּא וַיֹּאמְרוּ זֶה שְׁלַל דָּוִד׃ וַיָּבֹא דָוִד אֶל־
מָאתַיִם הָאֲנָשִׁים אֲשֶׁר־פִּגְּרוּ ׀ מִלֶּכֶת ׀ אַחֲרֵי דָוִד וַיֹּשִׁבֻם
בְּנַחַל הַבְּשׂוֹר וַיֵּצְאוּ לִקְרַאת דָּוִד וְלִקְרַאת הָעָם אֲשֶׁר־אִתּוֹ
22 וַיִּגַּשׁ דָּוִד אֶת־הָעָם וַיִּשְׁאַל לָהֶם לְשָׁלוֹם׃ וַיַּעַן כָּל־אִישׁ־
רָע וּבְלִיַּעַל מֵהָאֲנָשִׁים אֲשֶׁר הָלְכוּ עִם־דָּוִד וַיֹּאמְרוּ יַעַן
אֲשֶׁר לֹא־הָלְכוּ עִמִּי לֹא־נִתֵּן לָהֶם מֵהַשָּׁלָל אֲשֶׁר הִצַּלְנוּ
23 כִּי־אִם־אִישׁ אֶת־אִשְׁתּוֹ וְאֶת־בָּנָיו וְיִנְהֲגוּ וְיֵלֵכוּ׃ וַיֹּאמֶר
דָּוִד לֹא־תַעֲשׂוּ כֵן אֶחָי אֵת אֲשֶׁר־נָתַן יְהוָה לָנוּ וַיִּשְׁמֹר אֹתָנוּ
24 וַיִּתֵּן אֶת־הַגְּדוּד הַבָּא עָלֵינוּ בְּיָדֵנוּ׃ וּמִי יִשְׁמַע לָכֶם לַדָּבָר
הַזֶּה כִּי כְּחֵלֶק ׀ הַיֹּרֵד בַּמִּלְחָמָה וּכְחֵלֶק הַיֹּשֵׁב עַל־הַכֵּלִים
כה יַחְדָּו יַחֲלֹקוּ׃ וַיְהִי מֵהַיּוֹם הַהוּא וָמָעְלָה וַיְשִׂמֶהָ לְחֹק
26 וּלְמִשְׁפָּט לְיִשְׂרָאֵל עַד הַיּוֹם הַזֶּה׃ וַיָּבֹא דָוִד אֶל־צִקְלַג
וַיְשַׁלַּח מֵהַשָּׁלָל לְזִקְנֵי יְהוּדָה לְרֵעֵהוּ לֵאמֹר הִנֵּה לָכֶם בְּרָכָה
27 מִשְּׁלַל אֹיְבֵי יְהוָה׃ לַאֲשֶׁר בְּבֵית־אֵל וְלַאֲשֶׁר בְּרָמוֹת־נֶגֶב
28 וְלַאֲשֶׁר בְּיַתִּר׃ וְלַאֲשֶׁר בַּעֲרֹעֵר וְלַאֲשֶׁר בְּשִׂפְמוֹת וְלַאֲשֶׁר
29 בְּאֶשְׁתְּמֹעַ׃ וְלַאֲשֶׁר בְּרָכָל וְלַאֲשֶׁר בְּעָרֵי הַיְּרַחְמְאֵלִי וְלַאֲשֶׁר
ל בְּעָרֵי הַקֵּינִי׃ וְלַאֲשֶׁר בְּחָרְמָה וְלַאֲשֶׁר בְּבוֹר־עָשָׁן וְלַאֲשֶׁר
31 בַּעֲתָךְ׃ וְלַאֲשֶׁר בְּחֶבְרוֹן וּלְכָל־הַמְּקֹמוֹת אֲשֶׁר־הִתְהַלֶּךְ־
שָׁם דָּוִד הוּא וַאֲנָשָׁיו׃

לא

Cap. XXXI. לא

א וּפְלִשְׁתִּים נִלְחָמִים בְּיִשְׂרָאֵל וַיָּנֻסוּ אַנְשֵׁי יִשְׂרָאֵל מִפְּנֵי
2 פְּלִשְׁתִּים וַיִּפְּלוּ חֲלָלִים בְּהַר הַגִּלְבֹּעַ׃ וַיַּדְבְּקוּ פְלִשְׁתִּים
אֶת־שָׁאוּל וְאֶת־בָּנָיו וַיַּכּוּ פְלִשְׁתִּים אֶת־יְהוֹנָתָן וְאֶת־
אבינדב

3 אֲבִינָדָ֛ב וְאֶת־מַלְכִּי־שׁ֖וּעַ בְּנֵ֥י שָׁאֽוּל׃ וַתִּכְבַּ֤ד הַמִּלְחָמָה֙
אֶל־שָׁא֔וּל וַיִּמְצָאֻ֥הוּ הַמּוֹרִ֖ים אֲנָשִׁ֣ים בַּקָּ֑שֶׁת וַיָּ֥חֶל מְאֹ֖ד
4 מֵהַמּוֹרִֽים׃ וַיֹּ֣אמֶר שָׁא֣וּל לְנֹשֵׂ֣א כֵלָ֡יו שְׁלֹ֣ף חַרְבְּךָ֣ ׀ וְדָקְרֵ֣נִי
בָ֠הּ פֶּן־יָ֨בוֹאוּ הָעֲרֵלִ֤ים הָאֵלֶּה֙ וּדְקָרֻ֣נִי וְהִתְעַלְּלוּ־בִ֔י וְלֹ֤א
אָבָה֙ נֹשֵׂ֣א כֵלָ֔יו כִּ֥י יָרֵ֖א מְאֹ֑ד וַיִּקַּ֤ח שָׁאוּל֙ אֶת־הַחֶ֔רֶב וַיִּפֹּ֖ל
ה עָלֶֽיהָ׃ וַיַּ֥רְא נֹשֵֽׂא־כֵלָ֖יו כִּ֣י מֵ֣ת שָׁא֑וּל וַיִּפֹּ֤ל גַּם־הוּא֙ עַל־
6 חַרְבּ֖וֹ וַיָּ֥מָת עִמּֽוֹ׃ וַיָּ֨מָת שָׁא֜וּל וּשְׁלֹ֤שֶׁת בָּנָיו֙ וְנֹשֵׂ֣א כֵלָ֔יו גַּ֥ם
7 כָּל־אֲנָשָׁ֖יו בַּיּ֥וֹם הַה֖וּא יַחְדָּֽו׃ וַיִּרְא֣וּ אַנְשֵֽׁי־יִ֠שְׂרָאֵל אֲשֶׁר־
בְּעֵ֨בֶר הָעֵ֜מֶק וַאֲשֶׁ֣ר ׀ בְּעֵ֣בֶר הַיַּרְדֵּ֗ן כִּֽי־נָסוּ֙ אַנְשֵׁ֣י יִשְׂרָאֵ֔ל
וְכִי־מֵ֖תוּ שָׁא֣וּל וּבָנָ֑יו וַיַּעַזְב֤וּ אֶת־הֶֽעָרִים֙ וַיָּנֻ֔סוּ וַיָּבֹ֣אוּ
8 פְלִשְׁתִּ֔ים וַיֵּשְׁב֖וּ בָּהֵֽן׃ וַיְהִי֙ מִֽמָּחֳרָ֔ת וַיָּבֹ֥אוּ פְלִשְׁתִּ֖ים
לְפַשֵּׁ֣ט אֶת־הַחֲלָלִ֑ים וַֽיִּמְצְא֤וּ אֶת־שָׁאוּל֙ וְאֶת־שְׁלֹ֣שֶׁת בָּנָ֔יו
9 נֹפְלִ֖ים בְּהַ֥ר הַגִּלְבֹּֽעַ׃ וַֽיִּכְרְתוּ֙ אֶת־רֹאשׁ֔וֹ וַיַּפְשִׁ֖טוּ אֶת־כֵּלָ֑יו
וַיְשַׁלְּח֨וּ בְאֶֽרֶץ־פְּלִשְׁתִּ֜ים סָבִ֗יב לְבַשֵּׂ֛ר בֵּ֥ית עֲצַבֵּיהֶ֖ם וְאֶת־
י הָעָֽם׃ וַיָּשִׂ֙מוּ֙ אֶת־כֵּלָ֔יו בֵּ֖ית עַשְׁתָּר֑וֹת וְאֶת־גְּוִיָּתוֹ֙ תָּֽקְע֔וּ
11 בְּחוֹמַ֖ת בֵּ֥ית שָֽׁן׃ וַיִּשְׁמְע֣וּ אֵלָ֔יו יֹשְׁבֵ֖י יָבֵ֣ישׁ גִּלְעָ֑ד אֵ֛ת אֲשֶׁר־
12 עָשׂ֥וּ פְלִשְׁתִּ֖ים לְשָׁאֽוּל׃ וַיָּק֜וּמוּ כָּל־אִ֣ישׁ חַ֗יִל וַיֵּלְכ֣וּ כָל־
הַלַּ֔יְלָה וַיִּקְח֞וּ אֶת־גְּוִיַּ֣ת שָׁא֗וּל וְאֵת֙ גְּוִיֹּ֣ת בָּנָ֔יו מֵחוֹמַ֖ת בֵּ֣ית שָׁ֑ן
13 וַיָּבֹ֣אוּ יָבֵ֔שָׁה וַיִּשְׂרְפ֥וּ אֹתָ֖ם שָֽׁם׃ וַיִּקְחוּ֙ אֶת־עַצְמֹ֣תֵיהֶ֔ם וַיִּקְבְּר֥וּ
תַֽחַת־הָאֶ֖שֶׁל בְּיָבֵ֑שָׁה וַיָּצֻ֖מוּ שִׁבְעַ֥ת יָמִֽים׃

שמואל ב

LIBER II. SAMUELIS

CAPUT I. א

א

א וַיְהִ֗י אַֽחֲרֵי֙ מ֣וֹת שָׁא֔וּל וְדָוִ֣ד שָׁ֔ב מֵהַכּ֖וֹת אֶת־הָעֲמָלֵ֑ק וַיֵּ֧שֶׁב
2 דָּוִ֛ד בְּצִקְלָ֖ג יָמִ֥ים שְׁנָֽיִם׃ וַיְהִ֣י ׀ בַּיּ֣וֹם הַשְּׁלִישִׁ֗י וְהִנֵּ֨ה אִ֤ישׁ בָּא֙
מִן־הַֽמַּחֲנֶה֙ מֵעִ֣ם שָׁא֔וּל וּבְגָדָ֣יו קְרֻעִ֔ים וַאֲדָמָ֖ה עַל־רֹאשׁ֑וֹ

ויהי

3 וַיְהִי בְּבֹאוֹ אֶל־דָּוִד וַיִּפֹּל אַרְצָה וַיִּשְׁתָּחוּ׃ וַיֹּאמֶר לוֹ דָּוִד
4 אֵי מִזֶּה תָּבוֹא וַיֹּאמֶר אֵלָיו מִמַּחֲנֵה יִשְׂרָאֵל נִמְלָטְתִּי׃ וַיֹּאמֶר
אֵלָיו דָּוִד מֶה־הָיָה הַדָּבָר הַגֶּד־נָא לִי וַיֹּאמֶר אֲשֶׁר־נָס הָעָם
מִן־הַמִּלְחָמָה וְגַם־הַרְבֵּה נָפַל מִן־הָעָם וַיָּמֻתוּ וְגַם שָׁאוּל
ה וִיהוֹנָתָן בְּנוֹ מֵתוּ׃ וַיֹּאמֶר דָּוִד אֶל־הַנַּעַר הַמַּגִּיד לוֹ אֵיךְ
6 יָדַעְתָּ כִּי־מֵת שָׁאוּל וִיהוֹנָתָן בְּנוֹ׃ וַיֹּאמֶר הַנַּעַר ׀ הַמַּגִּיד
לוֹ נִקְרֹא נִקְרֵיתִי בְּהַר הַגִּלְבֹּעַ וְהִנֵּה שָׁאוּל נִשְׁעָן עַל־חֲנִיתוֹ
7 וְהִנֵּה הָרֶכֶב וּבַעֲלֵי הַפָּרָשִׁים הִדְבִּקֻהוּ׃ וַיִּפֶן אַחֲרָיו וַיִּרְאֵנִי
8 וַיִּקְרָא אֵלָי וָאֹמַר הִנֵּנִי׃ וַיֹּאמֶר לִי מִי־אָתָּה וָיֹּאמַר אֵלָיו
9 עֲמָלֵקִי אָנֹכִי׃ וַיֹּאמֶר אֵלַי עֲמָד־נָא עָלַי וּמֹתְתֵנִי כִּי אֲחָזַנִי
י הַשָּׁבָץ כִּי־כָל־עוֹד נַפְשִׁי בִּי׃ וָאֶעֱמֹד עָלָיו וַאֲמֹתְתֵהוּ כִּי
יָדַעְתִּי כִּי לֹא יִחְיֶה אַחֲרֵי נִפְלוֹ וָאֶקַּח הַנֵּזֶר ׀ אֲשֶׁר עַל־רֹאשׁוֹ
11 וְאֶצְעָדָה אֲשֶׁר עַל־זְרֹעוֹ וָאֲבִיאֵם אֶל־אֲדֹנִי הֵנָּה׃ וַיַּחֲזֵק
12 דָּוִד בִּבְגָדוֹ וַיִּקְרָעֵם וְגַם כָּל־הָאֲנָשִׁים אֲשֶׁר אִתּוֹ׃ וַיִּסְפְּדוּ
וַיִּבְכּוּ וַיָּצֻמוּ עַד־הָעָרֶב עַל־שָׁאוּל וְעַל־יְהוֹנָתָן בְּנוֹ וְעַל־
13 עַם יְהוָה וְעַל־בֵּית יִשְׂרָאֵל כִּי נָפְלוּ בֶּחָרֶב׃ וַיֹּאמֶר דָּוִד
אֶל־הַנַּעַר הַמַּגִּיד לוֹ אֵי מִזֶּה אָתָּה וַיֹּאמֶר בֶּן־אִישׁ גֵּר עֲמָלֵקִי
14 אָנֹכִי׃ וַיֹּאמֶר אֵלָיו דָּוִד אֵיךְ לֹא יָרֵאתָ לִשְׁלֹחַ יָדְךָ לְשַׁחֵת
טו אֶת־מְשִׁיחַ יְהוָה׃ וַיִּקְרָא דָוִד לְאַחַד מֵהַנְּעָרִים וַיֹּאמֶר גַּשׁ
16 פְּגַע־בּוֹ וַיַּכֵּהוּ וַיָּמֹת׃ וַיֹּאמֶר אֵלָיו דָּוִד דָּמְיךָ עַל־רֹאשֶׁךָ
17 כִּי פִיךָ עָנָה בְךָ לֵאמֹר אָנֹכִי מֹתַתִּי אֶת־מְשִׁיחַ יְהוָה׃ וַיְקֹנֵן
18 דָּוִד אֶת־הַקִּינָה הַזֹּאת עַל־שָׁאוּל וְעַל־יְהוֹנָתָן בְּנוֹ׃ וַיֹּאמֶר
19 לְלַמֵּד בְּנֵי־יְהוּדָה קָשֶׁת הִנֵּה כְתוּבָה עַל־סֵפֶר הַיָּשָׁר׃ הַצְּבִי
כ יִשְׂרָאֵל עַל־בָּמוֹתֶיךָ חָלָל אֵיךְ נָפְלוּ גִבּוֹרִים׃ אַל־תַּגִּידוּ
בְגַת אַל־תְּבַשְּׂרוּ בְּחוּצֹת אַשְׁקְלוֹן פֶּן־תִּשְׂמַחְנָה בְּנוֹת
21 פְּלִשְׁתִּים פֶּן־תַּעֲלֹזְנָה בְּנוֹת הָעֲרֵלִים׃ הָרֵי בַגִּלְבֹּעַ אַל־
טַל וְאַל־מָטָר עֲלֵיכֶם וּשְׂדֵי תְרוּמֹת כִּי שָׁם נִגְעַל מָגֵן גִּבּוֹרִים

מגן

v. 8. ואומר ק׳ v. 11. בבגדיו ק׳ v. 16. דמך ק׳

22 מָגֵן שָׁאוּל בְּלִי מָשִׁיחַ בַּשָּׁמֶן׃ מִדַּם חֲלָלִים מֵחֵלֶב גִּבּוֹרִים
קֶשֶׁת יְהוֹנָתָן לֹא נָשׂוֹג אָחוֹר וְחֶרֶב שָׁאוּל לֹא תָשׁוּב רֵיקָם׃
23 שָׁאוּל וִיהוֹנָתָן הַנֶּאֱהָבִים וְהַנְּעִימִם בְּחַיֵּיהֶם וּבְמוֹתָם לֹא
24 נִפְרָדוּ מִנְּשָׁרִים קַלּוּ מֵאֲרָיוֹת גָּבֵרוּ׃ בְּנוֹת יִשְׂרָאֵל אֶל־
שָׁאוּל בְּכֶינָה הַמַּלְבִּשְׁכֶם שָׁנִי עִם־עֲדָנִים הַמַּעֲלֶה עֲדִי זָהָב
כה עַל לְבוּשְׁכֶן׃ אֵיךְ נָפְלוּ גִבֹּרִים בְּתוֹךְ הַמִּלְחָמָה יְהוֹנָתָן
26 עַל־בָּמוֹתֶיךָ חָלָל׃ צַר־לִי עָלֶיךָ אָחִי יְהוֹנָתָן נָעַמְתָּ לִּי
27 מְאֹד נִפְלְאַתָה אַהֲבָתְךָ לִי מֵאַהֲבַת נָשִׁים׃ אֵיךְ נָפְלוּ גִבּוֹרִים
וַיֹּאבְדוּ כְּלֵי מִלְחָמָה׃

ב CAP. II. ב

א וַיְהִי אַחֲרֵי־כֵן וַיִּשְׁאַל דָּוִד בַּיהוָה ׀ לֵאמֹר הַאֶעֱלֶה בְּאַחַת
עָרֵי יְהוּדָה וַיֹּאמֶר יְהוָה אֵלָיו עֲלֵה וַיֹּאמֶר דָּוִד אָנָה אֶעֱלֶה
2 וַיֹּאמֶר חֶבְרֹנָה׃ וַיַּעַל שָׁם דָּוִד וְגַם שְׁתֵּי נָשָׁיו אֲחִינֹעַם
3 הַיִּזְרְעֵלִית וַאֲבִיגַיִל אֵשֶׁת נָבָל הַכַּרְמְלִי׃ וַאֲנָשָׁיו אֲשֶׁר־
4 עִמּוֹ הֶעֱלָה דָוִד אִישׁ וּבֵיתוֹ וַיֵּשְׁבוּ בְּעָרֵי חֶבְרוֹן׃ וַיָּבֹאוּ
אַנְשֵׁי יְהוּדָה וַיִּמְשְׁחוּ־שָׁם אֶת־דָּוִד לְמֶלֶךְ עַל־בֵּית יְהוּדָה
וַיַּגִּדוּ לְדָוִד לֵאמֹר אַנְשֵׁי יָבֵישׁ גִּלְעָד אֲשֶׁר קָבְרוּ אֶת־
ה שָׁאוּל׃ וַיִּשְׁלַח דָּוִד מַלְאָכִים אֶל־אַנְשֵׁי יָבֵישׁ גִּלְעָד
וַיֹּאמֶר אֲלֵיהֶם בְּרֻכִים אַתֶּם לַיהוָה אֲשֶׁר עֲשִׂיתֶם הַחֶסֶד
6 הַזֶּה עִם־אֲדֹנֵיכֶם עִם־שָׁאוּל וַתִּקְבְּרוּ אֹתוֹ׃ וְעַתָּה יַעַשׂ־
יְהוָה עִמָּכֶם חֶסֶד וֶאֱמֶת וְגַם אָנֹכִי אֶעֱשֶׂה אִתְּכֶם הַטּוֹבָה
7 הַזֹּאת אֲשֶׁר עֲשִׂיתֶם הַדָּבָר הַזֶּה׃ וְעַתָּה ׀ תֶּחֱזַקְנָה יְדֵיכֶם
וִהְיוּ לִבְנֵי־חַיִל כִּי־מֵת אֲדֹנֵיכֶם שָׁאוּל וְגַם־אֹתִי מָשְׁחוּ בֵית־
8 יְהוּדָה לְמֶלֶךְ עֲלֵיהֶם׃ וְאַבְנֵר בֶּן־נֵר שַׂר־צָבָא אֲשֶׁר
לְשָׁאוּל לָקַח אֶת־אִישׁ בֹּשֶׁת בֶּן־שָׁאוּל וַיַּעֲבִרֵהוּ מַחֲנָיִם׃
9 וַיַּמְלִכֵהוּ אֶל־הַגִּלְעָד וְאֶל־הָאֲשׁוּרִי וְאֶל־יִזְרְעֶאל וְעַל־
י אֶפְרַיִם וְעַל־בִּנְיָמִן וְעַל־יִשְׂרָאֵל כֻּלֹּה׃ בֶּן־אַרְבָּעִים
שָׁנָה אִישׁ־בֹּשֶׁת בֶּן־שָׁאוּל בְּמָלְכוֹ עַל־יִשְׂרָאֵל וּשְׁתַּיִם שָׁנִים
מלך

מֶלֶךְ אַךְ בֵּית יְהוּדָה הָיוּ אַחֲרֵי דָוִד: וַיְהִי מִסְפַּר הַיָּמִים 11
אֲשֶׁר הָיָה דָוִד מֶלֶךְ בְּחֶבְרוֹן עַל־בֵּית יְהוּדָה שֶׁבַע שָׁנִים
וְשִׁשָּׁה חֳדָשִׁים: ס וַיֵּצֵא אַבְנֵר בֶּן־נֵר וְעַבְדֵי אִישׁ־בֹּשֶׁת 12
בֶּן־שָׁאוּל מִמַּחֲנַיִם גִּבְעוֹנָה: וְיוֹאָב בֶּן־צְרוּיָה וְעַבְדֵי דָוִד 13
יָצְאוּ וַיִּפְגְּשׁוּם עַל־בְּרֵכַת גִּבְעוֹן יַחְדָּו וַיֵּשְׁבוּ אֵלֶּה עַל־
הַבְּרֵכָה מִזֶּה וְאֵלֶּה עַל־הַבְּרֵכָה מִזֶּה: וַיֹּאמֶר אַבְנֵר אֶל־ 14
יוֹאָב יָקוּמוּ נָא הַנְּעָרִים וִישַׂחֲקוּ לְפָנֵינוּ וַיֹּאמֶר יוֹאָב יָקֻמוּ:
וַיָּקֻמוּ וַיַּעַבְרוּ בְמִסְפָּר שְׁנֵים עָשָׂר לְבִנְיָמִן וּלְאִישׁ בֹּשֶׁת בֶּן־ טו
שָׁאוּל וּשְׁנֵים עָשָׂר מֵעַבְדֵי דָוִד: וַיַּחֲזִקוּ אִישׁ ׀ בְּרֹאשׁ רֵעֵהוּ 16
וְחַרְבּוֹ בְּצַד רֵעֵהוּ וַיִּפְּלוּ יַחְדָּו וַיִּקְרָא לַמָּקוֹם הַהוּא חֶלְקַת
הַצֻּרִים אֲשֶׁר בְּגִבְעוֹן: וַתְּהִי הַמִּלְחָמָה קָשָׁה עַד־מְאֹד בַּיּוֹם 17
הַהוּא וַיִּנָּגֶף אַבְנֵר וְאַנְשֵׁי יִשְׂרָאֵל לִפְנֵי עַבְדֵי דָוִד: וַיִּהְיוּ־ 18
שָׁם שְׁלֹשָׁה בְּנֵי צְרוּיָה יוֹאָב וַאֲבִישַׁי וַעֲשָׂהאֵל וַעֲשָׂהאֵל קַל
בְּרַגְלָיו כְּאַחַד הַצְּבָיִם אֲשֶׁר בַּשָּׂדֶה: וַיִּרְדֹּף עֲשָׂהאֵל אַחֲרֵי 19
אַבְנֵר וְלֹא־נָטָה לָלֶכֶת עַל־הַיָּמִין וְעַל־הַשְּׂמֹאול מֵאַחֲרֵי
אַבְנֵר: וַיִּפֶן אַבְנֵר אַחֲרָיו וַיֹּאמֶר הַאַתָּה זֶה עֲשָׂהאֵל וַיֹּאמֶר כ
אָנֹכִי: וַיֹּאמֶר לוֹ אַבְנֵר נְטֵה לְךָ עַל־יְמִינְךָ אוֹ עַל־שְׂמֹאלֶךָ 21
וֶאֱחֹז לְךָ אֶחָד מֵהַנְּעָרִים וְקַח־לְךָ אֶת־חֲלִצָתוֹ וְלֹא־אָבָה
עֲשָׂהאֵל לָסוּר מֵאַחֲרָיו: וַיֹּסֶף עוֹד אַבְנֵר לֵאמֹר אֶל־ 22
עֲשָׂהאֵל סוּר לְךָ מֵאַחֲרָי לָמָּה אַכֶּכָּה אַרְצָה וְאֵיךְ אֶשָּׂא פָנַי
אֶל־יוֹאָב אָחִיךָ: וַיְמָאֵן לָסוּר וַיַּכֵּהוּ אַבְנֵר בְּאַחֲרֵי הַחֲנִית 23
אֶל־הַחֹמֶשׁ וַתֵּצֵא הַחֲנִית מֵאַחֲרָיו וַיִּפָּל־שָׁם וַיָּמָת תַּחְתָּו
וַיְהִי כָּל־הַבָּא אֶל־הַמָּקוֹם אֲשֶׁר־נָפַל שָׁם עֲשָׂהאֵל וַיָּמֹת
וַיַּעֲמֹדוּ: וַיִּרְדְּפוּ יוֹאָב וַאֲבִישַׁי אַחֲרֵי אַבְנֵר וְהַשֶּׁמֶשׁ בָּאָה 24
וְהֵמָּה בָּאוּ עַד־גִּבְעַת אַמָּה אֲשֶׁר עַל־פְּנֵי־גִיחַ דֶּרֶךְ מִדְבַּר
גִּבְעוֹן: וַיִּתְקַבְּצוּ בְנֵי־בִנְיָמִן אַחֲרֵי אַבְנֵר וַיִּהְיוּ לַאֲגֻדָּה אֶחָת כה
וַיַּעַמְדוּ עַל רֹאשׁ־גִּבְעָה אֶחָת: וַיִּקְרָא אַבְנֵר אֶל־יוֹאָב 26

וַיֹּאמֶר

וַיֹּאמֶר הַלָנֶצַח תֹּאכַל חֶרֶב הֲלוֹא יָדַעְתָּה כִּי־מָרָה תִהְיֶה
בָּאַחֲרוֹנָה וְעַד־מָתַי לֹא־תֹאמַר לָעָם לָשׁוּב מֵאַחֲרֵי אֲחֵיהֶם:

27 וַיֹּאמֶר יוֹאָב חַי הָאֱלֹהִים כִּי לוּלֵא דִּבַּרְתָּ כִּי אָז מֵהַבֹּקֶר
28 נַעֲלָה הָעָם אִישׁ מֵאַחֲרֵי אָחִיו: וַיִּתְקַע יוֹאָב בַּשּׁוֹפָר וַיַּעַמְדוּ
כָּל־הָעָם וְלֹא־יִרְדְּפוּ עוֹד אַחֲרֵי יִשְׂרָאֵל וְלֹא־יָסְפוּ עוֹד
29 לְהִלָּחֵם: וְאַבְנֵר וַאֲנָשָׁיו הָלְכוּ בָּעֲרָבָה כֹּל הַלַּיְלָה הַהוּא
ל וַיַּעַבְרוּ אֶת־הַיַּרְדֵּן וַיֵּלְכוּ כָּל־הַבִּתְרוֹן וַיָּבֹאוּ מַחֲנָיִם: וְיוֹאָב
שָׁב מֵאַחֲרֵי אַבְנֵר וַיִּקְבֹּץ אֶת־כָּל־הָעָם וַיִּפָּקְדוּ מֵעַבְדֵי
31 דָוִד תִּשְׁעָה־עָשָׂר אִישׁ וַעֲשָׂהאֵל: וְעַבְדֵי דָוִד הִכּוּ מִבִּנְיָמִן
32 וּבְאַנְשֵׁי אַבְנֵר שְׁלֹשׁ־מֵאוֹת וְשִׁשִּׁים אִישׁ מֵתוּ: וַיִּשְׂאוּ אֶת־
עֲשָׂהאֵל וַיִּקְבְּרֻהוּ בְּקֶבֶר אָבִיו אֲשֶׁר בֵּית לָחֶם וַיֵּלְכוּ כָל־
הַלַּיְלָה יוֹאָב וַאֲנָשָׁיו וַיֵּאֹר לָהֶם בְּחֶבְרוֹן: ·

ג
CAP. III. ג

א וַתְּהִי הַמִּלְחָמָה אֲרֻכָּה בֵּין בֵּית שָׁאוּל וּבֵין בֵּית דָּוִד וְדָוִד
2 הֹלֵךְ וְחָזֵק וּבֵית שָׁאוּל הֹלְכִים וְדַלִּים: וַיִּוָּלְדוּ לְדָוִד בָּנִים
3 בְּחֶבְרוֹן וַיְהִי בְכוֹרוֹ אַמְנוֹן לַאֲחִינֹעַם הַיִּזְרְעֵאלִת: וּמִשְׁנֵהוּ
כִלְאָב לַאֲבִיגַל אֵשֶׁת נָבָל הַכַּרְמְלִי וְהַשְּׁלִשִׁי אַבְשָׁלוֹם בֶּן־
4 מַעֲכָה בַּת־תַּלְמַי מֶלֶךְ גְּשׁוּר: וְהָרְבִיעִי אֲדֹנִיָּה בֶן־חַגִּית
ה וְהַחֲמִישִׁי שְׁפַטְיָה בֶן־אֲבִיטָל: וְהַשִּׁשִּׁי יִתְרְעָם לְעֶגְלָה אֵשֶׁת
6 דָוִד אֵלֶּה יֻלְּדוּ לְדָוִד בְּחֶבְרוֹן: וַיְהִי בִּהְיוֹת הַמִּלְחָמָה
בֵּין בֵּית שָׁאוּל וּבֵין בֵּית דָּוִד וְאַבְנֵר הָיָה מִתְחַזֵּק בְּבֵית
7 שָׁאוּל: וּלְשָׁאוּל פִּלֶגֶשׁ וּשְׁמָהּ רִצְפָּה בַת־אַיָּה וַיֹּאמֶר אֶל־
8 אַבְנֵר מַדּוּעַ בָּאתָה אֶל־פִּילֶגֶשׁ אָבִי: וַיִּחַר לְאַבְנֵר מְאֹד
עַל־דִּבְרֵי אִישׁ־בֹּשֶׁת וַיֹּאמֶר הֲרֹאשׁ כֶּלֶב אָנֹכִי אֲשֶׁר לִיהוּדָה
הַיּוֹם אֶעֱשֶׂה־חֶסֶד עִם־בֵּית | שָׁאוּל אָבִיךָ אֶל־אֶחָיו וְאֶל־
מֵרֵעֵהוּ וְלֹא הִמְצִיתִךָ בְּיַד־דָּוִד וַתִּפְקֹד עָלַי עֲוֹן הָאִשָּׁה
9 הַיּוֹם: כֹּה־יַעֲשֶׂה אֱלֹהִים לְאַבְנֵר וְכֹה יֹסִיף לוֹ כִּי כַּאֲשֶׁר

י נִשְׁבַּע יְהוָה לְדָוִד כִּי־כֵן אֶעֱשֶׂה־לּוֹ׃ לְהַעֲבִיר הַמַּמְלָכָה
מִבֵּית שָׁאוּל וּלְהָקִים אֶת־כִּסֵּא דָוִד עַל־יִשְׂרָאֵל וְעַל־
11 יְהוּדָה מִדָּן וְעַד־בְּאֵר שָׁבַע׃ וְלֹא־יָכֹל עוֹד לְהָשִׁיב אֶת־
12 אַבְנֵר דָּבָר מִיִּרְאָתוֹ אֹתוֹ׃ וַיִּשְׁלַח אַבְנֵר מַלְאָכִים | אֶל־
דָּוִד תַּחְתָּו לֵאמֹר לְמִי־אָרֶץ לֵאמֹר כָּרְתָה בְרִיתְךָ אִתִּי
13 וְהִנֵּה יָדִי עִמָּךְ לְהָסֵב אֵלֶיךָ אֶת־כָּל־יִשְׂרָאֵל׃ וַיֹּאמֶר טוֹב
אֲנִי אֶכְרֹת אִתְּךָ בְּרִית אַךְ דָּבָר אֶחָד אָנֹכִי שֹׁאֵל מֵאִתְּךָ
לֵאמֹר לֹא־תִרְאֶה אֶת־פָּנַי כִּי | אִם־לִפְנֵי הֱבִיאֲךָ אֵת מִיכַל
14 בַּת־שָׁאוּל בְּבֹאֲךָ לִרְאוֹת אֶת־פָּנָי׃ וַיִּשְׁלַח דָּוִד מַלְאָכִים
אֶל־אִישׁ־בֹּשֶׁת בֶּן־שָׁאוּל לֵאמֹר תְּנָה אֶת־אִשְׁתִּי אֶת־מִיכַל
טו אֲשֶׁר אֵרַשְׂתִּי לִי בְּמֵאָה עָרְלוֹת פְּלִשְׁתִּים׃ וַיִּשְׁלַח אִישׁ בֹּשֶׁת
16 וַיִּקָּחֶהָ מֵעִם אִישׁ מֵעִם פַּלְטִיאֵל בֶּן־לָוִשׁ׃ וַיֵּלֶךְ אִתָּהּ אִישָׁהּ
הָלוֹךְ וּבָכֹה אַחֲרֶיהָ עַד־בַּחֻרִים וַיֹּאמֶר אֵלָיו אַבְנֵר לֵךְ
17 שׁוּב וַיָּשֹׁב׃ וּדְבַר־אַבְנֵר הָיָה עִם־זִקְנֵי יִשְׂרָאֵל לֵאמֹר גַּם־
תְּמוֹל גַּם־שִׁלְשֹׁם הֱיִיתֶם מְבַקְשִׁים אֶת־דָּוִד לְמֶלֶךְ עֲלֵיכֶם׃
18 וְעַתָּה עֲשׂוּ כִּי יְהוָה אָמַר אֶל־דָּוִד לֵאמֹר בְּיַד | דָּוִד עַבְדִּי
הוֹשִׁיעַ אֶת־עַמִּי יִשְׂרָאֵל מִיַּד פְּלִשְׁתִּים וּמִיַּד כָּל־אֹיְבֵיהֶם׃
19 וַיְדַבֵּר גַּם־אַבְנֵר בְּאָזְנֵי בִנְיָמִין וַיֵּלֶךְ גַּם־אַבְנֵר לְדַבֵּר בְּאָזְנֵי
דָוִד בְּחֶבְרוֹן אֵת כָּל־אֲשֶׁר־טוֹב בְּעֵינֵי יִשְׂרָאֵל וּבְעֵינֵי כָּל־
כ בֵּית בִּנְיָמִן׃ וַיָּבֹא אַבְנֵר אֶל־דָּוִד חֶבְרוֹן וְאִתּוֹ עֶשְׂרִים אֲנָשִׁים
21 וַיַּעַשׂ דָּוִד לְאַבְנֵר וְלַאֲנָשִׁים אֲשֶׁר־אִתּוֹ מִשְׁתֶּה׃ וַיֹּאמֶר אַבְנֵר
אֶל־דָּוִד אָקוּמָה | וְאֵלֵכָה וְאֶקְבְּצָה אֶל־אֲדֹנִי הַמֶּלֶךְ אֶת־
כָּל־יִשְׂרָאֵל וְיִכְרְתוּ אִתְּךָ בְּרִית וּמָלַכְתָּ בְּכֹל אֲשֶׁר־תְּאַוֶּה
22 נַפְשֶׁךָ וַיְשַׁלַּח דָּוִד אֶת־אַבְנֵר וַיֵּלֶךְ בְּשָׁלוֹם׃ וְהִנֵּה עַבְדֵי
דָוִד וְיוֹאָב בָּא מֵהַגְּדוּד וְשָׁלָל רָב עִמָּם הֵבִיאוּ וְאַבְנֵר אֵינֶנּוּ
23 עִם־דָּוִד בְּחֶבְרוֹן כִּי שִׁלְּחוֹ וַיֵּלֶךְ בְּשָׁלוֹם׃ וְיוֹאָב וְכָל־
הַצָּבָא אֲשֶׁר־אִתּוֹ בָּאוּ וַיַּגִּדוּ לְיוֹאָב לֵאמֹר בָּא־אַבְנֵר בֶּן־

v. 12. תחתיו ק׳ v. 15. ליש ק׳

24 נֵר אֶל־הַמֶּלֶךְ וַיְשַׁלְּחֵהוּ וַיֵּלֶךְ בְּשָׁלוֹם׃ וַיָּבֹא יוֹאָב אֶל־
הַמֶּלֶךְ וַיֹּאמֶר מֶה עָשִׂיתָה הִנֵּה־בָא אַבְנֵר אֵלֶיךָ לָמָּה־זֶּה
כה שִׁלַּחְתּוֹ וַיֵּלֶךְ הָלוֹךְ׃ יָדַעְתָּ אֶת־אַבְנֵר בֶּן־נֵר כִּי לְפַתֹּתְךָ
בָּא וְלָדַעַת אֶת־מוֹצָאֲךָ וְאֶת־מִבְוֹאֶךָ וְלָדַעַת אֵת כָּל־אֲשֶׁר
26 אַתָּה עֹשֶׂה׃ וַיֵּצֵא יוֹאָב מֵעִם דָּוִד וַיִּשְׁלַח מַלְאָכִים אַחֲרֵי
27 אַבְנֵר וַיָּשִׁבוּ אֹתוֹ מִבּוֹר הַסִּרָה וְדָוִד לֹא יָדָע׃ וַיָּשָׁב אַבְנֵר
חֶבְרוֹן וַיַּטֵּהוּ יוֹאָב אֶל־תּוֹךְ הַשַּׁעַר לְדַבֵּר אִתּוֹ בַּשֶּׁלִי וַיַּכֵּהוּ
28 שָׁם הַחֹמֶשׁ וַיָּמָת בְּדַם עֲשָׂהאֵל אָחִיו׃ וַיִּשְׁמַע דָּוִד מֵאַחֲרֵי
כֵן וַיֹּאמֶר נָקִי אָנֹכִי וּמַמְלַכְתִּי מֵעִם יְהוָה עַד־עוֹלָם מִדְּמֵי
29 אַבְנֵר בֶּן־נֵר׃ יָחֻלוּ עַל־רֹאשׁ יוֹאָב וְאֶל כָּל־בֵּית אָבִיו וְאַל־
יִכָּרֵת מִבֵּית יוֹאָב זָב וּמְצֹרָע וּמַחֲזִיק בַּפֶּלֶךְ וְנֹפֵל בַּחֶרֶב
ל וַחֲסַר־לָחֶם׃ וְיוֹאָב וַאֲבִישַׁי אָחִיו הָרְגוּ לְאַבְנֵר עַל אֲשֶׁר
31 הֵמִית אֶת־עֲשָׂהאֵל אֲחִיהֶם בְּגִבְעוֹן בַּמִּלְחָמָה׃ וַיֹּאמֶר
דָּוִד אֶל־יוֹאָב וְאֶל־כָּל־הָעָם אֲשֶׁר־אִתּוֹ קִרְעוּ בִגְדֵיכֶם
וְחִגְרוּ שַׂקִּים וְסִפְדוּ לִפְנֵי אַבְנֵר וְהַמֶּלֶךְ דָּוִד הֹלֵךְ אַחֲרֵי
32 הַמִּטָּה׃ וַיִּקְבְּרוּ אֶת־אַבְנֵר בְּחֶבְרוֹן וַיִּשָּׂא הַמֶּלֶךְ אֶת־קוֹלוֹ
33 וַיֵּבְךְּ אֶל־קֶבֶר אַבְנֵר וַיִּבְכּוּ כָּל־הָעָם׃ וַיְקֹנֵן הַמֶּלֶךְ
34 אֶל־אַבְנֵר וַיֹּאמַר הַכְּמוֹת נָבָל יָמוּת אַבְנֵר׃ יָדֶךָ לֹא־
אֲסֻרוֹת וְרַגְלֶיךָ לֹא־לִנְחֻשְׁתַּיִם הֻגַּשׁוּ כִּנְפוֹל לִפְנֵי בְנֵי־עַוְלָה
לה נָפָלְתָּ וַיֹּסִפוּ כָל־הָעָם לִבְכּוֹת עָלָיו׃ וַיָּבֹא כָל־הָעָם
לְהַבְרוֹת אֶת־דָּוִד לֶחֶם בְּעוֹד הַיּוֹם וַיִּשָּׁבַע דָּוִד לֵאמֹר כֹּה
יַעֲשֶׂה־לִּי אֱלֹהִים וְכֹה יֹסִיף כִּי אִם־לִפְנֵי בוֹא־הַשֶּׁמֶשׁ
36 אֶטְעַם־לֶחֶם אוֹ כָל־מְאוּמָה׃ וְכָל־הָעָם הִכִּירוּ וַיִּיטַב
בְּעֵינֵיהֶם כְּכֹל אֲשֶׁר עָשָׂה הַמֶּלֶךְ בְּעֵינֵי כָל־הָעָם טוֹב׃
37 וַיֵּדְעוּ כָל־הָעָם וְכָל־יִשְׂרָאֵל בַּיּוֹם הַהוּא כִּי לֹא הָיְתָה
38 מֵהַמֶּלֶךְ לְהָמִית אֶת־אַבְנֵר בֶּן־נֵר׃ וַיֹּאמֶר הַמֶּלֶךְ אֶל־
עֲבָדָיו הֲלוֹא תֵדְעוּ כִּי־שַׂר וְגָדוֹל נָפַל הַיּוֹם הַזֶּה בְּיִשְׂרָאֵל׃

ואנכי

v. 25. מובאך ק׳

39 וְאָנֹכִי הַיּוֹם רַךְ וּמָשׁוּחַ מֶלֶךְ וְהָאֲנָשִׁים הָאֵלֶּה בְּנֵי צְרוּיָה
קָשִׁים מִמֶּנִּי יְשַׁלֵּם יְהוָה לְעֹשֵׂה הָרָעָה כְּרָעָתוֹ׃

ד Cap. IV. ד

א וַיִּשְׁמַע בֶּן־שָׁאוּל כִּי מֵת אַבְנֵר בְּחֶבְרוֹן וַיִּרְפּוּ יָדָיו וְכָל־
2 יִשְׂרָאֵל נִבְהָלוּ׃ וּשְׁנֵי אֲנָשִׁים שָׂרֵי־גְדוּדִים הָיוּ בֶן־שָׁאוּל שֵׁם
הָאֶחָד בַּעֲנָה וְשֵׁם הַשֵּׁנִי רֵכָב בְּנֵי רִמּוֹן הַבְּאֵרֹתִי מִבְּנֵי בִנְיָמִן
3 כִּי גַּם־בְּאֵרוֹת תֵּחָשֵׁב עַל־בִּנְיָמִן׃ וַיִּבְרְחוּ הַבְּאֵרֹתִים גִּתָּיְמָה
4 וַיִּהְיוּ־שָׁם גָּרִים עַד הַיּוֹם הַזֶּה׃ וְלִיהוֹנָתָן בֶּן־שָׁאוּל בֵּן
נְכֵה רַגְלָיִם בֶּן־חָמֵשׁ שָׁנִים הָיָה בְּבֹא שְׁמֻעַת שָׁאוּל וִיהוֹנָתָן
מִיִּזְרְעֶאל וַתִּשָּׂאֵהוּ אֹמַנְתּוֹ וַתָּנֹס וַיְהִי בְּחָפְזָהּ לָנוּס וַיִּפֹּל
ה וַיִּפָּסֵחַ וּשְׁמוֹ מְפִיבֹשֶׁת׃ וַיֵּלְכוּ בְּנֵי־רִמּוֹן הַבְּאֵרֹתִי רֵכָב
וּבַעֲנָה וַיָּבֹאוּ כְּחֹם הַיּוֹם אֶל־בֵּית אִישׁ בֹּשֶׁת וְהוּא שֹׁכֵב אֵת
6 מִשְׁכַּב הַצָּהֳרָיִם׃ וְהֵנָּה בָּאוּ עַד־תּוֹךְ הַבַּיִת לֹקְחֵי חִטִּים
7 וַיַּכֻּהוּ אֶל־הַחֹמֶשׁ וְרֵכָב וּבַעֲנָה אָחִיו נִמְלָטוּ׃ וַיָּבֹאוּ הַבַּיִת
וְהוּא־שֹׁכֵב עַל־מִטָּתוֹ בַּחֲדַר מִשְׁכָּבוֹ וַיַּכֻּהוּ וַיְמִתֻהוּ וַיָּסִירוּ
אֶת־רֹאשׁוֹ וַיִּקְחוּ אֶת־רֹאשׁוֹ וַיֵּלְכוּ דֶּרֶךְ הָעֲרָבָה כָּל־
8 הַלָּיְלָה׃ וַיָּבִאוּ אֶת־רֹאשׁ אִישׁ־בֹּשֶׁת אֶל־דָּוִד חֶבְרוֹן וַיֹּאמְרוּ
אֶל־הַמֶּלֶךְ הִנֵּה־רֹאשׁ אִישׁ־בֹּשֶׁת בֶּן־שָׁאוּל אֹיִבְךָ אֲשֶׁר
בִּקֵּשׁ אֶת־נַפְשֶׁךָ וַיִּתֵּן יְהוָה לַאדֹנִי הַמֶּלֶךְ נְקָמוֹת הַיּוֹם הַזֶּה
9 מִשָּׁאוּל וּמִזַּרְעוֹ׃ וַיַּעַן דָּוִד אֶת־רֵכָב ׀ וְאֶת־בַּעֲנָה אָחִיו
בְּנֵי רִמּוֹן הַבְּאֵרֹתִי וַיֹּאמֶר לָהֶם חַי־יְהוָה אֲשֶׁר־פָּדָה אֶת־
י נַפְשִׁי מִכָּל־צָרָה׃ כִּי הַמַּגִּיד לִי לֵאמֹר הִנֵּה־מֵת שָׁאוּל
וְהוּא־הָיָה כִמְבַשֵּׂר בְּעֵינָיו וָאֹחֲזָה בוֹ וָאֶהֶרְגֵהוּ בְּצִקְלָג אֲשֶׁר
11 לְתִתִּי־לוֹ בְּשֹׂרָה׃ אַף כִּי־אֲנָשִׁים רְשָׁעִים הָרְגוּ אֶת־אִישׁ־
צַדִּיק בְּבֵיתוֹ עַל־מִשְׁכָּבוֹ וְעַתָּה הֲלוֹא אֲבַקֵּשׁ אֶת־דָּמוֹ
12 מִיֶּדְכֶם וּבִעַרְתִּי אֶתְכֶם מִן־הָאָרֶץ׃ וַיְצַו דָּוִד אֶת־הַנְּעָרִים
וַיַּהַרְגוּם וַיְקַצְּצוּ אֶת־יְדֵיהֶם וְאֶת־רַגְלֵיהֶם וַיִּתְלוּ עַל־

הַבְּרֵכָה בְּחֶבְרוֹן וְאֵת רֹאשׁ אִישׁ־בֹּשֶׁת לָקָחוּ וַיִּקְבְּרוּ בְקֶבֶר־
אַבְנֵר בְּחֶבְרֽוֹן׃

Cap. V. ה

א וַיָּבֹאוּ כָּל־שִׁבְטֵי יִשְׂרָאֵל אֶל־דָּוִד חֶבְרוֹנָה וַיֹּאמְרוּ
2 לֵאמֹר הִנְנוּ עַצְמְךָ וּבְשָׂרְךָ אֲנָֽחְנוּ׃ גַּם־אֶתְמוֹל גַּם־שִׁלְשׁוֹם
בִּהְיוֹת שָׁאוּל מֶלֶךְ עָלֵינוּ אַתָּה הָיִיתָה מוֹצִיא וְהַמֵּבִי אֶת־
יִשְׂרָאֵל ° וַיֹּאמֶר יְהוָה לְךָ אַתָּה תִרְעֶה אֶת־עַמִּי אֶת־
3 יִשְׂרָאֵל וְאַתָּה תִּהְיֶה לְנָגִיד עַל־יִשְׂרָאֵֽל׃ וַיָּבֹאוּ כָּל־זִקְנֵי
יִשְׂרָאֵל אֶל־הַמֶּלֶךְ חֶבְרוֹנָה וַיִּכְרֹת לָהֶם הַמֶּלֶךְ דָּוִד
בְּרִית בְּחֶבְרוֹן לִפְנֵי יְהוָה וַיִּמְשְׁחוּ אֶת־דָּוִד לְמֶלֶךְ עַל־
4 יִשְׂרָאֵֽל׃ בֶּן־שְׁלֹשִׁים שָׁנָה דָּוִד בְּמָלְכוֹ אַרְבָּעִים שָׁנָה
ה מָלָֽךְ׃ בְּחֶבְרוֹן מָלַךְ עַל־יְהוּדָה שֶׁבַע שָׁנִים וְשִׁשָּׁה חֳדָשִׁים
וּבִירוּשָׁלַם מָלַךְ שְׁלֹשִׁים וְשָׁלֹשׁ שָׁנָה עַל כָּל־יִשְׂרָאֵל
6 וִיהוּדָֽה׃ וַיֵּלֶךְ הַמֶּלֶךְ וַאֲנָשָׁיו יְרוּשָׁלַם אֶל־הַיְבֻסִי יוֹשֵׁב
הָאָרֶץ וַיֹּאמֶר לְדָוִד לֵאמֹר לֹא־תָבוֹא הֵנָּה כִּי אִם־הֱסִירְךָ
7 הַעִוְרִים וְהַפִּסְחִים לֵאמֹר לֹא־יָבוֹא דָוִד הֵֽנָּה׃ וַיִּלְכֹּד דָּוִד
8 אֵת מְצֻדַת צִיּוֹן הִיא עִיר דָּוִֽד׃ וַיֹּאמֶר דָּוִד בַּיּוֹם הַהוּא
כָּל־מַכֵּה יְבֻסִי וְיִגַּע בַּצִּנּוֹר וְאֶת־הַפִּסְחִים וְאֶת־הַעִוְרִים
שְׂנֻאֵו נֶפֶשׁ דָּוִד עַל־כֵּן יֹאמְרוּ עִוֵּר וּפִסֵּחַ לֹא יָבוֹא אֶל־
9 הַבָּֽיִת׃ וַיֵּשֶׁב דָּוִד בַּמְּצֻדָה וַיִּקְרָא־לָהּ עִיר דָּוִד וַיִּבֶן דָּוִד
י סָבִיב מִן־הַמִּלּוֹא וָבָֽיְתָה׃ וַיֵּלֶךְ דָּוִד הָלוֹךְ וְגָדוֹל וַיהוָה
אֱלֹהֵי צְבָאוֹת עִמּֽוֹ׃
11 וַיִּשְׁלַח חִירָם מֶלֶךְ־צֹר מַלְאָכִים אֶל־דָּוִד וַעֲצֵי אֲרָזִים
12 וְחָרָשֵׁי עֵץ וְחָרָשֵׁי אֶבֶן קִיר וַיִּבְנוּ־בַיִת לְדָוִֽד׃ וַיֵּדַע דָּוִד
כִּי־הֱכִינוֹ יְהוָה לְמֶלֶךְ עַל־יִשְׂרָאֵל וְכִי נִשֵּׂא מַמְלַכְתּוֹ
13 בַּעֲבוּר עַמּוֹ יִשְׂרָאֵֽל׃ וַיִּקַּח דָּוִד עוֹד פִּלַגְשִׁים וְנָשִׁים
מִירוּשָׁלַם אַחֲרֵי בֹּאוֹ מֵחֶבְרוֹן וַיִּוָּלְדוּ עוֹד לְדָוִד בָּנִים

ובנות

ה׳ v. 2. היית המוציא ק׳ ibid. והמביא ק׳ ibid. פסקא באמצע פסוק
v. 8. שנאי ק׳

14 וּבָנוֹת׃ וְאֵלֶּה שְׁמוֹת הַיִּלֹּדִים לוֹ בִּירוּשָׁלָםִ שַׁמּוּעַ וְשׁוֹבָב
טו 16 וְנָתָן וּשְׁלֹמֹה׃ וְיִבְחָר וֶאֱלִישׁוּעַ וְנֶפֶג וְיָפִיעַ׃ וֶאֱלִישָׁמָע וְאֶלְיָדָע
17 וֶאֱלִיפָלֶט׃ וַיִּשְׁמְעוּ פְלִשְׁתִּים כִּי־מָשְׁחוּ אֶת־דָּוִד לְמֶלֶךְ
עַל־יִשְׂרָאֵל וַיַּעֲלוּ כָל־פְּלִשְׁתִּים לְבַקֵּשׁ אֶת־דָּוִד וַיִּשְׁמַע
18 דָּוִד וַיֵּרֶד אֶל־הַמְּצוּדָה׃ וּפְלִשְׁתִּים בָּאוּ וַיִּנָּטְשׁוּ בְּעֵמֶק
19 רְפָאִים׃ וַיִּשְׁאַל דָּוִד בַּיהוָה לֵאמֹר הַאֶעֱלֶה אֶל־פְּלִשְׁתִּים
הֲתִתְּנֵם בְּיָדִי ° וַיֹּאמֶר יְהוָה אֶל־דָּוִד עֲלֵה כִּי־נָתֹן
כ אֶתֵּן אֶת־הַפְּלִשְׁתִּים בְּיָדֶךָ׃ וַיָּבֹא דָוִד בְּבַעַל־פְּרָצִים וַיַּכֵּם
שָׁם דָּוִד וַיֹּאמֶר פָּרַץ יְהוָה אֶת־אֹיְבַי לְפָנַי כְּפֶרֶץ מָיִם עַל־
21 כֵּן קָרָא שֵׁם־הַמָּקוֹם הַהוּא בַּעַל פְּרָצִים׃ וַיַּעַזְבוּ־שָׁם אֶת־
22 עֲצַבֵּיהֶם וַיִּשָּׂאֵם דָּוִד וַאֲנָשָׁיו׃ וַיֹּסִפוּ עוֹד פְּלִשְׁתִּים לַעֲלוֹת
23 וַיִּנָּטְשׁוּ בְּעֵמֶק רְפָאִים׃ וַיִּשְׁאַל דָּוִד בַּיהוָה וַיֹּאמֶר לֹא
24 תַעֲלֶה הָסֵב אֶל־אַחֲרֵיהֶם וּבָאתָ לָהֶם מִמּוּל בְּכָאִים׃ וִיהִי
בְּשָׁמְעֲךָ אֶת־קוֹל צְעָדָה בְּרָאשֵׁי הַבְּכָאִים אָז תֶּחֱרָץ כִּי אָז
כה יָצָא יְהוָה לְפָנֶיךָ לְהַכּוֹת בְּמַחֲנֵה פְלִשְׁתִּים׃ וַיַּעַשׂ דָּוִד כֵּן
כַּאֲשֶׁר צִוָּהוּ יְהוָה וַיַּךְ אֶת־פְּלִשְׁתִּים מִגֶּבַע עַד־בֹּאֲךָ גָזֶר׃

ו Cap. VI. ו

א וַיֹּסֶף עוֹד דָּוִד אֶת־כָּל־בָּחוּר בְּיִשְׂרָאֵל שְׁלֹשִׁים אָלֶף׃
2 וַיָּקָם ׀ וַיֵּלֶךְ דָּוִד וְכָל־הָעָם אֲשֶׁר אִתּוֹ מִבַּעֲלֵי יְהוּדָה
לְהַעֲלוֹת מִשָּׁם אֵת אֲרוֹן הָאֱלֹהִים אֲשֶׁר־נִקְרָא שֵׁם שֵׁם יְהוָה
3 צְבָאוֹת יֹשֵׁב הַכְּרֻבִים עָלָיו׃ וַיַּרְכִּבוּ אֶת־אֲרוֹן הָאֱלֹהִים
אֶל־עֲגָלָה חֲדָשָׁה וַיִּשָּׂאֻהוּ מִבֵּית אֲבִינָדָב אֲשֶׁר בַּגִּבְעָה וְעֻזָּא
4 וְאַחְיוֹ בְּנֵי אֲבִינָדָב נֹהֲגִים אֶת־הָעֲגָלָה חֲדָשָׁה׃ וַיִּשָּׂאֻהוּ מִבֵּית
אֲבִינָדָב אֲשֶׁר בַּגִּבְעָה עִם אֲרוֹן הָאֱלֹהִים וְאַחְיוֹ הֹלֵךְ לִפְנֵי
ה הָאָרוֹן׃ וְדָוִד ׀ וְכָל־בֵּית יִשְׂרָאֵל מְשַׂחֲקִים לִפְנֵי יְהוָה
בְּכֹל עֲצֵי בְרוֹשִׁים וּבְכִנֹּרוֹת וּבִנְבָלִים וּבְתֻפִּים וּבִמְנַעַנְעִים
6 וּבְצֶלְצֶלִים׃ וַיָּבֹאוּ עַד־גֹּרֶן נָכוֹן וַיִּשְׁלַח עֻזָּא אֶל־אֲרוֹן

האלהים

ה׳ v. 19. פסקא באמצע פסוק v. 24. כשמעך ק׳ ר׳ v. 1. הפטרת שמיני

7 הָאֱלֹהִים֙ וַיֹּ֣אחֶז בּ֔וֹ כִּ֥י שָׁמְט֖וּ הַבָּקָֽר׃ וַיִּֽחַר־אַ֤ף יְהוָה֙ בְּעֻזָּ֔ה
וַיַּכֵּ֥הוּ שָׁ֛ם הָאֱלֹהִ֖ים עַל־הַשַּׁ֑ל וַיָּ֣מָת שָׁ֔ם עִ֖ם אֲר֥וֹן הָאֱלֹהִֽים׃
8 וַיִּ֣חַר לְדָוִ֔ד עַל֩ אֲשֶׁ֨ר פָּרַ֧ץ יְהוָ֛ה פֶּ֖רֶץ בְּעֻזָּ֑ה וַיִּקְרָ֞א לַמָּק֣וֹם
9 הַה֗וּא פֶּ֚רֶץ עֻזָּ֔ה עַ֖ד הַיּ֥וֹם הַזֶּֽה׃ וַיִּרָ֥א דָוִ֛ד אֶת־יְהוָ֖ה בַּיּ֣וֹם
י הַה֑וּא וַיֹּ֕אמֶר אֵ֛יךְ יָב֥וֹא אֵלַ֖י אֲר֥וֹן יְהוָֽה׃ וְלֹֽא־אָבָ֣ה דָוִ֗ד
לְהָסִ֥יר אֵלָ֛יו אֶת־אֲר֥וֹן יְהוָ֖ה עַל־עִ֣יר דָּוִ֑ד וַיַּטֵּ֣הוּ דָוִ֔ד בֵּ֖ית
11 עֹבֵֽד־אֱדֹ֥ם הַגִּתִּֽי׃ וַ֠יֵּשֶׁב אֲר֨וֹן יְהוָ֜ה בֵּ֣ית עֹבֵ֥ד אֱדֹ֛ם הַגִּתִּ֖י
שְׁלֹשָׁ֣ה חֳדָשִׁ֑ים וַיְבָ֧רֶךְ יְהוָ֛ה אֶת־עֹבֵ֥ד אֱדֹ֖ם וְאֶת־כָּל־בֵּיתֽוֹ׃
12 וַיֻּגַּ֗ד לַמֶּ֣לֶךְ דָּוִד֮ לֵאמֹר֒ בֵּרַ֣ךְ יְהוָ֗ה אֶת־בֵּ֨ית עֹבֵ֤ד אֱדֹם֙
וְאֶת־כָּל־אֲשֶׁר־ל֔וֹ בַּעֲב֖וּר אֲר֣וֹן הָאֱלֹהִ֑ים וַיֵּ֣לֶךְ דָּוִ֡ד וַיַּעַל֩
אֶת־אֲר֨וֹן הָאֱלֹהִ֜ים מִבֵּ֨ית עֹבֵ֥ד אֱדֹ֛ם עִ֥יר דָּוִ֖ד בְּשִׂמְחָֽה׃
13 וַיְהִ֗י כִּ֧י צָעֲד֛וּ נֹשְׂאֵ֥י אֲרוֹן־יְהוָ֖ה שִׁשָּׁ֣ה צְעָדִ֑ים וַיִּזְבַּ֥ח שׁ֖וֹר
14 וּמְרִֽיא׃ וְדָוִ֛ד מְכַרְכֵּ֥ר בְּכָל־עֹ֖ז לִפְנֵ֣י יְהוָ֑ה וְדָוִ֕ד חָג֖וּר
טו אֵפ֥וֹד בָּֽד׃ וְדָוִד֙ וְכָל־בֵּ֣ית יִשְׂרָאֵ֔ל מַעֲלִ֖ים אֶת־אֲר֣וֹן יְהוָ֑ה
16 בִּתְרוּעָ֖ה וּבְק֥וֹל שׁוֹפָֽר׃ וְהָיָה֙ אֲר֣וֹן יְהוָ֔ה בָּ֖א עִ֣יר דָּוִ֑ד
וּמִיכַ֨ל בַּת־שָׁא֜וּל נִשְׁקְפָ֣ה ׀ בְּעַ֣ד הַחַלּ֗וֹן וַתֵּ֨רֶא אֶת־הַמֶּ֤לֶךְ
17 דָּוִד֙ מְפַזֵּ֤ז וּמְכַרְכֵּר֙ לִפְנֵ֣י יְהוָ֔ה וַתִּ֥בֶז ל֖וֹ בְּלִבָּֽהּ׃ וַיָּבִ֜אוּ אֶת־
אֲר֣וֹן יְהוָ֗ה וַיַּצִּ֤גוּ אֹתוֹ֙ בִּמְקוֹמ֔וֹ בְּת֣וֹךְ הָאֹ֔הֶל אֲשֶׁ֥ר נָטָה־ל֖וֹ
18 דָּוִ֑ד וַיַּ֨עַל דָּוִ֥ד עֹל֛וֹת לִפְנֵ֥י יְהוָ֖ה וּשְׁלָמִֽים׃ וַיְכַ֣ל דָּוִ֔ד
מֵהַעֲל֥וֹת הָעוֹלָ֖ה וְהַשְּׁלָמִ֑ים וַיְבָ֤רֶךְ אֶת־הָעָם֙ בְּשֵׁ֖ם יְהוָ֥ה
19 צְבָאֽוֹת׃ וַיְחַלֵּ֨ק לְכָל־הָעָ֜ם לְכָל־הֲמ֣וֹן יִשְׂרָאֵל֮ לְמֵאִ֣ישׁ
וְעַד־אִשָּׁה֒ לְאִ֗ישׁ חַלַּ֥ת לֶ֙חֶם֙ אַחַ֔ת וְאֶשְׁפָּ֣ר אֶחָ֔ד וַאֲשִׁישָׁ֖ה
כ אֶחָ֑ת וַיֵּ֥לֶךְ כָּל־הָעָ֖ם אִ֥ישׁ לְבֵיתֽוֹ׃ וַיָּ֥שָׁב דָּוִ֖ד לְבָרֵ֣ךְ אֶת־
בֵּית֑וֹ וַתֵּצֵ֞א מִיכַ֣ל בַּת־שָׁא֗וּל לִקְרַ֣את דָּוִ֔ד וַתֹּ֗אמֶר מַה־
נִּכְבַּ֨ד הַיּ֜וֹם מֶ֣לֶךְ יִשְׂרָאֵ֗ל אֲשֶׁ֨ר נִגְלָ֤ה הַיּוֹם֙ לְעֵינֵ֨י אַמְה֣וֹת
21 עֲבָדָ֔יו כְּהִגָּל֥וֹת נִגְל֖וֹת אַחַ֥ד הָרֵקִֽים׃ וַיֹּ֣אמֶר דָּוִד֮ אֶל־מִיכַל֒
לִפְנֵ֣י יְהוָ֗ה אֲשֶׁ֨ר בָּֽחַר־בִּ֤י מֵֽאָבִיךְ֙ וּמִכָּל־בֵּית֔וֹ לְצַוֺּ֨ת אֹתִ֥י
22 נָגִ֛יד עַל־עַ֥ם יְהוָ֖ה עַל־יִשְׂרָאֵ֑ל וְשִׂחַקְתִּ֖י לִפְנֵ֥י יְהוָֽה׃ וּנְקַלֹּ֤תִי

עוד

עוֹד֙ מִזֹּ֔את וְהָיִ֥יתִי שָׁפָ֖ל בְּעֵינָ֑י וְעִם־הָֽאֲמָהוֹת֙ אֲשֶׁ֣ר אָמַ֔רְתְּ
עִמָּ֖ם אִכָּבֵֽדָה׃ וּלְמִיכַל֙ בַּת־שָׁא֔וּל לֹא־הָ֥יָה לָ֖הּ יָ֑לֶד עַ֖ד 23
י֥וֹם מוֹתָֽהּ׃

ז

CAP. VII. ז

וַיְהִ֕י כִּי־יָשַׁ֥ב הַמֶּ֖לֶךְ בְּבֵית֑וֹ וַיהוָ֛ה הֵנִֽיחַ־ל֥וֹ מִסָּבִ֖יב מִכָּל־ א
אֹיְבָֽיו׃ וַיֹּ֤אמֶר הַמֶּ֙לֶךְ֙ אֶל־נָתָ֣ן הַנָּבִ֔יא רְאֵ֣ה נָ֔א אָנֹכִ֥י יוֹשֵׁ֖ב 2
בְּבֵ֣ית אֲרָזִ֑ים וַֽאֲרוֹן֙ הָֽאֱלֹהִ֔ים יֹשֵׁ֖ב בְּת֥וֹךְ הַיְרִיעָֽה׃ וַיֹּ֤אמֶר 3
נָתָן֙ אֶל־הַמֶּ֔לֶךְ כֹּ֛ל אֲשֶׁ֥ר בִּלְבָבְךָ֖ לֵ֣ךְ עֲשֵׂ֑ה כִּ֥י יְהוָ֖ה עִמָּֽךְ׃
וַיְהִ֖י בַּלַּ֣יְלָה הַה֑וּא ° וַיְהִי֙ דְּבַר־יְהוָ֔ה אֶל־נָתָ֖ן לֵאמֹֽר׃ 4
לֵ֤ךְ וְאָֽמַרְתָּ֙ אֶל־עַבְדִּ֣י אֶל־דָּוִ֔ד כֹּ֖ה אָמַ֣ר יְהוָ֑ה הַאַתָּ֛ה ה
תִּבְנֶה־לִּ֥י בַ֖יִת לְשִׁבְתִּֽי׃ כִּ֣י לֹ֤א יָשַׁ֙בְתִּי֙ בְּבַ֔יִת לְמִיּ֨וֹם הַעֲלֹתִ֜י 6
אֶת־בְּנֵ֤י יִשְׂרָאֵל֙ מִמִּצְרַ֔יִם וְעַ֖ד הַיּ֣וֹם הַזֶּ֑ה וָאֶֽהְיֶה֙ מִתְהַלֵּ֔ךְ
בְּאֹ֖הֶל וּבְמִשְׁכָּֽן׃ בְּכֹ֥ל אֲשֶׁר־הִתְהַלַּכְתִּי֮ בְּכָל־בְּנֵ֣י יִשְׂרָאֵל֒ 7
הֲדָבָ֣ר דִּבַּ֗רְתִּי אֶת־אַחַד֙ שִׁבְטֵ֣י יִשְׂרָאֵ֔ל אֲשֶׁ֣ר צִוִּ֗יתִי לִרְע֛וֹת
אֶת־עַמִּ֥י אֶת־יִשְׂרָאֵ֖ל לֵאמֹ֑ר לָ֛מָּה לֹא־בְנִיתֶ֥ם לִ֖י בֵּ֥ית
אֲרָזִֽים׃ וְעַתָּ֗ה כֹּֽה־תֹאמַ֞ר לְעַבְדִּ֣י לְדָוִ֗ד כֹּ֤ה אָמַר֙ יְהוָ֣ה 8
צְבָא֔וֹת אֲנִ֤י לְקַחְתִּ֙יךָ֙ מִן־הַנָּוֶ֔ה מֵאַחַ֖ר הַצֹּ֑אן לִֽהְי֣וֹת נָגִ֔יד עַל־
עַמִּ֖י עַל־יִשְׂרָאֵֽל׃ וָאֶהְיֶ֣ה עִמְּךָ֗ בְּכֹל֙ אֲשֶׁ֣ר הָלַ֔כְתָּ וָאַכְרִ֥תָה 9
אֶת־כָּל־אֹיְבֶ֖יךָ מִפָּנֶ֑יךָ וְעָשִׂ֤תִי לְךָ֙ שֵׁ֣ם גָּד֔וֹל כְּשֵׁ֥ם הַגְּדֹלִ֖ים
אֲשֶׁ֥ר בָּאָֽרֶץ׃ וְשַׂמְתִּ֣י מָק֣וֹם לְ֠עַמִּי לְיִשְׂרָאֵ֤ל וּנְטַעְתִּיו֙ וְשָׁכַ֣ן י
תַּחְתָּ֔יו וְלֹ֥א יִרְגַּ֖ז ע֑וֹד וְלֹֽא־יֹסִ֤יפוּ בְנֵֽי־עַוְלָה֙ לְעַנּוֹת֔וֹ כַּאֲשֶׁ֖ר
בָּרִאשׁוֹנָֽה׃ וּלְמִן־הַיּ֗וֹם אֲשֶׁ֨ר צִוִּ֤יתִי שֹֽׁפְטִים֙ עַל־עַמִּ֣י יִשְׂרָאֵ֔ל 11
וַהֲנִיחֹ֥תִי לְךָ֖ מִכָּל־אֹיְבֶ֑יךָ וְהִגִּ֤יד לְךָ֙ יְהוָ֔ה כִּי־בַ֖יִת יַעֲשֶׂה־
לְּךָ֥ יְהוָֽה׃ כִּ֣י ׀ יִמְלְא֣וּ יָמֶ֗יךָ וְשָֽׁכַבְתָּ֙ אֶת־אֲבֹתֶ֔יךָ וַהֲקִימֹתִ֤י 12
אֶֽת־זַרְעֲךָ֙ אַחֲרֶ֔יךָ אֲשֶׁ֥ר יֵצֵ֖א מִמֵּעֶ֑יךָ וַהֲכִינֹתִ֖י אֶת־מַמְלַכְתּֽוֹ׃
ה֥וּא יִבְנֶה־בַּ֖יִת לִשְׁמִ֑י וְכֹנַנְתִּ֛י אֶת־כִּסֵּ֥א מַמְלַכְתּ֖וֹ עַד־ 13
עוֹלָֽם׃ אֲנִי֙ אֶהְיֶה־לּ֣וֹ לְאָ֔ב וְה֖וּא יִֽהְיֶה־לִּ֣י לְבֵ֑ן אֲשֶׁר֙ בְּהַעֲוֺת֔וֹ 14

והכחתיו

ד v. 4. פסקא באמצע פסוק

וַהֲבִיאֹתִיו֙ בְּשֵׁ֣בֶט אֲנָשִׁ֔ים וּבְנִגְעֵ֖י בְּנֵ֣י אָדָ֑ם וְחַסְדִּ֥י לֹא־יָס֖וּר
מִמֶּ֑נּוּ כַּאֲשֶׁ֤ר הֲסִרֹ֨תִי֙ מֵעִ֣ם שָׁא֔וּל אֲשֶׁ֥ר הֲסִרֹ֖תִי מִלְּפָנֶֽיךָ׃

16 וְנֶאְמַ֨ן בֵּיתְךָ֧ וּמַֽמְלַכְתְּךָ֛ עַד־עוֹלָ֖ם לְפָנֶ֑יךָ כִּסְאֲךָ֔ יִהְיֶ֥ה נָכ֖וֹן
17 עַד־עוֹלָֽם׃ כְּכֹל֙ הַדְּבָרִ֣ים הָאֵ֔לֶּה וּכְכֹ֖ל הַחִזָּי֣וֹן הַזֶּ֑ה כֵּ֛ן
18 דִּבֶּ֥ר נָתָ֖ן אֶל־דָּוִֽד׃ וַיָּבֹא֙ הַמֶּ֣לֶךְ דָּוִ֔ד וַיֵּ֖שֶׁב לִפְנֵ֣י יְהוָ֑ה
וַיֹּ֗אמֶר מִ֣י אָנֹכִ֞י אֲדֹנָ֤י יְהוִה֙ וּמִ֣י בֵיתִ֔י כִּ֥י הֲבִיאֹתַ֖נִי עַד־הֲלֹֽם׃
19 וַתִּקְטַן֩ ע֨וֹד זֹ֤את בְּעֵינֶ֨יךָ֙ אֲדֹנָ֣י יְהוִ֔ה וַתְּדַבֵּ֛ר גַּ֥ם אֶל־בֵּית־
כ עַבְדְּךָ֖ לְמֵֽרָח֑וֹק וְזֹ֛את תּוֹרַ֥ת הָאָדָ֖ם אֲדֹנָ֥י יְהוִֽה׃ וּמַה־יּוֹסִ֨יף
דָּוִ֥ד ע֖וֹד לְדַבֵּ֣ר אֵלֶ֑יךָ וְאַתָּ֛ה יָדַ֥עְתָּ אֶֽת־עַבְדְּךָ֖ אֲדֹנָ֥י יְהוִֽה׃
21 בַּֽעֲב֤וּר דְּבָֽרְךָ֙ וּֽכְלִבְּךָ֔ עָשִׂ֕יתָ אֵ֥ת כָּל־הַגְּדוּלָּ֖ה הַזֹּ֑את לְהוֹדִ֖יעַ
22 אֶֽת־עַבְדֶּֽךָ׃ עַל־כֵּ֥ן גָּדַ֖לְתָּ יְהוָ֣ה אֱלֹהִ֑ים כִּֽי־אֵ֣ין כָּמ֗וֹךָ וְאֵ֤ין
23 אֱלֹהִים֙ זֽוּלָתֶ֔ךָ בְּכֹ֥ל אֲשֶׁר־שָׁמַ֖עְנוּ בְּאָזְנֵֽינוּ׃ וּמִ֤י כְעַמְּךָ֙
כְּיִשְׂרָאֵ֔ל גּ֥וֹי אֶחָ֖ד בָּאָ֑רֶץ אֲשֶׁ֣ר הָלְכֽוּ־אֱלֹהִ֡ים לִפְדּֽוֹת־ל֣וֹ
לְעָ֡ם וְלָשׂ֣וּם ל֩וֹ שֵׁ֨ם וְלַעֲשׂ֤וֹת לָכֶם֙ הַגְּדוּלָּ֣ה וְנֹֽרָא֔וֹת לְאַרְצֶ֑ךָ
24 מִפְּנֵ֣י עַמְּךָ֗ אֲשֶׁ֨ר פָּדִ֤יתָ לְּךָ֙ מִמִּצְרַ֔יִם גּוֹיִ֖ם וֵֽאלֹהָֽיו׃ וַתְּכוֹנֵ֣ן
לְ֠ךָ אֶת־עַמְּךָ֨ יִשְׂרָאֵ֧ל ׀ לְךָ֛ לְעָ֖ם עַד־עוֹלָ֑ם וְאַתָּ֣ה יְהוָ֔ה הָיִ֥יתָ
כה לָהֶ֖ם לֵֽאלֹהִֽים׃ וְעַתָּה֙ יְהוָ֣ה אֱלֹהִ֔ים הַדָּבָ֗ר אֲשֶׁ֨ר דִּבַּ֤רְתָּ
עַל־עַבְדְּךָ֙ וְעַל־בֵּית֔וֹ הָקֵ֖ם עַד־עוֹלָ֑ם וַעֲשֵׂ֖ה כַּאֲשֶׁ֥ר דִּבַּֽרְתָּ׃
26 וְיִגְדַּ֨ל שִׁמְךָ֤ עַד־עוֹלָם֙ לֵאמֹ֔ר יְהוָ֥ה צְבָא֖וֹת אֱלֹהִ֣ים עַל־
27 יִשְׂרָאֵ֑ל וּבֵית֙ עַבְדְּךָ֣ דָוִ֔ד יִהְיֶ֥ה נָכ֖וֹן לְפָנֶֽיךָ׃ כִּֽי־אַתָּה֩ יְהוָ֨ה
צְבָא֜וֹת אֱלֹהֵ֣י יִשְׂרָאֵ֗ל גָּלִ֜יתָה אֶת־אֹ֤זֶן עַבְדְּךָ֙ לֵאמֹ֔ר בַּ֖יִת
אֶבְנֶה־לָּ֑ךְ עַל־כֵּ֗ן מָצָ֤א עַבְדְּךָ֙ אֶת־לִבּ֔וֹ לְהִתְפַּלֵּ֥ל אֵלֶ֖יךָ
28 אֶת־הַתְּפִלָּ֥ה הַזֹּֽאת׃ וְעַתָּ֣ה ׀ אֲדֹנָ֣י יְהוִ֗ה אַתָּה־הוּא֙ הָֽאֱלֹהִ֔ים
וּדְבָרֶ֖יךָ יִהְי֣וּ אֱמֶ֑ת וַתְּדַבֵּר֙ אֶל־עַבְדְּךָ֔ אֶת־הַטּוֹבָ֖ה הַזֹּֽאת׃
29 וְעַתָּ֗ה הוֹאֵל֙ וּבָרֵךְ֙ אֶת־בֵּ֣ית עַבְדְּךָ֔ לִהְי֥וֹת לְעוֹלָ֖ם לְפָנֶ֑יךָ
כִּֽי־אַתָּ֞ה אֲדֹנָ֤י יְהוִה֙ דִּבַּ֔רְתָּ וּמִבִּרְכָ֣תְךָ֔ יְבֹרַ֥ךְ בֵּית־עַבְדְּךָ֖
לְעוֹלָֽם׃

ויהי

ח
Cap. VIII. ח

א וַיְהִי אַחֲרֵי־כֵן וַיַּךְ דָּוִד אֶת־פְּלִשְׁתִּים וַיַּכְנִיעֵם וַיִּקַּח דָּוִד
2 אֶת־מֶתֶג הָאַמָּה מִיַּד פְּלִשְׁתִּים׃ וַיַּךְ אֶת־מוֹאָב וַיְמַדְּדֵם
בַּחֶבֶל הַשְׁכֵּב אוֹתָם אַרְצָה וַיְמַדֵּד שְׁנֵי־חֲבָלִים לְהָמִית
וּמְלֹא הַחֶבֶל לְהַחֲיוֹת וַתְּהִי מוֹאָב לְדָוִד לַעֲבָדִים נֹשְׂאֵי
3 מִנְחָה׃ וַיַּךְ דָּוִד אֶת־הֲדַדְעֶזֶר בֶּן־רְחֹב מֶלֶךְ צוֹבָה בְּלֶכְתּוֹ
4 לְהָשִׁיב יָדוֹ בִּנְהַר־ ׃ וַיִּלְכֹּד דָּוִד מִמֶּנּוּ אֶלֶף וּשְׁבַע־מֵאוֹת
פָּרָשִׁים וְעֶשְׂרִים אֶלֶף אִישׁ רַגְלִי וַיְעַקֵּר דָּוִד אֶת־כָּל־הָרֶכֶב
ה וַיּוֹתֵר מִמֶּנּוּ מֵאָה רָכֶב׃ וַתָּבֹא אֲרַם דַּמֶּשֶׂק לַעְזֹר לַהֲדַדְעֶזֶר
6 מֶלֶךְ צוֹבָה וַיַּךְ דָּוִד בַּאֲרָם עֶשְׂרִים־וּשְׁנַיִם אֶלֶף אִישׁ׃ וַיָּשֶׂם
דָּוִד נְצִבִים בַּאֲרַם דַּמֶּשֶׂק וַתְּהִי אֲרָם לְדָוִד לַעֲבָדִים נוֹשְׂאֵי
7 מִנְחָה וַיֹּשַׁע יְהוָה אֶת־דָּוִד בְּכֹל אֲשֶׁר הָלָךְ׃ וַיִּקַּח דָּוִד אֵת
שִׁלְטֵי הַזָּהָב אֲשֶׁר הָיוּ אֶל עַבְדֵי הֲדַדְעָזֶר וַיְבִיאֵם יְרוּשָׁלִָם׃
8 וּמִבֶּטַח וּמִבֵּרֹתַי עָרֵי הֲדַדְעָזֶר לָקַח הַמֶּלֶךְ דָּוִד נְחֹשֶׁת
9 הַרְבֵּה מְאֹד׃ וַיִּשְׁמַע תֹּעִי מֶלֶךְ חֲמָת כִּי הִכָּה דָוִד אֵת
י כָּל־חֵיל הֲדַדְעָזֶר׃ וַיִּשְׁלַח תֹּעִי אֶת־יוֹרָם־בְּנוֹ אֶל־הַמֶּלֶךְ־
דָּוִד לִשְׁאָל־לוֹ לְשָׁלוֹם וּלְבָרְכוֹ עַל אֲשֶׁר נִלְחַם בַּהֲדַדְעֶזֶר
וַיַּכֵּהוּ כִּי־אִישׁ מִלְחֲמוֹת תֹּעִי הָיָה הֲדַדְעָזֶר וּבְיָדוֹ הָיוּ כְּלֵי־
11 כֶסֶף וּכְלֵי־זָהָב וּכְלֵי נְחֹשֶׁת׃ גַּם־אֹתָם הִקְדִּישׁ הַמֶּלֶךְ דָּוִד
לַיהוָה עִם־הַכֶּסֶף וְהַזָּהָב אֲשֶׁר הִקְדִּישׁ מִכָּל־הַגּוֹיִם אֲשֶׁר
12 כִּבֵּשׁ׃ מֵאֲרָם וּמִמּוֹאָב וּמִבְּנֵי עַמּוֹן וּמִפְּלִשְׁתִּים וּמֵעֲמָלֵק
13 וּמִשְּׁלַל הֲדַדְעֶזֶר בֶּן־רְחֹב מֶלֶךְ צוֹבָה׃ וַיַּעַשׂ דָּוִד שֵׁם בְּשֻׁבוֹ
14 מֵהַכּוֹתוֹ אֶת־אֲרָם בְּגֵיא־מֶלַח שְׁמוֹנָה עָשָׂר אָלֶף׃ וַיָּשֶׂם
בֶּאֱדוֹם נְצִבִים בְּכָל־אֱדוֹם שָׂם נְצִבִים וַיְהִי כָל־אֱדוֹם
טו עֲבָדִים לְדָוִד וַיּוֹשַׁע יְהוָה אֶת־דָּוִד בְּכֹל אֲשֶׁר הָלָךְ׃ וַיִּמְלֹךְ
דָּוִד עַל־כָּל־יִשְׂרָאֵל וַיְהִי דָוִד עֹשֶׂה מִשְׁפָּט וּצְדָקָה לְכָל־
16 עַמּוֹ׃ וְיוֹאָב בֶּן־צְרוּיָה עַל־הַצָּבָא וִיהוֹשָׁפָט בֶּן־אֲחִילוּד

מזכיר

ח׳ v. 3. פרת קרי ולא כתיב

17 מַזְכִּיר׃ וְצָדוֹק בֶּן־אֲחִיטוּב וַאֲחִימֶלֶךְ בֶּן־אֶבְיָתָר כֹּהֲנִים
18 וּשְׂרָיָה סוֹפֵר׃ וּבְנָיָהוּ בֶּן־יְהוֹיָדָע וְהַכְּרֵתִי וְהַפְּלֵתִי וּבְנֵי
דָוִד כֹּהֲנִים הָיוּ׃

ט Cap. IX.

ט
א וַיֹּאמֶר דָּוִד הֲכִי יֶשׁ־עוֹד אֲשֶׁר נוֹתַר לְבֵית שָׁאוּל וְאֶעֱשֶׂה
2 עִמּוֹ חֶסֶד בַּעֲבוּר יְהוֹנָתָן׃ וּלְבֵית שָׁאוּל עֶבֶד וּשְׁמוֹ צִיבָא
וַיִּקְרְאוּ־לוֹ אֶל־דָּוִד וַיֹּאמֶר הַמֶּלֶךְ אֵלָיו הַאַתָּה צִיבָא
3 וַיֹּאמֶר עַבְדֶּךָ׃ וַיֹּאמֶר הַמֶּלֶךְ הַאֶפֶס עוֹד אִישׁ לְבֵית שָׁאוּל
וְאֶעֱשֶׂה עִמּוֹ חֶסֶד אֱלֹהִים וַיֹּאמֶר צִיבָא אֶל־הַמֶּלֶךְ עוֹד בֵּן
4 לִיהוֹנָתָן נְכֵה רַגְלָיִם׃ וַיֹּאמֶר־לוֹ הַמֶּלֶךְ אֵיפֹה הוּא וַיֹּאמֶר
צִיבָא אֶל־הַמֶּלֶךְ הִנֵּה־הוּא בֵּית מָכִיר בֶּן־עַמִּיאֵל בְּלוֹ
ה דְבָר׃ וַיִּשְׁלַח הַמֶּלֶךְ דָּוִד וַיִּקָּחֵהוּ מִבֵּית מָכִיר בֶּן־עַמִּיאֵל
6 מִלּוֹ דְבָר׃ וַיָּבֹא מְפִיבֹשֶׁת בֶּן־יְהוֹנָתָן בֶּן־שָׁאוּל אֶל־דָּוִד
וַיִּפֹּל עַל־פָּנָיו וַיִּשְׁתָּחוּ וַיֹּאמֶר דָּוִד מְפִיבֹשֶׁת וַיֹּאמֶר הִנֵּה
7 עַבְדֶּךָ׃ וַיֹּאמֶר לוֹ דָוִד אַל־תִּירָא כִּי עָשֹׂה אֶעֱשֶׂה עִמְּךָ
חֶסֶד בַּעֲבוּר יְהוֹנָתָן אָבִיךָ וַהֲשִׁבֹתִי לְךָ אֶת־כָּל־שְׂדֵה שָׁאוּל
8 אָבִיךָ וְאַתָּה תֹּאכַל לֶחֶם עַל־שֻׁלְחָנִי תָּמִיד׃ וַיִּשְׁתַּחוּ וַיֹּאמֶר
9 מֶה עַבְדֶּךָ כִּי פָנִיתָ אֶל־הַכֶּלֶב הַמֵּת אֲשֶׁר כָּמוֹנִי׃ וַיִּקְרָא
הַמֶּלֶךְ אֶל־צִיבָא נַעַר שָׁאוּל וַיֹּאמֶר אֵלָיו כֹּל אֲשֶׁר הָיָה
י לְשָׁאוּל וּלְכָל־בֵּיתוֹ נָתַתִּי לְבֶן־אֲדֹנֶיךָ׃ וְעָבַדְתָּ לּוֹ אֶת־
הָאֲדָמָה אַתָּה וּבָנֶיךָ וַעֲבָדֶיךָ וְהֵבֵאתָ וְהָיָה לְבֶן־אֲדֹנֶיךָ
לֶּחֶם וַאֲכָלוֹ וּמְפִיבֹשֶׁת בֶּן־אֲדֹנֶיךָ יֹאכַל תָּמִיד לֶחֶם עַל־
11 שֻׁלְחָנִי וּלְצִיבָא חֲמִשָּׁה עָשָׂר בָּנִים וְעֶשְׂרִים עֲבָדִים׃ וַיֹּאמֶר
צִיבָא אֶל־הַמֶּלֶךְ כְּכֹל אֲשֶׁר יְצַוֶּה אֲדֹנִי הַמֶּלֶךְ אֶת־עַבְדּוֹ
כֵּן יַעֲשֶׂה עַבְדֶּךָ וּמְפִיבֹשֶׁת אֹכֵל עַל־שֻׁלְחָנִי כְּאַחַד מִבְּנֵי
12 הַמֶּלֶךְ׃ וְלִמְפִיבֹשֶׁת בֵּן־קָטָן וּשְׁמוֹ מִיכָא וְכֹל מוֹשַׁב בֵּית־
13 צִיבָא עֲבָדִים לִמְפִיבֹשֶׁת׃ וּמְפִיבֹשֶׁת יֹשֵׁב בִּירוּשָׁלִַם כִּי עַל־
שֻׁלְחַן הַמֶּלֶךְ תָּמִיד הוּא אֹכֵל וְהוּא פִּסֵּחַ שְׁתֵּי רַגְלָיו׃

CAP. X. י

א וַיְהִי֙ אַֽחֲרֵי־כֵ֔ן וַיָּ֕מָת מֶ֖לֶךְ בְּנֵ֣י עַמּ֑וֹן וַיִּמְלֹ֛ךְ חָנ֥וּן בְּנ֖וֹ תַּחְתָּֽיו׃

2 וַיֹּ֨אמֶר דָּוִ֜ד אֶעֱשֶׂה־חֶ֣סֶד ׀ עִם־חָנ֣וּן בֶּן־נָחָ֗שׁ כַּֽאֲשֶׁר֩ עָשָׂ֨ה
אָבִ֤יו עִמָּדִי֙ חֶ֔סֶד וַיִּשְׁלַ֨ח דָּוִ֧ד לְנַֽחֲמ֛וֹ בְּיַד־עֲבָדָ֖יו אֶל־אָבִ֑יו
3 וַיָּבֹ֨אוּ֙ עַבְדֵ֣י דָוִ֔ד אֶ֖רֶץ בְּנֵ֥י עַמּֽוֹן׃ וַיֹּֽאמְרוּ֩ שָׂרֵ֨י בְנֵֽי־עַמּ֜וֹן
אֶל־חָנ֣וּן אֲדֹֽנֵיהֶ֗ם הַֽמְכַבֵּ֨ד דָּוִ֤ד אֶת־אָבִ֨יךָ֙ בְּעֵינֶ֔יךָ כִּֽי־שָׁלַ֥ח
לְךָ֖ מְנַֽחֲמִ֑ים הֲ֠לוֹא בַּֽעֲב֞וּר חֲק֤וֹר אֶת־הָעִיר֙ וּלְרַגְּלָ֣הּ וּלְהָפְכָ֔הּ
4 שָׁלַ֥ח דָּוִ֛ד אֶת־עֲבָדָ֖יו אֵלֶֽיךָ׃ וַיִּקַּ֨ח חָנ֜וּן אֶת־עַבְדֵ֣י דָוִ֗ד
וַיְגַלַּ֞ח אֶת־חֲצִ֤י זְקָנָם֙ וַיִּכְרֹ֧ת אֶת־מַדְוֵיהֶ֛ם בַּחֵ֖צִי עַ֥ד
5 שְׁתֽוֹתֵיהֶ֖ם וַֽיְשַׁלְּחֵֽם׃ וַיַּגִּ֤דוּ לְדָוִד֙ וַיִּשְׁלַ֣ח לִקְרָאתָ֔ם כִּֽי־הָי֥וּ
הָֽאֲנָשִׁ֖ים נִכְלָמִ֣ים מְאֹ֑ד וַיֹּ֤אמֶר הַמֶּ֨לֶךְ֙ שְׁב֣וּ בִירֵח֔וֹ עַד־יְצַמַּ֥ח
6 זְקַנְכֶ֖ם וְשַׁבְתֶּֽם׃ וַיִּרְאוּ֙ בְּנֵ֣י עַמּ֔וֹן כִּ֥י נִבְאֲשׁ֖וּ בְּדָוִ֑ד וַיִּשְׁלְח֣וּ
בְנֵֽי־עַמּ֡וֹן וַיִּשְׂכְּרוּ֩ אֶת־אֲרַ֨ם בֵּית־רְח֜וֹב וְאֶת־אֲרַ֣ם צוֹבָ֗א
עֶשְׂרִ֥ים אֶ֨לֶף֙ רַגְלִ֔י וְאֶת־מֶ֤לֶךְ מַֽעֲכָה֙ אֶ֣לֶף אִ֔ישׁ וְאִ֣ישׁ ט֔וֹב
7 שְׁנֵֽים־עָשָׂ֥ר אֶ֖לֶף אִֽישׁ׃ וַיִּשְׁמַ֖ע דָּוִ֑ד וַיִּשְׁלַח֙ אֶת־יוֹאָ֔ב וְאֵ֖ת
8 כׇּל־הַצָּבָ֥א הַגִּבֹּרִֽים׃ וַיֵּֽצְאוּ֙ בְּנֵ֣י עַמּ֔וֹן וַיַּֽעַרְכ֥וּ מִלְחָמָ֖ה פֶּ֣תַח
הַשָּׁ֑עַר וַֽאֲרַ֨ם צוֹבָ֤א וּרְחוֹב֙ וְאִֽישׁ־ט֣וֹב וּמַֽעֲכָ֔ה לְבַדָּ֖ם בַּשָּׂדֶֽה׃
9 וַיַּ֣רְא יוֹאָ֗ב כִּֽי־הָֽיְתָ֤ה אֵלָיו֙ פְּנֵ֣י הַמִּלְחָמָ֔ה מִפָּנִ֖ים וּמֵֽאָח֑וֹר
י וַיִּבְחַ֗ר מִכֹּל֙ בְּחוּרֵ֣י בְיִשְׂרָאֵ֔ל וַיַּֽעֲרֹ֖ךְ לִקְרַ֥את אֲרָֽם׃ וְאֵת֙
יֶ֣תֶר הָעָ֔ם נָתַ֕ן בְּיַ֖ד אַבְשַׁ֣י אָחִ֑יו וַיַּֽעֲרֹ֕ךְ לִקְרַ֖את בְּנֵ֥י עַמּֽוֹן׃
11 וַיֹּ֗אמֶר אִם־תֶּֽחֱזַ֤ק אֲרָם֙ מִמֶּ֔נִּי וְהָיִ֥תָ לִּ֖י לִֽישׁוּעָ֑ה וְאִם־בְּנֵ֤י
12 עַמּוֹן֙ יֶֽחֶזְק֣וּ מִמְּךָ֔ וְהָֽלַכְתִּ֖י לְהוֹשִׁ֣יעַ לָֽךְ׃ חֲזַ֤ק וְנִתְחַזַּק֙ בְּעַד־
13 עַמֵּ֔נוּ וּבְעַ֖ד עָרֵ֣י אֱלֹהֵ֑ינוּ וַֽיהֹוָ֔ה יַֽעֲשֶׂ֥ה הַטּ֖וֹב בְּעֵינָֽיו׃ וַיִּגַּ֣שׁ
14 יוֹאָ֗ב וְהָעָם֙ אֲשֶׁ֣ר עִמּ֔וֹ לַמִּלְחָמָ֖ה בַּֽאֲרָ֑ם וַיָּנֻ֖סוּ מִפָּנָֽיו׃ וּבְנֵ֨י
עַמּ֜וֹן רָא֗וּ כִּי־נָ֣ס אֲרָ֗ם וַיָּנֻ֨סוּ֙ מִפְּנֵ֣י אֲבִישַׁ֔י וַיָּבֹ֖אוּ הָעִ֑יר וַיָּ֣שׇׁב
טו יוֹאָ֗ב מֵעַל֙ בְּנֵ֣י עַמּ֔וֹן וַיָּבֹ֖א יְרֽוּשָׁלָֽ͏ִם׃ וַיַּ֣רְא אֲרָ֔ם כִּ֥י נִגַּ֖ף
16 לִפְנֵ֣י יִשְׂרָאֵ֑ל וַיֵּֽאָסְפ֖וּ יָֽחַד׃ וַיִּשְׁלַ֣ח הֲדַדְעֶ֗זֶר וַיֹּצֵ֤א אֶת־אֲרָם֙

אשר

אֲשֶׁר מֵעֵבֶר הַנָּהָר וַיָּבֹאוּ חֵילָם וְשׁוֹבַךְ שַׂר־צְבָא הֲדַדְעֶזֶר
17 לִפְנֵיהֶם׃ וַיֻּגַּד לְדָוִד וַיֶּאֱסֹף אֶת־כָּל־יִשְׂרָאֵל וַיַּעֲבֹר אֶת־
הַיַּרְדֵּן וַיָּבֹא חֵלָאמָה וַיַּעַרְכוּ אֲרָם לִקְרַאת דָּוִד וַיִּלָּחֲמוּ
18 עִמּוֹ׃ וַיָּנָס אֲרָם מִפְּנֵי יִשְׂרָאֵל וַיַּהֲרֹג דָּוִד מֵאֲרָם שְׁבַע מֵאוֹת
רֶכֶב וְאַרְבָּעִים אֶלֶף פָּרָשִׁים וְאֵת שׁוֹבַךְ שַׂר־צְבָאוֹ הִכָּה
19 וַיָּמָת שָׁם׃ וַיִּרְאוּ כָל־הַמְּלָכִים עַבְדֵי הֲדַדְעֶזֶר כִּי נִגְּפוּ
לִפְנֵי יִשְׂרָאֵל וַיַּשְׁלִמוּ אֶת־יִשְׂרָאֵל וַיַּעַבְדוּם וַיִּרְאוּ אֲרָם
לְהוֹשִׁיעַ עוֹד אֶת־בְּנֵי עַמּוֹן׃

יא CAP. XI. יא

א וַיְהִי לִתְשׁוּבַת הַשָּׁנָה לְעֵת ׀ צֵאת הַמְּלָאכִים וַיִּשְׁלַח דָּוִד
אֶת־יוֹאָב וְאֶת־עֲבָדָיו עִמּוֹ וְאֶת־כָּל־יִשְׂרָאֵל וַיַּשְׁחִתוּ אֶת־
2 בְּנֵי עַמּוֹן וַיָּצֻרוּ עַל־רַבָּה וְדָוִד יוֹשֵׁב בִּירוּשָׁלִָם׃ וַיְהִי ׀
לְעֵת הָעֶרֶב וַיָּקָם דָּוִד מֵעַל מִשְׁכָּבוֹ וַיִּתְהַלֵּךְ עַל־גַּג בֵּית־
הַמֶּלֶךְ וַיַּרְא אִשָּׁה רֹחֶצֶת מֵעַל הַגָּג וְהָאִשָּׁה טוֹבַת מַרְאֶה
3 מְאֹד׃ וַיִּשְׁלַח דָּוִד וַיִּדְרֹשׁ לָאִשָּׁה וַיֹּאמֶר הֲלוֹא־זֹאת בַּת־
4 שֶׁבַע בַּת־אֱלִיעָם אֵשֶׁת אוּרִיָּה הַחִתִּי׃ וַיִּשְׁלַח דָּוִד מַלְאָכִים
וַיִּקָּחֶהָ וַתָּבוֹא אֵלָיו וַיִּשְׁכַּב עִמָּהּ וְהִיא מִתְקַדֶּשֶׁת מִטֻּמְאָתָהּ
ה וַתָּשָׁב אֶל־בֵּיתָהּ׃ וַתַּהַר הָאִשָּׁה וַתִּשְׁלַח וַתַּגֵּד לְדָוִד וַתֹּאמֶר
6 הָרָה אָנֹכִי׃ וַיִּשְׁלַח דָּוִד אֶל־יוֹאָב שְׁלַח אֵלַי אֶת־אוּרִיָּה
7 הַחִתִּי וַיִּשְׁלַח יוֹאָב אֶת־אוּרִיָּה אֶל־דָּוִד׃ וַיָּבֹא אוּרִיָּה אֵלָיו
וַיִּשְׁאַל דָּוִד לִשְׁלוֹם יוֹאָב וְלִשְׁלוֹם הָעָם וְלִשְׁלוֹם הַמִּלְחָמָה׃
8 וַיֹּאמֶר דָּוִד לְאוּרִיָּה רֵד לְבֵיתְךָ וּרְחַץ רַגְלֶיךָ וַיֵּצֵא אוּרִיָּה
9 מִבֵּית הַמֶּלֶךְ וַתֵּצֵא אַחֲרָיו מַשְׂאַת הַמֶּלֶךְ׃ וַיִּשְׁכַּב אוּרִיָּה
פֶּתַח בֵּית הַמֶּלֶךְ אֵת כָּל־עַבְדֵי אֲדֹנָיו וְלֹא יָרַד אֶל־בֵּיתוֹ׃
י וַיַּגִּדוּ לְדָוִד לֵאמֹר לֹא־יָרַד אוּרִיָּה אֶל־בֵּיתוֹ וַיֹּאמֶר דָּוִד
אֶל־אוּרִיָּה הֲלוֹא מִדֶּרֶךְ אַתָּה בָא מַדּוּעַ לֹא־יָרַדְתָּ אֶל־
11 בֵּיתֶךָ׃ וַיֹּאמֶר אוּרִיָּה אֶל־דָּוִד הָאָרוֹן וְיִשְׂרָאֵל וִיהוּדָה

יֹשְׁבִים

י״א v. 1. יתיר א׳

יֹשְׁבִ֗ים בַּסֻּכּוֹת֙ וַאדֹנִ֨י יוֹאָ֜ב וְעַבְדֵ֨י אֲדֹנִ֜י עַל־פְּנֵ֤י הַשָּׂדֶה֙
חֹנִ֔ים וַאֲנִ֞י אָב֧וֹא אֶל־בֵּיתִ֛י לֶאֱכֹ֥ל וְלִשְׁתּ֖וֹת וְלִשְׁכַּ֣ב עִם־
12 אִשְׁתִּ֑י חַיֶּ֙ךָ֙ וְחֵ֣י נַפְשֶׁ֔ךָ אִם־אֶעֱשֶׂ֖ה אֶת־הַדָּבָ֥ר הַזֶּֽה׃ וַיֹּ֨אמֶר
דָּוִ֜ד אֶל־אוּרִיָּ֗ה שֵׁ֥ב בָּזֶ֛ה גַּם־הַיּ֖וֹם וּמָחָ֣ר אֲשַׁלְּחֶ֑ךָּ וַיֵּ֨שֶׁב
13 אוּרִיָּ֧ה בִירוּשָׁלִַ֛ם בַּיּ֥וֹם הַה֖וּא וּמִֽמָּחֳרָֽת׃ וַיִּקְרָא־ל֣וֹ דָוִ֗ד
וַיֹּ֧אכַל לְפָנָ֛יו וַיֵּ֖שְׁתְּ וַֽיְשַׁכְּרֵ֑הוּ וַיֵּצֵ֣א בָעֶ֗רֶב לִשְׁכַּ֤ב בְּמִשְׁכָּבוֹ֙
14 עִם־עַבְדֵ֣י אֲדֹנָ֔יו וְאֶל־בֵּית֖וֹ לֹ֥א יָרָֽד׃ וַיְהִ֣י בַבֹּ֔קֶר וַיִּכְתֹּ֥ב
טו דָּוִ֛ד סֵ֖פֶר אֶל־יוֹאָ֑ב וַיִּשְׁלַ֖ח בְּיַ֥ד אוּרִיָּֽה׃ וַיִּכְתֹּ֥ב בַּסֵּ֖פֶר
לֵאמֹ֑ר הָב֣וּ אֶת־אוּרִיָּ֗ה אֶל־מוּל֙ פְּנֵ֤י הַמִּלְחָמָה֙ הַֽחֲזָקָ֔ה
16 וְשַׁבְתֶּ֥ם מֵאַחֲרָ֖יו וְנִכָּ֥ה וָמֵֽת׃ וַיְהִ֕י בִּשְׁמ֥וֹר יוֹאָ֖ב אֶל־הָעִ֑יר
וַיִּתֵּן֙ אֶת־אוּרִיָּ֔ה אֶל־הַמָּקוֹם֙ אֲשֶׁ֣ר יָדַ֔ע כִּ֥י אַנְשֵׁי־חַ֖יִל שָֽׁם׃
17 וַיֵּ֨צְא֜וּ אַנְשֵׁ֤י הָעִיר֙ וַיִּלָּחֲמ֣וּ אֶת־יוֹאָ֔ב וַיִּפֹּ֥ל מִן־הָעָ֖ם מֵעַבְדֵ֣י
18 דָוִ֑ד וַיָּ֕מָת גַּ֖ם אוּרִיָּ֥ה הַחִתִּֽי׃ וַיִּשְׁלַ֖ח יוֹאָ֑ב וַיַּגֵּ֣ד לְדָוִ֔ד אֶת־
19 כָּל־דִּבְרֵ֖י הַמִּלְחָמָֽה׃ וַיְצַ֥ו אֶת־הַמַּלְאָ֖ךְ לֵאמֹ֑ר כְּכַלּוֹתְךָ֗
כ אֵ֛ת כָּל־דִּבְרֵ֥י הַמִּלְחָמָ֖ה לְדַבֵּ֥ר אֶל־הַמֶּֽלֶךְ׃ וְהָיָ֗ה אִֽם־
תַּעֲלֶה֙ חֲמַ֣ת הַמֶּ֔לֶךְ וְאָמַ֣ר לְךָ֔ מַדּ֛וּעַ נִגַּשְׁתֶּ֥ם אֶל־הָעִ֖יר
21 לְהִלָּחֵ֑ם הֲל֣וֹא יְדַעְתֶּ֔ם אֵ֥ת אֲשֶׁר־יֹר֖וּ מֵעַ֥ל הַחוֹמָֽה׃ מִֽי־
הִכָּ֞ה אֶת־אֲבִימֶ֣לֶךְ בֶּן־יְרֻבֶּ֗שֶׁת הֲלוֹא־אִשָּׁ֡ה הִשְׁלִ֣יכָה עָלָיו֩
פֶּ֨לַח רֶ֜כֶב מֵעַ֤ל הַחוֹמָה֙ וַיָּ֣מָת בְּתֵבֵ֔ץ לָ֥מָּה נִגַּשְׁתֶּ֖ם אֶל־
22 הַחוֹמָ֑ה וְאָ֣מַרְתָּ֔ גַּ֗ם עַבְדְּךָ֛ אוּרִיָּ֥ה הַחִתִּ֖י מֵֽת׃ וַיֵּ֖לֶךְ הַמַּלְאָ֑ךְ
23 וַיָּבֹא֙ וַיַּגֵּ֣ד לְדָוִ֔ד אֵ֛ת כָּל־אֲשֶׁ֥ר שְׁלָח֖וֹ יוֹאָֽב׃ וַיֹּ֨אמֶר הַמַּלְאָ֜ךְ
אֶל־דָּוִ֗ד כִּֽי־גָבְר֤וּ עָלֵ֙ינוּ֙ הָאֲנָשִׁ֔ים וַיֵּצְא֥וּ אֵלֵ֖ינוּ הַשָּׂדֶ֑ה וַנִּהְיֶ֥ה
24 עֲלֵיהֶ֖ם עַד־פֶּ֥תַח הַשָּֽׁעַר׃ וַיֹּ֨רְא֜וּ הַמּוֹרְאִ֤ים אֶל־עֲבָדֶ֙יךָ֙
מֵעַ֣ל הַחוֹמָ֔ה וַיָּמ֖וּתוּ מֵעַבְדֵ֣י הַמֶּ֑לֶךְ וְגַ֗ם עַבְדְּךָ֛ אוּרִיָּ֥ה הַחִתִּ֖י
כה מֵֽת׃ וַיֹּ֨אמֶר דָּוִ֜ד אֶל־הַמַּלְאָ֗ךְ כֹּֽה־תֹאמַ֤ר אֶל־יוֹאָב֙ אַל־
יֵרַ֤ע בְּעֵינֶ֙יךָ֙ אֶת־הַדָּבָ֣ר הַזֶּ֔ה כִּֽי־כָזֹ֥ה וְכָזֶ֖ה תֹּאכַ֣ל הֶחָ֑רֶב
26 הַחֲזֵ֧ק מִלְחַמְתְּךָ֛ אֶל־הָעִ֖יר וְהָרְסָ֑הּ וְחַזְּקֵֽהוּ׃ וַתִּשְׁמַע֙ אֵ֣שֶׁת

אוריה

י״א v. 24. וירו ק׳ ibid. המרים ק׳

27 אוּרִיָּה כִּי־מֵת אוּרִיָּה אִישָׁהּ וַתִּסְפֹּד עַל־בַּעְלָהּ׃ וַיַּעֲבֹר
הָאֵבֶל וַיִּשְׁלַח דָּוִד וַיַּאַסְפָהּ אֶל־בֵּיתוֹ וַתְּהִי־לוֹ לְאִשָּׁה וַתֵּלֶד
לוֹ בֵּן וַיֵּרַע הַדָּבָר אֲשֶׁר־עָשָׂה דָוִד בְּעֵינֵי יְהוָה׃

יב

Cap. XII. יב

א וַיִּשְׁלַח יְהוָה אֶת־נָתָן אֶל־דָּוִד וַיָּבֹא אֵלָיו וַיֹּאמֶר לוֹ שְׁנֵי
2 אֲנָשִׁים הָיוּ בְּעִיר אֶחָת אֶחָד עָשִׁיר וְאֶחָד רָאשׁ׃ לְעָשִׁיר
3 הָיָה צֹאן וּבָקָר הַרְבֵּה מְאֹד׃ וְלָרָשׁ אֵין־כֹּל כִּי אִם־כִּבְשָׂה
אַחַת קְטַנָּה אֲשֶׁר קָנָה וַיְחַיֶּהָ וַתִּגְדַּל עִמּוֹ וְעִם־בָּנָיו יַחְדָּו
מִפִּתּוֹ תֹאכַל וּמִכֹּסוֹ תִשְׁתֶּה וּבְחֵיקוֹ תִשְׁכָּב וַתְּהִי־לוֹ כְּבַת׃
4 וַיָּבֹא הֵלֶךְ לְאִישׁ הֶעָשִׁיר וַיַּחְמֹל לָקַחַת מִצֹּאנוֹ וּמִבְּקָרוֹ
לַעֲשׂוֹת לָאֹרֵחַ הַבָּא־לוֹ וַיִּקַּח אֶת־כִּבְשַׂת הָאִישׁ הָרָאשׁ
ה וַיַּעֲשֶׂהָ לָאִישׁ הַבָּא אֵלָיו׃ וַיִּחַר־אַף דָּוִד בָּאִישׁ מְאֹד וַיֹּאמֶר
6 אֶל־נָתָן חַי־יְהוָה כִּי בֶן־מָוֶת הָאִישׁ הָעֹשֶׂה זֹאת׃ וְאֶת־
הַכִּבְשָׂה יְשַׁלֵּם אַרְבַּעְתָּיִם עֵקֶב אֲשֶׁר עָשָׂה אֶת־הַדָּבָר הַזֶּה
7 וְעַל אֲשֶׁר לֹא־חָמָל׃ וַיֹּאמֶר נָתָן אֶל־דָּוִד אַתָּה הָאִישׁ
כֹּה־אָמַר יְהוָה אֱלֹהֵי יִשְׂרָאֵל אָנֹכִי מְשַׁחְתִּיךָ לְמֶלֶךְ עַל־
8 יִשְׂרָאֵל וְאָנֹכִי הִצַּלְתִּיךָ מִיַּד שָׁאוּל׃ וָאֶתְּנָה לְךָ אֶת־בֵּית
אֲדֹנֶיךָ וְאֶת־נְשֵׁי אֲדֹנֶיךָ בְּחֵיקֶךָ וָאֶתְּנָה לְךָ אֶת־בֵּית יִשְׂרָאֵל
9 וִיהוּדָה וְאִם־מְעָט וְאֹסִפָה לְּךָ כָּהֵנָּה וְכָהֵנָּה׃ מַדּוּעַ בָּזִיתָ ׀
אֶת־דְּבַר יְהוָה לַעֲשׂוֹת הָרַע בְּעֵינוֹ אֵת אוּרִיָּה הַחִתִּי הִכִּיתָ
בַחֶרֶב וְאֶת־אִשְׁתּוֹ לָקַחְתָּ לְּךָ לְאִשָּׁה וְאֹתוֹ הָרַגְתָּ בְּחֶרֶב
י בְּנֵי עַמּוֹן׃ וְעַתָּה לֹא־תָסוּר חֶרֶב מִבֵּיתְךָ עַד־עוֹלָם עֵקֶב כִּי
11 בְזִתָנִי וַתִּקַּח אֶת־אֵשֶׁת אוּרִיָּה הַחִתִּי לִהְיוֹת לְךָ לְאִשָּׁה׃ כֹּה ׀
אָמַר יְהוָה הִנְנִי מֵקִים עָלֶיךָ רָעָה מִבֵּיתֶךָ וְלָקַחְתִּי אֶת־נָשֶׁיךָ
לְעֵינֶיךָ וְנָתַתִּי לְרֵעֶיךָ וְשָׁכַב עִם־נָשֶׁיךָ לְעֵינֵי הַשֶּׁמֶשׁ הַזֹּאת׃
12 כִּי אַתָּה עָשִׂיתָ בַסָּתֶר וַאֲנִי אֶעֱשֶׂה אֶת־הַדָּבָר הַזֶּה נֶגֶד כָּל־
13 יִשְׂרָאֵל וְנֶגֶד הַשָּׁמֶשׁ׃ וַיֹּאמֶר דָּוִד אֶל־נָתָן חָטָאתִי לַיהוָה

ר״ב v. 9. בעיני ק׳

4 וַתֹּאמֶר הָאִשָּׁה הַתְּקֹעִית אֶל־הַמֶּלֶךְ וַתִּפֹּל עַל־אַפֶּיהָ אַרְצָה
ה וַתִּשְׁתָּחוּ וַתֹּאמֶר הוֹשִׁעָה הַמֶּלֶךְ׃ וַיֹּאמֶר־לָהּ הַמֶּלֶךְ מַה־
6 לָּךְ וַתֹּאמֶר אֲבָל אִשָּׁה־אַלְמָנָה אָנִי וַיָּמָת אִישִׁי׃ וּלְשִׁפְחָתְךָ
שְׁנֵי בָנִים וַיִּנָּצוּ שְׁנֵיהֶם בַּשָּׂדֶה וְאֵין מַצִּיל בֵּינֵיהֶם וַיַּכּוּ הָאֶחָד
7 אֶת־הָאֶחָד וַיָּמֶת אֹתוֹ׃ וְהִנֵּה קָמָה כָל־הַמִּשְׁפָּחָה עַל־
שִׁפְחָתֶךָ וַיֹּאמְרוּ תְּנִי ׀ אֶת־מַכֵּה אָחִיו וּנְמִתֵהוּ בְּנֶפֶשׁ אָחִיו
אֲשֶׁר הָרָג וְנַשְׁמִידָה גַּם אֶת־הַיּוֹרֵשׁ וְכִבּוּ אֶת־גַּחַלְתִּי אֲשֶׁר
נִשְׁאָרָה לְבִלְתִּי שׂוֹם־לְאִישִׁי שֵׁם וּשְׁאֵרִית עַל־פְּנֵי הָאֲדָמָה׃
8 וַיֹּאמֶר הַמֶּלֶךְ אֶל־הָאִשָּׁה לְכִי לְבֵיתֵךְ וַאֲנִי אֲצַוֶּה עָלָיִךְ׃
9 וַתֹּאמֶר הָאִשָּׁה הַתְּקוֹעִית אֶל־הַמֶּלֶךְ עָלַי אֲדֹנִי הַמֶּלֶךְ הֶעָוֹן
י וְעַל־בֵּית אָבִי וְהַמֶּלֶךְ וְכִסְאוֹ נָקִי׃ וַיֹּאמֶר הַמֶּלֶךְ הַמְדַבֵּר
11 אֵלַיִךְ וַהֲבֵאתוֹ אֵלַי וְלֹא־יֹסִיף עוֹד לָגַעַת בָּךְ׃ וַתֹּאמֶר
יִזְכָּר־נָא הַמֶּלֶךְ אֶת־יְהוָה אֱלֹהֶיךָ מֵהַרְבַּית גֹּאֵל הַדָּם
לְשַׁחֵת וְלֹא יַשְׁמִידוּ אֶת־בְּנִי וַיֹּאמֶר חַי־יְהוָה אִם־יִפֹּל
12 מִשַּׂעֲרַת בְּנֵךְ אָרְצָה׃ וַתֹּאמֶר הָאִשָּׁה תְּדַבֶּר־נָא שִׁפְחָתְךָ
13 אֶל־אֲדֹנִי הַמֶּלֶךְ דָּבָר וַיֹּאמֶר דַּבֵּרִי׃ וַתֹּאמֶר הָאִשָּׁה וְלָמָּה
חָשַׁבְתָּה כָּזֹאת עַל־עַם אֱלֹהִים וּמִדַּבֵּר הַמֶּלֶךְ הַדָּבָר הַזֶּה
14 כְּאָשֵׁם לְבִלְתִּי הָשִׁיב הַמֶּלֶךְ אֶת־נִדְּחוֹ׃ כִּי־מוֹת נָמוּת וְכַמַּיִם
הַנִּגָּרִים אַרְצָה אֲשֶׁר לֹא יֵאָסֵפוּ וְלֹא־יִשָּׂא אֱלֹהִים נֶפֶשׁ
טו וְחָשַׁב מַחֲשָׁבוֹת לְבִלְתִּי יִדַּח מִמֶּנּוּ נִדָּח׃ וְעַתָּה אֲשֶׁר־בָּאתִי
לְדַבֵּר אֶל־הַמֶּלֶךְ אֲדֹנִי אֶת־הַדָּבָר הַזֶּה כִּי יֵרְאֻנִי הָעָם
וַתֹּאמֶר שִׁפְחָתְךָ אֲדַבְּרָה־נָּא אֶל־הַמֶּלֶךְ אוּלַי יַעֲשֶׂה הַמֶּלֶךְ
16 אֶת־דְּבַר אֲמָתוֹ׃ כִּי יִשְׁמַע הַמֶּלֶךְ לְהַצִּיל אֶת־אֲמָתוֹ מִכַּף
17 הָאִישׁ לְהַשְׁמִיד אֹתִי וְאֶת־בְּנִי יַחַד מִנַּחֲלַת אֱלֹהִים׃ וַתֹּאמֶר
שִׁפְחָתְךָ יִהְיֶה־נָּא דְּבַר־אֲדֹנִי הַמֶּלֶךְ לִמְנוּחָה כִּי ׀ כְּמַלְאַךְ
הָאֱלֹהִים כֵּן אֲדֹנִי הַמֶּלֶךְ לִשְׁמֹעַ הַטּוֹב וְהָרָע וַיהוָה אֱלֹהֶיךָ
18 יְהִי עִמָּךְ׃ וַיַּעַן הַמֶּלֶךְ וַיֹּאמֶר אֶל־הָאִשָּׁה אַל־נָא תְכַחֲדִי

ממני

v. 7. שים ק׳ v. 11. מהרבת ק׳

מִמֶּ֙נִּי֙ דָּבָ֔ר אֲשֶׁ֥ר אָנֹכִ֖י שֹׁאֵ֣ל אֹתָ֑ךְ וַתֹּ֙אמֶר֙ הָֽאִשָּׁ֔ה יְדַבֶּר־נָ֖א
19 אֲדֹנִ֥י הַמֶּֽלֶךְ׃ וַיֹּ֣אמֶר הַמֶּ֔לֶךְ הֲיַ֥ד יוֹאָ֛ב אִתָּ֖ךְ בְּכָל־זֹ֑את וַתַּ֨עַן
הָאִשָּׁ֜ה וַתֹּ֗אמֶר חֵֽי־נַפְשְׁךָ֮ אֲדֹנִ֣י הַמֶּלֶךְ֒ אִם־אִ֣שׁ ׀ לְהֵמִ֣ין
וּלְהַשְׂמִ֗יל מִכֹּ֤ל אֲשֶׁר־דִּבֶּר֙ אֲדֹנִ֣י הַמֶּ֔לֶךְ כִּֽי־עַבְדְּךָ֤ יוֹאָב֙
ה֣וּא צִוָּ֔נִי וְה֗וּא שָׂ֚ם בְּפִ֣י שִׁפְחָתְךָ֔ אֵ֥ת כָּל־הַדְּבָרִ֖ים הָאֵֽלֶּה׃
כ לְבַֽעֲב֗וּר סַבֵּב֙ אֶת־פְּנֵ֣י הַדָּבָ֔ר עָשָׂ֛ה עַבְדְּךָ֥ יוֹאָ֖ב אֶת־הַדָּבָ֣ר
הַזֶּ֑ה וַאדֹנִ֣י חָכָ֗ם כְּחָכְמַת֙ מַלְאַ֣ךְ הָֽאֱלֹהִ֔ים לָדַ֖עַת אֶת־כָּל־
21 אֲשֶׁ֥ר בָּאָֽרֶץ׃ וַיֹּ֤אמֶר הַמֶּ֙לֶךְ֙ אֶל־יוֹאָ֔ב הִנֵּה־נָ֥א עָשִׂ֖יתִי
22 אֶת־הַדָּבָ֣ר הַזֶּ֑ה וְלֵ֕ךְ הָשֵׁ֥ב אֶת־הַנַּ֖עַר אֶת־אַבְשָׁלֽוֹם׃ וַיִּפֹּל֩
יוֹאָ֨ב אֶל־פָּנָ֥יו אַ֙רְצָה֙ וַיִּשְׁתַּ֔חוּ וַיְבָ֖רֶךְ אֶת־הַמֶּ֑לֶךְ וַיֹּ֣אמֶר
יוֹאָ֡ב הַיּוֹם֩ יָדַ֨ע עַבְדְּךָ֜ כִּֽי־מָצָ֧אתִי חֵ֣ן בְּעֵינֶ֗יךָ אֲדֹנִ֣י הַמֶּ֔לֶךְ
23 אֲשֶׁר־עָשָׂ֥ה הַמֶּ֖לֶךְ אֶת־דְּבַ֥ר עַבְדֹּֽו׃ וַיָּ֥קָם יוֹאָ֖ב וַיֵּ֣לֶךְ גְּשׁ֑וּרָה
24 וַיָּבֵ֥א אֶת־אַבְשָׁל֖וֹם יְרוּשָׁלִָֽם׃ וַיֹּ֣אמֶר הַמֶּ֗לֶךְ יִסֹּ֙ב אֶל־
בֵּית֔וֹ וּפָנַ֖י לֹ֣א יִרְאֶ֑ה וַיִּסֹּ֤ב אַבְשָׁלוֹם֙ אֶל־בֵּית֔וֹ וּפְנֵ֥י הַמֶּ֖לֶךְ
כה לֹ֥א רָאָֽה׃ וּכְאַבְשָׁל֗וֹם לֹא־הָיָ֧ה אִישׁ־יָפֶ֛ה בְּכָל־יִשְׂרָאֵ֖ל
לְהַלֵּ֣ל מְאֹ֑ד מִכַּ֤ף רַגְלוֹ֙ וְעַ֣ד קָדְקֳד֔וֹ לֹא־הָ֥יָה ב֖וֹ מֽוּם׃
26 וּֽבְגַלְּחוֹ֮ אֶת־רֹאשׁוֹ֒ וְֽ֠הָיָה מִקֵּ֨ץ יָמִ֤ים ׀ לַיָּמִים֙ אֲשֶׁ֣ר יְגַלֵּ֔חַ כִּֽי־
כָבֵ֥ד עָלָ֖יו וְגִלְּח֑וֹ וְשָׁקַל֙ אֶת־שְׂעַ֣ר רֹאשׁ֔וֹ מָאתַ֥יִם שְׁקָלִ֖ים
27 בְּאֶ֥בֶן הַמֶּֽלֶךְ׃ וַיִּוָּלְד֤וּ לְאַבְשָׁלוֹם֙ שְׁלוֹשָׁ֣ה בָנִ֔ים וּבַ֥ת אַחַ֖ת
28 וּשְׁמָ֣הּ תָּמָ֑ר הִ֣יא הָיְתָ֔ה אִשָּׁ֖ה יְפַ֥ת מַרְאֶֽה׃ וַיֵּ֧שֶׁב אַבְשָׁל֛וֹם
29 בִּירוּשָׁלִַ֖ם שְׁנָתַ֣יִם יָמִ֑ים וּפְנֵ֥י הַמֶּ֖לֶךְ לֹ֥א רָאָֽה׃ וַיִּשְׁלַ֨ח אַבְשָׁל֜וֹם
אֶל־יוֹאָ֗ב לִשְׁלֹ֤חַ אֹתוֹ֙ אֶל־הַמֶּ֔לֶךְ וְלֹ֥א אָבָ֖ה לָב֣וֹא אֵלָ֑יו
ל וַיִּשְׁלַ֥ח עוֹד֙ שֵׁנִ֔ית וְלֹ֥א אָבָ֖ה לָבֽוֹא׃ וַיֹּ֣אמֶר אֶל־עֲבָדָ֗יו רְאוּ֙
חֶלְקַ֤ת יוֹאָב֙ אֶל־יָדִ֔י וְלוֹ־שָׁ֣ם שְׂעֹרִ֔ים לְכ֖וּ וְהוֹצִתִ֣יהָ בָאֵ֑שׁ
31 וַיַּצִּ֜תוּ עַבְדֵ֧י אַבְשָׁל֛וֹם אֶת־הַחֶלְקָ֖ה בָּאֵֽשׁ׃ וַיָּ֣קָם יוֹאָ֔ב
וַיָּבֹ֥א אֶל־אַבְשָׁל֖וֹם הַבָּ֑יְתָה וַיֹּ֣אמֶר אֵלָ֔יו לָ֣מָּה הֵצִ֧יתוּ עֲבָדֶ֛יךָ
32 אֶת־הַחֶלְקָ֥ה אֲשֶׁר־לִ֖י בָּאֵֽשׁ׃ וַיֹּ֤אמֶר אַבְשָׁלוֹם֙ אֶל־יוֹאָ֔ב

הנה

v. 19. סבירין יש   v. 22. עבדך ק׳   v. 30. והציתוה ק׳

הִנֵּה שָׁלַחְתִּי אֵלֶיךָ ׀ לֵאמֹר בֹּא הֵנָּה וְאֶשְׁלְחָה אֹתְךָ אֶל־
הַמֶּלֶךְ לֵאמֹר לָמָּה בָּאתִי מִגְּשׁוּר טוֹב לִי עֹד אֲנִי־שָׁם וְעַתָּה
33 אֶרְאֶה פְּנֵי הַמֶּלֶךְ וְאִם־יֶשׁ־בִּי עָוֺן וֶהֱמִתָנִי׃ וַיָּבֹא יוֹאָב
אֶל־הַמֶּלֶךְ וַיַּגֶּד־לוֹ וַיִּקְרָא אֶל־אַבְשָׁלוֹם וַיָּבֹא אֶל־הַמֶּלֶךְ
וַיִּשְׁתַּחוּ לוֹ עַל־אַפָּיו אַרְצָה לִפְנֵי הַמֶּלֶךְ וַיִּשַּׁק הַמֶּלֶךְ
לְאַבְשָׁלוֹם׃

טו Cap. XV. טו

א וַיְהִי מֵאַחֲרֵי כֵן וַיַּעַשׂ לוֹ אַבְשָׁלוֹם מֶרְכָּבָה וְסֻסִים
2 וַחֲמִשִּׁים אִישׁ רָצִים לְפָנָיו׃ וְהִשְׁכִּים אַבְשָׁלוֹם וְעָמַד עַל־
יַד דֶּרֶךְ הַשָּׁעַר וַיְהִי כָּל־הָאִישׁ אֲשֶׁר־יִהְיֶה־לּוֹ־רִיב לָבוֹא
אֶל־הַמֶּלֶךְ לַמִּשְׁפָּט וַיִּקְרָא אַבְשָׁלוֹם אֵלָיו וַיֹּאמֶר אֵי־מִזֶּה
3 עִיר אַתָּה וַיֹּאמֶר מֵאַחַד שִׁבְטֵי־יִשְׂרָאֵל עַבְדֶּךָ׃ וַיֹּאמֶר
אֵלָיו אַבְשָׁלוֹם רְאֵה דְבָרֶיךָ טוֹבִים וּנְכֹחִים וְשֹׁמֵעַ אֵין־לְךָ
4 מֵאֵת הַמֶּלֶךְ׃ וַיֹּאמֶר אַבְשָׁלוֹם מִי־יְשִׂמֵנִי שֹׁפֵט בָּאָרֶץ וְעָלַי
יָבוֹא כָּל־אִישׁ אֲשֶׁר־יִהְיֶה־לּוֹ־רִיב וּמִשְׁפָּט וְהִצְדַּקְתִּיו׃
ה וְהָיָה בִּקְרָב־אִישׁ לְהִשְׁתַּחֲוֺת לוֹ וְשָׁלַח אֶת־יָדוֹ וְהֶחֱזִיק לוֹ
6 וְנָשַׁק לוֹ׃ וַיַּעַשׂ אַבְשָׁלוֹם כַּדָּבָר הַזֶּה לְכָל־יִשְׂרָאֵל אֲשֶׁר־
יָבֹאוּ לַמִּשְׁפָּט אֶל־הַמֶּלֶךְ וַיְגַנֵּב אַבְשָׁלוֹם אֶת־לֵב אַנְשֵׁי
7 יִשְׂרָאֵל׃ וַיְהִי מִקֵּץ אַרְבָּעִים שָׁנָה וַיֹּאמֶר אַבְשָׁלוֹם אֶל־
הַמֶּלֶךְ אֵלְכָה נָּא וַאֲשַׁלֵּם אֶת־נִדְרִי אֲשֶׁר־נָדַרְתִּי לַיהוָה
8 בְּחֶבְרוֹן׃ כִּי־נֶדֶר נָדַר עַבְדְּךָ בְּשִׁבְתִּי בִגְשׁוּר בַּאֲרָם לֵאמֹר
9 אִם־יָשִׁיב יְשִׁיבֵנִי יְהוָה יְרוּשָׁלַםִ וְעָבַדְתִּי אֶת־יְהוָה׃ וַיֹּאמֶר־
י לוֹ הַמֶּלֶךְ לֵךְ בְּשָׁלוֹם וַיָּקָם וַיֵּלֶךְ חֶבְרוֹנָה׃ וַיִּשְׁלַח
אַבְשָׁלוֹם מְרַגְּלִים בְּכָל־שִׁבְטֵי יִשְׂרָאֵל לֵאמֹר כְּשָׁמְעֲכֶם
11 אֶת־קוֹל הַשֹּׁפָר וַאֲמַרְתֶּם מָלַךְ אַבְשָׁלוֹם בְּחֶבְרוֹן׃ וְאֶת־
אַבְשָׁלוֹם הָלְכוּ מָאתַיִם אִישׁ מִירוּשָׁלַםִ קְרֻאִים וְהֹלְכִים
12 לְתֻמָּם וְלֹא יָדְעוּ כָּל־דָּבָר׃ וַיִּשְׁלַח אַבְשָׁלוֹם אֶת־אֲחִיתֹפֶל

הגילני

טו v. 8. ישוב ק׳

הַגִּֽילֹנִי יוֹעֵץ ׀ דָּוִד מֵעִירוֹ מִגִּלֹה בְּזָבְחוֹ אֶת־הַזְּבָחִים וַיְהִי
13 הַקֶּשֶׁר אַמִּץ וְהָעָם הוֹלֵךְ וָרָב אֶת־אַבְשָׁלוֹם׃ וַיָּבֹא הַמַּגִּיד
אֶל־דָּוִד לֵאמֹר הָיָה לֶב־אִישׁ יִשְׂרָאֵל אַחֲרֵי אַבְשָׁלוֹם׃
14 וַיֹּאמֶר דָּוִד לְכָל־עֲבָדָיו אֲשֶׁר־אִתּוֹ בִירוּשָׁלִַם קוּמוּ וְנִבְרָחָה
כִּי לֹא־תִהְיֶה־לָּנוּ פְלֵיטָה מִפְּנֵי אַבְשָׁלֹם מַהֲרוּ לָלֶכֶת פֶּן־
יְמַהֵר וְהִשִּׂגָנוּ וְהִדִּיחַ עָלֵינוּ אֶת־הָרָעָה וְהִכָּה הָעִיר לְפִי־
טו חָרֶב׃ וַיֹּאמְרוּ עַבְדֵי־הַמֶּלֶךְ אֶל־הַמֶּלֶךְ כְּכֹל אֲשֶׁר־יִבְחַר
16 אֲדֹנִי הַמֶּלֶךְ הִנֵּה עֲבָדֶיךָ׃ וַיֵּצֵא הַמֶּלֶךְ וְכָל־בֵּיתוֹ בְּרַגְלָיו
17 וַיַּעֲזֹב הַמֶּלֶךְ אֵת עֶשֶׂר נָשִׁים פִּלַגְשִׁים לִשְׁמֹר הַבָּיִת׃ וַיֵּצֵא
18 הַמֶּלֶךְ וְכָל־הָעָם בְּרַגְלָיו וַיַּעַמְדוּ בֵּית הַמֶּרְחָק׃ וְכָל־
עֲבָדָיו עֹבְרִים עַל־יָדוֹ וְכָל־הַכְּרֵתִי וְכָל־הַפְּלֵתִי וְכָל־
הַגִּתִּים שֵׁשׁ־מֵאוֹת אִישׁ אֲשֶׁר־בָּאוּ בְרַגְלוֹ מִגַּת עֹבְרִים עַל־
19 פְּנֵי הַמֶּלֶךְ׃ וַיֹּאמֶר הַמֶּלֶךְ אֶל־אִתַּי הַגִּתִּי לָמָּה תֵלֵךְ גַּם־
אַתָּה אִתָּנוּ שׁוּב וְשֵׁב עִם־הַמֶּלֶךְ כִּי־נָכְרִי אַתָּה וְגַם־גֹּלֶה
כ אַתָּה לִמְקוֹמֶךָ׃ תְּמוֹל ׀ בּוֹאֶךָ וְהַיּוֹם אֲנוֹעֲךָ עִמָּנוּ לָלֶכֶת
וַאֲנִי הוֹלֵךְ עַל אֲשֶׁר־אֲנִי הוֹלֵךְ שׁוּב וְהָשֵׁב אֶת־אַחֶיךָ עִמָּךְ
21 חֶסֶד וֶאֱמֶת׃ וַיַּעַן אִתַּי אֶת־הַמֶּלֶךְ וַיֹּאמַר חַי־יְהוָה וְחֵי
אֲדֹנִי הַמֶּלֶךְ כִּי אִם בִּמְקוֹם אֲשֶׁר יִהְיֶה־שָּׁם ׀ אֲדֹנִי הַמֶּלֶךְ
22 אִם־לְמָוֶת אִם־לְחַיִּים כִּי־שָׁם יִהְיֶה עַבְדֶּךָ׃ וַיֹּאמֶר דָּוִד
אֶל־אִתַּי לֵךְ וַעֲבֹר וַיַּעֲבֹר אִתַּי הַגִּתִּי וְכָל־אֲנָשָׁיו וְכָל־הַטַּף
23 אֲשֶׁר אִתּוֹ׃ וְכָל־הָאָרֶץ בּוֹכִים קוֹל גָּדוֹל וְכָל־הָעָם עֹבְרִים
וְהַמֶּלֶךְ עֹבֵר בְּנַחַל קִדְרוֹן וְכָל־הָעָם עֹבְרִים עַל־פְּנֵי־
24 דֶרֶךְ אֶת־הַמִּדְבָּר׃ וְהִנֵּה גַם־צָדוֹק וְכָל־הַלְוִיִּם אִתּוֹ נֹשְׂאִים
אֶת־אֲרוֹן בְּרִית הָאֱלֹהִים וַיַּצִּקוּ אֶת־אֲרוֹן הָאֱלֹהִים וַיַּעַל
כה אֶבְיָתָר עַד־תֹּם כָּל־הָעָם לַעֲבוֹר מִן־הָעִיר׃ וַיֹּאמֶר
הַמֶּלֶךְ לְצָדוֹק הָשֵׁב אֶת־אֲרוֹן הָאֱלֹהִים הָעִיר אִם־אֶמְצָא
26 חֵן בְּעֵינֵי יְהוָה וֶהֱשִׁבַנִי וְהִרְאַנִי אֹתוֹ וְאֶת־נָוֵהוּ׃ וְאִם

כה

v. 20. אניעך ק׳ v. 21. כתיב ולא ק׳

כֹּה יֹאמַר לֹא חָפַצְתִּי בָּךְ הִנְנִי יַעֲשֶׂה־לִּי כַּאֲשֶׁר טוֹב
27 בְּעֵינָיו׃ וַיֹּאמֶר הַמֶּלֶךְ אֶל־צָדוֹק הַכֹּהֵן הֲרוֹאֶה אַתָּה
שֻׁבָה הָעִיר בְּשָׁלוֹם וַאֲחִימַעַץ בִּנְךָ וִיהוֹנָתָן בֶּן־אֶבְיָתָר שְׁנֵי
28 בְנֵיכֶם אִתְּכֶם׃ רְאוּ אָנֹכִי מִתְמַהְמֵהַּ בְּעַבְרוֹת הַמִּדְבָּר עַד
29 בּוֹא דָבָר מֵעִמָּכֶם לְהַגִּיד לִי׃ וַיָּשֶׁב צָדוֹק וְאֶבְיָתָר אֶת־
ל אֲרוֹן הָאֱלֹהִים יְרוּשָׁלָםִ וַיֵּשְׁבוּ שָׁם׃ וְדָוִד עֹלֶה בְמַעֲלֵה
הַזֵּיתִים עֹלֶה ׀ וּבוֹכֶה וְרֹאשׁ לוֹ חָפוּי וְהוּא הֹלֵךְ יָחֵף וְכָל־
31 הָעָם אֲשֶׁר־אִתּוֹ חָפוּ אִישׁ רֹאשׁוֹ וְעָלוּ עָלֹה וּבָכֹה׃ וְדָוִד
הִגִּיד לֵאמֹר אֲחִיתֹפֶל בַּקֹּשְׁרִים עִם־אַבְשָׁלוֹם וַיֹּאמֶר דָּוִד
32 סַכֶּל־נָא אֶת־עֲצַת אֲחִיתֹפֶל יְהוָה׃ וַיְהִי דָוִד בָּא עַד־
הָרֹאשׁ אֲשֶׁר־יִשְׁתַּחֲוֶה שָׁם לֵאלֹהִים וְהִנֵּה לִקְרָאתוֹ חוּשַׁי
33 הָאַרְכִּי קָרוּעַ כֻּתָּנְתּוֹ וַאֲדָמָה עַל־רֹאשׁוֹ׃ וַיֹּאמֶר לוֹ דָּוִד
34 אִם עָבַרְתָּ אִתִּי וְהָיִתָ עָלַי לְמַשָּׂא׃ וְאִם־הָעִיר תָּשׁוּב וְאָמַרְתָּ
לְאַבְשָׁלוֹם עַבְדְּךָ אֲנִי הַמֶּלֶךְ אֶהְיֶה עֶבֶד אָבִיךָ וַאֲנִי מֵאָז
לה וְעַתָּה וַאֲנִי עַבְדֶּךָ וְהֵפַרְתָּה לִי אֵת עֲצַת אֲחִיתֹפֶל׃ וַהֲלוֹא
עִמְּךָ שָׁם צָדוֹק וְאֶבְיָתָר הַכֹּהֲנִים וְהָיָה כָּל־הַדָּבָר אֲשֶׁר
36 תִּשְׁמַע מִבֵּית הַמֶּלֶךְ תַּגִּיד לְצָדוֹק וּלְאֶבְיָתָר הַכֹּהֲנִים׃ הִנֵּה־
שָׁם עִמָּם שְׁנֵי בְנֵיהֶם אֲחִימַעַץ לְצָדוֹק וִיהוֹנָתָן לְאֶבְיָתָר
37 וּשְׁלַחְתֶּם בְּיָדָם אֵלַי כָּל־דָּבָר אֲשֶׁר תִּשְׁמָעוּ׃ וַיָּבֹא חוּשַׁי
רֵעֶה דָוִד הָעִיר וְאַבְשָׁלֹם יָבוֹא יְרוּשָׁלִָם׃

טז Cap. XVI. טז

א וְדָוִד עָבַר מְעַט מֵהָרֹאשׁ וְהִנֵּה צִיבָא נַעַר מְפִיבֹשֶׁת
לִקְרָאתוֹ וְצֶמֶד חֲמֹרִים חֲבֻשִׁים וַעֲלֵיהֶם מָאתַיִם לֶחֶם וּמֵאָה
2 צִמּוּקִים וּמֵאָה קַיִץ וְנֵבֶל יָיִן׃ וַיֹּאמֶר הַמֶּלֶךְ אֶל־צִיבָא
מָה־אֵלֶּה לָּךְ וַיֹּאמֶר צִיבָא הַחֲמוֹרִים לְבֵית־הַמֶּלֶךְ לִרְכֹּב
וּלְהַלֶּחֶם וְהַקַּיִץ לֶאֱכוֹל הַנְּעָרִים וְהַיַּיִן לִשְׁתּוֹת הַיָּעֵף
3 בַּמִּדְבָּר׃ וַיֹּאמֶר הַמֶּלֶךְ וְאַיֵּה בֶּן־אֲדֹנֶיךָ וַיֹּאמֶר צִיבָא אֶל־

המלך

ט״ו v. 28. בערבות ק׳ ט״ז v. 2. והלחם ק׳

הַמֶּלֶךְ הִנֵּה יוֹשֵׁב בִּירוּשָׁלִָם כִּי אָמַר הַיּוֹם יָשִׁיבוּ לִי בֵּית
4 יִשְׂרָאֵל אֵת מַמְלְכוּת אָבִי׃ וַיֹּאמֶר הַמֶּלֶךְ לְצִבָא הִנֵּה לְךָ
כֹּל אֲשֶׁר לִמְפִיבֹשֶׁת וַיֹּאמֶר צִיבָא הִשְׁתַּחֲוֵיתִי אֶמְצָא־חֵן
ה בְּעֵינֶיךָ אֲדֹנִי הַמֶּלֶךְ׃ וּבָא הַמֶּלֶךְ דָּוִד עַד־בַּחוּרִים וְהִנֵּה
מִשָּׁם אִישׁ יוֹצֵא מִמִּשְׁפַּחַת בֵּית־שָׁאוּל וּשְׁמוֹ שִׁמְעִי בֶן־גֵּרָא
6 יֹצֵא יָצוֹא וּמְקַלֵּל׃ וַיְסַקֵּל בָּאֲבָנִים אֶת־דָּוִד וְאֶת־כָּל־עַבְדֵי
הַמֶּלֶךְ דָּוִד וְכָל־הָעָם וְכָל־הַגִּבֹּרִים מִימִינוֹ וּמִשְּׂמֹאלוֹ׃
7 וְכֹה־אָמַר שִׁמְעִי בְּקַלְלוֹ צֵא צֵא אִישׁ הַדָּמִים וְאִישׁ הַבְּלִיָּעַל׃
8 הֵשִׁיב עָלֶיךָ יְהוָה כֹּל ׀ דְּמֵי בֵית־שָׁאוּל אֲשֶׁר מָלַכְתָּ תַּחְתָּו
וַיִּתֵּן יְהוָה אֶת־הַמְּלוּכָה בְּיַד אַבְשָׁלוֹם בְּנֶךָ וְהִנְּךָ בְּרָעָתֶךָ
9 כִּי אִישׁ דָּמִים אָתָּה׃ וַיֹּאמֶר אֲבִישַׁי בֶן־צְרוּיָה אֶל־הַמֶּלֶךְ
לָמָּה יְקַלֵּל הַכֶּלֶב הַמֵּת הַזֶּה אֶת־אֲדֹנִי הַמֶּלֶךְ אֶעְבְּרָה־נָּא
י וְאָסִירָה אֶת־רֹאשׁוֹ׃ וַיֹּאמֶר הַמֶּלֶךְ מַה־לִּי וְלָכֶם בְּנֵי צְרֻיָה
כִּי יְקַלֵּל וּכִי יְהוָה אָמַר לוֹ קַלֵּל אֶת־דָּוִד וּמִי יֹאמַר מַדּוּעַ
11 עָשִׂיתָה כֵּן׃ וַיֹּאמֶר דָּוִד אֶל־אֲבִישַׁי וְאֶל־כָּל־עֲבָדָיו
הִנֵּה בְנִי אֲשֶׁר־יָצָא מִמֵּעַי מְבַקֵּשׁ אֶת־נַפְשִׁי וְאַף כִּי־עַתָּה
12 בֶּן־הַיְמִינִי הַנִּחוּ לוֹ וִיקַלֵּל כִּי אָמַר־לוֹ יְהוָה׃ אוּלַי יִרְאֶה
יְהוָה בְּעֵונִי וְהֵשִׁיב יְהוָה לִי טוֹבָה תַּחַת קִלְלָתוֹ הַיּוֹם הַזֶּה׃
13 וַיֵּלֶךְ דָּוִד וַאֲנָשָׁיו בַּדָּרֶךְ ° וְשִׁמְעִי הֹלֵךְ בְּצֵלַע
הָהָר לְעֻמָּתוֹ הָלוֹךְ וַיְקַלֵּל וַיְסַקֵּל בָּאֲבָנִים לְעֻמָּתוֹ וְעִפַּר
14 בֶּעָפָר׃ וַיָּבֹא הַמֶּלֶךְ וְכָל־הָעָם אֲשֶׁר־אִתּוֹ עֲיֵפִים וַיִּנָּפֵשׁ
טו שָׁם׃ וְאַבְשָׁלוֹם וְכָל־הָעָם אִישׁ יִשְׂרָאֵל בָּאוּ יְרוּשָׁלִָם
16 וַאֲחִיתֹפֶל אִתּוֹ׃ וַיְהִי כַּאֲשֶׁר־בָּא חוּשַׁי הָאַרְכִּי רֵעֶה דָוִד
אֶל־אַבְשָׁלֹם וַיֹּאמֶר חוּשַׁי אֶל־אַבְשָׁלֹם יְחִי הַמֶּלֶךְ יְחִי
17 הַמֶּלֶךְ׃ וַיֹּאמֶר אַבְשָׁלוֹם אֶל־חוּשַׁי זֶה חַסְדְּךָ אֶת־רֵעֶךָ
18 לָמָּה לֹא־הָלַכְתָּ אֶת־רֵעֶךָ׃ וַיֹּאמֶר חוּשַׁי אֶל־אַבְשָׁלֹם
לֹא כִּי אֲשֶׁר בָּחַר יְהוָה וְהָעָם הַזֶּה וְכָל־אִישׁ יִשְׂרָאֵל לֹא

אהיה

v. 8 תחתיו ק׳   v. 10 כה ק׳   ibid. כי ק׳   v. 12 בעיני ק׳
v. 13 פסקא באמצע פסוק   v. 18 לו ק׳

19 אֶהְיֶה וְאִתּוֹ אֵשֵׁב׃ וְהַשֵּׁנִית לְמִי אֲנִי אֶעֱבֹד הֲלוֹא לִפְנֵי בְנוֹ
כַּאֲשֶׁר עָבַדְתִּי לִפְנֵי אָבִיךָ כֵּן אֶהְיֶה לְפָנֶיךָ׃
כ וַיֹּאמֶר אַבְשָׁלוֹם אֶל־אֲחִיתֹפֶל הָבוּ לָכֶם עֵצָה מַה־נַּעֲשֶׂה׃
21 וַיֹּאמֶר אֲחִיתֹפֶל אֶל־אַבְשָׁלֹם בּוֹא אֶל־פִּלַגְשֵׁי אָבִיךָ אֲשֶׁר
הִנִּיחַ לִשְׁמוֹר הַבָּיִת וְשָׁמַע כָּל־יִשְׂרָאֵל כִּי־נִבְאַשְׁתָּ אֶת־
22 אָבִיךָ וְחָזְקוּ יְדֵי כָּל־אֲשֶׁר אִתָּךְ׃ וַיַּטּוּ לְאַבְשָׁלוֹם הָאֹהֶל
עַל־הַגָּג וַיָּבֹא אַבְשָׁלוֹם אֶל־פִּלַגְשֵׁי אָבִיו לְעֵינֵי כָּל־יִשְׂרָאֵל׃
23 וַעֲצַת אֲחִיתֹפֶל אֲשֶׁר יָעַץ בַּיָּמִים הָהֵם כַּאֲשֶׁר יִשְׁאַל־°
בִּדְבַר הָאֱלֹהִים כֵּן כָּל־עֲצַת אֲחִיתֹפֶל גַּם־לְדָוִד גַּם־
לְאַבְשָׁלֹם׃

יז Cap. XVII. יז

א וַיֹּאמֶר אֲחִיתֹפֶל אֶל־אַבְשָׁלֹם אֶבְחֲרָה נָּא שְׁנֵים־עָשָׂר אֶלֶף
2 אִישׁ וְאָקוּמָה וְאֶרְדְּפָה אַחֲרֵי־דָוִד הַלָּיְלָה׃ וְאָבוֹא עָלָיו
וְהוּא יָגֵעַ וּרְפֵה יָדַיִם וְהַחֲרַדְתִּי אֹתוֹ וְנָס כָּל־הָעָם אֲשֶׁר־
3 אִתּוֹ וְהִכֵּיתִי אֶת־הַמֶּלֶךְ לְבַדּוֹ׃ וְאָשִׁיבָה כָל־הָעָם אֵלֶיךָ
כְּשׁוּב הַכֹּל הָאִישׁ אֲשֶׁר אַתָּה מְבַקֵּשׁ כָּל־הָעָם יִהְיֶה
4 שָׁלוֹם׃ וַיִּישַׁר הַדָּבָר בְּעֵינֵי אַבְשָׁלֹם וּבְעֵינֵי כָּל־זִקְנֵי
ה יִשְׂרָאֵל׃ וַיֹּאמֶר אַבְשָׁלוֹם קְרָא נָא גַּם לְחוּשַׁי הָאַרְכִּי
6 וְנִשְׁמְעָה מַה־בְּפִיו גַּם־הוּא׃ וַיָּבֹא חוּשַׁי אֶל־אַבְשָׁלוֹם
וַיֹּאמֶר אַבְשָׁלוֹם אֵלָיו לֵאמֹר כַּדָּבָר הַזֶּה דִּבֶּר אֲחִיתֹפֶל
7 הֲנַעֲשֶׂה אֶת־דְּבָרוֹ אִם־אַיִן אַתָּה דַבֵּר׃ וַיֹּאמֶר חוּשַׁי
אֶל־אַבְשָׁלוֹם לֹא־טוֹבָה הָעֵצָה אֲשֶׁר־יָעַץ אֲחִיתֹפֶל בַּפַּעַם
8 הַזֹּאת׃ וַיֹּאמֶר חוּשַׁי אַתָּה יָדַעְתָּ אֶת־אָבִיךָ וְאֶת־אֲנָשָׁיו כִּי
גִבֹּרִים הֵמָּה וּמָרֵי נֶפֶשׁ הֵמָּה כְּדֹב שַׁכּוּל בַּשָּׂדֶה וְאָבִיךָ אִישׁ
9 מִלְחָמָה וְלֹא יָלִין אֶת־הָעָם׃ הִנֵּה עַתָּה הוּא־נֶחְבָּא בְּאַחַת
הַפְּחָתִים אוֹ בְּאַחַד הַמְּקוֹמֹת וְהָיָה כִּנְפֹל בָּהֶם בַּתְּחִלָּה
וְשָׁמַע הַשֹּׁמֵעַ וְאָמַר הָיְתָה מַגֵּפָה בָּעָם אֲשֶׁר אַחֲרֵי אַבְשָׁלֹם׃

והוא

ס״ן v. 23. איש קרי ולא כתיב

י וְהוּא גַם־בֶּן־חַיִל אֲשֶׁר לִבּוֹ כְּלֵב הָאַרְיֵה הִמֵּס יִמָּס כִּֽי־
11 יֹדֵעַ כָּל־יִשְׂרָאֵל כִּֽי־גִבּוֹר אָבִיךָ וּבְנֵי־חַיִל אֲשֶׁר אִתּֽוֹ׃ כִּי
יָעַצְתִּי הֵאָסֹף יֵאָסֵף עָלֶיךָ כָל־יִשְׂרָאֵל מִדָּן וְעַד־בְּאֵר
שֶׁבַע כַּחוֹל אֲשֶׁר־עַל־הַיָּם לָרֹב וּפָנֶיךָ הֹלְכִים בַּקְרָֽב׃
12 וּבָאנוּ אֵלָיו בְּאַחַת הַמְּקוֹמֹת אֲשֶׁר נִמְצָא שָׁם וְנַחְנוּ עָלָיו כַּאֲשֶׁר
יִפֹּל הַטַּל עַל־הָאֲדָמָה וְלֹא־נוֹתַר בּוֹ וּבְכָל־הָאֲנָשִׁים אֲשֶׁר־
13 אִתּוֹ גַּם־אֶחָֽד׃ וְאִם־אֶל־עִיר יֵאָסֵף וְהִשִּׂיאוּ כָל־יִשְׂרָאֵל
אֶל־הָעִיר הַהִיא חֲבָלִים וְסָחַבְנוּ אֹתוֹ עַד־הַנַּחַל עַד אֲשֶׁר־
14 לֹא־נִמְצָא שָׁם גַּם־צְרֽוֹר׃ וַיֹּאמֶר אַבְשָׁלוֹם וְכָל־אִישׁ
יִשְׂרָאֵל טוֹבָה עֲצַת חוּשַׁי הָאַרְכִּי מֵעֲצַת אֲחִיתֹפֶל ° וַֽיהוָה
צִוָּה לְהָפֵר אֶת־עֲצַת אֲחִיתֹפֶל הַטּוֹבָה לְבַעֲבוּר הָבִיא יְהוָה
טו אֶל־אַבְשָׁלוֹם אֶת־הָרָעָֽה׃ וַיֹּאמֶר חוּשַׁי אֶל־צָדוֹק וְאֶל־
אֶבְיָתָר הַכֹּהֲנִים כָּזֹאת וְכָזֹאת יָעַץ אֲחִיתֹפֶל אֶת־אַבְשָׁלֹם
16 וְאֵת זִקְנֵי יִשְׂרָאֵל וְכָזֹאת וְכָזֹאת יָעַצְתִּי אָֽנִי׃ וְעַתָּה שִׁלְחוּ
מְהֵרָה וְהַגִּידוּ לְדָוִד לֵאמֹר אַל־תָּלֶן הַלַּיְלָה בְּעַרְבוֹת
הַמִּדְבָּר וְגַם עָבוֹר תַּעֲבוֹר פֶּן יְבֻלַּע לַמֶּלֶךְ וּלְכָל־הָעָם
17 אֲשֶׁר אִתּֽוֹ׃ וִיהוֹנָתָן וַאֲחִימַעַץ עֹמְדִים בְּעֵין־רֹגֵל וְהָלְכָה
הַשִּׁפְחָה וְהִגִּידָה לָהֶם וְהֵם יֵלְכוּ וְהִגִּידוּ לַמֶּלֶךְ דָּוִד כִּי
18 לֹא יוּכְלוּ לְהֵרָאוֹת לָבוֹא הָעִֽירָה׃ וַיַּרְא אֹתָם נַעַר וַיַּגֵּד
לְאַבְשָׁלֹם וַיֵּלְכוּ שְׁנֵיהֶם מְהֵרָה וַיָּבֹאוּ ׀ אֶל־בֵּית־אִישׁ
19 בְּבַחוּרִים וְלוֹ בְאֵר בַּחֲצֵרוֹ וַיֵּרְדוּ שָֽׁם׃ וַתִּקַּח הָאִשָּׁה וַתִּפְרֹשׂ
אֶת־הַמָּסָךְ עַל־פְּנֵי הַבְּאֵר וַתִּשְׁטַח עָלָיו הָרִפוֹת וְלֹא נוֹדַע
כ דָּבָֽר׃ וַיָּבֹאוּ עַבְדֵי אַבְשָׁלוֹם אֶל־הָאִשָּׁה הַבַּיְתָה וַיֹּאמְרוּ
אַיֵּה אֲחִימַעַץ וִיהוֹנָתָן וַתֹּאמֶר לָהֶם הָאִשָּׁה עָבְרוּ מִיכַל
21 הַמָּיִם וַיְבַקְשׁוּ וְלֹא מָצָאוּ וַיָּשֻׁבוּ יְרוּשָׁלָֽם׃ וַיְהִי ׀ אַחֲרֵי
לֶכְתָּם וַיַּעֲלוּ מֵהַבְּאֵר וַיֵּלְכוּ וַיַּגִּדוּ לַמֶּלֶךְ דָּוִד וַיֹּאמְרוּ אֶל־
דָּוִד קוּמוּ וְעִבְרוּ מְהֵרָה אֶת־הַמַּיִם כִּי־כָכָה יָעַץ עֲלֵיכֶם

אחיתפל

v. 12. באחד ק׳   v. 14. פסקא באמצע פסוק   v. 19. סבירין פי

22 אֲחִיתֹֽפֶל׃ וַיָּקָם דָּוִד וְכָל־הָעָם אֲשֶׁר אִתּוֹ וַיַּעַבְרוּ אֶת־
הַיַּרְדֵּן עַד־אוֹר הַבֹּקֶר עַד־אַחַד לֹא נֶעְדָּר אֲשֶׁר לֹא־עָבַר
23 אֶת־הַיַּרְדֵּֽן׃ וַאֲחִיתֹפֶל רָאָה כִּי לֹא נֶעֶשְׂתָה עֲצָתוֹ וַיַּחֲבֹשׁ
אֶת־הַחֲמוֹר וַיָּקָם וַיֵּלֶךְ אֶל־בֵּיתוֹ אֶל־עִירוֹ וַיְצַו אֶל־בֵּיתוֹ
24 וַיֵּחָנַק וַיָּמָת וַיִּקָּבֵר בְּקֶבֶר אָבִֽיו׃ וְדָוִד בָּא מַחֲנָיְמָה
וְאַבְשָׁלֹם עָבַר אֶת־הַיַּרְדֵּן הוּא וְכָל־אִישׁ יִשְׂרָאֵל עִמּֽוֹ׃
כה וְאֶת־עֲמָשָׂא שָׂם אַבְשָׁלֹם תַּחַת יוֹאָב עַל־הַצָּבָא וַעֲמָשָׂא
בֶן־אִישׁ וּשְׁמוֹ יִתְרָא הַיִּשְׂרְאֵלִי אֲשֶׁר־בָּא אֶל־אֲבִיגַל בַּת־
26 נָחָשׁ אֲחוֹת צְרוּיָה אֵם יוֹאָֽב׃ וַיִּחַן יִשְׂרָאֵל וְאַבְשָׁלֹם אֶרֶץ
27 הַגִּלְעָֽד׃ וַיְהִי כְּבוֹא דָוִד מַחֲנָיְמָה וְשֹׁבִי בֶן־נָחָשׁ מֵרַבַּת
בְּנֵי־עַמּוֹן וּמָכִיר בֶּן־עַמִּיאֵל מִלֹּא דְבָר וּבַרְזִלַּי הַגִּלְעָדִי
28 מֵרֹגְלִֽים׃ מִשְׁכָּב וְסַפּוֹת וּכְלִי יוֹצֵר וְחִטִּים וּשְׂעֹרִים וְקֶמַח
29 וְקָלִי וּפוֹל וַעֲדָשִׁים וְקָלִֽי׃ וּדְבַשׁ וְחֶמְאָה וְצֹאן וּשְׁפוֹת בָּקָר
הִגִּישׁוּ לְדָוִד וְלָעָם אֲשֶׁר־אִתּוֹ לֶאֱכוֹל כִּי אָמְרוּ הָעָם רָעֵב
וְעָיֵף וְצָמֵא בַּמִּדְבָּֽר׃

יח CAP. XVIII. יח

א וַיִּפְקֹד דָּוִד אֶת־הָעָם אֲשֶׁר אִתּוֹ וַיָּשֶׂם עֲלֵיהֶם שָׂרֵי אֲלָפִים
2 וְשָׂרֵי מֵאֽוֹת׃ וַיְשַׁלַּח דָּוִד אֶת־הָעָם הַשְּׁלִשִׁית בְּיַד־יוֹאָב
וְהַשְּׁלִשִׁית בְּיַד אֲבִישַׁי בֶן־צְרוּיָה אֲחִי יוֹאָב וְהַשְּׁלִשִׁת בְּיַד
אִתַּי הַגִּתִּי וַיֹּאמֶר הַמֶּלֶךְ אֶל־הָעָם יָצֹא אֵצֵא גַּם־אֲנִי עִמָּכֶֽם׃
3 וַיֹּאמֶר הָעָם לֹא תֵצֵא כִּי אִם־נֹס נָנוּס לֹא־יָשִׂימוּ אֵלֵינוּ לֵב
וְאִם־יָמֻתוּ חֶצְיֵנוּ לֹא־יָשִׂימוּ אֵלֵינוּ לֵב כִּי־עַתָּה כָמֹנוּ עֲשָׂרָה
4 אֲלָפִים וְעַתָּה טוֹב כִּי־תִהְיֶה־לָּנוּ מֵעִיר לַעְזֽוֹר׃ וַיֹּאמֶר
אֲלֵיהֶם הַמֶּלֶךְ אֲשֶׁר־יִיטַב בְּעֵינֵיכֶם אֶעֱשֶׂה וַיַּעֲמֹד הַמֶּלֶךְ
ה אֶל־יַד הַשַּׁעַר וְכָל־הָעָם יָצְאוּ לְמֵאוֹת וְלַאֲלָפִים׃ וַיְצַו
הַמֶּלֶךְ אֶת־יוֹאָב וְאֶת־אֲבִישַׁי וְאֶת־אִתַּי לֵאמֹר לְאַט־לִי
לַנַּעַר לְאַבְשָׁלוֹם וְכָל־הָעָם שָׁמְעוּ בְּצַוֺּת הַמֶּלֶךְ אֶת־כָּל־

השרים

ר״ן v. 29. אין כאן פסקא   י״ח v. 3. לעזור ק׳

6 הַשָּׂרִים עַל־דְּבַר אַבְשָׁלוֹם׃ וַיֵּצֵא הָעָם הַשָּׂדֶה לִקְרַאת
7 יִשְׂרָאֵל וַתְּהִי הַמִּלְחָמָה בְּיַעַר אֶפְרָיִם׃ וַיִּנָּגְפוּ שָׁם עַם
יִשְׂרָאֵל לִפְנֵי עַבְדֵי דָוִד וַתְּהִי־שָׁם הַמַּגֵּפָה גְדוֹלָה בַּיּוֹם
8 הַהוּא עֶשְׂרִים אָלֶף׃ וַתְּהִי־שָׁם הַמִּלְחָמָה נָפֹצֶות עַל־פְּנֵי
כָל־הָאָרֶץ וַיֶּרֶב הַיַּעַר לֶאֱכֹל בָּעָם מֵאֲשֶׁר אָכְלָה הַחֶרֶב
9 בַּיּוֹם הַהוּא׃ וַיִּקָּרֵא אַבְשָׁלוֹם לִפְנֵי עַבְדֵי דָוִד וְאַבְשָׁלוֹם
רֹכֵב עַל־הַפֶּרֶד וַיָּבֹא הַפֶּרֶד תַּחַת שׂוֹבֶךְ הָאֵלָה הַגְּדוֹלָה
וַיֶּחֱזַק רֹאשׁוֹ בָאֵלָה וַיֻּתַּן בֵּין הַשָּׁמַיִם וּבֵין הָאָרֶץ וְהַפֶּרֶד
י אֲשֶׁר־תַּחְתָּיו עָבָר׃ וַיַּרְא אִישׁ אֶחָד וַיַּגֵּד לְיוֹאָב וַיֹּאמֶר הִנֵּה
11 רָאִיתִי אֶת־אַבְשָׁלֹם תָּלוּי בָּאֵלָה׃ וַיֹּאמֶר יוֹאָב לָאִישׁ הַמַּגִּיד
לוֹ וְהִנֵּה רָאִיתָ וּמַדּוּעַ לֹא־הִכִּיתוֹ שָׁם אָרְצָה וְעָלַי לָתֶת לְךָ
12 עֲשָׂרָה כֶסֶף וַחֲגֹרָה אֶחָת׃ וַיֹּאמֶר הָאִישׁ אֶל־יוֹאָב וְלֹא
אָנֹכִי שֹׁקֵל עַל־כַּפַּי אֶלֶף כֶּסֶף לֹא־אֶשְׁלַח יָדִי אֶל־בֶּן־
הַמֶּלֶךְ כִּי בְאָזְנֵינוּ צִוָּה הַמֶּלֶךְ אֹתְךָ וְאֶת־אֲבִישַׁי וְאֶת־אִתַּי
13 לֵאמֹר שִׁמְרוּ־מִי בַּנַּעַר בְּאַבְשָׁלוֹם׃ אוֹ־עָשִׂיתִי בְנַפְשׁוֹ
שֶׁקֶר וְכָל־דָּבָר לֹא־יִכָּחֵד מִן־הַמֶּלֶךְ וְאַתָּה תִּתְיַצֵּב מִנֶּגֶד׃
14 וַיֹּאמֶר יוֹאָב לֹא־כֵן אֹחִילָה לְפָנֶיךָ וַיִּקַּח שְׁלֹשָׁה שְׁבָטִים
טו בְּכַפּוֹ וַיִּתְקָעֵם בְּלֵב אַבְשָׁלוֹם עוֹדֶנּוּ חַי בְּלֵב הָאֵלָה׃ וַיָּסֹבּוּ
עֲשָׂרָה נְעָרִים נֹשְׂאֵי כְּלֵי יוֹאָב וַיַּכּוּ אֶת־אַבְשָׁלוֹם וַיְמִתֻהוּ׃
16 וַיִּתְקַע יוֹאָב בַּשֹּׁפָר וַיָּשָׁב הָעָם מִרְדֹף אַחֲרֵי יִשְׂרָאֵל כִּי־
17 חָשַׂךְ יוֹאָב אֶת־הָעָם׃ וַיִּקְחוּ אֶת־אַבְשָׁלוֹם וַיַּשְׁלִכוּ אֹתוֹ
בַיַּעַר אֶל־הַפַּחַת הַגָּדוֹל וַיַּצִּבוּ עָלָיו גַּל־אֲבָנִים גָּדוֹל מְאֹד
18 וְכָל־יִשְׂרָאֵל נָסוּ אִישׁ לְאֹהָלְו׃ וְאַבְשָׁלֹם לָקַח וַיַּצֶּב־לוֹ
בְחַיָּו אֶת־מַצֶּבֶת אֲשֶׁר בְּעֵמֶק־הַמֶּלֶךְ כִּי אָמַר אֵין־לִי בֵן
בַּעֲבוּר הַזְכִּיר שְׁמִי וַיִּקְרָא לַמַּצֶּבֶת עַל־שְׁמוֹ וַיִּקָּרֵא לָהּ
19 יַד אַבְשָׁלוֹם עַד הַיּוֹם הַזֶּה׃ וַאֲחִימַעַץ בֶּן־צָדוֹק אָמַר
אָרוּצָה נָּא וַאֲבַשְּׂרָה אֶת־הַמֶּלֶךְ כִּי־שְׁפָטוֹ יְהוָה מִיַּד אֹיְבָיו׃

ויאמר

v. 8. נפוצה ק׳ v. 12. ולו ק׳ v. 13. בנפשי ק׳ v. 17. לאהליו ק׳
v. 18. בחייו ק׳

כ וַיֹּאמֶר לוֹ יוֹאָב לֹא אִישׁ בְּשֹׂרָה אַתָּה הַיּוֹם הַזֶּה וּבִשַּׂרְתָּ
בְּיוֹם אַחֵר וְהַיּוֹם הַזֶּה לֹא תְבַשֵּׂר כִּי־עַל־ בֶּן־הַמֶּלֶךְ מֵת׃
21 וַיֹּאמֶר יוֹאָב לַכּוּשִׁי לֵךְ הַגֵּד לַמֶּלֶךְ אֲשֶׁר רָאִיתָה וַיִּשְׁתַּחוּ
22 כוּשִׁי לְיוֹאָב וַיָּרֹץ׃ וַיֹּסֶף עוֹד אֲחִימַעַץ בֶּן־צָדוֹק וַיֹּאמֶר
אֶל־יוֹאָב וִיהִי מָה אָרֻצָה־נָּא גַם־אָנִי אַחֲרֵי הַכּוּשִׁי וַיֹּאמֶר
יוֹאָב לָמָּה־זֶּה אַתָּה רָץ בְּנִי וּלְכָה אֵין־בְּשׂוֹרָה מֹצֵאת׃
23 וִיהִי־מָה אָרוּץ וַיֹּאמֶר לוֹ רוּץ וַיָּרָץ אֲחִימַעַץ דֶּרֶךְ הַכִּכָּר
24 וַיַּעֲבֹר אֶת־הַכּוּשִׁי׃ וְדָוִד יוֹשֵׁב בֵּין־שְׁנֵי הַשְּׁעָרִים וַיֵּלֶךְ
הַצֹּפֶה אֶל־גַּג הַשַּׁעַר אֶל־הַחוֹמָה וַיִּשָּׂא אֶת־עֵינָיו וַיַּרְא
כה וְהִנֵּה־אִישׁ רָץ לְבַדּוֹ׃ וַיִּקְרָא הַצֹּפֶה וַיַּגֵּד לַמֶּלֶךְ וַיֹּאמֶר
26 הַמֶּלֶךְ אִם־לְבַדּוֹ בְּשׂוֹרָה בְּפִיו וַיֵּלֶךְ הָלוֹךְ וְקָרֵב׃ וַיַּרְא
הַצֹּפֶה אִישׁ־אַחֵר רָץ וַיִּקְרָא הַצֹּפֶה אֶל־הַשֹּׁעֵר וַיֹּאמֶר
27 הִנֵּה־אִישׁ רָץ לְבַדּוֹ וַיֹּאמֶר הַמֶּלֶךְ גַּם־זֶה מְבַשֵּׂר׃ וַיֹּאמֶר
הַצֹּפֶה אֲנִי רֹאֶה אֶת־מְרוּצַת הָרִאשׁוֹן כִּמְרֻצַת אֲחִימַעַץ
בֶּן־צָדוֹק וַיֹּאמֶר הַמֶּלֶךְ אִישׁ־טוֹב זֶה וְאֶל־בְּשׂוֹרָה טוֹבָה
28 יָבוֹא׃ וַיִּקְרָא אֲחִימַעַץ וַיֹּאמֶר אֶל־הַמֶּלֶךְ שָׁלוֹם וַיִּשְׁתַּחוּ
לַמֶּלֶךְ לְאַפָּיו אָרְצָה וַיֹּאמֶר בָּרוּךְ יְהוָה אֱלֹהֶיךָ אֲשֶׁר סִגַּר
29 אֶת־הָאֲנָשִׁים אֲשֶׁר־נָשְׂאוּ אֶת־יָדָם בַּאדֹנִי הַמֶּלֶךְ׃ וַיֹּאמֶר
הַמֶּלֶךְ שָׁלוֹם לַנַּעַר לְאַבְשָׁלוֹם וַיֹּאמֶר אֲחִימַעַץ רָאִיתִי
הֶהָמוֹן הַגָּדוֹל לִשְׁלֹחַ אֶת־עֶבֶד הַמֶּלֶךְ יוֹאָב וְאֶת־עַבְדֶּךָ
ל וְלֹא יָדַעְתִּי מָה׃ וַיֹּאמֶר הַמֶּלֶךְ סֹב הִתְיַצֵּב כֹּה וַיִּסֹּב וַיַּעֲמֹד׃
31 וְהִנֵּה הַכּוּשִׁי בָּא וַיֹּאמֶר הַכּוּשִׁי יִתְבַּשֵּׂר אֲדֹנִי הַמֶּלֶךְ כִּי־
32 שְׁפָטְךָ יְהוָה הַיּוֹם מִיַּד כָּל־הַקָּמִים עָלֶיךָ׃ וַיֹּאמֶר
הַמֶּלֶךְ אֶל־הַכּוּשִׁי הֲשָׁלוֹם לַנַּעַר לְאַבְשָׁלוֹם וַיֹּאמֶר הַכּוּשִׁי
יִהְיוּ כַנַּעַר אֹיְבֵי אֲדֹנִי הַמֶּלֶךְ וְכֹל אֲשֶׁר־קָמוּ עָלֶיךָ
לְרָעָה׃

וירגז

v. 20. כן קרי ולא כתיב   v. 29. סבירין השלום

יט

Cap. XIX. יט

א וַיִּרְגַּז הַמֶּלֶךְ וַיַּעַל עַל־עֲלִיַּת הַשַּׁעַר וַיֵּבְךְּ וְכֹה ׀ אָמַר
בְּלֶכְתּוֹ בְּנִי אַבְשָׁלוֹם בְּנִי בְנִי אַבְשָׁלוֹם מִי־יִתֵּן מוּתִי אֲנִי
2 תַחְתֶּיךָ אַבְשָׁלוֹם בְּנִי בְנִי׃ וַיֻּגַּד לְיוֹאָב הִנֵּה הַמֶּלֶךְ בֹּכֶה
3 וַיִּתְאַבֵּל עַל־אַבְשָׁלֹם׃ וַתְּהִי הַתְּשֻׁעָה בַּיּוֹם הַהוּא לְאֵבֶל
לְכָל־הָעָם כִּי־שָׁמַע הָעָם בַּיּוֹם הַהוּא לֵאמֹר נֶעֱצַב הַמֶּלֶךְ
4 עַל־בְּנוֹ׃ וַיִּתְגַּנֵּב הָעָם בַּיּוֹם הַהוּא לָבוֹא הָעִיר כַּאֲשֶׁר
ה יִתְגַּנֵּב הָעָם הַנִּכְלָמִים בְּנוּסָם בַּמִּלְחָמָה׃ וְהַמֶּלֶךְ לָאַט
אֶת־פָּנָיו וַיִּזְעַק הַמֶּלֶךְ קוֹל גָּדוֹל בְּנִי אַבְשָׁלוֹם אַבְשָׁלוֹם
6 בְּנִי בְנִי׃ וַיָּבֹא יוֹאָב אֶל־הַמֶּלֶךְ הַבָּיִת וַיֹּאמֶר הֹבַשְׁתָּ
הַיּוֹם אֶת־פְּנֵי כָל־עֲבָדֶיךָ הַמְמַלְּטִים אֶת־נַפְשְׁךָ הַיּוֹם וְאֵת
7 נֶפֶשׁ בָּנֶיךָ וּבְנֹתֶיךָ וְנֶפֶשׁ נָשֶׁיךָ וְנֶפֶשׁ פִּלַגְשֶׁיךָ׃ לְאַהֲבָה אֶת־
שֹׂנְאֶיךָ וְלִשְׂנֹא אֶת־אֹהֲבֶיךָ כִּי ׀ הִגַּדְתָּ הַיּוֹם כִּי אֵין לְךָ שָׂרִים
וַעֲבָדִים כִּי ׀ יָדַעְתִּי הַיּוֹם כִּי לֹא אַבְשָׁלוֹם חַי וְכֻלָּנוּ הַיּוֹם
8 מֵתִים כִּי־אָז יָשָׁר בְּעֵינֶיךָ׃ וְעַתָּה קוּם צֵא וְדַבֵּר עַל־לֵב
עֲבָדֶיךָ כִּי בַיהוָה נִשְׁבַּעְתִּי כִּי־אֵינְךָ יוֹצֵא אִם־יָלִין אִישׁ
אִתְּךָ הַלַּיְלָה וְרָעָה לְךָ זֹאת מִכָּל־הָרָעָה אֲשֶׁר־בָּאָה עָלֶיךָ
9 מִנְּעֻרֶיךָ עַד־עָתָּה׃ וַיָּקָם הַמֶּלֶךְ וַיֵּשֶׁב בַּשָּׁעַר וּלְכָל־
הָעָם הִגִּידוּ לֵאמֹר הִנֵּה הַמֶּלֶךְ יוֹשֵׁב בַּשַּׁעַר וַיָּבֹא כָל־הָעָם
י לִפְנֵי הַמֶּלֶךְ וְיִשְׂרָאֵל נָס אִישׁ לְאֹהָלָיו׃ וַיְהִי כָל־הָעָם
נָדוֹן בְּכָל־שִׁבְטֵי יִשְׂרָאֵל לֵאמֹר הַמֶּלֶךְ הִצִּילָנוּ ׀ מִכַּף אֹיְבֵינוּ
וְהוּא מִלְּטָנוּ מִכַּף פְּלִשְׁתִּים וְעַתָּה בָּרַח מִן־הָאָרֶץ מֵעַל
11 אַבְשָׁלוֹם׃ וְאַבְשָׁלוֹם אֲשֶׁר מָשַׁחְנוּ עָלֵינוּ מֵת בַּמִּלְחָמָה וְעַתָּה
12 לָמָּה אַתֶּם מַחֲרִשִׁים לְהָשִׁיב אֶת־הַמֶּלֶךְ׃ וְהַמֶּלֶךְ דָּוִד
שָׁלַח אֶל־צָדוֹק וְאֶל־אֶבְיָתָר הַכֹּהֲנִים לֵאמֹר דַּבְּרוּ אֶל־
זִקְנֵי יְהוּדָה לֵאמֹר לָמָּה תִהְיוּ אַחֲרֹנִים לְהָשִׁיב אֶת־הַמֶּלֶךְ
אֶל־בֵּיתוֹ וּדְבַר כָּל־יִשְׂרָאֵל בָּא אֶל־הַמֶּלֶךְ אֶל־בֵּיתוֹ׃

אחי

v. 7. לו ק׳

13 אַחַי אַתֶּם עַצְמִי וּבְשָׂרִי אַתֶּם וְלָמָּה תִהְיוּ אַחֲרֹנִים לְהָשִׁיב
14 אֶת־הַמֶּלֶךְ׃ וְלַעֲמָשָׂא תֹּמְרוּ הֲלוֹא עַצְמִי וּבְשָׂרִי אָתָּה כֹּה
יַעֲשֶׂה־לִּי אֱלֹהִים וְכֹה יוֹסִיף אִם־לֹא שַׂר־צָבָא תִּהְיֶה לְפָנַי
טו כָּל־הַיָּמִים תַּחַת יוֹאָב׃ וַיַּט אֶת־לְבַב כָּל־אִישׁ־יְהוּדָה
כְּאִישׁ אֶחָד וַיִּשְׁלְחוּ אֶל־הַמֶּלֶךְ שׁוּב אַתָּה וְכָל־עֲבָדֶיךָ׃
16 וַיָּשָׁב הַמֶּלֶךְ וַיָּבֹא עַד־הַיַּרְדֵּן וִיהוּדָה בָּא הַגִּלְגָּלָה לָלֶכֶת
17 לִקְרַאת הַמֶּלֶךְ לְהַעֲבִיר אֶת־הַמֶּלֶךְ אֶת־הַיַּרְדֵּן׃ וַיְמַהֵר
שִׁמְעִי בֶן־גֵּרָא בֶּן־הַיְמִינִי אֲשֶׁר מִבַּחוּרִים וַיֵּרֶד עִם־אִישׁ
18 יְהוּדָה לִקְרַאת הַמֶּלֶךְ דָּוִד׃ וְאֶלֶף אִישׁ עִמּוֹ מִבִּנְיָמִן וְצִיבָא
נַעַר בֵּית שָׁאוּל וַחֲמֵשֶׁת עָשָׂר בָּנָיו וְעֶשְׂרִים עֲבָדָיו אִתּוֹ
19 וְצָלְחוּ הַיַּרְדֵּן לִפְנֵי הַמֶּלֶךְ׃ וְעָבְרָה הָעֲבָרָה לַעֲבִיר אֶת־
בֵּית הַמֶּלֶךְ וְלַעֲשׂוֹת הַטּוֹב בְּעֵינָו וְשִׁמְעִי בֶן־גֵּרָא נָפַל לִפְנֵי
כ הַמֶּלֶךְ בְּעָבְרוֹ בַּיַּרְדֵּן׃ וַיֹּאמֶר אֶל־הַמֶּלֶךְ אַל־יַחֲשָׁב־לִי
אֲדֹנִי עָוֺן וְאַל־תִּזְכֹּר אֵת אֲשֶׁר הֶעֱוָה עַבְדְּךָ בַּיּוֹם אֲשֶׁר־
21 יָצָא אֲדֹנִי־הַמֶּלֶךְ מִירוּשָׁלִָם לָשׂוּם הַמֶּלֶךְ אֶל־לִבּוֹ׃ כִּי
יָדַע עַבְדְּךָ כִּי אֲנִי חָטָאתִי וְהִנֵּה־בָאתִי הַיּוֹם רִאשׁוֹן לְכָל־
22 בֵּית יוֹסֵף לָרֶדֶת לִקְרַאת אֲדֹנִי הַמֶּלֶךְ׃ וַיַּעַן אֲבִישַׁי בֶּן־
צְרוּיָה וַיֹּאמֶר הֲתַחַת זֹאת לֹא יוּמַת שִׁמְעִי כִּי קִלֵּל אֶת־
23 מְשִׁיחַ יְהוָה׃ וַיֹּאמֶר דָּוִד מַה־לִּי וְלָכֶם בְּנֵי צְרוּיָה כִּי־
תִהְיוּ־לִי הַיּוֹם לְשָׂטָן הַיּוֹם יוּמַת אִישׁ בְּיִשְׂרָאֵל כִּי הֲלוֹא
24 יָדַעְתִּי כִּי הַיּוֹם אֲנִי־מֶלֶךְ עַל־יִשְׂרָאֵל׃ וַיֹּאמֶר הַמֶּלֶךְ אֶל־
כה שִׁמְעִי לֹא תָמוּת וַיִּשָּׁבַע לוֹ הַמֶּלֶךְ׃ וּמְפִבֹשֶׁת בֶּן־שָׁאוּל
יָרַד לִקְרַאת הַמֶּלֶךְ וְלֹא־עָשָׂה רַגְלָיו וְלֹא־עָשָׂה שְׂפָמוֹ
וְאֶת־בְּגָדָיו לֹא כִבֵּס לְמִן־הַיּוֹם לֶכֶת הַמֶּלֶךְ עַד־הַיּוֹם
26 אֲשֶׁר־בָּא בְשָׁלוֹם׃ וַיְהִי כִּי־בָא יְרוּשָׁלִַם לִקְרַאת הַמֶּלֶךְ
27 וַיֹּאמֶר לוֹ הַמֶּלֶךְ לָמָּה לֹא־הָלַכְתָּ עִמִּי מְפִיבֹשֶׁת׃ וַיֹּאמַר
אֲדֹנִי הַמֶּלֶךְ עַבְדִּי רִמָּנִי כִּי־אָמַר עַבְדְּךָ אֶחְבְּשָׁה־לִּי

החמור

v. 19. בעיניו ק׳ v. 20. נקוד על יצא

הַחֲמוֹר וְאֶרְכַּב עָלֶיהָ וְאֵלֵךְ אֶת־הַמֶּלֶךְ כִּי פִסֵּחַ עַבְדֶּךָ׃
28 וַיְרַגֵּל בְּעַבְדְּךָ אֶל־אֲדֹנִי הַמֶּלֶךְ וַאדֹנִי הַמֶּלֶךְ כְּמַלְאַךְ
29 הָאֱלֹהִים וַעֲשֵׂה הַטּוֹב בְּעֵינֶיךָ׃ כִּי לֹא הָיָה כָּל־בֵּית
אָבִי כִּי אִם־אַנְשֵׁי־מָוֶת לַאדֹנִי הַמֶּלֶךְ וַתָּשֶׁת אֶת־עַבְדְּךָ
בְּאֹכְלֵי שֻׁלְחָנֶךָ וּמַה־יֶּשׁ־לִי עוֹד צְדָקָה וְלִזְעֹק עוֹד אֶל־
ל הַמֶּלֶךְ׃ וַיֹּאמֶר לוֹ הַמֶּלֶךְ לָמָּה תְּדַבֵּר עוֹד דְּבָרֶיךָ
31 אָמַרְתִּי אַתָּה וְצִיבָא תַּחְלְקוּ אֶת־הַשָּׂדֶה׃ וַיֹּאמֶר מְפִיבֹשֶׁת
אֶל־הַמֶּלֶךְ גַּם אֶת־הַכֹּל יִקָּח אַחֲרֵי אֲשֶׁר־בָּא אֲדֹנִי הַמֶּלֶךְ
32 בְּשָׁלוֹם אֶל־בֵּיתוֹ׃ וּבַרְזִלַּי הַגִּלְעָדִי יָרַד מֵרֹגְלִים וַיַּעֲבֹר
33 אֶת־הַמֶּלֶךְ הַיַּרְדֵּן לְשַׁלְּחוֹ אֶת־בַּיַּרְדֵּן׃ וּבַרְזִלַּי זָקֵן מְאֹד
בֶּן־שְׁמֹנִים שָׁנָה וְהוּא־כִלְכַּל אֶת־הַמֶּלֶךְ בְּשִׁיבָתוֹ בְמַחֲנַיִם
34 כִּי־אִישׁ גָּדוֹל הוּא מְאֹד׃ וַיֹּאמֶר הַמֶּלֶךְ אֶל־בַּרְזִלָּי אַתָּה
לה עֲבֹר אִתִּי וְכִלְכַּלְתִּי אֹתְךָ עִמָּדִי בִּירוּשָׁלָםִ׃ וַיֹּאמֶר בַּרְזִלַּי
אֶל־הַמֶּלֶךְ כַּמָּה יְמֵי שְׁנֵי חַיַּי כִּי־אֶעֱלֶה אֶת־הַמֶּלֶךְ יְרוּשָׁלָםִ׃
36 בֶּן־שְׁמֹנִים שָׁנָה אָנֹכִי הַיּוֹם הַאֵדַע ׀ בֵּין־טוֹב לְרָע אִם־
יִטְעַם עַבְדְּךָ אֶת־אֲשֶׁר אֹכַל וְאֶת־אֲשֶׁר אֶשְׁתֶּה אִם־אֶשְׁמַע
עוֹד בְּקוֹל שָׁרִים וְשָׁרוֹת וְלָמָּה יִהְיֶה עַבְדְּךָ עוֹד לְמַשָּׂא אֶל־
37 אֲדֹנִי הַמֶּלֶךְ׃ כִּמְעַט יַעֲבֹר עַבְדְּךָ אֶת־הַיַּרְדֵּן אֶת־הַמֶּלֶךְ
38 וְלָמָּה יִגְמְלֵנִי הַמֶּלֶךְ הַגְּמוּלָה הַזֹּאת׃ יָשָׁב־נָא עַבְדְּךָ וְאָמֻת
בְּעִירִי עִם קֶבֶר אָבִי וְאִמִּי וְהִנֵּה ׀ עַבְדְּךָ כִמְהָם יַעֲבֹר עִם־
39 אֲדֹנִי הַמֶּלֶךְ וַעֲשֵׂה־לוֹ אֵת אֲשֶׁר־טוֹב בְּעֵינֶיךָ׃ וַיֹּאמֶר
הַמֶּלֶךְ אִתִּי יַעֲבֹר כִּמְהָם וַאֲנִי אֶעֱשֶׂה־לּוֹ אֶת־הַטּוֹב בְּעֵינֶיךָ
מ וְכֹל אֲשֶׁר־תִּבְחַר עָלַי אֶעֱשֶׂה־לָּךְ׃ וַיַּעֲבֹר כָּל־הָעָם אֶת־
הַיַּרְדֵּן וְהַמֶּלֶךְ עָבָר וַיִּשַּׁק הַמֶּלֶךְ לְבַרְזִלַּי וַיְבָרְכֵהוּ וַיָּשָׁב
41 לִמְקֹמוֹ׃ וַיַּעֲבֹר הַמֶּלֶךְ הַגִּלְגָּלָה וְכִמְהָן עָבַר עִמּוֹ וְכָל־
42 עַם יְהוּדָה וְיַּעֲבִירוּ אֶת־הַמֶּלֶךְ וְגַם חֲצִי עַם יִשְׂרָאֵל׃ וְהִנֵּה
כָּל־אִישׁ יִשְׂרָאֵל בָּאִים אֶל־הַמֶּלֶךְ וַיֹּאמְרוּ אֶל־הַמֶּלֶךְ

מדוע

v. 32. הירדן ק׳ v. 41. העבירו ק׳

מַדּוּעַ גְּנָבוּךָ אַחֵינוּ אִישׁ יְהוּדָה וַיַּעֲבִרוּ אֶת־הַמֶּלֶךְ וְאֶת־
43 בֵּיתוֹ אֶת־הַיַּרְדֵּן וְכָל־אַנְשֵׁי דָוִד עִמּוֹ׃ וַיַּעַן כָּל־אִישׁ
יְהוּדָה עַל־אִישׁ יִשְׂרָאֵל כִּי־קָרוֹב הַמֶּלֶךְ אֵלַי וְלָמָּה זֶּה
חָרָה לְךָ עַל־הַדָּבָר הַזֶּה הֶאָכוֹל אָכַלְנוּ מִן־הַמֶּלֶךְ אִם־
44 נִשֵּׂאת נִשָּׂא לָנוּ׃ וַיַּעַן אִישׁ־יִשְׂרָאֵל אֶת־אִישׁ יְהוּדָה וַיֹּאמֶר
עֶשֶׂר־יָדוֹת לִי בַמֶּלֶךְ וְגַם־בְּדָוִד אֲנִי מִמְּךָ וּמַדּוּעַ הֱקִלֹּתַנִי
וְלֹא־הָיָה דְבָרִי רִאשׁוֹן לִי לְהָשִׁיב אֶת־מַלְכִּי וַיִּקֶשׁ דְּבַר־
אִישׁ יְהוּדָה מִדְּבַר אִישׁ יִשְׂרָאֵל׃ ס

כ CAP. XX. כ

א וְשָׁם נִקְרָא אִישׁ בְּלִיַּעַל וּשְׁמוֹ שֶׁבַע בֶּן־בִּכְרִי אִישׁ יְמִינִי
וַיִּתְקַע בַּשֹּׁפָר וַיֹּאמֶר אֵין־לָנוּ חֵלֶק בְּדָוִד וְלֹא נַחֲלָה־לָנוּ
2 בְּבֶן־יִשַׁי אִישׁ לְאֹהָלָיו יִשְׂרָאֵל׃ וַיַּעַל כָּל־אִישׁ יִשְׂרָאֵל
מֵאַחֲרֵי דָוִד אַחֲרֵי שֶׁבַע בֶּן־בִּכְרִי וְאִישׁ יְהוּדָה דָּבְקוּ
3 בְמַלְכָּם מִן־הַיַּרְדֵּן וְעַד־יְרוּשָׁלִָם׃ וַיָּבֹא דָוִד אֶל־בֵּיתוֹ
יְרוּשָׁלִַם וַיִּקַּח הַמֶּלֶךְ אֵת עֶשֶׂר־נָשִׁים ׀ פִּלַגְשִׁים אֲשֶׁר הִנִּיחַ
לִשְׁמֹר הַבַּיִת וַיִּתְּנֵם בֵּית־מִשְׁמֶרֶת וַיְכַלְכְּלֵם וַאֲלֵיהֶם לֹא־
4 בָא וַתִּהְיֶינָה צְרֻרוֹת עַד־יוֹם מֻתָן אַלְמְנוּת חַיּוּת׃ וַיֹּאמֶר
הַמֶּלֶךְ אֶל־עֲמָשָׂא הַזְעֶק־לִי אֶת־אִישׁ־יְהוּדָה שְׁלֹשֶׁת יָמִים
ה וְאַתָּה פֹּה עֲמֹד׃ וַיֵּלֶךְ עֲמָשָׂא לְהַזְעִיק אֶת־יְהוּדָה וַיֹּיחֶר
6 מִן־הַמּוֹעֵד אֲשֶׁר יְעָדוֹ׃ וַיֹּאמֶר דָּוִד אֶל־אֲבִישַׁי עַתָּה
יֵרַע לָנוּ שֶׁבַע בֶּן־בִּכְרִי מִן־אַבְשָׁלוֹם אַתָּה קַח אֶת־עַבְדֵי
אֲדֹנֶיךָ וּרְדֹף אַחֲרָיו פֶּן־מָצָא לוֹ עָרִים בְּצֻרוֹת וְהִצִּיל עֵינֵנוּ׃
7 וַיֵּצְאוּ אַחֲרָיו אַנְשֵׁי יוֹאָב וְהַכְּרֵתִי וְהַפְּלֵתִי וְכָל־הַגִּבֹּרִים
8 וַיֵּצְאוּ מִירוּשָׁלִַם לִרְדֹּף אַחֲרֵי שֶׁבַע בֶּן־בִּכְרִי׃ הֵם עִם־
הָאֶבֶן הַגְּדוֹלָה אֲשֶׁר בְּגִבְעוֹן וַעֲמָשָׂא בָּא לִפְנֵיהֶם וְיוֹאָב
חָגוּר ׀ מִדּוֹ לְבֻשׁוֹ וְעָלָו חֲגוֹר חֶרֶב מְצֻמֶּדֶת עַל־מָתְנָיו
9 בְּתַעְרָהּ וְהוּא יָצָא וַתִּפֹּל׃ וַיֹּאמֶר יוֹאָב לַעֲמָשָׂא הֲשָׁלוֹם

אתה

ר״ס v. 44. אין כאן פסקא   כ׳ v. 5. ויוחר ק׳   v. 8. ועליו ק׳

אַתָּה אָחִי וַתֹּחֶז יַד־יְמִין יוֹאָב בִּזְקַן עֲמָשָׂא לִנְשָׁק־לוֹ׃
י וַעֲמָשָׂא לֹא־נִשְׁמַר בַּחֶרֶב ׀ אֲשֶׁר בְּיַד־יוֹאָב וַיַּכֵּהוּ בָהּ אֶל־
הַחֹמֶשׁ וַיִּשְׁפֹּךְ מֵעָיו אַרְצָה וְלֹא־שָׁנָה לוֹ וַיָּמֹת וְיוֹאָב וַאֲבִישַׁי
11 אָחִיו רָדַף אַחֲרֵי שֶׁבַע בֶּן־בִּכְרִי׃ וְאִישׁ עָמַד עָלָיו מִנַּעֲרֵי
יוֹאָב וַיֹּאמֶר מִי אֲשֶׁר חָפֵץ בְּיוֹאָב וּמִי אֲשֶׁר־לְדָוִד אַחֲרֵי
12 יוֹאָב׃ וַעֲמָשָׂא מִתְגֹּלֵל בַּדָּם בְּתוֹךְ הַמְסִלָּה וַיַּרְא הָאִישׁ כִּי־
עָמַד כָּל־הָעָם וַיַּסֵּב אֶת־עֲמָשָׂא מִן־הַמְסִלָּה הַשָּׂדֶה וַיַּשְׁלֵךְ
13 עָלָיו בֶּגֶד כַּאֲשֶׁר רָאָה כָּל־הַבָּא עָלָיו וְעָמָד׃ כַּאֲשֶׁר הֹגָה
מִן־הַמְסִלָּה עָבַר כָּל־אִישׁ אַחֲרֵי יוֹאָב לִרְדֹּף אַחֲרֵי שֶׁבַע
14 בֶּן־בִּכְרִי׃ וַיַּעֲבֹר בְּכָל־שִׁבְטֵי יִשְׂרָאֵל אָבֵלָה וּבֵית מַעֲכָה
טו וְכָל־הַבֵּרִים וַיִּקָּלֲהוּ וַיָּבֹאוּ אַף־אַחֲרָיו׃ וַיָּבֹאוּ וַיָּצֻרוּ עָלָיו
בְּאָבֵלָה בֵּית הַמַּעֲכָה וַיִּשְׁפְּכוּ סֹלְלָה אֶל־הָעִיר וַתַּעֲמֹד
בַּחֵל וְכָל־הָעָם אֲשֶׁר אֶת־יוֹאָב מַשְׁחִיתִם לְהַפִּיל הַחוֹמָה׃
16 וַתִּקְרָא אִשָּׁה חֲכָמָה מִן־הָעִיר שִׁמְעוּ שִׁמְעוּ אִמְרוּ־נָא אֶל־
17 יוֹאָב קְרַב עַד־הֵנָּה וַאֲדַבְּרָה אֵלֶיךָ׃ וַיִּקְרַב אֵלֶיהָ וַתֹּאמֶר
הָאִשָּׁה הַאַתָּה יוֹאָב וַיֹּאמֶר אָנִי וַתֹּאמֶר לוֹ שְׁמַע דִּבְרֵי אֲמָתֶךָ
18 וַיֹּאמֶר שֹׁמֵעַ אָנֹכִי׃ וַתֹּאמֶר לֵאמֹר דַּבֵּר יְדַבְּרוּ בָרִאשֹׁנָה
19 לֵאמֹר שָׁאֹל יְשָׁאֲלוּ בְּאָבֵל וְכֵן הֵתַמּוּ׃ אָנֹכִי שְׁלֻמֵי אֱמוּנֵי
יִשְׂרָאֵל אַתָּה מְבַקֵּשׁ לְהָמִית עִיר וְאֵם בְּיִשְׂרָאֵל לָמָּה תְבַלַּע
כ נַחֲלַת יְהוָה׃ וַיַּעַן יוֹאָב וַיֹּאמַר חָלִילָה חָלִילָה לִי אִם־
21 אֲבַלַּע וְאִם־אַשְׁחִית׃ לֹא־כֵן הַדָּבָר כִּי אִישׁ מֵהַר אֶפְרַיִם
שֶׁבַע בֶּן־בִּכְרִי שְׁמוֹ נָשָׂא יָדוֹ בַּמֶּלֶךְ בְּדָוִד תְּנוּ־אֹתוֹ לְבַדּוֹ
וְאֵלְכָה מֵעַל הָעִיר וַתֹּאמֶר הָאִשָּׁה אֶל־יוֹאָב הִנֵּה רֹאשׁוֹ
22 מֻשְׁלָךְ אֵלֶיךָ בְּעַד הַחוֹמָה׃ וַתָּבוֹא הָאִשָּׁה אֶל־כָּל־הָעָם
בְּחָכְמָתָהּ וַיִּכְרְתוּ אֶת־רֹאשׁ שֶׁבַע בֶּן־בִּכְרִי וַיַּשְׁלִכוּ אֶל־
יוֹאָב וַיִּתְקַע בַּשֹּׁפָר וַיָּפֻצוּ מֵעַל־הָעִיר אִישׁ לְאֹהָלָיו וְיוֹאָב
23 שָׁב יְרוּשָׁלַםִ אֶל־הַמֶּלֶךְ׃ וְיוֹאָב אֶל כָּל־הַצָּבָא יִשְׂרָאֵל

ובניה

v. 14. ויקהלו ק׳

וּבְנָיָה֙ בֶּן־יְה֣וֹיָדָ֔ע עַל־הַכְּרֵ֖י וְעַל־הַפְּלֵתִֽי׃ וַאֲדֹרָ֖ם עַל־ 24
הַמַּ֑ס וִיהוֹשָׁפָ֥ט בֶּן־אֲחִיל֖וּד הַמַּזְכִּֽיר׃ וּשְׁיָ֖א סֹפֵ֑ר וְצָד֥וֹק כה
וְאֶבְיָתָ֖ר כֹּהֲנִֽים׃ וְגַ֗ם עִירָא֙ הַיָּ֣אִרִ֔י הָיָ֥ה כֹהֵ֖ן לְדָוִֽד׃ 26

כא

Cap. XXI. כא

וַיְהִי֩ רָעָ֨ב בִּימֵ֜י דָוִ֗ד שָׁלֹ֤שׁ שָׁנִים֙ שָׁנָ֣ה אַחֲרֵ֣י שָׁנָ֔ה וַיְבַקֵּ֥שׁ א
דָּוִ֖ד אֶת־פְּנֵ֣י יְהוָ֑ה ° וַיֹּ֣אמֶר יְהוָ֗ה אֶל־שָׁאוּל֙ וְאֶל־בֵּ֣ית
הַדָּמִ֔ים עַ֥ל אֲשֶׁר־הֵמִ֖ית אֶת־הַגִּבְעֹנִֽים׃ וַיִּקְרָ֥א הַמֶּ֛לֶךְ 2
לַגִּבְעֹנִ֖ים וַיֹּ֣אמֶר אֲלֵיהֶ֑ם וְהַגִּבְעֹנִ֞ים לֹ֨א מִבְּנֵ֤י יִשְׂרָאֵל֙ הֵ֔מָּה
כִּ֚י אִם־מִיֶּ֣תֶר הָאֱמֹרִ֔י וּבְנֵ֤י יִשְׂרָאֵל֙ נִשְׁבְּע֣וּ לָהֶ֔ם וַיְבַקֵּ֣שׁ שָׁא֗וּל
לְהַכֹּתָ֔ם בְּקַנֹּאת֥וֹ לִבְנֵֽי־יִשְׂרָאֵ֖ל וִיהוּדָֽה׃ וַיֹּ֤אמֶר דָּוִד֙ אֶל־ 3
הַגִּבְעֹנִ֔ים מָ֥ה אֶעֱשֶׂ֖ה לָכֶ֑ם וּבַמָּה֙ אֲכַפֵּ֔ר וּבָרְכ֖וּ אֶת־נַחֲלַ֥ת
יְהוָֽה׃ וַיֹּ֨אמְרוּ ל֜וֹ הַגִּבְעֹנִ֗ים אֵֽין־לִי֙ כֶּ֤סֶף וְזָהָב֙ עִם־שָׁא֣וּל 4
וְעִם־בֵּית֔וֹ וְאֵֽין־לָ֥נוּ אִ֖ישׁ לְהָמִ֣ית בְּיִשְׂרָאֵ֑ל וַיֹּ֥אמֶר מָֽה־אַתֶּ֥ם
אֹמְרִ֖ים אֶעֱשֶׂ֥ה לָכֶֽם׃ וַיֹּֽאמְרוּ֙ אֶל־הַמֶּ֔לֶךְ הָאִישׁ֙ אֲשֶׁ֣ר כִּלָּ֔נוּ ה
וַאֲשֶׁ֥ר דִּמָּה־לָ֖נוּ נִשְׁמַ֕דְנוּ מֵהִתְיַצֵּ֖ב בְּכָל־גְּב֥וּל יִשְׂרָאֵֽל׃ יֻנְתַּן־ 6
לָ֜נוּ שִׁבְעָ֤ה אֲנָשִׁים֙ מִבָּנָ֔יו וְהוֹקַֽעֲנוּם֙ לַֽיהוָ֔ה בְּגִבְעַ֥ת שָׁא֖וּל
בְּחִ֣יר יְהוָ֑ה וַיֹּ֥אמֶר הַמֶּ֖לֶךְ אֲנִ֥י אֶתֵּֽן׃ וַיַּחְמֹ֣ל הַמֶּ֔לֶךְ עַֽל־ 7
מְפִיבֹ֖שֶׁת בֶּן־יְהוֹנָתָ֣ן בֶּן־שָׁא֑וּל עַל־שְׁבֻעַ֤ת יְהוָה֙ אֲשֶׁ֣ר בֵּֽינֹתָ֔ם
בֵּ֣ין דָּוִ֔ד וּבֵ֖ין יְהוֹנָתָ֥ן בֶּן־שָׁא֖וּל׃ וַיִּקַּ֣ח הַמֶּ֡לֶךְ אֶת־שְׁנֵי֩ בְּנֵ֨י 8
רִצְפָּ֤ה בַת־אַיָּה֙ אֲשֶׁ֣ר יָֽלְדָ֣ה לְשָׁא֔וּל אֶת־אַרְמֹנִ֖י וְאֶת־
מְפִבֹ֑שֶׁת וְאֶת־חֲמֵ֗שֶׁת בְּנֵי֙ מִיכַ֣ל בַּת־שָׁא֔וּל אֲשֶׁ֥ר יָלְדָ֛ה
לְעַדְרִיאֵ֥ל בֶּן־בַּרְזִלַּ֖י הַמְּחֹלָתִֽי׃ וַֽיִּתְּנֵ֞ם בְּיַ֣ד הַגִּבְעֹנִ֗ים וַיֹּקִיעֻ֤ם 9
בָּהָר֙ לִפְנֵ֣י יְהוָ֔ה וַיִּפְּל֥וּ שְׁבַעְתִּ֖ים יָ֑חַד וְהֵ֣ם הֻמְת֞וּ בִּֽימֵ֤י קָצִיר֙
בָּרִ֣אשֹׁנִ֔ים תְּחִלַּ֖ת קְצִ֥יר שְׂעֹרִֽים׃ וַתִּקַּ֣ח רִצְפָּה֩ בַת־אַיָּ֨ה י
אֶת־הַשַּׂ֜ק וַתַּטֵּ֧הוּ לָ֣הּ אֶל־הַצּ֗וּר מִתְּחִלַּת֙ קָצִ֔יר עַ֛ד נִתַּךְ־
מַ֥יִם עֲלֵיהֶ֖ם מִן־הַשָּׁמָ֑יִם וְלֹא־נָתְנָה֩ ע֨וֹף הַשָּׁמַ֜יִם לָנ֤וּחַ
עֲלֵיהֶם֙ יוֹמָ֔ם וְאֶת־חַיַּ֥ת הַשָּׂדֶ֖ה לָֽיְלָה׃ וַיֻּגַּ֖ד לְדָוִ֑ד אֵ֛ת 11

אשר־עשתה

כ׳ v. 23. הכרתי ק׳ v. 25. ושׁוא ק׳ כ״א v. 1. פסקא באמצע פסוק
v. 4. לנו ק׳ v. 6. יתן ק׳ v. 9. שבעתם ק׳ ibid. והמה ק׳ ibid. בתחלת ק׳

12 אֲשֶׁר־עָשְׂתָה רִצְפָּה בַת־אַיָּה פִּלֶגֶשׁ שָׁאוּל׃ וַיֵּלֶךְ דָּוִד
וַיִּקַּח אֶת־עַצְמוֹת שָׁאוּל וְאֶת־עַצְמוֹת יְהוֹנָתָן בְּנוֹ מֵאֵת בַּעֲלֵי
יָבֵישׁ גִּלְעָד אֲשֶׁר גָּנְבוּ אֹתָם מֵרְחֹב בֵּית־שַׁן אֲשֶׁר תְּלָוּם שָׁם
13 הַפְּלִשְׁתִּים בְּיוֹם הַכּוֹת פְּלִשְׁתִּים אֶת־שָׁאוּל בַּגִּלְבֹּעַ׃ וַיַּעַל
מִשָּׁם אֶת־עַצְמוֹת שָׁאוּל וְאֶת־עַצְמוֹת יְהוֹנָתָן בְּנוֹ וַיַּאַסְפוּ
14 אֶת־עַצְמוֹת הַמּוּקָעִים׃ וַיִּקְבְּרוּ אֶת־עַצְמוֹת־שָׁאוּל וִיהוֹנָתָן־
בְּנוֹ בְּאֶרֶץ בִּנְיָמִן בְּצֵלָע בְּקֶבֶר קִישׁ אָבִיו וַיַּעֲשׂוּ כֹּל אֲשֶׁר־
טו צִוָּה הַמֶּלֶךְ וַיֵּעָתֵר אֱלֹהִים לָאָרֶץ אַחֲרֵי־כֵן׃ וַתְּהִי־עוֹד
מִלְחָמָה לַפְּלִשְׁתִּים אֶת־יִשְׂרָאֵל וַיֵּרֶד דָּוִד וַעֲבָדָיו עִמּוֹ
16 וַיִּלָּחֲמוּ אֶת־פְּלִשְׁתִּים וַיָּעַף דָּוִד׃ וְיִשְׁבּוֹ בְּנֹב אֲשֶׁר ׀ בִּילִידֵי
הָרָפָה וּמִשְׁקַל קֵינוֹ שְׁלֹשׁ מֵאוֹת מִשְׁקַל נְחֹשֶׁת וְהוּא חָגוּר
17 חֲדָשָׁה וַיֹּאמֶר לְהַכּוֹת אֶת־דָּוִד׃ וַיַּעֲזָר־לוֹ אֲבִישַׁי בֶּן־
צְרוּיָה וַיַּךְ אֶת־הַפְּלִשְׁתִּי וַיְמִתֵהוּ אָז נִשְׁבְּעוּ אַנְשֵׁי־דָוִד לוֹ
לֵאמֹר לֹא־תֵצֵא עוֹד אִתָּנוּ לַמִּלְחָמָה וְלֹא תְכַבֶּה אֶת־נֵר
18 יִשְׂרָאֵל׃ וַיְהִי אַחֲרֵי־כֵן וַתְּהִי־עוֹד הַמִּלְחָמָה בְּגוֹב עִם־
פְּלִשְׁתִּים אָז הִכָּה סִבְּכַי הַחֻשָׁתִי אֶת־סַף אֲשֶׁר בִּילִדֵי
19 הָרָפָה׃ וַתְּהִי־עוֹד הַמִּלְחָמָה בְּגוֹב עִם־פְּלִשְׁתִּים וַיַּךְ
אֶלְחָנָן בֶּן־יַעְרֵי אֹרְגִים בֵּית הַלַּחְמִי אֵת גָּלְיָת הַגִּתִּי וְעֵץ
כ חֲנִיתוֹ כִּמְנוֹר אֹרְגִים׃ וַתְּהִי־עוֹד מִלְחָמָה בְּגַת וַיְהִי ׀ אִישׁ
מָדִין וְאֶצְבְּעֹת יָדָיו וְאֶצְבְּעוֹת רַגְלָיו שֵׁשׁ וָשֵׁשׁ עֶשְׂרִים וְאַרְבַּע
21 מִסְפָּר וְגַם־הוּא יֻלַּד לְהָרָפָה׃ וַיְחָרֵף אֶת־יִשְׂרָאֵל וַיַּכֵּהוּ
22 יְהוֹנָתָן בֶּן־שִׁמְעִי אֲחִי דָוִד׃ אֶת־אַרְבַּעַת אֵלֶּה יֻלְּדוּ לְהָרָפָה
בְּגַת וַיִּפְּלוּ בְיַד־דָּוִד וּבְיַד עֲבָדָיו׃

כב CAP. XXII. כב

א וַיְדַבֵּר דָּוִד לַיהוָה אֶת־דִּבְרֵי הַשִּׁירָה הַזֹּאת בְּיוֹם הִצִּיל
יְהוָה אֹתוֹ מִכַּף כָּל־אֹיְבָיו וּמִכַּף שָׁאוּל׃
2 וַיֹּאמַר יְהוָה סַלְעִי וּמְצֻדָתִי וּמְפַלְטִי־לִי׃ אֱלֹהֵי

צוּרִי

כ״א v. 12. תלאום ק׳ ibid. שמה פלשתים ק׳ v. 16. וישבי ק׳
v. 20. מדון ק׳ v. 21. שמעה ק׳ כ״ב v. 1. הפטרת האזינו ויום ז׳ של פסח

צוּרִ֖י אֶֽחֱסֶה־בּ֑וֹ מָֽגִנִּי֙ וְקֶ֣רֶן יִשְׁעִ֔י מִשְׂגַּבִּ֕י
4 וּמְנוּסִ֔י מֹשִׁעִ֕י מֵחָמָ֖ס תֹּשִׁעֵֽנִי׃ מְהֻלָּ֖ל
ה אֶקְרָ֣א יְהוָ֑ה וּמֵאֹיְבַ֖י אִוָּשֵֽׁעַ׃ כִּ֥י אֲפָפֻ֖נִי מִשְׁבְּרֵי־
6 מָ֑וֶת נַחֲלֵ֥י בְלִיַּ֖עַל יְבַעֲתֻֽנִי׃ חֶבְלֵ֥י
שְׁא֖וֹל סַבֻּ֑נִי קִדְּמֻ֖נִי מֹֽקְשֵׁי־
7 מָֽוֶת׃ בַּצַּר־לִי֙ אֶקְרָ֣א יְהוָ֔ה וְאֶל־
אֱלֹהַ֖י אֶקְרָ֑א וַיִּשְׁמַ֤ע מֵֽהֵיכָלוֹ֙
8 קוֹלִ֔י וְשַׁוְעָתִ֖י בְּאָזְנָֽיו׃ וַיִּתְגָּעַ֤שׁ
וַתִּרְעַשׁ֙ הָאָ֔רֶץ מוֹסְד֥וֹת הַשָּׁמַ֖יִם
9 יִרְגָּ֑זוּ וַיִּֽתְגָּעֲשׁ֖וּ כִּי־חָ֥רָה לֽוֹ׃ עָלָ֤ה
עָשָׁן֙ בְּאַפּ֔וֹ וְאֵ֥שׁ מִפִּ֖יו
י תֹּאכֵ֑ל גֶּחָלִ֖ים בָּעֲר֥וּ מִמֶּֽנּוּ׃ וַיֵּ֥ט
שָׁמַ֖יִם וַיֵּרַ֑ד וַעֲרָפֶ֖ל תַּ֥חַת
11 רַגְלָֽיו׃ וַיִּרְכַּ֥ב עַל־כְּר֖וּב וַיָּעֹ֑ף וַיֵּרָ֖א
12 עַל־כַּנְפֵי־רֽוּחַ׃ וַיָּ֥שֶׁת חֹ֛שֶׁךְ סְבִיבֹתָ֖יו
13 סֻכּ֑וֹת חַֽשְׁרַת־מַ֖יִם עָבֵ֥י שְׁחָקִֽים׃ מִנֹּ֖גַהּ
14 נֶגְדּ֑וֹ בָּעֲר֖וּ גַּחֲלֵי־אֵֽשׁ׃ יַרְעֵ֥ם מִן־שָׁמַ֖יִם
טו יְהוָ֑ה וְעֶלְי֖וֹן יִתֵּ֥ן קוֹלֽוֹ׃ וַיִּשְׁלַ֥ח
16 חִצִּ֖ים וַיְפִיצֵ֑ם בָּרָ֖ק וַיָּהמֹֽם׃ וַיֵּרָאוּ֙ אֲפִ֣קֵי
יָ֔ם יִגָּל֖וּ מֹסְד֣וֹת תֵּבֵ֑ל בְּגַעֲרַ֣ת
17 יְהוָ֔ה מִנִּשְׁמַ֖ת ר֥וּחַ אַפּֽוֹ׃ יִשְׁלַ֥ח מִמָּר֖וֹם
18 יִקָּחֵ֑נִי יַֽמְשֵׁ֖נִי מִמַּ֥יִם רַבִּֽים׃ יַצִּילֵ֕נִי
מֵאֹיְבִ֖י עָ֑ז מִשֹּׂ֣נְאַ֔י כִּ֥י אָמְצ֖וּ
19 מִמֶּֽנִּי׃ יְקַדְּמֻ֖נִי בְּי֣וֹם אֵידִ֑י וַיְהִ֧י
כ יְהוָ֛ה מִשְׁעָ֖ן לִֽי׃ וַיֹּצֵ֥א לַמֶּרְחָ֖ב
21 אֹתִ֑י יְחַלְּצֵ֕נִי כִּֽי־חָ֥פֵֽץ בִּֽי׃ יִגְמְלֵ֥נִי
יְהוָ֖ה כְּצִדְקָתִ֑י כְּבֹ֥ר יָדַ֖י יָשִׁ֥יב

לִֽי

v. 8. ויתגעש ק׳ v. 15. ויהם ק׳

22 לִ֑י׃ כִּ֥י שָׁמַ֖רְתִּי דַּרְכֵ֣י יְהוָ֑ה וְלֹ֥א
23 רָשַׁ֖עְתִּי מֵאֱלֹהָֽי׃ כִּ֥י כָל־מִשְׁפָּטָ֖ו
24 לְנֶגְדִּ֑י וְחֻקֹּתָ֖יו לֹא־אָס֥וּר מִמֶּֽנָּה׃ וָאֶהְיֶ֥ה
כה תָמִ֖ים ל֑וֹ וָאֶֽשְׁתַּמְּרָ֖ה מֵעֲוֺנִֽי׃ וַיָּ֧שֶׁב יְהוָ֛ה לִ֖י
26 כְּצִדְקָתִ֑י כְּבֹרִ֖י לְנֶ֥גֶד עֵינָֽיו׃ עִם־
חָסִ֖יד תִּתְחַסָּ֑ד עִם־גִּבּ֥וֹר תָּמִ֖ים
27 תִּתַּמָּֽם׃ עִם־נָבָ֖ר תִּתָּבָ֑ר וְעִם־
28 עִקֵּ֖שׁ תִּתַּפָּֽל׃ וְאֶת־עַ֥ם עָנִ֖י
29 תּוֹשִׁ֑יעַ וְעֵינֶ֖יךָ עַל־רָמִ֥ים תַּשְׁפִּֽיל׃ כִּֽי־
אַתָּ֥ה נֵירִ֖י יְהוָ֑ה וַיהוָ֖ה יַגִּ֥יהַּ
ל חָשְׁכִּֽי׃ כִּ֥י בְכָ֖ה אָר֣וּץ גְּד֑וּד בֵּאלֹהַ֖י
31 אֲדַלֶּג־שֽׁוּר׃ הָאֵ֖ל תָּמִ֣ים
דַּרְכּ֑וֹ אִמְרַ֤ת יְהוָה֙ צְרוּפָ֔ה מָגֵ֣ן
32 ה֔וּא לְכֹ֖ל הַחֹסִ֥ים בּֽוֹ׃ כִּ֥י מִי־אֵ֖ל מִבַּלְעֲדֵ֣י
33 יְהוָ֑ה וּמִ֥י צ֖וּר מִבַּלְעֲדֵ֥י אֱלֹהֵֽינוּ׃ הָאֵ֖ל
מָֽעוּזִּ֣י חָ֑יִל וַיַּתֵּ֥ר תָּמִ֖ים
34 דַּרְכֹּֽו׃ מְשַׁוֶּ֥ה רַגְלָ֖יו כָּֽאַיָּל֑וֹת וְעַ֥ל
לה בָּמֹתַ֖י יַעֲמִדֵֽנִי׃ מְלַמֵּ֥ד יָדַ֖י
36 לַמִּלְחָמָ֑ה וְנִחַ֥ת קֶֽשֶׁת־נְחוּשָׁ֖ה זְרֹעֹתָֽי׃ וַתִּתֶּן־
37 לִ֖י מָגֵ֣ן יִשְׁעֶ֑ךָ וַעֲנֹתְךָ֖ תַּרְבֵּֽנִי׃ תַּרְחִ֥יב צַעֲדִ֖י
38 תַּחְתֵּ֑נִי וְלֹ֥א מָעֲד֖וּ קַרְסֻלָּֽי׃ אֶרְדְּפָ֥ה
אֹיְבַ֖י וָאַשְׁמִידֵ֑ם וְלֹ֥א אָשׁ֖וּב עַד־
39 כַּלּוֹתָֽם׃ וָאֲכַלֵּ֥ם וָאֶמְחָצֵ֖ם וְלֹ֣א יְקוּמ֑וּן וַֽיִּפְּל֖וּ
מ תַּ֥חַת רַגְלָֽי׃ וַתַּזְרֵ֥נִי חַ֖יִל
41 לַמִּלְחָמָ֑ה תַּכְרִ֥יעַ קָמַ֖י תַּחְתֵּֽנִי׃ וְאֹ֣יְבַ֔י
42 תַּ֥תָּה לִּ֖י עֹ֑רֶף מְשַׂנְאַ֖י וָאַצְמִיתֵֽם׃ יִשְׁע֖וּ וְאֵ֣ין
43 מֹשִׁ֑יעַ אֶל־יְהוָ֖ה וְלֹ֥א עָנָֽם׃ וְאֶשְׁחָקֵ֖ם

כעפר־ארץ

v. 23. משפטיו ק׳ v. 33. דרכי ק׳ v. 34. רגלי ק׳

כַּעֲפַר־אָרֶץ כְּטִיט־חוּצוֹת אֲדִקֵּם
אֶרְקָעֵם׃ וַתְּפַלְּטֵנִי מֵרִיבֵי עַמִּי תִּשְׁמְרֵנִי 44
לְרֹאשׁ גּוֹיִם עַם לֹא־יָדַעְתִּי
יַעַבְדֻנִי׃ בְּנֵי נֵכָר יִתְכַּחֲשׁוּ־לִי לִשְׁמוֹעַ מה
אֹזֶן יִשָּׁמְעוּ לִי׃ בְּנֵי נֵכָר יִבֹּלוּ וְיַחְגְּרוּ 46
מִמִּסְגְּרוֹתָם׃ חַי־יְהוָה וּבָרוּךְ צוּרִי וְיָרֻם 47
אֱלֹהֵי צוּר יִשְׁעִי׃ הָאֵל הַנֹּתֵן נְקָמֹת 48
לִי וּמוֹרִיד עַמִּים תַּחְתֵּנִי׃ וּמוֹצִיאִי 49
מֵאֹיְבָי וּמִקָּמַי תְּרוֹמְמֵנִי מֵאִישׁ חֲמָסִים
תַּצִּילֵנִי׃ עַל־כֵּן אוֹדְךָ יְהוָה בַּגּוֹיִם וּלְשִׁמְךָ נ
אֲזַמֵּר׃ מִגְדּיֹל יְשׁוּעוֹת מַלְכּוֹ וְעֹשֶׂה־חֶסֶד 51
לִמְשִׁיחוֹ לְדָוִד וּלְזַרְעוֹ עַד־עוֹלָם׃

כג Cap. XXIII. כג

וְאֵלֶּה דִּבְרֵי דָוִד הָאַחֲרֹנִים נְאֻם דָּוִד בֶּן־יִשַׁי וּנְאֻם הַגֶּבֶר א
הֻקַם עָל מְשִׁיחַ אֱלֹהֵי יַעֲקֹב וּנְעִים זְמִרוֹת יִשְׂרָאֵל׃ רוּחַ 2
יְהוָה דִּבֶּר־בִּי וּמִלָּתוֹ עַל־לְשׁוֹנִי׃ אָמַר אֱלֹהֵי יִשְׂרָאֵל לִי 3
דִבֶּר צוּר יִשְׂרָאֵל מוֹשֵׁל בָּאָדָם צַדִּיק מוֹשֵׁל יִרְאַת אֱלֹהִים׃
וּכְאוֹר בֹּקֶר יִזְרַח־שָׁמֶשׁ בֹּקֶר לֹא עָבוֹת מִנֹּגַהּ מִמָּטָר דֶּשֶׁא 4
מֵאָרֶץ׃ כִּי־לֹא־כֵן בֵּיתִי עִם־אֵל כִּי בְרִית עוֹלָם שָׂם לִי ה
עֲרוּכָה בַכֹּל וּשְׁמֻרָה כִּי־כָל־יִשְׁעִי וְכָל־חֵפֶץ כִּי־לֹא
יַצְמִיחַ׃ וּבְלִיַּעַל כְּקוֹץ מֻנָד כֻּלָּהַם כִּי־לֹא בְיָד יִקָּחוּ׃ וְאִישׁ 6 7
יִגַּע בָּהֶם יִמָּלֵא בַרְזֶל וְעֵץ חֲנִית וּבָאֵשׁ שָׂרוֹף יִשָּׂרְפוּ
בַּשָּׁבֶת׃

אֵלֶּה שְׁמוֹת הַגִּבֹּרִים אֲשֶׁר לְדָוִד יֹשֵׁב בַּשֶּׁבֶת תַּחְכְּמֹנִי | רֹאשׁ 8
הַשָּׁלִשִׁי הוּא עֲדִינוֹ הָעֶצְנוֹ עַל־שְׁמֹנֶה מֵאוֹת חָלָל בְּפַעַם
אֶחָד׃ וְאַחֲרוֹ אֶלְעָזָר בֶּן־דֹּדֹי בֶּן־אֲחֹחִי בִּשְׁלֹשָׁה גִבֹּרִים 9
עִם־דָּוִד בְּחָרְפָם בַּפְּלִשְׁתִּים נֶאֱסְפוּ־שָׁם לַמִּלְחָמָה וַיַּעֲלוּ

אִישׁ

כ״ב v. 44. סבירין עמים v. 51. מגדול ק׳ כ״ג v. 8. העצני ק׳ ibid. אחת ק׳
v. 9. ואחריו ק׳ ibid. דודו ק׳ ibid. הגברים ק׳

י אִ֣ישׁ יִשְׂרָאֵֽל׃ ה֣וּא קָ֞ם וַיַּ֣ךְ בַּפְּלִשְׁתִּ֗ים עַ֣ד ׀ כִּֽי־יָגְעָ֣ה יָד֗וֹ
וַתִּדְבַּ֤ק יָדוֹ֙ אֶל־הַחֶ֔רֶב וַיַּ֨עַשׂ יְהוָ֜ה תְּשׁוּעָ֤ה גְדוֹלָה֙ בַּיּ֣וֹם
11 הַה֑וּא וְהָעָ֛ם יָשֻׁ֥בוּ אַחֲרָ֖יו אַךְ־לְפַשֵּֽׁט׃ וְאַחֲרָ֥יו שַׁמָּ֛ה
בֶן־אָגֵ֖א הָרָרִ֑י וַיֵּאָסְפ֨וּ פְלִשְׁתִּ֜ים לַֽחַיָּ֗ה וַתְּהִי־שָׁ֞ם חֶלְקַ֤ת
12 הַשָּׂדֶה֙ מְלֵאָ֣ה עֲדָשִׁ֔ים וְהָעָ֣ם נָ֔ס מִפְּנֵ֖י פְלִשְׁתִּֽים׃ וַיִּתְיַצֵּ֤ב
בְּתוֹךְ־הַֽחֶלְקָה֙ וַיַּצִּילֶ֔הָ וַיַּ֖ךְ אֶת־פְּלִשְׁתִּ֑ים וַיַּ֥עַשׂ יְהוָ֖ה תְּשׁוּעָ֥ה
13 גְדוֹלָֽה׃ וַיֵּרְד֨וּ שְׁלֹשִׁ֜ים מֵהַשְּׁלֹשִׁ֗ים רֹ֔אשׁ וַיָּבֹ֤אוּ אֶל־קָצִיר֙
אֶל־דָּוִ֔ד אֶל־מְעָרַ֖ת עֲדֻלָּ֑ם וְחַיַּ֣ת פְּלִשְׁתִּ֔ים חֹנָ֖ה בְּעֵ֥מֶק
14 רְפָאִֽים׃ וְדָוִ֖ד אָ֣ז בַּמְּצוּדָ֑ה וּמַצַּ֣ב פְּלִשְׁתִּ֔ים אָ֖ז בֵּ֥ית לָֽחֶם׃
טו וַיִּתְאַוֶּ֥ה דָוִ֖ד וַיֹּאמַ֑ר מִ֚י יַשְׁקֵ֣נִי מַ֔יִם מִבֹּ֥אר בֵּֽית־לֶ֖חֶם אֲשֶׁ֥ר
16 בַּשָּֽׁעַר׃ וַיִּבְקְעוּ֩ שְׁלֹ֨שֶׁת הַגִּבֹּרִ֜ים בְּמַחֲנֵ֣ה פְלִשְׁתִּ֗ים וַיִּֽשְׁאֲבוּ־
מַ֙יִם֙ מִבֹּ֤אר בֵּֽית־לֶ֙חֶם֙ אֲשֶׁ֣ר בַּשַּׁ֔עַר וַיִּשְׂא֖וּ וַיָּבִ֣אוּ אֶל־דָּוִ֑ד
17 וְלֹ֤א אָבָה֙ לִשְׁתּוֹתָ֔ם וַיַּסֵּ֥ךְ אֹתָ֖ם לַיהוָֽה׃ וַיֹּ֡אמֶר חָלִילָה֩ לִּ֨י
יְהוָ֜ה מֵעֲשֹׂתִ֣י זֹ֗את הֲדַ֤ם הָאֲנָשִׁים֙ הַהֹלְכִ֣ים בְּנַפְשׁוֹתָ֔ם וְלֹ֥א
18 אָבָ֖ה לִשְׁתּוֹתָ֑ם אֵ֣לֶּה עָשׂ֔וּ שְׁלֹ֖שֶׁת הַגִּבֹּרִֽים׃ וַאֲבִישַׁ֞י אֲחִ֣י ׀
יוֹאָ֣ב בֶּן־צְרוּיָ֗ה ה֚וּא רֹ֣אשׁ הַשְּׁלֹשִׁ֔י וְהוּא֙ עוֹרֵ֣ר אֶת־חֲנִית֔וֹ
19 עַל־שְׁלֹ֥שׁ מֵא֖וֹת חָלָ֑ל וְלוֹ־שֵׁ֖ם בַּשְּׁלֹשָֽׁה׃ מִן־הַשְּׁלֹשָׁה֙ הֲכִ֣י
כ נִכְבָּ֔ד וַיְהִ֥י לָהֶ֖ם לְשָׂ֑ר וְעַד־הַשְּׁלֹשָׁ֖ה לֹא־בָֽא׃ וּבְנָיָ֨הוּ
בֶן־יְהוֹיָדָ֧ע בֶּן־אִֽישׁ־חַ֛י רַב־פְּעָלִ֖ים מִקַּבְצְאֵ֑ל ה֣וּא הִכָּ֗ה
אֵ֣ת שְׁנֵ֤י אֲרִאֵל֙ מוֹאָ֔ב וְה֨וּא יָרַ֜ד וְהִכָּ֧ה אֶֽת־הָאֲרִ֛יֵה בְּת֥וֹךְ
21 הַבֹּ֖אר בְּי֥וֹם הַשָּֽׁלֶג׃ וְהֽוּא־הִכָּה֩ אֶת־אִ֨ישׁ מִצְרִ֜י אֲשֶׁר֙ מַרְאֶ֔ה
וּבְיַ֤ד הַמִּצְרִי֙ חֲנִ֔ית וַיֵּ֥רֶד אֵלָ֖יו בַּשָּׁ֑בֶט וַיִּגְזֹ֤ל אֶֽת־הַחֲנִית֙ מִיַּ֣ד
22 הַמִּצְרִ֔י וַיַּהַרְגֵ֖הוּ בַּחֲנִיתֽוֹ׃ אֵ֣לֶּה עָשָׂ֔ה בְּנָיָ֖הוּ בֶּן־יְהוֹיָדָ֑ע וְלוֹ־
23 שֵׁ֖ם בִּשְׁלֹשָׁ֥ה הַגִּבֹּרִֽים׃ מִן־הַשְּׁלֹשִׁ֣ים נִכְבָּ֔ד וְאֶל־הַשְּׁלֹשָׁ֖ה
24 לֹא־בָ֑א וַיְשִׂמֵ֥הוּ דָוִ֖ד אֶל־מִשְׁמַעְתּֽוֹ׃ עֲשָׂהאֵ֣ל אֲחִֽי־יוֹאָ֖ב
כה בַּשְּׁלֹשִׁ֑ים אֶלְחָנָ֥ן בֶּן־דֹּד֖וֹ בֵּ֥ית לָֽחֶם׃ שַׁמָּה֙ הַֽחֲרֹדִ֔י אֱלִיקָ֖א
26 27 הַחֲרֹדִֽי׃ חֶ֚לֶץ הַפַּלְטִ֔י עִירָ֥א בֶן־עִקֵּ֖שׁ הַתְּקוֹעִֽי׃ אֲבִיעֶ֙זֶר֙

הענתתי

v. 13. שלשה ק׳   v. 15. מבר ק׳   v. 16. מבר ק׳   v. 18. השלשה ק׳
v. 20. חיל ק׳   ibid. הארי ק׳   ibid. הבר ק׳   v. 21 איש ק׳

28 הָעַנְּתֹתִי מְבֻנַּי הַחֻשָׁתִי׃ צַלְמוֹן הָאֲחֹחִי מַהְרַי הַנְּטֹפָתִי׃
29 חֵלֶב בֶּן־בַּעֲנָה הַנְּטֹפָתִי אִתַּי בֶּן־רִיבַי מִגִּבְעַת בְּנֵי
ל 31 בִנְיָמִן׃ בְּנָיָהוּ פִּרְעָתֹנִי הִדַּי מִנַּחֲלֵי גָעַשׁ׃ אֲבִי־עַלְבוֹן
32 הָעַרְבָתִי עַזְמָוֶת הַבַּרְחֻמִי׃ אֶלְיַחְבָּא הַשַּׁעַלְבֹנִי בְּנֵי יָשֵׁן
33 יְהוֹנָתָן׃ שַׁמָּה הַהֲרָרִי אֲחִיאָם בֶּן־שָׁרָר הָאֲרָרִי׃
34 אֱלִיפֶלֶט בֶּן־אֲחַסְבַּי בֶּן־הַמַּעֲכָתִי אֱלִיעָם בֶּן־אֲחִיתֹפֶל
לה 36 הַגִּלֹנִי׃ חֶצְרַו הַכַּרְמְלִי פַּעֲרַי הָאַרְבִּי׃ יִגְאָל בֶּן־נָתָן
37 מִצֹּבָה בָּנִי הַגָּדִי׃ צֶלֶק הָעַמֹּנִי נַחְרַי הַבְּאֵרֹתִי נֹשְׂאֵי כְּלֵי
38 39 יוֹאָב בֶּן־צְרֻיָה׃ עִירָא הַיִּתְרִי גָּרֵב הַיִּתְרִי׃ אוּרִיָּה
הַחִתִּי כֹּל שְׁלֹשִׁים וְשִׁבְעָה׃

כד Cap. XXIV. כד

א וַיֹּסֶף אַף־יְהוָה לַחֲרוֹת בְּיִשְׂרָאֵל וַיָּסֶת אֶת־דָּוִד בָּהֶם
2 לֵאמֹר לֵךְ מְנֵה אֶת־יִשְׂרָאֵל וְאֶת־יְהוּדָה׃ וַיֹּאמֶר הַמֶּלֶךְ
אֶל־יוֹאָב ׀ שַׂר־הַחַיִל אֲשֶׁר־אִתּוֹ שׁוּט־נָא בְּכָל־שִׁבְטֵי
יִשְׂרָאֵל מִדָּן וְעַד־בְּאֵר שֶׁבַע וּפִקְדוּ אֶת־הָעָם וְיָדַעְתִּי אֵת
3 מִסְפַּר הָעָם׃ וַיֹּאמֶר יוֹאָב אֶל־הַמֶּלֶךְ וְיוֹסֵף יְהוָה אֱלֹהֶיךָ
אֶל־הָעָם כָּהֵם ׀ וְכָהֵם מֵאָה פְעָמִים וְעֵינֵי אֲדֹנִי־הַמֶּלֶךְ
4 רֹאוֹת וַאדֹנִי הַמֶּלֶךְ לָמָּה חָפֵץ בַּדָּבָר הַזֶּה׃ וַיֶּחֱזַק דְּבַר־
הַמֶּלֶךְ אֶל־יוֹאָב וְעַל שָׂרֵי הֶחָיִל וַיֵּצֵא יוֹאָב וְשָׂרֵי הַחַיִל
ה לִפְנֵי הַמֶּלֶךְ לִפְקֹד אֶת־הָעָם אֶת־יִשְׂרָאֵל׃ וַיַּעַבְרוּ אֶת־
הַיַּרְדֵּן וַיַּחֲנוּ בַעֲרוֹעֵר יְמִין הָעִיר אֲשֶׁר בְּתוֹךְ־הַנַּחַל הַגָּד
6 וְאֶל־יַעְזֵר׃ וַיָּבֹאוּ הַגִּלְעָדָה וְאֶל־אֶרֶץ תַּחְתִּים חָדְשִׁי וַיָּבֹאוּ
7 דָּנָה יַּעַן וְסָבִיב אֶל־צִידוֹן׃ וַיָּבֹאוּ מִבְצַר־צֹר וְכָל־עָרֵי
8 הַחִוִּי וְהַכְּנַעֲנִי וַיֵּצְאוּ אֶל־נֶגֶב יְהוּדָה בְּאֵר שָׁבַע׃ וַיָּשֻׁטוּ
בְּכָל־הָאָרֶץ וַיָּבֹאוּ מִקְצֵה תִשְׁעָה חֳדָשִׁים וְעֶשְׂרִים יוֹם
9 יְרוּשָׁלָםִ׃ וַיִּתֵּן יוֹאָב אֶת־מִסְפַּר מִפְקַד־הָעָם אֶל־הַמֶּלֶךְ
וַתְּהִי יִשְׂרָאֵל שְׁמֹנֶה מֵאוֹת אֶלֶף אִישׁ־חַיִל שֹׁלֵף חֶרֶב וְאִישׁ

יהודה

כ״ג v. 35. חצרי ק׳ v. 37. נשא ק׳

י יְהוּדָה חֲמֵשׁ־מֵאוֹת אֶלֶף אִישׁ׃ וַיַּךְ לֵב־דָּוִד אֹתוֹ אַחֲרֵי־
כֵן סָפַר אֶת־הָעָם ׀ וַיֹּאמֶר דָּוִד אֶל־יְהוָה חָטָאתִי
מְאֹד אֲשֶׁר עָשִׂיתִי וְעַתָּה יְהוָה הַעֲבֶר־נָא אֶת־עֲוֹן עַבְדְּךָ
11 כִּי נִסְכַּלְתִּי מְאֹד׃ וַיָּקָם דָּוִד בַּבֹּקֶר ׀ וּדְבַר־יְהוָה
12 הָיָה אֶל־גָּד הַנָּבִיא חֹזֵה דָוִד לֵאמֹר׃ הָלוֹךְ וְדִבַּרְתָּ אֶל־
דָּוִד כֹּה אָמַר יְהוָה שָׁלֹשׁ אָנֹכִי נוֹטֵל עָלֶיךָ בְּחַר־לְךָ אַחַת־
13 מֵהֶם וְאֶעֱשֶׂה־לָּךְ׃ וַיָּבֹא־גָד אֶל־דָּוִד וַיַּגֶּד־לוֹ וַיֹּאמֶר לוֹ
הֲתָבוֹא לְךָ שֶׁבַע־שָׁנִים ׀ רָעָב ׀ בְּאַרְצֶךָ וְאִם־שְׁלֹשָׁה חֳדָשִׁים
נֻסְךָ לִפְנֵי־צָרֶיךָ וְהוּא רֹדְפֶךָ וְאִם־הֱיוֹת שְׁלֹשֶׁת יָמִים דֶּבֶר
14 בְּאַרְצֶךָ עַתָּה דַּע וּרְאֵה מָה־אָשִׁיב שֹׁלְחִי דָּבָר׃ וַיֹּאמֶר
דָּוִד אֶל־גָּד צַר־לִי מְאֹד נִפְּלָה־נָּא בְיַד־יְהוָה כִּי־רַבִּים
טו רַחֲמָו וּבְיַד אָדָם אַל־אֶפֹּלָה׃ וַיִּתֵּן יְהוָה דֶּבֶר בְּיִשְׂרָאֵל
מֵהַבֹּקֶר וְעַד־עֵת מוֹעֵד וַיָּמָת מִן־הָעָם מִדָּן וְעַד־בְּאֵר
16 שֶׁבַע שִׁבְעִים אֶלֶף אִישׁ׃ וַיִּשְׁלַח יָדוֹ הַמַּלְאָךְ ׀ יְרוּשָׁלִַם
לְשַׁחֲתָהּ וַיִּנָּחֶם יְהוָה אֶל־הָרָעָה וַיֹּאמֶר לַמַּלְאָךְ הַמַּשְׁחִית
בָּעָם רַב עַתָּה הֶרֶף יָדֶךָ וּמַלְאַךְ יְהוָה הָיָה עִם־גֹּרֶן הָאֹורְנָה
17 הַיְבֻסִי׃ ס וַיֹּאמֶר דָּוִד אֶל־יְהוָה בִּרְאֹתוֹ ׀ אֶת־הַמַּלְאָךְ ׀
הַמַּכֶּה בָעָם וַיֹּאמֶר הִנֵּה אָנֹכִי חָטָאתִי וְאָנֹכִי הֶעֱוֵיתִי וְאֵלֶּה
18 הַצֹּאן מֶה עָשׂוּ תְּהִי נָא יָדְךָ בִּי וּבְבֵית אָבִי׃ וַיָּבֹא־
גָד אֶל־דָּוִד בַּיּוֹם הַהוּא וַיֹּאמֶר לוֹ עֲלֵה הָקֵם לַיהוָה מִזְבֵּחַ
19 בְּגֹרֶן אֲרַנְיָה הַיְבֻסִי׃ וַיַּעַל דָּוִד כִּדְבַר־גָּד כַּאֲשֶׁר צִוָּה יְהוָה׃
כ וַיַּשְׁקֵף אֲרַוְנָה וַיַּרְא אֶת־הַמֶּלֶךְ וְאֶת־עֲבָדָיו עֹבְרִים עָלָיו
21 וַיֵּצֵא אֲרַוְנָה וַיִּשְׁתַּחוּ לַמֶּלֶךְ אַפָּיו אָרְצָה׃ וַיֹּאמֶר אֲרַוְנָה
מַדּוּעַ בָּא אֲדֹנִי־הַמֶּלֶךְ אֶל־עַבְדּוֹ וַיֹּאמֶר דָּוִד לִקְנוֹת מֵעִמְּךָ
אֶת־הַגֹּרֶן לִבְנוֹת מִזְבֵּחַ לַיהוָה וְתֵעָצַר הַמַּגֵּפָה מֵעַל הָעָם׃
22 וַיֹּאמֶר אֲרַוְנָה אֶל־דָּוִד יִקַּח וְיַעַל אֲדֹנִי הַמֶּלֶךְ הַטּוֹב בְּעֵינָו
23 רְאֵה הַבָּקָר לָעֹלָה וְהַמֹּרִגִּים וּכְלֵי הַבָּקָר לָעֵצִים׃ הַכֹּל

נתן

v. 10. v. 11. פסקא באמצע פסוק   v. 14. רחמיו ק׳   v. 16. הארונה ק׳
v. 18. ארונה ק׳   v. 22. בעיניו ק׳

נָתַ֛ן אֲרַ֥וְנָ֖ה הַמֶּ֣לֶךְ לַמֶּ֑לֶךְ ° וַיֹּ֤אמֶר אֲרַ֙וְנָה֙ אֶל־הַמֶּ֔לֶךְ
24 יְהוָ֥ה אֱלֹהֶ֖יךָ יִרְצֶֽךָ׃ וַיֹּ֨אמֶר הַמֶּ֜לֶךְ אֶל־אֲרַ֗וְנָה לֹ֤א כִּֽי־קָנ֨וֹ
אֶקְנֶ֤ה מֵאֽוֹתְךָ֙ בִּמְחִ֔יר וְלֹ֧א אַעֲלֶ֛ה לַיהוָ֥ה אֱלֹהַ֖י עֹל֣וֹת חִנָּ֑ם
וַיִּ֨קֶן דָּוִ֤ד אֶת־הַגֹּ֙רֶן֙ וְאֶת־הַבָּקָ֔ר בְּכֶ֖סֶף שְׁקָלִ֥ים חֲמִשִּֽׁים׃
כה וַיִּבֶן֩ שָׁ֨ם דָּוִ֤ד מִזְבֵּ֙חַ֙ לַֽיהוָ֔ה וַיַּ֥עַל עֹל֖וֹת וּשְׁלָמִ֑ים וַיֵּעָתֵ֤ר יְהוָה֙
לָאָ֔רֶץ וַתֵּעָצַ֥ר הַמַּגֵּפָ֖ה מֵעַ֥ל יִשְׂרָאֵֽל׃

v. 23. פסקא באמצע פסוק

חזק

סכום הפסוקים של ספר שמואל אלף וחמש מאות וששה וסימן **א**שרו חמוץ וחציו ולאשה עגל מרבק· וסדריו שלשים וארבע וסימן פותח את־ידך׃

מלכים א

LIBER I. REGUM

CAPUT I. א

א וְהַמֶּ֤לֶךְ דָּוִד֙ זָקֵ֔ן בָּ֖א בַּיָּמִ֑ים וַיְכַסֻּ֙הוּ֙ בַּבְּגָדִ֔ים וְלֹ֥א יִחַ֖ם לֽוֹ׃

2 וַיֹּ֧אמְרוּ ל֣וֹ עֲבָדָ֗יו יְבַקְשׁ֞וּ לַאדֹנִ֤י הַמֶּ֙לֶךְ֙ נַעֲרָ֣ה בְתוּלָ֔ה וְעָֽמְדָה֙ לִפְנֵ֣י הַמֶּ֔לֶךְ וּתְהִי־ל֖וֹ סֹכֶ֑נֶת וְשָׁכְבָ֣ה בְחֵיקֶ֔ךָ וְחַ֥ם

3 לַאדֹנִ֥י הַמֶּֽלֶךְ׃ וַיְבַקְשׁוּ֙ נַעֲרָ֣ה יָפָ֔ה בְּכֹ֖ל גְּב֣וּל יִשְׂרָאֵ֑ל

4 וַיִּמְצְא֗וּ אֶת־אֲבִישַׁג֙ הַשּׁ֣וּנַמִּ֔ית וַיָּבִ֥אוּ אֹתָ֖הּ לַמֶּֽלֶךְ׃ וְהַֽנַּעֲרָ֖ה יָפָ֣ה עַד־מְאֹ֑ד וַתְּהִ֨י לַמֶּ֤לֶךְ סֹכֶ֙נֶת֙ וַתְּשָׁ֣רְתֵ֔הוּ וְהַמֶּ֖לֶךְ לֹ֥א

5 יְדָעָֽהּ׃ וַאֲדֹנִיָּ֧ה בֶן־חַגִּ֛ית מִתְנַשֵּׂ֥א לֵאמֹ֖ר אֲנִ֣י אֶמְלֹ֑ךְ וַיַּ֣עַשׂ

6 ל֗וֹ רֶ֚כֶב וּפָ֣רָשִׁ֔ים וַחֲמִשִּׁ֥ים אִ֖ישׁ רָצִ֥ים לְפָנָֽיו׃ וְלֹֽא־עֲצָב֨וֹ אָבִ֤יו מִיָּמָיו֙ לֵאמֹ֔ר מַדּ֖וּעַ כָּ֣כָה עָשִׂ֑יתָ וְגַם־ה֤וּא טֽוֹב־תֹּ֙אַר֙

7 מְאֹ֔ד וְאֹת֥וֹ יָֽלְדָ֖ה אַחֲרֵ֥י אַבְשָׁלֽוֹם׃ וַיִּהְי֣וּ דְבָרָ֔יו עִ֖ם יוֹאָ֣ב

8 בֶּן־צְרוּיָ֑ה וְעִ֖ם אֶבְיָתָ֣ר הַכֹּהֵ֑ן וַֽיַּעְזְר֕וּ אַחֲרֵ֖י אֲדֹנִיָּֽה׃ וְצָד֣וֹק הַ֠כֹּהֵן וּבְנָיָ֨הוּ בֶן־יְהוֹיָדָ֜ע וְנָתָ֤ן הַנָּבִיא֙ וְשִׁמְעִ֣י וְרֵעִ֔י וְהַגִּבּוֹרִ֖ים

9 אֲשֶׁ֣ר לְדָוִ֑ד לֹ֥א הָי֖וּ עִם־אֲדֹנִיָּֽהוּ׃ וַיִּזְבַּ֣ח אֲדֹנִיָּ֗הוּ צֹ֥אן וּבָקָר֙ וּמְרִ֗יא עִ֚ם אֶ֣בֶן הַזֹּחֶ֔לֶת אֲשֶׁר־אֵ֖צֶל עֵ֣ין רֹגֵ֑ל וַיִּקְרָ֗א אֶת־כָּל־אֶחָיו֙ בְּנֵ֣י הַמֶּ֔לֶךְ וּלְכָל־אַנְשֵׁ֥י יְהוּדָ֖ה עַבְדֵ֥י הַמֶּֽלֶךְ׃

י וְֽאֶת־נָתָן֩ הַנָּבִ֨יא וּבְנָיָ֜הוּ וְאֶת־הַגִּבּוֹרִ֗ים וְאֶת־שְׁלֹמֹ֖ה אָחִ֑יו

11 לֹ֥א קָרָֽא׃ וַיֹּ֣אמֶר נָתָ֗ן אֶל־בַּת־שֶׁ֤בַע אֵם־שְׁלֹמֹה֙ לֵאמֹ֔ר הֲל֣וֹא שָׁמַ֔עַתְּ כִּ֥י מָלַ֖ךְ אֲדֹנִיָּ֣הוּ בֶן־חַגִּ֑ית וַאֲדֹנֵ֥ינוּ דָוִ֖ד לֹ֥א

12 יָדָֽע׃ וְעַתָּ֕ה לְכִ֛י אִיעָצֵ֥ךְ נָ֖א עֵצָ֑ה וּמַלְּטִי֙ אֶת־נַפְשֵׁ֔ךְ וְאֶת־

13 נֶ֥פֶשׁ בְּנֵ֖ךְ שְׁלֹמֹֽה׃ לְכִ֞י וּבֹ֣אִי ׀ אֶל־הַמֶּ֣לֶךְ דָּוִ֗ד וְאָמַ֤רְתְּ אֵלָיו֙ הֲלֹֽא־אַתָּ֞ה אֲדֹנִ֣י הַמֶּ֗לֶךְ נִשְׁבַּ֤עְתָּ לַאֲמָֽתְךָ֙ לֵאמֹ֔ר כִּֽי־שְׁלֹמֹ֤ה בְנֵךְ֙ יִמְלֹ֣ךְ אַחֲרַ֔י וְה֖וּא יֵשֵׁ֣ב עַל־כִּסְאִ֑י וּמַדּ֖וּעַ מָלַ֥ךְ אֲדֹנִיָּֽהוּ׃

14 הִנֵּ֗ה עוֹדָ֛ךְ מְדַבֶּ֥רֶת שָׁ֖ם עִם־הַמֶּ֑לֶךְ וַאֲנִי֙ אָב֣וֹא אַחֲרַ֔יִךְ וּמִלֵּאתִ֖י

טו וּמִלֵּאתִ֖י אֶת־דְּבָרָֽיִךְ׃ וַתָּבֹ֨א בַת־שֶׁ֤בַע אֶל־הַמֶּ֙לֶךְ֙ הַחַ֔דְרָה
וְהַמֶּ֖לֶךְ זָקֵ֣ן מְאֹ֑ד וַאֲבִישַׁג֙ הַשּׁ֣וּנַמִּ֔ית מְשָׁרַ֖ת אֶת־הַמֶּֽלֶךְ׃
16 וַתִּקֹּ֣ד בַּת־שֶׁ֔בַע וַתִּשְׁתַּ֖חוּ לַמֶּ֑לֶךְ וַיֹּ֥אמֶר הַמֶּ֖לֶךְ מַה־לָּֽךְ׃
17 וַתֹּ֣אמֶר ל֗וֹ אֲדֹנִי֙ אַתָּ֨ה נִשְׁבַּ֜עְתָּ בַּיהוָ֤ה אֱלֹהֶ֙יךָ֙ לַאֲמָתֶ֔ךָ כִּֽי־
18 שְׁלֹמֹ֥ה בְנֵ֖ךְ יִמְלֹ֣ךְ אַחֲרָ֑י וְה֖וּא יֵשֵׁ֥ב עַל־כִּסְאִֽי׃ וְעַתָּ֕ה הִנֵּ֥ה
19 אֲדֹנִיָּ֖ה מָלָ֑ךְ וְעַתָּ֛ה אֲדֹנִ֥י הַמֶּ֖לֶךְ לֹ֥א יָדָֽעְתָּ׃ וַ֠יִּזְבַּח שׁ֨וֹר
וּֽמְרִיא־וְצֹאן֙ לָרֹ֔ב וַיִּקְרָא֙ לְכָל־בְּנֵ֣י הַמֶּ֔לֶךְ וּלְאֶבְיָתָר֙ הַכֹּהֵ֔ן
כ וּלְיֹאָ֖ב שַׂ֣ר הַצָּבָ֑א וְלִשְׁלֹמֹ֥ה עַבְדְּךָ֖ לֹ֥א קָרָֽא׃ וְאַתָּה֙ אֲדֹנִ֣י
הַמֶּ֔לֶךְ עֵינֵ֥י כָל־יִשְׂרָאֵ֖ל עָלֶ֑יךָ לְהַגִּ֣יד לָהֶ֔ם מִ֗י יֵשֵׁ֛ב עַל־
21 כִּסֵּ֥א אֲדֹנִֽי־הַמֶּ֖לֶךְ אַחֲרָֽיו׃ וְהָיָ֕ה כִּשְׁכַ֥ב אֲדֹנִֽי־הַמֶּ֖לֶךְ עִם־
22 אֲבֹתָ֑יו וְהָיִ֗יתִי אֲנִ֛י וּבְנִ֥י שְׁלֹמֹ֖ה חַטָּאִֽים׃ וְהִנֵּ֥ה עוֹדֶ֖נָּה מְדַבֶּ֣רֶת
23 עִם־הַמֶּ֑לֶךְ וְנָתָ֥ן הַנָּבִ֖יא בָּֽא׃ וַיַּגִּ֤ידוּ לַמֶּ֙לֶךְ֙ לֵאמֹ֔ר הִנֵּ֖ה נָתָ֣ן
הַנָּבִ֑יא וַיָּבֹא֙ לִפְנֵ֣י הַמֶּ֔לֶךְ וַיִּשְׁתַּ֧חוּ לַמֶּ֛לֶךְ עַל־אַפָּ֖יו אָֽרְצָה׃
24 וַיֹּאמֶר֮ נָתָן֒ אֲדֹנִ֣י הַמֶּ֔לֶךְ אַתָּ֣ה אָמַ֔רְתָּ אֲדֹנִיָּ֖הוּ יִמְלֹ֣ךְ אַחֲרָ֑י
כה וְה֖וּא יֵשֵׁ֥ב עַל־כִּסְאִֽי׃ כִּ֣י ׀ יָרַ֣ד הַיּ֗וֹם וַיִּזְבַּח֩ שׁ֨וֹר וּֽמְרִיא־
וְצֹ֜אן לָרֹ֗ב וַיִּקְרָא֙ לְכָל־בְּנֵ֣י הַמֶּ֔לֶךְ וּלְשָׂרֵ֣י הַצָּבָ֔א וּלְאֶבְיָתָ֖ר
הַכֹּהֵ֑ן וְהִנָּ֛ם אֹכְלִ֥ים וְשֹׁתִ֖ים לְפָנָ֑יו וַיֹּ֣אמְר֔וּ יְחִ֖י הַמֶּ֥לֶךְ אֲדֹנִיָּֽהוּ׃
26 וְלִ֣י אֲנִֽי־עַ֠בְדֶּךָ וּלְצָדֹ֨ק הַכֹּהֵ֜ן וְלִבְנָיָ֧הוּ בֶן־יְהוֹיָדָ֛ע וְלִשְׁלֹמֹ֥ה
27 עַבְדְּךָ֖ לֹ֥א קָרָֽא׃ אִ֗ם מֵאֵת֙ אֲדֹנִ֣י הַמֶּ֔לֶךְ נִהְיָ֖ה הַדָּבָ֣ר הַזֶּ֑ה
וְלֹ֤א הוֹדַ֙עְתָּ֙ אֶת־עַבְדֶּ֔יךָ מִ֗י יֵשֵׁ֛ב עַל־כִּסֵּ֥א אֲדֹנִֽי־הַמֶּ֖לֶךְ
28 אַחֲרָֽיו׃ וַיַּ֨עַן הַמֶּ֤לֶךְ דָּוִד֙ וַיֹּ֔אמֶר קִרְאוּ־לִ֖י לְבַת־שָׁ֑בַע וַתָּבֹא֙
29 לִפְנֵ֣י הַמֶּ֔לֶךְ וַֽתַּעֲמֹ֖ד לִפְנֵ֥י הַמֶּֽלֶךְ׃ וַיִּשָּׁבַ֥ע הַמֶּ֖לֶךְ וַיֹּאמַ֑ר
ל חַי־יְהוָ֔ה אֲשֶׁר־פָּדָ֥ה אֶת־נַפְשִׁ֖י מִכָּל־צָרָֽה׃ כִּ֡י כַּאֲשֶׁר֩
נִשְׁבַּ֨עְתִּי לָ֜ךְ בַּיהוָ֨ה אֱלֹהֵ֤י יִשְׂרָאֵל֙ לֵאמֹ֔ר כִּֽי־שְׁלֹמֹ֤ה בְנֵךְ֙
יִמְלֹ֣ךְ אַחֲרַ֔י וְה֛וּא יֵשֵׁ֥ב עַל־כִּסְאִ֖י תַּחְתָּ֑י כִּ֛י כֵּ֥ן אֶעֱשֶׂ֖ה הַיּ֥וֹם
31 הַזֶּֽה׃ וַתִּקֹּ֨ד בַּת־שֶׁ֤בַע אַפַּ֙יִם֙ אֶ֔רֶץ וַתִּשְׁתַּ֖חוּ לַמֶּ֑לֶךְ וַתֹּ֕אמֶר
32 יְחִ֗י אֲדֹנִ֛י הַמֶּ֥לֶךְ דָּוִ֖ד לְעֹלָֽם׃ וַיֹּ֣אמֶר ׀ הַמֶּ֣לֶךְ דָּוִ֗ד

קראו־לי

v. 27. עבדך ק׳

קִרְאוּ־לִי לְצָדוֹק הַכֹּהֵן וּלְנָתָן הַנָּבִיא וְלִבְנָיָהוּ בֶּן־יְהוֹיָדָע
33 וַיָּבֹאוּ לִפְנֵי הַמֶּלֶךְ׃ וַיֹּאמֶר הַמֶּלֶךְ לָהֶם קְחוּ עִמָּכֶם אֶת־
עַבְדֵי אֲדֹנֵיכֶם וְהִרְכַּבְתֶּם אֶת־שְׁלֹמֹה בְנִי עַל־הַפִּרְדָּה
34 אֲשֶׁר־לִי וְהוֹרַדְתֶּם אֹתוֹ אֶל־גִּחוֹן׃ וּמָשַׁח אֹתוֹ שָׁם צָדוֹק
הַכֹּהֵן וְנָתָן הַנָּבִיא לְמֶלֶךְ עַל־יִשְׂרָאֵל וּתְקַעְתֶּם בַּשּׁוֹפָר
לה וַאֲמַרְתֶּם יְחִי הַמֶּלֶךְ שְׁלֹמֹה׃ וַעֲלִיתֶם אַחֲרָיו וּבָא וְיָשַׁב
עַל־כִּסְאִי וְהוּא יִמְלֹךְ תַּחְתָּי וְאֹתוֹ צִוִּיתִי לִהְיוֹת נָגִיד עַל־
36 יִשְׂרָאֵל וְעַל־יְהוּדָה׃ וַיַּעַן בְּנָיָהוּ בֶן־יְהוֹיָדָע אֶת־הַמֶּלֶךְ
37 וַיֹּאמֶר ׀ אָמֵן כֵּן יֹאמַר יְהוָֹה אֱלֹהֵי אֲדֹנִי הַמֶּלֶךְ׃ כַּאֲשֶׁר הָיָה
יְהוָֹה עִם־אֲדֹנִי הַמֶּלֶךְ כֵּן יְהִי עִם־שְׁלֹמֹה וִיגַדֵּל אֶת־כִּסְאוֹ
38 מִכִּסֵּא אֲדֹנִי הַמֶּלֶךְ דָּוִד׃ וַיֵּרֶד צָדוֹק הַכֹּהֵן וְנָתָן הַנָּבִיא
וּבְנָיָהוּ בֶן־יְהוֹיָדָע וְהַכְּרֵתִי וְהַפְּלֵתִי וַיַּרְכִּבוּ אֶת־שְׁלֹמֹה
39 עַל־פִּרְדַּת הַמֶּלֶךְ דָּוִד וַיֹּלִכוּ אֹתוֹ עַל־גִּחוֹן׃ וַיִּקַּח צָדוֹק
הַכֹּהֵן אֶת־קֶרֶן הַשֶּׁמֶן מִן־הָאֹהֶל וַיִּמְשַׁח אֶת־שְׁלֹמֹה וַיִּתְקְעוּ
מ בַּשּׁוֹפָר וַיֹּאמְרוּ כָּל־הָעָם יְחִי הַמֶּלֶךְ שְׁלֹמֹה׃ וַיַּעֲלוּ כָל־
הָעָם אַחֲרָיו וְהָעָם מְחַלְּלִים בַּחֲלִלִים וּשְׂמֵחִים שִׂמְחָה גְדוֹלָה
41 וַתִּבָּקַע הָאָרֶץ בְּקוֹלָם׃ וַיִּשְׁמַע אֲדֹנִיָּהוּ וְכָל־הַקְּרֻאִים אֲשֶׁר
אִתּוֹ וְהֵם כִּלּוּ לֶאֱכֹל וַיִּשְׁמַע יוֹאָב אֶת־קוֹל הַשּׁוֹפָר וַיֹּאמֶר
42 מַדּוּעַ קוֹל־הַקִּרְיָה הוֹמָה׃ עוֹדֶנּוּ מְדַבֵּר וְהִנֵּה יוֹנָתָן בֶּן־
אֶבְיָתָר הַכֹּהֵן בָּא וַיֹּאמֶר אֲדֹנִיָּהוּ בֹּא כִּי אִישׁ חַיִל אַתָּה
43 וְטוֹב תְּבַשֵּׂר׃ וַיַּעַן יוֹנָתָן וַיֹּאמֶר לַאֲדֹנִיָּהוּ אֲבָל אֲדֹנֵינוּ
44 הַמֶּלֶךְ־דָּוִד הִמְלִיךְ אֶת־שְׁלֹמֹה׃ וַיִּשְׁלַח אִתּוֹ־הַמֶּלֶךְ אֶת־
צָדוֹק הַכֹּהֵן וְאֶת־נָתָן הַנָּבִיא וּבְנָיָהוּ בֶּן־יְהוֹיָדָע וְהַכְּרֵתִי
מה וְהַפְּלֵתִי וַיַּרְכִּבוּ אֹתוֹ עַל פִּרְדַּת הַמֶּלֶךְ׃ וַיִּמְשְׁחוּ אֹתוֹ צָדוֹק
הַכֹּהֵן וְנָתָן הַנָּבִיא לְמֶלֶךְ בְּגִחוֹן וַיַּעֲלוּ מִשָּׁם שְׂמֵחִים וַתֵּהֹם
46 הַקִּרְיָה הוּא הַקּוֹל אֲשֶׁר שְׁמַעְתֶּם׃ וְגַם יָשַׁב שְׁלֹמֹה עַל
47 כִּסֵּא הַמְּלוּכָה׃ וְגַם־בָּאוּ עַבְדֵי הַמֶּלֶךְ לְבָרֵךְ אֶת־אֲדֹנֵינוּ

המלך

v. 37. יהיה ק׳

הַמֶּלֶךְ דָּוִד לֵאמֹר יֵיטֵב אֱלֹהִיךְ אֶת־שֵׁם שְׁלֹמֹה מִשְּׁמֶךָ
וִֽיגַדֵּל אֶת־כִּסְאוֹ מִכִּסְאֶךָ וַיִּשְׁתַּחוּ הַמֶּלֶךְ עַל־הַמִּשְׁכָּב׃
48 וְגַם־כָּכָה אָמַר הַמֶּלֶךְ בָּרוּךְ יְהוָה אֱלֹהֵי יִשְׂרָאֵל אֲשֶׁר נָתַן
49 הַיּוֹם יֹשֵׁב עַל־כִּסְאִי וְעֵינַי רֹאוֹת׃ וַיֶּחֶרְדוּ וַיָּקֻמוּ כָּל־
נ הַקְּרֻאִים אֲשֶׁר לַאֲדֹנִיָּהוּ וַיֵּלְכוּ אִישׁ לְדַרְכּוֹ׃ וַאֲדֹנִיָּהוּ יָרֵא
51 מִפְּנֵי שְׁלֹמֹה וַיָּקָם וַיֵּלֶךְ וַיַּחֲזֵק בְּקַרְנוֹת הַמִּזְבֵּחַ׃ וַיֻּגַּד לִשְׁלֹמֹה
לֵאמֹר הִנֵּה אֲדֹנִיָּהוּ יָרֵא אֶת־הַמֶּלֶךְ שְׁלֹמֹה וְהִנֵּה אָחַז
בְּקַרְנוֹת הַמִּזְבֵּחַ לֵאמֹר יִשָּׁבַע־לִי כַיּוֹם הַמֶּלֶךְ שְׁלֹמֹה אִם־
52 יָמִית אֶת־עַבְדּוֹ בֶּחָרֶב׃ וַיֹּאמֶר שְׁלֹמֹה אִם יִהְיֶה לְבֶן־חַיִל
53 לֹא־יִפֹּל מִשַּׂעֲרָתוֹ אַרְצָה וְאִם־רָעָה תִמָּצֵא־בוֹ וָמֵת׃ וַיִּשְׁלַח
הַמֶּלֶךְ שְׁלֹמֹה וַיֹּרִדֻהוּ מֵעַל הַמִּזְבֵּחַ וַיָּבֹא וַיִּשְׁתַּחוּ לַמֶּלֶךְ
שְׁלֹמֹה וַיֹּאמֶר־לוֹ שְׁלֹמֹה לֵךְ לְבֵיתֶךָ׃

ב Cap. II. ב

א וַיִּקְרְבוּ יְמֵי־דָוִד לָמוּת וַיְצַו אֶת־שְׁלֹמֹה בְנוֹ לֵאמֹר׃
2 3 אָנֹכִי הֹלֵךְ בְּדֶרֶךְ כָּל־הָאָרֶץ וְחָזַקְתָּ וְהָיִיתָ לְאִישׁ׃ וְשָׁמַרְתָּ
אֶת־מִשְׁמֶרֶת ׀ יְהוָה אֱלֹהֶיךָ לָלֶכֶת בִּדְרָכָיו לִשְׁמֹר חֻקֹּתָיו
מִצְוֹתָיו וּמִשְׁפָּטָיו וְעֵדְוֹתָיו כַּכָּתוּב בְּתוֹרַת מֹשֶׁה לְמַעַן
תַּשְׂכִּיל אֵת כָּל־אֲשֶׁר תַּעֲשֶׂה וְאֵת כָּל־אֲשֶׁר תִּפְנֶה שָׁם׃
4 לְמַעַן יָקִים יְהוָה אֶת־דְּבָרוֹ אֲשֶׁר דִּבֶּר עָלַי לֵאמֹר אִם־
יִשְׁמְרוּ בָנֶיךָ אֶת־דַּרְכָּם לָלֶכֶת לְפָנַי בֶּאֱמֶת בְּכָל־לְבָבָם
וּבְכָל־נַפְשָׁם לֵאמֹר לֹא־יִכָּרֵת לְךָ אִישׁ מֵעַל כִּסֵּא יִשְׂרָאֵל׃
ה וְגַם אַתָּה יָדַעְתָּ אֵת אֲשֶׁר־עָשָׂה לִי יוֹאָב בֶּן־צְרוּיָה אֲשֶׁר
עָשָׂה לִשְׁנֵי־שָׂרֵי צִבְאוֹת יִשְׂרָאֵל לְאַבְנֵר בֶּן־נֵר וְלַעֲמָשָׂא
בֶן־יֶתֶר וַיַּהַרְגֵם וַיָּשֶׂם דְּמֵי־מִלְחָמָה בְּשָׁלֹם וַיִּתֵּן דְּמֵי
6 מִלְחָמָה בַּחֲגֹרָתוֹ אֲשֶׁר בְּמָתְנָיו וּבְנַעֲלוֹ אֲשֶׁר בְּרַגְלָיו׃ וְעָשִׂיתָ
כְּחָכְמָתֶךָ וְלֹא־תוֹרֵד שֵׂיבָתוֹ בְּשָׁלֹם שְׁאֹל׃
7 וְלִבְנֵי בַרְזִלַּי הַגִּלְעָדִי תַּעֲשֶׂה־חֶסֶד וְהָיוּ בְּאֹכְלֵי שֻׁלְחָנֶךָ

כִּי־כֵן

א' v. 47. אלהים ק'   ב' v. 1. הפטרת ויחי יעקב

8 כִּי־כֵן קָרְבוּ אֵלַי בְּבָרְחִי מִפְּנֵי אַבְשָׁלוֹם אָחִיךָ: וְהִנֵּה עִמְּךָ
שִׁמְעִי בֶן־גֵּרָא בֶן־הַיְמִינִי מִבַּחֻרִים וְהוּא קִלְלַנִי קְלָלָה
נִמְרֶצֶת בְּיוֹם לֶכְתִּי מַחֲנָיִם וְהוּא־יָרַד לִקְרָאתִי הַיַּרְדֵּן
9 וָאֶשָּׁבַע לוֹ בַיהוָה לֵאמֹר אִם־אֲמִיתְךָ בֶּחָרֶב: וְעַתָּה אַל־
תְּנַקֵּהוּ כִּי אִישׁ חָכָם אָתָּה וְיָדַעְתָּ אֵת אֲשֶׁר תַּעֲשֶׂה־לוֹ
י וְהוֹרַדְתָּ אֶת־שֵׂיבָתוֹ בְּדָם שְׁאוֹל: וַיִּשְׁכַּב דָּוִד עִם־אֲבֹתָיו
11 וַיִּקָּבֵר בְּעִיר דָּוִד: וְהַיָּמִים אֲשֶׁר מָלַךְ דָּוִד עַל־יִשְׂרָאֵל
אַרְבָּעִים שָׁנָה בְּחֶבְרוֹן מָלַךְ שֶׁבַע שָׁנִים וּבִירוּשָׁלַם מָלַךְ
12 שְׁלֹשִׁים וְשָׁלֹשׁ שָׁנִים: וּשְׁלֹמֹה יָשַׁב עַל־כִּסֵּא דָּוִד אָבִיו וַתִּכֹּן
13 מַלְכֻתוֹ מְאֹד: וַיָּבֹא אֲדֹנִיָּהוּ בֶן־חַגִּית אֶל־בַּת־שֶׁבַע אֵם־
14 שְׁלֹמֹה וַתֹּאמֶר הֲשָׁלוֹם בֹּאֶךָ וַיֹּאמֶר שָׁלוֹם: וַיֹּאמֶר דָּבָר לִי
טו אֵלַיִךְ וַתֹּאמֶר דַּבֵּר: וַיֹּאמֶר אַתְּ יָדַעַתְּ כִּי־לִי הָיְתָה הַמְּלוּכָה
וְעָלַי שָׂמוּ כָל־יִשְׂרָאֵל פְּנֵיהֶם לִמְלֹךְ וַתִּסֹּב הַמְּלוּכָה וַתְּהִי
16 לְאָחִי כִּי מֵיהוָה הָיְתָה לּוֹ: וְעַתָּה שְׁאֵלָה אַחַת אָנֹכִי שֹׁאֵל
17 מֵאִתָּךְ אַל־תָּשִׁבִי אֶת־פָּנָי וַתֹּאמֶר אֵלָיו דַּבֵּר: וַיֹּאמֶר
אִמְרִי־נָא לִשְׁלֹמֹה הַמֶּלֶךְ כִּי לֹא־יָשִׁיב אֶת־פָּנָיִךְ וְיִתֶּן־לִי
18 אֶת־אֲבִישַׁג הַשּׁוּנַמִּית לְאִשָּׁה: וַתֹּאמֶר בַּת־שֶׁבַע טוֹב אָנֹכִי
19 אֲדַבֵּר עָלֶיךָ אֶל־הַמֶּלֶךְ: וַתָּבֹא בַת־שֶׁבַע אֶל־הַמֶּלֶךְ
שְׁלֹמֹה לְדַבֶּר־לוֹ עַל־אֲדֹנִיָּהוּ וַיָּקָם הַמֶּלֶךְ לִקְרָאתָהּ
וַיִּשְׁתַּחוּ לָהּ וַיֵּשֶׁב עַל־כִּסְאוֹ וַיָּשֶׂם כִּסֵּא לְאֵם הַמֶּלֶךְ וַתֵּשֶׁב
כ לִימִינוֹ: וַתֹּאמֶר שְׁאֵלָה אַחַת קְטַנָּה אָנֹכִי שֹׁאֶלֶת מֵאִתָּךְ
אַל־תָּשֶׁב אֶת־פָּנָי וַיֹּאמֶר־לָהּ הַמֶּלֶךְ שַׁאֲלִי אִמִּי כִּי לֹא־
21 אָשִׁיב אֶת־פָּנָיִךְ: וַתֹּאמֶר יֻתַּן אֶת־אֲבִישַׁג הַשֻּׁנַמִּית לַאֲדֹנִיָּהוּ
22 אָחִיךָ לְאִשָּׁה: וַיַּעַן הַמֶּלֶךְ שְׁלֹמֹה וַיֹּאמֶר לְאִמּוֹ וְלָמָה אַתְּ
שֹׁאֶלֶת אֶת־אֲבִישַׁג הַשֻּׁנַמִּית לַאֲדֹנִיָּהוּ וְשַׁאֲלִי־לוֹ אֶת־
הַמְּלוּכָה כִּי הוּא אָחִי הַגָּדוֹל מִמֶּנִּי וְלוֹ וּלְאֶבְיָתָר הַכֹּהֵן
23 וּלְיוֹאָב בֶּן־צְרוּיָה: וַיִּשָּׁבַע הַמֶּלֶךְ שְׁלֹמֹה בַּיהוָה לֵאמֹר כֹּה
יַעֲשֶׂה־לִּי אֱלֹהִים וְכֹה יוֹסִיף כִּי בְנַפְשׁוֹ דִּבֶּר אֲדֹנִיָּהוּ אֶת־
הדבר

24 הַדָּבָר הַזֶּה׃ וְעַתָּה חַי־יְהוָה אֲשֶׁר הֱכִינַנִי וַיּוֹשִׁיבִינִי עַל־
כִּסֵּא דָּוִד אָבִי וַאֲשֶׁר עָשָׂה־לִּי בַּיִת כַּאֲשֶׁר דִּבֵּר כִּי הַיּוֹם
כה יוּמַת אֲדֹנִיָּהוּ׃ וַיִּשְׁלַח הַמֶּלֶךְ שְׁלֹמֹה בְּיַד בְּנָיָהוּ בֶּן־יְהוֹיָדָע
26 וַיִּפְגַּע־בּוֹ וַיָּמֹת׃ וּלְאֶבְיָתָר הַכֹּהֵן אָמַר הַמֶּלֶךְ עֲנָתֹת לֵךְ
עַל־שָׂדֶיךָ כִּי אִישׁ מָוֶת אָתָּה וּבַיּוֹם הַזֶּה לֹא אֲמִיתֶךָ כִּי־
נָשָׂאתָ אֶת־אֲרוֹן אֲדֹנָי יְהוִה לִפְנֵי דָּוִד אָבִי וְכִי הִתְעַנִּיתָ
27 בְּכֹל אֲשֶׁר־הִתְעַנָּה אָבִי׃ וַיְגָרֶשׁ שְׁלֹמֹה אֶת־אֶבְיָתָר מִהְיוֹת
כֹּהֵן לַיהוָה לְמַלֵּא אֶת־דְּבַר יְהוָה אֲשֶׁר דִּבֶּר עַל־בֵּית עֵלִי
28 בְּשִׁלֹה׃ וְהַשְּׁמֻעָה בָּאָה עַד־יוֹאָב כִּי יוֹאָב נָטָה אַחֲרֵי
אֲדֹנִיָּה וְאַחֲרֵי אַבְשָׁלוֹם לֹא נָטָה וַיָּנָס יוֹאָב אֶל־אֹהֶל יְהוָה
29 וַיַּחֲזֵק בְּקַרְנוֹת הַמִּזְבֵּחַ׃ וַיֻּגַּד לַמֶּלֶךְ שְׁלֹמֹה כִּי נָס יוֹאָב
אֶל־אֹהֶל יְהוָה וְהִנֵּה אֵצֶל הַמִּזְבֵּחַ וַיִּשְׁלַח שְׁלֹמֹה אֶת־בְּנָיָהוּ
ל בֶן־יְהוֹיָדָע לֵאמֹר לֵךְ פְּגַע־בּוֹ׃ וַיָּבֹא בְנָיָהוּ אֶל־אֹהֶל יְהוָה
וַיֹּאמֶר אֵלָיו כֹּה־אָמַר הַמֶּלֶךְ צֵא וַיֹּאמֶר ׀ לֹא כִּי פֹה אָמוּת
וַיָּשֶׁב בְּנָיָהוּ אֶת־הַמֶּלֶךְ דָּבָר לֵאמֹר כֹּה־דִבֶּר יוֹאָב וְכֹה
31 עָנָנִי׃ וַיֹּאמֶר לוֹ הַמֶּלֶךְ עֲשֵׂה כַּאֲשֶׁר דִּבֶּר וּפְגַע־בּוֹ וּקְבַרְתּוֹ
וַהֲסִירֹתָ ׀ דְּמֵי חִנָּם אֲשֶׁר שָׁפַךְ יוֹאָב מֵעָלַי וּמֵעַל בֵּית אָבִי׃
32 וְהֵשִׁיב יְהוָה אֶת־דָּמוֹ עַל־רֹאשׁוֹ אֲשֶׁר פָּגַע בִּשְׁנֵי־אֲנָשִׁים
צַדִּקִים וְטֹבִים מִמֶּנּוּ וַיַּהַרְגֵם בַּחֶרֶב וְאָבִי דָוִד לֹא יָדָע אֶת־
אַבְנֵר בֶּן־נֵר שַׂר־צְבָא יִשְׂרָאֵל וְאֶת־עֲמָשָׂא בֶן־יֶתֶר שַׂר־
33 צְבָא יְהוּדָה׃ וְשָׁבוּ דְמֵיהֶם בְּרֹאשׁ יוֹאָב וּבְרֹאשׁ זַרְעוֹ לְעֹלָם
וּלְדָוִד וּלְזַרְעוֹ וּלְבֵיתוֹ וּלְכִסְאוֹ יִהְיֶה שָׁלוֹם עַד־עוֹלָם מֵעִם
34 יְהוָה׃ וַיַּעַל בְּנָיָהוּ בֶּן־יְהוֹיָדָע וַיִּפְגַּע־בּוֹ וַיְמִתֵהוּ וַיִּקָּבֵר
לה בְּבֵיתוֹ בַּמִּדְבָּר׃ וַיִּתֵּן הַמֶּלֶךְ אֶת־בְּנָיָהוּ בֶן־יְהוֹיָדָע תַּחְתָּיו
עַל־הַצָּבָא וְאֶת־צָדוֹק הַכֹּהֵן נָתַן הַמֶּלֶךְ תַּחַת אֶבְיָתָר׃
36 וַיִּשְׁלַח הַמֶּלֶךְ וַיִּקְרָא לְשִׁמְעִי וַיֹּאמֶר לוֹ בְּנֵה־לְךָ בַיִת
37 בִּירוּשָׁלִַם וְיָשַׁבְתָּ שָׁם וְלֹא־תֵצֵא מִשָּׁם אָנֶה וָאָנָה׃ וְהָיָה ׀

v. 24. ויושיבני ק׳

בְּי֣וֹם צֵאתְךָ֗ וְעָֽבַרְתָּ֙ אֶת־נַ֣חַל קִדְר֔וֹן יָדֹ֥עַ תֵּדַ֖ע כִּ֣י מ֣וֹת
38 תָּמ֑וּת דָּמְךָ֖ יִֽהְיֶ֥ה בְרֹאשֶֽׁךָ׃ וַיֹּ֨אמֶר שִׁמְעִ֤י לַמֶּ֙לֶךְ֙ ט֣וֹב הַדָּבָ֔ר
כַּאֲשֶׁר֙ דִּבֶּר֙ אֲדֹנִ֣י הַמֶּ֔לֶךְ כֵּ֖ן יַעֲשֶׂ֣ה עַבְדֶּ֑ךָ וַיֵּ֧שֶׁב שִׁמְעִ֛י
39 בִּירוּשָׁלִַ֖ם יָמִ֥ים רַבִּֽים׃ וַיְהִ֗י מִקֵּץ֙ שָׁל֣שׁ שָׁנִ֔ים וַיִּבְרְח֤וּ שְׁנֵֽי־
עֲבָדִים֙ לְשִׁמְעִ֔י אֶל־אָכִ֥ישׁ בֶּֽן־מַעֲכָ֖ה מֶ֣לֶךְ גַּ֑ת וַיַּגִּ֤ידוּ לְשִׁמְעִי֙
מ לֵאמֹ֔ר הִנֵּ֥ה עֲבָדֶ֖יךָ בְּגַֽת׃ וַיָּ֣קָם שִׁמְעִ֗י וַֽיַּחֲבֹשׁ֙ אֶת־חֲמֹר֔וֹ
וַיֵּ֤לֶךְ גַּ֙תָה֙ אֶל־אָכִ֔ישׁ לְבַקֵּ֖שׁ אֶת־עֲבָדָ֑יו וַיֵּ֣לֶךְ שִׁמְעִ֔י וַיָּבֵ֥א
41 אֶת־עֲבָדָ֖יו מִגַּֽת׃ וַיֻּגַּ֖ד לִשְׁלֹמֹ֑ה כִּֽי־הָלַ֨ךְ שִׁמְעִ֧י מִירוּשָׁלִַ֛ם
42 גַּ֖ת וַיָּשֹֽׁב׃ וַיִּשְׁלַ֣ח הַמֶּ֗לֶךְ וַיִּקְרָ֣א לְשִׁמְעִי֮ וַיֹּ֣אמֶר אֵלָיו֒ הֲל֧וֹא
הִשְׁבַּעְתִּ֣יךָ בַֽיהוָ֗ה וָאָעִ֤ד בְּךָ֙ לֵאמֹ֔ר בְּי֣וֹם צֵאתְךָ֗ וְהָֽלַכְתָּ֙
אָ֣נֶה וָאָ֔נָה יָדֹ֥עַ תֵּדַ֖ע כִּ֣י מ֣וֹת תָּמ֑וּת וַתֹּ֥אמֶר אֵלַ֖י ט֥וֹב הַדָּבָ֖ר
43 שָׁמָֽעְתִּי׃ וּמַדּ֗וּעַ לֹ֤א שָׁמַ֙רְתָּ֙ אֵ֖ת שְׁבֻעַ֣ת יְהוָ֑ה וְאֶת־הַמִּצְוָ֖ה
44 אֲשֶׁר־צִוִּ֥יתִי עָלֶֽיךָ׃ וַיֹּ֨אמֶר הַמֶּ֜לֶךְ אֶל־שִׁמְעִ֗י אַתָּ֨ה יָדַ֜עְתָּ
אֵ֤ת כָּל־הָֽרָעָה֙ אֲשֶׁ֣ר יָדַ֣ע לְבָבְךָ֔ אֲשֶׁ֥ר עָשִׂ֖יתָ לְדָוִ֣ד אָבִ֑י
מה וְהֵשִׁ֧יב יְהוָ֛ה אֶת־רָעָתְךָ֖ בְּרֹאשֶֽׁךָ׃ וְהַמֶּ֥לֶךְ שְׁלֹמֹ֖ה בָּר֑וּךְ
46 וְכִסֵּ֣א דָוִ֗ד יִהְיֶ֥ה נָכ֛וֹן לִפְנֵ֥י יְהוָ֖ה עַד־עוֹלָֽם׃ וַיְצַ֣ו הַמֶּ֗לֶךְ
אֶת־בְּנָיָ֙הוּ֙ בֶּן־יְה֣וֹיָדָ֔ע וַיֵּצֵ֕א וַיִּפְגַּע־בּ֖וֹ וַיָּמֹ֑ת וְהַמַּמְלָכָ֥ה
נָכ֖וֹנָה בְּיַד־שְׁלֹמֹֽה׃

CAP. III. ג

ג

א וַיִּתְחַתֵּ֣ן שְׁלֹמֹ֔ה אֶת־פַּרְעֹ֖ה מֶ֣לֶךְ מִצְרָ֑יִם וַיִּקַּ֣ח אֶת־בַּת־
פַּרְעֹ֗ה וַיְבִיאֶ֙הָ֙ אֶל־עִ֣יר דָּוִ֔ד עַ֣ד כַּלֹּת֗וֹ לִבְנ֤וֹת אֶת־בֵּיתוֹ֙
2 וְאֶת־בֵּ֣ית יְהוָ֔ה וְאֶת־חוֹמַ֥ת יְרוּשָׁלִַ֖ם סָבִֽיב׃ רַ֣ק הָעָ֔ם
מְזַבְּחִ֖ים בַּבָּמ֑וֹת כִּ֠י לֹא־נִבְנָ֥ה בַ֙יִת֙ לְשֵׁ֣ם יְהוָ֔ה עַ֖ד הַיָּמִ֥ים
הָהֵֽם׃
3 וַיֶּאֱהַ֤ב שְׁלֹמֹה֙ אֶת־יְהוָ֔ה לָלֶ֕כֶת בְּחֻקּ֖וֹת דָּוִ֣ד אָבִ֑יו רַ֚ק בַּבָּמ֔וֹת
4 ה֖וּא מְזַבֵּ֥חַ וּמַקְטִֽיר׃ וַיֵּ֨לֶךְ הַמֶּ֤לֶךְ גִּבְעֹ֙נָה֙ לִזְבֹּ֣חַ שָׁ֔ם כִּ֛י
הִ֖יא הַבָּמָ֣ה הַגְּדוֹלָ֑ה אֶ֤לֶף עֹלוֹת֙ יַעֲלֶ֣ה שְׁלֹמֹ֔ה עַ֖ל הַמִּזְבֵּ֥חַ
ה הַהֽוּא׃ בְּגִבְע֗וֹן נִרְאָ֧ה יְהוָ֛ה אֶל־שְׁלֹמֹ֖ה בַּחֲל֣וֹם הַלָּ֑יְלָה

ויאמר

6 וַיֹּאמֶר אֱלֹהִים שְׁאַל מָה אֶתֶּן־לָךְ׃ וַיֹּאמֶר שְׁלֹמֹה אַתָּה
עָשִׂיתָ עִם־עַבְדְּךָ דָוִד אָבִי חֶסֶד גָּדוֹל כַּאֲשֶׁר הָלַךְ לְפָנֶיךָ
בֶּאֱמֶת וּבִצְדָקָה וּבְיִשְׁרַת לֵבָב עִמָּךְ וַתִּשְׁמָר־לוֹ אֶת־הַחֶסֶד
7 הַגָּדוֹל הַזֶּה וַתִּתֶּן־לוֹ בֵן יֹשֵׁב עַל־כִּסְאוֹ כַּיּוֹם הַזֶּה׃ וְעַתָּה
יְהוָה אֱלֹהָי אַתָּה הִמְלַכְתָּ אֶת־עַבְדְּךָ תַּחַת דָּוִד אָבִי וְאָנֹכִי
8 נַעַר קָטֹן לֹא אֵדַע צֵאת וָבֹא׃ וְעַבְדְּךָ בְּתוֹךְ עַמְּךָ אֲשֶׁר
9 בָּחָרְתָּ עַם־רָב אֲשֶׁר לֹא־יִמָּנֶה וְלֹא יִסָּפֵר מֵרֹב׃ וְנָתַתָּ
לְעַבְדְּךָ לֵב שֹׁמֵעַ לִשְׁפֹּט אֶת־עַמְּךָ לְהָבִין בֵּין־טוֹב לְרָע
י כִּי מִי יוּכַל לִשְׁפֹּט אֶת־עַמְּךָ הַכָּבֵד הַזֶּה׃ וַיִּיטַב הַדָּבָר
11 בְּעֵינֵי אֲדֹנָי כִּי שָׁאַל שְׁלֹמֹה אֶת־הַדָּבָר הַזֶּה׃ וַיֹּאמֶר אֱלֹהִים
אֵלָיו יַעַן אֲשֶׁר שָׁאַלְתָּ אֶת־הַדָּבָר הַזֶּה וְלֹא־שָׁאַלְתָּ לְּךָ יָמִים
רַבִּים וְלֹא־שָׁאַלְתָּ לְּךָ עֹשֶׁר וְלֹא שָׁאַלְתָּ נֶפֶשׁ אֹיְבֶיךָ וְשָׁאַלְתָּ
12 לְּךָ הָבִין לִשְׁמֹעַ מִשְׁפָּט׃ הִנֵּה עָשִׂיתִי כִדְבָרֶיךָ הִנֵּה ׀ נָתַתִּי
לְךָ לֵב חָכָם וְנָבוֹן אֲשֶׁר כָּמוֹךָ לֹא־הָיָה לְפָנֶיךָ וְאַחֲרֶיךָ
13 לֹא־יָקוּם כָּמוֹךָ׃ וְגַם אֲשֶׁר לֹא־שָׁאַלְתָּ נָתַתִּי לָךְ גַּם־עֹשֶׁר
גַּם־כָּבוֹד אֲשֶׁר לֹא־הָיָה כָמוֹךָ אִישׁ בַּמְּלָכִים כָּל־יָמֶיךָ׃
14 וְאִם ׀ תֵּלֵךְ בִּדְרָכַי לִשְׁמֹר חֻקַּי וּמִצְוֹתַי כַּאֲשֶׁר הָלַךְ דָּוִיד
טו אָבִיךָ וְהַאֲרַכְתִּי אֶת־יָמֶיךָ׃ ° וַיִּקַץ שְׁלֹמֹה וְהִנֵּה חֲלוֹם
וַיָּבוֹא יְרוּשָׁלִַם וַיַּעֲמֹד ׀ לִפְנֵי ׀ אֲרוֹן בְּרִית־אֲדֹנָי וַיַּעַל עֹלוֹת
16 וַיַּעַשׂ שְׁלָמִים וַיַּעַשׂ מִשְׁתֶּה לְכָל־עֲבָדָיו׃ אָז תָּבֹאנָה
17 שְׁתַּיִם נָשִׁים זֹנוֹת אֶל־הַמֶּלֶךְ וַתַּעֲמֹדְנָה לְפָנָיו׃ וַתֹּאמֶר
הָאִשָּׁה הָאַחַת בִּי אֲדֹנִי אֲנִי וְהָאִשָּׁה הַזֹּאת יֹשְׁבֹת בְּבַיִת אֶחָד
18 וָאֵלֵד עִמָּהּ בַּבָּיִת׃ וַיְהִי בַּיּוֹם הַשְּׁלִישִׁי לְלִדְתִּי וַתֵּלֶד גַּם־
הָאִשָּׁה הַזֹּאת וַאֲנַחְנוּ יַחְדָּו אֵין־זָר אִתָּנוּ בַּבַּיִת זוּלָתִי שְׁתַּיִם־
19 אֲנַחְנוּ בַּבָּיִת׃ וַיָּמָת בֶּן־הָאִשָּׁה הַזֹּאת לָיְלָה אֲשֶׁר שָׁכְבָה
כ עָלָיו׃ וַתָּקָם בְּתוֹךְ הַלַּיְלָה וַתִּקַּח אֶת־בְּנִי מֵאֶצְלִי וַאֲמָתְךָ
יְשֵׁנָה וַתַּשְׁכִּיבֵהוּ בְּחֵיקָהּ וְאֶת־בְּנָהּ הַמֵּת הִשְׁכִּיבָה בְחֵיקִי׃

° v. 15. הפטרת מקץ

21 וָאָקֻם בַּבֹּקֶר לְהֵינִיק אֶת־בְּנִי וְהִנֵּה־מֵת וָאֶתְבּוֹנֵן אֵלָיו
22 בַּבֹּקֶר וְהִנֵּה לֹא־הָיָה בְנִי אֲשֶׁר יָלָדְתִּי׃ וַתֹּאמֶר הָאִשָּׁה
הָאַחֶרֶת לֹא כִי בְּנִי הַחַי וּבְנֵךְ הַמֵּת וְזֹאת אֹמֶרֶת לֹא כִי
23 בְּנֵךְ הַמֵּת וּבְנִי הֶחָי וַתְּדַבֵּרְנָה לִפְנֵי הַמֶּלֶךְ׃ וַיֹּאמֶר הַמֶּלֶךְ
זֹאת אֹמֶרֶת זֶה־בְּנִי הַחַי וּבְנֵךְ הַמֵּת וְזֹאת אֹמֶרֶת לֹא כִי בְּנֵךְ
24 הַמֵּת וּבְנִי הֶחָי׃ וַיֹּאמֶר הַמֶּלֶךְ קְחוּ לִי־חָרֶב וַיָּבִאוּ הַחֶרֶב
כה לִפְנֵי הַמֶּלֶךְ׃ וַיֹּאמֶר הַמֶּלֶךְ גִּזְרוּ אֶת־הַיֶּלֶד הַחַי לִשְׁנָיִם
26 וּתְנוּ אֶת־הַחֲצִי לְאַחַת וְאֶת־הַחֲצִי לְאֶחָת׃ וַתֹּאמֶר הָאִשָּׁה
אֲשֶׁר־בְּנָהּ הַחַי אֶל־הַמֶּלֶךְ כִּי־נִכְמְרוּ רַחֲמֶיהָ עַל־בְּנָהּ
וַתֹּאמֶר ׀ בִּי אֲדֹנִי תְּנוּ־לָהּ אֶת־הַיָּלוּד הַחַי וְהָמֵת אַל־
27 תְּמִיתֻהוּ וְזֹאת אֹמֶרֶת גַּם־לִי גַם־לָךְ לֹא יִהְיֶה גְּזֹרוּ׃ וַיַּעַן
הַמֶּלֶךְ וַיֹּאמֶר תְּנוּ־לָהּ אֶת־הַיָּלוּד הַחַי וְהָמֵת לֹא תְמִיתֻהוּ
28 הִיא אִמּוֹ׃ וַיִּשְׁמְעוּ כָל־יִשְׂרָאֵל אֶת־הַמִּשְׁפָּט אֲשֶׁר שָׁפַט
הַמֶּלֶךְ וַיִּרְאוּ מִפְּנֵי הַמֶּלֶךְ כִּי רָאוּ כִּי־חָכְמַת אֱלֹהִים בְּקִרְבּוֹ
לַעֲשׂוֹת מִשְׁפָּט׃ ס

ד CAP. IV. ד

א 2 וַיְהִי הַמֶּלֶךְ שְׁלֹמֹה מֶלֶךְ עַל־כָּל־יִשְׂרָאֵל׃ וְאֵלֶּה הַשָּׂרִים
3 אֲשֶׁר־לוֹ עֲזַרְיָהוּ בֶן־צָדוֹק הַכֹּהֵן׃ אֱלִיחֹרֶף וַאֲחִיָּה בְּנֵי
4 שִׁישָׁא סֹפְרִים יְהוֹשָׁפָט בֶּן־אֲחִילוּד הַמַּזְכִּיר׃ וּבְנָיָהוּ בֶן־
ה יְהוֹיָדָע עַל־הַצָּבָא וְצָדוֹק וְאֶבְיָתָר כֹּהֲנִים׃ וַעֲזַרְיָהוּ בֶן־נָתָן
6 עַל־הַנִּצָּבִים וְזָבוּד בֶּן־נָתָן כֹּהֵן רֵעֶה הַמֶּלֶךְ׃ וַאֲחִישָׁר עַל־
7 הַבָּיִת וַאֲדֹנִירָם בֶּן־עַבְדָּא עַל־הַמַּס׃ וְלִשְׁלֹמֹה שְׁנֵים־
עָשָׂר נִצָּבִים עַל־כָּל־יִשְׂרָאֵל וְכִלְכְּלוּ אֶת־הַמֶּלֶךְ וְאֶת־
8 בֵּיתוֹ חֹדֶשׁ בַּשָּׁנָה יִהְיֶה עַל־אֶחָד לְכַלְכֵּל׃ וְאֵלֶּה שְׁמוֹתָם
9 בֶּן־חוּר בְּהַר אֶפְרָיִם׃ בֶּן־דֶּקֶר בְּמָקַץ וּבְשַׁעַלְבִים וּבֵית
י שָׁמֶשׁ וְאֵילוֹן בֵּית חָנָן׃ בֶּן־חֶסֶד בָּאֲרֻבּוֹת לוֹ שֹׂכֹה וְכָל־
11 אֶרֶץ חֵפֶר׃ בֶּן־אֲבִינָדָב כָּל־נָפַת דֹּאר טָפַת בַּת־שְׁלֹמֹה

היתה

ג׳ v. 28. אין כאן פסקא   ד׳ v. 7. האחד ק׳

12 הָ֥יְתָה לּ֖וֹ לְאִשָּֽׁה׃ בַּֽעֲנָא֙ בֶּן־אֲחִיל֔וּד תַּעְנַ֖ךְ וּמְגִדּ֑וֹ וְכָל־
בֵּ֣ית שְׁאָ֡ן אֲשֶׁר֩ אֵ֨צֶל צָרְתַ֜נָה מִתַּ֣חַת לְיִזְרְעֶ֗אל מִבֵּ֨ית שְׁאָ֜ן
13 עַ֚ד אָבֵ֣ל מְחוֹלָ֔ה עַ֖ד מֵעֵ֥בֶר לְיָקְמֳעָֽם׃ בֶּן־גֶּ֖בֶר בְּרָמֹ֣ת
גִּלְעָ֑ד ל֡וֹ חַוֺּת֩ יָאִ֨יר בֶּן־מְנַשֶּׁ֜ה אֲשֶׁ֣ר בַּגִּלְעָ֗ד ל֚וֹ חֶ֣בֶל אַרְגֹּב֙
אֲשֶׁ֣ר בַּבָּשָׁ֔ן שִׁשִּׁ֥ים עָרִ֛ים גְּדֹל֖וֹת חוֹמָ֥ה וּבְרִ֖יחַ נְחֹֽשֶׁת׃
14 טו אֲחִינָדָ֥ב בֶּן־עִדֹּ֖א מַחֲנָֽיְמָה׃ אֲחִימַ֖עַץ בְּנַפְתָּלִ֑י גַּם־
16 ה֗וּא לָקַ֛ח אֶת־בָּשְׂמַ֥ת בַּת־שְׁלֹמֹ֖ה לְאִשָּֽׁה׃ בַּֽעֲנָא֙ בֶּן־חוּשָׁ֔י
17 18 בְּאָשֵׁ֖ר וּבְעָלֽוֹת׃ יְהוֹשָׁפָ֥ט בֶּן־פָּר֖וּחַ בְּיִשָּׂשכָֽר׃ שִׁמְעִ֥י
19 בֶן־אֵלָ֖א בְּבִנְיָמִֽן׃ גֶּ֥בֶר בֶּן־אֻרִ֖י בְּאֶ֣רֶץ גִּלְעָ֑ד אֶ֜רֶץ
סִיח֣וֹן ׀ מֶ֣לֶךְ הָאֱמֹרִ֗י וְעֹג֙ מֶ֣לֶךְ הַבָּשָׁ֔ן וּנְצִ֥יב אֶחָ֖ד אֲשֶׁ֥ר
כ בָּאָֽרֶץ׃ יְהוּדָ֣ה וְיִשְׂרָאֵל֮ רַבִּים֒ כַּח֥וֹל אֲשֶׁר־עַל־הַיָּ֖ם לָרֹ֑ב
אֹכְלִ֥ים וְשֹׁתִ֖ים וּשְׂמֵחִֽים׃

ה Cap. V. ה

א וּשְׁלֹמֹ֗ה הָיָ֤ה מוֹשֵׁל֙ בְּכָל־הַמַּמְלָכ֔וֹת מִן־הַנָּהָר֙ אֶ֣רֶץ
פְּלִשְׁתִּ֔ים וְעַ֖ד גְּב֣וּל מִצְרָ֑יִם מַגִּשִׁ֥ים מִנְחָ֛ה וְעֹבְדִ֥ים אֶת־
2 שְׁלֹמֹ֖ה כָּל־יְמֵ֥י חַיָּֽיו׃ וַיְהִ֥י לֶֽחֶם־שְׁלֹמֹ֖ה לְי֣וֹם אֶחָ֑ד
3 שְׁלֹשִׁ֥ים כֹּר֙ סֹ֔לֶת וְשִׁשִּׁ֥ים כֹּ֖ר קָֽמַח׃ עֲשָׂרָ֨ה בָקָ֜ר בְּרִאִ֗ים
וְעֶשְׂרִ֥ים בָּקָ֛ר רְעִ֖י וּמֵ֣אָה צֹ֑אן לְבַ֞ד מֵֽאַיָּ֣ל וּצְבִ֔י וְיַחְמ֕וּר
4 וּבַרְבֻּרִ֖ים אֲבוּסִֽים׃ כִּי־ה֨וּא רֹדֶ֜ה ׀ בְּכָל־עֵ֣בֶר הַנָּהָ֗ר
מִתִּפְסַח֙ וְעַד־עַזָּ֔ה בְּכָל־מַלְכֵ֖י עֵ֣בֶר הַנָּהָ֑ר וְשָׁל֗וֹם הָ֥יָה ל֛וֹ
ה מִכָּל־עֲבָרָ֖יו מִסָּבִֽיב׃ וַיֵּשֶׁב֩ יְהוּדָ֨ה וְיִשְׂרָאֵ֜ל לָבֶ֗טַח אִ֣ישׁ
תַּ֤חַת גַּפְנוֹ֙ וְתַ֣חַת תְּאֵנָת֔וֹ מִדָּ֖ן וְעַד־בְּאֵ֣ר שָׁ֑בַע כֹּ֖ל יְמֵ֥י
6 שְׁלֹמֹֽה׃ וַיְהִ֣י לִשְׁלֹמֹ֗ה אַרְבָּעִ֥ים אֶ֛לֶף אֻרְוֺ֥ת סוּסִ֖ים
7 לְמֶרְכָּב֑וֹ וּשְׁנֵים־עָשָׂ֥ר אֶ֖לֶף פָּרָשִֽׁים׃ וְכִלְכְּלוּ֩ הַנִּצָּבִ֨ים
הָאֵ֜לֶּה אֶת־הַמֶּ֣לֶךְ שְׁלֹמֹ֗ה וְאֵ֨ת כָּל־הַקָּרֵ֜ב אֶל־שֻׁלְחַ֧ן
8 הַמֶּֽלֶךְ־שְׁלֹמֹ֛ה אִ֥ישׁ חָדְשׁ֖וֹ לֹ֥א יְעַדְּר֖וּ דָּבָֽר׃ וְהַשְּׂעֹרִ֣ים
וְהַתֶּ֔בֶן לַסּוּסִ֖ים וְלָרֶ֑כֶשׁ יָבִ֕אוּ אֶל־הַמָּק֛וֹם אֲשֶׁ֥ר יִֽהְיֶה־שָּׁ֖ם

ד׳ v. 20. אין כאן פסקא

9 אִישׁ כְּמִשְׁפָּטוֹ׃ וַיִּתֵּן אֱלֹהִים חָכְמָה לִשְׁלֹמֹה וּתְבוּנָה
י הַרְבֵּה מְאֹד וְרֹחַב לֵב כַּחוֹל אֲשֶׁר עַל־שְׂפַת הַיָּם׃ וַתֵּרֶב
חָכְמַת שְׁלֹמֹה מֵחָכְמַת כָּל־בְּנֵי־קֶדֶם וּמִכֹּל חָכְמַת מִצְרָיִם׃
11 וַיֶּחְכַּם מִכָּל־הָאָדָם מֵאֵיתָן הָאֶזְרָחִי וְהֵימָן וְכַלְכֹּל וְדַרְדַּע
12 בְּנֵי מָחוֹל וַיְהִי־שְׁמוֹ בְכָל־הַגּוֹיִם סָבִיב׃ וַיְדַבֵּר שְׁלֹשֶׁת
13 אֲלָפִים מָשָׁל וַיְהִי שִׁירוֹ חֲמִשָּׁה וָאָלֶף׃ וַיְדַבֵּר עַל־הָעֵצִים
מִן־הָאֶרֶז אֲשֶׁר בַּלְּבָנוֹן וְעַד הָאֵזוֹב אֲשֶׁר יֹצֵא בַּקִּיר וַיְדַבֵּר
14 עַל־הַבְּהֵמָה וְעַל־הָעוֹף וְעַל־הָרֶמֶשׂ וְעַל־הַדָּגִים׃ וַיָּבֹאוּ
מִכָּל־הָעַמִּים לִשְׁמֹעַ אֵת חָכְמַת שְׁלֹמֹה מֵאֵת כָּל־מַלְכֵי
טו הָאָרֶץ אֲשֶׁר שָׁמְעוּ אֶת־חָכְמָתוֹ׃ וַיִּשְׁלַח חִירָם מֶלֶךְ־צוֹר
אֶת־עֲבָדָיו אֶל־שְׁלֹמֹה כִּי שָׁמַע כִּי אֹתוֹ מָשְׁחוּ לְמֶלֶךְ תַּחַת
16 אָבִיהוּ כִּי אֹהֵב הָיָה חִירָם לְדָוִד כָּל־הַיָּמִים׃ וַיִּשְׁלַח
17 שְׁלֹמֹה אֶל־חִירָם לֵאמֹר׃ אַתָּה יָדַעְתָּ אֶת־דָּוִד אָבִי כִּי לֹא
יָכֹל לִבְנוֹת בַּיִת לְשֵׁם יְהוָה אֱלֹהָיו מִפְּנֵי הַמִּלְחָמָה אֲשֶׁר
18 סְבָבֻהוּ עַד תֵּת־יְהוָה אֹתָם תַּחַת כַּפּוֹת רַגְלָו׃ וְעַתָּה הֵנִיחַ
19 יְהוָה אֱלֹהַי לִי מִסָּבִיב אֵין שָׂטָן וְאֵין פֶּגַע רָע׃ וְהִנְנִי אֹמֵר
לִבְנוֹת בַּיִת לְשֵׁם יְהוָה אֱלֹהָי כַּאֲשֶׁר ׀ דִּבֶּר יְהוָה אֶל־דָּוִד
אָבִי לֵאמֹר בִּנְךָ אֲשֶׁר אֶתֵּן תַּחְתֶּיךָ עַל־כִּסְאֶךָ הוּא־יִבְנֶה
כ הַבַּיִת לִשְׁמִי׃ וְעַתָּה צַוֵּה וְיִכְרְתוּ־לִי אֲרָזִים מִן־הַלְּבָנוֹן
וַעֲבָדַי יִהְיוּ עִם־עֲבָדֶיךָ וּשְׂכַר עֲבָדֶיךָ אֶתֵּן לְךָ כְּכֹל אֲשֶׁר
תֹּאמֵר כִּי ׀ אַתָּה יָדַעְתָּ כִּי אֵין בָּנוּ אִישׁ יֹדֵעַ לִכְרָת־עֵצִים
21 כַּצִּדֹנִים׃ וַיְהִי כִּשְׁמֹעַ חִירָם אֶת־דִּבְרֵי שְׁלֹמֹה וַיִּשְׂמַח מְאֹד
וַיֹּאמֶר בָּרוּךְ יְהוָה הַיּוֹם אֲשֶׁר נָתַן לְדָוִד בֵּן חָכָם עַל־הָעָם
22 הָרָב הַזֶּה׃ וַיִּשְׁלַח חִירָם אֶל־שְׁלֹמֹה לֵאמֹר שָׁמַעְתִּי אֵת
אֲשֶׁר־שָׁלַחְתָּ אֵלָי אֲנִי אֶעֱשֶׂה אֶת־כָּל־חֶפְצְךָ בַּעֲצֵי אֲרָזִים
23 וּבַעֲצֵי בְרוֹשִׁים׃ עֲבָדַי יֹרִדוּ מִן־הַלְּבָנוֹן יָמָּה וַאֲנִי אֲשִׂימֵם
דֹּבְרוֹת בַּיָּם עַד־הַמָּקוֹם אֲשֶׁר־תִּשְׁלַח אֵלַי וְנִפַּצְתִּים שָׁם

ואתה

v. 17. רגלי ק׳

24 וְאַתָּה תִּשָּׂא וְאַתָּה תַּעֲשֶׂה אֶת־חֶפְצִי לָתֵת לֶחֶם בֵּיתִי׃ וַיְהִי
חִירוֹם נֹתֵן לִשְׁלֹמֹה עֲצֵי אֲרָזִים וַעֲצֵי בְרוֹשִׁים כָּל־חֶפְצוֹ׃
כה וּשְׁלֹמֹה נָתַן לְחִירָם עֶשְׂרִים אֶלֶף כֹּר חִטִּים מַכֹּלֶת לְבֵיתוֹ
וְעֶשְׂרִים כֹּר שֶׁמֶן כָּתִית כֹּה־יִתֵּן שְׁלֹמֹה לְחִירָם שָׁנָה
26 בְשָׁנָה׃ ° וַיהוָה נָתַן חָכְמָה לִשְׁלֹמֹה כַּאֲשֶׁר דִּבֶּר־לוֹ
וַיְהִי שָׁלֹם בֵּין חִירָם וּבֵין שְׁלֹמֹה וַיִּכְרְתוּ בְרִית שְׁנֵיהֶם׃
27 וַיַּעַל הַמֶּלֶךְ שְׁלֹמֹה מַס מִכָּל־יִשְׂרָאֵל וַיְהִי הַמַּס שְׁלֹשִׁים
28 אֶלֶף אִישׁ׃ וַיִּשְׁלָחֵם לְבָנוֹנָה עֲשֶׂרֶת אֲלָפִים בַּחֹדֶשׁ חֲלִיפוֹת
חֹדֶשׁ יִהְיוּ בַלְּבָנוֹן שְׁנַיִם חֳדָשִׁים בְּבֵיתוֹ וַאֲדֹנִירָם עַל־
29 הַמַּס׃ וַיְהִי לִשְׁלֹמֹה שִׁבְעִים אֶלֶף נֹשֵׂא סַבָּל וּשְׁמֹנִים
ל אֶלֶף חֹצֵב בָּהָר׃ לְבַד מִשָּׂרֵי הַנִּצָּבִים לִשְׁלֹמֹה אֲשֶׁר עַל־
הַמְּלָאכָה שְׁלֹשֶׁת אֲלָפִים וּשְׁלֹשׁ מֵאוֹת הָרֹדִים בָּעָם הָעֹשִׂים
31 בַּמְּלָאכָה׃ וַיְצַו הַמֶּלֶךְ וַיַּסִּעוּ אֲבָנִים גְּדֹלוֹת אֲבָנִים יְקָרוֹת
32 לְיַסֵּד הַבָּיִת אַבְנֵי גָזִית׃ וַיִּפְסְלוּ בֹּנֵי שְׁלֹמֹה וּבֹנֵי חִירוֹם
וְהַגִּבְלִים וַיָּכִינוּ הָעֵצִים וְהָאֲבָנִים לִבְנוֹת הַבָּיִת׃

ו Cap. VI. ו

א וַיְהִי בִשְׁמוֹנִים שָׁנָה וְאַרְבַּע מֵאוֹת שָׁנָה לְצֵאת בְּנֵי־
יִשְׂרָאֵל מֵאֶרֶץ־מִצְרַיִם בַּשָּׁנָה הָרְבִיעִית בְּחֹדֶשׁ זִו הוּא
הַחֹדֶשׁ הַשֵּׁנִי לִמְלֹךְ שְׁלֹמֹה עַל־יִשְׂרָאֵל וַיִּבֶן הַבַּיִת לַיהוָה׃
2 וְהַבַּיִת אֲשֶׁר בָּנָה הַמֶּלֶךְ שְׁלֹמֹה לַיהוָה שִׁשִּׁים־אַמָּה אָרְכּוֹ
3 וְעֶשְׂרִים רָחְבּוֹ וּשְׁלֹשִׁים אַמָּה קוֹמָתוֹ׃ וְהָאוּלָם עַל־פְּנֵי
הֵיכַל הַבַּיִת עֶשְׂרִים אַמָּה אָרְכּוֹ עַל־פְּנֵי רֹחַב הַבָּיִת עֶשֶׂר
4 בָּאַמָּה רָחְבּוֹ עַל־פְּנֵי הַבָּיִת׃ וַיַּעַשׂ לַבָּיִת חַלּוֹנֵי שְׁקֻפִים
ה אֲטֻמִים׃ וַיִּבֶן עַל־קִיר הַבַּיִת יָצוֹעַ סָבִיב אֶת־קִירוֹת הַבַּיִת
6 סָבִיב לַהֵיכָל וְלַדְּבִיר וַיַּעַשׂ צְלָעוֹת סָבִיב׃ הַיָּצוֹעַ הַתַּחְתֹּנָה
חָמֵשׁ בָּאַמָּה רָחְבָּהּ וְהַתִּיכֹנָה שֵׁשׁ בָּאַמָּה רָחְבָּהּ וְהַשְּׁלִישִׁית
שֶׁבַע בָּאַמָּה רָחְבָּהּ כִּי מִגְרָעוֹת נָתַן לַבַּיִת סָבִיב חוּצָה

לבלתי

ה׳ v. 26. הפטרת תרומה ו׳ v. 5. יציע ק׳ v. 6. היציע ק׳

7 לְבִלְתִּי אָחַז בְּקִירוֹת־הַבָּיִת׃ וְהַבַּיִת בְּהִבָּנֹתוֹ אֶבֶן־שְׁלֵמָה
מַסָּע נִבְנָה וּמַקָּבוֹת וְהַגַּרְזֶן כָּל־כְּלִי בַרְזֶל לֹא־נִשְׁמַע בַּבַּיִת
8 בְּהִבָּנֹתוֹ׃ פֶּתַח הַצֵּלָע הַתִּיכֹנָה אֶל־כֶּתֶף הַבַּיִת הַיְמָנִית
וּבְלוּלִּים יַעֲלוּ עַל־הַתִּיכֹנָה וּמִן־הַתִּיכֹנָה אֶל־הַשְּׁלִשִׁים׃
9 וַיִּבֶן אֶת־הַבַּיִת וַיְכַלֵּהוּ וַיִּסְפֹּן אֶת־הַבַּיִת גֵּבִים וּשְׂדֵרֹת
י בָּאֲרָזִים׃ וַיִּבֶן אֶת־הַיָּצוּעַ עַל־כָּל־הַבַּיִת חָמֵשׁ אַמּוֹת
11 קוֹמָתוֹ וַיֶּאֱחֹז אֶת־הַבַּיִת בַּעֲצֵי אֲרָזִים׃ וַיְהִי דְּבַר־יְהוָה
12 אֶל־שְׁלֹמֹה לֵאמֹר׃ הַבַּיִת הַזֶּה אֲשֶׁר־אַתָּה בֹנֶה אִם־תֵּלֵךְ
בְּחֻקֹּתַי וְאֶת־מִשְׁפָּטַי תַּעֲשֶׂה וְשָׁמַרְתָּ אֶת־כָּל־מִצְוֹתַי לָלֶכֶת
בָּהֶם וַהֲקִמֹתִי אֶת־דְּבָרִי אִתָּךְ אֲשֶׁר דִּבַּרְתִּי אֶל־דָּוִד
13 אָבִיךָ׃ וְשָׁכַנְתִּי בְּתוֹךְ בְּנֵי יִשְׂרָאֵל וְלֹא אֶעֱזֹב אֶת־עַמִּי
14 טו יִשְׂרָאֵל׃ וַיִּבֶן שְׁלֹמֹה אֶת־הַבַּיִת וַיְכַלֵּהוּ׃ וַיִּבֶן אֶת־
קִירוֹת הַבַּיִת מִבַּיְתָה בְּצַלְעוֹת אֲרָזִים מִקַּרְקַע הַבַּיִת עַד־
קִירוֹת הַסִּפֻּן צִפָּה עֵץ מִבָּיִת וַיְצַף אֶת־קַרְקַע הַבַּיִת
16 בְּצַלְעוֹת בְּרוֹשִׁים׃ וַיִּבֶן אֶת־עֶשְׂרִים אַמָּה מִיַּרְכּוֹתֵי הַבַּיִת
בְּצַלְעוֹת אֲרָזִים מִן־הַקַּרְקַע עַד־הַקִּירוֹת וַיִּבֶן לוֹ מִבַּיִת
17 לִדְבִיר לְקֹדֶשׁ הַקֳּדָשִׁים׃ וְאַרְבָּעִים בָּאַמָּה הָיָה הַבָּיִת הוּא
18 הַהֵיכָל לִפְנָי׃ וְאֶרֶז אֶל־הַבַּיִת פְּנִימָה מִקְלַעַת פְּקָעִים
19 וּפְטוּרֵי צִצִּים הַכֹּל אֶרֶז אֵין אֶבֶן נִרְאָה׃ וּדְבִיר בְּתוֹךְ־
כ הַבַּיִת מִפְּנִימָה הֵכִין לְתִתֵּן שָׁם אֶת־אֲרוֹן בְּרִית יְהוָה׃ וְלִפְנֵי
הַדְּבִיר עֶשְׂרִים אַמָּה אֹרֶךְ וְעֶשְׂרִים אַמָּה רֹחַב וְעֶשְׂרִים אַמָּה
21 קוֹמָתוֹ וַיְצַפֵּהוּ זָהָב סָגוּר וַיְצַף מִזְבֵּחַ אָרֶז׃ וַיְצַף שְׁלֹמֹה
אֶת־הַבַּיִת מִפְּנִימָה זָהָב סָגוּר וַיְעַבֵּר בְּרַתִּיקוֹת זָהָב לִפְנֵי
22 הַדְּבִיר וַיְצַפֵּהוּ זָהָב׃ וְאֶת־כָּל־הַבַּיִת צִפָּה זָהָב עַד־תֹּם
23 כָּל־הַבָּיִת וְכָל־הַמִּזְבֵּחַ אֲשֶׁר־לַדְּבִיר צִפָּה זָהָב׃ וַיַּעַשׂ
24 בַּדְּבִיר שְׁנֵי כְרוּבִים עֲצֵי־שָׁמֶן עֶשֶׂר אַמּוֹת קוֹמָתוֹ׃ וְחָמֵשׁ
אַמּוֹת כְּנַף הַכְּרוּב הָאֶחָת וְחָמֵשׁ אַמּוֹת כְּנַף הַכְּרוּב הַשֵּׁנִית

עשר

v. 10. היציע ק׳ v. 16. מירכתי ק׳ v. 21. ברתוקות ק׳

כה עֶשֶׂר אַמּוֹת מִקְצוֹת כְּנָפָיו וְעַד־קְצוֹת כְּנָפָיו׃ וְעֶשֶׂר בָּאַמָּה
26 הַכְּרוּב הַשֵּׁנִי מִדָּה אַחַת וְקֶצֶב אֶחָד לִשְׁנֵי הַכְּרֻבִים׃ קוֹמַת
27 הַכְּרוּב הָאֶחָד עֶשֶׂר בָּאַמָּה וְכֵן הַכְּרוּב הַשֵּׁנִי׃ וַיִּתֵּן אֶת־
הַכְּרוּבִים בְּתוֹךְ ׀ הַבַּיִת הַפְּנִימִי וַיִּפְרְשׂוּ אֶת־כַּנְפֵי הַכְּרֻבִים
וַתִּגַּע כְּנַף־הָאֶחָד בַּקִּיר וּכְנַף הַכְּרוּב הַשֵּׁנִי נֹגַעַת בַּקִּיר
28 הַשֵּׁנִי וְכַנְפֵיהֶם אֶל־תּוֹךְ הַבַּיִת נֹגְעֹת כָּנָף אֶל־כָּנָף׃ וַיְצַף
29 אֶת־הַכְּרוּבִים זָהָב׃ וְאֵת כָּל־קִירוֹת הַבַּיִת מֵסַב ׀ קָלַע
פִּתּוּחֵי מִקְלְעוֹת כְּרוּבִים וְתִמֹרֹת וּפְטוּרֵי צִצִּים מִלִּפְנִים
ל וְלַחִיצוֹן׃ וְאֶת־קַרְקַע הַבַּיִת צִפָּה זָהָב לִפְנִימָה וְלַחִיצוֹן׃
31 וְאֵת פֶּתַח הַדְּבִיר עָשָׂה דַלְתוֹת עֲצֵי־שָׁמֶן הָאַיִל מְזוּזוֹת
32 חֲמִשִׁית׃ וּשְׁתֵּי דַּלְתוֹת עֲצֵי־שֶׁמֶן וְקָלַע עֲלֵיהֶם מִקְלְעוֹת
כְּרוּבִים וְתִמֹרוֹת וּפְטוּרֵי צִצִּים וְצִפָּה זָהָב וַיָּרֶד עַל־
33 הַכְּרוּבִים וְעַל־הַתִּמֹרוֹת אֶת־הַזָּהָב׃ וְכֵן עָשָׂה לְפֶתַח
34 הַהֵיכָל מְזוּזוֹת עֲצֵי־שָׁמֶן מֵאֵת רְבִעִית׃ וּשְׁתֵּי דַלְתוֹת עֲצֵי
בְרוֹשִׁים שְׁנֵי צְלָעִים הַדֶּלֶת הָאַחַת גְּלִילִים וּשְׁנֵי קְלָעִים
לה הַדֶּלֶת הַשֵּׁנִית גְּלִילִים׃ וְקָלַע כְּרוּבִים וְתִמֹרוֹת וּפְטֻרֵי צִצִּים
36 וְצִפָּה זָהָב מְיֻשָּׁר עַל־הַמְּחֻקֶּה׃ וַיִּבֶן אֶת־הֶחָצֵר הַפְּנִימִית
37 שְׁלֹשָׁה טוּרֵי גָזִית וְטוּר כְּרֻתֹת אֲרָזִים׃ בַּשָּׁנָה הָרְבִיעִית
38 יֻסַּד בֵּית יְהוָה בְּיֶרַח זִו׃ וּבַשָּׁנָה הָאַחַת עֶשְׂרֵה בְּיֶרַח בּוּל
הוּא הַחֹדֶשׁ הַשְּׁמִינִי כָּלָה הַבַּיִת לְכָל־דְּבָרָיו וּלְכָל־מִשְׁפָּטָו
וַיִּבְנֵהוּ שֶׁבַע שָׁנִים׃ °

ז Cap. VII. ז

א וְאֶת־בֵּיתוֹ בָּנָה שְׁלֹמֹה שְׁלֹשׁ עֶשְׂרֵה שָׁנָה וַיְכַל אֶת־כָּל־
2 בֵּיתוֹ׃ וַיִּבֶן אֶת־בֵּית ׀ יַעַר הַלְּבָנוֹן מֵאָה אַמָּה אָרְכּוֹ וַחֲמִשִּׁים
אַמָּה רָחְבּוֹ וּשְׁלֹשִׁים אַמָּה קוֹמָתוֹ עַל אַרְבָּעָה טוּרֵי עַמּוּדֵי
3 אֲרָזִים וּכְרֻתוֹת אֲרָזִים עַל־הָעַמּוּדִים׃ וְסָפֻן בָּאֶרֶז מִמַּעַל
עַל־הַצְּלָעֹת אֲשֶׁר עַל־הָעַמּוּדִים אַרְבָּעִים וַחֲמִשָּׁה חֲמִשָּׁה

עשר

ר׳ v 38. משפטיו ק׳ ibid. אין כאן פסקא

4 עֶ֥שֶׂר הַטּֽוּר׃ וּשְׁקֻפִ֖ים שְׁלֹשָׁ֣ה טוּרִ֑ים וּמֶֽחֱזָ֥ה אֶל־מֶחֱזָ֖ה שָׁלֹ֥שׁ
ה פְּעָמִֽים׃ וְכָל־הַפְּתָחִ֥ים וְהַמְּזוּזֹ֖ת רְבֻעִ֣ים שָׁ֑קֶף וּמ֛וּל מֶחֱזָ֥ה
6 אֶל־מֶחֱזָ֖ה שָׁלֹ֥שׁ פְּעָמִֽים׃ וְאֵ֨ת אוּלָ֤ם הָֽעַמּוּדִים֙ עָשָׂ֔ה חֲמִשִּׁ֤ים
אַמָּה֙ אָרְכּ֔וֹ וּשְׁלֹשִׁ֥ים אַמָּ֖ה רָחְבּ֑וֹ וְאוּלָם֙ עַל־פְּנֵיהֶ֔ם וְעַמֻּדִ֥ים
7 וְעָ֖ב עַל־פְּנֵיהֶֽם׃ וְאוּלָ֤ם הַכִּסֵּא֙ אֲשֶׁ֣ר יִשְׁפָּט־שָׁ֔ם אֻלָ֥ם
8 הַמִּשְׁפָּ֖ט עָשָׂ֑ה וְסָפ֣וּן בָּאֶ֔רֶז מֵהַקַּרְקַ֖ע עַד־הַקַּרְקָֽע׃ וּבֵית֞וֹ
אֲשֶׁר־יֵ֣שֶׁב שָׁ֗ם חָצֵ֤ר הָאַחֶ֙רֶת֙ מִבֵּ֣ית לָֽאוּלָ֔ם כַּמַּעֲשֶׂ֥ה הַזֶּ֖ה
הָיָ֑ה וּבַ֜יִת יַעֲשֶׂ֣ה לְבַת־פַּרְעֹ֗ה אֲשֶׁ֨ר לָקַ֤ח שְׁלֹמֹה֙ כָּאוּלָ֖ם
9 הַזֶּֽה׃ כָּל־אֵ֜לֶּה אֲבָנִ֤ים יְקָרֹת֙ כְּמִדֹּ֣ת גָּזִ֔ית מְגֹרָר֥וֹת בַּמְּגֵרָ֖ה
מִבַּ֣יִת וּמִח֑וּץ וּמִמַּסָּד֙ עַד־הַטְּפָח֔וֹת וּמִח֖וּץ עַד־הֶחָצֵ֥ר
י הַגְּדוֹלָֽה׃ וּמְיֻסָּ֕ד אֲבָנִ֥ים יְקָר֖וֹת אֲבָנִ֣ים גְּדֹל֑וֹת אַבְנֵי֙ עֶ֣שֶׂר
11 אַמּ֔וֹת וְאַבְנֵ֖י שְׁמֹנֶ֥ה אַמּֽוֹת׃ וּמִלְמַ֕עְלָה אֲבָנִ֥ים יְקָר֛וֹת כְּמִדּ֥וֹת
12 גָּזִ֖ית וָאָֽרֶז׃ וְחָצֵ֨ר הַגְּדוֹלָ֜ה סָבִ֗יב שְׁלֹשָׁה֙ טוּרִ֣ים גָּזִ֔ית
וְט֖וּר כְּרֻתֹ֣ת אֲרָזִ֑ים וְלַחֲצַ֧ר בֵּית־יְהוָ֛ה הַפְּנִימִ֖ית וּלְאֻלָ֥ם
13 הַבָּֽיִת׃ ° וַיִּשְׁלַח֙ הַמֶּ֣לֶךְ שְׁלֹמֹ֔ה וַיִּקַּ֥ח אֶת־חִירָ֖ם מִצֹּֽר׃
14 בֶּן־אִשָּׁ֨ה אַלְמָנָ֜ה ה֗וּא מִמַּטֵּה֙ נַפְתָּלִ֔י וְאָבִ֣יו אִישׁ־צֹרִי֮ חֹרֵ֣שׁ
נְחֹשֶׁת֒ וַיִּמָּלֵ֞א אֶת־הַחָכְמָ֣ה וְאֶת־הַתְּבוּנָה֙ וְאֶת־הַדַּ֔עַת
לַעֲשׂ֥וֹת כָּל־מְלָאכָ֖ה בַּנְּחֹ֑שֶׁת וַיָּבוֹא֙ אֶל־הַמֶּ֣לֶךְ שְׁלֹמֹ֔ה וַיַּ֖עַשׂ
טו אֶת־כָּל־מְלַאכְתּֽוֹ׃ וַיָּ֛צַר אֶת־שְׁנֵ֥י הָעַמּוּדִ֖ים נְחֹ֑שֶׁת שְׁמֹנֶ֨ה
עֶשְׂרֵ֜ה אַמָּ֗ה קוֹמַת֙ הָעַמּ֣וּד הָאֶחָ֔ד וְחוּט֙ שְׁתֵּים־עֶשְׂרֵ֣ה אַמָּ֔ה
16 יָסֹ֖ב אֶת־הָעַמּ֥וּד הַשֵּׁנִֽי׃ וּשְׁתֵּ֨י כֹתָרֹ֜ת עָשָׂ֗ה לָתֵת֙ עַל־רָאשֵׁ֣י
הָעַמּוּדִ֔ים מֻצַ֖ק נְחֹ֑שֶׁת חָמֵ֣שׁ אַמּ֗וֹת קוֹמַת֙ הַכֹּתֶ֣רֶת הָאֶחָ֔ת
17 וְחָמֵ֣שׁ אַמּ֔וֹת קוֹמַ֖ת הַכֹּתֶ֥רֶת הַשֵּׁנִֽית׃ שְׂבָכִ֞ים מַעֲשֵׂ֣ה שְׂבָכָ֗ה
גְּדִלִים֙ מַעֲשֵׂ֣ה שַׁרְשְׁר֔וֹת לַכֹּתָרֹ֕ת אֲשֶׁ֖ר עַל־רֹ֣אשׁ הָעַמּוּדִ֑ים
18 שִׁבְעָה֙ לַכֹּתֶ֣רֶת הָאֶחָ֔ת וְשִׁבְעָ֖ה לַכֹּתֶ֥רֶת הַשֵּׁנִֽית׃ וַיַּ֖עַשׂ אֶת־
הָעַמּוּדִ֑ים וּשְׁנֵי֩ טוּרִ֨ים סָבִ֜יב עַל־הַשְּׂבָכָ֣ה הָאֶחָ֗ת לְכַסּ֤וֹת
אֶת־הַכֹּתָרֹת֙ אֲשֶׁר֙ עַל־רֹ֣אשׁ הָרִמֹּנִ֔ים וְכֵ֣ן עָשָׂ֔ה לַכֹּתֶ֖רֶת

השנית

v. 13. הפטרת ויקהל כמנהג ספרדים

19 הַשֵּׁנִֽית׃ וְכֹֽתָרֹת אֲשֶׁר֙ עַל־רֹ֣אשׁ הָֽעַמּוּדִ֔ים מַעֲשֵׂ֖ה שׁוּשַׁ֑ן
כ בָּֽאוּלָ֖ם אַרְבַּ֥ע אַמּֽוֹת׃ וְכֹתָרֹ֗ת עַל־שְׁנֵי֙ הָֽעַמּוּדִ֔ים גַּם־מִמַּ֙עַל֙
מִלְּעֻמַּ֣ת הַבֶּ֔טֶן אֲשֶׁ֖ר לְעֵ֣בֶר ׳שְׂבָכָ֑ה וְהָרִמּוֹנִ֤ים מָאתַ֙יִם֙ טֻרִ֣ים
21 סָבִ֔יב עַ֖ל הַכֹּתֶ֥רֶת הַשֵּׁנִֽית׃ וַיָּ֙קֶם֙ אֶת־הָֽעַמֻּדִ֔ים לְאֻלָ֖ם
הַֽהֵיכָ֑ל וַיָּ֜קֶם אֶת־הָעַמּ֣וּד הַיְמָנִ֗י וַיִּקְרָ֤א אֶת־שְׁמוֹ֙ יָכִ֔ין וַיָּ֙קֶם֙
22 אֶת־הָעַמּ֣וּד הַשְּׂמָאלִ֔י וַיִּקְרָ֥א אֶת־שְׁמ֖וֹ בֹּֽעַז׃ וְעַ֛ל רֹ֥אשׁ
23 הָעַמּוּדִ֖ים מַעֲשֵׂ֣ה שׁוֹשָׁ֑ן וַתִּתֹּ֖ם מְלֶ֥אכֶת הָעַמּוּדִֽים׃ וַיַּ֥עַשׂ
אֶת־הַיָּ֖ם מוּצָ֑ק עֶ֣שֶׂר בָּ֠אַמָּה מִשְּׂפָת֨וֹ עַד־שְׂפָת֜וֹ עָגֹ֣ל ׀ סָבִ֗יב
וְחָמֵ֤שׁ בָּֽאַמָּה֙ קוֹמָת֔וֹ וְקָוֹ֙ה שְׁלֹשִׁ֣ים בָּֽאַמָּ֔ה יָסֹ֥ב אֹת֖וֹ סָבִֽיב׃
24 וּפְקָעִ֨ים מִתַּ֤חַת לִשְׂפָתוֹ֙ ׀ סָבִ֤יב סֹֽבְבִים֙ אֹת֔וֹ עֶ֚שֶׂר בָּֽאַמָּ֔ה
מַקִּפִ֥ים אֶת־הַיָּ֖ם סָבִ֑יב שְׁנֵ֤י טוּרִים֙ הַפְּקָעִ֔ים יְצֻקִ֖ים בִּיצֻקָתֽוֹ׃
כה עֹמֵ֞ד עַל־שְׁנֵ֧י עָשָׂ֣ר בָּקָ֗ר שְׁלֹשָׁ֣ה פֹנִ֣ים ׀ צָפ֡וֹנָה וּשְׁלֹשָׁה֩ פֹנִ֨ים
יָ֜מָּה וּשְׁלֹשָׁ֣ה ׀ פֹּנִ֣ים נֶ֗גְבָּה וּשְׁלֹשָׁה֙ פֹּנִ֣ים מִזְרָ֔חָה וְהַיָּ֥ם עֲלֵיהֶ֖ם
26 מִלְמָ֑עְלָה וְכָל־אֲחֹרֵיהֶ֖ם בָּֽיְתָה׃ וְעָבְי֣וֹ טֶ֔פַח וּשְׂפָת֛וֹ כְּמַעֲשֵׂ֥ה
שְׂפַת־כּ֖וֹס פֶּ֣רַח שׁוֹשָׁ֑ן אַלְפַּ֥יִם בַּ֖ת יָכִֽיל׃

27 וַיַּ֧עַשׂ אֶת־הַמְּכֹנ֛וֹת עֶ֖שֶׂר נְחֹ֑שֶׁת אַרְבַּ֨ע בָּאַמָּ֜ה אֹ֣רֶךְ הַמְּכוֹנָ֣ה
28 הָאֶחָ֗ת וְאַרְבַּ֤ע בָּֽאַמָּה֙ רָחְבָּ֔הּ וְשָׁלֹ֥שׁ בָּאַמָּ֖ה קוֹמָתָֽהּ׃ וְזֶ֛ה
29 מַעֲשֵׂ֥ה הַמְּכוֹנָ֖ה מִסְגְּרֹ֣ת לָהֶ֑ם וּמִסְגְּרֹ֖ת בֵּ֥ין הַשְׁלַבִּֽים׃ וְעַל־
הַמִּסְגְּר֞וֹת אֲשֶׁ֣ר ׀ בֵּ֣ין הַֽשְׁלַבִּ֗ים אֲרָי֤וֹת ׀ בָּקָר֙ וּכְרוּבִ֔ים וְעַל־
הַשְׁלַבִּ֥ים כֵּ֖ן מִמָּ֑עַל וּמִתַּ֙חַת֙ לָאֲרָי֣וֹת וְלַבָּקָ֔ר לֹי֖וֹת מַעֲשֵׂ֥ה
ל מוֹרָֽד׃ וְאַרְבָּעָה֩ אוֹפַנֵּ֨י נְחֹ֜שֶׁת לַמְּכוֹנָ֣ה הָאַחַ֗ת וְסַרְנֵ֣י נְחֹ֔שֶׁת
וְאַרְבָּעָ֥ה פַעֲמֹתָ֖יו כְּתֵפֹ֣ת לָהֶ֑ם מִתַּ֨חַת לַכִּיֹּ֜ר הַכְּתֵפ֣וֹת יְצֻק֔וֹת
31 מֵעֵ֥בֶר אִ֖ישׁ לֹיֽוֹת׃ וּ֠פִיהוּ מִבֵּ֨ית לַכֹּתֶ֤רֶת וָמַ֙עְלָה֙ בָּֽאַמָּ֔ה וּפִ֙יהָ֙
עָגֹ֤ל מַעֲשֵׂה־כֵן֙ אַמָּ֣ה וַחֲצִ֣י הָֽאַמָּ֔ה וְגַם־עַל־פִּ֙יהָ֙ מִקְלָע֔וֹת
32 וּמִסְגְּרֹתֵיהֶ֖ם מְרֻבָּע֑וֹת לֹ֖א עֲגֻלּֽוֹת׃ וְאַרְבַּ֣עַת הָאוֹפַנִּ֗ים
לְמִתַּ֙חַת֙ לַמִּסְגְּר֔וֹת וִיד֥וֹת הָאוֹפַנִּ֖ים בַּמְּכוֹנָ֑ה וְקוֹמַת֙ הָאוֹפַ֣ן
33 הָאֶחָ֔ד אַמָּ֖ה וַחֲצִ֥י הָאַמָּֽה׃ וּמַעֲשֵׂה֙ הָאוֹפַנִּ֔ים כְּמַעֲשֵׂ֖ה אוֹפַ֣ן

המרכבה

v. 20. השבכה ק׳ v. 23. וקו ק׳

הַמֶּרְכָּבָה יְדוֹתָם וְגַבֵּיהֶם וְחִשֻּׁקֵיהֶם וְחִשֻּׁרֵיהֶם הַכֹּל מוּצָק׃
34 וְאַרְבַּע כְּתֵפוֹת אֶל אַרְבַּע פִּנּוֹת הַמְּכֹנָה הָאֶחָת מִן־הַמְּכֹנָה
לה כְּתֵפֶיהָ׃ וּבְרֹאשׁ הַמְּכוֹנָה חֲצִי הָאַמָּה קוֹמָה עָגֹל ׀ סָבִיב
36 וְעַל רֹאשׁ הַמְּכֹנָה יְדֹתֶיהָ וּמִסְגְּרֹתֶיהָ מִמֶּנָּה׃ וַיְפַתַּח עַל־
הַלֻּחֹת יְדֹתֶיהָ וְעַל וּמִסְגְּרֹתֶיהָ כְּרוּבִים אֲרָיוֹת וְתִמֹרֹת
37 כְּמַעַר־אִישׁ וְלֹיוֹת סָבִיב׃ כָּזֹאת עָשָׂה אֵת עֶשֶׂר הַמְּכֹנוֹת
38 מוּצָק אֶחָד מִדָּה אַחַת קֶצֶב אֶחָד לְכֻלָּהְנָה׃ וַיַּעַשׂ עֲשָׂרָה
כִיֹּרוֹת נְחֹשֶׁת אַרְבָּעִים בַּת יָכִיל ׀ הַכִּיּוֹר הָאֶחָד אַרְבַּע
בָּאַמָּה הַכִּיּוֹר הָאֶחָד כִּיּוֹר אֶחָד עַל־הַמְּכוֹנָה הָאַחַת לְעֶשֶׂר
39 הַמְּכֹנוֹת׃ וַיִּתֵּן אֶת־הַמְּכֹנוֹת חָמֵשׁ עַל־כֶּתֶף הַבַּיִת מִיָּמִין
וְחָמֵשׁ עַל־כֶּתֶף הַבַּיִת מִשְּׂמֹאלוֹ וְאֶת־הַיָּם נָתַן מִכֶּתֶף הַבַּיִת
מ הַיְמָנִית קֵדְמָה מִמּוּל נֶגֶב׃ ° וַיַּעַשׂ חִירוֹם אֶת־הַכִּיֹּרוֹת
וְאֶת־הַיָּעִים וְאֶת־הַמִּזְרָקוֹת וַיְכַל חִירָם לַעֲשׂוֹת אֶת־כָּל־
41 הַמְּלָאכָה אֲשֶׁר עָשָׂה לַמֶּלֶךְ שְׁלֹמֹה בֵּית יְהוָה׃ עַמֻּדִים
שְׁנַיִם וְגֻלֹּת הַכֹּתָרֹת אֲשֶׁר־עַל־רֹאשׁ הָעַמֻּדִים שְׁתָּיִם
וְהַשְּׂבָכוֹת שְׁתַּיִם לְכַסּוֹת אֶת־שְׁתֵּי גֻּלֹּת הַכֹּתָרֹת אֲשֶׁר
42 עַל־רֹאשׁ הָעַמּוּדִים׃ וְאֶת־הָרִמֹּנִים אַרְבַּע מֵאוֹת לִשְׁתֵּי
הַשְּׂבָכוֹת שְׁנֵי־טוּרִים רִמֹּנִים לַשְּׂבָכָה הָאֶחָת לְכַסּוֹת אֶת־
43 שְׁתֵּי גֻּלֹּת הַכֹּתָרֹת אֲשֶׁר עַל־פְּנֵי הָעַמּוּדִים׃ וְאֶת־הַמְּכֹנוֹת
44 עֶשֶׂר וְאֶת־הַכִּיֹּרֹת עֲשָׂרָה עַל־הַמְּכֹנוֹת׃ וְאֶת־הַיָּם הָאֶחָד
מה וְאֶת־הַבָּקָר שְׁנֵים־עָשָׂר תַּחַת הַיָּם׃ וְאֶת־הַסִּירוֹת וְאֶת־
הַיָּעִים וְאֶת־הַמִּזְרָקוֹת וְאֵת כָּל־הַכֵּלִים הָאֹהֶל אֲשֶׁר עָשָׂה
46 חִירָם לַמֶּלֶךְ שְׁלֹמֹה בֵּית יְהוָה נְחֹשֶׁת מְמֹרָט׃ בְּכִכַּר הַיַּרְדֵּן
47 יְצָקָם הַמֶּלֶךְ בְּמַעֲבֵה הָאֲדָמָה בֵּין סֻכּוֹת וּבֵין צָרְתָן׃ וַיַּנַּח
שְׁלֹמֹה אֶת־כָּל־הַכֵּלִים מֵרֹב מְאֹד מְאֹד לֹא נֶחְקַר מִשְׁקַל
48 הַנְּחֹשֶׁת׃ וַיַּעַשׂ שְׁלֹמֹה אֵת כָּל־הַכֵּלִים אֲשֶׁר בֵּית יְהוָה אֵת
מִזְבַּח הַזָּהָב וְאֶת־הַשֻּׁלְחָן אֲשֶׁר עָלָיו לֶחֶם הַפָּנִים זָהָב׃

ואת־המנרות

v. 36. מסגרתיה ק׳ v. 40. הפטרת ויקהל כמנהג אשכנזים והיא הפטרת פקודי כפי הספרדים והיא הפטרת שבת ב׳ של חנוכה v. 45. האלה ק׳

וְאֶת־הַמְּנֹרוֹת חָמֵשׁ מִיָּמִין וְחָמֵשׁ מִשְּׂמֹאל לִפְנֵי הַדְּבִיר זָהָב 49
סָגוּר וְהַפֶּרַח וְהַנֵּרֹת וְהַמֶּלְקַחַיִם זָהָב׃ וְהַסִּפּוֹת וְהַמְזַמְּרוֹת נ
וְהַמִּזְרָקוֹת וְהַכַּפּוֹת וְהַמַּחְתּוֹת זָהָב סָגוּר וְהַפֹּתוֹת לְדַלְתוֹת
הַבַּיִת הַפְּנִימִי לְקֹדֶשׁ הַקֳּדָשִׁים לְדַלְתֵי הַבַּיִת לַהֵיכָל
זָהָב׃ ° וַתִּשְׁלַם כָּל־הַמְּלָאכָה אֲשֶׁר עָשָׂה הַמֶּלֶךְ שְׁלֹמֹה 51
בֵּית יְהוָה וַיָּבֵא שְׁלֹמֹה אֶת־קָדְשֵׁי ׀ דָּוִד אָבִיו אֶת־הַכֶּסֶף
וְאֶת־הַזָּהָב וְאֶת־הַכֵּלִים נָתַן בְּאֹצְרוֹת בֵּית יְהוָה׃

ח CAP. VIII. ח

אָז יַקְהֵל שְׁלֹמֹה אֶת־זִקְנֵי יִשְׂרָאֵל אֶת־כָּל־רָאשֵׁי הַמַּטּוֹת א
נְשִׂיאֵי הָאָבוֹת לִבְנֵי יִשְׂרָאֵל אֶל־הַמֶּלֶךְ שְׁלֹמֹה יְרוּשָׁלִָם
לְהַעֲלוֹת אֶת־אֲרוֹן בְּרִית־יְהוָה מֵעִיר דָּוִד הִיא צִיּוֹן׃
° וַיִּקָּהֲלוּ אֶל־הַמֶּלֶךְ שְׁלֹמֹה כָּל־אִישׁ יִשְׂרָאֵל בְּיֶרַח הָאֵתָנִים 2
בֶּחָג הוּא הַחֹדֶשׁ הַשְּׁבִיעִי׃ וַיָּבֹאוּ כֹּל זִקְנֵי יִשְׂרָאֵל וַיִּשְׂאוּ 3
הַכֹּהֲנִים אֶת־הָאָרוֹן׃ וַיַּעֲלוּ אֶת־אֲרוֹן יְהוָה וְאֶת־אֹהֶל 4
מוֹעֵד וְאֶת־כָּל־כְּלֵי הַקֹּדֶשׁ אֲשֶׁר בָּאֹהֶל וַיַּעֲלוּ אֹתָם הַכֹּהֲנִים
וְהַלְוִיִּם׃ וְהַמֶּלֶךְ שְׁלֹמֹה וְכָל־עֲדַת יִשְׂרָאֵל הַנּוֹעָדִים עָלָיו ה
אִתּוֹ לִפְנֵי הָאָרוֹן מְזַבְּחִים צֹאן וּבָקָר אֲשֶׁר לֹא־יִסָּפְרוּ וְלֹא
יִמָּנוּ מֵרֹב׃ וַיָּבִאוּ הַכֹּהֲנִים אֶת־אֲרוֹן בְּרִית־יְהוָה אֶל־ 6
מְקוֹמוֹ אֶל־דְּבִיר הַבַּיִת אֶל־קֹדֶשׁ הַקֳּדָשִׁים אֶל־תַּחַת כַּנְפֵי
הַכְּרוּבִים׃ כִּי הַכְּרוּבִים פֹּרְשִׂים כְּנָפַיִם אֶל־מְקוֹם הָאָרוֹן 7
וַיָּסֹכּוּ הַכְּרֻבִים עַל־הָאָרוֹן וְעַל־בַּדָּיו מִלְמָעְלָה׃ וַיַּאֲרִכוּ 8
הַבַּדִּים וַיֵּרָאוּ רָאשֵׁי הַבַּדִּים מִן־הַקֹּדֶשׁ עַל־פְּנֵי הַדְּבִיר וְלֹא
יֵרָאוּ הַחוּצָה וַיִּהְיוּ שָׁם עַד הַיּוֹם הַזֶּה׃ אֵין בָּאָרוֹן רַק שְׁנֵי 9
לֻחוֹת הָאֲבָנִים אֲשֶׁר הִנִּחַ שָׁם מֹשֶׁה בְּחֹרֵב אֲשֶׁר כָּרַת יְהוָה
עִם־בְּנֵי יִשְׂרָאֵל בְּצֵאתָם מֵאֶרֶץ מִצְרָיִם׃ וַיְהִי בְּצֵאת י
הַכֹּהֲנִים מִן־הַקֹּדֶשׁ וְהֶעָנָן מָלֵא אֶת־בֵּית יְהוָה׃ וְלֹא־יָכְלוּ 11
הַכֹּהֲנִים לַעֲמֹד לְשָׁרֵת מִפְּנֵי הֶעָנָן כִּי־מָלֵא כְבוֹד־יְהוָה

ז׳ v. 51. הפטרת פקודי כמנהג אשכנזים ח׳ v. 2. הפטרת יום שני של סוכות

12 אֶת־בֵּית יְהוָה׃ אָז אָמַר שְׁלֹמֹה יְהוָה אָמַר לִשְׁכֹּן
13 בָּעֲרָפֶל׃ בָּנֹה בָנִיתִי בֵּית זְבֻל לָךְ מָכוֹן לְשִׁבְתְּךָ עוֹלָמִים׃
14 וַיַּסֵּב הַמֶּלֶךְ אֶת־פָּנָיו וַיְבָרֶךְ אֵת כָּל־קְהַל יִשְׂרָאֵל וְכָל־
טו קְהַל יִשְׂרָאֵל עֹמֵד׃ וַיֹּאמֶר בָּרוּךְ יְהוָה אֱלֹהֵי יִשְׂרָאֵל אֲשֶׁר
16 דִּבֶּר בְּפִיו אֵת דָּוִד אָבִי וּבְיָדוֹ מִלֵּא לֵאמֹר׃ מִן־הַיּוֹם אֲשֶׁר
הוֹצֵאתִי אֶת־עַמִּי אֶת־יִשְׂרָאֵל מִמִּצְרַיִם לֹא־בָחַרְתִּי בְעִיר
מִכֹּל שִׁבְטֵי יִשְׂרָאֵל לִבְנוֹת בַּיִת לִהְיוֹת שְׁמִי שָׁם וָאֶבְחַר
17 בְּדָוִד לִהְיוֹת עַל־עַמִּי יִשְׂרָאֵל׃ וַיְהִי עִם־לְבַב דָּוִד אָבִי
18 לִבְנוֹת בַּיִת לְשֵׁם יְהוָה אֱלֹהֵי יִשְׂרָאֵל׃ וַיֹּאמֶר יְהוָה אֶל־
דָּוִד אָבִי יַעַן אֲשֶׁר הָיָה עִם־לְבָבְךָ לִבְנוֹת בַּיִת לִשְׁמִי הֱטִיבֹתָ
19 כִּי הָיָה עִם־לְבָבֶךָ׃ רַק אַתָּה לֹא תִבְנֶה הַבָּיִת כִּי אִם־
כ בִּנְךָ הַיֹּצֵא מֵחֲלָצֶיךָ הוּא־יִבְנֶה הַבַּיִת לִשְׁמִי׃ וַיָּקֶם יְהוָה
אֶת־דְּבָרוֹ אֲשֶׁר דִּבֵּר וָאָקֻם תַּחַת דָּוִד אָבִי וָאֵשֵׁב ׀ עַל־
כִּסֵּא יִשְׂרָאֵל כַּאֲשֶׁר דִּבֶּר יְהוָה וָאֶבְנֶה הַבַּיִת לְשֵׁם יְהוָה אֱלֹהֵי
21 יִשְׂרָאֵל׃ וָאָשִׂם שָׁם מָקוֹם לָאָרוֹן אֲשֶׁר־שָׁם בְּרִית יְהוָה אֲשֶׁר
22 כָּרַת עִם־אֲבֹתֵינוּ בְּהוֹצִיאוֹ אֹתָם מֵאֶרֶץ מִצְרָיִם׃ וַיַּעֲמֹד
שְׁלֹמֹה לִפְנֵי מִזְבַּח יְהוָה נֶגֶד כָּל־קְהַל יִשְׂרָאֵל וַיִּפְרֹשׂ כַּפָּיו
23 הַשָּׁמָיִם׃ וַיֹּאמַר יְהוָה אֱלֹהֵי יִשְׂרָאֵל אֵין־כָּמוֹךָ אֱלֹהִים
בַּשָּׁמַיִם מִמַּעַל וְעַל־הָאָרֶץ מִתָּחַת שֹׁמֵר הַבְּרִית וְהַחֶסֶד
24 לַעֲבָדֶיךָ הַהֹלְכִים לְפָנֶיךָ בְּכָל־לִבָּם׃ אֲשֶׁר שָׁמַרְתָּ לְעַבְדְּךָ
דָּוִד אָבִי אֵת אֲשֶׁר־דִּבַּרְתָּ לוֹ וַתְּדַבֵּר בְּפִיךָ וּבְיָדְךָ מִלֵּאתָ
כה כַּיּוֹם הַזֶּה׃ וְעַתָּה יְהוָה ׀ אֱלֹהֵי יִשְׂרָאֵל שְׁמֹר לְעַבְדְּךָ דָוִד
אָבִי אֵת אֲשֶׁר דִּבַּרְתָּ לּוֹ לֵאמֹר לֹא־יִכָּרֵת לְךָ אִישׁ מִלְּפָנַי
יֹשֵׁב עַל־כִּסֵּא יִשְׂרָאֵל רַק אִם־יִשְׁמְרוּ בָנֶיךָ אֶת־דַּרְכָּם
26 לָלֶכֶת לְפָנַי כַּאֲשֶׁר הָלַכְתָּ לְפָנָי׃ וְעַתָּה אֱלֹהֵי יִשְׂרָאֵל יֵאָמֶן
27 נָא דְּבָרֶיךָ אֲשֶׁר דִּבַּרְתָּ לְעַבְדְּךָ דָּוִד אָבִי׃ כִּי הַאֻמְנָם יֵשֵׁב
אֱלֹהִים עַל־הָאָרֶץ הִנֵּה הַשָּׁמַיִם וּשְׁמֵי הַשָּׁמַיִם לֹא יְכַלְכְּלוּךָ

אף

v. 26. דבריך ק׳

28 אַף כִּֽי־הַבַּיִת הַזֶּה אֲשֶׁר בָּנִיתִי׃ וּפָנִיתָ אֶל־תְּפִלַּת עַבְדְּךָ
וְאֶל־תְּחִנָּתוֹ יְהוָה אֱלֹהָי לִשְׁמֹעַ אֶל־הָרִנָּה וְאֶל־הַתְּפִלָּה
29 אֲשֶׁר עַבְדְּךָ מִתְפַּלֵּל לְפָנֶיךָ הַיּוֹם׃ לִהְיוֹת עֵינֶךָ פְתֻחֹת אֶל־
הַבַּיִת הַזֶּה לַיְלָה וָיוֹם אֶל־הַמָּקוֹם אֲשֶׁר אָמַרְתָּ יִהְיֶה שְׁמִי
שָׁם לִשְׁמֹעַ אֶל־הַתְּפִלָּה אֲשֶׁר יִתְפַּלֵּל עַבְדְּךָ אֶל־הַמָּקוֹם
ל הַזֶּה׃ וְשָׁמַעְתָּ אֶל־תְּחִנַּת עַבְדְּךָ וְעַמְּךָ יִשְׂרָאֵל אֲשֶׁר יִתְפַּלְלוּ
אֶל־הַמָּקוֹם הַזֶּה וְאַתָּה תִּשְׁמַע אֶל־מְקוֹם שִׁבְתְּךָ אֶל־
31 הַשָּׁמַיִם וְשָׁמַעְתָּ וְסָלָחְתָּ׃ אֵת אֲשֶׁר יֶחֱטָא אִישׁ לְרֵעֵהוּ וְנָשָׁא־
32 בוֹ אָלָה לְהַאֲלֹתוֹ וּבָא אָלָה לִפְנֵי מִזְבַּחֲךָ בַּבַּיִת הַזֶּה׃ וְאַתָּה ׀
תִּשְׁמַע הַשָּׁמַיִם וְעָשִׂיתָ וְשָׁפַטְתָּ אֶת־עֲבָדֶיךָ לְהַרְשִׁיעַ רָשָׁע
לָתֵת דַּרְכּוֹ בְּרֹאשׁוֹ וּלְהַצְדִּיק צַדִּיק לָתֶת לוֹ כְּצִדְקָתוֹ׃
33 בְּהִנָּגֵף עַמְּךָ יִשְׂרָאֵל לִפְנֵי אוֹיֵב אֲשֶׁר יֶחֶטְאוּ־לָךְ וְשָׁבוּ
אֵלֶיךָ וְהוֹדוּ אֶת־שְׁמֶךָ וְהִתְפַּלְלוּ וְהִתְחַנְּנוּ אֵלֶיךָ בַּבַּיִת הַזֶּה׃
34 וְאַתָּה תִּשְׁמַע הַשָּׁמַיִם וְסָלַחְתָּ לְחַטַּאת עַמְּךָ יִשְׂרָאֵל וַהֲשֵׁבֹתָם
לה אֶל־הָאֲדָמָה אֲשֶׁר נָתַתָּ לַאֲבוֹתָם׃ בְּהֵעָצֵר שָׁמַיִם וְלֹא־
יִהְיֶה מָטָר כִּי יֶחֶטְאוּ־לָךְ וְהִתְפַּלְלוּ אֶל־הַמָּקוֹם הַזֶּה וְהוֹדוּ
36 אֶת־שְׁמֶךָ וּמֵחַטָּאתָם יְשׁוּבוּן כִּי תַעֲנֵם׃ וְאַתָּה ׀ תִּשְׁמַע
הַשָּׁמַיִם וְסָלַחְתָּ לְחַטַּאת עֲבָדֶיךָ וְעַמְּךָ יִשְׂרָאֵל כִּי תוֹרֵם
אֶת־הַדֶּרֶךְ הַטּוֹבָה אֲשֶׁר יֵלְכוּ־בָהּ וְנָתַתָּה מָטָר עַל־אַרְצְךָ
37 אֲשֶׁר־נָתַתָּה לְעַמְּךָ לְנַחֲלָה׃ רָעָב כִּי־יִהְיֶה בָאָרֶץ דֶּבֶר
כִּי־יִהְיֶה שִׁדָּפוֹן יֵרָקוֹן אַרְבֶּה חָסִיל כִּי יִהְיֶה כִּי יָצַר־לוֹ
38 אֹיְבוֹ בְּאֶרֶץ שְׁעָרָיו כָּל־נֶגַע כָּל־מַחֲלָה׃ כָּל־תְּפִלָּה כָל־
תְּחִנָּה אֲשֶׁר תִהְיֶה לְכָל־הָאָדָם לְכֹל עַמְּךָ יִשְׂרָאֵל אֲשֶׁר
39 יֵדְעוּן אִישׁ נֶגַע לְבָבוֹ וּפָרַשׂ כַּפָּיו אֶל־הַבַּיִת הַזֶּה׃ וְאַתָּה
תִּשְׁמַע הַשָּׁמַיִם מְכוֹן שִׁבְתֶּךָ וְסָלַחְתָּ וְעָשִׂיתָ וְנָתַתָּ לָאִישׁ
כְּכָל־דְּרָכָיו אֲשֶׁר תֵּדַע אֶת־לְבָבוֹ כִּי־אַתָּה יָדַעְתָּ לְבַדְּךָ
מ אֶת־לְבַב כָּל־בְּנֵי הָאָדָם׃ לְמַעַן יִרָאוּךָ כָּל־הַיָּמִים אֲשֶׁר־
41 הֵם חַיִּים עַל־פְּנֵי הָאֲדָמָה אֲשֶׁר נָתַתָּה לַאֲבֹתֵינוּ׃ וְגַם אֶל־
הנכרי

הַנָּכְרִ֔י אֲשֶׁ֛ר לֹֽא־מֵעַמְּךָ֥ יִשְׂרָאֵ֖ל ה֑וּא וּבָ֛א מֵאֶ֥רֶץ רְחוֹקָ֖ה
42 לְמַ֥עַן שְׁמֶֽךָ׃ כִּ֤י יִשְׁמְעוּן֙ אֶת־שִׁמְךָ֣ הַגָּד֔וֹל וְאֶת־יָֽדְךָ֙ הַחֲזָקָ֔ה
43 וּֽזְרֹעֲךָ֖ הַנְּטוּיָ֑ה וּבָ֥א וְהִתְפַּלֵּ֖ל אֶל־הַבַּ֥יִת הַזֶּֽה׃ אַתָּ֞ה תִּשְׁמַ֤ע
הַשָּׁמַ֙יִם֙ מְכ֣וֹן שִׁבְתֶּ֔ךָ וְעָשִׂ֕יתָ כְּכֹ֛ל אֲשֶׁר־יִקְרָ֥א אֵלֶ֖יךָ הַנָּכְרִ֑י
לְמַ֣עַן יֵדְע֣וּן כָּל־עַמֵּ֣י הָאָ֔רֶץ אֶת־שְׁמֶ֖ךָ לְיִרְאָ֣ה אֹתְךָ֙
כְּעַמְּךָ֣ יִשְׂרָאֵ֔ל וְלָדַ֕עַת כִּֽי־שִׁמְךָ֣ נִקְרָ֔א עַל־הַבַּ֥יִת הַזֶּ֖ה אֲשֶׁ֥ר
44 בָּנִֽיתִי׃ כִּֽי־יֵצֵ֨א עַמְּךָ֜ לַמִּלְחָמָ֗ה עַל־אֹֽיְבוֹ֙ בַּדֶּ֖רֶךְ אֲשֶׁ֣ר
תִּשְׁלָחֵ֑ם וְהִתְפַּֽלְל֣וּ אֶל־יְהוָ֗ה דֶּ֤רֶךְ הָעִיר֙ אֲשֶׁ֣ר בָּחַ֣רְתָּ בָּ֔הּ
מה וְהַבַּ֖יִת אֲשֶׁר־בָּנִ֥תִי לִשְׁמֶֽךָ׃ וְשָׁמַעְתָּ֙ הַשָּׁמַ֔יִם אֶת־תְּפִלָּתָ֖ם
46 וְאֶת־תְּחִנָּתָ֑ם וְעָשִׂ֖יתָ מִשְׁפָּטָֽם׃ כִּ֣י יֶֽחֶטְאוּ־לָ֗ךְ כִּ֣י אֵ֤ין אָדָם֙
אֲשֶׁ֣ר לֹא־יֶחֱטָ֔א וְאָנַפְתָּ֣ בָ֔ם וּנְתַתָּ֖ם לִפְנֵ֣י אוֹיֵ֑ב וְשָׁב֤וּם שֹֽׁבֵיהֶם֙
47 אֶל־אֶ֣רֶץ הָאוֹיֵ֔ב רְחוֹקָ֖ה א֥וֹ קְרוֹבָֽה׃ וְהֵשִׁ֙יבוּ֙ אֶל־לִבָּ֔ם
בָּאָ֖רֶץ אֲשֶׁ֣ר נִשְׁבּוּ־שָׁ֑ם וְשָׁ֣בוּ ׀ וְהִתְחַנְּנ֣וּ אֵלֶ֗יךָ בְּאֶ֤רֶץ שֹֽׁבֵיהֶם֙
48 לֵאמֹ֔ר חָטָ֥אנוּ וְהֶעֱוִ֖ינוּ רָשָֽׁעְנוּ׃ וְשָׁ֣בוּ אֵלֶ֗יךָ בְּכָל־לְבָבָם֙
וּבְכָל־נַפְשָׁ֔ם בְּאֶ֥רֶץ אֹֽיְבֵיהֶ֖ם אֲשֶׁר־שָׁב֣וּ אֹתָ֑ם וְהִֽתְפַּלְל֣וּ
אֵלֶ֗יךָ דֶּ֤רֶךְ אַרְצָם֙ אֲשֶׁ֣ר נָתַ֣תָּה לַאֲבוֹתָ֔ם הָעִיר֙ אֲשֶׁ֣ר בָּחַ֔רְתָּ
49 וְהַבַּ֖יִת אֲשֶׁר־בָּנִ֥יתָ לִשְׁמֶֽךָ׃ וְשָׁמַעְתָּ֤ הַשָּׁמַ֙יִם֙ מְכ֣וֹן שִׁבְתְּךָ֔
נ אֶת־תְּפִלָּתָ֖ם וְאֶת־תְּחִנָּתָ֑ם וְעָשִׂ֖יתָ מִשְׁפָּטָֽם׃ וְסָלַחְתָּ֤ לְעַמְּךָ֙
אֲשֶׁ֣ר חָֽטְאוּ־לָ֔ךְ וּלְכָל־פִּשְׁעֵיהֶ֖ם אֲשֶׁ֣ר פָּשְׁעוּ־בָ֑ךְ וּנְתַתָּ֧ם
51 לְרַחֲמִ֛ים לִפְנֵ֥י שֹׁבֵיהֶ֖ם וְרִחֲמֽוּם׃ כִּֽי־עַמְּךָ֥ וְנַחֲלָתְךָ֖ הֵ֑ם
52 אֲשֶׁ֤ר הוֹצֵ֙אתָ֙ מִמִּצְרַ֔יִם מִתּ֖וֹךְ כּ֥וּר הַבַּרְזֶֽל׃ לִֽהְי֨וֹת עֵינֶ֜יךָ
פְתֻח֗וֹת אֶל־תְּחִנַּ֤ת עַבְדְּךָ֙ וְאֶל־תְּחִנַּ֖ת עַמְּךָ֣ יִשְׂרָאֵ֑ל לִשְׁמֹ֣עַ
53 אֲלֵיהֶ֔ם בְּכֹ֖ל קָרְאָ֥ם אֵלֶֽיךָ׃ כִּֽי־אַתָּ֞ה הִבְדַּלְתָּ֤ם לְךָ֙ לְנַחֲלָ֔ה
מִכֹּ֖ל עַמֵּ֣י הָאָ֑רֶץ כַּאֲשֶׁ֨ר דִּבַּ֜רְתָּ בְּיַ֣ד ׀ מֹשֶׁ֣ה עַבְדֶּ֗ךָ בְּהוֹצִיאֲךָ֛
54 אֶת־אֲבֹתֵ֥ינוּ מִמִּצְרַ֖יִם אֲדֹנָ֥י יְהוִֽה׃ ° וַיְהִ֣י ׀ כְּכַלּ֣וֹת שְׁלֹמֹ֗ה
לְהִתְפַּלֵּל֙ אֶל־יְהוָ֔ה אֵ֛ת כָּל־הַתְּפִלָּ֥ה וְהַתְּחִנָּ֖ה הַזֹּ֑את קָ֞ם
מִלִּפְנֵ֨י מִזְבַּ֤ח יְהוָה֙ מִכְּרֹ֣עַ עַל־בִּרְכָּ֔יו וְכַפָּ֖יו פְּרֻשׂ֥וֹת הַשָּׁמָֽיִם׃

ויעמד

v. 48. בניתי ק׳   v. 54. הפטרת שמיני עצרת

נה   וַיַּעֲמֹד וַיְבָרֶךְ אֵת כָּל־קְהַל יִשְׂרָאֵל קוֹל גָּדוֹל לֵאמֹר:

56   בָּרוּךְ יְהֹוָה אֲשֶׁר נָתַן מְנוּחָה לְעַמּוֹ יִשְׂרָאֵל כְּכֹל אֲשֶׁר דִּבֵּר
לֹא־נָפַל דָּבָר אֶחָד מִכֹּל דְּבָרוֹ הַטּוֹב אֲשֶׁר דִּבֶּר בְּיַד מֹשֶׁה

57   עַבְדּוֹ: יְהִי יְהֹוָה אֱלֹהֵינוּ עִמָּנוּ כַּאֲשֶׁר הָיָה עִם־אֲבֹתֵינוּ אַל־

58   יַעַזְבֵנוּ וְאַל־יִטְּשֵׁנוּ: לְהַטּוֹת לְבָבֵנוּ אֵלָיו לָלֶכֶת בְּכָל־
דְּרָכָיו וְלִשְׁמֹר מִצְוֺתָיו וְחֻקָּיו וּמִשְׁפָּטָיו אֲשֶׁר צִוָּה אֶת־

59   אֲבֹתֵינוּ: וְיִהְיוּ דְבָרַי אֵלֶּה אֲשֶׁר הִתְחַנַּנְתִּי לִפְנֵי יְהֹוָה קְרֹבִים
אֶל־יְהֹוָה אֱלֹהֵינוּ יוֹמָם וָלָיְלָה לַעֲשׂוֹת ׀ מִשְׁפַּט עַבְדּוֹ וּמִשְׁפַּט

ס   עַמּוֹ יִשְׂרָאֵל דְּבַר־יוֹם בְּיוֹמוֹ: לְמַעַן דַּעַת כָּל־עַמֵּי הָאָרֶץ

61   כִּי יְהֹוָה הוּא הָאֱלֹהִים אֵין עוֹד: וְהָיָה לְבַבְכֶם שָׁלֵם עִם
יְהֹוָה אֱלֹהֵינוּ לָלֶכֶת בְּחֻקָּיו וְלִשְׁמֹר מִצְוֺתָיו כַּיּוֹם הַזֶּה:

62
63   וְהַמֶּלֶךְ וְכָל־יִשְׂרָאֵל עִמּוֹ זֹבְחִים זֶבַח לִפְנֵי יְהֹוָה: וַיִּזְבַּח
שְׁלֹמֹה אֵת זֶבַח הַשְּׁלָמִים אֲשֶׁר זָבַח לַיהֹוָה בָּקָר עֶשְׂרִים
וּשְׁנַיִם אֶלֶף וְצֹאן מֵאָה וְעֶשְׂרִים אֶלֶף וַיַּחְנְכוּ אֶת־בֵּית יְהֹוָה

64   הַמֶּלֶךְ וְכָל־בְּנֵי יִשְׂרָאֵל: בַּיּוֹם הַהוּא קִדַּשׁ הַמֶּלֶךְ אֶת־
תּוֹךְ הֶחָצֵר אֲשֶׁר לִפְנֵי בֵית־יְהֹוָה כִּי־עָשָׂה שָׁם אֶת־הָעֹלָה
וְאֶת־הַמִּנְחָה וְאֵת חֶלְבֵי הַשְּׁלָמִים כִּי־מִזְבַּח הַנְּחֹשֶׁת אֲשֶׁר
לִפְנֵי יְהֹוָה קָטֹן מֵהָכִיל אֶת־הָעֹלָה וְאֶת־הַמִּנְחָה וְאֵת חֶלְבֵי

סה   הַשְּׁלָמִים: וַיַּעַשׂ שְׁלֹמֹה בָעֵת־הַהִיא ׀ אֶת־הֶחָג וְכָל־יִשְׂרָאֵל
עִמּוֹ קָהָל גָּדוֹל מִלְּבוֹא חֲמָת ׀ עַד־נַחַל מִצְרַיִם לִפְנֵי יְהֹוָה

66   אֱלֹהֵינוּ שִׁבְעַת יָמִים וְשִׁבְעַת יָמִים אַרְבָּעָה עָשָׂר יוֹם: בַּיּוֹם
הַשְּׁמִינִי שִׁלַּח אֶת־הָעָם וַיְבָרְכוּ אֶת־הַמֶּלֶךְ וַיֵּלְכוּ לְאָהֳלֵיהֶם
שְׂמֵחִים וְטוֹבֵי לֵב עַל כָּל־הַטּוֹבָה אֲשֶׁר עָשָׂה יְהֹוָה לְדָוִד
עַבְדּוֹ וּלְיִשְׂרָאֵל עַמּוֹ:

ט   CAP. IX. ט

א   וַיְהִי כְּכַלּוֹת שְׁלֹמֹה לִבְנוֹת אֶת־בֵּית־יְהֹוָה וְאֶת־בֵּית

2   הַמֶּלֶךְ וְאֵת כָּל־חֵשֶׁק שְׁלֹמֹה אֲשֶׁר חָפֵץ לַעֲשׂוֹת: וַיֵּרָא

3   יְהֹוָה אֶל־שְׁלֹמֹה שֵׁנִית כַּאֲשֶׁר נִרְאָה אֵלָיו בְּגִבְעוֹן: וַיֹּאמֶר
יְהֹוָה

יְהוָה אֵלָיו שָׁמַעְתִּי אֶת־תְּפִלָּתְךָ וְאֶת־תְּחִנָּתְךָ אֲשֶׁר הִתְחַנַּנְתָּה
לְפָנַי הִקְדַּשְׁתִּי אֶת־הַבַּיִת הַזֶּה אֲשֶׁר בָּנִתָה לָשׂוּם־שְׁמִי שָׁם
4 עַד־עוֹלָם וְהָיוּ עֵינַי וְלִבִּי שָׁם כָּל־הַיָּמִים׃ וְאַתָּה אִם־תֵּלֵךְ
לְפָנַי כַּאֲשֶׁר הָלַךְ דָּוִד אָבִיךָ בְּתָם־לֵבָב וּבְיֹשֶׁר לַעֲשׂוֹת
ה כְּכֹל אֲשֶׁר צִוִּיתִיךָ חֻקַּי וּמִשְׁפָּטַי תִּשְׁמֹר׃ וַהֲקִמֹתִי אֶת־כִּסֵּא
מַמְלַכְתְּךָ עַל־יִשְׂרָאֵל לְעֹלָם כַּאֲשֶׁר דִּבַּרְתִּי עַל־דָּוִד אָבִיךָ
6 לֵאמֹר לֹא־יִכָּרֵת לְךָ אִישׁ מֵעַל כִּסֵּא יִשְׂרָאֵל׃ אִם־שׁוֹב
תְּשֻׁבוּן אַתֶּם וּבְנֵיכֶם מֵאַחֲרַי וְלֹא תִשְׁמְרוּ מִצְוֺתַי חֻקֹּתַי אֲשֶׁר
נָתַתִּי לִפְנֵיכֶם וַהֲלַכְתֶּם וַעֲבַדְתֶּם אֱלֹהִים אֲחֵרִים וְהִשְׁתַּחֲוִיתֶם
7 לָהֶם׃ וְהִכְרַתִּי אֶת־יִשְׂרָאֵל מֵעַל פְּנֵי הָאֲדָמָה אֲשֶׁר נָתַתִּי
לָהֶם וְאֶת־הַבַּיִת אֲשֶׁר הִקְדַּשְׁתִּי לִשְׁמִי אֲשַׁלַּח מֵעַל פָּנָי
8 וְהָיָה יִשְׂרָאֵל לְמָשָׁל וְלִשְׁנִינָה בְּכָל־הָעַמִּים׃ וְהַבַּיִת הַזֶּה
יִהְיֶה עֶלְיוֹן כָּל־עֹבֵר עָלָיו יִשֹּׁם וְשָׁרָק וְאָמְרוּ עַל־מֶה עָשָׂה
9 יְהוָה כָּכָה לָאָרֶץ הַזֹּאת וְלַבַּיִת הַזֶּה׃ וְאָמְרוּ עַל אֲשֶׁר עָזְבוּ
אֶת־יְהוָה אֱלֹהֵיהֶם אֲשֶׁר הוֹצִיא אֶת־אֲבֹתָם מֵאֶרֶץ מִצְרַיִם
וַיַּחֲזִקוּ בֵּאלֹהִים אֲחֵרִים וַיִּשְׁתַּחֲוֻ לָהֶם וַיַּעַבְדֻם עַל־כֵּן הֵבִיא
י יְהוָה עֲלֵיהֶם אֵת כָּל־הָרָעָה הַזֹּאת׃ וַיְהִי מִקְצֵה עֶשְׂרִים
שָׁנָה אֲשֶׁר־בָּנָה שְׁלֹמֹה אֶת־שְׁנֵי הַבָּתִּים אֶת־בֵּית יְהוָה וְאֶת־
11 בֵּית הַמֶּלֶךְ׃ חִירָם מֶלֶךְ־צֹר נִשָּׂא אֶת־שְׁלֹמֹה בַּעֲצֵי אֲרָזִים
וּבַעֲצֵי בְרוֹשִׁים וּבַזָּהָב לְכָל־חֶפְצוֹ אָז יִתֵּן הַמֶּלֶךְ שְׁלֹמֹה
12 לְחִירָם עֶשְׂרִים עִיר בְּאֶרֶץ הַגָּלִיל׃ וַיֵּצֵא חִירָם מִצֹּר
לִרְאוֹת אֶת־הֶעָרִים אֲשֶׁר נָתַן־לוֹ שְׁלֹמֹה וְלֹא יָשְׁרוּ בְּעֵינָיו׃
13 וַיֹּאמֶר מָה הֶעָרִים הָאֵלֶּה אֲשֶׁר־נָתַתָּה לִּי אָחִי וַיִּקְרָא לָהֶם
14 אֶרֶץ כָּבוּל עַד הַיּוֹם הַזֶּה׃ וַיִּשְׁלַח חִירָם לַמֶּלֶךְ מֵאָה
טו וְעֶשְׂרִים כִּכַּר זָהָב׃ וְזֶה דְבַר־הַמַּס אֲשֶׁר־הֶעֱלָה ׀ הַמֶּלֶךְ
שְׁלֹמֹה לִבְנוֹת אֶת־בֵּית יְהוָה וְאֶת־בֵּיתוֹ וְאֶת־הַמִּלּוֹא וְאֵת
16 חוֹמַת יְרוּשָׁלָ͏ִם וְאֶת־חָצֹר וְאֶת־מְגִדּוֹ וְאֵת גָּזֶר׃ פַּרְעֹה

מלך־מצרים

v. 9. וישתחוו ק׳

מֶלֶךְ־מִצְרַיִם עָלָה וַיִּלְכֹּד אֶת־גֶּזֶר וַיִּשְׂרְפָהּ בָּאֵשׁ וְאֶת־
הַכְּנַעֲנִי הַיֹּשֵׁב בָּעִיר הָרָג וַיִּתְּנָהּ שִׁלֻּחִים לְבִתּוֹ אֵשֶׁת שְׁלֹמֹה׃
17 18 וַיִּבֶן שְׁלֹמֹה אֶת־גֶּזֶר וְאֶת־בֵּית חֹרֹן תַּחְתּוֹן׃ וְאֶת־בַּעֲלָת
וְאֶת־תַּמֹר בַּמִּדְבָּר בָּאָרֶץ׃ וְאֵת כָּל־עָרֵי הַמִּסְכְּנוֹת אֲשֶׁר 19
הָיוּ לִשְׁלֹמֹה וְאֵת עָרֵי הָרֶכֶב וְאֵת עָרֵי הַפָּרָשִׁים וְאֵת ׀ חֵשֶׁק
שְׁלֹמֹה אֲשֶׁר חָשַׁק לִבְנוֹת בִּירוּשָׁלִַם וּבַלְּבָנוֹן וּבְכֹל אֶרֶץ
מֶמְשַׁלְתּוֹ׃ כָּל־הָעָם הַנּוֹתָר מִן־הָאֱמֹרִי הַחִתִּי הַפְּרִזִּי הַחִוִּי כ
וְהַיְבוּסִי אֲשֶׁר לֹא־מִבְּנֵי יִשְׂרָאֵל הֵמָּה׃ בְּנֵיהֶם אֲשֶׁר נֹתְרוּ 21
אַחֲרֵיהֶם בָּאָרֶץ אֲשֶׁר לֹא־יָכְלוּ בְּנֵי יִשְׂרָאֵל לְהַחֲרִימָם
וַיַּעֲלֵם שְׁלֹמֹה לְמַס־עֹבֵד עַד הַיּוֹם הַזֶּה׃ וּמִבְּנֵי יִשְׂרָאֵל 22
לֹא־נָתַן שְׁלֹמֹה עָבֶד כִּי־הֵם אַנְשֵׁי הַמִּלְחָמָה וַעֲבָדָיו וְשָׂרָיו
וְשָׁלִשָׁיו וְשָׂרֵי רִכְבּוֹ וּפָרָשָׁיו׃ אֵלֶּה ׀ שָׂרֵי הַנִּצָּבִים אֲשֶׁר 23
עַל־הַמְּלָאכָה לִשְׁלֹמֹה חֲמִשִּׁים וַחֲמֵשׁ מֵאוֹת הָרֹדִים בָּעָם
הָעֹשִׂים בַּמְּלָאכָה׃ אַךְ בַּת־פַּרְעֹה עָלְתָה מֵעִיר דָּוִד אֶל־ 24
בֵּיתָהּ אֲשֶׁר בָּנָה־לָהּ אָז בָּנָה אֶת־הַמִּלּוֹא׃ וְהֶעֱלָה שְׁלֹמֹה כה
שָׁלֹשׁ פְּעָמִים בַּשָּׁנָה עֹלוֹת וּשְׁלָמִים עַל־הַמִּזְבֵּחַ אֲשֶׁר בָּנָה
לַיהוָה וְהַקְטֵיר אִתּוֹ אֲשֶׁר לִפְנֵי יְהוָה וְשִׁלַּם אֶת־הַבָּיִת׃
וָאֳנִי עָשָׂה הַמֶּלֶךְ שְׁלֹמֹה בְּעֶצְיוֹן־גֶּבֶר אֲשֶׁר אֶת־אֵלוֹת עַל־ 26
שְׂפַת יַם־סוּף בְּאֶרֶץ אֱדוֹם׃ וַיִּשְׁלַח חִירָם בָּאֳנִי אֶת־עֲבָדָיו 27
אַנְשֵׁי אֳנִיּוֹת יֹדְעֵי הַיָּם עִם עַבְדֵי שְׁלֹמֹה׃ וַיָּבֹאוּ אוֹפִירָה 28
וַיִּקְחוּ מִשָּׁם זָהָב אַרְבַּע־מֵאוֹת וְעֶשְׂרִים כִּכָּר וַיָּבִאוּ אֶל־
הַמֶּלֶךְ שְׁלֹמֹה׃

Cap. X. י

ל

וּמַלְכַּת־שְׁבָא שֹׁמַעַת אֶת־שֵׁמַע שְׁלֹמֹה לְשֵׁם יְהוָה וַתָּבֹא א
לְנַסֹּתוֹ בְּחִידוֹת׃ וַתָּבֹא יְרוּשָׁלְַמָה בְּחַיִל כָּבֵד מְאֹד גְּמַלִּים 2
נֹשְׂאִים בְּשָׂמִים וְזָהָב רַב־מְאֹד וְאֶבֶן יְקָרָה וַתָּבֹא אֶל־
שְׁלֹמֹה וַתְּדַבֵּר אֵלָיו אֵת כָּל־אֲשֶׁר הָיָה עִם־לְבָבָהּ׃ וַיַּגֶּד־ 3

ט׳ v. 18. תדמר ק׳

לָהּ שְׁלֹמֹה אֶת־כָּל־דְּבָרֶיהָ לֹא־הָיָה דָּבָר נֶעְלָם מִן־
4 הַמֶּלֶךְ אֲשֶׁר לֹא הִגִּיד לָהּ׃ וַתֵּרֶא מַלְכַּת־שְׁבָא אֵת כָּל־
ה חָכְמַת שְׁלֹמֹה וְהַבַּיִת אֲשֶׁר בָּנָה׃ וּמַאֲכַל שֻׁלְחָנוֹ וּמוֹשַׁב
עֲבָדָיו וּמַעֲמַד מְשָׁרְתָו וּמַלְבֻּשֵׁיהֶם וּמַשְׁקָיו וְעֹלָתוֹ אֲשֶׁר
6 יַעֲלֶה בֵּית יְהוָה וְלֹא־הָיָה בָהּ עוֹד רוּחַ׃ וַתֹּאמֶר אֶל־הַמֶּלֶךְ
אֱמֶת הָיָה הַדָּבָר אֲשֶׁר שָׁמַעְתִּי בְּאַרְצִי עַל־דְּבָרֶיךָ וְעַל־
7 חָכְמָתֶךָ׃ וְלֹא־הֶאֱמַנְתִּי לַדְּבָרִים עַד אֲשֶׁר־בָּאתִי וַתִּרְאֶינָה
עֵינַי וְהִנֵּה לֹא־הֻגַּד־לִי הַחֵצִי הוֹסַפְתָּ חָכְמָה וָטוֹב אֶל־
8 הַשְּׁמוּעָה אֲשֶׁר שָׁמָעְתִּי׃ אַשְׁרֵי אֲנָשֶׁיךָ אַשְׁרֵי עֲבָדֶיךָ אֵלֶּה
9 הָעֹמְדִים לְפָנֶיךָ תָּמִיד הַשֹּׁמְעִים אֶת־חָכְמָתֶךָ׃ יְהִי יְהוָה
אֱלֹהֶיךָ בָּרוּךְ אֲשֶׁר חָפֵץ בְּךָ לְתִתְּךָ עַל־כִּסֵּא יִשְׂרָאֵל
בְּאַהֲבַת יְהוָה אֶת־יִשְׂרָאֵל לְעֹלָם וַיְשִׂימְךָ לְמֶלֶךְ לַעֲשׂוֹת
י מִשְׁפָּט וּצְדָקָה׃ וַתִּתֵּן לַמֶּלֶךְ מֵאָה וְעֶשְׂרִים ׀ כִּכַּר זָהָב
וּבְשָׂמִים הַרְבֵּה מְאֹד וְאֶבֶן יְקָרָה לֹא־בָא כַבֹּשֶׂם הַהוּא עוֹד
11 לָרֹב אֲשֶׁר־נָתְנָה מַלְכַּת־שְׁבָא לַמֶּלֶךְ שְׁלֹמֹה׃ וְגַם אֳנִי חִירָם
אֲשֶׁר־נָשָׂא זָהָב מֵאוֹפִיר הֵבִיא מֵאֹפִיר עֲצֵי אַלְמֻגִּים הַרְבֵּה
12 מְאֹד וְאֶבֶן יְקָרָה׃ וַיַּעַשׂ הַמֶּלֶךְ אֶת־עֲצֵי הָאַלְמֻגִּים מִסְעָד
לְבֵית־יְהוָה וּלְבֵית הַמֶּלֶךְ וְכִנֹּרוֹת וּנְבָלִים לַשָּׁרִים לֹא בָא־
13 כֵן עֲצֵי אַלְמֻגִּים וְלֹא נִרְאָה עַד הַיּוֹם הַזֶּה׃ וְהַמֶּלֶךְ שְׁלֹמֹה
נָתַן לְמַלְכַּת־שְׁבָא אֶת־כָּל־חֶפְצָהּ אֲשֶׁר שָׁאָלָה מִלְּבַד
אֲשֶׁר נָתַן־לָהּ כְּיַד הַמֶּלֶךְ שְׁלֹמֹה וַתֵּפֶן וַתֵּלֶךְ לְאַרְצָהּ הִיא
14 וַעֲבָדֶיהָ׃ וַיְהִי מִשְׁקַל הַזָּהָב אֲשֶׁר־בָּא לִשְׁלֹמֹה בְּשָׁנָה
טו אֶחָת שֵׁשׁ מֵאוֹת שִׁשִּׁים וָשֵׁשׁ כִּכַּר זָהָב׃ לְבַד מֵאַנְשֵׁי הַתָּרִים
16 וּמִסְחַר הָרֹכְלִים וְכָל־מַלְכֵי הָעֶרֶב וּפַחוֹת הָאָרֶץ׃ וַיַּעַשׂ
הַמֶּלֶךְ שְׁלֹמֹה מָאתַיִם צִנָּה זָהָב שָׁחוּט שֵׁשׁ־מֵאוֹת זָהָב יַעֲלֶה
17 עַל־הַצִּנָּה הָאֶחָת׃ וּשְׁלֹשׁ־מֵאוֹת מָגִנִּים זָהָב שָׁחוּט שְׁלֹשֶׁת
מָנִים זָהָב יַעֲלֶה עַל־הַמָּגֵן הָאֶחָת וַיִּתְּנֵם הַמֶּלֶךְ בֵּית יַעַר

הלבנון

v. 5. משרתיו ק׳

18 הַלְּבָנוֹן׃ וַיַּעַשׂ הַמֶּלֶךְ כִּסֵּא־שֵׁן גָּדוֹל וַיְצַפֵּהוּ זָהָב מוּפָז׃
19 שֵׁשׁ מַעֲלוֹת לַכִּסֵּה וְרֹאשׁ־עָגֹל לַכִּסֵּה מֵאַחֲרָיו וְיָדֹת מִזֶּה
וּמִזֶּה אֶל־מְקוֹם הַשָּׁבֶת וּשְׁנַיִם אֲרָיוֹת עֹמְדִים אֵצֶל הַיָּדוֹת׃
כ וּשְׁנֵים עָשָׂר אֲרָיִים עֹמְדִים שָׁם עַל־שֵׁשׁ הַמַּעֲלוֹת מִזֶּה וּמִזֶּה
21 לֹא־נַעֲשָׂה כֵן לְכָל־מַמְלָכוֹת׃ וְכֹל כְּלֵי מַשְׁקֵה הַמֶּלֶךְ
שְׁלֹמֹה זָהָב וְכֹל כְּלֵי בֵּית־יַעַר הַלְּבָנוֹן זָהָב סָגוּר אֵין כֶּסֶף
22 לֹא נֶחְשָׁב בִּימֵי שְׁלֹמֹה לִמְאוּמָה׃ כִּי אֳנִי תַרְשִׁישׁ לַמֶּלֶךְ
בַּיָּם עִם אֳנִי חִירָם אַחַת לְשָׁלֹשׁ שָׁנִים תָּבוֹא ׀ אֳנִי תַרְשִׁישׁ
23 נֹשְׂאֵת זָהָב וָכֶסֶף שֶׁנְהַבִּים וְקֹפִים וְתֻכִּיִּים׃ וַיִּגְדַּל הַמֶּלֶךְ
24 שְׁלֹמֹה מִכֹּל מַלְכֵי הָאָרֶץ לְעֹשֶׁר וּלְחָכְמָה׃ וְכָל־הָאָרֶץ
מְבַקְשִׁים אֶת־פְּנֵי שְׁלֹמֹה לִשְׁמֹעַ אֶת־חָכְמָתוֹ אֲשֶׁר־נָתַן
כה אֱלֹהִים בְּלִבּוֹ׃ וְהֵמָּה מְבִאִים אִישׁ מִנְחָתוֹ כְּלֵי כֶסֶף וּכְלֵי
זָהָב וּשְׂלָמוֹת וְנֵשֶׁק וּבְשָׂמִים סוּסִים וּפְרָדִים דְּבַר־שָׁנָה
26 בְּשָׁנָה׃ וַיֶּאֱסֹף שְׁלֹמֹה רֶכֶב וּפָרָשִׁים וַיְהִי־לוֹ אֶלֶף
וְאַרְבַּע־מֵאוֹת רֶכֶב וּשְׁנֵים־עָשָׂר אֶלֶף פָּרָשִׁים וַיַּנְחֵם בְּעָרֵי
27 הָרֶכֶב וְעִם־הַמֶּלֶךְ בִּירוּשָׁלִָם׃ וַיִּתֵּן הַמֶּלֶךְ אֶת־הַכֶּסֶף
בִּירוּשָׁלִַם כָּאֲבָנִים וְאֵת הָאֲרָזִים נָתַן כַּשִּׁקְמִים אֲשֶׁר־בַּשְּׁפֵלָה
28 לָרֹב׃ וּמוֹצָא הַסּוּסִים אֲשֶׁר לִשְׁלֹמֹה מִמִּצְרָיִם וּמִקְוֵה סֹחֲרֵי
29 הַמֶּלֶךְ יִקְחוּ מִקְוֵה בִּמְחִיר׃ וַתַּעֲלֶה וַתֵּצֵא מֶרְכָּבָה מִמִּצְרַיִם
בְּשֵׁשׁ מֵאוֹת כֶּסֶף וְסוּס בַּחֲמִשִּׁים וּמֵאָה וְכֵן לְכָל־מַלְכֵי
הַחִתִּים וּלְמַלְכֵי אֲרָם בְּיָדָם יֵצֵאוּ׃

יא CAP. XI. יא

א וְהַמֶּלֶךְ שְׁלֹמֹה אָהַב נָשִׁים נָכְרִיּוֹת רַבּוֹת וְאֶת־בַּת־פַּרְעֹה
2 מוֹאֲבִיּוֹת עַמֳּנִיּוֹת אֲדֹמִיֹּת צֵדְנִיֹּת חִתִּיֹּת׃ מִן־הַגּוֹיִם אֲשֶׁר
אָמַר־יְהוָה אֶל־בְּנֵי יִשְׂרָאֵל לֹא־תָבֹאוּ בָהֶם וְהֵם לֹא־יָבֹאוּ
בָכֶם אָכֵן יַטּוּ אֶת־לְבַבְכֶם אַחֲרֵי אֱלֹהֵיהֶם בָּהֶם דָּבַק שְׁלֹמֹה
3 לְאַהֲבָה׃ וַיְהִי־לוֹ נָשִׁים שָׂרוֹת שְׁבַע מֵאוֹת וּפִלַגְשִׁים שְׁלֹשׁ
4 מֵאוֹת וַיַּטּוּ נָשָׁיו אֶת־לִבּוֹ׃ וַיְהִי לְעֵת זִקְנַת שְׁלֹמֹה נָשָׁיו הִטּוּ

את־לבבו

אֶת־לְבָב֞וֹ אַחֲרֵ֤י אֱלֹהִים֙ אֲחֵרִ֔ים וְלֹא־הָיָ֤ה לְבָב֨וֹ שָׁלֵ֣ם עִם־

ה יְהוָ֣ה אֱלֹהָ֔יו כִּלְבַ֖ב דָּוִ֣יד אָבִֽיו: וַיֵּ֣לֶךְ שְׁלֹמֹ֔ה אַחֲרֵ֣י עַשְׁתֹּ֔רֶת

6 אֱלֹהֵ֖י צִדֹנִ֑ים וְאַחֲרֵ֣י מִלְכֹּ֔ם שִׁקֻּ֖ץ עַמֹּנִֽים: וַיַּ֥עַשׂ שְׁלֹמֹ֖ה הָרַ֑ע

7 בְּעֵינֵ֣י יְהוָ֑ה וְלֹ֥א מִלֵּ֖א אַחֲרֵ֣י יְהוָ֖ה כְּדָוִ֥ד אָבִֽיו: אָ֣ז יִבְנֶ֣ה

שְׁלֹמֹ֜ה בָּמָ֗ה לִכְמוֹשׁ֙ שִׁקֻּ֣ץ מוֹאָ֔ב בָּהָ֕ר אֲשֶׁ֖ר עַל־פְּנֵ֣י יְרוּשָׁלָ֑͏ִם

8 וּלְמֹ֕לֶךְ שִׁקֻּ֖ץ בְּנֵ֣י עַמֹּֽון: וְכֵ֣ן עָשָׂ֔ה לְכָל־נָשָׁ֖יו הַנָּכְרִיֹּ֑ות

9 מַקְטִירֹ֥ות וּֽמְזַבְּחֹ֖ות לֵאלֹֽהֵיהֶֽן: וַיִּתְאַנַּ֤ף יְהוָה֙ בִּשְׁלֹמֹ֔ה כִּֽי־

נָטָ֣ה לְבָב֔וֹ מֵעִ֕ם יְהוָ֖ה אֱלֹהֵ֣י יִשְׂרָאֵ֑ל הַנִּרְאָ֥ה אֵלָ֖יו פַּעֲמָֽיִם:

י וְצִוָּ֤ה אֵלָיו֙ עַל־הַדָּבָ֣ר הַזֶּ֔ה לְבִלְתִּי־לֶ֕כֶת אַחֲרֵ֖י אֱלֹהִ֣ים

11 אֲחֵרִ֑ים וְלֹ֣א שָׁמַ֔ר אֵ֥ת אֲשֶׁר־צִוָּ֖ה יְהוָֽה: וַיֹּ֤אמֶר יְהוָה֙

לִשְׁלֹמֹ֔ה יַ֚עַן אֲשֶׁ֣ר הָֽיְתָה־זֹּ֣את עִמָּ֔ךְ וְלֹ֤א שָׁמַ֨רְתָּ֙ בְּרִיתִ֣י

וְחֻקֹּתַ֔י אֲשֶׁ֥ר צִוִּ֖יתִי עָלֶ֑יךָ קָרֹ֨עַ אֶקְרַ֤ע אֶת־הַמַּמְלָכָה֙ מֵֽעָלֶ֔יךָ

12 וּנְתַתִּ֖יהָ לְעַבְדֶּֽךָ: אַךְ־בְּיָמֶ֨יךָ֙ לֹ֣א אֶעֱשֶׂ֔נָּה לְמַ֖עַן דָּוִ֣ד אָבִ֑יךָ

13 מִיַּ֥ד בִּנְךָ֖ אֶקְרָעֶֽנָּה: רַ֣ק אֶת־כָּל־הַמַּמְלָכָה֙ לֹ֣א אֶקְרָ֔ע שֵׁ֥בֶט

אֶחָ֛ד אֶתֵּ֥ן לִבְנֶ֖ךָ לְמַ֨עַן֙ דָּוִ֣ד עַבְדִּ֔י וּלְמַ֨עַן֙ יְרֽוּשָׁלַ֔͏ִם אֲשֶׁ֥ר

14 בָּחָֽרְתִּי: וַיָּ֨קֶם יְהוָ֤ה שָׂטָן֙ לִשְׁלֹמֹ֔ה אֵ֖ת הֲדַ֣ד הָאֲדֹמִ֑י מִזֶּ֧רַע

טו הַמֶּ֛לֶךְ ה֖וּא בֶּאֱדֹֽום: וַיְהִ֗י בִּֽהְיֹ֤ות דָּוִד֙ אֶת־אֱדֹ֔ום בַּעֲלֹ֞ות

יוֹאָ֤ב שַׂר־הַצָּבָא֙ לְקַבֵּ֣ר אֶת־הַחֲלָלִ֔ים וַיַּ֥ךְ כָּל־זָכָ֖ר בֶּאֱדֹֽום:

16 כִּ֣י שֵׁ֧שֶׁת חֳדָשִׁ֛ים יָֽשַׁב־שָׁ֥ם יוֹאָ֖ב וְכָל־יִשְׂרָאֵ֑ל עַד־הִכְרִ֥ית

17 כָּל־זָכָ֖ר בֶּאֱדֹֽום: וַיִּבְרַ֣ח אֲדַ֡ד הוּא֩ וַאֲנָשִׁ֨ים אֲדֹמִיִּ֜ים מֵעַבְדֵ֤י

18 אָבִיו֙ אִתֹּ֔ו לָבֹ֣וא מִצְרָ֑יִם וַהֲדַ֖ד נַ֣עַר קָטָֽן: וַיָּקֻ֣מוּ מִמִּדְיָ֗ן

וַיָּבֹ֣אוּ פָּארָ֔ן וַיִּקְח֨וּ אֲנָשִׁ֤ים עִמָּם֙ מִפָּארָ֔ן וַיָּבֹ֣אוּ מִצְרַ֨יִם֙ אֶל־

פַּרְעֹ֣ה מֶֽלֶךְ־מִצְרַ֔יִם וַיִּתֶּן־לֹ֣ו בַ֗יִת וְלֶ֨חֶם֙ אָ֣מַר לֹ֔ו וְאֶ֖רֶץ נָ֥תַן

19 לֹֽו: וַיִּמְצָא֩ הֲדַ֨ד חֵ֜ן בְּעֵינֵ֤י פַרְעֹה֙ מְאֹ֔ד וַיִּתֶּן־לֹ֥ו אִשָּׁ֖ה אֶת־

כ אֲחֹ֣ות אִשְׁתֹּ֔ו אֲחֹ֖ות תַּחְפְּנֵ֣יס הַגְּבִירָֽה: וַתֵּ֨לֶד לֹ֜ו אֲחֹ֣ות תַּחְפְּנֵ֗יס

אֵ֚ת גְּנֻ֣בַת בְּנֹ֔ו וַתִּגְמְלֵ֣הוּ תַחְפְּנֵ֔ס בְּתֹ֖וךְ בֵּ֣ית פַּרְעֹ֑ה וַיְהִ֤י גְנֻבַת֙

21 בֵּ֣ית פַּרְעֹ֔ה בְּתֹ֖וךְ בְּנֵ֥י פַרְעֹֽה: וַהֲדַ֞ד שָׁמַ֣ע בְּמִצְרַ֗יִם כִּֽי־

שָׁכַ֤ב דָּוִד֙ עִם־אֲבֹתָ֔יו וְכִי־מֵ֖ת יוֹאָ֣ב שַׂר־הַצָּבָ֑א וַיֹּ֤אמֶר הֲדַד֙

אֶל־פַּרְעֹ֔ה

22 אֶל־פַּרְעֹה שַׁלְּחֵנִי וְאֵלֵךְ אֶל־אַרְצִי׃ וַיֹּאמֶר לוֹ פַרְעֹה כִּי
מָה־אַתָּה חָסֵר עִמִּי וְהִנְּךָ מְבַקֵּשׁ לָלֶכֶת אֶל־אַרְצֶךָ וַיֹּאמֶר ׀
23 לֹא כִּי שַׁלֵּחַ תְּשַׁלְּחֵנִי׃ וַיָּקֶם אֱלֹהִים לוֹ שָׂטָן אֶת־רְזוֹן בֶּן־
24 אֶלְיָדָע אֲשֶׁר בָּרַח מֵאֵת הֲדַדְעֶזֶר מֶלֶךְ־צוֹבָה אֲדֹנָיו׃ וַיִּקְבֹּץ
עָלָיו אֲנָשִׁים וַיְהִי שַׂר־גְּדוּד בַּהֲרֹג דָּוִד אֹתָם וַיֵּלְכוּ דַמֶּשֶׂק
כה וַיֵּשְׁבוּ בָהּ וַיִּמְלְכוּ בְּדַמָּשֶׂק׃ וַיְהִי שָׂטָן לְיִשְׂרָאֵל כָּל־יְמֵי
שְׁלֹמֹה וְאֶת־הָרָעָה אֲשֶׁר הֲדָד וַיָּקָץ בְּיִשְׂרָאֵל וַיִּמְלֹךְ עַל־
26 אֲרָם׃ וְיָרָבְעָם בֶּן־נְבָט אֶפְרָתִי מִן־הַצְּרֵדָה וְשֵׁם אִמּוֹ
27 צְרוּעָה אִשָּׁה אַלְמָנָה עֶבֶד לִשְׁלֹמֹה וַיָּרֶם יָד בַּמֶּלֶךְ׃ וְזֶה
הַדָּבָר אֲשֶׁר־הֵרִים יָד בַּמֶּלֶךְ שְׁלֹמֹה בָּנָה אֶת־הַמִּלּוֹא סָגַר
28 אֶת־פֶּרֶץ עִיר דָּוִד אָבִיו׃ וְהָאִישׁ יָרָבְעָם גִּבּוֹר חָיִל וַיַּרְא
שְׁלֹמֹה אֶת־הַנַּעַר כִּי־עֹשֵׂה מְלָאכָה הוּא וַיַּפְקֵד אֹתוֹ לְכָל־
29 סֵבֶל בֵּית יוֹסֵף׃ וַיְהִי בָּעֵת הַהִיא וְיָרָבְעָם יָצָא מִירוּשָׁלִָם
וַיִּמְצָא אֹתוֹ אֲחִיָּה הַשִּׁילֹנִי הַנָּבִיא בַּדֶּרֶךְ וְהוּא מִתְכַּסֶּה
ל בְּשַׂלְמָה חֲדָשָׁה וּשְׁנֵיהֶם לְבַדָּם בַּשָּׂדֶה׃ וַיִּתְפֹּשׂ אֲחִיָּה
בַּשַּׂלְמָה הַחֲדָשָׁה אֲשֶׁר עָלָיו וַיִּקְרָעֶהָ שְׁנֵים עָשָׂר קְרָעִים׃
31 וַיֹּאמֶר לְיָרָבְעָם קַח־לְךָ עֲשָׂרָה קְרָעִים כִּי כֹה אָמַר יְהוָה
אֱלֹהֵי יִשְׂרָאֵל הִנְנִי קֹרֵעַ אֶת־הַמַּמְלָכָה מִיַּד שְׁלֹמֹה וְנָתַתִּי
32 לְךָ אֵת עֲשָׂרָה הַשְּׁבָטִים׃ וְהַשֵּׁבֶט הָאֶחָד יִהְיֶה־לּוֹ לְמַעַן ׀
עַבְדִּי דָוִד וּלְמַעַן יְרוּשָׁלִַם הָעִיר אֲשֶׁר בָּחַרְתִּי בָהּ מִכֹּל
33 שִׁבְטֵי יִשְׂרָאֵל׃ יַעַן ׀ אֲשֶׁר עֲזָבוּנִי וַיִּשְׁתַּחֲווּ לְעַשְׁתֹּרֶת אֱלֹהֵי
צִדֹנִין לִכְמוֹשׁ אֱלֹהֵי מוֹאָב וּלְמִלְכֹּם אֱלֹהֵי בְנֵי־עַמּוֹן וְלֹא־
הָלְכוּ בִדְרָכַי לַעֲשׂוֹת הַיָּשָׁר בְּעֵינַי וְחֻקֹּתַי וּמִשְׁפָּטַי כְּדָוִד
34 אָבִיו׃ וְלֹא־אֶקַּח אֶת־כָּל־הַמַּמְלָכָה מִיָּדוֹ כִּי ׀ נָשִׂיא אֲשִׁתֶנּוּ
כֹּל יְמֵי חַיָּיו לְמַעַן דָּוִד עַבְדִּי אֲשֶׁר בָּחַרְתִּי אֹתוֹ אֲשֶׁר שָׁמַר
לה מִצְוֺתַי וְחֻקֹּתָי׃ וְלָקַחְתִּי הַמְּלוּכָה מִיַּד בְּנוֹ וּנְתַתִּיהָ לְּךָ אֵת
36 עֲשֶׂרֶת הַשְּׁבָטִים׃ וְלִבְנוֹ אֶתֵּן שֵׁבֶט־אֶחָד לְמַעַן הֱיוֹת־נִיר
לְדָוִיד־עַבְדִּי כָּל־הַיָּמִים ׀ לְפָנַי בִּירוּשָׁלִַם הָעִיר אֲשֶׁר

בחרתי

37 בְּחַרְתִּי לִי לָשׂוּם שְׁמִי שָׁם׃ וְאֹתְךָ אֶקַּח וּמָלַכְתָּ בְּכֹל אֲשֶׁר־
38 תְּאַוֶּה נַפְשֶׁךָ וְהָיִיתָ מֶּלֶךְ עַל־יִשְׂרָאֵל׃ וְהָיָה אִם־תִּשְׁמַע
אֶת־כָּל־אֲשֶׁר אֲצַוֶּךָ וְהָלַכְתָּ בִדְרָכַי וְעָשִׂיתָ הַיָּשָׁר בְּעֵינַי
לִשְׁמוֹר חֻקּוֹתַי וּמִצְוֹתַי כַּאֲשֶׁר עָשָׂה דָּוִד עַבְדִּי וְהָיִיתִי עִמָּךְ
וּבָנִיתִי לְךָ בַיִת־נֶאֱמָן כַּאֲשֶׁר בָּנִיתִי לְדָוִד וְנָתַתִּי לְךָ אֶת־
39 יִשְׂרָאֵל׃ וַאְעַנֶּה אֶת־זֶרַע דָּוִד לְמַעַן זֹאת אַךְ לֹא כָל־
מ הַיָּמִים׃ וַיְבַקֵּשׁ שְׁלֹמֹה לְהָמִית אֶת־יָרָבְעָם וַיָּקָם יָרָבְעָם
וַיִּבְרַח מִצְרַיִם אֶל־שִׁישַׁק מֶלֶךְ־מִצְרַיִם וַיְהִי בְמִצְרַיִם עַד־
41 מוֹת שְׁלֹמֹה׃ וְיֶתֶר דִּבְרֵי שְׁלֹמֹה וְכָל־אֲשֶׁר עָשָׂה וְחָכְמָתוֹ
42 הֲלוֹא־הֵם כְּתֻבִים עַל־סֵפֶר דִּבְרֵי שְׁלֹמֹה׃ וְהַיָּמִים אֲשֶׁר
מָלַךְ שְׁלֹמֹה בִירוּשָׁלִַם עַל־כָּל־יִשְׂרָאֵל אַרְבָּעִים שָׁנָה׃
43 וַיִּשְׁכַּב שְׁלֹמֹה עִם־אֲבֹתָיו וַיִּקָּבֵר בְּעִיר דָּוִד אָבִיו וַיִּמְלֹךְ
רְחַבְעָם בְּנוֹ תַּחְתָּיו׃

Cap. XII. יב

יב

א וַיֵּלֶךְ רְחַבְעָם שְׁכֶם כִּי שְׁכֶם בָּא כָל־יִשְׂרָאֵל לְהַמְלִיךְ
2 אֹתוֹ׃ וַיְהִי כִּשְׁמֹעַ ׀ יָרָבְעָם בֶּן־נְבָט וְהוּא עוֹדֶנּוּ בְמִצְרַיִם
אֲשֶׁר בָּרַח מִפְּנֵי הַמֶּלֶךְ שְׁלֹמֹה וַיֵּשֶׁב יָרָבְעָם בְּמִצְרָיִם׃
3 וַיִּשְׁלְחוּ וַיִּקְרְאוּ־לוֹ וַיָּבֹאוּ יָרָבְעָם וְכָל־קְהַל יִשְׂרָאֵל וַיְדַבְּרוּ
4 אֶל־רְחַבְעָם לֵאמֹר׃ אָבִיךָ הִקְשָׁה אֶת־עֻלֵּנוּ וְאַתָּה עַתָּה
הָקֵל מֵעֲבֹדַת אָבִיךָ הַקָּשָׁה וּמֵעֻלּוֹ הַכָּבֵד אֲשֶׁר־נָתַן עָלֵינוּ
ה וְנַעַבְדֶךָּ׃ וַיֹּאמֶר אֲלֵיהֶם לְכוּ־עֹד שְׁלֹשָׁה יָמִים וְשׁוּבוּ אֵלָי
6 וַיֵּלְכוּ הָעָם׃ וַיִּוָּעַץ הַמֶּלֶךְ רְחַבְעָם אֶת־הַזְּקֵנִים אֲשֶׁר־הָיוּ
עֹמְדִים אֶת־פְּנֵי שְׁלֹמֹה אָבִיו בִּהְיֹתוֹ חַי לֵאמֹר אֵיךְ אַתֶּם
7 נוֹעָצִים לְהָשִׁיב אֶת־הָעָם־הַזֶּה דָּבָר׃ וַיְדַבְּרוּ אֵלָיו לֵאמֹר
אִם־הַיּוֹם תִּהְיֶה־עֶבֶד לָעָם הַזֶּה וַעֲבַדְתָּם וַעֲנִיתָם וְדִבַּרְתָּ
8 אֲלֵיהֶם דְּבָרִים טוֹבִים וְהָיוּ לְךָ עֲבָדִים כָּל־הַיָּמִים׃ וַיַּעֲזֹב
אֶת־עֲצַת הַזְּקֵנִים אֲשֶׁר יְעָצֻהוּ וַיִּוָּעַץ אֶת־הַיְלָדִים אֲשֶׁר

גדלו

יב v. 3. ויבא ק׳ v. 7. וידברו ק׳

9 גִּדְּלוּ אִתּוֹ אֲשֶׁר הָעֹמְדִים לְפָנָיו׃ וַיֹּאמֶר אֲלֵיהֶם מָה אַתֶּם
נוֹעָצִים וְנָשִׁיב דָּבָר אֶת־הָעָם הַזֶּה אֲשֶׁר דִּבְּרוּ אֵלַי לֵאמֹר
י הָקֵל מִן־הָעֹל אֲשֶׁר־נָתַן אָבִיךָ עָלֵינוּ׃ וַיְדַבְּרוּ אֵלָיו הַיְלָדִים
אֲשֶׁר גָּדְלוּ אִתּוֹ לֵאמֹר כֹּה־תֹאמַר לָעָם הַזֶּה אֲשֶׁר דִּבְּרוּ
אֵלֶיךָ לֵאמֹר אָבִיךָ הִכְבִּיד אֶת־עֻלֵּנוּ וְאַתָּה הָקֵל מֵעָלֵינוּ
11 כֹּה תְּדַבֵּר אֲלֵיהֶם קָטָנִּי עָבָה מִמָּתְנֵי אָבִי׃ וְעַתָּה אָבִי
הֶעְמִיס עֲלֵיכֶם עֹל כָּבֵד וַאֲנִי אוֹסִיף עַל־עֻלְּכֶם אָבִי יִסַּר
12 אֶתְכֶם בַּשּׁוֹטִים וַאֲנִי אֲיַסֵּר אֶתְכֶם בָּעַקְרַבִּים׃ וַיָּבוֹ יָרָבְעָם
וְכָל־הָעָם אֶל־רְחַבְעָם בַּיּוֹם הַשְּׁלִישִׁי כַּאֲשֶׁר דִּבֶּר הַמֶּלֶךְ
13 לֵאמֹר שׁוּבוּ אֵלַי בַּיּוֹם הַשְּׁלִישִׁי׃ וַיַּעַן הַמֶּלֶךְ אֶת־הָעָם
14 קָשָׁה וַיַּעֲזֹב אֶת־עֲצַת הַזְּקֵנִים אֲשֶׁר יְעָצֻהוּ׃ וַיְדַבֵּר אֲלֵיהֶם
כַּעֲצַת הַיְלָדִים לֵאמֹר אָבִי הִכְבִּיד אֶת־עֻלְּכֶם וַאֲנִי אֹסִיף
עַל־עֻלְּכֶם אָבִי יִסַּר אֶתְכֶם בַּשּׁוֹטִים וַאֲנִי אֲיַסֵּר אֶתְכֶם
טו בָּעַקְרַבִּים׃ וְלֹא־שָׁמַע הַמֶּלֶךְ אֶל־הָעָם כִּי־הָיְתָה סִבָּה
מֵעִם יְהוָה לְמַעַן הָקִים אֶת־דְּבָרוֹ אֲשֶׁר דִּבֶּר יְהוָה בְּיַד
16 אֲחִיָּה הַשִּׁלֹנִי אֶל־יָרָבְעָם בֶּן־נְבָט׃ וַיַּרְא כָּל־יִשְׂרָאֵל כִּי
לֹא־שָׁמַע הַמֶּלֶךְ אֲלֵהֶם וַיָּשִׁבוּ הָעָם אֶת־הַמֶּלֶךְ ׀ דָּבָר ׀
לֵאמֹר מַה־לָּנוּ חֵלֶק בְּדָוִד וְלֹא־נַחֲלָה בְּבֶן־יִשַׁי לְאֹהָלֶיךָ
17 יִשְׂרָאֵל עַתָּה רְאֵה בֵיתְךָ דָּוִד וַיֵּלֶךְ יִשְׂרָאֵל לְאֹהָלָיו׃ וּבְנֵי
יִשְׂרָאֵל הַיֹּשְׁבִים בְּעָרֵי יְהוּדָה וַיִּמְלֹךְ עֲלֵיהֶם רְחַבְעָם׃
18 וַיִּשְׁלַח הַמֶּלֶךְ רְחַבְעָם אֶת־אֲדֹרָם אֲשֶׁר עַל־הַמַּס וַיִּרְגְּמוּ
כָל־יִשְׂרָאֵל בּוֹ אֶבֶן וַיָּמֹת וְהַמֶּלֶךְ רְחַבְעָם הִתְאַמֵּץ לַעֲלוֹת
19 בַּמֶּרְכָּבָה לָנוּס יְרוּשָׁלִָם׃ וַיִּפְשְׁעוּ יִשְׂרָאֵל בְּבֵית דָּוִד עַד
כ הַיּוֹם הַזֶּה׃ וַיְהִי כִּשְׁמֹעַ כָּל־יִשְׂרָאֵל כִּי־שָׁב יָרָבְעָם
וַיִּשְׁלְחוּ וַיִּקְרְאוּ אֹתוֹ אֶל־הָעֵדָה וַיַּמְלִיכוּ אֹתוֹ עַל־כָּל־
יִשְׂרָאֵל לֹא הָיָה אַחֲרֵי בֵית־דָּוִד זוּלָתִי שֵׁבֶט־יְהוּדָה לְבַדּוֹ׃
21 וַיָּבֹאוּ רְחַבְעָם יְרוּשָׁלִַם וַיַּקְהֵל אֶת־כָּל־בֵּית יְהוּדָה וְאֶת־

v. 12. ויבא ק׳ v. 21. ויבא ק׳

שֵׁבֶט בִּנְיָמִן מֵאָה וּשְׁמֹנִים אֶלֶף בָּחוּר עֹשֵׂה מִלְחָמָה לְהִלָּחֵם
עִם־בֵּית יִשְׂרָאֵל לְהָשִׁיב אֶת־הַמְּלוּכָה לִרְחַבְעָם בֶּן־
22 שְׁלֹמֹה׃ וַיְהִי דְּבַר הָאֱלֹהִים אֶל־שְׁמַעְיָה אִישׁ־הָאֱלֹהִים
23 לֵאמֹר׃ אֱמֹר אֶל־רְחַבְעָם בֶּן־שְׁלֹמֹה מֶלֶךְ יְהוּדָה וְאֶל־
24 כָּל־בֵּית יְהוּדָה וּבִנְיָמִין וְיֶתֶר הָעָם לֵאמֹר׃ כֹּה אָמַר יְהוָה
לֹא־תַעֲלוּ וְלֹא־תִלָּחֲמוּן עִם־אֲחֵיכֶם בְּנֵי־יִשְׂרָאֵל שׁוּבוּ
אִישׁ לְבֵיתוֹ כִּי מֵאִתִּי נִהְיָה הַדָּבָר הַזֶּה וַיִּשְׁמְעוּ אֶת־דְּבַר
כה יְהוָה וַיָּשֻׁבוּ לָלֶכֶת כִּדְבַר יְהוָה׃ וַיִּבֶן יָרָבְעָם אֶת־שְׁכֶם
26 בְּהַר אֶפְרַיִם וַיֵּשֶׁב בָּהּ וַיֵּצֵא מִשָּׁם וַיִּבֶן אֶת־פְּנוּאֵל׃ וַיֹּאמֶר
27 יָרָבְעָם בְּלִבּוֹ עַתָּה תָּשׁוּב הַמַּמְלָכָה לְבֵית דָּוִד׃ אִם־יַעֲלֶה ׀
הָעָם הַזֶּה לַעֲשׂוֹת זְבָחִים בְּבֵית־יְהוָה בִּירוּשָׁלַםִ וְשָׁב לֵב
הָעָם הַזֶּה אֶל־אֲדֹנֵיהֶם אֶל־רְחַבְעָם מֶלֶךְ יְהוּדָה וַהֲרָגֻנִי
28 וְשָׁבוּ אֶל־רְחַבְעָם מֶלֶךְ־יְהוּדָה׃ וַיִּוָּעַץ הַמֶּלֶךְ וַיַּעַשׂ שְׁנֵי
עֶגְלֵי זָהָב וַיֹּאמֶר אֲלֵהֶם רַב־לָכֶם מֵעֲלוֹת יְרוּשָׁלַםִ הִנֵּה
29 אֱלֹהֶיךָ יִשְׂרָאֵל אֲשֶׁר הֶעֱלוּךָ מֵאֶרֶץ מִצְרָיִם׃ וַיָּשֶׂם אֶת־
ל הָאֶחָד בְּבֵית־אֵל וְאֶת־הָאֶחָד נָתַן בְּדָן׃ וַיְהִי הַדָּבָר הַזֶּה
31 לְחַטָּאת וַיֵּלְכוּ הָעָם לִפְנֵי הָאֶחָד עַד־דָּן׃ וַיַּעַשׂ אֶת־בֵּית
בָּמוֹת וַיַּעַשׂ כֹּהֲנִים מִקְצוֹת הָעָם אֲשֶׁר לֹא־הָיוּ מִבְּנֵי לֵוִי׃
32 וַיַּעַשׂ יָרָבְעָם ׀ חָג בַּחֹדֶשׁ הַשְּׁמִינִי בַּחֲמִשָּׁה־עָשָׂר יוֹם ׀ לַחֹדֶשׁ
כֶּחָג ׀ אֲשֶׁר בִּיהוּדָה וַיַּעַל עַל־הַמִּזְבֵּחַ כֵּן עָשָׂה בְּבֵית־אֵל
לְזַבֵּחַ לָעֲגָלִים אֲשֶׁר־עָשָׂה וְהֶעֱמִיד בְּבֵית אֵל אֶת־כֹּהֲנֵי
33 הַבָּמוֹת אֲשֶׁר עָשָׂה׃ וַיַּעַל עַל־הַמִּזְבֵּחַ ׀ אֲשֶׁר־עָשָׂה בְּבֵית־
אֵל בַּחֲמִשָּׁה עָשָׂר יוֹם בַּחֹדֶשׁ הַשְּׁמִינִי בַּחֹדֶשׁ אֲשֶׁר־בָּדָא
מִלְּבַד וַיַּעַשׂ חָג לִבְנֵי יִשְׂרָאֵל וַיַּעַל עַל־הַמִּזְבֵּחַ לְהַקְטִיר׃

CAP. XIII. יג

יג

א וְהִנֵּה ׀ אִישׁ אֱלֹהִים בָּא מִיהוּדָה בִּדְבַר יְהוָה אֶל־בֵּית־אֵל
2 וְיָרָבְעָם עֹמֵד עַל־הַמִּזְבֵּחַ לְהַקְטִיר׃ וַיִּקְרָא עַל־הַמִּזְבֵּחַ

בדבר

יב v. 33. מלבו ק׳

בִּדְבַר יְהוָה וַיֹּאמֶר מִזְבֵּחַ מִזְבֵּחַ כֹּה אָמַר יְהוָה הִנֵּה־בֵן נוֹלָד
לְבֵית־דָּוִד יֹאשִׁיָּהוּ שְׁמוֹ וְזָבַח עָלֶיךָ אֶת־כֹּהֲנֵי הַבָּמוֹת
3 הַמַּקְטִרִים עָלֶיךָ וְעַצְמוֹת אָדָם יִשְׂרְפוּ עָלֶיךָ׃ וְנָתַן בַּיּוֹם
הַהוּא מוֹפֵת לֵאמֹר זֶה הַמּוֹפֵת אֲשֶׁר דִּבֶּר יְהוָה הִנֵּה הַמִּזְבֵּחַ
4 נִקְרָע וְנִשְׁפַּךְ הַדֶּשֶׁן אֲשֶׁר־עָלָיו׃ וַיְהִי כִשְׁמֹעַ הַמֶּלֶךְ אֶת־
דְּבַר אִישׁ־הָאֱלֹהִים אֲשֶׁר קָרָא עַל־הַמִּזְבֵּחַ בְּבֵית־אֵל
וַיִּשְׁלַח יָרָבְעָם אֶת־יָדוֹ מֵעַל הַמִּזְבֵּחַ לֵאמֹר ׀ תִּפְשֻׂהוּ וַתִּיבַשׁ
ה יָדוֹ אֲשֶׁר שָׁלַח עָלָיו וְלֹא יָכֹל לַהֲשִׁיבָהּ אֵלָיו׃ וְהַמִּזְבֵּחַ נִקְרָע
וַיִּשָּׁפֵךְ הַדֶּשֶׁן מִן־הַמִּזְבֵּחַ כַּמּוֹפֵת אֲשֶׁר נָתַן אִישׁ הָאֱלֹהִים
6 בִּדְבַר יְהוָה׃ וַיַּעַן הַמֶּלֶךְ וַיֹּאמֶר ׀ אֶל־אִישׁ הָאֱלֹהִים חַל־
נָא אֶת־פְּנֵי יְהוָה אֱלֹהֶיךָ וְהִתְפַּלֵּל בַּעֲדִי וְתָשֹׁב יָדִי אֵלָי
וַיְחַל אִישׁ־הָאֱלֹהִים אֶת־פְּנֵי יְהוָה וַתָּשָׁב יַד־הַמֶּלֶךְ אֵלָיו
7 וַתְּהִי כְּבָרִאשֹׁנָה׃ וַיְדַבֵּר הַמֶּלֶךְ אֶל־אִישׁ הָאֱלֹהִים בֹּאָה־
8 אִתִּי הַבַּיְתָה וּסְעָדָה וְאֶתְּנָה לְךָ מַתָּת׃ וַיֹּאמֶר אִישׁ־הָאֱלֹהִים
אֶל־הַמֶּלֶךְ אִם־תִּתֶּן־לִי אֶת־חֲצִי בֵיתֶךָ לֹא אָבֹא עִמָּךְ
9 וְלֹא־אֹכַל לֶחֶם וְלֹא אֶשְׁתֶּה־מַּיִם בַּמָּקוֹם הַזֶּה׃ כִּי־כֵן ׀
צִוָּה אֹתִי בִּדְבַר יְהוָה לֵאמֹר לֹא־תֹאכַל לֶחֶם וְלֹא תִשְׁתֶּה־
י מָיִם וְלֹא תָשׁוּב בַּדֶּרֶךְ אֲשֶׁר הָלָכְתָּ׃ וַיֵּלֶךְ בְּדֶרֶךְ אַחֵר
11 וְלֹא־שָׁב בַּדֶּרֶךְ אֲשֶׁר בָּא בָהּ אֶל־בֵּית־אֵל׃ וְנָבִיא
אֶחָד זָקֵן יֹשֵׁב בְּבֵית־אֵל וַיָּבוֹא בְנוֹ וַיְסַפֶּר־לוֹ אֶת־כָּל־
הַמַּעֲשֶׂה אֲשֶׁר־עָשָׂה אִישׁ־הָאֱלֹהִים ׀ הַיּוֹם בְּבֵית־אֵל אֶת־
12 הַדְּבָרִים אֲשֶׁר דִּבֶּר אֶל־הַמֶּלֶךְ וַיְסַפְּרוּם לַאֲבִיהֶם׃ וַיְדַבֵּר
אֲלֵהֶם אֲבִיהֶם אֵי־זֶה הַדֶּרֶךְ הָלָךְ וַיִּרְאוּ בָנָיו אֶת־הַדֶּרֶךְ
13 אֲשֶׁר הָלַךְ אִישׁ הָאֱלֹהִים אֲשֶׁר־בָּא מִיהוּדָה׃ וַיֹּאמֶר אֶל־
בָּנָיו חִבְשׁוּ־לִי הַחֲמוֹר וַיַּחְבְּשׁוּ־לוֹ הַחֲמוֹר וַיִּרְכַּב עָלָיו׃
14 וַיֵּלֶךְ אַחֲרֵי אִישׁ הָאֱלֹהִים וַיִּמְצָאֵהוּ יֹשֵׁב תַּחַת הָאֵלָה וַיֹּאמֶר
אֵלָיו הַאַתָּה אִישׁ־הָאֱלֹהִים אֲשֶׁר־בָּאתָ מִיהוּדָה וַיֹּאמֶר אָנִי׃
טו 16 וַיֹּאמֶר אֵלָיו לֵךְ אִתִּי הַבָּיְתָה וֶאֱכֹל לָחֶם׃ וַיֹּאמֶר לֹא אוּכַל

לשוב

לָשׁוּב אִתָּךְ וְלָבוֹא אִתָּךְ וְלֹא־אֹכַל לֶחֶם וְלֹא־אֶשְׁתֶּה אִתְּךָ
17 מַיִם בַּמָּקוֹם הַזֶּה׃ כִּי־דָבָר אֵלַי בִּדְבַר יְהוָה לֹא־תֹאכַל
לֶחֶם וְלֹא־תִשְׁתֶּה שָׁם מָיִם לֹא־תָשׁוּב לָלֶכֶת בַּדֶּרֶךְ אֲשֶׁר־
18 הָלַכְתָּ בָּהּ׃ וַיֹּאמֶר לוֹ גַּם־אֲנִי נָבִיא כָּמוֹךָ וּמַלְאָךְ דִּבֶּר
אֵלַי בִּדְבַר יְהוָה לֵאמֹר הֲשִׁבֵהוּ אִתְּךָ אֶל־בֵּיתֶךָ וְיֹאכַל
19 לֶחֶם וְיֵשְׁתְּ מָיִם כִּחֵשׁ לוֹ׃ וַיָּשָׁב אִתּוֹ וַיֹּאכַל לֶחֶם בְּבֵיתוֹ
כ וַיֵּשְׁתְּ מָיִם׃ וַיְהִי הֵם יֹשְׁבִים אֶל־הַשֻּׁלְחָן ° וַיְהִי דְּבַר־
21 יְהוָה אֶל־הַנָּבִיא אֲשֶׁר הֱשִׁיבוֹ׃ וַיִּקְרָא אֶל־אִישׁ הָאֱלֹהִים
אֲשֶׁר־בָּא מִיהוּדָה לֵאמֹר כֹּה אָמַר יְהוָה יַעַן כִּי מָרִיתָ פִּי
יְהוָה וְלֹא שָׁמַרְתָּ אֶת־הַמִּצְוָה אֲשֶׁר צִוְּךָ יְהוָה אֱלֹהֶיךָ׃
22 וַתָּשָׁב וַתֹּאכַל לֶחֶם וַתֵּשְׁתְּ מַיִם בַּמָּקוֹם אֲשֶׁר דִּבֶּר אֵלֶיךָ
אַל־תֹּאכַל לֶחֶם וְאַל־תֵּשְׁתְּ מָיִם לֹא־תָבוֹא נִבְלָתְךָ אֶל־
23 קֶבֶר אֲבֹתֶיךָ׃ וַיְהִי אַחֲרֵי אָכְלוֹ לֶחֶם וְאַחֲרֵי שְׁתוֹתוֹ וַיַּחֲבָשׁ־
24 לוֹ הַחֲמוֹר לַנָּבִיא אֲשֶׁר הֱשִׁיבוֹ׃ וַיֵּלֶךְ וַיִּמְצָאֵהוּ אַרְיֵה בַּדֶּרֶךְ
וַיְמִיתֵהוּ וַתְּהִי נִבְלָתוֹ מֻשְׁלֶכֶת בַּדֶּרֶךְ וְהַחֲמוֹר עֹמֵד אֶצְלָהּ
כה וְהָאַרְיֵה עֹמֵד אֵצֶל הַנְּבֵלָה׃ וְהִנֵּה אֲנָשִׁים עֹבְרִים וַיִּרְאוּ
אֶת־הַנְּבֵלָה מֻשְׁלֶכֶת בַּדֶּרֶךְ וְאֶת־הָאַרְיֵה עֹמֵד אֵצֶל הַנְּבֵלָה
26 וַיָּבֹאוּ וַיְדַבְּרוּ בָעִיר אֲשֶׁר הַנָּבִיא הַזָּקֵן יֹשֵׁב בָּהּ׃ וַיִּשְׁמַע
הַנָּבִיא אֲשֶׁר הֱשִׁיבוֹ מִן־הַדֶּרֶךְ וַיֹּאמֶר אִישׁ הָאֱלֹהִים הוּא אֲשֶׁר
מָרָה אֶת־פִּי יְהוָה וַיִּתְּנֵהוּ יְהוָה לָאַרְיֵה וַיִּשְׁבְּרֵהוּ וַיְמִתֵהוּ
27 כִּדְבַר יְהוָה אֲשֶׁר דִּבֶּר־לוֹ׃ וַיְדַבֵּר אֶל־בָּנָיו לֵאמֹר חִבְשׁוּ־
28 לִי אֶת־הַחֲמוֹר וַיַּחֲבֹשׁוּ׃ וַיֵּלֶךְ וַיִּמְצָא אֶת־נִבְלָתוֹ מֻשְׁלֶכֶת
בַּדֶּרֶךְ וַחֲמוֹר וְהָאַרְיֵה עֹמְדִים אֵצֶל הַנְּבֵלָה לֹא־אָכַל
29 הָאַרְיֵה אֶת־הַנְּבֵלָה וְלֹא שָׁבַר אֶת־הַחֲמוֹר׃ וַיִּשָּׂא הַנָּבִיא
אֶת־נִבְלַת אִישׁ־הָאֱלֹהִים וַיַּנִּחֵהוּ אֶל־הַחֲמוֹר וַיְשִׁיבֵהוּ וַיָּבֹא
ל אֶל־עִיר הַנָּבִיא הַזָּקֵן לִסְפֹּד וּלְקָבְרוֹ׃ וַיַּנַּח אֶת־נִבְלָתוֹ
31 בְּקִבְרוֹ וַיִּסְפְּדוּ עָלָיו הוֹי אָחִי׃ וַיְהִי אַחֲרֵי קָבְרוֹ אֹתוֹ

ויאמר

° פסקא באמצע פסוק v. 20.

וַיֹּ֣אמֶר אֶל־בָּנָיו֮ לֵאמֹר֒ בְּמוֹתִי֙ וּקְבַרְתֶּ֣ם אֹתִ֔י בַּקֶּ֕בֶר אֲשֶׁ֛ר
אִ֥ישׁ הָאֱלֹהִ֖ים קָב֣וּר בּ֑וֹ אֵ֚צֶל עַצְמֹתָ֔יו הַנִּ֖יחוּ אֶת־עַצְמֹתָֽי׃
32 כִּ֣י הָיֹ֨ה יִֽהְיֶ֜ה הַדָּבָ֗ר אֲשֶׁ֤ר קָרָא֙ בִּדְבַ֣ר יְהוָ֔ה עַל־הַמִּזְבֵּ֖חַ אֲשֶׁ֣ר
33 בְּבֵֽית־אֵ֑ל וְעַל֙ כָּל־בָּתֵּ֣י הַבָּמ֔וֹת אֲשֶׁ֖ר בְּעָרֵ֥י שֹׁמְרֽוֹן׃ אַחַר֙
הַדָּבָ֣ר הַזֶּ֔ה לֹא־שָׁ֥ב יָרָבְעָ֖ם מִדַּרְכּ֣וֹ הָרָעָ֑ה וַ֠יָּשָׁב וַיַּ֨עַשׂ
מִקְצ֤וֹת הָעָם֙ כֹּהֲנֵ֣י בָמ֔וֹת הֶחָפֵץ֙ יְמַלֵּ֣א אֶת־יָד֔וֹ וִיהִ֖י כֹּהֲנֵ֥י
34 בָמֽוֹת׃ וַיְהִ֗י בַּדָּבָ֤ר הַזֶּה֙ לְחַטַּ֔את בֵּ֖ית יָרָבְעָ֑ם וּלְהַכְחִיד֙
וּלְהַשְׁמִ֔יד מֵעַ֖ל פְּנֵ֥י הָאֲדָמָֽה׃

יד Cap. XIV. יד

א 2 בָּעֵ֣ת הַהִ֔יא חָלָ֖ה אֲבִיָּ֥ה בֶן־יָרָבְעָֽם׃ וַיֹּ֨אמֶר יָרָבְעָ֜ם
לְאִשְׁתּ֗וֹ ק֤וּמִי נָא֙ וְהִשְׁתַּנִּ֔ית וְלֹ֣א יֵֽדְע֔וּ כִּי־אַ֖תְּי אֵ֣שֶׁת יָרָבְעָ֑ם
וְהָלַ֣כְתְּ שִׁלֹ֔ה הִנֵּה־שָׁם֙ אֲחִיָּ֣ה הַנָּבִ֔יא הֽוּא־דִבֶּ֥ר עָלַ֛י לְמֶ֖לֶךְ
3 עַל־הָעָ֥ם הַזֶּֽה׃ וְלָקַ֨חַתְּ בְּיָדֵ֜ךְ עֲשָׂרָ֥ה לֶ֙חֶם֙ וְנִקֻּדִ֔ים וּבַקְבֻּ֖ק
4 דְּבַ֑שׁ וּבָ֣את אֵלָ֔יו ה֕וּא יַגִּ֥יד לָ֖ךְ מַה־יִּהְיֶ֥ה לַנָּֽעַר׃ וַתַּ֤עַשׂ כֵּן֙
אֵ֣שֶׁת יָרָבְעָ֔ם וַתָּ֙קָם֙ וַתֵּ֣לֶךְ שִׁלֹ֔ה וַתָּבֹ֖א בֵּ֣ית אֲחִיָּ֑ה וַאֲחִיָּ֙הוּ֙
ה לֹא־יָכֹ֣ל לִרְא֔וֹת כִּ֛י קָ֥מוּ עֵינָ֖יו מִשֵּׂיבֽוֹ׃ וַיהוָ֡ה אָמַ֣ר אֶל־
אֲחִיָּ֗הוּ הִנֵּה֩ אֵ֨שֶׁת יָרָבְעָ֜ם בָּאָ֨ה לִדְרֹ֨שׁ דָּבָ֤ר מֵֽעִמְּךָ֙ אֶל־בְּנָ֔הּ
כִּֽי־חֹלֶ֣ה ה֔וּא כָּזֹ֥ה וְכָזֶ֖ה תְּדַבֵּ֣ר אֵלֶ֑יהָ וִיהִ֣י כְבֹאָ֔הּ וְהִ֖יא
6 מִֽתְנַכֵּרָֽה׃ וַיְהִי֩ כִשְׁמֹ֨עַ אֲחִיָּ֜הוּ אֶת־ק֤וֹל רַגְלֶ֙יהָ֙ בָּאָ֣ה בַפֶּ֔תַח
וַיֹּ֕אמֶר בֹּ֖אִי אֵ֣שֶׁת יָרָבְעָ֑ם לָ֤מָּה זֶּה֙ אַ֣תְּ מִתְנַכֵּרָ֔ה וְאָנֹכִ֛י שָׁל֥וּחַ
7 אֵלַ֖יִךְ קָשָֽׁה׃ לְכִ֞י אִמְרִ֣י לְיָרָבְעָ֗ם כֹּה־אָמַ֤ר יְהוָה֙ אֱלֹהֵ֣י
יִשְׂרָאֵ֔ל יַ֕עַן אֲשֶׁ֥ר הֲרִימֹתִ֖יךָ מִתּ֣וֹךְ הָעָ֑ם וָאֶתֶּנְךָ֣ נָגִ֔יד עַ֖ל עַמִּ֥י
8 יִשְׂרָאֵֽל׃ וָאֶקְרַ֤ע אֶת־הַמַּמְלָכָה֙ מִבֵּ֣ית דָּוִ֔ד וָאֶתְּנֶ֖הָ לָ֑ךְ וְלֹא־
הָיִ֜יתָ כְּעַבְדִּ֣י דָוִ֗ד אֲשֶׁר֩ שָׁמַ֨ר מִצְוֹתַ֜י וַאֲשֶׁר־הָלַ֤ךְ אַחֲרַי֙
9 בְּכָל־לְבָב֔וֹ לַעֲשׂ֕וֹת רַ֖ק הַיָּשָׁ֥ר בְּעֵינָֽי׃ וַתָּ֣רַע לַעֲשׂ֔וֹת מִכֹּ֖ל
אֲשֶׁר־הָי֣וּ לְפָנֶ֑יךָ וַתֵּ֡לֶךְ וַתַּֽעֲשֶׂה־לְּךָ֩ אֱלֹהִ֨ים אֲחֵרִ֜ים וּמַסֵּכ֗וֹת
י לְהַכְעִיסֵ֔נִי וְאֹתִ֥י הִשְׁלַ֖כְתָּ אַחֲרֵ֥י גַוֶּֽךָ׃ לָכֵ֗ן הִנְנִי֙ מֵבִ֣יא רָעָ֔ה

אל־בית

יד v. 2. את ק׳

אֶל־בֵּית יָרָבְעָם וְהִכְרַתִּי לְיָרָבְעָם מַשְׁתִּין בְּקִיר עָצוּר
וְעָזוּב בְּיִשְׂרָאֵל וּבִעַרְתִּי אַחֲרֵי בֵית־יָרָבְעָם כַּאֲשֶׁר יְבַעֵר
11 הַגָּלָל עַד־תֻּמּוֹ׃ הַמֵּת לְיָרָבְעָם בָּעִיר יֹאכְלוּ הַכְּלָבִים
12 וְהַמֵּת בַּשָּׂדֶה יֹאכְלוּ עוֹף הַשָּׁמָיִם כִּי יְהוָה דִּבֵּר׃ וְאַתְּ
13 קוּמִי לְכִי לְבֵיתֵךְ בְּבֹאָה רַגְלַיִךְ הָעִירָה וּמֵת הַיָּלֶד׃ וְסָפְדוּ־
לוֹ כָל־יִשְׂרָאֵל וְקָבְרוּ אֹתוֹ כִּי־זֶה לְבַדּוֹ יָבֹא לְיָרָבְעָם אֶל־
קָבֶר יַעַן נִמְצָא־בוֹ דָּבָר טוֹב אֶל־יְהוָה אֱלֹהֵי יִשְׂרָאֵל בְּבֵית
14 יָרָבְעָם׃ וְהֵקִים יְהוָה לוֹ מֶלֶךְ עַל־יִשְׂרָאֵל אֲשֶׁר יַכְרִית
טו אֶת־בֵּית יָרָבְעָם זֶה הַיּוֹם וּמֶה גַּם־עָתָּה׃ וְהִכָּה יְהוָה אֶת־
יִשְׂרָאֵל כַּאֲשֶׁר יָנוּד הַקָּנֶה בַּמַּיִם וְנָתַשׁ אֶת־יִשְׂרָאֵל מֵעַל
הָאֲדָמָה הַטּוֹבָה הַזֹּאת אֲשֶׁר נָתַן לַאֲבוֹתֵיהֶם וְזֵרָם מֵעֵבֶר
לַנָּהָר יַעַן אֲשֶׁר עָשׂוּ אֶת־אֲשֵׁרֵיהֶם מַכְעִיסִים אֶת־יְהוָה׃
16 וְיִתֵּן אֶת־יִשְׂרָאֵל בִּגְלַל חַטֹּאות יָרָבְעָם אֲשֶׁר חָטָא וַאֲשֶׁר
17 הֶחֱטִיא אֶת־יִשְׂרָאֵל׃ וַתָּקָם אֵשֶׁת יָרָבְעָם וַתֵּלֶךְ וַתָּבֹא
18 תִרְצָתָה הִיא בָּאָה בְסַף־הַבַּיִת וְהַנַּעַר מֵת׃ וַיִּקְבְּרוּ אֹתוֹ
וַיִּסְפְּדוּ־לוֹ כָּל־יִשְׂרָאֵל כִּדְבַר יְהוָה אֲשֶׁר דִּבֶּר בְּיַד־עַבְדּוֹ
19 אֲחִיָּהוּ הַנָּבִיא׃ וְיֶתֶר דִּבְרֵי יָרָבְעָם אֲשֶׁר נִלְחַם וַאֲשֶׁר מָלָךְ
הִנָּם כְּתוּבִים עַל־סֵפֶר דִּבְרֵי הַיָּמִים לְמַלְכֵי יִשְׂרָאֵל׃
כ וְהַיָּמִים אֲשֶׁר מָלַךְ יָרָבְעָם עֶשְׂרִים וּשְׁתַּיִם שָׁנָה וַיִּשְׁכַּב עִם־
21 אֲבֹתָיו וַיִּמְלֹךְ נָדָב בְּנוֹ תַּחְתָּיו׃ וּרְחַבְעָם בֶּן־שְׁלֹמֹה מָלַךְ
בִּיהוּדָה בֶּן־אַרְבָּעִים וְאַחַת שָׁנָה רְחַבְעָם בְּמָלְכוֹ וּשְׁבַע
עֶשְׂרֵה שָׁנָה ׀ מָלַךְ בִּירוּשָׁלִַם הָעִיר אֲשֶׁר־בָּחַר יְהוָה לָשׂוּם
אֶת־שְׁמוֹ שָׁם מִכֹּל שִׁבְטֵי יִשְׂרָאֵל וְשֵׁם אִמּוֹ נַעֲמָה הָעַמֹּנִית׃
22 וַיַּעַשׂ יְהוּדָה הָרַע בְּעֵינֵי יְהוָה וַיְקַנְאוּ אֹתוֹ מִכֹּל אֲשֶׁר עָשׂוּ
23 אֲבֹתָם בְּחַטֹּאתָם אֲשֶׁר חָטָאוּ׃ וַיִּבְנוּ גַם־הֵמָּה לָהֶם בָּמוֹת
וּמַצֵּבוֹת וַאֲשֵׁרִים עַל כָּל־גִּבְעָה גְבֹהָה וְתַחַת כָּל־עֵץ רַעֲנָן׃
24 וְגַם־קָדֵשׁ הָיָה בָאָרֶץ עָשׂוּ כְּכֹל הַתּוֹעֲבֹת הַגּוֹיִם אֲשֶׁר
כה הוֹרִישׁ יְהוָה מִפְּנֵי בְּנֵי יִשְׂרָאֵל׃ וַיְהִי בַּשָּׁנָה הַחֲמִישִׁית

למלך

לַמֶּלֶךְ רְחַבְעָם עָלָה שׁוּשַׁק מֶלֶךְ־מִצְרַיִם עַל־יְרוּשָׁלִָם׃
26 וַיִּקַּח אֶת־אֹצְרוֹת בֵּית־יְהוָה וְאֶת־אוֹצְרוֹת בֵּית הַמֶּלֶךְ
וְאֶת־הַכֹּל לָקָח וַיִּקַּח אֶת־כָּל־מָגִנֵּי הַזָּהָב אֲשֶׁר עָשָׂה שְׁלֹמֹה׃
27 וַיַּעַשׂ הַמֶּלֶךְ רְחַבְעָם תַּחְתָּם מָגִנֵּי נְחֹשֶׁת וְהִפְקִיד עַל־יַד שָׂרֵי
28 הָרָצִים הַשֹּׁמְרִים פֶּתַח בֵּית הַמֶּלֶךְ׃ וַיְהִי מִדֵּי־בֹא הַמֶּלֶךְ
29 בֵּית יְהוָה יִשָּׂאוּם הָרָצִים וֶהֱשִׁיבוּם אֶל־תָּא הָרָצִים׃ וְיֶתֶר
דִּבְרֵי רְחַבְעָם וְכָל־אֲשֶׁר עָשָׂה הֲלֹא־הֵמָּה כְתוּבִים עַל־
ל סֵפֶר דִּבְרֵי הַיָּמִים לְמַלְכֵי יְהוּדָה׃ וּמִלְחָמָה הָיְתָה בֵין־
31 רְחַבְעָם וּבֵין יָרָבְעָם כָּל־הַיָּמִים׃ וַיִּשְׁכַּב רְחַבְעָם עִם־
אֲבֹתָיו וַיִּקָּבֵר עִם־אֲבֹתָיו בְּעִיר דָּוִד וְשֵׁם אִמּוֹ נַעֲמָה הָעַמֹּנִית
וַיִּמְלֹךְ אֲבִיָּם בְּנוֹ תַּחְתָּיו׃

טו Cap. XV. טו

א וּבִשְׁנַת שְׁמֹנֶה עֶשְׂרֵה לַמֶּלֶךְ יָרָבְעָם בֶּן־נְבָט מָלַךְ אֲבִיָּם
2 עַל־יְהוּדָה׃ שָׁלֹשׁ שָׁנִים מָלַךְ בִּירוּשָׁלִָם וְשֵׁם אִמּוֹ מַעֲכָה
3 בַּת־אֲבִישָׁלוֹם׃ וַיֵּלֶךְ בְּכָל־חַטֹּאות אָבִיו אֲשֶׁר־עָשָׂה לְפָנָיו
וְלֹא־הָיָה לְבָבוֹ שָׁלֵם עִם־יְהוָה אֱלֹהָיו כִּלְבַב דָּוִד אָבִיו׃
4 כִּי לְמַעַן דָּוִד נָתַן יְהוָה אֱלֹהָיו לוֹ נִיר בִּירוּשָׁלִָם לְהָקִים
ה אֶת־בְּנוֹ אַחֲרָיו וּלְהַעֲמִיד אֶת־יְרוּשָׁלִָם׃ אֲשֶׁר עָשָׂה דָוִד
אֶת־הַיָּשָׁר בְּעֵינֵי יְהוָה וְלֹא־סָר מִכֹּל אֲשֶׁר־צִוָּהוּ כֹּל יְמֵי
6 חַיָּיו רַק בִּדְבַר אוּרִיָּה הַחִתִּי׃ וּמִלְחָמָה הָיְתָה בֵין־רְחַבְעָם
7 וּבֵין יָרָבְעָם כָּל־יְמֵי חַיָּיו׃ וְיֶתֶר דִּבְרֵי אֲבִיָּם וְכָל־אֲשֶׁר
עָשָׂה הֲלוֹא־הֵם כְּתוּבִים עַל־סֵפֶר דִּבְרֵי הַיָּמִים לְמַלְכֵי
8 יְהוּדָה וּמִלְחָמָה הָיְתָה בֵּין אֲבִיָּם וּבֵין יָרָבְעָם׃ וַיִּשְׁכַּב
אֲבִיָּם עִם־אֲבֹתָיו וַיִּקְבְּרוּ אֹתוֹ בְּעִיר דָּוִד וַיִּמְלֹךְ אָסָא בְנוֹ
9 תַּחְתָּיו׃ וּבִשְׁנַת עֶשְׂרִים לְיָרָבְעָם מֶלֶךְ יִשְׂרָאֵל מָלַךְ אָסָא
י מֶלֶךְ יְהוּדָה׃ וְאַרְבָּעִים וְאַחַת שָׁנָה מָלַךְ בִּירוּשָׁלִָם וְשֵׁם
11 אִמּוֹ מַעֲכָה בַּת־אֲבִישָׁלוֹם׃ וַיַּעַשׂ אָסָא הַיָּשָׁר בְּעֵינֵי יְהוָה

כדוד

יד v. 25. שישק ק׳

12 כִּדְוִד אָבִיו׃ וַיַּעֲבֵר הַקְּדֵשִׁים מִן־הָאָרֶץ וַיָּסַר אֶת־כָּל־
13 הַגִּלֻּלִים אֲשֶׁר עָשׂוּ אֲבֹתָיו׃ וְגַם ׀ אֶת־מַעֲכָה אִמּוֹ וַיְסִרֶהָ
מִגְּבִירָה אֲשֶׁר־עָשְׂתָה מִפְלֶצֶת לָאֲשֵׁרָה וַיִּכְרֹת אָסָא אֶת־
14 מִפְלַצְתָּהּ וַיִּשְׂרֹף בְּנַחַל קִדְרוֹן׃ וְהַבָּמוֹת לֹא־סָרוּ רַק לְבַב־
טו אָסָא הָיָה שָׁלֵם עִם־יְהוָה כָּל־יָמָיו׃ וַיָּבֵא אֶת־קָדְשֵׁי אָבִיו
16 וְקָדְשׁוֹ בֵּית יְהוָה כֶּסֶף וְזָהָב וְכֵלִים׃ וּמִלְחָמָה הָיְתָה בֵּין
17 אָסָא וּבֵין בַּעְשָׁא מֶלֶךְ־יִשְׂרָאֵל כָּל־יְמֵיהֶם׃ וַיַּעַל בַּעְשָׁא
מֶלֶךְ־יִשְׂרָאֵל עַל־יְהוּדָה וַיִּבֶן אֶת־הָרָמָה לְבִלְתִּי תֵּת יֹצֵא
18 וָבָא לְאָסָא מֶלֶךְ יְהוּדָה׃ וַיִּקַּח אָסָא אֶת־כָּל־הַכֶּסֶף וְהַזָּהָב
הַנּוֹתָרִים ׀ בְּאוֹצְרוֹת בֵּית־יְהוָה וְאֶת־אוֹצְרוֹת בֵּית מֶלֶךְ
וַיִּתְּנֵם בְּיַד־עֲבָדָיו וַיִּשְׁלָחֵם הַמֶּלֶךְ אָסָא אֶל־בֶּן־הֲדַד בֶּן־
19 טַבְרִמֹּן בֶּן־חֶזְיוֹן מֶלֶךְ אֲרָם הַיֹּשֵׁב בְּדַמֶּשֶׂק לֵאמֹר׃ בְּרִית
בֵּינִי וּבֵינֶךָ בֵּין אָבִי וּבֵין אָבִיךָ הִנֵּה שָׁלַחְתִּי לְךָ שֹׁחַד כֶּסֶף
וְזָהָב לֵךְ הָפֵרָה אֶת־בְּרִיתְךָ אֶת־בַּעְשָׁא מֶלֶךְ־יִשְׂרָאֵל
כ וְיַעֲלֶה מֵעָלָי׃ וַיִּשְׁמַע בֶּן־הֲדַד אֶל־הַמֶּלֶךְ אָסָא וַיִּשְׁלַח
אֶת־שָׂרֵי הַחֲיָלִים אֲשֶׁר־לוֹ עַל־עָרֵי יִשְׂרָאֵל וַיַּךְ אֶת־עִיּוֹן
וְאֶת־דָּן וְאֵת אָבֵל בֵּית־מַעֲכָה וְאֵת כָּל־כִּנְּרוֹת עַל כָּל־
21 אֶרֶץ נַפְתָּלִי׃ וַיְהִי כִּשְׁמֹעַ בַּעְשָׁא וַיֶּחְדַּל מִבְּנוֹת אֶת־הָרָמָה
22 וַיֵּשֶׁב בְּתִרְצָה׃ וְהַמֶּלֶךְ אָסָא הִשְׁמִיעַ אֶת־כָּל־יְהוּדָה אֵין
נָקִי וַיִּשְׂאוּ אֶת־אַבְנֵי הָרָמָה וְאֶת־עֵצֶיהָ אֲשֶׁר בָּנָה בַּעְשָׁא
23 וַיִּבֶן בָּם הַמֶּלֶךְ אָסָא אֶת־גֶּבַע בִּנְיָמִן וְאֶת־הַמִּצְפָּה׃ וְיֶתֶר
כָּל־דִּבְרֵי־אָסָא וְכָל־גְּבוּרָתוֹ וְכָל־אֲשֶׁר עָשָׂה וְהֶעָרִים
אֲשֶׁר בָּנָה הֲלֹא־הֵמָּה כְתוּבִים עַל־סֵפֶר דִּבְרֵי הַיָּמִים
24 לְמַלְכֵי יְהוּדָה רַק לְעֵת זִקְנָתוֹ חָלָה אֶת־רַגְלָיו׃ וַיִּשְׁכַּב
אָסָא עִם־אֲבֹתָיו וַיִּקָּבֵר עִם־אֲבֹתָיו בְּעִיר דָּוִד אָבִיו וַיִּמְלֹךְ
כה יְהוֹשָׁפָט בְּנוֹ תַּחְתָּיו׃ וְנָדָב בֶּן־יָרָבְעָם מָלַךְ עַל־יִשְׂרָאֵל
בִּשְׁנַת שְׁתַּיִם לְאָסָא מֶלֶךְ יְהוּדָה וַיִּמְלֹךְ עַל־יִשְׂרָאֵל שְׁנָתָיִם׃

ויעש

v. 15. וקדשי ק׳ v. 18. המלך ק׳

26 וַיַּעַשׂ הָרַע בְּעֵינֵי יְהוָה וַיֵּלֶךְ בְּדֶרֶךְ אָבִיו וּבְחַטָּאתוֹ אֲשֶׁר
27 הֶחֱטִיא אֶת־יִשְׂרָאֵל׃ וַיִּקְשֹׁר עָלָיו בַּעְשָׁא בֶן־אֲחִיָּה לְבֵית
יִשָּׂשכָר וַיַּכֵּהוּ בַעְשָׁא בְּגִבְּתוֹן אֲשֶׁר לַפְּלִשְׁתִּים וְנָדָב וְכָל־
28 יִשְׂרָאֵל צָרִים עַל־גִּבְּתוֹן׃ וַיְמִתֵהוּ בַעְשָׁא בִּשְׁנַת שָׁלֹשׁ לְאָסָא
29 מֶלֶךְ יְהוּדָה וַיִּמְלֹךְ תַּחְתָּיו׃ וַיְהִי כְמָלְכוֹ הִכָּה אֶת־כָּל־
בֵּית יָרָבְעָם לֹא־הִשְׁאִיר כָּל־נְשָׁמָה לְיָרָבְעָם עַד־הִשְׁמִדוֹ
ל כִּדְבַר יְהוָה אֲשֶׁר דִּבֶּר בְּיַד־עַבְדּוֹ אֲחִיָּה הַשִּׁילֹנִי׃ עַל־
חַטֹּאות יָרָבְעָם אֲשֶׁר חָטָא וַאֲשֶׁר הֶחֱטִיא אֶת־יִשְׂרָאֵל בְּכַעְסוֹ
31 אֲשֶׁר הִכְעִיס אֶת־יְהוָה אֱלֹהֵי יִשְׂרָאֵל׃ וְיֶתֶר דִּבְרֵי נָדָב
וְכָל־אֲשֶׁר עָשָׂה הֲלֹא־הֵם כְּתוּבִים עַל־סֵפֶר דִּבְרֵי הַיָּמִים
32 לְמַלְכֵי יִשְׂרָאֵל׃ וּמִלְחָמָה הָיְתָה בֵּין אָסָא וּבֵין בַּעְשָׁא מֶלֶךְ־
33 יִשְׂרָאֵל כָּל־יְמֵיהֶם׃ בִּשְׁנַת שָׁלֹשׁ לְאָסָא מֶלֶךְ יְהוּדָה
מָלַךְ בַּעְשָׁא בֶן־אֲחִיָּה עַל־כָּל־יִשְׂרָאֵל בְּתִרְצָה עֶשְׂרִים
34 וְאַרְבַּע שָׁנָה׃ וַיַּעַשׂ הָרַע בְּעֵינֵי יְהוָה וַיֵּלֶךְ בְּדֶרֶךְ יָרָבְעָם
וּבְחַטָּאתוֹ אֲשֶׁר הֶחֱטִיא אֶת־יִשְׂרָאֵל׃

טז Cap. XVI. טז

א וַיְהִי דְבַר־יְהוָה אֶל־יֵהוּא בֶן־חֲנָנִי עַל־בַּעְשָׁא לֵאמֹר׃
2 יַעַן אֲשֶׁר הֲרִימֹתִיךָ מִן־הֶעָפָר וָאֶתֶּנְךָ נָגִיד עַל עַמִּי יִשְׂרָאֵל
וַתֵּלֶךְ ׀ בְּדֶרֶךְ יָרָבְעָם וַתַּחֲטִא אֶת־עַמִּי יִשְׂרָאֵל לְהַכְעִיסֵנִי
3 בְּחַטֹּאתָם׃ הִנְנִי מַבְעִיר אַחֲרֵי בַעְשָׁא וְאַחֲרֵי בֵיתוֹ וְנָתַתִּי
4 אֶת־בֵּיתְךָ כְּבֵית יָרָבְעָם בֶּן־נְבָט׃ הַמֵּת לְבַעְשָׁא בָּעִיר
ה יֹאכְלוּ הַכְּלָבִים וְהַמֵּת לוֹ בַּשָּׂדֶה יֹאכְלוּ עוֹף הַשָּׁמָיִם׃ וְיֶתֶר
דִּבְרֵי בַעְשָׁא וַאֲשֶׁר עָשָׂה וּגְבוּרָתוֹ הֲלֹא־הֵם כְּתוּבִים עַל־
6 סֵפֶר דִּבְרֵי הַיָּמִים לְמַלְכֵי יִשְׂרָאֵל׃ וַיִּשְׁכַּב בַּעְשָׁא עִם־
7 אֲבֹתָיו וַיִּקָּבֵר בְּתִרְצָה וַיִּמְלֹךְ אֵלָה בְנוֹ תַּחְתָּיו׃ וְגַם בְּיַד־
יֵהוּא בֶן־חֲנָנִי הַנָּבִיא דְּבַר־יְהוָה הָיָה אֶל־בַּעְשָׁא וְאֶל־
בֵּיתוֹ וְעַל כָּל־הָרָעָה ׀ אֲשֶׁר־עָשָׂה ׀ בְּעֵינֵי יְהוָה לְהַכְעִיסוֹ
בְּמַעֲשֵׂה יָדָיו לִהְיוֹת כְּבֵית יָרָבְעָם וְעַל אֲשֶׁר־הִכָּה אֹתוֹ׃

בשנת

8 בִּשְׁנַת עֶשְׂרִים וָשֵׁשׁ שָׁנָה לְאָסָא מֶלֶךְ יְהוּדָה מָלַךְ אֵלָה
9 בֶן־בַּעְשָׁא עַל־יִשְׂרָאֵל בְּתִרְצָה שְׁנָתָיִם׃ וַיִּקְשֹׁר עָלָיו עַבְדּוֹ
זִמְרִי שַׂר מַחֲצִית הָרָכֶב וְהוּא בְתִרְצָה שֹׁתֶה שִׁכּוֹר בֵּית
י אַרְצָא אֲשֶׁר עַל־הַבַּיִת בְּתִרְצָה׃ וַיָּבֹא זִמְרִי וַיַּכֵּהוּ וַיְמִיתֵהוּ
בִּשְׁנַת עֶשְׂרִים וָשֶׁבַע לְאָסָא מֶלֶךְ יְהוּדָה וַיִּמְלֹךְ תַּחְתָּיו׃
11 וַיְהִי בְמָלְכוֹ כְּשִׁבְתּוֹ עַל־כִּסְאוֹ הִכָּה אֶת־כָּל־בֵּית בַּעְשָׁא
12 לֹא־הִשְׁאִיר לוֹ מַשְׁתִּין בְּקִיר וְגֹאֲלָיו וְרֵעֵהוּ׃ וַיַּשְׁמֵד זִמְרִי
אֵת כָּל־בֵּית בַּעְשָׁא כִּדְבַר יְהוָה אֲשֶׁר דִּבֶּר אֶל־בַּעְשָׁא
13 בְּיַד יֵהוּא הַנָּבִיא׃ אֶל כָּל־חַטֹּאות בַּעְשָׁא וְחַטֹּאות אֵלָה
בְנוֹ אֲשֶׁר חָטְאוּ וַאֲשֶׁר הֶחֱטִיאוּ אֶת־יִשְׂרָאֵל לְהַכְעִיס אֶת־
14 יְהוָה אֱלֹהֵי יִשְׂרָאֵל בְּהַבְלֵיהֶם׃ וְיֶתֶר דִּבְרֵי אֵלָה וְכָל־
אֲשֶׁר עָשָׂה הֲלוֹא־הֵם כְּתוּבִים עַל־סֵפֶר דִּבְרֵי הַיָּמִים
טו לְמַלְכֵי יִשְׂרָאֵל׃ בִּשְׁנַת עֶשְׂרִים וָשֶׁבַע שָׁנָה לְאָסָא מֶלֶךְ
יְהוּדָה מָלַךְ זִמְרִי שִׁבְעַת יָמִים בְּתִרְצָה וְהָעָם חֹנִים עַל־
16 גִּבְּתוֹן אֲשֶׁר לַפְּלִשְׁתִּים׃ וַיִּשְׁמַע הָעָם הַחֹנִים לֵאמֹר קָשַׁר
זִמְרִי וְגַם הִכָּה אֶת־הַמֶּלֶךְ וַיַּמְלִכוּ כָל־יִשְׂרָאֵל אֶת־עָמְרִי
17 שַׂר־צָבָא עַל־יִשְׂרָאֵל בַּיּוֹם הַהוּא בַּמַּחֲנֶה׃ וַיַּעֲלֶה עָמְרִי
18 וְכָל־יִשְׂרָאֵל עִמּוֹ מִגִּבְּתוֹן וַיָּצֻרוּ עַל־תִּרְצָה׃ וַיְהִי כִּרְאוֹת
זִמְרִי כִּי־נִלְכְּדָה הָעִיר וַיָּבֹא אֶל־אַרְמוֹן בֵּית־הַמֶּלֶךְ וַיִּשְׂרֹף
19 עָלָיו אֶת־בֵּית־מֶלֶךְ בָּאֵשׁ וַיָּמֹת׃ עַל־חַטֹּאתָו אֲשֶׁר חָטָא
לַעֲשׂוֹת הָרַע בְּעֵינֵי יְהוָה לָלֶכֶת בְּדֶרֶךְ יָרָבְעָם וּבְחַטָּאתוֹ
כ אֲשֶׁר עָשָׂה לְהַחֲטִיא אֶת־יִשְׂרָאֵל׃ וְיֶתֶר דִּבְרֵי זִמְרִי וְקִשְׁרוֹ
אֲשֶׁר קָשָׁר הֲלֹא־הֵם כְּתוּבִים עַל־סֵפֶר דִּבְרֵי הַיָּמִים
לְמַלְכֵי יִשְׂרָאֵל׃

21 אָז יֵחָלֵק הָעָם יִשְׂרָאֵל לַחֵצִי חֲצִי הָעָם הָיָה אַחֲרֵי תִבְנִי
22 בֶן־גִּינַת לְהַמְלִיכוֹ וְהַחֲצִי אַחֲרֵי עָמְרִי׃ וַיֶּחֱזַק הָעָם אֲשֶׁר
אַחֲרֵי עָמְרִי אֶת־הָעָם אֲשֶׁר אַחֲרֵי תִּבְנִי בֶן־גִּינַת וַיָּמָת תִּבְנִי
23 וַיִּמְלֹךְ עָמְרִי׃ בִּשְׁנַת שְׁלֹשִׁים וְאַחַת שָׁנָה לְאָסָא מֶלֶךְ יְהוּדָה

מלך

מָלַךְ עָמְרִי עַל־יִשְׂרָאֵל שְׁתֵּים עֶשְׂרֵה שָׁנָה בְּתִרְצָה מָלַךְ
24 שֵׁשׁ־שָׁנִים׃ וַיִּקֶן אֶת־הָהָר שֹׁמְרוֹן מֵאֶת שֶׁמֶר בְּכִכְּרַיִם כָּסֶף
וַיִּבֶן אֶת־הָהָר וַיִּקְרָא אֶת־שֵׁם הָעִיר אֲשֶׁר בָּנָה עַל שֶׁם־
כה שֶׁמֶר אֲדֹנֵי הָהָר שֹׁמְרוֹן׃ וַיַּעֲשֶׂה עָמְרִי הָרַע בְּעֵינֵי יְהוָה
26 וַיָּרַע מִכֹּל אֲשֶׁר לְפָנָיו׃ וַיֵּלֶךְ בְּכָל־דֶּרֶךְ יָרָבְעָם בֶּן־נְבָט
וּבְחַטָּאתָיו אֲשֶׁר הֶחֱטִיא אֶת־יִשְׂרָאֵל לְהַכְעִיס אֶת־יְהוָה
27 אֱלֹהֵי יִשְׂרָאֵל בְּהַבְלֵיהֶם׃ וְיֶתֶר דִּבְרֵי עָמְרִי אֲשֶׁר עָשָׂה
וּגְבוּרָתוֹ אֲשֶׁר עָשָׂה הֲלֹא־הֵם כְּתוּבִים עַל־סֵפֶר דִּבְרֵי
28 הַיָּמִים לְמַלְכֵי יִשְׂרָאֵל׃ וַיִּשְׁכַּב עָמְרִי עִם־אֲבֹתָיו וַיִּקָּבֵר
29 בְּשֹׁמְרוֹן וַיִּמְלֹךְ אַחְאָב בְּנוֹ תַּחְתָּיו׃ וְאַחְאָב בֶּן־עָמְרִי
מָלַךְ עַל־יִשְׂרָאֵל בִּשְׁנַת שְׁלֹשִׁים וּשְׁמֹנֶה שָׁנָה לְאָסָא מֶלֶךְ
יְהוּדָה וַיִּמְלֹךְ אַחְאָב בֶּן־עָמְרִי עַל־יִשְׂרָאֵל בְּשֹׁמְרוֹן עֶשְׂרִים
ל וּשְׁתַּיִם שָׁנָה׃ וַיַּעַשׂ אַחְאָב בֶּן־עָמְרִי הָרַע בְּעֵינֵי יְהוָה מִכֹּל
31 אֲשֶׁר לְפָנָיו׃ וַיְהִי הֲנָקֵל לֶכְתּוֹ בְּחַטֹּאות יָרָבְעָם בֶּן־נְבָט
וַיִּקַּח אִשָּׁה אֶת־אִיזֶבֶל בַּת־אֶתְבַּעַל מֶלֶךְ צִידֹנִים וַיֵּלֶךְ
32 וַיַּעֲבֹד אֶת־הַבַּעַל וַיִּשְׁתַּחוּ לוֹ׃ וַיָּקֶם מִזְבֵּחַ לַבָּעַל בֵּית
33 הַבַּעַל אֲשֶׁר בָּנָה בְּשֹׁמְרוֹן׃ וַיַּעַשׂ אַחְאָב אֶת־הָאֲשֵׁרָה וַיּוֹסֶף
אַחְאָב לַעֲשׂוֹת לְהַכְעִיס אֶת־יְהוָה אֱלֹהֵי יִשְׂרָאֵל מִכֹּל מַלְכֵי
34 יִשְׂרָאֵל אֲשֶׁר הָיוּ לְפָנָיו׃ בְּיָמָיו בָּנָה חִיאֵל בֵּית הָאֱלִי אֶת־
יְרִיחֹה בַּאֲבִירָם בְּכֹרוֹ יִסְּדָהּ וּבִשְׂגִיב צְעִירוֹ הִצִּיב דְּלָתֶיהָ
כִּדְבַר יְהוָה אֲשֶׁר דִּבֶּר בְּיַד יְהוֹשֻׁעַ בִּן־נוּן׃

CAP. XVII. יז

יז
א וַיֹּאמֶר אֵלִיָּהוּ הַתִּשְׁבִּי מִתֹּשָׁבֵי גִלְעָד אֶל־אַחְאָב חַי־
יְהוָה אֱלֹהֵי יִשְׂרָאֵל אֲשֶׁר עָמַדְתִּי לְפָנָיו אִם־יִהְיֶה הַשָּׁנִים
2 הָאֵלֶּה טַל וּמָטָר כִּי אִם־לְפִי דְבָרִי׃ וַיְהִי דְבַר־יְהוָה
3 אֵלָיו לֵאמֹר׃ לֵךְ מִזֶּה וּפָנִיתָ לְּךָ קֵדְמָה וְנִסְתַּרְתָּ בְּנַחַל כְּרִית
4 אֲשֶׁר עַל־פְּנֵי הַיַּרְדֵּן׃ וְהָיָה מֵהַנַּחַל תִּשְׁתֶּה וְאֶת־הָעֹרְבִים

צויתי

ס״ו v. 26. ובחטאתו ק׳ v. 34. ובשגוב ק׳

ה צִוִּיתִי לְכַלְכֶּלְךָ שָׁם׃ וַיֵּלֶךְ וַיַּעַשׂ כִּדְבַר יְהוָה וַיֵּלֶךְ וַיֵּשֶׁב
6 בְּנַחַל כְּרִית אֲשֶׁר עַל־פְּנֵי הַיַּרְדֵּן׃ וְהָעֹרְבִים מְבִיאִים לוֹ
לֶחֶם וּבָשָׂר בַּבֹּקֶר וְלֶחֶם וּבָשָׂר בָּעָרֶב וּמִן־הַנַּחַל יִשְׁתֶּה׃
7 8 וַיְהִי מִקֵּץ יָמִים וַיִּיבַשׁ הַנָּחַל כִּי לֹא־הָיָה גֶשֶׁם בָּאָרֶץ׃ וַיְהִי
9 דְבַר־יְהוָה אֵלָיו לֵאמֹר׃ קוּם לֵךְ צָרְפַתָה אֲשֶׁר לְצִידוֹן
י וְיָשַׁבְתָּ שָׁם הִנֵּה צִוִּיתִי שָׁם אִשָּׁה אַלְמָנָה לְכַלְכְּלֶךָ׃ וַיָּקָם ׀
וַיֵּלֶךְ צָרְפַתָה וַיָּבֹא אֶל־פֶּתַח הָעִיר וְהִנֵּה־שָׁם אִשָּׁה אַלְמָנָה
מְקֹשֶׁשֶׁת עֵצִים וַיִּקְרָא אֵלֶיהָ וַיֹּאמַר קְחִי־נָא לִי מְעַט־מַיִם
11 בַּכְּלִי וְאֶשְׁתֶּה׃ וַתֵּלֶךְ לָקַחַת וַיִּקְרָא אֵלֶיהָ וַיֹּאמַר לִקְחִי־
12 נָא לִי פַּת־לֶחֶם בְּיָדֵךְ׃ וַתֹּאמֶר חַי־יְהוָה אֱלֹהֶיךָ אִם־יֶשׁ־
לִי מָעוֹג כִּי אִם־מְלֹא כַף־קֶמַח בַּכַּד וּמְעַט־שֶׁמֶן בַּצַּפָּחַת
וְהִנְנִי מְקֹשֶׁשֶׁת שְׁנַיִם עֵצִים וּבָאתִי וַעֲשִׂיתִיהוּ לִי וְלִבְנִי
13 וַאֲכַלְנֻהוּ וָמָתְנוּ׃ וַיֹּאמֶר אֵלֶיהָ אֵלִיָּהוּ אַל־תִּירְאִי בֹּאִי עֲשִׂי
כִדְבָרֵךְ אַךְ עֲשִׂי־לִי מִשָּׁם עֻגָה קְטַנָּה בָרִאשֹׁנָה וְהוֹצֵאת
14 לִי וְלָךְ וְלִבְנֵךְ תַּעֲשִׂי בָּאַחֲרֹנָה׃ כִּי כֹה אָמַר יְהוָה אֱלֹהֵי
יִשְׂרָאֵל כַּד הַקֶּמַח לֹא תִכְלָה וְצַפַּחַת הַשֶּׁמֶן לֹא תֶחְסָר עַד
טו יוֹם תִּתֵּן־יְהוָה גֶּשֶׁם עַל־פְּנֵי הָאֲדָמָה׃ וַתֵּלֶךְ וַתַּעֲשֶׂה כִּדְבַר
16 אֵלִיָּהוּ וַתֹּאכַל הוּא־וָהִיא וּבֵיתָהּ יָמִים׃ כַּד הַקֶּמַח לֹא
כָלָתָה וְצַפַּחַת הַשֶּׁמֶן לֹא חָסֵר כִּדְבַר יְהוָה אֲשֶׁר דִּבֶּר בְּיַד
17 אֵלִיָּהוּ׃ וַיְהִי אַחַר הַדְּבָרִים הָאֵלֶּה חָלָה בֶּן־הָאִשָּׁה
בַּעֲלַת הַבָּיִת וַיְהִי חָלְיוֹ חָזָק מְאֹד עַד אֲשֶׁר לֹא־נוֹתְרָה־בּוֹ
18 נְשָׁמָה׃ וַתֹּאמֶר אֶל־אֵלִיָּהוּ מַה־לִּי וָלָךְ אִישׁ הָאֱלֹהִים בָּאתָ
19 אֵלַי לְהַזְכִּיר אֶת־עֲוֺנִי וּלְהָמִית אֶת־בְּנִי׃ וַיֹּאמֶר אֵלֶיהָ תְּנִי־
לִי אֶת־בְּנֵךְ וַיִּקָּחֵהוּ מֵחֵיקָהּ וַיַּעֲלֵהוּ אֶל־הָעֲלִיָּה אֲשֶׁר־הוּא
כ יֹשֵׁב שָׁם וַיַּשְׁכִּבֵהוּ עַל־מִטָּתוֹ׃ וַיִּקְרָא אֶל־יְהוָה וַיֹּאמַר יְהוָה
אֱלֹהָי הֲגַם עַל־הָאַלְמָנָה אֲשֶׁר־אֲנִי מִתְגּוֹרֵר עִמָּהּ הֲרֵעוֹתָ
21 לְהָמִית אֶת־בְּנָהּ׃ וַיִּתְמֹדֵד עַל־הַיֶּלֶד שָׁלֹשׁ פְּעָמִים וַיִּקְרָא

י״ז v. 14. תת ק׳ v. 15. היא ק׳ ibid. והוא ק׳

אֶל־יְהוָה וַיֹּאמַר יְהוָה אֱלֹהָי תָּשָׁב־נָא נֶפֶשׁ־הַיֶּלֶד הַזֶּה עַל־
22 קִרְבּוֹ׃ וַיִּשְׁמַע יְהוָה בְּקוֹל אֵלִיָּהוּ וַתָּשָׁב נֶפֶשׁ־הַיֶּלֶד עַל־
23 קִרְבּוֹ וַיֶּחִי׃ וַיִּקַּח אֵלִיָּהוּ אֶת־הַיֶּלֶד וַיֹּרִדֵהוּ מִן־הָעֲלִיָּה
24 הַבַּיְתָה וַיִּתְּנֵהוּ לְאִמּוֹ וַיֹּאמֶר אֵלִיָּהוּ רְאִי חַי בְּנֵךְ׃ וַתֹּאמֶר
הָאִשָּׁה אֶל־אֵלִיָּהוּ עַתָּה זֶה יָדַעְתִּי כִּי אִישׁ אֱלֹהִים אָתָּה
וּדְבַר־יְהוָה בְּפִיךָ אֱמֶת׃

יח Cap. XVIII. יח

א וַיְהִי יָמִים רַבִּים וּדְבַר־יְהוָה הָיָה אֶל־אֵלִיָּהוּ בַּשָּׁנָה
הַשְּׁלִישִׁית לֵאמֹר לֵךְ הֵרָאֵה אֶל־אַחְאָב וְאֶתְּנָה מָטָר עַל־
2 פְּנֵי הָאֲדָמָה׃ וַיֵּלֶךְ אֵלִיָּהוּ לְהֵרָאוֹת אֶל־אַחְאָב וְהָרָעָב
3 חָזָק בְּשֹׁמְרוֹן׃ וַיִּקְרָא אַחְאָב אֶל־עֹבַדְיָהוּ אֲשֶׁר עַל־הַבָּיִת
4 וְעֹבַדְיָהוּ הָיָה יָרֵא אֶת־יְהוָה מְאֹד׃ וַיְהִי בְּהַכְרִית אִיזֶבֶל
אֵת נְבִיאֵי יְהוָה וַיִּקַּח עֹבַדְיָהוּ מֵאָה נְבִאִים וַיַּחְבִּיאֵם חֲמִשִּׁים
ה אִישׁ בַּמְּעָרָה וְכִלְכְּלָם לֶחֶם וָמָיִם׃ וַיֹּאמֶר אַחְאָב אֶל־
עֹבַדְיָהוּ לֵךְ בָּאָרֶץ אֶל־כָּל־מַעְיְנֵי הַמַּיִם וְאֶל כָּל־הַנְּחָלִים
אוּלַי ׀ נִמְצָא חָצִיר וּנְחַיֶּה סוּס וָפֶרֶד וְלוֹא נַכְרִית מֵהַבְּהֵמָה׃
6 וַיְחַלְּקוּ לָהֶם אֶת־הָאָרֶץ לַעֲבָר־בָּהּ אַחְאָב הָלַךְ בְּדֶרֶךְ
7 אֶחָד לְבַדּוֹ וְעֹבַדְיָהוּ הָלַךְ בְּדֶרֶךְ־אֶחָד לְבַדּוֹ׃ וַיְהִי עֹבַדְיָהוּ
בַּדֶּרֶךְ וְהִנֵּה אֵלִיָּהוּ לִקְרָאתוֹ וַיַּכִּרֵהוּ וַיִּפֹּל עַל־פָּנָיו וַיֹּאמֶר
8 הַאַתָּה זֶה אֲדֹנִי אֵלִיָּהוּ׃ וַיֹּאמֶר לוֹ אָנִי לֵךְ אֱמֹר לַאדֹנֶיךָ
9 הִנֵּה אֵלִיָּהוּ׃ וַיֹּאמֶר מֶה חָטָאתִי כִּי־אַתָּה נֹתֵן אֶת־עַבְדְּךָ
י בְּיַד־אַחְאָב לַהֲמִיתֵנִי׃ חַי ׀ יְהוָה אֱלֹהֶיךָ אִם־יֶשׁ־גּוֹי
וּמַמְלָכָה אֲשֶׁר לֹא־שָׁלַח אֲדֹנִי שָׁם לְבַקֶּשְׁךָ וְאָמְרוּ אָיִן
11 וְהִשְׁבִּיעַ אֶת־הַמַּמְלָכָה וְאֶת־הַגּוֹי כִּי לֹא יִמְצָאֶכָּה׃ וְעַתָּה
12 אַתָּה אֹמֵר לֵךְ אֱמֹר לַאדֹנֶיךָ הִנֵּה אֵלִיָּהוּ׃ וְהָיָה אֲנִי ׀ אֵלֵךְ
מֵאִתָּךְ וְרוּחַ יְהוָה ׀ יִשָּׂאֲךָ עַל אֲשֶׁר לֹא־אֵדָע וּבָאתִי לְהַגִּיד
לְאַחְאָב וְלֹא יִמְצָאֲךָ וַהֲרָגָנִי וְעַבְדְּךָ יָרֵא אֶת־יְהוָה מִנְּעֻרָי׃

הלא־הגד

י״ח v. 1. הפטרת כי תשא כמנהג האשכנזים

13 הֲלֹא־הֻגַּד לַאדֹנִי אֵת אֲשֶׁר־עָשִׂיתִי בַּהֲרֹג אִיזֶבֶל אֵת נְבִיאֵי
יְהוָה וָאַחְבִּא מִנְּבִיאֵי יְהוָה מֵאָה אִישׁ חֲמִשִּׁים חֲמִשִּׁים אִישׁ
14 בַּמְּעָרָה וָאֲכַלְכְּלֵם לֶחֶם וָמָיִם׃ וְעַתָּה אַתָּה אֹמֵר לֵךְ אֱמֹר
טו לַאדֹנֶיךָ הִנֵּה אֵלִיָּהוּ וַהֲרָגָנִי׃ וַיֹּאמֶר אֵלִיָּהוּ חַי יְהוָה צְבָאוֹת
16 אֲשֶׁר עָמַדְתִּי לְפָנָיו כִּי הַיּוֹם אֵרָאֶה אֵלָיו׃ וַיֵּלֶךְ עֹבַדְיָהוּ
17 לִקְרַאת אַחְאָב וַיַּגֶּד־לוֹ וַיֵּלֶךְ אַחְאָב לִקְרַאת אֵלִיָּהוּ׃ וַיְהִי
כִּרְאוֹת אַחְאָב אֶת־אֵלִיָּהוּ וַיֹּאמֶר אַחְאָב אֵלָיו הַאַתָּה זֶה
18 עֹכֵר יִשְׂרָאֵל׃ וַיֹּאמֶר לֹא עָכַרְתִּי אֶת־יִשְׂרָאֵל כִּי אִם־אַתָּה
וּבֵית אָבִיךָ בַּעֲזָבְכֶם אֶת־מִצְוֹת יְהוָה וַתֵּלֶךְ אַחֲרֵי הַבְּעָלִים׃
19 וְעַתָּה שְׁלַח קְבֹץ אֵלַי אֶת־כָּל־יִשְׂרָאֵל אֶל־הַר הַכַּרְמֶל
וְאֶת־נְבִיאֵי הַבַּעַל אַרְבַּע מֵאוֹת וַחֲמִשִּׁים וּנְבִיאֵי הָאֲשֵׁרָה
כ אַרְבַּע מֵאוֹת אֹכְלֵי שֻׁלְחַן אִיזָבֶל׃ ° וַיִּשְׁלַח אַחְאָב בְּכָל־
21 בְּנֵי יִשְׂרָאֵל וַיִּקְבֹּץ אֶת־הַנְּבִיאִים אֶל־הַר הַכַּרְמֶל׃ וַיִּגַּשׁ
אֵלִיָּהוּ אֶל־כָּל־הָעָם וַיֹּאמֶר עַד־מָתַי אַתֶּם פֹּסְחִים עַל־
שְׁתֵּי הַסְּעִפִּים אִם־יְהוָה הָאֱלֹהִים לְכוּ אַחֲרָיו וְאִם־הַבַּעַל
22 לְכוּ אַחֲרָיו וְלֹא־עָנוּ הָעָם אֹתוֹ דָּבָר׃ וַיֹּאמֶר אֵלִיָּהוּ אֶל־
הָעָם אֲנִי נוֹתַרְתִּי נָבִיא לַיהוָה לְבַדִּי וּנְבִיאֵי הַבַּעַל אַרְבַּע־
23 מֵאוֹת וַחֲמִשִּׁים אִישׁ׃ וְיִתְּנוּ־לָנוּ שְׁנַיִם פָּרִים וְיִבְחֲרוּ לָהֶם
הַפָּר הָאֶחָד וִינַתְּחֻהוּ וְיָשִׂימוּ עַל־הָעֵצִים וְאֵשׁ לֹא יָשִׂימוּ
וַאֲנִי אֶעֱשֶׂה ׀ אֶת־הַפָּר הָאֶחָד וְנָתַתִּי עַל־הָעֵצִים וְאֵשׁ לֹא
24 אָשִׂים׃ וּקְרָאתֶם בְּשֵׁם אֱלֹהֵיכֶם וַאֲנִי אֶקְרָא בְשֵׁם־יְהוָה
וְהָיָה הָאֱלֹהִים אֲשֶׁר־יַעֲנֶה בָאֵשׁ הוּא הָאֱלֹהִים וַיַּעַן כָּל־
כה הָעָם וַיֹּאמְרוּ טוֹב הַדָּבָר׃ וַיֹּאמֶר אֵלִיָּהוּ לִנְבִיאֵי הַבַּעַל
בַּחֲרוּ לָכֶם הַפָּר הָאֶחָד וַעֲשׂוּ רִאשֹׁנָה כִּי אַתֶּם הָרַבִּים
26 וְקִרְאוּ בְּשֵׁם אֱלֹהֵיכֶם וְאֵשׁ לֹא תָשִׂימוּ׃ וַיִּקְחוּ אֶת־הַפָּר
אֲשֶׁר־נָתַן לָהֶם וַיַּעֲשׂוּ וַיִּקְרְאוּ בְשֵׁם־הַבַּעַל מֵהַבֹּקֶר וְעַד־
הַצָּהֳרַיִם לֵאמֹר הַבַּעַל עֲנֵנוּ וְאֵין קוֹל וְאֵין עֹנֶה וַיְפַסְּחוּ עַל־

המזבח

v. 20. הפטרת כי תשא כמנהג הספרדים

27 הַמִּזְבֵּחַ אֲשֶׁר עָשָֽׂה׃ וַיְהִי בַֽצָּהֳרַיִם וַיְהַתֵּל בָּהֶם אֵלִיָּהוּ
וַיֹּאמֶר קִרְאוּ בְקוֹל־גָּדוֹל כִּֽי־אֱלֹהִים הוּא כִּי שִׂיחַ וְכִֽי־שִׂיג
28 לוֹ וְכִֽי־דֶרֶךְ לוֹ אוּלַי יָשֵׁן הוּא וְיִקָֽץ׃ וַֽיִּקְרְאוּ בְּקוֹל גָּדוֹל
וַיִּתְגֹּֽדְדוּ כְּמִשְׁפָּטָם בַּחֲרָבוֹת וּבָרְמָחִים עַד־שְׁפָךְ־דָּם
29 עֲלֵיהֶֽם׃ וַיְהִי כַּעֲבֹר הַֽצָּהֳרַיִם וַיִּֽתְנַבְּאוּ עַד לַעֲלוֹת הַמִּנְחָה
ל וְאֵֽין־קוֹל וְאֵין־עֹנֶה וְאֵין קָֽשֶׁב׃ וַיֹּאמֶר אֵלִיָּהוּ לְכָל־הָעָם
גְּשׁוּ אֵלַי וַיִּגְּשׁוּ כָל־הָעָם אֵלָיו וַיְרַפֵּא אֶת־מִזְבַּח יְהוָה
31 הֶהָרֽוּס׃ וַיִּקַּח אֵלִיָּהוּ שְׁתֵּים עֶשְׂרֵה אֲבָנִים כְּמִסְפַּר שִׁבְטֵי
בְנֵֽי־יַעֲקֹב אֲשֶׁר הָיָה דְבַר־יְהוָה אֵלָיו לֵאמֹר יִשְׂרָאֵל יִהְיֶה
32 שְׁמֶֽךָ׃ וַיִּבְנֶה אֶת־הָאֲבָנִים מִזְבֵּחַ בְּשֵׁם יְהוָה וַיַּעַשׂ תְּעָלָה
33 כְּבֵית סָאתַיִם זֶרַע סָבִיב לַמִּזְבֵּֽחַ׃ וַיַּעֲרֹךְ אֶת־הָעֵצִים וַיְנַתַּח
34 אֶת־הַפָּר וַיָּשֶׂם עַל־הָעֵצִֽים׃ וַיֹּאמֶר מִלְאוּ אַרְבָּעָה כַדִּים
מַיִם וְיִצְקוּ עַל־הָעֹלָה וְעַל־הָעֵצִים וַיֹּאמֶר שְׁנוּ וַיִּשְׁנוּ וַיֹּאמֶר
לה שַׁלֵּשׁוּ וַיְשַׁלֵּֽשׁוּ׃ וַיֵּלְכוּ הַמַּיִם סָבִיב לַמִּזְבֵּחַ וְגַם אֶת־הַתְּעָלָה
36 מִלֵּא־מָֽיִם׃ וַיְהִי ׀ בַּעֲלוֹת הַמִּנְחָה וַיִּגַּשׁ אֵלִיָּהוּ הַנָּבִיא וַיֹּאמַר
יְהוָה אֱלֹהֵי אַבְרָהָם יִצְחָק וְיִשְׂרָאֵל הַיּוֹם יִוָּדַע כִּֽי־אַתָּה
אֱלֹהִים בְּיִשְׂרָאֵל וַאֲנִי עַבְדֶּךָ וּבדברֶיךָ עָשִׂיתִי אֵת כָּל־
37 הַדְּבָרִים הָאֵֽלֶּה׃ עֲנֵנִי יְהוָה עֲנֵנִי וְיֵֽדְעוּ הָעָם הַזֶּה כִּֽי־אַתָּה
38 יְהוָה הָאֱלֹהִים וְאַתָּה הֲסִבֹּתָ אֶת־לִבָּם אֲחֹרַנִּֽית׃ וַתִּפֹּל אֵשׁ־
יְהוָה וַתֹּאכַל אֶת־הָעֹלָה וְאֶת־הָעֵצִים וְאֶת־הָאֲבָנִים וְאֶת־
39 הֶעָפָר וְאֶת־הַמַּיִם אֲשֶׁר־בַּתְּעָלָה לִחֵֽכָה׃ וַיַּרְא כָּל־הָעָם
וַֽיִּפְּלוּ עַל־פְּנֵיהֶם וַיֹּאמְרוּ יְהוָה הוּא הָאֱלֹהִים יְהוָה הוּא
מ הָאֱלֹהִֽים׃ וַיֹּאמֶר אֵלִיָּהוּ לָהֶם תִּפְשׂוּ ׀ אֶת־נְבִיאֵי הַבַּעַל
אִישׁ אַל־יִמָּלֵט מֵהֶם וַֽיִּתְפְּשׂוּם וַיּוֹרִדֵם אֵלִיָּהוּ אֶל־נַחַל
41 קִישׁוֹן וַיִּשְׁחָטֵם שָֽׁם׃ וַיֹּאמֶר אֵלִיָּהוּ לְאַחְאָב עֲלֵה אֱכֹל
42 וּשְׁתֵה כִּי־קוֹל הֲמוֹן הַגָּֽשֶׁם׃ וַיַּעֲלֶה אַחְאָב לֶאֱכֹל וְלִשְׁתּוֹת
וְאֵלִיָּהוּ עָלָה אֶל־רֹאשׁ הַכַּרְמֶל וַיִּגְהַר אַרְצָה וַיָּשֶׂם פָּנָיו בֵּין

ברכו

י״ח v. 36. ובדברך ק׳

43 בִּרְכָּו: וַיֹּאמֶר אֶל־נַעֲרוֹ עֲלֵה־נָא הַבֵּט דֶּרֶךְ־יָם וַיַּעַל
44 וַיַּבֵּט וַיֹּאמֶר אֵין מְאוּמָה וַיֹּאמֶר שֻׁב שֶׁבַע פְּעָמִים: וַיְהִי
בַּשְּׁבִעִית וַיֹּאמֶר הִנֵּה־עָב קְטַנָּה כְּכַף־אִישׁ עֹלָה מִיָּם וַיֹּאמֶר
מה עֲלֵה אֱמֹר אֶל־אַחְאָב אֱסֹר וָרֵד וְלֹא יַעַצָרְכָה הַגָּשֶׁם: וַיְהִי ׀
עַד־כֹּה וְעַד־כֹּה וְהַשָּׁמַיִם הִתְקַדְּרוּ עָבִים וְרוּחַ וַיְהִי גֶּשֶׁם
46 גָּדוֹל וַיִּרְכַּב אַחְאָב וַיֵּלֶךְ יִזְרְעֶאלָה: וְיַד־יְהוָה הָיְתָה
אֶל־אֵלִיָּהוּ וַיְשַׁנֵּס מָתְנָיו וַיָּרָץ לִפְנֵי אַחְאָב עַד־בֹּאֲכָה
יִזְרְעֶאלָה:

יט CAP. XIX. יט

א וַיַּגֵּד אַחְאָב לְאִיזֶבֶל אֵת כָּל־אֲשֶׁר עָשָׂה אֵלִיָּהוּ וְאֵת כָּל־
2 אֲשֶׁר הָרַג אֶת־כָּל־הַנְּבִיאִים בֶּחָרֶב: וַתִּשְׁלַח אִיזֶבֶל מַלְאָךְ
אֶל־אֵלִיָּהוּ לֵאמֹר כֹּה־יַעֲשׂוּן אֱלֹהִים וְכֹה יוֹסִפוּן כִּי־כָעֵת
3 מָחָר אָשִׂים אֶת־נַפְשְׁךָ כְּנֶפֶשׁ אַחַד מֵהֶם: וַיַּרְא וַיָּקָם וַיֵּלֶךְ
אֶל־נַפְשׁוֹ וַיָּבֹא בְּאֵר שֶׁבַע אֲשֶׁר לִיהוּדָה וַיַּנַּח אֶת־נַעֲרוֹ
4 שָׁם: וְהוּא־הָלַךְ בַּמִּדְבָּר דֶּרֶךְ יוֹם וַיָּבֹא וַיֵּשֶׁב תַּחַת רֹתֶם
אֶחָת וַיִּשְׁאַל אֶת־נַפְשׁוֹ לָמוּת וַיֹּאמֶר ׀ רַב עַתָּה יְהוָה קַח
ה נַפְשִׁי כִּי לֹא־טוֹב אָנֹכִי מֵאֲבֹתָי: וַיִּשְׁכַּב וַיִּישַׁן תַּחַת רֹתֶם
6 אֶחָד וְהִנֵּה־זֶה מַלְאָךְ נֹגֵעַ בּוֹ וַיֹּאמֶר לוֹ קוּם אֱכוֹל: וַיַּבֵּט
וְהִנֵּה מְרַאֲשֹׁתָיו עֻגַת רְצָפִים וְצַפַּחַת מָיִם וַיֹּאכַל וַיֵּשְׁתְּ וַיָּשָׁב
7 וַיִּשְׁכָּב: וַיָּשָׁב מַלְאַךְ יְהוָה ׀ שֵׁנִית וַיִּגַּע־בּוֹ וַיֹּאמֶר קוּם אֱכֹל
8 כִּי רַב מִמְּךָ הַדָּרֶךְ: וַיָּקָם וַיֹּאכַל וַיִּשְׁתֶּה וַיֵּלֶךְ בְּכֹחַ ׀ הָאֲכִילָה
הַהִיא אַרְבָּעִים יוֹם וְאַרְבָּעִים לַיְלָה עַד הַר הָאֱלֹהִים חֹרֵב:
9 וַיָּבֹא־שָׁם אֶל־הַמְּעָרָה וַיָּלֶן שָׁם וְהִנֵּה דְבַר־יְהוָה אֵלָיו
י וַיֹּאמֶר לוֹ מַה־לְּךָ פֹה אֵלִיָּהוּ: וַיֹּאמֶר קַנֹּא קִנֵּאתִי לַיהוָה ׀
אֱלֹהֵי צְבָאוֹת כִּי־עָזְבוּ בְרִיתְךָ בְּנֵי יִשְׂרָאֵל אֶת־מִזְבְּחֹתֶיךָ
הָרָסוּ וְאֶת־נְבִיאֶיךָ הָרְגוּ בֶחָרֶב וָאִוָּתֵר אֲנִי לְבַדִּי וַיְבַקְשׁוּ
11 אֶת־נַפְשִׁי לְקַחְתָּהּ: וַיֹּאמֶר צֵא וְעָמַדְתָּ בָהָר לִפְנֵי יְהוָה

והנה

י״ח v. 42. ברכיו ק׳   v. 46. הפטרת פנחס   ibid. אין כאן פסקא   י״ט v. 4. אחד ק׳

וְהִנֵּה יְהוָה עֹבֵר וְרוּחַ גְּדוֹלָה וְחָזָק מְפָרֵק הָרִים וּמְשַׁבֵּר
סְלָעִים לִפְנֵי יְהוָה לֹא בָרוּחַ יְהוָה וְאַחַר הָרוּחַ רַעַשׁ לֹא
12 בָרַעַשׁ יְהוָה׃ וְאַחַר הָרַעַשׁ אֵשׁ לֹא בָאֵשׁ יְהוָה וְאַחַר הָאֵשׁ
13 קוֹל דְּמָמָה דַקָּה׃ וַיְהִי ׀ כִּשְׁמֹעַ אֵלִיָּהוּ וַיָּלֶט פָּנָיו בְּאַדַּרְתּוֹ
וַיֵּצֵא וַיַּעֲמֹד פֶּתַח הַמְּעָרָה וְהִנֵּה אֵלָיו קוֹל וַיֹּאמֶר מַה־לְּךָ
14 פֹה אֵלִיָּהוּ׃ וַיֹּאמֶר קַנֹּא קִנֵּאתִי לַיהוָה ׀ אֱלֹהֵי צְבָאוֹת כִּי־
עָזְבוּ בְרִיתְךָ בְּנֵי יִשְׂרָאֵל אֶת־מִזְבְּחֹתֶיךָ הָרָסוּ וְאֶת־נְבִיאֶיךָ
הָרְגוּ בֶחָרֶב וָאִוָּתֵר אֲנִי לְבַדִּי וַיְבַקְשׁוּ אֶת־נַפְשִׁי לְקַחְתָּהּ׃
טו וַיֹּאמֶר יְהוָה אֵלָיו לֵךְ שׁוּב לְדַרְכְּךָ מִדְבַּרָה דַמָּשֶׂק
16 וּבָאתָ וּמָשַׁחְתָּ אֶת־חֲזָאֵל לְמֶלֶךְ עַל־אֲרָם׃ וְאֵת יֵהוּא בֶן־
נִמְשִׁי תִּמְשַׁח לְמֶלֶךְ עַל־יִשְׂרָאֵל וְאֶת־אֱלִישָׁע בֶּן־שָׁפָט
17 מֵאָבֵל מְחוֹלָה תִּמְשַׁח לְנָבִיא תַּחְתֶּיךָ׃ וְהָיָה הַנִּמְלָט מֵחֶרֶב
חֲזָאֵל יָמִית יֵהוּא וְהַנִּמְלָט מֵחֶרֶב יֵהוּא יָמִית אֱלִישָׁע׃
18 וְהִשְׁאַרְתִּי בְיִשְׂרָאֵל שִׁבְעַת אֲלָפִים כָּל־הַבִּרְכַּיִם אֲשֶׁר
19 לֹא־כָרְעוּ לַבַּעַל וְכָל־הַפֶּה אֲשֶׁר לֹא־נָשַׁק לוֹ׃ וַיֵּלֶךְ מִשָּׁם
וַיִּמְצָא אֶת־אֱלִישָׁע בֶּן־שָׁפָט וְהוּא חֹרֵשׁ שְׁנֵים־עָשָׂר צְמָדִים
לְפָנָיו וְהוּא בִּשְׁנֵים הֶעָשָׂר וַיַּעֲבֹר אֵלִיָּהוּ אֵלָיו וַיַּשְׁלֵךְ אַדַּרְתּוֹ
כ אֵלָיו׃ וַיַּעֲזֹב אֶת־הַבָּקָר וַיָּרָץ אַחֲרֵי אֵלִיָּהוּ וַיֹּאמֶר אֶשְּׁקָה־
נָּא לְאָבִי וּלְאִמִּי וְאֵלְכָה אַחֲרֶיךָ וַיֹּאמֶר לוֹ לֵךְ שׁוּב כִּי מֶה־
21 עָשִׂיתִי לָךְ׃ וַיָּשָׁב מֵאַחֲרָיו וַיִּקַּח אֶת־צֶמֶד הַבָּקָר וַיִּזְבָּחֵהוּ
וּבִכְלִי הַבָּקָר בִּשְּׁלָם הַבָּשָׂר וַיִּתֵּן לָעָם וַיֹּאכֵלוּ וַיָּקָם וַיֵּלֶךְ
אַחֲרֵי אֵלִיָּהוּ וַיְשָׁרְתֵהוּ׃

כ Cap. XX. כ

א וּבֶן־הֲדַד מֶלֶךְ־אֲרָם קָבַץ אֶת־כָּל־חֵילוֹ וּשְׁלֹשִׁים וּשְׁנַיִם
מֶלֶךְ אִתּוֹ וְסוּס וָרָכֶב וַיַּעַל וַיָּצַר עַל־שֹׁמְרוֹן וַיִּלָּחֶם בָּהּ׃
2 3 וַיִּשְׁלַח מַלְאָכִים אֶל־אַחְאָב מֶלֶךְ־יִשְׂרָאֵל הָעִירָה׃ וַיֹּאמֶר
לוֹ כֹּה אָמַר בֶּן־הֲדַד כַּסְפְּךָ וּזְהָבְךָ לִי־הוּא וְנָשֶׁיךָ וּבָנֶיךָ
4 הַטּוֹבִים לִי־הֵם׃ וַיַּעַן מֶלֶךְ־יִשְׂרָאֵל וַיֹּאמֶר כִּדְבָרְךָ אֲדֹנִי
המלך

ה הַמֶּ֣לֶךְ לְךָ֤ אָ֨נִי֙ וְכָל־אֲשֶׁר־לִ֔י׃ וַיָּשֻׁ֨בוּ֙ הַמַּלְאָכִ֔ים וַיֹּ֣אמְר֔וּ
כֹּֽה־אָמַ֥ר בֶּן־הֲדַ֖ד לֵאמֹ֑ר כִּֽי־שָׁלַ֤חְתִּי אֵלֶ֨יךָ֙ לֵאמֹ֔ר כַּסְפְּךָ֧

6 וּזְהָבְךָ֛ וְנָשֶׁ֥יךָ וּבָנֶ֖יךָ לִ֣י תִתֵּֽן׃ כִּ֣י ׀ אִם־כָּעֵ֣ת מָחָ֗ר אֶשְׁלַ֤ח
אֶת־עֲבָדַי֙ אֵלֶ֔יךָ וְחִפְּשׂוּ֙ אֶת־בֵּ֣יתְךָ֔ וְאֵ֖ת בָּתֵּ֣י עֲבָדֶ֑יךָ וְהָיָה֙

7 כָּל־מַחְמַ֣ד עֵינֶ֔יךָ יָשִׂ֥ימוּ בְיָדָ֖ם וְלָקָֽחוּ׃ וַיִּקְרָ֤א מֶֽלֶךְ־יִשְׂרָאֵל֙
לְכָל־זִקְנֵ֣י הָאָ֔רֶץ וַיֹּ֨אמֶר֙ דְּעֽוּ־נָ֣א וּרְא֔וּ כִּ֥י רָעָ֖ה זֶ֣ה מְבַקֵּ֑שׁ
כִּֽי־שָׁלַ֣ח אֵלַ֡י לְ֠נָשַׁי וּלְבָנַ֤י וּלְכַסְפִּי֙ וְלִזְהָבִ֔י וְלֹ֥א מָנַ֖עְתִּי

8 מִמֶּֽנּוּ׃ וַיֹּאמְר֤וּ אֵלָיו֙ כָּל־הַזְּקֵנִ֔ים וְכָל־הָעָ֑ם אַל־תִּשְׁמַ֖ע

9 וְל֣וֹא תֹאבֶֽה׃ וַיֹּ֣אמֶר לְמַלְאֲכֵ֣י בֶן־הֲדַ֗ד אִמְר֞וּ לַֽאדֹנִ֤י הַמֶּ֨לֶךְ֙
כֹּל֩ אֲשֶׁר־שָׁלַ֨חְתָּ אֶל־עַבְדְּךָ֤ בָרִֽאשֹׁנָה֙ אֶעֱשֶׂ֔ה וְהַדָּבָ֣ר הַזֶּ֔ה

י לֹ֥א אוּכַ֖ל לַֽעֲשׂ֑וֹת וַיֵּֽלְכוּ֙ הַמַּלְאָכִ֔ים וַיְשִׁבֻ֖הוּ דָּבָֽר׃ וַיִּשְׁלַ֤ח
אֵלָיו֙ בֶּן־הֲדַ֔ד וַיֹּ֕אמֶר כֹּֽה־יַעֲשׂ֥וּן לִ֛י אֱלֹהִ֖ים וְכֹ֣ה יוֹסִ֑פוּ
אִם־יִשְׂפֹּק֙ עֲפַ֣ר שֹׁמְר֔וֹן לִשְׁעָלִ֕ים לְכָל־הָעָ֖ם אֲשֶׁ֥ר בְּרַגְלָֽי׃

11 וַיַּ֤עַן מֶֽלֶךְ־יִשְׂרָאֵל֙ וַיֹּ֔אמֶר דַּבְּר֕וּ אַל־יִתְהַלֵּ֥ל חֹגֵ֖ר כִּמְפַתֵּֽחַ׃

12 וַיְהִ֗י כִּשְׁמֹ֨עַ֙ אֶת־הַדָּבָ֣ר הַזֶּ֔ה וְה֥וּא שֹׁתֶ֛ה ה֥וּא וְהַמְּלָכִ֖ים

13 בַּסֻּכּ֑וֹת וַיֹּ֤אמֶר אֶל־עֲבָדָיו֙ שִׂ֔ימוּ וַיָּשִׂ֖ימוּ עַל־הָעִֽיר׃ וְהִנֵּ֣ה ׀
נָבִ֣יא אֶחָ֗ד נִגַּשׁ֙ אֶל־אַחְאָ֣ב מֶֽלֶךְ־יִשְׂרָאֵ֔ל וַיֹּ֗אמֶר כֹּ֚ה אָמַ֣ר
יְהֹוָ֔ה הֲרָאִ֙יתָ֙ אֵ֣ת כָּל־הֶהָמ֥וֹן הַגָּד֖וֹל הַזֶּ֑ה הִנְנִ֨י נֹתְנ֤וֹ בְיָֽדְךָ֙

14 הַיּ֔וֹם וְיָדַעְתָּ֖ כִּֽי־אֲנִ֥י יְהֹוָֽה׃ וַיֹּ֤אמֶר אַחְאָב֙ בְּמִ֔י וַיֹּ֗אמֶר כֹּֽה־
אָמַ֣ר יְהֹוָ֔ה בְּנַעֲרֵ֖י שָׂרֵ֣י הַמְּדִינ֑וֹת וַיֹּ֛אמֶר מִֽי־יֶאְסֹ֥ר הַמִּלְחָמָ֖ה

טו וַיֹּ֥אמֶר אָֽתָּה׃ וַיִּפְקֹ֗ד אֶֽת־נַעֲרֵי֙ שָׂרֵ֣י הַמְּדִינ֔וֹת וַיִּֽהְי֕וּ מָאתַ֖יִם
שְׁנַ֣יִם וּשְׁלֹשִׁ֑ים וְאַֽחֲרֵיהֶ֗ם פָּקַ֛ד אֶת־כָּל־הָעָ֖ם כָּל־בְּנֵ֥י

16 יִשְׂרָאֵ֖ל שִׁבְעַ֥ת אֲלָפִֽים׃ וַיֵּצְא֖וּ בַּֽצָּהֳרָ֑יִם וּבֶן־הֲדַד֩ שֹׁתֶ֨ה
שִׁכּ֜וֹר בַּסֻּכּ֗וֹת ה֚וּא וְהַמְּלָכִ֔ים שְׁלֹשִֽׁים־וּשְׁנַ֥יִם מֶ֖לֶךְ עֹזֵ֥ר אֹתֽוֹ׃

17 וַיֵּ֨צְא֜וּ נַעֲרֵ֨י שָׂרֵ֤י הַמְּדִינוֹת֙ בָּרִֽאשֹׁנָ֔ה וַיִּשְׁלַ֣ח בֶּן־הֲדַ֔ד וַיַּגִּ֥ידוּ

18 ל֣וֹ לֵאמֹ֔ר אֲנָשִׁ֕ים יָצְא֖וּ מִשֹּׁמְר֑וֹן׃ וַיֹּ֛אמֶר אִם־לְשָׁל֥וֹם יָצָ֖אוּ

19 תִּפְשׂ֣וּם חַיִּ֑ים וְאִ֧ם לְמִלְחָמָ֛ה יָצָ֖אוּ חַיִּ֥ים תִּפְשֽׂוּם׃ וְאֵ֗לֶּה
יָצְאוּ֙ מִן־הָעִ֔יר נַעֲרֵ֖י שָׂרֵ֣י הַמְּדִינ֑וֹת וְהַחַ֖יִל אֲשֶׁ֥ר אַחֲרֵיהֶֽם׃

וַיַּכּ֤וּ

כ וַיַּכּוּ֙ אִ֣ישׁ אִישׁ֔וֹ וַיָּנֻ֣סוּ אֲרָ֔ם וַֽיִּרְדְּפֵ֖ם יִשְׂרָאֵ֑ל וַיִּמָּלֵ֗ט בֶּן־הֲדַד֙
21 מֶ֣לֶךְ אֲרָ֔ם עַל־ס֖וּס וּפָרָשִֽׁים׃ וַיֵּצֵא֙ מֶ֣לֶךְ יִשְׂרָאֵ֔ל וַיַּךְ֙ אֶת־
22 הַסּ֣וּס וְאֶת־הָרָ֔כֶב וְהִכָּ֥ה בַאֲרָ֖ם מַכָּ֥ה גְדוֹלָֽה׃ וַיִּגַּ֣שׁ הַנָּבִיא֮
אֶל־מֶ֣לֶךְ יִשְׂרָאֵל֒ וַיֹּ֤אמֶר לוֹ֙ לֵ֣ךְ הִתְחַזַּ֔ק וְדַ֥ע וּרְאֵ֖ה אֵ֣ת אֲשֶׁר־
23 תַּעֲשֶׂ֑ה כִּ֚י לִתְשׁוּבַ֣ת הַשָּׁנָ֔ה מֶ֥לֶךְ אֲרָ֖ם עֹלֶ֥ה עָלֶֽיךָ׃ וְעַבְדֵ֨י
מֶֽלֶךְ־אֲרָ֜ם אָמְר֣וּ אֵלָ֗יו אֱלֹהֵ֤י הָרִים֙ אֱלֹ֣הֵיהֶ֔ם עַל־כֵּ֖ן חָזְק֣וּ
24 מִמֶּ֑נּוּ וְאוּלָ֗ם נִלָּחֵ֤ם אִתָּם֙ בַּמִּישׁ֔וֹר אִם־לֹ֖א נֶחֱזַ֥ק מֵהֶֽם׃ וְאֶת־
הַדָּבָ֥ר הַזֶּ֖ה עֲשֵׂ֑ה הָסֵ֤ר הַמְּלָכִים֙ אִ֣ישׁ מִמְּקֹמ֔וֹ וְשִׂ֥ים פַּח֖וֹת
כה תַּחְתֵּיהֶֽם׃ וְאַתָּ֣ה תִֽמְנֶה־לְךָ֣ ׀ חַ֡יִל כַּחַ֣יִל הַנֹּפֵ֣ל מֵאוֹתָ֡ךְ וְס֣וּס
כַּסּ֣וּס ׀ וְרֶ֣כֶב כָּרֶ֡כֶב וְנִלָּחֲמָ֤ה אוֹתָם֙ בַּמִּישׁ֔וֹר אִם־לֹ֖א נֶחֱזַ֣ק
26 מֵהֶ֑ם וַיִּשְׁמַ֥ע לְקֹלָ֖ם וַיַּ֥עַשׂ כֵּֽן׃ וַֽיְהִי֙ לִתְשׁוּבַ֣ת הַשָּׁנָ֔ה וַיִּפְקֹ֥ד
27 בֶּן־הֲדַ֖ד אֶת־אֲרָ֑ם וַיַּ֣עַל אֲפֵ֔קָה לַמִּלְחָמָ֖ה עִם־יִשְׂרָאֵֽל׃ וּבְנֵ֨י
יִשְׂרָאֵ֤ל הָתְפָּקְדוּ֙ וְכָלְכְּל֔וּ וַיֵּלְכ֖וּ לִקְרָאתָ֑ם וַיַּחֲנ֨וּ בְנֵֽי־יִשְׂרָאֵ֜ל
28 נֶגְדָּ֗ם כִּשְׁנֵי֙ חֲשִׂפֵ֣י עִזִּ֔ים וַאֲרָ֖ם מִלְא֥וּ אֶת־הָאָֽרֶץ׃ וַיִּגַּ֞שׁ אִ֣ישׁ
הָאֱלֹהִ֗ים וַיֹּ֘אמֶר֮ אֶל־מֶ֣לֶךְ יִשְׂרָאֵל֒ וַיֹּ֜אמֶר כֹּֽה־אָמַ֣ר יְהֹוָ֗ה
יַ֚עַן אֲשֶׁ֨ר אָמְר֜וּ אֲרָ֗ם אֱלֹהֵ֤י הָרִים֙ יְהֹוָ֔ה וְלֹֽא־אֱלֹהֵ֥י עֲמָקִ֖ים
ה֑וּא וְנָתַתִּ֞י אֶת־כָּל־הֶהָמ֨וֹן הַגָּד֤וֹל הַזֶּה֙ בְּיָדֶ֔ךָ וִֽידַעְתֶּ֖ם כִּֽי־
29 אֲנִ֥י יְהֹוָֽה׃ וַיַּחֲנ֧וּ אֵ֛לֶּה נֹ֥כַח אֵ֖לֶּה שִׁבְעַ֣ת יָמִ֑ים וַיְהִ֣י ׀ בַּיּ֣וֹם
הַשְּׁבִיעִ֗י וַתִּקְרַב֙ הַמִּלְחָמָ֔ה וַיַּכּ֨וּ בְנֵֽי־יִשְׂרָאֵ֤ל אֶת־אֲרָם֙
ל מֵאָֽה־אֶ֥לֶף רַגְלִ֖י בְּי֥וֹם אֶחָֽד׃ וַיָּנֻ֨סוּ הַנּוֹתָרִ֤ים ׀ אֲפֵ֙קָה֙ אֶל־
הָעִ֔יר וַתִּפֹּל֙ הַֽחוֹמָ֔ה עַל־עֶשְׂרִ֧ים וְשִׁבְעָ֛ה אֶ֥לֶף אִ֖ישׁ הַנּוֹתָרִ֑ים
31 וּבֶן־הֲדַ֣ד נָ֔ס וַיָּבֹ֥א אֶל־הָעִ֖יר חֶ֥דֶר בְּחָֽדֶר׃ וַיֹּאמְר֨וּ אֵלָ֜יו
עֲבָדָ֗יו הִנֵּה־נָ֤א שָׁמַ֙עְנוּ֙ כִּ֚י מַלְכֵי֙ בֵּ֣ית יִשְׂרָאֵ֔ל כִּֽי־מַלְכֵ֥י
חֶ֖סֶד הֵ֑ם נָשִׂ֣ימָה נָּ֡א שַׂקִּים֩ בְּמָתְנֵ֨ינוּ וַחֲבָלִ֜ים בְּרֹאשֵׁ֗נוּ וְנֵצֵא֙
32 אֶל־מֶ֣לֶךְ יִשְׂרָאֵ֔ל אוּלַ֖י יְחַיֶּ֥ה אֶת־נַפְשֶֽׁךָ׃ וַיַּחְגְּר֨וּ שַׂקִּ֜ים
בְּמָתְנֵיהֶ֗ם וַחֲבָלִים֙ בְּרָ֣אשֵׁיהֶ֔ם וַיָּבֹ֙אוּ֙ אֶל־מֶ֣לֶךְ יִשְׂרָאֵ֔ל
וַיֹּ֣אמְר֔וּ עַבְדְּךָ֧ בֶן־הֲדַ֛ד אָמַ֖ר תְּחִֽי־נָ֣א נַפְשִׁ֑י וַיֹּ֗אמֶר הַעוֹדֶ֥נּוּ
33 חַ֖י אָחִ֥י הֽוּא׃ וְהָאֲנָשִׁ֞ים יְנַחֲשׁ֗וּ וַיְמַהֲרוּ֙ וַיַּחְלְט֣וּ הֲמִמֶּ֔נּוּ וַיֹּאמְר֗וּ

אחיך

אָחִיךָ בֶן־הֲדַד וַיֹּאמֶר בֹּאוּ קָחֻהוּ וַיֵּצֵא אֵלָיו בֶּן־הֲדַד
34 וַיַּעֲלֵהוּ עַל־הַמֶּרְכָּבָה׃ וַיֹּאמֶר אֵלָיו הֶעָרִים אֲשֶׁר־לָקַח־
אָבִי מֵאֵת אָבִיךָ אָשִׁיב וְחוּצוֹת תָּשִׂים לְךָ בְדַמֶּשֶׂק כַּאֲשֶׁר־
שָׂם אָבִי בְּשֹׁמְרוֹן וַאֲנִי בַּבְּרִית אֲשַׁלְּחֶךָּ וַיִּכְרָת־לוֹ בְרִית
לה וַיְשַׁלְּחֵהוּ׃ וְאִישׁ אֶחָד מִבְּנֵי הַנְּבִיאִים אָמַר אֶל־רֵעֵהוּ
36 בִּדְבַר יְהוָה הַכֵּינִי נָא וַיְמָאֵן הָאִישׁ לְהַכֹּתוֹ׃ וַיֹּאמֶר לוֹ יַעַן
אֲשֶׁר לֹא־שָׁמַעְתָּ בְּקוֹל יְהוָה הִנְּךָ הוֹלֵךְ מֵאִתִּי וְהִכְּךָ הָאַרְיֵה
37 וַיֵּלֶךְ מֵאֶצְלוֹ וַיִּמְצָאֵהוּ הָאַרְיֵה וַיַּכֵּהוּ׃ וַיִּמְצָא אִישׁ אַחֵר
38 וַיֹּאמֶר הַכֵּינִי נָא וַיַּכֵּהוּ הָאִישׁ הַכֵּה וּפָצֹעַ׃ וַיֵּלֶךְ הַנָּבִיא
39 וַיַּעֲמֹד לַמֶּלֶךְ עַל־הַדָּרֶךְ וַיִּתְחַפֵּשׂ בָּאֲפֵר עַל־עֵינָיו׃ וַיְהִי
הַמֶּלֶךְ עֹבֵר וְהוּא צָעַק אֶל־הַמֶּלֶךְ וַיֹּאמֶר עַבְדְּךָ ׀ יָצָא
בְקֶרֶב־הַמִּלְחָמָה וְהִנֵּה־אִישׁ סָר וַיָּבֵא אֵלַי אִישׁ וַיֹּאמֶר
שְׁמֹר אֶת־הָאִישׁ הַזֶּה אִם־הִפָּקֵד יִפָּקֵד וְהָיְתָה נַפְשְׁךָ תַּחַת
מ נַפְשׁוֹ אוֹ כִכַּר־כֶּסֶף תִּשְׁקוֹל׃ וַיְהִי עַבְדְּךָ עֹשֵׂה הֵנָּה וָהֵנָּה
וְהוּא אֵינֶנּוּ וַיֹּאמֶר אֵלָיו מֶלֶךְ־יִשְׂרָאֵל כֵּן מִשְׁפָּטֶךָ אַתָּה
41 חָרָצְתָּ׃ וַיְמַהֵר וַיָּסַר אֶת־הָאֲפֵר מֵעֲלֵ֯ עֵינָיו וַיַּכֵּר אֹתוֹ
42 מֶלֶךְ יִשְׂרָאֵל כִּי מֵהַנְּבִאִים הוּא׃ וַיֹּאמֶר אֵלָיו כֹּה אָמַר
יְהוָה יַעַן שִׁלַּחְתָּ אֶת־אִישׁ־חֶרְמִי מִיָּד וְהָיְתָה נַפְשְׁךָ תַּחַת
43 נַפְשׁוֹ וְעַמְּךָ תַּחַת עַמּוֹ׃ וַיֵּלֶךְ מֶלֶךְ־יִשְׂרָאֵל עַל־בֵּיתוֹ סַר
וְזָעֵף וַיָּבֹא שֹׁמְרוֹנָה׃

CAP. XXI. כא

כא

א וַיְהִי אַחַר הַדְּבָרִים הָאֵלֶּה כֶּרֶם הָיָה לְנָבוֹת הַיִּזְרְעֵאלִי
2 אֲשֶׁר בְּיִזְרְעֶאל אֵצֶל הֵיכַל אַחְאָב מֶלֶךְ שֹׁמְרוֹן׃ וַיְדַבֵּר
אַחְאָב אֶל־נָבוֹת ׀ לֵאמֹר ׀ תְּנָה־לִּי אֶת־כַּרְמְךָ וִיהִי־לִי
לְגַן־יָרָק כִּי הוּא קָרוֹב אֵצֶל בֵּיתִי וְאֶתְּנָה לְךָ תַּחְתָּיו כֶּרֶם
3 טוֹב מִמֶּנּוּ אִם טוֹב בְּעֵינֶיךָ אֶתְּנָה־לְךָ כֶסֶף מְחִיר זֶה׃ וַיֹּאמֶר
נָבוֹת אֶל־אַחְאָב חָלִילָה לִּי מֵיְהוָה מִתִּתִּי אֶת־נַחֲלַת אֲבֹתַי

לך

כ׳ v. 41. מעלי ק׳

4 לָֽךְ׃ וַיָּבֹא֩ אַחְאָ֨ב אֶל־בֵּית֜וֹ סַ֣ר וְזָעֵ֗ף עַֽל־הַדָּבָר֙ אֲשֶׁר־
דִּבֶּ֣ר אֵלָ֗יו נָבוֹת֙ הַיִּזְרְעֵאלִ֔י וַיֹּ֕אמֶר לֹֽא־אֶתֵּ֥ן לְךָ֖ אֶת־נַחֲלַ֣ת
אֲבוֹתָ֑י וַיִּשְׁכַּב֙ עַל־מִטָּת֔וֹ וַיַּסֵּ֥ב אֶת־פָּנָ֖יו וְלֹא־אָ֥כַל לָֽחֶם׃
ה וַתָּבֹ֥א אֵלָ֖יו אִיזֶ֣בֶל אִשְׁתּ֑וֹ וַתְּדַבֵּ֣ר אֵלָ֗יו מַה־זֶּה֙ רֽוּחֲךָ֣ סָרָ֔ה
6 וְאֵינְךָ֖ אֹכֵ֥ל לָֽחֶם׃ וַיְדַבֵּ֣ר אֵלֶ֗יהָ כִּֽי־אֲדַבֵּ֞ר אֶל־נָב֣וֹת
הַיִּזְרְעֵאלִ֗י וָאֹ֤מַר לוֹ֙ תְּנָה־לִּ֤י אֶֽת־כַּרְמְךָ֙ בְּכֶ֔סֶף א֚וֹ אִם־
חָפֵ֣ץ אַתָּ֔ה אֶתְּנָה־לְךָ֥ כֶ֖רֶם תַּחְתָּ֑יו וַיֹּ֕אמֶר לֹֽא־אֶתֵּ֥ן לְךָ֖
7 אֶת־כַּרְמִֽי׃ וַתֹּ֤אמֶר אֵלָיו֙ אִיזֶ֣בֶל אִשְׁתּ֔וֹ אַתָּ֕ה עַתָּ֖ה תַּעֲשֶׂ֣ה
מְלוּכָ֣ה עַל־יִשְׂרָאֵ֑ל ק֣וּם אֱכָל־לֶ֗חֶם וְיִטַ֣ב לִבֶּ֔ךָ אֲנִי֙ אֶתֵּ֣ן
8 לְךָ֔ אֶת־כֶּ֖רֶם נָב֥וֹת הַיִּזְרְעֵאלִֽי׃ וַתִּכְתֹּ֤ב סְפָרִים֙ בְּשֵׁ֣ם אַחְאָ֔ב
וַתַּחְתֹּ֖ם בְּחֹתָמ֑וֹ וַתִּשְׁלַ֨ח הסְּפָרִ֜ים אֶל־הַזְּקֵנִ֣ים וְאֶל־הַחֹרִים֙
9 אֲשֶׁ֣ר בְּעִיר֔וֹ הַיֹּשְׁבִ֖ים אֶת־נָבֽוֹת׃ וַתִּכְתֹּ֥ב בַּסְּפָרִ֖ים לֵאמֹ֑ר
י קִרְאוּ־צ֔וֹם וְהֹשִׁ֥יבוּ אֶת־נָב֖וֹת בְּרֹ֥אשׁ הָעָֽם׃ וְ֠הוֹשִׁיבוּ שְׁנַ֨יִם
אֲנָשִׁ֣ים בְּנֵֽי־בְלִיַּעַל֮ נֶגְדּוֹ֒ וִֽיעִדֻ֣הוּ לֵאמֹ֔ר בֵּרַ֥כְתָּ אֱלֹהִ֖ים וָמֶ֑לֶךְ
11 וְהוֹצִיאֻ֥הוּ וְסִקְלֻ֖הוּ וְיָמֹֽת׃ וַיַּעֲשׂ֡וּ אַנְשֵׁ֣י עִירוֹ֩ הַזְּקֵנִ֨ים וְהַחֹרִ֜ים
אֲשֶׁ֨ר הַיֹּשְׁבִ֜ים בְּעִיר֗וֹ כַּאֲשֶׁ֛ר שָׁלְחָ֥ה אֲלֵיהֶ֖ם אִיזָ֑בֶל כַּאֲשֶׁ֣ר
12 כָּת֔וּב בַּסְּפָרִ֖ים אֲשֶׁ֥ר שָׁלְחָ֖ה אֲלֵיהֶֽם׃ קָֽרְא֖וּ צ֑וֹם וְהֹשִׁ֥יבוּ
13 אֶת־נָב֖וֹת בְּרֹ֥אשׁ הָעָֽם׃ וַיָּבֹ֜אוּ שְׁנֵ֨י הָאֲנָשִׁ֣ים בְּנֵֽי־בְלִיַּ֘עַל֒
וַיֵּשְׁב֣וּ נֶגְדּ֒וֹ וַיְעִדֻ֣הוּ אַנְשֵׁ֣י הַבְּלִיַּ֡עַל אֶת־נָב֜וֹת נֶ֤גֶד הָעָם֙ לֵאמֹ֔ר
בֵּרַ֥ךְ נָב֛וֹת אֱלֹהִ֖ים וָמֶ֑לֶךְ וַיֹּצִאֻ֙הוּ֙ מִח֣וּץ לָעִ֔יר וַיִּסְקְלֻ֥הוּ
14 בָאֲבָנִ֖ים וַיָּמֹֽת׃ וַיִּשְׁלְח֖וּ אֶל־אִיזֶ֣בֶל לֵאמֹ֑ר סֻקַּ֥ל נָב֖וֹת וַיָּמֹֽת׃
טו וַיְהִי֙ כִּשְׁמֹ֣עַ אִיזֶ֔בֶל כִּֽי־סֻקַּ֥ל נָב֖וֹת וַיָּמֹ֑ת וַתֹּ֨אמֶר אִיזֶ֜בֶל אֶל־
אַחְאָ֗ב ק֣וּם רֵ֠שׁ אֶת־כֶּ֣רֶם ׀ נָב֣וֹת הַיִּזְרְעֵאלִ֗י אֲשֶׁ֤ר מֵאֵן֙ לָֽתֶת־
16 לְךָ֣ בְכֶ֔סֶף כִּ֣י אֵ֥ין נָב֛וֹת חַ֖י כִּי־מֵֽת׃ וַיְהִ֛י כִּשְׁמֹ֥עַ אַחְאָ֖ב כִּ֣י
מֵ֣ת נָב֑וֹת וַיָּ֣קָם אַחְאָ֗ב לָרֶ֛דֶת אֶל־כֶּ֛רֶם נָב֥וֹת הַיִּזְרְעֵאלִ֖י
17 לְרִשְׁתּֽוֹ׃ וַֽיְהִי֙ דְּבַר־יְהוָ֔ה אֶל־אֵלִיָּ֥הוּ הַתִּשְׁבִּ֖י לֵאמֹֽר׃
18 ק֣וּם רֵ֗ד לִקְרַ֛את אַחְאָ֥ב מֶֽלֶךְ־יִשְׂרָאֵ֖ל אֲשֶׁ֣ר בְּשֹׁמְר֑וֹן הִנֵּה֙

v. 8. ספרים ק׳

19 בְּכֶ֣רֶם נָב֔וֹת אֲשֶׁר־יָ֥רַד שָׁ֖ם לְרִשְׁתּֽוֹ׃ וְדִבַּרְתָּ֨ אֵלָ֜יו לֵאמֹ֗ר
כֹּ֚ה אָמַ֣ר יְהוָ֔ה הֲרָצַ֖חְתָּ וְגַם־יָרָ֑שְׁתָּ וְדִבַּרְתָּ֨ אֵלָ֜יו לֵאמֹ֗ר כֹּ֚ה
אָמַ֣ר יְהוָ֔ה בִּמְק֗וֹם אֲשֶׁ֨ר לָקְק֤וּ הַכְּלָבִים֙ אֶת־דַּ֣ם נָב֔וֹת יָלֹ֧קּוּ
כ הַכְּלָבִ֛ים אֶת־דָּמְךָ֖ גַּם־אָֽתָּה׃ וַיֹּ֤אמֶר אַחְאָב֙ אֶל־אֵ֣לִיָּ֔הוּ
הַֽמְצָאתַ֖נִי אֹֽיְבִ֑י וַיֹּ֣אמֶר מָצָ֔אתִי יַ֚עַן הִֽתְמַכֶּרְךָ֔ לַעֲשׂ֥וֹת הָרַ֖ע
21 בְּעֵינֵ֥י יְהוָֽה׃ הִנְנִ֨י מֵבִ֤י אֵלֶ֙יךָ֙ רָעָ֔ה וּבִעַרְתִּ֖י אַחֲרֶ֑יךָ וְהִכְרַתִּ֤י
22 לְאַחְאָב֙ מַשְׁתִּ֣ין בְּקִ֔יר וְעָצ֥וּר וְעָז֖וּב בְּיִשְׂרָאֵֽל׃ וְנָתַתִּ֣י אֶת־
בֵּיתְךָ֗ כְּבֵית֙ יָרָבְעָ֣ם בֶּן־נְבָ֔ט וּכְבֵ֖ית בַּעְשָׁ֣א בֶן־אֲחִיָּ֑ה אֶל־
23 הַכַּ֙עַס֙ אֲשֶׁ֣ר הִכְעַ֔סְתָּ וַֽתַּחֲטִ֖א אֶת־יִשְׂרָאֵֽל׃ וְגַם־לְאִיזֶ֕בֶל
דִּבֶּ֥ר יְהוָ֖ה לֵאמֹ֑ר הַכְּלָבִ֛ים יֹאכְל֥וּ אֶת־אִיזֶ֖בֶל בְּחֵ֥ל יִזְרְעֶֽאל׃
24 הַמֵּ֤ת לְאַחְאָב֙ בָּעִ֔יר יֹאכְל֖וּ הַכְּלָבִ֑ים וְהַמֵּת֙ בַּשָּׂדֶ֔ה יֹאכְל֖וּ
כה ע֥וֹף הַשָּׁמָֽיִם׃ רַ֗ק לֹֽא־הָיָ֤ה כְאַחְאָב֙ אֲשֶׁ֣ר הִתְמַכֵּ֔ר לַעֲשׂ֥וֹת
26 הָרַ֖ע בְּעֵינֵ֣י יְהוָ֑ה אֲשֶׁר־הֵסַ֥תָּה אֹת֖וֹ אִיזֶ֥בֶל אִשְׁתּֽוֹ׃ וַיַּתְעֵ֣ב
מְאֹ֔ד לָלֶ֖כֶת אַחֲרֵ֣י הַגִּלֻּלִ֑ים כְּכֹ֨ל אֲשֶׁ֤ר עָשׂוּ֙ הָֽאֱמֹרִ֔י אֲשֶׁר֙
27 הוֹרִ֣ישׁ יְהוָ֔ה מִפְּנֵ֖י בְּנֵ֥י יִשְׂרָאֵֽל׃ וַיְהִי֩ כִשְׁמֹ֨עַ אַחְאָ֜ב אֶת־
הַדְּבָרִ֣ים הָאֵ֗לֶּה וַיִּקְרַ֤ע בְּגָדָיו֙ וַיָּֽשֶׂם־שַׂ֣ק עַל־בְּשָׂר֔וֹ וַיָּצ֑וֹם
28 וַיִּשְׁכַּ֣ב בַּשָּׂ֔ק וַיְהַלֵּ֖ךְ אַֽט׃ וַֽיְהִי֙ דְּבַר־יְהוָ֔ה אֶל־אֵלִיָּ֥הוּ
29 הַתִּשְׁבִּ֖י לֵאמֹֽר׃ הֲֽרָאִ֕יתָ כִּֽי־נִכְנַ֥ע אַחְאָ֖ב מִלְּפָנָ֑י יַ֗עַן כִּֽי־
נִכְנַ֣ע מִפָּנַ֗י לֹֽא־אָבִ֤י הָֽרָעָה֙ בְּיָמָ֔יו בִּימֵ֣י בְנ֔וֹ אָבִ֥יא הָרָעָ֖ה
עַל־בֵּיתֽוֹ׃ °

Cap. XXII. כב

כב

א 2 וַיֵּשְׁב֖וּ שָׁל֣שׁ שָׁנִ֑ים אֵ֚ין מִלְחָמָ֔ה בֵּ֥ין אֲרָ֖ם וּבֵ֥ין יִשְׂרָאֵֽל׃ וַיְהִ֖י
בַּשָּׁנָ֣ה הַשְּׁלִישִׁ֑ית וַיֵּ֛רֶד יְהוֹשָׁפָ֥ט מֶֽלֶךְ־יְהוּדָ֖ה אֶל־מֶ֥לֶךְ
3 יִשְׂרָאֵֽל׃ וַיֹּ֤אמֶר מֶֽלֶךְ־יִשְׂרָאֵל֙ אֶל־עֲבָדָ֔יו הַיְדַעְתֶּ֕ם כִּי־
לָ֖נוּ רָמֹ֣ת גִּלְעָ֑ד וַאֲנַ֣חְנוּ מַחְשִׁ֔ים מִקַּ֣חַת אֹתָ֔הּ מִיַּ֖ד מֶ֥לֶךְ אֲרָֽם׃
4 וַיֹּ֙אמֶר֙ אֶל־יְה֣וֹשָׁפָ֔ט הֲתֵלֵ֥ךְ אִתִּ֛י לַמִּלְחָמָ֖ה רָמֹ֣ת גִּלְעָ֑ד
וַיֹּ֤אמֶר יְהֽוֹשָׁפָט֙ אֶל־מֶ֣לֶךְ יִשְׂרָאֵ֔ל כָּמ֥וֹנִי כָמ֛וֹךָ כְּעַמִּ֥י כְעַמֶּ֖ךָ

כסוסי

כ״א v. 21. מביא ק׳ v. 29. אביא ק׳ ibid. אין כאן פסקא

ה כְּסוּסַי כְּסוּסֶיךָ׃ וַיֹּאמֶר יְהוֹשָׁפָט אֶל־מֶלֶךְ יִשְׂרָאֵל דְּרָשׁ־
6 נָא כַיּוֹם אֶת־דְּבַר יְהוָה׃ וַיִּקְבֹּץ מֶלֶךְ־יִשְׂרָאֵל אֶת־
הַנְּבִיאִים כְּאַרְבַּע מֵאוֹת אִישׁ וַיֹּאמֶר אֲלֵהֶם הַאֵלֵךְ עַל־
רָמֹת גִּלְעָד לַמִּלְחָמָה אִם־אֶחְדָּל וַיֹּאמְרוּ עֲלֵה וְיִתֵּן אֲדֹנָי
7 בְּיַד הַמֶּלֶךְ׃ וַיֹּאמֶר יְהוֹשָׁפָט הַאֵין פֹּה נָבִיא לַיהוָה עוֹד
8 וְנִדְרְשָׁה מֵאוֹתוֹ׃ וַיֹּאמֶר מֶלֶךְ־יִשְׂרָאֵל ׀ אֶל־יְהוֹשָׁפָט עוֹד
אִישׁ־אֶחָד לִדְרֹשׁ אֶת־יְהוָה מֵאֹתוֹ וַאֲנִי שְׂנֵאתִיו כִּי לֹא־
יִתְנַבֵּא עָלַי טוֹב כִּי אִם־רָע מִיכָיְהוּ בֶּן־יִמְלָה וַיֹּאמֶר
9 יְהוֹשָׁפָט אַל־יֹאמַר הַמֶּלֶךְ כֵּן׃ וַיִּקְרָא מֶלֶךְ יִשְׂרָאֵל אֶל־
י סָרִיס אֶחָד וַיֹּאמֶר מַהֲרָה מִיכָיְהוּ בֶן־יִמְלָה׃ וּמֶלֶךְ יִשְׂרָאֵל
וִיהוֹשָׁפָט מֶלֶךְ־יְהוּדָה יֹשְׁבִים אִישׁ עַל־כִּסְאוֹ מְלֻבָּשִׁים
בְּגָדִים בְּגֹרֶן פֶּתַח שַׁעַר שֹׁמְרוֹן וְכָל־הַנְּבִיאִים מִתְנַבְּאִים
11 לִפְנֵיהֶם׃ וַיַּעַשׂ לוֹ צִדְקִיָּה בֶן־כְּנַעֲנָה קַרְנֵי בַרְזֶל וַיֹּאמֶר
12 כֹּה־אָמַר יְהוָה בְּאֵלֶּה תְּנַגַּח אֶת־אֲרָם עַד־כַּלֹּתָם׃ וְכָל־
הַנְּבִאִים נִבְּאִים כֵּן לֵאמֹר עֲלֵה רָמֹת גִּלְעָד וְהַצְלַח וְנָתַן
13 יְהוָה בְּיַד הַמֶּלֶךְ׃ וְהַמַּלְאָךְ אֲשֶׁר־הָלַךְ ׀ לִקְרֹא מִיכָיְהוּ
דִּבֶּר אֵלָיו לֵאמֹר הִנֵּה־נָא דִּבְרֵי הַנְּבִיאִים פֶּה־אֶחָד טוֹב
אֶל־הַמֶּלֶךְ יְהִי־נָא דְבָרְיךָ כִּדְבַר אַחַד מֵהֶם וְדִבַּרְתָּ טּוֹב׃
14 וַיֹּאמֶר מִיכָיְהוּ חַי־יְהוָה כִּי אֶת־אֲשֶׁר יֹאמַר יְהוָה אֵלַי אֹתוֹ
טו אֲדַבֵּר׃ וַיָּבוֹא אֶל־הַמֶּלֶךְ וַיֹּאמֶר הַמֶּלֶךְ אֵלָיו מִיכָיְהוּ
הֲנֵלֵךְ אֶל־רָמֹת גִּלְעָד לַמִּלְחָמָה אִם־נֶחְדָּל וַיֹּאמֶר אֵלָיו
16 עֲלֵה וְהַצְלַח וְנָתַן יְהוָה בְּיַד הַמֶּלֶךְ׃ וַיֹּאמֶר אֵלָיו הַמֶּלֶךְ
עַד־כַּמֶּה פְעָמִים אֲנִי מַשְׁבִּעֶךָ אֲשֶׁר לֹא־תְדַבֵּר אֵלַי רַק־
17 אֱמֶת בְּשֵׁם יְהוָה׃ וַיֹּאמֶר רָאִיתִי אֶת־כָּל־יִשְׂרָאֵל נְפֹצִים
אֶל־הֶהָרִים כַּצֹּאן אֲשֶׁר אֵין־לָהֶם רֹעֶה וַיֹּאמֶר יְהוָה לֹא־
18 אֲדֹנִים לָאֵלֶּה יָשׁוּבוּ אִישׁ־לְבֵיתוֹ בְּשָׁלוֹם׃ וַיֹּאמֶר מֶלֶךְ־
יִשְׂרָאֵל אֶל־יְהוֹשָׁפָט הֲלוֹא אָמַרְתִּי אֵלֶיךָ לוֹא־יִתְנַבֵּא עָלַי

v. 6. חצי הספר בפסוקים   v. 13. דברך ק׳

19 טוֹב כִּי אִם־רָע׃ וַיֹּאמֶר לָכֵן שְׁמַע דְּבַר־יְהוָה רָאִיתִי אֶת־
יְהוָה יֹשֵׁב עַל־כִּסְאוֹ וְכָל־צְבָא הַשָּׁמַיִם עֹמֵד עָלָיו מִימִינוֹ
כ וּמִשְּׂמֹאלוֹ׃ וַיֹּאמֶר יְהוָה מִי יְפַתֶּה אֶת־אַחְאָב וְיַעַל וְיִפֹּל
21 בְּרָמֹת גִּלְעָד וַיֹּאמֶר זֶה בְּכֹה וְזֶה אֹמֵר בְּכֹה׃ וַיֵּצֵא הָרוּחַ
וַיַּעֲמֹד לִפְנֵי יְהוָה וַיֹּאמֶר אֲנִי אֲפַתֶּנּוּ וַיֹּאמֶר יְהוָה אֵלָיו בַּמָּה׃
22 וַיֹּאמֶר אֵצֵא וְהָיִיתִי רוּחַ שֶׁקֶר בְּפִי כָּל־נְבִיאָיו וַיֹּאמֶר תְּפַתֶּה
23 וְגַם תּוּכָל צֵא וַעֲשֵׂה־כֵן׃ וְעַתָּה הִנֵּה נָתַן יְהוָה רוּחַ שֶׁקֶר
24 בְּפִי כָּל־נְבִיאֶיךָ אֵלֶּה וַיהוָה דִּבֶּר עָלֶיךָ רָעָה׃ וַיִּגַּשׁ צִדְקִיָּהוּ
בֶן־כְּנַעֲנָה וַיַּכֶּה אֶת־מִיכָיְהוּ עַל־הַלֶּחִי וַיֹּאמֶר אֵי־זֶה עָבַר
כה רוּחַ־יְהוָה מֵאִתִּי לְדַבֵּר אוֹתָךְ׃ וַיֹּאמֶר מִיכָיְהוּ הִנְּךָ רֹאֶה
26 בַּיּוֹם הַהוּא אֲשֶׁר תָּבֹא חֶדֶר בְּחֶדֶר לְהֵחָבֵה׃ וַיֹּאמֶר מֶלֶךְ
יִשְׂרָאֵל קַח אֶת־מִיכָיְהוּ וַהֲשִׁיבֵהוּ אֶל־אָמֹן שַׂר־הָעִיר וְאֶל־
27 יוֹאָשׁ בֶּן־הַמֶּלֶךְ׃ וְאָמַרְתָּ כֹּה אָמַר הַמֶּלֶךְ שִׂימוּ אֶת־זֶה בֵּית
הַכֶּלֶא וְהַאֲכִלֻהוּ לֶחֶם לַחַץ וּמַיִם לַחַץ עַד בֹּאִי בְשָׁלוֹם׃
28 וַיֹּאמֶר מִיכָיְהוּ אִם־שׁוֹב תָּשׁוּב בְּשָׁלוֹם לֹא־דִבֶּר יְהוָה בִּי
29 וַיֹּאמֶר שִׁמְעוּ עַמִּים כֻּלָּם׃ וַיַּעַל מֶלֶךְ־יִשְׂרָאֵל וִיהוֹשָׁפָט
ל מֶלֶךְ־יְהוּדָה רָמֹת גִּלְעָד׃ וַיֹּאמֶר מֶלֶךְ יִשְׂרָאֵל אֶל־יְהוֹשָׁפָט
הִתְחַפֵּשׂ וָבֹא בַמִּלְחָמָה וְאַתָּה לְבַשׁ בְּגָדֶיךָ וַיִּתְחַפֵּשׂ מֶלֶךְ
31 יִשְׂרָאֵל וַיָּבוֹא בַּמִּלְחָמָה׃ וּמֶלֶךְ אֲרָם צִוָּה אֶת־שָׂרֵי הָרֶכֶב
אֲשֶׁר־לוֹ שְׁלֹשִׁים וּשְׁנַיִם לֵאמֹר לֹא תִּלָּחֲמוּ אֶת־קָטֹן וְאֶת־
32 גָּדוֹל כִּי אִם־אֶת־מֶלֶךְ יִשְׂרָאֵל לְבַדּוֹ׃ וַיְהִי כִּרְאוֹת שָׂרֵי
הָרֶכֶב אֶת־יְהוֹשָׁפָט וְהֵמָּה אָמְרוּ אַךְ מֶלֶךְ־יִשְׂרָאֵל הוּא
33 וַיָּסֻרוּ עָלָיו לְהִלָּחֵם וַיִּזְעַק יְהוֹשָׁפָט׃ וַיְהִי כִּרְאוֹת שָׂרֵי
34 הָרֶכֶב כִּי־לֹא־מֶלֶךְ יִשְׂרָאֵל הוּא וַיָּשׁוּבוּ מֵאַחֲרָיו׃ וְאִישׁ
מָשַׁךְ בַּקֶּשֶׁת לְתֻמּוֹ וַיַּכֶּה אֶת־מֶלֶךְ יִשְׂרָאֵל בֵּין הַדְּבָקִים
וּבֵין הַשִּׁרְיָן וַיֹּאמֶר לְרַכָּבוֹ הֲפֹךְ יָדְךָ וְהוֹצִיאֵנִי מִן־הַמַּחֲנֶה
לה כִּי הָחֳלֵיתִי׃ וַתַּעֲלֶה הַמִּלְחָמָה בַּיּוֹם הַהוּא וְהַמֶּלֶךְ הָיָה
מָעֳמָד בַּמֶּרְכָּבָה נֹכַח אֲרָם וַיָּמָת בָּעֶרֶב וַיִּצֶק דַּם־הַמַּכָּה

אל־חיק

36 אֶל־חֵ֖יק הָרָֽכֶב׃ וַיַּעֲבֹ֤ר הָֽרִנָּה֙ בַּֽמַּחֲנֶ֔ה כְּבֹ֥א הַשֶּׁ֖מֶשׁ לֵאמֹ֑ר
37 אִ֥ישׁ אֶל־עִיר֖וֹ וְאִ֥ישׁ אֶל־אַרְצֽוֹ׃ וַיָּ֙מָת֙ הַמֶּ֔לֶךְ וַיָּב֖וֹא שֹׁמְר֑וֹן
38 וַיִּקְבְּר֥וּ אֶת־הַמֶּ֖לֶךְ בְּשֹׁמְרֽוֹן׃ וַיִּשְׁטֹ֨ף אֶת־הָרֶ֜כֶב עַ֣ל ׀ בְּרֵכַ֣ת
שֹׁמְר֗וֹן וַיָּלֹ֤קּוּ הַכְּלָבִים֙ אֶת־דָּמ֔וֹ וְהַזֹּנ֖וֹת רָחָ֑צוּ כִּדְבַ֥ר יְהוָ֖ה
39 אֲשֶׁ֥ר דִּבֵּֽר׃ וְיֶ֨תֶר דִּבְרֵ֤י אַחְאָב֙ וְכָל־אֲשֶׁ֣ר עָשָׂ֔ה וּבֵ֤ית הַשֵּׁן֙
אֲשֶׁ֣ר בָּנָ֔ה וְכָל־הֶעָרִ֖ים אֲשֶׁ֣ר בָּנָ֑ה הֲלוֹא־הֵ֣ם כְּתוּבִ֔ים עַל־
מ סֵ֛פֶר דִּבְרֵ֥י הַיָּמִ֖ים לְמַלְכֵ֥י יִשְׂרָאֵֽל׃ וַיִּשְׁכַּ֥ב אַחְאָ֖ב עִם־
41 אֲבֹתָ֑יו וַיִּמְלֹ֛ךְ אֲחַזְיָ֥הוּ בְנ֖וֹ תַּחְתָּֽיו׃ וִיהוֹשָׁפָט֙ בֶּן־אָסָ֔א
מָלַ֖ךְ עַל־יְהוּדָ֑ה בִּשְׁנַ֣ת אַרְבַּ֔ע לְאַחְאָ֖ב מֶ֥לֶךְ יִשְׂרָאֵֽל׃
42 יְהוֹשָׁפָ֗ט בֶּן־שְׁלֹשִׁ֤ים וְחָמֵשׁ֙ שָׁנָ֔ה בְּמָלְכ֔וֹ וְעֶשְׂרִ֤ים וְחָמֵשׁ֙ שָׁנָ֔ה
43 מָלַ֖ךְ בִּירוּשָׁלִָ֑ם וְשֵׁ֣ם אִמּ֔וֹ עֲזוּבָ֖ה בַּת־שִׁלְחִֽי׃ וַיֵּ֗לֶךְ בְּכָל־
דֶּ֛רֶךְ אָסָ֥א אָבִ֖יו לֹא־סָ֣ר מִמֶּ֑נּוּ לַעֲשׂ֥וֹת הַיָּשָׁ֖ר בְּעֵינֵ֥י יְהוָֽה׃
44 אַ֥ךְ הַבָּמ֖וֹת לֹא־סָ֑רוּ ע֥וֹד הָעָ֛ם מְזַבְּחִ֥ים וּֽמְקַטְּרִ֖ים בַּבָּמֽוֹת׃
מה 46 וַיַּשְׁלֵ֣ם יְהוֹשָׁפָ֔ט עִם־מֶ֖לֶךְ יִשְׂרָאֵֽל׃ וְיֶ֨תֶר דִּבְרֵ֤י יְהֽוֹשָׁפָט֙
וּגְבוּרָת֔וֹ אֲשֶׁר־עָשָׂ֖ה וַאֲשֶׁ֣ר נִלְחָ֑ם הֲלֹא־הֵ֣ם כְּתוּבִ֗ים עַל־
47 סֵ֛פֶר דִּבְרֵ֥י הַיָּמִ֖ים לְמַלְכֵ֥י יְהוּדָֽה׃ וְיֶ֙תֶר֙ הַקָּדֵ֔שׁ אֲשֶׁ֣ר נִשְׁאַ֔ר
48 בִּימֵ֖י אָסָ֣א אָבִ֑יו בִּעֵ֖ר מִן־הָאָֽרֶץ׃ וּמֶ֥לֶךְ אֵ֛ין בֶּאֱד֖וֹם נִצָּ֥ב
49 מֶֽלֶךְ׃ יְהוֹשָׁפָ֞ט עָשָׂ֨ר אֳנִיּ֤וֹת תַּרְשִׁישׁ֙ לָלֶ֤כֶת אוֹפִ֙ירָה֙ לַזָּהָ֔ב
נ וְלֹ֖א הָלָ֑ךְ כִּֽי־נִשְׁבְּרָ֥ה אֳנִיּ֖וֹת בְּעֶצְי֥וֹן גָּֽבֶר׃ אָ֣ז אָמַ֞ר אֲחַזְיָ֣הוּ
בֶן־אַחְאָב֙ אֶל־יְה֣וֹשָׁפָ֔ט יֵלְכ֧וּ עֲבָדַ֛י עִם־עֲבָדֶ֖יךָ בָּאֳנִיּ֑וֹת
51 וְלֹ֥א אָבָ֖ה יְהוֹשָׁפָֽט׃ וַיִּשְׁכַּ֤ב יְהוֹשָׁפָט֙ עִם־אֲבֹתָ֔יו וַיִּקָּבֵר֙ עִם־
52 אֲבֹתָ֔יו בְּעִ֖יר דָּוִ֣ד אָבִ֑יו וַיִּמְלֹ֛ךְ יְהוֹרָ֥ם בְּנ֖וֹ תַּחְתָּֽיו׃ אֲחַזְיָ֣הוּ
בֶן־אַחְאָ֗ב מָלַ֤ךְ עַל־יִשְׂרָאֵל֙ בְּשֹׁ֣מְר֔וֹן בִּשְׁנַ֗ת שְׁבַ֤ע עֶשְׂרֵה֙
53 לִֽיהוֹשָׁפָ֖ט מֶ֣לֶךְ יְהוּדָ֑ה וַיִּמְלֹ֥ךְ עַל־יִשְׂרָאֵ֖ל שְׁנָתָֽיִם׃ וַיַּ֥עַשׂ
הָרַ֖ע בְּעֵינֵ֣י יְהוָ֑ה וַיֵּ֜לֶךְ בְּדֶ֣רֶךְ אָבִ֗יו וּבְדֶ֙רֶךְ֙ אִמּ֔וֹ וּבְדֶ֙רֶךְ֙
54 יָרָבְעָ֣ם בֶּן־נְבָ֔ט אֲשֶׁ֥ר הֶחֱטִ֖יא אֶת־יִשְׂרָאֵֽל׃ וַֽיַּעֲבֹד֙ אֶת־
הַבַּ֔עַל וַיִּֽשְׁתַּחֲוֶ֖ה ל֑וֹ וַיַּכְעֵ֗ס אֶת־יְהוָה֙ אֱלֹהֵ֣י יִשְׂרָאֵ֔ל כְּכֹ֖ל
אֲשֶׁר־עָשָׂ֥ה אָבִֽיו׃

v. 49. עשה ק׳ ibid. נשברו ק׳ v. 54. אין כאן פסקא

מלכים ב

LIBER II. REGUM

CAPUT I. א

א

א 2 וַיִּפְשַׁע מוֹאָב בְּיִשְׂרָאֵל אַחֲרֵי מוֹת אַחְאָב׃ וַיִּפֹּל אֲחַזְיָה
בְּעַד הַשְּׂבָכָה בַּעֲלִיָּתוֹ אֲשֶׁר בְּשֹׁמְרוֹן וַיָּחַל וַיִּשְׁלַח מַלְאָכִים
וַיֹּאמֶר אֲלֵהֶם לְכוּ דִרְשׁוּ בְּבַעַל זְבוּב אֱלֹהֵי עֶקְרוֹן אִם־
3 אֶחְיֶה מֵחֳלִי זֶה׃ וּמַלְאַךְ יְהוָה דִּבֶּר אֶל־אֵלִיָּה הַתִּשְׁבִּי
קוּם עֲלֵה לִקְרַאת מַלְאֲכֵי מֶלֶךְ־שֹׁמְרוֹן וְדַבֵּר אֲלֵהֶם הֲמִבְּלִי
אֵין־אֱלֹהִים בְּיִשְׂרָאֵל אַתֶּם הֹלְכִים לִדְרֹשׁ בְּבַעַל זְבוּב
4 אֱלֹהֵי עֶקְרוֹן׃ וְלָכֵן כֹּה־אָמַר יְהוָה הַמִּטָּה אֲשֶׁר־עָלִיתָ
ה שָׁם לֹא־תֵרֵד מִמֶּנָּה כִּי מוֹת תָּמוּת וַיֵּלֶךְ אֵלִיָּה׃ וַיָּשׁוּבוּ
6 הַמַּלְאָכִים אֵלָיו וַיֹּאמֶר אֲלֵיהֶם מַה־זֶּה שַׁבְתֶּם׃ וַיֹּאמְרוּ
אֵלָיו אִישׁ ׀ עָלָה לִקְרָאתֵנוּ וַיֹּאמֶר אֵלֵינוּ לְכוּ שׁוּבוּ אֶל־
הַמֶּלֶךְ אֲשֶׁר־שָׁלַח אֶתְכֶם וְדִבַּרְתֶּם אֵלָיו כֹּה אָמַר יְהוָה
הֲמִבְּלִי אֵין־אֱלֹהִים בְּיִשְׂרָאֵל אַתָּה שֹׁלֵחַ לִדְרֹשׁ בְּבַעַל זְבוּב
אֱלֹהֵי עֶקְרוֹן לָכֵן הַמִּטָּה אֲשֶׁר־עָלִיתָ שָׁם לֹא־תֵרֵד מִמֶּנָּה
7 כִּי־מוֹת תָּמוּת׃ וַיְדַבֵּר אֲלֵהֶם מֶה מִשְׁפַּט הָאִישׁ אֲשֶׁר עָלָה
8 לִקְרַאתְכֶם וַיְדַבֵּר אֲלֵיכֶם אֶת־הַדְּבָרִים הָאֵלֶּה׃ וַיֹּאמְרוּ
אֵלָיו אִישׁ בַּעַל שֵׂעָר וְאֵזוֹר עוֹר אָזוּר בְּמָתְנָיו וַיֹּאמַר אֵלִיָּה
9 הַתִּשְׁבִּי הוּא׃ וַיִּשְׁלַח אֵלָיו שַׂר־חֲמִשִּׁים וַחֲמִשָּׁיו וַיַּעַל אֵלָיו
וְהִנֵּה יֹשֵׁב עַל־רֹאשׁ הָהָר וַיְדַבֵּר אֵלָיו אִישׁ הָאֱלֹהִים הַמֶּלֶךְ
י דִּבֶּר רֵדָה׃ וַיַּעֲנֶה אֵלִיָּהוּ וַיְדַבֵּר אֶל־שַׂר הַחֲמִשִּׁים וְאִם־
אִישׁ אֱלֹהִים אָנִי תֵּרֶד אֵשׁ מִן־הַשָּׁמַיִם וְתֹאכַל אֹתְךָ וְאֶת־
חֲמִשֶּׁיךָ וַתֵּרֶד אֵשׁ מִן־הַשָּׁמַיִם וַתֹּאכַל אֹתוֹ וְאֶת־חֲמִשָּׁיו׃
11 וַיָּשָׁב וַיִּשְׁלַח אֵלָיו שַׂר־חֲמִשִּׁים אַחֵר וַחֲמִשָּׁיו וַיַּעַן וַיְדַבֵּר
12 אֵלָיו אִישׁ הָאֱלֹהִים כֹּה־אָמַר הַמֶּלֶךְ מְהֵרָה רֵדָה׃ וַיַּעַן
אֵלִיָּה וַיְדַבֵּר אֲלֵיהֶם אִם־אִישׁ הָאֱלֹהִים אָנִי תֵּרֶד אֵשׁ מִן־

השמים

הַשָּׁמַיִם וְתֹאכַל אֹתְךָ וְאֶת־חֲמִשֶּׁיךָ וַתֵּרֶד אֵשׁ־אֱלֹהִים מִן־
13 הַשָּׁמַיִם וַתֹּאכַל אֹתוֹ וְאֶת־חֲמִשָּׁיו׃ וַיָּשָׁב וַיִּשְׁלַח שַׂר־חֲמִשִּׁים
שְׁלִשִׁים וַחֲמִשָּׁיו וַיַּעַל וַיָּבֹא שַׂר־הַחֲמִשִּׁים הַשְּׁלִישִׁי וַיִּכְרַע
עַל־בִּרְכָּיו ׀ לְנֶגֶד אֵלִיָּהוּ וַיִּתְחַנֵּן אֵלָיו וַיְדַבֵּר אֵלָיו אִישׁ
הָאֱלֹהִים תִּיקַר־נָא נַפְשִׁי וְנֶפֶשׁ עֲבָדֶיךָ אֵלֶּה חֲמִשִּׁים בְּעֵינֶיךָ׃
14 הִנֵּה יָרְדָה אֵשׁ מִן־הַשָּׁמַיִם וַתֹּאכַל אֶת־שְׁנֵי שָׂרֵי הַחֲמִשִּׁים
טו הָרִאשֹׁנִים וְאֶת־חֲמִשֵּׁיהֶם וְעַתָּה תִּיקַר נַפְשִׁי בְּעֵינֶיךָ׃ וַיְדַבֵּר
מַלְאַךְ יְהוָה אֶל־אֵלִיָּהוּ רֵד אוֹתוֹ אַל־תִּירָא מִפָּנָיו וַיָּקָם
16 וַיֵּרֶד אוֹתוֹ אֶל־הַמֶּלֶךְ׃ וַיְדַבֵּר אֵלָיו כֹּה־אָמַר יְהוָה יַעַן
אֲשֶׁר־שָׁלַחְתָּ מַלְאָכִים לִדְרֹשׁ בְּבַעַל זְבוּב אֱלֹהֵי עֶקְרוֹן
הֲמִבְּלִי אֵין־אֱלֹהִים בְּיִשְׂרָאֵל לִדְרֹשׁ בִּדְבָרוֹ לָכֵן הַמִּטָּה
17 אֲשֶׁר־עָלִיתָ שָּׁם לֹא־תֵרֵד מִמֶּנָּה כִּי־מוֹת תָּמוּת׃ וַיָּמָת
כִּדְבַר יְהוָה ׀ אֲשֶׁר־דִּבֶּר אֵלִיָּהוּ וַיִּמְלֹךְ יְהוֹרָם תַּחְתָּיו °
בִּשְׁנַת שְׁתַּיִם לִיהוֹרָם בֶּן־יְהוֹשָׁפָט מֶלֶךְ יְהוּדָה כִּי לֹא־
18 הָיָה לוֹ בֵּן׃ וְיֶתֶר דִּבְרֵי אֲחַזְיָהוּ אֲשֶׁר עָשָׂה הֲלוֹא־הֵמָּה
כְּתוּבִים עַל־סֵפֶר דִּבְרֵי הַיָּמִים לְמַלְכֵי יִשְׂרָאֵל׃

ב

Cap. II. ב

א וַיְהִי בְּהַעֲלוֹת יְהוָה אֶת־אֵלִיָּהוּ בַּסְעָרָה הַשָּׁמָיִם וַיֵּלֶךְ אֵלִיָּהוּ
2 וֶאֱלִישָׁע מִן־הַגִּלְגָּל׃ וַיֹּאמֶר אֵלִיָּהוּ אֶל־אֱלִישָׁע שֵׁב־נָא פֹה
כִּי יְהוָה שְׁלָחַנִי עַד־בֵּית־אֵל וַיֹּאמֶר אֱלִישָׁע חַי־יְהוָה וְחֵי־
3 נַפְשְׁךָ אִם־אֶעֶזְבֶךָּ וַיֵּרְדוּ בֵּית־אֵל׃ וַיֵּצְאוּ בְנֵי־הַנְּבִיאִים
אֲשֶׁר־בֵּית־אֵל אֶל־אֱלִישָׁע וַיֹּאמְרוּ אֵלָיו הֲיָדַעְתָּ כִּי הַיּוֹם
יְהוָה לֹקֵחַ אֶת־אֲדֹנֶיךָ מֵעַל רֹאשֶׁךָ וַיֹּאמֶר גַּם־אֲנִי יָדַעְתִּי
4 הֶחֱשׁוּ׃ וַיֹּאמֶר לוֹ אֵלִיָּהוּ אֱלִישָׁע ׀ שֵׁב־נָא פֹה כִּי יְהוָה
שְׁלָחַנִי יְרִיחוֹ וַיֹּאמֶר חַי־יְהוָה וְחֵי־נַפְשְׁךָ אִם־אֶעֶזְבֶךָּ וַיָּבֹאוּ
ה יְרִיחוֹ׃ וַיִּגְּשׁוּ בְנֵי־הַנְּבִיאִים אֲשֶׁר־בִּירִיחוֹ אֶל־אֱלִישָׁע
וַיֹּאמְרוּ אֵלָיו הֲיָדַעְתָּ כִּי הַיּוֹם יְהוָה לֹקֵחַ אֶת־אֲדֹנֶיךָ מֵעַל

ראשך

א׳ v. 17. פסקא באמצע פסוק   ב׳ v. 3. סבירין בבית

6 רֹאשֶׁ֑ךָ וַיֹּ֕אמֶר גַּם־אֲנִ֥י יָדַ֖עְתִּי הֶחֱשֽׁוּ׃ וַיֹּאמֶר֩ ל֨וֹ אֵלִיָּ֜הוּ
שֵֽׁב־נָ֣א פֹ֗ה כִּ֤י יְהוָה֙ שְׁלָחַ֣נִי הַיַּרְדֵּ֔נָה וַיֹּ֕אמֶר חַי־יְהוָ֥ה וְחֵֽי־
7 נַפְשְׁךָ֖ אִם־אֶעֶזְבֶ֑ךָּ וַיֵּלְכ֖וּ שְׁנֵיהֶֽם׃ וַחֲמִשִּׁ֨ים אִ֜ישׁ מִבְּנֵ֤י
הַנְּבִיאִים֙ הָֽלְכ֔וּ וַיַּעַמְד֥וּ מִנֶּ֖גֶד מֵרָח֑וֹק וּשְׁנֵיהֶ֥ם עָמְד֖וּ עַל־
8 הַיַּרְדֵּֽן׃ וַיִּקַּח֩ אֵלִיָּ֨הוּ אֶת־אַדַּרְתּ֤וֹ וַיִּגְלֹם֙ וַיַּכֶּ֣ה אֶת־הַמַּ֔יִם
9 וַיֵּחָצ֖וּ הֵ֣נָּה וָהֵ֑נָּה וַיַּעַבְר֥וּ שְׁנֵיהֶ֖ם בֶּחָרָבָֽה׃ וַיְהִ֣י כְעָבְרָ֗ם
וְאֵלִיָּ֞הוּ אָמַ֤ר אֶל־אֱלִישָׁע֙ שְׁאַל֙ מָ֣ה אֶֽעֱשֶׂה־לָּ֔ךְ בְּטֶ֖רֶם
אֶלָּקַ֣ח מֵעִמָּ֑ךְ וַיֹּ֣אמֶר אֱלִישָׁ֔ע וִֽיהִי־נָ֛א פִּֽי־שְׁנַ֥יִם בְּרוּחֲךָ֖
י אֵלָֽי׃ וַיֹּ֖אמֶר הִקְשִׁ֣יתָ לִשְׁא֑וֹל אִם־תִּרְאֶ֨ה אֹתִ֜י לֻקָּ֤ח מֵאִתָּךְ֙
11 יְהִֽי־לְךָ֣ כֵ֔ן וְאִם־אַ֖יִן לֹ֥א יִהְיֶֽה׃ וַיְהִ֗י הֵ֣מָּה הֹלְכִ֤ים הָלוֹךְ֙
וְדַבֵּ֔ר וְהִנֵּ֤ה רֶֽכֶב־אֵשׁ֙ וְס֣וּסֵי אֵ֔שׁ וַיַּפְרִ֖דוּ בֵּ֣ין שְׁנֵיהֶ֑ם וַיַּ֙עַל֙
12 אֵ֣לִיָּ֔הוּ בַּסְּעָרָ֖ה הַשָּׁמָֽיִם׃ וֶֽאֱלִישָׁ֣ע רֹאֶ֗ה וְה֣וּא מְצַעֵק֙ אָבִ֣י ׀
אָבִ֗י רֶ֤כֶב יִשְׂרָאֵל֙ וּפָ֣רָשָׁ֔יו וְלֹ֥א רָאָ֖הוּ ע֑וֹד וַֽיַּחֲזֵק֙ בִּבְגָדָ֔יו
13 וַיִּקְרָעֵ֖ם לִשְׁנַ֥יִם קְרָעִֽים׃ וַיָּ֙רֶם֙ אֶת־אַדֶּ֣רֶת אֵלִיָּ֔הוּ אֲשֶׁ֥ר
14 נָפְלָ֖ה מֵעָלָ֑יו וַיָּ֥שָׁב וַֽיַּעֲמֹ֖ד עַל־שְׂפַ֥ת הַיַּרְדֵּֽן׃ וַיִּקַּ֞ח אֶת־
אַדֶּ֨רֶת אֵלִיָּ֜הוּ אֲשֶׁר־נָפְלָ֤ה מֵעָלָיו֙ וַיַּכֶּ֣ה אֶת־הַמַּ֔יִם וַיֹּאמַ֕ר
אַיֵּ֕ה יְהוָ֖ה אֱלֹהֵ֣י אֵלִיָּ֑הוּ אַף־ה֣וּא ׀ וַיַּכֶּ֣ה אֶת־הַמַּ֗יִם וַיֵּחָצוּ֙
טו הֵ֣נָּה וָהֵ֔נָּה וַיַּעֲבֹ֖ר אֱלִישָֽׁע׃ וַיִּרְאֻ֨הוּ בְנֵֽי־הַנְּבִיאִ֜ים אֲשֶׁר־
בִּירִיחוֹ֙ מִנֶּ֔גֶד וַיֹּ֣אמְר֔וּ נָ֥חָה ר֛וּחַ אֵלִיָּ֖הוּ עַל־אֱלִישָׁ֑ע וַיָּבֹ֙אוּ֙
16 לִקְרָאת֔וֹ וַיִּשְׁתַּחֲווּ־ל֖וֹ אָֽרְצָה׃ וַיֹּאמְר֣וּ אֵלָ֗יו הִנֵּה־נָ֨א יֵֽשׁ־
אֶת־עֲבָדֶ֜יךָ חֲמִשִּׁ֣ים אֲנָשִׁים֮ בְּנֵי־חַיִל֒ יֵ֣לְכוּ נָ֗א וִיבַקְשׁ֣וּ אֶת־
אֲדֹנֶ֔יךָ פֶּן־נְשָׂאוֹ֙ ר֣וּחַ יְהוָ֔ה וַיַּשְׁלִכֵ֙הוּ֙ בְּאַחַ֣ד הֶהָרִ֔ים א֖וֹ
17 בְּאַחַ֣ת הַגֵּיאֹ֑ות וַיֹּ֖אמֶר לֹ֥א תִשְׁלָֽחוּ׃ וַיִּפְצְרוּ־ב֥וֹ עַד־בֹּ֖שׁ
וַיֹּ֣אמֶר שְׁלָ֑חוּ וַיְשַׁלְּחוּ֙ חֲמִשִּׁ֣ים אִ֔ישׁ וַיְבַקְשׁ֥וּ שְׁלֹשָֽׁה־יָמִ֖ים וְלֹ֥א
18 מְצָאֻֽהוּ׃ וַיָּשֻׁ֣בוּ אֵלָ֔יו וְה֖וּא יֹשֵׁ֣ב בִּירִיח֑וֹ וַיֹּ֣אמֶר אֲלֵהֶ֔ם הֲלוֹא־
19 אָמַ֥רְתִּי אֲלֵיכֶ֖ם אַל־תֵּלֵֽכוּ׃ וַיֹּ֨אמְר֜וּ אַנְשֵׁ֤י הָעִיר֙ אֶל־
אֱלִישָׁ֔ע הִנֵּה־נָ֞א מוֹשַׁ֤ב הָעִיר֙ ט֔וֹב כַּאֲשֶׁ֖ר אֲדֹנִ֣י רֹאֶ֑ה וְהַמַּ֥יִם

רעים

v. 16. הגאיות ק׳

כ רָעִים וְהָאָרֶץ מְשַׁכָּלֶת׃ וַיֹּאמֶר קְחוּ־לִי צְלֹחִית חֲדָשָׁה
21 וְשִׂימוּ שָׁם מֶלַח וַיִּקְחוּ אֵלָיו׃ וַיֵּצֵא אֶל־מוֹצָא הַמַּיִם וַיַּשְׁלֶךְ־
שָׁם מֶלַח וַיֹּאמֶר כֹּה־אָמַר יְהוָה רִפִּאתִי לַמַּיִם הָאֵלֶּה לֹא־
22 יִהְיֶה מִשָּׁם עוֹד מָוֶת וּמְשַׁכָּלֶת׃ וַיֵּרָפוּ הַמַּיִם עַד הַיּוֹם הַזֶּה
23 כִּדְבַר אֱלִישָׁע אֲשֶׁר דִּבֵּר׃ וַיַּעַל מִשָּׁם בֵּית־אֵל וְהוּא ׀
עֹלֶה בַדֶּרֶךְ וּנְעָרִים קְטַנִּים יָצְאוּ מִן־הָעִיר וַיִּתְקַלְּסוּ־בוֹ
24 וַיֹּאמְרוּ לוֹ עֲלֵה קֵרֵחַ עֲלֵה קֵרֵחַ׃ וַיִּפֶן אַחֲרָיו וַיִּרְאֵם וַיְקַלְלֵם
בְּשֵׁם יְהוָה וַתֵּצֶאנָה שְׁתַּיִם דֻּבִּים מִן־הַיַּעַר וַתְּבַקַּעְנָה מֵהֶם
כה אַרְבָּעִים וּשְׁנֵי יְלָדִים׃ וַיֵּלֶךְ מִשָּׁם אֶל־הַר הַכַּרְמֶל וּמִשָּׁם
שָׁב שֹׁמְרוֹן׃

ג CAP. III. ג

א וִיהוֹרָם בֶּן־אַחְאָב מָלַךְ עַל־יִשְׂרָאֵל בְּשֹׁמְרוֹן בִּשְׁנַת
שְׁמֹנֶה עֶשְׂרֵה לִיהוֹשָׁפָט מֶלֶךְ יְהוּדָה וַיִּמְלֹךְ שְׁתֵּים־עֶשְׂרֵה
2 שָׁנָה׃ וַיַּעֲשֶׂה הָרַע בְּעֵינֵי יְהוָה רַק לֹא כְאָבִיו וּכְאִמּוֹ וַיָּסַר
3 אֶת־מַצְּבַת הַבַּעַל אֲשֶׁר עָשָׂה אָבִיו׃ רַק בְּחַטֹּאות יָרָבְעָם
בֶּן־נְבָט אֲשֶׁר־הֶחֱטִיא אֶת־יִשְׂרָאֵל דָּבֵק לֹא־סָר מִמֶּנָּה׃
4 וּמֵישַׁע מֶלֶךְ־מוֹאָב הָיָה נֹקֵד וְהֵשִׁיב לְמֶלֶךְ־יִשְׂרָאֵל
ה מֵאָה־אֶלֶף כָּרִים וּמֵאָה אֶלֶף אֵילִים צָמֶר׃ וַיְהִי כְּמוֹת
6 אַחְאָב וַיִּפְשַׁע מֶלֶךְ־מוֹאָב בְּמֶלֶךְ יִשְׂרָאֵל׃ וַיֵּצֵא הַמֶּלֶךְ
7 יְהוֹרָם בַּיּוֹם הַהוּא מִשֹּׁמְרוֹן וַיִּפְקֹד אֶת־כָּל־יִשְׂרָאֵל׃ וַיֵּלֶךְ
וַיִּשְׁלַח אֶל־יְהוֹשָׁפָט מֶלֶךְ־יְהוּדָה לֵאמֹר מֶלֶךְ מוֹאָב פָּשַׁע
בִּי הֲתֵלֵךְ אִתִּי אֶל־מוֹאָב לַמִּלְחָמָה וַיֹּאמֶר אֶעֱלֶה כָּמוֹנִי
8 כָמוֹךָ כְּעַמִּי כְעַמֶּךָ כְּסוּסַי כְּסוּסֶיךָ׃ וַיֹּאמֶר אֵי־זֶה הַדֶּרֶךְ
9 נַעֲלֶה וַיֹּאמֶר דֶּרֶךְ מִדְבַּר אֱדוֹם׃ וַיֵּלֶךְ מֶלֶךְ יִשְׂרָאֵל וּמֶלֶךְ־
יְהוּדָה וּמֶלֶךְ אֱדוֹם וַיָּסֹבּוּ דֶּרֶךְ שִׁבְעַת יָמִים וְלֹא־הָיָה מַיִם
י לַמַּחֲנֶה וְלַבְּהֵמָה אֲשֶׁר בְּרַגְלֵיהֶם׃ וַיֹּאמֶר מֶלֶךְ יִשְׂרָאֵל אֲהָהּ
כִּי־קָרָא יְהוָה לִשְׁלֹשֶׁת הַמְּלָכִים הָאֵלֶּה לָתֵת אוֹתָם בְּיַד־
11 מוֹאָב׃ וַיֹּאמֶר יְהוֹשָׁפָט הַאֵין פֹּה נָבִיא לַיהוָה וְנִדְרְשָׁה אֶת־

יהוה

יְהוָה מֵאוֹתוֹ וַיַּעַן אֶחָד מֵעַבְדֵי מֶלֶךְ־יִשְׂרָאֵל וַיֹּאמֶר פֹּה
12 אֱלִישָׁע בֶּן־שָׁפָט אֲשֶׁר־יָצַק מַיִם עַל־יְדֵי אֵלִיָּהוּ׃ וַיֹּאמֶר
יְהוֹשָׁפָט יֵשׁ אוֹתוֹ דְּבַר־יְהוָה וַיֵּרְדוּ אֵלָיו מֶלֶךְ יִשְׂרָאֵל
13 וִיהוֹשָׁפָט וּמֶלֶךְ אֱדוֹם׃ וַיֹּאמֶר אֱלִישָׁע אֶל־מֶלֶךְ יִשְׂרָאֵל
מַה־לִּי וָלָךְ לֵךְ אֶל־נְבִיאֵי אָבִיךָ וְאֶל־נְבִיאֵי אִמֶּךָ וַיֹּאמֶר
לוֹ מֶלֶךְ יִשְׂרָאֵל אַל כִּי־קָרָא יְהוָה לִשְׁלֹשֶׁת הַמְּלָכִים הָאֵלֶּה
14 לָתֵת אוֹתָם בְּיַד־מוֹאָב׃ וַיֹּאמֶר אֱלִישָׁע חַי־יְהוָה צְבָאוֹת
אֲשֶׁר עָמַדְתִּי לְפָנָיו כִּי לוּלֵי פְּנֵי יְהוֹשָׁפָט מֶלֶךְ־יְהוּדָה אֲנִי
טו נֹשֵׂא אִם־אַבִּיט אֵלֶיךָ וְאִם־אֶרְאֶךָּ׃ וְעַתָּה קְחוּ־לִי מְנַגֵּן
16 וְהָיָה כְּנַגֵּן הַמְנַגֵּן וַתְּהִי עָלָיו יַד־יְהוָה׃ וַיֹּאמֶר כֹּה אָמַר
17 יְהוָה עָשֹׂה הַנַּחַל הַזֶּה גֵּבִים ׀ גֵּבִים׃ כִּי־כֹה ׀ אָמַר יְהוָה
לֹא־תִרְאוּ רוּחַ וְלֹא־תִרְאוּ גֶשֶׁם וְהַנַּחַל הַהוּא יִמָּלֵא מָיִם
18 וּשְׁתִיתֶם אַתֶּם וּמִקְנֵיכֶם וּבְהֶמְתְּכֶם׃ וְנָקַל זֹאת בְּעֵינֵי יְהוָה
19 וְנָתַן אֶת־מוֹאָב בְּיֶדְכֶם׃ וְהִכִּיתֶם כָּל־עִיר מִבְצָר וְכָל־
עִיר מִבְחוֹר וְכָל־עֵץ טוֹב תַּפִּילוּ וְכָל־מַעְיְנֵי־מַיִם תִּסְתֹּמוּ
כ וְכֹל הַחֶלְקָה הַטּוֹבָה תַּכְאִבוּ בָּאֲבָנִים׃ וַיְהִי בַבֹּקֶר כַּעֲלוֹת
הַמִּנְחָה וְהִנֵּה־מַיִם בָּאִים מִדֶּרֶךְ אֱדוֹם וַתִּמָּלֵא הָאָרֶץ אֶת־
21 הַמָּיִם׃ וְכָל־מוֹאָב שָׁמְעוּ כִּי־עָלוּ הַמְּלָכִים לְהִלָּחֶם בָּם
וַיִּצָּעֲקוּ מִכֹּל חֹגֵר חֲגֹרָה וָמָעְלָה וַיַּעַמְדוּ עַל־הַגְּבוּל׃
22 וַיַּשְׁכִּימוּ בַבֹּקֶר וְהַשֶּׁמֶשׁ זָרְחָה עַל־הַמָּיִם וַיִּרְאוּ מוֹאָב מִנֶּגֶד
23 אֶת־הַמַּיִם אֲדֻמִּים כַּדָּם׃ וַיֹּאמְרוּ דָּם זֶה הָחֳרֵב נֶחֶרְבוּ
24 הַמְּלָכִים וַיַּכּוּ אִישׁ אֶת־רֵעֵהוּ וְעַתָּה לַשָּׁלָל מוֹאָב׃ וַיָּבֹאוּ
אֶל־מַחֲנֵה יִשְׂרָאֵל וַיָּקֻמוּ יִשְׂרָאֵל וַיַּכּוּ אֶת־מוֹאָב וַיָּנֻסוּ
כה מִפְּנֵיהֶם וַיַּבּוּ־בָהּ וְהַכּוֹת אֶת־מוֹאָב׃ וְהֶעָרִים יַהֲרֹסוּ וְכָל־
חֶלְקָה טוֹבָה יַשְׁלִיכוּ אִישׁ־אַבְנוֹ וּמִלְאוּהָ וְכָל־מַעְיַן־מַיִם
יִסְתְּמוּ וְכָל־עֵץ־טוֹב יַפִּילוּ עַד־הִשְׁאִיר אֲבָנֶיהָ בַּקִּיר
26 חֲרָשֶׂת וַיָּסֹבּוּ הַקַּלָּעִים וַיַּכּוּהָ׃ וַיַּרְא מֶלֶךְ מוֹאָב כִּי־חָזַק

ממנו

ויכו ק v. 24.

מִמֶּנּוּ הַמִּלְחָמָה וַיִּקַּח אוֹתוֹ שְׁבַע־מֵאוֹת אִישׁ שֹׁלֵף חֶרֶב
27 לְהַבְקִיעַ אֶל־מֶלֶךְ אֱדוֹם וְלֹא יָכֹלוּ׃ וַיִּקַּח אֶת־בְּנוֹ הַבְּכוֹר
אֲשֶׁר־יִמְלֹךְ תַּחְתָּיו וַיַּעֲלֵהוּ עֹלָה עַל־הַחֹמָה וַיְהִי קֶצֶף־
גָּדוֹל עַל־יִשְׂרָאֵל וַיִּסְעוּ מֵעָלָיו וַיָּשֻׁבוּ לָאָרֶץ׃

ד Cap. IV. ד

א וְאִשָּׁה אַחַת מִנְּשֵׁי בְנֵי־הַנְּבִיאִים צָעֲקָה אֶל־אֱלִישָׁע
לֵאמֹר עַבְדְּךָ אִישִׁי מֵת וְאַתָּה יָדַעְתָּ כִּי עַבְדְּךָ הָיָה יָרֵא
אֶת־יְהוָה וְהַנֹּשֶׁה בָּא לָקַחַת אֶת־שְׁנֵי יְלָדַי לוֹ לַעֲבָדִים׃
2 וַיֹּאמֶר אֵלֶיהָ אֱלִישָׁע מָה אֶעֱשֶׂה־לָּךְ הַגִּידִי לִי מַה־יֶּשׁ־לָכְי
בַּבָּיִת וַתֹּאמֶר אֵין לְשִׁפְחָתְךָ כֹל בַּבַּיִת כִּי אִם־אָסוּךְ שָׁמֶן׃
3 וַיֹּאמֶר לְכִי שַׁאֲלִי־לָךְ כֵּלִים מִן־הַחוּץ מֵאֵת כָּל־שְׁכֵנָיְכִי
4 כֵּלִים רֵקִים אַל־תַּמְעִיטִי׃ וּבָאת וְסָגַרְתְּ הַדֶּלֶת בַּעֲדֵךְ
וּבְעַד־בָּנַיִךְ וְיָצַקְתְּ עַל כָּל־הַכֵּלִים הָאֵלֶּה וְהַמָּלֵא תַּסִּיעִי׃
ה וַתֵּלֶךְ מֵאִתּוֹ וַתִּסְגֹּר הַדֶּלֶת בַּעֲדָהּ וּבְעַד בָּנֶיהָ הֵם מַגִּשִׁים
6 אֵלֶיהָ וְהִיא מֹיצָקֶת׃ וַיְהִי ׀ כִּמְלֹאת הַכֵּלִים וַתֹּאמֶר אֶל־
בְּנָהּ הַגִּישָׁה אֵלַי עוֹד כֶּלִי וַיֹּאמֶר אֵלֶיהָ אֵין עוֹד כֶּלִי וַיַּעֲמֹד
7 הַשָּׁמֶן׃ וַתָּבֹא וַתַּגֵּד לְאִישׁ הָאֱלֹהִים וַיֹּאמֶר לְכִי מִכְרִי אֶת־
8 הַשֶּׁמֶן וְשַׁלְּמִי אֶת־נִשְׁיֵכִי וְאַתְּ בָּנַיְכִי תִּחְיִי בַּנּוֹתָר׃ וַיְהִי
הַיּוֹם וַיַּעֲבֹר אֱלִישָׁע אֶל־שׁוּנֵם וְשָׁם אִשָּׁה גְדוֹלָה וַתַּחֲזֶק־בּוֹ
לֶאֱכָל־לָחֶם וַיְהִי מִדֵּי עָבְרוֹ יָסֻר שָׁמָּה לֶאֱכָל־לָחֶם׃
9 וַתֹּאמֶר אֶל־אִישָׁהּ הִנֵּה־נָא יָדַעְתִּי כִּי אִישׁ אֱלֹהִים קָדוֹשׁ
י הוּא עֹבֵר עָלֵינוּ תָּמִיד׃ נַעֲשֶׂה־נָּא עֲלִיַּת־קִיר קְטַנָּה וְנָשִׂים
לוֹ שָׁם מִטָּה וְשֻׁלְחָן וְכִסֵּא וּמְנוֹרָה וְהָיָה בְּבֹאוֹ אֵלֵינוּ יָסוּר
11 שָׁמָּה׃ וַיְהִי הַיּוֹם וַיָּבֹא שָׁמָּה וַיָּסַר אֶל־הָעֲלִיָּה וַיִּשְׁכַּב־שָׁמָּה׃
12 וַיֹּאמֶר אֶל־גֵּיחֲזִי נַעֲרוֹ קְרָא לַשּׁוּנַמִּית הַזֹּאת וַיִּקְרָא־לָהּ
13 וַתַּעֲמֹד לְפָנָיו׃ וַיֹּאמֶר לוֹ אֱמָר־נָא אֵלֶיהָ הִנֵּה חָרַדְתְּ ׀ אֵלֵינוּ
אֶת־כָּל־הַחֲרָדָה הַזֹּאת מֶה לַעֲשׂוֹת לָךְ הֲיֵשׁ לְדַבֶּר־לָךְ

אל־המלך

ד׳ v. 1. הפטרת וירא   v. 2. לך ק׳
v. 3. שכניך ק׳   v. 5. מוצקת ק׳   v. 7. נשיך ק׳   ibid. ובניך ק׳

אֶל־הַמֶּ֫לֶךְ א֭וֹ אֶל־שַׂ֣ר הַצָּבָ֑א וַתֹּ֕אמֶר בְּת֥וֹךְ עַמִּ֖י אָנֹכִ֥י
14 יֹשָֽׁבֶת׃ וַיֹּ֕אמֶר וּמֶ֖ה לַעֲשׂ֣וֹת לָ֑הּ וַיֹּ֣אמֶר גֵּיחֲזִ֗י אֲבָ֛ל בֵּ֥ן אֵֽין־
טו לָ֖הּ וְאִישָׁ֥הּ זָקֵֽן׃ וַיֹּ֖אמֶר קְרָא־לָ֑הּ וַיִּקְרָא־לָ֕הּ וַֽתַּעֲמֹ֖ד
16 בַּפָּֽתַח׃ וַיֹּ֗אמֶר לַמּוֹעֵ֤ד הַזֶּה֙ כָּעֵ֣ת חַיָּ֔ה אַ֖תְּי חֹבֶ֣קֶת בֵּ֑ן
וַתֹּ֗אמֶר אַל־אֲדֹנִי֙ אִ֣ישׁ הָאֱלֹהִ֔ים אַל־תְּכַזֵּ֖ב בְּשִׁפְחָתֶֽךָ׃
17 וַתַּ֥הַר הָאִשָּׁ֖ה וַתֵּ֣לֶד בֵּ֑ן לַמּוֹעֵ֤ד הַזֶּה֙ כָּעֵ֣ת חַיָּ֔ה אֲשֶׁר־דִּבֶּ֥ר
18 אֵלֶ֖יהָ אֱלִישָֽׁע׃ וַיִּגְדַּ֖ל הַיָּ֑לֶד וַיְהִ֣י הַיּ֔וֹם וַיֵּצֵ֥א אֶל־אָבִ֖יו אֶל־
19 הַקֹּצְרִֽים׃ וַיֹּ֥אמֶר אֶל־אָבִ֖יו רֹאשִׁ֣י ׀ רֹאשִׁ֑י וַיֹּ֙אמֶר֙ אֶל־הַנַּ֔עַר
כ שָׂאֵ֖הוּ אֶל־אִמּֽוֹ׃ וַיִּשָּׂאֵ֔הוּ וַיְבִיאֵ֖הוּ אֶל־אִמּ֑וֹ וַיֵּ֧שֶׁב עַל־
21 בִּרְכֶּ֛יהָ עַד־הַֽצָּהֳרַ֖יִם וַיָּמֹֽת׃ וַתַּ֕עַל וַתַּשְׁכִּבֵ֖הוּ עַל־מִטַּ֣ת
22 אִ֣ישׁ הָאֱלֹהִ֑ים וַתִּסְגֹּ֥ר בַּעֲד֖וֹ וַתֵּצֵֽא׃ וַתִּקְרָא֮ אֶל־אִישָׁהּ֒
וַתֹּ֗אמֶר שִׁלְחָ֨ה נָ֥א לִ֙י אֶחָ֣ד מִן־הַנְּעָרִ֔ים וְאַחַ֖ת הָאֲתֹנ֑וֹת
23 וְאָר֛וּצָה עַד־אִ֥ישׁ הָאֱלֹהִ֖ים וְאָשֽׁוּבָה׃ וַיֹּ֡אמֶר מַ֠דּוּעַ אַ֫תְּ֫י
הֹלֶ֫כְתִּ֫י אֵלָיו֙ הַיּ֔וֹם לֹא־חֹ֖דֶשׁ וְלֹ֣א שַׁבָּ֑ת וַתֹּ֖אמֶר שָׁלֽוֹם׃
24 וַתַּֽחֲבֹשׁ֙ הָֽאָת֔וֹן וַתֹּ֥אמֶר אֶֽל־נַעֲרָ֖הּ נְהַ֣ג וָלֵ֑ךְ אַל־תַּעֲצָר־לִ֣י
כה לִרְכֹּ֔ב כִּ֖י אִם־אָמַ֥רְתִּי לָֽךְ׃ וַתֵּ֗לֶךְ וַתָּב֛וֹא אֶל־אִ֥ישׁ הָאֱלֹהִ֖ים
אֶל־הַ֣ר הַכַּרְמֶ֑ל וַיְהִי֩ כִּרְא֨וֹת אִישׁ־הָאֱלֹהִ֤ים אֹתָהּ֙ מִנֶּ֔גֶד
26 וַיֹּ֙אמֶר֙ אֶל־גֵּיחֲזִ֣י נַעֲר֔וֹ הִנֵּ֖ה הַשּׁוּנַמִּ֥ית הַלָּֽז׃ עַתָּה֮ רֽוּץ־נָ֣א
לִקְרָאתָהּ֒ וֶאֱמָר־לָ֗הּ הֲשָׁל֥וֹם לָ֛ךְ הֲשָׁל֥וֹם לְאִישֵׁ֖ךְ הֲשָׁל֣וֹם
27 לַיָּ֑לֶד וַתֹּ֖אמֶר שָׁלֽוֹם׃ וַתָּבֹ֞א אֶל־אִ֤ישׁ הָאֱלֹהִים֙ אֶל־הָהָ֔ר
וַֽתַּחֲזֵ֖ק בְּרַגְלָ֑יו וַיִּגַּ֨שׁ גֵּיחֲזִ֜י לְהָדְפָ֗הּ וַיֹּ֩אמֶר֩ אִ֨ישׁ הָאֱלֹהִ֤ים
הַרְפֵּה־לָהּ֙ כִּֽי־נַפְשָׁ֣הּ מָֽרָה־לָ֔הּ וַֽיהוָה֙ הֶעְלִ֣ים מִמֶּ֔נִּי וְלֹ֥א
28 הִגִּ֖יד לִֽי׃ וַתֹּ֕אמֶר הֲשָׁאַ֥לְתִּי בֵ֖ן מֵאֵ֣ת אֲדֹנִ֑י הֲלֹ֣א אָמַ֔רְתִּי לֹ֥א
29 תַשְׁלֶ֖ה אֹתִֽי׃ וַיֹּ֨אמֶר לְגֵיחֲזִ֜י חֲגֹ֣ר מָתְנֶ֗יךָ וְקַ֨ח מִשְׁעַנְתִּ֣י בְיָדְךָ֮
וָלֵךְ֒ כִּֽי־תִמְצָ֥א אִישׁ֙ לֹ֣א תְבָרְכֶ֔נּוּ וְכִֽי־יְבָרֶכְךָ֥ אִ֖ישׁ לֹ֣א
ל תַעֲנֶ֑נּוּ וְשַׂמְתָּ֥ מִשְׁעַנְתִּ֖י עַל־פְּנֵ֥י הַנָּֽעַר׃ וַתֹּ֙אמֶר֙ אֵ֣ם הַנַּ֔עַר
31 חַי־יְהוָ֥ה וְחֵֽי־נַפְשְׁךָ֖ אִם־אֶעֶזְבֶ֑ךָּ וַיָּ֖קָם וַיֵּ֥לֶךְ אַחֲרֶֽיהָ׃ וְגֵחֲזִ֞י

עבר

v. 16. את ק׳ v. 23. את ק׳ ibid. הלכת ק׳

עֹבֵר לִפְנֵיהֶם וַיָּשֶׂם אֶת־הַמִּשְׁעֶנֶת עַל־פְּנֵי הַנַּעַר וְאֵין קוֹל
וְאֵין קָשֶׁב וַיָּשָׁב לִקְרָאתוֹ וַיַּגֶּד־לוֹ לֵאמֹר לֹא הֵקִיץ הַנָּעַר׃
32 וַיָּבֹא אֱלִישָׁע הַבָּיְתָה וְהִנֵּה הַנַּעַר מֵת מֻשְׁכָּב עַל־מִטָּתוֹ׃
33 34 וַיָּבֹא וַיִּסְגֹּר הַדֶּלֶת בְּעַד שְׁנֵיהֶם וַיִּתְפַּלֵּל אֶל־יְהוָה׃ וַיַּעַל
וַיִּשְׁכַּב עַל־הַיֶּלֶד וַיָּשֶׂם פִּיו עַל־פִּיו וְעֵינָיו עַל־עֵינָיו וְכַפָּיו
לה עַל־כַּפָּו וַיִּגְהַר עָלָיו וַיָּחָם בְּשַׂר הַיָּלֶד׃ וַיָּשָׁב וַיֵּלֶךְ בַּבַּיִת
אַחַת הֵנָּה וְאַחַת הֵנָּה וַיַּעַל וַיִּגְהַר עָלָיו וַיְזוֹרֵר הַנַּעַר עַד־
36 שֶׁבַע פְּעָמִים וַיִּפְקַח הַנַּעַר אֶת־עֵינָיו׃ וַיִּקְרָא אֶל־גֵּיחֲזִי
וַיֹּאמֶר קְרָא אֶל־הַשֻּׁנַמִּית הַזֹּאת וַיִּקְרָאֶהָ וַתָּבוֹא אֵלָיו וַיֹּאמֶר
37 שְׂאִי בְנֵךְ׃ וַתָּבֹא וַתִּפֹּל עַל־רַגְלָיו וַתִּשְׁתַּחוּ אָרְצָה וַתִּשָּׂא
אֶת־בְּנָהּ וַתֵּצֵא׃

38 וֶאֱלִישָׁע שָׁב הַגִּלְגָּלָה וְהָרָעָב בָּאָרֶץ וּבְנֵי הַנְּבִיאִים יֹשְׁבִים
לְפָנָיו וַיֹּאמֶר לְנַעֲרוֹ שְׁפֹת הַסִּיר הַגְּדוֹלָה וּבַשֵּׁל נָזִיד לִבְנֵי
39 הַנְּבִיאִים׃ וַיֵּצֵא אֶחָד אֶל־הַשָּׂדֶה לְלַקֵּט אֹרֹת וַיִּמְצָא גֶּפֶן
שָׂדֶה וַיְלַקֵּט מִמֶּנּוּ פַּקֻּעֹת שָׂדֶה מְלֹא בִגְדוֹ וַיָּבֹא וַיְפַלַּח
מ אֶל־סִיר הַנָּזִיד כִּי־לֹא יָדָעוּ׃ וַיִּצְקוּ לַאֲנָשִׁים לֶאֱכוֹל וַיְהִי
כְּאָכְלָם מֵהַנָּזִיד וְהֵמָּה צָעָקוּ וַיֹּאמְרוּ מָוֶת בַּסִּיר אִישׁ הָאֱלֹהִים
41 וְלֹא יָכְלוּ לֶאֱכֹל׃ וַיֹּאמֶר וּקְחוּ־קֶמַח וַיַּשְׁלֵךְ אֶל־הַסִּיר
42 וַיֹּאמֶר צַק לָעָם וְיֹאכֵלוּ וְלֹא הָיָה דָּבָר רָע בַּסִּיר׃ וְאִישׁ
בָּא מִבַּעַל שָׁלִשָׁה וַיָּבֵא לְאִישׁ הָאֱלֹהִים לֶחֶם בִּכּוּרִים
עֶשְׂרִים־לֶחֶם שְׂעֹרִים וְכַרְמֶל בְּצִקְלֹנוֹ וַיֹּאמֶר תֵּן לָעָם
43 וְיֹאכֵלוּ׃ וַיֹּאמֶר מְשָׁרְתוֹ מָה אֶתֵּן זֶה לִפְנֵי מֵאָה אִישׁ וַיֹּאמֶר
44 תֵּן לָעָם וְיֹאכֵלוּ כִּי כֹה אָמַר יְהוָה אָכֹל וְהוֹתֵר׃ וַיִּתֵּן לִפְנֵיהֶם
וַיֹּאכְלוּ וַיּוֹתִרוּ כִּדְבַר יְהוָה׃

ה

CAP. V. ה

א וְנַעֲמָן שַׂר־צְבָא מֶלֶךְ־אֲרָם הָיָה אִישׁ גָּדוֹל לִפְנֵי אֲדֹנָיו
וּנְשֻׂא פָנִים כִּי־בוֹ נָתַן־יְהוָה תְּשׁוּעָה לַאֲרָם וְהָאִישׁ הָיָה

גבור

ד׳ v. 34. כפיו ק׳ v. 42. הפטרת תזריע

2 גִּבּ֣וֹר חַ֔יִל מְצֹרָֽע׃ וַאֲרָם֙ יָצְא֣וּ גְדוּדִ֔ים וַיִּשְׁבּ֛וּ מֵאֶ֥רֶץ יִשְׂרָאֵ֖ל
3 נַעֲרָ֣ה קְטַנָּ֑ה וַתְּהִ֕י לִפְנֵ֖י אֵ֥שֶׁת נַעֲמָֽן׃ וַתֹּ֙אמֶר֙ אֶל־גְּבִרְתָּ֔הּ
אַחֲלֵ֣י אֲדֹנִ֔י לִפְנֵ֥י הַנָּבִ֖יא אֲשֶׁ֣ר בְּשֹׁמְר֑וֹן אָ֛ז יֶאֱסֹ֥ף אֹת֖וֹ
4 מִצָּרַעְתּֽוֹ׃ וַיָּבֹ֕א וַיַּגֵּ֥ד לַאדֹנָ֖יו לֵאמֹ֑ר כָּזֹ֤את וְכָזֹאת֙ דִּבְּרָ֣ה
ה הַנַּעֲרָ֔ה אֲשֶׁ֖ר מֵאֶ֥רֶץ יִשְׂרָאֵֽל׃ וַיֹּ֤אמֶר מֶֽלֶךְ־אֲרָם֙ לֶךְ־בֹּ֔א
וְאֶשְׁלְחָ֥ה סֵ֖פֶר אֶל־מֶ֣לֶךְ יִשְׂרָאֵ֑ל וַיֵּ֗לֶךְ וַיִּקַּ֨ח בְּיָד֜וֹ עֶ֣שֶׂר
כִּכְּרֵי־כֶ֗סֶף וְשֵׁ֤שֶׁת אֲלָפִים֙ זָהָ֔ב וְעֶ֖שֶׂר חֲלִיפ֥וֹת בְּגָדִֽים׃
6 וַיָּבֵ֣א הַסֵּ֔פֶר אֶל־מֶ֥לֶךְ יִשְׂרָאֵ֖ל לֵאמֹ֑ר וְעַתָּ֗ה כְּב֨וֹא הַסֵּ֤פֶר
הַזֶּה֙ אֵלֶ֔יךָ הִנֵּ֨ה שָׁלַ֤חְתִּי אֵלֶ֙יךָ֙ אֶת־נַעֲמָ֣ן עַבְדִּ֔י וַאֲסַפְתּ֖וֹ
7 מִצָּרַעְתּֽוֹ׃ וַיְהִ֡י כִּקְרֹא֩ מֶֽלֶךְ־יִשְׂרָאֵ֨ל אֶת־הַסֵּ֜פֶר וַיִּקְרַ֣ע
בְּגָדָ֗יו וַיֹּ֙אמֶר֙ הַאֱלֹהִ֥ים אָ֙נִי֙ לְהָמִ֣ית וּֽלְהַחֲי֔וֹת כִּֽי־זֶה֙ שֹׁלֵ֣חַ
אֵלַ֔י לֶאֱסֹ֥ף אִ֖ישׁ מִצָּֽרַעְתּ֑וֹ כִּ֚י אַךְ־דְּעוּ־נָ֣א וּרְא֔וּ כִּֽי־מִתְאַנֶּ֥ה
8 ה֖וּא לִֽי׃ וַיְהִ֞י כִּשְׁמֹ֣עַ ׀ אֱלִישָׁ֣ע אִישׁ־הָאֱלֹהִ֗ים כִּֽי־קָרַ֤ע
מֶֽלֶךְ־יִשְׂרָאֵל֙ אֶת־בְּגָדָ֔יו וַיִּשְׁלַח֙ אֶל־הַמֶּ֣לֶךְ לֵאמֹ֔ר לָ֥מָּה
9 קָרַ֖עְתָּ בְּגָדֶ֑יךָ יָבֹֽא־נָ֣א אֵלַ֔י וְיֵדַ֕ע כִּ֛י יֵ֥שׁ נָבִ֖יא בְּיִשְׂרָאֵֽל׃
וַיָּבֹ֥א נַעֲמָ֖ן בְּסוּסָ֣ו וּבְרִכְבּ֑וֹ וַיַּעֲמֹ֥ד פֶּֽתַח־הַבַּ֖יִת לֶאֱלִישָֽׁע׃
י וַיִּשְׁלַ֥ח אֵלָ֛יו אֱלִישָׁ֖ע מַלְאָ֣ךְ לֵאמֹ֑ר הָל֗וֹךְ וְרָחַצְתָּ֤ שֶֽׁבַע־
11 פְּעָמִים֙ בַּיַּרְדֵּ֔ן וְיָשֹׁ֧ב בְּשָׂרְךָ֛ לְךָ֖ וּטְהָֽר׃ וַיִּקְצֹ֥ף נַעֲמָ֖ן וַיֵּלַ֑ךְ
וַיֹּ֡אמֶר הִנֵּ֣ה אָמַ֩רְתִּי֩ אֵלַ֨י ׀ יֵצֵ֣א יָצ֗וֹא וְעָמַד֙ וְקָרָא֙ בְּשֵׁם־יְהוָ֣ה
12 אֱלֹהָ֔יו וְהֵנִ֥יף יָד֛וֹ אֶל־הַמָּק֖וֹם וְאָסַ֥ף הַמְּצֹרָֽע׃ הֲלֹ֡א טוֹב֩
אֲבָנָ֨ה וּפַרְפַּ֜ר נַהֲר֣וֹת דַּמֶּ֗שֶׂק מִכֹּל֙ מֵימֵ֣י יִשְׂרָאֵ֔ל הֲלֹֽא־אֶרְחַ֥ץ
13 בָּהֶ֖ם וְטָהָ֑רְתִּי וַיִּ֖פֶן וַיֵּ֥לֶךְ בְּחֵמָֽה׃ וַיִּגְּשׁ֣וּ עֲבָדָיו֮ וַיְדַבְּר֣וּ אֵלָיו֒
וַיֹּאמְר֗וּ אָבִי֙ דָּבָ֣ר גָּד֔וֹל הַנָּבִ֖יא דִּבֶּ֣ר אֵלֶ֑יךָ הֲל֣וֹא תַעֲשֶׂ֔ה
14 וְאַ֛ף כִּֽי־אָמַ֥ר אֵלֶ֖יךָ רְחַ֥ץ וּטְהָֽר׃ וַיֵּ֗רֶד וַיִּטְבֹּ֤ל בַּיַּרְדֵּן֙ שֶׁ֣בַע
פְּעָמִ֔ים כִּדְבַ֖ר אִ֣ישׁ הָאֱלֹהִ֑ים וַיָּ֣שָׁב בְּשָׂר֗וֹ כִּבְשַׂר֙ נַ֣עַר קָטֹ֔ן
טו וַיִּטְהָֽר׃ וַיָּשָׁב֩ אֶל־אִ֨ישׁ הָאֱלֹהִ֜ים ה֣וּא וְכָל־מַחֲנֵ֗הוּ וַיָּבֹא֙
וַיַּעֲמֹ֣ד לְפָנָ֔יו וַיֹּ֕אמֶר הִנֵּה־נָ֣א יָדַ֔עְתִּי כִּ֣י אֵ֤ין אֱלֹהִים֙ בְּכָל־

הארץ

v. 9. בסוסיו ק׳ v. 12. אמנה ק׳

הָאָ֗רֶץ כִּ֣י אִם־בִּישְׂרָאֵ֑ל וְעַתָּ֛ה קַח־נָ֥א בְרָכָ֖ה מֵאֵ֥ת עַבְדֶּֽךָ׃

16 וַיֹּ֕אמֶר חַי־יְהֹוָ֛ה אֲשֶׁר־עָמַ֥דְתִּי לְפָנָ֖יו אִם־אֶקָּ֑ח וַיִּפְצַר־בּ֥וֹ

17 לָקַ֖חַת וַיְמָאֵֽן׃ וַיֹּאמֶר֮ נַעֲמָן֒ וָלֹ֕א יֻתַּן־נָ֣א לְעַבְדְּךָ֔ מַשָּׂ֥א צֶֽמֶד־ פְּרָדִ֖ים אֲדָמָ֑ה כִּ֡י לֽוֹא־יַעֲשֶׂה֩ ע֨וֹד עַבְדְּךָ֜ עֹלָ֣ה וָזֶ֗בַח

18 לֵאלֹהִ֣ים אֲחֵרִ֔ים כִּ֖י אִם־לַיהֹוָֽה׃ לַדָּבָ֣ר הַזֶּ֔ה יִסְלַ֥ח יְהֹוָ֖ה לְעַבְדֶּ֑ךָ בְּב֣וֹא אֲדֹנִ֣י בֵית־רִמּוֹן֩ לְהִשְׁתַּחֲוֺ֨ת שָׁ֜מָּה וְה֣וּא ׀ נִשְׁעָ֣ן עַל־יָדִ֗י וְהִֽשְׁתַּחֲוֵ֙יתִי֙ בֵּ֣ית רִמֹּ֔ן בְּהִֽשְׁתַּחֲוָיָ֙תִי֙ בֵּ֣ית רִמֹּ֔ן יִסְלַֽח־

19 נָ֥א יְהֹוָ֛ה לְעַבְדְּךָ֖ בַּדָּבָ֣ר הַזֶּֽה׃ וַיֹּ֥אמֶר ל֖וֹ לֵ֣ךְ לְשָׁל֑וֹם וַיֵּ֥לֶךְ

כ מֵאִתּ֖וֹ כִּבְרַת־אָֽרֶץ׃   וַיֹּ֣אמֶר גֵּיחֲזִ֗י נַ֙עַר֙ אֱלִישָׁ֣ע אִישׁ־ הָאֱלֹהִים֒ הִנֵּ֣ה ׀ חָשַׂ֣ךְ אֲדֹנִ֗י אֶֽת־נַעֲמָ֤ן הָֽאֲרַמִּי֙ הַזֶּ֔ה מִקַּ֥חַת מִיָּד֖וֹ אֵ֣ת אֲשֶׁר־הֵבִ֑יא חַי־יְהֹוָה֙ כִּֽי־אִם־רַ֣צְתִּי אַחֲרָ֔יו

21 וְלָקַחְתִּ֥י מֵאִתּ֖וֹ מְאֽוּמָה׃ וַיִּרְדֹּ֥ף גֵּיחֲזִ֖י אַֽחֲרֵ֣י נַֽעֲמָ֑ן וַיִּרְאֶ֤ה נַֽעֲמָן֙ רָ֣ץ אַֽחֲרָ֔יו וַיִּפֹּ֥ל מֵעַ֛ל הַמֶּרְכָּבָ֖ה לִקְרָאת֑וֹ וַיֹּ֖אמֶר

22 הֲשָׁלֽוֹם׃ וַיֹּ֣אמֶר ׀ שָׁל֗וֹם אֲדֹנִי֮ שְׁלָחַ֣נִי לֵאמֹר֒ הִנֵּ֣ה עַתָּ֡ה זֶ֣ה בָּ֣אוּ אֵלַ֣י שְׁנֵֽי־נְעָרִ֩ים מֵהַ֨ר אֶפְרַ֜יִם מִבְּנֵ֣י הַנְּבִיאִ֑ים תְּנָה־נָּ֤א

23 לָהֶם֙ כִּכַּר־כֶּ֔סֶף וּשְׁתֵּ֖י חֲלִפ֥וֹת בְּגָדִֽים׃ וַיֹּ֣אמֶר נַֽעֲמָ֗ן הוֹאֵ֙ל קַ֣ח כִּכָּרָ֑יִם וַיִּפְרָץ־בּ֗וֹ וַיָּצַר֩ כִּכְּרַ֨יִם כֶּ֜סֶף בִּשְׁנֵ֣י חֲרִטִ֗ים וּשְׁתֵּי֙

24 חֲלִפ֣וֹת בְּגָדִ֔ים וַיִּתֵּן֙ אֶל־שְׁנֵ֣י נְעָרָ֔יו וַיִּשְׂא֖וּ לְפָנָֽיו׃ וַיָּבֹא֙ אֶל־ הָעֹ֔פֶל וַיִּקַּ֥ח מִיָּדָ֖ם וַיִּפְקֹ֣ד בַּבָּ֑יִת וַיְשַׁלַּ֥ח אֶת־הָאֲנָשִׁ֖ים וַיֵּלֵֽכוּ׃

כה וְהוּא־בָ֙א וַיַּעֲמֹ֣ד אֶל־אֲדֹנָ֔יו וַיֹּ֤אמֶר אֵלָיו֙ אֱלִישָׁ֔ע מֵאַ֖יִן גֵּֽחֲזִ֑י

26 וַיֹּ֕אמֶר לֹֽא־הָלַ֥ךְ עַבְדְּךָ֖ אָ֣נֶה וָאָֽנָה׃ וַיֹּ֤אמֶר אֵלָיו֙ לֹא־לִבִּ֣י הָלַ֔ךְ כַּאֲשֶׁ֧ר הָֽפַךְ־אִ֛ישׁ מֵעַ֥ל מֶרְכַּבְתּ֖וֹ לִקְרָאתֶ֑ךָ הַעֵ֣ת לָקַ֣חַת אֶת־הַכֶּ֗סֶף וְלָקַ֤חַת בְּגָדִים֙ וְזֵיתִ֣ים וּכְרָמִ֔ים וְצֹ֖אן

27 וּבָקָ֑ר וַעֲבָדִ֖ים וּשְׁפָחֽוֹת׃ וְצָרַ֤עַת נַֽעֲמָן֙ תִּֽדְבַּק־בְּךָ֔ וּֽבְזַרְעֲךָ֖ לְעוֹלָ֑ם וַיֵּצֵ֥א מִלְּפָנָ֖יו מְצֹרָ֥ע כַּשָּֽׁלֶג׃

‏ו‏   CAP. VI.

א וַיֹּאמְר֥וּ בְנֵֽי־הַנְּבִיאִ֖ים אֶל־אֱלִישָׁ֑ע הִנֵּֽה־נָ֣א הַמָּק֗וֹם אֲשֶׁ֨ר

2 אֲנַ֜חְנוּ יֹשְׁבִ֥ים שָׁ֛ם לְפָנֶ֖יךָ צַ֥ר מִמֶּֽנּוּ׃ נֵֽלְכָה־נָּ֣א עַד־הַיַּרְדֵּ֗ן

וְנִקְחָה מִשָּׁם אִישׁ קוֹרָה אֶחָת וְנַעֲשֶׂה־לָּנוּ שָׁם מָקוֹם לָשֶׁבֶת
3 שָׁם וַיֹּאמֶר לֵכוּ׃ וַיֹּאמֶר הָאֶחָד הוֹאֶל נָא וְלֵךְ אֶת־עֲבָדֶיךָ
4 וַיֹּאמֶר אֲנִי אֵלֵךְ׃ וַיֵּלֶךְ אִתָּם וַיָּבֹאוּ הַיַּרְדֵּנָה וַיִּגְזְרוּ הָעֵצִים׃
ה וַיְהִי הָאֶחָד מַפִּיל הַקּוֹרָה וְאֶת־הַבַּרְזֶל נָפַל אֶל־הַמָּיִם
6 וַיִּצְעַק וַיֹּאמֶר אֲהָהּ אֲדֹנִי וְהוּא שָׁאוּל׃ וַיֹּאמֶר אִישׁ־הָאֱלֹהִים
אָנָה נָפָל וַיַּרְאֵהוּ אֶת־הַמָּקוֹם וַיִּקְצָב־עֵץ וַיַּשְׁלֶךְ־שָׁמָּה וַיָּצֶף
7 8 הַבַּרְזֶל׃ וַיֹּאמֶר הָרֶם לָךְ וַיִּשְׁלַח יָדוֹ וַיִּקָּחֵהוּ׃ וּמֶלֶךְ
אֲרָם הָיָה נִלְחָם בְּיִשְׂרָאֵל וַיִּוָּעַץ אֶל־עֲבָדָיו לֵאמֹר אֶל־
9 מְקוֹם פְּלֹנִי אַלְמֹנִי תַּחֲנֹתִי׃ וַיִּשְׁלַח אִישׁ הָאֱלֹהִים אֶל־מֶלֶךְ
יִשְׂרָאֵל לֵאמֹר הִשָּׁמֶר מֵעֲבֹר הַמָּקוֹם הַזֶּה כִּי־שָׁם אֲרָם
י נְחִתִּים׃ וַיִּשְׁלַח מֶלֶךְ יִשְׂרָאֵל אֶל־הַמָּקוֹם אֲשֶׁר אָמַר־לוֹ
אִישׁ־הָאֱלֹהִים וְהִזְהִירֹה וְנִשְׁמַר שָׁם לֹא אַחַת וְלֹא שְׁתָּיִם׃
11 וַיִּסָּעֵר לֵב מֶלֶךְ־אֲרָם עַל־הַדָּבָר הַזֶּה וַיִּקְרָא אֶל־עֲבָדָיו
וַיֹּאמֶר אֲלֵיהֶם הֲלוֹא תַּגִּידוּ לִי מִי מִשֶּׁלָּנוּ אֶל־מֶלֶךְ יִשְׂרָאֵל׃
12 וַיֹּאמֶר אַחַד מֵעֲבָדָיו לוֹא אֲדֹנִי הַמֶּלֶךְ כִּי־אֱלִישָׁע הַנָּבִיא
אֲשֶׁר בְּיִשְׂרָאֵל יַגִּיד לְמֶלֶךְ יִשְׂרָאֵל אֶת־הַדְּבָרִים אֲשֶׁר
13 תְּדַבֵּר בַּחֲדַר מִשְׁכָּבֶךָ׃ וַיֹּאמֶר לְכוּ וּרְאוּ אֵיכֹה הוּא וְאֶשְׁלַח
14 וְאֶקָּחֵהוּ וַיֻּגַּד־לוֹ לֵאמֹר הִנֵּה בְדֹתָן׃ וַיִּשְׁלַח־שָׁמָּה סוּסִים
טו וְרֶכֶב וְחַיִל כָּבֵד וַיָּבֹאוּ לַיְלָה וַיַּקִּפוּ עַל־הָעִיר׃ וַיַּשְׁכֵּם
מְשָׁרֵת אִישׁ הָאֱלֹהִים לָקוּם וַיֵּצֵא וְהִנֵּה־חַיִל סוֹבֵב אֶת־
הָעִיר וְסוּס וָרָכֶב וַיֹּאמֶר נַעֲרוֹ אֵלָיו אֲהָהּ אֲדֹנִי אֵיכָה נַעֲשֶׂה׃
16 17 וַיֹּאמֶר אַל־תִּירָא כִּי רַבִּים אֲשֶׁר אִתָּנוּ מֵאֲשֶׁר אוֹתָם׃ וַיִּתְפַּלֵּל
אֱלִישָׁע וַיֹּאמַר יְהוָה פְּקַח־נָא אֶת־עֵינָיו וְיִרְאֶה וַיִּפְקַח יְהוָה
אֶת־עֵינֵי הַנַּעַר וַיַּרְא וְהִנֵּה הָהָר מָלֵא סוּסִים וְרֶכֶב אֵשׁ
18 סְבִיבֹת אֱלִישָׁע׃ וַיֵּרְדוּ אֵלָיו וַיִּתְפַּלֵּל אֱלִישָׁע אֶל־יְהוָה
וַיֹּאמַר הַךְ־נָא אֶת־הַגּוֹי־הַזֶּה בַּסַּנְוֵרִים וַיַּכֵּם בַּסַּנְוֵרִים
19 כִּדְבַר אֱלִישָׁע׃ וַיֹּאמֶר אֲלֵהֶם אֱלִישָׁע לֹא זֶה הַדֶּרֶךְ וְלֹא

זה

v. 10. והזהירו ק׳

זֶה הָעִיר֒ לְכ֣וּ אַחֲרַ֔י וְאוֹלִ֣יכָה אֶתְכֶ֔ם אֶל־הָאִ֖ישׁ אֲשֶׁ֣ר
כ תְּבַקֵּשׁ֑וּן וַיֹּ֥לֶךְ אוֹתָ֖ם שֹׁמְרֽוֹנָה׃ וַיְהִי֮ כְּבֹאָ֣ם שֹׁמְרוֹן֒ וַיֹּ֣אמֶר
אֱלִישָׁ֔ע יְהוָ֕ה פְּקַ֥ח אֶת־עֵינֵי־אֵ֖לֶּה וְיִרְא֑וּ וַיִּפְקַ֤ח יְהוָה֙ אֶת־
21 עֵ֣ינֵיהֶ֔ם וַיִּרְא֕וּ וְהִנֵּ֖ה בְּת֥וֹךְ שֹׁמְרֽוֹן׃ וַיֹּ֤אמֶר מֶֽלֶךְ־יִשְׂרָאֵל֙
22 אֶל־אֱלִישָׁ֔ע כִּרְאֹת֖וֹ אוֹתָ֑ם הַאַכֶּ֥ה אַכֶּ֖ה אָבִֽי׃ וַיֹּ֘אמֶר֮ לֹ֣א
תַכֶּה֒ הַאֲשֶׁ֥ר שָׁבִ֛יתָ בְּחַרְבְּךָ֥ וּבְקַשְׁתְּךָ֖ אַתָּ֣ה מַכֶּ֑ה שִׂ֧ים לֶ֣חֶם
23 וָמַ֗יִם לִפְנֵיהֶם֙ וְיֹֽאכְלוּ֙ וְיִשְׁתּ֔וּ וְיֵלְכ֖וּ אֶל־אֲדֹנֵיהֶֽם׃ וַיִּכְרֶ֨ה
לָהֶ֜ם כֵּרָ֣ה גְדוֹלָ֗ה וַיֹּֽאכְלוּ֙ וַיִּשְׁתּ֔וּ וַֽיְשַׁלְּחֵ֔ם וַיֵּלְכ֖וּ אֶל־אֲדֹנֵיהֶ֑ם
24 וְלֹא־יָ֤סְפוּ עוֹד֙ גְּדוּדֵ֣י אֲרָ֔ם לָב֖וֹא בְּאֶ֥רֶץ יִשְׂרָאֵֽל׃ וַֽיְהִי֙
אַחֲרֵי־כֵ֔ן וַיִּקְבֹּ֛ץ בֶּן־הֲדַ֥ד מֶֽלֶךְ־אֲרָ֖ם אֶת־כָּל־מַחֲנֵ֑הוּ
כה וַיַּ֕עַל וַיָּ֖צַר עַל־שֹׁמְרֽוֹן׃ וַיְהִ֞י רָעָ֤ב גָּדוֹל֙ בְּשֹׁ֣מְר֔וֹן וְהִנֵּ֖ה צָרִ֣ים
עָלֶ֑יהָ עַ֣ד הֱי֣וֹת רֹאשׁ־חֲמוֹר֩ בִּשְׁמֹנִ֨ים כֶּ֜סֶף וְרֹ֧בַע הַקַּ֛ב
26 חִרְיוֹנִ֖ים בַּחֲמִשָּׁה־כָֽסֶף׃ וַיְהִי֙ מֶ֣לֶךְ יִשְׂרָאֵ֔ל עֹבֵ֖ר עַל־
הַחֹמָ֑ה וְאִשָּׁ֗ה צָעֲקָ֤ה אֵלָיו֙ לֵאמֹ֔ר הוֹשִׁ֖יעָה אֲדֹנִ֥י הַמֶּֽלֶךְ׃
27 וַיֹּ֙אמֶר֙ אַל־יוֹשִׁעֵ֣ךְ יְהוָ֔ה מֵאַ֖יִן אוֹשִׁיעֵ֑ךְ הֲמִן־הַגֹּ֖רֶן א֥וֹ מִן־
28 הַיָּֽקֶב׃ וַיֹּֽאמֶר־לָ֥הּ הַמֶּ֖לֶךְ מַה־לָּ֑ךְ וַתֹּ֗אמֶר הָאִשָּׁ֤ה הַזֹּאת֙
אָמְרָ֣ה אֵלַ֔י תְּנִ֤י אֶת־בְּנֵךְ֙ וְנֹאכְלֶ֣נּוּ הַיּ֔וֹם וְאֶת־בְּנִ֖י נֹאכַ֥ל מָחָֽר׃
29 וַנְּבַשֵּׁ֥ל אֶת־בְּנִ֖י וַנֹּֽאכְלֵ֑הוּ וָאֹמַ֨ר אֵלֶ֜יהָ בַּיּ֣וֹם הָאַחֵ֗ר תְּנִ֤י אֶת־
ל בְּנֵךְ֙ וְנֹֽאכְלֶ֔נּוּ וַתַּחְבִּ֖א אֶת־בְּנָֽהּ׃ וַיְהִי֩ כִשְׁמֹ֨עַ הַמֶּ֜לֶךְ אֶת־
דִּבְרֵ֣י הָֽאִשָּׁ֗ה וַיִּקְרַע֙ אֶת־בְּגָדָ֔יו וְה֖וּא עֹבֵ֣ר עַל־הַחֹמָ֑ה וַיַּ֣רְא
31 הָעָ֗ם וְהִנֵּ֥ה הַשַּׂ֛ק עַל־בְּשָׂר֖וֹ מִבָּֽיִת׃ וַיֹּ֕אמֶר כֹּה־יַעֲשֶׂה־לִּ֥י
אֱלֹהִ֖ים וְכֹ֣ה יוֹסִ֑ף אִם־יַעֲמֹ֞ד רֹ֣אשׁ אֱלִישָׁ֧ע בֶּן־שָׁפָ֛ט עָלָ֖יו
32 הַיּֽוֹם׃ וֶאֱלִישָׁע֙ יֹשֵׁ֣ב בְּבֵית֔וֹ וְהַזְּקֵנִ֖ים יֹשְׁבִ֣ים אִתּ֑וֹ וַיִּשְׁלַ֨ח אִ֜ישׁ
מִלְּפָנָ֗יו בְּטֶ֩רֶם֩ יָבֹ֨א הַמַּלְאָ֜ךְ אֵלָ֗יו וְה֣וּא ׀ אָמַ֣ר אֶל־הַזְּקֵנִ֗ים
הַרְאִיתֶם֙ כִּֽי־שָׁלַ֞ח בֶּן־הַֽמְרַצֵּ֤חַ הַזֶּה֙ לְהָסִ֣יר אֶת־רֹאשִׁ֔י רְא֣וּ ׀
כְּבֹ֣א הַמַּלְאָ֗ךְ סִגְר֤וּ הַדֶּ֙לֶת֙ וּלְחַצְתֶּ֤ם אֹתוֹ֙ בַּדֶּ֔לֶת הֲל֗וֹא ק֛וֹל
33 רַגְלֵ֥י אֲדֹנָ֖יו אַחֲרָֽיו׃ עוֹדֶ֙נּוּ֙ מְדַבֵּ֣ר עִמָּ֔ם וְהִנֵּ֥ה הַמַּלְאָ֖ךְ יֹרֵ֣ד

v. 25. דביונים ק׳

אֵלָיו וַיֹּאמֶר הִנֵּה־זֹאת הָרָעָה מֵאֵת יְהוָה מָה־אוֹחִיל לַיהוָה
עוֹד׃

ז Cap. VII. ז

א וַיֹּאמֶר אֱלִישָׁע שִׁמְעוּ דְּבַר־יְהוָה כֹּה ׀ אָמַר יְהוָה כָּעֵת ׀
מָחָר סְאָה־סֹלֶת בְּשֶׁקֶל וְסָאתַיִם שְׂעֹרִים בְּשֶׁקֶל בְּשַׁעַר
2 שֹׁמְרוֹן׃ וַיַּעַן הַשָּׁלִישׁ אֲשֶׁר־לַמֶּלֶךְ נִשְׁעָן עַל־יָדוֹ אֶת־אִישׁ
הָאֱלֹהִים וַיֹּאמַר הִנֵּה יְהוָה עֹשֶׂה אֲרֻבּוֹת בַּשָּׁמַיִם הֲיִהְיֶה
הַדָּבָר הַזֶּה וַיֹּאמֶר הִנְּכָה רֹאֶה בְּעֵינֶיךָ וּמִשָּׁם לֹא תֹאכֵל׃
3 וְאַרְבָּעָה אֲנָשִׁים הָיוּ מְצֹרָעִים פֶּתַח הַשָּׁעַר וַיֹּאמְרוּ אִישׁ
4 אֶל־רֵעֵהוּ מָה אֲנַחְנוּ יֹשְׁבִים פֹּה עַד־מָתְנוּ׃ אִם־אָמַרְנוּ
נָבוֹא הָעִיר וְהָרָעָב בָּעִיר וָמַתְנוּ שָׁם וְאִם־יָשַׁבְנוּ פֹה וָמָתְנוּ
וְעַתָּה לְכוּ וְנִפְּלָה אֶל־מַחֲנֵה אֲרָם אִם־יְחַיֻּנוּ נִחְיֶה וְאִם־
ה יְמִיתֻנוּ וָמָתְנוּ׃ וַיָּקֻמוּ בַנֶּשֶׁף לָבוֹא אֶל־מַחֲנֵה אֲרָם וַיָּבֹאוּ
6 עַד־קְצֵה מַחֲנֵה אֲרָם וְהִנֵּה אֵין־שָׁם אִישׁ׃ וַאדֹנָי הִשְׁמִיעַ ׀
אֶת־מַחֲנֵה אֲרָם קוֹל רֶכֶב קוֹל סוּס קוֹל חַיִל גָּדוֹל וַיֹּאמְרוּ
אִישׁ אֶל־אָחִיו הִנֵּה שָׂכַר־עָלֵינוּ מֶלֶךְ יִשְׂרָאֵל אֶת־מַלְכֵי
7 הַחִתִּים וְאֶת־מַלְכֵי מִצְרַיִם לָבוֹא עָלֵינוּ׃ וַיָּקוּמוּ וַיָּנוּסוּ
בַנֶּשֶׁף וַיַּעַזְבוּ אֶת־אָהֳלֵיהֶם וְאֶת־סוּסֵיהֶם וְאֶת־חֲמֹרֵיהֶם
8 הַמַּחֲנֶה כַּאֲשֶׁר־הִיא וַיָּנֻסוּ אֶל־נַפְשָׁם׃ וַיָּבֹאוּ הַמְצֹרָעִים
הָאֵלֶּה עַד־קְצֵה הַמַּחֲנֶה וַיָּבֹאוּ אֶל־אֹהֶל אֶחָד וַיֹּאכְלוּ
וַיִּשְׁתּוּ וַיִּשְׂאוּ מִשָּׁם כֶּסֶף וְזָהָב וּבְגָדִים וַיֵּלְכוּ וַיַּטְמִנוּ וַיָּשֻׁבוּ
9 וַיָּבֹאוּ אֶל־אֹהֶל אַחֵר וַיִּשְׂאוּ מִשָּׁם וַיֵּלְכוּ וַיַּטְמִנוּ׃ וַיֹּאמְרוּ
אִישׁ אֶל־רֵעֵהוּ לֹא־כֵן ׀ אֲנַחְנוּ עֹשִׂים הַיּוֹם הַזֶּה יוֹם־בְּשֹׂרָה
הוּא וַאֲנַחְנוּ מַחְשִׁים וְחִכִּינוּ עַד־אוֹר הַבֹּקֶר וּמְצָאָנוּ עָוֺן
י וְעַתָּה לְכוּ וְנָבֹאָה וְנַגִּידָה בֵּית הַמֶּלֶךְ׃ וַיָּבֹאוּ וַיִּקְרְאוּ אֶל־
שֹׁעֵר הָעִיר וַיַּגִּידוּ לָהֶם לֵאמֹר בָּאנוּ אֶל־מַחֲנֵה אֲרָם וְהִנֵּה
אֵין־שָׁם אִישׁ וְקוֹל אָדָם כִּי אִם־הַסּוּס אָסוּר וְהַחֲמוֹר אָסוּר

ואהלים

ז׳ v. 3. הפטרת מצורע

11 וְאֹהָלִים כַּאֲשֶׁר הֵמָּה: וַיִּקְרָא הַשֹּׁעֲרִים וַיַּגִּידוּ בֵּית הַמֶּלֶךְ
12 פְּנִימָה: וַיָּקָם הַמֶּלֶךְ לַיְלָה וַיֹּאמֶר אֶל־עֲבָדָיו אַגִּידָה־נָּא
לָכֶם אֵת אֲשֶׁר־עָשׂוּ לָנוּ אֲרָם יָדְעוּ כִּי־רְעֵבִים אֲנַחְנוּ וַיֵּצְאוּ
מִן־הַמַּחֲנֶה לְהֵחָבֵה בַהשָּׂדֶה לֵאמֹר כִּי־יֵצְאוּ מִן־הָעִיר
13 וְנִתְפְּשֵׂם חַיִּים וְאֶל־הָעִיר נָבֹא: וַיַּעַן אֶחָד מֵעֲבָדָיו וַיֹּאמֶר
וְיִקְחוּ־נָא חֲמִשָּׁה מִן־הַסּוּסִים הַנִּשְׁאָרִים אֲשֶׁר נִשְׁאֲרוּ־בָהּ
הִנָּם כְּכָל־הֶהָמוֹן יִשְׂרָאֵל אֲשֶׁר נִשְׁאֲרוּ־בָהּ הִנָּם כְּכָל־הֲמוֹן
14 יִשְׂרָאֵל אֲשֶׁר־תָּמּוּ וְנִשְׁלְחָה וְנִרְאֶה: וַיִּקְחוּ שְׁנֵי רֶכֶב סוּסִים
טו וַיִּשְׁלַח הַמֶּלֶךְ אַחֲרֵי מַחֲנֵה־אֲרָם לֵאמֹר לְכוּ וּרְאוּ: וַיֵּלְכוּ
אַחֲרֵיהֶם עַד־הַיַּרְדֵּן וְהִנֵּה כָל־הַדֶּרֶךְ מְלֵאָה בְגָדִים וְכֵלִים
אֲשֶׁר־הִשְׁלִיכוּ אֲרָם בְּהֵחָפְזָם וַיָּשֻׁבוּ הַמַּלְאָכִים וַיַּגִּדוּ לַמֶּלֶךְ:
16 וַיֵּצֵא הָעָם וַיָּבֹזּוּ אֵת מַחֲנֵה אֲרָם וַיְהִי סְאָה־סֹלֶת בְּשֶׁקֶל
17 וְסָאתַיִם שְׂעֹרִים בְּשֶׁקֶל כִּדְבַר יְהוָה: וְהַמֶּלֶךְ הִפְקִיד אֶת־
הַשָּׁלִישׁ אֲשֶׁר־נִשְׁעָן עַל־יָדוֹ עַל־הַשַּׁעַר וַיִּרְמְסֻהוּ הָעָם
בַּשַּׁעַר וַיָּמֹת כַּאֲשֶׁר דִּבֶּר אִישׁ הָאֱלֹהִים אֲשֶׁר דִּבֶּר בְּרֶדֶת
18 הַמֶּלֶךְ אֵלָיו: וַיְהִי כְּדַבֵּר אִישׁ הָאֱלֹהִים אֶל־הַמֶּלֶךְ לֵאמֹר
סָאתַיִם שְׂעֹרִים בְּשֶׁקֶל וּסְאָה־סֹלֶת בְּשֶׁקֶל יִהְיֶה כָּעֵת מָחָר
19 בְּשַׁעַר שֹׁמְרוֹן: וַיַּעַן הַשָּׁלִישׁ אֶת־אִישׁ הָאֱלֹהִים וַיֹּאמַר וְהִנֵּה
יְהוָה עֹשֶׂה אֲרֻבּוֹת בַּשָּׁמַיִם הֲיִהְיֶה כַּדָּבָר הַזֶּה וַיֹּאמֶר הִנְּךָ
כ רֹאֶה בְּעֵינֶיךָ וּמִשָּׁם לֹא תֹאכֵל: וַיְהִי־לוֹ כֵּן וַיִּרְמְסוּ אֹתוֹ
הָעָם בַּשַּׁעַר וַיָּמֹת:

ח Cap. VIII. ח

א וֶאֱלִישָׁע דִּבֶּר אֶל־הָאִשָּׁה אֲשֶׁר־הֶחֱיָה אֶת־בְּנָהּ לֵאמֹר
קוּמִי וּלְכִי אַתְּי וּבֵיתֵךְ וְגוּרִי בַּאֲשֶׁר תָּגוּרִי כִּי־קָרָא יְהוָה
2 לָרָעָב וְגַם־בָּא אֶל־הָאָרֶץ שֶׁבַע שָׁנִים: וַתָּקָם הָאִשָּׁה
וַתַּעַשׂ כִּדְבַר אִישׁ הָאֱלֹהִים וַתֵּלֶךְ הִיא וּבֵיתָהּ וַתָּגָר בְּאֶרֶץ־
3 פְּלִשְׁתִּים שֶׁבַע שָׁנִים: וַיְהִי מִקְצֵה שֶׁבַע שָׁנִים וַתָּשָׁב הָאִשָּׁה

מארץ

ז׳ v. 12. בשדה ק׳ v. 13. המון ק׳ v. 15. בחפזם ק׳ ח׳ v. 1. את ק׳

מֵאֶרֶץ פְּלִשְׁתִּים וַתֵּצֵא לִצְעֹק אֶל־הַמֶּלֶךְ אֶל־בֵּיתָהּ וְאֶל־
4 שָׂדָהּ׃ וְהַמֶּלֶךְ מְדַבֵּר אֶל־גֵּחֲזִי נַעַר אִישׁ־הָאֱלֹהִים לֵאמֹר
סַפְּרָה־נָּא לִי אֵת כָּל־הַגְּדֹלוֹת אֲשֶׁר־עָשָׂה אֱלִישָׁע׃ וַיְהִי
ה הוּא מְסַפֵּר לַמֶּלֶךְ אֵת אֲשֶׁר־הֶחֱיָה אֶת־הַמֵּת וְהִנֵּה הָאִשָּׁה
אֲשֶׁר־הֶחֱיָה אֶת־בְּנָהּ צֹעֶקֶת אֶל־הַמֶּלֶךְ עַל־בֵּיתָהּ וְעַל־
שָׂדָהּ וַיֹּאמֶר גֵּחֲזִי אֲדֹנִי הַמֶּלֶךְ זֹאת הָאִשָּׁה וְזֶה־בְּנָהּ אֲשֶׁר־
6 הֶחֱיָה אֱלִישָׁע׃ וַיִּשְׁאַל הַמֶּלֶךְ לָאִשָּׁה וַתְּסַפֶּר־לוֹ וַיִּתֶּן־
לָהּ הַמֶּלֶךְ סָרִיס אֶחָד לֵאמֹר הָשֵׁיב אֶת־כָּל־אֲשֶׁר־
לָהּ וְאֵת כָּל־תְּבוּאֹת הַשָּׂדֶה מִיּוֹם עָזְבָה אֶת־הָאָרֶץ וְעַד־
7 עָתָּה׃ וַיָּבֹא אֱלִישָׁע דַּמֶּשֶׂק וּבֶן־הֲדַד מֶלֶךְ־אֲרָם חֹלֶה
8 וַיֻּגַּד־לוֹ לֵאמֹר בָּא אִישׁ הָאֱלֹהִים עַד־הֵנָּה׃ וַיֹּאמֶר הַמֶּלֶךְ
אֶל־חֲזָהאֵל קַח בְּיָדְךָ מִנְחָה וְלֵךְ לִקְרַאת אִישׁ הָאֱלֹהִים
9 וְדָרַשְׁתָּ אֶת־יְהוָה מֵאוֹתוֹ לֵאמֹר הַאֶחְיֶה מֵחֳלִי זֶה׃ וַיֵּלֶךְ
חֲזָאֵל לִקְרָאתוֹ וַיִּקַּח מִנְחָה בְיָדוֹ וְכָל־טוּב דַּמֶּשֶׂק מַשָּׂא
אַרְבָּעִים גָּמָל וַיָּבֹא וַיַּעֲמֹד לְפָנָיו וַיֹּאמֶר בִּנְךָ בֶן־הֲדַד מֶלֶךְ־
י אֲרָם שְׁלָחַנִי אֵלֶיךָ לֵאמֹר הַאֶחְיֶה מֵחֳלִי זֶה׃ וַיֹּאמֶר אֵלָיו
אֱלִישָׁע לֵךְ אֱמָר־לא חָיֹה תִחְיֶה וְהִרְאַנִי יְהוָה כִּי־מוֹת
11 יָמוּת׃ וַיַּעֲמֵד אֶת־פָּנָיו וַיָּשֶׂם עַד־בֹּשׁ וַיֵּבְךְּ אִישׁ הָאֱלֹהִים׃
12 וַיֹּאמֶר חֲזָאֵל מַדּוּעַ אֲדֹנִי בֹכֶה וַיֹּאמֶר כִּי־יָדַעְתִּי אֵת אֲשֶׁר־
תַּעֲשֶׂה לִבְנֵי יִשְׂרָאֵל רָעָה מִבְצְרֵיהֶם תְּשַׁלַּח בָּאֵשׁ וּבַחֻרֵיהֶם
13 בַּחֶרֶב תַּהֲרֹג וְעֹלְלֵיהֶם תְּרַטֵּשׁ וְהָרֹתֵיהֶם תְּבַקֵּעַ׃ וַיֹּאמֶר
חֲזָהאֵל כִּי מָה עַבְדְּךָ הַכֶּלֶב כִּי יַעֲשֶׂה הַדָּבָר הַגָּדוֹל הַזֶּה
14 וַיֹּאמֶר אֱלִישָׁע הִרְאַנִי יְהוָה אֹתְךָ מֶלֶךְ עַל־אֲרָם׃ וַיֵּלֶךְ ׀
מֵאֵת אֱלִישָׁע וַיָּבֹא אֶל־אֲדֹנָיו וַיֹּאמֶר לוֹ מָה־אָמַר לְךָ
טו אֱלִישָׁע וַיֹּאמֶר אָמַר לִי חָיֹה תִחְיֶה׃ וַיְהִי מִמָּחֳרָת וַיִּקַּח
הַמַּכְבֵּר וַיִּטְבֹּל בַּמַּיִם וַיִּפְרֹשׂ עַל־פָּנָיו וַיָּמֹת וַיִּמְלֹךְ חֲזָהאֵל
תַּחְתָּיו׃

ובשנת

v. 10. לו ק׳

16 וּבִשְׁנַ֣ת חָמֵ֗שׁ לְיוֹרָ֛ם בֶּן־אַחְאָ֖ב מֶ֣לֶךְ יִשְׂרָאֵ֑ל וִיהוֹשָׁפָ֖ט מֶ֣לֶךְ
17 יְהוּדָ֑ה מָלַ֛ךְ יְהוֹרָ֥ם בֶּן־יְהוֹשָׁפָ֖ט מֶ֥לֶךְ יְהוּדָֽה׃ בֶּן־שְׁלֹשִׁ֥ים
18 וּשְׁתַּ֛יִם שָׁנָ֖ה הָיָ֣ה בְמָלְכ֑וֹ וּשְׁמֹנֶ֣ה שָׁנָ֔ה מָלַ֖ךְ בִּירוּשָׁלָֽםִ׃ וַיֵּ֜לֶךְ
בְּדֶ֣רֶךְ ׀ מַלְכֵ֣י יִשְׂרָאֵ֗ל כַּאֲשֶׁ֤ר עָשׂוּ֙ בֵּ֣ית אַחְאָ֔ב כִּ֚י בַּת־אַחְאָ֔ב
19 הָיְתָה־לּ֖וֹ לְאִשָּׁ֑ה וַיַּ֥עַשׂ הָרַ֖ע בְּעֵינֵ֥י יְהוָֽה׃ וְלֹֽא־אָבָ֤ה יְהוָה֙
לְהַשְׁחִ֣ית אֶת־יְהוּדָ֔ה לְמַ֖עַן דָּוִ֣ד עַבְדּ֑וֹ כַּאֲשֶׁ֤ר אָֽמַר־לוֹ֙ לָתֵ֨ת
כ ל֥וֹ נִ֛יר לְבָנָ֖יו כָּל־הַיָּמִֽים׃ בְּיָמָיו֙ פָּשַׁ֣ע אֱד֔וֹם מִתַּ֖חַת יַד־
21 יְהוּדָ֑ה וַיַּמְלִ֥כוּ עֲלֵיהֶ֖ם מֶֽלֶךְ׃ וַיַּעֲבֹ֤ר יוֹרָם֙ צָעִ֔ירָה וְכָל־
הָרֶ֖כֶב עִמּ֑וֹ וַֽיְהִי־ה֞וּא קָ֣ם לַ֗יְלָה וַיַּכֶּ֤ה אֶת־אֱדוֹם֙ הַסֹּבֵ֣יב
22 אֵלָ֔יו וְאֵת֙ שָׂרֵ֣י הָרֶ֔כֶב וַיָּ֥נָס הָעָ֖ם לְאֹהָלָֽיו׃ וַיִּפְשַׁ֣ע אֱד֗וֹם
מִתַּ֙חַת֙ יַד־יְהוּדָ֔ה עַ֖ד הַיּ֣וֹם הַזֶּ֑ה אָ֛ז תִּפְשַׁ֥ע לִבְנָ֖ה בָּעֵ֥ת
23 הַהִֽיא׃ וְיֶ֛תֶר דִּבְרֵ֥י יוֹרָ֖ם וְכָל־אֲשֶׁ֣ר עָשָׂ֑ה הֲלֹא־הֵ֣ם כְּתוּבִ֗ים
24 עַל־סֵ֛פֶר דִּבְרֵ֥י הַיָּמִ֖ים לְמַלְכֵ֥י יְהוּדָֽה׃ וַיִּשְׁכַּ֤ב יוֹרָם֙ עִם־
אֲבֹתָ֔יו וַיִּקָּבֵ֥ר עִם־אֲבֹתָ֖יו בְּעִ֣יר דָּוִ֑ד וַיִּמְלֹ֛ךְ אֲחַזְיָ֥הוּ בְנ֖וֹ
תַּחְתָּֽיו׃

כה בִּשְׁנַ֗ת שְׁתֵּים־עֶשְׂרֵ֤ה שָׁנָה֙ לְיוֹרָ֥ם בֶּן־אַחְאָ֖ב מֶ֣לֶךְ יִשְׂרָאֵ֑ל
26 מָלַ֛ךְ אֲחַזְיָ֥הוּ בֶן־יְהוֹרָ֖ם מֶ֥לֶךְ יְהוּדָֽה׃ בֶּן־עֶשְׂרִ֨ים וּשְׁתַּ֤יִם
שָׁנָה֙ אֲחַזְיָ֣הוּ בְמָלְכ֔וֹ וְשָׁנָ֣ה אַחַ֔ת מָלַ֖ךְ בִּירוּשָׁלָ֑םִ וְשֵׁ֣ם אִמּ֔וֹ
27 עֲתַלְיָ֖הוּ בַּת־עָמְרִ֥י מֶ֥לֶךְ יִשְׂרָאֵֽל׃ וַיֵּ֗לֶךְ בְּדֶ֙רֶךְ֙ בֵּ֣ית אַחְאָ֔ב
וַיַּ֥עַשׂ הָרַ֛ע בְּעֵינֵ֥י יְהוָ֖ה כְּבֵ֣ית אַחְאָ֑ב כִּ֛י חֲתַ֥ן בֵּית־אַחְאָ֖ב
28 הֽוּא׃ וַיֵּ֨לֶךְ אֶת־יוֹרָ֜ם בֶּן־אַחְאָ֗ב לַמִּלְחָמָ֛ה עִם־חֲזָהאֵ֥ל
29 מֶֽלֶךְ־אֲרָ֖ם בְּרָמֹ֣ת גִּלְעָ֑ד וַיַּכּ֥וּ אֲרַמִּ֖ים אֶת־יוֹרָֽם׃ וַיָּ֩שָׁב֩ יוֹרָ֨ם
הַמֶּ֜לֶךְ לְהִתְרַפֵּ֣א בְיִזְרְעֶ֗אל מִן־הַמַּכִּים֙ אֲשֶׁ֨ר יַכֻּ֤הוּ אֲרַמִּים֙
בָּֽרָמָ֔ה בְּהִלָּ֣חֲמ֔וֹ אֶת־חֲזָהאֵ֖ל מֶ֣לֶךְ אֲרָ֑ם וַאֲחַזְיָ֨הוּ בֶן־יְהוֹרָ֜ם
מֶ֣לֶךְ יְהוּדָ֗ה יָרַ֞ד לִרְא֨וֹת אֶת־יוֹרָ֧ם בֶּן־אַחְאָ֛ב בְּיִזְרְעֶ֖אל
כִּֽי־חֹלֶ֥ה הֽוּא׃

ואלישע

v. 17. שנים ק׳

ט CAP. IX. ט

א וֶאֱלִישָׁע הַנָּבִיא קָרָא לְאַחַד מִבְּנֵי הַנְּבִיאִים וַיֹּאמֶר לוֹ
חֲגֹר מָתְנֶיךָ וְקַח פַּךְ הַשֶּׁמֶן הַזֶּה בְּיָדֶךָ וְלֵךְ רָמֹת גִּלְעָד׃
2 וּבָאתָ שָׁמָּה וּרְאֵה־שָׁם יֵהוּא בֶן־יְהוֹשָׁפָט בֶּן־נִמְשִׁי וּבָאתָ
3 וַהֲקֵמֹתוֹ מִתּוֹךְ אֶחָיו וְהֵבֵיאתָ אֹתוֹ חֶדֶר בְּחָדֶר׃ וְלָקַחְתָּ פַךְ־
הַשֶּׁמֶן וְיָצַקְתָּ עַל־רֹאשׁוֹ וְאָמַרְתָּ כֹּה־אָמַר יְהוָה מְשַׁחְתִּיךָ
4 לְמֶלֶךְ אֶל־יִשְׂרָאֵל וּפָתַחְתָּ הַדֶּלֶת וְנַסְתָּה וְלֹא תְחַכֶּה׃ וַיֵּלֶךְ
ה הַנַּעַר הַנַּעַר הַנָּבִיא רָמֹת גִּלְעָד׃ וַיָּבֹא וְהִנֵּה שָׂרֵי הַחַיִל
יֹשְׁבִים וַיֹּאמֶר דָּבָר לִי אֵלֶיךָ הַשָּׂר וַיֹּאמֶר יֵהוּא אֶל־מִי
6 מִכֻּלָּנוּ וַיֹּאמֶר אֵלֶיךָ הַשָּׂר׃ וַיָּקָם וַיָּבֹא הַבַּיְתָה וַיִּצֹק הַשֶּׁמֶן
אֶל־רֹאשׁוֹ וַיֹּאמֶר לוֹ כֹּה־אָמַר יְהוָה אֱלֹהֵי יִשְׂרָאֵל מְשַׁחְתִּיךָ
7 לְמֶלֶךְ אֶל־עַם יְהוָה אֶל־יִשְׂרָאֵל׃ וְהִכִּיתָה אֶת־בֵּית אַחְאָב
אֲדֹנֶיךָ וְנִקַּמְתִּי דְּמֵי ׀ עֲבָדַי הַנְּבִיאִים וּדְמֵי כָּל־עַבְדֵי יְהוָה
8 מִיַּד אִיזָבֶל׃ וְאָבַד כָּל־בֵּית אַחְאָב וְהִכְרַתִּי לְאַחְאָב מַשְׁתִּין
9 בְּקִיר וְעָצוּר וְעָזוּב בְּיִשְׂרָאֵל׃ וְנָתַתִּי אֶת־בֵּית אַחְאָב כְּבֵית
י יָרָבְעָם בֶּן־נְבָט וּכְבֵית בַּעְשָׁא בֶן־אֲחִיָּה׃ וְאֶת־אִיזֶבֶל
יֹאכְלוּ הַכְּלָבִים בְּחֵלֶק יִזְרְעֶאל וְאֵין קֹבֵר וַיִּפְתַּח הַדֶּלֶת
11 וַיָּנֹס׃ וְיֵהוּא יָצָא אֶל־עַבְדֵי אֲדֹנָיו וַיֹּאמֶר לוֹ הֲשָׁלוֹם מַדּוּעַ
בָּא־הַמְשֻׁגָּע הַזֶּה אֵלֶיךָ וַיֹּאמֶר אֲלֵיהֶם אַתֶּם יְדַעְתֶּם אֶת־
12 הָאִישׁ וְאֶת־שִׂיחוֹ׃ וַיֹּאמְרוּ שֶׁקֶר הַגֶּד־נָא לָנוּ וַיֹּאמֶר כָּזֹאת
וְכָזֹאת אָמַר אֵלַי לֵאמֹר כֹּה אָמַר יְהוָה מְשַׁחְתִּיךָ לְמֶלֶךְ
13 אֶל־יִשְׂרָאֵל׃ וַיְמַהֲרוּ וַיִּקְחוּ אִישׁ בִּגְדוֹ וַיָּשִׂימוּ תַחְתָּיו אֶל־
14 גֶּרֶם הַמַּעֲלוֹת וַיִּתְקְעוּ בַּשּׁוֹפָר וַיֹּאמְרוּ מָלַךְ יֵהוּא׃ וַיִּתְקַשֵּׁר
יֵהוּא בֶּן־יְהוֹשָׁפָט בֶּן־נִמְשִׁי אֶל־יוֹרָם וְיוֹרָם הָיָה שֹׁמֵר בְּרָמֹת
טו גִּלְעָד הוּא וְכָל־יִשְׂרָאֵל מִפְּנֵי חֲזָאֵל מֶלֶךְ אֲרָם׃ וַיָּשָׁב יְהוֹרָם
הַמֶּלֶךְ לְהִתְרַפֵּא בְיִזְרְעֶאל מִן־הַמַּכִּים אֲשֶׁר יַכֻּהוּ אֲרַמִּים
בְּהִלָּחֲמוֹ אֶת־חֲזָאֵל מֶלֶךְ אֲרָם וַיֹּאמֶר יֵהוּא אִם־יֵשׁ נַפְשְׁכֶם

אֶל־יֵצֵא פָלִיט֙ מִן־הָעִ֣יר לָלֶ֔כֶת לְגִ֖יד בְּיִזְרְעֶ֑אל: וַיִּרְכַּ֣ב 16
יֵה֗וּא וַיֵּ֣לֶךְ יִזְרְעֶ֔אלָה כִּ֥י יוֹרָ֖ם שֹׁכֵ֣ב שָׁ֑מָּה וַאֲחַזְיָה֙ מֶ֣לֶךְ יְהוּדָ֔ה
יָרַ֖ד לִרְא֥וֹת אֶת־יוֹרָֽם: וְהַצֹּפֶה֩ עֹמֵ֨ד עַֽל־הַמִּגְדָּ֜ל בְּיִזְרְעֶ֗אל 17
וַיַּ֞רְא אֶת־שִׁפְעַ֤ת יֵהוּא֙ בְּבֹא֔וֹ וַיֹּ֕אמֶר שִׁפְעַ֖ת אֲנִ֣י רֹאֶ֑ה וַיֹּ֣אמֶר
יְהוֹרָ֗ם קַ֤ח רַכָּב֙ וּֽשְׁלַ֣ח לִקְרָאתָ֔ם וַיֹּ֖אמֶר הֲשָׁלֽוֹם: וַיֵּ֣לֶךְ 18
רֹכֵ֣ב הַסּוּס֮ לִקְרָאתוֹ֒ וַיֹּ֗אמֶר כֹּֽה־אָמַ֤ר הַמֶּ֙לֶךְ֙ הֲשָׁל֔וֹם וַיֹּ֧אמֶר
יֵה֛וּא מַה־לְּךָ֥ וּלְשָׁל֖וֹם סֹ֣ב אֶֽל־אַחֲרָ֑י וַיַּגֵּ֤ד הַצֹּפֶה֙ לֵאמֹ֔ר
בָּֽא־הַמַּלְאָ֥ךְ עַד־הֶ֖ם וְלֹא־שָֽׁב: וַיִּשְׁלַ֗ח רֹכֵ֥ב סוּס֮ שֵׁנִי֒ וַיָּבֹ֣א 19
אֲלֵהֶ֔ם וַיֹּ֕אמֶר כֹּֽה־אָמַ֥ר הַמֶּ֖לֶךְ שָׁל֑וֹם וַיֹּ֧אמֶר יֵה֛וּא מַה־לְּךָ֥
וּלְשָׁל֖וֹם סֹ֥ב אֶֽל־אַחֲרָֽי: וַיַּגֵּ֤ד הַצֹּפֶה֙ לֵאמֹ֔ר בָּ֥א עַד־אֲלֵיהֶ֖ם כ
וְלֹא־שָׁ֑ב וְהַמִּנְהָ֗ג כְּמִנְהַג֙ יֵה֣וּא בֶן־נִמְשִׁ֔י כִּ֥י בְשִׁגָּע֖וֹן יִנְהָֽג:
וַיֹּ֤אמֶר יְהוֹרָם֙ אֱסֹ֔ר וַיֶּאְסֹ֖ר רִכְבּ֑וֹ וַיֵּצֵ֡א יְהוֹרָ֣ם מֶֽלֶךְ־יִשְׂרָאֵ֡ל 21
וַאֲחַזְיָ֣הוּ מֶֽלֶךְ־יְהוּדָה֩ אִ֨ישׁ בְּרִכְבּ֜וֹ וַיֵּֽצְא֗וּ לִקְרַ֣את יֵה֔וּא
וַיִּמְצָאֻ֔הוּ בְּחֶלְקַ֖ת נָב֣וֹת הַיִּזְרְעֵאלִֽי: וַיְהִ֗י כִּרְא֤וֹת יְהוֹרָם֙ 22
אֶת־יֵה֔וּא וַיֹּ֖אמֶר הֲשָׁל֣וֹם יֵה֑וּא וַיֹּ֙אמֶר֙ מָ֣ה הַשָּׁל֔וֹם עַד־זְנוּנֵ֞י
אִיזֶ֧בֶל אִמְּךָ֛ וּכְשָׁפֶ֖יהָ הָרַבִּֽים: וַיַּהֲפֹ֧ךְ יְהוֹרָ֛ם יָדָ֖יו וַיָּנֹ֑ס וַיֹּ֥אמֶר 23
אֶל־אֲחַזְיָ֖הוּ מִרְמָ֥ה אֲחַזְיָֽה: וְיֵה֞וּא מִלֵּ֤א יָדוֹ֙ בַקֶּ֔שֶׁת וַיַּ֤ךְ 24
אֶת־יְהוֹרָם֙ בֵּ֣ין זְרֹעָ֔יו וַיֵּצֵ֥א הַחֵ֖צִי מִלִּבּ֑וֹ וַיִּכְרַ֖ע בְּרִכְבּֽוֹ:
וַיֹּ֗אמֶר אֶל־בִּדְקַר֮ שָׁלִשׁוֹ֒ שָׂ֚א הַשְׁלִכֵ֔הוּ בְּחֶלְקַ֕ת שְׂדֵ֖ה נָב֣וֹת כה
הַיִּזְרְעֵאלִ֑י כִּֽי־זְכֹ֞ר אֲנִ֣י וָאַ֗תָּה אֵ֣ת רֹכְבִ֤ים צְמָדִים֙ אַחֲרֵי֙
אַחְאָ֣ב אָבִ֔יו וַֽיהוָה֙ נָשָׂ֣א עָלָ֔יו אֶת־הַמַּשָּׂ֖א הַזֶּֽה: אִם־לֹ֡א 26
אֶת־דְּמֵ֣י נָב֡וֹת וְאֶת־דְּמֵ֣י בָנָיו֩ רָאִ֨יתִי אֶ֜מֶשׁ נְאֻם־יְהוָ֗ה
וְשִׁלַּמְתִּ֤י לְךָ֙ בַּחֶלְקָ֣ה הַזֹּ֔את נְאֻם־יְהוָ֑ה וְעַתָּ֗ה שָׂ֧א הַשְׁלִכֵ֛הוּ
בַּחֶלְקָ֖ה כִּדְבַ֥ר יְהוָֽה: וַאֲחַזְיָ֤ה מֶֽלֶךְ־יְהוּדָה֙ רָאָ֔ה וַיָּ֕נָס 27
דֶּ֖רֶךְ בֵּ֣ית הַגָּ֑ן וַיִּרְדֹּ֨ף אַחֲרָ֜יו יֵה֗וּא וַ֠יֹּאמֶר גַּם־אֹת֞וֹ הַכֻּ֣הוּ
אֶל־הַמֶּרְכָּבָ֗ה בְּמַעֲלֵה־גוּר֙ אֲשֶׁ֣ר אֶֽת־יִבְלְעָ֔ם וַיָּ֥נָס מְגִדּ֖וֹ
וַיָּ֥מָת שָֽׁם: וַיַּרְכִּ֤בוּ אֹתוֹ֙ עֲבָדָ֔יו יְרוּשָׁלְָ֑מָה וַיִּקְבְּר֨וּ אֹת֧וֹ 28
בִּקְבֻֽרָת֛וֹ עִם־אֲבֹתָ֖יו בְּעִ֥יר דָּוִֽד:

29 וּבִשְׁנַ֨ת אַחַ֤ת עֶשְׂרֵה֙ שָׁנָ֔ה לְיוֹרָ֖ם בֶּן־אַחְאָ֑ב מָלַ֥ךְ אֲחַזְיָ֖ה
ל עַל־יְהוּדָֽה׃ וַיָּב֥וֹא יֵה֖וּא יִזְרְעֶ֑אלָה וְאִיזֶ֣בֶל שָֽׁמְעָ֗ה וַתָּ֨שֶׂם
31 בַּפּ֜וּךְ עֵינֶ֗יהָ וַתֵּ֙יטֶב֙ אֶת־רֹאשָׁ֔הּ וַתַּשְׁקֵ֖ף בְּעַ֥ד הַחַלּֽוֹן׃ וְיֵה֖וּא
32 בָּ֣א בַשָּׁ֑עַר וַתֹּ֙אמֶר֙ הֲשָׁל֔וֹם זִמְרִ֖י הֹרֵ֥ג אֲדֹנָֽיו׃ וַיִּשָּׂ֤א פָנָיו֙
אֶל־הַֽחַלּ֔וֹן וַיֹּ֕אמֶר מִ֥י אִתִּ֖י מִ֑י וַיַּשְׁקִ֣יפוּ אֵלָ֔יו שְׁנַ֥יִם שְׁלֹשָׁ֖ה
33 סָרִיסִֽים׃ וַיֹּ֥אמֶר שִׁמְטֻ֖הוּ וַֽיִּשְׁמְט֑וּהָ וַיִּ֨ז מִדָּמָ֧הּ אֶל־הַקִּ֛יר
34 וְאֶל־הַסּוּסִ֖ים וַֽיִּרְמְסֶֽנָּה׃ וַיָּבֹ֖א וַיֹּ֣אכַל וַיֵּ֑שְׁתְּ וַיֹּ֗אמֶר פִּקְדוּ־
לה נָ֞א אֶת־הָאֲרוּרָ֤ה הַזֹּאת֙ וְקִבְר֔וּהָ כִּ֥י בַת־מֶ֖לֶךְ הִֽיא׃ וַיֵּלְכ֖וּ
לְקָבְרָ֑הּ וְלֹא־מָ֣צְאוּ בָ֔הּ כִּ֚י אִם־הַגֻּלְגֹּ֔לֶת וְהָרַגְלַ֖יִם וְכַפּ֥וֹת
36 הַיָּדָֽיִם׃ וַיָּשֻׁ֘בוּ֮ וַיַּגִּ֣ידוּ לוֹ֒ וַיֹּ֗אמֶר דְּבַר־יְהוָ֣ה ה֔וּא אֲשֶׁ֣ר
דִּבֶּ֗ר בְּיַד־עַבְדּ֛וֹ אֵלִיָּ֥הוּ הַתִּשְׁבִּ֖י לֵאמֹ֑ר בְּחֵ֣לֶק יִזְרְעֶ֔אל
37 יֹאכְל֥וּ הַכְּלָבִ֖ים אֶת־בְּשַׂ֥ר אִיזָֽבֶל׃ וְהָ֙יְתָ֙ נִבְלַ֣ת אִיזֶ֔בֶל
כְּדֹ֛מֶן עַל־פְּנֵ֥י הַשָּׂדֶ֖ה בְּחֵ֣לֶק יִזְרְעֶ֑אל אֲשֶׁ֥ר לֹא־יֹאמְר֖וּ זֹ֥את
אִיזָֽבֶל׃

Cap. X. י

א וּלְאַחְאָ֛ב שִׁבְעִ֥ים בָּנִ֖ים בְּשֹׁמְר֑וֹן וַיִּכְתֹּב֩ יֵה֨וּא סְפָרִ֜ים
וַיִּשְׁלַ֣ח שֹׁמְר֗וֹן אֶל־שָׂרֵ֤י יִזְרְעֶאל֙ הַזְּקֵנִ֔ים וְאֶל־הָאֹמְנִ֥ים
2 אַחְאָ֖ב לֵאמֹֽר׃ וְעַתָּ֗ה כְּבֹ֨א הַסֵּ֤פֶר הַזֶּה֙ אֲלֵיכֶ֔ם וְאִתְּכֶ֖ם
בְּנֵ֣י אֲדֹנֵיכֶ֑ם וְאִתְּכֶ֗ם הָרֶ֙כֶב֙ וְהַסּוּסִ֔ים וְעִ֥יר מִבְצָ֖ר וְהַנָּֽשֶׁק׃
3 וּרְאִיתֶ֞ם הַטּ֤וֹב וְהַיָּשָׁר֙ מִבְּנֵ֣י אֲדֹנֵיכֶ֔ם וְשַׂמְתֶּ֖ם עַל־כִּסֵּ֣א אָבִ֑יו
4 וְהִלָּחֲמ֖וּ עַל־בֵּ֥ית אֲדֹנֵיכֶֽם׃ וַיִּֽרְאוּ֙ מְאֹ֣ד מְאֹ֔ד וַיֹּ֣אמְר֔וּ הִנֵּה֙
ה שְׁנֵ֣י הַמְּלָכִ֔ים לֹ֥א עָמְד֖וּ לְפָנָ֑יו וְאֵ֕יךְ נַעֲמֹ֖ד אֲנָֽחְנוּ׃ וַיִּשְׁלַ֣ח
אֲשֶׁר־עַל־הַ֠בַּיִת וַאֲשֶׁ֨ר עַל־הָעִ֜יר וְהַזְּקֵנִ֣ים וְהָאֹמְנִ֗ים אֶל־
יֵה֤וּא ׀ לֵאמֹר֙ עֲבָדֶ֣יךָ אֲנַ֔חְנוּ וְכֹ֛ל אֲשֶׁר־תֹּאמַ֥ר אֵלֵ֖ינוּ נַעֲשֶׂ֑ה
6 לֹֽא־נַמְלִ֣יךְ אִ֔ישׁ הַטּ֥וֹב בְּעֵינֶ֖יךָ עֲשֵֽׂה׃ וַיִּכְתֹּ֣ב אֲלֵיהֶ֣ם סֵ֣פֶר ׀
שֵׁנִ֡ית לֵאמֹר֩ אִם־לִ֨י אַתֶּ֜ם וּלְקֹלִ֣י ׀ אַתֶּ֣ם שֹׁמְעִ֗ים קְח֙וּ אֶת־
רָאשֵׁי֙ אַנְשֵׁ֣י בְנֵֽי־אֲדֹנֵיכֶ֔ם וּבֹ֧אוּ אֵלַ֛י כָּעֵ֥ת מָחָ֖ר יִזְרְעֶ֑אלָה

ובני

ט׳ v. 33. שמטוה ק׳ v. 37. והיתה ק׳

וּבְנֵי הַמֶּ֫לֶךְ שִׁבְעִים אִישׁ אֶת־גְּדֹלֵי הָעִיר מְגַדְּלִים אוֹתָם׃

7 וַיְהִ֩י כְּבֹ֨א הַסֵּ֜פֶר אֲלֵיהֶ֗ם וַיִּקְחוּ֙ אֶת־בְּנֵ֣י הַמֶּ֔לֶךְ וַיִּשְׁחֲט֖וּ שִׁבְעִ֣ים אִ֑ישׁ וַיָּשִׂ֤ימוּ אֶת־רָאשֵׁיהֶם֙ בַּדּוּדִ֔ים וַיִּשְׁלְח֥וּ אֵלָ֖יו

8 יִזְרְעֶֽאלָה׃ וַיָּבֹ֣א הַמַּלְאָךְ֮ וַיַּגֶּד־ל֣וֹ לֵאמֹר֒ הֵבִ֖יאוּ רָאשֵׁ֣י בְנֵֽי־הַמֶּ֑לֶךְ וַיֹּ֗אמֶר שִׂ֣ימוּ אֹתָ֞ם שְׁנֵ֧י צִבֻּרִ֛ים פֶּ֥תַח הַשַּׁ֖עַר עַד־

9 הַבֹּֽקֶר׃ וַיְהִ֤י בַבֹּ֨קֶר֙ וַיֵּצֵ֣א וַֽיַּעֲמֹ֔ד וַיֹּ֨אמֶר֙ אֶל־כָּל־הָעָ֔ם צַדִּקִ֖ים אַתֶּ֑ם הִנֵּ֨ה אֲנִ֜י קָשַׁ֤רְתִּי עַל־אֲדֹנִי֙ וָאֶהְרְגֵ֔הוּ וּמִ֥י הִכָּ֖ה

י אֶת־כָּל־אֵֽלֶּה׃ דְּע֣וּ אֵפ֗וֹא כִּ֠י לֹ֣א יִפֹּ֞ל מִדְּבַ֤ר יְהֹוָה֙ אַ֔רְצָה אֲשֶׁר־דִּבֶּ֥ר יְהֹוָ֖ה עַל־בֵּ֣ית אַחְאָ֑ב וַֽיהֹוָ֣ה עָשָׂ֔ה אֵ֚ת אֲשֶׁ֣ר דִּבֶּ֔ר

11 בְּיַ֖ד עַבְדּ֥וֹ אֵלִיָּֽהוּ׃ וַיַּ֣ךְ יֵה֗וּא אֵ֣ת כָּל־הַנִּשְׁאָרִ֤ים לְבֵית־ אַחְאָב֙ בְּיִזְרְעֶ֔אל וְכָל־גְּדֹלָ֖יו וּמְיֻדָּעָ֣יו וְכֹהֲנָ֑יו עַד־בִּלְתִּ֥י

12 הִשְׁאִֽיר־ל֖וֹ שָׂרִֽיד׃ וַיָּ֙קָם֙ וַיָּבֹ֔א וַיֵּ֖לֶךְ שֹׁמְר֑וֹן ה֛וּא בֵּֽית־עֵ֥קֶד

13 הָרֹעִ֖ים בַּדָּֽרֶךְ׃ וְיֵה֗וּא מָצָא֙ אֶת־אֲחֵי֙ אֲחַזְיָ֣הוּ מֶֽלֶךְ־יְהוּדָ֔ה וַיֹּ֖אמֶר מִ֣י אַתֶּ֑ם וַיֹּאמְר֗וּ אֲחֵ֤י אֲחַזְיָ֙הוּ֙ אֲנַ֔חְנוּ וַנֵּ֛רֶד לִשְׁל֥וֹם

14 בְּנֵֽי־הַמֶּ֖לֶךְ וּבְנֵ֥י הַגְּבִירָֽה׃ וַיֹּ֙אמֶר֙ תִּפְשׂ֣וּם חַיִּ֔ים וַֽיִּתְפְּשׂ֖וּם חַיִּ֑ים וַֽיִּשְׁחָט֞וּם אֶל־בּ֣וֹר בֵּֽית־עֵ֗קֶד אַרְבָּעִ֤ים וּשְׁנַ֙יִם֙ אִ֔ישׁ

טו וְלֹֽא־הִשְׁאִ֥יר אִ֖ישׁ מֵהֶֽם׃   וַיֵּ֣לֶךְ מִשָּׁ֗ם וַיִּמְצָ֞א אֶת־יְהֽוֹנָדָ֤ב בֶּן־רֵכָב֙ לִקְרָאת֔וֹ וַֽיְבָרְכֵ֔הוּ וַיֹּ֤אמֶר אֵלָיו֙ הֲיֵ֤שׁ אֶת־לְבָבְךָ֙ יָשָׁ֔ר כַּאֲשֶׁ֥ר לְבָבִ֖י עִם־לְבָבֶ֑ךָ וַיֹּ֤אמֶר יְהֽוֹנָדָב֙ יֵ֣שׁ וָיֵ֔שׁ תְּנָ֖ה

16 אֶת־יָדֶ֑ךָ וַיִּתֵּ֣ן יָד֔וֹ וַיַּעֲלֵ֥הוּ אֵלָ֖יו אֶל־הַמֶּרְכָּבָֽה׃ וַיֹּ֙אמֶר֙

17 לְכָ֣ה אִתִּ֔י וּרְאֵ֖ה בְּקִנְאָתִ֣י לַֽיהֹוָ֑ה וַיַּרְכִּ֥בוּ אֹת֖וֹ בְּרִכְבּֽוֹ׃ וַיָּבֹ֣א שֹׁמְר֗וֹן וַ֠יַּךְ אֶת־כָּל־הַנִּשְׁאָרִ֤ים לְאַחְאָב֙ בְּשֹׁ֣מְר֔וֹן עַד־הִשְׁמִד֑וֹ

18 כִּדְבַ֣ר יְהֹוָ֔ה אֲשֶׁ֥ר דִּבֶּ֖ר אֶל־אֵלִיָּֽהוּ׃   וַיִּקְבֹּ֤ץ יֵהוּא֙ אֶת־ כָּל־הָעָ֔ם וַיֹּ֣אמֶר אֲלֵהֶ֔ם אַחְאָ֕ב עָבַ֥ד אֶת־הַבַּ֖עַל מְעָ֑ט יֵה֖וּא

19 יַעַבְדֶ֥נּוּ הַרְבֵּֽה׃ וְעַתָּ֣ה כָל־נְבִיאֵ֣י הַבַּ֡עַל כָּל־עֹבְדָ֣יו וְכָל־ כֹּהֲנָ֡יו קִרְא֣וּ אֵלַי֩ אִ֨ישׁ אַל־יִפָּקֵ֜ד כִּי֩ זֶ֨בַח גָּד֥וֹל לִי֙ לַבַּ֔עַל כֹּ֥ל אֲשֶׁר־יִפָּקֵ֖ד לֹ֣א יִֽחְיֶ֑ה וְיֵהוּא֙ עָשָׂ֣ה בְעָקְבָּ֔ה לְמַ֖עַן הַאֲבִ֥יד

כ אֶת־עֹבְדֵ֥י הַבָּֽעַל׃ וַיֹּ֣אמֶר יֵה֗וּא קַדְּשׁ֤וּ עֲצָרָה֙ לַבַּ֔עַל וַיִּקְרָֽאוּ׃

וישלח

21 וַיִּשְׁלַח יֵהוּא בְּכָל־יִשְׂרָאֵל וַיָּבֹאוּ כָּל־עֹבְדֵי הַבַּעַל וְלֹא־
נִשְׁאַר אִישׁ אֲשֶׁר לֹא־בָא וַיָּבֹאוּ בֵּית הַבַּעַל וַיִּמָּלֵא בֵית־
22 הַבַּעַל פֶּה לָפֶה׃ וַיֹּאמֶר לַאֲשֶׁר עַל־הַמֶּלְתָּחָה הוֹצֵא לְבוּשׁ
23 לְכֹל עֹבְדֵי הַבָּעַל וַיֹּצֵא לָהֶם הַמַּלְבּוּשׁ׃ וַיָּבֹא יֵהוּא וִיהוֹנָדָב
בֶּן־רֵכָב בֵּית הַבָּעַל וַיֹּאמֶר לְעֹבְדֵי הַבַּעַל חַפְּשׂוּ וּרְאוּ פֶּן־
יֶשׁ־פֹּה עִמָּכֶם מֵעַבְדֵי יְהוָה כִּי אִם־עֹבְדֵי הַבַּעַל לְבַדָּם׃
24 וַיָּבֹאוּ לַעֲשׂוֹת זְבָחִים וְעֹלוֹת וְיֵהוּא שָׂם־לוֹ בַחוּץ שְׁמֹנִים
אִישׁ וַיֹּאמֶר הָאִישׁ אֲשֶׁר־יִמָּלֵט מִן־הָאֲנָשִׁים אֲשֶׁר אֲנִי מֵבִיא
כה עַל־יְדֵיכֶם נַפְשׁוֹ תַּחַת נַפְשׁוֹ׃ וַיְהִי כְּכַלֹּתוֹ ׀ לַעֲשׂוֹת הָעֹלָה
וַיֹּאמֶר יֵהוּא לָרָצִים וְלַשָּׁלִשִׁים בֹּאוּ הַכּוּם אִישׁ אַל־יֵצֵא
וַיַּכּוּם לְפִי־חָרֶב וַיַּשְׁלִכוּ הָרָצִים וְהַשָּׁלִשִׁים וַיֵּלְכוּ עַד־
26 עִיר בֵּית־הַבָּעַל׃ וַיֹּצִאוּ אֶת־מַצְּבוֹת בֵּית־הַבַּעַל וַיִּשְׂרְפוּהָ׃
27 וַיִּתְּצוּ אֵת מַצְּבַת הַבָּעַל וַיִּתְּצוּ אֶת־בֵּית הַבַּעַל וַיְשִׂמֻהוּ
28 לְמַחֲרָאוֹת עַד־הַיּוֹם׃ וַיַּשְׁמֵד יֵהוּא אֶת־הַבַּעַל מִיִּשְׂרָאֵל׃
29 רַק חֲטָאֵי יָרָבְעָם בֶּן־נְבָט אֲשֶׁר הֶחֱטִיא אֶת־יִשְׂרָאֵל לֹא־
סָר יֵהוּא מֵאַחֲרֵיהֶם עֶגְלֵי הַזָּהָב אֲשֶׁר בֵּית־אֵל וַאֲשֶׁר
ל בְּדָן׃ וַיֹּאמֶר יְהוָה אֶל־יֵהוּא יַעַן אֲשֶׁר־הֱטִיבֹתָ לַעֲשׂוֹת
הַיָּשָׁר בְּעֵינַי כְּכֹל אֲשֶׁר בִּלְבָבִי עָשִׂיתָ לְבֵית אַחְאָב בְּנֵי
31 רְבִעִים יֵשְׁבוּ לְךָ עַל־כִּסֵּא יִשְׂרָאֵל׃ וְיֵהוּא לֹא שָׁמַר לָלֶכֶת
בְּתוֹרַת־יְהוָה אֱלֹהֵי־יִשְׂרָאֵל בְּכָל־לְבָבוֹ לֹא סָר מֵעַל
32 חַטֹּאות יָרָבְעָם אֲשֶׁר הֶחֱטִיא אֶת־יִשְׂרָאֵל׃ בַּיָּמִים הָהֵם
הֵחֵל יְהוָה לְקַצּוֹת בְּיִשְׂרָאֵל וַיַּכֵּם חֲזָאֵל בְּכָל־גְּבוּל יִשְׂרָאֵל׃
33 מִן־הַיַּרְדֵּן מִזְרַח הַשֶּׁמֶשׁ אֵת כָּל־אֶרֶץ הַגִּלְעָד הַגָּדִי
וְהָרֻאוּבֵנִי וְהַמְנַשִּׁי מֵעֲרֹעֵר אֲשֶׁר עַל־נַחַל אַרְנֹן וְהַגִּלְעָד
34 וְהַבָּשָׁן׃ וְיֶתֶר דִּבְרֵי יֵהוּא וְכָל־אֲשֶׁר עָשָׂה וְכָל־גְּבוּרָתוֹ
הֲלוֹא־הֵם כְּתוּבִים עַל־סֵפֶר דִּבְרֵי הַיָּמִים לְמַלְכֵי יִשְׂרָאֵל׃
לה וַיִּשְׁכַּב יֵהוּא עִם־אֲבֹתָיו וַיִּקְבְּרוּ אֹתוֹ בְּשֹׁמְרוֹן וַיִּמְלֹךְ יְהוֹאָחָז

v. 27. למוצאות ק׳ v. 29. סבירין בבית

36 בְּנ֖וֹ תַּחְתָּֽיו׃ וְהַיָּמִ֗ים אֲשֶׁ֨ר מָלַ֤ךְ יֵהוּא֙ עַל־יִשְׂרָאֵ֔ל עֶשְׂרִֽים־
וּשְׁמֹנֶ֥ה שָׁנָ֖ה בְּשֹׁמְרֽוֹן׃

יא

Cap. XI. יא

א וַעֲתַלְיָה֙ אֵ֣ם אֲחַזְיָ֔הוּ וְֽרָאֲתָ֖ה כִּ֣י מֵ֣ת בְּנָ֑הּ וַתָּ֙קָם֙ וַתְּאַבֵּ֔ד
2 אֵ֖ת כָּל־זֶ֥רַע הַמַּמְלָכָֽה׃ וַתִּקַּ֣ח יְהוֹשֶׁבַע֩ בַּת־הַמֶּֽלֶךְ־י֨וֹרָ֜ם
אֲח֣וֹת אֲחַזְיָ֗הוּ אֶת־יוֹאָ֤שׁ בֶּן־אֲחַזְיָה֙ וַתִּגְנֹ֣ב אֹת֗וֹ מִתּ֤וֹךְ בְּנֵי־
הַמֶּ֙לֶךְ֙ הַמֻּמוֹתִתִ֔ים אֹת֖וֹ וְאֶת־מֵֽינִקְתּ֑וֹ בַּחֲדַ֣ר הַמִּטּ֔וֹת וַיַּסְתִּ֧רוּ
3 אֹת֛וֹ מִפְּנֵ֥י עֲתַלְיָ֖הוּ וְלֹ֥א הוּמָֽת׃ וַיְהִ֣י אִתָּ֗הּ בֵּ֧ית יְהוָ֛ה מִתְחַבֵּ֖א
4 שֵׁ֣שׁ שָׁנִ֑ים וַעֲתַלְיָ֖ה מֹלֶ֥כֶת עַל־הָאָֽרֶץ׃ וּבַשָּׁנָ֣ה הַ֠שְּׁבִיעִית
שָׁלַ֣ח יְהוֹיָדָ֡ע וַיִּקַּ֣ח ׀ אֶת־שָׂרֵ֣י הַמֵּא֡וֹת לַכָּרִי֙ וְלָֽרָצִ֔ים וַיָּבֵ֥א
אֹתָ֛ם אֵלָ֖יו בֵּ֣ית יְהוָ֑ה וַיִּכְרֹ֨ת לָהֶ֜ם בְּרִ֗ית וַיַּשְׁבַּ֤ע אֹתָם֙ בְּבֵ֣ית
ה יְהוָ֔ה וַיַּ֥רְא אֹתָ֖ם אֶת־בֶּן־הַמֶּֽלֶךְ׃ וַיְצַוֵּ֣ם לֵאמֹ֔ר זֶ֥ה הַדָּבָ֖ר
אֲשֶׁ֣ר תַּעֲשׂ֑וּן הַשְּׁלִשִׁ֣ית מִכֶּ֗ם בָּאֵ֚י הַשַּׁבָּת֙ וְשֹׁמְרֵ֔י מִשְׁמֶ֖רֶת
6 בֵּ֥ית הַמֶּֽלֶךְ׃ וְהַשְּׁלִשִׁית֙ בְּשַׁ֣עַר ס֔וּר וְהַשְּׁלִשִׁ֥ית בַּשַּׁ֖עַר אַחַ֣ר
7 הָרָצִ֑ים וּשְׁמַרְתֶּ֛ם אֶת־מִשְׁמֶ֥רֶת הַבַּ֖יִת מַסָּֽח׃ וּשְׁתֵּ֤י הַיָּדוֹת֙
בָּכֶ֔ם כֹּ֖ל יֹצְאֵ֣י הַשַּׁבָּ֑ת וְשָֽׁמְרוּ֙ אֶת־מִשְׁמֶ֣רֶת בֵּית־יְהוָ֔ה אֶל־
8 הַמֶּֽלֶךְ׃ וְהִקַּפְתֶּ֨ם עַל־הַמֶּ֜לֶךְ סָבִ֗יב אִ֚ישׁ וְכֵלָ֣יו בְּיָד֔וֹ וְהַבָּ֥א
9 אֶל־הַשְּׂדֵר֖וֹת יוּמָ֑ת וִהְי֥וּ אֶת־הַמֶּ֖לֶךְ בְּצֵאת֥וֹ וּבְבֹאֽוֹ׃ וַיַּעֲשׂוּ֩
שָׂרֵ֨י הַמֵּאיֹ֜ות כְּכֹ֣ל אֲשֶׁר־צִוָּה֮ יְהוֹיָדָ֣ע הַכֹּהֵן֒ וַיִּקְחוּ֙ אִ֣ישׁ אֶת־
אֲנָשָׁ֔יו בָּאֵ֣י הַשַּׁבָּ֔ת עִ֖ם יֹצְאֵ֣י הַשַּׁבָּ֑ת וַיָּבֹ֖אוּ אֶל־יְהוֹיָדָ֥ע הַכֹּהֵֽן׃
י וַיִּתֵּ֨ן הַכֹּהֵ֜ן לְשָׂרֵ֣י הַמֵּאיֹ֗ות אֶֽת־הַחֲנִית֙ וְאֶת־הַשְּׁלָטִ֔ים אֲשֶׁ֖ר
11 לַמֶּ֣לֶךְ דָּוִ֑ד אֲשֶׁ֖ר בְּבֵ֥ית יְהוָֽה׃ וַיַּעַמְד֨וּ הָרָצִ֜ים אִ֣ישׁ ׀ וְכֵלָ֣יו
בְּיָד֗וֹ מִכֶּ֨תֶף הַבַּ֤יִת הַיְמָנִית֙ עַד־כֶּ֤תֶף הַבַּ֙יִת֙ הַשְּׂמָאלִ֔ית
12 לַמִּזְבֵּ֖חַ וְלַבָּ֑יִת עַל־הַמֶּ֖לֶךְ סָבִֽיב׃ וַיּוֹצִ֣א אֶת־בֶּן־הַמֶּ֗לֶךְ
וַיִּתֵּ֤ן עָלָיו֙ אֶת־הַנֵּ֙זֶר֙ וְאֶת־הָ֣עֵד֔וּת וַיַּמְלִ֥כוּ אֹת֖וֹ וַיִּמְשָׁחֻ֑הוּ
13 וַיַּכּוּ־כָ֔ף וַיֹּאמְר֖וּ יְחִ֥י הַמֶּֽלֶךְ׃ וַתִּשְׁמַ֣ע עֲתַלְיָ֔ה אֶת־ק֥וֹל
14 הָרָצִ֖ין הָעָ֑ם וַתָּבֹ֥א אֶל־הָעָ֖ם בֵּ֥ית יְהוָֽה׃ וַתֵּ֡רֶא וְהִנֵּ֣ה הַמֶּלֶךְ֩

עמד

יא v. 1. ראתה ק׳ v. 2. המומתים ק׳ v. 4. המאות ק׳ v. 9, 10. המאות ק׳

עֹמֵד עַל־הָעַמּוּד כַּמִּשְׁפָּט וְהַשָּׂרִים וְהַחֲצֹצְרוֹת אֶל־הַמֶּלֶךְ
וְכָל־עַם הָאָרֶץ שָׂמֵחַ וְתֹקֵעַ בַּחֲצֹצְרוֹת וַתִּקְרַע עֲתַלְיָה
טו אֶת־בְּגָדֶיהָ וַתִּקְרָא קֶשֶׁר קָשֶׁר׃ וַיְצַו יְהוֹיָדָע הַכֹּהֵן אֶת־
שָׂרֵי הַמֵּאיוֹת ׀ פְּקֻדֵי הַחַיִל וַיֹּאמֶר אֲלֵיהֶם הוֹצִיאוּ אֹתָהּ
אֶל־מִבֵּית לַשְּׂדֵרֹת וְהַבָּא אַחֲרֶיהָ הָמֵת בֶּחָרֶב כִּי אָמַר
16 הַכֹּהֵן אַל־תּוּמַת בֵּית יְהוָה׃ וַיָּשִׂמוּ לָהּ יָדַיִם וַתָּבוֹא דֶּרֶךְ־
17 מְבוֹא הַסּוּסִים בֵּית הַמֶּלֶךְ וַתּוּמַת שָׁם׃ וַיִּכְרֹת יְהוֹיָדָע
אֶת־הַבְּרִית בֵּין יְהוָה וּבֵין הַמֶּלֶךְ וּבֵין הָעָם לִהְיוֹת לְעָם
18 לַיהוָה וּבֵין הַמֶּלֶךְ וּבֵין הָעָם׃ וַיָּבֹאוּ כָל־עַם הָאָרֶץ בֵּית־
הַבַּעַל וַיִּתְּצֻהוּ אֶת־מִזְבְּחֹתָו וְאֶת־צְלָמָיו שִׁבְּרוּ הֵיטֵב וְאֵת
מַתָּן כֹּהֵן הַבַּעַל הָרְגוּ לִפְנֵי הַמִּזְבְּחוֹת וַיָּשֶׂם הַכֹּהֵן פְּקֻדֹּת
19 עַל־בֵּית יְהוָה׃ וַיִּקַּח אֶת־שָׂרֵי הַמֵּאוֹת וְאֶת־הַכָּרִי וְאֶת־
הָרָצִים וְאֵת ׀ כָּל־עַם הָאָרֶץ וַיֹּרִידוּ אֶת־הַמֶּלֶךְ מִבֵּית
יְהוָה וַיָּבוֹאוּ דֶּרֶךְ־שַׁעַר הָרָצִים בֵּית הַמֶּלֶךְ וַיֵּשֶׁב עַל־
כ כִּסֵּא הַמְּלָכִים׃ וַיִּשְׂמַח כָּל־עַם־הָאָרֶץ וְהָעִיר שָׁקָטָה וְאֶת־
עֲתַלְיָהוּ הֵמִיתוּ בַחֶרֶב בֵּית ־מֶלֶךְ׃

Cap. XII. יב

יב

2א בֶּן־שֶׁבַע שָׁנִים יְהוֹאָשׁ בְּמָלְכוֹ׃ בִּשְׁנַת־שֶׁבַע לְיֵהוּא מָלַךְ
יְהוֹאָשׁ וְאַרְבָּעִים שָׁנָה מָלַךְ בִּירוּשָׁלִָם וְשֵׁם אִמּוֹ צִבְיָה מִבְּאֵר
3 שָׁבַע׃ וַיַּעַשׂ יְהוֹאָשׁ הַיָּשָׁר בְּעֵינֵי יְהוָה כָּל־יָמָיו אֲשֶׁר הוֹרָהוּ
4 יְהוֹיָדָע הַכֹּהֵן׃ רַק הַבָּמוֹת לֹא־סָרוּ עוֹד הָעָם מְזַבְּחִים
ה וּמְקַטְּרִים בַּבָּמוֹת׃ וַיֹּאמֶר יְהוֹאָשׁ אֶל־הַכֹּהֲנִים כֹּל כֶּסֶף
הַקֳּדָשִׁים אֲשֶׁר־יוּבָא בֵית־יְהוָה כֶּסֶף עוֹבֵר אִישׁ כֶּסֶף
נַפְשׁוֹת עֶרְכּוֹ כָּל־כֶּסֶף אֲשֶׁר יַעֲלֶה עַל לֶב־אִישׁ לְהָבִיא
6 בֵּית יְהוָה׃ יִקְחוּ לָהֶם הַכֹּהֲנִים אִישׁ מֵאֵת מַכָּרוֹ וְהֵם יְחַזְּקוּ
7 אֶת־בֶּדֶק הַבַּיִת לְכֹל אֲשֶׁר־יִמָּצֵא שָׁם בָּדֶק׃ וַיְהִי בִּשְׁנַת
עֶשְׂרִים וְשָׁלֹשׁ שָׁנָה לַמֶּלֶךְ יְהוֹאָשׁ לֹא־חִזְּקוּ הַכֹּהֲנִים אֶת־

בדק

יא v. 15. המאות ק׳ v. 17. הפטרת פ׳ שקלים v. 18. מזבחותיו ק׳
v. 20. המלך ק׳

8 בֶּדֶק הַבָּיִת׃ וַיִּקְרָא הַמֶּלֶךְ יְהוֹאָשׁ לִיהוֹיָדָע הַכֹּהֵן וְלַכֹּהֲנִים
וַיֹּאמֶר אֲלֵהֶם מַדּוּעַ אֵינְכֶם מְחַזְּקִים אֶת־בֶּדֶק הַבָּיִת וְעַתָּה
אַל־תִּקְחוּ־כֶסֶף מֵאֵת מַכָּרֵיכֶם כִּי־לְבֶדֶק הַבַּיִת תִּתְּנֻהוּ׃
9 וַיֵּאֹתוּ הַכֹּהֲנִים לְבִלְתִּי קְחַת־כֶּסֶף מֵאֵת הָעָם וּלְבִלְתִּי חַזֵּק
י אֶת־בֶּדֶק הַבָּיִת׃ וַיִּקַּח יְהוֹיָדָע הַכֹּהֵן אֲרוֹן אֶחָד וַיִּקֹּב חֹר
בְּדַלְתּוֹ וַיִּתֵּן אֹתוֹ אֵצֶל הַמִּזְבֵּחַ בְּיָמִין בְּבוֹא־אִישׁ בֵּית יְהוָה
וְנָתְנוּ־שָׁמָּה הַכֹּהֲנִים שֹׁמְרֵי הַסַּף אֶת־כָּל־הַכֶּסֶף הַמּוּבָא
11 בֵית־יְהוָה׃ וַיְהִי כִּרְאוֹתָם כִּי־רַב הַכֶּסֶף בָּאָרוֹן וַיַּעַל סֹפֵר
הַמֶּלֶךְ וְהַכֹּהֵן הַגָּדוֹל וַיָּצֻרוּ וַיִּמְנוּ אֶת־הַכֶּסֶף הַנִּמְצָא בֵית־
12 יְהוָה׃ וְנָתְנוּ אֶת־הַכֶּסֶף הַמְתֻכָּן עַל־יַד עֹשֵׂי הַמְּלָאכָה
הַפְּקֻדִים בֵּית יְהוָה וַיּוֹצִיאֻהוּ לְחָרָשֵׁי הָעֵץ וְלַבֹּנִים הָעֹשִׂים
13 בֵּית יְהוָה׃ וְלַגֹּדְרִים וּלְחֹצְבֵי הָאֶבֶן וְלִקְנוֹת עֵצִים וְאַבְנֵי
מַחְצֵב לְחַזֵּק אֶת־בֶּדֶק בֵּית־יְהוָה וּלְכֹל אֲשֶׁר־יֵצֵא עַל־
14 הַבַּיִת לְחָזְקָה׃ אַךְ לֹא יֵעָשֶׂה בֵּית יְהוָה סִפּוֹת כֶּסֶף מְזַמְּרוֹת
מִזְרָקוֹת חֲצֹצְרוֹת כָּל־כְּלִי זָהָב וּכְלִי־כָסֶף מִן־הַכֶּסֶף
טו הַמּוּבָא בֵית־יְהוָה׃ כִּי־לְעֹשֵׂי הַמְּלָאכָה יִתְּנֻהוּ וְחִזְּקוּ־בוֹ
16 אֶת־בֵּית יְהוָה׃ וְלֹא יְחַשְּׁבוּ אֶת־הָאֲנָשִׁים אֲשֶׁר יִתְּנוּ אֶת־
הַכֶּסֶף עַל־יָדָם לָתֵת לְעֹשֵׂי הַמְּלָאכָה כִּי בֶאֱמֻנָה הֵם
17 עֹשִׂים׃ כֶּסֶף אָשָׁם וְכֶסֶף חַטָּאוֹת לֹא יוּבָא בֵּית יְהוָה
18 לַכֹּהֲנִים יִהְיוּ׃ אָז יַעֲלֶה חֲזָאֵל מֶלֶךְ אֲרָם וַיִּלָּחֶם עַל־גַּת
19 וַיִּלְכְּדָהּ וַיָּשֶׂם חֲזָאֵל פָּנָיו לַעֲלוֹת עַל־יְרוּשָׁלִָם׃ וַיִּקַּח יְהוֹאָשׁ
מֶלֶךְ־יְהוּדָה אֵת כָּל־הַקֳּדָשִׁים אֲשֶׁר־הִקְדִּישׁוּ יְהוֹשָׁפָט
וִיהוֹרָם וַאֲחַזְיָהוּ אֲבֹתָיו מַלְכֵי יְהוּדָה וְאֶת־קֳדָשָׁיו וְאֵת כָּל־
הַזָּהָב הַנִּמְצָא בְּאֹצְרוֹת בֵּית־יְהוָה וּבֵית הַמֶּלֶךְ וַיִּשְׁלַח
כ לַחֲזָאֵל מֶלֶךְ אֲרָם וַיַּעַל מֵעַל יְרוּשָׁלִָם׃ וְיֶתֶר דִּבְרֵי יוֹאָשׁ
וְכָל־אֲשֶׁר עָשָׂה הֲלוֹא־הֵם כְּתוּבִים עַל־סֵפֶר דִּבְרֵי הַיָּמִים
21 לְמַלְכֵי יְהוּדָה׃ וַיָּקֻמוּ עֲבָדָיו וַיִּקְשְׁרוּ־קָשֶׁר וַיַּכּוּ אֶת־יוֹאָשׁ

בית

v. 10. מימין ק׳ v. 12. ידי ק׳ ibid. המפקדים ק׳

22 בֵּית מִלֹּא הַיֹּרֵד סִלָּא׃ וְיוֹזָכָר בֶּן־שִׁמְעָת וִיהוֹזָבָד בֶּן־
שֹׁמֵר ׀ עֲבָדָיו הִכֻּהוּ וַיָּמֹת וַיִּקְבְּרוּ אֹתוֹ עִם־אֲבֹתָיו בְּעִיר
דָּוִד וַיִּמְלֹךְ אֲמַצְיָה בְנוֹ תַּחְתָּיו׃

יג CAP. XIII. יג

א בִּשְׁנַת עֶשְׂרִים וְשָׁלֹשׁ שָׁנָה לְיוֹאָשׁ בֶּן־אֲחַזְיָהוּ מֶלֶךְ יְהוּדָה
מָלַךְ יְהוֹאָחָז בֶּן־יֵהוּא עַל־יִשְׂרָאֵל בְּשֹׁמְרוֹן שְׁבַע עֶשְׂרֵה
2 שָׁנָה׃ וַיַּעַשׂ הָרַע בְּעֵינֵי יְהוָה וַיֵּלֶךְ אַחַר חַטֹּאת יָרָבְעָם
3 בֶּן־נְבָט אֲשֶׁר־הֶחֱטִיא אֶת־יִשְׂרָאֵל לֹא־סָר מִמֶּנָּה׃ וַיִּחַר־
אַף יְהוָה בְּיִשְׂרָאֵל וַיִּתְּנֵם בְּיַד ׀ חֲזָאֵל מֶלֶךְ־אֲרָם וּבְיַד בֶּן־
4 הֲדַד בֶּן־חֲזָאֵל כָּל־הַיָּמִים׃ וַיְחַל יְהוֹאָחָז אֶת־פְּנֵי יְהוָה
וַיִּשְׁמַע אֵלָיו יְהוָה כִּי רָאָה אֶת־לַחַץ יִשְׂרָאֵל כִּי־לָחַץ אֹתָם
ה מֶלֶךְ אֲרָם׃ וַיִּתֵּן יְהוָה לְיִשְׂרָאֵל מוֹשִׁיעַ וַיֵּצְאוּ מִתַּחַת יַד־
6 אֲרָם וַיֵּשְׁבוּ בְנֵי־יִשְׂרָאֵל בְּאָהֳלֵיהֶם כִּתְמוֹל שִׁלְשׁוֹם׃ אַךְ
לֹא־סָרוּ מֵחַטֹּאת בֵּית־יָרָבְעָם אֲשֶׁר־הֶחֱטִי אֶת־יִשְׂרָאֵל
7 בָּהּ הָלָךְ וְגַם הָאֲשֵׁרָה עָמְדָה בְּשֹׁמְרוֹן׃ כִּי לֹא הִשְׁאִיר
לִיהוֹאָחָז עָם כִּי אִם־חֲמִשִּׁים פָּרָשִׁים וַעֲשָׂרָה רֶכֶב וַעֲשֶׂרֶת
8 אֲלָפִים רַגְלִי כִּי אִבְּדָם מֶלֶךְ אֲרָם וַיְשִׂמֵם כֶּעָפָר לָדֻשׁ׃ וְיֶתֶר
דִּבְרֵי יְהוֹאָחָז וְכָל־אֲשֶׁר עָשָׂה וּגְבוּרָתוֹ הֲלוֹא־הֵם כְּתוּבִים
9 עַל־סֵפֶר דִּבְרֵי הַיָּמִים לְמַלְכֵי יִשְׂרָאֵל׃ וַיִּשְׁכַּב יְהוֹאָחָז עִם־
י אֲבֹתָיו וַיִּקְבְּרֻהוּ בְּשֹׁמְרוֹן וַיִּמְלֹךְ יוֹאָשׁ בְּנוֹ תַּחְתָּיו׃ בִּשְׁנַת
שְׁלֹשִׁים וָשֶׁבַע שָׁנָה לְיוֹאָשׁ מֶלֶךְ יְהוּדָה מָלַךְ יְהוֹאָשׁ בֶּן־
11 יְהוֹאָחָז עַל־יִשְׂרָאֵל בְּשֹׁמְרוֹן שֵׁשׁ עֶשְׂרֵה שָׁנָה׃ וַיַּעֲשֶׂה הָרַע
בְּעֵינֵי יְהוָה לֹא סָר מִכָּל־חַטֹּאות יָרָבְעָם בֶּן־נְבָט אֲשֶׁר־
12 הֶחֱטִיא אֶת־יִשְׂרָאֵל בָּהּ הָלָךְ׃ וְיֶתֶר דִּבְרֵי יוֹאָשׁ וְכָל־אֲשֶׁר
עָשָׂה וּגְבוּרָתוֹ אֲשֶׁר נִלְחַם עִם־אֲמַצְיָה מֶלֶךְ־יְהוּדָה הֲלֹא־
13 הֵם כְּתוּבִים עַל־סֵפֶר דִּבְרֵי הַיָּמִים לְמַלְכֵי יִשְׂרָאֵל׃ וַיִּשְׁכַּב
יוֹאָשׁ עִם־אֲבֹתָיו וְיָרָבְעָם יָשַׁב עַל־כִּסְאוֹ וַיִּקָּבֵר יוֹאָשׁ

בשמרן

י״ג v. 6. החטיא ק׳

14 בְּשֹׁמְר֑וֹן עִ֖ם מַלְכֵ֥י יִשְׂרָאֵֽל׃ וֶאֱלִישָׁע֙ חָלָ֣ה אֶת־חָלְי֔וֹ
אֲשֶׁ֖ר יָמ֣וּת בּ֑וֹ וַיֵּ֨רֶד אֵלָ֜יו יוֹאָ֣שׁ מֶֽלֶךְ־יִשְׂרָאֵ֗ל וַיֵּ֙בְךְּ֙ עַל־פָּנָ֔יו
טו וַיֹּאמַ֗ר אָבִ֤י ׀ אָבִ֙י רֶ֥כֶב יִשְׂרָאֵ֖ל וּפָרָשָֽׁיו׃ וַיֹּ֤אמֶר לוֹ֙ אֱלִישָׁ֔ע
16 קַ֖ח קֶ֣שֶׁת וְחִצִּ֑ים וַיִּקַּ֥ח אֵלָ֖יו קֶ֥שֶׁת וְחִצִּֽים׃ וַיֹּ֣אמֶר ׀ לְמֶ֣לֶךְ
יִשְׂרָאֵ֗ל הַרְכֵּ֤ב יָֽדְךָ֙ עַל־הַקֶּ֔שֶׁת וַיַּרְכֵּ֖ב יָד֑וֹ וַיָּ֧שֶׂם אֱלִישָׁ֛ע
17 יָדָ֖יו עַל־יְדֵ֥י הַמֶּֽלֶךְ׃ וַיֹּ֗אמֶר פְּתַ֛ח הַחַלּ֥וֹן קֵ֖דְמָה וַיִּפְתָּ֑ח
וַיֹּ֨אמֶר אֱלִישָׁ֥ע יְרֵה֮ וַיּוֹר֒ וַיֹּ֡אמֶר חֵֽץ־תְּשׁוּעָ֨ה לַֽיהוָ֜ה וְחֵ֤ץ
18 תְּשׁוּעָה֙ בַאֲרָ֔ם וְהִכִּיתָ֧ אֶת־אֲרָ֛ם בַּאֲפֵ֖ק עַד־כַּלֵּֽה׃ וַיֹּ֛אמֶר
קַ֥ח הַחִצִּ֖ים וַיִּקָּ֑ח וַיֹּ֣אמֶר לְמֶֽלֶךְ־יִשְׂרָאֵ֞ל הַךְ־אַ֗רְצָה וַיַּ֛ךְ
19 שָׁלֹשׁ־פְּעָמִ֖ים וַֽיַּעֲמֹֽד׃ וַיִּקְצֹ֨ף עָלָ֜יו אִ֣ישׁ הָאֱלֹהִ֗ים וַיֹּ֙אמֶר֙
לְהַכּ֗וֹת חָמֵ֤שׁ אוֹ־שֵׁשׁ֙ פְּעָמִ֔ים אָ֛ז הִכִּ֥יתָ אֶת־אֲרָ֖ם עַד־כַּלֵּ֑ה
וְעַתָּ֕ה שָׁלֹ֥שׁ פְּעָמִ֖ים תַּכֶּ֥ה אֶת־אֲרָֽם׃
כ וַיָּ֥מָת אֱלִישָׁ֖ע וַֽיִּקְבְּרֻ֑הוּ וּגְדוּדֵ֥י מוֹאָ֛ב יָבֹ֥אוּ בָאָ֖רֶץ בָּ֥א שָׁנָֽה׃
21 וַיְהִ֞י הֵ֣ם ׀ קֹבְרִ֣ים אִ֗ישׁ וְהִנֵּה֙ רָא֣וּ אֶת־הַגְּד֔וּד וַיַּשְׁלִ֥יכוּ אֶת־
הָאִ֖ישׁ בְּקֶ֣בֶר אֱלִישָׁ֑ע וַיֵּ֣לֶךְ וַיִּגַּ֤ע הָאִישׁ֙ בְּעַצְמ֣וֹת אֱלִישָׁ֔ע וַיְחִ֖י
22 וַיָּ֥קָם עַל־רַגְלָֽיו׃ וַחֲזָאֵל֙ מֶ֣לֶךְ אֲרָ֔ם לָחַ֖ץ אֶת־יִשְׂרָאֵ֑ל
23 כֹּ֖ל יְמֵ֥י יְהוֹאָחָֽז׃ וַיָּחָן֩ יְהוָ֨ה אֹתָ֜ם וַֽיְרַחֲמֵם֮ וַיִּ֣פֶן אֲלֵיהֶם֒
לְמַ֣עַן בְּרִית֔וֹ אֶת־אַבְרָהָ֖ם יִצְחָ֣ק וְיַעֲקֹ֑ב וְלֹ֤א אָבָה֙ הַשְׁחִיתָ֔ם
24 וְלֹֽא־הִשְׁלִיכָ֥ם מֵעַל־פָּנָ֖יו עַד־עָֽתָּה׃ וַיָּ֖מָת חֲזָאֵ֣ל מֶֽלֶךְ־
כה אֲרָ֑ם וַיִּמְלֹ֛ךְ בֶּן־הֲדַ֥ד בְּנ֖וֹ תַּחְתָּֽיו׃ וַיָּ֡שָׁב יְהוֹאָ֣שׁ בֶּן־יְהוֹאָחָ֡ז
וַיִּקַּ֣ח אֶת־הֶעָרִ֗ים מִיַּ֙ד֙ בֶּן־הֲדַ֣ד בֶּן־חֲזָאֵ֔ל אֲשֶׁ֣ר לָקַ֔ח מִיַּ֛ד
יְהוֹאָחָ֥ז אָבִ֖יו בַּמִּלְחָמָ֑ה שָׁלֹ֤שׁ פְּעָמִים֙ הִכָּ֣הוּ יוֹאָ֔שׁ וַיָּ֖שֶׁב אֶת־
עָרֵ֥י יִשְׂרָאֵֽל׃

Cap. XIV. יד

יד

א בִּשְׁנַ֣ת שְׁתַּ֔יִם לְיוֹאָ֥שׁ בֶּן־יוֹאָחָ֖ז מֶ֣לֶךְ יִשְׂרָאֵ֑ל מָלַ֕ךְ אֲמַצְיָ֖הוּ
2 בֶן־יוֹאָ֥שׁ מֶ֖לֶךְ יְהוּדָֽה׃ בֶּן־עֶשְׂרִ֨ים וְחָמֵ֤שׁ שָׁנָה֙ הָיָ֣ה בְמָלְכ֔וֹ
וְעֶשְׂרִ֤ים וָתֵ֙שַׁע֙ שָׁנָ֔ה מָלַ֖ךְ בִּירוּשָׁלִָ֑ם וְשֵׁ֣ם אִמּ֔וֹ יְהוֹעַדִּ֖ין מִן־

ירושלם

י״ד v. 2. יהועדן ק׳

3 יְרוּשָׁלָֽם׃ וַיַּעַשׂ הַיָּשָׁר בְּעֵינֵי יְהוָה רַק לֹא כְּדָוִד אָבִיו כְּכֹל
4 אֲשֶׁר־עָשָׂה יוֹאָשׁ אָבִיו עָשָֽׂה׃ רַק הַבָּמוֹת לֹא־סָרוּ עוֹד הָעָם
ה מְזַבְּחִים וּמְקַטְּרִים בַּבָּמֽוֹת׃ וַיְהִי כַּאֲשֶׁר חָזְקָה הַמַּמְלָכָה
6 בְּיָדוֹ וַיַּךְ אֶת־עֲבָדָיו הַמַּכִּים אֶת־הַמֶּלֶךְ אָבִֽיו׃ וְאֶת־בְּנֵי
הַמַּכִּים לֹא הֵמִית כַּכָּתוּב בְּסֵפֶר תּוֹרַת־מֹשֶׁה אֲשֶׁר־צִוָּה
יְהוָה לֵאמֹר לֹא־יוּמְתוּ אָבוֹת עַל־בָּנִים וּבָנִים לֹא־יוּמְתוּ
7 עַל־אָבוֹת כִּי אִם־אִישׁ בְּחֶטְאוֹ יָמֽוּת׃ הֽוּא־הִכָּה אֶת־אֱדוֹם
בְּגֵי־הַמֶּלַח עֲשֶׂרֶת אֲלָפִים וְתָפַשׂ אֶת־הַסֶּלַע בַּמִּלְחָמָה
8 וַיִּקְרָא אֶת־שְׁמָהּ יָקְתְאֵל עַד הַיּוֹם הַזֶּֽה׃ אָז שָׁלַח אֲמַצְיָה
מַלְאָכִים אֶל־יְהוֹאָשׁ בֶּן־יְהוֹאָחָז בֶּן־יֵהוּא מֶלֶךְ יִשְׂרָאֵל
9 לֵאמֹר לְכָה נִתְרָאֶה פָנִֽים׃ וַיִּשְׁלַח יְהוֹאָשׁ מֶֽלֶךְ־יִשְׂרָאֵל
אֶל־אֲמַצְיָהוּ מֶֽלֶךְ־יְהוּדָה לֵאמֹר הַחוֹחַ אֲשֶׁר בַּלְּבָנוֹן שָׁלַח
אֶל־הָאֶרֶז אֲשֶׁר בַּלְּבָנוֹן לֵאמֹר תְּנָה אֶת־בִּתְּךָ לִבְנִי לְאִשָּׁה
י וַתַּעֲבֹר חַיַּת הַשָּׂדֶה אֲשֶׁר בַּלְּבָנוֹן וַתִּרְמֹס אֶת־הַחֽוֹחַ׃ הַכֵּה
הִכִּיתָ אֶת־אֱדוֹם וּנְשָׂאֲךָ לִבֶּךָ הִכָּבֵד וְשֵׁב בְּבֵיתֶךָ וְלָמָּה
11 תִתְגָּרֶה בְּרָעָה וְנָפַלְתָּה אַתָּה וִיהוּדָה עִמָּֽךְ׃ וְלֹא־שָׁמַע
אֲמַצְיָהוּ וַיַּעַל יְהוֹאָשׁ מֶֽלֶךְ־יִשְׂרָאֵל וַיִּתְרָאוּ פָנִים הוּא
12 וַאֲמַצְיָהוּ מֶֽלֶךְ־יְהוּדָה בְּבֵית שֶׁמֶשׁ אֲשֶׁר לִיהוּדָֽה׃ וַיִּנָּגֶף
13 יְהוּדָה לִפְנֵי יִשְׂרָאֵל וַיָּנֻסוּ אִישׁ לְאֹהָלָֽו׃ וְאֵת אֲמַצְיָהוּ מֶֽלֶךְ־
יְהוּדָה בֶּן־יְהוֹאָשׁ בֶּן־אֲחַזְיָהוּ תָּפַשׂ יְהוֹאָשׁ מֶֽלֶךְ־יִשְׂרָאֵל
בְּבֵית שֶׁמֶשׁ וַיָּבֹאוּ יְרוּשָׁלַם וַיִּפְרֹץ בְּחוֹמַת יְרוּשָׁלַם בְּשַׁעַר
14 אֶפְרַיִם עַד־שַׁעַר הַפִּנָּה אַרְבַּע מֵאוֹת אַמָּֽה׃ וְלָקַח אֶת־
כָּל־הַזָּהָב־וְהַכֶּסֶף וְאֵת כָּל־הַכֵּלִים הַנִּמְצְאִים בֵּית־יְהוָה
וּבְאֹצְרוֹת בֵּית הַמֶּלֶךְ וְאֵת בְּנֵי הַתַּעֲרֻבוֹת וַיָּשָׁב שֹׁמְרֽוֹנָה׃
טו וְיֶתֶר דִּבְרֵי יְהוֹאָשׁ אֲשֶׁר עָשָׂה וּגְבוּרָתוֹ וַאֲשֶׁר נִלְחַם עִם
אֲמַצְיָהוּ מֶֽלֶךְ־יְהוּדָה הֲלֹא־הֵם כְּתוּבִים עַל־סֵפֶר דִּבְרֵי
16 הַיָּמִים לְמַלְכֵי יִשְׂרָאֵֽל׃ וַיִּשְׁכַּב יְהוֹאָשׁ עִם־אֲבֹתָיו וַיִּקָּבֵר

בשמרון

v. 6. יומת ק׳ v. 7. מלח ק׳ v. 12. לאהליו ק׳ v. 13. ויבא ק׳

17 בְּשֹׁמְרוֹן עִם מַלְכֵי יִשְׂרָאֵל וַיִּמְלֹךְ יָרָבְעָם בְּנוֹ תַּחְתָּיו׃ וַיְחִי
אֲמַצְיָהוּ בֶן־יוֹאָשׁ מֶלֶךְ יְהוּדָה אַחֲרֵי מוֹת יְהוֹאָשׁ בֶּן־יְהוֹאָחָז
18 מֶלֶךְ יִשְׂרָאֵל חֲמֵשׁ עֶשְׂרֵה שָׁנָה׃ וְיֶתֶר דִּבְרֵי אֲמַצְיָהוּ הֲלֹא־
19 הֵם כְּתוּבִים עַל־סֵפֶר דִּבְרֵי הַיָּמִים לְמַלְכֵי יְהוּדָה׃ וַיִּקְשְׁרוּ
עָלָיו קֶשֶׁר בִּירוּשָׁלַםִ וַיָּנָס לָכִישָׁה וַיִּשְׁלְחוּ אַחֲרָיו לָכִישָׁה
כ וַיְמִתֻהוּ שָׁם׃ וַיִּשְׂאוּ אֹתוֹ עַל־הַסּוּסִים וַיִּקָּבֵר בִּירוּשָׁלַםִ עִם־
21 אֲבֹתָיו בְּעִיר דָּוִד׃ וַיִּקְחוּ כָּל־עַם יְהוּדָה אֶת־עֲזַרְיָה וְהוּא
22 בֶּן־שֵׁשׁ עֶשְׂרֵה שָׁנָה וַיַּמְלִכוּ אֹתוֹ תַּחַת אָבִיו אֲמַצְיָהוּ׃ הוּא
בָּנָה אֶת־אֵילַת וַיְשִׁבֶהָ לִיהוּדָה אַחֲרֵי שְׁכַב־הַמֶּלֶךְ עִם־
23 אֲבֹתָיו׃ בִּשְׁנַת חֲמֵשׁ־עֶשְׂרֵה שָׁנָה לַאֲמַצְיָהוּ בֶן־יוֹאָשׁ
מֶלֶךְ יְהוּדָה מָלַךְ יָרָבְעָם בֶּן־יוֹאָשׁ מֶלֶךְ־יִשְׂרָאֵל בְּשֹׁמְרוֹן
24 אַרְבָּעִים וְאַחַת שָׁנָה׃ וַיַּעַשׂ הָרַע בְּעֵינֵי יְהוָה לֹא סָר מִכָּל־
כה חַטֹּאות יָרָבְעָם בֶּן־נְבָט אֲשֶׁר הֶחֱטִיא אֶת־יִשְׂרָאֵל׃ הוּא
הֵשִׁיב אֶת־גְּבוּל יִשְׂרָאֵל מִלְּבוֹא חֲמָת עַד־יָם הָעֲרָבָה
כִּדְבַר יְהוָה אֱלֹהֵי יִשְׂרָאֵל אֲשֶׁר דִּבֶּר בְּיַד־עַבְדּוֹ יוֹנָה בֶן־
26 אֲמִתַּי הַנָּבִיא אֲשֶׁר מִגַּת הַחֵפֶר׃ כִּי־רָאָה יְהוָה אֶת־עֳנִי
יִשְׂרָאֵל מֹרֶה מְאֹד וְאֶפֶס עָצוּר וְאֶפֶס עָזוּב וְאֵין עֹזֵר
27 לְיִשְׂרָאֵל׃ וְלֹא־דִבֶּר יְהוָה לִמְחוֹת אֶת־שֵׁם יִשְׂרָאֵל מִתַּחַת
28 הַשָּׁמָיִם וַיּוֹשִׁיעֵם בְּיַד יָרָבְעָם בֶּן־יוֹאָשׁ׃ וְיֶתֶר דִּבְרֵי יָרָבְעָם
וְכָל־אֲשֶׁר עָשָׂה וּגְבוּרָתוֹ אֲשֶׁר־נִלְחָם וַאֲשֶׁר הֵשִׁיב אֶת־
דַּמֶּשֶׂק וְאֶת־חֲמָת לִיהוּדָה בְּיִשְׂרָאֵל הֲלֹא־הֵם כְּתוּבִים עַל־
29 סֵפֶר דִּבְרֵי הַיָּמִים לְמַלְכֵי יִשְׂרָאֵל׃ וַיִּשְׁכַּב יָרָבְעָם עִם־
אֲבֹתָיו עִם מַלְכֵי יִשְׂרָאֵל וַיִּמְלֹךְ זְכַרְיָה בְנוֹ תַּחְתָּיו׃

טו Cap. XV. טו

א בִּשְׁנַת עֶשְׂרִים וָשֶׁבַע שָׁנָה לְיָרָבְעָם מֶלֶךְ יִשְׂרָאֵל מָלַךְ
2 עֲזַרְיָה בֶן־אֲמַצְיָה מֶלֶךְ יְהוּדָה׃ בֶּן־שֵׁשׁ עֶשְׂרֵה שָׁנָה הָיָה
בְמָלְכוֹ וַחֲמִשִּׁים וּשְׁתַּיִם שָׁנָה מָלַךְ בִּירוּשָׁלָםִ וְשֵׁם אִמּוֹ יְכָלְיָהוּ
3 מִירוּשָׁלָםִ׃ וַיַּעַשׂ הַיָּשָׁר בְּעֵינֵי יְהוָה כְּכֹל אֲשֶׁר־עָשָׂה אֲמַצְיָהוּ

אביו

4 אָבִֽיו׃ רַ֥ק הַבָּמ֖וֹת לֹא־סָ֑רוּ ע֥וֹד הָעָ֛ם מְזַבְּחִ֥ים וּֽמְקַטְּרִ֖ים
ה בַּבָּמֽוֹת׃ וַיְנַגַּ֨ע יְהוָ֜ה אֶת־הַמֶּ֗לֶךְ וַיְהִ֤י מְצֹרָע֙ עַד־י֣וֹם מֹת֔וֹ
וַיֵּ֖שֶׁב בְּבֵ֣ית הַחָפְשִׁ֑ית וְיוֹתָ֤ם בֶּן־הַמֶּ֙לֶךְ֙ עַל־הַבַּ֔יִת שֹׁפֵ֖ט
6 אֶת־עַ֥ם הָאָֽרֶץ׃ וְיֶ֛תֶר דִּבְרֵ֥י עֲזַרְיָ֖הוּ וְכָל־אֲשֶׁ֣ר עָשָׂ֑ה הֲלֹא־
7 הֵ֣ם כְּתוּבִ֗ים עַל־סֵ֛פֶר דִּבְרֵ֥י הַיָּמִ֖ים לְמַלְכֵ֥י יְהוּדָֽה׃ וַיִּשְׁכַּ֤ב
עֲזַרְיָה֙ עִם־אֲבֹתָ֔יו וַיִּקְבְּר֥וּ אֹת֛וֹ עִם־אֲבֹתָ֖יו בְּעִ֣יר דָּוִ֑ד וַיִּמְלֹ֛ךְ
8 יוֹתָ֥ם בְּנ֖וֹ תַּחְתָּֽיו׃ בִּשְׁנַ֨ת שְׁלֹשִׁ֤ים וּשְׁמֹנֶה֙ שָׁנָ֔ה לַעֲזַרְיָ֖הוּ
מֶ֣לֶךְ יְהוּדָ֑ה מָ֠לַךְ זְכַרְיָ֨הוּ בֶן־יָרָבְעָ֧ם עַל־יִשְׂרָאֵ֛ל בְּשֹׁמְר֖וֹן
9 שִׁשָּׁ֥ה חֳדָשִֽׁים׃ וַיַּ֤עַשׂ הָרַע֙ בְּעֵינֵ֣י יְהוָ֔ה כַּאֲשֶׁ֥ר עָשׂ֖וּ אֲבֹתָ֑יו לֹ֣א
סָ֗ר מֵֽחַטֹּאות֙ יָרָבְעָ֣ם בֶּן־נְבָ֔ט אֲשֶׁ֥ר הֶחֱטִ֖יא אֶת־יִשְׂרָאֵֽל׃
י וַיִּקְשֹׁ֤ר עָלָיו֙ שַׁלֻּ֣ם בֶּן־יָבֵ֔שׁ וַיַּכֵּ֥הוּ קָֽבָל־עָ֖ם וַיְמִיתֵ֑הוּ וַיִּמְלֹ֖ךְ
11 תַּחְתָּֽיו׃ וְיֶ֖תֶר דִּבְרֵ֣י זְכַרְיָ֑ה הִנָּ֣ם כְּתוּבִ֔ים עַל־סֵ֛פֶר דִּבְרֵ֥י
12 הַיָּמִ֖ים לְמַלְכֵ֥י יִשְׂרָאֵֽל׃ ה֣וּא דְבַר־יְהוָ֗ה אֲשֶׁ֨ר דִּבֶּ֤ר אֶל־
יֵהוּא֙ לֵאמֹ֔ר בְּנֵ֣י רְבִיעִ֔ים יֵשְׁב֥וּ לְךָ֖ עַל־כִּסֵּ֣א יִשְׂרָאֵ֑ל וַֽיְהִי־
כֵֽן׃
13 שַׁלּ֣וּם בֶּן־יָבֵישׁ֙ מָלַ֔ךְ בִּשְׁנַ֨ת שְׁלֹשִׁ֤ים וָתֵ֙שַׁע֙ שָׁנָ֔ה לְעֻזִּיָּ֖ה מֶ֣לֶךְ
14 יְהוּדָ֑ה וַיִּמְלֹ֥ךְ יֶֽרַח־יָמִ֖ים בְּשֹׁמְרֽוֹן׃ וַיַּ֡עַל מְנַחֵ֣ם בֶּן־גָּדִי֩
מִתִּרְצָ֗ה וַיָּבֹא֙ שֹׁמְר֔וֹן וַיַּ֛ךְ אֶת־שַׁלּ֥וּם בֶּן־יָבֵ֖ישׁ בְּשֹׁמְר֑וֹן
טו וַיְמִיתֵ֖הוּ וַיִּמְלֹ֥ךְ תַּחְתָּֽיו׃ וְיֶ֙תֶר֙ דִּבְרֵ֣י שַׁלּ֔וּם וְקִשְׁר֖וֹ אֲשֶׁ֣ר קָשָׁ֑ר
16 הִנָּ֣ם כְּתוּבִ֔ים עַל־סֵ֛פֶר דִּבְרֵ֥י הַיָּמִ֖ים לְמַלְכֵ֥י יִשְׂרָאֵֽל׃ אָ֣ז
יַכֶּה־מְ֠נַחֵם אֶת־תִּפְסַ֨ח וְאֶת־כָּל־אֲשֶׁר־בָּ֤הּ וְאֶת־גְּבוּלֶ֙יהָ֙
17 מִתִּרְצָ֔ה כִּ֥י לֹ֖א פָתַ֑ח וַיַּ֕ךְ אֵ֛ת כָּל־הֶהָרוֹתֶ֖יהָ בִּקֵּֽעַ׃ בִּשְׁנַ֨ת
שְׁלֹשִׁ֤ים וָתֵ֙שַׁע֙ שָׁנָ֔ה לַעֲזַרְיָ֖ה מֶ֣לֶךְ יְהוּדָ֑ה מָ֠לַךְ מְנַחֵ֨ם בֶּן־גָּדִ֤י
18 עַל־יִשְׂרָאֵל֙ עֶ֣שֶׂר שָׁנִ֔ים בְּשֹׁמְרֽוֹן׃ וַיַּ֥עַשׂ הָרַ֖ע בְּעֵינֵ֣י יְהוָ֑ה
לֹ֣א סָ֡ר מֵעַל֩ חַטֹּ֨אות יָרָבְעָ֧ם בֶּן־נְבָ֛ט אֲשֶׁר־הֶחֱטִ֥יא אֶת־
19 יִשְׂרָאֵ֖ל כָּל־יָמָֽיו׃ בָּ֣א פ֤וּל מֶֽלֶךְ־אַשּׁוּר֙ עַל־הָאָ֔רֶץ וַיִּתֵּ֤ן
מְנַחֵם֙ לְפ֔וּל אֶ֖לֶף כִּכַּר־כָּ֑סֶף לִהְי֤וֹת יָדָיו֙ אִתּ֔וֹ לְהַחֲזִ֥יק
כ הַמַּמְלָכָ֖ה בְּיָדֽוֹ׃ וַיֹּצֵא֩ מְנַחֵ֨ם אֶת־הַכֶּ֜סֶף עַל־יִשְׂרָאֵ֗ל עַ֚ל

כל־גבורי

כָּל־גִּבּוֹרֵ֣י הַחַ֔יִל לָתֵת֙ לְמֶ֣לֶךְ אַשּׁ֔וּר חֲמִשִּׁ֥ים שְׁקָלִ֛ים כֶּ֖סֶף
21 לְאִ֣ישׁ אֶחָ֑ד וַיָּ֙שָׁב֙ מֶ֣לֶךְ אַשּׁ֔וּר וְלֹא־עָ֥מַד שָׁ֖ם בָּאָֽרֶץ׃ וְיֶ֛תֶר
דִּבְרֵ֥י מְנַחֵ֖ם וְכָל־אֲשֶׁ֣ר עָשָׂ֑ה הֲלוֹא־הֵ֣ם כְּתוּבִ֗ים עַל־סֵ֛פֶר
22 דִּבְרֵ֥י הַיָּמִ֖ים לְמַלְכֵ֥י יִשְׂרָאֵֽל׃ וַיִּשְׁכַּ֥ב מְנַחֵ֖ם עִם־אֲבֹתָ֑יו
23 וַיִּמְלֹ֛ךְ פְּקַחְיָ֥ה בְנ֖וֹ תַּחְתָּֽיו׃ בִּשְׁנַ֗ת חֲמִשִּׁ֣ים שָׁנָ֔ה לַעֲזַרְיָ֖ה
מֶ֣לֶךְ יְהוּדָ֑ה מָ֠לַךְ פְּקַחְיָ֨ה בֶן־מְנַחֵ֧ם עַל־יִשְׂרָאֵ֛ל בְּשֹׁמְר֖וֹן
24 שְׁנָתָֽיִם׃ וַיַּ֥עַשׂ הָרַ֖ע בְּעֵינֵ֣י יְהוָ֑ה לֹ֣א סָ֔ר מֵֽחַטֹּאות֙ יָרָבְעָ֣ם
כה בֶּן־נְבָ֔ט אֲשֶׁ֥ר הֶחֱטִ֖יא אֶת־יִשְׂרָאֵֽל׃ וַיִּקְשֹׁ֣ר עָלָ֡יו פֶּ֣קַח בֶּן־
רְמַלְיָ֩הוּ֩ שָׁלִישׁ֨וֹ וַיַּכֻּ֥הוּ בְשֹׁמְר֛וֹן בְּאַרְמ֥וֹן בֵּית־°מֶּ֖לֶךְ אֶת־
אַרְגֹּ֣ב וְאֶת־הָאַרְיֵ֔ה וְעִמּ֛וֹ חֲמִשִּׁ֥ים אִ֖ישׁ מִבְּנֵ֣י גִלְעָדִ֑ים וַיְמִתֵ֖הוּ
26 וַיִּמְלֹ֥ךְ תַּחְתָּֽיו׃ וְיֶ֥תֶר דִּבְרֵֽי־פְקַחְיָ֖ה וְכָל־אֲשֶׁ֣ר עָשָׂ֑ה הִנָּ֣ם
27 כְּתוּבִ֔ים עַל־סֵ֛פֶר דִּבְרֵ֥י הַיָּמִ֖ים לְמַלְכֵ֥י יִשְׂרָאֵֽל׃ בִּשְׁנַ֨ת
חֲמִשִּׁ֤ים וּשְׁתַּ֙יִם֙ שָׁנָ֔ה לַעֲזַרְיָ֖ה מֶ֣לֶךְ יְהוּדָ֑ה מָ֠לַךְ פֶּ֣קַח בֶּן־
28 רְמַלְיָ֧הוּ עַל־יִשְׂרָאֵ֛ל בְּשֹׁמְר֖וֹן עֶשְׂרִ֥ים שָׁנָֽה׃ וַיַּ֥עַשׂ הָרַ֖ע
בְּעֵינֵ֣י יְהוָ֑ה לֹ֣א סָ֗ר מִן־חַטֹּאות֙ יָרָבְעָ֣ם בֶּן־נְבָ֔ט אֲשֶׁ֥ר
29 הֶחֱטִ֖יא אֶת־יִשְׂרָאֵֽל׃ בִּימֵ֞י פֶּ֣קַח מֶלֶךְ־יִשְׂרָאֵ֗ל בָּ֞א תִּגְלַ֣ת
פִּלְאֶ֣סֶר֮ מֶ֣לֶךְ אַשּׁוּר֒ וַיִּקַּ֣ח אֶת־עִיּ֡וֹן וְאֶת־אָבֵ֣ל בֵּית־מַעֲכָ֡ה
וְאֶת־יָ֠נ֠וֹחַ וְאֶת־קֶ֨דֶשׁ וְאֶת־חָצ֤וֹר וְאֶת־הַגִּלְעָד֙ וְאֶת־הַגָּלִ֔ילָה
ל כֹּ֖ל אֶ֣רֶץ נַפְתָּלִ֑י וַיַּגְלֵ֖ם אַשּֽׁוּרָה׃ וַיִּקְשָׁר־קֶ֗שֶׁר הוֹשֵׁ֣עַ בֶּן־
אֵלָ֗ה עַל־פֶּ֙קַח֙ בֶּן־רְמַלְיָ֔הוּ וַיַּכֵּ֙הוּ֙ וַיְמִיתֵ֔הוּ וַיִּמְלֹ֖ךְ תַּחְתָּ֑יו
31 בִּשְׁנַ֣ת עֶשְׂרִ֔ים לְיוֹתָ֖ם בֶּן־עֻזִּיָּֽה׃ וְיֶ֥תֶר דִּבְרֵי־פֶ֖קַח וְכָל־
אֲשֶׁ֣ר עָשָׂ֑ה הִנָּ֣ם כְּתוּבִ֔ים עַל־סֵ֛פֶר דִּבְרֵ֥י הַיָּמִ֖ים לְמַלְכֵ֥י
32 יִשְׂרָאֵֽל׃ בִּשְׁנַ֣ת שְׁתַּ֔יִם לְפֶ֥קַח בֶּן־רְמַלְיָ֖הוּ מֶ֣לֶךְ יִשְׂרָאֵ֑ל
33 מָלַ֛ךְ יוֹתָ֥ם בֶּן־עֻזִּיָּ֖הוּ מֶ֥לֶךְ יְהוּדָֽה׃ בֶּן־עֶשְׂרִ֨ים וְחָמֵ֤שׁ שָׁנָה֙
הָיָ֣ה בְמָלְכ֔וֹ וְשֵׁשׁ־עֶשְׂרֵ֣ה שָׁנָ֔ה מָלַ֖ךְ בִּירוּשָׁלִָ֑ם וְשֵׁ֣ם אִמּ֔וֹ
34 יְרוּשָׁ֖א בַּת־צָדֽוֹק׃ וַיַּ֥עַשׂ הַיָּשָׁ֖ר בְּעֵינֵ֣י יְהוָ֑ה כְּכֹ֛ל אֲשֶׁר־
לה עָשָׂ֛ה עֻזִּיָּ֥הוּ אָבִ֖יו עָשָֽׂה׃ רַ֣ק הַבָּמ֔וֹת לֹ֣א סָ֔רוּ ע֣וֹד הָעָ֔ם

מזבחים

v. 25. המלך ק׳

מִזְבְּחִים וּמְקַטְּרִים בַּבָּמוֹת הוּא בָּנָה אֶת־שַׁעַר בֵּית־יְהוָה
36 הָעֶלְיוֹן׃ וְיֶתֶר דִּבְרֵי יוֹתָם אֲשֶׁר עָשָׂה הֲלֹא־הֵם כְּתוּבִים
37 עַל־סֵפֶר דִּבְרֵי הַיָּמִים לְמַלְכֵי יְהוּדָה׃ בַּיָּמִים הָהֵם הֵחֵל
יְהוָה לְהַשְׁלִיחַ בִּיהוּדָה רְצִין מֶלֶךְ אֲרָם וְאֵת פֶּקַח בֶּן־
38 רְמַלְיָהוּ׃ וַיִּשְׁכַּב יוֹתָם עִם־אֲבֹתָיו וַיִּקָּבֵר עִם־אֲבֹתָיו בְּעִיר
דָּוִד אָבִיו וַיִּמְלֹךְ אָחָז בְּנוֹ תַּחְתָּיו׃

טז CAP. XVI. טז

א בִּשְׁנַת שְׁבַע־עֶשְׂרֵה שָׁנָה לְפֶקַח בֶּן־רְמַלְיָהוּ מָלַךְ אָחָז
2 בֶּן־יוֹתָם מֶלֶךְ יְהוּדָה׃ בֶּן־עֶשְׂרִים שָׁנָה אָחָז בְּמָלְכוֹ וְשֵׁשׁ־
עֶשְׂרֵה שָׁנָה מָלַךְ בִּירוּשָׁלִָם וְלֹא־עָשָׂה הַיָּשָׁר בְּעֵינֵי יְהוָה
3 אֱלֹהָיו כְּדָוִד אָבִיו׃ וַיֵּלֶךְ בְּדֶרֶךְ מַלְכֵי יִשְׂרָאֵל וְגַם אֶת־
בְּנוֹ הֶעֱבִיר בָּאֵשׁ כְּתֹעֲבוֹת הַגּוֹיִם אֲשֶׁר הוֹרִישׁ יְהוָה אֹתָם
4 מִפְּנֵי בְּנֵי יִשְׂרָאֵל׃ וַיְזַבֵּחַ וַיְקַטֵּר בַּבָּמוֹת וְעַל־הַגְּבָעוֹת
ה וְתַחַת כָּל־עֵץ רַעֲנָן׃ אָז יַעֲלֶה רְצִין מֶלֶךְ־אֲרָם וּפֶקַח
בֶּן־רְמַלְיָהוּ מֶלֶךְ־יִשְׂרָאֵל יְרוּשָׁלִַם לַמִּלְחָמָה וַיָּצֻרוּ עַל־
6 אָחָז וְלֹא יָכְלוּ לְהִלָּחֵם׃ בָּעֵת הַהִיא הֵשִׁיב רְצִין מֶלֶךְ־אֲרָם
אֶת־אֵילַת לַאֲרָם וַיְנַשֵּׁל אֶת־הַיְהוּדִים מֵאֵילוֹת וַאֲרוֹמִים
7 בָּאוּ אֵילַת וַיֵּשְׁבוּ שָׁם עַד הַיּוֹם הַזֶּה׃ וַיִּשְׁלַח אָחָז מַלְאָכִים
אֶל־תִּגְלַת פְּלֶסֶר מֶלֶךְ־אַשּׁוּר לֵאמֹר עַבְדְּךָ וּבִנְךָ אָנִי עֲלֵה
וְהוֹשִׁעֵנִי מִכַּף מֶלֶךְ־אֲרָם וּמִכַּף מֶלֶךְ יִשְׂרָאֵל הַקּוֹמִים
8 עָלָי׃ וַיִּקַּח אָחָז אֶת־הַכֶּסֶף וְאֶת־הַזָּהָב הַנִּמְצָא בֵּית יְהוָה
9 וּבְאֹצְרוֹת בֵּית הַמֶּלֶךְ וַיִּשְׁלַח לְמֶלֶךְ־אַשּׁוּר שֹׁחַד׃ וַיִּשְׁמַע
אֵלָיו מֶלֶךְ אַשּׁוּר וַיַּעַל מֶלֶךְ אַשּׁוּר אֶל־דַּמֶּשֶׂק וַיִּתְפְּשֶׂהָ
י וַיַּגְלֶהָ קִירָה וְאֶת־רְצִין הֵמִית׃ וַיֵּלֶךְ הַמֶּלֶךְ אָחָז לִקְרַאת
תִּגְלַת פִּלְאֶסֶר מֶלֶךְ־אַשּׁוּר דּוּמֶּשֶׂק וַיַּרְא אֶת־הַמִּזְבֵּחַ אֲשֶׁר
בְּדַמָּשֶׂק וַיִּשְׁלַח הַמֶּלֶךְ אָחָז אֶל־אוּרִיָּה הַכֹּהֵן אֶת־דְּמוּת
11 הַמִּזְבֵּחַ וְאֶת־תַּבְנִיתוֹ לְכָל־מַעֲשֵׂהוּ׃ וַיִּבֶן אוּרִיָּה הַכֹּהֵן

את־המזבח

ט״ז v. 6. ואדומים ק׳

אֶת־הַמִּזְבֵּ֑חַ כְּכֹ֨ל אֲשֶׁר־שָׁלַ֜ח הַמֶּ֤לֶךְ אָחָז֙ מִדַּמֶּ֔שֶׂק כֵּ֤ן עָשָׂה֙
12 אוּרִיָּ֣ה הַכֹּהֵ֔ן עַד־בּ֥וֹא הַמֶּֽלֶךְ־אָחָ֖ז מִדַּמָּֽשֶׂק׃ וַיָּבֹ֤א הַמֶּ֙לֶךְ֙
מִדַּמֶּ֔שֶׂק וַיַּ֥רְא הַמֶּ֖לֶךְ אֶת־הַמִּזְבֵּ֑חַ וַיִּקְרַ֥ב הַמֶּ֛לֶךְ עַל־
13 הַמִּזְבֵּ֖חַ וַיַּ֥עַל עָלָֽיו׃ וַיַּקְטֵ֤ר אֶת־עֹֽלָתוֹ֙ וְאֶת־מִנְחָת֔וֹ וַיַּסֵּ֖ךְ
אֶת־נִסְכּ֑וֹ וַיִּזְרֹ֛ק אֶת־דַּֽם־הַשְּׁלָמִ֥ים אֲשֶׁר־ל֖וֹ עַל־הַמִּזְבֵּֽחַ׃
14 וְאֵ֨ת הַמִּזְבַּ֣ח הַנְּחֹ֘שֶׁת֮ אֲשֶׁ֣ר לִפְנֵ֣י יְהוָה֒ וַיַּקְרֵ֗ב מֵאֵת֙ פְּנֵ֣י הַבַּ֔יִת
מִבֵּין֙ הַמִּזְבֵּ֔חַ וּמִבֵּ֖ין בֵּ֣ית יְהוָ֑ה וַיִּתֵּ֥ן אֹת֛וֹ עַל־יֶ֥רֶךְ הַמִּזְבֵּ֖חַ
טו צָפֽוֹנָה׃ וַיְצַוֵּ֣הוּ הַמֶּֽלֶךְ־אָחָז֩ אֶת־אוּרִיָּ֨ה הַכֹּהֵ֜ן לֵאמֹ֗ר עַ֣ל
הַמִּזְבֵּ֣חַ הַגָּד֡וֹל הַקְטֵר֩ אֶת־עֹֽלַת־הַבֹּ֨קֶר וְֽאֶת־מִנְחַ֜ת הָעֶ֗רֶב
וְֽאֶת־עֹלַ֨ת הַמֶּ֜לֶךְ וְאֶת־מִנְחָת֗וֹ וְ֠אֵת עֹלַ֞ת כָּל־עַ֤ם הָאָ֙רֶץ֙
וּמִנְחָתָ֣ם וְנִסְכֵּיהֶ֔ם וְכָל־דַּ֥ם עֹלָ֛ה וְכָל־דַּם־זֶ֖בַח עָלָ֣יו תִּזְרֹ֑ק
16 וּמִזְבַּ֧ח הַנְּחֹ֛שֶׁת יִהְיֶה־לִּ֖י לְבַקֵּֽר׃ וַיַּ֖עַשׂ אוּרִיָּ֣ה הַכֹּהֵ֑ן כְּכֹ֥ל
17 אֲשֶׁר־צִוָּ֖ה הַמֶּ֥לֶךְ אָחָֽז׃ וַיְקַצֵּץ֩ הַמֶּ֨לֶךְ אָחָ֜ז אֶת־הַמִּסְגְּר֣וֹת
הַמְּכֹנ֗וֹת וַיָּ֤סַר מֵֽעֲלֵיהֶם֙ וְֽאֶת־הַכִּיֹּ֔ר וְאֶת־הַיָּ֣ם הוֹרִ֔ד מֵעַ֛ל
הַבָּקָ֥ר הַנְּחֹ֖שֶׁת אֲשֶׁ֣ר תַּחְתֶּ֑יהָ וַיִּתֵּ֣ן אֹת֔וֹ עַ֖ל מַרְצֶ֥פֶת אֲבָנִֽים׃
18 וְאֶת־מֵיסַ֨ךְ הַשַּׁבָּ֜ת אֲשֶׁר־בָּנ֣וּ בַבַּ֗יִת וְאֶת־מְב֤וֹא הַמֶּ֙לֶךְ֙
19 הַחִ֣יצוֹנָ֔ה הֵסֵ֖ב בֵּ֣ית יְהוָ֑ה מִפְּנֵ֖י מֶ֥לֶךְ אַשּֽׁוּר׃ וְיֶ֛תֶר דִּבְרֵ֥י
אָחָ֖ז אֲשֶׁ֣ר עָשָׂ֑ה הֲלֹא־הֵ֣ם כְּתוּבִ֗ים עַל־סֵ֛פֶר דִּבְרֵ֥י הַיָּמִ֖ים
כ לְמַלְכֵ֥י יְהוּדָֽה׃ וַיִּשְׁכַּ֤ב אָחָז֙ עִם־אֲבֹתָ֔יו וַיִּקָּבֵ֥ר עִם־אֲבֹתָ֖יו
בְּעִ֣יר דָּוִ֑ד וַיִּמְלֹ֛ךְ חִזְקִיָּ֥הוּ בְנ֖וֹ תַּחְתָּֽיו׃

יז CAP. XVII. יז

א בִּשְׁנַת֙ שְׁתֵּ֣ים עֶשְׂרֵ֔ה לְאָחָ֖ז מֶ֣לֶךְ יְהוּדָ֑ה מָ֠לַךְ הוֹשֵׁ֨עַ בֶּן־
2 אֵלָ֧ה בְשֹׁמְר֛וֹן עַל־יִשְׂרָאֵ֖ל תֵּ֥שַׁע שָׁנִֽים׃ וַיַּ֥עַשׂ הָרַ֖ע בְּעֵינֵ֣י
3 יְהוָ֑ה רַ֗ק לֹ֚א כְּמַלְכֵ֣י יִשְׂרָאֵ֔ל אֲשֶׁ֥ר הָי֖וּ לְפָנָֽיו׃ עָלָ֣יו עָלָ֔ה
שַֽׁלְמַנְאֶ֖סֶר מֶ֣לֶךְ אַשּׁ֑וּר וַֽיְהִי־ל֤וֹ הוֹשֵׁ֙עַ֙ עֶ֔בֶד וַיָּ֥שֶׁב ל֖וֹ מִנְחָֽה׃
4 וַיִּמְצָא֩ מֶֽלֶךְ־אַשּׁ֨וּר בְּהוֹשֵׁ֜עַ קֶ֗שֶׁר אֲשֶׁ֨ר שָׁלַ֤ח מַלְאָכִים֙ אֶל־
ס֣וֹא מֶֽלֶךְ־מִצְרַ֔יִם וְלֹא־הֶעֱלָ֥ה מִנְחָ֛ה לְמֶ֥לֶךְ אַשּׁ֖וּר כְּשָׁנָ֣ה

ט״ז v. 15. ויצוה ק׳ v. 17. את ק׳ v. 18. מוסך ק׳

ה בְּשָׁנָה וַיַּעַצְרֵהוּ מֶלֶךְ אַשּׁוּר וַיַּאַסְרֵהוּ בֵּית כֶּלֶא׃ וַיַּעַל
מֶלֶךְ־אַשּׁוּר בְּכָל־הָאָרֶץ וַיַּעַל שֹׁמְרוֹן וַיָּצַר עָלֶיהָ שָׁלֹשׁ
6 שָׁנִים׃ בִּשְׁנַת הַתְּשִׁיעִית לְהוֹשֵׁעַ לָכַד מֶלֶךְ־אַשּׁוּר אֶת־
שֹׁמְרוֹן וַיֶּגֶל אֶת־יִשְׂרָאֵל אַשּׁוּרָה וַיֹּשֶׁב אֹתָם בַּחְלַח וּבְחָבוֹר
7 נְהַר גּוֹזָן וְעָרֵי מָדָי׃ וַיְהִי כִּי־חָטְאוּ בְנֵי־יִשְׂרָאֵל לַיהוָה
אֱלֹהֵיהֶם הַמַּעֲלֶה אֹתָם מֵאֶרֶץ מִצְרַיִם מִתַּחַת יַד פַּרְעֹה
8 מֶלֶךְ־מִצְרָיִם וַיִּירְאוּ אֱלֹהִים אֲחֵרִים׃ וַיֵּלְכוּ בְּחֻקּוֹת הַגּוֹיִם
אֲשֶׁר הוֹרִישׁ יְהוָה מִפְּנֵי בְּנֵי יִשְׂרָאֵל וּמַלְכֵי יִשְׂרָאֵל אֲשֶׁר
9 עָשׂוּ׃ וַיְחַפְּאוּ בְנֵי־יִשְׂרָאֵל דְּבָרִים אֲשֶׁר לֹא־כֵן עַל־יְהוָה
אֱלֹהֵיהֶם וַיִּבְנוּ לָהֶם בָּמוֹת בְּכָל־עָרֵיהֶם מִמִּגְדַּל נוֹצְרִים
י עַד־עִיר מִבְצָר׃ וַיַּצִּבוּ לָהֶם מַצֵּבוֹת וַאֲשֵׁרִים עַל כָּל־
11 גִּבְעָה גְבֹהָה וְתַחַת כָּל־עֵץ רַעֲנָן׃ וַיְקַטְּרוּ־שָׁם בְּכָל־בָּמוֹת
כַּגּוֹיִם אֲשֶׁר־הֶגְלָה יְהוָה מִפְּנֵיהֶם וַיַּעֲשׂוּ דְּבָרִים רָעִים
12 לְהַכְעִיס אֶת־יְהוָה׃ וַיַּעַבְדוּ הַגִּלֻּלִים אֲשֶׁר אָמַר יְהוָה לָהֶם
13 לֹא תַעֲשׂוּ אֶת־הַדָּבָר הַזֶּה׃ וַיָּעַד יְהוָה בְּיִשְׂרָאֵל וּבִיהוּדָה
בְּיַד כָּל־נְבִיאֵו כָל־חֹזֶה לֵאמֹר שֻׁבוּ מִדַּרְכֵיכֶם הָרָעִים
וְשִׁמְרוּ מִצְוֹתַי חֻקּוֹתַי כְּכָל־הַתּוֹרָה אֲשֶׁר צִוִּיתִי אֶת־
14 אֲבֹתֵיכֶם וַאֲשֶׁר שָׁלַחְתִּי אֲלֵיכֶם בְּיַד עֲבָדַי הַנְּבִיאִים׃ וְלֹא
שָׁמֵעוּ וַיַּקְשׁוּ אֶת־עָרְפָּם כְּעֹרֶף אֲבוֹתָם אֲשֶׁר לֹא הֶאֱמִינוּ
טו בַּיהוָה אֱלֹהֵיהֶם׃ וַיִּמְאֲסוּ אֶת־חֻקָּיו וְאֶת־בְּרִיתוֹ אֲשֶׁר כָּרַת
אֶת־אֲבוֹתָם וְאֵת עֵדְוֹתָיו אֲשֶׁר הֵעִיד בָּם וַיֵּלְכוּ אַחֲרֵי
הַהֶבֶל וַיֶּהְבָּלוּ וְאַחֲרֵי הַגּוֹיִם אֲשֶׁר סְבִיבֹתָם אֲשֶׁר צִוָּה יְהוָה
16 אֹתָם לְבִלְתִּי עֲשׂוֹת כָּהֶם׃ וַיַּעַזְבוּ אֶת־כָּל־מִצְוֹת יְהוָה
אֱלֹהֵיהֶם וַיַּעֲשׂוּ לָהֶם מַסֵּכָה שְׁנַיִם עֲגָלִים וַיַּעֲשׂוּ אֲשֵׁירָה
17 וַיִּשְׁתַּחֲווּ לְכָל־צְבָא הַשָּׁמַיִם וַיַּעַבְדוּ אֶת־הַבָּעַל׃ וַיַּעֲבִירוּ
אֶת־בְּנֵיהֶם וְאֶת־בְּנוֹתֵיהֶם בָּאֵשׁ וַיִּקְסְמוּ קְסָמִים וַיְנַחֵשׁוּ
18 וַיִּתְמַכְּרוּ לַעֲשׂוֹת הָרַע בְּעֵינֵי יְהוָה לְהַכְעִיסוֹ׃ וַיִּתְאַנַּף יְהוָה

מאד

v. 13. נביאי ק׳ ibid. ב׳ טעמים במלה א׳ v. 16. שני ק׳

מְאֹד בְּיִשְׂרָאֵל וַיְסִרֵם מֵעַל פָּנָיו לֹא נִשְׁאַר רַק שֵׁבֶט יְהוּדָה
19 לְבַדּוֹ׃ גַּם־יְהוּדָה לֹא שָׁמַר אֶת־מִצְוֹת יְהוָה אֱלֹהֵיהֶם וַיֵּלְכוּ
כ בְּחֻקּוֹת יִשְׂרָאֵל אֲשֶׁר עָשׂוּ׃ וַיִּמְאַס יְהוָה בְּכָל־זֶרַע יִשְׂרָאֵל
21 וַיְעַנֵּם וַיִּתְּנֵם בְּיַד־שֹׁסִים עַד אֲשֶׁר הִשְׁלִיכָם מִפָּנָיו׃ כִּי־
קָרַע יִשְׂרָאֵל מֵעַל בֵּית דָּוִד וַיַּמְלִיכוּ אֶת־יָרָבְעָם בֶּן־נְבָט
וַיַּדֵּא יָרָבְעָם אֶת־יִשְׂרָאֵל מֵאַחֲרֵי יְהוָה וְהֶחֱטִיאָם חֲטָאָה
22 גְדוֹלָה׃ וַיֵּלְכוּ בְּנֵי יִשְׂרָאֵל בְּכָל־חַטֹּאות יָרָבְעָם אֲשֶׁר עָשָׂה
23 לֹא־סָרוּ מִמֶּנָּה׃ עַד אֲשֶׁר־הֵסִיר יְהוָה אֶת־יִשְׂרָאֵל מֵעַל
פָּנָיו כַּאֲשֶׁר דִּבֶּר בְּיַד כָּל־עֲבָדָיו הַנְּבִיאִים וַיִּגֶל יִשְׂרָאֵל
24 מֵעַל אַדְמָתוֹ אַשּׁוּרָה עַד הַיּוֹם הַזֶּה׃ וַיָּבֵא מֶלֶךְ־אַשּׁוּר
מִבָּבֶל וּמִכּוּתָה וּמֵעַוָּא וּמֵחֲמָת וּסְפַרְוַיִם וַיֹּשֶׁב בְּעָרֵי שֹׁמְרוֹן
כה תַּחַת בְּנֵי יִשְׂרָאֵל וַיִּרְשׁוּ אֶת־שֹׁמְרוֹן וַיֵּשְׁבוּ בְּעָרֶיהָ׃ וַיְהִי
בִּתְחִלַּת שִׁבְתָּם שָׁם לֹא יָרְאוּ אֶת־יְהוָה וַיְשַׁלַּח יְהוָה בָּהֶם
26 אֶת־הָאֲרָיוֹת וַיִּהְיוּ הֹרְגִים בָּהֶם׃ וַיֹּאמְרוּ לְמֶלֶךְ אַשּׁוּר
לֵאמֹר הַגּוֹיִם אֲשֶׁר הִגְלִיתָ וַתּוֹשֶׁב בְּעָרֵי שֹׁמְרוֹן לֹא יָדְעוּ
אֶת־מִשְׁפַּט אֱלֹהֵי הָאָרֶץ וַיְשַׁלַּח־בָּם אֶת־הָאֲרָיוֹת וְהִנָּם
מְמִיתִים אוֹתָם כַּאֲשֶׁר אֵינָם יֹדְעִים אֶת־מִשְׁפַּט אֱלֹהֵי הָאָרֶץ׃
27 וַיְצַו מֶלֶךְ־אַשּׁוּר לֵאמֹר הֹלִיכוּ שָׁמָּה אֶחָד מֵהַכֹּהֲנִים אֲשֶׁר
הִגְלִיתֶם מִשָּׁם וְיֵלְכוּ וְיֵשְׁבוּ שָׁם וְיֹרֵם אֶת־מִשְׁפַּט אֱלֹהֵי
28 הָאָרֶץ׃ וַיָּבֹא אֶחָד מֵהַכֹּהֲנִים אֲשֶׁר הִגְלוּ מִשֹּׁמְרוֹן וַיֵּשֶׁב
29 בְּבֵית־אֵל וַיְהִי מוֹרֶה אֹתָם אֵיךְ יִירְאוּ אֶת־יְהוָה׃ וַיִּהְיוּ
עֹשִׂים גּוֹי גּוֹי אֱלֹהָיו וַיַּנִּיחוּ | בְּבֵית הַבָּמוֹת אֲשֶׁר עָשׂוּ הַשֹּׁמְרֹנִים
ל גּוֹי גּוֹי בְּעָרֵיהֶם אֲשֶׁר הֵם יֹשְׁבִים שָׁם׃ וְאַנְשֵׁי בָבֶל עָשׂוּ אֶת־
סֻכּוֹת בְּנוֹת וְאַנְשֵׁי־כוּת עָשׂוּ אֶת־נֵרְגַל וְאַנְשֵׁי חֲמָת עָשׂוּ
31 אֶת־אֲשִׁימָא׃ וְהָעַוִּים עָשׂוּ נִבְחַז וְאֶת־תַּרְתָּק וְהַסְפַרְוִים
שֹׂרְפִים אֶת־בְּנֵיהֶם בָּאֵשׁ לְאַדְרַמֶּלֶךְ וַעֲנַמֶּלֶךְ אֱלֹה סְפַרְוָיִם׃
32 וַיִּהְיוּ יְרֵאִים אֶת־יְהוָה וַיַּעֲשׂוּ לָהֶם מִקְצוֹתָם כֹּהֲנֵי בָמוֹת

ויהיו

v. 21. וידח ק׳ v. 31. זין רבתא ibid. אלהי ק׳ ibid. ספרוים ק׳

33 וַיִּהְיוּ עֹשִׂים לָהֶם בְּבֵית הַבָּמוֹת׃ אֶת־יְהוָה הָיוּ יְרֵאִים וְאֶת־
אֱלֹהֵיהֶם הָיוּ עֹבְדִים כְּמִשְׁפַּט הַגּוֹיִם אֲשֶׁר־הִגְלוּ אֹתָם מִשָּׁם׃
34 עַד הַיּוֹם הַזֶּה הֵם עֹשִׂים כַּמִּשְׁפָּטִים הָרִאשֹׁנִים אֵינָם יְרֵאִים
אֶת־יְהוָה וְאֵינָם עֹשִׂים כְּחֻקֹּתָם וּכְמִשְׁפָּטָם וְכַתּוֹרָה וְכַמִּצְוָה
אֲשֶׁר צִוָּה יְהוָה אֶת־בְּנֵי יַעֲקֹב אֲשֶׁר־שָׂם שְׁמוֹ יִשְׂרָאֵל׃
לה וַיִּכְרֹת יְהוָה אִתָּם בְּרִית וַיְצַוֵּם לֵאמֹר לֹא תִירְאוּ אֱלֹהִים
אֲחֵרִים וְלֹא־תִשְׁתַּחֲווּ לָהֶם וְלֹא תַעַבְדוּם וְלֹא תִזְבְּחוּ לָהֶם׃
36 כִּי אִם־אֶת־יְהוָה אֲשֶׁר הֶעֱלָה אֶתְכֶם מֵאֶרֶץ מִצְרַיִם בְּכֹחַ
גָּדוֹל וּבִזְרוֹעַ נְטוּיָה אֹתוֹ תִירָאוּ וְלוֹ תִשְׁתַּחֲווּ וְלוֹ תִזְבָּחוּ׃
37 וְאֶת־הַחֻקִּים וְאֶת־הַמִּשְׁפָּטִים וְהַתּוֹרָה וְהַמִּצְוָה אֲשֶׁר כָּתַב
לָכֶם תִּשְׁמְרוּן לַעֲשׂוֹת כָּל־הַיָּמִים וְלֹא תִירְאוּ אֱלֹהִים
38 אֲחֵרִים׃ וְהַבְּרִית אֲשֶׁר־כָּרַתִּי אִתְּכֶם לֹא תִשְׁכָּחוּ וְלֹא
39 תִירְאוּ אֱלֹהִים אֲחֵרִים׃ כִּי אִם־אֶת־יְהוָה אֱלֹהֵיכֶם תִּירָאוּ
מ וְהוּא יַצִּיל אֶתְכֶם מִיַּד כָּל־אֹיְבֵיכֶם׃ וְלֹא שָׁמֵעוּ כִּי אִם־
41 כְּמִשְׁפָּטָם הָרִאשׁוֹן הֵם עֹשִׂים׃ וַיִּהְיוּ ׀ הַגּוֹיִם הָאֵלֶּה יְרֵאִים
אֶת־יְהוָה וְאֶת־פְּסִילֵיהֶם הָיוּ עֹבְדִים גַּם־בְּנֵיהֶם ׀ וּבְנֵי
בְנֵיהֶם כַּאֲשֶׁר עָשׂוּ אֲבֹתָם הֵם עֹשִׂים עַד הַיּוֹם הַזֶּה׃

יח CAP. XVIII. יח

א וַיְהִי בִּשְׁנַת שָׁלֹשׁ לְהוֹשֵׁעַ בֶּן־אֵלָה מֶלֶךְ יִשְׂרָאֵל מָלַךְ חִזְקִיָּה
2 בֶן־אָחָז מֶלֶךְ יְהוּדָה׃ בֶּן־עֶשְׂרִים וְחָמֵשׁ שָׁנָה הָיָה בְמָלְכוֹ
וְעֶשְׂרִים וָתֵשַׁע שָׁנָה מָלַךְ בִּירוּשָׁלָםִ וְשֵׁם אִמּוֹ אֲבִי בַּת־
3 זְכַרְיָה׃ וַיַּעַשׂ הַיָּשָׁר בְּעֵינֵי יְהוָה כְּכֹל אֲשֶׁר־עָשָׂה דָּוִד אָבִיו׃
4 הוּא ׀ הֵסִיר אֶת־הַבָּמוֹת וְשִׁבַּר אֶת־הַמַּצֵּבֹת וְכָרַת אֶת־
הָאֲשֵׁרָה וְכִתַּת נְחַשׁ הַנְּחֹשֶׁת אֲשֶׁר־עָשָׂה מֹשֶׁה כִּי עַד־הַיָּמִים
הָהֵמָּה הָיוּ בְנֵי־יִשְׂרָאֵל מְקַטְּרִים לוֹ וַיִּקְרָא־לוֹ נְחֻשְׁתָּן׃
ה בַּיהוָה אֱלֹהֵי־יִשְׂרָאֵל בָּטָח וְאַחֲרָיו לֹא־הָיָה כָמֹהוּ בְּכֹל
6 מַלְכֵי יְהוּדָה וַאֲשֶׁר הָיוּ לְפָנָיו׃ וַיִּדְבַּק בַּיהוָה לֹא־סָר

מאחריו

7 מֵאַחֲרָיו וַיִּשְׁמֹר מִצְוֹתָיו אֲשֶׁר־צִוָּה יְהוָה אֶת־מֹשֶׁה׃ וְהָיָה
יְהוָה עִמּוֹ בְּכֹל אֲשֶׁר־יֵצֵא יַשְׂכִּיל וַיִּמְרֹד בְּמֶלֶךְ־אַשּׁוּר וְלֹא
8 עֲבָדוֹ׃ הוּא־הִכָּה אֶת־פְּלִשְׁתִּים עַד־עַזָּה וְאֶת־גְּבוּלֶיהָ
9 מִמִּגְדַּל נוֹצְרִים עַד־עִיר מִבְצָר׃ וַיְהִי בַּשָּׁנָה הָרְבִיעִית
לַמֶּלֶךְ חִזְקִיָּהוּ הִיא הַשָּׁנָה הַשְּׁבִיעִית לְהוֹשֵׁעַ בֶּן־אֵלָה מֶלֶךְ
יִשְׂרָאֵל עָלָה שַׁלְמַנְאֶסֶר מֶלֶךְ־אַשּׁוּר עַל־שֹׁמְרוֹן וַיָּצַר
י עָלֶיהָ׃ וַיִּלְכְּדֻהָ מִקְצֵה שָׁלֹשׁ שָׁנִים בִּשְׁנַת־שֵׁשׁ לְחִזְקִיָּה הִיא
11 שְׁנַת־תֵּשַׁע לְהוֹשֵׁעַ מֶלֶךְ יִשְׂרָאֵל נִלְכְּדָה שֹׁמְרוֹן׃ וַיֶּגֶל מֶלֶךְ־
אַשּׁוּר אֶת־יִשְׂרָאֵל אַשּׁוּרָה וַיַּנְחֵם בַּחְלַח וּבְחָבוֹר נְהַר גּוֹזָן
12 וְעָרֵי מָדָי׃ עַל ׀ אֲשֶׁר לֹא־שָׁמְעוּ בְּקוֹל יְהוָה אֱלֹהֵיהֶם
וַיַּעַבְרוּ אֶת־בְּרִיתוֹ אֵת כָּל־אֲשֶׁר צִוָּה מֹשֶׁה עֶבֶד יְהוָה וְלֹא
13 שָׁמְעוּ וְלֹא עָשׂוּ׃ וּבְאַרְבַּע עֶשְׂרֵה שָׁנָה לַמֶּלֶךְ חִזְקִיָּה
עָלָה סַנְחֵרִיב מֶלֶךְ־אַשּׁוּר עַל כָּל־עָרֵי יְהוּדָה הַבְּצֻרוֹת
14 וַיִּתְפְּשֵׂם׃ וַיִּשְׁלַח חִזְקִיָּה מֶלֶךְ־יְהוּדָה אֶל־מֶלֶךְ־אַשּׁוּר ׀
לָכִישָׁה ׀ לֵאמֹר ׀ חָטָאתִי שׁוּב מֵעָלַי אֵת אֲשֶׁר־תִּתֵּן עָלַי
אֶשָּׂא וַיָּשֶׂם מֶלֶךְ־אַשּׁוּר עַל־חִזְקִיָּה מֶלֶךְ־יְהוּדָה שְׁלֹשׁ
טו מֵאוֹת כִּכַּר־כֶּסֶף וּשְׁלֹשִׁים כִּכַּר זָהָב׃ וַיִּתֵּן חִזְקִיָּה אֶת־
16 כָּל־הַכֶּסֶף הַנִּמְצָא בֵית־יְהוָה וּבְאֹצְרוֹת בֵּית הַמֶּלֶךְ׃ בָּעֵת
הַהִיא קִצַּץ חִזְקִיָּה אֶת־דַּלְתוֹת הֵיכַל יְהוָה וְאֶת־הָאֹמְנוֹת
17 אֲשֶׁר צִפָּה חִזְקִיָּה מֶלֶךְ יְהוּדָה וַיִּתְּנֵם לְמֶלֶךְ אַשּׁוּר׃ וַיִּשְׁלַח
מֶלֶךְ־אַשּׁוּר אֶת־תַּרְתָּן וְאֶת־רַב־סָרִיס ׀ וְאֶת־רַבְשָׁקֵה מִן־
לָכִישׁ אֶל־הַמֶּלֶךְ חִזְקִיָּהוּ בְּחֵיל כָּבֵד יְרוּשָׁלָםִ וַיַּעֲלוּ וַיָּבֹאוּ
יְרוּשָׁלַםִ וַיַּעֲלוּ וַיָּבֹאוּ וַיַּעַמְדוּ בִּתְעָלַת הַבְּרֵכָה הָעֶלְיוֹנָה
18 אֲשֶׁר בִּמְסִלַּת שְׂדֵה כוֹבֵס׃ וַיִּקְרְאוּ אֶל־הַמֶּלֶךְ וַיֵּצֵא אֲלֵהֶם
אֶלְיָקִים בֶּן־חִלְקִיָּהוּ אֲשֶׁר עַל־הַבָּיִת וְשֶׁבְנָה הַסֹּפֵר וְיוֹאָח
19 בֶּן־אָסָף הַמַּזְכִּיר׃ וַיֹּאמֶר אֲלֵיהֶם רַבְשָׁקֵה אִמְרוּ־נָא אֶל־
חִזְקִיָּהוּ כֹּה־אָמַר הַמֶּלֶךְ הַגָּדוֹל מֶלֶךְ אַשּׁוּר מָה הַבִּטָּחוֹן
כ הַזֶּה אֲשֶׁר בָּטָחְתָּ׃ אָמַרְתָּ אַךְ־דְּבַר־שְׂפָתַיִם עֵצָה וּגְבוּרָה

למלחמה

21 לַמִּלְחָמָה עַתָּה עַל־מִי בָטַחְתָּ כִּי מָרַדְתָּ בִּי׃ עַתָּה הִנֵּה
בָטַחְתָּ לְּךָ עַל־מִשְׁעֶנֶת הַקָּנֶה הָרָצוּץ הַזֶּה עַל־מִצְרַיִם
אֲשֶׁר יִסָּמֵךְ אִישׁ עָלָיו וּבָא בְכַפּוֹ וּנְקָבָהּ כֵּן פַּרְעֹה מֶלֶךְ־
22 מִצְרַיִם לְכָל־הַבֹּטְחִים עָלָיו׃ וְכִי־תֹאמְרוּן אֵלַי אֶל־יְהוָה
אֱלֹהֵינוּ בָּטָחְנוּ הֲלוֹא־הוּא אֲשֶׁר הֵסִיר חִזְקִיָּהוּ אֶת־בָּמֹתָיו
וְאֶת־מִזְבְּחֹתָיו וַיֹּאמֶר לִיהוּדָה וְלִירוּשָׁלַםִ לִפְנֵי הַמִּזְבֵּחַ הַזֶּה
23 תִּשְׁתַּחֲווּ בִּירוּשָׁלָםִ׃ וְעַתָּה הִתְעָרֶב נָא אֶת־אֲדֹנִי אֶת־
מֶלֶךְ אַשּׁוּר וְאֶתְּנָה לְךָ אַלְפַּיִם סוּסִים אִם־תּוּכַל לָתֶת לְךָ
24 רֹכְבִים עֲלֵיהֶם׃ וְאֵיךְ תָּשִׁיב אֵת פְּנֵי פַחַת אַחַד עַבְדֵי אֲדֹנִי
כה הַקְּטַנִּים וַתִּבְטַח לְךָ עַל־מִצְרַיִם לְרֶכֶב וּלְפָרָשִׁים׃ עַתָּה
הֲמִבַּלְעֲדֵי יְהוָה עָלִיתִי עַל־הַמָּקוֹם הַזֶּה לְהַשְׁחִתוֹ יְהוָה
26 אָמַר אֵלַי עֲלֵה עַל־הָאָרֶץ הַזֹּאת וְהַשְׁחִיתָהּ׃ וַיֹּאמֶר אֶלְיָקִים
בֶּן־חִלְקִיָּהוּ וְשֶׁבְנָה וְיוֹאָח אֶל־רַבְשָׁקֵה דַּבֶּר־נָא אֶל־
עֲבָדֶיךָ אֲרָמִית כִּי שֹׁמְעִים אֲנָחְנוּ וְאַל־תְּדַבֵּר עִמָּנוּ יְהוּדִית
27 בְּאָזְנֵי הָעָם אֲשֶׁר עַל־הַחֹמָה׃ וַיֹּאמֶר אֲלֵיהֶם רַבְשָׁקֵה הַעַל
אֲדֹנֶיךָ וְאֵלֶיךָ שְׁלָחַנִי אֲדֹנִי לְדַבֵּר אֶת־הַדְּבָרִים הָאֵלֶּה
הֲלֹא עַל־הָאֲנָשִׁים הַיֹּשְׁבִים עַל־הַחֹמָה לֶאֱכֹל אֶת־חֹרֵיהֶם
28 וְלִשְׁתּוֹת אֶת־שֵׁינֵיהֶם עִמָּכֶם׃ וַיַּעֲמֹד רַבְשָׁקֵה וַיִּקְרָא בְקוֹל־
גָּדוֹל יְהוּדִית וַיְדַבֵּר וַיֹּאמֶר שִׁמְעוּ דְּבַר־הַמֶּלֶךְ הַגָּדוֹל מֶלֶךְ
29 אַשּׁוּר׃ כֹּה אָמַר הַמֶּלֶךְ אַל־יַשִּׁא לָכֶם חִזְקִיָּהוּ כִּי־לֹא
ל יוּכַל לְהַצִּיל אֶתְכֶם מִיָּדוֹ׃ וְאַל־יַבְטַח אֶתְכֶם חִזְקִיָּהוּ אֶל־
יְהוָה לֵאמֹר הַצֵּל יַצִּילֵנוּ יְהוָה וְלֹא תִנָּתֵן אֶת־הָעִיר הַזֹּאת
31 בְּיַד מֶלֶךְ אַשּׁוּר׃ אַל־תִּשְׁמְעוּ אֶל־חִזְקִיָּהוּ כִּי כֹה אָמַר
מֶלֶךְ אַשּׁוּר עֲשׂוּ־אִתִּי בְרָכָה וּצְאוּ אֵלַי וְאִכְלוּ אִישׁ־גַּפְנוֹ
32 וְאִישׁ תְּאֵנָתוֹ וּשְׁתוּ אִישׁ מֵי־בֹרוֹ׃ עַד־בֹּאִי וְלָקַחְתִּי אֶתְכֶם
אֶל־אֶרֶץ כְּאַרְצְכֶם אֶרֶץ דָּגָן וְתִירוֹשׁ אֶרֶץ לֶחֶם וּכְרָמִים
אֶרֶץ זֵית יִצְהָר וּדְבַשׁ וִחְיוּ וְלֹא תָמֻתוּ וְאַל־תִּשְׁמְעוּ אֶל־

חזקיהו

v. 27. צואתם ק׳ ibid. מימי רגליהם ק׳

33 חִזְקִיָּהוּ כִּי־יַסִּית אֶתְכֶם לֵאמֹר יְהוָה יַצִּילֵנוּ׃ הַהַצֵּל הִצִּילוּ
34 אֱלֹהֵי הַגּוֹיִם אִישׁ אֶת־אַרְצוֹ מִיַּד מֶלֶךְ אַשּׁוּר׃ אַיֵּה אֱלֹהֵי
חֲמָת וְאַרְפָּד אַיֵּה אֱלֹהֵי סְפַרְוַיִם הֵנַע וְעִוָּה כִּי־הִצִּילוּ אֶת־
לה שֹׁמְרוֹן מִיָּדִי׃ מִי בְּכָל־אֱלֹהֵי הָאֲרָצוֹת אֲשֶׁר־הִצִּילוּ אֶת־
36 אַרְצָם מִיָּדִי כִּי־יַצִּיל יְהוָה אֶת־יְרוּשָׁלַםִ מִיָּדִי׃ וְהֶחֱרִישׁוּ
הָעָם וְלֹא־עָנוּ אֹתוֹ דָּבָר כִּי־מִצְוַת הַמֶּלֶךְ הִיא לֵאמֹר לֹא
37 תַעֲנֻהוּ׃ וַיָּבֹא אֶלְיָקִים בֶּן־חִלְקִיָּה אֲשֶׁר־עַל־הַבַּיִת וְשֶׁבְנָא
הַסֹּפֵר וְיוֹאָח בֶּן־אָסָף הַמַּזְכִּיר אֶל־חִזְקִיָּהוּ קְרוּעֵי בְגָדִים
וַיַּגִּדוּ לוֹ דִּבְרֵי רַבְשָׁקֵה׃

יט Cap. XIX. יט

א וַיְהִי כִּשְׁמֹעַ הַמֶּלֶךְ חִזְקִיָּהוּ וַיִּקְרַע אֶת־בְּגָדָיו וַיִּתְכַּס בַּשָּׂק
2 וַיָּבֹא בֵּית יְהוָה׃ וַיִּשְׁלַח אֶת־אֶלְיָקִים אֲשֶׁר־עַל־הַבַּיִת
וְשֶׁבְנָא הַסֹּפֵר וְאֵת זִקְנֵי הַכֹּהֲנִים מִתְכַּסִּים בַּשַּׂקִּים אֶל־
3 יְשַׁעְיָהוּ הַנָּבִיא בֶּן־אָמוֹץ׃ וַיֹּאמְרוּ אֵלָיו כֹּה אָמַר חִזְקִיָּהוּ
יוֹם־צָרָה וְתוֹכֵחָה וּנְאָצָה הַיּוֹם הַזֶּה כִּי בָאוּ בָנִים עַד־
4 מַשְׁבֵּר וְכֹחַ אַיִן לְלֵדָה׃ אוּלַי יִשְׁמַע יְהוָה אֱלֹהֶיךָ אֵת ׀ כָּל־
דִּבְרֵי רַבְשָׁקֵה אֲשֶׁר שְׁלָחוֹ מֶלֶךְ־אַשּׁוּר ׀ אֲדֹנָיו לְחָרֵף
אֱלֹהִים חַי וְהוֹכִיחַ בַּדְּבָרִים אֲשֶׁר שָׁמַע יְהוָה אֱלֹהֶיךָ וְנָשָׂאתָ
ה תְפִלָּה בְּעַד הַשְּׁאֵרִית הַנִּמְצָאָה׃ וַיָּבֹאוּ עַבְדֵי הַמֶּלֶךְ חִזְקִיָּהוּ
6 אֶל־יְשַׁעְיָהוּ׃ וַיֹּאמֶר לָהֶם יְשַׁעְיָהוּ כֹּה תֹאמְרוּן אֶל־אֲדֹנֵיכֶם
כֹּה ׀ אָמַר יְהוָה אַל־תִּירָא מִפְּנֵי הַדְּבָרִים אֲשֶׁר שָׁמַעְתָּ אֲשֶׁר
7 גִּדְּפוּ נַעֲרֵי מֶלֶךְ־אַשּׁוּר אֹתִי׃ הִנְנִי נֹתֵן בּוֹ רוּחַ וְשָׁמַע שְׁמוּעָה
8 וְשָׁב לְאַרְצוֹ וְהִפַּלְתִּיו בַּחֶרֶב בְּאַרְצוֹ׃ וַיָּשָׁב רַבְשָׁקֵה וַיִּמְצָא
אֶת־מֶלֶךְ אַשּׁוּר נִלְחָם עַל־לִבְנָה כִּי שָׁמַע כִּי נָסַע מִלָּכִישׁ׃
9 וַיִּשְׁמַע אֶל־תִּרְהָקָה מֶלֶךְ־כּוּשׁ לֵאמֹר הִנֵּה יָצָא לְהִלָּחֵם
י אִתָּךְ וַיָּשָׁב וַיִּשְׁלַח מַלְאָכִים אֶל־חִזְקִיָּהוּ לֵאמֹר׃ כֹּה תֹאמְרוּן
אֶל־חִזְקִיָּהוּ מֶלֶךְ־יְהוּדָה לֵאמֹר אַל־יַשִּׁאֲךָ אֱלֹהֶיךָ אֲשֶׁר

אתה

ר״ח v. 37. אין כאן פסקא

אַתָּה בֹּטֵחַ בּוֹ לֵאמֹר לֹא תִנָּתֵן יְרוּשָׁלַ͏ִם בְּיַד מֶלֶךְ אַשּׁוּר׃
11 הִנֵּה ׀ אַתָּה שָׁמַעְתָּ אֵת אֲשֶׁר עָשׂוּ מַלְכֵי אַשּׁוּר לְכָל־הָאֲרָצוֹת
12 לְהַחֲרִימָם וְאַתָּה תִּנָּצֵל׃ הַהִצִּילוּ אֹתָם אֱלֹהֵי הַגּוֹיִם אֲשֶׁר
שִׁחֲתוּ אֲבוֹתַי אֶת־גּוֹזָן וְאֶת־חָרָן וְרֶצֶף וּבְנֵי־עֶדֶן אֲשֶׁר
13 בִּתְלַאשָּׂר׃ אַיּוֹ מֶלֶךְ־חֲמָת וּמֶלֶךְ אַרְפָּד וּמֶלֶךְ לָעִיר
14 סְפַרְוָיִם הֵנַע וְעִוָּה׃ וַיִּקַּח חִזְקִיָּהוּ אֶת־הַסְּפָרִים מִיַּד
הַמַּלְאָכִים וַיִּקְרָאֵם וַיַּעַל בֵּית יְהוָה וַיִּפְרְשֵׂהוּ חִזְקִיָּהוּ לִפְנֵי
ט יְהוָה׃ וַיִּתְפַּלֵּל חִזְקִיָּהוּ לִפְנֵי יְהוָה וַיֹּאמַר יְהוָה אֱלֹהֵי
יִשְׂרָאֵל יֹשֵׁב הַכְּרֻבִים אַתָּה־הוּא הָאֱלֹהִים לְבַדְּךָ לְכֹל
מַמְלְכוֹת הָאָרֶץ אַתָּה עָשִׂיתָ אֶת־הַשָּׁמַיִם וְאֶת־הָאָרֶץ׃
16 הַטֵּה יְהוָה ׀ אָזְנְךָ וּשְׁמָע פְּקַח יְהוָה עֵינֶיךָ וּרְאֵה וּשְׁמַע
17 אֵת דִּבְרֵי סַנְחֵרִיב אֲשֶׁר שְׁלָחוֹ לְחָרֵף אֱלֹהִים חָי׃ אָמְנָם
18 יְהוָה הֶחֱרִיבוּ מַלְכֵי אַשּׁוּר אֶת־הַגּוֹיִם וְאֶת־אַרְצָם׃ וְנָתְנוּ
אֶת־אֱלֹהֵיהֶם בָּאֵשׁ כִּי לֹא אֱלֹהִים הֵמָּה כִּי אִם־מַעֲשֵׂה
19 יְדֵי־אָדָם עֵץ וָאֶבֶן וַיְאַבְּדוּם׃ וְעַתָּה יְהוָה אֱלֹהֵינוּ הוֹשִׁיעֵנוּ
נָא מִיָּדוֹ וְיֵדְעוּ כָּל־מַמְלְכוֹת הָאָרֶץ כִּי אַתָּה יְהוָה אֱלֹהִים
כ לְבַדֶּךָ׃ וַיִּשְׁלַח יְשַׁעְיָהוּ בֶן־אָמוֹץ אֶל־חִזְקִיָּהוּ לֵאמֹר
כֹּה־אָמַר יְהוָה אֱלֹהֵי יִשְׂרָאֵל אֲשֶׁר הִתְפַּלַּלְתָּ אֵלַי אֶל־
21 סַנְחֵרִב מֶלֶךְ־אַשּׁוּר שָׁמָעְתִּי׃ זֶה הַדָּבָר אֲשֶׁר־דִּבֶּר יְהוָה
עָלָיו בָּזָה לְךָ לָעֲגָה לְךָ בְּתוּלַת בַּת־צִיּוֹן אַחֲרֶיךָ רֹאשׁ
22 הֵנִיעָה בַּת יְרוּשָׁלָ͏ִם׃ אֶת־מִי חֵרַפְתָּ וְגִדַּפְתָּ וְעַל־מִי הֲרִימוֹתָ
23 קּוֹל וַתִּשָּׂא מָרוֹם עֵינֶיךָ עַל־קְדוֹשׁ יִשְׂרָאֵל׃ בְּיַד מַלְאָכֶיךָ
חֵרַפְתָּ ׀ אֲדֹנָי וַתֹּאמֶר בְּרֹכֶב רִכְבִּי אֲנִי עָלִיתִי מְרוֹם הָרִים
יַרְכְּתֵי לְבָנוֹן וְאֶכְרֹת קוֹמַת אֲרָזָיו מִבְחוֹר בְּרֹשָׁיו וְאָבוֹאָה
24 מְלוֹן קִצֹּה יַעַר כַּרְמִלּוֹ׃ אֲנִי קַרְתִּי וְשָׁתִיתִי מַיִם זָרִים וְאַחְרִב
כה בְּכַף־פְּעָמַי כֹּל יְאֹרֵי מָצוֹר׃ הֲלֹא־שָׁמַעְתָּ לְמֵרָחוֹק אֹתָהּ
עָשִׂיתִי לְמִימֵי קֶדֶם וִיצַרְתִּיהָ עַתָּה הֲבֵיאתִיהָ וּתְהִי לְהַשְׁוֹת

גלים

v. 23. ברב ק׳ ibid. קצו ק׳

26 גַּלִּים נִצִּים עָרִים בְּצֻרוֹת׃ וְיֹשְׁבֵיהֶן קִצְרֵי־יָד חַתּוּ וַיֵּבֹשׁוּ
הָיוּ עֵשֶׂב שָׂדֶה וִירַק דֶּשֶׁא חֲצִיר גַּגּוֹת וּשְׁדֵפָה לִפְנֵי קָמָה׃
27 28 וְשִׁבְתְּךָ וְצֵאתְךָ וּבֹאֲךָ יָדָעְתִּי וְאֵת הִתְרַגֶּזְךָ אֵלָי׃ יַעַן הִתְרַגֶּזְךָ
אֵלַי וְשַׁאֲנַנְךָ עָלָה בְאָזְנָי וְשַׂמְתִּי חַחִי בְּאַפֶּךָ וּמִתְגִּי בִּשְׂפָתֶיךָ
29 וַהֲשִׁבֹתִיךָ בַּדֶּרֶךְ אֲשֶׁר־בָּאתָ בָּהּ׃ וְזֶה־לְּךָ הָאוֹת אָכוֹל
הַשָּׁנָה סָפִיחַ וּבַשָּׁנָה הַשֵּׁנִית סָחִישׁ וּבַשָּׁנָה הַשְּׁלִישִׁית זִרְעוּ
ל וְקִצְרוּ וְנִטְעוּ כְרָמִים וְאִכְלוּ פִרְיָם׃ וְיָסְפָה פְּלֵיטַת בֵּית־
31 יְהוּדָה הַנִּשְׁאָרָה שֹׁרֶשׁ לְמָטָּה וְעָשָׂה פְרִי לְמָעְלָה׃ כִּי
מִירוּשָׁלִַם תֵּצֵא שְׁאֵרִית וּפְלֵיטָה מֵהַר צִיּוֹן קִנְאַת יְהוָה
32 תַּעֲשֶׂה־זֹּאת׃ לָכֵן כֹּה־אָמַר יְהוָה אֶל־מֶלֶךְ
אַשּׁוּר לֹא יָבֹא אֶל־הָעִיר הַזֹּאת וְלֹא־יוֹרֶה שָּׁם חֵץ וְלֹא־
33 יְקַדְּמֶנָּה מָגֵן וְלֹא־יִשְׁפֹּךְ עָלֶיהָ סֹלְלָה׃ בַּדֶּרֶךְ אֲשֶׁר־יָבֹא
34 בָּהּ יָשׁוּב וְאֶל־הָעִיר הַזֹּאת לֹא יָבֹא נְאֻם־יְהוָה׃ וְגַנּוֹתִי אֶל־
לה הָעִיר הַזֹּאת לְהוֹשִׁיעָהּ לְמַעֲנִי וּלְמַעַן דָּוִד עַבְדִּי׃ וַיְהִי
בַּלַּיְלָה הַהוּא וַיֵּצֵא ׀ מַלְאַךְ יְהוָה וַיַּךְ בְּמַחֲנֵה אַשּׁוּר מֵאָה
שְׁמוֹנִים וַחֲמִשָּׁה אָלֶף וַיַּשְׁכִּימוּ בַבֹּקֶר וְהִנֵּה כֻלָּם פְּגָרִים
36 מֵתִים׃ וַיִּסַּע וַיֵּלֶךְ וַיָּשָׁב סַנְחֵרִיב מֶלֶךְ־אַשּׁוּר וַיֵּשֶׁב בְּנִינְוֵה׃
37 וַיְהִי הוּא מִשְׁתַּחֲוֶה בֵּית ׀ נִסְרֹךְ אֱלֹהָיו וְאַדְרַמֶּלֶךְ וְשַׂרְאֶצֶר
הִכֻּהוּ בַחֶרֶב וְהֵמָּה נִמְלְטוּ אֶרֶץ אֲרָרָט וַיִּמְלֹךְ אֵסַר־
חַדֹּן בְּנוֹ תַּחְתָּיו׃

כ Cap. XX. כ

א בַּיָּמִים הָהֵם חָלָה חִזְקִיָּהוּ לָמוּת וַיָּבֹא אֵלָיו יְשַׁעְיָהוּ בֶן־
אָמוֹץ הַנָּבִיא וַיֹּאמֶר אֵלָיו כֹּה־אָמַר יְהוָה צַו לְבֵיתֶךָ כִּי
2 מֵת אַתָּה וְלֹא תִחְיֶה׃ וַיַּסֵּב אֶת־פָּנָיו אֶל־הַקִּיר וַיִּתְפַּלֵּל
3 אֶל־יְהוָה לֵאמֹר׃ אָנָּה יְהוָה זְכָר־נָא אֵת אֲשֶׁר הִתְהַלַּכְתִּי
לְפָנֶיךָ בֶּאֱמֶת וּבְלֵבָב שָׁלֵם וְהַטּוֹב בְּעֵינֶיךָ עָשִׂיתִי וַיֵּבְךְּ
4 חִזְקִיָּהוּ בְּכִי גָדוֹל׃ וַיְהִי יְשַׁעְיָהוּ לֹא יָצָא הָעִיר הַתִּיכֹנָה

ודבר־יהוה

י״ט v. 31. צבאות קרי ולא כתיב v. 37. בניו קרי ולא כתיב כ׳ v. 4. חצר ק׳

ה וּדְבַר־יְהוָה הָיָה אֵלָיו לֵאמֹר׃ שׁוּב וְאָמַרְתָּ אֶל־חִזְקִיָּהוּ
נְגִיד־עַמִּי כֹּה־אָמַר יְהוָה אֱלֹהֵי דָּוִד אָבִיךָ שָׁמַעְתִּי אֶת־
תְּפִלָּתֶךָ רָאִיתִי אֶת־דִּמְעָתֶךָ הִנְנִי רֹפֶא לָךְ בַּיּוֹם הַשְּׁלִישִׁי
6 תַּעֲלֶה בֵּית יְהוָה׃ וְהֹסַפְתִּי עַל־יָמֶיךָ חֲמֵשׁ עֶשְׂרֵה שָׁנָה
וּמִכַּף מֶלֶךְ־אַשּׁוּר אַצִּילְךָ וְאֵת הָעִיר הַזֹּאת וְגַנּוֹתִי עַל־
7 הָעִיר הַזֹּאת לְמַעֲנִי וּלְמַעַן דָּוִד עַבְדִּי׃ וַיֹּאמֶר יְשַׁעְיָהוּ קְחוּ
8 דְּבֶלֶת תְּאֵנִים וַיִּקְחוּ וַיָּשִׂימוּ עַל־הַשְּׁחִין וַיֶּחִי׃ וַיֹּאמֶר
חִזְקִיָּהוּ אֶל־יְשַׁעְיָהוּ מָה אוֹת כִּי־יִרְפָּא יְהוָה לִי וְעָלִיתִי
9 בַּיּוֹם הַשְּׁלִישִׁי בֵּית יְהוָה׃ וַיֹּאמֶר יְשַׁעְיָהוּ זֶה־לְּךָ הָאוֹת
מֵאֵת יְהוָה כִּי יַעֲשֶׂה יְהוָה אֶת־הַדָּבָר אֲשֶׁר דִּבֵּר הָלַךְ הַצֵּל
י עֶשֶׂר מַעֲלוֹת אִם־יָשׁוּב עֶשֶׂר מַעֲלוֹת׃ וַיֹּאמֶר יְחִזְקִיָּהוּ
נָקֵל לַצֵּל לִנְטוֹת עֶשֶׂר מַעֲלוֹת לֹא כִּי יָשׁוּב הַצֵּל אֲחֹרַנִּית
11 עֶשֶׂר מַעֲלוֹת׃ וַיִּקְרָא יְשַׁעְיָהוּ הַנָּבִיא אֶל־יְהוָה וַיָּשֶׁב אֶת־
הַצֵּל בַּמַּעֲלוֹת אֲשֶׁר יָרְדָה בְּמַעֲלוֹת אָחָז אֲחֹרַנִּית עֶשֶׂר
12 מַעֲלוֹת׃ בָּעֵת הַהִיא שָׁלַח בְּרֹאדַךְ בַּלְאֲדָן בֶּן־בַּלְאֲדָן
מֶלֶךְ־בָּבֶל סְפָרִים וּמִנְחָה אֶל־חִזְקִיָּהוּ כִּי שָׁמַע כִּי חָלָה
13 חִזְקִיָּהוּ׃ וַיִּשְׁמַע עֲלֵיהֶם חִזְקִיָּהוּ וַיַּרְאֵם אֶת־כָּל־בֵּית נְכֹתֹה
אֶת־הַכֶּסֶף וְאֶת־הַזָּהָב וְאֶת־הַבְּשָׂמִים וְאֵת ׀ שֶׁמֶן הַטּוֹב
וְאֵת בֵּית כֵּלָיו וְאֵת כָּל־אֲשֶׁר נִמְצָא בְּאוֹצְרֹתָיו לֹא־הָיָה
דָבָר אֲשֶׁר לֹא־הֶרְאָם חִזְקִיָּהוּ בְּבֵיתוֹ וּבְכָל־מֶמְשַׁלְתּוֹ׃
14 וַיָּבֹא יְשַׁעְיָהוּ הַנָּבִיא אֶל־הַמֶּלֶךְ חִזְקִיָּהוּ וַיֹּאמֶר אֵלָיו מָה־
אָמְרוּ ׀ הָאֲנָשִׁים הָאֵלֶּה וּמֵאַיִן יָבֹאוּ אֵלֶיךָ וַיֹּאמֶר חִזְקִיָּהוּ
טו מֵאֶרֶץ רְחוֹקָה בָּאוּ מִבָּבֶל׃ וַיֹּאמֶר מָה רָאוּ בְּבֵיתֶךָ וַיֹּאמֶר
חִזְקִיָּהוּ אֵת כָּל־אֲשֶׁר בְּבֵיתִי רָאוּ לֹא־הָיָה דָבָר אֲשֶׁר לֹא־
16 הֶרְאִיתִם בְּאֹצְרֹתָי׃ וַיֹּאמֶר יְשַׁעְיָהוּ אֶל־חִזְקִיָּהוּ שְׁמַע דְּבַר־
17 יְהוָה׃ הִנֵּה יָמִים בָּאִים וְנִשָּׂא ׀ כָּל־אֲשֶׁר בְּבֵיתֶךָ וַאֲשֶׁר
אָצְרוּ אֲבֹתֶיךָ עַד־הַיּוֹם הַזֶּה בָּבֶלָה לֹא־יִוָּתֵר דָּבָר אָמַר
18 יְהוָה׃ וּמִבָּנֶיךָ אֲשֶׁר יֵצְאוּ מִמְּךָ אֲשֶׁר תּוֹלִיד יִקָּח וְהָיוּ

v. 18. יקחו ק׳

19 סָרִיסִים בְּהֵיכַל מֶלֶךְ בָּבֶל׃ וַיֹּאמֶר חִזְקִיָּהוּ אֶל־יְשַׁעְיָהוּ
טוֹב דְּבַר־יְהוָה אֲשֶׁר דִּבַּרְתָּ וַיֹּאמֶר הֲלוֹא אִם־שָׁלוֹם וֶאֱמֶת
כ יִהְיֶה בְיָמָי׃ וְיֶתֶר דִּבְרֵי חִזְקִיָּהוּ וְכָל־גְּבוּרָתוֹ וַאֲשֶׁר עָשָׂה
אֶת־הַבְּרֵכָה וְאֶת־הַתְּעָלָה וַיָּבֵא אֶת־הַמַּיִם הָעִירָה הֲלֹא־
21 הֵם כְּתוּבִים עַל־סֵפֶר דִּבְרֵי הַיָּמִים לְמַלְכֵי יְהוּדָה׃ וַיִּשְׁכַּב
חִזְקִיָּהוּ עִם־אֲבֹתָיו וַיִּמְלֹךְ מְנַשֶּׁה בְנוֹ תַּחְתָּיו׃

כא CAP. XXI. כא

א בֶּן־שְׁתֵּים עֶשְׂרֵה שָׁנָה מְנַשֶּׁה בְמָלְכוֹ וַחֲמִשִּׁים וְחָמֵשׁ שָׁנָה
2 מָלַךְ בִּירוּשָׁלָ͏ִם וְשֵׁם אִמּוֹ חֶפְצִי־בָהּ׃ וַיַּעַשׂ הָרַע בְּעֵינֵי
יְהוָה כְּתוֹעֲבֹת הַגּוֹיִם אֲשֶׁר הוֹרִישׁ יְהוָה מִפְּנֵי בְּנֵי יִשְׂרָאֵל׃
3 וַיָּשָׁב וַיִּבֶן אֶת־הַבָּמוֹת אֲשֶׁר אִבַּד חִזְקִיָּהוּ אָבִיו וַיָּקֶם מִזְבְּחֹת
לַבַּעַל וַיַּעַשׂ אֲשֵׁרָה כַּאֲשֶׁר עָשָׂה אַחְאָב מֶלֶךְ יִשְׂרָאֵל וַיִּשְׁתַּחוּ
4 לְכָל־צְבָא הַשָּׁמַיִם וַיַּעֲבֹד אֹתָם׃ וּבָנָה מִזְבְּחֹת בְּבֵית יְהוָה
ה אֲשֶׁר אָמַר יְהוָה בִּירוּשָׁלַ͏ִם אָשִׂים אֶת־שְׁמִי׃ וַיִּבֶן מִזְבְּחוֹת
6 לְכָל־צְבָא הַשָּׁמָיִם בִּשְׁתֵּי חַצְרוֹת בֵּית־יְהוָה׃ וְהֶעֱבִיר
אֶת־בְּנוֹ בָּאֵשׁ וְעוֹנֵן וְנִחֵשׁ וְעָשָׂה אוֹב וְיִדְּעֹנִים הִרְבָּה לַעֲשׂוֹת
7 הָרַע בְּעֵינֵי יְהוָה לְהַכְעִיס׃ וַיָּשֶׂם אֶת־פֶּסֶל הָאֲשֵׁרָה אֲשֶׁר
עָשָׂה בַּבַּיִת אֲשֶׁר אָמַר יְהוָה אֶל־דָּוִד וְאֶל־שְׁלֹמֹה בְנוֹ בַּבַּיִת
הַזֶּה וּבִירוּשָׁלַ͏ִם אֲשֶׁר בָּחַרְתִּי מִכֹּל שִׁבְטֵי יִשְׂרָאֵל אָשִׂים
8 אֶת־שְׁמִי לְעוֹלָם׃ וְלֹא אֹסִיף לְהָנִיד רֶגֶל יִשְׂרָאֵל מִן־
הָאֲדָמָה אֲשֶׁר נָתַתִּי לַאֲבוֹתָם רַק ׀ אִם־יִשְׁמְרוּ לַעֲשׂוֹת כְּכֹל
אֲשֶׁר צִוִּיתִים וּלְכָל־הַתּוֹרָה אֲשֶׁר־צִוָּה אֹתָם עַבְדִּי מֹשֶׁה׃
9 וְלֹא שָׁמֵעוּ וַיַּתְעֵם מְנַשֶּׁה לַעֲשׂוֹת אֶת־הָרָע מִן־הַגּוֹיִם אֲשֶׁר
י הִשְׁמִיד יְהוָה מִפְּנֵי בְּנֵי יִשְׂרָאֵל׃ וַיְדַבֵּר יְהוָה בְּיַד־
11 עֲבָדָיו הַנְּבִיאִים לֵאמֹר׃ יַעַן אֲשֶׁר עָשָׂה מְנַשֶּׁה מֶלֶךְ־יְהוּדָה
הַתֹּעֵבוֹת הָאֵלֶּה הֵרַע מִכֹּל אֲשֶׁר־עָשׂוּ הָאֱמֹרִי אֲשֶׁר לְפָנָיו
12 וַיַּחֲטִא גַם־אֶת־יְהוּדָה בְּגִלּוּלָיו׃ לָכֵן כֹּה־אָמַר יְהוָה

אלהי

אֱלֹהֵי יִשְׂרָאֵל הִנְנִי מֵבִיא רָעָה עַל־יְרוּשָׁלִַם וִיהוּדָה אֲשֶׁר
13 כָּל־שֹׁמְעָיו תִּצַּלְנָה שְׁתֵּי אָזְנָיו: וְנָטִיתִי עַל־יְרוּשָׁלִַם אֵת קָו
שֹׁמְרוֹן וְאֶת־מִשְׁקֹלֶת בֵּית אַחְאָב וּמָחִיתִי אֶת־יְרוּשָׁלִַם
14 כַּאֲשֶׁר־יִמְחֶה אֶת־הַצַּלַּחַת מָחָה וְהָפַךְ עַל־פָּנֶיהָ: וְנָטַשְׁתִּי
אֵת שְׁאֵרִית נַחֲלָתִי וּנְתַתִּים בְּיַד אֹיְבֵיהֶם וְהָיוּ לְבַז וְלִמְשִׁסָּה
טו לְכָל־אֹיְבֵיהֶם: יַעַן אֲשֶׁר עָשׂוּ אֶת־הָרַע בְּעֵינַי וַיִּהְיוּ
מַכְעִסִים אֹתִי מִן־הַיּוֹם אֲשֶׁר יָצְאוּ אֲבוֹתָם מִמִּצְרַיִם וְעַד
16 הַיּוֹם הַזֶּה: וְגַם דָּם נָקִי שָׁפַךְ מְנַשֶּׁה הַרְבֵּה מְאֹד עַד אֲשֶׁר־
מִלֵּא אֶת־יְרוּשָׁלִַם פֶּה לָפֶה לְבַד מֵחַטָּאתוֹ אֲשֶׁר הֶחֱטִיא
17 אֶת־יְהוּדָה לַעֲשׂוֹת הָרַע בְּעֵינֵי יְהוָה: וְיֶתֶר דִּבְרֵי מְנַשֶּׁה
וְכָל־אֲשֶׁר עָשָׂה וְחַטָּאתוֹ אֲשֶׁר חָטָא הֲלֹא־הֵם כְּתוּבִים עַל־
18 סֵפֶר דִּבְרֵי הַיָּמִים לְמַלְכֵי יְהוּדָה: וַיִּשְׁכַּב מְנַשֶּׁה עִם־אֲבֹתָיו
19 וַיִּקָּבֵר בְּגַן־בֵּיתוֹ בְּגַן־עֻזָּא וַיִּמְלֹךְ אָמוֹן בְּנוֹ תַּחְתָּיו: בֶּן־
עֶשְׂרִים וּשְׁתַּיִם שָׁנָה אָמוֹן בְּמָלְכוֹ וּשְׁתַּיִם שָׁנִים מָלַךְ בִּירוּשָׁלִָם
כ וְשֵׁם אִמּוֹ מְשֻׁלֶּמֶת בַּת־חָרוּץ מִן־יָטְבָה: וַיַּעַשׂ הָרַע בְּעֵינֵי
21 יְהוָה כַּאֲשֶׁר עָשָׂה מְנַשֶּׁה אָבִיו: וַיֵּלֶךְ בְּכָל־הַדֶּרֶךְ אֲשֶׁר־
הָלַךְ אָבִיו וַיַּעֲבֹד אֶת־הַגִּלֻּלִים אֲשֶׁר עָבַד אָבִיו וַיִּשְׁתַּחוּ
22 לָהֶם: וַיַּעֲזֹב אֶת־יְהוָה אֱלֹהֵי אֲבֹתָיו וְלֹא הָלַךְ בְּדֶרֶךְ
23 יְהוָה: וַיִּקְשְׁרוּ עַבְדֵי־אָמוֹן עָלָיו וַיָּמִיתוּ אֶת־הַמֶּלֶךְ בְּבֵיתוֹ:
24 וַיַּךְ עַם־הָאָרֶץ אֵת כָּל־הַקֹּשְׁרִים עַל־הַמֶּלֶךְ אָמוֹן וַיַּמְלִיכוּ
כה עַם־הָאָרֶץ אֶת־יֹאשִׁיָּהוּ בְנוֹ תַּחְתָּיו: וְיֶתֶר דִּבְרֵי אָמוֹן אֲשֶׁר
עָשָׂה הֲלֹא־הֵם כְּתוּבִים עַל־סֵפֶר דִּבְרֵי הַיָּמִים לְמַלְכֵי
26 יְהוּדָה: וַיִּקְבֹּר אֹתוֹ בִּקְבֻרָתוֹ בְּגַן־עֻזָּא וַיִּמְלֹךְ יֹאשִׁיָּהוּ בְנוֹ
תַּחְתָּיו:

כב CAP. XXII. כב

א בֶּן־שְׁמֹנֶה שָׁנָה יֹאשִׁיָּהוּ בְמָלְכוֹ וּשְׁלֹשִׁים וְאַחַת שָׁנָה מָלַךְ
2 בִּירוּשָׁלִָם וְשֵׁם אִמּוֹ יְדִידָה בַת־עֲדָיָה מִבָּצְקַת: וַיַּעַשׂ הַיָּשָׁר

בעיני

כ״א v. 12. שמעה ק׳

בְּעֵינֵי יְהוָה וַיֵּלֶךְ בְּכָל־דֶּרֶךְ דָּוִד אָבִיו וְלֹא־סָר יָמִין
וּשְׂמֹאול׃
3 וַיְהִי בִּשְׁמֹנֶה עֶשְׂרֵה שָׁנָה לַמֶּלֶךְ יֹאשִׁיָּהוּ שָׁלַח הַמֶּלֶךְ אֶת־
4 שָׁפָן בֶּן־אֲצַלְיָהוּ בֶן־מְשֻׁלָּם הַסֹּפֵר בֵּית יְהוָה לֵאמֹר׃ עֲלֵה
אֶל־חִלְקִיָּהוּ הַכֹּהֵן הַגָּדוֹל וְיַתֵּם אֶת־הַכֶּסֶף הַמּוּבָא בֵּית
ה יְהוָה אֲשֶׁר אָסְפוּ שֹׁמְרֵי הַסַּף מֵאֵת הָעָם׃ וְיִתְּנֻה עַל־יַד
עֹשֵׂי הַמְּלָאכָה הַמֻּפְקָדִים בְּבֵית יְהוָה וְיִתְּנוּ אֹתוֹ לְעֹשֵׂי
6 הַמְּלָאכָה אֲשֶׁר בְּבֵית יְהוָה לְחַזֵּק בֶּדֶק הַבָּיִת׃ לֶחָרָשִׁים
וְלַבֹּנִים וְלַגֹּדְרִים וְלִקְנוֹת עֵצִים וְאַבְנֵי מַחְצֵב לְחַזֵּק אֶת־
7 הַבָּיִת׃ אַךְ לֹא־יֵחָשֵׁב אִתָּם הַכֶּסֶף הַנִּתָּן עַל־יָדָם כִּי
8 בֶאֱמוּנָה הֵם עֹשִׂים׃ וַיֹּאמֶר חִלְקִיָּהוּ הַכֹּהֵן הַגָּדוֹל עַל־שָׁפָן
הַסֹּפֵר סֵפֶר הַתּוֹרָה מָצָאתִי בְּבֵית יְהוָה וַיִּתֵּן חִלְקִיָּה אֶת־
9 הַסֵּפֶר אֶל־שָׁפָן וַיִּקְרָאֵהוּ׃ וַיָּבֹא שָׁפָן הַסֹּפֵר אֶל־הַמֶּלֶךְ
וַיָּשֶׁב אֶת־הַמֶּלֶךְ דָּבָר וַיֹּאמֶר הִתִּיכוּ עֲבָדֶיךָ אֶת־הַכֶּסֶף
הַנִּמְצָא בַבַּיִת וַיִּתְּנֻהוּ עַל־יַד עֹשֵׂי הַמְּלָאכָה הַמֻּפְקָדִים בֵּית
י יְהוָה׃ וַיַּגֵּד שָׁפָן הַסֹּפֵר לַמֶּלֶךְ לֵאמֹר סֵפֶר נָתַן לִי חִלְקִיָּה
11 הַכֹּהֵן וַיִּקְרָאֵהוּ שָׁפָן לִפְנֵי הַמֶּלֶךְ׃ וַיְהִי כִּשְׁמֹעַ הַמֶּלֶךְ אֶת־
12 דִּבְרֵי סֵפֶר הַתּוֹרָה וַיִּקְרַע אֶת־בְּגָדָיו׃ וַיְצַו הַמֶּלֶךְ אֶת־
חִלְקִיָּה הַכֹּהֵן וְאֶת־אֲחִיקָם בֶּן־שָׁפָן וְאֶת־עַכְבּוֹר בֶּן־מִיכָיָה
13 וְאֵת ׀ שָׁפָן הַסֹּפֵר וְאֵת עֲשָׂיָה עֶבֶד־הַמֶּלֶךְ לֵאמֹר׃ לְכוּ
דִרְשׁוּ אֶת־יְהוָה בַּעֲדִי וּבְעַד־הָעָם וּבְעַד כָּל־יְהוּדָה עַל־
דִּבְרֵי הַסֵּפֶר הַנִּמְצָא הַזֶּה כִּי־גְדוֹלָה חֲמַת יְהוָה אֲשֶׁר־הִיא
נִצְּתָה בָנוּ עַל אֲשֶׁר לֹא־שָׁמְעוּ אֲבֹתֵינוּ עַל־דִּבְרֵי הַסֵּפֶר
14 הַזֶּה לַעֲשׂוֹת כְּכָל־הַכָּתוּב עָלֵינוּ׃ וַיֵּלֶךְ חִלְקִיָּהוּ הַכֹּהֵן
וַאֲחִיקָם וְעַכְבּוֹר וְשָׁפָן וַעֲשָׂיָה אֶל־חֻלְדָּה הַנְּבִיאָה אֵשֶׁת ׀
שַׁלֻּם בֶּן־תִּקְוָה בֶּן־חַרְחַס שֹׁמֵר הַבְּגָדִים וְהִיא יֹשֶׁבֶת
טו בִּירוּשָׁלַם בַּמִּשְׁנֶה וַיְדַבְּרוּ אֵלֶיהָ׃ וַתֹּאמֶר אֲלֵיהֶם כֹּה־

אמר

v. 5. ויתנהו ק׳   ibid. בית ק׳

אָמַר יְהוָה אֱלֹהֵי יִשְׂרָאֵל אִמְרוּ לָאִישׁ אֲשֶׁר־שָׁלַח אֶתְכֶם
16 אֵלָי: כֹּה אָמַר יְהוָה הִנְנִי מֵבִיא רָעָה אֶל־הַמָּקוֹם הַזֶּה
וְעַל־יֹשְׁבָיו אֵת כָּל־דִּבְרֵי הַסֵּפֶר אֲשֶׁר קָרָא מֶלֶךְ יְהוּדָה:
17 תַּחַת ׀ אֲשֶׁר עֲזָבוּנִי וַיְקַטְּרוּ לֵאלֹהִים אֲחֵרִים לְמַעַן הַכְעִיסֵנִי
בְּכֹל מַעֲשֵׂה יְדֵיהֶם וְנִצְּתָה חֲמָתִי בַּמָּקוֹם הַזֶּה וְלֹא תִכְבֶּה:
18 וְאֶל־מֶלֶךְ יְהוּדָה הַשֹּׁלֵחַ אֶתְכֶם לִדְרֹשׁ אֶת־יְהוָה כֹּה
תֹאמְרוּ אֵלָיו כֹּה־אָמַר יְהוָה אֱלֹהֵי יִשְׂרָאֵל הַדְּבָרִים אֲשֶׁר
19 שָׁמָעְתָּ: יַעַן רַךְ־לְבָבְךָ וַתִּכָּנַע ׀ מִפְּנֵי יְהוָה בְּשָׁמְעֲךָ אֲשֶׁר
דִּבַּרְתִּי עַל־הַמָּקוֹם הַזֶּה וְעַל־יֹשְׁבָיו לִהְיוֹת לְשַׁמָּה וְלִקְלָלָה
וַתִּקְרַע אֶת־בְּגָדֶיךָ וַתִּבְכֶּה לְפָנָי וְגַם אָנֹכִי שָׁמַעְתִּי נְאֻם־
כ יְהוָה: לָכֵן הִנְנִי אֹסִפְךָ עַל־אֲבֹתֶיךָ וְנֶאֱסַפְתָּ אֶל־קִבְרֹתֶיךָ
בְּשָׁלוֹם וְלֹא־תִרְאֶינָה עֵינֶיךָ בְּכֹל הָרָעָה אֲשֶׁר־אֲנִי מֵבִיא
עַל־הַמָּקוֹם הַזֶּה וַיָּשִׁבוּ אֶת־הַמֶּלֶךְ דָּבָר:

CAP. XXIII. כג — כג

א וַיִּשְׁלַח הַמֶּלֶךְ וַיַּאַסְפוּ אֵלָיו כָּל־זִקְנֵי יְהוּדָה וִירוּשָׁלִָם:
2 וַיַּעַל הַמֶּלֶךְ בֵּית־יְהוָה וְכָל־אִישׁ יְהוּדָה וְכָל־יֹשְׁבֵי יְרוּשָׁלִַם
אִתּוֹ וְהַכֹּהֲנִים וְהַנְּבִיאִים וְכָל־הָעָם לְמִקָּטֹן וְעַד־גָּדוֹל
וַיִּקְרָא בְאָזְנֵיהֶם אֶת־כָּל־דִּבְרֵי סֵפֶר הַבְּרִית הַנִּמְצָא בְּבֵית
3 יְהוָה: וַיַּעֲמֹד הַמֶּלֶךְ עַל־הָעַמּוּד וַיִּכְרֹת אֶת־הַבְּרִית ׀ לִפְנֵי
יְהוָה לָלֶכֶת אַחַר יְהוָה וְלִשְׁמֹר מִצְוֹתָיו וְאֶת־עֵדְוֹתָיו וְאֶת־
חֻקֹּתָיו בְּכָל־לֵב וּבְכָל־נֶפֶשׁ לְהָקִים אֶת־דִּבְרֵי הַבְּרִית
הַזֹּאת הַכְּתֻבִים עַל־הַסֵּפֶר הַזֶּה וַיַּעֲמֹד כָּל־הָעָם בַּבְּרִית:
4 וַיְצַו הַמֶּלֶךְ אֶת־חִלְקִיָּהוּ הַכֹּהֵן הַגָּדוֹל וְאֶת־כֹּהֲנֵי הַמִּשְׁנֶה
וְאֶת־שֹׁמְרֵי הַסַּף לְהוֹצִיא מֵהֵיכַל יְהוָה אֵת כָּל־הַכֵּלִים
הָעֲשׂוּיִם לַבַּעַל וְלָאֲשֵׁרָה וּלְכֹל צְבָא הַשָּׁמָיִם וַיִּשְׂרְפֵם מִחוּץ
לִירוּשָׁלִַם בְּשַׁדְמוֹת קִדְרוֹן וְנָשָׂא אֶת עֲפָרָם בֵּית־אֵל:
ה וְהִשְׁבִּית אֶת־הַכְּמָרִים אֲשֶׁר נָתְנוּ מַלְכֵי יְהוּדָה וַיְקַטֵּר

בבמות

כ״ג v. 1. הפטרת יום שני של פסח

בַּבָּמוֹת֙ בְּעָרֵ֣י יְהוּדָ֔ה וּמְסִבֵּ֖י יְרוּשָׁלָ֑͏ִם וְאֶת־הַֽמְקַטְּרִ֣ים לַבַּ֗עַל
6 לַשֶּׁ֤מֶשׁ וְלַיָּרֵ֙חַ֙ וְלַמַּזָּל֔וֹת וּלְכֹ֖ל צְבָ֥א הַשָּׁמָֽיִם׃ וַיֹּצֵ֣א אֶת־
הָאֲשֵׁרָה֩ מִבֵּ֨ית יְהוָ֜ה מִח֣וּץ לִירֽוּשָׁלַ֗͏ִם אֶל־נַ֙חַל֙ קִדְר֔וֹן וַיִּשְׂרֹ֥ף
אֹתָ֛הּ בְּנַ֥חַל קִדְר֖וֹן וַיָּ֣דֶק לְעָפָ֑ר וַיַּשְׁלֵךְ֙ אֶת־עֲפָרָ֔הּ עַל־
7 קֶ֖בֶר בְּנֵ֥י הָעָֽם׃ וַיִּתֹּץ֙ אֶת־בָּתֵּ֣י הַקְּדֵשִׁ֔ים אֲשֶׁ֖ר בְּבֵ֣ית יְהוָ֑ה
8 אֲשֶׁ֣ר הַנָּשִׁ֗ים אֹרְג֥וֹת שָׁ֛ם בָּתִּ֖ים לָאֲשֵׁרָֽה׃ וַיָּבֵ֤א אֶת־כָּל־
הַכֹּֽהֲנִים֙ מֵעָרֵ֣י יְהוּדָ֔ה וַיְטַמֵּ֣א אֶת־הַבָּמ֗וֹת אֲשֶׁ֤ר קִטְּרוּ־שָׁ֙מָּה֙
הַכֹּ֣הֲנִ֔ים מִגֶּ֖בַע עַד־בְּאֵ֣ר שָׁ֑בַע וְנָתַ֞ץ אֶת־בָּמ֣וֹת הַשְּׁעָרִ֗ים
אֲשֶׁר־פֶּ֜תַח שַׁ֤עַר יְהוֹשֻׁ֙עַ֙ שַׂר־הָעִ֔יר אֲשֶׁר־עַל־שְׂמֹ֥אול אִ֖ישׁ
9 בְּשַׁ֥עַר הָעִֽיר׃ אַ֗ךְ לֹ֤א יַֽעֲלוּ֙ כֹּהֲנֵ֣י הַבָּמ֔וֹת אֶל־מִזְבַּ֥ח יְהוָ֖ה
י בִּירֽוּשָׁלָ֑͏ִם כִּ֛י אִם־אָכְל֥וּ מַצּ֖וֹת בְּת֥וֹךְ אֲחֵיהֶֽם׃ וְטִמֵּ֣א אֶת־
הַתֹּ֔פֶת אֲשֶׁ֖ר בְּגֵ֣י בְנֵי־הִנֹּ֑ם לְבִלְתִּ֗י לְהַעֲבִ֨יר אִ֜ישׁ אֶת־בְּנ֧וֹ
11 וְאֶת־בִּתּ֛וֹ בָּאֵ֖שׁ לַמֹּֽלֶךְ׃ וַיַּשְׁבֵּ֣ת אֶת־הַסּוּסִ֗ים אֲשֶׁ֨ר נָתְנ֜וּ
מַלְכֵ֤י יְהוּדָה֙ לַשֶּׁ֙מֶשׁ֙ מִבֹּ֣א בֵית־יְהוָ֔ה אֶל־לִשְׁכַּת֙ נְתַן־מֶ֣לֶךְ
הַסָּרִ֔יס אֲשֶׁ֖ר בַּפַּרְוָרִ֑ים וְאֶת־מַרְכְּב֥וֹת הַשֶּׁ֖מֶשׁ שָׂרַ֥ף בָּאֵֽשׁ׃
12 וְֽאֶת־הַמִּזְבְּח֡וֹת אֲשֶׁ֣ר עַל־הַגָּג֩ עֲלִיַּ֨ת אָחָ֜ז אֲשֶׁר־עָשׂ֣וּ ׀ מַלְכֵ֣י
יְהוּדָ֗ה וְאֶת־הַֽמִּזְבְּחוֹת֙ אֲשֶׁר־עָשָׂ֣ה מְנַשֶּׁ֔ה בִּשְׁתֵּ֥י חַצְר֖וֹת
בֵּית־יְהוָ֑ה נָתַ֣ץ הַמֶּ֔לֶךְ וַיָּ֣רָץ מִשָּׁ֔ם וְהִשְׁלִ֥יךְ אֶת־עֲפָרָ֖ם אֶל־
13 נַ֥חַל קִדְרֽוֹן׃ וְאֶת־הַבָּמ֞וֹת אֲשֶׁ֣ר ׀ עַל־פְּנֵ֣י יְרוּשָׁלַ֗͏ִם אֲשֶׁר֮
מִימִ֣ין לְהַר־הַמַּשְׁחִית֒ אֲשֶׁ֣ר בָּ֠נָה שְׁלֹמֹ֨ה מֶֽלֶךְ־יִשְׂרָאֵ֜ל
לְעַשְׁתֹּ֣רֶת ׀ שִׁקֻּ֣ץ צִידֹנִ֗ים וְלִכְמוֹשׁ֙ שִׁקֻּ֣ץ מוֹאָ֔ב וּלְמִלְכֹּ֖ם
14 תּוֹעֲבַ֣ת בְּנֵֽי־עַמּ֑וֹן טִמֵּ֖א הַמֶּֽלֶךְ׃ וְשִׁבַּר֙ אֶת־הַמַּצֵּב֔וֹת וַיִּכְרֹ֖ת
טו אֶת־הָאֲשֵׁרִ֑ים וַיְמַלֵּ֥א אֶת־מְקוֹמָ֖ם עַצְמ֥וֹת אָדָֽם׃ וְגַ֨ם אֶת־
הַמִּזְבֵּ֜חַ אֲשֶׁ֣ר בְּבֵֽית־אֵ֗ל הַבָּמָה֙ אֲשֶׁ֣ר עָשָׂ֜ה יָרָבְעָ֣ם בֶּן־נְבָ֗ט
אֲשֶׁ֤ר הֶחֱטִיא֙ אֶת־יִשְׂרָאֵ֔ל גַּ֛ם אֶת־הַמִּזְבֵּ֥חַ הַה֖וּא וְאֶת־הַבָּמָ֣ה
16 נָתָ֑ץ וַיִּשְׂרֹ֧ף אֶת־הַבָּמָ֛ה הֵדַ֥ק לְעָפָ֖ר וְשָׂרַ֥ף אֲשֵׁרָֽה׃ וַיִּ֣פֶן
יֹאשִׁיָּ֗הוּ וַיַּ֤רְא אֶת־הַקְּבָרִים֙ אֲשֶׁר־שָׁ֣ם בָּהָ֔ר וַיִּשְׁלַ֗ח וַיִּקַּ֤ח

את־העצמות

v. 10. בן ק׳

אֶת־הָעֲצָמוֹת֙ מִן־הַקְּבָרִ֔ים וַיִּשְׂרֹ֖ף עַל־הַמִּזְבֵּ֣חַ וַֽיְטַמְּאֵ֑הוּ
כִּדְבַ֣ר יְהוָ֗ה אֲשֶׁ֤ר קָרָא֙ אִ֣ישׁ הָאֱלֹהִ֔ים אֲשֶׁ֣ר קָרָ֔א אֶת־
17 הַדְּבָרִ֖ים הָאֵֽלֶּה׃ וַיֹּ֗אמֶר מָ֚ה הַצִּיּ֣וּן הַלָּ֔ז אֲשֶׁ֖ר אֲנִ֣י רֹאֶ֑ה
וַיֹּאמְר֨וּ אֵלָ֜יו אַנְשֵׁ֣י הָעִ֗יר הַקֶּ֤בֶר אִישׁ־הָֽאֱלֹהִים֙ אֲשֶׁר־בָּ֣א
מִֽיהוּדָ֔ה וַיִּקְרָ֗א אֶת־הַדְּבָרִ֤ים הָאֵ֙לֶּה֙ אֲשֶׁ֣ר עָשִׂ֔יתָ עַ֖ל הַמִּזְבַּ֥ח
18 בֵּֽית־אֵֽל׃ וַיֹּ֙אמֶר֙ הַנִּ֣יחוּ ל֔וֹ אִ֖ישׁ אַל־יָנַ֣ע עַצְמֹתָ֑יו וַֽיְמַלְּטוּ֙
19 עַצְמֹתָ֔יו אֵ֚ת עַצְמ֣וֹת הַנָּבִ֔יא אֲשֶׁר־בָּ֖א מִשֹּׁמְרֽוֹן׃ וְגַ֨ם אֶת־
כָּל־בָּתֵּ֤י הַבָּמוֹת֙ אֲשֶׁ֣ר ׀ בְּעָרֵ֣י שֹׁמְר֗וֹן אֲשֶׁ֨ר עָשׂ֜וּ מַלְכֵ֤י
יִשְׂרָאֵל֙ לְהַכְעִ֔יס הֵסִ֖יר יֹאשִׁיָּ֑הוּ וַיַּ֣עַשׂ לָהֶ֔ם כְּכָל־הַֽמַּעֲשִׂ֔ים
כ אֲשֶׁ֥ר עָשָׂ֖ה בְּבֵֽית־אֵֽל׃ וַ֠יִּזְבַּח אֶֽת־כָּל־כֹּהֲנֵ֨י הַבָּמ֤וֹת אֲשֶׁר־
שָׁם֙ עַל־הַֽמִּזְבְּח֔וֹת וַיִּשְׂרֹ֛ף אֶת־עַצְמ֥וֹת אָדָ֖ם עֲלֵיהֶ֑ם וַיָּ֖שָׁב
21 יְרוּשָׁלִָֽם׃ וַיְצַ֤ו הַמֶּ֙לֶךְ֙ אֶת־כָּל־הָעָ֣ם לֵאמֹ֔ר עֲשׂ֣וּ פֶ֔סַח
22 לַיהוָ֖ה אֱלֹהֵיכֶ֑ם כַּכָּת֕וּב עַ֖ל סֵ֥פֶר הַבְּרִ֖ית הַזֶּֽה׃ כִּ֣י לֹ֤א
נַעֲשָׂה֙ כַּפֶּ֣סַח הַזֶּ֔ה מִימֵי֙ הַשֹּׁ֣פְטִ֔ים אֲשֶׁ֥ר שָׁפְט֖וּ אֶת־יִשְׂרָאֵ֑ל
23 וְכֹל֙ יְמֵ֣י מַלְכֵ֣י יִשְׂרָאֵ֔ל וּמַלְכֵ֖י יְהוּדָֽה׃ כִּ֣י אִם־בִּשְׁמֹנֶ֤ה עֶשְׂרֵה֙
24 שָׁנָ֔ה לַמֶּ֖לֶךְ יֹאשִׁיָּ֑הוּ נַעֲשָׂ֞ה הַפֶּ֤סַח הַזֶּה֙ לַֽיהוָ֔ה בִּירוּשָׁלִָֽם׃ וְגַ֨ם
אֶת־הָאֹב֜וֹת וְאֶת־הַיִּדְּעֹנִ֗ים וְאֶת־הַתְּרָפִ֤ים וְאֶת־הַגִּלֻּלִים֙
וְאֵ֣ת כָּל־הַשִּׁקֻּצִ֗ים אֲשֶׁ֨ר נִרְאוּ֙ בְּאֶ֤רֶץ יְהוּדָה֙ וּבִיר֣וּשָׁלִַ֔ם
בִּעֵ֖ר יֹאשִׁיָּ֑הוּ לְ֠מַעַן הָקִ֞ים אֶת־דִּבְרֵ֤י הַתּוֹרָה֙ הַכְּתֻבִ֣ים עַל־
כה הַסֵּ֔פֶר אֲשֶׁ֥ר מָצָ֛א חִלְקִיָּ֥הוּ הַכֹּהֵ֖ן בֵּ֥ית יְהוָֽה׃ וְכָמֹ֨הוּ לֹא־
הָיָ֜ה לְפָנָ֗יו מֶ֙לֶךְ֙ אֲשֶׁר־שָׁ֣ב אֶל־יְהוָ֔ה בְּכָל־לְבָב֤וֹ וּבְכָל־
נַפְשׁוֹ֙ וּבְכָל־מְאֹד֔וֹ כְּכֹ֖ל תּוֹרַ֣ת מֹשֶׁ֑ה וְאַחֲרָ֖יו לֹא־קָ֥ם כָּמֹֽהוּ׃
26 אַ֣ךְ ׀ לֹא־שָׁ֣ב יְהוָ֗ה מֵחֲר֤וֹן אַפּוֹ֙ הַגָּד֔וֹל אֲשֶׁר־חָרָ֥ה אַפּ֖וֹ
27 בִּֽיהוּדָ֑ה עַ֚ל כָּל־הַכְּעָסִ֔ים אֲשֶׁ֥ר הִכְעִיס֖וֹ מְנַשֶּֽׁה׃ וַיֹּ֣אמֶר
יְהוָ֗ה גַּ֤ם אֶת־יְהוּדָה֙ אָסִ֣יר מֵעַ֣ל פָּנַ֔י כַּאֲשֶׁ֥ר הֲסִרֹ֖תִי אֶת־
יִשְׂרָאֵ֑ל וּ֠מָאַסְתִּי אֶת־הָעִ֨יר הַזֹּ֤את אֲשֶׁר־בָּחַ֙רְתִּי֙ אֶת־
28 יְר֣וּשָׁלִַ֔ם וְאֶת־הַבַּ֕יִת אֲשֶׁ֣ר אָמַ֔רְתִּי יִהְיֶ֥ה שְׁמִ֖י שָֽׁם׃ וְיֶ֛תֶר
דִּבְרֵ֥י יֹאשִׁיָּ֖הוּ וְכָל־אֲשֶׁ֣ר עָשָׂ֑ה הֲלֹא־הֵ֣ם כְּתוּבִ֗ים עַל־

29 סֵפֶר דִּבְרֵי הַיָּמִים לְמַלְכֵי יְהוּדָה׃ בְּיָמָיו עָלָה פַרְעֹה נְכֹה
מֶלֶךְ־מִצְרַיִם עַל־מֶלֶךְ אַשּׁוּר עַל־נְהַר פְּרָת וַיֵּלֶךְ הַמֶּלֶךְ
ל יֹאשִׁיָּהוּ לִקְרָאתוֹ וַיְמִיתֵהוּ בִּמְגִדּוֹ כִּרְאֹתוֹ אֹתוֹ׃ וַיַּרְכִּבֻהוּ
עֲבָדָיו מֵת מִמְּגִדּוֹ וַיְבִאֻהוּ יְרוּשָׁלִַם וַיִּקְבְּרֻהוּ בִּקְבֻרָתוֹ וַיִּקַּח
עַם־הָאָרֶץ אֶת־יְהוֹאָחָז בֶּן־יֹאשִׁיָּהוּ וַיִּמְשְׁחוּ אֹתוֹ וַיַּמְלִיכוּ
31 אֹתוֹ תַּחַת אָבִיו׃ בֶּן־עֶשְׂרִים וְשָׁלֹשׁ שָׁנָה יְהוֹאָחָז בְּמָלְכוֹ
וּשְׁלֹשָׁה חֳדָשִׁים מָלַךְ בִּירוּשָׁלִָם וְשֵׁם אִמּוֹ חֲמוּטַל בַּת־
32 יִרְמְיָהוּ מִלִּבְנָה׃ וַיַּעַשׂ הָרַע בְּעֵינֵי יְהוָה כְּכֹל אֲשֶׁר־עָשׂוּ
33 אֲבֹתָיו׃ וַיַּאַסְרֵהוּ פַרְעֹה נְכֹה בְרִבְלָה בְּאֶרֶץ חֲמָת בִּמְלֹךְ
בִּירוּשָׁלִָם וַיִּתֶּן־עֹנֶשׁ עַל־הָאָרֶץ מֵאָה כִכַּר־כֶּסֶף וְכִכַּר
34 זָהָב׃ וַיַּמְלֵךְ פַּרְעֹה נְכֹה אֶת־אֶלְיָקִים בֶּן־יֹאשִׁיָּהוּ תַּחַת
יֹאשִׁיָּהוּ אָבִיו וַיַּסֵּב אֶת־שְׁמוֹ יְהוֹיָקִים וְאֶת־יְהוֹאָחָז לָקַח
לה וַיָּבֹא מִצְרַיִם וַיָּמָת שָׁם׃ וְהַכֶּסֶף וְהַזָּהָב נָתַן יְהוֹיָקִים לְפַרְעֹה
אַךְ הֶעֱרִיךְ אֶת־הָאָרֶץ לָתֵת אֶת־הַכֶּסֶף עַל־פִּי פַרְעֹה
אִישׁ כְּעֶרְכּוֹ נָגַשׂ אֶת־הַכֶּסֶף וְאֶת־הַזָּהָב אֶת־עַם הָאָרֶץ
36 לָתֵת לְפַרְעֹה נְכֹה׃ בֶּן־עֶשְׂרִים וְחָמֵשׁ שָׁנָה יְהוֹיָקִים
בְּמָלְכוֹ וְאַחַת עֶשְׂרֵה שָׁנָה מָלַךְ בִּירוּשָׁלִָם וְשֵׁם אִמּוֹ זְבִידָּה
37 בַת־פְּדָיָה מִן־רוּמָה׃ וַיַּעַשׂ הָרַע בְּעֵינֵי יְהוָה כְּכֹל אֲשֶׁר־
עָשׂוּ אֲבֹתָיו׃

כד CAP. XXIV. כד

א בְּיָמָיו עָלָה נְבֻכַדְנֶאצַּר מֶלֶךְ בָּבֶל וַיְהִי־לוֹ יְהוֹיָקִים עֶבֶד
2 שָׁלֹשׁ שָׁנִים וַיָּשָׁב וַיִּמְרָד־בּוֹ׃ וַיְשַׁלַּח יְהוָה ׀ בּוֹ אֶת־גְּדוּדֵי
כַשְׂדִּים וְאֶת־גְּדוּדֵי אֲרָם וְאֵת ׀ גְּדוּדֵי מוֹאָב וְאֵת גְּדוּדֵי בְנֵי־
עַמּוֹן וַיְשַׁלְּחֵם בִּיהוּדָה לְהַאֲבִידוֹ כִּדְבַר יְהוָה אֲשֶׁר דִּבֶּר
3 בְּיַד עֲבָדָיו הַנְּבִיאִים׃ אַךְ ׀ עַל־פִּי יְהוָה הָיְתָה בִּיהוּדָה
4 לְהָסִיר מֵעַל פָּנָיו בְּחַטֹּאת מְנַשֶּׁה כְּכֹל אֲשֶׁר עָשָׂה׃ וְגַם
דַּם־הַנָּקִי אֲשֶׁר שָׁפָךְ וַיְמַלֵּא אֶת־יְרוּשָׁלִַם דָּם נָקִי וְלֹא־

אבה

כ״ג v. 33. ממלך ק׳. v. 36. זבודה ק׳. v. 37. אין כאן פסקא

ה אָבָה יְהוָה לִסְלֹחַ׃ וְיֶתֶר דִּבְרֵי יְהוֹיָקִים וְכָל־אֲשֶׁר עָשָׂה
הֲלֹא־הֵם כְּתוּבִים עַל־סֵפֶר דִּבְרֵי הַיָּמִים לְמַלְכֵי יְהוּדָה׃
6 וַיִּשְׁכַּב יְהוֹיָקִים עִם־אֲבֹתָיו וַיִּמְלֹךְ יְהוֹיָכִין בְּנוֹ תַּחְתָּיו׃
7 וְלֹא־הֹסִיף עוֹד מֶלֶךְ מִצְרַיִם לָצֵאת מֵאַרְצוֹ כִּי־לָקַח מֶלֶךְ
בָּבֶל מִנַּחַל מִצְרַיִם עַד־נְהַר־פְּרָת כֹּל אֲשֶׁר הָיְתָה לְמֶלֶךְ
8 מִצְרָיִם׃ בֶּן־שְׁמֹנֶה עֶשְׂרֵה שָׁנָה יְהוֹיָכִין בְּמָלְכוֹ וּשְׁלֹשָׁה
חֳדָשִׁים מָלַךְ בִּירוּשָׁלָ͏ִם וְשֵׁם אִמּוֹ נְחֻשְׁתָּא בַת־אֶלְנָתָן
9 מִירוּשָׁלָ͏ִם׃ וַיַּעַשׂ הָרַע בְּעֵינֵי יְהוָה כְּכֹל אֲשֶׁר־עָשָׂה אָבִיו׃
י בָּעֵת הַהִיא עָלָה עַבְדֵי נְבֻכַדְנֶאצַּר מֶלֶךְ־בָּבֶל יְרוּשָׁלָ͏ִם
11 וַתָּבֹא הָעִיר בַּמָּצוֹר׃ וַיָּבֹא נְבוּכַדְנֶאצַּר מֶלֶךְ־בָּבֶל עַל־
12 הָעִיר וַעֲבָדָיו צָרִים עָלֶיהָ׃ וַיֵּצֵא יְהוֹיָכִין מֶלֶךְ־יְהוּדָה
עַל־מֶלֶךְ בָּבֶל הוּא וְאִמּוֹ וַעֲבָדָיו וְשָׂרָיו וְסָרִיסָיו וַיִּקַּח אֹתוֹ
13 מֶלֶךְ בָּבֶל בִּשְׁנַת שְׁמֹנֶה לְמָלְכוֹ׃ וַיּוֹצֵא מִשָּׁם אֶת־כָּל־
אוֹצְרוֹת בֵּית יְהוָה וְאוֹצְרוֹת בֵּית הַמֶּלֶךְ וַיְקַצֵּץ אֶת־כָּל־
כְּלֵי הַזָּהָב אֲשֶׁר עָשָׂה שְׁלֹמֹה מֶלֶךְ־יִשְׂרָאֵל בְּהֵיכַל יְהוָה
14 כַּאֲשֶׁר דִּבֶּר יְהוָה׃ וְהִגְלָה אֶת־כָּל־יְרוּשָׁלַ͏ִם וְאֶת־כָּל־
הַשָּׂרִים וְאֵת ׀ כָּל־גִּבּוֹרֵי הַחַיִל עֲשָׂרָה אֲלָפִים גּוֹלֶה וְכָל־
טו הֶחָרָשׁ וְהַמַּסְגֵּר לֹא נִשְׁאַר זוּלַת דַּלַּת עַם־הָאָרֶץ׃ וַיֶּגֶל
אֶת־יְהוֹיָכִין בָּבֶלָה וְאֶת־אֵם הַמֶּלֶךְ וְאֶת־נְשֵׁי הַמֶּלֶךְ וְאֶת־
סָרִיסָיו וְאֵת אוּלֵי הָאָרֶץ הוֹלִיךְ גּוֹלָה מִירוּשָׁלַ͏ִם בָּבֶלָה׃
16 וְאֵת כָּל־אַנְשֵׁי הַחַיִל שִׁבְעַת אֲלָפִים וְהֶחָרָשׁ וְהַמַּסְגֵּר אֶלֶף
הַכֹּל גִּבּוֹרִים עֹשֵׂי מִלְחָמָה וַיְבִיאֵם מֶלֶךְ־בָּבֶל גּוֹלָה בָּבֶלָה׃
17 וַיַּמְלֵךְ מֶלֶךְ־בָּבֶל אֶת־מַתַּנְיָה דֹדוֹ תַּחְתָּיו וַיַּסֵּב אֶת־שְׁמוֹ
18 צִדְקִיָּהוּ׃ בֶּן־עֶשְׂרִים וְאַחַת שָׁנָה צִדְקִיָּהוּ בְמָלְכוֹ וְאַחַת
עֶשְׂרֵה שָׁנָה מָלַךְ בִּירוּשָׁלָ͏ִם וְשֵׁם אִמּוֹ חֲמִיטַל בַּת־יִרְמְיָהוּ
19 מִלִּבְנָה׃ וַיַּעַשׂ הָרַע בְּעֵינֵי יְהוָה כְּכֹל אֲשֶׁר־עָשָׂה יְהוֹיָקִים׃
כ כִּי ׀ עַל־אַף יְהוָה הָיְתָה בִירוּשָׁלַ͏ִם וּבִיהוּדָה עַד־הִשְׁלִכוֹ
אֹתָם מֵעַל פָּנָיו וַיִּמְרֹד צִדְקִיָּהוּ בְּמֶלֶךְ בָּבֶל׃

v. 10. עלו ק׳ v. 14. עשרת ק׳ v. 15. אילי ק׳ v. 18. חמוטל ק׳

ויהי

כה Cap. XXV. כה

א וַיְהִי בִשְׁנַת הַתְּשִׁיעִית לְמָלְכוֹ בַּחֹדֶשׁ הָעֲשִׂירִי בֶּעָשׂוֹר לַחֹדֶשׁ
בָּא נְבֻכַדְנֶאצַּר מֶלֶךְ־בָּבֶל הוּא וְכָל־חֵילוֹ עַל־יְרוּשָׁלִַם
2 וַיִּחַן עָלֶיהָ וַיִּבְנוּ עָלֶיהָ דָּיֵק סָבִיב׃ וַתָּבֹא הָעִיר בַּמָּצוֹר עַד
3 עַשְׁתֵּי עֶשְׂרֵה שָׁנָה לַמֶּלֶךְ צִדְקִיָּהוּ׃ בְּתִשְׁעָה לַחֹדֶשׁ וַיֶּחֱזַק
4 הָרָעָב בָּעִיר וְלֹא־הָיָה לֶחֶם לְעַם הָאָרֶץ׃ וַתִּבָּקַע הָעִיר
וְכָל־אַנְשֵׁי הַמִּלְחָמָה ׀ הַלַּיְלָה דֶּרֶךְ שַׁעַר ׀ בֵּין הַחֹמֹתַיִם
אֲשֶׁר עַל־גַּן הַמֶּלֶךְ וְכַשְׂדִּים עַל־הָעִיר סָבִיב וַיֵּלֶךְ דֶּרֶךְ
ה הָעֲרָבָה׃ וַיִּרְדְּפוּ חֵיל־כַּשְׂדִּים אַחַר הַמֶּלֶךְ וַיַּשִּׂגוּ אֹתוֹ
6 בְּעַרְבוֹת יְרֵחוֹ וְכָל־חֵילוֹ נָפֹצוּ מֵעָלָיו׃ וַיִּתְפְּשׂוּ אֶת־הַמֶּלֶךְ
וַיַּעֲלוּ אֹתוֹ אֶל־מֶלֶךְ בָּבֶל רִבְלָתָה וַיְדַבְּרוּ אִתּוֹ מִשְׁפָּט׃
7 וְאֶת־בְּנֵי צִדְקִיָּהוּ שָׁחֲטוּ לְעֵינָיו וְאֶת־עֵינֵי צִדְקִיָּהוּ עִוֵּר
8 וַיַּאַסְרֵהוּ בַנְחֻשְׁתַּיִם וַיְבִאֵהוּ בָּבֶל׃ וּבַחֹדֶשׁ הַחֲמִישִׁי
בְּשִׁבְעָה לַחֹדֶשׁ הִיא שְׁנַת תְּשַׁע־עֶשְׂרֵה שָׁנָה לַמֶּלֶךְ
נְבֻכַדְנֶאצַּר מֶלֶךְ־בָּבֶל בָּא נְבוּזַרְאֲדָן רַב־טַבָּחִים עֶבֶד
9 מֶלֶךְ־בָּבֶל יְרוּשָׁלִָם׃ וַיִּשְׂרֹף אֶת־בֵּית־יְהוָה וְאֶת־בֵּית
הַמֶּלֶךְ וְאֵת כָּל־בָּתֵּי יְרוּשָׁלִַם וְאֶת־כָּל־בֵּית גָּדוֹל שָׂרַף
י בָּאֵשׁ׃ וְאֶת־חוֹמֹת יְרוּשָׁלִַם סָבִיב נָתְצוּ כָּל־חֵיל כַּשְׂדִּים
11 אֲשֶׁר רַב־טַבָּחִים׃ וְאֵת יֶתֶר הָעָם הַנִּשְׁאָרִים בָּעִיר וְאֶת־
הַנֹּפְלִים אֲשֶׁר נָפְלוּ עַל־הַמֶּלֶךְ בָּבֶל וְאֵת יֶתֶר הֶהָמוֹן הֶגְלָה
12 נְבוּזַרְאֲדָן רַב־טַבָּחִים׃ וּמִדַּלַּת הָאָרֶץ הִשְׁאִיר רַב־טַבָּחִים
13 לְכֹרְמִים וּלְגֹבִים׃ וְאֶת־עַמּוּדֵי הַנְּחֹשֶׁת אֲשֶׁר בֵּית־יְהוָה
וְאֶת־הַמְּכֹנוֹת וְאֶת־יָם הַנְּחֹשֶׁת אֲשֶׁר בְּבֵית־יְהוָה שִׁבְּרוּ
14 כַשְׂדִּים וַיִּשְׂאוּ אֶת־נְחֻשְׁתָּם בָּבֶלָה׃ וְאֶת־הַסִּירֹת וְאֶת־
הַיָּעִים וְאֶת־הַמְזַמְּרוֹת וְאֶת־הַכַּפּוֹת וְאֵת כָּל־כְּלֵי הַנְּחֹשֶׁת
טו אֲשֶׁר יְשָׁרְתוּ־בָם לָקָחוּ׃ וְאֶת־הַמַּחְתּוֹת וְאֶת־הַמִּזְרָקוֹת
אֲשֶׁר זָהָב זָהָב וַאֲשֶׁר־כֶּסֶף כֶּסֶף לָקַח רַב־טַבָּחִים׃

העמודים

v. 12. וליוגבים ק׳

16 הָעַמּוּדִים ׀ שְׁנַיִם הַיָּם הָאֶחָד וְהַמְּכֹנוֹת אֲשֶׁר־עָשָׂה שְׁלֹמֹה
לְבֵית יְהוָה לֹא־הָיָה מִשְׁקָל לִנְחֹשֶׁת כָּל־הַכֵּלִים הָאֵלֶּה׃
17 שְׁמֹנֶה עֶשְׂרֵה אַמָּה קוֹמַת ׀ הָעַמּוּד הָאֶחָד וְכֹתֶרֶת עָלָיו ׀
נְחֹשֶׁת וְקוֹמַת הַכֹּתֶרֶת שָׁלֹשׁ אַמָּה וּשְׂבָכָה וְרִמֹּנִים עַל־
הַכֹּתֶרֶת סָבִיב הַכֹּל נְחֹשֶׁת וְכָאֵלֶּה לָעַמּוּד הַשֵּׁנִי עַל־
18 הַשְּׂבָכָה׃ וַיִּקַּח רַב־טַבָּחִים אֶת־שְׂרָיָה כֹּהֵן הָרֹאשׁ וְאֶת־
19 צְפַנְיָהוּ כֹּהֵן מִשְׁנֶה וְאֶת־שְׁלֹשֶׁת שֹׁמְרֵי הַסַּף׃ וּמִן־הָעִיר
לָקַח סָרִיס אֶחָד אֲשֶׁר־הוּא פָקִיד ׀ עַל־אַנְשֵׁי הַמִּלְחָמָה
וַחֲמִשָּׁה אֲנָשִׁים מֵרֹאֵי פְנֵי־הַמֶּלֶךְ אֲשֶׁר נִמְצְאוּ בָעִיר וְאֵת
הַסֹּפֵר שַׂר הַצָּבָא הַמַּצְבִּא אֶת־עַם הָאָרֶץ וְשִׁשִּׁים אִישׁ מֵעַם
כ הָאָרֶץ הַנִּמְצְאִים בָּעִיר׃ וַיִּקַּח אֹתָם נְבוּזַרְאֲדָן רַב־טַבָּחִים
21 וַיֹּלֶךְ אֹתָם עַל־מֶלֶךְ בָּבֶל רִבְלָתָה׃ וַיַּךְ אֹתָם מֶלֶךְ בָּבֶל
וַיְמִיתֵם בְּרִבְלָה בְּאֶרֶץ חֲמָת וַיִּגֶל יְהוּדָה מֵעַל אַדְמָתוֹ׃
22 וְהָעָם הַנִּשְׁאָר בְּאֶרֶץ יְהוּדָה אֲשֶׁר הִשְׁאִיר נְבוּכַדְנֶאצַּר
מֶלֶךְ בָּבֶל וַיַּפְקֵד עֲלֵיהֶם אֶת־גְּדַלְיָהוּ בֶּן־אֲחִיקָם בֶּן־שָׁפָן׃
23 וַיִּשְׁמְעוּ כָל־שָׂרֵי הַחֲיָלִים הֵמָּה וְהָאֲנָשִׁים כִּי־הִפְקִיד מֶלֶךְ־
בָּבֶל אֶת־גְּדַלְיָהוּ וַיָּבֹאוּ אֶל־גְּדַלְיָהוּ הַמִּצְפָּה וְיִשְׁמָעֵאל בֶּן־
נְתַנְיָה וְיוֹחָנָן בֶּן־קָרֵחַ וּשְׂרָיָה בֶן־תַּנְחֻמֶת הַנְּטֹפָתִי וְיַאֲזַנְיָהוּ
24 בֶּן־הַמַּעֲכָתִי הֵמָּה וְאַנְשֵׁיהֶם׃ וַיִּשָּׁבַע לָהֶם גְּדַלְיָהוּ וּלְאַנְשֵׁיהֶם
וַיֹּאמֶר לָהֶם אַל־תִּירְאוּ מֵעַבְדֵי הַכַּשְׂדִּים שְׁבוּ בָאָרֶץ וְעִבְדוּ
כה אֶת־מֶלֶךְ בָּבֶל וְיִטַב לָכֶם׃ וַיְהִי ׀ בַּחֹדֶשׁ הַשְּׁבִיעִי בָּא
יִשְׁמָעֵאל בֶּן־נְתַנְיָה בֶּן־אֱלִישָׁמָע מִזֶּרַע הַמְּלוּכָה וַעֲשָׂרָה
אֲנָשִׁים אִתּוֹ וַיַּכּוּ אֶת־גְּדַלְיָהוּ וַיָּמֹת וְאֶת־הַיְּהוּדִים וְאֶת־
26 הַכַּשְׂדִּים אֲשֶׁר־הָיוּ אִתּוֹ בַּמִּצְפָּה׃ וַיָּקֻמוּ כָל־הָעָם מִקָּטֹן
וְעַד־גָּדוֹל וְשָׂרֵי הַחֲיָלִים וַיָּבֹאוּ מִצְרָיִם כִּי יָרְאוּ מִפְּנֵי
27 כַשְׂדִּים׃ וַיְהִי בִשְׁלֹשִׁים וָשֶׁבַע שָׁנָה לְגָלוּת יְהוֹיָכִין מֶלֶךְ־
יְהוּדָה בִּשְׁנֵים עָשָׂר חֹדֶשׁ בְּעֶשְׂרִים וְשִׁבְעָה לַחֹדֶשׁ נָשָׂא אֱוִיל

מרדך

v. 17. אמות ק׳

מְרֹדַ֙ךְ מֶ֣לֶךְ בָּבֶ֗ל בִּשְׁנַת֙ מָלְכ֔וֹ אֶת־רֹ֛אשׁ יְהוֹיָכִ֥ין מֶֽלֶךְ־
28 יְהוּדָ֖ה מִבֵּ֥ית כֶּֽלֶא׃ וַיְדַבֵּ֥ר אִתּ֖וֹ טֹב֑וֹת וַיִּתֵּן֙ אֶת־כִּסְא֔וֹ מֵעַ֗ל
29 כִּסֵּ֛א הַמְּלָכִ֖ים אֲשֶׁ֥ר אִתּ֖וֹ בְּבָבֶֽל׃ וְשִׁנָּ֕א אֵ֖ת בִּגְדֵ֣י כִלְא֑וֹ
ל וְאָכַ֨ל לֶ֧חֶם תָּמִ֛יד לְפָנָ֖יו כָּל־יְמֵ֥י חַיָּֽיו׃ וַאֲרֻחָת֗וֹ אֲרֻחַ֨ת
תָּמִ֤יד נִתְּנָה־לּוֹ֙ מֵאֵ֣ת הַמֶּ֔לֶךְ דְּבַר־י֖וֹם בְּיוֹמ֑וֹ כֹּ֖ל יְמֵ֥י חַיָּֽו׃

חזק ונתחזק

סכום פסוקי דספר מלכים אלף וחמש מאות ושלשים וארבעה· וסימנו אשרי הגוי אשר ה׳ אלהיו· וסדריו חמשה ושלשים· וסימנו ואני אהיה לה נאם ה׳ חומת אש סביב ולכבוד אהיה בתוכה וחציו ויקבץ מלך ישראל את הנביאים:

ברוך הנותן ליעף כח ולאין אונים עצמה ירבה:

נביאים אחרונים

PROPHETAE
POSTERIORES

JESAIA	ישעיה
JEREMIA	ירמיה
EZECHIEL	יחזקאל
HOSEA	הושע
JOEL	יואל
AMOS	עמוס
OBADIA	עובדיה
JONA	יונה
MICHA	מיכה
NAHUM	נחום
HABAKKUK	חבקוק
ZEPHANIA	צפניה
HAGGAI	חגי
ZACHARIA	זכריה
MALACHI	מלאכי

ישעיה

LIBER JESAIAE

א CAPUT I. א

א חֲזוֹן יְשַׁעְיָהוּ בֶן־אָמוֹץ אֲשֶׁר חָזָה עַל־יְהוּדָה וִירוּשָׁלָ͏ִם בִּימֵי
2 עֻזִּיָּהוּ יוֹתָם אָחָז יְחִזְקִיָּהוּ מַלְכֵי יְהוּדָה׃ שִׁמְעוּ שָׁמַיִם וְהַאֲזִינִי
אֶרֶץ כִּי יְהוָה דִּבֵּר בָּנִים גִּדַּלְתִּי וְרוֹמַמְתִּי וְהֵם פָּשְׁעוּ בִי׃
3 יָדַע שׁוֹר קֹנֵהוּ וַחֲמוֹר אֵבוּס בְּעָלָיו יִשְׂרָאֵל לֹא יָדַע עַמִּי
4 לֹא הִתְבּוֹנָן׃ הוֹי ׀ גּוֹי חֹטֵא עַם כֶּבֶד עָוֹן זֶרַע מְרֵעִים בָּנִים
מַשְׁחִיתִים עָזְבוּ אֶת־יְהוָה נִאֲצוּ אֶת־קְדוֹשׁ יִשְׂרָאֵל נָזֹרוּ
ה אָחוֹר׃ עַל מֶה תֻכּוּ עוֹד תּוֹסִיפוּ סָרָה כָּל־רֹאשׁ לָחֳלִי
6 וְכָל־לֵבָב דַּוָּי׃ מִכַּף־רֶגֶל וְעַד־רֹאשׁ אֵין־בּוֹ מְתֹם פֶּצַע
וְחַבּוּרָה וּמַכָּה טְרִיָּה לֹא־זֹרוּ וְלֹא חֻבָּשׁוּ וְלֹא רֻכְּכָה בַּשָּׁמֶן׃
7 אַרְצְכֶם שְׁמָמָה עָרֵיכֶם שְׂרֻפוֹת אֵשׁ אַדְמַתְכֶם לְנֶגְדְּכֶם זָרִים
8 אֹכְלִים אֹתָהּ וּשְׁמָמָה כְּמַהְפֵּכַת זָרִים׃ וְנוֹתְרָה בַת־צִיּוֹן
9 כְּסֻכָּה בְכָרֶם כִּמְלוּנָה בְמִקְשָׁה כְּעִיר נְצוּרָה׃ לוּלֵי יְהוָה
צְבָאוֹת הוֹתִיר לָנוּ שָׂרִיד כִּמְעָט כִּסְדֹם הָיִינוּ לַעֲמֹרָה
י דָּמִינוּ׃ שִׁמְעוּ דְבַר־יְהוָה קְצִינֵי סְדֹם הַאֲזִינוּ תּוֹרַת אֱלֹהֵינוּ
11 עַם עֲמֹרָה׃ לָמָּה־לִּי רֹב־זִבְחֵיכֶם יֹאמַר יְהוָה שָׂבַעְתִּי
עֹלוֹת אֵילִים וְחֵלֶב מְרִיאִים וְדַם פָּרִים וּכְבָשִׂים וְעַתּוּדִים
12 לֹא חָפָצְתִּי׃ כִּי תָבֹאוּ לֵרָאוֹת פָּנָי מִי־בִקֵּשׁ זֹאת מִיֶּדְכֶם
13 רְמֹס חֲצֵרָי׃ לֹא תוֹסִיפוּ הָבִיא מִנְחַת־שָׁוְא קְטֹרֶת תּוֹעֵבָה
הִיא לִי חֹדֶשׁ וְשַׁבָּת קְרֹא מִקְרָא לֹא־אוּכַל אָוֶן וַעֲצָרָה׃
14 חָדְשֵׁיכֶם וּמוֹעֲדֵיכֶם שָׂנְאָה נַפְשִׁי הָיוּ עָלַי לָטֹרַח נִלְאֵיתִי
טו נְשֹׂא׃ וּבְפָרִשְׂכֶם כַּפֵּיכֶם אַעְלִים עֵינַי מִכֶּם גַּם כִּי־תַרְבּוּ
16 תְפִלָּה אֵינֶנִּי שֹׁמֵעַ יְדֵיכֶם דָּמִים מָלֵאוּ׃ רַחֲצוּ הִזַּכּוּ הָסִירוּ
17 רֹעַ מַעַלְלֵיכֶם מִנֶּגֶד עֵינָי חִדְלוּ הָרֵעַ׃ לִמְדוּ הֵיטֵב דִּרְשׁוּ

v. 1. הפטרת אלה הדברים

18 מִשְׁפָּט אַשְּׁרוּ חָמוֹץ שִׁפְטוּ יָתוֹם רִיבוּ אַלְמָנָה׃ לְכוּ־
נָא וְנִוָּכְחָה יֹאמַר יְהוָה אִם־יִהְיוּ חֲטָאֵיכֶם כַּשָּׁנִים כַּשֶּׁלֶג
19 יַלְבִּינוּ אִם־יַאְדִּימוּ כַתּוֹלָע כַּצֶּמֶר יִהְיוּ׃ אִם־תֹּאבוּ וּשְׁמַעְתֶּם
כ טוּב הָאָרֶץ תֹּאכֵלוּ׃ וְאִם־תְּמָאֲנוּ וּמְרִיתֶם חֶרֶב תְּאֻכְּלוּ כִּי
21 פִּי יְהוָה דִּבֵּר׃ אֵיכָה הָיְתָה לְזוֹנָה קִרְיָה נֶאֱמָנָה מְלֵאֲתִי
22 מִשְׁפָּט צֶדֶק יָלִין בָּהּ וְעַתָּה מְרַצְּחִים׃ כַּסְפֵּךְ הָיָה לְסִיגִים
23 סָבְאֵךְ מָהוּל בַּמָּיִם׃ שָׂרַיִךְ סוֹרְרִים וְחַבְרֵי גַּנָּבִים כֻּלּוֹ אֹהֵב
שֹׁחַד וְרֹדֵף שַׁלְמֹנִים יָתוֹם לֹא יִשְׁפֹּטוּ וְרִיב אַלְמָנָה לֹא־
24 יָבוֹא אֲלֵיהֶם׃ לָכֵן נְאֻם הָאָדוֹן יְהוָה צְבָאוֹת אֲבִיר
כה יִשְׂרָאֵל הוֹי אֶנָּחֵם מִצָּרַי וְאִנָּקְמָה מֵאוֹיְבָי׃ וְאָשִׁיבָה יָדִי
26 עָלַיִךְ וְאֶצְרֹף כַּבֹּר סִיגָיִךְ וְאָסִירָה כָּל־בְּדִילָיִךְ׃ וְאָשִׁיבָה
שֹׁפְטַיִךְ כְּבָרִאשֹׁנָה וְיֹעֲצַיִךְ כְּבַתְּחִלָּה אַחֲרֵי־כֵן יִקָּרֵא לָךְ
27 עִיר הַצֶּדֶק קִרְיָה נֶאֱמָנָה׃ צִיּוֹן בְּמִשְׁפָּט תִּפָּדֶה וְשָׁבֶיהָ
28 בִּצְדָקָה׃ וְשֶׁבֶר פֹּשְׁעִים וְחַטָּאִים יַחְדָּו וְעֹזְבֵי יְהוָה יִכְלוּ׃
29 כִּי יֵבֹשׁוּ מֵאֵילִים אֲשֶׁר חֲמַדְתֶּם וְתַחְפְּרוּ מֵהַגַּנּוֹת אֲשֶׁר
ל בְּחַרְתֶּם׃ כִּי תִהְיוּ כְּאֵלָה נֹבֶלֶת עָלֶהָ וּכְגַנָּה אֲשֶׁר־מַיִם אֵין
31 לָהּ׃ וְהָיָה הֶחָסֹן לִנְעֹרֶת וּפֹעֲלוֹ לְנִיצוֹץ וּבָעֲרוּ שְׁנֵיהֶם יַחְדָּו
וְאֵין מְכַבֶּה׃

ב CAP. II. ב

א הַדָּבָר אֲשֶׁר חָזָה יְשַׁעְיָהוּ בֶּן־אָמוֹץ עַל־יְהוּדָה וִירוּשָׁלָ͏ִם׃
2 וְהָיָה ׀ בְּאַחֲרִית הַיָּמִים נָכוֹן יִהְיֶה הַר בֵּית־יְהוָה בְּרֹאשׁ
3 הֶהָרִים וְנִשָּׂא מִגְּבָעוֹת וְנָהֲרוּ אֵלָיו כָּל־הַגּוֹיִם׃ וְהָלְכוּ עַמִּים
רַבִּים וְאָמְרוּ לְכוּ ׀ וְנַעֲלֶה אֶל־הַר־יְהוָה אֶל־בֵּית אֱלֹהֵי
יַעֲקֹב וְיֹרֵנוּ מִדְּרָכָיו וְנֵלְכָה בְּאֹרְחֹתָיו כִּי מִצִּיּוֹן תֵּצֵא תוֹרָה
4 וּדְבַר־יְהוָה מִירוּשָׁלָ͏ִם׃ וְשָׁפַט בֵּין הַגּוֹיִם וְהוֹכִיחַ לְעַמִּים
רַבִּים וְכִתְּתוּ חַרְבוֹתָם לְאִתִּים וַחֲנִיתוֹתֵיהֶם לְמַזְמֵרוֹת לֹא־
ה יִשָּׂא גוֹי אֶל־גּוֹי חֶרֶב וְלֹא־יִלְמְדוּ עוֹד מִלְחָמָה׃ בֵּית
6 יַעֲקֹב לְכוּ וְנֵלְכָה בְּאוֹר יְהוָה׃ כִּי נָטַשְׁתָּה עַמְּךָ בֵּית יַעֲקֹב
כי

כִּי מָלְאוּ מִקֶּדֶם וְעֹנְנִים כַּפְּלִשְׁתִּים וּבְיַלְדֵי נָכְרִים יַשְׂפִּיקוּ׃
7 וַתִּמָּלֵא אַרְצוֹ כֶּסֶף וְזָהָב וְאֵין קֵצֶה לְאֹצְרֹתָיו וַתִּמָּלֵא אַרְצוֹ
8 סוּסִים וְאֵין קֵצֶה לְמַרְכְּבֹתָיו׃ וַתִּמָּלֵא אַרְצוֹ אֱלִילִים
9 לְמַעֲשֵׂה יָדָיו יִשְׁתַּחֲווּ לַאֲשֶׁר עָשׂוּ אֶצְבְּעֹתָיו׃ וַיִּשַּׁח אָדָם
י וַיִּשְׁפַּל־אִישׁ וְאַל־תִּשָּׂא לָהֶם׃ בּוֹא בַצּוּר וְהִטָּמֵן בֶּעָפָר
11 מִפְּנֵי פַּחַד יְהוָה וּמֵהֲדַר גְּאֹנוֹ׃ עֵינֵי גַּבְהוּת אָדָם שָׁפֵל וְשַׁח
12 רוּם אֲנָשִׁים וְנִשְׂגַּב יְהוָה לְבַדּוֹ בַּיּוֹם הַהוּא׃ כִּי יוֹם לַיהוָה
13 צְבָאוֹת עַל כָּל־גֵּאֶה וָרָם וְעַל כָּל־נִשָּׂא וְשָׁפֵל׃ וְעַל כָּל־
14 אַרְזֵי הַלְּבָנוֹן הָרָמִים וְהַנִּשָּׂאִים וְעַל כָּל־אַלּוֹנֵי הַבָּשָׁן׃ וְעַל
טו כָּל־הֶהָרִים הָרָמִים וְעַל כָּל־הַגְּבָעוֹת הַנִּשָּׂאוֹת׃ וְעַל כָּל־
16 מִגְדָּל גָּבֹהַּ וְעַל כָּל־חוֹמָה בְצוּרָה׃ וְעַל כָּל־אֳנִיּוֹת תַּרְשִׁישׁ
17 וְעַל כָּל־שְׂכִיּוֹת הַחֶמְדָּה׃ וְשַׁח גַּבְהוּת הָאָדָם וְשָׁפֵל רוּם
18 אֲנָשִׁים וְנִשְׂגַּב יְהוָה לְבַדּוֹ בַּיּוֹם הַהוּא׃ וְהָאֱלִילִים כָּלִיל
19 יַחֲלֹף׃ וּבָאוּ בִּמְעָרוֹת צֻרִים וּבִמְחִלּוֹת עָפָר מִפְּנֵי פַּחַד
כ יְהוָה וּמֵהֲדַר גְּאוֹנוֹ בְּקוּמוֹ לַעֲרֹץ הָאָרֶץ׃ בַּיּוֹם הַהוּא
יַשְׁלִיךְ הָאָדָם אֵת אֱלִילֵי כַסְפּוֹ וְאֵת אֱלִילֵי זְהָבוֹ אֲשֶׁר
21 עָשׂוּ־לוֹ לְהִשְׁתַּחֲוֹת לַחְפֹּר פֵּרוֹת וְלָעֲטַלֵּפִים׃ לָבוֹא בְּנִקְרוֹת
הַצֻּרִים וּבִסְעִפֵי הַסְּלָעִים מִפְּנֵי פַּחַד יְהוָה וּמֵהֲדַר גְּאוֹנוֹ
22 בְּקוּמוֹ לַעֲרֹץ הָאָרֶץ׃ חִדְלוּ לָכֶם מִן־הָאָדָם אֲשֶׁר נְשָׁמָה
בְּאַפּוֹ כִּי־בַמֶּה נֶחְשָׁב הוּא׃

ג Cap. III. ג

א כִּי הִנֵּה הָאָדוֹן יְהוָה צְבָאוֹת מֵסִיר מִירוּשָׁלִַם וּמִיהוּדָה
2 מַשְׁעֵן וּמַשְׁעֵנָה כֹּל מִשְׁעַן־לֶחֶם וְכֹל מִשְׁעַן־מָיִם׃ גִּבּוֹר
3 וְאִישׁ מִלְחָמָה שׁוֹפֵט וְנָבִיא וְקֹסֵם וְזָקֵן׃ שַׂר־חֲמִשִּׁים וּנְשׂוּא
4 פָנִים וְיוֹעֵץ וַחֲכַם חֲרָשִׁים וּנְבוֹן לָחַשׁ׃ וְנָתַתִּי נְעָרִים שָׂרֵיהֶם
ה וְתַעֲלוּלִים יִמְשְׁלוּ־בָם׃ וְנִגַּשׂ הָעָם אִישׁ בְּאִישׁ וְאִישׁ בְּרֵעֵהוּ
6 יִרְהֲבוּ הַנַּעַר בַּזָּקֵן וְהַנִּקְלֶה בַּנִּכְבָּד׃ כִּי־יִתְפֹּשׂ אִישׁ בְּאָחִיו
בֵּית אָבִיו שִׂמְלָה לְכָה קָצִין תִּהְיֶה־לָּנוּ וְהַמַּכְשֵׁלָה הַזֹּאת

7 תַּ֥חַת יָדֶֽךָ׃ יִשָּׂא֩ בַיּ֨וֹם הַה֤וּא ׀ לֵאמֹר֙ לֹא־אֶהְיֶ֣ה חֹבֵ֔שׁ
8 וּבְבֵיתִ֕י אֵ֥ין לֶ֖חֶם וְאֵ֣ין שִׂמְלָ֑ה לֹ֥א תְשִׂימֻ֖נִי קְצִ֥ין עָֽם׃ כִּ֤י
כָשְׁלָה֙ יְר֣וּשָׁלִַ֔ם וִיהוּדָ֖ה נָפָ֑ל כִּֽי־לְשׁוֹנָ֤ם וּמַֽעַלְלֵיהֶם֙ אֶל־
9 יְהוָ֔ה לַמְר֖וֹת עֵנֵ֥י כְבוֹדֽוֹ׃ הַכָּרַ֤ת פְּנֵיהֶם֙ עָ֣נְתָה בָּ֔ם וְחַטָּאתָ֛ם
כִּסְדֹ֥ם הִגִּ֖ידוּ לֹ֣א כִחֵ֑דוּ א֣וֹי לְנַפְשָׁ֔ם כִּֽי־גָמְל֥וּ לָהֶ֖ם רָעָֽה׃
י 11 אִמְר֥וּ צַדִּ֖יק כִּי־ט֑וֹב כִּֽי־פְרִ֥י מַעַלְלֵיהֶ֖ם יֹאכֵֽלוּ׃ א֖וֹי לְרָשָׁ֣ע
12 רָ֑ע כִּֽי־גְמ֥וּל יָדָ֖יו יֵעָ֥שֶׂה לּֽוֹ׃ עַמִּי֙ נֹגְשָׂ֣יו מְעוֹלֵ֔ל וְנָשִׁ֖ים מָ֣שְׁלוּ
13 ב֑וֹ עַמִּי֙ מְאַשְּׁרֶ֣יךָ מַתְעִ֔ים וְדֶ֥רֶךְ אֹרְחֹתֶ֖יךָ בִּלֵּֽעוּ׃ נִצָּ֥ב
14 לָרִ֖יב יְהוָ֑ה וְעֹמֵ֖ד לָדִ֥ין עַמִּֽים׃ יְהוָה֙ בְּמִשְׁפָּ֣ט יָב֔וֹא עִם־
זִקְנֵ֥י עַמּ֖וֹ וְשָׂרָ֑יו וְאַתֶּם֙ בִּעַרְתֶּ֣ם הַכֶּ֔רֶם גְּזֵלַ֥ת הֶעָנִ֖י בְּבָתֵּיכֶֽם׃
טו מַלָּכֶם֙ תְּדַכְּא֣וּ עַמִּ֔י וּפְנֵ֥י עֲנִיִּ֖ים תִּטְחָ֑נוּ נְאֻם־אֲדֹנָ֥י יְהוִ֖ה
16 צְבָאֽוֹת׃ וַיֹּ֣אמֶר יְהוָ֗ה יַ֚עַן כִּ֤י גָֽבְהוּ֙ בְּנ֣וֹת צִיּ֔וֹן וַתֵּלַ֙כְנָה֙
נְטוּוֹת גָּר֔וֹן וּֽמְשַׂקְּר֖וֹת עֵינָ֑יִם הָל֤וֹךְ וְטָפֹף֙ תֵּלַ֔כְנָה וּבְרַגְלֵיהֶ֖ם
17 תְּעַכַּֽסְנָה׃ וְשִׂפַּ֣ח אֲדֹנָ֔י קָדְקֹ֖ד בְּנ֣וֹת צִיּ֑וֹן וַיהוָ֖ה פָּתְהֵ֥ן
18 יְעָרֶֽה׃ בַּיּ֨וֹם הַה֜וּא יָסִ֣יר אֲדֹנָ֗י אֵ֣ת תִּפְאֶ֧רֶת הָעֲכָסִ֛ים
19 וְהַשְּׁבִיסִ֖ים וְהַשַּׂהֲרֹנִֽים׃ הַנְּטִפ֥וֹת וְהַשֵּׁיר֖וֹת וְהָֽרְעָלֽוֹת׃
כ הַפְּאֵרִ֤ים וְהַצְּעָדוֹת֙ וְהַקִּשֻּׁרִ֔ים וּבָתֵּ֥י הַנֶּ֖פֶשׁ וְהַלְּחָשִֽׁים׃
21 22 הַטַּבָּע֖וֹת וְנִזְמֵ֥י הָאָֽף׃ הַמַּֽחֲלָצוֹת֙ וְהַמַּ֣עֲטָפ֔וֹת וְהַמִּטְפָּח֖וֹת
23 24 וְהָחֲרִיטִֽים׃ הַגִּלְיֹנִים֙ וְהַסְּדִינִ֔ים וְהַצְּנִיפ֖וֹת וְהָרְדִידִֽים׃ וְהָיָה֩
תַ֨חַת בֹּ֜שֶׂם מַ֣ק יִֽהְיֶ֗ה וְתַ֨חַת חֲגוֹרָ֜ה נִקְפָּ֗ה וְתַ֨חַת מַעֲשֶׂ֤ה
מִקְשֶׁה֙ קָרְחָ֔ה וְתַ֥חַת פְּתִיגִ֖יל מַחֲגֹ֣רֶת שָׂ֑ק כִּי־תַ֖חַת יֹֽפִי׃
כה 26 מְתַ֖יִךְ בַּחֶ֣רֶב יִפֹּ֑לוּ וּגְבוּרָתֵ֖ךְ בַּמִּלְחָמָֽה׃ וְאָנ֥וּ וְאָבְל֖וּ פְּתָחֶ֑יהָ
וְנִקָּ֖תָה לָאָ֥רֶץ תֵּשֵֽׁב׃ °

CAP. IV. ד

ד
א וְהֶחֱזִ֩יקוּ֩ שֶׁ֨בַע נָשִׁ֜ים בְּאִ֣ישׁ אֶחָ֗ד בַּיּ֤וֹם הַהוּא֙ לֵאמֹ֔ר
לַחְמֵ֣נוּ נֹאכֵ֔ל וְשִׂמְלָתֵ֖נוּ נִלְבָּ֑שׁ רַ֗ק יִקָּרֵ֤א שִׁמְךָ֙ עָלֵ֔ינוּ אֱסֹ֖ף
2 חֶרְפָּתֵֽנוּ׃ בַּיּ֣וֹם הַה֗וּא יִֽהְיֶה֙ צֶ֣מַח יְהוָ֔ה לִצְבִ֖י וּלְכָב֑וֹד
ופרי

ג׳ v. 15. מה לכם ק׳ v. 16. נטויות ק׳ v. 26. אין כאן פסקא

3 וּפְרִ֣י הָאָ֔רֶץ לְגָא֣וֹן וּלְתִפְאֶ֔רֶת לִפְלֵיטַ֖ת יִשְׂרָאֵֽל׃ וְהָיָ֣ה ׀
הַנִּשְׁאָ֤ר בְּצִיּוֹן֙ וְהַנּוֹתָ֣ר בִּירֽוּשָׁלִַ֔ם קָד֖וֹשׁ יֵאָ֣מֶר ל֑וֹ כָּל־הַכָּת֥וּב
4 לַֽחַיִּ֖ים בִּירֽוּשָׁלִָֽם׃ אִ֣ם ׀ רָחַ֣ץ אֲדֹנָ֗י אֵ֚ת צֹאַ֣ת בְּנוֹת־צִיּ֔וֹן
וְאֶת־דְּמֵ֥י יְרוּשָׁלִַ֖ם יָדִ֣יחַ מִקִּרְבָּ֑הּ בְּר֥וּחַ מִשְׁפָּ֖ט וּבְר֥וּחַ בָּעֵֽר׃
ה וּבָרָ֣א יְהוָ֡ה עַל֩ כָּל־מְכ֨וֹן הַר־צִיּ֜וֹן וְעַל־מִקְרָאֶ֗הָ עָנָ֤ן ׀
יוֹמָם֙ וְעָשָׁ֔ן וְנֹ֛גַהּ אֵ֥שׁ לֶהָבָ֖ה לָ֑יְלָה כִּ֥י עַל־כָּל־כָּב֖וֹד חֻפָּֽה׃
6 וְסֻכָּ֛ה תִּהְיֶ֥ה לְצֵל־יוֹמָ֖ם מֵחֹ֑רֶב וּלְמַחְסֶה֙ וּלְמִסְתּ֔וֹר מִזֶּ֖רֶם
וּמִמָּטָֽר׃

ה Cap. V. ה

א אָשִׁ֤ירָה נָּא֙ לִֽידִידִ֔י שִׁירַ֥ת דּוֹדִ֖י לְכַרְמ֑וֹ כֶּ֛רֶם הָיָ֥ה לִֽידִידִ֖י
2 בְּקֶ֥רֶן בֶּן־שָֽׁמֶן׃ וַיְעַזְּקֵ֣הוּ וַֽיְסַקְּלֵ֗הוּ וַיִּטָּעֵ֙הוּ֙ שֹׂרֵ֔ק וַיִּ֤בֶן מִגְדָּל֙
בְּתוֹכ֔וֹ וְגַם־יֶ֖קֶב חָצֵ֣ב בּ֑וֹ וַיְקַ֛ו לַעֲשׂ֥וֹת עֲנָבִ֖ים וַיַּ֥עַשׂ בְּאֻשִֽׁים׃
3 וְעַתָּ֛ה יוֹשֵׁ֥ב יְרוּשָׁלִַ֖ם וְאִ֣ישׁ יְהוּדָ֑ה שִׁפְטוּ־נָ֕א בֵּינִ֖י וּבֵ֥ין כַּרְמִֽי׃
4 מַה־לַּעֲשׂ֥וֹת עוֹד֙ לְכַרְמִ֔י וְלֹ֥א עָשִׂ֖יתִי בּ֑וֹ מַדּ֧וּעַ קִוֵּ֛יתִי לַעֲשׂ֥וֹת
ה עֲנָבִ֖ים וַיַּ֥עַשׂ בְּאֻשִֽׁים׃ וְעַתָּה֙ אוֹדִיעָה־נָּ֣א אֶתְכֶ֔ם אֵ֛ת אֲשֶׁר־
אֲנִ֥י עֹשֶׂ֖ה לְכַרְמִ֑י הָסֵ֤ר מְשׂוּכָּתוֹ֙ וְהָיָ֣ה לְבָעֵ֔ר פָּרֹ֥ץ גְּדֵר֖וֹ
6 וְהָיָ֥ה לְמִרְמָֽס׃ וַאֲשִׁיתֵ֣הוּ בָתָ֗ה לֹ֤א יִזָּמֵר֙ וְלֹ֣א יֵעָדֵ֔ר וְעָלָ֥ה
7 שָׁמִ֖יר וָשָׁ֑יִת וְעַ֤ל הֶֽעָבִים֙ אֲצַוֶּ֔ה מֵהַמְטִ֥יר עָלָ֖יו מָטָֽר׃ כִּ֣י
כֶ֜רֶם יְהוָ֤ה צְבָאוֹת֙ בֵּ֣ית יִשְׂרָאֵ֔ל וְאִ֣ישׁ יְהוּדָ֔ה נְטַ֖ע שַׁעֲשׁוּעָ֑יו
8 וַיְקַ֤ו לְמִשְׁפָּט֙ וְהִנֵּ֣ה מִשְׂפָּ֔ח לִצְדָקָ֖ה וְהִנֵּ֥ה צְעָקָֽה׃ ה֗וֹי
מַגִּיעֵ֥י בַ֙יִת֙ בְּבַ֔יִת שָׂדֶ֥ה בְשָׂדֶ֖ה יַקְרִ֑יבוּ עַ֚ד אֶ֣פֶס מָק֔וֹם
9 וְהֽוּשַׁבְתֶּ֥ם לְבַדְּכֶ֖ם בְּקֶ֥רֶב הָאָֽרֶץ׃ בְּאָזְנָ֖י יְהוָ֣ה צְבָא֑וֹת אִם־
לֹ֞א בָּתִּ֤ים רַבִּים֙ לְשַׁמָּ֣ה יִהְי֔וּ גְּדֹלִ֥ים וְטוֹבִ֖ים מֵאֵ֥ין יוֹשֵֽׁב׃
י כִּ֗י עֲשֶׂ֙רֶת֙ צִמְדֵּי־כֶ֔רֶם יַעֲשׂ֖וּ בַּ֣ת אֶחָ֑ת וְזֶ֥רַע חֹ֖מֶר יַעֲשֶׂ֥ה
11 אֵיפָֽה׃ ה֛וֹי מַשְׁכִּימֵ֥י בַבֹּ֖קֶר שֵׁכָ֣ר יִרְדֹּ֑פוּ מְאַחֲרֵ֣י בַנֶּ֔שֶׁף
12 יַ֖יִן יַדְלִיקֵֽם׃ וְהָיָה֩ כִנּ֨וֹר וָנֶ֜בֶל תֹּ֧ף וְחָלִ֛יל וָיַ֖יִן מִשְׁתֵּיהֶ֑ם וְאֵ֨ת
13 פֹּ֤עַל יְהוָה֙ לֹ֣א יַבִּ֔יטוּ וּמַעֲשֵׂ֥ה יָדָ֖יו לֹ֥א רָאֽוּ׃ לָכֵ֛ן גָּלָ֥ה עַמִּ֖י
14 מִבְּלִי־דָ֑עַת וּכְבוֹדוֹ֙ מְתֵ֣י רָעָ֔ב וַהֲמוֹנ֖וֹ צִחֵ֥ה צָמָֽא׃ לָכֵ֗ן
הרחיבה

הִרְחִיבָה שְּׁאוֹל נַפְשָׁהּ וּפָעֲרָה פִיהָ לִבְלִי־חֹק וְיָרַד הֲדָרָהּ
טו וַהֲמוֹנָהּ וּשְׁאוֹנָהּ וְעָלֵז בָּהּ׃ וַיִּשַּׁח אָדָם וַיִּשְׁפַּל־אִישׁ וְעֵינֵי
16 גְבֹהִים תִּשְׁפַּלְנָה׃ וַיִּגְבַּהּ יְהוָה צְבָאוֹת בַּמִּשְׁפָּט וְהָאֵל הַקָּדוֹשׁ
17 נִקְדָּשׁ בִּצְדָקָה׃ וְרָעוּ כְבָשִׂים כְּדָבְרָם וְחָרְבוֹת מֵחִים גָּרִים
18 יֹאכֵלוּ׃ הוֹי מֹשְׁכֵי הֶעָוֺן בְּחַבְלֵי הַשָּׁוְא וְכַעֲבוֹת הָעֲגָלָה
19 חַטָּאָה׃ הָאֹמְרִים יְמַהֵר ׀ יָחִישָׁה מַעֲשֵׂהוּ לְמַעַן נִרְאֶה וְתִקְרַב
כ וְתָבוֹאָה עֲצַת קְדוֹשׁ יִשְׂרָאֵל וְנֵדָעָה׃ הוֹי הָאֹמְרִים לָרַע
טוֹב וְלַטּוֹב רָע שָׂמִים חֹשֶׁךְ לְאוֹר וְאוֹר לְחֹשֶׁךְ שָׂמִים מַר
21 לְמָתוֹק וּמָתוֹק לְמָר׃ הוֹי חֲכָמִים בְּעֵינֵיהֶם וְנֶגֶד פְּנֵיהֶם
22 נְבֹנִים׃ הוֹי גִּבּוֹרִים לִשְׁתּוֹת יָיִן וְאַנְשֵׁי־חַיִל לִמְסֹךְ
23 שֵׁכָר׃ מַצְדִּיקֵי רָשָׁע עֵקֶב שֹׁחַד וְצִדְקַת צַדִּיקִים יָסִירוּ
24 מִמֶּנּוּ׃ לָכֵן כֶּאֱכֹל קַשׁ לְשׁוֹן אֵשׁ וַחֲשַׁשׁ לֶהָבָה יִרְפֶּה
שָׁרְשָׁם כַּמָּק יִהְיֶה וּפִרְחָם כָּאָבָק יַעֲלֶה כִּי מָאֲסוּ אֵת תּוֹרַת
כה יְהוָה צְבָאוֹת וְאֵת אִמְרַת קְדוֹשׁ־יִשְׂרָאֵל נִאֵצוּ׃ עַל־כֵּן
חָרָה אַף־יְהוָה בְּעַמּוֹ וַיֵּט יָדוֹ עָלָיו וַיַּכֵּהוּ וַיִּרְגְּזוּ הֶהָרִים
וַתְּהִי נִבְלָתָם כַּסּוּחָה בְּקֶרֶב חוּצוֹת בְּכָל־זֹאת לֹא־שָׁב אַפּוֹ
26 וְעוֹד יָדוֹ נְטוּיָה׃ וְנָשָׂא־נֵס לַגּוֹיִם מֵרָחוֹק וְשָׁרַק לוֹ מִקְצֵה
27 הָאָרֶץ וְהִנֵּה מְהֵרָה קַל יָבוֹא׃ אֵין־עָיֵף וְאֵין־כּוֹשֵׁל בּוֹ לֹא
יָנוּם וְלֹא יִישָׁן וְלֹא נִפְתַּח אֵזוֹר חֲלָצָיו וְלֹא נִתַּק שְׂרוֹךְ
28 נְעָלָיו׃ אֲשֶׁר חִצָּיו שְׁנוּנִים וְכָל־קַשְּׁתֹתָיו דְּרֻכוֹת פַּרְסוֹת
29 סוּסָיו כַּצַּר נֶחְשָׁבוּ וְגַלְגִּלָּיו כַּסּוּפָה׃ שְׁאָגָה לוֹ כַּלָּבִיא וְשָׁאַג
ל כַּכְּפִירִים וְיִנְהֹם וְיֹאחֵז טֶרֶף וְיַפְלִיט וְאֵין מַצִּיל׃ וְיִנְהֹם
עָלָיו בַּיּוֹם הַהוּא כְּנַהֲמַת־יָם וְנִבַּט לָאָרֶץ וְהִנֵּה־חֹשֶׁךְ צַר
וָאוֹר חָשַׁךְ בַּעֲרִיפֶיהָ׃

CAP. VI. ו

א ° בִּשְׁנַת־מוֹת הַמֶּלֶךְ עֻזִּיָּהוּ וָאֶרְאֶה אֶת־אֲדֹנָי יֹשֵׁב עַל־כִּסֵּא
2 רָם וְנִשָּׂא וְשׁוּלָיו מְלֵאִים אֶת־הַהֵיכָל׃ שְׂרָפִים עֹמְדִים ׀

ממעל

ה' v. 29. ישאג ק'   ו' v. 1 הפטרת וישמע יתרו

מִמַּ֣עַל ל֗וֹ שֵׁ֧שׁ כְּנָפַ֛יִם שֵׁ֥שׁ כְּנָפַ֖יִם לְאֶחָ֑ד בִּשְׁתַּ֣יִם ׀ יְכַסֶּ֣ה פָנָ֗יו

3 וּבִשְׁתַּ֛יִם יְכַסֶּ֥ה רַגְלָ֖יו וּבִשְׁתַּ֥יִם יְעוֹפֵֽף׃ וְקָרָ֨א זֶ֤ה אֶל־זֶה֙ וְאָמַ֔ר קָד֧וֹשׁ ׀ קָד֛וֹשׁ קָד֖וֹשׁ יְהוָ֣ה צְבָא֑וֹת מְלֹ֥א כָל־הָאָ֖רֶץ

4 כְּבוֹדֽוֹ׃ וַיָּנֻ֙עוּ֙ אַמּ֣וֹת הַסִּפִּ֔ים מִקּ֖וֹל הַקּוֹרֵ֑א וְהַבַּ֖יִת יִמָּלֵ֥א

ה עָשָֽׁן׃ וָאֹמַ֞ר אֽוֹי־לִ֣י כִֽי־נִדְמֵ֗יתִי כִּ֣י אִ֤ישׁ טְמֵֽא־שְׂפָתַ֙יִם֙ אָנֹ֔כִי וּבְתוֹךְ֙ עַם־טְמֵ֣א שְׂפָתַ֔יִם אָנֹכִ֖י יוֹשֵׁ֑ב כִּ֗י אֶת־הַמֶּ֛לֶךְ יְהוָ֥ה

6 צְבָא֖וֹת רָא֥וּ עֵינָֽי׃ וַיָּ֣עָף אֵלַ֗י אֶחָד֙ מִן־הַשְּׂרָפִ֔ים וּבְיָד֖וֹ רִצְפָּ֑ה

7 בְּמֶ֨לְקַחַ֔יִם לָקַ֖ח מֵעַ֥ל הַמִּזְבֵּֽחַ׃ וַיַּגַּ֣ע עַל־פִּ֔י וַיֹּ֕אמֶר הִנֵּ֛ה נָגַ֥ע

8 זֶ֖ה עַל־שְׂפָתֶ֑יךָ וְסָ֣ר עֲוֺנֶ֔ךָ וְחַטָּאתְךָ֖ תְּכֻפָּֽר׃ וָאֶשְׁמַ֞ע אֶת־ק֤וֹל אֲדֹנָי֙ אֹמֵ֔ר אֶת־מִ֥י אֶשְׁלַ֖ח וּמִ֣י יֵֽלֶךְ־לָ֑נוּ וָאֹמַ֖ר הִנְנִ֥י

9 שְׁלָחֵֽנִי׃ וַיֹּ֕אמֶר לֵ֥ךְ וְאָמַרְתָּ֖ לָעָ֣ם הַזֶּ֑ה שִׁמְע֤וּ שָׁמ֙וֹעַ֙ וְאַל־

י תָּבִ֔ינוּ וּרְא֥וּ רָא֖וֹ וְאַל־תֵּדָֽעוּ׃ הַשְׁמֵן֙ לֵב־הָעָ֣ם הַזֶּ֔ה וְאָזְנָ֥יו הַכְבֵּ֖ד וְעֵינָ֣יו הָשַׁ֑ע פֶּן־יִרְאֶ֨ה בְעֵינָ֜יו וּבְאָזְנָ֣יו יִשְׁמָ֗ע וּלְבָב֥וֹ

11 יָבִ֛ין וָשָׁ֖ב וְרָ֥פָא לֽוֹ׃ וָאֹמַ֕ר עַד־מָתַ֖י אֲדֹנָ֑י וַיֹּ֡אמֶר עַ֣ד אֲשֶׁר֩ אִם־שָׁא֨וּ עָרִ֜ים מֵאֵ֣ין יוֹשֵׁ֗ב וּבָתִּים֙ מֵאֵ֣ין אָדָ֔ם וְהָאֲדָמָ֖ה

12 תִּשָּׁאֶ֥ה שְׁמָמָֽה׃ וְרִחַ֥ק יְהוָ֖ה אֶת־הָאָדָ֑ם וְרַבָּ֥ה הָעֲזוּבָ֖ה

13 בְּקֶ֥רֶב הָאָֽרֶץ׃ וְע֥וֹד בָּהּ֙ עֲשִׂ֣רִיָּ֔ה וְשָׁ֖בָה וְהָיְתָ֣ה לְבָעֵ֑ר כָּאֵלָ֣ה וְכָֽאַלּ֗וֹן אֲשֶׁ֤ר בְּשַׁלֶּ֙כֶת֙ מַצֶּ֣בֶת בָּ֔ם זֶ֥רַע קֹ֖דֶשׁ מַצַּבְתָּֽהּ׃

ז

CAP. VII. ז

א וַיְהִ֡י בִּימֵ֣י אָ֠חָז בֶּן־יוֹתָ֨ם בֶּן־עֻזִּיָּ֜הוּ מֶ֣לֶךְ יְהוּדָ֗ה עָלָ֣ה רְצִ֣ין מֶֽלֶךְ־אֲ֠רָם וּפֶ֨קַח בֶּן־רְמַלְיָ֤הוּ מֶֽלֶךְ־יִשְׂרָאֵל֙ יְר֣וּשָׁלִַ֔ם

2 לַמִּלְחָמָ֖ה עָלֶ֑יהָ וְלֹ֥א יָכֹ֖ל לְהִלָּחֵ֥ם עָלֶֽיהָ׃ וַיֻּגַּ֗ד לְבֵ֤ית דָּוִד֙ לֵאמֹ֔ר נָ֥חָה אֲרָ֖ם עַל־אֶפְרָ֑יִם וַיָּ֤נַע לְבָבוֹ֙ וּלְבַ֣ב עַמּ֔וֹ כְּנ֥וֹעַ

3 עֲצֵי־יַ֖עַר מִפְּנֵי־רֽוּחַ׃ וַיֹּ֣אמֶר יְהוָה֮ אֶל־יְשַֽׁעְיָהוּ֒ צֵא־ נָא֙ לִקְרַ֣את אָחָ֔ז אַתָּ֕ה וּשְׁאָ֖ר יָשׁ֣וּב בְּנֶ֑ךָ אֶל־קְצֵ֗ה תְּעָלַת֙

4 הַבְּרֵכָ֣ה הָעֶלְיוֹנָ֔ה אֶל־מְסִלַּ֖ת שְׂדֵ֥ה כוֹבֵֽס׃ וְאָמַרְתָּ֣ אֵ֠לָיו הִשָּׁמֵ֨ר וְהַשְׁקֵ֜ט אַל־תִּירָ֗א וּלְבָבְךָ֙ אַל־יֵרַ֔ךְ מִשְּׁנֵ֛י זַנְב֥וֹת

הָאוּדִים הָעֲשֵׁנִים הָאֵלֶּה בָּחֳרִי־אַף רְצִין וַאֲרָם וּבֶן־
ה רְמַלְיָהוּ׃ יַעַן כִּי־יָעַץ עָלֶיךָ אֲרָם רָעָה אֶפְרַיִם וּבֶן־רְמַלְיָהוּ
6 לֵאמֹר׃ נַעֲלֶה בִיהוּדָה וּנְקִיצֶנָּה וְנַבְקִעֶנָּה אֵלֵינוּ וְנַמְלִיךְ
7 מֶלֶךְ בְּתוֹכָהּ אֵת בֶּן־טָבְאַל׃ כֹּה אָמַר אֲדֹנָי יְהוִה לֹא
8 תָקוּם וְלֹא תִהְיֶה׃ כִּי רֹאשׁ אֲרָם דַּמֶּשֶׂק וְרֹאשׁ דַּמֶּשֶׂק רְצִין
9 וּבְעוֹד שִׁשִּׁים וְחָמֵשׁ שָׁנָה יֵחַת אֶפְרַיִם מֵעָם׃ וְרֹאשׁ אֶפְרַיִם
שֹׁמְרוֹן וְרֹאשׁ שֹׁמְרוֹן בֶּן־רְמַלְיָהוּ אִם לֹא תַאֲמִינוּ כִּי לֹא
11 תֵאָמֵנוּ׃ וַיּוֹסֶף יְהוָה דַּבֵּר אֶל־אָחָז לֵאמֹר׃ שְׁאַל־לְךָ
אוֹת מֵעִם יְהוָה אֱלֹהֶיךָ הַעְמֵק שְׁאָלָה אוֹ הַגְבֵּהַּ לְמָעְלָה׃
12 13 וַיֹּאמֶר אָחָז לֹא־אֶשְׁאַל וְלֹא־אֲנַסֶּה אֶת־יְהוָה׃ וַיֹּאמֶר
שִׁמְעוּ־נָא בֵּית דָּוִד הַמְעַט מִכֶּם הַלְאוֹת אֲנָשִׁים כִּי תַלְאוּ
14 גַּם אֶת־אֱלֹהָי׃ לָכֵן יִתֵּן אֲדֹנָי הוּא לָכֶם אוֹת הִנֵּה הָעַלְמָה
טו הָרָה וְיֹלֶדֶת בֵּן וְקָרָאת שְׁמוֹ עִמָּנוּ אֵל׃ חֶמְאָה וּדְבַשׁ יֹאכֵל
16 לְדַעְתּוֹ מָאוֹס בָּרָע וּבָחוֹר בַּטּוֹב׃ כִּי בְּטֶרֶם יֵדַע הַנַּעַר
מָאֹס בָּרָע וּבָחֹר בַּטּוֹב תֵּעָזֵב הָאֲדָמָה אֲשֶׁר אַתָּה קָץ
17 מִפְּנֵי שְׁנֵי מְלָכֶיהָ׃ יָבִיא יְהוָה עָלֶיךָ וְעַל־עַמְּךָ וְעַל־בֵּית
אָבִיךָ יָמִים אֲשֶׁר לֹא־בָאוּ לְמִיּוֹם סוּר־אֶפְרַיִם מֵעַל יְהוּדָה
18 אֵת מֶלֶךְ אַשּׁוּר׃ וְהָיָה בַּיּוֹם הַהוּא יִשְׁרֹק יְהוָה לַזְּבוּב
אֲשֶׁר בִּקְצֵה יְאֹרֵי מִצְרָיִם וְלַדְּבוֹרָה אֲשֶׁר בְּאֶרֶץ אַשּׁוּר׃
19 וּבָאוּ וְנָחוּ כֻלָּם בְּנַחֲלֵי הַבַּתּוֹת וּבִנְקִיקֵי הַסְּלָעִים וּבְכֹל
כ הַנַּעֲצוּצִים וּבְכֹל הַנַּהֲלֹלִים׃ בַּיּוֹם הַהוּא יְגַלַּח אֲדֹנָי בְּתַעַר
הַשְּׂכִירָה בְּעֶבְרֵי נָהָר בְּמֶלֶךְ אַשּׁוּר אֶת־הָרֹאשׁ וְשַׂעַר
21 הָרַגְלָיִם וְגַם אֶת־הַזָּקָן תִּסְפֶּה׃ וְהָיָה בַּיּוֹם הַהוּא יְחַיֶּה־
22 אִישׁ עֶגְלַת בָּקָר וּשְׁתֵּי־צֹאן׃ וְהָיָה מֵרֹב עֲשׂוֹת חָלָב יֹאכַל
חֶמְאָה כִּי־חֶמְאָה וּדְבַשׁ יֹאכַל כָּל־הַנּוֹתָר בְּקֶרֶב הָאָרֶץ׃
23 וְהָיָה בַּיּוֹם הַהוּא יִהְיֶה כָל־מָקוֹם אֲשֶׁר יִהְיֶה־שָּׁם אֶלֶף
24 גֶּפֶן בְּאֶלֶף כָּסֶף לַשָּׁמִיר וְלַשַּׁיִת יִהְיֶה׃ בַּחִצִּים וּבַקֶּשֶׁת
כה יָבוֹא שָׁמָּה כִּי־שָׁמִיר וָשַׁיִת תִּהְיֶה כָל־הָאָרֶץ׃ וְכֹל הֶהָרִים

אֲשֶׁ֤ר בַּמַּעְדֵּר֙ יֵעָ֣דֵר֔וּן לֹֽא־תָב֣וֹא שָׁ֔מָּה יִרְאַ֖ת שָׁמִ֣יר וָשָׁ֑יִת
וְהָיָה֙ לְמִשְׁלַ֣ח שׁ֔וֹר וּלְמִרְמַ֖ס שֶֽׂה׃

ח Cap. VIII. ח

א וַיֹּ֤אמֶר יְהוָה֙ אֵלַ֔י קַח־לְךָ֖ גִּלָּי֣וֹן גָּד֑וֹל וּכְתֹ֤ב עָלָיו֙ בְּחֶ֣רֶט
2 אֱנ֔וֹשׁ לְמַהֵ֥ר שָׁלָ֖ל חָ֥שׁ בַּֽז׃ וְאָעִ֣ידָה לִּ֔י עֵדִ֖ים נֶאֱמָנִ֑ים
3 אֵ֚ת אוּרִיָּ֣ה הַכֹּהֵ֔ן וְאֶת־זְכַרְיָ֖הוּ בֶּ֥ן יְבֶרֶכְיָֽהוּ׃ וָאֶקְרַב֙ אֶל־
הַנְּבִיאָ֔ה וַתַּ֖הַר וַתֵּ֣לֶד בֵּ֑ן ° וַיֹּ֤אמֶר יְהוָה֙ אֵלַ֔י קְרָ֣א שְׁמ֔וֹ
4 מַהֵ֥ר שָׁלָ֖ל חָ֥שׁ בַּֽז׃ כִּ֗י בְּטֶ֙רֶם֙ יֵדַ֣ע הַנַּ֔עַר קְרֹ֖א אָבִ֣י וְאִמִּ֑י יִשָּׂ֣א ׀
ה אֶת־חֵ֣יל דַּמֶּ֗שֶׂק וְאֵת֙ שְׁלַ֣ל שֹׁמְר֔וֹן לִפְנֵ֖י מֶ֥לֶךְ אַשּֽׁוּר׃ וַיֹּ֣סֶף
6 יְהוָ֔ה דַּבֵּ֥ר אֵלַ֛י ע֖וֹד לֵאמֹֽר׃ יַ֗עַן כִּ֤י מָאַס֙ הָעָ֣ם הַזֶּ֔ה אֵ֚ת מֵ֣י
7 הַשִּׁלֹ֔חַ הַהֹלְכִ֖ים לְאַ֑ט וּמְשׂ֥וֹשׂ אֶת־רְצִ֖ין וּבֶן־רְמַלְיָֽהוּ׃ וְלָכֵ֡ן
הִנֵּ֣ה אֲדֹנָ֡י מַעֲלֶ֣ה עֲלֵיהֶ֡ם אֶת־מֵ֨י הַנָּהָ֜ר הָעֲצוּמִ֣ים וְהָֽרַבִּ֗ים
אֶת־מֶ֥לֶךְ אַשּׁ֖וּר וְאֶת־כָּל־כְּבוֹד֑וֹ וְעָלָה֙ עַל־כָּל־אֲפִיקָ֔יו
8 וְהָלַ֖ךְ עַל־כָּל־גְּדוֹתָֽיו׃ וְחָלַ֤ף בִּֽיהוּדָה֙ שָׁטַ֣ף וְעָבַ֔ר עַד־
צַוָּ֖אר יַגִּ֑יעַ וְהָיָה֙ מֻטּ֣וֹת כְּנָפָ֔יו מְלֹ֥א רֹחַב־אַרְצְךָ֖ עִמָּ֥נוּ
9 אֵֽל׃ רֹ֤עוּ עַמִּים֙ וָחֹ֔תּוּ וְהַֽאֲזִ֔ינוּ כֹּ֖ל מֶרְחַקֵּי־אָ֑רֶץ הִתְאַזְּר֣וּ
י וָחֹ֔תּוּ הִֽתְאַזְּר֖וּ וָחֹֽתּוּ׃ עֻ֥צוּ עֵצָ֖ה וְתֻפָ֑ר דַּבְּר֤וּ דָבָר֙ וְלֹ֣א יָק֔וּם
11 כִּ֥י עִמָּ֖נוּ אֵֽל׃ כִּי֩ כֹ֨ה אָמַ֧ר יְהוָ֛ה אֵלַ֖י כְּחֶזְקַ֣ת הַיָּ֑ד
12 וְיִסְּרֵ֕נִי מִלֶּ֛כֶת בְּדֶ֥רֶךְ הָֽעָם־הַזֶּ֖ה לֵאמֹֽר׃ לֹא־תֹאמְר֣וּן קֶ֔שֶׁר
לְכֹ֧ל אֲשֶׁר־יֹאמַ֛ר הָעָ֥ם הַזֶּ֖ה קָ֑שֶׁר וְאֶת־מוֹרָא֛וֹ לֹא־תִֽירְא֖וּ
13 וְלֹ֥א תַעֲרִֽיצוּ׃ אֶת־יְהוָ֥ה צְבָא֖וֹת אֹת֣וֹ תַקְדִּ֑ישׁוּ וְה֥וּא מוֹרַאֲכֶ֖ם
14 וְה֥וּא מַֽעֲרִֽיצְכֶֽם׃ וְהָיָ֖ה לְמִקְדָּ֑שׁ וּלְאֶ֣בֶן נֶ֠גֶף וּלְצ֨וּר מִכְשׁ֜וֹל
טו לִשְׁנֵ֨י בָתֵּ֤י יִשְׂרָאֵל֙ לְפַ֣ח וּלְמוֹקֵ֔שׁ לְיוֹשֵׁ֖ב יְרוּשָׁלִָֽם׃ וְכָ֥שְׁלוּ
16 בָ֖ם רַבִּ֑ים וְנָפְל֣וּ וְנִשְׁבָּ֔רוּ וְנוֹקְשׁ֖וּ וְנִלְכָּֽדוּ׃ צ֖וֹר תְּעוּדָ֑ה
17 חֲת֥וֹם תּוֹרָ֖ה בְּלִמֻּדָֽי׃ וְחִכִּ֙יתִי֙ לַֽיהוָ֔ה הַמַּסְתִּ֥יר פָּנָ֖יו מִבֵּ֣ית
18 יַעֲקֹ֑ב וְקִוֵּ֖יתִי־לֽוֹ׃ הִנֵּ֣ה אָנֹכִ֗י וְהַיְלָדִים֙ אֲשֶׁ֣ר נָֽתַן־לִ֣י יְהוָ֔ה
לְאֹת֥וֹת וּלְמוֹפְתִ֖ים בְּיִשְׂרָאֵ֑ל מֵעִם֙ יְהוָ֣ה צְבָא֔וֹת הַשֹּׁכֵ֖ן בְּהַ֥ר

צִיּוֹן

ח׳ v. 3. פסקא באמצע פסוק

19 צִיּֽוֹן׃ וְכִֽי־יֹאמְר֣וּ אֲלֵיכֶ֗ם דִּרְשׁ֤וּ אֶל־הָאֹבוֹת֙ וְאֶל־
הַיִּדְּעֹנִ֔ים הַֽמְצַפְצְפִ֖ים וְהַמַּהְגִּ֑ים הֲלוֹא־עַם֙ אֶל־אֱלֹהָ֣יו
כ יִדְרֹ֔שׁ בְּעַ֥ד הַחַיִּ֖ים אֶל־הַמֵּתִֽים׃ לְתוֹרָ֖ה וְלִתְעוּדָ֑ה אִם־
21 לֹ֤א יֹֽאמְרוּ֙ כַּדָּבָ֣ר הַזֶּ֔ה אֲשֶׁ֥ר אֵֽין־ל֖וֹ שָֽׁחַר׃ וְעָ֥בַר בָּ֖הּ נִקְשֶׁ֣ה
וְרָעֵ֑ב וְהָיָה֩ כִֽי־יִרְעַ֨ב וְהִתְקַצַּ֜ף וְקִלֵּ֧ל בְּמַלְכּ֛וֹ וּבֵאלֹהָ֖יו
22 וּפָנָ֥ה לְמָֽעְלָה׃ וְאֶל־אֶ֖רֶץ יַבִּ֑יט וְהִנֵּ֨ה צָרָ֤ה וַחֲשֵׁכָה֙ מְע֣וּף
23 צוּקָ֔ה וַאֲפֵלָ֖ה מְנֻדָּֽח׃ כִּ֣י לֹ֣א מוּעָף֮ לַאֲשֶׁ֣ר מוּצָ֣ק לָהּ֒ כָּעֵ֣ת
הָרִאשׁ֗וֹן הֵקַ֞ל אַ֤רְצָה זְבֻלוּן֙ וְאַ֣רְצָה נַפְתָּלִ֔י וְהָאַחֲר֖וֹן הִכְבִּ֑יד
דֶּ֣רֶךְ הַיָּ֗ם עֵ֚בֶר הַיַּרְדֵּ֔ן גְּלִ֖יל הַגּוֹיִֽם׃ ס

Cap. IX. ט

א הָעָם֙ הַהֹלְכִ֣ים בַּחֹ֔שֶׁךְ רָא֖וּ א֣וֹר גָּד֑וֹל יֹשְׁבֵי֙ בְּאֶ֣רֶץ צַלְמָ֔וֶת
2 א֖וֹר נָגַ֥הּ עֲלֵיהֶֽם׃ הִרְבִּ֣יתָ הַגּ֔וֹי לֹ֖א הִגְדַּ֣לְתָּ הַשִּׂמְחָ֑ה שָׂמְח֤וּ
3 לְפָנֶ֙יךָ֙ כְּשִׂמְחַ֣ת בַּקָּצִ֔יר כַּאֲשֶׁ֥ר יָגִ֖ילוּ בְּחַלְּקָ֥ם שָׁלָֽל׃ כִּ֣י ׀
אֶת־עֹ֣ל סֻבֳּל֗וֹ וְאֵת֙ מַטֵּ֣ה שִׁכְמ֔וֹ שֵׁ֖בֶט הַנֹּגֵ֣שׂ בּ֑וֹ הַחִתֹּ֖תָ כְּי֥וֹם
4 מִדְיָֽן׃ כִּ֤י כָל־סְאוֹן֙ סֹאֵ֣ן בְּרַ֔עַשׁ וְשִׂמְלָ֖ה מְגוֹלָלָ֣ה בְדָמִ֑ים
ה וְהָיְתָ֥ה לִשְׂרֵפָ֖ה מַאֲכֹ֥לֶת אֵֽשׁ׃ כִּי־יֶ֣לֶד יֻלַּד־לָ֗נוּ בֵּ֚ן נִתַּן־
לָ֔נוּ וַתְּהִ֥י הַמִּשְׂרָ֖ה עַל־שִׁכְמ֑וֹ וַיִּקְרָ֨א שְׁמ֜וֹ פֶּ֠לֶא יוֹעֵץ֙ אֵ֣ל גִּבּ֔וֹר
6 אֲבִי־עַ֖ד שַׂר־שָׁלֽוֹם׃ לְםַרְבֵּ֨ה הַמִּשְׂרָ֜ה וּלְשָׁל֣וֹם אֵֽין־קֵ֗ץ
עַל־כִּסֵּ֤א דָוִד֙ וְעַל־מַמְלַכְתּ֔וֹ לְהָכִ֤ין אֹתָהּ֙ וּֽלְסַעֲדָ֔הּ בְּמִשְׁפָּ֖ט
וּבִצְדָקָ֑ה מֵעַתָּה֙ וְעַד־עוֹלָ֔ם קִנְאַ֛ת יְהוָ֥ה צְבָא֖וֹת תַּעֲשֶׂה־
7 8 זֹּֽאת׃ דָּבָ֛ר שָׁלַ֥ח אֲדֹנָ֖י בְּיַעֲקֹ֑ב וְנָפַ֖ל בְּיִשְׂרָאֵֽל׃ וְיָדְעוּ֙
הָעָ֣ם כֻּלּ֔וֹ אֶפְרַ֖יִם וְיוֹשֵׁ֣ב שֹׁמְר֑וֹן בְּגַאֲוָ֛ה וּבְגֹ֥דֶל לֵבָ֖ב לֵאמֹֽר׃
9 10 לְבֵנִ֥ים נָפָ֖לוּ וְגָזִ֣ית נִבְנֶ֑ה שִׁקְמִ֣ים גֻּדָּ֔עוּ וַאֲרָזִ֖ים נַחֲלִֽיף׃ וַיְשַׂגֵּ֨ב
11 יְהוָ֛ה אֶת־צָרֵ֥י רְצִ֖ין עָלָ֑יו וְאֶת־אֹיְבָ֖יו יְסַכְסֵֽךְ׃ אֲרָ֣ם מִקֶּ֗דֶם
וּפְלִשְׁתִּים֙ מֵֽאָח֔וֹר וַיֹּאכְל֥וּ אֶת־יִשְׂרָאֵ֖ל בְּכָל־פֶּ֑ה בְּכָל־
12 זֹאת֙ לֹא־שָׁ֣ב אַפּ֔וֹ וְע֖וֹד יָד֥וֹ נְטוּיָֽה׃ וְהָעָ֕ם לֹא־שָׁ֖ב עַד־
13 הַמַּכֵּ֑הוּ וְאֶת־יְהוָ֥ה צְבָא֖וֹת לֹ֥א דָרָֽשׁוּ׃ וַיַּכְרֵ֨ת יְהוָ֜ה

מישראל

ח׳ v. 23. אין כאן פסקא   ט׳ v. 2. לו ק׳   v. 6. למרבה ק׳

מִיִּשְׂרָאֵל רֹאשׁ וְזָנָב כִּפָּה וְאַגְמוֹן יוֹם אֶחָד׃ זָקֵן וּנְשׂוּא־פָנִים 14
הוּא הָרֹאשׁ וְנָבִיא מוֹרֶה־שֶּׁקֶר הוּא הַזָּנָב׃ וַיִּהְיוּ מְאַשְּׁרֵי טו
הָעָם־הַזֶּה מַתְעִים וּמְאֻשָּׁרָיו מְבֻלָּעִים׃ עַל־כֵּן עַל־בַּחוּרָיו 16
לֹא־יִשְׂמַח ׀ אֲדֹנָי וְאֶת־יְתֹמָיו וְאֶת־אַלְמְנֹתָיו לֹא יְרַחֵם כִּי
כֻלּוֹ חָנֵף וּמֵרַע וְכָל־פֶּה דֹּבֵר נְבָלָה בְּכָל־זֹאת לֹא־שָׁב
אַפּוֹ וְעוֹד יָדוֹ נְטוּיָה׃ כִּי־בָעֲרָה כָאֵשׁ רִשְׁעָה שָׁמִיר וָשַׁיִת 17
תֹּאכֵל וַתִּצַּת בְּסִבְכֵי הַיַּעַר וַיִּתְאַבְּכוּ גֵּאוּת עָשָׁן׃ בְּעֶבְרַת 18
יְהוָה צְבָאוֹת נֶעְתַּם אָרֶץ וַיְהִי הָעָם כְּמַאֲכֹלֶת אֵשׁ אִישׁ אֶל־
אָחִיו לֹא יַחְמֹלוּ׃ וַיִּגְזֹר עַל־יָמִין וְרָעֵב וַיֹּאכַל עַל־שְׂמֹאול 19
וְלֹא שָׂבֵעוּ אִישׁ בְּשַׂר־זְרֹעוֹ יֹאכֵלוּ׃ מְנַשֶּׁה אֶת־אֶפְרַיִם כ
וְאֶפְרַיִם אֶת־מְנַשֶּׁה יַחְדָּו הֵמָּה עַל־יְהוּדָה בְּכָל־זֹאת לֹא־
שָׁב אַפּוֹ וְעוֹד יָדוֹ נְטוּיָה׃

Cap. X. י

הוֹי הַחֹקְקִים חִקְקֵי־אָוֶן וּמְכַתְּבִים עָמָל כִּתֵּבוּ׃ לְהַטּוֹת א 2
מִדִּין דַּלִּים וְלִגְזֹל מִשְׁפַּט עֲנִיֵּי עַמִּי לִהְיוֹת אַלְמָנוֹת שְׁלָלָם
וְאֶת־יְתוֹמִים יָבֹזּוּ׃ וּמַה־תַּעֲשׂוּ לְיוֹם פְּקֻדָּה וּלְשׁוֹאָה מִמֶּרְחָק 3
תָּבוֹא עַל־מִי תָּנוּסוּ לְעֶזְרָה וְאָנָה תַעַזְבוּ כְּבוֹדְכֶם׃ בִּלְתִּי 4
כָרַע תַּחַת אַסִּיר וְתַחַת הֲרוּגִים יִפֹּלוּ בְּכָל־זֹאת לֹא־שָׁב
אַפּוֹ וְעוֹד יָדוֹ נְטוּיָה׃ הוֹי אַשּׁוּר שֵׁבֶט אַפִּי וּמַטֶּה־הוּא ה
בְיָדָם זַעְמִי׃ בְּגוֹי חָנֵף אֲשַׁלְּחֶנּוּ וְעַל־עַם עֶבְרָתִי אֲצַוֶּנּוּ 6
לִשְׁלֹל שָׁלָל וְלָבֹז בַּז וּלְשִׂימוֹ מִרְמָס כְּחֹמֶר חוּצוֹת׃ וְהוּא 7
לֹא־כֵן יְדַמֶּה וּלְבָבוֹ לֹא־כֵן יַחְשֹׁב כִּי לְהַשְׁמִיד בִּלְבָבוֹ
וּלְהַכְרִית גּוֹיִם לֹא מְעָט׃ כִּי יֹאמַר הֲלֹא שָׂרַי יַחְדָּו מְלָכִים׃ 8
הֲלֹא כְּכַרְכְּמִישׁ כַּלְנוֹ אִם־לֹא כְאַרְפַּד חֲמָת אִם־לֹא 9
כְדַמֶּשֶׂק שֹׁמְרוֹן׃ כַּאֲשֶׁר מָצְאָה יָדִי לְמַמְלְכֹת הָאֱלִיל י
וּפְסִילֵיהֶם מִירוּשָׁלִַם וּמִשֹּׁמְרוֹן׃ הֲלֹא כַּאֲשֶׁר עָשִׂיתִי לְשֹׁמְרוֹן 11
וְלֶאֱלִילֶיהָ כֵּן אֶעֱשֶׂה לִירוּשָׁלִַם וְלַעֲצַבֶּיהָ׃ וְהָיָה כִּי־ 12

יבצע

ר׳ v. 6. ולשומו ק׳

יְבַצַּע אֲדֹנָי אֶת־כָּל־מַעֲשֵׂהוּ בְּהַר צִיּוֹן וּבִירוּשָׁלָ͏ִם אֶפְקֹד
עַל־פְּרִי־גֹדֶל לְבַב מֶלֶךְ־אַשּׁוּר וְעַל־תִּפְאֶרֶת רוּם עֵינָיו׃
13 כִּי אָמַר בְּכֹחַ יָדִי עָשִׂיתִי וּבְחָכְמָתִי כִּי נְבֻנוֹתִי וְאָסִיר ׀
גְּבוּלֹת עַמִּים וַעֲתִידֹתֵיהֶם שׁוֹשֵׂתִי וְאוֹרִיד כַּאבִּיר יוֹשְׁבִים׃
14 וַתִּמְצָא כַקֵּן ׀ יָדִי לְחֵיל הָעַמִּים וְכֶאֱסֹף בֵּיצִים עֲזֻבוֹת כָּל־
הָאָרֶץ אֲנִי אָסָפְתִּי וְלֹא הָיָה נֹדֵד כָּנָף וּפֹצֶה פֶה וּמְצַפְצֵף׃
טו הֲיִתְפָּאֵר הַגַּרְזֶן עַל הַחֹצֵב בּוֹ אִם־יִתְגַּדֵּל הַמַּשּׂוֹר עַל־מְנִיפוֹ
16 כְּהָנִיף שֵׁבֶט אֶת־מְרִימָיו כְּהָרִים מַטֶּה לֹא־עֵץ׃ לָכֵן
יְשַׁלַּח הָאָדוֹן יְהוָה צְבָאוֹת בְּמִשְׁמַנָּיו רָזוֹן וְתַחַת כְּבֹדוֹ יֵקַד
17 יְקֹד כִּיקוֹד אֵשׁ׃ וְהָיָה אוֹר־יִשְׂרָאֵל לְאֵשׁ וּקְדוֹשׁוֹ לְלֶהָבָה
18 וּבָעֲרָה וְאָכְלָה שִׁיתוֹ וּשְׁמִירוֹ בְּיוֹם אֶחָד׃ וּכְבוֹד יַעְרוֹ
19 וְכַרְמִלּוֹ מִנֶּפֶשׁ וְעַד־בָּשָׂר יְכַלֶּה וְהָיָה כִּמְסֹס נֹסֵס׃ וּשְׁאָר
כ עֵץ יַעְרוֹ מִסְפָּר יִהְיוּ וְנַעַר יִכְתְּבֵם׃ וְהָיָה ׀ בַּיּוֹם הַהוּא
לֹא־יוֹסִיף עוֹד שְׁאָר יִשְׂרָאֵל וּפְלֵיטַת בֵּית־יַעֲקֹב לְהִשָּׁעֵן
21 עַל־מַכֵּהוּ וְנִשְׁעַן עַל־יְהוָה קְדוֹשׁ יִשְׂרָאֵל בֶּאֱמֶת׃ שְׁאָר
22 יָשׁוּב שְׁאָר יַעֲקֹב אֶל־אֵל גִּבּוֹר׃ כִּי אִם־יִהְיֶה עַמְּךָ יִשְׂרָאֵל
23 כְּחוֹל הַיָּם שְׁאָר יָשׁוּב בּוֹ כִּלָּיוֹן חָרוּץ שׁוֹטֵף צְדָקָה׃ כִּי כָלָה
24 וְנֶחֱרָצָה אֲדֹנָי יְהוִה צְבָאוֹת עֹשֶׂה בְּקֶרֶב כָּל־הָאָרֶץ׃ לָכֵן
כֹּה־אָמַר אֲדֹנָי יְהוִה צְבָאוֹת אַל־תִּירָא עַמִּי יֹשֵׁב צִיּוֹן
מֵאַשּׁוּר בַּשֵּׁבֶט יַכֶּכָּה וּמַטֵּהוּ יִשָּׂא־עָלֶיךָ בְּדֶרֶךְ מִצְרָיִם׃
כה 26 כִּי־עוֹד מְעַט מִזְעָר וְכָלָה זַעַם וְאַפִּי עַל־תַּבְלִיתָם׃ וְעוֹרֵר
עָלָיו יְהוָה צְבָאוֹת שׁוֹט כְּמַכַּת מִדְיָן בְּצוּר עוֹרֵב וּמַטֵּהוּ
27 עַל־הַיָּם וּנְשָׂאוֹ בְּדֶרֶךְ מִצְרָיִם׃ וְהָיָה ׀ בַּיּוֹם הַהוּא יָסוּר
סֻבֳּלוֹ מֵעַל שִׁכְמֶךָ וְעֻלּוֹ מֵעַל צַוָּארֶךָ וְחֻבַּל עֹל מִפְּנֵי־שָׁמֶן׃
28 29 בָּא עַל־עַיַּת עָבַר בְּמִגְרוֹן לְמִכְמָשׂ יַפְקִיד כֵּלָיו׃ עָבְרוּ
מַעְבָּרָה גֶּבַע מָלוֹן לָנוּ חָרְדָה הָרָמָה גִּבְעַת שָׁאוּל נָסָה׃
ל 31 צַהֲלִי קוֹלֵךְ בַּת־גַּלִּים הַקְשִׁיבִי לַיְשָׁה עֲנִיָּה עֲנָתוֹת׃ נָדְדָה

מדמנה

v. 13. ועתודותיהם ק׳ ibid. כביר ק׳

32 מַדְמֵנָה יֹשְׁבֵי הַגֵּבִים הֵעִיזוּ׃ עוֹד הַיּוֹם בְּנֹב לַעֲמֹד יְנֹפֵף
33 יָדוֹ הַר בֵּית־צִיּוֹן גִּבְעַת יְרוּשָׁלִָם׃ הִנֵּה הָאָדוֹן יְהוָה
צְבָאוֹת מְסָעֵף פֻּארָה בְּמַעֲרָצָה וְרָמֵי הַקּוֹמָה גְּדֻעִים
34 וְהַגְּבֹהִים יִשְׁפָּלוּ׃ וְנִקַּף סִבְכֵי הַיַּעַר בַּבַּרְזֶל וְהַלְּבָנוֹן בְּאַדִּיר
יִפּוֹל׃

יא CAP. XI. יא

א 2 וְיָצָא חֹטֶר מִגֵּזַע יִשָׁי וְנֵצֶר מִשָּׁרָשָׁיו יִפְרֶה׃ וְנָחָה עָלָיו
רוּחַ יְהוָה רוּחַ חָכְמָה וּבִינָה רוּחַ עֵצָה וּגְבוּרָה רוּחַ דַּעַת
3 וְיִרְאַת יְהוָה׃ וַהֲרִיחוֹ בְּיִרְאַת יְהוָה וְלֹא־לְמַרְאֵה עֵינָיו
4 יִשְׁפּוֹט וְלֹא־לְמִשְׁמַע אָזְנָיו יוֹכִיחַ׃ וְשָׁפַט בְּצֶדֶק דַּלִּים
וְהוֹכִיחַ בְּמִישׁוֹר לְעַנְוֵי־אָרֶץ וְהִכָּה־אֶרֶץ בְּשֵׁבֶט פִּיו וּבְרוּחַ
ה שְׂפָתָיו יָמִית רָשָׁע׃ וְהָיָה צֶדֶק אֵזוֹר מָתְנָיו וְהָאֱמוּנָה אֵזוֹר
6 חֲלָצָיו׃ וְגָר זְאֵב עִם־כֶּבֶשׂ וְנָמֵר עִם־גְּדִי יִרְבָּץ וְעֵגֶל
7 וּכְפִיר וּמְרִיא יַחְדָּו וְנַעַר קָטֹן נֹהֵג בָּם׃ וּפָרָה וָדֹב תִּרְעֶינָה
8 יַחְדָּו יִרְבְּצוּ יַלְדֵיהֶן וְאַרְיֵה כַּבָּקָר יֹאכַל־תֶּבֶן׃ וְשִׁעֲשַׁע
יוֹנֵק עַל־חֻר פָּתֶן וְעַל מְאוּרַת צִפְעוֹנִי גָּמוּל יָדוֹ הָדָה׃
9 לֹא־יָרֵעוּ וְלֹא־יַשְׁחִיתוּ בְּכָל־הַר קָדְשִׁי כִּי־מָלְאָה הָאָרֶץ
י דֵּעָה אֶת־יְהוָה כַּמַּיִם לַיָּם מְכַסִּים׃ וְהָיָה בַּיּוֹם הַהוּא
שֹׁרֶשׁ יִשַׁי אֲשֶׁר עֹמֵד לְנֵס עַמִּים אֵלָיו גּוֹיִם יִדְרֹשׁוּ וְהָיְתָה
מְנֻחָתוֹ כָּבוֹד׃
11 וְהָיָה ׀ בַּיּוֹם הַהוּא יוֹסִיף אֲדֹנָי ׀ שֵׁנִית יָדוֹ לִקְנוֹת אֶת־שְׁאָר
עַמּוֹ אֲשֶׁר יִשָּׁאֵר מֵאַשּׁוּר וּמִמִּצְרַיִם וּמִפַּתְרוֹס וּמִכּוּשׁ וּמֵעֵילָם
12 וּמִשִּׁנְעָר וּמֵחֲמָת וּמֵאִיֵּי הַיָּם׃ וְנָשָׂא נֵס לַגּוֹיִם וְאָסַף נִדְחֵי
13 יִשְׂרָאֵל וּנְפֻצוֹת יְהוּדָה יְקַבֵּץ מֵאַרְבַּע כַּנְפוֹת הָאָרֶץ׃ וְסָרָה
קִנְאַת אֶפְרַיִם וְצֹרְרֵי יְהוּדָה יִכָּרֵתוּ אֶפְרַיִם לֹא־יְקַנֵּא אֶת־
14 יְהוּדָה וִיהוּדָה לֹא־יָצֹר אֶת־אֶפְרָיִם׃ וְעָפוּ בְכָתֵף פְּלִשְׁתִּים
יָמָּה יַחְדָּו יָבֹזּוּ אֶת־בְּנֵי־קֶדֶם אֱדוֹם וּמוֹאָב מִשְׁלוֹחַ יָדָם

ובני

ר׳ v. 32. הפטרת יום שמיני של פסח ibid. בת ק׳

טו וּבְנֵי עַמּוֹן מִשְׁמַעְתָּם׃ וְהֶחֱרִים יְהוָה אֵת לְשׁוֹן יָם־מִצְרַיִם
וְהֵנִיף יָדוֹ עַל־הַנָּהָר בַּעְיָם רוּחוֹ וְהִכָּהוּ לְשִׁבְעָה נְחָלִים
16 וְהִדְרִיךְ בַּנְּעָלִים׃ וְהָיְתָה מְסִלָּה לִשְׁאָר עַמּוֹ אֲשֶׁר יִשָּׁאֵר
מֵאַשּׁוּר כַּאֲשֶׁר הָיְתָה לְיִשְׂרָאֵל בְּיוֹם עֲלֹתוֹ מֵאֶרֶץ מִצְרָיִם׃°

יב Cap. XII. יב

א וְאָמַרְתָּ בַּיּוֹם הַהוּא אוֹדְךָ יְהוָה כִּי אָנַפְתָּ בִּי יָשֹׁב אַפְּךָ
2 וּתְנַחֲמֵנִי׃ הִנֵּה אֵל יְשׁוּעָתִי אֶבְטַח וְלֹא אֶפְחָד כִּי־עָזִּי וְזִמְרָת
3 יָהּ יְהוָה וַיְהִי־לִי לִישׁוּעָה׃ וּשְׁאַבְתֶּם־מַיִם בְּשָׂשׂוֹן מִמַּעַיְנֵי
4 הַיְשׁוּעָה׃ וַאֲמַרְתֶּם בַּיּוֹם הַהוּא הוֹדוּ לַיהוָה קִרְאוּ בִשְׁמוֹ
ה הוֹדִיעוּ בָעַמִּים עֲלִילֹתָיו הַזְכִּירוּ כִּי נִשְׂגָּב שְׁמוֹ׃ זַמְּרוּ יְהוָה
6 כִּי גֵאוּת עָשָׂה מְיֻדַּעַת זֹאת בְּכָל־הָאָרֶץ׃ צַהֲלִי וָרֹנִּי יוֹשֶׁבֶת
צִיּוֹן כִּי־גָדוֹל בְּקִרְבֵּךְ קְדוֹשׁ יִשְׂרָאֵל׃

יג Cap. XIII. יג

א 2 מַשָּׂא בָּבֶל אֲשֶׁר חָזָה יְשַׁעְיָהוּ בֶּן־אָמוֹץ׃ עַל הַר־נִשְׁפֶּה
שְׂאוּ־נֵס הָרִימוּ קוֹל לָהֶם הָנִיפוּ יָד וְיָבֹאוּ פִּתְחֵי נְדִיבִים׃
3 אֲנִי צִוֵּיתִי לִמְקֻדָּשָׁי גַּם קָרָאתִי גִבּוֹרַי לְאַפִּי עַלִּיזֵי גַּאֲוָתִי׃
4 קוֹל הָמוֹן בֶּהָרִים דְּמוּת עַם־רָב קוֹל שְׁאוֹן מַמְלְכוֹת גּוֹיִם
ה נֶאֱסָפִים יְהוָה צְבָאוֹת מְפַקֵּד צְבָא מִלְחָמָה׃ בָּאִים מֵאֶרֶץ
מֶרְחָק מִקְצֵה הַשָּׁמָיִם יְהוָה וּכְלֵי זַעְמוֹ לְחַבֵּל כָּל־הָאָרֶץ׃
6 7 הֵילִילוּ כִּי קָרוֹב יוֹם יְהוָה כְּשֹׁד מִשַּׁדַּי יָבוֹא׃ עַל־כֵּן
8 כָּל־יָדַיִם תִּרְפֶּינָה וְכָל־לְבַב אֱנוֹשׁ יִמָּס׃ וְנִבְהָלוּ ׀ צִירִים
וַחֲבָלִים יֹאחֵזוּן כַּיּוֹלֵדָה יְחִילוּן אִישׁ אֶל־רֵעֵהוּ יִתְמָהוּ פְּנֵי
9 לְהָבִים פְּנֵיהֶם׃ הִנֵּה יוֹם־יְהוָה בָּא אַכְזָרִי וְעֶבְרָה וַחֲרוֹן
י אָף לָשׂוּם הָאָרֶץ לְשַׁמָּה וְחַטָּאֶיהָ יַשְׁמִיד מִמֶּנָּה׃ כִּי־כוֹכְבֵי
הַשָּׁמַיִם וּכְסִילֵיהֶם לֹא יָהֵלּוּ אוֹרָם חָשַׁךְ הַשֶּׁמֶשׁ בְּצֵאתוֹ וְיָרֵחַ
11 לֹא־יַגִּיהַ אוֹרוֹ׃ וּפָקַדְתִּי עַל־תֵּבֵל רָעָה וְעַל־רְשָׁעִים עֲוֺנָם

והשבתי

י״א v. 16. אין כאן פסקא   י״ב v. 5. מודעת ק׳

12 וְהִשְׁבַּתִּי֙ גְּא֣וֹן זֵדִ֔ים וְגַאֲוַ֥ת עָרִיצִ֖ים אַשְׁפִּֽיל׃ אוֹקִ֥יר אֱנ֖וֹשׁ
13 מִפָּ֑ז וְאָדָ֖ם מִכֶּ֥תֶם אוֹפִֽיר׃ עַל־כֵּן֙ שָׁמַ֣יִם אַרְגִּ֔יז וְתִרְעַ֥שׁ
הָאָ֖רֶץ מִמְּקוֹמָ֑הּ בְּעֶבְרַת֙ יְהוָ֣ה צְבָא֔וֹת וּבְי֖וֹם חֲר֥וֹן אַפּֽוֹ׃
14 וְהָיָה֙ כִּצְבִ֣י מֻדָּ֔ח וּכְצֹ֖אן וְאֵ֣ין מְקַבֵּ֑ץ אִ֤ישׁ אֶל־עַמּוֹ֙ יִפְנ֔וּ
טו וְאִ֥ישׁ אֶל־אַרְצ֖וֹ יָנֽוּסוּ׃ כָּל־הַנִּמְצָ֖א יִדָּקֵ֑ר וְכָל־הַנִּסְפֶּ֖ה
16 יִפּ֥וֹל בֶּחָֽרֶב׃ וְעֹלְלֵיהֶ֥ם יְרֻטְּשׁ֖וּ לְעֵינֵיהֶ֑ם יִשַּׁ֙סּוּ֙ בָּֽתֵּיהֶ֔ם
17 וּנְשֵׁיהֶ֖ם תִּשָּׁגַֽלְנָה׃ הִנְנִ֛י מֵעִ֥יר עֲלֵיהֶ֖ם אֶת־מָדָ֑י אֲשֶׁר־כֶּ֙סֶף֙
18 לֹ֣א יַחְשֹׁ֔בוּ וְזָהָ֖ב לֹ֥א יַחְפְּצוּ־בֽוֹ׃ וּקְשָׁת֖וֹת נְעָרִ֣ים תְּרַטַּ֑שְׁנָה
19 וּפְרִי־בֶ֙טֶן֙ לֹ֣א יְרַחֵ֔מוּ עַל־בָּנִ֖ים לֹא־תָח֥וּס עֵינָֽם׃ וְהָיְתָ֤ה
בָבֶל֙ צְבִ֣י מַמְלָכ֔וֹת תִּפְאֶ֖רֶת גְּא֣וֹן כַּשְׂדִּ֑ים כְּמַהְפֵּכַ֣ת אֱלֹהִ֔ים
כ אֶת־סְדֹ֖ם וְאֶת־עֲמֹרָֽה׃ לֹא־תֵשֵׁ֣ב לָנֶ֔צַח וְלֹ֥א תִשְׁכֹּ֖ן עַד־
דּ֣וֹר וָד֑וֹר וְלֹא־יַהֵ֥ל שָׁם֙ עֲרָבִ֔י וְרֹעִ֖ים לֹא־יַרְבִּ֥צוּ שָֽׁם׃
21 וְרָ֥בְצוּ־שָׁ֖ם צִיִּ֑ים וּמָלְא֤וּ בָתֵּיהֶם֙ אֹחִ֔ים וְשָׁ֤כְנוּ שָׁם֙ בְּנ֣וֹת
22 יַעֲנָ֔ה וּשְׂעִירִ֖ים יְרַקְּדוּ־שָֽׁם׃ וְעָנָ֤ה אִיִּים֙ בְּאַלְמְנוֹתָ֔יו וְתַנִּ֖ים
בְּהֵיכְלֵ֣י עֹ֑נֶג וְקָר֤וֹב לָבוֹא֙ עִתָּ֔הּ וְיָמֶ֖יהָ לֹ֥א יִמָּשֵֽׁכוּ׃ °

יד Cap. XIV. יד

א כִּי֩ יְרַחֵ֨ם יְהוָ֜ה אֶֽת־יַעֲקֹ֗ב וּבָחַ֥ר עוֹד֙ בְּיִשְׂרָאֵ֔ל וְהִנִּיחָ֖ם
עַל־אַדְמָתָ֑ם וְנִלְוָ֤ה הַגֵּר֙ עֲלֵיהֶ֔ם וְנִסְפְּח֖וּ עַל־בֵּ֥ית יַעֲקֹֽב׃
2 וּלְקָחוּם֩ עַמִּ֨ים וֶהֱבִיא֜וּם אֶל־מְקוֹמָ֗ם וְהִֽתְנַחֲל֤וּם בֵּית־
יִשְׂרָאֵל֙ עַ֚ל אַדְמַ֣ת יְהוָ֔ה לַעֲבָדִ֖ים וְלִשְׁפָח֑וֹת וְהָי֤וּ שֹׁבִים֙
3 לְשֹׁ֣בֵיהֶ֔ם וְרָד֖וּ בְּנֹגְשֵׂיהֶֽם׃ וְהָיָ֗ה בְּיוֹם֙ הָנִ֣יחַ יְהוָ֣ה לְךָ֔
מֵעָצְבְּךָ֖ וּמֵֽרָגְזֶ֑ךָ וּמִן־הָעֲבֹדָ֥ה הַקָּשָׁ֖ה אֲשֶׁ֥ר עֻבַּד־בָּֽךְ׃
4 וְנָשָׂ֜אתָ הַמָּשָׁ֥ל הַזֶּ֛ה עַל־מֶ֥לֶךְ בָּבֶ֖ל וְאָמָ֑רְתָּ אֵ֚יךְ שָׁבַ֣ת נֹגֵ֔שׂ
ה שָׁבְתָ֖ה מַדְהֵבָֽה׃ שָׁבַ֤ר יְהוָה֙ מַטֵּ֣ה רְשָׁעִ֔ים שֵׁ֖בֶט מֹשְׁלִֽים׃
6 מַכֶּ֤ה עַמִּים֙ בְּעֶבְרָ֔ה מַכַּ֖ת בִּלְתִּ֣י סָרָ֑ה רֹדֶ֤ה בָאַף֙ גּוֹיִ֔ם
7 8 מֻרְדָּ֖ף בְּלִ֥י חָשָֽׂךְ׃ נָ֥חָה שָׁקְטָ֖ה כָּל־הָאָ֑רֶץ פָּצְח֖וּ רִנָּֽה׃ גַּם־
בְּרוֹשִׁ֛ים שָׂמְח֥וּ לְךָ֖ אַרְזֵ֣י לְבָנ֑וֹן מֵאָ֣ז שָׁכַ֔בְתָּ לֹא־יַעֲלֶ֥ה הַכֹּרֵ֖ת

עלינו

י״ג v. 16. תשכבנה ק׳ v. 22. אין כאן פסקא

9 עָלֵֽינוּ׃ שְׁאוֹל מִתַּחַת רָגְזָה לְךָ לִקְרַאת בּוֹאֶךָ עוֹרֵר לְךָ
רְפָאִים כָּל־עַתּוּדֵי אָרֶץ הֵקִים מִכִּסְאוֹתָם כֹּל מַלְכֵי גוֹיִם׃
י כֻּלָּם יַעֲנוּ וְיֹאמְרוּ אֵלֶיךָ גַּם־אַתָּה חֻלֵּיתָ כָמוֹנוּ אֵלֵינוּ נִמְשָׁלְתָּ׃
11 הוּרַד שְׁאוֹל גְּאוֹנֶךָ הֶמְיַת נְבָלֶיךָ תַּחְתֶּיךָ יֻצַּע רִמָּה וּמְכַסֶּיךָ
12 תּוֹלֵעָה׃ אֵיךְ נָפַלְתָּ מִשָּׁמַיִם הֵילֵל בֶּן־שָׁחַר נִגְדַּעְתָּ לָאָרֶץ
13 חוֹלֵשׁ עַל־גּוֹיִם׃ וְאַתָּה אָמַרְתָּ בִלְבָבְךָ הַשָּׁמַיִם אֶעֱלֶה
מִמַּעַל לְכוֹכְבֵי־אֵל אָרִים כִּסְאִי וְאֵשֵׁב בְּהַר־מוֹעֵד בְּיַרְכְּתֵי
14 טו צָפוֹן׃ אֶעֱלֶה עַל־בָּמֳתֵי עָב אֶדַּמֶּה לְעֶלְיוֹן׃ אַךְ אֶל־
16 שְׁאוֹל תּוּרָד אֶל־יַרְכְּתֵי־בוֹר׃ רֹאֶיךָ אֵלֶיךָ יַשְׁגִּיחוּ אֵלֶיךָ
17 יִתְבּוֹנָנוּ הֲזֶה הָאִישׁ מַרְגִּיז הָאָרֶץ מַרְעִישׁ מַמְלָכוֹת׃ שָׂם
18 תֵּבֵל כַּמִּדְבָּר וְעָרָיו הָרָס אֲסִירָיו לֹא־פָתַח בָּיְתָה׃ כָּל־
19 מַלְכֵי גוֹיִם כֻּלָּם שָׁכְבוּ בְכָבוֹד אִישׁ בְּבֵיתוֹ׃ וְאַתָּה הָשְׁלַכְתָּ
מִקִּבְרְךָ כְּנֵצֶר נִתְעָב לְבוּשׁ הֲרֻגִים מְטֹעֲנֵי חָרֶב יוֹרְדֵי אֶל־
כ אַבְנֵי־בוֹר כְּפֶגֶר מוּבָס׃ לֹא־תֵחַד אִתָּם בִּקְבוּרָה כִּי־
אַרְצְךָ שִׁחַתָּ עַמְּךָ הָרָגְתָּ לֹא־יִקָּרֵא לְעוֹלָם זֶרַע מְרֵעִים׃
21 הָכִינוּ לְבָנָיו מַטְבֵּחַ בַּעֲוֺן אֲבוֹתָם בַּל־יָקֻמוּ וְיָרְשׁוּ אָרֶץ
22 וּמָלְאוּ פְנֵי־תֵבֵל עָרִים׃ וְקַמְתִּי עֲלֵיהֶם נְאֻם יְהוָה צְבָאוֹת
23 וְהִכְרַתִּי לְבָבֶל שֵׁם וּשְׁאָר וְנִין וָנֶכֶד נְאֻם־יְהוָה׃ וְשַׂמְתִּיהָ
לְמוֹרַשׁ קִפֹּד וְאַגְמֵי־מָיִם וְטֵאטֵאתִיהָ בְּמַטְאֲטֵא הַשְׁמֵד נְאֻם
יְהוָה צְבָאוֹת׃

24 נִשְׁבַּע יְהוָה צְבָאוֹת לֵאמֹר אִם־לֹא כַּאֲשֶׁר דִּמִּיתִי כֵּן הָיָתָה
כה וְכַאֲשֶׁר יָעַצְתִּי הִיא תָקוּם׃ לִשְׁבֹּר אַשּׁוּר בְּאַרְצִי וְעַל־
הָרַי אֲבוּסֶנּוּ וְסָר מֵעֲלֵיהֶם עֻלּוֹ וְסֻבֳּלוֹ מֵעַל שִׁכְמוֹ יָסוּר׃
26 זֹאת הָעֵצָה הַיְּעוּצָה עַל־כָּל־הָאָרֶץ וְזֹאת הַיָּד הַנְּטוּיָה עַל־
27 כָּל־הַגּוֹיִם׃ כִּי־יְהוָה צְבָאוֹת יָעָץ וּמִי יָפֵר וְיָדוֹ הַנְּטוּיָה
28 וּמִי יְשִׁיבֶנָּה׃ בִּשְׁנַת־מוֹת הַמֶּלֶךְ אָחָז הָיָה הַמַּשָּׂא הַזֶּה׃
29 אַל־תִּשְׂמְחִי פְלֶשֶׁת כֻּלֵּךְ כִּי נִשְׁבַּר שֵׁבֶט מַכֵּךְ כִּי־מִשֹּׁרֶשׁ
ל נָחָשׁ יֵצֵא צֶפַע וּפִרְיוֹ שָׂרָף מְעוֹפֵף׃ וְרָעוּ בְּכוֹרֵי דַלִּים

ואביונים

וְאֶבְיוֹנִים לָבֶטַח יִרְבָּצוּ וְהֵמַתִּי בָרָעָב שָׁרְשֵׁךְ וּשְׁאֵרִיתֵךְ
31 יַהֲרֹג׃ הֵילִילִי שַׁעַר זַעֲקִי־עִיר נָמוֹג פְּלֶשֶׁת כֻּלֵּךְ כִּי מִצָּפוֹן
32 עָשָׁן בָּא וְאֵין בּוֹדֵד בְּמוֹעָדָיו׃ וּמַה־יַּעֲנֶה מַלְאֲכֵי־גוֹי כִּי
יְהוָה יִסַּד צִיּוֹן וּבָהּ יֶחֱסוּ עֲנִיֵּי עַמּוֹ׃

טו Cap. XV טו

א מַשָּׂא מוֹאָב כִּי בְּלֵיל שֻׁדַּד עָר מוֹאָב נִדְמָה כִּי בְּלֵיל
2 שֻׁדַּד קִיר־מוֹאָב נִדְמָה׃ עָלָה הַבַּיִת וְדִיבֹן הַבָּמוֹת לְבֶכִי
עַל־נְבוֹ וְעַל מֵידְבָא מוֹאָב יְיֵלִיל בְּכָל־רֹאשָׁיו קָרְחָה כָּל־
3 זָקָן גְּרוּעָה׃ בְּחוּצֹתָיו חָגְרוּ שָׂק עַל־גַּגּוֹתֶיהָ וּבִרְחֹבֹתֶיהָ
4 כֻּלֹּה יְיֵלִיל יֹרֵד בַּבֶּכִי׃ וַתִּזְעַק חֶשְׁבּוֹן וְאֶלְעָלֵה עַד־יַהַץ
נִשְׁמַע קוֹלָם עַל־כֵּן חֲלֻצֵי מוֹאָב יָרִיעוּ נַפְשׁוֹ יָרְעָה לּוֹ׃
ה לִבִּי לְמוֹאָב יִזְעָק בְּרִיחֶהָ עַד־צֹעַר עֶגְלַת שְׁלִשִׁיָּה כִּי
מַעֲלֵה הַלּוּחִית בִּבְכִי יַעֲלֶה־בּוֹ כִּי דֶּרֶךְ חוֹרֹנַיִם זַעֲקַת־
6 שֶׁבֶר יְעֹעֵרוּ׃ כִּי־מֵי נִמְרִים מְשַׁמּוֹת יִהְיוּ כִּי־יָבֵשׁ חָצִיר
7 כָּלָה דֶשֶׁא יֶרֶק לֹא הָיָה׃ עַל־כֵּן יִתְרָה עָשָׂה וּפְקֻדָּתָם עַל
8 נַחַל הָעֲרָבִים יִשָּׂאוּם׃ כִּי־הִקִּיפָה הַזְּעָקָה אֶת־גְּבוּל מוֹאָב
9 עַד־אֶגְלַיִם יִלְלָתָהּ וּבְאֵר אֵילִים יִלְלָתָהּ׃ כִּי מֵי דִימוֹן
מָלְאוּ דָם כִּי־אָשִׁית עַל־דִּימוֹן נוֹסָפוֹת לִפְלֵיטַת מוֹאָב
אַרְיֵה וְלִשְׁאֵרִית אֲדָמָה׃ ס

טז Cap. XVI. טז

א שִׁלְחוּ־כַר מֹשֵׁל־אֶרֶץ מִסֶּלַע מִדְבָּרָה אֶל־הַר בַּת־צִיּוֹן׃
2 וְהָיָה כְעוֹף־נוֹדֵד קֵן מְשֻׁלָּח תִּהְיֶינָה בְּנוֹת מוֹאָב מַעְבָּרֹת
3 לְאַרְנוֹן׃ הָבִיאוּ עֵצָה עֲשׂוּ פְלִילָה שִׁיתִי כַלַּיִל צִלֵּךְ בְּתוֹךְ
4 צָהֳרָיִם סַתְּרִי נִדָּחִים נֹדֵד אַל־תְּגַלִּי׃ יָגוּרוּ בָךְ נִדָּחַי מוֹאָב
הֱוִי־סֵתֶר לָמוֹ מִפְּנֵי שׁוֹדֵד כִּי־אָפֵס הַמֵּץ כָּלָה שֹׁד תַּמּוּ
ה רֹמֵס מִן־הָאָרֶץ׃ וְהוּכַן בַּחֶסֶד כִּסֵּא וְיָשַׁב עָלָיו בֶּאֱמֶת

באהל

ט״ו v. 9. אין באן פסקא   ט״ז v. 3. הביאי ק׳   ibid. עשי ק׳

6 בְּאֹ֣הֶל דָּוִ֑ד שֹׁפֵ֛ט וְדֹרֵ֥שׁ מִשְׁפָּ֖ט וּמְהִ֥ר צֶֽדֶק׃ שָׁמַ֥עְנוּ גְאוֹן־
7 מוֹאָ֖ב גֵּ֣א מְאֹ֑ד גַּאֲוָת֧וֹ וּגְאוֹנ֛וֹ וְעֶבְרָת֖וֹ לֹא־כֵ֥ן בַּדָּֽיו׃ לָכֵ֗ן
יְיֵלִ֥יל מוֹאָ֛ב לְמוֹאָ֖ב כֻּלֹּ֣ה יְיֵלִ֑יל לַאֲשִׁישֵׁ֧י קִיר־חֲרֶ֛שֶׂת תֶּהְגּ֖וּ
8 אַךְ־נְכָאִֽים׃ כִּ֣י שַׁדְמ֣וֹת חֶשְׁבּוֹן֮ אֻמְלָל֒ גֶּ֣פֶן שִׂבְמָ֗ה בַּעֲלֵ֤י
גוֹיִם֙ הָלְמ֣וּ שְׂרוּקֶּ֔יהָ עַד־יַעְזֵ֥ר נָגָ֖עוּ תָּע֣וּ מִדְבָּ֑ר שְׁלֻחוֹתֶ֕יהָ
9 נִטְּשׁ֖וּ עָ֥בְרוּ יָֽם׃ עַל־כֵּ֡ן אֶבְכֶּה֩ בִּבְכִ֨י יַעְזֵ֜ר גֶּ֣פֶן שִׂבְמָ֗ה
אֲרַיָּוֶךְ֙ דִּמְעָתִ֔י חֶשְׁבּ֖וֹן וְאֶלְעָלֵ֑ה כִּ֧י עַל־קֵיצֵ֛ךְ וְעַל־קְצִירֵ֖ךְ
י הֵידָ֥ד נָפָֽל׃ וְנֶאֱסַ֨ף שִׂמְחָ֣ה וָגִיל֮ מִן־הַכַּרְמֶל֒ וּבַכְּרָמִ֥ים לֹֽא־
יְרֻנָּ֖ן לֹ֣א יְרֹעָ֑ע יַ֗יִן בַּיְקָבִ֛ים לֹֽא־יִדְרֹ֥ךְ הַדֹּרֵ֖ךְ הֵידָ֥ד הִשְׁבַּֽתִּי׃
11 12 עַל־כֵּ֗ן מֵעַי֙ לְמוֹאָ֔ב כַּכִּנּ֖וֹר יֶהֱמ֑וּ וְקִרְבִּ֖י לְקִ֥יר חָֽרֶשׂ׃ וְהָיָ֥ה
כִֽי־נִרְאָ֛ה כִּֽי־נִלְאָ֥ה מוֹאָ֖ב עַל־הַבָּמָ֑ה וּבָ֧א אֶל־מִקְדָּשׁ֛וֹ
13 לְהִתְפַּלֵּ֖ל וְלֹ֥א יוּכָֽל׃ זֶ֣ה הַדָּבָ֗ר אֲשֶׁ֨ר דִּבֶּ֧ר יְהוָ֛ה אֶל־
14 מוֹאָ֖ב מֵאָֽז׃ וְעַתָּ֞ה דִּבֶּ֣ר יְהוָה֮ לֵאמֹר֒ בְּשָׁלֹ֤שׁ שָׁנִים֙ כִּשְׁנֵ֣י
שָׂכִ֔יר וְנִקְלָה֙ כְּב֣וֹד מוֹאָ֔ב בְּכֹ֖ל הֶהָמ֣וֹן הָרָ֑ב וּשְׁאָ֛ר מְעַ֥ט
מִזְעָ֖ר ל֥וֹא כַבִּֽיר׃

יז Cap. XVII. יז

א מַשָּׂ֖א דַּמָּ֑שֶׂק הִנֵּ֤ה דַמֶּ֙שֶׂק֙ מוּסָ֣ר מֵעִ֔יר וְהָיְתָ֖ה מְעִ֥י מַפָּלָֽה׃
2 עֲזֻב֖וֹת עָרֵ֣י עֲרֹעֵ֑ר לַעֲדָרִ֣ים תִּהְיֶ֔ינָה וְרָבְצ֖וּ וְאֵ֥ין מַחֲרִֽיד׃ °
3 וְנִשְׁבַּ֤ת מִבְצָר֙ מֵֽאֶפְרַ֔יִם וּמַמְלָכָ֖ה מִדַּמֶּ֑שֶׂק וּשְׁאָ֣ר אֲרָ֔ם
4 כִּכְב֧וֹד בְּנֵֽי־יִשְׂרָאֵ֛ל יִֽהְי֖וּ נְאֻ֥ם יְהוָ֥ה צְבָאֽוֹת׃ וְהָיָה֙
ה בַּיּ֣וֹם הַה֔וּא יִדַּ֖ל כְּב֣וֹד יַעֲקֹ֑ב וּמִשְׁמַ֥ן בְּשָׂר֖וֹ יֵרָזֶֽה׃ וְהָיָ֗ה
כֶּאֱסֹף֙ קָצִ֣יר קָמָ֔ה וּזְרֹע֖וֹ שִׁבֳּלִ֣ים יִקְצ֑וֹר וְהָיָ֕ה כִּמְלַקֵּ֥ט
6 שִׁבֳּלִ֖ים בְּעֵ֥מֶק רְפָאִֽים׃ וְנִשְׁאַר־בּ֤וֹ עֽוֹלֵלֹת֙ כְּנֹ֣קֶף זַ֔יִת שְׁנַ֧יִם
שְׁלֹשָׁ֛ה גַּרְגְּרִ֖ים בְּרֹ֣אשׁ אָמִ֑יר אַרְבָּעָ֣ה חֲמִשָּׁ֗ה בִּסְעִפֶ֙יהָ֙ פֹּֽרִיָּ֔ה
7 נְאֻם־יְהוָ֖ה אֱלֹהֵ֥י יִשְׂרָאֵֽל׃ בַּיּ֣וֹם הַה֔וּא יִשְׁעֶ֥ה הָאָדָ֖ם עַל־
8 עֹשֵׂ֑הוּ וְעֵינָ֕יו אֶל־קְד֥וֹשׁ יִשְׂרָאֵ֖ל תִּרְאֶֽינָה׃ וְלֹ֣א יִשְׁעֶ֔ה אֶל־
הַֽמִּזְבְּח֖וֹת מַעֲשֵׂ֣ה יָדָ֑יו וַאֲשֶׁ֨ר עָשׂ֤וּ אֶצְבְּעֹתָיו֙ לֹ֣א יִרְאֶ֔ה

יי״ז v. 3. חצי הנביאים

9 וְהָאֲשֵׁרִים וְהָחַמָּנִים׃ בַּיּוֹם הַהוּא יִהְיוּ ׀ עָרֵי מָעֻזּוֹ כַּעֲזוּבַת
הַחֹרֶשׁ וְהָאָמִיר אֲשֶׁר עָזְבוּ מִפְּנֵי בְּנֵי יִשְׂרָאֵל וְהָיְתָה שְׁמָמָה׃
י כִּי שָׁכַחַתְּ אֱלֹהֵי יִשְׁעֵךְ וְצוּר מָעֻזֵּךְ לֹא זָכָרְתְּ עַל־כֵּן תִּטְּעִי
11 נִטְעֵי נַעֲמָנִים וּזְמֹרַת זָר תִּזְרָעֶנּוּ׃ בְּיוֹם נִטְעֵךְ תְּשַׂגְשֵׂגִי וּבַבֹּקֶר
12 זַרְעֵךְ תַּפְרִיחִי נֵד קָצִיר בְּיוֹם נַחֲלָה וּכְאֵב אָנוּשׁ׃ הוֹי
הֲמוֹן עַמִּים רַבִּים כַּהֲמוֹת יַמִּים יֶהֱמָיוּן וּשְׁאוֹן לְאֻמִּים כִּשְׁאוֹן
13 מַיִם כַּבִּירִים יִשָּׁאוּן׃ לְאֻמִּים כִּשְׁאוֹן מַיִם רַבִּים יִשָּׁאוּן וְגָעַר
בּוֹ וְנָס מִמֶּרְחָק וְרֻדַּף כְּמֹץ הָרִים לִפְנֵי־רוּחַ וּכְגַלְגַּל לִפְנֵי
14 סוּפָה׃ לְעֵת עֶרֶב וְהִנֵּה בַלָּהָה בְּטֶרֶם בֹּקֶר אֵינֶנּוּ זֶה חֵלֶק
שׁוֹסֵינוּ וְגוֹרָל לְבֹזְזֵינוּ׃

יח Cap. XVIII. יח

א ב הוֹי אֶרֶץ צִלְצַל כְּנָפָיִם אֲשֶׁר מֵעֵבֶר לְנַהֲרֵי־כוּשׁ׃ הַשֹּׁלֵחַ
בַּיָּם צִירִים וּבִכְלֵי־גֹמֶא עַל־פְּנֵי־מַיִם לְכוּ ׀ מַלְאָכִים קַלִּים
אֶל־גּוֹי מְמֻשָּׁךְ וּמוֹרָט אֶל־עַם נוֹרָא מִן־הוּא וָהָלְאָה גּוֹי קַו־
3 קָו וּמְבוּסָה אֲשֶׁר־בָּזְאוּ נְהָרִים אַרְצוֹ׃ כָּל־יֹשְׁבֵי תֵבֵל וְשֹׁכְנֵי
4 אָרֶץ כִּנְשֹׂא־נֵס הָרִים תִּרְאוּ וְכִתְקֹעַ שׁוֹפָר תִּשְׁמָעוּ׃ כִּי
כֹה אָמַר יְהוָה אֵלַי אֶשְׁקוֹטָה וְאַבִּיטָה בִמְכוֹנִי כְּחֹם צַח
ה עֲלֵי־אוֹר כְּעָב טַל בְּחֹם קָצִיר׃ כִּי־לִפְנֵי קָצִיר כְּתָם־
פֶּרַח וּבֹסֶר גֹּמֵל יִהְיֶה נִצָּה וְכָרַת הַזַּלְזַלִּים בַּמַּזְמֵרוֹת וְאֶת־
6 הַנְּטִישׁוֹת הֵסִיר הֵתַז׃ יֵעָזְבוּ יַחְדָּו לְעֵיט הָרִים וּלְבֶהֱמַת
הָאָרֶץ וְקָץ עָלָיו הָעַיִט וְכָל־בֶּהֱמַת הָאָרֶץ עָלָיו תֶּחֱרָף׃
7 בָּעֵת הַהִיא יוּבַל־שַׁי לַיהוָה צְבָאוֹת עַם מְמֻשָּׁךְ וּמוֹרָט וּמֵעַם
נוֹרָא מִן־הוּא וָהָלְאָה גּוֹי ׀ קַו־קָו וּמְבוּסָה אֲשֶׁר בָּזְאוּ נְהָרִים
אַרְצוֹ אֶל־מְקוֹם שֵׁם־יְהוָה צְבָאוֹת הַר־צִיּוֹן׃

יט Cap. XIX. יט

א מַשָּׂא מִצְרָיִם הִנֵּה יְהוָה רֹכֵב עַל־עָב קַל וּבָא מִצְרַיִם
וְנָעוּ אֱלִילֵי מִצְרַיִם מִפָּנָיו וּלְבַב מִצְרַיִם יִמַּס בְּקִרְבּוֹ׃

י״ח v. 4. אשקטה ק

וְסִכְסַכְתִּ֥י מִצְרַ֙יִם֙ בְּמִצְרַ֔יִם וְנִלְחֲמ֥וּ אִישׁ־בְּאָחִ֖יו וְאִ֣ישׁ 2
בְּרֵעֵ֔הוּ עִ֣יר בְּעִ֔יר מַמְלָכָ֖ה בְּמַמְלָכָֽה: וְנָבְקָ֤ה רֽוּחַ־מִצְרַ֙יִם֙ 3
בְּקִרְבּ֔וֹ וַעֲצָת֖וֹ אֲבַלֵּ֑עַ וְדָרְשׁ֤וּ אֶל־הָֽאֱלִילִים֙ וְאֶל־הָ֣אִטִּ֔ים
וְאֶל־הָאֹב֖וֹת וְאֶל־הַיִּדְּעֹנִֽים: וְסִכַּרְתִּי֙ אֶת־מִצְרַ֔יִם בְּיַ֖ד 4
אֲדֹנִ֣ים קָשֶׁ֑ה וּמֶ֤לֶךְ עַז֙ יִמְשָׁל־בָּ֔ם נְאֻ֥ם הָאָד֖וֹן יְהֹוָ֥ה צְבָאֽוֹת:
וְנִשְּׁתוּ־מַ֖יִם מֵֽהַיָּ֑ם וְנָהָ֖ר יֶחֱרַ֥ב וְיָבֵֽשׁ: וְהֶאֶזְנִ֣יחוּ נְהָר֔וֹת דָּלְל֥וּ 6 5
וְחָרְב֖וּ יְאֹרֵ֣י מָצ֑וֹר קָנֶ֥ה וָס֖וּף קָמֵֽלוּ: עָר֥וֹת עַל־יְא֛וֹר עַל־ 7
פִּ֥י יְא֖וֹר וְכֹ֣ל מִזְרַ֣ע יְא֑וֹר יִיבַ֥שׁ נִדַּ֖ף וְאֵינֶֽנּוּ: וְאָנוּ֙ הַדַּיָּגִ֔ים 8
וְאָ֣בְל֔וּ כָּל־מַשְׁלִיכֵ֥י בַיְא֖וֹר חַכָּ֑ה וּפֹרְשֵׂ֥י מִכְמֹ֛רֶת עַל־פְּנֵי־
מַ֖יִם אֻמְלָֽלוּ: וּבֹ֙שׁוּ֙ עֹבְדֵ֣י פִשְׁתִּ֣ים שְׂרִיק֔וֹת וְאֹרְגִ֖ים חוֹרָֽי: 9
וְהָי֥וּ שָׁתֹתֶ֖יהָ מְדֻכָּאִ֑ים כָּל־עֹ֥שֵׂי שֶׂ֖כֶר אַגְמֵי־נָֽפֶשׁ: אַךְ־ 11 10
אֱוִלִים֙ שָׂ֣רֵי צֹ֔עַן חַכְמֵ֖י יֹעֲצֵ֣י פַרְעֹ֑ה עֵצָ֖ה נִבְעָרָ֑ה אֵ֚יךְ
תֹּֽאמְר֣וּ אֶל־פַּרְעֹ֔ה בֶּן־חֲכָמִ֥ים אֲנִ֖י בֶּן־מַלְכֵי־קֶֽדֶם: אַיָּ֤ם 12
אֵפוֹא֙ חֲכָמֶ֔יךָ וְיַגִּ֥ידוּ נָ֖א לָ֑ךְ וְיֵ֣דְע֔וּ מַה־יָּעַ֛ץ יְהֹוָ֥ה צְבָא֖וֹת
עַל־מִצְרָֽיִם: נֽוֹאֲלוּ֙ שָׂ֣רֵי צֹ֔עַן נִשְּׁא֖וּ שָׂ֣רֵי נֹ֑ף הִתְע֥וּ אֶת־ 13
מִצְרַ֖יִם פִּנַּ֥ת שְׁבָטֶֽיהָ: יְהֹוָ֛ה מָסַ֥ךְ בְּקִרְבָּ֖הּ ר֣וּחַ עִוְעִ֑ים וְהִתְע֤וּ 14
אֶת־מִצְרַ֙יִם֙ בְּכָֽל־מַעֲשֵׂ֔הוּ כְּהִתָּע֥וֹת שִׁכּ֖וֹר בְּקִיאֽוֹ: וְלֹֽא־ 15
יִהְיֶ֥ה לְמִצְרַ֖יִם מַעֲשֶׂ֑ה אֲשֶׁ֧ר יַעֲשֶׂ֛ה רֹ֥אשׁ וְזָנָ֖ב כִּפָּ֥ה
וְאַגְמֽוֹן: בַּיּ֣וֹם הַה֗וּא יִהְיֶ֤ה מִצְרַ֙יִם֙ כַּנָּשִׁ֔ים וְחָרַ֣ד ׀ וּפָחַ֗ד 16
מִפְּנֵי֙ תְּנוּפַת֙ יַד־יְהֹוָ֣ה צְבָא֔וֹת אֲשֶׁר־ה֖וּא מֵנִ֥יף עָלָֽיו: וְֽהָיְתָ֡ה 17
אַדְמַת֩ יְהוּדָ֙ה לְמִצְרַ֜יִם לְחָגָּ֗א כֹּל֩ אֲשֶׁ֙ר יַזְכִּ֤יר אֹתָהּ֙ אֵלָ֔יו
יִפְחָ֕ד מִפְּנֵ֗י עֲצַ֛ת יְהֹוָ֥ה צְבָא֖וֹת אֲשֶׁר־ה֖וּא יוֹעֵ֥ץ עָלָֽיו: בַּיּ֣וֹם 18
הַה֡וּא יִהְי֣וּ חָמֵשׁ֩ עָרִ֙ים בְּאֶ֤רֶץ מִצְרַ֙יִם֙ מְדַבְּרוֹת֙ שְׂפַ֣ת כְּנַ֔עַן
וְנִשְׁבָּע֖וֹת לַיהֹוָ֣ה צְבָא֑וֹת עִ֣יר הַהֶ֔רֶס יֵאָמֵ֖ר לְאֶחָֽת: בַּיּ֣וֹם 19
הַה֗וּא יִֽהְיֶ֤ה מִזְבֵּ֙חַ֙ לַיהֹוָ֔ה בְּת֖וֹךְ אֶ֣רֶץ מִצְרָ֑יִם וּמַצֵּבָ֥ה אֵֽצֶל־
גְּבוּלָ֖הּ לַיהֹוָֽה: וְהָיָ֙ה לְא֣וֹת וּלְעֵ֗ד לַיהֹוָ֤ה צְבָאוֹת֙ בְּאֶ֣רֶץ 20
מִצְרַ֔יִם כִּֽי־יִצְעֲק֤וּ אֶל־יְהֹוָה֙ מִפְּנֵ֣י לֹֽחֲצִ֔ים וְיִשְׁלַ֥ח לָהֶ֛ם
מוֹשִׁ֥יעַ וָרָ֖ב וְהִצִּילָֽם: וְנוֹדַ֤ע יְהֹוָה֙ לְמִצְרַ֔יִם וְיָדְע֥וּ מִצְרַ֖יִם 21
אֶת־יְהֹוָ֔ה

אֶת־יְהוָה בַּיּוֹם הַהוּא וְעָבְדוּ זֶבַח וּמִנְחָה וְנָדְרוּ־נֵדֶר לַיהוָה
22 וְשִׁלֵּמוּ׃ וְנָגַף יְהוָה אֶת־מִצְרַיִם נָגֹף וְרָפוֹא וְשָׁבוּ עַד־יְהוָה
23 וְנֶעְתַּר לָהֶם וּרְפָאָם׃ בַּיּוֹם הַהוּא תִּהְיֶה מְסִלָּה מִמִּצְרַיִם
אַשּׁוּרָה וּבָא־אַשּׁוּר בְּמִצְרַיִם וּמִצְרַיִם בְּאַשּׁוּר וְעָבְדוּ מִצְרַיִם
24 אֶת־אַשּׁוּר׃ בַּיּוֹם הַהוּא יִהְיֶה יִשְׂרָאֵל שְׁלִישִׁיָּה לְמִצְרַיִם
כה וּלְאַשּׁוּר בְּרָכָה בְּקֶרֶב הָאָרֶץ׃ אֲשֶׁר בֵּרְכוֹ יְהוָה צְבָאוֹת
לֵאמֹר בָּרוּךְ עַמִּי מִצְרַיִם וּמַעֲשֵׂה יָדַי אַשּׁוּר וְנַחֲלָתִי יִשְׂרָאֵל׃

כ CAP. XX. כ

א בִּשְׁנַת בֹּא תַרְתָּן אַשְׁדּוֹדָה בִּשְׁלֹחַ אֹתוֹ סַרְגוֹן מֶלֶךְ אַשּׁוּר
2 וַיִּלָּחֶם בְּאַשְׁדּוֹד וַיִּלְכְּדָהּ׃ בָּעֵת הַהִיא דִּבֶּר יְהוָה בְּיַד
יְשַׁעְיָהוּ בֶן־אָמוֹץ לֵאמֹר לֵךְ וּפִתַּחְתָּ הַשַּׂק מֵעַל מָתְנֶיךָ וְנַעַלְךָ
3 תַחֲלֹץ מֵעַל רַגְלֶךָ וַיַּעַשׂ כֵּן הָלֹךְ עָרוֹם וְיָחֵף׃ וַיֹּאמֶר
יְהוָה כַּאֲשֶׁר הָלַךְ עַבְדִּי יְשַׁעְיָהוּ עָרוֹם וְיָחֵף שָׁלֹשׁ שָׁנִים אוֹת
4 וּמוֹפֵת עַל־מִצְרַיִם וְעַל־כּוּשׁ׃ כֵּן יִנְהַג מֶלֶךְ־אַשּׁוּר אֶת־
שְׁבִי מִצְרַיִם וְאֶת־גָּלוּת כּוּשׁ נְעָרִים וּזְקֵנִים עָרוֹם וְיָחֵף
ה וַחֲשׂוּפַי שֵׁת עֶרְוַת מִצְרָיִם׃ וְחַתּוּ וָבֹשׁוּ מִכּוּשׁ מַבָּטָם וּמִן־
6 מִצְרַיִם תִּפְאַרְתָּם׃ וְאָמַר יֹשֵׁב הָאִי הַזֶּה בַּיּוֹם הַהוּא הִנֵּה־
כֹה מַבָּטֵנוּ אֲשֶׁר־נַסְנוּ שָׁם לְעֶזְרָה לְהִנָּצֵל מִפְּנֵי מֶלֶךְ אַשּׁוּר
וְאֵיךְ נִמָּלֵט אֲנָחְנוּ׃

כא CAP. XXI. כא

א מַשָּׂא מִדְבַּר־יָם כְּסוּפוֹת בַּנֶּגֶב לַחֲלֹף מִמִּדְבָּר בָּא מֵאֶרֶץ
2 נוֹרָאָה׃ חָזוּת קָשָׁה הֻגַּד־לִי הַבּוֹגֵד ׀ בּוֹגֵד וְהַשּׁוֹדֵד ׀ שׁוֹדֵד
3 עֲלִי עֵילָם צוּרִי מָדַי כָּל־אַנְחָתָה הִשְׁבַּתִּי׃ עַל־כֵּן מָלְאוּ
מָתְנַי חַלְחָלָה צִירִים אֲחָזוּנִי כְּצִירֵי יוֹלֵדָה נַעֲוֵיתִי מִשְּׁמֹעַ
4 נִבְהַלְתִּי מֵרְאוֹת׃ תָּעָה לְבָבִי פַּלָּצוּת בִּעֲתָתְנִי אֵת נֶשֶׁף
ה חִשְׁקִי שָׂם לִי לַחֲרָדָה׃ עָרֹךְ הַשֻּׁלְחָן צָפֹה הַצָּפִית אָכוֹל
6 שָׁתֹה קוּמוּ הַשָּׂרִים מִשְׁחוּ מָגֵן׃ כִּי כֹה אָמַר אֵלַי אֲדֹנָי לֵךְ

7 הֶעָמֵד הַֽמְצַפֶּה אֲשֶׁר יִרְאֶה יַגִּֽיד׃ וְרָאָה רֶכֶב צֶמֶד פָּֽרָשִׁים
8 רֶכֶב חֲמוֹר רֶכֶב גָּמָל וְהִקְשִׁיב קֶשֶׁב רַב־קָֽשֶׁב׃ וַיִּקְרָא אַרְיֵה
עַל־מִצְפֶּה ׀ אֲדֹנָי אָנֹכִי עֹמֵד תָּמִיד יוֹמָם וְעַל־מִשְׁמַרְתִּי
9 אָנֹכִי נִצָּב כָּל־הַלֵּילֽוֹת׃ וְהִנֵּה־זֶה בָא רֶכֶב אִישׁ צֶמֶד
פָּרָשִׁים וַיַּעַן וַיֹּאמֶר נָֽפְלָה נָֽפְלָה בָּבֶל וְכָל־פְּסִילֵי אֱלֹהֶיהָ
י שִׁבַּר לָאָֽרֶץ׃ מְדֻשָׁתִי וּבֶן־גָּרְנִי אֲשֶׁר שָׁמַעְתִּי מֵאֵת יְהוָה
11 צְבָאוֹת אֱלֹהֵי יִשְׂרָאֵל הִגַּדְתִּי לָכֶֽם׃ מַשָּׂא דּוּמָה אֵלַי
12 קֹרֵא מִשֵּׂעִיר שֹׁמֵר מַה־מִלַּיְלָה שֹׁמֵר מַה־מִלֵּֽיל׃ אָמַר שֹׁמֵר
13 אָתָא בֹקֶר וְגַם־לָיְלָה אִם־תִּבְעָיוּן בְּעָיוּ שֻׁבוּ אֵתָֽיוּ׃ מַשָּׂא
14 בַּעְרָב בַּיַּעַר בַּעְרַב תָּלִינוּ אֹרְחוֹת דְּדָנִֽים׃ לִקְרַאת צָמֵא
טו הֵתָיוּ מָיִם יֹשְׁבֵי אֶרֶץ תֵּימָא בְּלַחְמוֹ קִדְּמוּ נֹדֵֽד׃ כִּֽי־מִפְּנֵי
חֲרָבוֹת נָדָדוּ מִפְּנֵי ׀ חֶרֶב נְטוּשָׁה וּמִפְּנֵי קֶשֶׁת דְּרוּכָה וּמִפְּנֵי
16 כֹּבֶד מִלְחָמָֽה׃ כִּֽי־כֹה אָמַר אֲדֹנָי אֵלָי בְּעוֹד שָׁנָה כִּשְׁנֵי
17 שָׂכִיר וְכָלָה כָּל־כְּבוֹד קֵדָֽר׃ וּשְׁאָר מִסְפַּר־קֶשֶׁת גִּבּוֹרֵי
בְנֵי־קֵדָר יִמְעָטוּ כִּי יְהוָה אֱלֹהֵי־יִשְׂרָאֵל דִּבֵּֽר׃

Cap. XXII. כב

כב

א מַשָּׂא גֵּיא חִזָּיוֹן מַה־לָּךְ אֵפוֹא כִּי־עָלִית כֻּלָּךְ לַגַּגּֽוֹת׃
2 תְּשֻׁאוֹת ׀ מְלֵאָה עִיר הוֹמִיָּה קִרְיָה עַלִּיזָה חֲלָלַיִךְ לֹא
3 חַלְלֵי־חֶרֶב וְלֹא מֵתֵי מִלְחָמָֽה׃ כָּל־קְצִינַיִךְ נָֽדְדוּ־יַחַד
4 מִקֶּשֶׁת אֻסָּרוּ כָּל־נִמְצָאַיִךְ אֻסְּרוּ יַחְדָּו מֵרָחוֹק בָּרָֽחוּ׃ עַל־
כֵּן אָמַרְתִּי שְׁעוּ מִנִּי אֲמָרֵר בַּבֶּכִי אַל־תָּאִיצוּ לְנַחֲמֵנִי עַל־
ה שֹׁד בַּת־עַמִּֽי׃ כִּי יוֹם מְהוּמָה וּמְבוּסָה וּמְבוּכָה לַאדֹנָי יְהוִה
6 צְבָאוֹת בְּגֵיא חִזָּיוֹן מְקַרְקַר קִר וְשׁוֹעַ אֶל־הָהָֽר׃ וְעֵילָם
7 נָשָׂא אַשְׁפָּה בְּרֶכֶב אָדָם פָּֽרָשִׁים וְקִיר עֵרָה מָגֵֽן׃ וַיְהִי
מִבְחַר־עֲמָקַיִךְ מָלְאוּ רָכֶב וְהַפָּרָשִׁים שֹׁת שָׁתוּ הַשָּֽׁעְרָה׃
8 וַיְגַל אֵת מָסַךְ יְהוּדָה וַתַּבֵּט בַּיּוֹם הַהוּא אֶל־נֶשֶׁק בֵּית
9 הַיָּֽעַר׃ וְאֵת בְּקִיעֵי עִיר־דָּוִד רְאִיתֶם כִּי־רָבּוּ וַתְּקַבְּצוּ
י אֶת־מֵי הַבְּרֵכָה הַתַּחְתּוֹנָֽה׃ וְאֶת־בָּתֵּי יְרוּשָׁלִַם סְפַרְתֶּם

ותתצו

11 וַתִּתְצוּ הַבָּתִּים לְבַצֵּר הַחוֹמָה׃ וּמִקְוָה ׀ עֲשִׂיתֶם בֵּין הַחֹמֹתַיִם
לְמֵי הַבְּרֵכָה הַיְשָׁנָה וְלֹא הִבַּטְתֶּם אֶל־עֹשֶׂיהָ וְיֹצְרָהּ מֵרָחוֹק
12 לֹא רְאִיתֶם׃ וַיִּקְרָא אֲדֹנָי יְהוִה צְבָאוֹת בַּיּוֹם הַהוּא לִבְכִי
13 וּלְמִסְפֵּד וּלְקָרְחָה וְלַחֲגֹר שָׂק׃ וְהִנֵּה ׀ שָׂשׂוֹן וְשִׂמְחָה הָרֹג ׀
בָּקָר וְשָׁחֹט צֹאן אָכֹל בָּשָׂר וְשָׁתוֹת יָיִן אָכוֹל וְשָׁתוֹ כִּי מָחָר
14 נָמוּת׃ וְנִגְלָה בְאָזְנָי יְהוָה צְבָאוֹת אִם־יְכֻפַּר הֶעָוֹן הַזֶּה לָכֶם
עַד־תְּמֻתוּן אָמַר אֲדֹנָי יְהוִה צְבָאוֹת׃
טו כֹּה אָמַר אֲדֹנָי יְהוִה צְבָאוֹת לֶךְ־בֹּא אֶל־הַסֹּכֵן הַזֶּה עַל־
16 שֶׁבְנָא אֲשֶׁר עַל־הַבָּיִת׃ מַה־לְּךָ פֹה וּמִי לְךָ פֹה כִּי־חָצַבְתָּ
לְּךָ פֹּה קָבֶר חֹצְבִי מָרוֹם קִבְרוֹ חֹקְקִי בַסֶּלַע מִשְׁכָּן לוֹ׃
17 18 הִנֵּה יְהוָה מְטַלְטֶלְךָ טַלְטֵלָה גָּבֶר וְעֹטְךָ עָטֹה׃ צָנוֹף יִצְנָפְךָ
צְנֵפָה כַּדּוּר אֶל־אֶרֶץ רַחֲבַת יָדָיִם שָׁמָּה תָמוּת וְשָׁמָּה
19 מַרְכְּבוֹת כְּבוֹדֶךָ קְלוֹן בֵּית אֲדֹנֶיךָ׃ וַהֲדַפְתִּיךָ מִמַּצָּבֶךָ
כ וּמִמַּעֲמָדְךָ יֶהֶרְסֶךָ׃ וְהָיָה בַּיּוֹם הַהוּא וְקָרָאתִי לְעַבְדִּי
21 לְאֶלְיָקִים בֶּן־חִלְקִיָּהוּ׃ וְהִלְבַּשְׁתִּיו כֻּתָּנְתֶּךָ וְאַבְנֵטְךָ אֲחַזְּקֶנּוּ
וּמֶמְשַׁלְתְּךָ אֶתֵּן בְּיָדוֹ וְהָיָה לְאָב לְיוֹשֵׁב יְרוּשָׁלִַם וּלְבֵית
22 יְהוּדָה׃ וְנָתַתִּי מַפְתֵּחַ בֵּית־דָּוִד עַל־שִׁכְמוֹ וּפָתַח וְאֵין סֹגֵר
23 וְסָגַר וְאֵין פֹּתֵחַ׃ וּתְקַעְתִּיו יָתֵד בְּמָקוֹם נֶאֱמָן וְהָיָה לְכִסֵּא
24 כָבוֹד לְבֵית אָבִיו׃ וְתָלוּ עָלָיו כֹּל ׀ כְּבוֹד בֵּית־אָבִיו
הַצֶּאֱצָאִים וְהַצְּפִעוֹת כֹּל כְּלֵי הַקָּטָן מִכְּלֵי הָאַגָּנוֹת וְעַד
כה כָּל־כְּלֵי הַנְּבָלִים׃ בַּיּוֹם הַהוּא נְאֻם יְהוָה צְבָאוֹת תָּמוּשׁ
הַיָּתֵד הַתְּקוּעָה בְּמָקוֹם נֶאֱמָן וְנִגְדְּעָה וְנָפְלָה וְנִכְרַת הַמַּשָּׂא
אֲשֶׁר־עָלֶיהָ כִּי יְהוָה דִּבֵּר׃

כג Cap. XXIII. כג

א מַשָּׂא צֹר הֵילִילוּ ׀ אֳנִיּוֹת תַּרְשִׁישׁ כִּי־שֻׁדַּד מִבַּיִת מִבּוֹא
2 מֵאֶרֶץ כִּתִּים נִגְלָה־לָמוֹ׃ דֹּמּוּ יֹשְׁבֵי אִי סֹחֵר צִידוֹן עֹבֵר
3 יָם מִלְאוּךְ׃ וּבְמַיִם רַבִּים זֶרַע שִׁחֹר קְצִיר יְאוֹר תְּבוּאָתָהּ
4 וַתְּהִי סְחַר גּוֹיִם׃ בּוֹשִׁי צִידוֹן כִּי־אָמַר יָם מָעוֹז הַיָּם לֵאמֹר

לא־חלתי

לֹא־חַלְתִּי וְלֹא־יָלַדְתִּי וְלֹא גִדַּלְתִּי בַחוּרִים רוֹמַמְתִּי
ה 6 בְתוּלוֹת׃ כַּאֲשֶׁר שֵׁמַע לְמִצְרָיִם יָחִילוּ כְּשֵׁמַע צֹר׃ עִבְרוּ
7 תַּרְשִׁישָׁה הֵילִילוּ יֹשְׁבֵי אִי׃ הֲזֹאת לָכֶם עַלִּיזָה מִימֵי־קֶדֶם
8 קַדְמָתָהּ יֹבִלוּהָ רַגְלֶיהָ מֵרָחוֹק לָגוּר׃ מִי יָעַץ זֹאת עַל־צֹר
9 הַמַּעֲטִירָה אֲשֶׁר סֹחֲרֶיהָ שָׂרִים כִּנְעָנֶיהָ נִכְבַּדֵּי־אָרֶץ׃ יְהוָה
צְבָאוֹת יְעָצָהּ לְחַלֵּל גְּאוֹן כָּל־צְבִי לְהָקֵל כָּל־נִכְבַּדֵּי־
י 11 אָרֶץ׃ עִבְרִי אַרְצֵךְ כַּיְאֹר בַּת־תַּרְשִׁישׁ אֵין מֵזַח עוֹד׃ יָדוֹ
נָטָה עַל־הַיָּם הִרְגִּיז מַמְלָכוֹת יְהוָה צִוָּה אֶל־כְּנַעַן לַשְׁמִד
12 מָעֻזְנֶיהָ׃ וַיֹּאמֶר לֹא־תוֹסִיפִי עוֹד לַעֲלוֹז הַמְעֻשָּׁקָה בְּתוּלַת
13 בַּת־צִידוֹן כִּתִּים קוּמִי עֲבֹרִי גַּם־שָׁם לֹא־יָנוּחַ לָךְ׃ הֵן ׀
אֶרֶץ כַּשְׂדִּים זֶה הָעָם לֹא הָיָה אַשּׁוּר יְסָדָהּ לְצִיִּים הֵקִימוּ
14 בַחִינָיו עֹרְרוּ אַרְמְנוֹתֶיהָ שָׂמָהּ לְמַפֵּלָה׃ הֵילִילוּ אֳנִיּוֹת
טו תַּרְשִׁישׁ כִּי שֻׁדַּד מָעֻזְּכֶן׃ וְהָיָה בַּיּוֹם הַהוּא וְנִשְׁכַּחַת צֹר
שִׁבְעִים שָׁנָה כִּימֵי מֶלֶךְ אֶחָד מִקֵּץ שִׁבְעִים שָׁנָה יִהְיֶה לְצֹר
16 כְּשִׁירַת הַזּוֹנָה׃ קְחִי כִנּוֹר סֹבִּי עִיר זוֹנָה נִשְׁכָּחָה הֵיטִיבִי נַגֵּן
17 הַרְבִּי־שִׁיר לְמַעַן תִּזָּכֵרִי׃ וְהָיָה מִקֵּץ ׀ שִׁבְעִים שָׁנָה יִפְקֹד
יְהוָה אֶת־צֹר וְשָׁבָה לְאֶתְנַנָּה וְזָנְתָה אֶת־כָּל־מַמְלְכוֹת
18 הָאָרֶץ עַל־פְּנֵי הָאֲדָמָה׃ וְהָיָה סַחְרָהּ וְאֶתְנַנָּהּ קֹדֶשׁ לַיהוָה
לֹא יֵאָצֵר וְלֹא יֵחָסֵן כִּי לַיֹּשְׁבִים לִפְנֵי יְהוָה יִהְיֶה סַחְרָהּ
לֶאֱכֹל לְשָׂבְעָה וְלִמְכַסֶּה עָתִיק׃

CAP. XXIV. כד

כד

א הִנֵּה יְהוָה בּוֹקֵק הָאָרֶץ וּבוֹלְקָהּ וְעִוָּה פָנֶיהָ וְהֵפִיץ יֹשְׁבֶיהָ׃
2 וְהָיָה כָעָם כַּכֹּהֵן כַּעֶבֶד כַּאדֹנָיו כַּשִּׁפְחָה כַּגְּבִרְתָּהּ כַּקּוֹנֶה
3 כַּמּוֹכֵר כַּמַּלְוֶה כַּלֹּוֶה כַּנֹּשֶׁה כַּאֲשֶׁר נֹשֶׁא בוֹ׃ הִבּוֹק ׀ תִּבּוֹק
4 הָאָרֶץ וְהִבּוֹז ׀ תִּבּוֹז כִּי יְהוָה דִּבֶּר אֶת־הַדָּבָר הַזֶּה׃ אָבְלָה
נָבְלָה הָאָרֶץ אֻמְלְלָה נָבְלָה תֵבֵל אֻמְלָלוּ מְרוֹם עַם־הָאָרֶץ׃
ה וְהָאָרֶץ חָנְפָה תַּחַת יֹשְׁבֶיהָ כִּי־עָבְרוּ תוֹרֹת חָלְפוּ חֹק הֵפֵרוּ

ברית

כ״ג v. 12. כתים ק׳ v. 13. בחוניו ק׳

6 בְּרִ֥ית עוֹלָֽם׃ עַל־כֵּ֗ן אָלָה֙ אָ֣כְלָה אֶ֔רֶץ וַיֶּאְשְׁמ֖וּ יֹ֣שְׁבֵי בָ֑הּ
7 עַל־כֵּ֗ן חָ֙רוּ֙ יֹ֣שְׁבֵי אֶ֔רֶץ וְנִשְׁאַ֥ר אֱנ֖וֹשׁ מִזְעָֽר׃ אָבַ֥ל תִּיר֖וֹשׁ
8 אֻמְלְלָה־גָ֑פֶן נֶאֶנְח֖וּ כָּל־שִׂמְחֵי־לֵֽב׃ שָׁבַת֙ מְשׂ֣וֹשׂ תֻּפִּ֔ים
9 חָדַ֖ל שְׁא֣וֹן עַלִּיזִ֑ים שָׁבַ֖ת מְשׂ֥וֹשׂ כִּנּֽוֹר׃ בַּשִּׁ֖יר לֹ֣א יִשְׁתּוּ־יָ֑יִן
י יֵמַ֥ר שֵׁכָ֖ר לְשֹׁתָֽיו׃ נִשְׁבְּרָ֖ה קִרְיַת־תֹּ֑הוּ סֻגַּ֥ר כָּל־בַּ֖יִת מִבּֽוֹא׃
11 צְוָחָ֥ה עַל־הַיַּ֖יִן בַּחוּצ֑וֹת עָֽרְבָה֙ כָּל־שִׂמְחָ֔ה גָּלָ֖ה מְשׂ֥וֹשׂ
12 13 הָאָֽרֶץ׃ נִשְׁאַ֥ר בָּעִ֖יר שַׁמָּ֑ה וּשְׁאִיָּ֖ה יֻכַּת־שָֽׁעַר׃ כִּ֣י כֹ֤ה יִֽהְיֶה֙
בְּקֶ֣רֶב הָאָ֔רֶץ בְּת֖וֹךְ הָעַמִּ֑ים כְּנֹ֣קֶף זַ֔יִת כְּעוֹלֵלֹ֖ת אִם־כָּלָ֥ה
14 בָצִֽיר׃ הֵ֛מָּה יִשְׂא֥וּ קוֹלָ֖ם יָרֹ֑נּוּ בִּגְא֣וֹן יְהוָ֔ה צָהֲל֖וּ מִיָּֽם׃
טו עַל־כֵּ֥ן בָּאֻרִ֖ים כַּבְּד֣וּ יְהוָ֑ה בְּאִיֵּ֣י הַיָּ֔ם שֵׁ֥ם יְהוָ֖ה אֱלֹהֵ֥י
16 יִשְׂרָאֵֽל׃ מִכְּנַ֨ף הָאָ֜רֶץ זְמִרֹ֣ת שָׁמַ֗עְנוּ צְבִי֙ לַצַּדִּ֔יק וָאֹמַ֞ר
רָזִי־לִ֤י רָזִי־לִי֙ א֣וֹי לִ֔י בֹּגְדִ֣ים בָּגָ֔דוּ וּבֶ֥גֶד בּוֹגְדִ֖ים בָּגָֽדוּ׃
17 18 פַּ֥חַד וָפַ֖חַת וָפָ֑ח עָלֶ֖יךָ יוֹשֵׁ֥ב הָאָֽרֶץ׃ וְהָיָ֡ה הַנָּס֩ מִקּ֨וֹל
הַפַּ֜חַד יִפֹּ֣ל אֶל־הַפַּ֗חַת וְהָֽעוֹלֶה֙ מִתּ֣וֹךְ הַפַּ֔חַת יִלָּכֵ֖ד בַּפָּ֑ח
19 כִּֽי־אֲרֻבּ֤וֹת מִמָּרוֹם֙ נִפְתָּ֔חוּ וַֽיִּרְעֲשׁ֖וּ מ֥וֹסְדֵי אָֽרֶץ׃ רֹ֥עָה
הִֽתְרֹעֲעָ֖ה הָאָ֑רֶץ פּ֤וֹר הִֽתְפּוֹרְרָה֙ אֶ֔רֶץ מ֥וֹט הִֽתְמוֹטְטָ֖ה
כ אָֽרֶץ׃ נ֧וֹעַ תָּנ֣וּעַ אֶ֗רֶץ כַּשִּׁכּ֔וֹר וְהִתְנוֹדְדָ֖ה כַּמְּלוּנָ֑ה וְכָבַ֤ד
21 עָלֶ֙יהָ֙ פִּשְׁעָ֔הּ וְנָפְלָ֖ה וְלֹא־תֹסִ֥יף קֽוּם׃ וְהָיָה֙ בַּיּ֣וֹם הַה֔וּא
יִפְקֹ֧ד יְהוָ֛ה עַל־צְבָ֥א הַמָּר֖וֹם בַּמָּר֑וֹם וְעַל־מַלְכֵ֥י הָאֲדָמָ֖ה
22 עַל־הָאֲדָמָֽה׃ וְאֻסְּפ֨וּ אֲסֵפָ֤ה אַסִּיר֙ עַל־בּ֔וֹר וְסֻגְּר֖וּ עַל־
23 מַסְגֵּ֑ר וּמֵרֹ֥ב יָמִ֖ים יִפָּקֵֽדוּ׃ וְחָֽפְרָה֙ הַלְּבָנָ֔ה וּב֖וֹשָׁה הַחַמָּ֑ה
כִּֽי־מָלַ֞ךְ יְהוָ֣ה צְבָא֗וֹת בְּהַ֤ר צִיּוֹן֙ וּבִיר֣וּשָׁלִַ֔ם וְנֶ֥גֶד זְקֵנָ֖יו
כָּבֽוֹד׃

כה Cap. XXV. כה

א יְהוָ֤ה אֱלֹהַי֙ אַתָּ֔ה אֲרוֹמִמְךָ֙ אוֹדֶ֣ה שִׁמְךָ֔ כִּ֥י עָשִׂ֖יתָ פֶּ֑לֶא
2 עֵצ֥וֹת מֵֽרָח֖וֹק אֱמ֥וּנָה אֹֽמֶן׃ כִּ֣י שַׂ֤מְתָּ מֵעִיר֙ לַגָּ֔ל קִרְיָ֥ה
3 בְצוּרָ֖ה לְמַפֵּלָ֑ה אַרְמ֤וֹן זָרִים֙ מֵעִ֔יר לְעוֹלָ֖ם לֹ֥א יִבָּנֶֽה׃ עַל־
4 כֵּ֖ן יְכַבְּד֣וּךָ עַם־עָ֑ז קִרְיַ֛ת גּוֹיִ֥ם עָרִיצִ֖ים יִירָאֽוּךָ׃ כִּֽי־הָיִ֨יתָ

מעוז

מָעוֹז לַדָּל מָעוֹז לָאֶבְיוֹן בַּצַּר־לוֹ מַחְסֶה מִזֶּרֶם צֵל מֵחֹרֶב
ה כִּי רוּחַ עָרִיצִים כְּזֶרֶם קִיר׃ כְּחֹרֶב בְּצָיוֹן שְׁאוֹן זָרִים
6 תַּכְנִיעַ חֹרֶב בְּצֵל עָב זְמִיר עָרִיצִים יַעֲנֶה׃ וְעָשָׂה יְהוָה
צְבָאוֹת לְכָל־הָעַמִּים בָּהָר הַזֶּה מִשְׁתֵּה שְׁמָנִים מִשְׁתֵּה
7 שְׁמָרִים שְׁמָנִים מְמֻחָיִם שְׁמָרִים מְזֻקָּקִים׃ וּבִלַּע בָּהָר הַזֶּה
פְּנֵי־הַלּוֹט ׀ הַלּוֹט עַל־כָּל־הָעַמִּים וְהַמַּסֵּכָה הַנְּסוּכָה עַל־
8 כָּל־הַגּוֹיִם׃ בִּלַּע הַמָּוֶת לָנֶצַח וּמָחָה אֲדֹנָי יְהוִה דִּמְעָה
מֵעַל כָּל־פָּנִים וְחֶרְפַּת עַמּוֹ יָסִיר מֵעַל כָּל־הָאָרֶץ כִּי יְהוָה
9 דִּבֵּר׃ וְאָמַר בַּיּוֹם הַהוּא הִנֵּה אֱלֹהֵינוּ זֶה קִוִּינוּ לוֹ
י וְיוֹשִׁיעֵנוּ זֶה יְהוָה קִוִּינוּ לוֹ נָגִילָה וְנִשְׂמְחָה בִּישׁוּעָתוֹ׃ כִּי־
תָנוּחַ יַד־יְהוָה בָּהָר הַזֶּה וְנָדוֹשׁ מוֹאָב תַּחְתָּיו כְּהִדּוֹשׁ מַתְבֵּן
11 בְּמֵי מַדְמֵנָה׃ וּפֵרַשׂ יָדָיו בְּקִרְבּוֹ כַּאֲשֶׁר יְפָרֵשׂ הַשֹּׂחֶה
12 לִשְׂחוֹת וְהִשְׁפִּיל גַּאֲוָתוֹ עִם אָרְבּוֹת יָדָיו׃ וּמִבְצַר מִשְׂגַּב
חוֹמֹתֶיךָ הֵשַׁח הִשְׁפִּיל הִגִּיעַ לָאָרֶץ עַד־עָפָר׃

כו CAP. XXVI. כו

א בַּיּוֹם הַהוּא יוּשַׁר הַשִּׁיר־הַזֶּה בְּאֶרֶץ יְהוּדָה עִיר עָז־לָנוּ
2 יְשׁוּעָה יָשִׁית חוֹמוֹת וָחֵל׃ פִּתְחוּ שְׁעָרִים וְיָבֹא גוֹי־צַדִּיק
3 שֹׁמֵר אֱמֻנִים׃ יֵצֶר סָמוּךְ תִּצֹּר שָׁלוֹם ׀ שָׁלוֹם כִּי בְךָ בָּטוּחַ׃
4 ה בִּטְחוּ בַיהוָה עֲדֵי־עַד כִּי בְּיָהּ יְהוָה צוּר עוֹלָמִים׃ כִּי הֵשַׁח
יֹשְׁבֵי מָרוֹם קִרְיָה נִשְׂגָּבָה יַשְׁפִּילֶנָּה יַשְׁפִּילָהּ עַד־אֶרֶץ יַגִּיעֶנָּה
6 7 עַד־עָפָר׃ תִּרְמְסֶנָּה רָגֶל רַגְלֵי עָנִי פַּעֲמֵי דַלִּים׃ אֹרַח
8 לַצַּדִּיק מֵישָׁרִים יָשָׁר מַעְגַּל צַדִּיק תְּפַלֵּס׃ אַף אֹרַח מִשְׁפָּטֶיךָ
9 יְהוָה קִוִּינוּךָ לְשִׁמְךָ וּלְזִכְרְךָ תַּאֲוַת־נָפֶשׁ׃ נַפְשִׁי אִוִּיתִךָ
בַּלַּיְלָה אַף־רוּחִי בְקִרְבִּי אֲשַׁחֲרֶךָּ כִּי כַּאֲשֶׁר מִשְׁפָּטֶיךָ
י לָאָרֶץ צֶדֶק לָמְדוּ יֹשְׁבֵי תֵבֵל׃ יֻחַן רָשָׁע בַּל־לָמַד צֶדֶק
11 בְּאֶרֶץ נְכֹחוֹת יְעַוֵּל וּבַל־יִרְאֶה גֵּאוּת יְהוָה׃ יְהוָה רָמָה
יָדְךָ בַּל־יֶחֱזָיוּן יֶחֱזוּ וְיֵבֹשׁוּ קִנְאַת־עָם אַף־אֵשׁ צָרֶיךָ

תאכלם

כ״ה v. 10. במו ק׳

12 תֹּאכְלֵם׃ יְהוָה תִּשְׁפֹּת שָׁלוֹם לָנוּ כִּי גַּם כָּל־מַעֲשֵׂינוּ פָּעַלְתָּ
13 לָּנוּ׃ יְהוָה אֱלֹהֵינוּ בְּעָלוּנוּ אֲדֹנִים זוּלָתֶךָ לְבַד־בְּךָ נַזְכִּיר
14 שְׁמֶךָ׃ מֵתִים בַּל־יִחְיוּ רְפָאִים בַּל־יָקֻמוּ לָכֵן פָּקַדְתָּ
טו וַתַּשְׁמִידֵם וַתְּאַבֵּד כָּל־זֵכֶר לָמוֹ׃ יָסַפְתָּ לַגּוֹי יְהוָה יָסַפְתָּ
16 לַגּוֹי נִכְבָּדְתָּ רִחַקְתָּ כָּל־קַצְוֵי־אָרֶץ׃ יְהוָה בַּצַּר פְּקָדוּךָ
17 צָקוּן לַחַשׁ מוּסָרְךָ לָמוֹ׃ כְּמוֹ הָרָה תַּקְרִיב לָלֶדֶת תָּחִיל
18 תִּזְעַק בַּחֲבָלֶיהָ כֵּן הָיִינוּ מִפָּנֶיךָ יְהוָה׃ הָרִינוּ חַלְנוּ כְּמוֹ
יָלַדְנוּ רוּחַ יְשׁוּעֹת בַּל־נַעֲשֶׂה אֶרֶץ וּבַל־יִפְּלוּ יֹשְׁבֵי תֵבֵל׃
19 יִחְיוּ מֵתֶיךָ נְבֵלָתִי יְקוּמוּן הָקִיצוּ וְרַנְּנוּ שֹׁכְנֵי עָפָר כִּי טַל
כ אוֹרֹת טַלֶּךָ וָאָרֶץ רְפָאִים תַּפִּיל׃ לֵךְ עַמִּי בֹּא בַחֲדָרֶיךָ
וּסְגֹר דְּלָתְיךָ בַּעֲדֶךָ חֲבִי כִמְעַט־רֶגַע עַד־יַעֲבָוֹר־זָעַם׃
21 כִּי־הִנֵּה יְהוָה יֹצֵא מִמְּקוֹמוֹ לִפְקֹד עֲוֹן יֹשֵׁב־הָאָרֶץ עָלָיו
וְגִלְּתָה הָאָרֶץ אֶת־דָּמֶיהָ וְלֹא־תְכַסֶּה עוֹד עַל־הֲרוּגֶיהָ׃

כז Cap. XXVII. כז

א בַּיּוֹם הַהוּא יִפְקֹד יְהוָה בְּחַרְבּוֹ הַקָּשָׁה וְהַגְּדוֹלָה וְהַחֲזָקָה
עַל לִוְיָתָן נָחָשׁ בָּרִחַ וְעַל לִוְיָתָן נָחָשׁ עֲקַלָּתוֹן וְהָרַג אֶת־
2 3 הַתַּנִּין אֲשֶׁר בַּיָּם׃ בַּיּוֹם הַהוּא כֶּרֶם חֶמֶר עַנּוּ־לָהּ׃ אֲנִי
יְהוָה נֹצְרָהּ לִרְגָעִים אַשְׁקֶנָּה פֶּן יִפְקֹד עָלֶיהָ לַיְלָה וָיוֹם
4 אֶצֳּרֶנָּה׃ חֵמָה אֵין לִי מִי־יִתְּנֵנִי שָׁמִיר שַׁיִת בַּמִּלְחָמָה אֶפְשְׂעָה
ה בָהּ אֲצִיתֶנָּה יָּחַד׃ אוֹ יַחֲזֵק בְּמָעוּזִּי יַעֲשֶׂה שָׁלוֹם לִי שָׁלוֹם
6 יַעֲשֶׂה־לִּי׃ ° הַבָּאִים יַשְׁרֵשׁ יַעֲקֹב יָצִיץ וּפָרַח יִשְׂרָאֵל וּמָלְאוּ
7 פְנֵי־תֵבֵל תְּנוּבָה׃ הַכְּמַכַּת מַכֵּהוּ הִכָּהוּ אִם־כְּהֶרֶג
8 הֲרֻגָיו הֹרָג׃ בְּסַאסְּאָה בְּשַׁלְחָהּ תְּרִיבֶנָּה הָגָה בְּרוּחוֹ הַקָּשָׁה
9 בְּיוֹם קָדִים׃ לָכֵן בְּזֹאת יְכֻפַּר עֲוֹן־יַעֲקֹב וְזֶה כָּל־פְּרִי
הָסִר חַטָּאתוֹ בְּשׂוּמוֹ ׀ כָּל־אַבְנֵי מִזְבֵּחַ כְּאַבְנֵי־גִר מְנֻפָּצוֹת
י לֹא־יָקֻמוּ אֲשֵׁרִים וְחַמָּנִים׃ כִּי עִיר בְּצוּרָה בָּדָד נָוֶה מְשֻׁלָּח
וְנֶעֱזָב כַּמִּדְבָּר שָׁם יִרְעֶה עֵגֶל וְשָׁם יִרְבָּץ וְכִלָּה סְעִפֶיהָ׃

בִּיבֹשׁ

כ״ו v. 20. דלתך ק׳ ibid. יעבר ק׳
כ״ז v. 6. הפטרת ואלה שמות כמנהג האשכנזים

11 בִּיבֹ֣שׁ קְצִירָהּ֮ תִּשָּׁבַ֒רְנָה֒ נָשִׁ֕ים בָּא֖וֹת מְאִיר֣וֹת אוֹתָ֑הּ כִּ֣י
לֹ֤א עַם־בִּינוֹת֙ ה֔וּא עַל־כֵּן֙ לֹֽא־יְרַחֲמֶ֣נּוּ עֹשֵׂ֔הוּ וְיֹצְר֖וֹ לֹ֥א
12 יְחֻנֶּֽנּוּ׃ וְהָיָה֙ בַּיּ֣וֹם הַה֔וּא יַחְבֹּ֧ט יְהוָ֛ה מִשִּׁבֹּ֥לֶת הַנָּהָ֖ר עַד־
13 נַ֣חַל מִצְרָ֑יִם וְאַתֶּ֧ם תְּלֻקְּט֛וּ לְאַחַ֥ד אֶחָ֖ד בְּנֵ֥י יִשְׂרָאֵֽל׃ וְהָיָ֣ה ׀
בַּיּ֣וֹם הַה֗וּא יִתָּקַע֮ בְּשׁוֹפָ֣ר גָּדוֹל֒ וּבָ֗אוּ הָאֹֽבְדִים֙ בְּאֶ֣רֶץ אַשּׁ֔וּר
וְהַנִּדָּחִ֖ים בְּאֶ֣רֶץ מִצְרָ֑יִם וְהִשְׁתַּחֲו֧וּ לַיהוָ֛ה בְּהַ֥ר הַקֹּ֖דֶשׁ
בִּירוּשָׁלִָֽם׃

כח CAP. XXVIII. כח

א ה֗וֹי עֲטֶ֤רֶת גֵּאוּת֙ שִׁכֹּרֵ֣י אֶפְרַ֔יִם וְצִ֥יץ נֹבֵ֖ל צְבִ֣י תִפְאַרְתּ֑וֹ
2 אֲשֶׁ֛ר עַל־רֹ֥אשׁ גֵּֽיא־שְׁמָנִ֖ים הֲל֥וּמֵי יָֽיִן׃ הִנֵּ֨ה חָזָ֤ק וְאַמִּץ֙
לַֽאדֹנָ֔י כְּזֶ֥רֶם בָּרָ֖ד שַׂ֣עַר קָ֑טֶב כְּ֠זֶרֶם מַ֣יִם כַּבִּירִ֥ים שֹׁטְפִ֛ים
3 הִנִּ֥יחַ לָאָ֖רֶץ בְּיָֽד׃ בְּרַגְלַ֖יִם תֵּֽרָמַ֑סְנָה עֲטֶ֣רֶת גֵּא֔וּת שִׁכּוֹרֵ֖י
4 אֶפְרָֽיִם׃ וְהָֽיְתָ֞ה צִיצַ֤ת נֹבֵל֙ צְבִ֣י תִפְאַרְתּ֔וֹ אֲשֶׁ֥ר עַל־רֹ֖אשׁ
גֵּ֣יא שְׁמָנִ֑ים כְּבִכּוּרָהּ֙ בְּטֶ֣רֶם קַ֔יִץ אֲשֶׁ֨ר יִרְאֶ֤ה הָֽרֹאֶה֙ אוֹתָ֔הּ
ה בְּעוֹדָ֥הּ בְּכַפּ֖וֹ יִבְלָעֶֽנָּה׃ בַּיּ֣וֹם הַה֗וּא יִֽהְיֶה֙ יְהוָ֣ה צְבָא֔וֹת
6 לַעֲטֶ֣רֶת צְבִ֔י וְלִצְפִירַ֖ת תִּפְאָרָ֑ה לִשְׁאָ֖ר עַמּֽוֹ׃ וּלְר֖וּחַ מִשְׁפָּ֑ט
7 לַיּוֹשֵׁב֙ עַל־הַמִּשְׁפָּ֔ט וְלִ֨גְבוּרָ֔ה מְשִׁיבֵ֥י מִלְחָמָ֖ה שָֽׁעְרָה׃ וְגַם־
אֵ֙לֶּה֙ בַּיַּ֣יִן שָׁג֔וּ וּבַשֵּׁכָ֖ר תָּע֑וּ כֹּהֵ֤ן וְנָבִיא֙ שָׁג֣וּ בַשֵּׁכָ֔ר נִבְלְע֣וּ
8 מִן־הַיַּ֗יִן תָּעוּ֙ מִן־הַשֵּׁכָ֔ר שָׁגוּ֙ בָּֽרֹאֶ֔ה פָּק֖וּ פְּלִילִיָּֽה׃ כִּ֚י כָּל־
9 שֻׁלְחָנ֔וֹת מָלְא֖וּ קִ֣יא צֹאָ֑ה בְּלִ֖י מָקֽוֹם׃ אֶת־מִי֙ יוֹרֶ֣ה
דֵעָ֔ה וְאֶת־מִ֖י יָבִ֣ין שְׁמוּעָ֑ה גְּמוּלֵי֙ מֵֽחָלָ֔ב עַתִּיקֵ֖י מִשָּׁדָֽיִם׃
י 11 כִּ֣י צַ֤ו לָצָו֙ צַ֣ו לָצָ֔ו קַ֥ו לָקָ֖ו קַ֣ו לָקָ֑ו זְעֵ֥יר שָׁ֖ם זְעֵ֥יר שָֽׁם׃ כִּ֚י
12 בְּלַעֲגֵ֣י שָׂפָ֔ה וּבְלָשׁ֖וֹן אַחֶ֑רֶת יְדַבֵּ֖ר אֶל־הָעָ֥ם הַזֶּֽה׃ אֲשֶׁ֣ר ׀
אָמַ֣ר אֲלֵיהֶ֗ם זֹ֤את הַמְּנוּחָה֙ הָנִ֣יחוּ לֶעָיֵ֔ף וְזֹ֖את הַמַּרְגֵּעָ֑ה וְלֹ֥א
13 אָב֖וּא שְׁמֽוֹעַ׃ וְהָיָ֨ה לָהֶ֜ם דְּבַר־יְהוָ֗ה צַ֣ו לָצָ֞ו צַ֤ו לָצָו֙ קַ֣ו
לָקָ֔ו קַ֥ו לָקָ֖ו זְעֵ֣יר שָׁ֑ם זְעֵ֣יר שָׁ֑ם לְמַ֨עַן יֵלְכ֜וּ וְכָשְׁל֤וּ אָחוֹר֙
14 וְנִשְׁבָּ֔רוּ וְנוֹקְשׁ֖וּ וְנִלְכָּֽדוּ׃ לָכֵ֛ן שִׁמְע֥וּ דְבַר־יְהוָ֖ה אַנְשֵׁ֣י
טו לָצ֑וֹן מֹשְׁלֵי֙ הָעָ֣ם הַזֶּ֔ה אֲשֶׁ֖ר בִּירוּשָׁלִָֽם׃ כִּ֣י אֲמַרְתֶּ֗ם כָּרַ֤תְנוּ
ברית

בְּרִית אֶת־מָוֶת וְעִם־שְׁאוֹל עָשִׂינוּ חֹזֶה שׁיט שׁוֹטֵף כִּי־עבר
לֹא יְבוֹאֵנוּ כִּי שַׂמְנוּ כָזָב מַחְסֵנוּ וּבַשֶּׁקֶר נִסְתָּרְנוּ׃ לָכֵן 16
כֹּה אָמַר אֲדֹנָי יְהוִה הִנְנִי יִסַּד בְּצִיּוֹן אָבֶן אֶבֶן בֹּחַן פִּנַּת
יִקְרַת מוּסָד מוּסָּד הַמַּאֲמִין לֹא יָחִישׁ׃ וְשַׂמְתִּי מִשְׁפָּט לְקָו 17
וּצְדָקָה לְמִשְׁקָלֶת וְיָעָה בָרָד מַחְסֵה כָזָב וְסֵתֶר מַיִם יִשְׁטֹפוּ׃
וְכֻפַּר בְּרִיתְכֶם אֶת־מָוֶת וְחָזוּתְכֶם אֶת־שְׁאוֹל לֹא תָקוּם 18
שׁוֹט שׁוֹטֵף כִּי יַעֲבֹר וִהְיִיתֶם לוֹ לְמִרְמָס׃ מִדֵּי עָבְרוֹ יִקַּח 19
אֶתְכֶם כִּי־בַבֹּקֶר בַּבֹּקֶר יַעֲבֹר בַּיּוֹם וּבַלָּיְלָה וְהָיָה רַק־
זְוָעָה הָבִין שְׁמוּעָה׃ כִּי־קָצַר הַמַּצָּע מֵהִשְׂתָּרֵעַ וְהַמַּסֵּכָה כ
צָרָה כְּהִתְכַּנֵּס׃ כִּי כְהַר־פְּרָצִים יָקוּם יְהוָה כְּעֵמֶק בְּגִבְעוֹן 21
יִרְגָּז לַעֲשׂוֹת מַעֲשֵׂהוּ זָר מַעֲשֵׂהוּ וְלַעֲבֹד עֲבֹדָתוֹ נָכְרִיָּה
עֲבֹדָתוֹ׃ וְעַתָּה אַל־תִּתְלוֹצָצוּ פֶּן־יֶחְזְקוּ מוֹסְרֵיכֶם כִּי־ 22
כָלָה וְנֶחֱרָצָה שָׁמַעְתִּי מֵאֵת אֲדֹנָי יְהוִה צְבָאוֹת עַל־כָּל־
הָאָרֶץ׃ הַאֲזִינוּ וְשִׁמְעוּ קוֹלִי הַקְשִׁיבוּ וְשִׁמְעוּ אִמְרָתִי׃ 23
הֲכֹל הַיּוֹם יַחֲרֹשׁ הַחֹרֵשׁ לִזְרֹעַ יְפַתַּח וִישַׂדֵּד אַדְמָתוֹ׃ הֲלוֹא 24 כה
אִם־שִׁוָּה פָנֶיהָ וְהֵפִיץ קֶצַח וְכַמֹּן יִזְרֹק וְשָׂם חִטָּה שׂוֹרָה
וּשְׂעֹרָה נִסְמָן וְכֻסֶּמֶת גְּבֻלָתוֹ׃ וְיִסְּרוֹ לַמִּשְׁפָּט אֱלֹהָיו יוֹרֶנּוּ׃ 26
כִּי לֹא בֶחָרוּץ יוּדַשׁ קֶצַח וְאוֹפַן עֲגָלָה עַל־כַּמֹּן יוּסָּב כִּי 27
בַמַּטֶּה יֵחָבֶט קֶצַח וְכַמֹּן בַּשָּׁבֶט׃ לֶחֶם יוּדָק כִּי לֹא לָנֶצַח 28
אָדוֹשׁ יְדוּשֶׁנּוּ וְהָמַם גַּלְגַּל עֶגְלָתוֹ וּפָרָשָׁיו לֹא יְדֻקֶּנּוּ׃ גַּם־זֹאת 29
מֵעִם יְהוָה צְבָאוֹת יָצָאָה הִפְלִיא עֵצָה הִגְדִּיל תּוּשִׁיָּה׃

כט CAP. XXIX. כט

הוֹי אֲרִיאֵל אֲרִיאֵל קִרְיַת חָנָה דָוִד סְפוּ שָׁנָה עַל־שָׁנָה א
חַגִּים יִנְקֹפוּ׃ וַהֲצִיקוֹתִי לַאֲרִיאֵל וְהָיְתָה תַאֲנִיָּה וַאֲנִיָּה 2
וְהָיְתָה לִּי כַּאֲרִיאֵל׃ וְחָנִיתִי כַדּוּר עָלָיִךְ וְצַרְתִּי עָלַיִךְ מֻצָּב 3
וַהֲקִמֹתִי עָלַיִךְ מְצֻרֹת׃ וְשָׁפַלְתְּ מֵאֶרֶץ תְּדַבֵּרִי וּמֵעָפָר 4
תִּשַּׁח אִמְרָתֵךְ וְהָיָה כְּאוֹב מֵאֶרֶץ קוֹלֵךְ וּמֵעָפָר אִמְרָתֵךְ

כ״ח v. 15. שוט ק׳ ibid. יעבר ק׳

ה תְּצַפְצֵף׃ וְהָיָה כְּאָבָק דַּק הֲמוֹן זָרָיִךְ וּכְמֹץ עֹבֵר הֲמוֹן
6 עָרִיצִים וְהָיָה לְפֶתַע פִּתְאֹם׃ מֵעִם יְהוָה צְבָאוֹת תִּפָּקֵד
בְּרַעַם וּבְרַעַשׁ וְקוֹל גָּדוֹל סוּפָה וּסְעָרָה וְלַהַב אֵשׁ אוֹכֵלָה׃
7 וְהָיָה כַּחֲלוֹם חֲזוֹן לַיְלָה הֲמוֹן כָּל־הַגּוֹיִם הַצֹּבְאִים עַל־
8 אֲרִיאֵל וְכָל־צֹבֶיהָ וּמְצֹדָתָהּ וְהַמְּצִיקִים לָהּ׃ וְהָיָה כַּאֲשֶׁר
יַחֲלֹם הָרָעֵב וְהִנֵּה אוֹכֵל וְהֵקִיץ וְרֵיקָה נַפְשׁוֹ וְכַאֲשֶׁר יַחֲלֹם
הַצָּמֵא וְהִנֵּה שֹׁתֶה וְהֵקִיץ וְהִנֵּה עָיֵף וְנַפְשׁוֹ שׁוֹקֵקָה כֵּן יִהְיֶה
9 הֲמוֹן כָּל־הַגּוֹיִם הַצֹּבְאִים עַל־הַר צִיּוֹן׃ הִתְמַהְמְהוּ
י וּתְמָהוּ הִשְׁתַּעַשְׁעוּ וָשֹׁעוּ שָׁכְרוּ וְלֹא־יַיִן נָעוּ וְלֹא שֵׁכָר׃ כִּי־
נָסַךְ עֲלֵיכֶם יְהוָה רוּחַ תַּרְדֵּמָה וַיְעַצֵּם אֶת־עֵינֵיכֶם אֶת־
11 הַנְּבִיאִים וְאֶת־רָאשֵׁיכֶם הַחֹזִים כִּסָּה׃ וַתְּהִי לָכֶם חָזוּת הַכֹּל
כְּדִבְרֵי הַסֵּפֶר הֶחָתוּם אֲשֶׁר־יִתְּנוּ אֹתוֹ אֶל־יוֹדֵעַ הַסֵּפֶר
12 לֵאמֹר קְרָא נָא־זֶה וְאָמַר לֹא אוּכַל כִּי חָתוּם הוּא׃ וְנִתַּן
הַסֵּפֶר עַל אֲשֶׁר לֹא־יָדַע סֵפֶר לֵאמֹר קְרָא נָא־זֶה וְאָמַר
13 לֹא יָדַעְתִּי סֵפֶר׃ וַיֹּאמֶר אֲדֹנָי יַעַן כִּי נִגַּשׁ הָעָם הַזֶּה
בְּפִיו וּבִשְׂפָתָיו כִּבְּדוּנִי וְלִבּוֹ רִחַק מִמֶּנִּי וַתְּהִי יִרְאָתָם אֹתִי
14 מִצְוַת אֲנָשִׁים מְלֻמָּדָה׃ לָכֵן הִנְנִי יוֹסִף לְהַפְלִיא אֶת־
הָעָם־הַזֶּה הַפְלֵא וָפֶלֶא וְאָבְדָה חָכְמַת חֲכָמָיו וּבִינַת נְבֹנָיו
טו תִּסְתַּתָּר׃ הוֹי הַמַּעֲמִיקִים מֵיהוָה לַסְתִּר עֵצָה וְהָיָה
16 בְמַחְשָׁךְ מַעֲשֵׂיהֶם וַיֹּאמְרוּ מִי רֹאֵנוּ וּמִי יֹדְעֵנוּ׃ הַפְכְּכֶם
אִם־כְּחֹמֶר הַיֹּצֵר יֵחָשֵׁב כִּי־יֹאמַר מַעֲשֶׂה לְעֹשֵׂהוּ לֹא עָשָׂנִי
17 וְיֵצֶר אָמַר לְיֹצְרוֹ לֹא הֵבִין׃ הֲלוֹא־עוֹד מְעַט מִזְעָר וְשָׁב
18 לְבָנוֹן לַכַּרְמֶל וְהַכַּרְמֶל לַיַּעַר יֵחָשֵׁב׃ וְשָׁמְעוּ בַיּוֹם־הַהוּא
הַחֵרְשִׁים דִּבְרֵי־סֵפֶר וּמֵאֹפֶל וּמֵחֹשֶׁךְ עֵינֵי עִוְרִים תִּרְאֶינָה׃
19 וְיָסְפוּ עֲנָוִים בַּיהוָה שִׂמְחָה וְאֶבְיוֹנֵי אָדָם בִּקְדוֹשׁ יִשְׂרָאֵל
כ יָגִילוּ׃ כִּי־אָפֵס עָרִיץ וְכָלָה לֵץ וְנִכְרְתוּ כָּל־שֹׁקְדֵי אָוֶן׃
21 מַחֲטִיאֵי אָדָם בְּדָבָר וְלַמּוֹכִיחַ בַּשַּׁעַר יְקֹשׁוּן וַיַּטּוּ בַתֹּהוּ

צדיק

כ"ס v. 11 ספר ק'

22 צַדִּיק׃ לָכֵן כֹּה־אָמַר יְהוָה אֶל־בֵּית יַעֲקֹב אֲשֶׁר פָּדָה
אֶת־אַבְרָהָם לֹא־עַתָּה יֵבוֹשׁ יַעֲקֹב וְלֹא עַתָּה פָּנָיו יֶחֱוָרוּ׃
23 כִּי בִרְאֹתוֹ יְלָדָיו מַעֲשֵׂה יָדַי בְּקִרְבּוֹ יַקְדִּישׁוּ שְׁמִי וְהִקְדִּישׁוּ
24 אֶת־קְדוֹשׁ יַעֲקֹב וְאֶת־אֱלֹהֵי יִשְׂרָאֵל יַעֲרִיצוּ׃ וְיָדְעוּ תֹעֵי־
רוּחַ בִּינָה וְרוֹגְנִים יִלְמְדוּ־לֶקַח׃

ל Cap. XXX. ל

א הוֹי בָּנִים סוֹרְרִים נְאֻם־יְהוָה לַעֲשׂוֹת עֵצָה וְלֹא מִנִּי
וְלִנְסֹךְ מַסֵּכָה וְלֹא רוּחִי לְמַעַן סְפוֹת חַטָּאת עַל־חַטָּאת׃
2 הַהֹלְכִים לָרֶדֶת מִצְרַיִם וּפִי לֹא שָׁאָלוּ לָעוֹז בְּמָעוֹז פַּרְעֹה
3 וְלַחְסוֹת בְּצֵל מִצְרָיִם׃ וְהָיָה לָכֶם מָעוֹז פַּרְעֹה לְבֹשֶׁת
4 וְהֶחָסוּת בְּצֵל־מִצְרַיִם לִכְלִמָּה׃ כִּי־הָיוּ בְצֹעַן שָׂרָיו
ה וּמַלְאָכָיו חָנֵס יַגִּיעוּ׃ כֹּל הִבְאִישׁ עַל־עַם לֹא־יוֹעִילוּ לָמוֹ
6 לֹא לְעֵזֶר וְלֹא לְהוֹעִיל כִּי לְבֹשֶׁת וְגַם־לְחֶרְפָּה׃ מַשָּׂא
בַּהֲמוֹת נֶגֶב בְּאֶרֶץ צָרָה וְצוּקָה לָבִיא וָלַיִשׁ מֵהֶם אֶפְעֶה
וְשָׂרָף מְעוֹפֵף יִשְׂאוּ עַל־כֶּתֶף עֲיָרִים חֵילֵהֶם וְעַל־דַּבֶּשֶׁת
7 גְּמַלִּים אוֹצְרֹתָם עַל־עַם לֹא יוֹעִילוּ׃ וּמִצְרַיִם הֶבֶל וָרִיק
8 יַעְזֹרוּ לָכֵן קָרָאתִי לָזֹאת רַהַב הֵם שָׁבֶת׃ עַתָּה בּוֹא כָתְבָהּ
עַל־לוּחַ אִתָּם וְעַל־סֵפֶר חֻקָּהּ וּתְהִי לְיוֹם אַחֲרוֹן לָעַד
9 עַד־עוֹלָם׃ כִּי עַם מְרִי הוּא בָּנִים כֶּחָשִׁים בָּנִים לֹא־אָבוּ
י שְׁמוֹעַ תּוֹרַת יְהוָה׃ אֲשֶׁר אָמְרוּ לָרֹאִים לֹא תִרְאוּ וְלַחֹזִים
לֹא תֶחֱזוּ־לָנוּ נְכֹחוֹת דַּבְּרוּ־לָנוּ חֲלָקוֹת חֲזוּ מַהֲתַלּוֹת׃
11 סוּרוּ מִנֵּי־דֶרֶךְ הַטּוּ מִנֵּי־אֹרַח הַשְׁבִּיתוּ מִפָּנֵינוּ אֶת־קְדוֹשׁ
12 יִשְׂרָאֵל׃ לָכֵן כֹּה אָמַר קְדוֹשׁ יִשְׂרָאֵל יַעַן מָאָסְכֶם
13 בַּדָּבָר הַזֶּה וַתִּבְטְחוּ בְּעֹשֶׁק וְנָלוֹז וַתִּשָּׁעֲנוּ עָלָיו׃ לָכֵן יִהְיֶה
לָכֶם הֶעָוֹן הַזֶּה כְּפֶרֶץ נֹפֵל נִבְעֶה בְּחוֹמָה נִשְׂגָּבָה אֲשֶׁר־
14 פִּתְאֹם לְפֶתַע יָבוֹא שִׁבְרָהּ׃ וּשְׁבָרָהּ כְּשֵׁבֶר נֵבֶל יוֹצְרִים
כָּתוּת לֹא יַחְמֹל וְלֹא־יִמָּצֵא בִמְכִתָּתוֹ חֶרֶשׂ לַחְתּוֹת אֵשׁ
טו מִיָּקוּד וְלַחְשֹׂף מַיִם מִגֶּבֶא׃ כִּי כֹה־אָמַר אֲדֹנָי יְהוִה
קדוש

קְדוֹשׁ יִשְׂרָאֵל בְּשׁוּבָה וָנַחַת תִּוָּשֵׁעוּן בְּהַשְׁקֵט וּבְבִטְחָה תִּהְיֶה
16 גְּבוּרַתְכֶם וְלֹא אֲבִיתֶם׃ וַתֹּאמְרוּ לֹא־כִי עַל־סוּס נָנוּס
עַל־כֵּן תְּנוּסוּן וְעַל־קַל נִרְכָּב עַל־כֵּן יִקַּלּוּ רֹדְפֵיכֶם׃
17 אֶלֶף אֶחָד מִפְּנֵי גַּעֲרַת אֶחָד מִפְּנֵי גַּעֲרַת חֲמִשָּׁה תָּנֻסוּ עַד
אִם־נוֹתַרְתֶּם כַּתֹּרֶן עַל־רֹאשׁ הָהָר וְכַנֵּס עַל־הַגִּבְעָה׃
18 וְלָכֵן יְחַכֶּה יְהוָה לַחֲנַנְכֶם וְלָכֵן יָרוּם לְרַחֶמְכֶם כִּי־אֱלֹהֵי
19 מִשְׁפָּט יְהוָה אַשְׁרֵי כָּל־חוֹכֵי לוֹ׃ כִּי־עַם בְּצִיּוֹן יֵשֵׁב
בִּירוּשָׁלִָם בָּכוֹ לֹא־תִבְכֶּה חָנוֹן יָחְנְךָ לְקוֹל זַעֲקֶךָ כְּשָׁמְעָתוֹ
כ עָנָךְ׃ וְנָתַן לָכֶם אֲדֹנָי לֶחֶם צָר וּמַיִם לָחַץ וְלֹא־יִכָּנֵף עוֹד
21 מוֹרֶיךָ וְהָיוּ עֵינֶיךָ רֹאוֹת אֶת־מוֹרֶיךָ׃ וְאָזְנֶיךָ תִּשְׁמַעְנָה דָבָר
מֵאַחֲרֶיךָ לֵאמֹר זֶה הַדֶּרֶךְ לְכוּ בוֹ כִּי תַאֲמִינוּ וְכִי תַשְׂמְאִילוּ׃
22 וְטִמֵּאתֶם אֶת־צִפּוּי פְּסִילֵי כַסְפֶּךָ וְאֶת־אֲפֻדַּת מַסֵּכַת זְהָבֶךָ
23 תִּזְרֵם כְּמוֹ דָוָה צֵא תֹּאמַר לוֹ׃ וְנָתַן מְטַר זַרְעֲךָ אֲשֶׁר־
תִּזְרַע אֶת־הָאֲדָמָה וְלֶחֶם תְּבוּאַת הָאֲדָמָה וְהָיָה דָשֵׁן וְשָׁמֵן
24 יִרְעֶה מִקְנֶיךָ בַּיּוֹם הַהוּא כַּר נִרְחָב׃ וְהָאֲלָפִים וְהָעֲיָרִים
עֹבְדֵי הָאֲדָמָה בְּלִיל חָמִיץ יֹאכֵלוּ אֲשֶׁר־זֹרֶה בָרַחַת
כה וּבַמִּזְרֶה׃ וְהָיָה׀ עַל־כָּל־הַר גָּבֹהַּ וְעַל כָּל־גִּבְעָה נִשָּׂאָה
26 פְּלָגִים יִבְלֵי־מָיִם בְּיוֹם הֶרֶג רָב בִּנְפֹל מִגְדָּלִים׃ וְהָיָה
אוֹר־הַלְּבָנָה כְּאוֹר הַחַמָּה וְאוֹר הַחַמָּה יִהְיֶה שִׁבְעָתַיִם
כְּאוֹר שִׁבְעַת הַיָּמִים בְּיוֹם חֲבֹשׁ יְהוָה אֶת־שֶׁבֶר עַמּוֹ וּמַחַץ
27 מַכָּתוֹ יִרְפָּא׃ הִנֵּה שֵׁם־יְהוָה בָּא מִמֶּרְחָק בֹּעֵר אַפּוֹ
28 וְכֹבֶד מַשָּׂאָה שְׂפָתָיו מָלְאוּ זַעַם וּלְשׁוֹנוֹ כְּאֵשׁ אֹכָלֶת׃ וְרוּחוֹ
כְּנַחַל שׁוֹטֵף עַד־צַוָּאר יֶחֱצֶה לַהֲנָפָה גוֹיִם בְּנָפַת שָׁוְא וְרֶסֶן
29 מַתְעֶה עַל לְחָיֵי עַמִּים׃ הַשִּׁיר יִהְיֶה לָכֶם כְּלֵיל הִתְקַדֶּשׁ־
חָג וְשִׂמְחַת לֵבָב כַּהוֹלֵךְ בֶּחָלִיל לָבוֹא בְהַר־יְהוָה אֶל־צוּר
ל יִשְׂרָאֵל׃ וְהִשְׁמִיעַ יְהוָה אֶת־הוֹד קוֹלוֹ וְנַחַת זְרוֹעוֹ יַרְאֶה
31 בְּזַעַף אַף וְלַהַב אֵשׁ אוֹכֵלָה נֶפֶץ וָזֶרֶם וְאֶבֶן בָּרָד׃ כִּי־
32 מִקּוֹל יְהוָה יֵחַת אַשּׁוּר בַּשֵּׁבֶט יַכֶּה׃ וְהָיָה כֹּל מַעֲבַר מַטֵּה

מוסדה

מוּסָדָ֗ה אֲשֶׁ֨ר יָנִ֤יחַ יְהוָה֙ עָלָ֔יו בְּתֻפִּ֖ים וּבְכִנֹּר֑וֹת וּבְמִלְחֲמ֥וֹת
33 תְּנוּפָ֖ה נִלְחַם־בָּֽהּ׃ כִּֽי־עָר֤וּךְ מֵֽאֶתְמוּל֙ תָּפְתֶּ֔ה גַּם־הִ֛וא
לַמֶּ֥לֶךְ הוּכָ֖ן הֶעְמִ֣יק הִרְחִ֑ב מְדֻרָתָ֗הּ אֵ֤שׁ וְעֵצִים֙ הַרְבֵּ֔ה
נִשְׁמַ֤ת יְהוָה֙ כְּנַ֣חַל גָּפְרִ֔ית בֹּעֲרָ֖ה בָּֽהּ׃

לא CAP. XXXI. לא

א הוֹי הַיֹּרְדִ֤ים מִצְרַ֙יִם֙ לְעֶזְרָ֔ה עַל־סוּסִ֖ים יִשָּׁעֵ֑נוּ וַיִּבְטְח֨וּ עַל־
רֶ֜כֶב כִּ֣י רָ֗ב וְעַ֤ל פָּֽרָשִׁים֙ כִּֽי־עָצְמ֣וּ מְאֹ֔ד וְלֹ֤א שָׁעוּ֙ עַל־
2 קְד֣וֹשׁ יִשְׂרָאֵ֔ל וְאֶת־יְהוָ֖ה לֹ֥א דָרָֽשׁוּ׃ וְגַם־ה֤וּא חָכָם֙ וַיָּ֣בֵא
רָ֔ע וְאֶת־דְּבָרָ֖יו לֹ֣א הֵסִ֑יר וְקָם֙ עַל־בֵּ֣ית מְרֵעִ֔ים וְעַל־
3 עֶזְרַ֖ת פֹּ֥עֲלֵי אָֽוֶן׃ וּמִצְרַ֤יִם אָדָם֙ וְלֹא־אֵ֔ל וְסוּסֵיהֶ֥ם בָּשָׂ֖ר
וְלֹא־ר֑וּחַ וַיהוָ֞ה יַטֶּ֣ה יָד֗וֹ וְכָשַׁ֤ל עוֹזֵר֙ וְנָפַ֣ל עָזֻ֔ר וְיַחְדָּ֖ו כֻּלָּ֥ם
4 יִכְלָיֽוּן׃ כִּ֣י כֹ֣ה אָֽמַר־יְהוָ֣ה ׀ אֵלַ֡י כַּאֲשֶׁ֣ר יֶהְגֶּה֩ הָאַרְיֵ֨ה
וְהַכְּפִ֜יר עַל־טַרְפּ֗וֹ אֲשֶׁ֨ר יִקָּרֵ֣א עָלָיו֮ מְלֹ֣א רֹעִים֒ מִקּוֹלָם֙
לֹ֣א יֵחָ֔ת וּמֵהֲמוֹנָ֖ם לֹ֣א יַעֲנֶ֑ה כֵּ֗ן יֵרֵד֙ יְהוָ֣ה צְבָא֔וֹת לִצְבֹּ֖א
ה עַל־הַר־צִיּ֥וֹן וְעַל־גִּבְעָתָֽהּ׃ כְּצִפֳּרִ֣ים עָפ֔וֹת כֵּ֗ן יָגֵ֛ן יְהוָ֥ה
6 צְבָא֖וֹת עַל־יְרוּשָׁלִָ֑ם גָּנ֣וֹן וְהִצִּ֔יל פָּסֹ֖חַ וְהִמְלִֽיט׃ שׁ֕וּבוּ
7 לַאֲשֶׁ֛ר הֶעְמִ֥יקוּ סָרָ֖ה בְּנֵ֥י יִשְׂרָאֵֽל׃ כִּ֚י בַּיּ֣וֹם הַה֔וּא יִמְאָס֗וּן
אִ֚ישׁ אֱלִילֵ֣י כַסְפּ֔וֹ וֶאֱלִילֵ֖י זְהָב֑וֹ אֲשֶׁ֨ר עָשׂ֥וּ לָכֶ֛ם יְדֵיכֶ֖ם
8 חֵֽטְא׃ וְנָפַ֤ל אַשּׁוּר֙ בְּחֶ֣רֶב לֹא־אִ֔ישׁ וְחֶ֥רֶב לֹא־אָדָ֖ם תֹּאכְלֶ֑נּוּ
9 וְנָ֥ס לוֹ֙ מִפְּנֵי־חֶ֔רֶב וּבַחוּרָ֖יו לָמַ֥ס יִהְיֽוּ׃ וְסַלְעוֹ֙ מִמָּג֣וֹר יַעֲב֔וֹר
וְחַתּ֥וּ מִנֵּ֖ס שָׂרָ֑יו נְאֻם־יְהוָ֗ה אֲשֶׁר־א֥וּר לוֹ֙ בְּצִיּ֔וֹן וְתַנּ֥וּר ל֖וֹ
בִּירוּשָׁלִָֽם׃

לב CAP. XXXII. לב

א 2 הֵ֥ן לְצֶ֖דֶק יִמְלָךְ־מֶ֑לֶךְ וּלְשָׂרִ֖ים לְמִשְׁפָּ֥ט יָשֹֽׂרוּ׃ וְהָיָה־
אִ֥ישׁ כְּמַחֲבֵא־ר֖וּחַ וְסֵ֣תֶר זָ֑רֶם כְּפַלְגֵי־מַ֣יִם בְּצָי֔וֹן כְּצֵ֚ל
3 סֶֽלַע־כָּבֵ֖ד בְּאֶ֥רֶץ עֲיֵפָֽה׃ וְלֹ֥א תִשְׁעֶ֖ינָה עֵינֵ֣י רֹאִ֑ים וְאָזְנֵ֥י

שמעים

ל׳ v. 32. במ ק   v. 33. היא ק

4 שֹׁמְעִים תִּקְשַׁבְנָה׃ וּלְבַב נִמְהָרִים יָבִין לָדָעַת וּלְשׁוֹן עִלְּגִים
ה תְּמַהֵר לְדַבֵּר צָחוֹת׃ לֹא־יִקָּרֵא עוֹד לְנָבָל נָדִיב וּלְכִילַי
6 לֹא יֵאָמֵר שׁוֹעַ׃ כִּי נָבָל נְבָלָה יְדַבֵּר וְלִבּוֹ יַעֲשֶׂה־אָוֶן לַעֲשׂוֹת
חֹנֶף וּלְדַבֵּר אֶל־יְהוָה תּוֹעָה לְהָרִיק נֶפֶשׁ רָעֵב וּמַשְׁקֶה
7 צָמֵא יַחְסִיר׃ וְכֵלַי כֵּלָיו רָעִים הוּא זִמּוֹת יָעָץ לְחַבֵּל עֲנִוִּים
8 בְּאִמְרֵי־שֶׁקֶר וּבְדַבֵּר אֶבְיוֹן מִשְׁפָּט׃ וְנָדִיב נְדִיבוֹת יָעָץ
9 וְהוּא עַל־נְדִיבוֹת יָקוּם׃ נָשִׁים שַׁאֲנַנּוֹת קֹמְנָה שְׁמַעְנָה
י קוֹלִי בָּנוֹת בֹּטְחוֹת הַאְזֵנָּה אִמְרָתִי׃ יָמִים עַל־שָׁנָה תִּרְגַּזְנָה
11 בֹּטְחוֹת כִּי כָּלָה בָצִיר אֹסֶף בְּלִי יָבוֹא׃ חִרְדוּ שַׁאֲנַנּוֹת רְגָזָה
12 בֹּטְחוֹת פְּשֹׁטָה וְעֹרָה וַחֲגוֹרָה עַל־חֲלָצָיִם׃ עַל־שָׁדַיִם
13 סֹפְדִים עַל־שְׂדֵי־חֶמֶד עַל־גֶּפֶן פֹּרִיָּה׃ עַל אַדְמַת עַמִּי
קוֹץ שָׁמִיר תַּעֲלֶה כִּי עַל־כָּל־בָּתֵּי מָשׂוֹשׂ קִרְיָה עַלִּיזָה׃
14 כִּי־אַרְמוֹן נֻטָּשׁ הֲמוֹן עִיר עֻזָּב עֹפֶל וָבַחַן הָיָה בְעַד מְעָרוֹת
טו עַד־עוֹלָם מְשׂוֹשׂ פְּרָאִים מִרְעֵה עֲדָרִים׃ עַד־יֵעָרֶה עָלֵינוּ
רוּחַ מִמָּרוֹם וְהָיָה מִדְבָּר לַכַּרְמֶל וְכַרְמֶל לַיַּעַר יֵחָשֵׁב׃
16 17 וְשָׁכַן בַּמִּדְבָּר מִשְׁפָּט וּצְדָקָה בַּכַּרְמֶל תֵּשֵׁב׃ וְהָיָה מַעֲשֵׂה
הַצְּדָקָה שָׁלוֹם וַעֲבֹדַת הַצְּדָקָה הַשְׁקֵט וָבֶטַח עַד־עוֹלָם׃
18 וְיָשַׁב עַמִּי בִּנְוֵה שָׁלוֹם וּבְמִשְׁכְּנוֹת מִבְטַחִים וּבִמְנוּחֹת שַׁאֲנַנּוֹת׃
19 כ וּבָרַד בְּרֶדֶת הַיָּעַר וּבַשִּׁפְלָה תִּשְׁפַּל הָעִיר׃ אַשְׁרֵיכֶם זֹרְעֵי
עַל־כָּל־מָיִם מְשַׁלְּחֵי רֶגֶל־הַשּׁוֹר וְהַחֲמוֹר׃

לג CAP. XXXIII. לג

א הוֹי שׁוֹדֵד וְאַתָּה לֹא שָׁדוּד וּבוֹגֵד וְלֹא־בָגְדוּ בוֹ כַּהֲתִמְךָ
2 שׁוֹדֵד תּוּשַּׁד כַּנְּלֹתְךָ לִבְגֹּד יִבְגְּדוּ־בָךְ׃ יְהוָה חָנֵּנוּ לְךָ
3 קִוִּינוּ הֱיֵה זְרֹעָם לַבְּקָרִים אַף־יְשׁוּעָתֵנוּ בְּעֵת צָרָה׃ מִקּוֹל
4 הָמוֹן נָדְדוּ עַמִּים מֵרוֹמְמֻתֶךָ נָפְצוּ גּוֹיִם׃ וְאֻסַּף שְׁלַלְכֶם אֹסֶף
ה הֶחָסִיל כְּמַשַּׁק גֵּבִים שֹׁקֵק בּוֹ׃ נִשְׂגָּב יְהוָה כִּי שֹׁכֵן מָרוֹם
6 מִלֵּא צִיּוֹן מִשְׁפָּט וּצְדָקָה׃ וְהָיָה אֱמוּנַת עִתֶּיךָ חֹסֶן יְשׁוּעֹת

חכמת

ל״ב v. 7. עניים ק׳ v. 15. והכרמל ק׳

7 חָכְמַת וָדָעַת יִרְאַת יְהוָה הִיא אוֹצָרוֹ׃ הֵן אֶרְאֶלָּם
8 צָעֲקוּ חֻצָה מַלְאֲכֵי שָׁלוֹם מַר יִבְכָּיוּן׃ נָשַׁמּוּ מְסִלּוֹת שָׁבַת
9 עֹבֵר אֹרַח הֵפֵר בְּרִית מָאַס עָרִים לֹא חָשַׁב אֱנוֹשׁ׃ אָבַל
אֻמְלְלָה אֶרֶץ הֶחְפִּיר לְבָנוֹן קָמַל הָיָה הַשָּׁרוֹן כָּעֲרָבָה וְנֹעֵר
י בָּשָׁן וְכַרְמֶל׃ עַתָּה אָקוּם יֹאמַר יְהוָה עַתָּה אֵרוֹמָם עַתָּה
11 12 אֶנָּשֵׂא׃ תַּהֲרוּ חֲשַׁשׁ תֵּלְדוּ קַשׁ רוּחֲכֶם אֵשׁ תֹּאכַלְכֶם׃ וְהָיוּ
13 עַמִּים מִשְׂרְפוֹת שִׂיד קוֹצִים כְּסוּחִים בָּאֵשׁ יִצַּתּוּ׃ שִׁמְעוּ
14 רְחוֹקִים אֲשֶׁר עָשִׂיתִי וּדְעוּ קְרוֹבִים גְּבֻרָתִי׃ פָּחֲדוּ בְצִיּוֹן
חַטָּאִים אָחֲזָה רְעָדָה חֲנֵפִים מִי ׀ יָגוּר לָנוּ אֵשׁ אוֹכֵלָה מִי־
טו יָגוּר לָנוּ מוֹקְדֵי עוֹלָם׃ הֹלֵךְ צְדָקוֹת וְדֹבֵר מֵישָׁרִים מֹאֵס
בְּבֶצַע מַעֲשַׁקּוֹת נֹעֵר כַּפָּיו מִתְּמֹךְ בַּשֹּׁחַד אֹטֵם אָזְנוֹ מִשְּׁמֹעַ
16 דָּמִים וְעֹצֵם עֵינָיו מֵרְאוֹת בְּרָע׃ הוּא מְרוֹמִים יִשְׁכֹּן מְצָדוֹת
17 סְלָעִים מִשְׂגַּבּוֹ לַחְמוֹ נִתָּן מֵימָיו נֶאֱמָנִים׃ מֶלֶךְ בְּיָפְיוֹ תֶּחֱזֶינָה
18 עֵינֶיךָ תִּרְאֶינָה אֶרֶץ מַרְחַקִּים׃ לִבְּךָ יֶהְגֶּה אֵימָה אַיֵּה סֹפֵר
19 אַיֵּה שֹׁקֵל אַיֵּה סֹפֵר אֶת־הַמִּגְדָּלִים׃ אֶת־עַם נוֹעָז לֹא
כ תִרְאֶה עַם עִמְקֵי שָׂפָה מִשְּׁמוֹעַ נִלְעַג לָשׁוֹן אֵין בִּינָה׃ חֲזֵה
צִיּוֹן קִרְיַת מוֹעֲדֵנוּ עֵינֶיךָ תִרְאֶינָה יְרוּשָׁלַםִ נָוֶה שַׁאֲנָן אֹהֶל
° בַּל־יִצְעָן בַּל־יִסַּע יְתֵדֹתָיו לָנֶצַח וְכָל־חֲבָלָיו בַּל־יִנָּתֵקוּ׃
21 כִּי אִם־שָׁם אַדִּיר יְהוָה לָנוּ מְקוֹם־נְהָרִים יְאֹרִים רַחֲבֵי
22 יָדָיִם בַּל־תֵּלֶךְ בּוֹ אֳנִי־שַׁיִט וְצִי אַדִּיר לֹא יַעַבְרֶנּוּ׃ כִּי
23 יְהוָה שֹׁפְטֵנוּ יְהוָה מְחֹקְקֵנוּ יְהוָה מַלְכֵּנוּ הוּא יוֹשִׁיעֵנוּ׃ נִטְּשׁוּ
חֲבָלָיִךְ בַּל־יְחַזְּקוּ כֵן־תָּרְנָם בַּל־פָּרְשׂוּ נֵס אָז חֻלַּק עַד־
24 שָׁלָל מַרְבֶּה פִּסְחִים בָּזְזוּ בַז׃ וּבַל־יֹאמַר שָׁכֵן חָלִיתִי הָעָם
הַיֹּשֵׁב בָּהּ נְשֻׂא עָוֺן׃

לד Cap. XXXIV. לד

א קִרְבוּ גוֹיִם לִשְׁמֹעַ וּלְאֻמִּים הַקְשִׁיבוּ תִּשְׁמַע הָאָרֶץ וּמְלֹאָהּ
2 תֵּבֵל וְכָל־צֶאֱצָאֶיהָ׃ כִּי קֶצֶף לַיהוָה עַל־כָּל־הַגּוֹיִם וְחֵמָה

ל״ג v. 21. חצי הספר בפסוקים

3 עַל־כָּל־צְבָאָם הֶחֱרִימָם נְתָנָם לַטָּבַח׃ וְחַלְלֵיהֶם יֻשְׁלָכוּ
4 וּפִגְרֵיהֶם יַעֲלֶה בָאְשָׁם וְנָמַסּוּ הָרִים מִדָּמָם׃ וְנָמַקּוּ כָּל־
צְבָא הַשָּׁמַיִם וְנָגֹלּוּ כַסֵּפֶר הַשָּׁמָיִם וְכָל־צְבָאָם יִבּוֹל כִּנְבֹל
ה עָלֶה מִגֶּפֶן וּכְנֹבֶלֶת מִתְּאֵנָה׃ כִּי־רִוְּתָה בַשָּׁמַיִם חַרְבִּי הִנֵּה
6 עַל־אֱדוֹם תֵּרֵד וְעַל־עַם חֶרְמִי לְמִשְׁפָּט׃ חֶרֶב לַיהוָה
מָלְאָה דָם הֻדַּשְּׁנָה מֵחֵלֶב מִדַּם כָּרִים וְעַתּוּדִים מֵחֵלֶב
כִּלְיוֹת אֵילִים כִּי זֶבַח לַיהוָה בְּבָצְרָה וְטֶבַח גָּדוֹל בְּאֶרֶץ
7 אֱדוֹם׃ וְיָרְדוּ רְאֵמִים עִמָּם וּפָרִים עִם־אַבִּירִים וְרִוְּתָה
8 אַרְצָם מִדָּם וַעֲפָרָם מֵחֵלֶב יְדֻשָּׁן׃ כִּי יוֹם נָקָם לַיהוָה שְׁנַת
9 שִׁלּוּמִים לְרִיב צִיּוֹן׃ וְנֶהֶפְכוּ נְחָלֶיהָ לְזֶפֶת וַעֲפָרָהּ לְגָפְרִית
י וְהָיְתָה אַרְצָהּ לְזֶפֶת בֹּעֵרָה׃ לַיְלָה וְיוֹמָם לֹא תִכְבֶּה לְעוֹלָם
יַעֲלֶה עֲשָׁנָהּ מִדּוֹר לָדוֹר תֶּחֱרָב לְנֵצַח נְצָחִים אֵין עֹבֵר בָּהּ׃
11 וִירֵשׁוּהָ קָאַת וְקִפּוֹד וְיַנְשׁוֹף וְעֹרֵב יִשְׁכְּנוּ־בָהּ וְנָטָה עָלֶיהָ
12 קַו־תֹהוּ וְאַבְנֵי־בֹהוּ׃ חֹרֶיהָ וְאֵין־שָׁם מְלוּכָה יִקְרָאוּ וְכָל־
13 שָׂרֶיהָ יִהְיוּ אָפֶס׃ וְעָלְתָה אַרְמְנֹתֶיהָ סִירִים קִמּוֹשׂ וָחוֹחַ
14 בְּמִבְצָרֶיהָ וְהָיְתָה נְוֵה תַנִּים חָצִיר לִבְנוֹת יַעֲנָה׃ וּפָגְשׁוּ צִיִּים
אֶת־אִיִּים וְשָׂעִיר עַל־רֵעֵהוּ יִקְרָא אַךְ־שָׁם הִרְגִּיעָה לִּילִית
טו וּמָצְאָה לָהּ מָנוֹחַ׃ שָׁמָּה קִנְּנָה קִפּוֹז וַתְּמַלֵּט וּבָקְעָה וְדָגְרָה
16 בְצִלָּהּ אַךְ־שָׁם נִקְבְּצוּ דַיּוֹת אִשָּׁה רְעוּתָהּ׃ דִּרְשׁוּ מֵעַל־
סֵפֶר יְהוָה וּקְרָאוּ אַחַת מֵהֵנָּה לֹא נֶעְדָּרָה אִשָּׁה רְעוּתָהּ לֹא
17 פָקָדוּ כִּי־פִי הוּא צִוָּה וְרוּחוֹ הוּא קִבְּצָן׃ וְהוּא־הִפִּיל לָהֶן
גּוֹרָל וְיָדוֹ חִלְּקַתָּה לָהֶם בַּקָּו עַד־עוֹלָם יִירָשׁוּהָ לְדוֹר וָדוֹר
יִשְׁכְּנוּ־בָהּ׃

לה Cap. XXXV. לה

א יְשֻׂשׂוּם מִדְבָּר וְצִיָּה וְתָגֵל עֲרָבָה וְתִפְרַח כַּחֲבַצָּלֶת׃
2 פָּרֹחַ תִּפְרַח וְתָגֵל אַף גִּילַת וְרַנֵּן כְּבוֹד הַלְּבָנוֹן נִתַּן־לָהּ
הֲדַר הַכַּרְמֶל וְהַשָּׁרוֹן הֵמָּה יִרְאוּ כְבוֹד־יְהוָה הֲדַר
3 אֱלֹהֵינוּ׃ חַזְּקוּ יָדַיִם רָפוֹת וּבִרְכַּיִם כֹּשְׁלוֹת אַמֵּצוּ׃

אמרו

4 אִמְרוּ לְנִמְהֲרֵי־לֵב חִזְקוּ אַל־תִּירָאוּ הִנֵּה אֱלֹהֵיכֶם נָקָם
ה יָבוֹא גְּמוּל אֱלֹהִים הוּא יָבוֹא וְיֹשַׁעֲכֶם׃ אָז תִּפָּקַחְנָה עֵינֵי
6 עִוְרִים וְאָזְנֵי חֵרְשִׁים תִּפָּתַחְנָה׃ אָז יְדַלֵּג כָּאַיָּל פִּסֵּחַ וְתָרֹן
7 לְשׁוֹן אִלֵּם כִּי־נִבְקְעוּ בַמִּדְבָּר מַיִם וּנְחָלִים בָּעֲרָבָה׃ וְהָיָה
הַשָּׁרָב לַאֲגַם וְצִמָּאוֹן לְמַבּוּעֵי מָיִם בִּנְוֵה תַנִּים רִבְצָהּ חָצִיר
8 לְקָנֶה וָגֹמֶא׃ וְהָיָה־שָׁם מַסְלוּל וָדֶרֶךְ וְדֶרֶךְ הַקֹּדֶשׁ יִקָּרֵא
לָהּ לֹא־יַעַבְרֶנּוּ טָמֵא וְהוּא־לָמוֹ הֹלֵךְ דֶּרֶךְ וֶאֱוִילִים לֹא
9 יִתְעוּ׃ לֹא־יִהְיֶה שָׁם אַרְיֵה וּפְרִיץ חַיּוֹת בַּל־יַעֲלֶנָּה לֹא
י תִמָּצֵא שָׁם וְהָלְכוּ גְּאוּלִים׃ וּפְדוּיֵי יְהוָה יְשֻׁבוּן וּבָאוּ צִיּוֹן
בְּרִנָּה וְשִׂמְחַת עוֹלָם עַל־רֹאשָׁם שָׂשׂוֹן וְשִׂמְחָה יַשִּׂיגוּ וְנָסוּ יָגוֹן
וַאֲנָחָה׃

לו CAP. XXXVI. לו

א וַיְהִי בְּאַרְבַּע עֶשְׂרֵה שָׁנָה לַמֶּלֶךְ חִזְקִיָּהוּ עָלָה סַנְחֵרִיב
2 מֶלֶךְ־אַשּׁוּר עַל כָּל־עָרֵי יְהוּדָה הַבְּצֻרוֹת וַיִּתְפְּשֵׂם׃ וַיִּשְׁלַח
מֶלֶךְ־אַשּׁוּר ׀ אֶת־רַבְשָׁקֵה מִלָּכִישׁ יְרוּשָׁלַיְמָה אֶל־הַמֶּלֶךְ
חִזְקִיָּהוּ בְּחֵיל כָּבֵד וַיַּעֲמֹד בִּתְעָלַת הַבְּרֵכָה הָעֶלְיוֹנָה
3 בִּמְסִלַּת שְׂדֵה כוֹבֵס׃ וַיֵּצֵא אֵלָיו אֶלְיָקִים בֶּן־חִלְקִיָּהוּ אֲשֶׁר
4 עַל־הַבָּיִת וְשֶׁבְנָא הַסֹּפֵר וְיוֹאָח בֶּן־אָסָף הַמַּזְכִּיר׃ וַיֹּאמֶר
אֲלֵיהֶם רַבְשָׁקֵה אִמְרוּ־נָא אֶל־חִזְקִיָּהוּ כֹּה־אָמַר הַמֶּלֶךְ
ה הַגָּדוֹל מֶלֶךְ אַשּׁוּר מָה הַבִּטָּחוֹן הַזֶּה אֲשֶׁר בָּטָחְתָּ׃ אָמַרְתִּי
אַךְ־דְּבַר־שְׂפָתַיִם עֵצָה וּגְבוּרָה לַמִּלְחָמָה עַתָּה עַל־מִי
6 בָטַחְתָּ כִּי מָרַדְתָּ בִּי׃ הִנֵּה בָטַחְתָּ עַל־מִשְׁעֶנֶת הַקָּנֶה
הָרָצוּץ הַזֶּה עַל־מִצְרַיִם אֲשֶׁר יִסָּמֵךְ אִישׁ עָלָיו וּבָא בְכַפּוֹ
7 וּנְקָבָהּ כֵּן פַּרְעֹה מֶלֶךְ־מִצְרַיִם לְכָל־הַבֹּטְחִים עָלָיו׃ וְכִי־
תֹאמַר אֵלַי אֶל־יְהוָה אֱלֹהֵינוּ בָּטָחְנוּ הֲלוֹא־הוּא אֲשֶׁר
הֵסִיר חִזְקִיָּהוּ אֶת־בָּמֹתָיו וְאֶת־מִזְבְּחֹתָיו וַיֹּאמֶר לִיהוּדָה
8 וְלִירוּשָׁלַםִ לִפְנֵי הַמִּזְבֵּחַ הַזֶּה תִּשְׁתַּחֲווּ׃ וְעַתָּה הִתְעָרֶב נָא
אֶת־אֲדֹנִי הַמֶּלֶךְ אַשּׁוּר וְאֶתְּנָה לְךָ אַלְפַּיִם סוּסִים אִם־
תוכל

9 תּוּכַל לָתֵת לְךָ רֹכְבִים עֲלֵיהֶם׃ וְאֵיךְ תָּשִׁיב אֵת פְּנֵי פַחַת
אַחַד עַבְדֵי אֲדֹנִי הַקְּטַנִּים וַתִּבְטַח לְךָ עַל־מִצְרַיִם לְרֶכֶב
י וּלְפָרָשִׁים׃ וְעַתָּה הֲמִבַּלְעֲדֵי יְהוָה עָלִיתִי עַל־הָאָרֶץ
הַזֹּאת לְהַשְׁחִיתָהּ יְהוָה אָמַר אֵלַי עֲלֵה אֶל־הָאָרֶץ הַזֹּאת
11 וְהַשְׁחִיתָהּ׃ וַיֹּאמֶר אֶלְיָקִים וְשֶׁבְנָא וְיוֹאָח אֶל־רַבְשָׁקֵה
דַּבֶּר־נָא אֶל־עֲבָדֶיךָ אֲרָמִית כִּי שֹׁמְעִים אֲנָחְנוּ וְאַל־תְּדַבֵּר
12 אֵלֵינוּ יְהוּדִית בְּאָזְנֵי הָעָם אֲשֶׁר עַל־הַחוֹמָה׃ וַיֹּאמֶר רַבְשָׁקֵה
הַאֶל אֲדֹנֶיךָ וְאֵלֶיךָ שְׁלָחַנִי אֲדֹנִי לְדַבֵּר אֶת־הַדְּבָרִים
הָאֵלֶּה הֲלֹא עַל־הָאֲנָשִׁים הַיֹּשְׁבִים עַל־הַחוֹמָה לֶאֱכֹל
13 אֶת־חֲרָאֵיהֶם וְלִשְׁתּוֹת אֶת־שֵׁינֵיהֶם עִמָּכֶם׃ וַיַּעֲמֹד רַבְשָׁקֵה
וַיִּקְרָא בְקוֹל־גָּדוֹל יְהוּדִית וַיֹּאמֶר שִׁמְעוּ אֶת־דִּבְרֵי הַמֶּלֶךְ
14 הַגָּדוֹל מֶלֶךְ אַשּׁוּר׃ כֹּה אָמַר הַמֶּלֶךְ אַל־יַשִּׁא לָכֶם חִזְקִיָּהוּ
טו כִּי לֹא־יוּכַל לְהַצִּיל אֶתְכֶם׃ וְאַל־יַבְטַח אֶתְכֶם חִזְקִיָּהוּ
אֶל־יְהוָה לֵאמֹר הַצֵּל יַצִּילֵנוּ יְהוָה לֹא תִנָּתֵן הָעִיר הַזֹּאת
16 בְּיַד מֶלֶךְ אַשּׁוּר׃ אַל־תִּשְׁמְעוּ אֶל־חִזְקִיָּהוּ כִּי כֹה אָמַר
הַמֶּלֶךְ אַשּׁוּר עֲשׂוּ־אִתִּי בְרָכָה וּצְאוּ אֵלַי וְאִכְלוּ אִישׁ־גַּפְנוֹ
17 וְאִישׁ תְּאֵנָתוֹ וּשְׁתוּ אִישׁ מֵי־בוֹרוֹ׃ עַד־בֹּאִי וְלָקַחְתִּי אֶתְכֶם
אֶל־אֶרֶץ כְּאַרְצְכֶם אֶרֶץ דָּגָן וְתִירוֹשׁ אֶרֶץ לֶחֶם וּכְרָמִים׃
18 פֶּן־יַסִּית אֶתְכֶם חִזְקִיָּהוּ לֵאמֹר יְהוָה יַצִּילֵנוּ הַהִצִּילוּ אֱלֹהֵי
19 הַגּוֹיִם אִישׁ אֶת־אַרְצוֹ מִיַּד מֶלֶךְ אַשּׁוּר׃ אַיֵּה אֱלֹהֵי חֲמָת
וְאַרְפָּד אַיֵּה אֱלֹהֵי סְפַרְוָיִם וְכִי־הִצִּילוּ אֶת־שֹׁמְרוֹן מִיָּדִי׃
כ מִי בְּכָל־אֱלֹהֵי הָאֲרָצוֹת הָאֵלֶּה אֲשֶׁר־הִצִּילוּ אֶת־אַרְצָם
21 מִיָּדִי כִּי־יַצִּיל יְהוָה אֶת־יְרוּשָׁלִַם מִיָּדִי׃ וַיַּחֲרִישׁוּ וְלֹא־עָנוּ
22 אֹתוֹ דָּבָר כִּי־מִצְוַת הַמֶּלֶךְ הִיא לֵאמֹר לֹא תַעֲנֻהוּ׃ וַיָּבֹא
אֶלְיָקִים בֶּן־חִלְקִיָּהוּ אֲשֶׁר־עַל־הַבַּיִת וְשֶׁבְנָא הַסּוֹפֵר וְיוֹאָח
בֶּן־אָסָף הַמַּזְכִּיר אֶל־חִזְקִיָּהוּ קְרוּעֵי בְגָדִים וַיַּגִּידוּ לוֹ אֵת
דִּבְרֵי רַבְשָׁקֵה׃

ויהי

ל״ו v. 12. צואתם ק׳ ibid. מימי רגליהם ק׳

לז Cap. XXXVII. לז

א וַיְהִי כִּשְׁמֹעַ הַמֶּלֶךְ חִזְקִיָּהוּ וַיִּקְרַע אֶת־בְּגָדָיו וַיִּתְכַּס בַּשָּׂק
2 וַיָּבֹא בֵּית יְהוָה׃ וַיִּשְׁלַח אֶת־אֶלְיָקִים אֲשֶׁר־עַל־הַבַּיִת
וְאֵת ׀ שֶׁבְנָא הַסּוֹפֵר וְאֵת זִקְנֵי הַכֹּהֲנִים מִתְכַּסִּים בַּשַּׂקִּים
3 אֶל־יְשַׁעְיָהוּ בֶן־אָמוֹץ הַנָּבִיא׃ וַיֹּאמְרוּ אֵלָיו כֹּה אָמַר
חִזְקִיָּהוּ יוֹם־צָרָה וְתוֹכֵחָה וּנְאָצָה הַיּוֹם הַזֶּה כִּי בָאוּ בָנִים
4 עַד־מַשְׁבֵּר וְכֹחַ אַיִן לְלֵדָה׃ אוּלַי יִשְׁמַע יְהוָה אֱלֹהֶיךָ אֵת ׀
דִּבְרֵי רַבְשָׁקֵה אֲשֶׁר שְׁלָחוֹ מֶלֶךְ־אַשּׁוּר ׀ אֲדֹנָיו לְחָרֵף
אֱלֹהִים חַי וְהוֹכִיחַ בַּדְּבָרִים אֲשֶׁר שָׁמַע יְהוָה אֱלֹהֶיךָ
ה וְנָשָׂאתָ תְפִלָּה בְּעַד הַשְּׁאֵרִית הַנִּמְצָאָה׃ וַיָּבֹאוּ עַבְדֵי הַמֶּלֶךְ
6 חִזְקִיָּהוּ אֶל־יְשַׁעְיָהוּ׃ וַיֹּאמֶר אֲלֵיהֶם יְשַׁעְיָהוּ כֹּה תֹאמְרוּן
אֶל־אֲדֹנֵיכֶם כֹּה ׀ אָמַר יְהוָה אַל־תִּירָא מִפְּנֵי הַדְּבָרִים
7 אֲשֶׁר שָׁמַעְתָּ אֲשֶׁר גִּדְּפוּ נַעֲרֵי מֶלֶךְ־אַשּׁוּר אוֹתִי׃ הִנְנִי נוֹתֵן
בּוֹ רוּחַ וְשָׁמַע שְׁמוּעָה וְשָׁב אֶל־אַרְצוֹ וְהִפַּלְתִּיו בַּחֶרֶב
8 בְּאַרְצוֹ׃ וַיָּשָׁב רַבְשָׁקֵה וַיִּמְצָא אֶת־מֶלֶךְ אַשּׁוּר נִלְחָם עַל־
9 לִבְנָה כִּי שָׁמַע כִּי נָסַע מִלָּכִישׁ׃ וַיִּשְׁמַע עַל־תִּרְהָקָה מֶלֶךְ־
כּוּשׁ לֵאמֹר יָצָא לְהִלָּחֵם אִתָּךְ וַיִּשְׁמַע וַיִּשְׁלַח מַלְאָכִים אֶל־
י חִזְקִיָּהוּ לֵאמֹר׃ כֹּה תֹאמְרוּן אֶל־חִזְקִיָּהוּ מֶלֶךְ־יְהוּדָה
לֵאמֹר אַל־יַשִּׁאֲךָ אֱלֹהֶיךָ אֲשֶׁר אַתָּה בּוֹטֵחַ בּוֹ לֵאמֹר לֹא
11 תִנָּתֵן יְרוּשָׁלַםִ בְּיַד מֶלֶךְ אַשּׁוּר׃ הִנֵּה ׀ אַתָּה שָׁמַעְתָּ אֲשֶׁר
עָשׂוּ מַלְכֵי אַשּׁוּר לְכָל־הָאֲרָצוֹת לְהַחֲרִימָם וְאַתָּה תִּנָּצֵל׃
12 הַהִצִּילוּ אוֹתָם אֱלֹהֵי הַגּוֹיִם אֲשֶׁר הִשְׁחִיתוּ אֲבוֹתַי אֶת־גּוֹזָן
13 וְאֶת־חָרָן וְרֶצֶף וּבְנֵי־עֶדֶן אֲשֶׁר בִּתְלַשָּׂר׃ אַיֵּה מֶלֶךְ־
14 חֲמָת וּמֶלֶךְ אַרְפָּד וּמֶלֶךְ לָעִיר סְפַרְוָיִם הֵנַע וְעִוָּה׃ וַיִּקַּח
חִזְקִיָּהוּ אֶת־הַסְּפָרִים מִיַּד הַמַּלְאָכִים וַיִּקְרָאֵהוּ וַיַּעַל בֵּית
טו יְהוָה וַיִּפְרְשֵׂהוּ חִזְקִיָּהוּ לִפְנֵי יְהוָה׃ וַיִּתְפַּלֵּל חִזְקִיָּהוּ אֶל־
16 יְהוָה לֵאמֹר׃ יְהוָה צְבָאוֹת אֱלֹהֵי יִשְׂרָאֵל יֹשֵׁב הַכְּרֻבִים
אַתָּה־הוּא הָאֱלֹהִים לְבַדְּךָ לְכֹל מַמְלְכוֹת הָאָרֶץ אַתָּה

עשית

17 עֲשִׂיתָ אֶת־הַשָּׁמַיִם וְאֶת־הָאָרֶץ׃ הַטֵּה יְהוָה ׀ אָזְנְךָ וּשְׁמָע
פְּקַח יְהוָה עֵינֶךָ וּרְאֵה וּשְׁמַע אֵת כָּל־דִּבְרֵי סַנְחֵרִיב אֲשֶׁר
18 שָׁלַח לְחָרֵף אֱלֹהִים חָי׃ אָמְנָם יְהוָה הֶחֱרִיבוּ מַלְכֵי אַשּׁוּר
19 אֶת־כָּל־הָאֲרָצוֹת וְאֶת־אַרְצָם׃ וְנָתֹן אֶת־אֱלֹהֵיהֶם בָּאֵשׁ
כִּי לֹא אֱלֹהִים הֵמָּה כִּי אִם־מַעֲשֵׂה יְדֵי־אָדָם עֵץ וָאֶבֶן
כ וַיְאַבְּדוּם׃ וְעַתָּה יְהוָה אֱלֹהֵינוּ הוֹשִׁיעֵנוּ מִיָּדוֹ וְיֵדְעוּ כָּל־
21 מַמְלְכוֹת הָאָרֶץ כִּי־אַתָּה יְהוָה לְבַדֶּךָ׃ וַיִּשְׁלַח יְשַׁעְיָהוּ
בֶן־אָמוֹץ אֶל־חִזְקִיָּהוּ לֵאמֹר כֹּה־אָמַר יְהוָה אֱלֹהֵי יִשְׂרָאֵל
22 אֲשֶׁר הִתְפַּלַּלְתָּ אֵלַי אֶל־סַנְחֵרִיב מֶלֶךְ אַשּׁוּר׃ זֶה הַדָּבָר
אֲשֶׁר־דִּבֶּר יְהוָה עָלָיו בָּזָה לְךָ לָעֲגָה לְךָ בְּתוּלַת בַּת־צִיּוֹן
23 אַחֲרֶיךָ רֹאשׁ הֵנִיעָה בַּת יְרוּשָׁלִָם׃ אֶת־מִי חֵרַפְתָּ וְגִדַּפְתָּ
וְעַל־מִי הֲרִימוֹתָה קּוֹל וַתִּשָּׂא מָרוֹם עֵינֶיךָ אֶל־קְדוֹשׁ
24 יִשְׂרָאֵל׃ בְּיַד עֲבָדֶיךָ חֵרַפְתָּ ׀ אֲדֹנָי וַתֹּאמֶר בְּרֹב רִכְבִּי
אֲנִי עָלִיתִי מְרוֹם הָרִים יַרְכְּתֵי לְבָנוֹן וְאֶכְרֹת קוֹמַת אֲרָזָיו
כה מִבְחַר בְּרֹשָׁיו וְאָבוֹא מְרוֹם קִצּוֹ יַעַר כַּרְמִלּוֹ׃ אֲנִי קַרְתִּי
26 וְשָׁתִיתִי מָיִם וְאַחְרִב בְּכַף־פְּעָמַי כֹּל יְאֹרֵי מָצוֹר׃ הֲלוֹא־
שָׁמַעְתָּ לְמֵרָחוֹק אוֹתָהּ עָשִׂיתִי מִימֵי קֶדֶם וִיצַרְתִּיהָ עַתָּה
27 הֲבֵאתִיהָ וּתְהִי לְהַשְׁאוֹת גַּלִּים נִצִּים עָרִים בְּצֻרוֹת׃ וְיֹשְׁבֵיהֶן
קִצְרֵי־יָד חַתּוּ וָבֹשׁוּ הָיוּ עֵשֶׂב שָׂדֶה וִירַק דֶּשֶׁא חֲצִיר גַּגּוֹת
28 וּשְׁדֵמָה לִפְנֵי קָמָה׃ וְשִׁבְתְּךָ וְצֵאתְךָ וּבוֹאֲךָ יָדָעְתִּי וְאֵת
29 הִתְרַגֶּזְךָ אֵלָי׃ יַעַן הִתְרַגֶּזְךָ אֵלַי וְשַׁאֲנַנְךָ עָלָה בְאָזְנָי וְשַׂמְתִּי
חַחִי בְּאַפֶּךָ וּמִתְגִּי בִּשְׂפָתֶיךָ וַהֲשִׁיבֹתִיךָ בַּדֶּרֶךְ אֲשֶׁר־בָּאתָ
ל בָּהּ׃ וְזֶה־לְּךָ הָאוֹת אָכוֹל הַשָּׁנָה סָפִיחַ וּבַשָּׁנָה הַשֵּׁנִית שָׁחִיס
וּבַשָּׁנָה הַשְּׁלִישִׁית זִרְעוּ וְקִצְרוּ וְנִטְעוּ כְרָמִים וְאִכוֹל פִּרְיָם׃
31 וְיָסְפָה פְּלֵיטַת בֵּית־יְהוּדָה הַנִּשְׁאָרָה שֹׁרֶשׁ לְמָטָּה וְעָשָׂה
32 פְרִי לְמָעְלָה׃ כִּי מִירוּשָׁלִַם תֵּצֵא שְׁאֵרִית וּפְלֵיטָה מֵהַר
33 צִיּוֹן קִנְאַת יְהוָה צְבָאוֹת תַּעֲשֶׂה־זֹּאת׃ לָכֵן כֹּה־אָמַר

יהוה

v. 30. ואכלו ק׳

יְהוָה֙ אֶל־מֶ֣לֶךְ אַשּׁ֔וּר לֹ֤א יָבוֹא֙ אֶל־הָעִ֣יר הַזֹּ֔את וְלֹא־
יוֹרֶ֥ה שָׁ֖ם חֵ֑ץ וְלֹא־יְקַדְּמֶ֣נָּה מָגֵ֔ן וְלֹֽא־יִשְׁפֹּ֥ךְ עָלֶ֖יהָ סֹלְלָֽה׃
34 בַּדֶּ֥רֶךְ אֲשֶׁר־בָּ֖א בָּ֣הּ יָשׁ֑וּב וְאֶל־הָעִ֥יר הַזֹּ֛את לֹ֥א יָב֖וֹא
לה נְאֻם־יְהוָֽה׃ וְגַנּוֹתִ֛י עַל־הָעִ֥יר הַזֹּ֖את לְהוֹשִׁיעָ֑הּ לְמַֽעֲנִ֔י וּלְמַ֖עַן
36 דָּוִ֥ד עַבְדִּֽי׃ וַיֵּצֵ֣א ׀ מַלְאַ֣ךְ יְהוָ֗ה וַיַּכֶּה֙ בְּמַחֲנֵ֣ה אַשּׁ֔וּר מֵאָ֛ה
וּשְׁמֹנִ֥ים וַחֲמִשָּׁ֖ה אָ֑לֶף וַיַּשְׁכִּ֣ימוּ בַבֹּ֔קֶר וְהִנֵּ֥ה כֻלָּ֖ם פְּגָרִ֥ים
37 מֵתִֽים׃ וַיִּסַּ֣ע וַיֵּ֔לֶךְ וַיָּ֖שָׁב סַנְחֵרִ֣יב מֶֽלֶךְ־אַשּׁ֑וּר וַיֵּ֖שֶׁב בְּנִֽינְוֵֽה׃
38 וַיְהִי֩ ה֨וּא מִֽשְׁתַּחֲוֶ֜ה בֵּ֣ית ׀ נִסְרֹ֣ךְ אֱלֹהָ֗יו וְאַדְרַמֶּ֨לֶךְ וְשַׂרְאֶ֤צֶר
בָּנָיו֙ הִכֻּ֣הוּ בַחֶ֔רֶב וְהֵ֥מָּה נִמְלְט֖וּ אֶ֣רֶץ אֲרָרָ֑ט וַיִּמְלֹ֛ךְ אֵֽסַר־
חַדֹּ֥ן בְּנ֖וֹ תַּחְתָּֽיו׃

לח CAP. XXXVIII. לח

א בַּיָּמִ֣ים הָהֵ֔ם חָלָ֥ה חִזְקִיָּ֖הוּ לָמ֑וּת וַיָּב֣וֹא אֵלָ֡יו יְשַֽׁעְיָ֩הוּ
בֶן־אָמ֨וֹץ הַנָּבִ֜יא וַיֹּ֨אמֶר אֵלָ֜יו כֹּֽה־אָמַ֤ר יְהוָה֙ צַ֣ו לְבֵיתֶ֔ךָ כִּ֛י
2 מֵ֥ת אַתָּ֖ה וְלֹ֥א תִחְיֶֽה׃ וַיַּסֵּ֧ב חִזְקִיָּ֛הוּ פָּנָ֖יו אֶל־הַקִּ֑יר וַיִּתְפַּלֵּ֖ל
3 אֶל־יְהוָֽה׃ וַיֹּאמַ֗ר אָנָּ֤ה יְהוָה֙ זְכָר־נָ֞א אֵ֣ת אֲשֶׁ֧ר הִתְהַלַּ֣כְתִּי
לְפָנֶ֗יךָ בֶּֽאֱמֶת֙ וּבְלֵ֣ב שָׁלֵ֔ם וְהַטּ֥וֹב בְּעֵינֶ֖יךָ עָשִׂ֑יתִי וַיֵּ֥בְךְּ חִזְקִיָּ֖הוּ
4 בְּכִ֥י גָדֽוֹל׃ וַֽיְהִי֙ דְּבַר־יְהוָ֔ה אֶֽל־יְשַֽׁעְיָ֖הוּ לֵאמֹֽר׃
ה הָל֞וֹךְ וְאָמַרְתָּ֣ אֶל־חִזְקִיָּ֗הוּ כֹּֽה־אָמַ֤ר יְהוָה֙ אֱלֹהֵי֙ דָּוִ֣ד אָבִ֔יךָ
שָׁמַ֙עְתִּי֙ אֶת־תְּפִלָּתֶ֔ךָ רָאִ֖יתִי אֶת־דִּמְעָתֶ֑ךָ הִנְנִי֙ יוֹסִ֣ף עַל־
6 יָמֶ֔יךָ חֲמֵ֥שׁ עֶשְׂרֵ֖ה שָׁנָֽה׃ וּמִכַּ֤ף מֶֽלֶךְ־אַשּׁוּר֙ אַצִּ֣ילְךָ֔ וְאֵ֖ת
7 הָעִ֣יר הַזֹּ֑את וְגַנּוֹתִ֖י עַל־הָעִ֥יר הַזֹּֽאת׃ וְזֶה־לְּךָ֥ הָא֖וֹת מֵאֵ֣ת
8 יְהוָ֑ה אֲשֶׁר֙ יַעֲשֶׂ֣ה יְהוָ֔ה אֶת־הַדָּבָ֥ר הַזֶּ֖ה אֲשֶׁ֥ר דִּבֵּֽר׃ הִנְנִ֣י
מֵשִׁ֣יב אֶת־צֵ֣ל הַ֠מַּעֲלוֹת אֲשֶׁ֨ר יָרְדָ֜ה בְּמַעֲל֥וֹת אָחָ֛ז בַּשֶּׁ֛מֶשׁ
אֲחֹרַנִּ֖ית עֶ֣שֶׂר מַעֲל֑וֹת וַתָּ֤שָׁב הַשֶּׁ֙מֶשׁ֙ עֶ֣שֶׂר מַעֲל֔וֹת בַּֽמַּעֲל֖וֹת
9 אֲשֶׁ֥ר יָרָֽדָה׃ מִכְתָּ֖ב לְחִזְקִיָּ֣הוּ מֶֽלֶךְ־יְהוּדָ֑ה בַּחֲלֹת֕וֹ וַיְחִ֖י
י מֵחָלְיֽוֹ׃ אֲנִ֣י אָמַ֗רְתִּי בִּדְמִ֥י יָמַ֛י אֵלֵ֖כָה בְּשַׁעֲרֵ֣י שְׁא֑וֹל פֻּקַּ֖דְתִּי
11 יֶ֥תֶר שְׁנוֹתָֽי׃ אָמַ֙רְתִּי֙ לֹא־אֶרְאֶ֣ה יָ֔הּ יָ֖הּ בְּאֶ֣רֶץ הַחַיִּ֑ים לֹֽא־
12 אַבִּ֥יט אָדָ֛ם ע֖וֹד עִם־י֥וֹשְׁבֵי חָֽדֶל׃ דּוֹרִ֗י נִסַּ֛ע וְנִגְלָ֥ה מִנִּ֖י
כאהל

כְּאֹהֶל רֹעִי קִפַּדְתִּי כָאֹרֵג חַיַּי מִדַּלָּה יְבַצְּעֵנִי מִיּוֹם עַד־
13 לַיְלָה תַּשְׁלִימֵנִי׃ שִׁוִּיתִי עַד־בֹּקֶר כָּאֲרִי כֵּן יְשַׁבֵּר כָּל־
14 עַצְמוֹתָי מִיּוֹם עַד־לַיְלָה תַּשְׁלִימֵנִי׃ כְּסוּס עָגוּר כֵּן אֲצַפְצֵף
אֶהְגֶּה כַּיּוֹנָה דַּלּוּ עֵינַי לַמָּרוֹם אֲדֹנָי עָשְׁקָה־לִּי עָרְבֵנִי׃
טו מָה־אֲדַבֵּר וְאָמַר־לִי וְהוּא עָשָׂה אֶדַּדֶּה כָל־שְׁנוֹתַי עַל־
16 מַר נַפְשִׁי׃ אֲדֹנָי עֲלֵיהֶם יִחְיוּ וּלְכָל־בָּהֶן חַיֵּי רוּחִי וְתַחֲלִימֵנִי
17 וְהַחֲיֵנִי׃ הִנֵּה לְשָׁלוֹם מַר־לִי מָר וְאַתָּה חָשַׁקְתָּ נַפְשִׁי מִשַּׁחַת
18 בְּלִי כִּי הִשְׁלַכְתָּ אַחֲרֵי גֵוְךָ כָּל־חֲטָאָי׃ כִּי לֹא שְׁאוֹל תּוֹדֶךָּ
19 מָוֶת יְהַלְלֶךָּ לֹא־יְשַׂבְּרוּ יוֹרְדֵי־בוֹר אֶל־אֲמִתֶּךָ׃ חַי חַי
כ הוּא יוֹדֶךָ כָּמוֹנִי הַיּוֹם אָב לְבָנִים יוֹדִיעַ אֶל־אֲמִתֶּךָ׃ יְהוָה
21 לְהוֹשִׁיעֵנִי וּנְגִנוֹתַי נְנַגֵּן כָּל־יְמֵי חַיֵּינוּ עַל־בֵּית יְהוָה׃ וַיֹּאמֶר
22 יְשַׁעְיָהוּ יִשְׂאוּ דְּבֶלֶת תְּאֵנִים וְיִמְרְחוּ עַל־הַשְּׁחִין וְיֶחִי׃ וַיֹּאמֶר
חִזְקִיָּהוּ מָה אוֹת כִּי אֶעֱלֶה בֵּית יְהוָה׃

לט Cap. XXXIX. לט

א בָּעֵת הַהִוא שָׁלַח מְרֹאדַךְ בַּלְאֲדָן בֶּן־בַּלְאֲדָן מֶלֶךְ־בָּבֶל
2 סְפָרִים וּמִנְחָה אֶל־חִזְקִיָּהוּ וַיִּשְׁמַע כִּי חָלָה וַיֶּחֱזָק׃ וַיִּשְׂמַח
עֲלֵיהֶם חִזְקִיָּהוּ וַיַּרְאֵם אֶת־בֵּית נְכֹתֹה אֶת־הַכֶּסֶף וְאֶת־
הַזָּהָב וְאֶת־הַבְּשָׂמִים וְאֵת ׀ הַשֶּׁמֶן הַטּוֹב וְאֵת כָּל־בֵּית כֵּלָיו
וְאֵת כָּל־אֲשֶׁר נִמְצָא בְּאֹצְרֹתָיו לֹא־הָיָה דָבָר אֲשֶׁר לֹא־
3 הֶרְאָם חִזְקִיָּהוּ בְּבֵיתוֹ וּבְכָל־מֶמְשַׁלְתּוֹ׃ וַיָּבֹא יְשַׁעְיָהוּ הַנָּבִיא
אֶל־הַמֶּלֶךְ חִזְקִיָּהוּ וַיֹּאמֶר אֵלָיו מָה אָמְרוּ ׀ הָאֲנָשִׁים הָאֵלֶּה
וּמֵאַיִן יָבֹאוּ אֵלֶיךָ וַיֹּאמֶר חִזְקִיָּהוּ מֵאֶרֶץ רְחוֹקָה בָּאוּ אֵלַי
4 מִבָּבֶל׃ וַיֹּאמֶר מָה רָאוּ בְּבֵיתֶךָ וַיֹּאמֶר חִזְקִיָּהוּ אֵת כָּל־
אֲשֶׁר בְּבֵיתִי רָאוּ לֹא־הָיָה דָבָר אֲשֶׁר לֹא־הִרְאִיתִים
ה בְּאוֹצְרֹתָי׃ וַיֹּאמֶר יְשַׁעְיָהוּ אֶל־חִזְקִיָּהוּ שְׁמַע דְּבַר־יְהוָה
6 צְבָאוֹת׃ הִנֵּה יָמִים בָּאִים וְנִשָּׂא ׀ כָּל־אֲשֶׁר בְּבֵיתֶךָ וַאֲשֶׁר
אָצְרוּ אֲבֹתֶיךָ עַד־הַיּוֹם הַזֶּה בָּבֶל לֹא־יִוָּתֵר דָּבָר אָמַר
7 יְהוָה׃ וּמִבָּנֶיךָ אֲשֶׁר יֵצְאוּ מִמְּךָ אֲשֶׁר תּוֹלִיד יִקָּחוּ וְהָיוּ

סריסים

8 סָרִיסִים בְּהֵיכַל מֶלֶךְ בָּבֶל׃ וַיֹּאמֶר חִזְקִיָּהוּ אֶל־יְשַׁעְיָהוּ
טוֹב דְּבַר־יְהוָה אֲשֶׁר דִּבַּרְתָּ וַיֹּאמֶר כִּי יִהְיֶה שָׁלוֹם וֶאֱמֶת
בְּיָמָי׃

מ Cap. XL. מ

2 א °נַחֲמוּ נַחֲמוּ עַמִּי יֹאמַר אֱלֹהֵיכֶם׃ דַּבְּרוּ עַל־לֵב יְרוּשָׁלַםִ
וְקִרְאוּ אֵלֶיהָ כִּי מָלְאָה צְבָאָהּ כִּי נִרְצָה עֲוֺנָהּ כִּי לָקְחָה
3 מִיַּד יְהוָה כִּפְלַיִם בְּכָל־חַטֹּאתֶיהָ׃ קוֹל קוֹרֵא בַּמִּדְבָּר
4 פַּנּוּ דֶּרֶךְ יְהוָה יַשְּׁרוּ בָּעֲרָבָה מְסִלָּה לֵאלֹהֵינוּ׃ כָּל־גֶּיא
יִנָּשֵׂא וְכָל־הַר וְגִבְעָה יִשְׁפָּלוּ וְהָיָה הֶעָקֹב לְמִישׁוֹר וְהָרְכָסִים
ה לְבִקְעָה׃ וְנִגְלָה כְּבוֹד יְהוָה וְרָאוּ כָל־בָּשָׂר יַחְדָּו כִּי פִּי
6 יְהוָה דִּבֵּר׃ קוֹל אֹמֵר קְרָא וְאָמַר מָה אֶקְרָא כָּל־
7 הַבָּשָׂר חָצִיר וְכָל־חַסְדּוֹ כְּצִיץ הַשָּׂדֶה׃ יָבֵשׁ חָצִיר נָבֵל
8 צִיץ כִּי רוּחַ יְהוָה נָשְׁבָה בּוֹ אָכֵן חָצִיר הָעָם׃ יָבֵשׁ חָצִיר
9 נָבֵל צִיץ וּדְבַר־אֱלֹהֵינוּ יָקוּם לְעוֹלָם׃ עַל הַר־גָּבֹהַּ
עֲלִי־לָךְ מְבַשֶּׂרֶת צִיּוֹן הָרִימִי בַכֹּחַ קוֹלֵךְ מְבַשֶּׂרֶת יְרוּשָׁלָםִ
י הָרִימִי אַל־תִּירָאִי אִמְרִי לְעָרֵי יְהוּדָה הִנֵּה אֱלֹהֵיכֶם׃ הִנֵּה
אֲדֹנָי יְהוִה בְּחָזָק יָבוֹא וּזְרֹעוֹ מֹשְׁלָה לוֹ הִנֵּה שְׂכָרוֹ אִתּוֹ
11 וּפְעֻלָּתוֹ לְפָנָיו׃ כְּרֹעֶה עֶדְרוֹ יִרְעֶה בִּזְרֹעוֹ יְקַבֵּץ טְלָאִים
12 וּבְחֵיקוֹ יִשָּׂא עָלוֹת יְנַהֵל׃ מִי־מָדַד בְּשָׁעֳלוֹ מַיִם וְשָׁמַיִם
בַּזֶּרֶת תִּכֵּן וְכָל בַּשָּׁלִשׁ עֲפַר הָאָרֶץ וְשָׁקַל בַּפֶּלֶס הָרִים
13 וּגְבָעוֹת בְּמֹאזְנָיִם׃ מִי־תִכֵּן אֶת־רוּחַ יְהוָה וְאִישׁ עֲצָתוֹ
14 יוֹדִיעֶנּוּ׃ אֶת־מִי נוֹעָץ וַיְבִינֵהוּ וַיְלַמְּדֵהוּ בְּאֹרַח מִשְׁפָּט
טו וַיְלַמְּדֵהוּ דַעַת וְדֶרֶךְ תְּבוּנוֹת יוֹדִיעֶנּוּ׃ הֵן גּוֹיִם כְּמַר מִדְּלִי
16 וּכְשַׁחַק מֹאזְנַיִם נֶחְשָׁבוּ הֵן אִיִּים כַּדַּק יִטּוֹל׃ וּלְבָנוֹן אֵין דֵּי
17 בָּעֵר וְחַיָּתוֹ אֵין דֵּי עוֹלָה׃ כָּל־הַגּוֹיִם כְּאַיִן נֶגְדּוֹ מֵאֶפֶס
18 וָתֹהוּ נֶחְשְׁבוּ־לוֹ׃ וְאֶל־מִי תְּדַמְּיוּן אֵל וּמַה־דְּמוּת תַּעַרְכוּ־
19 לוֹ׃ הַפֶּסֶל נָסַךְ חָרָשׁ וְצֹרֵף בַּזָּהָב יְרַקְּעֶנּוּ וּרְתֻקוֹת כֶּסֶף

צורף

מ׳ v. 1. הפטרת ואתחנן

כ צוֹרֵף: הַמְסֻכָּן תְּרוּמָה עֵץ לֹא־יִרְקַב יִבְחָר חָרָשׁ חָכָם
21 יְבַקֶּשׁ־לוֹ לְהָכִין פֶּסֶל לֹא יִמּוֹט: הֲלוֹא תֵדְעוּ הֲלוֹא תִשְׁמָעוּ
הֲלוֹא הֻגַּד מֵרֹאשׁ לָכֶם הֲלוֹא הֲבִינֹתֶם מוֹסְדוֹת הָאָרֶץ:
22 הַיֹּשֵׁב עַל־חוּג הָאָרֶץ וְיֹשְׁבֶיהָ כַּחֲגָבִים הַנּוֹטֶה כַדֹּק שָׁמַיִם
23 וַיִּמְתָּחֵם כָּאֹהֶל לָשָׁבֶת: הַנּוֹתֵן רוֹזְנִים לְאָיִן שֹׁפְטֵי אֶרֶץ
24 כַּתֹּהוּ עָשָׂה: אַף בַּל־נִטָּעוּ אַף בַּל־זֹרָעוּ אַף בַּל־שֹׁרֵשׁ
בָּאָרֶץ גִּזְעָם וְגַם־נָשַׁף בָּהֶם וַיִּבָשׁוּ וּסְעָרָה כַּקַּשׁ תִּשָּׂאֵם:
כה 26 וְאֶל־מִי תְדַמְּיוּנִי וְאֶשְׁוֶה יֹאמַר קָדוֹשׁ: שְׂאוּ־מָרוֹם עֵינֵיכֶם
וּרְאוּ מִי־בָרָא אֵלֶּה הַמּוֹצִיא בְמִסְפָּר צְבָאָם לְכֻלָּם בְּשֵׁם
27 יִקְרָא מֵרֹב אוֹנִים וְאַמִּיץ כֹּחַ אִישׁ לֹא נֶעְדָּר: לָמָּה
תֹאמַר יַעֲקֹב וּתְדַבֵּר יִשְׂרָאֵל נִסְתְּרָה דַרְכִּי מֵיְהוָה וּמֵאֱלֹהַי
28 מִשְׁפָּטִי יַעֲבוֹר: הֲלוֹא יָדַעְתָּ אִם־לֹא שָׁמַעְתָּ אֱלֹהֵי עוֹלָם ׀
יְהוָה בּוֹרֵא קְצוֹת הָאָרֶץ לֹא יִיעַף וְלֹא יִיגָע אֵין חֵקֶר
29 ל לִתְבוּנָתוֹ: נֹתֵן לַיָּעֵף כֹּחַ וּלְאֵין אוֹנִים עָצְמָה יַרְבֶּה: וְיִעֲפוּ
31 נְעָרִים וְיִגָעוּ וּבַחוּרִים כָּשׁוֹל יִכָּשֵׁלוּ: וְקוֹיֵ יְהוָה יַחֲלִיפוּ כֹחַ
יַעֲלוּ אֵבֶר כַּנְּשָׁרִים יָרוּצוּ וְלֹא יִיגָעוּ יֵלְכוּ וְלֹא יִיעָפוּ:

מא

Cap. XLI. מא

א הַחֲרִישׁוּ אֵלַי אִיִּים וּלְאֻמִּים יַחֲלִיפוּ כֹחַ יִגְּשׁוּ אָז יְדַבֵּרוּ
2 יַחְדָּו לַמִּשְׁפָּט נִקְרָבָה: מִי הֵעִיר מִמִּזְרָח צֶדֶק יִקְרָאֵהוּ
לְרַגְלוֹ יִתֵּן לְפָנָיו גּוֹיִם וּמְלָכִים יַרְדְּ יִתֵּן כֶּעָפָר חַרְבּוֹ כְּקַשׁ
3 נִדָּף קַשְׁתּוֹ: יִרְדְּפֵם יַעֲבוֹר שָׁלוֹם אֹרַח בְּרַגְלָיו לֹא יָבוֹא:
4 מִי־פָעַל וְעָשָׂה קֹרֵא הַדֹּרוֹת מֵרֹאשׁ אֲנִי יְהוָה רִאשׁוֹן וְאֶת־
ה אַחֲרֹנִים אֲנִי־הוּא: רָאוּ אִיִּים וְיִירָאוּ קְצוֹת הָאָרֶץ יֶחֱרָדוּ
6 קָרְבוּ וַיֶּאֱתָיוּן: אִישׁ אֶת־רֵעֵהוּ יַעְזֹרוּ וּלְאָחִיו יֹאמַר חֲזָק:
7 וַיְחַזֵּק חָרָשׁ אֶת־צֹרֵף מַחֲלִיק פַּטִּישׁ אֶת־הוֹלֶם פָּעַם אֹמֵר
8 לַדֶּבֶק טוֹב הוּא וַיְחַזְּקֵהוּ בְמַסְמְרִים לֹא יִמּוֹט: וְאַתָּה
יִשְׂרָאֵל עַבְדִּי יַעֲקֹב אֲשֶׁר בְּחַרְתִּיךָ זֶרַע אַבְרָהָם אֹהֲבִי:

אשר

מ׳ v. 27. הפטרת לך לך

9 אֲשֶׁר הֶחֱזַקְתִּיךָ מִקְצוֹת הָאָרֶץ וּמֵאֲצִילֶיהָ קְרָאתִיךָ וָאֹמַר
י לְךָ עַבְדִּי־אַתָּה בְּחַרְתִּיךָ וְלֹא מְאַסְתִּיךָ׃ אַל־תִּירָא כִּי
עִמְּךָ־אָנִי אַל־תִּשְׁתָּע כִּי־אֲנִי אֱלֹהֶיךָ אִמַּצְתִּיךָ אַף־עֲזַרְתִּיךָ
11 אַף־תְּמַכְתִּיךָ בִּימִין צִדְקִי׃ הֵן יֵבֹשׁוּ וְיִכָּלְמוּ כֹּל הַנֶּחֱרִים
12 בָּךְ יִהְיוּ כְאַיִן וְיֹאבְדוּ אַנְשֵׁי רִיבֶךָ׃ תְּבַקְשֵׁם וְלֹא תִמְצָאֵם
13 אַנְשֵׁי מַצֻּתֶךָ יִהְיוּ כְאַיִן וּכְאֶפֶס אַנְשֵׁי מִלְחַמְתֶּךָ׃ כִּי אֲנִי
יְהוָה אֱלֹהֶיךָ מַחֲזִיק יְמִינֶךָ הָאֹמֵר לְךָ אַל־תִּירָא אֲנִי
14 עֲזַרְתִּיךָ׃ אַל־תִּירְאִי תּוֹלַעַת יַעֲקֹב מְתֵי יִשְׂרָאֵל אֲנִי
טו עֲזַרְתִּיךְ נְאֻם־יְהוָה וְגֹאֲלֵךְ קְדוֹשׁ יִשְׂרָאֵל׃ הִנֵּה שַׂמְתִּיךְ
לְמוֹרַג חָרוּץ חָדָשׁ בַּעַל פִּיפִיּוֹת תָּדוּשׁ הָרִים וְתָדֹק וּגְבָעוֹת
16 כַּמֹּץ תָּשִׂים׃ תִּזְרֵם וְרוּחַ תִּשָּׂאֵם וּסְעָרָה תָּפִיץ אוֹתָם וְאַתָּה
תָּגִיל בַּיהוָה בִּקְדוֹשׁ יִשְׂרָאֵל תִּתְהַלָּל׃
17 הָעֲנִיִּים וְהָאֶבְיוֹנִים מְבַקְשִׁים מַיִם וָאַיִן לְשׁוֹנָם בַּצָּמָא נָשָׁתָּה
18 אֲנִי יְהוָה אֶעֱנֵם אֱלֹהֵי יִשְׂרָאֵל לֹא אֶעֶזְבֵם׃ אֶפְתַּח עַל־
שְׁפָיִים נְהָרוֹת וּבְתוֹךְ בְּקָעוֹת מַעְיָנוֹת אָשִׂים מִדְבָּר לַאֲגַם־
19 מַיִם וְאֶרֶץ צִיָּה לְמוֹצָאֵי מָיִם׃ אֶתֵּן בַּמִּדְבָּר אֶרֶז שִׁטָּה
וַהֲדַס וְעֵץ שָׁמֶן אָשִׂים בָּעֲרָבָה בְּרוֹשׁ תִּדְהָר וּתְאַשּׁוּר יַחְדָּו׃
כ לְמַעַן יִרְאוּ וְיֵדְעוּ וְיָשִׂימוּ וְיַשְׂכִּילוּ יַחְדָּו כִּי יַד־יְהוָה עָשְׂתָה
21 זֹּאת וּקְדוֹשׁ יִשְׂרָאֵל בְּרָאָהּ׃ קָרְבוּ רִיבְכֶם יֹאמַר יְהוָה
22 הַגִּישׁוּ עֲצֻמוֹתֵיכֶם יֹאמַר מֶלֶךְ יַעֲקֹב׃ יַגִּישׁוּ וְיַגִּידוּ לָנוּ
אֵת אֲשֶׁר תִּקְרֶינָה הָרִאשֹׁנוֹת ׀ מָה הֵנָּה הַגִּידוּ וְנָשִׂימָה
23 לִבֵּנוּ וְנֵדְעָה אַחֲרִיתָן אוֹ הַבָּאוֹת הַשְׁמִיעֻנוּ׃ הַגִּידוּ הָאֹתִיּוֹת
לְאָחוֹר וְנֵדְעָה כִּי אֱלֹהִים אַתֶּם אַף־תֵּיטִיבוּ וְתָרֵעוּ וְנִשְׁתָּעָה
24 וְנִרְאֶ יַחְדָּו׃ הֵן־אַתֶּם מֵאַיִן וּפָעָלְכֶם מֵאָפַע תּוֹעֵבָה יִבְחַר
כה בָּכֶם׃ הַעִירוֹתִי מִצָּפוֹן וַיַּאת מִמִּזְרַח־שֶׁמֶשׁ יִקְרָא בִשְׁמִי
26 וְיָבֹא סְגָנִים כְּמוֹ־חֹמֶר וּכְמוֹ יוֹצֵר יִרְמָס־טִיט׃ מִי־הִגִּיד
מֵרֹאשׁ וְנֵדָעָה וּמִלְּפָנִים וְנֹאמַר צַדִּיק אַף אֵין־מַגִּיד אַף אֵין

מ״א v. 23. ונראה ק׳

27 מַשְׁמִיעַ אַף אֵין־שֹׁמֵעַ אִמְרֵיכֶם׃ רִאשׁוֹן לְצִיּוֹן הִנֵּה הִנָּם
28 וְלִירוּשָׁלַ͏ִם מְבַשֵּׂר אֶתֵּן׃ וְאֵרֶא וְאֵין אִישׁ וּמֵאֵלֶּה וְאֵין יוֹעֵץ
29 וְאֶשְׁאָלֵם וְיָשִׁיבוּ דָבָר׃ הֵן כֻּלָּם אָוֶן אֶפֶס מַעֲשֵׂיהֶם רוּחַ
וָתֹהוּ נִסְכֵּיהֶם׃

מב CAP. XLII. מב

א הֵן עַבְדִּי אֶתְמָךְ־בּוֹ בְּחִירִי רָצְתָה נַפְשִׁי נָתַתִּי רוּחִי עָלָיו
2 מִשְׁפָּט לַגּוֹיִם יוֹצִיא׃ לֹא יִצְעַק וְלֹא יִשָּׂא וְלֹא־יַשְׁמִיעַ בַּחוּץ
3 קוֹלוֹ׃ קָנֶה רָצוּץ לֹא יִשְׁבּוֹר וּפִשְׁתָּה כֵהָה לֹא יְכַבֶּנָּה
4 לֶאֱמֶת יוֹצִיא מִשְׁפָּט׃ לֹא יִכְהֶה וְלֹא יָרוּץ עַד־יָשִׂים בָּאָרֶץ
מִשְׁפָּט וּלְתוֹרָתוֹ אִיִּים יְיַחֵילוּ׃
ה ° כֹּה־אָמַר הָאֵל ׀ יְהוָה בּוֹרֵא הַשָּׁמַיִם וְנוֹטֵיהֶם רֹקַע הָאָרֶץ
6 וְצֶאֱצָאֶיהָ נֹתֵן נְשָׁמָה לָעָם עָלֶיהָ וְרוּחַ לַהֹלְכִים בָּהּ׃ אֲנִי
יְהוָה קְרָאתִיךָ בְצֶדֶק וְאַחְזֵק בְּיָדֶךָ וְאֶצָּרְךָ וְאֶתֶּנְךָ לִבְרִית
7 עָם לְאוֹר גּוֹיִם׃ לִפְקֹחַ עֵינַיִם עִוְרוֹת לְהוֹצִיא מִמַּסְגֵּר אַסִּיר
8 מִבֵּית כֶּלֶא יֹשְׁבֵי חֹשֶׁךְ׃ אֲנִי יְהוָה הוּא שְׁמִי וּכְבוֹדִי לְאַחֵר
9 לֹא־אֶתֵּן וּתְהִלָּתִי לַפְּסִילִים׃ הָרִאשֹׁנוֹת הִנֵּה־בָאוּ וַחֲדָשׁוֹת
אֲנִי מַגִּיד בְּטֶרֶם תִּצְמַחְנָה אַשְׁמִיעַ אֶתְכֶם׃
י שִׁירוּ לַיהוָה שִׁיר חָדָשׁ תְּהִלָּתוֹ מִקְצֵה הָאָרֶץ יוֹרְדֵי הַיָּם
11 וּמְלֹאוֹ אִיִּים וְיֹשְׁבֵיהֶם׃ יִשְׂאוּ מִדְבָּר וְעָרָיו חֲצֵרִים תֵּשֵׁב
12 קֵדָר יָרֹנּוּ יֹשְׁבֵי סֶלַע מֵרֹאשׁ הָרִים יִצְוָחוּ׃ יָשִׂימוּ לַיהוָה
13 כָּבוֹד וּתְהִלָּתוֹ בָּאִיִּים יַגִּידוּ׃ יְהוָה כַּגִּבּוֹר יֵצֵא כְּאִישׁ מִלְחָמוֹת
14 יָעִיר קִנְאָה יָרִיעַ אַף־יַצְרִיחַ עַל־אֹיְבָיו יִתְגַּבָּר׃ הֶחֱשֵׁיתִי
מֵעוֹלָם אַחֲרִישׁ אֶתְאַפָּק כַּיּוֹלֵדָה אֶפְעֶה אֶשֹּׁם וְאֶשְׁאַף יָחַד׃
טו אַחֲרִיב הָרִים וּגְבָעוֹת וְכָל־עֶשְׂבָּם אוֹבִישׁ וְשַׂמְתִּי נְהָרוֹת
16 לָאִיִּים וַאֲגַמִּים אוֹבִישׁ׃ וְהוֹלַכְתִּי עִוְרִים בְּדֶרֶךְ לֹא יָדָעוּ
בִּנְתִיבוֹת לֹא־יָדְעוּ אַדְרִיכֵם אָשִׂים מַחְשָׁךְ לִפְנֵיהֶם לָאוֹר
וּמַעֲקַשִּׁים לְמִישׁוֹר אֵלֶּה הַדְּבָרִים עֲשִׂיתִם וְלֹא עֲזַבְתִּים׃

מ״ב v. 5. הפטרת בראשית

17 נָסֹגוּ אָחוֹר יֵבֹשׁוּ בֹשֶׁת הַבֹּטְחִים בַּפָּסֶל הָאֹמְרִים לְמַסֵּכָה
18 אַתֶּם אֱלֹהֵינוּ׃ הַחֵרְשִׁים שְׁמָעוּ וְהַעִוְרִים הַבִּיטוּ לִרְאוֹת׃
19 מִי עִוֵּר כִּי אִם־עַבְדִּי וְחֵרֵשׁ כְּמַלְאָכִי אֶשְׁלָח מִי עִוֵּר
כ כִּמְשֻׁלָּם וְעִוֵּר כְּעֶבֶד יְהוָה׃ רָאִית רַבּוֹת וְלֹא תִשְׁמֹר פָּקוֹחַ
21 אָזְנַיִם וְלֹא יִשְׁמָע׃ יְהוָה חָפֵץ לְמַעַן צִדְקוֹ יַגְדִּיל תּוֹרָה
22 וְיַאְדִּיר׃ וְהוּא עַם־בָּזוּז וְשָׁסוּי הָפֵחַ בַּחוּרִים כֻּלָּם וּבְבָתֵּי
כְלָאִים הָחְבָּאוּ הָיוּ לָבַז וְאֵין מַצִּיל מְשִׁסָּה וְאֵין־אֹמֵר הָשַׁב׃
23 24 מִי בָכֶם יַאֲזִין זֹאת יַקְשִׁב וְיִשְׁמַע לְאָחוֹר׃ מִי־נָתַן לִמְשׁוֹסָּה
יַעֲקֹב וְיִשְׂרָאֵל לְבֹזְזִים הֲלוֹא יְהוָה זוּ חָטָאנוּ לוֹ וְלֹא־אָבוּ
כה בִדְרָכָיו הָלוֹךְ וְלֹא שָׁמְעוּ בְּתוֹרָתוֹ׃ וַיִּשְׁפֹּךְ עָלָיו חֵמָה אַפּוֹ
וֶעֱזוּז מִלְחָמָה וַתְּלַהֲטֵהוּ מִסָּבִיב וְלֹא יָדָע וַתִּבְעַר־בּוֹ וְלֹא־
יָשִׂים עַל־לֵב׃

מג CAP. XLIII. מג

א וְעַתָּה כֹּה־אָמַר יְהוָה בֹּרַאֲךָ יַעֲקֹב וְיֹצֶרְךָ יִשְׂרָאֵל אַל־
2 תִּירָא כִּי גְאַלְתִּיךָ קָרָאתִי בְשִׁמְךָ לִי־אָתָּה׃ כִּי־תַעֲבֹר
בַּמַּיִם אִתְּךָ־אָנִי וּבַנְּהָרוֹת לֹא יִשְׁטְפוּךָ כִּי־תֵלֵךְ בְּמוֹ־אֵשׁ
3 לֹא תִכָּוֶה וְלֶהָבָה לֹא תִבְעַר־בָּךְ׃ כִּי אֲנִי יְהוָה אֱלֹהֶיךָ
קְדוֹשׁ יִשְׂרָאֵל מוֹשִׁיעֶךָ נָתַתִּי כָפְרְךָ מִצְרַיִם כּוּשׁ וּסְבָא
4 תַּחְתֶּיךָ׃ מֵאֲשֶׁר יָקַרְתָּ בְעֵינַי נִכְבַּדְתָּ וַאֲנִי אֲהַבְתִּיךָ וְאֶתֵּן
ה אָדָם תַּחְתֶּיךָ וּלְאֻמִּים תַּחַת נַפְשֶׁךָ׃ אַל־תִּירָא כִּי אִתְּךָ־
6 אָנִי מִמִּזְרָח אָבִיא זַרְעֶךָ וּמִמַּעֲרָב אֲקַבְּצֶךָּ׃ אֹמַר לַצָּפוֹן
תֵּנִי וּלְתֵימָן אַל־תִּכְלָאִי הָבִיאִי בָנַי מֵרָחוֹק וּבְנוֹתַי מִקְצֵה
7 הָאָרֶץ׃ כֹּל הַנִּקְרָא בִשְׁמִי וְלִכְבוֹדִי בְּרָאתִיו יְצַרְתִּיו אַף־
8 עֲשִׂיתִיו׃ הוֹצִיא עַם־עִוֵּר וְעֵינַיִם יֵשׁ וְחֵרְשִׁים וְאָזְנַיִם לָמוֹ׃
9 כָּל־הַגּוֹיִם נִקְבְּצוּ יַחְדָּו וְיֵאָסְפוּ לְאֻמִּים מִי בָהֶם יַגִּיד זֹאת
וְרִאשֹׁנוֹת יַשְׁמִיעֻנוּ יִתְּנוּ עֵדֵיהֶם וְיִצְדָּקוּ וְיִשְׁמְעוּ וְיֹאמְרוּ
י אֱמֶת׃ אַתֶּם עֵדַי נְאֻם־יְהוָה וְעַבְדִּי אֲשֶׁר בָּחָרְתִּי לְמַעַן

תדעו

מ״ב v. 20. ראות ק׳ v. 24. למשסה ק׳

תֵּדְעוּ וְתַאֲמִינוּ לִי וְתָבִינוּ כִּי־אֲנִי הוּא לְפָנַי לֹא־נוֹצַר אֵל
11 וְאַחֲרַי לֹא יִהְיֶה׃ אָנֹכִי אָנֹכִי יְהוָה וְאֵין מִבַּלְעָדַי
12 מוֹשִׁיעַ׃ אָנֹכִי הִגַּדְתִּי וְהוֹשַׁעְתִּי וְהִשְׁמַעְתִּי וְאֵין בָּכֶם זָר
13 וְאַתֶּם עֵדַי נְאֻם־יְהוָה וַאֲנִי־אֵל׃ גַּם־מִיּוֹם אֲנִי הוּא וְאֵין
14 מִיָּדִי מַצִּיל אֶפְעַל וּמִי יְשִׁיבֶנָּה׃ כֹּה־אָמַר יְהוָה גֹּאַלְכֶם
קְדוֹשׁ יִשְׂרָאֵל לְמַעַנְכֶם שִׁלַּחְתִּי בָבֶלָה וְהוֹרַדְתִּי בָרִיחִים
טו כֻּלָּם וְכַשְׂדִּים בָּאֳנִיּוֹת רִנָּתָם׃ אֲנִי יְהוָה קְדוֹשְׁכֶם בּוֹרֵא
16 יִשְׂרָאֵל מַלְכְּכֶם׃ כֹּה אָמַר יְהוָה הַנּוֹתֵן בַּיָּם דָּרֶךְ
17 וּבְמַיִם עַזִּים נְתִיבָה׃ הַמּוֹצִיא רֶכֶב־וָסוּס חַיִל וְעִזּוּז יַחְדָּו
18 יִשְׁכְּבוּ בַּל־יָקוּמוּ דָּעֲכוּ כַּפִּשְׁתָּה כָבוּ׃ אַל־תִּזְכְּרוּ רִאשֹׁנוֹת
19 וְקַדְמֹנִיּוֹת אַל־תִּתְבֹּנָנוּ׃ הִנְנִי עֹשֶׂה חֲדָשָׁה עַתָּה תִצְמָח
הֲלוֹא תֵדָעוּהָ אַף אָשִׂים בַּמִּדְבָּר דֶּרֶךְ בִּישִׁמוֹן נְהָרוֹת׃
כ תְּכַבְּדֵנִי חַיַּת הַשָּׂדֶה תַּנִּים וּבְנוֹת יַעֲנָה כִּי־נָתַתִּי בַמִּדְבָּר
21 מַיִם נְהָרוֹת בִּישִׁימֹן לְהַשְׁקוֹת עַמִּי בְחִירִי׃ °עַם־זוּ יָצַרְתִּי
22 לִי תְּהִלָּתִי יְסַפֵּרוּ׃ וְלֹא־אֹתִי קָרָאתָ יַעֲקֹב כִּי־יָגַעְתָּ בִּי
23 יִשְׂרָאֵל׃ לֹא־הֵבֵיאתָ לִּי שֵׂה עֹלֹתֶיךָ וּזְבָחֶיךָ לֹא כִבַּדְתָּנִי
24 לֹא הֶעֱבַדְתִּיךָ בְּמִנְחָה וְלֹא הוֹגַעְתִּיךָ בִּלְבוֹנָה׃ לֹא־קָנִיתָ
לִי בַכֶּסֶף קָנֶה וְחֵלֶב זְבָחֶיךָ לֹא הִרְוִיתָנִי אַךְ הֶעֱבַדְתַּנִי
כה בְּחַטֹּאותֶיךָ הוֹגַעְתַּנִי בַּעֲוֺנֹתֶיךָ׃ אָנֹכִי אָנֹכִי הוּא מֹחֶה פְשָׁעֶיךָ
26 לְמַעֲנִי וְחַטֹּאתֶיךָ לֹא אֶזְכֹּר׃ הַזְכִּירֵנִי נִשָּׁפְטָה יָחַד סַפֵּר
27 אַתָּה לְמַעַן תִּצְדָּק׃ אָבִיךָ הָרִאשׁוֹן חָטָא וּמְלִיצֶיךָ פָּשְׁעוּ
28 בִי׃ וַאֲחַלֵּל שָׂרֵי קֹדֶשׁ וְאֶתְּנָה לַחֵרֶם יַעֲקֹב וְיִשְׂרָאֵל
לְגִדּוּפִים׃

מד Cap. XLIV. מד

א 2 וְעַתָּה שְׁמַע יַעֲקֹב עַבְדִּי וְיִשְׂרָאֵל בָּחַרְתִּי בוֹ׃ כֹּה־אָמַר
יְהוָה עֹשֶׂךָ וְיֹצֶרְךָ מִבֶּטֶן יַעְזְרֶךָּ אַל־תִּירָא עַבְדִּי יַעֲקֹב
3 וִישֻׁרוּן בָּחַרְתִּי בוֹ׃ כִּי אֶצָּק־מַיִם עַל־צָמֵא וְנֹזְלִים עַל־

יבשה

מ״ג v. 21. הפטרת ויקרא

4 יַבָּשָׁה אֶצֹּק רוּחִי עַל־זַרְעֶךָ וּבִרְכָתִי עַל־צֶאֱצָאֶיךָ׃ וְצָמְחוּ
ה בְּבֵין חָצִיר כַּעֲרָבִים עַל־יִבְלֵי־מָיִם׃ זֶה יֹאמַר לַיהוָה אָנִי
וְזֶה יִקְרָא בְשֵׁם־יַעֲקֹב וְזֶה יִכְתֹּב יָדוֹ לַיהוָה וּבְשֵׁם יִשְׂרָאֵל
6 יְכַנֶּה׃ כֹּה־אָמַר יְהוָה מֶלֶךְ־יִשְׂרָאֵל וְגֹאֲלוֹ יְהוָה צְבָאוֹת
7 אֲנִי רִאשׁוֹן וַאֲנִי אַחֲרוֹן וּמִבַּלְעָדַי אֵין אֱלֹהִים׃ וּמִי־כָמוֹנִי
יִקְרָא וְיַגִּידֶהָ וְיַעְרְכֶהָ לִי מִשּׂוּמִי עַם־עוֹלָם וְאֹתִיּוֹת וַאֲשֶׁר
8 תָּבֹאנָה יַגִּידוּ לָמוֹ׃ אַל־תִּפְחֲדוּ וְאַל־תִּרְהוּ הֲלֹא מֵאָז
הִשְׁמַעְתִּיךָ וְהִגַּדְתִּי וְאַתֶּם עֵדָי הֲיֵשׁ אֱלוֹהַּ מִבַּלְעָדַי וְאֵין
9 צוּר בַּל־יָדָעְתִּי׃ יֹצְרֵי־פֶסֶל כֻּלָּם תֹּהוּ וַחֲמוּדֵיהֶם בַּל־
יוֹעִילוּ וְעֵדֵיהֶם הֵמָּה בַּל־יִרְאוּ וּבַל־יֵדְעוּ לְמַעַן יֵבֹשׁוּ׃
י 11 מִי־יָצַר אֵל וּפֶסֶל נָסָךְ לְבִלְתִּי הוֹעִיל׃ הֵן כָּל־חֲבֵרָיו
יֵבֹשׁוּ וְחָרָשִׁים הֵמָּה מֵאָדָם יִתְקַבְּצוּ כֻלָּם יַעֲמֹדוּ יִפְחֲדוּ
12 יֵבֹשׁוּ יָחַד׃ חָרַשׁ בַּרְזֶל מַעֲצָד וּפָעַל בַּפֶּחָם וּבַמַּקָּבוֹת
יִצְּרֵהוּ וַיִּפְעָלֵהוּ בִּזְרוֹעַ כֹּחוֹ גַּם־רָעֵב וְאֵין כֹּחַ לֹא־שָׁתָה
13 מַיִם וַיִּיעָף׃ חָרַשׁ עֵצִים נָטָה קָו יְתָאֲרֵהוּ בַשֶּׂרֶד יַעֲשֵׂהוּ
בַּמַּקְצֻעוֹת וּבַמְּחוּגָה יְתָאֳרֵהוּ וַיַּעֲשֵׂהוּ כְּתַבְנִית אִישׁ כְּתִפְאֶרֶת
14 אָדָם לָשֶׁבֶת בָּיִת׃ לִכְרָת־לוֹ אֲרָזִים וַיִּקַּח תִּרְזָה וְאַלּוֹן
טו וַיְאַמֶּץ־לוֹ בַּעֲצֵי־יָעַר נָטַע אֹרֶן וְגֶשֶׁם יְגַדֵּל׃ וְהָיָה לְאָדָם
לְבָעֵר וַיִּקַּח מֵהֶם וַיָּחָם אַף־יַשִּׂיק וְאָפָה לָחֶם אַף־יִפְעַל־
16 אֵל וַיִּשְׁתָּחוּ עָשָׂהוּ פֶסֶל וַיִּסְגָּד־לָמוֹ׃ חֶצְיוֹ שָׂרַף בְּמוֹ־אֵשׁ
עַל־חֶצְיוֹ בָּשָׂר יֹאכֵל יִצְלֶה צָלִי וְיִשְׂבָּע אַף־יָחֹם וְיֹאמַר
17 הֶאָח חַמּוֹתִי רָאִיתִי אוּר׃ וּשְׁאֵרִיתוֹ לְאֵל עָשָׂה לְפִסְלוֹ
יִסְגּוֹד־לוֹ וְיִשְׁתַּחוּ וְיִתְפַּלֵּל אֵלָיו וְיֹאמַר הַצִּילֵנִי כִּי אֵלִי
18 אָתָּה׃ לֹא יָדְעוּ וְלֹא יָבִינוּ כִּי טַח מֵרְאוֹת עֵינֵיהֶם מֵהַשְׂכִּיל
19 לִבֹּתָם׃ וְלֹא־יָשִׁיב אֶל־לִבּוֹ וְלֹא דַעַת וְלֹא־תְבוּנָה לֵאמֹר
חֶצְיוֹ שָׂרַפְתִּי בְמוֹ־אֵשׁ וְאַף אָפִיתִי עַל־גֶּחָלָיו לֶחֶם אֶצְלֶה
כ בָשָׂר וְאֹכֵל וְיִתְרוֹ לְתוֹעֵבָה אֶעֱשֶׂה לְבוּל עֵץ אֶסְגּוֹד׃ רֹעֶה

אפר

v. 9. נקוד על   v. 14. נון זעירא   v. 17. יסגד ק׳

אֹפֶר לֵב הוּתַל הִטָּהוּ וְלֹא־יַצִּיל אֶת־נַפְשׁוֹ וְלֹא יֹאמַר
21 הֲלוֹא שֶׁקֶר בִּימִינִי׃ זְכָר־אֵלֶּה יַעֲקֹב וְיִשְׂרָאֵל כִּי
עַבְדִּי־אָתָּה יְצַרְתִּיךָ עֶבֶד־לִי אַתָּה יִשְׂרָאֵל לֹא תִנָּשֵׁנִי׃
22 מָחִיתִי כָעָב פְּשָׁעֶיךָ וְכֶעָנָן חַטֹּאותֶיךָ שׁוּבָה אֵלַי כִּי גְאַלְתִּיךָ׃
23 רָנּוּ שָׁמַיִם כִּי־עָשָׂה יְהוָה הָרִיעוּ תַּחְתִּיּוֹת אָרֶץ פִּצְחוּ
הָרִים רִנָּה יַעַר וְכָל־עֵץ בּוֹ כִּי־גָאַל יְהוָה יַעֲקֹב וּבְיִשְׂרָאֵל
24 יִתְפָּאָר׃ כֹּה־אָמַר יְהוָה גֹּאֲלֶךָ וְיֹצֶרְךָ מִבָּטֶן אָנֹכִי יְהוָה
כה עֹשֶׂה כֹּל נֹטֶה שָׁמַיִם לְבַדִּי רֹקַע הָאָרֶץ מֵאִתִּי׃ מֵפֵר אֹתוֹת
בַּדִּים וְקֹסְמִים יְהוֹלֵל מֵשִׁיב חֲכָמִים אָחוֹר וְדַעְתָּם יְסַכֵּל׃
26 מֵקִים דְּבַר עַבְדּוֹ וַעֲצַת מַלְאָכָיו יַשְׁלִים הָאֹמֵר לִירוּשָׁלִַם
27 תּוּשָׁב וּלְעָרֵי יְהוּדָה תִּבָּנֶינָה וְחָרְבוֹתֶיהָ אֲקוֹמֵם׃ הָאֹמֵר
28 לַצּוּלָה חֳרָבִי וְנַהֲרֹתַיִךְ אוֹבִישׁ׃ הָאֹמֵר לְכוֹרֶשׁ רֹעִי וְכָל־
חֶפְצִי יַשְׁלִם וְלֵאמֹר לִירוּשָׁלִַם תִּבָּנֶה וְהֵיכָל תִּוָּסֵד׃

מה CAP. XLV. מה

א כֹּה־אָמַר יְהוָה לִמְשִׁיחוֹ לְכוֹרֶשׁ אֲשֶׁר־הֶחֱזַקְתִּי בִימִינוֹ
לְרַד־לְפָנָיו גּוֹיִם וּמָתְנֵי מְלָכִים אֲפַתֵּחַ לִפְתֹּחַ לְפָנָיו דְּלָתַיִם
2 וּשְׁעָרִים לֹא יִסָּגֵרוּ׃ אֲנִי לְפָנֶיךָ אֵלֵךְ וַהֲדוּרִים אֲוַשֵּׁר דַּלְתוֹת
3 נְחוּשָׁה אֲשַׁבֵּר וּבְרִיחֵי בַרְזֶל אֲגַדֵּעַ׃ וְנָתַתִּי לְךָ אוֹצְרוֹת
חֹשֶׁךְ וּמַטְמֻנֵי מִסְתָּרִים לְמַעַן תֵּדַע כִּי אֲנִי יְהוָה הַקּוֹרֵא
4 בְשִׁמְךָ אֱלֹהֵי יִשְׂרָאֵל׃ לְמַעַן עַבְדִּי יַעֲקֹב וְיִשְׂרָאֵל בְּחִירִי
ה וָאֶקְרָא לְךָ בִּשְׁמֶךָ אֲכַנְּךָ וְלֹא יְדַעְתָּנִי׃ אֲנִי יְהוָה וְאֵין עוֹד
6 זוּלָתִי אֵין אֱלֹהִים אֲאַזֶּרְךָ וְלֹא יְדַעְתָּנִי׃ לְמַעַן יֵדְעוּ מִמִּזְרַח־
7 שֶׁמֶשׁ וּמִמַּעֲרָבָה כִּי־אֶפֶס בִּלְעָדָי אֲנִי יְהוָה וְאֵין עוֹד׃ יוֹצֵר
אוֹר וּבוֹרֵא חֹשֶׁךְ עֹשֶׂה שָׁלוֹם וּבוֹרֵא רָע אֲנִי יְהוָה עֹשֶׂה
8 כָל־אֵלֶּה׃ הַרְעִיפוּ שָׁמַיִם מִמַּעַל וּשְׁחָקִים יִזְּלוּ־צֶדֶק
תִּפְתַּח־אֶרֶץ וְיִפְרוּ־יֶשַׁע וּצְדָקָה תַצְמִיחַ יַחַד אֲנִי יְהוָה

בראתיו

מ״ד v. 24. מאתי ק׳ מ״ה v. 2. אישר ק׳

9 בְרָאתִֽיו׃ הוֹי רָב אֶת־יֹֽצְרוֹ חֶרֶשׂ אֶת־חַרְשֵׂי אֲדָמָה
י הֲיֹאמַר חֹמֶר לְיֹֽצְרוֹ מַה־תַּעֲשֶׂה וּפָעָלְךָ אֵין־יָדַיִם לֽוֹ׃ הוֹי
11 אֹמֵר לְאָב מַה־תּוֹלִיד וּלְאִשָּׁה מַה־תְּחִילִֽין׃ כֹּֽה־אָמַר
יְהוָה קְדוֹשׁ יִשְׂרָאֵל וְיֹצְרוֹ הָאֹתִיּוֹת שְׁאָלוּנִי עַל־בָּנַי וְעַל־
12 פֹּעַל יָדַי תְּצַוֻּֽנִי׃ אָנֹכִי עָשִׂיתִי אֶרֶץ וְאָדָם עָלֶיהָ בָרָאתִי אֲנִי
13 יָדַי נָטוּ שָׁמַיִם וְכָל־צְבָאָם צִוֵּֽיתִי׃ אָנֹכִי הַעִירֹתִהוּ בְצֶדֶק
וְכָל־דְּרָכָיו אֲיַשֵּׁר הֽוּא־יִבְנֶה עִירִי וְגָלוּתִי יְשַׁלֵּחַ לֹא בִמְחִיר
14 וְלֹא בְשֹׁחַד אָמַר יְהוָה צְבָאֽוֹת׃ כֹּה ׀ אָמַר יְהוָה יְגִיעַ
מִצְרַיִם וּסְחַר־כּוּשׁ וּסְבָאִים אַנְשֵׁי מִדָּה עָלַיִךְ יַעֲבֹרוּ וְלָךְ
יִהְיוּ אַחֲרַיִךְ יֵלֵכוּ בַּזִּקִּים יַעֲבֹרוּ וְאֵלַיִךְ יִשְׁתַּחֲווּ אֵלַיִךְ
טו יִתְפַּלָּלוּ אַךְ בָּךְ אֵל וְאֵין עוֹד אֶפֶס אֱלֹהִֽים׃ אָכֵן אַתָּה
16 אֵל מִסְתַּתֵּר אֱלֹהֵי יִשְׂרָאֵל מוֹשִֽׁיעַ׃ בּוֹשׁוּ וְגַם־נִכְלְמוּ כֻּלָּם
17 יַחְדָּו הָלְכוּ בַכְּלִמָּה חָרָשֵׁי צִירִֽים׃ יִשְׂרָאֵל נוֹשַׁע בַּֽיהוָה
תְּשׁוּעַת עוֹלָמִים לֹא־תֵבֹשׁוּ וְלֹא־תִכָּלְמוּ עַד־עוֹלְמֵי עַֽד׃
18 כִּי־כֹה אָמַר־יְהוָה בּוֹרֵא הַשָּׁמַיִם הוּא הָאֱלֹהִים יֹצֵר הָאָרֶץ
וְעֹשָׂהּ הוּא כֽוֹנְנָהּ לֹא־תֹהוּ בְרָאָהּ לָשֶׁבֶת יְצָרָהּ אֲנִי יְהוָה
19 וְאֵין עֽוֹד׃ לֹא בַסֵּתֶר דִּבַּרְתִּי בִּמְקוֹם אֶרֶץ חֹשֶׁךְ לֹא
אָמַרְתִּי לְזֶרַע יַעֲקֹב תֹּהוּ בַקְּשׁוּנִי אֲנִי יְהוָה דֹּבֵר צֶדֶק מַגִּיד
כ מֵישָׁרִֽים׃ הִקָּבְצוּ וָבֹאוּ הִתְנַגְּשׁוּ יַחְדָּו פְּלִיטֵי הַגּוֹיִם לֹא יָדְעוּ
הַנֹּשְׂאִים אֶת־עֵץ פִּסְלָם וּמִתְפַּלְלִים אֶל־אֵל לֹא יוֹשִֽׁיעַ׃
21 הַגִּידוּ וְהַגִּישׁוּ אַף יִוָּעֲצוּ יַחְדָּו מִי הִשְׁמִיעַ זֹאת מִקֶּדֶם מֵאָז
הִגִּידָהּ הֲלוֹא אֲנִי יְהוָה וְאֵין־עוֹד אֱלֹהִים מִבַּלְעָדַי אֵל־
22 צַדִּיק וּמוֹשִׁיעַ אַיִן זוּלָתִֽי׃ פְּנוּ־אֵלַי וְהִוָּשְׁעוּ כָּל־אַפְסֵי־
23 אָרֶץ כִּי אֲנִי־אֵל וְאֵין עֽוֹד׃ בִּי נִשְׁבַּעְתִּי יָצָא מִפִּי צְדָקָה
דָּבָר וְלֹא יָשׁוּב כִּי־לִי תִּכְרַע כָּל־בֶּרֶךְ תִּשָּׁבַע כָּל־לָשֽׁוֹן׃
24 אַךְ בַּיהוָה לִי אָמַר צְדָקוֹת וָעֹז עָדָיו יָבוֹא וְיֵבֹשׁוּ כֹּל הַנֶּחֱרִים
כה בּֽוֹ׃ בַּיהוָה יִצְדְּקוּ וְיִתְהַלְלוּ כָּל־זֶרַע יִשְׂרָאֵֽל׃ °

כרע

v. 25. אין כאן פסקא

מו Cap. XLVI. מו

א כָּרַע בֵּל קֹרֵס נְבוֹ הָיוּ עֲצַבֵּיהֶם לַחַיָּה וְלַבְּהֵמָה נְשֻׂאֹתֵיכֶם
2 עֲמוּסוֹת מַשָּׂא לַעֲיֵפָה׃ קָרְסוּ כָרְעוּ יַחְדָּו לֹא יָכְלוּ מַלֵּט
3 מַשָּׂא וְנַפְשָׁם בַּשְּׁבִי הָלָכָה׃ שִׁמְעוּ אֵלַי בֵּית יַעֲקֹב וְכָל־
שְׁאֵרִית בֵּית יִשְׂרָאֵל הָעֲמֻסִים מִנִּי־בֶטֶן הַנְּשֻׂאִים מִנִּי־רָחַם׃
4 וְעַד־זִקְנָה אֲנִי הוּא וְעַד־שֵׂיבָה אֲנִי אֶסְבֹּל אֲנִי עָשִׂיתִי וַאֲנִי
ה אֶשָּׂא וַאֲנִי אֶסְבֹּל וַאֲמַלֵּט׃ לְמִי תְדַמְּיוּנִי וְתַשְׁווּ וְתַמְשִׁלוּנִי
6 וְנִדְמֶה׃ הַזָּלִים זָהָב מִכִּיס וְכֶסֶף בַּקָּנֶה יִשְׁקֹלוּ יִשְׂכְּרוּ צוֹרֵף
7 וְיַעֲשֵׂהוּ אֵל יִסְגְּדוּ אַף־יִשְׁתַּחֲווּ׃ יִשָּׂאֻהוּ עַל־כָּתֵף יִסְבְּלֻהוּ
וְיַנִּיחֻהוּ תַחְתָּיו וְיַעֲמֹד מִמְּקוֹמוֹ לֹא יָמִישׁ אַף־יִצְעַק אֵלָיו
8 וְלֹא יַעֲנֶה מִצָּרָתוֹ לֹא יוֹשִׁיעֶנּוּ׃ זִכְרוּ־זֹאת וְהִתְאֹשָׁשׁוּ
9 הָשִׁיבוּ פוֹשְׁעִים עַל־לֵב׃ זִכְרוּ רִאשֹׁנוֹת מֵעוֹלָם כִּי אָנֹכִי
י אֵל וְאֵין עוֹד אֱלֹהִים וְאֶפֶס כָּמוֹנִי׃ מַגִּיד מֵרֵאשִׁית אַחֲרִית
וּמִקֶּדֶם אֲשֶׁר לֹא־נַעֲשׂוּ אֹמֵר עֲצָתִי תָקוּם וְכָל־חֶפְצִי
11 אֶעֱשֶׂה׃ קֹרֵא מִמִּזְרָח עַיִט מֵאֶרֶץ מֶרְחָק אִישׁ עֲצָתוֹ אַף־
12 דִּבַּרְתִּי אַף־אֲבִיאֶנָּה יָצַרְתִּי אַף־אֶעֱשֶׂנָּה׃ שִׁמְעוּ אֵלַי
13 אַבִּירֵי לֵב הָרְחוֹקִים מִצְּדָקָה׃ קֵרַבְתִּי צִדְקָתִי לֹא תִרְחָק
וּתְשׁוּעָתִי לֹא תְאַחֵר וְנָתַתִּי בְצִיּוֹן תְּשׁוּעָה לְיִשְׂרָאֵל תִּפְאַרְתִּי׃

מז Cap. XLVII. מז

א רְדִי ׀ וּשְׁבִי עַל־עָפָר בְּתוּלַת בַּת־בָּבֶל שְׁבִי־לָאָרֶץ אֵין־
כִּסֵּא בַּת־כַּשְׂדִּים כִּי לֹא תוֹסִיפִי יִקְרְאוּ־לָךְ רַכָּה וַעֲנֻגָּה׃
2 קְחִי רֵחַיִם וְטַחֲנִי קָמַח גַּלִּי צַמָּתֵךְ חֶשְׂפִּי־שֹׁבֶל גַּלִּי־שׁוֹק
3 עִבְרִי נְהָרוֹת׃ תִּגָּל עֶרְוָתֵךְ גַּם תֵּרָאֶה חֶרְפָּתֵךְ נָקָם אֶקָּח
4 וְלֹא אֶפְגַּע אָדָם׃ גֹּאֲלֵנוּ יְהוָה צְבָאוֹת שְׁמוֹ קְדוֹשׁ
ה יִשְׂרָאֵל׃ שְׁבִי דוּמָם וּבֹאִי בַחֹשֶׁךְ בַּת־כַּשְׂדִּים כִּי לֹא
6 תוֹסִיפִי יִקְרְאוּ־לָךְ גְּבֶרֶת מַמְלָכוֹת׃ קָצַפְתִּי עַל־עַמִּי
חִלַּלְתִּי נַחֲלָתִי וָאֶתְּנֵם בְּיָדֵךְ לֹא־שַׂמְתְּ לָהֶם רַחֲמִים עַל־

זקן

מ״ו v. 11. עצתי ק׳

7 זָקֵן הִכְבַּדְתְּ עֻלֵּךְ מְאֹד׃ וַתֹּאמְרִי לְעוֹלָם אֶהְיֶה גְבָרֶת עַד
8 לֹא־שַׂמְתְּ אֵלֶּה עַל־לִבֵּךְ לֹא זָכַרְתְּ אַחֲרִיתָהּ׃ וְעַתָּה
שִׁמְעִי־זֹאת עֲדִינָה הַיּוֹשֶׁבֶת לָבֶטַח הָאֹמְרָה בִּלְבָבָהּ אֲנִי
9 וְאַפְסִי עוֹד לֹא אֵשֵׁב אַלְמָנָה וְלֹא אֵדַע שְׁכוֹל׃ וְתָבֹאנָה
לָּךְ שְׁתֵּי־אֵלֶּה רֶגַע בְּיוֹם אֶחָד שְׁכוֹל וְאַלְמֹן כְּתֻמָּם בָּאוּ
י עָלַיִךְ בְּרֹב כְּשָׁפַיִךְ בְּעָצְמַת חֲבָרַיִךְ מְאֹד׃ וַתִּבְטְחִי בְרָעָתֵךְ
אָמַרְתְּ אֵין רֹאָנִי חָכְמָתֵךְ וְדַעְתֵּךְ הִיא שׁוֹבְבָתֶךְ וַתֹּאמְרִי
11 בְלִבֵּךְ אֲנִי וְאַפְסִי עוֹד׃ וּבָא עָלַיִךְ רָעָה לֹא תֵדְעִי שַׁחְרָהּ
וְתִפֹּל עָלַיִךְ הֹוָה לֹא תוּכְלִי כַּפְּרָהּ וְתָבֹא עָלַיִךְ פִּתְאֹם
12 שׁוֹאָה לֹא תֵדָעִי׃ עִמְדִי־נָא בַחֲבָרַיִךְ וּבְרֹב כְּשָׁפַיִךְ בַּאֲשֶׁר
13 יָגַעַתְּ מִנְּעוּרָיִךְ אוּלַי תּוּכְלִי הוֹעִיל אוּלַי תַּעֲרוֹצִי׃ נִלְאֵית
בְּרֹב עֲצָתָיִךְ יַעַמְדוּ־נָא וְיוֹשִׁיעֻךְ הֹבְרוּ שָׁמַיִם הַחֹזִים
14 בַּכּוֹכָבִים מוֹדִיעִם לֶחֳדָשִׁים מֵאֲשֶׁר יָבֹאוּ עָלָיִךְ׃ הִנֵּה הָיוּ
כְקַשׁ אֵשׁ שְׂרָפָתַם לֹא־יַצִּילוּ אֶת־נַפְשָׁם מִיַּד לֶהָבָה אֵין־
טו גַּחֶלֶת לַחְמָם אוּר לָשֶׁבֶת נֶגְדּוֹ׃ כֵּן הָיוּ־לָךְ אֲשֶׁר יָגָעַתְּ
סֹחֲרַיִךְ מִנְּעוּרַיִךְ אִישׁ לְעֶבְרוֹ תָּעוּ אֵין מוֹשִׁיעֵךְ׃

מח Cap. XLVIII. מח

א שִׁמְעוּ־זֹאת בֵּית־יַעֲקֹב הַנִּקְרָאִים בְּשֵׁם יִשְׂרָאֵל וּמִמֵּי
יְהוּדָה יָצָאוּ הַנִּשְׁבָּעִים ׀ בְּשֵׁם יְהוָה וּבֵאלֹהֵי יִשְׂרָאֵל יַזְכִּירוּ
2 לֹא בֶאֱמֶת וְלֹא בִצְדָקָה׃ כִּי־מֵעִיר הַקֹּדֶשׁ נִקְרָאוּ וְעַל־
3 אֱלֹהֵי יִשְׂרָאֵל נִסְמָכוּ יְהוָה צְבָאוֹת שְׁמוֹ׃ הָרִאשֹׁנוֹת מֵאָז
4 הִגַּדְתִּי וּמִפִּי יָצְאוּ וְאַשְׁמִיעֵם פִּתְאֹם עָשִׂיתִי וַתָּבֹאנָה׃ מִדַּעְתִּי
ה כִּי קָשֶׁה אָתָּה וְגִיד בַּרְזֶל עָרְפֶּךָ וּמִצְחֲךָ נְחוּשָׁה׃ וָאַגִּיד
לְךָ מֵאָז בְּטֶרֶם תָּבוֹא הִשְׁמַעְתִּיךָ פֶּן־תֹּאמַר עָצְבִּי עָשָׂם
6 וּפִסְלִי וְנִסְכִּי צִוָּם׃ שָׁמַעְתָּ חֲזֵה כֻּלָּהּ וְאַתֶּם הֲלוֹא תַגִּידוּ
7 הִשְׁמַעְתִּיךָ חֲדָשׁוֹת מֵעַתָּה וּנְצֻרוֹת וְלֹא יְדַעְתָּם׃ עַתָּה נִבְרְאוּ
וְלֹא מֵאָז וְלִפְנֵי־יוֹם וְלֹא שְׁמַעְתָּם פֶּן־תֹּאמַר הִנֵּה יְדַעְתִּין׃

מ״ז v. 13. הברו ק׳

8 גַּם לֹא־שָׁמַעְתָּ גַּם לֹא יָדַעְתָּ גַּם מֵאָז לֹא־פִתְּחָה אָזְנֶךָ כִּי
9 יָדַעְתִּי בָּגוֹד תִּבְגּוֹד וּפֹשֵׁעַ מִבֶּטֶן קֹרָא לָךְ׃ לְמַעַן שְׁמִי
י אַאֲרִיךְ אַפִּי וּתְהִלָּתִי אֶחֱטָם־לָךְ לְבִלְתִּי הַכְרִיתֶךָ׃ הִנֵּה
11 צְרַפְתִּיךָ וְלֹא בְכָסֶף בְּחַרְתִּיךָ בְּכוּר עֹנִי׃ לְמַעֲנִי לְמַעֲנִי
12 אֶעֱשֶׂה כִּי אֵיךְ יֵחָל וּכְבוֹדִי לְאַחֵר לֹא־אֶתֵּן׃ שְׁמַע אֵלַי
יַעֲקֹב וְיִשְׂרָאֵל מְקֹרָאִי אֲנִי־הוּא אֲנִי רִאשׁוֹן אַף אֲנִי אַחֲרוֹן׃
13 אַף־יָדִי יָסְדָה אֶרֶץ וִימִינִי טִפְּחָה שָׁמָיִם קֹרֵא אֲנִי אֲלֵיהֶם
14 יַעַמְדוּ יַחְדָּו׃ הִקָּבְצוּ כֻלְּכֶם וּשְׁמָעוּ מִי בָהֶם הִגִּיד אֶת־
טו אֵלֶּה יְהוָה אֲהֵבוֹ יַעֲשֶׂה חֶפְצוֹ בְּבָבֶל וּזְרֹעוֹ כַּשְׂדִּים׃ אֲנִי
16 אֲנִי דִּבַּרְתִּי אַף־קְרָאתִיו הֲבִיאֹתִיו וְהִצְלִיחַ דַּרְכּוֹ׃ קִרְבוּ
אֵלַי שִׁמְעוּ־זֹאת לֹא מֵרֹאשׁ בַּסֵּתֶר דִּבַּרְתִּי מֵעֵת הֱיוֹתָהּ שָׁם
אָנִי וְעַתָּה אֲדֹנָי יְהוִה שְׁלָחַנִי וְרוּחוֹ׃
17 כֹּה־אָמַר יְהוָה גֹּאַלְךָ קְדוֹשׁ יִשְׂרָאֵל אֲנִי יְהוָה אֱלֹהֶיךָ
18 מְלַמֶּדְךָ לְהוֹעִיל מַדְרִיכְךָ בְּדֶרֶךְ תֵּלֵךְ׃ לוּא הִקְשַׁבְתָּ
19 לְמִצְוֹתָי וַיְהִי כַנָּהָר שְׁלוֹמֶךָ וְצִדְקָתְךָ כְּגַלֵּי הַיָּם׃ וַיְהִי כַחוֹל
זַרְעֶךָ וְצֶאֱצָאֵי מֵעֶיךָ כִּמְעֹתָיו לֹא־יִכָּרֵת וְלֹא־יִשָּׁמֵד שְׁמוֹ
כ מִלְּפָנָי׃ צְאוּ מִבָּבֶל בִּרְחוּ מִכַּשְׂדִּים בְּקוֹל רִנָּה הַגִּידוּ
הַשְׁמִיעוּ זֹאת הוֹצִיאוּהָ עַד־קְצֵה הָאָרֶץ אִמְרוּ גָּאַל יְהוָה
21 עַבְדּוֹ יַעֲקֹב׃ וְלֹא צָמְאוּ בָּחֳרָבוֹת הוֹלִיכָם מַיִם מִצּוּר
22 הִזִּיל לָמוֹ וַיִּבְקַע־צוּר וַיָּזֻבוּ מָיִם׃ אֵין שָׁלוֹם אָמַר יְהוָה
לָרְשָׁעִים׃

מט CAP. XLIX. מט

א שִׁמְעוּ אִיִּים אֵלַי וְהַקְשִׁיבוּ לְאֻמִּים מֵרָחוֹק יְהוָה מִבֶּטֶן
2 קְרָאָנִי מִמְּעֵי אִמִּי הִזְכִּיר שְׁמִי׃ וַיָּשֶׂם פִּי כְּחֶרֶב חַדָּה
בְּצֵל יָדוֹ הֶחְבִּיאָנִי וַיְשִׂימֵנִי לְחֵץ בָּרוּר בְּאַשְׁפָּתוֹ הִסְתִּירָנִי׃
3 4 וַיֹּאמֶר לִי עַבְדִּי־אָתָּה יִשְׂרָאֵל אֲשֶׁר־בְּךָ אֶתְפָּאָר׃ וַאֲנִי
אָמַרְתִּי לְרִיק יָגַעְתִּי לְתֹהוּ וְהֶבֶל כֹּחִי כִלֵּיתִי אָכֵן מִשְׁפָּטִי
ה אֶת־יְהוָה וּפְעֻלָּתִי אֶת־אֱלֹהָי׃ וְעַתָּה ׀ אָמַר יְהוָה יֹצְרִי

מִבֶּטֶן לְעֶבֶד לוֹ לְשׁוֹבֵב יַעֲקֹב אֵלָיו וְיִשְׂרָאֵל לֹא יֵאָסֵף
6 וְאֶכָּבֵד בְּעֵינֵי יְהוָה וֵאלֹהַי הָיָה עֻזִּי׃ וַיֹּאמֶר נָקֵל מִהְיוֹתְךָ
לִי עֶבֶד לְהָקִים אֶת־שִׁבְטֵי יַעֲקֹב וּנְצִירֵי יִשְׂרָאֵל לְהָשִׁיב
7 וּנְתַתִּיךָ לְאוֹר גּוֹיִם לִהְיוֹת יְשׁוּעָתִי עַד־קְצֵה הָאָרֶץ׃ כֹּה
אָמַר־יְהוָה גֹּאֵל יִשְׂרָאֵל קְדוֹשׁוֹ לִבְזֹה־נֶפֶשׁ לִמְתָעֵב גּוֹי
לְעֶבֶד מֹשְׁלִים מְלָכִים יִרְאוּ וָקָמוּ שָׂרִים וְיִשְׁתַּחֲווּ לְמַעַן
8 יְהוָה אֲשֶׁר נֶאֱמָן קְדֹשׁ יִשְׂרָאֵל וַיִּבְחָרֶךָּ׃ כֹּה ׀ אָמַר יְהוָה
בְּעֵת רָצוֹן עֲנִיתִיךָ וּבְיוֹם יְשׁוּעָה עֲזַרְתִּיךָ וְאֶצָּרְךָ וְאֶתֶּנְךָ
9 לִבְרִית עָם לְהָקִים אֶרֶץ לְהַנְחִיל נְחָלוֹת שֹׁמֵמוֹת׃ לֵאמֹר
לַאֲסוּרִים צֵאוּ לַאֲשֶׁר בַּחֹשֶׁךְ הִגָּלוּ עַל־דְּרָכִים יִרְעוּ וּבְכָל־
י שְׁפָיִים מַרְעִיתָם׃ לֹא יִרְעָבוּ וְלֹא יִצְמָאוּ וְלֹא־יַכֵּם שָׁרָב
11 וָשָׁמֶשׁ כִּי־מְרַחֲמָם יְנַהֲגֵם וְעַל־מַבּוּעֵי מַיִם יְנַהֲלֵם׃ וְשַׂמְתִּי
12 כָל־הָרַי לַדָּרֶךְ וּמְסִלֹּתַי יְרֻמוּן׃ הִנֵּה־אֵלֶּה מֵרָחוֹק יָבֹאוּ
13 וְהִנֵּה־אֵלֶּה מִצָּפוֹן וּמִיָּם וְאֵלֶּה מֵאֶרֶץ סִינִים׃ רָנּוּ שָׁמַיִם
וְגִילִי אֶרֶץ יִפְצְחוּ הָרִים רִנָּה כִּי־נִחַם יְהוָה עַמּוֹ וַעֲנִיָּו
14 טו יְרַחֵם׃ וַתֹּאמֶר צִיּוֹן עֲזָבַנִי יְהוָה וַאדֹנָי שְׁכֵחָנִי׃ הֲתִשְׁכַּח
אִשָּׁה עוּלָהּ מֵרַחֵם בֶּן־בִּטְנָהּ גַּם־אֵלֶּה תִשְׁכַּחְנָה וְאָנֹכִי לֹא
16 17 אֶשְׁכָּחֵךְ׃ הֵן עַל־כַּפַּיִם חַקֹּתִיךְ חוֹמֹתַיִךְ נֶגְדִּי תָּמִיד׃ מִהֲרוּ
18 בָּנָיִךְ מְהָרְסַיִךְ וּמַחֲרִבַיִךְ מִמֵּךְ יֵצֵאוּ׃ שְׂאִי־סָבִיב עֵינַיִךְ
וּרְאִי כֻּלָּם נִקְבְּצוּ בָאוּ־לָךְ חַי־אָנִי נְאֻם־יְהוָה כִּי כֻלָּם
19 כַּעֲדִי תִלְבָּשִׁי וּתְקַשְּׁרִים כַּכַּלָּה׃ כִּי חָרְבֹתַיִךְ וְשֹׁמְמֹתַיִךְ
כ וְאֶרֶץ הֲרִסֻתֵךְ כִּי עַתָּה תֵּצְרִי מִיּוֹשֵׁב וְרָחֲקוּ מְבַלְּעָיִךְ׃ עוֹד
יֹאמְרוּ בְאָזְנַיִךְ בְּנֵי שִׁכֻּלָיִךְ צַר־לִי הַמָּקוֹם גְּשָׁה־לִּי וְאֵשֵׁבָה׃
21 וְאָמַרְתְּ בִּלְבָבֵךְ מִי יָלַד־לִי אֶת־אֵלֶּה וַאֲנִי שְׁכוּלָה וְגַלְמוּדָה
גֹּלָה ׀ וְסוּרָה וְאֵלֶּה מִי גִדֵּל הֵן אֲנִי נִשְׁאַרְתִּי לְבַדִּי אֵלֶּה
אֵיפֹה הֵם׃
22 כֹּה־אָמַר אֲדֹנָי יְהוִה הִנֵּה אֶשָּׂא אֶל־גּוֹיִם יָדִי וְאֶל־עַמִּים

ארים

מ״ט v. 5. לו ק׳ v. 6. ונצורי ק׳ v. 13. ופצחו ק׳
v. 14. הפטרת עקב

אָרִים נִסִּי וְהֵבִיאוּ בָנַיִךְ בְּחֹצֶן וּבְנֹתַיִךְ עַל־כָּתֵף תִּנָּשֶׂאנָה׃
23 וְהָיוּ מְלָכִים אֹמְנַיִךְ וְשָׂרוֹתֵיהֶם מֵינִיקֹתַיִךְ אַפַּיִם אֶרֶץ יִשְׁתַּחֲווּ
לָךְ וַעֲפַר רַגְלַיִךְ יְלַחֵכוּ וְיָדַעַתְּ כִּי־אֲנִי יְהוָה אֲשֶׁר לֹא־
24 יֵבֹשׁוּ קֹוָי׃ הֲיֻקַּח מִגִּבּוֹר מַלְקוֹחַ וְאִם־שְׁבִי צַדִּיק יִמָּלֵט׃
כה כִּי־כֹה ׀ אָמַר יְהוָה גַּם־שְׁבִי גִבּוֹר יֻקָּח וּמַלְקוֹחַ עָרִיץ יִמָּלֵט
26 וְאֶת־יְרִיבֵךְ אָנֹכִי אָרִיב וְאֶת־בָּנַיִךְ אָנֹכִי אוֹשִׁיעַ׃ וְהַאֲכַלְתִּי
אֶת־מוֹנַיִךְ אֶת־בְּשָׂרָם וְכֶעָסִיס דָּמָם יִשְׁכָּרוּן וְיָדְעוּ כָל־
בָּשָׂר כִּי אֲנִי יְהוָה מוֹשִׁיעֵךְ וְגֹאֲלֵךְ אֲבִיר יַעֲקֹב׃

נ CAP. L. נ

א כֹּה ׀ אָמַר יְהוָה אֵי זֶה סֵפֶר כְּרִיתוּת אִמְּכֶם אֲשֶׁר שִׁלַּחְתִּיהָ
אוֹ מִי מִנּוֹשַׁי אֲשֶׁר־מָכַרְתִּי אֶתְכֶם לוֹ הֵן בַּעֲוֹנֹתֵיכֶם נִמְכַּרְתֶּם
2 וּבְפִשְׁעֵיכֶם שֻׁלְּחָה אִמְּכֶם׃ מַדּוּעַ בָּאתִי וְאֵין אִישׁ קָרָאתִי
וְאֵין עוֹנֶה הֲקָצוֹר קָצְרָה יָדִי מִפְּדוּת וְאִם־אֵין־בִּי כֹחַ
לְהַצִּיל הֵן בְּגַעֲרָתִי אַחֲרִיב יָם אָשִׂים נְהָרוֹת מִדְבָּר תִּבְאַשׁ
3 דְּגָתָם מֵאֵין מַיִם וְתָמֹת בַּצָּמָא׃ אַלְבִּישׁ שָׁמַיִם קַדְרוּת וְשַׂק
4 אָשִׂים כְּסוּתָם׃ אֲדֹנָי יֱהוִה נָתַן לִי לְשׁוֹן לִמּוּדִים לָדַעַת
לָעוּת אֶת־יָעֵף דָּבָר יָעִיר ׀ בַּבֹּקֶר בַּבֹּקֶר יָעִיר לִי אֹזֶן
ה לִשְׁמֹעַ כַּלִּמּוּדִים׃ אֲדֹנָי יֱהוִה פָּתַח־לִי אֹזֶן וְאָנֹכִי לֹא
6 מָרִיתִי אָחוֹר לֹא נְסוּגֹתִי׃ גֵּוִי נָתַתִּי לְמַכִּים וּלְחָיַי לְמֹרְטִים
7 פָּנַי לֹא הִסְתַּרְתִּי מִכְּלִמּוֹת וָרֹק׃ וַאדֹנָי יֱהוִה יַעֲזָר־לִי עַל־
כֵּן לֹא נִכְלָמְתִּי עַל־כֵּן שַׂמְתִּי פָנַי כַּחַלָּמִישׁ וָאֵדַע כִּי־לֹא
8 אֵבוֹשׁ׃ קָרוֹב מַצְדִּיקִי מִי־יָרִיב אִתִּי נַעַמְדָה יָּחַד מִי־בַעַל
9 מִשְׁפָּטִי יִגַּשׁ אֵלָי׃ הֵן אֲדֹנָי יֱהוִה יַעֲזָר־לִי מִי־הוּא יַרְשִׁיעֵנִי
י הֵן כֻּלָּם כַּבֶּגֶד יִבְלוּ עָשׁ יֹאכְלֵם׃ מִי בָכֶם יְרֵא יְהוָה
שֹׁמֵעַ בְּקוֹל עַבְדּוֹ אֲשֶׁר ׀ הָלַךְ חֲשֵׁכִים וְאֵין נֹגַהּ לוֹ יִבְטַח
11 בְּשֵׁם יְהוָה וְיִשָּׁעֵן בֵּאלֹהָיו׃ הֵן כֻּלְּכֶם קֹדְחֵי אֵשׁ מְאַזְּרֵי
זִיקוֹת לְכוּ ׀ בְּאוּר אֶשְׁכֶם וּבְזִיקוֹת בְּעַרְתֶּם מִיָּדִי הָיְתָה־
זֹּאת לָכֶם לְמַעֲצֵבָה תִּשְׁכָּבוּן׃

נא Cap. LI. נא

א שִׁמְעוּ אֵלַי רֹדְפֵי צֶדֶק מְבַקְשֵׁי יְהוָה הַבִּיטוּ אֶל־צוּר
2 חֻצַּבְתֶּם וְאֶל־מַקֶּבֶת בּוֹר נֻקַּרְתֶּם׃ הַבִּיטוּ אֶל־אַבְרָהָם
אֲבִיכֶם וְאֶל־שָׂרָה תְּחוֹלֶלְכֶם כִּי־אֶחָד קְרָאתִיו וַאֲבָרְכֵהוּ
3 וְאַרְבֵּהוּ׃ כִּי־נִחַם יְהוָה צִיּוֹן נִחַם כָּל־חָרְבֹתֶיהָ וַיָּשֶׂם
מִדְבָּרָהּ כְּעֵדֶן וְעַרְבָתָהּ כְּגַן־יְהוָה שָׂשׂוֹן וְשִׂמְחָה יִמָּצֵא בָהּ
4 תּוֹדָה וְקוֹל זִמְרָה׃ הַקְשִׁיבוּ אֵלַי עַמִּי וּלְאוּמִּי אֵלַי
הַאֲזִינוּ כִּי תוֹרָה מֵאִתִּי תֵצֵא וּמִשְׁפָּטִי לְאוֹר עַמִּים אַרְגִּיעַ׃
ה קָרוֹב צִדְקִי יָצָא יִשְׁעִי וּזְרֹעַי עַמִּים יִשְׁפֹּטוּ אֵלַי אִיִּים
6 יְקַוּוּ וְאֶל־זְרֹעִי יְיַחֵלוּן׃ שְׂאוּ לַשָּׁמַיִם עֵינֵיכֶם וְהַבִּיטוּ אֶל־
הָאָרֶץ מִתַּחַת כִּי־שָׁמַיִם כֶּעָשָׁן נִמְלָחוּ וְהָאָרֶץ כַּבֶּגֶד תִּבְלֶה
וְיֹשְׁבֶיהָ כְּמוֹ־כֵן יְמוּתוּן וִישׁוּעָתִי לְעוֹלָם תִּהְיֶה וְצִדְקָתִי לֹא
7 תֵחָת׃ שִׁמְעוּ אֵלַי יֹדְעֵי צֶדֶק עַם תּוֹרָתִי בְלִבָּם אַל־
8 תִּירְאוּ חֶרְפַּת אֱנוֹשׁ וּמִגִּדֻּפֹתָם אַל־תֵּחָתּוּ׃ כִּי כַבֶּגֶד יֹאכְלֵם
עָשׁ וְכַצֶּמֶר יֹאכְלֵם סָס וְצִדְקָתִי לְעוֹלָם תִּהְיֶה וִישׁוּעָתִי
9 לְדוֹר דּוֹרִים׃ עוּרִי עוּרִי לִבְשִׁי־עֹז זְרוֹעַ יְהוָה עוּרִי
כִּימֵי קֶדֶם דֹּרוֹת עוֹלָמִים הֲלוֹא אַתְּ־הִיא הַמַּחְצֶבֶת רַהַב
י מְחוֹלֶלֶת תַּנִּין׃ הֲלוֹא אַתְּ־הִיא הַמַּחֲרֶבֶת יָם מֵי תְּהוֹם
11 רַבָּה הַשָּׂמָה מַעֲמַקֵּי־יָם דֶּרֶךְ לַעֲבֹר גְּאוּלִים׃ וּפְדוּיֵי יְהוָה
יְשׁוּבוּן וּבָאוּ צִיּוֹן בְּרִנָּה וְשִׂמְחַת עוֹלָם עַל־רֹאשָׁם שָׂשׂוֹן
12 וְשִׂמְחָה יַשִּׂיגוּן נָסוּ יָגוֹן וַאֲנָחָה׃ ° אָנֹכִי אָנֹכִי הוּא
מְנַחֶמְכֶם מִי־אַתְּ וַתִּירְאִי מֵאֱנוֹשׁ יָמוּת וּמִבֶּן־אָדָם חָצִיר
13 יִנָּתֵן׃ וַתִּשְׁכַּח יְהוָה עֹשֶׂךָ נוֹטֶה שָׁמַיִם וְיֹסֵד אָרֶץ וַתְּפַחֵד
תָּמִיד כָּל־הַיּוֹם מִפְּנֵי חֲמַת הַמֵּצִיק כַּאֲשֶׁר כּוֹנֵן לְהַשְׁחִית
14 וְאַיֵּה חֲמַת הַמֵּצִיק׃ מִהַר צֹעֶה לְהִפָּתֵחַ וְלֹא־יָמוּת לַשַּׁחַת
טו וְלֹא יֶחְסַר לַחְמוֹ׃ וְאָנֹכִי יְהוָה אֱלֹהֶיךָ רֹגַע הַיָּם וַיֶּהֱמוּ
16 גַּלָּיו יְהוָה צְבָאוֹת שְׁמוֹ׃ וָאָשִׂם דְּבָרַי בְּפִיךָ וּבְצֵל

יָדִי

v. 12. הפטורת שופטים

יָדִי כִּסִּיתִיךָ לִנְטֹעַ שָׁמַיִם וְלִיסֹד אָרֶץ וְלֵאמֹר לְצִיּוֹן עַמִּי־
17 אָתָּה׃ הִתְעוֹרְרִי הִתְעוֹרְרִי קוּמִי יְרוּשָׁלַםִ אֲשֶׁר שָׁתִית
מִיַּד יְהוָה אֶת־כּוֹס חֲמָתוֹ אֶת־קֻבַּעַת כּוֹס הַתַּרְעֵלָה שָׁתִית
18 מָצִית׃ אֵין־מְנַהֵל לָהּ מִכָּל־בָּנִים יָלָדָה וְאֵין מַחֲזִיק בְּיָדָהּ
19 מִכָּל־בָּנִים גִּדֵּלָה׃ שְׁתַּיִם הֵנָּה קֹרְאֹתַיִךְ מִי יָנוּד לָךְ הַשֹּׁד
כ וְהַשֶּׁבֶר וְהָרָעָב וְהַחֶרֶב מִי אֲנַחֲמֵךְ׃ בָּנַיִךְ עֻלְּפוּ שָׁכְבוּ
בְּרֹאשׁ כָּל־חוּצוֹת כְּתוֹא מִכְמָר הַמְלֵאִים חֲמַת־יְהוָה
21 גַּעֲרַת אֱלֹהָיִךְ׃ לָכֵן שִׁמְעִי־נָא זֹאת עֲנִיָּה וּשְׁכֻרַת וְלֹא
22 מִיָּיִן׃ כֹּה־אָמַר אֲדֹנַיִךְ יְהוָה וֵאלֹהַיִךְ יָרִיב עַמּוֹ הִנֵּה
לָקַחְתִּי מִיָּדֵךְ אֶת־כּוֹס הַתַּרְעֵלָה אֶת־קֻבַּעַת כּוֹס חֲמָתִי
23 לֹא־תוֹסִיפִי לִשְׁתּוֹתָהּ עוֹד׃ וְשַׂמְתִּיהָ בְּיַד־מוֹגַיִךְ אֲשֶׁר־
אָמְרוּ לְנַפְשֵׁךְ שְׁחִי וְנַעֲבֹרָה וַתָּשִׂימִי כָאָרֶץ גֵּוֵךְ וְכַחוּץ
לַעֹבְרִים׃

נב CAP. LII. נב

א עוּרִי עוּרִי לִבְשִׁי עֻזֵּךְ צִיּוֹן לִבְשִׁי ׀ בִּגְדֵי תִפְאַרְתֵּךְ
יְרוּשָׁלַםִ עִיר הַקֹּדֶשׁ כִּי לֹא יוֹסִיף יָבֹא־בָךְ עוֹד עָרֵל
2 וְטָמֵא׃ הִתְנַעֲרִי מֵעָפָר קוּמִי שְּׁבִי יְרוּשָׁלָםִ הִתְפַּתְּחוּ מוֹסְרֵי
3 צַוָּארֵךְ שְׁבִיָּה בַּת־צִיּוֹן׃ כִּי־כֹה אָמַר יְהוָה חִנָּם
4 נִמְכַּרְתֶּם וְלֹא בְכֶסֶף תִּגָּאֵלוּ׃ כִּי כֹה אָמַר אֲדֹנָי יְהוִה
מִצְרַיִם יָרַד־עַמִּי בָרִאשֹׁנָה לָגוּר שָׁם וְאַשּׁוּר בְּאֶפֶס עֲשָׁקוֹ׃
ה וְעַתָּה מַה־לִּי־פֹה נְאֻם־יְהוָה כִּי־לֻקַּח עַמִּי חִנָּם מֹשְׁלָו
6 יְהֵילִילוּ נְאֻם־יְהוָה וְתָמִיד כָּל־הַיּוֹם שְׁמִי מִנֹּאָץ׃ לָכֵן
יֵדַע עַמִּי שְׁמִי לָכֵן בַּיּוֹם הַהוּא כִּי־אֲנִי־הוּא הַמְדַבֵּר
7 הִנֵּנִי׃ מַה־נָּאווּ עַל־הֶהָרִים רַגְלֵי מְבַשֵּׂר מַשְׁמִיעַ שָׁלוֹם
8 מְבַשֵּׂר טוֹב מַשְׁמִיעַ יְשׁוּעָה אֹמֵר לְצִיּוֹן מָלַךְ אֱלֹהָיִךְ׃ קוֹל
צֹפַיִךְ נָשְׂאוּ קוֹל יַחְדָּו יְרַנֵּנוּ כִּי עַיִן בְּעַיִן יִרְאוּ בְּשׁוּב יְהוָה

נ״ב v. 2. התפתחי ק׳ v. 5. משליו ק׳

9 צִיּוֹן׃ פִּצְחוּ רַנְּנוּ יַחְדָּו חָרְבוֹת יְרוּשָׁלִָם כִּי־נִחַם יְהוָה עַמּוֹ
י גָּאַל יְרוּשָׁלִָם׃ חָשַׂף יְהוָה אֶת־זְרוֹעַ קָדְשׁוֹ לְעֵינֵי כָּל־הַגּוֹיִם
11 וְרָאוּ כָּל־אַפְסֵי־אָרֶץ אֵת יְשׁוּעַת אֱלֹהֵינוּ׃ סוּרוּ סוּרוּ
צְאוּ מִשָּׁם טָמֵא אַל־תִּגָּעוּ צְאוּ מִתּוֹכָהּ הִבָּרוּ נֹשְׂאֵי כְּלֵי
12 יְהוָה׃ כִּי לֹא בְחִפָּזוֹן תֵּצֵאוּ וּבִמְנוּסָה לֹא תֵלֵכוּן כִּי־הֹלֵךְ
13 לִפְנֵיכֶם יְהוָה וּמְאַסִּפְכֶם אֱלֹהֵי יִשְׂרָאֵל׃ הִנֵּה יַשְׂכִּיל
14 עַבְדִּי יָרוּם וְנִשָּׂא וְגָבַהּ מְאֹד׃ כַּאֲשֶׁר שָׁמְמוּ עָלֶיךָ רַבִּים
טו כֵּן־מִשְׁחַת מֵאִישׁ מַרְאֵהוּ וְתֹאֲרוֹ מִבְּנֵי אָדָם׃ כֵּן יַזֶּה גּוֹיִם
רַבִּים עָלָיו יִקְפְּצוּ מְלָכִים פִּיהֶם כִּי אֲשֶׁר לֹא־סֻפַּר לָהֶם
רָאוּ וַאֲשֶׁר לֹא־שָׁמְעוּ הִתְבּוֹנָנוּ׃ °

נג

Cap. LIII. נג

2 א מִי הֶאֱמִין לִשְׁמֻעָתֵנוּ וּזְרוֹעַ יְהוָה עַל־מִי נִגְלָתָה׃ וַיַּעַל
כַּיּוֹנֵק לְפָנָיו וְכַשֹּׁרֶשׁ מֵאֶרֶץ צִיָּה לֹא־תֹאַר לוֹ וְלֹא הָדָר
3 וְנִרְאֵהוּ וְלֹא־מַרְאֶה וְנֶחְמְדֵהוּ׃ נִבְזֶה וַחֲדַל אִישִׁים אִישׁ
מַכְאֹבוֹת וִידוּעַ חֹלִי וּכְמַסְתֵּר פָּנִים מִמֶּנּוּ נִבְזֶה וְלֹא חֲשַׁבְנֻהוּ׃
4 אָכֵן חֳלָיֵנוּ הוּא נָשָׂא וּמַכְאֹבֵינוּ סְבָלָם וַאֲנַחְנוּ חֲשַׁבְנֻהוּ נָגוּעַ
ה מֻכֵּה אֱלֹהִים וּמְעֻנֶּה׃ וְהוּא מְחֹלָל מִפְּשָׁעֵנוּ מְדֻכָּא מֵעֲוֺנֹתֵינוּ
6 מוּסַר שְׁלוֹמֵנוּ עָלָיו וּבַחֲבֻרָתוֹ נִרְפָּא־לָנוּ׃ כֻּלָּנוּ כַּצֹּאן תָּעִינוּ
7 אִישׁ לְדַרְכּוֹ פָּנִינוּ וַיהוָה הִפְגִּיעַ בּוֹ אֵת עֲוֺן כֻּלָּנוּ׃ נִגַּשׂ וְהוּא
נַעֲנֶה וְלֹא יִפְתַּח־פִּיו כַּשֶּׂה לַטֶּבַח יוּבָל וּכְרָחֵל לִפְנֵי גֹזְזֶיהָ
8 נֶאֱלָמָה וְלֹא יִפְתַּח פִּיו׃ מֵעֹצֶר וּמִמִּשְׁפָּט לֻקָּח וְאֶת־דּוֹרוֹ
9 מִי יְשׂוֹחֵחַ כִּי נִגְזַר מֵאֶרֶץ חַיִּים מִפֶּשַׁע עַמִּי נֶגַע לָמוֹ׃ וַיִּתֵּן
אֶת־רְשָׁעִים קִבְרוֹ וְאֶת־עָשִׁיר בְּמֹתָיו עַל לֹא־חָמָס עָשָׂה
י וְלֹא מִרְמָה בְּפִיו׃ וַיהוָה חָפֵץ דַּכְּאוֹ הֶחֱלִי אִם־תָּשִׂים אָשָׁם
11 נַפְשׁוֹ יִרְאֶה זֶרַע יַאֲרִיךְ יָמִים וְחֵפֶץ יְהוָה בְּיָדוֹ יִצְלָח׃ מֵעֲמַל
נַפְשׁוֹ יִרְאֶה יִשְׂבָּע בְּדַעְתּוֹ יַצְדִּיק צַדִּיק עַבְדִּי לָרַבִּים וַעֲוֺנֹתָם
12 הוּא יִסְבֹּל׃ לָכֵן אֲחַלֶּק־לוֹ בָרַבִּים וְאֶת־עֲצוּמִים יְחַלֵּק

שלל

ב״ב v. 15. אין כאן פסקא

שָׁלָל תַּחַת אֲשֶׁר הֶעֱרָה לַמָּוֶת נַפְשׁוֹ וְאֶת־פֹּשְׁעִים נִמְנָה וְהוּא
חֵטְא־רַבִּים נָשָׂא וְלַפֹּשְׁעִים יַפְגִּיעַ׃

נד CAP. LIV. נד

א רָנִּי עֲקָרָה לֹא יָלָדָה פִּצְחִי רִנָּה וְצַהֲלִי לֹא־חָלָה כִּי־
2 רַבִּים בְּנֵי־שׁוֹמֵמָה מִבְּנֵי בְעוּלָה אָמַר יְהוָה׃ הַרְחִיבִי ׀
מְקוֹם אָהֳלֵךְ וִירִיעוֹת מִשְׁכְּנוֹתַיִךְ יַטּוּ אַל־תַּחְשֹׂכִי הַאֲרִיכִי
3 מֵיתָרַיִךְ וִיתֵדֹתַיִךְ חַזֵּקִי׃ כִּי־יָמִין וּשְׂמֹאול תִּפְרֹצִי וְזַרְעֵךְ
4 גּוֹיִם יִירָשׁ וְעָרִים נְשַׁמּוֹת יוֹשִׁיבוּ׃ אַל־תִּירְאִי כִּי־לֹא תֵבוֹשִׁי
וְאַל־תִּכָּלְמִי כִּי לֹא תַחְפִּירִי כִּי בֹשֶׁת עֲלוּמַיִךְ תִּשְׁכָּחִי
ה וְחֶרְפַּת אַלְמְנוּתַיִךְ לֹא תִזְכְּרִי־עוֹד׃ כִּי בֹעֲלַיִךְ עֹשַׂיִךְ
יְהוָה צְבָאוֹת שְׁמוֹ וְגֹאֲלֵךְ קְדוֹשׁ יִשְׂרָאֵל אֱלֹהֵי כָל־הָאָרֶץ
6 יִקָּרֵא׃ כִּי־כְאִשָּׁה עֲזוּבָה וַעֲצוּבַת רוּחַ קְרָאָךְ יְהוָה וְאֵשֶׁת
7 נְעוּרִים כִּי תִמָּאֵס אָמַר אֱלֹהָיִךְ׃ בְּרֶגַע קָטֹן עֲזַבְתִּיךְ
8 וּבְרַחֲמִים גְּדֹלִים אֲקַבְּצֵךְ׃ בְּשֶׁצֶף קֶצֶף הִסְתַּרְתִּי פָנַי רֶגַע
9 מִמֵּךְ וּבְחֶסֶד עוֹלָם רִחַמְתִּיךְ אָמַר גֹּאֲלֵךְ יְהוָה׃ כִּי־מֵי
נֹחַ זֹאת לִי אֲשֶׁר נִשְׁבַּעְתִּי מֵעֲבֹר מֵי־נֹחַ עוֹד עַל־הָאָרֶץ
י כֵּן נִשְׁבַּעְתִּי מִקְּצֹף עָלַיִךְ וּמִגְּעָר־בָּךְ׃ כִּי הֶהָרִים יָמוּשׁוּ
וְהַגְּבָעוֹת תְּמוּטֶינָה וְחַסְדִּי מֵאִתֵּךְ לֹא־יָמוּשׁ וּבְרִית שְׁלוֹמִי
11 לֹא תָמוּט אָמַר מְרַחֲמֵךְ יְהוָה׃ עֲנִיָּה סֹעֲרָה לֹא
נֻחָמָה הִנֵּה אָנֹכִי מַרְבִּיץ בַּפּוּךְ אֲבָנַיִךְ וִיסַדְתִּיךְ בַּסַּפִּירִים׃
12 וְשַׂמְתִּי כַּדְכֹד שִׁמְשֹׁתַיִךְ וּשְׁעָרַיִךְ לְאַבְנֵי אֶקְדָּח וְכָל־גְּבוּלֵךְ
13 לְאַבְנֵי־חֵפֶץ׃ וְכָל־בָּנַיִךְ לִמּוּדֵי יְהוָה וְרַב שְׁלוֹם בָּנָיִךְ׃
14 בִּצְדָקָה תִּכּוֹנָנִי רַחֲקִי מֵעֹשֶׁק כִּי־לֹא תִירָאִי וּמִמְּחִתָּה כִּי
טו לֹא־תִקְרַב אֵלָיִךְ׃ הֵן גּוֹר יָגוּר אֶפֶס מֵאוֹתִי מִי־גָר אִתָּךְ
16 עָלַיִךְ יִפּוֹל׃ הִן אָנֹכִי בָּרָאתִי חָרָשׁ נֹפֵחַ בְּאֵשׁ פֶּחָם וּמוֹצִיא
17 כְלִי לְמַעֲשֵׂהוּ וְאָנֹכִי בָּרָאתִי מַשְׁחִית לְחַבֵּל׃ כָּל־כְּלִי יוּצַר

עליך

נ"ד v. 1. הפטרת נח וגם הפטרת כי תצא

v. 9. נ"א כימי   v. 11. הפטרת ראה   v. 16. הנה ק'

עָלַ֙יִךְ֙ לֹ֣א יִצְלָ֔ח וְכָל־לָשׁ֛וֹן תָּֽקוּם־אִתָּ֥ךְ לַמִּשְׁפָּ֖ט תַּרְשִׁ֑יעִי
זֹ֡את נַחֲלַת֩ עַבְדֵ֨י יְהוָ֜ה וְצִדְקָתָ֛ם מֵאִתִּ֖י נְאֻם־יְהוָֽה׃

נה CAP. LV. נה

א הֹ֤וי כָּל־צָמֵא֙ לְכ֣וּ לַמַּ֔יִם וַאֲשֶׁ֥ר אֵין־ל֖וֹ כָּ֑סֶף לְכ֤וּ שִׁבְרוּ֙
וֶֽאֱכֹ֔לוּ וּלְכ֣וּ שִׁבְר֗וּ בְּלוֹא־כֶ֛סֶף וּבְל֥וֹא מְחִ֖יר יַ֥יִן וְחָלָֽב׃
2 לָ֤מָּה תִשְׁקְלוּ־כֶ֙סֶף֙ בְּלוֹא־לֶ֔חֶם וִיגִיעֲכֶ֖ם בְּל֣וֹא לְשָׂבְעָ֑ה
3 שִׁמְע֨וּ שָׁמ֤וֹעַ אֵלַי֙ וְאִכְלוּ־ט֔וֹב וְתִתְעַנַּ֥ג בַּדֶּ֖שֶׁן נַפְשְׁכֶֽם׃ הַטּ֤וּ
אָזְנְכֶם֙ וּלְכ֣וּ אֵלַ֔י שִׁמְע֖וּ וּתְחִ֣י נַפְשְׁכֶ֑ם וְאֶכְרְתָ֤ה לָכֶם֙ בְּרִ֣ית
4 עוֹלָ֔ם חַֽסְדֵ֥י דָוִ֖ד הַנֶּאֱמָנִֽים׃ הֵ֛ן עֵ֥ד לְאוּמִּ֖ים נְתַתִּ֑יו נָגִ֥יד וּמְצַוֵּ֖ה
ה לְאֻמִּֽים׃ הֵ֣ן גּ֤וֹי לֹֽא־תֵדַע֙ תִּקְרָ֔א וְג֥וֹי לֹֽא־יְדָע֖וּךָ אֵלֶ֣יךָ יָר֑וּצוּ
6 לְמַ֙עַן֙ יְהוָ֣ה אֱלֹהֶ֔יךָ וְלִקְד֥וֹשׁ יִשְׂרָאֵ֖ל כִּ֥י פֵאֲרָֽךְ׃ ס דִּרְשׁ֥וּ
7 יְהוָ֖ה בְּהִמָּצְא֑וֹ קְרָאֻ֖הוּ בִּֽהְיוֹת֥וֹ קָרֽוֹב׃ יַעֲזֹ֤ב רָשָׁע֙ דַּרְכּ֔וֹ
וְאִ֥ישׁ אָ֖וֶן מַחְשְׁבֹתָ֑יו וְיָשֹׁ֤ב אֶל־יְהוָה֙ וִירַֽחֲמֵ֔הוּ וְאֶל־אֱלֹהֵ֖ינוּ
8 כִּֽי־יַרְבֶּ֥ה לִסְלֽוֹחַ׃ כִּ֣י לֹ֤א מַחְשְׁבוֹתַי֙ מַחְשְׁב֣וֹתֵיכֶ֔ם וְלֹ֥א
9 דַרְכֵיכֶ֖ם דְּרָכָ֑י נְאֻ֖ם יְהוָֽה׃ כִּֽי־גָבְה֥וּ שָׁמַ֖יִם מֵאָ֑רֶץ כֵּ֣ן גָּבְה֞וּ
י דְרָכַ֙י֙ מִדַּרְכֵיכֶ֔ם וּמַחְשְׁבֹתַ֖י מִמַּחְשְׁבֹתֵיכֶֽם׃ כִּ֡י כַּאֲשֶׁ֣ר יֵרֵד֩
הַגֶּ֨שֶׁם וְהַשֶּׁ֜לֶג מִן־הַשָּׁמַ֗יִם וְשָׁ֙מָּה֙ לֹ֣א יָשׁ֔וּב כִּ֚י אִם־הִרְוָ֣ה
אֶת־הָאָ֔רֶץ וְהוֹלִידָ֖הּ וְהִצְמִיחָ֑הּ וְנָ֤תַן זֶ֙רַע֙ לַזֹּרֵ֔עַ וְלֶ֖חֶם
11 לָאֹכֵֽל׃ כֵּ֣ן יִהְיֶ֤ה דְבָרִי֙ אֲשֶׁ֣ר יֵצֵ֣א מִפִּ֔י לֹא־יָשׁ֥וּב אֵלַ֖י רֵיקָ֑ם
כִּ֤י אִם־עָשָׂה֙ אֶת־אֲשֶׁ֣ר חָפַ֔צְתִּי וְהִצְלִ֖יחַ אֲשֶׁ֥ר שְׁלַחְתִּֽיו׃
12 כִּֽי־בְשִׂמְחָ֣ה תֵצֵ֔אוּ וּבְשָׁל֖וֹם תּֽוּבָל֑וּן הֶהָרִ֣ים וְהַגְּבָע֗וֹת יִפְצְח֤וּ
13 לִפְנֵיכֶם֙ רִנָּ֔ה וְכָל־עֲצֵ֥י הַשָּׂדֶ֖ה יִמְחֲאוּ־כָֽף׃ תַּ֤חַת הַֽנַּעֲצוּץ֙
יַעֲלֶ֣ה בְר֔וֹשׁ תַּ֥חַת הַסִּרְפַּ֖ד יַעֲלֶ֣ה הֲדַ֑ס וְהָיָ֤ה לַֽיהוָה֙ לְשֵׁ֔ם
לְא֥וֹת עוֹלָ֖ם לֹ֥א יִכָּרֵֽת׃

נו CAP. LVI. נו

א כֹּ֚ה אָמַ֣ר יְהוָ֔ה שִׁמְר֥וּ מִשְׁפָּ֖ט וַעֲשׂ֣וּ צְדָקָ֑ה כִּֽי־קְרוֹבָ֤ה
2 יְשׁוּעָתִי֙ לָב֔וֹא וְצִדְקָתִ֖י לְהִגָּלֽוֹת׃ אַשְׁרֵ֤י אֱנוֹשׁ֙ יַעֲשֶׂה־זֹּ֔את

ובן־אדם

ב״ה v. 6. הפטרת וילך כמנהג האשכנזים v. 13. ותחת ק׳

וּבֶן־אָדָם יַחֲזִיק בָּהּ שֹׁמֵר שַׁבָּת מֵחַלְּלוֹ וְשֹׁמֵר יָדוֹ מֵעֲשׂוֹת
3 כָּל־רָע׃ וְאַל־יֹאמַר בֶּן־הַנֵּכָר הַנִּלְוָה אֶל־יְהוָה לֵאמֹר
הַבְדֵּל יַבְדִּילַנִי יְהוָה מֵעַל עַמּוֹ וְאַל־יֹאמַר הַסָּרִיס הֵן אֲנִי
4 עֵץ יָבֵשׁ׃ כִּי־כֹה ׀ אָמַר יְהוָה לַסָּרִיסִים אֲשֶׁר יִשְׁמְרוּ
אֶת־שַׁבְּתוֹתַי וּבָחֲרוּ בַּאֲשֶׁר חָפָצְתִּי וּמַחֲזִיקִים בִּבְרִיתִי׃
ה וְנָתַתִּי לָהֶם בְּבֵיתִי וּבְחוֹמֹתַי יָד וָשֵׁם טוֹב מִבָּנִים וּמִבָּנוֹת
6 שֵׁם עוֹלָם אֶתֶּן־לוֹ אֲשֶׁר לֹא יִכָּרֵת׃ וּבְנֵי הַנֵּכָר הַנִּלְוִים
עַל־יְהוָה לְשָׁרְתוֹ וּלְאַהֲבָה אֶת־שֵׁם יְהוָה לִהְיוֹת לוֹ לַעֲבָדִים
7 כָּל־שֹׁמֵר שַׁבָּת מֵחַלְּלוֹ וּמַחֲזִיקִים בִּבְרִיתִי׃ וַהֲבִיאוֹתִים
אֶל־הַר קָדְשִׁי וְשִׂמַּחְתִּים בְּבֵית תְּפִלָּתִי עוֹלֹתֵיהֶם וְזִבְחֵיהֶם
לְרָצוֹן עַל־מִזְבְּחִי כִּי בֵיתִי בֵּית־תְּפִלָּה יִקָּרֵא לְכָל־
8 הָעַמִּים׃ נְאֻם אֲדֹנָי יְהוִה מְקַבֵּץ נִדְחֵי יִשְׂרָאֵל עוֹד אֲקַבֵּץ
9 עָלָיו לְנִקְבָּצָיו׃ כֹּל חַיְתוֹ שָׂדָי אֵתָיוּ לֶאֱכֹל כָּל־חַיְתוֹ
י בַּיָּעַר׃ צֹפָו עִוְרִים כֻּלָּם לֹא יָדָעוּ כֻּלָּם כְּלָבִים אִלְּמִים
11 לֹא יוּכְלוּ לִנְבֹּחַ הֹזִים שֹׁכְבִים אֹהֲבֵי לָנוּם׃ וְהַכְּלָבִים עַזֵּי־
נֶפֶשׁ לֹא יָדְעוּ שָׂבְעָה וְהֵמָּה רֹעִים לֹא יָדְעוּ הָבִין כֻּלָּם
12 לְדַרְכָּם פָּנוּ אִישׁ לְבִצְעוֹ מִקָּצֵהוּ׃ אֵתָיוּ אֶקְחָה־יַיִן וְנִסְבְּאָה
שֵׁכָר וְהָיָה כָזֶה יוֹם מָחָר גָּדוֹל יֶתֶר מְאֹד׃ ס

נז CAP. LVII. נז

א הַצַּדִּיק אָבָד וְאֵין אִישׁ שָׂם עַל־לֵב וְאַנְשֵׁי־חֶסֶד נֶאֱסָפִים
2 בְּאֵין מֵבִין כִּי־מִפְּנֵי הָרָעָה נֶאֱסַף הַצַּדִּיק׃ יָבוֹא שָׁלוֹם
3 יָנוּחוּ עַל־מִשְׁכְּבוֹתָם הֹלֵךְ נְכֹחוֹ׃ וְאַתֶּם קִרְבוּ־הֵנָּה
4 בְּנֵי עֹנְנָה זֶרַע מְנָאֵף וַתִּזְנֶה׃ עַל־מִי תִּתְעַנָּגוּ עַל־מִי
תַּרְחִיבוּ פֶה תַּאֲרִיכוּ לָשׁוֹן הֲלוֹא־אַתֶּם יִלְדֵי־פֶשַׁע זֶרַע
ה שָׁקֶר׃ הַנֵּחָמִים בָּאֵלִים תַּחַת כָּל־עֵץ רַעֲנָן שֹׁחֲטֵי הַיְלָדִים
6 בַּנְּחָלִים תַּחַת סְעִפֵי הַסְּלָעִים׃ בְּחַלְּקֵי־נַחַל חֶלְקֵךְ הֵם
הֵם גּוֹרָלֵךְ גַּם־לָהֶם שָׁפַכְתְּ נֶסֶךְ הֶעֱלִית מִנְחָה הַעַל אֵלֶּה

אנחם

נ״ו v. 10. צ׳ רבתי צפיו ק׳ v. 12. אין כאן פסקא

7 אֶנָּחֵם׃ עַל הַר־גָּבֹהַּ וְנִשָּׂא שַׂמְתְּ מִשְׁכָּבֵךְ גַּם־שָׁם עָלִית
8 לִזְבֹּחַ זָבַח׃ וְאַחַר הַדֶּלֶת וְהַמְּזוּזָה שַׂמְתְּ זִכְרוֹנֵךְ כִּי מֵאִתִּי
גִּלִּית וַתַּעֲלִי הִרְחַבְתְּ מִשְׁכָּבֵךְ וַתִּכְרָת־לָךְ מֵהֶם אָהַבְתְּ
9 מִשְׁכָּבָם יָד חָזִית׃ וַתָּשֻׁרִי לַמֶּלֶךְ בַּשֶּׁמֶן וַתַּרְבִּי רִקֻּחָיִךְ
י וַתְּשַׁלְּחִי צִירַיִךְ עַד־מֵרָחֹק וַתַּשְׁפִּילִי עַד־שְׁאוֹל׃ בְּרֹב
דַּרְכֵּךְ יָגַעַתְּ לֹא אָמַרְתְּ נוֹאָשׁ חַיַּת יָדֵךְ מָצָאת עַל־כֵּן לֹא
11 חָלִית׃ וְאֶת־מִי דָּאַגְתְּ וַתִּירְאִי כִּי תְכַזֵּבִי וְאוֹתִי לֹא זָכַרְתְּ
לֹא־שַׂמְתְּ עַל־לִבֵּךְ הֲלֹא אֲנִי מַחְשֶׁה וּמֵעֹלָם וְאוֹתִי לֹא
12 תִירָאִי׃ אֲנִי אַגִּיד צִדְקָתֵךְ וְאֶת־מַעֲשַׂיִךְ וְלֹא יוֹעִילוּךְ׃
13 בְּזַעֲקֵךְ יַצִּילֻךְ קִבּוּצַיִךְ וְאֶת־כֻּלָּם יִשָּׂא־רוּחַ יִקַּח־הָבֶל
14 וְהַחוֹסֶה בִי יִנְחַל־אֶרֶץ וְיִירַשׁ הַר־קָדְשִׁי׃ וְאָמַר סֹלּוּ־
טו סֹלּוּ פַּנּוּ־דָרֶךְ הָרִימוּ מִכְשׁוֹל מִדֶּרֶךְ עַמִּי׃ כִּי כֹה אָמַר
רָם וְנִשָּׂא שֹׁכֵן עַד וְקָדוֹשׁ שְׁמוֹ מָרוֹם וְקָדוֹשׁ אֶשְׁכּוֹן וְאֶת־
דַּכָּא וּשְׁפַל־רוּחַ לְהַחֲיוֹת רוּחַ שְׁפָלִים וּלְהַחֲיוֹת לֵב נִדְכָּאִים׃
16 כִּי לֹא לְעוֹלָם אָרִיב וְלֹא לָנֶצַח אֶקְּצוֹף כִּי־רוּחַ מִלְּפָנַי
17 יַעֲטוֹף וּנְשָׁמוֹת אֲנִי עָשִׂיתִי׃ בַּעֲוֺן בִּצְעוֹ קָצַפְתִּי וְאַכֵּהוּ הַסְתֵּר
18 וְאֶקְצֹף וַיֵּלֶךְ שׁוֹבָב בְּדֶרֶךְ לִבּוֹ׃ דְּרָכָיו רָאִיתִי וְאֶרְפָּאֵהוּ
19 וְאַנְחֵהוּ וַאֲשַׁלֵּם נִחֻמִים לוֹ וְלַאֲבֵלָיו׃ בּוֹרֵא נוּב שְׂפָתָיִם
שָׁלוֹם ׀ שָׁלוֹם לָרָחוֹק וְלַקָּרוֹב אָמַר יְהוָה וּרְפָאתִיו׃
כ וְהָרְשָׁעִים כַּיָּם נִגְרָשׁ כִּי הַשְׁקֵט לֹא יוּכָל וַיִּגְרְשׁוּ מֵימָיו רֶפֶשׁ
21 וָטִיט׃ אֵין שָׁלוֹם אָמַר אֱלֹהַי לָרְשָׁעִים׃

נח CAP. LVIII. נח

א קְרָא בְגָרוֹן אַל־תַּחְשֹׂךְ כַּשּׁוֹפָר הָרֵם קוֹלֶךָ וְהַגֵּד לְעַמִּי
2 פִּשְׁעָם וּלְבֵית יַעֲקֹב חַטֹּאתָם׃ וְאוֹתִי יוֹם יוֹם יִדְרֹשׁוּן וְדַעַת
דְּרָכַי יֶחְפָּצוּן כְּגוֹי אֲשֶׁר־צְדָקָה עָשָׂה וּמִשְׁפַּט אֱלֹהָיו לֹא
3 עָזָב יִשְׁאָלוּנִי מִשְׁפְּטֵי־צֶדֶק קִרְבַת אֱלֹהִים יֶחְפָּצוּן׃ לָמָּה
צַּמְנוּ וְלֹא רָאִיתָ עִנִּינוּ נַפְשֵׁנוּ וְלֹא תֵדָע הֵן בְּיוֹם צֹמְכֶם

תמצאו

ב"ז v. 14. הפטרת יום כפור. v. 19. ניב ק'

4 תִּמְצְאוּ־חֵפֶץ וְכָל־עַצְּבֵיכֶם תִּנְגֹּשׂוּ: הֵן לְרִיב וּמַצָּה תָּצוּמוּ
וּלְהַכּוֹת בְּאֶגְרֹף רֶשַׁע לֹא־תָצוּמוּ כַיּוֹם לְהַשְׁמִיעַ בַּמָּרוֹם
ה קוֹלְכֶם: הֲכָזֶה יִהְיֶה צוֹם אֶבְחָרֵהוּ יוֹם עַנּוֹת אָדָם נַפְשׁוֹ
הֲלָכֹף כְּאַגְמֹן רֹאשׁוֹ וְשַׂק וָאֵפֶר יַצִּיעַ הֲלָזֶה תִּקְרָא־צוֹם
6 וְיוֹם רָצוֹן לַיהוָה: הֲלוֹא זֶה צוֹם אֶבְחָרֵהוּ פַּתֵּחַ חַרְצֻבּוֹת
רֶשַׁע הַתֵּר אֲגֻדּוֹת מוֹטָה וְשַׁלַּח רְצוּצִים חָפְשִׁים וְכָל־מוֹטָה
7 תְּנַתֵּקוּ: הֲלוֹא פָרֹס לָרָעֵב לַחְמֶךָ וַעֲנִיִּים מְרוּדִים תָּבִיא
8 בָיִת כִּי־תִרְאֶה עָרֹם וְכִסִּיתוֹ וּמִבְּשָׂרְךָ לֹא תִתְעַלָּם: אָז
יִבָּקַע כַּשַּׁחַר אוֹרֶךָ וַאֲרֻכָתְךָ מְהֵרָה תִצְמָח וְהָלַךְ לְפָנֶיךָ
9 צִדְקֶךָ כְּבוֹד יְהוָה יַאַסְפֶךָ: אָז תִּקְרָא וַיהוָה יַעֲנֶה תְּשַׁוַּע
וְיֹאמַר הִנֵּנִי אִם־תָּסִיר מִתּוֹכְךָ מוֹטָה שְׁלַח אֶצְבַּע וְדַבֶּר־
י אָוֶן: וְתָפֵק לָרָעֵב נַפְשֶׁךָ וְנֶפֶשׁ נַעֲנָה תַּשְׂבִּיעַ וְזָרַח בַּחֹשֶׁךְ
11 אוֹרֶךָ וַאֲפֵלָתְךָ כַּצָּהֳרָיִם: וְנָחֲךָ יְהוָה תָּמִיד וְהִשְׂבִּיעַ
בְּצַחְצָחוֹת נַפְשֶׁךָ וְעַצְמֹתֶיךָ יַחֲלִיץ וְהָיִיתָ כְּגַן רָוֶה וּכְמוֹצָא
12 מַיִם אֲשֶׁר לֹא־יְכַזְּבוּ מֵימָיו: וּבָנוּ מִמְּךָ חָרְבוֹת עוֹלָם מוֹסְדֵי
דוֹר־וָדוֹר תְּקוֹמֵם וְקֹרָא לְךָ גֹּדֵר פֶּרֶץ מְשֹׁבֵב נְתִיבוֹת
13 לָשָׁבֶת: אִם־תָּשִׁיב מִשַּׁבָּת רַגְלֶךָ עֲשׂוֹת חֲפָצֶךָ בְּיוֹם קָדְשִׁי
וְקָרָאתָ לַשַּׁבָּת עֹנֶג לִקְדוֹשׁ יְהוָה מְכֻבָּד וְכִבַּדְתּוֹ מֵעֲשׂוֹת
14 דְּרָכֶיךָ מִמְּצוֹא חֶפְצְךָ וְדַבֵּר דָּבָר: אָז תִּתְעַנַּג עַל־יְהוָה
וְהִרְכַּבְתִּיךָ עַל־בָּמֳתֵי אָרֶץ וְהַאֲכַלְתִּיךָ נַחֲלַת יַעֲקֹב אָבִיךָ
כִּי פִּי יְהוָה דִּבֵּר:

נט CAP. LIX. נט

א הֵן לֹא־קָצְרָה יַד־יְהוָה מֵהוֹשִׁיעַ וְלֹא־כָבְדָה אָזְנוֹ מִשְּׁמוֹעַ:
2 כִּי אִם־עֲוֺנֹתֵיכֶם הָיוּ מַבְדִּלִים בֵּינֵכֶם לְבֵין אֱלֹהֵיכֶם
3 וְחַטֹּאותֵיכֶם הִסְתִּירוּ פָנִים מִכֶּם מִשְּׁמוֹעַ: כִּי כַפֵּיכֶם נְגֹאֲלוּ
בַדָּם וְאֶצְבְּעוֹתֵיכֶם בֶּעָוֺן שִׂפְתוֹתֵיכֶם דִּבְּרוּ־שֶׁקֶר לְשׁוֹנְכֶם
4 עַוְלָה תֶהְגֶּה: אֵין־קֹרֵא בְצֶדֶק וְאֵין נִשְׁפָּט בֶּאֱמוּנָה בָּטוֹחַ

על־תהו

ב״ח v. 14. במתי ק׳

ה עַל־תֹּהוּ וְדַבֶּר־שָׁוְא הָרוֹ עָמָל וְהוֹלִיד אָוֶן׃ בֵּיצֵי צִפְעוֹנִי
בִּקֵּעוּ וְקוּרֵי עַכָּבִישׁ יֶאֱרֹגוּ הָאֹכֵל מִבֵּיצֵיהֶם יָמוּת וְהַזּוּרֶה
6 תִּבָּקַע אֶפְעֶה׃ קוּרֵיהֶם לֹא־יִהְיוּ לְבֶגֶד וְלֹא יִתְכַּסּוּ
בְּמַעֲשֵׂיהֶם מַעֲשֵׂיהֶם מַעֲשֵׂי־אָוֶן וּפֹעַל חָמָס בְּכַפֵּיהֶם׃
7 רַגְלֵיהֶם לָרַע יָרֻצוּ וִימַהֲרוּ לִשְׁפֹּךְ דָּם נָקִי מַחְשְׁבוֹתֵיהֶם
8 מַחְשְׁבוֹת אָוֶן שֹׁד וָשֶׁבֶר בִּמְסִלּוֹתָם׃ דֶּרֶךְ שָׁלוֹם לֹא יָדָעוּ
וְאֵין מִשְׁפָּט בְּמַעְגְּלוֹתָם נְתִיבוֹתֵיהֶם עִקְּשׁוּ לָהֶם כֹּל דֹּרֵךְ
9 בָּהּ לֹא יָדַע שָׁלוֹם׃ עַל־כֵּן רָחַק מִשְׁפָּט מִמֶּנּוּ וְלֹא תַשִּׂיגֵנוּ
צְדָקָה נְקַוֶּה לָאוֹר וְהִנֵּה־חֹשֶׁךְ לִנְגֹהוֹת בָּאֲפֵלוֹת נְהַלֵּךְ׃
י נְגַשְׁשָׁה כַעִוְרִים קִיר וּכְאֵין עֵינַיִם נְגַשֵּׁשָׁה כָּשַׁלְנוּ בַצָּהֳרַיִם
11 כַּנֶּשֶׁף בָּאַשְׁמַנִּים כַּמֵּתִים׃ נֶהֱמֶה כַדֻּבִּים כֻּלָּנוּ וְכַיּוֹנִים הָגֹה
12 נֶהְגֶּה נְקַוֶּה לַמִּשְׁפָּט וָאַיִן לִישׁוּעָה רָחֲקָה מִמֶּנּוּ׃ כִּי־רַבּוּ
פְשָׁעֵינוּ נֶגְדֶּךָ וְחַטֹּאותֵינוּ עָנְתָה בָּנוּ כִּי־פְשָׁעֵינוּ אִתָּנוּ וַעֲוֹנֹתֵינוּ
13 יְדַעֲנוּם׃ פָּשֹׁעַ וְכַחֵשׁ בַּיהוָה וְנָסוֹג מֵאַחַר אֱלֹהֵינוּ דַּבֶּר־
14 עֹשֶׁק וְסָרָה הֹרוֹ וְהֹגוֹ מִלֵּב דִּבְרֵי־שָׁקֶר׃ וְהֻסַּג אָחוֹר מִשְׁפָּט
וּצְדָקָה מֵרָחוֹק תַּעֲמֹד כִּי־כָשְׁלָה בָרְחוֹב אֱמֶת וּנְכֹחָה
טו לֹא־תוּכַל לָבוֹא׃ וַתְּהִי הָאֱמֶת נֶעְדֶּרֶת וְסָר מֵרָע מִשְׁתּוֹלֵל
16 וַיַּרְא יְהוָה וַיֵּרַע בְּעֵינָיו כִּי־אֵין מִשְׁפָּט׃ וַיַּרְא כִּי־אֵין אִישׁ
וַיִּשְׁתּוֹמֵם כִּי־אֵין מַפְגִּיעַ וַתּוֹשַׁע לוֹ זְרֹעוֹ וְצִדְקָתוֹ הִיא
17 סְמָכָתְהוּ׃ וַיִּלְבַּשׁ צְדָקָה כַּשִּׁרְיָן וְכוֹבַע יְשׁוּעָה בְּרֹאשׁוֹ
18 וַיִּלְבַּשׁ בִּגְדֵי נָקָם תִּלְבֹּשֶׁת וַיַּעַט כַּמְעִיל קִנְאָה׃ כְּעַל גְּמֻלוֹת
כְּעַל יְשַׁלֵּם חֵמָה לְצָרָיו גְּמוּל לְאֹיְבָיו לָאִיִּים גְּמוּל יְשַׁלֵּם׃
19 וְיִירְאוּ מִמַּעֲרָב אֶת־שֵׁם יְהוָה וּמִמִּזְרַח־שֶׁמֶשׁ אֶת־כְּבוֹדוֹ
כ כִּי־יָבוֹא כַנָּהָר צָר רוּחַ יְהוָה נֹסְסָה בוֹ׃ וּבָא לְצִיּוֹן גּוֹאֵל
21 וּלְשָׁבֵי פֶשַׁע בְּיַעֲקֹב נְאֻם יְהוָה׃ וַאֲנִי זֹאת בְּרִיתִי אוֹתָם
אָמַר יְהוָה רוּחִי אֲשֶׁר עָלֶיךָ וּדְבָרַי אֲשֶׁר־שַׂמְתִּי בְּפִיךָ לֹא־
יָמוּשׁוּ מִפִּיךָ וּמִפִּי זַרְעֲךָ וּמִפִּי זֶרַע זַרְעֲךָ אָמַר יְהוָה מֵעַתָּה
וְעַד־עוֹלָם׃

Cap. LX. ס

ס

א 2 קוּמִי אוֹרִי כִּי בָא אוֹרֵךְ וּכְבוֹד יְהוָה עָלַיִךְ זָרָח׃ כִּי־
הִנֵּה הַחֹשֶׁךְ יְכַסֶּה־אֶרֶץ וַעֲרָפֶל לְאֻמִּים וְעָלַיִךְ יִזְרַח יְהוָה
3 וּכְבוֹדוֹ עָלַיִךְ יֵרָאֶה׃ וְהָלְכוּ גוֹיִם לְאוֹרֵךְ וּמְלָכִים לְנֹגַהּ
4 זַרְחֵךְ׃ שְׂאִי־סָבִיב עֵינַיִךְ וּרְאִי כֻּלָּם נִקְבְּצוּ בָאוּ־לָךְ בָּנַיִךְ
ה מֵרָחוֹק יָבֹאוּ וּבְנֹתַיִךְ עַל־צַד תֵּאָמַנָה׃ אָז תִּרְאִי וְנָהַרְתְּ
וּפָחַד וְרָחַב לְבָבֵךְ כִּי־יֵהָפֵךְ עָלַיִךְ הֲמוֹן יָם חֵיל גּוֹיִם יָבֹאוּ
6 לָךְ׃ שִׁפְעַת גְּמַלִּים תְּכַסֵּךְ בִּכְרֵי מִדְיָן וְעֵיפָה כֻּלָּם מִשְּׁבָא
7 יָבֹאוּ זָהָב וּלְבוֹנָה יִשָּׂאוּ וּתְהִלֹּת יְהוָה יְבַשֵּׂרוּ׃ כָּל־צֹאן
קֵדָר יִקָּבְצוּ לָךְ אֵילֵי נְבָיוֹת יְשָׁרְתוּנֶךְ יַעֲלוּ עַל־רָצוֹן
8 מִזְבְּחִי וּבֵית תִּפְאַרְתִּי אֲפָאֵר׃ מִי־אֵלֶּה כָּעָב תְּעוּפֶינָה
9 וְכַיּוֹנִים אֶל־אֲרֻבֹּתֵיהֶם׃ כִּי־לִי ׀ אִיִּים יְקַוּוּ וָאֳנִיּוֹת תַּרְשִׁישׁ
בָּרִאשֹׁנָה לְהָבִיא בָנַיִךְ מֵרָחוֹק כַּסְפָּם וּזְהָבָם אִתָּם לְשֵׁם
י יְהוָה אֱלֹהַיִךְ וְלִקְדוֹשׁ יִשְׂרָאֵל כִּי פֵאֲרָךְ׃ וּבָנוּ בְנֵי־נֵכָר
חֹמֹתַיִךְ וּמַלְכֵיהֶם יְשָׁרְתוּנֶךְ כִּי בְקִצְפִּי הִכִּיתִיךְ וּבִרְצוֹנִי
11 רִחַמְתִּיךְ׃ וּפִתְּחוּ שְׁעָרַיִךְ תָּמִיד יוֹמָם וָלַיְלָה לֹא יִסָּגֵרוּ
12 לְהָבִיא אֵלַיִךְ חֵיל גּוֹיִם וּמַלְכֵיהֶם נְהוּגִים׃ כִּי־הַגּוֹי
וְהַמַּמְלָכָה אֲשֶׁר לֹא־יַעַבְדוּךְ יֹאבֵדוּ וְהַגּוֹיִם חָרֹב יֶחֱרָבוּ׃
13 כְּבוֹד הַלְּבָנוֹן אֵלַיִךְ יָבוֹא בְּרוֹשׁ תִּדְהָר וּתְאַשּׁוּר יַחְדָּו
14 לְפָאֵר מְקוֹם מִקְדָּשִׁי וּמְקוֹם רַגְלַי אֲכַבֵּד׃ וְהָלְכוּ אֵלַיִךְ
שְׁחוֹחַ בְּנֵי מְעַנַּיִךְ וְהִשְׁתַּחֲווּ עַל־כַּפּוֹת רַגְלַיִךְ כָּל־מְנַאֲצָיִךְ
טו וְקָרְאוּ לָךְ עִיר יְהוָה צִיּוֹן קְדוֹשׁ יִשְׂרָאֵל׃ תַּחַת הֱיוֹתֵךְ
עֲזוּבָה וּשְׂנוּאָה וְאֵין עוֹבֵר וְשַׂמְתִּיךְ לִגְאוֹן עוֹלָם מְשׂוֹשׂ דּוֹר
16 וָדוֹר׃ וְיָנַקְתְּ חֲלֵב גּוֹיִם וְשֹׁד מְלָכִים תִּינָקִי וְיָדַעַתְּ כִּי אֲנִי
17 יְהוָה מוֹשִׁיעֵךְ וְגֹאֲלֵךְ אֲבִיר יַעֲקֹב׃ תַּחַת הַנְּחֹשֶׁת אָבִיא
זָהָב וְתַחַת הַבַּרְזֶל אָבִיא כֶסֶף וְתַחַת הָעֵצִים נְחֹשֶׁת וְתַחַת
18 הָאֲבָנִים בַּרְזֶל וְשַׂמְתִּי פְקֻדָּתֵךְ שָׁלוֹם וְנֹגְשַׂיִךְ צְדָקָה׃ לֹא־

ס' v. 1. הפטרת כי תבא

יִשָּׁמַע עוֹד חָמָס בְּאַרְצֵךְ שֹׁד וָשֶׁבֶר בִּגְבוּלָיִךְ וְקָרָאת יְשׁוּעָה
19 חוֹמֹתַיִךְ וּשְׁעָרַיִךְ תְּהִלָּה׃ לֹא־יִהְיֶה־לָּךְ עוֹד הַשֶּׁמֶשׁ לְאוֹר
יוֹמָם וּלְנֹגַהּ הַיָּרֵחַ לֹא־יָאִיר לָךְ וְהָיָה־לָךְ יְהוָה לְאוֹר
כ עוֹלָם וֵאלֹהַיִךְ לְתִפְאַרְתֵּךְ׃ לֹא־יָבוֹא עוֹד שִׁמְשֵׁךְ וִירֵחֵךְ
לֹא יֵאָסֵף כִּי יְהוָה יִהְיֶה־לָּךְ לְאוֹר עוֹלָם וְשָׁלְמוּ יְמֵי
21 אֶבְלֵךְ׃ וְעַמֵּךְ כֻּלָּם צַדִּיקִים לְעוֹלָם יִירְשׁוּ אָרֶץ נֵצֶר מַטָּעַו
22 מַעֲשֵׂה יָדַי לְהִתְפָּאֵר׃ הַקָּטֹן יִהְיֶה לָאֶלֶף וְהַצָּעִיר לְגוֹי
עָצוּם אֲנִי יְהוָה בְּעִתָּהּ אֲחִישֶׁנָּה׃

סא

CAP. LXI. סא

א רוּחַ אֲדֹנָי יְהוִה עָלָי יַעַן מָשַׁח יְהוָה אֹתִי לְבַשֵּׂר עֲנָוִים
שְׁלָחַנִי לַחֲבֹשׁ לְנִשְׁבְּרֵי־לֵב לִקְרֹא לִשְׁבוּיִם דְּרוֹר וְלַאֲסוּרִים
2 פְּקַח־קוֹחַ׃ לִקְרֹא שְׁנַת־רָצוֹן לַיהוָה וְיוֹם נָקָם לֵאלֹהֵינוּ
3 לְנַחֵם כָּל־אֲבֵלִים׃ לָשׂוּם ׀ לַאֲבֵלֵי צִיּוֹן לָתֵת לָהֶם פְּאֵר
תַּחַת אֵפֶר שֶׁמֶן שָׂשׂוֹן תַּחַת אֵבֶל מַעֲטֵה תְהִלָּה תַּחַת רוּחַ
4 כֵּהָה וְקֹרָא לָהֶם אֵילֵי הַצֶּדֶק מַטַּע יְהוָה לְהִתְפָּאֵר׃ וּבָנוּ
חָרְבוֹת עוֹלָם שֹׁמְמוֹת רִאשֹׁנִים יְקוֹמֵמוּ וְחִדְּשׁוּ עָרֵי חֹרֶב
ה שֹׁמְמוֹת דּוֹר וָדוֹר׃ וְעָמְדוּ זָרִים וְרָעוּ צֹאנְכֶם וּבְנֵי נֵכָר
6 אִכָּרֵיכֶם וְכֹרְמֵיכֶם׃ וְאַתֶּם כֹּהֲנֵי יְהוָה תִּקָּרֵאוּ מְשָׁרְתֵי
אֱלֹהֵינוּ יֵאָמֵר לָכֶם חֵיל גּוֹיִם תֹּאכֵלוּ וּבִכְבוֹדָם תִּתְיַמָּרוּ׃
7 תַּחַת בָּשְׁתְּכֶם מִשְׁנֶה וּכְלִמָּה יָרֹנּוּ חֶלְקָם לָכֵן בְּאַרְצָם מִשְׁנֶה
8 יִירָשׁוּ שִׂמְחַת עוֹלָם תִּהְיֶה לָהֶם׃ כִּי אֲנִי יְהוָה אֹהֵב מִשְׁפָּט
שֹׂנֵא גָזֵל בְּעוֹלָה וְנָתַתִּי פְעֻלָּתָם בֶּאֱמֶת וּבְרִית עוֹלָם אֶכְרוֹת
9 לָהֶם׃ וְנוֹדַע בַּגּוֹיִם זַרְעָם וְצֶאֱצָאֵיהֶם בְּתוֹךְ הָעַמִּים כָּל־
י רֹאֵיהֶם יַכִּירוּם כִּי הֵם זֶרַע בֵּרַךְ יְהוָה׃ °שׂוֹשׂ אָשִׂישׂ
בַּיהוָה תָּגֵל נַפְשִׁי בֵּאלֹהַי כִּי הִלְבִּישַׁנִי בִּגְדֵי־יֶשַׁע מְעִיל
11 צְדָקָה יְעָטָנִי כֶּחָתָן יְכַהֵן פְּאֵר וְכַכַּלָּה תַּעְדֶּה כֵלֶיהָ׃ כִּי

כארץ

ס׳ v. 21. מטעי ק׳ ס״א v. 10. הפטרת נצבים

כָאָ֙רֶץ֙ תּוֹצִ֣יא צִמְחָ֔הּ וּכְגַנָּ֖ה זֵרוּעֶ֣יהָ תַצְמִ֑יחַ כֵּ֣ן ׀ אֲדֹנָ֣י יְהֹוִ֗ה
יַצְמִ֤יחַ צְדָקָה֙ וּתְהִלָּ֔ה נֶ֖גֶד כָּל־הַגּוֹיִֽם׃ ◦

Cap. LXII. סב

סב

א לְמַ֤עַן צִיּוֹן֙ לֹ֣א אֶחֱשֶׁ֔ה וּלְמַ֥עַן יְרוּשָׁלִַ֖ם לֹ֣א אֶשְׁק֑וֹט עַד־יֵצֵ֤א
2 כַנֹּ֙גַהּ֙ צִדְקָ֔הּ וִישׁוּעָתָ֖הּ כְּלַפִּ֥יד יִבְעָֽר׃ וְרָא֤וּ גוֹיִם֙ צִדְקֵ֔ךְ
וְכָל־מְלָכִ֖ים כְּבוֹדֵ֑ךְ וְקֹ֤רָא לָךְ֙ שֵׁ֣ם חָדָ֔שׁ אֲשֶׁ֛ר פִּ֥י יְהוָ֖ה
3 יִקֳּבֶֽנּוּ׃ וְהָיִ֛ית עֲטֶ֥רֶת תִּפְאֶ֖רֶת בְּיַד־יְהוָ֑ה וּצְנִ֥יף מְלוּכָ֖ה
4 בְּכַף־אֱלֹהָֽיִךְ׃ לֹא־יֵאָמֵ֨ר לָ֥ךְ ע֜וֹד עֲזוּבָ֗ה וּלְאַרְצֵךְ֙ לֹא־
יֵאָמֵ֥ר עוֹד֙ שְׁמָמָ֔ה כִּ֣י לָ֗ךְ יִקָּרֵא֙ חֶפְצִי־בָ֔הּ וּלְאַרְצֵ֖ךְ בְּעוּלָ֑ה
ה כִּֽי־חָפֵ֤ץ יְהוָה֙ בָּ֔ךְ וְאַרְצֵ֖ךְ תִּבָּעֵֽל׃ כִּֽי־יִבְעַ֤ל בָּחוּר֙ בְּתוּלָ֔ה
יִבְעָל֖וּךְ בָּנָ֑יִךְ וּמְשׂ֤וֹשׂ חָתָן֙ עַל־כַּלָּ֔ה יָשִׂ֥ישׂ עָלַ֖יִךְ אֱלֹהָֽיִךְ׃
6 עַל־חוֹמֹתַ֣יִךְ יְרוּשָׁלִַ֗ם הִפְקַ֙דְתִּי֙ שֹֽׁמְרִ֔ים כָּל־הַיּ֥וֹם וְכָל־
הַלַּ֖יְלָה תָּמִ֣יד לֹ֣א יֶחֱשׁ֑וּ הַמַּזְכִּירִים֙ אֶת־יְהוָ֔ה אַל־דֳּמִ֖י לָכֶֽם׃
7 וְאַל־תִּתְּנ֥וּ דֳמִ֖י ל֑וֹ עַד־יְכוֹנֵ֞ן וְעַד־יָשִׂ֧ים אֶת־יְרוּשָׁלִַ֛ם תְּהִלָּ֖ה
8 בָּאָֽרֶץ׃ נִשְׁבַּ֧ע יְהוָ֛ה בִּֽימִינ֖וֹ וּבִזְר֣וֹעַ עֻזּ֑וֹ אִם־אֶתֵּ֨ן אֶת־דְּגָנֵ֥ךְ
ע֛וֹד מַאֲכָ֖ל לְאֹיְבַ֑יִךְ וְאִם־יִשְׁתּ֤וּ בְנֵי־נֵכָר֙ תִּֽירוֹשֵׁ֔ךְ אֲשֶׁ֥ר
9 יָגַ֖עַתְּ בּֽוֹ׃ כִּ֤י מְאַסְפָיו֙ יֹֽאכְלֻ֔הוּ וְהִֽלְל֖וּ אֶת־יְהוָ֑ה וּמְקַבְּצָ֥יו
י יִשְׁתֻּ֖הוּ בְּחַצְר֥וֹת קָדְשִֽׁי׃ עִבְר֤וּ עִבְרוּ֙ בַּשְּׁעָרִ֔ים פַּנּ֖וּ דֶּ֣רֶךְ
הָעָ֑ם סֹ֣לּוּ סֹ֤לּוּ הַֽמְסִלָּה֙ סַקְּל֣וּ מֵאֶ֔בֶן הָרִ֥ימוּ נֵ֖ס עַל־הָעַמִּֽים׃
11 הִנֵּ֣ה יְהוָ֗ה הִשְׁמִ֙יעַ֙ אֶל־קְצֵ֣ה הָאָ֔רֶץ אִמְרוּ֙ לְבַת־צִיּ֔וֹן הִנֵּ֥ה
12 יִשְׁעֵ֖ךְ בָּ֑א הִנֵּ֤ה שְׂכָרוֹ֙ אִתּ֔וֹ וּפְעֻלָּת֖וֹ לְפָנָֽיו׃ וְקָרְא֥וּ לָהֶ֛ם עַם־
הַקֹּ֖דֶשׁ גְּאוּלֵ֣י יְהוָ֑ה וְלָ֤ךְ יִקָּרֵא֙ דְרוּשָׁ֔ה עִ֖יר לֹ֥א נֶעֱזָֽבָה׃

Cap. LXIII. סג

סג

א מִי־זֶ֣ה ׀ בָּ֣א מֵאֱד֗וֹם חֲמ֤וּץ בְּגָדִים֙ מִבָּצְרָ֔ה זֶ֚ה הָד֣וּר
בִּלְבוּשׁ֔וֹ צֹעֶ֖ה בְּרֹ֣ב כֹּח֑וֹ אֲנִ֛י מְדַבֵּ֥ר בִּצְדָקָ֖ה רַ֥ב לְהוֹשִֽׁיעַ׃
2 3 מַדּ֥וּעַ אָדֹ֖ם לִלְבוּשֶׁ֑ךָ וּבְגָדֶ֕יךָ כְּדֹרֵ֖ךְ בְּגַֽת׃ פּוּרָ֣ה ׀ דָּרַ֣כְתִּי
לְבַדִּ֗י וּמֵֽעַמִּים֙ אֵין־אִ֣ישׁ אִתִּ֔י וְאֶדְרְכֵ֣ם בְּאַפִּ֔י וְאֶרְמְסֵ֖ם

בחמתי

ס״א v. 11. אין כאן פסקא   ס״ב v. 3. וצניף ק׳

4 בַּחֲמָתִי וְיֵז נִצְחָם עַל־בְּגָדַי וְכָל־מַלְבּוּשַׁי אֶגְאָלְתִּי׃ כִּי
ה יוֹם נָקָם בְּלִבִּי וּשְׁנַת גְּאוּלַי בָּאָה׃ וְאַבִּיט וְאֵין עֹזֵר וְאֶשְׁתּוֹמֵם
6 וְאֵין סוֹמֵךְ וַתּוֹשַׁע לִי זְרֹעִי וַחֲמָתִי הִיא סְמָכָתְנִי׃ וְאָבוּס
7 עַמִּים בְּאַפִּי וַאֲשַׁכְּרֵם בַּחֲמָתִי וְאוֹרִיד לָאָרֶץ נִצְחָם׃ חַסְדֵי
יְהוָה ׀ אַזְכִּיר תְּהִלֹּת יְהוָה כְּעַל כֹּל אֲשֶׁר־גְּמָלָנוּ יְהוָה וְרַב־
טוּב לְבֵית יִשְׂרָאֵל אֲשֶׁר־גְּמָלָם כְּרַחֲמָיו וּכְרֹב חֲסָדָיו׃
8 וַיֹּאמֶר אַךְ־עַמִּי הֵמָּה בָּנִים לֹא יְשַׁקֵּרוּ וַיְהִי לָהֶם לְמוֹשִׁיעַ׃
9 בְּכָל־צָרָתָם ׀ לֹא צָר וּמַלְאַךְ פָּנָיו הוֹשִׁיעָם בְּאַהֲבָתוֹ
י וּבְחֶמְלָתוֹ הוּא גְאָלָם וַיְנַטְּלֵם וַיְנַשְּׂאֵם כָּל־יְמֵי עוֹלָם׃ וְהֵמָּה
מָרוּ וְעִצְּבוּ אֶת־רוּחַ קָדְשׁוֹ וַיֵּהָפֵךְ לָהֶם לְאוֹיֵב הוּא נִלְחַם־
11 בָּם׃ וַיִּזְכֹּר יְמֵי־עוֹלָם מֹשֶׁה עַמּוֹ אַיֵּה ׀ הַמַּעֲלֵם מִיָּם אֵת
12 רֹעֵי צֹאנוֹ אַיֵּה הַשָּׂם בְּקִרְבּוֹ אֶת־רוּחַ קָדְשׁוֹ׃ מוֹלִיךְ לִימִין
מֹשֶׁה זְרוֹעַ תִּפְאַרְתּוֹ בּוֹקֵעַ מַיִם מִפְּנֵיהֶם לַעֲשׂוֹת לוֹ שֵׁם
13 עוֹלָם׃ מוֹלִיכָם בַּתְּהֹמוֹת כַּסּוּס בַּמִּדְבָּר לֹא יִכָּשֵׁלוּ׃
14 כַּבְּהֵמָה בַּבִּקְעָה תֵרֵד רוּחַ יְהוָה תְּנִיחֶנּוּ כֵּן נִהַגְתָּ עַמְּךָ
טו לַעֲשׂוֹת לְךָ שֵׁם תִּפְאָרֶת׃ הַבֵּט מִשָּׁמַיִם וּרְאֵה מִזְּבֻל קָדְשְׁךָ
וְתִפְאַרְתֶּךָ אַיֵּה קִנְאָתְךָ וּגְבוּרֹתֶךָ הֲמוֹן מֵעֶיךָ וְרַחֲמֶיךָ אֵלַי
16 הִתְאַפָּקוּ׃ כִּי־אַתָּה אָבִינוּ כִּי אַבְרָהָם לֹא יְדָעָנוּ וְיִשְׂרָאֵל
17 לֹא יַכִּירָנוּ אַתָּה יְהוָה אָבִינוּ גֹּאֲלֵנוּ מֵעוֹלָם שְׁמֶךָ׃ לָמָּה
תַתְעֵנוּ יְהוָה מִדְּרָכֶיךָ תַּקְשִׁיחַ לִבֵּנוּ מִיִּרְאָתֶךָ שׁוּב לְמַעַן
18 עֲבָדֶיךָ שִׁבְטֵי נַחֲלָתֶךָ׃ לַמִּצְעָר יָרְשׁוּ עַם־קָדְשֶׁךָ צָרֵינוּ
19 בּוֹסְסוּ מִקְדָּשֶׁךָ׃ הָיִינוּ מֵעוֹלָם לֹא־מָשַׁלְתָּ בָּם לֹא־נִקְרָא
שִׁמְךָ עֲלֵיהֶם לוּא־קָרַעְתָּ שָׁמַיִם יָרַדְתָּ מִפָּנֶיךָ הָרִים נָזֹלּוּ׃ °

סד Cap. LXIV. סד

א כִּקְדֹחַ אֵשׁ הֲמָסִים מַיִם תִּבְעֶה־אֵשׁ לְהוֹדִיעַ שִׁמְךָ לְצָרֶיךָ
2 מִפָּנֶיךָ גּוֹיִם יִרְגָּזוּ׃ בַּעֲשׂוֹתְךָ נוֹרָאוֹת לֹא נְקַוֶּה יָרַדְתָּ מִפָּנֶיךָ
3 הָרִים נָזֹלּוּ׃ וּמֵעוֹלָם לֹא־שָׁמְעוּ לֹא הֶאֱזִינוּ עַיִן לֹא־רָאָתָה

אלהים

ס״ג v. 9. לו ק׳ v. 19. אין כאן פסקא

4 אֱלֹהִים זוּלָתְךָ יַעֲשֶׂה לִמְחַכֵּה־לוֹ׃ פָּגַעְתָּ אֶת־שָׂשׂ וְעֹשֵׂה
צֶדֶק בִּדְרָכֶיךָ יִזְכְּרוּךָ הֵן־אַתָּה קָצַפְתָּ וַנֶּחֱטָא בָּהֶם עוֹלָם
ה וְנִוָּשֵׁעַ׃ וַנְּהִי כַטָּמֵא כֻּלָּנוּ וּכְבֶגֶד עִדִּים כָּל־צִדְקֹתֵינוּ וַנָּבֶל
6 כֶּעָלֶה כֻּלָּנוּ וַעֲוֺנֵנוּ כָּרוּחַ יִשָּׂאֻנוּ׃ וְאֵין־קוֹרֵא בְשִׁמְךָ מִתְעוֹרֵר
לְהַחֲזִיק בָּךְ כִּי־הִסְתַּרְתָּ פָנֶיךָ מִמֶּנּוּ וַתְּמוּגֵנוּ בְּיַד־עֲוֺנֵנוּ׃
7 וְעַתָּה יְהוָה אָבִינוּ אָתָּה אֲנַחְנוּ הַחֹמֶר וְאַתָּה יֹצְרֵנוּ וּמַעֲשֵׂה
8 יָדְךָ כֻּלָּנוּ׃ אַל־תִּקְצֹף יְהוָה עַד־מְאֹד וְאַל־לָעַד תִּזְכֹּר
9 עָוֺן הֵן הַבֶּט־נָא עַמְּךָ כֻלָּנוּ׃ עָרֵי קָדְשְׁךָ הָיוּ מִדְבָּר צִיּוֹן
י מִדְבָּר הָיָתָה יְרוּשָׁלִַם שְׁמָמָה׃ בֵּית קָדְשֵׁנוּ וְתִפְאַרְתֵּנוּ אֲשֶׁר
הִלְלוּךָ אֲבֹתֵינוּ הָיָה לִשְׂרֵפַת אֵשׁ וְכָל־מַחֲמַדֵּינוּ הָיָה
11 לְחָרְבָּה׃ הַעַל־אֵלֶּה תִתְאַפַּק יְהוָה תֶּחֱשֶׁה וּתְעַנֵּנוּ עַד־
מְאֹד׃

סה CAP. LXV. סה

א נִדְרַשְׁתִּי לְלוֹא שָׁאָלוּ נִמְצֵאתִי לְלֹא בִקְשֻׁנִי אָמַרְתִּי הִנֵּנִי
2 הִנֵּנִי אֶל־גּוֹי לֹא־קֹרָא בִשְׁמִי׃ פֵּרַשְׂתִּי יָדַי כָּל־הַיּוֹם אֶל־
עַם סוֹרֵר הַהֹלְכִים הַדֶּרֶךְ לֹא־טוֹב אַחַר מַחְשְׁבֹתֵיהֶם׃
3 הָעָם הַמַּכְעִסִים אוֹתִי עַל־פָּנַי תָּמִיד זֹבְחִים בַּגַּנּוֹת וּמְקַטְּרִים
4 עַל־הַלְּבֵנִים׃ הַיֹּשְׁבִים בַּקְּבָרִים וּבַנְּצוּרִים יָלִינוּ הָאֹכְלִים
ה בְּשַׂר הַחֲזִיר וּפְרַק פִּגֻּלִים כְּלֵיהֶם׃ הָאֹמְרִים קְרַב אֵלֶיךָ
אַל־תִּגַּשׁ־בִּי כִּי קְדַשְׁתִּיךָ אֵלֶּה עָשָׁן בְּאַפִּי אֵשׁ יֹקֶדֶת כָּל־
6 הַיּוֹם׃ הִנֵּה כְתוּבָה לְפָנָי לֹא אֶחֱשֶׁה כִּי אִם־שִׁלַּמְתִּי וְשִׁלַּמְתִּי
7 עַל־חֵיקָם׃ עֲוֺנֹתֵיכֶם וַעֲוֺנֹת אֲבוֹתֵיכֶם יַחְדָּו אָמַר יְהוָה
אֲשֶׁר קִטְּרוּ עַל־הֶהָרִים וְעַל־הַגְּבָעוֹת חֵרְפוּנִי וּמַדֹּתִי
8 פְעֻלָּתָם רִאשֹׁנָה עַל־חֵיקָם׃ כֹּה ׀ אָמַר יְהוָה כַּאֲשֶׁר
יִמָּצֵא הַתִּירוֹשׁ בָּאֶשְׁכּוֹל וְאָמַר אַל־תַּשְׁחִיתֵהוּ כִּי בְרָכָה
9 בּוֹ כֵּן אֶעֱשֶׂה לְמַעַן עֲבָדַי לְבִלְתִּי הַשְׁחִית הַכֹּל׃ וְהוֹצֵאתִי

מיעקב

ס״ה v. 4. ומרק ק׳ v. 7. אל ק׳

מִיַּעֲקֹב֙ זֶ֔רַע וּמִיהוּדָ֖ה יוֹרֵ֣שׁ הָרָ֑י וִירֵשׁ֣וּהָ בְחִירַ֔י וַעֲבָדַ֖י
יִשְׁכְּנוּ־שָֽׁמָּה׃ וְהָיָ֤ה הַשָּׁרוֹן֙ לִנְוֵה־צֹ֔אן וְעֵ֥מֶק עָכ֖וֹר לְרֵ֣בֶץ י
בָּקָ֑ר לְעַמִּ֖י אֲשֶׁ֥ר דְּרָשֽׁוּנִי׃ וְאַתֶּם֙ עֹזְבֵ֣י יְהֹוָ֔ה הַשְּׁכֵחִ֖ים אֶת־ 11
הַ֣ר קָדְשִׁ֑י הַֽעֹרְכִ֤ים לַגַּד֙ שֻׁלְחָ֔ן וְהַֽמְמַלְאִ֖ים לַמְנִ֥י מִמְסָֽךְ׃
וּמָנִ֨יתִי אֶתְכֶ֜ם לַחֶ֗רֶב וְכֻלְּכֶם֙ לַטֶּ֣בַח תִּכְרָ֔עוּ יַ֤עַן קָרָ֙אתִי֙ 12
וְלֹ֣א עֲנִיתֶ֔ם דִּבַּ֖רְתִּי וְלֹ֣א שְׁמַעְתֶּ֑ם וַתַּעֲשׂ֤וּ הָרַע֙ בְּעֵינַ֔י וּבַאֲשֶׁ֥ר
לֹֽא־חָפַ֖צְתִּי בְּחַרְתֶּֽם׃ לָכֵ֞ן כֹּה־אָמַ֣ר ׀ אֲדֹנָ֣י יְהֹוִ֗ה הִנֵּ֨ה 13
עֲבָדַ֣י ׀ יֹאכֵ֘לוּ֮ וְאַתֶּ֣ם תִּרְעָבוּ֒ הִנֵּ֧ה עֲבָדַ֛י יִשְׁתּ֖וּ וְאַתֶּ֣ם תִּצְמָ֑אוּ
הִנֵּ֥ה עֲבָדַ֖י יִשְׂמָ֑חוּ וְאַתֶּ֖ם תֵּבֹֽשׁוּ׃ הִנֵּ֧ה עֲבָדַ֛י יָרֹ֖נּוּ מִטּ֣וּב לֵ֑ב 14
וְאַתֶּ֤ם תִּצְעֲקוּ֙ מִכְּאֵ֣ב לֵ֔ב וּמִשֵּׁ֥בֶר ר֖וּחַ תְּיֵלִֽילוּ׃ וְהִנַּחְתֶּ֤ם טו
שִׁמְכֶ֣ם לִשְׁבוּעָה֙ לִבְחִירַ֔י וֶהֱמִיתְךָ֖ אֲדֹנָ֣י יְהֹוִ֑ה וְלַעֲבָדָ֖יו
יִקְרָ֥א שֵׁ֥ם אַחֵֽר׃ אֲשֶׁ֨ר הַמִּתְבָּרֵ֜ךְ בָּאָ֗רֶץ יִתְבָּרֵךְ֙ בֵּאלֹהֵ֣י 16
אָמֵ֔ן וְהַנִּשְׁבָּ֣ע בָּאָ֔רֶץ יִשָּׁבַ֖ע בֵּאלֹהֵ֣י אָמֵ֑ן כִּ֣י נִשְׁכְּח֗וּ הַצָּרוֹת֙
הָרִ֣אשֹׁנ֔וֹת וְכִ֥י נִסְתְּר֖וּ מֵֽעֵינָֽי׃ כִּֽי־הִנְנִ֥י בוֹרֵ֛א שָׁמַ֥יִם חֲדָשִׁ֖ים 17
וָאָ֣רֶץ חֲדָשָׁ֑ה וְלֹ֤א תִזָּכַ֙רְנָה֙ הָרִ֣אשֹׁנ֔וֹת וְלֹ֥א תַעֲלֶ֖ינָה עַל־
לֵֽב׃ כִּֽי־אִם־שִׂ֤ישׂוּ וְגִ֙ילוּ֙ עֲדֵי־עַ֔ד אֲשֶׁ֖ר אֲנִ֣י בוֹרֵ֑א כִּ֣י הִנְנִ֤י 18
בוֹרֵ֤א אֶת־יְרוּשָׁלַ֙͏ִם֙ גִּילָ֔ה וְעַמָּ֖הּ מָשֽׂוֹשׂ׃ וְגַלְתִּ֣י בִירוּשָׁלַ֔͏ִם 19
וְשַׂשְׂתִּ֖י בְעַמִּ֑י וְלֹֽא־יִשָּׁמַ֥ע בָּהּ֙ ע֔וֹד ק֥וֹל בְּכִ֖י וְק֥וֹל זְעָקָֽה׃
לֹא־יִ֠הְיֶ֠ה מִשָּׁ֨ם ע֜וֹד ע֣וּל יָמִ֗ים וְזָקֵן֙ אֲשֶׁ֣ר לֹֽא־יְמַלֵּ֣א אֶת־ כ
יָמָ֑יו כִּ֣י הַנַּ֗עַר בֶּן־מֵאָ֤ה שָׁנָה֙ יָמ֔וּת וְהַ֣חוֹטֶ֔א בֶּן־מֵאָ֥ה שָׁנָ֖ה
יְקֻלָּֽל׃ וּבָנ֥וּ בָתִּ֖ים וְיָשָׁ֑בוּ וְנָטְע֣וּ כְרָמִ֔ים וְאָכְל֖וּ פִּרְיָֽם׃ לֹ֣א 21
22
יִבְנ֣וּ וְאַחֵ֣ר יֵשֵׁ֗ב לֹ֤א יִטְּעוּ֙ וְאַחֵ֣ר יֹאכֵ֔ל כִּֽי־כִימֵ֤י הָעֵץ֙ יְמֵ֣י
עַמִּ֔י וּמַעֲשֵׂ֥ה יְדֵיהֶ֖ם יְבַלּ֥וּ בְחִירָֽי׃ לֹ֤א יִֽיגְעוּ֙ לָרִ֔יק וְלֹ֥א יֵלְד֖וּ 23
לַבֶּהָלָ֑ה כִּ֣י זֶ֜רַע בְּרוּכֵ֤י יְהֹוָה֙ הֵ֔מָּה וְצֶאֱצָאֵיהֶ֖ם אִתָּֽם׃ וְהָיָ֤ה 24
טֶ֙רֶם֙ יִקְרָ֣אוּ וַאֲנִ֣י אֶעֱנֶ֔ה ע֥וֹד הֵ֛ם מְדַבְּרִ֖ים וַאֲנִ֥י אֶשְׁמָֽע׃ זְאֵ֣ב כה
וְטָלֶ֤ה יִרְעוּ֙ כְאֶחָ֔ד וְאַרְיֵ֥ה כַּבָּקָ֖ר יֹֽאכַל־תֶּ֑בֶן וְנָחָ֖שׁ עָפָ֣ר
לַחְמ֑וֹ לֹֽא־יָרֵ֧עוּ וְלֹֽא־יַשְׁחִ֛יתוּ בְּכָל־הַ֥ר קָדְשִׁ֖י אָמַ֥ר יְהֹוָֽה׃

סו

Cap. LXVI. סו

א ° כֹּה אָמַר יְהוָה הַשָּׁמַיִם כִּסְאִי וְהָאָרֶץ הֲדֹם רַגְלָי אֵי־זֶה
2 בַיִת אֲשֶׁר תִּבְנוּ־לִי וְאֵי־זֶה מָקוֹם מְנוּחָתִי׃ וְאֶת־כָּל־אֵלֶּה
יָדִי עָשָׂתָה וַיִּהְיוּ כָל־אֵלֶּה נְאֻם־יְהוָה וְאֶל־זֶה אַבִּיט אֶל־
3 עָנִי וּנְכֵה־רוּחַ וְחָרֵד עַל־דְּבָרִי׃ שׁוֹחֵט הַשּׁוֹר מַכֵּה־אִישׁ
זוֹבֵחַ הַשֶּׂה עֹרֵף כֶּלֶב מַעֲלֵה מִנְחָה דַּם־חֲזִיר מַזְכִּיר
לְבֹנָה מְבָרֵךְ אָוֶן גַּם־הֵמָּה בָּחֲרוּ בְּדַרְכֵיהֶם וּבְשִׁקּוּצֵיהֶם
4 נַפְשָׁם חָפֵצָה׃ גַּם־אֲנִי אֶבְחַר בְּתַעֲלֻלֵיהֶם וּמְגוּרֹתָם אָבִיא
לָהֶם יַעַן קָרָאתִי וְאֵין עוֹנֶה דִּבַּרְתִּי וְלֹא שָׁמֵעוּ וַיַּעֲשׂוּ הָרַע
ה בְּעֵינַי וּבַאֲשֶׁר לֹא־חָפַצְתִּי בָּחָרוּ׃ שִׁמְעוּ דְּבַר־יְהוָה
הַחֲרֵדִים אֶל־דְּבָרוֹ אָמְרוּ אֲחֵיכֶם שֹׂנְאֵיכֶם מְנַדֵּיכֶם לְמַעַן
6 שְׁמִי יִכְבַּד יְהוָה וְנִרְאֶה בְשִׂמְחַתְכֶם וְהֵם יֵבֹשׁוּ׃ קוֹל שָׁאוֹן
7 מֵעִיר קוֹל מֵהֵיכָל קוֹל יְהוָה מְשַׁלֵּם גְּמוּל לְאֹיְבָיו׃ בְּטֶרֶם
8 תָּחִיל יָלָדָה בְּטֶרֶם יָבוֹא חֵבֶל לָהּ וְהִמְלִיטָה זָכָר׃ מִי־
שָׁמַע כָּזֹאת מִי רָאָה כָּאֵלֶּה הֲיוּחַל אֶרֶץ בְּיוֹם אֶחָד אִם־
יִוָּלֵד גּוֹי פַּעַם אֶחָת כִּי־חָלָה גַּם־יָלְדָה צִיּוֹן אֶת־בָּנֶיהָ׃
9 הַאֲנִי אַשְׁבִּיר וְלֹא אוֹלִיד יֹאמַר יְהוָה אִם־אֲנִי הַמּוֹלִיד
י וְעָצַרְתִּי אָמַר אֱלֹהָיִךְ׃ שִׂמְחוּ אֶת־יְרוּשָׁלִַם וְגִילוּ בָהּ
כָּל־אֹהֲבֶיהָ שִׂישׂוּ אִתָּהּ מָשׂוֹשׂ כָּל־הַמִּתְאַבְּלִים עָלֶיהָ׃
11 לְמַעַן תִּינְקוּ וּשְׂבַעְתֶּם מִשֹּׁד תַּנְחֻמֶיהָ לְמַעַן תָּמֹצּוּ וְהִתְעַנַּגְתֶּם
12 מִזִּיז כְּבוֹדָהּ׃ כִּי־כֹה ׀ אָמַר יְהוָה הִנְנִי נֹטֶה־אֵלֶיהָ כְּנָהָר
שָׁלוֹם וּכְנַחַל שׁוֹטֵף כְּבוֹד גּוֹיִם וִינַקְתֶּם עַל־צַד תִּנָּשֵׂאוּ וְעַל־
13 בִּרְכַּיִם תְּשָׁעֳשָׁעוּ׃ כְּאִישׁ אֲשֶׁר אִמּוֹ תְּנַחֲמֶנּוּ כֵּן אָנֹכִי אֲנַחֶמְכֶם
14 וּבִירוּשָׁלִַם תְּנֻחָמוּ׃ וּרְאִיתֶם וְשָׂשׂ לִבְּכֶם וְעַצְמוֹתֵיכֶם כַּדֶּשֶׁא
תִפְרַחְנָה וְנוֹדְעָה יַד־יְהוָה אֶת־עֲבָדָיו וְזָעַם אֶת־אֹיְבָיו׃
טו כִּי־הִנֵּה יְהוָה בָּאֵשׁ יָבוֹא וְכַסּוּפָה מַרְכְּבֹתָיו לְהָשִׁיב בְּחֵמָה
16 אַפּוֹ וְגַעֲרָתוֹ בְּלַהֲבֵי־אֵשׁ׃ כִּי בָאֵשׁ יְהוָה נִשְׁפָּט וּבְחַרְבּוֹ

את־כל־בשר

v. 1. הפטרת שבת וראש חדש

17 אֶת־כָּל־בָּשָׂ֑ר וְרַבּ֖וּ חַלְלֵ֥י יְהוָֽה׃ הַמִּתְקַדְּשִׁ֨ים וְהַמִּֽטַּהֲרִ֜ים
אֶל־הַגַּנּ֗וֹת אַחַ֤ר אַחַד֙ בַּתָּ֔וֶךְ אֹֽכְלֵי֙ בְּשַׂ֣ר הַחֲזִ֔יר וְהַשֶּׁ֖קֶץ
18 וְהָעַכְבָּ֑ר יַחְדָּ֥ו יָסֻ֖פוּ נְאֻם־יְהוָֽה׃ וְאָנֹכִ֗י מַעֲשֵׂיהֶם֙
וּמַחְשְׁבֹ֣תֵיהֶ֔ם בָּאָ֕ה לְקַבֵּ֥ץ אֶת־כָּל־הַגּוֹיִ֖ם וְהַלְּשֹׁנ֑וֹת וּבָ֖אוּ
19 וְרָא֥וּ אֶת־כְּבוֹדִֽי׃ וְשַׂמְתִּ֨י בָהֶ֜ם א֗וֹת וְשִׁלַּחְתִּ֣י מֵהֶ֣ם ׀ פְּלֵיטִ֡ים
אֶל־הַגּוֹיִ֡ם תַּרְשִׁ֞ישׁ פּ֥וּל וְל֛וּד מֹ֥שְׁכֵי קֶ֖שֶׁת תֻּבַ֣ל וְיָוָ֑ן הָאִיִּ֣ים
הָֽרְחֹקִ֗ים אֲשֶׁ֨ר לֹא־שָׁמְע֤וּ אֶת־שִׁמְעִי֙ וְלֹא־רָא֣וּ אֶת־כְּבוֹדִ֔י
כ וְהִגִּ֥ידוּ אֶת־כְּבוֹדִ֖י בַּגּוֹיִֽם׃ וְהֵבִ֣יאוּ אֶת־כָּל־אֲחֵיכֶ֣ם מִכָּל־
הַגּוֹיִ֣ם ׀ מִנְחָ֣ה ׀ לַיהוָ֡ה בַּסּוּסִ֡ים וּ֠בָרֶכֶב וּבַצַּבִּ֨ים וּבַפְּרָדִ֜ים
וּבַכִּרְכָּר֗וֹת עַ֣ל הַ֥ר קָדְשִׁ֛י יְרוּשָׁלִַ֖ם אָמַ֣ר יְהוָ֑ה כַּאֲשֶׁ֣ר יָבִיאוּ֩
21 בְנֵ֨י יִשְׂרָאֵ֧ל אֶת־הַמִּנְחָ֛ה בִּכְלִ֥י טָה֖וֹר בֵּ֥ית יְהוָֽה׃ וְגַם־מֵהֶ֥ם
22 אֶקַּ֛ח לַכֹּהֲנִ֥ים לַלְוִיִּ֖ם אָמַ֥ר יְהוָֽה׃ כִּ֣י כַאֲשֶׁ֣ר הַשָּׁמַ֣יִם הַ֠חֲדָשִׁים
וְהָאָ֨רֶץ הַחֲדָשָׁ֜ה אֲשֶׁ֨ר אֲנִ֥י עֹשֶׂ֛ה עֹמְדִ֥ים לְפָנַ֖י נְאֻם־יְהוָ֑ה כֵּ֛ן
23 יַעֲמֹ֥ד זַרְעֲכֶ֖ם וְשִׁמְכֶֽם׃ וְהָיָ֗ה מִֽדֵּי־חֹ֙דֶשׁ֙ בְּחָדְשׁ֔וֹ וּמִדֵּ֥י שַׁבָּ֖ת
24 בְּשַׁבַּתּ֑וֹ יָב֧וֹא כָל־בָּשָׂ֛ר לְהִשְׁתַּחֲוֺ֥ת לְפָנַ֖י אָמַ֥ר יְהוָֽה׃ וְיָצְא֣וּ
וְרָא֔וּ בְּפִגְרֵי֙ הָאֲנָשִׁ֔ים הַפֹּשְׁעִ֖ים בִּ֑י כִּ֣י תוֹלַעְתָּ֞ם לֹ֣א תָמ֗וּת
וְאִשָּׁם֙ לֹ֣א תִכְבֶּ֔ה וְהָי֥וּ דֵרָא֖וֹן לְכָל־בָּשָֽׂר׃

---

v. 17. אחת ק׳

והיה מדי חדש

י׳ת׳ק׳ק סימן

חזק ונתחזק

סכום הפסוקים של ישעיה אלף ומאתים ותשעים וחמשה. בריח ניחח ארצה אתכם סימן. וחציו. כי אם שם אדיר יי׳ לנו. וסדריו. כ״ו. והיה יי׳ למלך על כל הארץ סימן:

דברי

ירמיה

LIBER JEREMIAE

CAPUT I. א

א דִּבְרֵי יִרְמְיָהוּ בֶּן־חִלְקִיָּהוּ מִן־הַכֹּהֲנִים אֲשֶׁר בַּעֲנָתוֹת
2 בְּאֶרֶץ בִּנְיָמִן׃ אֲשֶׁר הָיָה דְבַר־יְהוָה אֵלָיו בִּימֵי יֹאשִׁיָּהוּ
3 בֶן־אָמוֹן מֶלֶךְ יְהוּדָה בִּשְׁלֹשׁ־עֶשְׂרֵה שָׁנָה לְמָלְכוֹ׃ וַיְהִי
בִּימֵי יְהוֹיָקִים בֶּן־יֹאשִׁיָּהוּ מֶלֶךְ יְהוּדָה עַד־תֹּם עַשְׁתֵּי עֶשְׂרֵה
שָׁנָה לְצִדְקִיָּהוּ בֶן־יֹאשִׁיָּהוּ מֶלֶךְ יְהוּדָה עַד־גְּלוֹת יְרוּשָׁלַםִ
4 ה בַּחֹדֶשׁ הַחֲמִישִׁי׃ וַיְהִי דְבַר־יְהוָה אֵלַי לֵאמֹר׃ בְּטֶרֶם
אֶצָּורְךָ בַבֶּטֶן יְדַעְתִּיךָ וּבְטֶרֶם תֵּצֵא מֵרֶחֶם הִקְדַּשְׁתִּיךָ נָבִיא
6 לַגּוֹיִם נְתַתִּיךָ׃ וָאֹמַר אֲהָהּ אֲדֹנָי יְהוִה הִנֵּה לֹא־יָדַעְתִּי דַּבֵּר
7 כִּי־נַעַר אָנֹכִי׃ וַיֹּאמֶר יְהוָה אֵלַי אַל־תֹּאמַר נַעַר אָנֹכִי כִּי
עַל־כָּל־אֲשֶׁר אֶשְׁלָחֲךָ תֵּלֵךְ וְאֵת כָּל־אֲשֶׁר אֲצַוְּךָ תְּדַבֵּר׃
8 אַל־תִּירָא מִפְּנֵיהֶם כִּי־אִתְּךָ אֲנִי לְהַצִּלֶךָ נְאֻם־יְהוָה׃
9 וַיִּשְׁלַח יְהוָה אֶת־יָדוֹ וַיַּגַּע עַל־פִּי וַיֹּאמֶר יְהוָה אֵלַי הִנֵּה
י נָתַתִּי דְבָרַי בְּפִיךָ׃ רְאֵה הִפְקַדְתִּיךָ ׀ הַיּוֹם הַזֶּה עַל־הַגּוֹיִם
וְעַל־הַמַּמְלָכוֹת לִנְתוֹשׁ וְלִנְתוֹץ וּלְהַאֲבִיד וְלַהֲרוֹס לִבְנוֹת
11 וְלִנְטוֹעַ׃ וַיְהִי דְבַר־יְהוָה אֵלַי לֵאמֹר מָה־אַתָּה רֹאֶה
12 יִרְמְיָהוּ וָאֹמַר מַקֵּל שָׁקֵד אֲנִי רֹאֶה׃ וַיֹּאמֶר יְהוָה אֵלַי
13 הֵיטַבְתָּ לִרְאוֹת כִּי־שֹׁקֵד אֲנִי עַל־דְּבָרִי לַעֲשֹׂתוֹ׃ וַיְהִי
דְבַר־יְהוָה ׀ אֵלַי שֵׁנִית לֵאמֹר מָה אַתָּה רֹאֶה וָאֹמַר סִיר
14 נָפוּחַ אֲנִי רֹאֶה וּפָנָיו מִפְּנֵי צָפוֹנָה׃ וַיֹּאמֶר יְהוָה אֵלָי מִצָּפוֹן
טו תִּפָּתַח הָרָעָה עַל כָּל־יֹשְׁבֵי הָאָרֶץ׃ כִּי ׀ הִנְנִי קֹרֵא לְכָל־
מִשְׁפְּחוֹת מַמְלְכוֹת צָפוֹנָה נְאֻם־יְהוָה וּבָאוּ וְנָתְנוּ אִישׁ כִּסְאוֹ
פֶּתַח ׀ שַׁעֲרֵי יְרוּשָׁלַםִ וְעַל כָּל־חוֹמֹתֶיהָ סָבִיב וְעַל כָּל־
16 עָרֵי יְהוּדָה׃ וְדִבַּרְתִּי מִשְׁפָּטַי אוֹתָם עַל כָּל־רָעָתָם אֲשֶׁר

---

v. 1. הפטרת ואלה שמות כמנהג הספרדים וגם הפטרת ראשי המטות
v. 5. אצרך ק׳

עֲזָבוּנִי וַיְקַטְּרוּ לֵאלֹהִים אֲחֵרִים וַיִּשְׁתַּחֲווּ לְמַעֲשֵׂי יְדֵיהֶם׃
17 וְאַתָּה תֶּאְזֹר מָתְנֶיךָ וְקַמְתָּ וְדִבַּרְתָּ אֲלֵיהֶם אֵת כָּל־אֲשֶׁר
18 אָנֹכִי אֲצַוֶּךָּ אַל־תֵּחַת מִפְּנֵיהֶם פֶּן־אֲחִתְּךָ לִפְנֵיהֶם׃ וַאֲנִי
הִנֵּה נְתַתִּיךָ הַיּוֹם לְעִיר מִבְצָר וּלְעַמּוּד בַּרְזֶל וּלְחֹמוֹת
נְחֹשֶׁת עַל־כָּל־הָאָרֶץ לְמַלְכֵי יְהוּדָה לְשָׂרֶיהָ לְכֹהֲנֶיהָ וּלְעַם
19 הָאָרֶץ׃ וְנִלְחֲמוּ אֵלֶיךָ וְלֹא־יוּכְלוּ לָךְ כִּי־אִתְּךָ אֲנִי נְאֻם־
יְהוָה לְהַצִּילֶךָ׃

ב

Cap. II. ב

2 א וַיְהִי דְבַר־יְהוָה אֵלַי לֵאמֹר׃ הָלֹךְ וְקָרָאתָ בְאָזְנֵי יְרוּשָׁלִַם
לֵאמֹר כֹּה אָמַר יְהוָה זָכַרְתִּי לָךְ חֶסֶד נְעוּרַיִךְ אַהֲבַת
3 כְּלוּלֹתָיִךְ לֶכְתֵּךְ אַחֲרַי בַּמִּדְבָּר בְּאֶרֶץ לֹא זְרוּעָה׃ קֹדֶשׁ
יִשְׂרָאֵל לַיהוָה רֵאשִׁית תְּבוּאָתֹה כָּל־אֹכְלָיו יֶאְשָׁמוּ רָעָה
תָּבֹא אֲלֵיהֶם נְאֻם־יְהוָה׃
4 ° שִׁמְעוּ דְבַר־יְהוָה בֵּית יַעֲקֹב וְכָל־מִשְׁפְּחוֹת בֵּית יִשְׂרָאֵל׃
ה כֹּה ׀ אָמַר יְהוָה מַה־מָּצְאוּ אֲבוֹתֵיכֶם בִּי עָוֶל כִּי רָחֲקוּ
6 מֵעָלָי וַיֵּלְכוּ אַחֲרֵי הַהֶבֶל וַיֶּהְבָּלוּ׃ וְלֹא אָמְרוּ אַיֵּה יְהוָה
הַמַּעֲלֶה אֹתָנוּ מֵאֶרֶץ מִצְרָיִם הַמּוֹלִיךְ אֹתָנוּ בַּמִּדְבָּר בְּאֶרֶץ
עֲרָבָה וְשׁוּחָה בְּאֶרֶץ צִיָּה וְצַלְמָוֶת בְּאֶרֶץ לֹא־עָבַר בָּהּ
7 אִישׁ וְלֹא־יָשַׁב אָדָם שָׁם׃ וָאָבִיא אֶתְכֶם אֶל־אֶרֶץ הַכַּרְמֶל
לֶאֱכֹל פִּרְיָהּ וְטוּבָהּ וַתָּבֹאוּ וַתְּטַמְּאוּ אֶת־אַרְצִי וְנַחֲלָתִי
8 שַׂמְתֶּם לְתוֹעֵבָה׃ הַכֹּהֲנִים לֹא אָמְרוּ אַיֵּה יְהוָה וְתֹפְשֵׂי
הַתּוֹרָה לֹא יְדָעוּנִי וְהָרֹעִים פָּשְׁעוּ בִי וְהַנְּבִיאִים נִבְּאוּ בַבַּעַל
9 וְאַחֲרֵי לֹא־יוֹעִלוּ הָלָכוּ׃ לָכֵן עֹד אָרִיב אִתְּכֶם נְאֻם־יְהוָה
י וְאֶת־בְּנֵי בְנֵיכֶם אָרִיב׃ כִּי עִבְרוּ אִיֵּי כִתִּיִּים וּרְאוּ וְקֵדָר
11 שִׁלְחוּ וְהִתְבּוֹנְנוּ מְאֹד וּרְאוּ הֵן הָיְתָה כָּזֹאת׃ הַהֵימִיר גּוֹי
אֱלֹהִים וְהֵמָּה לֹא אֱלֹהִים וְעַמִּי הֵמִיר כְּבוֹדוֹ בְּלוֹא יוֹעִיל׃
12 13 שֹׁמּוּ שָׁמַיִם עַל־זֹאת וְשַׂעֲרוּ חָרְבוּ מְאֹד נְאֻם־יְהוָה׃ כִּי־

ב' v. 4. הפטרת מסעי

שְׁתַּיִם רָעוֹת עָשָׂה עַמִּי אֹתִי עָזְבוּ מְקוֹר | מַיִם חַיִּים לַחְצֹב
14 לָהֶם בֹּארוֹת בֹּארֹת נִשְׁבָּרִים אֲשֶׁר לֹא־יָכִלוּ הַמָּיִם׃ הַעֶבֶד
טו יִשְׂרָאֵל אִם־יְלִיד בַּיִת הוּא מַדּוּעַ הָיָה לָבַז׃ עָלָיו יִשְׁאֲגוּ
כְפִרִים נָתְנוּ קוֹלָם וַיָּשִׁיתוּ אַרְצוֹ לְשַׁמָּה עָרָיו נִצְּתָה מִבְּלִי
16 יֹשֵׁב׃ גַּם־בְּנֵי־נֹף וְתַחְפַּנְחֵס יִרְעוּךְ קָדְקֹד׃ הֲלוֹא־זֹאת
17 תַּעֲשֶׂה־לָּךְ עָזְבֵךְ אֶת־יְהוָה אֱלֹהַיִךְ בְּעֵת מוֹלִכֵךְ בַּדָּרֶךְ׃
18 וְעַתָּה מַה־לָּךְ לְדֶרֶךְ מִצְרַיִם לִשְׁתּוֹת מֵי שִׁחוֹר וּמַה־לָּךְ
19 לְדֶרֶךְ אַשּׁוּר לִשְׁתּוֹת מֵי נָהָר׃ תְּיַסְּרֵךְ רָעָתֵךְ וּמְשֻׁבוֹתַיִךְ
תּוֹכִחֻךְ וּדְעִי וּרְאִי כִּי־רַע וָמָר עָזְבֵךְ אֶת־יְהוָה אֱלֹהָיִךְ
כ וְלֹא פַחְדָּתִי אֵלַיִךְ נְאֻם־אֲדֹנָי יְהוִה צְבָאוֹת׃ כִּי מֵעוֹלָם
שָׁבַרְתִּי עֻלֵּךְ נִתַּקְתִּי מוֹסְרוֹתַיִךְ וַתֹּאמְרִי לֹא אֶעֱבוֹד כִּי
עַל־כָּל־גִּבְעָה גְּבֹהָה וְתַחַת כָּל־עֵץ רַעֲנָן אַתְּ צֹעָה זֹנָה׃
21 וְאָנֹכִי נְטַעְתִּיךְ שֹׂרֵק כֻּלֹּה זֶרַע אֱמֶת וְאֵיךְ נֶהְפַּכְתְּ לִי סוּרֵי
22 הַגֶּפֶן נָכְרִיָּה׃ כִּי אִם־תְּכַבְּסִי בַּנֶּתֶר וְתַרְבִּי־לָךְ בֹּרִית נִכְתָּם
23 עֲוֹנֵךְ לְפָנַי נְאֻם אֲדֹנָי יְהוִה׃ אֵיךְ תֹּאמְרִי לֹא נִטְמֵאתִי
אַחֲרֵי הַבְּעָלִים לֹא הָלַכְתִּי רְאִי דַרְכֵּךְ בַּגַּיְא דְּעִי מֶה
24 עָשִׂית בִּכְרָה קַלָּה מְשָׂרֶכֶת דְּרָכֶיהָ׃ פֶּרֶה | לִמֻּד מִדְבָּר
בְּאַוַּת נַפְשׁוֹ שָׁאֲפָה רוּחַ תַּאֲנָתָהּ מִי יְשִׁיבֶנָּה כָּל־מְבַקְשֶׁיהָ
כה לֹא יִיעָפוּ בְּחָדְשָׁהּ יִמְצָאוּנְהָ׃ מִנְעִי רַגְלֵךְ מִיָּחֵף וּגְרוֹנֵךְ
מִצִּמְאָה וַתֹּאמְרִי נוֹאָשׁ לוֹא כִּי־אָהַבְתִּי זָרִים וְאַחֲרֵיהֶם
26 אֵלֵךְ׃ כְּבֹשֶׁת גַּנָּב כִּי יִמָּצֵא כֵּן הֹבִישׁוּ בֵּית יִשְׂרָאֵל הֵמָּה
27 מַלְכֵיהֶם שָׂרֵיהֶם וְכֹהֲנֵיהֶם וּנְבִיאֵיהֶם׃ אֹמְרִים לָעֵץ אָבִי
אַתָּה וְלָאֶבֶן אַתְּ יְלִדְתָּנוּ כִּי־פָנוּ אֵלַי עֹרֶף וְלֹא פָנִים וּבְעֵת
28 רָעָתָם יֹאמְרוּ קוּמָה וְהוֹשִׁיעֵנוּ׃ וְאַיֵּה אֱלֹהֶיךָ אֲשֶׁר עָשִׂיתָ
לָּךְ יָקוּמוּ אִם־יוֹשִׁיעוּךָ בְּעֵת רָעָתֶךָ כִּי מִסְפַּר עָרֶיךָ הָיוּ
29 אֱלֹהֶיךָ יְהוּדָה׃ לָמָּה תָרִיבוּ אֵלָי כֻּלְּכֶם פְּשַׁעְתֶּם בִּי
ל נְאֻם־יְהוָה׃ לַשָּׁוְא הִכֵּיתִי אֶת־בְּנֵיכֶם מוּסָר לֹא לָקָחוּ

אכלה

v. 15. נצתו ק׳ v. 16. ותחפנחס ק׳ v. 20. אעבור ק׳ v. 24 נפשה ק׳
v. 25. וגרונך ק׳ v. 27. ילדתנו ק׳

31 אכלה חרבכם נביאיכם כאריה משחית׃ הדור אתם ראו
דבר־יהוה המדבר הייתי לישראל אם ארץ מאפליה
32 מדוע אמרו עמי רדנו לוא־נבוא עוד אליך׃ התשכח
בתולה עדיה כלה קשריה ועמי שכחוני ימים אין מספר׃
33 מה־תיטבי דרכך לבקש אהבה לכן גם את־הרעות
34 למדתי את־דרכיך׃ גם בכנפיך נמצאו דם נפשות אביונים
לה נקיים לא־במחתרת מצאתים כי על־כל־אלה׃ ותאמרי
כי נקיתי אך שב אפו ממני הנני נשפט אותך על־אמרך
36 לא חטאתי׃ מה־תזלי מאד לשנות את־דרכך גם ממצרים
37 תבשי כאשר־בשת מאשור׃ גם מאת זה תצאי וידיך על־
ראשך כי־מאס יהוה במבטחיך ולא תצליחי להם׃

ג Cap. III. ג

א לאמר הן ישלח איש את־אשתו והלכה מאתו והיתה
לאיש־אחר הישוב אליה עוד הלוא חנוף תחנף הארץ
2 ההיא ואת זנית רעים רבים ושוב אלי נאם־יהוה׃ שאי־
עיניך על־שפים וראי איפה לא שגלת על־דרכים ישבת
להם כערבי במדבר ותחניפי ארץ בזנותיך וברעתך׃
3 וימנעו רבבים ומלקוש לוא היה ומצח אשה זונה היה לך
4 מאנת הכלם׃ הלוא מעתה קראתי לי אבי אלוף נערי
ה אתה׃ הינטר לעולם אם־ישמר לנצח הנה דברתי ותעשי
6 הרעות ותוכל׃ ויאמר יהוה אלי בימי יאשיהו המלך
הראית אשר עשתה משבה ישראל הלכה היא על־כל־
7 הר גבה ואל־תחת כל־עץ רענן ותזני־שם׃ ואמר אחרי
עשותה את־כל־אלה אלי תשוב ולא־שבה ותראה בגודה
8 אחותה יהודה׃ וארא כי על־כל־אדות אשר נאפה משבה
ישראל שלחתיה ואתן את־ספר כריתתיה אליה ולא יראה
9 בגדה יהודה אחותה ותלך ותזן גם־היא׃ והיה מקל זנותה

ותחנף

ב׳ v. 31. ב׳ טעמים v. 33. למדת ק׳ v. 37. אין כאן פסקא
ג׳ v. 2. שכבת ק׳ v. 4. קראת ק׳ v. 5. דברת ק׳ v. 7. ותרא ק׳

י וַתֶּחֱנַף אֶת־הָאָרֶץ וַתִּנְאַף אֶת־הָאֶבֶן וְאֶת־הָעֵץ׃ וְגַם־
בְּכָל־זֹאת לֹא־שָׁבָה אֵלַי בָּגוֹדָה אֲחוֹתָהּ יְהוּדָה בְּכָל־לִבָּהּ
11 כִּי אִם־בְּשֶׁקֶר נְאֻם־יְהוָה׃ וַיֹּאמֶר יְהוָה אֵלַי צִדְּקָה
12 נַפְשָׁהּ מְשֻׁבָה יִשְׂרָאֵל מִבֹּגֵדָה יְהוּדָה׃ הָלֹךְ וְקָרָאתָ אֶת־
הַדְּבָרִים הָאֵלֶּה צָפוֹנָה וְאָמַרְתָּ שׁוּבָה מְשֻׁבָה יִשְׂרָאֵל נְאֻם־
יְהוָה לוֹא־אַפִּיל פָּנַי בָּכֶם כִּי־חָסִיד אֲנִי נְאֻם־יְהוָה לֹא
13 אֶטּוֹר לְעוֹלָם׃ אַךְ דְּעִי עֲוֹנֵךְ כִּי בַּיהוָה אֱלֹהַיִךְ פָּשָׁעַתְּ
וַתְּפַזְּרִי אֶת־דְּרָכַיִךְ לַזָּרִים תַּחַת כָּל־עֵץ רַעֲנָן וּבְקוֹלִי
14 לֹא־שְׁמַעְתֶּם נְאֻם־יְהוָה׃ שׁוּבוּ בָנִים שׁוֹבָבִים נְאֻם־יְהוָה
כִּי אָנֹכִי בָּעַלְתִּי בָכֶם וְלָקַחְתִּי אֶתְכֶם אֶחָד מֵעִיר וּשְׁנַיִם
טו מִמִּשְׁפָּחָה וְהֵבֵאתִי אֶתְכֶם צִיּוֹן׃ וְנָתַתִּי לָכֶם רֹעִים כְּלִבִּי
16 וְרָעוּ אֶתְכֶם דֵּעָה וְהַשְׂכֵּיל׃ וְהָיָה כִּי תִרְבּוּ וּפְרִיתֶם בָּאָרֶץ
בַּיָּמִים הָהֵמָּה נְאֻם־יְהוָה לֹא־יֹאמְרוּ עוֹד אֲרוֹן בְּרִית־יְהוָה
וְלֹא יַעֲלֶה עַל־לֵב וְלֹא יִזְכְּרוּ־בוֹ וְלֹא יִפְקֹדוּ וְלֹא יֵעָשֶׂה
17 עוֹד׃ בָּעֵת הַהִיא יִקְרְאוּ לִירוּשָׁלַםִ כִּסֵּא יְהוָה וְנִקְווּ אֵלֶיהָ
כָל־הַגּוֹיִם לְשֵׁם יְהוָה לִירוּשָׁלָםִ וְלֹא־יֵלְכוּ עוֹד אַחֲרֵי
18 שְׁרִרוּת לִבָּם הָרָע׃ בַּיָּמִים הָהֵמָּה יֵלְכוּ בֵית־יְהוּדָה
עַל־בֵּית יִשְׂרָאֵל וְיָבֹאוּ יַחְדָּו מֵאֶרֶץ צָפוֹן עַל־הָאָרֶץ אֲשֶׁר
19 הִנְחַלְתִּי אֶת־אֲבוֹתֵיכֶם׃ וְאָנֹכִי אָמַרְתִּי אֵיךְ אֲשִׁיתֵךְ בַּבָּנִים
וְאֶתֶּן־לָךְ אֶרֶץ חֶמְדָּה נַחֲלַת צְבִי צִבְאוֹת גּוֹיִם וָאֹמַר אָבִי
כ תִּקְרְאוּ־לִי וּמֵאַחֲרַי לֹא תָשׁוּבוּ׃ אָכֵן בָּגְדָה אִשָּׁה מֵרֵעָהּ
21 כֵּן בְּגַדְתֶּם בִּי בֵּית יִשְׂרָאֵל נְאֻם־יְהוָה׃ קוֹל עַל־שְׁפָיִים
נִשְׁמָע בְּכִי תַחֲנוּנֵי בְּנֵי יִשְׂרָאֵל כִּי הֶעֱווּ אֶת־דַּרְכָּם שָׁכְחוּ
22 אֶת־יְהוָה אֱלֹהֵיהֶם׃ שׁוּבוּ בָּנִים שׁוֹבָבִים אֶרְפָּה מְשׁוּבֹתֵיכֶם
23 הִנְנוּ אָתָנוּ לָךְ כִּי אַתָּה יְהוָה אֱלֹהֵינוּ׃ אָכֵן לַשֶּׁקֶר מִגְּבָעוֹת
24 הֲמוֹן הָרִים אָכֵן בַּיהוָה אֱלֹהֵינוּ תְּשׁוּעַת יִשְׂרָאֵל׃ וְהַבֹּשֶׁת
אָכְלָה אֶת־יְגִיעַ אֲבוֹתֵינוּ מִנְּעוּרֵינוּ אֶת־צֹאנָם וְאֶת־בְּקָרָם

את־בניהם

v. 19. תקראי ק׳ ibid. תשובי ק׳

כה אֶת־בְּנֵיהֶ֖ם וְאֶת־בְּנוֹתֵיהֶֽם׃ נִשְׁכְּבָ֣ה בְּבָשְׁתֵּ֗נוּ וּתְכַסֵּ֙נוּ֙
כְּלִמָּתֵ֔נוּ כִּ֠י לַיהוָ֨ה אֱלֹהֵ֜ינוּ חָטָ֗אנוּ אֲנַ֙חְנוּ֙ וַאֲבוֹתֵ֔ינוּ מִנְּעוּרֵ֖ינוּ
וְעַד־הַיּ֣וֹם הַזֶּ֑ה וְלֹ֣א שָׁמַ֔עְנוּ בְּק֖וֹל יְהוָ֥ה אֱלֹהֵֽינוּ׃

ד Cap. IV. ד

א אִם־תָּשׁ֨וּב יִשְׂרָאֵ֧ל ׀ נְאֻם־יְהוָ֛ה אֵלַ֖י תָּשׁ֑וּב וְאִם־תָּסִ֧יר
2 שִׁקּוּצֶ֛יךָ מִפָּנַ֖י וְלֹ֥א תָנֽוּד׃ וְנִשְׁבַּ֙עְתָּ֙ חַי־יְהוָ֔ה בֶּאֱמֶ֖ת בְּמִשְׁפָּ֣ט
3 וּבִצְדָקָ֑ה וְהִתְבָּ֧רְכוּ ב֛וֹ גּוֹיִ֖ם וּב֥וֹ יִתְהַלָּֽלוּ׃ כִּי־כֹ֣ה ׀ אָמַ֣ר
יְהוָ֗ה לְאִ֤ישׁ יְהוּדָה֙ וְלִיר֣וּשָׁלִַ֔ם נִ֥ירוּ לָכֶ֖ם נִ֑יר וְאַל־תִּזְרְע֖וּ
4 אֶל־קֹצִֽים׃ הִמֹּ֣לוּ לַֽיהוָ֗ה וְהָסִ֙רוּ֙ עָרְל֣וֹת לְבַבְכֶ֔ם אִ֥ישׁ
יְהוּדָ֖ה וְיֹשְׁבֵ֣י יְרוּשָׁלִָ֑ם פֶּן־תֵּצֵ֨א כָאֵ֜שׁ חֲמָתִ֗י וּבָעֲרָה֙ וְאֵ֣ין
ה מְכַבֶּ֔ה מִפְּנֵ֖י רֹ֥עַ מַעַלְלֵיכֶֽם׃ הַגִּ֣ידוּ בִֽיהוּדָ֗ה וּבִירוּשָׁלִַ֙ם֙
הַשְׁמִ֔יעוּ וְאִמְר֕וּ ותִקְע֥וּ שׁוֹפָ֖ר בָּאָ֑רֶץ קִרְא֤וּ מַלְאוּ֙ וְאִמְר֔וּ
6 הֵאָסְפ֥וּ וְנָב֖וֹאָה אֶל־עָרֵ֥י הַמִּבְצָֽר׃ שְׂאוּ־נֵ֣ס צִיּ֔וֹנָה הָעִ֖יזוּ
7 אַל־תַּעֲמֹ֑דוּ כִּ֣י רָעָ֗ה אָנֹכִ֛י מֵבִ֥יא מִצָּפ֖וֹן וְשֶׁ֥בֶר גָּדֽוֹל׃ עָלָ֤ה
אַרְיֵה֙ מִֽסֻּבְּכ֔וֹ וּמַשְׁחִ֣ית גּוֹיִ֔ם נָסַ֖ע יָצָ֣א מִמְּקֹמ֑וֹ לָשׂ֤וּם אַרְצֵךְ֙
8 לְשַׁמָּ֔ה עָרַ֥יִךְ תִּצֶּ֖ינָה מֵאֵ֥ין יוֹשֵֽׁב׃ עַל־זֹ֛את חִגְר֥וּ שַׂקִּ֖ים
9 סִפְד֣וּ וְהֵילִ֑ילוּ כִּ֥י לֹא־שָׁ֛ב חֲר֥וֹן אַף־יְהוָ֖ה מִמֶּֽנּוּ׃ וְהָיָ֤ה
בַיּוֹם־הַהוּא֙ נְאֻם־יְהוָ֔ה יֹאבַ֥ד לֵב־הַמֶּ֖לֶךְ וְלֵ֣ב הַשָּׂרִ֑ים
י וְנָשַׁ֙מּוּ֙ הַכֹּ֣הֲנִ֔ים וְהַנְּבִאִ֖ים יִתְמָֽהוּ׃ וָאֹמַ֞ר אֲהָ֣הּ ׀ אֲדֹנָ֣י יְהוִ֗ה
אָכֵן֩ הַשֵּׁ֨א הִשֵּׁ֜אתָ לָעָ֤ם הַזֶּה֙ וְלִיר֣וּשָׁלִַ֔ם לֵאמֹ֔ר שָׁל֖וֹם יִהְיֶ֣ה
11 לָכֶ֑ם וְנָגְעָ֥ה חֶ֖רֶב עַד־הַנָּֽפֶשׁ׃ בָּעֵ֣ת הַהִ֗יא יֵאָמֵ֤ר לָֽעָם־
הַזֶּה֙ וְלִיר֣וּשָׁלִַ֔ם ר֣וּחַ צַ֤ח שְׁפָיִים֙ בַּמִּדְבָּ֔ר דֶּ֖רֶךְ בַּת־עַמִּ֑י ל֥וֹא
12 לִזְר֖וֹת וְל֥וֹא לְהָבַֽר׃ ר֧וּחַ מָלֵ֛א מֵאֵ֖לֶּה יָ֣בוֹא לִ֑י עַתָּ֕ה גַּם־
13 אֲנִ֛י אֲדַבֵּ֥ר מִשְׁפָּטִ֖ים אוֹתָֽם׃ הִנֵּ֣ה ׀ כַּעֲנָנִ֣ים יַעֲלֶ֗ה וְכַסּוּפָה֙
14 מַרְכְּבוֹתָ֔יו קַלּ֥וּ מִנְּשָׁרִ֖ים סוּסָ֑יו א֥וֹי לָ֖נוּ כִּ֥י שֻׁדָּֽדְנוּ׃ כַּבְּסִ֨י
מֵרָעָ֤ה לִבֵּךְ֙ יְר֣וּשָׁלִַ֔ם לְמַ֖עַן תִּוָּשֵׁ֑עִי עַד־מָתַ֛י תָּלִ֥ין בְּקִרְבֵּ֖ךְ
טו מַחְשְׁב֥וֹת אוֹנֵֽךְ׃ כִּ֛י ק֥וֹל מַגִּ֖יד מִדָּ֑ן וּמַשְׁמִ֥יעַ אָ֖וֶן מֵהַ֥ר

אפרים

ד' v. 5. תקעו ק'

16 אֶפְרָיִם׃ הַזְכִּירוּ לַגּוֹיִם הִנֵּה הַשְׁמִיעוּ עַל־יְרוּשָׁלִַם נֹצְרִים
17 בָּאִים מֵאֶרֶץ הַמֶּרְחָק וַיִּתְּנוּ עַל־עָרֵי יְהוּדָה קוֹלָם׃ כְּשֹׁמְרֵי
18 שָׂדַי הָיוּ עָלֶיהָ מִסָּבִיב כִּי־אֹתִי מָרָתָה נְאֻם־יְהוָה׃ דַּרְכֵּךְ
וּמַעֲלָלַיִךְ עָשׂוֹ אֵלֶּה לָךְ זֹאת רָעָתֵךְ כִּי מָר כִּי נָגַע עַד־
19 לִבֵּךְ׃ מֵעַי ׀ מֵעַי ׀ אחוּלָה קִירוֹת לִבִּי הֹמֶה־לִּי לִבִּי
לֹא אַחֲרִישׁ כִּי קוֹל שׁוֹפָר שָׁמַעַתִּי נַפְשִׁי תְּרוּעַת מִלְחָמָה׃
כ שֶׁבֶר עַל־שֶׁבֶר נִקְרָא כִּי שֻׁדְּדָה כָּל־הָאָרֶץ פִּתְאֹם שֻׁדְּדוּ
21 אֹהָלַי רֶגַע יְרִיעֹתָי׃ עַד־מָתַי אֶרְאֶה־נֵּס אֶשְׁמְעָה קוֹל
22 שׁוֹפָר׃ כִּי ׀ אֱוִיל עַמִּי אוֹתִי לֹא יָדָעוּ בָּנִים סְכָלִים
הֵמָּה וְלֹא נְבוֹנִים הֵמָּה חֲכָמִים הֵמָּה לְהָרַע וּלְהֵיטִיב לֹא
23 יָדָעוּ׃ רָאִיתִי אֶת־הָאָרֶץ וְהִנֵּה־תֹהוּ וָבֹהוּ וְאֶל־הַשָּׁמַיִם
24 וְאֵין אוֹרָם׃ רָאִיתִי הֶהָרִים וְהִנֵּה רֹעֲשִׁים וְכָל־הַגְּבָעוֹת
כה הִתְקַלְקָלוּ׃ רָאִיתִי וְהִנֵּה אֵין הָאָדָם וְכָל־עוֹף הַשָּׁמַיִם
26 נָדָדוּ׃ רָאִיתִי וְהִנֵּה הַכַּרְמֶל הַמִּדְבָּר וְכָל־עָרָיו נִתְּצוּ מִפְּנֵי
27 יְהוָה מִפְּנֵי חֲרוֹן אַפּוֹ׃ כִּי־כֹה אָמַר יְהוָה שְׁמָמָה תִהְיֶה
28 כָּל־הָאָרֶץ וְכָלָה לֹא אֶעֱשֶׂה׃ עַל־זֹאת תֶּאֱבַל הָאָרֶץ
וְקָדְרוּ הַשָּׁמַיִם מִמָּעַל עַל כִּי־דִבַּרְתִּי זַמֹּתִי וְלֹא נִחַמְתִּי
29 וְלֹא־אָשׁוּב מִמֶּנָּה׃ מִקּוֹל פָּרָשׁ וְרֹמֵה קֶשֶׁת בֹּרַחַת כָּל־
הָעִיר בָּאוּ בֶּעָבִים וּבַכֵּפִים עָלוּ כָּל־הָעִיר עֲזוּבָה וְאֵין־
ל יוֹשֵׁב בָּהֵן אִישׁ׃ וְאַתְּי שָׁדוּד מַה־תַּעֲשִׂי כִּי־תִלְבְּשִׁי שָׁנִי
כִּי־תַעְדִּי עֲדִי־זָהָב כִּי־תִקְרְעִי בַפּוּךְ עֵינַיִךְ לַשָּׁוְא תִּתְיַפִּי
31 מָאֲסוּ־בָךְ עֹגְבִים נַפְשֵׁךְ יְבַקֵּשׁוּ׃ כִּי קוֹל כְּחוֹלָה שָׁמַעְתִּי
צָרָה כְּמַבְכִּירָה קוֹל בַּת־צִיּוֹן תִּתְיַפֵּחַ תְּפָרֵשׂ כַּפֶּיהָ אוֹי־נָא
לִי כִּי־עָיְפָה נַפְשִׁי לְהֹרְגִים׃

CAP. V. ה

ה

א שׁוֹטְטוּ בְּחוּצוֹת יְרוּשָׁלִַם וּרְאוּ־נָא וּדְעוּ וּבַקְשׁוּ
בִרְחוֹבוֹתֶיהָ אִם־תִּמְצְאוּ אִישׁ אִם־יֵשׁ עֹשֶׂה מִשְׁפָּט מְבַקֵּשׁ

אמונה

ד׳ v. 19. אחילה ק׳ ibid. שמעת ק׳ v. 30. ואת ק׳

2 אֱמוּנָה וְאֶסְלַח לָהּ׃ וְאִם חַי־יְהוָה יֹאמֵרוּ לָכֵן לַשֶּׁקֶר
3 יִשָּׁבֵעוּ׃ יְהוָה עֵינֶיךָ הֲלוֹא לֶאֱמוּנָה הִכִּיתָה אֹתָם וְלֹא־
חָלוּ כִּלִּיתָם מֵאֲנוּ קַחַת מוּסָר חִזְּקוּ פְנֵיהֶם מִסֶּלַע מֵאֲנוּ
4 לָשׁוּב׃ וַאֲנִי אָמַרְתִּי אַךְ־דַּלִּים הֵם נוֹאֲלוּ כִּי לֹא יָדְעוּ דֶּרֶךְ
ה יְהוָה מִשְׁפַּט אֱלֹהֵיהֶם׃ אֵלְכָה־לִּי אֶל־הַגְּדֹלִים וַאֲדַבְּרָה
אוֹתָם כִּי הֵמָּה יָדְעוּ דֶּרֶךְ יְהוָה מִשְׁפַּט אֱלֹהֵיהֶם אַךְ הֵמָּה
6 יַחְדָּו שָׁבְרוּ עֹל נִתְּקוּ מוֹסֵרוֹת׃ עַל־כֵּן הִכָּם אַרְיֵה מִיַּעַר
זְאֵב עֲרָבוֹת יְשָׁדְדֵם נָמֵר שֹׁקֵד עַל־עָרֵיהֶם כָּל־הַיּוֹצֵא
7 מֵהֵנָּה יִטָּרֵף כִּי רַבּוּ פִּשְׁעֵיהֶם עָצְמוּ מְשֻׁבוֹתֵיהֶם׃ אֵי לָזֹאת
אֶסְלוֹחַ־לָךְ בָּנַיִךְ עֲזָבוּנִי וַיִּשָּׁבְעוּ בְּלֹא אֱלֹהִים וָאַשְׂבִּעַ אוֹתָם
8 וַיִּנְאָפוּ וּבֵית זוֹנָה יִתְגּוֹדָדוּ׃ סוּסִים מְוֻזָּנִים מַשְׁכִּים הָיוּ אִישׁ
9 אֶל־אֵשֶׁת רֵעֵהוּ יִצְהָלוּ׃ הַעַל־אֵלֶּה לוֹא־אֶפְקֹד נְאֻם־יְהוָה
י וְאִם בְּגוֹי אֲשֶׁר־כָּזֶה לֹא תִתְנַקֵּם נַפְשִׁי׃ עֲלוּ בְשָׁרוֹתֶיהָ
וְשַׁחֵתוּ וְכָלָה אַל־תַּעֲשׂוּ הָסִירוּ נְטִישׁוֹתֶיהָ כִּי לוֹא לַיהוָה
11 הֵמָּה׃ כִּי בָּגוֹד בָּגְדוּ בִּי בֵּית יִשְׂרָאֵל וּבֵית יְהוּדָה נְאֻם־
12 יְהוָה׃ כִּחֲשׁוּ בַּיהוָה וַיֹּאמְרוּ לוֹא־הוּא וְלֹא־תָבוֹא עָלֵינוּ
13 רָעָה וְחֶרֶב וְרָעָב לוֹא נִרְאֶה׃ וְהַנְּבִיאִים יִהְיוּ לְרוּחַ וְהַדִּבֵּר
14 אֵין בָּהֶם כֹּה יֵעָשֶׂה לָהֶם׃ לָכֵן כֹּה־אָמַר יְהוָה אֱלֹהֵי
צְבָאוֹת יַעַן דַּבֶּרְכֶם אֶת־הַדָּבָר הַזֶּה הִנְנִי נֹתֵן דְּבָרַי בְּפִיךָ
טו לְאֵשׁ וְהָעָם הַזֶּה עֵצִים וַאֲכָלָתַם׃ הִנְנִי מֵבִיא עֲלֵיכֶם גּוֹי
מִמֶּרְחָק בֵּית יִשְׂרָאֵל נְאֻם־יְהוָה גּוֹי | אֵיתָן הוּא גּוֹי מֵעוֹלָם
16 הוּא גּוֹי לֹא־תֵדַע לְשֹׁנוֹ וְלֹא תִשְׁמַע מַה־יְדַבֵּר׃ אַשְׁפָּתוֹ
17 כְּקֶבֶר פָּתוּחַ כֻּלָּם גִּבּוֹרִים׃ וְאָכַל קְצִירְךָ וְלַחְמֶךָ יֹאכְלוּ
בָּנֶיךָ וּבְנוֹתֶיךָ יֹאכַל צֹאנְךָ וּבְקָרֶךָ יֹאכַל גַּפְנְךָ וּתְאֵנָתֶךָ
18 יְרֹשֵׁשׁ עָרֵי מִבְצָרֶיךָ אֲשֶׁר אַתָּה בּוֹטֵחַ בָּהֵנָּה בֶּחָרֶב׃ וְגַם
19 בַּיָּמִים הָהֵמָּה נְאֻם־יְהוָה לֹא־אֶעֱשֶׂה אִתְּכֶם כָּלָה׃ וְהָיָה
כִּי תֹאמְרוּ תַּחַת מֶה עָשָׂה יְהוָה אֱלֹהֵינוּ לָנוּ אֶת־כָּל־אֵלֶּה

ואמרת

v. 2. סבירין אכן   v. 7. אסלח ק׳   v. 8. מיזנים ק׳

וְאָמַרְתָּ אֲלֵיהֶם כַּאֲשֶׁר עֲזַבְתֶּם אוֹתִי וַתַּעַבְדוּ אֱלֹהֵי נֵכָר
כ בְּאַרְצְכֶם כֵּן תַּעַבְדוּ זָרִים בְּאֶרֶץ לֹא לָכֶם׃ הַגִּידוּ זֹאת
21 בְּבֵית יַעֲקֹב וְהַשְׁמִיעוּהָ בִיהוּדָה לֵאמֹר׃ שִׁמְעוּ־נָא זֹאת
עַם סָכָל וְאֵין לֵב עֵינַיִם לָהֶם וְלֹא יִרְאוּ אָזְנַיִם לָהֶם וְלֹא
22 יִשְׁמָעוּ׃ הַאוֹתִי לֹא־תִירָאוּ נְאֻם־יְהוָה אִם מִפָּנַי לֹא תָחִילוּ
אֲשֶׁר־שַׂמְתִּי חוֹל גְּבוּל לַיָּם חָק־עוֹלָם וְלֹא יַעַבְרֶנְהוּ
23 וַיִּתְגָּעֲשׁוּ וְלֹא יוּכָלוּ וְהָמוּ גַלָּיו וְלֹא יַעַבְרֻנְהוּ׃ וְלָעָם הַזֶּה
24 הָיָה לֵב סוֹרֵר וּמוֹרֶה סָרוּ וַיֵּלֵכוּ׃ וְלוֹא־אָמְרוּ בִלְבָבָם
נִירָא נָא אֶת־יְהוָה אֱלֹהֵינוּ הַנֹּתֵן גֶּשֶׁם וֹירֶה וּמַלְקוֹשׁ בְּעִתּוֹ
כה שְׁבֻעֹת חֻקּוֹת קָצִיר יִשְׁמָר־לָנוּ׃ עֲוֹנוֹתֵיכֶם הִטּוּ־אֵלֶּה
26 וְחַטֹּאותֵיכֶם מָנְעוּ הַטּוֹב מִכֶּם׃ כִּי־נִמְצְאוּ בְעַמִּי רְשָׁעִים
27 יָשׁוּר כְּשַׁךְ יְקוּשִׁים הִצִּיבוּ מַשְׁחִית אֲנָשִׁים יִלְכֹּדוּ׃ כִּכְלוּב
מָלֵא עוֹף כֵּן בָּתֵּיהֶם מְלֵאִים מִרְמָה עַל־כֵּן גָּדְלוּ וַיַּעֲשִׁירוּ׃
28 שָׁמְנוּ עָשְׁתוּ גַּם עָבְרוּ דִבְרֵי־רָע דִּין לֹא־דָנוּ דִּין יָתוֹם
29 וַיַּצְלִיחוּ וּמִשְׁפַּט אֶבְיוֹנִים לֹא שָׁפָטוּ׃ הַעַל־אֵלֶּה לֹא־אֶפְקֹד
ל נְאֻם־יְהוָה אִם בְּגוֹי אֲשֶׁר־כָּזֶה לֹא תִתְנַקֵּם נַפְשִׁי׃ שַׁמָּה
31 וְשַׁעֲרוּרָה נִהְיְתָה בָּאָרֶץ׃ הַנְּבִאִים נִבְּאוּ בַשֶּׁקֶר וְהַכֹּהֲנִים
יִרְדּוּ עַל־יְדֵיהֶם וְעַמִּי אָהֲבוּ כֵן וּמַה־תַּעֲשׂוּ לְאַחֲרִיתָהּ׃ ס

Cap. VI. ו

ו

א הָעִזוּ ׀ בְּנֵי בִנְיָמִן מִקֶּרֶב יְרוּשָׁלִַם וּבִתְקוֹעַ תִּקְעוּ שׁוֹפָר
וְעַל־בֵּית הַכֶּרֶם שְׂאוּ מַשְׂאֵת כִּי רָעָה נִשְׁקְפָה מִצָּפוֹן וְשֶׁבֶר
2 3 גָּדוֹל׃ הַנָּוָה וְהַמְּעֻנָּגָה דָּמִיתִי בַּת־צִיּוֹן׃ אֵלֶיהָ יָבֹאוּ רֹעִים
וְעֶדְרֵיהֶם תָּקְעוּ עָלֶיהָ אֹהָלִים סָבִיב רָעוּ אִישׁ אֶת־יָדוֹ׃
4 קַדְּשׁוּ עָלֶיהָ מִלְחָמָה קוּמוּ וְנַעֲלֶה בַצָּהֳרָיִם אוֹי לָנוּ כִּי־פָנָה
ה הַיּוֹם כִּי יִנָּטוּ צִלְלֵי־עָרֶב׃ קוּמוּ וְנַעֲלֶה בַלָּיְלָה וְנַשְׁחִיתָה
6 אַרְמְנוֹתֶיהָ׃ כִּי כֹה אָמַר יְהוָה צְבָאוֹת כִּרְתוּ עֵצָה
וְשִׁפְכוּ עַל־יְרוּשָׁלִַם סֹלְלָה הִיא הָעִיר הָפְקַד כֻּלָּהּ עֹשֶׁק

בקרבה

ה׳ v. 24. יורה ק׳ v. 31. אין כאן פסקא

7 בְּקִרְבָּֽהּ׃ כְּהָקִיר בּוֹר מֵימֶיהָ כֵּן הֵקֵרָה רָעָתָהּ חָמָס וָשֹׁד
8 יִשָּׁמַע בָּהּ עַל־פָּנַי תָּמִיד חֳלִי וּמַכָּֽה׃ הִוָּסְרִי יְרוּשָׁלַם פֶּן־
תֵּקַע נַפְשִׁי מִמֵּךְ פֶּן־אֲשִׂימֵךְ שְׁמָמָה אֶרֶץ לוֹא נוֹשָֽׁבָה׃
9 כֹּה אָמַר יְהוָה צְבָאוֹת עוֹלֵל יְעוֹלְלוּ כַגֶּפֶן שְׁאֵרִית יִשְׂרָאֵל
י הָשֵׁב יָדְךָ כְּבוֹצֵר עַל־סַלְסִלּֽוֹת׃ עַל־מִי אֲדַבְּרָה וְאָעִידָה
וְיִשְׁמָעוּ הִנֵּה עֲרֵלָה אָזְנָם וְלֹא יוּכְלוּ לְהַקְשִׁיב הִנֵּה דְבַר־
11 יְהוָה הָיָה לָהֶם לְחֶרְפָּה לֹא יַחְפְּצוּ־בֽוֹ׃ וְאֵת חֲמַת יְהוָה ׀
מָלֵאתִי נִלְאֵיתִי הָכִיל שְׁפֹךְ עַל־עוֹלָל בַּחוּץ וְעַל סוֹד
בַּחוּרִים יַחְדָּו כִּי־גַם־אִישׁ עִם־אִשָּׁה יִלָּכֵדוּ זָקֵן עִם־מְלֵא
12 יָמִֽים׃ וְנָסַבּוּ בָתֵּיהֶם לַאֲחֵרִים שָׂדוֹת וְנָשִׁים יַחְדָּו כִּי־אַטֶּה
13 אֶת־יָדִי עַל־יֹשְׁבֵי הָאָרֶץ נְאֻם־יְהוָֽה׃ כִּי מִקְּטַנָּם וְעַד־
גְּדוֹלָם כֻּלּוֹ בּוֹצֵעַ בָּצַע וּמִנָּבִיא וְעַד־כֹּהֵן כֻּלּוֹ עֹשֶׂה שָּֽׁקֶר׃
14 וַיְרַפְּאוּ אֶת־שֶׁבֶר עַמִּי עַל־נְקַלָּה לֵאמֹר שָׁלוֹם ׀ שָׁלוֹם וְאֵין
טו שָׁלֽוֹם׃ הֹבִשׁוּ כִּי תוֹעֵבָה עָשׂוּ גַּם־בּוֹשׁ לֹא־יֵבוֹשׁוּ גַּם־
הַכְלִים לֹא יָדָעוּ לָכֵן יִפְּלוּ בַנֹּפְלִים בְּעֵת־פְּקַדְתִּים יִכָּשְׁלוּ
16 אָמַר יְהוָֽה׃ כֹּה אָמַר יְהוָה עִמְדוּ עַל־דְּרָכִים וּרְאוּ
וְשַׁאֲלוּ ׀ לִנְתִבוֹת עוֹלָם אֵי־זֶה דֶרֶךְ הַטּוֹב וּלְכוּ־בָהּ וּמִצְאוּ
17 מַרְגּוֹעַ לְנַפְשְׁכֶם וַיֹּאמְרוּ לֹא נֵלֵֽךְ׃ וַהֲקִמֹתִי עֲלֵיכֶם צֹפִים
18 הַקְשִׁיבוּ לְקוֹל שׁוֹפָר וַיֹּאמְרוּ לֹא נַקְשִֽׁיב׃ לָכֵן שִׁמְעוּ הַגּוֹיִם
19 וּדְעִי עֵדָה אֶת־אֲשֶׁר־בָּֽם׃ שִׁמְעִי הָאָרֶץ הִנֵּה אָנֹכִי מֵבִיא
רָעָה אֶל־הָעָם הַזֶּה פְּרִי מַחְשְׁבוֹתָם כִּי עַל־דְּבָרַי לֹא
כ הִקְשִׁיבוּ וְתוֹרָתִי וַיִּמְאֲסוּ־בָֽהּ׃ לָמָּה־זֶּה לִי לְבוֹנָה מִשְּׁבָא
תָבוֹא וְקָנֶה הַטּוֹב מֵאֶרֶץ מֶרְחָק עֹלוֹתֵיכֶם לֹא לְרָצוֹן
21 וְזִבְחֵיכֶם לֹא־עָרְבוּ לִֽי׃ לָכֵן כֹּה אָמַר יְהוָה הִנְנִי נֹתֵן אֶל־
הָעָם הַזֶּה מִכְשֹׁלִים וְכָשְׁלוּ בָם אָבוֹת וּבָנִים יַחְדָּו שָׁכֵן וְרֵעוֹ
22 יֹאבֵֽדוּ׃ כֹּה אָמַר יְהוָה הִנֵּה עַם בָּא מֵאֶרֶץ צָפוֹן וְגוֹי
23 גָּדוֹל יֵעוֹר מִיַּרְכְּתֵי־אָֽרֶץ׃ קֶשֶׁת וְכִידוֹן יַחֲזִיקוּ אַכְזָרִי הוּא

ולא

v. 7. ביר ק׳ v. 21. ואבדו ק׳

וְלֹ֣א יְרַחֵ֔מוּ קוֹלָם֙ כַּיָּ֣ם יֶהֱמֶ֔ה וְעַל־סוּסִ֖ים יִרְכָּ֑בוּ עָר֗וּךְ
24 כְּאִישׁ֙ לַמִּלְחָמָ֔ה עָלַ֖יִךְ בַּת־צִיּֽוֹן׃ שָׁמַ֥עְנוּ אֶת־שָׁמְע֖וֹ רָפ֣וּ
כה יָדֵ֑ינוּ צָרָה֙ הֶחֱזִקַ֔תְנוּ חִ֖יל כַּיּוֹלֵדָֽה׃ אַל־תֵּֽצְאִי֙ הַשָּׂדֶ֔ה
26 וּבַדֶּ֖רֶךְ אַל־תֵּלֵ֑כִי כִּ֚י חֶ֣רֶב לְאֹיֵ֔ב מָג֖וֹר מִסָּבִֽיב׃ בַּת־עַמִּ֤י
חִגְרִי־שָׂק֙ וְהִתְפַּלְּשִׁ֣י בָאֵ֔פֶר אֵ֤בֶל יָחִיד֙ עֲשִׂ֣י לָ֔ךְ מִסְפַּ֖ד
27 תַּמְרוּרִ֑ים כִּ֣י פִתְאֹ֔ם יָבֹ֥א הַשֹּׁדֵ֖ד עָלֵֽינוּ׃ בָּח֛וֹן נְתַתִּ֥יךָ בְעַמִּ֖י
28 מִבְצָ֑ר וְתֵדַ֕ע וּבָחַנְתָּ֖ אֶת־דַּרְכָּֽם׃ כֻּלָּם֙ סָרֵ֣י סֽוֹרְרִ֔ים הֹלְכֵ֥י
29 רָכִ֖יל נְחֹ֣שֶׁת וּבַרְזֶ֑ל כֻּלָּ֥ם מַשְׁחִיתִ֖ים הֵֽמָּה׃ נָחַ֣ר מַפֻּ֔חַ מֵאֵשְׁתַּ֖ם
ל עֹפָ֑רֶת לַשָּׁוְא֙ צָרַ֣ף צָר֔וֹף וְרָעִ֖ים לֹ֥א נִתָּֽקוּ׃ כֶּ֣סֶף נִמְאָ֔ס
קָרְא֖וּ לָהֶ֑ם כִּֽי־מָאַ֥ס יְהוָ֖ה בָּהֶֽם׃

Cap. VII. ז

ז

א 2 הַדָּבָר֙ אֲשֶׁ֣ר הָיָ֣ה אֶֽל־יִרְמְיָ֔הוּ מֵאֵ֥ת יְהוָ֖ה לֵאמֹֽר׃ עֲמֹ֗ד
בְּשַׁ֙עַר֙ בֵּ֣ית יְהוָ֔ה וְקָרָ֣אתָ שָּׁ֔ם אֶת־הַדָּבָ֖ר הַזֶּ֑ה וְאָמַרְתָּ֞ שִׁמְע֣וּ
דְבַר־יְהוָ֗ה כָּל־יְהוּדָה֙ הַבָּאִים֙ בַּשְּׁעָרִ֣ים הָאֵ֔לֶּה לְהִֽשְׁתַּחֲוֺ֖ת
3 לַיהוָֽה׃ כֹּֽה־אָמַ֞ר יְהוָ֤ה צְבָאוֹת֙ אֱלֹהֵ֣י יִשְׂרָאֵ֔ל הֵיטִ֥יבוּ
4 דַרְכֵיכֶ֖ם וּמַעַלְלֵיכֶ֑ם וַאֲשַׁכְּנָ֣ה אֶתְכֶ֔ם בַּמָּק֖וֹם הַזֶּֽה׃ אַל־
תִּבְטְח֣וּ לָכֶ֔ם אֶל־דִּבְרֵ֥י הַשֶּׁ֖קֶר לֵאמֹ֑ר הֵיכַ֤ל יְהוָה֙ הֵיכַ֣ל
ה יְהוָ֔ה הֵיכַ֥ל יְהוָ֖ה הֵֽמָּה׃ כִּ֤י אִם־הֵיטֵיב֙ תֵּיטִ֔יבוּ אֶת־דַּרְכֵיכֶ֖ם
וְאֶת־מַֽעַלְלֵיכֶ֑ם אִם־עָשׂ֤וֹ תַֽעֲשׂוּ֙ מִשְׁפָּ֔ט בֵּ֥ין אִ֖ישׁ וּבֵ֥ין רֵעֵֽהוּ׃
6 גֵּ֣ר יָת֤וֹם וְאַלְמָנָה֙ לֹ֣א תַעֲשֹׁ֔קוּ וְדָ֣ם נָקִ֔י אַל־תִּשְׁפְּכ֖וּ בַּמָּק֣וֹם
7 הַזֶּ֑ה וְאַחֲרֵ֨י אֱלֹהִ֧ים אֲחֵרִ֛ים לֹ֥א תֵלְכ֖וּ לְרַ֥ע לָכֶֽם׃ וְשִׁכַּנְתִּ֤י
אֶתְכֶם֙ בַּמָּק֣וֹם הַזֶּ֔ה בָּאָ֕רֶץ אֲשֶׁ֥ר נָתַ֖תִּי לַאֲבוֹתֵיכֶ֑ם לְמִן־
8 עוֹלָ֖ם וְעַד־עוֹלָֽם׃ הִנֵּ֤ה אַתֶּם֙ בֹּטְחִ֣ים לָכֶ֔ם עַל־דִּבְרֵ֖י
9 הַשָּׁ֑קֶר לְבִלְתִּ֖י הוֹעִֽיל׃ הֲגָנֹ֣ב ׀ רָצֹ֗חַ וְֽנָאֹף֙ וְהִשָּׁבֵ֣עַ לַשֶּׁ֔קֶר
וְקַטֵּ֖ר לַבָּ֑עַל וְהָלֹ֗ךְ אַחֲרֵ֛י אֱלֹהִ֥ים אֲחֵרִ֖ים אֲשֶׁ֥ר לֹֽא־יְדַעְתֶּֽם׃
י וּבָאתֶ֞ם וַעֲמַדְתֶּ֣ם לְפָנַ֗י בַּבַּ֤יִת הַזֶּה֙ אֲשֶׁ֣ר נִֽקְרָא־שְׁמִ֣י עָלָ֔יו
וַאֲמַרְתֶּ֖ם נִצַּ֑לְנוּ לְמַ֣עַן עֲשׂ֔וֹת אֵ֥ת כָּל־הַתּוֹעֵבֹ֖ת הָאֵֽלֶּה׃

המערת

ר v. 25. תצאו ק׳ ibid. תלכו ק׳ v. 29. מאש תם ק׳

11 הַמְעָרַת פָּרִצִים הָיָה הַבַּיִת הַזֶּה אֲשֶׁר־נִקְרָא־שְׁמִי עָלָיו
12 בְּעֵינֵיכֶם גַּם אָנֹכִי הִנֵּה רָאִיתִי נְאֻם־יְהוָה׃ כִּי לְכוּ־נָא
אֶל־מְקוֹמִי אֲשֶׁר בְּשִׁילוֹ אֲשֶׁר שִׁכַּנְתִּי שְׁמִי שָׁם בָּרִאשׁוֹנָה
13 וּרְאוּ אֵת אֲשֶׁר־עָשִׂיתִי לוֹ מִפְּנֵי רָעַת עַמִּי יִשְׂרָאֵל׃ וְעַתָּה
יַעַן עֲשׂוֹתְכֶם אֶת־כָּל־הַמַּעֲשִׂים הָאֵלֶּה נְאֻם־יְהוָה וָאֲדַבֵּר
אֲלֵיכֶם הַשְׁכֵּם וְדַבֵּר וְלֹא שְׁמַעְתֶּם וָאֶקְרָא אֶתְכֶם וְלֹא
14 עֲנִיתֶם׃ וְעָשִׂיתִי לַבַּיִת ׀ אֲשֶׁר נִקְרָא־שְׁמִי עָלָיו אֲשֶׁר אַתֶּם
בֹּטְחִים בּוֹ וְלַמָּקוֹם אֲשֶׁר־נָתַתִּי לָכֶם וְלַאֲבוֹתֵיכֶם כַּאֲשֶׁר
טו עָשִׂיתִי לְשִׁלוֹ׃ וְהִשְׁלַכְתִּי אֶתְכֶם מֵעַל פָּנָי כַּאֲשֶׁר הִשְׁלַכְתִּי
16 אֶת־כָּל־אֲחֵיכֶם אֵת כָּל־זֶרַע אֶפְרָיִם׃ וְאַתָּה אַל־
תִּתְפַּלֵּל ׀ בְּעַד־הָעָם הַזֶּה וְאַל־תִּשָּׂא בַעֲדָם רִנָּה וּתְפִלָּה
17 וְאַל־תִּפְגַּע־בִּי כִּי־אֵינֶנִּי שֹׁמֵעַ אֹתָךְ׃ הַאֵינְךָ רֹאֶה מָה הֵמָּה
18 עֹשִׂים בְּעָרֵי יְהוּדָה וּבְחֻצוֹת יְרוּשָׁלָם׃ הַבָּנִים מְלַקְּטִים
עֵצִים וְהָאָבוֹת מְבַעֲרִים אֶת־הָאֵשׁ וְהַנָּשִׁים לָשׁוֹת בָּצֵק
לַעֲשׂוֹת כַּוָּנִים לִמְלֶכֶת הַשָּׁמַיִם וְהַסֵּךְ נְסָכִים לֵאלֹהִים
19 אֲחֵרִים לְמַעַן הַכְעִסֵנִי׃ הַאֹתִי הֵם מַכְעִסִים נְאֻם־יְהוָה
כ הֲלוֹא אֹתָם לְמַעַן בֹּשֶׁת פְּנֵיהֶם׃ לָכֵן כֹּה־אָמַר ׀ אֲדֹנָי
יְהוִה הִנֵּה אַפִּי וַחֲמָתִי נִתֶּכֶת אֶל־הַמָּקוֹם הַזֶּה עַל־הָאָדָם
וְעַל־הַבְּהֵמָה וְעַל־עֵץ הַשָּׂדֶה וְעַל־פְּרִי הָאֲדָמָה וּבָעֲרָה
21 וְלֹא תִכְבֶּה׃ ° כֹּה אָמַר יְהוָה צְבָאוֹת אֱלֹהֵי יִשְׂרָאֵל
22 עֹלוֹתֵיכֶם סְפוּ עַל־זִבְחֵיכֶם וְאִכְלוּ בָשָׂר׃ כִּי לֹא־דִבַּרְתִּי
אֶת־אֲבוֹתֵיכֶם וְלֹא צִוִּיתִים בְּיוֹם הוֹצִיאָ אוֹתָם מֵאֶרֶץ
23 מִצְרָיִם עַל־דִּבְרֵי עוֹלָה וָזָבַח׃ כִּי אִם־אֶת־הַדָּבָר הַזֶּה
צִוִּיתִי אוֹתָם לֵאמֹר שִׁמְעוּ בְקוֹלִי וְהָיִיתִי לָכֶם לֵאלֹהִים
וְאַתֶּם תִּהְיוּ־לִי לְעָם וַהֲלַכְתֶּם בְּכָל־הַדֶּרֶךְ אֲשֶׁר אֲצַוֶּה
24 אֶתְכֶם לְמַעַן יִיטַב לָכֶם׃ וְלֹא שָׁמְעוּ וְלֹא־הִטּוּ אֶת־אָזְנָם
וַיֵּלְכוּ בְּמֹעֵצוֹת בִּשְׁרִרוּת לִבָּם הָרָע וַיִּהְיוּ לְאָחוֹר וְלֹא

לפנים

v. 21. הפטרת צו v. 22. הוציאי ק׳

כה לְפָנִים׃ לְמִן־הַיּוֹם אֲשֶׁר יָצְאוּ אֲבוֹתֵיכֶם מֵאֶרֶץ מִצְרַיִם
עַד הַיּוֹם הַזֶּה וָאֶשְׁלַח אֲלֵיכֶם אֶת־כָּל־עֲבָדַי הַנְּבִיאִים
26 יוֹם הַשְׁכֵּם וְשָׁלֹחַ׃ וְלוֹא שָׁמְעוּ אֵלַי וְלֹא הִטּוּ אֶת־אָזְנָם
27 וַיַּקְשׁוּ אֶת־עָרְפָּם הֵרֵעוּ מֵאֲבוֹתָם׃ וְדִבַּרְתָּ אֲלֵיהֶם אֶת־
כָּל־הַדְּבָרִים הָאֵלֶּה וְלֹא יִשְׁמְעוּ אֵלֶיךָ וְקָרָאתָ אֲלֵיהֶם
28 וְלֹא יַעֲנוּכָה׃ וְאָמַרְתָּ אֲלֵיהֶם זֶה הַגּוֹי אֲשֶׁר לוֹא־שָׁמְעוּ
בְּקוֹל יְהוָה אֱלֹהָיו וְלֹא לָקְחוּ מוּסָר אָבְדָה הָאֱמוּנָה
29 וְנִכְרְתָה מִפִּיהֶם׃ גָּזִּי נִזְרֵךְ וְהַשְׁלִיכִי וּשְׂאִי עַל־שְׁפָיִם
ל קִינָה כִּי מָאַס יְהוָה וַיִּטֹּשׁ אֶת־דּוֹר עֶבְרָתוֹ׃ כִּי־עָשׂוּ בְנֵי־
יְהוּדָה הָרַע בְּעֵינַי נְאֻם־יְהוָה שָׂמוּ שִׁקּוּצֵיהֶם בַּבַּיִת אֲשֶׁר־
31 נִקְרָא־שְׁמִי עָלָיו לְטַמְּאוֹ׃ וּבָנוּ בָּמוֹת הַתֹּפֶת אֲשֶׁר בְּגֵיא
בֶן־הִנֹּם לִשְׂרֹף אֶת־בְּנֵיהֶם וְאֶת־בְּנֹתֵיהֶם בָּאֵשׁ אֲשֶׁר לֹא
32 צִוִּיתִי וְלֹא עָלְתָה עַל־לִבִּי׃ לָכֵן הִנֵּה־יָמִים בָּאִים
נְאֻם־יְהוָה וְלֹא־יֵאָמֵר עוֹד הַתֹּפֶת וְגֵיא בֶן־הִנֹּם כִּי אִם־
33 גֵּיא הַהֲרֵגָה וְקָבְרוּ בְתֹפֶת מֵאֵין מָקוֹם׃ וְהָיְתָה נִבְלַת הָעָם
הַזֶּה לְמַאֲכָל לְעוֹף הַשָּׁמַיִם וּלְבֶהֱמַת הָאָרֶץ וְאֵין מַחֲרִיד׃
34 וְהִשְׁבַּתִּי ׀ מֵעָרֵי יְהוּדָה וּמֵחֻצוֹת יְרוּשָׁלִַם קוֹל שָׂשׂוֹן וְקוֹל
שִׂמְחָה קוֹל חָתָן וְקוֹל כַּלָּה כִּי לְחָרְבָּה תִּהְיֶה הָאָרֶץ׃ °

CAP. VIII. ח

ח

א בָּעֵת הַהִיא נְאֻם־יְהוָה ויוציאו אֶת־עַצְמוֹת מַלְכֵי־יְהוּדָה
וְאֶת־עַצְמוֹת שָׂרָיו וְאֶת־עַצְמוֹת הַכֹּהֲנִים וְאֵת ׀ עַצְמוֹת
2 הַנְּבִיאִים וְאֵת עַצְמוֹת יוֹשְׁבֵי־יְרוּשָׁלִָם מִקִּבְרֵיהֶם׃ וּשְׁטָחוּם
לַשֶּׁמֶשׁ וְלַיָּרֵחַ וּלְכֹל ׀ צְבָא הַשָּׁמַיִם אֲשֶׁר אֲהֵבוּם וַאֲשֶׁר
עֲבָדוּם וַאֲשֶׁר הָלְכוּ אַחֲרֵיהֶם וַאֲשֶׁר דְּרָשׁוּם וַאֲשֶׁר הִשְׁתַּחֲווּ
לָהֶם לֹא יֵאָסְפוּ וְלֹא יִקָּבֵרוּ לְדֹמֶן עַל־פְּנֵי הָאֲדָמָה יִהְיוּ׃
3 וְנִבְחַר מָוֶת מֵחַיִּים לְכֹל הַשְּׁאֵרִית הַנִּשְׁאָרִים מִן־הַמִּשְׁפָּחָה
הָרָעָה הַזֹּאת בְּכָל־הַמְּקֹמוֹת הַנִּשְׁאָרִים אֲשֶׁר הִדַּחְתִּים שָׁם

נאם

ז׳ v. 34. אין כאן פסקא ח׳ v. 1. יוציאו ק׳

4 נְאֻם יְהוָה צְבָאוֹת׃ וְאָמַרְתָּ אֲלֵיהֶם כֹּה אָמַר יְהוָה הֲיִפְּלוּ
ה וְלֹא יָקוּמוּ אִם־יָשׁוּב וְלֹא יָשׁוּב׃ מַדּוּעַ שׁוֹבְבָה הָעָם הַזֶּה
6 יְרוּשָׁלִַם מְשֻׁבָה נִצַּחַת הֶחֱזִיקוּ בַּתַּרְמִת מֵאֲנוּ לָשׁוּב׃ הִקְשַׁבְתִּי
וָאֶשְׁמָע לוֹא־כֵן יְדַבֵּרוּ אֵין אִישׁ נִחָם עַל־רָעָתוֹ לֵאמֹר מֶה
7 עָשִׂיתִי כֻּלֹּה שָׁב בִּמְרֻצוֹתָם כְּסוּס שׁוֹטֵף בַּמִּלְחָמָה׃ גַּם־
חֲסִידָה בַשָּׁמַיִם יָדְעָה מוֹעֲדֶיהָ וְתֹר וְסוּס וְעָגוּר שָׁמְרוּ אֶת־
8 עֵת בֹּאָנָה וְעַמִּי לֹא יָדְעוּ אֵת מִשְׁפַּט יְהוָה׃ אֵיכָה תֹאמְרוּ
חֲכָמִים אֲנַחְנוּ וְתוֹרַת יְהוָה אִתָּנוּ אָכֵן הִנֵּה לַשֶּׁקֶר עָשָׂה עֵט
9 שֶׁקֶר סֹפְרִים׃ הֹבִשׁוּ חֲכָמִים חַתּוּ וַיִּלָּכֵדוּ הִנֵּה בִדְבַר־
י יְהוָה מָאָסוּ וְחָכְמַת מֶה לָהֶם׃ לָכֵן אֶתֵּן אֶת־נְשֵׁיהֶם
לַאֲחֵרִים שְׂדוֹתֵיהֶם לְיוֹרְשִׁים כִּי מִקָּטֹן וְעַד־גָּדוֹל כֻּלֹּה
11 בֹּצֵעַ בָּצַע מִנָּבִיא וְעַד־כֹּהֵן כֻּלֹּה עֹשֶׂה שָּׁקֶר׃ וַיְרַפּוּ אֶת־
שֶׁבֶר בַּת־עַמִּי עַל־נְקַלָּה לֵאמֹר שָׁלוֹם ׀ שָׁלוֹם וְאֵין שָׁלוֹם׃
12 הֹבִשׁוּ כִּי תוֹעֵבָה עָשׂוּ גַּם־בּוֹשׁ לֹא־יֵבֹשׁוּ וְהִכָּלֵם לֹא יָדָעוּ
לָכֵן יִפְּלוּ בַנֹּפְלִים בְּעֵת פְּקֻדָּתָם יִכָּשְׁלוּ אָמַר יְהוָה׃
13 ° אָסֹף אֲסִיפֵם נְאֻם־יְהוָה אֵין עֲנָבִים בַּגֶּפֶן וְאֵין תְּאֵנִים
14 בַּתְּאֵנָה וְהֶעָלֶה נָבֵל וָאֶתֵּן לָהֶם יַעַבְרוּם׃ עַל־מָה אֲנַחְנוּ
יֹשְׁבִים הֵאָסְפוּ וְנָבוֹא אֶל־עָרֵי הַמִּבְצָר וְנִדְּמָה־שָּׁם כִּי יְהוָה
טו אֱלֹהֵינוּ הֲדִמָּנוּ וַיַּשְׁקֵנוּ מֵי־רֹאשׁ כִּי חָטָאנוּ לַיהוָה׃ קַוֵּה
16 לְשָׁלוֹם וְאֵין טוֹב לְעֵת מַרְפֵּה וְהִנֵּה בְעָתָה׃ מִדָּן נִשְׁמַע
נַחְרַת סוּסָיו מִקּוֹל מִצְהֲלוֹת אַבִּירָיו רָעֲשָׁה כָּל־הָאָרֶץ
17 וַיָּבוֹאוּ וַיֹּאכְלוּ אֶרֶץ וּמְלוֹאָהּ עִיר וְיֹשְׁבֵי בָהּ׃ כִּי הִנְנִי
מְשַׁלֵּחַ בָּכֶם נְחָשִׁים צִפְעֹנִים אֲשֶׁר אֵין־לָהֶם לָחַשׁ וְנִשְּׁכוּ
18 אֶתְכֶם נְאֻם־יְהוָה׃ מַבְלִיגִיתִי עֲלֵי יָגוֹן עָלַי לִבִּי דַוָּי׃
19 הִנֵּה־קוֹל שַׁוְעַת בַּת־עַמִּי מֵאֶרֶץ מַרְחַקִּים הַיהוָה אֵין בְּצִיּוֹן
אִם־מַלְכָּהּ אֵין בָּהּ מַדּוּעַ הִכְעִסוּנִי בִּפְסִלֵיהֶם בְּהַבְלֵי נֵכָר׃
כ 21 עָבַר קָצִיר כָּלָה קָיִץ וַאֲנַחְנוּ לוֹא נוֹשָׁעְנוּ׃ עַל־שֶׁבֶר בַּת־

עמי

v. 6. במרוצתם ק׳ v. 7. וסיס ק׳ v. 13. הפטרת ט׳ באב

22 עַמִּי הָשְׁבַּרְתִּי קָדַרְתִּי שַׁמָּה הֶחֱזִקָתְנִי׃ הַצֳרִי אֵין בְּגִלְעָד אִם־
23 רֹפֵא אֵין שָׁם כִּי מַדּוּעַ לֹא עָלְתָה אֲרֻכַת בַּת־עַמִּי׃ מִי־
יִתֵּן רֹאשִׁי מַיִם וְעֵינִי מְקוֹר דִּמְעָה וְאֶבְכֶּה יוֹמָם וָלַיְלָה אֵת
חַלְלֵי בַת־עַמִּי׃ °

ט Cap. IX. ט

א מִי־יִתְּנֵנִי בַמִּדְבָּר מְלוֹן אֹרְחִים וְאֶעֶזְבָה אֶת־עַמִּי וְאֵלְכָה
2 מֵאִתָּם כִּי כֻלָּם מְנָאֲפִים עֲצֶרֶת בֹּגְדִים׃ וַיַּדְרְכוּ אֶת־
לְשׁוֹנָם קַשְׁתָּם שֶׁקֶר וְלֹא לֶאֱמוּנָה גָּבְרוּ בָאָרֶץ כִּי מֵרָעָה
3 אֶל־רָעָה ׀ יָצָאוּ וְאֹתִי לֹא־יָדָעוּ נְאֻם־יְהוָה׃ אִישׁ מֵרֵעֵהוּ
הִשָּׁמֵרוּ וְעַל־כָּל־אָח אַל־תִּבְטָחוּ כִּי כָל־אָח עָקוֹב יַעְקֹב
4 וְכָל־רֵעַ רָכִיל יַהֲלֹךְ׃ וְאִישׁ בְּרֵעֵהוּ יְהָתֵלּוּ וֶאֱמֶת לֹא
ה יְדַבֵּרוּ לִמְּדוּ לְשׁוֹנָם דַּבֶּר־שֶׁקֶר הַעֲוֵה נִלְאוּ׃ שִׁבְתְּךָ בְּתוֹךְ
6 מִרְמָה בְּמִרְמָה מֵאֲנוּ דַעַת־אוֹתִי נְאֻם־יְהוָה׃ לָכֵן כֹּה
אָמַר יְהוָה צְבָאוֹת הִנְנִי צוֹרְפָם וּבְחַנְתִּים כִּי־אֵיךְ אֶעֱשֶׂה
7 מִפְּנֵי בַּת־עַמִּי׃ חֵץ שׁוֹחֵט לְשׁוֹנָם מִרְמָה דִבֵּר בְּפִיו שָׁלוֹם
8 אֶת־רֵעֵהוּ יְדַבֵּר וּבְקִרְבּוֹ יָשִׂים אָרְבּוֹ׃ הַעַל־אֵלֶּה לֹא־
אֶפְקָד־בָּם נְאֻם־יְהוָה אִם בְּגוֹי אֲשֶׁר־כָּזֶה לֹא תִתְנַקֵּם
נַפְשִׁי׃
9 עַל־הֶהָרִים אֶשָּׂא בְכִי וָנֶהִי וְעַל־נְאוֹת מִדְבָּר קִינָה כִּי נִצְּתוּ
מִבְּלִי־אִישׁ עֹבֵר וְלֹא שָׁמְעוּ קוֹל מִקְנֶה מֵעוֹף הַשָּׁמַיִם וְעַד־
י בְּהֵמָה נָדְדוּ הָלָכוּ׃ וְנָתַתִּי אֶת־יְרוּשָׁלִַם לְגַלִּים מְעוֹן תַּנִּים
11 וְאֶת־עָרֵי יְהוּדָה אֶתֵּן שְׁמָמָה מִבְּלִי יוֹשֵׁב׃ מִי־הָאִישׁ
הֶחָכָם וְיָבֵן אֶת־זֹאת וַאֲשֶׁר דִּבֶּר פִּי־יְהוָה אֵלָיו וְיַגִּדָהּ עַל־
12 מָה אָבְדָה הָאָרֶץ נִצְּתָה כַמִּדְבָּר מִבְּלִי עֹבֵר׃ וַיֹּאמֶר
יְהוָה עַל־עָזְבָם אֶת־תּוֹרָתִי אֲשֶׁר נָתַתִּי לִפְנֵיהֶם וְלֹא־שָׁמְעוּ
13 בְקוֹלִי וְלֹא־הָלְכוּ בָהּ׃ וַיֵּלְכוּ אַחֲרֵי שְׁרִרוּת לִבָּם וְאַחֲרֵי
14 הַבְּעָלִים אֲשֶׁר לִמְּדוּם אֲבוֹתָם׃ לָכֵן כֹּה־אָמַר יְהוָה

צבאות

ח' v. 23. אין כאן פסקא   ט' v. 7. שחוט ק'

צְבָאוֹת אֱלֹהֵי יִשְׂרָאֵל הִנְנִי מַאֲכִילָם אֶת־הָעָם הַזֶּה לַעֲנָה
טו וְהִשְׁקִיתִים מֵי־רֹאשׁ׃ וַהֲפִצוֹתִים בַּגּוֹיִם אֲשֶׁר לֹא יָדְעוּ
הֵמָּה וַאֲבוֹתָם וְשִׁלַּחְתִּי אַחֲרֵיהֶם אֶת־הַחֶרֶב עַד כַּלּוֹתִי
16 אוֹתָם׃ כֹּה אָמַר יְהוָה צְבָאוֹת הִתְבּוֹנְנוּ וְקִרְאוּ לַמְקוֹנְנוֹת
17 וּתְבוֹאֶינָה וְאֶל־הַחֲכָמוֹת שִׁלְחוּ וְתָבוֹאנָה׃ וּתְמַהֵרְנָה וְתִשֶּׂנָה
18 עָלֵינוּ נֶהִי וְתֵרַדְנָה עֵינֵינוּ דִּמְעָה וְעַפְעַפֵּינוּ יִזְּלוּ־מָיִם׃ כִּי
קוֹל נְהִי נִשְׁמַע מִצִּיּוֹן אֵיךְ שֻׁדָּדְנוּ בֹּשְׁנוּ מְאֹד כִּי־עָזַבְנוּ אָרֶץ
19 כִּי הִשְׁלִיכוּ מִשְׁכְּנוֹתֵינוּ׃ כִּי־שְׁמַעְנָה נָשִׁים דְּבַר־יְהוָה
וְתִקַּח אָזְנְכֶם דְּבַר־פִּיו וְלַמֵּדְנָה בְנֹתֵיכֶם נֶהִי וְאִשָּׁה רְעוּתָהּ
כ קִינָה׃ כִּי־עָלָה מָוֶת בְּחַלּוֹנֵינוּ בָּא בְּאַרְמְנוֹתֵינוּ לְהַכְרִית
21 עוֹלָל מִחוּץ בַּחוּרִים מֵרְחֹבוֹת׃ דַּבֵּר כֹּה נְאֻם־יְהוָה וְנָפְלָה
נִבְלַת הָאָדָם כְּדֹמֶן עַל־פְּנֵי הַשָּׂדֶה וּכְעָמִיר מֵאַחֲרֵי הַקֹּצֵר
22 וְאֵין מְאַסֵּף׃ כֹּה ׀ אָמַר יְהוָה אַל־יִתְהַלֵּל חָכָם בְּחָכְמָתוֹ
וְאַל־יִתְהַלֵּל הַגִּבּוֹר בִּגְבוּרָתוֹ אַל־יִתְהַלֵּל עָשִׁיר בְּעָשְׁרוֹ׃
23 כִּי אִם־בְּזֹאת יִתְהַלֵּל הַמִּתְהַלֵּל הַשְׂכֵּל וְיָדֹעַ אוֹתִי כִּי אֲנִי
יְהוָה עֹשֶׂה חֶסֶד מִשְׁפָּט וּצְדָקָה בָּאָרֶץ כִּי־בְאֵלֶּה חָפַצְתִּי
24 נְאֻם־יְהוָה׃ הִנֵּה יָמִים בָּאִים נְאֻם־יְהוָה וּפָקַדְתִּי עַל־
כה כָּל־מוּל בְּעָרְלָה׃ עַל־מִצְרַיִם וְעַל־יְהוּדָה וְעַל־אֱדוֹם
וְעַל־בְּנֵי עַמּוֹן וְעַל־מוֹאָב וְעַל כָּל־קְצוּצֵי פֵאָה הַיֹּשְׁבִים
בַּמִּדְבָּר כִּי כָל־הַגּוֹיִם עֲרֵלִים וְכָל־בֵּית יִשְׂרָאֵל עַרְלֵי־
לֵב׃

ל CAP. X. י

א שִׁמְעוּ אֶת־הַדָּבָר אֲשֶׁר דִּבֶּר יְהוָה עֲלֵיכֶם בֵּית יִשְׂרָאֵל׃
2 כֹּה ׀ אָמַר יְהוָה אֶל־דֶּרֶךְ הַגּוֹיִם אַל־תִּלְמָדוּ וּמֵאֹתוֹת
3 הַשָּׁמַיִם אַל־תֵּחָתּוּ כִּי־יֵחַתּוּ הַגּוֹיִם מֵהֵמָּה׃ כִּי־חֻקּוֹת
הָעַמִּים הֶבֶל הוּא כִּי־עֵץ מִיַּעַר כְּרָתוֹ מַעֲשֵׂה יְדֵי־חָרָשׁ
4 בַּמַּעֲצָד׃ בְּכֶסֶף וּבְזָהָב יְיַפֵּהוּ בְּמַסְמְרוֹת וּבְמַקָּבוֹת יְחַזְּקוּם
ה וְלוֹא יָפִיק׃ כְּתֹמֶר מִקְשָׁה הֵמָּה וְלֹא יְדַבֵּרוּ נָשׂוֹא יִנָּשׂוּא
כי

כִּי לֹא יִצְעָדוּ אַל־תִּירְאוּ מֵהֶם כִּי־לֹא יָרֵעוּ וְגַם־הֵיטֵיב
6 אֵין אוֹתָם׃ מֵאֵין כָּמוֹךָ יְהוָה גָּדוֹל אַתָּה וְגָדוֹל שִׁמְךָ
7 בִּגְבוּרָה׃ מִי לֹא יִרָאֲךָ מֶלֶךְ הַגּוֹיִם כִּי לְךָ יָאָתָה כִּי בְכָל־
8 חַכְמֵי הַגּוֹיִם וּבְכָל־מַלְכוּתָם מֵאֵין כָּמוֹךָ׃ וּבְאַחַת יִבְעֲרוּ
9 וְיִכְסָלוּ מוּסַר הֲבָלִים עֵץ הוּא׃ כֶּסֶף מְרֻקָּע מִתַּרְשִׁישׁ יוּבָא
וְזָהָב מֵאוּפָז מַעֲשֵׂה חָרָשׁ וִידֵי צוֹרֵף תְּכֵלֶת וְאַרְגָּמָן לְבוּשָׁם
י מַעֲשֵׂה חֲכָמִים כֻּלָּם׃ וַיהוָה אֱלֹהִים אֱמֶת הוּא־אֱלֹהִים
חַיִּים וּמֶלֶךְ עוֹלָם מִקִּצְפּוֹ תִּרְעַשׁ הָאָרֶץ וְלֹא־יָכִלוּ גוֹיִם
11 זַעְמוֹ׃ כִּדְנָה תֵּאמְרוּן לְהוֹם אֱלָהַיָּא דִּי־שְׁמַיָּא וְאַרְקָא
12 לָא עֲבַדוּ יֵאבַדוּ מֵאַרְעָא וּמִן־תְּחוֹת שְׁמַיָּא אֵלֶּה׃ עֹשֵׂה
אֶרֶץ בְּכֹחוֹ מֵכִין תֵּבֵל בְּחָכְמָתוֹ וּבִתְבוּנָתוֹ נָטָה שָׁמָיִם׃
13 לְקוֹל תִּתּוֹ הֲמוֹן מַיִם בַּשָּׁמַיִם וַיַּעֲלֶה נְשִׂאִים מִקְצֵה אָרֶץ
14 בְּרָקִים לַמָּטָר עָשָׂה וַיּוֹצֵא רוּחַ מֵאֹצְרֹתָיו׃ נִבְעַר כָּל־
אָדָם מִדַּעַת הֹבִישׁ כָּל־צוֹרֵף מִפָּסֶל כִּי שֶׁקֶר נִסְכּוֹ וְלֹא־
טו רוּחַ בָּם׃ הֶבֶל הֵמָּה מַעֲשֵׂה תַּעְתֻּעִים בְּעֵת פְּקֻדָּתָם יֹאבֵדוּ׃
16 לֹא־כְאֵלֶּה חֵלֶק יַעֲקֹב כִּי־יוֹצֵר הַכֹּל הוּא וְיִשְׂרָאֵל שֵׁבֶט
17 נַחֲלָתוֹ יְהוָה צְבָאוֹת שְׁמוֹ׃ אִסְפִּי מֵאֶרֶץ כִּנְעָתֵךְ יוֹשֶׁבֶתִי
18 בַּמָּצוֹר׃ כִּי־כֹה אָמַר יְהוָה הִנְנִי קוֹלֵעַ אֶת־יוֹשְׁבֵי
19 הָאָרֶץ בַּפַּעַם הַזֹּאת וַהֲצֵרוֹתִי לָהֶם לְמַעַן יִמְצָאוּ׃ אוֹי
לִי עַל־שִׁבְרִי נַחְלָה מַכָּתִי וַאֲנִי אָמַרְתִּי אַךְ זֶה חֳלִי וְאֶשָּׂאֶנּוּ׃
כ אָהֳלִי שֻׁדָּד וְכָל־מֵיתָרַי נִתָּקוּ בָּנַי יְצָאֻנִי וְאֵינָם אֵין־נֹטֶה
21 עוֹד אָהֳלִי וּמֵקִים יְרִיעוֹתָי׃ כִּי נִבְעֲרוּ הָרֹעִים וְאֶת־יְהוָה
22 לֹא דָרָשׁוּ עַל־כֵּן לֹא הִשְׂכִּילוּ וְכָל־מַרְעִיתָם נְפוֹצָה׃ קוֹל
שְׁמוּעָה הִנֵּה בָאָה וְרַעַשׁ גָּדוֹל מֵאֶרֶץ צָפוֹן לָשׂוּם אֶת־עָרֵי
23 יְהוּדָה שְׁמָמָה מְעוֹן תַּנִּים׃ יָדַעְתִּי יְהוָה כִּי לֹא לָאָדָם
24 דַּרְכּוֹ לֹא־לְאִישׁ הֹלֵךְ וְהָכִין אֶת־צַעֲדוֹ׃ יַסְּרֵנִי יְהוָה אַךְ־
כה בְּמִשְׁפָּט אַל־בְּאַפְּךָ פֶּן־תַּמְעִטֵנִי׃ שְׁפֹךְ חֲמָתְךָ עַל־הַגּוֹיִם

אשר

v. 17. יושבת ק׳   v. 18. הארץ ק׳

אֲשֶׁר לֹֽא־יְדָע֔וּךָ וְעַ֕ל מִשְׁפָּח֕וֹת אֲשֶׁ֥ר בְּשִׁמְךָ֖ לֹ֣א קָרָ֑אוּ כִּֽי־
אָכְל֣וּ אֶֽת־יַעֲקֹ֗ב וַאֲכָלֻ֙הוּ֙ וַיְכַלֻּ֔הוּ וְאֶת־נָוֵ֖הוּ הֵשַֽׁמּוּ׃

יא Cap. XI. יא

א 2 הַדָּבָר֙ אֲשֶׁ֣ר הָיָ֣ה אֶֽל־יִרְמְיָ֔הוּ מֵאֵ֥ת יְהוָ֖ה לֵאמֹֽר׃ שִׁמְע֕וּ
אֶת־דִּבְרֵ֖י הַבְּרִ֣ית הַזֹּ֑את וְדִבַּרְתָּם֙ אֶל־אִ֣ישׁ יְהוּדָ֔ה וְעַל־
3 יֹשְׁבֵ֖י יְרוּשָׁלִָֽם׃ וְאָמַרְתָּ֙ אֲלֵיהֶ֔ם כֹּֽה־אָמַ֥ר יְהוָ֖ה אֱלֹהֵ֣י
יִשְׂרָאֵ֑ל אָר֣וּר הָאִ֗ישׁ אֲשֶׁ֤ר לֹא֙ יִשְׁמַ֔ע אֶת־דִּבְרֵ֖י הַבְּרִ֥ית
4 הַזֹּֽאת׃ אֲשֶׁ֣ר צִוִּ֣יתִי אֶת־אֲבֽוֹתֵיכֶ֡ם בְּי֣וֹם הֽוֹצִיאִֽי־אוֹתָ֣ם
מֵאֶֽרֶץ־מִצְרַיִם֩ מִכּ֨וּר הַבַּרְזֶ֜ל לֵאמֹ֗ר שִׁמְע֤וּ בְקוֹלִי֙ וַעֲשִׂיתֶ֣ם
אוֹתָ֔ם כְּכֹ֥ל אֲשֶׁר־אֲצַוֶּ֖ה אֶתְכֶ֑ם וִהְיִ֤יתֶם לִי֙ לְעָ֔ם וְאָ֣נֹכִ֔י
ה אֶהְיֶ֥ה לָכֶ֖ם לֵאלֹהִֽים׃ לְמַעַן֩ הָקִ֨ים אֶת־הַשְּׁבוּעָ֜ה אֲשֶׁר־
נִשְׁבַּ֣עְתִּי לַאֲבֽוֹתֵיכֶ֗ם לָתֵ֤ת לָהֶם֙ אֶ֣רֶץ זָבַ֥ת חָלָ֛ב וּדְבַ֖שׁ כַּיּ֣וֹם
6 הַזֶּ֑ה וָאַ֥עַן וָאֹמַ֖ר אָמֵ֥ן ׀ יְהוָֽה׃ וַיֹּ֤אמֶר יְהוָה֙ אֵלַ֔י קְרָ֨א
אֶת־כָּל־הַדְּבָרִ֤ים הָאֵ֙לֶּה֙ בְּעָרֵ֣י יְהוּדָ֔ה וּבְחֻצ֥וֹת יְרוּשָׁלִַ֖ם
7 לֵאמֹ֑ר שִׁמְע֗וּ אֶת־דִּבְרֵי֙ הַבְּרִ֣ית הַזֹּ֔את וַעֲשִׂיתֶ֖ם אוֹתָֽם׃ כִּ֡י
הָעֵ֣ד הַעִדֹ֩תִי֩ בַּאֲבֽוֹתֵיכֶ֨ם בְּי֨וֹם הַעֲלוֹתִ֤י אוֹתָם֙ מֵאֶ֣רֶץ מִצְרַ֔יִם
8 וְעַד־הַיּ֣וֹם הַזֶּ֔ה הַשְׁכֵּ֥ם וְהָעֵ֖ד לֵאמֹ֑ר שִׁמְע֖וּ בְּקוֹלִֽי׃ וְלֹ֤א
שָֽׁמְעוּ֙ וְלֹֽא־הִטּ֣וּ אֶת־אָזְנָ֔ם וַיֵּ֣לְכ֔וּ אִ֕ישׁ בִּשְׁרִיר֖וּת לִבָּ֣ם הָרָ֑ע
וָאָבִ֨יא עֲלֵיהֶ֜ם אֶֽת־כָּל־דִּבְרֵ֧י הַבְּרִית־הַזֹּ֛את אֲשֶׁר־צִוִּ֥יתִי
9 לַעֲשׂ֖וֹת וְלֹ֥א עָשֽׂוּ׃ וַיֹּ֥אמֶר יְהוָ֖ה אֵלָ֑י נִמְצָא־קֶ֙שֶׁר֙ בְּאִ֣ישׁ
י יְהוּדָ֔ה וּבְיֹשְׁבֵ֖י יְרוּשָׁלִָֽם׃ שָׁ֡בוּ עַל־עֲוֺנֹ֨ת אֲבוֹתָ֜ם הָרִֽאשֹׁנִ֗ים
אֲשֶׁ֤ר מֵֽאֲנוּ֙ לִשְׁמ֣וֹעַ אֶת־דְּבָרַ֔י וְהֵ֣מָּה הָלְכ֔וּ אַחֲרֵ֛י אֱלֹהִ֥ים
אֲחֵרִ֖ים לְעָבְדָ֑ם הֵפֵ֤רוּ בֵית־יִשְׂרָאֵל֙ וּבֵ֣ית יְהוּדָ֔ה אֶת־
11 בְּרִיתִ֕י אֲשֶׁ֥ר כָּרַ֖תִּי אֶת־אֲבוֹתָֽם׃ לָכֵ֗ן כֹּ֚ה אָמַ֣ר יְהוָ֔ה
הִנְנִ֨י מֵבִ֤יא אֲלֵיהֶם֙ רָעָ֔ה אֲשֶׁ֥ר לֹא־יוּכְל֖וּ לָצֵ֣את מִמֶּ֑נָּה
12 וְזָעֲק֣וּ אֵלַ֔י וְלֹ֥א אֶשְׁמַ֖ע אֲלֵיהֶֽם׃ וְהָלְכ֞וּ עָרֵ֣י יְהוּדָ֗ה וְיֹשְׁבֵי֙
יְר֣וּשָׁלִַ֔ם וְזָֽעֲקוּ֙ אֶל־הָ֣אֱלֹהִ֔ים אֲשֶׁ֛ר הֵ֥ם מְקַטְּרִ֖ים לָהֶ֑ם וְהוֹשֵׁ֛עַ

לֹא־יוֹשִׁיעוּ

יא v. 10. מלעיל

13 לֹ֣א־יוֹשִׁ֔יעוּ לָהֶ֖ם בְּעֵ֥ת רָעָתָֽם׃ כִּ֚י מִסְפַּ֣ר עָרֶ֔יךָ הָי֥וּ אֱלֹהֶ֖יךָ
יְהוּדָ֑ה וּמִסְפַּ֞ר חֻצ֣וֹת יְרוּשָׁלִַ֗ם שַׂמְתֶּ֤ם מִזְבְּחוֹת֙ לַבֹּ֔שֶׁת
14 מִזְבְּח֖וֹת לְקַטֵּ֥ר לַבָּֽעַל׃ וְאַתָּ֗ה אַל־תִּתְפַּלֵּל֙ בְּעַד־
הָעָ֣ם הַזֶּ֔ה וְאַל־תִּשָּׂ֥א בַעֲדָ֖ם רִנָּ֣ה וּתְפִלָּ֑ה כִּ֣י ׀ אֵינֶ֣נִּי שֹׁמֵ֗עַ
טו בְּעֵ֛ת קָרְאָ֥ם אֵלַ֖י בְּעַ֥ד רָעָתָֽם׃ מֶ֣ה לִֽידִידִ֞י בְּבֵיתִ֗י
עֲשׂוֹתָ֤הּ הַֽמְזִמָּ֙תָה֙ הָֽרַבִּ֔ים וּבְשַׂר־קֹ֖דֶשׁ יַעַבְר֣וּ מֵעָלָ֑יִךְ כִּ֥י
16 רָעָתֵ֖כִי אָ֥ז תַּעֲלֹֽזִי׃ זַ֤יִת רַֽעֲנָן֙ יְפֵ֣ה פְרִי־תֹ֔אַר קָרָ֥א יְהוָ֖ה
שְׁמֵ֑ךְ לְק֣וֹל ׀ הֲמוּלָּ֣ה גְדֹלָ֗ה הִצִּ֥ית אֵשׁ֙ עָלֶ֔יהָ וְרָע֖וּ דָּלִיּוֹתָֽיו׃
17 וַיהוָ֤ה צְבָאוֹת֙ הַנּוֹטֵ֣עַ אוֹתָ֔ךְ דִּבֶּ֥ר עָלַ֖יִךְ רָעָ֑ה בִּ֠גְלַל רָעַ֨ת
בֵּֽית־יִשְׂרָאֵ֜ל וּבֵ֣ית יְהוּדָ֗ה אֲשֶׁ֨ר עָשׂ֥וּ לָהֶ֛ם לְהַכְעִסֵ֖נִי לְקַטֵּ֥ר
18 לַבָּֽעַל׃ וַֽיהוָ֥ה הוֹדִיעַ֖נִי וָאֵדָ֑עָה אָ֖ז הִרְאִיתַ֥נִי מַעַלְלֵיהֶֽם׃
19 וַאֲנִ֕י כְּכֶ֥בֶשׂ אַלּ֖וּף יוּבַ֣ל לִטְב֑וֹחַ וְלֹֽא־יָדַ֡עְתִּי כִּֽי־עָלַ֣י ׀ חָשְׁב֣וּ
מַחֲשָׁב֡וֹת נַשְׁחִ֨יתָה עֵ֤ץ בְּלַחְמוֹ֙ וְנִכְרְתֶ֙נּוּ֙ מֵאֶ֣רֶץ חַיִּ֔ים וּשְׁמ֖וֹ
כ לֹא־יִזָּכֵ֥ר עֽוֹד׃ וַֽיהוָ֣ה צְבָא֗וֹת שֹׁפֵ֣ט צֶ֔דֶק בֹּחֵ֥ן כְּלָי֖וֹת וָלֵ֑ב
21 אֶרְאֶ֤ה נִקְמָֽתְךָ֙ מֵהֶ֔ם כִּ֥י אֵלֶ֖יךָ גִּלִּ֥יתִי אֶת־רִיבִֽי׃ לָכֵ֗ן
כֹּֽה־אָמַ֤ר יְהוָה֙ עַל־אַנְשֵׁ֣י עֲנָת֔וֹת הַֽמְבַקְשִׁ֥ים אֶֽת־נַפְשְׁךָ֖
22 לֵאמֹ֑ר לֹ֤א תִנָּבֵא֙ בְּשֵׁ֣ם יְהוָ֔ה וְלֹ֥א תָמ֖וּת בְּיָדֵֽנוּ׃ לָכֵ֗ן כֹּ֤ה
אָמַר֙ יְהוָ֣ה צְבָא֔וֹת הִנְנִ֥י פֹקֵ֖ד עֲלֵיהֶ֑ם הַבַּחוּרִים֙ יָמֻ֣תוּ בַחֶ֔רֶב
23 בְּנֵיהֶם֙ וּבְ֣נוֹתֵיהֶ֔ם יָמֻ֖תוּ בָּרָעָֽב׃ וּשְׁאֵרִ֕ית לֹ֥א תִהְיֶ֖ה לָהֶ֑ם
כִּֽי־אָבִ֥יא רָעָ֛ה אֶל־אַנְשֵׁ֥י עֲנָת֖וֹת שְׁנַ֥ת פְּקֻדָּתָֽם׃

Cap. XII. יב

יב

א צַדִּ֤יק אַתָּה֙ יְהוָ֔ה כִּ֥י אָרִ֖יב אֵלֶ֑יךָ אַ֤ךְ מִשְׁפָּטִים֙ אֲדַבֵּ֣ר
אוֹתָ֔ךְ מַדּ֗וּעַ דֶּ֤רֶךְ רְשָׁעִים֙ צָלֵ֔חָה שָׁל֖וּ כָּל־בֹּ֥גְדֵי בָֽגֶד׃
2 נְטַעְתָּם֙ גַּם־שֹׁרָ֔שׁוּ יֵלְכ֖וּ גַּם־עָ֣שׂוּ פֶ֑רִי קָר֤וֹב אַתָּה֙ בְּפִיהֶ֔ם
3 וְרָח֖וֹק מִכִּלְיוֹתֵיהֶֽם׃ וְאַתָּ֤ה יְהוָה֙ יְדַעְתָּ֔נִי תִּרְאֵ֕נִי וּבָחַנְתָּ֥ לִבִּ֖י
4 אִתָּ֑ךְ הַתִּקֵם֙ כְּצֹ֣אן לְטִבְחָ֔ה וְהַקְדִּשֵׁ֖ם לְי֥וֹם הֲרֵגָֽה׃ עַד־
מָתַי֙ תֶּאֱבַ֣ל הָאָ֔רֶץ וְעֵ֥שֶׂב כָּל־הַשָּׂדֶ֖ה יִיבָ֑שׁ מֵרָעַ֣ת יֹֽשְׁבֵי־
בָ֗הּ סָפְתָ֤ה בְהֵמוֹת֙ וָע֔וֹף כִּ֣י אָֽמְר֔וּ לֹ֥א יִרְאֶ֖ה אֶת־אַחֲרִיתֵֽנוּ׃
כי

ה כִּ֣י אֶת־רַגְלִ֣ים ׀ רַ֗צְתָּה וַיַּלְא֔וּךָ וְאֵ֥יךְ תְּתַחֲרֶ֖ה אֶת־הַסּוּסִ֑ים
6 וּבְאֶ֤רֶץ שָׁלוֹם֙ אַתָּ֣ה בוֹטֵ֔חַ וְאֵ֥יךְ תַּעֲשֶׂ֖ה בִּגְא֥וֹן הַיַּרְדֵּֽן׃ כִּ֧י גַם־
אַחֶ֣יךָ וּבֵית־אָבִ֗יךָ גַּם־הֵ֙מָּה֙ בָּ֣גְדוּ בָ֔ךְ גַּם־הֵ֛מָּה קָרְא֥וּ אַחֲרֶ֖יךָ
7 מָלֵ֑א אַל־תַּאֲמֵ֣ן בָּ֔ם כִּֽי־יְדַבְּר֥וּ אֵלֶ֖יךָ טוֹבֽוֹת׃ עָזַ֙בְתִּי֙
אֶת־בֵּיתִ֔י נָטַ֖שְׁתִּי אֶת־נַחֲלָתִ֑י נָתַ֛תִּי אֶת־יְדִד֥וּת נַפְשִׁ֖י בְּכַ֥ף
8 אֹיְבֶֽיהָ׃ הָיְתָה־לִּ֥י נַחֲלָתִ֖י כְּאַרְיֵ֣ה בַיָּ֑עַר נָתְנָ֥ה עָלַ֛י בְּקוֹלָ֖הּ
9 עַל־כֵּ֥ן שְׂנֵאתִֽיהָ׃ הַעַ֨יִט צָב֤וּעַ נַחֲלָתִי֙ לִ֔י הַעַ֖יִט סָבִ֣יב עָלֶ֑יהָ
י לְכ֗וּ אִסְפ֛וּ כָּל־חַיַּ֥ת הַשָּׂדֶ֖ה הֵתָ֥יוּ לְאָכְלָֽה׃ רֹעִ֤ים רַבִּים֙
שִׁחֲת֣וּ כַרְמִ֔י בֹּסְס֖וּ אֶת־חֶלְקָתִ֑י נָתְנ֛וּ אֶת־חֶלְקַ֥ת חֶמְדָּתִ֖י
11 לְמִדְבַּ֥ר שְׁמָמָֽה׃ שָׂמָהּ֙ לִשְׁמָמָ֔ה אָבְלָ֥ה עָלַ֖י שְׁמֵמָ֑ה נָשַׁ֙מָּה֙
12 כָּל־הָאָ֔רֶץ כִּ֥י אֵ֛ין אִ֖ישׁ שָׂ֥ם עַל־לֵֽב׃ עַֽל־כָּל־שְׁפָיִ֣ם
בַּמִּדְבָּ֗ר בָּ֚אוּ שֹֽׁדְדִ֔ים כִּ֣י חֶ֤רֶב לַֽיהוָה֙ אֹֽכְלָ֔ה מִקְצֵה־אֶ֖רֶץ
13 וְעַד־קְצֵ֣ה הָאָ֑רֶץ אֵ֥ין שָׁל֖וֹם לְכָל־בָּשָֽׂר׃ זָרְע֤וּ חִטִּים֙ וְקֹצִ֣ים
קָצָ֔רוּ נֶחְל֖וּ לֹ֣א יוֹעִ֑לוּ וּבֹ֙שׁוּ֙ מִתְּב֣וּאֹתֵיכֶ֔ם מֵחֲר֖וֹן אַף־
14 יְהוָֽה׃ כֹּ֣ה ׀ אָמַ֣ר יְהוָ֗ה עַל־כָּל־שְׁכֵנַי֙ הָֽרָעִ֔ים הַנֹּֽגְעִים֙
בַּנַּחֲלָ֔ה אֲשֶׁר־הִנְחַ֥לְתִּי אֶת־עַמִּ֖י אֶת־יִשְׂרָאֵ֑ל הִנְנִ֤י נֹֽתְשָׁם֙
טו מֵעַ֣ל אַדְמָתָ֔ם וְאֶת־בֵּ֥ית יְהוּדָ֖ה אֶתּ֥וֹשׁ מִתּוֹכָֽם׃ וְהָיָ֗ה אַֽחֲרֵי֙
נָתְשִׁ֣י אוֹתָ֔ם אָשׁ֖וּב וְרִחַמְתִּ֑ים וַהֲשִֽׁבֹתִ֛ים אִ֥ישׁ לְנַחֲלָת֖וֹ וְאִ֥ישׁ
16 לְאַרְצֽוֹ׃ וְהָיָ֡ה אִם־לָמֹ֣ד יִלְמְדוּ֩ אֶת־דַּרְכֵ֨י עַמִּ֜י לְהִשָּׁבֵ֤עַ
בִּשְׁמִי֙ חַי־יְהוָ֔ה כַּאֲשֶׁ֤ר לִמְּדוּ֙ אֶת־עַמִּ֔י לְהִשָּׁבֵ֖עַ בַּבָּ֑עַל וְנִבְנ֖וּ
17 בְּת֥וֹךְ עַמִּֽי׃ וְאִ֖ם לֹ֣א יִשְׁמָ֑עוּ וְנָתַשְׁתִּ֞י אֶת־הַגּ֥וֹי הַה֛וּא נָת֥וֹשׁ
וְאַבֵּ֖ד נְאֻם־יְהוָֽה׃

יג Cap. XIII. יג

א כֹּה־אָמַ֨ר יְהוָ֜ה אֵלַ֗י הָל֞וֹךְ וְקָנִ֤יתָ לְּךָ֙ אֵז֣וֹר פִּשְׁתִּ֔ים
2 וְשַׂמְתּ֖וֹ עַל־מָתְנֶ֑יךָ וּבַמַּ֖יִם לֹ֥א תְבִאֵֽהוּ׃ וָאֶקְנֶ֥ה אֶת־הָאֵז֖וֹר
3 כִּדְבַ֣ר יְהוָ֑ה וָאָשִׂ֖ם עַל־מָתְנָֽי׃ וַיְהִ֧י דְבַר־יְהוָ֛ה אֵלַ֖י
4 שֵׁנִ֥ית לֵאמֹֽר׃ קַ֤ח אֶת־הָאֵזוֹר֙ אֲשֶׁ֣ר קָנִ֔יתָ אֲשֶׁ֖ר עַל־מָתְנֶ֑יךָ
ה וְק֗וּם לֵ֚ךְ פְּרָ֔תָה וְטָמְנֵ֥הוּ שָׁ֖ם בִּנְקִ֥יק הַסָּֽלַע׃ וָאֵלֵ֕ךְ וָאֶטְמְנֵ֖הוּ

בפרת

6 בִּפְרָ֔ת כַּאֲשֶׁ֛ר צִוָּ֥ה יְהוָ֖ה אוֹתִֽי׃ וַיְהִ֕י מִקֵּ֖ץ יָמִ֣ים רַבִּ֑ים
וַיֹּ֨אמֶר יְהוָ֜ה אֵלַ֗י ק֚וּם לֵ֣ךְ פְּרָ֔תָה וְקַ֤ח מִשָּׁם֙ אֶת־הָ֣אֵז֔וֹר
7 אֲשֶׁ֥ר צִוִּיתִ֖יךָ לְטָמְנוֹ־שָֽׁם׃ וָאֵלֵ֤ךְ פְּרָ֙תָה֙ וָֽאֶחְפֹּ֔ר וָאֶקַּח֙ אֶת־
הָ֣אֵז֔וֹר מִן־הַמָּק֖וֹם אֲשֶׁר־טְמַנְתִּ֣יו שָׁ֑מָּה וְהִנֵּה֙ נִשְׁחַ֣ת הָאֵז֔וֹר
לֹ֥א יִצְלַ֖ח לַכֹּֽל׃
8 9 וַיְהִ֥י דְבַר־יְהוָ֖ה אֵלַ֥י לֵאמֹֽר׃ כֹּ֖ה אָמַ֣ר יְהוָ֑ה כָּ֠כָה אַשְׁחִ֞ית
י אֶת־גְּא֧וֹן יְהוּדָ֛ה וְאֶת־גְּא֥וֹן יְרוּשָׁלִַ֖ם הָרָֽב׃ הָעָם֩ הַזֶּ֨ה הָרָ֜ע
הַמֵּאֲנִ֣ים ׀ לִשְׁמ֣וֹעַ אֶת־דְּבָרַ֗י הַהֹֽלְכִים֙ בִּשְׁרִר֣וּת לִבָּ֔ם וַיֵּ֣לְכ֔וּ
אַחֲרֵי֙ אֱלֹהִ֣ים אֲחֵרִ֔ים לְעָבְדָ֖ם וּלְהִשְׁתַּחֲוֹ֣ת לָהֶ֑ם וִיהִי֙ כָּאֵז֣וֹר
11 הַזֶּ֔ה אֲשֶׁ֥ר לֹֽא־יִצְלַ֖ח לַכֹּֽל׃ כִּ֡י כַּאֲשֶׁר֩ יִדְבַּ֨ק הָאֵז֜וֹר אֶל־
מָתְנֵי־אִ֗ישׁ כֵּ֣ן הִדְבַּ֣קְתִּי אֵ֠לַי אֶת־כָּל־בֵּ֨ית יִשְׂרָאֵ֜ל וְאֶת־
כָּל־בֵּ֤ית יְהוּדָה֙ נְאֻם־יְהוָ֔ה לִהְי֥וֹת לִי֙ לְעָ֔ם וּלְשֵׁ֥ם וְלִתְהִלָּ֖ה
12 וּלְתִפְאָ֑רֶת וְלֹ֖א שָׁמֵֽעוּ׃ וְאָמַרְתָּ֨ אֲלֵיהֶ֜ם אֶת־הַדָּבָ֣ר הַזֶּ֗ה
כֹּֽה־אָמַ֤ר יְהוָה֙ אֱלֹהֵ֣י יִשְׂרָאֵ֔ל כָּל־נֵ֖בֶל יִמָּ֣לֵא יָ֑יִן וְאָמְר֣וּ
13 אֵלֶ֔יךָ הֲיָדֹ֙עַ֙ לֹ֣א נֵדַ֔ע כִּ֥י כָל־נֵ֖בֶל יִמָּ֥לֵא יָֽיִן׃ וְאָמַרְתָּ֩
אֲלֵיהֶ֨ם כֹּֽה־אָמַ֜ר יְהוָ֗ה הִנְנִ֣י מְמַלֵּ֣א אֶת־כָּל־יֹשְׁבֵי֩ הָאָ֨רֶץ
הַזֹּ֜את וְאֶת־הַמְּלָכִ֨ים הַיֹּשְׁבִ֜ים לְדָוִ֣ד עַל־כִּסְא֗וֹ וְאֶת־
הַכֹּהֲנִים֙ וְאֶת־הַנְּבִאִ֔ים וְאֵ֖ת כָּל־יֹשְׁבֵ֣י יְרוּשָׁלִָ֑ם שִׁכָּרֽוֹן׃
14 וְנִפַּצְתִּים֩ אִ֨ישׁ אֶל־אָחִ֜יו וְהָאָב֧וֹת וְהַבָּנִ֛ים יַחְדָּ֖ו נְאֻם־יְהוָ֑ה
טו לֹֽא־אֶחְמ֧וֹל וְלֹֽא־אָח֛וּס וְלֹ֥א אֲרַחֵ֖ם מֵהַשְׁחִיתָֽם׃ שִׁמְע֥וּ
16 וְהַאֲזִ֖ינוּ אַל־תִּגְבָּ֑הוּ כִּ֥י יְהוָ֖ה דִּבֵּֽר׃ תְּנוּ֩ לַיהוָ֨ה אֱלֹהֵיכֶ֤ם
כָּבוֹד֙ בְּטֶ֣רֶם יַחְשִׁ֔ךְ וּבְטֶ֛רֶם יִתְנַגְּפ֥וּ רַגְלֵיכֶ֖ם עַל־הָ֣רֵי נָ֑שֶׁף
17 וְקִוִּיתֶ֤ם לְאוֹר֙ וְשָׂמָ֣הּ לְצַלְמָ֔וֶת יְשִׁ֖ית לַעֲרָפֶֽל׃ וְאִם֙ לֹ֣א
תִשְׁמָע֔וּהָ בְּמִסְתָּרִ֖ים תִּבְכֶּה־נַפְשִׁ֣י מִפְּנֵ֣י גֵוָ֑ה וְדָמֹ֨עַ תִּדְמַ֜ע
18 וְתֵרַ֤ד עֵינִי֙ דִּמְעָ֔ה כִּ֥י נִשְׁבָּ֖ה עֵ֥דֶר יְהוָֽה׃ אֱמֹ֥ר לַמֶּ֖לֶךְ
וְלַגְּבִירָ֑ה הַשְׁפִּ֣ילוּ שֵׁ֑בוּ כִּ֤י יָרַד֙ מַרְאֲשֽׁוֹתֵיכֶ֔ם עֲטֶ֖רֶת
19 תִּפְאַרְתְּכֶֽם׃ עָרֵ֥י הַנֶּ֖גֶב סֻגְּר֣וּ וְאֵ֣ין פֹּתֵ֑חַ הָגְלָ֧ת יְהוּדָ֛ה כֻּלָּ֖הּ

הגלת

v. 16. ושית ק׳

כ הָגְלָת שְׁלוֹמִים׃ שְׂאִי עֵינֵיכֶם וּרְאִי הַבָּאִים מִצָּפוֹן אַיֵּה
21 הָעֵדֶר נִתַּן־לָךְ צֹאן תִּפְאַרְתֵּךְ׃ מַה־תֹּאמְרִי כִּי־יִפְקֹד
עָלַיִךְ וְאַתְּ לִמַּדְתְּ אֹתָם עָלַיִךְ אַלֻּפִים לְרֹאשׁ הֲלוֹא חֲבָלִים
22 יֹאחֱזוּךְ כְּמוֹ אֵשֶׁת לֵדָה׃ וְכִי תֹאמְרִי בִּלְבָבֵךְ מַדּוּעַ קְרָאֻנִי
23 אֵלֶּה בְּרֹב עֲוֺנֵךְ נִגְלוּ שׁוּלַיִךְ נֶחְמְסוּ עֲקֵבָיִךְ׃ הֲיַהֲפֹךְ כּוּשִׁי
עוֹרוֹ וְנָמֵר חֲבַרְבֻּרֹתָיו גַּם־אַתֶּם תּוּכְלוּ לְהֵיטִיב לִמֻּדֵי
24 כה הָרֵעַ׃ וַאֲפִיצֵם כְּקַשׁ־עוֹבֵר לְרוּחַ מִדְבָּר׃ זֶה גוֹרָלֵךְ מְנָת־
מִדַּיִךְ מֵאִתִּי נְאֻם־יְהוָה אֲשֶׁר שָׁכַחַתְּ אוֹתִי וַתִּבְטְחִי בַּשָּׁקֶר׃
26 27 וְגַם־אֲנִי חָשַׂפְתִּי שׁוּלַיִךְ עַל־פָּנָיִךְ וְנִרְאָה קְלוֹנֵךְ׃ נִאֻפַיִךְ
וּמִצְהֲלוֹתַיִךְ זִמַּת זְנוּתֵךְ עַל־גְּבָעוֹת בַּשָּׂדֶה רָאִיתִי שִׁקּוּצָיִךְ
אוֹי לָךְ יְרוּשָׁלִַם לֹא תִטְהֲרִי אַחֲרֵי מָתַי עֹד׃

יד Cap. XIV. יד

א אֲשֶׁר הָיָה דְבַר־יְהוָה אֶל־יִרְמְיָהוּ עַל־דִּבְרֵי הַבַּצָּרוֹת׃
2 אָבְלָה יְהוּדָה וּשְׁעָרֶיהָ אֻמְלְלוּ קָדְרוּ לָאָרֶץ וְצִוְחַת יְרוּשָׁלִַם
3 עָלָתָה׃ וְאַדִּרֵיהֶם שָׁלְחוּ צְעוֹרֵיהֶם לַמָּיִם בָּאוּ עַל־גֵּבִים
לֹא־מָצְאוּ מַיִם שָׁבוּ כְלֵיהֶם רֵיקָם בֹּשׁוּ וְהָכְלְמוּ וְחָפוּ רֹאשָׁם׃
4 בַּעֲבוּר הָאֲדָמָה חַתָּה כִּי לֹא־הָיָה גֶשֶׁם בָּאָרֶץ בֹּשׁוּ אִכָּרִים
ה חָפוּ רֹאשָׁם׃ כִּי גַם־אַיֶּלֶת בַּשָּׂדֶה יָלְדָה וְעָזוֹב כִּי לֹא־
6 הָיָה דֶּשֶׁא׃ וּפְרָאִים עָמְדוּ עַל־שְׁפָיִם שָׁאֲפוּ רוּחַ כַּתַּנִּים
7 כָּלוּ עֵינֵיהֶם כִּי־אֵין עֵשֶׂב׃ אִם־עֲוֺנֵינוּ עָנוּ בָנוּ יְהוָה עֲשֵׂה
8 לְמַעַן שְׁמֶךָ כִּי־רַבּוּ מְשׁוּבֹתֵינוּ לְךָ חָטָאנוּ׃ מִקְוֵה יִשְׂרָאֵל
מוֹשִׁיעוֹ בְּעֵת צָרָה לָמָּה תִהְיֶה כְּגֵר בָּאָרֶץ וּכְאֹרֵחַ נָטָה לָלוּן׃
9 לָמָּה תִהְיֶה כְּאִישׁ נִדְהָם כְּגִבּוֹר לֹא־יוּכַל לְהוֹשִׁיעַ וְאַתָּה
י בְקִרְבֵּנוּ יְהוָה וְשִׁמְךָ עָלֵינוּ נִקְרָא אַל־תַּנִּחֵנוּ׃ כֹּה־אָמַר
יְהוָה לָעָם הַזֶּה כֵּן אָהֲבוּ לָנוּעַ רַגְלֵיהֶם לֹא חָשָׂכוּ וַיהוָה לֹא
11 רָצָם עַתָּה יִזְכֹּר עֲוֺנָם וְיִפְקֹד חַטֹּאתָם׃ וַיֹּאמֶר יְהוָה אֵלַי
12 אַל־תִּתְפַּלֵּל בְּעַד־הָעָם הַזֶּה לְטוֹבָה׃ כִּי יָצֻמוּ אֵינֶנִּי שֹׁמֵעַ

אל־רנתם

י״ג v. 20. שאו ק׳ ibid. וראו ק׳ י״ד v. 3. צעיריהם ק׳

אַל־רִנָּתָם וְכִי יַעֲלוּ עֹלָה וּמִנְחָה אֵינֶנִּי רֹצָם כִּי בַּחֶרֶב
13 וּבָרָעָב וּבַדֶּבֶר אָנֹכִי מְכַלֶּה אוֹתָם׃ וָאֹמַר אֲהָהּ ׀ אֲדֹנָי יְהוִה
הִנֵּה הַנְּבִאִים אֹמְרִים לָהֶם לֹא־תִרְאוּ חֶרֶב וְרָעָב לֹא־יִהְיֶה
לָכֶם כִּי־שְׁלוֹם אֱמֶת אֶתֵּן לָכֶם בַּמָּקוֹם הַזֶּה׃
14 וַיֹּאמֶר יְהוָה אֵלַי שֶׁקֶר הַנְּבִאִים נִבְּאִים בִּשְׁמִי לֹא שְׁלַחְתִּים
וְלֹא צִוִּיתִים וְלֹא דִבַּרְתִּי אֲלֵיהֶם חֲזוֹן שֶׁקֶר וְקֶסֶם וֶאֱלוֹל
טו וְתַרְמוּת לִבָּם הֵמָּה מִתְנַבְּאִים לָכֶם׃ לָכֵן כֹּה־אָמַר
יְהוָה עַל־הַנְּבִאִים הַנִּבְּאִים בִּשְׁמִי וַאֲנִי לֹא־שְׁלַחְתִּים וְהֵמָּה
אֹמְרִים חֶרֶב וְרָעָב לֹא יִהְיֶה בָּאָרֶץ הַזֹּאת בַּחֶרֶב וּבָרָעָב
16 יִתַּמּוּ הַנְּבִאִים הָהֵמָּה׃ וְהָעָם אֲשֶׁר־הֵמָּה נִבְּאִים לָהֶם יִהְיוּ
מֻשְׁלָכִים בְּחֻצוֹת יְרוּשָׁלִַם מִפְּנֵי ׀ הָרָעָב וְהַחֶרֶב וְאֵין מְקַבֵּר
לָהֵמָּה הֵמָּה נְשֵׁיהֶם וּבְנֵיהֶם וּבְנֹתֵיהֶם וְשָׁפַכְתִּי עֲלֵיהֶם אֶת־
17 רָעָתָם׃ וְאָמַרְתָּ אֲלֵיהֶם אֶת־הַדָּבָר הַזֶּה תֵּרַדְנָה עֵינַי דִּמְעָה
לַיְלָה וְיוֹמָם וְאַל־תִּדְמֶינָה כִּי שֶׁבֶר גָּדוֹל נִשְׁבְּרָה בְּתוּלַת
18 בַּת־עַמִּי מַכָּה נַחְלָה מְאֹד׃ אִם־יָצָאתִי הַשָּׂדֶה וְהִנֵּה חַלְלֵי־
חֶרֶב וְאִם בָּאתִי הָעִיר וְהִנֵּה תַּחֲלוּאֵי רָעָב כִּי גַם־נָבִיא גַם־
19 כֹּהֵן סָחֲרוּ אֶל־אֶרֶץ וְלֹא יָדָעוּ׃ הֲמָאֹס מָאַסְתָּ אֶת־
יְהוּדָה אִם־בְּצִיּוֹן גָּעֲלָה נַפְשֶׁךָ מַדּוּעַ הִכִּיתָנוּ וְאֵין לָנוּ מַרְפֵּא
כ קַוֵּה לְשָׁלוֹם וְאֵין טוֹב וּלְעֵת מַרְפֵּא וְהִנֵּה בְעָתָה׃ יָדַעְנוּ
21 יְהוָה רִשְׁעֵנוּ עֲוֹן אֲבוֹתֵינוּ כִּי חָטָאנוּ לָךְ׃ אַל־תִּנְאַץ לְמַעַן
שִׁמְךָ אַל־תְּנַבֵּל כִּסֵּא כְבוֹדֶךָ זְכֹר אַל־תָּפֵר בְּרִיתְךָ אִתָּנוּ׃
22 הֲיֵשׁ בְּהַבְלֵי הַגּוֹיִם מַגְשִׁמִים וְאִם־הַשָּׁמַיִם יִתְּנוּ רְבִבִים הֲלֹא
אַתָּה־הוּא יְהוָה אֱלֹהֵינוּ וּנְקַוֶּה־לָּךְ כִּי־אַתָּה עָשִׂיתָ אֶת־
כָּל־אֵלֶּה׃

טו CAP. XV. טו

א וַיֹּאמֶר יְהוָה אֵלַי אִם־יַעֲמֹד מֹשֶׁה וּשְׁמוּאֵל לְפָנַי אֵין
2 נַפְשִׁי אֶל־הָעָם הַזֶּה שַׁלַּח מֵעַל־פָּנַי וְיֵצֵאוּ׃ וְהָיָה כִּי־

יאמרו

י״ד v. 14. ואליל ק׳ Ibid. ותרמית ק׳

יֹאמְר֥וּ אֵלֶ֖יךָ אָ֣נָה נֵצֵ֑א וְאָמַרְתָּ֨ אֲלֵיהֶ֜ם כֹּה־אָמַ֣ר יְהוָ֗ה
אֲשֶׁ֨ר לַמָּ֜וֶת לַמָּ֗וֶת וַאֲשֶׁ֨ר לַחֶ֜רֶב לַחֶ֗רֶב וַאֲשֶׁ֤ר לָֽרָעָב֙ לָֽרָעָ֔ב
3 וַאֲשֶׁ֥ר לַשְּׁבִ֖י לַשֶּֽׁבִי׃ וּפָקַדְתִּ֨י עֲלֵיהֶ֜ם אַרְבַּ֤ע מִשְׁפָּחוֹת֙ נְאֻם־
יְהוָ֔ה אֶת־הַחֶ֙רֶב֙ לַהֲרֹ֔ג וְאֶת־הַכְּלָבִ֖ים לִסְחֹ֑ב וְאֶת־ע֧וֹף
4 הַשָּׁמַ֛יִם וְאֶת־בֶּהֱמַ֥ת הָאָ֖רֶץ לֶאֱכֹ֥ל וּלְהַשְׁחִֽית׃ וּנְתַתִּ֕ים
לְזַוְעָ֔ה לְכֹ֖ל מַמְלְכ֣וֹת הָאָ֑רֶץ בִּ֠גְלַל מְנַשֶּׁ֤ה בֶן־יְחִזְקִיָּ֙הוּ֙
ה מֶ֣לֶךְ יְהוּדָ֔ה עַ֥ל אֲשֶׁר־עָשָׂ֖ה בִּירוּשָׁלִָֽם׃ כִּ֠י מִי־יַחְמֹ֤ל עָלַ֙יִךְ֙
6 יְר֣וּשָׁלִַ֔ם וּמִ֖י יָנ֣וּד לָ֑ךְ וּמִ֣י יָס֔וּר לִשְׁאֹ֥ל לְשָׁלֹ֖ם לָֽךְ׃ אַ֣תְּ
נָטַ֥שְׁתְּ אֹתִ֛י נְאֻם־יְהוָ֖ה אָח֣וֹר תֵּלֵ֑כִי וָאַ֨ט אֶת־יָדִ֤י עָלַ֙יִךְ֙
7 וָאַשְׁחִיתֵ֔ךְ נִלְאֵ֖יתִי הִנָּחֵֽם׃ וָאֶזְרֵ֥ם בְּמִזְרֶ֖ה בְּשַׁעֲרֵ֣י הָאָ֑רֶץ
8 שִׁכַּ֤לְתִּי אִבַּ֙דְתִּי֙ אֶת־עַמִּ֔י מִדַּרְכֵיהֶ֖ם לוֹא־שָֽׁבוּ׃ עָֽצְמוּ־לִ֤י
אַלְמְנוֹתָו֙ מֵח֣וֹל יַמִּ֔ים הֵבֵ֨אתִי לָהֶ֧ם עַל־אֵ֛ם בָּח֖וּר שֹׁדֵ֣ד
9 בַּֽצָּהֳרָ֑יִם הִפַּ֤לְתִּי עָלֶ֙יהָ֙ פִּתְאֹ֔ם עִ֖יר וּבֶהָלֽוֹת׃ אֻמְלְלָ֞ה יֹלֶ֣דֶת
הַשִּׁבְעָ֗ה נָפְחָ֥ה נַפְשָׁ֛הּ בָּ֥אה שִׁמְשָׁ֛הּ בְּעֹ֥ד יוֹמָ֖ם בּ֣וֹשָׁה וְחָפֵ֑רָה
י וּשְׁאֵֽרִיתָ֗ם לַחֶ֧רֶב אֶתֵּ֛ן לִפְנֵ֥י אֹיְבֵיהֶ֖ם נְאֻם־יְהוָֽה׃ אֽוֹי־לִ֣י
אִמִּ֔י כִּ֣י יְלִדְתִּ֗נִי אִ֥ישׁ רִ֛יב וְאִ֥ישׁ מָד֖וֹן לְכָל־הָאָ֑רֶץ לֹֽא־נָשִׁ֥יתִי
11 וְלֹא־נָֽשׁוּ־בִ֖י כֻּלֹּ֥ה מְקַלְלַֽוְנִי׃ אָמַ֣ר יְהוָ֔ה אִם־לֹ֥א שֵׁרוֹתִ֖ךָ
לְט֑וֹב אִם־ל֣וֹא ׀ הִפְגַּ֣עְתִּֽי בְךָ֗ בְּעֵֽת־רָעָ֛ה וּבְעֵ֥ת צָרָ֖ה אֶת־
12 13 הָאֹיֵֽב׃ הֲיָרֹ֨עַ בַּרְזֶ֥ל ׀ בַּרְזֶ֛ל מִצָּפ֖וֹן וּנְחֹֽשֶׁת׃ חֵילְךָ֧ וְאוֹצְרוֹתֶ֛יךָ
לָבַ֥ז אֶתֵּ֖ן לֹ֣א בִמְחִ֑יר וּבְכָל־חַטֹּאותֶ֖יךָ וּבְכָל־גְּבוּלֶֽיךָ׃
14 וְהַעֲבַרְתִּי֙ אֶת־אֹ֣יְבֶ֔יךָ בְּאֶ֖רֶץ לֹ֣א יָדָ֑עְתָּ כִּי־אֵ֛שׁ קָדְחָ֥ה
טו בְאַפִּ֖י עֲלֵיכֶ֥ם תּוּקָֽד׃ אַתָּ֨ה יָדַ֜עְתָּ יְהוָ֗ה זָכְרֵ֤נִי וּפָקְדֵ֙נִי֙
וְהִנָּ֤קֶם לִי֙ מֵרֹ֣דְפַ֔י אַל־לְאֶ֥רֶךְ אַפְּךָ֖ תִּקָּחֵ֑נִי דַּ֕ע שְׂאֵתִ֥י עָלֶ֖יךָ
16 חֶרְפָּֽה׃ נִמְצְא֤וּ דְבָרֶ֙יךָ֙ וָאֹ֣כְלֵ֔ם וַיְהִ֤י דְבָֽרְךָ֙ לִ֔י לְשָׂשׂ֖וֹן
וּלְשִׂמְחַ֣ת לְבָבִ֑י כִּֽי־נִקְרָ֤א שִׁמְךָ֙ עָלַ֔י יְהוָ֖ה אֱלֹהֵ֥י צְבָאֽוֹת׃
17 לֹֽא־יָשַׁ֥בְתִּי בְסוֹד־מְשַׂחֲקִ֖ים וָאֶעְלֹ֑ז מִפְּנֵ֤י יָֽדְךָ֙ בָּדָ֣ד יָשַׁ֔בְתִּי
18 כִּֽי־זַ֖עַם מִלֵּאתָֽנִי׃ לָ֣מָּה הָיָ֤ה כְאֵבִי֙ נֶ֔צַח וּמַכָּתִ֖י אֲנוּשָׁ֑ה מֵֽאֲנָה֙

הרפא

v. 4. לזועה ק׳ v. 8. אלמנותיו ק׳ v. 9. בא ק׳ v. 11. שריתיך ק׳
v. 16. דברך ק׳

19 הֵרָפֵא הָיוֹ תִהְיֶה לִּי כְּמוֹ אַכְזָב מַיִם לֹא נֶאֱמָנוּ׃ לָכֵן
כֹּה־אָמַר יְהוָה אִם־תָּשׁוּב וַאֲשִׁיבְךָ לְפָנַי תַּעֲמֹד וְאִם־תּוֹצִיא
יָקָר מִזּוֹלֵל כְּפִי תִהְיֶה יָשֻׁבוּ הֵמָּה אֵלֶיךָ וְאַתָּה לֹא־תָשׁוּב
כ אֲלֵיהֶם׃ וּנְתַתִּיךָ לָעָם הַזֶּה לְחוֹמַת נְחֹשֶׁת בְּצוּרָה וְנִלְחֲמוּ
אֵלֶיךָ וְלֹא־יוּכְלוּ לָךְ כִּי־אִתְּךָ אֲנִי לְהוֹשִׁיעֲךָ וּלְהַצִּילֶךָ
21 נְאֻם־יְהוָה׃ וְהִצַּלְתִּיךָ מִיַּד רָעִים וּפְדִתִיךָ מִכַּף עָרִצִים׃

טז

Cap. XVI. טז

א 2 וַיְהִי דְבַר־יְהוָה אֵלַי לֵאמֹר׃ לֹא־תִקַּח לְךָ אִשָּׁה וְלֹא־
3 יִהְיוּ לְךָ בָּנִים וּבָנוֹת בַּמָּקוֹם הַזֶּה׃ כִּי־כֹה ׀ אָמַר יְהוָה
עַל־הַבָּנִים וְעַל־הַבָּנוֹת הַיִּלּוֹדִים בַּמָּקוֹם הַזֶּה וְעַל־אִמֹּתָם
הַיֹּלְדוֹת אוֹתָם וְעַל־אֲבוֹתָם הַמּוֹלִדִים אוֹתָם בָּאָרֶץ הַזֹּאת׃
4 מְמוֹתֵי תַחֲלֻאִים יָמֻתוּ לֹא יִסָּפְדוּ וְלֹא יִקָּבֵרוּ לְדֹמֶן עַל־פְּנֵי
הָאֲדָמָה יִהְיוּ וּבַחֶרֶב וּבָרָעָב יִכְלוּ וְהָיְתָה נִבְלָתָם לְמַאֲכָל
ה לְעוֹף הַשָּׁמַיִם וּלְבֶהֱמַת הָאָרֶץ׃ כִּי־כֹה ׀ אָמַר יְהוָה
אַל־תָּבוֹא בֵּית מַרְזֵחַ וְאַל־תֵּלֵךְ לִסְפּוֹד וְאַל־תָּנֹד לָהֶם
כִּי־אָסַפְתִּי אֶת־שְׁלוֹמִי מֵאֵת הָעָם הַזֶּה נְאֻם־יְהוָה אֶת־
6 הַחֶסֶד וְאֶת־הָרַחֲמִים׃ וּמֵתוּ גְדֹלִים וּקְטַנִּים בָּאָרֶץ הַזֹּאת
לֹא יִקָּבֵרוּ וְלֹא־יִסְפְּדוּ לָהֶם וְלֹא יִתְגֹּדַד וְלֹא יִקָּרֵחַ לָהֶם׃
7 וְלֹא־יִפְרְסוּ לָהֶם עַל־אֵבֶל לְנַחֲמוֹ עַל־מֵת וְלֹא־יַשְׁקוּ
8 אוֹתָם כּוֹס תַּנְחוּמִים עַל־אָבִיו וְעַל־אִמּוֹ׃ וּבֵית־מִשְׁתֶּה
9 לֹא־תָבוֹא לָשֶׁבֶת אוֹתָם לֶאֱכֹל וְלִשְׁתּוֹת׃ כִּי כֹה אָמַר
יְהוָה צְבָאוֹת אֱלֹהֵי יִשְׂרָאֵל הִנְנִי מַשְׁבִּית מִן־הַמָּקוֹם הַזֶּה
לְעֵינֵיכֶם וּבִימֵיכֶם קוֹל שָׂשׂוֹן וְקוֹל שִׂמְחָה קוֹל חָתָן וְקוֹל
י כַּלָּה׃ וְהָיָה כִּי תַגִּיד לָעָם הַזֶּה אֵת כָּל־הַדְּבָרִים הָאֵלֶּה
וְאָמְרוּ אֵלֶיךָ עַל־מֶה דִבֶּר יְהוָה עָלֵינוּ אֵת כָּל־הָרָעָה
הַגְּדוֹלָה הַזֹּאת וּמֶה עֲוֹנֵנוּ וּמֶה חַטָּאתֵנוּ אֲשֶׁר חָטָאנוּ לַיהוָה
11 אֱלֹהֵינוּ׃ וְאָמַרְתָּ אֲלֵיהֶם עַל אֲשֶׁר־עָזְבוּ אֲבוֹתֵיכֶם אוֹתִי
נְאֻם־יְהוָה וַיֵּלְכוּ אַחֲרֵי אֱלֹהִים אֲחֵרִים וַיַּעַבְדוּם וַיִּשְׁתַּחֲווּ

12 לָהֶם וְאֹתִי עָזָבוּ וְאֶת־תּוֹרָתִי לֹא שָׁמָרוּ׃ וְאַתֶּם הֲרֵעֹתֶם
לַעֲשׂוֹת מֵאֲבוֹתֵיכֶם וְהִנְּכֶם הֹלְכִים אִישׁ אַחֲרֵי שְׁרִרוּת לִבּוֹ־
13 הָרָע לְבִלְתִּי שְׁמֹעַ אֵלָי׃ וְהֵטַלְתִּי אֶתְכֶם מֵעַל הָאָרֶץ הַזֹּאת
עַל־הָאָרֶץ אֲשֶׁר לֹא יְדַעְתֶּם אַתֶּם וַאֲבוֹתֵיכֶם וַעֲבַדְתֶּם־
שָׁם אֶת־אֱלֹהִים אֲחֵרִים יוֹמָם וָלַיְלָה אֲשֶׁר לֹא־אֶתֵּן לָכֶם
14 חֲנִינָה׃ לָכֵן הִנֵּה־יָמִים בָּאִים נְאֻם־יְהוָה וְלֹא־יֵאָמֵר
עוֹד חַי־יְהוָה אֲשֶׁר הֶעֱלָה אֶת־בְּנֵי יִשְׂרָאֵל מֵאֶרֶץ מִצְרָיִם׃
טו כִּי אִם־חַי־יְהוָה אֲשֶׁר הֶעֱלָה אֶת־בְּנֵי יִשְׂרָאֵל מֵאֶרֶץ צָפוֹן
וּמִכֹּל הָאֲרָצוֹת אֲשֶׁר הִדִּיחָם שָׁמָּה וַהֲשִׁבֹתִים עַל־אַדְמָתָם
16 אֲשֶׁר נָתַתִּי לַאֲבוֹתָם׃ הִנְנִי שֹׁלֵחַ לְדַוָּגִים רַבִּים נְאֻם־
יְהוָה וְדִיגוּם וְאַחֲרֵי־כֵן אֶשְׁלַח לְרַבִּים צַיָּדִים וְצָדוּם מֵעַל
17 כָּל־הַר וּמֵעַל כָּל־גִּבְעָה וּמִנְּקִיקֵי הַסְּלָעִים׃ כִּי עֵינַי עַל־
כָּל־דַּרְכֵיהֶם לֹא נִסְתְּרוּ מִלְּפָנָי וְלֹא־נִצְפַּן עֲוֹנָם מִנֶּגֶד עֵינָי׃
18 וְשִׁלַּמְתִּי רִאשׁוֹנָה מִשְׁנֵה עֲוֹנָם וְחַטָּאתָם עַל חַלְּלָם אֶת־
אַרְצִי בְּנִבְלַת שִׁקּוּצֵיהֶם וְתוֹעֲבוֹתֵיהֶם מָלְאוּ אֶת־נַחֲלָתִי׃
19 ° יְהוָה עֻזִּי וּמָעֻזִּי וּמְנוּסִי בְּיוֹם צָרָה אֵלֶיךָ גּוֹיִם יָבֹאוּ
מֵאַפְסֵי־אָרֶץ וְיֹאמְרוּ אַךְ־שֶׁקֶר נָחֲלוּ אֲבוֹתֵינוּ הֶבֶל וְאֵין־
כ בָּם מוֹעִיל׃ הֲיַעֲשֶׂה־לּוֹ אָדָם אֱלֹהִים וְהֵמָּה לֹא אֱלֹהִים׃
21 לָכֵן הִנְנִי מוֹדִיעָם בַּפַּעַם הַזֹּאת אוֹדִיעֵם אֶת־יָדִי וְאֶת־
גְּבוּרָתִי וְיָדְעוּ כִּי־שְׁמִי יְהוָה׃

יז Cap. XVII. יז

א חַטַּאת יְהוּדָה כְּתוּבָה בְּעֵט בַּרְזֶל בְּצִפֹּרֶן שָׁמִיר חֲרוּשָׁה
2 עַל־לוּחַ לִבָּם וּלְקַרְנוֹת מִזְבְּחוֹתֵיכֶם׃ כִּזְכֹּר בְּנֵיהֶם
מִזְבְּחוֹתָם וַאֲשֵׁרֵיהֶם עַל־עֵץ רַעֲנָן עַל גְּבָעוֹת הַגְּבֹהוֹת׃
3 הֲרָרִי בַּשָּׂדֶה חֵילְךָ כָל־אוֹצְרוֹתֶיךָ לָבַז אֶתֵּן בָּמֹתֶיךָ
4 בְּחַטָּאת בְּכָל־גְּבוּלֶיךָ׃ וְשָׁמַטְתָּה וּבְךָ מִנַּחֲלָתְךָ אֲשֶׁר נָתַתִּי
לָךְ וְהַעֲבַדְתִּיךָ אֶת־אֹיְבֶיךָ בָּאָרֶץ אֲשֶׁר לֹא־יָדָעְתָּ כִּי־אֵשׁ

קדחתם

ט״ז v. 16. לדיגים ק׳ v. 19. הפטרת בחוקותי

ה קְדַחְתֶּם בְּאַפִּי עַד־עוֹלָם תּוּקָד׃ כֹּה ׀ אָמַר יְהוָה אָרוּר
הַגֶּבֶר אֲשֶׁר יִבְטַח בָּאָדָם וְשָׂם בָּשָׂר זְרֹעוֹ וּמִן־יְהוָה יָסוּר
6 לִבּוֹ׃ וְהָיָה כְּעַרְעָר בָּעֲרָבָה וְלֹא יִרְאֶה כִּי־יָבוֹא טוֹב וְשָׁכַן
7 חֲרֵרִים בַּמִּדְבָּר אֶרֶץ מְלֵחָה וְלֹא תֵשֵׁב׃ בָּרוּךְ הַגֶּבֶר
8 אֲשֶׁר יִבְטַח בַּיהוָה וְהָיָה יְהוָה מִבְטַחוֹ׃ וְהָיָה כְּעֵץ ׀ שָׁתוּל
עַל־מַיִם וְעַל־יוּבַל יְשַׁלַּח שָׁרָשָׁיו וְלֹא יִרְאֶ כִּי־יָבֹא חֹם
וְהָיָה עָלֵהוּ רַעֲנָן וּבִשְׁנַת בַּצֹּרֶת לֹא יִדְאָג וְלֹא יָמִישׁ מֵעֲשׂוֹת
9, פֶּרִי׃ עָקֹב הַלֵּב מִכֹּל וְאָנֻשׁ הוּא מִי יֵדָעֶנּוּ׃ אֲנִי יְהוָה חֹקֵר
11 לֵב בֹּחֵן כְּלָיוֹת וְלָתֵת לְאִישׁ כִּדְרָכָו כִּפְרִי מַעֲלָלָיו׃ קֹרֵא
דָגַר וְלֹא יָלָד עֹשֶׂה עֹשֶׁר וְלֹא בְמִשְׁפָּט בַּחֲצִי יָמָו יַעַזְבֶנּוּ
12 וּבְאַחֲרִיתוֹ יִהְיֶה נָבָל׃ כִּסֵּא כָבוֹד מָרוֹם מֵרִאשׁוֹן מְקוֹם
13 מִקְדָּשֵׁנוּ׃ מִקְוֵה יִשְׂרָאֵל יְהוָה כָּל־עֹזְבֶיךָ יֵבֹשׁוּ יְסוֹרַי בָּאָרֶץ
14 יִכָּתֵבוּ כִּי עָזְבוּ מְקוֹר מַיִם־חַיִּים אֶת־יְהוָה׃ רְפָאֵנִי
טו יְהוָה וְאֵרָפֵא הוֹשִׁיעֵנִי וְאִוָּשֵׁעָה כִּי תְהִלָּתִי אָתָּה׃ הִנֵּה־הֵמָּה
16 אֹמְרִים אֵלָי אַיֵּה דְבַר־יְהוָה יָבוֹא נָא׃ וַאֲנִי לֹא־אַצְתִּי ׀
מֵרֹעֶה אַחֲרֶיךָ וְיוֹם אָנוּשׁ לֹא הִתְאַוֵּיתִי אַתָּה יָדָעְתָּ מוֹצָא
17 שְׂפָתַי נֹכַח פָּנֶיךָ הָיָה׃ אַל־תִּהְיֵה־לִי לִמְחִתָּה מַחֲסִי
18 אַתָּה בְּיוֹם רָעָה׃ יֵבֹשׁוּ רֹדְפַי וְאַל־אֵבֹשָׁה אָנִי יֵחַתּוּ הֵמָּה
וְאַל־אֵחַתָּה אָנִי הָבִיא עֲלֵיהֶם יוֹם רָעָה וּמִשְׁנֶה שִׁבָּרוֹן
19 שָׁבְרֵם׃ כֹּה־אָמַר יְהוָה אֵלַי הָלֹךְ וְעָמַדְתָּ בְּשַׁעַר בְּנֵי־
עָם אֲשֶׁר יָבֹאוּ בוֹ מַלְכֵי יְהוּדָה וַאֲשֶׁר יֵצְאוּ בוֹ וּבְכֹל
כ שַׁעֲרֵי יְרוּשָׁלָם׃ וְאָמַרְתָּ אֲלֵיהֶם שִׁמְעוּ דְּבַר־יְהוָה מַלְכֵי
יְהוּדָה וְכָל־יְהוּדָה וְכֹל יֹשְׁבֵי יְרוּשָׁלָם הַבָּאִים בַּשְּׁעָרִים
21 הָאֵלֶּה׃ כֹּה אָמַר יְהוָה הִשָּׁמְרוּ בְּנַפְשׁוֹתֵיכֶם וְאַל־תִּשְׂאוּ
22 מַשָּׂא בְּיוֹם הַשַּׁבָּת וַהֲבֵאתֶם בְּשַׁעֲרֵי יְרוּשָׁלָם׃ וְלֹא־תוֹצִיאוּ
מַשָּׂא מִבָּתֵּיכֶם בְּיוֹם הַשַּׁבָּת וְכָל־מְלָאכָה לֹא תַעֲשׂוּ
וְקִדַּשְׁתֶּם אֶת־יוֹם הַשַּׁבָּת כַּאֲשֶׁר צִוִּיתִי אֶת־אֲבוֹתֵיכֶם׃

ולא

v. 8 יראה ק׳ v. 10 כדרכיו ק׳ v. 11 ימיו ק׳ v. 13 וסורי ק׳
v. 19 העם ק׳

23 וְלֹא שָׁמְעוּ וְלֹא הִטּוּ אֶת־אָזְנָם וַיַּקְשׁוּ אֶת־עָרְפָּם לְבִלְתִּי
24 שׁוֹמַע וּלְבִלְתִּי קַחַת מוּסָר׃ וְהָיָה אִם־שָׁמֹעַ תִּשְׁמְעוּן אֵלַי
נְאֻם־יְהוָה לְבִלְתִּי ׀ הָבִיא מַשָּׂא בְּשַׁעֲרֵי הָעִיר הַזֹּאת בְּיוֹם
הַשַּׁבָּת וּלְקַדֵּשׁ אֶת־יוֹם הַשַּׁבָּת לְבִלְתִּי עֲשׂוֹת־בָּה כָּל־
כה מְלָאכָה׃ וּבָאוּ בְשַׁעֲרֵי הָעִיר הַזֹּאת מְלָכִים ׀ וְשָׂרִים יֹשְׁבִים
עַל־כִּסֵּא דָוִד רֹכְבִים ׀ בָּרֶכֶב וּבַסּוּסִים הֵמָּה וְשָׂרֵיהֶם אִישׁ
26 יְהוּדָה וְיֹשְׁבֵי יְרוּשָׁלָםִ וְיָשְׁבָה הָעִיר־הַזֹּאת לְעוֹלָם׃ וּבָאוּ
מֵעָרֵי־יְהוּדָה וּמִסְּבִיבוֹת יְרוּשָׁלַםִ וּמֵאֶרֶץ בִּנְיָמִן וּמִן־
הַשְּׁפֵלָה וּמִן־הָהָר וּמִן־הַנֶּגֶב מְבִאִים עֹלָה וְזֶבַח וּמִנְחָה
27 וּלְבוֹנָה וּמְבִאֵי תוֹדָה בֵּית יְהוָה׃ וְאִם־לֹא תִשְׁמְעוּ אֵלַי
לְקַדֵּשׁ אֶת־יוֹם הַשַּׁבָּת וּלְבִלְתִּי ׀ שְׂאֵת מַשָּׂא וּבֹא בְּשַׁעֲרֵי
יְרוּשָׁלַםִ בְּיוֹם הַשַּׁבָּת וְהִצַּתִּי אֵשׁ בִּשְׁעָרֶיהָ וְאָכְלָה אַרְמְנוֹת
יְרוּשָׁלַםִ וְלֹא תִכְבֶּה׃

יח CAP. XVIII. יח

2 א הַדָּבָר אֲשֶׁר הָיָה אֶל־יִרְמְיָהוּ מֵאֵת יְהוָה לֵאמֹר׃ קוּם
3 וְיָרַדְתָּ בֵּית הַיּוֹצֵר וְשָׁמָּה אַשְׁמִיעֲךָ אֶת־דְּבָרָי׃ וָאֵרֵד בֵּית
4 הַיּוֹצֵר וְהִנֵּהוּ עֹשֶׂה מְלָאכָה עַל־הָאָבְנָיִם׃ וְנִשְׁחַת הַכְּלִי
אֲשֶׁר הוּא עֹשֶׂה בַּחֹמֶר בְּיַד הַיּוֹצֵר וְשָׁב וַיַּעֲשֵׂהוּ כְּלִי אַחֵר
ה כַּאֲשֶׁר יָשַׁר בְּעֵינֵי הַיּוֹצֵר לַעֲשׂוֹת׃ וַיְהִי דְבַר־יְהוָה אֵלַי
6 לֵאמוֹר׃ הֲכַיּוֹצֵר הַזֶּה לֹא־אוּכַל לַעֲשׂוֹת לָכֶם בֵּית יִשְׂרָאֵל
נְאֻם־יְהוָה הִנֵּה כַחֹמֶר בְּיַד הַיּוֹצֵר כֵּן־אַתֶּם בְּיָדִי בֵּית
7 יִשְׂרָאֵל׃ רֶגַע אֲדַבֵּר עַל־גּוֹי וְעַל־מַמְלָכָה לִנְתוֹשׁ
8 וְלִנְתוֹץ וּלְהַאֲבִיד׃ וְשָׁב הַגּוֹי הַהוּא מֵרָעָתוֹ אֲשֶׁר דִּבַּרְתִּי
9 עָלָיו וְנִחַמְתִּי עַל־הָרָעָה אֲשֶׁר חָשַׁבְתִּי לַעֲשׂוֹת לוֹ׃ וְרֶגַע
י אֲדַבֵּר עַל־גּוֹי וְעַל־מַמְלָכָה לִבְנֹת וְלִנְטֹעַ׃ וְעָשָׂה הָרַעָה
בְּעֵינַי לְבִלְתִּי שְׁמֹעַ בְּקוֹלִי וְנִחַמְתִּי עַל־הַטּוֹבָה אֲשֶׁר אָמַרְתִּי
11 לְהֵיטִיב אוֹתוֹ׃ וְעַתָּה אֱמָר־נָא אֶל־אִישׁ־יְהוּדָה וְעַל־

יושבי

י״ז v. 23. שמוע ק׳   v. 24. בו ק׳   י״ח v. 3. והנה־הוא ק׳
v. 10. הרע ק׳

יֹשְׁבֵי יְרוּשָׁלַםִ לֵאמֹר כֹּה אָמַר יְהוָה הִנֵּה אָנֹכִי יוֹצֵר עֲלֵיכֶם
רָעָה וְחֹשֵׁב עֲלֵיכֶם מַחֲשָׁבָה שׁוּבוּ נָא אִישׁ מִדַּרְכּוֹ הָרָעָה
12 וְהֵיטִיבוּ דַרְכֵיכֶם וּמַעַלְלֵיכֶם׃ וְאָמְרוּ נוֹאָשׁ כִּי־אַחֲרֵי
13 מַחְשְׁבוֹתֵינוּ נֵלֵךְ וְאִישׁ שְׁרִרוּת לִבּוֹ־הָרָע נַעֲשֶׂה׃ לָכֵן
כֹּה אָמַר יְהוָה שַׁאֲלוּ־נָא בַּגּוֹיִם מִי שָׁמַע כָּאֵלֶּה שַׁעֲרֻרִת
14 עָשְׂתָה מְאֹד בְּתוּלַת יִשְׂרָאֵל׃ הֲיַעֲזֹב מִצּוּר שָׂדַי שֶׁלֶג לְבָנוֹן
טו אִם־יִנָּתְשׁוּ מַיִם זָרִים קָרִים נוֹזְלִים׃ כִּי־שְׁכֵחֻנִי עַמִּי לַשָּׁוְא
יְקַטֵּרוּ וַיַּכְשִׁלוּם בְּדַרְכֵיהֶם שְׁבִילֵי עוֹלָם לָלֶכֶת נְתִיבוֹת
16 דֶּרֶךְ לֹא סְלוּלָה׃ לָשׂוּם אַרְצָם לְשַׁמָּה שְׁרוּקֹת עוֹלָם כֹּל
17 עוֹבֵר עָלֶיהָ יִשֹּׁם וְיָנִיד בְּרֹאשׁוֹ׃ כְּרוּחַ־קָדִים אֲפִיצֵם לִפְנֵי
18 אוֹיֵב עֹרֶף וְלֹא־פָנִים אַרְאֵם בְּיוֹם אֵידָם׃ וַיֹּאמְרוּ לְכוּ
וְנַחְשְׁבָה עַל־יִרְמְיָהוּ מַחֲשָׁבוֹת כִּי לֹא־תֹאבַד תּוֹרָה מִכֹּהֵן
וְעֵצָה מֵחָכָם וְדָבָר מִנָּבִיא לְכוּ וְנַכֵּהוּ בַלָּשׁוֹן וְאַל־נַקְשִׁיבָה
19 אֶל־כָּל־דְּבָרָיו׃ הַקְשִׁיבָה יְהוָה אֵלָי וּשְׁמַע לְקוֹל יְרִיבָי׃
כ הַיְשֻׁלַּם תַּחַת־טוֹבָה רָעָה כִּי־כָרוּ שׁוּחָה לְנַפְשִׁי זְכֹר
עָמְדִי לְפָנֶיךָ לְדַבֵּר עֲלֵיהֶם טוֹבָה לְהָשִׁיב אֶת־חֲמָתְךָ
21 מֵהֶם׃ לָכֵן תֵּן אֶת־בְּנֵיהֶם לָרָעָב וְהַגִּרֵם עַל־יְדֵי־חֶרֶב
וְתִהְיֶנָה נְשֵׁיהֶם שַׁכֻּלוֹת וְאַלְמָנוֹת וְאַנְשֵׁיהֶם יִהְיוּ הֲרֻגֵי מָוֶת
22 בַּחוּרֵיהֶם מֻכֵּי־חֶרֶב בַּמִּלְחָמָה׃ תִּשָּׁמַע זְעָקָה מִבָּתֵּיהֶם
כִּי־תָבִיא עֲלֵיהֶם גְּדוּד פִּתְאֹם כִּי־כָרוּ שִׁיחָה לְלָכְדֵנִי
23 וּפַחִים טָמְנוּ לְרַגְלָי׃ וְאַתָּה יְהוָה יָדַעְתָּ אֶת־כָּל־עֲצָתָם
עָלַי לַמָּוֶת אַל־תְּכַפֵּר עַל־עֲוֺנָם וְחַטָּאתָם מִלְּפָנֶיךָ אַל־
תֶּמְחִי וְהָיוּ מֻכְשָׁלִים לְפָנֶיךָ בְּעֵת אַפְּךָ עֲשֵׂה בָהֶם׃

יט Cap. XIX. יט

א כֹּה אָמַר יְהוָה הָלֹךְ וְקָנִיתָ בַקְבֻּק יוֹצֵר חָרֶשׂ וּמִזִּקְנֵי
2 הָעָם וּמִזִּקְנֵי הַכֹּהֲנִים׃ וְיָצָאתָ אֶל־גֵּיא בֶן־הִנֹּם אֲשֶׁר פֶּתַח
שַׁעַר הַחַרְסוּת וְקָרָאתָ שָּׁם אֶת־הַדְּבָרִים אֲשֶׁר־אֲדַבֵּר

אליך

ר״ח v. 16. שריקות ק׳ v. 22. שוחה ק׳ v. 23. ויהיו ק׳
ר״ט v. 2. החרסית ק׳

3 אֵלֶיךָ׃ וְאָמַרְתָּ שִׁמְעוּ דְבַר־יְהוָה מַלְכֵי יְהוּדָה וְיֹשְׁבֵי
יְרוּשָׁלָ͏ִם כֹּה־אָמַר יְהוָה צְבָאוֹת אֱלֹהֵי יִשְׂרָאֵל הִנְנִי מֵבִיא
4 רָעָה עַל־הַמָּקוֹם הַזֶּה אֲשֶׁר כָּל־שֹׁמְעָהּ תִּצַּלְנָה אָזְנָיו׃ יַעַן ׀
אֲשֶׁר עֲזָבֻנִי וַיְנַכְּרוּ אֶת־הַמָּקוֹם הַזֶּה וַיְקַטְּרוּ־בוֹ לֵאלֹהִים
אֲחֵרִים אֲשֶׁר לֹא־יְדָעוּם הֵמָּה וַאֲבוֹתֵיהֶם וּמַלְכֵי יְהוּדָה
ה וּמָלְאוּ אֶת־הַמָּקוֹם הַזֶּה דַּם נְקִיִּם׃ וּבָנוּ אֶת־בָּמוֹת הַבַּעַל
לִשְׂרֹף אֶת־בְּנֵיהֶם בָּאֵשׁ עֹלוֹת לַבָּעַל אֲשֶׁר לֹא־צִוִּיתִי וְלֹא
6 דִבַּרְתִּי וְלֹא עָלְתָה עַל־לִבִּי׃ לָכֵן הִנֵּה־יָמִים בָּאִים
נְאֻם־יְהוָה וְלֹא־יִקָּרֵא לַמָּקוֹם הַזֶּה עוֹד הַתֹּפֶת וְגֵיא בֶן־הִנֹּם
7 כִּי אִם־גֵּיא הַהֲרֵגָה׃ וּבַקֹּתִי אֶת־עֲצַת יְהוּדָה וִירוּשָׁלַ͏ִם
בַּמָּקוֹם הַזֶּה וְהִפַּלְתִּים בַּחֶרֶב לִפְנֵי אֹיְבֵיהֶם וּבְיַד מְבַקְשֵׁי
נַפְשָׁם וְנָתַתִּי אֶת־נִבְלָתָם לְמַאֲכָל לְעוֹף הַשָּׁמַיִם וּלְבֶהֱמַת
8 הָאָרֶץ׃ וְשַׂמְתִּי אֶת־הָעִיר הַזֹּאת לְשַׁמָּה וְלִשְׁרֵקָה כֹּל עֹבֵר
9 עָלֶיהָ יִשֹּׁם וְיִשְׁרֹק עַל־כָּל־מַכֹּתֶהָ׃ וְהַאֲכַלְתִּים אֶת־בְּשַׂר
בְּנֵיהֶם וְאֵת בְּשַׂר בְּנֹתֵיהֶם וְאִישׁ בְּשַׂר־רֵעֵהוּ יֹאכֵלוּ בְּמָצוֹר
י וּבְמָצוֹק אֲשֶׁר יָצִיקוּ לָהֶם אֹיְבֵיהֶם וּמְבַקְשֵׁי נַפְשָׁם׃ וְשָׁבַרְתָּ
11 הַבַּקְבֻּק לְעֵינֵי הָאֲנָשִׁים הַהֹלְכִים אוֹתָךְ׃ וְאָמַרְתָּ אֲלֵיהֶם
כֹּה־אָמַר ׀ יְהוָה צְבָאוֹת כָּכָה אֶשְׁבֹּר אֶת־הָעָם הַזֶּה וְאֶת־
הָעִיר הַזֹּאת כַּאֲשֶׁר יִשְׁבֹּר אֶת־כְּלִי הַיּוֹצֵר אֲשֶׁר לֹא־יוּכַל
12 לְהֵרָפֵה עוֹד וּבְתֹפֶת יִקְבְּרוּ מֵאֵין מָקוֹם לִקְבּוֹר׃ כֵּן־
אֶעֱשֶׂה לַמָּקוֹם הַזֶּה נְאֻם־יְהוָה וּלְיוֹשְׁבָיו וְלָתֵת אֶת־הָעִיר
13 הַזֹּאת כְּתֹפֶת׃ וְהָיוּ בָּתֵּי יְרוּשָׁלַ͏ִם וּבָתֵּי מַלְכֵי יְהוּדָה כִּמְקוֹם
הַתֹּפֶת הַטְּמֵאִים לְכֹל הַבָּתִּים אֲשֶׁר קִטְּרוּ עַל־גַּגֹּתֵיהֶם לְכֹל
14 צְבָא הַשָּׁמַיִם וְהַסֵּךְ נְסָכִים לֵאלֹהִים אֲחֵרִים׃ וַיָּבֹא
יִרְמְיָהוּ מֵהַתֹּפֶת אֲשֶׁר שְׁלָחוֹ יְהוָה שָׁם לְהִנָּבֵא וַיַּעֲמֹד בַּחֲצַר
טו בֵּית־יְהוָה וַיֹּאמֶר אֶל־כָּל־הָעָם׃ כֹּה־אָמַר יְהוָה צְבָאוֹת
אֱלֹהֵי יִשְׂרָאֵל הִנְנִי מֵבִי אֶל־הָעִיר הַזֹּאת וְעַל־כָּל־עָרֶיהָ

את

v. 15. מביא ק׳

אֵת כָּל־הָרָעָה אֲשֶׁר דִּבַּרְתִּי עָלֶיהָ כִּי הִקְשׁוּ אֶת־עָרְפָּם
לְבִלְתִּי שְׁמוֹעַ אֶת־דְּבָרָי׃ ס

כ CAP. XX. כ

א וַיִּשְׁמַע פַּשְׁחוּר בֶּן־אִמֵּר הַכֹּהֵן וְהוּא־פָקִיד נָגִיד בְּבֵית יְהוָֹה
2 אֶת־יִרְמְיָהוּ נִבָּא אֶת־הַדְּבָרִים הָאֵלֶּה׃ וַיַּכֶּה פַשְׁחוּר אֵת
יִרְמְיָהוּ הַנָּבִיא וַיִּתֵּן אֹתוֹ עַל־הַמַּהְפֶּכֶת אֲשֶׁר בְּשַׁעַר בִּנְיָמִן
3 הָעֶלְיוֹן אֲשֶׁר בְּבֵית יְהוָֹה׃ וַיְהִי מִמָּחֳרָת וַיֹּצֵא פַשְׁחוּר אֶת־
יִרְמְיָהוּ מִן־הַמַּהְפָּכֶת וַיֹּאמֶר אֵלָיו יִרְמְיָהוּ לֹא פַשְׁחוּר קָרָא
4 יְהוָֹה שְׁמֶךָ כִּי אִם־מָגוֹר מִסָּבִיב׃ כִּי כֹה אָמַר יְהוָֹה הִנְנִי
נֹתֶנְךָ לְמָגוֹר לְךָ וּלְכָל־אֹהֲבֶיךָ וְנָפְלוּ בְּחֶרֶב אֹיְבֵיהֶם וְעֵינֶיךָ
רֹאוֹת וְאֶת־כָּל־יְהוּדָה אֶתֵּן בְּיַד מֶלֶךְ־בָּבֶל וְהִגְלָם בָּבֶלָה
ה וְהִכָּם בֶּחָרֶב׃ וְנָתַתִּי אֶת־כָּל־חֹסֶן הָעִיר הַזֹּאת וְאֶת־כָּל־
יְגִיעָהּ וְאֶת־כָּל־יְקָרָהּ וְאֵת כָּל־אוֹצְרוֹת מַלְכֵי יְהוּדָה אֶתֵּן
6 בְּיַד אֹיְבֵיהֶם וּבְזָזוּם וּלְקָחוּם וֶהֱבִיאוּם בָּבֶלָה׃ וְאַתָּה פַשְׁחוּר
וְכֹל יֹשְׁבֵי בֵיתֶךָ תֵּלְכוּ בַּשֶּׁבִי וּבָבֶל תָּבוֹא וְשָׁם תָּמוּת וְשָׁם
תִּקָּבֵר אַתָּה וְכָל־אֹהֲבֶיךָ אֲשֶׁר־נִבֵּאתָ לָהֶם בַּשָּׁקֶר׃
7 פִּתִּיתַנִי יְהוָֹה וָאֶפָּת חֲזַקְתַּנִי וַתּוּכָל הָיִיתִי לִשְׂחוֹק כָּל־הַיּוֹם
8 כֻּלֹּה לֹעֵג לִי׃ כִּי־מִדֵּי אֲדַבֵּר אֶזְעָק חָמָס וָשֹׁד אֶקְרָא כִּי־
9 הָיָה דְבַר־יְהוָֹה לִי לְחֶרְפָּה וּלְקֶלֶס כָּל־הַיּוֹם׃ וְאָמַרְתִּי
לֹא־אֶזְכְּרֶנּוּ וְלֹא־אֲדַבֵּר עוֹד בִּשְׁמוֹ וְהָיָה בְלִבִּי כְּאֵשׁ בֹּעֶרֶת
י עָצֻר בְּעַצְמֹתָי וְנִלְאֵיתִי כַּלְכֵל וְלֹא אוּכָל׃ כִּי שָׁמַעְתִּי דִּבַּת
רַבִּים מָגוֹר מִסָּבִיב הַגִּידוּ וְנַגִּידֶנּוּ כֹּל אֱנוֹשׁ שְׁלוֹמִי שֹׁמְרֵי
11 צַלְעִי אוּלַי יְפֻתֶּה וְנוּכְלָה לוֹ וְנִקְחָה נִקְמָתֵנוּ מִמֶּנּוּ׃ וַיהוָֹה
אוֹתִי כְּגִבּוֹר עָרִיץ עַל־כֵּן רֹדְפַי יִכָּשְׁלוּ וְלֹא יֻכָלוּ בֹּשׁוּ מְאֹד
12 כִּי־לֹא הִשְׂכִּילוּ כְּלִמַּת עוֹלָם לֹא תִשָּׁכֵחַ׃ וַיהוָֹה צְבָאוֹת
בֹּחֵן צַדִּיק רֹאֶה כְלָיוֹת וָלֵב אֶרְאֶה נִקְמָתְךָ מֵהֶם כִּי אֵלֶיךָ
גִּלִּיתִי אֶת־רִיבִי׃ ס
13 שִׁירוּ לַיהוָֹה הַלְלוּ אֶת־יְהוָֹה כִּי הִצִּיל אֶת־נֶפֶשׁ אֶבְיוֹן מִיַּד

מרעים

ר״ט v. 15. אין כאן פסקא

14 מְרֵעִים׃ אָרוּר הַיּוֹם אֲשֶׁר יֻלַּדְתִּי בּוֹ יוֹם אֲשֶׁר־יְלָדַתְנִי
טו אִמִּי אַל־יְהִי בָרוּךְ׃ אָרוּר הָאִישׁ אֲשֶׁר בִּשַּׂר אֶת־אָבִי
16 לֵאמֹר יֻלַּד־לְךָ בֵּן זָכָר שַׂמֵּחַ שִׂמְּחָהוּ׃ וְהָיָה הָאִישׁ הַהוּא
כֶּעָרִים אֲשֶׁר־הָפַךְ יְהוָה וְלֹא נִחָם וְשָׁמַע זְעָקָה בַּבֹּקֶר
17 וּתְרוּעָה בְּעֵת צָהֳרָיִם׃ אֲשֶׁר לֹא־מוֹתְתַנִי מֵרָחֶם וַתְּהִי־לִי
18 אִמִּי קִבְרִי וְרַחְמָה הֲרַת עוֹלָם׃ לָמָּה זֶּה מֵרֶחֶם יָצָאתִי
לִרְאוֹת עָמָל וְיָגוֹן וַיִּכְלוּ בְּבֹשֶׁת יָמָי׃

כא CAP. XXI. כא

א הַדָּבָר אֲשֶׁר־הָיָה אֶל־יִרְמְיָהוּ מֵאֵת יְהוָה בִּשְׁלֹחַ אֵלָיו
הַמֶּלֶךְ צִדְקִיָּהוּ אֶת־פַּשְׁחוּר בֶּן־מַלְכִּיָּה וְאֶת־צְפַנְיָה בֶן־
2 מַעֲשֵׂיָה הַכֹּהֵן לֵאמֹר׃ דְּרָשׁ־נָא בַעֲדֵנוּ אֶת־יְהוָה כִּי
נְבוּכַדְרֶאצַּר מֶלֶךְ־בָּבֶל נִלְחָם עָלֵינוּ אוּלַי יַעֲשֶׂה יְהוָה
3 אוֹתָנוּ כְּכָל־נִפְלְאֹתָיו וְיַעֲלֶה מֵעָלֵינוּ׃ וַיֹּאמֶר יִרְמְיָהוּ
4 אֲלֵיהֶם כֹּה תֹאמְרֻן אֶל־צִדְקִיָּהוּ׃ כֹּה־אָמַר יְהוָה אֱלֹהֵי
יִשְׂרָאֵל הִנְנִי מֵסֵב אֶת־כְּלֵי הַמִּלְחָמָה אֲשֶׁר בְּיֶדְכֶם אֲשֶׁר
אַתֶּם נִלְחָמִים בָּם אֶת־מֶלֶךְ בָּבֶל וְאֶת־הַכַּשְׂדִּים הַצָּרִים
עֲלֵיכֶם מִחוּץ לַחוֹמָה וְאָסַפְתִּי אוֹתָם אֶל־תּוֹךְ הָעִיר הַזֹּאת׃
ה וְנִלְחַמְתִּי אֲנִי אִתְּכֶם בְּיָד נְטוּיָה וּבִזְרוֹעַ חֲזָקָה וּבְאַף וּבְחֵמָה
6 וּבְקֶצֶף גָּדוֹל׃ וְהִכֵּיתִי אֶת־יוֹשְׁבֵי הָעִיר הַזֹּאת וְאֶת־הָאָדָם
7 וְאֶת־הַבְּהֵמָה בְּדֶבֶר גָּדוֹל יָמֻתוּ׃ וְאַחֲרֵי־כֵן נְאֻם־יְהוָה
אֶתֵּן אֶת־צִדְקִיָּהוּ מֶלֶךְ־יְהוּדָה ׀ וְאֶת־עֲבָדָיו ׀ וְאֶת־הָעָם
וְאֶת־הַנִּשְׁאָרִים בָּעִיר הַזֹּאת מִן־הַדֶּבֶר ׀ מִן־הַחֶרֶב וּמִן־
הָרָעָב בְּיַד נְבוּכַדְרֶאצַּר מֶלֶךְ־בָּבֶל וּבְיַד אֹיְבֵיהֶם וּבְיַד
מְבַקְשֵׁי נַפְשָׁם וְהִכָּם לְפִי־חֶרֶב לֹא־יָחוּס עֲלֵיהֶם וְלֹא
8 יַחְמֹל וְלֹא יְרַחֵם׃ וְאֶל־הָעָם הַזֶּה תֹּאמַר כֹּה אָמַר יְהוָה
9 הִנְנִי נֹתֵן לִפְנֵיכֶם אֶת־דֶּרֶךְ הַחַיִּים וְאֶת־דֶּרֶךְ הַמָּוֶת׃ הַיֹּשֵׁב
בָּעִיר הַזֹּאת יָמוּת בַּחֶרֶב וּבָרָעָב וּבַדָּבֶר וְהַיּוֹצֵא וְנָפַל עַל־

הַכַּשְׂדִּים הַצָּרִים עֲלֵיכֶם יְחָיָה וְהָיְתָה־לּוֹ נַפְשׁוֹ לְשָׁלָל׃
י כִּי־שַׂמְתִּי פָנַי בָּעִיר הַזֹּאת לְרָעָה וְלֹא לְטוֹבָה נְאֻם־יְהוָה
11 בְּיַד־מֶלֶךְ בָּבֶל תִּנָּתֵן וּשְׂרָפָהּ בָּאֵשׁ׃ וּלְבֵית מֶלֶךְ יְהוּדָה
12 שִׁמְעוּ דְּבַר־יְהוָה׃ בֵּית דָּוִד כֹּה אָמַר יְהוָה דִּינוּ לַבֹּקֶר
מִשְׁפָּט וְהַצִּילוּ גָזוּל מִיַּד עוֹשֵׁק פֶּן־תֵּצֵא כָאֵשׁ חֲמָתִי וּבָעֲרָה
13 וְאֵין מְכַבֶּה מִפְּנֵי רֹעַ מַעַלְלֵיהֶם׃ הִנְנִי אֵלַיִךְ יֹשֶׁבֶת הָעֵמֶק
צוּר הַמִּישֹׁר נְאֻם־יְהוָה הָאֹמְרִים מִי־יֵחַת עָלֵינוּ וּמִי יָבוֹא
14 בִּמְעוֹנוֹתֵינוּ׃ וּפָקַדְתִּי עֲלֵיכֶם כִּפְרִי מַעַלְלֵיכֶם נְאֻם־יְהוָה
וְהִצַּתִּי אֵשׁ בְּיַעְרָהּ וְאָכְלָה כָּל־סְבִיבֶיהָ׃

כב Cap. XXII. כב

א כֹּה אָמַר יְהוָה רֵד בֵּית־מֶלֶךְ יְהוּדָה וְדִבַּרְתָּ שָּׁם אֶת־
2 הַדָּבָר הַזֶּה׃ וְאָמַרְתָּ שְׁמַע דְּבַר־יְהוָה מֶלֶךְ יְהוּדָה הַיֹּשֵׁב
עַל־כִּסֵּא דָוִד אַתָּה וַעֲבָדֶיךָ וְעַמְּךָ הַבָּאִים בַּשְּׁעָרִים הָאֵלֶּה׃
3 כֹּה ׀ אָמַר יְהוָה עֲשׂוּ מִשְׁפָּט וּצְדָקָה וְהַצִּילוּ גָזוּל מִיַּד עָשׁוֹק
וְגֵר יָתוֹם וְאַלְמָנָה אַל־תֹּנוּ אַל־תַּחְמֹסוּ וְדָם נָקִי אַל־תִּשְׁפְּכוּ
4 בַּמָּקוֹם הַזֶּה׃ כִּי אִם־עָשׂוֹ תַּעֲשׂוּ אֶת־הַדָּבָר הַזֶּה וּבָאוּ
בְשַׁעֲרֵי הַבַּיִת הַזֶּה מְלָכִים יֹשְׁבִים לְדָוִד עַל־כִּסְאוֹ רֹכְבִים
ה בָּרֶכֶב וּבַסּוּסִים הוּא וַעֲבָדָו וְעַמּוֹ׃ וְאִם לֹא תִשְׁמְעוּ אֶת־
הַדְּבָרִים הָאֵלֶּה בִּי נִשְׁבַּעְתִּי נְאֻם־יְהוָה כִּי־לְחָרְבָּה יִהְיֶה
6 הַבַּיִת הַזֶּה׃ כִּי־כֹה ׀ אָמַר יְהוָה עַל־בֵּית מֶלֶךְ יְהוּדָה
גִּלְעָד אַתָּה לִי רֹאשׁ הַלְּבָנוֹן אִם־לֹא אֲשִׁיתְךָ מִדְבָּר עָרִים
7 לֹא נוֹשָׁבָה׃ וְקִדַּשְׁתִּי עָלֶיךָ מַשְׁחִתִים אִישׁ וְכֵלָיו וְכָרְתוּ
8 מִבְחַר אֲרָזֶיךָ וְהִפִּילוּ עַל־הָאֵשׁ׃ וְעָבְרוּ גּוֹיִם רַבִּים עַל
הָעִיר הַזֹּאת וְאָמְרוּ אִישׁ אֶל־רֵעֵהוּ עַל־מֶה עָשָׂה יְהוָה כָּכָה
9 לָעִיר הַגְּדוֹלָה הַזֹּאת׃ וְאָמְרוּ עַל אֲשֶׁר עָזְבוּ אֶת־בְּרִית יְהוָה
י אֱלֹהֵיהֶם וַיִּשְׁתַּחֲווּ לֵאלֹהִים אֲחֵרִים וַיַּעַבְדוּם׃ אַל־
תִּבְכּוּ לְמֵת וְאַל־תָּנֻדוּ לוֹ בְּכוּ בָכוֹ לַהֹלֵךְ כִּי לֹא יָשׁוּב עוֹד

וראה

כ״א v. 9. וחיה ק׳ v. 12. מעלליכם ק׳ כ״ב v. 4. ועבדיו ק׳ v. 6. נושבו ק׳

11 וְרָאָה אֶת־אֶרֶץ מוֹלַדְתּוֹ׃ כִּי כֹה אָמַר־יְהוָה אֶל־שַׁלֻּם
בֶּן־יֹאשִׁיָּהוּ מֶלֶךְ יְהוּדָה הַמֹּלֵךְ תַּחַת יֹאשִׁיָּהוּ אָבִיו אֲשֶׁר יָצָא
12 מִן־הַמָּקוֹם הַזֶּה לֹא־יָשׁוּב שָׁם עוֹד׃ כִּי בִּמְקוֹם אֲשֶׁר־הִגְלוּ
13 אֹתוֹ שָׁם יָמוּת וְאֶת־הָאָרֶץ הַזֹּאת לֹא־יִרְאֶה עוֹד׃ הוֹי
בֹּנֶה בֵיתוֹ בְּלֹא־צֶדֶק וַעֲלִיּוֹתָיו בְּלֹא מִשְׁפָּט בְּרֵעֵהוּ יַעֲבֹד
14 חִנָּם וּפֹעֲלוֹ לֹא יִתֶּן־לוֹ׃ הָאֹמֵר אֶבְנֶה־לִּי בֵּית מִדּוֹת
וַעֲלִיּוֹת מְרֻוָּחִים וְקָרַע לוֹ חַלּוֹנָי וְסָפוּן בָּאָרֶז וּמָשׁוֹחַ בַּשָּׁשַׁר׃
טו הֲתִמְלֹךְ כִּי אַתָּה מְתַחֲרֶה בָאָרֶז אָבִיךָ הֲלוֹא אָכַל וְשָׁתָה
16 וְעָשָׂה מִשְׁפָּט וּצְדָקָה אָז טוֹב לוֹ׃ דָּן דִּין־עָנִי וְאֶבְיוֹן אָז טוֹב
17 הֲלוֹא־הִיא הַדַּעַת אֹתִי נְאֻם־יְהוָה׃ כִּי אֵין עֵינֶיךָ וְלִבְּךָ כִּי
אִם־עַל־בִּצְעֶךָ וְעַל דַּם־הַנָּקִי לִשְׁפּוֹךְ וְעַל־הָעֹשֶׁק וְעַל־
18 הַמְּרוּצָה לַעֲשׂוֹת׃ לָכֵן כֹּה־אָמַר יְהוָה אֶל־יְהוֹיָקִים
בֶּן־יֹאשִׁיָּהוּ מֶלֶךְ יְהוּדָה לֹא־יִסְפְּדוּ לוֹ הוֹי אָחִי וְהוֹי אָחוֹת
19 לֹא־יִסְפְּדוּ לוֹ הוֹי אָדוֹן וְהוֹי הֹדֹה׃ קְבוּרַת חֲמוֹר יִקָּבֵר
כ סָחוֹב וְהַשְׁלֵךְ מֵהָלְאָה לְשַׁעֲרֵי יְרוּשָׁלִָם׃ עֲלִי הַלְּבָנוֹן
וּצְעָקִי וּבַבָּשָׁן תְּנִי קוֹלֵךְ וְצַעֲקִי מֵעֲבָרִים כִּי נִשְׁבְּרוּ כָּל־
21 מְאַהֲבָיִךְ׃ דִּבַּרְתִּי אֵלַיִךְ בְּשַׁלְוֹתַיִךְ אָמַרְתְּ לֹא אֶשְׁמָע זֶה
22 דַרְכֵּךְ מִנְּעוּרַיִךְ כִּי לֹא־שָׁמַעַתְּ בְּקוֹלִי׃ כָּל־רֹעַיִךְ תִּרְעֶה־
רוּחַ וּמְאַהֲבַיִךְ בַּשְּׁבִי יֵלֵכוּ כִּי אָז תֵּבֹשִׁי וְנִכְלַמְתְּ מִכֹּל
23 רָעָתֵךְ׃ יֹשַׁבְתְּי בַּלְּבָנוֹן מְקֻנַּנְתְּי בָּאֲרָזִים מַה־נֵּחַנְתְּ בְּבֹא־
24 לָךְ חֲבָלִים חִיל כַּיֹּלֵדָה׃ חַי־אָנִי נְאֻם־יְהוָה כִּי אִם־יִהְיֶה
כָּנְיָהוּ בֶּן־יְהוֹיָקִים מֶלֶךְ יְהוּדָה חוֹתָם עַל־יַד יְמִינִי כִּי מִשָּׁם
כה אֶתְּקֶנְךָּ׃ וּנְתַתִּיךָ בְּיַד מְבַקְשֵׁי נַפְשֶׁךָ וּבְיַד אֲשֶׁר־אַתָּה
יָגוֹר מִפְּנֵיהֶם וּבְיַד נְבוּכַדְרֶאצַּר מֶלֶךְ־בָּבֶל וּבְיַד הַכַּשְׂדִּים׃
26 וְהֵטַלְתִּי אֹתְךָ וְאֶת־אִמְּךָ אֲשֶׁר יְלָדַתְךָ עַל הָאָרֶץ אַחֶרֶת
27 אֲשֶׁר לֹא־יֻלַּדְתֶּם שָׁם וְשָׁם תָּמוּתוּ׃ וְעַל־הָאָרֶץ אֲשֶׁר־הֵם
28 מְנַשְּׂאִים אֶת־נַפְשָׁם לָשׁוּב שָׁם שָׁמָּה לֹא יָשׁוּבוּ׃ הַעֶצֶב

נבוזה

v. 23. ישבת ק׳ ibid. מקננת ק׳

נִבְזֶה נָפוּץ הָאִישׁ הַזֶּה כָּנְיָהוּ אִם־כְּלִי אֵין חֵפֶץ בּוֹ מַדּוּעַ
הוּטְלוּ הוּא וְזַרְעוֹ וְהֻשְׁלְכוּ עַל־הָאָרֶץ אֲשֶׁר לֹא־יָדָעוּ׃
29 ל אֶרֶץ אֶרֶץ אָרֶץ שִׁמְעִי דְּבַר־יְהוָה׃ כֹּה ׀ אָמַר יְהוָה כִּתְבוּ
אֶת־הָאִישׁ הַזֶּה עֲרִירִי גֶּבֶר לֹא־יִצְלַח בְּיָמָיו כִּי לֹא יִצְלַח
מִזַּרְעוֹ אִישׁ יֹשֵׁב עַל־כִּסֵּא דָוִד וּמֹשֵׁל עוֹד בִּיהוּדָה׃

CAP. XXIII. כג

כג

א הוֹי רֹעִים מְאַבְּדִים וּמְפִצִים אֶת־צֹאן מַרְעִיתִי נְאֻם־
2 יְהוָה׃ לָכֵן כֹּה־אָמַר יְהוָה אֱלֹהֵי יִשְׂרָאֵל עַל־הָרֹעִים
הָרֹעִים אֶת־עַמִּי אַתֶּם הֲפִצֹתֶם אֶת־צֹאנִי וַתַּדִּחוּם וְלֹא
פְקַדְתֶּם אֹתָם הִנְנִי פֹקֵד עֲלֵיכֶם אֶת־רֹעַ מַעַלְלֵיכֶם נְאֻם־
3 יְהוָה׃ וַאֲנִי אֲקַבֵּץ אֶת־שְׁאֵרִית צֹאנִי מִכֹּל הָאֲרָצוֹת אֲשֶׁר־
הִדַּחְתִּי אֹתָם שָׁם וַהֲשִׁבֹתִי אֶתְהֶן עַל־נְוֵהֶן וּפָרוּ וְרָבוּ׃
4 וַהֲקִמֹתִי עֲלֵיהֶם רֹעִים וְרָעוּם וְלֹא־יִירְאוּ עוֹד וְלֹא־יֵחַתּוּ
ה וְלֹא יִפָּקֵדוּ נְאֻם־יְהוָה׃ הִנֵּה יָמִים בָּאִים נְאֻם־יְהוָה
וַהֲקִמֹתִי לְדָוִד צֶמַח צַדִּיק וּמָלַךְ מֶלֶךְ וְהִשְׂכִּיל וְעָשָׂה מִשְׁפָּט
6 וּצְדָקָה בָּאָרֶץ׃ בְּיָמָיו תִּוָּשַׁע יְהוּדָה וְיִשְׂרָאֵל יִשְׁכֹּן לָבֶטַח
7 וְזֶה־שְּׁמוֹ אֲשֶׁר־יִקְרְאוֹ יְהוָה ׀ צִדְקֵנוּ׃ לָכֵן הִנֵּה־יָמִים
בָּאִים נְאֻם־יְהוָה וְלֹא־יֹאמְרוּ עוֹד חַי־יְהוָה אֲשֶׁר הֶעֱלָה
8 אֶת־בְּנֵי יִשְׂרָאֵל מֵאֶרֶץ מִצְרָיִם׃ כִּי אִם־חַי־יְהוָה אֲשֶׁר
הֶעֱלָה וַאֲשֶׁר הֵבִיא אֶת־זֶרַע בֵּית יִשְׂרָאֵל מֵאֶרֶץ צָפוֹנָה
וּמִכֹּל הָאֲרָצוֹת אֲשֶׁר הִדַּחְתִּים שָׁם וְיָשְׁבוּ עַל־אַדְמָתָם׃
9 לַנְּבִאִים נִשְׁבַּר לִבִּי בְקִרְבִּי רָחֲפוּ כָּל־עַצְמוֹתַי הָיִיתִי
כְּאִישׁ שִׁכּוֹר וּכְגֶבֶר עֲבָרוֹ יָיִן מִפְּנֵי יְהוָה וּמִפְּנֵי דִּבְרֵי קָדְשׁוֹ׃
י כִּי מְנָאֲפִים מָלְאָה הָאָרֶץ כִּי־מִפְּנֵי אָלָה אָבְלָה הָאָרֶץ יָבְשׁוּ
11 נְאוֹת מִדְבָּר וַתְּהִי מְרוּצָתָם רָעָה וּגְבוּרָתָם לֹא־כֵן׃ כִּי־גַם־
נָבִיא גַם־כֹּהֵן חָנֵפוּ גַּם־בְּבֵיתִי מָצָאתִי רָעָתָם נְאֻם־יְהוָה׃
12 לָכֵן יִהְיֶה דַרְכָּם לָהֶם כַּחֲלַקְלַקּוֹת בָּאֲפֵלָה יִדַּחוּ וְנָפְלוּ בָהּ
13 כִּי־אָבִיא עֲלֵיהֶם רָעָה שְׁנַת פְּקֻדָּתָם נְאֻם־יְהוָה׃ וּבִנְבִיאֵי

שֹׁמְר֖וֹן רָאִ֣יתִי תִפְלָ֑ה הִנַּבְּא֣וּ בַבַּ֔עַל וַיַּתְע֥וּ אֶת־עַמִּ֖י אֶת־
14 יִשְׂרָאֵֽל׃ וּבִנְבִאֵ֨י יְרֽוּשָׁלִַ֜ם רָאִ֣יתִי שַׁעֲרוּרָ֗ה נָא֞וֹף וְהָלֹ֤ךְ
בַּשֶּׁ֙קֶר֙ וְחִזְּקוּ֙ יְדֵ֣י מְרֵעִ֔ים לְבִלְתִּי־שָׁ֔בוּ אִ֖ישׁ מֵרָֽעָת֑וֹ הָֽיוּ־לִ֤י
טו כֻלָּם֙ כִּסְדֹ֔ם וְיֹשְׁבֶ֖יהָ כַּעֲמֹרָֽה׃ לָכֵ֗ן כֹּֽה־אָמַ֞ר יְהוָ֤ה
צְבָאוֹת֙ עַל־הַנְּבִאִ֔ים הִנְנִ֨י מַאֲכִ֤יל אוֹתָם֙ לַעֲנָ֔ה וְהִשְׁקִתִ֖ים
מֵי־רֹ֑אשׁ כִּ֗י מֵאֵת֙ נְבִיאֵ֣י יְרֽוּשָׁלִַ֔ם יָֽצְאָ֥ה חֲנֻפָּ֖ה לְכָל־
16 הָאָֽרֶץ׃ כֹּֽה־אָמַ֞ר יְהוָ֣ה צְבָא֗וֹת אַֽל־תִּשְׁמְע֞וּ עַל־דִּבְרֵ֤י
הַנְּבִאִים֙ הַנִּבְּאִ֣ים לָכֶ֔ם מַהְבִּלִ֥ים הֵ֖מָּה אֶתְכֶ֑ם חֲז֤וֹן לִבָּם֙
17 יְדַבֵּ֔רוּ לֹ֖א מִפִּ֥י יְהוָֽה׃ אֹמְרִ֤ים אָמוֹר֙ לִמְנַ֣אֲצַ֔י דִּבֶּ֣ר יְהוָ֔ה
שָׁל֖וֹם יִהְיֶ֣ה לָכֶ֑ם וְכֹל֙ הֹלֵךְ֙ בִּשְׁרִר֣וּת לִבּ֔וֹ אָֽמְר֔וּ לֹֽא־תָב֥וֹא
18 עֲלֵיכֶ֖ם רָעָֽה׃ כִּ֣י מִ֤י עָמַד֙ בְּס֣וֹד יְהוָ֔ה וְיֵ֖רֶא וְיִשְׁמַ֣ע אֶת־
19 דְּבָר֑וֹ מִֽי־הִקְשִׁ֥יב דְּבָרִ֖י וַיִּשְׁמָֽע׃ הִנֵּ֣ה ׀ סַעֲרַ֣ת יְהוָ֗ה חֵמָה֙
כ יָֽצְאָ֔ה וְסַ֖עַר מִתְחוֹלֵ֑ל עַ֛ל רֹ֥אשׁ רְשָׁעִ֖ים יָחֽוּל׃ לֹ֤א יָשׁוּב֙
אַף־יְהוָ֔ה עַד־עֲשֹׂת֥וֹ וְעַד־הֲקִימ֖וֹ מְזִמּ֣וֹת לִבּ֑וֹ בְּאַחֲרִית֙
21 הַיָּמִ֔ים תִּתְבּֽוֹנְנוּ בָ֖הּ בִּינָֽה׃ לֹֽא־שָׁלַ֥חְתִּי אֶת־הַנְּבִאִ֖ים וְהֵ֣ם
22 רָ֑צוּ לֹא־דִבַּ֥רְתִּי אֲלֵיהֶ֖ם וְהֵ֥ם נִבָּֽאוּ׃ וְאִם־עָמְד֖וּ בְּסוֹדִ֑י
וְיַשְׁמִ֤עוּ דְבָרַי֙ אֶת־עַמִּ֔י וִישִׁב֞וּם מִדַּרְכָּ֣ם הָרָ֔ע וּמֵרֹ֖עַ
23 מַעַלְלֵיהֶֽם׃ הַאֱלֹהֵ֧י מִקָּרֹ֛ב אָ֖נִי נְאֻם־יְהוָ֑ה וְלֹ֥א אֱלֹהֵ֖י
24 מֵרָחֹֽק׃ אִם־יִסָּתֵ֨ר אִ֧ישׁ בַּמִּסְתָּרִ֛ים וַאֲנִ֥י לֹֽא־אֶרְאֶ֖נּוּ נְאֻם־
יְהוָ֑ה הֲל֨וֹא אֶת־הַשָּׁמַ֧יִם וְאֶת־הָאָ֛רֶץ אֲנִ֥י מָלֵ֖א נְאֻם־יְהוָֽה׃
כה שָׁמַ֗עְתִּי אֵ֤ת אֲשֶׁר־אָֽמְרוּ֙ הַנְּבִאִ֔ים הַנִּבְּאִ֥ים בִּשְׁמִ֖י שֶׁ֣קֶר
26 לֵאמֹ֑ר חָלַ֖מְתִּי חָלָֽמְתִּי׃ עַד־מָתַ֗י הֲיֵ֛שׁ בְּלֵ֥ב הַנְּבִאִ֖ים נִבְּאֵ֣י
27 הַשָּׁ֑קֶר וּנְבִיאֵ֖י תַּרְמִ֥ת לִבָּֽם׃ הַחֹשְׁבִ֗ים לְהַשְׁכִּ֤יחַ אֶת־עַמִּי֙
שְׁמִ֔י בַּחֲלוֹמֹתָ֔ם אֲשֶׁ֥ר יְסַפְּר֖וּ אִ֣ישׁ לְרֵעֵ֑הוּ כַּאֲשֶׁ֨ר שָׁכְח֧וּ
28 אֲבוֹתָ֛ם אֶת־שְׁמִ֖י בַּבָּֽעַל׃ הַנָּבִ֞יא אֲשֶׁר־אִתּ֤וֹ חֲלוֹם֙ יְסַפֵּ֣ר
חֲל֔וֹם וַאֲשֶׁ֤ר דְּבָרִי֙ אִתּ֔וֹ יְדַבֵּ֥ר דְּבָרִ֖י אֱמֶ֑ת מַה־לַתֶּ֥בֶן אֶת־
29 הַבָּ֖ר נְאֻם־יְהוָֽה׃ הֲל֨וֹא כֹ֧ה דְבָרִ֛י כָּאֵ֖שׁ נְאֻם־יְהוָ֑ה וּכְפַטִּ֖ישׁ

יפצץ

v. 18. דברו ק׳

ל יִפְצֵץ סָלַע: לָכֵן הִנְנִי עַל־הַנְּבִאִים נְאֻם־יְהֹוָה מְגַנְּבֵי דְבָרַי

31 אִישׁ מֵאֵת רֵעֵהוּ: הִנְנִי עַל־הַנְּבִיאִם נְאֻם־יְהֹוָה הַלֹּקְחִים

32 לְשׁוֹנָם וַיִּנְאֲמוּ נְאֻם: הִנְנִי עַל־נִבְּאֵי חֲלֹמוֹת שֶׁקֶר נְאֻם־

יְהֹוָה וַיְסַפְּרוּם וַיַּתְעוּ אֶת־עַמִּי בְּשִׁקְרֵיהֶם וּבְפַחֲזוּתָם וְאָנֹכִי

לֹא־שְׁלַחְתִּים וְלֹא צִוִּיתִים וְהוֹעֵיל לֹא־יוֹעִילוּ לָעָם־הַזֶּה

33 נְאֻם־יְהֹוָה: וְכִי־יִשְׁאָלְךָ הָעָם הַזֶּה אוֹ־הַנָּבִיא אוֹ־כֹהֵן

לֵאמֹר מַה־מַשָּׂא יְהֹוָה וְאָמַרְתָּ אֲלֵיהֶם אֶת־מַה־מַשָּׂא

34 וְנָטַשְׁתִּי אֶתְכֶם נְאֻם־יְהֹוָה: וְהַנָּבִיא וְהַכֹּהֵן וְהָעָם אֲשֶׁר

יֹאמַר מַשָּׂא יְהֹוָה וּפָקַדְתִּי עַל־הָאִישׁ הַהוּא וְעַל־בֵּיתוֹ:

לה כֹּה תֹאמְרוּ אִישׁ עַל־רֵעֵהוּ וְאִישׁ אֶל־אָחִיו מֶה־עָנָה יְהֹוָה

36 וּמַה־דִּבֶּר יְהֹוָה: וּמַשָּׂא יְהֹוָה לֹא תִזְכְּרוּ־עוֹד כִּי הַמַּשָּׂא

יִהְיֶה לְאִישׁ דְּבָרוֹ וַהֲפַכְתֶּם אֶת־דִּבְרֵי אֱלֹהִים חַיִּים יְהֹוָה

37 צְבָאוֹת אֱלֹהֵינוּ: כֹּה תֹאמַר אֶל־הַנָּבִיא מֶה־עָנָךְ יְהֹוָה

38 וּמַה־דִּבֶּר יְהֹוָה: וְאִם־מַשָּׂא יְהֹוָה תֹּאמֵרוּ לָכֵן כֹּה אָמַר

יְהֹוָה יַעַן אֲמָרְכֶם אֶת־הַדָּבָר הַזֶּה מַשָּׂא יְהֹוָה וָאֶשְׁלַח

39 אֲלֵיכֶם לֵאמֹר לֹא תֹאמְרוּ מַשָּׂא יְהֹוָה: לָכֵן הִנְנִי וְנָשִׁיתִי

אֶתְכֶם נָשֹׁא וְנָטַשְׁתִּי אֶתְכֶם וְאֶת־הָעִיר אֲשֶׁר נָתַתִּי לָכֶם

מ וְלַאֲבוֹתֵיכֶם מֵעַל פָּנָי: וְנָתַתִּי עֲלֵיכֶם חֶרְפַּת עוֹלָם וּכְלִמּוּת

עוֹלָם אֲשֶׁר לֹא תִשָּׁכֵחַ:

CAP. XXIV. כד   כד

א הִרְאַנִי יְהֹוָה וְהִנֵּה שְׁנֵי דּוּדָאֵי תְאֵנִים מוּעָדִים לִפְנֵי הֵיכַל

יְהֹוָה אַחֲרֵי הַגְלוֹת נְבוּכַדְרֶאצַּר מֶלֶךְ־בָּבֶל אֶת־יְכָנְיָהוּ

בֶן־יְהוֹיָקִים מֶלֶךְ־יְהוּדָה וְאֶת־שָׂרֵי יְהוּדָה וְאֶת־הֶחָרָשׁ

2 וְאֶת־הַמַּסְגֵּר מִירוּשָׁלַם וַיְבִאֵם בָּבֶל: הַדּוּד אֶחָד תְּאֵנִים

טֹבוֹת מְאֹד כִּתְאֵנֵי הַבַּכֻּרוֹת וְהַדּוּד אֶחָד תְּאֵנִים רָעוֹת מְאֹד

3 אֲשֶׁר לֹא־תֵאָכַלְנָה מֵרֹעַ: וַיֹּאמֶר יְהֹוָה אֵלַי מָה־אַתָּה

רֹאֶה יִרְמְיָהוּ וָאֹמַר תְּאֵנִים הַתְּאֵנִים הַטֹּבוֹת טֹבוֹת מְאֹד

4 וְהָרָעוֹת רָעוֹת מְאֹד אֲשֶׁר לֹא־תֵאָכַלְנָה מֵרֹעַ: וַיְהִי

דְבַר־יְהֹוָה

ה דְּבַר־יְהוָה אֵלַי לֵאמֹר׃ כֹּה־אָמַר יְהוָה אֱלֹהֵי יִשְׂרָאֵל
כַּתְּאֵנִים הַטֹּבוֹת הָאֵלֶּה כֵּן־אַכִּיר אֶת־גָּלוּת יְהוּדָה אֲשֶׁר
6 שִׁלַּחְתִּי מִן־הַמָּקוֹם הַזֶּה אֶרֶץ כַּשְׂדִּים לְטוֹבָה׃ וְשַׂמְתִּי עֵינִי
עֲלֵיהֶם לְטוֹבָה וַהֲשִׁבֹתִים עַל־הָאָרֶץ הַזֹּאת וּבְנִיתִים וְלֹא
7 אֶהֱרֹס וּנְטַעְתִּים וְלֹא אֶתּוֹשׁ׃ וְנָתַתִּי לָהֶם לֵב לָדַעַת אֹתִי
כִּי אֲנִי יְהוָה וְהָיוּ־לִי לְעָם וְאָנֹכִי אֶהְיֶה לָהֶם לֵאלֹהִים כִּי־
8 יָשֻׁבוּ אֵלַי בְּכָל־לִבָּם׃ וְכַתְּאֵנִים הָרָעוֹת אֲשֶׁר לֹא־
תֵאָכַלְנָה מֵרֹעַ כִּי־כֹה ׀ אָמַר יְהוָה כֵּן אֶתֵּן אֶת־צִדְקִיָּהוּ
מֶלֶךְ־יְהוּדָה וְאֶת־שָׂרָיו וְאֵת ׀ שְׁאֵרִית יְרוּשָׁלַםִ הַנִּשְׁאָרִים
9 בָּאָרֶץ הַזֹּאת וְהַיֹּשְׁבִים בְּאֶרֶץ מִצְרָיִם׃ וּנְתַתִּים לְזַוְעָה
לְרָעָה לְכֹל מַמְלְכוֹת הָאָרֶץ לְחֶרְפָּה וּלְמָשָׁל לִשְׁנִינָה
י וְלִקְלָלָה בְּכָל־הַמְּקֹמוֹת אֲשֶׁר־אַדִּיחֵם שָׁם׃ וְשִׁלַּחְתִּי בָם
אֶת־הַחֶרֶב אֶת־הָרָעָב וְאֶת־הַדָּבֶר עַד־תֻּמָּם מֵעַל הָאֲדָמָה
אֲשֶׁר־נָתַתִּי לָהֶם וְלַאֲבוֹתֵיהֶם׃

כה

Cap. XXV. כה

א הַדָּבָר אֲשֶׁר־הָיָה עַל־יִרְמְיָהוּ עַל־כָּל־עַם יְהוּדָה בַּשָּׁנָה
הָרְבִעִית לִיהוֹיָקִים בֶּן־יֹאשִׁיָּהוּ מֶלֶךְ יְהוּדָה הִיא הַשָּׁנָה
2 הָרִאשֹׁנִית לִנְבוּכַדְרֶאצַּר מֶלֶךְ בָּבֶל׃ אֲשֶׁר דִּבֶּר יִרְמְיָהוּ
הַנָּבִיא עַל־כָּל־עַם יְהוּדָה וְאֶל כָּל־יֹשְׁבֵי יְרוּשָׁלַםִ לֵאמֹר׃
3 מִן־שְׁלֹשׁ עֶשְׂרֵה שָׁנָה לְיֹאשִׁיָּהוּ בֶן־אָמוֹן מֶלֶךְ יְהוּדָה וְעַד ׀
הַיּוֹם הַזֶּה זֶה שָׁלֹשׁ וְעֶשְׂרִים שָׁנָה הָיָה דְבַר־יְהוָה אֵלָי וָאֲדַבֵּר
4 אֲלֵיכֶם אַשְׁכֵּים וְדַבֵּר וְלֹא שְׁמַעְתֶּם׃ וְשָׁלַח יְהוָה אֲלֵיכֶם
אֶת־כָּל־עֲבָדָיו הַנְּבִאִים הַשְׁכֵּם וְשָׁלֹחַ וְלֹא שְׁמַעְתֶּם וְלֹא־
ה הִטִּיתֶם אֶת־אָזְנְכֶם לִשְׁמֹעַ׃ לֵאמֹר שׁוּבוּ־נָא אִישׁ מִדַּרְכּוֹ
הָרָעָה וּמֵרֹעַ מַעַלְלֵיכֶם וּשְׁבוּ עַל־הָאֲדָמָה אֲשֶׁר נָתַן יְהוָה
6 לָכֶם וְלַאֲבוֹתֵיכֶם לְמִן־עוֹלָם וְעַד־עוֹלָם׃ וְאַל־תֵּלְכוּ

כ״ד v. 9 לזעוה ק׳

אַחֲרֵי אֱלֹהִים אֲחֵרִים לְעָבְדָם וּלְהִשְׁתַּחֲוֺת לָהֶם וְלֹא־
7 תַכְעִיסוּ אוֹתִי בְּמַעֲשֵׂה יְדֵיכֶם וְלֹא אָרַע לָכֶם׃ וְלֹא־
שְׁמַעְתֶּם אֵלַי נְאֻם־יְהוָה לְמַעַן הַכְעִסוּנִי בְּמַעֲשֵׂה יְדֵיכֶם
8 לְרַע לָכֶם׃ לָכֵן כֹּה אָמַר יְהוָה צְבָאוֹת יַעַן אֲשֶׁר לֹא־
9 שְׁמַעְתֶּם אֶת־דְּבָרָי׃ הִנְנִי שֹׁלֵחַ וְלָקַחְתִּי אֶת־כָּל־מִשְׁפְּחוֹת
צָפוֹן נְאֻם־יְהוָה וְאֶל־נְבוּכַדְרֶאצַּר מֶלֶךְ־בָּבֶל עַבְדִּי
וַהֲבִאֹתִים עַל־הָאָרֶץ הַזֹּאת וְעַל־יֹשְׁבֶיהָ וְעַל כָּל־הַגּוֹיִם
הָאֵלֶּה סָבִיב וְהַחֲרַמְתִּים וְשַׂמְתִּים לְשַׁמָּה וְלִשְׁרֵקָה וּלְחָרְבוֹת
י עוֹלָם׃ וְהַאֲבַדְתִּי מֵהֶם קוֹל שָׂשׂוֹן וְקוֹל שִׂמְחָה קוֹל חָתָן
11 וְקוֹל כַּלָּה קוֹל רֵחַיִם וְאוֹר נֵר׃ וְהָיְתָה כָּל־הָאָרֶץ הַזֹּאת
לְחָרְבָּה לְשַׁמָּה וְעָבְדוּ הַגּוֹיִם הָאֵלֶּה אֶת־מֶלֶךְ בָּבֶל שִׁבְעִים
12 שָׁנָה׃ וְהָיָה כִמְלֹאות שִׁבְעִים שָׁנָה אֶפְקֹד עַל־מֶלֶךְ־בָּבֶל
וְעַל־הַגּוֹי הַהוּא נְאֻם־יְהוָה אֶת־עֲוֺנָם וְעַל־אֶרֶץ כַּשְׂדִּים
13 וְשַׂמְתִּי אֹתוֹ לְשִׁמְמוֹת עוֹלָם׃ וְהֵבֵאוֹתִי עַל־הָאָרֶץ הַהִיא
אֶת־כָּל־דְּבָרַי אֲשֶׁר־דִּבַּרְתִּי עָלֶיהָ אֵת כָּל־הַכָּתוּב בַּסֵּפֶר
14 הַזֶּה אֲשֶׁר־נִבָּא יִרְמְיָהוּ עַל־כָּל־הַגּוֹיִם׃ כִּי עָבְדוּ־בָם גַּם־
הֵמָּה גּוֹיִם רַבִּים וּמְלָכִים גְּדוֹלִים וְשִׁלַּמְתִּי לָהֶם כְּפָעֳלָם
טו וּכְמַעֲשֵׂה יְדֵיהֶם׃ כִּי כֹה אָמַר יְהוָה אֱלֹהֵי יִשְׂרָאֵל אֵלַי
קַח אֶת־כּוֹס הַיַּיִן הַחֵמָה הַזֹּאת מִיָּדִי וְהִשְׁקִיתָה אֹתוֹ אֶת־
16 כָּל־הַגּוֹיִם אֲשֶׁר אָנֹכִי שֹׁלֵחַ אוֹתְךָ אֲלֵיהֶם׃ וְשָׁתוּ וְהִתְגֹּעֲשׁוּ
17 וְהִתְהֹלָלוּ מִפְּנֵי הַחֶרֶב אֲשֶׁר אָנֹכִי שֹׁלֵחַ בֵּינֹתָם׃ וָאֶקַּח
אֶת־הַכּוֹס מִיַּד יְהוָה וָאַשְׁקֶה אֶת־כָּל־הַגּוֹיִם אֲשֶׁר־שְׁלָחַנִי
18 יְהוָה אֲלֵיהֶם׃ אֶת־יְרוּשָׁלַםִ וְאֶת־עָרֵי יְהוּדָה וְאֶת־מְלָכֶיהָ
אֶת־שָׂרֶיהָ לָתֵת אֹתָם לְחָרְבָּה לְשַׁמָּה לִשְׁרֵקָה וְלִקְלָלָה
19 כַּיּוֹם הַזֶּה׃ אֶת־פַּרְעֹה מֶלֶךְ־מִצְרַיִם וְאֶת־עֲבָדָיו וְאֶת־
כ שָׂרָיו וְאֶת־כָּל־עַמּוֹ׃ וְאֵת כָּל־הָעֶרֶב וְאֵת כָּל־מַלְכֵי אֶרֶץ
הָעוּץ וְאֵת כָּל־מַלְכֵי אֶרֶץ פְּלִשְׁתִּים וְאֶת־אַשְׁקְלוֹן וְאֶת־

v. 7. הכעיסני ק׳ v. 13. והבאתי ק׳

21 עַזָּה וְאֶת־עֶקְרוֹן וְאֵת שְׁאֵרִית אַשְׁדּוֹד׃ אֶת־אֱדוֹם וְאֶת־
22 מוֹאָב וְאֶת־בְּנֵי עַמּוֹן׃ וְאֵת כָּל־מַלְכֵי־צֹר וְאֵת כָּל־מַלְכֵי
23 צִידוֹן וְאֵת מַלְכֵי הָאִי אֲשֶׁר בְּעֵבֶר הַיָּם׃ וְאֶת־דְּדָן וְאֶת־
24 תֵּימָא וְאֶת־בּוּז וְאֵת כָּל־קְצוּצֵי פֵאָה׃ וְאֵת כָּל־מַלְכֵי עֲרָב
כה וְאֵת כָּל־מַלְכֵי הָעֶרֶב הַשֹּׁכְנִים בַּמִּדְבָּר׃ וְאֵת | כָּל־מַלְכֵי
26 זִמְרִי וְאֵת כָּל־מַלְכֵי עֵילָם וְאֵת כָּל־מַלְכֵי מָדָי׃ וְאֵת |
כָּל־מַלְכֵי הַצָּפוֹן הַקְּרֹבִים וְהָרְחֹקִים אִישׁ אֶל־אָחִיו וְאֵת
כָּל־הַמַּמְלְכוֹת הָאָרֶץ אֲשֶׁר עַל־פְּנֵי הָאֲדָמָה וּמֶלֶךְ שֵׁשַׁךְ
27 יִשְׁתֶּה אַחֲרֵיהֶם׃ וְאָמַרְתָּ אֲלֵיהֶם כֹּה־אָמַר יְהוָה צְבָאוֹת
אֱלֹהֵי יִשְׂרָאֵל שְׁתוּ וְשִׁכְרוּ וּקְיוּ וְנִפְלוּ וְלֹא תָקוּמוּ מִפְּנֵי
28 הַחֶרֶב אֲשֶׁר אָנֹכִי שֹׁלֵחַ בֵּינֵיכֶם׃ וְהָיָה כִּי יְמָאֲנוּ לָקַחַת־
הַכּוֹס מִיָּדְךָ לִשְׁתּוֹת וְאָמַרְתָּ אֲלֵיהֶם כֹּה אָמַר יְהוָה צְבָאוֹת
29 שָׁתוֹ תִשְׁתּוּ׃ כִּי הִנֵּה בָעִיר אֲשֶׁר־נִקְרָא שְׁמִי עָלֶיהָ אָנֹכִי
מֵחֵל לְהָרַע וְאַתֶּם הִנָּקֵה תִנָּקוּ לֹא תִנָּקוּ כִּי חֶרֶב אֲנִי קֹרֵא
ל עַל־כָּל־יֹשְׁבֵי הָאָרֶץ נְאֻם יְהוָה צְבָאוֹת׃ וְאַתָּה תִּנָּבֵא
אֲלֵיהֶם אֵת כָּל־הַדְּבָרִים הָאֵלֶּה וְאָמַרְתָּ אֲלֵיהֶם יְהוָה
מִמָּרוֹם יִשְׁאָג וּמִמְּעוֹן קָדְשׁוֹ יִתֵּן קוֹלוֹ שָׁאֹג יִשְׁאַג עַל־נָוֵהוּ
31 הֵידָד כְּדֹרְכִים יַעֲנֶה אֶל כָּל־יֹשְׁבֵי הָאָרֶץ׃ בָּא שָׁאוֹן עַד־
קְצֵה הָאָרֶץ כִּי רִיב לַיהוָה בַּגּוֹיִם נִשְׁפָּט הוּא לְכָל־בָּשָׂר
32 הָרְשָׁעִים נְתָנָם לַחֶרֶב נְאֻם־יְהוָה׃ כֹּה אָמַר יְהוָה
צְבָאוֹת הִנֵּה רָעָה יֹצֵאת מִגּוֹי אֶל־גּוֹי וְסַעַר גָּדוֹל יֵעוֹר
33 מִיַּרְכְּתֵי־אָרֶץ׃ וְהָיוּ חַלְלֵי יְהוָה בַּיּוֹם הַהוּא מִקְצֵה הָאָרֶץ
וְעַד־קְצֵה הָאָרֶץ לֹא יִסָּפְדוּ וְלֹא יֵאָסְפוּ וְלֹא יִקָּבֵרוּ לְדֹמֶן
34 עַל־פְּנֵי הָאֲדָמָה יִהְיוּ׃ הֵילִילוּ הָרֹעִים וְזַעֲקוּ וְהִתְפַּלְּשׁוּ
אַדִּירֵי הַצֹּאן כִּי־מָלְאוּ יְמֵיכֶם לִטְבוֹחַ וּתְפוֹצוֹתִיכֶם וּנְפַלְתֶּם
לה כִּכְלִי חֶמְדָּה׃ וְאָבַד מָנוֹס מִן־הָרֹעִים וּפְלֵיטָה מֵאַדִּירֵי
36 הַצֹּאן׃ קוֹל צַעֲקַת הָרֹעִים וִילְלַת אַדִּירֵי הַצֹּאן כִּי־שֹׁדֵד
37 יְהוָה אֶת־מַרְעִיתָם׃ וְנָדַמּוּ נְאוֹת הַשָּׁלוֹם מִפְּנֵי חֲרוֹן אַף־

יהוה

38 יְהוָה׃ עָזַב כַּכְּפִיר סֻכּוֹ כִּי־הָיְתָה אַרְצָם לְשַׁמָּה מִפְּנֵי חֲרוֹן
הַיּוֹנָה וּמִפְּנֵי חֲרוֹן אַפּוֹ׃

כו Cap. XXVI. כו

א בְּרֵאשִׁית מַמְלְכוּת יְהוֹיָקִים בֶּן־יֹאשִׁיָּהוּ מֶלֶךְ יְהוּדָה הָיָה
2 הַדָּבָר הַזֶּה מֵאֵת יְהוָה לֵאמֹר׃ כֹּה ׀ אָמַר יְהוָה עֲמֹד בַּחֲצַר
בֵּית־יְהוָה וְדִבַּרְתָּ עַל־כָּל־עָרֵי יְהוּדָה הַבָּאִים לְהִשְׁתַּחֲוֺת
בֵּית־יְהוָה אֵת כָּל־הַדְּבָרִים אֲשֶׁר צִוִּיתִיךָ לְדַבֵּר אֲלֵיהֶם
3 אַל־תִּגְרַע דָּבָר׃ אוּלַי יִשְׁמְעוּ וְיָשֻׁבוּ אִישׁ מִדַּרְכּוֹ הָרָעָה
וְנִחַמְתִּי אֶל־הָרָעָה אֲשֶׁר אָנֹכִי חֹשֵׁב לַעֲשׂוֹת לָהֶם מִפְּנֵי
4 רֹעַ מַעַלְלֵיהֶם׃ וְאָמַרְתָּ אֲלֵיהֶם כֹּה אָמַר יְהוָה אִם־לֹא
ה תִשְׁמְעוּ אֵלַי לָלֶכֶת בְּתוֹרָתִי אֲשֶׁר נָתַתִּי לִפְנֵיכֶם׃ לִשְׁמֹעַ
עַל־דִּבְרֵי עֲבָדַי הַנְּבִאִים אֲשֶׁר אָנֹכִי שֹׁלֵחַ אֲלֵיכֶם וְהַשְׁכֵּם
6 וְשָׁלֹחַ וְלֹא שְׁמַעְתֶּם׃ וְנָתַתִּי אֶת־הַבַּיִת הַזֶּה כְּשִׁלֹה וְאֶת־
7 הָעִיר הַזֹּאתָה אֶתֵּן לִקְלָלָה לְכֹל גּוֹיֵי הָאָרֶץ׃ וַיִּשְׁמְעוּ
הַכֹּהֲנִים וְהַנְּבִאִים וְכָל־הָעָם אֶת־יִרְמְיָהוּ מְדַבֵּר אֶת־
8 הַדְּבָרִים הָאֵלֶּה בְּבֵית יְהוָה׃ וַיְהִי ׀ כְּכַלּוֹת יִרְמְיָהוּ לְדַבֵּר
אֵת כָּל־אֲשֶׁר־צִוָּה יְהוָה לְדַבֵּר אֶל־כָּל־הָעָם וַיִּתְפְּשׂוּ אֹתוֹ
9 הַכֹּהֲנִים וְהַנְּבִיאִים וְכָל־הָעָם לֵאמֹר מוֹת תָּמוּת׃ מַדּוּעַ
נִבֵּיתָ בְשֵׁם־יְהוָה לֵאמֹר כְּשִׁלוֹ יִהְיֶה הַבַּיִת הַזֶּה וְהָעִיר הַזֹּאת
תֶּחֱרַב מֵאֵין יוֹשֵׁב וַיִּקָּהֵל כָּל־הָעָם אֶל־יִרְמְיָהוּ בְּבֵית יְהוָה׃
י וַיִּשְׁמְעוּ ׀ שָׂרֵי יְהוּדָה אֵת הַדְּבָרִים הָאֵלֶּה וַיַּעֲלוּ מִבֵּית־
11 הַמֶּלֶךְ בֵּית יְהוָה וַיֵּשְׁבוּ בְּפֶתַח שַׁעַר־יְהוָה הֶחָדָשׁ׃ וַיֹּאמְרוּ
הַכֹּהֲנִים וְהַנְּבִאִים אֶל־הַשָּׂרִים וְאֶל־כָּל־הָעָם לֵאמֹר
מִשְׁפַּט־מָוֶת לָאִישׁ הַזֶּה כִּי נִבָּא אֶל־הָעִיר הַזֹּאת כַּאֲשֶׁר
12 שְׁמַעְתֶּם בְּאָזְנֵיכֶם׃ וַיֹּאמֶר יִרְמְיָהוּ אֶל־כָּל־הַשָּׂרִים וְאֶל־
כָּל־הָעָם לֵאמֹר יְהוָה שְׁלָחַנִי לְהִנָּבֵא אֶל־הַבַּיִת הַזֶּה וְאֶל־
13 הָעִיר הַזֹּאת אֵת כָּל־הַדְּבָרִים אֲשֶׁר שְׁמַעְתֶּם׃ וְעַתָּה הֵיטִיבוּ

דרכיכם

כ״ו v. 6. הזאת ק׳

דַּרְכֵיכֶם֙ וּמַעַלְלֵיכֶ֔ם וְשִׁמְע֕וּ בְּק֖וֹל יְהוָ֣ה אֱלֹהֵיכֶ֑ם וְיִנָּחֵ֣ם
14 יְהוָ֔ה אֶל־הָרָעָ֖ה אֲשֶׁ֥ר דִּבֶּ֖ר עֲלֵיכֶֽם׃ וַאֲנִ֖י הִנְנִ֣י בְיֶדְכֶ֑ם
טו עֲשׂוּ־לִ֛י כַּטּ֥וֹב וְכַיָּשָׁ֖ר בְּעֵינֵיכֶֽם׃ אַ֣ךְ ׀ יָדֹ֣עַ תֵּדְע֗וּ כִּ֠י אִם־
מְמִתִ֣ים אַתֶּם֮ אֹתִי֒ כִּֽי־דָ֣ם נָקִ֗י אַתֶּם֙ נֹתְנִ֣ים עֲלֵיכֶ֔ם וְאֶל־
הָעִ֥יר הַזֹּ֖את וְאֶל־יֹשְׁבֶ֑יהָ כִּ֣י בֶאֱמֶ֗ת שְׁלָחַ֤נִי יְהוָה֙ עֲלֵיכֶ֔ם
16 לְדַבֵּר֙ בְּאָזְנֵיכֶ֔ם אֵ֥ת כָּל־הַדְּבָרִ֖ים הָאֵֽלֶּה׃ וַיֹּאמְר֤וּ
הַשָּׂרִים֙ וְכָל־הָעָ֔ם אֶל־הַכֹּהֲנִ֖ים וְאֶל־הַנְּבִיאִ֑ים אֵין־לָאִ֤ישׁ
17 הַזֶּה֙ מִשְׁפַּט־מָ֔וֶת כִּ֗י בְּשֵׁ֛ם יְהוָ֥ה אֱלֹהֵ֖ינוּ דִּבֶּ֥ר אֵלֵֽינוּ׃ וַיָּקֻ֣מוּ
אֲנָשִׁ֔ים מִזִּקְנֵ֖י הָאָ֑רֶץ וַיֹּֽאמְר֔וּ אֶֽל־כָּל־קְהַ֥ל הָעָ֖ם לֵאמֹֽר׃
18 מִיכָיה֙ הַמּ֣וֹרַשְׁתִּ֔י הָיָ֣ה נִבָּ֔א בִּימֵ֖י חִזְקִיָּ֣הוּ מֶֽלֶךְ־יְהוּדָ֑ה וַיֹּ֣אמֶר
אֶל־כָּל־עַ֨ם יְהוּדָ֜ה לֵאמֹ֗ר כֹּֽה־אָמַ֣ר ׀ יְהוָ֣ה צְבָא֗וֹת צִיּ֞וֹן
שָׂדֶ֣ה תֵחָרֵ֗שׁ וִירוּשָׁלַ֙יִם֙ עִיִּ֣ים תִּֽהְיֶ֔ה וְהַ֥ר הַבַּ֖יִת לְבָמ֥וֹת יָֽעַר׃
19 הֶהָמֵ֣ת הֱ֠מִתֻהוּ חִזְקִיָּ֨הוּ מֶֽלֶךְ־יְהוּדָ֜ה וְכָל־יְהוּדָ֗ה הֲלֹא֮ יָרֵ֣א
אֶת־יְהוָה֒ וַיְחַל֙ אֶת־פְּנֵ֣י יְהוָ֔ה וַיִּנָּ֣חֶם יְהוָ֔ה אֶל־הָרָעָ֖ה
אֲשֶׁר־דִּבֶּ֣ר עֲלֵיהֶ֑ם וַאֲנַ֗חְנוּ עֹשִׂ֛ים רָעָ֥ה גְדוֹלָ֖ה עַל־נַפְשׁוֹתֵֽינוּ׃
כ וְגַם־אִ֗ישׁ הָיָ֤ה מִתְנַבֵּא֙ בְּשֵׁ֣ם יְהוָ֔ה אֽוּרִיָּ֙הוּ֙ בֶּן־שְׁמַֽעְיָ֔הוּ
מִקִּרְיַ֖ת הַיְּעָרִ֑ים וַיִּנָּבֵ֞א עַל־הָעִ֤יר הַזֹּאת֙ וְעַל־הָאָ֣רֶץ הַזֹּ֔את
21 כְּכֹ֖ל דִּבְרֵ֥י יִרְמְיָֽהוּ׃ וַיִּשְׁמַ֣ע הַמֶּֽלֶךְ־יְ֠הוֹיָקִים וְכָל־גִּבּוֹרָ֤יו
וְכָל־הַשָּׂרִים֙ אֶת־דְּבָרָ֔יו וַיְבַקֵּ֥שׁ הַמֶּ֖לֶךְ הֲמִית֑וֹ וַיִּשְׁמַ֤ע
22 אֽוּרִיָּ֙הוּ֙ וַיִּרָ֔א וַיִּבְרַ֖ח וַיָּבֹ֥א מִצְרָֽיִם׃ וַיִּשְׁלַ֞ח הַמֶּ֧לֶךְ יְהוֹיָקִ֛ים
אֲנָשִׁ֖ים מִצְרָ֑יִם אֵ֣ת אֶלְנָתָ֧ן בֶּן־עַכְבּ֛וֹר וַאֲנָשִׁ֥ים אִתּ֖וֹ אֶל־
23 מִצְרָֽיִם׃ וַיּוֹצִ֨יאוּ אֶת־אֽוּרִיָּ֜הוּ מִמִּצְרַ֗יִם וַיְבִאֻ֙הוּ֙ אֶל־הַמֶּ֣לֶךְ
יְהוֹיָקִ֔ים וַיַּכֵּ֖הוּ בֶּחָ֑רֶב וַיַּשְׁלֵךְ֙ אֶת־נִבְלָת֔וֹ אֶל־קִבְרֵ֖י בְּנֵ֥י
24 הָעָֽם׃ אַ֗ךְ יַ֚ד אֲחִיקָ֣ם בֶּן־שָׁפָ֔ן הָיְתָ֖ה אֶֽת־יִרְמְיָ֑הוּ לְבִלְתִּ֛י
תֵּת־אֹת֥וֹ בְיַד־הָעָ֖ם לַהֲמִיתֽוֹ׃

כז Cap. XXVII. כז

א בְּ֠רֵאשִׁית מַמְלֶ֛כֶת יְהוֹיָקִ֥ם בֶּן־יֹאושִׁיָּ֖הוּ מֶ֣לֶךְ יְהוּדָ֑ה הָיָ֞ה

הדבר

כו v. 18. מיכה ק׳

2 הַדָּבָר הַזֶּה אֶל־יִרְמְיָה מֵאֵת יְהוָה לֵאמֹר׃ כֹּה־אָמַר יְהוָה
3 אֵלַי עֲשֵׂה לְךָ מוֹסֵרוֹת וּמֹטוֹת וּנְתַתָּם עַל־צַוָּארֶךָ׃ וְשִׁלַּחְתָּם
אֶל־מֶלֶךְ אֱדוֹם וְאֶל־מֶלֶךְ מוֹאָב וְאֶל־מֶלֶךְ בְּנֵי עַמּוֹן וְאֶל־
מֶלֶךְ צֹר וְאֶל־מֶלֶךְ צִידוֹן בְּיַד מַלְאָכִים הַבָּאִים יְרוּשָׁלַםִ
4 אֶל־צִדְקִיָּהוּ מֶלֶךְ יְהוּדָה׃ וְצִוִּיתָ אֹתָם אֶל־אֲדֹנֵיהֶם לֵאמֹר
כֹּה־אָמַר יְהוָה צְבָאוֹת אֱלֹהֵי יִשְׂרָאֵל כֹּה תֹאמְרוּ אֶל־
ה אֲדֹנֵיכֶם׃ אָנֹכִי עָשִׂיתִי אֶת־הָאָרֶץ אֶת־הָאָדָם וְאֶת־הַבְּהֵמָה
אֲשֶׁר עַל־פְּנֵי הָאָרֶץ בְּכֹחִי הַגָּדוֹל וּבִזְרוֹעִי הַנְּטוּיָה וּנְתַתִּיהָ
6 לַאֲשֶׁר יָשַׁר בְּעֵינָי׃ וְעַתָּה אָנֹכִי נָתַתִּי אֶת־כָּל־הָאֲרָצוֹת
הָאֵלֶּה בְּיַד נְבוּכַדְנֶאצַּר מֶלֶךְ־בָּבֶל עַבְדִּי וְגַם אֶת־חַיַּת
7 הַשָּׂדֶה נָתַתִּי לוֹ לְעָבְדוֹ׃ וְעָבְדוּ אֹתוֹ כָּל־הַגּוֹיִם וְאֶת־בְּנוֹ
וְאֶת־בֶּן־בְּנוֹ עַד בֹּא־עֵת אַרְצוֹ גַּם־הוּא וְעָבְדוּ בוֹ גּוֹיִם
8 רַבִּים וּמְלָכִים גְּדֹלִים׃ וְהָיָה הַגּוֹי וְהַמַּמְלָכָה אֲשֶׁר לֹא־
יַעַבְדוּ אֹתוֹ אֶת־נְבוּכַדְנֶאצַּר מֶלֶךְ־בָּבֶל וְאֵת אֲשֶׁר לֹא־יִתֵּן
אֶת־צַוָּארוֹ בְּעֹל מֶלֶךְ בָּבֶל בַּחֶרֶב וּבָרָעָב וּבַדֶּבֶר אֶפְקֹד
9 עַל־הַגּוֹי הַהוּא נְאֻם־יְהוָה עַד־תֻּמִּי אֹתָם בְּיָדוֹ׃ וְאַתֶּם
אַל־תִּשְׁמְעוּ אֶל־נְבִיאֵיכֶם וְאֶל־קֹסְמֵיכֶם וְאֶל חֲלֹמֹתֵיכֶם
וְאֶל־עֹנְנֵיכֶם וְאֶל־כַּשָּׁפֵיכֶם אֲשֶׁר־הֵם אֹמְרִים אֲלֵיכֶם
י לֵאמֹר לֹא תַעַבְדוּ אֶת־מֶלֶךְ בָּבֶל׃ כִּי שֶׁקֶר הֵם נִבְּאִים
לָכֶם לְמַעַן הַרְחִיק אֶתְכֶם מֵעַל אַדְמַתְכֶם וְהִדַּחְתִּי אֶתְכֶם
11 וַאֲבַדְתֶּם׃ וְהַגּוֹי אֲשֶׁר יָבִיא אֶת־צַוָּארוֹ בְּעֹל מֶלֶךְ־בָּבֶל
וַעֲבָדוֹ וְהִנַּחְתִּיו עַל־אַדְמָתוֹ נְאֻם־יְהוָה וַעֲבָדָהּ וְיָשַׁב בָּהּ׃
12 וְאֶל־צִדְקִיָּה מֶלֶךְ־יְהוּדָה דִּבַּרְתִּי כְּכָל־הַדְּבָרִים הָאֵלֶּה
לֵאמֹר הָבִיאוּ אֶת־צַוְּארֵיכֶם בְּעֹל ׀ מֶלֶךְ־בָּבֶל וְעִבְדוּ אֹתוֹ
13 וְעַמּוֹ וִחְיוּ׃ לָמָּה תָמוּתוּ אַתָּה וְעַמֶּךָ בַּחֶרֶב בָּרָעָב וּבַדֶּבֶר
כַּאֲשֶׁר דִּבֶּר יְהוָה אֶל־הַגּוֹי אֲשֶׁר לֹא־יַעֲבֹד אֶת־מֶלֶךְ בָּבֶל׃
14 וְאַל־תִּשְׁמְעוּ אֶל־דִּבְרֵי הַנְּבִאִים הָאֹמְרִים אֲלֵיכֶם לֵאמֹר
טו לֹא תַעַבְדוּ אֶת־מֶלֶךְ בָּבֶל כִּי שֶׁקֶר הֵם נִבְּאִים לָכֶם׃ כִּי

לא

לֹא שְׁלַחְתִּים נְאֻם־יְהוָה וְהֵם נִבְּאִים בִּשְׁמִי לַשָּׁקֶר לְמַעַן
הַדִּיחִי אֶתְכֶם וַאֲבַדְתֶּם אַתֶּם וְהַנְּבִאִים הַנִּבְּאִים לָכֶם׃
16 וְאֶל־הַכֹּהֲנִים וְאֶל־כָּל־הָעָם הַזֶּה דִּבַּרְתִּי לֵאמֹר כֹּה אָמַר
יְהוָה אַל־תִּשְׁמְעוּ אֶל־דִּבְרֵי נְבִיאֵיכֶם הַנִּבְּאִים לָכֶם לֵאמֹר
הִנֵּה כְלֵי בֵית־יְהוָה מוּשָׁבִים מִבָּבֶלָה עַתָּה מְהֵרָה כִּי שֶׁקֶר
17 הֵמָּה נִבְּאִים לָכֶם׃ אַל־תִּשְׁמְעוּ אֲלֵיהֶם עִבְדוּ אֶת־מֶלֶךְ־
18 בָּבֶל וִחְיוּ לָמָּה תִהְיֶה הָעִיר הַזֹּאת חָרְבָּה׃ וְאִם־נְבִאִים
הֵם וְאִם־יֵשׁ דְּבַר־יְהוָה אִתָּם יִפְגְּעוּ־נָא בַּיהוָה צְבָאוֹת
לְבִלְתִּי־בֹאוּ הַכֵּלִים ׀ הַנּוֹתָרִים בְּבֵית־יְהוָה וּבֵית מֶלֶךְ
19 יְהוּדָה וּבִירוּשָׁלִַם בָּבֶלָה׃ כִּי כֹה אָמַר יְהוָה צְבָאוֹת
אֶל־הָעַמֻּדִים וְעַל־הַיָּם וְעַל־הַמְּכֹנוֹת וְעַל יֶתֶר הַכֵּלִים
כ הַנּוֹתָרִים בָּעִיר הַזֹּאת׃ אֲשֶׁר לֹא־לְקָחָם נְבוּכַדְנֶאצַּר
מֶלֶךְ בָּבֶל בַּגְלוֹתוֹ אֶת־יְכוֹנְיָה בֶן־יְהוֹיָקִים מֶלֶךְ־יְהוּדָה
21 מִירוּשָׁלַםִ בָּבֶלָה וְאֵת כָּל־חֹרֵי יְהוּדָה וִירוּשָׁלִָם׃ כִּי כֹה
אָמַר יְהוָה צְבָאוֹת אֱלֹהֵי יִשְׂרָאֵל עַל־הַכֵּלִים הַנּוֹתָרִים בֵּית
22 יְהוָה וּבֵית מֶלֶךְ־יְהוּדָה וִירוּשָׁלִָם׃ בָּבֶלָה יוּבָאוּ וְשָׁמָּה יִהְיוּ
עַד יוֹם פָּקְדִי אֹתָם נְאֻם־יְהוָה וְהַעֲלִיתִים וַהֲשִׁיבֹתִים אֶל־
הַמָּקוֹם הַזֶּה׃

כח Cap. XXVIII. כח

א וַיְהִי ׀ בַּשָּׁנָה הַהִיא בְּרֵאשִׁית מַמְלֶכֶת צִדְקִיָּה מֶלֶךְ־יְהוּדָה
בִּשְׁנַת הָרְבִעִית בַּחֹדֶשׁ הַחֲמִישִׁי אָמַר אֵלַי חֲנַנְיָה בֶן־עַזּוּר
הַנָּבִיא אֲשֶׁר מִגִּבְעוֹן בְּבֵית יְהוָה לְעֵינֵי הַכֹּהֲנִים וְכָל־הָעָם
2 לֵאמֹר׃ כֹּה־אָמַר יְהוָה צְבָאוֹת אֱלֹהֵי יִשְׂרָאֵל לֵאמֹר שָׁבַרְתִּי
3 אֶת־עֹל מֶלֶךְ בָּבֶל׃ בְּעוֹד ׀ שְׁנָתַיִם יָמִים אֲנִי מֵשִׁיב אֶל־
הַמָּקוֹם הַזֶּה אֶת־כָּל־כְּלֵי בֵּית יְהוָה אֲשֶׁר לָקַח נְבוּכַדְנֶאצַּר
4 מֶלֶךְ־בָּבֶל מִן־הַמָּקוֹם הַזֶּה וַיְבִיאֵם בָּבֶל׃ וְאֶת־יְכָנְיָה בֶן־
יְהוֹיָקִים מֶלֶךְ־יְהוּדָה וְאֶת־כָּל־גָּלוּת יְהוּדָה הַבָּאִים בָּבֶלָה

אני

כ״ח v. 1. בשנה ק׳

אֲנִי מֵשִׁיב אֶל־הַמָּקוֹם הַזֶּה נְאֻם־יְהוָה כִּי אֶשְׁבֹּר אֶת־עֹל
ה מֶלֶךְ בָּבֶל׃ וַיֹּאמֶר יִרְמְיָה הַנָּבִיא אֶל־חֲנַנְיָה הַנָּבִיא לְעֵינֵי
6 הַכֹּהֲנִים וּלְעֵינֵי כָּל־הָעָם הָעֹמְדִים בְּבֵית יְהוָה׃ וַיֹּאמֶר
יִרְמְיָה הַנָּבִיא אָמֵן כֵּן יַעֲשֶׂה יְהוָה יָקֵם יְהוָה אֶת־דְּבָרֶיךָ
אֲשֶׁר נִבֵּאתָ לְהָשִׁיב כְּלֵי בֵית־יְהוָה וְכָל־הַגּוֹלָה מִבָּבֶל
7 אֶל־הַמָּקוֹם הַזֶּה׃ אַךְ־שְׁמַע־נָא הַדָּבָר הַזֶּה אֲשֶׁר אָנֹכִי
8 דֹּבֵר בְּאָזְנֶיךָ וּבְאָזְנֵי כָּל־הָעָם׃ הַנְּבִיאִים אֲשֶׁר הָיוּ לְפָנַי
וּלְפָנֶיךָ מִן־הָעוֹלָם וַיִּנָּבְאוּ אֶל־אֲרָצוֹת רַבּוֹת וְעַל־מַמְלָכוֹת
9 גְּדֹלוֹת לְמִלְחָמָה וּלְרָעָה וּלְדָבֶר׃ הַנָּבִיא אֲשֶׁר יִנָּבֵא לְשָׁלוֹם
בְּבֹא דְּבַר הַנָּבִיא יִוָּדַע הַנָּבִיא אֲשֶׁר־שְׁלָחוֹ יְהוָה בֶּאֱמֶת׃
י וַיִּקַּח חֲנַנְיָה הַנָּבִיא אֶת־הַמּוֹטָה מֵעַל צַוַּאר יִרְמְיָה הַנָּבִיא
11 וַיִּשְׁבְּרֵהוּ׃ ° וַיֹּאמֶר חֲנַנְיָה לְעֵינֵי כָל־הָעָם לֵאמֹר כֹּה אָמַר
יְהוָה כָּכָה אֶשְׁבֹּר אֶת־עֹל ׀ נְבֻכַדְנֶאצַּר מֶלֶךְ־בָּבֶל בְּעוֹד
שְׁנָתַיִם יָמִים מֵעַל צַוַּאר כָּל־הַגּוֹיִם וַיֵּלֶךְ יִרְמְיָה הַנָּבִיא
12 לְדַרְכּוֹ׃ וַיְהִי דְבַר־יְהוָה אֶל־יִרְמְיָה אַחֲרֵי שְׁבוֹר חֲנַנְיָה
13 הַנָּבִיא אֶת־הַמּוֹטָה מֵעַל צַוַּאר יִרְמְיָה הַנָּבִיא לֵאמֹר׃ הָלוֹךְ
וְאָמַרְתָּ אֶל־חֲנַנְיָה לֵאמֹר כֹּה אָמַר יְהוָה מוֹטֹת עֵץ שָׁבָרְתָּ
14 וְעָשִׂיתָ תַחְתֵּיהֶן מֹטוֹת בַּרְזֶל׃ כִּי כֹה־אָמַר יְהוָה צְבָאוֹת
אֱלֹהֵי יִשְׂרָאֵל עֹל בַּרְזֶל נָתַתִּי עַל־צַוַּאר ׀ כָּל־הַגּוֹיִם הָאֵלֶּה
לַעֲבֹד אֶת־נְבֻכַדְנֶאצַּר מֶלֶךְ־בָּבֶל וַעֲבָדֻהוּ וְגַם אֶת־חַיַּת
טו הַשָּׂדֶה נָתַתִּי לוֹ׃ וַיֹּאמֶר יִרְמְיָה הַנָּבִיא אֶל־חֲנַנְיָה הַנָּבִיא
שְׁמַע־נָא חֲנַנְיָה לֹא־שְׁלָחֲךָ יְהוָה וְאַתָּה הִבְטַחְתָּ אֶת־הָעָם
16 הַזֶּה עַל־שָׁקֶר׃ לָכֵן כֹּה אָמַר יְהוָה הִנְנִי מְשַׁלֵּחֲךָ מֵעַל פְּנֵי
17 הָאֲדָמָה הַשָּׁנָה אַתָּה מֵת כִּי־סָרָה דִבַּרְתָּ אֶל־יְהוָה׃ וַיָּמָת
חֲנַנְיָה הַנָּבִיא בַּשָּׁנָה הַהִיא בַּחֹדֶשׁ הַשְּׁבִיעִי׃

כט Cap. XXIX. כט

א וְאֵלֶּה דִּבְרֵי הַסֵּפֶר אֲשֶׁר שָׁלַח יִרְמְיָה הַנָּבִיא מִירוּשָׁלָםִ

אל־יתר

כ״ח v. 11 חצי הספר בפסוקים

אֶל־יֶתֶר זִקְנֵי הַגּוֹלָה וְאֶל־הַכֹּהֲנִים וְאֶל־הַנְּבִיאִים וְאֶל־
כָּל־הָעָם אֲשֶׁר הֶגְלָה נְבוּכַדְנֶאצַּר מִירוּשָׁלַםִ בָּבֶלָה׃
2 אַחֲרֵי צֵאת יְכָנְיָה־הַמֶּלֶךְ וְהַגְּבִירָה וְהַסָּרִיסִים שָׂרֵי יְהוּדָה
3 וִירוּשָׁלַםִ וְהֶחָרָשׁ וְהַמַּסְגֵּר מִירוּשָׁלָםִ׃ בְּיַד אֶלְעָשָׂה בֶן־
שָׁפָן וּגְמַרְיָה בֶּן־חִלְקִיָּה אֲשֶׁר שָׁלַח צִדְקִיָּה מֶלֶךְ־יְהוּדָה
4 אֶל־נְבוּכַדְנֶאצַּר מֶלֶךְ בָּבֶל בָּבֶלָה לֵאמֹר׃ כֹּה אָמַר יְהוָה
צְבָאוֹת אֱלֹהֵי יִשְׂרָאֵל לְכָל־הַגּוֹלָה אֲשֶׁר־הִגְלֵיתִי מִירוּשָׁלַםִ
ה בָּבֶלָה׃ בְּנוּ בָתִּים וְשֵׁבוּ וְנִטְעוּ גַנּוֹת וְאִכְלוּ אֶת־פִּרְיָן׃
6 קְחוּ נָשִׁים וְהוֹלִידוּ בָּנִים וּבָנוֹת וּקְחוּ לִבְנֵיכֶם נָשִׁים וְאֶת־
בְּנוֹתֵיכֶם תְּנוּ לַאֲנָשִׁים וְתֵלַדְנָה בָּנִים וּבָנוֹת וּרְבוּ־שָׁם וְאַל־
7 תִּמְעָטוּ׃ וְדִרְשׁוּ אֶת־שְׁלוֹם הָעִיר אֲשֶׁר הִגְלֵיתִי אֶתְכֶם
שָׁמָּה וְהִתְפַּלְלוּ בַעֲדָהּ אֶל־יְהוָה כִּי בִשְׁלוֹמָהּ יִהְיֶה לָכֶם
8 שָׁלוֹם׃ כִּי כֹה אָמַר יְהוָה צְבָאוֹת אֱלֹהֵי יִשְׂרָאֵל אַל־
יַשִּׁיאוּ לָכֶם נְבִיאֵיכֶם אֲשֶׁר־בְּקִרְבְּכֶם וְקֹסְמֵיכֶם וְאַל־
9 תִּשְׁמְעוּ אֶל־חֲלֹמֹתֵיכֶם אֲשֶׁר אַתֶּם מַחְלְמִים׃ כִּי בְשֶׁקֶר הֵם
י נִבְּאִים לָכֶם בִּשְׁמִי לֹא שְׁלַחְתִּים נְאֻם־יְהוָה׃ כִּי־כֹה
אָמַר יְהוָה כִּי לְפִי מְלֹאת לְבָבֶל שִׁבְעִים שָׁנָה אֶפְקֹד אֶתְכֶם
וַהֲקִמֹתִי עֲלֵיכֶם אֶת־דְּבָרִי הַטּוֹב לְהָשִׁיב אֶתְכֶם אֶל־
11 הַמָּקוֹם הַזֶּה׃ כִּי אָנֹכִי יָדַעְתִּי אֶת־הַמַּחֲשָׁבֹת אֲשֶׁר אָנֹכִי
חֹשֵׁב עֲלֵיכֶם נְאֻם־יְהוָה מַחְשְׁבוֹת שָׁלוֹם וְלֹא לְרָעָה לָתֵת
12 לָכֶם אַחֲרִית וְתִקְוָה׃ וּקְרָאתֶם אֹתִי וַהֲלַכְתֶּם וְהִתְפַּלַּלְתֶּם
13 אֵלָי וְשָׁמַעְתִּי אֲלֵיכֶם׃ וּבִקַּשְׁתֶּם אֹתִי וּמְצָאתֶם כִּי תִדְרְשֻׁנִי
14 בְּכָל־לְבַבְכֶם׃ וְנִמְצֵאתִי לָכֶם נְאֻם־יְהוָה וְשַׁבְתִּי אֶת־
שְׁבִיתְכֶם וְקִבַּצְתִּי אֶתְכֶם מִכָּל־הַגּוֹיִם וּמִכָּל־הַמְּקוֹמוֹת
אֲשֶׁר הִדַּחְתִּי אֶתְכֶם שָׁם נְאֻם־יְהוָה וַהֲשִׁבֹתִי אֶתְכֶם אֶל־
טו הַמָּקוֹם אֲשֶׁר־הִגְלֵיתִי אֶתְכֶם מִשָּׁם׃ כִּי אֲמַרְתֶּם הֵקִים לָנוּ
16 יְהוָה נְבִאִים בָּבֶלָה׃ כִּי־כֹה ׀ אָמַר יְהוָה אֶל־הַמֶּלֶךְ

היושב

v. 14. שבותכם ק׳

הַיּוֹשֵׁב אֶל־כִּסֵּא דָוִד וְאֶל־כָּל־הָעָם הַיּוֹשֵׁב בָּעִיר הַזֹּאת

17 אֲחֵיכֶם אֲשֶׁר לֹא־יָצְאוּ אִתְּכֶם בַּגּוֹלָה: כֹּה אָמַר יְהֹוָה צְבָאוֹת הִנְנִי מְשַׁלֵּחַ בָּם אֶת־הַחֶרֶב אֶת־הָרָעָב וְאֶת־הַדָּבֶר וְנָתַתִּי אוֹתָם כַּתְּאֵנִים הַשֹּׁעָרִים אֲשֶׁר לֹא־תֵאָכַלְנָה מֵרֹעַ:

18 וְרָדַפְתִּי אַחֲרֵיהֶם בַּחֶרֶב בָּרָעָב וּבַדָּבֶר וּנְתַתִּים לְזַוְעָה לְכֹל ׀ מַמְלְכוֹת הָאָרֶץ לְאָלָה וּלְשַׁמָּה וְלִשְׁרֵקָה וּלְחֶרְפָּה

19 בְּכָל־הַגּוֹיִם אֲשֶׁר־הִדַּחְתִּים שָׁם: תַּחַת אֲשֶׁר־לֹא־שָׁמְעוּ אֶל־דְּבָרַי נְאֻם־יְהֹוָה אֲשֶׁר שָׁלַחְתִּי אֲלֵיהֶם אֶת־עֲבָדַי

כ הַנְּבִאִים הַשְׁכֵּם וְשָׁלֹחַ וְלֹא שְׁמַעְתֶּם נְאֻם־יְהֹוָה: וְאַתֶּם שִׁמְעוּ דְבַר־יְהֹוָה כָּל־הַגּוֹלָה אֲשֶׁר־שִׁלַּחְתִּי מִירוּשָׁלַ͏ִם

21 בָּבֶלָה: כֹּה־אָמַר יְהֹוָה צְבָאוֹת אֱלֹהֵי יִשְׂרָאֵל אֶל־ אַחְאָב בֶּן־קוֹלָיָה וְאֶל־צִדְקִיָּהוּ בֶן־מַעֲשֵׂיָה הַנִּבְּאִים לָכֶם בִּשְׁמִי שָׁקֶר הִנְנִי ׀ נֹתֵן אֹתָם בְּיַד נְבוּכַדְרֶאצַּר מֶלֶךְ־בָּבֶל

22 וְהִכָּם לְעֵינֵיכֶם: וְלֻקַּח מֵהֶם קְלָלָה לְכֹל גָּלוּת יְהוּדָה אֲשֶׁר בְּבָבֶל לֵאמֹר יְשִׂמְךָ יְהֹוָה כְּצִדְקִיָּהוּ וּכְאֶחָב אֲשֶׁר־

23 קָלָם מֶלֶךְ־בָּבֶל בָּאֵשׁ: יַעַן אֲשֶׁר עָשׂוּ נְבָלָה בְּיִשְׂרָאֵל וַיְנַאֲפוּ אֶת־נְשֵׁי רֵעֵיהֶם וַיְדַבְּרוּ דָבָר בִּשְׁמִי שֶׁקֶר אֲשֶׁר לוֹא

24 צִוִּיתִם וְאָנֹכִי הַיּוֹדֵעַ וָעֵד נְאֻם־יְהֹוָה: וְאֶל־שְׁמַעְיָהוּ

כה הַנֶּחֱלָמִי תֹּאמַר לֵאמֹר: כֹּה־אָמַר יְהֹוָה צְבָאוֹת אֱלֹהֵי יִשְׂרָאֵל לֵאמֹר יַעַן אֲשֶׁר אַתָּה שָׁלַחְתָּ בְשִׁמְכָה סְפָרִים אֶל־ כָּל־הָעָם אֲשֶׁר בִּירוּשָׁלַ͏ִם וְאֶל־צְפַנְיָה בֶן־מַעֲשֵׂיָה הַכֹּהֵן

26 וְאֶל־כָּל־הַכֹּהֲנִים לֵאמֹר: יְהֹוָה נְתָנְךָ כֹהֵן תַּחַת יְהוֹיָדָע הַכֹּהֵן לִהְיוֹת פְּקִדִים בֵּית יְהֹוָה לְכָל־אִישׁ מְשֻׁגָּע וּמִתְנַבֵּא

27 וְנָתַתָּה אֹתוֹ אֶל־הַמַּהְפֶּכֶת וְאֶל־הַצִּינֹק: וְעַתָּה לָמָה לֹא

28 נָעַרְתָּ בְּיִרְמְיָהוּ הָעֲנְּתֹתִי הַמִּתְנַבֵּא לָכֶם: כִּי עַל־כֵּן שָׁלַח אֵלֵינוּ בָּבֶל לֵאמֹר אֲרֻכָּה הִיא בְּנוּ בָתִּים וְשֵׁבוּ וְנִטְעוּ גַנּוֹת

29 וְאִכְלוּ אֶת־פְּרִיהֶן: וַיִּקְרָא צְפַנְיָה הַכֹּהֵן אֶת־הַסֵּפֶר הַזֶּה

בְּאָזְנֵי

ל בְּאָזְנֵי יִרְמְיָהוּ הַנָּבִיא׃ וַיְהִי דְּבַר־יְהוָה אֶל־יִרְמְיָהוּ
31 לֵאמֹר׃ שְׁלַח עַל־כָּל־הַגּוֹלָה לֵאמֹר כֹּה אָמַר יְהוָה אֶל־
שְׁמַעְיָה הַנֶּחֱלָמִי יַעַן אֲשֶׁר נִבָּא לָכֶם שְׁמַעְיָה וַאֲנִי לֹא
32 שְׁלַחְתִּיו וַיַּבְטַח אֶתְכֶם עַל־שָׁקֶר׃ לָכֵן כֹּה־אָמַר יְהוָה הִנְנִי
פֹקֵד עַל־שְׁמַעְיָה הַנֶּחֱלָמִי וְעַל־זַרְעוֹ לֹא־יִהְיֶה לוֹ אִישׁ ׀
יוֹשֵׁב ׀ בְּתוֹךְ־הָעָם הַזֶּה וְלֹא־יִרְאֶה בַטּוֹב אֲשֶׁר־אֲנִי עֹשֶׂה־
לְעַמִּי נְאֻם־יְהוָה כִּי־סָרָה דִבֶּר עַל־יְהוָה׃

ל Cap. XXX. ל

א 2 הַדָּבָר אֲשֶׁר הָיָה אֶל־יִרְמְיָהוּ מֵאֵת יְהוָה לֵאמֹר׃ כֹּה־
אָמַר יְהוָה אֱלֹהֵי יִשְׂרָאֵל לֵאמֹר כְּתָב־לְךָ אֵת כָּל־הַדְּבָרִים
3 אֲשֶׁר־דִּבַּרְתִּי אֵלֶיךָ אֶל־סֵפֶר׃ כִּי הִנֵּה יָמִים בָּאִים נְאֻם־
יְהוָה וְשַׁבְתִּי אֶת־שְׁבוּת עַמִּי יִשְׂרָאֵל וִיהוּדָה אָמַר יְהוָה
וַהֲשִׁבֹתִים אֶל־הָאָרֶץ אֲשֶׁר־נָתַתִּי לַאֲבוֹתָם וִירֵשׁוּהָ׃
4 וְאֵלֶּה הַדְּבָרִים אֲשֶׁר דִּבֶּר יְהוָה אֶל־יִשְׂרָאֵל וְאֶל־יְהוּדָה׃
ה כִּי־כֹה אָמַר יְהוָה קוֹל חֲרָדָה שָׁמָעְנוּ פַּחַד וְאֵין שָׁלוֹם׃
6 שַׁאֲלוּ־נָא וּרְאוּ אִם־יֹלֵד זָכָר מַדּוּעַ רָאִיתִי כָל־גֶּבֶר יָדָיו
7 עַל־חֲלָצָיו כַּיּוֹלֵדָה וְנֶהֶפְכוּ כָל־פָּנִים לְיֵרָקוֹן׃ הוֹי כִּי
גָדוֹל הַיּוֹם הַהוּא מֵאַיִן כָּמֹהוּ וְעֵת־צָרָה הִיא לְיַעֲקֹב וּמִמֶּנָּה
8 יִוָּשֵׁעַ׃ וְהָיָה בַיּוֹם הַהוּא נְאֻם ׀ יְהוָה צְבָאוֹת אֶשְׁבֹּר עֻלּוֹ
מֵעַל צַוָּארֶךָ וּמוֹסְרוֹתֶיךָ אֲנַתֵּק וְלֹא־יַעַבְדוּ־בוֹ עוֹד זָרִים׃
9 וְעָבְדוּ אֵת יְהוָה אֱלֹהֵיהֶם וְאֵת דָּוִד מַלְכָּם אֲשֶׁר אָקִים
י לָהֶם׃ וְאַתָּה אַל־תִּירָא עַבְדִּי יַעֲקֹב נְאֻם־יְהוָה וְאַל־
תֵּחַת יִשְׂרָאֵל כִּי הִנְנִי מוֹשִׁיעֲךָ מֵרָחוֹק וְאֶת־זַרְעֲךָ מֵאֶרֶץ
11 שִׁבְיָם וְשָׁב יַעֲקֹב וְשָׁקַט וְשַׁאֲנַן וְאֵין מַחֲרִיד׃ כִּי־אִתְּךָ אֲנִי
נְאֻם־יְהוָה לְהוֹשִׁיעֶךָ כִּי אֶעֱשֶׂה כָלָה בְּכָל־הַגּוֹיִם ׀ אֲשֶׁר
הֲפִצוֹתִיךָ שָּׁם אַךְ אֹתְךָ לֹא־אֶעֱשֶׂה כָלָה וְיִסַּרְתִּיךָ לַמִּשְׁפָּט
וְנַקֵּה לֹא אֲנַקֶּךָּ׃
12 13 כִּי כֹה אָמַר יְהוָה אָנוּשׁ לְשִׁבְרֵךְ נַחְלָה מַכָּתֵךְ׃ אֵין־דָּן
דינך

14 דִּינֵךְ לְמָזוֹר רְפֻאוֹת תְּעָלָה אֵין לָךְ׃ כָּל־מְאַהֲבַיִךְ שְׁכֵחוּךְ
אוֹתָךְ לֹא יִדְרֹשׁוּ כִּי מַכַּת אוֹיֵב הִכִּיתִיךְ מוּסַר אַכְזָרִי עַל
טו רֹב עֲוֺנֵךְ עָצְמוּ חַטֹּאתָיִךְ׃ מַה־תִּזְעַק עַל־שִׁבְרֵךְ אָנוּשׁ
מַכְאֹבֵךְ עַל ׀ רֹב עֲוֺנֵךְ עָצְמוּ חַטֹּאתַיִךְ עָשִׂיתִי אֵלֶּה לָךְ׃
16 לָכֵן כָּל־אֹכְלַיִךְ יֵאָכֵלוּ וְכָל־צָרַיִךְ כֻּלָּם בַּשְּׁבִי יֵלֵכוּ וְהָיוּ
17 שֹׁאסַיִךְ לִמְשִׁסָּה וְכָל־בֹּזְזַיִךְ אֶתֵּן לָבַז׃ כִּי אַעֲלֶה אֲרֻכָה
לָךְ וּמִמַּכּוֹתַיִךְ אֶרְפָּאֵךְ נְאֻם־יְהוָה כִּי נִדָּחָה קָרְאוּ לָךְ צִיּוֹן
18 הִיא דֹּרֵשׁ אֵין לָהּ׃ כֹּה ׀ אָמַר יְהוָה הִנְנִי־שָׁב שְׁבוּת
אָהֳלֵי יַעֲקוֹב וּמִשְׁכְּנֹתָיו אֲרַחֵם וְנִבְנְתָה עִיר עַל־תִּלָּהּ
19 וְאַרְמוֹן עַל־מִשְׁפָּטוֹ יֵשֵׁב׃ וְיָצָא מֵהֶם תּוֹדָה וְקוֹל מְשַׂחֲקִים
כ וְהִרְבִּתִים וְלֹא יִמְעָטוּ וְהִכְבַּדְתִּים וְלֹא יִצְעָרוּ׃ וְהָיוּ בָנָיו
21 כְּקֶדֶם וַעֲדָתוֹ לְפָנַי תִּכּוֹן וּפָקַדְתִּי עַל כָּל־לֹחֲצָיו׃ וְהָיָה
אַדִּירוֹ מִמֶּנּוּ וּמֹשְׁלוֹ מִקִּרְבּוֹ יֵצֵא וְהִקְרַבְתִּיו וְנִגַּשׁ אֵלָי כִּי
22 מִי הוּא־זֶה עָרַב אֶת־לִבּוֹ לָגֶשֶׁת אֵלַי נְאֻם־יְהוָה׃ וִהְיִיתֶם
לִי לְעָם וְאָנֹכִי אֶהְיֶה לָכֶם לֵאלֹהִים׃
23 הִנֵּה ׀ סַעֲרַת יְהוָה חֵמָה יָצְאָה סַעַר מִתְגּוֹרֵר עַל רֹאשׁ
24 רְשָׁעִים יָחוּל׃ לֹא יָשׁוּב חֲרוֹן אַף־יְהוָה עַד־עֲשֹׂתוֹ וְעַד־
הֲקִימוֹ מְזִמּוֹת לִבּוֹ בְּאַחֲרִית הַיָּמִים תִּתְבּוֹנְנוּ בָהּ׃ °

לא CAP. XXXI. לא

א בָּעֵת הַהִיא נְאֻם־יְהוָה אֶהְיֶה לֵאלֹהִים לְכֹל מִשְׁפְּחוֹת
יִשְׂרָאֵל וְהֵמָּה יִהְיוּ־לִי לְעָם׃
2 °כֹּה אָמַר יְהוָה מָצָא חֵן בַּמִּדְבָּר עַם שְׂרִידֵי חָרֶב הָלוֹךְ
3 לְהַרְגִּיעוֹ יִשְׂרָאֵל׃ מֵרָחוֹק יְהוָה נִרְאָה לִי וְאַהֲבַת עוֹלָם
4 אֲהַבְתִּיךְ עַל־כֵּן מְשַׁכְתִּיךְ חָסֶד׃ עוֹד אֶבְנֵךְ וְנִבְנֵית בְּתוּלַת
ה יִשְׂרָאֵל עוֹד תַּעְדִּי תֻפַּיִךְ וְיָצָאת בִּמְחוֹל מְשַׂחֲקִים׃ עוֹד
6 תִּטְּעִי כְרָמִים בְּהָרֵי שֹׁמְרוֹן נָטְעוּ נֹטְעִים וְחִלֵּלוּ׃ כִּי יֶשׁ־

יום

ל׳ v. 24. אין כאן פסקא   ל״א v. 2. בב״א כאן תחלת סימן ל״א
ibid. הפטרה ליום שני של ר״ה

יוֹם קָרְא֤וּ נֹֽצְרִים֙ בְּהַ֣ר אֶפְרָ֔יִם ק֚וּמוּ וְנַעֲלֶ֣ה צִיּ֔וֹן אֶל־יְהֹוָ֖ה
אֱלֹהֵֽינוּ׃   כִּי־כֹ֣ה ׀ אָמַ֣ר יְהֹוָ֗ה רָנּ֤וּ לְיַֽעֲקֹב֙ שִׂמְחָ֔ה וְצַֽהֲל֖וּ 7
בְּרֹ֣אשׁ הַגּוֹיִ֑ם הַשְׁמִ֤יעוּ הַֽלְלוּ֙ וְאִמְר֔וּ הוֹשַׁ֤ע יְהֹוָה֙ אֶת־עַמְּךָ֔
אֵ֖ת שְׁאֵרִ֥ית יִשְׂרָאֵֽל׃ הִנְנִי֩ מֵבִ֨יא אוֹתָ֜ם מֵאֶ֣רֶץ צָפ֗וֹן וְקִבַּצְתִּים֮ 8
מִיַּרְכְּתֵי־אָרֶץ֒ בָּ֚ם עִוֵּ֣ר וּפִסֵּ֔חַ הָרָ֥ה וְיֹלֶ֖דֶת יַחְדָּ֑ו קָהָ֥ל גָּד֖וֹל
יָשׁ֥וּבוּ הֵֽנָּה׃ בִּבְכִ֣י יָבֹ֗אוּ וּֽבְתַחֲנוּנִים֮ אֽוֹבִילֵם֒ אֽוֹלִיכֵם֙ אֶל־ 9
נַ֣חֲלֵי מַ֔יִם בְּדֶ֣רֶךְ יָשָׁ֔ר לֹ֥א יִכָּֽשְׁל֖וּ בָּ֑הּ כִּֽי־הָיִ֤יתִי לְיִשְׂרָאֵל֙
לְאָ֔ב וְאֶפְרַ֖יִם בְּכֹ֥רִי הֽוּא׃
שִׁמְע֤וּ דְבַר־יְהֹוָה֙ גּוֹיִ֔ם וְהַגִּ֥ידוּ בָֽאִיִּ֖ים מִמֶּרְחָ֑ק וְאִמְר֗וּ מְזָרֵ֤ה י
יִשְׂרָאֵל֙ יְקַבְּצֶ֔נּוּ וּשְׁמָר֖וֹ כְּרֹעֶ֥ה עֶדְרֽוֹ׃ כִּֽי־פָדָ֥ה יְהֹוָ֖ה אֶֽת־ 11
יַֽעֲקֹ֑ב וּגְאָל֕וֹ מִיַּ֖ד חָזָ֥ק מִמֶּֽנּוּ׃ וּבָ֙אוּ֙ וְרִנְּנ֣וּ בִמְרוֹם־צִיּ֔וֹן וְנָהֲר֗וּ 12
אֶל־ט֤וּב יְהֹוָה֙ עַל־דָּגָ֣ן וְעַל־תִּירֹ֣שׁ וְעַל־יִצְהָ֔ר וְעַל־בְּנֵי־
צֹ֖אן וּבָקָ֑ר וְהָֽיְתָ֤ה נַפְשָׁם֙ כְּגַ֣ן רָוֶ֔ה וְלֹֽא־יוֹסִ֥יפוּ לְדַֽאֲבָ֖ה עֽוֹד׃
אָ֣ז תִּשְׂמַ֤ח בְּתוּלָה֙ בְּמָח֔וֹל וּבַֽחֻרִ֥ים וּזְקֵנִ֖ים יַחְדָּ֑ו וְהָֽפַכְתִּ֨י 13
אֶבְלָ֤ם לְשָׂשׂוֹן֙ וְנִ֣חַמְתִּ֔ים וְשִׂמַּחְתִּ֖ים מִֽיגוֹנָֽם׃ וְרִוֵּיתִ֛י נֶ֥פֶשׁ 14
הַכֹּֽהֲנִ֖ים דָּ֑שֶׁן וְעַמִּ֛י אֶת־טוּבִ֥י יִשְׂבָּ֖עוּ נְאֻם־יְהֹוָֽה׃
כֹּ֣ה ׀ אָמַ֣ר יְהֹוָ֗ה ק֣וֹל בְּרָמָ֤ה נִשְׁמָע֙ נְהִי֙ בְּכִ֣י תַמְרוּרִ֔ים רָחֵ֖ל טו
מְבַכָּ֣ה עַל־בָּנֶ֑יהָ מֵֽאֲנָ֛ה לְהִנָּחֵ֥ם עַל־בָּנֶ֖יהָ כִּ֥י אֵינֶֽנּוּ׃ כֹּ֣ה ׀ 16
אָמַ֣ר יְהֹוָ֗ה מִנְעִ֤י קוֹלֵךְ֙ מִבֶּ֔כִי וְעֵינַ֖יִךְ מִדִּמְעָ֑ה כִּי֩ יֵ֨שׁ שָׂכָ֤ר
לִפְעֻלָּתֵךְ֙ נְאֻם־יְהֹוָ֔ה וְשָׁ֖בוּ מֵאֶ֥רֶץ אוֹיֵֽב׃ וְיֵשׁ־תִּקְוָ֥ה 17
לְאַֽחֲרִיתֵ֖ךְ נְאֻם־יְהֹוָ֑ה וְשָׁ֥בוּ בָנִ֖ים לִגְבוּלָֽם׃ שָׁמ֣וֹעַ שָׁמַ֗עְתִּי 18
אֶפְרַ֙יִם֙ מִתְנוֹדֵ֔ד יִסַּרְתַּ֙נִי֙ וָֽאִוָּסֵ֔ר כְּעֵ֖גֶל לֹ֣א לֻמָּ֑ד הֲשִׁבֵ֤נִי
וְאָשׁ֙וּבָה֙ כִּ֤י אַתָּה֙ יְהֹוָ֣ה אֱלֹהָ֔י׃ כִּֽי־אַֽחֲרֵ֤י שׁוּבִי֙ נִחַ֔מְתִּי 19
וְאַֽחֲרֵי֙ הִוָּ֣דְעִ֔י סָפַ֖קְתִּי עַל־יָרֵ֑ךְ בֹּ֚שְׁתִּי וְגַם־נִכְלַ֔מְתִּי כִּ֥י
נָשָׂ֖אתִי חֶרְפַּ֥ת נְעוּרָֽי׃ הֲבֵן֩ יַקִּ֨יר לִ֜י אֶפְרַ֗יִם אִ֚ם יֶ֣לֶד כ
שַׁעֲשֻׁעִ֔ים כִּֽי־מִדֵּ֤י דַבְּרִי֙ בּ֔וֹ זָכֹ֥ר אֶזְכְּרֶ֖נּוּ ע֑וֹד עַל־כֵּ֗ן הָמ֤וּ
מֵעַי֙ ל֔וֹ רַחֵ֥ם אֲרַֽחֲמֶ֖נּוּ נְאֻם־יְהֹוָֽה׃
הַצִּ֧יבִי לָ֣ךְ צִיֻּנִ֗ים שִׂ֤מִי לָךְ֙ תַּמְרוּרִ֔ים שִׁ֣תִי לִבֵּ֔ךְ לַֽמְסִלָּ֖ה 21
דֶּ֗רֶךְ

דֶּרֶךְ הָלָכְתְּי שׁוּבִי בְּתוּלַת יִשְׂרָאֵל שֻׁבִי אֶל־עָרַיִךְ אֵלֶּה׃
22 עַד־מָתַי תִּתְחַמָּקִין הַבַּת הַשּׁוֹבֵבָה כִּי־בָרָא יְהוָה חֲדָשָׁה
23 בָּאָרֶץ נְקֵבָה תְּסוֹבֵב גָּבֶר׃ כֹּה־אָמַר יְהוָה צְבָאוֹת
אֱלֹהֵי יִשְׂרָאֵל עוֹד יֹאמְרוּ אֶת־הַדָּבָר הַזֶּה בְּאֶרֶץ יְהוּדָה
וּבְעָרָיו בְּשׁוּבִי אֶת־שְׁבוּתָם יְבָרֶכְךָ יְהוָה נְוֵה־צֶדֶק הַר
24 הַקֹּדֶשׁ׃ וְיָשְׁבוּ בָהּ יְהוּדָה וְכָל־עָרָיו יַחְדָּו אִכָּרִים וְנָסְעוּ
כה בַּעֵדֶר׃ כִּי הִרְוֵיתִי נֶפֶשׁ עֲיֵפָה וְכָל־נֶפֶשׁ דָּאֲבָה מִלֵּאתִי׃
26 27 עַל־זֹאת הֱקִיצֹתִי וָאֶרְאֶה וּשְׁנָתִי עָרְבָה לִּי׃ הִנֵּה יָמִים
בָּאִים נְאֻם־יְהוָה וְזָרַעְתִּי אֶת־בֵּית יִשְׂרָאֵל וְאֶת־בֵּית יְהוּדָה
28 זֶרַע אָדָם וְזֶרַע בְּהֵמָה׃ וְהָיָה כַּאֲשֶׁר שָׁקַדְתִּי עֲלֵיהֶם לִנְתוֹשׁ
וְלִנְתוֹץ וְלַהֲרֹס וּלְהַאֲבִיד וּלְהָרֵעַ כֵּן אֶשְׁקֹד עֲלֵיהֶם לִבְנוֹת
29 וְלִנְטוֹעַ נְאֻם־יְהוָה׃ בַּיָּמִים הָהֵם לֹא־יֹאמְרוּ עוֹד אָבוֹת
ל אָכְלוּ בֹסֶר וְשִׁנֵּי בָנִים תִּקְהֶינָה׃ כִּי אִם־אִישׁ בַּעֲוֺנוֹ יָמוּת
31 כָּל־הָאָדָם הָאֹכֵל הַבֹּסֶר תִּקְהֶינָה שִׁנָּיו׃ הִנֵּה יָמִים
בָּאִים נְאֻם־יְהוָה וְכָרַתִּי אֶת־בֵּית יִשְׂרָאֵל וְאֶת־בֵּית יְהוּדָה
32 בְּרִית חֲדָשָׁה׃ לֹא כַבְּרִית אֲשֶׁר כָּרַתִּי אֶת־אֲבוֹתָם בְּיוֹם
הֶחֱזִיקִי בְיָדָם לְהוֹצִיאָם מֵאֶרֶץ מִצְרָיִם אֲשֶׁר־הֵמָּה הֵפֵרוּ
33 אֶת־בְּרִיתִי וְאָנֹכִי בָּעַלְתִּי בָם נְאֻם־יְהוָה׃ כִּי זֹאת הַבְּרִית
אֲשֶׁר אֶכְרֹת אֶת־בֵּית יִשְׂרָאֵל אַחֲרֵי הַיָּמִים הָהֵם נְאֻם־
יְהוָה נָתַתִּי אֶת־תּוֹרָתִי בְּקִרְבָּם וְעַל־לִבָּם אֶכְתֲּבֶנָּה וְהָיִיתִי
34 לָהֶם לֵאלֹהִים וְהֵמָּה יִהְיוּ־לִי לְעָם׃ וְלֹא יְלַמְּדוּ עוֹד אִישׁ
אֶת־רֵעֵהוּ וְאִישׁ אֶת־אָחִיו לֵאמֹר דְּעוּ אֶת־יְהוָה כִּי כוּלָּם
יֵדְעוּ אוֹתִי לְמִקְּטַנָּם וְעַד־גְּדוֹלָם נְאֻם־יְהוָה כִּי אֶסְלַח
לה לַעֲוֺנָם וּלְחַטָּאתָם לֹא אֶזְכָּר־עוֹד׃ כֹּה ׀ אָמַר יְהוָה נֹתֵן
שֶׁמֶשׁ לְאוֹר יוֹמָם חֻקֹּת יָרֵחַ וְכוֹכָבִים לְאוֹר לָיְלָה רֹגַע הַיָּם
36 וַיֶּהֱמוּ גַלָּיו יְהוָה צְבָאוֹת שְׁמוֹ׃ אִם־יָמֻשׁוּ הַחֻקִּים הָאֵלֶּה
מִלְּפָנַי נְאֻם־יְהוָה גַּם זֶרַע יִשְׂרָאֵל יִשְׁבְּתוּ מִהְיוֹת גּוֹי לְפָנַי

כל־הימים

הלכת ק׳ v. 21.

37 כָּל־הַיָּמִים׃ כֹּה ׀ אָמַר יְהוָה אִם־יִמַּדּוּ שָׁמַיִם מִלְמַעְלָה
וְיֵחָקְרוּ מוֹסְדֵי־אֶרֶץ לְמָטָּה גַּם־אֲנִי אֶמְאַס בְּכָל־זֶרַע
38 יִשְׂרָאֵל עַל־כָּל־אֲשֶׁר עָשׂוּ נְאֻם־יְהוָה׃ הִנֵּה יָמִים °
נְאֻם־יְהוָה וְנִבְנְתָה הָעִיר לַיהוָה מִמִּגְדַּל חֲנַנְאֵל שַׁעַר הַפִּנָּה׃
39 מ וְיָצָא עוֹד קָוֶה הַמִּדָּה נֶגְדּוֹ עַל גִּבְעַת גָּרֵב וְנָסַב גֹּעָתָה׃ וְכָל־
הָעֵמֶק הַפְּגָרִים ׀ וְהַדֶּשֶׁן וְכָל־הַשְּׁרֵמוֹת עַד־נַחַל קִדְרוֹן
עַד־פִּנַּת שַׁעַר הַסּוּסִים מִזְרָחָה קֹדֶשׁ לַיהוָה לֹא־יִנָּתֵשׁ וְלֹא־
יֵהָרֵס עוֹד לְעוֹלָם׃ °

לב
Cap. XXXII. לב

א הַדָּבָר אֲשֶׁר־הָיָה אֶל־יִרְמְיָהוּ מֵאֵת יְהוָה בַּשָּׁנַת הָעֲשִׂרִית
לְצִדְקִיָּהוּ מֶלֶךְ יְהוּדָה הִיא הַשָּׁנָה שְׁמֹנֶה־עֶשְׂרֵה שָׁנָה
2 לִנְבוּכַדְרֶאצַּר׃ וְאָז חֵיל מֶלֶךְ בָּבֶל צָרִים עַל־יְרוּשָׁלָ͏ִם
וְיִרְמְיָהוּ הַנָּבִיא הָיָה כָלוּא בַּחֲצַר הַמַּטָּרָה אֲשֶׁר בֵּית־מֶלֶךְ
3 יְהוּדָה׃ אֲשֶׁר כְּלָאוֹ צִדְקִיָּהוּ מֶלֶךְ־יְהוּדָה לֵאמֹר מַדּוּעַ
אַתָּה נִבָּא לֵאמֹר כֹּה אָמַר יְהוָה הִנְנִי נֹתֵן אֶת־הָעִיר הַזֹּאת
4 בְּיַד מֶלֶךְ־בָּבֶל וּלְכָדָהּ׃ וְצִדְקִיָּהוּ מֶלֶךְ יְהוּדָה לֹא יִמָּלֵט
מִיַּד הַכַּשְׂדִּים כִּי הִנָּתֹן יִנָּתֵן בְּיַד מֶלֶךְ־בָּבֶל וְדִבֶּר־פִּיו עִם־
ה פִּיו וְעֵינָיו אֶת־עֵינוֹ תִּרְאֶינָה׃ וּבָבֶל יוֹלִךְ אֶת־צִדְקִיָּהוּ וְשָׁם
יִהְיֶה עַד־פָּקְדִי אֹתוֹ נְאֻם־יְהוָה כִּי תִלָּחֲמוּ אֶת־הַכַּשְׂדִּים
לֹא תַצְלִיחוּ׃
6 7 ° וַיֹּאמֶר יִרְמְיָהוּ הָיָה דְּבַר־יְהוָה אֵלַי לֵאמֹר׃ הִנֵּה חֲנַמְאֵל
בֶּן־שַׁלֻּם דֹּדְךָ בָּא אֵלֶיךָ לֵאמֹר קְנֵה לְךָ אֶת־שָׂדִי אֲשֶׁר
8 בַּעֲנָתוֹת כִּי לְךָ מִשְׁפַּט הַגְּאֻלָּה לִקְנוֹת׃ וַיָּבֹא אֵלַי חֲנַמְאֵל
בֶּן־דֹּדִי כִּדְבַר יְהוָה אֶל־חֲצַר הַמַּטָּרָה וַיֹּאמֶר אֵלַי קְנֵה
נָא אֶת־שָׂדִי אֲשֶׁר־בַּעֲנָתוֹת אֲשֶׁר ׀ בְּאֶרֶץ בִּנְיָמִין כִּי־לְךָ
מִשְׁפַּט הַיְרֻשָּׁה וּלְךָ הַגְּאֻלָּה קְנֵה־לָךְ וָאֵדַע כִּי דְבַר־יְהוָה
9 הוּא׃ וָאֶקְנֶה אֶת־הַשָּׂדֶה מֵאֵת חֲנַמְאֵל בֶּן־דֹּדִי אֲשֶׁר בַּעֲנָתוֹת

ואשקלה־לו

ל״א v. 38. באים קרי ולא כתיב   v. 39. קו ק׳   v. 40. השדמות ק׳   ibid. אין כאן פסקא
ל״ב v. 1. בשנה ק׳   v. 4. עיניו ק׳   v. 6. הפטרת בהר סיני

וָאֶשְׁקֲלָה־לּוֹ אֶת־הַכֶּסֶף שִׁבְעָה שְׁקָלִים וַעֲשָׂרָה הַכָּסֶף׃
י וָאֶכְתֹּב בַּסֵּפֶר וָאֶחְתֹּם וָאָעֵד עֵדִים וָאֶשְׁקֹל הַכֶּסֶף בְּמֹאזְנָיִם׃
11 וָאֶקַּח אֶת־סֵפֶר הַמִּקְנָה אֶת־הֶחָתוּם הַמִּצְוָה וְהַחֻקִּים וְאֶת־
12 הַגָּלוּי׃ וָאֶתֵּן אֶת־הַסֵּפֶר הַמִּקְנָה אֶל־בָּרוּךְ בֶּן־נֵרִיָּה בֶּן־
מַחְסֵיָה לְעֵינֵי חֲנַמְאֵל דֹּדִי וּלְעֵינֵי הָעֵדִים הַכֹּתְבִים בְּסֵפֶר
הַמִּקְנָה לְעֵינֵי כָּל־הַיְּהוּדִים הַיֹּשְׁבִים בַּחֲצַר הַמַּטָּרָה׃
13 14 וָאֲצַוֶּה אֶת־בָּרוּךְ לְעֵינֵיהֶם לֵאמֹר׃ כֹּה־אָמַר יְהוָה צְבָאוֹת
אֱלֹהֵי יִשְׂרָאֵל לָקוֹחַ אֶת־הַסְּפָרִים הָאֵלֶּה אֵת סֵפֶר הַמִּקְנָה
הַזֶּה וְאֵת הֶחָתוּם וְאֵת סֵפֶר הַגָּלוּי הַזֶּה וּנְתַתָּם בִּכְלִי־חָרֶשׂ
טו לְמַעַן יַעַמְדוּ יָמִים רַבִּים׃ כִּי כֹה אָמַר יְהוָה צְבָאוֹת
אֱלֹהֵי יִשְׂרָאֵל עוֹד יִקָּנוּ בָתִּים וְשָׂדוֹת וּכְרָמִים בָּאָרֶץ
16 הַזֹּאת׃ וָאֶתְפַּלֵּל אֶל־יְהוָה אַחֲרֵי תִתִּי אֶת־סֵפֶר הַמִּקְנָה
17 אֶל־בָּרוּךְ בֶּן־נֵרִיָּה לֵאמֹר׃ אֲהָהּ אֲדֹנָי יְהוִה הִנֵּה ׀ אַתָּה
עָשִׂיתָ אֶת־הַשָּׁמַיִם וְאֶת־הָאָרֶץ בְּכֹחֲךָ הַגָּדוֹל וּבִזְרֹעֲךָ
18 הַנְּטוּיָה לֹא־יִפָּלֵא מִמְּךָ כָּל־דָּבָר׃ עֹשֶׂה חֶסֶד לַאֲלָפִים
וּמְשַׁלֵּם עֲוֹן אָבוֹת אֶל־חֵיק בְּנֵיהֶם אַחֲרֵיהֶם הָאֵל הַגָּדוֹל
19 הַגִּבּוֹר יְהוָה צְבָאוֹת שְׁמוֹ׃ גְּדֹל הָעֵצָה וְרַב הָעֲלִילִיָּה אֲשֶׁר־
עֵינֶיךָ פְקֻחוֹת עַל־כָּל־דַּרְכֵי בְּנֵי אָדָם לָתֵת לְאִישׁ כִּדְרָכָיו
כ וְכִפְרִי מַעֲלָלָיו׃ אֲשֶׁר־שַׂמְתָּ אֹתוֹת וּמֹפְתִים בְּאֶרֶץ־מִצְרַיִם
עַד־הַיּוֹם הַזֶּה וּבְיִשְׂרָאֵל וּבָאָדָם וַתַּעֲשֶׂה־לְּךָ שֵׁם כַּיּוֹם
21 הַזֶּה׃ וַתֹּצֵא אֶת־עַמְּךָ אֶת־יִשְׂרָאֵל מֵאֶרֶץ מִצְרָיִם בְּאֹתוֹת
וּבְמוֹפְתִים וּבְיָד חֲזָקָה וּבְאֶזְרוֹעַ נְטוּיָה וּבְמוֹרָא גָּדוֹל׃
22 וַתִּתֵּן לָהֶם אֶת־הָאָרֶץ הַזֹּאת אֲשֶׁר־נִשְׁבַּעְתָּ לַאֲבוֹתָם לָתֵת
23 לָהֶם אֶרֶץ זָבַת חָלָב וּדְבָשׁ׃ וַיָּבֹאוּ וַיִּרְשׁוּ אֹתָהּ וְלֹא־שָׁמְעוּ
בְקוֹלֶךָ וּבְתֹרוֹתְךָ לֹא־הָלָכוּ אֵת כָּל־אֲשֶׁר צִוִּיתָה לָהֶם
לַעֲשׂוֹת לֹא עָשׂוּ וַתַּקְרֵא אֹתָם אֵת כָּל־הָרָעָה הַזֹּאת׃
24 הִנֵּה הַסֹּלְלוֹת בָּאוּ הָעִיר לְלָכְדָהּ וְהָעִיר נִתְּנָה בְּיַד

הכשדים

v. 23. ובתורתך ק׳

הַכַּשְׂדִּים הַנִּלְחָמִים עָלֶיהָ מִפְּנֵי הַחֶרֶב וְהָרָעָב וְהַדָּבֶר
וַאֲשֶׁר דִּבַּרְתָּ הָיָה וְהִנְּךָ רֹאֶה: וְאַתָּה אָמַרְתָּ אֵלַי אֲדֹנָי כה
יְהוִה קְנֵה־לְךָ הַשָּׂדֶה בַּכֶּסֶף וְהָעֵד עֵדִים וְהָעִיר נִתְּנָה בְּיַד
הַכַּשְׂדִּים: וַיְהִי דְּבַר־יְהוָה אֶל־יִרְמְיָהוּ לֵאמֹר: הִנֵּה 26 27
אֲנִי יְהוָה אֱלֹהֵי כָּל־בָּשָׂר הֲמִמֶּנִּי יִפָּלֵא כָּל־דָּבָר: לָכֵן 28
כֹּה אָמַר יְהוָה הִנְנִי נֹתֵן אֶת־הָעִיר הַזֹּאת בְּיַד הַכַּשְׂדִּים
וּבְיַד נְבוּכַדְרֶאצַּר מֶלֶךְ־בָּבֶל וּלְכָדָהּ: וּבָאוּ הַכַּשְׂדִּים 29
הַנִּלְחָמִים עַל־הָעִיר הַזֹּאת וְהִצִּיתוּ אֶת־הָעִיר הַזֹּאת בָּאֵשׁ
וּשְׂרָפוּהָ וְאֵת הַבָּתִּים אֲשֶׁר קִטְּרוּ עַל־גַּגּוֹתֵיהֶם לַבַּעַל וְהִסִּכוּ
נְסָכִים לֵאלֹהִים אֲחֵרִים לְמַעַן הַכְעִסֵנִי: כִּי־הָיוּ בְנֵי־ ל
יִשְׂרָאֵל וּבְנֵי יְהוּדָה אַךְ עֹשִׂים הָרַע בְּעֵינַי מִנְּעֻרֹתֵיהֶם כִּי
בְנֵי־יִשְׂרָאֵל אַךְ מַכְעִסִים אֹתִי בְּמַעֲשֵׂה יְדֵיהֶם נְאֻם־יְהוָה:
כִּי עַל־אַפִּי וְעַל־חֲמָתִי הָיְתָה לִּי הָעִיר הַזֹּאת לְמִן־הַיּוֹם 31
אֲשֶׁר בָּנוּ אוֹתָהּ וְעַד הַיּוֹם הַזֶּה לַהֲסִירָהּ מֵעַל פָּנָי: עַל 32
כָּל־רָעַת בְּנֵי־יִשְׂרָאֵל וּבְנֵי יְהוּדָה אֲשֶׁר עָשׂוּ לְהַכְעִסֵנִי
הֵמָּה מַלְכֵיהֶם שָׂרֵיהֶם כֹּהֲנֵיהֶם וּנְבִיאֵיהֶם וְאִישׁ יְהוּדָה
וְיֹשְׁבֵי יְרוּשָׁלָ͏ִם: וַיִּפְנוּ אֵלַי עֹרֶף וְלֹא פָנִים וְלַמֵּד אֹתָם 33
הַשְׁכֵּם וְלַמֵּד וְאֵינָם שֹׁמְעִים לָקַחַת מוּסָר: וַיָּשִׂימוּ שִׁקּוּצֵיהֶם 34
בַּבַּיִת אֲשֶׁר־נִקְרָא־שְׁמִי עָלָיו לְטַמְּאוֹ: וַיִּבְנוּ אֶת־בָּמוֹת לה
הַבַּעַל אֲשֶׁר | בְּגֵיא בֶן־הִנֹּם לְהַעֲבִיר אֶת־בְּנֵיהֶם וְאֶת־
בְּנוֹתֵיהֶם לַמֹּלֶךְ אֲשֶׁר לֹא־צִוִּיתִים וְלֹא עָלְתָה עַל־לִבִּי
לַעֲשׂוֹת הַתּוֹעֵבָה הַזֹּאת לְמַעַן הַחֲטִי אֶת־יְהוּדָה: וְעַתָּה 36
לָכֵן כֹּה־אָמַר יְהוָה אֱלֹהֵי יִשְׂרָאֵל אֶל־הָעִיר הַזֹּאת אֲשֶׁר |
אַתֶּם אֹמְרִים נִתְּנָה בְּיַד מֶלֶךְ־בָּבֶל בַּחֶרֶב וּבָרָעָב וּבַדָּבֶר:
הִנְנִי מְקַבְּצָם מִכָּל־הָאֲרָצוֹת אֲשֶׁר הִדַּחְתִּים שָׁם בְּאַפִּי 37
וּבַחֲמָתִי וּבְקֶצֶף גָּדוֹל וַהֲשִׁבֹתִים אֶל־הַמָּקוֹם הַזֶּה וְהֹשַׁבְתִּים
לָבֶטַח: וְהָיוּ לִי לְעָם וַאֲנִי אֶהְיֶה לָהֶם לֵאלֹהִים: וְנָתַתִּי 38 39

להם

לָהֶם לֵב אֶחָד וְדֶרֶךְ אֶחָד לְיִרְאָה אוֹתִי כָּל־הַיָּמִים לְטוֹב
מ לָהֶם וְלִבְנֵיהֶם אַחֲרֵיהֶם׃ וְכָרַתִּי לָהֶם בְּרִית עוֹלָם אֲשֶׁר
לֹא־אָשׁוּב מֵאַחֲרֵיהֶם לְהֵיטִיבִי אוֹתָם וְאֶת־יִרְאָתִי אֶתֵּן
41 בִּלְבָבָם לְבִלְתִּי סוּר מֵעָלָי׃ וְשַׂשְׂתִּי עֲלֵיהֶם לְהֵטִיב
אוֹתָם וּנְטַעְתִּים בָּאָרֶץ הַזֹּאת בֶּאֱמֶת בְּכָל־לִבִּי וּבְכָל־
42 נַפְשִׁי׃ כִּי־כֹה אָמַר יְהוָה כַּאֲשֶׁר הֵבֵאתִי אֶל־הָעָם הַזֶּה
אֵת כָּל־הָרָעָה הַגְּדוֹלָה הַזֹּאת כֵּן אָנֹכִי מֵבִיא עֲלֵיהֶם אֶת־
43 כָּל־הַטּוֹבָה אֲשֶׁר אָנֹכִי דֹּבֵר עֲלֵיהֶם׃ וְנִקְנָה הַשָּׂדֶה בָּאָרֶץ
הַזֹּאת אֲשֶׁר ׀ אַתֶּם אֹמְרִים שְׁמָמָה הִיא מֵאֵין אָדָם וּבְהֵמָה
44 נִתְּנָה בְּיַד הַכַּשְׂדִּים׃ שָׂדוֹת בַּכֶּסֶף יִקְנוּ וְכָתוֹב בַּסֵּפֶר ׀
וְחָתוֹם וְהָעֵד עֵדִים בְּאֶרֶץ בִּנְיָמִן וּבִסְבִיבֵי יְרוּשָׁלִַם וּבְעָרֵי
יְהוּדָה וּבְעָרֵי הָהָר וּבְעָרֵי הַשְּׁפֵלָה וּבְעָרֵי הַנֶּגֶב כִּי־אָשִׁיב
אֶת־שְׁבוּתָם נְאֻם־יְהוָה׃

לג Cap. XXXIII. לג

א וַיְהִי דְבַר־יְהוָה אֶל־יִרְמְיָהוּ שֵׁנִית וְהוּא עוֹדֶנּוּ עָצוּר בַּחֲצַר
2 הַמַּטָּרָה לֵאמֹר׃ כֹּה־אָמַר יְהוָה עֹשָׂהּ יְהוָה יוֹצֵר אוֹתָהּ
3 לַהֲכִינָהּ יְהוָה שְׁמוֹ׃ קְרָא אֵלַי וְאֶעֱנֶךָּ וְאַגִּידָה לְּךָ גְּדֹלוֹת
4 וּבְצֻרוֹת לֹא יְדַעְתָּם׃ כִּי כֹה אָמַר יְהוָה אֱלֹהֵי יִשְׂרָאֵל
עַל־בָּתֵּי הָעִיר הַזֹּאת וְעַל־בָּתֵּי מַלְכֵי יְהוּדָה הַנְּתֻצִים
ה אֶל־הַסֹּלְלוֹת וְאֶל־הֶחָרֶב׃ בָּאִים לְהִלָּחֵם אֶת־הַכַּשְׂדִּים
וּלְמַלְאָם אֶת־פִּגְרֵי הָאָדָם אֲשֶׁר־הִכֵּיתִי בְאַפִּי וּבַחֲמָתִי
6 וַאֲשֶׁר הִסְתַּרְתִּי פָנַי מֵהָעִיר הַזֹּאת עַל כָּל־רָעָתָם׃ הִנְנִי
מַעֲלֶה־לָּהּ אֲרֻכָה וּמַרְפֵּא וּרְפָאתִים וְגִלֵּיתִי לָהֶם עֲתֶרֶת
7 שְׁלוֹם וֶאֱמֶת׃ וַהֲשִׁבֹתִי אֶת־שְׁבוּת יְהוּדָה וְאֵת שְׁבוּת יִשְׂרָאֵל
8 וּבְנִתִים כְּבָרִאשֹׁנָה׃ וְטִהַרְתִּים מִכָּל־עֲוֺנָם אֲשֶׁר חָטְאוּ־לִי
וְסָלַחְתִּי לְכוֹל־עֲוֺנוֹתֵיהֶם אֲשֶׁר חָטְאוּ־לִי וַאֲשֶׁר פָּשְׁעוּ בִי׃
9 וְהָיְתָה לִּי לְשֵׁם שָׂשׂוֹן לִתְהִלָּה וּלְתִפְאֶרֶת לְכֹל גּוֹיֵי הָאָרֶץ

אשר

ל״ג v. 8. לכל ק׳

אֲשֶׁר יִשְׁמְעוּ אֶת־כָּל־הַטּוֹבָה אֲשֶׁר אָנֹכִי עֹשֶׂה אוֹתָם וּפָחֲדוּ
וְרָגְזוּ עַל כָּל־הַטּוֹבָה וְעַל כָּל־הַשָּׁלוֹם אֲשֶׁר אָנֹכִי עֹשֶׂה
י לָּהּ׃ כֹּה ׀ אָמַר יְהוָה עוֹד יִשָּׁמַע בַּמָּקוֹם־הַזֶּה אֲשֶׁר אַתֶּם
אֹמְרִים חָרֵב הוּא מֵאֵין אָדָם וּמֵאֵין בְּהֵמָה בְּעָרֵי יְהוּדָה
וּבְחֻצוֹת יְרוּשָׁלִַם הַנְשַׁמּוֹת מֵאֵין אָדָם וּמֵאֵין יוֹשֵׁב וּמֵאֵין
11 בְּהֵמָה׃ קוֹל שָׂשׂוֹן וְקוֹל שִׂמְחָה קוֹל חָתָן וְקוֹל כַּלָּה קוֹל
אֹמְרִים הוֹדוּ אֶת־יְהוָה צְבָאוֹת כִּי־טוֹב יְהוָה כִּי־לְעוֹלָם
חַסְדּוֹ מְבִאִים תּוֹדָה בֵּית יְהוָה כִּי־אָשִׁיב אֶת־שְׁבוּת־הָאָרֶץ
12 כְּבָרִאשֹׁנָה אָמַר יְהוָה׃ כֹּה־אָמַר יְהוָה צְבָאוֹת עוֹד
יִהְיֶה ׀ בַּמָּקוֹם הַזֶּה הֶחָרֵב מֵאֵין־אָדָם וְעַד־בְּהֵמָה וּבְכָל־
13 עָרָיו נְוֵה רֹעִים מַרְבִּצִים צֹאן׃ בְּעָרֵי הָהָר בְּעָרֵי הַשְּׁפֵלָה
וּבְעָרֵי הַנֶּגֶב וּבְאֶרֶץ בִּנְיָמִן וּבִסְבִיבֵי יְרוּשָׁלִַם וּבְעָרֵי יְהוּדָה
14 עֹד תַּעֲבֹרְנָה הַצֹּאן עַל־יְדֵי מוֹנֶה אָמַר יְהוָה׃ הִנֵּה יָמִים
בָּאִים נְאֻם־יְהוָה וַהֲקִמֹתִי אֶת־הַדָּבָר הַטּוֹב אֲשֶׁר דִּבַּרְתִּי
טו אֶל־בֵּית יִשְׂרָאֵל וְעַל־בֵּית יְהוּדָה׃ בַּיָּמִים הָהֵם וּבָעֵת
הַהִיא אַצְמִיחַ לְדָוִד צֶמַח צְדָקָה וְעָשָׂה מִשְׁפָּט וּצְדָקָה
16 בָּאָרֶץ׃ בַּיָּמִים הָהֵם תִּוָּשַׁע יְהוּדָה וִירוּשָׁלִַם תִּשְׁכּוֹן לָבֶטַח
17 וְזֶה אֲשֶׁר־יִקְרָא־לָהּ יְהוָה ׀ צִדְקֵנוּ׃ כִּי־כֹה אָמַר
יְהוָה לֹא־יִכָּרֵת לְדָוִד אִישׁ יֹשֵׁב עַל־כִּסֵּא בֵית־יִשְׂרָאֵל׃
18 וְלַכֹּהֲנִים הַלְוִיִּם לֹא־יִכָּרֵת אִישׁ מִלְּפָנָי מַעֲלֶה עוֹלָה
19 וּמַקְטִיר מִנְחָה וְעֹשֶׂה זֶּבַח כָּל־הַיָּמִים׃ וַיְהִי דְּבַר־
כ יְהוָה אֶל־יִרְמְיָהוּ לֵאמוֹר׃ כֹּה אָמַר יְהוָה אִם־תָּפֵרוּ אֶת־
בְּרִיתִי הַיּוֹם וְאֶת־בְּרִיתִי הַלָּיְלָה וּלְבִלְתִּי הֱיוֹת יוֹמָם־
21 וָלַיְלָה בְּעִתָּם׃ גַּם־בְּרִיתִי תֻפַר אֶת־דָּוִד עַבְדִּי מִהְיוֹת־
22 לוֹ בֵן מֹלֵךְ עַל־כִּסְאוֹ וְאֶת־הַלְוִיִּם הַכֹּהֲנִים מְשָׁרְתָי׃ אֲשֶׁר
לֹא־יִסָּפֵר צְבָא הַשָּׁמַיִם וְלֹא יִמַּד חוֹל הַיָּם כֵּן אַרְבֶּה אֶת־
23 זֶרַע דָּוִד עַבְדִּי וְאֶת־הַלְוִיִּם מְשָׁרְתֵי אֹתִי׃ וַיְהִי דְּבַר־
24 יְהוָה אֶל־יִרְמְיָהוּ לֵאמֹר׃ הֲלוֹא רָאִיתָ מָה־הָעָם הַזֶּה דִּבְּרוּ

לאמר

לֵאמֹר שְׁתֵּי הַמִּשְׁפָּחוֹת אֲשֶׁר בָּחַר יְהוָה בָּהֶם וַיִּמְאָסֵם וְאֶת־
כה עַמִּי יִנְאָצוּן מִהְיוֹת עוֹד גּוֹי לִפְנֵיהֶם׃ כֹּה אָמַר יְהוָה
אִם־לֹא בְרִיתִי יוֹמָם וָלָיְלָה חֻקּוֹת שָׁמַיִם וָאָרֶץ לֹא־שָׂמְתִּי׃
26 גַּם־זֶרַע יַעֲקוֹב וְדָוִד עַבְדִּי אֶמְאַס מִקַּחַת מִזַּרְעוֹ מֹשְׁלִים
אֶל־זֶרַע אַבְרָהָם יִשְׂחָק וְיַעֲקֹב כִּי־אָשׁוּב אֶת־שְׁבוּתָם
וְרִחַמְתִּים׃

לד CAP. XXXIV. לד

א הַדָּבָר אֲשֶׁר־הָיָה אֶל־יִרְמְיָהוּ מֵאֵת יְהוָה וּנְבוּכַדְרֶאצַּר
מֶלֶךְ־בָּבֶל ׀ וְכָל־חֵילוֹ וְכָל־מַמְלְכוֹת אֶרֶץ מֶמְשֶׁלֶת יָדוֹ
וְכָל־הָעַמִּים נִלְחָמִים עַל־יְרוּשָׁלִַם וְעַל־כָּל־עָרֶיהָ לֵאמֹר׃
2 כֹּה־אָמַר יְהוָה אֱלֹהֵי יִשְׂרָאֵל הָלֹךְ וְאָמַרְתָּ אֶל־צִדְקִיָּהוּ
מֶלֶךְ יְהוּדָה וְאָמַרְתָּ אֵלָיו כֹּה אָמַר יְהוָה הִנְנִי נֹתֵן אֶת־
3 הָעִיר הַזֹּאת בְּיַד מֶלֶךְ־בָּבֶל וּשְׂרָפָהּ בָּאֵשׁ׃ וְאַתָּה לֹא
תִמָּלֵט מִיָּדוֹ כִּי תָּפֹשׂ תִּתָּפֵשׂ וּבְיָדוֹ תִּנָּתֵן וְעֵינֶיךָ אֶת־עֵינֵי
מֶלֶךְ־בָּבֶל תִּרְאֶינָה וּפִיהוּ אֶת־פִּיךָ יְדַבֵּר וּבָבֶל תָּבוֹא׃
4 אַךְ שְׁמַע דְּבַר־יְהוָה צִדְקִיָּהוּ מֶלֶךְ יְהוּדָה כֹּה־אָמַר יְהוָה
ה עָלֶיךָ לֹא תָמוּת בֶּחָרֶב׃ בְּשָׁלוֹם תָּמוּת וּכְמִשְׂרְפוֹת אֲבוֹתֶיךָ
הַמְּלָכִים הָרִאשֹׁנִים אֲשֶׁר־הָיוּ לְפָנֶיךָ כֵּן יִשְׂרְפוּ־לָךְ וְהוֹי
6 אָדוֹן יִסְפְּדוּ־לָךְ כִּי־דָבָר אֲנִי־דִבַּרְתִּי נְאֻם־יְהוָה׃ וַיְדַבֵּר
יִרְמְיָהוּ הַנָּבִיא אֶל־צִדְקִיָּהוּ מֶלֶךְ יְהוּדָה אֵת כָּל־הַדְּבָרִים
7 הָאֵלֶּה בִּירוּשָׁלִָם׃ וְחֵיל מֶלֶךְ־בָּבֶל נִלְחָמִים עַל־יְרוּשָׁלִַם
וְעַל כָּל־עָרֵי יְהוּדָה הַנּוֹתָרוֹת אֶל־לָכִישׁ וְאֶל־עֲזֵקָה כִּי
8 הֵנָּה נִשְׁאֲרוּ בְּעָרֵי יְהוּדָה עָרֵי מִבְצָר׃ הַדָּבָר אֲשֶׁר־
הָיָה אֶל־יִרְמְיָהוּ מֵאֵת יְהוָה אַחֲרֵי כְּרֹת הַמֶּלֶךְ צִדְקִיָּהוּ
בְּרִית אֶת־כָּל־הָעָם אֲשֶׁר בִּירוּשָׁלִַם לִקְרֹא לָהֶם דְּרוֹר׃
9 לְשַׁלַּח אִישׁ אֶת־עַבְדּוֹ וְאִישׁ אֶת־שִׁפְחָתוֹ הָעִבְרִי וְהָעִבְרִיָּה
י חָפְשִׁים לְבִלְתִּי עֲבָד־בָּם בִּיהוּדִי אָחִיהוּ אִישׁ׃ וַיִּשְׁמְעוּ

כל־השרים

ל״ג v. 26. אשיב ק׳ ל״ד v. 8. הפטרת משפטים

כָל־הַשָּׂרִים֙ וְכָל־הָעָ֔ם אֲשֶׁר־בָּ֣אוּ בַבְּרִ֗ית לְשַׁלַּ֞ח אִ֣ישׁ אֶת־
עַבְדּ֗וֹ וְאִ֤ישׁ אֶת־שִׁפְחָתוֹ֙ חָפְשִׁ֔ים לְבִלְתִּ֥י עֲבָד־בָּ֖ם ע֑וֹד
11 וַֽיִּשְׁמְע֖וּ וַיְשַׁלֵּֽחוּ׃ וַיָּשׁ֙וּבוּ֙ אַחֲרֵי־כֵ֔ן וַיָּשִׁ֙בוּ֙ אֶת־הָֽעֲבָדִים֙
וְאֶת־הַשְּׁפָח֔וֹת אֲשֶׁ֥ר שִׁלְּח֖וּ חָפְשִׁ֑ים וַֽיִּכְבִּישׁ֔וּם לַעֲבָדִ֖ים
12 וְלִשְׁפָחֽוֹת׃ וַיְהִ֤י דְבַר־יְהוָה֙ אֶֽל־יִרְמְיָ֔הוּ מֵאֵ֥ת יְהוָ֖ה
13 לֵאמֹֽר׃ כֹּֽה־אָמַ֥ר יְהוָ֖ה אֱלֹהֵ֣י יִשְׂרָאֵ֑ל אָנֹכִ֗י כָּרַ֤תִּי בְרִית֙
אֶת־אֲב֣וֹתֵיכֶ֔ם בְּיוֹם֙ הוֹצִאִ֤י אוֹתָם֙ מֵאֶ֣רֶץ מִצְרַ֔יִם מִבֵּ֥ית
14 עֲבָדִ֖ים לֵאמֹֽר׃ מִקֵּ֣ץ שֶׁ֣בַע שָׁנִ֡ים תְּֽשַׁלְּח֡וּ אִ֣ישׁ אֶת־אָחִיו֩
הָעִבְרִ֨י אֲשֶׁר־יִמָּכֵ֤ר לְךָ֙ וַעֲבָֽדְךָ֙ שֵׁ֣שׁ שָׁנִ֔ים וְשִׁלַּחְתּ֥וֹ חָפְשִׁ֖י
מֵעִמָּ֑ךְ וְלֹא־שָׁמְע֤וּ אֲבוֹתֵיכֶם֙ אֵלַ֔י וְלֹ֥א הִטּ֖וּ אֶת־אָזְנָֽם׃
טו וַתָּשֻׁ֨בוּ אַתֶּ֜ם הַיּ֗וֹם וַתַּעֲשׂ֤וּ אֶת־הַיָּשָׁר֙ בְּעֵינַ֔י לִקְרֹ֥א דְר֖וֹר
אִ֣ישׁ לְרֵעֵ֑הוּ וַתִּכְרְת֤וּ בְרִית֙ לְפָנַ֔י בַּבַּ֕יִת אֲשֶׁר־נִקְרָ֥א שְׁמִ֖י
16 עָלָֽיו׃ וַתָּשֻׁ֙בוּ֙ וַתְּחַלְּל֣וּ אֶת־שְׁמִ֔י וַתָּשִׁ֙בוּ֙ אִ֣ישׁ אֶת־עַבְדּ֗וֹ
וְאִ֤ישׁ אֶת־שִׁפְחָתוֹ֙ אֲשֶׁר־שִׁלַּחְתֶּ֥ם חָפְשִׁ֖ים לְנַפְשָׁ֑ם וַתִּכְבְּשׁ֣וּ
17 אֹתָ֔ם לִֽהְי֣וֹת לָכֶ֔ם לַעֲבָדִ֖ים וְלִשְׁפָחֽוֹת׃ לָכֵ֞ן כֹּֽה־אָמַ֣ר
יְהוָ֗ה אַתֶּם֙ לֹא־שְׁמַעְתֶּ֣ם אֵלַ֔י לִקְרֹ֣א דְר֔וֹר אִ֥ישׁ לְאָחִ֖יו וְאִ֣ישׁ
לְרֵעֵ֑הוּ הִנְנִ֣י קֹרֵא֩ לָכֶ֨ם דְּר֜וֹר נְאֻם־יְהוָ֗ה אֶל־הַחֶ֙רֶב֙ אֶל־
הַדֶּ֣בֶר וְאֶל־הָֽרָעָ֔ב וְנָתַתִּ֤י אֶתְכֶם֙ לְזַֽוְעָ֔ה לְכֹ֖ל מַמְלְכ֥וֹת
18 הָאָֽרֶץ׃ וְנָתַתִּ֣י אֶת־הָאֲנָשִׁ֗ים הָעֹֽבְרִים֙ אֶת־בְּרִתִ֔י אֲשֶׁ֣ר לֹֽא־
הֵקִ֗ימוּ אֶת־דִּבְרֵ֣י הַבְּרִ֔ית אֲשֶׁ֥ר כָּרְת֖וּ לְפָנָ֑י הָעֵ֙גֶל֙ אֲשֶׁ֣ר
19 כָּרְת֣וּ לִשְׁנַ֔יִם וַיַּעַבְר֖וּ בֵּ֥ין בְּתָרָֽיו׃ שָׂרֵ֨י יְהוּדָ֜ה וְשָׂרֵ֣י יְרוּשָׁלִַ֗ם
הַסָּֽרִסִים֙ וְהַכֹּ֣הֲנִ֔ים וְכֹ֖ל עַ֣ם הָאָ֑רֶץ הָעֹ֣בְרִ֔ים בֵּ֖ין בִּתְרֵ֥י
כ הָעֵֽגֶל׃ וְנָתַתִּ֣י אוֹתָם֙ בְּיַ֣ד אֹֽיְבֵיהֶ֔ם וּבְיַ֖ד מְבַקְשֵׁ֣י נַפְשָׁ֑ם
וְהָיְתָ֤ה נִבְלָתָם֙ לְמַֽאֲכָ֔ל לְע֥וֹף הַשָּׁמַ֖יִם וּלְבֶהֱמַ֥ת הָאָֽרֶץ׃
21 וְאֶת־צִדְקִיָּ֨הוּ מֶֽלֶךְ־יְהוּדָ֜ה וְאֶת־שָׂרָ֗יו אֶתֵּן֙ בְּיַ֣ד אֹֽיְבֵיהֶ֔ם
וּבְיַ֖ד מְבַקְשֵׁ֣י נַפְשָׁ֑ם וּבְיַד֙ חֵ֣יל מֶ֣לֶךְ בָּבֶ֔ל הָעֹלִ֖ים מֵעֲלֵיכֶֽם׃
22 הִנְנִ֨י מְצַוֶּ֜ה נְאֻם־יְהוָ֗ה וַהֲשִׁבֹתִים֙ אֶל־הָעִ֣יר הַזֹּ֔את וְנִלְחֲמ֣וּ

עליה

v. 11. יתיר י׳   v. 17. לזעוה ק׳

עָלֶיהָ וּלְכָדוּהָ וּשְׂרָפֻהָ בָאֵשׁ וְאֶת־עָרֵי יְהוּדָה אֶתֵּן שְׁמָמָה
מֵאֵין יֹשֵׁב׃

לה Cap. XXXV. לה

א הַדָּבָר אֲשֶׁר־הָיָה אֶל־יִרְמְיָהוּ מֵאֵת יְהוָה בִּימֵי יְהוֹיָקִים
2 בֶּן־יֹאשִׁיָּהוּ מֶלֶךְ יְהוּדָה לֵאמֹר׃ הָלוֹךְ אֶל־בֵּית הָרֵכָבִים
וְדִבַּרְתָּ אוֹתָם וַהֲבֵאוֹתָם בֵּית יְהוָה אֶל־אַחַת הַלְּשָׁכוֹת
3 וְהִשְׁקִיתָ אוֹתָם יָיִן׃ וָאֶקַּח אֶת־יַאֲזַנְיָה בֶן־יִרְמְיָהוּ בֶּן־
חֲבַצִּנְיָה וְאֶת־אֶחָיו וְאֶת־כָּל־בָּנָיו וְאֵת כָּל־בֵּית הָרֵכָבִים׃
4 וָאָבִא אֹתָם בֵּית יְהוָה אֶל־לִשְׁכַּת בְּנֵי חָנָן בֶּן־יִגְדַּלְיָהוּ אִישׁ
הָאֱלֹהִים אֲשֶׁר־אֵצֶל לִשְׁכַּת הַשָּׂרִים אֲשֶׁר מִמַּעַל לְלִשְׁכַּת
ה מַעֲשֵׂיָהוּ בֶן־שַׁלֻּם שֹׁמֵר הַסַּף׃ וָאֶתֵּן לִפְנֵי ׀ בְּנֵי בֵית־
הָרֵכָבִים גְּבִעִים מְלֵאִים יַיִן וְכֹסוֹת וָאֹמַר אֲלֵיהֶם שְׁתוּ־יָיִן׃
6 וַיֹּאמְרוּ לֹא נִשְׁתֶּה־יָּיִן כִּי יוֹנָדָב בֶּן־רֵכָב אָבִינוּ צִוָּה עָלֵינוּ
7 לֵאמֹר לֹא תִשְׁתּוּ־יַיִן אַתֶּם וּבְנֵיכֶם עַד־עוֹלָם׃ וּבַיִת לֹא־
תִבְנוּ וְזֶרַע לֹא־תִזְרָעוּ וְכֶרֶם לֹא־תִטָּעוּ וְלֹא יִהְיֶה לָכֶם
כִּי בָּאֳהָלִים תֵּשְׁבוּ כָּל־יְמֵיכֶם לְמַעַן תִּחְיוּ יָמִים רַבִּים עַל־
8 פְּנֵי הָאֲדָמָה אֲשֶׁר אַתֶּם גָּרִים שָׁם׃ וַנִּשְׁמַע בְּקוֹל יְהוֹנָדָב
בֶּן־רֵכָב אָבִינוּ לְכֹל אֲשֶׁר צִוָּנוּ לְבִלְתִּי שְׁתוֹת־יַיִן כָּל־
9 יָמֵינוּ אֲנַחְנוּ נָשֵׁינוּ בָּנֵינוּ וּבְנֹתֵינוּ׃ וּלְבִלְתִּי בְּנוֹת בָּתִּים
י לְשִׁבְתֵּנוּ וְכֶרֶם וְשָׂדֶה וָזֶרַע לֹא יִהְיֶה־לָּנוּ׃ וַנֵּשֶׁב בָּאֳהָלִים
11 וַנִּשְׁמַע וַנַּעַשׂ כְּכֹל אֲשֶׁר־צִוָּנוּ יוֹנָדָב אָבִינוּ׃ וַיְהִי בַּעֲלוֹת
נְבוּכַדְרֶאצַּר מֶלֶךְ־בָּבֶל אֶל־הָאָרֶץ וַנֹּאמֶר בֹּאוּ וְנָבוֹא
יְרוּשָׁלַםִ מִפְּנֵי חֵיל הַכַּשְׂדִּים וּמִפְּנֵי חֵיל אֲרָם וַנֵּשֶׁב
בִּירוּשָׁלָםִ׃
12 13 וַיְהִי דְּבַר־יְהוָה אֶל־יִרְמְיָהוּ לֵאמֹר׃ כֹּה־אָמַר יְהוָה
צְבָאוֹת אֱלֹהֵי יִשְׂרָאֵל הָלֹךְ וְאָמַרְתָּ לְאִישׁ יְהוּדָה וּלְיוֹשְׁבֵי
יְרוּשָׁלָםִ הֲלוֹא תִקְחוּ מוּסָר לִשְׁמֹעַ אֶל־דְּבָרַי נְאֻם־יְהוָה׃
14 הוּקַם אֶת־דִּבְרֵי יְהוֹנָדָב בֶּן־רֵכָב אֲשֶׁר־צִוָּה אֶת־בָּנָיו
לבלתי

לְבִלְתִּ֣י שְׁתֽוֹת־יַ֗יִן וְלֹ֤א שָׁתוּ֙ עַד־הַיּ֣וֹם הַזֶּ֔ה כִּ֣י שָׁמְע֔וּ אֵ֖ת
מִצְוַ֣ת אֲבִיהֶ֑ם וְאָנֹכִ֞י דִּבַּ֣רְתִּי אֲלֵיכֶ֗ם הַשְׁכֵּ֣ם וְדַבֵּ֔ר וְלֹ֥א
טו שְׁמַעְתֶּ֖ם אֵלָֽי׃ וָאֶשְׁלַ֣ח אֲלֵיכֶ֣ם אֶת־כָּל־עֲבָדַ֣י הַנְּבִאִ֣ים ׀
הַשְׁכֵּ֣ים וְשָׁלֹ֣חַ ׀ לֵאמֹ֡ר שֻֽׁבוּ־נָ֡א אִישׁ֩ מִדַּרְכּ֨וֹ הָרָעָ֜ה וְהֵיטִ֣יבוּ
מַעַלְלֵיכֶ֗ם וְאַל־תֵּ֨לְכ֜וּ אַחֲרֵ֨י אֱלֹהִ֤ים אֲחֵרִים֙ לְעָבְדָ֔ם וּשְׁבוּ֙
אֶל־הָ֣אֲדָמָ֔ה אֲשֶׁר־נָתַ֥תִּי לָכֶ֖ם וְלַאֲבֹתֵיכֶ֑ם וְלֹ֤א הִטִּיתֶם֙
16 אֶת־אָזְנְכֶ֔ם וְלֹ֥א שְׁמַעְתֶּ֖ם אֵלָֽי׃ כִּ֣י הֵקִ֗ימוּ בְּנֵי֙ יְהוֹנָדָ֣ב בֶּן־
רֵכָ֔ב אֶת־מִצְוַ֥ת אֲבִיהֶ֖ם אֲשֶׁ֣ר צִוָּ֑ם וְהָעָ֣ם הַזֶּ֔ה לֹ֥א שָׁמְע֖וּ
17 אֵלָֽי׃ לָ֠כֵן כֹּה־אָמַ֨ר יְהוָ֜ה אֱלֹהֵ֣י צְבָא֘וֹת אֱלֹהֵ֣י יִשְׂרָאֵל֒
הִנְנִ֨י מֵבִ֤יא אֶל־יְהוּדָה֙ וְאֶ֚ל כָּל־י֣וֹשְׁבֵי֙ יְר֣וּשָׁלִַ֔ם אֵ֚ת כָּל־
הָ֣רָעָ֔ה אֲשֶׁ֥ר דִּבַּ֖רְתִּי עֲלֵיהֶ֑ם יַ֣עַן דִּבַּ֤רְתִּי אֲלֵיהֶם֙ וְלֹ֣א שָׁמֵ֔עוּ
18 וָאֶקְרָ֥א לָהֶ֖ם וְלֹ֥א עָנֽוּ׃ וּלְבֵ֨ית הָרֵכָבִ֜ים אָמַ֣ר יִרְמְיָ֗הוּ כֹּֽה־
אָמַ֞ר יְהוָ֤ה צְבָאוֹת֙ אֱלֹהֵ֣י יִשְׂרָאֵ֔ל יַ֗עַן אֲשֶׁ֤ר שְׁמַעְתֶּם֙ עַל־
מִצְוַ֖ת יְהוֹנָדָ֣ב אֲבִיכֶ֑ם וַֽתִּשְׁמְרוּ֙ אֶת־כָּל־מִצְוֺתָ֔יו וַתַּֽעֲשׂ֔וּ
19 כְּכֹ֥ל אֲשֶׁר־צִוָּ֖ה אֶתְכֶֽם׃ לָכֵ֗ן כֹּ֥ה אָמַ֛ר יְהוָ֥ה צְבָא֖וֹת
אֱלֹהֵ֣י יִשְׂרָאֵ֑ל לֹֽא־יִכָּרֵ֨ת אִ֜ישׁ לְיוֹנָדָ֧ב בֶּן־רֵכָ֛ב עֹמֵ֥ד לְפָנַ֖י
כָּל־הַיָּמִֽים׃

לו CAP. XXXVI. לו

א וַיְהִי֙ בַּשָּׁנָ֣ה הָרְבִיעִ֔ת לִיהוֹיָקִ֥ים בֶּן־יֹאשִׁיָּ֖הוּ מֶ֣לֶךְ יְהוּדָ֑ה
2 הָיָ֞ה הַדָּבָ֤ר הַזֶּה֙ אֶֽל־יִרְמְיָ֔הוּ מֵאֵ֥ת יְהוָ֖ה לֵאמֹֽר׃ קַח־לְךָ֮
מְגִלַּת־סֵפֶר֒ וְכָתַבְתָּ֣ אֵלֶ֗יהָ אֵ֣ת כָּל־הַדְּבָרִ֞ים אֲשֶׁר־דִּבַּ֧רְתִּי
אֵלֶ֛יךָ עַל־יִשְׂרָאֵ֥ל וְעַל־יְהוּדָ֖ה וְעַל־כָּל־הַגּוֹיִ֑ם מִיּ֞וֹם
3 דִּבַּ֣רְתִּי אֵלֶ֗יךָ מִימֵ֤י יֹאשִׁיָּ֙הוּ֙ וְעַ֖ד הַיּ֥וֹם הַזֶּֽה׃ אוּלַ֣י יִשְׁמְעוּ֙
בֵּ֣ית יְהוּדָ֔ה אֵ֚ת כָּל־הָ֣רָעָ֔ה אֲשֶׁ֧ר אָנֹכִ֛י חֹשֵׁ֖ב לַעֲשׂ֣וֹת
לָהֶ֑ם לְמַ֣עַן יָשׁ֗וּבוּ אִ֚ישׁ מִדַּרְכּ֣וֹ הָרָעָ֔ה וְסָלַחְתִּי֙ לַעֲוֺנָ֖ם
וּלְחַטָּאתָֽם׃
4 וַיִּקְרָ֣א יִרְמְיָ֔הוּ אֶת־בָּר֖וּךְ בֶּן־נֵרִיָּ֑ה וַיִּכְתֹּ֨ב בָּר֜וּךְ מִפִּ֣י
יִרְמְיָ֗הוּ אֵ֣ת כָּל־דִּבְרֵ֤י יְהוָה֙ אֲשֶׁר־דִּבֶּ֣ר אֵלָ֔יו עַל־מְגִלַּת־
ספר

ה סֵֽפֶר׃ וַיְצַוֶּה יִרְמְיָהוּ אֶת־בָּרוּךְ לֵאמֹר אֲנִי עָצוּר לֹא אוּכַל
6 לָבוֹא בֵּית יְהוָֽה׃ וּבָאתָ אַתָּה וְקָרָאתָ בַמְּגִלָּה אֲשֶׁר־כָּתַבְתָּ־
מִפִּי אֶת־דִּבְרֵי יְהוָה בְּאָזְנֵי הָעָם בֵּית יְהוָה בְּיוֹם צוֹם וְגַם
7 בְּאָזְנֵי כָל־יְהוּדָה הַבָּאִים מֵעָרֵיהֶם תִּקְרָאֵֽם׃ אוּלַי תִּפֹּל
תְּחִנָּתָם לִפְנֵי יְהוָה וְיָשֻׁבוּ אִישׁ מִדַּרְכּוֹ הָרָעָה כִּי־גָדוֹל הָאַף
8 וְהַחֵמָה אֲשֶׁר־דִּבֶּר יְהוָה אֶל־הָעָם הַזֶּֽה׃ וַיַּעַשׂ בָּרוּךְ בֶּן־
נֵרִיָּה כְּכֹל אֲשֶׁר־צִוָּהוּ יִרְמְיָהוּ הַנָּבִיא לִקְרֹא בַסֵּפֶר דִּבְרֵי
9 יְהוָה בֵּית יְהוָֽה׃ וַיְהִי בַשָּׁנָה הַחֲמִשִׁית לִיהוֹיָקִים בֶּן־
יֹאשִׁיָּהוּ מֶלֶךְ־יְהוּדָה בַּחֹדֶשׁ הַתְּשִׁעִי קָרְאוּ צוֹם לִפְנֵי יְהוָה
כָּל־הָעָם בִּירוּשָׁלִָם וְכָל־הָעָם הַבָּאִים מֵעָרֵי יְהוּדָה
י בִּירוּשָׁלִָֽם׃ וַיִּקְרָא בָרוּךְ בַּסֵּפֶר אֶת־דִּבְרֵי יִרְמְיָהוּ בֵּית
יְהוָה בְּלִשְׁכַּת גְּמַרְיָהוּ בֶן־שָׁפָן הַסֹּפֵר בֶּחָצֵר הָעֶלְיוֹן פֶּתַח
11 שַׁעַר בֵּית־יְהוָה הֶחָדָשׁ בְּאָזְנֵי כָּל־הָעָֽם׃ וַיִּשְׁמַע מִכָיְהוּ
בֶן־גְּמַרְיָהוּ בֶן־שָׁפָן אֶת־כָּל־דִּבְרֵי יְהוָה מֵעַל הַסֵּֽפֶר׃
12 וַיֵּרֶד בֵּית־הַמֶּלֶךְ עַל־לִשְׁכַּת הַסֹּפֵר וְהִנֵּה־שָׁם כָּל־הַשָּׂרִים
יֽוֹשְׁבִים אֱלִישָׁמָע הַסֹּפֵר וּדְלָיָהוּ בֶן־שְׁמַעְיָהוּ וְאֶלְנָתָן בֶּן־
עַכְבּוֹר וּגְמַרְיָהוּ בֶן־שָׁפָן וְצִדְקִיָּהוּ בֶן־חֲנַנְיָהוּ וְכָל־הַשָּׂרִֽים׃
13 וַיַּגֵּד לָהֶם מִכָיְהוּ אֵת כָּל־הַדְּבָרִים אֲשֶׁר שָׁמֵעַ בִּקְרֹא בָרוּךְ
14 בַּסֵּפֶר בְּאָזְנֵי הָעָֽם׃ וַיִּשְׁלְחוּ כָל־הַשָּׂרִים אֶל־בָּרוּךְ אֶת־
יְהוּדִי בֶּן־נְתַנְיָהוּ בֶּן־שֶׁלֶמְיָהוּ בֶן־כּוּשִׁי לֵאמֹר הַמְּגִלָּה אֲשֶׁר
קָרָאתָ בָּהּ בְּאָזְנֵי הָעָם קָחֶנָּה בְיָדְךָ וָלֵךְ וַיִּקַּח בָּרוּךְ בֶּן־
טו נֵרִיָּהוּ אֶת־הַמְּגִלָּה בְּיָדוֹ וַיָּבֹא אֲלֵיהֶֽם׃ וַיֹּאמְרוּ אֵלָיו שֵׁב נָא
16 וּקְרָאֶנָּה בְּאָזְנֵינוּ וַיִּקְרָא בָרוּךְ בְּאָזְנֵיהֶֽם׃ וַיְהִי כְּשָׁמְעָם אֶת־
17 כָּל־הַדְּבָרִים פָּחֲדוּ אִישׁ אֶל־רֵעֵהוּ וַיֹּאמְרוּ אֶל־בָּרוּךְ
הַגֵּיד נַגִּיד לַמֶּלֶךְ אֵת כָּל־הַדְּבָרִים הָאֵֽלֶּה׃ וְאֶת־בָּרוּךְ
18 שָׁאֲלוּ לֵאמֹר הַגֶּד־נָא לָנוּ אֵיךְ כָּתַבְתָּ אֶת־כָּל־הַדְּבָרִים
הָאֵלֶּה מִפִּֽיו׃ וַיֹּאמֶר לָהֶם בָּרוּךְ מִפִּיו יִקְרָא אֵלַי אֵת כָּל־
19 הַדְּבָרִים הָאֵלֶּה וַאֲנִי כֹּתֵב עַל־הַסֵּפֶר בַּדְּיֽוֹ׃ וַיֹּאמְרוּ

השרים

הַשָּׂרִים אֶל־בָּרוּךְ לֵךְ הִסָּתֵר אַתָּה וְיִרְמְיָהוּ וְאִישׁ אַל־יֵדַע
כ אֵיפֹה אַתֶּם׃ וַיָּבֹאוּ אֶל־הַמֶּלֶךְ חָצֵרָה וְאֶת־הַמְּגִלָּה הִפְקִדוּ
בְּלִשְׁכַּת אֱלִישָׁמָע הַסֹּפֵר וַיַּגִּידוּ בְּאָזְנֵי הַמֶּלֶךְ אֵת כָּל־
21 הַדְּבָרִים׃ וַיִּשְׁלַח הַמֶּלֶךְ אֶת־יְהוּדִי לָקַחַת אֶת־הַמְּגִלָּה
וַיִּקָּחֶהָ מִלִּשְׁכַּת אֱלִישָׁמָע הַסֹּפֵר וַיִּקְרָאֶהָ יְהוּדִי בְּאָזְנֵי הַמֶּלֶךְ
22 וּבְאָזְנֵי כָּל־הַשָּׂרִים הָעֹמְדִים מֵעַל הַמֶּלֶךְ׃ וְהַמֶּלֶךְ יוֹשֵׁב
בֵּית הַחֹרֶף בַּחֹדֶשׁ הַתְּשִׁיעִי וְאֶת־הָאָח לְפָנָיו מְבֹעָרֶת׃
23 וַיְהִי ׀ כִּקְרוֹא יְהוּדִי שָׁלֹשׁ דְּלָתוֹת וְאַרְבָּעָה יִקְרָעֶהָ בְּתַעַר
הַסֹּפֵר וְהַשְׁלֵךְ אֶל־הָאֵשׁ אֲשֶׁר אֶל־הָאָח עַד־תֹּם כָּל־
24 הַמְּגִלָּה עַל־הָאֵשׁ אֲשֶׁר עַל־הָאָח׃ וְלֹא פָחֲדוּ וְלֹא קָרְעוּ
אֶת־בִּגְדֵיהֶם הַמֶּלֶךְ וְכָל־עֲבָדָיו הַשֹּׁמְעִים אֵת כָּל־הַדְּבָרִים
כה הָאֵלֶּה׃ וְגַם אֶלְנָתָן וּדְלָיָהוּ וּגְמַרְיָהוּ הִפְגִּעוּ בַמֶּלֶךְ לְבִלְתִּי
26 שְׂרֹף אֶת־הַמְּגִלָּה וְלֹא שָׁמַע אֲלֵיהֶם׃ וַיְצַוֶּה הַמֶּלֶךְ אֶת־
יְרַחְמְאֵל בֶּן־הַמֶּלֶךְ וְאֶת־שְׂרָיָהוּ בֶן־עַזְרִיאֵל וְאֶת־שֶׁלֶמְיָהוּ
בֶּן־עַבְדְּאֵל לָקַחַת אֶת־בָּרוּךְ הַסֹּפֵר וְאֵת יִרְמְיָהוּ הַנָּבִיא
27 וַיַּסְתִּרֵם יְהוָה׃ וַיְהִי דְבַר־יְהוָה אֶל־יִרְמְיָהוּ אַחֲרֵי ׀
שְׂרֹף הַמֶּלֶךְ אֶת־הַמְּגִלָּה וְאֶת־הַדְּבָרִים אֲשֶׁר כָּתַב בָּרוּךְ
28 מִפִּי יִרְמְיָהוּ לֵאמֹר׃ שׁוּב קַח־לְךָ מְגִלָּה אַחֶרֶת וּכְתֹב
עָלֶיהָ אֵת כָּל־הַדְּבָרִים הָרִאשֹׁנִים אֲשֶׁר הָיוּ עַל־הַמְּגִלָּה
29 הָרִאשֹׁנָה אֲשֶׁר שָׂרַף יְהוֹיָקִים מֶלֶךְ־יְהוּדָה׃ וְעַל־יְהוֹיָקִים
מֶלֶךְ־יְהוּדָה תֹּאמַר כֹּה אָמַר יְהוָה אַתָּה שָׂרַפְתָּ אֶת־הַמְּגִלָּה
הַזֹּאת לֵאמֹר מַדּוּעַ כָּתַבְתָּ עָלֶיהָ לֵאמֹר בֹּא־יָבוֹא מֶלֶךְ־
בָּבֶל וְהִשְׁחִית אֶת־הָאָרֶץ הַזֹּאת וְהִשְׁבִּית מִמֶּנָּה אָדָם
ל וּבְהֵמָה׃ לָכֵן כֹּה־אָמַר יְהוָה עַל־יְהוֹיָקִים מֶלֶךְ יְהוּדָה
לֹא־יִהְיֶה־לּוֹ יוֹשֵׁב עַל־כִּסֵּא דָוִד וְנִבְלָתוֹ תִּהְיֶה מֻשְׁלֶכֶת
31 לַחֹרֶב בַּיּוֹם וְלַקֶּרַח בַּלָּיְלָה׃ וּפָקַדְתִּי עָלָיו וְעַל־זַרְעוֹ
וְעַל־עֲבָדָיו אֶת־עֲוֺנָם וְהֵבֵאתִי עֲלֵיהֶם וְעַל־יֹשְׁבֵי יְרוּשָׁלַםִ
וְאֶל־אִישׁ יְהוּדָה אֵת כָּל־הָרָעָה אֲשֶׁר־דִּבַּרְתִּי אֲלֵיהֶם וְלֹא

32 שְׁמָעוּ׃ וְיִרְמְיָהוּ לָקַח ׀ מְגִלָּה אַחֶרֶת וַיִּתְּנָהּ אֶל־בָּרוּךְ
בֶּן־נֵרִיָּהוּ הַסֹּפֵר וַיִּכְתֹּב עָלֶיהָ מִפִּי יִרְמְיָהוּ אֵת כָּל־דִּבְרֵי
הַסֵּפֶר אֲשֶׁר שָׂרַף יְהוֹיָקִים מֶלֶךְ־יְהוּדָה בָּאֵשׁ וְעוֹד נוֹסַף
עֲלֵיהֶם דְּבָרִים רַבִּים כָּהֵמָּה׃

לז Cap. XXXVII. לז

א וַיִּמְלָךְ־מֶלֶךְ צִדְקִיָּהוּ בֶּן־יֹאשִׁיָּהוּ תַּחַת כָּנְיָהוּ בֶּן־יְהוֹיָקִים
2 אֲשֶׁר הִמְלִיךְ נְבוּכַדְרֶאצַּר מֶלֶךְ־בָּבֶל בְּאֶרֶץ יְהוּדָה׃ וְלֹא
שָׁמַע הוּא וַעֲבָדָיו וְעַם הָאָרֶץ אֶל־דִּבְרֵי יְהוָה אֲשֶׁר דִּבֶּר
3 בְּיַד יִרְמְיָהוּ הַנָּבִיא׃ וַיִּשְׁלַח הַמֶּלֶךְ צִדְקִיָּהוּ אֶת־יְהוּכַל
בֶּן־שֶׁלֶמְיָה וְאֶת־צְפַנְיָהוּ בֶן־מַעֲשֵׂיָה הַכֹּהֵן אֶל־יִרְמְיָהוּ
הַנָּבִיא לֵאמֹר הִתְפַּלֶּל־נָא בַעֲדֵנוּ אֶל־יְהוָה אֱלֹהֵינוּ׃
4 וְיִרְמְיָהוּ בָּא וְיֹצֵא בְּתוֹךְ הָעָם וְלֹא־נָתְנוּ אֹתוֹ בֵּית הַכְּלִיא׃
ה וְחֵיל פַּרְעֹה יָצָא מִמִּצְרָיִם וַיִּשְׁמְעוּ הַכַּשְׂדִּים הַצָּרִים עַל־
יְרוּשָׁלִַם אֶת־שִׁמְעָם וַיֵּעָלוּ מֵעַל יְרוּשָׁלִָם׃
6 7 וַיְהִי דְּבַר־יְהוָה אֶל־יִרְמְיָהוּ הַנָּבִיא לֵאמֹר׃ כֹּה־אָמַר
יְהוָה אֱלֹהֵי יִשְׂרָאֵל כֹּה תֹאמְרוּ אֶל־מֶלֶךְ יְהוּדָה הַשֹּׁלֵחַ
אֶתְכֶם אֵלַי לְדָרְשֵׁנִי הִנֵּה ׀ חֵיל פַּרְעֹה הַיֹּצֵא לָכֶם לְעֶזְרָה
8 שָׁב לְאַרְצוֹ מִצְרָיִם׃ וְשָׁבוּ הַכַּשְׂדִּים וְנִלְחֲמוּ עַל־הָעִיר
9 הַזֹּאת וּלְכָדֻהָ וּשְׂרָפֻהָ בָאֵשׁ׃ כֹּה אָמַר יְהוָה אַל־תַּשִּׁאוּ
נַפְשֹׁתֵיכֶם לֵאמֹר הָלֹךְ יֵלְכוּ מֵעָלֵינוּ הַכַּשְׂדִּים כִּי־לֹא יֵלֵכוּ׃
י כִּי אִם־הִכִּיתֶם כָּל־חֵיל כַּשְׂדִּים הַנִּלְחָמִים אִתְּכֶם וְנִשְׁאֲרוּ־
בָם אֲנָשִׁים מְדֻקָּרִים אִישׁ בְּאָהֳלוֹ יָקוּמוּ וְשָׂרְפוּ אֶת־הָעִיר
11 הַזֹּאת בָּאֵשׁ׃ וְהָיָה בְּהֵעָלוֹת חֵיל הַכַּשְׂדִּים מֵעַל יְרוּשָׁלִָם
12 מִפְּנֵי חֵיל פַּרְעֹה׃ וַיֵּצֵא יִרְמְיָהוּ מִירוּשָׁלִַם לָלֶכֶת אֶרֶץ
13 בִּנְיָמִן לַחֲלִק מִשָּׁם בְּתוֹךְ הָעָם׃ וַיְהִי־הוּא בְּשַׁעַר בִּנְיָמִן
וְשָׁם בַּעַל פְּקִדֻת וּשְׁמוֹ יִרְאִיָּיה בֶּן־שֶׁלֶמְיָה בֶּן־חֲנַנְיָה וַיִּתְפֹּשׂ
14 אֶת־יִרְמְיָהוּ הַנָּבִיא לֵאמֹר אֶל־הַכַּשְׂדִּים אַתָּה נֹפֵל׃ וַיֹּאמֶר

ירמיהו

ל״ז v. 4. הכלוא ק

יִרְמְיָהוּ שֶׁקֶר אֵינֶנִּי נֹפֵל עַל־הַכַּשְׂדִּים וְלֹא שָׁמַע אֵלָיו וַיִּתְפֹּשׂ
טו יִרְאִיָּיה בְּיִרְמְיָהוּ וַיְבִאֵהוּ אֶל־הַשָּׂרִים׃ וַיִּקְצְפוּ הַשָּׂרִים
עַל־יִרְמְיָהוּ וְהִכּוּ אֹתוֹ וְנָתְנוּ אוֹתוֹ בֵּית הָאֵסוּר בֵּית יְהוֹנָתָן
16 הַסֹּפֵר כִּי־אֹתוֹ עָשׂוּ לְבֵית הַכֶּלֶא׃ כִּי בָא יִרְמְיָהוּ אֶל־
בֵּית הַבּוֹר וְאֶל־הַחֲנֻיוֹת וַיֵּשֶׁב־שָׁם יִרְמְיָהוּ יָמִים רַבִּים׃
17 וַיִּשְׁלַח הַמֶּלֶךְ צִדְקִיָּהוּ וַיִּקָּחֵהוּ וַיִּשְׁאָלֵהוּ הַמֶּלֶךְ בְּבֵיתוֹ
בַּסֵּתֶר וַיֹּאמֶר הֲיֵשׁ דָּבָר מֵאֵת יְהוָה וַיֹּאמֶר יִרְמְיָהוּ יֵשׁ
18 וַיֹּאמֶר בְּיַד מֶלֶךְ־בָּבֶל תִּנָּתֵן׃ וַיֹּאמֶר יִרְמְיָהוּ אֶל־הַמֶּלֶךְ
צִדְקִיָּהוּ מֶה חָטָאתִי לְךָ וְלַעֲבָדֶיךָ וְלָעָם הַזֶּה כִּי־נְתַתֶּם
19 אוֹתִי אֶל־בֵּית הַכֶּלֶא׃ וְאַיּוֹ נְבִיאֵיכֶם אֲשֶׁר־נִבְּאוּ לָכֶם
לֵאמֹר לֹא־יָבֹא מֶלֶךְ־בָּבֶל עֲלֵיכֶם וְעַל הָאָרֶץ הַזֹּאת׃
כ וְעַתָּה שְׁמַע־נָא אֲדֹנִי הַמֶּלֶךְ תִּפָּל־נָא תְחִנָּתִי לְפָנֶיךָ וְאַל־
21 תְּשִׁבֵנִי בֵּית יְהוֹנָתָן הַסֹּפֵר וְלֹא אָמוּת שָׁם׃ וַיְצַוֶּה הַמֶּלֶךְ
צִדְקִיָּהוּ וַיַּפְקִדוּ אֶת־יִרְמְיָהוּ בַּחֲצַר הַמַּטָּרָה וְנָתֹן לוֹ
כִכַּר־לֶחֶם לַיּוֹם מִחוּץ הָאֹפִים עַד־תֹּם כָּל־הַלֶּחֶם מִן־
הָעִיר וַיֵּשֶׁב יִרְמְיָהוּ בַּחֲצַר הַמַּטָּרָה׃ ס

לח Cap. XXXVIII. לח

א וַיִּשְׁמַע שְׁפַטְיָה בֶן־מַתָּן וּגְדַלְיָהוּ בֶּן־פַּשְׁחוּר וְיוּכַל בֶּן־
שֶׁלֶמְיָהוּ וּפַשְׁחוּר בֶּן־מַלְכִּיָּה אֶת־הַדְּבָרִים אֲשֶׁר יִרְמְיָהוּ
2 מְדַבֵּר אֶל־כָּל־הָעָם לֵאמֹר׃ כֹּה אָמַר יְהוָה הַיֹּשֵׁב בָּעִיר
הַזֹּאת יָמוּת בַּחֶרֶב בָּרָעָב וּבַדָּבֶר וְהַיֹּצֵא אֶל־הַכַּשְׂדִּים
3 יְחִיֶה וְהָיְתָה־לּוֹ נַפְשׁוֹ לְשָׁלָל וָחָי׃ כֹּה אָמַר יְהוָה
הִנָּתֹן תִּנָּתֵן הָעִיר הַזֹּאת בְּיַד חֵיל מֶלֶךְ־בָּבֶל וּלְכָדָהּ׃
4 וַיֹּאמְרוּ הַשָּׂרִים אֶל־הַמֶּלֶךְ יוּמַת נָא אֶת־הָאִישׁ הַזֶּה כִּי־
עַל־כֵּן הוּא־מְרַפֵּא אֶת־יְדֵי אַנְשֵׁי הַמִּלְחָמָה הַנִּשְׁאָרִים ׀
בָּעִיר הַזֹּאת וְאֵת יְדֵי כָל־הָעָם לְדַבֵּר אֲלֵיהֶם כַּדְּבָרִים
הָאֵלֶּה כִּי ׀ הָאִישׁ הַזֶּה אֵינֶנּוּ דֹרֵשׁ לְשָׁלוֹם לָעָם הַזֶּה כִּי

אם־לרעה

ל״ז v. 19. ואיה ק׳ v. 21. אין כאן פסקא ל״ח v. 2. וחיה ק׳

ה אִם־לְרָעָה׃ וַיֹּאמֶר הַמֶּלֶךְ צִדְקִיָּהוּ הִנֵּה־הוּא בְּיֶדְכֶם כִּי־
6 אֵין הַמֶּלֶךְ יוּכַל אֶתְכֶם דָּבָר׃ וַיִּקְחוּ אֶת־יִרְמְיָהוּ וַיַּשְׁלִכוּ
אֹתוֹ אֶל־הַבּוֹר ׀ מַלְכִּיָּהוּ בֶן־הַמֶּלֶךְ אֲשֶׁר בַּחֲצַר הַמַּטָּרָה
וַיְשַׁלְּחוּ אֶת־יִרְמְיָהוּ בַּחֲבָלִים וּבַבּוֹר אֵין־מַיִם כִּי אִם־טִיט
7 וַיִּטְבַּע יִרְמְיָהוּ בַּטִּיט׃ וַיִּשְׁמַע עֶבֶד־מֶלֶךְ הַכּוּשִׁי אִישׁ סָרִיס
וְהוּא בְּבֵית הַמֶּלֶךְ כִּי־נָתְנוּ אֶת־יִרְמְיָהוּ אֶל־הַבּוֹר וְהַמֶּלֶךְ
8 יוֹשֵׁב בְּשַׁעַר בִּנְיָמִן׃ וַיֵּצֵא עֶבֶד־מֶלֶךְ מִבֵּית הַמֶּלֶךְ וַיְדַבֵּר
9 אֶל־הַמֶּלֶךְ לֵאמֹר׃ אֲדֹנִי הַמֶּלֶךְ הֵרֵעוּ הָאֲנָשִׁים הָאֵלֶּה אֵת
כָּל־אֲשֶׁר עָשׂוּ לְיִרְמְיָהוּ הַנָּבִיא אֵת אֲשֶׁר־הִשְׁלִיכוּ אֶל־
הַבּוֹר וַיָּמָת תַּחְתָּיו מִפְּנֵי הָרָעָב כִּי אֵין הַלֶּחֶם עוֹד בָּעִיר׃
י וַיְצַוֶּה הַמֶּלֶךְ אֵת עֶבֶד־מֶלֶךְ הַכּוּשִׁי לֵאמֹר קַח בְּיָדְךָ מִזֶּה
שְׁלֹשִׁים אֲנָשִׁים וְהַעֲלִיתָ אֶת־יִרְמְיָהוּ הַנָּבִיא מִן־הַבּוֹר בְּטֶרֶם
11 יָמוּת׃ וַיִּקַּח ׀ עֶבֶד־מֶלֶךְ אֶת־הָאֲנָשִׁים בְּיָדוֹ וַיָּבֹא בֵית־
הַמֶּלֶךְ אֶל־תַּחַת הָאוֹצָר וַיִּקַּח מִשָּׁם בְּלוֹיֵ הסחבות וּבְלוֹיֵ
12 מְלָחִים וַיְשַׁלְּחֵם אֶל־יִרְמְיָהוּ אֶל־הַבּוֹר בַּחֲבָלִים׃ וַיֹּאמֶר
עֶבֶד־מֶלֶךְ הַכּוּשִׁי אֶל־יִרְמְיָהוּ שִׂים נָא בְּלוֹאֵי הַסְּחָבוֹת
וְהַמְּלָחִים תַּחַת אַצִּלוֹת יָדֶיךָ מִתַּחַת לַחֲבָלִים וַיַּעַשׂ יִרְמְיָהוּ
13 כֵּן׃ וַיִּמְשְׁכוּ אֶת־יִרְמְיָהוּ בַּחֲבָלִים וַיַּעֲלוּ אֹתוֹ מִן־הַבּוֹר
14 וַיֵּשֶׁב יִרְמְיָהוּ בַּחֲצַר הַמַּטָּרָה׃ וַיִּשְׁלַח הַמֶּלֶךְ צִדְקִיָּהוּ
וַיִּקַּח אֶת־יִרְמְיָהוּ הַנָּבִיא אֵלָיו אֶל־מָבוֹא הַשְּׁלִישִׁי אֲשֶׁר
בְּבֵית יְהוָה וַיֹּאמֶר הַמֶּלֶךְ אֶל־יִרְמְיָהוּ שֹׁאֵל אֲנִי אֹתְךָ דָּבָר
טו אַל־תְּכַחֵד מִמֶּנִּי דָּבָר׃ וַיֹּאמֶר יִרְמְיָהוּ אֶל־צִדְקִיָּהוּ כִּי
אַגִּיד לְךָ הֲלוֹא הָמֵת תְּמִיתֵנִי וְכִי אִיעָצְךָ לֹא תִשְׁמַע
16 אֵלָי׃ וַיִּשָּׁבַע הַמֶּלֶךְ צִדְקִיָּהוּ אֶל־יִרְמְיָהוּ בַּסֵּתֶר לֵאמֹר
חַי־יְהוָה אֹת אֲשֶׁר עָשָׂה־לָנוּ אֶת־הַנֶּפֶשׁ הַזֹּאת אִם־אֲמִיתֶךָ
וְאִם־אֶתֶּנְךָ בְּיַד הָאֲנָשִׁים הָאֵלֶּה אֲשֶׁר מְבַקְשִׁים אֶת־
17 נַפְשֶׁךָ׃ וַיֹּאמֶר יִרְמְיָהוּ אֶל־צִדְקִיָּהוּ כֹּה־אָמַר יְהוָה

אלהי

v. 11. סחבות ק׳ v. 16. כתיב ולא קרי

אֱלֹהֵי צְבָאוֹת אֱלֹהֵי יִשְׂרָאֵל אִם־יָצֹא תֵצֵא אֶל־שָׂרֵי מֶלֶךְ־
בָּבֶל וְחָיְתָה נַפְשֶׁךָ וְהָעִיר הַזֹּאת לֹא תִשָּׂרֵף בָּאֵשׁ וְחָיִתָה
18 אַתָּה וּבֵיתֶךָ׃ וְאִם לֹא־תֵצֵא אֶל־שָׂרֵי מֶלֶךְ בָּבֶל וְנִתְּנָה
הָעִיר הַזֹּאת בְּיַד הַכַּשְׂדִּים וּשְׂרָפוּהָ בָּאֵשׁ וְאַתָּה לֹא־תִמָּלֵט
19 מִיָּדָם׃ וַיֹּאמֶר הַמֶּלֶךְ צִדְקִיָּהוּ אֶל־יִרְמְיָהוּ אֲנִי דֹאֵג
אֶת־הַיְּהוּדִים אֲשֶׁר נָפְלוּ אֶל־הַכַּשְׂדִּים פֶּן־יִתְּנוּ אֹתִי בְּיָדָם
כ וְהִתְעַלְּלוּ־בִי׃ וַיֹּאמֶר יִרְמְיָהוּ לֹא יִתֵּנוּ שְׁמַע־נָא ׀ בְּקוֹל
21 יְהוָה לַאֲשֶׁר אֲנִי דֹּבֵר אֵלֶיךָ וְיִיטַב־לְךָ וּתְחִי נַפְשֶׁךָ׃ וְאִם־
22 מָאֵן אַתָּה לָצֵאת זֶה הַדָּבָר אֲשֶׁר הִרְאַנִי יְהוָה׃ וְהִנֵּה כָל־
הַנָּשִׁים אֲשֶׁר נִשְׁאֲרוּ בְּבֵית מֶלֶךְ־יְהוּדָה מוּצָאוֹת אֶל־שָׂרֵי
מֶלֶךְ בָּבֶל וְהֵנָּה אֹמְרוֹת הִסִּיתוּךָ וְיָכְלוּ לְךָ אַנְשֵׁי שְׁלֹמֶךָ
23 הָטְבְּעוּ בַבֹּץ רַגְלֶךָ נָסֹגוּ אָחוֹר׃ וְאֶת־כָּל־נָשֶׁיךָ וְאֶת־בָּנֶיךָ
מוֹצִאִים אֶל־הַכַּשְׂדִּים וְאַתָּה לֹא־תִמָּלֵט מִיָּדָם כִּי בְיַד
24 מֶלֶךְ־בָּבֶל תִּתָּפֵשׂ וְאֶת־הָעִיר הַזֹּאת תִּשְׂרֹף בָּאֵשׁ׃ וַיֹּאמֶר
צִדְקִיָּהוּ אֶל־יִרְמְיָהוּ אִישׁ אַל־יֵדַע בַּדְּבָרִים־הָאֵלֶּה וְלֹא
כה תָמוּת׃ וְכִי־יִשְׁמְעוּ הַשָּׂרִים כִּי־דִבַּרְתִּי אִתָּךְ וּבָאוּ אֵלֶיךָ
וְאָמְרוּ אֵלֶיךָ הַגִּידָה־נָּא לָנוּ מַה־דִּבַּרְתָּ אֶל־הַמֶּלֶךְ אַל־
26 תְּכַחֵד מִמֶּנּוּ וְלֹא נְמִיתֶךָ וּמַה־דִּבֶּר אֵלֶיךָ הַמֶּלֶךְ׃ וְאָמַרְתָּ
אֲלֵיהֶם מַפִּיל־אֲנִי תְחִנָּתִי לִפְנֵי הַמֶּלֶךְ לְבִלְתִּי הֲשִׁיבֵנִי בֵּית
27 יְהוֹנָתָן לָמוּת שָׁם׃ וַיָּבֹאוּ כָל־הַשָּׂרִים אֶל־יִרְמְיָהוּ
וַיִּשְׁאֲלוּ אֹתוֹ וַיַּגֵּד לָהֶם כְּכָל־הַדְּבָרִים הָאֵלֶּה אֲשֶׁר צִוָּה
28 הַמֶּלֶךְ וַיַּחֲרִשׁוּ מִמֶּנּוּ כִּי לֹא־נִשְׁמַע הַדָּבָר׃ וַיֵּשֶׁב יִרְמְיָהוּ
בַּחֲצַר הַמַּטָּרָה עַד־יוֹם אֲשֶׁר־נִלְכְּדָה יְרוּשָׁלָם ° וְהָיָה
כַּאֲשֶׁר נִלְכְּדָה יְרוּשָׁלִָם׃ °

לט Cap. XXXIX. לט

א בַּשָּׁנָה הַתְּשִׁעִית לְצִדְקִיָּהוּ מֶלֶךְ־יְהוּדָה בַּחֹדֶשׁ הָעֲשִׂרִי
בָּא נְבוּכַדְרֶאצַּר מֶלֶךְ־בָּבֶל וְכָל־חֵילוֹ אֶל־יְרוּשָׁלִַם וַיָּצֻרוּ

עליה

ל״ח v. 28. פסקא באמצע פסוק ibid. אין כאן פסקא

2 עָלֶיהָ׃ בְּעַשְׁתֵּי־עֶשְׂרֵה שָׁנָה לְצִדְקִיָּהוּ בַּחֹדֶשׁ הָרְבִיעִי
3 בְּתִשְׁעָה לַחֹדֶשׁ הָבְקְעָה הָעִיר׃ וַיָּבֹאוּ כֹּל שָׂרֵי מֶלֶךְ־בָּבֶל
וַיֵּשְׁבוּ בְּשַׁעַר הַתָּוֶךְ נֵרְגַל שַׂרְאֶצֶר סַמְגַּר־נְבוּ שַׂר־סְכִים
רַב־סָרִיס נֵרְגַל שַׂרְאֶצֶר רַב־מָג וְכָל־שְׁאֵרִית שָׂרֵי מֶלֶךְ
4 בָּבֶל׃ וַיְהִי כַּאֲשֶׁר רָאָם צִדְקִיָּהוּ מֶלֶךְ־יְהוּדָה וְכֹל ׀ אַנְשֵׁי
הַמִּלְחָמָה וַיִּבְרְחוּ וַיֵּצְאוּ לַיְלָה מִן־הָעִיר דֶּרֶךְ גַּן הַמֶּלֶךְ
ה בְּשַׁעַר בֵּין הַחֹמֹתָיִם וַיֵּצֵא דֶּרֶךְ הָעֲרָבָה׃ וַיִּרְדְּפוּ חֵיל־
כַּשְׂדִּים אַחֲרֵיהֶם וַיַּשִּׂגוּ אֶת־צִדְקִיָּהוּ בְּעַרְבוֹת יְרֵחוֹ וַיִּקְחוּ
אֹתוֹ וַיַּעֲלֻהוּ אֶל־נְבוּכַדְרֶאצַּר מֶלֶךְ־בָּבֶל רִבְלָתָה בְּאֶרֶץ
6 חֲמָת וַיְדַבֵּר אִתּוֹ מִשְׁפָּטִים׃ וַיִּשְׁחַט מֶלֶךְ בָּבֶל אֶת־בְּנֵי
צִדְקִיָּהוּ בְּרִבְלָה לְעֵינָיו וְאֵת כָּל־חֹרֵי יְהוּדָה שָׁחַט מֶלֶךְ
7 בָּבֶל׃ וְאֶת־עֵינֵי צִדְקִיָּהוּ עִוֵּר וַיַּאַסְרֵהוּ בַּנְחֻשְׁתַּיִם לָבִיא
8 אֹתוֹ בָּבֶלָה׃ וְאֶת־בֵּית הַמֶּלֶךְ וְאֶת־בֵּית הָעָם שָׂרְפוּ
9 הַכַּשְׂדִּים בָּאֵשׁ וְאֶת־חֹמוֹת יְרוּשָׁלִַם נָתָצוּ׃ וְאֵת יֶתֶר הָעָם
הַנִּשְׁאָרִים בָּעִיר וְאֶת־הַנֹּפְלִים אֲשֶׁר נָפְלוּ עָלָיו וְאֵת יֶתֶר
י הָעָם הַנִּשְׁאָרִים הֶגְלָה נְבוּזַרְאֲדָן רַב־טַבָּחִים בָּבֶל׃ וּמִן־
הָעָם הַדַּלִּים אֲשֶׁר אֵין־לָהֶם מְאוּמָה הִשְׁאִיר נְבוּזַרְאֲדָן
רַב־טַבָּחִים בְּאֶרֶץ יְהוּדָה וַיִּתֵּן לָהֶם כְּרָמִים וִיגֵבִים בַּיּוֹם
11 הַהוּא׃ וַיְצַו נְבוּכַדְרֶאצַּר מֶלֶךְ־בָּבֶל עַל־יִרְמְיָהוּ בְּיַד
12 נְבוּזַרְאֲדָן רַב־טַבָּחִים לֵאמֹר׃ קָחֶנּוּ וְעֵינֶיךָ שִׂים עָלָיו
וְאַל־תַּעַשׂ לוֹ מְאוּמָה רָע כִּי אם כַּאֲשֶׁר יְדַבֵּר אֵלֶיךָ
13 כֵּן עֲשֵׂה עִמּוֹ׃ וַיִּשְׁלַח נְבוּזַרְאֲדָן רַב־טַבָּחִים וּנְבוּשַׁזְבָּן
רַב־סָרִיס וְנֵרְגַל שַׂר־אֶצֶר רַב־מָג וְכֹל רַבֵּי מֶלֶךְ־בָּבֶל׃
14 וַיִּשְׁלְחוּ וַיִּקְחוּ אֶת־יִרְמְיָהוּ מֵחֲצַר הַמַּטָּרָה וַיִּתְּנוּ אֹתוֹ אֶל־
גְּדַלְיָהוּ בֶּן־אֲחִיקָם בֶּן־שָׁפָן לְהוֹצִאֵהוּ אֶל־הַבָּיִת וַיֵּשֶׁב
טו בְּתוֹךְ הָעָם׃ וְאֶל־יִרְמְיָהוּ הָיָה דְבַר־יְהוָה בִּהְיֹתוֹ
16 עָצוּר בַּחֲצַר הַמַּטָּרָה לֵאמֹר׃ הָלוֹךְ וְאָמַרְתָּ לְעֶבֶד־מֶלֶךְ

הכושי

v. 12. כתיב ולא קרי v. 13. נון זעירא

הַכּוּשִׁי לֵאמֹר כֹּה־אָמַר יְהוָה צְבָאוֹת אֱלֹהֵי יִשְׂרָאֵל הִנְנִי
מֵבִיא אֶת־דְּבָרַי אֶל־הָעִיר הַזֹּאת לְרָעָה וְלֹא לְטוֹבָה וְהָיוּ
17 לְפָנֶיךָ בַּיּוֹם הַהוּא׃ וְהִצַּלְתִּיךָ בַיּוֹם־הַהוּא נְאֻם־יְהוָה וְלֹא
18 תִנָּתֵן בְּיַד הָאֲנָשִׁים אֲשֶׁר־אַתָּה יָגוֹר מִפְּנֵיהֶם׃ כִּי מַלֵּט
אֲמַלֶּטְךָ וּבַחֶרֶב לֹא תִפֹּל וְהָיְתָה לְךָ נַפְשְׁךָ לְשָׁלָל כִּי־
בָטַחְתָּ בִּי נְאֻם־יְהוָה׃

מ Cap. XL. מ

א הַדָּבָר אֲשֶׁר־הָיָה אֶל־יִרְמְיָהוּ מֵאֵת יְהוָה אַחַר | שַׁלַּח
אֹתוֹ נְבוּזַרְאֲדָן רַב־טַבָּחִים מִן־הָרָמָה בְּקַחְתּוֹ אֹתוֹ וְהוּא־
אָסוּר בָּאזִקִּים בְּתוֹךְ כָּל־גָּלוּת יְרוּשָׁלַםִ וִיהוּדָה הַמֻּגְלִים
2 בָּבֶלָה׃ וַיִּקַּח רַב־טַבָּחִים לְיִרְמְיָהוּ וַיֹּאמֶר אֵלָיו יְהוָה
3 אֱלֹהֶיךָ דִּבֶּר אֶת־הָרָעָה הַזֹּאת אֶל־הַמָּקוֹם הַזֶּה׃ וַיָּבֵא
וַיַּעַשׂ יְהוָה כַּאֲשֶׁר דִּבֵּר כִּי־חֲטָאתֶם לַיהוָה וְלֹא־שְׁמַעְתֶּם
4 בְּקוֹלוֹ וְהָיָה לָכֶם דָּבָר הַזֶּה׃ וְעַתָּה הִנֵּה פִתַּחְתִּיךָ הַיּוֹם
מִן־הָאזִקִּים אֲשֶׁר עַל־יָדֶךָ אִם־טוֹב בְּעֵינֶיךָ לָבוֹא אִתִּי
בָבֶל בֹּא וְאָשִׂים אֶת־עֵינִי עָלֶיךָ וְאִם־רַע בְּעֵינֶיךָ לָבוֹא־
אִתִּי בָבֶל חֲדָל רְאֵה כָּל־הָאָרֶץ לְפָנֶיךָ אֶל־טוֹב וְאֶל־
ה הַיָּשָׁר בְּעֵינֶיךָ לָלֶכֶת שָׁמָּה לֵךְ׃ וְעוֹדֶנּוּ לֹא־יָשׁוּב וְשֻׁבָה
אֶל־גְּדַלְיָה בֶן־אֲחִיקָם בֶּן־שָׁפָן אֲשֶׁר הִפְקִיד מֶלֶךְ־בָּבֶל
בְּעָרֵי יְהוּדָה וְשֵׁב אִתּוֹ בְּתוֹךְ הָעָם אוֹ אֶל־כָּל־הַיָּשָׁר
בְּעֵינֶיךָ לָלֶכֶת לֵךְ וַיִּתֶּן־לוֹ רַב־טַבָּחִים אֲרֻחָה וּמַשְׂאֵת
6 וַיְשַׁלְּחֵהוּ׃ וַיָּבֹא יִרְמְיָהוּ אֶל־גְּדַלְיָה בֶן־אֲחִיקָם הַמִּצְפָּתָה
7 וַיֵּשֶׁב אִתּוֹ בְּתוֹךְ הָעָם הַנִּשְׁאָרִים בָּאָרֶץ׃ וַיִּשְׁמְעוּ כָל־
שָׂרֵי הַחֲיָלִים אֲשֶׁר בַּשָּׂדֶה הֵמָּה וְאַנְשֵׁיהֶם כִּי־הִפְקִיד מֶלֶךְ־
בָּבֶל אֶת־גְּדַלְיָהוּ בֶן־אֲחִיקָם בָּאָרֶץ וְכִי | הִפְקִיד אִתּוֹ
אֲנָשִׁים וְנָשִׁים וָטָף וּמִדַּלַּת הָאָרֶץ מֵאֲשֶׁר לֹא־הָגְלוּ בָּבֶלָה׃
8 וַיָּבֹאוּ אֶל־גְּדַלְיָה הַמִּצְפָּתָה וְיִשְׁמָעֵאל בֶּן־נְתַנְיָהוּ וְיוֹחָנָן

ויונתן

ל״ט v. 16. מביא ק׳ מ׳ v. 3. הדבר ק׳

וְיוֹנָתָן בְּנֵי־קָרֵחַ וּשְׂרָיָה בֶן־תַּנְחֻמֶת וּבְנֵי ׀ עוֹפַי הַנְּטֹפָתִי
9 וִיזַנְיָהוּ בֶּן־הַמַּעֲכָתִי הֵמָּה וְאַנְשֵׁיהֶם׃ וַיִּשָּׁבַע לָהֶם גְּדַלְיָהוּ
בֶּן־אֲחִיקָם בֶּן־שָׁפָן וּלְאַנְשֵׁיהֶם לֵאמֹר אַל־תִּירְאוּ מֵעֲבוֹד
הַכַּשְׂדִּים שְׁבוּ בָאָרֶץ וְעִבְדוּ אֶת־מֶלֶךְ בָּבֶל וְיִיטַב לָכֶם׃
י וַאֲנִי הִנְנִי יֹשֵׁב בַּמִּצְפָּה לַעֲמֹד לִפְנֵי הַכַּשְׂדִּים אֲשֶׁר יָבֹאוּ
אֵלֵינוּ וְאַתֶּם אִסְפוּ יַיִן וְקַיִץ וְשֶׁמֶן וְשִׂמוּ בִּכְלֵיכֶם וּשְׁבוּ
11 בְּעָרֵיכֶם אֲשֶׁר־תְּפַשְׂתֶּם׃ וְגַם כָּל־הַיְּהוּדִים אֲשֶׁר־בְּמוֹאָב ׀
וּבִבְנֵי־עַמּוֹן וּבֶאֱדוֹם וַאֲשֶׁר בְּכָל־הָאֲרָצוֹת שָׁמְעוּ כִּי־נָתַן
מֶלֶךְ־בָּבֶל שְׁאֵרִית לִיהוּדָה וְכִי הִפְקִיד עֲלֵיהֶם אֶת־גְּדַלְיָהוּ
12 בֶּן־אֲחִיקָם בֶּן־שָׁפָן׃ וַיָּשֻׁבוּ כָל־הַיְּהוּדִים מִכָּל־הַמְּקֹמוֹת
אֲשֶׁר נִדְּחוּ־שָׁם וַיָּבֹאוּ אֶרֶץ־יְהוּדָה אֶל־גְּדַלְיָהוּ הַמִּצְפָּתָה
וַיַּאַסְפוּ יַיִן וָקַיִץ הַרְבֵּה מְאֹד׃
13 וְיוֹחָנָן בֶּן־קָרֵחַ וְכָל־שָׂרֵי הַחֲיָלִים אֲשֶׁר בַּשָּׂדֶה בָּאוּ אֶל־
14 גְּדַלְיָהוּ הַמִּצְפָּתָה׃ וַיֹּאמְרוּ אֵלָיו הֲיָדֹעַ תֵּדַע כִּי בַּעֲלִיס ׀
מֶלֶךְ בְּנֵי־עַמּוֹן שָׁלַח אֶת־יִשְׁמָעֵאל בֶּן־נְתַנְיָה לְהַכֹּתְךָ נָפֶשׁ
טו וְלֹא־הֶאֱמִין לָהֶם גְּדַלְיָהוּ בֶּן־אֲחִיקָם׃ וְיוֹחָנָן בֶּן־קָרֵחַ
אָמַר אֶל־גְּדַלְיָהוּ בַסֵּתֶר בַּמִּצְפָּה לֵאמֹר אֵלְכָה נָּא וְאַכֶּה
אֶת־יִשְׁמָעֵאל בֶּן־נְתַנְיָה וְאִישׁ לֹא יֵדָע לָמָּה יַכֶּכָּה נֶּפֶשׁ
וְנָפֹצוּ כָּל־יְהוּדָה הַנִּקְבָּצִים אֵלֶיךָ וְאָבְדָה שְׁאֵרִית יְהוּדָה׃
16 וַיֹּאמֶר גְּדַלְיָהוּ בֶן־אֲחִיקָם אֶל־יוֹחָנָן בֶּן־קָרֵחַ אַל־תַּעַשׂ
אֶת־הַדָּבָר הַזֶּה כִּי־שֶׁקֶר אַתָּה דֹבֵר אֶל־יִשְׁמָעֵאל׃

CAP. XLI. מא

מא

א וַיְהִי ׀ בַּחֹדֶשׁ הַשְּׁבִיעִי בָּא יִשְׁמָעֵאל בֶּן־נְתַנְיָה בֶן־
אֱלִישָׁמָע מִזֶּרַע הַמְּלוּכָה וְרַבֵּי הַמֶּלֶךְ וַעֲשָׂרָה אֲנָשִׁים אִתּוֹ
אֶל־גְּדַלְיָהוּ בֶן־אֲחִיקָם הַמִּצְפָּתָה וַיֹּאכְלוּ שָׁם לֶחֶם יַחְדָּו
2 בַּמִּצְפָּה׃ וַיָּקָם יִשְׁמָעֵאל בֶּן־נְתַנְיָה וַעֲשֶׂרֶת הָאֲנָשִׁים ׀ אֲשֶׁר־
הָיוּ אִתּוֹ וַיַּכּוּ אֶת־גְּדַלְיָהוּ בֶן־אֲחִיקָם בֶּן־שָׁפָן בַּחֶרֶב וַיָּמֶת

אתו

מ׳ v. 8. עיפי ק׳ v. 16. תעשה ק׳

אֹתוֹ אֲשֶׁר־הִפְקִיד מֶלֶךְ־בָּבֶל בָּאָרֶץ׃ וְאֵת כָּל־הַיְּהוּדִים 3
אֲשֶׁר־הָיוּ אִתּוֹ אֶת־גְּדַלְיָהוּ בַּמִּצְפָּה וְאֶת־הַכַּשְׂדִּים אֲשֶׁר
נִמְצְאוּ־שָׁם אֵת אַנְשֵׁי הַמִּלְחָמָה הִכָּה יִשְׁמָעֵאל׃ וַיְהִי בַּיּוֹם 4
הַשֵּׁנִי לְהָמִית אֶת־גְּדַלְיָהוּ וְאִישׁ לֹא יָדָע׃ וַיָּבֹאוּ אֲנָשִׁים 5
מִשְּׁכֶם מִשִּׁלוֹ וּמִשֹּׁמְרוֹן שְׁמֹנִים אִישׁ מְגֻלְּחֵי זָקָן וּקְרֻעֵי בְגָדִים
וּמִתְגֹּדְדִים וּמִנְחָה וּלְבוֹנָה בְּיָדָם לְהָבִיא בֵּית יְהוָה׃ וַיֵּצֵא 6
יִשְׁמָעֵאל בֶּן־נְתַנְיָה לִקְרָאתָם מִן־הַמִּצְפָּה הֹלֵךְ הָלֹךְ וּבֹכֶה
וַיְהִי כִּפְגֹשׁ אֹתָם וַיֹּאמֶר אֲלֵיהֶם בֹּאוּ אֶל־גְּדַלְיָהוּ בֶּן־
אֲחִיקָם׃ וַיְהִי כְּבוֹאָם אֶל־תּוֹךְ הָעִיר וַיִּשְׁחָטֵם יִשְׁמָעֵאל 7
בֶּן־נְתַנְיָה אֶל־תּוֹךְ הַבּוֹר הוּא וְהָאֲנָשִׁים אֲשֶׁר־אִתּוֹ׃ וַעֲשָׂרָה 8
אֲנָשִׁים נִמְצְאוּ־בָם וַיֹּאמְרוּ אֶל־יִשְׁמָעֵאל אַל־תְּמִתֵנוּ כִּי־
יֶשׁ־לָנוּ מַטְמֹנִים בַּשָּׂדֶה חִטִּים וּשְׂעֹרִים וְשֶׁמֶן וּדְבָשׁ וַיֶּחְדַּל
וְלֹא הֱמִיתָם בְּתוֹךְ אֲחֵיהֶם׃ וְהַבּוֹר אֲשֶׁר הִשְׁלִיךְ שָׁם 9
יִשְׁמָעֵאל אֵת ׀ כָּל־פִּגְרֵי הָאֲנָשִׁים אֲשֶׁר הִכָּה בְּיַד־גְּדַלְיָהוּ
הוּא אֲשֶׁר עָשָׂה הַמֶּלֶךְ אָסָא מִפְּנֵי בַּעְשָׁא מֶלֶךְ־יִשְׂרָאֵל אֹתוֹ
מִלֵּא יִשְׁמָעֵאל בֶּן־נְתַנְיָהוּ חֲלָלִים׃ וַיִּשְׁבְּ ׀ וִישְׁמָעֵאל אֶת־ 10
כָּל־שְׁאֵרִית הָעָם אֲשֶׁר בַּמִּצְפָּה אֶת־בְּנוֹת הַמֶּלֶךְ וְאֶת־
כָּל־הָעָם הַנִּשְׁאָרִים בַּמִּצְפָּה אֲשֶׁר הִפְקִיד נְבוּזַרְאֲדָן רַב־
טַבָּחִים אֶת־גְּדַלְיָהוּ בֶּן־אֲחִיקָם וַיִּשְׁבֵּם יִשְׁמָעֵאל בֶּן־נְתַנְיָה
וַיֵּלֶךְ לַעֲבֹר אֶל־בְּנֵי עַמּוֹן׃   וַיִּשְׁמַע יוֹחָנָן בֶּן־קָרֵחַ וְכָל־ 11
שָׂרֵי הַחֲיָלִים אֲשֶׁר אִתּוֹ אֵת כָּל־הָרָעָה אֲשֶׁר עָשָׂה יִשְׁמָעֵאל
בֶּן־נְתַנְיָה׃ וַיִּקְחוּ אֶת־כָּל־הָאֲנָשִׁים וַיֵּלְכוּ לְהִלָּחֵם עִם־ 12
יִשְׁמָעֵאל בֶּן־נְתַנְיָה וַיִּמְצְאוּ אֹתוֹ אֶל־מַיִם רַבִּים אֲשֶׁר
בְּגִבְעוֹן׃ וַיְהִי כִּרְאוֹת כָּל־הָעָם אֲשֶׁר אֶת־יִשְׁמָעֵאל אֶת־ 13
יוֹחָנָן בֶּן־קָרֵחַ וְאֵת כָּל־שָׂרֵי הַחֲיָלִים אֲשֶׁר אִתּוֹ וַיִּשְׂמָחוּ׃
וַיָּסֹבּוּ כָּל־הָעָם אֲשֶׁר־שָׁבָה יִשְׁמָעֵאל מִן־הַמִּצְפָּה וַיָּשֻׁבוּ 14
וַיֵּלְכוּ אֶל־יוֹחָנָן בֶּן־קָרֵחַ׃ וְיִשְׁמָעֵאל בֶּן־נְתַנְיָה נִמְלַט 15
בִּשְׁמֹנָה אֲנָשִׁים מִפְּנֵי יוֹחָנָן וַיֵּלֶךְ אֶל־בְּנֵי עַמּוֹן׃   וַיִּקַּח 16
יוֹחָנָן

יוֹחָנָן בֶּן־קָרֵחַ וְכָל־שָׂרֵי הַחֲיָלִים אֲשֶׁר־אִתּוֹ אֵת כָּל־
שְׁאֵרִית הָעָם אֲשֶׁר הֵשִׁיב מֵאֵת יִשְׁמָעֵאל בֶּן־נְתַנְיָה מִן־
הַמִּצְפָּה אַחַר הִכָּה אֶת־גְּדַלְיָה בֶן־אֲחִיקָם גְּבָרִים אַנְשֵׁי
17 הַמִּלְחָמָה וְנָשִׁים וְטַף וְסָרִסִים אֲשֶׁר הֵשִׁיב מִגִּבְעוֹן׃ וַיֵּלְכוּ
וַיֵּשְׁבוּ בְּגֵרוּת כִּמְוֹהָם אֲשֶׁר־אֵצֶל בֵּית לָחֶם לָלֶכֶת לָבוֹא
18 מִצְרָיִם׃ מִפְּנֵי הַכַּשְׂדִּים כִּי יָרְאוּ מִפְּנֵיהֶם כִּי־הִכָּה יִשְׁמָעֵאל
בֶּן־נְתַנְיָה אֶת־גְּדַלְיָהוּ בֶּן־אֲחִיקָם אֲשֶׁר־הִפְקִיד מֶלֶךְ־
בָּבֶל בָּאָרֶץ׃

מב Cap. XLII. מב

א וַיִּגְּשׁוּ כָּל־שָׂרֵי הַחֲיָלִים וְיוֹחָנָן בֶּן־קָרֵחַ וִיזַנְיָה בֶּן־
2 הוֹשַׁעְיָה וְכָל־הָעָם מִקָּטֹן וְעַד־גָּדוֹל׃ וַיֹּאמְרוּ אֶל־יִרְמְיָהוּ
הַנָּבִיא תִּפָּל־נָא תְחִנָּתֵנוּ לְפָנֶיךָ וְהִתְפַּלֵּל בַּעֲדֵנוּ אֶל־יְהוָה
אֱלֹהֶיךָ בְּעַד כָּל־הַשְּׁאֵרִית הַזֹּאת כִּי־נִשְׁאַרְנוּ מְעַט מֵהַרְבֵּה
3 כַּאֲשֶׁר עֵינֶיךָ רֹאוֹת אֹתָנוּ׃ וְיַגֶּד־לָנוּ יְהוָה אֱלֹהֶיךָ אֶת־
4 הַדֶּרֶךְ אֲשֶׁר נֵלֶךְ־בָּהּ וְאֶת־הַדָּבָר אֲשֶׁר נַעֲשֶׂה׃ וַיֹּאמֶר
אֲלֵיהֶם יִרְמְיָהוּ הַנָּבִיא שָׁמַעְתִּי הִנְנִי מִתְפַּלֵּל אֶל־יְהוָה
אֱלֹהֵיכֶם כְּדִבְרֵיכֶם וְהָיָה כָּל־הַדָּבָר אֲשֶׁר־יַעֲנֶה יְהוָה
ה אֶתְכֶם אַגִּיד לָכֶם לֹא־אֶמְנַע מִכֶּם דָּבָר׃ וְהֵמָּה אָמְרוּ אֶל־
יִרְמְיָהוּ יְהִי יְהוָה בָּנוּ לְעֵד אֱמֶת וְנֶאֱמָן אִם־לֹא כְּכָל־
6 הַדָּבָר אֲשֶׁר יִשְׁלָחֲךָ יְהוָה אֱלֹהֶיךָ אֵלֵינוּ כֵּן נַעֲשֶׂה׃ אִם־
טוֹב וְאִם־רָע בְּקוֹל ׀ יְהוָה אֱלֹהֵינוּ אֲשֶׁר אֲנוּ שֹׁלְחִים אֹתְךָ
אֵלָיו נִשְׁמָע לְמַעַן אֲשֶׁר יִיטַב־לָנוּ כִּי נִשְׁמַע בְּקוֹל יְהוָה
7 אֱלֹהֵינוּ׃ וַיְהִי מִקֵּץ עֲשֶׂרֶת יָמִים וַיְהִי דְבַר־יְהוָה אֶל־
8 יִרְמְיָהוּ׃ וַיִּקְרָא אֶל־יוֹחָנָן בֶּן־קָרֵחַ וְאֶל כָּל־שָׂרֵי הַחֲיָלִים
9 אֲשֶׁר אִתּוֹ וּלְכָל־הָעָם לְמִקָּטֹן וְעַד־גָּדוֹל׃ וַיֹּאמֶר אֲלֵיהֶם
כֹּה־אָמַר יְהוָה אֱלֹהֵי יִשְׂרָאֵל אֲשֶׁר שְׁלַחְתֶּם אֹתִי אֵלָיו
י לְהַפִּיל תְּחִנַּתְכֶם לְפָנָיו׃ אִם־שׁוֹב תֵּשְׁבוּ בָּאָרֶץ הַזֹּאת

ובניתי

מ״א v. 17. כמהם ק׳   מ״ב v. 6. אנחנו ק׳

וּבָנִיתִי אֶתְכֶם וְלֹא אֶהֱרֹס וְנָטַעְתִּי אֶתְכֶם וְלֹא אֶתּוֹשׁ כִּי
נִחַמְתִּי אֶל־הָרָעָה אֲשֶׁר עָשִׂיתִי לָכֶם׃ אַל־תִּירְאוּ מִפְּנֵי 11
מֶלֶךְ בָּבֶל אֲשֶׁר־אַתֶּם יְרֵאִים מִפָּנָיו אַל־תִּירְאוּ מִמֶּנּוּ נְאֻם־
יְהוָה כִּי־אִתְּכֶם אָנִי לְהוֹשִׁיעַ אֶתְכֶם וּלְהַצִּיל אֶתְכֶם מִיָּדוֹ׃
וְאֶתֵּן לָכֶם רַחֲמִים וְרִחַם אֶתְכֶם וְהֵשִׁיב אֶתְכֶם אֶל־ 12
אַדְמַתְכֶם׃ וְאִם־אֹמְרִים אַתֶּם לֹא נֵשֵׁב בָּאָרֶץ הַזֹּאת לְבִלְתִּי 13
שְׁמֹעַ בְּקוֹל יְהוָה אֱלֹהֵיכֶם׃ לֵאמֹר לֹא כִּי אֶרֶץ מִצְרַיִם 14
נָבוֹא אֲשֶׁר לֹא־נִרְאֶה מִלְחָמָה וְקוֹל שׁוֹפָר לֹא נִשְׁמָע וְלַלֶּחֶם
לֹא־נִרְעָב וְשָׁם נֵשֵׁב׃ וְעַתָּה לָכֵן שִׁמְעוּ דְבַר־יְהוָה שְׁאֵרִית טו
יְהוּדָה כֹּה־אָמַר יְהוָה צְבָאוֹת אֱלֹהֵי יִשְׂרָאֵל אִם־אַתֶּם שׂוֹם
תְּשִׂמוּן פְּנֵיכֶם לָבֹא מִצְרַיִם וּבָאתֶם לָגוּר שָׁם׃ וְהָיְתָה 16
הַחֶרֶב אֲשֶׁר אַתֶּם יְרֵאִים מִמֶּנָּה שָׁם תַּשִּׂיג אֶתְכֶם בְּאֶרֶץ
מִצְרָיִם וְהָרָעָב אֲשֶׁר־אַתֶּם ׀ דֹּאֲגִים מִמֶּנּוּ שָׁם יִדְבַּק אַחֲרֵיכֶם
מִצְרַיִם וְשָׁם תָּמֻתוּ׃ וְיִהְיוּ כָל־הָאֲנָשִׁים אֲשֶׁר־שָׂמוּ אֶת־ 17
פְּנֵיהֶם לָבוֹא מִצְרַיִם לָגוּר שָׁם יָמוּתוּ בַּחֶרֶב בָּרָעָב וּבַדָּבֶר
וְלֹא־יִהְיֶה לָהֶם שָׂרִיד וּפָלִיט מִפְּנֵי הָרָעָה אֲשֶׁר אֲנִי מֵבִיא
עֲלֵיהֶם׃ כִּי כֹה אָמַר יְהוָה צְבָאוֹת אֱלֹהֵי יִשְׂרָאֵל כַּאֲשֶׁר 18
נִתַּךְ אַפִּי וַחֲמָתִי עַל־יֹשְׁבֵי יְרוּשָׁלַם כֵּן תִּתַּךְ חֲמָתִי עֲלֵיכֶם
בְּבֹאֲכֶם מִצְרָיִם וִהְיִיתֶם לְאָלָה וּלְשַׁמָּה וְלִקְלָלָה וּלְחֶרְפָּה
וְלֹא־תִרְאוּ עוֹד אֶת־הַמָּקוֹם הַזֶּה׃ דִּבֶּר יְהוָה עֲלֵיכֶם 19
שְׁאֵרִית יְהוּדָה אַל־תָּבֹאוּ מִצְרָיִם יָדֹעַ תֵּדְעוּ כִּי־הַעִידֹתִי
בָכֶם הַיּוֹם׃ כִּי הִתְעֵתֶים בְּנַפְשׁוֹתֵיכֶם כִּי־אַתֶּם שְׁלַחְתֶּם כ
אֹתִי אֶל־יְהוָה אֱלֹהֵיכֶם לֵאמֹר הִתְפַּלֵּל בַּעֲדֵנוּ אֶל־יְהוָה
אֱלֹהֵינוּ וּכְכֹל אֲשֶׁר יֹאמַר יְהוָה אֱלֹהֵינוּ כֵּן הַגֶּד־לָנוּ וְעָשִׂינוּ׃
וָאַגִּד לָכֶם הַיּוֹם וְלֹא שְׁמַעְתֶּם בְּקוֹל יְהוָה אֱלֹהֵיכֶם וּלְכֹל 21
אֲשֶׁר־שְׁלָחַנִי אֲלֵיכֶם׃ וְעַתָּה יָדֹעַ תֵּדְעוּ כִּי בַּחֶרֶב בָּרָעָב 22
וּבַדֶּבֶר תָּמוּתוּ בַּמָּקוֹם אֲשֶׁר חֲפַצְתֶּם לָבוֹא לָגוּר שָׁם׃

ויהי

v. 20. התעיתם ק׳

מג CAP. XLIII. מג

א וַיְהִי כְּכַלּוֹת יִרְמְיָהוּ לְדַבֵּר אֶל־כָּל־הָעָם אֶת־כָּל־
דִּבְרֵי יְהוָה אֱלֹהֵיהֶם אֲשֶׁר שְׁלָחוֹ יְהוָה אֱלֹהֵיהֶם אֲלֵיהֶם
2 אֵת כָּל־הַדְּבָרִים הָאֵלֶּה׃ וַיֹּאמֶר עֲזַרְיָה בֶן־הוֹשַׁעְיָה
וְיוֹחָנָן בֶּן־קָרֵחַ וְכָל־הָאֲנָשִׁים הַזֵּדִים אֹמְרִים אֶל־יִרְמְיָהוּ
שֶׁקֶר אַתָּה מְדַבֵּר לֹא שְׁלָחֲךָ יְהוָה אֱלֹהֵינוּ לֵאמֹר לֹא־
3 תָבֹאוּ מִצְרַיִם לָגוּר שָׁם׃ כִּי בָּרוּךְ בֶּן־נֵרִיָּה מַסִּית אֹתְךָ
בָּנוּ לְמַעַן תֵּת אֹתָנוּ בְיַד־הַכַּשְׂדִּים לְהָמִית אֹתָנוּ וּלְהַגְלוֹת
4 אֹתָנוּ בָּבֶל׃ וְלֹא־שָׁמַע יוֹחָנָן בֶּן־קָרֵחַ וְכָל־שָׂרֵי הַחֲיָלִים
ה וְכָל־הָעָם בְּקוֹל יְהוָה לָשֶׁבֶת בְּאֶרֶץ יְהוּדָה׃ וַיִּקַּח יוֹחָנָן
בֶּן־קָרֵחַ וְכָל־שָׂרֵי הַחֲיָלִים אֵת כָּל־שְׁאֵרִית יְהוּדָה אֲשֶׁר־
6 שָׁבוּ מִכָּל־הַגּוֹיִם אֲשֶׁר נִדְּחוּ־שָׁם לָגוּר בְּאֶרֶץ יְהוּדָה׃ אֶת־
הַגְּבָרִים וְאֶת־הַנָּשִׁים וְאֶת־הַטַּף וְאֶת־בְּנוֹת הַמֶּלֶךְ וְאֵת
כָּל־הַנֶּפֶשׁ אֲשֶׁר הִנִּיחַ נְבוּזַרְאֲדָן רַב־טַבָּחִים אֶת־גְּדַלְיָהוּ
בֶּן־אֲחִיקָם בֶּן־שָׁפָן וְאֵת יִרְמְיָהוּ הַנָּבִיא וְאֶת־בָּרוּךְ בֶּן־
7 נֵרִיָּהוּ׃ וַיָּבֹאוּ אֶרֶץ מִצְרַיִם כִּי לֹא שָׁמְעוּ בְּקוֹל יְהוָה וַיָּבֹאוּ
8 עַד־תַּחְפַּנְחֵס׃ וַיְהִי דְבַר־יְהוָה אֶל־יִרְמְיָהוּ בְּתַחְפַּנְחֵס
9 לֵאמֹר׃ קַח בְּיָדְךָ אֲבָנִים גְּדֹלוֹת וּטְמַנְתָּם בַּמֶּלֶט בַּמַּלְבֵּן
אֲשֶׁר בְּפֶתַח בֵּית־פַּרְעֹה בְּתַחְפַּנְחֵס לְעֵינֵי אֲנָשִׁים יְהוּדִים׃
י וְאָמַרְתָּ אֲלֵיהֶם כֹּה־אָמַר יְהוָה צְבָאוֹת אֱלֹהֵי יִשְׂרָאֵל הִנְנִי
שֹׁלֵחַ וְלָקַחְתִּי אֶת־נְבוּכַדְרֶאצַּר מֶלֶךְ־בָּבֶל עַבְדִּי וְשַׂמְתִּי
כִסְאוֹ מִמַּעַל לָאֲבָנִים הָאֵלֶּה אֲשֶׁר טָמָנְתִּי וְנָטָה אֶת־שַׁפְרוּרוֹ
11 עֲלֵיהֶם׃ וּבָאה וְהִכָּה אֶת־אֶרֶץ מִצְרָיִם אֲשֶׁר לַמָּוֶת לַמָּוֶת
12 וַאֲשֶׁר לַשְּׁבִי לַשֶּׁבִי וַאֲשֶׁר לַחֶרֶב לֶחָרֶב׃ וְהִצַּתִּי אֵשׁ בְּבָתֵּי
אֱלֹהֵי מִצְרַיִם וּשְׂרָפָם וְשָׁבָם וְעָטָה אֶת־אֶרֶץ מִצְרַיִם כַּאֲשֶׁר
13 יַעְטֶה הָרֹעֶה אֶת־בִּגְדוֹ וְיָצָא מִשָּׁם בְּשָׁלוֹם׃ וְשִׁבַּר אֶת־
מַצְּבוֹת בֵּית שֶׁמֶשׁ אֲשֶׁר בְּאֶרֶץ מִצְרָיִם וְאֶת־בָּתֵּי אֱלֹהֵי־
מִצְרַיִם יִשְׂרֹף בָּאֵשׁ׃

v. 10. שפרירו ק׳ v. 11. ובא ק׳

מד

Cap. XLIV. מד

א הַדָּבָר אֲשֶׁר הָיָה אֶל־יִרְמְיָהוּ אֶל כָּל־הַיְּהוּדִים הַיֹּשְׁבִים
בְּאֶרֶץ מִצְרָיִם הַיֹּשְׁבִים בְּמִגְדֹּל וּבְתַחְפַּנְחֵס וּבְנֹף וּבְאֶרֶץ
2 פַּתְרוֹס לֵאמֹר׃ כֹּה־אָמַר יְהוָה צְבָאוֹת אֱלֹהֵי יִשְׂרָאֵל אַתֶּם
רְאִיתֶם אֵת כָּל־הָרָעָה אֲשֶׁר הֵבֵאתִי עַל־יְרוּשָׁלִַם וְעַל
כָּל־עָרֵי יְהוּדָה וְהִנָּם חָרְבָּה הַיּוֹם הַזֶּה וְאֵין בָּהֶם יוֹשֵׁב׃
3 מִפְּנֵי רָעָתָם אֲשֶׁר עָשׂוּ לְהַכְעִסֵנִי לָלֶכֶת לְקַטֵּר לַעֲבֹד
לֵאלֹהִים אֲחֵרִים אֲשֶׁר לֹא יְדָעוּם הֵמָּה אַתֶּם וַאֲבֹתֵיכֶם׃
4 וָאֶשְׁלַח אֲלֵיכֶם אֶת־כָּל־עֲבָדַי הַנְּבִיאִים הַשְׁכֵּים וְשָׁלֹחַ
לֵאמֹר אַל־נָא תַעֲשׂוּ אֵת דְּבַר־הַתֹּעֵבָה הַזֹּאת אֲשֶׁר שָׂנֵאתִי׃
ה וְלֹא שָׁמְעוּ וְלֹא־הִטּוּ אֶת־אָזְנָם לָשׁוּב מֵרָעָתָם לְבִלְתִּי
6 קַטֵּר לֵאלֹהִים אֲחֵרִים׃ וַתִּתַּךְ חֲמָתִי וְאַפִּי וַתִּבְעַר בְּעָרֵי
יְהוּדָה וּבְחֻצוֹת יְרוּשָׁלִַם וַתִּהְיֶינָה לְחָרְבָּה לִשְׁמָמָה כַּיּוֹם
7 הַזֶּה׃ וְעַתָּה כֹּה־אָמַר יְהוָה אֱלֹהֵי צְבָאוֹת אֱלֹהֵי יִשְׂרָאֵל
לָמָה אַתֶּם עֹשִׂים רָעָה גְדוֹלָה אֶל־נַפְשֹׁתֵכֶם לְהַכְרִית לָכֶם
אִישׁ־וְאִשָּׁה עוֹלֵל וְיוֹנֵק מִתּוֹךְ יְהוּדָה לְבִלְתִּי הוֹתִיר לָכֶם
8 שְׁאֵרִית׃ לְהַכְעִסֵנִי בְּמַעֲשֵׂי יְדֵיכֶם לְקַטֵּר לֵאלֹהִים אֲחֵרִים
בְּאֶרֶץ מִצְרַיִם אֲשֶׁר־אַתֶּם בָּאִים לָגוּר שָׁם לְמַעַן הַכְרִית
לָכֶם וּלְמַעַן הֱיוֹתְכֶם לִקְלָלָה וּלְחֶרְפָּה בְּכֹל גּוֹיֵי הָאָרֶץ׃
9 הַשְׁכַחְתֶּם אֶת־רָעוֹת אֲבוֹתֵיכֶם וְאֶת־רָעוֹת ׀ מַלְכֵי יְהוּדָה
וְאֵת רָעוֹת נָשָׁיו וְאֵת רָעֹתֵכֶם וְאֵת רָעֹת נְשֵׁיכֶם אֲשֶׁר עָשׂוּ
י בְּאֶרֶץ יְהוּדָה וּבְחֻצוֹת יְרוּשָׁלִָם׃ לֹא דֻכְּאוּ עַד הַיּוֹם הַזֶּה
וְלֹא יָרְאוּ וְלֹא־הָלְכוּ בְתוֹרָתִי וּבְחֻקֹּתַי אֲשֶׁר־נָתַתִּי לִפְנֵיכֶם
11 וְלִפְנֵי אֲבוֹתֵיכֶם׃ לָכֵן כֹּה־אָמַר יְהוָה צְבָאוֹת אֱלֹהֵי
יִשְׂרָאֵל הִנְנִי שָׂם פָּנַי בָּכֶם לְרָעָה וּלְהַכְרִית אֶת־כָּל־
12 יְהוּדָה׃ וְלָקַחְתִּי אֶת־שְׁאֵרִית יְהוּדָה אֲשֶׁר־שָׂמוּ פְנֵיהֶם
לָבוֹא אֶרֶץ־מִצְרַיִם לָגוּר שָׁם וְתַמּוּ כֹל בְּאֶרֶץ מִצְרַיִם יִפֹּלוּ
בַּחֶרֶב בָּרָעָב יִתַּמּוּ מִקָּטֹן וְעַד־גָּדוֹל בַּחֶרֶב וּבָרָעָב יָמֻתוּ

והיו

13 וְהָיוּ לְאָלָה לְשַׁמָּה וְלִקְלָלָה וּלְחֶרְפָּה׃ וּפָקַדְתִּי עַל הַיּוֹשְׁבִים
בְּאֶרֶץ מִצְרַיִם כַּאֲשֶׁר פָּקַדְתִּי עַל־יְרוּשָׁלָ͏ִם בַּחֶרֶב בָּרָעָב
14 וּבַדָּבֶר׃ וְלֹא יִהְיֶה פָּלִיט וְשָׂרִיד לִשְׁאֵרִית יְהוּדָה הַבָּאִים
לָגוּר־שָׁם בְּאֶרֶץ מִצְרָיִם וְלָשׁוּב ׀ אֶרֶץ יְהוּדָה אֲשֶׁר־הֵמָּה
מְנַשְּׂאִים אֶת־נַפְשָׁם לָשׁוּב לָשֶׁבֶת שָׁם כִּי לֹא־יָשׁוּבוּ כִּי אִם־
טו פְּלֵטִים׃ וַיַּעֲנוּ אֶת־יִרְמְיָהוּ כָּל־הָאֲנָשִׁים הַיֹּדְעִים כִּי־
מְקַטְּרוֹת נְשֵׁיהֶם לֵאלֹהִים אֲחֵרִים וְכָל־הַנָּשִׁים הָעֹמְדוֹת
קָהָל גָּדוֹל וְכָל־הָעָם הַיֹּשְׁבִים בְּאֶרֶץ־מִצְרַיִם בְּפַתְרוֹס
16 לֵאמֹר׃ הַדָּבָר אֲשֶׁר־דִּבַּרְתָּ אֵלֵינוּ בְּשֵׁם יְהוָה אֵינֶנּוּ שֹׁמְעִים
17 אֵלֶיךָ׃ כִּי עָשֹׂה נַעֲשֶׂה אֶת־כָּל־הַדָּבָר ׀ אֲשֶׁר־יָצָא מִפִּינוּ
לְקַטֵּר לִמְלֶכֶת הַשָּׁמַיִם וְהַסֵּיךְ־לָהּ נְסָכִים כַּאֲשֶׁר עָשִׂינוּ
אֲנַחְנוּ וַאֲבֹתֵינוּ מְלָכֵינוּ וְשָׂרֵינוּ בְּעָרֵי יְהוּדָה וּבְחֻצוֹת יְרוּשָׁלָ͏ִם
18 וַנִּשְׂבַּע־לֶחֶם וַנִּהְיֶה טוֹבִים וְרָעָה לֹא רָאִינוּ׃ וּמִן־אָז חָדַלְנוּ
לְקַטֵּר לִמְלֶכֶת הַשָּׁמַיִם וְהַסֵּךְ־לָהּ נְסָכִים חָסַרְנוּ כֹל וּבַחֶרֶב
19 וּבָרָעָב תָּמְנוּ׃ וְכִי־אֲנַחְנוּ מְקַטְּרִים לִמְלֶכֶת הַשָּׁמַיִם וּלְהַסֵּךְ
לָהּ נְסָכִים הֲמִבַּלְעֲדֵי אֲנָשֵׁינוּ עָשִׂינוּ לָהּ כַּוָּנִים לְהַעֲצִבָה
כ וְהַסֵּךְ לָהּ נְסָכִים׃ וַיֹּאמֶר יִרְמְיָהוּ אֶל־כָּל־הָעָם עַל־
הַגְּבָרִים וְעַל־הַנָּשִׁים וְעַל־כָּל־הָעָם הָעֹנִים אֹתוֹ דָּבָר
21 לֵאמֹר׃ הֲלוֹא אֶת־הַקִּטֵּר אֲשֶׁר קִטַּרְתֶּם בְּעָרֵי יְהוּדָה
וּבְחֻצוֹת יְרוּשָׁלַ͏ִם אַתֶּם וַאֲבוֹתֵיכֶם מַלְכֵיכֶם וְשָׂרֵיכֶם וְעַם
22 הָאָרֶץ אֹתָם זָכַר יְהוָה וַתַּעֲלֶה עַל־לִבּוֹ׃ וְלֹא־יוּכַל יְהוָה
עוֹד לָשֵׂאת מִפְּנֵי רֹעַ מַעַלְלֵיכֶם מִפְּנֵי הַתּוֹעֵבֹת אֲשֶׁר עֲשִׂיתֶם
וַתְּהִי אַרְצְכֶם לְחָרְבָּה וּלְשַׁמָּה וְלִקְלָלָה מֵאֵין יוֹשֵׁב כְּהַיּוֹם
23 הַזֶּה׃ מִפְּנֵי אֲשֶׁר קִטַּרְתֶּם וַאֲשֶׁר חֲטָאתֶם לַיהוָה וְלֹא שְׁמַעְתֶּם
בְּקוֹל יְהוָה וּבְתֹרָתוֹ וּבְחֻקֹּתָיו וּבְעֵדְוֹתָיו לֹא הֲלַכְתֶּם עַל־
24 כֵּן קָרָאת אֶתְכֶם הָרָעָה הַזֹּאת כַּיּוֹם הַזֶּה׃ וַיֹּאמֶר
יִרְמְיָהוּ אֶל־כָּל־הָעָם וְאֶל כָּל־הַנָּשִׁים שִׁמְעוּ דְּבַר־יְהוָה
כה כָּל־יְהוּדָה אֲשֶׁר בְּאֶרֶץ מִצְרָיִם׃ כֹּה־אָמַר יְהוָה־צְבָאוֹת

אלהי

אֱלֹהֵ֨י יִשְׂרָאֵ֜ל לֵאמֹ֗ר אַתֶּ֨ם וּנְשֵׁיכֶ֜ם וַתְּדַבֵּ֣רְנָה בְּפִיכֶם֮
וּבִידֵיכֶ֣ם מִלֵּאתֶ֣ם ׀ לֵאמֹ֗ר עָשֹׂ֨ה נַעֲשֶׂ֤ה אֶת־נְדָרֵ֙ינוּ֙ אֲשֶׁ֣ר
נָדַ֔רְנוּ לְקַטֵּר֙ לִמְלֶ֣כֶת הַשָּׁמַ֔יִם וּלְהַסֵּ֥ךְ לָ֖הּ נְסָכִ֑ים הָקֵ֨ים
26 תָּקִ֜ימְנָה אֶת־נִדְרֵיכֶ֗ם וְעָשֹׂ֛ה תַעֲשֶׂ֖ינָה אֶת־נִדְרֵיכֶֽם׃ לָכֵן֙
שִׁמְע֣וּ דְבַר־יְהוָ֔ה כָּל־יְהוּדָ֔ה הַיֹּשְׁבִ֖ים בְּאֶ֣רֶץ מִצְרָ֑יִם הִנְנִ֨י
נִשְׁבַּ֜עְתִּי בִּשְׁמִ֣י הַגָּד֗וֹל אָמַ֣ר יְהוָ֔ה אִם־יִהְיֶ֨ה ע֜וֹד שְׁמִ֗י נִקְרָ֣א ׀
בְּפִ֣י ׀ כָּל־אִ֣ישׁ יְהוּדָ֗ה אֹמֵ֛ר חַי־אֲדֹנָ֥י יְהוִ֖ה בְּכָל־אֶ֥רֶץ
27 מִצְרָֽיִם׃ הִנְנִ֨י שֹׁקֵ֧ד עֲלֵיהֶ֛ם לְרָעָ֖ה וְלֹ֣א לְטוֹבָ֑ה וְתַ֨מּוּ כָל־
אִ֤ישׁ יְהוּדָה֙ אֲשֶׁ֣ר בְּאֶרֶץ־מִצְרַ֔יִם בַּחֶ֥רֶב וּבָרָעָ֖ב עַד־
28 כְּלוֹתָֽם׃ וּפְלִיטֵ֣י חֶ֡רֶב יְשֻׁב֞וּן מִן־אֶ֧רֶץ מִצְרַ֛יִם אֶ֥רֶץ יְהוּדָ֖ה
מְתֵ֣י מִסְפָּ֑ר וְיָֽדְעוּ֙ כָּל־שְׁאֵרִ֣ית יְהוּדָ֗ה הַבָּאִ֤ים לְאֶֽרֶץ־
29 מִצְרַ֙יִם֙ לָג֣וּר שָׁ֔ם דְּבַר־מִ֥י יָק֖וּם מִמֶּ֥נִּי וּמֵהֶֽם׃ וְזֹאת־לָכֶ֣ם
הָא֔וֹת נְאֻם־יְהוָ֔ה כִּֽי־פֹקֵ֥ד אֲנִ֛י עֲלֵיכֶ֖ם בַּמָּק֣וֹם הַזֶּ֑ה לְמַ֙עַן֙
ל תֵּ֣דְע֔וּ כִּ֗י ק֨וֹם יָק֧וּמוּ דְבָרַ֛י עֲלֵיכֶ֖ם לְרָעָֽה׃ כֹּ֣ה ׀ אָמַ֣ר
יְהוָ֗ה הִנְנִ֣י נֹתֵן֩ אֶת־פַּרְעֹ֨ה חָפְרַ֤ע מֶֽלֶךְ־מִצְרַ֙יִם֙ בְּיַ֣ד אֹיְבָ֔יו
וּבְיַ֖ד מְבַקְשֵׁ֣י נַפְשׁ֑וֹ כַּאֲשֶׁ֣ר נָתַ֗תִּי אֶת־צִדְקִיָּ֤הוּ מֶֽלֶךְ־יְהוּדָה֙
בְּיַד֙ נְבוּכַדְרֶאצַּ֣ר מֶֽלֶךְ־בָּבֶ֔ל אֹיְב֖וֹ וּמְבַקֵּ֥שׁ נַפְשֽׁוֹ׃

מה Cap. XLV. מה

א הַדָּבָר֙ אֲשֶׁ֣ר דִּבֶּ֔ר יִרְמְיָ֥הוּ הַנָּבִ֖יא אֶל־בָּר֣וּךְ בֶּן־נֵרִיָּ֑ה
בְּכָתְב֞וֹ אֶת־הַדְּבָרִ֤ים הָאֵ֙לֶּה֙ עַל־סֵ֙פֶר֙ מִפִּ֣י יִרְמְיָ֔הוּ בַּשָּׁנָה֙
2 הָרְבִעִ֔ית לִיהוֹיָקִ֥ים בֶּן־יֹאשִׁיָּ֖הוּ מֶ֣לֶךְ יְהוּדָ֑ה לֵאמֹֽר׃ כֹּֽה־
3 אָמַ֥ר יְהוָ֖ה אֱלֹהֵ֣י יִשְׂרָאֵ֑ל עָלֶ֖יךָ בָּרֽוּךְ׃ אָמַ֙רְתָּ֙ אֽוֹי־נָ֣א לִ֔י
כִּֽי־יָסַ֧ף יְהוָ֛ה יָג֖וֹן עַל־מַכְאֹבִ֑י יָגַ֙עְתִּי֙ בְּאַנְחָתִ֔י וּמְנוּחָ֖ה לֹ֥א
4 מָצָֽאתִי׃ כֹּ֣ה ׀ תֹּאמַ֣ר אֵלָ֗יו כֹּ֚ה אָמַ֣ר יְהוָ֔ה הִנֵּ֨ה אֲשֶׁר־בָּנִ֜יתִי
אֲנִ֣י הֹרֵ֗ס וְאֵ֛ת אֲשֶׁר־נָטַ֖עְתִּי אֲנִ֣י נֹתֵ֑שׁ וְאֶת־כָּל־הָאָ֖רֶץ הִֽיא׃
ה וְאַתָּ֛ה תְּבַקֶּשׁ־לְךָ֥ גְדֹל֖וֹת אַל־תְּבַקֵּ֑שׁ כִּי֩ הִנְנִ֨י מֵבִ֥יא רָעָ֛ה
עַל־כָּל־בָּשָׂר֙ נְאֻם־יְהוָ֔ה וְנָתַתִּ֨י לְךָ֤ אֶֽת־נַפְשְׁךָ֙ לְשָׁלָ֔ל עַ֥ל
כָּל־הַמְּקֹמ֖וֹת אֲשֶׁ֥ר תֵּֽלֶךְ־שָֽׁם׃

מו Cap. XLVI. מו

א אֲשֶׁר הָיָה דְבַר־יְהוָה אֶל־יִרְמְיָהוּ הַנָּבִיא עַל־הַגּוֹיִם׃
2 לְמִצְרַיִם עַל־חֵיל פַּרְעֹה נְכוֹ מֶלֶךְ מִצְרַיִם אֲשֶׁר־הָיָה עַל־
נְהַר־פְּרָת בְּכַרְכְּמִשׁ אֲשֶׁר הִכָּה נְבוּכַדְרֶאצַּר מֶלֶךְ בָּבֶל
3 בִּשְׁנַת הָרְבִיעִית לִיהוֹיָקִים בֶּן־יֹאשִׁיָּהוּ מֶלֶךְ יְהוּדָה׃ עִרְכוּ
4 מָגֵן וְצִנָּה וּגְשׁוּ לַמִּלְחָמָה׃ אִסְרוּ הַסּוּסִים וַעֲלוּ הַפָּרָשִׁים
ה וְהִתְיַצְּבוּ בְּכוֹבָעִים מִרְקוּ הָרְמָחִים לִבְשׁוּ הַסִּרְיֹנֹת׃ מַדּוּעַ
רָאִיתִי הֵמָּה חַתִּים נְסֹגִים אָחוֹר וְגִבּוֹרֵיהֶם יֻכַּתּוּ וּמָנוֹס נָסוּ
6 וְלֹא הִפְנוּ מָגוֹר מִסָּבִיב נְאֻם־יְהוָה׃ אַל־יָנוּס הַקַּל וְאַל־
7 יִמָּלֵט הַגִּבּוֹר צָפוֹנָה עַל־יַד נְהַר־פְּרָת כָּשְׁלוּ וְנָפָלוּ׃ מִי־
8 זֶה כַּיְאֹר יַעֲלֶה כַּנְּהָרוֹת יִתְגָּעֲשׁוּ מֵימָיו׃ מִצְרַיִם כַּיְאֹר
יַעֲלֶה וְכַנְּהָרוֹת יִתְגֹּעֲשׁוּ מָיִם וַיֹּאמֶר אַעֲלֶה אֲכַסֶּה־אֶרֶץ
9 אֹבִידָה עִיר וְיֹשְׁבֵי בָהּ׃ עֲלוּ הַסּוּסִים וְהִתְהֹלְלוּ הָרֶכֶב
וְיֵצְאוּ הַגִּבּוֹרִים כּוּשׁ וּפוּט תֹּפְשֵׂי מָגֵן וְלוּדִים תֹּפְשֵׂי דֹּרְכֵי
י קָשֶׁת׃ וְהַיּוֹם הַהוּא לַאדֹנָי יְהוִה צְבָאוֹת יוֹם נְקָמָה לְהִנָּקֵם
מִצָּרָיו וְאָכְלָה חֶרֶב וְשָׂבְעָה וְרָוְתָה מִדָּמָם כִּי זֶבַח לַאדֹנָי
11 יְהוִה צְבָאוֹת בְּאֶרֶץ צָפוֹן אֶל־נְהַר־פְּרָת׃ עֲלִי גִלְעָד וּקְחִי
צֳרִי בְּתוּלַת בַּת־מִצְרָיִם לַשָּׁוְא הִרְבֵּיתי רְפֻאוֹת תְּעָלָה אֵין
12 לָךְ׃ שָׁמְעוּ גוֹיִם קְלוֹנֵךְ וְצִוְחָתֵךְ מָלְאָה הָאָרֶץ כִּי־גִבּוֹר
13 בְּגִבּוֹר כָּשָׁלוּ יַחְדָּיו נָפְלוּ שְׁנֵיהֶם׃ ° הַדָּבָר אֲשֶׁר דִּבֶּר
יְהוָה אֶל־יִרְמְיָהוּ הַנָּבִיא לָבוֹא נְבוּכַדְרֶאצַּר מֶלֶךְ בָּבֶל
14 לְהַכּוֹת אֶת־אֶרֶץ מִצְרָיִם׃ הַגִּידוּ בְמִצְרַיִם וְהַשְׁמִיעוּ
בְמִגְדּוֹל וְהַשְׁמִיעוּ בְנֹף וּבְתַחְפַּנְחֵס אִמְרוּ הִתְיַצֵּב וְהָכֵן
טו לָךְ כִּי־אָכְלָה חֶרֶב סְבִיבֶיךָ׃ מַדּוּעַ נִסְחַף אַבִּירֶיךָ לֹא
16 עָמַד כִּי יְהוָה הֲדָפוֹ׃ הִרְבָּה כּוֹשֵׁל גַּם־נָפַל אִישׁ אֶל־רֵעֵהוּ
וַיֹּאמְרוּ קוּמָה ׀ וְנָשֻׁבָה אֶל־עַמֵּנוּ וְאֶל־אֶרֶץ מוֹלַדְתֵּנוּ מִפְּנֵי
17 חֶרֶב הַיּוֹנָה׃ קָרְאוּ שָׁם פַּרְעֹה מֶלֶךְ־מִצְרַיִם שָׁאוֹן הֶעֱבִיר

הַמּוֹעֵד

v. 11. הרבית ק׳ v. 13. הפטרת בא אל פרעה

18 הַמּוֹעֵד׃ חַי־אָנִי נְאֻם־הַמֶּלֶךְ יְהוָה צְבָאוֹת שְׁמוֹ כִּי כְּתָבוֹר
19 בֶּהָרִים וּכְכַרְמֶל בַּיָּם יָבוֹא׃ כְּלֵי גוֹלָה עֲשִׂי לָךְ יוֹשֶׁבֶת בַּת־
כ מִצְרָיִם כִּי־נֹף לְשַׁמָּה תִהְיֶה וְנִצְּתָה מֵאֵין יוֹשֵׁב׃ עֶגְלָה
21 יְפֵה־פִיָּה מִצְרָיִם קֶרֶץ מִצָּפוֹן בָּא בָא׃ גַּם־שְׂכִרֶיהָ בְקִרְבָּהּ
כְּעֶגְלֵי מַרְבֵּק כִּי־גַם־הֵמָּה הִפְנוּ נָסוּ יַחְדָּיו לֹא עָמָדוּ כִּי יוֹם
22 אֵידָם בָּא עֲלֵיהֶם עֵת פְּקֻדָּתָם׃ קוֹלָהּ כַּנָּחָשׁ יֵלֵךְ כִּי־בְחַיִל
23 יֵלֵכוּ וּבְקַרְדֻּמּוֹת בָּאוּ לָהּ כְּחֹטְבֵי עֵצִים׃ כָּרְתוּ יַעְרָהּ
נְאֻם־יְהוָה כִּי לֹא יֵחָקֵר כִּי רַבּוּ מֵאַרְבֶּה וְאֵין לָהֶם מִסְפָּר׃
24 כה הֹבִישָׁה בַּת־מִצְרָיִם נִתְּנָה בְּיַד עַם־צָפוֹן׃ אָמַר יְהוָה
צְבָאוֹת אֱלֹהֵי יִשְׂרָאֵל הִנְנִי פוֹקֵד אֶל־אָמוֹן מִנֹּא וְעַל־
פַּרְעֹה וְעַל־מִצְרַיִם וְעַל־אֱלֹהֶיהָ וְעַל־מְלָכֶיהָ וְעַל־פַּרְעֹה
26 וְעַל הַבֹּטְחִים בּוֹ׃ וּנְתַתִּים בְּיַד מְבַקְשֵׁי נַפְשָׁם וּבְיַד
נְבוּכַדְרֶאצַּר מֶלֶךְ־בָּבֶל וּבְיַד עֲבָדָיו וְאַחֲרֵי־כֵן תִּשְׁכֹּן
27 כִּימֵי־קֶדֶם נְאֻם־יְהוָה׃ וְאַתָּה אַל־תִּירָא עַבְדִּי יַעֲקֹב
וְאַל־תֵּחַת יִשְׂרָאֵל כִּי הִנְנִי מוֹשִׁעֲךָ מֵרָחוֹק וְאֶת־זַרְעֲךָ
28 מֵאֶרֶץ שִׁבְיָם וְשָׁב יַעֲקוֹב וְשָׁקַט וְשַׁאֲנַן וְאֵין מַחֲרִיד׃ אַתָּה
אַל־תִּירָא עַבְדִּי יַעֲקֹב נְאֻם־יְהוָה כִּי אִתְּךָ אָנִי כִּי אֶעֱשֶׂה
כָלָה בְּכָל־הַגּוֹיִם ׀ אֲשֶׁר הִדַּחְתִּיךָ שָׁמָּה וְאֹתְךָ לֹא־אֶעֱשֶׂה
כָלָה וְיִסַּרְתִּיךָ לַמִּשְׁפָּט וְנַקֵּה לֹא אֲנַקֶּךָּ׃

מז Cap. XLVII. מז

א אֲשֶׁר הָיָה דְבַר־יְהוָה אֶל־יִרְמְיָהוּ הַנָּבִיא אֶל־פְּלִשְׁתִּים
2 בְּטֶרֶם יַכֶּה פַרְעֹה אֶת־עַזָּה׃ כֹּה ׀ אָמַר יְהוָה הִנֵּה־מַיִם
עֹלִים מִצָּפוֹן וְהָיוּ לְנַחַל שׁוֹטֵף וְיִשְׁטְפוּ אֶרֶץ וּמְלוֹאָהּ עִיר
3 וְיֹשְׁבֵי בָהּ וְזָעֲקוּ הָאָדָם וְהֵילִל כֹּל יוֹשֵׁב הָאָרֶץ׃ מִקּוֹל
שַׁעֲטַת פַּרְסוֹת אַבִּירָיו מֵרַעַשׁ לְרִכְבּוֹ הֲמוֹן גַּלְגִּלָּיו לֹא־
4 הִפְנוּ אָבוֹת אֶל־בָּנִים מֵרִפְיוֹן יָדָיִם׃ עַל־הַיּוֹם הַבָּא לִשְׁדוֹד
אֶת־כָּל־פְּלִשְׁתִּים לְהַכְרִית לְצֹר וּלְצִידוֹן כֹּל שָׂרִיד עֹזֵר
ה כִּי־שֹׁדֵד יְהוָה אֶת־פְּלִשְׁתִּים שְׁאֵרִית אִי כַפְתּוֹר׃ בָּאָה

קרחה

קָרְחָה אֶל־עַזָּה נִדְמְתָה אַשְׁקְלוֹן שְׁאֵרִית עִמְקָם עַד־מָתַי
6 תִּתְגּוֹדָדִי׃ הוֹי חֶרֶב לַיהוָה עַד־אָנָה לֹא תִשְׁקֹטִי הֵאָסְפִי
7 אֶל־תַּעְרֵךְ הֵרָגְעִי וָדֹמִּי׃ אֵיךְ תִּשְׁקֹטִי וַיהוָה צִוָּה־לָהּ אֶל־
אַשְׁקְלוֹן וְאֶל־חוֹף הַיָּם שָׁם יְעָדָהּ׃

מח CAP. XLVIII. מח

א לְמוֹאָב כֹּה־אָמַר יְהוָה צְבָאוֹת אֱלֹהֵי יִשְׂרָאֵל הוֹי אֶל־
נְבוֹ כִּי שֻׁדָּדָה הֹבִישָׁה נִלְכְּדָה קִרְיָתָיִם הֹבִישָׁה הַמִּשְׂגָּב
2 וָחָתָּה׃ אֵין עוֹד תְּהִלַּת מוֹאָב בְּחֶשְׁבּוֹן חָשְׁבוּ עָלֶיהָ רָעָה
לְכוּ וְנַכְרִיתֶנָּה מִגּוֹי גַּם־מַדְמֵן תִּדֹּמִּי אַחֲרַיִךְ תֵּלֶךְ חָרֶב׃
3 4 קוֹל צְעָקָה מֵחֹרוֹנָיִם שֹׁד וָשֶׁבֶר גָּדוֹל׃ נִשְׁבְּרָה מוֹאָב
ה הִשְׁמִיעוּ זְעָקָה צְעוֹרֶיהָ׃ כִּי מַעֲלֵה הַלֻּחֹות בִּבְכִי יַעֲלֶה־
6 בֶּכִי כִּי בְּמוֹרַד חוֹרֹנַיִם צָרֵי צַעֲקַת־שֶׁבֶר שָׁמֵעוּ׃ נֻסוּ
7 מַלְּטוּ נַפְשְׁכֶם וְתִהְיֶינָה כַּעֲרוֹעֵר בַּמִּדְבָּר׃ כִּי יַעַן בִּטְחֵךְ
בְּמַעֲשַׂיִךְ וּבְאוֹצְרוֹתַיִךְ גַּם־אַתְּ תִּלָּכֵדִי וְיָצָא כְמִישׁ בַּגּוֹלָה
8 כֹּהֲנָיו וְשָׂרָיו יַחְיו׃ וְיָבֹא שֹׁדֵד אֶל־כָּל־עִיר וְעִיר לֹא תִמָּלֵט
9 וְאָבַד הָעֵמֶק וְנִשְׁמַד הַמִּישֹׁר אֲשֶׁר אָמַר יְהוָה׃ תְּנוּ־צִיץ
לְמוֹאָב כִּי נָצֹא תֵּצֵא וְעָרֶיהָ לְשַׁמָּה תִהְיֶינָה מֵאֵין יוֹשֵׁב בָּהֵן׃
י אָרוּר עֹשֶׂה מְלֶאכֶת יְהוָה רְמִיָּה וְאָרוּר מֹנֵעַ חַרְבּוֹ מִדָּם׃
11 שַׁאֲנַן מוֹאָב מִנְּעוּרָיו וְשֹׁקֵט הוּא אֶל־שְׁמָרָיו וְלֹא־הוּרַק
מִכְּלִי אֶל־כֶּלִי וּבַגּוֹלָה לֹא הָלָךְ עַל־כֵּן עָמַד טַעְמוֹ
12 בּוֹ וְרֵיחוֹ לֹא נָמָר׃ לָכֵן הִנֵּה־יָמִים בָּאִים נְאֻם־יְהוָה
וְשִׁלַּחְתִּי־לוֹ צֹעִים וְצֵעֻהוּ וְכֵלָיו יָרִיקוּ וְנִבְלֵיהֶם יְנַפֵּצוּ׃
13 וּבֹשׁ מוֹאָב מִכְּמוֹשׁ כַּאֲשֶׁר־בֹּשׁוּ בֵּית יִשְׂרָאֵל מִבֵּית אֵל
14 מִבְטֶחָם׃ אֵיךְ תֹּאמְרוּ גִּבּוֹרִים אֲנָחְנוּ וְאַנְשֵׁי־חַיִל לַמִּלְחָמָה׃
טו שֻׁדַּד מוֹאָב וְעָרֶיהָ עָלָה וּמִבְחַר בַּחוּרָיו יָרְדוּ לַטָּבַח נְאֻם־
16 הַמֶּלֶךְ יְהוָה צְבָאוֹת שְׁמוֹ׃ קָרוֹב אֵיד־מוֹאָב לָבוֹא וְרָעָתוֹ
17 מִהֲרָה מְאֹד׃ נֻדוּ לוֹ כָּל־סְבִיבָיו וְכֹל יֹדְעֵי שְׁמוֹ אִמְרוּ

איכה

מ״ח v. 4. צעיריה ק׳ v. 5. הלוחית ק׳ v. 7. כמוש ק׳ ibid. יחדיו ק׳

18 אֵיכָה נִשְׁבַּר מַטֵּה־עֹז מַקֵּל תִּפְאָרָה׃ רְדִי מִכָּבוֹד יֹשְׁבִי
בַצָּמָא יֹשֶׁבֶת בַּת־דִּיבוֹן כִּי־שֹׁדֵד מוֹאָב עָלָה בָךְ שִׁחֵת
19 מִבְצָרָיִךְ׃ אֶל־דֶּרֶךְ עִמְדִי וְצַפִּי יוֹשֶׁבֶת עֲרוֹעֵר שַׁאֲלִי־נָס
כ וְנִמְלָטָה אִמְרִי מַה־נִּהְיָתָה׃ הֹבִישׁ מוֹאָב כִּי־חַתָּה הֵילִילִי ׀
21 וּזְעָקִי הַגִּידוּ בְאַרְנוֹן כִּי שֻׁדַּד מוֹאָב׃ וּמִשְׁפָּט בָּא אֶל־אֶרֶץ
22 הַמִּישֹׁר אֶל־חֹלוֹן וְאֶל־יַהְצָה וְעַל־מוֹפָעַת׃ וְעַל־דִּיבוֹן
23 וְעַל־נְבוֹ וְעַל־בֵּית דִּבְלָתָיִם׃ וְעַל קִרְיָתַיִם וְעַל־בֵּית גָּמוּל
24 וְעַל־בֵּית מְעוֹן׃ וְעַל־קְרִיּוֹת וְעַל־בָּצְרָה וְעַל כָּל־עָרֵי
כה אֶרֶץ מוֹאָב הָרְחֹקוֹת וְהַקְּרֹבוֹת׃ נִגְדְּעָה קֶרֶן מוֹאָב וּזְרֹעוֹ
26 נִשְׁבָּרָה נְאֻם יְהוָה׃ הַשְׁכִּירֻהוּ כִּי עַל־יְהוָה הִגְדִּיל וְסָפַק
27 מוֹאָב בְּקִיאוֹ וְהָיָה לִשְׂחֹק גַּם־הוּא׃ וְאִם ׀ לוֹא הַשְּׂחֹק הָיָה
לְךָ יִשְׂרָאֵל אִם־בְּגַנָּבִים נִמְצָאָה כִּי־מִדֵּי דְבָרֶיךָ בּוֹ
28 תִּתְנוֹדָד׃ עִזְבוּ עָרִים וְשִׁכְנוּ בַּסֶּלַע יֹשְׁבֵי מוֹאָב וִהְיוּ כְיוֹנָה
29 תְּקַנֵּן בְּעֶבְרֵי פִי־פָחַת׃ שָׁמַעְנוּ גְאוֹן־מוֹאָב גֵּאֶה מְאֹד גָּבְהוֹ
ל וּגְאוֹנוֹ וְגַאֲוָתוֹ וְרֻם לִבּוֹ׃ אֲנִי יָדַעְתִּי נְאֻם־יְהוָה עֶבְרָתוֹ וְלֹא־
31 כֵן בַּדָּיו לֹא־כֵן עָשׂוּ׃ עַל־כֵּן עַל־מוֹאָב אֲיֵלִיל וּלְמוֹאָב
32 כֻּלֹּה אֶזְעָק אֶל־אַנְשֵׁי קִיר־חֶרֶשׂ יֶהְגֶּה׃ מִבְּכִי יַעְזֵר אֶבְכֶּה־
לָּךְ הַגֶּפֶן שִׂבְמָה נְטִישֹׁתַיִךְ עָבְרוּ יָם עַד יָם יַעְזֵר נָגָעוּ עַל־
33 קֵיצֵךְ וְעַל־בְּצִירֵךְ שֹׁדֵד נָפָל׃ וְנֶאֶסְפָה שִׂמְחָה וָגִיל מִכַּרְמֶל
וּמֵאֶרֶץ מוֹאָב וְיַיִן מִיקָבִים הִשְׁבַּתִּי לֹא־יִדְרֹךְ הֵידָד הֵידָד
34 לֹא הֵידָד׃ מִזַּעֲקַת חֶשְׁבּוֹן עַד־אֶלְעָלֵה עַד־יַהַץ נָתְנוּ קוֹלָם
מִצֹּעַר עַד־חֹרֹנַיִם עֶגְלַת שְׁלִשִׁיָּה כִּי גַּם־מֵי נִמְרִים לִמְשַׁמּוֹת
לה יִהְיוּ׃ וְהִשְׁבַּתִּי לְמוֹאָב נְאֻם־יְהוָה מַעֲלֶה בָמָה וּמַקְטִיר
36 לֵאלֹהָיו׃ עַל־כֵּן לִבִּי לְמוֹאָב כַּחֲלִלִים יֶהֱמֶה וְלִבִּי אֶל־
אַנְשֵׁי קִיר־חֶרֶשׂ כַּחֲלִילִים יֶהֱמֶה עַל־כֵּן יִתְרַת עָשָׂה אָבָדוּ׃
37 כִּי כָל־רֹאשׁ קָרְחָה וְכָל־זָקָן גְּרֻעָה עַל כָּל־יָדַיִם גְּדֻדֹת
38 וְעַל־מָתְנַיִם שָׂק׃ עַל כָּל־גַּגּוֹת מוֹאָב וּבִרְחֹבֹתֶיהָ כֻּלֹּה

מספד

v. 18. ושבי ק׳ v. 20. הילילו ק׳ ibid. וזעקו ק׳ v. 21. מיפעת ק׳
v. 27. נמצא ק׳

מִסְפֵּד כִּי־שָׁבַרְתִּי אֶת־מוֹאָב כִּכְלִי אֵין־חֵפֶץ בּוֹ נְאֻם־
39 יְהוָה׃ אֵיךְ חַתָּה הֵילִילוּ אֵיךְ הִפְנָה־עֹרֶף מוֹאָב בּוֹשׁ וְהָיָה
מ מוֹאָב לִשְׂחֹק וְלִמְחִתָּה לְכָל־סְבִיבָיו׃ כִּי־כֹה אָמַר
41 יְהוָה הִנֵּה כַנֶּשֶׁר יִדְאֶה וּפָרַשׂ כְּנָפָיו אֶל־מוֹאָב׃ נִלְכְּדָה
הַקְּרִיּוֹת וְהַמְּצָדוֹת נִתְפָּשָׂה וְהָיָה לֵב גִּבּוֹרֵי מוֹאָב בַּיּוֹם
42 הַהוּא כְּלֵב אִשָּׁה מְצֵרָה׃ וְנִשְׁמַד מוֹאָב מֵעָם כִּי עַל־יְהוָה
43 הִגְדִּיל׃ פַּחַד וָפַחַת וָפָח עָלֶיךָ יוֹשֵׁב מוֹאָב נְאֻם־יְהוָה׃
44 הַנִּיס מִפְּנֵי הַפַּחַד יִפֹּל אֶל־הַפַּחַת וְהָעֹלֶה מִן־הַפַּחַת יִלָּכֵד
בַּפָּח כִּי־אָבִיא אֵלֶיהָ אֶל־מוֹאָב שְׁנַת פְּקֻדָּתָם נְאֻם־יְהוָה׃
מה בְּצֵל חֶשְׁבּוֹן עָמְדוּ מִכֹּחַ נָסִים כִּי־אֵשׁ יָצָא מֵחֶשְׁבּוֹן וְלֶהָבָה
46 מִבֵּין סִיחוֹן וַתֹּאכַל פְּאַת מוֹאָב וְקָדְקֹד בְּנֵי שָׁאוֹן׃ אוֹי־לְךָ
מוֹאָב אָבַד עַם־כְּמוֹשׁ כִּי־לֻקְּחוּ בָנֶיךָ בַּשֶּׁבִי וּבְנֹתֶיךָ
47 בַּשִּׁבְיָה׃ וְשַׁבְתִּי שְׁבוּת־מוֹאָב בְּאַחֲרִית הַיָּמִים נְאֻם־יְהוָה
עַד־הֵנָּה מִשְׁפַּט מוֹאָב׃

CAP. XLIX. מט

מט

א לִבְנֵי עַמּוֹן כֹּה אָמַר יְהוָה הֲבָנִים אֵין לְיִשְׂרָאֵל אִם־יוֹרֵשׁ
2 אֵין לוֹ מַדּוּעַ יָרַשׁ מַלְכָּם אֶת־גָּד וְעַמּוֹ בְּעָרָיו יָשָׁב׃ לָכֵן
הִנֵּה יָמִים בָּאִים נְאֻם־יְהוָה וְהִשְׁמַעְתִּי אֶל־רַבַּת בְּנֵי־עַמּוֹן
תְּרוּעַת מִלְחָמָה וְהָיְתָה לְתֵל שְׁמָמָה וּבְנֹתֶיהָ בָּאֵשׁ תִּצַּתְנָה
3 וְיָרַשׁ יִשְׂרָאֵל אֶת־יֹרְשָׁיו אָמַר יְהוָה׃ הֵילִילִי חֶשְׁבּוֹן כִּי
שֻׁדְּדָה־עַי צְעַקְנָה בְּנוֹת רַבָּה חֲגֹרְנָה שַׂקִּים סְפֹדְנָה
וְהִתְשׁוֹטַטְנָה בַּגְּדֵרוֹת כִּי מַלְכָּם בַּגּוֹלָה יֵלֵךְ כֹּהֲנָיו וְשָׂרָיו
4 יַחְדָּיו׃ מַה־תִּתְהַלְלִי בָּעֲמָקִים זָב עִמְקֵךְ הַבַּת הַשּׁוֹבֵבָה
ה הַבֹּטְחָה בְּאֹצְרֹתֶיהָ מִי יָבוֹא אֵלָי׃ הִנְנִי מֵבִיא עָלַיִךְ פַּחַד
נְאֻם־אֲדֹנָי יְהוִה צְבָאוֹת מִכָּל־סְבִיבָיִךְ וְנִדַּחְתֶּם אִישׁ לְפָנָיו
6 וְאֵין מְקַבֵּץ לַנֹּדֵד׃ וְאַחֲרֵי־כֵן אָשִׁיב אֶת־שְׁבוּת בְּנֵי־עַמּוֹן
7 נְאֻם־יְהוָה׃ לֶאֱדוֹם כֹּה אָמַר יְהוָה צְבָאוֹת הַאֵין עוֹד

חכמה

מ״ח v. 44. הנס ק׳   v. 45. סבירין יצאה   מ״ט v. 3. מלרע

8 חָכְמָה בְּתֵימָן אָבְדָה עֵצָה מִבָּנִים נִסְרְחָה חָכְמָתָם׃ נֻסוּ
הָפְנוּ הֶעְמִיקוּ לָשֶׁבֶת יֹשְׁבֵי דְּדָן כִּי אֵיד עֵשָׂו הֵבֵאתִי עָלָיו
9 עֵת פְּקַדְתִּיו׃ אִם־בֹּצְרִים בָּאוּ לָךְ לֹא יַשְׁאִרוּ עוֹלֵלוֹת
י אִם־גַּנָּבִים בַּלַּיְלָה הִשְׁחִיתוּ דַיָּם׃ כִּי־אֲנִי חָשַׂפְתִּי אֶת־
עֵשָׂו גִּלֵּיתִי אֶת־מִסְתָּרָיו וְנֶחְבָּה לֹא יוּכָל שֻׁדַּד זַרְעוֹ וְאֶחָיו
11 וּשְׁכֵנָיו וְאֵינֶנּוּ׃ עָזְבָה יְתֹמֶיךָ אֲנִי אֲחַיֶּה וְאַלְמְנוֹתֶיךָ עָלַי
12 תִּבְטָחוּ׃ כִּי־כֹה ׀ אָמַר יְהוָֹה הִנֵּה אֲשֶׁר־אֵין מִשְׁפָּטָם
לִשְׁתּוֹת הַכּוֹס שָׁתוֹ יִשְׁתּוּ וְאַתָּה הוּא נָקֹה תִּנָּקֶה לֹא תִנָּקֶה
13 כִּי שָׁתֹה תִּשְׁתֶּה׃ כִּי בִי נִשְׁבַּעְתִּי נְאֻם־יְהוָֹה כִּי־לְשַׁמָּה
לְחֶרְפָּה לְחֹרֶב וְלִקְלָלָה תִּהְיֶה בָצְרָה וְכָל־עָרֶיהָ תִהְיֶינָה
14 לְחָרְבוֹת עוֹלָם׃ שְׁמוּעָה שָׁמַעְתִּי מֵאֵת יְהוָֹה וְצִיר בַּגּוֹיִם
טו שָׁלוּחַ הִתְקַבְּצוּ וּבֹאוּ עָלֶיהָ וְקוּמוּ לַמִּלְחָמָה׃ כִּי־הִנֵּה קָטֹן
16 נְתַתִּיךָ בַּגּוֹיִם בָּזוּי בָּאָדָם׃ תִּפְלַצְתְּךָ הִשִּׁיא אֹתָךְ זְדוֹן לִבֶּךָ
שֹׁכְנִי בְּחַגְוֵי הַסֶּלַע תֹּפְשִׂי מְרוֹם גִּבְעָה כִּי־תַגְבִּיהַּ כַּנֶּשֶׁר
17 קִנֶּךָ מִשָּׁם אוֹרִידְךָ נְאֻם־יְהוָֹה׃ וְהָיְתָה אֱדוֹם לְשַׁמָּה כֹּל
18 עֹבֵר עָלֶיהָ יִשֹּׁם וְיִשְׁרֹק עַל־כָּל־מַכּוֹתֶהָ׃ כְּמַהְפֵּכַת סְדֹם
וַעֲמֹרָה וּשְׁכֵנֶיהָ אָמַר יְהוָֹה לֹא־יֵשֵׁב שָׁם אִישׁ וְלֹא־יָגוּר בָּהּ
19 בֶּן־אָדָם׃ הִנֵּה כְּאַרְיֵה יַעֲלֶה מִגְּאוֹן הַיַּרְדֵּן אֶל־נְוֵה אֵיתָן
כִּי־אַרְגִּיעָה אֲרִיצֶנּוּ מֵעָלֶיהָ וּמִי בָחוּר אֵלֶיהָ אֶפְקֹד כִּי מִי
כ כָמוֹנִי וּמִי יוֹעִדֶנִּי וּמִי־זֶה רֹעֶה אֲשֶׁר יַעֲמֹד לְפָנָי׃ לָכֵן
שִׁמְעוּ עֲצַת־יְהוָֹה אֲשֶׁר יָעַץ אֶל־אֱדוֹם וּמַחְשְׁבוֹתָיו אֲשֶׁר
חָשַׁב אֶל־יֹשְׁבֵי תֵימָן אִם־לֹא יִסְחָבוּם צְעִירֵי הַצֹּאן אִם־
21 לֹא יַשִּׁים עֲלֵיהֶם נְוֵהֶם׃ מִקּוֹל נִפְלָם רָעֲשָׁה הָאָרֶץ צְעָקָה
22 בְּיַם־סוּף נִשְׁמַע קוֹלָהּ׃ הִנֵּה כַנֶּשֶׁר יַעֲלֶה וְיִדְאֶה וְיִפְרֹשׂ
כְּנָפָיו עַל־בָּצְרָה וְהָיָה לֵב גִּבּוֹרֵי אֱדוֹם בַּיּוֹם הַהוּא כְּלֵב
23 אִשָּׁה מְצֵרָה׃ לְדַמֶּשֶׂק בּוֹשָׁה חֲמָת וְאַרְפָּד כִּי־שְׁמֻעָה
24 רָעָה שָׁמְעוּ נָמֹגוּ בַּיָּם דְּאָגָה הַשְׁקֵט לֹא יוּכָל׃ רָפְתָה דַמֶּשֶׂק
הִפְנְתָה לָנוּס וְרֶטֶט הֶחֱזִיקָה צָרָה וַחֲבָלִים אֲחָזַתָּה כַּיּוֹלֵדָה׃

איך

כה 26 אֵ֚יךְ לֹֽא־עֻזְּבָ֔ה עִ֖יר תְּהִלָּ֑ה קִרְיַ֖ת מְשׂוֹשִֽׂי׃ לָכֵ֛ן יִפְּל֥וּ בַחוּרֶ֖יהָ
בִּרְחֹבֹתֶ֑יהָ וְכָל־אַנְשֵׁ֨י הַמִּלְחָמָ֜ה יִדַּ֨מּוּ֙ בַּיּ֣וֹם הַה֔וּא נְאֻ֖ם יְהוָ֥ה
27 צְבָאֽוֹת׃ וְהִצַּ֥תִּי אֵ֖שׁ בְּחוֹמַ֣ת דַּמָּ֑שֶׂק וְאָֽכְלָ֖ה אַרְמְנ֥וֹת בֶּן־
הֲדָֽד׃
28 לְקֵדָ֣ר ׀ וּלְמַמְלְכ֣וֹת חָצ֗וֹר אֲשֶׁ֤ר הִכָּה֙ נְבוּכַדְרֶאצּ֣וֹר מֶלֶךְ־
בָּבֶ֔ל כֹּ֖ה אָמַ֣ר יְהוָ֑ה ק֚וּמוּ עֲל֣וּ אֶל־קֵדָ֔ר וְשָׁדְד֖וּ אֶת־בְּנֵי־
29 קֶֽדֶם׃ אָהֳלֵיהֶ֤ם וְצֹאנָם֙ יִקָּ֔חוּ יְרִיעוֹתֵיהֶ֣ם וְכָל־כְּלֵיהֶ֗ם
ל וּגְמַלֵּיהֶ֖ם יִשְׂא֣וּ לָהֶ֑ם וְקָרְא֧וּ עֲלֵיהֶ֛ם מָג֖וֹר מִסָּבִֽיב׃ נֻ֠סוּ
נֻּ֨דוּ מְאֹ֜ד הֶעְמִ֤יקוּ לָשֶׁ֙בֶת֙ יֹשְׁבֵ֣י חָצ֔וֹר נְאֻם־יְהוָ֑ה כִּֽי־
יָעַ֨ץ עֲלֵיכֶ֜ם נְבוּכַדְרֶאצַּ֤ר מֶלֶךְ־בָּבֶל֙ עֵצָ֔ה וְחָשַׁ֥ב עֲלֵיהֶ֖ם
31 מַחֲשָׁבָֽה׃ ק֚וּמוּ עֲל֗וּ אֶל־גּ֥וֹי שְׁלֵ֛יו יוֹשֵׁ֥ב לָבֶ֖טַח נְאֻם־יְהוָ֑ה
32 לֹֽא־דְלָתַ֧יִם וְלֹֽא־בְרִ֛יחַ ל֖וֹ בָּדָ֥ד יִשְׁכֹּֽנוּ׃ וְהָי֨וּ גְמַלֵּיהֶ֜ם
לָבַ֗ז וַהֲמ֤וֹן מִקְנֵיהֶם֙ לְשָׁלָ֔ל וְזֵרִתִ֥ים לְכָל־ר֖וּחַ קְצוּצֵ֣י פֵאָ֑ה
33 וּמִכָּל־עֲבָרָ֛יו אָבִ֥יא אֶת־אֵידָ֖ם נְאֻם־יְהוָֽה׃ וְהָיְתָ֨ה חָצ֜וֹר
לִמְע֥וֹן תַּנִּ֛ים שְׁמָמָ֖ה עַד־עוֹלָ֑ם לֹֽא־יֵשֵׁ֥ב שָׁם֙ אִ֔ישׁ וְלֹֽא־יָג֥וּר
34 בָּ֖הּ בֶּן־אָדָֽם׃ אֲשֶׁ֨ר הָיָ֧ה דְבַר־יְהוָ֛ה אֶל־יִרְמְיָ֥הוּ הַנָּבִ֖יא
אֶל־עֵילָ֑ם בְּרֵאשִׁ֗ית מַלְכ֛וּת צִדְקִיָּ֥ה מֶלֶךְ־יְהוּדָ֖ה לֵאמֹֽר׃
לה כֹּ֤ה אָמַר֙ יְהוָ֣ה צְבָא֔וֹת הִנְנִ֥י שֹׁבֵ֖ר אֶת־קֶ֣שֶׁת עֵילָ֑ם רֵאשִׁ֖ית
36 גְּבוּרָתָֽם׃ וְהֵבֵאתִ֨י אֶל־עֵילָ֜ם אַרְבַּ֣ע רוּח֗וֹת מֵֽאַרְבַּע֙ קְצ֣וֹת
הַשָּׁמַ֔יִם וְזֵרִתִ֕ים לְכֹ֖ל הָרֻח֣וֹת הָאֵ֑לֶּה וְלֹֽא־יִהְיֶ֣ה הַגּ֔וֹי אֲשֶׁ֥ר
37 לֹֽא־יָב֥וֹא שָׁ֖ם נִדְּחֵ֥י עוֹלָֽם׃ וְהַחְתַּתִּ֣י אֶת־עֵ֠ילָם לִפְנֵ֨י
אֹיְבֵיהֶ֜ם וְלִפְנֵ֣י ׀ מְבַקְשֵׁ֣י נַפְשָׁ֗ם וְהֵבֵאתִ֨י עֲלֵיהֶ֧ם ׀ רָעָ֛ה
אֶת־חֲר֥וֹן אַפִּ֖י נְאֻם־יְהוָ֑ה וְשִׁלַּחְתִּ֤י אַֽחֲרֵיהֶם֙ אֶת־הַחֶ֔רֶב
38 עַ֥ד כַּלּוֹתִ֖י אוֹתָֽם׃ וְשַׂמְתִּ֥י כִסְאִ֖י בְּעֵילָ֑ם וְהַאֲבַדְתִּ֥י מִשָּׁ֛ם
39 מֶ֥לֶךְ וְשָׂרִ֖ים נְאֻם־יְהוָֽה׃ וְהָיָ֣ה ׀ בְּאַחֲרִ֣ית הַיָּמִ֗ים אָשׁ֛וּב אֶת־
שְׁבִ֥ית עֵילָ֖ם נְאֻם־יְהוָֽה׃

הדבר

v. 25. תהלת ק׳ v. 28. נבוכדראצר ק׳ v. 30. עליכם ק׳ v. 36. סבירין יבואו

ibid. עילם ק׳ v. 39. אשיב ק׳ ibid. שבות ק׳

נ Cap. L. נ

א הַדָּבָר אֲשֶׁר דִּבֶּר יְהוָה אֶל־בָּבֶל אֶל־אֶרֶץ כַּשְׂדִּים בְּיַד
2 יִרְמְיָהוּ הַנָּבִיא׃ הַגִּידוּ בַגּוֹיִם וְהַשְׁמִיעוּ וּשְׂאוּ־נֵס הַשְׁמִיעוּ
אַל־תְּכַחֵדוּ אִמְרוּ נִלְכְּדָה בָבֶל הֹבִישׁ בֵּל חַת מְרֹדָךְ הֹבִישׁוּ
3 עֲצַבֶּיהָ חַתּוּ גִּלּוּלֶיהָ׃ כִּי עָלָה עָלֶיהָ גּוֹי מִצָּפוֹן הוּא־יָשִׁית
אֶת־אַרְצָהּ לְשַׁמָּה וְלֹא־יִהְיֶה יוֹשֵׁב בָּהּ מֵאָדָם וְעַד־בְּהֵמָה
4 נָדוּ הָלָכוּ׃ בַּיָּמִים הָהֵמָּה וּבָעֵת הַהִיא נְאֻם־יְהוָה יָבֹאוּ בְנֵי־
יִשְׂרָאֵל הֵמָּה וּבְנֵי־יְהוּדָה יַחְדָּו הָלוֹךְ וּבָכוֹ יֵלֵכוּ וְאֶת־יְהוָה
ה אֱלֹהֵיהֶם יְבַקֵּשׁוּ׃ צִיּוֹן יִשְׁאָלוּ דֶּרֶךְ הֵנָּה פְנֵיהֶם בֹּאוּ וְנִלְווּ
6 אֶל־יְהוָה בְּרִית עוֹלָם לֹא תִשָּׁכֵחַ׃ צֹאן אֹבְדוֹת הָיָה
עַמִּי רֹעֵיהֶם הִתְעוּם הָרִים שׁוֹבְבִים מֵהַר אֶל־גִּבְעָה הָלָכוּ
7 שָׁכְחוּ רִבְצָם׃ כָּל־מוֹצְאֵיהֶם אֲכָלוּם וְצָרֵיהֶם אָמְרוּ לֹא
נֶאְשָׁם תַּחַת אֲשֶׁר חָטְאוּ לַיהוָה נְוֵה־צֶדֶק וּמִקְוֵה אֲבוֹתֵיהֶם
8 יְהוָה׃ נֻדוּ מִתּוֹךְ בָּבֶל וּמֵאֶרֶץ כַּשְׂדִּים יֵצְאוּ וִהְיוּ כְּעַתּוּדִים
9 לִפְנֵי־צֹאן׃ כִּי הִנֵּה אָנֹכִי מֵעִיר וּמַעֲלֶה עַל־בָּבֶל קְהַל־
גּוֹיִם גְּדֹלִים מֵאֶרֶץ צָפוֹן וְעָרְכוּ לָהּ מִשָּׁם תִּלָּכֵד חִצָּיו
י כְּגִבּוֹר מַשְׁכִּיל לֹא יָשׁוּב רֵיקָם׃ וְהָיְתָה כַשְׂדִּים לְשָׁלָל כָּל־
11 שֹׁלְלֶיהָ יִשְׂבָּעוּ נְאֻם־יְהוָה׃ כִּי תִשְׂמְחִי כִּי תַעַלְזִי שֹׁסֵי
12 נַחֲלָתִי כִּי תָפוּשִׁי כְּעֶגְלָה דָשָׁה וְתִצְהֲלִי כָּאַבִּרִים׃ בּוֹשָׁה
אִמְּכֶם מְאֹד חָפְרָה יוֹלַדְתְּכֶם הִנֵּה אַחֲרִית גּוֹיִם מִדְבָּר צִיָּה
13 וַעֲרָבָה׃ מִקֶּצֶף יְהוָה לֹא תֵשֵׁב וְהָיְתָה שְׁמָמָה כֻּלָּהּ כֹּל
14 עֹבֵר עַל־בָּבֶל יִשֹּׁם וְיִשְׁרֹק עַל־כָּל־מַכּוֹתֶיהָ׃ עִרְכוּ עַל־
בָּבֶל ׀ סָבִיב כָּל־דֹּרְכֵי קֶשֶׁת יְדוּ אֵלֶיהָ אַל־תַּחְמְלוּ אֶל־
טו חֵץ כִּי לַיהוָה חָטָאָה׃ הָרִיעוּ עָלֶיהָ סָבִיב נָתְנָה יָדָהּ נָפְלוּ
אָשְׁוִיֹּתֶיהָ נֶהֶרְסוּ חוֹמוֹתֶיהָ כִּי נִקְמַת יְהוָה הִיא הִנָּקְמוּ בָהּ
16 כַּאֲשֶׁר עָשְׂתָה עֲשׂוּ־לָהּ׃ כִּרְתוּ זוֹרֵעַ מִבָּבֶל וְתֹפֵשׂ מַגָּל בְּעֵת
קָצִיר מִפְּנֵי חֶרֶב הַיּוֹנָה אִישׁ אֶל־עַמּוֹ יִפְנוּ וְאִישׁ לְאַרְצוֹ

ינסו

v. 6. היו ק׳ — ibid. שובבום ק׳ — v. 8. צאו ק׳ — v. 11. תשמחו ק׳
ibid. תעלזו ק׳ — ibid. תפושו ק׳ — ibid. ותצהלו ק׳ — v. 15. אשויתיה ק׳

17 יָנֻסוּ׃ שֶׂה פְזוּרָה יִשְׂרָאֵל אֲרָיוֹת הִדִּיחוּ הָרִאשׁוֹן אֲכָלוֹ מֶלֶךְ
18 אַשּׁוּר וְזֶה הָאַחֲרוֹן עִצְּמוֹ נְבוּכַדְרֶאצַּר מֶלֶךְ בָּבֶל׃ לָכֵן
כֹּה־אָמַר יְהוָה צְבָאוֹת אֱלֹהֵי יִשְׂרָאֵל הִנְנִי פֹקֵד אֶל־מֶלֶךְ
19 בָּבֶל וְאֶל־אַרְצוֹ כַּאֲשֶׁר פָּקַדְתִּי אֶל־מֶלֶךְ אַשּׁוּר׃ וְשֹׁבַבְתִּי
אֶת־יִשְׂרָאֵל אֶל־נָוֵהוּ וְרָעָה הַכַּרְמֶל וְהַבָּשָׁן וּבְהַר אֶפְרַיִם
כ וְהַגִּלְעָד תִּשְׂבַּע נַפְשׁוֹ׃ בַּיָּמִים הָהֵם וּבָעֵת הַהִיא נְאֻם־יְהוָה
יְבֻקַּשׁ אֶת־עֲוֹן יִשְׂרָאֵל וְאֵינֶנּוּ וְאֶת־חַטֹּאת יְהוּדָה וְלֹא
21 תִמָּצֶאינָה כִּי אֶסְלַח לַאֲשֶׁר אַשְׁאִיר׃ עַל־הָאָרֶץ מְרָתַיִם
עֲלֵה עָלֶיהָ וְאֶל־יוֹשְׁבֵי פְּקוֹד חֲרֹב וְהַחֲרֵם אַחֲרֵיהֶם נְאֻם־
22 יְהוָה וַעֲשֵׂה כְּכֹל אֲשֶׁר צִוִּיתִיךָ׃ קוֹל מִלְחָמָה בָּאָרֶץ וְשֶׁבֶר
23 גָּדוֹל׃ אֵיךְ נִגְדַּע וַיִּשָּׁבֵר פַּטִּישׁ כָּל־הָאָרֶץ אֵיךְ הָיְתָה לְשַׁמָּה
24 בָּבֶל בַּגּוֹיִם׃ יָקֹשְׁתִּי לָךְ וְגַם־נִלְכַּדְתְּ בָּבֶל וְאַתְּ לֹא יָדָעַתְּ
כה נִמְצֵאת וְגַם־נִתְפַּשְׂתְּ כִּי בַיהוָה הִתְגָּרִית׃ פָּתַח יְהוָה אֶת־
אוֹצָרוֹ וַיּוֹצֵא אֶת־כְּלֵי זַעְמוֹ כִּי־מְלָאכָה הִיא לַאדֹנָי יְהוִה
26 צְבָאוֹת בְּאֶרֶץ כַּשְׂדִּים׃ בֹּאוּ־לָהּ מִקֵּץ פִּתְחוּ מַאֲבֻסֶיהָ
27 סָלּוּהָ כְמוֹ־עֲרֵמִים וְהַחֲרִימוּהָ אַל־תְּהִי־לָהּ שְׁאֵרִית׃ חִרְבוּ
כָּל־פָּרֶיהָ יֵרְדוּ לַטָּבַח הוֹי עֲלֵיהֶם כִּי־בָא יוֹמָם עֵת
28 פְּקֻדָּתָם׃ קוֹל נָסִים וּפְלֵטִים מֵאֶרֶץ בָּבֶל לְהַגִּיד בְּצִיּוֹן
29 אֶת־נִקְמַת יְהוָה אֱלֹהֵינוּ נִקְמַת הֵיכָלוֹ׃ הַשְׁמִיעוּ אֶל־בָּבֶל ׀
רַבִּים כָּל־דֹּרְכֵי קֶשֶׁת חֲנוּ עָלֶיהָ סָבִיב אַל־יְהִי־ ° פְּלֵיטָה
שַׁלְּמוּ־לָהּ כְּפָעֳלָהּ כְּכֹל אֲשֶׁר עָשְׂתָה עֲשׂוּ־לָהּ כִּי אֶל־
ל יְהוָה זָדָה אֶל־קְדוֹשׁ יִשְׂרָאֵל׃ לָכֵן יִפְּלוּ בַחוּרֶיהָ בִּרְחֹבֹתֶיהָ
31 וְכָל־אַנְשֵׁי מִלְחַמְתָּהּ יִדַּמּוּ בַּיּוֹם הַהוּא נְאֻם־יְהוָה׃ הִנְנִי
אֵלֶיךָ זָדוֹן נְאֻם־אֲדֹנָי יְהוִה צְבָאוֹת כִּי בָּא יוֹמְךָ עֵת
32 פְּקַדְתִּיךָ׃ וְכָשַׁל זָדוֹן וְנָפַל וְאֵין לוֹ מֵקִים וְהִצַּתִּי אֵשׁ בְּעָרָיו
33 וְאָכְלָה כָּל־סְבִיבֹתָיו׃ כֹּה אָמַר יְהוָה צְבָאוֹת עֲשׁוּקִים
בְּנֵי־יִשְׂרָאֵל וּבְנֵי־יְהוּדָה יַחְדָּו וְכָל־שֹׁבֵיהֶם הֶחֱזִיקוּ בָם

מאנו

v. 29. לה קרי ולא כתיב

34 מֵאֲנ֖וּ שַׁלְּחָֽם׃ גֹּאֲלָ֣ם ׀ חָזָ֗ק יְהוָ֤ה צְבָאוֹת֙ שְׁמ֔וֹ רִ֥יב יָרִ֖יב אֶת־
לה רִיבָ֑ם לְמַ֙עַן֙ הִרְגִּ֣יעַ אֶת־הָאָ֔רֶץ וְהִרְגִּ֖יז לְיֹשְׁבֵ֥י בָבֶֽל׃ חֶ֥רֶב
עַל־כַּשְׂדִּ֖ים נְאֻם־יְהוָ֑ה וְאֶל־יֹשְׁבֵ֣י בָבֶ֔ל וְאֶל־שָׂרֶ֖יהָ וְאֶל־
36 חֲכָמֶֽיהָ׃ חֶ֥רֶב אֶל־הַבַּדִּ֖ים וְנֹאָ֑לוּ חֶ֥רֶב אֶל־גִּבּוֹרֶ֖יהָ וָחָֽתּוּ׃
37 חֶ֜רֶב אֶל־סוּסָ֣יו וְאֶל־רִכְבּ֗וֹ וְאֶל־כָּל־הָעֶ֛רֶב אֲשֶׁ֥ר בְּתוֹכָ֖הּ
38 וְהָי֣וּ לְנָשִׁ֑ים חֶ֥רֶב אֶל־אוֹצְרֹתֶ֖יהָ וּבֻזָּֽזוּ׃ חֹ֥רֶב אֶל־מֵימֶ֖יהָ
39 וְיָבֵ֑שׁוּ כִּ֣י אֶ֤רֶץ פְּסִלִים֙ הִ֔יא וּבָאֵימִ֖ים יִתְהֹלָֽלוּ׃ לָכֵ֗ן יֵשְׁב֤וּ
צִיִּים֙ אֶת־אִיִּ֔ים וְיָ֥שְׁבוּ בָ֖הּ בְּנ֣וֹת יַעֲנָ֑ה וְלֹא־תֵשֵׁ֥ב עוֹד֙ לָנֶ֔צַח
מ וְלֹ֥א תִשְׁכּ֖וֹן עַד־דּ֥וֹר וָדֹֽר׃ כְּמַהְפֵּכַ֨ת אֱלֹהִ֜ים אֶת־סְדֹ֧ם
וְאֶת־עֲמֹרָ֛ה וְאֶת־שְׁכֵנֶ֖יהָ נְאֻם־יְהוָ֑ה לֹא־יֵשֵׁ֥ב שָׁם֙ אִ֔ישׁ וְלֹא־
41 יָג֥וּר בָּ֖הּ בֶּן־אָדָֽם׃ הִנֵּ֛ה עַ֥ם בָּ֖א מִצָּפ֑וֹן וְג֤וֹי גָּדוֹל֙ וּמְלָכִ֣ים
42 רַבִּ֔ים יֵעֹ֖רוּ מִיַּרְכְּתֵי־אָֽרֶץ׃ קֶ֣שֶׁת וְכִידֹ֞ן יַחֲזִ֗יקוּ אַכְזָרִ֥י הֵ֙מָּה֙
וְלֹ֣א יְרַחֵ֔מוּ קוֹלָם֙ כַּיָּ֣ם יֶהֱמֶ֔ה וְעַל־סוּסִ֖ים יִרְכָּ֑בוּ עָר֗וּךְ
43 כְּאִישׁ֙ לַמִּלְחָמָ֔ה עָלַ֖יִךְ בַּת־בָּבֶֽל׃ שָׁמַ֧ע מֶֽלֶךְ־בָּבֶ֛ל אֶת־
44 שִׁמְעָ֖ם וְרָפ֣וּ יָדָ֑יו צָרָה֙ הֶחֱזִיקַ֔תְהוּ חִ֖יל כַּיּוֹלֵדָֽה׃ הִנֵּה֩
כְּאַרְיֵ֨ה יַעֲלֶ֜ה מִגְּא֣וֹן הַיַּרְדֵּ֗ן אֶל־נְוֵ֣ה אֵיתָן֒ כִּֽי־אַרְגִּ֤עָה
אֲרוּצֵם֙ מֵֽעָלֶ֔יהָ וּמִ֥י בָח֖וּר אֵלֶ֣יהָ אֶפְקֹ֑ד כִּ֣י מִ֤י כָמ֙וֹנִי֙ וּמִ֣י
מה יוֹעִדֶ֔נִּי וּמִי־זֶ֣ה רֹעֶ֔ה אֲשֶׁ֥ר יַעֲמֹ֖ד לְפָנָֽי׃ לָכֵ֞ן שִׁמְע֣וּ עֲצַת־
יְהוָ֗ה אֲשֶׁ֤ר יָעַץ֙ אֶל־בָּבֶ֔ל וּמַ֨חְשְׁבוֹתָ֔יו אֲשֶׁ֥ר חָשַׁ֖ב אֶל־אֶ֣רֶץ
כַּשְׂדִּ֑ים אִם־לֹ֤א יִסְחָבוּם֙ צְעִירֵ֣י הַצֹּ֔אן אִם־לֹ֛א יַשִּׁ֥ים עֲלֵיהֶ֖ם
46 נָוֶֽה׃ מִקּוֹל֙ נִתְפְּשָׂ֣ה בָבֶ֔ל נִרְעֲשָׁ֖ה הָאָ֑רֶץ וּזְעָקָ֖ה בַּגּוֹיִ֥ם
נִשְׁמָֽע׃

נא

Cap. LI. נא

א כֹּ֚ה אָמַ֣ר יְהוָ֔ה הִנְנִי֙ מֵעִ֣יר עַל־בָּבֶ֔ל וְאֶל־יֹשְׁבֵ֖י לֵ֣ב קָמָ֑י
2 ר֖וּחַ מַשְׁחִֽית׃ וְשִׁלַּחְתִּ֨י לְבָבֶ֤ל ׀ זָרִים֙ וְזֵר֔וּהָ וִיבֹקְק֖וּ אֶת־
3 אַרְצָ֑הּ כִּֽי־הָי֥וּ עָלֶ֛יהָ מִסָּבִ֖יב בְּי֥וֹם רָעָֽה׃ אֶֽל־יִדְרֹ֤ךְ יִדְרֹךְ֙
הַדֹּרֵךְ֙ קַשְׁתּ֔וֹ וְאֶל־יִתְעַ֖ל בְּסִרְיֹנ֑וֹ וְאַֽל־תַּחְמְלוּ֙ אֶל־בַּ֣חֻרֶ֔יהָ

החרימו

ב׳ v. 44. אריצם ק׳ ב״א v. 3. כתיב ולא קרי

4 הֶחֱרִימוּ כָּל־צְבָאָהּ׃ וְנָפְלוּ חֲלָלִים בְּאֶרֶץ כַּשְׂדִּים וּמְדֻקָּרִים
ה בְּחוּצוֹתֶיהָ׃ כִּי לֹא־אַלְמָן יִשְׂרָאֵל וִיהוּדָה מֵאֱלֹהָיו מֵיְהוָה
6 צְבָאוֹת כִּי אַרְצָם מָלְאָה אָשָׁם מִקְּדוֹשׁ יִשְׂרָאֵל׃ נֻסוּ ׀ מִתּוֹךְ
בָּבֶל וּמַלְּטוּ אִישׁ נַפְשׁוֹ אַל־תִּדַּמּוּ בַּעֲוֺנָהּ כִּי עֵת נְקָמָה הִיא
7 לַיהוָה גְּמוּל הוּא מְשַׁלֵּם לָהּ׃ כּוֹס־זָהָב בָּבֶל בְּיַד־יְהוָה
מְשַׁכֶּרֶת כָּל־הָאָרֶץ מִיֵּינָהּ שָׁתוּ גוֹיִם עַל־כֵּן יִתְהֹלְלוּ גוֹיִם׃
8 פִּתְאֹם נָפְלָה בָבֶל וַתִּשָּׁבֵר הֵילִילוּ עָלֶיהָ קְחוּ צֳרִי לְמַכְאוֹבָהּ
9 אוּלַי תֵּרָפֵא׃ רִפִּאנוּ אֶת־בָּבֶל וְלֹא נִרְפָּתָה עִזְבוּהָ וְנֵלֵךְ
אִישׁ לְאַרְצוֹ כִּי־נָגַע אֶל־הַשָּׁמַיִם מִשְׁפָּטָהּ וְנִשָּׂא עַד־שְׁחָקִים׃
י הוֹצִיא יְהוָה אֶת־צִדְקֹתֵינוּ בֹּאוּ וּנְסַפְּרָה בְצִיּוֹן אֶת־מַעֲשֵׂה
11 יְהוָה אֱלֹהֵינוּ׃ הָבֵרוּ הַחִצִּים מִלְאוּ הַשְּׁלָטִים הֵעִיר יְהוָה
אֶת־רוּחַ מַלְכֵי מָדַי כִּי־עַל־בָּבֶל מְזִמָּתוֹ לְהַשְׁחִיתָהּ כִּי־
12 נִקְמַת יְהוָה הִיא נִקְמַת הֵיכָלוֹ׃ אֶל־חוֹמֹת בָּבֶל שְׂאוּ־נֵס
הַחֲזִיקוּ הַמִּשְׁמָר הָקִימוּ שֹׁמְרִים הָכִינוּ הָאֹרְבִים כִּי גַּם־זָמַם
13 יְהוָה גַּם־עָשָׂה אֵת אֲשֶׁר־דִּבֶּר אֶל־יֹשְׁבֵי בָבֶל׃ שֹׁכַנְתְּי
14 עַל־מַיִם רַבִּים רַבַּת אוֹצָרֹת בָּא קִצֵּךְ אַמַּת בִּצְעֵךְ׃ נִשְׁבַּע
יְהוָה צְבָאוֹת בְּנַפְשׁוֹ כִּי אִם־מִלֵּאתִיךְ אָדָם כַּיֶּלֶק וְעָנוּ עָלַיִךְ
טו הֵידָד׃ עֹשֵׂה אֶרֶץ בְּכֹחוֹ מֵכִין תֵּבֵל בְּחָכְמָתוֹ וּבִתְבוּנָתוֹ
16 נָטָה שָׁמָיִם׃ לְקוֹל תִּתּוֹ הֲמוֹן מַיִם בַּשָּׁמַיִם וַיַּעַל נְשִׂאִים
מִקְצֵה־אֶרֶץ בְּרָקִים לַמָּטָר עָשָׂה וַיּוֹצֵא רוּחַ מֵאֹצְרֹתָיו׃
17 נִבְעַר כָּל־אָדָם מִדַּעַת הֹבִישׁ כָּל־צֹרֵף מִפָּסֶל כִּי שֶׁקֶר
18 נִסְכּוֹ וְלֹא־רוּחַ בָּם׃ הֶבֶל הֵמָּה מַעֲשֵׂה תַּעְתֻּעִים בְּעֵת
19 פְּקֻדָּתָם יֹאבֵדוּ׃ לֹא־כְאֵלֶּה חֵלֶק יַעֲקוֹב כִּי־יוֹצֵר הַכֹּל
כ הוּא וְשֵׁבֶט נַחֲלָתוֹ יְהוָה צְבָאוֹת שְׁמוֹ׃ מַפֵּץ־אַתָּה לִי
כְּלֵי מִלְחָמָה וְנִפַּצְתִּי בְךָ גּוֹיִם וְהִשְׁחַתִּי בְךָ מַמְלָכוֹת׃
21 22 וְנִפַּצְתִּי בְךָ סוּס וְרֹכְבוֹ וְנִפַּצְתִּי בְךָ רֶכֶב וְרֹכְבוֹ׃ וְנִפַּצְתִּי
בְךָ אִישׁ וְאִשָּׁה וְנִפַּצְתִּי בְךָ זָקֵן וָנָעַר וְנִפַּצְתִּי בְךָ בָּחוּר

ובתולה

v. 13 שכנת ק׳

23 וּבְתוּלָה׃ וְנִפַּצְתִּי בְךָ רֹעֶה וְעֶדְרוֹ וְנִפַּצְתִּי בְךָ אִכָּר וְצִמְדּוֹ
24 וְנִפַּצְתִּי בְךָ פַּחוֹת וּסְגָנִים׃ וְשִׁלַּמְתִּי לְבָבֶל וּלְכֹל ׀ יוֹשְׁבֵי
כַשְׂדִּים אֵת כָּל־רָעָתָם אֲשֶׁר־עָשׂוּ בְצִיּוֹן לְעֵינֵיכֶם נְאֻם
כה יְהוָה׃ הִנְנִי אֵלֶיךָ הַר הַמַּשְׁחִית נְאֻם־יְהוָה הַמַּשְׁחִית
אֶת־כָּל־הָאָרֶץ וְנָטִיתִי אֶת־יָדִי עָלֶיךָ וְגִלְגַּלְתִּיךָ מִן־
26 הַסְּלָעִים וּנְתַתִּיךָ לְהַר שְׂרֵפָה׃ וְלֹא־יִקְחוּ מִמְּךָ אֶבֶן לְפִנָּה
27 וְאֶבֶן לְמוֹסָדוֹת כִּי־שִׁמְמוֹת עוֹלָם תִּהְיֶה נְאֻם־יְהוָה׃ שְׂאוּ־
נֵס בָּאָרֶץ תִּקְעוּ שׁוֹפָר בַּגּוֹיִם קַדְּשׁוּ עָלֶיהָ גּוֹיִם הַשְׁמִיעוּ
עָלֶיהָ מַמְלְכוֹת אֲרָרַט מִנִּי וְאַשְׁכְּנָז פִּקְדוּ עָלֶיהָ טִפְסָר
28 הַעֲלוּ־סוּס כְּיֶלֶק סָמָר׃ קַדְּשׁוּ עָלֶיהָ גוֹיִם אֶת־מַלְכֵי מָדַי
אֶת־פַּחוֹתֶיהָ וְאֶת־כָּל־סְגָנֶיהָ וְאֵת כָּל־אֶרֶץ מֶמְשַׁלְתּוֹ׃
29 וַתִּרְעַשׁ הָאָרֶץ וַתָּחֹל כִּי קָמָה עַל־בָּבֶל מַחְשְׁבוֹת יְהוָה
ל לָשׂוּם אֶת־אֶרֶץ בָּבֶל לְשַׁמָּה מֵאֵין יוֹשֵׁב׃ חָדְלוּ גִבּוֹרֵי
בָבֶל לְהִלָּחֵם יָשְׁבוּ בַּמְּצָדוֹת נָשְׁתָה גְבוּרָתָם הָיוּ לְנָשִׁים
31 הִצִּיתוּ מִשְׁכְּנֹתֶיהָ נִשְׁבְּרוּ בְרִיחֶיהָ׃ רָץ לִקְרַאת־רָץ יָרוּץ
וּמַגִּיד לִקְרַאת מַגִּיד לְהַגִּיד לְמֶלֶךְ בָּבֶל כִּי־נִלְכְּדָה עִירוֹ
32 מִקָּצֶה׃ וְהַמַּעְבָּרוֹת נִתְפָּשׂוּ וְאֶת־הָאֲגַמִּים שָׂרְפוּ בָאֵשׁ וְאַנְשֵׁי
33 הַמִּלְחָמָה נִבְהָלוּ׃ כִּי כֹה אָמַר יְהוָה צְבָאוֹת אֱלֹהֵי
יִשְׂרָאֵל בַּת־בָּבֶל כְּגֹרֶן עֵת הִדְרִיכָהּ עוֹד מְעַט וּבָאָה עֵת־
34 הַקָּצִיר לָהּ׃ אֲכָלַנוּ הֲמָמַנוּ נְבוּכַדְרֶאצַּר מֶלֶךְ בָּבֶל הִצִּיגַנוּ
לה כְּלִי רִיק בְּלָעַנוּ כַּתַּנִּין מִלָּא כְרֵשׂוֹ מֵעֲדָנָי הֱדִיחָנוּ׃ חֲמָסִי
וּשְׁאֵרִי עַל־בָּבֶל תֹּאמַר יֹשֶׁבֶת צִיּוֹן וְדָמִי אֶל־יֹשְׁבֵי כַשְׂדִּים
36 תֹּאמַר יְרוּשָׁלִָם׃ לָכֵן כֹּה אָמַר יְהוָה הִנְנִי־רָב אֶת־
רִיבֵךְ וְנִקַּמְתִּי אֶת־נִקְמָתֵךְ וְהַחֲרַבְתִּי אֶת־יַמָּהּ וְהֹבַשְׁתִּי
37 אֶת־מְקוֹרָהּ׃ וְהָיְתָה בָבֶל ׀ לְגַלִּים ׀ מְעוֹן־תַּנִּים שַׁמָּה וּשְׁרֵקָה
38 39 מֵאֵין יוֹשֵׁב׃ יַחְדָּו כַּכְּפִרִים יִשְׁאָגוּ נָעֲרוּ כְּגוֹרֵי אֲרָיוֹת׃ בְּחֻמָּם
אָשִׁית אֶת־מִשְׁתֵּיהֶם וְהִשְׁכַּרְתִּים לְמַעַן יַעֲלֹזוּ וְיָשְׁנוּ שְׁנַת־

עולם

v. 34 אכלני ק׳ ibid. הממני ק׳ ibid. הציגני ק׳ ibid. בלעני ק׳
ibid. הדיחני ק׳

מ עוֹלָם וְלֹא יָקִיצוּ נְאֻם יְהוָה׃ אוֹרִידֵם כְּכָרִים לִטְבוֹחַ כְּאֵילִים
41 עִם־עַתּוּדִים׃ אֵיךְ נִלְכְּדָה שֵׁשַׁךְ וַתִּתָּפֵשׂ תְּהִלַּת כָּל־הָאָרֶץ
42 אֵיךְ הָיְתָה לְשַׁמָּה בָּבֶל בַּגּוֹיִם׃ עָלָה עַל־בָּבֶל הַיָּם בַּהֲמוֹן
43 גַּלָּיו נִכְסָתָה׃ הָיוּ עָרֶיהָ לְשַׁמָּה אֶרֶץ צִיָּה וַעֲרָבָה אֶרֶץ
44 לֹא־יֵשֵׁב בָּהֵן כָּל־אִישׁ וְלֹא־יַעֲבֹר בָּהֵן בֶּן־אָדָם׃ וּפָקַדְתִּי
עַל־בֵּל בְּבָבֶל וְהֹצֵאתִי אֶת־בִּלְעוֹ מִפִּיו וְלֹא־יִנְהֲרוּ אֵלָיו
מה עוֹד גּוֹיִם גַּם־חוֹמַת בָּבֶל נָפָלָה׃ צְאוּ מִתּוֹכָהּ עַמִּי וּמַלְּטוּ
46 אִישׁ אֶת־נַפְשׁוֹ מֵחֲרוֹן אַף־יְהוָה׃ וּפֶן־יֵרַךְ לְבַבְכֶם וְתִירְאוּ
בַּשְּׁמוּעָה הַנִּשְׁמַעַת בָּאָרֶץ וּבָא בַשָּׁנָה הַשְּׁמוּעָה וְאַחֲרָיו בַּשָּׁנָה
47 הַשְּׁמוּעָה וְחָמָס בָּאָרֶץ מֹשֵׁל עַל־מֹשֵׁל׃ לָכֵן הִנֵּה יָמִים
בָּאִים וּפָקַדְתִּי עַל־פְּסִילֵי בָבֶל וְכָל־אַרְצָהּ תֵּבוֹשׁ וְכָל־
48 חֲלָלֶיהָ יִפְּלוּ בְתוֹכָהּ׃ וְרִנְּנוּ עַל־בָּבֶל שָׁמַיִם וָאָרֶץ וְכֹל
49 אֲשֶׁר בָּהֶם כִּי מִצָּפוֹן יָבוֹא־לָהּ הַשּׁוֹדְדִים נְאֻם־יְהוָה׃ גַּם־
בָּבֶל לִנְפֹּל חַלְלֵי יִשְׂרָאֵל גַּם־לְבָבֶל נָפְלוּ חַלְלֵי כָל־
נ הָאָרֶץ׃ פְּלֵטִים מֵחֶרֶב הִלְכוּ אַל־תַּעֲמֹדוּ זִכְרוּ מֵרָחוֹק
51 אֶת־יְהוָה וִירוּשָׁלַםִ תַּעֲלֶה עַל־לְבַבְכֶם׃ בֹּשְׁנוּ כִּי־שָׁמַעְנוּ
חֶרְפָּה כִּסְּתָה כְלִמָּה פָּנֵינוּ כִּי בָּאוּ זָרִים עַל־מִקְדְּשֵׁי בֵּית
52 יְהוָה׃ לָכֵן הִנֵּה־יָמִים בָּאִים נְאֻם־יְהוָה וּפָקַדְתִּי עַל־
53 פְּסִילֶיהָ וּבְכָל־אַרְצָהּ יֶאֱנֹק חָלָל׃ כִּי־תַעֲלֶה בָבֶל הַשָּׁמַיִם
וְכִי תְבַצֵּר מְרוֹם עֻזָּהּ מֵאִתִּי יָבֹאוּ שֹׁדְדִים לָהּ נְאֻם־יְהוָה׃
54 נה קוֹל זְעָקָה מִבָּבֶל וְשֶׁבֶר גָּדוֹל מֵאֶרֶץ כַּשְׂדִּים׃ כִּי־שֹׁדֵד
יְהוָה אֶת־בָּבֶל וְאִבַּד מִמֶּנָּה קוֹל גָּדוֹל וְהָמוּ גַלֵּיהֶם כְּמַיִם
56 רַבִּים נִתַּן שְׁאוֹן קוֹלָם׃ כִּי בָא עָלֶיהָ עַל־בָּבֶל שׁוֹדֵד וְנִלְכְּדוּ
גִּבּוֹרֶיהָ חִתְּתָה קַשְּׁתוֹתָם כִּי אֵל גְּמֻלוֹת יְהוָה שַׁלֵּם יְשַׁלֵּם׃
57 וְהִשְׁכַּרְתִּי שָׂרֶיהָ וַחֲכָמֶיהָ פַּחוֹתֶיהָ וּסְגָנֶיהָ וְגִבּוֹרֶיהָ וְיָשְׁנוּ שְׁנַת־
58 עוֹלָם וְלֹא יָקִיצוּ נְאֻם־הַמֶּלֶךְ יְהוָה צְבָאוֹת שְׁמוֹ׃ כֹּה־
אָמַר יְהוָה צְבָאוֹת חֹמוֹת בָּבֶל הָרְחָבָה עַרְעֵר תִּתְעַרְעָר

ושעריה

v. 48. סבירין יבואו

וְשַׁעֲרֶיהָ הַגְּבֹהִים בָּאֵשׁ יִצַּתּוּ וְיָגְעוּ עַמִּים בְּדֵי־רִיק וּלְאֻמִּים
59 בְּדֵי־אֵשׁ וְיָעֵפוּ׃ הַדָּבָר אֲשֶׁר־צִוָּה ׀ יִרְמְיָהוּ הַנָּבִיא
אֶת־שְׂרָיָה בֶן־נֵרִיָּה בֶּן־מַחְסֵיָה בְּלֶכְתּוֹ אֶת־צִדְקִיָּהוּ מֶלֶךְ־
יְהוּדָה בָּבֶל בִּשְׁנַת הָרְבִעִית לְמָלְכוֹ וּשְׂרָיָה שַׂר־מְנוּחָה׃
ס וַיִּכְתֹּב יִרְמְיָהוּ אֵת כָּל־הָרָעָה אֲשֶׁר־תָּבוֹא אֶל־בָּבֶל אֶל־
סֵפֶר אֶחָד אֵת כָּל־הַדְּבָרִים הָאֵלֶּה הַכְּתֻבִים אֶל־בָּבֶל׃
61 וַיֹּאמֶר יִרְמְיָהוּ אֶל־שְׂרָיָה כְּבֹאֲךָ בָבֶל וְרָאִיתָ וְקָרָאתָ אֵת
62 כָּל־הַדְּבָרִים הָאֵלֶּה׃ וְאָמַרְתָּ יְהוָה אַתָּה דִבַּרְתָּ אֶל־
הַמָּקוֹם הַזֶּה לְהַכְרִיתוֹ לְבִלְתִּי הֱיוֹת־בּוֹ יוֹשֵׁב לְמֵאָדָם וְעַד־
63 בְּהֵמָה כִּי־שִׁמְמוֹת עוֹלָם תִּהְיֶה׃ וְהָיָה כְּכַלֹּתְךָ לִקְרֹא אֶת־
הַסֵּפֶר הַזֶּה תִּקְשֹׁר עָלָיו אֶבֶן וְהִשְׁלַכְתּוֹ אֶל־תּוֹךְ פְּרָת׃
64 וְאָמַרְתָּ כָּכָה תִּשְׁקַע בָּבֶל וְלֹא־תָקוּם מִפְּנֵי הָרָעָה אֲשֶׁר
אָנֹכִי מֵבִיא עָלֶיהָ וְיָעֵפוּ עַד־הֵנָּה דִּבְרֵי יִרְמְיָהוּ׃

נב

Cap. LII. נב

א בֶּן־עֶשְׂרִים וְאַחַת שָׁנָה צִדְקִיָּהוּ בְמָלְכוֹ וְאַחַת עֶשְׂרֵה
שָׁנָה מָלַךְ בִּירוּשָׁלִָם וְשֵׁם אִמּוֹ חֲמִיטַל בַּת־יִרְמְיָהוּ מִלִּבְנָה׃
2 3 וַיַּעַשׂ הָרַע בְּעֵינֵי יְהוָה כְּכֹל אֲשֶׁר־עָשָׂה יְהוֹיָקִים׃ כִּי ׀ עַל־
אַף יְהוָה הָיְתָה בִּירוּשָׁלִַם וִיהוּדָה עַד־הִשְׁלִיכוֹ אוֹתָם מֵעַל
4 פָּנָיו וַיִּמְרֹד צִדְקִיָּהוּ בְּמֶלֶךְ בָּבֶל׃ וַיְהִי בַשָּׁנָה הַתְּשִׁעִית
לְמָלְכוֹ בַּחֹדֶשׁ הָעֲשִׂירִי בֶּעָשׂוֹר לַחֹדֶשׁ בָּא נְבוּכַדְרֶאצַּר
מֶלֶךְ־בָּבֶל הוּא וְכָל־חֵילוֹ עַל־יְרוּשָׁלִַם וַיַּחֲנוּ עָלֶיהָ וַיִּבְנוּ
ה עָלֶיהָ דָּיֵק סָבִיב׃ וַתָּבֹא הָעִיר בַּמָּצוֹר עַד עַשְׁתֵּי עֶשְׂרֵה
6 שָׁנָה לַמֶּלֶךְ צִדְקִיָּהוּ׃ בַּחֹדֶשׁ הָרְבִיעִי בְּתִשְׁעָה לַחֹדֶשׁ וַיֶּחֱזַק
7 הָרָעָב בָּעִיר וְלֹא־הָיָה לֶחֶם לְעַם הָאָרֶץ׃ וַתִּבָּקַע הָעִיר
וְכָל־אַנְשֵׁי הַמִּלְחָמָה יִבְרְחוּ וַיֵּצְאוּ מֵהָעִיר לַיְלָה דֶּרֶךְ שַׁעַר
בֵּין־הַחֹמֹתַיִם אֲשֶׁר עַל־גַּן הַמֶּלֶךְ וְכַשְׂדִּים עַל־הָעִיר סָבִיב
8 וַיֵּלְכוּ דֶּרֶךְ הָעֲרָבָה׃ וַיִּרְדְּפוּ חֵיל־כַּשְׂדִּים אַחֲרֵי הַמֶּלֶךְ

וישגו

נ״ב v. 1. חמוטל ק׳

וַיַּשִּׂ֧גוּ אֶת־צִדְקִיָּ֛הוּ בְּעַֽרְבֹ֥ת יְרֵח֑וֹ וְכָל־חֵיל֔וֹ נָפֹ֖צוּ מֵעָלָֽיו׃
9 וַֽיִּתְפְּשׂוּ֙ אֶת־הַמֶּ֔לֶךְ וַיַּעֲל֨וּ אֹת֜וֹ אֶל־מֶ֤לֶךְ בָּבֶל֙ רִבְלָ֔תָה
י בְּאֶ֖רֶץ חֲמָ֑ת וַיְדַבֵּ֥ר אִתּ֖וֹ מִשְׁפָּטִֽים׃ וַיִּשְׁחַ֧ט מֶֽלֶךְ־בָּבֶ֛ל אֶת־
בְּנֵ֥י צִדְקִיָּ֖הוּ לְעֵינָ֑יו וְגַ֛ם אֶת־כָּל־שָׂרֵ֥י יְהוּדָ֖ה שָׁחַ֥ט בְּרִבְלָֽתָה׃
11 וְאֶת־עֵינֵ֥י צִדְקִיָּ֖הוּ עִוֵּ֑ר וַיַּאַסְרֵ֣הוּ בַֽנְחֻשְׁתַּ֗יִם וַיְבִאֵ֤הוּ מֶֽלֶךְ־
12 בָּבֶל֙ בָּבֶ֔לָה וַֽיִּתְּנֵ֥הוּ בְבֵֽית־הַפְּקֻדֹּ֖ת עַד־י֥וֹם מוֹתֽוֹ׃ וּבַחֹ֣דֶשׁ
הַחֲמִישִׁ֗י בֶּעָשׂ֣וֹר לַחֹ֔דֶשׁ הִ֗יא שְׁנַת֙ תְּשַֽׁע־עֶשְׂרֵ֣ה שָׁנָ֔ה לַמֶּ֖לֶךְ
נְבוּכַדְרֶאצַּ֣ר מֶֽלֶךְ־בָּבֶ֑ל בָּא֙ נְבוּזַרְאֲדָ֣ן רַב־טַבָּחִ֔ים עָמַ֖ד
13 לִפְנֵ֥י מֶֽלֶךְ־בָּבֶ֖ל בִּירוּשָׁלִָֽם׃ וַיִּשְׂרֹ֥ף אֶת־בֵּית־יְהוָ֖ה וְאֶת־
בֵּ֣ית הַמֶּ֑לֶךְ וְאֵת֩ כָּל־בָּתֵּ֨י יְרוּשָׁלִַ֜ם וְאֶת־כָּל־בֵּ֥ית הַגָּד֖וֹל
14 שָׂרַ֥ף בָּאֵֽשׁ׃ וְאֶת־כָּל־חֹמ֥וֹת יְרוּשָׁלִַ֖ם סָבִ֑יב נָֽתְצוּ֙ כָּל־חֵ֣יל
טו כַּשְׂדִּ֔ים אֲשֶׁ֖ר אֶת־רַב־טַבָּחִֽים׃ וּמִדַּלּ֣וֹת הָעָ֡ם וְאֶת־יֶ֣תֶר
הָעָם֩ ׀ הַנִּשְׁאָרִ֨ים בָּעִ֜יר וְאֶת־הַנֹּפְלִ֗ים אֲשֶׁ֤ר נָֽפְלוּ֙ אֶל־מֶ֣לֶךְ
בָּבֶ֔ל וְאֵ֖ת יֶ֣תֶר הָאָמ֑וֹן הֶגְלָ֔ה נְבוּזַרְאֲדָ֖ן רַב־טַבָּחִֽים׃
16 וּמִדַּלּ֣וֹת הָאָ֔רֶץ הִשְׁאִ֕יר נְבוּזַרְאֲדָ֖ן רַב־טַבָּחִ֑ים לְכֹֽרְמִ֖ים
17 וּלְיֹגְבִֽים׃ וְאֶת־עַמּוּדֵ֨י הַנְּחֹ֜שֶׁת אֲשֶׁ֣ר לְבֵית־יְהוָ֗ה וְאֶת־
הַמְּכֹנוֹת֙ וְאֶת־יָ֤ם הַנְּחֹ֙שֶׁת֙ אֲשֶׁ֣ר בְּבֵית־יְהוָ֔ה שִׁבְּר֖וּ כַשְׂדִּ֑ים
18 וַיִּשְׂא֥וּ אֶת־כָּל־נְחֻשְׁתָּ֖ם בָּבֶֽלָה׃ וְאֶת־הַסִּרֹ֡ת וְאֶת־הַיָּעִ֣ים
וְאֶת־הַֽמְזַמְּר֡וֹת וְאֶת־הַמִּזְרָקֹת֩ וְאֶת־הַכַּפּ֨וֹת וְאֵ֨ת כָּל־כְּלֵ֧י
19 הַנְּחֹ֛שֶׁת אֲשֶׁר־יְשָׁרְת֥וּ בָהֶ֖ם לָקָֽחוּ׃ וְאֶת־הַסִּפִּ֡ים וְאֶת־
הַמַּחְתּוֹת֩ וְאֶת־הַמִּזְרָק֨וֹת וְאֶת־הַסִּיר֜וֹת וְאֶת־הַמְּנֹר֗וֹת וְאֶת־
הַכַּפּוֹת֙ וְאֶת־הַֽמְּנַקִּיּ֔וֹת אֲשֶׁ֤ר זָהָב֙ זָהָ֔ב וַאֲשֶׁר־כֶּ֖סֶף כָּ֑סֶף
כ לָקַ֖ח רַב־טַבָּחִֽים׃ הָעַמּוּדִ֣ים ׀ שְׁנַ֗יִם הַיָּ֣ם אֶחָ֡ד וְהַבָּקָר֩
שְׁנֵים־עָשָׂ֨ר נְחֹ֜שֶׁת אֲשֶׁר־תַּ֣חַת הַמְּכֹנ֗וֹת אֲשֶׁ֨ר עָשָׂ֜ה הַמֶּ֤לֶךְ
שְׁלֹמֹה֙ לְבֵ֣ית יְהוָ֔ה לֹא־הָיָ֣ה מִשְׁקָ֔ל לִנְחֻשְׁתָּ֖ם כָּל־הַכֵּלִ֥ים
21 הָאֵֽלֶּה׃ וְהָעַמּוּדִ֗ים שְׁמֹנֶ֨ה עֶשְׂרֵ֤ה אַמָּה֙ קוֹמָה֙ הָעַמֻּ֣ד הָאֶחָ֔ד
וְח֕וּט שְׁתֵּים־עֶשְׂרֵ֥ה אַמָּ֖ה יְסֻבֶּ֑נּוּ וְעָבְי֛וֹ אַרְבַּ֥ע אֶצְבָּע֖וֹת נָבֽוּב׃

וכתרת

v. 11. בית ק׳ v. 21. קומת ק׳

22 וְכֹתֶרֶת עָלָיו נְחֹשֶׁת וְקוֹמַת הַכֹּתֶרֶת הָאַחַת חָמֵשׁ אַמּוֹת
וּשְׂבָכָה וְרִמּוֹנִים עַל־הַכּוֹתֶרֶת סָבִיב הַכֹּל נְחֹשֶׁת וְכָאֵלֶּה
23 לַעַמּוּד הַשֵּׁנִי וְרִמּוֹנִים׃ וַיִּהְיוּ הָרִמֹּנִים תִּשְׁעִים וְשִׁשָּׁה רוּחָה
24 כָּל־הָרִמּוֹנִים מֵאָה עַל־הַשְּׂבָכָה סָבִיב׃ וַיִּקַּח רַב־טַבָּחִים
אֶת־שְׂרָיָה כֹּהֵן הָרֹאשׁ וְאֶת־צְפַנְיָה כֹּהֵן הַמִּשְׁנֶה וְאֶת־
שְׁלֹשֶׁת שֹׁמְרֵי הַסַּף׃ וּמִן־הָעִיר לָקַח סָרִיס אֶחָד אֲשֶׁר־ כה
הָיָה פָקִיד ׀ עַל־אַנְשֵׁי הַמִּלְחָמָה וְשִׁבְעָה אֲנָשִׁים מֵרֹאֵי פְנֵי־
הַמֶּלֶךְ אֲשֶׁר נִמְצְאוּ בָעִיר וְאֵת סֹפֵר שַׂר הַצָּבָא הַמַּצְבִּא
אֶת־עַם הָאָרֶץ וְשִׁשִּׁים אִישׁ מֵעַם הָאָרֶץ הַנִּמְצְאִים בְּתוֹךְ
26 הָעִיר׃ וַיִּקַּח אוֹתָם נְבוּזַרְאֲדָן רַב־טַבָּחִים וַיֹּלֶךְ אוֹתָם אֶל־
27 מֶלֶךְ בָּבֶל רִבְלָתָה׃ וַיַּכֶּה אוֹתָם מֶלֶךְ בָּבֶל וַיְמִתֵם בְּרִבְלָה
28 בְּאֶרֶץ חֲמָת וַיִּגֶל יְהוּדָה מֵעַל אַדְמָתוֹ׃ זֶה הָעָם אֲשֶׁר הֶגְלָה
נְבוּכַדְרֶאצַּר בִּשְׁנַת־שֶׁבַע יְהוּדִים שְׁלֹשֶׁת אֲלָפִים וְעֶשְׂרִים
29 וּשְׁלֹשָׁה׃ בִּשְׁנַת שְׁמוֹנֶה עֶשְׂרֵה לִנְבוּכַדְרֶאצַּר מִירוּשָׁלַםִ
נֶפֶשׁ שְׁמֹנֶה מֵאוֹת שְׁלֹשִׁים וּשְׁנָיִם׃ בִּשְׁנַת שָׁלֹשׁ וְעֶשְׂרִים ל
לִנְבוּכַדְרֶאצַּר הֶגְלָה נְבוּזַרְאֲדָן רַב־טַבָּחִים יְהוּדִים נֶפֶשׁ
שְׁבַע מֵאוֹת אַרְבָּעִים וַחֲמִשָּׁה כָּל־נֶפֶשׁ אַרְבַּעַת אֲלָפִים וְשֵׁשׁ
31 מֵאוֹת׃ וַיְהִי בִשְׁלֹשִׁים וָשֶׁבַע שָׁנָה לְגָלוּת יְהֹיָכִן מֶלֶךְ־
יְהוּדָה בִּשְׁנֵים עָשָׂר חֹדֶשׁ בְּעֶשְׂרִים וַחֲמִשָּׁה לַחֹדֶשׁ נָשָׂא אֱוִיל
מְרֹדַךְ מֶלֶךְ בָּבֶל בִּשְׁנַת מַלְכֻתוֹ אֶת־רֹאשׁ יְהוֹיָכִין מֶלֶךְ־
32 יְהוּדָה וַיֹּצֵא אֹתוֹ מִבֵּית הַכְּלִיא׃ וַיְדַבֵּר אִתּוֹ טֹבוֹת וַיִּתֵּן
33 אֶת־כִּסְאוֹ מִמַּעַל לְכִסֵּא מְלָכִים אֲשֶׁר אִתּוֹ בְּבָבֶל׃ וְשִׁנָּה
אֵת בִּגְדֵי כִלְאוֹ וְאָכַל לֶחֶם לְפָנָיו תָּמִיד כָּל־יְמֵי חַיָּו׃
34 וַאֲרֻחָתוֹ אֲרֻחַת תָּמִיד נִתְּנָה־לּוֹ מֵאֵת מֶלֶךְ־בָּבֶל דְּבַר־יוֹם
בְּיוֹמוֹ עַד־יוֹם מוֹתוֹ כֹּל יְמֵי חַיָּיו׃

סכום

v. 31. הכלוא ק׳ v. 31. המלכים ק׳
v. 33. חייו ק׳

חזק ונתחזק

סכום הפסוקים של ירמיהו אלף ושלש מאות וששים וחמשה· וכל אנשיה גברים סימן· וחציו· ויאמר חנניה· וסדריו אחד ושלשים· לא איש אל ויכזב סימן: ופרקיו חמשים ושנים אודה יהוה בכל לבב סימן:

ויהי

יחזקאל

LIBER EZECHIELIS

א CAPUT I. א

א וַיְהִי ׀ בִּשְׁלֹשִׁים שָׁנָה בָּרְבִיעִי בַּחֲמִשָּׁה לַחֹדֶשׁ וַאֲנִי בְתוֹךְ־
הַגּוֹלָה עַל־נְהַר־כְּבָר נִפְתְּחוּ הַשָּׁמַיִם וָאֶרְאֶה מַרְאוֹת
2 אֱלֹהִים׃ בַּחֲמִשָּׁה לַחֹדֶשׁ הִיא הַשָּׁנָה הַחֲמִישִׁית לְגָלוּת
3 הַמֶּלֶךְ יוֹיָכִין׃ הָיֹה הָיָה דְבַר־יְהוָה אֶל־יְחֶזְקֵאל בֶּן־בּוּזִי
הַכֹּהֵן בְּאֶרֶץ כַּשְׂדִּים עַל־נְהַר־כְּבָר וַתְּהִי עָלָיו שָׁם יַד־
4 יְהוָה׃ וָאֵרֶא וְהִנֵּה רוּחַ סְעָרָה בָּאָה מִן־הַצָּפוֹן עָנָן גָּדוֹל
וְאֵשׁ מִתְלַקַּחַת וְנֹגַהּ לוֹ סָבִיב וּמִתּוֹכָהּ כְּעֵין הַחַשְׁמַל מִתּוֹךְ
ה הָאֵשׁ׃ וּמִתּוֹכָהּ דְּמוּת אַרְבַּע חַיּוֹת וְזֶה מַרְאֵיהֶן דְּמוּת אָדָם
6 לָהֵנָּה׃ וְאַרְבָּעָה פָנִים לְאֶחָת וְאַרְבַּע כְּנָפַיִם לְאַחַת לָהֶם׃
7 וְרַגְלֵיהֶם רֶגֶל יְשָׁרָה וְכַף רַגְלֵיהֶם כְּכַף רֶגֶל עֵגֶל וְנֹצְצִים
8 כְּעֵין נְחֹשֶׁת קָלָל׃ וִידֵו אָדָם מִתַּחַת כַּנְפֵיהֶם עַל אַרְבַּעַת
9 רִבְעֵיהֶם וּפְנֵיהֶם וְכַנְפֵיהֶם לְאַרְבַּעְתָּם׃ חֹבְרֹת אִשָּׁה אֶל־
אֲחוֹתָהּ כַּנְפֵיהֶם לֹא־יִסַּבּוּ בְלֶכְתָּן אִישׁ אֶל־עֵבֶר פָּנָיו יֵלֵכוּ׃
י וּדְמוּת פְּנֵיהֶם פְּנֵי אָדָם וּפְנֵי אַרְיֵה אֶל־הַיָּמִין לְאַרְבַּעְתָּם
וּפְנֵי־שׁוֹר מֵהַשְּׂמֹאול לְאַרְבַּעְתָּן וּפְנֵי־נֶשֶׁר לְאַרְבַּעְתָּן׃
11 וּפְנֵיהֶם וְכַנְפֵיהֶם פְּרֻדוֹת מִלְמָעְלָה לְאִישׁ שְׁתַּיִם חֹבְרוֹת
12 אִישׁ וּשְׁתַּיִם מְכַסּוֹת אֵת גְּוִיֹתֵיהֶנָה׃ וְאִישׁ אֶל־עֵבֶר פָּנָיו יֵלֵכוּ
אֶל אֲשֶׁר יִהְיֶה־שָׁמָּה הָרוּחַ לָלֶכֶת יֵלֵכוּ לֹא יִסַּבּוּ בְּלֶכְתָּן׃
13 וּדְמוּת הַחַיּוֹת מַרְאֵיהֶם כְּגַחֲלֵי־אֵשׁ בֹּעֲרוֹת כְּמַרְאֵה
הַלַּפִּדִים הִיא מִתְהַלֶּכֶת בֵּין הַחַיּוֹת וְנֹגַהּ לָאֵשׁ וּמִן־הָאֵשׁ
14 טו יוֹצֵא בָרָק׃ וְהַחַיּוֹת רָצוֹא וָשׁוֹב כְּמַרְאֵה הַבָּזָק׃ וָאֵרֶא
הַחַיּוֹת וְהִנֵּה אוֹפַן אֶחָד בָּאָרֶץ אֵצֶל הַחַיּוֹת לְאַרְבַּעַת
16 פָּנָיו׃ מַרְאֵה הָאוֹפַנִּים וּמַעֲשֵׂיהֶם כְּעֵין תַּרְשִׁישׁ וּדְמוּת אֶחָד

לארבעתן

v. 1. הפטרה ליום א׳ של שבועות   v. 8. וידי ק׳

לְאַרְבַּעְתָּן וּמַרְאֵיהֶם וּמַעֲשֵׂיהֶם כַּאֲשֶׁר יִהְיֶה הָאוֹפַן בְּתוֹךְ
17 הָאוֹפָן׃ עַל־אַרְבַּעַת רִבְעֵיהֶן בְּלֶכְתָּם יֵלֵכוּ לֹא יִסַּבּוּ
18 בְּלֶכְתָּן׃ וְגַבֵּיהֶן וְגֹבַהּ לָהֶם וְיִרְאָה לָהֶם וְגַבֹּתָם מְלֵאֹת עֵינַיִם
19 סָבִיב לְאַרְבַּעְתָּן׃ וּבְלֶכֶת הַחַיּוֹת יֵלְכוּ הָאוֹפַנִּים אֶצְלָם
כ וּבְהִנָּשֵׂא הַחַיּוֹת מֵעַל הָאָרֶץ יִנָּשְׂאוּ הָאוֹפַנִּים׃ עַל אֲשֶׁר
יִהְיֶה־שָּׁם הָרוּחַ לָלֶכֶת יֵלֵכוּ שָׁמָּה הָרוּחַ לָלֶכֶת וְהָאוֹפַנִּים
21 יִנָּשְׂאוּ לְעֻמָּתָם כִּי רוּחַ הַחַיָּה בָּאוֹפַנִּים׃ בְּלֶכְתָּם יֵלֵכוּ
וּבְעָמְדָם יַעֲמֹדוּ וּבְהִנָּשְׂאָם מֵעַל הָאָרֶץ יִנָּשְׂאוּ הָאוֹפַנִּים
22 לְעֻמָּתָם כִּי רוּחַ הַחַיָּה בָּאוֹפַנִּים׃ וּדְמוּת עַל־רָאשֵׁי הַחַיָּה
רָקִיעַ כְּעֵין הַקֶּרַח הַנּוֹרָא נָטוּי עַל־רָאשֵׁיהֶם מִלְמָעְלָה׃
23 וְתַחַת הָרָקִיעַ כַּנְפֵיהֶם יְשָׁרוֹת אִשָּׁה אֶל־אֲחוֹתָהּ לְאִישׁ
שְׁתַּיִם מְכַסּוֹת לָהֵנָּה וּלְאִישׁ שְׁתַּיִם מְכַסּוֹת לָהֵנָּה אֵת גְּוִיֹּתֵיהֶם׃
24 וָאֶשְׁמַע אֶת־קוֹל כַּנְפֵיהֶם כְּקוֹל מַיִם רַבִּים כְּקוֹל־שַׁדַּי
בְּלֶכְתָּם קוֹל הֲמֻלָּה כְּקוֹל מַחֲנֶה בְּעָמְדָם תְּרַפֶּינָה כַנְפֵיהֶן׃
כה וַיְהִי־קוֹל מֵעַל לָרָקִיעַ אֲשֶׁר עַל־רֹאשָׁם בְּעָמְדָם תְּרַפֶּינָה
26 כַנְפֵיהֶן׃ וּמִמַּעַל לָרָקִיעַ אֲשֶׁר עַל־רֹאשָׁם כְּמַרְאֵה אֶבֶן־
סַפִּיר דְּמוּת כִּסֵּא וְעַל דְּמוּת הַכִּסֵּא דְּמוּת כְּמַרְאֵה אָדָם
27 עָלָיו מִלְמָעְלָה׃ וָאֵרֶא ׀ כְּעֵין חַשְׁמַל כְּמַרְאֵה־אֵשׁ בֵּית־
לָהּ סָבִיב מִמַּרְאֵה מָתְנָיו וּלְמָעְלָה וּמִמַּרְאֵה מָתְנָיו וּלְמַטָּה
28 רָאִיתִי כְּמַרְאֵה־אֵשׁ וְנֹגַהּ לוֹ סָבִיב׃ כְּמַרְאֵה הַקֶּשֶׁת אֲשֶׁר
יִהְיֶה בֶעָנָן בְּיוֹם הַגֶּשֶׁם כֵּן מַרְאֵה הַנֹּגַהּ סָבִיב הוּא מַרְאֵה
דְּמוּת כְּבוֹד־יְהוָה וָאֶרְאֶה וָאֶפֹּל עַל־פָּנַי וָאֶשְׁמַע קוֹל
מְדַבֵּר׃

ב Cap. II. ב

א וַיֹּאמֶר אֵלָי בֶּן־אָדָם עֲמֹד עַל־רַגְלֶיךָ וַאֲדַבֵּר אֹתָךְ׃
2 וַתָּבֹא בִי רוּחַ כַּאֲשֶׁר דִּבֶּר אֵלַי וַתַּעֲמִדֵנִי עַל־רַגְלָי וָאֶשְׁמַע
3 אֵת מִדַּבֵּר אֵלָי׃ וַיֹּאמֶר אֵלַי בֶּן־אָדָם שׁוֹלֵחַ אֲנִי אוֹתְךָ
אֶל־בְּנֵי יִשְׂרָאֵל אֶל־גּוֹיִם הַמּוֹרְדִים אֲשֶׁר מָרְדוּ־בִי הֵמָּה

ואבותם

4 וַאֲבוֹתָם פָּשְׁעוּ בִי עַד־עֶצֶם הַיּוֹם הַזֶּה׃ וְהַבָּנִים קְשֵׁי פָנִים
וְחִזְקֵי־לֵב אֲנִי שׁוֹלֵחַ אוֹתְךָ אֲלֵיהֶם וְאָמַרְתָּ אֲלֵיהֶם כֹּה
ה אָמַר אֲדֹנָי יְהוִה׃ וְהֵמָּה אִם־יִשְׁמְעוּ וְאִם־יֶחְדָּלוּ כִּי בֵּית
6 מְרִי הֵמָּה וְיָדְעוּ כִּי נָבִיא הָיָה בְתוֹכָם׃ וְאַתָּה בֶן־אָדָם
אַל־תִּירָא מֵהֶם וּמִדִּבְרֵיהֶם אַל־תִּירָא כִּי סָרָבִים וְסַלּוֹנִים
אוֹתָךְ וְאֶל־עַקְרַבִּים אַתָּה יוֹשֵׁב מִדִּבְרֵיהֶם אַל־תִּירָא
7 וּמִפְּנֵיהֶם אַל־תֵּחָת כִּי בֵּית מְרִי הֵמָּה׃ וְדִבַּרְתָּ אֶת־דְּבָרַי
8 אֲלֵיהֶם אִם־יִשְׁמְעוּ וְאִם־יֶחְדָּלוּ כִּי מְרִי הֵמָּה׃ וְאַתָּה
בֶן־אָדָם שְׁמַע אֵת אֲשֶׁר־אֲנִי מְדַבֵּר אֵלֶיךָ אַל־תְּהִי־מֶרִי
כְּבֵית הַמֶּרִי פְּצֵה פִיךָ וֶאֱכֹל אֵת אֲשֶׁר־אֲנִי נֹתֵן אֵלֶיךָ׃
9 וָאֶרְאֶה וְהִנֵּה־יָד שְׁלוּחָה אֵלָי וְהִנֵּה־בוֹ מְגִלַּת־סֵפֶר׃ וַיִּפְרֹשׂ
אוֹתָהּ לְפָנַי וְהִיא כְתוּבָה פָּנִים וְאָחוֹר וְכָתוּב אֵלֶיהָ קִנִים
וָהֶגֶה וָהִי׃

ג Cap. III. ג

א וַיֹּאמֶר אֵלַי בֶּן־אָדָם אֵת אֲשֶׁר־תִּמְצָא אֱכוֹל אֱכוֹל אֶת־
2 הַמְּגִלָּה הַזֹּאת וְלֵךְ דַּבֵּר אֶל־בֵּית יִשְׂרָאֵל׃ וָאֶפְתַּח אֶת־
3 פִּי וַיַּאֲכִלֵנִי אֵת הַמְּגִלָּה הַזֹּאת׃ וַיֹּאמֶר אֵלַי בֶּן־אָדָם בִּטְנְךָ
תַאֲכֵל וּמֵעֶיךָ תְמַלֵּא אֵת הַמְּגִלָּה הַזֹּאת אֲשֶׁר אֲנִי נֹתֵן אֵלֶיךָ
4 וָאֹכְלָה וַתְּהִי בְּפִי כִּדְבַשׁ לְמָתוֹק׃ וַיֹּאמֶר אֵלָי בֶּן־אָדָם
ה לֶךְ־בֹּא אֶל־בֵּית יִשְׂרָאֵל וְדִבַּרְתָּ בִדְבָרַי אֲלֵיהֶם׃ כִּי לֹא
אֶל־עַם עִמְקֵי שָׂפָה וְכִבְדֵי לָשׁוֹן אַתָּה שָׁלוּחַ אֶל־בֵּית
6 יִשְׂרָאֵל׃ לֹא ׀ אֶל־עַמִּים רַבִּים עִמְקֵי שָׂפָה וְכִבְדֵי לָשׁוֹן
אֲשֶׁר לֹא־תִשְׁמַע דִּבְרֵיהֶם אִם־לֹא אֲלֵיהֶם שְׁלַחְתִּיךָ הֵמָּה
7 יִשְׁמְעוּ אֵלֶיךָ׃ וּבֵית יִשְׂרָאֵל לֹא יֹאבוּ לִשְׁמֹעַ אֵלֶיךָ כִּי־
אֵינָם אֹבִים לִשְׁמֹעַ אֵלָי כִּי כָּל־בֵּית יִשְׂרָאֵל חִזְקֵי־מֵצַח
8 וּקְשֵׁי־לֵב הֵמָּה׃ הִנֵּה נָתַתִּי אֶת־פָּנֶיךָ חֲזָקִים לְעֻמַּת פְּנֵיהֶם
9 וְאֶת־מִצְחֲךָ חָזָק לְעֻמַּת מִצְחָם׃ כְּשָׁמִיר חָזָק מִצֹּר נָתַתִּי
מִצְחֶךָ לֹא־תִירָא אוֹתָם וְלֹא־תֵחַת מִפְּנֵיהֶם כִּי בֵּית מְרִי
המה

י הֵמָּה׃ וַיֹּאמֶר אֵלָי בֶּן־אָדָם אֶת־כָּל־דְּבָרַי אֲשֶׁר אֲדַבֵּר
11 אֵלֶיךָ קַח בִּלְבָבְךָ וּבְאָזְנֶיךָ שְׁמָע׃ וְלֵךְ בֹּא אֶל־הַגּוֹלָה
אֶל־בְּנֵי עַמֶּךָ וְדִבַּרְתָּ אֲלֵיהֶם וְאָמַרְתָּ אֲלֵיהֶם כֹּה אָמַר
12 אֲדֹנָי יְהוִה אִם־יִשְׁמְעוּ וְאִם־יֶחְדָּלוּ׃ וַתִּשָּׂאֵנִי רוּחַ וָאֶשְׁמַע
13 אַחֲרַי קוֹל רַעַשׁ גָּדוֹל בָּרוּךְ כְּבוֹד־יְהוָה מִמְּקוֹמוֹ׃ וְקוֹל ׀
כַּנְפֵי הַחַיּוֹת מַשִּׁיקוֹת אִשָּׁה אֶל־אֲחוֹתָהּ וְקוֹל הָאוֹפַנִּים
14 לְעֻמָּתָם וְקוֹל רַעַשׁ גָּדוֹל׃ וְרוּחַ נְשָׂאַתְנִי וַתִּקָּחֵנִי וָאֵלֵךְ מַר
טו בַּחֲמַת רוּחִי וְיַד־יְהוָה עָלַי חָזָקָה׃ וָאָבוֹא אֶל־הַגּוֹלָה תֵּל
אָבִיב הַיֹּשְׁבִים אֶל־נְהַר־כְּבָר וָאֵשֶׁר הֵמָּה יוֹשְׁבִים שָׁם
16 וָאֵשֵׁב שָׁם שִׁבְעַת יָמִים מַשְׁמִים בְּתוֹכָם׃ וַיְהִי מִקְצֵה שִׁבְעַת
17 יָמִים ׃ וַיְהִי דְבַר־יְהוָה אֵלַי לֵאמֹר׃ בֶּן־אָדָם צֹפֶה
נְתַתִּיךָ לְבֵית יִשְׂרָאֵל וְשָׁמַעְתָּ מִפִּי דָּבָר וְהִזְהַרְתָּ אוֹתָם
18 מִמֶּנִּי׃ בְּאָמְרִי לָרָשָׁע מוֹת תָּמוּת וְלֹא הִזְהַרְתּוֹ וְלֹא דִבַּרְתָּ
לְהַזְהִיר רָשָׁע מִדַּרְכּוֹ הָרְשָׁעָה לְחַיֹּתוֹ הוּא רָשָׁע בַּעֲוֹנוֹ
19 יָמוּת וְדָמוֹ מִיָּדְךָ אֲבַקֵּשׁ׃ וְאַתָּה כִּי־הִזְהַרְתָּ רָשָׁע וְלֹא־שָׁב
מֵרִשְׁעוֹ וּמִדַּרְכּוֹ הָרְשָׁעָה הוּא בַּעֲוֹנוֹ יָמוּת וְאַתָּה אֶת־נַפְשְׁךָ
כ הִצַּלְתָּ׃ וּבְשׁוּב צַדִּיק מִצִּדְקוֹ וְעָשָׂה עָוֶל וְנָתַתִּי מִכְשׁוֹל
לְפָנָיו הוּא יָמוּת כִּי לֹא הִזְהַרְתּוֹ בְּחַטָּאתוֹ יָמוּת וְלֹא תִזָּכַרְןָ
21 צִדְקֹתוֹ אֲשֶׁר עָשָׂה וְדָמוֹ מִיָּדְךָ אֲבַקֵּשׁ׃ וְאַתָּה כִּי הִזְהַרְתּוֹ
צַדִּיק לְבִלְתִּי חֲטֹא צַדִּיק וְהוּא לֹא־חָטָא חָיוֹ יִחְיֶה כִּי
22 נִזְהָר וְאַתָּה אֶת־נַפְשְׁךָ הִצַּלְתָּ׃ וַתְּהִי עָלַי שָׁם יַד־יְהוָה
וַיֹּאמֶר אֵלַי קוּם צֵא אֶל־הַבִּקְעָה וְשָׁם אֲדַבֵּר אוֹתָךְ׃
23 וָאָקוּם וָאֵצֵא אֶל־הַבִּקְעָה וְהִנֵּה־שָׁם כְּבוֹד־יְהוָה עֹמֵד
24 כַּכָּבוֹד אֲשֶׁר רָאִיתִי עַל־נְהַר־כְּבָר וָאֶפֹּל עַל־פָּנָי׃ וַתָּבֹא־
בִי רוּחַ וַתַּעֲמִדֵנִי עַל־רַגְלָי וַיְדַבֵּר אֹתִי וַיֹּאמֶר אֵלַי בֹּא הִסָּגֵר
כה בְּתוֹךְ בֵּיתֶךָ׃ וְאַתָּה בֶן־אָדָם הִנֵּה נָתְנוּ עָלֶיךָ עֲבוֹתִים
26 וַאֲסָרוּךָ בָּהֶם וְלֹא תֵצֵא בְּתוֹכָם׃ וּלְשׁוֹנְךָ אַדְבִּיק אֶל־חִכֶּךָ

ונאלמת

v. 15. ואשב ק׳ v. 16. פסקא באמצע פסוק v. 20. צדקתיו ק׳

וְנֶאֱלַ֔מְתָּ וְלֹא־תִהְיֶ֥ה לָהֶ֖ם לְאִ֣ישׁ מוֹכִ֑יחַ כִּ֛י בֵּ֥ית מְרִ֖י הֵֽמָּה׃
27 וּבְדַבְּרִ֤י אֽוֹתְךָ֙ אֶפְתַּ֣ח אֶת־פִּ֔יךָ וְאָמַרְתָּ֣ אֲלֵיהֶ֔ם כֹּ֥ה אָמַ֖ר
אֲדֹנָ֣י יְהוִ֑ה הַשֹּׁמֵ֤עַ ׀ יִשְׁמָע֙ וְהֶחָדֵ֣ל ׀ יֶחְדָּ֔ל כִּ֛י בֵּ֥ית מְרִ֖י הֵֽמָּה׃

ד CAP. IV. ד

א וְאַתָּ֤ה בֶן־אָדָם֙ קַח־לְךָ֣ לְבֵנָ֔ה וְנָתַתָּ֥ה אוֹתָ֖הּ לְפָנֶ֑יךָ וְחַקּוֹתָ֥
2 עָלֶ֛יהָ עִ֖יר אֶת־יְרוּשָׁלִָֽם׃ וְנָתַתָּ֨ה עָלֶ֜יהָ מָצ֗וֹר וּבָנִ֤יתָ עָלֶ֙יהָ֙
דָּיֵ֔ק וְשָׁפַכְתָּ֥ עָלֶ֖יהָ סֹלְלָ֑ה וְנָתַתָּ֨ה עָלֶ֧יהָ מַחֲנ֛וֹת וְשִׂים־עָלֶ֥יהָ
3 כָרִ֖ים סָבִֽיב׃ וְאַתָּ֤ה קַח־לְךָ֙ מַחֲבַ֣ת בַּרְזֶ֔ל וְנָתַתָּ֤ה אוֹתָהּ֙ קִ֣יר
בַּרְזֶ֔ל בֵּינְךָ֖ וּבֵ֣ין הָעִ֑יר וַהֲכִינֹתָ֨ה אֶת־פָּנֶ֜יךָ אֵלֶ֗יהָ וְהָיְתָ֤ה
4 בַמָּצוֹר֙ וְצַרְתָּ֣ עָלֶ֔יהָ א֥וֹת הִ֖יא לְבֵ֥ית יִשְׂרָאֵֽל׃ וְאַתָּ֗ה
שְׁכַב֙ עַל־צִדְּךָ֣ הַשְּׂמָאלִ֔י וְשַׂמְתָּ֛ אֶת־עֲוֺ֥ן בֵּֽית־יִשְׂרָאֵ֖ל עָלָ֑יו
ה מִסְפַּ֤ר הַיָּמִים֙ אֲשֶׁ֣ר תִּשְׁכַּ֣ב עָלָ֔יו תִּשָּׂ֖א אֶת־עֲוֺנָֽם׃ וַאֲנִ֨י נָתַ֤תִּי
לְךָ֙ אֶת־שְׁנֵ֣י עֲוֺנָ֔ם לְמִסְפַּ֣ר יָמִ֔ים שְׁלֹשׁ־מֵא֥וֹת וְתִשְׁעִ֖ים י֑וֹם
6 וְנָשָׂ֖אתָ עֲוֺ֥ן בֵּֽית־יִשְׂרָאֵֽל׃ וְכִלִּיתָ֮ אֶת־אֵלֶּה֒ וְשָׁכַבְתָּ֞ עַל־
צִדְּךָ֤ הַיְמָנִי֙ שֵׁנִ֔ית וְנָשָׂ֖אתָ אֶת־עֲוֺ֣ן בֵּית־יְהוּדָ֑ה אַרְבָּעִ֣ים י֔וֹם
7 י֥וֹם לַשָּׁנָ֛ה י֥וֹם לַשָּׁנָ֖ה נְתַתִּ֥יו לָֽךְ׃ וְאֶל־מְצ֤וֹר יְרֽוּשָׁלִַ֙ם֙ תָּכִ֣ין
8 פָּנֶ֔יךָ וּזְרֹעֲךָ֖ חֲשׂוּפָ֑ה וְנִבֵּאתָ֖ עָלֶֽיהָ׃ וְהִנֵּ֛ה נָתַ֥תִּי עָלֶ֖יךָ עֲבוֹתִ֑ים
וְלֹא־תֵהָפֵ֤ךְ מִצִּדְּךָ֙ אֶל־צִדֶּ֔ךָ עַד־כַּלּוֹתְךָ֖ יְמֵ֥י מְצוּרֶֽךָ׃
9 וְאַתָּ֣ה קַח־לְךָ֡ חִטִּין֩ וּשְׂעֹרִ֨ים וּפ֜וֹל וַעֲדָשִׁ֗ים וְדֹ֙חַן֙ וְכֻסְּמִ֔ים
וְנָתַתָּ֤ה אוֹתָם֙ בִּכְלִ֣י אֶחָ֔ד וְעָשִׂ֧יתָ אוֹתָ֛ם לְךָ֖ לְלָ֑חֶם מִסְפַּ֨ר
הַיָּמִ֜ים אֲשֶׁר־אַתָּ֣ה ׀ שׁוֹכֵ֣ב עַל־צִדְּךָ֗ שְׁלֹשׁ־מֵא֛וֹת וְתִשְׁעִ֥ים
י י֖וֹם תֹּאכְלֶֽנּוּ׃ וּמַאֲכָלְךָ֙ אֲשֶׁ֣ר תֹּאכְלֶ֔נּוּ בְּמִשְׁק֕וֹל עֶשְׂרִ֥ים
11 שֶׁ֖קֶל לַיּ֑וֹם מֵעֵ֥ת עַד־עֵ֖ת תֹּאכְלֶֽנּוּ׃ וּמַ֛יִם בִּמְשׂוּרָ֥ה תִשְׁתֶּ֖ה
12 שִׁשִּׁ֣ית הַהִ֑ין מֵעֵ֥ת עַד־עֵ֖ת תִּשְׁתֶּֽה׃ וְעֻגַ֥ת שְׂעֹרִ֖ים תֹּאכְלֶ֑נָּה
13 וְהִ֗יא בְּגֶלְלֵי֙ צֵאַ֣ת הָֽאָדָ֔ם תְּעֻגֶ֖נָה לְעֵינֵיהֶֽם׃ וַיֹּ֣אמֶר יְהוָ֔ה
כָּ֠כָה יֹאכְל֨וּ בְנֵֽי־יִשְׂרָאֵ֤ל אֶת־לַחְמָם֙ טָמֵ֔א בַּגּוֹיִ֕ם אֲשֶׁ֥ר
14 אַדִּיחֵ֖ם שָֽׁם׃ וָאֹמַ֕ר אֲהָהּ֙ אֲדֹנָ֣י יְהוִ֔ה הִנֵּ֥ה נַפְשִׁ֖י לֹ֣א מְטֻמָּאָ֑ה

ונבלה

ד׳ v. 6. הימני ק׳

וּנְבֵלָה וּטְרֵפָה לֹא־אָכַלְתִּי מִנְּעוּרַי וְעַד־עַתָּה וְלֹא־בָא בְּפִי
טו בְּשַׂר פִּגּוּל׃ וַיֹּאמֶר אֵלַי רְאֵה נָתַתִּי לְךָ אֶת־צְפוֹעֵי הַבָּקָר
16 תַּחַת גֶּלְלֵי הָאָדָם וְעָשִׂיתָ אֶת־לַחְמְךָ עֲלֵיהֶם׃ וַיֹּאמֶר
אֵלַי בֶּן־אָדָם הִנְנִי שֹׁבֵר מַטֵּה־לֶחֶם בִּירוּשָׁלִַם וְאָכְלוּ־לֶחֶם
17 בְּמִשְׁקָל וּבִדְאָגָה וּמַיִם בִּמְשׂוּרָה וּבְשִׁמָּמוֹן יִשְׁתּוּ׃ לְמַעַן
יַחְסְרוּ לֶחֶם וָמָיִם וְנָשַׁמּוּ אִישׁ וְאָחִיו וְנָמַקּוּ בַּעֲוֺנָם׃

ה CAP. V. ה

א וְאַתָּה בֶן־אָדָם קַח־לְךָ ׀ חֶרֶב חַדָּה תַּעַר הַגַּלָּבִים תִּקָּחֶנָּה
לָּךְ וְהַעֲבַרְתָּ עַל־רֹאשְׁךָ וְעַל־זְקָנֶךָ וְלָקַחְתָּ לְךָ מֹאזְנֵי מִשְׁקָל
2 וְחִלַּקְתָּם׃ שְׁלִשִׁית בָּאוּר תַּבְעִיר בְּתוֹךְ הָעִיר כִּמְלֹאת יְמֵי
הַמָּצוֹר וְלָקַחְתָּ אֶת־הַשְּׁלִשִׁית תַּכֶּה בַחֶרֶב סְבִיבוֹתֶיהָ
3 וְהַשְּׁלִשִׁית תִּזְרֶה לָרוּחַ וְחֶרֶב אָרִיק אַחֲרֵיהֶם׃ וְלָקַחְתָּ מִשָּׁם
4 מְעַט בְּמִסְפָּר וְצַרְתָּ אוֹתָם בִּכְנָפֶיךָ׃ וּמֵהֶם עוֹד תִּקָּח
וְהִשְׁלַכְתָּ אוֹתָם אֶל־תּוֹךְ הָאֵשׁ וְשָׂרַפְתָּ אֹתָם בָּאֵשׁ מִמֶּנּוּ
ה תֵצֵא־אֵשׁ אֶל־כָּל־בֵּית יִשְׂרָאֵל׃ כֹּה אָמַר אֲדֹנָי יֱהוִה
זֹאת יְרוּשָׁלִַם בְּתוֹךְ הַגּוֹיִם שַׂמְתִּיהָ וּסְבִיבוֹתֶיהָ אֲרָצוֹת׃
6 וַתֶּמֶר אֶת־מִשְׁפָּטַי לְרִשְׁעָה מִן־הַגּוֹיִם וְאֶת־חֻקּוֹתַי מִן־
הָאֲרָצוֹת אֲשֶׁר סְבִיבוֹתֶיהָ כִּי בְמִשְׁפָּטַי מָאָסוּ וְחֻקּוֹתַי לֹא־
7 הָלְכוּ בָהֶם׃ לָכֵן כֹּה־אָמַר ׀ אֲדֹנָי יֱהוִה יַעַן הֲמָנְכֶם
מִן־הַגּוֹיִם אֲשֶׁר סְבִיבוֹתֵיכֶם בְּחֻקּוֹתַי לֹא הֲלַכְתֶּם וְאֶת־
מִשְׁפָּטַי לֹא עֲשִׂיתֶם וּכְמִשְׁפְּטֵי הַגּוֹיִם אֲשֶׁר סְבִיבוֹתֵיכֶם לֹא
8 עֲשִׂיתֶם׃ לָכֵן כֹּה אָמַר אֲדֹנָי יֱהוִה הִנְנִי עָלַיִךְ גַּם־אָנִי
9 וְעָשִׂיתִי בְתוֹכֵךְ מִשְׁפָּטִים לְעֵינֵי הַגּוֹיִם׃ וְעָשִׂיתִי בָךְ אֵת
אֲשֶׁר לֹא־עָשִׂיתִי וְאֵת אֲשֶׁר־לֹא־אֶעֱשֶׂה כָמֹהוּ עוֹד יַעַן
י כָּל־תּוֹעֲבֹתָיִךְ׃ לָכֵן אָבוֹת יֹאכְלוּ בָנִים בְּתוֹכֵךְ וּבָנִים
יֹאכְלוּ אֲבוֹתָם וְעָשִׂיתִי בָךְ שְׁפָטִים וְזֵרִיתִי אֶת־כָּל־שְׁאֵרִיתֵךְ
11 לְכָל־רוּחַ׃ לָכֵן חַי־אָנִי נְאֻם אֲדֹנָי יֱהוִה אִם־לֹא יַעַן

את־מקדשי

ד׳ v. 15. צפיעי ק׳

אֶת־מִקְדָּשִׁי טִמֵּאת בְּכָל־שִׁקּוּצַיִךְ וּבְכָל־תּוֹעֲבֹתָיִךְ וְגַם־
12 אֲנִי אֶגְרַע וְלֹא־תָחוֹס עֵינִי וְגַם־אֲנִי לֹא אֶחְמוֹל׃ שְׁלִשִׁתַיִךְ
בַּדֶּבֶר יָמוּתוּ וּבָרָעָב יִכְלוּ בְתוֹכֵךְ וְהַשְּׁלִשִׁית בַּחֶרֶב
יִפְּלוּ סְבִיבוֹתָיִךְ וְהַשְּׁלִישִׁית לְכָל־רוּחַ אֱזָרֶה וְחֶרֶב אָרִיק
13 אַחֲרֵיהֶם׃ וְכָלָה אַפִּי וַהֲנִחוֹתִי חֲמָתִי בָּם וְהִנֶּחָמְתִּי וְיָדְעוּ
14 כִּי־אֲנִי יְהוָה דִּבַּרְתִּי בְּקִנְאָתִי בְּכַלּוֹתִי חֲמָתִי בָּם׃ וְאֶתְּנֵךְ
לְחָרְבָּה וּלְחֶרְפָּה בַּגּוֹיִם אֲשֶׁר סְבִיבוֹתָיִךְ לְעֵינֵי כָּל־עוֹבֵר׃
טו וְהָיְתָה חֶרְפָּה וּגְדוּפָה מוּסָר וּמְשַׁמָּה לַגּוֹיִם אֲשֶׁר סְבִיבוֹתָיִךְ
בַּעֲשׂוֹתִי בָךְ שְׁפָטִים בְּאַף וּבְחֵמָה וּבְתֹכְחוֹת חֵמָה אֲנִי יְהוָה
16 דִּבַּרְתִּי׃ בְּשַׁלְּחִי אֶת־חִצֵּי הָרָעָב הָרָעִים בָּהֶם אֲשֶׁר הָיוּ
לְמַשְׁחִית אֲשֶׁר־אֲשַׁלַּח אוֹתָם לְשַׁחֶתְכֶם וְרָעָב אֹסֵף עֲלֵיכֶם
17 וְשָׁבַרְתִּי לָכֶם מַטֵּה־לָחֶם׃ וְשִׁלַּחְתִּי עֲלֵיכֶם רָעָב וְחַיָּה
רָעָה וְשִׁכְּלֻךְ וְדֶבֶר וָדָם יַעֲבָר־בָּךְ וְחֶרֶב אָבִיא עָלַיִךְ אֲנִי
יְהוָה דִּבַּרְתִּי׃

ו CAP. VI. ו

א וַיְהִי דְבַר־יְהוָה אֵלַי לֵאמֹר׃ בֶּן־אָדָם שִׂים פָּנֶיךָ אֶל־הָרֵי
3 יִשְׂרָאֵל וְהִנָּבֵא אֲלֵיהֶם׃ וְאָמַרְתָּ הָרֵי יִשְׂרָאֵל שִׁמְעוּ דְּבַר־
אֲדֹנָי יְהוִה כֹּה־אָמַר אֲדֹנָי יְהוִה לֶהָרִים וְלַגְּבָעוֹת לָאֲפִיקִים
וְלַגֵּיאָוֹת הִנְנִי אֲנִי מֵבִיא עֲלֵיכֶם חֶרֶב וְאִבַּדְתִּי בָּמוֹתֵיכֶם׃
4 וְנָשַׁמּוּ מִזְבְּחוֹתֵיכֶם וְנִשְׁבְּרוּ חַמָּנֵיכֶם וְהִפַּלְתִּי חַלְלֵיכֶם לִפְנֵי
5 גִּלּוּלֵיכֶם׃ וְנָתַתִּי אֶת־פִּגְרֵי בְּנֵי יִשְׂרָאֵל לִפְנֵי גִּלּוּלֵיהֶם וְזֵרִיתִי
6 אֶת־עַצְמוֹתֵיכֶם סְבִיבוֹת מִזְבְּחוֹתֵיכֶם׃ בְּכֹל מוֹשְׁבוֹתֵיכֶם
הֶעָרִים תֶּחֱרַבְנָה וְהַבָּמוֹת תִּישָׁמְנָה לְמַעַן יֶחֶרְבוּ וְיֶאְשְׁמוּ
מִזְבְּחוֹתֵיכֶם וְנִשְׁבְּרוּ וְנִשְׁבְּתוּ גִּלּוּלֵיכֶם וְנִגְדְּעוּ חַמָּנֵיכֶם וְנִמְחוּ
מַעֲשֵׂיכֶם׃ וְנָפַל חָלָל בְּתוֹכְכֶם וִידַעְתֶּם כִּי־אֲנִי יְהוָה׃
וְהוֹתַרְתִּי בִּהְיוֹת לָכֶם פְּלִיטֵי חֶרֶב בַּגּוֹיִם בְּהִזָּרוֹתֵיכֶם
בָּאֲרָצוֹת׃ וְזָכְרוּ פְלִיטֵיכֶם אוֹתִי בַּגּוֹיִם אֲשֶׁר נִשְׁבּוּ־שָׁם

אשר

ר׳ v. 3. ולגאיות ק׳

אֲשֶׁר נִשְׁבַּרְתִּי אֶת־לִבָּם הַזּוֹנֶה אֲשֶׁר־סָר מֵעָלַי וְאֵת עֵינֵיהֶם
הַזֹּנוֹת אַחֲרֵי גִּלּוּלֵיהֶם וְנָקֹטּוּ בִּפְנֵיהֶם אֶל־הָרָעוֹת אֲשֶׁר
י עָשׂוּ לְכֹל תּוֹעֲבֹתֵיהֶם׃ וְיָדְעוּ כִּי־אֲנִי יְהוָה לֹא אֶל־חִנָּם
11 דִּבַּרְתִּי לַעֲשׂוֹת לָהֶם הָרָעָה הַזֹּאת׃ כֹּה־אָמַר אֲדֹנָי
יְהוִה הַכֵּה בְכַפְּךָ וּרְקַע בְּרַגְלְךָ וֶאֱמָר־אָח אֶל כָּל־תּוֹעֲבוֹת
12 רָעוֹת בֵּית יִשְׂרָאֵל אֲשֶׁר בַּחֶרֶב בָּרָעָב וּבַדֶּבֶר יִפֹּלוּ׃ הָרָחוֹק
בַּדֶּבֶר יָמוּת וְהַקָּרוֹב בַּחֶרֶב יִפּוֹל וְהַנִּשְׁאָר וְהַנָּצוּר בָּרָעָב
13 יָמוּת וְכִלֵּיתִי חֲמָתִי בָּם׃ וִידַעְתֶּם כִּי־אֲנִי יְהוָה בִּהְיוֹת
חַלְלֵיהֶם בְּתוֹךְ גִּלּוּלֵיהֶם סְבִיבוֹת מִזְבְּחוֹתֵיהֶם אֶל כָּל־
גִּבְעָה רָמָה בְּכֹל ׀ רָאשֵׁי הֶהָרִים וְתַחַת כָּל־עֵץ רַעֲנָן וְתַחַת
כָּל־אֵלָה עֲבֻתָּה מְקוֹם אֲשֶׁר נָתְנוּ־שָׁם רֵיחַ נִיחֹחַ לְכֹל
14 גִּלּוּלֵיהֶם׃ וְנָטִיתִי אֶת־יָדִי עֲלֵיהֶם וְנָתַתִּי אֶת־הָאָרֶץ שְׁמָמָה
וּמְשַׁמָּה מִמִּדְבַּר דִּבְלָתָה בְּכֹל מוֹשְׁבוֹתֵיהֶם וְיָדְעוּ כִּי־אֲנִי
יְהוָה׃

ז Cap. VII. ז

א2 וַיְהִי דְבַר־יְהוָה אֵלַי לֵאמֹר׃ וְאַתָּה בֶן־אָדָם כֹּה־אָמַר
אֲדֹנָי יְהוִה לְאַדְמַת יִשְׂרָאֵל קֵץ בָּא הַקֵּץ עַל־אַרְבַּעַת
3 כַּנְפוֹת הָאָרֶץ׃ עַתָּה הַקֵּץ עָלַיִךְ וְשִׁלַּחְתִּי אַפִּי בָּךְ וּשְׁפַטְתִּיךְ
4 כִּדְרָכָיִךְ וְנָתַתִּי עָלַיִךְ אֵת כָּל־תּוֹעֲבוֹתָיִךְ׃ וְלֹא־תָחוֹס עֵינִי
עָלַיִךְ וְלֹא אֶחְמוֹל כִּי דְרָכַיִךְ עָלַיִךְ אֶתֵּן וְתוֹעֲבוֹתַיִךְ בְּתוֹכֵךְ
ה תִּהְיֶיןָ וִידַעְתֶּם כִּי־אֲנִי יְהוָה׃ כֹּה אָמַר אֲדֹנָי יְהוִה רָעָה
6 אַחַת רָעָה הִנֵּה בָאָה׃ קֵץ בָּא בָּא הַקֵּץ הֵקִיץ אֵלָיִךְ הִנֵּה
7 בָּאָה׃ בָּאָה הַצְּפִירָה אֵלֶיךָ יוֹשֵׁב הָאָרֶץ בָּא הָעֵת קָרוֹב
8 הַיּוֹם מְהוּמָה וְלֹא־הֵד הָרִים׃ עַתָּה מִקָּרוֹב אֶשְׁפּוֹךְ חֲמָתִי
עָלַיִךְ וְכִלֵּיתִי אַפִּי בָּךְ וּשְׁפַטְתִּיךְ כִּדְרָכָיִךְ וְנָתַתִּי עָלַיִךְ אֵת
9 כָּל־תּוֹעֲבוֹתָיִךְ׃ וְלֹא־תָחוֹס עֵינִי וְלֹא אֶחְמוֹל כִּדְרָכַיִךְ
עָלַיִךְ אֶתֵּן וְתוֹעֲבוֹתַיִךְ בְּתוֹכֵךְ תִּהְיֶיןָ וִידַעְתֶּם כִּי אֲנִי יְהוָה

מכה

ז׳ v. 2. ארבע ק׳

י מַכֶּה: הִנֵּה הַיּוֹם הִנֵּה בָאָה יָצְאָה הַצְּפִרָה צָץ הַמַּטֶּה פָּרַח
11 הַזָּדוֹן: הֶחָמָס ׀ קָם לְמַטֵּה־רֶשַׁע לֹא־מֵהֶם וְלֹא מֵהֲמוֹנָם
12 וְלֹא מֶהֱמֵהֶם וְלֹא־נֹהַּ בָּהֶם: בָּא הָעֵת הִגִּיעַ הַיּוֹם הַקּוֹנֶה
אַל־יִשְׂמָח וְהַמּוֹכֵר אַל־יִתְאַבָּל כִּי חָרוֹן אֶל־כָּל־הֲמוֹנָהּ:
13 כִּי הַמּוֹכֵר אֶל־הַמִּמְכָּר לֹא יָשׁוּב וְעוֹד בַּחַיִּים חַיָּתָם כִּי־
חָזוֹן אֶל־כָּל־הֲמוֹנָהּ לֹא יָשׁוּב וְאִישׁ בַּעֲוֺנוֹ חַיָּתוֹ לֹא יִתְחַזָּקוּ:
14 תָּקְעוּ בַתָּקוֹעַ וְהָכִין הַכֹּל וְאֵין הֹלֵךְ לַמִּלְחָמָה כִּי חֲרוֹנִי
טו אֶל־כָּל־הֲמוֹנָהּ: הַחֶרֶב בַּחוּץ וְהַדֶּבֶר וְהָרָעָב מִבָּיִת אֲשֶׁר
16 בַּשָּׂדֶה בַּחֶרֶב יָמוּת וַאֲשֶׁר בָּעִיר רָעָב וָדֶבֶר יֹאכְלֶנּוּ: וּפָלְטוּ
פְּלִיטֵיהֶם וְהָיוּ אֶל־הֶהָרִים כְּיוֹנֵי הַגֵּאָיוֹת כֻּלָּם הֹמוֹת אִישׁ
17 בַּעֲוֺנוֹ: כָּל־הַיָּדַיִם תִּרְפֶּינָה וְכָל־בִּרְכַּיִם תֵּלַכְנָה מָּיִם:
18 וְחָגְרוּ שַׂקִּים וְכִסְּתָה אוֹתָם פַּלָּצוּת וְאֶל כָּל־פָּנִים בּוּשָׁה
19 וּבְכָל־רָאשֵׁיהֶם קָרְחָה: כַּסְפָּם בַּחוּצוֹת יַשְׁלִיכוּ וּזְהָבָם
לְנִדָּה יִהְיֶה כַּסְפָּם וּזְהָבָם לֹא־יוּכַל לְהַצִּילָם בְּיוֹם עֶבְרַת
יְהוָה נַפְשָׁם לֹא יְשַׂבֵּעוּ וּמֵעֵיהֶם לֹא יְמַלֵּאוּ כִּי־מִכְשׁוֹל עֲוֺנָם
כ הָיָה: וּצְבִי עֶדְיוֹ לְגָאוֹן שָׂמָהוּ וְצַלְמֵי תוֹעֲבֹתָם שִׁקּוּצֵיהֶם
21 עָשׂוּ בוֹ עַל־כֵּן נְתַתִּיו לָהֶם לְנִדָּה: וּנְתַתִּיו בְּיַד־הַזָּרִים לָבַז
22 וּלְרִשְׁעֵי הָאָרֶץ לְשָׁלָל וְחִלְּלוּהָ: וַהֲסִבּוֹתִי פָנַי מֵהֶם וְחִלְּלוּ
23 אֶת־צְפוּנִי וּבָאוּ־בָהּ פָּרִיצִים וְחִלְּלוּהָ: עֲשֵׂה הָרַתּוֹק
24 כִּי הָאָרֶץ מָלְאָה מִשְׁפַּט דָּמִים וְהָעִיר מָלְאָה חָמָס: וְהֵבֵאתִי
רָעֵי גוֹיִם וְיָרְשׁוּ אֶת־בָּתֵּיהֶם וְהִשְׁבַּתִּי גְּאוֹן עַזִּים וְנִחֲלוּ
כה 26 מְקַדְשֵׁיהֶם: קְפָדָה־בָא וּבִקְשׁוּ שָׁלוֹם וָאָיִן: הֹוָה עַל־הֹוָה
תָּבוֹא וּשְׁמֻעָה אֶל־שְׁמוּעָה תִּהְיֶה וּבִקְשׁוּ חָזוֹן מִנָּבִיא וְתוֹרָה
27 תֹּאבַד מִכֹּהֵן וְעֵצָה מִזְּקֵנִים: הַמֶּלֶךְ יִתְאַבָּל וְנָשִׂיא יִלְבַּשׁ
שְׁמָמָה וִידֵי עַם־הָאָרֶץ תִּבָּהַלְנָה מִדַּרְכָּם אֶעֱשֶׂה אוֹתָם
וּבְמִשְׁפְּטֵיהֶם אֶשְׁפְּטֵם וְיָדְעוּ כִּי־אֲנִי יְהוָה:

וַיְהִי

ד v. 21. וחללוהו ק'

Cap. VIII. ח

ח

א וַיְהִ֣י ׀ בַּשָּׁנָ֣ה הַשִּׁשִּׁ֗ית בַּשִּׁשִּׁי֙ בַּחֲמִשָּׁ֣ה לַחֹ֔דֶשׁ אֲנִי֙ יוֹשֵׁ֣ב בְּבֵיתִ֔י
וְזִקְנֵ֥י יְהוּדָ֖ה יוֹשְׁבִ֣ים לְפָנָ֑י וַתִּפֹּ֤ל עָלַי֙ שָׁ֔ם יַ֖ד אֲדֹנָ֥י יְהוִֽה׃
2 וָאֶרְאֶ֞ה וְהִנֵּ֤ה דְמוּת֙ כְּמַרְאֵה־אֵ֔שׁ מִמַּרְאֵ֥ה מָתְנָ֖יו וּלְמַ֑טָּה
3 אֵ֕שׁ וּמִמָּתְנָ֣יו וּלְמַ֔עְלָה כְּמַרְאֵה־זֹ֖הַר כְּעֵ֥ין הַחַשְׁמַֽלָה׃ וַיִּשְׁלַח֙
תַּבְנִ֣ית יָ֔ד וַיִּקָּחֵ֖נִי בְּצִיצִ֣ת רֹאשִׁ֑י וַתִּשָּׂ֣א אֹתִ֣י ר֣וּחַ ׀ בֵּין־הָאָ֣רֶץ
וּבֵ֣ין הַשָּׁמַ֗יִם וַתָּבֵ֨א אֹתִ֤י יְרֽוּשָׁלַ֙מָה֙ בְּמַרְא֣וֹת אֱלֹהִ֔ים אֶל־
פֶּ֙תַח֙ שַׁ֣עַר הַפְּנִימִ֔ית הַפּוֹנָ֖ה צָפ֑וֹנָה אֲשֶׁר־שָׁ֣ם מוֹשַׁ֔ב סֵ֥מֶל
4 הַקִּנְאָ֖ה הַמַּקְנֶֽה׃ וְהִנֵּה־שָׁ֕ם כְּב֖וֹד אֱלֹהֵ֣י יִשְׂרָאֵ֑ל כַּמַּרְאֶ֕ה
ה אֲשֶׁ֥ר רָאִ֖יתִי בַּבִּקְעָֽה׃ וַיֹּ֣אמֶר אֵלַ֔י בֶּן־אָדָ֕ם שָׂא־נָ֥א עֵינֶ֖יךָ
דֶּ֣רֶךְ צָפ֑וֹנָה וָאֶשָּׂ֤א עֵינַי֙ דֶּ֣רֶךְ צָפ֔וֹנָה וְהִנֵּ֤ה מִצָּפוֹן֙ לְשַׁ֣עַר
6 הַמִּזְבֵּ֔חַ סֵ֧מֶל הַקִּנְאָ֛ה הַזֶּ֖ה בַּבִּאָֽה׃ וַיֹּ֣אמֶר אֵלַ֔י בֶּן־אָדָ֕ם
הֲרֹאֶ֥ה אַתָּ֖ה מָהֵ֣ם עֹשִׂ֑ים תּוֹעֵב֨וֹת גְּדֹל֜וֹת אֲשֶׁ֨ר בֵּֽית־יִשְׂרָאֵ֥ל ׀
עֹשִׂ֣ים פֹּ֗ה לְרָֽחֳקָה֙ מֵעַ֣ל מִקְדָּשִׁ֔י וְע֣וֹד תָּשׁ֔וּב תִּרְאֶ֖ה תּוֹעֵב֥וֹת
7 גְּדֹלֽוֹת׃ וַיָּבֵ֥א אֹתִ֖י אֶל־פֶּ֣תַח הֶחָצֵ֑ר וָאֶרְאֶ֕ה וְהִנֵּ֥ה חֹר־אֶחָ֖ד
8 בַּקִּֽיר׃ וַיֹּ֣אמֶר אֵלַ֔י בֶּן־אָדָ֖ם חֲתָר־נָ֣א בַקִּ֑יר וָאֶחְתֹּ֣ר בַּקִּ֔יר
9 וְהִנֵּ֥ה פֶּ֖תַח אֶחָֽד׃ וַיֹּ֖אמֶר אֵלָ֑י בֹּ֚א וּרְאֵה֙ אֶת־הַתּוֹעֵב֣וֹת
י הָרָע֔וֹת אֲשֶׁ֛ר הֵ֥ם עֹשִׂ֖ים פֹּֽה׃ וָאָבוֹא֙ וָאֶרְאֶ֔ה וְהִנֵּ֨ה כָל־
תַּבְנִ֜ית רֶ֤מֶשׂ וּבְהֵמָה֙ שֶׁ֔קֶץ וְכָל־גִּלּוּלֵ֖י בֵּ֣ית יִשְׂרָאֵ֑ל מְחֻקֶּ֥ה
11 עַל־הַקִּ֖יר סָבִ֥יב ׀ סָבִֽיב׃ וְשִׁבְעִ֣ים אִ֣ישׁ מִזִּקְנֵ֣י בֵֽית־יִ֠שְׂרָאֵל
וְיַאֲזַנְיָ֨הוּ בֶן־שָׁפָ֜ן עֹמֵ֤ד בְּתוֹכָם֙ עֹמְדִ֣ים לִפְנֵיהֶ֔ם וְאִ֥ישׁ
12 מִקְטַרְתּ֖וֹ בְּיָד֑וֹ וַעֲתַ֥ר עֲנַֽן־הַקְּטֹ֖רֶת עֹלֶֽה׃ וַיֹּ֣אמֶר אֵלַ֗י
הֲרָאִ֤יתָ בֶן־אָדָם֙ אֲשֶׁ֨ר זִקְנֵ֤י בֵית־יִשְׂרָאֵל֙ עֹשִׂ֣ים בַּחֹ֔שֶׁךְ אִ֖ישׁ
בְּחַדְרֵ֣י מַשְׂכִּית֑וֹ כִּ֣י אֹמְרִ֗ים אֵ֤ין יְהוָה֙ רֹאֶ֣ה אֹתָ֔נוּ עָזַ֥ב יְהוָ֖ה
13 אֶת־הָאָֽרֶץ׃ וַיֹּ֖אמֶר אֵלָ֑י ע֣וֹד תָּשׁ֣וּב תִּרְאֶ֔ה תּוֹעֵב֥וֹת גְּדֹל֖וֹת
14 אֲשֶׁר־הֵ֥מָּה עֹשִֽׂים׃ וַיָּבֵ֣א אֹתִ֔י אֶל־פֶּ֙תַח֙ שַׁ֣עַר בֵּית־יְהוָ֔ה
אֲשֶׁ֖ר אֶל־הַצָּפ֑וֹנָה וְהִנֵּה־שָׁם֙ הַנָּשִׁ֣ים יֹֽשְׁב֔וֹת מְבַכּ֖וֹת אֶת־

התמוז

ח׳ v. 6. מה הם ק׳

ט״ו הַתַּמּֽוּז׃ ס וַיֹּ֥אמֶר אֵלַ֖י הֲרָאִ֣יתָ בֶן־אָדָ֑ם ע֚וֹד תָּשׁ֣וּב תִּרְאֶ֔ה
16 תּוֹעֵב֥וֹת גְּדֹל֖וֹת מֵאֵֽלֶּה׃ וַיָּבֵ֣א אֹתִ֗י אֶל־חֲצַ֣ר בֵּית־יְהוָה֮
הַפְּנִימִית֒ וְהִנֵּה־פֶ֜תַח הֵיכַ֣ל יְהוָ֗ה בֵּ֤ין הָֽאוּלָם֙ וּבֵ֣ין הַמִּזְבֵּ֔חַ
כְּעֶשְׂרִ֥ים וַחֲמִשָּׁ֖ה אִ֑ישׁ אֲחֹֽרֵיהֶ֞ם אֶל־הֵיכַ֤ל יְהוָה֙ וּפְנֵיהֶ֣ם
17 קֵ֔דְמָה וְהֵ֛מָּה מִשְׁתַּחֲוִיתֶ֥ם קֵ֖דְמָה לַשָּֽׁמֶשׁ׃ וַיֹּ֣אמֶר אֵלַ֮י
הֲרָאִ֣יתָ בֶן־אָדָם֒ הֲנָקֵל֙ לְבֵ֣ית יְהוּדָ֔ה מֵעֲשׂ֕וֹת אֶת־הַתּוֹעֵב֖וֹת
אֲשֶׁ֣ר עָֽשׂוּ־פֹ֑ה כִּֽי־מָלְא֨וּ אֶת־הָאָ֜רֶץ חָמָ֗ס וַיָּשֻׁ֙בוּ֙ לְהַכְעִיסֵ֔נִי
18 וְהִנָּ֥ם שֹׁלְחִ֛ים אֶת־הַזְּמוֹרָ֖ה אֶל־אַפָּֽם׃ וְגַם־אֲנִי֙ אֶעֱשֶׂ֣ה
בְחֵמָ֔ה לֹֽא־תָח֥וֹס עֵינִ֖י וְלֹ֣א אֶחְמֹ֑ל וְקָרְא֤וּ בְאָזְנַי֙ ק֣וֹל גָּד֔וֹל
וְלֹ֥א אֶשְׁמַ֖ע אוֹתָֽם׃ ס

ט Cap. IX. ט

א וַיִּקְרָ֨א בְאָזְנַ֜י ק֣וֹל גָּד֗וֹל לֵאמֹ֔ר קָֽרְב֖וּ פְּקֻדּ֣וֹת הָעִ֑יר וְאִ֛ישׁ
2 כְּלִ֥י מַשְׁחֵת֖וֹ בְּיָדֽוֹ׃ וְהִנֵּ֣ה שִׁשָּׁ֣ה אֲ֠נָשִׁים בָּאִ֣ים ׀ מִדֶּֽרֶךְ־שַׁ֣עַר
הָעֶלְיוֹן֮ אֲשֶׁ֣ר ׀ מָפְנֶ֣ה צָפוֹנָה֒ וְאִ֨ישׁ כְּלִ֤י מַפָּצוֹ֙ בְּיָד֔וֹ וְאִישׁ־
אֶחָ֤ד בְּתוֹכָם֙ לָבֻ֣שׁ בַּדִּ֔ים וְקֶ֥סֶת הַסֹּפֵ֖ר בְּמָתְנָ֑יו וַיָּבֹ֙אוּ֙ וַיַּֽעַמְד֔וּ
3 אֵ֖צֶל מִזְבַּ֥ח הַנְּחֹֽשֶׁת׃ וּכְב֣וֹד ׀ אֱלֹהֵ֣י יִשְׂרָאֵ֗ל נַעֲלָה֙ מֵעַ֤ל
הַכְּרוּב֙ אֲשֶׁ֣ר הָיָ֣ה עָלָ֔יו אֶ֖ל מִפְתַּ֣ן הַבָּ֑יִת וַיִּקְרָ֗א אֶל־הָאִישׁ֙
4 הַלָּבֻ֣שׁ הַבַּדִּ֔ים אֲשֶׁ֛ר קֶ֥סֶת הַסֹּפֵ֖ר בְּמָתְנָֽיו׃ וַיֹּ֤אמֶר יְהוָה֙
אֵלָ֔ו עֲבֹר֙ בְּת֣וֹךְ הָעִ֔יר בְּת֖וֹךְ יְרוּשָׁלָ֑͏ִם וְהִתְוִ֨יתָ תָּ֜ו עַל־מִצְח֣וֹת
הָאֲנָשִׁ֗ים הַנֶּאֱנָחִים֙ וְהַנֶּ֣אֱנָקִ֔ים עַ֚ל כָּל־הַתּֽוֹעֵב֔וֹת הַֽנַּעֲשׂ֖וֹת
ה בְּתוֹכָֽהּ׃ וּלְאֵ֙לֶּה֙ אָמַ֣ר בְּאָזְנַ֔י עִבְר֥וּ בָעִ֛יר אַחֲרָ֖יו וְהַכּ֑וּ עַל־
6 תָּחֹ֥ס עֵינְכֶ֖ם וְאַל־תַּחְמֹֽלוּ׃ זָקֵ֞ן בָּח֤וּר וּבְתוּלָה֙ וְטַ֣ף וְנָשִׁ֔ים
תַּהַרְג֣וּ לְמַשְׁחִ֔ית וְעַל־כָּל־אִ֨ישׁ אֲשֶׁר־עָלָ֤יו הַתָּו֙ אַל־תִּגַּ֔שׁוּ
וּמִמִּקְדָּשִׁ֖י תָּחֵ֑לּוּ וַיָּחֵ֙לּוּ֙ בָּאֲנָשִׁ֣ים הַזְּקֵנִ֔ים אֲשֶׁ֖ר לִפְנֵ֥י הַבָּֽיִת׃
7 וַיֹּ֨אמֶר אֲלֵיהֶ֜ם טַמְּא֣וּ אֶת־הַבַּ֗יִת וּמַלְא֛וּ אֶת־הַחֲצֵר֖וֹת
8 חֲלָלִ֑ים צֵ֖אוּ וְיָצְא֥וּ וְהִכּ֖וּ בָעִֽיר׃ וַיְהִי֙ כְּהַכּוֹתָ֔ם וְנֵֽאשְׁאַ֖ר
אָ֑נִי וָאֶפְּלָ֨ה עַל־פָּנַ֜י וָאֶזְעַ֗ק וָאֹמַר֙ אֲהָהּ֙ אֲדֹנָ֣י יְהוִ֔ה הֲמַשְׁחִ֣ית

אתה

ח׳ v. 18. אי׳ כאן פסקא   ט׳ v. 4. אליו ק׳   v. 5. אל ק׳ ibid. עיניכם ק׳

אַתָּה אֶת כָּל־שְׁאֵרִית יִשְׂרָאֵל בְּשָׁפְכְּךָ אֶת־חֲמָתְךָ עַל־
9 יְרוּשָׁלָםִ׃ וַיֹּאמֶר אֵלַי עֲוֺן בֵּית־יִשְׂרָאֵל וִיהוּדָה גָּדוֹל בִּמְאֹד
מְאֹד וַתִּמָּלֵא הָאָרֶץ דָּמִים וְהָעִיר מָלְאָה מֻטֶּה כִּי אָמְרוּ
י עָזַב יְהוָה אֶת־הָאָרֶץ וְאֵין יְהוָה רֹאֶה׃ וְגַם־אֲנִי לֹא־תָחוֹס
11 עֵינִי וְלֹא אֶחְמֹל דַּרְכָּם בְּרֹאשָׁם נָתָתִּי׃ וְהִנֵּה הָאִישׁ ׀ לְבֻשׁ
הַבַּדִּים אֲשֶׁר הַקֶּסֶת בְּמָתְנָיו מֵשִׁיב דָּבָר לֵאמֹר עָשִׂיתִי כַּאֲשֶׁר
צִוִּיתָנִי׃

CAP. X. י

א וָאֶרְאֶה וְהִנֵּה אֶל־הָרָקִיעַ אֲשֶׁר עַל־רֹאשׁ הַכְּרֻבִים כְּאֶבֶן
2 סַפִּיר כְּמַרְאֵה דְּמוּת כִּסֵּא נִרְאָה עֲלֵיהֶם׃ וַיֹּאמֶר אֶל־
הָאִישׁ ׀ לְבֻשׁ הַבַּדִּים וַיֹּאמֶר בֹּא אֶל־בֵּינוֹת לַגַּלְגַּל אֶל־
תַּחַת לַכְּרוּב וּמַלֵּא חָפְנֶיךָ גַחֲלֵי־אֵשׁ מִבֵּינוֹת לַכְּרֻבִים וּזְרֹק
3 עַל־הָעִיר וַיָּבֹא לְעֵינָי׃ וְהַכְּרֻבִים עֹמְדִים מִימִין לַבַּיִת
4 בְּבֹאוֹ הָאִישׁ וְהֶעָנָן מָלֵא אֶת־הֶחָצֵר הַפְּנִימִית׃ וַיָּרָם
כְּבוֹד־יְהוָה מֵעַל הַכְּרוּב עַל מִפְתַּן הַבָּיִת וַיִּמָּלֵא הַבַּיִת
ה אֶת־הֶעָנָן וְהֶחָצֵר מָלְאָה אֶת־נֹגַהּ כְּבוֹד יְהוָה׃ וְקוֹל כַּנְפֵי
הַכְּרוּבִים נִשְׁמַע עַד־הֶחָצֵר הַחִיצֹנָה כְּקוֹל אֵל־שַׁדַּי
6 בְּדַבְּרוֹ׃ וַיְהִי בְּצַוֺּתוֹ אֶת־הָאִישׁ לְבֻשׁ־הַבַּדִּים לֵאמֹר קַח
אֵשׁ מִבֵּינוֹת לַגַּלְגַּל מִבֵּינוֹת לַכְּרוּבִים וַיָּבֹא וַיַּעֲמֹד אֵצֶל
7 הָאוֹפָן׃ וַיִּשְׁלַח הַכְּרוּב אֶת־יָדוֹ מִבֵּינוֹת לַכְּרוּבִים אֶל־
הָאֵשׁ אֲשֶׁר בֵּינוֹת הַכְּרֻבִים וַיִּשָּׂא וַיִּתֵּן אֶל־חָפְנֵי לְבֻשׁ
8 הַבַּדִּים וַיִּקַּח וַיֵּצֵא׃ וַיֵּרָא לַכְּרֻבִים תַּבְנִית יַד־אָדָם תַּחַת
9 כַּנְפֵיהֶם׃ וָאֶרְאֶה וְהִנֵּה אַרְבָּעָה אוֹפַנִּים אֵצֶל הַכְּרוּבִים
אוֹפַן אֶחָד אֵצֶל הַכְּרוּב אֶחָד וְאוֹפַן אֶחָד אֵצֶל הַכְּרוּב
י אֶחָד וּמַרְאֵה הָאוֹפַנִּים כְּעֵין אֶבֶן תַּרְשִׁישׁ׃ וּמַרְאֵיהֶם דְּמוּת
11 אֶחָד לְאַרְבַּעְתָּם כַּאֲשֶׁר יִהְיֶה הָאוֹפַן בְּתוֹךְ הָאוֹפָן׃ בְּלֶכְתָּם
אֶל־אַרְבַּעַת רִבְעֵיהֶם יֵלֵכוּ לֹא יִסַּבּוּ בְּלֶכְתָּם כִּי הַמָּקוֹם

אשר־יפנה

ט׳ .v. 11 ככל אשר ק׳

אֲשֶׁר־יִפְנֶה הָרֹאשׁ אַחֲרָיו יֵלֵכוּ לֹא יִסַּבּוּ בְּלֶכְתָּם׃ וְכָל־ 12
בְּשָׂרָם וְגַבֵּהֶם וִידֵיהֶם וְכַנְפֵיהֶם וְהָאוֹפַנִּים מְלֵאִים עֵינַיִם
סָבִיב לְאַרְבַּעְתָּם אוֹפַנֵּיהֶם׃ לָאוֹפַנִּים לָהֶם קוֹרָא הַגַּלְגַּל 13
בְּאָזְנָי׃ וְאַרְבָּעָה פָנִים לְאֶחָד פְּנֵי הָאֶחָד פְּנֵי הַכְּרוּב וּפְנֵי 14
הַשֵּׁנִי פְּנֵי אָדָם וְהַשְּׁלִישִׁי פְּנֵי אַרְיֵה וְהָרְבִיעִי פְּנֵי־נָשֶׁר׃
וַיֵּרֹמּוּ הַכְּרוּבִים הִיא הַחַיָּה אֲשֶׁר רָאִיתִי בִּנְהַר־כְּבָר׃ טו
וּבְלֶכֶת הַכְּרוּבִים יֵלְכוּ הָאוֹפַנִּים אֶצְלָם וּבִשְׂאֵת הַכְּרוּבִים 16
אֶת־כַּנְפֵיהֶם לָרוּם מֵעַל הָאָרֶץ לֹא־יִסַּבּוּ הָאוֹפַנִּים גַּם־
הֵם מֵאֶצְלָם׃ בְּעָמְדָם יַעֲמֹדוּ וּבְרוֹמָם יֵרוֹמּוּ אוֹתָם כִּי רוּחַ 17
הַחַיָּה בָּהֶם׃ וַיֵּצֵא כְּבוֹד יְהוָה מֵעַל מִפְתַּן הַבָּיִת וַיַּעֲמֹד 18
עַל־הַכְּרוּבִים׃ וַיִּשְׂאוּ הַכְּרוּבִים אֶת־כַּנְפֵיהֶם וַיֵּרוֹמּוּ מִן־ 19
הָאָרֶץ לְעֵינַי בְּצֵאתָם וְהָאוֹפַנִּים לְעֻמָּתָם וַיַּעֲמֹד פֶּתַח
שַׁעַר בֵּית־יְהוָה הַקַּדְמוֹנִי וּכְבוֹד אֱלֹהֵי־יִשְׂרָאֵל עֲלֵיהֶם
מִלְמָעְלָה׃ הִיא הַחַיָּה אֲשֶׁר רָאִיתִי תַּחַת אֱלֹהֵי־יִשְׂרָאֵל כ
בִּנְהַר־כְּבָר וָאֵדַע כִּי כְרוּבִים הֵמָּה׃ אַרְבָּעָה אַרְבָּעָה 21
פָנִים לְאֶחָד וְאַרְבַּע כְּנָפַיִם לְאֶחָד וּדְמוּת יְדֵי אָדָם תַּחַת
כַּנְפֵיהֶם׃ וּדְמוּת פְּנֵיהֶם הֵמָּה הַפָּנִים אֲשֶׁר רָאִיתִי עַל־ 22
נְהַר־כְּבָר מַרְאֵיהֶם וְאוֹתָם אִישׁ אֶל־עֵבֶר פָּנָיו יֵלֵכוּ׃ °

יא Cap. XI. יא

וַתִּשָּׂא אֹתִי רוּחַ וַתָּבֵא אֹתִי אֶל־שַׁעַר בֵּית־יְהוָה הַקַּדְמוֹנִי א
הַפּוֹנֶה קָדִימָה וְהִנֵּה בְּפֶתַח הַשַּׁעַר עֶשְׂרִים וַחֲמִשָּׁה אִישׁ
וָאֶרְאֶה בְתוֹכָם אֶת־יַאֲזַנְיָה בֶן־עַזֻּר וְאֶת־פְּלַטְיָהוּ בֶן־
בְּנָיָהוּ שָׂרֵי הָעָם׃
וַיֹּאמֶר אֵלָי בֶּן־אָדָם אֵלֶּה הָאֲנָשִׁים הַחֹשְׁבִים אָוֶן וְהַיֹּעֲצִים 2
עֲצַת־רָע בָּעִיר הַזֹּאת׃ הָאֹמְרִים לֹא בְקָרוֹב בְּנוֹת בָּתִּים 3
הִיא הַסִּיר וַאֲנַחְנוּ הַבָּשָׂר׃ לָכֵן הִנָּבֵא עֲלֵיהֶם הִנָּבֵא 4
בֶּן־אָדָם׃ וַתִּפֹּל עָלַי רוּחַ יְהוָה וַיֹּאמֶר אֵלַי אֱמֹר כֹּה־ ה

אמר

י׳ v. 22. אין כאן פסקא

אָמַר יְהוָה כֵּן אֲמַרְתֶּם בֵּית יִשְׂרָאֵל וּמַעֲלוֹת רוּחֲכֶם אֲנִי
6 יְדַעְתִּיהָ׃ הִרְבֵּיתֶם חַלְלֵיכֶם בָּעִיר הַזֹּאת וּמִלֵּאתֶם חוּצֹתֶיהָ
7 חָלָל׃ לָכֵן כֹּה־אָמַר אֲדֹנָי יְהוִה חַלְלֵיכֶם אֲשֶׁר שַׂמְתֶּם
בְּתוֹכָהּ הֵמָּה הַבָּשָׂר וְהִיא הַסִּיר וְאֶתְכֶם הוֹצִיא מִתּוֹכָהּ׃
8 9 חֶרֶב יְרֵאתֶם וְחֶרֶב אָבִיא עֲלֵיכֶם נְאֻם אֲדֹנָי יְהוִה׃ וְהוֹצֵאתִי
אֶתְכֶם מִתּוֹכָהּ וְנָתַתִּי אֶתְכֶם בְּיַד־זָרִים וְעָשִׂיתִי בָכֶם
י שְׁפָטִים׃ בַּחֶרֶב תִּפֹּלוּ עַל־גְּבוּל יִשְׂרָאֵל אֶשְׁפּוֹט אֶתְכֶם
11 וִידַעְתֶּם כִּי־אֲנִי יְהוָה׃ הִיא לֹא־תִהְיֶה לָכֶם לְסִיר וְאַתֶּם
תִּהְיוּ בְתוֹכָהּ לְבָשָׂר אֶל־גְּבוּל יִשְׂרָאֵל אֶשְׁפֹּט אֶתְכֶם׃
12 וִידַעְתֶּם כִּי־אֲנִי יְהוָה אֲשֶׁר בְּחֻקַּי לֹא הֲלַכְתֶּם וּמִשְׁפָּטַי לֹא
13 עֲשִׂיתֶם וּכְמִשְׁפְּטֵי הַגּוֹיִם אֲשֶׁר סְבִיבוֹתֵיכֶם עֲשִׂיתֶם׃ וַיְהִי
כְּהִנָּבְאִי וּפְלַטְיָהוּ בֶן־בְּנָיָה מֵת וָאֶפֹּל עַל־פָּנַי וָאֶזְעַק קוֹל־
גָּדוֹל וָאֹמַר אֲהָהּ אֲדֹנָי יְהוִה כָּלָה אַתָּה עֹשֶׂה אֵת שְׁאֵרִית
14 טו יִשְׂרָאֵל׃ וַיְהִי דְבַר־יְהוָה אֵלַי לֵאמֹר׃ בֶּן־אָדָם אַחֶיךָ
אַחֶיךָ אַנְשֵׁי גְאֻלָּתֶךָ וְכָל־בֵּית יִשְׂרָאֵל כֻּלֹּה אֲשֶׁר אָמְרוּ
לָהֶם יֹשְׁבֵי יְרוּשָׁלִַם רַחֲקוּ מֵעַל יְהוָה לָנוּ הִיא נִתְּנָה הָאָרֶץ
16 לְמוֹרָשָׁה׃ לָכֵן אֱמֹר כֹּה־אָמַר אֲדֹנָי יְהוִה כִּי הִרְחַקְתִּים
בַּגּוֹיִם וְכִי הֲפִיצוֹתִים בָּאֲרָצוֹת וָאֱהִי לָהֶם לְמִקְדָּשׁ מְעַט
17 בָּאֲרָצוֹת אֲשֶׁר־בָּאוּ שָׁם׃ לָכֵן אֱמֹר כֹּה־אָמַר אֲדֹנָי
יְהוִה וְקִבַּצְתִּי אֶתְכֶם מִן־הָעַמִּים וְאָסַפְתִּי אֶתְכֶם מִן־
הָאֲרָצוֹת אֲשֶׁר נְפֹצוֹתֶם בָּהֶם וְנָתַתִּי לָכֶם אֶת־אַדְמַת
18 יִשְׂרָאֵל׃ וּבָאוּ־שָׁמָּה וְהֵסִירוּ אֶת־כָּל־שִׁקּוּצֶיהָ וְאֶת־כָּל־
19 תּוֹעֲבוֹתֶיהָ מִמֶּנָּה׃ וְנָתַתִּי לָהֶם לֵב אֶחָד וְרוּחַ חֲדָשָׁה אֶתֵּן
בְּקִרְבְּכֶם וַהֲסִרֹתִי לֵב הָאֶבֶן מִבְּשָׂרָם וְנָתַתִּי לָהֶם לֵב בָּשָׂר׃
כ לְמַעַן בְּחֻקֹּתַי יֵלֵכוּ וְאֶת־מִשְׁפָּטַי יִשְׁמְרוּ וְעָשׂוּ אֹתָם וְהָיוּ־
21 לִי לְעָם וַאֲנִי אֶהְיֶה לָהֶם לֵאלֹהִים׃ וְאֶל־לֵב שִׁקּוּצֵיהֶם
וְתוֹעֲבוֹתֵיהֶם לִבָּם הֹלֵךְ דַּרְכָּם בְּרֹאשָׁם נָתַתִּי נְאֻם אֲדֹנָי
22 יְהוִה׃ וַיִּשְׂאוּ הַכְּרוּבִים אֶת־כַּנְפֵיהֶם וְהָאוֹפַנִּים לְעֻמָּתָם

וכבוד

23 וּכְב֛וֹד אֱלֹהֵֽי־יִשְׂרָאֵ֥ל עֲלֵיהֶ֖ם מִלְמָֽעְלָה׃ וַיַּ֙עַל֙ כְּב֣וֹד יְהוָ֔ה
24 מֵעַ֖ל תּ֣וֹךְ הָעִ֑יר וַֽיַּעֲמֹד֙ עַל־הָהָ֔ר אֲשֶׁ֖ר מִקֶּ֥דֶם לָעִֽיר׃ וְר֣וּחַ
נְשָׂאַ֗תְנִי וַתְּבִאֵ֤נִי כַשְׂדִּ֙ימָה֙ אֶל־הַגּוֹלָ֔ה בַּמַּרְאֶ֖ה בְּר֣וּחַ אֱלֹהִ֑ים
כה וַיַּ֙עַל֙ מֵעָלַ֔י הַמַּרְאֶ֖ה אֲשֶׁ֥ר רָאִֽיתִי׃ וָאֲדַבֵּ֖ר אֶל־הַגּוֹלָ֑ה אֵ֚ת
כָּל־דִּבְרֵ֥י יְהוָ֖ה אֲשֶׁ֥ר הֶרְאָֽנִי׃

יב
Cap. XII. יב

א 2 וַיְהִ֥י דְבַר־יְהוָ֖ה אֵלַ֥י לֵאמֹֽר׃ בֶּן־אָדָ֕ם בְּת֥וֹךְ בֵּית־הַמֶּ֖רִי
אַתָּ֣ה יֹשֵׁ֑ב אֲשֶׁ֣ר עֵינַ֣יִם לָהֶ֩ם לִרְא֨וֹת וְלֹ֜א רָא֗וּ אָזְנַ֨יִם לָהֶ֤ם
3 לִשְׁמֹ֙עַ֙ וְלֹ֣א שָׁמֵ֔עוּ כִּ֛י בֵּ֥ית מְרִ֖י הֵֽם׃ וְאַתָּ֣ה בֶן־אָדָ֗ם
עֲשֵׂ֤ה לְךָ֙ כְּלֵ֣י גוֹלָ֔ה וּגְלֵ֥ה יוֹמָ֖ם לְעֵינֵיהֶ֑ם וְגָלִ֨יתָ מִמְּקוֹמְךָ֜
אֶל־מָק֤וֹם אַחֵר֙ לְעֵ֣ינֵיהֶ֔ם אוּלַ֣י יִרְא֔וּ כִּ֛י בֵּ֥ית מְרִ֖י הֵֽמָּה׃
4 וְהוֹצֵאתָ֨ כֵלֶ֜יךָ כִּכְלֵ֥י גוֹלָ֛ה יוֹמָ֖ם לְעֵינֵיהֶ֑ם וְאַתָּ֗ה תֵּצֵ֥א
ה בָעֶ֙רֶב֙ לְעֵ֣ינֵיהֶ֔ם כְּמוֹצָאֵ֖י גּוֹלָֽה׃ לְעֵינֵיהֶ֖ם חֲתָר־לְךָ֣ בַקִּ֑יר
6 וְהוֹצֵאתָ֖ בּֽוֹ׃ לְעֵינֵיהֶ֞ם עַל־כָּתֵ֤ף תִּשָּׂא֙ בָּעֲלָטָ֣ה תוֹצִ֔יא פָּנֶ֣יךָ
תְכַסֶּ֔ה וְלֹ֥א תִרְאֶ֖ה אֶת־הָאָ֑רֶץ כִּֽי־מוֹפֵ֥ת נְתַתִּ֖יךָ לְבֵ֥ית
7 יִשְׂרָאֵֽל׃ וָאַ֣עַשׂ כֵּ֮ן כַּאֲשֶׁ֣ר צֻוֵּ֒יתִי֒ כֵּלַ֞י הוֹצֵ֗אתִי כִּכְלֵ֤י גוֹלָה֙
יוֹמָ֔ם וּבָעֶ֕רֶב חָתַֽרְתִּי־לִ֥י בַקִּ֖יר בְּיָ֑ד בָּעֲלָטָ֥ה הוֹצֵ֛אתִי עַל־
8 כָּתֵ֥ף נָשָׂ֖אתִי לְעֵינֵיהֶֽם׃ וַיְהִ֧י דְבַר־יְהוָ֛ה אֵלַ֖י בַּבֹּ֥קֶר
9 לֵאמֹֽר׃ בֶּן־אָדָ֕ם הֲלֹ֨א אָמְר֤וּ אֵלֶ֙יךָ֙ בֵּ֣ית יִשְׂרָאֵ֔ל בֵּ֖ית הַמֶּ֑רִי
י מָ֖ה אַתָּ֥ה עֹשֶֽׂה׃ אֱמֹ֣ר אֲלֵיהֶ֔ם כֹּ֥ה אָמַ֖ר אֲדֹנָ֣י יְהוִ֑ה הַנָּשִׂ֤יא
הַמַּשָּׂ֣א הַזֶּ֔ה בִּיר֣וּשָׁלִַ֔ם וְכָל־בֵּ֣ית יִשְׂרָאֵ֔ל אֲשֶׁר־הֵ֖מָּה בְתוֹכָֽם׃
11 אֱמֹ֖ר אֲנִ֣י מוֹפֶתְכֶ֑ם כַּאֲשֶׁ֣ר עָשִׂ֗יתִי כֵּ֚ן יֵעָשֶׂ֣ה לָהֶ֔ם בַּגּוֹלָ֥ה
12 בַשְּׁבִ֖י יֵלֵֽכוּ׃ וְהַנָּשִׂ֨יא אֲשֶׁר־בְּתוֹכָ֜ם אֶל־כָּתֵ֥ף יִשָּׂ֛א בָּעֲלָטָ֖ה
וְיֵצֵ֑א בַּקִּ֥יר יַחְתְּר֖וּ לְה֣וֹצִיא ב֑וֹ פָּנָ֣יו יְכַסֶּ֔ה יַ֗עַן אֲשֶׁ֛ר לֹא־
13 יִרְאֶ֥ה לַעַ֖יִן ה֥וּא אֶת־הָאָֽרֶץ׃ וּפָרַשְׂתִּ֧י אֶת־רִשְׁתִּ֣י עָלָ֗יו
וְנִתְפַּ֥שׂ בִּמְצֽוּדָתִ֑י וְהֵבֵאתִ֨י אֹת֤וֹ בָבֶ֙לָה֙ אֶ֣רֶץ כַּשְׂדִּ֔ים וְאוֹתָ֖הּ
14 לֹֽא־יִרְאֶ֑ה וְשָׁ֖ם יָמֽוּת׃ וְכֹל֩ אֲשֶׁ֨ר סְבִיבֹתָ֥יו עֶזְרֹ֛ה וְכָל־

אגפיו

י״ב v. 14. עזרו ק׳

טו אֲגַפָּיו אֱזָרֶה לְכָל־רוּחַ וְחֶרֶב אָרִיק אַחֲרֵיהֶם׃ וְיָדְעוּ כִּי־
אֲנִי יְהוָה בַּהֲפִיצִי אוֹתָם בַּגּוֹיִם וְזֵרִיתִי אוֹתָם בָּאֲרָצוֹת׃
16 וְהוֹתַרְתִּי מֵהֶם אַנְשֵׁי מִסְפָּר מֵחֶרֶב מֵרָעָב וּמִדָּבֶר לְמַעַן
יְסַפְּרוּ אֶת־כָּל־תּוֹעֲבוֹתֵיהֶם בַּגּוֹיִם אֲשֶׁר־בָּאוּ שָׁם וְיָדְעוּ
17 18 כִּי־אֲנִי יְהוָה׃ וַיְהִי דְבַר־יְהוָה אֵלַי לֵאמֹר׃ בֶּן־אָדָם
לַחְמְךָ בְּרַעַשׁ תֹּאכֵל וּמֵימֶיךָ בְּרָגְזָה וּבִדְאָגָה תִּשְׁתֶּה׃
19 וְאָמַרְתָּ אֶל־עַם־הָאָרֶץ כֹּה־אָמַר אֲדֹנָי יְהוִה לְיוֹשְׁבֵי
יְרוּשָׁלִַם אֶל־אַדְמַת יִשְׂרָאֵל לַחְמָם בִּדְאָגָה יֹאכֵלוּ וּמֵימֵיהֶם
בְּשִׁמָּמוֹן יִשְׁתּוּ לְמַעַן תֵּשַׁם אַרְצָהּ מִמְּלֹאָהּ מֵחֲמַס כָּל־
כ הַיֹּשְׁבִים בָּהּ׃ וְהֶעָרִים הַנּוֹשָׁבוֹת תֶּחֱרַבְנָה וְהָאָרֶץ שְׁמָמָה
21 תִהְיֶה וִידַעְתֶּם כִּי־אֲנִי יְהוָה׃ וַיְהִי דְבַר־יְהוָה אֵלַי
22 לֵאמֹר׃ בֶּן־אָדָם מָה־הַמָּשָׁל הַזֶּה לָכֶם עַל־אַדְמַת יִשְׂרָאֵל
23 לֵאמֹר יַאַרְכוּ הַיָּמִים וְאָבַד כָּל־חָזוֹן׃ לָכֵן אֱמֹר אֲלֵיהֶם
כֹּה־אָמַר אֲדֹנָי יְהוִה הִשְׁבַּתִּי אֶת־הַמָּשָׁל הַזֶּה וְלֹא־יִמְשְׁלוּ
אֹתוֹ עוֹד בְּיִשְׂרָאֵל כִּי אִם־דַּבֵּר אֲלֵיהֶם קָרְבוּ הַיָּמִים וּדְבַר
24 כָּל־חָזוֹן׃ כִּי לֹא יִהְיֶה עוֹד כָּל־חֲזוֹן שָׁוְא וּמִקְסַם חָלָק
כה בְּתוֹךְ בֵּית יִשְׂרָאֵל׃ כִּי ׀ אֲנִי יְהוָה אֲדַבֵּר אֵת אֲשֶׁר אֲדַבֵּר
דָּבָר וְיֵעָשֶׂה לֹא תִמָּשֵׁךְ עוֹד כִּי בִימֵיכֶם בֵּית הַמֶּרִי אֲדַבֵּר
26 דָּבָר וַעֲשִׂיתִיו נְאֻם אֲדֹנָי יְהוִה׃ וַיְהִי דְבַר־יְהוָה אֵלַי
27 לֵאמֹר׃ בֶּן־אָדָם הִנֵּה בֵית־יִשְׂרָאֵל אֹמְרִים הֶחָזוֹן אֲשֶׁר־
28 הוּא חֹזֶה לְיָמִים רַבִּים וּלְעִתִּים רְחוֹקוֹת הוּא נִבָּא׃ לָכֵן
אֱמֹר אֲלֵיהֶם כֹּה אָמַר אֲדֹנָי יְהוִה לֹא־תִמָּשֵׁךְ עוֹד כָּל־
דְּבָרָי אֲשֶׁר אֲדַבֵּר דָּבָר וְיֵעָשֶׂה נְאֻם אֲדֹנָי יְהוִה׃

CAP. XIII. יג

יג

א 2 וַיְהִי דְבַר־יְהוָה אֵלַי לֵאמֹר׃ בֶּן־אָדָם הִנָּבֵא אֶל־נְבִיאֵי
יִשְׂרָאֵל הַנִּבָּאִים וְאָמַרְתָּ לִנְבִיאֵי מִלִּבָּם שִׁמְעוּ דְּבַר־יְהוָה׃
3 כֹּה אָמַר אֲדֹנָי יְהוִה הוֹי עַל־הַנְּבִיאִים הַנְּבָלִים אֲשֶׁר הֹלְכִים
4 אַחַר רוּחָם וּלְבִלְתִּי רָאוּ׃ כְּשֻׁעָלִים בָּחֳרָבוֹת נְבִיאֶיךָ יִשְׂרָאֵל

היו

ה הָיוּ׃ לֹא עֲלִיתֶם בַּפְּרָצוֹת וַתִּגְדְּרוּ גָדֵר עַל־בֵּית יִשְׂרָאֵל
6 לַעֲמֹד בַּמִּלְחָמָה בְּיוֹם יְהוָה׃ חָזוּ שָׁוְא וְקֶסֶם כָּזָב הָאֹמְרִים
7 נְאֻם־יְהוָה וַיהוָה לֹא שְׁלָחָם וְיִחֲלוּ לְקַיֵּם דָּבָר׃ הֲלוֹא
מַחֲזֵה־שָׁוְא חֲזִיתֶם וּמִקְסַם כָּזָב אֲמַרְתֶּם וְאֹמְרִים נְאֻם־
8 יְהוָה וַאֲנִי לֹא דִבַּרְתִּי׃ לָכֵן כֹּה אָמַר אֲדֹנָי יְהוִה יַעַן
דַּבֶּרְכֶם שָׁוְא וַחֲזִיתֶם כָּזָב לָכֵן הִנְנִי אֲלֵיכֶם נְאֻם אֲדֹנָי יְהוִה׃
9 וְהָיְתָה יָדִי אֶל־הַנְּבִיאִים הַחֹזִים שָׁוְא וְהַקֹּסְמִים כָּזָב בְּסוֹד
עַמִּי לֹא־יִהְיוּ וּבִכְתָב בֵּית־יִשְׂרָאֵל לֹא יִכָּתֵבוּ וְאֶל־אַדְמַת
י יִשְׂרָאֵל לֹא יָבֹאוּ וִידַעְתֶּם כִּי אֲנִי אֲדֹנָי יְהוִה׃ יַעַן וּבְיַעַן
הִטְעוּ אֶת־עַמִּי לֵאמֹר שָׁלוֹם וְאֵין שָׁלוֹם וְהוּא בֹּנֶה חַיִץ
11 וְהִנָּם טָחִים אֹתוֹ תָּפֵל׃ אֱמֹר אֶל־טָחֵי תָפֵל וְיִפֹּל הָיָה ׀
גֶּשֶׁם שׁוֹטֵף וְאַתֵּנָה אַבְנֵי אֶלְגָּבִישׁ תִּפֹּלְנָה וְרוּחַ סְעָרוֹת
12 תְּבַקֵּעַ׃ וְהִנֵּה נָפַל הַקִּיר הֲלוֹא יֵאָמֵר אֲלֵיכֶם אַיֵּה הַטִּיחַ
13 אֲשֶׁר טַחְתֶּם׃ לָכֵן כֹּה אָמַר אֲדֹנָי יְהוִה וּבִקַּעְתִּי רוּחַ־
סְעָרוֹת בַּחֲמָתִי וְגֶשֶׁם שֹׁטֵף בְּאַפִּי יִהְיֶה וְאַבְנֵי אֶלְגָּבִישׁ
14 בְּחֵמָה לְכָלָה׃ וְהָרַסְתִּי אֶת־הַקִּיר אֲשֶׁר־טַחְתֶּם תָּפֵל
וְהִגַּעְתִּיהוּ אֶל־הָאָרֶץ וְנִגְלָה יְסֹדוֹ וְנָפְלָה וּכְלִיתֶם בְּתוֹכָהּ
טו וִידַעְתֶּם כִּי־אֲנִי יְהוָה׃ וְכִלֵּיתִי אֶת־חֲמָתִי בַּקִּיר וּבַטָּחִים
16 אֹתוֹ תָּפֵל וְאֹמַר לָכֶם אֵין הַקִּיר וְאֵין הַטָּחִים אֹתוֹ׃ נְבִיאֵי
יִשְׂרָאֵל הַנִּבְּאִים אֶל־יְרוּשָׁלִַם וְהַחֹזִים לָהּ חֲזוֹן שָׁלֹם וְאֵין
17 שָׁלֹם נְאֻם אֲדֹנָי יְהוִה׃ וְאַתָּה בֶן־אָדָם שִׂים פָּנֶיךָ אֶל־
18 בְּנוֹת עַמְּךָ הַמִּתְנַבְּאוֹת מִלִּבְּהֶן וְהִנָּבֵא עֲלֵיהֶן׃ וְאָמַרְתָּ כֹּה־
אָמַר ׀ אֲדֹנָי יְהוִה הוֹי לִמְתַפְּרוֹת כְּסָתוֹת עַל ׀ כָּל־אַצִּילֵי
יָדַי וְעֹשׂוֹת הַמִּסְפָּחוֹת עַל־רֹאשׁ כָּל־קוֹמָה לְצוֹדֵד נְפָשׁוֹת
19 הַנְּפָשׁוֹת תְּצוֹדֵדְנָה לְעַמִּי וּנְפָשׁוֹת לָכֶנָה תְחַיֶּינָה׃ וַתְּחַלֶּלְנָה
אֹתִי אֶל־עַמִּי בְּשַׁעֲלֵי שְׂעֹרִים וּבִפְתוֹתֵי לֶחֶם לְהָמִית נְפָשׁוֹת
אֲשֶׁר לֹא־תְמוּתֶנָה וּלְחַיּוֹת נְפָשׁוֹת אֲשֶׁר לֹא־תִחְיֶינָה
כ בְּכַזֶּבְכֶם לְעַמִּי שֹׁמְעֵי כָזָב׃ לָכֵן כֹּה־אָמַר ׀ אֲדֹנָי

יהוה

יְהוִה הִנְנִי אֶל־כִּסְּתוֹתֵיכֶנָה אֲשֶׁר אַתֵּנָה מְצֹדְדוֹת שָׁם אֶת־
הַנְּפָשׁוֹת לְפֹרְחוֹת וְקָרַעְתִּי אֹתָם מֵעַל זְרוֹעֹתֵיכֶם וְשִׁלַּחְתִּי
אֶת־הַנְּפָשׁוֹת אֲשֶׁר אַתֶּם מְצֹדְדוֹת אֶת־נְפָשִׁים לְפֹרְחֹת׃
21 וְקָרַעְתִּי אֶת־מִסְפְּחֹתֵיכֶם וְהִצַּלְתִּי אֶת־עַמִּי מִיֶּדְכֶן וְלֹא־
22 יִהְיוּ עוֹד בְּיֶדְכֶן לִמְצוּדָה וִידַעְתֶּן כִּי־אֲנִי יְהוָה׃ יַעַן הַכְאוֹת
לֵב־צַדִּיק שֶׁקֶר וַאֲנִי לֹא הִכְאַבְתִּיו וּלְחַזֵּק יְדֵי רָשָׁע לְבִלְתִּי־
23 שׁוּב מִדַּרְכּוֹ הָרָע לְהַחֲיֹתוֹ׃ לָכֵן שָׁוְא לֹא תֶחֱזֶינָה וְקֶסֶם
לֹא־תִקְסַמְנָה עוֹד וְהִצַּלְתִּי אֶת־עַמִּי מִיֶּדְכֶן וִידַעְתֶּן כִּי־אֲנִי
יְהוָה׃

יד CAP. XIV. יד

א וַיָּבוֹא אֵלַי אֲנָשִׁים מִזִּקְנֵי יִשְׂרָאֵל וַיֵּשְׁבוּ לְפָנָי׃
2 3 וַיְהִי דְבַר־יְהוָה אֵלַי לֵאמֹר׃ בֶּן־אָדָם הָאֲנָשִׁים הָאֵלֶּה
הֶעֱלוּ גִלּוּלֵיהֶם עַל־לִבָּם וּמִכְשׁוֹל עֲוֹנָם נָתְנוּ נֹכַח פְּנֵיהֶם
4 הַאִדָּרֹשׁ אִדָּרֵשׁ לָהֶם׃ לָכֵן דַּבֵּר־אוֹתָם וְאָמַרְתָּ אֲלֵיהֶם
כֹּה־אָמַר ׀ אֲדֹנָי יְהוִה אִישׁ אִישׁ מִבֵּית יִשְׂרָאֵל אֲשֶׁר יַעֲלֶה
אֶת־גִּלּוּלָיו אֶל־לִבּוֹ וּמִכְשׁוֹל עֲוֹנוֹ יָשִׂים נֹכַח פָּנָיו וּבָא
ה אֶל־הַנָּבִיא אֲנִי יְהוָה נַעֲנֵיתִי לוֹ בָה בְּרֹב גִּלּוּלָיו׃ לְמַעַן
תְּפֹשׂ אֶת־בֵּית־יִשְׂרָאֵל בְּלִבָּם אֲשֶׁר נָזֹרוּ מֵעָלַי בְּגִלּוּלֵיהֶם
6 כֻּלָּם׃ לָכֵן אֱמֹר ׀ אֶל־בֵּית יִשְׂרָאֵל כֹּה אָמַר אֲדֹנָי
יְהוִה שׁוּבוּ וְהָשִׁיבוּ מֵעַל גִּלּוּלֵיכֶם וּמֵעַל כָּל־תּוֹעֲבֹתֵיכֶם
7 הָשִׁיבוּ פְנֵיכֶם׃ כִּי אִישׁ אִישׁ מִבֵּית יִשְׂרָאֵל וּמֵהַגֵּר אֲשֶׁר־
יָגוּר בְּיִשְׂרָאֵל וְיִנָּזֵר מֵאַחֲרַי וְיַעַל גִּלּוּלָיו אֶל־לִבּוֹ וּמִכְשׁוֹל
עֲוֹנוֹ יָשִׂים נֹכַח פָּנָיו וּבָא אֶל־הַנָּבִיא לִדְרָשׁ־לוֹ בִי אֲנִי
8 יְהוָה נַעֲנֶה־לּוֹ בִּי׃ וְנָתַתִּי פָנַי בָּאִישׁ הַהוּא וַהֲשִׂמֹתִיהוּ
לְאוֹת וְלִמְשָׁלִים וְהִכְרַתִּיו מִתּוֹךְ עַמִּי וִידַעְתֶּם כִּי־אֲנִי
9 יְהוָה׃ וְהַנָּבִיא כִי־יְפֻתֶּה וְדִבֶּר דָּבָר אֲנִי יְהוָה פִּתֵּיתִי
אֵת הַנָּבִיא הַהוּא וְנָטִיתִי אֶת־יָדִי עָלָיו וְהִשְׁמַדְתִּיו מִתּוֹךְ

עמי

י״ג v. 23. אין כאן פסקא   י״ד v. 1. סבירין ויבואו   v. 4. בא ק׳

י עַמִּי יִשְׂרָאֵל׃ וְנָשְׂאוּ עֲוֺנָם כַּעֲוֺן הַדֹּרֵשׁ כַּעֲוֺן הַנָּבִיא יִהְיֶה׃
11 לְמַעַן לֹא־יִתְעוּ עוֹד בֵּית־יִשְׂרָאֵל מֵאַחֲרַי וְלֹא־יִטַּמְּאוּ עוֹד
בְּכָל־פִּשְׁעֵיהֶם וְהָיוּ־לִי לְעָם וַאֲנִי אֶהְיֶה לָהֶם לֵאלֹהִים
נְאֻם אֲדֹנָי יְהוִה׃
12 13 וַיְהִי דְבַר־יְהוָה אֵלַי לֵאמֹר׃ בֶּן־אָדָם אֶרֶץ כִּי תֶחֱטָא־לִי
לִמְעָל־מַעַל וְנָטִיתִי יָדִי עָלֶיהָ וְשָׁבַרְתִּי לָהּ מַטֵּה־לָחֶם
14 וְהִשְׁלַחְתִּי־בָהּ רָעָב וְהִכְרַתִּי מִמֶּנָּה אָדָם וּבְהֵמָה׃ וְהָיוּ
שְׁלֹשֶׁת הָאֲנָשִׁים הָאֵלֶּה בְּתוֹכָהּ נֹחַ דָּנִאֵל וְאִיּוֹב הֵמָּה
טו בְצִדְקָתָם יְנַצְּלוּ נַפְשָׁם נְאֻם אֲדֹנָי יְהוִה׃ לוּ־חַיָּה רָעָה
אַעֲבִיר בָּאָרֶץ וְשִׁכְּלָתָּה וְהָיְתָה שְׁמָמָה מִבְּלִי עוֹבֵר מִפְּנֵי
16 הַחַיָּה׃ שְׁלֹשֶׁת הָאֲנָשִׁים הָאֵלֶּה בְּתוֹכָהּ חַי־אָנִי נְאֻם אֲדֹנָי
יְהוִה אִם־בָּנִים וְאִם־בָּנוֹת יַצִּילוּ הֵמָּה לְבַדָּם יִנָּצֵלוּ וְהָאָרֶץ
17 תִּהְיֶה שְׁמָמָה׃ אוֹ חֶרֶב אָבִיא עַל־הָאָרֶץ הַהִיא וְאָמַרְתִּי
18 חֶרֶב תַּעֲבֹר בָּאָרֶץ וְהִכְרַתִּי מִמֶּנָּה אָדָם וּבְהֵמָה׃ וּשְׁלֹשֶׁת
הָאֲנָשִׁים הָאֵלֶּה בְּתוֹכָהּ חַי־אָנִי נְאֻם אֲדֹנָי יְהוִה לֹא יַצִּילוּ
19 בָּנִים וּבָנוֹת כִּי הֵם לְבַדָּם יִנָּצֵלוּ׃ אוֹ דֶּבֶר אֲשַׁלַּח אֶל־
הָאָרֶץ הַהִיא וְשָׁפַכְתִּי חֲמָתִי עָלֶיהָ בְּדָם לְהַכְרִית מִמֶּנָּה
כ אָדָם וּבְהֵמָה׃ וְנֹחַ דָּנִאֵל וְאִיּוֹב בְּתוֹכָהּ חַי־אָנִי נְאֻם
אֲדֹנָי יְהוִה אִם־בֵּן אִם־בַּת יַצִּילוּ הֵמָּה בְצִדְקָתָם יַצִּילוּ
21 נַפְשָׁם׃ כִּי כֹה אָמַר אֲדֹנָי יְהוִה אַף כִּי־אַרְבַּעַת שְׁפָטַי ׀
הָרָעִים חֶרֶב וְרָעָב וְחַיָּה רָעָה וָדֶבֶר שִׁלַּחְתִּי אֶל־יְרוּשָׁלִָם
22 לְהַכְרִית מִמֶּנָּה אָדָם וּבְהֵמָה׃ וְהִנֵּה נוֹתְרָה־בָּהּ פְּלֵטָה
הַמּוּצָאִים בָּנִים וּבָנוֹת הִנָּם יוֹצְאִים אֲלֵיכֶם וּרְאִיתֶם אֶת־
דַּרְכָּם וְאֶת־עֲלִילוֹתָם וְנִחַמְתֶּם עַל־הָרָעָה אֲשֶׁר הֵבֵאתִי
23 עַל־יְרוּשָׁלִָם אֵת כָּל־אֲשֶׁר הֵבֵאתִי עָלֶיהָ׃ וְנִחֲמוּ אֶתְכֶם
כִּי־תִרְאוּ אֶת־דַּרְכָּם וְאֶת־עֲלִילוֹתָם וִידַעְתֶּם כִּי לֹא חִנָּם
עָשִׂיתִי אֵת כָּל־אֲשֶׁר־עָשִׂיתִי בָהּ נְאֻם אֲדֹנָי יְהוִה׃

ויהי

טו Cap. XV. טו

א2 וַיְהִי דְבַר־יְהוָה אֵלַי לֵאמֹר׃ בֶּן־אָדָם מַה־יִּהְיֶה עֵץ־
3 הַגֶּפֶן מִכָּל־עֵץ הַזְּמוֹרָה אֲשֶׁר הָיָה בַּעֲצֵי הַיָּעַר׃ הֲיֻקַּח
מִמֶּנּוּ עֵץ לַעֲשׂוֹת לִמְלָאכָה אִם־יִקְחוּ מִמֶּנּוּ יָתֵד לִתְלוֹת
4 עָלָיו כָּל־כֶּלִי׃ הִנֵּה לָאֵשׁ נִתַּן לְאָכְלָה אֵת שְׁנֵי קְצוֹתָיו
ה אָכְלָה הָאֵשׁ וְתוֹכוֹ נָחָר הֲיִצְלַח לִמְלָאכָה׃ הִנֵּה בִּהְיוֹתוֹ
תָמִים לֹא יֵעָשֶׂה לִמְלָאכָה אַף כִּי־אֵשׁ אֲכָלַתְהוּ וַיֵּחָר
6 וְנַעֲשָׂה עוֹד לִמְלָאכָה׃ לָכֵן כֹּה אָמַר אֲדֹנָי יְהוִה
כַּאֲשֶׁר עֵץ־הַגֶּפֶן בְּעֵץ הַיַּעַר אֲשֶׁר־נְתַתִּיו לָאֵשׁ לְאָכְלָה
7 כֵּן נָתַתִּי אֶת־יֹשְׁבֵי יְרוּשָׁלִָם׃ וְנָתַתִּי אֶת־פָּנַי בָּהֶם מֵהָאֵשׁ
יָצָאוּ וְהָאֵשׁ תֹּאכְלֵם וִידַעְתֶּם כִּי־אֲנִי יְהוָה בְּשׂוּמִי אֶת־
8 פָּנַי בָּהֶם׃ וְנָתַתִּי אֶת־הָאָרֶץ שְׁמָמָה יַעַן מָעֲלוּ מַעַל נְאֻם
אֲדֹנָי יְהוִה׃

טז Cap. XVI. טז

א2 וַיְהִי דְבַר־יְהוָה אֵלַי לֵאמֹר׃ בֶּן־אָדָם הוֹדַע אֶת־יְרוּשָׁלִַם
3 אֶת־תּוֹעֲבֹתֶיהָ׃ וְאָמַרְתָּ כֹּה־אָמַר אֲדֹנָי יְהוִה לִירוּשָׁלִַם
מְכֹרֹתַיִךְ וּמֹלְדֹתַיִךְ מֵאֶרֶץ הַכְּנַעֲנִי אָבִיךְ הָאֱמֹרִי וְאִמֵּךְ
4 חִתִּית׃ וּמוֹלְדוֹתַיִךְ בְּיוֹם הוּלֶּדֶת אֹתָךְ לֹא־כָרַּת שָׁרֵּךְ
וּבְמַיִם לֹא־רֻחַצְתְּ לְמִשְׁעִי וְהָמְלֵחַ לֹא הֻמְלַחַתְּ וְהָחְתֵּל
ה לֹא חֻתָּלְתְּ׃ לֹא־חָסָה עָלַיִךְ עַיִן לַעֲשׂוֹת לָךְ אַחַת מֵאֵלֶּה
לְחֻמְלָה עָלָיִךְ וַתֻּשְׁלְכִי אֶל־פְּנֵי הַשָּׂדֶה בְּגֹעַל נַפְשֵׁךְ בְּיוֹם
6 הֻלֶּדֶת אֹתָךְ׃ וָאֶעֱבֹר עָלַיִךְ וָאֶרְאֵךְ מִתְבּוֹסֶסֶת בְּדָמָיִךְ
7 וָאֹמַר לָךְ בְּדָמַיִךְ חֲיִי וָאֹמַר לָךְ בְּדָמַיִךְ חֲיִי׃ רְבָבָה כְּצֶמַח
הַשָּׂדֶה נְתַתִּיךְ וַתִּרְבִּי וַתִּגְדְּלִי וַתָּבֹאִי בַּעֲדִי עֲדָיִים שָׁדַיִם
8 נָכֹנוּ וּשְׂעָרֵךְ צִמֵּחַ וְאַתְּ עֵרֹם וְעֶרְיָה׃ וָאֶעֱבֹר עָלַיִךְ וָאֶרְאֵךְ
וְהִנֵּה עִתֵּךְ עֵת דֹּדִים וָאֶפְרֹשׂ כְּנָפִי עָלַיִךְ וָאֲכַסֶּה עֶרְוָתֵךְ
וָאֶשָּׁבַע לָךְ וָאָבוֹא בִבְרִית אֹתָךְ נְאֻם אֲדֹנָי יְהוִה וַתִּהְיִי־

9 לִֽי׃ וָאֶרְחָצֵךְ בַּמַּיִם וָאֶשְׁטֹף דָּמַיִךְ מֵעָלָיִךְ וָאֲסֻכֵךְ בַּשָּֽׁמֶן׃
י וָאַלְבִּישֵׁךְ רִקְמָה וָאֶנְעֲלֵךְ תָּחַשׁ וָאֶחְבְּשֵׁךְ בַּשֵּׁשׁ וַאֲכַסֵּךְ מֶֽשִׁי׃
11 וָאֶעְדֵּךְ עֶדִי וָאֶתְּנָה צְמִידִים עַל־יָדַיִךְ וְרָבִיד עַל־גְּרוֹנֵֽךְ׃
12 וָאֶתֵּן נֶזֶם עַל־אַפֵּךְ וַעֲגִילִים עַל־אָזְנָיִךְ וַעֲטֶרֶת תִּפְאֶרֶת
13 בְּרֹאשֵֽׁךְ׃ וַתַּעְדִּי זָהָב וָכֶסֶף וּמַלְבוּשֵׁךְ שֵׁשׁי וָמֶשִׁי וְרִקְמָה
סֹלֶת וּדְבַשׁ וָשֶׁמֶן אָכָלְתִּי וַתִּיפִי בִּמְאֹד מְאֹד וַתִּצְלְחִי
14 לִמְלוּכָֽה׃ וַיֵּצֵא לָךְ שֵׁם בַּגּוֹיִם בְּיָפְיֵךְ כִּי ׀ כָּלִיל הוּא
טו בַּהֲדָרִי אֲשֶׁר־שַׂמְתִּי עָלַיִךְ נְאֻם אֲדֹנָי יֱהוִֽה׃ וַתִּבְטְחִי בְיָפְיֵךְ
וַתִּזְנִי עַל־שְׁמֵךְ וַתִּשְׁפְּכִי אֶת־תַּזְנוּתַיִךְ עַל־כָּל־עוֹבֵר לוֹ־
16 יֶֽהִי׃ וַתִּקְחִי מִבְּגָדַיִךְ וַתַּעֲשִׂי־לָךְ בָּמוֹת טְלֻאוֹת וַתִּזְנִי עֲלֵיהֶם
17 לֹא בָאוֹת וְלֹא יִהְיֶֽה׃ וַתִּקְחִי כְּלֵי תִפְאַרְתֵּךְ מִזְּהָבִי וּמִכַּסְפִּי
18 אֲשֶׁר נָתַתִּי לָךְ וַתַּעֲשִׂי־לָךְ צַלְמֵי זָכָר וַתִּזְנִי־בָֽם׃ וַתִּקְחִי
אֶת־בִּגְדֵי רִקְמָתֵךְ וַתְּכַסִּים וְשַׁמְנִי וּקְטָרְתִּי נָתַתִּי לִפְנֵיהֶֽם׃
19 וְלַחְמִי אֲשֶׁר־נָתַתִּי לָךְ סֹלֶת וָשֶׁמֶן וּדְבַשׁ הֶאֱכַלְתִּיךְ וּנְתַתִּיהוּ
כ לִפְנֵיהֶם לְרֵיחַ נִיחֹחַ וַיֶּהִי נְאֻם אֲדֹנָי יֱהוִֽה׃ וַתִּקְחִי אֶת־בָּנַיִךְ
וְאֶת־בְּנוֹתַיִךְ אֲשֶׁר יָלַדְתְּ לִי וַתִּזְבָּחִים לָהֶם לֶאֱכוֹל הַמְעַט
21 מִתַּזְנוּתָֽךְ׃ וַתִּשְׁחֲטִי אֶת־בָּנָי וַתִּתְּנִים בְּהַעֲבִיר אוֹתָם לָהֶֽם׃
22 וְאֵת כָּל־תּוֹעֲבֹתַיִךְ וְתַזְנֻתַיִךְ לֹא זָכַרְתִּי אֶת־יְמֵי נְעוּרָיִךְ
23 בִּהְיוֹתֵךְ עֵרֹם וְעֶרְיָה מִתְבּוֹסֶסֶת בְּדָמֵךְ הָיִית׃ וַיְהִי אַחֲרֵי
24 כָּל־רָעָתֵךְ אוֹי אוֹי לָךְ נְאֻם אֲדֹנָי יֱהוִֽה׃ וַתִּבְנִי־לָךְ גֶּב
כה וַתַּעֲשִׂי־לָךְ רָמָה בְּכָל־רְחֽוֹב׃ אֶל־כָּל־רֹאשׁ דֶּרֶךְ בָּנִית
רָמָתֵךְ וַתְּתַעֲבִי אֶת־יָפְיֵךְ וַתְּפַשְּׂקִי אֶת־רַגְלַיִךְ לְכָל־עוֹבֵר
26 וַתַּרְבִּי אֶת־תַּזְנוּתָֽךְ׃ וַתִּזְנִי אֶל־בְּנֵי־מִצְרַיִם שְׁכֵנַיִךְ גִּדְלֵי
27 בָשָׂר וַתַּרְבִּי אֶת־תַּזְנֻתֵךְ לְהַכְעִיסֵֽנִי׃ וְהִנֵּה נָטִיתִי יָדִי עָלַיִךְ
וָאֶגְרַע חֻקֵּךְ וָאֶתְּנֵךְ בְּנֶפֶשׁ שֹׂנְאוֹתַיִךְ בְּנוֹת פְּלִשְׁתִּים הַנִּכְלָמוֹת
28 מִדַּרְכֵּךְ זִמָּֽה׃ וַתִּזְנִי אֶל־בְּנֵי אַשּׁוּר מִבִּלְתִּי שָׂבְעָתֵךְ וַתִּזְנִים
29 וְגַם לֹא שָׂבָֽעַתְּ׃ וַתַּרְבִּי אֶת־תַּזְנוּתֵךְ אֶל־אֶרֶץ כְּנַעַן כַּשְׂדִּימָה

וגם־בזאת

v. 13. שש ק׳ ibid. אכלת ק׳ v. 18. נתת ק׳ v. 20. מתזנותיך ק׳
v. 22. זכרת ק׳ v. 25. תזנותיך ק׳

ל וְגַם־בְּזֹאת לֹא שָׂבָעַתְּ׃ מָה אֲמֻלָה לִבָּתֵךְ נְאֻם אֲדֹנָי יְהֹוִה
31 בַּעֲשׂוֹתֵךְ אֶת־כָּל־אֵלֶּה מַעֲשֵׂה אִשָּׁה־זוֹנָה שַׁלָּטֶת׃ בִּבְנוֹתַיִךְ
גַּבֵּךְ בְּרֹאשׁ כָּל־דֶּרֶךְ וְרָמָתֵךְ עָשִׂיתִי בְּכָל־רְחוֹב וְלֹא־
32 הָיִיתִי כַּזּוֹנָה לְקַלֵּס אֶתְנָן׃ הָאִשָּׁה הַמְּנָאָפֶת תַּחַת אִישָׁהּ
33 תִּקַּח אֶת־זָרִים׃ לְכָל־זֹנוֹת יִתְּנוּ־נֵדֶה וְאַתְּ נָתַתְּ אֶת־
נְדָנַיִךְ לְכָל־מְאַהֲבַיִךְ וַתִּשְׁחֳדִי אוֹתָם לָבוֹא אֵלַיִךְ מִסָּבִיב
34 בְּתַזְנוּתָיִךְ׃ וַיְהִי־בָךְ הֵפֶךְ מִן־הַנָּשִׁים בְּתַזְנוּתַיִךְ וְאַחֲרַיִךְ
לֹא זוּנָּה וּבְתִתֵּךְ אֶתְנָן וְאֶתְנַן לֹא נִתַּן־לָךְ וַתְּהִי לְהֶפֶךְ׃
לה 36 לָכֵן זוֹנָה שִׁמְעִי דְּבַר־יְהֹוָה׃ כֹּה־אָמַר אֲדֹנָי יְהֹוִה יַעַן
הִשָּׁפֵךְ נְחֻשְׁתֵּךְ וַתִּגָּלֶה עֶרְוָתֵךְ בְּתַזְנוּתַיִךְ עַל־מְאַהֲבָיִךְ וְעַל
37 כָּל־גִּלּוּלֵי תוֹעֲבוֹתַיִךְ וְכִדְמֵי בָנַיִךְ אֲשֶׁר נָתַתְּ לָהֶם׃ לָכֵן
הִנְנִי מְקַבֵּץ אֶת־כָּל־מְאַהֲבַיִךְ אֲשֶׁר עָרַבְתְּ עֲלֵיהֶם וְאֵת
כָּל־אֲשֶׁר אָהַבְתְּ עַל כָּל־אֲשֶׁר שָׂנֵאת וְקִבַּצְתִּי אֹתָם
עָלַיִךְ מִסָּבִיב וְגִלֵּיתִי עֶרְוָתֵךְ אֲלֵהֶם וְרָאוּ אֶת־כָּל־עֶרְוָתֵךְ׃
38 וּשְׁפַטְתִּיךְ מִשְׁפְּטֵי נֹאֲפוֹת וְשֹׁפְכֹת דָּם וּנְתַתִּיךְ דַּם חֵמָה
39 וְקִנְאָה׃ וְנָתַתִּי אוֹתָךְ בְּיָדָם וְהָרְסוּ גַבֵּךְ וְנִתְּצוּ רָמֹתַיִךְ
וְהִפְשִׁיטוּ אוֹתָךְ בְּגָדַיִךְ וְלָקְחוּ כְּלֵי תִפְאַרְתֵּךְ וְהִנִּיחוּךְ עֵירֹם
מ וְעֶרְיָה׃ וְהֶעֱלוּ עָלַיִךְ קָהָל וְרָגְמוּ אוֹתָךְ בָּאָבֶן וּבִתְּקוּךְ
41 בְּחַרְבוֹתָם׃ וְשָׂרְפוּ בָתַּיִךְ בָּאֵשׁ וְעָשׂוּ־בָךְ שְׁפָטִים לְעֵינֵי
נָשִׁים רַבּוֹת וְהִשְׁבַּתִּיךְ מִזּוֹנָה וְגַם־אֶתְנַן לֹא תִתְּנִי־עוֹד׃
42 וַהֲנִחֹתִי חֲמָתִי בָּךְ וְסָרָה קִנְאָתִי מִמֵּךְ וְשָׁקַטְתִּי וְלֹא אֶכְעַס
43 עוֹד׃ יַעַן אֲשֶׁר לֹא־זָכַרְתִּי אֶת־יְמֵי נְעוּרַיִךְ וַתִּרְגְּזִי־לִי
בְּכָל־אֵלֶּה וְגַם־אֲנִי הֵא דַּרְכֵּךְ׀ בְּרֹאשׁ נָתַתִּי נְאֻם אֲדֹנָי
44 יְהֹוִה וְלֹא עָשִׂיתִי אֶת־הַזִּמָּה עַל כָּל־תּוֹעֲבֹתָיִךְ׃ הִנֵּה כָּל־
מה הַמֹּשֵׁל עָלַיִךְ יִמְשֹׁל לֵאמֹר כְּאִמָּה בִּתָּהּ׃ בַּת־אִמֵּךְ אַתְּ
גֹּעֶלֶת אִישָׁהּ וּבָנֶיהָ וַאֲחוֹת אֲחוֹתֵךְ אַתְּ אֲשֶׁר גָּעֲלוּ אַנְשֵׁיהֶן
46 וּבְנֵיהֶן אִמְּכֶן חִתִּית וַאֲבִיכֶן אֱמֹרִי׃ וַאֲחוֹתֵךְ הַגְּדוֹלָה שֹׁמְרוֹן

היא

v. 31. עשית ק׳ ibid. היית ק׳ v. 43. זכרת ק׳ ibid. עשית ק׳

הִיא וּבְנוֹתֶיהָ הַיּוֹשֶׁבֶת עַל־שְׂמֹאולֵךְ וַאֲחוֹתֵךְ הַקְּטַנָּה מִמֵּךְ
47 הַיּוֹשֶׁבֶת מִימִינֵךְ סְדֹם וּבְנוֹתֶיהָ׃ וְלֹא בְדַרְכֵיהֶן הָלַכְתְּ
וּכְתוֹעֲבוֹתֵיהֶן עָשִׂיתִי כִּמְעַט קָט וַתַּשְׁחִתִי מֵהֵן בְּכָל־דְּרָכָיִךְ׃
48 חַי־אָנִי נְאֻם אֲדֹנָי יְהוִה אִם־עָשְׂתָה סְדֹם אֲחוֹתֵךְ הִיא
49 וּבְנוֹתֶיהָ כַּאֲשֶׁר עָשִׂית אַתְּ וּבְנוֹתָיִךְ׃ הִנֵּה־זֶה הָיָה עֲוֹן סְדֹם
אֲחוֹתֵךְ גָּאוֹן שִׂבְעַת־לֶחֶם וְשַׁלְוַת הַשְׁקֵט הָיָה לָהּ וְלִבְנוֹתֶיהָ
נ וְיַד־עָנִי וְאֶבְיוֹן לֹא הֶחֱזִיקָה׃ וַתִּגְבְּהֶינָה וַתַּעֲשֶׂינָה תוֹעֵבָה
51 לְפָנָי וָאָסִיר אֶתְהֶן כַּאֲשֶׁר רָאִיתִי׃ וְשֹׁמְרוֹן כַּחֲצִי חַטֹּאתַיִךְ
לֹא חָטָאָה וַתַּרְבִּי אֶת־תּוֹעֲבוֹתַיִךְ מֵהֵנָּה וַתְּצַדְּקִי אֶת־
52 אֲחוֹתֵךְ בְּכָל־תּוֹעֲבֹתַיִךְ אֲשֶׁר עָשִׂיתִי׃ גַּם־אַתְּ ׀ שְׂאִי כְלִמָּתֵךְ
אֲשֶׁר פִּלַּלְתְּ לַאֲחוֹתֵךְ בְּחַטֹּאתַיִךְ אֲשֶׁר־הִתְעַבְתְּ מֵהֵן
תִּצְדַּקְנָה מִמֵּךְ וְגַם־אַתְּ בּוֹשִׁי וּשְׂאִי כְלִמָּתֵךְ בְּצַדֶּקְתֵּךְ
53 אַחְיוֹתֵךְ׃ וְשַׁבְתִּי אֶת־שְׁבוּתְהֶן אֶת־שְׁבִית סְדֹם וּבְנוֹתֶיהָ
וְאֶת־שְׁבִית שֹׁמְרוֹן וּבְנוֹתֶיהָ וּשְׁבִית שְׁבִיתַיִךְ בְּתוֹכָהְנָה׃
54 לְמַעַן תִּשְׂאִי כְלִמָּתֵךְ וְנִכְלַמְתְּ מִכֹּל אֲשֶׁר עָשִׂית בְּנַחֲמֵךְ אֹתָן׃
נה וַאֲחוֹתַיִךְ סְדֹם וּבְנוֹתֶיהָ תָּשֹׁבְןָ לְקַדְמָתָן וְשֹׁמְרוֹן וּבְנוֹתֶיהָ
56 תָּשֹׁבְןָ לְקַדְמָתָן וְאַתְּ וּבְנוֹתַיִךְ תְּשֻׁבֶינָה לְקַדְמַתְכֶן׃ וְלוֹא
57 הָיְתָה סְדֹם אֲחוֹתֵךְ לִשְׁמוּעָה בְּפִיךְ בְּיוֹם גְּאוֹנָיִךְ׃ בְּטֶרֶם
תִּגָּלֶה רָעָתֵךְ כְּמוֹ עֵת חֶרְפַּת בְּנוֹת־אֲרָם וְכָל־סְבִיבוֹתֶיהָ
58 בְּנוֹת פְּלִשְׁתִּים הַשָּׁאטוֹת אוֹתָךְ מִסָּבִיב׃ אֶת־זִמָּתֵךְ וְאֶת־
59 תּוֹעֲבוֹתַיִךְ אַתְּ נְשָׂאתִים נְאֻם יְהוָה׃ כִּי כֹה אָמַר אֲדֹנָי
יְהוִה וְעָשִׂית אוֹתָךְ כַּאֲשֶׁר עָשִׂית אֲשֶׁר־בָּזִית אָלָה לְהָפֵר
ס בְּרִית׃ וְזָכַרְתִּי אֲנִי אֶת־בְּרִיתִי אוֹתָךְ בִּימֵי נְעוּרָיִךְ וַהֲקִמוֹתִי
61 לָךְ בְּרִית עוֹלָם׃ וְזָכַרְתְּ אֶת־דְּרָכַיִךְ וְנִכְלַמְתְּ בְּקַחְתֵּךְ אֶת־
אֲחוֹתַיִךְ הַגְּדֹלוֹת מִמֵּךְ אֶל־הַקְּטַנּוֹת מִמֵּךְ וְנָתַתִּי אֶתְהֶן לָךְ
62 לְבָנוֹת וְלֹא מִבְּרִיתֵךְ׃ וַהֲקִימוֹתִי אֲנִי אֶת־בְּרִיתִי אִתָּךְ וְיָדַעַתְּ
63 כִּי־אֲנִי יְהוָה׃ לְמַעַן תִּזְכְּרִי וָבֹשְׁתְּ וְלֹא יִהְיֶה־לָּךְ עוֹד

פתחון

v. 47 עשית ק׳ v. 51 אחותיך ק׳ ibid. עשית ק׳ v. 53 שביתהן ק׳
ibid. שבות ק׳ ibid. שבות ק׳ ibid. ושבות ק׳ v. 59 ועשיתי ק׳

פִּתְח֣וֹן פֶּ֔ה מִפְּנֵ֖י כְּלִמָּתֵ֑ךְ בְּכַפְּרִי־לָךְ֙ לְכָל־אֲשֶׁ֣ר עָשִׂ֔ית
נְאֻ֖ם אֲדֹנָ֥י יְהוִֽה׃

יז CAP. XVII. יז

א 2 וַיְהִ֥י דְבַר־יְהוָ֖ה אֵלַ֥י לֵאמֹֽר׃ בֶּן־אָדָ֕ם ח֥וּד חִידָ֖ה וּמְשֹׁ֣ל
3 מָשָׁ֑ל אֶל־בֵּ֖ית יִשְׂרָאֵֽל׃ וְאָמַרְתָּ֞ כֹּֽה־אָמַ֣ר ׀ אֲדֹנָ֣י יְהוִ֗ה הַנֶּ֤שֶׁר
הַגָּדוֹל֙ גְּד֣וֹל הַכְּנָפַ֔יִם אֶ֚רֶךְ הָאֵ֔בֶר מָלֵא֙ הַנּוֹצָ֔ה אֲשֶׁר־ל֖וֹ
4 הָֽרִקְמָ֑ה בָּ֚א אֶל־הַלְּבָנ֔וֹן וַיִּקַּ֖ח אֶת־צַמֶּ֥רֶת הָאָֽרֶז׃ אֵ֛ת רֹ֥אשׁ
יְנִיקוֹתָ֖יו קָטָ֑ף וַיְבִיאֵ֙הוּ֙ אֶל־אֶ֣רֶץ כְּנַ֔עַן בְּעִ֥יר רֹכְלִ֖ים שָׂמֽוֹ׃
ה וַיִּקַּח֙ מִזֶּ֣רַע הָאָ֔רֶץ וַֽיִּתְּנֵ֖הוּ בִּשְׂדֵה־זָ֑רַע קָ֚ח עַל־מַ֣יִם רַבִּ֔ים
6 צַפְצָפָ֖ה שָׂמֽוֹ׃ וַיִּצְמַ֞ח וַיְהִ֣י לְגֶ֗פֶן סֹרַ֙חַת֙ שִׁפְלַ֣ת קוֹמָ֔ה לִפְנ֤וֹת
דָּֽלִיּוֹתָיו֙ אֵלָ֔יו וְשָׁרָשָׁ֖יו תַּחְתָּ֣יו יִהְי֑וּ וַתְּהִ֣י לְגֶ֔פֶן וַתַּ֣עַשׂ בַּדִּ֔ים
7 וַתְּשַׁלַּ֖ח פֹּארֽוֹת׃ וַיְהִ֤י נֶֽשֶׁר־אֶחָד֙ גָּד֔וֹל גְּד֥וֹל כְּנָפַ֖יִם וְרַב־
נוֹצָ֑ה וְ֠הִנֵּה הַגֶּ֨פֶן הַזֹּ֜את כָּֽפְנָ֧ה שָׁרָשֶׁ֣יהָ עָלָ֗יו וְדָֽלִיּוֹתָיו֙ שִֽׁלְחָה־
8 ל֔וֹ לְהַשְׁק֣וֹת אוֹתָ֔הּ מֵעֲרֻג֖וֹת מַטָּעָֽהּ׃ אֶל־שָׂ֥דֶה טּ֛וֹב אֶל־
מַ֥יִם רַבִּ֖ים הִ֣יא שְׁתוּלָ֑ה לַעֲשׂ֤וֹת עָנָף֙ וְלָשֵׂ֣את פֶּ֔רִי לִהְי֖וֹת
9 לְגֶ֥פֶן אַדָּֽרֶת׃ אֱמֹ֗ר כֹּ֤ה אָמַר֙ אֲדֹנָ֣י יְהוִ֔ה תִּצְלָ֑ח הֲלוֹא֩ אֶת־
שָׁרָשֶׁ֨יהָ יְנַתֵּ֜ק וְאֶת־פִּרְיָ֣הּ ׀ יְקוֹסֵ֣ס וְיָבֵ֗שׁ כָּל־טַרְפֵּ֤י צִמְחָהּ֙
תִּיבָ֔שׁ וְלֹֽא־בִזְרֹ֤עַ גְּדוֹלָה֙ וּבְעַם־רָ֔ב לְמַשְׂא֥וֹת אוֹתָ֖הּ
י מִשָּׁרָשֶֽׁיהָ׃ וְהִנֵּ֥ה שְׁתוּלָ֖ה הֲתִצְלָ֑ח הֲלֹא֩ כְגַ֨עַת בָּ֜הּ ר֣וּחַ
11 הַקָּדִ֗ים תִּיבַ֣שׁ יָבֹ֔שׁ עַל־עֲרֻגֹ֥ת צִמְחָ֖הּ תִּיבָֽשׁ׃ וַיְהִ֥י
12 דְבַר־יְהוָ֖ה אֵלַ֥י לֵאמֹֽר׃ אֱמָר־נָא֙ לְבֵ֣ית הַמֶּ֔רִי הֲלֹ֥א יְדַעְתֶּ֖ם
מָה־אֵ֑לֶּה אֱמֹ֗ר הִנֵּה־בָא֩ מֶֽלֶךְ־בָּבֶ֨ל יְרוּשָׁלִַ֜ם וַיִּקַּ֤ח אֶת־
13 מַלְכָּהּ֙ וְאֶת־שָׂרֶ֔יהָ וַיָּבֵ֥א אוֹתָ֛ם אֵלָ֖יו בָּבֶֽלָה׃ וַיִּקַּח֙ מִזֶּ֣רַע
הַמְּלוּכָ֔ה וַיִּכְרֹ֥ת אִתּ֖וֹ בְּרִ֑ית וַיָּבֵ֤א אֹתוֹ֙ בְּאָלָ֔ה וְאֶת־אֵילֵ֥י
14 הָאָ֖רֶץ לָקָֽח׃ לִהְיוֹת֙ מַמְלָכָ֣ה שְׁפָלָ֔ה לְבִלְתִּ֖י הִתְנַשֵּׂ֑א לִשְׁמֹ֥ר
טו אֶת־בְּרִית֖וֹ לְעָמְדָֽהּ׃ וַיִּמְרָד־בּ֗וֹ לִשְׁלֹ֤חַ מַלְאָכָיו֙ מִצְרַ֔יִם
לָֽתֶת־ל֥וֹ סוּסִ֖ים וְעַם־רָ֑ב הֲיִצְלָ֞ח הֲיִמָּלֵ֨ט הָעֹשֵׂ֥ה אֵ֛לֶּה וְהֵפֵ֥ר
16 בְּרִ֖ית וְנִמְלָֽט׃ חַי־אָ֗נִי נְאֻם֙ אֲדֹנָ֣י יְהוִ֔ה אִם־לֹ֗א בִּמְקוֹם֙

המלך

הַמֶּ֙לֶךְ֙ הַמַּמְלִ֣יךְ אֹת֔וֹ אֲשֶׁ֤ר בָּזָה֙ אֶת־אָ֣לָת֔וֹ וַאֲשֶׁ֥ר הֵפֵ֖ר אֶת־
17 בְּרִית֑וֹ אִתּ֥וֹ בְתוֹךְ־בָּבֶ֖ל יָמֽוּת׃ וְלֹא֩ בְחַ֨יִל גָּד֜וֹל וּבְקָהָ֣ל רָ֗ב
יַעֲשֶׂ֨ה אוֹת֤וֹ פַרְעֹה֙ בַּמִּלְחָמָ֔ה בִּשְׁפֹּ֥ךְ סֹלְלָ֖ה וּבִבְנ֣וֹת דָּיֵ֑ק
18 לְהַכְרִ֖ית נְפָשׁ֥וֹת רַבּֽוֹת׃ וּבָזָ֥ה אָלָ֖ה לְהָפֵ֣ר בְּרִ֑ית וְהִנֵּ֨ה נָתַ֥ן
19 יָד֛וֹ וְכָל־אֵ֥לֶּה עָשָׂ֖ה לֹ֥א יִמָּלֵֽט׃ לָכֵ֞ן כֹּה־אָמַ֣ר אֲדֹנָ֣י
יְהוִה֮ חַי־אָנִי֒ אִם־לֹ֗א אָֽלָתִי֙ אֲשֶׁ֣ר בָּזָ֔ה וּבְרִיתִ֖י אֲשֶׁ֣ר הֵפִ֑יר
כ וּנְתַתִּ֖יו בְּרֹאשֽׁוֹ׃ וּפָרַשְׂתִּ֤י עָלָיו֙ רִשְׁתִּ֔י וְנִתְפַּ֖שׂ בִּמְצוּדָתִ֑י
וַהֲבִיאוֹתִ֣יהוּ בָבֶ֗לָה וְנִשְׁפַּטְתִּ֤י אִתּוֹ֙ שָׁ֔ם מַעֲל֖וֹ אֲשֶׁ֥ר מָֽעַל־בִּֽי׃
21 וְאֵ֨ת כָּל־מִבְרָחָ֤ו בְּכָל־אֲגַפָּיו֙ בַּחֶ֣רֶב יִפֹּ֔לוּ וְהַנִּשְׁאָרִ֖ים לְכָל־
22 ר֣וּחַ יִפָּרֵ֑שׂוּ וִֽידַעְתֶּ֕ם כִּ֛י אֲנִ֥י יְהוָ֖ה דִּבַּֽרְתִּי׃ כֹּ֣ה אָמַר֮
אֲדֹנָ֣י יְהוִה֒ וְלָקַ֣חְתִּי אָ֗נִי מִצַּמֶּ֛רֶת הָאֶ֥רֶז הָרָמָ֖ה וְנָתָ֑תִּי מֵרֹ֣אשׁ
23 יֹנְקוֹתָיו֙ רַ֣ךְ אֶקְטֹ֔ף וְשָׁתַ֣לְתִּי אָ֔נִי עַ֥ל הַר־גָּבֹ֖הַּ וְתָלֽוּל׃ בְּהַ֨ר
מְר֤וֹם יִשְׂרָאֵל֙ אֶשְׁתֳּלֶ֔נּוּ וְנָשָׂ֤א עָנָף֙ וְעָ֣שָׂה פֶ֔רִי וְהָיָ֖ה לְאֶ֣רֶז
אַדִּ֑יר וְשָׁכְנ֣וּ תַחְתָּ֗יו כֹּ֚ל צִפּ֣וֹר כָּל־כָּנָ֔ף בְּצֵ֥ל דָּלִיּוֹתָ֖יו
24 תִּשְׁכֹּֽנָּה׃ וְיָדְע֞וּ כָּל־עֲצֵ֣י הַשָּׂדֶ֗ה כִּ֣י אֲנִ֣י יְהוָה֮ הִשְׁפַּ֣לְתִּי ׀ עֵ֣ץ
גָּבֹ֗הַּ הִגְבַּ֙הְתִּי֙ עֵ֣ץ שָׁפָ֔ל הוֹבַ֙שְׁתִּי֙ עֵ֣ץ לָ֔ח וְהִפְרַ֖חְתִּי עֵ֣ץ יָבֵ֑שׁ
אֲנִ֧י יְהוָ֛ה דִּבַּ֖רְתִּי וְעָשִֽׂיתִי׃

יח Cap. XVIII. יח

א 2 וַיְהִ֥י דְבַר־יְהוָ֖ה אֵלַ֥י לֵאמֹֽר׃ מַה־לָּכֶ֗ם אַתֶּם֙ מֹֽשְׁלִים֙
אֶת־הַמָּשָׁ֣ל הַזֶּ֔ה עַל־אַדְמַ֥ת יִשְׂרָאֵ֖ל לֵאמֹ֑ר אָב֗וֹת יֹ֣אכְלוּ
3 בֹ֔סֶר וְשִׁנֵּ֥י הַבָּנִ֖ים תִּקְהֶֽינָה׃ חַי־אָ֕נִי נְאֻ֖ם אֲדֹנָ֣י יְהוִ֑ה אִם־
4 יִהְיֶ֨ה לָכֶ֜ם ע֗וֹד מְשֹׁ֛ל הַמָּשָׁ֥ל הַזֶּ֖ה בְּיִשְׂרָאֵֽל׃ הֵ֤ן כָּל־הַנְּפָשׁוֹת֙
לִ֣י הֵ֔נָּה כְּנֶ֧פֶשׁ הָאָ֛ב וּכְנֶ֥פֶשׁ הַבֵּ֖ן לִי־הֵ֑נָּה הַנֶּ֥פֶשׁ הַחֹטֵ֖את
ה הִ֥יא תָמֽוּת׃ וְאִ֖ישׁ כִּי־יִהְיֶ֣ה צַדִּ֑יק וְעָשָׂ֥ה מִשְׁפָּ֖ט וּצְדָקָֽה׃
6 אֶל־הֶהָרִים֙ לֹ֣א אָכָ֔ל וְעֵינָיו֙ לֹ֣א נָשָׂ֔א אֶל־גִּלּוּלֵ֖י בֵּ֣ית יִשְׂרָאֵ֑ל
7 וְאֶת־אֵ֤שֶׁת רֵעֵ֙הוּ֙ לֹ֣א טִמֵּ֔א וְאֶל־אִשָּׁ֥ה נִדָּ֖ה לֹ֥א יִקְרָֽב׃ וְאִישׁ֙
לֹ֣א יוֹנֶ֔ה חֲבֹלָת֥וֹ חוֹב֙ יָשִׁ֔יב גְּזֵלָ֖ה לֹ֣א יִגְזֹ֑ל לַחְמוֹ֙ לְרָעֵ֣ב יִתֵּ֔ן

ועירם

ייז v. 21. מברחיו ק׳ v. 22. הפטרת האזינו

8 וְעֵירֹם יְכַסֶּה־בָּגֶד׃ בַּנֶּשֶׁךְ לֹא־יִתֵּן וְתַרְבִּית לֹא יִקָּח מֵעָוֶל
9 יָשִׁיב יָדוֹ מִשְׁפַּט אֱמֶת יַעֲשֶׂה בֵּין אִישׁ לְאִישׁ׃ בְּחֻקּוֹתַי יְהַלֵּךְ
וּמִשְׁפָּטַי שָׁמַר לַעֲשׂוֹת אֱמֶת צַדִּיק הוּא חָיֹה יִחְיֶה נְאֻם אֲדֹנָי
י יְהוִה׃ וְהוֹלִיד בֵּן־פָּרִיץ שֹׁפֵךְ דָּם וְעָשָׂה אָח מֵאַחַד מֵאֵלֶּה׃
11 וְהוּא אֶת־כָּל־אֵלֶּה לֹא עָשָׂה כִּי גַם אֶל־הֶהָרִים אָכַל
12 וְאֶת־אֵשֶׁת רֵעֵהוּ טִמֵּא׃ עָנִי וְאֶבְיוֹן הוֹנָה גְּזֵלוֹת גָּזָל חֲבֹל
13 לֹא יָשִׁיב וְאֶל־הַגִּלּוּלִים נָשָׂא עֵינָיו תּוֹעֵבָה עָשָׂה׃ בַּנֶּשֶׁךְ
נָתַן וְתַרְבִּית לָקַח וָחָי לֹא יִחְיֶה אֵת כָּל־הַתּוֹעֵבוֹת הָאֵלֶּה
14 עָשָׂה מוֹת יוּמָת דָּמָיו בּוֹ יִהְיֶה׃ וְהִנֵּה הוֹלִיד בֵּן וַיַּרְא אֶת־
טו כָּל־חַטֹּאת אָבִיו אֲשֶׁר עָשָׂה וַיִּרְאֶה וְלֹא יַעֲשֶׂה כָּהֵן׃ עַל־
הֶהָרִים לֹא אָכָל וְעֵינָיו לֹא נָשָׂא אֶל־גִּלּוּלֵי בֵּית יִשְׂרָאֵל
16 אֶת־אֵשֶׁת רֵעֵהוּ לֹא טִמֵּא׃ וְאִישׁ לֹא הוֹנָה חֲבֹל לֹא חָבָל
17 וּגְזֵלָה לֹא גָזָל לַחְמוֹ לְרָעֵב נָתָן וְעֵרוֹם כִּסָּה־בָגֶד׃ מֵעָנִי
הֵשִׁיב יָדוֹ נֶשֶׁךְ וְתַרְבִּית לֹא לָקָח מִשְׁפָּטַי עָשָׂה בְּחֻקּוֹתַי
18 הָלָךְ הוּא לֹא יָמוּת בַּעֲוֹן אָבִיו חָיֹה יִחְיֶה׃ אָבִיו כִּי־עָשַׁק
עֹשֶׁק גָּזַל גֵּזֶל אָח וַאֲשֶׁר לֹא־טוֹב עָשָׂה בְּתוֹךְ עַמָּיו וְהִנֵּה־
19 מֵת בַּעֲוֹנוֹ׃ וַאֲמַרְתֶּם מַדֻּעַ לֹא־נָשָׂא הַבֵּן בַּעֲוֹן הָאָב וְהַבֵּן
מִשְׁפָּט וּצְדָקָה עָשָׂה אֵת כָּל־חֻקּוֹתַי שָׁמַר וַיַּעֲשֶׂה אֹתָם חָיֹה
כ יִחְיֶה׃ הַנֶּפֶשׁ הַחֹטֵאת הִיא תָמוּת בֵּן לֹא־יִשָּׂא | בַּעֲוֹן הָאָב
וְאָב לֹא יִשָּׂא בַּעֲוֹן הַבֵּן צִדְקַת הַצַּדִּיק עָלָיו תִּהְיֶה וְרִשְׁעַת
21 רָשָׁע עָלָיו תִּהְיֶה׃ וְהָרָשָׁע כִּי יָשׁוּב מִכָּל־חַטֹּאתָו אֲשֶׁר
עָשָׂה וְשָׁמַר אֶת־כָּל־חֻקּוֹתַי וְעָשָׂה מִשְׁפָּט וּצְדָקָה חָיֹה יִחְיֶה
22 לֹא יָמוּת׃ כָּל־פְּשָׁעָיו אֲשֶׁר עָשָׂה לֹא יִזָּכְרוּ לוֹ בְּצִדְקָתוֹ
23 אֲשֶׁר־עָשָׂה יִחְיֶה׃ הֶחָפֹץ אֶחְפֹּץ מוֹת רָשָׁע נְאֻם אֲדֹנָי יְהוִה
24 הֲלוֹא בְּשׁוּבוֹ מִדְּרָכָיו וְחָיָה׃ וּבְשׁוּב צַדִּיק מִצִּדְקָתוֹ
וְעָשָׂה עָוֶל כְּכֹל הַתּוֹעֵבוֹת אֲשֶׁר־עָשָׂה הָרָשָׁע יַעֲשֶׂה וָחָי
כָּל־צִדְקֹתָו אֲשֶׁר־עָשָׂה לֹא תִזָּכַרְנָה בְּמַעֲלוֹ אֲשֶׁר־מָעַל

ובחטאתו

v. 14. ויראה ק׳ v. 20. הרשע ק׳ v. 21. חטאתיו ק׳ v. 24. צדקתיו ק׳

כה וּבְחַטָּאת֛וֹ אֲשֶׁר־חָטָ֖א בָּ֥ם יָמֽוּת׃ וַאֲמַרְתֶּ֕ם לֹ֥א יִתָּכֵ֖ן דֶּ֣רֶךְ
אֲדֹנָ֑י שִׁמְעוּ־נָא֙ בֵּ֣ית יִשְׂרָאֵ֔ל הֲדַרְכִּי֙ לֹ֣א יִתָּכֵ֔ן הֲלֹ֥א דַרְכֵיכֶ֖ם
26 לֹ֥א יִתָּכֵֽנוּ׃ בְּשׁוּב־צַדִּ֧יק מִצִּדְקָת֛וֹ וְעָ֥שָׂה עָ֖וֶל וּמֵ֣ת עֲלֵיהֶ֑ם
27 בְּעַוְל֥וֹ אֲשֶׁר־עָשָׂ֖ה יָמֽוּת׃ וּבְשׁ֣וּב רָשָׁ֗ע מֵֽרִשְׁעָתוֹ֙ אֲשֶׁ֣ר
28 עָשָׂ֔ה וַיַּ֥עַשׂ מִשְׁפָּ֖ט וּצְדָקָ֑ה ה֖וּא אֶת־נַפְשׁ֥וֹ יְחַיֶּֽה׃ וַיִּרְאֶ֥ה
29 וַיָּשׁ֣וֹב מִכָּל־פְּשָׁעָ֖יו אֲשֶׁ֣ר עָשָׂ֑ה חָי֥וֹ יִחְיֶ֖ה לֹ֥א יָמֽוּת׃ וְאָֽמְרוּ֙
בֵּ֣ית יִשְׂרָאֵ֔ל לֹ֥א יִתָּכֵ֖ן דֶּ֣רֶךְ אֲדֹנָ֑י הַדְּרָכַ֞י לֹ֤א יִתָּֽכְנוּ֙ בֵּ֣ית
ל יִשְׂרָאֵ֔ל הֲלֹ֥א דַרְכֵיכֶ֖ם לֹ֥א יִתָּכֵֽן׃ לָכֵ֞ן אִ֧ישׁ כִּדְרָכָ֣יו אֶשְׁפֹּ֗ט
אֶתְכֶם֙ בֵּ֣ית יִשְׂרָאֵ֔ל נְאֻ֖ם אֲדֹנָ֣י יְהוִ֑ה שׁ֤וּבוּ וְהָשִׁ֙יבוּ֙ מִכָּל־
31 פִּשְׁעֵיכֶ֔ם וְלֹא־יִהְיֶ֥ה לָכֶ֛ם לְמִכְשׁ֖וֹל עָוֺֽן׃ הַשְׁלִ֣יכוּ מֵעֲלֵיכֶ֗ם
אֶֽת־כָּל־פִּשְׁעֵיכֶם֙ אֲשֶׁ֣ר פְּשַׁעְתֶּ֣ם בָּ֔ם וַעֲשׂ֥וּ לָכֶ֛ם לֵ֥ב חָדָ֖שׁ
32 וְר֣וּחַ חֲדָשָׁ֑ה וְלָ֥מָּה תָמֻ֖תוּ בֵּ֥ית יִשְׂרָאֵֽל׃ כִּ֣י לֹ֤א אֶחְפֹּץ֙ בְּמ֣וֹת
הַמֵּ֔ת נְאֻ֖ם אֲדֹנָ֣י יְהוִ֑ה וְהָשִׁ֖יבוּ וִֽחְיֽוּ׃

יט Cap. XIX. יט

א 2 וְאַתָּה֙ שָׂ֣א קִינָ֔ה אֶל־נְשִׂיאֵ֖י יִשְׂרָאֵֽל׃ וְאָמַרְתָּ֗ מָ֤ה אִמְּךָ֙ לְבִיָּ֔א
3 בֵּ֥ין אֲרָי֖וֹת רָבָ֑צָה בְּת֥וֹךְ כְּפִרִ֖ים רִבְּתָ֥ה גוּרֶֽיהָ׃ וַתַּ֙עַל֙ אֶחָ֣ד
4 מִגֻּרֶ֔יהָ כְּפִ֖יר הָיָ֑ה וַיִּלְמַ֥ד לִטְרָף־טֶ֖רֶף אָדָ֥ם אָכָֽל׃ וַיִּשְׁמְע֥וּ
אֵלָ֛יו גּוֹיִ֖ם בְּשַׁחְתָּ֣ם נִתְפָּ֑שׂ וַיְבִאֻ֥הוּ בַחַחִ֖ים אֶל־אֶ֥רֶץ מִצְרָֽיִם׃
ה וַתֵּ֙רֶא֙ כִּ֣י נֽוֹחֲלָ֔ה אָבְדָ֖ה תִּקְוָתָ֑הּ וַתִּקַּ֛ח אֶחָ֥ד מִגֻּרֶ֖יהָ כְּפִ֥יר
6 שָׂמָֽתְהוּ׃ וַיִּתְהַלֵּ֥ךְ בְּתוֹךְ־אֲרָי֖וֹת כְּפִ֣יר הָיָ֑ה וַיִּלְמַ֥ד לִטְרָף־
7 טֶ֖רֶף אָדָ֥ם אָכָֽל׃ וַיֵּ֙דַע֙ אַלְמְנוֹתָ֔יו וְעָרֵיהֶ֖ם הֶחֱרִ֑יב וַתֵּ֤שַׁם
8 אֶ֙רֶץ֙ וּמְלֹאָ֔הּ מִקּ֖וֹל שַׁאֲגָתֽוֹ׃ וַיִּתְּנ֨וּ עָלָ֥יו גּוֹיִ֛ם סָבִ֖יב מִמְּדִינ֑וֹת
9 וַיִּפְרְשׂ֥וּ עָלָ֛יו רִשְׁתָּ֖ם בְּשַׁחְתָּ֥ם נִתְפָּֽשׂ׃ וַיִּתְּנֻ֤הוּ בַסּוּגַר֙ בַּֽחַחִ֔ים
וַיְבִאֻ֖הוּ אֶל־מֶ֣לֶךְ בָּבֶ֑ל יְבִאֻ֙הוּ֙ בַּמְּצֹד֔וֹת לְמַ֗עַן לֹא־יִשָּׁמַ֥ע
קוֹל֛וֹ ע֖וֹד אֶל־הָרֵ֥י יִשְׂרָאֵֽל׃
י אִמְּךָ֥ כַגֶּ֛פֶן בְּדָמְךָ֖ עַל־מַ֣יִם שְׁתוּלָ֑ה פֹּֽרִיָּה֙ וַעֲנֵפָ֔ה הָיְתָ֖ה
11 מִמַּ֥יִם רַבִּֽים׃ וַיִּֽהְיוּ־לָ֞הּ מַטּ֣וֹת עֹ֗ז אֶל־שִׁבְטֵי֙ מֹֽשְׁלִ֔ים וַתִּגְבַּ֣הּ

קומתו

י״ח v. 24. צדקתיו ק׳ v. 28. וישב ק׳

12 קוֹמָתוֹ עַל־בֵּין עֲבֹתִים וַיֵּרָא בְגָבְהוֹ בְּרֹב דָּלִיֹּתָיו׃ וַתֻּתַּשׁ
בְּחֵמָה לָאָרֶץ הֻשְׁלָכָה וְרוּחַ הַקָּדִים הוֹבִישׁ פִּרְיָהּ הִתְפָּרְקוּ
13 וְיָבֵשׁוּ מַטֵּה עֻזָּהּ אֵשׁ אֲכָלָתְהוּ׃ וְעַתָּה שְׁתוּלָה בַמִּדְבָּר
14 בְּאֶרֶץ צִיָּה וְצָמָא׃ וַתֵּצֵא אֵשׁ מִמַּטֵּה בַדֶּיהָ פִּרְיָהּ אָכָלָה
וְלֹא־הָיָה בָהּ מַטֵּה־עֹז שֵׁבֶט לִמְשׁוֹל קִינָה הִיא וַתְּהִי
לְקִינָה׃

כ Cap. XX. כ

א וַיְהִי ׀ בַּשָּׁנָה הַשְּׁבִיעִית בַּחֲמִשִׁי בֶּעָשׂוֹר לַחֹדֶשׁ בָּאוּ אֲנָשִׁים
2 מִזִּקְנֵי יִשְׂרָאֵל לִדְרֹשׁ אֶת־יְהוָה וַיֵּשְׁבוּ לְפָנָי׃ ° וַיְהִי
3 דְבַר־יְהוָה אֵלַי לֵאמֹר׃ בֶּן־אָדָם דַּבֵּר אֶת־זִקְנֵי יִשְׂרָאֵל
וְאָמַרְתָּ אֲלֵהֶם כֹּה אָמַר אֲדֹנָי יְהוִה הֲלִדְרֹשׁ אֹתִי אַתֶּם
4 בָּאִים חַי־אָנִי אִם־אִדָּרֵשׁ לָכֶם נְאֻם אֲדֹנָי יְהוִה׃ הֲתִשְׁפֹּט
אֹתָם הֲתִשְׁפּוֹט בֶּן־אָדָם אֶת־תּוֹעֲבֹת אֲבוֹתָם הוֹדִיעֵם׃
ה וְאָמַרְתָּ אֲלֵיהֶם כֹּה־אָמַר אֲדֹנָי יְהוִה בְּיוֹם בָּחֳרִי בְיִשְׂרָאֵל
וָאֶשָּׂא יָדִי לְזֶרַע בֵּית יַעֲקֹב וָאִוָּדַע לָהֶם בְּאֶרֶץ מִצְרָיִם
6 וָאֶשָּׂא יָדִי לָהֶם לֵאמֹר אֲנִי יְהוָה אֱלֹהֵיכֶם׃ בַּיּוֹם הַהוּא
נָשָׂאתִי יָדִי לָהֶם לְהוֹצִיאָם מֵאֶרֶץ מִצְרָיִם אֶל־אֶרֶץ אֲשֶׁר־
תַּרְתִּי לָהֶם זָבַת חָלָב וּדְבַשׁ צְבִי הִיא לְכָל־הָאֲרָצוֹת׃
7 וָאֹמַר אֲלֵהֶם אִישׁ שִׁקּוּצֵי עֵינָיו הַשְׁלִיכוּ וּבְגִלּוּלֵי מִצְרַיִם
8 אַל־תִּטַּמָּאוּ אֲנִי יְהוָה אֱלֹהֵיכֶם׃ וַיַּמְרוּ־בִי וְלֹא אָבוּ לִשְׁמֹעַ
אֵלַי אִישׁ אֶת־שִׁקּוּצֵי עֵינֵיהֶם לֹא הִשְׁלִיכוּ וְאֶת־גִּלּוּלֵי
מִצְרַיִם לֹא עָזָבוּ וָאֹמַר לִשְׁפֹּךְ חֲמָתִי עֲלֵיהֶם לְכַלּוֹת אַפִּי
9 בָּהֶם בְּתוֹךְ אֶרֶץ מִצְרָיִם׃ וָאַעַשׂ לְמַעַן שְׁמִי לְבִלְתִּי הֵחֵל
לְעֵינֵי הַגּוֹיִם אֲשֶׁר־הֵמָּה בְתוֹכָם אֲשֶׁר נוֹדַעְתִּי אֲלֵיהֶם
י לְעֵינֵיהֶם לְהוֹצִיאָם מֵאֶרֶץ מִצְרָיִם׃ וָאוֹצִיאֵם מֵאֶרֶץ מִצְרָיִם
11 וָאֲבִאֵם אֶל־הַמִּדְבָּר׃ וָאֶתֵּן לָהֶם אֶת־חֻקּוֹתַי וְאֶת־מִשְׁפָּטַי
12 הוֹדַעְתִּי אוֹתָם אֲשֶׁר יַעֲשֶׂה אוֹתָם הָאָדָם וָחַי בָּהֶם׃ וְגַם

את־שבתותי

כ׳ v. 2. הפטרת קדושים כמנהג ספרדים

אֶת־שַׁבְּתוֹתַי נָתַתִּי לָהֶם לִהְיוֹת לְאוֹת בֵּינִי וּבֵינֵיהֶם לָדַעַת
13 כִּי אֲנִי יְהוָה מְקַדְּשָׁם׃ וַיַּמְרוּ־בִי בֵית־יִשְׂרָאֵל בַּמִּדְבָּר
בְּחֻקּוֹתַי לֹא־הָלָכוּ וְאֶת־מִשְׁפָּטַי מָאָסוּ אֲשֶׁר יַעֲשֶׂה אֹתָם
הָאָדָם וָחַי בָּהֶם וְאֶת־שַׁבְּתֹתַי חִלְּלוּ מְאֹד וָאֹמַר לִשְׁפֹּךְ
14 חֲמָתִי עֲלֵיהֶם בַּמִּדְבָּר לְכַלּוֹתָם׃ וָאֶעֱשֶׂה לְמַעַן שְׁמִי לְבִלְתִּי
טו הֵחֵל לְעֵינֵי הַגּוֹיִם אֲשֶׁר הוֹצֵאתִים לְעֵינֵיהֶם׃ וְגַם־אֲנִי נָשָׂאתִי
יָדִי לָהֶם בַּמִּדְבָּר לְבִלְתִּי הָבִיא אוֹתָם אֶל־הָאָרֶץ אֲשֶׁר־
16 נָתַתִּי זָבַת חָלָב וּדְבַשׁ צְבִי הִיא לְכָל־הָאֲרָצוֹת׃ יַעַן
בְּמִשְׁפָּטַי מָאָסוּ וְאֶת־חֻקּוֹתַי לֹא־הָלְכוּ בָהֶם וְאֶת־שַׁבְּתוֹתַי
17 חִלֵּלוּ כִּי אַחֲרֵי גִלּוּלֵיהֶם לִבָּם הֹלֵךְ׃ וַתָּחָס עֵינִי עֲלֵיהֶם
18 מִשַּׁחֲתָם וְלֹא־עָשִׂיתִי אוֹתָם כָּלָה בַּמִּדְבָּר׃ וָאֹמַר אֶל־
בְּנֵיהֶם בַּמִּדְבָּר בְּחוּקֵּי אֲבוֹתֵיכֶם אַל־תֵּלֵכוּ וְאֶת־מִשְׁפְּטֵיהֶם
19 אַל־תִּשְׁמֹרוּ וּבְגִלּוּלֵיהֶם אַל־תִּטַּמָּאוּ׃ אֲנִי יְהוָה אֱלֹהֵיכֶם
כ בְּחֻקּוֹתַי לֵכוּ וְאֶת־מִשְׁפָּטַי שִׁמְרוּ וַעֲשׂוּ אוֹתָם׃ וְאֶת־שַׁבְּתוֹתַי
קַדֵּשׁוּ וְהָיוּ לְאוֹת בֵּינִי וּבֵינֵיכֶם לָדַעַת כִּי אֲנִי יְהוָה אֱלֹהֵיכֶם׃
21 וַיַּמְרוּ־בִי הַבָּנִים בְּחֻקּוֹתַי לֹא־הָלָכוּ וְאֶת־מִשְׁפָּטַי לֹא־
שָׁמְרוּ לַעֲשׂוֹת אוֹתָם אֲשֶׁר יַעֲשֶׂה אוֹתָם הָאָדָם וָחַי בָּהֶם
אֶת־שַׁבְּתוֹתַי חִלֵּלוּ וָאֹמַר לִשְׁפֹּךְ חֲמָתִי עֲלֵיהֶם לְכַלּוֹת אַפִּי
22 בָּם בַּמִּדְבָּר׃ וַהֲשִׁבֹתִי אֶת־יָדִי וָאַעַשׂ לְמַעַן שְׁמִי לְבִלְתִּי
23 הֵחֵל לְעֵינֵי הַגּוֹיִם אֲשֶׁר־הוֹצֵאתִי אוֹתָם לְעֵינֵיהֶם׃ גַּם־אֲנִי
נָשָׂאתִי אֶת־יָדִי לָהֶם בַּמִּדְבָּר לְהָפִיץ אֹתָם בַּגּוֹיִם וּלְזָרוֹת
24 אוֹתָם בָּאֲרָצוֹת׃ יַעַן מִשְׁפָּטַי לֹא־עָשׂוּ וְחֻקּוֹתַי מָאָסוּ וְאֶת־
כה שַׁבְּתוֹתַי חִלֵּלוּ וְאַחֲרֵי גִּלּוּלֵי אֲבוֹתָם הָיוּ עֵינֵיהֶם׃ וְגַם־אֲנִי
נָתַתִּי לָהֶם חֻקִּים לֹא טוֹבִים וּמִשְׁפָּטִים לֹא יִחְיוּ בָּהֶם׃
26 וָאֲטַמֵּא אוֹתָם בְּמַתְּנוֹתָם בְּהַעֲבִיר כָּל־פֶּטֶר רָחַם לְמַעַן
27 אֲשִׁמֵּם לְמַעַן אֲשֶׁר יֵדְעוּ אֲשֶׁר אֲנִי יְהוָה׃ לָכֵן דַּבֵּר אֶל־
בֵּית יִשְׂרָאֵל בֶּן־אָדָם וְאָמַרְתָּ אֲלֵיהֶם כֹּה אָמַר אֲדֹנָי יְהוִה
28 עוֹד זֹאת גִּדְּפוּ אוֹתִי אֲבוֹתֵיכֶם בְּמַעֲלָם בִּי מָעַל׃ וָאֲבִיאֵם

אל־הארץ

אֶל־הָאָ֔רֶץ אֲשֶׁ֤ר נָשָׂ֙אתִי֙ אֶת־יָדִ֔י לָתֵ֥ת אוֹתָ֖הּ לָהֶ֑ם וַיִּרְאוּ֩

כָל־גִּבְעָ֨ה רָמָ֜ה וְכָל־עֵ֣ץ עָבֹ֗ת וַיִּזְבְּחוּ־שָׁ֣ם אֶת־זִבְחֵיהֶ֔ם

וַיִּתְּנוּ־שָׁם֙ כַּ֣עַס קָרְבָּנָ֔ם וַיָּשִׂ֣ימוּ שָׁ֔ם רֵ֖יחַ נִיחֽוֹחֵיהֶ֑ם וַיַּסִּ֥יכוּ שָׁ֖ם

29 אֶת־נִסְכֵּיהֶֽם׃ וָאֹמַ֣ר אֲלֵהֶ֔ם מָ֣ה הַבָּמָ֔ה אֲשֶׁר־אַתֶּ֥ם הַבָּאִ֖ים

ל שָׁ֑ם וַיִּקָּרֵ֤א שְׁמָהּ֙ בָּמָ֔ה עַ֖ד הַיּ֥וֹם הַזֶּֽה׃   לָכֵ֞ן אֱמֹ֣ר ׀ אֶל־

בֵּ֣ית יִשְׂרָאֵ֗ל כֹּ֤ה אָמַר֙ אֲדֹנָ֣י יְהֹוִ֔ה הַבְדֶ֥רֶךְ אֲבוֹתֵיכֶ֖ם אַתֶּ֣ם

31 נִטְמְאִ֑ים וְאַחֲרֵ֥י שִׁקּוּצֵיהֶ֖ם אַתֶּ֥ם זֹנִֽים׃ וּבִשְׂאֵ֣ת מַתְּנֹֽתֵיכֶ֡ם

בְּהַעֲבִ֣יר בְּנֵיכֶם֮ בָּאֵשׁ֒ אַתֶּם֩ נִטְמְאִ֨ים לְכָל־גִּלּֽוּלֵיכֶם֙ עַד־

הַיּ֔וֹם וַאֲנִ֛י אִדָּרֵ֥שׁ לָכֶ֖ם בֵּ֣ית יִשְׂרָאֵ֑ל חַי־אָ֕נִי נְאֻם֙ אֲדֹנָ֣י יְהֹוִ֔ה

32 אִם־אִדָּרֵ֖שׁ לָכֶֽם׃ וְהָֽעֹלָה֙ עַל־ר֣וּחֲכֶ֔ם הָי֖וֹ לֹ֣א תִֽהְיֶ֑ה אֲשֶׁ֣ר ׀

אַתֶּ֣ם אֹמְרִ֗ים נִֽהְיֶ֤ה כַגּוֹיִם֙ כְּמִשְׁפְּח֣וֹת הָאֲרָצ֔וֹת לְשָׁרֵ֖ת עֵ֥ץ

33 וָאָֽבֶן׃ חַי־אָ֕נִי נְאֻם֙ אֲדֹנָ֣י יְהֹוִ֔ה אִם־לֹ֠א בְּיָ֨ד חֲזָקָ֜ה וּבִזְר֤וֹעַ

34 נְטוּיָה֙ וּבְחֵמָ֣ה שְׁפוּכָ֔ה אֶמְל֖וֹךְ עֲלֵיכֶֽם׃ וְהוֹצֵאתִ֤י אֶתְכֶם֙

מִן־הָ֣עַמִּ֔ים וְקִבַּצְתִּ֣י אֶתְכֶ֔ם מִן־הָ֣אֲרָצ֔וֹת אֲשֶׁ֥ר נְפוֹצֹתֶ֖ם בָּ֑ם

בְּיָ֤ד חֲזָקָה֙ וּבִזְר֣וֹעַ נְטוּיָ֔ה וּבְחֵמָ֖ה שְׁפוּכָֽה׃ וְהֵבֵאתִ֣י אֶתְכֶ֔ם

לה אֶל־מִדְבַּ֖ר הָעַמִּ֑ים וְנִשְׁפַּטְתִּ֤י אִתְּכֶם֙ שָׁ֔ם פָּנִ֖ים אֶל־פָּנִֽים׃

36 כַּאֲשֶׁ֤ר נִשְׁפַּ֙טְתִּי֙ אֶת־אֲב֣וֹתֵיכֶ֔ם בְּמִדְבַּ֖ר אֶ֣רֶץ מִצְרָ֑יִם כֵּ֚ן

37 אִשָּׁפֵ֣ט אִתְּכֶ֔ם נְאֻ֖ם אֲדֹנָ֥י יְהֹוִֽה׃ וְהַעֲבַרְתִּ֥י אֶתְכֶ֖ם תַּ֣חַת הַשָּׁ֑בֶט

38 וְהֵבֵאתִ֥י אֶתְכֶ֖ם בְּמָסֹ֥רֶת הַבְּרִֽית׃ וּבָרוֹתִ֣י מִכֶּ֗ם הַמֹּרְדִ֤ים

וְהַפּֽוֹשְׁעִים֙ בִּ֔י מֵאֶ֤רֶץ מְגֽוּרֵיהֶם֙ אוֹצִ֣יא אוֹתָ֔ם וְאֶל־אַדְמַ֤ת

39 יִשְׂרָאֵל֙ לֹ֣א יָב֔וֹא וִֽידַעְתֶּ֖ם כִּֽי־אֲנִ֥י יְהֹוָֽה׃ וְאַתֶּ֨ם בֵּֽית־יִשְׂרָאֵ֜ל

כֹּֽה־אָמַ֣ר ׀ אֲדֹנָ֣י יְהֹוִ֗ה אִ֤ישׁ גִּלּוּלָיו֙ לְכ֣וּ עֲבֹ֔דוּ וְאַחַ֕ר

אִם־אֵֽינְכֶ֖ם שֹׁמְעִ֣ים אֵלָ֑י וְאֶת־שֵׁ֤ם קָדְשִׁי֙ לֹ֣א תְחַלְּלוּ־ע֔וֹד

מ בְּמַתְּנֽוֹתֵיכֶ֖ם וּבְגִלּֽוּלֵיכֶֽם׃ כִּ֣י בְהַר־קָדְשִׁ֞י בְּהַ֣ר ׀ מְר֣וֹם

יִשְׂרָאֵ֗ל נְאֻם֙ אֲדֹנָ֣י יְהֹוִ֔ה שָׁ֣ם יַעַבְדֻ֜נִי כָּל־בֵּ֤ית יִשְׂרָאֵל֙ כֻּלֹּ֔ה

בָּאָ֑רֶץ שָׁ֣ם אֶרְצֵ֔ם וְשָׁ֞ם אֶדְר֣וֹשׁ אֶת־תְּרוּמֹֽתֵיכֶ֗ם וְאֶת־רֵאשִׁ֛ית

41 מַשְׂאֽוֹתֵיכֶ֖ם בְּכָל־קׇדְשֵׁיכֶֽם׃ בְּרֵ֣יחַ נִיחֹ�֩חַ֩ אֶרְצֶ֨ה אֶתְכֶ֜ם

בְּהוֹצִיאִ֤י אֶתְכֶם֙ מִן־הָ֣עַמִּ֔ים וְקִבַּצְתִּ֣י אֶתְכֶ֔ם מִן־הָ֣אֲרָצ֔וֹת

אֲשֶׁ֤ר

42 אֲשֶׁר נְפֹצֹתֶם בָּם וְנִקְדַּשְׁתִּי בָכֶם לְעֵינֵי הַגּוֹיִם׃ וִֽידַעְתֶּם
כִּֽי־אֲנִי יְהוָה בַּהֲבִיאִי אֶתְכֶם אֶל־אַדְמַת יִשְׂרָאֵל אֶל־הָאָרֶץ
43 אֲשֶׁר נָשָׂאתִי אֶת־יָדִי לָתֵת אוֹתָהּ לַאֲבוֹתֵיכֶם׃ וּזְכַרְתֶּם־
שָׁם אֶת־דַּרְכֵיכֶם וְאֵת כָּל־עֲלִילוֹתֵיכֶם אֲשֶׁר נִטְמֵאתֶם בָּם
44 וּנְקֹטֹתֶם בִּפְנֵיכֶם בְּכָל־רָעוֹתֵיכֶם אֲשֶׁר עֲשִׂיתֶם׃ וִידַעְתֶּם
כִּי־אֲנִי יְהוָה בַּעֲשׂוֹתִי אִתְּכֶם לְמַעַן שְׁמִי לֹא כְדַרְכֵיכֶם
הָרָעִים וְכַעֲלִילוֹתֵיכֶם הַנִּשְׁחָתוֹת בֵּית יִשְׂרָאֵל נְאֻם אֲדֹנָי
יְהוִה׃

כא

Cap. XXI. כא

א 2 וַיְהִי דְבַר־יְהוָה אֵלַי לֵאמֹר׃ בֶּן־אָדָם שִׂים פָּנֶיךָ דֶּרֶךְ
תֵּימָנָה וְהַטֵּף אֶל־דָּרוֹם וְהִנָּבֵא אֶל־יַעַר הַשָּׂדֶה נֶגֶב׃
3 וְאָמַרְתָּ לְיַעַר הַנֶּגֶב שְׁמַע דְּבַר־יְהוָה כֹּה־אָמַר אֲדֹנָי יְהוִה
הִנְנִי מַצִּית־בְּךָ ׀ אֵשׁ וְאָכְלָה בְךָ כָל־עֵץ־לַח וְכָל־עֵץ יָבֵשׁ
לֹא־תִכְבֶּה לַהֶבֶת שַׁלְהֶבֶת וְנִצְרְבוּ־בָהּ כָּל־פָּנִים מִנֶּגֶב
4 צָפוֹנָה׃ וְרָאוּ כָּל־בָּשָׂר כִּי אֲנִי יְהוָה בִּעַרְתִּיהָ לֹא תִּכְבֶּה׃
ה וָאֹמַר אֲהָהּ אֲדֹנָי יְהוִה הֵמָּה אֹמְרִים לִי הֲלֹא מְמַשֵּׁל מְשָׁלִים
6 7 הוּא׃ וַיְהִי דְבַר־יְהוָה אֵלַי לֵאמֹר׃ בֶּן־אָדָם שִׂים
פָּנֶיךָ אֶל־יְרוּ ׳י וְהַטֵּף אֶל־מִקְדָּשִׁים וְהִנָּבֵא אֶל־אַדְמַת
8 יִשְׂרָאֵל׃ וְאָמַרְתָּ לְאַדְמַת יִשְׂרָאֵל כֹּה אָמַר יְהוָה הִנְנִי אֵלַיִךְ
9 וְהוֹצֵאתִי חַרְבִּי מִתַּעְרָהּ וְהִכְרַתִּי מִמֵּךְ צַדִּיק וְרָשָׁע׃ יַעַן
אֲשֶׁר־הִכְרַתִּי מִמֵּךְ צַדִּיק וְרָשָׁע לָכֵן תֵּצֵא חַרְבִּי מִתַּעְרָהּ
י אֶל־כָּל־בָּשָׂר מִנֶּגֶב צָפוֹן׃ וְיָדְעוּ כָּל־בָּשָׂר כִּי אֲנִי יְהוָה
11 הוֹצֵאתִי חַרְבִּי מִתַּעְרָהּ לֹא תָשׁוּב עוֹד׃ וְאַתָּה בֶן־אָדָם
12 הֵאָנַח בְּשִׁבְרוֹן מָתְנַיִם וּבִמְרִירוּת תֵּאָנַח לְעֵינֵיהֶם׃ וְהָיָה
כִּי־יֹאמְרוּ אֵלֶיךָ עַל־מָה אַתָּה נֶאֱנָח וְאָמַרְתָּ אֶל־שְׁמוּעָה
כִי־בָאָה וְנָמֵס כָּל־לֵב וְרָפוּ כָל־יָדַיִם וְכִהֲתָה כָל־רוּחַ
וְכָל־בִּרְכַּיִם תֵּלַכְנָה מַּיִם הִנֵּה בָאָה וְנִהְיָתָה נְאֻם אֲדֹנָי
13 14 יְהוִה׃ וַיְהִי דְבַר־יְהוָה אֵלַי לֵאמֹר׃ בֶּן־אָדָם הִנָּבֵא

ואמרת

וְאָמַרְתָּ כֹּה אָמַר אֲדֹנָי אֱמֹר חֶרֶב חֶרֶב הוּחַדָּה וְגַם־מְרוּטָה׃
טו לְמַעַן טְבֹחַ טֶבַח הוּחַדָּה לְמַעַן־הֱיֵה־לָהּ בָּרָק מֹרָטָּה אוֹ
16 נָשִׂישׂ שֵׁבֶט בְּנִי מֹאֶסֶת כָּל־עֵץ׃ וַיִּתֵּן אֹתָהּ לְמָרְטָה לִתְפֹּשׂ
בַּכָּף הִיא־הוּחַדָּה חֶרֶב וְהִיא מֹרָטָּה לָתֵת אוֹתָהּ בְּיַד־
17 הוֹרֵג׃ זְעַק וְהֵילֵל בֶּן־אָדָם כִּי־הִיא הָיְתָה בְעַמִּי הִיא
בְּכָל־נְשִׂיאֵי יִשְׂרָאֵל מְגוּרֵי אֶל־חֶרֶב הָיוּ אֶת־עַמִּי לָכֵן
18 סְפֹק אֶל־יָרֵךְ׃ כִּי בֹחַן וּמָה אִם־גַּם־שֵׁבֶט מֹאֶסֶת לֹא יִהְיֶה
19 נְאֻם אֲדֹנָי יְהוִה׃ וְאַתָּה בֶן־אָדָם הִנָּבֵא וְהַךְ כַּף אֶל־
כָּף וְתִכָּפֵל חֶרֶב שְׁלִישִׁתָה חֶרֶב חֲלָלִים הִיא חֶרֶב חָלָל
כ הַגָּדוֹל הַחֹדֶרֶת לָהֶם׃ לְמַעַן ׀ לָמוּג לֵב וְהַרְבֵּה הַמִּכְשֹׁלִים
עַל כָּל־שַׁעֲרֵיהֶם נָתַתִּי אִבְחַת־חָרֶב אָח עֲשׂוּיָה לְבָרָק
21 מְעֻטָּה לְטָבַח׃ הִתְאַחֲדִי הֵימִנִי הָשִׂימִי הַשְׂמִילִי אָנָה פָּנַיִךְ
22 מֻעָדוֹת׃ וְגַם־אֲנִי אַכֶּה כַפִּי אֶל־כַּפִּי וַהֲנִחֹתִי חֲמָתִי אֲנִי
23 24 יְהוָה דִּבַּרְתִּי׃ וַיְהִי דְבַר־יְהוָה אֵלַי לֵאמֹר׃ וְאַתָּה
בֶן־אָדָם שִׂים־לְךָ ׀ שְׁנַיִם דְּרָכִים לָבוֹא חֶרֶב מֶלֶךְ־בָּבֶל
מֵאֶרֶץ אֶחָד יֵצְאוּ שְׁנֵיהֶם וְיָד בָּרֵא בְּרֹאשׁ דֶּרֶךְ־עִיר בָּרֵא׃
כה דֶּרֶךְ תָּשִׂים לָבוֹא חֶרֶב אֵת רַבַּת בְּנֵי־עַמּוֹן וְאֶת־יְהוּדָה
26 בִירוּשָׁלִַם בְּצוּרָה׃ כִּי־עָמַד מֶלֶךְ־בָּבֶל אֶל־אֵם הַדֶּרֶךְ
בְּרֹאשׁ שְׁנֵי הַדְּרָכִים לִקְסָם־קָסֶם קִלְקַל בַּחִצִּים שָׁאַל
27 בַּתְּרָפִים רָאָה בַּכָּבֵד׃ בִּימִינוֹ הָיָה ׀ הַקֶּסֶם יְרוּשָׁלִַם
לָשׂוּם כָּרִים לִפְתֹּחַ פֶּה בְּרֶצַח לְהָרִים קוֹל בִּתְרוּעָה לָשׂוּם
28 כָּרִים עַל־שְׁעָרִים לִשְׁפֹּךְ סֹלְלָה לִבְנוֹת דָּיֵק׃ וְהָיָה לָהֶם
כִּקְסוֹם־שָׁוְא בְּעֵינֵיהֶם שְׁבֻעֵי שְׁבֻעוֹת לָהֶם וְהוּא־מַזְכִּיר
29 עָוֺן לְהִתָּפֵשׂ׃ לָכֵן כֹּה־אָמַר אֲדֹנָי יְהוִה יַעַן הַזְכַּרְכֶם
עֲוֺנְכֶם בְּהִגָּלוֹת פִּשְׁעֵיכֶם לְהֵרָאוֹת חַטֹּאותֵיכֶם בְּכֹל
ל עֲלִילוֹתֵיכֶם יַעַן הִזָּכֶרְכֶם בַּכַּף תִּתָּפֵשׂוּ׃ וְאַתָּה חָלָל
31 רָשָׁע נְשִׂיא יִשְׂרָאֵל אֲשֶׁר־בָּא יוֹמוֹ בְּעֵת עֲוֺן קֵץ׃ כֹּה

אמר

v. 17. סבירין למען   v. 28. כקסם ק׳

אָמַר֮ אֲדֹנָ֣י יְהוִה֒ הָסִיר֙ הַמִּצְנֶ֔פֶת וְהָרִ֖ים הָעֲטָרָ֑ה זֹ֣את לֹא־
32 זֹ֔את הַשָּׁפָ֣לָה הַגְבֵּ֔הַ וְהַגָּבֹ֖הַּ הַשְׁפִּֽיל׃ עַוָּ֥ה עַוָּ֛ה עַוָּ֖ה אֲשִׂימֶ֑נָּה
גַּם־זֹאת֙ לֹ֣א הָיָ֔ה עַד־בֹּ֛א אֲשֶׁר־ל֥וֹ הַמִּשְׁפָּ֖ט וּנְתַתִּֽיו׃
33 וְאַתָּ֨ה בֶן־אָדָ֜ם הִנָּבֵ֣א וְאָמַרְתָּ֗ כֹּ֤ה אָמַר֙ אֲדֹנָ֣י יְהוִ֔ה אֶל־
בְּנֵ֥י עַמּ֖וֹן וְאֶל־חֶרְפָּתָ֑ם וְאָמַרְתָּ֗ חֶ֣רֶב חֶ֤רֶב פְּתוּחָה֙ לְטֶ֣בַח
34 מְרוּטָ֔ה לְהָכִ֖יל לְמַ֥עַן בָּרָֽק׃ בַּחֲז֥וֹת לָךְ֙ שָׁ֔וְא בִּקְסָם־לָ֖ךְ
כָּזָ֑ב לָתֵ֣ת אוֹתָ֗ךְ אֶל־צַוְּארֵי֙ חַלְלֵ֣י רְשָׁעִ֔ים אֲשֶׁר־בָּ֣א יוֹמָ֔ם
לה בְּעֵ֖ת עֲוֹ֥ן קֵֽץ׃ הָשֵׁ֖ב אֶל־תַּעְרָ֑הּ בִּמְק֧וֹם אֲשֶׁר־נִבְרֵ֛את
36 בְּאֶ֥רֶץ מְכֻרוֹתַ֖יִךְ אֶשְׁפֹּ֥ט אֹתָֽךְ׃ וְשָׁפַכְתִּ֤י עָלַ֙יִךְ֙ זַעְמִ֔י בְּאֵ֥שׁ
עֶבְרָתִ֖י אָפִ֣יחַ עָלָ֑יִךְ וּנְתַתִּ֗יךְ בְּיַד֙ אֲנָשִׁ֣ים בֹּֽעֲרִ֔ים חָרָשֵׁ֖י
37 מַשְׁחִֽית׃ לָאֵ֤שׁ תִּֽהְיֶה֙ לְאָכְלָ֔ה דָּמֵ֥ךְ יִהְיֶ֖ה בְּת֣וֹךְ הָאָ֑רֶץ לֹ֣א
תִזָּכֵ֔רִי כִּ֛י אֲנִ֥י יְהוָ֖ה דִּבַּֽרְתִּי׃

כב CAP. XXII. כב

א 2 °וַיְהִ֥י דְבַר־יְהוָ֖ה אֵלַ֥י לֵאמֹֽר׃ וְאַתָּ֣ה בֶן־אָדָ֔ם הֲתִשְׁפֹּ֥ט
הֲתִשְׁפֹּ֖ט אֶת־עִ֣יר הַדָּמִ֑ים וְה֣וֹדַעְתָּ֔הּ אֵ֖ת כָּל־תּוֹעֲבוֹתֶֽיהָ׃
3 וְאָמַרְתָּ֗ כֹּ֤ה אָמַר֙ אֲדֹנָ֣י יְהוִ֔ה עִ֛יר שֹׁפֶ֥כֶת דָּ֛ם בְּתוֹכָ֖הּ לָב֣וֹא
4 עִתָּ֑הּ וְעָשְׂתָ֧ה גִלּוּלִ֛ים עָלֶ֖יהָ לְטָמְאָֽה׃ בְּדָמֵ֨ךְ אֲשֶׁר־שָׁפַ֜כְתְּ
אָשַׁ֗מְתְּ וּבְגִלּוּלַ֤יִךְ אֲשֶׁר־עָשִׂית֙ טָמֵ֔את וַתַּקְרִ֣יבִי יָמַ֔יִךְ וַתָּב֖וֹא
עַד־שְׁנוֹתָ֑יִךְ עַל־כֵּ֗ן נְתַתִּ֤יךְ חֶרְפָּה֙ לַגּוֹיִ֔ם וְקַלָּסָ֖ה לְכָל־
ה הָאֲרָצֽוֹת׃ הַקְּרֹב֛וֹת וְהָרְחֹק֥וֹת מִמֵּ֖ךְ יִתְקַלְּסוּ־בָ֑ךְ טְמֵאַ֣ת
6 הַשֵּׁ֔ם רַבַּ֖ת הַמְּהוּמָֽה׃ הִנֵּה֙ נְשִׂיאֵ֣י יִשְׂרָאֵ֔ל אִ֥ישׁ לִזְרֹע֖וֹ הָ֣יוּ
7 בָ֑ךְ לְמַ֖עַן שְׁפָךְ־דָּֽם׃ אָ֤ב וָאֵם֙ הֵקַ֣לּוּ בָ֔ךְ לַגֵּ֛ר עָשׂ֥וּ בַעֹ֖שֶׁק
8 בְּתוֹכֵ֑ךְ יָת֥וֹם וְאַלְמָנָ֖ה ה֥וֹנוּ בָֽךְ׃ קָדָשַׁ֖י בָּזִ֑ית וְאֶת־שַׁבְּתֹתַ֖י
9 חִלָּֽלְתְּ׃ אַנְשֵׁ֥י רָכִ֛יל הָ֥יוּ בָ֖ךְ לְמַ֣עַן שְׁפָךְ־דָּ֑ם וְאֶל־הֶֽהָרִים֙
י אָ֣כְלוּ בָ֔ךְ זִמָּ֖ה עָשׂ֥וּ בְתוֹכֵֽךְ׃ עֶרְוַת־אָ֖ב גִּלָּה־בָ֑ךְ טְמֵאַ֥ת
11 הַנִּדָּ֖ה עִנּוּ־בָֽךְ׃ וְאִ֣ישׁ ׀ אֶת־אֵ֣שֶׁת רֵעֵ֗הוּ עָשָׂה֙ תּֽוֹעֵבָ֔ה וְאִ֥ישׁ
אֶת־כַּלָּת֖וֹ טִמֵּ֣א בְזִמָּ֑ה וְאִ֛ישׁ אֶת־אֲחֹת֥וֹ בַת־אָבִ֖יו עִנָּה־

בך

כ״ב v. 1. הפטרת אחרי מות

12 בָּֽךְ׃ שֹׁ֥חַד לָֽקְחוּ־בָ֖ךְ לְמַ֣עַן שְׁפָךְ־דָּ֑ם נֶ֧שֶׁךְ וְתַרְבִּ֛ית לָקַ֖חַתְּ
13 וַתְּבַצְּעִ֤י רֵעַ֙יִךְ֙ בַּעֹ֔שֶׁק וְאֹתִ֣י שָׁכַ֔חַתְּ נְאֻ֖ם אֲדֹנָ֥י יְהוִֽה׃ וְהִנֵּה֙
הִכֵּ֣יתִי כַפִּ֔י אֶל־בִּצְעֵ֖ךְ אֲשֶׁ֣ר עָשִׂ֑ית וְעַל־דָּמֵ֔ךְ אֲשֶׁ֥ר הָי֖וּ
14 בְּתוֹכֵֽךְ׃ הֲיַעֲמֹ֤ד לִבֵּךְ֙ אִם־תֶּחֱזַ֣קְנָה יָדַ֔יִךְ לַיָּמִ֕ים אֲשֶׁ֥ר אֲנִ֖י
טו עֹשֶׂ֣ה אוֹתָ֑ךְ אֲנִ֥י יְהוָ֖ה דִּבַּ֥רְתִּי וְעָשִֽׂיתִי׃ וַהֲפִיצוֹתִ֤י אוֹתָךְ֙
16 בַּגּוֹיִ֔ם וְזֵרִיתִ֖יךְ בָּאֲרָצ֑וֹת וַהֲתִמֹּתִ֥י טֻמְאָתֵ֖ךְ מִמֵּֽךְ׃ וְנִחַ֥לְתְּ בָּ֖ךְ
17 לְעֵינֵ֣י גוֹיִ֑ם וְיָדַ֖עַתְּ כִּֽי־אֲנִ֥י יְהוָֽה׃ וַיְהִ֥י דְבַר־יְהוָ֖ה אֵלַ֥י
18 לֵאמֹֽר׃ בֶּן־אָדָ֕ם הָיוּ־לִ֥י בֵֽית־יִשְׂרָאֵ֖ל לְס֑וּג כֻּלָּ֡ם נְ֠חֹשֶׁת
19 וּבְדִ֨יל וּבַרְזֶ֤ל וְעוֹפֶ֙רֶת֙ בְּת֣וֹךְ כּ֔וּר סִגִ֥ים כֶּ֖סֶף הָיֽוּ׃ לָכֵ֗ן
כֹּ֤ה אָמַר֙ אֲדֹנָ֣י יְהוִ֔ה יַ֛עַן הֱי֥וֹת כֻּלְּכֶ֖ם לְסִגִ֑ים לָכֵן֙ הִנְנִ֣י קֹבֵ֣ץ
כ אֶתְכֶ֔ם אֶל־תּ֖וֹךְ יְרוּשָׁלִָֽם׃ קְבֻ֡צַת כֶּ֡סֶף וּ֠נְחֹשֶׁת וּבַרְזֶ֨ל
וְעוֹפֶ֤רֶת וּבְדִיל֙ אֶל־תּ֣וֹךְ כּ֔וּר לָפַֽחַת־עָלָ֥יו אֵ֖שׁ לְהַנְתִּ֑יךְ
21 כֵּ֤ן אֶקְבֹּץ֙ בְּאַפִּ֣י וּבַחֲמָתִ֔י וְהִנַּחְתִּ֥י וְהִתַּכְתִּ֖י אֶתְכֶֽם׃ וְכִנַּסְתִּ֣י
אֶתְכֶ֔ם וְנָפַחְתִּ֥י עֲלֵיכֶ֖ם בְּאֵ֣שׁ עֶבְרָתִ֑י וְנִתַּכְתֶּ֖ם בְּתוֹכָֽהּ׃
22 כְּהִתּ֥וּךְ כֶּ֙סֶף֙ בְּת֣וֹךְ כּ֔וּר כֵּ֖ן תֻּתְּכ֣וּ בְתוֹכָ֑הּ וִֽידַעְתֶּם֙ כִּֽי־אֲנִ֣י
23 יְהוָ֔ה שָׁפַ֥כְתִּי חֲמָתִ֖י עֲלֵיכֶֽם׃ וַיְהִ֥י דְבַר־יְהוָ֖ה אֵלַ֥י
24 לֵאמֹֽר׃ בֶּן־אָדָ֕ם אֱמָר־לָ֕הּ אַ֣תְּ אֶ֔רֶץ לֹ֥א מְטֹהָרָ֖ה הִ֑יא לֹ֥א
כה גֻשְׁמָ֖הּ בְּי֥וֹם זָֽעַם׃ קֶ֤שֶׁר נְבִיאֶ֙יהָ֙ בְּתוֹכָ֔הּ כַּאֲרִ֥י שׁוֹאֵ֖ג טֹ֣רֵֽף
טָ֑רֶף נֶ֣פֶשׁ אָכָ֗לוּ חֹ֤סֶן וִיקָר֙ יִקָּ֔חוּ אַלְמְנוֹתֶ֖יהָ הִרְבּ֥וּ בְתוֹכָֽהּ׃
26 כֹּהֲנֶ֜יהָ חָמְס֣וּ תוֹרָתִי֮ וַיְחַלְּל֣וּ קָדָשַׁי֒ בֵּין־קֹ֤דֶשׁ לְחֹל֙ לֹ֣א
הִבְדִּ֔ילוּ וּבֵין־הַטָּמֵ֥א לְטָה֖וֹר לֹ֣א הוֹדִ֑יעוּ וּמִשַּׁבְּתוֹתַי֙ הֶעְלִ֣ימוּ
27 עֵֽינֵיהֶ֔ם וָאֵחַ֖ל בְּתוֹכָֽם׃ שָׂרֶ֣יהָ בְקִרְבָּ֔הּ כִּזְאֵבִ֖ים טֹ֣רְפֵי טָ֑רֶף
28 לִשְׁפָּךְ־דָּם֙ לְאַבֵּ֣ד נְפָשׁ֔וֹת לְמַ֖עַן בְּצֹ֥עַ בָּֽצַע׃ וּנְבִיאֶ֗יהָ טָח֤וּ
לָהֶם֙ תָּפֵ֔ל חֹזִ֣ים שָׁ֔וְא וְקֹסְמִ֥ים לָהֶ֖ם כָּזָ֑ב אֹמְרִ֗ים כֹּ֤ה אָמַר֙
29 אֲדֹנָ֣י יְהוִ֔ה וַיהוָ֖ה לֹ֥א דִבֵּֽר׃ עַ֤ם הָאָ֙רֶץ֙ עָ֣שְׁקוּ עֹ֔שֶׁק וְגָזְל֖וּ גָּזֵ֑ל
ל וְעָנִ֤י וְאֶבְיוֹן֙ הוֹנ֔וּ וְאֶת־הַגֵּ֥ר עָשְׁק֖וּ בְּלֹ֥א מִשְׁפָּֽט׃ וָאֲבַקֵּ֨שׁ מֵהֶ֜ם
אִ֣ישׁ גֹּֽדֵר־גָּ֠דֵר וְעֹמֵ֨ד בַּפֶּ֧רֶץ לְפָנַ֛י בְּעַ֥ד הָאָ֖רֶץ לְבִלְתִּ֣י שַׁחֲתָ֑הּ

ולא

v. 18. לסיג ק'

31 וְלֹא מָצָאתִי׃ וָאֶשְׁפֹּךְ עֲלֵיהֶם זַעְמִי בְּאֵשׁ עֶבְרָתִי כִּלִּיתִים
דַּרְכָּם בְּרֹאשָׁם נָתַתִּי נְאֻם אֲדֹנָי יְהוִה׃

כג Cap. XXIII. כג

א 2 וַיְהִי דְבַר־יְהוָה אֵלַי לֵאמֹר׃ בֶּן־אָדָם שְׁתַּיִם נָשִׁים בְּנוֹת
3 אֵם־אַחַת הָיוּ׃ וַתִּזְנֶינָה בְמִצְרַיִם בִּנְעוּרֵיהֶן זָנוּ שָׁמָּה מֹעֲכוּ
4 שְׁדֵיהֶן וְשָׁם עִשּׂוּ דַּדֵּי בְּתוּלֵיהֶן׃ וּשְׁמוֹתָן אָהֳלָה הַגְּדוֹלָה
וְאָהֳלִיבָה אֲחוֹתָהּ וַתִּהְיֶינָה לִי וַתֵּלַדְנָה בָּנִים וּבָנוֹת וּשְׁמוֹתָן
ה שֹׁמְרוֹן אָהֳלָה וִירוּשָׁלִַם אָהֳלִיבָה׃ וַתִּזֶן אָהֳלָה תַּחְתָּי וַתַּעְגַּב
6 עַל־מְאַהֲבֶיהָ אֶל־אַשּׁוּר קְרוֹבִים׃ לְבֻשֵׁי תְכֵלֶת פַּחוֹת
7 וּסְגָנִים בַּחוּרֵי חֶמֶד כֻּלָּם פָּרָשִׁים רֹכְבֵי סוּסִים׃ וַתִּתֵּן
תַּזְנוּתֶיהָ עֲלֵיהֶם מִבְחַר בְּנֵי־אַשּׁוּר כֻּלָּם וּבְכֹל אֲשֶׁר־עָגְבָה
8 בְּכָל־גִּלּוּלֵיהֶם נִטְמָאָה׃ וְאֶת־תַּזְנוּתֶיהָ מִמִּצְרַיִם לֹא עָזָבָה
כִּי אוֹתָהּ שָׁכְבוּ בִנְעוּרֶיהָ וְהֵמָּה עִשּׂוּ דַּדֵּי בְתוּלֶיהָ וַיִּשְׁפְּכוּ
9 תַזְנוּתָם עָלֶיהָ׃ לָכֵן נְתַתִּיהָ בְּיַד־מְאַהֲבֶיהָ בְּיַד בְּנֵי אַשּׁוּר
י אֲשֶׁר עָגְבָה עֲלֵיהֶם׃ הֵמָּה גִּלּוּ עֶרְוָתָהּ בָּנֶיהָ וּבְנוֹתֶיהָ לָקָחוּ
וְאוֹתָהּ בַּחֶרֶב הָרָגוּ וַתְּהִי־שֵׁם לַנָּשִׁים וּשְׁפוּטִים עָשׂוּ בָהּ׃
11 וַתֵּרֶא אֲחוֹתָהּ אָהֳלִיבָה וַתַּשְׁחֵת עַגְבָתָהּ מִמֶּנָּה וְאֶת־תַּזְנוּתֶיהָ
12 מִזְּנוּנֵי אֲחוֹתָהּ׃ אֶל־בְּנֵי אַשּׁוּר עָגָבָה פַּחוֹת וּסְגָנִים קְרֹבִים
לְבֻשֵׁי מִכְלוֹל פָּרָשִׁים רֹכְבֵי סוּסִים בַּחוּרֵי חֶמֶד כֻּלָּם׃
13 14 וָאֵרֶא כִּי נִטְמָאָה דֶּרֶךְ אֶחָד לִשְׁתֵּיהֶן׃ וַתּוֹסֶף אֶל־תַּזְנוּתֶיהָ
וַתֵּרֶא אַנְשֵׁי מְחֻקֶּה עַל־הַקִּיר צַלְמֵי כַשְׂדִּיים חֲקֻקִים בַּשָּׁשַׁר׃
טו חֲגוֹרֵי אֵזוֹר בְּמָתְנֵיהֶם סְרוּחֵי טְבוּלִים בְּרָאשֵׁיהֶם מַרְאֵה
שָׁלִשִׁים כֻּלָּם דְּמוּת בְּנֵי־בָבֶל כַּשְׂדִּים אֶרֶץ מוֹלַדְתָּם׃
16 וַתַּעְגֻּב עֲלֵיהֶם לְמַרְאֵה עֵינֶיהָ וַתִּשְׁלַח מַלְאָכִים אֲלֵיהֶם
17 כַּשְׂדִּימָה׃ וַיָּבֹאוּ אֵלֶיהָ בְנֵי־בָבֶל לְמִשְׁכַּב דֹּדִים וַיְטַמְּאוּ
18 אוֹתָהּ בְּתַזְנוּתָם וַתִּטְמָא־בָם וַתֵּקַע נַפְשָׁהּ מֵהֶם׃ וַתְּגַל
תַּזְנוּתֶיהָ וַתְּגַל אֶת־עֶרְוָתָהּ וַתֵּקַע נַפְשִׁי מֵעָלֶיהָ כַּאֲשֶׁר נָקְעָה

נפשי

כ״ג v. 14. כשדים ק׳ v. 16. ותעגבה ק׳

19 נַפְשִׁי מֵעַל אֲחוֹתָהּ׃ וַתַּרְבֶּה אֶת־תַּזְנוּתֶיהָ לִזְכֹּר אֶת־יְמֵי
כ נְעוּרֶיהָ אֲשֶׁר זָנְתָה בְּאֶרֶץ מִצְרָיִם׃ וַתַּעְגְּבָה עַל פִּלַגְשֵׁיהֶם
21 אֲשֶׁר בְּשַׂר־חֲמוֹרִים בְּשָׂרָם וְזִרְמַת סוּסִים זִרְמָתָם׃ וַתִּפְקְדִי
אֵת זִמַּת נְעוּרָיִךְ בַּעְשׂוֹת מִמִּצְרַיִם דַּדַּיִךְ לְמַעַן שְׁדֵי
22 נְעוּרָיִךְ׃ לָכֵן אָהֳלִיבָה כֹּה־אָמַר אֲדֹנָי יְהוִה הִנְנִי מֵעִיר
אֶת־מְאַהֲבַיִךְ עָלַיִךְ אֵת אֲשֶׁר־נָקְעָה נַפְשֵׁךְ מֵהֶם וַהֲבֵאתִים
23 עָלַיִךְ מִסָּבִיב׃ בְּנֵי בָבֶל וְכָל־כַּשְׂדִּים פְּקוֹד וְשׁוֹעַ וְקוֹעַ
כָּל־בְּנֵי אַשּׁוּר אוֹתָם בַּחוּרֵי חֶמֶד פַּחוֹת וּסְגָנִים כֻּלָּם שָׁלִשִׁים
24 וּקְרוּאִים רֹכְבֵי סוּסִים כֻּלָּם׃ וּבָאוּ עָלַיִךְ הֹצֶן רֶכֶב וְגַלְגַּל
וּבִקְהַל עַמִּים צִנָּה וּמָגֵן וְקוֹבַע יָשִׂימוּ עָלַיִךְ סָבִיב וְנָתַתִּי
כה לִפְנֵיהֶם מִשְׁפָּט וּשְׁפָטוּךְ בְּמִשְׁפְּטֵיהֶם׃ וְנָתַתִּי קִנְאָתִי בָּךְ
וְעָשׂוּ אוֹתָךְ בְּחֵמָה אַפֵּךְ וְאָזְנַיִךְ יָסִירוּ וְאַחֲרִיתֵךְ בַּחֶרֶב
תִּפּוֹל הֵמָּה בָּנַיִךְ וּבְנוֹתַיִךְ יִקָּחוּ וְאַחֲרִיתֵךְ תֵּאָכֵל בָּאֵשׁ׃
26 27 וְהִפְשִׁיטוּךְ אֶת־בְּגָדָיִךְ וְלָקְחוּ כְּלֵי תִפְאַרְתֵּךְ׃ וְהִשְׁבַּתִּי
זִמָּתֵךְ מִמֵּךְ וְאֶת־זְנוּתֵךְ מֵאֶרֶץ מִצְרָיִם וְלֹא־תִשְׂאִי עֵינַיִךְ
28 אֲלֵיהֶם וּמִצְרַיִם לֹא תִזְכְּרִי־עוֹד׃ כִּי כֹה אָמַר אֲדֹנָי
יְהוִה הִנְנִי נֹתְנָךְ בְּיַד אֲשֶׁר שָׂנֵאת בְּיַד אֲשֶׁר־נָקְעָה נַפְשֵׁךְ
29 מֵהֶם׃ וְעָשׂוּ אוֹתָךְ בְּשִׂנְאָה וְלָקְחוּ כָּל־יְגִיעֵךְ וַעֲזָבוּךְ עֵירֹם
ל וְעֶרְיָה וְנִגְלָה עֶרְוַת זְנוּנַיִךְ וְזִמָּתֵךְ וְתַזְנוּתָיִךְ׃ עָשֹׂה אֵלֶּה לָךְ
31 בִּזְנוֹתֵךְ אַחֲרֵי גוֹיִם עַל אֲשֶׁר־נִטְמֵאת בְּגִלּוּלֵיהֶם׃ בְּדֶרֶךְ
32 אֲחוֹתֵךְ הָלָכְתְּ וְנָתַתִּי כוֹסָהּ בְּיָדֵךְ׃ כֹּה אָמַר אֲדֹנָי יְהוִה
כּוֹס אֲחוֹתֵךְ תִּשְׁתִּי הָעֲמֻקָּה וְהָרְחָבָה תִּהְיֶה לִצְחֹק וּלְלַעַג
33 מִרְבָּה לְהָכִיל׃ שִׁכָּרוֹן וְיָגוֹן תִּמָּלֵאִי כּוֹס שַׁמָּה וּשְׁמָמָה כּוֹס
34 אֲחוֹתֵךְ שֹׁמְרוֹן׃ וְשָׁתִית אוֹתָהּ וּמָצִית וְאֶת־חֲרָשֶׂיהָ תְּגָרֵמִי
לה וְשָׁדַיִךְ תְּנַתֵּקִי כִּי אֲנִי דִבַּרְתִּי נְאֻם אֲדֹנָי יְהוִה׃ לָכֵן
כֹּה אָמַר אֲדֹנָי יְהוִה יַעַן שָׁכַחַתְּ אוֹתִי וַתַּשְׁלִיכִי אוֹתִי אַחֲרֵי
36 גַוֵּךְ וְגַם־אַתְּ שְׂאִי זִמָּתֵךְ וְאֶת־תַּזְנוּתָיִךְ׃ וַיֹּאמֶר יְהוָה
אֵלַי בֶּן־אָדָם הֲתִשְׁפּוֹט אֶת־אָהֳלָה וְאֶת־אָהֳלִיבָה וְהַגֵּד

להן

37 לָהֶן אֶת תּוֹעֲבוֹתֵיהֶן׃ כִּי נִאֵפוּ וְדָם בִּידֵיהֶן וְאֶת־גִּלּוּלֵיהֶן
נִאֵפוּ וְגַם אֶת־בְּנֵיהֶן אֲשֶׁר יָלְדוּ־לִי הֶעֱבִירוּ לָהֶם לְאָכְלָה׃
38 עוֹד זֹאת עָשׂוּ לִי טִמְּאוּ אֶת־מִקְדָּשִׁי בַּיּוֹם הַהוּא וְאֶת־
39 שַׁבְּתוֹתַי חִלֵּלוּ׃ וּבְשַׁחֲטָם אֶת־בְּנֵיהֶם לְגִלּוּלֵיהֶם וַיָּבֹאוּ
אֶל־מִקְדָּשִׁי בַּיּוֹם הַהוּא לְחַלְּלוֹ וְהִנֵּה־כֹה עָשׂוּ בְּתוֹךְ בֵּיתִי׃
מ וְאַף כִּי תִשְׁלַחְנָה לַאֲנָשִׁים בָּאִים מִמֶּרְחָק אֲשֶׁר מַלְאָךְ שָׁלוּחַ
אֲלֵיהֶם וְהִנֵּה־בָאוּ לַאֲשֶׁר רָחַצְתְּ כָּחַלְתְּ עֵינַיִךְ וְעָדִית עֶדִי׃
41 וְיָשַׁבְתְּ עַל־מִטָּה כְבוּדָּה וְשֻׁלְחָן עָרוּךְ לְפָנֶיהָ וּקְטָרְתִּי
42 וְשַׁמְנִי שַׂמְתְּ עָלֶיהָ׃ וְקוֹל הָמוֹן שָׁלֵו בָהּ וְאֶל־אֲנָשִׁים מֵרֹב
אָדָם מוּבָאִים סוֹבָאִים מִמִּדְבָּר וַיִּתְּנוּ צְמִידִים אֶל־יְדֵיהֶן
43 וַעֲטֶרֶת תִּפְאֶרֶת עַל־רָאשֵׁיהֶן׃ וָאֹמַר לַבָּלָה נִאוּפִים עַתְּ
44 יִזְנֶה תַזְנוּתֶהָ וָהִיא׃ וַיָּבוֹא אֵלֶיהָ כְּבוֹא אֶל־אִשָּׁה זוֹנָה כֵּן
מה בָּאוּ אֶל־אָהֳלָה וְאֶל־אָהֳלִיבָה אִשֹּׁת הַזִּמָּה׃ וַאֲנָשִׁים צַדִּיקִם
הֵמָּה יִשְׁפְּטוּ אוֹתְהֶם מִשְׁפַּט נֹאֲפוֹת וּמִשְׁפַּט שֹׁפְכוֹת דָּם כִּי
46 נֹאֲפֹת הֵנָּה וְדָם בִּידֵיהֶן׃ כִּי כֹה אָמַר אֲדֹנָי יְהוִה הַעֲלֵה
47 עֲלֵיהֶם קָהָל וְנָתֹן אֶתְהֶן לְזַעֲוָה וְלָבַז׃ וְרָגְמוּ עֲלֵיהֶן אֶבֶן
קָהָל וּבָרֵא אוֹתְהֶן בְּחַרְבוֹתָם בְּנֵיהֶם וּבְנוֹתֵיהֶם יַהֲרֹגוּ
48 וּבָתֵּיהֶן בָּאֵשׁ יִשְׂרֹפוּ׃ וְהִשְׁבַּתִּי זִמָּה מִן־הָאָרֶץ וְנִוַּסְּרוּ כָּל־
49 הַנָּשִׁים וְלֹא תַעֲשֶׂינָה כְּזִמַּתְכֶנָה׃ וְנָתְנוּ זִמַּתְכֶנָה עֲלֵיכֶן וַחֲטָאֵי
גִלּוּלֵיכֶן תִּשֶּׂאינָה וִידַעְתֶּם כִּי אֲנִי אֲדֹנָי יְהוִה׃

כד CAP. XXIV. כד

א וַיְהִי דְבַר־יְהוָה אֵלַי בַּשָּׁנָה הַתְּשִׁיעִית בַּחֹדֶשׁ הָעֲשִׂירִי
2 בֶּעָשׂוֹר לַחֹדֶשׁ לֵאמֹר׃ בֶּן־אָדָם כְּתוֹב־לְךָ אֶת־שֵׁם הַיּוֹם
אֶת־עֶצֶם הַיּוֹם הַזֶּה סָמַךְ מֶלֶךְ־בָּבֶל אֶל־יְרוּשָׁלִַם בְּעֶצֶם
3 הַיּוֹם הַזֶּה׃ וּמְשֹׁל אֶל־בֵּית־הַמֶּרִי מָשָׁל וְאָמַרְתָּ אֲלֵיהֶם
כֹּה אָמַר אֲדֹנָי יְהוִה שְׁפֹת הַסִּיר שְׁפֹת וְגַם־יְצֹק בּוֹ מָיִם׃
4 אֱסֹף נְתָחֶיהָ אֵלֶיהָ כָּל־נֵתַח טוֹב יָרֵךְ וְכָתֵף מִבְחַר עֲצָמִים

מלא

כ״ג v. 42. סבאים ק׳ v. 43. עתה יזנו ק׳ כ״ד v. 2. כתב ק׳

ה מְלֹא: מִבְחַר הַצֹּאן לָקוֹחַ וְגַם דּוּר הָעֲצָמִים תַּחְתֶּיהָ רַתַּח
6 רְתָחֶיהָ גַּם־בָּשְׁלוּ עֲצָמֶיהָ בְּתוֹכָהּ: לָכֵן כֹּה־אָמַר ׀
אֲדֹנָי יְהוִה אוֹי עִיר הַדָּמִים סִיר אֲשֶׁר חֶלְאָתָה בָהּ וְחֶלְאָתָהּ
לֹא יָצְאָה מִמֶּנָּה לִנְתָחֶיהָ לִנְתָחֶיהָ הוֹצִיאָהּ לֹא־נָפַל עָלֶיהָ
7 גּוֹרָל: כִּי דָמָהּ בְּתוֹכָהּ הָיָה עַל־צְחִיחַ סֶלַע שָׂמָתְהוּ
8 לֹא שְׁפָכַתְהוּ עַל־הָאָרֶץ לְכַסּוֹת עָלָיו עָפָר: לְהַעֲלוֹת
חֵמָה לִנְקֹם נָקָם נָתַתִּי אֶת־דָּמָהּ עַל־צְחִיחַ סָלַע לְבִלְתִּי
9 הִכָּסוֹת: לָכֵן כֹּה אָמַר אֲדֹנָי יְהוִה אוֹי עִיר הַדָּמִים
י גַּם־אֲנִי אַגְדִּיל הַמְּדוּרָה: הַרְבֵּה הָעֵצִים הַדְלֵק הָאֵשׁ הָתֵם
11 הַבָּשָׂר וְהַרְקַח הַמֶּרְקָחָה וְהָעֲצָמוֹת יֵחָרוּ: וְהַעֲמִידֶהָ עַל־
גֶּחָלֶיהָ רֵקָה לְמַעַן תֵּחַם וְחָרָה נְחֻשְׁתָּהּ וְנִתְּכָה בְתוֹכָהּ
12 טֻמְאָתָהּ תִּתֹּם חֶלְאָתָהּ: תְּאֻנִים הֶלְאָת וְלֹא־תֵצֵא מִמֶּנָּה
13 רַבַּת חֶלְאָתָהּ בְּאֵשׁ חֶלְאָתָהּ: בְּטֻמְאָתֵךְ זִמָּה יַעַן טִהַרְתִּיךְ
וְלֹא טָהַרְתְּ מִטֻּמְאָתֵךְ לֹא תִטְהֲרִי־עוֹד עַד־הֲנִיחִי אֶת־
14 חֲמָתִי בָּךְ: אֲנִי יְהוָה דִּבַּרְתִּי בָּאָה וְעָשִׂיתִי לֹא־אֶפְרַע וְלֹא־
אָחוּס וְלֹא אֶנָּחֵם כִּדְרָכַיִךְ וְכַעֲלִילוֹתַיִךְ שְׁפָטוּךְ נְאֻם אֲדֹנָי
טו 16 יְהוִה: וַיְהִי דְבַר־יְהוָה אֵלַי לֵאמֹר: בֶּן־אָדָם הִנְנִי
לֹקֵחַ מִמְּךָ אֶת־מַחְמַד עֵינֶיךָ בְּמַגֵּפָה וְלֹא תִסְפֹּד וְלֹא
17 תִבְכֶּה וְלוֹא תָבוֹא דִּמְעָתֶךָ: הֵאָנֵק ׀ דֹּם מֵתִים אֵבֶל לֹא־
תַעֲשֶׂה פְּאֵרְךָ חֲבוֹשׁ עָלֶיךָ וּנְעָלֶיךָ תָּשִׂים בְּרַגְלֶיךָ וְלֹא
18 תַעְטֶה עַל־שָׂפָם וְלֶחֶם אֲנָשִׁים לֹא תֹאכֵל: וָאֲדַבֵּר אֶל־
הָעָם בַּבֹּקֶר וַתָּמָת אִשְׁתִּי בָּעָרֶב וָאַעַשׂ בַּבֹּקֶר כַּאֲשֶׁר צֻוֵּיתִי:
19 וַיֹּאמְרוּ אֵלַי הָעָם הֲלֹא־תַגִּיד לָנוּ מָה־אֵלֶּה לָּנוּ כִּי אַתָּה
כ 21 עֹשֶׂה: וָאֹמַר אֲלֵיהֶם דְּבַר־יְהוָה הָיָה אֵלַי לֵאמֹר: אֱמֹר ׀
לְבֵית יִשְׂרָאֵל כֹּה־אָמַר אֲדֹנָי יְהוִה הִנְנִי מְחַלֵּל אֶת־מִקְדָּשִׁי
גְּאוֹן עֻזְּכֶם מַחְמַד עֵינֵיכֶם וּמַחְמַל נַפְשְׁכֶם וּבְנֵיכֶם וּבְנוֹתֵיכֶם
22 אֲשֶׁר עֲזַבְתֶּם בַּחֶרֶב יִפֹּלוּ: וַעֲשִׂיתֶם כַּאֲשֶׁר עָשִׂיתִי עַל־
23 שָׂפָם לֹא תַעְטוּ וְלֶחֶם אֲנָשִׁים לֹא תֹאכֵלוּ: וּפְאֵרֵכֶם עַל־

ראשיכם

רָאשֵׁיכֶם וְנַעֲלֵיכֶם בְּרַגְלֵיכֶם לֹא תִסְפְּדוּ וְלֹא תִבְכּוּ וּנְמַקֹּתֶם
24 בַּעֲוֹנֹתֵיכֶם וּנְהַמְתֶּם אִישׁ אֶל־אָחִיו׃ וְהָיָה יְחֶזְקֵאל לָכֶם
לְמוֹפֵת כְּכֹל אֲשֶׁר־עָשָׂה תַּעֲשׂוּ בְּבֹאָהּ וִידַעְתֶּם כִּי אֲנִי
כה אֲדֹנָי יְהוִה׃ וְאַתָּה בֶן־אָדָם הֲלוֹא בְּיוֹם קַחְתִּי מֵהֶם
אֶת־מָעֻזָּם מְשׂוֹשׂ תִּפְאַרְתָּם אֶת־מַחְמַד עֵינֵיהֶם וְאֶת־מַשָּׂא
26 נַפְשָׁם בְּנֵיהֶם וּבְנוֹתֵיהֶם׃ בַּיּוֹם הַהוּא יָבוֹא הַפָּלִיט אֵלֶיךָ
27 לְהַשְׁמָעוּת אָזְנָיִם׃ בַּיּוֹם הַהוּא יִפָּתַח פִּיךָ אֶת־הַפָּלִיט
וּתְדַבֵּר וְלֹא תֵאָלֵם עוֹד וְהָיִיתָ לָהֶם לְמוֹפֵת וְיָדְעוּ כִּי־אֲנִי
יְהוָה׃

כה

Cap. XXV. כה

א 2 וַיְהִי דְבַר־יְהוָה אֵלַי לֵאמֹר׃ בֶּן־אָדָם שִׂים פָּנֶיךָ אֶל־
3 בְּנֵי עַמּוֹן וְהִנָּבֵא עֲלֵיהֶם׃ וְאָמַרְתָּ לִבְנֵי עַמּוֹן שִׁמְעוּ דְּבַר־
אֲדֹנָי יְהוִה כֹּה־אָמַר אֲדֹנָי יְהוִה יַעַן אָמְרֵךְ הֶאָח אֶל־מִקְדָּשִׁי
כִּי־נִחָל וְאֶל־אַדְמַת יִשְׂרָאֵל כִּי נָשַׁמָּה וְאֶל־בֵּית יְהוּדָה כִּי
4 הָלְכוּ בַּגּוֹלָה׃ לָכֵן הִנְנִי נֹתְנָךְ לִבְנֵי־קֶדֶם לְמוֹרָשָׁה וְיִשְּׁבוּ
טִירוֹתֵיהֶם בָּךְ וְנָתְנוּ בָךְ מִשְׁכְּנֵיהֶם הֵמָּה יֹאכְלוּ פִרְיֵךְ וְהֵמָּה
ה יִשְׁתּוּ חֲלָבֵךְ׃ וְנָתַתִּי אֶת־רַבָּה לִנְוֵה גְמַלִּים וְאֶת־בְּנֵי עַמּוֹן
6 לְמִרְבַּץ־צֹאן וִידַעְתֶּם כִּי־אֲנִי יְהוָה׃ כִּי כֹה אָמַר אֲדֹנָי
יְהוִה יַעַן מַחְאֲךָ יָד וְרַקְעֲךָ בְּרָגֶל וַתִּשְׂמַח בְּכָל־שָׁאטְךָ
7 בְּנֶפֶשׁ אֶל־אַדְמַת יִשְׂרָאֵל׃ לָכֵן הִנְנִי נָטִיתִי אֶת־יָדִי עָלֶיךָ
וּנְתַתִּיךָ לְבַג לַגּוֹיִם וְהִכְרַתִּיךָ מִן־הָעַמִּים וְהַאֲבַדְתִּיךָ מִן־
8 הָאֲרָצוֹת אַשְׁמִידְךָ וְיָדַעְתָּ כִּי־אֲנִי יְהוָה׃ כֹּה אָמַר אֲדֹנָי
יְהוִה יַעַן אֲמֹר מוֹאָב וְשֵׂעִיר הִנֵּה כְּכָל־הַגּוֹיִם בֵּית יְהוּדָה׃
9 לָכֵן הִנְנִי פֹתֵחַ אֶת־כֶּתֶף מוֹאָב מֵהֶעָרִים מֵעָרָיו מִקָּצֵהוּ צְבִי
י אֶרֶץ בֵּית הַיְשִׁימֹת בַּעַל מְעוֹן וְקִרְיָתָמָה׃ לִבְנֵי־קֶדֶם עַל־
בְּנֵי עַמּוֹן וּנְתַתִּיהָ לְמוֹרָשָׁה לְמַעַן לֹא־תִזָּכֵר בְּנֵי־עַמּוֹן
11 12 בַּגּוֹיִם׃ וּבְמוֹאָב אֶעֱשֶׂה שְׁפָטִים וְיָדְעוּ כִּי־אֲנִי יְהוָה׃ כֹּה

אמר

כ״ה v. 7. לבז ק׳ v. 9. וקריתימה ק׳

אָמַר֮ אֲדֹנָ֣י יְהוִה֒ יַ֗עַן עֲשׂ֥וֹת אֱד֛וֹם בִּנְקֹ֥ם נָקָ֖ם לְבֵ֣ית יְהוּדָ֑ה
13 וַיֶּאְשְׁמ֥וּ אָשׁ֖וֹם וְנִקְּמ֥וּ בָהֶֽם׃ לָכֵ֗ן כֹּ֤ה אָמַר֙ אֲדֹנָ֣י יְהוִ֔ה וְנָטִ֤תִי
יָדִי֙ עַל־אֱד֔וֹם וְהִכְרַתִּ֥י מִמֶּ֖נָּה אָדָ֣ם וּבְהֵמָ֑ה וּנְתַתִּ֤יהָ חָרְבָּה֙
14 מִתֵּימָ֔ן וּדְדָ֖נֶה בַּחֶ֥רֶב יִפֹּֽלוּ׃ וְנָתַתִּ֨י אֶת־נִקְמָתִ֜י בֶּאֱד֗וֹם בְּיַד֙
עַמִּ֣י יִשְׂרָאֵ֔ל וְעָשׂ֣וּ בֶאֱד֔וֹם כְּאַפִּ֖י וְכַחֲמָתִ֑י וְיָדְעוּ֙ אֶת־נִקְמָתִ֔י
נְאֻ֖ם אֲדֹנָ֥י יְהוִֽה׃
טו כֹּ֤ה אָמַר֙ אֲדֹנָ֣י יְהוִ֔ה יַ֛עַן עֲשׂ֥וֹת פְּלִשְׁתִּ֖ים בִּנְקָמָ֑ה וַיִּנָּקְמ֤וּ נָקָם֙
16 בִּשְׁאָ֣ט בְּנֶ֔פֶשׁ לְמַשְׁחִ֖ית אֵיבַ֥ת עוֹלָֽם׃ לָכֵ֗ן כֹּ֤ה אָמַר֙ אֲדֹנָ֣י
יְהוִ֔ה הִנְנִ֨י נוֹטֶ֤ה יָדִי֙ עַל־פְּלִשְׁתִּ֔ים וְהִכְרַתִּ֖י אֶת־כְּרֵתִ֑ים
17 וְהַ֣אֲבַדְתִּ֔י אֶת־שְׁאֵרִ֖ית ח֥וֹף הַיָּֽם׃ וְעָשִׂ֥יתִי בָם֙ נְקָמ֣וֹת גְּדֹל֔וֹת
בְּתוֹכְח֖וֹת חֵמָ֑ה וְיָדְעוּ֙ כִּֽי־אֲנִ֣י יְהוָ֔ה בְּתִתִּ֥י אֶת־נִקְמָתִ֖י בָּֽם׃

כו Cap. XXVI. כו

א וַיְהִ֛י בְּעַשְׁתֵּֽי־עֶשְׂרֵ֥ה שָׁנָ֖ה בְּאֶחָ֣ד לַחֹ֑דֶשׁ הָיָ֥ה דְבַר־
2 יְהוָ֖ה אֵלַ֥י לֵאמֹֽר׃ בֶּן־אָדָ֗ם יַ֚עַן אֲשֶׁר־אָמְרָ֨ה צֹּ֜ר עַל־
יְרוּשָׁלִַ֙ם֙ הֶאָ֔ח נִשְׁבְּרָ֛ה דַּלְת֥וֹת הָעַמִּ֖ים נָסֵ֣בָּה אֵלָ֑י אִמָּלְאָ֖ה
3 הָחֳרָֽבָה׃ לָכֵ֗ן כֹּ֤ה אָמַר֙ אֲדֹנָ֣י יְהוִ֔ה הִנְנִ֥י עָלַ֖יִךְ צֹ֑ר וְהַעֲלֵיתִ֤י
4 עָלַ֙יִךְ֙ גּוֹיִ֣ם רַבִּ֔ים כְּהַעֲל֥וֹת הַיָּ֖ם לְגַלָּֽיו׃ וְשִׁחֲת֞וּ חֹמ֣וֹת צֹ֗ר
וְהָֽרְסוּ֙ מִגְדָּלֶ֔יהָ וְסִחֵיתִ֥י עֲפָרָ֖הּ מִמֶּ֑נָּה וְנָתַתִּ֥י אוֹתָ֖הּ לִצְחִ֥יחַ
ה סָֽלַע׃ מִשְׁטַ֤ח חֲרָמִים֙ תִּֽהְיֶה֙ בְּת֣וֹךְ הַיָּ֔ם כִּ֛י אֲנִ֥י דִבַּ֖רְתִּי נְאֻ֣ם
6 אֲדֹנָ֣י יְהוִ֑ה וְהָיְתָ֥ה לְבַ֖ז לַגּוֹיִֽם׃ וּבְנוֹתֶ֙יהָ֙ אֲשֶׁ֣ר בַּשָּׂדֶ֔ה בַּחֶ֖רֶב
תֵּהָרַ֑גְנָה וְיָדְע֖וּ כִּֽי־אֲנִ֥י יְהוָֽה׃
7 כִּ֣י כֹ֤ה אָמַר֙ אֲדֹנָ֣י יְהוִ֔ה הִנְנִ֧י מֵבִ֣יא אֶל־צֹ֗ר נְבוּכַדְרֶאצַּ֧ר
מֶֽלֶךְ־בָּבֶ֛ל מִצָּפ֖וֹן מֶ֣לֶךְ מְלָכִ֑ים בְּס֛וּס וּבְרֶ֥כֶב וּבְפָרָשִׁ֖ים
8 וְקָהָ֥ל וְעַם־רָֽב׃ בְּנוֹתַ֥יִךְ בַּשָּׂדֶ֖ה בַּחֶ֣רֶב יַהֲרֹ֑ג וְנָתַ֨ן עָלַ֜יִךְ
9 דָּיֵ֗ק וְשָׁפַ֤ךְ עָלַ֙יִךְ֙ סֹֽלְלָ֔ה וְהֵקִ֥ים עָלַ֖יִךְ צִנָּֽה׃ וּמְחִ֣י קָֽבָלּ֔וֹ יִתֵּ֖ן
י בְּחֹמוֹתָ֑יִךְ וּמִגְדְּלֹתַ֕יִךְ יִתֹּ֖ץ בְּחַרְבוֹתָֽיו׃ מִשִּׁפְעַ֥ת סוּסָ֖יו יְכַסֵּ֣ךְ
אֲבָקָ֑ם מִקּוֹל֩ פָּרַ֨שׁ וְגַלְגַּ֜ל וָרֶ֗כֶב תִּרְעַ֙שְׁנָה֙ חֽוֹמוֹתַ֔יִךְ בְּבֹאוֹ֙

בשעריך

כ״ו .1 .v חצי הספר בפסוקים

11 בִּשְׁעָרַיִךְ כִּמְבוֹאֵי עִיר מְבֻקָּעָה׃ בְּפַרְסוֹת סוּסָיו יִרְמֹס
אֶת־כָּל־חוּצוֹתָיִךְ עַמֵּךְ בַּחֶרֶב יַהֲרֹג וּמַצְּבוֹת עֻזֵּךְ לָאָרֶץ
12 תֵּרֵד׃ וְשָׁלְלוּ חֵילֵךְ וּבָזְזוּ רְכֻלָּתֵךְ וְהָרְסוּ חוֹמוֹתַיִךְ וּבָתֵּי
חֶמְדָּתֵךְ יִתֹּצוּ וַאֲבָנַיִךְ וְעֵצַיִךְ וַעֲפָרֵךְ בְּתוֹךְ מַיִם יָשִׂימוּ׃
13 14 וְהִשְׁבַּתִּי הֲמוֹן שִׁירָיִךְ וְקוֹל כִּנּוֹרַיִךְ לֹא יִשָּׁמַע עוֹד׃ וּנְתַתִּיךְ
לִצְחִיחַ סֶלַע מִשְׁטַח חֲרָמִים תִּהְיֶה לֹא תִבָּנֶה עוֹד כִּי אֲנִי
יְהוָה דִּבַּרְתִּי נְאֻם אֲדֹנָי יְהוִה׃
טו כֹּה אָמַר אֲדֹנָי יְהוִה לְצוֹר הֲלֹא ׀ מִקּוֹל מַפַּלְתֵּךְ בֶּאֱנֹק חָלָל
16 בֵּהָרֵג הֶרֶג בְּתוֹכֵךְ יִרְעֲשׁוּ הָאִיִּים׃ וְיָרְדוּ מֵעַל כִּסְאוֹתָם כֹּל
נְשִׂיאֵי הַיָּם וְהֵסִירוּ אֶת־מְעִילֵיהֶם וְאֶת־בִּגְדֵי רִקְמָתָם יִפְשֹׁטוּ
חֲרָדוֹת ׀ יִלְבָּשׁוּ עַל־הָאָרֶץ יֵשֵׁבוּ וְחָרְדוּ לִרְגָעִים וְשָׁמְמוּ
17 עָלָיִךְ׃ וְנָשְׂאוּ עָלַיִךְ קִינָה וְאָמְרוּ לָךְ אֵיךְ אָבַדְתְּ נוֹשֶׁבֶת
מִיַּמִּים הָעִיר הַהֻלָּלָה אֲשֶׁר הָיְתָה חֲזָקָה בַיָּם הִיא וְיֹשְׁבֶיהָ
18 אֲשֶׁר־נָתְנוּ חִתִּיתָם לְכָל־יוֹשְׁבֶיהָ׃ עַתָּה יֶחֶרְדוּ הָאִיִּן יוֹם
19 מַפַּלְתֵּךְ וְנִבְהֲלוּ הָאִיִּים אֲשֶׁר־בַּיָּם מִצֵּאתֵךְ׃ כִּי כֹה
אָמַר אֲדֹנָי יְהוִה בְּתִתִּי אֹתָךְ עִיר נֶחֱרֶבֶת כֶּעָרִים אֲשֶׁר לֹא־
נוֹשָׁבוּ בְּהַעֲלוֹת עָלַיִךְ אֶת־תְּהוֹם וְכִסּוּךְ הַמַּיִם הָרַבִּים׃
כ וְהוֹרַדְתִּיךְ אֶת־יוֹרְדֵי בוֹר אֶל־עַם עוֹלָם וְהוֹשַׁבְתִּיךְ בְּאֶרֶץ
תַּחְתִּיּוֹת כָּחֳרָבוֹת מֵעוֹלָם אֶת־יוֹרְדֵי בוֹר לְמַעַן לֹא תֵשֵׁבִי
21 וְנָתַתִּי צְבִי בְּאֶרֶץ חַיִּים׃ בַּלָּהוֹת אֶתְּנֵךְ וְאֵינֵךְ וּתְבֻקְשִׁי וְלֹא־
תִמָּצְאִי עוֹד לְעוֹלָם נְאֻם אֲדֹנָי יְהוִה׃

כז Cap. XXVII. כז

א 2 וַיְהִי דְבַר־יְהוָה אֵלַי לֵאמֹר׃ וְאַתָּה בֶן־אָדָם שָׂא עַל־
3 צֹר קִינָה׃ וְאָמַרְתָּ לְצוֹר הַיֹּשֶׁבְתִי עַל־מְבוֹאֹת יָם רֹכֶלֶת
הָעַמִּים אֶל־אִיִּים רַבִּים כֹּה אָמַר אֲדֹנָי יְהוִה צוֹר אַתְּ
4 אָמַרְתְּ אֲנִי כְּלִילַת יֹפִי׃ בְּלֵב יַמִּים גְּבוּלָיִךְ בֹּנַיִךְ כָּלְלוּ
ה יָפְיֵךְ׃ בְּרוֹשִׁים מִשְּׂנִיר בָּנוּ לָךְ אֵת כָּל־לֻחֹתָיִם אֶרֶז מִלְּבָנוֹן

לקחו

כ״ז v. 3. הישבת ק׳

6 לָקְחוּ לַעֲשׂוֹת תֹּרֶן עָלָיִךְ׃ אַלּוֹנִים מִבָּשָׁן עָשׂוּ מִשּׁוֹטָיִךְ קַרְשֵׁךְ
7 עָשׂוּ־שֵׁן בַּת־אֲשֻׁרִים מֵאִיֵּי כִּתִּים׃ שֵׁשׁ־בְּרִקְמָה מִמִּצְרַיִם
הָיָה מִפְרָשֵׂךְ לִהְיוֹת לָךְ לְנֵס תְּכֵלֶת וְאַרְגָּמָן מֵאִיֵּי אֱלִישָׁה
8 הָיָה מְכַסֵּךְ׃ יֹשְׁבֵי צִידוֹן וְאַרְוַד הָיוּ שָׁטִים לָךְ חֲכָמַיִךְ צוֹר
9 הָיוּ בָךְ הֵמָּה חֹבְלָיִךְ׃ זִקְנֵי גְבַל וַחֲכָמֶיהָ הָיוּ בָךְ מַחֲזִיקֵי
בִּדְקֵךְ כָּל־אֳנִיּוֹת הַיָּם וּמַלָּחֵיהֶם הָיוּ בָךְ לַעֲרֹב מַעֲרָבֵךְ׃
י פָּרַס וְלוּד וּפוּט הָיוּ בְחֵילֵךְ אַנְשֵׁי מִלְחַמְתֵּךְ מָגֵן וְכוֹבַע
11 תִּלּוּ־בָךְ הֵמָּה נָתְנוּ הֲדָרֵךְ׃ בְּנֵי אַרְוַד וְחֵילֵךְ עַל־חוֹמוֹתַיִךְ
סָבִיב וְגַמָּדִים בְּמִגְדְּלוֹתַיִךְ הָיוּ שִׁלְטֵיהֶם תִּלּוּ עַל־חוֹמוֹתַיִךְ
12 סָבִיב הֵמָּה כָּלְלוּ יָפְיֵךְ׃ תַּרְשִׁישׁ סֹחַרְתֵּךְ מֵרֹב כָּל־הוֹן
13 בְּכֶסֶף בַּרְזֶל בְּדִיל וְעוֹפֶרֶת נָתְנוּ עִזְבוֹנָיִךְ׃ יָוָן תֻּבַל וָמֶשֶׁךְ
14 הֵמָּה רֹכְלָיִךְ בְּנֶפֶשׁ אָדָם וּכְלֵי נְחֹשֶׁת נָתְנוּ מַעֲרָבֵךְ׃ מִבֵּית
טו תּוֹגַרְמָה סוּסִים וּפָרָשִׁים וּפְרָדִים נָתְנוּ עִזְבוֹנָיִךְ׃ בְּנֵי דְדָן
רֹכְלַיִךְ אִיִּים רַבִּים סְחֹרַת יָדֵךְ קַרְנוֹת שֵׁן וְהָובְנִים הֵשִׁיבוּ
16 אֶשְׁכָּרֵךְ׃ אֲרָם סֹחַרְתֵּךְ מֵרֹב מַעֲשָׂיִךְ בְּנֹפֶךְ אַרְגָּמָן וְרִקְמָה
17 וּבוּץ וְרָאמֹת וְכַדְכֹּד נָתְנוּ בְּעִזְבוֹנָיִךְ׃ יְהוּדָה וְאֶרֶץ יִשְׂרָאֵל
הֵמָּה רֹכְלָיִךְ בְּחִטֵּי מִנִּית וּפַנַּג וּדְבַשׁ וָשֶׁמֶן וָצֹרִי נָתְנוּ
18 מַעֲרָבֵךְ׃ דַּמֶּשֶׂק סֹחַרְתֵּךְ בְּרֹב מַעֲשַׂיִךְ מֵרֹב כָּל־הוֹן בְּיֵין
19 חֶלְבּוֹן וְצֶמֶר צָחַר׃ וְדָן וְיָוָן מְאוּזָּל בְּעִזְבוֹנַיִךְ נָתָנוּ בַּרְזֶל
כ עָשׁוֹת קִדָּה וְקָנֶה בְּמַעֲרָבֵךְ הָיָה׃ דְּדָן רֹכַלְתֵּךְ בְּבִגְדֵי־
21 חֹפֶשׁ לְרִכְבָּה׃ עֲרַב וְכָל־נְשִׂיאֵי קֵדָר הֵמָּה סֹחֲרֵי יָדֵךְ
22 בְּכָרִים וְאֵילִם וְעַתּוּדִים בָּם סֹחֲרָיִךְ׃ רֹכְלֵי שְׁבָא וְרַעְמָה
הֵמָּה רֹכְלָיִךְ בְּרֹאשׁ כָּל־בֹּשֶׂם וּבְכָל־אֶבֶן יְקָרָה וְזָהָב נָתְנוּ
23 עִזְבוֹנָיִךְ׃ חָרָן וְכַנֵּה וָעֶדֶן רֹכְלֵי שְׁבָא אַשּׁוּר כִּלְמַד רֹכַלְתֵּךְ׃
24 הֵמָּה רֹכְלַיִךְ בְמַכְלֻלִים בִּגְלוֹמֵי תְּכֵלֶת וְרִקְמָה וּבְגִנְזֵי
כה בְּרֹמִים בַּחֲבָלִים חֲבֻשִׁים וַאֲרֻזִים בְּמַרְכֻלְתֵּךְ׃ אֳנִיּוֹת תַּרְשִׁישׁ
26 שָׁרוֹתַיִךְ מַעֲרָבֵךְ וַתִּמָּלְאִי וַתִּכְבְּדִי מְאֹד בְּלֵב יַמִּים׃ בְּמַיִם

רבים

v. 6. כתיים ק׳ v. 15. והבנים ק׳

רַבִּים הֱבִאוּךְ הַשָּׁטִים אֹתָךְ רוּחַ הַקָּדִים שְׁבָרֵךְ בְּלֵב יַמִּים׃
הוֹנֵךְ וְעִזְבוֹנַיִךְ מַעֲרָבֵךְ מַלָּחַיִךְ וְחֹבְלָיִךְ מַחֲזִיקֵי בִדְקֵךְ 27
וְעֹרְבֵי מַעֲרָבֵךְ וְכָל־אַנְשֵׁי מִלְחַמְתֵּךְ אֲשֶׁר־בָּךְ וּבְכָל־
קְהָלֵךְ אֲשֶׁר בְּתוֹכֵךְ יִפְּלוּ בְּלֵב יַמִּים בְּיוֹם מַפַּלְתֵּךְ׃ לְקוֹל 28
זַעֲקַת חֹבְלָיִךְ יִרְעֲשׁוּ מִגְרֹשׁוֹת׃ וְיָרְדוּ מֵאֳנִיּוֹתֵיהֶם כֹּל תֹּפְשֵׂי 29
מָשׁוֹט מַלָּחִים כֹּל חֹבְלֵי הַיָּם אֶל־הָאָרֶץ יַעֲמֹדוּ׃ וְהִשְׁמִיעוּ ל
עָלַיִךְ בְּקוֹלָם וְיִזְעֲקוּ מָרָה וְיַעֲלוּ עָפָר עַל־רָאשֵׁיהֶם בָּאֵפֶר
יִתְפַּלָּשׁוּ׃ וְהִקְרִיחוּ אֵלַיִךְ קָרְחָה וְחָגְרוּ שַׂקִּים וּבָכוּ אֵלַיִךְ 31
בְּמַר־נֶפֶשׁ מִסְפֵּד מָר׃ וְנָשְׂאוּ אֵלַיִךְ בְּנִיהֶם קִינָה וְקוֹנְנוּ 32
עָלָיִךְ מִי כְצוֹר כְּדֻמָה בְּתוֹךְ הַיָּם׃ בְּצֵאת עִזְבוֹנַיִךְ מִיַּמִּים 33
הִשְׂבַּעַתְּ עַמִּים רַבִּים בְּרֹב הוֹנַיִךְ וּמַעֲרָבַיִךְ הֶעֱשַׁרְתְּ מַלְכֵי־
אָרֶץ׃ עֵת נִשְׁבֶּרֶת מִיַּמִּים בְּמַעֲמַקֵּי־מָיִם מַעֲרָבֵךְ וְכָל־ 34
קְהָלֵךְ בְּתוֹכֵךְ נָפָלוּ׃ כֹּל יֹשְׁבֵי הָאִיִּים שָׁמְמוּ עָלָיִךְ וּמַלְכֵיהֶם לה
שָׂעֲרוּ שַׂעַר רָעֲמוּ פָּנִים׃ סֹחֲרִים בָּעַמִּים שָׁרְקוּ עָלָיִךְ בַּלָּהוֹת 36
הָיִית וְאֵינֵךְ עַד־עוֹלָם׃

כח CAP. XXVIII. כח

וַיְהִי דְבַר־יְהוָה אֵלַי לֵאמֹר׃ בֶּן־אָדָם אֱמֹר לִנְגִיד צֹר א 2
כֹּה־אָמַר ׀ אֲדֹנָי יְהוִה יַעַן גָּבַהּ לִבְּךָ וַתֹּאמֶר אֵל אָנִי מוֹשַׁב
אֱלֹהִים יָשַׁבְתִּי בְּלֵב יַמִּים וְאַתָּה אָדָם וְלֹא־אֵל וַתִּתֵּן לִבְּךָ
כְּלֵב אֱלֹהִים׃ הִנֵּה חָכָם אַתָּה מִדָּנִאֵל כָּל־סָתוּם לֹא 3
עֲמָמוּךָ׃ בְּחָכְמָתְךָ וּבִתְבוּנָתְךָ עָשִׂיתָ לְּךָ חָיִל וַתַּעַשׂ זָהָב 4
וָכֶסֶף בְּאוֹצְרוֹתֶיךָ׃ בְּרֹב חָכְמָתְךָ בִּרְכֻלָּתְךָ הִרְבִּיתָ חֵילֶךָ ה
וַיִּגְבַּהּ לְבָבְךָ בְּחֵילֶךָ׃ לָכֵן כֹּה אָמַר אֲדֹנָי יְהוִה יַעַן 6
תִּתְּךָ אֶת־לְבָבְךָ כְּלֵב אֱלֹהִים׃ לָכֵן הִנְנִי מֵבִיא עָלֶיךָ זָרִים 7
עָרִיצֵי גּוֹיִם וְהֵרִיקוּ חַרְבוֹתָם עַל־יְפִי חָכְמָתֶךָ וְחִלְּלוּ
יִפְעָתֶךָ׃ לַשַּׁחַת יוֹרִדוּךָ וָמַתָּה מְמוֹתֵי חָלָל בְּלֵב יַמִּים׃ 8
הֶאָמֹר תֹּאמַר אֱלֹהִים אָנִי לִפְנֵי הֹרְגֶךָ וְאַתָּה אָדָם וְלֹא־ 9
אֵל בְּיַד מְחַלְלֶיךָ׃ מוֹתֵי עֲרֵלִים תָּמוּת בְּיַד־זָרִים כִּי אֲנִי י
דִּבַּרְתִּי

11 דִּבַּרְתִּי נְאֻם אֲדֹנָי יְהוִה׃ וַיְהִי דְבַר־יְהוָה אֵלַי לֵאמֹר׃
12 בֶּן־אָדָם שָׂא קִינָה עַל־מֶלֶךְ צוֹר וְאָמַרְתָּ לּוֹ כֹּה אָמַר אֲדֹנָי
13 יְהוִה אַתָּה חוֹתֵם תָּכְנִית מָלֵא חָכְמָה וּכְלִיל יֹפִי׃ בְּעֵדֶן גַּן־
אֱלֹהִים הָיִיתָ כָּל־אֶבֶן יְקָרָה מְסֻכָתֶךָ אֹדֶם פִּטְדָה וְיָהֲלֹם
תַּרְשִׁישׁ שֹׁהַם וְיָשְׁפֵה סַפִּיר נֹפֶךְ וּבָרְקַת וְזָהָב מְלֶאכֶת תֻּפֶּיךָ
14 וּנְקָבֶיךָ בָּךְ בְּיוֹם הִבָּרַאֲךָ כּוֹנָנוּ׃ אַתְּ־כְּרוּב מִמְשַׁח הַסּוֹכֵךְ
וּנְתַתִּיךָ בְּהַר קֹדֶשׁ אֱלֹהִים הָיִיתָ בְּתוֹךְ אַבְנֵי־אֵשׁ הִתְהַלָּכְתָּ׃
טו תָּמִים אַתָּה בִּדְרָכֶיךָ מִיּוֹם הִבָּרְאָךְ עַד־נִמְצָא עַוְלָתָה בָּךְ׃
16 בְּרֹב רְכֻלָּתְךָ מָלוּ תוֹכְךָ חָמָס וַתֶּחֱטָא וָאֲחַלֶּלְךָ מֵהַר
17 אֱלֹהִים וָאַבֶּדְךָ כְּרוּב הַסֹּכֵךְ מִתּוֹךְ אַבְנֵי־אֵשׁ׃ גָּבַהּ לִבְּךָ
בְּיָפְיֶךָ שִׁחַתָּ חָכְמָתְךָ עַל־יִפְעָתֶךָ עַל־אֶרֶץ הִשְׁלַכְתִּיךָ לִפְנֵי
18 מְלָכִים נְתַתִּיךָ לְרַאֲוָה בָךְ׃ מֵרֹב עֲוֺנֶיךָ בְּעֶוֶל רְכֻלָּתְךָ
חִלַּלְתָּ מִקְדָּשֶׁיךָ וָאוֹצִא־אֵשׁ מִתּוֹכְךָ הִיא אֲכָלַתְךָ וָאֶתֶּנְךָ
19 לְאֵפֶר עַל־הָאָרֶץ לְעֵינֵי כָּל־רֹאֶיךָ׃ כָּל־יוֹדְעֶיךָ בָּעַמִּים
כ שָׁמְמוּ עָלֶיךָ בַּלָּהוֹת הָיִיתָ וְאֵינְךָ עַד־עוֹלָם׃ וַיְהִי
21 דְבַר־יְהוָה אֵלַי לֵאמֹר׃ בֶּן־אָדָם שִׂים פָּנֶיךָ אֶל־צִידוֹן
22 וְהִנָּבֵא עָלֶיהָ׃ וְאָמַרְתָּ כֹּה אָמַר אֲדֹנָי יְהוִה הִנְנִי עָלַיִךְ צִידוֹן
וְנִכְבַּדְתִּי בְּתוֹכֵךְ וְיָדְעוּ כִּי־אֲנִי יְהוָה בַּעֲשׂוֹתִי בָהּ שְׁפָטִים
23 וְנִקְדַּשְׁתִּי בָהּ׃ וְשִׁלַּחְתִּי־בָהּ דֶּבֶר וָדָם בְּחוּצוֹתֶיהָ וְנִפְלַל
חָלָל בְּתוֹכָהּ בְּחֶרֶב עָלֶיהָ מִסָּבִיב וְיָדְעוּ כִּי־אֲנִי יְהוָה׃
24 וְלֹא־יִהְיֶה עוֹד לְבֵית יִשְׂרָאֵל סִלּוֹן מַמְאִיר וְקוֹץ מַכְאִב מִכֹּל
כה סְבִיבֹתָם הַשָּׁאטִים אוֹתָם וְיָדְעוּ כִּי אֲנִי אֲדֹנָי יְהוִה׃ ° כֹּה־
אָמַר אֲדֹנָי יְהוִה בְּקַבְּצִי ׀ אֶת־בֵּית יִשְׂרָאֵל מִן־הָעַמִּים אֲשֶׁר
נָפֹצוּ בָם וְנִקְדַּשְׁתִּי בָם לְעֵינֵי הַגּוֹיִם וְיָשְׁבוּ עַל־אַדְמָתָם אֲשֶׁר
26 נָתַתִּי לְעַבְדִּי לְיַעֲקֹב׃ וְיָשְׁבוּ עָלֶיהָ לָבֶטַח וּבָנוּ בָתִּים וְנָטְעוּ
כְרָמִים וְיָשְׁבוּ לָבֶטַח בַּעֲשׂוֹתִי שְׁפָטִים בְּכֹל הַשָּׁאטִים אֹתָם
מִסְּבִיבוֹתָם וְיָדְעוּ כִּי אֲנִי יְהוָה אֱלֹהֵיהֶם׃

בשנה

° v. 25. הפטרת וארא

כט Cap. XXIX. כט

א בַּשָּׁנָה הָעֲשִׂרִית בָּעֲשִׂרִי בִּשְׁנֵים עָשָׂר לַחֹדֶשׁ הָיָה דְבַר־
2 יְהוָה אֵלַי לֵאמֹר׃ בֶּן־אָדָם שִׂים פָּנֶיךָ עַל־פַּרְעֹה מֶלֶךְ
3 מִצְרָיִם וְהִנָּבֵא עָלָיו וְעַל־מִצְרַיִם כֻּלָּהּ׃ דַּבֵּר וְאָמַרְתָּ
כֹּה־אָמַר ׀ אֲדֹנָי יְהוִה הִנְנִי עָלֶיךָ פַּרְעֹה מֶלֶךְ־מִצְרַיִם
הַתַּנִּים הַגָּדוֹל הָרֹבֵץ בְּתוֹךְ יְאֹרָיו אֲשֶׁר אָמַר לִי יְאֹרִי וַאֲנִי
4 עֲשִׂיתִנִי׃ וְנָתַתִּי חַחִיִּים בִּלְחָיֶיךָ וְהִדְבַּקְתִּי דְגַת־יְאֹרֶיךָ
בְּקַשְׂקְשֹׂתֶיךָ וְהַעֲלִיתִיךָ מִתּוֹךְ יְאֹרֶיךָ וְאֵת כָּל־דְּגַת יְאֹרֶיךָ
ה בְּקַשְׂקְשֹׂתֶיךָ תִּדְבָּק׃ וּנְטַשְׁתִּיךָ הַמִּדְבָּרָה אוֹתְךָ וְאֵת כָּל־
דְּגַת יְאֹרֶיךָ עַל־פְּנֵי הַשָּׂדֶה תִּפּוֹל לֹא תֵאָסֵף וְלֹא תִקָּבֵץ
6 לְחַיַּת הָאָרֶץ וּלְעוֹף הַשָּׁמַיִם נְתַתִּיךָ לְאָכְלָה׃ וְיָדְעוּ כָּל־
יֹשְׁבֵי מִצְרַיִם כִּי אֲנִי יְהוָה יַעַן הֱיוֹתָם מִשְׁעֶנֶת קָנֶה לְבֵית
7 יִשְׂרָאֵל׃ בְּתָפְשָׂם בְּךָ בַכַּפְּךָ תֵּרוֹץ וּבָקַעְתָּ לָהֶם כָּל־כָּתֵף
8 וּבְהִשָּׁעֲנָם עָלֶיךָ תִּשָּׁבֵר וְהַעֲמַדְתָּ לָהֶם כָּל־מָתְנָיִם׃ לָכֵן
כֹּה אָמַר אֲדֹנָי יְהוִה הִנְנִי מֵבִיא עָלַיִךְ חָרֶב וְהִכְרַתִּי מִמֵּךְ
9 אָדָם וּבְהֵמָה׃ וְהָיְתָה אֶרֶץ־מִצְרַיִם לִשְׁמָמָה וְחָרְבָּה וְיָדְעוּ
י כִּי־אֲנִי יְהוָה יַעַן אָמַר יְאֹר לִי וַאֲנִי עָשִׂיתִי׃ לָכֵן הִנְנִי אֵלֶיךָ
וְאֶל־יְאֹרֶיךָ וְנָתַתִּי אֶת־אֶרֶץ מִצְרַיִם לְחָרְבוֹת חֹרֶב שְׁמָמָה
11 מִמִּגְדֹּל סְוֵנֵה וְעַד־גְּבוּל כּוּשׁ׃ לֹא תַעֲבָר־בָּהּ רֶגֶל אָדָם
12 וְרֶגֶל בְּהֵמָה לֹא תַעֲבָר־בָּהּ וְלֹא תֵשֵׁב אַרְבָּעִים שָׁנָה׃ וְנָתַתִּי
אֶת־אֶרֶץ מִצְרַיִם שְׁמָמָה בְּתוֹךְ ׀ אֲרָצוֹת נְשַׁמּוֹת וְעָרֶיהָ
בְּתוֹךְ עָרִים מָחֳרָבוֹת תִּהְיֶיןָ שְׁמָמָה אַרְבָּעִים שָׁנָה וַהֲפִצֹתִי
13 אֶת־מִצְרַיִם בַּגּוֹיִם וְזֵרִיתִים בָּאֲרָצוֹת׃ כִּי כֹּה אָמַר אֲדֹנָי
יְהוִה מִקֵּץ אַרְבָּעִים שָׁנָה אֲקַבֵּץ אֶת־מִצְרַיִם מִן־הָעַמִּים
14 אֲשֶׁר־נָפֹצוּ שָׁמָּה׃ וְשַׁבְתִּי אֶת־שְׁבוּת מִצְרַיִם וַהֲשִׁבֹתִי אֹתָם
אֶרֶץ פַּתְרוֹס עַל־אֶרֶץ מְכוּרָתָם וְהָיוּ שָׁם מַמְלָכָה שְׁפָלָה׃
טו מִן־הַמַּמְלָכוֹת תִּהְיֶה שְׁפָלָה וְלֹא־תִתְנַשֵּׂא עוֹד עַל־הַגּוֹיִם

והמעטתים

v. 4. חחים ק׳   v. 7. בכף ק׳

16 וְהַמְעַטְתִּים לְבִלְתִּי רְדוֹת בַּגּוֹיִם׃ וְלֹא יִהְיֶה־עוֹד לְבֵית
יִשְׂרָאֵל לְמִבְטָח מַזְכִּיר עָוֺן בִּפְנוֹתָם אַחֲרֵיהֶם וְיָדְעוּ כִּי אֲנִי
אֲדֹנָי יְהוִה׃
17 וַיְהִי בְּעֶשְׂרִים וָשֶׁבַע שָׁנָה בָּרִאשׁוֹן בְּאֶחָד לַחֹדֶשׁ הָיָה דְבַר־
18 יְהוָה אֵלַי לֵאמֹר׃ בֶּן־אָדָם נְבוּכַדְרֶאצַּר מֶלֶךְ־בָּבֶל הֶעֱבִיד
אֶת־חֵילוֹ עֲבֹדָה גְדוֹלָה אֶל־צֹר כָּל־רֹאשׁ מֻקְרָח וְכָל־
כָּתֵף מְרוּטָה וְשָׂכָר לֹא־הָיָה לוֹ וּלְחֵילוֹ מִצֹּר עַל־הָעֲבֹדָה
19 אֲשֶׁר־עָבַד עָלֶיהָ׃ לָכֵן כֹּה אָמַר אֲדֹנָי יְהוִה הִנְנִי נֹתֵן
לִנְבוּכַדְרֶאצַּר מֶלֶךְ־בָּבֶל אֶת־אֶרֶץ מִצְרָיִם וְנָשָׂא הֲמֹנָהּ
כ וְשָׁלַל שְׁלָלָהּ וּבָזַז בִּזָּהּ וְהָיְתָה שָׂכָר לְחֵילוֹ׃ פְּעֻלָּתוֹ אֲשֶׁר־
עָבַד בָּהּ נָתַתִּי לוֹ אֶת־אֶרֶץ מִצְרָיִם אֲשֶׁר עָשׂוּ לִי נְאֻם אֲדֹנָי
21 יְהוִה׃ בַּיּוֹם הַהוּא אַצְמִיחַ קֶרֶן לְבֵית יִשְׂרָאֵל וּלְךָ אֶתֵּן
פִּתְחוֹן־פֶּה בְּתוֹכָם וְיָדְעוּ כִּי־אֲנִי יְהוָה׃

Cap. XXX. ל

2 א וַיְהִי דְבַר־יְהוָה אֵלַי לֵאמֹר׃ בֶּן־אָדָם הִנָּבֵא וְאָמַרְתָּ כֹּה
3 אָמַר אֲדֹנָי יְהוִה הֵילִילוּ הָהּ לַיּוֹם׃ כִּי־קָרוֹב יוֹם וְקָרוֹב
4 יוֹם לַיהוָה יוֹם עָנָן עֵת גּוֹיִם יִהְיֶה׃ וּבָאָה חֶרֶב בְּמִצְרַיִם
וְהָיְתָה חַלְחָלָה בְּכוּשׁ בִּנְפֹל חָלָל בְּמִצְרָיִם וְלָקְחוּ הֲמוֹנָהּ
ה וְנֶהֶרְסוּ יְסוֹדוֹתֶיהָ׃ כּוּשׁ וּפוּט וְלוּד וְכָל־הָעֶרֶב וְכוּב וּבְנֵי
6 אֶרֶץ הַבְּרִית אִתָּם בַּחֶרֶב יִפֹּלוּ׃ כֹּה אָמַר יְהוָה וְנָפְלוּ
סֹמְכֵי מִצְרַיִם וְיָרַד גְּאוֹן עֻזָּהּ מִמִּגְדֹּל סְוֵנֵה בַּחֶרֶב יִפְּלוּ־
7 בָהּ נְאֻם אֲדֹנָי יְהוִה׃ וְנָשַׁמּוּ בְּתוֹךְ אֲרָצוֹת נְשַׁמּוֹת וְעָרָיו
8 בְּתוֹךְ־עָרִים נַחֲרָבוֹת תִּהְיֶינָה׃ וְיָדְעוּ כִּי־אֲנִי יְהוָה בְּתִתִּי־
9 אֵשׁ בְּמִצְרַיִם וְנִשְׁבְּרוּ כָּל־עֹזְרֶיהָ׃ בַּיּוֹם הַהוּא יֵצְאוּ מַלְאָכִים
מִלְּפָנַי בַּצִּים לְהַחֲרִיד אֶת־כּוּשׁ בֶּטַח וְהָיְתָה חַלְחָלָה בָהֶם
י בְּיוֹם מִצְרַיִם כִּי הִנֵּה בָּאָה׃ כֹּה אָמַר אֲדֹנָי יְהוִה
וְהִשְׁבַּתִּי אֶת־הֲמוֹן מִצְרַיִם בְּיַד נְבוּכַדְרֶאצַּר מֶלֶךְ־בָּבֶל׃
11 הוּא וְעַמּוֹ אִתּוֹ עָרִיצֵי גוֹיִם מוּבָאִים לְשַׁחֵת הָאָרֶץ וְהֵרִיקוּ

חרבותם

12 חַרְבוֹתָם עַל־מִצְרַיִם וּמָלְאוּ אֶת־הָאָרֶץ חָלָל׃ וְנָתַתִּי
יְאֹרִים חָרָבָה וּמָכַרְתִּי אֶת־הָאָרֶץ בְּיַד־רָעִים וַהֲשִׁמֹּתִי
13 אֶרֶץ וּמְלֹאָהּ בְּיַד־זָרִים אֲנִי יְהוָה דִּבַּרְתִּי׃ כֹּה־אָמַר
אֲדֹנָי יְהוִה וְהַאֲבַדְתִּי גִלּוּלִים וְהִשְׁבַּתִּי אֱלִילִים מִנֹּף וְנָשִׂיא
מֵאֶרֶץ־מִצְרַיִם לֹא יִהְיֶה־עוֹד וְנָתַתִּי יִרְאָה בְּאֶרֶץ מִצְרָיִם׃
14 וַהֲשִׁמֹּתִי אֶת־פַּתְרוֹס וְנָתַתִּי אֵשׁ בְּצֹעַן וְעָשִׂיתִי שְׁפָטִים בְּנֹא׃
טו וְשָׁפַכְתִּי חֲמָתִי עַל־סִין מָעוֹז מִצְרָיִם וְהִכְרַתִּי אֶת־הֲמוֹן
16 נֹא׃ וְנָתַתִּי אֵשׁ בְּמִצְרַיִם חוּל תָּחִיל סִין וְנֹא תִּהְיֶה לְהִבָּקֵעַ
17 וְנֹף צָרֵי יוֹמָם׃ בַּחוּרֵי אָוֶן וּפִי־בֶסֶת בַּחֶרֶב יִפֹּלוּ וְהֵנָּה
18 בַּשְּׁבִי תֵלַכְנָה׃ וּבִתְחַפְנְחֵס חָשַׂךְ הַיּוֹם בְּשִׁבְרִי־שָׁם אֶת־
מֹטוֹת מִצְרַיִם וְנִשְׁבַּת־בָּהּ גְּאוֹן עֻזָּהּ הִיא עָנָן יְכַסֶּנָּה וּבְנוֹתֶיהָ
19 בַּשְּׁבִי תֵלַכְנָה׃ וְעָשִׂיתִי שְׁפָטִים בְּמִצְרָיִם וְיָדְעוּ כִּי־אֲנִי יְהוָה׃
כ וַיְהִי בְּאַחַת עֶשְׂרֵה שָׁנָה בָּרִאשׁוֹן בְּשִׁבְעָה לַחֹדֶשׁ הָיָה דְבַר־
21 יְהוָה אֵלַי לֵאמֹר׃ בֶּן־אָדָם אֶת־זְרוֹעַ פַּרְעֹה מֶלֶךְ־מִצְרַיִם
שָׁבַרְתִּי וְהִנֵּה לֹא־חֻבְּשָׁה לָתֵת רְפֻאוֹת לָשׂוּם חִתּוּל לְחָבְשָׁהּ
22 לְחָזְקָהּ לִתְפֹּשׂ בֶּחָרֶב׃ לָכֵן כֹּה־אָמַר אֲדֹנָי יְהוִה הִנְנִי
אֶל־פַּרְעֹה מֶלֶךְ־מִצְרַיִם וְשָׁבַרְתִּי אֶת־זְרֹעֹתָיו אֶת־הַחֲזָקָה
23 וְאֶת־הַנִּשְׁבָּרֶת וְהִפַּלְתִּי אֶת־הַחֶרֶב מִיָּדוֹ׃ וַהֲפִצוֹתִי אֶת־
24 מִצְרַיִם בַּגּוֹיִם וְזֵרִיתִם בָּאֲרָצוֹת׃ וְחִזַּקְתִּי אֶת־זְרֹעוֹת מֶלֶךְ
בָּבֶל וְנָתַתִּי אֶת־חַרְבִּי בְּיָדוֹ וְשָׁבַרְתִּי אֶת־זְרֹעוֹת פַּרְעֹה
כה וְנָאַק נַאֲקוֹת חָלָל לְפָנָיו׃ וְהַחֲזַקְתִּי אֶת־זְרֹעוֹת מֶלֶךְ בָּבֶל
וּזְרֹעוֹת פַּרְעֹה תִּפֹּלְנָה וְיָדְעוּ כִּי־אֲנִי יְהוָה בְּתִתִּי חַרְבִּי
26 בְּיַד מֶלֶךְ־בָּבֶל וְנָטָה אוֹתָהּ אֶל־אֶרֶץ מִצְרָיִם׃ וַהֲפִצוֹתִי
אֶת־מִצְרַיִם בַּגּוֹיִם וְזֵרִיתִי אוֹתָם בָּאֲרָצוֹת וְיָדְעוּ כִּי־אֲנִי
יְהוָה׃

לא

Cap. XXXI. לא

א וַיְהִי בְּאַחַת עֶשְׂרֵה שָׁנָה בַּשְּׁלִישִׁי בְּאֶחָד לַחֹדֶשׁ הָיָה דְבַר־

יהוה

v. 16. תחול ק

2 יְהוָה אֵלַי לֵאמֹר׃ בֶּן־אָדָם אֱמֹר אֶל־פַּרְעֹה מֶלֶךְ־מִצְרַיִם
3 וְאֶל־הֲמוֹנוֹ אֶל־מִי דָּמִיתָ בְגָדְלֶךָ׃ הִנֵּה אַשּׁוּר אֶרֶז בַּלְּבָנוֹן
יְפֵה עָנָף וְחֹרֶשׁ מֵצַל וּגְבַהּ קוֹמָה וּבֵין עֲבֹתִים הָיְתָה
4 צַמַּרְתּוֹ׃ מַיִם גִּדְּלוּהוּ תְּהוֹם רֹמְמָתְהוּ אֶת־נַהֲרֹתֶיהָ הֹלֵךְ
סְבִיבוֹת מַטָּעָהּ וְאֶת־תְּעָלֹתֶיהָ שִׁלְחָה אֶל כָּל־עֲצֵי הַשָּׂדֶה׃
ה עַל־כֵּן גָּבְהָא קֹמָתוֹ מִכֹּל עֲצֵי הַשָּׂדֶה וַתִּרְבֶּינָה סַרְעַפֹּתָיו
6 וַתֶּאֱרַכְנָה פֹּארֹתָו מִמַּיִם רַבִּים בְּשַׁלְּחוֹ׃ בִּסְעַפֹּתָיו קִנְנוּ
כָּל־עוֹף הַשָּׁמַיִם וְתַחַת פֹּארֹתָיו יָלְדוּ כֹּל חַיַּת הַשָּׂדֶה
7 וּבְצִלּוֹ יֵשְׁבוּ כֹּל גּוֹיִם רַבִּים׃ וַיִּיף בְּגָדְלוֹ בְּאֹרֶךְ דָּלִיּוֹתָיו
8 כִּי־הָיָה שָׁרְשׁוֹ אֶל־מַיִם רַבִּים׃ אֲרָזִים לֹא־עֲמָמֻהוּ בְּגַן־
אֱלֹהִים בְּרוֹשִׁים לֹא דָמוּ אֶל־סְעַפֹּתָיו וְעַרְמֹנִים לֹא־הָיוּ
כְּפֹארֹתָיו כָּל־עֵץ בְּגַן־אֱלֹהִים לֹא־דָמָה אֵלָיו בְּיָפְיוֹ׃
9 יָפֶה עֲשִׂיתִיו בְּרֹב דָּלִיּוֹתָיו וַיְקַנְאֻהוּ כָּל־עֲצֵי־עֵדֶן אֲשֶׁר
י בְּגַן הָאֱלֹהִים׃ לָכֵן כֹּה אָמַר אֲדֹנָי יֱהוִה יַעַן אֲשֶׁר גָּבַהְתָּ
בְּקוֹמָה וַיִּתֵּן צַמַּרְתּוֹ אֶל־בֵּין עֲבוֹתִים וְרָם לְבָבוֹ בְּגָבְהוֹ׃
11 וְאֶתְּנֵהוּ בְּיַד אֵיל גּוֹיִם עָשׂוֹ יַעֲשֶׂה לוֹ כְּרִשְׁעוֹ גֵּרַשְׁתִּהוּ׃
12 וַיִּכְרְתֻהוּ זָרִים עָרִיצֵי גוֹיִם וַיִּטְּשֻׁהוּ אֶל־הֶהָרִים וּבְכָל־
גֵּאָיוֹת נָפְלוּ דָלִיּוֹתָיו וַתִּשָּׁבַרְנָה פֹארֹתָיו בְּכֹל־אֲפִיקֵי הָאָרֶץ
13 וַיֵּרְדוּ מִצִּלּוֹ כָּל־עַמֵּי הָאָרֶץ וַיִּטְּשֻׁהוּ׃ עַל־מַפַּלְתּוֹ יִשְׁכְּנוּ
14 כָּל־עוֹף הַשָּׁמָיִם וְאֶל־פֹּארֹתָיו הָיוּ כֹּל חַיַּת הַשָּׂדֶה׃ לְמַעַן
אֲשֶׁר לֹא־יִגְבְּהוּ בְקוֹמָתָם כָּל־עֲצֵי־מַיִם וְלֹא־יִתְּנוּ אֶת־
צַמַּרְתָּם אֶל־בֵּין עֲבֹתִים וְלֹא־יַעַמְדוּ אֲלֵיהֶם בְּגָבְהָם כָּל־
שֹׁתֵי מָיִם כִּי־כֻלָּם נִתְּנוּ לַמָּוֶת אֶל־אֶרֶץ תַּחְתִּית בְּתוֹךְ בְּנֵי
טו אָדָם אֶל־יוֹרְדֵי בוֹר׃ כֹּה־אָמַר אֲדֹנָי יֱהוִה בְּיוֹם רִדְתּוֹ
שְׁאוֹלָה הֶאֱבַלְתִּי כִּסֵּתִי עָלָיו אֶת־תְּהוֹם וָאֶמְנַע נַהֲרוֹתֶיהָ
וַיִּכָּלְאוּ מַיִם רַבִּים וָאַקְדִּר עָלָיו לְבָנוֹן וְכָל־עֲצֵי הַשָּׂדֶה עָלָיו
16 עֻלְפֶּה׃ מִקּוֹל מַפַּלְתּוֹ הִרְעַשְׁתִּי גוֹיִם בְּהוֹרִדִי אֹתוֹ שְׁאוֹלָה

את־יורדי

v. 5. פארתיו ק׳

אֶת־יוֹרְדֵי בוֹר וַיִּנָּחֲמוּ בְּאֶרֶץ תַּחְתִּית כָּל־עֲצֵי־עֵדֶן מִבְחַר
17 וְטוֹב־לְבָנוֹן כָּל־שֹׁתֵי מָיִם׃ גַּם הֵם אִתּוֹ יָרְדוּ שְׁאֹלָה אֶל־
18 חַלְלֵי־חָרֶב וּזְרֹעוֹ יָשְׁבוּ בְצִלּוֹ בְּתוֹךְ גּוֹיִם׃ אֶל־מִי דָמִיתָ
כָּכָה בְּכָבוֹד וּבְגֹדֶל בַּעֲצֵי־עֵדֶן וְהוּרַדְתָּ אֶת־עֲצֵי־עֵדֶן
אֶל־אֶרֶץ תַּחְתִּית בְּתוֹךְ עֲרֵלִים תִּשְׁכַּב אֶת־חַלְלֵי־חֶרֶב
הוּא פַרְעֹה וְכָל־הֲמוֹנֹה נְאֻם אֲדֹנָי יְהוִה׃

לב Cap. XXXII. לב

א וַיְהִי בִּשְׁתֵּי עֶשְׂרֵה שָׁנָה בִּשְׁנֵי־עָשָׂר חֹדֶשׁ בְּאֶחָד לַחֹדֶשׁ הָיָה
2 דְבַר־יְהוָה אֵלַי לֵאמֹר׃ בֶּן־אָדָם שָׂא קִינָה עַל־פַּרְעֹה
מֶלֶךְ־מִצְרַיִם וְאָמַרְתָּ אֵלָיו כְּפִיר גּוֹיִם נִדְמֵיתָ וְאַתָּה כַּתַּנִּים
בַּיַּמִּים וַתָּגַח בְּנַהֲרוֹתֶיךָ וַתִּדְלַח־מַיִם בְּרַגְלֶיךָ וַתִּרְפֹּס
3 נַהֲרוֹתָם׃ כֹּה אָמַר אֲדֹנָי יְהוִה וּפָרַשְׂתִּי עָלֶיךָ אֶת־רִשְׁתִּי
4 בִּקְהַל עַמִּים רַבִּים וְהֶעֱלוּךָ בְּחֶרְמִי׃ וּנְטַשְׁתִּיךָ בָאָרֶץ
עַל־פְּנֵי הַשָּׂדֶה אֲטִילֶךָ וְהִשְׁכַּנְתִּי עָלֶיךָ כָּל־עוֹף הַשָּׁמַיִם
ה וְהִשְׂבַּעְתִּי מִמְּךָ חַיַּת כָּל־הָאָרֶץ׃ וְנָתַתִּי אֶת־בְּשָׂרְךָ עַל־
6 הֶהָרִים וּמִלֵּאתִי הַגֵּאָיוֹת רָמוּתֶךָ׃ וְהִשְׁקֵיתִי אֶרֶץ צָפָתְךָ
7 מִדָּמְךָ אֶל־הֶהָרִים וַאֲפִקִים יִמָּלְאוּן מִמֶּךָּ׃ וְכִסֵּיתִי בְכַבּוֹתְךָ
שָׁמַיִם וְהִקְדַּרְתִּי אֶת־כֹּכְבֵיהֶם שֶׁמֶשׁ בֶּעָנָן אֲכַסֶּנּוּ וְיָרֵחַ לֹא־
8 יָאִיר אוֹרוֹ׃ כָּל־מְאוֹרֵי אוֹר בַּשָּׁמַיִם אַקְדִּירֵם עָלֶיךָ וְנָתַתִּי
9 חֹשֶׁךְ עַל־אַרְצְךָ נְאֻם אֲדֹנָי יְהוִה׃ וְהִכְעַסְתִּי לֵב עַמִּים
רַבִּים בַּהֲבִיאִי שִׁבְרְךָ בַּגּוֹיִם עַל־אֲרָצוֹת אֲשֶׁר לֹא־יְדַעְתָּם׃
י וַהֲשִׁמּוֹתִי עָלֶיךָ עַמִּים רַבִּים וּמַלְכֵיהֶם יִשְׂעֲרוּ עָלֶיךָ שַׂעַר
בְּעוֹפְפִי חַרְבִּי עַל־פְּנֵיהֶם וְחָרְדוּ לִרְגָעִים אִישׁ לְנַפְשׁוֹ בְּיוֹם
11 מַפַּלְתֶּךָ׃ כִּי כֹּה אָמַר אֲדֹנָי יְהוִה חֶרֶב מֶלֶךְ־בָּבֶל
12 תְּבוֹאֶךָ׃ בְּחַרְבוֹת גִּבּוֹרִים אַפִּיל הֲמוֹנֶךָ עָרִיצֵי גוֹיִם כֻּלָּם
13 וְשָׁדְדוּ אֶת־גְּאוֹן מִצְרַיִם וְנִשְׁמַד כָּל־הֲמוֹנָהּ׃ וְהַאֲבַדְתִּי
אֶת־כָּל־בְּהֶמְתָּהּ מֵעַל מַיִם רַבִּים וְלֹא תִדְלָחֵם רֶגֶל־אָדָם
14 עוֹד וּפַרְסוֹת בְּהֵמָה לֹא תִדְלָחֵם׃ אָז אַשְׁקִיעַ מֵימֵיהֶם

ונהרותם

טו וְנַהֲרוֹתָם כַּשֶּׁמֶן אוֹלִיךְ נְאֻם אֲדֹנָי יְהוִה׃ בְּתִתִּי אֶת־אֶרֶץ
מִצְרַיִם שְׁמָמָה וּנְשַׁמָּה אֶרֶץ מִמְּלֹאָהּ בְּהַכּוֹתִי אֶת־כָּל־
16 יוֹשְׁבֵי בָהּ וְיָדְעוּ כִּי־אֲנִי יְהוָה׃ קִינָה הִיא וְקוֹנְנוּהָ בְּנוֹת
הַגּוֹיִם תְּקוֹנֵנָּה אוֹתָהּ עַל־מִצְרַיִם וְעַל־כָּל־הֲמוֹנָהּ תְּקוֹנֵנָּה
אוֹתָהּ נְאֻם אֲדֹנָי יְהוִה׃
17 וַיְהִי בִּשְׁתֵּי עֶשְׂרֵה שָׁנָה בַּחֲמִשָּׁה עָשָׂר לַחֹדֶשׁ הָיָה דְבַר־
18 יְהוָה אֵלַי לֵאמֹר׃ בֶּן־אָדָם נְהֵה עַל־הֲמוֹן מִצְרַיִם וְהוֹרִדֵהוּ
אוֹתָהּ וּבְנוֹת גּוֹיִם אַדִּרִם אֶל־אֶרֶץ תַּחְתִּיּוֹת אֶת־יוֹרְדֵי בוֹר׃
19 כ מִמִּי נָעָמְתְּ רְדָה וְהָשְׁכְּבָה אֶת־עֲרֵלִים׃ בְּתוֹךְ חַלְלֵי־חֶרֶב
21 יִפֹּלוּ חֶרֶב נִתָּנָה מָשְׁכוּ אוֹתָהּ וְכָל־הֲמוֹנֶיהָ׃ יְדַבְּרוּ־לוֹ אֵלֵי
גִבּוֹרִים מִתּוֹךְ שְׁאוֹל אֶת־עֹזְרָיו יָרְדוּ שָׁכְבוּ הָעֲרֵלִים חַלְלֵי־
22 חָרֶב׃ שָׁם אַשּׁוּר וְכָל־קְהָלָהּ סְבִיבוֹתָיו קִבְרֹתָיו כֻּלָּם
23 חֲלָלִים הַנֹּפְלִים בֶּחָרֶב׃ אֲשֶׁר נִתְּנוּ קִבְרֹתֶיהָ בְּיַרְכְּתֵי־בוֹר
וַיְהִי קְהָלָהּ סְבִיבוֹת קְבֻרָתָהּ כֻּלָּם חֲלָלִים נֹפְלִים בַּחֶרֶב
24 אֲשֶׁר־נָתְנוּ חִתִּית בְּאֶרֶץ חַיִּים׃ שָׁם עֵילָם וְכָל־הֲמוֹנָהּ
סְבִיבוֹת קְבֻרָתָהּ כֻּלָּם חֲלָלִים הַנֹּפְלִים בַּחֶרֶב אֲשֶׁר־יָרְדוּ
עֲרֵלִים ׀ אֶל־אֶרֶץ תַּחְתִּיּוֹת אֲשֶׁר נָתְנוּ חִתִּיתָם בְּאֶרֶץ חַיִּים
כה וַיִּשְׂאוּ כְלִמָּתָם אֶת־יוֹרְדֵי בוֹר׃ בְּתוֹךְ חֲלָלִים נָתְנוּ מִשְׁכָּב
לָהּ בְּכָל־הֲמוֹנָהּ סְבִיבוֹתָיו קִבְרֹתֶהָ כֻּלָּם עֲרֵלִים חַלְלֵי־
חֶרֶב כִּי־נִתַּן חִתִּיתָם בְּאֶרֶץ חַיִּים וַיִּשְׂאוּ כְלִמָּתָם אֶת־יוֹרְדֵי
26 בוֹר בְּתוֹךְ חֲלָלִים נִתָּן׃ שָׁם מֶשֶׁךְ תֻּבַל וְכָל־הֲמוֹנָהּ סְבִיבוֹתָיו
קִבְרוֹתֶיהָ כֻּלָּם עֲרֵלִים מְחֻלְלֵי חֶרֶב כִּי־נָתְנוּ חִתִּיתָם בְּאֶרֶץ
27 חַיִּים׃ וְלֹא יִשְׁכְּבוּ אֶת־גִּבּוֹרִים נֹפְלִים מֵעֲרֵלִים אֲשֶׁר יָרְדוּ־
שְׁאוֹל בִּכְלֵי־מִלְחַמְתָּם וַיִּתְּנוּ אֶת־חַרְבוֹתָם תַּחַת רָאשֵׁיהֶם
וַתְּהִי עֲוֺנֹתָם עַל־עַצְמוֹתָם כִּי־חִתִּית גִּבּוֹרִים בְּאֶרֶץ חַיִּים׃
28 29 וְאַתָּה בְּתוֹךְ עֲרֵלִים תִּשָּׁבַר וְתִשְׁכַּב אֶת־חַלְלֵי־חָרֶב׃ שָׁמָּה
אֱדוֹם מְלָכֶיהָ וְכָל־נְשִׂיאֶיהָ אֲשֶׁר־נִתְּנוּ בִגְבוּרָתָם אֶת־
חַלְלֵי־חֶרֶב הֵמָּה אֶת־עֲרֵלִים יִשְׁכָּבוּ וְאֶת־יֹרְדֵי בוֹר׃

ל שָׁמָּה נְסִיכֵי צָפוֹן כֻּלָּם וְכָל־צִדֹנִי אֲשֶׁר־יָרְדוּ אֶת־חֲלָלִים
בְּחִתִּיתָם מִגְּבוּרָתָם בּוֹשִׁים וַיִּשְׁכְּבוּ עֲרֵלִים אֶת־חַלְלֵי־חֶרֶב
31 וַיִּשְׂאוּ כְלִמָּתָם אֶת־יוֹרְדֵי בוֹר׃ אוֹתָם יִרְאֶה פַרְעֹה וְנִחַם
עַל־כָּל־הֲמוֹנֹה חַלְלֵי־חֶרֶב פַּרְעֹה וְכָל־חֵילוֹ נְאֻם אֲדֹנָי
32 יְהוִה׃ כִּי־נָתַתִּי אֶת־חִתִּיתוֹ בְּאֶרֶץ חַיִּים וְהֻשְׁכַּב בְּתוֹךְ
עֲרֵלִים אֶת־חַלְלֵי־חֶרֶב פַּרְעֹה וְכָל־הֲמוֹנֹה נְאֻם אֲדֹנָי
יְהוִה׃

לג Cap. XXXIII. לג

א 2 וַיְהִי דְבַר־יְהוָה אֵלַי לֵאמֹר׃ בֶּן־אָדָם דַּבֵּר אֶל־בְּנֵי־
עַמְּךָ וְאָמַרְתָּ אֲלֵיהֶם אֶרֶץ כִּי־אָבִיא עָלֶיהָ חָרֶב וְלָקְחוּ
עַם־הָאָרֶץ אִישׁ אֶחָד מִקְצֵיהֶם וְנָתְנוּ אֹתוֹ לָהֶם לְצֹפֶה׃
3 וְרָאָה אֶת־הַחֶרֶב בָּאָה עַל־הָאָרֶץ וְתָקַע בַּשּׁוֹפָר וְהִזְהִיר
4 אֶת־הָעָם׃ וְשָׁמַע הַשֹּׁמֵעַ אֶת־קוֹל הַשּׁוֹפָר וְלֹא נִזְהָר וַתָּבוֹא
ה חֶרֶב וַתִּקָּחֵהוּ דָּמוֹ בְרֹאשׁוֹ יִהְיֶה׃ אֵת קוֹל הַשּׁוֹפָר שָׁמַע
6 וְלֹא נִזְהָר דָּמוֹ בּוֹ יִהְיֶה וְהוּא נִזְהָר נַפְשׁוֹ מִלֵּט׃ וְהַצֹּפֶה כִּי־
יִרְאֶה אֶת־הַחֶרֶב בָּאָה וְלֹא־תָקַע בַּשּׁוֹפָר וְהָעָם לֹא־נִזְהָר
וַתָּבוֹא חֶרֶב וַתִּקַּח מֵהֶם נָפֶשׁ הוּא בַּעֲוֺנוֹ נִלְקָח וְדָמוֹ מִיַּד־
7 הַצֹּפֶה אֶדְרֹשׁ׃ וְאַתָּה בֶן־אָדָם צֹפֶה נְתַתִּיךָ לְבֵית
8 יִשְׂרָאֵל וְשָׁמַעְתָּ מִפִּי דָּבָר וְהִזְהַרְתָּ אֹתָם מִמֶּנִּי׃ בְּאָמְרִי
לָרָשָׁע רָשָׁע מוֹת תָּמוּת וְלֹא דִבַּרְתָּ לְהַזְהִיר רָשָׁע מִדַּרְכּוֹ
9 הוּא רָשָׁע בַּעֲוֺנוֹ יָמוּת וְדָמוֹ מִיָּדְךָ אֲבַקֵּשׁ׃ וְאַתָּה כִּי־הִזְהַרְתָּ
רָשָׁע מִדַּרְכּוֹ לָשׁוּב מִמֶּנָּה וְלֹא־שָׁב מִדַּרְכּוֹ הוּא בַּעֲוֺנוֹ יָמוּת
י וְאַתָּה נַפְשְׁךָ הִצַּלְתָּ׃ וְאַתָּה בֶן־אָדָם אֱמֹר אֶל־בֵּית
יִשְׂרָאֵל כֵּן אֲמַרְתֶּם לֵאמֹר כִּי־פְשָׁעֵינוּ וְחַטֹּאתֵינוּ עָלֵינוּ
11 וּבָם אֲנַחְנוּ נְמַקִּים וְאֵיךְ נִחְיֶה׃ אֱמֹר אֲלֵיהֶם חַי־אָנִי ׀ נְאֻם ׀
אֲדֹנָי יְהוִה אִם־אֶחְפֹּץ בְּמוֹת הָרָשָׁע כִּי אִם־בְּשׁוּב רָשָׁע
מִדַּרְכּוֹ וְחָיָה שׁוּבוּ שׁוּבוּ מִדַּרְכֵיכֶם הָרָעִים וְלָמָּה תָמוּתוּ

ל״ב v. 32. חתיתי ק׳

12 בֵּית יִשְׂרָאֵל׃ וְאַתָּה בֶן־אָדָם אֱמֹר אֶל־בְּנֵי־עַמְּךָ
צִדְקַת הַצַּדִּיק לֹא תַצִּילֶנּוּ בְּיוֹם פִּשְׁעוֹ וְרִשְׁעַת הָרָשָׁע לֹא־
יִכָּשֶׁל בָּהּ בְּיוֹם שׁוּבוֹ מֵרִשְׁעוֹ וְצַדִּיק לֹא יוּכַל לִחְיוֹת בָּהּ
13 בְּיוֹם חֲטֹאתוֹ׃ בְּאָמְרִי לַצַּדִּיק חָיֹה יִחְיֶה וְהוּא־בָטַח עַל־
צִדְקָתוֹ וְעָשָׂה עָוֶל כָּל־צִדְקֹתָו לֹא תִזָּכַרְנָה וּבְעַוְלוֹ אֲשֶׁר־
14 עָשָׂה בּוֹ יָמוּת׃ וּבְאָמְרִי לָרָשָׁע מוֹת תָּמוּת וְשָׁב מֵחַטָּאתוֹ
טו וְעָשָׂה מִשְׁפָּט וּצְדָקָה׃ חֲבֹל יָשִׁיב רָשָׁע גְּזֵלָה יְשַׁלֵּם בְּחֻקּוֹת
16 הַחַיִּים הָלַךְ לְבִלְתִּי עֲשׂוֹת עָוֶל חָיוֹ יִחְיֶה לֹא יָמוּת׃ כָּל־
חַטֹּאתָו אֲשֶׁר חָטָא לֹא תִזָּכַרְנָה לוֹ מִשְׁפָּט וּצְדָקָה עָשָׂה חָיוֹ
17 יִחְיֶה׃ וְאָמְרוּ בְּנֵי עַמְּךָ לֹא יִתָּכֵן דֶּרֶךְ אֲדֹנָי וְהֵמָּה דַּרְכָּם
18 לֹא־יִתָּכֵן׃ בְּשׁוּב־צַדִּיק מִצִּדְקָתוֹ וְעָשָׂה עָוֶל וּמֵת בָּהֶם׃
19 וּבְשׁוּב רָשָׁע מֵרִשְׁעָתוֹ וְעָשָׂה מִשְׁפָּט וּצְדָקָה עֲלֵיהֶם הוּא
כ יִחְיֶה׃ וַאֲמַרְתֶּם לֹא יִתָּכֵן דֶּרֶךְ אֲדֹנָי אִישׁ כִּדְרָכָיו אֶשְׁפּוֹט
אֶתְכֶם בֵּית יִשְׂרָאֵל׃

21 וַיְהִי בִּשְׁתֵּי עֶשְׂרֵה שָׁנָה בָּעֲשִׂרִי בַּחֲמִשָּׁה לַחֹדֶשׁ לְגָלוּתֵנוּ
22 בָּא־אֵלַי הַפָּלִיט מִירוּשָׁלַםִ לֵאמֹר הֻכְּתָה הָעִיר׃ וְיַד־יְהוָֹה
הָיְתָה אֵלַי בָּעֶרֶב לִפְנֵי בּוֹא הַפָּלִיט וַיִּפְתַּח אֶת־פִּי עַד־
23 בּוֹא אֵלַי בַּבֹּקֶר וַיִּפָּתַח פִּי וְלֹא נֶאֱלַמְתִּי עוֹד׃ וַיְהִי
24 דְבַר־יְהוָֹה אֵלַי לֵאמֹר׃ בֶּן־אָדָם יֹשְׁבֵי הֶחֳרָבוֹת הָאֵלֶּה
עַל־אַדְמַת יִשְׂרָאֵל אֹמְרִים לֵאמֹר אֶחָד הָיָה אַבְרָהָם וַיִּירַשׁ
כה אֶת־הָאָרֶץ וַאֲנַחְנוּ רַבִּים לָנוּ נִתְּנָה הָאָרֶץ לְמוֹרָשָׁה׃ לָכֵן
אֱמֹר אֲלֵיהֶם כֹּה־אָמַר ׀ אֲדֹנָי יְהוִֹה עַל־הַדָּם ׀ תֹּאכֵלוּ
וְעֵינֵכֶם תִּשְׂאוּ אֶל־גִּלּוּלֵיכֶם וְדָם תִּשְׁפֹּכוּ וְהָאָרֶץ תִּירָשׁוּ׃
26 עֲמַדְתֶּם עַל־חַרְבְּכֶם עֲשִׂיתֶן תּוֹעֵבָה וְאִישׁ אֶת־אֵשֶׁת רֵעֵהוּ
27 טִמֵּאתֶם וְהָאָרֶץ תִּירָשׁוּ׃ כֹּה־תֹאמַר אֲלֵהֶם כֹּה־אָמַר אֲדֹנָי
יְהוִֹה חַי־אָנִי אִם־לֹא אֲשֶׁר בֶּחֳרָבוֹת בַּחֶרֶב יִפֹּלוּ וַאֲשֶׁר
עַל־פְּנֵי הַשָּׂדֶה לַחַיָּה נְתַתִּיו לְאָכְלוֹ וַאֲשֶׁר בַּמְּצָדוֹת

ובמערות

v. 13. צדקותיו ק׳ v. 16. חטאתיו ק׳

28 וּבַמְּעָרוֹת בַּדֶּבֶר יָמוּתוּ׃ וְנָתַתִּי אֶת־הָאָרֶץ שְׁמָמָה וּמְשַׁמָּה
29 וְנִשְׁבַּת גְּאוֹן עֻזָּהּ וְשָׁמְמוּ הָרֵי יִשְׂרָאֵל מֵאֵין עוֹבֵר׃ וְיָדְעוּ
כִּי־אֲנִי יְהוָה בְּתִתִּי אֶת־הָאָרֶץ שְׁמָמָה וּמְשַׁמָּה עַל כָּל־
ל תּוֹעֲבֹתָם אֲשֶׁר עָשׂוּ׃ וְאַתָּה בֶן־אָדָם בְּנֵי עַמְּךָ הַנִּדְבָּרִים
בְּךָ אֵצֶל הַקִּירוֹת וּבְפִתְחֵי הַבָּתִּים וְדִבֶּר־חַד אֶת־אַחַד
אִישׁ אֶת־אָחִיו לֵאמֹר בֹּאוּ־נָא וְשִׁמְעוּ מָה הַדָּבָר הַיּוֹצֵא
31 מֵאֵת יְהוָה׃ וְיָבוֹאוּ אֵלֶיךָ כִּמְבוֹא־עָם וְיֵשְׁבוּ לְפָנֶיךָ עַמִּי
וְשָׁמְעוּ אֶת־דְּבָרֶיךָ וְאוֹתָם לֹא יַעֲשׂוּ כִּי־עֲגָבִים בְּפִיהֶם הֵמָּה
32 עֹשִׂים אַחֲרֵי בִצְעָם לִבָּם הֹלֵךְ׃ וְהִנְּךָ לָהֶם כְּשִׁיר עֲגָבִים
יְפֵה קוֹל וּמֵטִב נַגֵּן וְשָׁמְעוּ אֶת־דְּבָרֶיךָ וְעֹשִׂים אֵינָם אוֹתָם׃
33 וּבְבֹאָהּ הִנֵּה בָאָה וְיָדְעוּ כִּי נָבִיא הָיָה בְתוֹכָם׃

לד Cap. XXXIV. לד

2 א וַיְהִי דְבַר־יְהוָה אֵלַי לֵאמֹר׃ בֶּן־אָדָם הִנָּבֵא עַל־רוֹעֵי
יִשְׂרָאֵל הִנָּבֵא וְאָמַרְתָּ אֲלֵיהֶם לָרֹעִים כֹּה־אָמַר ׀ אֲדֹנָי יְהוִה
הוֹי רֹעֵי־יִשְׂרָאֵל אֲשֶׁר הָיוּ רֹעִים אוֹתָם הֲלוֹא הַצֹּאן יִרְעוּ
3 הָרֹעִים׃ אֶת־הַחֵלֶב תֹּאכֵלוּ וְאֶת־הַצֶּמֶר תִּלְבָּשׁוּ הַבְּרִיאָה
4 תִּזְבָּחוּ הַצֹּאן לֹא תִרְעוּ׃ אֶת־הַנַּחְלוֹת לֹא חִזַּקְתֶּם וְאֶת־
הַחוֹלָה לֹא־רִפֵּאתֶם וְלַנִּשְׁבֶּרֶת לֹא חֲבַשְׁתֶּם וְאֶת־הַנִּדַּחַת
לֹא הֲשֵׁבֹתֶם וְאֶת־הָאֹבֶדֶת לֹא בִקַּשְׁתֶּם וּבְחָזְקָה רְדִיתֶם
ה אֹתָם וּבְפָרֶךְ׃ וַתְּפוּצֶינָה מִבְּלִי רֹעֶה וַתִּהְיֶינָה לְאָכְלָה לְכָל־
6 חַיַּת הַשָּׂדֶה וַתְּפוּצֶינָה׃ יִשְׁגּוּ צֹאנִי בְּכָל־הֶהָרִים וְעַל כָּל־
גִּבְעָה רָמָה וְעַל כָּל־פְּנֵי הָאָרֶץ נָפֹצוּ צֹאנִי וְאֵין דּוֹרֵשׁ וְאֵין
7 8 מְבַקֵּשׁ׃ לָכֵן רֹעִים שִׁמְעוּ אֶת־דְּבַר יְהוָה׃ חַי־אָנִי נְאֻם ׀
אֲדֹנָי יְהוִה אִם־לֹא יַעַן הֱיוֹת־צֹאנִי ׀ לָבַז וַתִּהְיֶינָה צֹאנִי
לְאָכְלָה לְכָל־חַיַּת הַשָּׂדֶה מֵאֵין רֹעֶה וְלֹא־דָרְשׁוּ רֹעַי אֶת־
9 צֹאנִי וַיִּרְעוּ הָרֹעִים אוֹתָם וְאֶת־צֹאנִי לֹא רָעוּ׃ לָכֵן הָרֹעִים
י שִׁמְעוּ דְּבַר־יְהוָה׃ כֹּה־אָמַר אֲדֹנָי יְהוִה הִנְנִי אֶל־הָרֹעִים
וְדָרַשְׁתִּי אֶת־צֹאנִי מִיָּדָם וְהִשְׁבַּתִּים מֵרְעוֹת צֹאן וְלֹא־יִרְעוּ

עוד

עוֹד הָרֹעִים אוֹתָם וְהִצַּלְתִּי צֹאנִי מִפִּיהֶם וְלֹא־תִהְיֶיןָ לָהֶם
11 לְאָכְלָה׃ כִּי כֹּה אָמַר אֲדֹנָי יְהוִה הִנְנִי־אָנִי וְדָרַשְׁתִּי
12 אֶת־צֹאנִי וּבִקַּרְתִּים׃ כְּבַקָּרַת רֹעֶה עֶדְרוֹ בְּיוֹם־הֱיוֹתוֹ
בְתוֹךְ־צֹאנוֹ נִפְרָשׁוֹת כֵּן אֲבַקֵּר אֶת־צֹאנִי וְהִצַּלְתִּי אֶתְהֶם
13 מִכָּל־הַמְּקוֹמֹת אֲשֶׁר נָפֹצוּ שָׁם בְּיוֹם עָנָן וַעֲרָפֶל׃ וְהוֹצֵאתִים
מִן־הָעַמִּים וְקִבַּצְתִּים מִן־הָאֲרָצוֹת וַהֲבִיאוֹתִים אֶל־אַדְמָתָם
וּרְעִיתִים אֶל־הָרֵי יִשְׂרָאֵל בָּאֲפִיקִים וּבְכֹל מוֹשְׁבֵי הָאָרֶץ׃
14 בְּמִרְעֶה־טּוֹב אֶרְעֶה אֹתָם וּבְהָרֵי מְרוֹם־יִשְׂרָאֵל יִהְיֶה נְוֵהֶם
שָׁם תִּרְבַּצְנָה בְּנָוֶה טּוֹב וּמִרְעֶה שָׁמֵן תִּרְעֶינָה אֶל־הָרֵי
טו יִשְׂרָאֵל׃ אֲנִי אֶרְעֶה צֹאנִי וַאֲנִי אַרְבִּיצֵם נְאֻם אֲדֹנָי יְהוִה׃
16 אֶת־הָאֹבֶדֶת אֲבַקֵּשׁ וְאֶת־הַנִּדַּחַת אָשִׁיב וְלַנִּשְׁבֶּרֶת אֶחֱבֹשׁ
וְאֶת־הַחוֹלָה אֲחַזֵּק וְאֶת־הַשְּׁמֵנָה וְאֶת־הַחֲזָקָה אַשְׁמִיד
17 אֶרְעֶנָּה בְמִשְׁפָּט׃ וְאַתֵּנָה צֹאנִי כֹּה אָמַר אֲדֹנָי יְהוִה הִנְנִי
18 שֹׁפֵט בֵּין־שֶׂה לָשֶׂה לָאֵילִים וְלָעַתּוּדִים׃ הַמְעַט מִכֶּם
הַמִּרְעֶה הַטּוֹב תִּרְעוּ וְיֶתֶר מִרְעֵיכֶם תִּרְמְסוּ בְּרַגְלֵיכֶם
19 וּמִשְׁקַע־מַיִם תִּשְׁתּוּ וְאֵת הַנּוֹתָרִים בְּרַגְלֵיכֶם תִּרְפֹּשׂוּן׃ וְצֹאנִי
כ מִרְמַס רַגְלֵיכֶם תִּרְעֶינָה וּמִרְפַּשׂ רַגְלֵיכֶם תִּשְׁתֶּינָה׃ לָכֵן
כֹּה אָמַר אֲדֹנָי יְהוִה אֲלֵיהֶם הִנְנִי־אָנִי וְשָׁפַטְתִּי בֵּין־שֶׂה
21 בִרְיָה וּבֵין שֶׂה רָזָה׃ יַעַן בְּצַד וּבְכָתֵף תֶּהְדֹּפוּ וּבְקַרְנֵיכֶם
תְּנַגְּחוּ כָּל־הַנַּחְלוֹת עַד אֲשֶׁר הֲפִיצוֹתֶם אוֹתָנָה אֶל־הַחוּצָה׃
22 וְהוֹשַׁעְתִּי לְצֹאנִי וְלֹא־תִהְיֶינָה עוֹד לָבַז וְשָׁפַטְתִּי בֵּין שֶׂה
23 לָשֶׂה׃ וַהֲקִמֹתִי עֲלֵיהֶם רֹעֶה אֶחָד וְרָעָה אֶתְהֶן אֵת עַבְדִּי
24 דָוִיד הוּא יִרְעֶה אֹתָם וְהוּא־יִהְיֶה לָהֶן לְרֹעֶה׃ וַאֲנִי יְהוָה
אֶהְיֶה לָהֶם לֵאלֹהִים וְעַבְדִּי דָוִד נָשִׂיא בְתוֹכָם אֲנִי יְהוָה
כה דִּבַּרְתִּי׃ וְכָרַתִּי לָהֶם בְּרִית שָׁלוֹם וְהִשְׁבַּתִּי חַיָּה־רָעָה מִן־
26 הָאָרֶץ וְיָשְׁבוּ בַמִּדְבָּר לָבֶטַח וְיָשְׁנוּ בַּיְעָרִים׃ וְנָתַתִּי אוֹתָם
וּסְבִיבוֹת גִּבְעָתִי בְּרָכָה וְהוֹרַדְתִּי הַגֶּשֶׁם בְּעִתּוֹ גִּשְׁמֵי בְרָכָה
27 יִהְיוּ׃ וְנָתַן עֵץ הַשָּׂדֶה אֶת־פִּרְיוֹ וְהָאָרֶץ תִּתֵּן יְבוּלָהּ וְהָיוּ

על־אדמתם

עַל־אַדְמָתָ֖ם לָבֶ֑טַח וְיָ֣דְע֞וּ כִּֽי־אֲנִ֣י יְהוָ֗ה בְּשִׁבְרִי֙ אֶת־מֹט֣וֹת
28 עֻלָּ֔ם וְהִ֨צַּלְתִּ֔ים מִיַּ֖ד הָעֹבְדִ֥ים בָּהֶֽם׃ וְלֹא־יִהְי֨וּ ע֥וֹד בַּ֜ז
לַגּוֹיִ֗ם וְחַיַּ֤ת הָאָ֙רֶץ֙ לֹ֣א תֹֽאכְלֵ֔ם וְיָשְׁב֥וּ לָבֶ֖טַח וְאֵ֥ין מַחֲרִֽיד׃
29 וַהֲקִמֹתִ֥י לָהֶ֛ם מַטָּ֖ע לְשֵׁ֑ם וְלֹא־יִהְי֨וּ ע֜וֹד אֲסֻפֵ֤י רָעָב֙ בָּאָ֔רֶץ
ל וְלֹא־יִשְׂא֥וּ ע֖וֹד כְּלִמַּ֥ת הַגּוֹיִֽם׃ וְיָדְע֗וּ כִּ֣י אֲנִ֧י יְהוָ֛ה אֱלֹהֵיהֶ֖ם
31 אִתָּ֑ם וְהֵ֨מָּה עַמִּ֜י בֵּ֣ית יִשְׂרָאֵ֗ל נְאֻ֛ם אֲדֹנָ֥י יְהוִֽה׃ וְאַתֵּ֥ן צֹאנִ֛י
צֹ֥אן מַרְעִיתִ֖י אָדָ֣ם אַתֶּ֑ם אֲנִי֙ אֱלֹ֣הֵיכֶ֔ם נְאֻ֖ם אֲדֹנָ֥י יְהוִֽה׃

לה

Cap. XXXV. לה

א 2 וַיְהִ֥י דְבַר־יְהוָ֖ה אֵלַ֥י לֵאמֹֽר׃ בֶּן־אָדָ֕ם שִׂ֥ים פָּנֶ֖יךָ עַל־
3 הַ֣ר שֵׂעִ֑יר וְהִנָּבֵ֖א עָלָֽיו׃ וְאָמַ֣רְתָּ לּ֗וֹ כֹּ֤ה אָמַר֙ אֲדֹנָ֣י יְהוִ֔ה
הִנְנִ֥י אֵלֶ֖יךָ הַר־שֵׂעִ֑יר וְנָטִ֤יתִי יָדִי֙ עָלֶ֔יךָ וּנְתַתִּ֖יךָ שְׁמָמָ֥ה
4 וּמְשַׁמָּֽה׃ עָרֶ֙יךָ֙ חָרְבָּ֣ה אָשִׂ֔ים וְאַתָּ֖ה שְׁמָמָ֣ה תִֽהְיֶ֑ה וְיָדַעְתָּ֖
ה כִּֽי־אֲנִ֥י יְהוָֽה׃ יַ֗עַן הֱי֤וֹת לְךָ֙ אֵיבַ֣ת עוֹלָ֔ם וַתַּגֵּ֥ר אֶת־בְּנֵֽי־
6 יִשְׂרָאֵ֖ל עַל־יְדֵי־חָ֑רֶב בְּעֵ֣ת אֵידָ֔ם בְּעֵ֖ת עֲוֺ֥ן קֵֽץ׃ לָכֵ֣ן חַי־
אָ֗נִי נְאֻם֙ אֲדֹנָ֣י יְהוִ֔ה כִּֽי־לְדָ֥ם אֶעֶשְׂךָ֖ וְדָ֣ם יִרְדֲּפֶ֑ךָ אִם־לֹ֥א
7 דָ֛ם שָׂנֵ֖אתָ וְדָ֥ם יִרְדֲּפֶֽךָ׃ וְנָתַתִּי֙ אֶת־הַ֣ר שֵׂעִ֔יר לְשִֽׁמְמָ֖ה
8 וּשְׁמָמָ֑ה וְהִכְרַתִּ֥י מִמֶּ֖נּוּ עֹבֵ֥ר וָשָֽׁב׃ וּמִלֵּאתִ֥י אֶת־הָרָ֖יו חֲלָלָ֑יו
גִּבְעוֹתֶ֤יךָ וְגֵֽאוֹתֶ֙יךָ֙ וְכָל־אֲפִיקֶ֔יךָ חַלְלֵי־חֶ֖רֶב יִפְּל֥וּ בָהֶֽם׃
9 שִֽׁמְמ֤וֹת עוֹלָם֙ אֶתֶּנְךָ֔ וְעָרֶ֖יךָ לֹ֣א תֵשַׁ֑בְנָה וִֽידַעְתֶּ֖ם כִּֽי־אֲנִ֥י
י יְהוָֽה׃ יַ֣עַן אֲ֠מָרְךָ אֶת־שְׁנֵ֨י הַגּוֹיִ֜ם וְאֶת־שְׁתֵּ֧י הָאֲרָצ֛וֹת לִ֥י
11 תִֽהְיֶ֖ינָה וִירִשְׁנ֑וּהָ וַיהוָ֖ה שָׁ֥ם הָיָֽה׃ לָכֵ֣ן חַי־אָ֗נִי נְאֻם֮ אֲדֹנָ֣י
יְהוִה֒ וְעָשִׂ֗יתִי כְּאַפְּךָ֙ וּכְקִנְאָ֣תְךָ֔ אֲשֶׁ֣ר עָשִׂ֔יתָה מִשִּׂנְאָתֶ֖יךָ בָּ֑ם
12 וְנוֹדַ֣עְתִּי בָ֔ם כַּאֲשֶׁ֖ר אֶשְׁפְּטֶֽךָ׃ וְיָדַעְתָּ֮ כִּֽי־אֲנִ֣י יְהוָה֒ שָׁמַ֨עְתִּי׀
אֶֽת־כָּל־נָאָצוֹתֶ֗יךָ אֲשֶׁ֥ר אָמַ֛רְתָּ עַל־הָרֵ֥י יִשְׂרָאֵ֖ל לֵאמֹ֣ר׀
13 שָׁמֵ֑מָה לָ֥נוּ נִתְּנ֖וּ לְאָכְלָֽה׃ וַתַּגְדִּ֤ילוּ עָלַי֙ בְּפִיכֶ֔ם וְהַעְתַּרְתֶּ֥ם
14 עָלַ֖י דִּבְרֵיכֶ֑ם אֲנִ֖י שָׁמָֽעְתִּי׃ כֹּ֥ה אָמַ֖ר אֲדֹנָ֣י יְהוִ֑ה כִּשְׂמֹ֙חַ֙
טו כָּל־הָאָ֔רֶץ שְׁמָמָ֖ה אֶֽעֱשֶׂה־לָּֽךְ׃ כְּשִׂמְחָתְךָ֞ לְנַחֲלַ֣ת בֵּית־

ישראל

ל״ה v. 9. תשובנה ק׳ v. 12. שממו ק׳

יִשְׂרָאֵל עַל אֲשֶׁר־שָׁמֵמָה כֵּן אֶעֱשֶׂה־לָּךְ שְׁמָמָה תִהְיֶה הַר־
שֵׂעִיר וְכָל־אֱדוֹם כֻּלָּהּ וְיָדְעוּ כִּי־אֲנִי יְהוָה׃

לו Cap. XXXVI. לו

א וְאַתָּה בֶן־אָדָם הִנָּבֵא אֶל־הָרֵי יִשְׂרָאֵל וְאָמַרְתָּ הָרֵי
2 יִשְׂרָאֵל שִׁמְעוּ דְּבַר־יְהוָה׃ כֹּה אָמַר אֲדֹנָי יְהוִה יַעַן אָמַר
3 הָאוֹיֵב עֲלֵיכֶם הֶאָח וּבָמוֹת עוֹלָם לְמוֹרָשָׁה הָיְתָה לָּנוּ׃ לָכֵן
הִנָּבֵא וְאָמַרְתָּ כֹּה אָמַר אֲדֹנָי יְהוִה יַעַן בְּיַעַן שַׁמּוֹת וְשָׁאֹף
אֶתְכֶם מִסָּבִיב לִהְיוֹתְכֶם מוֹרָשָׁה לִשְׁאֵרִית הַגּוֹיִם וַתֵּעֲלוּ
4 עַל־שְׂפַת לָשׁוֹן וְדִבַּת־עָם׃ לָכֵן הָרֵי יִשְׂרָאֵל שִׁמְעוּ דְּבַר־
אֲדֹנָי יְהוִה כֹּה־אָמַר אֲדֹנָי יְהוִה לֶהָרִים וְלַגְּבָעוֹת לָאֲפִיקִים
וְלַגֵּאָיוֹת וְלֶחֳרָבוֹת הַשֹּׁמְמוֹת וְלֶעָרִים הַנֶּעֱזָבוֹת אֲשֶׁר הָיוּ
ה לְבַז וּלְלַעַג לִשְׁאֵרִית הַגּוֹיִם אֲשֶׁר מִסָּבִיב׃ לָכֵן כֹּה־
אָמַר אֲדֹנָי יְהוִה אִם־לֹא בְּאֵשׁ קִנְאָתִי דִבַּרְתִּי עַל־שְׁאֵרִית
הַגּוֹיִם וְעַל־אֱדוֹם כֻּלָּא אֲשֶׁר נָתְנוּ־אֶת־אַרְצִי ׀ לָהֶם לְמוֹרָשָׁה
6 בְּשִׂמְחַת כָּל־לֵבָב בִּשְׁאָט נֶפֶשׁ לְמַעַן מִגְרָשָׁהּ לָבַז׃ לָכֵן
הִנָּבֵא עַל־אַדְמַת יִשְׂרָאֵל וְאָמַרְתָּ לֶהָרִים וְלַגְּבָעוֹת לָאֲפִיקִים
וְלַגֵּאָיוֹת כֹּה־אָמַר ׀ אֲדֹנָי יְהוִה הִנְנִי בְקִנְאָתִי וּבַחֲמָתִי דִּבַּרְתִּי
7 יַעַן כְּלִמַּת גּוֹיִם נְשָׂאתֶם׃ לָכֵן כֹּה אָמַר אֲדֹנָי יְהוִה אֲנִי
נָשָׂאתִי אֶת־יָדִי אִם־לֹא הַגּוֹיִם אֲשֶׁר לָכֶם מִסָּבִיב הֵמָּה
8 כְּלִמָּתָם יִשָּׂאוּ׃ וְאַתֶּם הָרֵי יִשְׂרָאֵל עַנְפְּכֶם תִּתֵּנוּ וּפֶרְיְכֶם
9 תִּשְׂאוּ לְעַמִּי יִשְׂרָאֵל כִּי קֵרְבוּ לָבוֹא׃ כִּי הִנְנִי אֲלֵיכֶם
י וּפָנִיתִי אֲלֵיכֶם וְנֶעֱבַדְתֶּם וְנִזְרַעְתֶּם׃ וְהִרְבֵּיתִי עֲלֵיכֶם אָדָם
כָּל־בֵּית יִשְׂרָאֵל כֻּלֹּה וְנֹשְׁבוּ הֶעָרִים וְהֶחֳרָבוֹת תִּבָּנֶינָה׃
11 וְהִרְבֵּיתִי עֲלֵיכֶם אָדָם וּבְהֵמָה וְרָבוּ וּפָרוּ וְהוֹשַׁבְתִּי אֶתְכֶם
כְּקַדְמוֹתֵיכֶם וְהֵיטִבֹתִי מֵרִאשֹׁתֵיכֶם וִידַעְתֶּם כִּי־אֲנִי יְהוָה׃
12 וְהוֹלַכְתִּי עֲלֵיכֶם אָדָם אֶת־עַמִּי יִשְׂרָאֵל וִירֵשׁוּךָ וְהָיִיתָ לָהֶם
13 לְנַחֲלָה וְלֹא־תוֹסִף עוֹד לְשַׁכְּלָם׃ כֹּה אָמַר אֲדֹנָי יְהוִה יַעַן

14 אֹמְרִים לָכֶם אֹכֶלֶת אָדָם אָתְּ וּמְשַׁכֶּלֶת גּוֹיַיִךְ הָיִית׃ לָכֵן
אָדָם לֹא־תֹאכְלִי עוֹד וְגוֹיַיִךְ לֹא תְכַשְּׁלִי־עוֹד נְאֻם אֲדֹנָי
טו יְהוִה׃ וְלֹא־אַשְׁמִיעַ אֵלַיִךְ עוֹד כְּלִמַּת הַגּוֹיִם וְחֶרְפַּת עַמִּים
לֹא תִשְׂאִי־עוֹד וְגוֹיַיִךְ לֹא־תַכְשִׁלִי עוֹד נְאֻם אֲדֹנָי יְהוִה׃
16 17 ° וַיְהִי דְבַר־יְהוָה אֵלַי לֵאמֹר׃ בֶּן־אָדָם בֵּית יִשְׂרָאֵל יֹשְׁבִים
עַל־אַדְמָתָם וַיְטַמְּאוּ אוֹתָהּ בְּדַרְכָּם וּבַעֲלִילוֹתָם כְּטֻמְאַת
18 הַנִּדָּה הָיְתָה דַרְכָּם לְפָנָי׃ וָאֶשְׁפֹּךְ חֲמָתִי עֲלֵיהֶם עַל־הַדָּם
19 אֲשֶׁר־שָׁפְכוּ עַל־הָאָרֶץ וּבְגִלּוּלֵיהֶם טִמְּאוּהָ׃ וָאָפִיץ אֹתָם
כ בַגּוֹיִם וַיִּזָּרוּ בָּאֲרָצוֹת כְּדַרְכָּם וְכַעֲלִילוֹתָם שְׁפַטְתִּים׃ וַיָּבוֹא
אֶל־הַגּוֹיִם אֲשֶׁר־בָּאוּ שָׁם וַיְחַלְּלוּ אֶת־שֵׁם קָדְשִׁי בֶּאֱמֹר
21 לָהֶם עַם־יְהוָה אֵלֶּה וּמֵאַרְצוֹ יָצָאוּ׃ וָאֶחְמֹל עַל־שֵׁם קָדְשִׁי
22 אֲשֶׁר חִלְּלֻהוּ בֵּית יִשְׂרָאֵל בַּגּוֹיִם אֲשֶׁר־בָּאוּ שָׁמָּה׃ לָכֵן
אֱמֹר לְבֵית־יִשְׂרָאֵל כֹּה אָמַר אֲדֹנָי יְהוִה לֹא לְמַעַנְכֶם אֲנִי
עֹשֶׂה בֵּית יִשְׂרָאֵל כִּי אִם־לְשֵׁם־קָדְשִׁי אֲשֶׁר חִלַּלְתֶּם בַּגּוֹיִם
23 אֲשֶׁר־בָּאתֶם שָׁם׃ וְקִדַּשְׁתִּי אֶת־שְׁמִי הַגָּדוֹל הַמְחֻלָּל בַּגּוֹיִם
אֲשֶׁר חִלַּלְתֶּם בְּתוֹכָם וְיָדְעוּ הַגּוֹיִם כִּי־אֲנִי יְהוָה נְאֻם אֲדֹנָי
24 יְהוִה בְּהִקָּדְשִׁי בָכֶם לְעֵינֵיהֶם׃ וְלָקַחְתִּי אֶתְכֶם מִן־הַגּוֹיִם
וְקִבַּצְתִּי אֶתְכֶם מִכָּל־הָאֲרָצוֹת וְהֵבֵאתִי אֶתְכֶם אֶל־
כה אַדְמַתְכֶם׃ וְזָרַקְתִּי עֲלֵיכֶם מַיִם טְהוֹרִים וּטְהַרְתֶּם מִכֹּל
26 טֻמְאוֹתֵיכֶם וּמִכָּל־גִּלּוּלֵיכֶם אֲטַהֵר אֶתְכֶם׃ וְנָתַתִּי לָכֶם
לֵב חָדָשׁ וְרוּחַ חֲדָשָׁה אֶתֵּן בְּקִרְבְּכֶם וַהֲסִרֹתִי אֶת־לֵב
27 הָאֶבֶן מִבְּשַׂרְכֶם וְנָתַתִּי לָכֶם לֵב בָּשָׂר׃ וְאֶת־רוּחִי אֶתֵּן
בְּקִרְבְּכֶם וְעָשִׂיתִי אֵת אֲשֶׁר־בְּחֻקַּי תֵּלֵכוּ וּמִשְׁפָּטַי תִּשְׁמְרוּ
28 וַעֲשִׂיתֶם׃ וִישַׁבְתֶּם בָּאָרֶץ אֲשֶׁר נָתַתִּי לַאֲבֹתֵיכֶם וִהְיִיתֶם לִי
29 לְעָם וְאָנֹכִי אֶהְיֶה לָכֶם לֵאלֹהִים׃ וְהוֹשַׁעְתִּי אֶתְכֶם מִכֹּל
טֻמְאוֹתֵיכֶם וְקָרָאתִי אֶל־הַדָּגָן וְהִרְבֵּיתִי אֹתוֹ וְלֹא־אֶתֵּן
ל עֲלֵיכֶם רָעָב׃ וְהִרְבֵּיתִי אֶת־פְּרִי הָעֵץ וּתְנוּבַת הַשָּׂדֶה לְמַעַן

אשר

v. 13. את ק׳ ibid. גויך ק׳ v. 14. וגויך ק׳ ibid. תשכלי ק׳
v. 15. וגויך ק׳ v. 16. הפטרת פרשת פרה

31 אֲשֶׁר לֹא תִקְחוּ עוֹד חֶרְפַּת רָעָב בַּגּוֹיִם׃ וּזְכַרְתֶּם אֶת־
דַּרְכֵיכֶם הָרָעִים וּמַעַלְלֵיכֶם אֲשֶׁר לֹא־טוֹבִים וּנְקֹטֹתֶם
32 בִּפְנֵיכֶם עַל עֲוֺנֹתֵיכֶם וְעַל תּוֹעֲבוֹתֵיכֶם׃ לֹא לְמַעַנְכֶם אֲנִי־
עֹשֶׂה נְאֻם אֲדֹנָי יְהוִה יִוָּדַע לָכֶם בּוֹשׁוּ וְהִכָּלְמוּ מִדַּרְכֵיכֶם
33 בֵּית יִשְׂרָאֵל׃ כֹּה אָמַר אֲדֹנָי יְהוִה בְּיוֹם טַהֲרִי אֶתְכֶם
מִכֹּל עֲוֺנוֹתֵיכֶם וְהוֹשַׁבְתִּי אֶת־הֶעָרִים וְנִבְנוּ הֶחֳרָבוֹת׃
34 וְהָאָרֶץ הַנְּשַׁמָּה תֵּעָבֵד תַּחַת אֲשֶׁר הָיְתָה שְׁמָמָה לְעֵינֵי כָּל־
לה עוֹבֵר׃ וְאָמְרוּ הָאָרֶץ הַלֵּזוּ הַנְּשַׁמָּה הָיְתָה כְּגַן־עֵדֶן וְהֶעָרִים
36 הֶחֳרֵבוֹת וְהַנְשַׁמּוֹת וְהַנֶּהֱרָסוֹת בְּצוּרוֹת יָשָׁבוּ׃ וְיָדְעוּ הַגּוֹיִם
אֲשֶׁר יִשָּׁאֲרוּ סְבִיבוֹתֵיכֶם כִּי ׀ אֲנִי יְהוָה בָּנִיתִי הַנֶּהֱרָסוֹת
נָטַעְתִּי הַנְּשַׁמָּה אֲנִי יְהוָה דִּבַּרְתִּי וְעָשִׂיתִי׃
37 כֹּה אָמַר אֲדֹנָי יְהוִה עוֹד זֹאת אִדָּרֵשׁ לְבֵית־יִשְׂרָאֵל לַעֲשׂוֹת
38 לָהֶם אַרְבֶּה אֹתָם כַּצֹּאן אָדָם׃ כְּצֹאן קָדָשִׁים כְּצֹאן יְרוּשָׁלַםִ
בְּמוֹעֲדֶיהָ כֵּן תִּהְיֶינָה הֶעָרִים הֶחֳרֵבוֹת מְלֵאוֹת צֹאן אָדָם
וְיָדְעוּ כִּי־אֲנִי יְהוָה׃

לז CAP. XXXVII. לז

א הָיְתָה עָלַי יַד־יְהוָה וַיּוֹצִאֵנִי בְרוּחַ יְהוָה וַיְנִיחֵנִי בְּתוֹךְ
2 הַבִּקְעָה וְהִיא מְלֵאָה עֲצָמוֹת׃ וְהֶעֱבִירַנִי עֲלֵיהֶם סָבִיב ׀
סָבִיב וְהִנֵּה רַבּוֹת מְאֹד עַל־פְּנֵי הַבִּקְעָה וְהִנֵּה יְבֵשׁוֹת מְאֹד׃
3 וַיֹּאמֶר אֵלַי בֶּן־אָדָם הֲתִחְיֶינָה הָעֲצָמוֹת הָאֵלֶּה וָאֹמַר אֲדֹנָי
4 יְהוִה אַתָּה יָדָעְתָּ׃ וַיֹּאמֶר אֵלַי הִנָּבֵא עַל־הָעֲצָמוֹת הָאֵלֶּה
ה וְאָמַרְתָּ אֲלֵיהֶם הָעֲצָמוֹת הַיְבֵשׁוֹת שִׁמְעוּ דְּבַר־יְהוָה׃ כֹּה
אָמַר אֲדֹנָי יְהוִה לָעֲצָמוֹת הָאֵלֶּה הִנֵּה אֲנִי מֵבִיא בָכֶם רוּחַ
6 וִחְיִיתֶם׃ וְנָתַתִּי עֲלֵיכֶם גִּידִים וְהַעֲלֵתִי עֲלֵיכֶם בָּשָׂר וְקָרַמְתִּי
עֲלֵיכֶם עוֹר וְנָתַתִּי בָכֶם רוּחַ וִחְיִיתֶם וִידַעְתֶּם כִּי־אֲנִי יְהוָה׃
7 וְנִבֵּאתִי כַּאֲשֶׁר צֻוֵּיתִי וַיְהִי־קוֹל כְּהִנָּבְאִי וְהִנֵּה־רַעַשׁ וַתִּקְרְבוּ
8 עֲצָמוֹת עֶצֶם אֶל־עַצְמוֹ׃ וְרָאִיתִי וְהִנֵּה־עֲלֵיהֶם גִּדִים וּבָשָׂר

עלה

ל״ו .v 37. הפטרה לשבת וחול המועד של פסח כמנהג האשכנזים
והספרדים מתחילין היתה עלי

9 עָלָ֛ה וַיִּקְרַ֥ם עֲלֵיהֶ֖ם ע֣וֹר מִלְמָ֑עְלָה וְר֖וּחַ אֵ֥ין בָּהֶֽם׃ וַיֹּ֣אמֶר
אֵלַ֔י הִנָּבֵ֖א אֶל־הָר֑וּחַ הִנָּבֵ֣א בֶן־אָ֠דָם וְאָמַרְתָּ֨ אֶל־הָר֜וּחַ
כֹּה־אָמַ֣ר ׀ אֲדֹנָ֣י יְהֹוִ֗ה מֵאַרְבַּ֤ע רוּחוֹת֙ בֹּ֣אִי הָר֔וּחַ וּפְחִ֛י
י בַּהֲרוּגִ֥ים הָאֵ֖לֶּה וְיִחְיֽוּ׃ וְהִנַּבֵּ֖אתִי כַּאֲשֶׁ֣ר צִוָּ֑נִי וַתָּבוֹא֩ בָהֶ֨ם
הָר֜וּחַ וַיִּֽחְי֗וּ וַיַּֽעַמְדוּ֙ עַל־רַגְלֵיהֶ֔ם חַ֖יִל גָּד֥וֹל מְאֹ֥ד מְאֹֽד׃
11 וַיֹּ֣אמֶר֮ אֵלַי֒ בֶּן־אָדָ֕ם הָעֲצָמ֣וֹת הָאֵ֔לֶּה כָּל־בֵּ֥ית יִשְׂרָאֵ֖ל הֵ֑מָּה
הִנֵּ֣ה אֹמְרִ֗ים יָבְשׁ֧וּ עַצְמוֹתֵ֛ינוּ וְאָבְדָ֥ה תִקְוָתֵ֖נוּ נִגְזַ֥רְנוּ לָֽנוּ׃
12 לָכֵ֨ן הִנָּבֵ֜א וְאָמַרְתָּ֣ אֲלֵיהֶ֗ם כֹּֽה־אָמַר֮ אֲדֹנָ֣י יְהֹוִה֒ הִנֵּה֩ אֲנִ֨י
פֹתֵ֜חַ אֶת־קִבְרֽוֹתֵיכֶ֗ם וְהַעֲלֵיתִ֥י אֶתְכֶ֛ם מִקִּבְרֽוֹתֵיכֶ֖ם עַמִּ֑י
13 וְהֵבֵאתִ֥י אֶתְכֶ֖ם אֶל־אַדְמַ֥ת יִשְׂרָאֵֽל׃ וִֽידַעְתֶּ֖ם כִּֽי־אֲנִ֣י יְהוָ֑ה
בְּפִתְחִ֣י אֶת־קִבְרֽוֹתֵיכֶ֔ם וּבְהַעֲלוֹתִ֥י אֶתְכֶ֛ם מִקִּבְרֽוֹתֵיכֶ֖ם
14 עַמִּֽי׃ וְנָתַתִּ֨י רוּחִ֤י בָכֶם֙ וִחְיִיתֶ֔ם וְהִנַּחְתִּ֥י אֶתְכֶ֖ם עַל־אַדְמַתְכֶ֑ם
וִֽידַעְתֶּ֞ם כִּ֠י אֲנִ֧י יְהוָ֛ה דִּבַּ֥רְתִּי וְעָשִׂ֖יתִי נְאֻם־יְהוָֽה׃
טו 16 ° וַיְהִ֥י דְבַר־יְהוָ֖ה אֵלַ֥י לֵאמֹֽר׃ וְאַתָּ֣ה בֶן־אָדָ֗ם קַח־לְךָ֙ עֵ֣ץ
אֶחָ֔ד וּכְתֹ֤ב עָלָיו֙ לִֽיהוּדָ֔ה וְלִבְנֵ֥י יִשְׂרָאֵ֖ל חֲבֵרָ֑ו וּלְקַח֙ עֵ֣ץ
אֶחָ֔ד וּכְת֣וֹב עָלָ֗יו לְיוֹסֵף֙ עֵ֣ץ אֶפְרַ֔יִם וְכָל־בֵּ֥ית יִשְׂרָאֵ֖ל
17 חֲבֵרָֽו׃ וְקָרַ֨ב אֹתָ֜ם אֶחָ֧ד אֶל־אֶחָ֛ד לְךָ֖ לְעֵ֣ץ אֶחָ֑ד וְהָי֥וּ
18 לַאֲחָדִ֖ים בְּיָדֶֽךָ׃ וְכַֽאֲשֶׁר֙ יֹאמְר֣וּ אֵלֶ֔יךָ בְּנֵ֥י עַמְּךָ֖ לֵאמֹ֑ר
19 הֲלֽוֹא־תַגִּ֥יד לָ֖נוּ מָה־אֵ֥לֶּה לָּֽךְ׃ דַּבֵּ֣ר אֲלֵהֶ֗ם כֹּֽה־אָמַר֮ אֲדֹנָ֣י
יְהֹוִה֒ הִנֵּ֨ה אֲנִ֜י לֹקֵ֣חַ אֶת־עֵ֤ץ יוֹסֵף֙ אֲשֶׁ֣ר בְּיַד־אֶפְרַ֔יִם וְשִׁבְטֵ֥י
יִשְׂרָאֵ֖ל חֲבֵרָ֑ו וְנָתַתִּ֨י אוֹתָ֜ם עָלָ֗יו אֶת־עֵ֤ץ יְהוּדָה֙ וַעֲשִׂיתִם֙
כ לְעֵ֣ץ אֶחָ֔ד וְהָי֥וּ אֶחָ֖ד בְּיָדִֽי׃ וְהָי֨וּ הָעֵצִ֜ים אֲשֶׁר־תִּכְתֹּ֧ב
21 עֲלֵיהֶ֛ם בְּיָדְךָ֖ לְעֵינֵיהֶֽם׃ וְדַבֵּ֣ר אֲלֵיהֶ֗ם כֹּֽה־אָמַר֮ אֲדֹנָ֣י
יְהֹוִה֒ הִנֵּ֨ה אֲנִ֤י לֹקֵ֙חַ֙ אֶת־בְּנֵ֣י יִשְׂרָאֵ֔ל מִבֵּ֥ין הַגּוֹיִ֖ם אֲשֶׁ֣ר הָֽלְכוּ־
שָׁ֑ם וְקִבַּצְתִּ֤י אֹתָם֙ מִסָּבִ֔יב וְהֵבֵאתִ֥י אוֹתָ֖ם אֶל־אַדְמָתָֽם׃
22 וְעָשִׂ֨יתִי אֹתָ֜ם לְג֤וֹי אֶחָד֙ בָּאָ֙רֶץ֙ בְּהָרֵ֣י יִשְׂרָאֵ֔ל וּמֶ֧לֶךְ אֶחָ֛ד
יִהְיֶ֥ה לְכֻלָּ֖ם לְמֶ֑לֶךְ וְלֹ֧א יִֽהְיֶה־ע֛וֹד לִשְׁנֵ֥י גוֹיִ֖ם וְלֹ֨א יֵחָ֥צוּ

עוד

v. 15. הפטרת ויגש   vv. 16. 19. חבריו ק'   v. 22. יהיו ק'

23 עוֹד לִשְׁתֵּי מַמְלָכוֹת עוֹד׃ וְלֹא יִטַּמְּאוּ עוֹד בְּגִלּוּלֵיהֶם
וּבְשִׁקּוּצֵיהֶם וּבְכֹל פִּשְׁעֵיהֶם וְהוֹשַׁעְתִּי אֹתָם מִכֹּל מוֹשְׁבֹתֵיהֶם
אֲשֶׁר חָטְאוּ בָהֶם וְטִהַרְתִּי אוֹתָם וְהָיוּ־לִי לְעָם וַאֲנִי אֶהְיֶה
24 לָהֶם לֵאלֹהִים׃ וְעַבְדִּי דָוִד מֶלֶךְ עֲלֵיהֶם וְרוֹעֶה אֶחָד יִהְיֶה
כה לְכֻלָּם וּבְמִשְׁפָּטַי יֵלֵכוּ וְחֻקּוֹתַי יִשְׁמְרוּ וְעָשׂוּ אוֹתָם׃ וְיָשְׁבוּ
עַל־הָאָרֶץ אֲשֶׁר נָתַתִּי לְעַבְדִּי לְיַעֲקֹב אֲשֶׁר יָשְׁבוּ־בָהּ
אֲבוֹתֵיכֶם וְיָשְׁבוּ עָלֶיהָ הֵמָּה וּבְנֵיהֶם וּבְנֵי בְנֵיהֶם עַד־
26 עוֹלָם וְדָוִד עַבְדִּי נָשִׂיא לָהֶם לְעוֹלָם׃ וְכָרַתִּי לָהֶם בְּרִית
שָׁלוֹם בְּרִית עוֹלָם יִהְיֶה אוֹתָם וּנְתַתִּים וְהִרְבֵּיתִי אוֹתָם
27 וְנָתַתִּי אֶת־מִקְדָּשִׁי בְּתוֹכָם לְעוֹלָם׃ וְהָיָה מִשְׁכָּנִי עֲלֵיהֶם
28 וְהָיִיתִי לָהֶם לֵאלֹהִים וְהֵמָּה יִהְיוּ־לִי לְעָם׃ וְיָדְעוּ הַגּוֹיִם
כִּי אֲנִי יְהוָה מְקַדֵּשׁ אֶת־יִשְׂרָאֵל בִּהְיוֹת מִקְדָּשִׁי בְּתוֹכָם
לְעוֹלָם׃

לח CAP. XXXVIII. לח

2 א וַיְהִי דְבַר־יְהוָה אֵלַי לֵאמֹר׃ בֶּן־אָדָם שִׂים פָּנֶיךָ אֶל־גּוֹג
3 אֶרֶץ הַמָּגוֹג נְשִׂיא רֹאשׁ מֶשֶׁךְ וְתֻבָל וְהִנָּבֵא עָלָיו׃ וְאָמַרְתָּ
כֹּה אָמַר אֲדֹנָי יְהוִה הִנְנִי אֵלֶיךָ גּוֹג נְשִׂיא רֹאשׁ מֶשֶׁךְ וְתֻבָל׃
4 וְשׁוֹבַבְתִּיךָ וְנָתַתִּי חַחִים בִּלְחָיֶיךָ וְהוֹצֵאתִי אוֹתְךָ וְאֶת־כָּל־
חֵילֶךָ סוּסִים וּפָרָשִׁים לְבֻשֵׁי מִכְלוֹל כֻּלָּם קָהָל רָב צִנָּה וּמָגֵן
ה תֹּפְשֵׂי חֲרָבוֹת כֻּלָּם׃ פָּרַס כּוּשׁ וּפוּט אִתָּם כֻּלָּם מָגֵן וְכוֹבָע׃
6 גֹּמֶר וְכָל־אֲגַפֶּיהָ בֵּית תּוֹגַרְמָה יַרְכְּתֵי צָפוֹן וְאֶת־כָּל־אֲגַפָּיו
7 עַמִּים רַבִּים אִתָּךְ׃ הִכֹּן וְהָכֵן לְךָ אַתָּה וְכָל־קְהָלֶךָ הַנִּקְהָלִים
8 עָלֶיךָ וְהָיִיתָ לָהֶם לְמִשְׁמָר׃ מִיָּמִים רַבִּים תִּפָּקֵד בְּאַחֲרִית
הַשָּׁנִים תָּבוֹא ׀ אֶל־אֶרֶץ ׀ מְשׁוֹבֶבֶת מֵחֶרֶב מְקֻבֶּצֶת מֵעַמִּים
רַבִּים עַל הָרֵי יִשְׂרָאֵל אֲשֶׁר־הָיוּ לְחָרְבָּה תָּמִיד וְהִיא מֵעַמִּים
9 הוּצָאָה וְיָשְׁבוּ לָבֶטַח כֻּלָּם׃ וְעָלִיתָ כַּשֹּׁאָה תָבוֹא כֶּעָנָן
לְכַסּוֹת הָאָרֶץ תִּהְיֶה אַתָּה וְכָל־אֲגַפֶּיךָ וְעַמִּים רַבִּים

אותך

י אוֹתָךְ׃ כֹּה אָמַר אֲדֹנָי יְהוִה וְהָיָה ׀ בַּיּוֹם הַהוּא יַעֲלוּ
11 דְבָרִים עַל־לְבָבֶךָ וְחָשַׁבְתָּ מַחֲשֶׁבֶת רָעָה׃ וְאָמַרְתָּ אֶעֱלֶה
עַל־אֶרֶץ פְּרָזוֹת אָבוֹא הַשֹּׁקְטִים יֹשְׁבֵי לָבֶטַח כֻּלָּם יֹשְׁבִים
12 בְּאֵין חוֹמָה וּבְרִיחַ וּדְלָתַיִם אֵין לָהֶם׃ לִשְׁלֹל שָׁלָל וְלָבֹז
בַּז לְהָשִׁיב יָדְךָ עַל־חֳרָבוֹת נוֹשָׁבוֹת וְאֶל־עַם מְאֻסָּף מִגּוֹיִם
13 עֹשֶׂה מִקְנֶה וְקִנְיָן יֹשְׁבֵי עַל־טַבּוּר הָאָרֶץ׃ שְׁבָא וּדְדָן
וְסֹחֲרֵי תַרְשִׁישׁ וְכָל־כְּפִירֶיהָ יֹאמְרוּ לְךָ הֲלִשְׁלֹל שָׁלָל אַתָּה
בָא הֲלָבֹז בַּז הִקְהַלְתָּ קְהָלֶךָ לָשֵׂאת ׀ כֶּסֶף וְזָהָב לָקַחַת
14 מִקְנֶה וְקִנְיָן לִשְׁלֹל שָׁלָל גָּדוֹל׃ לָכֵן הִנָּבֵא בֶן־אָדָם
וְאָמַרְתָּ לְגוֹג כֹּה אָמַר אֲדֹנָי יְהוִה הֲלוֹא ׀ בַּיּוֹם הַהוּא בְּשֶׁבֶת
טו עַמִּי יִשְׂרָאֵל לָבֶטַח תֵּדָע׃ וּבָאתָ מִמְּקוֹמְךָ מִיַּרְכְּתֵי צָפוֹן
אַתָּה וְעַמִּים רַבִּים אִתָּךְ רֹכְבֵי סוּסִים כֻּלָּם קָהָל גָּדוֹל וְחַיִל
16 רָב׃ וְעָלִיתָ עַל־עַמִּי יִשְׂרָאֵל כֶּעָנָן לְכַסּוֹת הָאָרֶץ בְּאַחֲרִית
הַיָּמִים תִּהְיֶה וַהֲבִאוֹתִיךָ עַל־אַרְצִי לְמַעַן דַּעַת הַגּוֹיִם אֹתִי
17 בְּהִקָּדְשִׁי בְךָ לְעֵינֵיהֶם גּוֹג׃ כֹּה־אָמַר אֲדֹנָי יְהוִה
הַאַתָּה־הוּא אֲשֶׁר־דִּבַּרְתִּי בְּיָמִים קַדְמוֹנִים בְּיַד עֲבָדַי
נְבִיאֵי יִשְׂרָאֵל הַנִּבְּאִים בַּיָּמִים הָהֵם שָׁנִים לְהָבִיא אֹתְךָ
18 עֲלֵיהֶם׃ ° וְהָיָה ׀ בַּיּוֹם הַהוּא בְּיוֹם בּוֹא גוֹג עַל־אַדְמַת
19 יִשְׂרָאֵל נְאֻם אֲדֹנָי יְהוִה תַּעֲלֶה חֲמָתִי בְּאַפִּי׃ וּבְקִנְאָתִי
בְאֵשׁ־עֶבְרָתִי דִּבַּרְתִּי אִם־לֹא ׀ בַּיּוֹם הַהוּא יִהְיֶה רַעַשׁ
כ גָּדוֹל עַל אַדְמַת יִשְׂרָאֵל׃ וְרָעֲשׁוּ מִפָּנַי דְּגֵי הַיָּם וְעוֹף הַשָּׁמַיִם
וְחַיַּת הַשָּׂדֶה וְכָל־הָרֶמֶשׂ הָרֹמֵשׂ עַל־הָאֲדָמָה וְכֹל הָאָדָם
אֲשֶׁר עַל־פְּנֵי הָאֲדָמָה וְנֶהֶרְסוּ הֶהָרִים וְנָפְלוּ הַמַּדְרֵגוֹת
21 וְכָל־חוֹמָה לָאָרֶץ תִּפּוֹל׃ וְקָרָאתִי עָלָיו לְכָל־הָרַי חֶרֶב
22 נְאֻם אֲדֹנָי יְהוִה חֶרֶב אִישׁ בְּאָחִיו תִּהְיֶה׃ וְנִשְׁפַּטְתִּי
אִתּוֹ בְּדֶבֶר וּבְדָם וְגֶשֶׁם שׁוֹטֵף וְאַבְנֵי אֶלְגָּבִישׁ אֵשׁ וְגָפְרִית
אַמְטִיר עָלָיו וְעַל־אֲגַפָּיו וְעַל־עַמִּים רַבִּים אֲשֶׁר אִתּוֹ׃

והתגדלתי

v. 18. הפטרת שבת וחול המועד של סוכות

23 וְהִתְגַּדִּלְתִּי֙ וְהִתְקַדִּשְׁתִּ֔י וְנֽוֹדַעְתִּ֔י לְעֵינֵ֖י גּוֹיִ֣ם רַבִּ֑ים וְיָדְע֖וּ כִּֽי־
אֲנִ֥י יְהוָֽה׃ °

לט CAP. XXXIX. לט

א וְאַתָּ֤ה בֶן־אָדָם֙ הִנָּבֵ֣א עַל־גּ֔וֹג וְאָ֣מַרְתָּ֔ כֹּ֥ה אָמַ֖ר אֲדֹנָ֣י
2 יְהוִ֑ה הִנְנִ֤י אֵלֶ֙יךָ֙ גּ֔וֹג נְשִׂ֕יא רֹ֖אשׁ מֶ֥שֶׁךְ וְתֻבָֽל׃ וְשֹֽׁבַבְתִּ֙יךָ֙
וְשִׁשֵּׁאתִ֔יךָ וְהַעֲלִיתִ֖יךָ מִיַּרְכְּתֵ֣י צָפ֑וֹן וַהֲבִאוֹתִ֖ךָ עַל־הָרֵ֥י
3 יִשְׂרָאֵֽל׃ וְהִכֵּיתִ֥י קַשְׁתְּךָ֖ מִיַּ֣ד שְׂמֹאולֶ֑ךָ וְחִצֶּ֕יךָ מִיַּ֥ד יְמִינְךָ֖
4 אַפִּֽיל׃ עַל־הָרֵ֨י יִשְׂרָאֵ֜ל תִּפּ֗וֹל אַתָּה֙ וְכָל־אֲגַפֶּ֔יךָ וְעַמִּ֖ים
אֲשֶׁ֣ר אִתָּ֑ךְ לְעֵ֨יט צִפּ֧וֹר כָּל־כָּנָ֛ף וְחַיַּ֥ת הַשָּׂדֶ֖ה נְתַתִּ֥יךָ
ה לְאָכְלָֽה׃ עַל־פְּנֵ֥י הַשָּׂדֶ֖ה תִּפּ֑וֹל כִּ֚י אֲנִ֣י דִבַּ֔רְתִּי נְאֻ֖ם אֲדֹנָ֥י
6 יְהוִֽה׃ וְשִׁלַּחְתִּי־אֵ֣שׁ בְּמָג֔וֹג וּבְיֹשְׁבֵ֥י הָאִיִּ֖ים לָבֶ֑טַח וְיָדְע֖וּ
7 כִּֽי־אֲנִ֥י יְהוָֽה׃ וְאֶת־שֵׁ֨ם קָדְשִׁ֜י אוֹדִ֗יעַ בְּתוֹךְ֙ עַמִּ֣י יִשְׂרָאֵ֔ל
וְלֹֽא־אַחֵ֥ל אֶת־שֵׁם־קָדְשִׁ֖י ע֑וֹד וְיָדְע֤וּ הַגּוֹיִם֙ כִּֽי־אֲנִ֣י יְהוָ֔ה
8 קָד֖וֹשׁ בְּיִשְׂרָאֵֽל׃ הִנֵּ֤ה בָאָה֙ וְנִהְיָ֔תָה נְאֻ֖ם אֲדֹנָ֣י יְהוִ֑ה ה֥וּא
9 הַיּ֖וֹם אֲשֶׁ֥ר דִּבַּֽרְתִּי׃ וְֽיָצְא֞וּ יֹשְׁבֵ֣י ׀ עָרֵ֣י יִשְׂרָאֵ֗ל וּבִֽעֲר֡וּ וְהִשִּׂיקוּ
בְּנֶשֶׁק֩ וּמָגֵ֨ן וְצִנָּ֜ה בְּקֶ֣שֶׁת וּבְחִצִּ֗ים וּבְמַקֵּ֥ל יָ֖ד וּבְרֹ֑מַח וּבִֽעֲר֨וּ
י בָהֶ֥ם אֵ֖שׁ שֶׁ֥בַע שָׁנִֽים׃ וְלֹֽא־יִשְׂא֨וּ עֵצִ֜ים מִן־הַשָּׂדֶ֗ה וְלֹ֤א
יַחְטְבוּ֙ מִן־הַיְּעָרִ֔ים כִּ֥י בַנֶּ֖שֶׁק יְבַֽעֲרוּ־אֵ֑שׁ וְשָׁלְל֣וּ אֶת־
11 שֹֽׁלְלֵיהֶ֗ם וּבָֽזְזוּ֙ אֶת־בֹּ֣זְזֵיהֶ֔ם נְאֻ֖ם אֲדֹנָ֥י יְהוִֽה׃ וְהָיָ֣ה בַיּ֣וֹם
הַה֡וּא אֶתֵּ֣ן לְגוֹג֩ ׀ מְקֽוֹם־שָׁ֨ם קֶ֜בֶר בְּיִשְׂרָאֵ֗ל גֵּ֤י הָעֹֽבְרִים֙
קִדְמַ֣ת הַיָּ֔ם וְחֹסֶ֥מֶת הִ֖יא אֶת־הָעֹבְרִ֑ים וְקָ֣בְרוּ שָׁ֗ם אֶת־גּוֹג֙
12 וְאֶת־כָּל־הֲמוֹנֹ֔ה וְקָ֣רְא֔וּ גֵּ֖יא הֲמ֥וֹן גּֽוֹג׃ וּקְבָרוּם֙ בֵּ֣ית יִשְׂרָאֵ֔ל
13 לְמַ֖עַן טַהֵ֣ר אֶת־הָאָ֑רֶץ שִׁבְעָ֖ה חֳדָשִֽׁים׃ וְקָֽבְרוּ֙ כָּל־עַ֣ם
14 הָאָ֔רֶץ וְהָיָ֥ה לָהֶ֖ם לְשֵׁ֑ם י֚וֹם הִכָּ֣בְדִ֔י נְאֻ֖ם אֲדֹנָ֥י יְהוִֽה׃ וְאַנְשֵׁ֨י
תָמִ֤יד יַבְדִּ֙ילוּ֙ עֹבְרִ֣ים בָּאָ֔רֶץ מְקַבְּרִ֣ים אֶת־הָעֹבְרִ֗ים אֶת־
הַנּֽוֹתָרִים֙ עַל־פְּנֵ֣י הָאָ֔רֶץ לְטַהֲרָ֑הּ מִקְצֵ֥ה שִׁבְעָֽה־חֳדָשִׁ֖ים
טו יַחְקֹֽרוּ׃ וְעָבְר֤וּ הָעֹֽבְרִים֙ בָּאָ֔רֶץ וְרָאָה֙ עֶ֣צֶם אָדָ֔ם וּבָנָ֥ה

אצלו

ל״ח v. 23. אין כאן פסקא

אֶצְלָוֹ צִיֻּ֖ין עַ֣ד קָבְר֣וּ אֹת֑וֹ הַֽמְקַבְּרִ֔ים אֶל־גֵּ֖יא הֲמ֥וֹן גּֽוֹג׃

16
17
וְגַ֥ם שֶׁם־עִ֛יר הֲמוֹנָ֖ה וְטִֽהֲר֥וּ הָאָֽרֶץ׃ וְאַתָּ֨ה בֶן־אָדָ֜ם
כֹּֽה־אָמַ֣ר ׀ אֲדֹנָ֣י יְהֹוִ֗ה אֱמֹר֩ לְצִפּ֨וֹר כָּל־כָּנָ֜ף וּלְכֹ֣ל ׀ חַיַּ֣ת
הַשָּׂדֶ֗ה הִקָּֽבְצ֤וּ וָבֹ֙אוּ֙ הֵאָֽסְפ֣וּ מִסָּבִ֔יב עַל־זִבְחִ֗י אֲשֶׁ֨ר אֲנִ֜י
זֹבֵ֤חַ לָכֶם֙ זֶ֣בַח גָּד֔וֹל עַ֖ל הָרֵ֣י יִשְׂרָאֵ֑ל וַאֲכַלְתֶּ֥ם בָּשָׂ֖ר וּשְׁתִ֥יתֶם
18
דָּֽם׃ בְּשַׂ֤ר גִּבּוֹרִים֙ תֹּאכֵ֔לוּ וְדַם־נְשִׂיאֵ֥י הָאָ֖רֶץ תִּשְׁתּ֑וּ אֵילִ֤ים
19
כָּרִים֙ וְעַתּוּדִ֣ים פָּרִ֔ים מְרִיאֵ֥י בָשָׁ֖ן כֻּלָּֽם׃ וַאֲכַלְתֶּם־חֵ֣לֶב
לְשָׂבְעָ֗ה וּשְׁתִיתֶ֤ם דָּם֙ לְשִׁכָּר֔וֹן מִזִּבְחִ֖י אֲשֶׁר־זָבַ֥חְתִּי לָכֶֽם׃
כ
וּשְׂבַעְתֶּ֤ם עַל־שֻׁלְחָנִי֙ ס֣וּס וָרֶ֔כֶב גִּבּ֖וֹר וְכָל־אִ֣ישׁ מִלְחָמָ֑ה
21
נְאֻ֖ם אֲדֹנָ֥י יְהֹוִֽה׃ וְנָתַתִּ֥י אֶת־כְּבוֹדִ֖י בַּגּוֹיִ֑ם וְרָא֣וּ כָל־הַגּוֹיִ֗ם
22
אֶת־מִשְׁפָּטִי֙ אֲשֶׁ֣ר עָשִׂ֔יתִי וְאֶת־יָדִ֖י אֲשֶׁר־שַׂ֥מְתִּי בָהֶֽם׃ וְיָֽדְעוּ֙
בֵּ֣ית יִשְׂרָאֵ֔ל כִּ֛י אֲנִ֥י יְהֹוָ֖ה אֱלֹֽהֵיהֶ֑ם מִן־הַיּ֥וֹם הַה֖וּא וָהָֽלְאָה׃
23
וְיָֽדְע֣וּ הַ֠גּוֹיִ֠ם כִּ֣י בַעֲוֺנָ֞ם גָּל֣וּ בֵֽית־יִשְׂרָאֵ֗ל עַ֚ל אֲשֶׁ֣ר מָֽעֲלוּ־בִ֔י
וָאַסְתִּ֥ר פָּנַ֖י מֵהֶ֑ם וָֽאֶתְּנֵם֙ בְּיַ֣ד צָֽרֵיהֶ֔ם וַיִּפְּל֥וּ בַחֶ֖רֶב כֻּלָּֽם׃
24
כה
כְּטֻמְאָתָ֥ם וּכְפִשְׁעֵיהֶ֖ם עָשִׂ֣יתִי אֹתָ֑ם וָאַסְתִּ֥ר פָּנַ֖י מֵהֶֽם׃ לָכֵ֗ן
כֹּ֤ה אָמַר֙ אֲדֹנָ֣י יְהֹוִ֔ה עַתָּ֗ה אָשִׁיב֙ אֶת־שְׁבִ֣ית יַֽעֲקֹ֔ב וְרִֽחַמְתִּ֖י
26
כָּל־בֵּ֣ית יִשְׂרָאֵ֑ל וְקִנֵּאתִ֖י לְשֵׁ֥ם קָדְשִֽׁי׃ וְנָשׂ֖וּ אֶת־כְּלִמָּתָ֑ם
וְאֶת־כָּל־מַֽעֲלָם֙ אֲשֶׁ֣ר מָעֲלוּ־בִ֔י בְּשִׁבְתָּ֥ם עַל־אַדְמָתָ֖ם
27
לָבֶ֖טַח וְאֵ֥ין מַֽחֲרִֽיד׃ בְּשֽׁוֹבְבִ֤י אוֹתָם֙ מִן־הָ֣עַמִּ֔ים וְקִבַּצְתִּ֣י
אֹתָ֔ם מֵֽאַרְצ֖וֹת אֹֽיְבֵיהֶ֑ם וְנִקְדַּ֣שְׁתִּי בָ֔ם לְעֵינֵ֖י הַגּוֹיִ֥ם רַבִּֽים׃
28
וְיָֽדְע֗וּ כִּ֣י אֲנִ֤י יְהֹוָה֙ אֱלֹ֣הֵיהֶ֔ם בְּהַגְלוֹתִ֤י אֹתָם֙ אֶל־הַגּוֹיִ֔ם
29
וְכִנַּסְתִּים֙ עַל־אַדְמָתָ֔ם וְלֹֽא־אוֹתִ֥יר ע֛וֹד מֵהֶ֖ם שָׁ֑ם׃ וְלֹֽא־
אַסְתִּ֨יר ע֤וֹד פָּנַי֙ מֵהֶ֔ם אֲשֶׁ֥ר שָׁפַ֛כְתִּי אֶת־רוּחִ֖י עַל־בֵּ֣ית
יִשְׂרָאֵ֔ל נְאֻ֖ם אֲדֹנָ֥י יְהֹוִֽה׃

מ

CAP. XL. מ

א
בְּעֶשְׂרִ֣ים וְחָמֵ֣שׁ שָׁנָ֣ה לְגָֽלוּתֵ֡נוּ בְּרֹ֣אשׁ הַשָּׁנָה֩ בֶּֽעָשׂ֨וֹר לַחֹ֜דֶשׁ
בְּאַרְבַּ֤ע עֶשְׂרֵה֙ שָׁנָ֔ה אַחַ֕ר אֲשֶׁ֥ר הֻכְּתָ֖ה הָעִ֑יר בְּעֶ֣צֶם ׀ הַיּ֣וֹם

הזה

2 הַזֶּה הָיְתָה עָלַי יַד־יְהוָה וַיָּבֵא אֹתִי שָׁמָּה׃ בְּמַרְאוֹת אֱלֹהִים
הֱבִיאַנִי אֶל־אֶרֶץ יִשְׂרָאֵל וַיְנִיחֵנִי אֶל־הַר גָּבֹהַּ מְאֹד וְעָלָיו
3 כְּמִבְנֵה־עִיר מִנֶּגֶב׃ וַיָּבִיא אוֹתִי שָׁמָּה וְהִנֵּה־אִישׁ מַרְאֵהוּ
כְּמַרְאֵה נְחֹשֶׁת וּפְתִיל־פִּשְׁתִּים בְּיָדוֹ וּקְנֵה הַמִּדָּה וְהוּא עֹמֵד
4 בַּשָּׁעַר׃ וַיְדַבֵּר אֵלַי הָאִישׁ בֶּן־אָדָם רְאֵה בְעֵינֶיךָ וּבְאָזְנֶיךָ
שְׁמָע וְשִׂים לִבְּךָ לְכֹל אֲשֶׁר־אֲנִי מַרְאֶה אוֹתָךְ כִּי לְמַעַן
הַרְאוֹתְכָה הֻבָאתָה הֵנָּה הַגֵּד אֶת־כָּל־אֲשֶׁר־אַתָּה רֹאֶה
ה לְבֵית יִשְׂרָאֵל׃ וְהִנֵּה חוֹמָה מִחוּץ לַבַּיִת סָבִיב ׀ סָבִיב וּבְיַד
הָאִישׁ קְנֵה הַמִּדָּה שֵׁשׁ־אַמּוֹת בָּאַמָּה וָטֹפַח וַיָּמָד אֶת־רֹחַב
6 הַבִּנְיָן קָנֶה אֶחָד וְקוֹמָה קָנֶה אֶחָד׃ וַיָּבוֹא אֶל־שַׁעַר אֲשֶׁר
פָּנָיו דֶּרֶךְ הַקָּדִימָה וַיַּעַל בְּמַעֲלֹתָו וַיָּמָד ׀ אֶת־סַף הַשַּׁעַר
7 קָנֶה אֶחָד רֹחַב וְאֵת סַף אֶחָד קָנֶה אֶחָד רֹחַב׃ וְהַתָּא קָנֶה
אֶחָד אֹרֶךְ וְקָנֶה אֶחָד רֹחַב וּבֵין הַתָּאִים חָמֵשׁ אַמּוֹת וְסַף
8 הַשַּׁעַר מֵאֵצֶל אוּלָם הַשַּׁעַר מֵהַבַּיִת קָנֶה אֶחָד׃ וַיָּמָד אֶת־
9 אֻלָם הַשַּׁעַר מֵהַבַּיִת קָנֶה אֶחָד׃ וַיָּמָד אֶת־אֻלָם הַשַּׁעַר
י שְׁמֹנֶה אַמּוֹת וְאֵילָו שְׁתַּיִם אַמּוֹת וְאֻלָם הַשַּׁעַר מֵהַבָּיִת׃ וְתָאֵי
הַשַּׁעַר דֶּרֶךְ הַקָּדִים שְׁלֹשָׁה מִפֹּה וּשְׁלֹשָׁה מִפֹּה מִדָּה אַחַת
11 לִשְׁלָשְׁתָּם וּמִדָּה אַחַת לָאֵילִם מִפֹּה וּמִפּוֹ׃ וַיָּמָד אֶת־רֹחַב
פֶּתַח־הַשַּׁעַר עֶשֶׂר אַמּוֹת אֹרֶךְ הַשַּׁעַר שְׁלוֹשׁ עֶשְׂרֵה אַמּוֹת׃
12 וּגְבוּל לִפְנֵי הַתָּאוֹת אַמָּה אֶחָת וְאַמָּה־אַחַת גְּבוּל מִפֹּה
13 וְהַתָּא שֵׁשׁ־אַמּוֹת מִפּוֹ וְשֵׁשׁ אַמּוֹת מִפּוֹ׃ וַיָּמָד אֶת־הַשַּׁעַר
מִגַּג הַתָּא לְגַגּוֹ רֹחַב עֶשְׂרִים וְחָמֵשׁ אַמּוֹת פֶּתַח נֶגֶד פָּתַח׃
14 וַיַּעַשׂ אֶת־אֵילִים שִׁשִּׁים אַמָּה וְאֶל־אֵיל הֶחָצֵר הַשַּׁעַר סָבִיב ׀
טו סָבִיב׃ וְעַל פְּנֵי הַשַּׁעַר הָיאתוֹן עַל־לִפְנֵי אֻלָם הַשַּׁעַר
16 הַפְּנִימִי חֲמִשִּׁים אַמָּה׃ וְחַלֹּנוֹת אֲטֻמוֹת אֶל־הַתָּאִים וְאֶל
אֵלֵיהֵמָה לִפְנִימָה לַשַּׁעַר סָבִיב ׀ סָבִיב וְכֵן לָאֵלַמּוֹת וְחַלּוֹנוֹת
17 סָבִיב ׀ סָבִיב לִפְנִימָה וְאֶל־אַיִל תִּמֹרִים׃ וַיְבִיאֵנִי אֶל־

החצר

v. 6. במעלתיו ק׳ v. 9. ואיליו ק׳ v. 15. האיתון ק׳

הֶחָצֵר הַחִיצוֹנָה וְהִנֵּה לְשָׁכוֹת וְרִצְפָה עָשׂוּי לֶחָצֵר סָבִיב ׀
18 סָבִיב שְׁלֹשִׁים לְשָׁכוֹת אֶל־הָרִצְפָה׃ וְהָרִצְפָה אֶל־כֶּתֶף
19 הַשְּׁעָרִים לְעֻמַּת אֹרֶךְ הַשְּׁעָרִים הָרִצְפָה הַתַּחְתּוֹנָה׃ וַיָּמָד
רֹחַב מִלִּפְנֵי הַשַּׁעַר הַתַּחְתּוֹנָה לִפְנֵי הֶחָצֵר הַפְּנִימִי מִחוּץ
כ מֵאָה אַמָּה הַקָּדִים וְהַצָּפוֹן׃ וְהַשַּׁעַר אֲשֶׁר פָּנָיו דֶּרֶךְ הַצָּפוֹן
21 לֶחָצֵר הַחִיצוֹנָה מָדַד אָרְכּוֹ וְרָחְבּוֹ׃ וְתָאוֹ שְׁלוֹשָׁה מִפּוֹ
וּשְׁלֹשָׁה מִפּוֹ וְאֵילָו וְאֵלַמָּו הָיָה כְּמִדַּת הַשַּׁעַר הָרִאשׁוֹן
22 חֲמִשִּׁים אַמָּה אָרְכּוֹ וְרֹחַב חָמֵשׁ וְעֶשְׂרִים בָּאַמָּה׃ וְחַלּוֹנָו
וְאֵילַמָּו וְתִמֹרָו כְּמִדַּת הַשַּׁעַר אֲשֶׁר פָּנָיו דֶּרֶךְ הַקָּדִים
23 וּבְמַעֲלוֹת שֶׁבַע יַעֲלוּ־בוֹ וְאֵילַמָּו לִפְנֵיהֶם׃ וְשַׁעַר לֶחָצֵר
הַפְּנִימִי נֶגֶד הַשַּׁעַר לַצָּפוֹן וְלַקָּדִים וַיָּמָד מִשַּׁעַר אֶל־שַׁעַר
24 מֵאָה אַמָּה׃ וַיּוֹלִכֵנִי דֶּרֶךְ הַדָּרוֹם וְהִנֵּה־שַׁעַר דֶּרֶךְ הַדָּרוֹם
כה וּמָדַד אֵילָו וְאֵילַמָּו כַּמִּדּוֹת הָאֵלֶּה׃ וְחַלּוֹנִים לוֹ וּלְאֵילַמָּו
סָבִיב ׀ סָבִיב כְּהַחַלֹּנוֹת הָאֵלֶּה חֲמִשִּׁים אַמָּה אֹרֶךְ וְרֹחַב
26 חָמֵשׁ וְעֶשְׂרִים אַמָּה׃ וּמַעֲלוֹת שִׁבְעָה עֹלוֹתָו וְאֵלַמָּו לִפְנֵיהֶם
27 וְתִמֹרִים לוֹ אֶחָד מִפּוֹ וְאֶחָד מִפּוֹ אֶל־אֵילָו׃ וְשַׁעַר לֶחָצֵר
הַפְּנִימִי דֶּרֶךְ הַדָּרוֹם וַיָּמָד מִשַּׁעַר אֶל־הַשַּׁעַר דֶּרֶךְ הַדָּרוֹם
28 מֵאָה אַמּוֹת׃ וַיְבִיאֵנִי אֶל־חָצֵר הַפְּנִימִי בְּשַׁעַר הַדָּרוֹם וַיָּמָד
29 אֶת־הַשַּׁעַר הַדָּרוֹם כַּמִּדּוֹת הָאֵלֶּה׃ וְתָאָו וְאֵלָו וְאֵלַמָּו
כַּמִּדּוֹת הָאֵלֶּה וְחַלּוֹנוֹת לוֹ וּלְאֵלַמָּו סָבִיב ׀ סָבִיב חֲמִשִּׁים
ל אַמָּה אֹרֶךְ וְרֹחַב עֶשְׂרִים וְחָמֵשׁ אַמּוֹת׃ וְאֵלַמּוֹת סָבִיב ׀
31 סָבִיב אֹרֶךְ חָמֵשׁ וְעֶשְׂרִים אַמָּה וְרֹחַב חָמֵשׁ אַמּוֹת׃ וְאֵלַמָּו
אֶל־חָצֵר הַחִצוֹנָה וְתִמֹרִים אֶל־אֵלָו וּמַעֲלוֹת שְׁמוֹנֶה מַעֲלָו׃
32 וַיְבִיאֵנִי אֶל־הֶחָצֵר הַפְּנִימִי דֶּרֶךְ הַקָּדִים וַיָּמָד אֶת־הַשַּׁעַר
33 כַּמִּדּוֹת הָאֵלֶּה׃ וְתָאָו וְאֵלָו וְאֵלַמָּו כַּמִּדּוֹת הָאֵלֶּה וְחַלּוֹנוֹת

לו

v. 21. ותאיו ק׳ ibid. ואיליו ק׳ ibid. ואילמיו ק׳ v. 22. וחלוניו ק׳ ibid. ואילמיו ק׳
ibid. ותמריו ק׳ ibid. ואילמיו ק׳ v. 24. איליו ק׳ ibid. ואילמיו ק׳ v. 25. ולאילמיו ק׳
v. 26. עולותיו ק׳ ibid. ואלמיו ק׳ ibid. איליו ק׳ v. 29. ותאיו ק׳ ibid. ואיליו ק׳
ibid. ואלמיו ק׳ ibid. ולאלמיו ק׳ v. 31. ואילמיו ק׳ ibid. איליו ק׳ ibid. מעליו ק׳
v. 33. ותאיו ק׳ ibid. ואליו ק׳ ibid. ואלמיו ק׳

לוֹ וּלְאֵלַמָּו סָבִיב ׀ סָבִיב אֹרֶךְ חֲמִשִּׁים אַמָּה וְרֹחַב חָמֵשׁ
34 וְעֶשְׂרִים אַמָּה׃ וְאֵלַמָּו לֶחָצֵר הַחִיצוֹנָה וְתִמֹרִים אֶל־אֵילָו
לה מִפּוֹ וּמִפּוֹ וּשְׁמֹנֶה מַעֲלוֹת מַעֲלָו׃ וַיְבִיאֵנִי אֶל־שַׁעַר הַצָּפוֹן
36 וּמָדַד כַּמִּדּוֹת הָאֵלֶּה׃ תָּאָו אֵלָו וְאֵלַמָּו וְחַלּוֹנוֹת לוֹ סָבִיב ׀
37 סָבִיב אֹרֶךְ חֲמִשִּׁים אַמָּה וְרֹחַב חָמֵשׁ וְעֶשְׂרִים אַמָּה׃ וְאֵילָו
לֶחָצֵר הַחִיצוֹנָה וְתִמֹרִים אֶל־אֵילָו מִפּוֹ וּמִפּוֹ וּשְׁמֹנֶה מַעֲלוֹת
38 מַעֲלָו׃ וְלִשְׁכָּה וּפִתְחָהּ בְּאֵילִים הַשְּׁעָרִים שָׁם יָדִיחוּ אֶת־
39 הָעֹלָה׃ וּבְאֻלָם הַשַּׁעַר שְׁנַיִם שֻׁלְחָנוֹת מִפּוֹ וּשְׁנַיִם שֻׁלְחָנוֹת
מ מִפֹּה לִשְׁחוֹט אֲלֵיהֶם הָעוֹלָה וְהַחַטָּאת וְהָאָשָׁם׃ וְאֶל־
הַכָּתֵף מִחוּצָה לָעוֹלֶה לְפֶתַח הַשַּׁעַר הַצָּפוֹנָה שְׁנַיִם שֻׁלְחָנוֹת
וְאֶל־הַכָּתֵף הָאַחֶרֶת אֲשֶׁר לְאֻלָם הַשַּׁעַר שְׁנַיִם שֻׁלְחָנוֹת׃
41 אַרְבָּעָה שֻׁלְחָנוֹת מִפֹּה וְאַרְבָּעָה שֻׁלְחָנוֹת מִפֹּה לְכֶתֶף הַשָּׁעַר
42 שְׁמוֹנָה שֻׁלְחָנוֹת אֲלֵיהֶם יִשְׁחָטוּ׃ וְאַרְבָּעָה שֻׁלְחָנוֹת לָעוֹלָה
אַבְנֵי גָזִית אֹרֶךְ אַמָּה אַחַת וָחֵצִי וְרֹחַב אַמָּה אַחַת וָחֵצִי וְגֹבַהּ
אַמָּה אֶחָת אֲלֵיהֶם וְיַנִּיחוּ אֶת־הַכֵּלִים אֲשֶׁר יִשְׁחֲטוּ אֶת־
43 הָעוֹלָה בָּם וְהַזָּבַח׃ וְהַשְׁפַתַּיִם טֹפַח אֶחָד מוּכָנִים בַּבַּיִת
44 סָבִיב ׀ סָבִיב וְאֶל־הַשֻּׁלְחָנוֹת בְּשַׂר הַקָּרְבָּן׃ וּמִחוּצָה לַשַּׁעַר
הַפְּנִימִי לִשְׁכוֹת שָׁרִים בֶּחָצֵר הַפְּנִימִי אֲשֶׁר אֶל־כֶּתֶף שַׁעַר
הַצָּפוֹן וּפְנֵיהֶם דֶּרֶךְ הַדָּרוֹם אֶחָד אֶל־כֶּתֶף שַׁעַר הַקָּדִים
מה פְּנֵי דֶּרֶךְ הַצָּפֹן׃ וַיְדַבֵּר אֵלָי זֶה הַלִּשְׁכָּה אֲשֶׁר פָּנֶיהָ דֶּרֶךְ
46 הַדָּרוֹם לַכֹּהֲנִים שֹׁמְרֵי מִשְׁמֶרֶת הַבָּיִת׃ וְהַלִּשְׁכָּה אֲשֶׁר פָּנֶיהָ
דֶּרֶךְ הַצָּפוֹן לַכֹּהֲנִים שֹׁמְרֵי מִשְׁמֶרֶת הַמִּזְבֵּחַ הֵמָּה בְנֵי־צָדוֹק
47 הַקְּרֵבִים מִבְּנֵי־לֵוִי אֶל־יְהוָה לְשָׁרְתוֹ׃ וַיָּמָד אֶת־הֶחָצֵר
אֹרֶךְ ׀ מֵאָה אַמָּה וְרֹחַב מֵאָה אַמָּה מְרֻבָּעַת וְהַמִּזְבֵּחַ לִפְנֵי
48 הַבָּיִת׃ וַיְבִאֵנִי אֶל־אֻלָם הַבַּיִת וַיָּמָד אֵל אֻלָם חָמֵשׁ אַמּוֹת
מִפֹּה וְחָמֵשׁ אַמּוֹת מִפֹּה וְרֹחַב הַשַּׁעַר שָׁלֹשׁ אַמּוֹת מִפּוֹ וְשָׁלֹשׁ
49 אַמּוֹת מִפּוֹ׃ אֹרֶךְ הָאֻלָם עֶשְׂרִים אַמָּה וְרֹחַב עַשְׁתֵּי עֶשְׂרֵה

אמה

v. 33. ולאלמיו ק׳ v. 34. ואלמיו ק׳ ibid. איליו ק׳ ibid. מעליו ק׳ v. 36. תאיו ק׳
ibid. אליו ק׳ ibid. ואלמיו ק׳ v. 37. ואיליו ק׳ ibid. איליו ק׳ ibid. מעליו ק׳

אַמָּה וּבַמַּעֲלוֹת אֲשֶׁר יַעֲלוּ אֵלָיו וְעַמֻּדִים אֶל־הָאֵילִים אֶחָד
מִפֹּה וְאֶחָד מִפֹּה׃ °

מא

Cap. XLI. מא

א וַיְבִיאֵנִי אֶל־הַהֵיכָל וַיָּמָד אֶת־הָאֵילִים שֵׁשׁ־אַמּוֹת רֹחַב
2 מִפּוֹ וְשֵׁשׁ־אַמּוֹת רֹחַב־מִפּוֹ רֹחַב הָאֹהֶל׃ וְרֹחַב הַפֶּתַח עֶשֶׂר
אַמּוֹת וְכִתְפוֹת הַפֶּתַח חָמֵשׁ אַמּוֹת מִפּוֹ וְחָמֵשׁ אַמּוֹת מִפּוֹ
3 וַיָּמָד אָרְכּוֹ אַרְבָּעִים אַמָּה וְרֹחַב עֶשְׂרִים אַמָּה׃ וּבָא לִפְנִימָה
וַיָּמָד אֵיל־הַפֶּתַח שְׁתַּיִם אַמּוֹת וְהַפֶּתַח שֵׁשׁ אַמּוֹת וְרֹחַב
4 הַפֶּתַח שֶׁבַע אַמּוֹת׃ וַיָּמָד אֶת־אָרְכּוֹ עֶשְׂרִים אַמָּה וְרֹחַב
עֶשְׂרִים אַמָּה אֶל־פְּנֵי הַהֵיכָל וַיֹּאמֶר אֵלַי זֶה קֹדֶשׁ הַקֳּדָשִׁים׃
ה וַיָּמָד קִיר־הַבַּיִת שֵׁשׁ אַמּוֹת וְרֹחַב הַצֵּלָע אַרְבַּע אַמּוֹת
6 סָבִיב ׀ סָבִיב לַבַּיִת סָבִיב׃ וְהַצְּלָעוֹת צֵלָע אֶל־צֵלָע שָׁלוֹשׁ
וּשְׁלֹשִׁים פְּעָמִים וּבָאוֹת בַּקִּיר אֲשֶׁר־לַבַּיִת לַצְּלָעוֹת סָבִיב ׀
7 סָבִיב לִהְיוֹת אֲחוּזִים וְלֹא־יִהְיוּ אֲחוּזִים בְּקִיר הַבָּיִת׃ וְרָחֲבָה
וְנָסְבָה לְמַעְלָה לְמַעְלָה לַצְּלָעוֹת כִּי מוּסַב־הַבַּיִת לְמַעְלָה
לְמַעְלָה סָבִיב ׀ סָבִיב לַבַּיִת עַל־כֵּן רֹחַב־לַבַּיִת לְמָעְלָה
8 וְכֵן הַתַּחְתּוֹנָה יַעֲלֶה עַל־הָעֶלְיוֹנָה לַתִּיכוֹנָה׃ וְרָאִיתִי לַבַּיִת
גֹּבַהּ סָבִיב ׀ סָבִיב מיסְדוֹת הַצְּלָעוֹת מְלוֹ הַקָּנֶה שֵׁשׁ אַמּוֹת
9 אַצִּילָה׃ רֹחַב הַקִּיר אֲשֶׁר־לַצֵּלָע אֶל־הַחוּץ חָמֵשׁ אַמּוֹת
י וַאֲשֶׁר מֻנָּח בֵּית צְלָעוֹת אֲשֶׁר לַבָּיִת׃ וּבֵין הַלְּשָׁכוֹת רֹחַב
11 עֶשְׂרִים אַמָּה סָבִיב לַבַּיִת סָבִיב ׀ סָבִיב׃ וּפֶתַח הַצֵּלָע
לַמֻּנָּח פֶּתַח אֶחָד דֶּרֶךְ הַצָּפוֹן וּפֶתַח אֶחָד לַדָּרוֹם וְרֹחַב
12 מְקוֹם הַמֻּנָּח חָמֵשׁ אַמּוֹת סָבִיב ׀ סָבִיב׃ וְהַבִּנְיָן אֲשֶׁר אֶל־
פְּנֵי הַגִּזְרָה פְּאַת דֶּרֶךְ־הַיָּם רֹחַב שִׁבְעִים אַמָּה וְקִיר הַבִּנְיָן
13 חָמֵשׁ־אַמּוֹת רֹחַב סָבִיב ׀ סָבִיב וְאָרְכּוֹ תִּשְׁעִים אַמָּה׃ וּמָדַד
אֶת־הַבַּיִת אֹרֶךְ מֵאָה אַמָּה וְהַגִּזְרָה וְהַבִּנְיָה וְקִירוֹתֶיהָ אֹרֶךְ
14 מֵאָה אַמָּה׃ וְרֹחַב פְּנֵי הַבַּיִת וְהַגִּזְרָה לַקָּדִים מֵאָה אַמָּה׃

ומדד

מ׳ v. 49. אין כאן פסקא   מ״א v. 8. מוסדות ק׳

טו וּמָדַד אֹרֶךְ־הַבִּנְיָן אֶל־פְּנֵי הַגִּזְרָה אֲשֶׁר עַל־אַחֲרֶיהָ
וְאַתּוּקֶיהָא מִפּוֹ וּמִפּוֹ מֵאָה אַמָּה וְהַהֵיכָל הַפְּנִימִי וְאֻלַמֵּי
16 הֶחָצֵר׃ הַסִּפִּים וְהַחַלּוֹנִים הָאֲטֻמוֹת וְהָאַתִּיקִים ׀ סָבִיב
לִשְׁלָשְׁתָּם נֶגֶד הַסַּף שְׂחִיף עֵץ סָבִיב ׀ סָבִיב וְהָאָרֶץ עַד־
17 הַחַלֹּנוֹת וְהַחַלֹּנוֹת מְכֻסּוֹת׃ עַל־מֵעַל הַפֶּתַח וְעַד־הַבַּיִת
הַפְּנִימִי וְלַחוּץ וְאֶל־כָּל־הַקִּיר סָבִיב ׀ סָבִיב בַּפְּנִימִי
18 וּבַחִיצוֹן מִדּוֹת׃ וְעָשׂוּי כְּרוּבִים וְתִמֹרִים וְתִמֹרָה בֵּין־כְּרוּב
19 לִכְרוּב וּשְׁנַיִם פָּנִים לַכְּרוּב׃ וּפְנֵי אָדָם אֶל־הַתִּמֹרָה מִפּוֹ
וּפְנֵי־כְפִיר אֶל־הַתִּמֹרָה מִפּוֹ עָשׂוּי אֶל־כָּל־הַבַּיִת סָבִיב ׀
כ סָבִיב׃ מֵהָאָרֶץ עַד־מֵעַל הַפֶּתַח הַכְּרוּבִים וְהַתִּמֹרִים
21 עֲשׂוּיִם וְקִיר הַהֵיכָל׃ הַהֵיכָל מְזוּזַת רְבֻעָה וּפְנֵי הַקֹּדֶשׁ
22 הַמַּרְאֶה כַּמַּרְאֶה׃ הַמִּזְבֵּחַ עֵץ שָׁלוֹשׁ אַמּוֹת גָּבֹהַּ וְאָרְכּוֹ
שְׁתַּיִם־אַמּוֹת וּמִקְצֹעוֹתָיו לוֹ וְאָרְכּוֹ וְקִירֹתָיו עֵץ וַיְדַבֵּר אֵלַי
23 זֶה הַשֻּׁלְחָן אֲשֶׁר לִפְנֵי יְהוָה׃ וּשְׁתַּיִם דְּלָתוֹת לַהֵיכָל וְלַקֹּדֶשׁ׃
24 וּשְׁתַּיִם דְּלָתוֹת לַדְּלָתוֹת שְׁתַּיִם מוּסַבּוֹת דְּלָתוֹת שְׁתַּיִם לְדֶלֶת
כה אֶחָת וּשְׁתֵּי דְלָתוֹת לָאַחֶרֶת׃ וַעֲשׂוּיָה אֲלֵיהֶן אֶל־דַּלְתוֹת
הַהֵיכָל כְּרוּבִים וְתִמֹרִים כַּאֲשֶׁר עֲשׂוּיִם לַקִּירוֹת וְעָב עֵץ
26 אֶל־פְּנֵי הָאוּלָם מֵהַחוּץ׃ וְחַלּוֹנִים אֲטֻמוֹת וְתִמֹרִים מִפּוֹ
וּמִפּוֹ אֶל־כִּתְפוֹת הָאוּלָם וְצַלְעוֹת הַבַּיִת וְהָעֻבִּים׃ ◦

CAP. XLII. מב מב

א וַיּוֹצִאֵנִי אֶל־הֶחָצֵר הַחִיצוֹנָה הַדֶּרֶךְ דֶּרֶךְ הַצָּפוֹן וַיְבִאֵנִי
אֶל־הַלִּשְׁכָּה אֲשֶׁר נֶגֶד הַגִּזְרָה וַאֲשֶׁר־נֶגֶד הַבִּנְיָן אֶל־הַצָּפוֹן׃
2 אֶל־פְּנֵי אֹרֶךְ אַמּוֹת הַמֵּאָה פֶּתַח הַצָּפוֹן וְהָרֹחַב חֲמִשִּׁים
3 אַמּוֹת׃ נֶגֶד הָעֶשְׂרִים אֲשֶׁר לֶחָצֵר הַפְּנִימִי וְנֶגֶד רִצְפָה אֲשֶׁר
4 לֶחָצֵר הַחִיצוֹנָה אַתִּיק אֶל־פְּנֵי־אַתִּיק בַּשְּׁלִשִׁים׃ וְלִפְנֵי
הַלְּשָׁכוֹת מַהֲלַךְ עֶשֶׂר אַמּוֹת רֹחַב אֶל־הַפְּנִימִית דֶּרֶךְ אַמָּה
ה אֶחָת וּפִתְחֵיהֶם לַצָּפוֹן׃ וְהַלְּשָׁכוֹת הָעֶלְיוֹנֹת קְצֻרוֹת כִּי־

יוכלו

מ״א v. 15. ואתיקיהא ק׳ v. 20. נקוד עליו v. 26. אין כאן פסקא

6 יוֹכְל֤וּ אַתִּיקִים֙ מֵהֵ֔נָּה מֵהַתַּחְתֹּנ֥וֹת וּמֵהַתִּֽכֹנ֖וֹת בִּנְיָֽן׃ כִּ֤י
מְשֻׁלָּשׁוֹת֙ הֵ֔נָּה וְאֵ֥ין לָהֶ֛ן עַמּוּדִ֖ים כְּעַמּוּדֵ֣י הַחֲצֵר֑וֹת עַל־כֵּ֣ן
7 נֶאֱצַ֗ל מֵהַתַּחְתּוֹנ֛וֹת וּמֵהַתִּֽיכֹנ֖וֹת מֵהָאָֽרֶץ׃ וְגָדֵ֨ר אֲשֶׁר־לַח֜וּץ
לְעֻמַּ֣ת הַלְּשָׁכ֗וֹת דֶּ֛רֶךְ הֶחָצֵ֥ר הַחִֽצוֹנָ֖ה אֶל־פְּנֵ֣י הַלְּשָׁכ֑וֹת
8 אָרְכּ֖וֹ חֲמִשִּׁ֥ים אַמָּֽה׃ כִּי־אֹ֣רֶךְ הַלְּשָׁכ֗וֹת אֲשֶׁ֛ר לֶחָצֵ֥ר
הַחִֽצוֹנָ֖ה חֲמִשִּׁ֣ים אַמָּ֑ה וְהִנֵּ֛ה עַל־פְּנֵ֥י הַהֵיכָ֖ל מֵאָ֥ה אַמָּֽה׃
9 וּמִתַּ֨חַתהַ֙ לְּשָׁכ֣וֹת הָאֵ֔לֶּה הַמֵּבוֹא֙ מֵהַקָּדִ֔ים בְּבֹא֣וֹ לָהֵ֔נָּה
י מֵהֶחָצֵ֖ר הַחִצֹנָֽה׃ בְּרֹ֣חַב ׀ גֶּ֣דֶר הֶחָצֵ֗ר דֶּ֛רֶךְ הַקָּדִ֖ים אֶל־
11 פְּנֵ֣י הַגִּזְרָ֑ה וְאֶל־פְּנֵ֥י הַבִּנְיָ֖ן לְשָׁכֽוֹת׃ וְדֶ֜רֶךְ לִפְנֵיהֶ֗ם כְּמַרְאֵ֤ה
הַלְּשָׁכוֹת֙ אֲשֶׁר֙ דֶּ֣רֶךְ הַצָּפ֔וֹן כְּאָרְכָּ֖ן כֵּ֣ן רָחְבָּ֑ן וְכֹל֙ מוֹצָ֣אֵיהֶ֔ן
12 וּכְמִשְׁפְּטֵיהֶ֖ן וּכְפִתְחֵיהֶֽן׃ וּכְפִתְחֵ֣י הַלְּשָׁכ֗וֹת אֲשֶׁר֙ דֶּ֣רֶךְ
הַדָּר֔וֹם פֶּ֖תַח בְּרֹ֣אשׁ דָּ֑רֶךְ דֶּ֗רֶךְ בִּפְנֵי֙ הַגְּדֶ֣רֶת הֲגִינָ֔ה דֶּ֥רֶךְ
13 הַקָּדִ֖ים בְּבוֹאָֽן׃ וַיֹּ֣אמֶר אֵלַ֗י לִֽשְׁכ֨וֹת הַצָּפ֜וֹן לִֽשְׁכ֣וֹת הַדָּר֗וֹם
אֲשֶׁר֙ אֶל־פְּנֵ֣י הַגִּזְרָ֔ה הֵ֣נָּה ׀ לִֽשְׁכ֣וֹת הַקֹּ֗דֶשׁ אֲשֶׁ֧ר יֹאכְלוּ־שָׁ֛ם
הַכֹּהֲנִ֛ים אֲשֶׁר־קְרוֹבִ֥ים לַיהוָ֖ה קָדְשֵׁ֣י הַקֳּדָשִׁ֑ים שָׁ֣ם יַנִּ֣יחוּ ׀
קָדְשֵׁ֣י הַקֳּדָשִׁ֗ים וְהַמִּנְחָה֙ וְהַחַטָּ֣את וְהָאָשָׁ֔ם כִּ֥י הַמָּק֖וֹם קָדֹֽשׁ׃
14 בְּבֹאָ֣ם הַכֹּהֲנִ֗ים וְלֹֽא־יֵצְא֤וּ מֵהַקֹּ֨דֶשׁ֙ אֶל־הֶחָצֵ֣ר הַחִיצוֹנָ֔ה
וְשָׁ֞ם יַנִּ֤יחוּ בִגְדֵיהֶם֙ אֲשֶׁר־יְשָׁרְת֣וּ בָהֶ֔ן כִּי־קֹ֖דֶשׁ הֵ֑נָּה יִלְבְּשׁוּ֙
טו בְּגָדִ֣ים אֲחֵרִ֔ים וְקָֽרְב֖וּ אֶל־אֲשֶׁ֥ר לָעָֽם׃ וְכִלָּ֗ה אֶת־מִדּוֹת֙
הַבַּ֣יִת הַפְּנִימִ֔י וְהוֹצִיאַ֨נִי֙ דֶּ֣רֶךְ הַשַּׁ֔עַר אֲשֶׁ֥ר פָּנָ֖יו דֶּ֣רֶךְ הַקָּדִ֑ים
16 וּמְדָד֖וֹ סָבִ֥יב ׀ סָבִֽיב׃ מָדַ֛ד ר֥וּחַ הַקָּדִ֖ים בִּקְנֵ֣ה הַמִּדָּ֑ה חֲמֵשׁ־
17 אמ֛וֹת קָנִ֛ים בִּקְנֵ֥ה הַמִּדָּ֖ה סָבִֽיב׃ מָדַ֖ד ר֣וּחַ הַצָּפ֑וֹן חֲמֵשׁ־
18 מֵא֥וֹת קָנִ֛ים בִּקְנֵ֥ה הַמִּדָּ֖ה סָבִֽיב׃ אֵ֛ת ר֥וּחַ הַדָּר֖וֹם מָדָ֑ד
19 חֲמֵשׁ־מֵא֥וֹת קָנִ֖ים בִּקְנֵ֥ה הַמִּדָּֽה׃ סָבַ֖ב אֶל־ר֣וּחַ הַיָּ֑ם מָדַ֛ד
כ חֲמֵשׁ־מֵא֥וֹת קָנִ֖ים בִּקְנֵ֥ה הַמִּדָּֽה׃ לְאַרְבַּ֨ע רוּח֜וֹת מְדָד֗וֹ
ח֤וֹמָה לוֹ֙ סָבִ֣יב ׀ סָבִ֔יב אֹ֚רֶךְ חֲמֵ֣שׁ מֵא֔וֹת וְרֹ֖חַב חֲמֵ֣שׁ מֵא֑וֹת
לְהַבְדִּ֕יל בֵּ֥ין הַקֹּ֖דֶשׁ לְחֹֽל׃ ∘

ויולכני

v. 9. ומתחת הלשכות ק׳ ibid. המביא ק׳ v. 14. ולבשו ק׳
v. 16. מאות ק׳ v. 20. אין כאן פסקא

מג CAP. XLIII. מג

א 2 וַיּוֹלִכֵ֖נִי אֶל־הַשָּׁ֑עַר שַׁ֕עַר אֲשֶׁ֥ר פֹּנֶ֖ה דֶּ֥רֶךְ הַקָּדִֽים׃ וְהִנֵּ֗ה
כְּבוֹד֙ אֱלֹהֵ֣י יִשְׂרָאֵ֔ל בָּ֖א מִדֶּ֣רֶךְ הַקָּדִ֑ים וְקוֹל֗וֹ כְּקוֹל֙ מַ֣יִם
3 רַבִּ֔ים וְהָאָ֖רֶץ הֵאִ֥ירָה מִכְּבֹדֽוֹ׃ וּכְמַרְאֵ֨ה הַמַּרְאֶ֜ה אֲשֶׁ֣ר
רָאִ֗יתִי כַּמַּרְאֶ֤ה אֲשֶׁר־רָאִ֙יתִי֙ בְּבֹאִ֔י לְשַׁחֵ֖ת אֶת־הָעִ֑יר
וּמַרְא֕וֹת כַּמַּרְאֶ֕ה אֲשֶׁ֥ר רָאִ֖יתִי אֶל־נְהַר־כְּבָ֑ר וָאֶפֹּ֖ל אֶל־
4 פָּנָֽי׃ וּכְב֥וֹד יְהוָ֖ה בָּ֣א אֶל־הַבָּ֑יִת דֶּ֣רֶךְ שַׁ֔עַר אֲשֶׁ֥ר פָּנָ֖יו דֶּ֥רֶךְ
ה הַקָּדִֽים׃ וַתִּשָּׂאֵ֣נִי ר֔וּחַ וַתְּבִאֵ֖נִי אֶל־הֶחָצֵ֣ר הַפְּנִימִ֑י וְהִנֵּ֛ה
6 מָלֵ֥א כְבוֹד־יְהוָ֖ה הַבָּֽיִת׃ וָאֶשְׁמַ֛ע מִדַּבֵּ֥ר אֵלַ֖י מֵהַבָּ֑יִת וְאִ֕ישׁ
7 הָיָ֥ה עֹמֵ֖ד אֶצְלִֽי׃ וַיֹּ֣אמֶר אֵלַ֗י בֶּן־אָדָם֙ אֶת־מְק֣וֹם כִּסְאִ֗י
וְאֶת־מְקוֹם֙ כַּפּ֣וֹת רַגְלַ֔י אֲשֶׁ֧ר אֶשְׁכָּן־שָׁ֛ם בְּת֥וֹךְ בְּנֵֽי־יִשְׂרָאֵ֖ל
לְעוֹלָ֑ם וְלֹ֣א יְטַמְּא֣וּ ע֣וֹד בֵּֽית־יִ֠שְׂרָאֵל שֵׁ֣ם קָדְשִׁ֞י הֵ֤מָּה
8 וּמַלְכֵיהֶם֙ בִּזְנוּתָ֔ם וּבְפִגְרֵ֥י מַלְכֵיהֶ֖ם בָּמוֹתָֽם׃ בְּתִתָּ֨ם סִפָּ֜ם
אֶת־סִפִּ֗י וּמְזוּזָתָם֙ אֵ֣צֶל מְזוּזָתִ֔י וְהַקִּ֖יר בֵּינִ֣י וּבֵינֵיהֶ֑ם וְטִמְּא֣וּ ׀
אֶת־שֵׁ֣ם קָדְשִׁ֗י בְּתוֹעֲבוֹתָם֙ אֲשֶׁ֣ר עָשׂ֔וּ וָאֲכַ֥ל אֹתָ֖ם בְּאַפִּֽי׃
9 עַתָּ֞ה יְרַחֲק֧וּ אֶת־זְנוּתָ֛ם וּפִגְרֵ֥י מַלְכֵיהֶ֖ם מִמֶּ֑נִּי וְשָׁכַנְתִּ֥י בְתוֹכָ֖ם
י לְעוֹלָֽם׃ ° אַתָּ֣ה בֶן־אָדָ֗ם הַגֵּ֤ד אֶת־בֵּֽית־יִשְׂרָאֵל֙ אֶת־
11 הַבַּ֔יִת וְיִכָּלְמ֖וּ מֵעֲוֺנֽוֹתֵיהֶ֑ם וּמָדְד֖וּ אֶת־תָּכְנִֽית׃ וְאִֽם־נִכְלְמ֞וּ
מִכֹּ֣ל אֲשֶׁר־עָשׂ֗וּ צוּרַ֣ת הַבַּ֡יִת וּתְכוּנָת֡וֹ וּמוֹצָאָ֡יו וּמוֹבָאָ֡יו
וְֽכָל־צוּרֹתָ֡ו וְאֵ֣ת כָּל־חֻקֹּתָיו֩ וְֽכָל־צוּרֹתָ֨ו וְכָל־תּוֹרֹתָ֜ו
הוֹדַ֣ע אוֹתָ֔ם וּכְתֹ֖ב לְעֵינֵיהֶ֑ם וְיִשְׁמְר֞וּ אֶת־כָּל־צוּרָת֛וֹ וְאֶת־
12 כָּל־חֻקֹּתָ֖יו וְעָשׂ֥וּ אוֹתָֽם׃ זֹ֖את תּוֹרַ֣ת הַבָּ֑יִת עַל־רֹ֨אשׁ הָהָ֜ר
כָּל־גְּבֻל֞וֹ סָבִ֤יב ׀ סָבִיב֙ קֹ֣דֶשׁ קָֽדָשִׁ֔ים הִנֵּה־זֹ֖את תּוֹרַ֥ת
13 הַבָּֽיִת׃ וְאֵ֨לֶּה מִדּ֤וֹת הַמִּזְבֵּ֙חַ֙ בָּֽאַמּ֔וֹת אַמָּ֥ה אַמָּ֖ה וָטֹ֑פַח וְחֵ֨יק
הָאַמָּ֜ה וְאַמָּה־רֹ֗חַב וּגְבוּלָ֨הּ אֶל־שְׂפָתָ֤הּ סָבִיב֙ זֶ֣רֶת הָאֶחָ֔ד
14 וְזֶ֖ה גַּ֥ב הַמִּזְבֵּֽחַ׃ וּמֵחֵ֨יק הָאָ֜רֶץ עַד־הָעֲזָרָ֣ה הַתַּחְתּוֹנָ֗ה שְׁתַּ֣יִם
אַמּ֔וֹת וְרֹ֖חַב אַמָּ֣ה אֶחָ֑ת וּמֵהָעֲזָרָ֨ה הַקְּטַנָּ֜ה עַד־הָעֲזָרָ֣ה

הגדולה

v. 10. הפטרת תצוה   v. 11, צורתיו ק׳   ibid. תורתיו ק׳

טו הַגְּדוֹלָה אַרְבַּע אַמּוֹת וְרֹחַב הָאַמָּה׃ וְהַהַרְאֵל אַרְבַּע אַמּוֹת
16 וּמֵהָאֲרִאֵיל וּלְמַעְלָה הַקְּרָנוֹת אַרְבַּע׃ וְהָאֲרִאֵיל שְׁתֵּים
עֶשְׂרֵה אֹרֶךְ בִּשְׁתֵּים עֶשְׂרֵה רֹחַב רָבוּעַ אֶל אַרְבַּעַת רְבָעָיו׃
17 וְהָעֲזָרָה אַרְבַּע עֶשְׂרֵה אֹרֶךְ בְּאַרְבַּע עֶשְׂרֵה רֹחַב אֶל
אַרְבַּעַת רְבָעֶיהָ וְהַגְּבוּל סָבִיב אוֹתָהּ חֲצִי הָאַמָּה וְהַחֵיק־
18 לָהּ אַמָּה סָבִיב וּמַעֲלֹתֵהוּ פְּנוֹת קָדִים׃ וַיֹּאמֶר אֵלַי בֶּן־אָדָם
כֹּה אָמַר אֲדֹנָי יְהוִה אֵלֶּה חֻקּוֹת הַמִּזְבֵּחַ בְּיוֹם הֵעָשׂוֹתוֹ
19 לְהַעֲלוֹת עָלָיו עוֹלָה וְלִזְרֹק עָלָיו דָּם׃ וְנָתַתָּה אֶל־הַכֹּהֲנִים
הַלְוִיִּם אֲשֶׁר הֵם מִזֶּרַע צָדוֹק הַקְּרֹבִים אֵלַי נְאֻם אֲדֹנָי יְהוִה
כ לְשָׁרְתֵנִי פַּר בֶּן־בָּקָר לְחַטָּאת׃ וְלָקַחְתָּ מִדָּמוֹ וְנָתַתָּה עַל־
אַרְבַּע קַרְנֹתָיו וְאֶל־אַרְבַּע פִּנּוֹת הָעֲזָרָה וְאֶל־הַגְּבוּל סָבִיב
21 וְחִטֵּאתָ אוֹתוֹ וְכִפַּרְתָּהוּ׃ וְלָקַחְתָּ אֵת הַפָּר הַחַטָּאת וּשְׂרָפוֹ
22 בְּמִפְקַד הַבַּיִת מִחוּץ לַמִּקְדָּשׁ׃ וּבַיּוֹם הַשֵּׁנִי תַּקְרִיב שְׂעִיר־
עִזִּים תָּמִים לְחַטָּאת וְחִטְּאוּ אֶת־הַמִּזְבֵּחַ כַּאֲשֶׁר חִטְּאוּ בַּפָּר׃
23 בְּכַלּוֹתְךָ מֵחַטֵּא תַּקְרִיב פַּר בֶּן־בָּקָר תָּמִים וְאַיִל מִן־הַצֹּאן
24 תָּמִים׃ וְהִקְרַבְתָּם לִפְנֵי יְהוָה וְהִשְׁלִיכוּ הַכֹּהֲנִים עֲלֵיהֶם
כה מֶלַח וְהֶעֱלוּ אוֹתָם עֹלָה לַיהוָה׃ שִׁבְעַת יָמִים תַּעֲשֶׂה שְׂעִיר־
חַטָּאת לַיּוֹם וּפַר בֶּן־בָּקָר וְאַיִל מִן־הַצֹּאן תְּמִימִים יַעֲשׂוּ׃
26 שִׁבְעַת יָמִים יְכַפְּרוּ אֶת־הַמִּזְבֵּחַ וְטִהֲרוּ אֹתוֹ וּמִלְאוּ יָדָו׃
27 וִיכַלּוּ אֶת־הַיָּמִים וְהָיָה בַיּוֹם הַשְּׁמִינִי וָהָלְאָה יַעֲשׂוּ הַכֹּהֲנִים
עַל־הַמִּזְבֵּחַ אֶת־עוֹלוֹתֵיכֶם וְאֶת־שַׁלְמֵיכֶם וְרָצָאתִי אֶתְכֶם
נְאֻם אֲדֹנָי יְהוִה׃

מד CAP. XLIV. מד

א וַיָּשֶׁב אֹתִי דֶּרֶךְ שַׁעַר הַמִּקְדָּשׁ הַחִיצוֹן הַפֹּנֶה קָדִים וְהוּא
2 סָגוּר׃ וַיֹּאמֶר אֵלַי יְהוָה הַשַּׁעַר הַזֶּה סָגוּר יִהְיֶה לֹא יִפָּתֵחַ
וְאִישׁ לֹא־יָבֹא בוֹ כִּי יְהוָה אֱלֹהֵי־יִשְׂרָאֵל בָּא בוֹ וְהָיָה סָגוּר׃
3 אֶת־הַנָּשִׂיא נָשִׂיא הוּא יֵשֶׁב־בּוֹ לֶאֱכָול־לֶחֶם לִפְנֵי יְהוָה

מדרך

מ״ג v. 15. ומהאריאל ק׳ v. 16. והאריאל ק׳ v. 26. ידיו ק׳ מ״ד v. 3. יתיר ו׳

4 מִדֶּרֶךְ אוּלָם הַשַּׁעַר יָבוֹא וּמִדַּרְכּוֹ יֵצֵא׃ וַיְבִיאֵנִי דֶּרֶךְ־שַׁעַר
הַצָּפוֹן אֶל־פְּנֵי הַבַּיִת וָאֵרֶא וְהִנֵּה מָלֵא כְבוֹד־יְהוָה אֶת־
ה בֵּית יְהוָה וָאֶפֹּל אֶל־פָּנָי׃ וַיֹּאמֶר אֵלַי יְהוָה בֶּן־אָדָם שִׂים
לִבְּךָ וּרְאֵה בְעֵינֶיךָ וּבְאָזְנֶיךָ שְּׁמָע אֵת כָּל־אֲשֶׁר אֲנִי מְדַבֵּר
אֹתָךְ לְכָל־חֻקּוֹת בֵּית־יְהוָה וּלְכָל־תּוֹרֹתָו וְשַׂמְתָּ לִבְּךָ
6 לִמְבוֹא הַבַּיִת בְּכֹל מוֹצָאֵי הַמִּקְדָּשׁ׃ וְאָמַרְתָּ אֶל־מֶרִי
אֶל־בֵּית יִשְׂרָאֵל כֹּה אָמַר אֲדֹנָי יְהוִה רַב־לָכֶם מִכָּל־
7 תּוֹעֲבוֹתֵיכֶם בֵּית יִשְׂרָאֵל׃ בַּהֲבִיאֲכֶם בְּנֵי־נֵכָר עַרְלֵי־לֵב
וְעַרְלֵי בָשָׂר לִהְיוֹת בְּמִקְדָּשִׁי לְחַלְּלוֹ אֶת־בֵּיתִי בְּהַקְרִיבְכֶם
אֶת־לַחְמִי חֵלֶב וָדָם וַיָּפֵרוּ אֶת־בְּרִיתִי אֶל כָּל־תּוֹעֲבוֹתֵיכֶם׃
8 וְלֹא שְׁמַרְתֶּם מִשְׁמֶרֶת קָדָשָׁי וַתְּשִׂימוּן לְשֹׁמְרֵי מִשְׁמַרְתִּי
9 בְּמִקְדָּשִׁי לָכֶם׃ כֹּה־אָמַר אֲדֹנָי יְהוִה כָּל־בֶּן־נֵכָר עֶרֶל
לֵב וְעֶרֶל בָּשָׂר לֹא יָבוֹא אֶל־מִקְדָּשִׁי לְכָל־בֶּן־נֵכָר אֲשֶׁר
י בְּתוֹךְ בְּנֵי יִשְׂרָאֵל׃ כִּי אִם־הַלְוִיִּם אֲשֶׁר רָחֲקוּ מֵעָלַי בִּתְעוֹת
11 יִשְׂרָאֵל אֲשֶׁר תָּעוּ מֵעָלַי אַחֲרֵי גִּלּוּלֵיהֶם וְנָשְׂאוּ עֲוֺנָם׃ וְהָיוּ
בְמִקְדָּשִׁי מְשָׁרְתִים פְּקֻדּוֹת אֶל־שַׁעֲרֵי הַבַּיִת וּמְשָׁרְתִים אֶת־
הַבָּיִת הֵמָּה יִשְׁחֲטוּ אֶת־הָעֹלָה וְאֶת־הַזֶּבַח לָעָם וְהֵמָּה
12 יַעַמְדוּ לִפְנֵיהֶם לְשָׁרְתָם׃ יַעַן אֲשֶׁר יְשָׁרְתוּ אוֹתָם לִפְנֵי
גִלּוּלֵיהֶם וְהָיוּ לְבֵית־יִשְׂרָאֵל לְמִכְשׁוֹל עָוֺן עַל־כֵּן נָשָׂאתִי
13 יָדִי עֲלֵיהֶם נְאֻם אֲדֹנָי יְהוִה וְנָשְׂאוּ עֲוֺנָם׃ וְלֹא־יִגְּשׁוּ אֵלַי
לְכַהֵן לִי וְלָגֶשֶׁת עַל־כָּל־קָדָשַׁי אֶל־קָדְשֵׁי הַקְּדָשִׁים וְנָשְׂאוּ
14 כְּלִמָּתָם וְתוֹעֲבוֹתָם אֲשֶׁר עָשׂוּ׃ וְנָתַתִּי אוֹתָם שֹׁמְרֵי מִשְׁמֶרֶת
הַבָּיִת לְכֹל עֲבֹדָתוֹ וּלְכֹל אֲשֶׁר יֵעָשֶׂה בּוֹ׃
טו וְהַכֹּהֲנִים הַלְוִיִּם בְּנֵי צָדוֹק אֲשֶׁר שָׁמְרוּ אֶת־מִשְׁמֶרֶת מִקְדָּשִׁי
בִּתְעוֹת בְּנֵי־יִשְׂרָאֵל מֵעָלַי הֵמָּה יִקְרְבוּ אֵלַי לְשָׁרְתֵנִי וְעָמְדוּ
16 לְפָנַי לְהַקְרִיב לִי חֵלֶב וָדָם נְאֻם אֲדֹנָי יְהוִה׃ הֵמָּה יָבֹאוּ
אֶל־מִקְדָּשִׁי וְהֵמָּה יִקְרְבוּ אֶל־שֻׁלְחָנִי לְשָׁרְתֵנִי וְשָׁמְרוּ אֶת־

משמרתי

v. 5. תורתיו ק׳   v. 9. סבירין יבואו   v. 15. הפטרת אמור

17 מִשְׁמַרְתִּי׃ וְהָיָה בְּבוֹאָם אֶל־שַׁעֲרֵי הֶחָצֵר הַפְּנִימִית בִּגְדֵי
פִשְׁתִּים יִלְבָּשׁוּ וְלֹא־יַעֲלֶה עֲלֵיהֶם צֶמֶר בְּשָׁרְתָם בְּשַׁעֲרֵי
18 הֶחָצֵר הַפְּנִימִית וָבָיְתָה׃ פַּאֲרֵי פִשְׁתִּים יִהְיוּ עַל־רֹאשָׁם
19 וּמִכְנְסֵי פִשְׁתִּים יִהְיוּ עַל־מָתְנֵיהֶם לֹא יַחְגְּרוּ בַּיָּזַע׃ וּבְצֵאתָם
אֶל־הֶחָצֵר הַחִיצוֹנָה אֶל־הֶחָצֵר הַחִיצוֹנָה אֶל־הָעָם יִפְשְׁטוּ
אֶת־בִּגְדֵיהֶם אֲשֶׁר־הֵמָּה מְשָׁרְתִם בָּם וְהִנִּיחוּ אוֹתָם בְּלִשְׁכֹת
הַקֹּדֶשׁ וְלָבְשׁוּ בְּגָדִים אֲחֵרִים וְלֹא־יְקַדְּשׁוּ אֶת־הָעָם
כ בְּבִגְדֵיהֶם׃ וְרֹאשָׁם לֹא יְגַלֵּחוּ וּפֶרַע לֹא יְשַׁלֵּחוּ כָּסוֹם
21 יִכְסְמוּ אֶת־רָאשֵׁיהֶם׃ וְיַיִן לֹא־יִשְׁתּוּ כָּל־כֹּהֵן בְּבוֹאָם אֶל־
22 הֶחָצֵר הַפְּנִימִית׃ וְאַלְמָנָה וּגְרוּשָׁה לֹא־יִקְחוּ לָהֶם לְנָשִׁים
כִּי אִם־בְּתוּלֹת מִזֶּרַע בֵּית יִשְׂרָאֵל וְהָאַלְמָנָה אֲשֶׁר תִּהְיֶה
23 אַלְמָנָה מִכֹּהֵן יִקָּחוּ׃ וְאֶת־עַמִּי יוֹרוּ בֵּין קֹדֶשׁ לְחֹל וּבֵין־
24 טָמֵא לְטָהוֹר יוֹדִעֻם׃ וְעַל־רִיב הֵמָּה יַעַמְדוּ לִשְׁפֹּט
בְּמִשְׁפָּטַי וּשְׁפָטֻהוּ וְאֶת־תּוֹרֹתַי וְאֶת־חֻקֹּתַי בְּכָל־מוֹעֲדַי
כה יִשְׁמֹרוּ וְאֶת־שַׁבְּתוֹתַי יְקַדֵּשׁוּ׃ וְאֶל־מֵת אָדָם לֹא יָבוֹא
לְטָמְאָה כִּי אִם־לְאָב וּלְאֵם וּלְבֵן וּלְבַת לְאָח וּלְאָחוֹת
26 אֲשֶׁר־לֹא־הָיְתָה לְאִישׁ יִטַּמָּאוּ׃ וְאַחֲרֵי טָהֳרָתוֹ שִׁבְעַת יָמִים
27 יִסְפְּרוּ־לוֹ׃ וּבְיוֹם בֹּאוֹ אֶל־הַקֹּדֶשׁ אֶל־הֶחָצֵר הַפְּנִימִית
28 לְשָׁרֵת בַּקֹּדֶשׁ יַקְרִיב חַטָּאתוֹ נְאֻם אֲדֹנָי יְהוִה׃ וְהָיְתָה לָהֶם
לְנַחֲלָה אֲנִי נַחֲלָתָם וַאֲחֻזָּה לֹא־תִתְּנוּ לָהֶם בְּיִשְׂרָאֵל אֲנִי
29 אֲחֻזָּתָם׃ הַמִּנְחָה וְהַחַטָּאת וְהָאָשָׁם הֵמָּה יֹאכְלוּם וְכָל־
ל חֵרֶם בְּיִשְׂרָאֵל לָהֶם יִהְיֶה׃ וְרֵאשִׁית כָּל־בִּכּוּרֵי כֹל וְכָל־
תְּרוּמַת כֹּל מִכֹּל תְּרוּמוֹתֵיכֶם לַכֹּהֲנִים יִהְיֶה וְרֵאשִׁית
31 עֲרִיסוֹתֵיכֶם תִּתְּנוּ לַכֹּהֵן לְהָנִיחַ בְּרָכָה אֶל־בֵּיתֶךָ׃ כָּל־
נְבֵלָה וּטְרֵפָה מִן־הָעוֹף וּמִן־הַבְּהֵמָה לֹא יֹאכְלוּ הַכֹּהֲנִים׃

מה CAP. XLV. מה

א וּבְהַפִּילְכֶם אֶת־הָאָרֶץ בְּנַחֲלָה תָּרִימוּ תְרוּמָה לַיהוָה ׀

קדש

v. 24. למשפט ק׳ ibid. ישפטהו ק׳

קֹדֶשׁ מִן־הָאָרֶץ אֹרֶךְ חֲמִשָּׁה וְעֶשְׂרִים אֶלֶף אֹרֶךְ וְרֹחַב
2 עֲשָׂרָה אָלֶף קֹדֶשׁ־הוּא בְכָל־גְּבוּלָהּ סָבִיב׃ יִהְיֶה מִזֶּה
אֶל־הַקֹּדֶשׁ חֲמֵשׁ מֵאוֹת בַּחֲמֵשׁ מֵאוֹת מְרֻבָּע סָבִיב וַחֲמִשִּׁים
3 אַמָּה מִגְרָשׁ לוֹ סָבִיב׃ וּמִן־הַמִּדָּה הַזֹּאת תָּמוֹד אֹרֶךְ חֲמִשָּׁ
וְעֶשְׂרִים אֶלֶף וְרֹחַב עֲשֶׂרֶת אֲלָפִים וּבוֹ־יִהְיֶה הַמִּקְדָּשׁ קֹדֶשׁ
4 קָדָשִׁים׃ קֹדֶשׁ מִן־הָאָרֶץ הוּא לַכֹּהֲנִים מְשָׁרְתֵי הַמִּקְדָּשׁ
יִהְיֶה הַקְּרֵבִים לְשָׁרֵת אֶת־יְהוָה וְהָיָה לָהֶם מָקוֹם לְבָתִּים
ה וּמִקְדָּשׁ לַמִּקְדָּשׁ׃ וַחֲמִשָּׁה וְעֶשְׂרִים אֶלֶף אֹרֶךְ וַעֲשֶׂרֶת
אֲלָפִים רֹחַב יְהָיָה לַלְוִיִּם מְשָׁרְתֵי הַבַּיִת לָהֶם לַאֲחֻזָּה
6 עֶשְׂרִים לְשָׁכֹת׃ וַאֲחֻזַּת הָעִיר תִּתְּנוּ חֲמֵשֶׁת אֲלָפִים רֹחַב
וְאֹרֶךְ חֲמִשָּׁה וְעֶשְׂרִים אֶלֶף לְעֻמַּת תְּרוּמַת הַקֹּדֶשׁ לְכָל־
7 בֵּית יִשְׂרָאֵל יִהְיֶה׃ וְלַנָּשִׂיא מִזֶּה וּמִזֶּה לִתְרוּמַת הַקֹּדֶשׁ
וְלַאֲחֻזַּת הָעִיר אֶל־פְּנֵי תְרוּמַת־הַקֹּדֶשׁ וְאֶל־פְּנֵי אֲחֻזַּת
הָעִיר מִפְּאַת־יָם יָמָּה וּמִפְּאַת־קֵדְמָה קָדִימָה וְאֹרֶךְ לְעֻמּוֹת
8 אַחַד הַחֲלָקִים מִגְּבוּל יָם אֶל־גְּבוּל קָדִימָה׃ לָאָרֶץ יִהְיֶה־
לּוֹ לַאֲחֻזָּה בְּיִשְׂרָאֵל וְלֹא־יוֹנוּ עוֹד נְשִׂיאַי אֶת־עַמִּי וְהָאָרֶץ
9 יִתְּנוּ לְבֵית־יִשְׂרָאֵל לְשִׁבְטֵיהֶם׃ כֹּה־אָמַר אֲדֹנָי יֱהֹוִה
רַב־לָכֶם נְשִׂיאֵי יִשְׂרָאֵל חָמָס וָשֹׁד הָסִירוּ וּמִשְׁפָּט וּצְדָקָה
י עֲשׂוּ הָרִימוּ גְרֻשֹׁתֵיכֶם מֵעַל עַמִּי נְאֻם אֲדֹנָי יֱהֹוִה׃ מֹאזְנֵי־
11 צֶדֶק וְאֵיפַת־צֶדֶק וּבַת־צֶדֶק יְהִי לָכֶם׃ הָאֵיפָה וְהַבַּת
תֹּכֶן אֶחָד יִהְיֶה לָשֵׂאת מַעְשַׂר הַחֹמֶר הַבָּת וַעֲשִׂירִת הַחֹמֶר
12 הָאֵיפָה אֶל־הַחֹמֶר יִהְיֶה מַתְכֻּנְתּוֹ׃ וְהַשֶּׁקֶל עֶשְׂרִים גֵּרָה
עֶשְׂרִים שְׁקָלִים חֲמִשָּׁה וְעֶשְׂרִים שְׁקָלִים עֲשָׂרָה וַחֲמִשָּׁה
13 שֶׁקֶל הַמָּנֶה יִהְיֶה לָכֶם׃ זֹאת הַתְּרוּמָה אֲשֶׁר תָּרִימוּ שִׁשִּׁית
הָאֵיפָה מֵחֹמֶר הַחִטִּים וְשִׁשִּׁיתֶם הָאֵיפָה מֵחֹמֶר הַשְּׂעֹרִים׃
14 וְחֹק הַשֶּׁמֶן הַבַּת הַשֶּׁמֶן מַעְשַׂר הַבַּת מִן־הַכֹּר עֲשֶׂרֶת הַבַּתִּים
טו חֹמֶר כִּי־עֲשֶׂרֶת הַבַּתִּים חֹמֶר׃ וְשֶׂה־אַחַת מִן־הַצֹּאן מִן־

המאתים

v. 3. חמשה ק׳ v. 5. והיה ק׳

הַמָּאתַ֛יִם מִמַּשְׁקֵ֥ה יִשְׂרָאֵ֖ל לְמִנְחָ֣ה וּלְעוֹלָ֣ה וְלִשְׁלָמִ֑ים לְכַפֵּ֣ר
עֲלֵיהֶ֔ם נְאֻ֖ם אֲדֹנָ֥י יְהוִֽה׃
16 כֹּ֚ל הָעָ֣ם הָאָ֔רֶץ יִהְי֖וּ אֶל־הַתְּרוּמָ֣ה הַזֹּ֑את לַנָּשִׂ֖יא בְּיִשְׂרָאֵֽל׃
17 וְעַֽל־הַנָּשִׂ֣יא יִהְיֶ֗ה הָֽעוֹל֣וֹת וְהַמִּנְחָה֮ וְהַנֵּסֶךְ֒ בַּחַגִּ֣ים וּבֶחֳדָשִׁ֗ים
וּבַשַּׁבָּת֔וֹת בְּכָל־מוֹעֲדֵ֖י בֵּ֣ית יִשְׂרָאֵ֑ל הֽוּא־יַעֲשֶׂ֞ה אֶת־
הַחַטָּ֣את וְאֶת־הַמִּנְחָ֗ה וְאֶת־הָֽעוֹלָה֙ וְאֶת־הַשְּׁלָמִ֔ים לְכַפֵּ֖ר
18 בְּעַ֥ד בֵּֽית־יִשְׂרָאֵֽל׃ כֹּֽה־אָמַר֮ אֲדֹנָ֣י יְהוִה֒ בָּֽרִאשׁוֹן֙
בְּאֶחָ֣ד לַחֹ֔דֶשׁ תִּקַּ֥ח פַּר־בֶּן־בָּקָ֖ר תָּמִ֑ים וְחִטֵּאתָ֖ אֶת־
19 הַמִּקְדָּֽשׁ׃ וְלָקַ֨ח הַכֹּהֵ֜ן מִדַּ֣ם הַחַטָּ֗את וְנָתַן֙ אֶל־מְזוּזַ֣ת הַבַּ֔יִת
וְאֶל־אַרְבַּ֛ע פִּנּ֥וֹת הָעֲזָרָ֖ה לַמִּזְבֵּ֑חַ וְעַ֨ל־מְזוּזַ֔ת שַׁ֖עַר הֶחָצֵ֥ר
כ הַפְּנִימִֽית׃ וְכֵ֤ן תַּעֲשֶׂה֙ בְּשִׁבְעָ֣ה בַחֹ֔דֶשׁ מֵאִ֥ישׁ שֹׁגֶ֖ה וּמִפֶּ֑תִי
21 וְכִפַּרְתֶּ֖ם אֶת־הַבָּֽיִת׃ בָּרִאשׁ֗וֹן בְּאַרְבָּעָ֨ה עָשָׂ֥ר יוֹם֙ לַחֹ֔דֶשׁ
22 יִהְיֶ֥ה לָכֶ֖ם הַפָּ֑סַח חָ֕ג שְׁבֻע֣וֹת יָמִ֔ים מַצּ֖וֹת יֵאָכֵֽל׃ וְעָשָׂ֤ה
הַנָּשִׂיא֙ בַּיּ֣וֹם הַה֔וּא בַּעֲד֕וֹ וּבְעַ֖ד כָּל־עַ֣ם הָאָ֑רֶץ פַּ֖ר חַטָּֽאת׃
23 וְשִׁבְעַ֨ת יְמֵי־הֶחָ֜ג יַעֲשֶׂ֧ה עוֹלָ֣ה לַיהוָ֗ה שִׁבְעַ֨ת פָּרִ֜ים וְשִׁבְעַ֨ת
אֵילִ֤ים תְּמִימִם֙ לַיּ֔וֹם שִׁבְעַ֖ת הַיָּמִ֑ים וְחַטָּ֕את שְׂעִ֥יר עִזִּ֖ים לַיּֽוֹם׃
24 וּמִנְחָ֗ה אֵיפָ֥ה לַפָּ֛ר וְאֵיפָ֥ה לָאַ֖יִל יַעֲשֶׂ֑ה וְשֶׁ֖מֶן הִ֥ין לָאֵיפָֽה׃
כה בַּשְּׁבִיעִ֡י בַּחֲמִשָּׁה֩ עָשָׂ֨ר י֤וֹם לַחֹ֙דֶשׁ֙ בֶּחָ֔ג יַעֲשֶׂ֥ה כָאֵ֖לֶּה שִׁבְעַ֣ת
הַיָּמִ֑ים כַּֽחַטָּאת֙ כָּעֹלָ֔ה וְכַמִּנְחָ֖ה וְכַשָּֽׁמֶן׃

מו CAP. XLVI. מו

א כֹּֽה־אָמַר֮ אֲדֹנָ֣י יְהוִה֒ שַׁ֜עַר הֶחָצֵ֤ר הַפְּנִימִית֙ הַפֹּנֶ֣ה קָדִ֔ים
יִהְיֶ֣ה סָג֔וּר שֵׁ֖שֶׁת יְמֵ֣י הַֽמַּעֲשֶׂ֑ה וּבְי֤וֹם הַשַּׁבָּת֙ יִפָּתֵ֔חַ וּבְי֥וֹם
2 הַחֹ֖דֶשׁ יִפָּתֵֽחַ׃ וּבָ֣א הַנָּשִׂ֡יא דֶּרֶךְ֩ אוּלָ֨ם הַשַּׁ֜עַר מִח֗וּץ וְעָמַד֙
עַל־מְזוּזַ֣ת הַשַּׁ֔עַר וְעָשׂ֣וּ הַכֹּהֲנִ֗ים אֶת־עֽוֹלָתוֹ֙ וְאֶת־שְׁלָמָ֔יו
וְהִֽשְׁתַּחֲוָ֛ה עַל־מִפְתַּ֥ן הַשַּׁ֖עַר וְיָצָ֑א וְהַשַּׁ֥עַר לֹֽא־יִסָּגֵ֖ר עַד־
3 הָעָֽרֶב׃ וְהִשְׁתַּחֲו֣וּ עַם־הָאָ֗רֶץ פֶּ֚תַח הַשַּׁ֣עַר הַה֔וּא בַּשַּׁבָּת֖וֹת
4 וּבֶחֳדָשִׁ֑ים לִפְנֵ֖י יְהוָֽה׃ וְהָעֹלָ֕ה אֲשֶׁר־יַקְרִ֥ב הַנָּשִׂ֖יא לַֽיהוָ֑ה

ביום

מ״ה v. 16. הפטרת פרשת החדש כמנהג אשכנזים והספרדים מתחילין כה אמר אדני

ה בְּיוֹם הַשַּׁבָּת שִׁשָּׁה כְבָשִׂים תְּמִימִם וְאַיִל תָּמִים׃ וּמִנְחָה
אֵיפָה לָאַיִל וְלַכְּבָשִׂים מִנְחָה מַתַּת יָדוֹ וְשֶׁמֶן הִין לָאֵיפָה׃
6 וּבְיוֹם הַחֹדֶשׁ פַּר בֶּן־בָּקָר תְּמִימִם וְשֵׁשֶׁת כְּבָשִׂם וָאַיִל
7 תְּמִימִם יִהְיוּ׃ וְאֵיפָה לַפָּר וְאֵיפָה לָאַיִל יַעֲשֶׂה מִנְחָה
8 וְלַכְּבָשִׂים כַּאֲשֶׁר תַּשִּׂיג יָדוֹ וְשֶׁמֶן הִין לָאֵיפָה׃ וּבְבוֹא
9 הַנָּשִׂיא דֶּרֶךְ אוּלָם הַשַּׁעַר יָבוֹא וּבְדַרְכּוֹ יֵצֵא׃ וּבְבוֹא
עַם־הָאָרֶץ לִפְנֵי יְהוָה בַּמּוֹעֲדִים הַבָּא דֶּרֶךְ שַׁעַר צָפוֹן
לְהִשְׁתַּחֲוֹת יֵצֵא דֶּרֶךְ־שַׁעַר נֶגֶב וְהַבָּא דֶּרֶךְ־שַׁעַר נֶגֶב יֵצֵא
דֶּרֶךְ־שַׁעַר צָפוֹנָה לֹא יָשׁוּב דֶּרֶךְ הַשַּׁעַר אֲשֶׁר־בָּא בוֹ כִּי
י נִכְחוֹ יֵצֵאו׃ וְהַנָּשִׂיא בְּתוֹכָם בְּבוֹאָם יָבוֹא וּבְצֵאתָם יֵצֵאוּ׃
11 וּבַחַגִּים וּבַמּוֹעֲדִים תִּהְיֶה הַמִּנְחָה אֵיפָה לַפָּר וְאֵיפָה לָאַיִל
12 וְלַכְּבָשִׂים מַתַּת יָדוֹ וְשֶׁמֶן הִין לָאֵיפָה׃ וְכִי־יַעֲשֶׂה הַנָּשִׂיא
נְדָבָה עוֹלָה אוֹ־שְׁלָמִים נְדָבָה לַיהוָה וּפָתַח לוֹ אֶת־הַשַּׁעַר
הַפֹּנֶה קָדִים וְעָשָׂה אֶת־עֹלָתוֹ וְאֶת־שְׁלָמָיו כַּאֲשֶׁר יַעֲשֶׂה
13 בְּיוֹם הַשַּׁבָּת וְיָצָא וְסָגַר אֶת־הַשַּׁעַר אַחֲרֵי צֵאתוֹ׃ וְכֶבֶשׂ
בֶּן־שְׁנָתוֹ תָּמִים תַּעֲשֶׂה עוֹלָה לַיּוֹם לַיהוָה בַּבֹּקֶר בַּבֹּקֶר
14 תַּעֲשֶׂה אֹתוֹ׃ וּמִנְחָה תַעֲשֶׂה עָלָיו בַּבֹּקֶר בַּבֹּקֶר שִׁשִּׁית
הָאֵיפָה וְשֶׁמֶן שְׁלִישִׁית הַהִין לָרֹס אֶת־הַסֹּלֶת מִנְחָה לַיהוָה
טו חֻקּוֹת עוֹלָם תָּמִיד׃ וְעָשׂוּ אֶת־הַכֶּבֶשׂ וְאֶת־הַמִּנְחָה וְאֶת־
16 הַשֶּׁמֶן בַּבֹּקֶר בַּבֹּקֶר עוֹלַת תָּמִיד׃ כֹּה־אָמַר אֲדֹנָי יְהוִה
כִּי־יִתֵּן הַנָּשִׂיא מַתָּנָה לְאִישׁ מִבָּנָיו נַחֲלָתוֹ הִיא לְבָנָיו תִּהְיֶה
17 אֲחֻזָּתָם הִיא בְּנַחֲלָה׃ וְכִי־יִתֵּן מַתָּנָה מִנַּחֲלָתוֹ לְאַחַד מֵעֲבָדָיו
וְהָיְתָה לּוֹ עַד־שְׁנַת הַדְּרוֹר וְשָׁבַת לַנָּשִׂיא אַךְ נַחֲלָתוֹ בָּנָיו
18 לָהֶם תִּהְיֶה׃ וְלֹא־יִקַּח הַנָּשִׂיא מִנַּחֲלַת הָעָם לְהוֹנֹתָם
מֵאֲחֻזָּתָם מֵאֲחֻזָּתוֹ יַנְחִל אֶת־בָּנָיו לְמַעַן אֲשֶׁר לֹא־יָפֻצוּ
19 עַמִּי אִישׁ מֵאֲחֻזָּתוֹ׃ וַיְבִיאֵנִי בַמָּבוֹא אֲשֶׁר עַל־כֶּתֶף הַשַּׁעַר
אֶל־הַלִּשְׁכוֹת הַקֹּדֶשׁ אֶל־הַכֹּהֲנִים הַפֹּנוֹת צָפוֹנָה וְהִנֵּה־

שם

v. 9. יצא ק׳ v. 15. יעשו ק׳

כ שָׁם מָקוֹם בַּיַּרְכָתָם יָמָּה׃ וַיֹּאמֶר אֵלַי זֶה הַמָּקוֹם אֲשֶׁר
יְבַשְּׁלוּ־שָׁם הַכֹּהֲנִים אֶת־הָאָשָׁם וְאֶת־הַחַטָּאת אֲשֶׁר יֹאפוּ
אֶת־הַמִּנְחָה לְבִלְתִּי הוֹצִיא אֶל־הֶחָצֵר הַחִיצוֹנָה לְקַדֵּשׁ
21 אֶת־הָעָם׃ וַיּוֹצִיאֵנִי אֶל־הֶחָצֵר הַחִיצוֹנָה וַיַּעֲבִרֵנִי אֶל־
אַרְבַּעַת מִקְצוֹעֵי הֶחָצֵר וְהִנֵּה חָצֵר בְּמִקְצֹעַ הֶחָצֵר חָצֵר
22 בְּמִקְצֹעַ הֶחָצֵר׃ בְּאַרְבַּעַת מִקְצֹעוֹת הֶחָצֵר חֲצֵרוֹת קְטֻרוֹת
אַרְבָּעִים אֹרֶךְ וּשְׁלֹשִׁים רֹחַב מִדָּה אַחַת לְאַרְבַּעְתָּם
23 מְהֻקְצָעוֹת׃ וְטוּר סָבִיב בָּהֶם סָבִיב לְאַרְבַּעְתָּם וּמְבַשְּׁלוֹת
24 עָשׂוּי מִתַּחַת הַטִּירוֹת סָבִיב׃ וַיֹּאמֶר אֵלָי אֵלֶּה בֵּית הַמְבַשְּׁלִים
אֲשֶׁר יְבַשְּׁלוּ־שָׁם מְשָׁרְתֵי הַבַּיִת אֶת־זֶבַח הָעָם׃ ס

מז Cap. XLVII. מז

א וַיְשִׁבֵנִי אֶל־פֶּתַח הַבַּיִת וְהִנֵּה־מַיִם יֹצְאִים מִתַּחַת מִפְתַּן
הַבַּיִת קָדִימָה כִּי־פְנֵי הַבַּיִת קָדִים וְהַמַּיִם יֹרְדִים מִתַּחַת
2 מִכֶּתֶף הַבַּיִת הַיְמָנִית מִנֶּגֶב לַמִּזְבֵּחַ׃ וַיּוֹצִאֵנִי דֶּרֶךְ־שַׁעַר
צָפוֹנָה וַיְסִבֵּנִי דֶּרֶךְ חוּץ אֶל־שַׁעַר הַחוּץ דֶּרֶךְ הַפּוֹנֶה קָדִים
3 וְהִנֵּה־מַיִם מְפַכִּים מִן־הַכָּתֵף הַיְמָנִית׃ בְּצֵאת־הָאִישׁ קָדִים
וְקָו בְּיָדוֹ וַיָּמָד אֶלֶף בָּאַמָּה וַיַּעֲבִרֵנִי בַמַּיִם מֵי אָפְסָיִם׃
4 וַיָּמָד אֶלֶף וַיַּעֲבִרֵנִי בַמַּיִם מַיִם בִּרְכָּיִם וַיָּמָד אֶלֶף וַיַּעֲבִרֵנִי
ה מֵי מָתְנָיִם׃ וַיָּמָד אֶלֶף נַחַל אֲשֶׁר לֹא־אוּכַל לַעֲבֹר כִּי־גָאוּ
6 הַמַּיִם מֵי שָׂחוּ נַחַל אֲשֶׁר לֹא־יֵעָבֵר׃ וַיֹּאמֶר אֵלַי הֲרָאִיתָ
7 בֶן־אָדָם וַיּוֹלִכֵנִי וַיְשִׁבֵנִי שְׂפַת הַנָּחַל׃ בְּשׁוּבֵנִי וְהִנֵּה אֶל־
8 שְׂפַת הַנַּחַל עֵץ רַב מְאֹד מִזֶּה וּמִזֶּה׃ וַיֹּאמֶר אֵלַי הַמַּיִם
הָאֵלֶּה יוֹצְאִים אֶל־הַגְּלִילָה הַקַּדְמוֹנָה וְיָרְדוּ עַל־הָעֲרָבָה
9 וּבָאוּ הַיָּמָּה אֶל־הַיָּמָּה הַמּוּצָאִים וְנִרְפְּאוּ הַמָּיִם׃ וְהָיָה כָל־
נֶפֶשׁ חַיָּה ׀ אֲשֶׁר־יִשְׁרֹץ אֶל כָּל־אֲשֶׁר יָבוֹא שָׁם נַחֲלַיִם יִחְיֶה
וְהָיָה הַדָּגָה רַבָּה מְאֹד כִּי בָאוּ שָׁמָּה הַמַּיִם הָאֵלֶּה וְיֵרָפְאוּ
י וָחָי כֹּל אֲשֶׁר־יָבוֹא שָׁמָּה הַנָּחַל׃ וְהָיָה יעמדו עָלָיו דַּוָּגִים

מ״י v. 19. בירכתים ק׳ v. 22. נקוד עליו v. 24. אין כאן פסקא
מ״ז v. 8. הא׳ נחה v. 10. עמדו ק׳

מֵעֵין גֶּדִי וְעַד־עֵין עֶגְלַיִם מִשְׁטוֹחַ לַחֲרָמִים יִהְיוּ לְמִינָה
11 תִּהְיֶה דְגָתָם כִּדְגַת הַיָּם הַגָּדוֹל רַבָּה מְאֹד׃ בִּצֹּאתָו וּגְבָאָיו
12 וְלֹא יֵרָפְאוּ לְמֶלַח נִתָּנוּ׃ וְעַל־הַנַּחַל יַעֲלֶה עַל־שְׂפָתוֹ מִזֶּה ׀
וּמִזֶּה ׀ כָּל־עֵץ־מַאֲכָל לֹא־יִבּוֹל עָלֵהוּ וְלֹא־יִתֹּם פִּרְיוֹ
לָחֳדָשָׁיו יְבַכֵּר כִּי מֵימָיו מִן־הַמִּקְדָּשׁ הֵמָּה יוֹצְאִים וְהָיוּ
13 פִרְיוֹ לְמַאֲכָל וְעָלֵהוּ לִתְרוּפָה׃ כֹּה אָמַר אֲדֹנָי יְהוִה גֵּה
גְבוּל אֲשֶׁר תִּתְנַחֲלוּ אֶת־הָאָרֶץ לִשְׁנֵי עָשָׂר שִׁבְטֵי יִשְׂרָאֵל
14 יוֹסֵף חֲבָלִים׃ וּנְחַלְתֶּם אוֹתָהּ אִישׁ כְּאָחִיו אֲשֶׁר נָשָׂאתִי אֶת־
יָדִי לְתִתָּהּ לַאֲבֹתֵיכֶם וְנָפְלָה הָאָרֶץ הַזֹּאת לָכֶם בְּנַחֲלָה׃
טו וְזֶה גְּבוּל הָאָרֶץ לִפְאַת צָפוֹנָה מִן־הַיָּם הַגָּדוֹל הַדֶּרֶךְ חֶתְלֹן
16 לְבוֹא צְדָדָה׃ חֲמָת ׀ בֵּרוֹתָה סִבְרַיִם אֲשֶׁר בֵּין־גְּבוּל דַּמֶּשֶׂק
17 וּבֵין גְּבוּל חֲמָת חָצֵר הַתִּיכוֹן אֲשֶׁר אֶל־גְּבוּל חַוְרָן׃ וְהָיָה
גְבוּל מִן־הַיָּם חֲצַר עֵינוֹן גְּבוּל דַּמֶּשֶׂק וְצָפוֹן ׀ צָפוֹנָה וּגְבוּל
18 חֲמָת וְאֵת פְּאַת צָפוֹן׃ וּפְאַת קָדִים מִבֵּין חַוְרָן וּמִבֵּין דַּמֶּשֶׂק
וּמִבֵּין הַגִּלְעָד וּמִבֵּין אֶרֶץ יִשְׂרָאֵל הַיַּרְדֵּן מִגְּבוּל עַל־הַיָּם
19 הַקַּדְמוֹנִי תָּמֹדּוּ וְאֵת פְּאַת קָדִימָה׃ וּפְאַת נֶגֶב תֵּימָנָה מִתָּמָר
עַד־מֵי מְרִיבוֹת קָדֵשׁ נַחֲלָה אֶל־הַיָּם הַגָּדוֹל וְאֵת פְּאַת־
כ תֵּימָנָה נֶגְבָּה׃ וּפְאַת־יָם הַיָּם הַגָּדוֹל מִגְּבוּל עַד־נֹכַח לְבוֹא
21 חֲמָת זֹאת פְּאַת־יָם׃ וְחִלַּקְתֶּם אֶת־הָאָרֶץ הַזֹּאת לָכֶם
22 לְשִׁבְטֵי יִשְׂרָאֵל׃ וְהָיָה תַּפִּלוּ אוֹתָהּ בְּנַחֲלָה לָכֶם וּלְהַגֵּרִים
הַגָּרִים בְּתוֹכְכֶם אֲשֶׁר־הוֹלִדוּ בָנִים בְּתוֹכְכֶם וְהָיוּ לָכֶם
כְּאֶזְרָח בִּבְנֵי יִשְׂרָאֵל אִתְּכֶם יִפְּלוּ בְנַחֲלָה בְּתוֹךְ שִׁבְטֵי
23 יִשְׂרָאֵל׃ וְהָיָה בַשֵּׁבֶט אֲשֶׁר־גָּר הַגֵּר אִתּוֹ שָׁם תִּתְּנוּ נַחֲלָתוֹ
נְאֻם אֲדֹנָי יְהוִה׃

CAP. XLVIII. מח

מח

א וְאֵלֶּה שְׁמוֹת הַשְּׁבָטִים מִקְצֵה צָפוֹנָה אֶל־יַד דֶּרֶךְ־חֶתְלֹן ׀
לְבוֹא־חֲמָת חֲצַר עֵינָן גְּבוּל דַּמֶּשֶׂק צָפוֹנָה אֶל־יַד חֲמָת

והיו־לו

מ״ז v. 11. בצאתיו ק׳ v. 12. והיה ק׳

2 וְהָיוּ־לוֹ פְאַת־קָדִים הַיָּם דָּן אֶחָד׃ וְעַל ׀ גְּבוּל דָּן מִפְּאַת
3 קָדִים עַד־פְּאַת יָמָּה אָשֵׁר אֶחָד׃ וְעַל ׀ גְּבוּל אָשֵׁר מִפְּאַת
4 קָדִימָה וְעַד־פְּאַת־יָמָּה נַפְתָּלִי אֶחָד׃ וְעַל ׀ גְּבוּל נַפְתָּלִי
ה מִפְּאַת קָדִמָה עַד־פְּאַת־יָמָּה מְנַשֶּׁה אֶחָד׃ וְעַל ׀ גְּבוּל
6 מְנַשֶּׁה מִפְּאַת קָדִמָה עַד־פְּאַת־יָמָּה אֶפְרַיִם אֶחָד׃ וְעַל ׀
גְּבוּל אֶפְרַיִם מִפְּאַת קָדִים וְעַד־פְּאַת־יָמָּה רְאוּבֵן אֶחָד׃
7 וְעַל ׀ גְּבוּל רְאוּבֵן מִפְּאַת קָדִים עַד־פְּאַת־יָמָּה יְהוּדָה
8 אֶחָד׃ וְעַל גְּבוּל יְהוּדָה מִפְּאַת קָדִים עַד־פְּאַת יָמָּה תִּהְיֶה
הַתְּרוּמָה אֲשֶׁר־תָּרִימוּ חֲמִשָּׁה וְעֶשְׂרִים אֶלֶף רֹחַב וְאֹרֶךְ
כְּאַחַד הַחֲלָקִים מִפְּאַת קָדִימָה עַד־פְּאַת־יָמָּה וְהָיָה הַמִּקְדָּשׁ
9 בְּתוֹכוֹ׃ הַתְּרוּמָה אֲשֶׁר תָּרִימוּ לַיהוָה אֹרֶךְ חֲמִשָּׁה וְעֶשְׂרִים
י אֶלֶף וְרֹחַב עֲשֶׂרֶת אֲלָפִים׃ וּלְאֵלֶּה תִּהְיֶה תְרוּמַת־הַקֹּדֶשׁ
לַכֹּהֲנִים צָפוֹנָה חֲמִשָּׁה וְעֶשְׂרִים אֶלֶף וְיָמָּה רֹחַב עֲשֶׂרֶת
אֲלָפִים וְקָדִימָה רֹחַב עֲשֶׂרֶת אֲלָפִים וְנֶגְבָּה אֹרֶךְ חֲמִשָּׁה
11 וְעֶשְׂרִים אֶלֶף וְהָיָה מִקְדַּשׁ־יְהוָה בְּתוֹכוֹ׃ לַכֹּהֲנִים הַמְקֻדָּשׁ
מִבְּנֵי צָדוֹק אֲשֶׁר שָׁמְרוּ מִשְׁמַרְתִּי אֲשֶׁר לֹא־תָעוּ בִּתְעוֹת בְּנֵי
12 יִשְׂרָאֵל כַּאֲשֶׁר תָּעוּ הַלְוִיִּם׃ וְהָיְתָה לָהֶם תְּרוּמִיָּה מִתְּרוּמַת
13 הָאָרֶץ קֹדֶשׁ קָדָשִׁים אֶל־גְּבוּל הַלְוִיִּם׃ וְהַלְוִיִּם לְעֻמַּת גְּבוּל
הַכֹּהֲנִים חֲמִשָּׁה וְעֶשְׂרִים אֶלֶף אֹרֶךְ וְרֹחַב עֲשֶׂרֶת אֲלָפִים
14 כָּל־אֹרֶךְ חֲמִשָּׁה וְעֶשְׂרִים אֶלֶף וְרֹחַב עֲשֶׂרֶת אֲלָפִים׃ וְלֹא־
יִמְכְּרוּ מִמֶּנּוּ וְלֹא יָמֵר וְלֹא יַעֲבוֹר רֵאשִׁית הָאָרֶץ כִּי־קֹדֶשׁ
טו לַיהוָה׃ וַחֲמֵשֶׁת אֲלָפִים הַנּוֹתָר בָּרֹחַב עַל־פְּנֵי חֲמִשָּׁה
וְעֶשְׂרִים אֶלֶף חֹל־הוּא לָעִיר לְמוֹשָׁב וּלְמִגְרָשׁ וְהָיְתָה הָעִיר
16 בְּתוֹכֹה׃ וְאֵלֶּה מִדּוֹתֶיהָ פְּאַת צָפוֹן חֲמֵשׁ מֵאוֹת וְאַרְבַּעַת
אֲלָפִים וּפְאַת־נֶגֶב חֲמֵשׁ חמש מֵאוֹת וְאַרְבַּעַת אֲלָפִים
וּמִפְּאַת קָדִים חֲמֵשׁ מֵאוֹת וְאַרְבַּעַת אֲלָפִים וּפְאַת־יָמָּה
17 חֲמֵשׁ מֵאוֹת וְאַרְבַּעַת אֲלָפִים׃ וְהָיָה מִגְרָשׁ לָעִיר צָפוֹנָה

v. 10. ב׳ טעמים v. 14. יעביר ק׳ v. 15. בתוכו ק׳ v. 16. חמש כתיב ולא ק׳

חֲמִשִּׁים וּמָאתַיִם וְנֶגְבָּה חֲמִשִּׁים וּמָאתָיִם וְקָדִימָה חֲמִשִּׁים
18 וּמָאתָיִם וְיָמָּה חֲמִשִּׁים וּמָאתָיִם׃ וְהַנּוֹתָר בָּאֹרֶךְ לְעֻמַּת ׀
תְּרוּמַת הַקֹּדֶשׁ עֲשֶׂרֶת אֲלָפִים קָדִימָה וַעֲשֶׂרֶת אֲלָפִים יָמָּה
וְהָיָה לְעֻמַּת תְּרוּמַת הַקֹּדֶשׁ וְהָיְתָה תְבוּאָתֹה לְלֶחֶם לְעֹבְדֵי
19 כ הָעִיר׃ וְהָעֹבֵד הָעִיר יַעַבְדוּהוּ מִכֹּל שִׁבְטֵי יִשְׂרָאֵל׃ כָּל־
הַתְּרוּמָה חֲמִשָּׁה וְעֶשְׂרִים אֶלֶף בַּחֲמִשָּׁה וְעֶשְׂרִים אָלֶף
רְבִיעִית תָּרִימוּ אֶת־תְּרוּמַת הַקֹּדֶשׁ אֶל־אֲחֻזַּת הָעִיר׃
21 וְהַנּוֹתָר לַנָּשִׂיא מִזֶּה ׀ וּמִזֶּה ׀ לִתְרוּמַת־הַקֹּדֶשׁ וְלַאֲחֻזַּת הָעִיר
אֶל־פְּנֵי חֲמִשָּׁה וְעֶשְׂרִים אֶלֶף ׀ תְּרוּמָה עַד־גְּבוּל קָדִימָה
וְיָמָּה עַל־פְּנֵי חֲמִשָּׁה וְעֶשְׂרִים אֶלֶף עַל־גְּבוּל יָמָּה לְעֻמַּת
חֲלָקִים לַנָּשִׂיא וְהָיְתָה תְּרוּמַת הַקֹּדֶשׁ וּמִקְדַּשׁ הַבַּיִת בְּתוֹכֹה׃
22 וּמֵאֲחֻזַּת הַלְוִיִּם וּמֵאֲחֻזַּת הָעִיר בְּתוֹךְ אֲשֶׁר לַנָּשִׂיא יִהְיֶה בֵּין ׀
23 גְּבוּל יְהוּדָה וּבֵין גְּבוּל בִּנְיָמִן לַנָּשִׂיא יִהְיֶה׃ וְיֶתֶר הַשְּׁבָטִים
24 מִפְּאַת קָדִימָה עַד־פְּאַת־יָמָּה בִּנְיָמִן אֶחָד׃ וְעַל ׀ גְּבוּל
כה בִּנְיָמִן מִפְּאַת קָדִימָה עַד־פְּאַת־יָמָּה שִׁמְעוֹן אֶחָד׃ וְעַל ׀
גְּבוּל שִׁמְעוֹן מִפְּאַת קָדִימָה עַד־פְּאַת־יָמָּה יִשָּׂשכָר אֶחָד׃
26 וְעַל ׀ גְּבוּל יִשָּׂשכָר מִפְּאַת קָדִימָה עַד־פְּאַת־יָמָּה זְבוּלֻן
27 אֶחָד׃ וְעַל ׀ גְּבוּל זְבוּלֻן מִפְּאַת קָדִמָה עַד־פְּאַת־יָמָּה גָּד
28 אֶחָד׃ וְעַל גְּבוּל גָּד אֶל־פְּאַת נֶגֶב תֵּימָנָה וְהָיָה גְבוּל מִתָּמָר
29 מֵי מְרִיבַת קָדֵשׁ נַחֲלָה עַל־הַיָּם הַגָּדוֹל׃ זֹאת הָאָרֶץ אֲשֶׁר־
תַּפִּילוּ מִנַּחֲלָה לְשִׁבְטֵי יִשְׂרָאֵל וְאֵלֶּה מַחְלְקוֹתָם נְאֻם אֲדֹנָי
ל יְהוִה׃ וְאֵלֶּה תּוֹצְאֹת הָעִיר מִפְּאַת צָפוֹן חֲמֵשׁ מֵאוֹת
31 וְאַרְבַּעַת אֲלָפִים מִדָּה׃ וְשַׁעֲרֵי הָעִיר עַל־שְׁמוֹת שִׁבְטֵי
יִשְׂרָאֵל שְׁעָרִים שְׁלוֹשָׁה צָפוֹנָה שַׁעַר רְאוּבֵן אֶחָד שַׁעַר
32 יְהוּדָה אֶחָד שַׁעַר לֵוִי אֶחָד׃ וְאֶל־פְּאַת קָדִימָה חֲמֵשׁ מֵאוֹת
וְאַרְבַּעַת אֲלָפִים וּשְׁעָרִים שְׁלֹשָׁה וְשַׁעַר יוֹסֵף אֶחָד שַׁעַר
33 בִּנְיָמִן אֶחָד שַׁעַר דָּן אֶחָד׃ וּפְאַת־נֶגְבָּה חֲמֵשׁ מֵאוֹת וְאַרְבַּעַת

אלפים

v. 18. תבואתו ק׳ v. 21. בתוכו ק׳

אֲלָפִים֮ מִדָּ֒ה וּשְׁעָרִ֣ים שְׁלֹשָׁ֑ה שַׁ֣עַר שִׁמְע֞וֹן אֶחָ֗ד שַׁ֤עַר יִשָּׂשכָר֙
אֶחָ֔ד שַׁ֥עַר זְבוּלֻ֖ן אֶחָֽד׃ פְּאַת־יָ֗מָּה חֲמֵ֤שׁ מֵאוֹת֙ וְאַרְבַּ֣עַת 34
אֲלָפִ֔ים שַֽׁעֲרֵיהֶ֖ם שְׁלֹשָׁ֑ה שַׁ֣עַר גָּ֞ד אֶחָ֗ד שַׁ֤עַר אָשֵׁר֙ אֶחָ֔ד
שַׁ֥עַר נַפְתָּלִ֖י אֶחָֽד׃ סָבִ֕יב שְׁמֹנָ֥ה עָשָׂ֖ר אָ֑לֶף וְשֵׁם־הָעִ֥יר מִיּ֖וֹם לה
יְהוָ֥ה ׀ שָֽׁמָּה׃

חזק

סכום הפסוקים של יחזקאל אלף ומאתים ושבעים ושלשה. כאיל תערג על אפיקי מים כן נפשי תערג אליך אלהים סימן. וחציו. ויהי בעשתי עשרה שנה באחד לחדש. וסדריו תשעה ועשרים ותרא אתו כי טוב הוא סימן:

הושע

LIBER HOSEAE

CAPUT I. א

א דְּבַר־יְהוָה ׀ אֲשֶׁר הָיָה אֶל־הוֹשֵׁעַ בֶּן־בְּאֵרִי בִּימֵי עֻזִּיָּה
יוֹתָם אָחָז יְחִזְקִיָּה מַלְכֵי יְהוּדָה וּבִימֵי יָרָבְעָם בֶּן־יוֹאָשׁ מֶלֶךְ
2 יִשְׂרָאֵל׃ תְּחִלַּת דִּבֶּר־יְהוָה בְּהוֹשֵׁעַ ° וַיֹּאמֶר יְהוָה אֶל־
הוֹשֵׁעַ לֵךְ קַח־לְךָ אֵשֶׁת זְנוּנִים וְיַלְדֵי זְנוּנִים כִּי־זָנֹה תִזְנֶה
3 הָאָרֶץ מֵאַחֲרֵי יְהוָה׃ וַיֵּלֶךְ וַיִּקַּח אֶת־גֹּמֶר בַּת־דִּבְלָיִם
4 וַתַּהַר וַתֵּלֶד־לוֹ בֵּן׃ וַיֹּאמֶר יְהוָה אֵלָיו קְרָא שְׁמוֹ יִזְרְעֶאל
כִּי־עוֹד מְעַט וּפָקַדְתִּי אֶת־דְּמֵי יִזְרְעֶאל עַל־בֵּית יֵהוּא
ה וְהִשְׁבַּתִּי מַמְלְכוּת בֵּית יִשְׂרָאֵל׃ וְהָיָה בַּיּוֹם הַהוּא וְשָׁבַרְתִּי
6 אֶת־קֶשֶׁת יִשְׂרָאֵל בְּעֵמֶק יִזְרְעֶאל׃ וַתַּהַר עוֹד וַתֵּלֶד בַּת
וַיֹּאמֶר לוֹ קְרָא שְׁמָהּ לֹא רֻחָמָה כִּי לֹא אוֹסִיף עוֹד אֲרַחֵם
7 אֶת־בֵּית יִשְׂרָאֵל כִּי־נָשֹׂא אֶשָּׂא לָהֶם׃ וְאֶת־בֵּית יְהוּדָה
אֲרַחֵם וְהוֹשַׁעְתִּים בַּיהוָה אֱלֹהֵיהֶם וְלֹא אוֹשִׁיעֵם בְּקֶשֶׁת
8 וּבְחֶרֶב וּבְמִלְחָמָה בְּסוּסִים וּבְפָרָשִׁים׃ וַתִּגְמֹל אֶת־לֹא
9 רֻחָמָה וַתַּהַר וַתֵּלֶד בֵּן׃ וַיֹּאמֶר קְרָא שְׁמוֹ לֹא עַמִּי כִּי אַתֶּם
לֹא עַמִּי וְאָנֹכִי לֹא־אֶהְיֶה לָכֶם׃

CAP. II. ב

א °וְהָיָה מִסְפַּר בְּנֵי־יִשְׂרָאֵל כְּחוֹל הַיָּם אֲשֶׁר לֹא־יִמַּד וְלֹא
יִסָּפֵר וְהָיָה בִּמְקוֹם אֲשֶׁר־יֵאָמֵר לָהֶם לֹא־עַמִּי אַתֶּם יֵאָמֵר
2 לָהֶם בְּנֵי אֵל־חָי׃ וְנִקְבְּצוּ בְּנֵי־יְהוּדָה וּבְנֵי־יִשְׂרָאֵל יַחְדָּו
וְשָׂמוּ לָהֶם רֹאשׁ אֶחָד וְעָלוּ מִן־הָאָרֶץ כִּי גָדוֹל יוֹם יִזְרְעֶאל׃
3 4 אִמְרוּ לַאֲחֵיכֶם עַמִּי וְלַאֲחוֹתֵיכֶם רֻחָמָה׃ רִיבוּ בְאִמְּכֶם
רִיבוּ כִּי־הִיא לֹא אִשְׁתִּי וְאָנֹכִי לֹא אִישָׁהּ וְתָסֵר זְנוּנֶיהָ מִפָּנֶיהָ
ה וְנַאֲפוּפֶיהָ מִבֵּין שָׁדֶיהָ׃ פֶּן־אַפְשִׁיטֶנָּה עֲרֻמָּה וְהִצַּגְתִּיהָ כְּיוֹם

הולדה

א׳ v. 2. פסקא באמצע פסוק ב׳ v. 1. הפטרת במדבר סיני

הוּלְדָהּ וְשַׂמְתִּיהָ כַמִּדְבָּר וְשַׁתִּהָ כְּאֶרֶץ צִיָּה וַהֲמִתִּיהָ בַּצָּמָא׃
6 7 וְאֶת־בָּנֶיהָ לֹא אֲרַחֵם כִּֽי־בְנֵי זְנוּנִים הֵמָּה׃ כִּי זָנְתָה אִמָּם
הֹבִישָׁה הוֹרָתָם כִּי אָמְרָה אֵלְכָה אַחֲרֵי מְאַהֲבַי נֹתְנֵי לַחְמִי
8 וּמֵימַי צַמְרִי וּפִשְׁתִּי שַׁמְנִי וְשִׁקּוּיָי׃ לָכֵן הִנְנִי־שָׂךְ אֶת־דַּרְכֵּךְ
9 בַּסִּירִים וְגָדַרְתִּי אֶת־גְּדֵרָהּ וּנְתִיבוֹתֶיהָ לֹא תִמְצָא׃ וְרִדְּפָה
אֶת־מְאַהֲבֶיהָ וְלֹֽא־תַשִּׂיג אֹתָם וּבִקְשָׁתַם וְלֹא תִמְצָא וְאָמְרָה
אֵלְכָה וְאָשׁוּבָה אֶל־אִישִׁי הָרִאשׁוֹן כִּי טוֹב לִי אָז מֵעָתָּה׃
י וְהִיא לֹא יָֽדְעָה כִּי אָנֹכִי נָתַתִּי לָהּ הַדָּגָן וְהַתִּירוֹשׁ וְהַיִּצְהָר
11 וְכֶסֶף הִרְבֵּיתִי לָהּ וְזָהָב עָשׂוּ לַבָּעַל׃ לָכֵן אָשׁוּב וְלָקַחְתִּי
דְגָנִי בְּעִתּוֹ וְתִירוֹשִׁי בְּמוֹעֲדוֹ וְהִצַּלְתִּי צַמְרִי וּפִשְׁתִּי לְכַסּוֹת
12 אֶת־עֶרְוָתָהּ׃ וְעַתָּה אֲגַלֶּה אֶת־נַבְלֻתָהּ לְעֵינֵי מְאַהֲבֶיהָ
13 וְאִישׁ לֹא־יַצִּילֶנָּה מִיָּדִי׃ וְהִשְׁבַּתִּי כָּל־מְשׂוֹשָׂהּ חַגָּהּ חָדְשָׁהּ
14 וְשַׁבַּתָּהּ וְכֹל מוֹעֲדָהּ׃ וַהֲשִׁמֹּתִי גַּפְנָהּ וּתְאֵנָתָהּ אֲשֶׁר אָמְרָה
אֶתְנָה הֵמָּה לִי אֲשֶׁר נָתְנוּ־לִי מְאַהֲבָי וְשַׂמְתִּים לְיַעַר וַאֲכָלָתַם
טו חַיַּת הַשָּׂדֶה׃ וּפָקַדְתִּי עָלֶיהָ אֶת־יְמֵי הַבְּעָלִים אֲשֶׁר תַּקְטִיר
לָהֶם וַתַּעַד נִזְמָהּ וְחֶלְיָתָהּ וַתֵּלֶךְ אַחֲרֵי מְאַהֲבֶיהָ וְאֹתִי שָׁכְחָה
16 נְאֻם־יְהוָה׃ לָכֵן הִנֵּה אָנֹכִי מְפַתֶּיהָ וְהֹלַכְתִּיהָ הַמִּדְבָּר
17 וְדִבַּרְתִּי עַל־לִבָּהּ׃ וְנָתַתִּי לָהּ אֶת־כְּרָמֶיהָ מִשָּׁם וְאֶת־עֵמֶק
עָכוֹר לְפֶתַח תִּקְוָה וְעָנְתָה שָׁמָּה כִּימֵי נְעוּרֶיהָ וּכְיוֹם עֲלוֹתָהּ
18 מֵאֶרֶץ־מִצְרָיִם׃ וְהָיָה בַיּוֹם־הַהוּא נְאֻם־יְהוָה תִּקְרְאִי
19 אִישִׁי וְלֹא־תִקְרְאִי־לִי עוֹד בַּעְלִי׃ וַהֲסִרֹתִי אֶת־שְׁמוֹת
כ הַבְּעָלִים מִפִּיהָ וְלֹא־יִזָּכְרוּ עוֹד בִּשְׁמָם׃ וְכָרַתִּי לָהֶם בְּרִית
בַּיּוֹם הַהוּא עִם־חַיַּת הַשָּׂדֶה וְעִם־עוֹף הַשָּׁמַיִם וְרֶמֶשׂ הָאֲדָמָה
וְקֶשֶׁת וְחֶרֶב וּמִלְחָמָה אֶשְׁבּוֹר מִן־הָאָרֶץ וְהִשְׁכַּבְתִּים לָבֶטַח׃
21 וְאֵרַשְׂתִּיךְ לִי לְעוֹלָם וְאֵרַשְׂתִּיךְ לִי בְּצֶדֶק וּבְמִשְׁפָּט וּבְחֶסֶד
22 23 וּבְרַחֲמִים׃ וְאֵרַשְׂתִּיךְ לִי בֶּאֱמוּנָה וְיָדַעַתְּ אֶת־יְהוָה׃ וְהָיָה ׀
בַּיּוֹם הַהוּא אֶעֱנֶה נְאֻם־יְהוָה אֶעֱנֶה אֶת־הַשָּׁמָיִם וְהֵם יַעֲנוּ
24 אֶת־הָאָרֶץ׃ וְהָאָרֶץ תַּעֲנֶה אֶת־הַדָּגָן וְאֶת־הַתִּירוֹשׁ וְאֶת־

כה הַיִּצְהָר וְהֵם יַעֲנוּ אֶת־יִזְרְעֶאל׃ וּזְרַעְתִּיהָ לִּי בָּאָרֶץ וְרִחַמְתִּי
אֶת־לֹא רֻחָמָה וְאָמַרְתִּי לְלֹא־עַמִּי עַמִּי־אַתָּה וְהוּא יֹאמַר
אֱלֹהָי׃

ג CAP. III. ג

א וַיֹּאמֶר יְהוָה אֵלַי עוֹד לֵךְ אֱהַב־אִשָּׁה אֲהֻבַת רֵעַ וּמְנָאָפֶת
כְּאַהֲבַת יְהוָה אֶת־בְּנֵי יִשְׂרָאֵל וְהֵם פֹּנִים אֶל־אֱלֹהִים
2 אֲחֵרִים וְאֹהֲבֵי אֲשִׁישֵׁי עֲנָבִים׃ וָאֶכְּרֶהָ לִּי בַּחֲמִשָּׁה עָשָׂר
3 כָּסֶף וְחֹמֶר שְׂעֹרִים וְלֵתֶךְ שְׂעֹרִים׃ וָאֹמַר אֵלֶיהָ יָמִים רַבִּים
4 תֵּשְׁבִי לִי לֹא תִזְנִי וְלֹא תִהְיִי לְאִישׁ וְגַם־אֲנִי אֵלָיִךְ׃ כִּי ׀
יָמִים רַבִּים יֵשְׁבוּ בְּנֵי יִשְׂרָאֵל אֵין מֶלֶךְ וְאֵין שָׂר וְאֵין זֶבַח
ה וְאֵין מַצֵּבָה וְאֵין אֵפוֹד וּתְרָפִים׃ אַחַר יָשֻׁבוּ בְּנֵי יִשְׂרָאֵל
וּבִקְשׁוּ אֶת־יְהוָה אֱלֹהֵיהֶם וְאֵת דָּוִד מַלְכָּם וּפָחֲדוּ אֶל־
יְהוָה וְאֶל־טוּבוֹ בְּאַחֲרִית הַיָּמִים׃

ד CAP. IV. ד

א שִׁמְעוּ דְבַר־יְהוָה בְּנֵי יִשְׂרָאֵל כִּי רִיב לַיהוָה עִם־יוֹשְׁבֵי
הָאָרֶץ כִּי אֵין־אֱמֶת וְאֵין־חֶסֶד וְאֵין־דַּעַת אֱלֹהִים בָּאָרֶץ׃
2 אָלֹה וְכַחֵשׁ וְרָצֹחַ וְגָנֹב וְנָאֹף פָּרָצוּ וְדָמִים בְּדָמִים נָגָעוּ׃
3 עַל־כֵּן ׀ תֶּאֱבַל הָאָרֶץ וְאֻמְלַל כָּל־יוֹשֵׁב בָּהּ בְּחַיַּת הַשָּׂדֶה
4 וּבְעוֹף הַשָּׁמָיִם וְגַם־דְּגֵי הַיָּם יֵאָסֵפוּ׃ אַךְ אִישׁ אַל־יָרֵב
ה וְאַל־יוֹכַח אִישׁ וְעַמְּךָ כִּמְרִיבֵי כֹהֵן׃ וְכָשַׁלְתָּ הַיּוֹם וְכָשַׁל
6 גַּם־נָבִיא עִמְּךָ לָיְלָה וְדָמִיתִי אִמֶּךָ׃ נִדְמוּ עַמִּי מִבְּלִי הַדָּעַת
כִּי־אַתָּה הַדַּעַת מָאַסְתָּ וְאֶמְאָסְאךָ מִכַּהֵן לִי וַתִּשְׁכַּח תּוֹרַת
7 אֱלֹהֶיךָ אֶשְׁכַּח בָּנֶיךָ גַּם־אָנִי׃ כְּרֻבָּם כֵּן חָטְאוּ־לִי כְּבוֹדָם
8 בְּקָלוֹן אָמִיר׃ חַטַּאת עַמִּי יֹאכֵלוּ וְאֶל־עֲוֹנָם יִשְׂאוּ נַפְשׁוֹ׃
9 וְהָיָה כָעָם כַּכֹּהֵן וּפָקַדְתִּי עָלָיו דְּרָכָיו וּמַעֲלָלָיו אָשִׁיב לוֹ׃
י וְאָכְלוּ וְלֹא יִשְׂבָּעוּ הִזְנוּ וְלֹא יִפְרֹצוּ כִּי־אֶת־יְהוָה עָזְבוּ

לשמר

ד׳ v. 6. יתיר א׳

11 12 לִשְׁמֹר׃ זְנוּת וְיַיִן וְתִירוֹשׁ יִקַּח־לֵב׃ עַמִּי בְּעֵצוֹ יִשְׁאָל וּמַקְלוֹ
13 יַגִּיד לוֹ כִּי רוּחַ זְנוּנִים הִתְעָה וַיִּזְנוּ מִתַּחַת אֱלֹהֵיהֶם׃ עַל־
רָאשֵׁי הֶהָרִים יְזַבֵּחוּ וְעַל־הַגְּבָעוֹת יְקַטֵּרוּ תַּחַת אַלּוֹן וְלִבְנֶה
וְאֵלָה כִּי טוֹב צִלָּהּ עַל־כֵּן תִּזְנֶינָה בְּנוֹתֵיכֶם וְכַלּוֹתֵיכֶם
14 תְּנָאַפְנָה׃ לֹא־אֶפְקוֹד עַל־בְּנוֹתֵיכֶם כִּי תִזְנֶינָה וְעַל־
כַּלּוֹתֵיכֶם כִּי תְנָאַפְנָה כִּי־הֵם עִם־הַזֹּנוֹת יְפָרֵדוּ וְעִם־
טו הַקְּדֵשׁוֹת יְזַבֵּחוּ וְעָם לֹא־יָבִין יִלָּבֵט׃ אִם־זֹנֶה אַתָּה יִשְׂרָאֵל
אַל־יֶאְשַׁם יְהוּדָה וְאַל־תָּבֹאוּ הַגִּלְגָּל וְאַל־תַּעֲלוּ בֵּית אָוֶן
16 וְאַל־תִּשָּׁבְעוּ חַי־יְהוָה׃ כִּי כְּפָרָה סֹרֵרָה סָרַר יִשְׂרָאֵל
17 עַתָּה יִרְעֵם יְהוָה כְּכֶבֶשׂ בַּמֶּרְחָב׃ חֲבוּר עֲצַבִּים אֶפְרָיִם
18 הַנַּח־לוֹ׃ סָר סָבְאָם הַזְנֵה הִזְנוּ אָהֲבוּ הֵבוּ קָלוֹן מָגִנֶּיהָ׃
19 צָרַר רוּחַ אוֹתָהּ בִּכְנָפֶיהָ וְיֵבֹשׁוּ מִזִּבְחוֹתָם׃

ה

CAP. V. ה

א שִׁמְעוּ־זֹאת הַכֹּהֲנִים וְהַקְשִׁיבוּ ׀ בֵּית יִשְׂרָאֵל וּבֵית הַמֶּלֶךְ
הַאֲזִינוּ כִּי לָכֶם הַמִּשְׁפָּט כִּי־פַח הֱיִיתֶם לְמִצְפָּה וְרֶשֶׁת
2 פְּרוּשָׂה עַל־תָּבוֹר׃ וְשַׁחֲטָה שֵׂטִים הֶעְמִיקוּ וַאֲנִי מוּסָר
3 לְכֻלָּם׃ אֲנִי יָדַעְתִּי אֶפְרַיִם וְיִשְׂרָאֵל לֹא־נִכְחַד מִמֶּנִּי כִּי
4 עַתָּה הִזְנֵיתָ אֶפְרַיִם נִטְמָא יִשְׂרָאֵל׃ לֹא יִתְּנוּ מַעַלְלֵיהֶם
לָשׁוּב אֶל־אֱלֹהֵיהֶם כִּי רוּחַ זְנוּנִים בְּקִרְבָּם וְאֶת־יְהוָה לֹא
ה יָדָעוּ׃ וְעָנָה גְאוֹן־יִשְׂרָאֵל בְּפָנָיו וְיִשְׂרָאֵל וְאֶפְרַיִם יִכָּשְׁלוּ
6 בַּעֲוֺנָם כָּשַׁל גַּם־יְהוּדָה עִמָּם׃ בְּצֹאנָם וּבִבְקָרָם יֵלְכוּ לְבַקֵּשׁ
7 אֶת־יְהוָה וְלֹא יִמְצָאוּ חָלַץ מֵהֶם׃ בַּיהוָה בָּגָדוּ כִּי־בָנִים
זָרִים יָלָדוּ עַתָּה יֹאכְלֵם חֹדֶשׁ אֶת־חֶלְקֵיהֶם׃
8 תִּקְעוּ שׁוֹפָר בַּגִּבְעָה חֲצֹצְרָה בָּרָמָה הָרִיעוּ בֵּית אָוֶן אַחֲרֶיךָ
9 בִּנְיָמִין׃ אֶפְרַיִם לְשַׁמָּה תִהְיֶה בְּיוֹם תּוֹכֵחָה בְּשִׁבְטֵי יִשְׂרָאֵל
י הוֹדַעְתִּי נֶאֱמָנָה׃ הָיוּ שָׂרֵי יְהוּדָה כְּמַסִּיגֵי גְּבוּל עֲלֵיהֶם
11 אֶשְׁפּוֹךְ כַּמַּיִם עֶבְרָתִי׃ עָשׁוּק אֶפְרַיִם רְצוּץ מִשְׁפָּט כִּי
12 הוֹאִיל הָלַךְ אַחֲרֵי־צָו׃ וַאֲנִי כָעָשׁ לְאֶפְרָיִם וְכָרָקָב לְבֵית

יהודה

13 יְהוּדָ֑ה׃ וַיַּ֨רְא אֶפְרַ֜יִם אֶת־חָלְי֗וֹ וִיהוּדָה֙ אֶת־מְזֹר֔וֹ וַיֵּ֤לֶךְ
אֶפְרַ֙יִם֙ אֶל־אַשּׁ֔וּר וַיִּשְׁלַ֖ח אֶל־מֶ֣לֶךְ יָרֵ֑ב וְה֗וּא לֹ֤א יוּכַל֙
14 לִרְפֹּ֣א לָכֶ֔ם וְלֹֽא־יִגְהֶ֥ה מִכֶּ֖ם מָזֽוֹר׃ כִּ֣י אָנֹכִ֤י כַשַּׁ֙חַל֙ לְאֶפְרַ֔יִם
וְכַכְּפִ֖יר לְבֵ֣ית יְהוּדָ֑ה אֲנִ֨י אֲנִ֤י אֶטְרֹף֙ וְאֵלֵ֔ךְ אֶשָּׂ֖א וְאֵ֥ין מַצִּֽיל׃
טו אֵלֵ֤ךְ אָשׁ֙וּבָה֙ אֶל־מְקוֹמִ֔י עַ֥ד אֲשֶֽׁר־יֶאְשְׁמ֖וּ וּבִקְשׁ֣וּ פָנָ֑י בַּצַּ֥ר
לָהֶ֖ם יְשַׁחֲרֻֽנְנִי׃ °

ו CAP. VI. ו

א לְכוּ֙ וְנָשׁ֣וּבָה אֶל־יְהוָ֔ה כִּ֛י ה֥וּא טָרָ֖ף וְיִרְפָּאֵ֑נוּ יַ֖ךְ וְיַחְבְּשֵֽׁנוּ׃
2 3 יְחַיֵּ֖נוּ מִיֹּמָ֑יִם בַּיּוֹם֙ הַשְּׁלִישִׁ֔י יְקִמֵ֖נוּ וְנִחְיֶ֥ה לְפָנָֽיו׃ וְנֵדְעָ֣ה
נִרְדְּפָ֗ה לָדַ֙עַת֙ אֶת־יְהוָ֔ה כְּשַׁ֖חַר נָכ֣וֹן מֹֽצָא֑וֹ וְיָב֤וֹא כַגֶּ֙שֶׁם֙ לָ֔נוּ
4 כְּמַלְק֖וֹשׁ י֥וֹרֶה אָֽרֶץ׃ מָ֤ה אֶֽעֱשֶׂה־לְּךָ֙ אֶפְרַ֔יִם מָ֥ה אֶעֱשֶׂה־
ה לְּךָ֖ יְהוּדָ֑ה וְחַסְדְּכֶם֙ כַּעֲנַן־בֹּ֔קֶר וְכַטַּ֖ל מַשְׁכִּ֥ים הֹלֵֽךְ׃ עַל־
כֵּ֗ן חָצַ֙בְתִּי֙ בַּנְּבִיאִ֔ים הֲרַגְתִּ֖ים בְּאִמְרֵי־פִ֑י וּמִשְׁפָּטֶ֖יךָ א֥וֹר
6 יֵצֵֽא׃ כִּ֛י חֶ֥סֶד חָפַ֖צְתִּי וְלֹא־זָ֑בַח וְדַ֥עַת אֱלֹהִ֖ים מֵעֹלֽוֹת׃
7 8 וְהֵ֕מָּה כְּאָדָ֖ם עָבְר֣וּ בְרִ֑ית שָׁ֖ם בָּ֥גְדוּ בִֽי׃ גִּלְעָ֕ד קִרְיַ֖ת פֹּ֣עֲלֵי
9 אָ֑וֶן עֲקֻבָּ֖ה מִדָּֽם׃ וּכְחַכֵּ֨י אִ֜ישׁ גְּדוּדִ֗ים חֶ֚בֶר כֹּֽהֲנִ֔ים דֶּ֖רֶךְ
י יְרַצְּחוּ־שֶׁ֑כְמָה כִּ֥י זִמָּ֖ה עָשֽׂוּ׃ בְּבֵית֙ יִשְׂרָאֵ֔ל רָאִ֖יתִי שַׁעֲרִֽירִיָּ֑ה
11 שָׁ֤ם זְנוּת֙ לְאֶפְרַ֔יִם נִטְמָ֖א יִשְׂרָאֵֽל׃ גַּם־יְהוּדָ֕ה שָׁ֥ת קָצִ֖יר לָ֑ךְ
בְּשׁוּבִ֖י שְׁב֥וּת עַמִּֽי׃

ז CAP. VII. ז

א כְּרָפְאִ֣י לְיִשְׂרָאֵ֗ל וְנִגְלָ֞ה עֲוֹ֤ן אֶפְרַ֙יִם֙ וְרָע֣וֹת שֹׁמְר֔וֹן כִּ֥י
2 פָעֲל֖וּ שָׁ֑קֶר וְגַנָּ֣ב יָב֔וֹא פָּשַׁ֥ט גְּד֖וּד בַּחֽוּץ׃ וּבַל־יֹאמְרוּ֙
לִלְבָבָ֔ם כָּל־רָעָתָ֖ם זָכָ֑רְתִּי עַתָּה֙ סְבָב֣וּם מַֽעַלְלֵיהֶ֔ם נֶ֥גֶד
3 4 פָּנַ֖י הָיֽוּ׃ בְּרָעָתָ֖ם יְשַׂמְּחוּ־מֶ֑לֶךְ וּבְכַחֲשֵׁיהֶ֖ם שָׂרִֽים׃ כֻּלָּם֙
מְנָ֣אֲפִ֔ים כְּמ֣וֹ תַנּ֔וּר בֹּעֵ֖רָה מֵאֹפֶ֑ה יִשְׁבּ֣וֹת מֵעִ֔יר מִלּ֥וּשׁ בָּצֵ֖ק
ה עַד־חֻמְצָתֽוֹ׃ י֣וֹם מַלְכֵּ֔נוּ הֶחֱל֥וּ שָׂרִ֖ים חֲמַ֣ת מִיָּ֑יִן מָשַׁ֥ךְ יָד֖וֹ

את־לצצים

ה' v. 15. אין כאן פסקא   ו' v. 10. שערוריה ק'

6 אֶת־לֹצְצִים׃ כִּֽי־קֵרְב֥וּ כַתַּנּ֛וּר לִבָּ֖ם בְּאָרְבָּ֑ם כָּל־הַלַּ֙יְלָה֙
7 יָשֵׁ֣ן אֹֽפֵהֶ֔ם בֹּ֕קֶר ה֥וּא בֹעֵ֖ר כְּאֵ֥שׁ לֶהָבָֽה׃ כֻּלָּ֤ם יֵחַ֙מּוּ֙ כַּתַּנּ֔וּר
וְאָכְל֖וּ אֶת־שֹׁ֣פְטֵיהֶ֑ם כָּל־מַלְכֵיהֶ֣ם נָפָ֔לוּ אֵין־קֹרֵ֥א בָהֶ֖ם
8 אֵלָֽי׃ אֶפְרַ֕יִם בָּעַמִּ֖ים ה֣וּא יִתְבּוֹלָ֑ל אֶפְרַ֛יִם הָיָ֥ה עֻגָ֖ה בְּלִ֥י
9 הֲפוּכָֽה׃ אָכְל֤וּ זָרִים֙ כֹּח֔וֹ וְה֖וּא לֹ֣א יָדָ֑ע גַּם־שֵׂיבָה֙ זָ֣רְקָה
י בּ֔וֹ וְה֖וּא לֹ֥א יָדָֽע׃ וְעָנָ֥ה גְאֽוֹן־יִשְׂרָאֵ֖ל בְּפָנָ֑יו וְלֹֽא־שָׁ֙בוּ֙ אֶל־
11 יְהוָ֣ה אֱלֹהֵיהֶ֔ם וְלֹ֥א בִקְשֻׁ֖הוּ בְּכָל־זֹֽאת׃ וַֽיְהִ֣י אֶפְרַ֔יִם כְּיוֹנָ֥ה
12 פוֹתָ֖ה אֵ֣ין לֵ֑ב מִצְרַ֥יִם קָרָ֖אוּ אַשּׁ֥וּר הָלָֽכוּ׃ כַּאֲשֶׁ֣ר יֵלֵ֗כוּ
אֶפְר֤וֹשׂ עֲלֵיהֶם֙ רִשְׁתִּ֔י כְּע֥וֹף הַשָּׁמַ֖יִם אוֹרִידֵ֑ם אַיְסִרֵ֕ם כְּשֵׁ֖מַע
13 לַעֲדָתָֽם׃ א֤וֹי לָהֶם֙ כִּֽי־נָדְד֣וּ מִמֶּ֔נִּי שֹׁ֥ד לָהֶ֖ם כִּֽי־פָ֣שְׁעוּ
14 בִ֑י וְאָנֹכִ֣י אֶפְדֵּ֔ם וְהֵ֔מָּה דִּבְּר֥וּ עָלַ֖י כְּזָבִֽים׃ וְלֹֽא־זָעֲק֤וּ אֵלַי֙
בְּלִבָּ֔ם כִּ֥י יְיֵלִ֖ילוּ עַל־מִשְׁכְּבוֹתָ֑ם עַל־דָּגָ֧ן וְתִיר֛וֹשׁ יִתְגּוֹרָ֖רוּ
טו יָס֥וּרוּ בִֽי׃ וַאֲנִ֣י יִסַּ֔רְתִּי חִזַּ֖קְתִּי זְרוֹעֹתָ֑ם וְאֵלַ֖י יְחַשְּׁבוּ־רָֽע׃
16 יָשׁ֣וּבוּ ׀ לֹ֣א עָ֗ל הָיוּ֙ כְּקֶ֣שֶׁת רְמִיָּ֔ה יִפְּל֥וּ בַחֶ֛רֶב שָׂרֵיהֶ֖ם מִזַּ֣עַם
לְשׁוֹנָ֑ם ז֥וֹ לַעְגָּ֖ם בְּאֶ֥רֶץ מִצְרָֽיִם׃ °

ח Cap. VIII. ח

א אֶל־חִכְּךָ֣ שֹׁפָ֔ר כַּנֶּ֖שֶׁר עַל־בֵּ֣ית יְהוָ֑ה יַ֚עַן עָבְר֣וּ בְרִיתִ֔י
2 3 וְעַל־תּוֹרָתִ֖י פָּשָֽׁעוּ׃ לִ֖י יִזְעָ֑קוּ אֱלֹהַ֥י יְדַעֲנ֖וּךָ יִשְׂרָאֵֽל׃ זָנַ֥ח
4 יִשְׂרָאֵ֖ל ט֑וֹב אוֹיֵ֖ב יִרְדְּפֽוֹ׃ הֵ֤ם הִמְלִ֙יכוּ֙ וְלֹ֣א מִמֶּ֔נִּי הֵשִׂ֖ירוּ
וְלֹ֣א יָדָ֑עְתִּי כַּסְפָּ֣ם וּזְהָבָ֗ם עָשׂ֤וּ לָהֶם֙ עֲצַבִּ֔ים לְמַ֖עַן יִכָּרֵֽת׃
ה זָנַח֙ עֶגְלֵ֣ךְ שֹֽׁמְר֔וֹן חָרָ֥ה אַפִּ֖י בָּ֑ם עַד־מָתַ֕י לֹ֥א יוּכְל֖וּ נִקָּיֹֽן׃
6 כִּ֣י מִיִּשְׂרָאֵל֙ וְה֔וּא חָרָ֣שׁ עָשָׂ֔הוּ וְלֹ֥א אֱלֹהִ֖ים ה֑וּא כִּֽי־שְׁבָבִ֣ים
7 יִהְיֶ֔ה עֵ֖גֶל שֹׁמְרֽוֹן׃ כִּ֛י ר֥וּחַ יִזְרָ֖עוּ וְסוּפָ֣תָה יִקְצֹ֑רוּ קָמָ֣ה אֵֽין־
8 ל֗וֹ צֶ֚מַח בְּלִ֣י יַעֲשֶׂה־קֶּ֔מַח אוּלַ֣י יַעֲשֶׂ֔ה זָרִ֖ים יִבְלָעֻֽהוּ׃ נִבְלַ֖ע
9 יִשְׂרָאֵ֑ל עַתָּה֙ הָי֣וּ בַגּוֹיִ֔ם כִּכְלִ֖י אֵֽין־חֵ֥פֶץ בּֽוֹ׃ כִּי־הֵ֙מָּה֙ עָל֣וּ
י אַשּׁ֔וּר פֶּ֖רֶא בּוֹדֵ֣ד ל֑וֹ אֶפְרַ֖יִם הִתְנ֥וּ אֲהָבִֽים׃ גַּ֛ם כִּֽי־יִתְנ֥וּ
11 בַגּוֹיִ֖ם עַתָּ֣ה אֲקַבְּצֵ֑ם וַיָּחֵ֣לּוּ מְּעָ֔ט מִמַּשָּׂ֖א מֶ֥לֶךְ שָׂרִֽים׃ כִּֽי־

הרבה

ז v. 16. אין כאן פסקא

הִרְבָּה אֶפְרַיִם מִזְבְּחוֹת לַחֲטֹא הָיוּ־לוֹ מִזְבְּחוֹת לַחֲטֹא׃
12 13 אֶכְתָּוב־לוֹ רֻבּוֹ תּוֹרָתִי כְּמוֹ־זָר נֶחְשָׁבוּ׃ זִבְחֵי הַבְהָבַי
יִזְבְּחוּ בָשָׂר וַיֹּאכֵלוּ יְהוָה לֹא רָצָם עַתָּה יִזְכֹּר עֲוֹנָם וְיִפְקֹד
14 חַטֹּאתָם הֵמָּה מִצְרַיִם יָשׁוּבוּ׃ וַיִּשְׁכַּח יִשְׂרָאֵל אֶת־עֹשֵׂהוּ
וַיִּבֶן הֵיכָלוֹת וִיהוּדָה הִרְבָּה עָרִים בְּצֻרוֹת וְשִׁלַּחְתִּי־אֵשׁ
בְּעָרָיו וְאָכְלָה אַרְמְנֹתֶיהָ׃

CAP. IX. ט

ט

א אַל־תִּשְׂמַח יִשְׂרָאֵל | אֶל־גִּיל כָּעַמִּים כִּי זָנִיתָ מֵעַל אֱלֹהֶיךָ
2 אָהַבְתָּ אֶתְנָן עַל כָּל־גָּרְנוֹת דָּגָן׃ גֹּרֶן וָיֶקֶב לֹא יִרְעֵם וְתִירוֹשׁ
3 יְכַחֶשׁ בָּהּ׃ לֹא יֵשְׁבוּ בְּאֶרֶץ יְהוָה וְשָׁב אֶפְרַיִם מִצְרַיִם
4 וּבְאַשּׁוּר טָמֵא יֹאכֵלוּ׃ לֹא־יִסְּכוּ לַיהוָה | יַיִן וְלֹא יֶעֶרְבוּ־
לוֹ זִבְחֵיהֶם כְּלֶחֶם אוֹנִים לָהֶם כָּל־אֹכְלָיו יִטַּמָּאוּ כִּי־לַחְמָם
ה לְנַפְשָׁם לֹא יָבוֹא בֵּית יְהוָה׃ מַה־תַּעֲשׂוּ לְיוֹם מוֹעֵד וּלְיוֹם
6 חַג־יְהוָה׃ כִּי־הִנֵּה הָלְכוּ מִשֹּׁד מִצְרַיִם תְּקַבְּצֵם מֹף תְּקַבְּרֵם
7 מַחְמַד לְכַסְפָּם קִמּוֹשׂ יִירָשֵׁם חוֹחַ בְּאָהֳלֵיהֶם׃ בָּאוּ | יְמֵי
הַפְּקֻדָּה בָּאוּ יְמֵי הַשִּׁלֻּם יֵדְעוּ יִשְׂרָאֵל אֱוִיל הַנָּבִיא מְשֻׁגָּע
8 אִישׁ הָרוּחַ עַל רֹב עֲוֹנְךָ וְרַבָּה מַשְׂטֵמָה׃ צֹפֶה אֶפְרַיִם
עִם־אֱלֹהָי נָבִיא פַּח יָקוֹשׁ עַל־כָּל־דְּרָכָיו מַשְׂטֵמָה בְּבֵית
9 אֱלֹהָיו׃ הֶעְמִיקוּ שִׁחֵתוּ כִּימֵי הַגִּבְעָה יִזְכּוֹר עֲוֹנָם יִפְקוֹד
י חַטֹּאתָם׃ כַּעֲנָבִים בַּמִּדְבָּר מָצָאתִי יִשְׂרָאֵל כְּבִכּוּרָה
בִתְאֵנָה בְּרֵאשִׁיתָהּ רָאִיתִי אֲבוֹתֵיכֶם הֵמָּה בָּאוּ בַעַל־פְּעוֹר
11 וַיִּנָּזְרוּ לַבֹּשֶׁת וַיִּהְיוּ שִׁקּוּצִים כְּאָהֳבָם׃ אֶפְרַיִם כָּעוֹף יִתְעוֹפֵף
12 כְּבוֹדָם מִלֵּדָה וּמִבֶּטֶן וּמֵהֵרָיוֹן׃ כִּי אִם־יְגַדְּלוּ אֶת־בְּנֵיהֶם
13 וְשִׁכַּלְתִּים מֵאָדָם כִּי־גַם־אוֹי לָהֶם בְּשׂוּרִי מֵהֶם׃ אֶפְרַיִם
כַּאֲשֶׁר־רָאִיתִי לְצוֹר שְׁתוּלָה בְנָוֶה וְאֶפְרַיִם לְהוֹצִיא אֶל־
14 הֹרֵג בָּנָיו׃ תֵּן־לָהֶם יְהוָה מַה־תִּתֵּן תֵּן־לָהֶם רֶחֶם מַשְׁכִּיל
טו וְשָׁדַיִם צֹמְקִים׃ כָּל־רָעָתָם בַּגִּלְגָּל כִּי־שָׁם שְׂנֵאתִים עַל רֹעַ

מעלליהם

ח׳ v. 12. יתיר ר׳ ibid. רבי ק׳ ט׳ v. 2. סבירין בם

מַעַלְלֵיהֶם מִבֵּיתִי אֲגָרְשֵׁם לֹא אוֹסֵף אַהֲבָתָם כָּל־שָׂרֵיהֶם
16 סֹרְרִים׃ הֻכָּה אֶפְרַיִם שָׁרְשָׁם יָבֵשׁ פְּרִי בְלִי־יַעֲשׂוּן גַּם כִּי
17 יֵלֵדוּן וְהֵמַתִּי מַחֲמַדֵּי בִטְנָם׃ יִמְאָסֵם אֱלֹהַי כִּי לֹא שָׁמְעוּ
לוֹ וְיִהְיוּ נֹדְדִים בַּגּוֹיִם׃

Cap. X. י

א גֶּפֶן בּוֹקֵק יִשְׂרָאֵל פְּרִי יְשַׁוֶּה־לּוֹ כְּרֹב לְפִרְיוֹ הִרְבָּה
2 לַמִּזְבְּחוֹת כְּטוֹב לְאַרְצוֹ הֵיטִיבוּ מַצֵּבוֹת׃ חָלַק לִבָּם עַתָּה
3 יֶאְשָׁמוּ הוּא יַעֲרֹף מִזְבְּחוֹתָם יְשֹׁדֵד מַצֵּבוֹתָם׃ כִּי עַתָּה
יֹאמְרוּ אֵין מֶלֶךְ לָנוּ כִּי לֹא יָרֵאנוּ אֶת־יְהוָה וְהַמֶּלֶךְ מַה־
4 יַּעֲשֶׂה־לָּנוּ׃ דִּבְּרוּ דְבָרִים אָלוֹת שָׁוְא כָּרֹת בְּרִית וּפָרַח
ה כָּרֹאשׁ מִשְׁפָּט עַל תַּלְמֵי שָׂדָי׃ לְעֶגְלוֹת בֵּית אָוֶן יָגוּרוּ שְׁכַן
שֹׁמְרוֹן כִּי־אָבַל עָלָיו עַמּוֹ וּכְמָרָיו עָלָיו יָגִילוּ עַל־כְּבוֹדוֹ
6 כִּי־גָלָה מִמֶּנּוּ׃ גַּם־אוֹתוֹ לְאַשּׁוּר יוּבָל מִנְחָה לְמֶלֶךְ יָרֵב
7 בָּשְׁנָה אֶפְרַיִם יִקָּח וְיֵבוֹשׁ יִשְׂרָאֵל מֵעֲצָתוֹ׃ נִדְמֶה שֹׁמְרוֹן
8 מַלְכָּהּ כְּקֶצֶף עַל־פְּנֵי־מָיִם׃ וְנִשְׁמְדוּ בָּמוֹת אָוֶן חַטַּאת
יִשְׂרָאֵל קוֹץ וְדַרְדַּר יַעֲלֶה עַל־מִזְבְּחוֹתָם וְאָמְרוּ לֶהָרִים
9 כַּסּוּנוּ וְלַגְּבָעוֹת נִפְלוּ עָלֵינוּ׃ מִימֵי הַגִּבְעָה חָטָאתָ
יִשְׂרָאֵל שָׁם עָמָדוּ לֹא־תַשִּׂיגֵם בַּגִּבְעָה מִלְחָמָה עַל־בְּנֵי
י עַלְוָה׃ בְּאַוָּתִי וְאֶסֳּרֵם וְאֻסְּפוּ עֲלֵיהֶם עַמִּים בְּאָסְרָם לִשְׁתֵּי
11 עֹינֹתָם׃ וְאֶפְרַיִם עֶגְלָה מְלֻמָּדָה אֹהַבְתִּי לָדוּשׁ וַאֲנִי עָבַרְתִּי
עַל־טוּב צַוָּארָהּ אַרְכִּיב אֶפְרַיִם יַחֲרוֹשׁ יְהוּדָה יְשַׂדֶּד־לוֹ
12 יַעֲקֹב׃ זִרְעוּ לָכֶם לִצְדָקָה קִצְרוּ לְפִי־חֶסֶד נִירוּ לָכֶם
נִיר וְעֵת לִדְרוֹשׁ אֶת־יְהוָה עַד־יָבוֹא וְיֹרֶה צֶדֶק לָכֶם׃
13 חֲרַשְׁתֶּם־רֶשַׁע עַוְלָתָה קְצַרְתֶּם אֲכַלְתֶּם פְּרִי־כָחַשׁ כִּי־
14 בָטַחְתָּ בְדַרְכְּךָ בְּרֹב גִּבּוֹרֶיךָ׃ וְקָאם שָׁאוֹן בְּעַמֶּךָ וְכָל־
מִבְצָרֶיךָ יוּשַּׁד כְּשֹׁד שַׁלְמַן בֵּית אַרְבֵאל בְּיוֹם מִלְחָמָה אֵם

ט׳ v. 16. בל ק׳   י׳ v. 10. עונתם ק׳

טו עַל־בָּנִים רֻטָּשָׁה׃ כָּכָה עָשָׂה לָכֶם בֵּית־אֵל מִפְּנֵי רָעַת
רָעַתְכֶם בַּשַּׁחַר נִדְמֹה נִדְמָה מֶלֶךְ יִשְׂרָאֵל׃ °

יא CAP. XI. יא

א 2 כִּי נַעַר יִשְׂרָאֵל וָאֹהֲבֵהוּ וּמִמִּצְרַיִם קָרָאתִי לִבְנִי׃ קָרְאוּ
לָהֶם כֵּן הָלְכוּ מִפְּנֵיהֶם לַבְּעָלִים יְזַבֵּחוּ וְלַפְּסִלִים יְקַטֵּרוּן׃
3 וְאָנֹכִי תִרְגַּלְתִּי לְאֶפְרַיִם קָחָם עַל־זְרוֹעֹתָיו וְלֹא יָדְעוּ כִּי
4 רְפָאתִים׃ בְּחַבְלֵי אָדָם אֶמְשְׁכֵם בַּעֲבֹתוֹת אַהֲבָה וָאֶהְיֶה
ה לָהֶם כִּמְרִימֵי עֹל עַל לְחֵיהֶם וְאַט אֵלָיו אוֹכִיל׃ לֹא יָשׁוּב
6 אֶל־אֶרֶץ מִצְרַיִם וְאַשּׁוּר הוּא מַלְכּוֹ כִּי מֵאֲנוּ לָשׁוּב׃ וְחָלָה
7 חֶרֶב בְּעָרָיו וְכִלְּתָה בַדָּיו וְאָכָלָה מִמֹּעֲצוֹתֵיהֶם׃ ° וְעַמִּי
8 תְלוּאִים לִמְשׁוּבָתִי וְאֶל־עַל יִקְרָאֻהוּ יַחַד לֹא יְרוֹמֵם׃ אֵיךְ
אֶתֶּנְךָ אֶפְרַיִם אֲמַגֶּנְךָ יִשְׂרָאֵל אֵיךְ אֶתֶּנְךָ כְאַדְמָה אֲשִׂימְךָ
9 כִּצְבֹאיִם נֶהְפַּךְ עָלַי לִבִּי יַחַד נִכְמְרוּ נִחוּמָי׃ לֹא אֶעֱשֶׂה
חֲרוֹן אַפִּי לֹא אָשׁוּב לְשַׁחֵת אֶפְרָיִם כִּי אֵל אָנֹכִי וְלֹא־
י אִישׁ בְּקִרְבְּךָ קָדוֹשׁ וְלֹא אָבוֹא בְּעִיר׃ אַחֲרֵי יְהוָה יֵלְכוּ
11 כְּאַרְיֵה יִשְׁאָג כִּי־הוּא יִשְׁאַג וְיֶחֶרְדוּ בָנִים מִיָּם׃ יֶחֶרְדוּ
כְצִפּוֹר מִמִּצְרַיִם וּכְיוֹנָה מֵאֶרֶץ אַשּׁוּר וְהוֹשַׁבְתִּים עַל־
בָּתֵּיהֶם נְאֻם־יְהוָה׃

יב CAP. XII. יב

א סְבָבֻנִי בְכַחַשׁ אֶפְרַיִם וּבְמִרְמָה בֵּית יִשְׂרָאֵל וִיהוּדָה עֹד
2 רָד עִם־אֵל וְעִם־קְדוֹשִׁים נֶאֱמָן׃ אֶפְרַיִם רֹעֶה רוּחַ וְרֹדֵף
קָדִים כָּל־הַיּוֹם כָּזָב וָשֹׁד יַרְבֶּה וּבְרִית עִם־אַשּׁוּר יִכְרֹתוּ
3 וְשֶׁמֶן לְמִצְרַיִם יוּבָל׃ וְרִיב לַיהוָה עִם־יְהוּדָה וְלִפְקֹד עַל־
4 יַעֲקֹב כִּדְרָכָיו כְּמַעֲלָלָיו יָשִׁיב לוֹ׃ בַּבֶּטֶן עָקַב אֶת־אָחִיו
ה וּבְאוֹנוֹ שָׂרָה אֶת־אֱלֹהִים׃ וַיָּשַׂר אֶל־מַלְאָךְ וַיֻּכָל בָּכָה
6 וַיִּתְחַנֶּן־לוֹ בֵּית־אֵל יִמְצָאֶנּוּ וְשָׁם יְדַבֵּר עִמָּנוּ׃ וַיהוָה אֱלֹהֵי

הצבאות

י׳ v. 15. אין כאן פסקא   י״א v. 7. הפטרת ויצא יעקב

7 הַצְּבָאוֹת יְהוָה זִכְרוֹ׃ וְאַתָּה בֵּאלֹהֶיךָ תָשׁוּב חֶסֶד וּמִשְׁפָּט
8 שְׁמֹר וְקַוֵּה אֶל־אֱלֹהֶיךָ תָּמִיד׃ כְּנַעַן בְּיָדוֹ מֹאזְנֵי מִרְמָה
9 לַעֲשֹׁק אָהֵב׃ וַיֹּאמֶר אֶפְרַיִם אַךְ עָשַׁרְתִּי מָצָאתִי אוֹן לִי
י כָּל־יְגִיעַי לֹא יִמְצְאוּ־לִי עָוֹן אֲשֶׁר־חֵטְא׃ וְאָנֹכִי יְהוָה
אֱלֹהֶיךָ מֵאֶרֶץ מִצְרָיִם עֹד אוֹשִׁיבְךָ בָאֳהָלִים כִּימֵי מוֹעֵד׃
11 וְדִבַּרְתִּי עַל־הַנְּבִיאִים וְאָנֹכִי חָזוֹן הִרְבֵּיתִי וּבְיַד הַנְּבִיאִים
12 אֲדַמֶּה׃ אִם־גִּלְעָד אָוֶן אַךְ־שָׁוְא הָיוּ בַּגִּלְגָּל שְׁוָרִים זִבֵּחוּ
13 גַּם מִזְבְּחוֹתָם כְּגַלִּים עַל תַּלְמֵי שָׂדָי׃ °וַיִּבְרַח יַעֲקֹב שְׂדֵה
14 אֲרָם וַיַּעֲבֹד יִשְׂרָאֵל בְּאִשָּׁה וּבְאִשָּׁה שָׁמָר׃ וּבְנָבִיא הֶעֱלָה
טו יְהוָה אֶת־יִשְׂרָאֵל מִמִּצְרָיִם וּבְנָבִיא נִשְׁמָר׃ הִכְעִיס אֶפְרַיִם
תַּמְרוּרִים וְדָמָיו עָלָיו יִטּוֹשׁ וְחֶרְפָּתוֹ יָשִׁיב לוֹ אֲדֹנָיו׃ °

יג Cap. XIII. יג

א כְּדַבֵּר אֶפְרַיִם רְתֵת נָשָׂא הוּא בְּיִשְׂרָאֵל וַיֶּאְשַׁם בַּבַּעַל
2 וַיָּמֹת׃ וְעַתָּה ׀ יוֹסִפוּ לַחֲטֹא וַיַּעֲשׂוּ לָהֶם מַסֵּכָה מִכַּסְפָּם
כִּתְבוּנָם עֲצַבִּים מַעֲשֵׂה חָרָשִׁים כֻּלֹּה לָהֶם הֵם אֹמְרִים זֹבְחֵי
3 אָדָם עֲגָלִים יִשָּׁקוּן׃ לָכֵן יִהְיוּ כַּעֲנַן־בֹּקֶר וְכַטַּל מַשְׁכִּים
4 הֹלֵךְ כְּמֹץ יְסֹעֵר מִגֹּרֶן וּכְעָשָׁן מֵאֲרֻבָּה׃ וְאָנֹכִי יְהוָה אֱלֹהֶיךָ
מֵאֶרֶץ מִצְרָיִם וֵאלֹהִים זוּלָתִי לֹא תֵדָע וּמוֹשִׁיעַ אַיִן בִּלְתִּי׃
ה 6 אֲנִי יְדַעְתִּיךָ בַּמִּדְבָּר בְּאֶרֶץ תַּלְאֻבוֹת׃ כְּמַרְעִיתָם וַיִּשְׂבָּעוּ
7 שָׂבְעוּ וַיָּרָם לִבָּם עַל־כֵּן שְׁכֵחוּנִי׃ וָאֱהִי לָהֶם כְּמוֹ־שָׁחַל
8 כְּנָמֵר עַל־דֶּרֶךְ אָשׁוּר׃ אֶפְגְּשֵׁם כְּדֹב שַׁכּוּל וְאֶקְרַע סְגוֹר
9 לִבָּם וְאֹכְלֵם שָׁם כְּלָבִיא חַיַּת הַשָּׂדֶה תְּבַקְּעֵם׃ שִׁחֶתְךָ
י יִשְׂרָאֵל כִּי־בִי בְעֶזְרֶךָ׃ אֱהִי מַלְכְּךָ אֵפוֹא וְיוֹשִׁיעֲךָ בְּכָל־
11 עָרֶיךָ וְשֹׁפְטֶיךָ אֲשֶׁר אָמַרְתָּ תְּנָה־לִּי מֶלֶךְ וְשָׂרִים׃ אֶתֶּן־
12 לְךָ מֶלֶךְ בְּאַפִּי וְאֶקַּח בְּעֶבְרָתִי׃ צָרוּר עֲוֹן אֶפְרָיִם
13 צְפוּנָה חַטָּאתוֹ׃ חֶבְלֵי יוֹלֵדָה יָבֹאוּ לוֹ הוּא־בֵן לֹא חָכָם
14 כִּי־עֵת לֹא־יַעֲמֹד בְּמִשְׁבַּר בָּנִים׃ מִיַּד שְׁאוֹל אֶפְדֵּם מִמָּוֶת

י״ב v. 13 הפטרת וישלח כמנהג אשכנזים v. 15 אין כאן פסקא

אֶגְאָלֵם אֱהִי דְבָרֶיךָ מָוֶת אֱהִי קָטָבְךָ שְׁאוֹל נֹחַם יִסָּתֵר
טו מֵעֵינָי׃ כִּי הוּא בֵּין אַחִים יַפְרִיא יָבוֹא קָדִים רוּחַ יְהוָה
מִמִּדְבָּר עֹלֶה וְיֵבוֹשׁ מְקוֹרוֹ וְיֶחֱרַב מַעְיָנוֹ הוּא יִשְׁסֶה אוֹצַר
כָּל־כְּלִי חֶמְדָּה׃

יד Cap. XIV. יד

א תֶּאְשַׁם שֹׁמְרוֹן כִּי מָרְתָה בֵּאלֹהֶיהָ בַּחֶרֶב יִפֹּלוּ עֹלְלֵיהֶם
יְרֻטָּשׁוּ וְהָרִיּוֹתָיו יְבֻקָּעוּ׃
2 3 שׁוּבָה יִשְׂרָאֵל עַד יְהוָה אֱלֹהֶיךָ כִּי כָשַׁלְתָּ בַּעֲוֺנֶךָ׃ קְחוּ
עִמָּכֶם דְּבָרִים וְשׁוּבוּ אֶל־יְהוָה אִמְרוּ אֵלָיו כָּל־תִּשָּׂא עָוֺן
4 וְקַח־טוֹב וּנְשַׁלְּמָה פָרִים שְׂפָתֵינוּ׃ אַשּׁוּר ׀ לֹא יוֹשִׁיעֵנוּ עַל־
סוּס לֹא נִרְכָּב וְלֹא־נֹאמַר עוֹד אֱלֹהֵינוּ לְמַעֲשֵׂה יָדֵינוּ אֲשֶׁר־
ה בְּךָ יְרֻחַם יָתוֹם׃ אֶרְפָּא מְשׁוּבָתָם אֹהֲבֵם נְדָבָה כִּי שָׁב אַפִּי
6 מִמֶּנּוּ׃ אֶהְיֶה כַטַּל לְיִשְׂרָאֵל יִפְרַח כַּשּׁוֹשַׁנָּה וְיַךְ שָׁרָשָׁיו
7 כַּלְּבָנוֹן׃ יֵלְכוּ יֹנְקוֹתָיו וִיהִי כַזַּיִת הוֹדוֹ וְרֵיחַ לוֹ כַּלְּבָנוֹן׃
8 יָשֻׁבוּ יֹשְׁבֵי בְצִלּוֹ יְחַיּוּ דָגָן וְיִפְרְחוּ כַגָּפֶן זִכְרוֹ כְּיֵין לְבָנוֹן׃
9 אֶפְרַיִם מַה־לִּי עוֹד לָעֲצַבִּים אֲנִי עָנִיתִי וַאֲשׁוּרֶנּוּ אֲנִי כִּבְרוֹשׁ
י רַעֲנָן מִמֶּנִּי פֶּרְיְךָ נִמְצָא׃ מִי חָכָם וְיָבֵן אֵלֶּה נָבוֹן וְיֵדָעֵם
כִּי־יְשָׁרִים דַּרְכֵי יְהוָה וְצַדִּקִים יֵלְכוּ בָם וּפֹשְׁעִים יִכָּשְׁלוּ
בָם׃

יואל

LIBER JOELIS

א CAPUT I. א

א 2 דְּבַר־יְהוָה אֲשֶׁר הָיָה אֶל־יוֹאֵל בֶּן־פְּתוּאֵל׃ שִׁמְעוּ־זֹאת
הַזְּקֵנִים וְהַאֲזִינוּ כֹּל יוֹשְׁבֵי הָאָרֶץ הֶהָיְתָה זֹּאת בִּימֵיכֶם
3 וְאִם בִּימֵי אֲבֹתֵיכֶם׃ עָלֶיהָ לִבְנֵיכֶם סַפֵּרוּ וּבְנֵיכֶם לִבְנֵיהֶם

ובניהם

י״ג v. 15. אין כאן פסקא   י״ד v. 2. הפטרת שבת שובה וגם לט׳ באב
במנחה כמנהג ספרדים

4 וּבְנֵיהֶם לְדוֹר אַחֵר׃ יֶתֶר הַגָּזָם אָכַל הָאַרְבֶּה וְיֶתֶר הָאַרְבֶּה
ה אָכַל הַיָּלֶק וְיֶתֶר הַיֶּלֶק אָכַל הֶחָסִיל׃ הָקִיצוּ שִׁכּוֹרִים וּבְכוּ
6 וְהֵילִלוּ כָּל־שֹׁתֵי יָיִן עַל־עָסִיס כִּי נִכְרַת מִפִּיכֶם׃ כִּי־גוֹי
עָלָה עַל־אַרְצִי עָצוּם וְאֵין מִסְפָּר שִׁנָּיו שִׁנֵּי אַרְיֵה וּמְתַלְּעוֹת
7 לָבִיא לוֹ׃ שָׂם גַּפְנִי לְשַׁמָּה וּתְאֵנָתִי לִקְצָפָה חָשֹׂף חֲשָׂפָהּ
8 וְהִשְׁלִיךְ הִלְבִּינוּ שָׂרִיגֶיהָ׃ אֱלִי כִּבְתוּלָה חֲגֻרַת־שַׂק עַל־
9 בַּעַל נְעוּרֶיהָ׃ הָכְרַת מִנְחָה וָנֶסֶךְ מִבֵּית יְהוָה אָבְלוּ הַכֹּהֲנִים
י מְשָׁרְתֵי יְהוָה׃ שֻׁדַּד שָׂדֶה אָבְלָה אֲדָמָה כִּי שֻׁדַּד דָּגָן הוֹבִישׁ
11 תִּירוֹשׁ אֻמְלַל יִצְהָר׃ הֹבִישׁוּ אִכָּרִים הֵילִילוּ כֹּרְמִים עַל־
12 חִטָּה וְעַל־שְׂעֹרָה כִּי אָבַד קְצִיר שָׂדֶה׃ הַגֶּפֶן הוֹבִישָׁה
וְהַתְּאֵנָה אֻמְלָלָה רִמּוֹן גַּם־תָּמָר וְתַפּוּחַ כָּל־עֲצֵי הַשָּׂדֶה
13 יָבֵשׁוּ כִּי־הֹבִישׁ שָׂשׂוֹן מִן־בְּנֵי אָדָם׃ חִגְרוּ וְסִפְדוּ
הַכֹּהֲנִים הֵילִילוּ מְשָׁרְתֵי מִזְבֵּחַ בֹּאוּ לִינוּ בַשַּׂקִּים מְשָׁרְתֵי
14 אֱלֹהָי כִּי נִמְנַע מִבֵּית אֱלֹהֵיכֶם מִנְחָה וָנָסֶךְ׃ קַדְּשׁוּ־צוֹם
קִרְאוּ עֲצָרָה אִסְפוּ זְקֵנִים כֹּל יֹשְׁבֵי הָאָרֶץ בֵּית יְהוָה
טו אֱלֹהֵיכֶם וְזַעֲקוּ אֶל־יְהוָה׃ אֲהָהּ לַיּוֹם כִּי קָרוֹב יוֹם יְהוָה
16 וּכְשֹׁד מִשַּׁדַּי יָבוֹא׃ הֲלוֹא נֶגֶד עֵינֵינוּ אֹכֶל נִכְרָת מִבֵּית
17 אֱלֹהֵינוּ שִׂמְחָה וָגִיל׃ עָבְשׁוּ פְרֻדוֹת תַּחַת מֶגְרְפֹתֵיהֶם נָשַׁמּוּ
18 אֹצָרוֹת נֶהֶרְסוּ מַמְּגֻרוֹת כִּי הֹבִישׁ דָּגָן׃ מַה־נֶּאֶנְחָה בְהֵמָה
נָבֹכוּ עֶדְרֵי בָקָר כִּי אֵין מִרְעֶה לָהֶם גַּם־עֶדְרֵי הַצֹּאן
19 נֶאְשָׁמוּ׃ אֵלֶיךָ יְהוָה אֶקְרָא כִּי אֵשׁ אָכְלָה נְאוֹת מִדְבָּר
כ וְלֶהָבָה לִהֲטָה כָּל־עֲצֵי הַשָּׂדֶה׃ גַּם־בַּהֲמוֹת שָׂדֶה תַּעֲרוֹג
אֵלֶיךָ כִּי יָבְשׁוּ אֲפִיקֵי מָיִם וְאֵשׁ אָכְלָה נְאוֹת הַמִּדְבָּר׃

ב CAP. II. ב

א תִּקְעוּ שׁוֹפָר בְּצִיּוֹן וְהָרִיעוּ בְּהַר קָדְשִׁי יִרְגְּזוּ כֹּל יֹשְׁבֵי
2 הָאָרֶץ כִּי־בָא יוֹם־יְהוָה כִּי קָרוֹב׃ יוֹם חֹשֶׁךְ וַאֲפֵלָה יוֹם
עָנָן וַעֲרָפֶל כְּשַׁחַר פָּרֻשׂ עַל־הֶהָרִים עַם רַב וְעָצוּם כָּמֹהוּ
לֹא נִהְיָה מִן־הָעוֹלָם וְאַחֲרָיו לֹא יוֹסֵף עַד־שְׁנֵי דּוֹר וָדוֹר׃

לפניו

3 לְפָנָיו֙ אָ֣כְלָה אֵ֔שׁ וְאַחֲרָ֖יו תְּלַהֵ֣ט לֶֽהָבָ֑ה כְּגַן־עֵ֨דֶן הָאָ֜רֶץ
לְפָנָ֗יו וְאַחֲרָיו֙ מִדְבַּ֣ר שְׁמָמָ֔ה וְגַם־פְּלֵיטָ֖ה לֹא־הָ֥יְתָה לּֽוֹ׃
4 ה כְּמַרְאֵ֥ה סוּסִ֖ים מַרְאֵ֑הוּ וּכְפָרָשִׁ֖ים כֵּ֥ן יְרוּצֽוּן׃ כְּק֣וֹל מַרְכָּב֗וֹת
עַל־רָאשֵׁ֤י הֶֽהָרִים֙ יְרַקֵּד֔וּן כְּקוֹל֙ לַ֣הַב אֵ֔שׁ אֹכְלָ֖ה קָ֑שׁ כְּעַ֣ם
6 עָצ֔וּם עֱר֖וּךְ מִלְחָמָֽה׃ מִפָּנָ֖יו יָחִ֣ילוּ עַמִּ֑ים כָּל־פָּנִ֖ים קִבְּצ֥וּ
7 פָארֽוּר׃ כְּגִבּוֹרִ֣ים יְרֻצ֔וּן כְּאַנְשֵׁ֥י מִלְחָמָ֖ה יַעֲל֣וּ חוֹמָ֑ה וְאִ֤ישׁ
8 בִּדְרָכָיו֙ יֵֽלֵכ֔וּן וְלֹ֥א יְעַבְּט֖וּן אֹרְחוֹתָֽם׃ וְאִ֤ישׁ אָחִיו֙ לֹ֣א יִדְחָק֔וּן
9 גֶּ֥בֶר בִּמְסִלָּת֖וֹ יֵלֵכ֑וּן וּבְעַ֥ד הַשֶּׁ֛לַח יִפֹּ֖לוּ לֹ֥א יִבְצָֽעוּ׃ בָּעִ֣יר
יָשֹׁ֗קּוּ בַּֽחוֹמָה֙ יְרֻצ֔וּן בַּבָּתִּ֖ים יַעֲל֑וּ בְּעַ֧ד הַחַלּוֹנִ֛ים יָבֹ֖אוּ כַּגַּנָּֽב׃
י לְפָנָיו֙ רָ֣גְזָה אֶ֔רֶץ רָעֲשׁ֖וּ שָׁמָ֑יִם שֶׁ֤מֶשׁ וְיָרֵ֙חַ֙ קָדָ֔רוּ וְכוֹכָבִ֖ים
11 אָסְפ֥וּ נָגְהָֽם׃ וַֽיהוָ֗ה נָתַ֤ן קוֹלוֹ֙ לִפְנֵ֣י חֵיל֔וֹ כִּ֣י רַ֤ב מְאֹד֙ מַֽחֲנֵ֔הוּ
כִּ֥י עָצ֖וּם עֹשֵׂ֣ה דְבָר֑וֹ כִּֽי־גָד֧וֹל יוֹם־יְהוָ֛ה וְנוֹרָ֥א מְאֹ֖ד וּמִ֥י
12 יְכִילֶֽנּוּ׃ וְגַם־עַתָּה֙ נְאֻם־יְהוָ֔ה שֻׁ֥בוּ עָדַ֖י בְּכָל־לְבַבְכֶ֑ם
13 וּבְצ֥וֹם וּבִבְכִ֖י וּבְמִסְפֵּֽד׃ וְקִרְע֤וּ לְבַבְכֶם֙ וְאַל־בִּגְדֵיכֶ֔ם
וְשׁ֖וּבוּ אֶל־יְהוָ֣ה אֱלֹהֵיכֶ֑ם כִּֽי־חַנּ֤וּן וְרַחוּם֙ ה֔וּא אֶ֤רֶךְ אַפַּ֙יִם֙
14 וְרַב־חֶ֔סֶד וְנִחָ֖ם עַל־הָרָעָֽה׃ מִ֥י יוֹדֵ֖עַ יָשׁ֣וּב וְנִחָ֑ם וְהִשְׁאִ֤יר
טו אַחֲרָיו֙ בְּרָכָ֔ה מִנְחָ֣ה וָנֶ֔סֶךְ לַיהוָ֖ה אֱלֹהֵיכֶֽם׃ ◦ תִּקְע֥וּ
16 שׁוֹפָ֖ר בְּצִיּ֑וֹן קַדְּשׁוּ־צ֖וֹם קִרְא֥וּ עֲצָרָֽה׃ אִסְפוּ־עָ֞ם קַדְּשׁ֣וּ
קָהָ֗ל קִבְצ֚וּ זְקֵנִים֙ אִסְפוּ֙ עֽוֹלָלִ֔ים וְיֹנְקֵ֖י שָׁדָ֑יִם יֵצֵ֤א חָתָן֙
17 מֵֽחֶדְר֔וֹ וְכַלָּ֖ה מֵחֻפָּתָֽהּ׃ בֵּ֤ין הָאוּלָם֙ וְלַמִּזְבֵּ֔חַ יִבְכּוּ֙ הַכֹּ֣הֲנִ֔ים
מְשָׁרְתֵ֖י יְהוָ֑ה וְיֹאמְר֞וּ ח֧וּסָה יְהוָ֣ה עַל־עַמֶּ֗ךָ וְאַל־תִּתֵּ֨ן נַחֲלָתְךָ֤
לְחֶרְפָּה֙ לִמְשָׁל־בָּ֣ם גּוֹיִ֔ם לָ֚מָּה יֹאמְר֣וּ בָֽעַמִּ֔ים אַיֵּ֖ה אֱלֹהֵיהֶֽם׃
18 19 וַיְקַנֵּ֥א יְהוָ֖ה לְאַרְצ֑וֹ וַיַּחְמֹ֖ל עַל־עַמּֽוֹ׃ וַיַּ֨עַן יְהוָ֜ה וַיֹּ֣אמֶר לְעַמּ֗וֹ
הִנְנִ֨י שֹׁלֵ֤חַ לָכֶם֙ אֶת־הַדָּגָן֙ וְהַתִּיר֣וֹשׁ וְהַיִּצְהָ֔ר וּשְׂבַעְתֶּ֖ם אֹת֑וֹ
כ וְלֹא־אֶתֵּ֨ן אֶתְכֶ֥ם ע֛וֹד חֶרְפָּ֖ה בַּגּוֹיִֽם׃ וְֽאֶת־הַצְּפוֹנִ֞י אַרְחִ֣יק
מֵעֲלֵיכֶ֗ם וְהִדַּחְתִּיו֮ אֶל־אֶ֣רֶץ צִיָּ֣ה וּשְׁמָמָה֒ אֶת־פָּנָ֗יו אֶל־
הַיָּם֙ הַקַּדְמֹנִ֔י וְסֹפ֖וֹ אֶל־הַיָּ֣ם הָאַחֲר֑וֹן וְעָלָ֣ה בָאְשׁ֗וֹ וְתַ֙עַל֙

צחנתו

ב׳ v. 15. הפטרת שבת שובה

21 צְהִֽלָתוֹ כִּי הִגְדִּיל לַעֲשׂוֹת׃ אַל־תִּֽירְאִי אֲדָמָה גִּילִי וּשְׂמָחִי
22 כִּֽי־הִגְדִּיל יְהוָה לַעֲשׂוֹת׃ אַל־תִּֽירְאוּ בַּהֲמוֹת שָׂדַי כִּי דָֽשְׁאוּ
23 נְאוֹת מִדְבָּר כִּי־עֵץ נָשָׂא פִרְיוֹ תְּאֵנָה וָגֶפֶן נָתְנוּ חֵילָֽם׃ וּבְנֵי
צִיּוֹן גִּילוּ וְשִׂמְחוּ בַּיהוָה אֱלֹהֵיכֶם כִּֽי־נָתַן לָכֶם אֶת־הַמּוֹרֶה
24 לִצְדָקָה וַיּוֹרֶד לָכֶם גֶּשֶׁם מוֹרֶה וּמַלְקוֹשׁ בָּרִאשֽׁוֹן׃ וּמָלְאוּ
כה הַגֳּרָנוֹת בָּר וְהֵשִׁיקוּ הַיְקָבִים תִּירוֹשׁ וְיִצְהָֽר׃ וְשִׁלַּמְתִּי לָכֶם
אֶת־הַשָּׁנִים אֲשֶׁר אָכַל הָֽאַרְבֶּה הַיֶּלֶק וְהֶחָסִיל וְהַגָּזָם חֵילִי
26 הַגָּדוֹל אֲשֶׁר שִׁלַּחְתִּי בָּכֶֽם׃ וַאֲכַלְתֶּם אָכוֹל וְשָׂבוֹעַ וְהִלַּלְתֶּם
אֶת־שֵׁם יְהוָה אֱלֹהֵיכֶם אֲשֶׁר־עָשָׂה עִמָּכֶם לְהַפְלִיא וְלֹא־
27 יֵבֹשׁוּ עַמִּי לְעוֹלָֽם׃ וִידַעְתֶּם כִּי בְקֶרֶב יִשְׂרָאֵל אָנִי וַאֲנִי
יְהוָה אֱלֹהֵיכֶם וְאֵין עוֹד וְלֹא־יֵבֹשׁוּ עַמִּי לְעוֹלָֽם׃

ג CAP. III. ג

א וְהָיָה אַחֲרֵי־כֵן אֶשְׁפּוֹךְ אֶת־רוּחִי עַל־כָּל־בָּשָׂר וְנִבְּאוּ
בְּנֵיכֶם וּבְנוֹתֵיכֶם זִקְנֵיכֶם חֲלֹמוֹת יַחֲלֹמוּן בַּחוּרֵיכֶם חֶזְיֹנוֹת
2 יִרְאֽוּ׃ וְגַם עַל־הָעֲבָדִים וְעַל־הַשְּׁפָחוֹת בַּיָּמִים הָהֵמָּה
3 אֶשְׁפּוֹךְ אֶת־רוּחִֽי׃ וְנָתַתִּי מוֹפְתִים בַּשָּׁמַיִם וּבָאָרֶץ דָּם וָאֵשׁ
4 וְתִימְרוֹת עָשָֽׁן׃ הַשֶּׁמֶשׁ יֵהָפֵךְ לְחֹשֶׁךְ וְהַיָּרֵחַ לְדָם לִפְנֵי בּוֹא
ה יוֹם יְהוָה הַגָּדוֹל וְהַנּוֹרָֽא׃ וְהָיָה כֹּל אֲשֶׁר־יִקְרָא בְּשֵׁם יְהוָה
יִמָּלֵט כִּי בְּהַר־צִיּוֹן וּבִירוּשָׁלִַם תִּהְיֶה פְלֵיטָה כַּאֲשֶׁר אָמַר
יְהוָה וּבַשְּׂרִידִים אֲשֶׁר יְהוָה קֹרֵֽא׃ °

ד CAP. IV. ד

א כִּי הִנֵּה בַּיָּמִים הָהֵמָּה וּבָעֵת הַהִיא אֲשֶׁר אָשׁוּב אֶת־שְׁבוּת
2 יְהוּדָה וִירוּשָׁלִָֽם׃ וְקִבַּצְתִּי אֶת־כָּל־הַגּוֹיִם וְהוֹרַדְתִּים אֶל־
עֵמֶק יְהוֹשָׁפָט וְנִשְׁפַּטְתִּי עִמָּם שָׁם עַל־עַמִּי וְנַחֲלָתִי יִשְׂרָאֵל
3 אֲשֶׁר פִּזְּרוּ בַגּוֹיִם וְאֶת־אַרְצִי חִלֵּֽקוּ׃ וְאֶל־עַמִּי יַדּוּ גוֹרָל
4 וַיִּתְּנוּ הַיֶּלֶד בַּזּוֹנָה וְהַיַּלְדָּה מָכְרוּ בַיַּיִן וַיִּשְׁתּֽוּ׃ וְגַם מָה־

אתם

ב׳ v. 5. אין כאן פסקא   ד׳ v. 1. אשיב ק׳

אַתֶּם לִי צֹר וְצִידוֹן וְכֹל גְּלִילוֹת פְּלָשֶׁת הַגְּמוּל אַתֶּם
מְשַׁלְּמִים עָלָי וְאִם־גֹּמְלִים אַתֶּם עָלַי קַל מְהֵרָה אָשִׁיב
ה גְּמֻלְכֶם בְּרֹאשְׁכֶם׃ אֲשֶׁר־כַּסְפִּי וּזְהָבִי לְקַחְתֶּם וּמַחֲמַדַּי
6 הַטֹּבִים הֲבֵאתֶם לְהֵיכְלֵיכֶם׃ וּבְנֵי יְהוּדָה וּבְנֵי יְרוּשָׁלַםִ
7 מְכַרְתֶּם לִבְנֵי הַיְּוָנִים לְמַעַן הַרְחִיקָם מֵעַל גְּבוּלָם׃ הִנְנִי
מְעִירָם מִן־הַמָּקוֹם אֲשֶׁר־מְכַרְתֶּם אֹתָם שָׁמָּה וַהֲשִׁבֹתִי
8 גְמֻלְכֶם בְּרֹאשְׁכֶם׃ וּמָכַרְתִּי אֶת־בְּנֵיכֶם וְאֶת־בְּנוֹתֵיכֶם
בְּיַד בְּנֵי יְהוּדָה וּמְכָרוּם לִשְׁבָאיִם אֶל־גּוֹי רָחוֹק כִּי יְהוָה
9 דִּבֵּר׃ קִרְאוּ־זֹאת בַגּוֹיִם קַדְּשׁוּ מִלְחָמָה הָעִירוּ הַגִּבּוֹרִים
י יִגְּשׁוּ יַעֲלוּ כֹּל אַנְשֵׁי הַמִּלְחָמָה׃ כֹּתּוּ אִתֵּיכֶם לַחֲרָבוֹת
11 וּמַזְמְרֹתֵיכֶם לִרְמָחִים הַחַלָּשׁ יֹאמַר גִּבּוֹר אָנִי׃ עוּשׁוּ וָבֹאוּ
12 כָל־הַגּוֹיִם מִסָּבִיב וְנִקְבָּצוּ שָׁמָּה הַנְחַת יְהוָה גִּבּוֹרֶיךָ׃ יֵעוֹרוּ
וְיַעֲלוּ הַגּוֹיִם אֶל־עֵמֶק יְהוֹשָׁפָט כִּי שָׁם אֵשֵׁב לִשְׁפֹּט אֶת־
13 כָּל־הַגּוֹיִם מִסָּבִיב׃ שִׁלְחוּ מַגָּל כִּי בָשַׁל קָצִיר בֹּאוּ רְדוּ
14 כִּי־מָלְאָה גַּת הֵשִׁיקוּ הַיְקָבִים כִּי רַבָּה רָעָתָם׃ הֲמוֹנִים
הֲמוֹנִים בְּעֵמֶק הֶחָרוּץ כִּי קָרוֹב יוֹם יְהוָה בְּעֵמֶק הֶחָרוּץ׃
טו 16 שֶׁמֶשׁ וְיָרֵחַ קָדָרוּ וְכוֹכָבִים אָסְפוּ נָגְהָם׃ וַיהוָה מִצִּיּוֹן יִשְׁאָג
וּמִירוּשָׁלַםִ יִתֵּן קוֹלוֹ וְרָעֲשׁוּ שָׁמַיִם וָאָרֶץ וַיהוָה מַחֲסֶה לְעַמּוֹ
17 וּמָעוֹז לִבְנֵי יִשְׂרָאֵל׃ וִידַעְתֶּם כִּי אֲנִי יְהוָה אֱלֹהֵיכֶם שֹׁכֵן
בְּצִיּוֹן הַר־קָדְשִׁי וְהָיְתָה יְרוּשָׁלַםִ קֹדֶשׁ וְזָרִים לֹא־יַעַבְרוּ־
18 בָהּ עוֹד׃ וְהָיָה בַיּוֹם הַהוּא יִטְּפוּ הֶהָרִים עָסִיס וְהַגְּבָעוֹת
תֵּלַכְנָה חָלָב וְכָל־אֲפִיקֵי יְהוּדָה יֵלְכוּ מָיִם וּמַעְיָן מִבֵּית
19 יְהוָה יֵצֵא וְהִשְׁקָה אֶת־נַחַל הַשִּׁטִּים׃ מִצְרַיִם לִשְׁמָמָה
תִהְיֶה וֶאֱדוֹם לְמִדְבַּר שְׁמָמָה תִּהְיֶה מֵחֲמַס בְּנֵי יְהוּדָה
כ אֲשֶׁר־שָׁפְכוּ דָם־נָקִיא בְּאַרְצָם׃ וִיהוּדָה לְעוֹלָם תֵּשֵׁב
21 וִירוּשָׁלַםִ לְדוֹר וָדוֹר׃ וְנִקֵּיתִי דָּמָם לֹא־נִקֵּיתִי וַיהוָה שֹׁכֵן
בְּצִיּוֹן׃

עמוס

LIBER AMOS

א CAPUT I. א

א דִּבְרֵ֣י עָמ֔וֹס אֲשֶׁר־הָיָ֥ה בַנֹּקְדִ֖ים מִתְּק֑וֹעַ אֲשֶׁר֩ חָזָ֨ה עַל־
יִשְׂרָאֵ֜ל בִּימֵ֣י ׀ עֻזִּיָּ֣ה מֶֽלֶךְ־יְהוּדָ֗ה וּבִימֵ֞י יָרָבְעָ֤ם בֶּן־יוֹאָשׁ֙
2 מֶ֣לֶךְ יִשְׂרָאֵ֔ל שְׁנָתַ֖יִם לִפְנֵ֥י הָרָֽעַשׁ׃ וַיֹּאמַ֓ר ׀ יְהוָה֙ מִצִּיּ֣וֹן
יִשְׁאָ֔ג וּמִירוּשָׁלַ֖͏ִם יִתֵּ֣ן קוֹל֑וֹ וְאָֽבְלוּ֙ נְא֣וֹת הָרֹעִ֔ים וְיָבֵ֖שׁ רֹ֥אשׁ
3 הַכַּרְמֶֽל׃ כֹּ֚ה אָמַ֣ר יְהוָ֔ה עַל־שְׁלֹשָׁה֙ פִּשְׁעֵ֣י דַמֶּ֔שֶׂק
וְעַל־אַרְבָּעָ֖ה לֹ֣א אֲשִׁיבֶ֑נּוּ עַל־דּוּשָׁ֛ם בַּחֲרֻצ֥וֹת הַבַּרְזֶ֖ל אֶת־
4 הַגִּלְעָֽד׃ וְשִׁלַּ֥חְתִּי אֵ֖שׁ בְּבֵ֣ית חֲזָאֵ֑ל וְאָֽכְלָ֖ה אַרְמְנ֥וֹת בֶּן־הֲדָֽד׃
ה וְשָֽׁבַרְתִּי֙ בְּרִ֣יחַ דַּמֶּ֔שֶׂק וְהִכְרַתִּ֤י יוֹשֵׁב֙ מִבִּקְעַת־אָ֔וֶן וְתוֹמֵ֥ךְ
6 שֵׁ֖בֶט מִבֵּ֣ית עֶ֑דֶן וְגָל֥וּ עַם־אֲרָ֛ם קִ֖ירָה אָמַ֥ר יְהוָֽה׃ כֹּ֚ה
אָמַ֣ר יְהוָ֔ה עַל־שְׁלֹשָׁה֙ פִּשְׁעֵ֣י עַזָּ֔ה וְעַל־אַרְבָּעָ֖ה לֹ֣א אֲשִׁיבֶ֑נּוּ
7 עַל־הַגְלוֹתָ֛ם גָּל֥וּת שְׁלֵמָ֖ה לְהַסְגִּ֥יר לֶאֱדֽוֹם׃ וְשִׁלַּ֥חְתִּי אֵ֖שׁ
8 בְּחוֹמַ֣ת עַזָּ֑ה וְאָכְלָ֖ה אַרְמְנֹתֶֽיהָ׃ וְהִכְרַתִּ֤י יוֹשֵׁב֙ מֵֽאַשְׁדּ֔וֹד
וְתוֹמֵ֥ךְ שֵׁ֖בֶט מֵֽאַשְׁקְל֑וֹן וַהֲשִׁיב֨וֹתִי יָדִ֜י עַל־עֶקְר֗וֹן וְאָֽבְדוּ֙
9 שְׁאֵרִ֣ית פְּלִשְׁתִּ֔ים אָמַ֖ר אֲדֹנָ֥י יְהוִֽה׃ כֹּ֚ה אָמַ֣ר יְהוָ֔ה עַל־
שְׁלֹשָׁה֙ פִּשְׁעֵי־צֹ֔ר וְעַל־אַרְבָּעָ֖ה לֹ֣א אֲשִׁיבֶ֑נּוּ עַל־הַסְגִּירָ֞ם
י גָּל֤וּת שְׁלֵמָה֙ לֶאֱד֔וֹם וְלֹ֥א זָכְר֖וּ בְּרִ֥ית אַחִֽים׃ וְשִׁלַּ֥חְתִּי אֵ֖שׁ
11 בְּח֣וֹמַת צֹ֑ר וְאָכְלָ֖ה אַרְמְנוֹתֶֽיהָ׃ כֹּ֚ה אָמַ֣ר יְהוָ֔ה עַל־
שְׁלֹשָׁה֙ פִּשְׁעֵ֣י אֱד֔וֹם וְעַל־אַרְבָּעָ֖ה לֹ֣א אֲשִׁיבֶ֑נּוּ עַל־רָדְפ֨וֹ
בַחֶ֤רֶב אָחִיו֙ וְשִׁחֵ֣ת רַחֲמָ֔יו וַיִּטְרֹ֤ף לָעַד֙ אַפּ֔וֹ וְעֶבְרָת֖וֹ שְׁמָ֥רָה
12 13 נֶֽצַח׃ וְשִׁלַּ֥חְתִּי אֵ֖שׁ בְּתֵימָ֑ן וְאָכְלָ֖ה אַרְמְנ֥וֹת בָּצְרָֽה׃ כֹּ֚ה
אָמַ֣ר יְהוָ֔ה עַל־שְׁלֹשָׁה֙ פִּשְׁעֵ֣י בְנֵֽי־עַמּ֔וֹן וְעַל־אַרְבָּעָ֖ה לֹ֣א
אֲשִׁיבֶ֑נּוּ עַל־בִּקְעָם֙ הָר֣וֹת הַגִּלְעָ֔ד לְמַ֖עַן הַרְחִ֥יב אֶת־גְּבוּלָֽם׃
14 וְהִצַּ֤תִּי אֵשׁ֙ בְּחוֹמַ֣ת רַבָּ֔ה וְאָכְלָ֖ה אַרְמְנוֹתֶ֑יהָ בִּתְרוּעָה֙ בְּי֣וֹם

מלחמה

טו מִלְחָמָ֔ה בְּסַ֖עַר בְּי֥וֹם סוּפָֽה׃ וְהָלַ֥ךְ מַלְכָּ֖ם בַּגּוֹלָ֑ה ה֧וּא וְשָׂרָ֛יו
יַחְדָּ֖ו אָמַ֥ר יְהוָֽה׃

ב CAP. II. ב

א כֹּ֚ה אָמַ֣ר יְהוָ֔ה עַל־שְׁלֹשָׁה֙ פִּשְׁעֵ֣י מוֹאָ֔ב וְעַל־אַרְבָּעָ֖ה לֹ֣א
2 אֲשִׁיבֶ֑נּוּ עַל־שָׂרְפ֛וֹ עַצְמ֥וֹת מֶֽלֶךְ־אֱד֖וֹם לַשִּֽׂיד׃ וְשִׁלַּחְתִּי־
אֵ֣שׁ בְּמוֹאָ֔ב וְאָכְלָ֖ה אַרְמְנ֣וֹת הַקְּרִיּ֑וֹת וּמֵ֤ת בְּשָׁאוֹן֙ מוֹאָ֔ב
3 בִּתְרוּעָ֖ה בְּק֥וֹל שׁוֹפָֽר׃ וְהִכְרַתִּ֥י שׁוֹפֵ֖ט מִקִּרְבָּ֑הּ וְכָל־שָׂרֶ֛יהָ
4 אֶֽהֱר֥וֹג עִמּ֖וֹ אָמַ֥ר יְהוָֽה׃ כֹּ֚ה אָמַ֣ר יְהוָ֔ה עַל־שְׁלֹשָׁה֙
פִּשְׁעֵ֣י יְהוּדָ֔ה וְעַל־אַרְבָּעָ֖ה לֹ֣א אֲשִׁיבֶ֑נּוּ עַֽל־מָאֳסָ֞ם אֶת־
תּוֹרַ֣ת יְהוָ֗ה וְחֻקָּיו֙ לֹ֣א שָׁמָ֔רוּ וַיַּתְעוּם֙ כִּזְבֵיהֶ֔ם אֲשֶׁר־הָלְכ֥וּ
ה אֲבוֹתָ֖ם אַחֲרֵיהֶֽם׃ וְשִׁלַּ֥חְתִּי אֵ֖שׁ בִּֽיהוּדָ֑ה וְאָכְלָ֖ה אַרְמְנ֥וֹת
6 יְרוּשָׁלִָֽם׃ כֹּ֚ה אָמַ֣ר יְהוָ֔ה עַל־שְׁלֹשָׁה֙ פִּשְׁעֵ֣י יִשְׂרָאֵ֔ל
וְעַל־אַרְבָּעָ֖ה לֹ֣א אֲשִׁיבֶ֑נּוּ עַל־מִכְרָ֤ם בַּכֶּ֙סֶף֙ צַדִּ֔יק וְאֶבְי֖וֹן
7 בַּעֲב֥וּר נַעֲלָֽיִם׃ הַשֹּׁאֲפִ֤ים עַל־עֲפַר־אֶ֙רֶץ֙ בְּרֹ֣אשׁ דַּלִּ֔ים
וְדֶ֥רֶךְ עֲנָוִ֖ים יַטּ֑וּ וְאִ֣ישׁ וְאָבִ֗יו יֵֽלְכוּ֙ אֶל־הַֽנַּעֲרָ֔ה לְמַ֥עַן חַלֵּ֖ל
8 אֶת־שֵׁ֥ם קָדְשִֽׁי׃ וְעַל־בְּגָדִ֤ים חֲבֻלִים֙ יַטּ֔וּ אֵ֖צֶל כָּל־מִזְבֵּ֑חַ
9 וְיֵ֤ין עֲנוּשִׁים֙ יִשְׁתּ֔וּ בֵּ֖ית אֱלֹהֵיהֶֽם׃ וְאָנֹכִ֞י הִשְׁמַ֤דְתִּי אֶת־
הָֽאֱמֹרִי֙ מִפְּנֵיהֶ֔ם אֲשֶׁ֨ר כְּגֹ֤בַהּ אֲרָזִים֙ גָּבְה֔וֹ וְחָסֹ֥ן ה֖וּא כָּֽאַלּוֹנִ֑ים
י וָאַשְׁמִ֤יד פִּרְיוֹ֙ מִמַּ֔עַל וְשָׁרָשָׁ֖יו מִתָּֽחַת׃ וְאָנֹכִ֛י הֶעֱלֵ֥יתִי אֶתְכֶ֖ם
מֵאֶ֣רֶץ מִצְרָ֑יִם וָאוֹלֵ֨ךְ אֶתְכֶ֤ם בַּמִּדְבָּר֙ אַרְבָּעִ֣ים שָׁנָ֔ה לָרֶ֖שֶׁת
11 אֶת־אֶ֥רֶץ הָאֱמֹרִֽי׃ וָאָקִ֤ים מִבְּנֵיכֶם֙ לִנְבִיאִ֔ים וּמִבַּחוּרֵיכֶ֖ם
12 לִנְזִרִ֑ים הַאַ֥ף אֵֽין־זֹ֛את בְּנֵ֥י יִשְׂרָאֵ֖ל נְאֻם־יְהוָֽה׃ וַתַּשְׁק֥וּ אֶת־
13 הַנְּזִרִ֖ים יָ֑יִן וְעַל־הַנְּבִיאִים֙ צִוִּיתֶ֣ם לֵאמֹ֔ר לֹ֖א תִּנָּבְאֽוּ׃ הִנֵּ֛ה
אָנֹכִ֥י מֵעִ֖יק תַּחְתֵּיכֶ֑ם כַּאֲשֶׁ֤ר תָּעִיק֙ הָעֲגָלָ֔ה הַמְלֵאָ֥ה לָ֖הּ
14 עָמִֽיר׃ וְאָבַ֤ד מָנוֹס֙ מִקָּ֔ל וְחָזָ֖ק לֹא־יְאַמֵּ֣ץ כֹּח֑וֹ וְגִבּ֖וֹר לֹא־
טו יְמַלֵּ֥ט נַפְשֽׁוֹ׃ וְתֹפֵ֤שׂ הַקֶּ֙שֶׁת֙ לֹ֣א יַעֲמֹ֔ד וְקַ֥ל בְּרַגְלָ֖יו לֹ֣א יְמַלֵּ֑ט
16 וְרֹכֵ֣ב הַסּ֔וּס לֹ֥א יְמַלֵּ֖ט נַפְשֽׁוֹ׃ וְאַמִּ֥יץ לִבּ֖וֹ בַּגִּבּוֹרִ֑ים עָר֛וֹם
יָנ֥וּס בַּיּוֹם־הַה֖וּא נְאֻם־יְהוָֽה׃

ב׳ v. 6. הפטרת וישב

ג Cap. III. ג

א שִׁמְעוּ אֶת־הַדָּבָר הַזֶּה אֲשֶׁר דִּבֶּר יְהוָה עֲלֵיכֶם בְּנֵי
יִשְׂרָאֵל עַל כָּל־הַמִּשְׁפָּחָה אֲשֶׁר הֶעֱלֵיתִי מֵאֶרֶץ מִצְרַיִם
2 לֵאמֹר: רַק אֶתְכֶם יָדַעְתִּי מִכֹּל מִשְׁפְּחוֹת הָאֲדָמָה עַל־כֵּן
3 אֶפְקֹד עֲלֵיכֶם אֵת כָּל־עֲוֹנֹתֵיכֶם: הֲיֵלְכוּ שְׁנַיִם יַחְדָּו בִּלְתִּי
4 אִם־נוֹעָדוּ: הֲיִשְׁאַג אַרְיֵה בַּיַּעַר וְטֶרֶף אֵין לוֹ הֲיִתֵּן כְּפִיר
ה קוֹלוֹ מִמְּעֹנָתוֹ בִּלְתִּי אִם־לָכָד: הֲתִפֹּל צִפּוֹר עַל־פַּח
הָאָרֶץ וּמוֹקֵשׁ אֵין לָהּ הֲיַעֲלֶה־פַּח מִן־הָאֲדָמָה וְלָכוֹד לֹא
6 יִלְכּוֹד: אִם־יִתָּקַע שׁוֹפָר בְּעִיר וְעָם לֹא יֶחֱרָדוּ אִם־תִּהְיֶה
7 רָעָה בְּעִיר וַיהוָה לֹא עָשָׂה: כִּי לֹא יַעֲשֶׂה אֲדֹנָי יְהוִה דָּבָר
8 כִּי אִם־גָּלָה סוֹדוֹ אֶל־עֲבָדָיו הַנְּבִיאִים: אַרְיֵה שָׁאָג מִי לֹא
9 יִירָא אֲדֹנָי יְהוִה דִּבֶּר מִי לֹא יִנָּבֵא: הַשְׁמִיעוּ עַל־אַרְמְנוֹת
בְּאַשְׁדּוֹד וְעַל־אַרְמְנוֹת בְּאֶרֶץ מִצְרָיִם וְאִמְרוּ הֵאָסְפוּ עַל־
הָרֵי שֹׁמְרוֹן וּרְאוּ מְהוּמֹת רַבּוֹת בְּתוֹכָהּ וַעֲשׁוּקִים בְּקִרְבָּהּ:
י וְלֹא־יָדְעוּ עֲשׂוֹת־נְכֹחָה נְאֻם־יְהוָה הָאוֹצְרִים חָמָס וָשֹׁד
11 בְּאַרְמְנוֹתֵיהֶם: לָכֵן כֹּה אָמַר אֲדֹנָי יְהוִה צַר וּסְבִיב
12 הָאָרֶץ וְהוֹרִד מִמֵּךְ עֻזֵּךְ וְנָבֹזּוּ אַרְמְנוֹתָיִךְ: כֹּה אָמַר יְהוָה
כַּאֲשֶׁר יַצִּיל הָרֹעֶה מִפִּי הָאֲרִי שְׁתֵּי כְרָעַיִם אוֹ בְדַל־אֹזֶן כֵּן
יִנָּצְלוּ בְּנֵי יִשְׂרָאֵל הַיֹּשְׁבִים בְּשֹׁמְרוֹן בִּפְאַת מִטָּה וּבִדְמֶשֶׁק
13 עָרֶשׂ: שִׁמְעוּ וְהָעִידוּ בְּבֵית יַעֲקֹב נְאֻם־אֲדֹנָי יְהוִה אֱלֹהֵי
14 הַצְּבָאוֹת: כִּי בְּיוֹם פָּקְדִי פִשְׁעֵי־יִשְׂרָאֵל עָלָיו וּפָקַדְתִּי
עַל־מִזְבְּחוֹת בֵּית־אֵל וְנִגְדְּעוּ קַרְנוֹת הַמִּזְבֵּחַ וְנָפְלוּ לָאָרֶץ:
טו וְהִכֵּיתִי בֵית־הַחֹרֶף עַל־בֵּית הַקָּיִץ וְאָבְדוּ בָּתֵּי הַשֵּׁן וְסָפוּ
בָּתִּים רַבִּים נְאֻם־יְהוָה:

ד Cap. IV. ד

א שִׁמְעוּ הַדָּבָר הַזֶּה פָּרוֹת הַבָּשָׁן אֲשֶׁר בְּהַר שֹׁמְרוֹן הָעֹשְׁקוֹת
דַּלִּים הָרֹצְצוֹת אֶבְיוֹנִים הָאֹמְרֹת לַאֲדֹנֵיהֶם הָבִיאָה וְנִשְׁתֶּה:

2 נִשְׁבַּע אֲדֹנָי יְהוִה בְּקָדְשׁוֹ כִּי הִנֵּה יָמִים בָּאִים עֲלֵיכֶם וְנִשָּׂא
3 אֶתְכֶם בְּצִנּוֹת וְאַחֲרִיתְכֶן בְּסִירוֹת דּוּגָה׃ וּפְרָצִים תֵּצֶאנָה
4 אִשָּׁה נֶגְדָּהּ וְהִשְׁלַכְתֶּנָה הַהַרְמוֹנָה נְאֻם־יְהוָה׃ בֹּאוּ בֵית־
אֵל וּפִשְׁעוּ הַגִּלְגָּל הַרְבּוּ לִפְשֹׁעַ וְהָבִיאוּ לַבֹּקֶר זִבְחֵיכֶם
ה לִשְׁלֹשֶׁת יָמִים מַעְשְׂרֹתֵיכֶם׃ וְקַטֵּר מֵחָמֵץ תּוֹדָה וְקִרְאוּ
נְדָבוֹת הַשְׁמִיעוּ כִּי כֵן אֲהַבְתֶּם בְּנֵי יִשְׂרָאֵל נְאֻם אֲדֹנָי יְהוִה׃
6 וְגַם־אֲנִי נָתַתִּי לָכֶם נִקְיוֹן שִׁנַּיִם בְּכָל־עָרֵיכֶם וְחֹסֶר לֶחֶם
7 בְּכֹל מְקוֹמֹתֵיכֶם וְלֹא־שַׁבְתֶּם עָדַי נְאֻם־יְהוָה׃ וְגַם אָנֹכִי
מָנַעְתִּי מִכֶּם אֶת־הַגֶּשֶׁם בְּעוֹד שְׁלֹשָׁה חֳדָשִׁים לַקָּצִיר
וְהִמְטַרְתִּי עַל־עִיר אֶחָת וְעַל־עִיר אַחַת לֹא אַמְטִיר חֶלְקָה
8 אַחַת תִּמָּטֵר וְחֶלְקָה אֲשֶׁר־לֹא־תַמְטִיר עָלֶיהָ תִּיבָשׁ׃ וְנָעוּ
שְׁתַּיִם שָׁלֹשׁ עָרִים אֶל־עִיר אַחַת לִשְׁתּוֹת מַיִם וְלֹא יִשְׂבָּעוּ
9 וְלֹא־שַׁבְתֶּם עָדַי נְאֻם־יְהוָה׃ הִכֵּיתִי אֶתְכֶם בַּשִּׁדָּפוֹן וּבַיֵּרָקוֹן
הַרְבּוֹת גַּנּוֹתֵיכֶם וְכַרְמֵיכֶם וּתְאֵנֵיכֶם וְזֵיתֵיכֶם יֹאכַל הַגָּזָם
י וְלֹא־שַׁבְתֶּם עָדַי נְאֻם־יְהוָה׃ שִׁלַּחְתִּי בָכֶם דֶּבֶר בְּדֶרֶךְ
מִצְרַיִם הָרַגְתִּי בַחֶרֶב בַּחוּרֵיכֶם עִם שְׁבִי סוּסֵיכֶם וָאַעֲלֶה
11 בְּאֹשׁ מַחֲנֵיכֶם וּבְאַפְּכֶם וְלֹא־שַׁבְתֶּם עָדַי נְאֻם־יְהוָה׃ הָפַכְתִּי
בָכֶם כְּמַהְפֵּכַת אֱלֹהִים אֶת־סְדֹם וְאֶת־עֲמֹרָה וַתִּהְיוּ כְּאוּד
12 מֻצָּל מִשְּׂרֵפָה וְלֹא־שַׁבְתֶּם עָדַי נְאֻם־יְהוָה׃ לָכֵן כֹּה
אֶעֱשֶׂה־לְּךָ יִשְׂרָאֵל עֵקֶב כִּי־זֹאת אֶעֱשֶׂה־לָּךְ הִכּוֹן לִקְרַאת־
13 אֱלֹהֶיךָ יִשְׂרָאֵל׃ כִּי הִנֵּה יוֹצֵר הָרִים וּבֹרֵא רוּחַ וּמַגִּיד לְאָדָם
מַה־שֵּׂחוֹ עֹשֵׂה שַׁחַר עֵיפָה וְדֹרֵךְ עַל־בָּמֳתֵי אָרֶץ יְהוָה
אֱלֹהֵי־צְבָאוֹת שְׁמוֹ׃

Cap. V. ה

ה

א שִׁמְעוּ אֶת־הַדָּבָר הַזֶּה אֲשֶׁר אָנֹכִי נֹשֵׂא עֲלֵיכֶם קִינָה בֵּית
2 יִשְׂרָאֵל׃ נָפְלָה לֹא־תוֹסִיף קוּם בְּתוּלַת יִשְׂרָאֵל נִטְּשָׁה עַל־
3 אַדְמָתָהּ אֵין מְקִימָהּ׃ כִּי כֹה אָמַר אֲדֹנָי יְהוִה הָעִיר
הַיֹּצֵאת אֶלֶף תַּשְׁאִיר מֵאָה וְהַיּוֹצֵאת מֵאָה תַּשְׁאִיר עֲשָׂרָה
לבית

4 לְבֵית יִשְׂרָאֵל׃ כִּי כֹה אָמַר יְהוָה לְבֵית יִשְׂרָאֵל דִּרְשׁוּנִי
ה וִחְיוּ׃ וְאַל־תִּדְרְשׁוּ בֵּית־אֵל וְהַגִּלְגָּל לֹא תָבֹאוּ וּבְאֵר שֶׁבַע
6 לֹא תַעֲבֹרוּ כִּי הַגִּלְגָּל גָּלֹה יִגְלֶה וּבֵית אֵל יִהְיֶה לְאָוֶן׃ דִּרְשׁוּ
אֶת־יְהוָה וִחְיוּ פֶּן־יִצְלַח כָּאֵשׁ בֵּית יוֹסֵף וְאָכְלָה וְאֵין־
7 מְכַבֶּה לְבֵית־אֵל׃ הַהֹפְכִים לְלַעֲנָה מִשְׁפָּט וּצְדָקָה לָאָרֶץ
8 הִנִּיחוּ׃ עֹשֵׂה כִימָה וּכְסִיל וְהֹפֵךְ לַבֹּקֶר צַלְמָוֶת וְיוֹם לַיְלָה
הֶחְשִׁיךְ הַקּוֹרֵא לְמֵי־הַיָּם וַיִּשְׁפְּכֵם עַל־פְּנֵי הָאָרֶץ יְהוָה
9 י שְׁמוֹ׃ הַמַּבְלִיג שֹׁד עַל־עָז וְשֹׁד עַל־מִבְצָר יָבוֹא׃ שָׂנְאוּ
11 בַשַּׁעַר מוֹכִיחַ וְדֹבֵר תָּמִים יְתָעֵבוּ׃ לָכֵן יַעַן בּוֹשַׁסְכֶם עַל־
דָּל וּמַשְׂאַת־בַּר תִּקְחוּ מִמֶּנּוּ בָּתֵּי גָזִית בְּנִיתֶם וְלֹא־תֵשְׁבוּ
12 בָם כַּרְמֵי־חֶמֶד נְטַעְתֶּם וְלֹא תִשְׁתּוּ אֶת־יֵינָם׃ כִּי יָדַעְתִּי
רַבִּים פִּשְׁעֵיכֶם וַעֲצֻמִים חַטֹּאתֵיכֶם צֹרְרֵי צַדִּיק לֹקְחֵי כֹפֶר
13 וְאֶבְיוֹנִים בַּשַּׁעַר הִטּוּ׃ לָכֵן הַמַּשְׂכִּיל בָּעֵת הַהִיא יִדֹּם כִּי
14 עֵת רָעָה הִיא׃ דִּרְשׁוּ־טוֹב וְאַל־רָע לְמַעַן תִּחְיוּ וִיהִי־כֵן
טו יְהוָה אֱלֹהֵי־צְבָאוֹת אִתְּכֶם כַּאֲשֶׁר אֲמַרְתֶּם׃ שִׂנְאוּ־רָע
וְאֶהֱבוּ טוֹב וְהַצִּיגוּ בַשַּׁעַר מִשְׁפָּט אוּלַי יֶחֱנַן יְהוָה אֱלֹהֵי־
16 צְבָאוֹת שְׁאֵרִית יוֹסֵף׃ לָכֵן כֹּה־אָמַר יְהוָה אֱלֹהֵי
צְבָאוֹת אֲדֹנָי בְּכָל־רְחֹבוֹת מִסְפֵּד וּבְכָל־חוּצוֹת יֹאמְרוּ
הוֹ־הוֹ וְקָרְאוּ אִכָּר אֶל־אֵבֶל וּמִסְפֵּד אֶל־יוֹדְעֵי נֶהִי׃
17 18 וּבְכָל־כְּרָמִים מִסְפֵּד כִּי־אֶעֱבֹר בְּקִרְבְּךָ אָמַר יְהוָה׃ הוֹי
הַמִּתְאַוִּים אֶת־יוֹם יְהוָה לָמָּה־זֶּה לָכֶם יוֹם יְהוָה הוּא־חֹשֶׁךְ
19 וְלֹא־אוֹר׃ כַּאֲשֶׁר יָנוּס אִישׁ מִפְּנֵי הָאֲרִי וּפְגָעוֹ הַדֹּב וּבָא
כ הַבַּיִת וְסָמַךְ יָדוֹ עַל־הַקִּיר וּנְשָׁכוֹ הַנָּחָשׁ׃ הֲלֹא־חֹשֶׁךְ יוֹם
21 יְהוָה וְלֹא־אוֹר וְאָפֵל וְלֹא־נֹגַהּ לוֹ׃ שָׂנֵאתִי מָאַסְתִּי חַגֵּיכֶם
22 וְלֹא אָרִיחַ בְּעַצְּרֹתֵיכֶם׃ כִּי אִם־תַּעֲלוּ־לִי עֹלוֹת וּמִנְחֹתֵיכֶם
23 לֹא אֶרְצֶה וְשֶׁלֶם מְרִיאֵיכֶם לֹא אַבִּיט׃ הָסֵר מֵעָלַי הֲמוֹן
24 שִׁרֶיךָ וְזִמְרַת נְבָלֶיךָ לֹא אֶשְׁמָע׃ וְיִגַּל כַּמַּיִם מִשְׁפָּט וּצְדָקָה

כנחל

v. 19. סבירין מפי

כה כְּנַחַל אֵיתָן׃ הַזְּבָחִים וּמִנְחָה הִגַּשְׁתֶּם־לִי בַמִּדְבָּר אַרְבָּעִים
26 שָׁנָה בֵּית יִשְׂרָאֵל׃ וּנְשָׂאתֶם אֵת סִכּוּת מַלְכְּכֶם וְאֵת כִּיּוּן
27 צַלְמֵיכֶם כּוֹכַב אֱלֹהֵיכֶם אֲשֶׁר עֲשִׂיתֶם לָכֶם׃ וְהִגְלֵיתִי אֶתְכֶם
מֵהָלְאָה לְדַמָּשֶׂק אָמַר יְהוָה אֱלֹהֵי־צְבָאוֹת שְׁמוֹ׃

Cap. VI. ו

ו

א הוֹי הַשַּׁאֲנַנִּים בְּצִיּוֹן וְהַבֹּטְחִים בְּהַר שֹׁמְרוֹן נְקֻבֵי רֵאשִׁית
2 הַגּוֹיִם וּבָאוּ לָהֶם בֵּית יִשְׂרָאֵל׃ עִבְרוּ כַלְנֵה וּרְאוּ וּלְכוּ
מִשָּׁם חֲמַת רַבָּה וּרְדוּ גַת־פְּלִשְׁתִּים הֲטוֹבִים מִן־הַמַּמְלָכוֹת
3 הָאֵלֶּה אִם־רַב גְּבוּלָם מִגְּבֻלְכֶם׃ הַמְנַדִּים לְיוֹם רָע וַתַּגִּשׁוּן
4 שֶׁבֶת חָמָס׃ הַשֹּׁכְבִים עַל־מִטּוֹת שֵׁן וּסְרֻחִים עַל־עַרְשׂתָם
ה וְאֹכְלִים כָּרִים מִצֹּאן וַעֲגָלִים מִתּוֹךְ מַרְבֵּק׃ הַפֹּרְטִים עַל־
6 פִּי הַנָּבֶל כְּדָוִיד חָשְׁבוּ לָהֶם כְּלֵי־שִׁיר׃ הַשֹּׁתִים בְּמִזְרְקֵי
7 יַיִן וְרֵאשִׁית שְׁמָנִים יִמְשָׁחוּ וְלֹא נֶחְלוּ עַל־שֵׁבֶר יוֹסֵף׃ לָכֵן
עַתָּה יִגְלוּ בְּרֹאשׁ גֹּלִים וְסָר מִרְזַח סְרוּחִים׃
8 נִשְׁבַּע אֲדֹנָי יְהוִה בְּנַפְשׁוֹ נְאֻם־יְהוָה אֱלֹהֵי צְבָאוֹת מְתָאֵב
אָנֹכִי אֶת־גְּאוֹן יַעֲקֹב וְאַרְמְנֹתָיו שָׂנֵאתִי וְהִסְגַּרְתִּי עִיר
9 וּמְלֹאָהּ׃ וְהָיָה אִם־יִוָּתְרוּ עֲשָׂרָה אֲנָשִׁים בְּבַיִת אֶחָד וָמֵתוּ׃
י וּנְשָׂאוֹ דּוֹדוֹ וּמְסָרְפוֹ לְהוֹצִיא עֲצָמִים מִן־הַבַּיִת וְאָמַר לַאֲשֶׁר
בְּיַרְכְּתֵי הַבַּיִת הַעוֹד עִמָּךְ וְאָמַר אָפֶס וְאָמַר הָס כִּי לֹא
11 לְהַזְכִּיר בְּשֵׁם יְהוָה׃ כִּי־הִנֵּה יְהוָה מְצַוֶּה וְהִכָּה הַבַּיִת
12 הַגָּדוֹל רְסִיסִים וְהַבַּיִת הַקָּטֹן בְּקִעִים׃ הַיְרֻצוּן בַּסֶּלַע סוּסִים
אִם־יַחֲרוֹשׁ בַּבְּקָרִים כִּי־הֲפַכְתֶּם לְרֹאשׁ מִשְׁפָּט וּפְרִי צְדָקָה
13 לְלַעֲנָה׃ הַשְּׂמֵחִים לְלֹא דָבָר הָאֹמְרִים הֲלוֹא בְחָזְקֵנוּ לָקַחְנוּ
14 לָנוּ קַרְנָיִם׃ כִּי הִנְנִי מֵקִים עֲלֵיכֶם בֵּית יִשְׂרָאֵל נְאֻם־יְהוָה
אֱלֹהֵי הַצְּבָאוֹת גּוֹי וְלָחֲצוּ אֶתְכֶם מִלְּבוֹא חֲמָת עַד־נַחַל
הָעֲרָבָה׃

Cap. VII. ז

ז

א כֹּה הִרְאַנִי אֲדֹנָי יְהוִה וְהִנֵּה יוֹצֵר גֹּבַי בִּתְחִלַּת עֲלוֹת הַלָּקֶשׁ
והנה־לקש

2 וְהִנֵּה־לֶקֶשׁ אַחַר גִּזֵּי הַמֶּלֶךְ׃ וְהָיָה אִם־כִּלָּה לֶאֱכוֹל אֶת־
עֵשֶׂב הָאָרֶץ וָאֹמַר אֲדֹנָי יֱהוִה סְלַח־נָא מִי יָקוּם יַעֲקֹב כִּי
3 4 קָטֹן הוּא׃ נִחַם יְהוָה עַל־זֹאת לֹא תִהְיֶה אָמַר יְהוָה׃ כֹּה
הִרְאַנִי אֲדֹנָי יֱהוִה וְהִנֵּה קֹרֵא לָרִב בָּאֵשׁ אֲדֹנָי יֱהוִה וַתֹּאכַל
ה אֶת־תְּהוֹם רַבָּה וְאָכְלָה אֶת־הַחֵלֶק׃ וָאֹמַר אֲדֹנָי יֱהוִה
6 חֲדַל־נָא מִי יָקוּם יַעֲקֹב כִּי קָטֹן הוּא׃ נִחַם יְהוָה עַל־זֹאת
7 גַּם־הִיא לֹא תִהְיֶה אָמַר אֲדֹנָי יֱהוִה׃ כֹּה הִרְאַנִי וְהִנֵּה
8 אֲדֹנָי נִצָּב עַל־חוֹמַת אֲנָךְ וּבְיָדוֹ אֲנָךְ׃ וַיֹּאמֶר יְהוָה אֵלַי
מָה־אַתָּה רֹאֶה עָמוֹס וָאֹמַר אֲנָךְ וַיֹּאמֶר אֲדֹנָי הִנְנִי שָׂם אֲנָךְ
9 בְּקֶרֶב עַמִּי יִשְׂרָאֵל לֹא־אוֹסִיף עוֹד עֲבוֹר לוֹ׃ וְנָשַׁמּוּ בָּמוֹת
יִשְׂחָק וּמִקְדְּשֵׁי יִשְׂרָאֵל יֶחֱרָבוּ וְקַמְתִּי עַל־בֵּית יָרָבְעָם
י בֶּחָרֶב׃ וַיִּשְׁלַח אֲמַצְיָה כֹּהֵן בֵּית־אֵל אֶל־יָרָבְעָם מֶלֶךְ־
יִשְׂרָאֵל לֵאמֹר קָשַׁר עָלֶיךָ עָמוֹס בְּקֶרֶב בֵּית יִשְׂרָאֵל
11 לֹא־תוּכַל הָאָרֶץ לְהָכִיל אֶת־כָּל־דְּבָרָיו׃ כִּי־כֹה אָמַר
עָמוֹס בַּחֶרֶב יָמוּת יָרָבְעָם וְיִשְׂרָאֵל גָּלֹה יִגְלֶה מֵעַל
12 אַדְמָתוֹ׃ וַיֹּאמֶר אֲמַצְיָה אֶל־עָמוֹס חֹזֶה לֵךְ בְּרַח־לְךָ
13 אֶל־אֶרֶץ יְהוּדָה וֶאֱכָל־שָׁם לֶחֶם וְשָׁם תִּנָּבֵא׃ וּבֵית־אֵל
לֹא־תוֹסִיף עוֹד לְהִנָּבֵא כִּי מִקְדַּשׁ־מֶלֶךְ הוּא וּבֵית מַמְלָכָה
14 הוּא׃ וַיַּעַן עָמוֹס וַיֹּאמֶר אֶל־אֲמַצְיָה לֹא־נָבִיא אָנֹכִי וְלֹא
טו בֶן־נָבִיא אָנֹכִי כִּי־בוֹקֵר אָנֹכִי וּבוֹלֵס שִׁקְמִים׃ וַיִּקָּחֵנִי יְהוָה
מֵאַחֲרֵי הַצֹּאן וַיֹּאמֶר אֵלַי יְהוָה לֵךְ הִנָּבֵא אֶל־עַמִּי יִשְׂרָאֵל׃
16 וְעַתָּה שְׁמַע דְּבַר־יְהוָה אַתָּה אֹמֵר לֹא תִנָּבֵא עַל־יִשְׂרָאֵל
17 וְלֹא תַטִּיף עַל־בֵּית יִשְׂחָק׃ לָכֵן כֹּה־אָמַר יְהוָה אִשְׁתְּךָ
בָּעִיר תִּזְנֶה וּבָנֶיךָ וּבְנֹתֶיךָ בַּחֶרֶב יִפֹּלוּ וְאַדְמָתְךָ בַּחֶבֶל
תְּחֻלָּק וְאַתָּה עַל־אֲדָמָה טְמֵאָה תָּמוּת וְיִשְׂרָאֵל גָּלֹה יִגְלֶה
מֵעַל אַדְמָתוֹ׃

ח CAP. VIII. ח

2 א כֹּה הִרְאַנִי אֲדֹנָי יֱהוִה וְהִנֵּה כְּלוּב קָיִץ׃ וַיֹּאמֶר מָה־אַתָּה
ראה

רֹאֶה֙ עָמ֔וֹס וָאֹמַ֖ר כְּל֣וּב קָ֑יִץ וַיֹּ֨אמֶר יְהוָ֜ה אֵלַ֗י בָּ֤א הַקֵּץ֙
3 אֶל־עַמִּ֣י יִשְׂרָאֵ֔ל לֹֽא־אוֹסִ֥יף ע֖וֹד עֲב֥וֹר לֽוֹ׃ וְהֵילִ֜ילוּ שִׁיר֤וֹת
הֵיכָל֙ בַּיּ֣וֹם הַה֔וּא נְאֻ֖ם אֲדֹנָ֣י יְהוִ֑ה רַ֣ב הַפֶּ֔גֶר בְּכָל־מָק֖וֹם
4 הִשְׁלִ֥יךְ הָֽס׃ שִׁמְעוּ־זֹ֕את הַשֹּׁאֲפִ֖ים אֶבְי֑וֹן וְלַשְׁבִּ֖ית עֲנִוֵּי־
ה אָֽרֶץ׃ לֵאמֹ֗ר מָתַ֞י יַעֲבֹ֤ר הַחֹ֙דֶשׁ֙ וְנַשְׁבִּ֣ירָה שֶּׁ֔בֶר וְהַשַּׁבָּ֖ת
וְנִפְתְּחָה־בָּ֑ר לְהַקְטִ֣ין אֵיפָ֗ה וּלְהַגְדִּ֣יל שֶׁ֔קֶל וּלְעַוֵּ֖ת מֹאזְנֵ֥י
6 מִרְמָֽה׃ לִקְנ֤וֹת בַּכֶּ֙סֶף֙ דַּלִּ֔ים וְאֶבְי֖וֹן בַּעֲב֣וּר נַעֲלָ֑יִם וּמַפַּ֥ל
7 בַּ֖ר נַשְׁבִּֽיר׃ נִשְׁבַּ֥ע יְהוָ֖ה בִּגְא֣וֹן יַעֲקֹ֑ב אִם־אֶשְׁכַּ֥ח לָנֶ֖צַח כָּל־
8 מַעֲשֵׂיהֶֽם׃ הַ֤עַל זֹאת֙ לֹֽא־תִרְגַּ֣ז הָאָ֔רֶץ וְאָבַ֖ל כָּל־יוֹשֵׁ֣ב בָּ֑הּ
9 וְעָלְתָ֤ה כָאֹר֙ כֻּלָּ֔הּ וְנִגְרְשָׁ֥ה וְנִשְׁקְהָ֖ כִּיא֥וֹר מִצְרָֽיִם׃ וְהָיָ֣ה ׀
בַּיּ֣וֹם הַה֔וּא נְאֻם֙ אֲדֹנָ֣י יְהוִ֔ה וְהֵבֵאתִ֥י הַשֶּׁ֖מֶשׁ בַּֽצָּהֳרָ֑יִם
י וְהַחֲשַׁכְתִּ֥י לָאָ֖רֶץ בְּי֥וֹם אֽוֹר׃ וְהָפַכְתִּ֨י חַגֵּיכֶ֜ם לְאֵ֗בֶל וְכָל־
שִׁירֵיכֶם֙ לְקִינָ֔ה וְהַעֲלֵיתִ֤י עַל־כָּל־מָתְנַ֙יִם֙ שָׂ֔ק וְעַל־כָּל־
רֹ֖אשׁ קָרְחָ֑ה וְשַׂמְתִּ֙יהָ֙ כְּאֵ֣בֶל יָחִ֔יד וְאַחֲרִיתָ֖הּ כְּי֥וֹם
11 מָֽר׃ הִנֵּ֣ה ׀ יָמִ֣ים בָּאִ֗ים נְאֻם֙ אֲדֹנָ֣י יְהוִ֔ה וְהִשְׁלַחְתִּ֥י רָעָ֖ב
בָּאָ֑רֶץ לֹֽא־רָעָ֨ב לַלֶּ֜חֶם וְלֹֽא־צָמָ֣א לַמַּ֗יִם כִּ֣י אִם־לִשְׁמֹ֔עַ
12 אֵ֖ת דִּבְרֵ֥י יְהוָֽה׃ וְנָע֞וּ מִיָּ֣ם עַד־יָ֔ם וּמִצָּפ֖וֹן וְעַד־מִזְרָ֑ח
13 יְשֽׁוֹטְט֛וּ לְבַקֵּ֥שׁ אֶת־דְּבַר־יְהוָ֖ה וְלֹ֥א יִמְצָֽאוּ׃ בַּיּ֣וֹם הַה֗וּא
14 תִּ֠תְעַלַּפְנָה הַבְּתוּלֹ֧ת הַיָּפ֛וֹת וְהַבַּחוּרִ֖ים בַּצָּמָֽא׃ הַנִּשְׁבָּעִים֙
בְּאַשְׁמַ֣ת שֹׁמְר֔וֹן וְאָמְר֔וּ חֵ֤י אֱלֹהֶ֙יךָ֙ דָּ֔ן וְחֵ֕י דֶּ֖רֶךְ בְּאֵֽר־שָׁ֑בַע
וְנָפְל֖וּ וְלֹא־יָק֥וּמוּ עֽוֹד׃

CAP. IX. ט

ט

א רָאִ֨יתִי אֶת־אֲדֹנָ֜י נִצָּ֣ב עַל־הַמִּזְבֵּ֗חַ וַיֹּ֩אמֶר֩ הַ֨ךְ הַכַּפְתּ֜וֹר
וְיִרְעֲשׁ֣וּ הַסִּפִּ֗ים וּבְצַ֙עַם֙ בְּרֹ֣אשׁ כֻּלָּ֔ם וְאַחֲרִיתָ֖ם בַּחֶ֣רֶב אֶהֱרֹ֑ג
2 לֹא־יָנ֤וּס לָהֶם֙ נָ֔ס וְלֹֽא־יִמָּלֵ֥ט לָהֶ֖ם פָּלִֽיט׃ אִם־יַחְתְּר֣וּ
בִשְׁא֔וֹל מִשָּׁ֖ם יָדִ֣י תִקָּחֵ֑ם וְאִֽם־יַעֲלוּ֙ הַשָּׁמַ֔יִם מִשָּׁ֖ם אוֹרִידֵֽם׃
3 וְאִם־יֵחָֽבְא֗וּ בְּרֹ֙אשׁ֙ הַכַּרְמֶ֔ל מִשָּׁ֥ם אֲחַפֵּ֖שׂ וּלְקַחְתִּ֑ים וְאִם־

יסתרו

ח׳ v. 4. עניי ק׳ v. 8. ונשקעה ק׳

יִסָּתְרוּ מִנֶּגֶד עֵינַי בְּקַרְקַע הַיָּם מִשָּׁם אֲצַוֶּה אֶת־הַנָּחָשׁ וּנְשָׁכָם׃
4 וְאִם־יֵלְכוּ בַשְּׁבִי לִפְנֵי אֹיְבֵיהֶם מִשָּׁם אֲצַוֶּה אֶת־הַחֶרֶב
ה וַהֲרָגָתַם וְשַׂמְתִּי עֵינִי עֲלֵיהֶם לְרָעָה וְלֹא לְטוֹבָה׃ וַאדֹנָי
יְהוִה הַצְּבָאוֹת הַנּוֹגֵעַ בָּאָרֶץ וַתָּמוֹג וְאָבְלוּ כָּל־יוֹשְׁבֵי בָהּ
6 וְעָלְתָה כַיְאֹר כֻּלָּהּ וְשָׁקְעָה כִּיאֹר מִצְרָיִם׃ הַבּוֹנֶה בַשָּׁמַיִם
מַעֲלוֹתָו וַאֲגֻדָּתוֹ עַל־אֶרֶץ יְסָדָהּ הַקֹּרֵא לְמֵי־הַיָּם וַיִּשְׁפְּכֵם
7 עַל־פְּנֵי הָאָרֶץ יְהוָה שְׁמוֹ׃ הֲלוֹא כִבְנֵי כֻשִׁיִּים אַתֶּם לִי
בְּנֵי יִשְׂרָאֵל נְאֻם־יְהוָה הֲלוֹא אֶת־יִשְׂרָאֵל הֶעֱלֵיתִי מֵאֶרֶץ
8 מִצְרַיִם וּפְלִשְׁתִּיִּים מִכַּפְתּוֹר וַאֲרָם מִקִּיר׃ הִנֵּה עֵינֵי ׀ אֲדֹנָי
יְהוִה בַּמַּמְלָכָה הַחַטָּאָה וְהִשְׁמַדְתִּי אֹתָהּ מֵעַל פְּנֵי הָאֲדָמָה
אֶפֶס כִּי לֹא הַשְׁמֵיד אַשְׁמִיד אֶת־בֵּית יַעֲקֹב נְאֻם־יְהוָה׃
9 כִּי־הִנֵּה אָנֹכִי מְצַוֶּה וַהֲנִעוֹתִי בְכָל־הַגּוֹיִם אֶת־בֵּית יִשְׂרָאֵל
י כַּאֲשֶׁר יִנּוֹעַ בַּכְּבָרָה וְלֹא־יִפּוֹל צְרוֹר אָרֶץ׃ בַּחֶרֶב יָמוּתוּ
כֹּל חַטָּאֵי עַמִּי הָאֹמְרִים לֹא־תַגִּישׁ וְתַקְדִּים בַּעֲדֵינוּ הָרָעָה׃
11 בַּיּוֹם הַהוּא אָקִים אֶת־סֻכַּת דָּוִיד הַנֹּפֶלֶת וְגָדַרְתִּי אֶת־
12 פִּרְצֵיהֶן וַהֲרִסֹתָיו אָקִים וּבְנִיתִיהָ כִּימֵי עוֹלָם׃ לְמַעַן יִירְשׁוּ
אֶת־שְׁאֵרִית אֱדוֹם וְכָל־הַגּוֹיִם אֲשֶׁר־נִקְרָא שְׁמִי עֲלֵיהֶם
13 נְאֻם־יְהוָה עֹשֶׂה זֹּאת׃ הִנֵּה יָמִים בָּאִים נְאֻם־יְהוָה וְנִגַּשׁ
חוֹרֵשׁ בַּקֹּצֵר וְדֹרֵךְ עֲנָבִים בְּמֹשֵׁךְ הַזָּרַע וְהִטִּיפוּ הֶהָרִים
14 עָסִיס וְכָל־הַגְּבָעוֹת תִּתְמוֹגַגְנָה׃ וְשַׁבְתִּי אֶת־שְׁבוּת עַמִּי
יִשְׂרָאֵל וּבָנוּ עָרִים נְשַׁמּוֹת וְיָשָׁבוּ וְנָטְעוּ כְרָמִים וְשָׁתוּ אֶת־
טו יֵינָם וְעָשׂוּ גַנּוֹת וְאָכְלוּ אֶת־פְּרִיהֶם׃ וּנְטַעְתִּים עַל־אַדְמָתָם
וְלֹא יִנָּתְשׁוּ עוֹד מֵעַל אַדְמָתָם אֲשֶׁר נָתַתִּי לָהֶם אָמַר יְהוָה
אֱלֹהֶיךָ׃

חזון

v. 6. מעלותיו ק׳ v. 7. הפטרת קדושים כמנהג האשכנזים

עבדיה

LIBER OBADIAE

CAPUT I. א

א

א חֲזוֹן עֹבַדְיָה כֹּה־אָמַר אֲדֹנָי יְהוִֹה לֶאֱדוֹם שְׁמוּעָה שָׁמַעְנוּ
מֵאֵת יְהוָה וְצִיר בַּגּוֹיִם שֻׁלָּח קוּמוּ וְנָקוּמָה עָלֶיהָ לַמִּלְחָמָה׃
2 3 הִנֵּה קָטֹן נְתַתִּיךָ בַּגּוֹיִם בָּזוּי אַתָּה מְאֹד׃ זְדוֹן לִבְּךָ הִשִּׁיאֶךָ
שֹׁכְנִי בְחַגְוֵי־סֶלַע מְרוֹם שִׁבְתּוֹ אֹמֵר בְּלִבּוֹ מִי יוֹרִדֵנִי אָרֶץ׃
4 אִם־תַּגְבִּיהַּ כַּנֶּשֶׁר וְאִם־בֵּין כּוֹכָבִים שִׂים קִנֶּךָ מִשָּׁם אוֹרִידְךָ
ה נְאֻם־יְהוָה׃ אִם־גַּנָּבִים בָּאוּ־לְךָ אִם־שׁוֹדְדֵי לַיְלָה אֵיךְ
נִדְמֵיתָה הֲלוֹא יִגְנְבוּ דַּיָּם אִם־בֹּצְרִים בָּאוּ לָךְ הֲלוֹא יַשְׁאִירוּ
6 7 עֹלֵלוֹת׃ אֵיךְ נֶחְפְּשׂוּ עֵשָׂו נִבְעוּ מַצְפֻּנָיו׃ עַד־הַגְּבוּל שִׁלְּחוּךָ
כֹּל אַנְשֵׁי בְרִיתֶךָ הִשִּׁיאוּךָ יָכְלוּ לְךָ אַנְשֵׁי שְׁלֹמֶךָ לַחְמְךָ
8 יָשִׂימוּ מָזוֹר תַּחְתֶּיךָ אֵין תְּבוּנָה בּוֹ׃ הֲלוֹא בַּיּוֹם הַהוּא נְאֻם־
9 יְהוָה וְהַאֲבַדְתִּי חֲכָמִים מֵאֱדוֹם וּתְבוּנָה מֵהַר עֵשָׂו׃ וְחַתּוּ
י גִבּוֹרֶיךָ תֵּימָן לְמַעַן יִכָּרֶת־אִישׁ מֵהַר עֵשָׂו מִקָּטֶל׃ מֵחֲמַס
11 אָחִיךָ יַעֲקֹב תְּכַסְּךָ בוּשָׁה וְנִכְרַתָּ לְעוֹלָם׃ בְּיוֹם עֲמָדְךָ מִנֶּגֶד
בְּיוֹם שְׁבוֹת זָרִים חֵילוֹ וְנָכְרִים בָּאוּ שְׁעָרוֹ וְעַל־יְרוּשָׁלִַם יַדּוּ
12 גוֹרָל גַּם־אַתָּה כְּאַחַד מֵהֶם׃ וְאַל־תֵּרֶא בְיוֹם־אָחִיךָ בְּיוֹם
נָכְרוֹ וְאַל־תִּשְׂמַח לִבְנֵי־יְהוּדָה בְּיוֹם אָבְדָם וְאַל־תַּגְדֵּל
13 פִּיךָ בְּיוֹם צָרָה׃ אַל־תָּבוֹא בְשַׁעַר־עַמִּי בְּיוֹם אֵידָם אַל־
תֵּרֶא גַם־אַתָּה בְּרָעָתוֹ בְּיוֹם אֵידוֹ וְאַל־תִּשְׁלַחְנָה בְחֵילוֹ
14 בְּיוֹם אֵידוֹ׃ וְאַל־תַּעֲמֹד עַל־הַפֶּרֶק לְהַכְרִית אֶת־פְּלִיטָיו
טו וְאַל־תַּסְגֵּר שְׂרִידָיו בְּיוֹם צָרָה׃ כִּי־קָרוֹב יוֹם־יְהוָה עַל־
16 כָּל־הַגּוֹיִם כַּאֲשֶׁר עָשִׂיתָ יֵעָשֶׂה לָּךְ גְּמֻלְךָ יָשׁוּב בְּרֹאשֶׁךָ׃ כִּי
כַּאֲשֶׁר שְׁתִיתֶם עַל־הַר קָדְשִׁי יִשְׁתּוּ כָל־הַגּוֹיִם תָּמִיד וְשָׁתוּ
17 וְלָעוּ וְהָיוּ כְּלוֹא הָיוּ׃ וּבְהַר צִיּוֹן תִּהְיֶה פְלֵיטָה וְהָיָה קֹדֶשׁ

וירשו

v. 1. הפטרת וישלח v. 11. שעריו ק׳

18 וְיָרְשׁוּ בֵּית יַעֲקֹב אֵת מוֹרָשֵׁיהֶם׃ וְהָיָה בֵית־יַעֲקֹב אֵשׁ וּבֵית
יוֹסֵף לֶהָבָה וּבֵית עֵשָׂו לְקַשׁ וְדָלְקוּ בָהֶם וַאֲכָלוּם וְלֹא־יִהְיֶה
19 שָׂרִיד לְבֵית עֵשָׂו כִּי יְהוָה דִּבֵּר׃ וְיָרְשׁוּ הַנֶּגֶב אֶת־הַר עֵשָׂו
וְהַשְּׁפֵלָה אֶת־פְּלִשְׁתִּים וְיָרְשׁוּ אֶת־שְׂדֵה אֶפְרַיִם וְאֵת שְׂדֵה
כ שֹׁמְרוֹן וּבִנְיָמִן אֶת־הַגִּלְעָד׃ וְגָלֻת הַחֵל־הַזֶּה לִבְנֵי יִשְׂרָאֵל
אֲשֶׁר־כְּנַעֲנִים עַד־צָרְפַת וְגָלֻת יְרוּשָׁלִַם אֲשֶׁר בִּסְפָרַד יִרְשׁוּ
21 אֵת עָרֵי הַנֶּגֶב׃ וְעָלוּ מוֹשִׁעִים בְּהַר צִיּוֹן לִשְׁפֹּט אֶת־הַר
עֵשָׂו וְהָיְתָה לַיהוָה הַמְּלוּכָה׃

יונה

LIBER JONAE

CAPUT I. א

א

א 2 °וַיְהִי דְּבַר־יְהוָה אֶל־יוֹנָה בֶן־אֲמִתַּי לֵאמֹר׃ קוּם לֵךְ
אֶל־נִינְוֵה הָעִיר הַגְּדוֹלָה וּקְרָא עָלֶיהָ כִּי־עָלְתָה רָעָתָם
3 לְפָנָי׃ וַיָּקָם יוֹנָה לִבְרֹחַ תַּרְשִׁישָׁה מִלִּפְנֵי יְהוָה וַיֵּרֶד יָפוֹ
וַיִּמְצָא אָנִיָּה ׀ בָּאָה תַרְשִׁישׁ וַיִּתֵּן שְׂכָרָהּ וַיֵּרֶד בָּהּ לָבוֹא
4 עִמָּהֶם תַּרְשִׁישָׁה מִלִּפְנֵי יְהוָה׃ וַיהוָה הֵטִיל רוּחַ־גְּדוֹלָה
אֶל־הַיָּם וַיְהִי סַעַר־גָּדוֹל בַּיָּם וְהָאֳנִיָּה חִשְּׁבָה לְהִשָּׁבֵר׃
ה וַיִּירְאוּ הַמַּלָּחִים וַיִּזְעֲקוּ אִישׁ אֶל־אֱלֹהָיו וַיָּטִלוּ אֶת־הַכֵּלִים
אֲשֶׁר בָּאֳנִיָּה אֶל־הַיָּם לְהָקֵל מֵעֲלֵיהֶם וְיוֹנָה יָרַד אֶל־יַרְכְּתֵי
6 הַסְּפִינָה וַיִּשְׁכַּב וַיֵּרָדַם׃ וַיִּקְרַב אֵלָיו רַב הַחֹבֵל וַיֹּאמֶר לוֹ
מַה־לְּךָ נִרְדָּם קוּם קְרָא אֶל־אֱלֹהֶיךָ אוּלַי יִתְעַשֵּׁת הָאֱלֹהִים
7 לָנוּ וְלֹא נֹאבֵד׃ וַיֹּאמְרוּ אִישׁ אֶל־רֵעֵהוּ לְכוּ וְנַפִּילָה גוֹרָלוֹת
וְנֵדְעָה בְּשֶׁלְּמִי הָרָעָה הַזֹּאת לָנוּ וַיַּפִּלוּ גּוֹרָלוֹת וַיִּפֹּל הַגּוֹרָל
8 עַל־יוֹנָה׃ וַיֹּאמְרוּ אֵלָיו הַגִּידָה־נָּא לָנוּ בַּאֲשֶׁר לְמִי־הָרָעָה
הַזֹּאת לָנוּ מַה־מְּלַאכְתְּךָ וּמֵאַיִן תָּבוֹא מָה אַרְצֶךָ וְאֵי־מִזֶּה

א׳ v. 1. הפטרת יום°כפור למנחה

9 עִם אָתָה׃ וַיֹּאמֶר אֲלֵיהֶם עִבְרִי אָנֹכִי וְאֶת־יְהוָה אֱלֹהֵי
י הַשָּׁמַיִם אֲנִי יָרֵא אֲשֶׁר־עָשָׂה אֶת־הַיָּם וְאֶת־הַיַּבָּשָׁה׃ וַיִּירְאוּ
הָאֲנָשִׁים יִרְאָה גְדוֹלָה וַיֹּאמְרוּ אֵלָיו מַה־זֹּאת עָשִׂיתָ כִּי־יָדְעוּ
11 הָאֲנָשִׁים כִּי־מִלִּפְנֵי יְהוָה הוּא בֹרֵחַ כִּי הִגִּיד לָהֶם׃ וַיֹּאמְרוּ
אֵלָיו מַה־נַּעֲשֶׂה לָּךְ וְיִשְׁתֹּק הַיָּם מֵעָלֵינוּ כִּי הַיָּם הוֹלֵךְ
12 וְסֹעֵר׃ וַיֹּאמֶר אֲלֵיהֶם שָׂאוּנִי וַהֲטִילֻנִי אֶל־הַיָּם וְיִשְׁתֹּק הַיָּם
מֵעֲלֵיכֶם כִּי יוֹדֵעַ אָנִי כִּי בְשֶׁלִּי הַסַּעַר הַגָּדוֹל הַזֶּה עֲלֵיכֶם׃
13 וַיַּחְתְּרוּ הָאֲנָשִׁים לְהָשִׁיב אֶל־הַיַּבָּשָׁה וְלֹא יָכֹלוּ כִּי הַיָּם
14 הוֹלֵךְ וְסֹעֵר עֲלֵיהֶם׃ וַיִּקְרְאוּ אֶל־יְהוָה וַיֹּאמְרוּ אָנָּה יְהוָה
אַל־נָא נֹאבְדָה בְּנֶפֶשׁ הָאִישׁ הַזֶּה וְאַל־תִּתֵּן עָלֵינוּ דָּם נָקִיא
טו כִּי־אַתָּה יְהוָה כַּאֲשֶׁר חָפַצְתָּ עָשִׂיתָ׃ וַיִּשְׂאוּ אֶת־יוֹנָה וַיְטִלֻהוּ
16 אֶל־הַיָּם וַיַּעֲמֹד הַיָּם מִזַּעְפּוֹ׃ וַיִּירְאוּ הָאֲנָשִׁים יִרְאָה גְדוֹלָה
אֶת־יְהוָה וַיִּזְבְּחוּ־זֶבַח לַיהוָה וַיִּדְּרוּ נְדָרִים׃°

CAP. II. ב

ב

א וַיְמַן יְהוָה דָּג גָּדוֹל לִבְלֹעַ אֶת־יוֹנָה וַיְהִי יוֹנָה בִּמְעֵי הַדָּג
2 שְׁלֹשָׁה יָמִים וּשְׁלֹשָׁה לֵילוֹת׃ וַיִּתְפַּלֵּל יוֹנָה אֶל־יְהוָה אֱלֹהָיו
3 מִמְּעֵי הַדָּגָה׃ וַיֹּאמֶר קָרָאתִי מִצָּרָה לִי אֶל־יְהוָה וַיַּעֲנֵנִי
4 מִבֶּטֶן שְׁאוֹל שִׁוַּעְתִּי שָׁמַעְתָּ קוֹלִי׃ וַתַּשְׁלִיכֵנִי מְצוּלָה בִּלְבַב
ה יַמִּים וְנָהָר יְסֹבְבֵנִי כָּל־מִשְׁבָּרֶיךָ וְגַלֶּיךָ עָלַי עָבָרוּ׃ וַאֲנִי
אָמַרְתִּי נִגְרַשְׁתִּי מִנֶּגֶד עֵינֶיךָ אַךְ אוֹסִיף לְהַבִּיט אֶל־הֵיכַל
6 קָדְשֶׁךָ׃ אֲפָפוּנִי מַיִם עַד־נֶפֶשׁ תְּהוֹם יְסֹבְבֵנִי סוּף חָבוּשׁ
7 לְרֹאשִׁי׃ לְקִצְבֵי הָרִים יָרַדְתִּי הָאָרֶץ בְּרִחֶיהָ בַעֲדִי לְעוֹלָם
8 וַתַּעַל מִשַּׁחַת חַיַּי יְהוָה אֱלֹהָי׃ בְּהִתְעַטֵּף עָלַי נַפְשִׁי אֶת־
יְהוָה זָכָרְתִּי וַתָּבוֹא אֵלֶיךָ תְּפִלָּתִי אֶל־הֵיכַל קָדְשֶׁךָ׃
9 י מְשַׁמְּרִים הַבְלֵי־שָׁוְא חַסְדָּם יַעֲזֹבוּ׃ וַאֲנִי בְּקוֹל תּוֹדָה
11 אֶזְבְּחָה־לָּךְ אֲשֶׁר נָדַרְתִּי אֲשַׁלֵּמָה יְשׁוּעָתָה לַיהוָה׃ וַיֹּאמֶר
יְהוָה לַדָּג וַיָּקֵא אֶת־יוֹנָה אֶל־הַיַּבָּשָׁה׃

ויהי

v. 14. א׳ יתיר v. 16. אין כאן פסקא

ג Cap. III. ג

וַיְהִ֧י דְבַר־יְהוָ֛ה אֶל־יוֹנָ֖ה שֵׁנִ֥ית לֵאמֹֽר׃ ק֛וּם לֵ֥ךְ אֶל־נִֽינְוֵ֖ה א2
הָעִ֣יר הַגְּדוֹלָ֑ה וּקְרָ֤א אֵלֶ֙יהָ֙ אֶת־הַקְּרִיאָ֔ה אֲשֶׁ֥ר אָנֹכִ֖י דֹּבֵ֥ר
אֵלֶֽיךָ׃ וַיָּ֣קָם יוֹנָ֗ה וַיֵּ֛לֶךְ אֶל־נִֽינְוֶ֖ה כִּדְבַ֣ר יְהוָ֑ה וְנִֽינְוֵ֗ה הָיְתָ֤ה 3
עִיר־גְּדוֹלָה֙ לֵֽאלֹהִ֔ים מַהֲלַ֖ךְ שְׁלֹ֥שֶׁת יָמִֽים׃ וַיָּ֤חֶל יוֹנָה֙ לָב֣וֹא 4
בָעִ֔יר מַהֲלַ֖ךְ י֣וֹם אֶחָ֑ד וַיִּקְרָא֙ וַיֹּאמַ֔ר ע֚וֹד אַרְבָּעִ֣ים י֔וֹם
וְנִֽינְוֵ֖ה נֶהְפָּֽכֶת׃ וַיַּאֲמִ֛ינוּ אַנְשֵׁ֥י נִֽינְוֵ֖ה בֵּאלֹהִ֑ים וַיִּקְרְאוּ־צוֹם֙ ה
וַיִּלְבְּשׁ֣וּ שַׂקִּ֔ים מִגְּדוֹלָ֖ם וְעַד־קְטַנָּֽם׃ וַיִּגַּ֤ע הַדָּבָר֙ אֶל־מֶ֣לֶךְ 6
נִֽינְוֵ֔ה וַיָּ֙קָם֙ מִכִּסְא֔וֹ וַיַּעֲבֵ֥ר אַדַּרְתּ֖וֹ מֵעָלָ֑יו וַיְכַ֣ס שַׂ֔ק וַיֵּ֖שֶׁב
עַל־הָאֵֽפֶר׃ וַיַּזְעֵ֗ק וַיֹּ֙אמֶר֙ בְּנִֽינְוֵ֔ה מִטַּ֧עַם הַמֶּ֛לֶךְ וּגְדֹלָ֖יו 7
לֵאמֹ֑ר הָאָדָ֨ם וְהַבְּהֵמָ֜ה הַבָּקָ֣ר וְהַצֹּ֗אן אַל־יִטְעֲמוּ֙ מְא֔וּמָה
אַל־יִרְע֔וּ וּמַ֖יִם אַל־יִשְׁתּֽוּ׃ וְיִתְכַּסּ֣וּ שַׂקִּ֗ים הָֽאָדָם֙ וְהַבְּהֵמָ֔ה 8
וְיִקְרְא֥וּ אֶל־אֱלֹהִ֖ים בְּחָזְקָ֑ה וְיָשֻׁ֗בוּ אִ֚ישׁ מִדַּרְכּ֣וֹ הָרָעָ֔ה וּמִן־
הֶחָמָ֖ס אֲשֶׁ֥ר בְּכַפֵּיהֶֽם׃ מִֽי־יוֹדֵ֣עַ יָשׁ֔וּב וְנִחַ֖ם הָאֱלֹהִ֑ים וְשָׁ֛ב 9
מֵחֲר֥וֹן אַפּ֖וֹ וְלֹ֥א נֹאבֵֽד׃ וַיַּ֤רְא הָאֱלֹהִים֙ אֶֽת־מַ֣עֲשֵׂיהֶ֔ם כִּי־ י
שָׁ֖בוּ מִדַּרְכָּ֣ם הָֽרָעָ֑ה וַיִּנָּ֣חֶם הָאֱלֹהִ֗ים עַל־הָרָעָ֛ה אֲשֶׁר־דִּבֶּ֥ר
לַעֲשׂוֹת־לָהֶ֖ם וְלֹ֥א עָשָֽׂה׃ ◦

ד Cap. IV. ד

וַיֵּ֥רַע אֶל־יוֹנָ֖ה רָעָ֣ה גְדוֹלָ֑ה וַיִּ֖חַר לֽוֹ׃ וַיִּתְפַּלֵּ֨ל אֶל־יְהוָ֜ה א2
וַיֹּאמַ֗ר אָנָּ֤ה יְהוָה֙ הֲלוֹא־זֶ֣ה דְבָרִ֔י עַד־הֱיוֹתִי֙ עַל־אַדְמָתִ֔י
עַל־כֵּ֥ן קִדַּ֖מְתִּי לִבְרֹ֣חַ תַּרְשִׁ֑ישָׁה כִּ֣י יָדַ֗עְתִּי כִּ֤י אַתָּה֙ אֵֽל־
חַנּ֣וּן וְרַח֔וּם אֶ֚רֶךְ אַפַּ֙יִם֙ וְרַב־חֶ֔סֶד וְנִחָ֖ם עַל־הָרָעָֽה׃ וְעַתָּ֣ה 3
יְהוָ֔ה קַח־נָ֥א אֶת־נַפְשִׁ֖י מִמֶּ֑נִּי כִּ֛י ט֥וֹב מוֹתִ֖י מֵחַיָּֽי׃ וַיֹּ֣אמֶר 4
יְהוָ֔ה הַהֵיטֵ֖ב חָ֥רָה לָֽךְ׃ וַיֵּצֵ֤א יוֹנָה֙ מִן־הָעִ֔יר וַיֵּ֖שֶׁב מִקֶּ֣דֶם ה
לָעִ֑יר וַיַּ֩עַשׂ֩ ל֨וֹ שָׁ֜ם סֻכָּ֗ה וַיֵּ֤שֶׁב תַּחְתֶּ֙יהָ֙ בַּצֵּ֔ל עַ֚ד אֲשֶׁ֣ר יִרְאֶ֔ה
מַה־יִּהְיֶ֖ה בָּעִֽיר׃ וַיְמַ֣ן יְהוָֽה־אֱ֠לֹהִים קִ֨יקָי֜וֹן וַיַּ֣עַל ׀ מֵעַ֣ל 6

ליונה

ב׳ v. 10. אין כאן פסקא

לְיוֹנָה לִהְיוֹת צֵל עַל־רֹאשׁוֹ לְהַצִּיל לוֹ מֵרָעָתוֹ וַיִּשְׂמַח יוֹנָה
7 עַל־הַקִּיקָיוֹן שִׂמְחָה גְדוֹלָה׃ וַיְמַן הָאֱלֹהִים תּוֹלַעַת בַּעֲלוֹת
8 הַשַּׁחַר לַמָּחֳרָת וַתַּךְ אֶת־הַקִּיקָיוֹן וַיִּיבָשׁ׃ וַיְהִי׀ כִּזְרֹחַ הַשֶּׁמֶשׁ
וַיְמַן אֱלֹהִים רוּחַ קָדִים חֲרִישִׁית וַתַּךְ הַשֶּׁמֶשׁ עַל־רֹאשׁ יוֹנָה
וַיִּתְעַלָּף וַיִּשְׁאַל אֶת־נַפְשׁוֹ לָמוּת וַיֹּאמֶר טוֹב מוֹתִי מֵחַיָּי׃
9 וַיֹּאמֶר אֱלֹהִים אֶל־יוֹנָה הַהֵיטֵב חָרָה־לְךָ עַל־הַקִּיקָיוֹן
י וַיֹּאמֶר הֵיטֵב חָרָה־לִי עַד־מָוֶת׃ וַיֹּאמֶר יְהוָה אַתָּה חַסְתָּ
עַל־הַקִּיקָיוֹן אֲשֶׁר לֹא־עָמַלְתָּ בּוֹ וְלֹא גִדַּלְתּוֹ שֶׁבִּן־לַיְלָה
11 הָיָה וּבִן־לַיְלָה אָבָד׃ וַאֲנִי לֹא אָחוּס עַל־נִינְוֵה הָעִיר
הַגְּדוֹלָה אֲשֶׁר יֶשׁ־בָּהּ הַרְבֵּה מִשְׁתֵּים־עֶשְׂרֵה רִבּוֹ אָדָם
אֲשֶׁר לֹא־יָדַע בֵּין־יְמִינוֹ לִשְׂמֹאלוֹ וּבְהֵמָה רַבָּה׃

מיכה

LIBER MICHAE

CAPUT I. א

א דְּבַר־יְהוָה׀ אֲשֶׁר הָיָה אֶל־מִיכָה הַמֹּרַשְׁתִּי בִּימֵי יוֹתָם אָחָז
יְחִזְקִיָּה מַלְכֵי יְהוּדָה אֲשֶׁר־חָזָה עַל־שֹׁמְרוֹן וִירוּשָׁלָםִ׃
2 שִׁמְעוּ עַמִּים כֻּלָּם הַקְשִׁיבִי אֶרֶץ וּמְלֹאָהּ וִיהִי אֲדֹנָי יְהוִה
3 בָּכֶם לְעֵד אֲדֹנָי מֵהֵיכַל קָדְשׁוֹ׃ כִּי־הִנֵּה יְהוָה יֹצֵא
4 מִמְּקוֹמוֹ וְיָרַד וְדָרַךְ עַל־בָּמֳתֵי־אָרֶץ׃ וְנָמַסּוּ הֶהָרִים
תַּחְתָּיו וְהָעֲמָקִים יִתְבַּקָּעוּ כַּדּוֹנַג מִפְּנֵי הָאֵשׁ כְּמַיִם מֻגָּרִים
ה בְּמוֹרָד׃ בְּפֶשַׁע יַעֲקֹב כָּל־זֹאת וּבְחַטֹּאות בֵּית יִשְׂרָאֵל
מִי־פֶשַׁע יַעֲקֹב הֲלוֹא שֹׁמְרוֹן וּמִי בָּמוֹת יְהוּדָה הֲלוֹא
6 יְרוּשָׁלָםִ׃ וְשַׂמְתִּי שֹׁמְרוֹן לְעִי הַשָּׂדֶה לְמַטָּעֵי כָרֶם וְהִגַּרְתִּי
7 לַגַּי אֲבָנֶיהָ וִיסֹדֶיהָ אֲגַלֶּה׃ וְכָל־פְּסִילֶיהָ יֻכַּתּוּ וְכָל־אֶתְנַנֶּיהָ
יִשָּׂרְפוּ בָאֵשׁ וְכָל־עֲצַבֶּיהָ אָשִׂים שְׁמָמָה כִּי מֵאֶתְנַן זוֹנָה

קבצה

א׳ v. 3. יתיר ו׳

קִבָּ֔צָה וְעַד־אֶתְנַ֥ן זוֹנָ֖ה יָשֽׁוּבוּ׃ עַל־זֹאת֙ אֶסְפְּדָ֣ה וְאֵילִ֔ילָה 8
אֵילְכָ֥ה שֵׁילָ֖ל וְעָר֑וֹם אֶעֱשֶׂ֤ה מִסְפֵּד֙ כַּתַּנִּ֔ים וְאֵ֖בֶל כִּבְנ֥וֹת
יַֽעֲנָֽה׃ כִּ֥י אֲנוּשָׁ֖ה מַכּוֹתֶ֑יהָ כִּי־בָ֙אָה֙ עַד־יְהוּדָ֔ה נָגַ֛ע עַד־ 9
שַׁ֥עַר עַמִּ֖י עַד־יְרוּשָׁלִָֽם׃ בְּגַת֙ אַל־תַּגִּ֔ידוּ בָּכ֖וֹ אַל־תִּבְכּ֑וּ י
בְּבֵ֣ית לְעַפְרָ֔ה עָפָ֖ר הִתְפַּלָּֽשְׁתִּי׃ עִבְרִ֥י לָכֶ֛ם יוֹשֶׁ֥בֶת שָׁפִ֖יר 11
עֶרְיָה־בֹ֑שֶׁת לֹ֣א יָצְאָ֗ה יוֹשֶׁ֙בֶת֙ צַֽאֲנָ֔ן מִסְפַּד֙ בֵּ֣ית הָאֵ֔צֶל יִקַּ֥ח
מִכֶּ֖ם עֶמְדָּתֽוֹ׃ כִּֽי־חָ֥לָה לְט֖וֹב יוֹשֶׁ֣בֶת מָר֑וֹת כִּֽי־יָ֤רַד רָע֙ 12
מֵאֵ֣ת יְהוָ֔ה לְשַׁ֖עַר יְרוּשָׁלִָֽם׃ רְתֹ֧ם הַמֶּרְכָּבָ֛ה לָרֶ֖כֶשׁ יוֹשֶׁ֣בֶת 13
לָכִ֑ישׁ רֵאשִׁ֨ית חַטָּ֥את הִיא֙ לְבַת־צִיּ֔וֹן כִּי־בָ֥ךְ נִמְצְא֖וּ פִּשְׁעֵ֥י
יִשְׂרָאֵֽל׃ לָכֵן֙ תִּתְּנִ֣י שִׁלּוּחִ֔ים עַ֖ל מוֹרֶ֣שֶׁת גַּ֑ת בָּתֵּ֤י אַכְזִיב֙ 14
לְאַכְזָ֔ב לְמַלְכֵ֖י יִשְׂרָאֵֽל׃ עֹ֗ד הַיֹּרֵשׁ֙ אָ֣בִי לָ֔ךְ יוֹשֶׁ֖בֶת מָֽרֵשָׁ֑ה טו
עַד־עֲדֻלָּ֥ם יָב֖וֹא כְּב֥וֹד יִשְׂרָאֵֽל׃ קָרְחִ֣י וָגֹ֔זִּי עַל־בְּנֵ֖י תַּעֲנוּגָ֑יִךְ 16
הַרְחִ֤בִי קָרְחָתֵךְ֙ כַּנֶּ֔שֶׁר כִּ֥י גָל֖וּ מִמֵּֽךְ׃

ב Cap. II. ב

ה֤וֹי חֹֽשְׁבֵי־אָ֙וֶן֙ וּפֹ֥עֲלֵי רָ֖ע עַל־מִשְׁכְּבוֹתָ֑ם בְּא֤וֹר הַבֹּ֙קֶר֙ א
יַֽעֲשׂ֔וּהָ כִּ֥י יֶשׁ־לְאֵ֖ל יָדָֽם׃ וְחָמְד֤וּ שָׂדוֹת֙ וְגָזָ֔לוּ וּבָתִּ֖ים וְנָשָׂ֑אוּ 2
וְעָֽשְׁקוּ֙ גֶּ֣בֶר וּבֵית֔וֹ וְאִ֖ישׁ וְנַחֲלָתֽוֹ׃ לָכֵ֗ן כֹּ֚ה אָמַ֣ר יְהוָ֔ה 3
הִנְנִ֥י חֹשֵׁ֛ב עַל־הַמִּשְׁפָּחָ֥ה הַזֹּ֖את רָעָ֑ה אֲשֶׁ֨ר לֹֽא־תָמִ֤ישׁוּ מִשָּׁם֙
צַוְּארֹ֣תֵיכֶ֔ם וְלֹ֤א תֵֽלְכוּ֙ רוֹמָ֔ה כִּ֛י עֵ֥ת רָעָ֖ה הִֽיא׃ בַּיּ֨וֹם הַה֜וּא 4
יִשָּׂ֧א עֲלֵיכֶ֣ם מָשָׁ֗ל וְנָהָ֞ה נְהִ֤י נִֽהְיָה֙ אָמַר֙ שָׁד֣וֹד נְשַׁדֻּ֔נוּ חֵ֥לֶק
עַמִּ֖י יָמִ֑יר אֵ֚יךְ יָמִ֣ישׁ לִ֔י לְשׁוֹבֵ֖ב שָׂדֵ֥ינוּ יְחַלֵּֽק׃ לָכֵן֙ לֹֽא־ ה
יִהְיֶ֣ה לְךָ֔ מַשְׁלִ֥יךְ חֶ֖בֶל בְּגוֹרָ֑ל בִּקְהַ֖ל יְהוָֽה׃ אַל־תַּטִּ֖פוּ 6
יַטִּיפ֑וּן לֹא־יַטִּ֣פוּ לָאֵ֔לֶּה לֹ֥א יִסַּ֖ג כְּלִמּֽוֹת׃ הֶאָמ֣וּר בֵּֽית־יַעֲקֹ֗ב 7
הֲקָצַר֙ ר֣וּחַ יְהוָ֔ה אִם־אֵ֖לֶּה מַעֲלָלָ֑יו הֲל֤וֹא דְבָרַי֙ יֵיטִ֔יבוּ עִ֖ם
הַיָּשָׁ֥ר הוֹלֵֽךְ׃ וְאֶתְמ֗וּל עַמִּי֙ לְאוֹיֵ֣ב יְקוֹמֵ֔ם מִמּ֣וּל שַׂלְמָ֔ה אֶ֖דֶר 8
תַּפְשִׁט֑וּן מֵעֹבְרִ֣ים בֶּ֔טַח שׁוּבֵ֖י מִלְחָמָֽה׃ נְשֵׁ֤י עַמִּי֙ תְּגָ֣רְשׁ֔וּן 9
מִבֵּ֖ית תַּעֲנֻגֶ֑יהָ מֵעַל֙ עֹלָלֶ֔יהָ תִּקְח֥וּ הֲדָרִ֖י לְעוֹלָֽם׃ ק֣וּמוּ וּלְכ֔וּ י

כי

א׳ v. 8. שולל ק׳ v. 10. התפלשי ק׳ v. 15. חסר א׳

כִּי־לֹא־זֹאת הַמְּנוּחָה בַּעֲבוּר טָמְאָה תְּחַבֵּל וְחֶבֶל נִמְרָץ׃
11 לוּ־אִישׁ הֹלֵךְ רוּחַ וָשֶׁקֶר כִּזֵּב אַטִּף לְךָ לַיַּיִן וְלַשֵּׁכָר וְהָיָה
12 מַטִּיף הָעָם הַזֶּה׃ אָסֹף אֶאֱסֹף יַעֲקֹב כֻּלָּךְ קַבֵּץ אֲקַבֵּץ
שְׁאֵרִית יִשְׂרָאֵל יַחַד אֲשִׂימֶנּוּ כְּצֹאן בָּצְרָה כְּעֵדֶר בְּתוֹךְ
13 הַדָּבְרוֹ תְּהִימֶנָה מֵאָדָם׃ עָלָה הַפֹּרֵץ לִפְנֵיהֶם פָּרְצוּ וַיַּעֲבֹרוּ
שַׁעַר וַיֵּצְאוּ בוֹ וַיַּעֲבֹר מַלְכָּם לִפְנֵיהֶם וַיהוָה בְּרֹאשָׁם׃

CAP. III. ג

ג

א וָאֹמַר שִׁמְעוּ־נָא רָאשֵׁי יַעֲקֹב וּקְצִינֵי בֵּית יִשְׂרָאֵל הֲלוֹא
2 לָכֶם לָדַעַת אֶת־הַמִּשְׁפָּט׃ שֹׂנְאֵי טוֹב וְאֹהֲבֵי רָעָה גֹּזְלֵי
3 עוֹרָם מֵעֲלֵיהֶם וּשְׁאֵרָם מֵעַל עַצְמוֹתָם׃ וַאֲשֶׁר אָכְלוּ שְׁאֵר
עַמִּי וְעוֹרָם מֵעֲלֵיהֶם הִפְשִׁיטוּ וְאֶת־עַצְמֹתֵיהֶם פִּצֵּחוּ וּפָרְשׂוּ
4 כַּאֲשֶׁר בַּסִּיר וּכְבָשָׂר בְּתוֹךְ קַלָּחַת׃ אָז יִזְעֲקוּ אֶל־יְהוָה
וְלֹא יַעֲנֶה אוֹתָם וְיַסְתֵּר פָּנָיו מֵהֶם בָּעֵת הַהִיא כַּאֲשֶׁר הֵרֵעוּ
ה מַעַלְלֵיהֶם׃ כֹּה אָמַר יְהוָה עַל־הַנְּבִיאִים הַמַּתְעִים אֶת־
עַמִּי הַנֹּשְׁכִים בְּשִׁנֵּיהֶם וְקָרְאוּ שָׁלוֹם וַאֲשֶׁר לֹא־יִתֵּן עַל־
6 פִּיהֶם וְקִדְּשׁוּ עָלָיו מִלְחָמָה׃ לָכֵן לַיְלָה לָכֶם מֵחָזוֹן וְחָשְׁכָה
לָכֶם מִקְּסֹם וּבָאָה הַשֶּׁמֶשׁ עַל־הַנְּבִיאִים וְקָדַר עֲלֵיהֶם
7 הַיּוֹם׃ וּבֹשׁוּ הַחֹזִים וְחָפְרוּ הַקֹּסְמִים וְעָטוּ עַל־שָׂפָם כֻּלָּם
8 כִּי אֵין מַעֲנֵה אֱלֹהִים׃ וְאוּלָם אָנֹכִי מָלֵאתִי כֹחַ אֶת־רוּחַ
יְהוָה וּמִשְׁפָּט וּגְבוּרָה לְהַגִּיד לְיַעֲקֹב פִּשְׁעוֹ וּלְיִשְׂרָאֵל
9 חַטָּאתוֹ׃ שִׁמְעוּ־נָא זֹאת רָאשֵׁי בֵּית יַעֲקֹב וּקְצִינֵי בֵּית
י יִשְׂרָאֵל הַמְתַעֲבִים מִשְׁפָּט וְאֵת כָּל־הַיְשָׁרָה יְעַקֵּשׁוּ׃ בֹּנֶה
11 צִיּוֹן בְּדָמִים וִירוּשָׁלַםִ בְּעַוְלָה׃ רָאשֶׁיהָ ׀ בְּשֹׁחַד יִשְׁפֹּטוּ
וְכֹהֲנֶיהָ בִּמְחִיר יוֹרוּ וּנְבִיאֶיהָ בְּכֶסֶף יִקְסֹמוּ וְעַל־יְהוָה יִשָּׁעֵנוּ
12 לֵאמֹר הֲלוֹא יְהוָה בְּקִרְבֵּנוּ לֹא־תָבוֹא עָלֵינוּ רָעָה׃ ° לָכֵן
בִּגְלַלְכֶם צִיּוֹן שָׂדֶה תֵחָרֵשׁ וִירוּשָׁלַםִ עִיִּין תִּהְיֶה וְהַר הַבַּיִת
לְבָמוֹת יָעַר׃

ג׳ v. 2. רע ק׳   v. 12. חצי הספר בפסוקים

ד Cap. IV. ד

א וְהָיָ֣ה ׀ בְּאַחֲרִ֣ית הַיָּמִ֗ים יִֽהְיֶ֨ה הַ֤ר בֵּית־יְהוָה֙ נָכ֞וֹן בְּרֹ֣אשׁ
2 הֶֽהָרִ֔ים וְנִשָּׂ֥א ה֖וּא מִגְּבָע֑וֹת וְנָהֲר֥וּ עָלָ֖יו עַמִּֽים׃ וְֽהָלְכ֞וּ גּוֹיִ֣ם
רַבִּ֗ים וְאָמְרוּ֙ לְכ֣וּ ׀ וְנַעֲלֶ֣ה אֶל־הַר־יְהוָ֗ה וְאֶל־בֵּית֙ אֱלֹהֵ֣י
יַעֲקֹ֔ב וְיוֹרֵ֙נוּ֙ מִדְּרָכָ֔יו וְנֵלְכָ֖ה בְּאֹרְחֹתָ֑יו כִּ֤י מִצִּיּוֹן֙ תֵּצֵ֣א
3 תוֹרָ֔ה וּדְבַר־יְהוָ֖ה מִירוּשָׁלִָֽם׃ וְשָׁפַ֗ט בֵּ֚ין עַמִּ֣ים רַבִּ֔ים
וְהוֹכִ֛יחַ לְגוֹיִ֥ם עֲצֻמִ֖ים עַד־רָח֑וֹק וְכִתְּת֨וּ חַרְבֹתֵיהֶ֜ם לְאִתִּ֗ים
וַחֲנִיתֹֽתֵיהֶם֙ לְמַזְמֵר֔וֹת לֹֽא־יִשְׂא֞וּ גּ֤וֹי אֶל־גּוֹי֙ חֶ֔רֶב וְלֹֽא־
4 יִלְמְד֥וּן ע֖וֹד מִלְחָמָֽה׃ וְיָשְׁב֗וּ אִ֣ישׁ תַּ֧חַת גַּפְנ֛וֹ וְתַ֥חַת תְּאֵנָת֖וֹ
ה וְאֵ֣ין מַחֲרִ֑יד כִּי־פִ֛י יְהוָ֥ה צְבָא֖וֹת דִּבֵּֽר׃ כִּ֚י כָּל־הָ֣עַמִּ֔ים
יֵלְכ֕וּ אִ֖ישׁ בְּשֵׁ֣ם אֱלֹהָ֑יו וַאֲנַ֗חְנוּ נֵלֵ֛ךְ בְּשֵׁם־יְהוָ֥ה אֱלֹהֵ֖ינוּ
6 לְעוֹלָ֥ם וָעֶֽד׃ בַּיּ֨וֹם הַה֜וּא נְאֻם־יְהוָ֗ה אֹֽסְפָה֙ הַצֹּ֣לֵעָ֔ה
7 וְהַנִּדָּחָ֖ה אֲקַבֵּ֑צָה וַאֲשֶׁ֖ר הֲרֵעֹֽתִי׃ וְשַׂמְתִּ֤י אֶת־הַצֹּֽלֵעָה֙
לִשְׁאֵרִ֔ית וְהַנַּהֲלָאָ֖ה לְג֣וֹי עָצ֑וּם וּמָלַ֨ךְ יְהוָ֤ה עֲלֵיהֶם֙ בְּהַ֣ר
8 צִיּ֔וֹן מֵעַתָּ֖ה וְעַד־עוֹלָֽם׃ וְאַתָּ֣ה מִגְדַּל־עֵ֗דֶר עֹ֛פֶל בַּת־
צִיּ֖וֹן עָדֶ֣יךָ תֵּאתֶ֑ה וּבָאָ֗ה הַמֶּמְשָׁלָה֙ הָרִ֣אשֹׁנָ֔ה מַמְלֶ֖כֶת לְבַ֥ת
9 יְרוּשָׁלִָֽם׃ עַתָּ֕ה לָ֥מָּה תָרִ֖יעִי רֵ֑עַ הֲמֶ֣לֶךְ אֵֽין־בָּ֗ךְ אִם־יוֹעֲצֵךְ֙
י אָבָ֔ד כִּי־הֶחֱזִיקֵ֥ךְ חִ֖יל כַּיּוֹלֵדָֽה׃ ח֧וּלִי וָגֹ֛חִי בַּת־צִיּ֖וֹן כַּיּֽוֹלֵדָ֑ה
כִּֽי־עַתָּ֡ה תֵצְאִ֣י מִ֠קִּרְיָה וְשָׁכַ֨נְתְּ בַּשָּׂדֶ֜ה וּבָ֤את עַד־בָּבֶל֙ שָׁ֣ם
11 תִּנָּצֵ֔לִי שָׁ֚ם יִגְאָלֵ֣ךְ יְהוָ֔ה מִכַּ֖ף אֹיְבָֽיִךְ׃ וְעַתָּ֛ה נֶאֶסְפ֥וּ עָלַ֖יִךְ
12 גּוֹיִ֣ם רַבִּ֑ים הָאֹֽמְרִ֣ים תֶּחֱנָ֔ף וְתַ֥חַז בְּצִיּ֖וֹן עֵינֵֽינוּ׃ וְהֵ֗מָּה לֹ֤א
יָֽדְעוּ֙ מַחְשְׁב֣וֹת יְהוָ֔ה וְלֹ֥א הֵבִ֖ינוּ עֲצָת֑וֹ כִּ֥י קִבְּצָ֖ם כֶּעָמִ֥יר
13 גֹּֽרְנָה׃ ק֧וּמִי וָד֣וֹשִׁי בַת־צִיּ֗וֹן כִּֽי־קַרְנֵ֞ךְ אָשִׂ֣ים בַּרְזֶ֗ל וּפַרְסֹתַ֙יִךְ֙
אָשִׂ֣ים נְחוּשָׁ֔ה וַהֲדִקּ֖וֹת עַמִּ֣ים רַבִּ֑ים וְהַחֲרַמְתִּ֤י לַֽיהוָה֙ בִּצְעָ֔ם
14 וְחֵילָ֖ם לַאֲד֥וֹן כָּל־הָאָֽרֶץ׃ עַתָּה֙ תִּתְגֹּֽדְדִ֣י בַת־גְּד֔וּד מָצ֖וֹר
שָׂ֣ם עָלֵ֑ינוּ בַּשֵּׁ֙בֶט֙ יַכּ֣וּ עַל־הַלְּחִ֔י אֵ֖ת שֹׁפֵ֥ט יִשְׂרָאֵֽל׃

ה Cap. V. ה

א וְאַתָּ֣ה בֵּֽית־לֶ֣חֶם אֶפְרָ֗תָה צָעִיר֙ לִֽהְיוֹת֙ בְּאַלְפֵ֣י יְהוּדָ֔ה
ממך

מִמְּךָ לִי יֵצֵא לִהְיוֹת מוֹשֵׁל בְּיִשְׂרָאֵל וּמוֹצָאֹתָיו מִקֶּדֶם מִימֵי
2 עוֹלָם׃ לָכֵן יִתְּנֵם עַד־עֵת יוֹלֵדָה יָלָדָה וְיֶתֶר אֶחָיו יְשׁוּבוּן
3 עַל־בְּנֵי יִשְׂרָאֵל׃ וְעָמַד וְרָעָה בְּעֹז יְהוָה בִּגְאוֹן שֵׁם יְהוָה
4 אֱלֹהָיו וְיָשָׁבוּ כִּי־עַתָּה יִגְדַּל עַד־אַפְסֵי־אָרֶץ׃ וְהָיָה זֶה
שָׁלוֹם אַשּׁוּר ׀ כִּי־יָבוֹא בְאַרְצֵנוּ וְכִי יִדְרֹךְ בְּאַרְמְנֹתֵינוּ
ה וַהֲקֵמֹנוּ עָלָיו שִׁבְעָה רֹעִים וּשְׁמֹנָה נְסִיכֵי אָדָם׃ וְרָעוּ אֶת־
אֶרֶץ אַשּׁוּר בַּחֶרֶב וְאֶת־אֶרֶץ נִמְרֹד בִּפְתָחֶיהָ וְהִצִּיל מֵאַשּׁוּר
6 כִּי־יָבוֹא בְאַרְצֵנוּ וְכִי יִדְרֹךְ בִּגְבוּלֵנוּ׃ וְהָיָה ׀ שְׁאֵרִית
יַעֲקֹב בְּקֶרֶב עַמִּים רַבִּים כְּטַל מֵאֵת יְהוָה כִּרְבִיבִים עֲלֵי־
7 עֵשֶׂב אֲשֶׁר לֹא־יְקַוֶּה לְאִישׁ וְלֹא יְיַחֵל לִבְנֵי אָדָם׃ וְהָיָה
שְׁאֵרִית יַעֲקֹב בַּגּוֹיִם בְּקֶרֶב עַמִּים רַבִּים כְּאַרְיֵה בְּבַהֲמוֹת
יַעַר כִּכְפִיר בְּעֶדְרֵי־צֹאן אֲשֶׁר אִם־עָבַר וְרָמַס וְטָרַף וְאֵין
8 9 מַצִּיל׃ תָּרֹם יָדְךָ עַל־צָרֶיךָ וְכָל־אֹיְבֶיךָ יִכָּרֵתוּ׃ וְהָיָה
בַיּוֹם־הַהוּא נְאֻם־יְהוָה וְהִכְרַתִּי סוּסֶיךָ מִקִּרְבֶּךָ וְהַאֲבַדְתִּי
י מַרְכְּבֹתֶיךָ׃ וְהִכְרַתִּי עָרֵי אַרְצֶךָ וְהָרַסְתִּי כָּל־מִבְצָרֶיךָ׃
11 12 וְהִכְרַתִּי כְשָׁפִים מִיָּדֶךָ וּמְעוֹנְנִים לֹא יִהְיוּ־לָךְ׃ וְהִכְרַתִּי
פְסִילֶיךָ וּמַצֵּבוֹתֶיךָ מִקִּרְבֶּךָ וְלֹא־תִשְׁתַּחֲוֶה עוֹד לְמַעֲשֵׂה
13 14 יָדֶיךָ׃ וְנָתַשְׁתִּי אֲשֵׁירֶיךָ מִקִּרְבֶּךָ וְהִשְׁמַדְתִּי עָרֶיךָ׃ וְעָשִׂיתִי
בְּאַף וּבְחֵמָה נָקָם אֶת־הַגּוֹיִם אֲשֶׁר לֹא שָׁמֵעוּ׃

ו CAP. VI. ו

א שִׁמְעוּ־נָא אֵת אֲשֶׁר־יְהוָה אֹמֵר קוּם רִיב אֶת־הֶהָרִים
2 וְתִשְׁמַעְנָה הַגְּבָעוֹת קוֹלֶךָ׃ שִׁמְעוּ הָרִים אֶת־רִיב יְהוָה
וְהָאֵתָנִים מֹסְדֵי אָרֶץ כִּי רִיב לַיהוָה עִם־עַמּוֹ וְעִם־יִשְׂרָאֵל
3 4 יִתְוַכָּח׃ עַמִּי מֶה־עָשִׂיתִי לְךָ וּמָה הֶלְאֵתִיךָ עֲנֵה בִי׃ כִּי
הֶעֱלִתִיךָ מֵאֶרֶץ מִצְרַיִם וּמִבֵּית עֲבָדִים פְּדִיתִיךָ וָאֶשְׁלַח
ה לְפָנֶיךָ אֶת־מֹשֶׁה אַהֲרֹן וּמִרְיָם׃ עַמִּי זְכָר־נָא מַה־יָּעַץ
בָּלָק מֶלֶךְ מוֹאָב וּמֶה־עָנָה אֹתוֹ בִּלְעָם בֶּן־בְּעוֹר מִן־הַשִּׁטִּים

עַד־הַגִּלְגָּל

ה׳ v. 6. הפטרת וירא בלק

6 עַד־הַגִּלְגָּל לְמַעַן דַּעַת צִדְקוֹת יְהוָה׃ בַּמָּה אֲקַדֵּם יְהוָה
אִכַּף לֵאלֹהֵי מָרוֹם הַאֲקַדְּמֶנּוּ בְעוֹלוֹת בַּעֲגָלִים בְּנֵי שָׁנָה׃
7 הֲיִרְצֶה יְהוָה בְּאַלְפֵי אֵילִים בְּרִבְבוֹת נַחֲלֵי־שָׁמֶן הַאֶתֵּן
8 בְּכוֹרִי פִּשְׁעִי פְּרִי בִטְנִי חַטַּאת נַפְשִׁי׃ הִגִּיד לְךָ אָדָם מַה־
טּוֹב וּמָה־יְהוָה דּוֹרֵשׁ מִמְּךָ כִּי אִם־עֲשׂוֹת מִשְׁפָּט וְאַהֲבַת
9 חֶסֶד וְהַצְנֵעַ לֶכֶת עִם־אֱלֹהֶיךָ׃ קוֹל יְהוָה לָעִיר יִקְרָא
י וְתוּשִׁיָּה יִרְאֶה שְׁמֶךָ שִׁמְעוּ מַטֶּה וּמִי יְעָדָהּ׃ עוֹד הַאִשׁ בֵּית
11 רָשָׁע אֹצְרוֹת רֶשַׁע וְאֵיפַת רָזוֹן זְעוּמָה׃ הַאֶזְכֶּה בְּמֹאזְנֵי רֶשַׁע
12 וּבְכִיס אַבְנֵי מִרְמָה׃ אֲשֶׁר עֲשִׁירֶיהָ מָלְאוּ חָמָס וְיֹשְׁבֶיהָ
13 דִּבְּרוּ־שָׁקֶר וּלְשׁוֹנָם רְמִיָּה בְּפִיהֶם׃ וְגַם־אֲנִי הֶחֱלֵיתִי
14 הַכּוֹתֶךָ הַשְׁמֵם עַל־חַטֹּאתֶךָ׃ אַתָּה תֹאכַל וְלֹא תִשְׂבָּע
וְיֶשְׁחֲךָ בְּקִרְבֶּךָ וְתַסֵּג וְלֹא תַפְלִיט וַאֲשֶׁר תְּפַלֵּט לַחֶרֶב אֶתֵּן׃
טו אַתָּה תִזְרַע וְלֹא תִקְצוֹר אַתָּה תִדְרֹךְ־זַיִת וְלֹא־תָסוּךְ שֶׁמֶן
16 וְתִירוֹשׁ וְלֹא תִשְׁתֶּה־יָּיִן׃ וְיִשְׁתַּמֵּר חֻקּוֹת עָמְרִי וְכֹל מַעֲשֵׂה
בֵית־אַחְאָב וַתֵּלְכוּ בְּמֹעֲצוֹתָם לְמַעַן תִּתִּי אֹתְךָ לְשַׁמָּה
וְיֹשְׁבֶיהָ לִשְׁרֵקָה וְחֶרְפַּת עַמִּי תִּשָּׂאוּ׃

ז

Cap. VII. ז

א אַלְלַי לִי כִּי הָיִיתִי כְּאָסְפֵּי־קַיִץ כְּעֹלְלֹת בָּצִיר אֵין־אֶשְׁכּוֹל
2 לֶאֱכוֹל בִּכּוּרָה אִוְּתָה נַפְשִׁי׃ אָבַד חָסִיד מִן־הָאָרֶץ וְיָשָׁר
בָּאָדָם אָיִן כֻּלָּם לְדָמִים יֶאֱרֹבוּ אִישׁ אֶת־אָחִיהוּ יָצוּדוּ חֵרֶם׃
3 עַל־הָרַע כַּפַּיִם לְהֵיטִיב הַשַּׂר שֹׁאֵל וְהַשֹּׁפֵט בַּשִּׁלּוּם וְהַגָּדוֹל
4 דֹּבֵר הַוַּת נַפְשׁוֹ הוּא וַיְעַבְּתוּהָ׃ טוֹבָם כְּחֵדֶק יָשָׁר מִמְּסוּכָה
ה יוֹם מְצַפֶּיךָ פְּקֻדָּתְךָ בָאָה עַתָּה תִהְיֶה מְבוּכָתָם׃ אַל־תַּאֲמִינוּ
בְרֵעַ אַל־תִּבְטְחוּ בְּאַלּוּף מִשֹּׁכֶבֶת חֵיקֶךָ שְׁמֹר פִּתְחֵי־פִיךָ׃
6 כִּי־בֵן מְנַבֵּל אָב בַּת קָמָה בְאִמָּהּ כַּלָּה בַּחֲמֹתָהּ אֹיְבֵי אִישׁ
7 אַנְשֵׁי בֵיתוֹ׃ וַאֲנִי בַּיהוָה אֲצַפֶּה אוֹחִילָה לֵאלֹהֵי יִשְׁעִי יִשְׁמָעֵנִי
8 אֱלֹהָי׃ אַל־תִּשְׂמְחִי אֹיַבְתִּי לִי כִּי נָפַלְתִּי קָמְתִּי כִּי־אֵשֵׁב
9 בַּחֹשֶׁךְ יְהוָה אוֹר לִי׃ זַעַף יְהוָה אֶשָּׂא כִּי חָטָאתִי לוֹ

עד

עַד֩ אֲשֶׁ֨ר יָרִ֤יב רִיבִי֙ וְעָשָׂ֣ה מִשְׁפָּטִ֔י יוֹצִיאֵ֣נִי לָא֔וֹר אֶרְאֶ֖ה
י בְּצִדְקָתֽוֹ׃ וְתֵרֶ֤א אֹיַבְתִּי֙ וּתְכַסֶּ֣הָ בוּשָׁ֔ה הָאֹמְרָ֣ה אֵלַ֔י אַיּ֖וֹ
יְהוָ֣ה אֱלֹהָ֑יִךְ עֵינַי֙ תִּרְאֶ֣ינָּה בָּ֔הּ עַתָּ֛ה תִּהְיֶ֥ה לְמִרְמָ֖ס כְּטִ֥יט
11 12 חוּצֽוֹת׃ י֖וֹם לִבְנ֣וֹת גְּדֵרָ֑יִךְ י֥וֹם הַה֖וּא יִרְחַק־חֹֽק׃ י֥וֹם הוּא֙
וְעָדֶ֣יךָ יָב֔וֹא לְמִנִּ֥י אַשּׁ֖וּר וְעָרֵ֣י מָצ֑וֹר וּלְמִנִּ֤י מָצוֹר֙ וְעַד־נָהָ֔ר
13 וְיָ֥ם מִיָּ֖ם וְהַ֥ר הָהָֽר׃ וְהָיְתָ֥ה הָאָ֛רֶץ לִשְׁמָמָ֖ה עַל־יֹשְׁבֶ֑יהָ
14 מִפְּרִ֖י מַעַלְלֵיהֶֽם׃ רְעֵ֧ה עַמְּךָ֣ בְשִׁבְטֶ֗ךָ צֹ֚אן נַחֲלָתֶ֔ךָ שֹׁכְנִ֣י
לְבָדָ֔ד יַ֖עַר בְּת֣וֹךְ כַּרְמֶ֑ל יִרְע֥וּ בָשָׁ֛ן וְגִלְעָ֖ד כִּימֵ֥י עוֹלָֽם׃
טו 16 כִּימֵ֥י צֵאתְךָ֖ מֵאֶ֣רֶץ מִצְרָ֑יִם אַרְאֶ֖נּוּ נִפְלָאֽוֹת׃ יִרְא֤וּ גוֹיִם֙
וְיֵבֹ֔שׁוּ מִכֹּ֖ל גְּבוּרָתָ֑ם יָשִׂ֤ימוּ יָד֙ עַל־פֶּ֔ה אָזְנֵיהֶ֖ם תֶּחֱרַֽשְׁנָה׃
17 יְלַחֲכ֤וּ עָפָר֙ כַּנָּחָ֔שׁ כְּזֹחֲלֵ֣י אֶ֔רֶץ יִרְגְּז֖וּ מִמִּסְגְּרֹתֵיהֶ֑ם אֶל־
18 יְהוָ֤ה אֱלֹהֵ֙ינוּ֙ יִפְחָ֔דוּ וְיִֽרְא֖וּ מִמֶּֽךָּ׃ מִי־אֵ֣ל כָּמ֗וֹךָ נֹשֵׂ֤א עָוֺן֙
וְעֹבֵ֣ר עַל־פֶּ֔שַׁע לִשְׁאֵרִ֖ית נַחֲלָת֑וֹ לֹא־הֶחֱזִ֤יק לָעַד֙ אַפּ֔וֹ
19 כִּֽי־חָפֵ֥ץ חֶ֖סֶד הֽוּא׃ יָשׁ֣וּב יְרַחֲמֵ֔נוּ יִכְבֹּ֖שׁ עֲוֺנֹתֵ֑ינוּ וְתַשְׁלִ֛יךְ
כ בִּמְצֻל֥וֹת יָ֖ם כָּל־חַטֹּאותָֽם׃ תִּתֵּ֤ן אֱמֶת֙ לְיַעֲקֹ֔ב חֶ֖סֶד לְאַבְרָהָ֑ם
אֲשֶׁר־נִשְׁבַּ֥עְתָּ לַאֲבֹתֵ֖ינוּ מִ֥ימֵי קֶֽדֶם׃

נחום

LIBER NAHUM

CAPUT I. א

א 2 מַשָּׂ֖א נִֽינְוֵ֑ה סֵ֧פֶר חֲז֛וֹן נַח֖וּם הָאֶלְקֹשִֽׁי׃ אֵ֣ל קַנּ֤וֹא וְנֹקֵם֙ יְהוָ֔ה
נֹקֵ֥ם יְהוָ֖ה וּבַ֣עַל חֵמָ֑ה נֹקֵ֤ם יְהוָה֙ לְצָרָ֔יו וְנוֹטֵ֥ר ה֖וּא לְאֹיְבָֽיו׃
3 יְהוָ֗ה אֶ֤רֶךְ אַפַּ֙יִם֙ וּגְדָול־כֹּ֔חַ וְנַקֵּ֖ה לֹ֣א יְנַקֶּ֑ה יְהוָ֗ה בְּסוּפָ֤ה
4 וּבִשְׂעָרָה֙ דַּרְכּ֔וֹ וְעָנָ֖ן אֲבַ֥ק רַגְלָֽיו׃ גּוֹעֵ֤ר בַּיָּם֙ וַֽיַּבְּשֵׁ֔הוּ וְכָל־
הַנְּהָר֖וֹת הֶחֱרִ֑יב אֻמְלַ֤ל בָּשָׁן֙ וְכַרְמֶ֔ל וּפֶ֥רַח לְבָנ֖וֹן אֻמְלָֽל׃
ה הָרִים֙ רָעֲשׁ֣וּ מִמֶּ֔נּוּ וְהַגְּבָע֖וֹת הִתְמֹגָ֑גוּ וַתִּשָּׂ֤א הָאָ֙רֶץ֙ מִפָּנָ֔יו

ותבל

ז׳ v. 12. סבירין יבואו v. 18. הפטרת שבת שובה וגם לט׳ באב במנחה
כמנהג ספרדים א׳ v. 3. וגדל ק׳ ibid. ס׳ זעירא

6 וְתֵבֵל וְכָל־יֹשְׁבֵי בָהּ׃ לִפְנֵי זַעְמוֹ מִי יַעֲמוֹד וּמִי יָקוּם
7 בַּחֲרוֹן אַפּוֹ חֲמָתוֹ נִתְּכָה כָאֵשׁ וְהַצֻּרִים נִתְּצוּ מִמֶּנּוּ׃ טוֹב
8 יְהוָה לְמָעוֹז בְּיוֹם צָרָה וְיֹדֵעַ חֹסֵי בוֹ׃ וּבְשֶׁטֶף עֹבֵר כָּלָה
9 יַעֲשֶׂה מְקוֹמָהּ וְאֹיְבָיו יְרַדֶּף־חֹשֶׁךְ׃ מַה־תְּחַשְּׁבוּן אֶל־יְהוָה
י כָּלָה הוּא עֹשֶׂה לֹא־תָקוּם פַּעֲמַיִם צָרָה׃ כִּי עַד־סִירִים
11 סְבֻכִים וּכְסָבְאָם סְבוּאִים אֻכְּלוּ כְּקַשׁ יָבֵשׁ מָלֵא׃ מִמֵּךְ יָצָא
12 חֹשֵׁב עַל־יְהוָה רָעָה יֹעֵץ בְּלִיָּעַל׃ כֹּה ׀ אָמַר יְהוָה
אִם־שְׁלֵמִים וְכֵן רַבִּים וְכֵן נָגֹזּוּ וְעָבָר וְעִנִּתִךְ לֹא אֲעַנֵּךְ
13 14 עוֹד׃ וְעַתָּה אֶשְׁבֹּר מֹטֵהוּ מֵעָלָיִךְ וּמוֹסְרֹתַיִךְ אֲנַתֵּק׃ וְצִוָּה
עָלֶיךָ יְהוָה לֹא־יִזָּרַע מִשִּׁמְךָ עוֹד מִבֵּית אֱלֹהֶיךָ אַכְרִית
פֶּסֶל וּמַסֵּכָה אָשִׂים קִבְרֶךָ כִּי קַלּוֹתָ׃

ב Cap. II. ב

א הִנֵּה עַל־הֶהָרִים רַגְלֵי מְבַשֵּׂר מַשְׁמִיעַ שָׁלוֹם חָגִּי יְהוּדָה
חַגַּיִךְ שַׁלְּמִי נְדָרָיִךְ כִּי לֹא יוֹסִיף עוֹד לַעֲבוֹר־בָּךְ בְּלִיַּעַל
2 כֻּלֹּה נִכְרָת׃ עָלָה מֵפִיץ עַל־פָּנַיִךְ נָצוֹר מְצוּרָה צַפֵּה־
3 דֶרֶךְ חַזֵּק מָתְנַיִם אַמֵּץ כֹּחַ מְאֹד׃ כִּי שָׁב יְהוָה אֶת־גְּאוֹן
יַעֲקֹב כִּגְאוֹן יִשְׂרָאֵל כִּי בְקָקוּם בֹּקְקִים וּזְמֹרֵיהֶם שִׁחֵתוּ׃
4 מָגֵן גִּבֹּרֵיהוּ מְאָדָּם אַנְשֵׁי־חַיִל מְתֻלָּעִים בְּאֵשׁ־פְּלָדוֹת הָרֶכֶב
ה בְּיוֹם הֲכִינוֹ וְהַבְּרֹשִׁים הָרְעָלוּ׃ בַּחוּצוֹת יִתְהוֹלְלוּ הָרֶכֶב
יִשְׁתַּקְשְׁקוּן בָּרְחֹבוֹת מַרְאֵיהֶן כַּלַּפִּידִם כַּבְּרָקִים יְרוֹצֵצוּ׃
6 יִזְכֹּר אַדִּירָיו יִכָּשְׁלוּ בַּהֲלִכוֹתָם יְמַהֲרוּ חוֹמָתָהּ וְהֻכַן הַסֹּכֵךְ׃
7 8 שַׁעֲרֵי הַנְּהָרוֹת נִפְתָּחוּ וְהַהֵיכָל נָמוֹג׃ וְהֻצַּב גֻּלְּתָה הֹעֲלָתָה
9 וְאַמְהֹתֶיהָ מְנַהֲגוֹת כְּקוֹל יוֹנִים מְתֹפְפֹת עַל־לִבְבֵהֶן׃ וְנִינְוֵה
כִבְרֵכַת־מַיִם מִימֵי הִיא וְהֵמָּה נָסִים עִמְדוּ עֲמֹדוּ וְאֵין
י מַפְנֶה׃ בֹּזּוּ כֶסֶף בֹּזּוּ זָהָב וְאֵין קֵצֶה לַתְּכוּנָה כָּבֹד מִכֹּל
11 כְּלִי חֶמְדָּה׃ בּוּקָה וּמְבוּקָה וּמְבֻלָּקָה וְלֵב נָמֵס וּפַק בִּרְכַּיִם
12 וְחַלְחָלָה בְּכָל־מָתְנַיִם וּפְנֵי כֻלָּם קִבְּצוּ פָארוּר׃ אַיֵּה מְעוֹן

אריות

ב׳ v. 1. יתיר ו׳ v. 6. בהליכתם ק׳

אֲרָיוֹת וּמִרְעֶה הוּא לַכְּפִרִים אֲשֶׁר הָלַךְ אַרְיֵה לָבִיא שָׁם
13 גּוּר אַרְיֵה וְאֵין מַחֲרִיד׃ אַרְיֵה טֹרֵף בְּדֵי גֹרוֹתָיו וּמְחַנֵּק
14 לְלִבְאֹתָיו וַיְמַלֵּא־טֶרֶף חֹרָיו וּמְעֹנֹתָיו טְרֵפָה׃ הִנְנִי אֵלַיִךְ
נְאֻם יְהוָה צְבָאוֹת וְהִבְעַרְתִּי בֶעָשָׁן רִכְבָּהּ וּכְפִירַיִךְ תֹּאכַל
חָרֶב וְהִכְרַתִּי מֵאֶרֶץ טַרְפֵּךְ וְלֹא־יִשָּׁמַע עוֹד קוֹל מַלְאָכֵכֵה׃

ג Cap. III. ג

א הוֹי עִיר דָּמִים כֻּלָּהּ כַּחַשׁ פֶּרֶק מְלֵאָה לֹא יָמִישׁ טָרֶף׃
2 קוֹל שׁוֹט וְקוֹל רַעַשׁ אוֹפָן וְסוּס דֹּהֵר וּמֶרְכָּבָה מְרַקֵּדָה׃
3 פָּרָשׁ מַעֲלֶה וְלַהַב חֶרֶב וּבְרַק חֲנִית וְרֹב חָלָל וְכֹבֶד פָּגֶר
4 וְאֵין קֵצֶה לַגְּוִיָּה יִכְשְׁלוּ בִּגְוִיָּתָם׃ מֵרֹב זְנוּנֵי זוֹנָה טוֹבַת חֵן
בַּעֲלַת כְּשָׁפִים הַמֹּכֶרֶת גּוֹיִם בִּזְנוּנֶיהָ וּמִשְׁפָּחוֹת בִּכְשָׁפֶיהָ׃
ה הִנְנִי אֵלַיִךְ נְאֻם יְהוָה צְבָאוֹת וְגִלֵּיתִי שׁוּלַיִךְ עַל־פָּנָיִךְ
6 וְהַרְאֵיתִי גוֹיִם מַעְרֵךְ וּמַמְלָכוֹת קְלוֹנֵךְ׃ וְהִשְׁלַכְתִּי עָלַיִךְ
7 שִׁקֻּצִים וְנִבַּלְתִּיךְ וְשַׂמְתִּיךְ כְּרֹאִי׃ וְהָיָה כָל־רֹאַיִךְ יִדּוֹד
מִמֵּךְ וְאָמַר שָׁדְּדָה נִינְוֵה מִי יָנוּד לָהּ מֵאַיִן אֲבַקֵּשׁ מְנַחֲמִים
8 לָךְ׃ הֲתֵיטְבִי מִנֹּא אָמוֹן הַיֹּשְׁבָה בַּיְאֹרִים מַיִם סָבִיב לָהּ
9 אֲשֶׁר־חֵיל יָם מִיָּם חוֹמָתָהּ׃ כּוּשׁ עָצְמָה וּמִצְרַיִם וְאֵין קֵצֶה
י פּוּט וְלוּבִים הָיוּ בְּעֶזְרָתֵךְ׃ גַּם־הִיא לַגֹּלָה הָלְכָה בַשֶּׁבִי גַּם
עֹלָלֶיהָ יְרֻטְּשׁוּ בְּרֹאשׁ כָּל־חוּצוֹת וְעַל־נִכְבַּדֶּיהָ יַדּוּ גוֹרָל
11 וְכָל־גְּדוֹלֶיהָ רֻתְּקוּ בַזִּקִּים׃ גַּם־אַתְּ תִּשְׁכְּרִי תְּהִי נַעֲלָמָה
12 גַּם־אַתְּ תְּבַקְשִׁי מָעוֹז מֵאוֹיֵב׃ כָּל־מִבְצָרַיִךְ תְּאֵנִים עִם־
13 בִּכּוּרִים אִם־יִנּוֹעוּ וְנָפְלוּ עַל־פִּי אוֹכֵל׃ הִנֵּה עַמֵּךְ נָשִׁים
בְּקִרְבֵּךְ לְאֹיְבַיִךְ פָּתוֹחַ נִפְתְּחוּ שַׁעֲרֵי אַרְצֵךְ אָכְלָה אֵשׁ
14 בְּרִיחָיִךְ׃ מֵי מָצוֹר שַׁאֲבִי־לָךְ חַזְּקִי מִבְצָרָיִךְ בֹּאִי בַטִּיט
טו וְרִמְסִי בַחֹמֶר הַחֲזִיקִי מַלְבֵּן׃ שָׁם תֹּאכְלֵךְ אֵשׁ תַּכְרִיתֵךְ
חֶרֶב תֹּאכְלֵךְ כַּיָּלֶק הִתְכַּבֵּד כַּיֶּלֶק הִתְכַּבְּדִי כָּאַרְבֶּה׃
16 17 הִרְבֵּית רֹכְלַיִךְ מִכּוֹכְבֵי הַשָּׁמָיִם יֶלֶק פָּשַׁט וַיָּעֹף׃ מִנְּזָרַיִךְ

כארבה

ג׳ v. 3. וכשלו ק׳

כְּאַרְבֶּ֖ה וְטַפְסְרַ֣יִךְ כְּג֣וֹב גֹּבָ֑י הַֽחוֹנִ֤ים בַּגְּדֵרוֹת֙ בְּי֣וֹם קָרָ֔ה

18 שֶׁ֤מֶשׁ זָֽרְחָה֙ וְנוֹדָ֔ד וְלֹֽא־נוֹדַ֖ע מְקוֹמ֣וֹ אַיָּ֑ם נָמ֤וּ רֹעֶ֙יךָ֙ מֶ֣לֶךְ

אַשּׁ֔וּר יִשְׁכְּנ֖וּ אַדִּירֶ֑יךָ נָפֹ֧שׁוּ עַמְּךָ֛ עַל־הֶהָרִ֖ים וְאֵ֥ין מְקַבֵּֽץ׃

19 אֵין־כֵּהָ֣ה לְשִׁבְרֶ֗ךָ נַחְלָ֖ה מַכָּתֶ֑ךָ כֹּ֤ל ׀ שֹׁמְעֵ֤י שִׁמְעֲךָ֙ תָּ֣קְעוּ

כַ֣ף עָלֶ֔יךָ כִּ֗י עַל־מִ֛י לֹֽא־עָבְרָ֥ה רָעָתְךָ֖ תָּמִֽיד׃

חבקוק

LIBER HABAKKUK

CAPUT I. א

2 הַמַּשָּׂא֙ אֲשֶׁ֣ר חָזָ֔ה חֲבַקּ֖וּק הַנָּבִֽיא׃ עַד־אָ֧נָה יְהֹוָ֛ה שִׁוַּ֖עְתִּי

3 וְלֹ֣א תִשְׁמָ֑ע אֶזְעַ֥ק אֵלֶ֛יךָ חָמָ֖ס וְלֹ֥א תוֹשִֽׁיעַ׃ לָ֣מָּה תַרְאֵ֤נִי

אָ֙וֶן֙ וְעָמָ֣ל תַּבִּ֔יט וְשֹׁ֥ד וְחָמָ֖ס לְנֶגְדִּ֑י וַיְהִ֧י רִ֦יב וּמָד֖וֹן יִשָּֽׂא׃

4 עַל־כֵּן֙ תָּפ֣וּג תּוֹרָ֔ה וְלֹא־יֵצֵ֥א לָנֶ֖צַח מִשְׁפָּ֑ט כִּ֤י רָשָׁע֙ מַכְתִּ֣יר

אֶת־הַצַּדִּ֔יק עַל־כֵּ֛ן יֵצֵ֥א מִשְׁפָּ֖ט מְעֻקָּֽל׃ רְא֤וּ בַגּוֹיִם֙ וְֽהַבִּ֔יטוּ

וְהִֽתַּמְּה֖וּ תְּמָ֑הוּ כִּי־פֹ֙עַל֙ פֹּעֵ֣ל בִּֽימֵיכֶ֔ם לֹ֥א תַאֲמִ֖ינוּ כִּ֥י יְסֻפָּֽר׃

6 כִּֽי־הִנְנִ֤י מֵקִים֙ אֶת־הַכַּשְׂדִּ֔ים הַגּ֖וֹי הַמַּ֣ר וְהַנִּמְהָ֑ר הַֽהוֹלֵךְ֙

7 לְמֶרְחֲבֵי־אֶ֔רֶץ לָרֶ֖שֶׁת מִשְׁכָּנ֣וֹת לֹּא־לֽוֹ׃ אָיֹ֥ם וְנוֹרָ֖א הֽוּא

8 מִמֶּ֕נּוּ מִשְׁפָּט֥וֹ וּשְׂאֵת֖וֹ יֵצֵֽא׃ וְקַלּ֨וּ מִנְּמֵרִ֜ים סוּסָ֗יו וְחַדּוּ֙ מִזְּאֵ֣בֵי

עֶ֔רֶב וּפָ֖שׁוּ פָּֽרָשָׁ֑יו וּפָֽרָשָׁיו֙ מֵרָח֣וֹק יָבֹ֔אוּ יָעֻ֕פוּ כְּנֶ֖שֶׁר חָ֥שׁ

9 לֶאֱכֽוֹל׃ כֻּלֹּה֙ לְחָמָ֣ס יָב֔וֹא מְגַמַּ֥ת פְּנֵיהֶ֖ם קָדִ֑ימָה וַיֶּאֱסֹ֥ף

כַחֹ֖ול שֶֽׁבִי׃ וְהוּא֙ בַּמְּלָכִ֣ים יִתְקַלָּ֔ס וְרֹזְנִ֖ים מִשְׂחָ֣ק ל֑וֹ ה֚וּא

11 לְכָל־מִבְצָ֣ר יִשְׂחָ֔ק וַיִּצְבֹּ֥ר עָפָ֖ר וַֽיִּלְכְּדָֽהּ׃ אָ֣ז חָלַ֥ף ר֙וּחַ֙

12 וַֽיַּעֲבֹ֖ר וְאָשֵׁ֑ם ז֥וּ כֹח֖וֹ לֵֽאלֹהֽוֹ׃ הֲל֧וֹא אַתָּ֣ה מִקֶּ֗דֶם יְהֹוָ֤ה אֱלֹהַי֙

קְדֹשִׁ֖י לֹ֣א נָמ֑וּת יְהֹוָה֙ לְמִשְׁפָּ֣ט שַׂמְתּ֔וֹ וְצ֖וּר לְהוֹכִ֥יחַ יְסַדְתּֽוֹ׃

13 טְה֤וֹר עֵינַ֙יִם֙ מֵרְא֣וֹת רָ֔ע וְהַבִּ֥יט אֶל־עָמָ֖ל לֹ֣א תוּכָ֑ל לָ֤מָּה

14 תַבִּיט֙ בּֽוֹגְדִ֔ים תַּחֲרִ֕ישׁ בְּבַלַּ֥ע רָשָׁ֖ע צַדִּ֣יק מִמֶּֽנּוּ׃ וַתַּעֲשֶׂ֥ה

15 אָדָ֖ם כִּדְגֵ֣י הַיָּ֑ם כְּרֶ֖מֶשׂ לֹא־מֹשֵׁ֥ל בּֽוֹ׃ כֻּלֹּה֙ בְּחַכָּ֣ה הֵֽעֲלָ֔ה

יְגֹרֵ֣הוּ

יְגֹרֵהוּ בְחֶרְמוֹ וְיַאַסְפֵהוּ בְּמִכְמַרְתּוֹ עַל־כֵּן יִשְׂמַח וְיָגִיל׃
16 עַל־כֵּן יְזַבֵּחַ לְחֶרְמוֹ וִיקַטֵּר לְמִכְמַרְתּוֹ כִּי בָהֵמָּה שָׁמֵן חֶלְקוֹ
17 וּמַאֲכָלוֹ בְּרִאָה׃ הַעַל כֵּן יָרִיק חֶרְמוֹ וְתָמִיד לַהֲרֹג גּוֹיִם לֹא
יַחְמוֹל׃

ב Cap. II. ב

א עַל־מִשְׁמַרְתִּי אֶעֱמֹדָה וְאֶתְיַצְּבָה עַל־מָצוֹר וַאֲצַפֶּה
2 לִרְאוֹת מַה־יְדַבֶּר־בִּי וּמָה אָשִׁיב עַל־תּוֹכַחְתִּי׃ וַיַּעֲנֵנִי
יְהוָה וַיֹּאמֶר כְּתֹב חָזוֹן וּבָאֵר עַל־הַלֻּחוֹת לְמַעַן יָרוּץ קוֹרֵא
3 בוֹ׃ כִּי עוֹד חָזוֹן לַמּוֹעֵד וְיָפֵחַ לַקֵּץ וְלֹא יְכַזֵּב אִם־יִתְמַהְמַהּ
4 חַכֵּה־לוֹ כִּי־בֹא יָבֹא לֹא יְאַחֵר׃ הִנֵּה עֻפְּלָה לֹא־יָשְׁרָה
ה נַפְשׁוֹ בּוֹ וְצַדִּיק בֶּאֱמוּנָתוֹ יִחְיֶה׃ וְאַף כִּי־הַיַּיִן בּוֹגֵד גֶּבֶר
יָהִיר וְלֹא יִנְוֶה אֲשֶׁר הִרְחִיב כִּשְׁאוֹל נַפְשׁוֹ וְהוּא כַמָּוֶת וְלֹא
יִשְׂבָּע וַיֶּאֱסֹף אֵלָיו כָּל־הַגּוֹיִם וַיִּקְבֹּץ אֵלָיו כָּל־הָעַמִּים׃
6 הֲלוֹא־אֵלֶּה כֻלָּם עָלָיו מָשָׁל יִשָּׂאוּ וּמְלִיצָה חִידוֹת לוֹ וְיֹאמַר
7 הוֹי הַמַּרְבֶּה לֹּא־לוֹ עַד־מָתַי וּמַכְבִּיד עָלָיו עַבְטִיט׃ הֲלוֹא
פֶתַע יָקוּמוּ נֹשְׁכֶיךָ וְיִקְצוּ מְזַעְזְעֶיךָ וְהָיִיתָ לִמְשִׁסּוֹת לָמוֹ׃
8 כִּי־אַתָּה שַׁלּוֹתָ גּוֹיִם רַבִּים יְשָׁלּוּךָ כָּל־יֶתֶר עַמִּים מִדְּמֵי
אָדָם וַחֲמַס־אֶרֶץ קִרְיָה וְכָל־יֹשְׁבֵי בָהּ׃
9 הוֹי בֹּצֵעַ בֶּצַע רָע לְבֵיתוֹ לָשׂוּם בַּמָּרוֹם קִנּוֹ לְהִנָּצֵל מִכַּף־
י רָע׃ יָעַצְתָּ בֹּשֶׁת לְבֵיתֶךָ קְצוֹת־עַמִּים רַבִּים וְחוֹטֵא נַפְשֶׁךָ׃
11 12 כִּי־אֶבֶן מִקִּיר תִּזְעָק וְכָפִיס מֵעֵץ יַעֲנֶנָּה׃ הוֹי בֹּנֶה עִיר
13 בְּדָמִים וְכוֹנֵן קִרְיָה בְּעַוְלָה׃ הֲלוֹא הִנֵּה מֵאֵת יְהוָה צְבָאוֹת
14 וְיִיגְעוּ עַמִּים בְּדֵי־אֵשׁ וּלְאֻמִּים בְּדֵי־רִיק יִעָפוּ׃ כִּי תִּמָּלֵא
טו הָאָרֶץ לָדַעַת אֶת־כְּבוֹד יְהוָה כַּמַּיִם יְכַסּוּ עַל־יָם׃ הוֹי
מַשְׁקֵה רֵעֵהוּ מְסַפֵּחַ חֲמָתְךָ וְאַף שַׁכֵּר לְמַעַן הַבִּיט עַל־
16 מְעוֹרֵיהֶם׃ שָׂבַעְתָּ קָלוֹן מִכָּבוֹד שְׁתֵה גַם־אַתָּה וְהֵעָרֵל
17 תִּסּוֹב עָלֶיךָ כּוֹס יְמִין יְהוָה וְקִיקָלוֹן עַל־כְּבוֹדֶךָ׃ כִּי־חֲמַס
לְבָנוֹן יְכַסֶּךָּ וְשֹׁד בְּהֵמוֹת יְחִיתַן מִדְּמֵי אָדָם וַחֲמַס־אֶרֶץ

קריה

18 קִרְיָה וְכָל־יֹשְׁבֵי בָהּ׃ מָה־הוֹעִיל פֶּסֶל כִּי פְסָלוֹ יֹצְרוֹ
מַסֵּכָה וּמוֹרֶה שָּׁקֶר כִּי בָטַח יֹצֵר יִצְרוֹ עָלָיו לַעֲשׂוֹת אֱלִילִים
19 אִלְּמִים׃ הוֹי אֹמֵר לָעֵץ הָקִיצָה עוּרִי לְאֶבֶן דּוּמָם הוּא
יוֹרֶה הִנֵּה־הוּא תָּפוּשׂ זָהָב וָכֶסֶף וְכָל־רוּחַ אֵין בְּקִרְבּוֹ׃
כ וַיהוָה בְּהֵיכַל קָדְשׁוֹ הַס מִפָּנָיו כָּל־הָאָרֶץ׃

ג CAP. III. ג

א 2 תְּפִלָּה לַחֲבַקּוּק הַנָּבִיא עַל שִׁגְיֹנוֹת׃ יְהוָה שָׁמַעְתִּי שִׁמְעֲךָ
יָרֵאתִי יְהוָה פָּעָלְךָ בְּקֶרֶב שָׁנִים חַיֵּיהוּ בְּקֶרֶב שָׁנִים תּוֹדִיעַ
3 בְּרֹגֶז רַחֵם תִּזְכּוֹר׃ אֱלוֹהַּ מִתֵּימָן יָבוֹא וְקָדוֹשׁ מֵהַר־פָּארָן
4 סֶלָה כִּסָּה שָׁמַיִם הוֹדוֹ וּתְהִלָּתוֹ מָלְאָה הָאָרֶץ׃ וְנֹגַהּ כָּאוֹר
ה תִּהְיֶה קַרְנַיִם מִיָּדוֹ לוֹ וְשָׁם חֶבְיוֹן עֻזֹּה׃ לְפָנָיו יֵלֶךְ דָּבֶר
6 וְיֵצֵא רֶשֶׁף לְרַגְלָיו׃ עָמַד ׀ וַיְמֹדֶד אֶרֶץ רָאָה וַיַּתֵּר גּוֹיִם
וַיִּתְפֹּצְצוּ הַרְרֵי־עַד שַׁחוּ גִּבְעוֹת עוֹלָם הֲלִיכוֹת עוֹלָם
7 לוֹ׃ תַּחַת אָוֶן רָאִיתִי אָהֳלֵי כוּשָׁן יִרְגְּזוּן יְרִיעוֹת אֶרֶץ
8 מִדְיָן׃ הֲבִנְהָרִים חָרָה יְהוָה אִם בַּנְּהָרִים אַפֶּךָ אִם־בַּיָּם
9 עֶבְרָתֶךָ כִּי תִרְכַּב עַל־סוּסֶיךָ מַרְכְּבֹתֶיךָ יְשׁוּעָה׃ עֶרְיָה
תֵעוֹר קַשְׁתֶּךָ שְׁבֻעוֹת מַטּוֹת אֹמֶר סֶלָה נְהָרוֹת תְּבַקַּע־אָרֶץ׃
י רָאוּךָ יָחִילוּ הָרִים זֶרֶם מַיִם עָבָר נָתַן תְּהוֹם קוֹלוֹ רוֹם יָדֵיהוּ
11 נָשָׂא׃ שֶׁמֶשׁ יָרֵחַ עָמַד זְבֻלָה לְאוֹר חִצֶּיךָ יְהַלֵּכוּ לְנֹגַהּ בְּרַק
12 13 חֲנִיתֶךָ׃ בְּזַעַם תִּצְעַד־אָרֶץ בְּאַף תָּדוּשׁ גּוֹיִם׃ יָצָאתָ לְיֵשַׁע
עַמֶּךָ לְיֵשַׁע אֶת־מְשִׁיחֶךָ מָחַצְתָּ רֹּאשׁ מִבֵּית רָשָׁע עָרוֹת יְסוֹד
14 עַד־צַוָּאר סֶלָה׃ נָקַבְתָּ בְמַטָּיו רֹאשׁ פְּרָזָו יִסְעֲרוּ
טו לַהֲפִיצֵנִי עֲלִיצֻתָם כְּמוֹ־לֶאֱכֹל עָנִי בַּמִּסְתָּר׃ דָּרַכְתָּ בַיָּם
16 סוּסֶיךָ חֹמֶר מַיִם רַבִּים׃ שָׁמַעְתִּי ׀ וַתִּרְגַּז בִּטְנִי לְקוֹל צָלְלוּ
שְׂפָתַי יָבוֹא רָקָב בַּעֲצָמַי וְתַחְתַּי אֶרְגָּז אֲשֶׁר אָנוּחַ לְיוֹם צָרָה
17 לַעֲלוֹת לְעַם יְגוּדֶנּוּ׃ כִּי־תְאֵנָה לֹא־תִפְרָח וְאֵין יְבוּל בַּגְּפָנִים
כִּחֵשׁ מַעֲשֵׂה־זַיִת וּשְׁדֵמוֹת לֹא־עָשָׂה אֹכֶל גָּזַר מִמִּכְלָה צֹאן

וְאֵין

ב׳ v. 20. הפטרה ליום ב׳ של שבועות   ג׳ v. 4. עזו ק׳   v. 14. פרזיו ק׳

18 וְאֵין בָּקָר בָּרְפָתִים׃ וַאֲנִי בַּיהוָה אֶעְלוֹזָה אָגִילָה בֵּאלֹהֵי
19 יִשְׁעִי׃ יְהוִה אֲדֹנָי חֵילִי וַיָּשֶׂם רַגְלַי כָּאַיָּלוֹת וְעַל בָּמוֹתַי
יַדְרִכֵנִי לַמְנַצֵּחַ בִּנְגִינוֹתָי׃

צפניה

LIBER ZEPHANIAE

CAPUT I. א

א דְּבַר־יְהוָה ׀ אֲשֶׁר הָיָה אֶל־צְפַנְיָה בֶּן־כּוּשִׁי בֶן־גְּדַלְיָה
בֶּן־אֲמַרְיָה בֶּן־חִזְקִיָּה בִּימֵי יֹאשִׁיָּהוּ בֶן־אָמוֹן מֶלֶךְ יְהוּדָה׃
2 3 אָסֹף אָסֵף כֹּל מֵעַל פְּנֵי הָאֲדָמָה נְאֻם־יְהוָה׃ אָסֵף אָדָם
וּבְהֵמָה אָסֵף עוֹף־הַשָּׁמַיִם וּדְגֵי הַיָּם וְהַמַּכְשֵׁלוֹת אֶת־
הָרְשָׁעִים וְהִכְרַתִּי אֶת־הָאָדָם מֵעַל פְּנֵי הָאֲדָמָה נְאֻם־
4 יְהוָה׃ וְנָטִיתִי יָדִי עַל־יְהוּדָה וְעַל כָּל־יוֹשְׁבֵי יְרוּשָׁלִָם
וְהִכְרַתִּי מִן־הַמָּקוֹם הַזֶּה אֶת־שְׁאָר הַבַּעַל אֶת־שֵׁם הַכְּמָרִים
ה עִם־הַכֹּהֲנִים׃ וְאֶת־הַמִּשְׁתַּחֲוִים עַל־הַגַּגּוֹת לִצְבָא הַשָּׁמָיִם
וְאֶת־הַמִּשְׁתַּחֲוִים הַנִּשְׁבָּעִים לַיהוָה וְהַנִּשְׁבָּעִים בְּמַלְכָּם׃
6 וְאֶת־הַנְּסוֹגִים מֵאַחֲרֵי יְהוָה וַאֲשֶׁר לֹא־בִקְשׁוּ אֶת־יְהוָה
7 וְלֹא־דְרָשֻׁהוּ׃ הַס מִפְּנֵי אֲדֹנָי יְהוִה כִּי קָרוֹב יוֹם יְהוָה כִּי־
8 הֵכִין יְהוָה זֶבַח הִקְדִּישׁ קְרֻאָיו׃ וְהָיָה בְּיוֹם זֶבַח יְהוָה
וּפָקַדְתִּי עַל־הַשָּׂרִים וְעַל־בְּנֵי הַמֶּלֶךְ וְעַל כָּל־הַלֹּבְשִׁים
9 מַלְבּוּשׁ נָכְרִי׃ וּפָקַדְתִּי עַל כָּל־הַדּוֹלֵג עַל־הַמִּפְתָּן בַּיּוֹם
י הַהוּא הַמְמַלְאִים בֵּית אֲדֹנֵיהֶם חָמָס וּמִרְמָה׃ וְהָיָה
בַיּוֹם הַהוּא נְאֻם־יְהוָה קוֹל צְעָקָה מִשַּׁעַר הַדָּגִים וִילָלָה
11 מִן־הַמִּשְׁנֶה וְשֶׁבֶר גָּדוֹל מֵהַגְּבָעוֹת׃ הֵילִילוּ יֹשְׁבֵי הַמַּכְתֵּשׁ
12 כִּי נִדְמָה כָּל־עַם כְּנַעַן נִכְרְתוּ כָּל־נְטִילֵי כָסֶף׃ וְהָיָה
בָּעֵת הַהִיא אֲחַפֵּשׂ אֶת־יְרוּשָׁלִַם בַּנֵּרוֹת וּפָקַדְתִּי עַל־

הָאֲנָשִׁים הַקֹּפְאִים עַל־שִׁמְרֵיהֶם הָאֹמְרִים בִּלְבָבָם לֹא־
13 יֵיטִיב יְהוָה וְלֹא יָרֵעַ׃ וְהָיָה חֵילָם לִמְשִׁסָּה וּבָתֵּיהֶם לִשְׁמָמָה
וּבָנוּ בָתִּים וְלֹא יֵשֵׁבוּ וְנָטְעוּ כְרָמִים וְלֹא יִשְׁתּוּ אֶת־יֵינָם׃
14 קָרוֹב יוֹם־יְהוָה הַגָּדוֹל קָרוֹב וּמַהֵר מְאֹד קוֹל יוֹם יְהוָה מַר
טו צֹרֵחַ שָׁם גִּבּוֹר׃ יוֹם עֶבְרָה הַיּוֹם הַהוּא יוֹם צָרָה וּמְצוּקָה
16 יוֹם שֹׁאָה וּמְשׁוֹאָה יוֹם חֹשֶׁךְ וַאֲפֵלָה יוֹם עָנָן וַעֲרָפֶל׃ יוֹם
שׁוֹפָר וּתְרוּעָה עַל הֶעָרִים הַבְּצֻרוֹת וְעַל הַפִּנּוֹת הַגְּבֹהוֹת׃
17 וַהֲצֵרֹתִי לָאָדָם וְהָלְכוּ כַּעִוְרִים כִּי לַיהוָה חָטָאוּ וְשֻׁפַּךְ דָּמָם
18 כֶּעָפָר וּלְחֻמָם כַּגְּלָלִים׃ גַּם־כַּסְפָּם גַּם־זְהָבָם לֹא־יוּכַל
לְהַצִּילָם בְּיוֹם עֶבְרַת יְהוָה וּבְאֵשׁ קִנְאָתוֹ תֵּאָכֵל כָּל־הָאָרֶץ
כִּי־כָלָה אַךְ־נִבְהָלָה יַעֲשֶׂה אֵת כָּל־יֹשְׁבֵי הָאָרֶץ׃

ב CAP. II. ב

א 2 הִתְקוֹשְׁשׁוּ וָקוֹשּׁוּ הַגּוֹי לֹא נִכְסָף׃ בְּטֶרֶם לֶדֶת חֹק כְּמֹץ
עָבַר יוֹם בְּטֶרֶם ׀ לֹא־יָבוֹא עֲלֵיכֶם חֲרוֹן אַף־יְהוָה בְּטֶרֶם
3 לֹא־יָבוֹא עֲלֵיכֶם יוֹם אַף־יְהוָה׃ בַּקְּשׁוּ אֶת־יְהוָה כָּל־עַנְוֵי
הָאָרֶץ אֲשֶׁר מִשְׁפָּטוֹ פָּעָלוּ בַּקְּשׁוּ־צֶדֶק בַּקְּשׁוּ עֲנָוָה אוּלַי
4 תִּסָּתְרוּ בְּיוֹם אַף־יְהוָה׃ כִּי עַזָּה עֲזוּבָה תִהְיֶה וְאַשְׁקְלוֹן
ה לִשְׁמָמָה אַשְׁדּוֹד בַּצָּהֳרַיִם יְגָרְשׁוּהָ וְעֶקְרוֹן תֵּעָקֵר׃ הוֹי
יֹשְׁבֵי חֶבֶל הַיָּם גּוֹי כְּרֵתִים דְּבַר־יְהוָה עֲלֵיכֶם כְּנַעַן אֶרֶץ
6 פְּלִשְׁתִּים וְהַאֲבַדְתִּיךְ מֵאֵין יוֹשֵׁב׃ וְהָיְתָה חֶבֶל הַיָּם נְוֹת
7 כְּרֹת רֹעִים וְגִדְרוֹת צֹאן׃ וְהָיָה חֶבֶל לִשְׁאֵרִית בֵּית יְהוּדָה
עֲלֵיהֶם יִרְעוּן בְּבָתֵּי אַשְׁקְלוֹן בָּעֶרֶב יִרְבָּצוּן כִּי יִפְקְדֵם
8 יְהוָה אֱלֹהֵיהֶם וְשָׁב שְׁבוּתָם׃ שָׁמַעְתִּי חֶרְפַּת מוֹאָב וְגִדּוּפֵי
9 בְּנֵי עַמּוֹן אֲשֶׁר חֵרְפוּ אֶת־עַמִּי וַיַּגְדִּילוּ עַל־גְּבוּלָם׃ לָכֵן
חַי־אָנִי נְאֻם יְהוָה צְבָאוֹת אֱלֹהֵי יִשְׂרָאֵל כִּי־מוֹאָב כִּסְדֹם
תִּהְיֶה וּבְנֵי עַמּוֹן כַּעֲמֹרָה מִמְשַׁק חָרוּל וּמִכְרֵה־מֶלַח וּשְׁמָמָה
י עַד־עוֹלָם שְׁאֵרִית עַמִּי יְבָזּוּם וְיֶתֶר גּוֹיִ יִנְחָלוּם׃ זֹאת לָהֶם

ב׳ v. 7. שביתם ק׳

11 תַּחַת גְּאוֹנָם כִּי חֵרְפוּ וַיַּגְדִּלוּ עַל־עַם יְהוָה צְבָאוֹת׃ נוֹרָא
יְהוָה עֲלֵיהֶם כִּי רָזָה אֵת כָּל־אֱלֹהֵי הָאָרֶץ וְיִשְׁתַּחֲווּ־לוֹ
12 אִישׁ מִמְּקוֹמוֹ כֹּל אִיֵּי הַגּוֹיִם׃ גַּם־אַתֶּם כּוּשִׁים חַלְלֵי חַרְבִּי
13 הֵמָּה׃ וְיֵט יָדוֹ עַל־צָפוֹן וִיאַבֵּד אֶת־אַשּׁוּר וְיָשֵׂם אֶת־נִינְוֵה
14 לִשְׁמָמָה צִיָּה כַּמִּדְבָּר׃ וְרָבְצוּ בְתוֹכָהּ עֲדָרִים כָּל־חַיְתוֹ־
גוֹי גַּם־קָאַת גַּם־קִפֹּד בְּכַפְתֹּרֶיהָ יָלִינוּ קוֹל יְשׁוֹרֵר בַּחַלּוֹן
טו חֹרֶב בַּסַּף כִּי אַרְזָה עֵרָה׃ זֹאת הָעִיר הָעַלִּיזָה הַיּוֹשֶׁבֶת
לָבֶטַח הָאֹמְרָה בִּלְבָבָהּ אֲנִי וְאַפְסִי עוֹד אֵיךְ ׀ הָיְתָה לְשַׁמָּה
מַרְבֵּץ לַחַיָּה כֹּל עוֹבֵר עָלֶיהָ יִשְׁרֹק יָנִיעַ יָדוֹ׃

ג CAP. III. ג

א 2 הוֹי מֹרְאָה וְנִגְאָלָה הָעִיר הַיּוֹנָה׃ לֹא שָׁמְעָה בְּקוֹל לֹא
לָקְחָה מוּסָר בַּיהוָה לֹא בָטָחָה אֶל־אֱלֹהֶיהָ לֹא קָרֵבָה׃
3 שָׂרֶיהָ בְקִרְבָּהּ אֲרָיוֹת שֹׁאֲגִים שֹׁפְטֶיהָ זְאֵבֵי עֶרֶב לֹא גָרְמוּ
4 לַבֹּקֶר׃ נְבִיאֶיהָ פֹּחֲזִים אַנְשֵׁי בֹּגְדוֹת כֹּהֲנֶיהָ חִלְּלוּ־קֹדֶשׁ
ה חָמְסוּ תּוֹרָה׃ יְהוָה צַדִּיק בְּקִרְבָּהּ לֹא יַעֲשֶׂה עַוְלָה בַּבֹּקֶר
בַּבֹּקֶר מִשְׁפָּטוֹ יִתֵּן לָאוֹר לֹא נֶעְדָּר וְלֹא־יוֹדֵעַ עַוָּל בֹּשֶׁת׃
6 הִכְרַתִּי גוֹיִם נָשַׁמּוּ פִּנּוֹתָם הֶחֱרַבְתִּי חוּצוֹתָם מִבְּלִי עוֹבֵר
7 נִצְדּוּ עָרֵיהֶם מִבְּלִי־אִישׁ מֵאֵין יוֹשֵׁב׃ אָמַרְתִּי אַךְ־תִּירְאִי
אוֹתִי תִּקְחִי מוּסָר וְלֹא־יִכָּרֵת מְעוֹנָהּ כֹּל אֲשֶׁר־פָּקַדְתִּי
8 עָלֶיהָ אָכֵן הִשְׁכִּימוּ הִשְׁחִיתוּ כֹּל עֲלִילוֹתָם׃ לָכֵן חַכּוּ־לִי
נְאֻם־יְהוָה לְיוֹם קוּמִי לְעַד כִּי מִשְׁפָּטִי לֶאֱסֹף גּוֹיִם לְקָבְצִי
מַמְלָכוֹת לִשְׁפֹּךְ עֲלֵיהֶם זַעְמִי כֹּל חֲרוֹן אַפִּי כִּי בְּאֵשׁ קִנְאָתִי
9 תֵּאָכֵל כָּל־הָאָרֶץ׃ כִּי־אָז אֶהְפֹּךְ אֶל־עַמִּים שָׂפָה בְרוּרָה
י לִקְרֹא כֻלָּם בְּשֵׁם יְהוָה לְעָבְדוֹ שְׁכֶם אֶחָד׃ מֵעֵבֶר לְנַהֲרֵי־
11 כוּשׁ עֲתָרַי בַּת־פּוּצַי יוֹבִלוּן מִנְחָתִי׃ בַּיּוֹם הַהוּא לֹא תֵבוֹשִׁי
מִכֹּל עֲלִילֹתַיִךְ אֲשֶׁר פָּשַׁעַתְּ בִּי כִּי־אָז ׀ אָסִיר מִקִּרְבֵּךְ עַלִּיזֵי
12 גַּאֲוָתֵךְ וְלֹא־תוֹסִפִי לְגָבְהָה עוֹד בְּהַר קָדְשִׁי׃ וְהִשְׁאַרְתִּי

בקרבך

ב׳ v. 15. ב׳ טעמים

13 בְּקִרְבֵּךְ עַם עָנִי וָדָל וְחָסוּ בְּשֵׁם יְהוָה׃ שְׁאֵרִית יִשְׂרָאֵל לֹא־
יַעֲשׂוּ עַוְלָה וְלֹא־יְדַבְּרוּ כָזָב וְלֹא־יִמָּצֵא בְּפִיהֶם לְשׁוֹן
14 תַּרְמִית כִּי־הֵמָּה יִרְעוּ וְרָבְצוּ וְאֵין מַחֲרִיד׃ רָנִּי בַּת־
צִיּוֹן הָרִיעוּ יִשְׂרָאֵל שִׂמְחִי וְעָלְזִי בְּכָל־לֵב בַּת יְרוּשָׁלִָם׃
טו הֵסִיר יְהוָה מִשְׁפָּטַיִךְ פִּנָּה אֹיְבֵךְ מֶלֶךְ יִשְׂרָאֵל ׀ יְהוָה בְּקִרְבֵּךְ
16 לֹא־תִירְאִי רָע עוֹד׃ בַּיּוֹם הַהוּא יֵאָמֵר לִירוּשָׁלִַם אַל־
17 תִּירָאִי צִיּוֹן אַל־יִרְפּוּ יָדָיִךְ׃ יְהוָה אֱלֹהַיִךְ בְּקִרְבֵּךְ גִּבּוֹר
יוֹשִׁיעַ יָשִׂישׂ עָלַיִךְ בְּשִׂמְחָה יַחֲרִישׁ בְּאַהֲבָתוֹ יָגִיל עָלַיִךְ
18 בְּרִנָּה׃ נוּגֵי מִמּוֹעֵד אָסַפְתִּי מִמֵּךְ הָיוּ מַשְׂאֵת עָלֶיהָ חֶרְפָּה׃
19 הִנְנִי עֹשֶׂה אֶת־כָּל־מְעַנַּיִךְ בָּעֵת הַהִיא וְהוֹשַׁעְתִּי אֶת־
הַצֹּלֵעָה וְהַנִּדָּחָה אֲקַבֵּץ וְשַׂמְתִּים לִתְהִלָּה וּלְשֵׁם בְּכָל־
כ הָאָרֶץ בָּשְׁתָּם׃ בָּעֵת הַהִיא אָבִיא אֶתְכֶם וּבָעֵת קַבְּצִי אֶתְכֶם
כִּי־אֶתֵּן אֶתְכֶם לְשֵׁם וְלִתְהִלָּה בְּכֹל עַמֵּי הָאָרֶץ בְּשׁוּבִי אֶת־
שְׁבוּתֵיכֶם לְעֵינֵיכֶם אָמַר יְהוָה׃

חגי

LIBER HAGGAI

א

CAPUT I. א

א בִּשְׁנַת שְׁתַּיִם לְדָרְיָוֶשׁ הַמֶּלֶךְ בַּחֹדֶשׁ הַשִּׁשִּׁי בְּיוֹם אֶחָד לַחֹדֶשׁ
הָיָה דְבַר־יְהוָה בְּיַד־חַגַּי הַנָּבִיא אֶל־זְרֻבָּבֶל בֶּן־שְׁאַלְתִּיאֵל
פַּחַת יְהוּדָה וְאֶל־יְהוֹשֻׁעַ בֶּן־יְהוֹצָדָק הַכֹּהֵן הַגָּדוֹל לֵאמֹר׃
2 כֹּה אָמַר יְהוָה צְבָאוֹת לֵאמֹר הָעָם הַזֶּה אָמְרוּ לֹא עֶת־בֹּא
3 עֶת־בֵּית יְהוָה לְהִבָּנוֹת׃ וַיְהִי דְּבַר־יְהוָה בְּיַד־חַגַּי
4 הַנָּבִיא לֵאמֹר׃ הַעֵת לָכֶם אַתֶּם לָשֶׁבֶת בְּבָתֵּיכֶם סְפוּנִים
ה וְהַבַּיִת הַזֶּה חָרֵב׃ וְעַתָּה כֹּה אָמַר יְהוָה צְבָאוֹת שִׂימוּ
6 לְבַבְכֶם עַל־דַּרְכֵיכֶם׃ זְרַעְתֶּם הַרְבֵּה וְהָבֵא מְעָט אָכוֹל
וְאֵין־לְשָׂבְעָה שָׁתוֹ וְאֵין־לְשָׁכְרָה לָבוֹשׁ וְאֵין־לְחֹם לוֹ

7 וְהַמִּשְׂתַּכֵּר מִשְׂתַּכֵּר אֶל־צְרוֹר נָקוּב׃ כֹּה אָמַר יְהוָה
8 צְבָאוֹת שִׂימוּ לְבַבְכֶם עַל־דַּרְכֵיכֶם׃ עֲלוּ הָהָר וַהֲבֵאתֶם
9 עֵץ וּבְנוּ הַבָּיִת וְאֶרְצֶה־בּוֹ וְאֶכָּבֵד אָמַר יְהוָה׃ פָּנֹה אֶל־
הַרְבֵּה וְהִנֵּה לִמְעָט וַהֲבֵאתֶם הַבַּיִת וְנָפַחְתִּי בוֹ יַעַן מֶה נְאֻם
יְהוָה צְבָאוֹת יַעַן בֵּיתִי אֲשֶׁר־הוּא חָרֵב וְאַתֶּם רָצִים אִישׁ
י לְבֵיתוֹ׃ עַל־כֵּן עֲלֵיכֶם כָּלְאוּ שָׁמַיִם מִטָּל וְהָאָרֶץ כָּלְאָה
11 יְבוּלָהּ׃ וָאֶקְרָא חֹרֶב עַל־הָאָרֶץ וְעַל־הֶהָרִים וְעַל־הַדָּגָן
וְעַל־הַתִּירוֹשׁ וְעַל־הַיִּצְהָר וְעַל אֲשֶׁר תּוֹצִיא הָאֲדָמָה וְעַל־
12 הָאָדָם וְעַל־הַבְּהֵמָה וְעַל כָּל־יְגִיעַ כַּפָּיִם׃ וַיִּשְׁמַע
זְרֻבָּבֶל ׀ בֶּן־שַׁלְתִּיאֵל וִיהוֹשֻׁעַ בֶּן־יְהוֹצָדָק הַכֹּהֵן הַגָּדוֹל
וְכֹל ׀ שְׁאֵרִית הָעָם בְּקוֹל יְהוָה אֱלֹהֵיהֶם וְעַל־דִּבְרֵי חַגַּי
הַנָּבִיא כַּאֲשֶׁר שְׁלָחוֹ יְהוָה אֱלֹהֵיהֶם וַיִּירְאוּ הָעָם מִפְּנֵי יְהוָה׃
13 וַיֹּאמֶר חַגַּי מַלְאַךְ יְהוָה בְּמַלְאֲכוּת יְהוָה לָעָם לֵאמֹר אֲנִי
14 אִתְּכֶם נְאֻם־יְהוָה׃ וַיָּעַר יְהוָה אֶת־רוּחַ זְרֻבָּבֶל בֶּן־שַׁלְתִּיאֵל
פַּחַת יְהוּדָה וְאֶת־רוּחַ יְהוֹשֻׁעַ בֶּן־יְהוֹצָדָק הַכֹּהֵן הַגָּדוֹל
וְאֶת־רוּחַ כֹּל שְׁאֵרִית הָעָם וַיָּבֹאוּ וַיַּעֲשׂוּ מְלָאכָה בְּבֵית־
טו יְהוָה צְבָאוֹת אֱלֹהֵיהֶם׃ בְּיוֹם עֶשְׂרִים וְאַרְבָּעָה לַחֹדֶשׁ
בַּשִּׁשִּׁי בִּשְׁנַת שְׁתַּיִם לְדָרְיָוֶשׁ הַמֶּלֶךְ׃ °

CAP. II. ב

א בַּשְּׁבִיעִי בְּעֶשְׂרִים וְאֶחָד לַחֹדֶשׁ הָיָה דְּבַר־יְהוָה בְּיַד־חַגַּי
2 הַנָּבִיא לֵאמֹר׃ אֱמָר־נָא אֶל־זְרֻבָּבֶל בֶּן־שַׁלְתִּיאֵל פַּחַת
יְהוּדָה וְאֶל־יְהוֹשֻׁעַ בֶּן־יְהוֹצָדָק הַכֹּהֵן הַגָּדוֹל וְאֶל־שְׁאֵרִית
3 הָעָם לֵאמֹר׃ מִי בָכֶם הַנִּשְׁאָר אֲשֶׁר רָאָה אֶת־הַבַּיִת הַזֶּה
בִּכְבוֹדוֹ הָרִאשׁוֹן וּמָה אַתֶּם רֹאִים אֹתוֹ עַתָּה הֲלוֹא כָמֹהוּ
4 כְּאַיִן בְּעֵינֵיכֶם׃ וְעַתָּה חֲזַק זְרֻבָּבֶל ׀ נְאֻם־יְהוָה וַחֲזַק יְהוֹשֻׁעַ
בֶּן־יְהוֹצָדָק הַכֹּהֵן הַגָּדוֹל וַחֲזַק כָּל־עַם הָאָרֶץ נְאֻם־יְהוָה
ה וַעֲשׂוּ כִּי־אֲנִי אִתְּכֶם נְאֻם יְהוָה צְבָאוֹת׃ אֶת־הַדָּבָר אֲשֶׁר־

כרתי

א׳ v. 8. ואכבדה ק׳ v. 15. אין כאן פסקא

כָּרַ֤תִּי אִתְּכֶם֙ בְּצֵאתְכֶ֣ם מִמִּצְרַ֔יִם וְרוּחִ֖י עֹמֶ֣דֶת בְּתוֹכְכֶ֑ם
אַל־תִּירָֽאוּ׃ כִּ֣י כֹ֤ה אָמַר֙ יְהוָ֣ה צְבָא֔וֹת ע֥וֹד אַחַ֖ת מְעַ֣ט 6
הִ֑יא וַאֲנִ֗י מַרְעִישׁ֙ אֶת־הַשָּׁמַ֣יִם וְאֶת־הָאָ֔רֶץ וְאֶת־הַיָּ֖ם וְאֶת־
הֶחָרָבָֽה׃ וְהִרְעַשְׁתִּי֙ אֶת־כָּל־הַגּוֹיִ֔ם וּבָ֖אוּ חֶמְדַּ֣ת כָּל־הַגּוֹיִ֑ם 7
וּמִלֵּאתִ֞י אֶת־הַבַּ֤יִת הַזֶּה֙ כָּב֔וֹד אָמַ֖ר יְהוָ֥ה צְבָאֽוֹת׃ לִ֥י הַכֶּ֖סֶף 8
וְלִ֣י הַזָּהָ֑ב נְאֻ֖ם יְהוָ֥ה צְבָאֽוֹת׃ גָּד֣וֹל יִֽהְיֶ֡ה כְּבוֹד֩ הַבַּ֨יִת הַזֶּ֜ה 9
הָאַחֲרוֹן֙ מִן־הָ֣רִאשׁ֔וֹן אָמַ֖ר יְהוָ֣ה צְבָא֑וֹת וּבַמָּק֤וֹם הַזֶּה֙ אֶתֵּ֣ן
שָׁל֔וֹם נְאֻ֖ם יְהוָ֥ה צְבָאֽוֹת׃
בְּעֶשְׂרִ֤ים וְאַרְבָּעָה֙ לַתְּשִׁיעִ֔י בִּשְׁנַ֥ת שְׁתַּ֖יִם לְדָרְיָ֑וֶשׁ הָיָה֙ דְּבַר־ י
יְהוָ֔ה בְּיַד־חַגַּ֥י הַנָּבִ֖יא לֵאמֹֽר׃ כֹּ֥ה אָמַ֛ר יְהוָ֥ה צְבָא֖וֹת שְׁאַל־ 11
נָ֧א אֶת־הַכֹּהֲנִ֛ים תּוֹרָ֖ה לֵאמֹֽר׃ הֶ֣ן ׀ יִשָּׂא־אִ֨ישׁ בְּשַׂר־קֹ֜דֶשׁ 12
בִּכְנַ֣ף בִּגְד֗וֹ וְנָגַ֣ע בִּ֠כְנָפוֹ אֶל־הַלֶּ֨חֶם וְאֶל־הַנָּזִ֜יד וְאֶל־הַיַּ֧יִן
וְאֶל־שֶׁ֛מֶן וְאֶל־כָּל־מַאֲכָ֖ל הֲיִקְדָּ֑שׁ וַיַּעֲנ֧וּ הַכֹּהֲנִ֛ים וַיֹּאמְר֖וּ
לֹֽא׃ וַיֹּ֣אמֶר חַגַּ֔י אִם־יִגַּ֧ע טְמֵא־נֶ֛פֶשׁ בְּכָל־אֵ֖לֶּה הֲיִטְמָ֑א 13
וַיַּעֲנ֥וּ הַכֹּהֲנִ֛ים וַיֹּאמְר֖וּ יִטְמָֽא׃ וַיַּ֨עַן חַגַּ֜י וַיֹּ֗אמֶר כֵּ֣ן הָֽעָם־ 14
הַ֠זֶּה וְכֵן־הַגּ֨וֹי הַזֶּ֤ה לְפָנַי֙ נְאֻם־יְהוָ֔ה וְכֵ֖ן כָּל־מַעֲשֵׂ֣ה יְדֵיהֶ֑ם
וַאֲשֶׁ֥ר יַקְרִ֛יבוּ שָׁ֖ם טָמֵ֥א הֽוּא׃ וְעַתָּה֙ שִׂימוּ־נָ֣א לְבַבְכֶ֔ם מִן־ טו
הַיּ֥וֹם הַזֶּ֖ה וָמָ֑עְלָה מִטֶּ֧רֶם שֽׂוּם־אֶ֛בֶן אֶל־אֶ֖בֶן בְּהֵיכַ֥ל יְהוָֽה׃
מִֽהְיוֹתָ֛ם בָּא֙ אֶל־עֲרֵמַ֣ת עֶשְׂרִ֔ים וְהָיְתָ֖ה עֲשָׂרָ֑ה בָּ֣א אֶל־ 16
הַיֶּ֗קֶב לַחְשֹׂף֙ חֲמִשִּׁ֣ים פּוּרָ֔ה וְהָיְתָ֖ה עֶשְׂרִֽים׃ הִכֵּ֨יתִי אֶתְכֶ֜ם 17
בַּשִּׁדָּפ֤וֹן וּבַיֵּרָקוֹן֙ וּבַבָּרָ֔ד אֵ֖ת כָּל־מַעֲשֵׂ֣ה יְדֵיכֶ֑ם וְאֵין־אֶתְכֶ֥ם
אֵלַ֖י נְאֻם־יְהוָֽה׃ שִׂימוּ־נָ֣א לְבַבְכֶ֔ם מִן־הַיּ֥וֹם הַזֶּ֖ה וָמָ֑עְלָה 18
מִיּוֹם֩ עֶשְׂרִ֨ים וְאַרְבָּעָ֜ה לַתְּשִׁיעִ֗י לְמִן־הַיּ֛וֹם אֲשֶׁר־יֻסַּ֥ד
הֵיכַל־יְהוָ֖ה שִׂ֥ימוּ לְבַבְכֶֽם׃ הַע֤וֹד הַזֶּ֙רַע֙ בַּמְּגוּרָ֔ה וְעַד־ 19
הַגֶּ֨פֶן וְהַתְּאֵנָ֧ה וְהָרִמּ֛וֹן וְעֵ֥ץ הַזַּ֖יִת לֹ֣א נָשָׂ֑א מִן־הַיּ֥וֹם הַזֶּ֖ה
אֲבָרֵֽךְ׃ וַיְהִ֨י דְבַר־יְהוָ֤ה ׀ שֵׁנִית֙ אֶל־חַגַּ֔י בְּעֶשְׂרִ֥ים כ
וְאַרְבָּעָ֛ה לַחֹ֖דֶשׁ לֵאמֹֽר׃ אֱמֹ֕ר אֶל־זְרֻבָּבֶ֥ל פַּֽחַת־יְהוּדָ֖ה 21

לאמר

v. 10. נ״א אל

22 לֵאמֹ֑ר אֲנִ֣י מַרְעִ֔ישׁ אֶת־הַשָּׁמַ֖יִם וְאֶת־הָאָֽרֶץ׃ וְהָפַכְתִּי֙ כִּסֵּ֣א
מַמְלָכ֔וֹת וְהִ֨שְׁמַדְתִּ֔י חֹ֖זֶק מַמְלְכ֣וֹת הַגּוֹיִ֑ם וְהָפַכְתִּ֤י מֶרְכָּבָה֙
23 וְרֹ֣כְבֶ֔יהָ וְיָרְד֤וּ סוּסִים֙ וְרֹ֣כְבֵיהֶ֔ם אִ֖ישׁ בְּחֶ֥רֶב אָחִֽיו׃ בַּיּ֣וֹם
הַה֣וּא נְאֻם־יְהוָ֣ה צְבָא֡וֹת אֶקָּחֲךָ֩ זְרֻבָּבֶ֨ל בֶּן־שְׁאַלְתִּיאֵ֜ל
עַבְדִּי֙ נְאֻם־יְהוָ֔ה וְשַׂמְתִּ֖יךָ כַּֽחוֹתָ֑ם כִּֽי־בְךָ֣ בָחַ֔רְתִּי נְאֻ֖ם יְהוָ֥ה
צְבָאֽוֹת׃

זכריה

LIBER ZACHARIAE

CAPUT I. א

א בַּחֹ֙דֶשׁ֙ הַשְּׁמִינִ֔י בִּשְׁנַ֥ת שְׁתַּ֖יִם לְדָרְיָ֑וֶשׁ הָיָ֣ה דְבַר־יְהוָ֗ה אֶל־
2 זְכַרְיָה֙ בֶּן־בֶּ֣רֶכְיָ֔ה בֶּן־עִדּ֥וֹ הַנָּבִ֖יא לֵאמֹֽר׃ קָצַ֧ף יְהוָ֛ה עַל־
3 אֲבוֹתֵיכֶ֖ם קָֽצֶף׃ וְאָמַרְתָּ֣ אֲלֵהֶ֗ם כֹּ֤ה אָמַר֙ יְהוָ֣ה צְבָא֔וֹת
שׁ֣וּבוּ אֵלַ֔י נְאֻ֖ם יְהוָ֣ה צְבָא֑וֹת וְאָשׁ֣וּב אֲלֵיכֶ֔ם אָמַ֖ר יְהוָ֥ה
4 צְבָאֽוֹת׃ אַל־תִּהְי֣וּ כַאֲבֹתֵיכֶ֗ם אֲשֶׁ֣ר קָֽרְאוּ־אֲלֵיהֶם֩ הַנְּבִיאִ֨ים
הָרִאשֹׁנִ֜ים לֵאמֹ֗ר כֹּ֤ה אָמַר֙ יְהוָ֣ה צְבָא֔וֹת שׁ֤וּבוּ נָא֙ מִדַּרְכֵיכֶ֣ם
הָֽרָעִ֔ים וּמַעַלְלֵיכֶ֖ם הָרָעִ֑ים וְלֹ֥א שָׁמְע֛וּ וְלֹֽא־הִקְשִׁ֥יבוּ אֵלַ֖י
ה נְאֻם־יְהוָֽה׃ אֲבוֹתֵיכֶ֖ם אַיֵּה־הֵ֑ם וְהַנְּבִאִ֕ים הַלְעוֹלָ֖ם יִֽחְיֽוּ׃
6 אַ֣ךְ ׀ דְּבָרַ֣י וְחֻקַּ֗י אֲשֶׁ֤ר צִוִּ֙יתִי֙ אֶת־עֲבָדַ֣י הַנְּבִיאִ֔ים הֲל֖וֹא
הִשִּׂ֣יגוּ אֲבֹתֵיכֶ֑ם וַיָּשׁ֣וּבוּ וַיֹּאמְר֗וּ כַּאֲשֶׁ֨ר זָמַ֜ם יְהוָ֤ה צְבָאוֹת֙
7 לַעֲשׂ֣וֹת לָ֔נוּ כִּדְרָכֵ֙ינוּ֙ וּכְמַ֣עֲלָלֵ֔ינוּ כֵּ֖ן עָשָׂ֥ה אִתָּֽנוּ׃ בְּיוֹם֩
עֶשְׂרִ֨ים וְאַרְבָּעָ֜ה לְעַשְׁתֵּֽי־עָשָׂ֥ר חֹ֙דֶשׁ֙ הוּא־חֹ֣דֶשׁ שְׁבָ֔ט בִּשְׁנַ֥ת
שְׁתַּ֖יִם לְדָרְיָ֑וֶשׁ הָיָ֣ה דְבַר־יְהוָ֗ה אֶל־זְכַרְיָה֙ בֶּן־בֶּ֣רֶכְיָ֔הוּ
8 בֶּן־עִדּ֥וֹא הַנָּבִ֖יא לֵאמֹֽר׃ רָאִ֣יתִי ׀ הַלַּ֗יְלָה וְהִנֵּה־אִישׁ֙ רֹכֵב֙
עַל־ס֣וּס אָדֹ֔ם וְה֣וּא עֹמֵ֔ד בֵּ֥ין הַהֲדַסִּ֖ים אֲשֶׁ֣ר בַּמְּצֻלָ֑ה וְאַחֲרָיו֙
9 סוּסִ֣ים אֲדֻמִּ֔ים שְׂרֻקִּ֖ים וּלְבָנִֽים׃ וָאֹמַ֖ר מָה־אֵ֣לֶּה אֲדֹנִ֑י וַיֹּ֣אמֶר

אלי

א׳ v. 4. יתיר י׳

י אֵלַי הַמַּלְאָךְ הַדֹּבֵר בִּי אֲנִי אַרְאֶךָּ מָה־הֵמָּה אֵלֶּה׃ וַיַּעַן
הָאִישׁ הָעֹמֵד בֵּין־הַהֲדַסִּים וַיֹּאמַר אֵלֶּה אֲשֶׁר שָׁלַח יְהוָה
11 לְהִתְהַלֵּךְ בָּאָרֶץ׃ וַיַּעֲנוּ אֶת־מַלְאַךְ יְהוָה הָעֹמֵד בֵּין
הַהֲדַסִּים וַיֹּאמְרוּ הִתְהַלַּכְנוּ בָאָרֶץ וְהִנֵּה כָל־הָאָרֶץ יֹשֶׁבֶת
12 וְשֹׁקָטֶת׃ וַיַּעַן מַלְאַךְ־יְהוָה וַיֹּאמַר יְהוָה צְבָאוֹת עַד־מָתַי
אַתָּה לֹא־תְרַחֵם אֶת־יְרוּשָׁלַםִ וְאֵת עָרֵי יְהוּדָה אֲשֶׁר
13 זָעַמְתָּה זֶה שִׁבְעִים שָׁנָה׃ וַיַּעַן יְהוָה אֶת־הַמַּלְאָךְ הַדֹּבֵר בִּי
14 דְּבָרִים טוֹבִים דְּבָרִים נִחֻמִים׃ וַיֹּאמֶר אֵלַי הַמַּלְאָךְ הַדֹּבֵר
בִּי קְרָא לֵאמֹר כֹּה אָמַר יְהוָה צְבָאוֹת קִנֵּאתִי לִירוּשָׁלַםִ
טו וּלְצִיּוֹן קִנְאָה גְדוֹלָה׃ וְקֶצֶף גָּדוֹל אֲנִי קֹצֵף עַל־הַגּוֹיִם
16 הַשַּׁאֲנַנִּים אֲשֶׁר אֲנִי קָצַפְתִּי מְּעָט וְהֵמָּה עָזְרוּ לְרָעָה׃ לָכֵן
כֹּה־אָמַר יְהוָה שַׁבְתִּי לִירוּשָׁלַםִ בְּרַחֲמִים בֵּיתִי יִבָּנֶה בָּהּ
17 נְאֻם יְהוָה צְבָאוֹת וְקָוֶה יִנָּטֶה עַל־יְרוּשָׁלָםִ׃ עוֹד ׀ קְרָא
לֵאמֹר כֹּה אָמַר יְהוָה צְבָאוֹת עוֹד תְּפוּצֶנָה עָרַי מִטּוֹב וְנִחַם
יְהוָה עוֹד אֶת־צִיּוֹן וּבָחַר עוֹד בִּירוּשָׁלָםִ׃

ב CAP. II. ב

א 2 וָאֶשָּׂא אֶת־עֵינַי וָאֵרֶא וְהִנֵּה אַרְבַּע קְרָנוֹת׃ וָאֹמַר אֶל־
הַמַּלְאָךְ הַדֹּבֵר בִּי מָה־אֵלֶּה וַיֹּאמֶר אֵלַי אֵלֶּה הַקְּרָנוֹת
3 אֲשֶׁר זֵרוּ אֶת־יְהוּדָה אֶת־יִשְׂרָאֵל וִירוּשָׁלָםִ׃ וַיַּרְאֵנִי
4 יְהוָה אַרְבָּעָה חָרָשִׁים׃ וָאֹמַר מָה אֵלֶּה בָאִים לַעֲשׂוֹת וַיֹּאמֶר
לֵאמֹר אֵלֶּה הַקְּרָנוֹת אֲשֶׁר־זֵרוּ אֶת־יְהוּדָה כְּפִי־אִישׁ לֹא־
נָשָׂא רֹאשׁוֹ וַיָּבֹאוּ אֵלֶּה לְהַחֲרִיד אֹתָם לְיַדּוֹת אֶת־קַרְנוֹת
ה הַגּוֹיִם הַנֹּשְׂאִים קֶרֶן אֶל־אֶרֶץ יְהוּדָה לְזָרוֹתָהּ׃ וָאֶשָּׂא
6 עֵינַי וָאֵרֶא וְהִנֵּה־אִישׁ וּבְיָדוֹ חֶבֶל מִדָּה׃ וָאֹמַר אָנָה אַתָּה
הֹלֵךְ וַיֹּאמֶר אֵלַי לָמֹד אֶת־יְרוּשָׁלַםִ לִרְאוֹת כַּמָּה־רָחְבָּהּ
7 וְכַמָּה אָרְכָּהּ׃ וְהִנֵּה הַמַּלְאָךְ הַדֹּבֵר בִּי יֹצֵא וּמַלְאָךְ אַחֵר
8 יֹצֵא לִקְרָאתוֹ׃ וַיֹּאמֶר אֵלָו רֻץ דַּבֵּר אֶל־הַנַּעַר הַלָּז לֵאמֹר

פרזות

א׳ v. 16. וקו ק׳   ב׳ v. 8. אליו ק׳

9 פְּרָזוֹת תֵּשֵׁב יְרוּשָׁלַ͏ִם מֵרֹב אָדָם וּבְהֵמָה בְּתוֹכָהּ׃ וַאֲנִי
אֶהְיֶה־לָּהּ נְאֻם־יְהוָה חוֹמַת אֵשׁ סָבִיב וּלְכָבוֹד אֶהְיֶה
י בְתוֹכָהּ׃ הוֹי הוֹי וְנֻסוּ מֵאֶרֶץ צָפוֹן נְאֻם־יְהוָה כִּי
11 כְּאַרְבַּע רוּחוֹת הַשָּׁמַיִם פֵּרַשְׂתִּי אֶתְכֶם נְאֻם־יְהוָה׃ הוֹי צִיּוֹן
12 הִמָּלְטִי יוֹשֶׁבֶת בַּת־בָּבֶל׃ כִּי כֹה אָמַר יְהוָה צְבָאוֹת
אַחַר כָּבוֹד שְׁלָחַנִי אֶל־הַגּוֹיִם הַשֹּׁלְלִים אֶתְכֶם כִּי הַנֹּגֵעַ
13 בָּכֶם נֹגֵעַ בְּבָבַת עֵינוֹ׃ כִּי הִנְנִי מֵנִיף אֶת־יָדִי עֲלֵיהֶם וְהָיוּ
14 שָׁלָל לְעַבְדֵיהֶם וִידַעְתֶּם כִּי־יְהוָה צְבָאוֹת שְׁלָחָנִי׃ °רָנִּי
וְשִׂמְחִי בַּת־צִיּוֹן כִּי הִנְנִי־בָא וְשָׁכַנְתִּי בְתוֹכֵךְ נְאֻם־יְהוָה׃
טו וְנִלְווּ גוֹיִם רַבִּים אֶל־יְהוָה בַּיּוֹם הַהוּא וְהָיוּ לִי לְעָם וְשָׁכַנְתִּי
16 בְתוֹכֵךְ וְיָדַעַתְּ כִּי־יְהוָה צְבָאוֹת שְׁלָחַנִי אֵלָיִךְ׃ וְנָחַל יְהוָה
אֶת־יְהוּדָה חֶלְקוֹ עַל אַדְמַת הַקֹּדֶשׁ וּבָחַר עוֹד בִּירוּשָׁלָ͏ִם׃
17 הַס כָּל־בָּשָׂר מִפְּנֵי יְהוָה כִּי נֵעוֹר מִמְּעוֹן קָדְשׁוֹ׃

ג CAP. III. ג

א וַיַּרְאֵנִי אֶת־יְהוֹשֻׁעַ הַכֹּהֵן הַגָּדוֹל עֹמֵד לִפְנֵי מַלְאַךְ יְהוָה
2 וְהַשָּׂטָן עֹמֵד עַל־יְמִינוֹ לְשִׂטְנוֹ׃ וַיֹּאמֶר יְהוָה אֶל־הַשָּׂטָן
יִגְעַר יְהוָה בְּךָ הַשָּׂטָן וְיִגְעַר יְהוָה בְּךָ הַבֹּחֵר בִּירוּשָׁלָ͏ִם
3 הֲלוֹא זֶה אוּד מֻצָּל מֵאֵשׁ׃ וִיהוֹשֻׁעַ הָיָה לָבֻשׁ בְּגָדִים
4 צוֹאִים וְעֹמֵד לִפְנֵי הַמַּלְאָךְ׃ וַיַּעַן וַיֹּאמֶר אֶל־הָעֹמְדִים
לְפָנָיו לֵאמֹר הָסִירוּ הַבְּגָדִים הַצֹּאִים מֵעָלָיו וַיֹּאמֶר אֵלָיו
ה רְאֵה הֶעֱבַרְתִּי מֵעָלֶיךָ עֲוֺנֶךָ וְהַלְבֵּשׁ אֹתְךָ מַחֲלָצוֹת׃ וָאֹמַר
יָשִׂימוּ צָנִיף טָהוֹר עַל־רֹאשׁוֹ וַיָּשִׂימוּ הַצָּנִיף הַטָּהוֹר עַל־
6 רֹאשׁוֹ וַיַּלְבִּשֻׁהוּ בְּגָדִים וּמַלְאַךְ יְהוָה עֹמֵד׃ וַיָּעַד מַלְאַךְ
7 יְהוָה בִּיהוֹשֻׁעַ לֵאמֹר׃ כֹּה־אָמַר יְהוָה צְבָאוֹת אִם־בִּדְרָכַי
תֵּלֵךְ וְאִם אֶת־מִשְׁמַרְתִּי תִשְׁמֹר וְגַם־אַתָּה תָּדִין אֶת־בֵּיתִי
וְגַם תִּשְׁמֹר אֶת־חֲצֵרָי וְנָתַתִּי לְךָ מַהְלְכִים בֵּין הָעֹמְדִים
8 הָאֵלֶּה׃ שְׁמַע־נָא יְהוֹשֻׁעַ ׀ הַכֹּהֵן הַגָּדוֹל אַתָּה וְרֵעֶיךָ

הישבים

ב׳ v. 14. הפטרת בהעלותך וגם הפטרת שבת א׳ של חנוכה

הַיֹּשְׁבִים לְפָנֶיךָ כִּֽי־אַנְשֵׁי מוֹפֵת הֵמָּה כִּֽי־הִנְנִי מֵבִיא אֶת־
9 עַבְדִּי צֶֽמַח׃ כִּי ׀ הִנֵּה הָאֶבֶן אֲשֶׁר נָתַתִּי לִפְנֵי יְהוֹשֻׁעַ עַל־
אֶבֶן אַחַת שִׁבְעָה עֵינָיִם הִנְנִי מְפַתֵּחַ פִּתֻּחָהּ נְאֻם יְהוָה
צְבָאוֹת וּמַשְׁתִּי אֶת־עֲוֺן הָאָֽרֶץ־הַהִיא בְּיוֹם אֶחָֽד׃ בַּיּוֹם י
הַהוּא נְאֻם יְהוָה צְבָאוֹת תִּקְרְאוּ אִישׁ לְרֵעֵהוּ אֶל־תַּחַת גֶּפֶן
וְאֶל־תַּחַת תְּאֵנָֽה׃ ס

ד Cap. IV. ד

א וַיָּשָׁב הַמַּלְאָךְ הַדֹּבֵר בִּי וַיְעִירֵנִי כְּאִישׁ אֲשֶׁר־יֵעוֹר מִשְּׁנָתֽוֹ׃
2 וַיֹּאמֶר אֵלַי מָה אַתָּה רֹאֶה וַיֹּאמֶר רָאִיתִי ׀ וְהִנֵּה מְנוֹרַת
זָהָב כֻּלָּהּ וְגֻלָּהּ עַל־רֹאשָׁהּ וְשִׁבְעָה נֵרֹתֶיהָ עָלֶיהָ שִׁבְעָה
3 וְשִׁבְעָה מוּצָקוֹת לַנֵּרוֹת אֲשֶׁר עַל־רֹאשָֽׁהּ׃ וּשְׁנַיִם זֵיתִים
4 עָלֶיהָ אֶחָד מִימִין הַגֻּלָּה וְאֶחָד עַל־שְׂמֹאלָֽהּ׃ וָאַעַן וָאֹמַר
ה אֶל־הַמַּלְאָךְ הַדֹּבֵר בִּי לֵאמֹר מָה־אֵלֶּה אֲדֹנִֽי׃ וַיַּעַן הַמַּלְאָךְ
הַדֹּבֵר בִּי וַיֹּאמֶר אֵלַי הֲלוֹא יָדַעְתָּ מָה־הֵמָּה אֵלֶּה וָאֹמַר
6 לֹא אֲדֹנִֽי׃ וַיַּעַן וַיֹּאמֶר אֵלַי לֵאמֹר זֶה דְּבַר־יְהוָה אֶל־
זְרֻבָּבֶל לֵאמֹר לֹא בְחַיִל וְלֹא בְכֹחַ כִּי אִם־בְּרוּחִי אָמַר
7 יְהוָה צְבָאֽוֹת׃ מִֽי־אַתָּה הַֽר־הַגָּדוֹל לִפְנֵי זְרֻבָּבֶל לְמִישֹׁר
וְהוֹצִיא אֶת־הָאֶבֶן הָרֹאשָׁה תְּשֻׁאוֹת חֵן ׀ חֵן לָֽהּ׃
8 9 וַיְהִי דְבַר־יְהוָה אֵלַי לֵאמֹֽר׃ יְדֵי זְרֻבָּבֶל יִסְּדוּ הַבַּיִת הַזֶּה
י וְיָדָיו תְּבַצַּעְנָה וְיָדַעְתָּ כִּֽי־יְהוָה צְבָאוֹת שְׁלָחַנִי אֲלֵיכֶֽם׃ כִּי
מִי בַז לְיוֹם קְטַנּוֹת וְשָׂמְחוּ וְרָאוּ אֶת־הָאֶבֶן הַבְּדִיל בְּיַד
זְרֻבָּבֶל שִׁבְעָה־אֵלֶּה עֵינֵי יְהוָה הֵמָּה מְשׁוֹטְטִים בְּכָל־
11 הָאָֽרֶץ׃ וָאַעַן וָאֹמַר אֵלָיו מַה־שְּׁנֵי הַזֵּיתִים הָאֵלֶּה עַל־יְמִין
12 הַמְּנוֹרָה וְעַל־שְׂמֹאולָֽהּ׃ וָאַעַן שֵׁנִית וָאֹמַר אֵלָיו מַה־שְׁתֵּי
שִׁבֲּלֵי הַזֵּיתִים אֲשֶׁר בְּיַד שְׁנֵי צַנְתְּרוֹת הַזָּהָב הַמְרִיקִים
13 מֵעֲלֵיהֶם הַזָּהָֽב׃ וַיֹּאמֶר אֵלַי לֵאמֹר הֲלוֹא יָדַעְתָּ מָה־אֵלֶּה

ואמר

ג׳ v. 10. אין כאן פסקא   ד׳ v. 2. ואמר ק׳

14 וָאֹמַר לֹא אֲדֹנִי׃ וַיֹּאמֶר אֵלֶּה שְׁנֵי בְנֵי־הַיִּצְהָר הָעֹמְדִים
עַל־אֲדוֹן כָּל־הָאָרֶץ׃

Cap. V. ה

א 2 וָאָשׁוּב וָאֶשָּׂא עֵינַי וָאֶרְאֶה וְהִנֵּה מְגִלָּה עָפָה׃ וַיֹּאמֶר אֵלַי
מָה אַתָּה רֹאֶה וָאֹמַר אֲנִי רֹאֶה מְגִלָּה עָפָה אָרְכָּהּ עֶשְׂרִים
3 בָּאַמָּה וְרָחְבָּהּ עֶשֶׂר בָּאַמָּה׃ וַיֹּאמֶר אֵלַי זֹאת הָאָלָה הַיּוֹצֵאת
עַל־פְּנֵי כָל־הָאָרֶץ כִּי כָל־הַגֹּנֵב מִזֶּה כָּמוֹהָ נִקָּה וְכָל־
4 הַנִּשְׁבָּע מִזֶּה כָּמוֹהָ נִקָּה׃ הוֹצֵאתִיהָ נְאֻם יְהוָה צְבָאוֹת וּבָאָה
אֶל־בֵּית הַגַּנָּב וְאֶל־בֵּית הַנִּשְׁבָּע בִּשְׁמִי לַשָּׁקֶר וְלָנָה בְּתוֹךְ
ה בֵּיתוֹ וְכִלַּתּוּ וְאֶת־עֵצָיו וְאֶת־אֲבָנָיו׃ וַיֵּצֵא הַמַּלְאָךְ הַדֹּבֵר
בִּי וַיֹּאמֶר אֵלַי שָׂא נָא עֵינֶיךָ וּרְאֵה מָה הַיּוֹצֵאת הַזֹּאת׃
6 וָאֹמַר מַה־הִיא וַיֹּאמֶר זֹאת הָאֵיפָה הַיּוֹצֵאת וַיֹּאמֶר זֹאת
7 עֵינָם בְּכָל־הָאָרֶץ׃ וְהִנֵּה כִּכַּר עֹפֶרֶת נִשֵּׂאת וְזֹאת אִשָּׁה
8 אַחַת יוֹשֶׁבֶת בְּתוֹךְ הָאֵיפָה׃ וַיֹּאמֶר זֹאת הָרִשְׁעָה וַיַּשְׁלֵךְ
אֹתָהּ אֶל־תּוֹךְ הָאֵיפָה וַיַּשְׁלֵךְ אֶת־אֶבֶן הָעֹפֶרֶת אֶל־
9 פִּיהָ׃ וָאֶשָּׂא עֵינַי וָאֵרֶא וְהִנֵּה שְׁתַּיִם נָשִׁים יוֹצְאוֹת וְרוּחַ
בְּכַנְפֵיהֶם וְלָהֵנָּה כְנָפַיִם כְּכַנְפֵי הַחֲסִידָה וַתִּשֶּׂאנָה אֶת־הָאֵיפָה
י בֵּין הָאָרֶץ וּבֵין הַשָּׁמָיִם׃ וָאֹמַר אֶל־הַמַּלְאָךְ הַדֹּבֵר בִּי אָנָה
11 הֵמָּה מוֹלִכוֹת אֶת־הָאֵיפָה׃ וַיֹּאמֶר אֵלַי לִבְנוֹת־לָה בַיִת
בְּאֶרֶץ שִׁנְעָר וְהוּכַן וְהֻנִּיחָה שָּׁם עַל־מְכֻנָתָהּ׃

Cap. VI. ו

א וָאָשֻׁב וָאֶשָּׂא עֵינַי וָאֶרְאֶה וְהִנֵּה אַרְבַּע מַרְכָּבוֹת יֹצְאוֹת
2 מִבֵּין שְׁנֵי הֶהָרִים וְהֶהָרִים הָרֵי נְחֹשֶׁת׃ בַּמֶּרְכָּבָה הָרִאשֹׁנָה
3 סוּסִים אֲדֻמִּים וּבַמֶּרְכָּבָה הַשֵּׁנִית סוּסִים שְׁחֹרִים׃ וּבַמֶּרְכָּבָה
הַשְּׁלִשִׁית סוּסִים לְבָנִים וּבַמֶּרְכָּבָה הָרְבִעִית סוּסִים בְּרֻדִּים
4 אֲמֻצִּים׃ וָאַעַן וָאֹמַר אֶל־הַמַּלְאָךְ הַדֹּבֵר בִּי מָה־אֵלֶּה

אדני

ד׳ v. 14. אין כאן פסקא

ה אֲדֹנִי: וַיַּעַן הַמַּלְאָךְ וַיֹּאמֶר אֵלָי אֵלֶּה אַרְבַּע רוּחוֹת הַשָּׁמַיִם
6 יוֹצְאוֹת מֵהִתְיַצֵּב עַל־אֲדוֹן כָּל־הָאָרֶץ: אֲשֶׁר־בָּהּ הַסּוּסִים
הַשְּׁחֹרִים יֹצְאִים אֶל־אֶרֶץ צָפוֹן וְהַלְּבָנִים יָצְאוּ אֶל־
7 אַחֲרֵיהֶם וְהַבְּרֻדִּים יָצְאוּ אֶל־אֶרֶץ הַתֵּימָן: וְהָאֲמֻצִּים
יָצְאוּ וַיְבַקְשׁוּ לָלֶכֶת לְהִתְהַלֵּךְ בָּאָרֶץ וַיֹּאמֶר לְכוּ הִתְהַלְּכוּ
8 בָאָרֶץ וַתִּתְהַלַּכְנָה בָּאָרֶץ: וַיַּזְעֵק אֹתִי וַיְדַבֵּר אֵלַי לֵאמֹר
רְאֵה הַיּוֹצְאִים אֶל־אֶרֶץ צָפוֹן הֵנִיחוּ אֶת־רוּחִי בְּאֶרֶץ
9 י צָפוֹן: וַיְהִי דְבַר־יְהוָה אֵלַי לֵאמֹר: לָקוֹחַ מֵאֵת הַגּוֹלָה
מֵחֶלְדַּי וּמֵאֵת טוֹבִיָּה וּמֵאֵת יְדַעְיָה וּבָאתָ אַתָּה בַּיּוֹם הַהוּא
11 וּבָאתָ בֵּית יֹאשִׁיָּה בֶן־צְפַנְיָה אֲשֶׁר־בָּאוּ מִבָּבֶל: וְלָקַחְתָּ
כֶסֶף־וְזָהָב וְעָשִׂיתָ עֲטָרוֹת וְשַׂמְתָּ בְּרֹאשׁ יְהוֹשֻׁעַ בֶּן־יְהוֹצָדָק
12 הַכֹּהֵן הַגָּדוֹל: וְאָמַרְתָּ אֵלָיו לֵאמֹר כֹּה אָמַר יְהוָה צְבָאוֹת
לֵאמֹר הִנֵּה־אִישׁ צֶמַח שְׁמוֹ וּמִתַּחְתָּיו יִצְמָח וּבָנָה אֶת־הֵיכַל
13 יְהוָה: וְהוּא יִבְנֶה אֶת־הֵיכַל יְהוָה וְהוּא־יִשָּׂא הוֹד וְיָשַׁב
וּמָשַׁל עַל־כִּסְאוֹ וְהָיָה כֹהֵן עַל־כִּסְאוֹ וַעֲצַת שָׁלוֹם תִּהְיֶה
14 בֵּין שְׁנֵיהֶם: וְהָעֲטָרֹת תִּהְיֶה לְחֵלֶם וּלְטוֹבִיָּה וְלִידַעְיָה וּלְחֵן
טו בֶּן־צְפַנְיָה לְזִכָּרוֹן בְּהֵיכַל יְהוָה: וּרְחוֹקִים יָבֹאוּ וּבָנוּ בְּהֵיכַל
יְהוָה וִידַעְתֶּם כִּי־יְהוָה צְבָאוֹת שְׁלָחַנִי אֲלֵיכֶם וְהָיָה אִם־
שָׁמוֹעַ תִּשְׁמְעוּן בְּקוֹל יְהוָה אֱלֹהֵיכֶם:

ז CAP. VII. ז

א וַיְהִי בִּשְׁנַת אַרְבַּע לְדָרְיָוֶשׁ הַמֶּלֶךְ הָיָה דְבַר־יְהוָה אֶל־
2 זְכַרְיָה בְּאַרְבָּעָה לַחֹדֶשׁ הַתְּשִׁעִי בְּכִסְלֵו: וַיִּשְׁלַח בֵּית־
אֵל שַׂרְאֶצֶר וְרֶגֶם מֶלֶךְ וַאֲנָשָׁיו לְחַלּוֹת אֶת־פְּנֵי יְהוָה:
3 לֵאמֹר אֶל־הַכֹּהֲנִים אֲשֶׁר לְבֵית־יְהוָה צְבָאוֹת וְאֶל־
הַנְּבִיאִים לֵאמֹר הַאֶבְכֶּה בַּחֹדֶשׁ הַחֲמִשִׁי הִנָּזֵר כַּאֲשֶׁר עָשִׂיתִי
4 זֶה כַּמֶּה שָׁנִים: וַיְהִי דְבַר־יְהוָה צְבָאוֹת אֵלַי לֵאמֹר:
ה אֱמֹר אֶל־כָּל־עַם הָאָרֶץ וְאֶל־הַכֹּהֲנִים לֵאמֹר כִּי־צַמְתֶּם

וספוד

ר׳ v. 7. סבירין ויאמרו

וְסָפֹ֖וד בַּחֲמִישִׁ֣י וּבַשְּׁבִיעִ֑י וְזֶ֣ה שִׁבְעִ֣ים שָׁנָ֔ה הֲצֹ֥ום צַמְתֻּ֖נִי

6 אָ֑נִי׃ וְכִ֥י תֹאכְל֖וּ וְכִ֣י תִשְׁתּ֑וּ הֲל֤וֹא אַתֶּם֙ הָאֹ֣כְלִ֔ים וְאַתֶּ֖ם

7 הַשֹּׁתִֽים׃ הֲל֣וֹא אֶת־הַדְּבָרִ֗ים אֲשֶׁ֨ר קָרָ֤א יְהוָה֙ בְּיַד֙ הַנְּבִיאִ֣ים

הָרִֽאשֹׁנִ֔ים בִּֽהְי֤וֹת יְרֽוּשָׁלִַ֙ם֙ יֹשֶׁ֣בֶת וּשְׁלֵוָ֔ה וְעָרֶ֖יהָ סְבִיבֹתֶ֑יהָ

8 וְהַנֶּ֥גֶב וְהַשְּׁפֵלָ֖ה יֹשֵֽׁב׃ וַֽיְהִי֙ דְּבַר־יְהוָ֔ה אֶל־זְכַרְיָ֖ה

9 לֵאמֹֽר׃ כֹּ֥ה אָמַ֛ר יְהוָ֥ה צְבָא֖וֹת לֵאמֹ֑ר מִשְׁפַּ֤ט אֱמֶת֙ שְׁפֹ֔טוּ

וְחֶ֣סֶד וְרַֽחֲמִ֔ים עֲשׂ֖וּ אִ֥ישׁ אֶת־אָחִֽיו׃ וְאַלְמָנָ֧ה וְיָת֛וֹם גֵּ֥ר וְעָנִ֖י

11 אַֽל־תַּעֲשֹׁ֑קוּ וְרָעַת֙ אִ֣ישׁ אָחִ֔יו אַֽל־תַּחְשְׁב֖וּ בִּלְבַבְכֶֽם׃ וַיְמָאֲנ֣וּ

12 לְהַקְשִׁ֗יב וַיִּתְּנ֤וּ כָתֵף֙ סֹרָ֔רֶת וְאָזְנֵיהֶ֖ם הִכְבִּ֥ידוּ מִשְּׁמֽוֹעַ׃ וְלִבָּ֞ם

שָׂ֣מוּ שָׁמִ֗יר מִשְּׁמ֤וֹעַ אֶת־הַתּוֹרָה֙ וְאֶת־הַדְּבָרִ֔ים אֲשֶׁ֨ר שָׁלַ֜ח

יְהוָ֤ה צְבָאוֹת֙ בְּרוּח֔וֹ בְּיַ֖ד הַנְּבִיאִ֣ים הָרִֽאשֹׁנִ֑ים וַֽיְהִי֙ קֶ֣צֶף

13 גָּד֔וֹל מֵאֵ֖ת יְהוָ֥ה צְבָאֽוֹת׃ וַיְהִ֥י כַֽאֲשֶׁר־קָרָ֖א וְלֹ֣א שָׁמֵ֑עוּ כֵּ֤ן

14 יִקְרְאוּ֙ וְלֹ֣א אֶשְׁמָ֔ע אָמַ֖ר יְהוָ֥ה צְבָאֽוֹת׃ וְאֵ֣סָעֲרֵ֔ם עַ֖ל כָּל־

הַגּוֹיִ֗ם אֲשֶׁ֣ר לֹֽא־יְדָע֔וּם וְהָאָ֙רֶץ֙ נָשַׁ֣מָּה אַֽחֲרֵיהֶ֔ם מֵֽעֹבֵ֖ר וּמִשָּׁ֑ב

וַיָּשִׂ֥ימוּ אֶֽרֶץ־חֶמְדָּ֖ה לְשַׁמָּֽה׃

ח

2 וַֽיְהִ֛י דְּבַר־יְהוָ֥ה צְבָא֖וֹת לֵאמֹֽר׃ כֹּ֤ה אָמַר֙ יְהוָ֣ה צְבָא֔וֹת

3 קִנֵּ֤אתִי לְצִיּוֹן֙ קִנְאָ֣ה גְדוֹלָ֔ה וְחֵמָ֥ה גְדוֹלָ֖ה קִנֵּ֥אתִי לָֽהּ׃ כֹּ֚ה

אָמַ֣ר יְהוָ֔ה שַׁ֚בְתִּי אֶל־צִיּ֔וֹן וְשָֽׁכַנְתִּ֖י בְּת֣וֹךְ יְרֽוּשָׁלִָ֑ם וְנִקְרְאָ֤ה

4 יְרֽוּשָׁלִַ֙ם֙ עִ֣יר הָֽאֱמֶ֔ת וְהַר־יְהוָ֥ה צְבָא֖וֹת הַ֥ר הַקֹּֽדֶשׁ׃ כֹּ֤ה

אָמַר֙ יְהוָ֣ה צְבָא֔וֹת עֹ֤ד יֵֽשְׁבוּ֙ זְקֵנִ֣ים וּזְקֵנ֔וֹת בִּרְחֹב֖וֹת יְרֽוּשָׁלִָ֑ם

5 וְאִ֧ישׁ מִשְׁעַנְתּ֛וֹ בְּיָד֖וֹ מֵרֹ֥ב יָמִֽים׃ וּרְחֹב֤וֹת הָעִיר֙ יִמָּ֣לְא֔וּ יְלָדִ֖ים

6 וִֽילָד֑וֹת מְשַׂחֲקִ֖ים בִּרְחֹֽבֹתֶֽיהָ׃ כֹּ֤ה אָמַר֙ יְהוָ֣ה צְבָא֔וֹת כִּ֣י

יִפָּלֵ֗א בְּעֵינֵי֙ שְׁאֵרִית֙ הָעָ֣ם הַזֶּ֔ה בַּיָּמִ֖ים הָהֵ֑ם גַּם־בְּעֵינַי֙ יִפָּלֵ֔א

7 נְאֻ֖ם יְהוָ֥ה צְבָאֽוֹת׃ כֹּ֤ה אָמַר֙ יְהוָ֣ה צְבָא֔וֹת הִנְנִ֥י מוֹשִׁ֛יעַ

8 אֶת־עַמִּ֛י מֵאֶ֥רֶץ מִזְרָ֖ח וּמֵאֶ֥רֶץ מְב֣וֹא הַשָּֽׁמֶשׁ׃ וְהֵבֵאתִ֣י אֹתָ֔ם

וְשָֽׁכְנ֖וּ בְּת֣וֹךְ יְרֽוּשָׁלִָ֑ם וְהָֽיוּ־לִ֣י לְעָ֗ם וַֽאֲנִי֙ אֶֽהְיֶ֣ה לָהֶ֔ם לֵֽאלֹהִ֖ים

9 בֶּֽאֱמֶ֥ת וּבִצְדָקָֽה׃ כֹּֽה־אָמַר֮ יְהוָ֣ה צְבָאוֹת֒ תֶּחֱזַ֣קְנָה

יְדֵיכֶ֗ם

יְדֵיכֶ֔ם הַשֹּׁמְעִים֙ בַּיָּמִ֣ים הָאֵ֔לֶּה אֵ֚ת הַדְּבָרִ֣ים הָאֵ֔לֶּה מִפִּי֙
הַנְּבִיאִ֔ים אֲשֶׁ֗ר בְּיוֹם֙ יֻסַּ֣ד בֵּית־יְהוָ֣ה צְבָא֔וֹת הַהֵיכָ֖ל לְהִבָּנֽוֹת׃
י כִּ֗י לִפְנֵי֙ הַיָּמִ֣ים הָהֵ֔ם שְׂכַ֤ר הָאָדָם֙ לֹ֣א נִהְיָ֔ה וּשְׂכַ֥ר הַבְּהֵמָ֖ה
אֵינֶ֑נָּה וְלַיּוֹצֵ֨א וְלַבָּ֤א אֵין־שָׁלוֹם֙ מִן־הַצָּ֔ר וַאֲשַׁלַּ֥ח אֶת־כָּל־
11 הָאָדָ֖ם אִ֥ישׁ בְּרֵעֵֽהוּ׃ וְעַתָּ֗ה לֹ֣א כַיָּמִ֤ים הָרִֽאשֹׁנִים֙ אֲנִ֔י לִשְׁאֵרִ֖ית
12 הָעָ֣ם הַזֶּ֑ה נְאֻ֖ם יְהוָ֥ה צְבָאֽוֹת׃ כִּֽי־זֶ֣רַע הַשָּׁל֗וֹם הַגֶּ֜פֶן תִּתֵּ֤ן
פִּרְיָהּ֙ וְהָאָ֙רֶץ֙ תִּתֵּ֣ן אֶת־יְבוּלָ֔הּ וְהַשָּׁמַ֖יִם יִתְּנ֣וּ טַלָּ֑ם וְהִנְחַלְתִּ֗י
13 אֶת־שְׁאֵרִ֛ית הָעָ֥ם הַזֶּ֖ה אֶת־כָּל־אֵֽלֶּה׃ וְהָיָ֗ה כַּאֲשֶׁ֨ר הֱיִיתֶ֜ם
קְלָלָ֣ה בַּגּוֹיִ֗ם בֵּ֤ית יְהוּדָה֙ וּבֵ֣ית יִשְׂרָאֵ֔ל כֵּ֚ן אוֹשִׁ֣יעַ אֶתְכֶ֔ם
14 וִהְיִיתֶ֖ם בְּרָכָ֑ה אַל־תִּירָ֖אוּ תֶּחֱזַ֥קְנָה יְדֵיכֶֽם׃ כִּ֣י כֹ֣ה אָמַר֮
יְהוָ֣ה צְבָאוֹת֒ כַּאֲשֶׁ֨ר זָמַ֜מְתִּי לְהָרַ֣ע לָכֶ֗ם בְּהַקְצִ֤יף אֲבֹתֵיכֶם֙
טו אֹתִ֔י אָמַ֖ר יְהוָ֣ה צְבָא֑וֹת וְלֹ֖א נִחָֽמְתִּי׃ כֵּ֣ן שַׁ֤בְתִּי זָמַ֙מְתִּי֙
בַּיָּמִ֣ים הָאֵ֔לֶּה לְהֵיטִ֥יב אֶת־יְרוּשָׁלַ֖͏ִם וְאֶת־בֵּ֣ית יְהוּדָ֑ה אַל־
16 תִּירָֽאוּ׃ אֵ֥לֶּה הַדְּבָרִ֖ים אֲשֶׁ֣ר תַּעֲשׂ֑וּ דַּבְּר֤וּ אֱמֶת֙ אִ֣ישׁ אֶת־
17 רֵעֵ֔הוּ אֱמֶת֙ וּמִשְׁפַּ֣ט שָׁל֔וֹם שִׁפְט֖וּ בְּשַׁעֲרֵיכֶֽם׃ וְאִ֣ישׁ ׀ אֶת־
רָעַ֣ת רֵעֵ֗הוּ אַֽל־תַּחְשְׁבוּ֙ בִּלְבַבְכֶ֔ם וּשְׁבֻ֥עַת שֶׁ֖קֶר אַל־תֶּאֱהָ֑בוּ
18 כִּ֧י אֶת־כָּל־אֵ֛לֶּה אֲשֶׁ֥ר שָׂנֵ֖אתִי נְאֻם־יְהוָֽה׃ וַיְהִ֥י דְּבַר־
19 יְהוָ֥ה צְבָא֖וֹת אֵלַ֥י לֵאמֹֽר׃ כֹּֽה־אָמַ֞ר יְהוָ֣ה צְבָא֗וֹת צ֣וֹם
הָרְבִיעִ֡י וְצ֣וֹם הַחֲמִישִׁי֩ וְצ֨וֹם הַשְּׁבִיעִ֜י וְצ֣וֹם הָעֲשִׂירִ֗י יִהְיֶ֤ה
לְבֵית־יְהוּדָה֙ לְשָׂשׂ֣וֹן וּלְשִׂמְחָ֔ה וּֽלְמֹעֲדִ֖ים טוֹבִ֑ים וְהָאֱמֶ֥ת
כ וְהַשָּׁל֖וֹם אֱהָֽבוּ׃ כֹּ֥ה אָמַ֖ר יְהוָ֣ה צְבָא֑וֹת עֹ֚ד אֲשֶׁ֨ר יָבֹ֣אוּ
21 עַמִּ֔ים וְיֹשְׁבֵ֖י עָרִ֥ים רַבּֽוֹת׃ וְֽהָלְכ֡וּ יֹ֠שְׁבֵי אַחַ֨ת אֶל־אַחַ֜ת
לֵאמֹ֗ר נֵלְכָ֤ה הָלוֹךְ֙ לְחַלּוֹת֙ אֶת־פְּנֵ֣י יְהוָ֔ה וּלְבַקֵּ֖שׁ אֶת־יְהוָ֣ה
22 צְבָא֑וֹת אֵלְכָ֖ה גַּם־אָֽנִי׃ וּבָ֨אוּ עַמִּ֤ים רַבִּים֙ וְגוֹיִ֣ם עֲצוּמִ֔ים
לְבַקֵּ֛שׁ אֶת־יְהוָ֥ה צְבָא֖וֹת בִּירוּשָׁלָ֑͏ִם וּלְחַלּ֖וֹת אֶת־פְּנֵ֥י
23 יְהוָֽה׃ כֹּֽה־אָמַר֮ יְהוָ֣ה צְבָאוֹת֒ בַּיָּמִ֣ים הָהֵ֔מָּה אֲשֶׁ֨ר
יַחֲזִ֜יקוּ עֲשָׂרָ֣ה אֲנָשִׁ֗ים מִכֹּ֛ל לְשֹׁנ֥וֹת הַגּוֹיִ֖ם וְהֶחֱזִ֡יקוּ בִּכְנַף֩
אִ֨ישׁ יְהוּדִ֜י לֵאמֹ֗ר נֵֽלְכָה֙ עִמָּכֶ֔ם כִּ֥י שָׁמַ֖עְנוּ אֱלֹהִ֥ים עִמָּכֶֽם׃

ט Cap. IX. ט

א מַשָּׂא דְבַר־יְהוָה בְּאֶרֶץ חַדְרָךְ וְדַמֶּשֶׂק מְנֻחָתוֹ כִּי לַיהוָה
2 עֵין אָדָם וְכֹל שִׁבְטֵי יִשְׂרָאֵל׃ וְגַם־חֲמָת תִּגְבָּל־בָּהּ צֹר
3 וְצִידוֹן כִּי חָכְמָה מְאֹד׃ וַתִּבֶן צֹר מָצוֹר לָהּ וַתִּצְבָּר־כֶּסֶף
4 כֶּעָפָר וְחָרוּץ כְּטִיט חוּצוֹת׃ הִנֵּה אֲדֹנָי יוֹרִשֶׁנָּה וְהִכָּה בַיָּם
ה חֵילָהּ וְהִיא בָּאֵשׁ תֵּאָכֵל׃ תֵּרֶא אַשְׁקְלוֹן וְתִירָא וְעַזָּה וְתָחִיל
מְאֹד וְעֶקְרוֹן כִּי־הוֹבִישׁ מֶבָּטָהּ וְאָבַד מֶלֶךְ מֵעַזָּה וְאַשְׁקְלוֹן
6 לֹא תֵשֵׁב׃ וְיָשַׁב מַמְזֵר בְּאַשְׁדּוֹד וְהִכְרַתִּי גְּאוֹן פְּלִשְׁתִּים׃
7 וַהֲסִרֹתִי דָמָיו מִפִּיו וְשִׁקֻּצָיו מִבֵּין שִׁנָּיו וְנִשְׁאַר גַּם־הוּא
8 לֵאלֹהֵינוּ וְהָיָה כְּאַלֻּף בִּיהוּדָה וְעֶקְרוֹן כִּיבוּסִי׃ וְחָנִיתִי
לְבֵיתִי מִצָּבָה מֵעֹבֵר וּמִשָּׁב וְלֹא־יַעֲבֹר עֲלֵיהֶם עוֹד נֹגֵשׂ כִּי
9 עַתָּה רָאִיתִי בְעֵינָי׃ גִּילִי מְאֹד בַּת־צִיּוֹן הָרִיעִי בַּת
יְרוּשָׁלַםִ הִנֵּה מַלְכֵּךְ יָבוֹא לָךְ צַדִּיק וְנוֹשָׁע הוּא עָנִי וְרֹכֵב
י עַל־חֲמוֹר וְעַל־עַיִר בֶּן־אֲתֹנוֹת׃ וְהִכְרַתִּי־רֶכֶב מֵאֶפְרַיִם
וְסוּס מִירוּשָׁלַםִ וְנִכְרְתָה קֶשֶׁת מִלְחָמָה וְדִבֶּר שָׁלוֹם לַגּוֹיִם
11 וּמָשְׁלוֹ מִיָּם עַד־יָם וּמִנָּהָר עַד־אַפְסֵי־אָרֶץ׃ גַּם־אַתְּ בְּדַם־
12 בְּרִיתֵךְ שִׁלַּחְתִּי אֲסִירַיִךְ מִבּוֹר אֵין מַיִם בּוֹ׃ שׁוּבוּ לְבִצָּרוֹן
13 אֲסִירֵי הַתִּקְוָה גַּם־הַיּוֹם מַגִּיד מִשְׁנֶה אָשִׁיב לָךְ׃ כִּי־דָרַכְתִּי
לִי יְהוּדָה קֶשֶׁת מִלֵּאתִי אֶפְרַיִם וְעוֹרַרְתִּי בָנַיִךְ צִיּוֹן עַל־
14 בָּנַיִךְ יָוָן וְשַׂמְתִּיךְ כְּחֶרֶב גִּבּוֹר׃ וַיהוָה עֲלֵיהֶם יֵרָאֶה וְיָצָא
כַבָּרָק חִצּוֹ וַאדֹנָי יְהוִה בַּשּׁוֹפָר יִתְקָע וְהָלַךְ בְּסַעֲרוֹת תֵּימָן׃
טו יְהוָה צְבָאוֹת יָגֵן עֲלֵיהֶם וְאָכְלוּ וְכָבְשׁוּ אַבְנֵי־קֶלַע וְשָׁתוּ
16 הָמוּ כְּמוֹ־יָיִן וּמָלְאוּ כַּמִּזְרָק כְּזָוִיּוֹת מִזְבֵּחַ׃ וְהוֹשִׁיעָם יְהוָה
אֱלֹהֵיהֶם בַּיּוֹם הַהוּא כְּצֹאן עַמּוֹ כִּי אַבְנֵי־נֵזֶר מִתְנוֹסְסוֹת
17 עַל־אַדְמָתוֹ׃ כִּי מַה־טּוּבוֹ וּמַה־יָּפְיוֹ דָּגָן בַּחוּרִים וְתִירוֹשׁ
יְנוֹבֵב בְּתֻלוֹת׃ ∘

שאלו

v. 17. אין כאן פסקא

Cap. X. י

י

א שַׁאֲל֨וּ מֵיְהוָ֤ה מָטָר֙ בְּעֵ֣ת מַלְק֔וֹשׁ יְהוָ֖ה עֹשֶׂ֣ה חֲזִיזִ֑ים וּמְטַר־
2 גֶּ֜שֶׁם יִתֵּ֣ן לָהֶ֗ם לְאִ֖ישׁ עֵ֥שֶׂב בַּשָּׂדֶֽה׃ כִּ֣י הַתְּרָפִ֞ים דִּבְּרוּ־אָ֗וֶן
וְהַקּֽוֹסְמִים֙ חָ֣זוּ שֶׁ֔קֶר וַחֲלֹמוֹת֙ הַשָּׁ֣וְא יְדַבֵּ֔רוּ הֶ֖בֶל יְנַֽחֵמ֑וּן עַל־
כֵּן֙ נָסְע֣וּ כְמוֹ־צֹ֔אן יַעֲנ֖וּ כִּֽי־אֵ֥ין רֹעֶֽה׃
3 עַל־הָֽרֹעִים֙ חָרָ֣ה אַפִּ֔י וְעַל־הָעַתּוּדִ֖ים אֶפְק֑וֹד כִּֽי־פָקַד֩
יְהוָ֨ה צְבָא֤וֹת אֶת־עֶדְרוֹ֙ אֶת־בֵּ֣ית יְהוּדָ֔ה וְשָׂ֣ם אוֹתָ֔ם כְּס֥וּס
4 הוֹד֖וֹ בַּמִּלְחָמָֽה׃ מִמֶּ֤נּוּ פִנָּה֙ מִמֶּ֣נּוּ יָתֵ֔ד מִמֶּ֖נּוּ קֶ֣שֶׁת מִלְחָמָ֑ה
ה מִמֶּ֛נּוּ יֵצֵ֥א כָל־נוֹגֵ֖שׂ יַחְדָּֽו׃ וְהָי֨וּ כְגִבֹּרִ֜ים בּוֹסִ֨ים בְּטִ֤יט
חוּצוֹת֙ בַּמִּלְחָמָ֔ה וְנִלְחֲמ֕וּ כִּ֥י יְהוָ֖ה עִמָּ֑ם וְהֹבִ֖ישׁוּ רֹכְבֵ֥י
6 סוּסִֽים׃ וְגִבַּרְתִּ֣י ׀ אֶת־בֵּ֣ית יְהוּדָ֗ה וְאֶת־בֵּ֣ית יוֹסֵף֮ אוֹשִׁיעַ֒
וְהֽוֹשְׁבוֹתִים֙ כִּ֣י רִֽחַמְתִּ֔ים וְהָי֖וּ כַּאֲשֶׁ֣ר לֹא־זְנַחְתִּ֑ים כִּ֗י אֲנִ֛י
7 יְהוָ֥ה אֱלֹהֵיהֶ֖ם וְאֶעֱנֵֽם׃ וְהָי֤וּ כְגִבּוֹר֙ אֶפְרַ֔יִם וְשָׂמַ֥ח לִבָּ֖ם
8 כְּמוֹ־יָ֑יִן וּבְנֵיהֶם֙ יִרְא֣וּ וְשָׂמֵ֔חוּ יָגֵ֥ל לִבָּ֖ם בַּיהוָֽה׃ אֶשְׁרְקָ֥ה
9 לָהֶ֖ם וַאֲקַבְּצֵ֑ם כִּ֣י פְדִיתִ֔ים וְרָב֖וּ כְּמ֥וֹ רָבֽוּ׃ וְאֶזְרָעֵם֙ בָּֽעַמִּ֔ים
י וּבַמֶּרְחַקִּ֖ים יִזְכְּר֑וּנִי וְחָי֥וּ אֶת־בְּנֵיהֶ֖ם וָשָֽׁבוּ׃ וַהֲשֵֽׁבוֹתִים֙
מֵאֶ֣רֶץ מִצְרַ֔יִם וּמֵאַשּׁ֖וּר אֲקַבְּצֵ֑ם וְאֶל־אֶ֨רֶץ גִּלְעָ֤ד וּלְבָנוֹן֙
11 אֲבִיאֵ֔ם וְלֹ֥א יִמָּצֵ֖א לָהֶֽם׃ וְעָבַ֨ר בַּיָּ֜ם צָרָ֗ה וְהִכָּ֤ה בַיָּם֙ גַּלִּ֔ים
וְהֹבִ֕ישׁוּ כֹּ֖ל מְצוּל֣וֹת יְאֹ֑ר וְהוּרַד֙ גְּא֣וֹן אַשּׁ֔וּר וְשֵׁ֥בֶט מִצְרַ֖יִם
12 יָסֽוּר׃ וְגִבַּרְתִּים֙ בַּֽיהוָ֔ה וּבִשְׁמ֖וֹ יִתְהַלָּ֑כוּ נְאֻ֖ם יְהוָֽה׃

Cap. XI. יא

יא

א 2 פְּתַ֥ח לְבָנ֖וֹן דְּלָתֶ֑יךָ וְתֹאכַ֥ל אֵ֖שׁ בַּאֲרָזֶֽיךָ׃ הֵילֵ֤ל בְּרוֹשׁ֙
כִּֽי־נָ֣פַל אֶ֔רֶז אֲשֶׁ֥ר אַדִּרִ֖ים שֻׁדָּ֑דוּ הֵילִ֙ילוּ֙ אַלּוֹנֵ֣י בָשָׁ֔ן כִּ֥י
3 יָרַ֖ד יַ֥עַר הַבָּצֽוֹר׃ ק֚וֹל יִֽלְלַ֣ת הָרֹעִ֔ים כִּ֥י שֻׁדְּדָ֖ה אַדַּרְתָּ֑ם
4 ק֚וֹל שַׁאֲגַ֣ת כְּפִירִ֔ים כִּ֥י שֻׁדַּ֖ד גְּא֥וֹן הַיַּרְדֵּֽן׃ כֹּ֥ה אָמַ֖ר
ה יְהוָ֣ה אֱלֹהָ֑י רְעֵ֖ה אֶת־צֹ֥אן הַהֲרֵגָֽה׃ אֲשֶׁ֨ר קֹנֵיהֶ֜ן יַהַרְגֻן֙

ולא

י״א v. 2. הבציר ק׳

וְלֹא יֶאְשָׁמוּ וּמֹכְרֵיהֶן יֹאמַר בָּרוּךְ יְהוָה וַאעְשִׁר וְרֹעֵיהֶם
6 לֹא יַחְמוֹל עֲלֵיהֶן׃ כִּי לֹא אֶחְמוֹל עוֹד עַל־יֹשְׁבֵי הָאָרֶץ
נְאֻם־יְהוָה וְהִנֵּה אָנֹכִי מַמְצִיא אֶת־הָאָדָם אִישׁ בְּיַד־רֵעֵהוּ
7 וּבְיַד מַלְכּוֹ וְכִתְּתוּ אֶת־הָאָרֶץ וְלֹא אַצִּיל מִיָּדָם׃ וָאֶרְעֶה
אֶת־צֹאן הַהֲרֵגָה לָכֵן עֲנִיֵּי הַצֹּאן וָאֶקַּח־לִי שְׁנֵי מַקְלוֹת
לְאַחַד קָרָאתִי נֹעַם וּלְאַחַד קָרָאתִי חֹבְלִים וָאֶרְעֶה אֶת־
8 הַצֹּאן׃ וָאַכְחִד אֶת־שְׁלֹשֶׁת הָרֹעִים בְּיֶרַח אֶחָד וַתִּקְצַר
9 נַפְשִׁי בָּהֶם וְגַם־נַפְשָׁם בָּחֲלָה בִי׃ וָאֹמַר לֹא אֶרְעֶה אֶתְכֶם
הַמֵּתָה תָמוּת וְהַנִּכְחֶדֶת תִּכָּחֵד וְהַנִּשְׁאָרוֹת תֹּאכַלְנָה אִשָּׁה
י אֶת־בְּשַׂר רְעוּתָהּ׃ וָאֶקַּח אֶת־מַקְלִי אֶת־נֹעַם וָאֶגְדַּע אֹתוֹ
11 לְהָפֵיר אֶת־בְּרִיתִי אֲשֶׁר כָּרַתִּי אֶת־כָּל־הָעַמִּים׃ וַתֻּפַר
בַּיּוֹם הַהוּא וַיֵּדְעוּ כֵן עֲנִיֵּי הַצֹּאן הַשֹּׁמְרִים אֹתִי כִּי דְבַר־
12 יְהוָה הוּא׃ וָאֹמַר אֲלֵיהֶם אִם־טוֹב בְּעֵינֵיכֶם הָבוּ שְׂכָרִי
13 וְאִם־לֹא ׀ חֲדָלוּ וַיִּשְׁקְלוּ אֶת־שְׂכָרִי שְׁלֹשִׁים כָּסֶף׃ וַיֹּאמֶר
יְהוָה אֵלַי הַשְׁלִיכֵהוּ אֶל־הַיּוֹצֵר אֶדֶר הַיְקָר אֲשֶׁר יָקַרְתִּי
מֵעֲלֵיהֶם וָאֶקְחָה שְׁלֹשִׁים הַכֶּסֶף וָאַשְׁלִיךְ אֹתוֹ בֵּית יְהוָה
14 אֶל־הַיּוֹצֵר׃ וָאֶגְדַּע אֶת־מַקְלִי הַשֵּׁנִי אֵת הַחֹבְלִים לְהָפֵר
טו אֶת־הָאַחֲוָה בֵּין יְהוּדָה וּבֵין יִשְׂרָאֵל׃ וַיֹּאמֶר יְהוָה אֵלָי
16 עוֹד קַח־לְךָ כְּלִי רֹעֶה אֱוִלִי׃ כִּי הִנֵּה־אָנֹכִי מֵקִים רֹעֶה
בָּאָרֶץ הַנִּכְחָדוֹת לֹא־יִפְקֹד הַנַּעַר לֹא־יְבַקֵּשׁ וְהַנִּשְׁבֶּרֶת לֹא
יְרַפֵּא הַנִּצָּבָה לֹא יְכַלְכֵּל וּבְשַׂר הַבְּרִיאָה יֹאכַל וּפַרְסֵיהֶן
17 יְפָרֵק׃ הוֹי רֹעִי הָאֱלִיל עֹזְבִי הַצֹּאן חֶרֶב עַל־זְרוֹעוֹ
וְעַל־עֵין יְמִינוֹ זְרֹעוֹ יָבוֹשׁ תִּיבָשׁ וְעֵין יְמִינוֹ כָּהֹה תִכְהֶה׃

יב CAP. XII. יב

א מַשָּׂא דְבַר־יְהוָה עַל־יִשְׂרָאֵל נְאֻם־יְהוָה נֹטֶה שָׁמַיִם וְיֹסֵד
2 אָרֶץ וְיֹצֵר רוּחַ־אָדָם בְּקִרְבּוֹ׃ הִנֵּה אָנֹכִי שָׂם אֶת־יְרוּשָׁלִַם
סַף־רַעַל לְכָל־הָעַמִּים סָבִיב וְגַם עַל־יְהוּדָה יִהְיֶה בַמָּצוֹר

על־ירושלם

י״א v. 5. ועשר ק׳

עַל־יְרוּשָׁלָֽם: וְהָיָה בַיּֽוֹם־הַהוּא אָשִׂים אֶת־יְרוּשָׁלַ֫ם אֶ֫בֶן 3
מַעֲמָסָה֙ לְכָל־הָ֣עַמִּ֔ים כָּל־עֹמְסֶ֖יהָ שָׂר֣וֹט יִשָּׂרֵ֑טוּ וְנֶאֶסְפ֣וּ
עָלֶ֔יהָ כֹּ֖ל גּוֹיֵ֥י הָאָֽרֶץ: בַּיּ֨וֹם הַה֜וּא נְאֻם־יְהֹוָ֗ה אַכֶּ֤ה כָל־ 4
סוּס֙ בַּתִּמָּה֔וֹן וְרֹכְב֖וֹ בַּשִּׁגָּע֑וֹן וְעַל־בֵּ֤ית יְהוּדָה֙ אֶפְקַ֣ח אֶת־
עֵינַ֔י וְכֹל֙ ס֣וּס הָֽעַמִּ֔ים אַכֶּ֖ה בַּֽעִוָּרֽוֹן: וְאָֽמְר֛וּ אַלֻּפֵ֥י יְהוּדָ֖ה 5
בְּלִבָּ֑ם אַמְצָ֥ה לִי֙ יֹֽשְׁבֵ֣י יְרוּשָׁלַ֔ם בַּיהֹוָ֥ה צְבָא֖וֹת אֱלֹֽהֵיהֶֽם:
בַּיּ֣וֹם הַה֡וּא אָשִׂים֩ אֶת־אַלֻּפֵ֨י יְהוּדָ֜ה כְּכִיּ֥וֹר אֵשׁ֙ בְּעֵצִ֔ים 6
וּכְלַפִּ֥יד אֵשׁ֙ בְּעָמִ֔יר וְאָֽכְל֛וּ עַל־יָמִ֥ין וְעַל־שְׂמֹ֖אול אֶת־
כָּל־הָֽעַמִּ֖ים סָבִ֑יב וְיָשְׁבָ֧ה יְרוּשָׁלַ֛ם ע֥וֹד תַּחְתֶּ֖יהָ בִּירוּשָׁלָֽם:
וְהוֹשִׁ֧יעַ יְהֹוָ֛ה אֶת־אָֽהֳלֵ֥י יְהוּדָ֖ה בָּרִֽאשֹׁנָ֑ה לְמַ֣עַן לֹא־תִגְדַּ֗ל 7
תִּפְאֶ֤רֶת בֵּית־דָּוִיד֙ וְתִפְאֶ֨רֶת֙ יֹשֵׁ֣ב יְרוּשָׁלַ֔ם עַל־יְהוּדָֽה:
בַּיּ֣וֹם הַה֗וּא יָגֵ֤ן יְהֹוָה֙ בְּעַד֙ יוֹשֵׁ֣ב יְרוּשָׁלַ֔ם וְהָיָ֞ה הַנִּכְשָׁ֥ל 8
בָּהֶ֛ם בַּיּ֥וֹם הַה֖וּא כְּדָוִ֑יד וּבֵ֤ית דָּוִיד֙ כֵּֽאלֹהִ֔ים כְּמַלְאַ֥ךְ יְהֹוָ֖ה
לִפְנֵיהֶֽם: וְהָיָ֖ה בַּיּ֣וֹם הַה֑וּא אֲבַקֵּ֗שׁ לְהַשְׁמִ֛יד אֶת־כָּל־הַגּוֹיִ֖ם 9
הַבָּאִ֖ים עַל־יְרוּשָׁלָֽם: וְשָׁפַכְתִּי֩ עַל־בֵּ֨ית דָּוִ֜יד וְעַ֣ל ׀ יוֹשֵׁ֣ב י
יְרוּשָׁלַ֗ם ר֤וּחַ חֵן֙ וְתַ֣חֲנוּנִ֔ים וְהִבִּ֥יטוּ אֵלַ֖י אֵ֣ת אֲשֶׁר־דָּקָ֑רוּ
וְסָֽפְד֣וּ עָלָ֗יו כְּמִסְפֵּד֙ עַל־הַיָּחִ֔יד וְהָמֵ֥ר עָלָ֖יו כְּהָמֵ֥ר עַל־
הַבְּכֽוֹר: בַּיּ֣וֹם הַה֗וּא יִגְדַּ֤ל הַמִּסְפֵּד֙ בִּיר֣וּשָׁלַ֔ם כְּמִסְפַּ֥ד 11
הֲדַדְרִמּ֖וֹן בְּבִקְעַ֥ת מְגִדּֽוֹן: וְסָֽפְדָ֣ה הָאָ֗רֶץ מִשְׁפָּח֤וֹת מִשְׁפָּחוֹת֙ 12
לְבָ֔ד מִשְׁפַּ֨חַת בֵּית־דָּוִ֤יד לְבָד֙ וּנְשֵׁיהֶ֣ם לְבָ֔ד מִשְׁפַּ֥חַת בֵּֽית־
נָתָן֙ לְבָ֔ד וּנְשֵׁיהֶ֖ם לְבָֽד: מִשְׁפַּ֤חַת בֵּית־לֵוִי֙ לְבָ֔ד וּנְשֵׁיהֶ֖ם 13
לְבָ֑ד מִשְׁפַּ֥חַת הַשִּׁמְעִ֖י לְבָ֔ד וּנְשֵׁיהֶ֖ם לְבָֽד: כֹּ֗ל הַמִּשְׁפָּחוֹת֙ 14
הַנִּשְׁאָר֔וֹת מִשְׁפָּחֹ֥ת מִשְׁפָּחֹ֖ת לְבָ֑ד וּנְשֵׁיהֶ֖ם לְבָֽד: ס

CAP. XIII. יג

בַּיּ֣וֹם הַה֗וּא יִהְיֶה֙ מָק֣וֹר נִפְתָּ֔ח לְבֵ֥ית דָּוִ֖יד וּלְיֹֽשְׁבֵ֣י יְרוּשָׁלָ֑ם א
לְחַטַּ֖את וּלְנִדָּֽה: וְהָיָה֩ בַיּ֨וֹם הַה֜וּא נְאֻ֣ם ׀ יְהֹוָ֣ה צְבָא֗וֹת 2
אַכְרִ֞ית אֶת־שְׁמ֤וֹת הָֽעֲצַבִּים֙ מִן־הָאָ֔רֶץ וְלֹ֥א יִזָּכְר֖וּ ע֑וֹד וְגַ֤ם

את־הנביאים

3 אֶת־הַנְּבִיאִים וְאֶת־רוּחַ הַטֻּמְאָה אַעֲבִיר מִן־הָאָרֶץ׃ וְהָיָה
כִּי־יִנָּבֵא אִישׁ עוֹד וְאָמְרוּ אֵלָיו אָבִיו וְאִמּוֹ יֹלְדָיו לֹא תִחְיֶה
כִּי שֶׁקֶר דִּבַּרְתָּ בְּשֵׁם יְהוָה וּדְקָרֻהוּ אָבִיהוּ וְאִמּוֹ יֹלְדָיו
4 בְּהִנָּבְאוֹ׃ וְהָיָה ׀ בַּיּוֹם הַהוּא יֵבֹשׁוּ הַנְּבִיאִים אִישׁ מֵחֶזְיֹנוֹ
ה בְּהִנָּבְאֹתוֹ וְלֹא יִלְבְּשׁוּ אַדֶּרֶת שֵׂעָר לְמַעַן כַּחֵשׁ׃ וְאָמַר לֹא
נָבִיא אָנֹכִי אִישׁ־עֹבֵד אֲדָמָה אָנֹכִי כִּי אָדָם הִקְנַנִי מִנְּעוּרָי׃
6 וְאָמַר אֵלָיו מָה הַמַּכּוֹת הָאֵלֶּה בֵּין יָדֶיךָ וְאָמַר אֲשֶׁר הֻכֵּיתִי
7 בֵּית מְאַהֲבָי׃ חֶרֶב עוּרִי עַל־רֹעִי וְעַל־גֶּבֶר עֲמִיתִי נְאֻם
יְהוָה צְבָאוֹת הַךְ אֶת־הָרֹעֶה וּתְפוּצֶיןָ הַצֹּאן וַהֲשִׁבֹתִי יָדִי
8 עַל־הַצֹּעֲרִים׃ וְהָיָה בְכָל־הָאָרֶץ נְאֻם־יְהוָה פִּי־שְׁנַיִם בָּהּ
9 יִכָּרְתוּ יִגְוָעוּ וְהַשְּׁלִשִׁית יִוָּתֶר בָּהּ׃ וְהֵבֵאתִי אֶת־הַשְּׁלִשִׁית
בָּאֵשׁ וּצְרַפְתִּים כִּצְרֹף אֶת־הַכֶּסֶף וּבְחַנְתִּים כִּבְחֹן אֶת־
הַזָּהָב הוּא ׀ יִקְרָא בִשְׁמִי וַאֲנִי אֶעֱנֶה אֹתוֹ אָמַרְתִּי עַמִּי הוּא
וְהוּא יֹאמַר יְהוָה אֱלֹהָי׃

Cap. XIV. יד

יד

2 א הִנֵּה יוֹם־בָּא לַיהוָה וְחֻלַּק שְׁלָלֵךְ בְּקִרְבֵּךְ׃ וְאָסַפְתִּי
אֶת־כָּל־הַגּוֹיִם ׀ אֶל־יְרוּשָׁלִַם לַמִּלְחָמָה וְנִלְכְּדָה הָעִיר
וְנָשַׁסּוּ הַבָּתִּים וְהַנָּשִׁים תִּשָּׁגַלְנָה וְיָצָא חֲצִי הָעִיר בַּגּוֹלָה וְיֶתֶר
3 הָעָם לֹא יִכָּרֵת מִן־הָעִיר׃ וְיָצָא יְהוָה וְנִלְחַם בַּגּוֹיִם הָהֵם
4 כְּיוֹם הִלָּחֲמוֹ בְּיוֹם קְרָב׃ וְעָמְדוּ רַגְלָיו בַּיּוֹם־הַהוּא עַל־
הַר הַזֵּיתִים אֲשֶׁר עַל־פְּנֵי יְרוּשָׁלִַם מִקֶּדֶם וְנִבְקַע הַר הַזֵּיתִים
מֵחֶצְיוֹ מִזְרָחָה וָיָמָּה גֵּיא גְּדוֹלָה מְאֹד וּמָשׁ חֲצִי הָהָר צָפוֹנָה
ה וְחֶצְיוֹ נֶגְבָּה׃ וְנַסְתֶּם גֵּיא־הָרַי כִּי־יַגִּיעַ גֵּי־הָרִים אֶל־אָצַל
וְנַסְתֶּם כַּאֲשֶׁר נַסְתֶּם מִפְּנֵי הָרַעַשׁ בִּימֵי עֻזִּיָּה מֶלֶךְ־יְהוּדָה
6 וּבָא יְהוָה אֱלֹהַי כָּל־קְדֹשִׁים עִמָּךְ׃ וְהָיָה בַּיּוֹם הַהוּא
7 לֹא־יִהְיֶה אוֹר יְקָרוֹת יְקִפָּאוֹן׃ וְהָיָה יוֹם־אֶחָד הוּא יִוָּדַע
לַיהוָה לֹא־יוֹם וְלֹא־לָיְלָה וְהָיָה לְעֵת־עֶרֶב יִהְיֶה־אוֹר׃

והיה

יד v. 1. הפטרת יום א׳ של סכות   v. 2. תשכבנה ק׳   v. 6. וקפאון ק׳

8 וְהָיָה ׀ בַּיּוֹם הַהוּא יֵצְאוּ מַיִם־חַיִּים מִירוּשָׁלַ͏ִם חֶצְיָם אֶל־
הַיָּם הַקַּדְמוֹנִי וְחֶצְיָם אֶל־הַיָּם הָאַחֲרוֹן בַּקַּיִץ וּבָחֹרֶף יִהְיֶה׃
9 וְהָיָה יְהוָה לְמֶלֶךְ עַל־כָּל־הָאָרֶץ בַּיּוֹם הַהוּא יִהְיֶה יְהוָה
י אֶחָד וּשְׁמוֹ אֶחָד׃ יִסּוֹב כָּל־הָאָרֶץ כָּעֲרָבָה מִגֶּבַע לְרִמּוֹן
נֶגֶב יְרוּשָׁלָ͏ִם וְרָאֲמָה וְיָשְׁבָה תַחְתֶּיהָ לְמִשַּׁעַר בִּנְיָמִן עַד־
מְקוֹם שַׁעַר הָרִאשׁוֹן עַד־שַׁעַר הַפִּנִּים וּמִגְדַּל חֲנַנְאֵל עַד
11 יִקְבֵי הַמֶּלֶךְ׃ וְיָשְׁבוּ בָהּ וְחֵרֶם לֹא יִהְיֶה־עוֹד וְיָשְׁבָה יְרוּשָׁלַ͏ִם
12 לָבֶטַח׃ וְזֹאת ׀ תִּהְיֶה הַמַּגֵּפָה אֲשֶׁר יִגֹּף יְהוָה אֶת־כָּל־
הָעַמִּים אֲשֶׁר צָבְאוּ עַל־יְרוּשָׁלָ͏ִם הָמֵק ׀ בְּשָׂרוֹ וְהוּא עֹמֵד
עַל־רַגְלָיו וְעֵינָיו תִּמַּקְנָה בְחֹרֵיהֶן וּלְשׁוֹנוֹ תִּמַּק בְּפִיהֶם׃
13 וְהָיָה בַּיּוֹם הַהוּא תִּהְיֶה מְהוּמַת־יְהוָה רַבָּה בָּהֶם וְהֶחֱזִיקוּ
14 אִישׁ יַד רֵעֵהוּ וְעָלְתָה יָדוֹ עַל־יַד רֵעֵהוּ׃ וְגַם־יְהוּדָה
תִּלָּחֵם בִּירוּשָׁלָ͏ִם וְאֻסַּף חֵיל כָּל־הַגּוֹיִם סָבִיב זָהָב וָכֶסֶף
טו וּבְגָדִים לָרֹב מְאֹד׃ וְכֵן תִּהְיֶה מַגֵּפַת הַסּוּס הַפֶּרֶד הַגָּמָל
וְהַחֲמוֹר וְכָל־הַבְּהֵמָה אֲשֶׁר יִהְיֶה בַּמַּחֲנוֹת הָהֵמָּה כַּמַּגֵּפָה
16 הַזֹּאת׃ וְהָיָה כָּל־הַנּוֹתָר מִכָּל־הַגּוֹיִם הַבָּאִים עַל־
יְרוּשָׁלָ͏ִם וְעָלוּ מִדֵּי שָׁנָה בְשָׁנָה לְהִשְׁתַּחֲוֺת לְמֶלֶךְ יְהוָה
17 צְבָאוֹת וְלָחֹג אֶת־חַג הַסֻּכּוֹת׃ וְהָיָה אֲשֶׁר לֹא־יַעֲלֶה מֵאֵת
מִשְׁפְּחוֹת הָאָרֶץ אֶל־יְרוּשָׁלַ͏ִם לְהִשְׁתַּחֲוֺת לְמֶלֶךְ יְהוָה
18 צְבָאוֹת וְלֹא עֲלֵיהֶם יִהְיֶה הַגָּשֶׁם׃ וְאִם־מִשְׁפַּחַת מִצְרַיִם
לֹא־תַעֲלֶה וְלֹא בָאָה וְלֹא עֲלֵיהֶם תִּהְיֶה הַמַּגֵּפָה אֲשֶׁר יִגֹּף
19 יְהוָה אֶת־הַגּוֹיִם אֲשֶׁר לֹא יַעֲלוּ לָחֹג אֶת־חַג הַסֻּכּוֹת׃ זֹאת
תִּהְיֶה חַטַּאת מִצְרָיִם וְחַטַּאת כָּל־הַגּוֹיִם אֲשֶׁר לֹא יַעֲלוּ לָחֹג
כ אֶת־חַג הַסֻּכּוֹת׃ בַּיּוֹם הַהוּא יִהְיֶה עַל־מְצִלּוֹת הַסּוּס קֹדֶשׁ
לַיהוָה וְהָיָה הַסִּירוֹת בְּבֵית יְהוָה כַּמִּזְרָקִים לִפְנֵי הַמִּזְבֵּחַ׃
21 וְהָיָה כָּל־סִיר בִּירוּשָׁלַ͏ִם וּבִיהוּדָה קֹדֶשׁ לַיהוָה צְבָאוֹת וּבָאוּ
כָּל־הַזֹּבְחִים וְלָקְחוּ מֵהֶם וּבִשְּׁלוּ בָהֶם וְלֹא־יִהְיֶה כְנַעֲנִי עוֹד
בְּבֵית־יְהוָה צְבָאוֹת בַּיּוֹם הַהוּא׃

מלאכי
LIBER MALACHIAE

CAPUT I. א

א 2 מַשָּׂ֥א דְבַר־יְהוָ֖ה אֶל־יִשְׂרָאֵ֑ל בְּיַ֖ד מַלְאָכִֽי׃ אָהַ֤בְתִּי אֶתְכֶם֙
אָמַ֣ר יְהוָ֔ה וַאֲמַרְתֶּ֖ם בַּמָּ֣ה אֲהַבְתָּ֑נוּ הֲלוֹא־אָ֨ח עֵשָׂ֤ו לְיַעֲקֹב֙
3 נְאֻם־יְהוָ֔ה וָאֹהַ֖ב אֶֽת־יַעֲקֹֽב׃ וְאֶת־עֵשָׂ֖ו שָׂנֵ֑אתִי וָאָשִׂ֤ים אֶת־
4 הָרָיו֙ שְׁמָמָ֔ה וְאֶת־נַחֲלָת֖וֹ לְתַנּ֥וֹת מִדְבָּֽר׃ כִּֽי־תֹאמַ֨ר אֱד֜וֹם
רֻשַּׁ֗שְׁנוּ וְנָשׁוּב֙ וְנִבְנֶ֣ה חֳרָב֔וֹת כֹּ֤ה אָמַר֙ יְהוָ֣ה צְבָא֔וֹת הֵ֥מָּה
יִבְנ֖וּ וַאֲנִ֣י אֶהֱר֑וֹס וְקָרְא֤וּ לָהֶם֙ גְּב֣וּל רִשְׁעָ֔ה וְהָעָ֥ם אֲשֶׁר־
ה זָעַ֥ם יְהוָ֖ה עַד־עוֹלָֽם׃ וְעֵינֵיכֶ֖ם תִּרְאֶ֑ינָה וְאַתֶּ֤ם תֹּֽאמְרוּ֙ יִגְדַּ֣ל
6 יְהוָ֔ה מֵעַ֖ל לִגְב֥וּל יִשְׂרָאֵֽל׃ בֵּ֛ן יְכַבֵּ֥ד אָ֖ב וְעֶ֣בֶד אֲדֹנָ֑יו וְאִם־
אָ֣ב אָנִי֩ אַיֵּ֨ה כְבוֹדִ֜י וְאִם־אֲדוֹנִ֣ים אָ֗נִי אַיֵּ֨ה מוֹרָאִ֜י אָמַ֣ר ׀
יְהוָ֣ה צְבָא֗וֹת לָכֶם֙ הַכֹּֽהֲנִים֙ בּוֹזֵ֣י שְׁמִ֔י וַאֲמַרְתֶּ֕ם בַּמֶּ֥ה בָזִ֖ינוּ
7 אֶת־שְׁמֶֽךָ׃ מַגִּישִׁ֤ים עַֽל־מִזְבְּחִי֙ לֶ֣חֶם מְגֹאָ֔ל וַאֲמַרְתֶּ֖ם בַּמֶּ֣ה
8 גֵאַלְנ֑וּךָ בֶּאֱמָרְכֶ֕ם שֻׁלְחַ֥ן יְהוָ֖ה נִבְזֶ֥ה הֽוּא׃ וְכִֽי־תַגִּשׁ֨וּן עִוֵּ֤ר
לִזְבֹּ֨חַ֙ אֵ֣ין רָ֔ע וְכִ֥י תַגִּ֛ישׁוּ פִּסֵּ֥חַ וְחֹלֶ֖ה אֵ֣ין רָ֑ע הַקְרִיבֵ֨הוּ נָ֜א
9 לְפֶחָתֶ֗ךָ הֲיִרְצְךָ֙ א֚וֹ הֲיִשָּׂ֣א פָנֶ֔יךָ אָמַ֖ר יְהוָ֥ה צְבָאֽוֹת׃ וְעַתָּ֛ה
חַלּוּ־נָ֥א פְנֵי־אֵ֖ל וִיחָנֵ֑נוּ מִיֶּדְכֶם֙ הָ֣יְתָה זֹּ֔את הֲיִשָּׂ֤א מִכֶּם֙ פָּנִ֔ים
י אָמַ֖ר יְהוָ֥ה צְבָאֽוֹת׃ מִ֤י גַם־בָּכֶם֙ וְיִסְגֹּ֣ר דְּלָתַ֔יִם וְלֹֽא־תָאִ֥ירוּ
מִזְבְּחִ֖י חִנָּ֑ם אֵֽין־לִ֨י חֵ֜פֶץ בָּכֶ֗ם אָמַר֙ יְהוָ֣ה צְבָא֔וֹת וּמִנְחָ֖ה
11 לֹֽא־אֶרְצֶ֥ה מִיֶּדְכֶֽם׃ כִּ֣י מִמִּזְרַח־שֶׁ֜מֶשׁ וְעַד־מְבוֹא֗וֹ גָּד֤וֹל
שְׁמִי֙ בַּגּוֹיִ֔ם וּבְכָל־מָק֗וֹם מֻקְטָ֥ר מֻגָּ֛שׁ לִשְׁמִ֖י וּמִנְחָ֣ה טְהוֹרָ֑ה
12 כִּֽי־גָד֤וֹל שְׁמִי֙ בַּגּוֹיִ֔ם אָמַ֖ר יְהוָ֥ה צְבָאֽוֹת׃ וְאַתֶּ֖ם מְחַלְּלִ֣ים
אוֹת֑וֹ בֶּאֱמָרְכֶ֗ם שֻׁלְחַ֤ן אֲדֹנָי֙ מְגֹאָ֣ל ה֔וּא וְנִיב֖וֹ נִבְזֶ֥ה אָכְלֽוֹ׃
13 וַאֲמַרְתֶּם֩ הִנֵּ֨ה מַתְּלָאָ֜ה וְהִפַּחְתֶּ֣ם אוֹת֗וֹ אָמַר֙ יְהוָ֣ה צְבָא֔וֹת
וַהֲבֵאתֶ֣ם גָּז֗וּל וְאֶת־הַפִּסֵּ֨חַ֙ וְאֶת־הַ֣חוֹלֶ֔ה וַהֲבֵאתֶ֖ם אֶת־

המנחה

.1 .v הפטרת תולדות יצחק

14 הַמִּנְחָה הַאֶרְצֶה אוֹתָהּ מִיֶּדְכֶם אָמַר יְהוָה׃ וְאָרוּר נוֹכֵל
וְיֵשׁ בְּעֶדְרוֹ זָכָר וְנֹדֵר וְזֹבֵחַ מָשְׁחָת לַאדֹנָי כִּי מֶלֶךְ גָּדוֹל
אָנִי אָמַר יְהוָה צְבָאוֹת וּשְׁמִי נוֹרָא בַגּוֹיִם׃ °

ב Cap. II. ב

2 וְעַתָּה אֲלֵיכֶם הַמִּצְוָה הַזֹּאת הַכֹּהֲנִים׃ אִם־לֹא תִשְׁמְעוּ א
וְאִם־לֹא תָשִׂימוּ עַל־לֵב לָתֵת כָּבוֹד לִשְׁמִי אָמַר יְהוָה
צְבָאוֹת וְשִׁלַּחְתִּי בָכֶם אֶת־הַמְּאֵרָה וְאָרוֹתִי אֶת־בִּרְכוֹתֵיכֶם
3 וְגַם אָרוֹתִיהָ כִּי אֵינְכֶם שָׂמִים עַל־לֵב׃ הִנְנִי גֹעֵר לָכֶם אֶת־
הַזֶּרַע וְזֵרִיתִי פֶרֶשׁ עַל־פְּנֵיכֶם פֶּרֶשׁ חַגֵּיכֶם וְנָשָׂא אֶתְכֶם
4 אֵלָיו׃ וִידַעְתֶּם כִּי שִׁלַּחְתִּי אֲלֵיכֶם אֵת הַמִּצְוָה הַזֹּאת לִהְיוֹת
בְּרִיתִי אֶת־לֵוִי אָמַר יְהוָה צְבָאוֹת׃ בְּרִיתִי ׀ הָיְתָה אִתּוֹ ה
הַחַיִּים וְהַשָּׁלוֹם וָאֶתְּנֵם־לוֹ מוֹרָא וַיִּירָאֵנִי וּמִפְּנֵי שְׁמִי נִחַת
6 הוּא׃ תּוֹרַת אֱמֶת הָיְתָה בְּפִיהוּ וְעַוְלָה לֹא־נִמְצָא בִשְׂפָתָיו
7 בְּשָׁלוֹם וּבְמִישׁוֹר הָלַךְ אִתִּי וְרַבִּים הֵשִׁיב מֵעָוֺן׃ כִּי־שִׂפְתֵי
כֹהֵן יִשְׁמְרוּ־דַעַת וְתוֹרָה יְבַקְשׁוּ מִפִּיהוּ כִּי מַלְאַךְ יְהוָה־
8 צְבָאוֹת הוּא׃ וְאַתֶּם סַרְתֶּם מִן־הַדֶּרֶךְ הִכְשַׁלְתֶּם רַבִּים
9 בַּתּוֹרָה שִׁחַתֶּם בְּרִית הַלֵּוִי אָמַר יְהוָה צְבָאוֹת׃ וְגַם־אֲנִי
נָתַתִּי אֶתְכֶם נִבְזִים וּשְׁפָלִים לְכָל־הָעָם כְּפִי אֲשֶׁר אֵינְכֶם
שֹׁמְרִים אֶת־דְּרָכַי וְנֹשְׂאִים פָּנִים בַּתּוֹרָה׃ הֲלוֹא אָב אֶחָד י
לְכֻלָּנוּ הֲלוֹא אֵל אֶחָד בְּרָאָנוּ מַדּוּעַ נִבְגַּד אִישׁ בְּאָחִיו לְחַלֵּל
11 בְּרִית אֲבֹתֵינוּ׃ בָּגְדָה יְהוּדָה וְתוֹעֵבָה נֶעֶשְׂתָה בְיִשְׂרָאֵל
וּבִירוּשָׁלָםִ כִּי ׀ חִלֵּל יְהוּדָה קֹדֶשׁ יְהוָה אֲשֶׁר אָהֵב וּבָעַל
12 בַּת־אֵל נֵכָר׃ יַכְרֵת יְהוָה לָאִישׁ אֲשֶׁר יַעֲשֶׂנָּה עֵר וְעֹנֶה
13 מֵאָהֳלֵי יַעֲקֹב וּמַגִּישׁ מִנְחָה לַיהוָה צְבָאוֹת׃ וְזֹאת שֵׁנִית
תַּעֲשׂוּ כַּסּוֹת דִּמְעָה אֶת־מִזְבַּח יְהוָה בְּכִי וַאֲנָקָה מֵאֵין עוֹד
14 פְּנוֹת אֶל־הַמִּנְחָה וְלָקַחַת רָצוֹן מִיֶּדְכֶם׃ וַאֲמַרְתֶּם עַל־מָה
עַל כִּי־יְהוָה הֵעִיד בֵּינְךָ וּבֵין ׀ אֵשֶׁת נְעוּרֶיךָ אֲשֶׁר אַתָּה

בגדתה

א׳ v. 14. אין כאן פסקא

טו בָּגַדְתָּה בָּהּ וְהִיא חֲבֶרְתְּךָ וְאֵשֶׁת בְּרִיתֶךָ׃ וְלֹא־אֶחָד עָשָׂה
וּשְׁאָר רוּחַ לוֹ וּמָה הָאֶחָד מְבַקֵּשׁ זֶרַע אֱלֹהִים וְנִשְׁמַרְתֶּם
16 בְּרוּחֲכֶם וּבְאֵשֶׁת נְעוּרֶיךָ אַל־יִבְגֹּד׃ כִּי־שָׂנֵא שַׁלַּח אָמַר
יְהוָה אֱלֹהֵי יִשְׂרָאֵל וְכִסָּה חָמָס עַל־לְבוּשׁוֹ אָמַר יְהוָה
17 צְבָאוֹת וְנִשְׁמַרְתֶּם בְּרוּחֲכֶם וְלֹא תִבְגֹּדוּ׃ הוֹגַעְתֶּם יְהוָה
בְּדִבְרֵיכֶם וַאֲמַרְתֶּם בַּמָּה הוֹגָעְנוּ בֶּאֱמָרְכֶם כָּל־עֹשֵׂה רָע
טוֹב ׀ בְּעֵינֵי יְהוָה וּבָהֶם הוּא חָפֵץ אוֹ אַיֵּה אֱלֹהֵי הַמִּשְׁפָּט׃ °

ג CAP. III. ג

א הִנְנִי שֹׁלֵחַ מַלְאָכִי וּפִנָּה־דֶרֶךְ לְפָנָי וּפִתְאֹם יָבוֹא אֶל־
הֵיכָלוֹ הָאָדוֹן ׀ אֲשֶׁר־אַתֶּם מְבַקְשִׁים וּמַלְאַךְ הַבְּרִית אֲשֶׁר־
2 אַתֶּם חֲפֵצִים הִנֵּה־בָא אָמַר יְהוָה צְבָאוֹת׃ וּמִי מְכַלְכֵּל
אֶת־יוֹם בּוֹאוֹ וּמִי הָעֹמֵד בְּהֵרָאוֹתוֹ כִּי־הוּא כְּאֵשׁ מְצָרֵף
3 וּכְבֹרִית מְכַבְּסִים׃ וְיָשַׁב מְצָרֵף וּמְטַהֵר כֶּסֶף וְטִהַר אֶת־
בְּנֵי־לֵוִי וְזִקַּק אֹתָם כַּזָּהָב וְכַכָּסֶף וְהָיוּ לַיהוָה מַגִּישֵׁי מִנְחָה
4 בִּצְדָקָה׃ °וְעָרְבָה לַיהוָה מִנְחַת יְהוּדָה וִירוּשָׁלִָם כִּימֵי
ה עוֹלָם וּכְשָׁנִים קַדְמֹנִיּוֹת׃ וְקָרַבְתִּי אֲלֵיכֶם לַמִּשְׁפָּט וְהָיִיתִי ׀
עֵד מְמַהֵר בַּמְכַשְּׁפִים וּבַמְנָאֲפִים וּבַנִּשְׁבָּעִים לַשָּׁקֶר וּבְעֹשְׁקֵי
שְׂכַר־שָׂכִיר אַלְמָנָה וְיָתוֹם וּמַטֵּי־גֵר וְלֹא יְרֵאוּנִי אָמַר יְהוָה
6 צְבָאוֹת׃ כִּי אֲנִי יְהוָה לֹא שָׁנִיתִי וְאַתֶּם בְּנֵי־יַעֲקֹב לֹא
7 כְלִיתֶם׃ לְמִימֵי אֲבֹתֵיכֶם סַרְתֶּם מֵחֻקַּי וְלֹא שְׁמַרְתֶּם שׁוּבוּ
אֵלַי וְאָשׁוּבָה אֲלֵיכֶם אָמַר יְהוָה צְבָאוֹת וַאֲמַרְתֶּם בַּמֶּה נָשׁוּב׃
8 הֲיִקְבַּע אָדָם אֱלֹהִים כִּי אַתֶּם קֹבְעִים אֹתִי וַאֲמַרְתֶּם בַּמֶּה
9 קְבַעֲנוּךָ הַמַּעֲשֵׂר וְהַתְּרוּמָה׃ בַּמְּאֵרָה אַתֶּם נֵאָרִים וְאֹתִי
י אַתֶּם קֹבְעִים הַגּוֹי כֻּלּוֹ׃ הָבִיאוּ אֶת־כָּל־הַמַּעֲשֵׂר אֶל־בֵּית
הָאוֹצָר וִיהִי טֶרֶף בְּבֵיתִי וּבְחָנוּנִי נָא בָּזֹאת אָמַר יְהוָה צְבָאוֹת
אִם־לֹא אֶפְתַּח לָכֶם אֵת אֲרֻבּוֹת הַשָּׁמַיִם וַהֲרִיקֹתִי לָכֶם
11 בְּרָכָה עַד־בְּלִי־דָי׃ וְגָעַרְתִּי לָכֶם בָּאֹכֵל וְלֹא־יַשְׁחִת לָכֶם

אֶת־פְּרִי

ב׳ v. 17. אין כאן פסקא   ג׳ v. 4. הפטרת שבת הגדול

אֶת־פְּרִי הָאֲדָמָה וְלֹא־תְשַׁכֵּל לָכֶם הַגֶּפֶן בַּשָּׂדֶה אָמַר יְהוָה
12 צְבָאוֹת׃ וְאִשְּׁרוּ אֶתְכֶם כָּל־הַגּוֹיִם כִּי־תִהְיוּ אַתֶּם אֶרֶץ
13 חֵפֶץ אָמַר יְהוָה צְבָאוֹת׃ חָזְקוּ עָלַי דִּבְרֵיכֶם אָמַר יְהוָה
14 וַאֲמַרְתֶּם מַה־נִּדְבַּרְנוּ עָלֶיךָ׃ אֲמַרְתֶּם שָׁוְא עֲבֹד אֱלֹהִים
וּמַה־בֶּצַע כִּי שָׁמַרְנוּ מִשְׁמַרְתּוֹ וְכִי הָלַכְנוּ קְדֹרַנִּית מִפְּנֵי
טו יְהוָה צְבָאוֹת׃ וְעַתָּה אֲנַחְנוּ מְאַשְּׁרִים זֵדִים גַּם־נִבְנוּ עֹשֵׂי
16 רִשְׁעָה גַּם בָּחֲנוּ אֱלֹהִים וַיִּמָּלֵטוּ׃ אָז נִדְבְּרוּ יִרְאֵי יְהוָה אִישׁ
אֶל־רֵעֵהוּ וַיַּקְשֵׁב יְהוָה וַיִּשְׁמָע וַיִּכָּתֵב סֵפֶר זִכָּרוֹן לְפָנָיו
17 לְיִרְאֵי יְהוָה וּלְחֹשְׁבֵי שְׁמוֹ׃ וְהָיוּ לִי אָמַר יְהוָה צְבָאוֹת לַיּוֹם
אֲשֶׁר אֲנִי עֹשֶׂה סְגֻלָּה וְחָמַלְתִּי עֲלֵיהֶם כַּאֲשֶׁר יַחְמֹל אִישׁ
18 עַל־בְּנוֹ הָעֹבֵד אֹתוֹ׃ וְשַׁבְתֶּם וּרְאִיתֶם בֵּין צַדִּיק לְרָשָׁע
19 בֵּין עֹבֵד אֱלֹהִים לַאֲשֶׁר לֹא עֲבָדוֹ׃ כִּי־הִנֵּה הַיּוֹם בָּא
בֹּעֵר כַּתַּנּוּר וְהָיוּ כָל־זֵדִים וְכָל־עֹשֵׂה רִשְׁעָה קַשׁ וְלִהַט
אֹתָם הַיּוֹם הַבָּא אָמַר יְהוָה צְבָאוֹת אֲשֶׁר לֹא־יַעֲזֹב לָהֶם
כ שֹׁרֶשׁ וְעָנָף׃ וְזָרְחָה לָכֶם יִרְאֵי שְׁמִי שֶׁמֶשׁ צְדָקָה וּמַרְפֵּא
21 בִּכְנָפֶיהָ וִיצָאתֶם וּפִשְׁתֶּם כְּעֶגְלֵי מַרְבֵּק׃ וְעַסּוֹתֶם רְשָׁעִים
כִּי־יִהְיוּ אֵפֶר תַּחַת כַּפּוֹת רַגְלֵיכֶם בַּיּוֹם אֲשֶׁר אֲנִי עֹשֶׂה אָמַר
22 יְהוָה צְבָאוֹת׃ זִכְרוּ תּוֹרַת מֹשֶׁה עַבְדִּי אֲשֶׁר צִוִּיתִי
23 אוֹתוֹ בְחֹרֵב עַל־כָּל־יִשְׂרָאֵל חֻקִּים וּמִשְׁפָּטִים׃ הִנֵּה אָנֹכִי
שֹׁלֵחַ לָכֶם אֵת אֵלִיָּה הַנָּבִיא לִפְנֵי בּוֹא יוֹם יְהוָה הַגָּדוֹל
24 וְהַנּוֹרָא׃ וְהֵשִׁיב לֵב־אָבוֹת עַל־בָּנִים וְלֵב בָּנִים עַל־אֲבוֹתָם
פֶּן־אָבוֹא וְהִכֵּיתִי אֶת־הָאָרֶץ חֵרֶם׃

---

v. 22. ז׳ רבתי

הנה אנכי שלח לכם את אליה הנביא לפני בוא יום יהוה
הגדול והנורא׃

י׳ת׳ק׳ק׳ סימן

חזק

סכום פסוקי תרי עשר

הושע מאה ותשעים ושבעה: ורגלך לא בצקה סימן·

יואל שבעים ושלשה: שלחו מגל סימן·

עמוס מאה וארבעים וששה: קמו בניה סימן·

עובדיה עשרים ואחד: אך טוב לישראל סימן·

יונה ארבעים ושמונה: ישראל עושה חיל סימן·

מיכה מאה וחמשה: עלה אלהים בתרועה סימן·

נחום ארבעים ושבעה: יזל מים סימן·

חבקוק חמשים וששה: ולך תהיה צדקה סימן·

צפניה חמשים ושלשה: גן נעול סימן·

חגי שלשים ושמונה: כי אם גלה סודו סימן·

זכריה מאתים ואחד עשר: אשרי כל ירא יי׳ סימן·

מלאכי חמשים וחמשה: ויעקב הלך לדרכו סימן:

סכום הפסוקים של כל שנים עשר נביאים אלף וחמשים כי שרית עם אלהים סימן· וחציו· לכן בגללכם ציון שדה תחרש· וסדריו עשרים ואחד· ולכבוד אהיה בתוכה סימן:

כתובים
HAGIOGRAPHA

PSALMI	תהלים
PROVERBIA	משלי
JOB	איוב
CANT. CANTIC.	שיר השירים
RUTH	רות
THRENI	איכה
ECCLESIASTES	קהלת
ESTHER	אסתר
DANIEL	דניאל
EZRA	עזרא
NEHEMIA	נחמיה
CHRONICA	דברי הימים

HAGIOGRAPHA

תהלים

LIBER PSALMORUM

ספר ראשון

LIBER PRIMUS

א Psal. I. א

א אַשְׁרֵי־הָאִישׁ אֲשֶׁר ׀ לֹא הָלַךְ בַּעֲצַת רְשָׁעִים
וּבְדֶרֶךְ חַטָּאִים לֹא עָמָד וּבְמוֹשַׁב לֵצִים לֹא יָשָׁב׃
2 כִּי אִם בְּתוֹרַת יְהוָה חֶפְצוֹ וּבְתוֹרָתוֹ יֶהְגֶּה יוֹמָם וָלָיְלָה׃
3 וְהָיָה כְּעֵץ שָׁתוּל עַל־פַּלְגֵי מָיִם אֲשֶׁר פִּרְיוֹ ׀ יִתֵּן בְּעִתּוֹ
וְעָלֵהוּ לֹא־יִבּוֹל וְכֹל אֲשֶׁר־יַעֲשֶׂה יַצְלִיחַ׃
4 לֹא־כֵן הָרְשָׁעִים כִּי אִם־כַּמֹּץ אֲשֶׁר־תִּדְּפֶנּוּ רוּחַ׃
ה עַל־כֵּן ׀ לֹא־יָקֻמוּ רְשָׁעִים בַּמִּשְׁפָּט
וְחַטָּאִים בַּעֲדַת צַדִּיקִים׃
6 כִּי־יוֹדֵעַ יְהוָה דֶּרֶךְ צַדִּיקִים וְדֶרֶךְ רְשָׁעִים תֹּאבֵד׃

ב Psal. II. ב

א לָמָּה רָגְשׁוּ גוֹיִם וּלְאֻמִּים יֶהְגּוּ־רִיק׃
2 יִתְיַצְּבוּ ׀ מַלְכֵי־אֶרֶץ וְרוֹזְנִים נוֹסְדוּ־יָחַד
3 עַל־יְהוָה וְעַל־מְשִׁיחוֹ׃ נְנַתְּקָה אֶת־מוֹסְרוֹתֵימוֹ
4 וְנַשְׁלִיכָה מִמֶּנּוּ עֲבֹתֵימוֹ׃ יוֹשֵׁב בַּשָּׁמַיִם יִשְׂחָק
ה אֲדֹנָי יִלְעַג־לָמוֹ׃ אָז יְדַבֵּר אֵלֵימוֹ בְאַפּוֹ
6 וּבַחֲרוֹנוֹ יְבַהֲלֵמוֹ׃ וַאֲנִי נָסַכְתִּי מַלְכִּי
7 עַל־צִיּוֹן הַר־קָדְשִׁי׃ אֲסַפְּרָה אֶל חֹק
יְהוָה אָמַר אֵלַי בְּנִי אַתָּה אֲנִי הַיּוֹם יְלִדְתִּיךָ׃
8 שְׁאַל מִמֶּנִּי וְאֶתְּנָה גוֹיִם נַחֲלָתֶךָ וַאֲחֻזָּתְךָ אַפְסֵי־אָרֶץ׃
9 תְּרֹעֵם בְּשֵׁבֶט בַּרְזֶל כִּכְלִי יוֹצֵר תְּנַפְּצֵם׃
י וְעַתָּה מְלָכִים הַשְׂכִּילוּ הִוָּסְרוּ שֹׁפְטֵי אָרֶץ׃

עבדו

11 עִבְד֣וּ אֶת־יְהוָ֣ה בְּיִרְאָ֑ה   וְגִ֝֗ילוּ בִּרְעָדָֽה׃
12 נַשְּׁקוּ־בַ֡ר פֶּן־יֶאֱנַ֤ף ׀ וְתֹ֬אבְדוּ דֶ֗רֶךְ   כִּֽי־יִבְעַ֣ר כִּמְעַ֣ט אַפּ֑וֹ   אַ֝שְׁרֵ֗י כָּל־ח֥וֹסֵי בֽוֹ׃

PSAL. III.   ג

ג

א מִזְמ֥וֹר לְדָוִ֑ד   בְּ֝בָרְח֗וֹ מִפְּנֵ֤י ׀ אַבְשָׁל֬וֹם בְּנֽוֹ׃
2 יְ֭הוָה מָֽה־רַבּ֣וּ צָרָ֑י   רַ֝בִּ֗ים קָמִ֥ים עָלָֽי׃
3 רַבִּים֮ אֹמְרִ�֪ים לְנַ֫פְשִׁ֥י   אֵ֤ין יְֽשׁוּעָ֓תָה לּ֬וֹ בֵֽאלֹהִ֬ים סֶֽלָה׃
4 וְאַתָּ֣ה יְ֭הוָה מָגֵ֣ן בַּעֲדִ֑י   כְּ֝בוֹדִ֗י וּמֵרִ֥ים רֹאשִֽׁי׃
5 ק֭וֹלִי אֶל־יְהוָ֣ה אֶקְרָ֑א   וַיַּֽעֲנֵ֨נִי מֵהַ֖ר קָדְשׁ֣וֹ סֶֽלָה׃
6 אֲנִ֥י שָׁכַ֗בְתִּי וָֽאִ֫ישָׁ֥נָה   הֱקִיצ֑וֹתִי
7 כִּ֖י יְהוָ֣ה יִסְמְכֵֽנִי׃   לֹֽא־אִ֭ירָא מֵרִבְב֥וֹת עָ֑ם
8 אֲשֶׁ֥ר סָבִ֗יב שָׁ֣תוּ עָלָֽי׃   ק֘וּמָ֤ה יְהוָ֨ה ׀ הוֹשִׁ֘יעֵ֤נִי אֱלֹהַ֗י   כִּֽי־הִכִּ֣יתָ אֶת־כָּל־אֹיְבַ֣י לֶ֑חִי   שִׁנֵּ֖י רְשָׁעִ֣ים שִׁבַּֽרְתָּ׃
9 לַֽיהוָ֥ה הַיְשׁוּעָ֑ה   עַֽל־עַמְּךָ֖ בִרְכָתֶ֣ךָ סֶּֽלָה׃

PSAL. IV.   ד

ד

א לַמְנַצֵּ֥חַ בִּנְגִינ֗וֹת   מִזְמ֥וֹר לְדָוִֽד׃
2 בְּקָרְאִ֡י עֲנֵ֤נִי ׀ אֱלֹ֘הֵ֤י צִדְקִ֗י   בַּ֭צָּר הִרְחַ֣בְתָּ לִּ֑י   חָ֝נֵּ֗נִי וּשְׁמַ֥ע תְּפִלָּתִֽי׃
3 בְּנֵ֥י אִ֡ישׁ עַד־מֶ֬ה כְבוֹדִ֣י לִ֭כְלִמָּה תֶּאֱהָב֣וּן רִ֑יק   תְּבַקְשׁ֖וּ כָזָ֣ב סֶֽלָה׃
4 וּדְע֗וּ כִּֽי־הִפְלָ֣ה יְ֭הוָה חָסִ֣יד ל֑וֹ   יְהוָ֥ה יִ֝שְׁמַ֗ע בְּקָרְאִ֥י אֵלָֽיו׃
5 רִגְז֗וּ וְֽאַל־תֶּ֫חֱטָ֥אוּ   אִמְר֣וּ בִ֭לְבַבְכֶם עַֽל־מִשְׁכַּבְכֶ֗ם   וְדֹ֣מּוּ סֶֽלָה׃
6 זִבְח֥וּ זִבְחֵי־צֶ֑דֶק   וּ֝בִטְח֗וּ אֶל־יְהוָֽה׃
7 רַבִּ֥ים אֹמְרִים֮ מִֽי־יַרְאֵ֪נוּ֫ ט֥וֹב   נְֽסָה־עָ֭לֵינוּ א֓וֹר פָּנֶ֬יךָ יְהוָֽה׃
8 נָתַ֣תָּה שִׂמְחָ֣ה בְלִבִּ֑י   מֵעֵ֬ת דְּגָנָ֖ם וְתִֽירוֹשָׁ֣ם רָֽבּוּ׃
9 בְּשָׁל֣וֹם יַחְדָּו֮ אֶשְׁכְּבָ֪ה וְאִ֫ישָׁ֥ן   כִּֽי־אַתָּ֣ה יְהוָ֣ה לְבָדָ֑ד   לָ֝בֶ֗טַח תּֽוֹשִׁיבֵֽנִי׃

למנצח

ה

Psal. V. ה

א לַמְנַצֵּחַ אֶל־הַנְּחִילוֹת מִזְמוֹר לְדָוִד׃
2 אֲמָרַי הַאֲזִינָה ׀ יְהוָה בִּינָה הֲגִיגִי׃
3 הַקְשִׁיבָה ׀ לְקוֹל שַׁוְעִי מַלְכִּי וֵאלֹהָי
4 כִּי־אֵלֶיךָ אֶתְפַּלָּל׃ יְהוָה בֹּקֶר תִּשְׁמַע קוֹלִי
ה בֹּקֶר אֶעֱרָךְ־לְךָ וַאֲצַפֶּה׃ כִּי ׀ לֹא אֵל חָפֵץ רֶשַׁע ׀ אָתָּה
6 לֹא יְגֻרְךָ רָע׃ לֹא־יִתְיַצְּבוּ הוֹלְלִים לְנֶגֶד עֵינֶיךָ
7 שָׂנֵאתָ כָּל־פֹּעֲלֵי אָוֶן׃ תְּאַבֵּד דֹּבְרֵי כָזָב
אִישׁ־דָּמִים וּמִרְמָה יְתָעֵב ׀ יְהוָה׃
8 וַאֲנִי בְּרֹב חַסְדְּךָ אָבוֹא בֵיתֶךָ
אֶשְׁתַּחֲוֶה אֶל־הֵיכַל־קָדְשְׁךָ בְּיִרְאָתֶךָ׃
9 יְהוָה ׀ נְחֵנִי בְצִדְקָתֶךָ לְמַעַן שׁוֹרְרָי הוֹשַׁר לְפָנַי דַּרְכֶּךָ׃
י כִּי אֵין בְּפִיהוּ נְכוֹנָה קִרְבָּם הַוּוֹת קֶבֶר־פָּתוּחַ גְּרוֹנָם
11 לְשׁוֹנָם יַחֲלִיקוּן׃ הַאֲשִׁימֵם ׀ אֱלֹהִים יִפְּלוּ מִמֹּעֲצוֹתֵיהֶם
בְּרֹב פִּשְׁעֵיהֶם הַדִּיחֵמוֹ כִּי־מָרוּ בָךְ׃
12 וְיִשְׂמְחוּ כָל־חוֹסֵי בָךְ לְעוֹלָם יְרַנֵּנוּ וְתָסֵךְ עָלֵימוֹ
13 וְיַעְלְצוּ בְךָ אֹהֲבֵי שְׁמֶךָ׃ כִּי־אַתָּה תְּבָרֵךְ צַדִּיק יְהוָה
כַּצִּנָּה רָצוֹן תַּעְטְרֶנּוּ׃

ו

Psal. VI. ו

א לַמְנַצֵּחַ בִּנְגִינוֹת עַל־הַשְּׁמִינִית מִזְמוֹר לְדָוִד׃
2 יְהוָה אַל־בְּאַפְּךָ תוֹכִיחֵנִי וְאַל־בַּחֲמָתְךָ תְיַסְּרֵנִי׃
3 חָנֵּנִי יְהוָה כִּי אֻמְלַל אָנִי רְפָאֵנִי יְהוָה
4 כִּי נִבְהֲלוּ עֲצָמָי׃ וְנַפְשִׁי נִבְהֲלָה מְאֹד
ה וְאַתְּ יְהוָה עַד־מָתָי׃ שׁוּבָה יְהוָה חַלְּצָה נַפְשִׁי
6 הוֹשִׁיעֵנִי לְמַעַן חַסְדֶּךָ׃ כִּי אֵין בַּמָּוֶת זִכְרֶךָ
7 בִּשְׁאוֹל מִי יוֹדֶה־לָּךְ׃ יָגַעְתִּי ׀ בְּאַנְחָתִי
אַשְׂחֶה בְכָל־לַיְלָה מִטָּתִי בְּדִמְעָתִי עַרְשִׂי אַמְסֶה׃
8 עָשְׁשָׁה מִכַּעַס עֵינִי עָתְקָה בְּכָל־צוֹרְרָי׃

סורו

ה׳ v. 9. הישר ק׳ ו׳ v. 4. ואתה ק׳

9 סוּרוּ מִמֶּ֫נִּי כָּל־פֹּ֥עֲלֵי אָ֑וֶן כִּֽי־שָׁמַ֥ע יְ֝הוָ֗ה ק֣וֹל בִּכְיִֽי׃

י שָׁמַ֣ע יְ֭הוָה תְּחִנָּתִ֑י יְ֝הוָ֗ה תְּֽפִלָּתִ֥י יִקָּֽח׃

11 יֵבֹ֤שׁוּ ׀ וְיִבָּהֲל֣וּ מְ֭אֹד כָּל־אֹיְבָ֑י יָ֝שֻׁ֗בוּ יֵבֹ֥שׁוּ רָֽגַע׃

PSAL. VII. ז

א שִׁגָּי֗וֹן לְדָ֫וִ֥ד

אֲשֶׁר־שָׁ֥ר לַֽיהוָ֑ה עַל־דִּבְרֵי־כ֝֗וּשׁ בֶּן־יְמִינִֽי׃

2 יְהוָ֣ה אֱ֭לֹהַי בְּךָ֣ חָסִ֑יתִי הוֹשִׁיעֵ֥נִי מִכָּל־רֹ֝דְפַ֗י וְהַצִּילֵֽנִי׃

3 פֶּן־יִטְרֹ֣ף כְּאַרְיֵ֣ה נַפְשִׁ֑י פֹּ֝רֵ֗ק וְאֵ֣ין מַצִּֽיל׃

4 יְהוָ֣ה אֱ֭לֹהַי אִם־עָשִׂ֣יתִי זֹ֑את אִֽם־יֶשׁ־עָ֥וֶל בְּכַפָּֽי׃

5 אִם־גָּ֭מַלְתִּי שֽׁוֹלְמִ֥י רָ֑ע וָאֲחַלְּצָ֖ה צוֹרְרִ֣י רֵיקָֽם׃

6 יִֽרַדֹּ֥ף אוֹיֵ֨ב ׀ נַפְשִׁ֡י וְיַשֵּׂ֗ג וְיִרְמֹ֣ס לָאָ֣רֶץ חַיָּ֑י

7 וּכְבוֹדִ֓י ׀ לֶעָפָ֖ר יַשְׁכֵּ֣ן סֶֽלָה׃ ק֘וּמָ֤ה יְהוָ֨ה ׀ בְּאַפֶּ֗ךָ

הִ֭נָּשֵׂא בְּעַבְר֣וֹת צוֹרְרָ֑י וְע֥וּרָה אֵ֝לַ֗י מִשְׁפָּ֥ט צִוִּֽיתָ׃

8 וַעֲדַ֣ת לְ֭אֻמִּים תְּסוֹבְבֶ֑ךָּ וְ֝עָלֶ֗יהָ לַמָּר֥וֹם שֽׁוּבָה׃

9 יְהוָה֮ יָדִ֪ין עַ֫מִּ֥ים שָׁפְטֵ֥נִי יְהוָ֑ה

כְּצִדְקִ֖י וּכְתֻמִּ֣י עָלָֽי׃ יִגְמָר־נָ֬א רַ֤ע ׀ רְשָׁעִים֮

י וּתְכוֹנֵ֪ן צַ֫דִּ֥יק וּבֹחֵ֣ן לִ֭בּוֹת וּכְלָי֗וֹת אֱלֹהִ֥ים צַדִּֽיק׃

11 מָֽגִנִּ֥י עַל־אֱלֹהִ֑ים מ֝וֹשִׁ֗יעַ יִשְׁרֵי־לֵֽב׃

12 אֱ֭לֹהִים שׁוֹפֵ֣ט צַדִּ֑יק וְ֝אֵ֗ל זֹעֵ֥ם בְּכָל־יֽוֹם׃

13 אִם־לֹ֣א יָ֭שׁוּב חַרְבּ֣וֹ יִלְט֑וֹשׁ קַשְׁתּ֥וֹ דָ֝רַ֗ךְ וַֽיְכוֹנְנֶֽהָ׃

14 וְ֭לוֹ הֵכִ֣ין כְּלֵי־מָ֑וֶת חִ֝צָּ֗יו לְֽדֹלְקִ֥ים יִפְעָֽל׃

טו הִנֵּ֥ה יְחַבֶּל־אָ֑וֶן וְהָרָ֥ה עָ֝מָ֗ל וְיָ֣לַד שָֽׁקֶר׃

16 בּ֣וֹר כָּ֭רָֽה וַֽיַּחְפְּרֵ֑הוּ וַ֝יִּפֹּ֗ל בְּשַׁ֣חַת יִפְעָֽל׃

17 יָשׁ֣וּב עֲמָל֣וֹ בְרֹאשׁ֑וֹ וְעַ֥ל קָ֝דְקֳד֗וֹ חֲמָס֥וֹ יֵרֵֽד׃

18 אוֹדֶ֣ה יְהוָ֣ה כְּצִדְק֑וֹ וַ֝אֲזַמְּרָ֗ה שֵֽׁם־יְהוָ֥ה עֶלְיֽוֹן׃

PSAL. VIII. ח

א לַמְנַצֵּ֥חַ עַֽל־הַגִּתִּ֗ית מִזְמ֥וֹר לְדָוִֽד׃

ח

2 יְהוָ֥ה אֲדֹנֵ֗ינוּ מָֽה־אַדִּ֣יר שִׁ֭מְךָ בְּכָל־הָאָ֑רֶץ אֲשֶׁ֥ר

אֲשֶׁר תְּנָה הוֹדְךָ עַל־הַשָּׁמָיִם׃
3 מִפִּי עוֹלְלִים ׀ וְיֹנְקִים יִסַּדְתָּ עֹז לְמַעַן צוֹרְרֶיךָ
לְהַשְׁבִּית אוֹיֵב וּמִתְנַקֵּם׃
4 כִּי־אֶרְאֶה שָׁמֶיךָ מַעֲשֵׂה אֶצְבְּעֹתֶיךָ
ה יָרֵחַ וְכוֹכָבִים אֲשֶׁר כּוֹנָנְתָּה׃ מָה־אֱנוֹשׁ כִּי־תִזְכְּרֶנּוּ
6 וּבֶן־אָדָם כִּי תִפְקְדֶנּוּ׃ וַתְּחַסְּרֵהוּ מְּעַט מֵאֱלֹהִים
7 וְכָבוֹד וְהָדָר תְּעַטְּרֵהוּ׃ תַּמְשִׁילֵהוּ בְּמַעֲשֵׂי יָדֶיךָ
8 כֹּל שַׁתָּה תַחַת־רַגְלָיו׃ צֹנֶה וַאֲלָפִים כֻּלָּם
9 וְגַם בַּהֲמוֹת שָׂדָי׃ צִפּוֹר שָׁמַיִם וּדְגֵי הַיָּם
י עֹבֵר אָרְחוֹת יַמִּים׃ יְהוָה אֲדֹנֵינוּ
מָה־אַדִּיר שִׁמְךָ בְּכָל־הָאָרֶץ׃

ט Psal. IX. ט

א לַמְנַצֵּחַ עַל־מוּת לַבֵּן מִזְמוֹר לְדָוִד׃
2 אוֹדֶה יְהוָה בְּכָל־לִבִּי אֲסַפְּרָה כָּל־נִפְלְאוֹתֶיךָ׃
3 אֶשְׂמְחָה וְאֶעֶלְצָה בָךְ אֲזַמְּרָה שִׁמְךָ עֶלְיוֹן׃
4 בְּשׁוּב־אוֹיְבַי אָחוֹר יִכָּשְׁלוּ וְיֹאבְדוּ מִפָּנֶיךָ׃
ה כִּי־עָשִׂיתָ מִשְׁפָּטִי וְדִינִי יָשַׁבְתָּ לְכִסֵּא שׁוֹפֵט צֶדֶק׃
6 גָּעַרְתָּ גוֹיִם אִבַּדְתָּ רָשָׁע שְׁמָם מָחִיתָ לְעוֹלָם וָעֶד׃
7 הָאוֹיֵב ׀ תַּמּוּ חֳרָבוֹת לָנֶצַח וְעָרִים נָתַשְׁתָּ
8 אָבַד זִכְרָם הֵמָּה׃ וַיהוָה לְעוֹלָם יֵשֵׁב
9 כּוֹנֵן לַמִּשְׁפָּט כִּסְאוֹ׃ וְהוּא יִשְׁפֹּט־תֵּבֵל בְּצֶדֶק
י יָדִין לְאֻמִּים בְּמֵישָׁרִים׃ וִיהִי יְהוָה מִשְׂגָּב לַדָּךְ
11 מִשְׂגָּב לְעִתּוֹת בַּצָּרָה׃ וְיִבְטְחוּ בְךָ יוֹדְעֵי שְׁמֶךָ
12 כִּי לֹא־עָזַבְתָּ דֹרְשֶׁיךָ יְהוָה׃ זַמְּרוּ לַיהוָה יֹשֵׁב צִיּוֹן
13 הַגִּידוּ בָעַמִּים עֲלִילוֹתָיו׃ כִּי־דֹרֵשׁ דָּמִים אוֹתָם זָכָר
14 לֹא־שָׁכַח צַעֲקַת עֲנָיִים׃ חָנְנֵנִי יְהוָה רְאֵה עָנְיִי מִשֹּׂנְאָי
טו מְרוֹמְמִי מִשַּׁעֲרֵי־מָוֶת׃ לְמַעַן אֲסַפְּרָה כָּל־תְּהִלָּתֶיךָ

בשערי

ט׳ v. 13. ענוים ק׳

בְּשַׁעֲרֵי בַת־צִיּוֹן אָגִילָה בִּישׁוּעָתֶךָ׃
16 טָבְעוּ גוֹיִם בְּשַׁחַת עָשׂוּ בְּרֶשֶׁת־זוּ טָמָנוּ נִלְכְּדָה רַגְלָם׃
17 נוֹדַע ׀ יְהוָה מִשְׁפָּט עָשָׂה בְּפֹעַל כַּפָּיו נוֹקֵשׁ רָשָׁע
18 הִגָּיוֹן סֶלָה׃ יָשׁוּבוּ רְשָׁעִים לִשְׁאוֹלָה
19 כָּל־גּוֹיִם שְׁכֵחֵי אֱלֹהִים׃ כִּי לֹא לָנֶצַח יִשָּׁכַח אֶבְיוֹן
כ תִּקְוַת עֲנִוִּים תֹּאבַד לָעַד׃ קוּמָה יְהוָה אַל־יָעֹז אֱנוֹשׁ
21 יִשָּׁפְטוּ גוֹיִם עַל־פָּנֶיךָ׃ שִׁיתָה יְהוָה ׀ מוֹרָה לָהֶם
יֵדְעוּ גוֹיִם אֱנוֹשׁ הֵמָּה סֶּלָה׃

Psal. X. י

א לָמָה יְהוָה תַּעֲמֹד בְּרָחוֹק תַּעְלִים לְעִתּוֹת בַּצָּרָה׃
2 בְּגַאֲוַת רָשָׁע יִדְלַק עָנִי יִתָּפְשׂוּ ׀ בִּמְזִמּוֹת זוּ חָשָׁבוּ׃
3 כִּי־הִלֵּל רָשָׁע עַל־תַּאֲוַת נַפְשׁוֹ וּבֹצֵעַ בֵּרֵךְ נִאֵץ ׀ יְהוָה׃
4 רָשָׁע כְּגֹבַהּ אַפּוֹ בַּל־יִדְרֹשׁ אֵין אֱלֹהִים כָּל־מְזִמּוֹתָיו׃
ה יָחִילוּ דְרָכָו ׀ בְּכָל־עֵת מָרוֹם מִשְׁפָּטֶיךָ מִנֶּגְדּוֹ
6 כָּל־צוֹרְרָיו יָפִיחַ בָּהֶם׃ אָמַר בְּלִבּוֹ בַּל־אֶמּוֹט
7 לְדֹר וָדֹר אֲשֶׁר לֹא־בְרָע׃ אָלָה ׀ פִּיהוּ מָלֵא וּמִרְמוֹת וָתֹךְ
8 תַּחַת לְשׁוֹנוֹ עָמָל וָאָוֶן׃ יֵשֵׁב ׀ בְּמַאְרַב חֲצֵרִים
בַּמִּסְתָּרִים יַהֲרֹג נָקִי עֵינָיו לְחֵלְכָה יִצְפֹּנוּ׃
9 יֶאֱרֹב בַּמִּסְתָּר ׀ כְּאַרְיֵה בְסֻכֹּה יֶאֱרֹב לַחֲטוֹף עָנִי
י יַחְטֹף עָנִי בְּמָשְׁכוֹ בְרִשְׁתּוֹ׃ וְדָכָה יָשֹׁחַ
11 וְנָפַל בַּעֲצוּמָיו חֵלְכָּאִים׃ אָמַר בְּלִבּוֹ שָׁכַח אֵל
12 הִסְתִּיר פָּנָיו בַּל־רָאָה לָנֶצַח׃ קוּמָה יְהוָה אֵל נְשָׂא יָדֶךָ
13 אַל־תִּשְׁכַּח עֲנִיִּים׃ עַל־מֶה ׀ נִאֵץ רָשָׁע ׀ אֱלֹהִים
14 אָמַר בְּלִבּוֹ לֹא תִדְרֹשׁ׃ רָאִתָה כִּי־אַתָּה ׀ עָמָל וָכַעַס ׀
תַּבִּיט לָתֵת בְּיָדֶךָ עָלֶיךָ יַעֲזֹב חֵלֶכָה
טו יָתוֹם אַתָּה ׀ הָיִיתָ עוֹזֵר׃ שְׁבֹר זְרוֹעַ רָשָׁע
16 וָרָע תִּדְרוֹשׁ־רִשְׁעוֹ בַל־תִּמְצָא׃ יְהוָה מֶלֶךְ עוֹלָם וָעֶד
אבדו

ט׳ v. 19. עניים ק׳ י׳ v. 5. דרכיו ק׳
v. 10. ידכה ק׳ ibid. חל כאים ק׳ v. 12. ענוים ק׳

17 אָבְדוּ גוֹיִם מֵאַרְצוֹ׃ תַּאֲוַת עֲנָוִים שָׁמַעְתָּ יְהוָה
18 תָּכִין לִבָּם תַּקְשִׁיב אָזְנֶךָ׃ לִשְׁפֹּט יָתוֹם וָדָךְ
בַּל־יוֹסִיף עוֹד לַעֲרֹץ אֱנוֹשׁ מִן־הָאָרֶץ׃

יא PSAL. XI. יא

א לַמְנַצֵּחַ לְדָוִד
בַּיהוָה ׀ חָסִיתִי אֵיךְ תֹּאמְרוּ לְנַפְשִׁי נוּדוּ הַרְכֶם צִפּוֹר׃
2 כִּי הִנֵּה הָרְשָׁעִים יִדְרְכוּן קֶשֶׁת כּוֹנְנוּ חִצָּם עַל־יֶתֶר
3 לִירוֹת בְּמוֹ־אֹפֶל לְיִשְׁרֵי־לֵב׃ כִּי הַשָּׁתוֹת יֵהָרֵסוּן
4 צַדִּיק מַה־פָּעָל׃ יְהוָה ׀ בְּהֵיכַל קָדְשׁוֹ
יְהוָה בַּשָּׁמַיִם כִּסְאוֹ עֵינָיו יֶחֱזוּ
ה עַפְעַפָּיו יִבְחֲנוּ בְּנֵי אָדָם׃ יְהוָה צַדִּיק יִבְחָן
וְרָשָׁע וְאֹהֵב חָמָס שָׂנְאָה נַפְשׁוֹ׃
6 יַמְטֵר עַל־רְשָׁעִים פַּחִים אֵשׁ וְגָפְרִית וְרוּחַ זִלְעָפוֹת
7 מְנָת כּוֹסָם׃ כִּי־צַדִּיק יְהוָה צְדָקוֹת אָהֵב
יָשָׁר יֶחֱזוּ פָנֵימוֹ׃

יב PSAL. XII. יב

א לַמְנַצֵּחַ עַל־הַשְּׁמִינִית מִזְמוֹר לְדָוִד׃
2 הוֹשִׁיעָה יְהוָה כִּי־גָמַר חָסִיד כִּי־פַסּוּ אֱמוּנִים מִבְּנֵי אָדָם׃
3 שָׁוְא ׀ יְדַבְּרוּ אִישׁ אֶת־רֵעֵהוּ שְׂפַת חֲלָקוֹת
4 בְּלֵב וָלֵב יְדַבֵּרוּ׃ יַכְרֵת יְהוָה כָּל־שִׂפְתֵי חֲלָקוֹת
לָשׁוֹן מְדַבֶּרֶת גְּדֹלוֹת׃
ה אֲשֶׁר אָמְרוּ ׀ לִלְשֹׁנֵנוּ נַגְבִּיר שְׂפָתֵינוּ אִתָּנוּ מִי אָדוֹן לָנוּ׃
6 מִשֹּׁד עֲנִיִּים מֵאַנְקַת אֶבְיוֹנִים עַתָּה אָקוּם יֹאמַר יְהוָה
7 אָשִׁית בְּיֵשַׁע יָפִיחַ לוֹ׃ אִמֲרוֹת יְהוָה אֲמָרוֹת טְהֹרוֹת
כֶּסֶף צָרוּף בַּעֲלִיל לָאָרֶץ מְזֻקָּק שִׁבְעָתָיִם׃
8 אַתָּה־יְהוָה תִּשְׁמְרֵם תִּצְּרֶנּוּ ׀ מִן־הַדּוֹר זוּ לְעוֹלָם׃
9 סָבִיב רְשָׁעִים יִתְהַלָּכוּן כֻּרֻם זֻלּוּת לִבְנֵי אָדָם׃

יא v. 1. נודו ק׳

יג Psal. XIII. יג

א לַמְנַצֵּחַ מִזְמוֹר לְדָוִד׃
2 עַד־אָנָה יְהוָה תִּשְׁכָּחֵנִי נֶצַח
עַד־אָנָה ׀ תַּסְתִּיר אֶת־פָּנֶיךָ מִמֶּנִּי׃
3 עַד־אָנָה אָשִׁית עֵצוֹת בְּנַפְשִׁי   יָגוֹן בִּלְבָבִי יוֹמָם
4 עַד־אָנָה ׀ יָרוּם אֹיְבִי עָלָי׃   הַבִּיטָה עֲנֵנִי יְהוָה אֱלֹהָי
ה הָאִירָה עֵינַי פֶּן־אִישַׁן הַמָּוֶת׃   פֶּן־יֹאמַר אֹיְבִי יְכָלְתִּיו
6 צָרַי יָגִילוּ כִּי אֶמּוֹט׃   וַאֲנִי ׀ בְּחַסְדְּךָ בָטַחְתִּי
יָגֵל לִבִּי בִּישׁוּעָתֶךָ   אָשִׁירָה לַיהוָה
כִּי גָמַל עָלָי׃

יד Psal. XIV. יד

א לַמְנַצֵּחַ לְדָוִד
אָמַר נָבָל בְּלִבּוֹ אֵין אֱלֹהִים   הִשְׁחִיתוּ הִתְעִיבוּ עֲלִילָה
2 אֵין עֹשֵׂה־טוֹב׃   יְהוָה מִשָּׁמַיִם הִשְׁקִיף עַל־בְּנֵי־אָדָם
לִרְאוֹת הֲיֵשׁ מַשְׂכִּיל   דֹּרֵשׁ אֶת־אֱלֹהִים׃
3 הַכֹּל סָר יַחְדָּו נֶאֱלָחוּ   אֵין עֹשֵׂה־טוֹב
4 אֵין גַּם־אֶחָד׃   הֲלֹא יָדְעוּ כָּל־פֹּעֲלֵי אָוֶן
אֹכְלֵי עַמִּי אָכְלוּ לֶחֶם   יְהוָה לֹא קָרָאוּ׃
ה שָׁם ׀ פָּחֲדוּ פָחַד   כִּי־אֱלֹהִים בְּדוֹר צַדִּיק׃
6 עֲצַת־עָנִי תָבִישׁוּ   כִּי יְהוָה מַחְסֵהוּ׃
7 מִי־יִתֵּן מִצִּיּוֹן יְשׁוּעַת יִשְׂרָאֵל   בְּשׁוּב יְהוָה שְׁבוּת עַמּוֹ
יָגֵל יַעֲקֹב יִשְׂמַח יִשְׂרָאֵל׃

טו Psal. XV. טו

א מִזְמוֹר לְדָוִד
יְהוָה מִי־יָגוּר בְּאָהֳלֶךָ   מִי־יִשְׁכֹּן בְּהַר קָדְשֶׁךָ׃
2 הוֹלֵךְ תָּמִים וּפֹעֵל צֶדֶק   וְדֹבֵר אֱמֶת בִּלְבָבוֹ׃
3 לֹא־רָגַל ׀ עַל־לְשֹׁנוֹ   לֹא־עָשָׂה לְרֵעֵהוּ רָעָה
4 וְחֶרְפָּה לֹא־נָשָׂא עַל־קְרֹבוֹ׃   נִבְזֶה ׀ בְּעֵינָיו נִמְאָס

ואת־יראי

וְאֶת־יִרְאֵי יְהוָה יְכַבֵּד   נִשְׁבַּע לְהָרַע וְלֹא יָמִר׃
כַּסְפּוֹ ׀ לֹא־נָתַן בְּנֶשֶׁךְ   וְשֹׁחַד עַל־נָקִי לֹא לָקָח ה
עֹשֵׂה־אֵלֶּה   לֹא יִמּוֹט לְעוֹלָם׃

טז Psal. XVI. טז

מִכְתָּם לְדָוִד א
שָׁמְרֵנִי אֵל כִּי־חָסִיתִי בָךְ׃   אָמַרְתְּ לַיהוָה אֲדֹנָי אָתָּה 2
טוֹבָתִי בַּל־עָלֶיךָ׃   לִקְדוֹשִׁים אֲשֶׁר־בָּאָרֶץ הֵמָּה 3
וְאַדִּירֵי כָּל־חֶפְצִי־בָם׃   יִרְבּוּ עַצְּבוֹתָם אַחֵר מָהָרוּ 4
בַּל־אַסִּיךְ נִסְכֵּיהֶם מִדָּם
וּבַל־אֶשָּׂא אֶת־שְׁמוֹתָם עַל־שְׂפָתָי׃
יְהוָה מְנָת־חֶלְקִי וְכוֹסִי   אַתָּה תּוֹמִיךְ גּוֹרָלִי׃ ה
חֲבָלִים נָפְלוּ־לִי בַּנְּעִמִים   אַף־נַחֲלָת שָׁפְרָה עָלָי׃ 6
אֲבָרֵךְ אֶת־יְהוָה אֲשֶׁר יְעָצָנִי   אַף־לֵילוֹת יִסְּרוּנִי כִלְיוֹתָי׃ 7
שִׁוִּיתִי יְהוָה לְנֶגְדִּי תָמִיד   כִּי מִימִינִי בַּל־אֶמּוֹט׃ 8
לָכֵן ׀ שָׂמַח לִבִּי וַיָּגֶל כְּבוֹדִי   אַף־בְּשָׂרִי יִשְׁכֹּן לָבֶטַח׃ 9
כִּי ׀ לֹא־תַעֲזֹב נַפְשִׁי לִשְׁאוֹל י
לֹא־תִתֵּן חֲסִידֶיךָ לִרְאוֹת שָׁחַת׃   תּוֹדִיעֵנִי אֹרַח חַיִּים 11
שֹׂבַע שְׂמָחוֹת אֶת־פָּנֶיךָ   נְעִמוֹת בִּימִינְךָ נֶצַח׃

יז Psal. XVII. יז

תְּפִלָּה לְדָוִד א
שִׁמְעָה יְהוָה ׀ צֶדֶק הַקְשִׁיבָה רִנָּתִי   הַאֲזִינָה תְפִלָּתִי
בְּלֹא שִׂפְתֵי מִרְמָה׃   מִלְּפָנֶיךָ מִשְׁפָּטִי יֵצֵא 2
עֵינֶיךָ תֶּחֱזֶינָה מֵישָׁרִים׃   בָּחַנְתָּ לִבִּי ׀ פָּקַדְתָּ לַּיְלָה 3
צְרַפְתַּנִי בַל־תִּמְצָא   זַמֹּתִי בַּל־יַעֲבָר־פִּי׃
לִפְעֻלּוֹת אָדָם בִּדְבַר שְׂפָתֶיךָ   אֲנִי שָׁמַרְתִּי אָרְחוֹת פָּרִיץ׃ 4
תָּמֹךְ אֲשֻׁרַי בְּמַעְגְּלוֹתֶיךָ   בַּל־נָמוֹטּוּ פְעָמָי׃ ה
אֲנִי־קְרָאתִיךָ כִי־תַעֲנֵנִי אֵל   הַט־אָזְנְךָ לִי שְׁמַע אִמְרָתִי׃ 6

ט״ז v. 10. יתיר י׳

7 הַפְלֵה חֲסָדֶיךָ מוֹשִׁיעַ חוֹסִים   מִמִּתְקוֹמְמִים בִּימִינֶךָ׃
8 שָׁמְרֵנִי כְּאִישׁוֹן בַּת־עָיִן   בְּצֵל כְּנָפֶיךָ תַּסְתִּירֵנִי׃
9 מִפְּנֵי רְשָׁעִים זוּ שַׁדּוּנִי   אֹיְבַי בְּנֶפֶשׁ יַקִּיפוּ עָלָי׃
י חֶלְבָּמוֹ סָּגְרוּ   פִּימוֹ דִּבְּרוּ בְגֵאוּת׃
11 אַשֻּׁרֵנוּ עַתָּה סְבָבוּנִי   עֵינֵיהֶם יָשִׁיתוּ לִנְטוֹת בָּאָרֶץ׃
12 דִּמְיֹנוֹ כְּאַרְיֵה יִכְסוֹף לִטְרֹף   וְכִכְפִיר יֹשֵׁב בְּמִסְתָּרִים׃
13 קוּמָה יְהוָה קַדְּמָה פָנָיו הַכְרִיעֵהוּ
14 פַּלְּטָה נַפְשִׁי מֵרָשָׁע חַרְבֶּךָ׃   מִמְתִים יָדְךָ ׀ יְהוָה
מִמְתִים מֵחֶלֶד חֶלְקָם בַּחַיִּים   וּצְפִינְךָ תְּמַלֵּא בִטְנָם
יִשְׂבְּעוּ בָנִים   וְהִנִּיחוּ יִתְרָם לְעוֹלְלֵיהֶם׃
טו אֲנִי בְּצֶדֶק אֶחֱזֶה פָנֶיךָ   אֶשְׂבְּעָה בְהָקִיץ תְּמוּנָתֶךָ׃

יח Psal. XVIII. יח

א לַמְנַצֵּחַ לְעֶבֶד יְהוָה לְדָוִד
אֲשֶׁר דִּבֶּר ׀ לַיהוָה אֶת־דִּבְרֵי הַשִּׁירָה הַזֹּאת
בְּיוֹם הִצִּיל־יְהוָה אוֹתוֹ מִכַּף   כָּל־אֹיְבָיו וּמִיַּד שָׁאוּל׃
2 וַיֹּאמַר   אֶרְחָמְךָ יְהוָה חִזְקִי׃
3 יְהוָה ׀ סַלְעִי וּמְצוּדָתִי וּמְפַלְטִי   אֵלִי צוּרִי אֶחֱסֶה־בּוֹ
4 מָגִנִּי וְקֶרֶן־יִשְׁעִי מִשְׂגַּבִּי׃   מְהֻלָּל אֶקְרָא יְהוָה
ה וּמִן־אֹיְבַי אִוָּשֵׁעַ׃   אֲפָפוּנִי חֶבְלֵי־מָוֶת
6 וְנַחֲלֵי בְלִיַּעַל יְבַעֲתוּנִי׃   חֶבְלֵי שְׁאוֹל סְבָבוּנִי
7 קִדְּמוּנִי מוֹקְשֵׁי מָוֶת׃   בַּצַּר־לִי ׀ אֶקְרָא יְהוָה
וְאֶל־אֱלֹהַי אֲשַׁוֵּעַ   יִשְׁמַע מֵהֵיכָלוֹ קוֹלִי
8 וְשַׁוְעָתִי לְפָנָיו ׀ תָּבוֹא בְאָזְנָיו׃   וַתִּגְעַשׁ וַתִּרְעַשׁ ׀ הָאָרֶץ
וּמוֹסְדֵי הָרִים יִרְגָּזוּ   וַיִּתְגָּעֲשׁוּ כִּי־חָרָה לוֹ׃
9 עָלָה עָשָׁן ׀ בְּאַפּוֹ   וְאֵשׁ־מִפִּיו תֹּאכֵל
י גֶּחָלִים בָּעֲרוּ מִמֶּנּוּ׃   וַיֵּט שָׁמַיִם וַיֵּרַד
11 וַעֲרָפֶל תַּחַת רַגְלָיו׃   וַיִּרְכַּב עַל־כְּרוּב וַיָּעֹף

וידא

י״ז v. 11. סבבונו ק׳ v. 14. וצפונך ק׳

12 וַיֵּדֶא עַל־כַּנְפֵי־רוּחַ׃ יָשֶׁת חֹשֶׁךְ ׀ סִתְרוֹ
סְבִיבוֹתָיו סֻכָּתוֹ חֶשְׁכַת־מַיִם עָבֵי שְׁחָקִים׃
13 מִנֹּגַהּ נֶגְדּוֹ עָבָיו עָבְרוּ
14 בָּרָד וְגַחֲלֵי־אֵשׁ׃ וַיַּרְעֵם בַּשָּׁמַיִם ׀ יְהוָה
וְעֶלְיוֹן יִתֵּן קֹלוֹ בָּרָד וְגַחֲלֵי־אֵשׁ׃
טו וַיִּשְׁלַח חִצָּיו וַיְפִיצֵם וּבְרָקִים רָב וַיְהֻמֵּם׃
16 וַיֵּרָאוּ ׀ אֲפִיקֵי מַיִם וַיִּגָּלוּ מוֹסְדוֹת תֵּבֵל
מִגַּעֲרָתְךָ יְהוָה מִנִּשְׁמַת רוּחַ אַפֶּךָ׃
17 יִשְׁלַח מִמָּרוֹם יִקָּחֵנִי יַמְשֵׁנִי מִמַּיִם רַבִּים׃
18 יַצִּילֵנִי מֵאֹיְבִי עָז וּמִשֹּׂנְאַי כִּי־אָמְצוּ מִמֶּנִּי׃
19 יְקַדְּמוּנִי בְיוֹם־אֵידִי וַיְהִי־יְהוָה לְמִשְׁעָן לִי׃
כ וַיּוֹצִיאֵנִי לַמֶּרְחָב יְחַלְּצֵנִי כִּי חָפֵץ בִּי׃
21 יִגְמְלֵנִי יְהוָה כְּצִדְקִי כְּבֹר יָדַי יָשִׁיב לִי׃
22 כִּי־שָׁמַרְתִּי דַּרְכֵי יְהוָה וְלֹא־רָשַׁעְתִּי מֵאֱלֹהָי׃
23 כִּי כָל־מִשְׁפָּטָיו לְנֶגְדִּי וְחֻקֹּתָיו לֹא־אָסִיר מֶנִּי׃
24 וָאֱהִי תָמִים עִמּוֹ וָאֶשְׁתַּמֵּר מֵעֲוֺנִי׃
כה וַיָּשֶׁב־יְהוָה לִי כְצִדְקִי כְּבֹר יָדַי לְנֶגֶד עֵינָיו׃
26 עִם־חָסִיד תִּתְחַסָּד עִם־גְּבַר תָּמִים תִּתַּמָּם׃
27 עִם־נָבָר תִּתְבָּרָר וְעִם־עִקֵּשׁ תִּתְפַּתָּל׃
28 כִּי־אַתָּה עַם־עָנִי תוֹשִׁיעַ וְעֵינַיִם רָמוֹת תַּשְׁפִּיל׃
29 כִּי־אַתָּה תָּאִיר נֵרִי יְהוָה אֱלֹהַי יַגִּיהַּ חָשְׁכִּי׃
ל כִּי־בְךָ אָרֻץ גְּדוּד וּבֵאלֹהַי אֲדַלֶּג־שׁוּר׃
31 הָאֵל תָּמִים דַּרְכּוֹ אִמְרַת־יְהוָה צְרוּפָה
32 מָגֵן הוּא לְכֹל ׀ הַחֹסִים בּוֹ׃ כִּי מִי אֱלוֹהַּ מִבַּלְעֲדֵי יְהוָה
33 וּמִי צוּר זוּלָתִי אֱלֹהֵינוּ׃ הָאֵל הַמְאַזְּרֵנִי חָיִל
34 וַיִּתֵּן תָּמִים דַּרְכִּי׃ מְשַׁוֶּה רַגְלַי כָּאַיָּלוֹת
לה וְעַל בָּמֹתַי יַעֲמִידֵנִי׃ מְלַמֵּד יָדַי לַמִּלְחָמָה
36 וְנִחֲתָה קֶשֶׁת־נְחוּשָׁה זְרוֹעֹתָי׃ וַתִּתֶּן־לִי מָגֵן יִשְׁעֶךָ

וימינך

וִֽימִינְךָ תִסְעָדֵנִי וְֽעַנְוַתְךָ תַרְבֵּֽנִי׃
37 תַּרְחִיב צַעֲדִי תַחְתָּי וְלֹא מָעֲדוּ קַרְסֻלָּֽי׃
38 אֶרְדּוֹף אוֹיְבַי וְאַשִּׂיגֵם וְלֹא־אָשׁוּב עַד־כַּלּוֹתָֽם׃
39 אֶמְחָצֵם וְלֹא־יֻכְלוּ קוּם יִפְּלוּ תַּחַת רַגְלָֽי׃
מ וַתְּאַזְּרֵנִי חַיִל לַמִּלְחָמָה תַּכְרִיעַ קָמַי תַּחְתָּֽי׃
41 וְֽאֹיְבַי נָתַתָּה לִּי עֹרֶף וּמְשַׂנְאַי אַצְמִיתֵֽם׃
42 יְשַׁוְּעוּ וְאֵין־מוֹשִׁיעַ עַל־יְהוָה וְלֹא עָנָֽם׃
43 וְֽאֶשְׁחָקֵם כְּעָפָר עַל־פְּנֵי־רוּחַ כְּטִיט חוּצוֹת אֲרִיקֵֽם׃
44 תְּפַלְּטֵנִי מֵרִיבֵי עָם תְּשִׂימֵנִי לְרֹאשׁ גּוֹיִם
מה עַם לֹא־יָדַעְתִּי יַֽעַבְדֽוּנִי׃ לְשֵׁמַע אֹזֶן יִשָּׁמְעוּ לִי
46 בְּנֵי־נֵכָר יְכַחֲשׁוּ־לִֽי׃ בְּנֵי־נֵכָר יִבֹּלוּ
47 וְיַחְרְגוּ מִֽמִּסְגְּרֽוֹתֵיהֶם׃ חַי־יְהוָה וּבָרוּךְ צוּרִי
48 וְיָרוּם אֱלוֹהֵי יִשְׁעִֽי׃ הָאֵל הַנּוֹתֵן נְקָמוֹת לִי
49 וַיַּדְבֵּר עַמִּים תַּחְתָּֽי׃ מְפַלְּטִי מֵאֹיְבָי
אַף מִן־קָמַי תְּרוֹמְמֵנִי מֵאִישׁ חָמָס תַּצִּילֵֽנִי׃
נ עַל־כֵּן ׀ אוֹדְךָ בַגּוֹיִם ׀ יְהוָה וּלְשִׁמְךָ אֲזַמֵּֽרָה׃
51 מַגְדִּל יְשׁוּעוֹת מַלְכּוֹ וְעֹשֶׂה חֶסֶד ׀ לִמְשִׁיחוֹ
לְדָוִד וּלְזַרְעוֹ עַד־עוֹלָֽם׃

יט Psal. XIX. יט

א לַמְנַצֵּחַ מִזְמוֹר לְדָוִֽד׃
2 הַשָּׁמַיִם מְֽסַפְּרִים כְּבֽוֹד־אֵל וּֽמַעֲשֵׂה יָדָיו מַגִּיד הָרָקִֽיעַ׃
3 יוֹם לְיוֹם יַבִּיעַֽ אֹמֶר וְלַיְלָה לְּלַיְלָה יְחַוֶּה־דָּֽעַת׃
4 אֵֽין־אֹמֶר וְאֵין דְּבָרִים בְּלִי נִשְׁמָע קוֹלָֽם׃
ה בְּכָל־הָאָרֶץ ׀ יָצָא קַוָּם וּבִקְצֵה תֵבֵל מִלֵּיהֶם
6 לַשֶּׁמֶשׁ שָֽׂם־אֹהֶל בָּהֶֽם׃ וְהוּא כְּחָתָן יֹצֵא מֵחֻפָּתוֹ
7 יָשִׂישׂ כְּגִבּוֹר לָרוּץ אֹֽרַח׃ מִקְצֵה הַשָּׁמַיִם ׀ מֽוֹצָאוֹ
וּתְקוּפָתוֹ עַל־קְצוֹתָם וְאֵין נִסְתָּר מֵֽחַמָּתֽוֹ׃
8 תּוֹרַת יְהוָה תְּמִימָה מְשִׁיבַת נָפֶשׁ

עדות

עֵד֣וּת יְהוָ֣ה נֶ֭אֱמָנָה מַחְכִּ֥ימַת פֶּֽתִי׃ פִּקּ֘וּדֵ֤י יְהוָ֣ה יְ֭שָׁרִים 9
מְשַׂמְּחֵי־לֵ֑ב מִצְוַ֥ת יְהוָ֥ה בָּ֝רָ֗ה מְאִירַ֥ת עֵינָֽיִם׃
יִרְאַ֤ת יְהוָ֨ה ׀ טְהוֹרָה֮ עוֹמֶ֪דֶת לָ֫עַ֥ד מִֽשְׁפְּטֵי־יְהוָ֥ה אֱמֶ֑ת י
צָֽדְק֥וּ יַחְדָּֽו׃ הַֽנֶּחֱמָדִ֗ים מִ֭זָּהָב וּמִפַּ֣ז רָ֑ב 11
וּמְתוּקִ֥ים מִ֝דְּבַ֗שׁ וְנֹ֣פֶת צוּפִֽים׃ גַּֽם־עַ֭בְדְּךָ נִזְהָ֣ר בָּהֶ֑ם 12
בְּ֝שָׁמְרָ֗ם עֵ֣קֶב רָֽב׃ שְׁגִיא֥וֹת מִֽי־יָבִ֑ין 13
מִֽנִּסְתָּר֥וֹת נַקֵּֽנִי׃ גַּ֤ם מִזֵּדִ֨ים ׀ חֲשֹׂ֬ךְ עַבְדֶּ֗ךָ 14
אַֽל־יִמְשְׁלוּ־בִ֣י אָ֣ז אֵיתָ֑ם וְ֝נִקֵּ֗יתִי מִפֶּ֥שַׁע רָֽב׃
יִֽהְי֥וּ לְרָצ֨וֹן ׀ אִמְרֵי־פִ֡י וְהֶגְי֣וֹן לִבִּ֣י לְפָנֶ֑יךָ טו
יְ֝הוָ֗ה צוּרִ֥י וְגֹאֲלִֽי׃

כ PSAL. XX. כ

לַמְנַצֵּ֗חַ מִזְמ֥וֹר לְדָוִֽד׃ א

יַעַנְךָ֣ יְ֭הוָה בְּי֣וֹם צָרָ֑ה יְ֝שַׂגֶּבְךָ֗ שֵׁ֤ם ׀ אֱלֹהֵ֬י יַעֲקֹֽב׃ 2
יִשְׁלַֽח־עֶזְרְךָ֥ מִקֹּ֑דֶשׁ וּ֝מִצִּיּ֗וֹן יִסְעָדֶֽךָּ׃ 3
יִזְכֹּ֥ר כָּל־מִנְחֹתֶ֑ךָ וְעוֹלָתְךָ֖ יְדַשְּׁנֶ֣ה סֶֽלָה׃ 4
יִֽתֶּן־לְךָ֥ כִלְבָבֶ֑ךָ וְֽכָל־עֲצָתְךָ֥ יְמַלֵּֽא׃ ה
נְרַנְּנָ֤ה ׀ בִּ֘ישׁ֤וּעָתֶ֗ךָ וּבְשֵׁם־אֱלֹהֵ֥ינוּ נִדְגֹּ֑ל 6
יְמַלֵּ֥א יְ֝הוָ֗ה כָּל־מִשְׁאֲלוֹתֶֽיךָ׃ עַתָּ֤ה יָדַ֗עְתִּי 7
כִּ֤י הוֹשִׁ֥יעַ ׀ יְהוָ֗ה מְשִׁ֫יח֥וֹ יַ֭עֲנֵהוּ מִשְּׁמֵ֣י קָדְשׁ֑וֹ
בִּ֝גְבֻר֗וֹת יֵ֣שַׁע יְמִינֽוֹ׃ אֵ֣לֶּה בָ֭רֶכֶב וְאֵ֣לֶּה בַסּוּסִ֑ים 8
וַאֲנַ֓חְנוּ ׀ בְּשֵׁם־יְהוָ֖ה אֱלֹהֵ֣ינוּ נַזְכִּֽיר׃ הֵ֭מָּה כָּרְע֣וּ וְנָפָ֑לוּ 9
וַאֲנַ֥חְנוּ קַּ֝֗מְנוּ וַנִּתְעוֹדָֽד׃ יְהוָ֥ה הוֹשִׁ֑יעָה י
הַ֝מֶּ֗לֶךְ יַעֲנֵ֥נוּ בְיוֹם־קָרְאֵֽנוּ׃

כא PSAL. XXI. כא

לַמְנַצֵּ֗חַ מִזְמ֥וֹר לְדָוִֽד׃ א

יְֽהוָ֗ה בְּעָזְּךָ֥ יִשְׂמַח־מֶ֑לֶךְ וּ֝בִישׁ֥וּעָתְךָ֗ מַה־יָּ֥גֶל מְאֹֽד׃ 2
תַּאֲוַ֣ת לִ֭בּוֹ נָתַ֣תָּה לּ֑וֹ וַאֲרֶ֥שֶׁת שְׂ֝פָתָ֗יו בַּל־מָנַ֥עְתָּ סֶּֽלָה׃ 3
כִּֽי־תְ֭קַדְּמֶנּוּ בִּרְכ֣וֹת ט֑וֹב תָּשִׁ֥ית לְ֝רֹאשׁ֗וֹ עֲטֶ֣רֶת פָּֽז׃ 4

כ״א v. 2. יגיל ק׳

ה חַיִּים שָׁאַל מִמְּךָ נָתַתָּה לּוֹ   אֹרֶךְ יָמִים עוֹלָם וָעֶד׃
6 גָּדוֹל כְּבוֹדוֹ בִּישׁוּעָתֶךָ   הוֹד וְהָדָר תְּשַׁוֶּה עָלָיו׃
7 כִּי־תְשִׁיתֵהוּ בְרָכוֹת לָעַד   תְּחַדֵּהוּ בְשִׂמְחָה אֶת־פָּנֶיךָ׃
8 כִּי־הַמֶּלֶךְ בֹּטֵחַ בַּיהוָה   וּבְחֶסֶד עֶלְיוֹן בַּל־יִמּוֹט׃
9 תִּמְצָא יָדְךָ לְכָל־אֹיְבֶיךָ   יְמִינְךָ תִּמְצָא שֹׂנְאֶיךָ׃
י תְּשִׁיתֵמוֹ כְּתַנּוּר אֵשׁ לְעֵת פָּנֶיךָ   יְהוָה בְּאַפּוֹ יְבַלְּעֵם
11 וְתֹאכְלֵם אֵשׁ׃   פִּרְיָמוֹ מֵאֶרֶץ תְּאַבֵּד
12 וְזַרְעָם מִבְּנֵי אָדָם׃   כִּי־נָטוּ עָלֶיךָ רָעָה
13 חָשְׁבוּ מְזִמָּה בַּל־יוּכָלוּ׃   כִּי תְּשִׁיתֵמוֹ שֶׁכֶם
14 בְּמֵיתָרֶיךָ תְּכוֹנֵן עַל־פְּנֵיהֶם׃   רוּמָה יְהוָה בְעֻזֶּךָ
נָשִׁירָה וּנְזַמְּרָה גְּבוּרָתֶךָ׃

כב   Psal. XXII.   כב

א לַמְנַצֵּחַ עַל־אַיֶּלֶת הַשַּׁחַר מִזְמוֹר לְדָוִד׃
2 אֵלִי אֵלִי לָמָה עֲזַבְתָּנִי   רָחוֹק מִישׁוּעָתִי דִּבְרֵי שַׁאֲגָתִי׃
3 אֱלֹהַי אֶקְרָא יוֹמָם וְלֹא תַעֲנֶה   וְלַיְלָה וְלֹא־דוּמִיָּה לִי׃
4 וְאַתָּה קָדוֹשׁ   יוֹשֵׁב תְּהִלּוֹת יִשְׂרָאֵל׃
ה בְּךָ בָּטְחוּ אֲבֹתֵינוּ   בָּטְחוּ וַתְּפַלְּטֵמוֹ׃
6 אֵלֶיךָ זָעֲקוּ וְנִמְלָטוּ   בְּךָ בָטְחוּ וְלֹא־בוֹשׁוּ׃
7 וְאָנֹכִי תוֹלַעַת וְלֹא־אִישׁ   חֶרְפַּת אָדָם וּבְזוּי עָם׃
8 כָּל־רֹאַי יַלְעִגוּ לִי   יַפְטִירוּ בְשָׂפָה יָנִיעוּ רֹאשׁ׃
9 גֹּל אֶל־יְהוָה יְפַלְּטֵהוּ   יַצִּילֵהוּ כִּי חָפֵץ בּוֹ׃
י כִּי־אַתָּה גֹחִי מִבָּטֶן   מַבְטִיחִי עַל־שְׁדֵי אִמִּי׃
11 עָלֶיךָ הָשְׁלַכְתִּי מֵרָחֶם   מִבֶּטֶן אִמִּי אֵלִי אָתָּה׃
12 אַל־תִּרְחַק מִמֶּנִּי כִּי־צָרָה קְרוֹבָה   כִּי־אֵין עוֹזֵר׃
13 סְבָבוּנִי פָּרִים רַבִּים   אַבִּירֵי בָשָׁן כִּתְּרוּנִי׃
14 פָּצוּ עָלַי פִּיהֶם   אַרְיֵה טֹרֵף וְשֹׁאֵג׃
טו כַּמַּיִם נִשְׁפַּכְתִּי   וְהִתְפָּרְדוּ כָּל־עַצְמוֹתָי
הָיָה לִבִּי כַּדּוֹנָג   נָמֵס בְּתוֹךְ מֵעָי׃

יָבֵ֤שׁ כַּחֶ֨רֶשׂ ׀ כֹּחִ֗י וּ֭לְשׁוֹנִי מֻדְבָּ֣ק מַלְקוֹחָ֑י 16
וְֽלַעֲפַר־מָ֥וֶת תִּשְׁפְּתֵֽנִי׃ כִּ֥י סְבָב֗וּנִי כְּלָ֫בִ֥ים 17
עֲדַ֣ת מְ֭רֵעִים הִקִּיפ֑וּנִי כָּ֝אֲרִ֗י יָדַ֥י וְרַגְלָֽי׃
אֲסַפֵּ֥ר כָּל־עַצְמוֹתָ֑י הֵ֥מָּה יַ֝בִּ֗יטוּ יִרְאוּ־בִֽי׃ 18
יְחַלְּק֣וּ בְגָדַ֣י לָהֶ֑ם וְעַל־לְ֝בוּשִׁ֗י יַפִּ֥ילוּ גוֹרָֽל׃ 19
וְאַתָּ֣ה יְ֭הוָה אַל־תִּרְחָ֑ק אֱ֝יָלוּתִ֗י לְעֶזְרָ֥תִי חֽוּשָׁה׃ כ
הַצִּ֣ילָה מֵחֶ֣רֶב נַפְשִׁ֑י מִֽיַּד־כֶּ֝֗לֶב יְחִידָתִֽי׃ 21
ה֭וֹשִׁיעֵנִי מִפִּ֣י אַרְיֵ֑ה וּמִקַּרְנֵ֖י רֵמִ֣ים עֲנִיתָֽנִי׃ 22
אֲסַפְּרָ֣ה שִׁמְךָ֣ לְאֶחָ֑י בְּת֖וֹךְ קָהָ֣ל אֲהַלְלֶֽךָּ׃ 23
יִרְאֵ֤י יְהוָ֨ה ׀ הַֽלְל֗וּהוּ כָּל־זֶ֣רַע יַעֲקֹ֣ב כַּבְּד֑וּהוּ 24
וְג֥וּרוּ מִ֝מֶּ֗נּוּ כָּל־זֶ֥רַע יִשְׂרָאֵֽל׃
כִּ֤י לֹֽא־בָזָ֨ה וְלֹ֪א שִׁקַּ֡ץ עֱנ֬וּת עָנִ֗י וְלֹא־הִסְתִּ֣יר פָּנָ֣יו מִמֶּ֑נּוּ כה
וּֽבְשַׁוְּע֖וֹ אֵלָ֣יו שָׁמֵֽעַ׃ מֵ֤אִתְּךָ֗ תְּֽהִלָּ֫תִ֥י 26
בְּקָהָ֥ל רָ֑ב נְדָרַ֥י אֲ֝שַׁלֵּ֗ם נֶ֣גֶד יְרֵאָֽיו׃
יֹאכְל֬וּ עֲנָוִ֨ים ׀ וְיִשְׂבָּ֗עוּ יְהַֽלְל֣וּ יְ֭הוָה דֹּ֣רְשָׁ֑יו 27
יְחִ֖י לְבַבְכֶ֣ם לָעַֽד׃ יִזְכְּר֤וּ ׀ וְיָשֻׁ֣בוּ אֶל־יְ֭הוָה 28
כָּל־אַפְסֵי־אָ֑רֶץ וְיִשְׁתַּחֲו֥וּ לְ֝פָנֶ֗יךָ כָּל־מִשְׁפְּח֥וֹת גּוֹיִֽם׃
כִּ֣י לַ֭יהוָה הַמְּלוּכָ֑ה וּ֝מֹשֵׁ֗ל בַּגּוֹיִֽם׃ 29
אָֽכְל֬וּ וַיִּֽשְׁתַּחֲוּ֨וּ ׀ כָּל־דִּשְׁנֵי־אֶ֗רֶץ ל
לְפָנָ֣יו יִ֭כְרְעוּ כָּל־יוֹרְדֵ֣י עָפָ֑ר וְ֝נַפְשׁ֗וֹ לֹ֣א חִיָּֽה׃
זֶ֥רַע יַֽעַבְדֶ֑נּוּ יְסֻפַּ֖ר לַֽאדֹנָ֣י לַדּֽוֹר׃ 31
יָ֭בֹאוּ וְיַגִּ֣ידוּ צִדְקָת֑וֹ לְעַ֥ם נ֝וֹלָ֗ד כִּ֣י עָשָֽׂה׃ 32

כג Psal. XXIII. כג

מִזְמ֥וֹר לְדָוִ֑ד א
יְהוָ֥ה רֹ֝עִ֗י לֹ֣א אֶחְסָֽר׃ בִּנְא֣וֹת דֶּ֭שֶׁא יַרְבִּיצֵ֑נִי 2
עַל־מֵ֖י מְנֻח֣וֹת יְנַהֲלֵֽנִי׃ נַפְשִׁ֥י יְשׁוֹבֵ֑ב 3
יַנְחֵ֥נִי בְמַעְגְּלֵי־צֶ֝֗דֶק לְמַ֣עַן שְׁמֽוֹ׃ גַּ֤ם כִּֽי־אֵלֵ֨ךְ בְּגֵ֪יא צַלְמָ֡וֶת 4
לֹא־אִ֘ירָ֤א רָ֗ע כִּי־אַתָּ֥ה עִמָּדִ֑י שִׁבְטְךָ֥ וּ֝מִשְׁעַנְתֶּ֗ךָ

המה

ה הֵמָּה יְנַחֲמֻנִי׃ תַּעֲרֹךְ לְפָנַי ׀ שֻׁלְחָן נֶגֶד צֹרְרָי
6 דִּשַּׁנְתָּ בַשֶּׁמֶן רֹאשִׁי כּוֹסִי רְוָיָה׃ אַךְ ׀ טוֹב וָחֶסֶד יִרְדְּפוּנִי
כָּל־יְמֵי חַיָּי וְשַׁבְתִּי בְּבֵית־יְהוָה לְאֹרֶךְ יָמִים׃

כד
כד .Psal. XXIV

א לְדָוִד מִזְמוֹר
לַיהוָה הָאָרֶץ וּמְלוֹאָהּ תֵּבֵל וְיֹשְׁבֵי בָהּ׃
2 כִּי־הוּא עַל־יַמִּים יְסָדָהּ וְעַל־נְהָרוֹת יְכוֹנְנֶהָ׃
3 מִי־יַעֲלֶה בְהַר־יְהוָה וּמִי־יָקוּם בִּמְקוֹם קָדְשׁוֹ׃
4 נְקִי כַפַּיִם וּבַר־לֵבָב אֲשֶׁר ׀ לֹא־נָשָׂא לַשָּׁוְא נַפְשׁוֹ
ה וְלֹא נִשְׁבַּע לְמִרְמָה׃ יִשָּׂא בְרָכָה מֵאֵת יְהוָה
6 וּצְדָקָה מֵאֱלֹהֵי יִשְׁעוֹ׃ זֶה דּוֹר דֹּרְשׁוֹ
7 מְבַקְשֵׁי פָנֶיךָ יַעֲקֹב סֶלָה׃ שְׂאוּ שְׁעָרִים ׀ רָאשֵׁיכֶם
וְהִנָּשְׂאוּ פִּתְחֵי עוֹלָם וְיָבוֹא מֶלֶךְ הַכָּבוֹד׃
8 מִי זֶה מֶלֶךְ הַכָּבוֹד יְהוָה עִזּוּז וְגִבּוֹר
9 יְהוָה גִּבּוֹר מִלְחָמָה׃ שְׂאוּ שְׁעָרִים ׀ רָאשֵׁיכֶם
וּשְׂאוּ פִּתְחֵי עוֹלָם וְיָבֹא מֶלֶךְ הַכָּבוֹד׃
י מִי הוּא זֶה מֶלֶךְ הַכָּבוֹד יְהוָה צְבָאוֹת
הוּא מֶלֶךְ הַכָּבוֹד סֶלָה׃

כה
כה .Psal. XXV

א לְדָוִד
2 אֵלֶיךָ יְהוָה נַפְשִׁי אֶשָּׂא׃ אֱלֹהַי בְּךָ בָטַחְתִּי אַל־אֵבוֹשָׁה
3 אַל־יַעַלְצוּ אֹיְבַי לִי׃ גַּם כָּל־קֹוֶיךָ לֹא יֵבֹשׁוּ
4 יֵבֹשׁוּ הַבּוֹגְדִים רֵיקָם׃ דְּרָכֶיךָ יְהוָה הוֹדִיעֵנִי
ה אֹרְחוֹתֶיךָ לַמְּדֵנִי׃ הַדְרִיכֵנִי בַאֲמִתֶּךָ ׀ וְלַמְּדֵנִי
כִּי־אַתָּה אֱלֹהֵי יִשְׁעִי אוֹתְךָ קִוִּיתִי כָּל־הַיּוֹם׃
6 זְכֹר־רַחֲמֶיךָ יְהוָה וַחֲסָדֶיךָ כִּי מֵעוֹלָם הֵמָּה׃
7 חַטֹּאות נְעוּרַי ׀ וּפְשָׁעַי אַל־תִּזְכֹּר כְּחַסְדְּךָ זְכָר־לִי־אַתָּה
למען

כ״ד v. 4. נפשי ק׳ v. 6. דרשיו ק׳

לְמַ֣עַן טוּבְךָ֣ יְהוָֽה׃   ט֣וֹב־וְיָשָׁ֣ר יְהוָ֑ה 8
עַל־כֵּ֤ן יוֹרֶ֖ה חַטָּאִ֣ים בַּדָּֽרֶךְ׃   יַדְרֵ֣ךְ עֲ֭נָוִים בַּמִּשְׁפָּ֑ט 9
וִילַמֵּ֖ד עֲנָוִ֣ים דַּרְכּֽוֹ׃   כָּל־אָרְח֣וֹת יְ֭הוָה חֶ֣סֶד וֶאֱמֶ֑ת י
לְנֹצְרֵ֥י בְ֝רִית֗וֹ וְעֵדֹתָֽיו׃   לְמַֽעַן־שִׁמְךָ֥ יְהוָ֑ה 11
וְֽסָלַחְתָּ֥ לַ֝עֲוֺנִ֗י כִּ֣י רַב־הֽוּא׃   מִי־זֶ֣ה הָ֭אִישׁ יְרֵ֣א יְהוָ֑ה 12
י֝וֹרֶ֗נּוּ בְּדֶ֣רֶךְ יִבְחָֽר׃   נַ֭פְשׁוֹ בְּט֣וֹב תָּלִ֑ין 13
וְ֝זַרְע֗וֹ יִ֣ירַשׁ אָֽרֶץ׃   ס֣וֹד יְ֭הוָה לִירֵאָ֑יו 14
וּ֝בְרִית֗וֹ לְהוֹדִיעָֽם׃   עֵינַ֣י תָּ֭מִיד אֶל־יְהוָ֑ה טו
כִּ֤י הֽוּא־יוֹצִ֖יא מֵרֶ֣שֶׁת רַגְלָֽי׃   פְּנֵה־אֵלַ֥י וְחָנֵּ֑נִי 16
כִּֽי־יָחִ֖יד וְעָנִ֣י אָֽנִי׃   צָר֣וֹת לְבָבִ֣י הִרְחִ֑יבוּ 17
מִ֝מְּצֽוּקוֹתַ֗י הוֹצִיאֵֽנִי׃   רְאֵ֣ה עָ֭נְיִי וַעֲמָלִ֑י 18
וְ֝שָׂ֗א לְכָל־חַטֹּאותָֽי׃   רְאֵה־אוֹיְבַ֥י כִּי־רָ֑בּוּ 19
וְשִׂנְאַ֖ת חָמָ֣ס שְׂנֵאֽוּנִי׃   שָׁמְרָ֣ה נַ֭פְשִׁי וְהַצִּילֵ֑נִי כ
אַל־אֵ֝ב֗וֹשׁ כִּֽי־חָסִ֥יתִי בָֽךְ׃   תֹּם־וָיֹ֥שֶׁר יִצְּר֑וּנִי 21
כִּ֝֗י קִוִּיתִֽיךָ׃   פְּדֵ֣ה אֱ֭לֹהִים אֶת־יִשְׂרָאֵ֑ל 22
מִ֝כֹּ֗ל צָֽרוֹתָיו׃

כו PSAL. XXVI. כו

לְדָוִ֨ד ׀ א
שָׁפְטֵ֤נִי יְהוָ֗ה   כִּֽי־אֲ֭נִי בְּתֻמִּ֣י הָלַ֑כְתִּי
וּבַיהוָ֥ה בָּ֝טַ֗חְתִּי לֹ֣א אֶמְעָֽד׃   בְּחָנֵ֣נִי יְהוָ֣ה וְנַסֵּ֑נִי 2
צָרְופָ֖ה כִלְיוֹתַ֣י וְלִבִּֽי׃   כִּי־חַ֭סְדְּךָ לְנֶ֣גֶד עֵינָ֑י 3
וְ֝הִתְהַלַּ֗כְתִּי בַּאֲמִתֶּֽךָ׃   לֹא־יָ֭שַׁבְתִּי עִם־מְתֵי־שָׁ֑וְא 4
וְעִ֥ם נַ֝עֲלָמִ֗ים לֹ֣א אָבֽוֹא׃   שָׂ֭נֵאתִי קְהַ֣ל מְרֵעִ֑ים ה
וְעִם־רְ֝שָׁעִ֗ים לֹ֣א אֵשֵֽׁב׃   אֶרְחַ֣ץ בְּנִקָּיוֹן כַּפָּ֑י 6
וַאֲסֹבְבָ֖ה אֶת־מִזְבַּחֲךָ֣ יְהוָֽה׃   לַ֭שְׁמִעַ בְּק֣וֹל תּוֹדָ֑ה 7
וּ֝לְסַפֵּ֗ר כָּל־נִפְלְאוֹתֶֽיךָ׃   יְֽהוָ֗ה אָ֭הַבְתִּי מְע֣וֹן בֵּיתֶ֑ךָ 8
וּ֝מְק֗וֹם מִשְׁכַּ֥ן כְּבוֹדֶֽךָ׃   אַל־תֶּאֱסֹ֣ף עִם־חַטָּאִ֣ים נַפְשִׁ֑י 9

ועם־אנשי

כ״ו v. 2. צרפה ק׳

י וְעִם־אַנְשֵׁ֥י דָמִ֗ים חַיָּֽי׃ אֲשֶׁר־בִּֽידֵיהֶ֥ם זִמָּ֑ה
11 וִֽ֝ימִינָ֗ם מָ֣לְאָה שֹּֽׁחַד׃ וַ֭אֲנִי בְּתֻמִּ֥י אֵלֵ֗ךְ
12 פְּדֵ֥נִי וְחָנֵּֽנִי׃ רַ֭גְלִי עָמְדָ֣ה בְמִישׁ֑וֹר
בְּ֝מַקְהֵלִ֗ים אֲבָרֵ֥ךְ יְהוָֽה׃

כז PSAL. XXVII. כז

א לְדָוִ֨ד ׀
יְהוָ֤ה ׀ אוֹרִ֣י וְ֭יִשְׁעִי מִמִּ֣י אִירָ֑א יְהוָ֥ה מָֽעוֹז־חַ֝יַּ֗י מִמִּ֥י אֶפְחָֽד׃
2 בִּקְרֹ֤ב עָלַ֨י ׀ מְרֵעִים֮ לֶאֱכֹ֪ל אֶת־בְּשָׂ֫רִ֥י
צָרַ֣י וְאֹיְבַ֣י לִ֑י הֵ֖מָּה כָשְׁל֣וּ וְנָפָֽלוּ׃
3 אִם־תַּחֲנֶ֬ה עָלַ֨י ׀ מַחֲנֶה֮ לֹא־יִירָ֪א לִ֫בִּ֥י
אִם־תָּק֣וּם עָ֭לַי מִלְחָמָ֑ה בְּ֝זֹ֗את אֲנִ֣י בוֹטֵֽחַ׃
4 אַחַ֤ת ׀ שָׁאַ֣לְתִּי מֵֽאֵת־יְהוָה֮ אוֹתָ֪הּ אֲבַ֫קֵּ֥שׁ
שִׁבְתִּ֣י בְּבֵית־יְ֭הוָה כָּל־יְמֵ֣י חַיַּ֑י לַחֲז֥וֹת בְּנֹֽעַם־יְ֝הוָ֗ה
ה וּלְבַקֵּ֥ר בְּהֵיכָלֽוֹ׃ כִּ֤י יִצְפְּנֵ֨נִי ׀ בְּסֻכֹּה֮ בְּי֪וֹם רָ֫עָ֥ה
יַ֭סְתִּרֵנִי בְּסֵ֣תֶר אָהֳל֑וֹ בְּ֝צ֗וּר יְרוֹמְמֵֽנִי׃
6 וְעַתָּ֨ה יָר֪וּם רֹאשִׁ֡י עַ֤ל אֹֽיְבַ֬י סְֽבִיבוֹתַ֗י
וְאֶזְבְּחָ֣ה בְ֭אָהֳלוֹ זִבְחֵ֣י תְרוּעָ֑ה אָשִׁ֥ירָה וַ֝אֲזַמְּרָ֗ה לַיהוָֽה׃
7 שְׁמַע־יְהוָ֖ה קוֹלִ֥י אֶקְרָ֗א וְחָנֵּ֥נִי וַעֲנֵֽנִי׃
8 לְךָ֤ ׀ אָמַ֣ר לִ֭בִּי בַּקְּשׁ֣וּ פָנָ֑י אֶת־פָּנֶ֖יךָ יְהוָ֣ה אֲבַקֵּֽשׁ׃
9 אַל־תַּסְתֵּ֬ר פָּנֶ֨יךָ ׀ מִמֶּנִּי֮ אַֽל־תַּט־בְּאַ֗ף עַ֫בְדֶּ֥ךָ
עֶזְרָתִ֥י הָיִ֑יתָ אַל־תִּטְּשֵׁ֥נִי וְאַל־תַּ֝עַזְבֵ֗נִי אֱלֹהֵ֥י יִשְׁעִֽי׃
י כִּֽי־אָבִ֣י וְאִמִּ֣י עֲזָב֑וּנִי וַֽיהוָ֣ה יַאַסְפֵֽנִי׃
11 ה֤וֹרֵ֥נִי יְהוָ֗ה דַּ֫רְכֶּ֥ךָ וּ֭נְחֵנִי בְּאֹ֣רַח מִישׁ֑וֹר
12 לְ֝מַ֗עַן שׁוֹרְרָֽי׃ אַֽל־תִּ֭תְּנֵנִי בְּנֶ֣פֶשׁ צָרָ֑י
13 כִּ֥י קָֽמוּ־בִ֥י עֵֽדֵי־שֶׁ֝֗קֶר וִיפֵ֥חַ חָמָֽס׃ לׅׄוּלֵׅׄ֗א הֶ֭אֱמַנְתִּי לִרְא֥וֹת
14 בְּֽטוּב־יְהוָ֗ה בְּאֶ֣רֶץ חַיִּֽים׃ קַוֵּ֗ה אֶל־יְה֫וָ֥ה
חֲ֭זַק וְיַאֲמֵ֣ץ לִבֶּ֑ךָ וְ֝קַוֵּ֗ה אֶל־יְהוָֽה׃

לדוד

כ״ז v. 13. נקוד מלמטה ומלמעלה חוץ מן ו׳ שלא נקוד אלא מלמטה

כח PSAL. XXVIII. כח

א לְדָוִד
אֵלֶיךָ יְהוָה ׀ אֶקְרָא צוּרִי אַל־תֶּחֱרַשׁ מִמֶּנִּי
פֶּן־תֶּחֱשֶׁה מִמֶּנִּי וְנִמְשַׁלְתִּי עִם־יוֹרְדֵי בוֹר׃
2 שְׁמַע קוֹל תַּחֲנוּנַי בְּשַׁוְּעִי אֵלֶיךָ
3 בְּנָשְׂאִי יָדַי אֶל־דְּבִיר קָדְשֶׁךָ׃ אַל־תִּמְשְׁכֵנִי עִם־רְשָׁעִים
וְעִם־פֹּעֲלֵי אָוֶן דֹּבְרֵי שָׁלוֹם עִם־רֵעֵיהֶם
4 וְרָעָה בִּלְבָבָם׃ תֶּן־לָהֶם כְּפָעֳלָם
וּכְרֹעַ מַעַלְלֵיהֶם כְּמַעֲשֵׂה יְדֵיהֶם תֵּן לָהֶם
ה הָשֵׁב גְּמוּלָם לָהֶם׃ כִּי לֹא יָבִינוּ
אֶל־פְּעֻלֹּת יְהוָה וְאֶל־מַעֲשֵׂה יָדָיו יֶהֶרְסֵם וְלֹא יִבְנֵם׃
6 בָּרוּךְ יְהוָה כִּי־שָׁמַע קוֹל תַּחֲנוּנָי׃
7 יְהוָה ׀ עֻזִּי וּמָגִנִּי בּוֹ בָטַח לִבִּי וְנֶעֱזָרְתִּי
וַיַּעֲלֹז לִבִּי וּמִשִּׁירִי אֲהוֹדֶנּוּ׃
8 יְהוָה עֹז־לָמוֹ וּמָעוֹז יְשׁוּעוֹת מְשִׁיחוֹ הוּא׃
9 הוֹשִׁיעָה אֶת־עַמֶּךָ וּבָרֵךְ אֶת־נַחֲלָתֶךָ
וּרְעֵם וְנַשְּׂאֵם עַד־הָעוֹלָם׃

כט PSAL. XXIX. כט

א מִזְמוֹר לְדָוִד
הָבוּ לַיהוָה בְּנֵי אֵלִים הָבוּ לַיהוָה כָּבוֹד וָעֹז׃
2 הָבוּ לַיהוָה כְּבוֹד שְׁמוֹ הִשְׁתַּחֲווּ לַיהוָה בְּהַדְרַת־קֹדֶשׁ׃
3 קוֹל יְהוָה עַל־הַמָּיִם אֵל־הַכָּבוֹד הִרְעִים
4 יְהוָה עַל־מַיִם רַבִּים׃ קוֹל־יְהוָה בַּכֹּחַ
ה קוֹל יְהוָה בֶּהָדָר׃ קוֹל יְהוָה שֹׁבֵר אֲרָזִים
6 וַיְשַׁבֵּר יְהוָה אֶת־אַרְזֵי הַלְּבָנוֹן׃ וַיַּרְקִידֵם כְּמוֹ־עֵגֶל
לְבָנוֹן וְשִׂרְיוֹן כְּמוֹ בֶן־רְאֵמִים׃
7 8 קוֹל־יְהוָה חֹצֵב לַהֲבוֹת אֵשׁ׃ קוֹל יְהוָה יָחִיל מִדְבָּר

יחיל

9 יָחִיל יְהוָה מִדְבַּר קָדֵשׁ׃ קוֹל יְהוָה ׀ יְחוֹלֵל אַיָּלוֹת
וַיֶּחֱשֹׂף יְעָרוֹת וּבְהֵיכָלוֹ כֻּלּוֹ אֹמֵר כָּבוֹד׃
י יְהוָה לַמַּבּוּל יָשָׁב וַיֵּשֶׁב יְהוָה מֶלֶךְ לְעוֹלָם׃
11 יְהוָה עֹז לְעַמּוֹ יִתֵּן יְהוָה ׀ יְבָרֵךְ אֶת־עַמּוֹ בַשָּׁלוֹם׃

ל Psal. XXX. ל

א מִזְמוֹר שִׁיר־חֲנֻכַּת הַבַּיִת לְדָוִד׃

2 אֲרוֹמִמְךָ יְהוָה כִּי דִלִּיתָנִי וְלֹא־שִׂמַּחְתָּ אֹיְבַי לִי׃
3 יְהוָה אֱלֹהָי שִׁוַּעְתִּי אֵלֶיךָ וַתִּרְפָּאֵנִי׃
4 יְהוָה הֶעֱלִיתָ מִן־שְׁאוֹל נַפְשִׁי חִיִּיתַנִי מִיָּוֹרְדִי־בוֹר׃
ה זַמְּרוּ לַיהוָה חֲסִידָיו וְהוֹדוּ לְזֵכֶר קָדְשׁוֹ׃
6 כִּי רֶגַע ׀ בְּאַפּוֹ חַיִּים בִּרְצוֹנוֹ בָּעֶרֶב יָלִין בֶּכִי
7 וְלַבֹּקֶר רִנָּה׃ וַאֲנִי אָמַרְתִּי בְשַׁלְוִי
8 בַּל־אֶמּוֹט לְעוֹלָם׃ יְהוָה בִּרְצוֹנְךָ הֶעֱמַדְתָּה לְהַרְרִי עֹז
הִסְתַּרְתָּ פָנֶיךָ הָיִיתִי נִבְהָל׃
9 אֵלֶיךָ יְהוָה אֶקְרָא וְאֶל־אֲדֹנָי אֶתְחַנָּן׃
י מַה־בֶּצַע בְּדָמִי בְּרִדְתִּי אֶל־שָׁחַת הֲיוֹדְךָ עָפָר
11 הֲיַגִּיד אֲמִתֶּךָ׃ שְׁמַע־יְהוָה וְחָנֵּנִי
12 יְהוָה הֱיֵה־עֹזֵר לִי׃ הָפַכְתָּ מִסְפְּדִי לְמָחוֹל לִי
פִּתַּחְתָּ שַׂקִּי וַתְּאַזְּרֵנִי שִׂמְחָה׃
13 לְמַעַן ׀ יְזַמֶּרְךָ כָבוֹד וְלֹא יִדֹּם יְהוָה אֱלֹהַי לְעוֹלָם אוֹדֶךָּ׃

לא Psal. XXXI. לא

א לַמְנַצֵּחַ מִזְמוֹר לְדָוִד׃

2 בְּךָ־יְהוָה חָסִיתִי אַל־אֵבוֹשָׁה לְעוֹלָם
3 בְּצִדְקָתְךָ פַלְּטֵנִי׃ הַטֵּה אֵלַי ׀ אָזְנְךָ
מְהֵרָה הַצִּילֵנִי הֱיֵה לִי ׀ לְצוּר־מָעוֹז

ל׳ v. 4. מירדי ק׳

לְבֵ֥ית מְצוּד֗וֹת לְהוֹשִׁיעֵֽנִי׃ כִּֽי־סַלְעִ֣י וּמְצוּדָתִ֣י אָ֑תָּה 4
וּֽלְמַ֥עַן שִׁ֝מְךָ֗ תַּנְחֵ֥נִי וּֽתְנַהֲלֵֽנִי׃ תּֽוֹצִיאֵנִי מֵרֶ֣שֶׁת ז֭וּ טָ֣מְנוּ לִ֑י ה
כִּֽי־אַ֝תָּ֗ה מָֽעוּזִּֽי׃ בְּיָדְךָ֮ אַפְקִ֪יד ר֫וּחִ֥י 6
פָּדִ֖יתָה אוֹתִ֥י יְהוָ֗ה אֵ֣ל אֱמֶֽת׃ שָׂנֵ֗אתִי הַשֹּׁמְרִ֥ים הַבְלֵי־שָׁ֑וְא 7
וַ֝אֲנִ֗י אֶל־יְהוָ֥ה בָּטָֽחְתִּי׃ אָגִ֣ילָה וְאֶשְׂמְחָה֮ בְּחַ֫סְדֶּ֥ךָ 8
אֲשֶׁ֣ר רָ֭אִיתָ אֶת־עָנְיִ֑י יָ֝דַ֗עְתָּ בְּצָר֥וֹת נַפְשִֽׁי׃
וְלֹ֣א הִ֭סְגַּרְתַּנִי בְּיַד־אוֹיֵ֑ב הֶֽעֱמַ֖דְתָּ בַמֶּרְחָ֣ב רַגְלָֽי׃ 9
חָנֵּ֥נִי יְהוָה֮ כִּ֤י צַ֫ר־לִ֥י עָשְׁשָׁ֖ה בְכַ֥עַס עֵינִ֗י נַפְשִׁ֥י וּבִטְנִֽי׃ י
כִּ֤י כָל֪וּ בְיָג֡וֹן חַיַּ֬י וּשְׁנוֹתַ֗י בַּאֲנָ֫חָ֥ה כָּשַׁ֣ל בַּעֲוֺנִ֣י כֹחִ֑י 11
וַעֲצָמַ֥י עָשֵֽׁשׁוּ׃ מִכָּל־צֹרְרַ֨י הָיִ֪יתִי חֶרְפָּ֡ה 12
וְלִשְׁכֵנַ֨י ׀ מְאֹ֡ד וּפַ֬חַד לִמְיֻדָּ֗עָ֫י רֹאַ֥י בַּח֗וּץ
נָדְד֥וּ מִמֶּֽנִּי׃ נִ֭שְׁכַּחְתִּי כְּמֵ֣ת מִלֵּ֑ב 13
הָ֝יִ֗יתִי כִּכְלִ֥י אֹבֵֽד׃ כִּ֚י שָׁמַ֨עְתִּי ׀ דִּבַּ֪ת רַבִּ֡ים מָג֬וֹר מִסָּבִ֗יב 14
בְּהִוָּסְדָ֣ם יַ֣חַד עָלָ֑י לָקַ֖חַת נַפְשִׁ֣י זָמָֽמוּ׃
וַאֲנִ֤י ׀ עָלֶ֣יךָ בָטַ֣חְתִּי יְהוָ֑ה אָ֝מַ֗רְתִּי אֱלֹהַ֥י אָֽתָּה׃ טו
בְּיָדְךָ֥ עִתֹּתָ֑י הַצִּ֘ילֵ֤נִי מִיַּד־א֝וֹיְבַ֗י וּמֵרֹדְפָֽי׃ 16
הָאִ֣ירָה פָ֭נֶיךָ עַל־עַבְדֶּ֑ךָ ה֝וֹשִׁיעֵ֥נִי בְחַסְדֶּֽךָ׃ 17
יְֽהוָ֗ה אַל־אֵ֭בוֹשָׁה כִּ֣י קְרָאתִ֑יךָ 18
יֵבֹ֥שׁוּ רְ֝שָׁעִ֗ים יִדְּמ֥וּ לִשְׁאֽוֹל׃ תֵּ֥אָלַ֗מְנָה שִׂ֫פְתֵ֥י שָׁ֑קֶר 19
הַדֹּבְר֬וֹת עַל־צַדִּ֣יק עָתָ֑ק בְּגַאֲוָ֥ה וָבֽוּז׃ מָ֤ה רַֽב־טוּבְךָ֮ כ
אֲשֶׁר־צָפַ֪נְתָּ לִּ֫ירֵאֶ֥יךָ פָּ֭עַלְתָּ לַחוֹסִ֣ים בָּ֑ךְ
נֶ֝֗גֶד בְּנֵ֣י אָדָֽם׃ תַּסְתִּירֵ֤ם ׀ בְּסֵ֬תֶר פָּנֶ֗יךָ מֵֽרֻ֫כְסֵ֥י אִ֥ישׁ 21
תִּ֭צְפְּנֵם בְּסֻכָּ֗ה מֵרִ֥יב לְשֹׁנֽוֹת׃ בָּר֥וּךְ יְהוָ֑ה 22
כִּ֤י הִפְלִ֬יא חַסְדּ֥וֹ לִ֝֗י בְּעִ֣יר מָצֽוֹר׃ וַאֲנִ֤י ׀ אָמַ֬רְתִּי בְחָפְזִ֗י 23
נִגְרַ֡זְתִּי מִנֶּ֪גֶד עֵ֫ינֶ֥יךָ אָ֭כֵן שָׁמַ֣עְתָּ ק֣וֹל תַּחֲנוּנַ֑י
בְּשַׁוְּעִ֥י אֵלֶֽיךָ׃ אֶֽהֱב֣וּ אֶת־יְהוָה֮ כָּל־חֲסִ֫ידָ֥יו 24
אֱ֭מוּנִים נֹצֵ֣ר יְהוָ֑ה וּמְשַׁלֵּ֥ם עַל־יֶ֝֗תֶר עֹשֵׂ֥ה גַאֲוָֽה׃
חִ֭זְקוּ וְיַאֲמֵ֣ץ לְבַבְכֶ֑ם כָּל־הַ֝מְיַחֲלִ֗ים לַיהוָֽה׃ כה

לדוד

לב Psal. XXXII. לב

א לְדָוִד מַשְׂכִּיל
אַשְׁרֵי נְשׂוּי־פֶּשַׁע כְּסוּי חֲטָאָה׃
2 אַשְׁרֵי־אָדָם לֹא יַחְשֹׁב יְהוָה לוֹ עָוֺן וְאֵין בְּרוּחוֹ רְמִיָּה׃
3 כִּי־הֶחֱרַשְׁתִּי בָּלוּ עֲצָמָי בְּשַׁאֲגָתִי כָּל־הַיּוֹם׃
4 כִּי ׀ יוֹמָם וָלַיְלָה תִּכְבַּד עָלַי יָדֶךָ נֶהְפַּךְ לְשַׁדִּי
ה בְּחַרְבֹנֵי קַיִץ סֶלָה׃ חַטָּאתִי אוֹדִיעֲךָ
וַעֲוֺנִי לֹא־כִסִּיתִי אָמַרְתִּי אוֹדֶה עֲלֵי פְשָׁעַי לַיהוָה
וְאַתָּה נָשָׂאתָ עֲוֺן חַטָּאתִי סֶלָה׃
6 עַל־זֹאת יִתְפַּלֵּל כָּל־חָסִיד ׀ אֵלֶיךָ לְעֵת מְצֹא
רַק לְשֵׁטֶף מַיִם רַבִּים אֵלָיו לֹא יַגִּיעוּ׃
7 אַתָּה ׀ סֵתֶר לִי מִצַּר תִּצְּרֵנִי רָנֵּי פַלֵּט
8 תְּסוֹבְבֵנִי סֶלָה׃ אַשְׂכִּילְךָ ׀ וְאוֹרְךָ בְּדֶרֶךְ־זוּ תֵלֵךְ
9 אִיעֲצָה עָלֶיךָ עֵינִי׃ אַל־תִּהְיוּ ׀ כְּסוּס כְּפֶרֶד אֵין הָבִין
בְּמֶתֶג־וָרֶסֶן עֶדְיוֹ לִבְלוֹם בַּל קְרֹב אֵלֶיךָ׃
י רַבִּים מַכְאוֹבִים לָרָשָׁע וְהַבּוֹטֵחַ בַּיהוָה
11 חֶסֶד יְסוֹבְבֶנּוּ׃ שִׂמְחוּ בַיהוָה וְגִילוּ צַדִּיקִים
וְהַרְנִינוּ כָּל־יִשְׁרֵי־לֵב׃

לג Psal. XXXIII. לג

א רַנְּנוּ צַדִּיקִים בַּיהוָה לַיְשָׁרִים נָאוָה תְהִלָּה׃
ב הוֹדוּ לַיהוָה בְּכִנּוֹר בְּנֵבֶל עָשׂוֹר זַמְּרוּ־לוֹ׃
3 שִׁירוּ־לוֹ שִׁיר חָדָשׁ הֵיטִיבוּ נַגֵּן בִּתְרוּעָה׃
4 כִּי־יָשָׁר דְּבַר־יְהוָה וְכָל־מַעֲשֵׂהוּ בֶּאֱמוּנָה׃
ה אֹהֵב צְדָקָה וּמִשְׁפָּט חֶסֶד יְהוָה מָלְאָה הָאָרֶץ׃
6 בִּדְבַר יְהוָה שָׁמַיִם נַעֲשׂוּ וּבְרוּחַ פִּיו כָּל־צְבָאָם׃
7 כֹּנֵס כַּנֵּד מֵי הַיָּם נֹתֵן בְּאוֹצָרוֹת תְּהוֹמוֹת׃
8 יִירְאוּ מֵיְהוָה כָּל־הָאָרֶץ מִמֶּנּוּ יָגוּרוּ כָּל־יֹשְׁבֵי תֵבֵל׃
9 כִּי הוּא אָמַר וַיֶּהִי הוּא־צִוָּה וַיַּעֲמֹד׃

י   יְהוָ֗ה הֵפִ֥יר עֲצַת־גּוֹיִ֑ם   הֵ֝נִ֗יא מַחְשְׁב֥וֹת עַמִּֽים׃

11   עֲצַ֣ת יְ֭הוָה לְעוֹלָ֣ם תַּעֲמֹ֑ד   מַחְשְׁב֥וֹת לִ֝בּ֗וֹ לְדֹ֣ר וָדֹֽר׃

12   אַשְׁרֵ֣י הַ֭גּוֹי אֲשֶׁר־יְהוָ֣ה אֱלֹהָ֑יו   הָעָ֓ם ׀ בָּחַ֖ר לְנַחֲלָ֣ה לֽוֹ׃

13   מִ֭שָּׁמַיִם הִבִּ֣יט יְהוָ֑ה   רָ֝אָ֗ה אֶֽת־כָּל־בְּנֵ֥י הָאָדָֽם׃

14   מִֽמְּכוֹן־שִׁבְתּ֥וֹ הִשְׁגִּ֑יחַ   אֶ֖ל כָּל־יֹשְׁבֵ֣י הָאָֽרֶץ׃

טו   הַיֹּצֵ֣ר יַ֣חַד לִבָּ֑ם   הַ֝מֵּבִ֗ין אֶל־כָּל־מַעֲשֵׂיהֶֽם׃

16   אֵֽין־הַ֭מֶּלֶךְ נוֹשָׁ֣ע בְּרָב־חָ֑יִל   גִּ֝בּ֗וֹר לֹֽא־יִנָּצֵ֥ל בְּרָב־כֹּֽחַ׃

17   שֶׁ֣קֶר הַ֭סּוּס לִתְשׁוּעָ֑ה   וּבְרֹ֥ב חֵ֝יל֗וֹ לֹ֣א יְמַלֵּֽט׃

18   הִנֵּ֤ה עֵ֣ין יְ֭הוָה אֶל־יְרֵאָ֑יו   לַֽמְיַחֲלִ֥ים לְחַסְדּֽוֹ׃

19   לְהַצִּ֣יל מִמָּ֣וֶת נַפְשָׁ֑ם   וּ֝לְחַיּוֹתָ֗ם בָּרָעָֽב׃

כ   נַ֭פְשֵׁנוּ חִכְּתָ֣ה לַֽיהוָ֑ה   עֶזְרֵ֖נוּ וּמָגִנֵּ֣נוּ הֽוּא׃

21   כִּי־ב֭וֹ יִשְׂמַ֣ח לִבֵּ֑נוּ   כִּ֤י בְשֵׁ֖ם קָדְשׁ֣וֹ בָטָֽחְנוּ׃

22   יְהִֽי־חַסְדְּךָ֣ יְהוָ֣ה עָלֵ֑ינוּ   כַּ֝אֲשֶׁ֗ר יִחַ֥לְנוּ לָֽךְ׃

לד   PSAL. XXXIV.   לד

א   לְדָוִ֗ד

בְּשַׁנּוֹת֣וֹ אֶת־טַ֭עְמוֹ לִפְנֵ֣י אֲבִימֶ֑לֶךְ   וַֽ֝יְגָרֲשֵׁ֗הוּ וַיֵּלַֽךְ׃

2   אֲבָרֲכָ֣ה אֶת־יְהוָ֣ה בְּכָל־עֵ֑ת   תָּמִ֗יד תְּֽהִלָּת֥וֹ בְּפִֽי׃

3   בַּ֭יהוָה תִּתְהַלֵּ֣ל נַפְשִׁ֑י   יִשְׁמְע֖וּ עֲנָוִ֣ים וְיִשְׂמָֽחוּ׃

4   גַּדְּל֣וּ לַיהוָ֣ה אִתִּ֑י   וּנְרוֹמְמָ֖ה שְׁמ֣וֹ יַחְדָּֽו׃

ה   דָּרַ֣שְׁתִּי אֶת־יְהוָ֣ה וְעָנָ֑נִי   וּמִכָּל־מְ֝גוּרוֹתַ֗י הִצִּילָֽנִי׃

6   הִבִּ֣יטוּ אֵלָ֣יו וְנָהָ֑רוּ   וּ֝פְנֵיהֶ֗ם אַל־יֶחְפָּֽרוּ׃

7   זֶ֤ה עָנִ֣י קָ֭רָא וַיהוָ֣ה שָׁמֵ֑עַ   וּמִכָּל־צָ֝רוֹתָ֗יו הוֹשִׁיעֽוֹ׃

8   חֹנֶ֤ה מַלְאַךְ־יְהוָ֓ה סָ֘בִ֤יב לִֽירֵאָ֗יו   וַֽיְחַלְּצֵֽם׃

9   טַעֲמ֣וּ וּ֭רְאוּ כִּי־ט֣וֹב יְהוָ֑ה   אַֽשְׁרֵ֥י הַ֝גֶּ֗בֶר יֶחֱסֶה־בּֽוֹ׃

י   יְר֣אוּ אֶת־יְהוָ֣ה קְדֹשָׁ֑יו   כִּי־אֵ֥ין מַ֝חְס֗וֹר לִירֵאָֽיו׃

11   כְּ֭פִירִים רָשׁ֣וּ וְרָעֵ֑בוּ   וְדֹרְשֵׁ֥י יְ֝הוָ֗ה לֹא־יַחְסְר֥וּ כָל־טֽוֹב׃

12   לְכֽוּ־בָ֭נִים שִׁמְעוּ־לִ֑י   יִֽרְאַ֥ת יְ֝הוָ֗ה אֲלַמֶּדְכֶֽם׃

13   מִֽי־הָ֭אִישׁ הֶחָפֵ֣ץ חַיִּ֑ים   אֹהֵ֥ב יָ֝מִ֗ים לִרְא֥וֹת טֽוֹב׃

נצר

14 נְצֹ֣ר לְשׁוֹנְךָ֣ מֵרָ֑ע וּ֝שְׂפָתֶ֗יךָ מִדַּבֵּ֥ר מִרְמָֽה׃
טו ס֣וּר מֵ֭רָע וַעֲשֵׂה־ט֑וֹב בַּקֵּ֖שׁ שָׁל֣וֹם וְרָדְפֵֽהוּ׃
16 עֵינֵ֣י יְ֭הוָה אֶל־צַדִּיקִ֑ים וְ֝אָזְנָ֗יו אֶל־שַׁוְעָתָֽם׃
17 פְּנֵ֣י יְ֭הוָה בְּעֹ֣שֵׂי רָ֑ע לְהַכְרִ֖ית מֵאֶ֣רֶץ זִכְרָֽם׃
18 צָעֲק֣וּ וַיהוָ֣ה שָׁמֵ֑עַ וּמִכָּל־צָ֝רוֹתָ֗ם הִצִּילָֽם׃
19 קָר֣וֹב יְ֭הוָה לְנִשְׁבְּרֵי־לֵ֑ב וְאֶת־דַּכְּאֵי־ר֥וּחַ יוֹשִֽׁיעַ׃
כ רַ֭בּוֹת רָע֣וֹת צַדִּ֑יק וּ֝מִכֻּלָּ֗ם יַצִּילֶ֥נּוּ יְהוָֽה׃
21 שֹׁמֵ֥ר כָּל־עַצְמוֹתָ֑יו אַחַ֥ת מֵ֝הֵ֗נָּה לֹ֣א נִשְׁבָּֽרָה׃
22 תְּמוֹתֵ֣ת רָשָׁ֣ע רָעָ֑ה וְשֹׂנְאֵ֖י צַדִּ֣יק יֶאְשָֽׁמוּ׃
23 פֹּדֶ֣ה יְ֭הוָה נֶ֣פֶשׁ עֲבָדָ֑יו וְלֹ֥א יֶ֝אְשְׁמ֗וּ כָּל־הַחֹסִ֥ים בּֽוֹ׃

לה PSAL. XXXV. לה

א לְדָוִ֨ד ׀
רִיבָ֣ה יְ֭הוָה אֶת־יְרִיבַ֑י לְ֝חַ֗ם אֶת־לֹחֲמָֽי׃
2 הַחֲזֵ֣ק מָגֵ֣ן וְצִנָּ֑ה וְ֝ק֗וּמָה בְּעֶזְרָתִֽי׃
3 וְהָ֘רֵ֤ק חֲנִ֣ית וּ֭סְגֹר לִקְרַ֣את רֹדְפָ֑י אֱמֹ֥ר לְ֝נַפְשִׁ֗י יְשֻׁעָתֵ֥ךְ אָֽנִי׃
4 יֵבֹ֣שׁוּ וְיִכָּלְמוּ֮ מְבַקְשֵׁ֪י נַ֫פְשִׁ֥י יִסֹּ֣גוּ אָח֣וֹר וְיַחְפְּר֑וּ
ה חֹ֝שְׁבֵ֗י רָעָתִֽי׃ יִהְי֗וּ כְּמֹ֥ץ לִפְנֵי־ר֑וּחַ
6 וּמַלְאַ֖ךְ יְהוָ֣ה דּוֹחֶֽה׃ יְהִֽי־דַרְכָּ֗ם חֹ֥שֶׁךְ וַחֲלַקְלַקֹּ֑ת
7 וּמַלְאַ֥ךְ יְ֝הוָ֗ה רֹדְפָֽם׃ כִּֽי־חִנָּ֣ם טָֽמְנוּ־לִ֭י שַׁ֣חַת רִשְׁתָּ֑ם
8 חִ֝נָּ֗ם חָפְר֥וּ לְנַפְשִֽׁי׃ תְּבוֹאֵ֣הוּ שׁוֹאָה֮ לֹֽא־יֵ֫דָ֥ע
וְרִשְׁתּ֣וֹ אֲשֶׁר־טָמַ֣ן תִּלְכְּד֑וֹ בְּ֝שׁוֹאָ֗ה יִפָּל־בָּֽהּ׃
9 וְ֭נַפְשִׁי תָּגִ֣יל בַּיהוָ֑ה תָּ֝שִׂ֗ישׂ בִּישׁוּעָתֽוֹ׃
י כָּ֥ל עַצְמוֹתַ֨י ׀ תֹּאמַרְנָה֮ יְהוָ֗ה מִ֥י כָ֫מ֥וֹךָ
מַצִּ֣יל עָ֭נִי מֵחָזָ֣ק מִמֶּ֑נּוּ וְעָנִ֥י וְ֝אֶבְי֗וֹן מִגֹּזְלֽוֹ׃
11 יְ֭קוּמוּן עֵדֵ֣י חָמָ֑ס אֲשֶׁ֥ר לֹֽא־יָ֝דַ֗עְתִּי יִשְׁאָלֽוּנִי׃
12 יְשַׁלְּמ֣וּנִי רָ֭עָה תַּ֣חַת טוֹבָ֑ה שְׁכ֣וֹל לְנַפְשִֽׁי׃
13 וַאֲנִ֤י ׀ בַּחֲלוֹתָ֡ם לְב֬וּשִׁי שָׂ֗ק עִנֵּ֣יתִי בַצּ֣וֹם נַפְשִׁ֑י
14 וּ֝תְפִלָּתִ֗י עַל־חֵיקִ֥י תָשֽׁוּב׃ כְּרֵֽעַ־כְּאָ֣ח לִ֭י הִתְהַלָּ֑כְתִּי

כאבל־אם

כְּאֲבֶל־אֵם קֹדֵר שַׁחוֹתִי׃ וּבְצַלְעִי שָׂמְחוּ וְנֶאֱסָפוּ טו
נֶאֶסְפוּ עָלַי נֵכִים וְלֹא יָדַעְתִּי קָרְעוּ וְלֹא־דָמּוּ׃
בְּחַנְפֵי לַעֲגֵי מָעוֹג חָרֹק עָלַי שִׁנֵּימוֹ׃ 16
אֲדֹנָי כַּמָּה תִּרְאֶה הָשִׁיבָה נַפְשִׁי מִשֹּׁאֵיהֶם 17
מִכְּפִירִים יְחִידָתִי׃ אוֹדְךָ בְּקָהָל רָב 18
בְּעַם עָצוּם אֲהַלְלֶךָּ׃ אַל־יִשְׂמְחוּ־לִי אֹיְבַי שֶׁקֶר 19
שֹׂנְאַי חִנָּם יִקְרְצוּ־עָיִן׃ כִּי לֹא שָׁלוֹם יְדַבֵּרוּ כ
וְעַל רִגְעֵי־אֶרֶץ דִּבְרֵי מִרְמוֹת יַחֲשֹׁבוּן׃
וַיַּרְחִיבוּ עָלַי פִּיהֶם אָמְרוּ הֶאָח ׀ הֶאָח 21
רָאֲתָה עֵינֵנוּ׃ רָאִיתָה יְהוָה אַל־תֶּחֱרַשׁ 22
אֲדֹנָי אַל־תִּרְחַק מִמֶּנִּי׃ הָעִירָה וְהָקִיצָה לְמִשְׁפָּטִי 23
אֱלֹהַי וַאדֹנָי לְרִיבִי׃ שָׁפְטֵנִי כְצִדְקְךָ יְהוָה אֱלֹהָי 24
וְאַל־יִשְׂמְחוּ־לִי׃ אַל־יֹאמְרוּ בְלִבָּם הֶאָח נַפְשֵׁנוּ כה
אַל־יֹאמְרוּ בִּלַּעֲנוּהוּ׃ יֵבֹשׁוּ וְיַחְפְּרוּ ׀ יַחְדָּו שְׂמֵחֵי רָעָתִי 26
יִלְבְּשׁוּ־בֹשֶׁת וּכְלִמָּה הַמַּגְדִּילִים עָלָי׃
יָרֹנּוּ וְיִשְׂמְחוּ חֲפֵצֵי צִדְקִי וְיֹאמְרוּ תָמִיד יִגְדַּל יְהוָה 27
הֶחָפֵץ שְׁלוֹם עַבְדּוֹ׃ וּלְשׁוֹנִי תֶּהְגֶּה צִדְקֶךָ 28
כָּל־הַיּוֹם תְּהִלָּתֶךָ׃

Psal. XXXVI. לו

לו

לַמְנַצֵּחַ לְעֶבֶד־יְהוָה לְדָוִד׃ א
נְאֻם־פֶּשַׁע לָרָשָׁע בְּקֶרֶב לִבִּי 2
אֵין־פַּחַד אֱלֹהִים לְנֶגֶד עֵינָיו׃ כִּי־הֶחֱלִיק אֵלָיו בְּעֵינָיו 3
לִמְצֹא עֲוֹנוֹ לִשְׂנֹא׃ דִּבְרֵי־פִיו אָוֶן וּמִרְמָה 4
חָדַל לְהַשְׂכִּיל לְהֵיטִיב׃ אָוֶן ׀ יַחְשֹׁב עַל־מִשְׁכָּבוֹ ה
יִתְיַצֵּב עַל־דֶּרֶךְ לֹא־טוֹב רָע לֹא יִמְאָס׃
יְהוָה בְּהַשָּׁמַיִם חַסְדֶּךָ אֱמוּנָתְךָ עַד־שְׁחָקִים׃ 6
צִדְקָתְךָ ׀ כְּהַרְרֵי־אֵל מִשְׁפָּטֶךָ תְּהוֹם רַבָּה 7
אָדָם וּבְהֵמָה תוֹשִׁיעַ יְהוָה׃ מַה־יָּקָר חַסְדְּךָ אֱלֹהִים 8

ובני

וּבְנֵי אָדָם בְּצֵל כְּנָפֶיךָ יֶחֱסָיוּן׃
9 יִרְוְיֻן מִדֶּשֶׁן בֵּיתֶךָ וְנַחַל עֲדָנֶיךָ תַשְׁקֵם׃
י כִּי־עִמְּךָ מְקוֹר חַיִּים בְּאוֹרְךָ נִרְאֶה־אוֹר׃
11 מְשֹׁךְ חַסְדְּךָ לְיֹדְעֶיךָ וְצִדְקָתְךָ לְיִשְׁרֵי־לֵב׃
12 אַל־תְּבוֹאֵנִי רֶגֶל גַּאֲוָה וְיַד־רְשָׁעִים אַל־תְּנִדֵנִי׃
13 שָׁם נָפְלוּ פֹּעֲלֵי אָוֶן דֹּחוּ וְלֹא־יָכְלוּ קוּם׃

לז Psal. XXXVII. לז

א לְדָוִד ׀
אַל־תִּתְחַר בַּמְּרֵעִים אַל־תְּקַנֵּא בְּעֹשֵׂי עַוְלָה׃
2 כִּי כֶחָצִיר מְהֵרָה יִמָּלוּ וּכְיֶרֶק דֶּשֶׁא יִבּוֹלוּן׃
3 בְּטַח בַּיהוָה וַעֲשֵׂה־טוֹב שְׁכָן־אֶרֶץ וּרְעֵה אֱמוּנָה׃
4 וְהִתְעַנַּג עַל־יְהוָה וְיִתֶּן־לְךָ מִשְׁאֲלֹת לִבֶּךָ׃
ה גּוֹל עַל־יְהוָה דַּרְכֶּךָ וּבְטַח עָלָיו וְהוּא יַעֲשֶׂה׃
6 וְהוֹצִיא כָאוֹר צִדְקֶךָ וּמִשְׁפָּטֶךָ כַּצָּהֳרָיִם׃
7 דּוֹם ׀ לַיהוָה וְהִתְחוֹלֵל לוֹ אַל־תִּתְחַר בְּמַצְלִיחַ דַּרְכּוֹ
8 בְּאִישׁ עֹשֶׂה מְזִמּוֹת׃ הֶרֶף מֵאַף וַעֲזֹב חֵמָה
9 אַל־תִּתְחַר אַךְ־לְהָרֵעַ׃ כִּי־מְרֵעִים יִכָּרֵתוּן
י וְקֹוֵי יְהוָה הֵמָּה יִירְשׁוּ־אָרֶץ׃ וְעוֹד מְעַט וְאֵין רָשָׁע
11 וְהִתְבּוֹנַנְתָּ עַל־מְקוֹמוֹ וְאֵינֶנּוּ׃ וַעֲנָוִים יִירְשׁוּ־אָרֶץ
12 וְהִתְעַנְּגוּ עַל־רֹב שָׁלוֹם׃ זֹמֵם רָשָׁע לַצַּדִּיק
13 וְחֹרֵק עָלָיו שִׁנָּיו׃ אֲדֹנָי יִשְׂחַק־לוֹ
14 כִּי־רָאָה כִּי־יָבֹא יוֹמוֹ׃ חֶרֶב ׀ פָּתְחוּ רְשָׁעִים וְדָרְכוּ קַשְׁתָּם
לְהַפִּיל עָנִי וְאֶבְיוֹן לִטְבוֹחַ יִשְׁרֵי־דָרֶךְ׃
טו חַרְבָּם תָּבוֹא בְלִבָּם וְקַשְּׁתוֹתָם תִּשָּׁבַרְנָה׃
16 טוֹב־מְעַט לַצַּדִּיק מֵהֲמוֹן רְשָׁעִים רַבִּים׃
17 כִּי זְרוֹעוֹת רְשָׁעִים תִּשָּׁבַרְנָה וְסוֹמֵךְ צַדִּיקִים יְהוָה׃
18 יוֹדֵעַ יְהוָה יְמֵי תְמִימִם וְנַחֲלָתָם לְעוֹלָם תִּהְיֶה׃
19 לֹא־יֵבֹשׁוּ בְּעֵת רָעָה וּבִימֵי רְעָבוֹן יִשְׂבָּעוּ׃

כִּי רְשָׁעִים | יֹאבֵדוּ וְאֹיְבֵי יְהוָה כִּיקַר כָּרִים כ
כָּלוּ בֶעָשָׁן כָּלוּ׃ לֹוֶה רָשָׁע וְלֹא יְשַׁלֵּם 21
וְצַדִּיק חוֹנֵן וְנוֹתֵן׃ כִּי מְבֹרָכָיו יִירְשׁוּ אָרֶץ 22
וּמְקֻלָּלָיו יִכָּרֵתוּ׃ מֵיְהוָה מִצְעֲדֵי־גֶבֶר כּוֹנָנוּ 23
וְדַרְכּוֹ יֶחְפָּץ׃ כִּי־יִפֹּל לֹא־יוּטָל 24
כִּי־יְהוָה סוֹמֵךְ יָדוֹ׃ נַעַר | הָיִיתִי גַּם־זָקַנְתִּי כה
וְלֹא־רָאִיתִי צַדִּיק נֶעֱזָב וְזַרְעוֹ מְבַקֶּשׁ־לָחֶם׃
כָּל־הַיּוֹם חוֹנֵן וּמַלְוֶה וְזַרְעוֹ לִבְרָכָה׃ 26
סוּר מֵרָע וַעֲשֵׂה־טוֹב וּשְׁכֹן לְעוֹלָם׃ 27
כִּי יְהוָה | אֹהֵב מִשְׁפָּט 28
וְלֹא־יַעֲזֹב אֶת־חֲסִידָיו לְעוֹלָם נִשְׁמָרוּ וְזֶרַע רְשָׁעִים נִכְרָת׃
צַדִּיקִים יִירְשׁוּ־אָרֶץ וְיִשְׁכְּנוּ לָעַד עָלֶיהָ׃ 29
פִּי־צַדִּיק יֶהְגֶּה חָכְמָה וּלְשׁוֹנוֹ תְּדַבֵּר מִשְׁפָּט׃ ל
תּוֹרַת אֱלֹהָיו בְּלִבּוֹ לֹא תִמְעַד אֲשֻׁרָיו׃ 31
צוֹפֶה רָשָׁע לַצַּדִּיק וּמְבַקֵּשׁ לַהֲמִיתוֹ׃ 32
יְהוָה לֹא־יַעַזְבֶנּוּ בְיָדוֹ וְלֹא יַרְשִׁיעֶנּוּ בְּהִשָּׁפְטוֹ׃ 33
קַוֵּה אֶל־יְהוָה | וּשְׁמֹר דַּרְכּוֹ וִירוֹמִמְךָ לָרֶשֶׁת אָרֶץ 34
בְּהִכָּרֵת רְשָׁעִים תִּרְאֶה׃ רָאִיתִי רָשָׁע עָרִיץ לה
וּמִתְעָרֶה כְּאֶזְרָח רַעֲנָן׃ וַיַּעֲבֹר וְהִנֵּה אֵינֶנּוּ 36
וָאֲבַקְשֵׁהוּ וְלֹא נִמְצָא׃ שְׁמָר־תָּם וּרְאֵה יָשָׁר 37
כִּי־אַחֲרִית לְאִישׁ שָׁלוֹם׃ וּפֹשְׁעִים נִשְׁמְדוּ יַחְדָּו 38
אַחֲרִית רְשָׁעִים נִכְרָתָה׃ וּתְשׁוּעַת צַדִּיקִים מֵיְהוָה 39
מָעוּזָּם בְּעֵת צָרָה׃ וַיַּעְזְרֵם יְהוָה וַיְפַלְּטֵם מ
יְפַלְּטֵם מֵרְשָׁעִים וְיוֹשִׁיעֵם כִּי־חָסוּ בוֹ׃

לח Psal. XXXVIII. לח

מִזְמוֹר לְדָוִד לְהַזְכִּיר׃ א
יְהוָה אַל־בְּקֶצְפְּךָ תוֹכִיחֵנִי וּבַחֲמָתְךָ תְיַסְּרֵנִי׃ 2
כִּי־חִצֶּיךָ נִחֲתוּ בִי וַתִּנְחַת עָלַי יָדֶךָ׃ 3

אין־מתם

4 אֵין־מְתֹם בִּבְשָׂרִי מִפְּנֵי זַעְמֶךָ
ה אֵין־שָׁלוֹם בַּעֲצָמַי מִפְּנֵי חַטָּאתִי׃   כִּי עֲוֹנֹתַי עָבְרוּ רֹאשִׁי
6 כְּמַשָּׂא כָבֵד יִכְבְּדוּ מִמֶּנִּי׃   הִבְאִישׁוּ נָמַקּוּ חַבּוּרֹתָי
7 מִפְּנֵי אִוַּלְתִּי׃   נַעֲוֵיתִי שַׁחֹתִי עַד־מְאֹד
8 כָּל־הַיּוֹם קֹדֵר הִלָּכְתִּי׃   כִּי־כְסָלַי מָלְאוּ נִקְלֶה
9 וְאֵין מְתֹם בִּבְשָׂרִי׃   נְפוּגוֹתִי וְנִדְכֵּיתִי עַד־מְאֹד
י שָׁאַגְתִּי מִנַּהֲמַת לִבִּי׃   אֲדֹנָי נֶגְדְּךָ כָל־תַּאֲוָתִי
11 וְאַנְחָתִי מִמְּךָ לֹא־נִסְתָּרָה׃   לִבִּי סְחַרְחַר עֲזָבַנִי כֹחִי
12 וְאוֹר־עֵינַי גַּם־הֵם אֵין אִתִּי׃   אֹהֲבַי ׀ וְרֵעַי מִנֶּגֶד נִגְעִי יַעֲמֹדוּ
13 וּקְרוֹבַי מֵרָחֹק עָמָדוּ׃   וַיְנַקְשׁוּ ׀ מְבַקְשֵׁי נַפְשִׁי
וְדֹרְשֵׁי רָעָתִי דִּבְּרוּ הַוּוֹת   וּמִרְמוֹת כָּל־הַיּוֹם יֶהְגּוּ׃
14 וַאֲנִי כְחֵרֵשׁ לֹא אֶשְׁמָע   וּכְאִלֵּם לֹא יִפְתַּח־פִּיו׃
טו וָאֱהִי כְּאִישׁ אֲשֶׁר לֹא־שֹׁמֵעַ   וְאֵין בְּפִיו תּוֹכָחוֹת׃
16 כִּי־לְךָ יְהוָה הוֹחָלְתִּי   אַתָּה תַעֲנֶה אֲדֹנָי אֱלֹהָי׃
17 כִּי־אָמַרְתִּי פֶּן־יִשְׂמְחוּ־לִי   בְּמוֹט רַגְלִי עָלַי הִגְדִּילוּ׃
18 כִּי־אֲנִי לְצֶלַע נָכוֹן   וּמַכְאוֹבִי נֶגְדִּי תָמִיד׃
19 כִּי־עֲוֹנִי אַגִּיד   אֶדְאַג מֵחַטָּאתִי׃
כ וְאֹיְבַי חַיִּים עָצֵמוּ   וְרַבּוּ שֹׂנְאַי שָׁקֶר׃
21 וּמְשַׁלְּמֵי רָעָה תַּחַת טוֹבָה   יִשְׂטְנוּנִי תַּחַת רָדְוֹפִי־טוֹב׃
22 אַל־תַּעַזְבֵנִי יְהוָה   אֱלֹהַי אַל־תִּרְחַק מִמֶּנִּי׃
23 חוּשָׁה לְעֶזְרָתִי   אֲדֹנָי תְּשׁוּעָתִי׃

לט   Psal. XXXIX.   לט

א לַמְנַצֵּחַ לִידִיתוּן   מִזְמוֹר לְדָוִד׃
2 אָמַרְתִּי אֶשְׁמְרָה דְרָכַי   מֵחֲטוֹא בִלְשׁוֹנִי
אֶשְׁמְרָה לְפִי מַחְסוֹם   בְּעֹד רָשָׁע לְנֶגְדִּי׃
3 נֶאֱלַמְתִּי דוּמִיָּה הֶחֱשֵׁיתִי מִטּוֹב   וּכְאֵבִי נֶעְכָּר׃
4 חַם־לִבִּי ׀ בְּקִרְבִּי בַּהֲגִיגִי תִבְעַר־אֵשׁ   דִּבַּרְתִּי בִּלְשׁוֹנִי׃

הודיעני

ל״ח v. 21. רדפי ק׳   ל״ט v. 1. לידותון ק׳

ה הוֹדִיעֵנִי יְהוָה ׀ קִצִּי וּמִדַּת יָמַי מַה־הִיא
6 אֵדְעָה מֶה־חָדֵל אָנִי׃ הִנֵּה טְפָחוֹת ׀ נָתַתָּה יָמַי
וְחֶלְדִּי כְאַיִן נֶגְדֶּךָ אַךְ כָּל־הֶבֶל כָּל־אָדָם נִצָּב סֶלָה׃
7 אַךְ־בְּצֶלֶם ׀ יִתְהַלֶּךְ־אִישׁ אַךְ־הֶבֶל יֶהֱמָיוּן
8 יִצְבֹּר וְלֹא־יֵדַע מִי־אֹסְפָם׃ וְעַתָּה מַה־קִּוִּיתִי אֲדֹנָי
9 תּוֹחַלְתִּי לְךָ הִיא׃ מִכָּל־פְּשָׁעַי הַצִּילֵנִי
י חֶרְפַּת נָבָל אַל־תְּשִׂימֵנִי׃ נֶאֱלַמְתִּי לֹא אֶפְתַּח־פִּי
11 כִּי אַתָּה עָשִׂיתָ׃ הָסֵר מֵעָלַי נִגְעֶךָ
12 מִתִּגְרַת יָדְךָ אֲנִי כָלִיתִי׃ בְּתוֹכָחוֹת עַל־עָוֺן ׀ יִסַּרְתָּ אִישׁ
וַתֶּמֶס כָּעָשׁ חֲמוּדוֹ אַךְ הֶבֶל כָּל־אָדָם סֶלָה׃
13 שִׁמְעָה תְפִלָּתִי ׀ יְהוָה וְשַׁוְעָתִי ׀ הַאֲזִינָה
אֶל־דִּמְעָתִי אַל־תֶּחֱרַשׁ כִּי גֵר אָנֹכִי עִמָּךְ
14 תּוֹשָׁב כְּכָל־אֲבוֹתָי׃ הָשַׁע מִמֶּנִּי וְאַבְלִיגָה
בְּטֶרֶם אֵלֵךְ וְאֵינֶנִּי׃

מ PSAL. XL. מ

א לַמְנַצֵּחַ לְדָוִד מִזְמוֹר׃
2 קַוֹּה קִוִּיתִי יְהוָה וַיֵּט אֵלַי וַיִּשְׁמַע שַׁוְעָתִי׃
3 וַיַּעֲלֵנִי ׀ מִבּוֹר שָׁאוֹן מִטִּיט הַיָּוֵן
וַיָּקֶם עַל־סֶלַע רַגְלַי כּוֹנֵן אֲשֻׁרָי׃
4 וַיִּתֵּן בְּפִי ׀ שִׁיר חָדָשׁ תְּהִלָּה לֵאלֹהֵינוּ
יִרְאוּ רַבִּים וְיִירָאוּ וְיִבְטְחוּ בַּיהוָה׃
ה אַשְׁרֵי־הַגֶּבֶר אֲשֶׁר־שָׂם יְהוָה מִבְטַחוֹ
וְלֹא־פָנָה אֶל־רְהָבִים וְשָׂטֵי כָזָב׃
6 רַבּוֹת עָשִׂיתָ ׀ אַתָּה ׀ יְהוָה אֱלֹהַי
נִפְלְאֹתֶיךָ וּמַחְשְׁבֹתֶיךָ אֵלֵינוּ אֵין ׀ עֲרֹךְ אֵלֶיךָ
אַגִּידָה וַאֲדַבֵּרָה עָצְמוּ מִסַּפֵּר׃
7 זֶבַח וּמִנְחָה ׀ לֹא־חָפַצְתָּ אָזְנַיִם כָּרִיתָ לִּי
8 עוֹלָה וַחֲטָאָה לֹא שָׁאָלְתָּ׃ אָז אָמַרְתִּי הִנֵּה־בָאתִי

9 בִּמְגִלַּת־סֵפֶר כָּתוּב עָלָי׃ לַעֲשׂוֹת־רְצוֹנְךָ אֱלֹהַי חָפָצְתִּי
י וְתוֹרָתְךָ בְּתוֹךְ מֵעָי׃ בִּשַּׂרְתִּי צֶדֶק ׀ בְּקָהָל רָב
הִנֵּה שְׂפָתַי לֹא אֶכְלָא יְהוָה אַתָּה יָדָעְתָּ׃
11 צִדְקָתְךָ לֹא־כִסִּיתִי ׀ בְּתוֹךְ לִבִּי אֱמוּנָתְךָ וּתְשׁוּעָתְךָ אָמָרְתִּי
לֹא־כִחַדְתִּי חַסְדְּךָ וַאֲמִתְּךָ לְקָהָל רָב׃
12 אַתָּה יְהוָה לֹא־תִכְלָא רַחֲמֶיךָ מִמֶּנִּי
13 חַסְדְּךָ וַאֲמִתְּךָ תָּמִיד יִצְּרוּנִי׃ כִּי אָפְפוּ־עָלַי ׀ רָעוֹת
עַד־אֵין מִסְפָּר הִשִּׂיגוּנִי עֲוֺנֹתַי וְלֹא־יָכֹלְתִּי לִרְאוֹת
14 עָצְמוּ מִשַּׂעֲרוֹת רֹאשִׁי וְלִבִּי עֲזָבָנִי׃ רְצֵה יְהוָה לְהַצִּילֵנִי
טו יְהוָה לְעֶזְרָתִי חוּשָׁה׃ יֵבֹשׁוּ וְיַחְפְּרוּ ׀ יַחַד
מְבַקְשֵׁי נַפְשִׁי לִסְפּוֹתָהּ יִסֹּגוּ אָחוֹר וְיִכָּלְמוּ
16 חֲפֵצֵי רָעָתִי׃ יָשֹׁמּוּ עַל־עֵקֶב בָּשְׁתָּם
17 הָאֹמְרִים לִי הֶאָח ׀ הֶאָח׃ יָשִׂישׂוּ וְיִשְׂמְחוּ ׀ בְּךָ כָּל־מְבַקְשֶׁיךָ
יֹאמְרוּ תָמִיד יִגְדַּל יְהוָה אֹהֲבֵי תְּשׁוּעָתֶךָ׃
18 וַאֲנִי ׀ עָנִי וְאֶבְיוֹן אֲדֹנָי יַחֲשָׁב־לִי עֶזְרָתִי וּמְפַלְטִי אַתָּה
אֱלֹהַי אַל־תְּאַחַר׃

מא PSAL. XLI. מא

א לַמְנַצֵּחַ מִזְמוֹר לְדָוִד׃
2 אַשְׁרֵי מַשְׂכִּיל אֶל־דָּל בְּיוֹם רָעָה יְמַלְּטֵהוּ יְהוָה׃
3 יְהוָה ׀ יִשְׁמְרֵהוּ וִיחַיֵּהוּ יְאֻשַּׁר בָּאָרֶץ
4 וְאַל־תִּתְּנֵהוּ בְּנֶפֶשׁ אֹיְבָיו׃ יְהוָה יִסְעָדֶנּוּ עַל־עֶרֶשׂ דְּוָי
ה כָּל־מִשְׁכָּבוֹ הָפַכְתָּ בְחָלְיוֹ׃ אֲנִי־אָמַרְתִּי יְהוָה חָנֵּנִי
6 רְפָאָה נַפְשִׁי כִּי־חָטָאתִי לָךְ׃ אוֹיְבַי יֹאמְרוּ רַע לִי
7 מָתַי יָמוּת וְאָבַד שְׁמוֹ׃ וְאִם־בָּא לִרְאוֹת ׀ שָׁוְא יְדַבֵּר
לִבּוֹ יִקְבָּץ־אָוֶן לוֹ יֵצֵא לַחוּץ יְדַבֵּר׃
8 יַחַד עָלַי יִתְלַחֲשׁוּ כָּל־שֹׂנְאָי עָלַי ׀ יַחְשְׁבוּ רָעָה לִי׃
9 דְּבַר־בְּלִיַּעַל יָצוּק בּוֹ וַאֲשֶׁר שָׁכַב לֹא־יוֹסִיף לָקוּם׃

מ״א v. 3. ואשר ק׳

י גַּם־אִישׁ שְׁלוֹמִי ׀ אֲשֶׁר־בָּטַחְתִּי בוֹ   אוֹכֵל לַחְמִי
11 הִגְדִּיל עָלַי עָקֵב׃   וְאַתָּה יְהוָה חָנֵּנִי וַהֲקִימֵנִי
12 וַאֲשַׁלְּמָה לָהֶם׃   בְּזֹאת יָדַעְתִּי כִּי־חָפַצְתָּ בִּי
13 כִּי לֹא־יָרִיעַ אֹיְבִי עָלָי׃   וַאֲנִי בְּתֻמִּי תָּמַכְתָּ בִּי
14 וַתַּצִּיבֵנִי לְפָנֶיךָ לְעוֹלָם׃   בָּרוּךְ יְהוָה ׀ אֱלֹהֵי יִשְׂרָאֵל
מֵהָעוֹלָם וְעַד הָעוֹלָם   אָמֵן ׀ וְאָמֵן׃

ספר שני

LIBER SECUNDUS

מב Psal. XLII. מב

א לַמְנַצֵּחַ מַשְׂכִּיל לִבְנֵי־קֹרַח׃
2 כְּאַיָּל תַּעֲרֹג   עַל־אֲפִיקֵי־מָיִם
כֵּן נַפְשִׁי תַעֲרֹג   אֵלֶיךָ אֱלֹהִים׃
3 צָמְאָה נַפְשִׁי ׀ לֵאלֹהִים   לְאֵל חָי
מָתַי אָבוֹא   וְאֵרָאֶה פְּנֵי אֱלֹהִים׃
4 הָיְתָה־לִּי דִמְעָתִי לֶחֶם   יוֹמָם וָלָיְלָה
בֶּאֱמֹר אֵלַי כָּל־הַיּוֹם   אַיֵּה אֱלֹהֶיךָ׃
ה אֵלֶּה אֶזְכְּרָה ׀ וְאֶשְׁפְּכָה   עָלַי ׀ נַפְשִׁי
כִּי אֶעֱבֹר ׀ בַּסָּךְ אֶדַּדֵּם   עַד־בֵּית אֱלֹהִים
בְּקוֹל־רִנָּה וְתוֹדָה   הָמוֹן חוֹגֵג׃
6 מַה־תִּשְׁתּוֹחֲחִי ׀ נַפְשִׁי   וַתֶּהֱמִי עָלָי
הוֹחִלִי לֵאלֹהִים כִּי־עוֹד אוֹדֶנּוּ   יְשׁוּעוֹת פָּנָיו׃
7 אֱלֹהַי עָלַי נַפְשִׁי תִשְׁתּוֹחָח   עַל־כֵּן אֶזְכָּרְךָ מֵאֶרֶץ יַרְדֵּן
8 וְחֶרְמוֹנִים מֵהַר מִצְעָר׃   תְּהוֹם־אֶל־תְּהוֹם קוֹרֵא
לְקוֹל צִנּוֹרֶיךָ   כָּל־מִשְׁבָּרֶיךָ וְגַלֶּיךָ
9 עָלַי עָבָרוּ׃   יוֹמָם ׀ יְצַוֶּה יְהוָה ׀ חַסְדּוֹ
וּבַלַּיְלָה שִׁירֹה עִמִּי   תְּפִלָּה לְאֵל חַיָּי׃
י אוֹמְרָה ׀ לְאֵל סַלְעִי   לָמָה שְׁכַחְתָּנִי

לָֽמָּה־קֹדֵ֥ר אֵלֵ֗ךְ   בְּלַ֣חַץ אוֹיֵֽב׃
11 בְּרֶ֤צַח ׀ בְּֽעַצְמוֹתַ֗י   חֵרְפ֥וּנִי צוֹרְרָ֑י
בְּאָמְרָ֥ם אֵלַ֥י כָּל־הַ֝יּ֗וֹם   אַיֵּ֥ה אֱלֹהֶֽיךָ׃
12 מַה־תִּשְׁתּ֭וֹחֲחִי ׀ נַפְשִׁ֡י   וּמַה־תֶּהֱמִ֬י עָלָ֗י
הוֹחִ֣ילִי לֵ֭אלֹהִים כִּי־ע֣וֹד אוֹדֶ֑נּוּ   יְשׁוּעֹ֥ת פָּ֝נַ֗י וֵאלֹהָֽי׃

מג PSAL. XLIII. מג

א שָׁפְטֵ֤נִי אֱלֹהִ֨ים ׀ וְרִ֥יבָה רִיבִ֗י   מִגּ֥וֹי לֹא־חָסִ֑יד
2 מֵֽאִישׁ־מִרְמָ֖ה וְעַוְלָ֣ה תְפַלְּטֵֽנִי׃   כִּֽי־אַתָּ֨ה ׀ אֱלֹהֵ֣י מָעוּזִּי֮
לָמָ֪ה זְנַ֫חְתָּ֥נִי   לָֽמָּה־קֹדֵ֥ר אֶתְהַלֵּ֗ךְ
3 בְּלַ֣חַץ אוֹיֵֽב׃   שְׁלַח־אוֹרְךָ֣ וַ֭אֲמִתְּךָ
הֵ֣מָּה יַנְח֑וּנִי   יְבִיא֥וּנִי אֶל־הַֽר־קָ֝דְשְׁךָ֗
4 וְאֶל־מִשְׁכְּנוֹתֶֽיךָ׃   וְאָב֤וֹאָה ׀ אֶל־מִזְבַּ֬ח אֱלֹהִ֗ים
אֶל־אֵל֮ שִׂמְחַ֪ת גִּ֫ילִ֥י   וְאוֹדְךָ֥ בְכִנּ֗וֹר אֱלֹהִ֥ים אֱלֹהָֽי׃
ה מַה־תִּשְׁתּ֬וֹחֲחִ֨י ׀ נַפְשִׁי֮   וּמַה־תֶּהֱמִ֪י עָ֫לָ֥י
הוֹחִ֣ילִי לֵ֭אלֹהִים   כִּי־ע֣וֹד אוֹדֶ֑נּוּ
יְשׁוּעֹ֥ת פָּ֝נַ֗י וֵאלֹהָֽי׃

מד PSAL. XLIV. מד

א לַמְנַצֵּ֬חַ לִבְנֵי־קֹ֬רַח מַשְׂכִּֽיל׃
2 אֱלֹהִ֤ים ׀ בְּאָזְנֵ֬ינוּ שָׁמַ֗עְנוּ   אֲבוֹתֵ֥ינוּ סִפְּרוּ־לָ֑נוּ
3 פֹּ֥עַל פָּעַ֥לְתָּ בִ֝ימֵיהֶ֗ם בִּ֣ימֵי קֶֽדֶם׃   אַתָּ֤ה ׀ יָדְךָ֡
גּוֹיִ֣ם ה֭וֹרַשְׁתָּ וַתִּטָּעֵ֑ם   תָּ֥רַע לְ֝אֻמִּ֗ים וַֽתְּשַׁלְּחֵֽם׃
4 כִּ֤י לֹ֪א בְחַרְבָּ֡ם יָ֥רְשׁוּ אָ֗רֶץ   וּזְרוֹעָם֮ לֹא־הוֹשִׁ֪יעָ֫ה לָּ֥מוֹ
כִּֽי־יְמִינְךָ֣ וּ֭זְרוֹעֲךָ   וְא֣וֹר פָּ֭נֶיךָ כִּ֣י רְצִיתָֽם׃
ה אַתָּה־ה֣וּא מַלְכִּ֣י אֱלֹהִ֑ים   צַ֝וֵּ֗ה יְשׁוּע֥וֹת יַעֲקֹֽב׃
6 בְּ֭ךָ צָרֵ֣ינוּ נְנַגֵּ֑חַ   בְּ֝שִׁמְךָ֗ נָב֥וּס קָמֵֽינוּ׃
7 כִּ֤י לֹ֣א בְקַשְׁתִּ֣י אֶבְטָ֑ח   וְ֝חַרְבִּ֗י לֹ֣א תוֹשִׁיעֵֽנִי׃
8 כִּ֣י ה֭וֹשַׁעְתָּנוּ מִצָּרֵ֑ינוּ   וּמְשַׂנְאֵ֥ינוּ הֱבִישֽׁוֹתָ׃

באלהים ׀

בֵּֽאלֹהִים הִלַּלְנוּ כָל־הַיּוֹם   וְשִׁמְךָ ׀ לְעוֹלָם נוֹדֶה סֶּֽלָה׃   9

אַף־זָנַחְתָּ וַתַּכְלִימֵנוּ   וְלֹא־תֵצֵא בְּצִבְאוֹתֵֽינוּ׃   י

תְּשִׁיבֵנוּ אָחוֹר מִנִּי־צָר   וּמְשַׂנְאֵינוּ שָׁסוּ לָֽמוֹ׃   11

תִּתְּנֵנוּ כְּצֹאן מַאֲכָל   וּבַגּוֹיִם זֵרִיתָֽנוּ׃   12

תִּמְכֹּר־עַמְּךָ בְלֹא־הוֹן   וְלֹא־רִבִּיתָ בִּמְחִירֵיהֶֽם׃   13

תְּשִׂימֵנוּ חֶרְפָּה לִשְׁכֵנֵינוּ   לַעַג וָקֶלֶס לִסְבִיבוֹתֵֽינוּ׃   14

תְּשִׂימֵנוּ מָשָׁל בַּגּוֹיִם   מְנֽוֹד־רֹאשׁ בַּלְאֻמִּֽים׃   טו

כָּל־הַיּוֹם כְּלִמָּתִי נֶגְדִּי   וּבֹשֶׁת פָּנַי כִּסָּֽתְנִי׃   16

מִקּוֹל מְחָרֵף וּמְגַדֵּף   מִפְּנֵי אוֹיֵב וּמִתְנַקֵּֽם׃   17

כָּל־זֹאת בָּאַתְנוּ וְלֹא שְׁכַחֲנוּךָ   וְֽלֹא־שִׁקַּרְנוּ בִּבְרִיתֶֽךָ׃   18

לֹא־נָסוֹג אָחוֹר לִבֵּנוּ   וַתֵּט אֲשֻׁרֵינוּ מִנִּי אָרְחֶֽךָ׃   19

כִּי דִכִּיתָנוּ בִּמְקוֹם תַּנִּים   וַתְּכַס עָלֵינוּ בְצַלְמָֽוֶת׃   כ

אִם־שָׁכַחְנוּ שֵׁם אֱלֹהֵינוּ   וַנִּפְרֹשׂ כַּפֵּינוּ לְאֵל זָֽר׃   21

הֲלֹא אֱלֹהִים יַֽחֲקָר־זֹאת   כִּי־הוּא יֹדֵעַ תַּֽעֲלֻמוֹת לֵֽב׃   22

כִּֽי־עָלֶיךָ הֹרַגְנוּ כָל־הַיּוֹם   נֶחְשַׁבְנוּ כְּצֹאן טִבְחָֽה׃   23

עוּרָה ׀ לָמָּה תִישַׁן ׀ אֲדֹנָי   הָקִיצָה אַל־תִּזְנַח לָנֶֽצַח׃   24

לָֽמָּה־פָנֶיךָ תַסְתִּיר   תִּשְׁכַּח עָנְיֵנוּ וְֽלַחֲצֵֽנוּ׃   כה

כִּי שָׁחָה לֶעָפָר נַפְשֵׁנוּ   דָּבְקָה לָאָרֶץ בִּטְנֵֽנוּ׃   26

קוּמָה עֶזְרָתָה לָּנוּ   וּפְדֵנוּ לְמַעַן חַסְדֶּֽךָ׃   27

מה   PSAL. XLV.   מה

לַמְנַצֵּחַ עַל־שֹׁשַׁנִּים לִבְנֵי־קֹרַח   מַשְׂכִּיל שִׁיר יְדִידֹֽת׃   א

רָחַשׁ לִבִּי ׀ דָּבָר טוֹב   אֹמֵר אָנִי מַעֲשַׂי לְמֶלֶךְ   2

לְשׁוֹנִי עֵט ׀ סוֹפֵר מָהִֽיר׃   יָפְיָפִיתָ מִבְּנֵי אָדָם   3

הוּצַק חֵן בְּשְׂפְתוֹתֶיךָ   עַל־כֵּן בֵּרַכְךָ אֱלֹהִים לְעוֹלָֽם׃

חֲגֽוֹר־חַרְבְּךָ עַל־יָרֵךְ גִּבּוֹר   הוֹדְךָ וַהֲדָרֶֽךָ׃   4

וַהֲדָרְךָ ׀ צְלַח רְכַב   עַל־דְּבַר־אֱמֶת וְעַנְוָה־צֶּדֶק   ה

וְתוֹרְךָ נוֹרָאוֹת יְמִינֶֽךָ׃   חִצֶּיךָ שְׁנוּנִים   6

עַמִּים תַּחְתֶּיךָ יִפְּלוּ   בְּלֵב אוֹיְבֵי הַמֶּֽלֶךְ׃

כסאך

7 כִּסְאֲךָ אֱלֹהִים עוֹלָם וָעֶד שֵׁבֶט מִישֹׁר שֵׁבֶט מַלְכוּתֶךָ׃
8 אָהַבְתָּ צֶּדֶק וַתִּשְׂנָא רֶשַׁע עַל־כֵּן ׀ מְשָׁחֲךָ אֱלֹהִים אֱלֹהֶיךָ
9 שֶׁמֶן שָׂשׂוֹן מֵחֲבֵרֶךָ׃ מֹר־וַאֲהָלוֹת קְצִיעוֹת כָּל־בִּגְדֹתֶיךָ
י מִן־הֵיכְלֵי שֵׁן מִנִּי שִׂמְּחוּךָ׃ בְּנוֹת מְלָכִים בִּיקְּרוֹתֶיךָ
נִצְּבָה שֵׁגַל לִימִינְךָ בְּכֶתֶם אוֹפִיר׃
11 שִׁמְעִי־בַת וּרְאִי וְהַטִּי אָזְנֵךְ וְשִׁכְחִי עַמֵּךְ וּבֵית אָבִיךְ׃
12 וְיִתְאָו הַמֶּלֶךְ יָפְיֵךְ כִּי־הוּא אֲדֹנַיִךְ וְהִשְׁתַּחֲוִי־לוֹ׃
13 וּבַת־צֹר ׀ בְּמִנְחָה פָּנַיִךְ יְחַלּוּ עֲשִׁירֵי עָם׃
14 כָּל־כְּבוּדָּה בַת־מֶלֶךְ פְּנִימָה מִמִּשְׁבְּצוֹת זָהָב לְבוּשָׁהּ׃
טו לִרְקָמוֹת תּוּבַל לַמֶּלֶךְ בְּתוּלוֹת אַחֲרֶיהָ רֵעוֹתֶיהָ
16 מוּבָאוֹת לָךְ׃ תּוּבַלְנָה בִּשְׂמָחֹת וָגִיל תְּבֹאֶינָה בְּהֵיכַל מֶלֶךְ׃
17 תַּחַת אֲבֹתֶיךָ יִהְיוּ בָנֶיךָ תְּשִׁיתֵמוֹ לְשָׂרִים בְּכָל־הָאָרֶץ׃
18 אַזְכִּירָה שִׁמְךָ בְּכָל־דֹּר וָדֹר
עַל־כֵּן עַמִּים יְהוֹדוּךָ לְעֹלָם וָעֶד׃

מו PSAL. XLVI. מו

א לַמְנַצֵּחַ לִבְנֵי־קֹרַח עַל־עֲלָמוֹת שִׁיר׃
2 אֱלֹהִים לָנוּ מַחֲסֶה וָעֹז עֶזְרָה בְצָרוֹת נִמְצָא מְאֹד׃
3 עַל־כֵּן לֹא־נִירָא בְּהָמִיר אָרֶץ וּבְמוֹט הָרִים בְּלֵב יַמִּים׃
4 יֶהֱמוּ יֶחְמְרוּ מֵימָיו יִרְעֲשׁוּ־הָרִים בְּגַאֲוָתוֹ סֶלָה׃
ה נָהָר פְּלָגָיו יְשַׂמְּחוּ עִיר־אֱלֹהִים קְדֹשׁ מִשְׁכְּנֵי עֶלְיוֹן׃
6 אֱלֹהִים בְּקִרְבָּהּ בַּל־תִּמּוֹט יַעְזְרֶהָ אֱלֹהִים לִפְנוֹת בֹּקֶר׃
7 הָמוּ גוֹיִם מָטוּ מַמְלָכוֹת נָתַן בְּקוֹלוֹ תָּמוּג אָרֶץ׃
8 יְהוָה צְבָאוֹת עִמָּנוּ מִשְׂגָּב־לָנוּ אֱלֹהֵי יַעֲקֹב סֶלָה׃
9 לְכוּ־חֲזוּ מִפְעֲלוֹת יְהוָה אֲשֶׁר־שָׂם שַׁמּוֹת בָּאָרֶץ׃
י מַשְׁבִּית מִלְחָמוֹת עַד־קְצֵה הָאָרֶץ קֶשֶׁת יְשַׁבֵּר וְקִצֵּץ חֲנִית
11 עֲגָלוֹת יִשְׂרֹף בָּאֵשׁ׃ הַרְפּוּ וּדְעוּ כִּי־אָנֹכִי אֱלֹהִים
12 אָרוּם בַּגּוֹיִם אָרוּם בָּאָרֶץ׃ יְהוָה צְבָאוֹת עִמָּנוּ
מִשְׂגָּב־לָנוּ אֱלֹהֵי יַעֲקֹב סֶלָה׃

מז   Psal. XLVII.

א   לַמְנַצֵּחַ לִבְנֵי־קֹרַח מִזְמֽוֹר׃

2   כָּל־הָעַמִּים תִּקְעוּ־כָף   הָרִיעוּ לֵאלֹהִים בְּקוֹל רִנָּֽה׃

3   כִּֽי־יְהוָה עֶלְיוֹן נוֹרָא   מֶלֶךְ גָּדוֹל עַל־כָּל־הָאָֽרֶץ׃

4   יַדְבֵּר עַמִּים תַּחְתֵּינוּ   וּלְאֻמִּים תַּחַת רַגְלֵֽינוּ׃

ה   יִבְחַר־לָנוּ אֶת־נַחֲלָתֵנוּ   אֶת גְּאוֹן יַעֲקֹב אֲשֶׁר־אָהֵב סֶֽלָה׃

6   עָלָה אֱלֹהִים בִּתְרוּעָה   יְהוָה בְּקוֹל שׁוֹפָֽר׃

7   זַמְּרוּ אֱלֹהִים זַמֵּרוּ   זַמְּרוּ לְמַלְכֵּנוּ זַמֵּֽרוּ׃

8   כִּי מֶלֶךְ כָּל־הָאָרֶץ אֱלֹהִים   זַמְּרוּ מַשְׂכִּֽיל׃

9   מָלַךְ אֱלֹהִים עַל־גּוֹיִם   אֱלֹהִים יָשַׁב ׀ עַל־כִּסֵּא קָדְשֽׁוֹ׃

י   נְדִיבֵי עַמִּים ׀ נֶאֱסָפוּ   עַם אֱלֹהֵי אַבְרָהָם

    כִּי לֵֽאלֹהִים מָֽגִנֵּי־אֶרֶץ מְאֹד נַעֲלָֽה׃

מח   Psal. XLVIII.

א   שִׁיר מִזְמוֹר לִבְנֵי־קֹֽרַח׃

2   גָּדוֹל יְהוָה וּמְהֻלָּל מְאֹד   בְּעִיר אֱלֹהֵינוּ הַר־קָדְשֽׁוֹ׃

3   יְפֵה נוֹף מְשׂוֹשׂ כָּל־הָאָרֶץ   הַר־צִיּוֹן יַרְכְּתֵי צָפוֹן

4   קִרְיַת מֶלֶךְ רָֽב׃   אֱלֹהִים בְּאַרְמְנוֹתֶיהָ

ה   נוֹדַע לְמִשְׂגָּֽב׃   כִּֽי־הִנֵּה הַמְּלָכִים נֽוֹעֲדוּ

6   עָבְרוּ יַחְדָּֽו׃   הֵמָּה רָאוּ כֵּן תָּמָהוּ

7   נִבְהֲלוּ נֶחְפָּֽזוּ׃   רְעָדָה אֲחָזָתַם שָׁם

8   חִיל כַּיּוֹלֵדָֽה׃   בְּרוּחַ קָדִים

9   תְּשַׁבֵּר אֳנִיּוֹת תַּרְשִֽׁישׁ׃   כַּאֲשֶׁר שָׁמַעְנוּ ׀ כֵּן רָאִינוּ

    בְּעִיר־יְהוָה צְבָאוֹת בְּעִיר אֱלֹהֵינוּ

י   אֱלֹהִים יְכוֹנְנֶהָ עַד־עוֹלָם סֶֽלָה׃   דִּמִּינוּ אֱלֹהִים חַסְדֶּךָ

11   בְּקֶרֶב הֵיכָלֶֽךָ׃   כְּשִׁמְךָ אֱלֹהִים

    כֵּן תְּהִלָּתְךָ עַל־קַצְוֵי־אֶרֶץ   צֶדֶק מָלְאָה יְמִינֶֽךָ׃

12   יִשְׂמַח ׀ הַר־צִיּוֹן   תָּגֵלְנָה בְּנוֹת יְהוּדָה

13   לְמַעַן מִשְׁפָּטֶֽיךָ׃   סֹבּוּ צִיּוֹן וְהַקִּיפוּהָ

ספרו

14 סַפְּרוּ מִגְדָּלֶיהָ׃ שִׁיתוּ לִבְּכֶם ׀ לְחֵילָה
פַּסְּגוּ אַרְמְנוֹתֶיהָ לְמַעַן תְּסַפְּרוּ לְדוֹר אַחֲרוֹן׃
טו כִּי זֶה ׀ אֱלֹהִים אֱלֹהֵינוּ עוֹלָם וָעֶד הוּא יְנַהֲגֵנוּ עַל־מוּת׃

מט Psal. XLIX. מט

א לַמְנַצֵּחַ לִבְנֵי־קֹרַח מִזְמוֹר׃
2 שִׁמְעוּ־זֹאת כָּל־הָעַמִּים הַאֲזִינוּ כָּל־יֹשְׁבֵי חָלֶד׃
3 גַּם־בְּנֵי אָדָם גַּם־בְּנֵי־אִישׁ יַחַד עָשִׁיר וְאֶבְיוֹן׃
4 פִּי יְדַבֵּר חָכְמוֹת וְהָגוּת לִבִּי תְבוּנוֹת׃
ה אַטֶּה לְמָשָׁל אָזְנִי אֶפְתַּח בְּכִנּוֹר חִידָתִי׃
6 לָמָּה אִירָא בִּימֵי רָע עֲוֺן עֲקֵבַי יְסוּבֵּנִי׃
7 הַבֹּטְחִים עַל־חֵילָם וּבְרֹב עָשְׁרָם יִתְהַלָּלוּ׃
8 אָח לֹא־פָדֹה יִפְדֶּה אִישׁ לֹא־יִתֵּן לֵאלֹהִים כָּפְרוֹ׃
9 וְיֵקַר פִּדְיוֹן נַפְשָׁם וְחָדַל לְעוֹלָם׃
י וִיחִי־עוֹד לָנֶצַח לֹא יִרְאֶה הַשָּׁחַת׃
11 כִּי יִרְאֶה ׀ חֲכָמִים יָמוּתוּ יַחַד כְּסִיל וָבַעַר יֹאבֵדוּ
12 וְעָזְבוּ לַאֲחֵרִים חֵילָם׃ קִרְבָּם בָּתֵּימוֹ ׀ לְעוֹלָם
מִשְׁכְּנֹתָם לְדֹר וָדֹר קָרְאוּ בִשְׁמוֹתָם עֲלֵי אֲדָמוֹת׃
13 וְאָדָם בִּיקָר בַּל־יָלִין נִמְשַׁל כַּבְּהֵמוֹת נִדְמוּ׃
14 זֶה דַרְכָּם כֵּסֶל לָמוֹ וְאַחֲרֵיהֶם ׀ בְּפִיהֶם יִרְצוּ סֶלָה׃
טו כַּצֹּאן ׀ לִשְׁאוֹל שַׁתּוּ מָוֶת יִרְעֵם וַיִּרְדּוּ בָם יְשָׁרִים ׀ לַבֹּקֶר
וְצִירָם לְבַלּוֹת שְׁאוֹל מִזְּבֻל לוֹ׃
16 אַךְ־אֱלֹהִים יִפְדֶּה־נַפְשִׁי מִיַּד־שְׁאוֹל כִּי יִקָּחֵנִי סֶלָה׃
17 אַל־תִּירָא כִּי־יַעֲשִׁר אִישׁ כִּי־יִרְבֶּה כְּבוֹד בֵּיתוֹ׃
18 כִּי לֹא בְמוֹתוֹ יִקַּח הַכֹּל לֹא־יֵרֵד אַחֲרָיו כְּבוֹדוֹ׃
19 כִּי־נַפְשׁוֹ בְּחַיָּיו יְבָרֵךְ וְיוֹדֻךָ כִּי־תֵיטִיב לָךְ׃
כ תָּבוֹא עַד־דּוֹר אֲבוֹתָיו עַד־נֵצַח לֹא יִרְאוּ־אוֹר׃
21 אָדָם בִּיקָר וְלֹא יָבִין נִמְשַׁל כַּבְּהֵמוֹת נִדְמוּ׃

מ״ט v. 15. וצורם ק׳

מזמור

נ Psal. L. נ

א מִזְמ֗וֹר לְאָ֫סָ֥ף

אֵ֤ל ׀ אֱֽלֹהִ֡ים יְֽהוָ֗ה דִּבֶּ֥ר וַיִּקְרָא־אָ֑רֶץ

2 מִמִּזְרַח־שֶׁ֝֗מֶשׁ עַד־מְבֹאֽוֹ׃ מִצִּיּ֥וֹן מִכְלַל־יֹ֑פִי

3 אֱלֹהִ֥ים הוֹפִֽיעַ׃ יָ֤בֹא אֱלֹהֵ֗ינוּ וְֽאַל־יֶ֫חֱרַ֥שׁ

אֵשׁ־לְפָנָ֥יו תֹּאכֵ֑ל וּ֝סְבִיבָ֗יו נִשְׂעֲרָ֥ה מְאֹֽד׃

4 יִקְרָ֣א אֶל־הַשָּׁמַ֣יִם מֵעָ֑ל וְאֶל־הָ֝אָ֗רֶץ לָדִ֥ין עַמּֽוֹ׃

ה אִסְפוּ־לִ֥י חֲסִידָ֑י כֹּרְתֵ֖י בְרִיתִ֣י עֲלֵי־זָֽבַח׃

6 וַיַּגִּ֣ידוּ שָׁמַ֣יִם צִדְק֑וֹ כִּֽי־אֱלֹהִ֓ים ׀ שֹׁפֵ֖ט ה֣וּא סֶֽלָה׃

7 שִׁמְעָ֤ה עַמִּ֨י ׀ וַאֲדַבֵּ֗רָה יִ֭שְׂרָאֵל וְאָעִ֣ידָה בָּ֑ךְ

8 אֱלֹהִ֖ים אֱלֹהֶ֣יךָ אָנֹֽכִי׃ לֹ֣א עַל־זְ֭בָחֶיךָ אוֹכִיחֶ֑ךָ

9 וְעוֹלֹתֶ֖יךָ לְנֶגְדִּ֣י תָמִֽיד׃ לֹא־אֶקַּ֣ח מִבֵּיתְךָ֣ פָ֑ר

י מִ֝מִּכְלְאֹתֶ֗יךָ עַתּוּדִֽים׃ כִּי־לִ֥י כָל־חַיְתוֹ־יָ֑עַר

11 בְּ֝הֵמ֗וֹת בְּהַרְרֵי־אָֽלֶף׃ יָ֭דַעְתִּי כָּל־ע֣וֹף הָרִ֑ים

12 וְזִ֥יז שָׂ֝דַ֗י עִמָּדִֽי׃ אִם־אֶ֭רְעַב לֹא־אֹ֣מַר לָ֑ךְ

13 כִּי־לִ֥י תֵ֝בֵ֗ל וּמְלֹאָֽהּ׃ הַ֭אוֹכַל בְּשַׂ֣ר אַבִּירִ֑ים

14 וְדַ֖ם עַתּוּדִ֣ים אֶשְׁתֶּֽה׃ זְבַ֣ח לֵאלֹהִ֣ים תּוֹדָ֑ה

טו וְשַׁלֵּ֖ם לְעֶלְי֣וֹן נְדָרֶֽיךָ׃ וּ֭קְרָאֵנִי בְּי֣וֹם צָרָ֑ה

16 אֲ֝חַלֶּצְךָ֗ וּֽתְכַבְּדֵֽנִי׃ וְלָרָשָׁ֨ע ׀ אָ֘מַ֤ר אֱלֹהִ֗ים

מַה־לְּ֭ךָ לְסַפֵּ֣ר חֻקָּ֑י וַתִּשָּׂ֖א בְרִיתִ֣י עֲלֵי־פִֽיךָ׃

17 וְ֭אַתָּה שָׂנֵ֣אתָ מוּסָ֑ר וַתַּשְׁלֵ֖ךְ דְּבָרַ֣י אַחֲרֶֽיךָ׃

18 אִם־רָאִ֣יתָ גַ֭נָּב וַתִּ֣רֶץ עִמּ֑וֹ וְעִ֖ם מְנָאֲפִ֣ים חֶלְקֶֽךָ׃

19 פִּ֭יךָ שָׁלַ֣חְתָּ בְרָעָ֑ה וּ֝לְשׁוֹנְךָ֗ תַּצְמִ֥יד מִרְמָֽה׃

כ תֵּ֭שֵׁב בְּאָחִ֣יךָ תְדַבֵּ֑ר בְּבֶן־אִ֝מְּךָ֗ תִּתֶּן־דֹּֽפִי׃

21 אֵ֤לֶּה עָשִׂ֨יתָ ׀ וְֽהֶחֱרַ֗שְׁתִּי דִּ֭מִּיתָ הֱיֽוֹת־אֶהְיֶ֣ה כָמ֑וֹךָ

22 אוֹכִ֖יחֲךָ וְאֶעֶרְכָ֣ה לְעֵינֶֽיךָ׃ בִּֽינוּ־נָ֣א זֹ֭את שֹׁכְחֵ֣י אֱל֑וֹהַּ

23 פֶּן־אֶ֝טְרֹ֗ף וְאֵ֣ין מַצִּֽיל׃ זֹבֵ֥חַ תּוֹדָ֗ה יְֽכַ֫בְּדָ֥נְנִי

וְשָׂ֥ם דֶּ֑רֶךְ אַ֝רְאֶ֗נּוּ בְּיֵ֣שַׁע אֱלֹהִֽים׃

נא PSAL. LI. נא

א לַמְנַצֵּחַ מִזְמוֹר לְדָוִד׃

2 בְּבוֹא־אֵלָיו נָתָן הַנָּבִיא כַּאֲשֶׁר־בָּא אֶל־בַּת־שָׁבַע׃

3 חָנֵּנִי אֱלֹהִים כְּחַסְדֶּךָ כְּרֹב רַחֲמֶיךָ מְחֵה פְשָׁעָי׃

4 הֶרֶבה כַּבְּסֵנִי מֵעֲוֺנִי וּמֵחַטָּאתִי טַהֲרֵנִי׃

ה כִּי־פְשָׁעַי אֲנִי אֵדָע וְחַטָּאתִי נֶגְדִּי תָמִיד׃

6 לְךָ לְבַדְּךָ ׀ חָטָאתִי וְהָרַע בְּעֵינֶיךָ עָשִׂיתִי

לְמַעַן תִּצְדַּק בְּדָבְרֶךָ תִּזְכֶּה בְשָׁפְטֶךָ׃

7 הֵן־בְּעָווֹן חוֹלָלְתִּי וּבְחֵטְא יֶחֱמַתְנִי אִמִּי׃

8 הֵן־אֱמֶת חָפַצְתָּ בַטֻּחוֹת וּבְסָתֻם חָכְמָה תוֹדִיעֵנִי׃

9 תְּחַטְּאֵנִי בְאֵזוֹב וְאֶטְהָר תְּכַבְּסֵנִי וּמִשֶּׁלֶג אַלְבִּין׃

י תַּשְׁמִיעֵנִי שָׂשׂוֹן וְשִׂמְחָה תָּגֵלְנָה עֲצָמוֹת דִּכִּיתָ׃

11 הַסְתֵּר פָּנֶיךָ מֵחֲטָאָי וְכָל־עֲוֺנֹתַי מְחֵה׃

12 לֵב טָהוֹר בְּרָא־לִי אֱלֹהִים וְרוּחַ נָכוֹן חַדֵּשׁ בְּקִרְבִּי׃

13 אַל־תַּשְׁלִיכֵנִי מִלְּפָנֶיךָ וְרוּחַ קָדְשְׁךָ אַל־תִּקַּח מִמֶּנִּי׃

14 הָשִׁיבָה לִּי שְׂשׂוֹן יִשְׁעֶךָ וְרוּחַ נְדִיבָה תִסְמְכֵנִי׃

טו אֲלַמְּדָה פֹשְׁעִים דְּרָכֶיךָ וְחַטָּאִים אֵלֶיךָ יָשׁוּבוּ׃

16 הַצִּילֵנִי מִדָּמִים ׀ אֱלֹהִים אֱלֹהֵי תְּשׁוּעָתִי

17 תְּרַנֵּן לְשׁוֹנִי צִדְקָתֶךָ׃ אֲדֹנָי שְׂפָתַי תִּפְתָּח

18 וּפִי יַגִּיד תְּהִלָּתֶךָ׃ כִּי ׀ לֹא־תַחְפֹּץ זֶבַח וְאֶתֵּנָה

19 עוֹלָה לֹא תִרְצֶה׃ זִבְחֵי אֱלֹהִים רוּחַ נִשְׁבָּרָה

לֵב־נִשְׁבָּר וְנִדְכֶּה אֱלֹהִים לֹא תִבְזֶה׃

כ הֵיטִיבָה בִרְצוֹנְךָ אֶת־צִיּוֹן תִּבְנֶה חוֹמוֹת יְרוּשָׁלִָם׃

21 אָז תַּחְפֹּץ זִבְחֵי־צֶדֶק עוֹלָה וְכָלִיל

אָז יַעֲלוּ עַל־מִזְבַּחֲךָ פָרִים׃

נב PSAL. LII. נב

א לַמְנַצֵּחַ מַשְׂכִּיל לְדָוִד׃

2 בְּבוֹא ׀ דּוֹאֵג הָאֲדֹמִי וַיַּגֵּד לְשָׁאוּל וַיֹּאמֶר לוֹ

נ״א v. 4. הרב ק׳

3 בָּא דָוִד אֶל־בֵּית אֲחִימֶלֶךְ׃ מַה־תִּתְהַלֵּל בְּרָעָה הַגִּבּוֹר
4 חֶסֶד אֵל כָּל־הַיּוֹם׃ הַוּוֹת תַּחְשֹׁב לְשׁוֹנֶךָ
ה כְּתַעַר מְלֻטָּשׁ עֹשֵׂה רְמִיָּה׃ אָהַבְתָּ רָּע מִטּוֹב
6 שֶׁקֶר ׀ מִדַּבֵּר צֶדֶק סֶלָה׃ אָהַבְתָּ כָל־דִּבְרֵי־בָלַע
7 לְשׁוֹן מִרְמָה׃ גַּם־אֵל יִתָּצְךָ לָנֶצַח
יַחְתְּךָ וְיִסָּחֲךָ מֵאֹהֶל וְשֵׁרֶשְׁךָ מֵאֶרֶץ חַיִּים סֶלָה׃
8 וְיִרְאוּ צַדִּיקִים וְיִירָאוּ וְעָלָיו יִשְׂחָקוּ׃
9 הִנֵּה הַגֶּבֶר לֹא יָשִׂים אֱלֹהִים מָעוּזּוֹ וַיִּבְטַח בְּרֹב עָשְׁרוֹ
י יָעֹז בְּהַוָּתוֹ׃ וַאֲנִי ׀ כְּזַיִת רַעֲנָן בְּבֵית אֱלֹהִים
11 בָּטַחְתִּי בְחֶסֶד־אֱלֹהִים עוֹלָם וָעֶד׃ אוֹדְךָ לְעוֹלָם כִּי עָשִׂיתָ
וַאֲקַוֶּה שִׁמְךָ כִּי־טוֹב נֶגֶד חֲסִידֶיךָ׃

נג Psal. LIII. נג

א לַמְנַצֵּחַ עַל־מָחֲלַת מַשְׂכִּיל לְדָוִד׃
2 אָמַר נָבָל בְּלִבּוֹ אֵין אֱלֹהִים
הִשְׁחִיתוּ וְהִתְעִיבוּ עָוֶל אֵין עֹשֵׂה־טוֹב׃
3 אֱלֹהִים מִשָּׁמַיִם הִשְׁקִיף עַל־בְּנֵי־אָדָם לִרְאוֹת הֲיֵשׁ מַשְׂכִּיל
4 דֹּרֵשׁ אֶת־אֱלֹהִים׃ כֻּלּוֹ סָג יַחְדָּו נֶאֱלָחוּ
אֵין עֹשֵׂה־טוֹב אֵין גַּם אֶחָד׃
ה הֲלֹא יָדְעוּ פֹּעֲלֵי אָוֶן אֹכְלֵי עַמִּי אָכְלוּ לֶחֶם
6 אֱלֹהִים לֹא קָרָאוּ׃ שָׁם ׀ פָּחֲדוּ־פַחַד לֹא־הָיָה פָחַד
כִּי־אֱלֹהִים פִּזַּר עַצְמוֹת חֹנָךְ הֱבִשֹׁתָה כִּי־אֱלֹהִים מְאָסָם׃
7 מִי יִתֵּן מִצִּיּוֹן יְשֻׁעוֹת יִשְׂרָאֵל בְּשׁוּב אֱלֹהִים שְׁבוּת עַמּוֹ
יָגֵל יַעֲקֹב יִשְׂמַח יִשְׂרָאֵל׃

נד Psal. LIV. נד

א לַמְנַצֵּחַ בִּנְגִינֹת מַשְׂכִּיל לְדָוִד׃
2 בְּבוֹא הַזִּיפִים וַיֹּאמְרוּ לְשָׁאוּל הֲלֹא דָוִד מִסְתַּתֵּר עִמָּנוּ׃
3 אֱלֹהִים בְּשִׁמְךָ הוֹשִׁיעֵנִי וּבִגְבוּרָתְךָ תְדִינֵנִי׃

4 אֱלֹהִים שְׁמַע תְּפִלָּתִי הַאֲזִינָה לְאִמְרֵי־פִי׃
ה כִּי זָרִים ׀ קָמוּ עָלַי וְעָרִיצִים בִּקְשׁוּ נַפְשִׁי
6 לֹא שָׂמוּ אֱלֹהִים לְנֶגְדָּם סֶלָה׃ הִנֵּה אֱלֹהִים עֹזֵר לִי
7 אֲדֹנָי בְּסֹמְכֵי נַפְשִׁי׃ יָשׁוֹב הָרַע לְשֹׁרְרָי
8 בַּאֲמִתְּךָ הַצְמִיתֵם׃ בִּנְדָבָה אֶזְבְּחָה־לָּךְ
9 אוֹדֶה שִּׁמְךָ יְהוָה כִּי־טוֹב׃ כִּי מִכָּל־צָרָה הִצִּילָנִי
וּבְאֹיְבַי רָאֲתָה עֵינִי׃

נה PSAL. LV. נה

א לַמְנַצֵּחַ בִּנְגִינֹת מַשְׂכִּיל לְדָוִד׃
2 הַאֲזִינָה אֱלֹהִים תְּפִלָּתִי וְאַל־תִּתְעַלַּם מִתְּחִנָּתִי׃
3 הַקְשִׁיבָה לִּי וַעֲנֵנִי אָרִיד בְּשִׂיחִי וְאָהִימָה׃
4 מִקּוֹל אוֹיֵב מִפְּנֵי עָקַת רָשָׁע כִּי־יָמִיטוּ עָלַי אָוֶן
ה וּבְאַף יִשְׂטְמוּנִי׃ לִבִּי יָחִיל בְּקִרְבִּי
6 וְאֵימוֹת מָוֶת נָפְלוּ עָלָי׃ יִרְאָה וָרַעַד יָבֹא בִי
7 וַתְּכַסֵּנִי פַּלָּצוּת׃ וָאֹמַר מִי־יִתֶּן־לִּי אֵבֶר
8 כַּיּוֹנָה אָעוּפָה וְאֶשְׁכֹּנָה׃ הִנֵּה אַרְחִיק נְדֹד
9 אָלִין בַּמִּדְבָּר סֶלָה׃ אָחִישָׁה מִפְלָט לִי
י מֵרוּחַ סֹעָה מִסָּעַר׃ בַּלַּע אֲדֹנָי פַּלַּג לְשׁוֹנָם
כִּי־רָאִיתִי חָמָס וְרִיב בָּעִיר׃
11 יוֹמָם וָלַיְלָה יְסוֹבְבֻהָ עַל־חוֹמֹתֶיהָ וְאָוֶן וְעָמָל בְּקִרְבָּהּ׃
12 הַוּוֹת בְּקִרְבָּהּ וְלֹא־יָמִישׁ מֵרְחֹבָהּ תֹּךְ וּמִרְמָה׃
13 כִּי לֹא־אוֹיֵב יְחָרְפֵנִי וְאֶשָּׂא לֹא־מְשַׂנְאִי עָלַי הִגְדִּיל
14 וְאֶסָּתֵר מִמֶּנּוּ׃ וְאַתָּה אֱנוֹשׁ כְּעֶרְכִּי
טו אַלּוּפִי וּמְיֻדָּעִי׃ אֲשֶׁר יַחְדָּו נַמְתִּיק סוֹד
16 בְּבֵית אֱלֹהִים נְהַלֵּךְ בְּרָגֶשׁ׃ יַשִּׁימָוֶת ׀ עָלֵימוֹ יֵרְדוּ שְׁאוֹל חַיִּים
17 כִּי־רָעוֹת בִּמְגוּרָם בְּקִרְבָּם׃ אֲנִי אֶל־אֱלֹהִים אֶקְרָא
18 וַיהוָה יוֹשִׁיעֵנִי׃ עֶרֶב וָבֹקֶר וְצָהֳרַיִם אָשִׂיחָה וְאֶהֱמֶה

וישמע

נ״ד v. 7. ישיב ק׳ נ״ה v. 16. ישיא מות ק׳

19 וַיִּשְׁמַע קוֹלִי׃ פָּדָה בְשָׁלוֹם נַפְשִׁי מִקֲּרָב־לִי
כ כִּי־בְרַבִּים הָיוּ עִמָּדִי׃ יִשְׁמַע ׀ אֵל ׀ וְיַעֲנֵם
וְיֹשֵׁב קֶדֶם סֶלָה אֲשֶׁר אֵין חֲלִיפוֹת לָמוֹ
21 וְלֹא יָרְאוּ אֱלֹהִים׃ שָׁלַח יָדָיו בִּשְׁלֹמָיו חִלֵּל בְּרִיתוֹ׃
22 חָלְקוּ ׀ מַחְמָאֹת פִּיו וּקֲרָב־לִבּוֹ רַכּוּ דְבָרָיו מִשֶּׁמֶן
23 וְהֵמָּה פְתִחוֹת׃ הַשְׁלֵךְ עַל־יְהֹוָה ׀ יְהָבְךָ וְהוּא יְכַלְכְּלֶךָ
24 לֹא־יִתֵּן לְעוֹלָם מוֹט לַצַּדִּיק׃ וְאַתָּה ׀ אֱלֹהִים ׀ תּוֹרִדֵם ׀
לִבְאֵר שַׁחַת אַנְשֵׁי דָמִים וּמִרְמָה
לֹא־יֶחֱצוּ יְמֵיהֶם וַאֲנִי אֶבְטַח־בָּךְ׃

נו PSAL. LVI. נו

א לַמְנַצֵּחַ ׀ עַל־יוֹנַת אֵלֶם רְחֹקִים לְדָוִד מִכְתָּם
2 בֶּאֱחֹז אֹתוֹ פְלִשְׁתִּים בְּגַת׃ חָנֵּנִי אֱלֹהִים כִּי־שְׁאָפַנִי אֱנוֹשׁ
3 כָּל־הַיּוֹם לֹחֵם יִלְחָצֵנִי׃ שָׁאֲפוּ שׁוֹרְרַי כָּל־הַיּוֹם
4 כִּי־רַבִּים לֹחֲמִים לִי מָרוֹם׃ יוֹם אִירָא
ה אֲנִי אֵלֶיךָ אֶבְטָח׃ בֵּאלֹהִים אֲהַלֵּל דְּבָרוֹ
בֵּאלֹהִים בָּטַחְתִּי לֹא אִירָא מַה־יַּעֲשֶׂה בָשָׂר לִי׃
6 כָּל־הַיּוֹם דְּבָרַי יְעַצֵּבוּ עָלַי כָּל־מַחְשְׁבֹתָם לָרָע׃
7 יָגוּרוּ ׀ יִצְפֹּינוּ הֵמָּה עֲקֵבַי יִשְׁמֹרוּ כַּאֲשֶׁר קִוּוּ נַפְשִׁי׃
8 עַל־אָוֶן פַּלֶּט־לָמוֹ בְּאַף עַמִּים ׀ הוֹרֵד אֱלֹהִים׃
9 נֹדִי סָפַרְתָּה אָתָּה שִׂימָה דִמְעָתִי בְנֹאדֶךָ
י הֲלֹא בְּסִפְרָתֶךָ׃ אָז יָשׁוּבוּ אוֹיְבַי אָחוֹר בְּיוֹם אֶקְרָא
11 זֶה־יָדַעְתִּי כִּי־אֱלֹהִים לִי׃ בֵּאלֹהִים אֲהַלֵּל דָּבָר
12 בַּיהֹוָה אֲהַלֵּל דָּבָר׃ בֵּאלֹהִים בָּטַחְתִּי לֹא אִירָא
13 מַה־יַּעֲשֶׂה אָדָם לִי׃ עָלַי אֱלֹהִים נְדָרֶיךָ
14 אֲשַׁלֵּם תּוֹדֹת לָךְ׃ כִּי הִצַּלְתָּ נַפְשִׁי מִמָּוֶת
הֲלֹא רַגְלַי מִדֶּחִי לְהִתְהַלֵּךְ לִפְנֵי אֱלֹהִים
בְּאוֹר הַחַיִּים׃

למנצח

נ״ו. v. 7. יצפונו ק׳

נז Psal. LVII. נז

א לַמְנַצֵּחַ אַל־תַּשְׁחֵת   לְדָוִד מִכְתָּם
2 בְּבָרְחוֹ מִפְּנֵי־שָׁאוּל בַּמְּעָרָה׃   חָנֵּנִי אֱלֹהִים ׀ חָנֵּנִי
כִּי בְךָ חָסָיָה נַפְשִׁי   וּבְצֵל־כְּנָפֶיךָ אֶחְסֶה
3 עַד יַעֲבֹר הַוּוֹת׃   אֶקְרָא לֵאלֹהִים עֶלְיוֹן
4 לָאֵל גֹּמֵר עָלָי׃   יִשְׁלַח מִשָּׁמַיִם ׀ וְיוֹשִׁיעֵנִי
חֵרֵף שֹׁאֲפִי סֶלָה   יִשְׁלַח אֱלֹהִים חַסְדּוֹ וַאֲמִתּוֹ׃
ה נַפְשִׁי ׀ בְּתוֹךְ לְבָאִם   אֶשְׁכְּבָה לֹהֲטִים
בְּנֵי־אָדָם שִׁנֵּיהֶם חֲנִית וְחִצִּים   וּלְשׁוֹנָם חֶרֶב חַדָּה׃
6 רוּמָה עַל־הַשָּׁמַיִם אֱלֹהִים   עַל כָּל־הָאָרֶץ כְּבוֹדֶךָ׃
7 רֶשֶׁת ׀ הֵכִינוּ לִפְעָמַי כָּפַף נַפְשִׁי   כָּרוּ לְפָנַי שִׁיחָה
8 נָפְלוּ בְתוֹכָהּ סֶלָה׃   נָכוֹן לִבִּי אֱלֹהִים נָכוֹן לִבִּי
9 אָשִׁירָה וַאֲזַמֵּרָה׃   עוּרָה כְבוֹדִי עוּרָה   הַנֵּבֶל וְכִנּוֹר
י אָעִירָה שָּׁחַר׃   אוֹדְךָ בָעַמִּים ׀ אֲדֹנָי
11 אֲזַמֶּרְךָ בַּלְאֻמִּים׃   כִּי־גָדֹל עַד־שָׁמַיִם חַסְדֶּךָ
12 וְעַד־שְׁחָקִים אֲמִתֶּךָ׃   רוּמָה עַל־שָׁמַיִם אֱלֹהִים
עַל כָּל־הָאָרֶץ כְּבוֹדֶךָ׃

נח Psal. LVIII. נח

א לַמְנַצֵּחַ אַל־תַּשְׁחֵת לְדָוִד מִכְתָּם׃
2 הַאֻמְנָם אֵלֶם צֶדֶק תְּדַבֵּרוּן   מֵישָׁרִים תִּשְׁפְּטוּ בְּנֵי אָדָם׃
3 אַף־בְּלֵב עוֹלֹת תִּפְעָלוּן   בָּאָרֶץ חֲמַס יְדֵיכֶם תְּפַלֵּסוּן׃
4 זֹרוּ רְשָׁעִים מֵרָחֶם   תָּעוּ מִבֶּטֶן דֹּבְרֵי כָזָב׃
ה חֲמַת־לָמוֹ כִּדְמוּת חֲמַת־נָחָשׁ   כְּמוֹ־פֶתֶן חֵרֵשׁ יַאְטֵם אָזְנוֹ׃
6 אֲשֶׁר לֹא־יִשְׁמַע לְקוֹל מְלַחֲשִׁים   חוֹבֵר חֲבָרִים מְחֻכָּם׃
7 אֱלֹהִים הֲרָס־שִׁנֵּימוֹ בְּפִימוֹ   מַלְתְּעוֹת כְּפִירִים נְתֹץ ׀ יְהוָה׃
8 יִמָּאֲסוּ כְמוֹ־מַיִם יִתְהַלְּכוּ־לָמוֹ   יִדְרֹךְ חִצָּו כְּמוֹ יִתְמֹלָלוּ׃
9 כְּמוֹ שַׁבְּלוּל תֶּמֶס יַהֲלֹךְ   נֵפֶל אֵשֶׁת בַּל־חָזוּ שָׁמֶשׁ׃

בטרם

נ״ח v. 8. חציו ק׳

י בְּטֶרֶם יָבִינוּ סִּירֹתֵיכֶם אָטָד   כְּמוֹ־חַי כְּמוֹ־חָרוֹן יִשְׂעָרֶנּוּ׃
11 יִשְׂמַח צַדִּיק כִּי־חָזָה נָקָם   פְּעָמָיו יִרְחַץ בְּדַם הָרָשָׁע׃
12 וְיֹאמַר אָדָם אַךְ־פְּרִי לַצַּדִּיק
אַךְ יֵשׁ־אֱלֹהִים שֹׁפְטִים בָּאָרֶץ׃

נט PSAL. LIX. נט

א לַמְנַצֵּחַ אַל־תַּשְׁחֵת לְדָוִד מִכְתָּם
בִּשְׁלֹחַ שָׁאוּל   וַיִּשְׁמְרוּ אֶת־הַבַּיִת לַהֲמִיתוֹ׃
2 הַצִּילֵנִי מֵאֹיְבַי ׀ אֱלֹהָי   מִמִּתְקוֹמְמַי תְּשַׂגְּבֵנִי׃
3 הַצִּילֵנִי מִפֹּעֲלֵי אָוֶן   וּמֵאַנְשֵׁי דָמִים הוֹשִׁיעֵנִי׃
4 כִּי הִנֵּה אָרְבוּ לְנַפְשִׁי   יָגוּרוּ עָלַי עַזִּים
ה לֹא־פִשְׁעִי וְלֹא־חַטָּאתִי יְהוָה׃   בְּלִי־עָוֺן יְרֻצוּן וְיִכּוֹנָנוּ
עוּרָה לִקְרָאתִי וּרְאֵה׃
6 וְאַתָּה יְהוָה־אֱלֹהִים ׀ צְבָאוֹת אֱלֹהֵי יִשְׂרָאֵל
הָקִיצָה לִפְקֹד כָּל־הַגּוֹיִם   אַל־תָּחֹן כָּל־בֹּגְדֵי אָוֶן סֶלָה׃
7 יָשׁוּבוּ לָעֶרֶב יֶהֱמוּ כַכָּלֶב   וִיסוֹבְבוּ עִיר׃
8 הִנֵּה ׀ יַבִּיעוּן בְּפִיהֶם   חֲרָבוֹת בְּשִׂפְתוֹתֵיהֶם
9 כִּי־מִי שֹׁמֵעַ׃   וְאַתָּה יְהוָה תִּשְׂחַק־לָמוֹ
י תִּלְעַג לְכָל־גּוֹיִם׃   עֻזּוֹ אֵלֶיךָ אֶשְׁמֹרָה
11 כִּי־אֱלֹהִים מִשְׂגַּבִּי׃   אֱלֹהֵי חַסְדּוֹ יְקַדְּמֵנִי
12 אֱלֹהִים יַרְאֵנִי בְשֹׁרְרָי׃   אַל־תַּהַרְגֵם ׀ פֶּן־יִשְׁכְּחוּ עַמִּי
הֲנִיעֵמוֹ בְחֵילְךָ וְהוֹרִידֵמוֹ   מָגִנֵּנוּ אֲדֹנָי׃
13 חַטַּאת־פִּימוֹ דְּבַר־שְׂפָתֵימוֹ   וְיִלָּכְדוּ בִגְאוֹנָם
14 וּמֵאָלָה וּמִכַּחַשׁ יְסַפֵּרוּ׃   כַּלֵּה בְחֵמָה כַּלֵּה וְאֵינֵמוֹ
וְיֵדְעוּ כִּי־אֱלֹהִים מֹשֵׁל בְּיַעֲקֹב   לְאַפְסֵי הָאָרֶץ סֶלָה׃
טו וְיָשֻׁבוּ לָעֶרֶב יֶהֱמוּ כַכָּלֶב   וִיסוֹבְבוּ עִיר׃
16 הֵמָּה יְנִועוּן לֶאֱכֹל   אִם־לֹא יִשְׂבְּעוּ וַיָּלִינוּ׃
17 וַאֲנִי ׀ אָשִׁיר עֻזֶּךָ   וַאֲרַנֵּן לַבֹּקֶר חַסְדֶּךָ

כִּי־הָיִיתָ

נ״ט v. 11. חסדי ק׳   v. 16. יניעון ק׳

כִּֽי־הָיִ֣יתָ מִשְׂגָּ֣ב לִ֑י   וּ֝מָנ֗וֹס בְּי֣וֹם צַר־לִֽי׃
18 עֻ֭זִּי אֵלֶ֣יךָ אֲזַמֵּ֑רָה   כִּֽי־אֱלֹהִ֥ים מִ֝שְׂגַּבִּ֗י
אֱלֹהֵ֥י חַסְדִּֽי׃

ס PSAL. LX. ס

א לַמְנַצֵּ֥חַ עַל־שׁוּשַׁ֖ן עֵד֑וּת   מִכְתָּ֖ם לְדָוִ֣ד לְלַמֵּֽד׃
2 בְּהַצּוֹת֨וֹ ׀ אֶ֥ת אֲרַ֣ם נַהֲרַיִם֮   וְאֶת־אֲרַ֪ם צ֫וֹבָ֥ה
וַיָּ֤שָׁב יוֹאָ֗ב וַיַּ֣ךְ אֶת־אֱד֣וֹם בְּגֵיא־מֶ֑לַח   שְׁנֵ֖ים עָשָׂ֣ר אָֽלֶף׃
3 אֱ‍ֽלֹהִ֣ים זְ֭נַחְתָּנוּ פְרַצְתָּ֑נוּ   אָ֝נַ֗פְתָּ תְּשׁ֣וֹבֵ֥ב לָֽנוּ׃
4 הִרְעַ֣שְׁתָּה אֶ֣רֶץ פְּצַמְתָּ֑הּ   רְפָ֖ה שְׁבָרֶ֣יהָ כִי־מָֽטָה׃
ה הִרְאִ֣יתָ עַמְּךָ֣ קָשָׁ֑ה   הִ֝שְׁקִיתָ֗נוּ יַ֣יִן תַּרְעֵלָֽה׃
6 נָ֤תַ֥תָּה לִּירֵאֶ֣יךָ נֵּ֭ס לְהִתְנוֹסֵ֑ס   מִ֝פְּנֵ֗י קֹ֣שֶׁט סֶֽלָה׃
7 לְ֭מַעַן יֵחָלְצ֣וּן יְדִידֶ֑יךָ   הוֹשִׁ֖יעָה יְמִֽינְךָ֣ וַעֲנֵֽנוּ׃
8 אֱלֹהִ֤ים ׀ דִּבֶּ֥ר בְּקָדְשׁ֗וֹ אֶֽ֫עְלֹ֥זָה   אֲחַלְּקָ֥ה שְׁכֶ֑ם
9 וְעֵ֖מֶק סֻכּ֣וֹת אֲמַדֵּֽד׃   לִ֤י גִלְעָ֨ד ׀ וְלִ֬י מְנַשֶּׁ֗ה
וְ֭אֶפְרַיִם מָע֣וֹז רֹאשִׁ֑י   יְ֝הוּדָ֗ה מְחֹקְקִֽי׃
י מוֹאָ֤ב ׀ סִ֬יר רַחְצִ֗י   עַל־אֱ֭דוֹם אַשְׁלִ֣יךְ נַעֲלִ֑י
11 עָ֝לַ֗י פְּלֶ֣שֶׁת הִתְרוֹעָֽעִי׃   מִ֣י יֹ֭בִלֵנִי עִ֣יר מָצ֑וֹר
12 מִ֖י נָחַ֣נִי עַד־אֱדֽוֹם׃   הֲלֹֽא־אַתָּ֣ה אֱ֭לֹהִים זְנַחְתָּ֑נוּ
13 וְלֹֽא־תֵצֵ֥א אֱ֝לֹהִ֗ים בְּצִבְאוֹתֵֽינוּ׃   הָֽבָה־לָּ֣נוּ עֶזְרָ֣ת מִצָּ֑ר
14 וְ֝שָׁ֗וְא תְּשׁוּעַ֥ת אָדָֽם׃   בֵּֽאלֹהִ֥ים נַעֲשֶׂה־חָ֑יִל
וְ֝ה֗וּא יָב֥וּס צָרֵֽינוּ׃

סא PSAL. LXI. סא

א לַמְנַצֵּ֬חַ ׀ עַֽל־נְגִינַ֬ת לְדָוִֽד׃
2 שִׁמְעָ֣ה אֱ֭לֹהִים רִנָּתִ֑י   הַ֝קְשִׁ֗יבָה תְּפִלָּתִֽי׃
3 מִקְצֵ֤ה הָאָ֨רֶץ ׀ אֵלֶ֣יךָ אֶ֭קְרָא בַּעֲטֹ֣ף לִבִּ֑י
4 בְּצוּר־יָר֖וּם מִמֶּ֣נִּי תַנְחֵֽנִי׃   כִּֽי־הָיִ֣יתָ מַחְסֶ֣ה לִ֑י
ה מִֽגְדַּל־עֹ֝֗ז מִפְּנֵ֥י אוֹיֵֽב׃   אָג֣וּרָה בְ֭אָהָלְךָ עוֹלָמִ֑ים

אחסה

ס׳ v. 7. ועננו ק׳

6 אֶחֱסֶה בְסֵתֶר כְּנָפֶיךָ סֶּלָה׃ כִּי־אַתָּה אֱלֹהִים שָׁמַעְתָּ לִנְדָרָי
7 נָתַתָּ יְרֻשַּׁת יִרְאֵי שְׁמֶךָ׃ יָמִים עַל־יְמֵי־מֶלֶךְ תּוֹסִיף
8 שְׁנוֹתָיו כְּמוֹ־דֹר וָדֹר׃ יֵשֵׁב עוֹלָם לִפְנֵי אֱלֹהִים
9 חֶסֶד וֶאֱמֶת מַן יִנְצְרֻהוּ׃ כֵּן אֲזַמְּרָה שִׁמְךָ לָעַד
לְשַׁלְּמִי נְדָרַי יוֹם ׀ יוֹם׃

סב PSAL. LXII. סב

א לַמְנַצֵּחַ עַל־יְדוּתוּן מִזְמוֹר לְדָוִד׃
2 אַךְ אֶל־אֱלֹהִים דּוּמִיָּה נַפְשִׁי מִמֶּנּוּ יְשׁוּעָתִי׃
3 אַךְ־הוּא צוּרִי וִישׁוּעָתִי מִשְׂגַּבִּי לֹא־אֶמּוֹט רַבָּה׃
4 עַד־אָנָה ׀ תְּהוֹתְתוּ עַל־אִישׁ תְּרָצְּחוּ כֻלְּכֶם כְּקִיר נָטוּי
ה גָּדֵר הַדְּחוּיָה׃ אַךְ מִשְּׂאֵתוֹ ׀ יָעֲצוּ לְהַדִּיחַ יִרְצוּ כָזָב
בְּפִיו יְבָרֵכוּ וּבְקִרְבָּם יְקַלְלוּ־סֶלָה׃
6 אַךְ לֵאלֹהִים דּוֹמִּי נַפְשִׁי כִּי־מִמֶּנּוּ תִּקְוָתִי׃
7 אַךְ־הוּא צוּרִי וִישׁוּעָתִי מִשְׂגַּבִּי לֹא אֶמּוֹט׃
8 עַל־אֱלֹהִים יִשְׁעִי וּכְבוֹדִי צוּר־עֻזִּי מַחְסִי בֵּאלֹהִים׃
9 בִּטְחוּ בוֹ בְכָל־עֵת ׀ עָם שִׁפְכוּ־לְפָנָיו לְבַבְכֶם
י אֱלֹהִים מַחֲסֶה־לָּנוּ סֶלָה׃ אַךְ ׀ הֶבֶל בְּנֵי־אָדָם כָּזָב בְּנֵי אִישׁ
בְּמֹאזְנַיִם לַעֲלוֹת הֵמָּה מֵהֶבֶל יָחַד׃
11 אַל־תִּבְטְחוּ בְעֹשֶׁק וּבְגָזֵל אַל־תֶּהְבָּלוּ חַיִל ׀ כִּי־יָנוּב
12 אַל־תָּשִׁיתוּ לֵב׃ אַחַת ׀ דִּבֶּר אֱלֹהִים
שְׁתַּיִם־זוּ שָׁמָעְתִּי כִּי עֹז לֵאלֹהִים׃
13 וּלְךָ־אֲדֹנָי חָסֶד כִּי־אַתָּה תְשַׁלֵּם לְאִישׁ כְּמַעֲשֵׂהוּ׃

סג PSAL. LXIII. סג

א מִזְמוֹר לְדָוִד בִּהְיוֹתוֹ בְּמִדְבַּר יְהוּדָה׃
2 אֱלֹהִים ׀ אֵלִי אַתָּה אֲשַׁחֲרֶךָּ צָמְאָה לְךָ ׀ נַפְשִׁי כָּמַהּ לְךָ בְשָׂרִי
3 בְּאֶרֶץ־צִיָּה וְעָיֵף בְּלִי־מָיִם׃ כֵּן בַּקֹּדֶשׁ חֲזִיתִךָ
4 לִרְאוֹת עֻזְּךָ וּכְבוֹדֶךָ׃ כִּי־טוֹב חַסְדְּךָ מֵחַיִּים

ה שְׂפָתַי יְשַׁבְּחֽוּנְךָ׃ כֵּן אֲבָרֶכְךָ בְחַיָּי
6 בְּשִׁמְךָ אֶשָּׂא כַפָּי׃ כְּמוֹ חֵלֶב וָדֶשֶׁן תִּשְׂבַּע נַפְשִׁי
7 וְשִׂפְתֵי רְנָנוֹת יְהַלֶּל־פִּי׃ אִם־זְכַרְתִּיךָ עַל־יְצוּעָי
8 בְּאַשְׁמֻרוֹת אֶהְגֶּה־בָּךְ׃ כִּי־הָיִיתָ עֶזְרָתָה לִּי
9 וּבְצֵל כְּנָפֶיךָ אֲרַנֵּן׃ דָּבְקָה נַפְשִׁי אַחֲרֶיךָ
י בִּי תָּמְכָה יְמִינֶךָ׃ וְהֵמָּה לְשׁוֹאָה יְבַקְשׁוּ נַפְשִׁי
11 יָבֹאוּ בְּתַחְתִּיּוֹת הָאָרֶץ׃ יַגִּירֻהוּ עַל־יְדֵי־חָרֶב
12 מְנָת שֻׁעָלִים יִהְיוּ׃ וְהַמֶּלֶךְ יִשְׂמַח בֵּאלֹהִים
יִתְהַלֵּל כָּל־הַנִּשְׁבָּע בּוֹ כִּי יִסָּכֵר פִּי דוֹבְרֵי־שָֽׁקֶר׃

סד Psal. LXIV. סד

א לַמְנַצֵּחַ מִזְמוֹר לְדָוִד׃
2 שְׁמַע־אֱלֹהִים קוֹלִי בְשִׂיחִי מִפַּחַד אוֹיֵב תִּצֹּר חַיָּי׃
3 תַּסְתִּירֵנִי מִסּוֹד מְרֵעִים מֵרִגְשַׁת פֹּעֲלֵי אָוֶן׃
4 אֲשֶׁר שָׁנְנוּ כַחֶרֶב לְשׁוֹנָם דָּרְכוּ חִצָּם דָּבָר מָר׃
ה לִירוֹת בַּמִּסְתָּרִים תָּם פִּתְאֹם יֹרֻהוּ וְלֹא יִירָאוּ׃
6 יְחַזְּקוּ־לָמוֹ ׀ דָּבָר רָע יְסַפְּרוּ לִטְמוֹן מוֹקְשִׁים
7 אָמְרוּ מִי יִרְאֶה־לָּמוֹ׃ יַחְפְּשׂוּ־עוֹלֹת תַּמְנוּ חֵפֶשׂ מְחֻפָּשׂ
8 וְקֶרֶב אִישׁ וְלֵב עָמֹק׃ וַיֹּרֵם אֱלֹהִים חֵץ פִּתְאוֹם
9 הָיוּ מַכּוֹתָם׃ וַיַּכְשִׁילֻהוּ עָלֵימוֹ לְשׁוֹנָם
י יִתְנֹדְדוּ כָּל־רֹאֵה בָם׃ וַיִּירְאוּ כָּל־אָדָם
וַיַּגִּידוּ פֹּעַל אֱלֹהִים וּמַעֲשֵׂהוּ הִשְׂכִּילוּ׃
11 יִשְׂמַח צַדִּיק בַּיהוָה וְחָסָה בוֹ וְיִתְהַלְלוּ כָּל־יִשְׁרֵי־לֵב׃

סה Psal. LXV. סה

א לַמְנַצֵּחַ מִזְמוֹר לְדָוִד שִׁיר׃
2 לְךָ דֻמִיָּה תְהִלָּה אֱלֹהִים בְּצִיּוֹן וּלְךָ יְשֻׁלַּם־נֶדֶר׃
3 שֹׁמֵעַ תְּפִלָּה עָדֶיךָ כָּל־בָּשָׂר יָבֹאוּ׃
4 דִּבְרֵי עֲוֺנֹת גָּבְרוּ מֶנִּי פְּשָׁעֵינוּ אַתָּה תְכַפְּרֵם׃

אשרי

ה אַשְׁרֵ֤י ׀ תִּֽבְחַ֣ר וּתְקָרֵב֮ יִשְׁכֹּ֪ן חֲצֵ֫רֶ֥יךָ נִ֭שְׂבְּעָה בְּט֣וּב בֵּיתֶ֑ךָ
6 קְ֝דֹ֗שׁ הֵיכָלֶֽךָ׃ נ֤וֹרָא֨וֹת ׀ בְּצֶ֣דֶק תַּ֭עֲנֵנוּ אֱלֹהֵ֣י יִשְׁעֵ֑נוּ
7 מִבְטָ֥ח כָּל־קַצְוֵי־אֶ֝֗רֶץ וְיָ֣ם רְחֹקִֽים׃ מֵכִ֣ין הָרִ֣ים בְּכֹח֑וֹ
8 נֶ֝אְזָ֗ר בִּגְבוּרָֽה׃ מַשְׁבִּ֤יחַ ׀ שְׁא֣וֹן יַ֭מִּים שְׁא֥וֹן גַּלֵּיהֶ֗ם
9 וַהֲמ֥וֹן לְאֻמִּֽים׃ וַיִּ֤ירְא֨וּ ׀ יֹשְׁבֵ֣י קְ֭צָוֺת מֵאוֹתֹתֶ֑יךָ
י מ֤וֹצָֽאֵי בֹ֖קֶר וָעֶ֣רֶב תַּרְנִֽין׃ פָּקַ֥דְתָּ הָאָ֨רֶץ ׀ וַתְּשֹׁ֗קְקֶהָ
רַבַּ֬ת תַּעְשְׁרֶ֗נָּה פֶּ֣לֶג אֱ֭לֹהִים מָ֣לֵא מָ֑יִם
11 תָּכִ֥ין דְּ֝גָנָ֗ם כִּי־כֵ֥ן תְּכִינֶֽהָ׃ תְּלָמֶ֣יהָ רַ֭וֵּה נַחֵ֣ת גְּדוּדֶ֑הָ
12 בִּרְבִיבִ֥ים תְּ֝מֹגְגֶ֗נָּה צִמְחָ֥הּ תְּבָרֵֽךְ׃ עִ֭טַּרְתָּ שְׁנַ֣ת טוֹבָתֶ֑ךָ
13 וּ֝מַעְגָּלֶ֗יךָ יִרְעֲפ֥וּן דָּֽשֶׁן׃ יִ֭רְעֲפוּ נְא֣וֹת מִדְבָּ֑ר
14 וְ֝גִ֗יל גְּבָע֥וֹת תַּחְגֹּֽרְנָה׃ לָבְשׁ֬וּ כָרִ֨ים ׀ הַצֹּ֗אן
וַעֲמָקִ֥ים יַֽעַטְפוּ־בָ֑ר יִ֝תְרוֹעֲע֗וּ אַף־יָשִֽׁירוּ׃

סו PSAL. LXVI. סו

א לַ֭מְנַצֵּחַ שִׁ֣יר מִזְמ֑וֹר הָרִ֥יעוּ לֵ֝אלֹהִ֗ים כָּל־הָאָֽרֶץ׃
2 זַמְּר֥וּ כְבוֹד־שְׁמ֑וֹ שִׂ֥ימוּ כָ֝ב֗וֹד תְּהִלָּתֽוֹ׃
3 אִמְר֣וּ לֵ֭אלֹהִים מַה־נּוֹרָ֣א מַעֲשֶׂ֑יךָ
בְּרֹ֥ב עֻ֝זְּךָ֗ יְֽכַחֲשׁ֖וּ לְךָ֣ אֹיְבֶֽיךָ׃
4 כָּל־הָאָ֤רֶץ ׀ יִשְׁתַּחֲו֣וּ לְ֭ךָ וִיזַמְּרוּ־לָ֑ךְ יְזַמְּר֖וּ שִׁמְךָ֣ סֶֽלָה׃
ה לְכ֣וּ וּ֭רְאוּ מִפְעֲל֣וֹת אֱלֹהִ֑ים נוֹרָ֥א עֲ֝לִילָ֗ה עַל־בְּנֵ֥י אָדָֽם׃
6 הָ֤פַךְ יָ֨ם ׀ לְֽיַבָּשָׁ֗ה בַּ֭נָּהָר יַֽעַבְר֣וּ בְרָ֑גֶל
שָׁ֝֗ם נִשְׂמְחָה בּֽוֹ׃
7 מֹשֵׁ֤ל בִּגְבוּרָת֨וֹ ׀ עוֹלָ֗ם
עֵ֭ינָיו בַּגּוֹיִ֣ם תִּצְפֶּ֑ינָה הַסּוֹרְרִ֓ים ׀ אַל־יָרִ֖ימוּ לָ֣מוֹ סֶֽלָה׃
8 בָּרְכ֖וּ עַמִּ֥ים ׀ אֱלֹהֵ֑ינוּ וְ֝הַשְׁמִ֗יעוּ ק֣וֹל תְּהִלָּתֽוֹ׃
9 הַשָּׂ֣ם נַ֭פְשֵׁנוּ בַּֽחַיִּ֑ים וְלֹֽא־נָתַ֖ן לַמּ֣וֹט רַגְלֵֽנוּ׃
י כִּֽי־בְחַנְתָּ֥נוּ אֱלֹהִ֑ים צְ֝רַפְתָּ֗נוּ כִּצְרָף־כָּֽסֶף׃
11 הֲבֵאתָ֥נוּ בַמְּצוּדָ֑ה שַׂ֖מְתָּ מוּעָקָ֣ה בְמָתְנֵֽינוּ׃
12 הִרְכַּ֥בְתָּ אֱנ֗וֹשׁ לְרֹ֫אשֵׁ֥נוּ בָּֽאנוּ־בָאֵ֥שׁ וּבַמַּ֑יִם

ס״ז v. 7. ירומו ק׳

ותוציאנו

13 וַתּוֹצִיאֵנוּ לָרְוָיָה׃   אָבוֹא בֵיתְךָ בְעוֹלוֹת
14 אֲשַׁלֵּם לְךָ נְדָרָי׃   אֲשֶׁר־פָּצוּ שְׂפָתָי
טו וְדִבֶּר־פִּי בַּצַּר־לִי׃   עֹלוֹת מֵחִים אַעֲלֶה־לָּךְ
עִם־קְטֹרֶת אֵילִים   אֶעֱשֶׂה בָקָר עִם־עַתּוּדִים סֶלָה׃
16 לְכוּ־שִׁמְעוּ וַאֲסַפְּרָה כָּל־יִרְאֵי אֱלֹהִים   אֲשֶׁר עָשָׂה לְנַפְשִׁי׃
17 אֵלָיו פִּי־קָרָאתִי   וְרוֹמַם תַּחַת לְשׁוֹנִי׃
18 אָוֶן אִם־רָאִיתִי בְלִבִּי   לֹא יִשְׁמַע ׀ אֲדֹנָי׃
19 אָכֵן שָׁמַע אֱלֹהִים   הִקְשִׁיב בְּקוֹל תְּפִלָּתִי׃
כ בָּרוּךְ אֱלֹהִים   אֲשֶׁר לֹא־הֵסִיר תְּפִלָּתִי וְחַסְדּוֹ מֵאִתִּי׃

סז PSAL. LXVII. סז

א לַמְנַצֵּחַ בִּנְגִינֹת מִזְמוֹר שִׁיר׃
2 אֱלֹהִים יְחָנֵּנוּ וִיבָרְכֵנוּ   יָאֵר פָּנָיו אִתָּנוּ סֶלָה׃
3 לָדַעַת בָּאָרֶץ דַּרְכֶּךָ   בְּכָל־גּוֹיִם יְשׁוּעָתֶךָ׃
4 יוֹדוּךָ עַמִּים ׀ אֱלֹהִים   יוֹדוּךָ עַמִּים כֻּלָּם׃
ה יִשְׂמְחוּ וִירַנְּנוּ לְאֻמִּים   כִּי־תִשְׁפֹּט עַמִּים מִישֹׁר
6 וּלְאֻמִּים ׀ בָּאָרֶץ תַּנְחֵם סֶלָה׃   יוֹדוּךָ עַמִּים ׀ אֱלֹהִים
7 יוֹדוּךָ עַמִּים כֻּלָּם׃   אֶרֶץ נָתְנָה יְבוּלָהּ
8 יְבָרְכֵנוּ אֱלֹהִים אֱלֹהֵינוּ׃   יְבָרְכֵנוּ אֱלֹהִים
וְיִירְאוּ אוֹתוֹ כָּל־אַפְסֵי־אָרֶץ׃

סח PSAL. LXVIII. סח

א לַמְנַצֵּחַ לְדָוִד מִזְמוֹר שִׁיר׃
2 יָקוּם אֱלֹהִים יָפוּצוּ אוֹיְבָיו   וְיָנוּסוּ מְשַׂנְאָיו מִפָּנָיו׃
3 כְּהִנְדֹּף עָשָׁן תִּנְדֹּף   כְּהִמֵּס דּוֹנַג מִפְּנֵי־אֵשׁ
יֹאבְדוּ רְשָׁעִים מִפְּנֵי אֱלֹהִים׃
4 וְצַדִּיקִים יִשְׂמְחוּ יַעַלְצוּ לִפְנֵי אֱלֹהִים   וְיָשִׂישׂוּ בְשִׂמְחָה׃
ה שִׁירוּ ׀ לֵאלֹהִים זַמְּרוּ שְׁמוֹ   סֹלּוּ לָרֹכֵב בָּעֲרָבוֹת בְּיָהּ שְׁמוֹ
6 וְעִלְזוּ לְפָנָיו׃   אֲבִי יְתוֹמִים וְדַיַּן אַלְמָנוֹת

אלהים

אֱלֹהִים בִּמְעוֹן קָדְשׁוֹ׃ אֱלֹהִים ׀ מוֹשִׁיב יְחִידִים ׀ בַּיְתָה 7
מוֹצִיא אֲסִירִים בַּכּוֹשָׁרוֹת אַךְ סוֹרְרִים שָׁכְנוּ צְחִיחָה׃
אֱלֹהִים בְּצֵאתְךָ לִפְנֵי עַמֶּךָ בְּצַעְדְּךָ בִישִׁימוֹן סֶלָה׃ 8
אֶרֶץ רָעָשָׁה ׀ אַף־שָׁמַיִם נָטְפוּ מִפְּנֵי אֱלֹהִים זֶה סִינַי 9
מִפְּנֵי אֱלֹהִים אֱלֹהֵי יִשְׂרָאֵל׃ גֶּשֶׁם נְדָבוֹת תָּנִיף אֱלֹהִים י
נַחֲלָתְךָ וְנִלְאָה אַתָּה כוֹנַנְתָּהּ׃ חַיָּתְךָ יָשְׁבוּ־בָהּ 11
תָּכִין בְּטוֹבָתְךָ לֶעָנִי אֱלֹהִים׃ אֲדֹנָי יִתֶּן־אֹמֶר 12
הַמְבַשְּׂרוֹת צָבָא רָב׃ מַלְכֵי צְבָאוֹת יִדֹּדוּן יִדֹּדוּן 13
וּנְוַת־בַּיִת תְּחַלֵּק שָׁלָל׃ אִם־תִּשְׁכְּבוּן בֵּין שְׁפַתָּיִם 14
כַּנְפֵי יוֹנָה נֶחְפָּה בַכֶּסֶף וְאֶבְרוֹתֶיהָ בִּירַקְרַק חָרוּץ׃
בְּפָרֵשׂ שַׁדַּי ׀ מְלָכִים בָּהּ תַּשְׁלֵג בְּצַלְמוֹן׃ טו
הַר־אֱלֹהִים הַר־בָּשָׁן הַר גַּבְנֻנִּים הַר־בָּשָׁן׃ 16
לָמָּה ׀ תְּרַצְּדוּן הָרִים גַּבְנֻנִּים הָהָר חָמַד אֱלֹהִים לְשִׁבְתּוֹ 17
אַף־יְהוָה יִשְׁכֹּן לָנֶצַח׃ רֶכֶב אֱלֹהִים רִבֹּתַיִם אַלְפֵי שִׁנְאָן 18
אֲדֹנָי בָם סִינַי בַּקֹּדֶשׁ׃ עָלִיתָ לַמָּרוֹם ׀ שָׁבִיתָ שֶּׁבִי 19
לָקַחְתָּ מַתָּנוֹת בָּאָדָם וְאַף סוֹרְרִים לִשְׁכֹּן ׀ יָהּ אֱלֹהִים׃
בָּרוּךְ אֲדֹנָי יוֹם ׀ יוֹם יַעֲמָס־לָנוּ כ
הָאֵל יְשׁוּעָתֵנוּ סֶלָה׃ הָאֵל ׀ לָנוּ אֵל לְמוֹשָׁעוֹת 21
וְלֵיהוִה אֲדֹנָי לַמָּוֶת תּוֹצָאוֹת׃
אַךְ־אֱלֹהִים יִמְחַץ רֹאשׁ אֹיְבָיו קָדְקֹד שֵׂעָר 22
מִתְהַלֵּךְ בַּאֲשָׁמָיו׃ אָמַר אֲדֹנָי מִבָּשָׁן אָשִׁיב 23
אָשִׁיב מִמְּצֻלוֹת יָם׃ לְמַעַן ׀ תִּמְחַץ רַגְלְךָ בְּדָם 24
לְשׁוֹן כְּלָבֶיךָ מֵאֹיְבִים מִנֵּהוּ׃
רָאוּ הֲלִיכוֹתֶיךָ אֱלֹהִים הֲלִיכוֹת אֵלִי מַלְכִּי בַקֹּדֶשׁ׃ כה
קִדְּמוּ שָׁרִים אַחַר נֹגְנִים בְּתוֹךְ עֲלָמוֹת תּוֹפֵפוֹת׃ 26
בְּמַקְהֵלוֹת בָּרְכוּ אֱלֹהִים אֲדֹנָי מִמְּקוֹר יִשְׂרָאֵל׃ 27
שָׁם בִּנְיָמִן ׀ צָעִיר רֹדֵם שָׂרֵי יְהוּדָה רִגְמָתָם 28
שָׂרֵי זְבֻלוּן שָׂרֵי נַפְתָּלִי׃ צִוָּה אֱלֹהֶיךָ עֻזֶּךָ 29

עוּזָּה אֱלֹהִ֑ים   ז֝וּ פָּעַ֥לְתָּ לָּֽנוּ׃
ל מֵֽ֭הֵיכָלֶךָ עַל־יְרוּשָׁלָ֑͏ִם   לְךָ֨ יוֹבִ֖ילוּ מְלָכִ֣ים שָֽׁי׃
31 גְּעַ֨ר חַיַּ֪ת קָנֶ֡ה   עֲדַ֤ת אַבִּירִ֨ים ׀ בְּעֶגְלֵ֬י עַמִּ֗ים
מִתְרַפֵּ֥ס בְּרַצֵּי־כָ֑סֶף   בִּזַּ֥ר עַ֝מִּ֗ים קְרָב֥וֹת יֶחְפָּֽצוּ׃
32 יֶאֱתָ֣יוּ חַ֭שְׁמַנִּים מִנִּ֣י מִצְרָ֑יִם   כּ֥וּשׁ תָּרִ֥יץ יָ֝דָ֗יו לֵאלֹהִֽים׃
33 מַמְלְכ֣וֹת הָ֭אָרֶץ שִׁ֣ירוּ לֵאלֹהִ֑ים   זַמְּר֖וּ אֲדֹנָ֣י סֶֽלָה׃
34 לָ֭רֹכֵב בִּשְׁמֵ֣י שְׁמֵי־קֶ֑דֶם   הֵ֥ן יִתֵּ֥ן בְּ֝קוֹל֗וֹ ק֣וֹל עֹֽז׃
לה תְּנ֥וּ עֹ֗ז לֵאלֹ֫הִ֥ים   עַֽל־יִשְׂרָאֵ֥ל גַּאֲוָת֑וֹ
36 וְ֝עֻזּ֗וֹ בַּשְּׁחָקִֽים׃   נ֤וֹרָא אֱלֹהִ֗ים מִֽמִּקְדָּ֫שֶׁ֥יךָ
אֵ֤ל יִשְׂרָאֵ֗ל ה֤וּא נֹתֵ֨ן ׀ עֹ֖ז וְתַעֲצֻמ֥וֹת לָעָ֗ם   בָּר֥וּךְ אֱלֹהִֽים׃

סט   Psal. LXIX. סט

א לַמְנַצֵּ֬חַ עַל־שׁ֝וֹשַׁנִּ֗ים לְדָוִֽד׃
2 הוֹשִׁיעֵ֥נִי אֱלֹהִ֑ים   כִּ֤י בָ֖אוּ מַ֣יִם עַד־נָֽפֶשׁ׃
3 טָבַ֤עְתִּי ׀ בִּ֘יוֵ֤ן מְ֭צוּלָה וְאֵ֣ין מָעֳמָ֑ד   בָּ֥אתִי בְמַעֲמַקֵּי־מַ֝֗יִם
4 וְשִׁבֹּ֥לֶת שְׁטָפָֽתְנִי׃   יָגַ֣עְתִּי בְקָרְאִי֮ נִחַ֪ר גְּר֫וֹנִ֥י
כָּל֥וּ עֵינַ֑י   מְ֝יַחֵ֗ל לֵאלֹהָֽי׃
ה רַבּ֤וּ ׀ מִשַּׂעֲר֣וֹת רֹאשִׁי֮ שֹׂנְאַ֪י חִ֫נָּ֥ם   עָצְמ֣וּ מַ֭צְמִיתַי אֹיְבַ֣י שֶׁ֑קֶר
6 אֲשֶׁ֥ר לֹֽא־גָ֝זַ֗לְתִּי אָ֣ז אָשִֽׁיב׃   אֱֽלֹהִ֗ים אַתָּ֣ה יָ֭דַעְתָּ לְאִוַּלְתִּ֑י
7 וְ֝אַשְׁמוֹתַ֗י מִמְּךָ֥ לֹא־נִכְחָֽדוּ׃   אַל־יֵ֘בֹ֤שׁוּ בִ֨י ׀ קֹוֶיךָ֮
אֲדֹנָ֥י יְהוִה֮ צְבָ֫א֥וֹת   אַל־יִכָּ֣לְמוּ בִ֣י מְבַקְשֶׁ֑יךָ
8 אֱ֝לֹהֵ֗י יִשְׂרָאֵֽל׃   כִּֽי־עָ֭לֶיךָ נָשָׂ֣אתִי חֶרְפָּ֑ה
9 כִּסְּתָ֖ה כְלִמָּ֣ה פָנָֽי׃   מ֣וּזָר הָיִ֣יתִי לְאֶחָ֑י
י וְ֝נָכְרִ֗י לִבְנֵ֥י אִמִּֽי׃   כִּֽי־קִנְאַ֣ת בֵּיתְךָ֣ אֲכָלָ֑תְנִי
11 וְחֶרְפּ֥וֹת ח֝וֹרְפֶ֗יךָ נָפְל֥וּ עָלָֽי׃   וָאֶבְכֶּ֣ה בַצּ֣וֹם נַפְשִׁ֑י
12 וַתְּהִ֖י לַחֲרָפ֣וֹת לִֽי׃   וָאֶתְּנָ֣ה לְבוּשִׁ֣י שָׂ֑ק
13 וָאֱהִ֥י לָ֝הֶ֗ם לְמָשָֽׁל׃   יָשִׂ֣יחוּ בִ֭י יֹ֣שְׁבֵי שָׁ֑עַר
14 וּ֝נְגִינ֗וֹת שׁוֹתֵ֥י שֵׁכָֽר׃   וַאֲנִ֤י תְפִלָּֽתִי־לְךָ֨ ׀ יְהוָ֡ה
עֵ֤ת רָצ֗וֹן אֱלֹהִ֥ים בְּרָב־חַסְדֶּ֑ךָ   עֲ֝נֵ֗נִי בֶּאֱמֶ֥ת יִשְׁעֶֽךָ׃

הצילני

טו הַצִּילֵנִי מִטִּיט וְאַל־אֶטְבָּעָה
16 אִנָּצְלָה מִשֹּׂנְאַי וּמִמַּעֲמַקֵּי־מָיִם׃ אַל־תִּשְׁטְפֵנִי ׀ שִׁבֹּלֶת מַיִם
וְאַל־תִּבְלָעֵנִי מְצוּלָה   וְאַל־תֶּאְטַר־עָלַי בְּאֵר פִּיהָ׃
17 עֲנֵנִי יְהוָה כִּי־טוֹב חַסְדֶּךָ   כְּרֹב רַחֲמֶיךָ פְּנֵה אֵלָי׃
18 וְאַל־תַּסְתֵּר פָּנֶיךָ מֵעַבְדֶּךָ   כִּי־צַר־לִי מַהֵר עֲנֵנִי׃
19 קָרְבָה אֶל־נַפְשִׁי גְאָלָהּ   לְמַעַן אֹיְבַי פְּדֵנִי׃
כ אַתָּה יָדַעְתָּ חֶרְפָּתִי וּבָשְׁתִּי וּכְלִמָּתִי   נֶגְדְּךָ כָּל־צוֹרְרָי׃
21 חֶרְפָּה ׀ שָׁבְרָה לִבִּי וָאָנוּשָׁה   וָאֲקַוֶּה לָנוּד וָאַיִן
22 וְלַמְנַחֲמִים וְלֹא מָצָאתִי׃   וַיִּתְּנוּ בְּבָרוּתִי רֹאשׁ
23 וְלִצְמָאִי יַשְׁקוּנִי חֹמֶץ׃   יְהִי־שֻׁלְחָנָם לִפְנֵיהֶם לְפָח
24 וְלִשְׁלוֹמִים לְמוֹקֵשׁ׃   תֶּחְשַׁכְנָה עֵינֵיהֶם מֵרְאוֹת
כה וּמָתְנֵיהֶם תָּמִיד הַמְעַד׃   שְׁפָךְ־עֲלֵיהֶם זַעְמֶךָ
26 וַחֲרוֹן אַפְּךָ יַשִּׂיגֵם׃   תְּהִי־טִירָתָם נְשַׁמָּה
27 בְּאָהֳלֵיהֶם אַל־יְהִי יֹשֵׁב׃   כִּי־אַתָּה אֲשֶׁר־הִכִּיתָ רָדָפוּ
28 וְאֶל־מַכְאוֹב חֲלָלֶיךָ יְסַפֵּרוּ׃   תְּנָה־עָוֺן עַל־עֲוֺנָם
29 וְאַל־יָבֹאוּ בְּצִדְקָתֶךָ׃   יִמָּחוּ מִסֵּפֶר חַיִּים
ל וְעִם צַדִּיקִים אַל־יִכָּתֵבוּ׃   וַאֲנִי עָנִי וְכוֹאֵב
31 יְשׁוּעָתְךָ אֱלֹהִים תְּשַׂגְּבֵנִי׃   אֲהַלְלָה שֵׁם־אֱלֹהִים בְּשִׁיר
32 וַאֲגַדְּלֶנּוּ בְתוֹדָה׃   וְתִיטַב לַיהוָה מִשּׁוֹר פָּר
33 מַקְרִן מַפְרִיס׃   רָאוּ עֲנָוִים יִשְׂמָחוּ
34 דֹּרְשֵׁי אֱלֹהִים וִיחִי לְבַבְכֶם׃   כִּי־שֹׁמֵעַ אֶל־אֶבְיוֹנִים יְהוָה
לה וְאֶת־אֲסִירָיו לֹא בָזָה׃   יְהַלְלוּהוּ שָׁמַיִם וָאָרֶץ
36 יַמִּים וְכָל־רֹמֵשׂ בָּם׃   כִּי אֱלֹהִים ׀ יוֹשִׁיעַ צִיּוֹן
וְיִבְנֶה עָרֵי יְהוּדָה   וְיָשְׁבוּ שָׁם וִירֵשׁוּהָ׃
37 וְזֶרַע עֲבָדָיו יִנְחָלוּהָ   וְאֹהֲבֵי שְׁמוֹ יִשְׁכְּנוּ־בָהּ׃

ע PSAL. LXX. ע

א לַמְנַצֵּחַ לְדָוִד לְהַזְכִּיר׃
2 אֱלֹהִים לְהַצִּילֵנִי   יְהוָה לְעֶזְרָתִי חוּשָׁה׃

3 יֵבֹשׁוּ וְיַחְפְּרוּ֮ מְבַקְשֵׁ֪י נַ֫פְשִׁ֥י יִסֹּ֣גוּ אָ֭חוֹר וְיִכָּלְמ֑וּ
4 חֲ֝פֵצֵ֗י רָעָתִֽי׃ יָ֭שׁוּבוּ עַל־עֵ֣קֶב בָּשְׁתָּ֑ם
ה הָ֝אֹמְרִ֗ים הֶ֘אָ֥ח ׀ הֶאָֽח׃ יָ֘שִׂ֤ישׂוּ וְיִשְׂמְח֨וּ ׀ בְּ֗ךָ כָּֽל־מְבַ֫קְשֶׁ֥יךָ
וְיֹאמְר֣וּ תָ֭מִיד יִגְדַּ֣ל אֱלֹהִ֑ים אֹ֝הֲבֵ֗י יְשׁוּעָתֶֽךָ׃
6 וַאֲנִ֤י ׀ עָנִ֣י וְאֶבְיוֹן֮ אֱלֹהִ֪ים חֽוּשָׁה־לִּ֫י עֶזְרִ֣י וּמְפַלְטִ֣י אַ֑תָּה
יְ֝הוָ֗ה אַל־תְּאַחַֽר׃

עא PSAL. LXXI. עא

א בְּךָֽ־יְהוָ֥ה חָסִ֑יתִי אַל־אֵ֝ב֗וֹשָׁה לְעוֹלָֽם׃
2 בְּצִדְקָתְךָ֗ תַּצִּילֵ֥נִי וּֽתְפַלְּטֵ֑נִי הַטֵּֽה־אֵלַ֥י אָ֝זְנְךָ֗ וְהוֹשִׁיעֵֽנִי׃
3 הֱיֵ֤ה לִ֨י ׀ לְצ֥וּר מָע֡וֹן לָב֗וֹא תָּמִ֗יד צִוִּ֥יתָ לְהוֹשִׁיעֵ֑נִי
4 כִּֽי־סַלְעִ֖י וּמְצוּדָתִ֣י אָֽתָּה׃ אֱֽלֹהַ֗י פַּ֭לְּטֵנִי מִיַּ֣ד רָשָׁ֑ע
ה מִכַּ֖ף מְעַוֵּ֣ל וְחוֹמֵֽץ׃ כִּֽי־אַתָּ֥ה תִקְוָתִ֑י
6 אֲדֹנָ֥י יְ֝הוִ֗ה מִבְטַחִ֥י מִנְּעוּרָֽי׃ עָלֶ֤יךָ ׀ נִסְמַ֬כְתִּי מִבֶּ֗טֶן
מִמְּעֵ֣י אִ֭מִּי אַתָּ֣ה גוֹזִ֑י בְּךָ֖ תְהִלָּתִ֣י תָמִֽיד׃
7 כְּ֭מוֹפֵת הָיִ֣יתִי לְרַבִּ֑ים וְ֝אַתָּ֗ה מַחֲסִי־עֹֽז׃
8 יִמָּ֣לֵא פִ֭י תְּהִלָּתֶ֑ךָ כָּל־הַ֝יּ֗וֹם תִּפְאַרְתֶּֽךָ׃
9 אַל־תַּ֭שְׁלִיכֵנִי לְעֵ֣ת זִקְנָ֑ה כִּכְל֥וֹת כֹּ֝חִ֗י אַֽל־תַּעַזְבֵֽנִי׃
י כִּֽי־אָמְר֣וּ אוֹיְבַ֣י לִ֑י וְשֹׁמְרֵ֥י נַ֝פְשִׁ֗י נוֹעֲצ֥וּ יַחְדָּֽו׃
11 לֵ֭אמֹר אֱלֹהִ֣ים עֲזָב֑וֹ רִֽדְפ֥וּ וְ֝תִפְשׂ֗וּהוּ כִּי־אֵ֥ין מַצִּֽיל׃
12 אֱֽלֹהִ֗ים אַל־תִּרְחַ֣ק מִמֶּ֑נִּי אֱ֝לֹהַ֗י לְעֶזְרָ֥תִי חִֽישָׁה׃
13 יֵבֹ֥שׁוּ יִכְלוּ֮ שֹׂטְנֵ֪י נַ֫פְשִׁ֥י יַעֲט֣וּ חֶ֭רְפָּה וּכְלִמָּ֑ה
14 מְ֝בַקְשֵׁ֗י רָעָתִֽי׃ וַ֭אֲנִי תָּמִ֣יד אֲיַחֵ֑ל
טו וְ֝הוֹסַפְתִּ֗י עַֽל־כָּל־תְּהִלָּתֶֽךָ׃ פִּ֤י ׀ יְסַפֵּ֬ר צִדְקָתֶ֗ךָ
כָּל־הַיּ֥וֹם תְּשׁוּעָתֶ֑ךָ כִּ֤י לֹ֖א יָדַ֣עְתִּי סְפֹרֽוֹת׃
16 אָב֗וֹא בִּ֭גְבֻרוֹת אֲדֹנָ֣י יְהוִ֑ה אַזְכִּ֖יר צִדְקָתְךָ֣ לְבַדֶּֽךָ׃
17 אֱ‍ֽלֹהִ֗ים לִמַּדְתַּ֥נִי מִנְּעוּרָ֑י וְעַד־הֵ֝֗נָּה אַגִּ֥יד נִפְלְאוֹתֶֽיךָ׃
18 וְגַ֤ם עַד־זִקְנָ֨ה ׀ וְשֵׂיבָה֮ אֱלֹהִ֪ים אַֽל־תַּעַ֫זְבֵ֥נִי
עַד־אַגִּ֣יד זְרוֹעֲךָ֣ לְד֑וֹר לְכָל־יָ֝ב֗וֹא גְּבוּרָתֶֽךָ׃

וצדקתך

ע"א v. 12. חושה ק'

19 וְצִדְקָתְךָ אֱלֹהִים עַד־מָרוֹם אֲשֶׁר־עָשִׂיתָ גְדֹלוֹת
כ אֱלֹהִים מִי כָמוֹךָ׃ אֲשֶׁר הִרְאִיתַנוּ ׀ צָרוֹת רַבּוֹת וְרָעוֹת
תָּשׁוּב תְּחַיֵּינוּ וּמִתְּהֹמוֹת הָאָרֶץ תָּשׁוּב תַּעֲלֵנוּ׃
21 22 תֶּרֶב ׀ גְּדֻלָּתִי וְתִסֹּב תְּנַחֲמֵנִי׃ גַּם־אֲנִי ׀ אוֹדְךָ בִכְלִי־נֶבֶל
אֲמִתְּךָ אֱלֹהָי אֲזַמְּרָה לְךָ בְכִנּוֹר
23 קְדוֹשׁ יִשְׂרָאֵל׃ תְּרַנֵּנָּה שְׂפָתַי כִּי אֲזַמְּרָה־לָּךְ
24 וְנַפְשִׁי אֲשֶׁר פָּדִיתָ׃ גַּם־לְשׁוֹנִי כָּל־הַיּוֹם
תֶּהְגֶּה צִדְקָתֶךָ כִּי־בֹשׁוּ כִּי־חָפְרוּ מְבַקְשֵׁי רָעָתִי׃

עב PSAL. LXXII. עב

א לִשְׁלֹמֹה ׀
אֱלֹהִים מִשְׁפָּטֶיךָ לְמֶלֶךְ תֵּן וְצִדְקָתְךָ לְבֶן־מֶלֶךְ׃
2 יָדִין עַמְּךָ בְצֶדֶק וַעֲנִיֶּיךָ בְמִשְׁפָּט׃
3 יִשְׂאוּ הָרִים ׀ שָׁלוֹם לָעָם וּגְבָעוֹת בִּצְדָקָה׃
4 יִשְׁפֹּט ׀ עֲנִיֵּי־עָם יוֹשִׁיעַ לִבְנֵי אֶבְיוֹן וִידַכֵּא עוֹשֵׁק׃
ה יִירָאוּךָ עִם־שָׁמֶשׁ וְלִפְנֵי יָרֵחַ דּוֹר דּוֹרִים׃
6 יֵרֵד כְּמָטָר עַל־גֵּז כִּרְבִיבִים זַרְזִיף אָרֶץ׃
7 יִפְרַח־בְּיָמָיו צַדִּיק וְרֹב שָׁלוֹם עַד־בְּלִי יָרֵחַ׃
8 וְיֵרְדְּ מִיָּם עַד־יָם וּמִנָּהָר עַד־אַפְסֵי־אָרֶץ׃
9 לְפָנָיו יִכְרְעוּ צִיִּים וְאֹיְבָיו עָפָר יְלַחֵכוּ׃
י מַלְכֵי תַרְשִׁישׁ וְאִיִּים מִנְחָה יָשִׁיבוּ
מַלְכֵי שְׁבָא וּסְבָא אֶשְׁכָּר יַקְרִיבוּ׃
11 וְיִשְׁתַּחֲווּ־לוֹ כָל־מְלָכִים כָּל־גּוֹיִם יַעַבְדוּהוּ׃
12 כִּי־יַצִּיל אֶבְיוֹן מְשַׁוֵּעַ וְעָנִי וְאֵין־עֹזֵר לוֹ׃
13 יָחֹס עַל־דַּל וְאֶבְיוֹן וְנַפְשׁוֹת אֶבְיוֹנִים יוֹשִׁיעַ׃
14 מִתּוֹךְ וּמֵחָמָס יִגְאַל נַפְשָׁם וְיֵיקַר דָּמָם בְּעֵינָיו׃
טו וִיחִי וְיִתֶּן־לוֹ מִזְּהַב שְׁבָא וְיִתְפַּלֵּל בַּעֲדוֹ תָמִיד
16 כָּל־הַיּוֹם יְבָרֲכֶנְהוּ׃ יְהִי פִסַּת־בַּר ׀ בָּאָרֶץ

בראש

ע״א v. 20. והראיתני ק׳ ibid. תחייני ק׳ ibid. תעלני ק׳

בְּרֹאשׁ הָרִים יִרְעַשׁ כַּלְּבָנוֹן פִּרְיוֹ

17 וְיָצִיצוּ מֵעִיר כְּעֵשֶׂב הָאָרֶץ׃ יְהִי שְׁמוֹ ׀ לְעוֹלָם

לִפְנֵי־שֶׁמֶשׁ יִנּוֹן שְׁמוֹ וְיִתְבָּרְכוּ בוֹ

18 כָּל־גּוֹיִם יְאַשְּׁרוּהוּ׃ בָּרוּךְ ׀ יְהוָה אֱלֹהִים אֱלֹהֵי יִשְׂרָאֵל

19 עֹשֵׂה נִפְלָאוֹת לְבַדּוֹ׃ וּבָרוּךְ ׀ שֵׁם כְּבוֹדוֹ לְעוֹלָם

וְיִמָּלֵא כְבוֹדוֹ אֶת־כֹּל הָאָרֶץ אָמֵן ׀ וְאָמֵן׃

כ כָּלּוּ תְפִלּוֹת דָּוִד בֶּן־יִשָׁי׃

ספר שלישי
LIBER TERTIUS

עג Psal. LXXIII עג

א מִזְמוֹר לְאָסָף

אַךְ טוֹב לְיִשְׂרָאֵל אֱלֹהִים לְבָרֵי לֵבָב׃

2 וַאֲנִי כִּמְעַט נָטָוּי רַגְלָי כְּאַיִן שֻׁפְּכָה אֲשֻׁרָי׃

3 כִּי־קִנֵּאתִי בַּהוֹלְלִים שְׁלוֹם רְשָׁעִים אֶרְאֶה׃

4 כִּי אֵין חַרְצֻבּוֹת לְמוֹתָם וּבָרִיא אוּלָם׃

ה בַּעֲמַל אֱנוֹשׁ אֵינֵמוֹ וְעִם־אָדָם לֹא יְנֻגָּעוּ׃

6 לָכֵן עֲנָקַתְמוֹ גַאֲוָה יַעֲטָף־שִׁית חָמָס לָמוֹ׃

7 יָצָא מֵחֵלֶב עֵינֵמוֹ עָבְרוּ מַשְׂכִּיּוֹת לֵבָב׃

8 יָמִיקוּ ׀ וִידַבְּרוּ בְרָע עֹשֶׁק מִמָּרוֹם יְדַבֵּרוּ׃

9 שַׁתּוּ בַשָּׁמַיִם פִּיהֶם וּלְשׁוֹנָם תִּהֲלַךְ בָּאָרֶץ׃

י לָכֵן ׀ יָשִׁיב עַמּוֹ הֲלֹם וּמֵי מָלֵא יִמָּצוּ לָמוֹ׃

11 וְאָמְרוּ אֵיכָה יָדַע־אֵל וְיֵשׁ דֵּעָה בְעֶלְיוֹן׃

12 הִנֵּה־אֵלֶּה רְשָׁעִים וְשַׁלְוֵי עוֹלָם הִשְׂגּוּ־חָיִל׃

13 אַךְ־רִיק זִכִּיתִי לְבָבִי וָאֶרְחַץ בְּנִקָּיוֹן כַּפָּי׃

14 וָאֱהִי נָגוּעַ כָּל־הַיּוֹם וְתוֹכַחְתִּי לַבְּקָרִים׃

טו אִם־אָמַרְתִּי אֲסַפְּרָה כְמוֹ הִנֵּה דוֹר בָּנֶיךָ בָגָדְתִּי׃

ואחשבה

ע״ב v. 17. ינון ק׳ — ע״ג v. 2. נטיו ק׳ — ibid. שפכו ק׳ — v. 10. ישוב ק׳

16 וָֽאֲחַשְּׁבָה לָדַעַת זֹאת עָמָל הִיא בְעֵינָי׃
17 עַד־אָבוֹא אֶל־מִקְדְּשֵׁי־אֵל אָבִינָה לְאַחֲרִיתָם׃
18 אַךְ בַּחֲלָקוֹת תָּשִׁית לָמוֹ הִפַּלְתָּם לְמַשּׁוּאוֹת׃
19 אֵיךְ הָיוּ לְשַׁמָּה כְרָגַע סָפוּ תַמּוּ מִן־בַּלָּהוֹת׃
כ כַּחֲלוֹם מֵהָקִיץ אֲדֹנָי בָּעִיר ׀ צַלְמָם תִּבְזֶה׃
21 כִּי יִתְחַמֵּץ לְבָבִי וְכִלְיוֹתַי אֶשְׁתּוֹנָן׃
22 וַאֲנִי־בַעַר וְלֹא אֵדָע בְּהֵמוֹת הָיִיתִי עִמָּךְ׃
23 וַאֲנִי תָמִיד עִמָּךְ אָחַזְתָּ בְּיַד־יְמִינִי׃
24 בַּעֲצָתְךָ תַנְחֵנִי וְאַחַר כָּבוֹד תִּקָּחֵנִי׃
כה מִי־לִי בַשָּׁמָיִם וְעִמְּךָ לֹא־חָפַצְתִּי בָאָרֶץ׃
26 כָּלָה שְׁאֵרִי וּלְבָבִי צוּר־לְבָבִי וְחֶלְקִי אֱלֹהִים לְעוֹלָם׃
27 כִּי־הִנֵּה רְחֵקֶיךָ יֹאבֵדוּ הִצְמַתָּה כָּל־זוֹנֶה מִמֶּךָּ׃
28 וַאֲנִי ׀ קִרֲבַת אֱלֹהִים לִי טוֹב שַׁתִּי ׀ בַּאדֹנָי יְהוִה מַחְסִי
לְסַפֵּר כָּל־מַלְאֲכוֹתֶיךָ׃

עד PSAL. LXXIV. עד

א מַשְׂכִּיל לְאָסָף
לָמָה אֱלֹהִים זָנַחְתָּ לָנֶצַח יֶעְשַׁן אַפְּךָ בְּצֹאן מַרְעִיתֶךָ׃
2 זְכֹר עֲדָתְךָ ׀ קָּנִיתָ קֶּדֶם גָּאַלְתָּ שֵׁבֶט נַחֲלָתֶךָ
3 הַר־צִיּוֹן זֶה ׀ שָׁכַנְתָּ בּוֹ׃ הָרִימָה פְעָמֶיךָ לְמַשֻּׁאוֹת נֶצַח
4 כָּל־הֵרַע אוֹיֵב בַּקֹּדֶשׁ׃ שָׁאֲגוּ צֹרְרֶיךָ בְּקֶרֶב מוֹעֲדֶךָ
ה שָׂמוּ אוֹתֹתָם אֹתוֹת׃ יִוָּדַע כְּמֵבִיא לְמָעְלָה
6 בִּסֲבָךְ־עֵץ קַרְדֻּמּוֹת׃ וְעַתְּ פִּתּוּחֶיהָ יָּחַד
7 בְּכַשִּׁיל וְכֵילַפֹּת יַהֲלֹמוּן׃ שִׁלְחוּ בָאֵשׁ מִקְדָּשֶׁךָ
8 לָאָרֶץ חִלְּלוּ מִשְׁכַּן־שְׁמֶךָ׃ אָמְרוּ בְלִבָּם נִינָם יָחַד
9 שָׂרְפוּ כָל־מוֹעֲדֵי־אֵל בָּאָרֶץ׃ אוֹתֹתֵינוּ לֹא־רָאִינוּ
אֵין־עוֹד נָבִיא וְלֹא־אִתָּנוּ יֹדֵעַ עַד־מָה׃
י עַד־מָתַי אֱלֹהִים יְחָרֶף צָר יְנָאֵץ אוֹיֵב שִׁמְךָ לָנֶצַח׃

למה

ע״ג v. 16. הוא ק׳ ע״ד v. 6. ועתה ק׳

11 לָמָּה תָשִׁיב יָדְךָ וִימִינֶךָ מִקֶּרֶב חֵוקְךָ כַלֵּה׃

12 וֵאלֹהִים מַלְכִּי מִקֶּדֶם פֹּעֵל יְשׁוּעוֹת בְּקֶרֶב הָאָרֶץ׃

13 אַתָּה פוֹרַרְתָּ בְעָזְּךָ יָם שִׁבַּרְתָּ רָאשֵׁי תַנִּינִים עַל־הַמָּיִם׃

14 אַתָּה רִצַּצְתָּ רָאשֵׁי לִוְיָתָן תִּתְּנֶנּוּ מַאֲכָל לְעָם לְצִיִּים׃

טו אַתָּה בָקַעְתָּ מַעְיָן וָנָחַל אַתָּה הוֹבַשְׁתָּ נַהֲרוֹת אֵיתָן׃

16 לְךָ יוֹם אַף־לְךָ לָיְלָה אַתָּה הֲכִינוֹתָ מָאוֹר וָשָׁמֶשׁ׃

17 אַתָּה הִצַּבְתָּ כָּל־גְּבוּלוֹת אָרֶץ קַיִץ וָחֹרֶף אַתָּה יְצַרְתָּם׃

18 זְכָר־זֹאת אוֹיֵב חֵרֵף ׀ יְהוָה וְעַם־נָבָל נִאֲצוּ שְׁמֶךָ׃

19 אַל־תִּתֵּן לְחַיַּת נֶפֶשׁ תּוֹרֶךָ חַיַּת עֲנִיֶּיךָ אַל־תִּשְׁכַּח לָנֶצַח׃

כ הַבֵּט לַבְּרִית כִּי מָלְאוּ מַחֲשַׁכֵּי־אֶרֶץ נְאוֹת חָמָס׃

21 אַל־יָשֹׁב דַּךְ נִכְלָם עָנִי וְאֶבְיוֹן יְהַלְלוּ שְׁמֶךָ׃

22 קוּמָה אֱלֹהִים רִיבָה רִיבֶךָ

זְכֹר חֶרְפָּתְךָ מִנִּי־נָבָל כָּל־הַיּוֹם׃

23 אַל־תִּשְׁכַּח קוֹל צֹרְרֶיךָ שְׁאוֹן קָמֶיךָ עֹלֶה תָמִיד׃

עה Psal. LXXV. עה

א לַמְנַצֵּחַ אַל־תַּשְׁחֵת מִזְמוֹר לְאָסָף שִׁיר׃

2 הוֹדִינוּ לְּךָ ׀ אֱלֹהִים הוֹדִינוּ וְקָרוֹב שְׁמֶךָ

3 סִפְּרוּ נִפְלְאוֹתֶיךָ׃ כִּי אֶקַּח מוֹעֵד

4 אֲנִי מֵישָׁרִים אֶשְׁפֹּט׃ נְמֹגִים אֶרֶץ וְכָל־יֹשְׁבֶיהָ

ה אָנֹכִי תִכַּנְתִּי עַמּוּדֶיהָ סֶּלָה׃ אָמַרְתִּי לַהוֹלְלִים אַל־תָּהֹלּוּ

6 וְלָרְשָׁעִים אַל־תָּרִימוּ קָרֶן׃ אַל־תָּרִימוּ לַמָּרוֹם קַרְנְכֶם

7 תְּדַבְּרוּ בְצַוָּאר עָתָק׃ כִּי לֹא מִמּוֹצָא וּמִמַּעֲרָב

8 וְלֹא מִמִּדְבַּר הָרִים׃ כִּי־אֱלֹהִים שֹׁפֵט

9 זֶה יַשְׁפִּיל וְזֶה יָרִים׃ כִּי כוֹס בְּיַד־יְהוָה

וְיַיִן חָמַר ׀ מָלֵא מֶסֶךְ וַיַּגֵּר מִזֶּה אַךְ־שְׁמָרֶיהָ יִמְצוּ יִשְׁתּוּ

י כֹּל רִשְׁעֵי־אָרֶץ׃ וַאֲנִי אַגִּיד לְעֹלָם

11 אֲזַמְּרָה לֵאלֹהֵי יַעֲקֹב׃ וְכָל־קַרְנֵי רְשָׁעִים אֲגַדֵּעַ

תְּרוֹמַמְנָה קַרְנוֹת צַדִּיק׃

ע״ד v. 11. חיקך ק

למנצח

עו Psal. LXXVI. עו

לַמְנַצֵּ֥חַ בִּנְגִינֹ֑ת מִזְמ֖וֹר לְאָסָ֣ף שִֽׁיר׃ א
נוֹדָ֣ע בִּֽיהוּדָ֣ה אֱלֹהִ֑ים בְּ֝יִשְׂרָאֵ֗ל גָּד֥וֹל שְׁמֽוֹ׃ 2
וַיְהִ֣י בְשָׁלֵ֣ם סֻכּ֑וֹ וּמְעוֹנָת֥וֹ בְצִיּֽוֹן׃ 3
שָׁ֣מָּה שִׁ֭בַּר רִשְׁפֵי־קָ֑שֶׁת מָגֵ֖ן וְחֶ֖רֶב וּמִלְחָמָ֣ה סֶֽלָה׃ 4
נָ֘א֤וֹר אַתָּ֣ה אַדִּ֑יר מֵֽהַרְרֵי־טָֽרֶף׃ ה
אֶשְׁתּוֹלְל֨וּ ׀ אַבִּ֣ירֵי לֵ֭ב נָמ֣וּ שְׁנָתָ֑ם 6
וְלֹֽא־מָצְא֖וּ כָל־אַנְשֵׁי־חַ֣יִל יְדֵיהֶֽם׃ מִ֭גַּעֲרָ֣תְךָ אֱלֹהֵ֣י יַעֲקֹ֑ב 7
נִ֝רְדָּ֗ם וְרֶ֣כֶב וָסֽוּס׃ אַתָּ֤ה ׀ נ֣וֹרָא אַ֑תָּה 8
וּמִֽי־יַעֲמֹ֥ד לְ֝פָנֶ֗יךָ מֵאָ֥ז אַפֶּֽךָ׃ מִ֭שָּׁמַיִם הִשְׁמַ֣עְתָּ דִּ֑ין 9
אֶ֖רֶץ יָרְאָ֣ה וְשָׁקָֽטָה׃ בְּקוּם־לַמִּשְׁפָּ֣ט אֱלֹהִ֑ים י
לְהוֹשִׁ֖יעַ כָּל־עַנְוֵי־אֶ֣רֶץ סֶֽלָה׃ כִּֽי־חֲמַ֣ת אָדָ֣ם תּוֹדֶ֑ךָּ 11
שְׁאֵרִ֖ית חֵמֹ֣ת תַּחְגֹּֽר׃ נִֽדְר֥וּ וְשַׁלְּמוּ֮ לַיהוָ֪ה אֱלֹהֵ֫יכֶ֥ם 12
כָּל־סְבִיבָ֑יו יֹבִ֥ילוּ שַׁ֝֗י לַמּוֹרָֽא׃
יִ֭בְצֹר ר֣וּחַ נְגִידִ֑ים נ֝וֹרָ֗א לְמַלְכֵי־אָֽרֶץ׃ 13

עז Psal. LXXVII. עז

לַמְנַצֵּ֥חַ עַֽל־יְדִיתוּן לְאָסָ֥ף מִזְמֽוֹר׃ א
קוֹלִ֣י אֶל־אֱלֹהִ֣ים וְאֶצְעָ֑קָה קוֹלִ֥י אֶל־אֱ֝לֹהִ֗ים וְהַאֲזִ֥ין אֵלָֽי׃ 2
בְּי֥וֹם צָרָתִי֮ אֲדֹנָ֪י דָּ֫רָ֥שְׁתִּי יָדִ֤י ׀ לַ֣יְלָה נִ֭גְּרָה וְלֹ֣א תָפ֑וּג 3
מֵאֲנָ֖ה הִנָּחֵ֣ם נַפְשִֽׁי׃ אֶזְכְּרָ֣ה אֱלֹהִ֣ים וְאֶֽהֱמָיָ֑ה 4
אָשִׂ֓יחָה ׀ וְתִתְעַטֵּ֖ף רוּחִ֣י סֶֽלָה׃ אָ֭חַזְתָּ שְׁמֻר֣וֹת עֵינָ֑י ה
נִ֝פְעַ֗מְתִּי וְלֹ֣א אֲדַבֵּֽר׃ חִשַּׁ֣בְתִּי יָמִ֣ים מִקֶּ֑דֶם 6
שְׁ֝נ֗וֹת עוֹלָמִֽים׃ אֶֽזְכְּרָ֥ה נְגִינָתִ֗י בַּ֫לָּ֥יְלָה 7
עִם־לְבָבִ֥י אָשִׂ֑יחָה וַיְחַפֵּ֥שׂ רוּחִֽי׃
הַֽ֭לְעוֹלָמִים יִזְנַ֥ח ׀ אֲדֹנָ֑י וְלֹֽא־יֹסִ֖יף לִרְצ֣וֹת עֽוֹד׃ 8
הֶאָפֵ֣ס לָנֶ֣צַח חַסְדּ֑וֹ גָּ֥מַר אֹ֝֗מֶר לְדֹ֣ר וָדֹֽר׃ 9
הֲשָׁכַ֣ח חַנּ֣וֹת אֵ֑ל אִם־קָפַ֥ץ בְּ֝אַ֗ף רַחֲמָ֥יו סֶֽלָה׃ י

ואמר

ידיתון v. L. ידותון ק'

11 וָאֹמַר חַלּוֹתִי הִיא   שְׁנוֹת יְמִין עֶלְיוֹן׃
12 אֶזְכִּיר מַעַלְלֵי־יָהּ   כִּי־אֶזְכְּרָה מִקֶּדֶם פִּלְאֶךָ׃
13 וְהָגִיתִי בְכָל־פָּעֳלֶךָ   וּבַעֲלִילוֹתֶיךָ אָשִׂיחָה׃
14 אֱלֹהִים בַּקֹּדֶשׁ דַּרְכֶּךָ   מִי־אֵל גָּדוֹל כֵּאלֹהִים׃
טו אַתָּה הָאֵל עֹשֵׂה פֶלֶא   הוֹדַעְתָּ בָעַמִּים עֻזֶּךָ׃
16 גָּאַלְתָּ בִּזְרוֹעַ עַמֶּךָ   בְּנֵי־יַעֲקֹב וְיוֹסֵף סֶלָה׃
17 רָאוּךָ מַּיִם ׀ אֱלֹהִים   רָאוּךָ מַּיִם יָחִילוּ
18 אַף יִרְגְּזוּ תְהֹמוֹת׃   זֹרְמוּ מַיִם ׀ עָבוֹת
קוֹל נָתְנוּ שְׁחָקִים   אַף־חֲצָצֶיךָ יִתְהַלָּכוּ׃
19 קוֹל רַעַמְךָ ׀ בַּגַּלְגַּל   הֵאִירוּ בְרָקִים תֵּבֵל
כ רָגְזָה וַתִּרְעַשׁ הָאָרֶץ׃   בַּיָּם דַּרְכֶּךָ וּשְׁבִילְיךָ בְּמַיִם רַבִּים
21 וְעִקְּבוֹתֶיךָ לֹא נֹדָעוּ׃   נָחִיתָ כַצֹּאן עַמֶּךָ
בְּיַד־מֹשֶׁה וְאַהֲרֹן׃

עח Psal. LXXVIII. עח

א מַשְׂכִּיל לְאָסָף
הַאֲזִינָה עַמִּי תּוֹרָתִי   הַטּוּ אָזְנְכֶם לְאִמְרֵי־פִי׃
2 אֶפְתְּחָה בְמָשָׁל פִּי   אַבִּיעָה חִידוֹת מִנִּי־קֶדֶם׃
3 אֲשֶׁר שָׁמַעְנוּ וַנֵּדָעֵם   וַאֲבוֹתֵינוּ סִפְּרוּ־לָנוּ׃
4 לֹא נְכַחֵד ׀ מִבְּנֵיהֶם לְדוֹר אַחֲרוֹן   מְסַפְּרִים תְּהִלּוֹת יְהוָה
ה וֶעֱזוּזוֹ וְנִפְלְאוֹתָיו אֲשֶׁר עָשָׂה׃   וַיָּקֶם עֵדוּת ׀ בְּיַעֲקֹב
וְתוֹרָה שָׂם בְּיִשְׂרָאֵל   אֲשֶׁר צִוָּה אֶת־אֲבוֹתֵינוּ
6 לְהוֹדִיעָם לִבְנֵיהֶם׃   לְמַעַן יֵדְעוּ ׀ דּוֹר אַחֲרוֹן בָּנִים יִוָּלֵדוּ
7 יָקֻמוּ וִיסַפְּרוּ לִבְנֵיהֶם׃   וְיָשִׂימוּ בֵאלֹהִים כִּסְלָם
וְלֹא יִשְׁכְּחוּ מַעַלְלֵי־אֵל   וּמִצְוֹתָיו יִנְצֹרוּ׃
8 וְלֹא יִהְיוּ ׀ כַּאֲבוֹתָם   דּוֹר סוֹרֵר וּמֹרֶה
דּוֹר לֹא־הֵכִין לִבּוֹ   וְלֹא־נֶאֶמְנָה אֶת־אֵל רוּחוֹ׃
9 בְּנֵי־אֶפְרַיִם נוֹשְׁקֵי רוֹמֵי־קָשֶׁת   הָפְכוּ בְּיוֹם קְרָב׃

עיין v. 12. אזכור ק׳ v. 20. ושבילך ק׳

י לֹא שָׁמְרוּ בְּרִית אֱלֹהִים   וּבְתוֹרָתוֹ מֵאֲנוּ לָלֶכֶת׃
11 וַיִּשְׁכְּחוּ עֲלִילוֹתָיו   וְנִפְלְאוֹתָיו אֲשֶׁר הֶרְאָם׃
12 נֶגֶד אֲבוֹתָם עָשָׂה פֶלֶא   בְּאֶרֶץ מִצְרַיִם שְׂדֵה־צֹעַן׃
13 בָּקַע יָם וַיַּעֲבִירֵם   וַיַּצֶּב־מַיִם כְּמוֹ־נֵד׃
14 וַיַּנְחֵם בֶּעָנָן יוֹמָם   וְכָל־הַלַּיְלָה בְּאוֹר אֵשׁ׃
טו יְבַקַּע צֻרִים בַּמִּדְבָּר   וַיַּשְׁקְ כִּתְהֹמוֹת רַבָּה׃
16 וַיּוֹצִא נוֹזְלִים מִסָּלַע   וַיּוֹרֶד כַּנְּהָרוֹת מָיִם׃
17 וַיּוֹסִיפוּ עוֹד לַחֲטֹא־לוֹ   לַמְרוֹת עֶלְיוֹן בַּצִּיָּה׃
18 וַיְנַסּוּ־אֵל בִּלְבָבָם   לִשְׁאָל־אֹכֶל לְנַפְשָׁם׃
19 וַיְדַבְּרוּ בֵּאלֹהִים   אָמְרוּ הֲיוּכַל אֵל
לַעֲרֹךְ שֻׁלְחָן בַּמִּדְבָּר׃
כ הֵן הִכָּה־צוּר ׀ וַיָּזוּבוּ מַיִם וּנְחָלִים יִשְׁטֹפוּ
הֲגַם־לֶחֶם יוּכַל תֵּת   אִם־יָכִין שְׁאֵר לְעַמּוֹ׃
21 לָכֵן ׀ שָׁמַע יְהוָה וַיִּתְעַבָּר   וְאֵשׁ נִשְּׂקָה בְיַעֲקֹב
22 וְגַם־אַף עָלָה בְיִשְׂרָאֵל׃   כִּי לֹא הֶאֱמִינוּ בֵּאלֹהִים
23 וְלֹא בָטְחוּ בִּישׁוּעָתוֹ׃   וַיְצַו שְׁחָקִים מִמָּעַל
24 וְדַלְתֵי שָׁמַיִם פָּתָח׃   וַיַּמְטֵר עֲלֵיהֶם מָן לֶאֱכֹל
כה וּדְגַן־שָׁמַיִם נָתַן לָמוֹ׃   לֶחֶם אַבִּירִים אָכַל אִישׁ
26 צֵידָה שָׁלַח לָהֶם לָשֹׂבַע׃   יַסַּע קָדִים בַּשָּׁמָיִם
27 וַיְנַהֵג בְּעֻזּוֹ תֵימָן׃   וַיַּמְטֵר עֲלֵיהֶם כֶּעָפָר שְׁאֵר
28 וּכְחוֹל יַמִּים עוֹף כָּנָף׃   וַיַּפֵּל בְּקֶרֶב מַחֲנֵהוּ
29 סָבִיב לְמִשְׁכְּנֹתָיו׃   וַיֹּאכְלוּ וַיִּשְׂבְּעוּ מְאֹד
ל וְתַאֲוָתָם יָבִא לָהֶם׃   לֹא־זָרוּ מִתַּאֲוָתָם
31 עוֹד אָכְלָם בְּפִיהֶם׃   וְאַף אֱלֹהִים ׀ עָלָה בָהֶם
וַיַּהֲרֹג בְּמִשְׁמַנֵּיהֶם   וּבַחוּרֵי יִשְׂרָאֵל הִכְרִיעַ׃
32 בְּכָל־זֹאת חָטְאוּ־עוֹד   וְלֹא הֶאֱמִינוּ בְּנִפְלְאוֹתָיו׃
33 וַיְכַל־בַּהֶבֶל יְמֵיהֶם   וּשְׁנוֹתָם בַּבֶּהָלָה׃
34 אִם־הֲרָגָם וּדְרָשׁוּהוּ   וְשָׁבוּ וְשִׁחֲרוּ־אֵל׃

לה וַיִּזְכְּרוּ כִּי־אֱלֹהִים צוּרָם   וְאֵל עֶלְיוֹן גֹּאֲלָם׃
36 ° וַיְפַתּוּהוּ בְּפִיהֶם   וּבִלְשׁוֹנָם יְכַזְּבוּ־לוֹ׃
37 וְלִבָּם לֹא־נָכוֹן עִמּוֹ   וְלֹא נֶאֶמְנוּ בִּבְרִיתוֹ׃
38 וְהוּא רַחוּם ׀ יְכַפֵּר עָוֹן וְלֹא־יַשְׁחִית   וְהִרְבָּה לְהָשִׁיב אַפּוֹ
39 וְלֹא־יָעִיר כָּל־חֲמָתוֹ׃   וַיִּזְכֹּר כִּי־בָשָׂר הֵמָּה
מ רוּחַ הוֹלֵךְ וְלֹא יָשׁוּב׃   כַּמָּה יַמְרוּהוּ בַמִּדְבָּר
41 יַעֲצִיבוּהוּ בִּישִׁימוֹן׃   וַיָּשׁוּבוּ וַיְנַסּוּ אֵל
42 וּקְדוֹשׁ יִשְׂרָאֵל הִתְווּ׃   לֹא־זָכְרוּ אֶת־יָדוֹ
43 יוֹם אֲשֶׁר־פָּדָם מִנִּי־צָר׃   אֲשֶׁר־שָׂם בְּמִצְרַיִם אֹתוֹתָיו
44 וּמוֹפְתָיו בִּשְׂדֵה־צֹעַן׃   וַיַּהֲפֹךְ לְדָם יְאֹרֵיהֶם
מה וְנֹזְלֵיהֶם בַּל־יִשְׁתָּיוּן׃   יְשַׁלַּח בָּהֶם עָרֹב וַיֹּאכְלֵם
46 וּצְפַרְדֵּעַ וַתַּשְׁחִיתֵם׃   וַיִּתֵּן לֶחָסִיל יְבוּלָם
47 וִיגִיעָם לָאַרְבֶּה׃   יַהֲרֹג בַּבָּרָד גַּפְנָם
48 וְשִׁקְמוֹתָם בַּחֲנָמַל׃   וַיַּסְגֵּר לַבָּרָד בְּעִירָם
49 וּמִקְנֵיהֶם לָרְשָׁפִים׃   יְשַׁלַּח־בָּם ׀ חֲרוֹן אַפּוֹ
עֶבְרָה וָזַעַם וְצָרָה   מִשְׁלַחַת מַלְאֲכֵי רָעִים׃
נ יְפַלֵּס נָתִיב לְאַפּוֹ   לֹא־חָשַׂךְ מִמָּוֶת נַפְשָׁם
51 וְחַיָּתָם לַדֶּבֶר הִסְגִּיר׃   וַיַּךְ כָּל־בְּכוֹר בְּמִצְרָיִם
52 רֵאשִׁית אוֹנִים בְּאָהֳלֵי־חָם׃   וַיַּסַּע כַּצֹּאן עַמּוֹ
53 וַיְנַהֲגֵם כַּעֵדֶר בַּמִּדְבָּר׃   וַיַּנְחֵם לָבֶטַח וְלֹא פָחָדוּ
54 וְאֶת־אוֹיְבֵיהֶם כִּסָּה הַיָּם׃   וַיְבִיאֵם אֶל־גְּבוּל קָדְשׁוֹ
נה הַר־זֶה קָנְתָה יְמִינוֹ׃   וַיְגָרֶשׁ מִפְּנֵיהֶם ׀ גּוֹיִם
וַיַּפִּילֵם בְּחֶבֶל נַחֲלָה   וַיַּשְׁכֵּן בְּאָהֳלֵיהֶם שִׁבְטֵי יִשְׂרָאֵל׃
56 וַיְנַסּוּ וַיַּמְרוּ אֶת־אֱלֹהִים עֶלְיוֹן   וְעֵדוֹתָיו לֹא שָׁמָרוּ׃
57 וַיִּסֹּגוּ וַיִּבְגְּדוּ כַּאֲבוֹתָם   נֶהְפְּכוּ כְּקֶשֶׁת רְמִיָּה׃
58 וַיַּכְעִיסוּהוּ בְּבָמוֹתָם   וּבִפְסִילֵיהֶם יַקְנִיאוּהוּ׃
59 שָׁמַע אֱלֹהִים וַיִּתְעַבָּר   וַיִּמְאַס מְאֹד בְּיִשְׂרָאֵל׃
ס וַיִּטֹּשׁ מִשְׁכַּן שִׁלוֹ   אֹהֶל שִׁכֵּן בָּאָדָם׃

° v. 36. חצי הספר בפסוקים

61 וַיִּתֵּן לַשְּׁבִי עֻזּוֹ וְתִפְאַרְתּוֹ בְיַד־צָר׃
62 וַיַּסְגֵּר לַחֶרֶב עַמּוֹ וּבְנַחֲלָתוֹ הִתְעַבָּר׃
63 בַּחוּרָיו אָכְלָה־אֵשׁ וּבְתוּלֹתָיו לֹא הוּלָּלוּ׃
64 כֹּהֲנָיו בַּחֶרֶב נָפָלוּ וְאַלְמְנֹתָיו לֹא תִבְכֶּינָה׃
סה וַיִּקַץ כְּיָשֵׁן ׀ אֲדֹנָי כְּגִבּוֹר מִתְרוֹנֵן מִיָּיִן׃
66 וַיַּךְ־צָרָיו אָחוֹר חֶרְפַּת עוֹלָם נָתַן לָמוֹ׃
67 וַיִּמְאַס בְּאֹהֶל יוֹסֵף וּבְשֵׁבֶט אֶפְרַיִם לֹא בָחָר׃
68 וַיִּבְחַר אֶת־שֵׁבֶט יְהוּדָה אֶת־הַר צִיּוֹן אֲשֶׁר אָהֵב׃
69 וַיִּבֶן כְּמוֹ־רָמִים מִקְדָּשׁוֹ כְּאֶרֶץ יְסָדָהּ לְעוֹלָם׃
ע וַיִּבְחַר בְּדָוִד עַבְדּוֹ וַיִּקָּחֵהוּ מִמִּכְלְאֹת צֹאן׃
71 מֵאַחַר עָלוֹת הֱבִיאוֹ לִרְעוֹת בְּיַעֲקֹב עַמּוֹ
72 וּבְיִשְׂרָאֵל נַחֲלָתוֹ׃ וַיִּרְעֵם כְּתֹם לְבָבוֹ
וּבִתְבוּנוֹת כַּפָּיו יַנְחֵם׃

עט Psal. LXXIX. עט

א מִזְמוֹר לְאָסָף
אֱלֹהִים בָּאוּ גוֹיִם ׀ בְּנַחֲלָתֶךָ טִמְּאוּ אֶת־הֵיכַל קָדְשֶׁךָ
2 שָׂמוּ אֶת־יְרוּשָׁלַםִ לְעִיִּים׃ נָתְנוּ אֶת־נִבְלַת עֲבָדֶיךָ
מַאֲכָל לְעוֹף הַשָּׁמָיִם בְּשַׂר חֲסִידֶיךָ לְחַיְתוֹ־אָרֶץ׃
3 שָׁפְכוּ דָמָם ׀ כַּמַּיִם סְבִיבוֹת יְרוּשָׁלָםִ וְאֵין קוֹבֵר׃
4 הָיִינוּ חֶרְפָּה לִשְׁכֵנֵינוּ לַעַג וָקֶלֶס לִסְבִיבוֹתֵינוּ׃
ה עַד־מָה יְהוָה תֶּאֱנַף לָנֶצַח תִּבְעַר כְּמוֹ־אֵשׁ קִנְאָתֶךָ׃
6 שְׁפֹךְ חֲמָתְךָ ׀ אֶל־הַגּוֹיִם אֲשֶׁר לֹא־יְדָעוּךָ וְעַל מַמְלָכוֹת
7 אֲשֶׁר בְּשִׁמְךָ לֹא קָרָאוּ׃ כִּי אָכַל אֶת־יַעֲקֹב
8 וְאֶת־נָוֵהוּ הֵשַׁמּוּ׃ אַל־תִּזְכָּר־לָנוּ עֲוֺנֹת רִאשֹׁנִים
מַהֵר יְקַדְּמוּנוּ רַחֲמֶיךָ כִּי דַלּוֹנוּ מְאֹד׃
9 עָזְרֵנוּ ׀ אֱלֹהֵי יִשְׁעֵנוּ עַל־דְּבַר כְּבוֹד־שְׁמֶךָ
וְהַצִּילֵנוּ וְכַפֵּר עַל־חַטֹּאתֵינוּ לְמַעַן שְׁמֶךָ׃

י לָמָּה ׀ יֹאמְרוּ הַגּוֹיִם אַיֵּה אֱלֹהֵיהֶם יִוָּדַע בַּגּוֹיִם לְעֵינֵינוּ
11 נִקְמַת דַּם־עֲבָדֶיךָ הַשָּׁפוּךְ׃ תָּבוֹא לְפָנֶיךָ אֶנְקַת אָסִיר
כְּגֹדֶל זְרוֹעֲךָ הוֹתֵר בְּנֵי תְמוּתָה׃
12 וְהָשֵׁב לִשְׁכֵנֵינוּ שִׁבְעָתַיִם אֶל־חֵיקָם
13 חֶרְפָּתָם אֲשֶׁר חֵרְפוּךָ אֲדֹנָי׃ וַאֲנַחְנוּ עַמְּךָ ׀ וְצֹאן מַרְעִיתֶךָ
נוֹדֶה לְּךָ לְעוֹלָם לְדֹר וָדֹר
נְסַפֵּר תְּהִלָּתֶךָ׃

פ PSAL. LXXX. פ

א לַמְנַצֵּחַ אֶל־שֹׁשַׁנִּים עֵדוּת לְאָסָף מִזְמוֹר׃
2 רֹעֵה יִשְׂרָאֵל ׀ הַאֲזִינָה נֹהֵג כַּצֹּאן יוֹסֵף
3 יֹשֵׁב הַכְּרוּבִים הוֹפִיעָה׃ לִפְנֵי אֶפְרַיִם ׀ וּבִנְיָמִן וּמְנַשֶּׁה
עוֹרְרָה אֶת־גְּבוּרָתֶךָ וּלְכָה לִישֻׁעָתָה לָּנוּ׃
4 אֱלֹהִים הֲשִׁיבֵנוּ וְהָאֵר פָּנֶיךָ וְנִוָּשֵׁעָה׃
ה יְהוָה אֱלֹהִים צְבָאוֹת עַד־מָתַי עָשַׁנְתָּ בִּתְפִלַּת עַמֶּךָ׃
6 הֶאֱכַלְתָּם לֶחֶם דִּמְעָה וַתַּשְׁקֵמוֹ בִּדְמָעוֹת שָׁלִישׁ׃
7 תְּשִׂימֵנוּ מָדוֹן לִשְׁכֵנֵינוּ וְאֹיְבֵינוּ יִלְעֲגוּ־לָמוֹ׃
8 אֱלֹהִים צְבָאוֹת הֲשִׁיבֵנוּ וְהָאֵר פָּנֶיךָ וְנִוָּשֵׁעָה׃
9 גֶּפֶן מִמִּצְרַיִם תַּסִּיעַ תְּגָרֵשׁ גּוֹיִם וַתִּטָּעֶהָ׃
י פִּנִּיתָ לְפָנֶיהָ וַתַּשְׁרֵשׁ שָׁרָשֶׁיהָ וַתְּמַלֵּא־אָרֶץ׃
11 כָּסּוּ הָרִים צִלָּהּ וַעֲנָפֶיהָ אַרְזֵי־אֵל׃
12 תְּשַׁלַּח קְצִירֶהָ עַד־יָם וְאֶל־נָהָר יוֹנְקוֹתֶיהָ׃
13 לָמָּה פָּרַצְתָּ גְדֵרֶיהָ וְאָרוּהָ כָּל־עֹבְרֵי דָרֶךְ׃
14 יְכַרְסְמֶנָּה חֲזִיר מִיָּעַר וְזִיז שָׂדַי יִרְעֶנָּה׃
טו אֱלֹהִים צְבָאוֹת שׁוּב־נָא הַבֵּט מִשָּׁמַיִם וּרְאֵה
16 וּפְקֹד גֶּפֶן זֹאת׃ וְכַנָּה אֲשֶׁר־נָטְעָה יְמִינֶךָ
17 וְעַל־בֵּן אִמַּצְתָּה לָּךְ׃ שְׂרֻפָה בָאֵשׁ כְּסוּחָה
18 מִגַּעֲרַת פָּנֶיךָ יֹאבֵדוּ׃ תְּהִי־יָדְךָ עַל־אִישׁ יְמִינֶךָ

על־בן־אדם

ע״ט v. 10. בגוים ק׳ פ׳ v. 14. עין תלויה v. 16. כ׳ רבתי

19 עַל־בֵּן־אָדָם אִמַּצְתָּ לָּךְ׃ וְלֹא־נָסוֹג מִמֶּךָּ
כ תְּחַיֵּנוּ וּבְשִׁמְךָ נִקְרָא׃ יְהוָה אֱלֹהִים צְבָאוֹת הֲשִׁיבֵנוּ
הָאֵר פָּנֶיךָ וְנִוָּשֵׁעָה׃

פא Psal. LXXXI. פא

א לַמְנַצֵּחַ עַל־הַגִּתִּית לְאָסָף׃

2 הַרְנִינוּ לֵאלֹהִים עוּזֵּנוּ הָרִיעוּ לֵאלֹהֵי יַעֲקֹב׃
3 שְׂאוּ־זִמְרָה וּתְנוּ־תֹף כִּנּוֹר נָעִים עִם־נָבֶל׃
4 תִּקְעוּ בַחֹדֶשׁ שׁוֹפָר בַּכֵּסֶה לְיוֹם חַגֵּנוּ׃
ה כִּי חֹק לְיִשְׂרָאֵל הוּא מִשְׁפָּט לֵאלֹהֵי יַעֲקֹב׃
6 עֵדוּת ׀ בִּיהוֹסֵף שָׂמוֹ בְּצֵאתוֹ עַל־אֶרֶץ מִצְרָיִם
7 שְׂפַת לֹא־יָדַעְתִּי אֶשְׁמָע׃ הֲסִירוֹתִי מִסֵּבֶל שִׁכְמוֹ
8 כַּפָּיו מִדּוּד תַּעֲבֹרְנָה׃ בַּצָּרָה קָרָאתָ וָאֲחַלְּצֶךָּ
אֶעֶנְךָ בְּסֵתֶר רַעַם אֶבְחָנְךָ עַל־מֵי מְרִיבָה סֶלָה׃
9 שְׁמַע עַמִּי וְאָעִידָה בָּךְ יִשְׂרָאֵל אִם־תִּשְׁמַע־לִי׃
י לֹא־יִהְיֶה בְךָ אֵל זָר וְלֹא תִשְׁתַּחֲוֶה לְאֵל נֵכָר׃
11 אָנֹכִי ׀ יְהוָה אֱלֹהֶיךָ הַמַּעַלְךָ מֵאֶרֶץ מִצְרָיִם
12 הַרְחֶב־פִּיךָ וַאֲמַלְאֵהוּ׃ וְלֹא־שָׁמַע עַמִּי לְקוֹלִי
13 וְיִשְׂרָאֵל לֹא־אָבָה לִי׃ וָאֲשַׁלְּחֵהוּ בִּשְׁרִירוּת לִבָּם
14 יֵלְכוּ בְּמוֹעֲצוֹתֵיהֶם׃ לוּ עַמִּי שֹׁמֵעַ לִי
טו יִשְׂרָאֵל בִּדְרָכַי יְהַלֵּכוּ׃ כִּמְעַט אוֹיְבֵיהֶם אַכְנִיעַ
16 וְעַל צָרֵיהֶם אָשִׁיב יָדִי׃ מְשַׂנְאֵי יְהוָה יְכַחֲשׁוּ־לוֹ
17 וִיהִי עִתָּם לְעוֹלָם׃ וַיַּאֲכִילֵהוּ מֵחֵלֶב חִטָּה
וּמִצּוּר דְּבַשׁ אַשְׂבִּיעֶךָ׃

פב Psal. LXXXII. פב

א מִזְמוֹר לְאָסָף

אֱלֹהִים נִצָּב בַּעֲדַת־אֵל בְּקֶרֶב אֱלֹהִים יִשְׁפֹּט׃
2 עַד־מָתַי תִּשְׁפְּטוּ־עָוֶל וּפְנֵי רְשָׁעִים תִּשְׂאוּ־סֶלָה׃

3 שִׁפְטוּ־דַל וְיָתוֹם   עָנִי וָרָשׁ הַצְדִּיקוּ׃
4 פַּלְּטוּ־דַל וְאֶבְיוֹן   מִיַּד רְשָׁעִים הַצִּילוּ׃
ה לֹא יָדְעוּ ׀ וְלֹא יָבִינוּ   בַּחֲשֵׁכָה יִתְהַלָּכוּ
6 יִמּוֹטוּ כָּל־מוֹסְדֵי אָרֶץ׃   אֲנִי־אָמַרְתִּי אֱלֹהִים אַתֶּם
7 וּבְנֵי עֶלְיוֹן כֻּלְּכֶם׃   אָכֵן כְּאָדָם תְּמוּתוּן
8 וּכְאַחַד הַשָּׂרִים תִּפֹּלוּ׃   קוּמָה אֱלֹהִים שָׁפְטָה הָאָרֶץ
כִּי־אַתָּה תִנְחַל בְּכָל־הַגּוֹיִם׃

פג PSAL. LXXXIII. פג

א שִׁיר מִזְמוֹר לְאָסָף׃
2 אֱלֹהִים אַל־דֳּמִי־לָךְ   אַל־תֶּחֱרַשׁ וְאַל־תִּשְׁקֹט אֵל׃
3 כִּי־הִנֵּה אוֹיְבֶיךָ יֶהֱמָיוּן   וּמְשַׂנְאֶיךָ נָשְׂאוּ רֹאשׁ׃
4 עַל־עַמְּךָ יַעֲרִימוּ סוֹד   וְיִתְיָעֲצוּ עַל־צְפוּנֶיךָ׃
ה אָמְרוּ לְכוּ וְנַכְחִידֵם מִגּוֹי   וְלֹא־יִזָּכֵר שֵׁם־יִשְׂרָאֵל עוֹד׃
6 כִּי נוֹעֲצוּ לֵב יַחְדָּו   עָלֶיךָ בְּרִית יִכְרֹתוּ׃
7 אָהֳלֵי אֱדוֹם וְיִשְׁמְעֵאלִים   מוֹאָב וְהַגְרִים׃
8 גְּבָל וְעַמּוֹן וַעֲמָלֵק   פְּלֶשֶׁת עִם־יֹשְׁבֵי צוֹר׃
9 גַּם־אַשּׁוּר נִלְוָה עִמָּם   הָיוּ זְרוֹעַ לִבְנֵי־לוֹט סֶלָה׃
י עֲשֵׂה־לָהֶם כְּמִדְיָן   כְּסִיסְרָא כְיָבִין בְּנַחַל קִישׁוֹן׃
11 נִשְׁמְדוּ בְעֵין־דֹּאר   הָיוּ דֹּמֶן לָאֲדָמָה׃
12 שִׁיתֵמוֹ נְדִיבֵמוֹ כְּעֹרֵב וְכִזְאֵב   וּכְזֶבַח וּכְצַלְמֻנָּע כָּל־נְסִיכֵמוֹ׃
13 אֲשֶׁר אָמְרוּ נִירֲשָׁה לָּנוּ   אֵת נְאוֹת אֱלֹהִים׃
14 אֱלֹהַי שִׁיתֵמוֹ כַגַּלְגַּל   כְּקַשׁ לִפְנֵי־רוּחַ׃
טו כְּאֵשׁ תִּבְעַר־יָעַר   וּכְלֶהָבָה תְּלַהֵט הָרִים׃
16 כֵּן תִּרְדְּפֵם בְּסַעֲרֶךָ   וּבְסוּפָתְךָ תְבַהֲלֵם׃
17 מַלֵּא פְנֵיהֶם קָלוֹן   וִיבַקְשׁוּ שִׁמְךָ יְהוָה׃
18 יֵבֹשׁוּ וְיִבָּהֲלוּ עֲדֵי־עַד   וְיַחְפְּרוּ וְיֹאבֵדוּ׃
19 וְיֵדְעוּ כִּי־אַתָּה שִׁמְךָ יְהוָה לְבַדֶּךָ   עֶלְיוֹן עַל־כָּל־הָאָרֶץ׃

פד PSAL. LXXXIV. פד

לַמְנַצֵּחַ עַל־הַגִּתִּית לִבְנֵי־קֹרַח מִזְמֽוֹר׃ א
מַה־יְּדִידוֹת מִשְׁכְּנוֹתֶיךָ יְהוָה צְבָאֽוֹת׃ 2
נִכְסְפָה וְגַם־כָּלְתָה ׀ נַפְשִׁי לְחַצְרוֹת יְהוָה לִבִּי וּבְשָׂרִי 3
יְרַנְּנוּ אֶל אֵֽל־חָי׃ גַּם־צִפּוֹר ׀ מָצְאָה בַיִת 4
וּדְרוֹר ׀ קֵן ׀ לָהּ אֲשֶׁר־שָׁתָה אֶפְרֹחֶיהָ
אֶת־מִזְבְּחוֹתֶיךָ יְהוָה צְבָאוֹת מַלְכִּי וֵאלֹהָֽי׃
אַשְׁרֵי יוֹשְׁבֵי בֵיתֶךָ עוֹד יְהַלְלוּךָ סֶּֽלָה׃ ה
אַשְׁרֵי אָדָם עוֹז־לוֹ בָךְ מְסִלּוֹת בִּלְבָבָֽם׃ 6
עֹבְרֵי ׀ בְּעֵמֶק הַבָּכָא מַעְיָן יְשִׁיתוּהוּ 7
גַּם־בְּרָכוֹת יַעְטֶה מוֹרֶֽה׃ יֵלְכוּ מֵחַיִל אֶל־חָיִל 8
יֵרָאֶה אֶל־אֱלֹהִים בְּצִיּֽוֹן׃ יְהוָה אֱלֹהִים צְבָאוֹת 9
שִׁמְעָה תְפִלָּתִי הַאֲזִינָה אֱלֹהֵי יַעֲקֹב סֶֽלָה׃
מָגִנֵּנוּ רְאֵה אֱלֹהִים וְהַבֵּט פְּנֵי מְשִׁיחֶֽךָ׃ י
כִּי טֽוֹב־יוֹם בַּחֲצֵרֶיךָ מֵאָלֶף בָּחַרְתִּי הִסְתּוֹפֵף בְּבֵית אֱלֹהַי 11
מִדּוּר בְּאָהֳלֵי־רֶֽשַׁע׃ כִּי שֶׁמֶשׁ ׀ וּמָגֵן יְהוָה אֱלֹהִים 12
חֵן וְכָבוֹד יִתֵּן יְהוָה לֹא יִמְנַע־טוֹב לַהֹלְכִים בְּתָמִֽים׃
יְהוָה צְבָאוֹת אַשְׁרֵי אָדָם בֹּטֵחַ בָּֽךְ׃ 13

פה PSAL. LXXXV. פה

לַמְנַצֵּחַ לִבְנֵי־קֹרַח מִזְמֽוֹר׃ א

רָצִיתָ יְהוָה אַרְצֶךָ שַׁבְתָּ שְׁבוּת יַעֲקֹֽב׃ 2
נָשָׂאתָ עֲוֺן עַמֶּךָ כִּסִּיתָ כָל־חַטָּאתָם סֶֽלָה׃ 3
אָסַפְתָּ כָל־עֶבְרָתֶךָ הֱשִׁיבוֹתָ מֵחֲרוֹן אַפֶּֽךָ׃ 4
שׁוּבֵנוּ אֱלֹהֵי יִשְׁעֵנוּ וְהָפֵר כַּעַסְךָ עִמָּֽנוּ׃ ה
הַלְעוֹלָם תֶּאֱנַף־בָּנוּ תִּמְשֹׁךְ אַפְּךָ לְדֹר וָדֹֽר׃ 6
הֲלֹא־אַתָּה תָּשׁוּב תְּחַיֵּנוּ וְעַמְּךָ יִשְׂמְחוּ־בָֽךְ׃ 7

הראנו

פ״ד v. 4. ק׳ רבתי   פ״ה v. 2. שבית ק׳

8 הַרְאֵנוּ יְהוָה חַסְדֶּךָ   וְיֶשְׁעֲךָ תִּתֶּן־לָנוּ׃

9 אֶשְׁמְעָה מַה־יְדַבֵּר הָאֵל | יְהוָה   כִּי | יְדַבֵּר שָׁלוֹם

אֶל־עַמּוֹ וְאֶל־חֲסִידָיו   וְאַל־יָשׁוּבוּ לְכִסְלָה׃

י אַךְ קָרוֹב לִירֵאָיו יִשְׁעוֹ   לִשְׁכֹּן כָּבוֹד בְּאַרְצֵנוּ׃

11 חֶסֶד־וֶאֱמֶת נִפְגָּשׁוּ   צֶדֶק וְשָׁלוֹם נָשָׁקוּ׃

12 אֱמֶת מֵאֶרֶץ תִּצְמָח   וְצֶדֶק מִשָּׁמַיִם נִשְׁקָף׃

13 גַּם־יְהוָה יִתֵּן הַטּוֹב   וְאַרְצֵנוּ תִּתֵּן יְבוּלָהּ׃

14 צֶדֶק לְפָנָיו יְהַלֵּךְ   וְיָשֵׂם לְדֶרֶךְ פְּעָמָיו׃

פו PSAL. LXXXVI. פו

א תְּפִלָּה לְדָוִד

הַטֵּה־יְהוָה אָזְנְךָ עֲנֵנִי   כִּי־עָנִי וְאֶבְיוֹן אָנִי׃

2 שָׁמְרָה נַפְשִׁי כִּי־חָסִיד אָנִי   הוֹשַׁע עַבְדְּךָ אַתָּה אֱלֹהַי

3 הַבּוֹטֵחַ אֵלֶיךָ׃   חָנֵּנִי אֲדֹנָי

4 כִּי־אֵלֶיךָ אֶקְרָא כָּל־הַיּוֹם׃   שַׂמֵּחַ נֶפֶשׁ עַבְדֶּךָ

ה כִּי אֵלֶיךָ אֲדֹנָי נַפְשִׁי אֶשָּׂא׃   כִּי־אַתָּה אֲדֹנָי טוֹב וְסַלָּח

6 וְרַב־חֶסֶד לְכָל־קֹרְאֶיךָ׃   הַאֲזִינָה יְהוָה תְּפִלָּתִי

7 וְהַקְשִׁיבָה בְּקוֹל תַּחֲנוּנוֹתָי׃   בְּיוֹם צָרָתִי אֶקְרָאֶךָּ

8 כִּי תַעֲנֵנִי׃   אֵין־כָּמוֹךָ בָאֱלֹהִים | אֲדֹנָי

9 וְאֵין כְּמַעֲשֶׂיךָ׃   כָּל־גּוֹיִם | אֲשֶׁר עָשִׂיתָ

יָבוֹאוּ | וְיִשְׁתַּחֲווּ לְפָנֶיךָ אֲדֹנָי   וִיכַבְּדוּ לִשְׁמֶךָ׃

י כִּי־גָדוֹל אַתָּה וְעֹשֵׂה נִפְלָאוֹת   אַתָּה אֱלֹהִים לְבַדֶּךָ׃

11 הוֹרֵנִי יְהוָה | דַּרְכֶּךָ   אֲהַלֵּךְ בַּאֲמִתֶּךָ

12 יַחֵד לְבָבִי לְיִרְאָה שְׁמֶךָ׃   אוֹדְךָ | אֲדֹנָי אֱלֹהַי בְּכָל־לְבָבִי

13 וַאֲכַבְּדָה שִׁמְךָ לְעוֹלָם׃   כִּי־חַסְדְּךָ גָּדוֹל עָלָי

14 וְהִצַּלְתָּ נַפְשִׁי מִשְּׁאוֹל תַּחְתִּיָּה׃   אֱלֹהִים | זֵדִים קָמוּ עָלַי

וַעֲדַת עָרִיצִים בִּקְשׁוּ נַפְשִׁי   וְלֹא שָׂמוּךָ לְנֶגְדָּם׃

טו וְאַתָּה אֲדֹנָי אֵל־רַחוּם וְחַנּוּן   אֶרֶךְ אַפַּיִם וְרַב־חֶסֶד וֶאֱמֶת׃

16 פְּנֵה אֵלַי וְחָנֵּנִי   תְּנָה־עֻזְּךָ לְעַבְדֶּךָ

17 וְהוֹשִׁיעָה לְבֶן־אֲמָתֶךָ׃ עֲשֵׂה־עִמִּי אוֹת לְטוֹבָה
וְיִרְאוּ שֹׂנְאַי וְיֵבֹשׁוּ כִּי־אַתָּה יְהוָה עֲזַרְתַּנִי וְנִחַמְתָּנִי׃

פז Psal. LXXXVII. פז

א לִבְנֵי־קֹרַח מִזְמוֹר שִׁיר
2 יְסוּדָתוֹ בְּהַרְרֵי־קֹדֶשׁ׃ אֹהֵב יְהוָה שַׁעֲרֵי צִיּוֹן
3 מִכֹּל מִשְׁכְּנוֹת יַעֲקֹב׃ נִכְבָּדוֹת מְדֻבָּר בָּךְ
4 עִיר הָאֱלֹהִים סֶלָה׃ אַזְכִּיר ׀ רַהַב וּבָבֶל לְיֹדְעָי
הִנֵּה פְלֶשֶׁת וְצוֹר עִם־כּוּשׁ זֶה יֻלַּד־שָׁם׃
ה וּלְצִיּוֹן ׀ יֵאָמַר אִישׁ וְאִישׁ יֻלַּד־בָּהּ וְהוּא יְכוֹנְנֶהָ עֶלְיוֹן׃
6 יְהוָה יִסְפֹּר בִּכְתוֹב עַמִּים זֶה יֻלַּד־שָׁם סֶלָה׃
7 וְשָׁרִים כְּחֹלְלִים כָּל־מַעְיָנַי בָּךְ׃

פח Psal. LXXXVIII. פח

א שִׁיר מִזְמוֹר לִבְנֵי קֹרַח לַמְנַצֵּחַ עַל־מָחֲלַת לְעַנּוֹת
2 מַשְׂכִּיל לְהֵימָן הָאֶזְרָחִי׃ יְהוָה אֱלֹהֵי יְשׁוּעָתִי
3 יוֹם־צָעַקְתִּי בַלַּיְלָה נֶגְדֶּךָ׃ תָּבוֹא לְפָנֶיךָ תְּפִלָּתִי
4 הַטֵּה אָזְנְךָ לְרִנָּתִי׃ כִּי־שָׂבְעָה בְרָעוֹת נַפְשִׁי
ה וְחַיַּי לִשְׁאוֹל הִגִּיעוּ׃ נֶחְשַׁבְתִּי עִם־יוֹרְדֵי בוֹר
6 הָיִיתִי כְּגֶבֶר אֵין־אֱיָל׃ בַּמֵּתִים חָפְשִׁי
כְּמוֹ חֲלָלִים ׀ שֹׁכְבֵי קֶבֶר אֲשֶׁר לֹא זְכַרְתָּם עוֹד
7 וְהֵמָּה מִיָּדְךָ נִגְזָרוּ׃ שַׁתַּנִי בְּבוֹר תַּחְתִּיּוֹת
8 בְּמַחֲשַׁכִּים בִּמְצֹלוֹת׃ עָלַי סָמְכָה חֲמָתֶךָ
9 וְכָל־מִשְׁבָּרֶיךָ עִנִּיתָ סֶּלָה׃ הִרְחַקְתָּ מְיֻדָּעַי מִמֶּנִּי
שַׁתַּנִי תוֹעֵבוֹת לָמוֹ כָּלֻא וְלֹא אֵצֵא׃
י עֵינִי דָאֲבָה מִנִּי עֹנִי קְרָאתִיךָ יְהוָה בְּכָל־יוֹם
11 שִׁטַּחְתִּי אֵלֶיךָ כַפָּי׃ הֲלַמֵּתִים תַּעֲשֶׂה־פֶּלֶא
12 אִם־רְפָאִים יָקוּמוּ ׀ יוֹדוּךָ סֶּלָה׃ הַיְסֻפַּר בַּקֶּבֶר חַסְדֶּךָ
13 אֱמוּנָתְךָ בָּאֲבַדּוֹן׃ הֲיִוָּדַע בַּחֹשֶׁךְ פִּלְאֶךָ
14 וְצִדְקָתְךָ בְּאֶרֶץ נְשִׁיָּה׃ וַאֲנִי ׀ אֵלֶיךָ יְהוָה שִׁוַּעְתִּי

וּבַבֹּקֶר

טו וּבַבֹּקֶר תְּפִלָּתִי תְקַדְּמֶךָּ׃ לָמָה יְהוָה תִּזְנַח נַפְשִׁי
16 תַּסְתִּיר פָּנֶיךָ מִמֶּנִּי׃ עָנִי אֲנִי וְגֹוֵעַ מִנֹּעַר
17 נָשָׂאתִי אֵמֶיךָ אָפוּנָה׃ עָלַי עָבְרוּ חֲרוֹנֶיךָ
18 בִּעוּתֶיךָ צִמְּתוּתֻנִי׃ סַבּוּנִי כַמַּיִם כָּל־הַיּוֹם
19 הִקִּיפוּ עָלַי יָחַד׃ הִרְחַקְתָּ מִמֶּנִּי אֹהֵב וָרֵעַ
מְיֻדָּעַי מַחְשָׁךְ׃

פט Psal. LXXXIX. פט

א מַשְׂכִּיל לְאֵיתָן הָאֶזְרָחִי׃
2 חַסְדֵי יְהוָה עוֹלָם אָשִׁירָה לְדֹר וָדֹר ׀ אוֹדִיעַ אֱמוּנָתְךָ בְּפִי׃
3 כִּי־אָמַרְתִּי עוֹלָם חֶסֶד יִבָּנֶה שָׁמַיִם ׀ תָּכִן אֱמוּנָתְךָ בָהֶם׃
4 כָּרַתִּי בְרִית לִבְחִירִי נִשְׁבַּעְתִּי לְדָוִד עַבְדִּי׃
ה עַד־עוֹלָם אָכִין זַרְעֶךָ וּבָנִיתִי לְדֹר־וָדוֹר כִּסְאֲךָ סֶלָה׃
6 וְיוֹדוּ שָׁמַיִם פִּלְאֲךָ יְהוָה אַף־אֱמוּנָתְךָ בִּקְהַל קְדֹשִׁים׃
7 כִּי מִי בַשַּׁחַק יַעֲרֹךְ לַיהוָה יִדְמֶה לַיהוָה בִּבְנֵי אֵלִים׃
8 אֵל נַעֲרָץ בְּסוֹד־קְדֹשִׁים רַבָּה וְנוֹרָא עַל־כָּל־סְבִיבָיו׃
9 יְהוָה ׀ אֱלֹהֵי צְבָאוֹת מִי־כָמוֹךָ חֲסִין ׀ יָהּ
י וֶאֱמוּנָתְךָ סְבִיבוֹתֶיךָ׃ אַתָּה מוֹשֵׁל בְּגֵאוּת הַיָּם
11 בְּשׂוֹא גַלָּיו אַתָּה תְשַׁבְּחֵם׃ אַתָּה דִכִּאתָ כֶחָלָל רָהַב
12 בִּזְרוֹעַ עֻזְּךָ פִּזַּרְתָּ אוֹיְבֶיךָ׃ לְךָ שָׁמַיִם אַף־לְךָ אָרֶץ
13 תֵּבֵל וּמְלֹאָהּ אַתָּה יְסַדְתָּם׃ צָפוֹן וְיָמִין אַתָּה בְרָאתָם
14 תָּבוֹר וְחֶרְמוֹן בְּשִׁמְךָ יְרַנֵּנוּ׃ לְךָ זְרוֹעַ עִם־גְּבוּרָה
טו תָּעֹז יָדְךָ תָּרוּם יְמִינֶךָ׃ צֶדֶק וּמִשְׁפָּט מְכוֹן כִּסְאֶךָ
16 חֶסֶד וֶאֱמֶת יְקַדְּמוּ פָנֶיךָ׃ אַשְׁרֵי הָעָם יוֹדְעֵי תְרוּעָה
17 יְהוָה בְּאוֹר־פָּנֶיךָ יְהַלֵּכוּן׃ בְּשִׁמְךָ יְגִילוּן כָּל־הַיּוֹם
18 וּבְצִדְקָתְךָ יָרוּמוּ׃ כִּי־תִפְאֶרֶת עֻזָּמוֹ אָתָּה
19 וּבִרְצוֹנְךָ תָּרִים קַרְנֵינוּ׃ כִּי לַיהוָה מָגִנֵּנוּ
כ וְלִקְדוֹשׁ יִשְׂרָאֵל מַלְכֵּנוּ׃ אָז דִּבַּרְתָּ־בְחָזוֹן לַחֲסִידֶיךָ

ותאמר

פ״ט v. 18. תרום ק׳

וַתֹּאמֶר שִׁוִּיתִי עֵזֶר עַל־גִּבּוֹר   הֲרִימוֹתִי בָחוּר מֵעָם׃
21 מָצָאתִי דָּוִד עַבְדִּי   בְּשֶׁמֶן קָדְשִׁי מְשַׁחְתִּיו׃
22 אֲשֶׁר יָדִי תִּכּוֹן עִמּוֹ   אַף־זְרוֹעִי תְאַמְּצֶנּוּ׃
23 לֹא־יַשִּׁא אוֹיֵב בּוֹ   וּבֶן־עַוְלָה לֹא יְעַנֶּנּוּ׃
24 וְכַתּוֹתִי מִפָּנָיו צָרָיו   וּמְשַׂנְאָיו אֶגּוֹף׃
כה וֶאֱמוּנָתִי וְחַסְדִּי עִמּוֹ   וּבִשְׁמִי תָּרוּם קַרְנוֹ׃
26 וְשַׂמְתִּי בַיָּם יָדוֹ   וּבַנְּהָרוֹת יְמִינוֹ׃
27 הוּא יִקְרָאֵנִי אָבִי אָתָּה   אֵלִי וְצוּר יְשׁוּעָתִי׃
28 אַף־אָנִי בְּכוֹר אֶתְּנֵהוּ   עֶלְיוֹן לְמַלְכֵי־אָרֶץ׃
29 לְעוֹלָם אֶשְׁמוֹר־לוֹ חַסְדִּי   וּבְרִיתִי נֶאֱמֶנֶת לוֹ׃
ל וְשַׂמְתִּי לָעַד זַרְעוֹ   וְכִסְאוֹ כִּימֵי שָׁמָיִם׃
31 אִם־יַעַזְבוּ בָנָיו תּוֹרָתִי   וּבְמִשְׁפָּטַי לֹא יֵלֵכוּן׃
32 אִם־חֻקֹּתַי יְחַלֵּלוּ   וּמִצְוֺתַי לֹא יִשְׁמֹרוּ׃
33 וּפָקַדְתִּי בְשֵׁבֶט פִּשְׁעָם   וּבִנְגָעִים עֲוֺנָם׃
34 וְחַסְדִּי לֹא־אָפִיר מֵעִמּוֹ   וְלֹא אֲשַׁקֵּר בֶּאֱמוּנָתִי׃
לה לֹא־אֲחַלֵּל בְּרִיתִי   וּמוֹצָא שְׂפָתַי לֹא אֲשַׁנֶּה׃
36 אַחַת נִשְׁבַּעְתִּי בְקָדְשִׁי   אִם־לְדָוִד אֲכַזֵּב׃
37 זַרְעוֹ לְעוֹלָם יִהְיֶה   וְכִסְאוֹ כַשֶּׁמֶשׁ נֶגְדִּי׃
38 כְּיָרֵחַ יִכּוֹן עוֹלָם   וְעֵד בַּשַּׁחַק נֶאֱמָן סֶלָה׃
39 וְאַתָּה זָנַחְתָּ וַתִּמְאָס   הִתְעַבַּרְתָּ עִם־מְשִׁיחֶךָ׃
מ נֵאַרְתָּה בְּרִית עַבְדֶּךָ   חִלַּלְתָּ לָאָרֶץ נִזְרוֹ׃
41 פָּרַצְתָּ כָל־גְּדֵרֹתָיו   שַׂמְתָּ מִבְצָרָיו מְחִתָּה׃
42 שַׁסֻּהוּ כָּל־עֹבְרֵי דָרֶךְ   הָיָה חֶרְפָּה לִשְׁכֵנָיו׃
43 הֲרִימוֹתָ יְמִין צָרָיו   הִשְׂמַחְתָּ כָּל־אוֹיְבָיו׃
44 אַף־תָּשִׁיב צוּר חַרְבּוֹ   וְלֹא הֲקֵימֹתוֹ בַּמִּלְחָמָה׃
מה הִשְׁבַּתָּ מִטְּהָרוֹ   וְכִסְאוֹ לָאָרֶץ מִגַּרְתָּה׃
46 הִקְצַרְתָּ יְמֵי עֲלוּמָיו   הֶעֱטִיתָ עָלָיו בּוּשָׁה סֶלָה׃
47 עַד־מָה יְהוָה תִּסָּתֵר לָנֶצַח   תִּבְעַר כְּמוֹ־אֵשׁ חֲמָתֶךָ׃

v. 29. אשמר ק׳

48 זְכָר־אֲנִי מֶה־חָלֶד   עַל־מַה־שָּׁוְא בָּרָאתָ כָל־בְּנֵי־אָדָם׃
49 מִי גֶבֶר יִחְיֶה וְלֹא יִרְאֶה־מָּוֶת
יְמַלֵּט נַפְשׁוֹ מִיַּד־שְׁאוֹל סֶלָה׃
נ אַיֵּה ׀ חֲסָדֶיךָ הָרִאשֹׁנִים ׀ אֲדֹנָי   נִשְׁבַּעְתָּ לְדָוִד בֶּאֱמוּנָתֶךָ׃
51 זְכֹר אֲדֹנָי חֶרְפַּת עֲבָדֶיךָ   שְׂאֵתִי בְחֵיקִי כָּל־רַבִּים עַמִּים׃
52 אֲשֶׁר חֵרְפוּ אוֹיְבֶיךָ ׀ יְהוָה   אֲשֶׁר חֵרְפוּ עִקְּבוֹת מְשִׁיחֶךָ׃
53 בָּרוּךְ יְהוָה לְעוֹלָם   אָמֵן ׀ וְאָמֵן׃

ספר רביעי

LIBER QUARTUS

צ Psal. XC. צ

א תְּפִלָּה לְמֹשֶׁה אִישׁ־הָאֱלֹהִים
2 אֲדֹנָי מָעוֹן אַתָּה הָיִיתָ לָּנוּ בְּדֹר וָדֹר׃   בְּטֶרֶם ׀ הָרִים יֻלָּדוּ
וַתְּחוֹלֵל אֶרֶץ וְתֵבֵל   וּמֵעוֹלָם עַד־עוֹלָם אַתָּה אֵל׃
3 תָּשֵׁב אֱנוֹשׁ עַד־דַּכָּא   וַתֹּאמֶר שׁוּבוּ בְנֵי־אָדָם׃
4 כִּי אֶלֶף שָׁנִים בְּעֵינֶיךָ   כְּיוֹם אֶתְמוֹל כִּי יַעֲבֹר
ה וְאַשְׁמוּרָה בַלָּיְלָה׃   זְרַמְתָּם שֵׁנָה יִהְיוּ
6 בַּבֹּקֶר כֶּחָצִיר יַחֲלֹף׃   בַּבֹּקֶר יָצִיץ וְחָלָף
7 לָעֶרֶב יְמוֹלֵל וְיָבֵשׁ׃   כִּי־כָלִינוּ בְאַפֶּךָ
8 וּבַחֲמָתְךָ נִבְהָלְנוּ׃   שַׁתָּ עֲוֹנֹתֵינוּ לְנֶגְדֶּךָ
9 עֲלֻמֵנוּ לִמְאוֹר פָּנֶיךָ׃   כִּי כָל־יָמֵינוּ פָּנוּ בְעֶבְרָתֶךָ
י כִּלִּינוּ שָׁנֵינוּ כְמוֹ־הֶגֶה׃   יְמֵי־שְׁנוֹתֵינוּ בָהֶם שִׁבְעִים שָׁנָה
וְאִם בִּגְבוּרֹת שְׁמוֹנִים שָׁנָה   וְרָהְבָּם עָמָל וָאָוֶן
11 כִּי־גָז חִישׁ וַנָּעֻפָה׃   מִי־יוֹדֵעַ עֹז אַפֶּךָ
12 וּכְיִרְאָתְךָ עֶבְרָתֶךָ׃   לִמְנוֹת יָמֵינוּ כֵּן הוֹדַע
13 וְנָבִא לְבַב חָכְמָה׃   שׁוּבָה יְהוָה עַד־מָתָי
14 וְהִנָּחֵם עַל־עֲבָדֶיךָ׃   שַׂבְּעֵנוּ בַבֹּקֶר חַסְדֶּךָ
טו וּנְרַנְּנָה וְנִשְׂמְחָה בְּכָל־יָמֵינוּ׃   שַׂמְּחֵנוּ כִּימוֹת עִנִּיתָנוּ

צ׳ v. 8. שתה ק׳

16 שְׁנוֹת רָאִינוּ רָעָה׃ יֵרָאֶה אֶל־עֲבָדֶיךָ פָעֳלֶךָ
17 וַהֲדָרְךָ עַל־בְּנֵיהֶם׃ וִיהִי ׀ נֹעַם אֲדֹנָי אֱלֹהֵינוּ עָלֵינוּ
וּמַעֲשֵׂה יָדֵינוּ כּוֹנְנָה עָלֵינוּ וּמַעֲשֵׂה יָדֵינוּ כּוֹנְנֵהוּ׃

צא PSAL. XCI. צא

א יֹשֵׁב בְּסֵתֶר עֶלְיוֹן בְּצֵל שַׁדַּי יִתְלוֹנָן׃
2 אֹמַר לַיהוָה מַחְסִי וּמְצוּדָתִי אֱלֹהַי אֶבְטַח־בּוֹ׃
3 כִּי הוּא יַצִּילְךָ מִפַּח יָקוּשׁ מִדֶּבֶר הַוּוֹת׃
4 בְּאֶבְרָתוֹ ׀ יָסֶךְ לָךְ וְתַחַת־כְּנָפָיו תֶּחְסֶה
ה צִנָּה וְסֹחֵרָה אֲמִתּוֹ׃ לֹא־תִירָא מִפַּחַד לָיְלָה
6 מֵחֵץ יָעוּף יוֹמָם׃ מִדֶּבֶר בָּאֹפֶל יַהֲלֹךְ
7 מִקֶּטֶב יָשׁוּד צָהֳרָיִם׃ יִפֹּל מִצִּדְּךָ ׀ אֶלֶף
וּרְבָבָה מִימִינֶךָ אֵלֶיךָ לֹא יִגָּשׁ׃
8 רַק בְּעֵינֶיךָ תַבִּיט וְשִׁלֻּמַת רְשָׁעִים תִּרְאֶה׃
9 כִּי־אַתָּה יְהוָה מַחְסִי עֶלְיוֹן שַׂמְתָּ מְעוֹנֶךָ׃
י לֹא־תְאֻנֶּה אֵלֶיךָ רָעָה וְנֶגַע לֹא־יִקְרַב בְּאָהֳלֶךָ׃
11 כִּי מַלְאָכָיו יְצַוֶּה־לָּךְ לִשְׁמָרְךָ בְּכָל־דְּרָכֶיךָ׃
12 עַל־כַּפַּיִם יִשָּׂאוּנְךָ פֶּן־תִּגֹּף בָּאֶבֶן רַגְלֶךָ׃
13 עַל־שַׁחַל וָפֶתֶן תִּדְרֹךְ תִּרְמֹס כְּפִיר וְתַנִּין׃
14 כִּי בִי חָשַׁק וַאֲפַלְּטֵהוּ אֲשַׂגְּבֵהוּ כִּי־יָדַע שְׁמִי׃
טו יִקְרָאֵנִי ׀ וְאֶעֱנֵהוּ עִמּוֹ־אָנֹכִי בְצָרָה
16 אֲחַלְּצֵהוּ וַאֲכַבְּדֵהוּ׃ אֹרֶךְ יָמִים אַשְׂבִּיעֵהוּ
וְאַרְאֵהוּ בִּישׁוּעָתִי׃

צב PSAL. XCII. צב

א מִזְמוֹר שִׁיר לְיוֹם הַשַּׁבָּת׃
2 טוֹב לְהֹדוֹת לַיהוָה וּלְזַמֵּר לְשִׁמְךָ עֶלְיוֹן׃
3 לְהַגִּיד בַּבֹּקֶר חַסְדֶּךָ וֶאֱמוּנָתְךָ בַּלֵּילוֹת׃
4 עֲלֵי־עָשׂוֹר וַעֲלֵי־נָבֶל עֲלֵי הִגָּיוֹן בְּכִנּוֹר׃
ה כִּי שִׂמַּחְתַּנִי יְהוָה בְּפָעֳלֶךָ בְּמַעֲשֵׂי יָדֶיךָ אֲרַנֵּן׃

6 מַה־גָּדְלוּ מַעֲשֶׂיךָ יְהוָה   מְאֹד עָמְקוּ מַחְשְׁבֹתֶיךָ׃
7 אִישׁ־בַּעַר לֹא יֵדָע   וּכְסִיל לֹא־יָבִין אֶת־זֹאת׃
8 בִּפְרֹחַ רְשָׁעִים ׀ כְּמוֹ עֵשֶׂב   וַיָּצִיצוּ כָּל־פֹּעֲלֵי אָוֶן
9 לְהִשָּׁמְדָם עֲדֵי־עַד׃   וְאַתָּה מָרוֹם לְעֹלָם יְהוָה׃
י כִּי הִנֵּה אֹיְבֶיךָ ׀ יְהוָה   כִּי־הִנֵּה אֹיְבֶיךָ יֹאבֵדוּ
11 יִתְפָּרְדוּ כָּל־פֹּעֲלֵי אָוֶן׃   וַתָּרֶם כִּרְאֵים קַרְנִי
12 בַּלֹּתִי בְּשֶׁמֶן רַעֲנָן׃   וַתַּבֵּט עֵינִי בְּשׁוּרָי
13 בַּקָּמִים עָלַי מְרֵעִים תִּשְׁמַעְנָה אָזְנָי׃   צַדִּיק כַּתָּמָר יִפְרָח
14 כְּאֶרֶז בַּלְּבָנוֹן יִשְׂגֶּה׃   שְׁתוּלִים בְּבֵית יְהוָה
טו בְּחַצְרוֹת אֱלֹהֵינוּ יַפְרִיחוּ׃   עוֹד יְנוּבוּן בְּשֵׂיבָה
16 דְּשֵׁנִים וְרַעֲנַנִּים יִהְיוּ׃   לְהַגִּיד כִּי־יָשָׁר יְהוָה
צוּרִי וְלֹא־עַלָתָה בּוֹ׃

צג צג Psal. XCIII.

א יְהוָה מָלָךְ גֵּאוּת לָבֵשׁ   לָבֵשׁ יְהוָה עֹז הִתְאַזָּר
2 אַף־תִּכּוֹן תֵּבֵל בַּל־תִּמּוֹט׃   נָכוֹן כִּסְאֲךָ מֵאָז
3 מֵעוֹלָם אָתָּה׃   נָשְׂאוּ נְהָרוֹת ׀ יְהוָה
נָשְׂאוּ נְהָרוֹת קוֹלָם   יִשְׂאוּ נְהָרוֹת דָּכְיָם׃
4 מִקֹּלוֹת ׀ מַיִם רַבִּים   אַדִּירִים מִשְׁבְּרֵי־יָם
ה אַדִּיר בַּמָּרוֹם יְהוָה׃   עֵדֹתֶיךָ ׀ נֶאֶמְנוּ מְאֹד
לְבֵיתְךָ נַאֲוָה־קֹדֶשׁ   יְהוָה לְאֹרֶךְ יָמִים׃

צד צד Psal. XCIV.

א אֵל־נְקָמוֹת יְהוָה   אֵל נְקָמוֹת הוֹפִיעַ׃
2 הִנָּשֵׂא שֹׁפֵט הָאָרֶץ   הָשֵׁב גְּמוּל עַל־גֵּאִים׃
3 עַד־מָתַי רְשָׁעִים ׀ יְהוָה   עַד־מָתַי רְשָׁעִים יַעֲלֹזוּ׃
4 יַבִּיעוּ יְדַבְּרוּ עָתָק   יִתְאַמְּרוּ כָּל־פֹּעֲלֵי אָוֶן׃
ה עַמְּךָ יְהוָה יְדַכְּאוּ   וְנַחֲלָתְךָ יְעַנּוּ׃
6 אַלְמָנָה וְגֵר יַהֲרֹגוּ   וִיתוֹמִים יְרַצֵּחוּ׃

ויאמרו

צ״ב v. 16. עולתה ק׳

וַיֹּאמְרוּ לֹא יִרְאֶה־יָּהּ וְלֹא־יָבִין אֱלֹהֵי יַעֲקֹב׃ 7
בִּינוּ בֹּעֲרִים בָּעָם וּכְסִילִים מָתַי תַּשְׂכִּילוּ׃ 8
הֲנֹטַע אֹזֶן הֲלֹא יִשְׁמָע אִם־יֹצֵר עַיִן הֲלֹא יַבִּיט׃ 9
הֲיֹסֵר גּוֹיִם הֲלֹא יוֹכִיחַ הַמְלַמֵּד אָדָם דָּעַת׃ י
יְהוָה יֹדֵעַ מַחְשְׁבוֹת אָדָם כִּי־הֵמָּה הָבֶל׃ 11
אַשְׁרֵי ׀ הַגֶּבֶר אֲשֶׁר־תְּיַסְּרֶנּוּ יָּהּ וּמִתּוֹרָתְךָ תְלַמְּדֶנּוּ׃ 12
לְהַשְׁקִיט לוֹ מִימֵי רָע עַד יִכָּרֶה לָרָשָׁע שָׁחַת׃ 13
כִּי ׀ לֹא־יִטֹּשׁ יְהוָה עַמּוֹ וְנַחֲלָתוֹ לֹא יַעֲזֹב׃ 14
כִּי־עַד־צֶדֶק יָשׁוּב מִשְׁפָּט וְאַחֲרָיו כָּל־יִשְׁרֵי־לֵב׃ טו
מִי־יָקוּם לִי עִם־מְרֵעִים מִי־יִתְיַצֵּב לִי עִם־פֹּעֲלֵי אָוֶן׃ 16
לוּלֵי יְהוָה עֶזְרָתָה לִּי כִּמְעַט ׀ שָׁכְנָה דוּמָה נַפְשִׁי׃ 17
אִם־אָמַרְתִּי מָטָה רַגְלִי חַסְדְּךָ יְהוָה יִסְעָדֵנִי׃ 18
בְּרֹב שַׂרְעַפַּי בְּקִרְבִּי תַּנְחוּמֶיךָ יְשַׁעַשְׁעוּ נַפְשִׁי׃ 19
הַיְחָבְרְךָ כִּסֵּא הַוּוֹת יֹצֵר עָמָל עֲלֵי־חֹק׃ כ
יָגוֹדּוּ עַל־נֶפֶשׁ צַדִּיק וְדָם נָקִי יַרְשִׁיעוּ׃ 21
וַיְהִי יְהוָה לִי לְמִשְׂגָּב וֵאלֹהַי לְצוּר מַחְסִי׃ 22
וַיָּשֶׁב עֲלֵיהֶם ׀ אֶת־אוֹנָם וּבְרָעָתָם יַצְמִיתֵם 23
יַצְמִיתֵם יְהוָה אֱלֹהֵינוּ׃

צה Psal. XCV. צה

לְכוּ נְרַנְּנָה לַיהוָה נָרִיעָה לְצוּר יִשְׁעֵנוּ׃ א
נְקַדְּמָה פָנָיו בְּתוֹדָה בִּזְמִרוֹת נָרִיעַ לוֹ׃ 2
כִּי אֵל גָּדוֹל יְהוָה וּמֶלֶךְ גָּדוֹל עַל־כָּל־אֱלֹהִים׃ 3
אֲשֶׁר בְּיָדוֹ מֶחְקְרֵי־אָרֶץ וְתוֹעֲפוֹת הָרִים לוֹ׃ 4
אֲשֶׁר־לוֹ הַיָּם וְהוּא עָשָׂהוּ וְיַבֶּשֶׁת יָדָיו יָצָרוּ׃ ה
בֹּאוּ נִשְׁתַּחֲוֶה וְנִכְרָעָה נִבְרְכָה לִפְנֵי־יְהוָה עֹשֵׂנוּ׃ 6
כִּי הוּא אֱלֹהֵינוּ וַאֲנַחְנוּ עַם מַרְעִיתוֹ וְצֹאן יָדוֹ 7
הַיּוֹם אִם־בְּקֹלוֹ תִשְׁמָעוּ׃ אַל־תַּקְשׁוּ לְבַבְכֶם כִּמְרִיבָה 8
כְּיוֹם מַסָּה בַּמִּדְבָּר׃ אֲשֶׁר נִסּוּנִי אֲבוֹתֵיכֶם 9

בחנני

י בְּחָנוּנִי גַּם־רָאוּ פָעֳלִי׃ אַרְבָּעִים שָׁנָה ׀ אָקוּט בְּדוֹר
וָאֹמַר עַם תֹּעֵי לֵבָב הֵם וְהֵם לֹא־יָדְעוּ דְרָכָי׃
11 אֲשֶׁר־נִשְׁבַּעְתִּי בְאַפִּי אִם־יְבֹאוּן אֶל־מְנוּחָתִי׃

צו Psal. XCVI. צו

א שִׁירוּ לַיהוָה שִׁיר חָדָשׁ שִׁירוּ לַיהוָה כָּל־הָאָרֶץ׃
2 שִׁירוּ לַיהוָה בָּרְכוּ שְׁמוֹ בַּשְּׂרוּ מִיּוֹם־לְיוֹם יְשׁוּעָתוֹ׃
3 סַפְּרוּ בַגּוֹיִם כְּבוֹדוֹ בְּכָל־הָעַמִּים נִפְלְאוֹתָיו׃
4 כִּי גָדוֹל יְהוָה וּמְהֻלָּל מְאֹד נוֹרָא הוּא עַל־כָּל־אֱלֹהִים׃
ה כִּי ׀ כָּל־אֱלֹהֵי הָעַמִּים אֱלִילִים וַיהוָה שָׁמַיִם עָשָׂה׃
6 הוֹד־וְהָדָר לְפָנָיו עֹז וְתִפְאֶרֶת בְּמִקְדָּשׁוֹ׃
7 הָבוּ לַיהוָה מִשְׁפְּחוֹת עַמִּים הָבוּ לַיהוָה כָּבוֹד וָעֹז׃
8 הָבוּ לַיהוָה כְּבוֹד שְׁמוֹ שְׂאוּ־מִנְחָה וּבֹאוּ לְחַצְרוֹתָיו׃
9 הִשְׁתַּחֲווּ לַיהוָה בְּהַדְרַת־קֹדֶשׁ חִילוּ מִפָּנָיו כָּל־הָאָרֶץ׃
י אִמְרוּ בַגּוֹיִם ׀ יְהוָה מָלָךְ אַף־תִּכּוֹן תֵּבֵל בַּל־תִּמּוֹט
11 יָדִין עַמִּים בְּמֵישָׁרִים׃ יִשְׂמְחוּ הַשָּׁמַיִם וְתָגֵל הָאָרֶץ
12 יִרְעַם הַיָּם וּמְלֹאוֹ׃ יַעֲלֹז שָׂדַי וְכָל־אֲשֶׁר־בּוֹ
13 אָז יְרַנְּנוּ כָּל־עֲצֵי־יָעַר׃ לִפְנֵי יְהוָה ׀ כִּי בָא
כִּי בָא לִשְׁפֹּט הָאָרֶץ יִשְׁפֹּט־תֵּבֵל בְּצֶדֶק
וְעַמִּים בֶּאֱמוּנָתוֹ׃

צז Psal. XCVII. צז

א יְהוָה מָלָךְ תָּגֵל הָאָרֶץ יִשְׂמְחוּ אִיִּים רַבִּים׃
2 עָנָן וַעֲרָפֶל סְבִיבָיו צֶדֶק וּמִשְׁפָּט מְכוֹן כִּסְאוֹ׃
3 אֵשׁ לְפָנָיו תֵּלֵךְ וּתְלַהֵט סָבִיב צָרָיו׃
4 הֵאִירוּ בְרָקָיו תֵּבֵל רָאֲתָה וַתָּחֵל הָאָרֶץ׃
ה הָרִים כַּדּוֹנַג נָמַסּוּ מִלִּפְנֵי יְהוָה מִלִּפְנֵי אֲדוֹן כָּל־הָאָרֶץ׃
6 הִגִּידוּ הַשָּׁמַיִם צִדְקוֹ וְרָאוּ כָל־הָעַמִּים כְּבוֹדוֹ׃
7 יֵבֹשׁוּ ׀ כָּל־עֹבְדֵי פֶסֶל הַמִּתְהַלְלִים בָּאֱלִילִים
8 הִשְׁתַּחֲווּ־לוֹ כָּל־אֱלֹהִים׃ שָׁמְעָה וַתִּשְׂמַח ׀ צִיּוֹן

ותגלנה

וַתָּגֵלְנָה בְּנוֹת יְהוּדָה　לְמַעַן מִשְׁפָּטֶיךָ יְהֹוָה:

9　כִּי־אַתָּה יְהֹוָה עֶלְיוֹן עַל־כָּל־הָאָרֶץ

י　מְאֹד נַעֲלֵיתָ עַל־כָּל־אֱלֹהִים:　אֹהֲבֵי יְהֹוָה שִׂנְאוּ רָע

שֹׁמֵר נַפְשׁוֹת חֲסִידָיו　מִיַּד רְשָׁעִים יַצִּילֵם:

11　אוֹר זָרֻעַ לַצַּדִּיק　וּלְיִשְׁרֵי־לֵב שִׂמְחָה:

12　שִׂמְחוּ צַדִּיקִים בַּיהֹוָה　וְהוֹדוּ לְזֵכֶר קָדְשׁוֹ:

צח　　PSAL. XCVIII.　　צח

א　מִזְמוֹר

שִׁירוּ לַיהֹוָה ׀ שִׁיר חָדָשׁ　כִּי־נִפְלָאוֹת עָשָׂה

2　הוֹשִׁיעָה־לּוֹ יְמִינוֹ וּזְרוֹעַ קָדְשׁוֹ:　הוֹדִיעַ יְהֹוָה יְשׁוּעָתוֹ

3　לְעֵינֵי הַגּוֹיִם גִּלָּה צִדְקָתוֹ:　זָכַר חַסְדּוֹ ׀ וֶאֱמוּנָתוֹ

לְבֵית יִשְׂרָאֵל　רָאוּ כָל־אַפְסֵי־אָרֶץ

4　אֵת יְשׁוּעַת אֱלֹהֵינוּ:　הָרִיעוּ לַיהֹוָה כָּל־הָאָרֶץ

ה　פִּצְחוּ וְרַנְּנוּ וְזַמֵּרוּ:　זַמְּרוּ לַיהֹוָה בְּכִנּוֹר

6　בְּכִנּוֹר וְקוֹל זִמְרָה:　בַּחֲצֹצְרוֹת וְקוֹל שׁוֹפָר

7　הָרִיעוּ לִפְנֵי ׀ הַמֶּלֶךְ יְהֹוָה:　יִרְעַם הַיָּם וּמְלֹאוֹ

8　תֵּבֵל וְיֹשְׁבֵי בָהּ:　נְהָרוֹת יִמְחֲאוּ־כָף

9　יַחַד הָרִים יְרַנֵּנוּ:　לִפְנֵי־יְהֹוָה כִּי בָא לִשְׁפֹּט הָאָרֶץ

יִשְׁפֹּט־תֵּבֵל בְּצֶדֶק　וְעַמִּים בְּמֵישָׁרִים:

צט　　PSAL. XCIX.　　צט

א　יְהֹוָה מָלָךְ יִרְגְּזוּ עַמִּים　יֹשֵׁב כְּרוּבִים תָּנוּט הָאָרֶץ:

2　יְהֹוָה בְּצִיּוֹן גָּדוֹל　וְרָם הוּא עַל־כָּל־הָעַמִּים:

3　יוֹדוּ שִׁמְךָ גָּדוֹל וְנוֹרָא　קָדוֹשׁ הוּא:

4　וְעֹז מֶלֶךְ מִשְׁפָּט אָהֵב　אַתָּה כּוֹנַנְתָּ מֵישָׁרִים

ה　מִשְׁפָּט וּצְדָקָה בְּיַעֲקֹב ׀ אַתָּה עָשִׂיתָ:　רוֹמְמוּ ׀ יְהֹוָה אֱלֹהֵינוּ

6　וְהִשְׁתַּחֲווּ לַהֲדֹם רַגְלָיו קָדוֹשׁ הוּא:　מֹשֶׁה וְאַהֲרֹן ׀ בְּכֹהֲנָיו

וּשְׁמוּאֵל בְּקֹרְאֵי שְׁמוֹ　קֹרִאים אֶל־יְהֹוָה וְהוּא יַעֲנֵם:

בעמוד

7 בְּעַמּוּד עָנָן יְדַבֵּר אֲלֵיהֶם שָׁמְרוּ עֵדֹתָיו וְחֹק נָתַן־לָמוֹ:
8 יְהוָה אֱלֹהֵינוּ אַתָּה עֲנִיתָם אֵל נֹשֵׂא הָיִיתָ לָהֶם
9 וְנֹקֵם עַל־עֲלִילוֹתָם: רוֹמְמוּ יְהוָה אֱלֹהֵינוּ
וְהִשְׁתַּחֲווּ לְהַר קָדְשׁוֹ כִּי־קָדוֹשׁ יְהוָה אֱלֹהֵינוּ:

ק PSAL. C. ק

א מִזְמוֹר לְתוֹדָה
2 הָרִיעוּ לַיהוָה כָּל־הָאָרֶץ: עִבְדוּ אֶת־יְהוָה בְּשִׂמְחָה
3 בֹּאוּ לְפָנָיו בִּרְנָנָה: דְּעוּ כִּי־יְהוָה הוּא אֱלֹהִים
הוּא־עָשָׂנוּ וְלֹא אֲנַחְנוּ עַמּוֹ וְצֹאן מַרְעִיתוֹ:
4 בֹּאוּ שְׁעָרָיו ׀ בְּתוֹדָה חֲצֵרֹתָיו בִּתְהִלָּה
ה הוֹדוּ־לוֹ בָּרְכוּ שְׁמוֹ: כִּי־טוֹב יְהוָה לְעוֹלָם חַסְדּוֹ
וְעַד־דֹּר וָדֹר אֱמוּנָתוֹ:

קא PSAL. CI. קא

א לְדָוִד מִזְמוֹר
חֶסֶד־וּמִשְׁפָּט אָשִׁירָה לְךָ יְהוָה אֲזַמֵּרָה:
2 אַשְׂכִּילָה ׀ בְּדֶרֶךְ תָּמִים מָתַי תָּבוֹא אֵלָי
אֶתְהַלֵּךְ בְּתָם־לְבָבִי בְּקֶרֶב בֵּיתִי:
3 לֹא־אָשִׁית ׀ לְנֶגֶד עֵינַי דְּבַר־בְּלִיָּעַל עֲשֹׂה־סֵטִים שָׂנֵאתִי
4 לֹא יִדְבַּק בִּי: לֵבָב עִקֵּשׁ יָסוּר מִמֶּנִּי
ה רָע לֹא אֵדָע: מְלָושְׁנִי בַסֵּתֶר ׀ רֵעֵהוּ אוֹתוֹ אַצְמִית
גְּבַהּ־עֵינַיִם וּרְחַב לֵבָב אֹתוֹ לֹא אוּכָל:
6 עֵינַי ׀ בְּנֶאֶמְנֵי־אֶרֶץ לָשֶׁבֶת עִמָּדִי הֹלֵךְ בְּדֶרֶךְ תָּמִים
7 הוּא יְשָׁרְתֵנִי: לֹא־יֵשֵׁב ׀ בְּקֶרֶב בֵּיתִי עֹשֵׂה רְמִיָּה
דֹּבֵר שְׁקָרִים לֹא־יִכּוֹן לְנֶגֶד עֵינָי:
8 לַבְּקָרִים אַצְמִית כָּל־רִשְׁעֵי־אָרֶץ
לְהַכְרִית מֵעִיר־יְהוָה כָּל־פֹּעֲלֵי אָוֶן:

תפלה

ק׳ v. 3. ולו ק׳   ק״א v. 5. מלשני ק׳

קב PSAL. CII. קב

א תְּפִלָּה לְעָנִי כִי־יַעֲטֹף וְלִפְנֵי יְהוָה יִשְׁפֹּךְ שִׂיחוֹ׃
2 יְהוָה שִׁמְעָה תְפִלָּתִי וְשַׁוְעָתִי אֵלֶיךָ תָבוֹא׃
3 אַל־תַּסְתֵּר פָּנֶיךָ ׀ מִמֶּנִּי בְּיוֹם צַר לִי הַטֵּה־אֵלַי אָזְנֶךָ
4 בְּיוֹם אֶקְרָא מַהֵר עֲנֵנִי׃ כִּי־כָלוּ בְעָשָׁן יָמָי
ה וְעַצְמוֹתַי כְּמוֹקֵד נִחָרוּ׃ הוּכָּה־כָעֵשֶׂב וַיִּבַשׁ לִבִּי
6 כִּי־שָׁכַחְתִּי מֵאֲכֹל לַחְמִי׃ מִקּוֹל אַנְחָתִי
7 דָּבְקָה עַצְמִי לִבְשָׂרִי׃ דָּמִיתִי לִקְאַת מִדְבָּר
8 הָיִיתִי כְּכוֹס חֳרָבוֹת׃ שָׁקַדְתִּי וָאֶהְיֶה
9 כְּצִפּוֹר בּוֹדֵד עַל־גָּג׃ כָּל־הַיּוֹם חֵרְפוּנִי אוֹיְבָי
י מְהוֹלָלַי בִּי נִשְׁבָּעוּ׃ כִּי־אֵפֶר כַּלֶּחֶם אָכָלְתִּי
11 וְשִׁקֻּוַי בִּבְכִי מָסָכְתִּי׃ מִפְּנֵי־זַעַמְךָ וְקִצְפֶּךָ
12 כִּי נְשָׂאתַנִי וַתַּשְׁלִיכֵנִי׃ יָמַי כְּצֵל נָטוּי
13 וַאֲנִי כָּעֵשֶׂב אִיבָשׁ׃ וְאַתָּה יְהוָה לְעוֹלָם תֵּשֵׁב
14 וְזִכְרְךָ לְדֹר וָדֹר׃ אַתָּה תָקוּם תְּרַחֵם צִיּוֹן
טו כִּי־עֵת לְחֶנְנָהּ כִּי־בָא מוֹעֵד׃ כִּי־רָצוּ עֲבָדֶיךָ אֶת־אֲבָנֶיהָ
16 וְאֶת־עֲפָרָהּ יְחֹנֵנוּ׃ וְיִירְאוּ גוֹיִם אֶת־שֵׁם יְהוָה
17 וְכָל־מַלְכֵי הָאָרֶץ אֶת־כְּבוֹדֶךָ׃ כִּי־בָנָה יְהוָה צִיּוֹן
18 נִרְאָה בִּכְבוֹדוֹ׃ פָּנָה אֶל־תְּפִלַּת הָעַרְעָר
19 וְלֹא־בָזָה אֶת־תְּפִלָּתָם׃ תִּכָּתֶב זֹאת לְדוֹר אַחֲרוֹן
כ וְעַם נִבְרָא יְהַלֶּל־יָהּ׃ כִּי־הִשְׁקִיף מִמְּרוֹם קָדְשׁוֹ
21 יְהוָה מִשָּׁמַיִם ׀ אֶל־אֶרֶץ הִבִּיט׃ לִשְׁמֹעַ אֶנְקַת אָסִיר
22 לְפַתֵּחַ בְּנֵי תְמוּתָה׃ לְסַפֵּר בְּצִיּוֹן שֵׁם יְהוָה
23 וּתְהִלָּתוֹ בִּירוּשָׁלָם׃ בְּהִקָּבֵץ עַמִּים יַחְדָּו
24 וּמַמְלָכוֹת לַעֲבֹד אֶת־יְהוָה׃ עִנָּה בַדֶּרֶךְ כֹּחוֹ
כה קִצַּר יָמָי׃ אֹמַר אֵלִי אַל־תַּעֲלֵנִי בַּחֲצִי יָמָי
26 בְּדוֹר דּוֹרִים שְׁנוֹתֶיךָ׃ לְפָנִים הָאָרֶץ יָסַדְתָּ

v. 24. כחי ק׳

27 וּמַעֲשֵׂה יָדֶיךָ שָׁמָיִם׃ הֵמָּה ׀ יֹאבֵדוּ וְאַתָּה תַעֲמֹד
וְכֻלָּם כַּבֶּגֶד יִבְלוּ כַּלְּבוּשׁ תַּחֲלִיפֵם וְיַחֲלֹפוּ׃
28 וְאַתָּה־הוּא וּשְׁנוֹתֶיךָ לֹא יִתָּמּוּ׃
29 בְּנֵי־עֲבָדֶיךָ יִשְׁכּוֹנוּ וְזַרְעָם לְפָנֶיךָ יִכּוֹן׃

קג Psal. CIII. קג

א לְדָוִד ׀
בָּרְכִי נַפְשִׁי אֶת־יְהוָה וְכָל־קְרָבַי אֶת־שֵׁם קָדְשׁוֹ׃
2 בָּרְכִי נַפְשִׁי אֶת־יְהוָה וְאַל־תִּשְׁכְּחִי כָּל־גְּמוּלָיו׃
3 הַסֹּלֵחַ לְכָל־עֲוֺנֵכִי הָרֹפֵא לְכָל־תַּחֲלוּאָיְכִי׃
4 הַגּוֹאֵל מִשַּׁחַת חַיָּיְכִי הַמְעַטְּרֵכִי חֶסֶד וְרַחֲמִים׃
ה הַמַּשְׂבִּיעַ בַּטּוֹב עֶדְיֵךְ תִּתְחַדֵּשׁ כַּנֶּשֶׁר נְעוּרָיְכִי׃
6 עֹשֵׂה צְדָקוֹת יְהוָה וּמִשְׁפָּטִים לְכָל־עֲשׁוּקִים׃
7 יוֹדִיעַ דְּרָכָיו לְמֹשֶׁה לִבְנֵי יִשְׂרָאֵל עֲלִילוֹתָיו׃
8 רַחוּם וְחַנּוּן יְהוָה אֶרֶךְ אַפַּיִם וְרַב־חָסֶד׃
9 לֹא־לָנֶצַח יָרִיב וְלֹא לְעוֹלָם יִטּוֹר׃
י לֹא כַחֲטָאֵינוּ עָשָׂה לָנוּ וְלֹא כַעֲוֺנֹתֵינוּ גָּמַל עָלֵינוּ׃
11 כִּי כִגְבֹהַּ שָׁמַיִם עַל־הָאָרֶץ גָּבַר חַסְדּוֹ עַל־יְרֵאָיו׃
12 כִּרְחֹק מִזְרָח מִמַּעֲרָב הִרְחִיק מִמֶּנּוּ אֶת־פְּשָׁעֵינוּ׃
13 כְּרַחֵם אָב עַל־בָּנִים רִחַם יְהוָה עַל־יְרֵאָיו׃
14 כִּי־הוּא יָדַע יִצְרֵנוּ זָכוּר כִּי־עָפָר אֲנָחְנוּ׃
טו אֱנוֹשׁ כֶּחָצִיר יָמָיו כְּצִיץ הַשָּׂדֶה כֵּן יָצִיץ׃
16 כִּי רוּחַ עָבְרָה־בּוֹ וְאֵינֶנּוּ וְלֹא־יַכִּירֶנּוּ עוֹד מְקוֹמוֹ׃
17 וְחֶסֶד יְהוָה ׀ מֵעוֹלָם וְעַד־עוֹלָם עַל־יְרֵאָיו
18 וְצִדְקָתוֹ לִבְנֵי בָנִים׃ לְשֹׁמְרֵי בְרִיתוֹ
19 וּלְזֹכְרֵי פִקֻּדָיו לַעֲשׂוֹתָם׃ יְהוָה בַּשָּׁמַיִם הֵכִין כִּסְאוֹ
כ וּמַלְכוּתוֹ בַּכֹּל מָשָׁלָה׃ בָּרְכוּ יְהוָה מַלְאָכָיו
גִּבֹּרֵי כֹחַ עֹשֵׂי דְבָרוֹ לִשְׁמֹעַ בְּקוֹל דְּבָרוֹ׃
21 בָּרְכוּ יְהוָה כָּל־צְבָאָיו מְשָׁרְתָיו עֹשֵׂי רְצוֹנוֹ׃

ברכו

22 בָּרְכוּ יְהוָה ׀ כָּל־מַעֲשָׂיו בְּכָל־מְקֹמוֹת מֶמְשַׁלְתּוֹ
בָּרְכִי נַפְשִׁי אֶת־יְהוָה׃

קד Psal. CIV. קד

א בָּרְכִי נַפְשִׁי אֶת־יְהוָה יְהוָה אֱלֹהַי גָּדַלְתָּ מְּאֹד
2 הוֹד וְהָדָר לָבָשְׁתָּ׃ עֹטֶה־אוֹר כַּשַּׂלְמָה
3 נוֹטֶה שָׁמַיִם כַּיְרִיעָה׃ הַמְקָרֶה בַמַּיִם עֲלִיּוֹתָיו
הַשָּׂם־עָבִים רְכוּבוֹ הַמְהַלֵּךְ עַל־כַּנְפֵי־רוּחַ׃
4 עֹשֶׂה מַלְאָכָיו רוּחוֹת מְשָׁרְתָיו אֵשׁ לֹהֵט׃
ה יָסַד־אֶרֶץ עַל־מְכוֹנֶיהָ בַּל־תִּמּוֹט עוֹלָם וָעֶד׃
6 תְּהוֹם כַּלְּבוּשׁ כִּסִּיתוֹ עַל־הָרִים יַעַמְדוּ־מָיִם׃
7 מִן־גַּעֲרָתְךָ יְנוּסוּן מִן־קוֹל רַעַמְךָ יֵחָפֵזוּן׃
8 יַעֲלוּ הָרִים יֵרְדוּ בְקָעוֹת אֶל־מְקוֹם זֶה ׀ יָסַדְתָּ לָהֶם׃
9 גְּבוּל־שַׂמְתָּ בַּל־יַעֲבֹרוּן בַּל־יְשׁוּבוּן לְכַסּוֹת הָאָרֶץ׃
י הַמְשַׁלֵּחַ מַעְיָנִים בַּנְּחָלִים בֵּין הָרִים יְהַלֵּכוּן׃
11 יַשְׁקוּ כָּל־חַיְתוֹ שָׂדָי יִשְׁבְּרוּ פְרָאִים צְמָאָם׃
12 עֲלֵיהֶם עוֹף־הַשָּׁמַיִם יִשְׁכּוֹן מִבֵּין עֳפָאיִם יִתְּנוּ־קוֹל׃
13 מַשְׁקֶה הָרִים מֵעֲלִיּוֹתָיו מִפְּרִי מַעֲשֶׂיךָ תִּשְׂבַּע הָאָרֶץ׃
14 מַצְמִיחַ חָצִיר ׀ לַבְּהֵמָה וְעֵשֶׂב לַעֲבֹדַת הָאָדָם
טו לְהוֹצִיא לֶחֶם מִן־הָאָרֶץ׃ וְיַיִן ׀ יְשַׂמַּח לְבַב־אֱנוֹשׁ
לְהַצְהִיל פָּנִים מִשָּׁמֶן וְלֶחֶם לְבַב־אֱנוֹשׁ יִסְעָד׃
16 יִשְׂבְּעוּ עֲצֵי יְהוָה אַרְזֵי לְבָנוֹן אֲשֶׁר נָטָע׃
17 אֲשֶׁר־שָׁם צִפֳּרִים יְקַנֵּנוּ חֲסִידָה בְּרוֹשִׁים בֵּיתָהּ׃
18 הָרִים הַגְּבֹהִים לַיְּעֵלִים סְלָעִים מַחְסֶה לַשְׁפַנִּים׃
19 עָשָׂה יָרֵחַ לְמוֹעֲדִים שֶׁמֶשׁ יָדַע מְבוֹאוֹ׃
כ תָּשֶׁת־חֹשֶׁךְ וִיהִי לָיְלָה בּוֹ־תִרְמֹשׂ כָּל־חַיְתוֹ־יָעַר׃
21 הַכְּפִירִים שֹׁאֲגִים לַטָּרֶף וּלְבַקֵּשׁ מֵאֵל אָכְלָם׃
22 תִּזְרַח הַשֶּׁמֶשׁ יֵאָסֵפוּן וְאֶל־מְעוֹנֹתָם יִרְבָּצוּן׃
23 יֵצֵא אָדָם לְפָעֳלוֹ וְלַעֲבֹדָתוֹ עֲדֵי־עָרֶב׃

24 מָה־רַבּוּ מַעֲשֶׂיךָ ׀ יְהוָה   כֻּלָּם בְּחָכְמָה עָשִׂיתָ
כה מָלְאָה הָאָרֶץ קִנְיָנֶךָ׃   זֶה ׀ הַיָּם גָּדוֹל וּרְחַב יָדָיִם
שָׁם־רֶמֶשׂ וְאֵין מִסְפָּר   חַיּוֹת קְטַנּוֹת עִם־גְּדֹלוֹת׃
26 שָׁם אֳנִיּוֹת יְהַלֵּכוּן   לִוְיָתָן זֶה־יָצַרְתָּ לְשַׂחֶק־בּוֹ׃
27 כֻּלָּם אֵלֶיךָ יְשַׂבֵּרוּן   לָתֵת אָכְלָם בְּעִתּוֹ׃
28 תִּתֵּן לָהֶם יִלְקֹטוּן   תִּפְתַּח יָדְךָ יִשְׂבְּעוּן טוֹב׃
29 תַּסְתִּיר פָּנֶיךָ יִבָּהֵלוּן   תֹּסֵף רוּחָם יִגְוָעוּן
ל וְאֶל־עֲפָרָם יְשׁוּבוּן׃   תְּשַׁלַּח רוּחֲךָ יִבָּרֵאוּן
31 וּתְחַדֵּשׁ פְּנֵי אֲדָמָה׃   יְהִי כְבוֹד יְהוָה לְעוֹלָם
32 יִשְׂמַח יְהוָה בְּמַעֲשָׂיו׃   הַמַּבִּיט לָאָרֶץ וַתִּרְעָד
33 יִגַּע בֶּהָרִים וְיֶעֱשָׁנוּ׃   אָשִׁירָה לַיהוָה בְּחַיָּי
34 אֲזַמְּרָה לֵאלֹהַי בְּעוֹדִי׃   יֶעֱרַב עָלָיו שִׂיחִי
לה אָנֹכִי אֶשְׂמַח בַּיהוָה׃   יִתַּמּוּ חַטָּאִים ׀ מִן־הָאָרֶץ
וּרְשָׁעִים ׀ עוֹד אֵינָם   בָּרְכִי נַפְשִׁי אֶת־יְהוָה הַלְלוּ־יָהּ׃

קה PSAL. CV. קה

א הוֹדוּ לַיהוָה קִרְאוּ בִּשְׁמוֹ   הוֹדִיעוּ בָעַמִּים עֲלִילוֹתָיו׃
2 שִׁירוּ־לוֹ זַמְּרוּ־לוֹ   שִׂיחוּ בְּכָל־נִפְלְאוֹתָיו׃
3 הִתְהַלְלוּ בְּשֵׁם קָדְשׁוֹ   יִשְׂמַח לֵב ׀ מְבַקְשֵׁי יְהוָה׃
4 דִּרְשׁוּ יְהוָה וְעֻזּוֹ   בַּקְּשׁוּ פָנָיו תָּמִיד׃
ה זִכְרוּ נִפְלְאוֹתָיו אֲשֶׁר־עָשָׂה   מֹפְתָיו וּמִשְׁפְּטֵי־פִיו׃
6 זֶרַע אַבְרָהָם עַבְדּוֹ   בְּנֵי יַעֲקֹב בְּחִירָיו׃
7 הוּא יְהוָה אֱלֹהֵינוּ   בְּכָל־הָאָרֶץ מִשְׁפָּטָיו׃
8 זָכַר לְעוֹלָם בְּרִיתוֹ   דָּבָר צִוָּה לְאֶלֶף דּוֹר׃
9 אֲשֶׁר כָּרַת אֶת־אַבְרָהָם   וּשְׁבוּעָתוֹ לְיִשְׂחָק׃
י וַיַּעֲמִידֶהָ לְיַעֲקֹב לְחֹק   לְיִשְׂרָאֵל בְּרִית עוֹלָם׃
11 לֵאמֹר לְךָ אֶתֵּן אֶת־אֶרֶץ־כְּנָעַן   חֶבֶל נַחֲלַתְכֶם׃
12 בִּהְיוֹתָם מְתֵי מִסְפָּר   כִּמְעַט וְגָרִים בָּהּ׃
13 וַיִּתְהַלְּכוּ מִגּוֹי אֶל־גּוֹי   מִמַּמְלָכָה אֶל־עַם אַחֵר׃

לא־הניח

14 לֹא־הִנִּיחַ אָדָם לְעָשְׁקָם וַיּוֹכַח עֲלֵיהֶם מְלָכִים׃
טו אַל־תִּגְּעוּ בִמְשִׁיחָי וְלִנְבִיאַי אַל־תָּרֵעוּ׃
16 וַיִּקְרָא רָעָב עַל־הָאָרֶץ כָּל־מַטֵּה־לֶחֶם שָׁבָר׃
17 שָׁלַח לִפְנֵיהֶם אִישׁ לְעֶבֶד נִמְכַּר יוֹסֵף׃
18 עִנּוּ בַכֶּבֶל רַגְלָיו בַּרְזֶל בָּאָה נַפְשׁוֹ׃
19 עַד־עֵת בֹּא־דְבָרוֹ אִמְרַת יְהוָה צְרָפָתְהוּ׃
כ שָׁלַח מֶלֶךְ וַיַּתִּירֵהוּ מֹשֵׁל עַמִּים וַיְפַתְּחֵהוּ׃
21 שָׂמוֹ אָדוֹן לְבֵיתוֹ וּמֹשֵׁל בְּכָל־קִנְיָנוֹ׃
22 לֶאְסֹר שָׂרָיו בְּנַפְשׁוֹ וּזְקֵנָיו יְחַכֵּם׃
23 וַיָּבֹא יִשְׂרָאֵל מִצְרָיִם וְיַעֲקֹב גָּר בְּאֶרֶץ־חָם׃
24 וַיֶּפֶר אֶת־עַמּוֹ מְאֹד וַיַּעֲצִמֵהוּ מִצָּרָיו׃
כה הָפַךְ לִבָּם לִשְׂנֹא עַמּוֹ לְהִתְנַכֵּל בַּעֲבָדָיו׃
26 שָׁלַח מֹשֶׁה עַבְדּוֹ אַהֲרֹן אֲשֶׁר בָּחַר־בּוֹ׃
27 שָׂמוּ־בָם דִּבְרֵי אֹתוֹתָיו וּמֹפְתִים בְּאֶרֶץ חָם׃
28 שָׁלַח חֹשֶׁךְ וַיַּחְשִׁךְ וְלֹא־מָרוּ אֶת־דְּבָרָיו׃
29 הָפַךְ אֶת־מֵימֵיהֶם לְדָם וַיָּמֶת אֶת־דְּגָתָם׃
ל שָׁרַץ אַרְצָם צְפַרְדְּעִים בְּחַדְרֵי מַלְכֵיהֶם׃
31 אָמַר וַיָּבֹא עָרֹב כִּנִּים בְּכָל־גְּבוּלָם׃
32 נָתַן גִּשְׁמֵיהֶם בָּרָד אֵשׁ לֶהָבוֹת בְּאַרְצָם׃
33 וַיַּךְ גַּפְנָם וּתְאֵנָתָם וַיְשַׁבֵּר עֵץ גְּבוּלָם׃
34 אָמַר וַיָּבֹא אַרְבֶּה וְיֶלֶק וְאֵין מִסְפָּר׃
לה וַיֹּאכַל כָּל־עֵשֶׂב בְּאַרְצָם וַיֹּאכַל פְּרִי אַדְמָתָם׃
36 וַיַּךְ כָּל־בְּכוֹר בְּאַרְצָם רֵאשִׁית לְכָל־אוֹנָם׃
37 וַיּוֹצִיאֵם בְּכֶסֶף וְזָהָב וְאֵין בִּשְׁבָטָיו כּוֹשֵׁל׃
38 שָׂמַח מִצְרַיִם בְּצֵאתָם כִּי־נָפַל פַּחְדָּם עֲלֵיהֶם׃
39 פָּרַשׂ עָנָן לְמָסָךְ וְאֵשׁ לְהָאִיר לָיְלָה׃
מ שָׁאַל וַיָּבֵא שְׂלָו וְלֶחֶם שָׁמַיִם יַשְׂבִּיעֵם׃
41 פָּתַח צוּר וַיָּזוּבוּ מָיִם הָלְכוּ בַּצִּיּוֹת נָהָר׃

v. 18. רגלו ק׳   v. 28. דברו ק׳

כי

42 כִּי זָכַר אֶת־דְּבַר קָדְשׁוֹ אֶת־אַבְרָהָם עַבְדּוֹ׃
43 וַיּוֹצִא עַמּוֹ בְשָׂשׂוֹן בְּרִנָּה אֶת־בְּחִירָיו׃
44 וַיִּתֵּן לָהֶם אַרְצוֹת גּוֹיִם וַעֲמַל לְאֻמִּים יִירָשׁוּ׃
מה בַּעֲבוּר ׀ יִשְׁמְרוּ חֻקָּיו וְתוֹרֹתָיו יִנְצֹרוּ הַלְלוּ־יָהּ׃

קו PSAL. CVI. קו

א הַלְלוּיָהּ ׀ הוֹדוּ לַיהוָה כִּי־טוֹב כִּי לְעוֹלָם חַסְדּוֹ׃
2 מִי יְמַלֵּל גְּבוּרוֹת יְהוָה יַשְׁמִיעַ כָּל־תְּהִלָּתוֹ׃
3 אַשְׁרֵי שֹׁמְרֵי מִשְׁפָּט עֹשֵׂה צְדָקָה בְכָל־עֵת׃
4 זָכְרֵנִי יְהוָה בִּרְצוֹן עַמֶּךָ פָּקְדֵנִי בִּישׁוּעָתֶךָ׃
ה לִרְאוֹת ׀ בְּטוֹבַת בְּחִירֶיךָ לִשְׂמֹחַ בְּשִׂמְחַת גּוֹיֶךָ
לְהִתְהַלֵּל עִם־נַחֲלָתֶךָ׃
6 7 חָטָאנוּ עִם־אֲבוֹתֵינוּ הֶעֱוִינוּ הִרְשָׁעְנוּ׃ אֲבוֹתֵינוּ בְמִצְרַיִם ׀
לֹא־הִשְׂכִּילוּ נִפְלְאוֹתֶיךָ לֹא זָכְרוּ אֶת־רֹב חֲסָדֶיךָ
8 וַיַּמְרוּ עַל־יָם בְּיַם־סוּף׃ וַיּוֹשִׁיעֵם לְמַעַן שְׁמוֹ
9 לְהוֹדִיעַ אֶת־גְּבוּרָתוֹ׃ וַיִּגְעַר בְּיַם־סוּף וַיֶּחֱרָב
י וַיּוֹלִיכֵם בַּתְּהֹמוֹת כַּמִּדְבָּר׃ וַיּוֹשִׁיעֵם מִיַּד שׂוֹנֵא
11 וַיִּגְאָלֵם מִיַּד אוֹיֵב׃ וַיְכַסּוּ־מַיִם צָרֵיהֶם
12 אֶחָד מֵהֶם לֹא נוֹתָר׃ וַיַּאֲמִינוּ בִדְבָרָיו
13 יָשִׁירוּ תְּהִלָּתוֹ׃ מִהֲרוּ שָׁכְחוּ מַעֲשָׂיו
14 לֹא־חִכּוּ לַעֲצָתוֹ׃ וַיִּתְאַוּוּ תַאֲוָה בַּמִּדְבָּר
טו וַיְנַסּוּ־אֵל בִּישִׁימוֹן׃ וַיִּתֵּן לָהֶם שֶׁאֱלָתָם
16 וַיְשַׁלַּח רָזוֹן בְּנַפְשָׁם׃ וַיְקַנְאוּ לְמֹשֶׁה בַּמַּחֲנֶה
17 לְאַהֲרֹן קְדוֹשׁ יְהוָה׃ תִּפְתַּח־אֶרֶץ וַתִּבְלַע דָּתָן
18 וַתְּכַס עַל־עֲדַת אֲבִירָם׃ וַתִּבְעַר־אֵשׁ בַּעֲדָתָם
19 לֶהָבָה תְּלַהֵט רְשָׁעִים׃ יַעֲשׂוּ־עֵגֶל בְּחֹרֵב
כ וַיִּשְׁתַּחֲווּ לְמַסֵּכָה׃ וַיָּמִירוּ אֶת־כְּבוֹדָם
21 בְּתַבְנִית שׁוֹר אֹכֵל עֵשֶׂב׃ שָׁכְחוּ אֵל מוֹשִׁיעָם
22 עֹשֶׂה גְדֹלוֹת בְּמִצְרָיִם׃ נִפְלָאוֹת בְּאֶרֶץ חָם

23 נוֹרָאוֹת עַל־יַם־סוּף׃ וַיֹּאמֶר לְהַשְׁמִידָם
לוּלֵי מֹשֶׁה בְחִירוֹ עָמַד בַּפֶּרֶץ לְפָנָיו
24 לְהָשִׁיב חֲמָתוֹ מֵהַשְׁחִית׃ וַיִּמְאֲסוּ בְּאֶרֶץ חֶמְדָּה
כה לֹא־הֶאֱמִינוּ לִדְבָרוֹ׃ וַיֵּרָגְנוּ בְאָהֳלֵיהֶם
26 לֹא שָׁמְעוּ בְּקוֹל יְהוָה׃ וַיִּשָּׂא יָדוֹ לָהֶם
27 לְהַפִּיל אוֹתָם בַּמִּדְבָּר׃ וּלְהַפִּיל זַרְעָם בַּגּוֹיִם
28 וּלְזָרוֹתָם בָּאֲרָצוֹת׃ וַיִּצָּמְדוּ לְבַעַל פְּעוֹר
29 וַיֹּאכְלוּ זִבְחֵי מֵתִים׃ וַיַּכְעִיסוּ בְּמַעַלְלֵיהֶם
ל וַתִּפְרָץ־בָּם מַגֵּפָה׃ וַיַּעֲמֹד פִּינְחָס וַיְפַלֵּל
31 וַתֵּעָצַר הַמַּגֵּפָה׃ וַתֵּחָשֶׁב לוֹ לִצְדָקָה
32 לְדֹר וָדֹר עַד־עוֹלָם׃ וַיַּקְצִיפוּ עַל־מֵי מְרִיבָה
33 וַיֵּרַע לְמֹשֶׁה בַּעֲבוּרָם׃ כִּי־הִמְרוּ אֶת־רוּחוֹ
34 וַיְבַטֵּא בִּשְׂפָתָיו׃ לֹא־הִשְׁמִידוּ אֶת־הָעַמִּים
לה אֲשֶׁר אָמַר יְהוָה לָהֶם׃ וַיִּתְעָרְבוּ בַגּוֹיִם
36 וַיִּלְמְדוּ מַעֲשֵׂיהֶם׃ וַיַּעַבְדוּ אֶת־עֲצַבֵּיהֶם
37 וַיִּהְיוּ לָהֶם לְמוֹקֵשׁ׃ וַיִּזְבְּחוּ אֶת־בְּנֵיהֶם
38 וְאֶת־בְּנוֹתֵיהֶם לַשֵּׁדִים׃ וַיִּשְׁפְּכוּ דָם נָקִי
דַּם־בְּנֵיהֶם וּבְנוֹתֵיהֶם אֲשֶׁר זִבְּחוּ לַעֲצַבֵּי כְנָעַן
39 וַתֶּחֱנַף הָאָרֶץ בַּדָּמִים׃ וַיִּטְמְאוּ בְמַעֲשֵׂיהֶם
מ וַיִּזְנוּ בְּמַעַלְלֵיהֶם׃ וַיִּחַר־אַף יְהוָה בְּעַמּוֹ
41 וַיְתָעֵב אֶת־נַחֲלָתוֹ׃ וַיִּתְּנֵם בְּיַד־גּוֹיִם
42 וַיִּמְשְׁלוּ בָהֶם שֹׂנְאֵיהֶם׃ וַיִּלְחָצוּם אוֹיְבֵיהֶם
43 וַיִּכָּנְעוּ תַּחַת יָדָם׃ פְּעָמִים רַבּוֹת יַצִּילֵם
וְהֵמָּה יַמְרוּ בַעֲצָתָם וַיָּמֹכּוּ בַּעֲוֹנָם׃
44 וַיַּרְא בַּצַּר לָהֶם בְּשָׁמְעוֹ אֶת־רִנָּתָם׃
מה וַיִּזְכֹּר לָהֶם בְּרִיתוֹ וַיִּנָּחֵם כְּרֹב חֲסָדָו׃
46 וַיִּתֵּן אוֹתָם לְרַחֲמִים לִפְנֵי כָּל־שׁוֹבֵיהֶם׃
47 הוֹשִׁיעֵנוּ ׀ יְהוָה אֱלֹהֵינוּ וְקַבְּצֵנוּ מִן־הַגּוֹיִם

להודות

v. 45. חסדיו ק'

לְ֭הֹדוֹת לְשֵׁ֣ם קָדְשֶׁ֑ךָ לְ֜הִשְׁתַּבֵּ֗חַ בִּתְהִלָּתֶֽךָ׃
48 בָּ֘ר֤וּךְ יְהוָ֨ה ׀ אֱלֹהֵ֤י יִשְׂרָאֵ֗ל מִן־הָעוֹלָ֨ם ׀ וְעַ֬ד הָעוֹלָ֗ם
וְאָמַ֣ר כָּל־הָעָ֣ם אָ֭מֵן הַֽלְלוּ־יָֽהּ׃

ספר חמישי
LIBER QUINTUS

קז Psal. CVII. קז

א הֹד֣וּ לַיהוָ֣ה כִּי־ט֑וֹב כִּ֖י לְעוֹלָ֣ם חַסְדּֽוֹ׃
2 יֹ֭אמְרוּ גְּאוּלֵ֣י יְהוָ֑ה אֲשֶׁ֥ר גְּ֜אָלָ֗ם מִיַּד־צָֽר׃
3 וּֽמֵאֲרָצ֗וֹת קִ֫בְּצָ֥ם מִמִּזְרָ֥ח וּמִֽמַּעֲרָ֑ב
4 מִצָּפ֥וֹן וּמִיָּֽם׃ תָּע֣וּ בַ֭מִּדְבָּר בִּישִׁימ֣וֹן דָּ֑רֶךְ
ה עִ֥יר מ֜וֹשָׁ֗ב לֹ֣א מָצָֽאוּ׃ רְעֵבִ֥ים גַּם־צְמֵאִ֑ים
6 נַ֝פְשָׁ֗ם בָּהֶ֥ם תִּתְעַטָּֽף׃ וַיִּצְעֲק֣וּ אֶל־יְ֭הוָה בַּצַּ֣ר לָהֶ֑ם
7 מִ֝מְּצֽוּקוֹתֵיהֶ֗ם יַצִּילֵֽם׃ וַ֭יַּדְרִיכֵם בְּדֶ֣רֶךְ יְשָׁרָ֑ה
8 לָ֝לֶ֗כֶת אֶל־עִ֥יר מוֹשָֽׁב׃ יוֹד֣וּ לַיהוָ֣ה חַסְדּ֑וֹ
9 וְ֝נִפְלְאוֹתָ֗יו לִבְנֵ֥י אָדָֽם׃ כִּֽי־הִ֭שְׂבִּיעַ נֶ֣פֶשׁ שֹׁקֵקָ֑ה
י וְנֶ֥פֶשׁ רְ֜עֵבָ֗ה מִלֵּא־טֽוֹב׃ יֹ֭שְׁבֵי חֹ֣שֶׁךְ וְצַלְמָ֑וֶת
11 אֲסִירֵ֖י עֳנִ֣י וּבַרְזֶֽל׃ כִּֽי־הִמְר֥וּ אִמְרֵי־אֵ֑ל
12 וַעֲצַ֖ת עֶלְי֣וֹן נָאָֽצוּ׃ וַיַּכְנַ֣ע בֶּעָמָ֣ל לִבָּ֑ם
13 כָּ֝שְׁל֗וּ וְאֵ֣ין עֹזֵֽר׃ וַיִּזְעֲק֣וּ אֶל־יְ֭הוָה בַּצַּ֣ר לָהֶ֑ם
14 מִ֝מְּצֻֽקוֹתֵיהֶ֗ם יוֹשִׁיעֵֽם׃ י֭וֹצִיאֵם מֵחֹ֣שֶׁךְ וְצַלְמָ֑וֶת
טו וּמוֹסְר֖וֹתֵיהֶ֣ם יְנַתֵּֽק׃ יוֹד֣וּ לַיהוָ֣ה חַסְדּ֑וֹ
16 וְ֝נִפְלְאוֹתָ֗יו לִבְנֵ֥י אָדָֽם׃ כִּֽי־שִׁ֭בַּר דַּלְת֣וֹת נְחֹ֑שֶׁת
17 וּבְרִיחֵ֖י בַרְזֶ֣ל גִּדֵּֽעַ׃ אֱ֭וִלִים מִדֶּ֣רֶךְ פִּשְׁעָ֑ם
18 וּֽ֝מֵעֲוֺנֹתֵיהֶ֗ם יִתְעַנּֽוּ׃ כָּל־אֹ֭כֶל תְּתַעֵ֣ב נַפְשָׁ֑ם
19 וַ֝יַּגִּ֗יעוּ עַד־שַׁ֥עֲרֵי מָֽוֶת׃ וַיִּזְעֲק֣וּ אֶל־יְ֭הוָה בַּצַּ֣ר לָהֶ֑ם
כ מִ֝מְּצֻֽקוֹתֵיהֶ֗ם יוֹשִׁיעֵֽם׃ יִשְׁלַ֣ח דְּ֭בָרוֹ וְיִרְפָּאֵ֑ם
21 וִ֝ימַלֵּ֗ט מִשְּׁחִיתוֹתָֽם׃ יוֹד֣וּ לַיהוָ֣ה חַסְדּ֑וֹ
22 וְ֝נִפְלְאוֹתָ֗יו לִבְנֵ֥י אָדָֽם׃ וְ֭יִזְבְּחוּ זִבְחֵ֣י תוֹדָ֑ה

ויספרו

וִֽיסַפְּר֖וּ מַעֲשָׂ֣יו בְּרִנָּֽה׃ יֽוֹרְדֵ֣י הַ֭יָּם בָּאֳנִיּ֑וֹת 23
עֹשֵׂ֥י מְ֝לָאכָ֗ה בְּמַ֣יִם רַבִּֽים׃ הֵ֣מָּה רָ֭אוּ מַעֲשֵׂ֣י יְהוָ֑ה 24
וְ֝נִפְלְאוֹתָ֗יו בִּמְצוּלָֽה׃ וַיֹּ֗אמֶר וַֽ֭יַּעֲמֵד ר֣וּחַ סְעָרָ֑ה כה
וַתְּרוֹמֵ֥ם גַּלָּֽיו׃ יַעֲל֣וּ שָׁ֭מַיִם יֵרְד֣וּ תְהוֹמ֑וֹת 26
נַ֝פְשָׁ֗ם בְּרָעָ֥ה תִתְמוֹגָֽג׃ יָח֣וֹגּוּ וְ֭יָנוּעוּ כַּשִּׁכּ֑וֹר 27
וְכָל־חָ֝כְמָתָ֗ם תִּתְבַּלָּֽע׃ וַיִּצְעֲק֣וּ אֶל־יְ֭הוָה בַּצַּ֣ר לָהֶ֑ם 28
וּ֝מִמְּצֽוּקֹתֵיהֶ֗ם יוֹצִיאֵֽם׃ יָקֵ֣ם סְ֭עָרָה לִדְמָמָ֑ה 29
וַ֝יֶּחֱשׁ֗וּ גַּלֵּיהֶֽם׃ וַיִּשְׂמְח֥וּ כִֽי־יִשְׁתֹּ֑קוּ ל
וַ֝יַּנְחֵ֗ם אֶל־מְח֥וֹז חֶפְצָֽם׃ יוֹד֣וּ לַיהוָ֣ה חַסְדּ֑וֹ 31
וְ֝נִפְלְאוֹתָ֗יו לִבְנֵ֥י אָדָֽם׃ וִֽ֭ירֹמְמוּהוּ בִּקְהַל־עָ֑ם 32
וּבְמוֹשַׁ֖ב זְקֵנִ֣ים יְהַלְלֽוּהוּ׃ יָשֵׂ֣ם נְהָר֣וֹת לְמִדְבָּ֑ר 33
וּמֹצָ֥אֵי מַ֝֗יִם לְצִמָּאֽוֹן׃ אֶ֣רֶץ פְּ֭רִי לִמְלֵחָ֑ה 34
מֵ֝רָעַ֗ת י֣וֹשְׁבֵי בָֽהּ׃ יָשֵׂ֣ם מִ֭דְבָּר לַאֲגַם־מַ֑יִם לה
וְאֶ֥רֶץ צִ֝יָּ֗ה לְמֹצָ֥אֵי מָֽיִם׃ וַיּ֣וֹשֶׁב שָׁ֣ם רְעֵבִ֑ים 36
וַ֝יְכוֹנְנ֗וּ עִ֣יר מוֹשָֽׁב׃ וַיִּזְרְע֣וּ שָׂ֭דוֹת וַיִּטְּע֣וּ כְרָמִ֑ים 37
וַ֝יַּעֲשׂ֗וּ פְּרִ֣י תְבוּאָֽה׃ וַיְבָרְכֵ֣ם וַיִּרְבּ֣וּ מְאֹ֑ד 38
וּ֝בְהֶמְתָּ֗ם לֹ֣א יַמְעִֽיט׃ וַיִּמְעֲט֥וּ וַיָּשֹׁ֑חוּ 39
מֵעֹ֖צֶר רָעָ֣ה וְיָגֽוֹן׃ שֹׁפֵ֣ךְ בּ֭וּז עַל־נְדִיבִ֑ים מ
וַ֝יַּתְעֵ֗ם בְּתֹ֣הוּ לֹא־דָֽרֶךְ׃ וַיְשַׂגֵּ֣ב אֶבְי֣וֹן מֵע֑וֹנִי 41
וַיָּ֥שֶׂם כַּ֝צֹּ֗אן מִשְׁפָּחֽוֹת׃ יִרְא֣וּ יְ֭שָׁרִים וְיִשְׂמָ֑חוּ 42
וְכָל־עַ֝וְלָ֗ה קָ֣פְצָה פִּֽיהָ׃ מִי־חָכָ֥ם וְיִשְׁמָר־אֵ֑לֶּה 43
וְ֝יִתְבּֽוֹנְנ֗וּ חַֽסְדֵ֥י יְהוָֽה׃

Psal. CVIII. קח

קח

שִׁ֖יר מִזְמ֣וֹר לְדָוִֽד׃ א

נָכ֣וֹן לִבִּ֣י אֱלֹהִ֑ים אָשִׁ֥ירָה וַ֝אֲזַמְּרָ֗ה אַף־כְּבוֹדִֽי׃ 2
ע֭וּרָה הַנֵּ֣בֶל וְכִנּ֑וֹר אָעִ֥ירָה שָּֽׁחַר׃ 3
אוֹדְךָ֖ בָעַמִּ֥ים ׀ יְהוָ֑ה וַ֝אֲזַמֶּרְךָ֗ בַּלְאֻמִּֽים׃ 4
כִּֽי־גָד֣וֹל מֵֽעַל־שָׁמַ֣יִם חַסְדֶּ֑ךָ וְֽעַד־שְׁחָקִ֥ים אֲמִתֶּֽךָ׃ ה

רומה

6 רוּמָה עַל־שָׁמַיִם אֱלֹהִים וְעַל כָּל־הָאָרֶץ כְּבוֹדֶךָ׃
7 לְמַעַן יֵחָלְצוּן יְדִידֶיךָ הוֹשִׁיעָה יְמִינְךָ וַעֲנֵנוּ׃
8 אֱלֹהִים ׀ דִּבֶּר בְּקָדְשׁוֹ אֶעְלֹזָה אֲחַלְּקָה שְׁכֶם
9 וְעֵמֶק סֻכּוֹת אֲמַדֵּד׃ לִי גִלְעָד ׀ לִי מְנַשֶּׁה
וְאֶפְרַיִם מָעוֹז רֹאשִׁי יְהוּדָה מְחֹקְקִי׃
י מוֹאָב ׀ סִיר רַחְצִי עַל־אֱדוֹם אַשְׁלִיךְ נַעֲלִי
11 עֲלֵי־פְלֶשֶׁת אֶתְרוֹעָע׃ מִי יֹבִלֵנִי עִיר מִבְצָר
12 מִי נָחַנִי עַד־אֱדוֹם׃ הֲלֹא־אֱלֹהִים זְנַחְתָּנוּ
13 וְלֹא־תֵצֵא אֱלֹהִים בְּצִבְאֹתֵינוּ׃ הָבָה־לָּנוּ עֶזְרָת מִצָּר
14 וְשָׁוְא תְּשׁוּעַת אָדָם׃ בֵּאלֹהִים נַעֲשֶׂה־חָיִל
וְהוּא יָבוּס צָרֵינוּ׃

PSAL. CIX. קט

קט
א לַמְנַצֵּחַ לְדָוִד מִזְמוֹר
2 אֱלֹהֵי תְהִלָּתִי אַל־תֶּחֱרַשׁ׃ כִּי פִי רָשָׁע
וּפִי־מִרְמָה עָלַי פָּתָחוּ דִּבְּרוּ אִתִּי לְשׁוֹן שָׁקֶר׃
3 וְדִבְרֵי שִׂנְאָה סְבָבוּנִי וַיִּלָּחֲמוּנִי חִנָּם׃
4 תַּחַת־אַהֲבָתִי יִשְׂטְנוּנִי וַאֲנִי תְפִלָּה׃
ה וַיָּשִׂימוּ עָלַי רָעָה תַּחַת טוֹבָה וְשִׂנְאָה תַּחַת אַהֲבָתִי׃
6 הַפְקֵד עָלָיו רָשָׁע וְשָׂטָן יַעֲמֹד עַל־יְמִינוֹ׃
7 בְּהִשָּׁפְטוֹ יֵצֵא רָשָׁע וּתְפִלָּתוֹ תִּהְיֶה לַחֲטָאָה׃
8 יִהְיוּ־יָמָיו מְעַטִּים פְּקֻדָּתוֹ יִקַּח אַחֵר׃
9 יִהְיוּ־בָנָיו יְתוֹמִים וְאִשְׁתּוֹ אַלְמָנָה׃
י וְנוֹעַ יָנוּעוּ בָנָיו וְשִׁאֵלוּ וְדָרְשׁוּ מֵחָרְבוֹתֵיהֶם׃
11 יְנַקֵּשׁ נוֹשֶׁה לְכָל־אֲשֶׁר־לוֹ וְיָבֹזּוּ זָרִים יְגִיעוֹ׃
12 אַל־יְהִי־לוֹ מֹשֵׁךְ חָסֶד וְאַל־יְהִי חוֹנֵן לִיתוֹמָיו׃
13 יְהִי־אַחֲרִיתוֹ לְהַכְרִית בְּדוֹר אַחֵר יִמַּח שְׁמָם׃
14 יִזָּכֵר ׀ עֲוֹן אֲבֹתָיו אֶל־יְהוָה וְחַטַּאת אִמּוֹ אַל־תִּמָּח׃

יהיו

קח 7. ׳ ועננו ק׳

טו יִהְיוּ נֶגֶד־יְהוָה תָּמִיד וְיַכְרֵת מֵאֶרֶץ זִכְרָם׃
16 יַעַן אֲשֶׁר ׀ לֹא זָכַר עֲשׂוֹת חָסֶד וַיִּרְדֹּף אִישׁ־עָנִי וְאֶבְיוֹן
17 וְנִכְאֵה לֵבָב לְמוֹתֵת׃ וַיֶּאֱהַב קְלָלָה וַתְּבוֹאֵהוּ
18 וְלֹא־חָפֵץ בִּבְרָכָה וַתִּרְחַק מִמֶּנּוּ׃ וַיִּלְבַּשׁ קְלָלָה כְּמַדּוֹ
וַתָּבֹא כַמַּיִם בְּקִרְבּוֹ וְכַשֶּׁמֶן בְּעַצְמוֹתָיו׃
19 תְּהִי־לוֹ כְּבֶגֶד יַעְטֶה וּלְמֵזַח תָּמִיד יַחְגְּרֶהָ׃
כ זֹאת פְּעֻלַּת שֹׂטְנַי מֵאֵת יְהוָה וְהַדֹּבְרִים רָע עַל־נַפְשִׁי׃
21 וְאַתָּה ׀ יְהוִה אֲדֹנָי עֲשֵׂה־אִתִּי לְמַעַן שְׁמֶךָ
22 כִּי־טוֹב חַסְדְּךָ הַצִּילֵנִי׃ כִּי־עָנִי וְאֶבְיוֹן אָנֹכִי
23 וְלִבִּי חָלַל בְּקִרְבִּי׃ כְּצֵל־כִּנְטוֹתוֹ נֶהֱלָכְתִּי
24 נִנְעַרְתִּי כָּאַרְבֶּה׃ בִּרְכַּי כָּשְׁלוּ מִצּוֹם
כה וּבְשָׂרִי כָּחַשׁ מִשָּׁמֶן׃ וַאֲנִי ׀ הָיִיתִי חֶרְפָּה לָהֶם
26 יִרְאוּנִי יְנִיעוּן רֹאשָׁם׃ עָזְרֵנִי יְהוָה אֱלֹהָי
27 הוֹשִׁיעֵנִי כְחַסְדֶּךָ׃ וְיֵדְעוּ כִּי־יָדְךָ זֹּאת
28 אַתָּה יְהוָה עֲשִׂיתָהּ׃ יְקַלְלוּ־הֵמָּה וְאַתָּה תְבָרֵךְ
29 קָמוּ ׀ וַיֵּבֹשׁוּ וְעַבְדְּךָ יִשְׂמָח׃ יִלְבְּשׁוּ שׂוֹטְנַי כְּלִמָּה
ל וְיַעֲטוּ כַמְעִיל בָּשְׁתָּם׃ אוֹדֶה יְהוָה מְאֹד בְּפִי
31 וּבְתוֹךְ רַבִּים אֲהַלְלֶנּוּ׃ כִּי־יַעֲמֹד לִימִין אֶבְיוֹן
לְהוֹשִׁיעַ מִשֹּׁפְטֵי נַפְשׁוֹ׃

קי Psal. CX. קי

א לְדָוִד מִזְמוֹר
נְאֻם יְהוָה ׀ לַאדֹנִי שֵׁב לִימִינִי
עַד־אָשִׁית אֹיְבֶיךָ הֲדֹם לְרַגְלֶיךָ׃
2 מַטֵּה־עֻזְּךָ יִשְׁלַח יְהוָה מִצִּיּוֹן רְדֵה בְּקֶרֶב אֹיְבֶיךָ׃
3 עַמְּךָ נְדָבֹת בְּיוֹם חֵילֶךָ בְּהַדְרֵי־קֹדֶשׁ מֵרֶחֶם מִשְׁחָר
4 לְךָ טַל יַלְדֻתֶיךָ׃ נִשְׁבַּע יְהוָה ׀ וְלֹא יִנָּחֵם
אַתָּה־כֹהֵן לְעוֹלָם עַל־דִּבְרָתִי מַלְכִּי־צֶדֶק׃
ה אֲדֹנָי עַל־יְמִינְךָ מָחַץ בְּיוֹם־אַפּוֹ מְלָכִים׃

יָדִין

6 יָדִ֣ין בַּ֭גּוֹיִם מָלֵ֣א גְוִיּ֑וֹת מָ֥חַץ רֹ֝֗אשׁ עַל־אֶ֥רֶץ רַבָּֽה׃
7 מִ֭נַּחַל בַּדֶּ֣רֶךְ יִשְׁתֶּ֑ה עַל־כֵּ֝֗ן יָרִ֥ים רֹֽאשׁ׃

קיא — קיא Psal. CXI.

א הַֽלְלוּ יָ֨הּ ׀
אוֹדֶ֣ה יְ֭הוָה בְּכָל־לֵבָ֑ב בְּס֖וֹד יְשָׁרִ֣ים וְעֵדָֽה׃
2 גְּ֭דֹלִים מַעֲשֵׂ֣י יְהוָ֑ה דְּ֝רוּשִׁ֗ים לְכָל־חֶפְצֵיהֶֽם׃
3 הוֹד־וְהָדָ֥ר פָּֽעֳל֑וֹ וְ֝צִדְקָת֗וֹ עֹמֶ֥דֶת לָעַֽד׃
4 זֵ֣כֶר עָ֭שָׂה לְנִפְלְאוֹתָ֑יו חַנּ֖וּן וְרַח֣וּם יְהוָֽה׃
ה טֶ֭רֶף נָתַ֣ן לִירֵאָ֑יו יִזְכֹּ֖ר לְעוֹלָ֣ם בְּרִיתֽוֹ׃
6 כֹּ֣חַ מַ֭עֲשָׂיו הִגִּ֣יד לְעַמּ֑וֹ לָתֵ֥ת לָ֝הֶ֗ם נַחֲלַ֥ת גּוֹיִֽם׃
7 מַעֲשֵׂ֣י יָ֭דָיו אֱמֶ֣ת וּמִשְׁפָּ֑ט נֶ֝אֱמָנִ֗ים כָּל־פִּקּוּדָֽיו׃
8 סְמוּכִ֣ים לָעַ֣ד לְעוֹלָ֑ם עֲ֝שׂוּיִ֗ם בֶּאֱמֶ֥ת וְיָשָֽׁר׃
9 פְּד֤וּת ׀ שָׁ֘לַ֤ח לְעַמּ֗וֹ צִוָּֽה־לְעוֹלָ֥ם בְּרִית֑וֹ
י קָד֖וֹשׁ וְנוֹרָ֣א שְׁמֽוֹ׃ רֵ֘אשִׁ֤ית חָכְמָ֨ה ׀ יִרְאַ֬ת יְהוָ֗ה
שֵׂ֣כֶל ט֭וֹב לְכָל־עֹשֵׂיהֶ֑ם תְּ֝הִלָּת֗וֹ עֹמֶ֥דֶת לָעַֽד׃

קיב — קיב Psal. CXII.

א הַ֥לְלוּ יָ֨הּ ׀
אַשְׁרֵי־אִ֭ישׁ יָרֵ֣א אֶת־יְהוָ֑ה בְּ֝מִצְוֹתָ֗יו חָפֵ֥ץ מְאֹֽד׃
2 גִּבּ֣וֹר בָּ֭אָרֶץ יִהְיֶ֣ה זַרְע֑וֹ דּ֖וֹר יְשָׁרִ֣ים יְבֹרָֽךְ׃
3 הוֹן־וָעֹ֥שֶׁר בְּבֵית֑וֹ וְ֝צִדְקָת֗וֹ עֹמֶ֥דֶת לָעַֽד׃
4 זָ֘רַ֤ח בַּחֹ֣שֶׁךְ א֭וֹר לַיְשָׁרִ֑ים חַנּ֖וּן וְרַח֣וּם וְצַדִּֽיק׃
ה טֽוֹב־אִ֭ישׁ חוֹנֵ֣ן וּמַלְוֶ֑ה יְכַלְכֵּ֖ל דְּבָרָ֣יו בְּמִשְׁפָּֽט׃
6 כִּֽי־לְעוֹלָ֥ם לֹֽא־יִמּ֑וֹט לְזֵ֥כֶר ע֝וֹלָ֗ם יִהְיֶ֥ה צַדִּֽיק׃
7 מִשְּׁמוּעָ֣ה רָ֭עָה לֹ֣א יִירָ֑א נָכ֥וֹן לִ֝בּ֗וֹ בָּטֻ֥חַ בַּיהוָֽה׃
8 סָמ֣וּךְ לִ֭בּוֹ לֹ֣א יִירָ֑א עַ֖ד אֲשֶׁר־יִרְאֶ֣ה בְצָרָֽיו׃
9 פִּזַּ֤ר ׀ נָ֘תַ֤ן לָאֶֽבְיוֹנִ֗ים צִ֭דְקָתוֹ עֹמֶ֣דֶת לָעַ֑ד
י קַ֝רְנ֗וֹ תָּר֥וּם בְּכָבֽוֹד׃ רָשָׁ֤ע יִרְאֶ֨ה ׀ וְכָעָ֗ס
שִׁנָּ֣יו יַחֲרֹ֣ק וְנָמָ֑ס תַּאֲוַ֖ת רְשָׁעִ֣ים תֹּאבֵֽד׃

הללו

קיג PSAL. CXIII. קיג

א הַ֥לְלוּ יָ֨הּ ׀
הַ֭לְלוּ עַבְדֵ֣י יְהוָ֑ה הַֽ֝לְלוּ אֶת־שֵׁ֥ם יְהוָֽה׃
2 יְהִ֣י שֵׁ֣ם יְהוָ֣ה מְבֹרָ֑ךְ מֵ֝עַתָּ֗ה וְעַד־עוֹלָֽם׃
3 מִמִּזְרַח־שֶׁ֥מֶשׁ עַד־מְבוֹא֑וֹ מְ֝הֻלָּ֗ל שֵׁ֣ם יְהוָֽה׃
4 רָ֖ם עַל־כָּל־גּוֹיִ֥ם ׀ יְהוָ֑ה עַ֖ל הַשָּׁמַ֣יִם כְּבוֹדֽוֹ׃
ה מִ֭י כַּיהוָ֣ה אֱלֹהֵ֑ינוּ הַֽ֝מַּגְבִּיהִ֥י לָשָֽׁבֶת׃
6 הַֽמַּשְׁפִּילִ֥י לִרְא֑וֹת בַּשָּׁמַ֥יִם וּבָאָֽרֶץ׃
7 מְקִימִ֣י מֵעָפָ֣ר דָּ֑ל מֵ֝אַשְׁפֹּ֗ת יָרִ֥ים אֶבְיֽוֹן׃
8 לְהוֹשִׁיבִ֥י עִם־נְדִיבִ֑ים עִ֝֗ם נְדִיבֵ֥י עַמּֽוֹ׃
9 מֽוֹשִׁיבִ֨י ׀ עֲקֶ֬רֶת הַבַּ֗יִת אֵֽם־הַבָּנִ֥ים שְׂמֵחָ֗ה
הַֽלְלוּ־יָֽהּ׃

קיד PSAL. CXIV. קיד

א בְּצֵ֣את יִ֭שְׂרָאֵל מִמִּצְרָ֑יִם בֵּ֥ית יַ֝עֲקֹ֗ב מֵעַ֥ם לֹעֵֽז׃
2 הָיְתָ֣ה יְהוּדָ֣ה לְקָדְשׁ֑וֹ יִ֝שְׂרָאֵ֗ל מַמְשְׁלוֹתָֽיו׃
3 הַיָּ֣ם רָ֭אָה וַיָּנֹ֑ס הַ֝יַּרְדֵּ֗ן יִסֹּ֥ב לְאָחֽוֹר׃
4 הֶ֭הָרִים רָקְד֣וּ כְאֵילִ֑ים גְּ֝בָע֗וֹת כִּבְנֵי־צֹֽאן׃
ה מַה־לְּךָ֣ הַ֭יָּם כִּ֣י תָנ֑וּס הַ֝יַּרְדֵּ֗ן תִּסֹּ֥ב לְאָחֽוֹר׃
6 הֶֽהָרִ֗ים תִּרְקְד֣וּ כְאֵילִ֑ים גְּ֝בָע֗וֹת כִּבְנֵי־צֹֽאן׃
7 מִלִּפְנֵ֣י אָ֭דוֹן ח֣וּלִי אָ֑רֶץ מִ֝לִּפְנֵ֗י אֱל֣וֹהַּ יַעֲקֹֽב׃
8 הַהֹפְכִ֣י הַצּ֣וּר אֲגַם־מָ֑יִם חַ֝לָּמִ֗ישׁ לְמַעְיְנוֹ־מָֽיִם׃

קטו PSAL. CXV. קטו

א לֹ֤א לָ֥נוּ יְהוָ֗ה לֹ֫א לָ֥נוּ כִּֽי־לְ֭שִׁמְךָ תֵּ֣ן כָּב֑וֹד
2 עַל־חַ֝סְדְּךָ֗ עַל־אֲמִתֶּֽךָ׃ לָ֭מָּה יֹאמְר֣וּ הַגּוֹיִ֑ם
3 אַיֵּה־נָ֝֗א אֱלֹהֵיהֶֽם׃ וֵאלֹהֵ֥ינוּ בַשָּׁמָ֑יִם
4 כֹּ֖ל אֲשֶׁר־חָפֵ֣ץ עָשָֽׂה׃ עֲ֭צַבֵּיהֶם כֶּ֣סֶף וְזָהָ֑ב
ה מַ֝עֲשֵׂ֗ה יְדֵ֣י אָדָֽם׃ פֶּֽה־לָ֭הֶם וְלֹ֣א יְדַבֵּ֑רוּ
6 עֵינַ֥יִם לָ֝הֶ֗ם וְלֹ֣א יִרְאֽוּ׃ אָזְנַ֣יִם לָ֭הֶם וְלֹ֣א יִשְׁמָ֑עוּ

7 אַף לָהֶם וְלֹא יְרִיחוּן׃   יְדֵיהֶם ׀ וְלֹא יְמִישׁוּן
רַגְלֵיהֶם וְלֹא יְהַלֵּכוּ   לֹא־יֶהְגּוּ בִּגְרוֹנָם׃
8 כְּמוֹהֶם יִהְיוּ עֹשֵׂיהֶם   כֹּל אֲשֶׁר־בֹּטֵחַ בָּהֶם׃
9 יִשְׂרָאֵל בְּטַח בַּיהוָה   עֶזְרָם וּמָגִנָּם הוּא׃
י בֵּית אַהֲרֹן בִּטְחוּ בַיהוָה   עֶזְרָם וּמָגִנָּם הוּא׃
11 יִרְאֵי יְהוָה בִּטְחוּ בַיהוָה   עֶזְרָם וּמָגִנָּם הוּא׃
12 יְהוָה זְכָרָנוּ יְבָרֵךְ   יְבָרֵךְ אֶת־בֵּית יִשְׂרָאֵל
13 יְבָרֵךְ אֶת־בֵּית אַהֲרֹן׃   יְבָרֵךְ יִרְאֵי יְהוָה
14 הַקְּטַנִּים עִם־הַגְּדֹלִים׃   יֹסֵף יְהוָה עֲלֵיכֶם
טו עֲלֵיכֶם וְעַל־בְּנֵיכֶם׃   בְּרוּכִים אַתֶּם לַיהוָה
16 עֹשֵׂה שָׁמַיִם וָאָרֶץ׃   הַשָּׁמַיִם שָׁמַיִם לַיהוָה
17 וְהָאָרֶץ נָתַן לִבְנֵי־אָדָם׃   לֹא הַמֵּתִים יְהַלְלוּ־יָהּ
18 וְלֹא כָּל־יֹרְדֵי דוּמָה׃   וַאֲנַחְנוּ ׀ נְבָרֵךְ יָהּ
מֵעַתָּה וְעַד־עוֹלָם   הַלְלוּ־יָהּ׃

קטז Psal. CXVI. קטז

א אָהַבְתִּי כִּי־יִשְׁמַע ׀ יְהוָה   אֶת־קוֹלִי תַּחֲנוּנָי׃
2 כִּי־הִטָּה אָזְנוֹ לִי   וּבְיָמַי אֶקְרָא׃
3 אֲפָפוּנִי ׀ חֶבְלֵי־מָוֶת   וּמְצָרֵי שְׁאוֹל מְצָאוּנִי
4 צָרָה וְיָגוֹן אֶמְצָא׃   וּבְשֵׁם־יְהוָה אֶקְרָא
ה אָנָּה יְהוָה מַלְּטָה נַפְשִׁי׃   חַנּוּן יְהוָה וְצַדִּיק
6 וֵאלֹהֵינוּ מְרַחֵם׃   שֹׁמֵר פְּתָאיִם יְהוָה
7 דַּלּוֹתִי וְלִי יְהוֹשִׁיעַ׃   שׁוּבִי נַפְשִׁי לִמְנוּחָיְכִי
8 כִּי־יְהוָה גָּמַל עָלָיְכִי׃   כִּי חִלַּצְתָּ נַפְשִׁי מִמָּוֶת
אֶת־עֵינִי מִן־דִּמְעָה   אֶת־רַגְלִי מִדֶּחִי׃
9 אֶתְהַלֵּךְ לִפְנֵי יְהוָה   בְּאַרְצוֹת הַחַיִּים׃
י הֶאֱמַנְתִּי כִּי אֲדַבֵּר   אֲנִי עָנִיתִי מְאֹד׃
11 אֲנִי אָמַרְתִּי בְחָפְזִי   כָּל־הָאָדָם כֹּזֵב׃
12 מָה־אָשִׁיב לַיהוָה   כָּל־תַּגְמוּלוֹהִי עָלָי׃

כוס־ישועות

13 כּוֹס־יְשׁוּעוֹת אֶשָּׂא וּבְשֵׁם יְהוָה אֶקְרָא׃
14 נְדָרַי לַיהוָה אֲשַׁלֵּם נֶגְדָה־נָּא לְכָל־עַמּוֹ׃
טו יָקָר בְּעֵינֵי יְהוָה הַמָּוְתָה לַחֲסִידָיו׃
16 אָנָּה יְהוָה כִּי־אֲנִי עַבְדֶּךָ אֲנִי־עַבְדְּךָ בֶּן־אֲמָתֶךָ
17 פִּתַּחְתָּ לְמוֹסֵרָי׃ לְךָ־אֶזְבַּח זֶבַח תּוֹדָה
18 וּבְשֵׁם יְהוָה אֶקְרָא׃ נְדָרַי לַיהוָה אֲשַׁלֵּם
19 נֶגְדָה־נָּא לְכָל־עַמּוֹ׃ בְּחַצְרוֹת ׀ בֵּית יְהוָה
בְּתוֹכֵכִי יְרוּשָׁלָםִ הַלְלוּיָהּ׃

קיז Psal. CXVII. קיז

א הַלְלוּ אֶת־יְהוָה כָּל־גּוֹיִם שַׁבְּחוּהוּ כָּל־הָאֻמִּים׃
2 כִּי גָבַר עָלֵינוּ ׀ חַסְדּוֹ וֶאֱמֶת־יְהוָה לְעוֹלָם
הַלְלוּ־יָהּ׃

קיח Psal. CXVIII. קיח

א הוֹדוּ לַיהוָה כִּי־טוֹב כִּי לְעוֹלָם חַסְדּוֹ׃
2 יֹאמַר־נָא יִשְׂרָאֵל כִּי לְעוֹלָם חַסְדּוֹ׃
3 יֹאמְרוּ־נָא בֵית־אַהֲרֹן כִּי לְעוֹלָם חַסְדּוֹ׃
4 יֹאמְרוּ־נָא יִרְאֵי יְהוָה כִּי לְעוֹלָם חַסְדּוֹ׃
ה מִן־הַמֵּצַר קָרָאתִי יָּהּ עָנָנִי בַמֶּרְחָב יָהּ׃
6 יְהוָה לִי לֹא אִירָא מַה־יַּעֲשֶׂה לִי אָדָם׃
7 יְהוָה לִי בְּעֹזְרָי וַאֲנִי אֶרְאֶה בְשֹׂנְאָי׃
8 טוֹב לַחֲסוֹת בַּיהוָה מִבְּטֹחַ בָּאָדָם׃
9 טוֹב לַחֲסוֹת בַּיהוָה מִבְּטֹחַ בִּנְדִיבִים׃
י כָּל־גּוֹיִם סְבָבוּנִי בְּשֵׁם יְהוָה כִּי אֲמִילַם׃
11 סַבּוּנִי גַם־סְבָבוּנִי בְּשֵׁם יְהוָה כִּי אֲמִילַם׃
12 סַבּוּנִי כִדְבוֹרִים דֹּעֲכוּ כְּאֵשׁ קוֹצִים
13 בְּשֵׁם יְהוָה כִּי אֲמִילַם׃ דַּחֹה דְחִיתַנִי לִנְפֹּל
14 וַיהוָה עֲזָרָנִי׃ עָזִּי וְזִמְרָת יָהּ
טו וַיְהִי־לִי לִישׁוּעָה׃ קוֹל ׀ רִנָּה וִישׁוּעָה

באהלי

בְּאָהֳלֵ֣י צַדִּיקִ֑ים יְמִ֥ין יְ֝הֹוָ֗ה עֹ֣שָׂה חָֽיִל׃
16 יְמִ֣ין יְ֭הֹוָה רוֹמֵמָ֑ה יְמִ֥ין יְ֝הֹוָ֗ה עֹ֣שָׂה חָֽיִל׃
17 לֹ֣א אָמ֣וּת כִּֽי־אֶחְיֶ֑ה וַ֝אֲסַפֵּ֗ר מַעֲשֵׂ֥י יָֽהּ׃
18 יַסֹּ֣ר יִסְּרַ֣נִּי יָּ֑הּ וְ֝לַמָּ֗וֶת לֹ֣א נְתָנָֽנִי׃
19 פִּתְחוּ־לִ֥י שַׁעֲרֵי־צֶ֑דֶק אָבֹא־בָ֝֗ם אוֹדֶ֥ה יָֽהּ׃
כ זֶה־הַשַּׁ֥עַר לַיהֹוָ֑ה צַ֝דִּיקִ֗ים יָבֹ֥אוּ בֽוֹ׃
21 א֭וֹדְךָ כִּ֣י עֲנִיתָ֑נִי וַתְּהִי־לִ֝֗י לִֽישׁוּעָֽה׃
22 אֶ֭בֶן מָאֲס֣וּ הַבּוֹנִ֑ים הָ֝יְתָ֗ה לְרֹ֣אשׁ פִּנָּֽה׃
23 מֵאֵ֣ת יְ֭הֹוָה הָ֣יְתָה זֹּ֑את הִ֖יא נִפְלָ֣את בְּעֵינֵֽינוּ׃
24 זֶה־הַ֭יּוֹם עָשָׂ֣ה יְהֹוָ֑ה נָגִ֖ילָה וְנִשְׂמְחָ֣ה בֽוֹ׃
כה אָנָּ֣א יְ֭הֹוָה הוֹשִׁ֨יעָ֥ה נָּ֑א אָֽנָּ֥א יְ֝הֹוָ֗ה הַצְלִ֘יחָ֥ה נָּֽא׃
26 בָּר֣וּךְ הַ֭בָּא בְּשֵׁ֣ם יְהֹוָ֑ה בֵּ֝רַכְנ֗וּכֶם מִבֵּ֥ית יְהֹוָֽה׃
27 אֵ֤ל ׀ יְהֹוָה֮ וַיָּ֪אֶר לָ֫נוּ אִסְרוּ־חַ֥ג בַּעֲבֹתִ֑ים
28 עַד־קַ֝רְנ֗וֹת הַמִּזְבֵּֽחַ׃ אֵלִ֣י אַתָּ֣ה וְאוֹדֶ֑ךָּ
29 אֱ֝לֹהַ֗י אֲרוֹמְמֶֽךָּ׃ הוֹד֣וּ לַיהֹוָ֣ה כִּי־ט֑וֹב
כִּ֖י לְעוֹלָ֣ם חַסְדּֽוֹ׃

Psal. CXIX. קיט

קיט

א אַשְׁרֵ֥י תְמִֽימֵי־דָ֑רֶךְ הַ֝הֹלְכִ֗ים בְּתוֹרַ֥ת יְהֹוָֽה׃
2 אַ֭שְׁרֵי נֹצְרֵ֣י עֵדֹתָ֑יו בְּכָל־לֵ֥ב יִדְרְשֽׁוּהוּ׃
3 אַ֭ף לֹא־פָעֲל֣וּ עַוְלָ֑ה בִּדְרָכָ֥יו הָלָֽכוּ׃
4 אַ֭תָּה צִוִּ֣יתָה פִקֻּדֶ֑יךָ לִשְׁמֹ֥ר מְאֹֽד׃
ה אַ֭חֲלַי יִכֹּ֣נוּ דְרָכָ֑י לִשְׁמֹ֥ר חֻקֶּֽיךָ׃
6 אָ֥ז לֹא־אֵב֑וֹשׁ בְּ֝הַבִּיטִ֗י אֶל־כָּל־מִצְוֺתֶֽיךָ׃
7 א֭וֹדְךָ בְּיֹ֣שֶׁר לֵבָ֑ב בְּ֝לָמְדִ֗י מִשְׁפְּטֵ֥י צִדְקֶֽךָ׃
8 אֶת־חֻקֶּ֥יךָ אֶשְׁמֹ֑ר אַל־תַּעַזְבֵ֥נִי עַד־מְאֹֽד׃

9 בַּמֶּ֣ה יְזַכֶּה־נַּ֭עַר אֶת־אָרְח֑וֹ לִ֝שְׁמֹ֗ר כִּדְבָרֶֽךָ׃
י בְּכָל־לִבִּ֥י דְרַשְׁתִּ֑יךָ אַל־תַּ֝שְׁגֵּ֗נִי מִמִּצְוֺתֶֽיךָ׃

בלבי

11 בְּלִבִּי צָפַנְתִּי אִמְרָתֶךָ לְמַעַן לֹא אֶחֱטָא־לָךְ׃
12 בָּרוּךְ אַתָּה יְהוָה לַמְּדֵנִי חֻקֶּיךָ׃
13 בִּשְׂפָתַי סִפַּרְתִּי כֹּל מִשְׁפְּטֵי־פִיךָ׃
14 בְּדֶרֶךְ עֵדְוֺתֶיךָ שַׂשְׂתִּי כְּעַל כָּל־הוֹן׃
טו בְּפִקֻּדֶיךָ אָשִׂיחָה וְאַבִּיטָה אֹרְחֹתֶיךָ׃
16 בְּחֻקֹּתֶיךָ אֶשְׁתַּעֲשָׁע לֹא אֶשְׁכַּח דְּבָרֶךָ׃

17 גְּמֹל עַל־עַבְדְּךָ אֶחְיֶה וְאֶשְׁמְרָה דְבָרֶךָ׃
18 גַּל־עֵינַי וְאַבִּיטָה נִפְלָאוֹת מִתּוֹרָתֶךָ׃
19 גֵּר אָנֹכִי בָאָרֶץ אַל־תַּסְתֵּר מִמֶּנִּי מִצְוֺתֶיךָ׃
כ גָּרְסָה נַפְשִׁי לְתַאֲבָה אֶל־מִשְׁפָּטֶיךָ בְכָל־עֵת׃
21 גָּעַרְתָּ זֵדִים אֲרוּרִים הַשֹּׁגִים מִמִּצְוֺתֶיךָ׃
22 גַּל מֵעָלַי חֶרְפָּה וָבוּז כִּי עֵדֹתֶיךָ נָצָרְתִּי׃
23 גַּם יָשְׁבוּ שָׂרִים בִּי נִדְבָּרוּ עַבְדְּךָ יָשִׂיחַ בְּחֻקֶּיךָ׃
24 גַּם־עֵדֹתֶיךָ שַׁעֲשֻׁעָי אַנְשֵׁי עֲצָתִי׃

כה דָּבְקָה לֶעָפָר נַפְשִׁי חַיֵּנִי כִּדְבָרֶךָ׃
26 דְּרָכַי סִפַּרְתִּי וַתַּעֲנֵנִי לַמְּדֵנִי חֻקֶּיךָ׃
27 דֶּרֶךְ־פִּקּוּדֶיךָ הֲבִינֵנִי וְאָשִׂיחָה בְּנִפְלְאוֹתֶיךָ׃
28 דָּלְפָה נַפְשִׁי מִתּוּגָה קַיְּמֵנִי כִּדְבָרֶךָ׃
29 דֶּרֶךְ־שֶׁקֶר הָסֵר מִמֶּנִּי וְתוֹרָתְךָ חָנֵּנִי׃
ל דֶּרֶךְ־אֱמוּנָה בָחָרְתִּי מִשְׁפָּטֶיךָ שִׁוִּיתִי׃
31 דָּבַקְתִּי בְעֵדְוֺתֶיךָ יְהוָה אַל־תְּבִישֵׁנִי׃
32 דֶּרֶךְ־מִצְוֺתֶיךָ אָרוּץ כִּי תַרְחִיב לִבִּי׃

33 הוֹרֵנִי יְהוָה דֶּרֶךְ חֻקֶּיךָ וְאֶצְּרֶנָּה עֵקֶב׃
34 הֲבִינֵנִי וְאֶצְּרָה תוֹרָתֶךָ וְאֶשְׁמְרֶנָּה בְכָל־לֵב׃
לה הַדְרִיכֵנִי בִּנְתִיב מִצְוֺתֶיךָ כִּי־בוֹ חָפָצְתִּי׃
36 הַט־לִבִּי אֶל־עֵדְוֺתֶיךָ וְאַל אֶל־בָּצַע׃
37 הַעֲבֵר עֵינַי מֵרְאוֹת שָׁוְא בִּדְרָכֶךָ חַיֵּנִי׃

38 הָקֵם לְעַבְדְּךָ אִמְרָתֶךָ אֲשֶׁר לְיִרְאָתֶךָ׃

39 הַעֲבֵר חֶרְפָּתִי אֲשֶׁר יָגֹרְתִּי כִּי מִשְׁפָּטֶיךָ טוֹבִים׃

מ הִנֵּה תָּאַבְתִּי לְפִקֻּדֶיךָ בְּצִדְקָתְךָ חַיֵּנִי׃

41 וִיבֹאֻנִי חֲסָדֶךָ יְהוָה תְּשׁוּעָתְךָ כְּאִמְרָתֶךָ׃

42 וְאֶעֱנֶה חֹרְפִי דָבָר כִּי־בָטַחְתִּי בִּדְבָרֶךָ׃

43 וְאַל־תַּצֵּל מִפִּי דְבַר־אֱמֶת עַד־מְאֹד כִּי לְמִשְׁפָּטֶךָ יִחָלְתִּי׃

44 וְאֶשְׁמְרָה תוֹרָתְךָ תָמִיד לְעוֹלָם וָעֶד׃

מה וְאֶתְהַלְּכָה בָרְחָבָה כִּי פִקֻּדֶיךָ דָרָשְׁתִּי׃

46 וַאֲדַבְּרָה בְעֵדֹתֶיךָ נֶגֶד מְלָכִים וְלֹא אֵבוֹשׁ׃

47 וְאֶשְׁתַּעֲשַׁע בְּמִצְוֹתֶיךָ אֲשֶׁר אָהָבְתִּי׃

48 וְאֶשָּׂא־כַפַּי אֶל־מִצְוֹתֶיךָ אֲשֶׁר אָהָבְתִּי וְאָשִׂיחָה בְחֻקֶּיךָ׃

49 זְכֹר־דָּבָר לְעַבְדֶּךָ עַל אֲשֶׁר יִחַלְתָּנִי׃

נ זֹאת נֶחָמָתִי בְעָנְיִי כִּי אִמְרָתְךָ חִיָּתְנִי

51 זֵדִים הֱלִיצֻנִי עַד־מְאֹד מִתּוֹרָתְךָ לֹא נָטִיתִי׃

52 זָכַרְתִּי מִשְׁפָּטֶיךָ מֵעוֹלָם ׀ יְהוָה וָאֶתְנֶחָם׃

53 זַלְעָפָה אֲחָזַתְנִי מֵרְשָׁעִים עֹזְבֵי תּוֹרָתֶךָ׃

54 זְמִרוֹת הָיוּ־לִי חֻקֶּיךָ בְּבֵית מְגוּרָי׃

נה זָכַרְתִּי בַלַּיְלָה שִׁמְךָ יְהוָה וָאֶשְׁמְרָה תּוֹרָתֶךָ׃

56 זֹאת הָיְתָה־לִּי כִּי פִקֻּדֶיךָ נָצָרְתִּי׃

57 חֶלְקִי יְהוָה אָמַרְתִּי לִשְׁמֹר דְּבָרֶיךָ׃

58 חִלִּיתִי פָנֶיךָ בְכָל־לֵב חָנֵּנִי כְּאִמְרָתֶךָ׃

59 חִשַּׁבְתִּי דְרָכָי וָאָשִׁיבָה רַגְלַי אֶל־עֵדֹתֶיךָ׃

ס חַשְׁתִּי וְלֹא הִתְמַהְמָהְתִּי לִשְׁמֹר מִצְוֹתֶיךָ׃

61 חֶבְלֵי רְשָׁעִים עִוְּדֻנִי תּוֹרָתְךָ לֹא שָׁכָחְתִּי׃

62 חֲצוֹת־לַיְלָה אָקוּם לְהוֹדוֹת לָךְ עַל מִשְׁפְּטֵי צִדְקֶךָ׃

63 חָבֵר אָנִי לְכָל־אֲשֶׁר יְרֵאוּךָ וּלְשֹׁמְרֵי פִּקּוּדֶיךָ׃

64 חַסְדְּךָ יְהוָה מָלְאָה הָאָרֶץ חֻקֶּיךָ לַמְּדֵנִי׃

טוֹב עָשִׂיתָ עִם־עַבְדְּךָ יְהוָה כִּדְבָרֶךָ׃ סה
טוּב טַעַם וָדַעַת לַמְּדֵנִי כִּי בְמִצְוֺתֶיךָ הֶאֱמָנְתִּי׃ 66
טֶרֶם אֶעֱנֶה אֲנִי שֹׁגֵג וְעַתָּה אִמְרָתְךָ שָׁמָרְתִּי׃ 67
טוֹב־אַתָּה וּמֵטִיב לַמְּדֵנִי חֻקֶּיךָ׃ 68
טָפְלוּ עָלַי שֶׁקֶר זֵדִים אֲנִי בְּכָל־לֵב ׀ אֶצֹּר פִּקּוּדֶיךָ׃ 69
טָפַשׁ כַּחֵלֶב לִבָּם אֲנִי תּוֹרָתְךָ שִׁעֲשָׁעְתִּי׃ ע
טוֹב־לִי כִי־עֻנֵּיתִי לְמַעַן אֶלְמַד חֻקֶּיךָ׃ 71
טוֹב־לִי תוֹרַת־פִּיךָ מֵאַלְפֵי זָהָב וָכָסֶף׃ 72

יָדֶיךָ עָשׂוּנִי וַיְכוֹנְנוּנִי הֲבִינֵנִי וְאֶלְמְדָה מִצְוֺתֶיךָ׃ 73
יְרֵאֶיךָ יִרְאוּנִי וְיִשְׂמָחוּ כִּי לִדְבָרְךָ יִחָלְתִּי׃ 74
יָדַעְתִּי יְהוָה כִּי־צֶדֶק מִשְׁפָּטֶיךָ וֶאֱמוּנָה עִנִּיתָנִי׃ עה
יְהִי־נָא חַסְדְּךָ לְנַחֲמֵנִי כְּאִמְרָתְךָ לְעַבְדֶּךָ׃ 76
יְבֹאוּנִי רַחֲמֶיךָ וְאֶחְיֶה כִּי־תוֹרָתְךָ שַׁעֲשֻׁעָי׃ 77
יֵבֹשׁוּ זֵדִים כִּי־שֶׁקֶר עִוְּתוּנִי אֲנִי אָשִׂיחַ בְּפִקּוּדֶיךָ׃ 78
יָשׁוּבוּ לִי יְרֵאֶיךָ וְיֹדְעוּ עֵדֹתֶיךָ׃ 79
יְהִי־לִבִּי תָמִים בְּחֻקֶּיךָ לְמַעַן לֹא אֵבוֹשׁ׃ פ

כָּלְתָה לִתְשׁוּעָתְךָ נַפְשִׁי לִדְבָרְךָ יִחָלְתִּי׃ 81
כָּלוּ עֵינַי לְאִמְרָתֶךָ לֵאמֹר מָתַי תְּנַחֲמֵנִי׃ 82
כִּי־הָיִיתִי כְּנֹאד בְּקִיטוֹר חֻקֶּיךָ לֹא שָׁכָחְתִּי׃ 83
כַּמָּה יְמֵי־עַבְדֶּךָ מָתַי תַּעֲשֶׂה בְרֹדְפַי מִשְׁפָּט׃ 84
כָּרוּ־לִי זֵדִים שִׁיחוֹת אֲשֶׁר לֹא כְתוֹרָתֶךָ׃ פה
כָּל־מִצְוֺתֶיךָ אֱמוּנָה שֶׁקֶר רְדָפוּנִי עָזְרֵנִי׃ 86
כִּמְעַט כִּלּוּנִי בָאָרֶץ וַאֲנִי לֹא־עָזַבְתִּי פִקֻּדֶיךָ׃ 87
כְּחַסְדְּךָ חַיֵּנִי וְאֶשְׁמְרָה עֵדוּת פִּיךָ׃ 88

לְעוֹלָם יְהוָה דְּבָרְךָ נִצָּב בַּשָּׁמָיִם׃ 89
לְדֹר וָדֹר אֱמוּנָתֶךָ כּוֹנַנְתָּ אֶרֶץ וַתַּעֲמֹד׃ צ

למשפטיך

v. 79. וידעי ק׳

91 לְֽמִשְׁפָּטֶ֗יךָ עָמְד֣וּ הַיּ֑וֹם כִּ֖י הַכֹּ֣ל עֲבָדֶֽיךָ׃
92 לוּלֵ֣י ת֭וֹרָתְךָ שַׁעֲשֻׁעָ֑י אָ֝֗ז אָבַ֥דְתִּי בְעָנְיִֽי׃
93 לְ֭עוֹלָם לֹֽא־אֶשְׁכַּ֣ח פִּקּוּדֶ֑יךָ כִּ֥י בָ֝֗ם חִיִּיתָֽנִי׃
94 לְֽךָ־אֲ֭נִי הוֹשִׁיעֵ֑נִי כִּ֖י פִקּוּדֶ֣יךָ דָרָֽשְׁתִּי׃
צה לִ֤י קִוּ֣וּ רְשָׁעִ֣ים לְאַבְּדֵ֑נִי עֵ֝דֹתֶ֗יךָ אֶתְבּוֹנָֽן׃
96 לְֽכָל־תִּ֭כְלָה רָאִ֣יתִי קֵ֑ץ רְחָבָ֖ה מִצְוָתְךָ֣ מְאֹֽד׃

97 מָֽה־אָהַ֥בְתִּי תוֹרָתֶ֑ךָ כָּל־הַ֝יּ֗וֹם הִ֣יא שִׂיחָתִֽי׃
98 מֵ֭אֹ֣יְבַי תְּחַכְּמֵ֣נִי מִצְוֺתֶ֑ךָ כִּ֖י לְעוֹלָ֣ם הִיא־לִֽי׃
99 מִכָּל־מְלַמְּדַ֥י הִשְׂכַּ֑לְתִּי כִּ֥י עֵ֝דְוֺתֶ֗יךָ שִׂ֣יחָה לִֽי׃
ק מִזְּקֵנִ֥ים אֶתְבּוֹנָ֑ן כִּ֖י פִקּוּדֶ֣יךָ נָצָֽרְתִּי׃
101 מִכָּל־אֹ֣רַח רָ֭ע כָּלִ֣אתִי רַגְלָ֑י לְ֝מַ֗עַן אֶשְׁמֹ֥ר דְּבָרֶֽךָ׃
102 מִמִּשְׁפָּטֶ֥יךָ לֹא־סָ֑רְתִּי כִּֽי־אַ֝תָּ֗ה הוֹרֵתָֽנִי׃
103 מַה־נִּמְלְצ֣וּ לְ֭חִכִּי אִמְרָתֶ֗ךָ מִדְּבַ֥שׁ לְפִֽי׃
104 מִפִּקּוּדֶ֥יךָ אֶתְבּוֹנָ֑ן עַל־כֵּ֝֗ן שָׂנֵ֤אתִי ׀ כָּל־אֹ֬רַח שָֽׁקֶר׃

קה נֵר־לְרַגְלִ֥י דְבָרֶ֑ךָ וְ֝א֗וֹר לִנְתִיבָתִֽי׃
106 נִשְׁבַּ֥עְתִּי וָאֲקַיֵּ֑מָה לִ֝שְׁמֹ֗ר מִשְׁפְּטֵ֥י צִדְקֶֽךָ׃
107 נַעֲנֵ֥יתִי עַד־מְאֹ֑ד יְ֝הֹוָ֗ה חַיֵּ֥נִי כִדְבָרֶֽךָ׃
108 נִדְב֣וֹת פִּ֭י רְצֵה־נָ֣א יְהֹוָ֑ה וּֽמִשְׁפָּטֶ֥יךָ לַמְּדֵֽנִי׃
109 נַפְשִׁ֣י בְכַפִּ֣י תָמִ֑יד וְ֝תֽוֹרָתְךָ֗ לֹ֣א שָׁכָֽחְתִּי׃
קי נָתְנ֬וּ רְשָׁעִ֣ים פַּ֣ח לִ֑י וּ֝מִפִּקּוּדֶ֗יךָ לֹ֣א תָעִֽיתִי׃
111 נָחַ֣לְתִּי עֵדְוֺתֶ֣יךָ לְעוֹלָ֑ם כִּֽי־שְׂשׂ֖וֹן לִבִּ֣י הֵֽמָּה׃
112 נָטִ֣יתִי לִ֭בִּי לַעֲשׂ֥וֹת חֻקֶּ֗יךָ לְעוֹלָ֥ם עֵֽקֶב׃

113 סֵעֲפִ֥ים שָׂנֵ֑אתִי וְֽתוֹרָתְךָ֥ אָהָֽבְתִּי׃
114 סִתְרִ֣י וּמָגִנִּ֣י אָ֑תָּה לִדְבָרְךָ֥ יִחָֽלְתִּי׃
קטו סֽוּרוּ־מִמֶּ֥נִּי מְרֵעִ֑ים וְ֝אֶצְּרָ֗ה מִצְוֺ֥ת אֱלֹהָֽי׃
116 סָמְכֵ֣נִי כְאִמְרָתְךָ֣ וְאֶחְיֶ֑ה וְאַל־תְּ֝בִישֵׁ֗נִי מִשִּׂבְרִֽי׃
117 סְעָדֵ֥נִי וְאִוָּשֵׁ֑עָה וְאֶשְׁעָ֖ה בְחֻקֶּ֣יךָ תָמִֽיד׃

סלית

סָלִיתָ כָּל־שׁוֹגִים מֵחֻקֶּיךָ כִּי־שֶׁקֶר תַּרְמִיתָם׃ 118
סִגִים הִשְׁבַּתָּ כָל־רִשְׁעֵי־אָרֶץ לָכֵן אָהַבְתִּי עֵדֹתֶיךָ׃ 119
סָמַר מִפַּחְדְּךָ בְשָׂרִי וּמִמִּשְׁפָּטֶיךָ יָרֵאתִי׃ קכ

עָשִׂיתִי מִשְׁפָּט וָצֶדֶק בַּל־תַּנִּיחֵנִי לְעֹשְׁקָי׃ 121
עֲרֹב עַבְדְּךָ לְטוֹב אַל־יַעַשְׁקֻנִי זֵדִים׃ 122
עֵינַי כָּלוּ לִישׁוּעָתֶךָ וּלְאִמְרַת צִדְקֶךָ׃ 123
עֲשֵׂה עִם־עַבְדְּךָ כְחַסְדֶּךָ וְחֻקֶּיךָ לַמְּדֵנִי׃ 124
עַבְדְּךָ־אָנִי הֲבִינֵנִי וְאֵדְעָה עֵדֹתֶיךָ׃ קכה
עֵת לַעֲשׂוֹת לַיהוָה הֵפֵרוּ תּוֹרָתֶךָ׃ 126
עַל־כֵּן אָהַבְתִּי מִצְוֹתֶיךָ מִזָּהָב וּמִפָּז׃ 127
עַל־כֵּן ׀ כָּל־פִּקּוּדֵי כֹל יִשָּׁרְתִּי כָּל־אֹרַח שֶׁקֶר שָׂנֵאתִי׃ 128

פְּלָאוֹת עֵדְוֹתֶיךָ עַל־כֵּן נְצָרָתַם נַפְשִׁי׃ 129
פֵּתַח דְּבָרֶיךָ יָאִיר מֵבִין פְּתָיִים׃ קל
פִּי־פָעַרְתִּי וָאֶשְׁאָפָה כִּי לְמִצְוֹתֶיךָ יָאָבְתִּי׃ 131
פְּנֵה־אֵלַי וְחָנֵּנִי כְּמִשְׁפָּט לְאֹהֲבֵי שְׁמֶךָ׃ 132
פְּעָמַי הָכֵן בְּאִמְרָתֶךָ וְאַל־תַּשְׁלֶט־בִּי כָל־אָוֶן׃ 133
פְּדֵנִי מֵעֹשֶׁק אָדָם וְאֶשְׁמְרָה פִּקּוּדֶיךָ׃ 134
פָּנֶיךָ הָאֵר בְּעַבְדֶּךָ וְלַמְּדֵנִי אֶת־חֻקֶּיךָ׃ קלה
פַּלְגֵי־מַיִם יָרְדוּ עֵינָי עַל לֹא־שָׁמְרוּ תוֹרָתֶךָ׃ 136

צַדִּיק אַתָּה יְהוָה וְיָשָׁר מִשְׁפָּטֶיךָ׃ 137
צִוִּיתָ צֶדֶק עֵדֹתֶיךָ וֶאֱמוּנָה מְאֹד׃ 138
צִמְּתַתְנִי קִנְאָתִי כִּי־שָׁכְחוּ דְבָרֶיךָ צָרָי׃ 139
צְרוּפָה אִמְרָתְךָ מְאֹד וְעַבְדְּךָ אֲהֵבָהּ׃ קמ
צָעִיר אָנֹכִי וְנִבְזֶה פִּקֻּדֶיךָ לֹא שָׁכָחְתִּי׃ 141
צִדְקָתְךָ צֶדֶק לְעוֹלָם וְתוֹרָתְךָ אֱמֶת׃ 142
צַר־וּמָצוֹק מְצָאוּנִי מִצְוֹתֶיךָ שַׁעֲשֻׁעָי׃ 143
צֶדֶק עֵדְוֹתֶיךָ לְעוֹלָם הֲבִינֵנִי וְאֶחְיֶה׃ 144

קראתי

קמה קָרָאתִי בְכָל־לֵב עֲנֵנִי יְהוָה חֻקֶּיךָ אֶצֹּרָה׃
146 קְרָאתִיךָ הוֹשִׁיעֵנִי וְאֶשְׁמְרָה עֵדֹתֶיךָ׃
147 קִדַּמְתִּי בַנֶּשֶׁף וָאֲשַׁוֵּעָה לִדְבָרְיךָ יִחָלְתִּי׃
148 קִדְּמוּ עֵינַי אַשְׁמֻרוֹת לָשִׂיחַ בְּאִמְרָתֶךָ׃
149 קוֹלִי שִׁמְעָה כְחַסְדֶּךָ יְהוָה כְּמִשְׁפָּטֶךָ חַיֵּנִי׃
קנ קָרְבוּ רֹדְפֵי זִמָּה מִתּוֹרָתְךָ רָחָקוּ׃
151 קָרוֹב אַתָּה יְהוָה וְכָל־מִצְוֺתֶיךָ אֱמֶת׃
152 קֶדֶם יָדַעְתִּי מֵעֵדֹתֶיךָ כִּי לְעוֹלָם יְסַדְתָּם׃

153 רְאֵה־עָנְיִי וְחַלְּצֵנִי כִּי־תוֹרָתְךָ לֹא שָׁכָחְתִּי׃
154 רִיבָה רִיבִי וּגְאָלֵנִי לְאִמְרָתְךָ חַיֵּנִי׃
קנה רָחוֹק מֵרְשָׁעִים יְשׁוּעָה כִּי־חֻקֶּיךָ לֹא דָרָשׁוּ׃
156 רַחֲמֶיךָ רַבִּים ׀ יְהוָה כְּמִשְׁפָּטֶיךָ חַיֵּנִי׃
157 רַבִּים רֹדְפַי וְצָרָי מֵעֵדְוֺתֶיךָ לֹא נָטִיתִי׃
158 רָאִיתִי בֹגְדִים וָאֶתְקוֹטָטָה אֲשֶׁר אִמְרָתְךָ לֹא שָׁמָרוּ׃
159 רְאֵה כִּי־פִקּוּדֶיךָ אָהָבְתִּי יְהוָה כְּחַסְדְּךָ חַיֵּנִי׃
קס רֹאשׁ־דְּבָרְךָ אֱמֶת וּלְעוֹלָם כָּל־מִשְׁפַּט צִדְקֶךָ׃

161 שָׂרִים רְדָפוּנִי חִנָּם וּמִדְּבָרְיךָ פָּחַד לִבִּי׃
162 שָׂשׂ אָנֹכִי עַל־אִמְרָתֶךָ כְּמוֹצֵא שָׁלָל רָב׃
163 שֶׁקֶר שָׂנֵאתִי וָאֲתַעֵבָה תּוֹרָתְךָ אָהָבְתִּי׃
164 שֶׁבַע בַּיּוֹם הִלַּלְתִּיךָ עַל מִשְׁפְּטֵי צִדְקֶךָ׃
קסה שָׁלוֹם רָב לְאֹהֲבֵי תוֹרָתֶךָ וְאֵין לָמוֹ מִכְשׁוֹל׃
166 שִׂבַּרְתִּי לִישׁוּעָתְךָ יְהוָה וּמִצְוֺתֶיךָ עָשִׂיתִי׃
167 שָׁמְרָה נַפְשִׁי עֵדֹתֶיךָ וָאֹהֲבֵם מְאֹד׃
168 שָׁמַרְתִּי פִקּוּדֶיךָ וְעֵדֹתֶיךָ כִּי כָל־דְּרָכַי נֶגְדֶּךָ׃

169 תִּקְרַב רִנָּתִי לְפָנֶיךָ יְהוָה כִּדְבָרְךָ הֲבִינֵנִי׃
קע תָּבוֹא תְּחִנָּתִי לְפָנֶיךָ כְּאִמְרָתְךָ הַצִּילֵנִי׃
171 תַּבַּעְנָה שְׂפָתַי תְּהִלָּה כִּי תְלַמְּדֵנִי חֻקֶּיךָ׃

---

v. 147. לדברך ק׳   v. 161. ומדברך ק׳

תַּ֣עַן לְ֭שׁוֹנִי אִמְרָתֶ֑ךָ כִּ֖י כָל־מִצְוֺתֶ֣יךָ צֶּֽדֶק׃ 172
תְּהִי־יָדְךָ֥ לְעָזְרֵ֑נִי כִּ֖י פִקּוּדֶ֣יךָ בָחָֽרְתִּי׃ 173
תָּאַ֣בְתִּי לִישׁוּעָתְךָ֣ יְהוָ֑ה וְ֝תוֹרָתְךָ֗ שַׁעֲשֻׁעָֽי׃ 174
תְּחִי־נַ֭פְשִׁי וּֽתְהַלְלֶ֑ךָּ וּמִשְׁפָּטֶ֥ךָ יַעְזְרֻֽנִי׃ קעה
תָּעִ֗יתִי כְּשֶׂ֣ה אֹ֭בֵד בַּקֵּ֣שׁ עַבְדֶּ֑ךָ כִּ֥י מִ֝צְוֺתֶ֗יךָ לֹ֣א שָׁכָֽחְתִּי׃ 176

קכ Psal. CXX. קכ

א שִׁ֗יר הַֽמַּ֫עֲל֥וֹת

אֶל־יְ֭הוָה בַּצָּרָ֣תָה לִּ֑י קָ֝רָ֗אתִי וַֽיַּעֲנֵֽנִי׃
יְֽהוָ֗ה הַצִּ֣ילָה נַ֭פְשִׁי מִשְּׂפַת־שֶׁ֑קֶר מִלָּשׁ֥וֹן רְמִיָּֽה׃ 2
מַה־יִּתֵּ֣ן לְ֭ךָ וּמַה־יֹּסִ֥יף לָ֗ךְ לָשׁ֥וֹן רְמִיָּֽה׃ 3
חִצֵּ֣י גִבּ֣וֹר שְׁנוּנִ֑ים עִ֝֗ם גַּחֲלֵ֥י רְתָמִֽים׃ 4
אֽוֹיָה־לִ֭י כִּי־גַ֣רְתִּי מֶ֑שֶׁךְ שָׁ֝כַ֗נְתִּי עִם־אָהֳלֵ֥י קֵדָֽר׃ ה
רַ֭בַּת שָֽׁכְנָה־לָּ֣הּ נַפְשִׁ֑י עִ֝֗ם שׂוֹנֵ֥א שָׁלֽוֹם׃ 6
אֲֽנִי־שָׁ֭לוֹם וְכִ֣י אֲדַבֵּ֑ר הֵ֝֗מָּה לַמִּלְחָמָֽה׃ 7

קכא Psal. CXXI. קכא

א שִׁ֗יר לַֽמַּ֫עֲל֥וֹת

אֶשָּׂ֣א עֵ֭ינַי אֶל־הֶהָרִ֑ים מֵ֝אַ֗יִן יָבֹ֥א עֶזְרִֽי׃
עֶ֭זְרִי מֵעִ֣ם יְהוָ֑ה עֹ֝שֵׂ֗ה שָׁמַ֥יִם וָאָֽרֶץ׃ 2
אַל־יִתֵּ֣ן לַמּ֣וֹט רַגְלֶ֑ךָ אַל־יָ֝נ֗וּם שֹׁמְרֶֽךָ׃ 3
הִנֵּ֣ה לֹֽא־יָ֭נוּם וְלֹ֣א יִישָׁ֑ן שׁ֝וֹמֵ֗ר יִשְׂרָאֵֽל׃ 4
יְהוָ֥ה שֹׁמְרֶ֑ךָ יְהוָ֥ה צִ֝לְּךָ֗ עַל־יַ֥ד יְמִינֶֽךָ׃ ה
יוֹמָ֗ם הַשֶּׁ֥מֶשׁ לֹֽא־יַכֶּ֗כָּה וְיָרֵ֥חַ בַּלָּֽיְלָה׃ 6
יְֽהוָ֗ה יִשְׁמָרְךָ֥ מִכָּל־רָ֑ע יִ֝שְׁמֹ֗ר אֶת־נַפְשֶֽׁךָ׃ 7
יְֽהוָ֗ה יִשְׁמָר־צֵאתְךָ֥ וּבוֹאֶ֑ךָ מֵ֝עַתָּ֗ה וְעַד־עוֹלָֽם׃ 8

קכב Psal. CXXII. קכב

א שִׁ֥יר הַֽמַּעֲל֗וֹת לְדָ֫וִ֥ד

שָׂ֭מַחְתִּי בְּאֹמְרִ֣ים לִ֑י בֵּ֖ית יְהוָ֣ה נֵלֵֽךְ׃
עֹ֭מְדוֹת הָי֣וּ רַגְלֵ֑ינוּ בִּ֝שְׁעָרַ֗יִךְ יְרוּשָׁלִָֽם׃ 2

3 יְרוּשָׁלִַם הַבְּנוּיָה   כְּעִיר שֶׁחֻבְּרָה־לָּהּ יַחְדָּו׃
4 שֶׁשָּׁם עָלוּ שְׁבָטִים   שִׁבְטֵי־יָהּ עֵדוּת לְיִשְׂרָאֵל
ה לְהֹדוֹת לְשֵׁם יְהוָה׃   כִּי שָׁמָּה ׀ יָשְׁבוּ כִסְאוֹת לְמִשְׁפָּט
6 כִּסְאוֹת לְבֵית דָּוִד׃   שַׁאֲלוּ שְׁלוֹם יְרוּשָׁלָ͏ִם
7 יִשְׁלָיוּ אֹהֲבָיִךְ׃   יְהִי־שָׁלוֹם בְּחֵילֵךְ
8 שַׁלְוָה בְּאַרְמְנוֹתָיִךְ׃   לְמַעַן אַחַי וְרֵעָי
9 אֲדַבְּרָה־נָּא שָׁלוֹם בָּךְ׃   לְמַעַן בֵּית־יְהוָה אֱלֹהֵינוּ
אֲבַקְשָׁה טוֹב לָךְ׃

קכג Psal. CXXIII. קכג

א שִׁיר הַמַּעֲלוֹת
אֵלֶיךָ נָשָׂאתִי אֶת־עֵינַי   הַיֹּשְׁבִי בַּשָּׁמָיִם׃
2 הִנֵּה כְעֵינֵי עֲבָדִים אֶל־יַד אֲדוֹנֵיהֶם
כְּעֵינֵי שִׁפְחָה אֶל־יַד גְּבִרְתָּהּ   כֵּן עֵינֵינוּ אֶל־יְהוָה אֱלֹהֵינוּ
3 עַד שֶׁיְּחָנֵּנוּ׃   חָנֵּנוּ יְהוָה חָנֵּנוּ
4 כִּי־רַב שָׂבַעְנוּ בוּז׃   רַבַּת שָׂבְעָה־לָּהּ נַפְשֵׁנוּ
הַלַּעַג הַשַּׁאֲנַנִּים   הַבּוּז לִגְאֵיוֹנִים׃

קכד Psal. CXXIV. קכד

א שִׁיר הַמַּעֲלוֹת לְדָוִד
לוּלֵי יְהוָה שֶׁהָיָה לָנוּ   יֹאמַר־נָא יִשְׂרָאֵל׃
2 לוּלֵי יְהוָה שֶׁהָיָה לָנוּ   בְּקוּם עָלֵינוּ אָדָם׃
3 אֲזַי חַיִּים בְּלָעוּנוּ   בַּחֲרוֹת אַפָּם בָּנוּ׃
4 אֲזַי הַמַּיִם שְׁטָפוּנוּ   נַחְלָה עָבַר עַל־נַפְשֵׁנוּ׃
ה אֲזַי עָבַר עַל־נַפְשֵׁנוּ   הַמַּיִם הַזֵּידוֹנִים׃
6 בָּרוּךְ יְהוָה   שֶׁלֹּא נְתָנָנוּ טֶרֶף לְשִׁנֵּיהֶם׃
7 נַפְשֵׁנוּ כְּצִפּוֹר נִמְלְטָה   מִפַּח יוֹקְשִׁים
8 הַפַּח נִשְׁבָּר וַאֲנַחְנוּ נִמְלָטְנוּ׃   עֶזְרֵנוּ בְּשֵׁם יְהוָה
עֹשֵׂה שָׁמַיִם וָאָרֶץ׃

קכ״ג v. 4. לגאי־יונים ק׳

קכה Psal. CXXV. קכה

א שִׁיר הַמַּעֲלוֹת

הַבֹּטְחִים בַּיהוָה כְּהַר־צִיּוֹן לֹא־יִמּוֹט לְעוֹלָם יֵשֵׁב׃
2 יְרוּשָׁלִַם הָרִים סָבִיב לָהּ וַיהוָה סָבִיב לְעַמּוֹ
3 מֵעַתָּה וְעַד־עוֹלָם׃ כִּי לֹא יָנוּחַ שֵׁבֶט הָרֶשַׁע
עַל גּוֹרַל הַצַּדִּיקִים לְמַעַן לֹא־יִשְׁלְחוּ הַצַּדִּיקִים
4 בְּעַוְלָתָה יְדֵיהֶם׃ הֵיטִיבָה יְהוָה לַטּוֹבִים
ה וְלִישָׁרִים בְּלִבּוֹתָם׃ וְהַמַּטִּים עֲקַלְקַלּוֹתָם
יוֹלִיכֵם יְהוָה אֶת־פֹּעֲלֵי הָאָוֶן שָׁלוֹם עַל־יִשְׂרָאֵל׃

קכו Psal. CXXVI. קכו

א שִׁיר הַמַּעֲלוֹת

בְּשׁוּב יְהוָה אֶת־שִׁיבַת צִיּוֹן הָיִינוּ כְּחֹלְמִים׃
2 אָז יִמָּלֵא שְׂחוֹק פִּינוּ וּלְשׁוֹנֵנוּ רִנָּה
אָז יֹאמְרוּ בַגּוֹיִם הִגְדִּיל יְהוָה לַעֲשׂוֹת עִם־אֵלֶּה׃
3 הִגְדִּיל יְהוָה לַעֲשׂוֹת עִמָּנוּ הָיִינוּ שְׂמֵחִים׃
4 שׁוּבָה יְהוָה אֶת־שְׁבוֹתֵנוּ כַּאֲפִיקִים בַּנֶּגֶב׃
ה הַזֹּרְעִים בְּדִמְעָה בְּרִנָּה יִקְצֹרוּ׃
6 הָלוֹךְ יֵלֵךְ ׀ וּבָכֹה נֹשֵׂא מֶשֶׁךְ־הַזָּרַע בֹּא־יָבֹא בְרִנָּה
נֹשֵׂא אֲלֻמֹּתָיו׃

קכז Psal. CXXVII. קכז

א שִׁיר הַמַּעֲלוֹת לִשְׁלֹמֹה

אִם־יְהוָה ׀ לֹא־יִבְנֶה בַיִת שָׁוְא עָמְלוּ בוֹנָיו בּוֹ
אִם־יְהוָה לֹא־יִשְׁמָר־עִיר שָׁוְא ׀ שָׁקַד שׁוֹמֵר׃
2 שָׁוְא לָכֶם מַשְׁכִּימֵי קוּם מְאַחֲרֵי־שֶׁבֶת אֹכְלֵי לֶחֶם הָעֲצָבִים
3 כֵּן יִתֵּן לִידִידוֹ שֵׁנָא׃ הִנֵּה נַחֲלַת יְהוָה בָּנִים
4 שָׂכָר פְּרִי הַבָּטֶן׃ כְּחִצִּים בְּיַד־גִּבּוֹר

קכ״ו v. 4. שביתנו ק׳

ה כֵּן בְּנֵי הַנְּעוּרִים׃ אַשְׁרֵי הַגֶּבֶר אֲשֶׁר מִלֵּא אֶת־אַשְׁפָּתוֹ מֵהֶם
לֹא־יֵבֹשׁוּ כִּֽי־יְדַבְּרוּ אֶת־אוֹיְבִים בַּשָּׁעַר׃

קכח PSAL. CXXVIII. קכח

א שִׁיר הַֽמַּעֲלוֹת
אַשְׁרֵי כָּל־יְרֵא יְהוָה הַהֹלֵךְ בִּדְרָכָיו׃
2 יְגִיעַ כַּפֶּיךָ כִּי תֹאכֵל אַשְׁרֶיךָ וְטוֹב לָךְ׃
3 אֶשְׁתְּךָ ׀ כְּגֶפֶן פֹּרִיָּה בְּיַרְכְּתֵי בֵיתֶךָ
בָּנֶיךָ כִּשְׁתִלֵי זֵיתִים סָבִיב לְשֻׁלְחָנֶךָ׃
4 הִנֵּה כִי־כֵן יְבֹרַךְ גָּבֶר יְרֵא יְהוָה׃
ה יְבָרֶכְךָ יְהוָה מִצִּיּוֹן וּרְאֵה בְּטוּב יְרוּשָׁלָםִ
6 כֹּל יְמֵי חַיֶּיךָ׃ וּרְאֵה־בָנִים לְבָנֶיךָ
שָׁלוֹם עַל־יִשְׂרָאֵל׃

קכט PSAL. CXXIX. קכט

א שִׁיר הַֽמַּעֲלוֹת
רַבַּת צְרָרוּנִי מִנְּעוּרָי יֹֽאמַר־נָא יִשְׂרָאֵל׃
2 רַבַּת צְרָרוּנִי מִנְּעוּרָי גַּם לֹא־יָכְלוּ לִי׃
3 עַל־גַּבִּי חָרְשׁוּ חֹרְשִׁים הֶאֱרִיכוּ לְמַעֲנוֹתָם׃
4 יְהוָה צַדִּיק קִצֵּץ עֲבוֹת רְשָׁעִים׃
ה יֵבֹשׁוּ וְיִסֹּגוּ אָחוֹר כֹּל שֹׂנְאֵי צִיּוֹן׃
6 יִהְיוּ כַּחֲצִיר גַּגּוֹת שֶׁקַּדְמַת שָׁלַף יָבֵשׁ׃
7 שֶׁלֹּא מִלֵּא כַפּוֹ קוֹצֵר וְחִצְנוֹ מְעַמֵּר׃
8 וְלֹא אָמְרוּ ׀ הָעֹבְרִים בִּרְכַּת־יְהוָה אֲלֵיכֶם
בֵּרַכְנוּ אֶתְכֶם בְּשֵׁם יְהוָה׃

קל PSAL. CXXX. קל

א שִׁיר הַֽמַּעֲלוֹת
2 מִמַּעֲמַקִּים קְרָאתִיךָ יְהוָה׃ אֲדֹנָי שִׁמְעָה בְקוֹלִי
תִּהְיֶינָה אָזְנֶיךָ קַשֻּׁבוֹת לְקוֹל תַּחֲנוּנָי׃

קכ״ט v.3. למעניתם ק

אם־עונות

אִם־עֲוֺנ֥וֹת תִּשְׁמָר־יָ֑הּ אֲ֝דֹנָ֗י מִ֣י יַעֲמֹֽד׃ 3
כִּֽי־עִמְּךָ֥ הַסְּלִיחָ֑ה לְ֝מַ֗עַן תִּוָּרֵֽא׃ 4
קִוִּ֣יתִי יְ֭הוָה קִוְּתָ֣ה נַפְשִׁ֑י וְֽלִדְבָר֥וֹ הוֹחָֽלְתִּי׃ ה
נַפְשִׁ֥י לַֽאדֹנָ֑י מִשֹּׁמְרִ֥ים לַ֝בֹּ֗קֶר שֹׁמְרִ֥ים לַבֹּֽקֶר׃ 6
יַחֵ֥ל יִשְׂרָאֵ֗ל אֶל־יְה֫וָ֥ה כִּֽי־עִם־יְהוָ֥ה הַחֶ֑סֶד 7
וְהַרְבֵּ֖ה עִמּ֣וֹ פְדֽוּת׃ וְ֭הוּא יִפְדֶּ֣ה אֶת־יִשְׂרָאֵ֑ל 8
מִ֝כֹּ֗ל עֲוֺנֹתָֽיו׃

קלא PSAL. CXXXI. קלא

שִׁ֥יר הַֽמַּעֲל֗וֹת לְדָ֫וִ֥ד א
יְהוָ֤ה ׀ לֹא־גָבַ֣הּ לִ֭בִּי וְלֹא־רָמ֣וּ עֵינַ֑י
וְלֹֽא־הִלַּ֓כְתִּי ׀ בִּגְדֹל֖וֹת וּבְנִפְלָא֣וֹת מִמֶּֽנִּי׃
אִם־לֹ֤א שִׁוִּ֨יתִי ׀ וְדוֹמַ֗מְתִּי נַ֫פְשִׁ֥י כְּ֭גָמֻל עֲלֵ֣י אִמּ֑וֹ 2
כַּגָּמֻ֖ל עָלַ֣י נַפְשִֽׁי׃ יַחֵ֣ל יִ֭שְׂרָאֵל אֶל־יְהוָ֑ה 3
מֵ֝עַתָּ֗ה וְעַד־עוֹלָֽם׃

קלב PSAL. CXXXII. קלב

שִׁ֗יר הַֽמַּ֫עֲל֥וֹת א
זְכוֹר־יְהוָ֥ה לְדָוִ֑ד אֵ֝֗ת כָּל־עֻנּוֹתֽוֹ׃
אֲשֶׁ֣ר נִ֭שְׁבַּע לַיהוָ֑ה נָ֝דַ֗ר לַאֲבִ֥יר יַעֲקֹֽב׃ 2
אִם־אָ֭בֹא בְּאֹ֣הֶל בֵּיתִ֑י אִם־אֶ֝עֱלֶ֗ה עַל־עֶ֥רֶשׂ יְצוּעָֽי׃ 3
אִם־אֶתֵּ֣ן שְׁנָ֣ת לְעֵינָ֑י לְֽעַפְעַפַּ֥י תְּנוּמָֽה׃ 4
עַד־אֶמְצָ֣א מָ֭קוֹם לַיהוָ֑ה מִ֝שְׁכָּנ֗וֹת לַאֲבִ֥יר יַעֲקֹֽב׃ ה
הִנֵּֽה־שְׁמַעֲנ֥וּהָ בְאֶפְרָ֑תָה מְ֝צָאנ֗וּהָ בִּשְׂדֵי־יָֽעַר׃ 6
נָב֥וֹאָה לְמִשְׁכְּנוֹתָ֑יו נִ֝שְׁתַּחֲוֶ֗ה לַהֲדֹ֥ם רַגְלָֽיו׃ 7
קוּמָ֣ה יְ֭הוָה לִמְנוּחָתֶ֑ךָ אַ֝תָּ֗ה וַאֲר֥וֹן עֻזֶּֽךָ׃ 8
כֹּהֲנֶ֥יךָ יִלְבְּשׁוּ־צֶ֑דֶק וַחֲסִידֶ֥יךָ יְרַנֵּֽנוּ׃ 9
בַּ֭עֲבוּר דָּוִ֣ד עַבְדֶּ֑ךָ אַל־תָּ֝שֵׁ֗ב פְּנֵ֣י מְשִׁיחֶֽךָ׃ י
נִֽשְׁבַּֽע־יְהוָ֨ה ׀ לְדָוִ֡ד אֱמֶת֮ לֹא־יָשׁ֪וּב מִ֫מֶּ֥נָּה 11
מִפְּרִ֥י בִטְנְךָ֑ אָ֝שִׁ֗ית לְכִסֵּא־לָֽךְ׃

אם־ישמרו

12 אִם־יִשְׁמְרוּ בָנֶיךָ ׀ בְּרִיתִי וְעֵדֹתִי זוֹ אֲלַמְּדֵם
גַּם־בְּנֵיהֶם עֲדֵי־עַד יֵשְׁבוּ לְכִסֵּא־לָךְ׃
13 כִּי־בָחַר יְהוָה בְּצִיּוֹן אִוָּהּ לְמוֹשָׁב לוֹ׃
14 זֹאת־מְנוּחָתִי עֲדֵי־עַד פֹּה אֵשֵׁב כִּי אִוִּתִיהָ׃
טו צֵידָהּ בָּרֵךְ אֲבָרֵךְ אֶבְיוֹנֶיהָ אַשְׂבִּיעַ לָחֶם׃
16 וְכֹהֲנֶיהָ אַלְבִּישׁ יֶשַׁע וַחֲסִידֶיהָ רַנֵּן יְרַנֵּנוּ׃
17 שָׁם אַצְמִיחַ קֶרֶן לְדָוִד עָרַכְתִּי נֵר לִמְשִׁיחִי׃
18 אוֹיְבָיו אַלְבִּישׁ בֹּשֶׁת וְעָלָיו יָצִיץ נִזְרוֹ׃

קלג Psal. CXXXIII. קלג

א שִׁיר הַמַּעֲלוֹת לְדָוִד
הִנֵּה מַה־טּוֹב וּמַה־נָּעִים שֶׁבֶת אַחִים גַּם־יָחַד׃
2 כַּשֶּׁמֶן הַטּוֹב ׀ עַל־הָרֹאשׁ יֹרֵד עַל־הַזָּקָן
זְקַן־אַהֲרֹן שֶׁיֹּרֵד עַל־פִּי מִדּוֹתָיו׃
3 כְּטַל־חֶרְמוֹן שֶׁיֹּרֵד עַל־הַרְרֵי צִיּוֹן
כִּי שָׁם ׀ צִוָּה יְהוָה אֶת־הַבְּרָכָה חַיִּים עַד־הָעוֹלָם׃

קלד Psal. CXXXIV. קלד

א שִׁיר הַמַּעֲלוֹת
הִנֵּה ׀ בָּרְכוּ אֶת־יְהוָה כָּל־עַבְדֵי יְהוָה
2 הָעֹמְדִים בְּבֵית־יְהוָה בַּלֵּילוֹת׃ שְׂאוּ־יְדֵכֶם קֹדֶשׁ
3 וּבָרְכוּ אֶת־יְהוָה׃ יְבָרֶכְךָ יְהוָה מִצִּיּוֹן
עֹשֵׂה שָׁמַיִם וָאָרֶץ׃

קלה Psal. CXXXV. קלה

א הַלְלוּ יָהּ ׀
הַלְלוּ אֶת־שֵׁם יְהוָה הַלְלוּ עַבְדֵי יְהוָה׃
2 שֶׁעֹמְדִים בְּבֵית יְהוָה בְּחַצְרוֹת בֵּית אֱלֹהֵינוּ׃
3 הַלְלוּ־יָהּ כִּי־טוֹב יְהוָה זַמְּרוּ לִשְׁמוֹ כִּי נָעִים׃
4 כִּי־יַעֲקֹב בָּחַר לוֹ יָהּ יִשְׂרָאֵל לִסְגֻלָּתוֹ׃

כי

כִּי אֲנִי יָדַעְתִּי כִּי־גָדוֹל יְהוָה   וַאֲדֹנֵינוּ מִכָּל־אֱלֹהִים׃ ה
כֹּל אֲשֶׁר־חָפֵץ יְהוָה עָשָׂה   בַּשָּׁמַיִם וּבָאָרֶץ 6
בַּיַּמִּים וְכָל־תְּהֹמוֹת׃   מַעֲלֶה נְשִׂאִים מִקְצֵה הָאָרֶץ 7
בְּרָקִים לַמָּטָר עָשָׂה   מוֹצֵא־רוּחַ מֵאוֹצְרוֹתָיו׃
שֶׁהִכָּה בְּכוֹרֵי מִצְרָיִם   מֵאָדָם עַד־בְּהֵמָה׃ 8
שָׁלַח ׀ אוֹתֹת וּמֹפְתִים בְּתוֹכֵכִי מִצְרָיִם 9
בְּפַרְעֹה וּבְכָל־עֲבָדָיו׃   שֶׁהִכָּה גּוֹיִם רַבִּים י
וְהָרַג מְלָכִים עֲצוּמִים׃   לְסִיחוֹן ׀ מֶלֶךְ הָאֱמֹרִי 11
וּלְעוֹג מֶלֶךְ הַבָּשָׁן   וּלְכֹל מַמְלְכוֹת כְּנָעַן׃
וְנָתַן אַרְצָם נַחֲלָה   נַחֲלָה לְיִשְׂרָאֵל עַמּוֹ׃ 12
יְהוָה שִׁמְךָ לְעוֹלָם   יְהוָה זִכְרְךָ לְדֹר־וָדֹר׃ 13
כִּי־יָדִין יְהוָה עַמּוֹ   וְעַל־עֲבָדָיו יִתְנֶחָם׃ 14
עֲצַבֵּי הַגּוֹיִם כֶּסֶף וְזָהָב   מַעֲשֵׂה יְדֵי אָדָם׃ טו
פֶּה־לָהֶם וְלֹא יְדַבֵּרוּ   עֵינַיִם לָהֶם וְלֹא יִרְאוּ׃ 16
אָזְנַיִם לָהֶם וְלֹא יַאֲזִינוּ   אַף אֵין־יֶשׁ־רוּחַ בְּפִיהֶם׃ 17
כְּמוֹהֶם יִהְיוּ עֹשֵׂיהֶם   כֹּל אֲשֶׁר־בֹּטֵחַ בָּהֶם׃ 18
בֵּית יִשְׂרָאֵל בָּרְכוּ אֶת־יְהוָה   בֵּית אַהֲרֹן בָּרְכוּ אֶת־יְהוָה׃ 19
בֵּית הַלֵּוִי בָּרְכוּ אֶת־יְהוָה   יִרְאֵי יְהוָה בָּרְכוּ אֶת־יְהוָה׃ כ
בָּרוּךְ יְהוָה ׀ מִצִּיּוֹן   שֹׁכֵן יְרוּשָׁלָ͏ִם 21
הַלְלוּ־יָהּ׃

קלו Psal. CXXXVI. קלו

הוֹדוּ לַיהוָה כִּי־טוֹב   כִּי לְעוֹלָם חַסְדּוֹ׃ א
הוֹדוּ לֵאלֹהֵי הָאֱלֹהִים   כִּי לְעוֹלָם חַסְדּוֹ׃ 2
הוֹדוּ לַאֲדֹנֵי הָאֲדֹנִים   כִּי לְעוֹלָם חַסְדּוֹ׃ 3
לְעֹשֵׂה נִפְלָאוֹת גְּדֹלוֹת לְבַדּוֹ   כִּי לְעוֹלָם חַסְדּוֹ׃ 4
לְעֹשֵׂה הַשָּׁמַיִם בִּתְבוּנָה   כִּי לְעוֹלָם חַסְדּוֹ׃ ה
לְרֹקַע הָאָרֶץ עַל־הַמָּיִם   כִּי לְעוֹלָם חַסְדּוֹ׃ 6
לְעֹשֵׂה אוֹרִים גְּדֹלִים   כִּי לְעוֹלָם חַסְדּוֹ׃ 7

8 אֶת־הַשֶּׁמֶשׁ לְמֶמְשֶׁלֶת בַּיּוֹם כִּי לְעוֹלָם חַסְדּוֹ׃
9 אֶת־הַיָּרֵחַ וְכוֹכָבִים לְמֶמְשְׁלוֹת בַּלָּיְלָה כִּי לְעוֹלָם חַסְדּוֹ׃
י לְמַכֵּה מִצְרַיִם בִּבְכוֹרֵיהֶם כִּי לְעוֹלָם חַסְדּוֹ׃
11 וַיּוֹצֵא יִשְׂרָאֵל מִתּוֹכָם כִּי לְעוֹלָם חַסְדּוֹ׃
12 בְּיָד חֲזָקָה וּבִזְרוֹעַ נְטוּיָה כִּי לְעוֹלָם חַסְדּוֹ׃
13 לְגֹזֵר יַם־סוּף לִגְזָרִים כִּי לְעוֹלָם חַסְדּוֹ׃
14 וְהֶעֱבִיר יִשְׂרָאֵל בְּתוֹכוֹ כִּי לְעוֹלָם חַסְדּוֹ׃
טו וְנִעֵר פַּרְעֹה וְחֵילוֹ בְיַם־סוּף כִּי לְעוֹלָם חַסְדּוֹ׃
16 לְמוֹלִיךְ עַמּוֹ בַּמִּדְבָּר כִּי לְעוֹלָם חַסְדּוֹ׃
17 לְמַכֵּה מְלָכִים גְּדֹלִים כִּי לְעוֹלָם חַסְדּוֹ׃
18 וַיַּהֲרֹג מְלָכִים אַדִּירִים כִּי לְעוֹלָם חַסְדּוֹ׃
19 לְסִיחוֹן מֶלֶךְ הָאֱמֹרִי כִּי לְעוֹלָם חַסְדּוֹ׃
כ וּלְעוֹג מֶלֶךְ הַבָּשָׁן כִּי לְעוֹלָם חַסְדּוֹ׃
21 וְנָתַן אַרְצָם לְנַחֲלָה כִּי לְעוֹלָם חַסְדּוֹ׃
22 נַחֲלָה לְיִשְׂרָאֵל עַבְדּוֹ כִּי לְעוֹלָם חַסְדּוֹ׃
23 שֶׁבְּשִׁפְלֵנוּ זָכַר לָנוּ כִּי לְעוֹלָם חַסְדּוֹ׃
24 וַיִּפְרְקֵנוּ מִצָּרֵינוּ כִּי לְעוֹלָם חַסְדּוֹ׃
כה נֹתֵן לֶחֶם לְכָל־בָּשָׂר כִּי לְעוֹלָם חַסְדּוֹ׃
26 הוֹדוּ לְאֵל הַשָּׁמָיִם כִּי לְעוֹלָם חַסְדּוֹ׃

קלז

Psal. CXXXVII. קלז

א עַל נַהֲרוֹת ׀ בָּבֶל שָׁם יָשַׁבְנוּ גַּם־בָּכִינוּ
2 בְּזָכְרֵנוּ אֶת־צִיּוֹן׃ עַל־עֲרָבִים בְּתוֹכָהּ
3 תָּלִינוּ כִּנֹּרוֹתֵינוּ׃ כִּי שָׁם שְׁאֵלוּנוּ שׁוֹבֵינוּ
דִּבְרֵי־שִׁיר וְתוֹלָלֵינוּ שִׂמְחָה שִׁירוּ לָנוּ מִשִּׁיר צִיּוֹן׃
4 אֵיךְ נָשִׁיר אֶת־שִׁיר־יְהוָה עַל אַדְמַת נֵכָר׃
ה אִם־אֶשְׁכָּחֵךְ יְרוּשָׁלָםִ תִּשְׁכַּח יְמִינִי׃
6 תִּדְבַּק לְשׁוֹנִי ׀ לְחִכִּי אִם־לֹא אֶזְכְּרֵכִי
אִם־לֹא אַעֲלֶה אֶת־יְרוּשָׁלַםִ עַל רֹאשׁ שִׂמְחָתִי׃

7 זְכֹר יְהוָה ׀ לִבְנֵי אֱדוֹם אֵת יוֹם יְרוּשָׁלִָם
הָאֹמְרִים עָרוּ ׀ עָרוּ עַד הַיְסוֹד בָּהּ׃
8 בַּת־בָּבֶל הַשְּׁדוּדָה אַשְׁרֵי שֶׁיְשַׁלֶּם־לָךְ
9 אֶת־גְּמוּלֵךְ שֶׁגָּמַלְתְּ לָנוּ׃ אַשְׁרֵי ׀ שֶׁיֹּאחֵז
וְנִפֵּץ אֶת־עֹלָלַיִךְ אֶל־הַסָּלַע׃

קלח Psal. CXXXVIII. קלח

א לְדָוִד ׀
אוֹדְךָ בְכָל־לִבִּי נֶגֶד אֱלֹהִים אֲזַמְּרֶךָּ׃
2 אֶשְׁתַּחֲוֶה ׀ אֶל־הֵיכַל קָדְשְׁךָ וְאוֹדֶה אֶת־שְׁמֶךָ
עַל־חַסְדְּךָ וְעַל־אֲמִתֶּךָ
3 כִּי־הִגְדַּלְתָּ עַל־כָּל־שִׁמְךָ אִמְרָתֶךָ׃ בְּיוֹם קָרָאתִי וַתַּעֲנֵנִי
4 תַּרְהִבֵנִי בְנַפְשִׁי עֹז׃ יוֹדוּךָ יְהוָה כָּל־מַלְכֵי־אָרֶץ
ה כִּי־שָׁמְעוּ אִמְרֵי־פִיךָ׃ וְיָשִׁירוּ בְּדַרְכֵי יְהוָה
6 כִּי גָדוֹל כְּבוֹד יְהוָה׃ כִּי־רָם יְהוָה וְשָׁפָל יִרְאֶה
7 וְגָבֹהַּ מִמֶּרְחָק יְיֵדָע׃ אִם־אֵלֵךְ בְּקֶרֶב צָרָה תְּחַיֵּנִי
עַל אַף אֹיְבַי תִּשְׁלַח יָדֶךָ וְתוֹשִׁיעֵנִי יְמִינֶךָ׃
8 יְהוָה יִגְמֹר בַּעֲדִי יְהוָה חַסְדְּךָ לְעוֹלָם
מַעֲשֵׂי יָדֶיךָ אַל־תֶּרֶף׃

קלט Psal. CXXXIX. קלט

א לַמְנַצֵּחַ לְדָוִד מִזְמוֹר
2 יְהוָה חֲקַרְתַּנִי וַתֵּדָע׃ אַתָּה יָדַעְתָּ שִׁבְתִּי וְקוּמִי
3 בַּנְתָּה לְרֵעִי מֵרָחוֹק׃ אָרְחִי וְרִבְעִי זֵרִיתָ
4 וְכָל־דְּרָכַי הִסְכַּנְתָּה׃ כִּי אֵין מִלָּה בִּלְשׁוֹנִי
ה הֵן יְהוָה יָדַעְתָּ כֻלָּהּ׃ אָחוֹר וָקֶדֶם צַרְתָּנִי
6 וַתָּשֶׁת עָלַי כַּפֶּכָה׃ פְלָאִיה דַעַת מִמֶּנִּי
7 נִשְׂגְּבָה לֹא־אוּכַל לָהּ׃ אָנָה אֵלֵךְ מֵרוּחֶךָ
8 וְאָנָה מִפָּנֶיךָ אֶבְרָח׃ אִם־אֶסַּק שָׁמַיִם שָׁם אָתָּה

ואציעה

קל״ט v. 6. פליאה ק׳

9 וְאַצִּיעָה שְּׁאוֹל הִנֶּךָּ׃ אֶשָּׂא כַנְפֵי־שָׁחַר
י אֶשְׁכְּנָה בְּאַחֲרִית יָם׃ גַּם־שָׁם יָדְךָ תַנְחֵנִי
11 וְתֹאחֲזֵנִי יְמִינֶךָ׃ וָאֹמַר אַךְ־חֹשֶׁךְ יְשׁוּפֵנִי
12 וְלַיְלָה אוֹר בַּעֲדֵנִי׃ גַּם־חֹשֶׁךְ לֹא־יַחְשִׁיךְ מִמֶּךָ
וְלַיְלָה כַּיּוֹם יָאִיר כַּחֲשֵׁיכָה כָּאוֹרָה׃
13 כִּי־אַתָּה קָנִיתָ כִלְיֹתָי תְּסֻכֵּנִי בְּבֶטֶן אִמִּי׃
14 אוֹדְךָ עַל כִּי נוֹרָאוֹת נִפְלֵיתִי נִפְלָאִים מַעֲשֶׂיךָ
טו וְנַפְשִׁי יֹדַעַת מְאֹד׃ לֹא־נִכְחַד עָצְמִי מִמֶּךָּ
אֲשֶׁר־עֻשֵּׂיתִי בַסֵּתֶר רֻקַּמְתִּי בְּתַחְתִּיּוֹת אָרֶץ׃
16 גָּלְמִי ׀ רָאוּ עֵינֶיךָ וְעַל־סִפְרְךָ כֻּלָּם יִכָּתֵבוּ
יָמִים יֻצָּרוּ וְלֹא אֶחָד בָּהֶם׃
17 וְלִי מַה־יָּקְרוּ רֵעֶיךָ אֵל מֶה עָצְמוּ רָאשֵׁיהֶם׃
18 אֶסְפְּרֵם מֵחוֹל יִרְבּוּן הֱקִיצֹתִי וְעוֹדִי עִמָּךְ׃
19 אִם־תִּקְטֹל אֱלוֹהַּ ׀ רָשָׁע וְאַנְשֵׁי דָמִים סוּרוּ מֶנִּי׃
כ אֲשֶׁר יֹמְרוּךָ לִמְזִמָּה נָשֻׂוא לַשָּׁוְא עָרֶיךָ׃
21 הֲלוֹא־מְשַׂנְאֶיךָ יְהוָה ׀ אֶשְׂנָא וּבִתְקוֹמְמֶיךָ אֶתְקוֹטָט׃
22 תַּכְלִית שִׂנְאָה שְׂנֵאתִים לְאוֹיְבִים הָיוּ לִי׃
23 חָקְרֵנִי אֵל וְדַע לְבָבִי בְּחָנֵנִי וְדַע שַׂרְעַפָּי׃
24 וּרְאֵה אִם־דֶּרֶךְ־עֹצֶב בִּי וּנְחֵנִי בְּדֶרֶךְ עוֹלָם׃

קמ Psal. CXL. קמ

א לַמְנַצֵּחַ מִזְמוֹר לְדָוִד׃
2 חַלְּצֵנִי יְהוָה מֵאָדָם רָע מֵאִישׁ חֲמָסִים תִּנְצְרֵנִי׃
3 אֲשֶׁר חָשְׁבוּ רָעוֹת בְּלֵב כָּל־יוֹם יָגוּרוּ מִלְחָמוֹת׃
4 שָׁנְנוּ לְשׁוֹנָם כְּמוֹ־נָחָשׁ חֲמַת עַכְשׁוּב
ה תַּחַת שְׂפָתֵימוֹ סֶלָה׃ שָׁמְרֵנִי יְהוָה ׀ מִידֵי רָשָׁע
מֵאִישׁ חֲמָסִים תִּנְצְרֵנִי אֲשֶׁר חָשְׁבוּ לִדְחוֹת פְּעָמָי׃
6 טָמְנוּ־גֵאִים ׀ פַּח לִי וַחֲבָלִים פָּרְשׂוּ רֶשֶׁת לְיַד־מַעְגָּל

קל״ט v. 16. ולו ק׳

מקשים

מֹקְשִׁים שָׁתוּ־לִי סֶלָה׃ אָמַרְתִּי לַיהוָה אֵלִי אָתָּה 7
הַאֲזִינָה יְהוָה קוֹל תַּחֲנוּנָי׃ יְהוִה אֲדֹנָי עֹז יְשׁוּעָתִי 8
סַכֹּתָה לְרֹאשִׁי בְּיוֹם נָשֶׁק׃ אַל־תִּתֵּן יְהוָה מַאֲוַיֵּי רָשָׁע 9
זְמָמוֹ אַל־תָּפֵק יָרוּמוּ סֶלָה׃ רֹאשׁ מְסִבָּי י
עֲמַל שְׂפָתֵימוֹ יְכַסּוּמוֹ׃ יִמּוֹטוּ עֲלֵיהֶם גֶּחָלִים 11
בָּאֵשׁ יַפִּלֵם בְּמַהֲמֹרוֹת בַּל־יָקוּמוּ׃
אִישׁ לָשׁוֹן בַּל־יִכּוֹן בָּאָרֶץ אִישׁ־חָמָס רָע 12
יְצוּדֶנּוּ לְמַדְחֵפֹת׃ יָדַעְתָּ כִּי־יַעֲשֶׂה יְהוָה דִּין עָנִי 13
מִשְׁפַּט אֶבְיֹנִים׃ אַךְ צַדִּיקִים יוֹדוּ לִשְׁמֶךָ 14
יֵשְׁבוּ יְשָׁרִים אֶת־פָּנֶיךָ׃

קמא PSAL. CXLI. קמא

מִזְמוֹר לְדָוִד א
יְהוָה קְרָאתִיךָ חוּשָׁה לִּי הַאֲזִינָה קוֹלִי בְּקָרְאִי־לָךְ׃
תִּכּוֹן תְּפִלָּתִי קְטֹרֶת לְפָנֶיךָ מַשְׂאַת כַּפַּי מִנְחַת־עָרֶב׃ 2
שִׁיתָה יְהוָה שָׁמְרָה לְפִי נִצְּרָה עַל־דַּל שְׂפָתָי׃ 3
אַל־תַּט־לִבִּי ׀ לְדָבָר ׀ רָע 4
לְהִתְעוֹלֵל עֲלִלוֹת ׀ בְּרֶשַׁע אֶת־אִישִׁים פֹּעֲלֵי־אָוֶן
וּבַל־אֶלְחַם בְּמַנְעַמֵּיהֶם׃ יֶהֶלְמֵנִי צַדִּיק ׀ חֶסֶד וְיוֹכִיחֵנִי ה
שֶׁמֶן רֹאשׁ אַל־יָנִי רֹאשִׁי כִּי־עוֹד וּתְפִלָּתִי בְּרָעוֹתֵיהֶם׃
נִשְׁמְטוּ בִידֵי־סֶלַע שֹׁפְטֵיהֶם וְשָׁמְעוּ אֲמָרַי כִּי נָעֵמוּ׃ 6
כְּמוֹ פֹלֵחַ וּבֹקֵעַ בָּאָרֶץ נִפְזְרוּ עֲצָמֵינוּ לְפִי שְׁאוֹל׃ 7
כִּי אֵלֶיךָ ׀ יְהוִה אֲדֹנָי עֵינָי בְּכָה חָסִיתִי אַל־תְּעַר נַפְשִׁי׃ 8
שָׁמְרֵנִי מִידֵי פַח יָקְשׁוּ לִי וּמֹקְשׁוֹת פֹּעֲלֵי אָוֶן׃ 9
יִפְּלוּ בְמַכְמֹרָיו רְשָׁעִים יַחַד אָנֹכִי עַד־אֶעֱבוֹר׃ י

קמב PSAL. CXLII. קמב

מַשְׂכִּיל לְדָוִד בִּהְיוֹתוֹ בַמְּעָרָה תְפִלָּה׃ א
קוֹלִי אֶל־יְהוָה אֶזְעָק קוֹלִי אֶל־יְהוָה אֶתְחַנָּן׃ 2

אשפך

ק״מ v. 10. יכסימו ק׳ v. 11. ימוטו ק׳ v. 13. ידעתי ק׳

3 אֶשְׁפֹּךְ לְפָנָיו שִׂיחִי   צָרָתִי לְפָנָיו אַגִּיד׃
4 בְּהִתְעַטֵּף עָלַי ׀ רוּחִי   וְאַתָּה יָדַעְתָּ נְתִיבָתִי
בְּאֹרַח־זוּ אֲהַלֵּךְ   טָמְנוּ פַח לִי׃
ה הַבֵּיט יָמִין ׀ וּרְאֵה וְאֵין־לִי מַכִּיר   אָבַד מָנוֹס מִמֶּנִּי
6 אֵין דּוֹרֵשׁ לְנַפְשִׁי׃   זָעַקְתִּי אֵלֶיךָ יְהוָה
אָמַרְתִּי אַתָּה מַחְסִי   חֶלְקִי בְּאֶרֶץ הַחַיִּים׃
7 הַקְשִׁיבָה ׀ אֶל־רִנָּתִי   כִּי־דַלּוֹתִי מְאֹד
הַצִּילֵנִי מֵרֹדְפַי   כִּי אָמְצוּ מִמֶּנִּי׃
8 הוֹצִיאָה מִמַּסְגֵּר ׀ נַפְשִׁי   לְהוֹדוֹת אֶת־שְׁמֶךָ
בִּי יַכְתִּרוּ צַדִּיקִים   כִּי תִגְמֹל עָלָי׃

קמג PSAL. CXLIII. קמג

א מִזְמוֹר לְדָוִד
יְהוָה ׀ שְׁמַע תְּפִלָּתִי   הַאֲזִינָה אֶל־תַּחֲנוּנַי
2 בֶּאֱמֻנָתְךָ עֲנֵנִי בְּצִדְקָתֶךָ׃   וְאַל־תָּבוֹא בְמִשְׁפָּט אֶת־עַבְדֶּךָ
3 כִּי לֹא־יִצְדַּק לְפָנֶיךָ כָל־חָי׃   כִּי רָדַף אוֹיֵב ׀ נַפְשִׁי
דִּכָּא לָאָרֶץ חַיָּתִי   הוֹשִׁיבַנִי בְמַחֲשַׁכִּים כְּמֵתֵי עוֹלָם׃
4 וַתִּתְעַטֵּף עָלַי רוּחִי   בְּתוֹכִי יִשְׁתּוֹמֵם לִבִּי׃
ה זָכַרְתִּי יָמִים ׀ מִקֶּדֶם   הָגִיתִי בְכָל־פָּעֳלֶךָ
6 בְּמַעֲשֵׂה יָדֶיךָ אֲשׂוֹחֵחַ׃   פֵּרַשְׂתִּי יָדַי אֵלֶיךָ
7 נַפְשִׁי ׀ כְּאֶרֶץ־עֲיֵפָה לְךָ סֶלָה׃   מַהֵר עֲנֵנִי ׀ יְהוָה
כָּלְתָה רוּחִי   אַל־תַּסְתֵּר פָּנֶיךָ מִמֶּנִּי
8 וְנִמְשַׁלְתִּי עִם־יֹרְדֵי בוֹר׃   הַשְׁמִיעֵנִי בַבֹּקֶר ׀ חַסְדֶּךָ
כִּי־בְךָ בָטָחְתִּי   הוֹדִיעֵנִי דֶּרֶךְ־זוּ אֵלֵךְ
9 כִּי־אֵלֶיךָ נָשָׂאתִי נַפְשִׁי׃   הַצִּילֵנִי מֵאֹיְבַי ׀ יְהוָה
י אֵלֶיךָ כִסִּתִי׃   לַמְּדֵנִי ׀ לַעֲשׂוֹת רְצוֹנֶךָ
כִּי־אַתָּה אֱלוֹהָי   רוּחֲךָ טוֹבָה
11 תַּנְחֵנִי בְּאֶרֶץ מִישׁוֹר׃   לְמַעַן־שִׁמְךָ יְהוָה תְּחַיֵּנִי

12 בְּצִדְקָתְךָ ׀ תּוֹצִיא מִצָּרָה נַפְשִׁי׃ וּבְחַסְדְּךָ תַּצְמִית אֹיְבָי
וְהַאֲבַדְתָּ כָּל־צֹרְרֵי נַפְשִׁי כִּי אֲנִי עַבְדֶּךָ׃

קמד Psal. CXLIV. קמד

א לְדָוִד ׀
בָּרוּךְ יְהוָה ׀ צוּרִי הַמְלַמֵּד יָדַי לַקְרָב
2 אֶצְבְּעוֹתַי לַמִּלְחָמָה׃ חַסְדִּי וּמְצוּדָתִי מִשְׂגַּבִּי וּמְפַלְטִי לִי
מָגִנִּי וּבוֹ חָסִיתִי הָרוֹדֵד עַמִּי תַחְתָּי׃
3 יְהוָה מָה־אָדָם וַתֵּדָעֵהוּ בֶּן־אֱנוֹשׁ וַתְּחַשְּׁבֵהוּ׃
4 אָדָם לַהֶבֶל דָּמָה יָמָיו כְּצֵל עוֹבֵר׃
ה יְהוָה הַט־שָׁמֶיךָ וְתֵרֵד גַּע בֶּהָרִים וְיֶעֱשָׁנוּ׃
6 בְּרוֹק בָּרָק וּתְפִיצֵם שְׁלַח חִצֶּיךָ וּתְהֻמֵּם׃
7 שְׁלַח יָדֶיךָ מִמָּרוֹם פְּצֵנִי וְהַצִּילֵנִי מִמַּיִם רַבִּים
8 מִיַּד בְּנֵי נֵכָר׃ אֲשֶׁר פִּיהֶם דִּבֶּר־שָׁוְא
9 וִימִינָם יְמִין שָׁקֶר׃ אֱלֹהִים שִׁיר חָדָשׁ אָשִׁירָה לָּךְ
י בְּנֵבֶל עָשׂוֹר אֲזַמְּרָה־לָּךְ׃ הַנּוֹתֵן תְּשׁוּעָה לַמְּלָכִים
הַפּוֹצֶה אֶת־דָּוִד עַבְדּוֹ מֵחֶרֶב רָעָה׃
11 פְּצֵנִי וְהַצִּילֵנִי מִיַּד בְּנֵי־נֵכָר אֲשֶׁר פִּיהֶם דִּבֶּר־שָׁוְא
12 וִימִינָם יְמִין שָׁקֶר׃ אֲשֶׁר בָּנֵינוּ ׀ כִּנְטִעִים
מְגֻדָּלִים בִּנְעוּרֵיהֶם בְּנוֹתֵינוּ כְזָוִיֹּת
13 מְחֻטָּבוֹת תַּבְנִית הֵיכָל׃ מְזָוֵינוּ מְלֵאִים
מְפִיקִים מִזַּן אֶל־זַן צֹאונֵנוּ מַאֲלִיפוֹת
14 מְרֻבָּבוֹת בְּחוּצוֹתֵינוּ׃ אַלּוּפֵינוּ מְסֻבָּלִים
אֵין־פֶּרֶץ וְאֵין יוֹצֵאת וְאֵין צְוָחָה בִּרְחֹבֹתֵינוּ׃
טו אַשְׁרֵי הָעָם שֶׁכָּכָה לּוֹ אַשְׁרֵי הָעָם שֶׁיְהוָה אֱלֹהָיו׃

קמה Psal. CXLV. קמה

א תְּהִלָּה לְדָוִד
אֲרוֹמִמְךָ אֱלוֹהַי הַמֶּלֶךְ וַאֲבָרְכָה שִׁמְךָ לְעוֹלָם וָעֶד׃
2 בְּכָל־יוֹם אֲבָרְכֶךָּ וַאֲהַלְלָה שִׁמְךָ לְעוֹלָם וָעֶד׃

3 גָּדוֹל יְהוָה וּמְהֻלָּל מְאֹד וְלִגְדֻלָּתוֹ אֵין חֵקֶר׃
4 דּוֹר לְדוֹר יְשַׁבַּח מַעֲשֶׂיךָ וּגְבוּרֹתֶיךָ יַגִּידוּ׃
ה הֲדַר כְּבוֹד הוֹדֶךָ וְדִבְרֵי נִפְלְאֹתֶיךָ אָשִׂיחָה׃
6 וֶעֱזוּז נוֹרְאֹתֶיךָ יֹאמֵרוּ וּגְדֻלּוֹתֶיךָ אֲסַפְּרֶנָּה׃
7 זֵכֶר רַב־טוּבְךָ יַבִּיעוּ וְצִדְקָתְךָ יְרַנֵּנוּ׃
8 חַנּוּן וְרַחוּם יְהוָה אֶרֶךְ אַפַּיִם וּגְדָל־חָסֶד׃
9 טוֹב־יְהוָה לַכֹּל וְרַחֲמָיו עַל־כָּל־מַעֲשָׂיו׃
י יוֹדוּךָ יְהוָה כָּל־מַעֲשֶׂיךָ וַחֲסִידֶיךָ יְבָרְכוּכָה׃
11 כְּבוֹד מַלְכוּתְךָ יֹאמֵרוּ וּגְבוּרָתְךָ יְדַבֵּרוּ׃
12 לְהוֹדִיעַ ׀ לִבְנֵי הָאָדָם גְּבוּרֹתָיו וּכְבוֹד הֲדַר מַלְכוּתוֹ׃
13 מַלְכוּתְךָ מַלְכוּת כָּל־עֹלָמִים וּמֶמְשַׁלְתְּךָ בְּכָל־דּוֹר וָדֹר׃
14 סוֹמֵךְ יְהוָה לְכָל־הַנֹּפְלִים וְזוֹקֵף לְכָל־הַכְּפוּפִים׃
טו עֵינֵי־כֹל אֵלֶיךָ יְשַׂבֵּרוּ וְאַתָּה נוֹתֵן־לָהֶם אֶת־אָכְלָם בְּעִתּוֹ׃
16 פּוֹתֵחַ אֶת־יָדֶךָ וּמַשְׂבִּיעַ לְכָל־חַי רָצוֹן׃
17 צַדִּיק יְהוָה בְּכָל־דְּרָכָיו וְחָסִיד בְּכָל־מַעֲשָׂיו׃
18 קָרוֹב יְהוָה לְכָל־קֹרְאָיו לְכֹל אֲשֶׁר יִקְרָאֻהוּ בֶאֱמֶת׃
19 רְצוֹן־יְרֵאָיו יַעֲשֶׂה וְאֶת־שַׁוְעָתָם יִשְׁמַע וְיוֹשִׁיעֵם׃
כ שׁוֹמֵר יְהוָה אֶת־כָּל־אֹהֲבָיו וְאֵת כָּל־הָרְשָׁעִים יַשְׁמִיד׃
21 תְּהִלַּת יְהוָה יְדַבֶּר־פִּי וִיבָרֵךְ כָּל־בָּשָׂר שֵׁם קָדְשׁוֹ
לְעוֹלָם וָעֶד׃

קמו Psal. CXLVI. קמו

א הַלְלוּ־יָהּ
2 הַלְלִי נַפְשִׁי אֶת־יְהוָה׃ אֲהַלְלָה יְהוָה בְּחַיָּי
3 אֲזַמְּרָה לֵאלֹהַי בְּעוֹדִי׃ אַל־תִּבְטְחוּ בִנְדִיבִים
4 בְּבֶן־אָדָם ׀ שֶׁאֵין לוֹ תְשׁוּעָה׃ תֵּצֵא רוּחוֹ יָשֻׁב לְאַדְמָתוֹ
ה בַּיּוֹם הַהוּא אָבְדוּ עֶשְׁתֹּנֹתָיו׃ אַשְׁרֵי שֶׁאֵל יַעֲקֹב בְּעֶזְרוֹ
6 שִׂבְרוֹ עַל־יְהוָה אֱלֹהָיו׃ עֹשֶׂה ׀ שָׁמַיִם וָאָרֶץ

את־הים

קמ״ה v. 6. וגדולתך ק׳

אֶת־הַיָּ֥ם וְאֶת־כָּל־אֲשֶׁר־בָּ֑ם הַשֹּׁמֵ֖ר אֱמֶ֣ת לְעוֹלָֽם׃
7 עֹשֶׂ֤ה מִשְׁפָּ֨ט ׀ לָעֲשׁוּקִ֗ים נֹתֵ֣ן לֶ֭חֶם לָרְעֵבִ֑ים
8 יְ֝הוָ֗ה מַתִּ֥יר אֲסוּרִֽים׃ יְהוָ֤ה ׀ פֹּ֘קֵ֤חַ עִוְרִ֗ים
יְ֭הוָה זֹקֵ֣ף כְּפוּפִ֑ים יְ֝הוָ֗ה אֹהֵ֥ב צַדִּיקִֽים׃
9 יְהוָ֤ה ׀ שֹׁ֘מֵ֤ר אֶת־גֵּרִ֗ים יָת֣וֹם וְאַלְמָנָ֣ה יְעוֹדֵ֑ד
י וְדֶ֖רֶךְ רְשָׁעִ֣ים יְעַוֵּֽת׃ יִמְלֹ֤ךְ יְהוָ֨ה ׀ לְעוֹלָ֗ם
אֱלֹהַ֣יִךְ צִ֭יּוֹן לְדֹ֥ר וָדֹ֗ר הַֽלְלוּ־יָֽהּ׃

קמז Psal. CXLVII. קמז

א הַ֥לְלוּ יָ֨הּ ׀
כִּי־ט֭וֹב זַמְּרָ֣ה אֱלֹהֵ֑ינוּ כִּֽי־נָ֝עִ֗ים נָאוָ֥ה תְהִלָּֽה׃
2 בּוֹנֵ֣ה יְרוּשָׁלַ֣͏ִם יְהוָ֑ה נִדְחֵ֖י יִשְׂרָאֵ֣ל יְכַנֵּֽס׃
3 הָ֭רֹפֵא לִשְׁב֣וּרֵי לֵ֑ב וּ֝מְחַבֵּ֗שׁ לְעַצְּבוֹתָֽם׃
4 מוֹנֶ֣ה מִ֭סְפָּר לַכּוֹכָבִ֑ים לְ֝כֻלָּ֗ם שֵׁמ֥וֹת יִקְרָֽא׃
ה גָּד֣וֹל אֲדוֹנֵ֣ינוּ וְרַב־כֹּ֑חַ לִ֝תְבוּנָת֗וֹ אֵ֣ין מִסְפָּֽר׃
6 מְעוֹדֵ֣ד עֲנָוִ֣ים יְהוָ֑ה מַשְׁפִּ֖יל רְשָׁעִ֣ים עֲדֵי־אָֽרֶץ׃
7 עֱנ֣וּ לַיהוָ֣ה בְּתוֹדָ֑ה זַמְּר֖וּ לֵאלֹהֵ֣ינוּ בְכִנּֽוֹר׃
8 הַֽמְכַסֶּ֬ה שָׁמַ֨יִם ׀ בְּעָבִ֗ים הַמֵּכִ֣ין לָאָ֣רֶץ מָטָ֑ר
9 הַמַּצְמִ֖יחַ הָרִ֣ים חָצִֽיר׃ נוֹתֵ֣ן לִבְהֵמָ֣ה לַחְמָ֑הּ
י לִבְנֵ֥י עֹ֝רֵ֗ב אֲשֶׁ֣ר יִקְרָֽאוּ׃ לֹ֤א בִגְבוּרַ֣ת הַסּ֣וּס יֶחְפָּ֑ץ
11 לֹֽא־בְשׁוֹקֵ֖י הָאִ֣ישׁ יִרְצֶֽה׃ רוֹצֶ֣ה יְ֭הוָה אֶת־יְרֵאָ֑יו
12 אֶת־הַֽמְיַחֲלִ֥ים לְחַסְדּֽוֹ׃ שַׁבְּחִ֣י יְ֭רוּשָׁלַ͏ִם אֶת־יְהוָ֑ה
13 הַֽלְלִ֖י אֱלֹהַ֣יִךְ צִיּֽוֹן׃ כִּֽי־חִ֭זַּק בְּרִיחֵ֣י שְׁעָרָ֑יִךְ
14 בֵּרַ֖ךְ בָּנַ֣יִךְ בְּקִרְבֵּֽךְ׃ הַשָּׂם־גְּבוּלֵ֥ךְ שָׁל֑וֹם
טו חֵ֥לֶב חִ֝טִּ֗ים יַשְׂבִּיעֵֽךְ׃ הַשֹּׁלֵ֣חַ אִמְרָת֣וֹ אָ֑רֶץ
16 עַד־מְ֝הֵרָ֗ה יָר֥וּץ דְּבָרֽוֹ׃ הַנֹּתֵ֣ן שֶׁ֣לֶג כַּצָּ֑מֶר
17 כְּ֝פ֗וֹר כָּאֵ֥פֶר יְפַזֵּֽר׃ מַשְׁלִ֣יךְ קַֽרְח֣וֹ כְפִתִּ֑ים
18 לִפְנֵ֥י קָ֝רָת֗וֹ מִ֣י יַעֲמֹֽד׃ יִשְׁלַ֣ח דְּבָר֣וֹ וְיַמְסֵ֑ם

19 יַשֵּׁב רוּחוֹ יִזְּלוּ־מָיִם׃ מַגִּיד דְּבָרָו לְיַעֲקֹב
כ חֻקָּיו וּמִשְׁפָּטָיו לְיִשְׂרָאֵל׃ לֹא עָשָׂה כֵן ׀ לְכָל־גּוֹי
וּמִשְׁפָּטִים בַּל־יְדָעוּם הַלְלוּ־יָהּ׃

קמח Psal. CXLVIII. קמח

א הַלְלוּ יָהּ ׀
הַלְלוּ אֶת־יְהוָה מִן־הַשָּׁמַיִם הַלְלוּהוּ בַּמְּרוֹמִים׃
2 הַלְלוּהוּ כָל־מַלְאָכָיו הַלְלוּהוּ כָּל־צְבָאָו׃
3 הַלְלוּהוּ שֶׁמֶשׁ וְיָרֵחַ הַלְלוּהוּ כָּל־כּוֹכְבֵי אוֹר׃
4 הַלְלוּהוּ שְׁמֵי הַשָּׁמָיִם וְהַמַּיִם אֲשֶׁר ׀ מֵעַל הַשָּׁמָיִם׃
ה יְהַלְלוּ אֶת־שֵׁם יְהוָה כִּי הוּא צִוָּה וְנִבְרָאוּ׃
6 וַיַּעֲמִידֵם לָעַד לְעוֹלָם חָק־נָתַן וְלֹא יַעֲבוֹר׃
7 הַלְלוּ אֶת־יְהוָה מִן־הָאָרֶץ תַּנִּינִים וְכָל־תְּהֹמוֹת׃
8 אֵשׁ וּבָרָד שֶׁלֶג וְקִיטוֹר רוּחַ סְעָרָה עֹשָׂה דְבָרוֹ׃
9 הֶהָרִים וְכָל־גְּבָעוֹת עֵץ פְּרִי וְכָל־אֲרָזִים׃
י הַחַיָּה וְכָל־בְּהֵמָה רֶמֶשׂ וְצִפּוֹר כָּנָף׃
11 מַלְכֵי־אֶרֶץ וְכָל־לְאֻמִּים שָׂרִים וְכָל־שֹׁפְטֵי אָרֶץ׃
12 בַּחוּרִים וְגַם־בְּתוּלוֹת זְקֵנִים עִם־נְעָרִים׃
13 יְהַלְלוּ ׀ אֶת־שֵׁם יְהוָה כִּי־נִשְׂגָּב שְׁמוֹ לְבַדּוֹ
14 הוֹדוֹ עַל־אֶרֶץ וְשָׁמָיִם׃ וַיָּרֶם קֶרֶן ׀ לְעַמּוֹ
תְּהִלָּה לְכָל־חֲסִידָיו לִבְנֵי יִשְׂרָאֵל עַם קְרֹבוֹ
הַלְלוּיָהּ׃

קמט Psal. CXLIX. קמט

א הַלְלוּ יָהּ ׀
שִׁירוּ לַיהוָה שִׁיר חָדָשׁ תְּהִלָּתוֹ בִּקְהַל חֲסִידִים׃
2 יִשְׂמַח יִשְׂרָאֵל בְּעֹשָׂיו בְּנֵי־צִיּוֹן יָגִילוּ בְמַלְכָּם׃
3 יְהַלְלוּ שְׁמוֹ בְמָחוֹל בְּתֹף וְכִנּוֹר יְזַמְּרוּ־לוֹ׃
4 כִּי־רוֹצֶה יְהוָה בְּעַמּוֹ יְפָאֵר עֲנָוִים בִּישׁוּעָה׃

יעלזו

קמ״ז v. 19. דבריו ק׳ קמ״ח v. 2. צבאיו ק׳

ה יַעְלְזוּ חֲסִידִים בְּכָבוֹד יְרַנְּנוּ עַל־מִשְׁכְּבוֹתָם׃
6 רוֹמְמוֹת אֵל בִּגְרוֹנָם וְחֶרֶב פִּיפִיּוֹת בְּיָדָם׃
7 לַעֲשׂוֹת נְקָמָה בַּגּוֹיִם תּוֹכֵחוֹת בַּלְאֻמִּים׃
8 לֶאְסֹר מַלְכֵיהֶם בְּזִקִּים וְנִכְבְּדֵיהֶם בְּכַבְלֵי בַרְזֶל׃
9 לַעֲשׂוֹת בָּהֶם ׀ מִשְׁפָּט כָּתוּב הָדָר הוּא לְכָל־חֲסִידָיו
הַלְלוּ־יָהּ׃

קנ PSAL. CL. קנ

א הַלְלוּ יָהּ ׀
2 הַלְלוּ־אֵל בְּקָדְשׁוֹ הַלְלוּהוּ בִּרְקִיעַ עֻזּוֹ׃
3 הַלְלוּהוּ בִגְבוּרֹתָיו הַלְלוּהוּ כְּרֹב גֻּדְלוֹ׃
4 הַלְלוּהוּ בְּתֵקַע שׁוֹפָר הַלְלוּהוּ בְּנֵבֶל וְכִנּוֹר׃
ה הַלְלוּהוּ בְתֹף וּמָחוֹל הַלְלוּהוּ בְּמִנִּים וְעֻגָב׃
6 הַלְלוּהוּ בְצִלְצְלֵי־שָׁמַע הַלְלוּהוּ בְּצִלְצְלֵי תְרוּעָה׃
כֹּל הַנְּשָׁמָה תְּהַלֵּל יָהּ הַלְלוּ־יָהּ׃

חזק

סכום פסוקי דספר תהלים אלפים וחמש מאות ועשרים ושבעה. וסימנו י״ אהבתי מעון ביתך ומקום משכן כבודך. וחציו ויפתוהו בפיהם. וסדריו תשעה עשר. וסימנו המשביע בטוב עדיך:

מ ש ל י

LIBER PROVERBIORUM

CAPUT I. א

א

א מִ֭שְׁלֵי שְׁלֹמֹ֣ה בֶן־דָּוִ֑ד   מֶ֝֗לֶךְ יִשְׂרָאֵֽל׃
2 לָדַ֣עַת חָכְמָ֣ה וּמוּסָ֑ר   לְ֝הָבִ֗ין אִמְרֵ֥י בִינָֽה׃
3 לָ֭קַחַת מוּסַ֣ר הַשְׂכֵּ֑ל   צֶ֥דֶק וּ֝מִשְׁפָּ֗ט וּמֵשָׁרִֽים׃
4 לָתֵ֣ת לִפְתָאיִ֣ם עָרְמָ֑ה   לְ֝נַ֗עַר דַּ֣עַת וּמְזִמָּֽה׃
ה יִשְׁמַ֣ע חָ֭כָם וְי֣וֹסֶף לֶ֑קַח   וְ֝נָב֗וֹן תַּחְבֻּל֥וֹת יִקְנֶֽה׃
6 לְהָבִ֣ין מָ֭שָׁל וּמְלִיצָ֑ה   דִּבְרֵ֥י חֲ֝כָמִ֗ים וְחִידֹתָֽם׃
7 יִרְאַ֣ת יְ֭הוָה רֵאשִׁ֣ית דָּ֑עַת   חָכְמָ֥ה וּ֝מוּסָ֗ר אֱוִילִ֥ים בָּֽזוּ׃
8 שְׁמַ֣ע בְּ֭נִי מוּסַ֣ר אָבִ֑יךָ   וְאַל־תִּ֝טֹּ֗שׁ תּוֹרַ֥ת אִמֶּֽךָ׃
9 כִּ֤י ׀ לִוְיַ֤ת חֵ֣ן הֵ֭ם לְרֹאשֶׁ֑ךָ   וַ֝עֲנָקִ֗ים לְגַרְגְּרֹתֶֽךָ׃
י בְּנִ֡י אִם־יְפַתּ֥וּךָ חַ֝טָּאִ֗ים   אַל־תֹּבֵֽא׃
11 אִם־יֹאמְרוּ֮ לְכָ֪ה אִ֫תָּ֥נוּ   נֶאֶרְבָ֥ה לְדָ֑ם
12 נִצְפְּנָ֖ה לְנָקִ֣י חִנָּֽם׃   נִ֭בְלָעֵם כִּשְׁא֣וֹל חַיִּ֑ים
13 וּ֝תְמִימִ֗ים כְּי֣וֹרְדֵי בֽוֹר׃   כָּל־ה֣וֹן יָקָ֣ר נִמְצָ֑א
14 נְמַלֵּ֖א בָתֵּ֣ינוּ שָׁלָֽל׃   גּ֭וֹרָ֣לְךָ תַּפִּ֣יל בְּתוֹכֵ֑נוּ
טו כִּ֥יס אֶ֝חָ֗ד יִהְיֶ֥ה לְכֻלָּֽנוּ׃   בְּנִ֗י אַל־תֵּלֵ֣ךְ בְּדֶ֣רֶךְ אִתָּ֑ם
16 מְנַ֥ע רַ֝גְלְךָ֗ מִנְּתִיבָתָֽם׃   כִּ֣י רַ֭גְלֵיהֶם לָרַ֣ע יָר֑וּצוּ
17 וִֽ֝ימַהֲר֗וּ לִשְׁפָּךְ־דָּֽם׃   כִּֽי־חִ֭נָּם מְזֹרָ֣ה הָרָ֑שֶׁת
18 בְּ֝עֵינֵ֗י כָּל־בַּ֥עַל כָּנָֽף׃   וְהֵ֗ם לְדָמָ֣ם יֶאֱרֹ֑בוּ
19 יִ֝צְפְּנ֗וּ לְנַפְשֹׁתָֽם׃   כֵּ֗ן אָ֭רְחוֹת כָּל־בֹּ֣צֵֽעַ בָּ֑צַע
אֶת־נֶ֖פֶשׁ בְּעָלָ֣יו יִקָּֽח׃
כ חָ֭כְמוֹת בַּח֣וּץ תָּרֹ֑נָּה   בָּ֝רְחֹב֗וֹת תִּתֵּ֥ן קוֹלָֽהּ׃
21 בְּרֹ֥אשׁ הֹמִיּ֗וֹת תִּ֫קְרָ֥א   בְּפִתְחֵ֖י שְׁעָרִ֥ים בָּעִ֑יר אֲ֝מָרֶ֗יהָ תֹאמֵֽר׃
22 עַד־מָתַ֥י ׀ פְּתָיִם֮ תְּֽאֵהֲב֫וּ פֶ֥תִי   וְלֵצִ֗ים לָ֭צוֹן חָמְד֣וּ לָהֶ֑ם

וכסילים

1. v. מ׳ רבתי

23 וּכְסִילִים יִשְׂנְאוּ־דָעַת׃ תָּשׁוּבוּ לְתוֹכַחְתִּי
הִנֵּה אַבִּיעָה לָכֶם רוּחִי אוֹדִיעָה דְבָרַי אֶתְכֶם׃
24 יַעַן קָרָאתִי וַתְּמָאֵנוּ נָטִיתִי יָדִי וְאֵין מַקְשִׁיב׃
כה וַתִּפְרְעוּ כָל־עֲצָתִי וְתוֹכַחְתִּי לֹא אֲבִיתֶם׃
26 גַּם־אֲנִי בְּאֵידְכֶם אֶשְׂחָק אֶלְעַג בְּבֹא פַחְדְּכֶם׃
27 בְּבֹא כְשַׁאֲוָה | פַּחְדְּכֶם וְאֵידְכֶם כְּסוּפָה יֶאֱתֶה
28 בְּבֹא עֲלֵיכֶם צָרָה וְצוּקָה׃ אָז יִקְרָאֻנְנִי וְלֹא אֶעֱנֶה
29 יְשַׁחֲרֻנְנִי וְלֹא יִמְצָאֻנְנִי׃ תַּחַת כִּי־שָׂנְאוּ דָעַת
ל וְיִרְאַת יְהוָה לֹא בָחָרוּ׃ לֹא־אָבוּ לַעֲצָתִי
31 נָאֲצוּ כָּל־תּוֹכַחְתִּי׃ וְיֹאכְלוּ מִפְּרִי דַרְכָּם
32 וּמִמֹּעֲצֹתֵיהֶם יִשְׂבָּעוּ׃ כִּי מְשׁוּבַת פְּתָיִם תַּהַרְגֵם
33 וְשַׁלְוַת כְּסִילִים תְּאַבְּדֵם׃ וְשֹׁמֵעַ לִי יִשְׁכָּן־בֶּטַח
וְשַׁאֲנַן מִפַּחַד רָעָה׃

ב CAP. II. ב

א בְּנִי אִם־תִּקַּח אֲמָרָי וּמִצְוֹתַי תִּצְפֹּן אִתָּךְ׃
2 לְהַקְשִׁיב לַחָכְמָה אָזְנֶךָ תַּטֶּה לִבְּךָ לַתְּבוּנָה׃
3 כִּי אִם לַבִּינָה תִקְרָא לַתְּבוּנָה תִּתֵּן קוֹלֶךָ׃
4 אִם־תְּבַקְשֶׁנָּה כַכָּסֶף וְכַמַּטְמֹנִים תַּחְפְּשֶׂנָּה׃
ה אָז תָּבִין יִרְאַת יְהוָה וְדַעַת אֱלֹהִים תִּמְצָא׃
6 כִּי־יְהוָה יִתֵּן חָכְמָה מִפִּיו דַּעַת וּתְבוּנָה׃
7 וְצָפַן לַיְשָׁרִים תּוּשִׁיָּה מָגֵן לְהֹלְכֵי תֹם׃
8 לִנְצֹר אָרְחוֹת מִשְׁפָּט וְדֶרֶךְ חֲסִידָו יִשְׁמֹר׃
9 אָז תָּבִין צֶדֶק וּמִשְׁפָּט וּמֵישָׁרִים כָּל־מַעְגַּל־טוֹב׃
י כִּי־תָבוֹא חָכְמָה בְלִבֶּךָ וְדַעַת לְנַפְשְׁךָ יִנְעָם׃
11 מְזִמָּה תִּשְׁמֹר עָלֶיךָ תְּבוּנָה תִנְצְרֶכָּה׃
12 לְהַצִּילְךָ מִדֶּרֶךְ רָע מֵאִישׁ מְדַבֵּר תַּהְפֻּכוֹת׃
13 הַעֹזְבִים אָרְחוֹת יֹשֶׁר לָלֶכֶת בְּדַרְכֵי־חֹשֶׁךְ׃

השמחים

א׳ v. 27. כשואה ק׳ ב׳ v. 7. יצפן ק׳ v. 8. חסידיו ק׳

14 הַשְּׂמֵחִים לַעֲשׂוֹת רָע יָגִילוּ בְּתַהְפֻּכוֹת רָע׃
טו אֲשֶׁר אָרְחֹתֵיהֶם עִקְּשִׁים וּנְלוֹזִים בְּמַעְגְּלוֹתָם׃
16 לְהַצִּילְךָ מֵאִשָּׁה זָרָה מִנָּכְרִיָּה אֲמָרֶיהָ הֶחֱלִיקָה׃
17 הַעֹזֶבֶת אַלּוּף נְעוּרֶיהָ וְאֶת־בְּרִית אֱלֹהֶיהָ שָׁכֵחָה׃
18 כִּי שָׁחָה אֶל־מָוֶת בֵּיתָהּ וְאֶל־רְפָאִים מַעְגְּלֹתֶיהָ׃
19 כָּל־בָּאֶיהָ לֹא יְשׁוּבוּן וְלֹא יַשִּׂיגוּ אָרְחוֹת חַיִּים׃
כ לְמַעַן תֵּלֵךְ בְּדֶרֶךְ טוֹבִים וְאָרְחוֹת צַדִּיקִים תִּשְׁמֹר׃
21 כִּי־יְשָׁרִים יִשְׁכְּנוּ־אָרֶץ וּתְמִימִים יִוָּתְרוּ בָהּ׃
22 וּרְשָׁעִים מֵאֶרֶץ יִכָּרֵתוּ וּבוֹגְדִים יִסְּחוּ מִמֶּנָּה׃

ג CAP. III. ג

א בְּנִי תּוֹרָתִי אַל־תִּשְׁכָּח וּמִצְוֺתַי יִצֹּר לִבֶּךָ׃
2 כִּי אֹרֶךְ יָמִים וּשְׁנוֹת חַיִּים וְשָׁלוֹם יוֹסִיפוּ לָךְ׃
3 חֶסֶד וֶאֱמֶת אַל־יַעַזְבֻךָ קָשְׁרֵם עַל־גַּרְגְּרוֹתֶיךָ
4 כָּתְבֵם עַל־לוּחַ לִבֶּךָ׃ וּמְצָא־חֵן וְשֵׂכֶל־טוֹב
בְּעֵינֵי אֱלֹהִים וְאָדָם׃
ה בְּטַח אֶל־יְהוָה בְּכָל־לִבֶּךָ וְאֶל־בִּינָתְךָ אַל־תִּשָּׁעֵן׃
6 בְּכָל־דְּרָכֶיךָ דָעֵהוּ וְהוּא יְיַשֵּׁר אֹרְחֹתֶיךָ׃
7 אַל־תְּהִי חָכָם בְּעֵינֶיךָ יְרָא אֶת־יְהוָה וְסוּר מֵרָע׃
8 רִפְאוּת תְּהִי לְשָׁרֶּךָ וְשִׁקּוּי לְעַצְמוֹתֶיךָ׃
9 כַּבֵּד אֶת־יְהוָה מֵהוֹנֶךָ וּמֵרֵאשִׁית כָּל־תְּבוּאָתֶךָ׃
י וְיִמָּלְאוּ אֲסָמֶיךָ שָׂבָע וְתִירוֹשׁ יְקָבֶיךָ יִפְרֹצוּ׃
11 מוּסַר יְהוָה בְּנִי אַל־תִּמְאָס וְאַל־תָּקֹץ בְּתוֹכַחְתּוֹ׃
12 כִּי אֶת אֲשֶׁר יֶאֱהַב יְהוָה יוֹכִיחַ וּכְאָב אֶת־בֵּן יִרְצֶה׃
13 אַשְׁרֵי אָדָם מָצָא חָכְמָה וְאָדָם יָפִיק תְּבוּנָה׃
14 כִּי טוֹב סַחְרָהּ מִסְּחַר־כָּסֶף וּמֵחָרוּץ תְּבוּאָתָהּ׃
טו יְקָרָה הִיא מִפְּנִיִּים וְכָל־חֲפָצֶיךָ לֹא יִשְׁווּ־בָהּ׃
16 אֹרֶךְ יָמִים בִּימִינָהּ בִּשְׂמֹאולָהּ עֹשֶׁר וְכָבוֹד׃

ג׳ v. 15. מפנינים ק׳

17 דְּרָכֶיהָ דַרְכֵי־נֹעַם וְֽכָל־נְתִיבֹתֶיהָ שָׁלוֹם׃
18 עֵץ־חַיִּים הִיא לַמַּחֲזִיקִים בָּהּ וְתֹמְכֶיהָ מְאֻשָּׁר׃
19 יְהוָה בְּחָכְמָה יָסַד־אָרֶץ כּוֹנֵן שָׁמַיִם בִּתְבוּנָה׃
כ בְּדַעְתּוֹ תְּהוֹמוֹת נִבְקָעוּ וּשְׁחָקִים יִרְעֲפוּ־טָל׃
21 בְּנִי אַל־יָלֻזוּ מֵעֵינֶיךָ נְצֹר תֻּשִׁיָּה וּמְזִמָּה׃
22 וְיִהְיוּ חַיִּים לְנַפְשֶׁךָ וְחֵן לְגַרְגְּרֹתֶיךָ׃
23 אָז תֵּלֵךְ לָבֶטַח דַּרְכֶּךָ וְרַגְלְךָ לֹא תִגּוֹף׃
24 אִם־תִּשְׁכַּב לֹא־תִפְחָד וְשָׁכַבְתָּ וְעָרְבָה שְׁנָתֶךָ׃
כה אַל־תִּירָא מִפַּחַד פִּתְאֹם וּמִשֹּׁאַת רְשָׁעִים כִּי תָבֹא׃
26 כִּי־יְהוָה יִהְיֶה בְכִסְלֶךָ וְשָׁמַר רַגְלְךָ מִלָּכֶד׃
27 אַל־תִּמְנַע־טוֹב מִבְּעָלָיו בִּהְיוֹת לְאֵל יָדְיךָ לַעֲשׂוֹת׃
28 אַל־תֹּאמַר לְרֵעֶיךָ ׀ לֵךְ וָשׁוּב וּמָחָר אֶתֵּן וְיֵשׁ אִתָּךְ׃
29 אַל־תַּחֲרֹשׁ עַל־רֵעֲךָ רָעָה וְהוּא־יוֹשֵׁב לָבֶטַח אִתָּךְ׃
ל אַל־תָּרוֹב עִם־אָדָם חִנָּם אִם־לֹא גְמָלְךָ רָעָה׃
31 אַל־תְּקַנֵּא בְּאִישׁ חָמָס וְאַל־תִּבְחַר בְּכָל־דְּרָכָיו׃
32 כִּי תוֹעֲבַת יְהוָה נָלוֹז וְאֶת־יְשָׁרִים סוֹדוֹ׃
33 מְאֵרַת יְהוָה בְּבֵית רָשָׁע וּנְוֵה צַדִּיקִים יְבָרֵךְ׃
34 אִם־לַלֵּצִים הוּא־יָלִיץ וְלַעֲנָיִים יִתֶּן־חֵן׃
לה כָּבוֹד חֲכָמִים יִנְחָלוּ וּכְסִילִים מֵרִים קָלוֹן׃

ד Cap. IV. ד

א שִׁמְעוּ בָנִים מוּסַר אָב וְהַקְשִׁיבוּ לָדַעַת בִּינָה׃
2 כִּי לֶקַח טוֹב נָתַתִּי לָכֶם תּוֹרָתִי אַל־תַּעֲזֹבוּ׃
3 כִּי־בֵן הָיִיתִי לְאָבִי רַךְ וְיָחִיד לִפְנֵי אִמִּי׃
4 וַיֹּרֵנִי וַיֹּאמֶר לִי יִתְמָךְ־דְּבָרַי לִבֶּךָ
ה שְׁמֹר מִצְוֹתַי וֶחְיֵה׃ קְנֵה חָכְמָה קְנֵה בִינָה
6 אַל־תִּשְׁכַּח וְאַל־תֵּט מֵאִמְרֵי־פִי׃ אַל־תַּעַזְבֶהָ וְתִשְׁמְרֶךָּ
7 אֱהָבֶהָ וְתִצְּרֶךָּ׃ רֵאשִׁית חָכְמָה קְנֵה חָכְמָה

ובכל־קנינך

ג׳ v. 27. ידך ק׳ v. 28. לרעך ק׳
v. 30. תריב ק׳ v. 34. ולענוים ק׳

8 וּבְכָל־קִנְיָנְךָ קְנֵה בִינָה׃ סַלְסְלֶהָ וּֽתְרוֹמְמֶךָּ
9 תְּכַבֵּדְךָ כִּי תְחַבְּקֶנָּה׃ תִּתֵּן לְרֹאשְׁךָ לִוְיַת־חֵן
י עֲטֶרֶת תִּפְאֶרֶת תְּמַגְּנֶךָּ׃ שְׁמַע בְּנִי וְקַח אֲמָרָי
11 וְיִרְבּוּ לְךָ שְׁנוֹת חַיִּים׃ בְּדֶרֶךְ חָכְמָה הֹרֵתִיךָ
12 הִדְרַכְתִּיךָ בְּמַעְגְּלֵי־יֹשֶׁר׃ בְּלֶכְתְּךָ לֹא־יֵצַר צַעֲדֶךָ
13 וְאִם־תָּרוּץ לֹא תִכָּשֵׁל׃ הַחֲזֵק בַּמּוּסָר אַל־תֶּרֶף
14 נִצְּרֶהָ כִּי־הִיא חַיֶּיךָ׃ בְּאֹרַח רְשָׁעִים אַל־תָּבֹא
טו וְאַל־תְּאַשֵּׁר בְּדֶרֶךְ רָעִים׃ פְּרָעֵהוּ אַל־תַּעֲבָר־בּוֹ
16 שְׂטֵה מֵעָלָיו וַעֲבֹר׃ כִּי לֹא יִשְׁנוּ אִם־לֹא יָרֵעוּ
17 וְנִגְזְלָה שְׁנָתָם אִם־לֹא יַכְשׁוֹלוּ׃ כִּי לָחֲמוּ לֶחֶם רֶשַׁע
18 וְיֵין חֲמָסִים יִשְׁתּוּ׃ וְאֹרַח צַדִּיקִים כְּאוֹר נֹגַהּ
19 הוֹלֵךְ וָאוֹר עַד־נְכוֹן הַיּוֹם׃ דֶּרֶךְ רְשָׁעִים כָּאֲפֵלָה
לֹא יָדְעוּ בַּמֶּה יִכָּשֵׁלוּ׃
כ בְּנִי לִדְבָרַי הַקְשִׁיבָה לַאֲמָרַי הַט־אָזְנֶךָ׃
21 אַל־יַלִּיזוּ מֵעֵינֶיךָ שָׁמְרֵם בְּתוֹךְ לְבָבֶךָ׃
22 כִּי־חַיִּים הֵם לְמֹצְאֵיהֶם וּלְכָל־בְּשָׂרוֹ מַרְפֵּא׃
23 מִכָּל־מִשְׁמָר נְצֹר לִבֶּךָ כִּי מִמֶּנּוּ תּוֹצְאוֹת חַיִּים׃
24 הָסֵר מִמְּךָ עִקְּשׁוּת פֶּה וּלְזוּת שְׂפָתַיִם הַרְחֵק מִמֶּךָּ׃
כה עֵינֶיךָ לְנֹכַח יַבִּיטוּ וְעַפְעַפֶּיךָ יַיְשִׁרוּ נֶגְדֶּךָ׃
26 פַּלֵּס מַעְגַּל רַגְלֶךָ וְכָל־דְּרָכֶיךָ יִכֹּנוּ׃
27 אַל־תֵּט־יָמִין וּשְׂמֹאול הָסֵר רַגְלְךָ מֵרָע׃

ה CAP. V. ה

א בְּנִי לְחָכְמָתִי הַקְשִׁיבָה לִתְבוּנָתִי הַט־אָזְנֶךָ׃
2 לִשְׁמֹר מְזִמּוֹת וְדַעַת שְׂפָתֶיךָ יִנְצֹרוּ׃
3 כִּי נֹפֶת תִּטֹּפְנָה שִׂפְתֵי זָרָה וְחָלָק מִשֶּׁמֶן חִכָּהּ׃
4 וְאַחֲרִיתָהּ מָרָה כַלַּעֲנָה חַדָּה כְּחֶרֶב פִּיּוֹת׃

ד׳ v. 16. יכשילו ק׳

ה רַגְלֶיהָ יֹרְדוֹת מָוֶת שְׁאוֹל צְעָדֶיהָ יִתְמֹכוּ׃
6 אֹרַח חַיִּים פֶּן־תְּפַלֵּס נָעוּ מַעְגְּלֹתֶיהָ לֹא תֵדָע׃
7 וְעַתָּה בָנִים שִׁמְעוּ־לִי וְאַל־תָּסוּרוּ מֵאִמְרֵי־פִי׃
8 הַרְחֵק מֵעָלֶיהָ דַרְכֶּךָ וְאַל־תִּקְרַב אֶל־פֶּתַח בֵּיתָהּ׃
9 פֶּן־תִּתֵּן לַאֲחֵרִים הוֹדֶךָ וּשְׁנֹתֶיךָ לְאַכְזָרִי׃
י פֶּן־יִשְׂבְּעוּ זָרִים כֹּחֶךָ וַעֲצָבֶיךָ בְּבֵית נָכְרִי׃
11 וְנָהַמְתָּ בְאַחֲרִיתֶךָ בִּכְלוֹת בְּשָׂרְךָ וּשְׁאֵרֶךָ׃
12 וְאָמַרְתָּ אֵיךְ שָׂנֵאתִי מוּסָר וְתוֹכַחַת נָאַץ לִבִּי׃
13 וְלֹא־שָׁמַעְתִּי בְּקוֹל מוֹרָי וְלִמְלַמְּדַי לֹא־הִטִּיתִי אָזְנִי׃
14 כִּמְעַט הָיִיתִי בְכָל־רָע בְּתוֹךְ קָהָל וְעֵדָה׃
טו שְׁתֵה־מַיִם מִבּוֹרֶךָ וְנֹזְלִים מִתּוֹךְ בְּאֵרֶךָ׃
16 יָפוּצוּ מַעְיְנֹתֶיךָ חוּצָה בָּרְחֹבוֹת פַּלְגֵי־מָיִם׃
17 יִהְיוּ־לְךָ לְבַדֶּךָ וְאֵין לְזָרִים אִתָּךְ׃
18 יְהִי־מְקוֹרְךָ בָרוּךְ וּשְׂמַח מֵאֵשֶׁת נְעוּרֶךָ׃
19 אַיֶּלֶת אֲהָבִים וְיַעֲלַת־חֵן דַּדֶּיהָ יְרַוֻּךָ בְכָל־עֵת
כ בְּאַהֲבָתָהּ תִּשְׁגֶּה תָמִיד׃ וְלָמָּה תִשְׁגֶּה בְנִי בְזָרָה
21 וּתְחַבֵּק חֵק נָכְרִיָּה׃ כִּי נֹכַח ׀ עֵינֵי יְהוָה דַּרְכֵי־אִישׁ
22 וְכָל־מַעְגְּלֹתָיו מְפַלֵּס׃ עֲוֺנוֹתָיו יִלְכְּדֻנוֹ אֶת־הָרָשָׁע
23 וּבְחַבְלֵי חַטָּאתוֹ יִתָּמֵךְ׃ הוּא יָמוּת בְּאֵין מוּסָר
וּבְרֹב אִוַּלְתּוֹ יִשְׁגֶּה׃

Cap. VI. ו

ו

א בְּנִי אִם־עָרַבְתָּ לְרֵעֶךָ תָּקַעְתָּ לַזָּר כַּפֶּיךָ׃
2 נוֹקַשְׁתָּ בְאִמְרֵי־פִיךָ נִלְכַּדְתָּ בְּאִמְרֵי־פִיךָ׃
3 עֲשֵׂה זֹאת ׀ אֵפוֹא ׀ בְּנִי וְהִנָּצֵל כִּי בָאתָ בְכַף־רֵעֶךָ
4 לֵךְ הִתְרַפֵּס וּרְהַב רֵעֶיךָ׃ אַל־תִּתֵּן שֵׁנָה לְעֵינֶיךָ
ה וּתְנוּמָה לְעַפְעַפֶּיךָ׃ הִנָּצֵל כִּצְבִי מִיָּד
וּכְצִפּוֹר מִיַּד יָקוּשׁ׃
6 לֵךְ־אֶל־נְמָלָה עָצֵל רְאֵה דְרָכֶיהָ וַחֲכָם׃

אשר

7 אֲשֶׁר אֵין־לָהּ קָצִין שֹׁטֵר וּמֹשֵׁל׃
8 תָּכִין בַּקַּיִץ לַחְמָהּ אָגְרָה בַקָּצִיר מַאֲכָלָהּ׃
9 עַד־מָתַי עָצֵל ׀ תִּשְׁכָּב מָתַי תָּקוּם מִשְּׁנָתֶךָ׃
י מְעַט שֵׁנוֹת מְעַט תְּנוּמוֹת מְעַט ׀ חִבֻּק יָדַיִם לִשְׁכָּב׃
11 וּבָא־כִמְהַלֵּךְ רֵאשֶׁךָ וּמַחְסֹרְךָ כְּאִישׁ מָגֵן׃
12 אָדָם בְּלִיַּעַל אִישׁ אָוֶן הוֹלֵךְ עִקְּשׁוּת פֶּה׃
13 קֹרֵץ בְּעֵינָו מֹלֵל בְּרַגְלָו מֹרֶה בְּאֶצְבְּעֹתָיו׃
14 תַּהְפֻּכוֹת ׀ בְּלִבּוֹ חֹרֵשׁ רָע בְּכָל־עֵת מִדְּנִים יְשַׁלֵּחַ׃
טו עַל־כֵּן פִּתְאֹם יָבוֹא אֵידוֹ פֶּתַע יִשָּׁבֵר וְאֵין מַרְפֵּא׃
16 שֶׁשׁ־הֵנָּה שָׂנֵא יְהוָה וְשֶׁבַע תּוֹעֲבוֹת נַפְשׁוֹ׃
17 עֵינַיִם רָמוֹת לְשׁוֹן שָׁקֶר וְיָדַיִם שֹׁפְכוֹת דָּם־נָקִי׃
18 לֵב חֹרֵשׁ מַחְשְׁבוֹת אָוֶן רַגְלַיִם מְמַהֲרוֹת לָרוּץ לָרָעָה׃
19 יָפִיחַ כְּזָבִים עֵד שָׁקֶר וּמְשַׁלֵּחַ מְדָנִים בֵּין אַחִים׃
כ נְצֹר בְּנִי מִצְוַת אָבִיךָ וְאַל־תִּטֹּשׁ תּוֹרַת אִמֶּךָ׃
21 קָשְׁרֵם עַל־לִבְּךָ תָמִיד עָנְדֵם עַל־גַּרְגְּרֹתֶךָ׃
22 בְּהִתְהַלֶּכְךָ ׀ תַּנְחֶה אֹתָךְ בְּשָׁכְבְּךָ תִּשְׁמֹר עָלֶיךָ
23 וַהֲקִיצוֹתָ הִיא תְשִׂיחֶךָ׃ כִּי נֵר מִצְוָה וְתוֹרָה אוֹר
24 וְדֶרֶךְ חַיִּים תּוֹכְחוֹת מוּסָר׃ לִשְׁמָרְךָ מֵאֵשֶׁת רָע
כה מֵחֶלְקַת לָשׁוֹן נָכְרִיָּה׃ אַל־תַּחְמֹד יָפְיָהּ בִּלְבָבֶךָ
26 וְאַל־תִּקָּחֲךָ בְּעַפְעַפֶּיהָ׃ כִּי בְעַד־אִשָּׁה זוֹנָה עַד־כִּכַּר לָחֶם
וְאֵשֶׁת אִישׁ נֶפֶשׁ יְקָרָה תָצוּד׃
27 הֲיַחְתֶּה אִישׁ אֵשׁ בְּחֵיקוֹ וּבְגָדָיו לֹא תִשָּׂרַפְנָה׃
28 אִם־יְהַלֵּךְ אִישׁ עַל־הַגֶּחָלִים וְרַגְלָיו לֹא תִכָּוֶינָה׃
29 כֵּן הַבָּא אֶל־אֵשֶׁת רֵעֵהוּ לֹא יִנָּקֶה כָּל־הַנֹּגֵעַ בָּהּ׃
ל לֹא־יָבוּזוּ לַגַּנָּב כִּי יִגְנוֹב לְמַלֵּא נַפְשׁוֹ כִּי יִרְעָב׃
31 וְנִמְצָא יְשַׁלֵּם שִׁבְעָתָיִם אֶת־כָּל־הוֹן בֵּיתוֹ יִתֵּן׃
32 נֹאֵף אִשָּׁה חֲסַר־לֵב מַשְׁחִית נַפְשׁוֹ הוּא יַעֲשֶׂנָּה׃
33 נֶגַע־וְקָלוֹן יִמְצָא וְחֶרְפָּתוֹ לֹא תִמָּחֶה׃

v. 13. בעיניו ק׳ Ibid. ברגליו ק׳ v. 14. מדינים ק׳ v. 16. תועבת ק׳

כי־קנאה

34 כִּי־קִנְאָה חֲמַת־גָּבֶר וְלֹא־יַחְמוֹל בְּיוֹם נָקָם׃
לה לֹא־יִשָּׂא פְּנֵי כָל־כֹּפֶר וְלֹא־יֹאבֶה כִּי תַרְבֶּה־שֹׁחַד׃

ז Cap. VII. ז

א בְּנִי שְׁמֹר אֲמָרָי וּמִצְוֹתַי תִּצְפֹּן אִתָּךְ׃
2 שְׁמֹר מִצְוֹתַי וֶחְיֵה וְתוֹרָתִי כְּאִישׁוֹן עֵינֶיךָ׃
3 קָשְׁרֵם עַל־אֶצְבְּעֹתֶיךָ כָּתְבֵם עַל־לוּחַ לִבֶּךָ׃
4 אֱמֹר לַחָכְמָה אֲחֹתִי אָתְּ וּמֹדָע לַבִּינָה תִקְרָא׃
ה לִשְׁמָרְךָ מֵאִשָּׁה זָרָה מִנָּכְרִיָּה אֲמָרֶיהָ הֶחֱלִיקָה׃
6 כִּי בְּחַלּוֹן בֵּיתִי בְּעַד אֶשְׁנַבִּי נִשְׁקָפְתִּי׃
7 וָאֵרֶא בַפְּתָאיִם אָבִינָה בַבָּנִים נַעַר חֲסַר־לֵב׃
8 עֹבֵר בַּשּׁוּק אֵצֶל פִּנָּהּ וְדֶרֶךְ בֵּיתָהּ יִצְעָד׃
9 בְּנֶשֶׁף־בְּעֶרֶב יוֹם בְּאִישׁוֹן לַיְלָה וַאֲפֵלָה׃
י וְהִנֵּה אִשָּׁה לִקְרָאתוֹ שִׁית זוֹנָה וּנְצֻרַת לֵב׃
11 הֹמִיָּה הִיא וְסֹרָרֶת בְּבֵיתָהּ לֹא־יִשְׁכְּנוּ רַגְלֶיהָ׃
12 פַּעַם ׀ בַּחוּץ פַּעַם בָּרְחֹבוֹת וְאֵצֶל כָּל־פִּנָּה תֶאֱרֹב׃
13 וְהֶחֱזִיקָה בּוֹ וְנָשְׁקָה־לּוֹ הֵעֵזָה פָנֶיהָ וַתֹּאמַר לוֹ׃
14 זִבְחֵי שְׁלָמִים עָלָי הַיּוֹם שִׁלַּמְתִּי נְדָרָי׃
טו עַל־כֵּן יָצָאתִי לִקְרָאתֶךָ לְשַׁחֵר פָּנֶיךָ וָאֶמְצָאֶךָּ׃
16 מַרְבַדִּים רָבַדְתִּי עַרְשִׂי חֲטֻבוֹת אֵטוּן מִצְרָיִם׃
17 נַפְתִּי מִשְׁכָּבִי מֹר אֲהָלִים וְקִנָּמוֹן׃
18 לְכָה נִרְוֶה דֹדִים עַד־הַבֹּקֶר נִתְעַלְּסָה בָּאֳהָבִים׃
19 כִּי אֵין הָאִישׁ בְּבֵיתוֹ הָלַךְ בְּדֶרֶךְ מֵרָחוֹק׃
כ צְרוֹר־הַכֶּסֶף לָקַח בְּיָדוֹ לְיוֹם הַכֵּסֶא יָבֹא בֵיתוֹ׃
21 הִטַּתּוּ בְּרֹב לִקְחָהּ בְּחֵלֶק שְׂפָתֶיהָ תַּדִּיחֶנּוּ׃
22 הוֹלֵךְ אַחֲרֶיהָ פִּתְאֹם כְּשׁוֹר אֶל־טֶבַח יָבֹא
23 וּכְעֶכֶס אֶל־מוּסַר אֱוִיל׃ עַד יְפַלַּח חֵץ כְּבֵדוֹ
כְּמַהֵר צִפּוֹר אֶל־פָּח וְלֹא־יָדַע כִּי־בְנַפְשׁוֹ הוּא׃
24 וְעַתָּה בָנִים שִׁמְעוּ־לִי וְהַקְשִׁיבוּ לְאִמְרֵי־פִי׃

כה אַל־יֵשְׂטְ אֶל־דְּרָכֶיהָ לִבֶּךָ אַל־תֵּתַע בִּנְתִיבוֹתֶיהָ׃
26 כִּי־רַבִּים חֲלָלִים הִפִּילָה וַעֲצֻמִים כָּל־הֲרֻגֶיהָ׃
27 דַּרְכֵי שְׁאוֹל בֵּיתָהּ יֹרְדוֹת אֶל־חַדְרֵי־מָוֶת׃

ח CAP. VIII. ח

א הֲלֹא־חָכְמָה תִקְרָא וּתְבוּנָה תִּתֵּן קוֹלָהּ׃
2 בְּרֹאשׁ־מְרֹמִים עֲלֵי־דָרֶךְ בֵּית נְתִיבוֹת נִצָּבָה׃
3 לְיַד־שְׁעָרִים לְפִי־קָרֶת מְבוֹא פְתָחִים תָּרֹנָּה׃
4 אֲלֵיכֶם אִישִׁים אֶקְרָא וְקוֹלִי אֶל־בְּנֵי אָדָם׃
ה הָבִינוּ פְתָאיִם עָרְמָה וּכְסִילִים הָבִינוּ לֵב׃
6 שִׁמְעוּ כִּי־נְגִידִים אֲדַבֵּר וּמִפְתַּח שְׂפָתַי מֵישָׁרִים׃
7 כִּי־אֱמֶת יֶהְגֶּה חִכִּי וְתוֹעֲבַת שְׂפָתַי רֶשַׁע׃
8 בְּצֶדֶק כָּל־אִמְרֵי־פִי אֵין בָּהֶם נִפְתָּל וְעִקֵּשׁ׃
9 כֻּלָּם נְכֹחִים לַמֵּבִין וִישָׁרִים לְמֹצְאֵי דָעַת׃
י קְחוּ־מוּסָרִי וְאַל־כָּסֶף וְדַעַת מֵחָרוּץ נִבְחָר׃
11 כִּי־טוֹבָה חָכְמָה מִפְּנִינִים וְכָל־חֲפָצִים לֹא יִשְׁווּ־בָהּ׃
12 אֲנִי־חָכְמָה שָׁכַנְתִּי עָרְמָה וְדַעַת מְזִמּוֹת אֶמְצָא׃
13 יִרְאַת יְהוָה שְׂנֹאת רָע גֵּאָה וְגָאוֹן ׀ וְדֶרֶךְ רָע
14 וּפִי תַהְפֻּכוֹת שָׂנֵאתִי׃ לִי־עֵצָה וְתוּשִׁיָּה
טו אֲנִי בִינָה לִי גְבוּרָה׃ בִּי מְלָכִים יִמְלֹכוּ
16 וְרֹזְנִים יְחֹקְקוּ צֶדֶק׃ בִּי שָׂרִים יָשֹׂרוּ
17 וּנְדִיבִים כָּל־שֹׁפְטֵי צֶדֶק׃ אֲנִי אֹהֲבַיהָ אֵהָב
18 וּמְשַׁחֲרַי יִמְצָאֻנְנִי׃ עֹשֶׁר־וְכָבוֹד אִתִּי
19 הוֹן עָתֵק וּצְדָקָה׃ טוֹב פִּרְיִי מֵחָרוּץ וּמִפָּז
כ וּתְבוּאָתִי מִכֶּסֶף נִבְחָר׃ בְּאֹרַח־צְדָקָה אֲהַלֵּךְ
21 בְּתוֹךְ נְתִיבוֹת מִשְׁפָּט׃ לְהַנְחִיל אֹהֲבַי ׀ יֵשׁ
וְאֹצְרֹתֵיהֶם אֲמַלֵּא׃
22 יְהוָה קָנָנִי רֵאשִׁית דַּרְכּוֹ קֶדֶם מִפְעָלָיו מֵאָז׃

ח׳ v. 16. בס״א ארץ v. 17. אהבי ק׳

מעולם

23 מֵֽעוֹלָם נִסַּכְתִּי מֵרֹאשׁ מִקַּדְמֵי־אָֽרֶץ׃
24 בְּאֵין־תְּהֹמוֹת חוֹלָלְתִּי בְּאֵין מַעְיָנוֹת נִכְבַּדֵּי־מָֽיִם׃
כה בְּטֶרֶם הָרִים הָטְבָּעוּ לִפְנֵי גְבָעוֹת חוֹלָֽלְתִּי׃
26 עַד־לֹא עָשָׂה אֶרֶץ וְחוּצוֹת וְרֹאשׁ עַפְרוֹת תֵּבֵֽל׃
27 בַּהֲכִינוֹ שָׁמַיִם שָׁם אָנִי בְּחֻקוֹ חוּג עַל־פְּנֵי תְהֽוֹם׃
28 בְּאַמְּצוֹ שְׁחָקִים מִמָּעַל בַּעֲזוֹז עִינוֹת תְּהֽוֹם׃
29 בְּשׂוּמוֹ לַיָּם ׀ חֻקּוֹ וּמַיִם לֹא יַֽעַבְרוּ־פִיו
ל בְּחוּקוֹ מוֹסְדֵי אָֽרֶץ׃ וָאֶהְיֶה אֶצְלוֹ אָמוֹן
וָאֶהְיֶה שַׁעֲשֻׁעִים יוֹם ׀ יוֹם מְשַׂחֶקֶת לְפָנָיו בְּכָל־עֵֽת׃
31 מְשַׂחֶקֶת בְּתֵבֵל אַרְצוֹ וְשַׁעֲשֻׁעַי אֶת־בְּנֵי אָדָֽם׃
32 וְעַתָּה בָנִים שִׁמְעוּ־לִי וְאַשְׁרֵי דְּרָכַי יִשְׁמֹֽרוּ׃
33 שִׁמְעוּ מוּסָר וַחֲכָמוּ וְאַל־תִּפְרָֽעוּ׃
34 אַשְׁרֵי אָדָם שֹׁמֵעַ לִי לִשְׁקֹד עַל־דַּלְתֹתַי יוֹם ׀ יוֹם
לה לִשְׁמֹר מְזוּזֹת פְּתָחָֽי׃ כִּי מֹצְאִי מָצָאֵ חַיִּים
36 וַיָּפֶק רָצוֹן מֵיְהוָֽה׃ וְחֹטְאִי חֹמֵס נַפְשׁוֹ
כָּל־מְשַׂנְאַי אָהֲבוּ מָֽוֶת׃

Cap. IX. ט

ט

א חָכְמוֹת בָּנְתָה בֵיתָהּ חָצְבָה עַמּוּדֶיהָ שִׁבְעָֽה׃
2 טָבְחָה טִבְחָהּ מָסְכָה יֵינָהּ אַף עָרְכָה שֻׁלְחָנָֽהּ׃
3 שָׁלְחָה נַעֲרֹתֶיהָ תִקְרָא עַל־גַּפֵּי מְרֹמֵי קָֽרֶת׃
4 מִי־פֶתִי יָסֻר הֵנָּה חֲסַר־לֵב אָמְרָה לּֽוֹ׃
ה לְכוּ לַחֲמוּ בְלַחֲמִי וּשְׁתוּ בְּיַיִן מָסָֽכְתִּי׃
6 עִזְבוּ פְתָאיִם וִֽחְיוּ וְאִשְׁרוּ בְּדֶרֶךְ בִּינָֽה׃
7 יֹסֵר ׀ לֵץ לֹקֵחַ לוֹ קָלוֹן וּמוֹכִיחַ לְרָשָׁע מוּמֽוֹ׃
8 אַל־תּוֹכַח לֵץ פֶּן־יִשְׂנָאֶךָּ הוֹכַח לְחָכָם וְיֶאֱהָבֶֽךָּ׃
9 תֵּן לְחָכָם וְיֶחְכַּם־עוֹד הוֹדַע לְצַדִּיק וְיוֹסֶף לֶֽקַח׃
י תְּחִלַּת חָכְמָה יִרְאַת יְהוָה וְדַעַת קְדֹשִׁים בִּינָֽה׃

ח׳ v. 35. יתיר י׳

11 כִּי־בִי יִרְבּוּ יָמֶיךָ וְיוֹסִיפוּ לְּךָ שְׁנוֹת חַיִּים׃
12 אִם־חָכַמְתָּ חָכַמְתָּ לָּךְ וְלַצְתָּ לְבַדְּךָ תִשָּׂא׃
13 אֵשֶׁת כְּסִילוּת הֹמִיָּה פְּתַיּוּת וּבַל־יָדְעָה מָּה׃
14 וְיָשְׁבָה לְפֶתַח בֵּיתָהּ עַל־כִּסֵּא מְרֹמֵי קָרֶת׃
טו לִקְרֹא לְעֹבְרֵי־דָרֶךְ הַמְיַשְּׁרִים אֹרְחוֹתָם׃
16 מִי־פֶתִי יָסֻר הֵנָּה וַחֲסַר־לֵב וְאָמְרָה לּוֹ׃
17 מַיִם־גְּנוּבִים יִמְתָּקוּ וְלֶחֶם סְתָרִים יִנְעָם׃
18 וְלֹא־יָדַע כִּי־רְפָאִים שָׁם בְּעִמְקֵי שְׁאוֹל קְרֻאֶיהָ׃

Cap. X. י

א מִשְׁלֵי שְׁלֹמֹה

בֵּן חָכָם יְשַׂמַּח־אָב וּבֵן כְּסִיל תּוּגַת אִמּוֹ׃
2 לֹא־יוֹעִילוּ אוֹצְרוֹת רֶשַׁע וּצְדָקָה תַּצִּיל מִמָּוֶת׃
3 לֹא־יַרְעִיב יְהוָה נֶפֶשׁ צַדִּיק וְהַוַּת רְשָׁעִים יֶהְדֹּף׃
4 רָאשׁ עֹשֶׂה כַף־רְמִיָּה וְיַד חָרוּצִים תַּעֲשִׁיר׃
ה אֹגֵר בַּקַּיִץ בֵּן מַשְׂכִּיל נִרְדָּם בַּקָּצִיר בֵּן מֵבִישׁ׃
6 בְּרָכוֹת לְרֹאשׁ צַדִּיק וּפִי רְשָׁעִים יְכַסֶּה חָמָס׃
7 זֵכֶר צַדִּיק לִבְרָכָה וְשֵׁם רְשָׁעִים יִרְקָב׃
8 חֲכַם־לֵב יִקַּח מִצְוֹת וֶאֱוִיל שְׂפָתַיִם יִלָּבֵט׃
9 הוֹלֵךְ בַּתֹּם יֵלֶךְ בֶּטַח וּמְעַקֵּשׁ דְּרָכָיו יִוָּדֵעַ׃
י קֹרֵץ עַיִן יִתֵּן עַצָּבֶת וֶאֱוִיל שְׂפָתַיִם יִלָּבֵט׃
11 מְקוֹר חַיִּים פִּי צַדִּיק וּפִי רְשָׁעִים יְכַסֶּה חָמָס׃
12 שִׂנְאָה תְּעֹרֵר מְדָנִים וְעַל כָּל־פְּשָׁעִים תְּכַסֶּה אַהֲבָה׃
13 בְּשִׂפְתֵי נָבוֹן תִּמָּצֵא חָכְמָה וְשֵׁבֶט לְגֵו חֲסַר־לֵב׃
14 חֲכָמִים יִצְפְּנוּ־דָעַת וּפִי־אֱוִיל מְחִתָּה קְרֹבָה׃
טו הוֹן עָשִׁיר קִרְיַת עֻזּוֹ מְחִתַּת דַּלִּים רֵישָׁם׃
16 פְּעֻלַּת צַדִּיק לְחַיִּים תְּבוּאַת רָשָׁע לְחַטָּאת׃
17 אֹרַח לְחַיִּים שׁוֹמֵר מוּסָר וְעֹזֵב תּוֹכַחַת מַתְעֶה׃
18 מְכַסֶּה שִׂנְאָה שִׂפְתֵי־שָׁקֶר וּמוֹצִא דִבָּה הוּא כְסִיל׃

בְּרֹב דְּבָרִים לֹא יֶחְדַּל־פָּשַׁע וְחֹשֵׂךְ שְׂפָתָיו מַשְׂכִּיל׃ 19

כֶּסֶף נִבְחָר לְשׁוֹן צַדִּיק לֵב רְשָׁעִים כִּמְעָט׃ כ

שִׂפְתֵי צַדִּיק יִרְעוּ רַבִּים וֶאֱוִילִים בַּחֲסַר־לֵב יָמוּתוּ׃ 21

בִּרְכַּת יְהוָה הִיא תַעֲשִׁיר וְלֹא־יוֹסִף עֶצֶב עִמָּהּ׃ 22

כִּשְׂחוֹק לִכְסִיל עֲשׂוֹת זִמָּה וְחָכְמָה לְאִישׁ תְּבוּנָה׃ 23

מְגוֹרַת רָשָׁע הִיא תְבוֹאֶנּוּ וְתַאֲוַת צַדִּיקִים יִתֵּן׃ 24

כַּעֲבוֹר סוּפָה וְאֵין רָשָׁע וְצַדִּיק יְסוֹד עוֹלָם׃ כה

כַּחֹמֶץ ׀ לַשִּׁנַּיִם וְכֶעָשָׁן לָעֵינָיִם כֵּן הֶעָצֵל לְשֹׁלְחָיו׃ 26

יִרְאַת יְהוָה תּוֹסִיף יָמִים וּשְׁנוֹת רְשָׁעִים תִּקְצֹרְנָה׃ 27

תּוֹחֶלֶת צַדִּיקִים שִׂמְחָה וְתִקְוַת רְשָׁעִים תֹּאבֵד׃ 28

מָעוֹז לַתֹּם דֶּרֶךְ יְהוָה וּמְחִתָּה לְפֹעֲלֵי אָוֶן׃ 29

צַדִּיק לְעוֹלָם בַּל־יִמּוֹט וּרְשָׁעִים לֹא יִשְׁכְּנוּ־אָרֶץ׃ ל

פִּי־צַדִּיק יָנוּב חָכְמָה וּלְשׁוֹן תַּהְפֻּכוֹת תִּכָּרֵת׃ 31

שִׂפְתֵי צַדִּיק יֵדְעוּן רָצוֹן וּפִי רְשָׁעִים תַּהְפֻּכוֹת׃ 32

CAP. XI. יא

יא

מֹאזְנֵי מִרְמָה תּוֹעֲבַת יְהוָה וְאֶבֶן שְׁלֵמָה רְצוֹנוֹ׃ א

בָּא־זָדוֹן וַיָּבֹא קָלוֹן וְאֶת־צְנוּעִים חָכְמָה׃ 2

תֻּמַּת יְשָׁרִים תַּנְחֵם וְסֶלֶף בֹּגְדִים וְשַׁדֵּם׃ 3

לֹא־יוֹעִיל הוֹן בְּיוֹם עֶבְרָה וּצְדָקָה תַּצִּיל מִמָּוֶת׃ 4

צִדְקַת תָּמִים תְּיַשֵּׁר דַּרְכּוֹ וּבְרִשְׁעָתוֹ יִפֹּל רָשָׁע׃ ה

צִדְקַת יְשָׁרִים תַּצִּילֵם וּבְהַוַּת בֹּגְדִים יִלָּכֵדוּ׃ 6

בְּמוֹת אָדָם רָשָׁע תֹּאבַד תִּקְוָה וְתוֹחֶלֶת אוֹנִים אָבָדָה׃ 7

צַדִּיק מִצָּרָה נֶחֱלָץ וַיָּבֹא רָשָׁע תַּחְתָּיו׃ 8

בְּפֶה חָנֵף יַשְׁחִת רֵעֵהוּ וּבְדַעַת צַדִּיקִים יֵחָלֵצוּ׃ 9

בְּטוּב צַדִּיקִים תַּעֲלֹץ קִרְיָה וּבַאֲבֹד רְשָׁעִים רִנָּה׃ י

בְּבִרְכַּת יְשָׁרִים תָּרוּם קָרֶת וּבְפִי רְשָׁעִים תֵּהָרֵס׃ 11

בָּז־לְרֵעֵהוּ חֲסַר־לֵב וְאִישׁ תְּבוּנוֹת יַחֲרִישׁ׃ 12

יא v. 3. ישדם ק׳

13 הוֹלֵךְ רָכִיל מְגַלֶּה־סּוֹד וְנֶאֱמַן־רוּחַ מְכַסֶּה דָבָר׃

14 בְּאֵין תַּחְבֻּלוֹת יִפָּל־עָם וּתְשׁוּעָה בְּרֹב יוֹעֵץ׃

טו רַע־יֵרוֹעַ כִּי־עָרַב זָר וְשֹׂנֵא תֹקְעִים בּוֹטֵחַ׃

16 אֵשֶׁת־חֵן תִּתְמֹךְ כָּבוֹד וְעָרִיצִים יִתְמְכוּ־עֹשֶׁר׃

17 גֹּמֵל נַפְשׁוֹ אִישׁ חָסֶד וְעֹכֵר שְׁאֵרוֹ אַכְזָרִי׃

18 רָשָׁע עֹשֶׂה פְעֻלַּת־שָׁקֶר וְזֹרֵעַ צְדָקָה שֶׂכֶר אֱמֶת׃

19 כֵּן־צְדָקָה לְחַיִּים וּמְרַדֵּף רָעָה לְמוֹתוֹ׃

כ תּוֹעֲבַת יְהוָה עִקְּשֵׁי־לֵב וּרְצוֹנוֹ תְּמִימֵי דָרֶךְ׃

21 יָד לְיָד לֹא־יִנָּקֶה רָּע וְזֶרַע צַדִּיקִים נִמְלָט׃

22 נֶזֶם זָהָב בְּאַף חֲזִיר אִשָּׁה יָפָה וְסָרַת טָעַם׃

23 תַּאֲוַת צַדִּיקִים אַךְ־טוֹב תִּקְוַת רְשָׁעִים עֶבְרָה׃

24 יֵשׁ מְפַזֵּר וְנוֹסָף עוֹד וְחוֹשֵׂךְ מִיֹּשֶׁר אַךְ־לְמַחְסוֹר׃

כה נֶפֶשׁ־בְּרָכָה תְדֻשָּׁן וּמַרְוֶה גַּם־הוּא יוֹרֶא׃

26 מֹנֵעַ בָּר יִקְּבֻהוּ לְאוֹם וּבְרָכָה לְרֹאשׁ מַשְׁבִּיר׃

27 שֹׁחֵר טוֹב יְבַקֵּשׁ רָצוֹן וְדֹרֵשׁ רָעָה תְבוֹאֶנּוּ׃

28 בּוֹטֵחַ בְּעָשְׁרוֹ הוּא יִפֹּל וְכֶעָלֶה צַדִּיקִים יִפְרָחוּ׃

29 עוֹכֵר בֵּיתוֹ יִנְחַל־רוּחַ וְעֶבֶד אֱוִיל לַחֲכַם־לֵב׃

ל פְּרִי־צַדִּיק עֵץ חַיִּים וְלֹקֵחַ נְפָשׁוֹת חָכָם׃

31 הֵן צַדִּיק בָּאָרֶץ יְשֻׁלָּם אַף כִּי־רָשָׁע וְחוֹטֵא׃

יב CAP. XII. יב

א אֹהֵב מוּסָר אֹהֵב דָּעַת וְשֹׂנֵא תוֹכַחַת בָּעַר׃

2 טוֹב יָפִיק רָצוֹן מֵיְהוָה וְאִישׁ מְזִמּוֹת יַרְשִׁיעַ׃

3 לֹא־יִכּוֹן אָדָם בְּרֶשַׁע וְשֹׁרֶשׁ צַדִּיקִים בַּל־יִמּוֹט׃

4 אֵשֶׁת־חַיִל עֲטֶרֶת בַּעְלָהּ וּכְרָקָב בְּעַצְמוֹתָיו מְבִישָׁה׃

ה מַחְשְׁבוֹת צַדִּיקִים מִשְׁפָּט תַּחְבֻּלוֹת רְשָׁעִים מִרְמָה׃

6 דִּבְרֵי רְשָׁעִים אֱרָב־דָּם וּפִי יְשָׁרִים יַצִּילֵם׃

7 הָפוֹךְ רְשָׁעִים וְאֵינָם וּבֵית צַדִּיקִים יַעֲמֹד׃

8 לְפִי־שִׂכְלוֹ יְהֻלַּל־אִישׁ וְנַעֲוֵה־לֵב יִהְיֶה לָבוּז׃

9 טוֹב נִקְלֶה וְעֶבֶד לוֹ מִמְּתַכַּבֵּד וַחֲסַר־לָחֶם׃
י יוֹדֵעַ צַדִּיק נֶפֶשׁ בְּהֶמְתּוֹ וְרַחֲמֵי רְשָׁעִים אַכְזָרִי׃
11 עֹבֵד אַדְמָתוֹ יִשְׂבַּע־לָחֶם וּמְרַדֵּף רֵיקִים חֲסַר־לֵב׃
12 חָמַד רָשָׁע מְצוֹד רָעִים וְשֹׁרֶשׁ צַדִּיקִים יִתֵּן׃
13 בְּפֶשַׁע שְׂפָתַיִם מוֹקֵשׁ רָע וַיֵּצֵא מִצָּרָה צַדִּיק׃
14 מִפְּרִי פִי־אִישׁ יִשְׂבַּע־טוֹב וּגְמוּל יְדֵי־אָדָם יָשׁוֹב לוֹ׃
טו דֶּרֶךְ אֱוִיל יָשָׁר בְּעֵינָיו וְשֹׁמֵעַ לְעֵצָה חָכָם׃
16 אֱוִיל בַּיּוֹם יִוָּדַע כַּעְסוֹ וְכֹסֶה קָלוֹן עָרוּם׃
17 יָפִיחַ אֱמוּנָה יַגִּיד צֶדֶק וְעֵד שְׁקָרִים מִרְמָה׃
18 יֵשׁ בּוֹטֶה כְּמַדְקְרוֹת חָרֶב וּלְשׁוֹן חֲכָמִים מַרְפֵּא׃
19 שְׂפַת־אֱמֶת תִּכּוֹן לָעַד וְעַד־אַרְגִּיעָה לְשׁוֹן שָׁקֶר׃
כ מִרְמָה בְּלֶב־חֹרְשֵׁי רָע וּלְיֹעֲצֵי שָׁלוֹם שִׂמְחָה׃
21 לֹא־יְאֻנֶּה לַצַּדִּיק כָּל־אָוֶן וּרְשָׁעִים מָלְאוּ רָע׃
22 תּוֹעֲבַת יְהוָה שִׂפְתֵי־שָׁקֶר וְעֹשֵׂי אֱמוּנָה רְצוֹנוֹ׃
23 אָדָם עָרוּם כֹּסֶה דָּעַת וְלֵב כְּסִילִים יִקְרָא אִוֶּלֶת׃
24 יַד־חָרוּצִים תִּמְשׁוֹל וּרְמִיָּה תִּהְיֶה לָמַס׃
כה דְּאָגָה בְלֶב־אִישׁ יַשְׁחֶנָּה וְדָבָר טוֹב יְשַׂמְּחֶנָּה׃
26 יָתֵר מֵרֵעֵהוּ צַדִּיק וְדֶרֶךְ רְשָׁעִים תַּתְעֵם׃
27 לֹא־יַחֲרֹךְ רְמִיָּה צֵידוֹ וְהוֹן־אָדָם יָקָר חָרוּץ׃
28 בְּאֹרַח־צְדָקָה חַיִּים וְדֶרֶךְ נְתִיבָה אַל־מָוֶת׃

יג Cap. XIII. יג

א בֵּן חָכָם מוּסַר אָב וְלֵץ לֹא־שָׁמַע גְּעָרָה׃
2 מִפְּרִי פִי־אִישׁ יֹאכַל טוֹב וְנֶפֶשׁ בֹּגְדִים חָמָס׃
3 נֹצֵר פִּיו שֹׁמֵר נַפְשׁוֹ פֹּשֵׂק שְׂפָתָיו מְחִתָּה־לוֹ׃
4 מִתְאַוָּה וָאַיִן נַפְשׁוֹ עָצֵל וְנֶפֶשׁ חָרֻצִים תְּדֻשָּׁן׃
ה דְּבַר־שֶׁקֶר יִשְׂנָא צַדִּיק וְרָשָׁע יַבְאִישׁ וְיַחְפִּיר׃
6 צְדָקָה תִּצֹּר תָּם־דָּרֶךְ וְרִשְׁעָה תְּסַלֵּף חַטָּאת׃

יב v. 14. ישיב ק׳

7 יֵשׁ מִתְעַשֵּׁר וְאֵין כֹּל מִתְרוֹשֵׁשׁ וְהוֹן רָב׃
8 כֹּפֶר נֶפֶשׁ־אִישׁ עָשְׁרוֹ וְרָשׁ לֹא־שָׁמַע גְּעָרָה׃
9 אוֹר־צַדִּיקִים יִשְׂמָח וְנֵר רְשָׁעִים יִדְעָךְ׃
י רַק־בְּזָדוֹן יִתֵּן מַצָּה וְאֶת־נוֹעָצִים חָכְמָה׃
11 הוֹן מֵהֶבֶל יִמְעָט וְקֹבֵץ עַל־יָד יַרְבֶּה׃
12 תּוֹחֶלֶת מְמֻשָּׁכָה מַחֲלָה־לֵב וְעֵץ חַיִּים תַּאֲוָה בָאָה׃
13 בָּז לְדָבָר יֵחָבֶל לוֹ וִירֵא מִצְוָה הוּא יְשֻׁלָּם׃
14 תּוֹרַת חָכָם מְקוֹר חַיִּים לָסוּר מִמֹּקְשֵׁי מָוֶת׃
טו שֵׂכֶל־טוֹב יִתֶּן־חֵן וְדֶרֶךְ בֹּגְדִים אֵיתָן׃
16 כָּל־עָרוּם יַעֲשֶׂה בְדָעַת וּכְסִיל יִפְרֹשׂ אִוֶּלֶת׃
17 מַלְאָךְ רָשָׁע יִפֹּל בְּרָע וְצִיר אֱמוּנִים מַרְפֵּא׃
18 רֵישׁ וְקָלוֹן פּוֹרֵעַ מוּסָר וְשׁוֹמֵר תּוֹכַחַת יְכֻבָּד׃
19 תַּאֲוָה נִהְיָה תֶּעֱרַב לְנָפֶשׁ וְתוֹעֲבַת כְּסִילִים סוּר מֵרָע׃
כ הָלוֹךְ אֶת־חֲכָמִים וֶחְכָּם וְרֹעֶה כְסִילִים יֵרוֹעַ׃
21 חַטָּאִים תְּרַדֵּף רָעָה וְאֶת־צַדִּיקִים יְשַׁלֶּם־טוֹב׃
22 טוֹב יַנְחִיל בְּנֵי־בָנִים וְצָפוּן לַצַּדִּיק חֵיל חוֹטֵא׃
23 רָב־אֹכֶל נִיר רָאשִׁים וְיֵשׁ נִסְפֶּה בְּלֹא מִשְׁפָּט׃
24 חוֹשֵׂךְ שִׁבְטוֹ שׂוֹנֵא בְנוֹ וְאֹהֲבוֹ שִׁחֲרוֹ מוּסָר׃
כה צַדִּיק אֹכֵל לְשֹׂבַע נַפְשׁוֹ וּבֶטֶן רְשָׁעִים תֶּחְסָר׃

Cap. XIV. יד

א חַכְמוֹת נָשִׁים בָּנְתָה בֵיתָהּ וְאִוֶּלֶת בְּיָדֶיהָ תֶהֶרְסֶנּוּ׃
2 הוֹלֵךְ בְּיָשְׁרוֹ יְרֵא יְהוָה וּנְלוֹז דְּרָכָיו בּוֹזֵהוּ׃
3 בְּפִי־אֱוִיל חֹטֶר גַּאֲוָה וְשִׂפְתֵי חֲכָמִים תִּשְׁמוּרֵם׃
4 בְּאֵין אֲלָפִים אֵבוּס בָּר וְרָב־תְּבוּאוֹת בְּכֹחַ שׁוֹר׃
ה עֵד אֱמוּנִים לֹא יְכַזֵּב וְיָפִיחַ כְּזָבִים עֵד שָׁקֶר׃
6 בִּקֶּשׁ־לֵץ חָכְמָה וָאָיִן וְדַעַת לְנָבוֹן נָקָל׃
7 לֵךְ מִנֶּגֶד לְאִישׁ כְּסִיל וּבַל־יָדַעְתָּ שִׂפְתֵי־דָעַת׃

חכמת

י״ג v. 20. הולך ק׳ ibid. יחכם ק׳

חָכְמַת עָרוּם הָבִין דַּרְכּוֹ וְאִוֶּלֶת כְּסִילִים מִרְמָה׃ 8
אֱוִלִים יָלִיץ אָשָׁם וּבֵין יְשָׁרִים רָצוֹן׃ 9
לֵב יוֹדֵעַ מָרַּת נַפְשׁוֹ וּבְשִׂמְחָתוֹ לֹא־יִתְעָרַב זָר׃ י
בֵּית רְשָׁעִים יִשָּׁמֵד וְאֹהֶל יְשָׁרִים יַפְרִיחַ׃ 11
יֵשׁ דֶּרֶךְ יָשָׁר לִפְנֵי־אִישׁ וְאַחֲרִיתָהּ דַּרְכֵי־מָוֶת׃ 12
גַּם־בִּשְׂחֹק יִכְאַב־לֵב וְאַחֲרִיתָהּ שִׂמְחָה תוּגָה׃ 13
מִדְּרָכָיו יִשְׂבַּע סוּג לֵב וּמֵעָלָיו אִישׁ טוֹב׃ 14
פֶּתִי יַאֲמִין לְכָל־דָּבָר וְעָרוּם יָבִין לַאֲשֻׁרוֹ׃ טו
חָכָם יָרֵא וְסָר מֵרָע וּכְסִיל מִתְעַבֵּר וּבוֹטֵחַ׃ 16
קְצַר־אַפַּיִם יַעֲשֶׂה אִוֶּלֶת וְאִישׁ מְזִמּוֹת יִשָּׂנֵא׃ 17
נָחֲלוּ פְתָאיִם אִוֶּלֶת וַעֲרוּמִים יַכְתִּרוּ דָעַת׃ 18
שַׁחוּ רָעִים לִפְנֵי טוֹבִים וּרְשָׁעִים עַל־שַׁעֲרֵי צַדִּיק׃ 19
גַּם־לְרֵעֵהוּ יִשָּׂנֵא רָשׁ וְאֹהֲבֵי עָשִׁיר רַבִּים׃ כ
בָּז־לְרֵעֵהוּ חוֹטֵא וּמְחוֹנֵן עֲנָיִים אַשְׁרָיו׃ 21
הֲלוֹא־יִתְעוּ חֹרְשֵׁי רָע וְחֶסֶד וֶאֱמֶת חֹרְשֵׁי טוֹב׃ 22
בְּכָל־עֶצֶב יִהְיֶה מוֹתָר וּדְבַר־שְׂפָתַיִם אַךְ־לְמַחְסוֹר׃ 23
עֲטֶרֶת חֲכָמִים עָשְׁרָם אִוֶּלֶת כְּסִילִים אִוֶּלֶת׃ 24
מַצִּיל נְפָשׁוֹת עֵד אֱמֶת וְיָפִחַ כְּזָבִים מִרְמָה׃ כה
בְּיִרְאַת יְהוָה מִבְטַח־עֹז וּלְבָנָיו יִהְיֶה מַחְסֶה׃ 26
יִרְאַת יְהוָה מְקוֹר חַיִּים לָסוּר מִמֹּקְשֵׁי מָוֶת׃ 27
בְּרָב־עָם הַדְרַת־מֶלֶךְ וּבְאֶפֶס לְאֹם מְחִתַּת רָזוֹן׃ 28
אֶרֶךְ אַפַּיִם רַב־תְּבוּנָה וּקְצַר־רוּחַ מֵרִים אִוֶּלֶת׃ 29
חַיֵּי בְשָׂרִים לֵב מַרְפֵּא וּרְקַב עֲצָמוֹת קִנְאָה׃ ל
עֹשֵׁק דָּל חֵרֵף עֹשֵׂהוּ וּמְכַבְּדוֹ חֹנֵן אֶבְיוֹן׃ 31
בְּרָעָתוֹ יִדָּחֶה רָשָׁע וְחֹסֶה בְמוֹתוֹ צַדִּיק׃ 32
בְּלֵב נָבוֹן תָּנוּחַ חָכְמָה וּבְקֶרֶב כְּסִילִים תִּוָּדֵעַ׃ 33
צְדָקָה תְרוֹמֵם־גּוֹי וְחֶסֶד לְאֻמִּים חַטָּאת׃ 34
רְצוֹן־מֶלֶךְ לְעֶבֶד מַשְׂכִּיל וְעֶבְרָתוֹ תִּהְיֶה מֵבִישׁ׃ לה

יד v. 21. ענוים ק'

מענה־רך

טו CAP. XV. טו

א מַעֲנֶה־רַּךְ יָשִׁיב חֵמָה וּדְבַר־עֶצֶב יַעֲלֶה־אָף׃
2 לְשׁוֹן חֲכָמִים תֵּיטִיב דָּעַת וּפִי כְסִילִים יַבִּיעַ אִוֶּלֶת׃
3 בְּכָל־מָקוֹם עֵינֵי יְהוָה צֹפוֹת רָעִים וְטוֹבִים׃
4 מַרְפֵּא לָשׁוֹן עֵץ חַיִּים וְסֶלֶף בָּהּ שֶׁבֶר בְּרוּחַ׃
ה אֱוִיל יִנְאַץ מוּסַר אָבִיו וְשֹׁמֵר תּוֹכַחַת יַעְרִם׃
6 בֵּית צַדִּיק חֹסֶן רָב וּבִתְבוּאַת רָשָׁע נֶעְכָּרֶת׃
7 שִׂפְתֵי חֲכָמִים יְזָרוּ דָעַת וְלֵב כְּסִילִים לֹא־כֵן׃
8 זֶבַח רְשָׁעִים תּוֹעֲבַת יְהוָה וּתְפִלַּת יְשָׁרִים רְצוֹנוֹ׃
9 תּוֹעֲבַת יְהוָה דֶּרֶךְ רָשָׁע וּמְרַדֵּף צְדָקָה יֶאֱהָב׃
י מוּסָר רָע לְעֹזֵב אֹרַח שׂוֹנֵא תוֹכַחַת יָמוּת׃
11 שְׁאוֹל וַאֲבַדּוֹן נֶגֶד יְהוָה אַף כִּי־לִבּוֹת בְּנֵי־אָדָם׃
12 לֹא יֶאֱהַב־לֵץ הוֹכֵחַ לוֹ אֶל־חֲכָמִים לֹא יֵלֵךְ׃
13 לֵב שָׂמֵחַ יֵיטִב פָּנִים וּבְעַצְּבַת־לֵב רוּחַ נְכֵאָה׃
14 לֵב נָבוֹן יְבַקֶּשׁ־דָּעַת וּפְנֵי כְסִילִים יִרְעֶה אִוֶּלֶת׃
טו כָּל־יְמֵי עָנִי רָעִים וְטוֹב־לֵב מִשְׁתֶּה תָמִיד׃
16 טוֹב־מְעַט בְּיִרְאַת יְהוָה מֵאוֹצָר רָב וּמְהוּמָה בוֹ׃
17 טוֹב אֲרֻחַת יָרָק וְאַהֲבָה־שָׁם מִשּׁוֹר אָבוּס וְשִׂנְאָה־בוֹ׃
18 אִישׁ חֵמָה יְגָרֶה מָדוֹן וְאֶרֶךְ אַפַּיִם יַשְׁקִיט רִיב׃
19 דֶּרֶךְ עָצֵל כִּמְשֻׂכַת חָדֶק וְאֹרַח יְשָׁרִים סְלֻלָה׃
כ בֵּן חָכָם יְשַׂמַּח־אָב וּכְסִיל אָדָם בּוֹזֶה אִמּוֹ׃
21 אִוֶּלֶת שִׂמְחָה לַחֲסַר־לֵב וְאִישׁ תְּבוּנָה יְיַשֶּׁר־לָכֶת׃
22 הָפֵר מַחֲשָׁבוֹת בְּאֵין סוֹד וּבְרֹב יוֹעֲצִים תָּקוּם׃
23 שִׂמְחָה לָאִישׁ בְּמַעֲנֵה־פִיו וְדָבָר בְּעִתּוֹ מַה־טּוֹב׃
24 אֹרַח חַיִּים לְמַעְלָה לְמַשְׂכִּיל לְמַעַן סוּר מִשְּׁאוֹל מָטָּה׃
כה בֵּית גֵּאִים יִסַּח ׀ יְהוָה וְיַצֵּב גְּבוּל אַלְמָנָה׃
26 תּוֹעֲבַת יְהוָה מַחְשְׁבוֹת רָע וּטְהֹרִים אִמְרֵי־נֹעַם׃

עכר

ט״ו v. 14. ופי ק׳

27 עֹכֵר בֵּיתוֹ בּוֹצֵעַ בָּצַע וְשׂוֹנֵא מַתָּנֹת יִחְיֶה׃
28 לֵב צַדִּיק יֶהְגֶּה לַעֲנוֹת וּפִי רְשָׁעִים יַבִּיעַ רָעוֹת׃
29 רָחוֹק יְהוָה מֵרְשָׁעִים וּתְפִלַּת צַדִּיקִים יִשְׁמָע׃
ל מְאוֹר־עֵינַיִם יְשַׂמַּח־לֵב שְׁמוּעָה טוֹבָה תְּדַשֶּׁן־עָצֶם׃
31 אֹזֶן שֹׁמַעַת תּוֹכַחַת חַיִּים בְּקֶרֶב חֲכָמִים תָּלִין׃
32 פּוֹרֵעַ מוּסָר מוֹאֵס נַפְשׁוֹ וְשׁוֹמֵעַ תּוֹכַחַת קוֹנֶה לֵּב׃
33 יִרְאַת יְהוָה מוּסַר חָכְמָה וְלִפְנֵי כָבוֹד עֲנָוָה׃

טז CAP. XVI. טז

א לְאָדָם מַעַרְכֵי־לֵב וּמֵיְהוָה מַעֲנֵה לָשׁוֹן׃
2 כָּל־דַּרְכֵי־אִישׁ זַךְ בְּעֵינָיו וְתֹכֵן רוּחוֹת יְהוָה׃
3 גֹּל אֶל־יְהוָה מַעֲשֶׂיךָ וְיִכֹּנוּ מַחְשְׁבֹתֶיךָ׃
4 כֹּל פָּעַל יְהוָה לַמַּעֲנֵהוּ וְגַם־רָשָׁע לְיוֹם רָעָה׃
ה תּוֹעֲבַת יְהוָה כָּל־גְּבַהּ־לֵב יָד לְיָד לֹא יִנָּקֶה׃
6 בְּחֶסֶד וֶאֱמֶת יְכֻפַּר עָוֺן וּבְיִרְאַת יְהוָה סוּר מֵרָע׃
7 בִּרְצוֹת יְהוָה דַּרְכֵי־אִישׁ גַּם־אוֹיְבָיו יַשְׁלִם אִתּוֹ׃
8 טוֹב־מְעַט בִּצְדָקָה מֵרֹב תְּבוּאוֹת בְּלֹא מִשְׁפָּט׃
9 לֵב אָדָם יְחַשֵּׁב דַּרְכּוֹ וַיהוָה יָכִין צַעֲדוֹ׃
י קֶסֶם ׀ עַל־שִׂפְתֵי־מֶלֶךְ בְּמִשְׁפָּט לֹא יִמְעַל־פִּיו׃
11 פֶּלֶס ׀ וּמֹאזְנֵי מִשְׁפָּט לַיהוָה מַעֲשֵׂהוּ כָּל־אַבְנֵי־כִיס׃
12 תּוֹעֲבַת מְלָכִים עֲשׂוֹת רֶשַׁע כִּי בִצְדָקָה יִכּוֹן כִּסֵּא׃
13 רְצוֹן מְלָכִים שִׂפְתֵי־צֶדֶק וְדֹבֵר יְשָׁרִים יֶאֱהָב׃
14 חֲמַת־מֶלֶךְ מַלְאֲכֵי־מָוֶת וְאִישׁ חָכָם יְכַפְּרֶנָּה׃
טו בְּאוֹר־פְּנֵי־מֶלֶךְ חַיִּים וּרְצוֹנוֹ כְּעָב מַלְקוֹשׁ׃
16 קְנֹה־חָכְמָה מַה־טּוֹב מֵחָרוּץ וּקְנוֹת בִּינָה נִבְחָר מִכָּסֶף׃
17 מְסִלַּת יְשָׁרִים סוּר מֵרָע שֹׁמֵר נַפְשׁוֹ נֹצֵר דַּרְכּוֹ׃
18 לִפְנֵי־שֶׁבֶר גָּאוֹן וְלִפְנֵי כִשָּׁלוֹן גֹּבַהּ רוּחַ׃
19 טוֹב שְׁפַל־רוּחַ אֶת־עֲנָוִים מֵחַלֵּק שָׁלָל אֶת־גֵּאִים׃

ט״ז v. 18. חצי הספר בפסוקים v. 19. ענוים ק׳

משכיל

כ מַשְׂכִּיל עַל־דָּבָר יִמְצָא־טוֹב וּבוֹטֵחַ בַּיהוָה אַשְׁרָיו׃
21 לַחֲכַם־לֵב יִקָּרֵא נָבוֹן וּמֶתֶק שְׂפָתַיִם יֹסִיף לֶקַח׃
22 מְקוֹר חַיִּים שֵׂכֶל בְּעָלָיו וּמוּסַר אֱוִלִים אִוֶּלֶת׃
23 לֵב חָכָם יַשְׂכִּיל פִּיהוּ וְעַל־שְׂפָתָיו יֹסִיף לֶקַח׃
24 צוּף־דְּבַשׁ אִמְרֵי־נֹעַם מָתוֹק לַנֶּפֶשׁ וּמַרְפֵּא לָעָצֶם׃
כה יֵשׁ דֶּרֶךְ יָשָׁר לִפְנֵי־אִישׁ וְאַחֲרִיתָהּ דַּרְכֵי־מָוֶת׃
26 נֶפֶשׁ עָמֵל עָמְלָה לּוֹ כִּי־אָכַף עָלָיו פִּיהוּ׃
27 אִישׁ בְּלִיַּעַל כֹּרֶה רָעָה וְעַל־שְׂפָתָיו כְּאֵשׁ צָרָבֶת׃
28 אִישׁ תַּהְפֻּכוֹת יְשַׁלַּח מָדוֹן וְנִרְגָּן מַפְרִיד אַלּוּף׃
29 אִישׁ חָמָס יְפַתֶּה רֵעֵהוּ וְהוֹלִיכוֹ בְּדֶרֶךְ לֹא־טוֹב׃
ל עֹצֶה עֵינָיו לַחְשֹׁב תַּהְפֻּכוֹת קֹרֵץ שְׂפָתָיו כִּלָּה רָעָה׃
31 עֲטֶרֶת תִּפְאֶרֶת שֵׂיבָה בְּדֶרֶךְ צְדָקָה תִּמָּצֵא׃
32 טוֹב אֶרֶךְ אַפַּיִם מִגִּבּוֹר וּמֹשֵׁל בְּרוּחוֹ מִלֹּכֵד עִיר׃
33 בַּחֵיק יוּטַל אֶת־הַגּוֹרָל וּמֵיְהוָה כָּל־מִשְׁפָּטוֹ׃

יז CAP. XVII. יז

א טוֹב פַּת חֲרֵבָה וְשַׁלְוָה־בָהּ מִבַּיִת מָלֵא זִבְחֵי־רִיב׃
2 עֶבֶד־מַשְׂכִּיל יִמְשֹׁל בְּבֵן מֵבִישׁ וּבְתוֹךְ אַחִים יַחֲלֹק נַחֲלָה׃
3 מַצְרֵף לַכֶּסֶף וְכוּר לַזָּהָב וּבֹחֵן לִבּוֹת יְהוָה׃
4 מֵרַע מַקְשִׁיב עַל־שְׂפַת־אָוֶן שֶׁקֶר מֵזִין עַל־לְשׁוֹן הַוֺּת׃
ה לֹעֵג לָרָשׁ חֵרֵף עֹשֵׂהוּ שָׂמֵחַ לְאֵיד לֹא יִנָּקֶה׃
6 עֲטֶרֶת זְקֵנִים בְּנֵי בָנִים וְתִפְאֶרֶת בָּנִים אֲבוֹתָם׃
7 לֹא־נָאוָה לְנָבָל שְׂפַת־יֶתֶר אַף כִּי־לְנָדִיב שְׂפַת־שָׁקֶר׃
8 אֶבֶן־חֵן הַשֹּׁחַד בְּעֵינֵי בְעָלָיו אֶל־כָּל־אֲשֶׁר יִפְנֶה יַשְׂכִּיל׃
9 מְכַסֶּה־פֶּשַׁע מְבַקֵּשׁ אַהֲבָה וְשֹׁנֶה בְדָבָר מַפְרִיד אַלּוּף׃
י תֵּחַת גְּעָרָה בְמֵבִין מֵהַכּוֹת כְּסִיל מֵאָה׃
11 אַךְ־מְרִי יְבַקֶּשׁ־רָע וּמַלְאָךְ אַכְזָרִי יְשֻׁלַּח־בּוֹ׃
12 פָּגוֹשׁ דֹּב שַׁכּוּל בְּאִישׁ וְאַל־כְּסִיל בְּאִוַּלְתּוֹ׃

ס״ן v. 27. שפתו ק׳ v. 28. נון זעירא

13 מֵשִׁיב רָעָה תַּחַת טוֹבָה לֹא־תָמִישׁ רָעָה מִבֵּיתוֹ׃
14 פּוֹטֵר מַיִם רֵאשִׁית מָדוֹן וְלִפְנֵי הִתְגַּלַּע הָרִיב נְטוֹשׁ׃
טו מַצְדִּיק רָשָׁע וּמַרְשִׁיעַ צַדִּיק תּוֹעֲבַת יְהוָה גַּם־שְׁנֵיהֶם׃
16 לָמָּה־זֶּה מְחִיר בְּיַד־כְּסִיל לִקְנוֹת חָכְמָה וְלֶב־אָיִן׃
17 בְּכָל־עֵת אֹהֵב הָרֵעַ וְאָח לְצָרָה יִוָּלֵד׃
18 אָדָם חֲסַר־לֵב תּוֹקֵעַ כָּף עֹרֵב עֲרֻבָּה לִפְנֵי רֵעֵהוּ׃
19 אֹהֵב פֶּשַׁע אֹהֵב מַצָּה מַגְבִּיהַּ פִּתְחוֹ מְבַקֶּשׁ־שָׁבֶר׃
כ עִקֶּשׁ־לֵב לֹא יִמְצָא־טוֹב וְנֶהְפָּךְ בִּלְשׁוֹנוֹ יִפּוֹל בְּרָעָה׃
21 יֹלֵד כְּסִיל לְתוּגָה לוֹ וְלֹא־יִשְׂמַח אֲבִי נָבָל׃
22 לֵב שָׂמֵחַ יֵיטִב גֵּהָה וְרוּחַ נְכֵאָה תְּיַבֶּשׁ־גָּרֶם׃
23 שֹׁחַד מֵחֵק רָשָׁע יִקָּח לְהַטּוֹת אָרְחוֹת מִשְׁפָּט׃
24 אֶת־פְּנֵי מֵבִין חָכְמָה וְעֵינֵי כְסִיל בִּקְצֵה־אָרֶץ׃
כה כַּעַס לְאָבִיו בֵּן כְּסִיל וּמֶמֶר לְיוֹלַדְתּוֹ׃
26 גַּם עֲנוֹשׁ לַצַּדִּיק לֹא־טוֹב לְהַכּוֹת נְדִיבִים עַל־יֹשֶׁר׃
27 חוֹשֵׂךְ אֲמָרָיו יוֹדֵעַ דָּעַת וְקַר־רוּחַ אִישׁ תְּבוּנָה׃
28 גַּם אֱוִיל מַחֲרִישׁ חָכָם יֵחָשֵׁב אֹטֵם שְׂפָתָיו נָבוֹן׃

יח Cap. XVIII. יח

א לְתַאֲוָה יְבַקֵּשׁ נִפְרָד בְּכָל־תּוּשִׁיָּה יִתְגַּלָּע׃
2 לֹא־יַחְפֹּץ כְּסִיל בִּתְבוּנָה כִּי אִם־בְּהִתְגַּלּוֹת לִבּוֹ׃
3 בְּבוֹא־רָשָׁע בָּא גַם־בּוּז וְעִם־קָלוֹן חֶרְפָּה׃
4 מַיִם עֲמֻקִּים דִּבְרֵי פִי־אִישׁ נַחַל נֹבֵעַ מְקוֹר חָכְמָה׃
ה שְׂאֵת פְּנֵי־רָשָׁע לֹא־טוֹב לְהַטּוֹת צַדִּיק בַּמִּשְׁפָּט׃
6 שִׂפְתֵי כְסִיל יָבֹאוּ בְרִיב וּפִיו לְמַהֲלֻמוֹת יִקְרָא׃
7 פִּי־כְסִיל מְחִתָּה־לוֹ וּשְׂפָתָיו מוֹקֵשׁ נַפְשׁוֹ׃
8 דִּבְרֵי נִרְגָּן כְּמִתְלַהֲמִים וְהֵם יָרְדוּ חַדְרֵי־בָטֶן׃
9 גַּם מִתְרַפֶּה בִמְלַאכְתּוֹ אָח הוּא לְבַעַל מַשְׁחִית׃
י מִגְדַּל־עֹז שֵׁם יְהוָה בּוֹ־יָרוּץ צַדִּיק וְנִשְׂגָּב׃

רי״ן v. 13. תמוש ק׳ v. 27. יקר ק׳

11 הוֹן עָשִׁיר קִרְיַת עֻזּוֹ וּכְחוֹמָה נִשְׂגָּבָה בְּמַשְׂכִּיתוֹ׃
12 לִפְנֵי־שֶׁבֶר יִגְבַּהּ לֶב־אִישׁ וְלִפְנֵי כָבוֹד עֲנָוָה׃
13 מֵשִׁיב דָּבָר בְּטֶרֶם יִשְׁמָע אִוֶּלֶת הִיא־לוֹ וּכְלִמָּה׃
14 רוּחַ־אִישׁ יְכַלְכֵּל מַחֲלֵהוּ וְרוּחַ נְכֵאָה מִי יִשָּׂאֶנָּה׃
סו לֵב נָבוֹן יִקְנֶה־דָּעַת וְאֹזֶן חֲכָמִים תְּבַקֶּשׁ־דָּעַת׃
16 מַתָּן אָדָם יַרְחִיב לוֹ וְלִפְנֵי גְדֹלִים יַנְחֶנּוּ׃
17 צַדִּיק הָרִאשׁוֹן בְּרִיבוֹ יָבֹא־רֵעֵהוּ וַחֲקָרוֹ׃
18 מִדְיָנִים יַשְׁבִּית הַגּוֹרָל וּבֵין עֲצוּמִים יַפְרִיד׃
19 אָח נִפְשָׁע מִקִּרְיַת־עֹז וּמִדְוָנִים כִּבְרִיחַ אַרְמוֹן׃
כ מִפְּרִי פִי־אִישׁ תִּשְׂבַּע בִּטְנוֹ תְּבוּאַת שְׂפָתָיו יִשְׂבָּע׃
21 מָוֶת וְחַיִּים בְּיַד־לָשׁוֹן וְאֹהֲבֶיהָ יֹאכַל פִּרְיָהּ׃
22 מָצָא אִשָּׁה מָצָא טוֹב וַיָּפֶק רָצוֹן מֵיְהוָה׃
23 תַּחֲנוּנִים יְדַבֶּר־רָשׁ וְעָשִׁיר יַעֲנֶה עַזּוֹת׃
24 אִישׁ רֵעִים לְהִתְרֹעֵעַ וְיֵשׁ אֹהֵב דָּבֵק מֵאָח׃

CAP. XIX. יט

יט

א טוֹב־רָשׁ הוֹלֵךְ בְּתֻמּוֹ מֵעִקֵּשׁ שְׂפָתָיו וְהוּא כְסִיל׃
2 גַּם בְּלֹא־דַעַת נֶפֶשׁ לֹא־טוֹב וְאָץ בְּרַגְלַיִם חוֹטֵא׃
3 אִוֶּלֶת אָדָם תְּסַלֵּף דַּרְכּוֹ וְעַל־יְהוָה יִזְעַף לִבּוֹ׃
4 הוֹן יֹסִיף רֵעִים רַבִּים וְדָל מֵרֵעֵהוּ יִפָּרֵד׃
ה עֵד שְׁקָרִים לֹא יִנָּקֶה וְיָפִיחַ כְּזָבִים לֹא יִמָּלֵט׃
6 רַבִּים יְחַלּוּ פְנֵי־נָדִיב וְכָל־הָרֵעַ לְאִישׁ מַתָּן׃
7 כָּל אֲחֵי־רָשׁ ׀ שְׂנֵאֻהוּ אַף כִּי מְרֵעֵהוּ רָחֲקוּ מִמֶּנּוּ
8 מְרַדֵּף אֲמָרִים לֹא־הֵמָּה׃ קֹנֶה־לֵּב אֹהֵב נַפְשׁוֹ
9 שֹׁמֵר תְּבוּנָה לִמְצֹא־טוֹב׃ עֵד שְׁקָרִים לֹא יִנָּקֶה
י וְיָפִיחַ כְּזָבִים יֹאבֵד׃ לֹא־נָאוֶה לִכְסִיל תַּעֲנוּג
11 אַף כִּי־לְעֶבֶד ׀ מְשֹׁל בְּשָׂרִים׃ שֵׂכֶל אָדָם הֶאֱרִיךְ אַפּוֹ
12 וְתִפְאַרְתּוֹ עֲבֹר עַל־פָּשַׁע׃ נַהַם כַּכְּפִיר זַעַף מֶלֶךְ

וכטל

י״ח v. 17. ובא ק׳ v. 19. ומדינים ק׳ י״ט v. 7. לו ק׳

13 וּכְטַל עַל־עֵשֶׂב רְצוֹנוֹ׃ הַוֺּת לְאָבִיו בֵּן כְּסִיל
14 וְדֶלֶף טֹרֵד מִדְיְנֵי אִשָּׁה׃ בַּיִת וָהוֹן נַחֲלַת אָבוֹת
טו וּמֵיְהוָה אִשָּׁה מַשְׂכָּלֶת׃ עַצְלָה תַּפִּיל תַּרְדֵּמָה
16 וְנֶפֶשׁ רְמִיָּה תִרְעָב׃ שֹׁמֵר מִצְוָה שֹׁמֵר נַפְשׁוֹ
17 בּוֹזֵה דְרָכָיו יוּמָת׃ מַלְוֵה יְהוָה חוֹנֵן דָּל
18 וּגְמֻלוֹ יְשַׁלֶּם־לוֹ׃ יַסֵּר בִּנְךָ כִּי־יֵשׁ תִּקְוָה
19 וְאֶל־הֲמִיתוֹ אַל־תִּשָּׂא נַפְשֶׁךָ׃ גְּרָל־חֵמָה נֹשֵׂא עֹנֶשׁ
כ כִּי אִם־תַּצִּיל וְעוֹד תּוֹסִף׃ שְׁמַע עֵצָה וְקַבֵּל מוּסָר
21 לְמַעַן תֶּחְכַּם בְּאַחֲרִיתֶךָ׃ רַבּוֹת מַחֲשָׁבוֹת בְּלֶב־אִישׁ
22 וַעֲצַת יְהוָה הִיא תָקוּם׃ תַּאֲוַת אָדָם חַסְדּוֹ
23 וְטוֹב־רָשׁ מֵאִישׁ כָּזָב׃ יִרְאַת יְהוָה לְחַיִּים
24 וְשָׂבֵעַ יָלִין בַּל־יִפָּקֶד רָע׃ טָמַן עָצֵל יָדוֹ בַּצַּלָּחַת
כה גַּם־אֶל־פִּיהוּ לֹא יְשִׁיבֶנָּה׃ לֵץ תַּכֶּה וּפֶתִי יַעְרִם
26 וְהוֹכִיחַ לְנָבוֹן יָבִין דָּעַת׃ מְשַׁדֶּד־אָב יַבְרִיחַ אֵם
27 בֵּן מֵבִישׁ וּמַחְפִּיר׃ חֲדַל־בְּנִי לִשְׁמֹעַ מוּסָר
28 לִשְׁגוֹת מֵאִמְרֵי־דָעַת׃ עֵד בְּלִיַּעַל יָלִיץ מִשְׁפָּט
29 וּפִי רְשָׁעִים יְבַלַּע־אָוֶן׃ נָכוֹנוּ לַלֵּצִים שְׁפָטִים
וּמַהֲלֻמוֹת לְגֵו כְּסִילִים׃

כ Cap. XX. כ

א לֵץ הַיַּיִן הֹמֶה שֵׁכָר וְכָל־שֹׁגֶה בּוֹ לֹא יֶחְכָּם׃
2 נַהַם כַּכְּפִיר אֵימַת מֶלֶךְ מִתְעַבְּרוֹ חוֹטֵא נַפְשׁוֹ׃
3 כָּבוֹד לָאִישׁ שֶׁבֶת מֵרִיב וְכָל־אֱוִיל יִתְגַּלָּע׃
4 מֵחֹרֶף עָצֵל לֹא־יַחֲרֹשׁ יִשְׁאַל בַּקָּצִיר וָאָיִן׃
ה מַיִם עֲמֻקִּים עֵצָה בְלֶב־אִישׁ וְאִישׁ תְּבוּנָה יִדְלֶנָּה׃
6 רָב־אָדָם יִקְרָא אִישׁ חַסְדּוֹ וְאִישׁ אֱמוּנִים מִי יִמְצָא׃
7 מִתְהַלֵּךְ בְּתֻמּוֹ צַדִּיק אַשְׁרֵי בָנָיו אַחֲרָיו׃
8 מֶלֶךְ יוֹשֵׁב עַל־כִּסֵּא־דִין מְזָרֶה בְעֵינָיו כָּל־רָע׃

מי־יאמר

י״ט v. 16 ימות ק׳ v. 19 גדל ק׳ כ׳ v. 4 ושאל ק׳

9 מִי־יֹאמַר זִכִּיתִי לִבִּי   טָהַרְתִּי מֵחַטָּאתִי׃
י אֶבֶן וָאֶבֶן אֵיפָה וְאֵיפָה   תּוֹעֲבַת יְהוָה גַּם־שְׁנֵיהֶם׃
11 גַּם בְּמַעֲלָלָיו יִתְנַכֶּר־נָעַר   אִם־זַךְ וְאִם־יָשָׁר פָּעֳלוֹ׃
12 אֹזֶן שֹׁמַעַת וְעַיִן רֹאָה   יְהוָה עָשָׂה גַם־שְׁנֵיהֶם׃
13 אַל־תֶּאֱהַב שֵׁנָה פֶּן־תִּוָּרֵשׁ   פְּקַח עֵינֶיךָ שְׂבַע־לָחֶם׃
14 רַע רַע יֹאמַר הַקּוֹנֶה   וְאֹזֵל לוֹ אָז יִתְהַלָּל׃
טו יֵשׁ זָהָב וְרָב־פְּנִינִים   וּכְלִי יְקָר שִׂפְתֵי־דָעַת׃
16 לְקַח־בִּגְדוֹ כִּי־עָרַב זָר   וּבְעַד נָכְרִים חַבְלֵהוּ׃
17 עָרֵב לָאִישׁ לֶחֶם שָׁקֶר   וְאַחַר יִמָּלֵא־פִיהוּ חָצָץ׃
18 מַחֲשָׁבוֹת בְּעֵצָה תִכּוֹן   וּבְתַחְבֻּלוֹת עֲשֵׂה מִלְחָמָה׃
19 גּוֹלֶה־סּוֹד הוֹלֵךְ רָכִיל   וּלְפֹתֶה שְׂפָתָיו לֹא תִתְעָרָב׃
כ מְקַלֵּל אָבִיו וְאִמּוֹ   יִדְעַךְ נֵרוֹ בֶּאֱישׁוּן חֹשֶׁךְ׃
21 נַחֲלָה מְבֻחֶלֶת בָּרִאשֹׁנָה   וְאַחֲרִיתָהּ לֹא תְבֹרָךְ׃
22 אַל־תֹּאמַר אֲשַׁלְּמָה־רָע   קַוֵּה לַיהוָה וְיֹשַׁע לָךְ׃
23 תּוֹעֲבַת יְהוָה אֶבֶן וָאָבֶן   וּמֹאזְנֵי מִרְמָה לֹא־טוֹב׃
24 מֵיְהוָה מִצְעֲדֵי־גָבֶר   וְאָדָם מַה־יָּבִין דַּרְכּוֹ׃
כה מוֹקֵשׁ אָדָם יָלַע קֹדֶשׁ   וְאַחַר נְדָרִים לְבַקֵּר׃
26 מְזָרֶה רְשָׁעִים מֶלֶךְ חָכָם   וַיָּשֶׁב עֲלֵיהֶם אוֹפָן׃
27 נֵר יְהוָה נִשְׁמַת אָדָם   חֹפֵשׂ כָּל־חַדְרֵי־בָטֶן׃
28 חֶסֶד וֶאֱמֶת יִצְּרוּ־מֶלֶךְ   וְסָעַד בַּחֶסֶד כִּסְאוֹ׃
29 תִּפְאֶרֶת בַּחוּרִים כֹּחָם   וַהֲדַר זְקֵנִים שֵׂיבָה׃
ל חַבֻּרוֹת פֶּצַע תַּמְרִיק בְּרָע   וּמַכּוֹת חַדְרֵי־בָטֶן׃

כא CAP. XXI. כא

א פַּלְגֵי־מַיִם לֶב־מֶלֶךְ בְּיַד־יְהוָה   עַל־כָּל־אֲשֶׁר יַחְפֹּץ יַטֶּנּוּ׃
2 כָּל־דֶּרֶךְ־אִישׁ יָשָׁר בְּעֵינָיו   וְתֹכֵן לִבּוֹת יְהוָה׃
3 עֲשֹׂה צְדָקָה וּמִשְׁפָּט   נִבְחָר לַיהוָה מִזָּבַח׃
4 רוּם־עֵינַיִם וּרְחַב־לֵב   נִר רְשָׁעִים חַטָּאת׃

מחשבות

כ׳ v. 16. נכריה ק׳ v. 20. באשון ק׳ v. 21. מבהלת ק׳
v. 30. תמרוק ק׳

ה מַחְשְׁבוֹת חָרוּץ אַךְ־לְמוֹתָר וְכָל־אָץ אַךְ־לְמַחְסוֹר׃
6 פֹּעַל אֹצָרוֹת בִּלְשׁוֹן שָׁקֶר הֶבֶל נִדָּף מְבַקְשֵׁי־מָוֶת׃
7 שֹׁד־רְשָׁעִים יְגוֹרֵם כִּי מֵאֲנוּ לַעֲשׂוֹת מִשְׁפָּט׃
8 הֲפַכְפַּךְ דֶּרֶךְ אִישׁ וָזָר וְזַךְ יָשָׁר פָּעֳלוֹ׃
9 טוֹב לָשֶׁבֶת עַל־פִּנַּת־גָּג מֵאֵשֶׁת מִדְוָנִים וּבֵית חָבֶר׃
י נֶפֶשׁ רָשָׁע אִוְּתָה־רָע לֹא־יֻחַן בְּעֵינָיו רֵעֵהוּ׃
11 בַּעְנָשׁ־לֵץ יֶחְכַּם־פֶּתִי וּבְהַשְׂכִּיל לְחָכָם יִקַּח־דָּעַת׃
12 מַשְׂכִּיל צַדִּיק לְבֵית רָשָׁע מְסַלֵּף רְשָׁעִים לָרָע׃
13 אֹטֵם אָזְנוֹ מִזַּעֲקַת־דָּל גַּם־הוּא יִקְרָא וְלֹא יֵעָנֶה׃
14 מַתָּן בַּסֵּתֶר יִכְפֶּה־אָף וְשֹׁחַד בַּחֵק חֵמָה עַזָּה׃
טו שִׂמְחָה לַצַּדִּיק עֲשׂוֹת מִשְׁפָּט וּמְחִתָּה לְפֹעֲלֵי אָוֶן׃
16 אָדָם תּוֹעֶה מִדֶּרֶךְ הַשְׂכֵּל בִּקְהַל רְפָאִים יָנוּחַ׃
17 אִישׁ מַחְסוֹר אֹהֵב שִׂמְחָה אֹהֵב יַיִן־וָשֶׁמֶן לֹא יַעֲשִׁיר׃
18 כֹּפֶר לַצַּדִּיק רָשָׁע וְתַחַת יְשָׁרִים בּוֹגֵד׃
19 טוֹב שֶׁבֶת בְּאֶרֶץ־מִדְבָּר מֵאֵשֶׁת מִדְוָנִים וָכָעַס׃
כ אוֹצָר ׀ נֶחְמָד וָשֶׁמֶן בִּנְוֵה חָכָם וּכְסִיל אָדָם יְבַלְּעֶנּוּ׃
21 רֹדֵף צְדָקָה וָחָסֶד יִמְצָא חַיִּים צְדָקָה וְכָבוֹד׃
22 עִיר גִּבֹּרִים עָלָה חָכָם וַיֹּרֶד עֹז מִבְטֶחָה׃
23 שֹׁמֵר פִּיו וּלְשׁוֹנוֹ שֹׁמֵר מִצָּרוֹת נַפְשׁוֹ׃
24 זֵד יָהִיר לֵץ שְׁמוֹ עוֹשֶׂה בְּעֶבְרַת זָדוֹן׃
כה תַּאֲוַת עָצֵל תְּמִיתֶנּוּ כִּי־מֵאֲנוּ יָדָיו לַעֲשׂוֹת׃
26 כָּל־הַיּוֹם הִתְאַוָּה תַאֲוָה וְצַדִּיק יִתֵּן וְלֹא יַחְשֹׂךְ׃
27 זֶבַח רְשָׁעִים תּוֹעֵבָה אַף כִּי־בְזִמָּה יְבִיאֶנּוּ׃
28 עֵד־כְּזָבִים יֹאבֵד וְאִישׁ שׁוֹמֵעַ לָנֶצַח יְדַבֵּר׃
29 הֵעֵז אִישׁ רָשָׁע בְּפָנָיו וְיָשָׁר הוּא ׀ יָכִין דַּרְכָיו׃
ל אֵין חָכְמָה וְאֵין תְּבוּנָה וְאֵין עֵצָה לְנֶגֶד יְהוָה׃
31 סוּס מוּכָן לְיוֹם מִלְחָמָה וְלַיהוָה הַתְּשׁוּעָה׃

נבחר

כ״א vv. 9, 19. מדינים ק׳ v. 29. יבין ק׳ ibid. דרכו ק׳

כב CAP. XXII. כב

א נִבְחָר שֵׁם מֵעֹשֶׁר רָב מִכֶּסֶף וּמִזָּהָב חֵן טוֹב׃
2 עָשִׁיר וָרָשׁ נִפְגָּשׁוּ עֹשֵׂה כֻלָּם יְהוָה׃
3 עָרוּם ׀ רָאָה רָעָה וְיִסְתָּר וּפְתָיִים עָבְרוּ וְנֶעֱנָשׁוּ׃
4 עֵקֶב עֲנָוָה יִרְאַת יְהוָה עֹשֶׁר וְכָבוֹד וְחַיִּים׃
ה צִנִּים פַּחִים בְּדֶרֶךְ עִקֵּשׁ שׁוֹמֵר נַפְשׁוֹ יִרְחַק מֵהֶם׃
6 חֲנֹךְ לַנַּעַר עַל־פִּי דַרְכּוֹ גַּם כִּי־יַזְקִין לֹא־יָסוּר מִמֶּנָּה׃
7 עָשִׁיר בְּרָשִׁים יִמְשׁוֹל וְעֶבֶד לֹוֶה לְאִישׁ מַלְוֶה׃
8 זוֹרֵעַ עַוְלָה יִקְצוֹר־אָוֶן וְשֵׁבֶט עֶבְרָתוֹ יִכְלֶה׃
9 טוֹב־עַיִן הוּא יְבֹרָךְ כִּי־נָתַן מִלַּחְמוֹ לַדָּל׃
י גָּרֵשׁ לֵץ וְיֵצֵא מָדוֹן וְיִשְׁבֹּת דִּין וְקָלוֹן׃
11 אֹהֵב טְהוֹר־לֵב חֵן שְׂפָתָיו רֵעֵהוּ מֶלֶךְ׃
12 עֵינֵי יְהוָה נָצְרוּ דָעַת וַיְסַלֵּף דִּבְרֵי בֹגֵד׃
13 אָמַר עָצֵל אֲרִי בַחוּץ בְּתוֹךְ רְחֹבוֹת אֵרָצֵחַ׃
14 שׁוּחָה עֲמֻקָּה פִּי זָרוֹת זְעוּם יְהוָה יִפּוֹל־שָׁם׃
טו אִוֶּלֶת קְשׁוּרָה בְלֶב־נָעַר שֵׁבֶט מוּסָר יַרְחִיקֶנָּה מִמֶּנּוּ׃
16 עֹשֵׁק דָּל לְהַרְבּוֹת לוֹ נֹתֵן לְעָשִׁיר אַךְ־לְמַחְסוֹר׃
17 הַט אָזְנְךָ וּשְׁמַע דִּבְרֵי חֲכָמִים וְלִבְּךָ תָּשִׁית לְדַעְתִּי׃
18 כִּי־נָעִים כִּי־תִשְׁמְרֵם בְּבִטְנֶךָ יִכֹּנוּ יַחְדָּו עַל־שְׂפָתֶיךָ׃
19 לִהְיוֹת בַּיהוָה מִבְטַחֶךָ הוֹדַעְתִּיךָ הַיּוֹם אַף־אָתָּה׃
כ הֲלֹא כָתַבְתִּי לְךָ שָׁלִשׁוֹם בְּמֹעֵצוֹת וָדָעַת׃
21 לְהוֹדִיעֲךָ קֹשְׁטְ אִמְרֵי אֱמֶת לְהָשִׁיב אֲמָרִים אֱמֶת לְשֹׁלְחֶךָ׃
22 אַל־תִּגְזָל־דָּל כִּי דַל־הוּא וְאַל־תְּדַכֵּא עָנִי בַשָּׁעַר׃
23 כִּי־יְהוָה יָרִיב רִיבָם וְקָבַע אֶת־קֹבְעֵיהֶם נָפֶשׁ׃
24 אַל־תִּתְרַע אֶת־בַּעַל אָף וְאֶת־אִישׁ חֵמוֹת לֹא תָבוֹא׃
כה פֶּן־תֶּאֱלַף אֹרְחֹתָו וְלָקַחְתָּ מוֹקֵשׁ לְנַפְשֶׁךָ׃
26 אַל־תְּהִי בְתֹקְעֵי־כָף בַּעֹרְבִים מַשָּׁאוֹת׃

אם־אין־לך

כ״ב v. 3. ונסתר ק׳ vv. 8, 11, 14. יתיר ו׳
v. 20. שלשים ק׳ v. 25. ארחתיו ק׳

27 אִם־אֵין־לְךָ לְשַׁלֵּם לָמָּה יִקַּח מִשְׁכָּבְךָ מִתַּחְתֶּיךָ׃
28 אַל־תַּסֵּג גְּבוּל עוֹלָם אֲשֶׁר עָשׂוּ אֲבוֹתֶיךָ׃
29 חָזִיתָ אִישׁ ׀ מָהִיר בִּמְלַאכְתּוֹ לִפְנֵי־מְלָכִים יִתְיַצָּב
בַּל־יִתְיַצֵּב לִפְנֵי חֲשֻׁכִּים׃

כג Cap. XXIII. כג

א כִּֽי־תֵשֵׁב לִלְחוֹם אֶת־מוֹשֵׁל בִּין תָּבִין אֶת־אֲשֶׁר לְפָנֶיךָ׃
2 וְשַׂמְתָּ שַׂכִּין בְּלֹעֶךָ אִם־בַּעַל נֶפֶשׁ אָתָּה׃
3 אַל־תִּתְאָו לְמַטְעַמּוֹתָיו וְהוּא לֶחֶם כְּזָבִים׃
4 אַל־תִּיגַע לְהַעֲשִׁיר מִבִּינָתְךָ חֲדָל׃
ה הֲתָעוּף עֵינֶיךָ בּוֹ וְאֵינֶנּוּ כִּי עָשֹׂה יַעֲשֶׂה־לּוֹ כְנָפַיִם
כְּנֶשֶׁר וְעָיף הַשָּׁמָיִם׃
6 אַל־תִּלְחַם אֶת־לֶחֶם רַע עָיִן וְאַל־תִּתְאָו לְמַטְעַמֹּתָיו׃
7 כִּי ׀ כְּמוֹ שָׁעַר בְּנַפְשׁוֹ כֶּן־הוּא אֱכוֹל וּשְׁתֵה יֹאמַר לָךְ
8 וְלִבּוֹ בַּל־עִמָּךְ׃ פִּתְּךָ־אָכַלְתָּ תְקִיאֶנָּה
9 וְשִׁחַתָּ דְּבָרֶיךָ הַנְּעִימִים׃ בְּאָזְנֵי כְסִיל אַל־תְּדַבֵּר
י כִּי־יָבוּז לְשֵׂכֶל מִלֶּיךָ׃ אַל־תַּסֵּג גְּבוּל עוֹלָם
11 וּבִשְׂדֵי יְתוֹמִים אַל־תָּבֹא׃ כִּי־גֹאֲלָם חָזָק
12 הוּא־יָרִיב אֶת־רִיבָם אִתָּךְ׃ הָבִיאָה לַמּוּסָר לִבֶּךָ
13 וְאָזְנֶךָ לְאִמְרֵי־דָעַת׃ אַל־תִּמְנַע מִנַּעַר מוּסָר
14 כִּי־תַכֶּנּוּ בַשֵּׁבֶט לֹא יָמוּת׃ אַתָּה בַּשֵּׁבֶט תַּכֶּנּוּ
טו וְנַפְשׁוֹ מִשְּׁאוֹל תַּצִּיל׃ בְּנִי אִם־חָכַם לִבֶּךָ
16 יִשְׂמַח לִבִּי גַם־אָנִי׃ וְתַעְלֹזְנָה כִלְיוֹתָי
17 בְּדַבֵּר שְׂפָתֶיךָ מֵישָׁרִים׃ אַל־יְקַנֵּא לִבְּךָ בַּחַטָּאִים
18 כִּי אִם־בְּיִרְאַת־יְהוָה כָּל־הַיּוֹם׃ כִּי אִם־יֵשׁ אַחֲרִית
19 וְתִקְוָתְךָ לֹא תִכָּרֵת׃ שְׁמַע־אַתָּה בְנִי וַחֲכָם
כ וְאַשֵּׁר בַּדֶּרֶךְ לִבֶּךָ׃ אַל־תְּהִי בְסֹבְאֵי־יָיִן
21 בְּזֹלְלֵי בָשָׂר לָמוֹ׃ כִּי־סֹבֵא וְזוֹלֵל יִוָּרֵשׁ

וקרעים

כ״ג v. 5. התעיף ק׳ ibid. יעוף ק׳

22 וְקָרָעִים תַּלְבִּישׁ נוּמָה׃ שְׁמַע לְאָבִיךָ זֶה יְלָדֶךָ
23 וְאַל־תָּבוּז כִּי־זָקְנָה אִמֶּךָ׃ אֱמֶת קְנֵה וְאַל־תִּמְכֹּר
24 חָכְמָה וּמוּסָר וּבִינָה׃ גּוֹל יָגוֹל אֲבִי צַדִּיק
כה יוֹלֵד חָכָם וְיִשְׂמַח־בּוֹ׃ יִשְׂמַח־אָבִיךָ וְאִמֶּךָ
26 וְתָגֵל יוֹלַדְתֶּךָ׃ תְּנָה־בְנִי לִבְּךָ לִי
27 וְעֵינֶיךָ דְּרָכַי תִּרְצֹנָה׃ כִּי־שׁוּחָה עֲמֻקָּה זוֹנָה
28 וּבְאֵר צָרָה נָכְרִיָּה׃ אַף־הִיא כְּחֶתֶף תֶּאֱרֹב
29 וּבוֹגְדִים בְּאָדָם תּוֹסִף׃ לְמִי אוֹי לְמִי אֲבוֹי
לְמִי מִדְוָנִים ׀ לְמִי שִׂיחַ לְמִי פְּצָעִים חִנָּם
ל לְמִי חַכְלִלוּת עֵינָיִם׃ לַמְאַחֲרִים עַל־הַיָּיִן
31 לַבָּאִים לַחְקֹר מִמְסָךְ׃ אַל־תֵּרֶא יַיִן כִּי יִתְאַדָּם
כִּי־יִתֵּן בַּכִּיס עֵינוֹ יִתְהַלֵּךְ בְּמֵישָׁרִים׃
32 אַחֲרִיתוֹ כְּנָחָשׁ יִשָּׁךְ וּכְצִפְעֹנִי יַפְרִשׁ׃
33 עֵינֶיךָ יִרְאוּ זָרוֹת וְלִבְּךָ יְדַבֵּר תַּהְפֻּכוֹת׃
34 וְהָיִיתָ כְּשֹׁכֵב בְּלֶב־יָם וּכְשֹׁכֵב בְּרֹאשׁ חִבֵּל׃
לה הִכּוּנִי בַל־חָלִיתִי הֲלָמוּנִי בַּל־יָדָעְתִּי מָתַי אָקִיץ
אוֹסִיף אֲבַקְשֶׁנּוּ עוֹד׃

CAP. XXIV. כד

א אַל־תְּקַנֵּא בְּאַנְשֵׁי רָעָה וְאַל־תִּתְאָו לִהְיוֹת אִתָּם׃
2 כִּי־שֹׁד יֶהְגֶּה לִבָּם וְעָמָל שִׂפְתֵיהֶם תְּדַבֵּרְנָה׃
3 בְּחָכְמָה יִבָּנֶה בָּיִת וּבִתְבוּנָה יִתְכּוֹנָן׃
4 וּבְדַעַת חֲדָרִים יִמָּלְאוּ כָּל־הוֹן יָקָר וְנָעִים׃
ה גֶּבֶר־חָכָם בַּעוֹז וְאִישׁ־דַּעַת מְאַמֶּץ־כֹּחַ׃
6 כִּי בְתַחְבֻּלוֹת תַּעֲשֶׂה־לְּךָ מִלְחָמָה וּתְשׁוּעָה בְּרֹב יוֹעֵץ׃
7 רָאמוֹת לֶאֱוִיל חָכְמוֹת בַּשַּׁעַר לֹא יִפְתַּח־פִּיהוּ׃
8 מְחַשֵּׁב לְהָרֵעַ לוֹ בַּעַל־מְזִמּוֹת יִקְרָאוּ׃
9 זִמַּת אִוֶּלֶת חַטָּאת וְתוֹעֲבַת לְאָדָם לֵץ׃

התרפית

כ״ג v. 24. גיל ק׳ ibid. יגיל ק׳ ibid. ויולד ק׳ ibid. ישמח ק׳
v. 26. תצרנה ק׳ v. 29. מדינים ק׳ v. 31. בכוס ק׳

י הִתְרַפִּיתָ בְּיוֹם צָרָה צַר כֹּחֶכָה׃
11 הַצֵּל לְקֻחִים לַמָּוֶת וּמָטִים לַהֶרֶג אִם־תַּחְשׂוֹךְ׃
12 כִּי־תֹאמַר הֵן לֹא־יָדַעְנוּ זֶה הֲלֹא־תֹכֵן לִבּוֹת ׀ הוּא־יָבִין
וְנֹצֵר נַפְשְׁךָ הוּא יֵדָע וְהֵשִׁיב לְאָדָם כְּפָעֳלוֹ׃
13 אֱכָל־בְּנִי דְבַשׁ כִּי־טוֹב וְנֹפֶת מָתוֹק עַל־חִכֶּךָ׃
14 כֵּן ׀ דְּעֶה חָכְמָה לְנַפְשֶׁךָ אִם־מָצָאתָ וְיֵשׁ אַחֲרִית
וְתִקְוָתְךָ לֹא תִכָּרֵת׃
טו אַל־תֶּאֱרֹב רָשָׁע לִנְוֵה צַדִּיק אַל־תְּשַׁדֵּד רִבְצוֹ׃
16 כִּי שֶׁבַע ׀ יִפּוֹל צַדִּיק וָקָם וּרְשָׁעִים יִכָּשְׁלוּ בְרָעָה׃
17 בִּנְפֹל אוֹיִבְיךָ אַל־תִּשְׂמָח וּבִכָּשְׁלוֹ אַל־יָגֵל לִבֶּךָ׃
18 פֶּן־יִרְאֶה יְהוָה וְרַע בְּעֵינָיו וְהֵשִׁיב מֵעָלָיו אַפּוֹ׃
19 אַל־תִּתְחַר בַּמְּרֵעִים אַל־תְּקַנֵּא בָּרְשָׁעִים׃
כ כִּי ׀ לֹא־תִהְיֶה אַחֲרִית לָרָע נֵר רְשָׁעִים יִדְעָךְ׃
21 יְרָא־אֶת־יְהוָה בְּנִי וָמֶלֶךְ עִם־שׁוֹנִים אַל־תִּתְעָרָב׃
22 כִּי־פִתְאֹם יָקוּם אֵידָם וּפִיד שְׁנֵיהֶם מִי יוֹדֵעַ׃
23 גַּם־אֵלֶּה לַחֲכָמִים הַכֵּר־פָּנִים בְּמִשְׁפָּט בַּל־טוֹב׃
24 אֹמֵר ׀ לְרָשָׁע צַדִּיק אָתָּה יִקְּבֻהוּ עַמִּים
כה יִזְעָמוּהוּ לְאֻמִּים׃ וְלַמּוֹכִיחִים יִנְעָם
26 וַעֲלֵיהֶם תָּבוֹא בִרְכַּת־טוֹב׃ שְׂפָתַיִם יִשָּׁק
27 מֵשִׁיב דְּבָרִים נְכֹחִים׃ הָכֵן בַּחוּץ ׀ מְלַאכְתֶּךָ
וְעַתְּדָהּ בַּשָּׂדֶה לָךְ אַחַר וּבָנִיתָ בֵיתֶךָ׃
28 אַל־תְּהִי עֵד־חִנָּם בְּרֵעֶךָ וַהֲפִתִּיתָ בִּשְׂפָתֶיךָ׃
29 אַל־תֹּאמַר כַּאֲשֶׁר עָשָׂה־לִי כֵּן אֶעֱשֶׂה־לּוֹ
ל אָשִׁיב לָאִישׁ כְּפָעֳלוֹ׃ עַל־שְׂדֵה אִישׁ־עָצֵל עָבַרְתִּי
31 וְעַל־כֶּרֶם אָדָם חֲסַר־לֵב׃ וְהִנֵּה עָלָה כֻלּוֹ ׀ קִמְּשֹׂנִים
כָּסּוּ פָנָיו חֲרֻלִּים וְגֶדֶר אֲבָנָיו נֶהֱרָסָה׃
32 וָאֶחֱזֶה אָנֹכִי אָשִׁית לִבִּי רָאִיתִי לָקַחְתִּי מוּסָר׃

v. 17. יחיד ק׳

33 מְעַט שֵׁנוֹת מְעַט תְּנוּמוֹת ‖ מְעַט ‖ חִבֻּק יָדַיִם לִשְׁכָּב:

34 וּבָא־מִתְהַלֵּךְ רֵישֶׁךָ וּמַחְסֹרֶיךָ כְּאִישׁ מָגֵן:

CAP. XXV. כה כה

א גַּם־אֵלֶּה מִשְׁלֵי שְׁלֹמֹה

אֲשֶׁר הֶעְתִּיקוּ אַנְשֵׁי ‖ חִזְקִיָּה מֶלֶךְ־יְהוּדָה:

2 כְּבֹד אֱלֹהִים הַסְתֵּר דָּבָר וּכְבֹד מְלָכִים חֲקֹר דָּבָר:

3 שָׁמַיִם לָרוּם וָאָרֶץ לָעֹמֶק וְלֵב מְלָכִים אֵין חֵקֶר:

4 הָגוֹ סִיגִים מִכָּסֶף וַיֵּצֵא לַצֹּרֵף כֶּלִי:

ה הָגוֹ רָשָׁע לִפְנֵי־מֶלֶךְ וְיִכּוֹן בַּצֶּדֶק כִּסְאוֹ:

6 אַל־תִּתְהַדַּר לִפְנֵי־מֶלֶךְ וּבִמְקוֹם גְּדֹלִים אַל־תַּעֲמֹד:

7 כִּי טוֹב אֲמָר־לְךָ עֲלֵה הֵנָּה מֵהַשְׁפִּילְךָ לִפְנֵי נָדִיב

אֲשֶׁר רָאוּ עֵינֶיךָ:

8 אַל־תֵּצֵא לָרִב מַהֵר פֶּן מַה־תַּעֲשֶׂה בְּאַחֲרִיתָהּ בְּהַכְלִים אֹתְךָ רֵעֶךָ:

9 רִיבְךָ רִיב אֶת־רֵעֶךָ וְסוֹד אַחֵר אַל־תְּגָל:

י פֶּן־יְחַסֶּדְךָ שֹׁמֵעַ וְדִבָּתְךָ לֹא תָשׁוּב:

11 תַּפּוּחֵי זָהָב בְּמַשְׂכִּיּוֹת כָּסֶף דָּבָר דָּבֻר עַל־אָפְנָיו:

12 נֶזֶם זָהָב וַחֲלִי־כָתֶם מוֹכִיחַ חָכָם עַל־אֹזֶן שֹׁמָעַת:

13 כְּצִנַּת־שֶׁלֶג ‖ בְּיוֹם קָצִיר צִיר נֶאֱמָן לְשֹׁלְחָיו

14 וְנֶפֶשׁ אֲדֹנָיו יָשִׁיב: נְשִׂיאִים וְרוּחַ וְגֶשֶׁם אָיִן

טו אִישׁ מִתְהַלֵּל בְּמַתַּת־שָׁקֶר: בְּאֹרֶךְ אַפַּיִם יְפֻתֶּה קָצִין

16 וְלָשׁוֹן רַכָּה תִּשְׁבָּר־גָּרֶם: דְּבַשׁ מָצָאתָ אֱכֹל דַּיֶּךָ

17 פֶּן־תִּשְׂבָּעֶנּוּ וַהֲקֵאתוֹ: הֹקַר רַגְלְךָ מִבֵּית רֵעֶךָ

18 פֶּן־יִשְׂבָּעֲךָ וּשְׂנֵאֶךָ: מֵפִיץ וְחֶרֶב וְחֵץ שָׁנוּן

19 אִישׁ־עֹנֶה בְרֵעֵהוּ עֵד שָׁקֶר: שֵׁן רֹעָה וְרֶגֶל מוּעָדֶת

מִבְטָח בּוֹגֵד בְּיוֹם צָרָה:

כ מַעֲדֶה־בֶּגֶד ‖ בְּיוֹם קָרָה חֹמֶץ עַל־נָתֶר

21 וְשָׁר בַּשִּׁרִים עַל לֵב־רָע: אִם־רָעֵב שֹׂנַאֲךָ הַאֲכִילֵהוּ לָחֶם

22 וְאִם־צָמֵא הַשְׁקֵהוּ מָיִם: כִּי גֶחָלִים אַתָּה חֹתֶה עַל־רֹאשׁוֹ

וַיהוָה

23 וִיהוָה יְשַׁלֶּם־לָךְ׃ רוּחַ צָפוֹן תְּחוֹלֵל גָּשֶׁם
24 וּפָנִים נִזְעָמִים לְשׁוֹן סָתֶר׃ טוֹב שֶׁבֶת עַל־פִּנַּת־גָּג
כה מֵאֵשֶׁת מִדְוָנִים וּבֵית חָבֶר׃ מַיִם קָרִים עַל־נֶפֶשׁ עֲיֵפָה
26 וּשְׁמוּעָה טוֹבָה מֵאֶרֶץ מֶרְחָק׃ מַעְיָן נִרְפָּשׂ וּמָקוֹר מָשְׁחָת
27 צַדִּיק מָט לִפְנֵי־רָשָׁע׃ אָכֹל דְּבַשׁ הַרְבּוֹת לֹא־טוֹב
28 וְחֵקֶר כְּבֹדָם כָּבוֹד׃ עִיר פְּרוּצָה אֵין חוֹמָה
אִישׁ אֲשֶׁר ׀ אֵין מַעְצָר לְרוּחוֹ׃

כו CAP. XXVI. כו

א כַּשֶּׁלֶג ׀ בַּקַּיִץ וְכַמָּטָר בַּקָּצִיר כֵּן לֹא־נָאוֶה לִכְסִיל כָּבוֹד׃
2 כַּצִּפּוֹר לָנוּד כַּדְּרוֹר לָעוּף כֵּן קִלְלַת חִנָּם לֹא תָבֹא׃
3 שׁוֹט לַסּוּס מֶתֶג לַחֲמוֹר וְשֵׁבֶט לְגֵו כְּסִילִים׃
4 אַל־תַּעַן כְּסִיל כְּאִוַּלְתּוֹ פֶּן־תִּשְׁוֶה־לּוֹ גַם־אָתָּה׃
ה עֲנֵה כְסִיל כְּאִוַּלְתּוֹ פֶּן־יִהְיֶה חָכָם בְּעֵינָיו׃
6 מְקַצֶּה רַגְלַיִם חָמָס שֹׁתֶה שֹׁלֵחַ דְּבָרִים בְּיַד־כְּסִיל׃
7 דַּלְיוּ שֹׁקַיִם מִפִּסֵּחַ וּמָשָׁל בְּפִי כְסִילִים׃
8 כִּצְרוֹר אֶבֶן בְּמַרְגֵּמָה כֵּן־נוֹתֵן לִכְסִיל כָּבוֹד׃
9 חוֹחַ עָלָה בְיַד־שִׁכּוֹר וּמָשָׁל בְּפִי כְסִילִים׃
י רַב מְחוֹלֵל־כֹּל וְשֹׂכֵר כְּסִיל וְשֹׂכֵר עֹבְרִים׃
11 כְּכֶלֶב שָׁב עַל־קֵאוֹ כְּסִיל שׁוֹנֶה בְאִוַּלְתּוֹ׃
12 רָאִיתָ אִישׁ חָכָם בְּעֵינָיו תִּקְוָה לִכְסִיל מִמֶּנּוּ׃
13 אָמַר עָצֵל שַׁחַל בַּדָּרֶךְ אֲרִי בֵּין הָרְחֹבוֹת׃
14 הַדֶּלֶת תִּסּוֹב עַל־צִירָהּ וְעָצֵל עַל־מִטָּתוֹ׃
טו טָמַן עָצֵל יָדוֹ בַּצַּלָּחַת נִלְאָה לַהֲשִׁיבָהּ אֶל־פִּיו׃
16 חָכָם עָצֵל בְּעֵינָיו מִשִּׁבְעָה מְשִׁיבֵי טָעַם׃
17 מַחֲזִיק בְּאָזְנֵי־כָלֶב עֹבֵר מִתְעַבֵּר עַל־רִיב לֹּא־לוֹ׃
18 כְּמִתְלַהְלֵהַּ הַיֹּרֶה זִקִּים חִצִּים וָמָוֶת׃
19 כֵּן־אִישׁ רִמָּה אֶת־רֵעֵהוּ וְאָמַר הֲלֹא־מְשַׂחֵק אָנִי׃

באפס

כ בְּאֶפֶס עֵצִים תִּכְבֶּה־אֵשׁ וּבְאֵין נִרְגָּן יִשְׁתֹּק מָדוֹן׃
21 פֶּחָם לְגֶחָלִים וְעֵצִים לְאֵשׁ וְאִישׁ מִדוֹנִים לְחַרְחַר־רִיב׃
22 דִּבְרֵי נִרְגָּן כְּמִתְלַהֲמִים וְהֵם יָרְדוּ חַדְרֵי־בָטֶן׃
23 כֶּסֶף סִיגִים מְצֻפֶּה עַל־חָרֶשׂ שְׂפָתַיִם דֹּלְקִים וְלֶב־רָע׃
24 בִּשְׂפָתוֹ יִנָּכֵר שׂוֹנֵא וּבְקִרְבּוֹ יָשִׁית מִרְמָה׃
כה כִּי־יְחַנֵּן קוֹלוֹ אַל־תַּאֲמֶן־בּוֹ כִּי שֶׁבַע תּוֹעֵבוֹת בְּלִבּוֹ׃
26 תִּכַּסֶּה שִׂנְאָה בְּמַשָּׁאוֹן תִּגָּלֶה רָעָתוֹ בְקָהָל׃
27 כֹּרֶה־שַּׁחַת בָּהּ יִפֹּל וְגֹלֵל אֶבֶן אֵלָיו תָּשׁוּב׃
28 לְשׁוֹן־שֶׁקֶר יִשְׂנָא דַכָּיו וּפֶה חָלָק יַעֲשֶׂה מִדְחֶה׃

כז CAP. XXVII. כז

א אַל־תִּתְהַלֵּל בְּיוֹם מָחָר כִּי לֹא־תֵדַע מַה־יֵּלֶד יוֹם׃
2 יְהַלֶּלְךָ זָר וְלֹא־פִיךָ נָכְרִי וְאַל־שְׂפָתֶיךָ׃
3 כֹּבֶד־אֶבֶן וְנֵטֶל הַחוֹל וְכַעַס אֱוִיל כָּבֵד מִשְּׁנֵיהֶם׃
4 אַכְזְרִיּוּת חֵמָה וְשֶׁטֶף אָף וּמִי יַעֲמֹד לִפְנֵי קִנְאָה׃
ה טוֹבָה תּוֹכַחַת מְגֻלָּה מֵאַהֲבָה מְסֻתָּרֶת׃
6 נֶאֱמָנִים פִּצְעֵי אוֹהֵב וְנַעְתָּרוֹת נְשִׁיקוֹת שׂוֹנֵא׃
7 נֶפֶשׁ שְׂבֵעָה תָּבוּס נֹפֶת וְנֶפֶשׁ רְעֵבָה כָּל־מַר מָתוֹק׃
8 כְּצִפּוֹר נוֹדֶדֶת מִן־קִנָּהּ כֵּן־אִישׁ נוֹדֵד מִמְּקוֹמוֹ׃
9 שֶׁמֶן וּקְטֹרֶת יְשַׂמַּח־לֵב וּמֶתֶק רֵעֵהוּ מֵעֲצַת־נָפֶשׁ׃
י רֵעֲךָ וְרֵעֶה אָבִיךָ אַל־תַּעֲזֹב
וּבֵית אָחִיךָ אַל־תָּבוֹא בְּיוֹם אֵידֶךָ
11 טוֹב שָׁכֵן קָרוֹב מֵאָח רָחוֹק׃ חֲכַם בְּנִי וְשַׂמַּח לִבִּי
12 וְאָשִׁיבָה חֹרְפִי דָבָר׃ עָרוּם ׀ רָאָה רָעָה נִסְתָּר
13 פְּתָאִים עָבְרוּ נֶעֱנָשׁוּ׃ קַח־בִּגְדוֹ כִּי־עָרַב זָר
וּבְעַד נָכְרִיָּה חַבְלֵהוּ׃
14 מְבָרֵךְ רֵעֵהוּ ׀ בְּקוֹל גָּדוֹל בַּבֹּקֶר הַשְׁכֵּים קְלָלָה תֵּחָשֶׁב לוֹ׃
טו דֶּלֶף טוֹרֵד בְּיוֹם סַגְרִיר וְאֵשֶׁת מִדוֹנִים נִשְׁתָּוָה׃

צפיה

כ״ו v. 21. מדינים ק׳ v. 24. בשפתיו ק׳
כ״ז v. 10. ורע ק׳ v. 15. מדינים ק׳

16 צֹפְנֶיהָ צָפַן־ר֑וּחַ וְשֶׁמֶן יְמִינוֹ יִקְרָא׃
17 בַּרְזֶל בְּבַרְזֶל יָחַד וְאִישׁ יַחַד פְּנֵי־רֵעֵהוּ׃
18 נֹצֵר תְּאֵנָה יֹאכַל פִּרְיָהּ וְשֹׁמֵר אֲדֹנָיו יְכֻבָּד׃
19 כַּמַּיִם הַפָּנִים לַפָּנִים כֵּן לֵב־הָאָדָם לָאָדָם׃
כ שְׁאוֹל וַאֲבַדֹּה לֹא תִשְׂבַּעְנָה וְעֵינֵי הָאָדָם לֹא תִשְׂבַּעְנָה׃
21 מַצְרֵף לַכֶּסֶף וְכוּר לַזָּהָב וְאִישׁ לְפִי מַהֲלָלוֹ׃
22 אִם תִּכְתּוֹשׁ־אֶת־הָאֱוִיל ׀ בַּמַּכְתֵּשׁ בְּתוֹךְ הָרִיפוֹת בַּעֱלִי
לֹא־תָסוּר מֵעָלָיו אִוַּלְתּוֹ׃
23 יָדֹעַ תֵּדַע פְּנֵי צֹאנֶךָ שִׁית לִבְּךָ לַעֲדָרִים׃
24 כִּי לֹא לְעוֹלָם חֹסֶן וְאִם־נֵזֶר לְדוֹר דּוֹר׃
כה גָּלָה חָצִיר וְנִרְאָה־דֶשֶׁא וְנֶאֶסְפוּ עִשְּׂבוֹת הָרִים׃
26 כְּבָשִׂים לִלְבוּשֶׁךָ וּמְחִיר שָׂדֶה עַתּוּדִים׃
27 וְדֵי ׀ חֲלֵב עִזִּים לְלַחְמְךָ לְלֶחֶם בֵּיתֶךָ וְחַיִּים לְנַעֲרוֹתֶיךָ׃

Cap. XXVIII. כח

כח

א נָסוּ וְאֵין־רֹדֵף רָשָׁע וְצַדִּיקִים כִּכְפִיר יִבְטָח׃
2 בְּפֶשַׁע אֶרֶץ רַבִּים שָׂרֶיהָ וּבְאָדָם מֵבִין יֹדֵעַ כֵּן יַאֲרִיךְ׃
3 גֶּבֶר רָשׁ וְעֹשֵׁק דַּלִּים מָטָר סֹחֵף וְאֵין לָחֶם׃
4 עֹזְבֵי תוֹרָה יְהַלְלוּ רָשָׁע וְשֹׁמְרֵי תוֹרָה יִתְגָּרוּ בָם׃
ה אַנְשֵׁי־רָע לֹא־יָבִינוּ מִשְׁפָּט וּמְבַקְשֵׁי יְהוָה יָבִינוּ כֹל׃
6 טוֹב־רָשׁ הוֹלֵךְ בְּתֻמּוֹ מֵעִקֵּשׁ דְּרָכַיִם וְהוּא עָשִׁיר׃
7 נוֹצֵר תּוֹרָה בֵּן מֵבִין וְרֹעֶה זוֹלְלִים יַכְלִים אָבִיו׃
8 מַרְבֶּה הוֹנוֹ בְּנֶשֶׁךְ וּבְתַרְבִּית לְחוֹנֵן דַּלִּים יִקְבְּצֶנּוּ׃
9 מֵסִיר אָזְנוֹ מִשְּׁמֹעַ תּוֹרָה גַּם־תְּפִלָּתוֹ תּוֹעֵבָה׃
י מַשְׁגֶּה יְשָׁרִים ׀ בְּדֶרֶךְ רָע בִּשְׁחוּתוֹ הוּא־יִפּוֹל
11 וּתְמִימִים יִנְחֲלוּ־טוֹב׃ חָכָם בְּעֵינָיו אִישׁ עָשִׁיר
12 וְדַל מֵבִין יַחְקְרֶנּוּ׃ בַּעֲלֹץ צַדִּיקִים רַבָּה תִפְאָרֶת
13 וּבְקוּם רְשָׁעִים יְחֻפַּשׂ אָדָם׃ מְכַסֶּה פְשָׁעָיו לֹא יַצְלִיחַ

ומודה

כ״ז v. 20. ואבדון ק׳ v. 24. ודור ק׳ כ״ח v. 8. ותרבית ק׳

14 וּמוֹדֶה וְעֹזֵב יְרֻחָם׃ אַשְׁרֵי אָדָם מְפַחֵד תָּמִיד
טו וּמַקְשֶׁה לִבּוֹ יִפּוֹל בְּרָעָה׃ אֲרִי־נֹהֵם וְדֹב שׁוֹקֵק
16 מוֹשֵׁל רָשָׁע עַל עַם־דָּל׃ נָגִיד חֲסַר תְּבוּנוֹת וְרַב מַעֲשַׁקּוֹת
שֹׂנֵא בֶצַע יַאֲרִיךְ יָמִים׃
17 אָדָם עָשֻׁק בְּדַם־נָפֶשׁ עַד־בּוֹר יָנוּס אַל־יִתְמְכוּ־בוֹ׃
18 הוֹלֵךְ תָּמִים יִוָּשֵׁעַ וְנֶעְקַשׁ דְּרָכַיִם יִפּוֹל בְּאֶחָת׃
19 עֹבֵד אַדְמָתוֹ יִשְׂבַּע־לָחֶם וּמְרַדֵּף רֵיקִים יִשְׂבַּע־רִישׁ׃
כ אִישׁ אֱמוּנוֹת רַב־בְּרָכוֹת וְאָץ לְהַעֲשִׁיר לֹא יִנָּקֶה׃
21 הַכֵּר־פָּנִים לֹא־טוֹב וְעַל־פַּת־לֶחֶם יִפְשַׁע־גָּבֶר׃
22 נִבְהָל לַהוֹן אִישׁ רַע עָיִן וְלֹא־יֵדַע כִּי־חֶסֶר יְבֹאֶנּוּ׃
23 מוֹכִיחַ אָדָם אַחֲרַי חֵן יִמְצָא מִמַּחֲלִיק לָשׁוֹן׃
24 גּוֹזֵל ׀ אָבִיו וְאִמּוֹ וְאֹמֵר אֵין־פָּשַׁע חָבֵר הוּא לְאִישׁ מַשְׁחִית׃
כה רְחַב־נֶפֶשׁ יְגָרֶה מָדוֹן וּבוֹטֵחַ עַל־יְהוָה יְדֻשָּׁן׃
26 בּוֹטֵחַ בְּלִבּוֹ הוּא כְסִיל וְהוֹלֵךְ בְּחָכְמָה הוּא יִמָּלֵט׃
27 נוֹתֵן לָרָשׁ אֵין מַחְסוֹר וּמַעְלִים עֵינָיו רַב־מְאֵרוֹת׃
28 בְּקוּם רְשָׁעִים יִסָּתֵר אָדָם וּבְאָבְדָם יִרְבּוּ צַדִּיקִים׃

כט Cap. XXIX. כט

א אִישׁ תּוֹכָחוֹת מַקְשֶׁה־עֹרֶף פֶּתַע יִשָּׁבֵר וְאֵין מַרְפֵּא׃
2 בִּרְבוֹת צַדִּיקִים יִשְׂמַח הָעָם וּבִמְשֹׁל רָשָׁע יֵאָנַח עָם׃
3 אִישׁ־אֹהֵב חָכְמָה יְשַׂמַּח אָבִיו וְרֹעֶה זוֹנוֹת יְאַבֶּד־הוֹן׃
4 מֶלֶךְ בְּמִשְׁפָּט יַעֲמִיד אָרֶץ וְאִישׁ תְּרוּמוֹת יֶהֶרְסֶנָּה׃
ה גֶּבֶר מַחֲלִיק עַל־רֵעֵהוּ רֶשֶׁת פּוֹרֵשׂ עַל־פְּעָמָיו׃
6 בְּפֶשַׁע אִישׁ רָע מוֹקֵשׁ וְצַדִּיק יָרוּן וְשָׂמֵחַ׃
7 יֹדֵעַ צַדִּיק דִּין דַּלִּים רָשָׁע לֹא־יָבִין דָּעַת׃
8 אַנְשֵׁי לָצוֹן יָפִיחוּ קִרְיָה וַחֲכָמִים יָשִׁיבוּ אָף׃
9 אִישׁ־חָכָם נִשְׁפָּט אֶת־אִישׁ אֱוִיל וְרָגַז וְשָׂחַק וְאֵין נָחַת׃
י אַנְשֵׁי דָמִים יִשְׂנְאוּ־תָם וִישָׁרִים יְבַקְשׁוּ נַפְשׁוֹ׃

כל־רוחו

כ״ח v. 16. שנא ק׳ v. 17. ד׳ זעירא

11 כָּל־רוּחוֹ יוֹצִיא כְסִיל וְחָכָם בְּאָחוֹר יְשַׁבְּחֶנָּה׃
12 מֹשֵׁל מַקְשִׁיב עַל־דְּבַר־שָׁקֶר כָּל־מְשָׁרְתָיו רְשָׁעִים׃
13 רָשׁ וְאִישׁ תְּכָכִים נִפְגָּשׁוּ מֵאִיר עֵינֵי שְׁנֵיהֶם יְהוָה׃
14 מֶלֶךְ שׁוֹפֵט בֶּאֱמֶת דַּלִּים כִּסְאוֹ לָעַד יִכּוֹן׃
טו שֵׁבֶט וְתוֹכַחַת יִתֵּן חָכְמָה וְנַעַר מְשֻׁלָּח מֵבִישׁ אִמּוֹ׃
16 בִּרְבוֹת רְשָׁעִים יִרְבֶּה־פָּשַׁע וְצַדִּיקִים בְּמַפַּלְתָּם יִרְאוּ׃
17 יַסֵּר בִּנְךָ וִינִיחֶךָ וְיִתֵּן מַעֲדַנִּים לְנַפְשֶׁךָ׃
18 בְּאֵין חָזוֹן יִפָּרַע עָם וְשֹׁמֵר תּוֹרָה אַשְׁרֵהוּ׃
19 בִּדְבָרִים לֹא־יִוָּסֶר עָבֶד כִּי־יָבִין וְאֵין מַעֲנֶה׃
כ חָזִיתָ אִישׁ אָץ בִּדְבָרָיו תִּקְוָה לִכְסִיל מִמֶּנּוּ׃
21 מְפַנֵּק מִנֹּעַר עַבְדּוֹ וְאַחֲרִיתוֹ יִהְיֶה מָנוֹן׃
22 אִישׁ־אַף יְגָרֶה מָדוֹן וּבַעַל חֵמָה רַב־פָּשַׁע׃
23 גַּאֲוַת אָדָם תַּשְׁפִּילֶנּוּ וּשְׁפַל־רוּחַ יִתְמֹךְ כָּבוֹד׃
24 חוֹלֵק עִם־גַּנָּב שׂוֹנֵא נַפְשׁוֹ אָלָה יִשְׁמַע וְלֹא יַגִּיד׃
כה חֶרְדַּת אָדָם יִתֵּן מוֹקֵשׁ וּבוֹטֵחַ בַּיהוָה יְשֻׂגָּב׃
26 רַבִּים מְבַקְשִׁים פְּנֵי־מוֹשֵׁל וּמֵיְהוָה מִשְׁפַּט־אִישׁ׃
27 תּוֹעֲבַת צַדִּיקִים אִישׁ עָוֶל וְתוֹעֲבַת רָשָׁע יְשַׁר־דָּרֶךְ׃

ל

Cap. XXX. ל

א דִּבְרֵי ׀ אָגוּר בִּן־יָקֶה הַמַּשָּׂא נְאֻם הַגֶּבֶר לְאִיתִיאֵל
2 לְאִיתִיאֵל וְאֻכָל׃ כִּי בַעַר אָנֹכִי מֵאִישׁ
3 וְלֹא־בִינַת אָדָם לִי׃ וְלֹא־לָמַדְתִּי חָכְמָה
4 וְדַעַת קְדֹשִׁים אֵדָע׃ מִי עָלָה־שָׁמַיִם ׀ וַיֵּרַד
מִי אָסַף־רוּחַ ׀ בְּחָפְנָיו מִי צָרַר־מַיִם ׀ בַּשִּׂמְלָה
מִי הֵקִים כָּל־אַפְסֵי־אָרֶץ מַה־שְּׁמוֹ וּמַה־שֶּׁם־בְּנוֹ כִּי תֵדָע׃
ה כָּל־אִמְרַת אֱלוֹהַּ צְרוּפָה מָגֵן הוּא לַחֹסִים בּוֹ׃
6 אַל־תּוֹסְףְּ עַל־דְּבָרָיו פֶּן־יוֹכִיחַ בְּךָ וְנִכְזָבְתָּ׃
7 שְׁתַּיִם שָׁאַלְתִּי מֵאִתָּךְ אַל־תִּמְנַע מִמֶּנִּי בְּטֶרֶם אָמוּת׃
8 שָׁוְא ׀ וּדְבַר־כָּזָב הַרְחֵק מִמֶּנִּי רֵאשׁ וָעֹשֶׁר אַל־תִּתֶּן־לִי

הטריפני

9 הַטְרִיפֵנִי לֶחֶם חֻקִּי׃ פֶּן־אֶשְׂבַּע ׀ וְכִחַשְׁתִּי וְאָמַרְתִּי מִי יְהוָה
וּפֶן־אִוָּרֵשׁ וְגָנַבְתִּי וְתָפַשְׂתִּי שֵׁם אֱלֹהָי׃
י אַל־תַּלְשֵׁן עֶבֶד אֶל־אֲדֹנוֹ פֶּן־יְקַלֶּלְךָ וְאָשָׁמְתָּ׃
11 דּוֹר אָבִיו יְקַלֵּל וְאֶת־אִמּוֹ לֹא יְבָרֵךְ׃
12 דּוֹר טָהוֹר בְּעֵינָיו וּמִצֹּאָתוֹ לֹא רֻחָץ׃
13 דּוֹר מָה־רָמוּ עֵינָיו וְעַפְעַפָּיו יִנָּשֵׂאוּ׃
14 דּוֹר ׀ חֲרָבוֹת שִׁנָּיו וּמַאֲכָלוֹת מְתַלְּעֹתָיו
לֶאֱכֹל עֲנִיִּים מֵאֶרֶץ וְאֶבְיוֹנִים מֵאָדָם׃
טו לַעֲלוּקָה ׀ שְׁתֵּי בָנוֹת הַב ׀ הַב שָׁלוֹשׁ הֵנָּה לֹא תִשְׂבַּעְנָה
16 אַרְבַּע לֹא־אָמְרוּ הוֹן׃ שְׁאוֹל וְעֹצֶר רָחַם
אֶרֶץ לֹא־שָׂבְעָה מַּיִם וְאֵשׁ לֹא־אָמְרָה הוֹן׃
17 עַיִן ׀ תִּלְעַג לְאָב וְתָבוּז לִיקֲּהַת־אֵם יִקְּרוּהָ עֹרְבֵי־נַחַל
וְיֹאכְלוּהָ בְנֵי־נָשֶׁר׃
18 שְׁלֹשָׁה הֵמָּה נִפְלְאוּ מִמֶּנִּי וְאַרְבָּע לֹא יְדַעְתִּים׃
19 דֶּרֶךְ הַנֶּשֶׁר ׀ בַּשָּׁמַיִם דֶּרֶךְ נָחָשׁ עֲלֵי צוּר
דֶּרֶךְ־אֳנִיָּה בְלֶב־יָם וְדֶרֶךְ גֶּבֶר בְּעַלְמָה׃
כ כֵּן ׀ דֶּרֶךְ אִשָּׁה מְנָאָפֶת אָכְלָה וּמָחֲתָה פִיהָ
וְאָמְרָה לֹא־פָעַלְתִּי אָוֶן׃
21 תַּחַת שָׁלוֹשׁ רָגְזָה אֶרֶץ וְתַחַת אַרְבַּע לֹא־תוּכַל שְׂאֵת׃
22 תַּחַת־עֶבֶד כִּי יִמְלוֹךְ וְנָבָל כִּי יִשְׂבַּע־לָחֶם׃
23 תַּחַת שְׂנוּאָה כִּי תִבָּעֵל וְשִׁפְחָה כִּי־תִירַשׁ גְּבִרְתָּהּ׃
24 אַרְבָּעָה הֵם קְטַנֵּי־אָרֶץ וְהֵמָּה חֲכָמִים מְחֻכָּמִים׃
כה הַנְּמָלִים עַם לֹא־עָז וַיָּכִינוּ בַקַּיִץ לַחְמָם׃
26 שְׁפַנִּים עַם לֹא־עָצוּם וַיָּשִׂימוּ בַסֶּלַע בֵּיתָם׃
27 מֶלֶךְ אֵין לָאַרְבֶּה וַיֵּצֵא חֹצֵץ כֻּלּוֹ׃
28 שְׂמָמִית בְּיָדַיִם תְּתַפֵּשׂ וְהִיא בְּהֵיכְלֵי מֶלֶךְ׃
29 שְׁלֹשָׁה הֵמָּה מֵיטִיבֵי צָעַד וְאַרְבָּעָה מֵיטִבֵי לָכֶת׃
ל לַיִשׁ גִּבּוֹר בַּבְּהֵמָה וְלֹא־יָשׁוּב מִפְּנֵי־כֹל׃

v. 10. אדניו ק׳ v. 18. וארבעה ק׳

31 זַרְזִיר מָתְנַיִם אוֹ־תָיִשׁ וּמֶלֶךְ אַלְקוּם עִמּוֹ׃
32 אִם־נָבַלְתָּ בְהִתְנַשֵּׂא וְאִם־זַמּוֹתָ יָד לְפֶה׃
33 כִּי מִיץ חָלָב יוֹצִיא חֶמְאָה וּמִיץ־אַף יוֹצִיא דָם
וּמִיץ אַפַּיִם יוֹצִיא רִיב׃

לא Cap. XXXI. לא

א דִּבְרֵי לְמוּאֵל מֶלֶךְ מַשָּׂא אֲשֶׁר־יִסְּרַתּוּ אִמּוֹ׃
2 מַה־בְּרִי וּמֶה־בַּר־בִּטְנִי וּמֶה בַּר־נְדָרָי׃
3 אַל־תִּתֵּן לַנָּשִׁים חֵילֶךָ וּדְרָכֶיךָ לַמְחוֹת מְלָכִין׃
4 אַל לַמְלָכִים ׀ לְמוֹאֵל אַל לַמְלָכִים שְׁתוֹ־יָיִן
ה וּלְרוֹזְנִים אוֹ שֵׁכָר׃ פֶּן־יִשְׁתֶּה וְיִשְׁכַּח מְחֻקָּק
6 וִישַׁנֶּה דִּין כָּל־בְּנֵי־עֹנִי׃ תְּנוּ־שֵׁכָר לְאוֹבֵד
7 וְיַיִן לְמָרֵי נָפֶשׁ׃ יִשְׁתֶּה וְיִשְׁכַּח רִישׁוֹ
8 וַעֲמָלוֹ לֹא יִזְכָּר־עוֹד׃ פְּתַח־פִּיךָ לְאִלֵּם
9 אֶל־דִּין כָּל־בְּנֵי חֲלוֹף׃ פְּתַח־פִּיךָ שְׁפָט־צֶדֶק
וְדִין עָנִי וְאֶבְיוֹן׃
י אֵשֶׁת־חַיִל מִי יִמְצָא וְרָחֹק מִפְּנִינִים מִכְרָהּ׃
11 בָּטַח בָּהּ לֵב בַּעְלָהּ וְשָׁלָל לֹא יֶחְסָר׃
12 גְּמָלַתְהוּ טוֹב וְלֹא־רָע כֹּל יְמֵי חַיֶּיהָ׃
13 דָּרְשָׁה צֶמֶר וּפִשְׁתִּים וַתַּעַשׂ בְּחֵפֶץ כַּפֶּיהָ׃
14 הָיְתָה כָּאֳנִיּוֹת סוֹחֵר מִמֶּרְחָק תָּבִיא לַחְמָהּ׃
טו וַתָּקָם ׀ בְּעוֹד לַיְלָה וַתִּתֵּן טֶרֶף לְבֵיתָהּ
16 וְחֹק לְנַעֲרֹתֶיהָ׃ זָמְמָה שָׂדֶה וַתִּקָּחֵהוּ
מִפְּרִי כַפֶּיהָ נָטְעָ° כָּרֶם׃
17 חָגְרָה בְעוֹז מָתְנֶיהָ וַתְּאַמֵּץ זְרוֹעֹתֶיהָ׃
18 טָעֲמָה כִּי־טוֹב סַחְרָהּ לֹא־יִכְבֶּה בַלַּיִל° נֵרָהּ׃
19 יָדֶיהָ שִׁלְּחָה בַכִּישׁוֹר וְכַפֶּיהָ תָּמְכוּ פָלֶךְ׃
כ כַּפָּהּ פָּרְשָׂה לֶעָנִי וְיָדֶיהָ שִׁלְּחָה לָאֶבְיוֹן׃

לא־תירא

לא v. 4. אי ק׳ v. 16. נטעה ק׳ v. 18. בלילה ק׳

21 לֹא־תִירָא לְבֵיתָהּ מִשָּׁלֶג כִּי כָל־בֵּיתָהּ לָבֻשׁ שָׁנִים׃
22 מַרְבַדִּים עָשְׂתָה־לָּהּ שֵׁשׁ וְאַרְגָּמָן לְבוּשָׁהּ׃
23 נוֹדָע בַּשְּׁעָרִים בַּעְלָהּ בְּשִׁבְתּוֹ עִם־זִקְנֵי־אָרֶץ׃
24 סָדִין עָשְׂתָה וַתִּמְכֹּר וַחֲגוֹר נָתְנָה לַכְּנַעֲנִי׃
כה עֹז־וְהָדָר לְבוּשָׁהּ וַתִּשְׂחַק לְיוֹם אַחֲרוֹן׃
26 פִּיהָ פָּתְחָה בְחָכְמָה וְתוֹרַת־חֶסֶד עַל־לְשׁוֹנָהּ׃
27 צוֹפִיָּה הֲלִיכוֹת בֵּיתָהּ וְלֶחֶם עַצְלוּת לֹא תֹאכֵל׃
28 קָמוּ בָנֶיהָ וַיְאַשְּׁרוּהָ בַּעְלָהּ וַיְהַלְלָהּ׃
29 רַבּוֹת בָּנוֹת עָשׂוּ חָיִל וְאַתְּ עָלִית עַל־כֻּלָּנָה׃
ל שֶׁקֶר הַחֵן וְהֶבֶל הַיֹּפִי אִשָּׁה יִרְאַת־יְהוָה הִיא תִתְהַלָּל׃
31 תְּנוּ־לָהּ מִפְּרִי יָדֶיהָ וִיהַלְלוּהָ בַשְּׁעָרִים מַעֲשֶׂיהָ׃

v. 27. הליכות ק׳

חזק

סכום פסוקים של ספר משלי· תשע מאות וחמשה עשר· **ותשר דבורה** סימן· וחציו לפני שבר גאון· וסדריו שמונה· **אז** תלך לבטח דרכך סימן׃

איוב

LIBER JOBI

א CAPUT I. א

א אִישׁ הָיָה בְאֶרֶץ־עוּץ אִיּוֹב שְׁמוֹ וְהָיָה ׀ הָאִישׁ הַהוּא תָּם וְיָשָׁר
2 וִירֵא אֱלֹהִים וְסָר מֵרָע׃ וַיִּוָּלְדוּ לוֹ שִׁבְעָה בָנִים וְשָׁלוֹשׁ בָּנוֹת׃
3 וַיְהִי מִקְנֵהוּ שִׁבְעַת אַלְפֵי־צֹאן וּשְׁלֹשֶׁת אַלְפֵי גְמַלִּים וַחֲמֵשׁ
מֵאוֹת צֶמֶד־בָּקָר וַחֲמֵשׁ מֵאוֹת אֲתוֹנוֹת וַעֲבֻדָּה רַבָּה מְאֹד
4 וַיְהִי הָאִישׁ הַהוּא גָּדוֹל מִכָּל־בְּנֵי־קֶדֶם׃ וְהָלְכוּ בָנָיו וְעָשׂוּ
מִשְׁתֶּה בֵּית אִישׁ יוֹמוֹ וְשָׁלְחוּ וְקָרְאוּ לִשְׁלֹשֶׁת אַחְיֹתֵיהֶם לֶאֱכֹל
ה וְלִשְׁתּוֹת עִמָּהֶם׃ וַיְהִי כִּי הִקִּיפוּ יְמֵי הַמִּשְׁתֶּה וַיִּשְׁלַח אִיּוֹב
וַיְקַדְּשֵׁם וְהִשְׁכִּים בַּבֹּקֶר וְהֶעֱלָה עֹלוֹת מִסְפַּר כֻּלָּם כִּי אָמַר
אִיּוֹב אוּלַי חָטְאוּ בָנַי וּבֵרֲכוּ אֱלֹהִים בִּלְבָבָם כָּכָה יַעֲשֶׂה אִיּוֹב
6 כָּל־הַיָּמִים׃ וַיְהִי הַיּוֹם וַיָּבֹאוּ בְּנֵי הָאֱלֹהִים לְהִתְיַצֵּב
7 עַל־יְהוָה וַיָּבוֹא גַם־הַשָּׂטָן בְּתוֹכָם׃ וַיֹּאמֶר יְהוָה אֶל־הַשָּׂטָן
מֵאַיִן תָּבֹא וַיַּעַן הַשָּׂטָן אֶת־יְהוָה וַיֹּאמַר מִשּׁוּט בָּאָרֶץ
8 וּמֵהִתְהַלֵּךְ בָּהּ׃ וַיֹּאמֶר יְהוָה אֶל־הַשָּׂטָן הֲשַׂמְתָּ לִבְּךָ עַל־
עַבְדִּי אִיּוֹב כִּי אֵין כָּמֹהוּ בָּאָרֶץ אִישׁ תָּם וְיָשָׁר יְרֵא אֱלֹהִים
9 וְסָר מֵרָע׃ וַיַּעַן הַשָּׂטָן אֶת־יְהוָה וַיֹּאמַר הַחִנָּם יָרֵא אִיּוֹב
י אֱלֹהִים׃ הֲלֹא־אַתְּ שַׂכְתָּ בַעֲדוֹ וּבְעַד־בֵּיתוֹ וּבְעַד כָּל־
אֲשֶׁר־לוֹ מִסָּבִיב מַעֲשֵׂה יָדָיו בֵּרַכְתָּ וּמִקְנֵהוּ פָּרַץ בָּאָרֶץ׃
11 וְאוּלָם שְׁלַח־נָא יָדְךָ וְגַע בְּכָל־אֲשֶׁר־לוֹ אִם־לֹא עַל־פָּנֶיךָ
12 יְבָרְכֶךָּ׃ וַיֹּאמֶר יְהוָה אֶל־הַשָּׂטָן הִנֵּה כָל־אֲשֶׁר־לוֹ בְּיָדֶךָ
13 רַק אֵלָיו אַל־תִּשְׁלַח יָדֶךָ וַיֵּצֵא הַשָּׂטָן מֵעִם פְּנֵי יְהוָה׃ וַיְהִי
הַיּוֹם וּבָנָיו וּבְנֹתָיו אֹכְלִים וְשֹׁתִים יַיִן בְּבֵית אֲחִיהֶם הַבְּכוֹר׃
14 וּמַלְאָךְ בָּא אֶל־אִיּוֹב וַיֹּאמַר הַבָּקָר הָיוּ חֹרְשׁוֹת וְהָאֲתֹנוֹת
טו רֹעוֹת עַל־יְדֵיהֶם׃ וַתִּפֹּל שְׁבָא וַתִּקָּחֵם וְאֶת־הַנְּעָרִים הִכּוּ

---

v. 10. אתה ק׳

16 לְפִי־חָרֶב וָאִמָּלְטָה רַק־אֲנִי לְבַדִּי לְהַגִּיד לָךְ׃ עוֹד ׀ זֶה
מְדַבֵּר וְזֶה בָּא וַיֹּאמַר אֵשׁ אֱלֹהִים נָפְלָה מִן־הַשָּׁמַיִם וַתִּבְעַר
בַּצֹּאן וּבַנְּעָרִים וַתֹּאכְלֵם וָאִמָּלְטָה רַק־אֲנִי לְבַדִּי לְהַגִּיד
17 לָךְ׃ עוֹד ׀ זֶה מְדַבֵּר וְזֶה בָּא וַיֹּאמַר כַּשְׂדִּים שָׂמוּ ׀ שְׁלֹשָׁה
רָאשִׁים וַיִּפְשְׁטוּ עַל־הַגְּמַלִּים וַיִּקָּחוּם וְאֶת־הַנְּעָרִים הִכּוּ
18 לְפִי־חָרֶב וָאִמָּלְטָה רַק־אֲנִי לְבַדִּי לְהַגִּיד לָךְ׃ עַד זֶה
מְדַבֵּר וְזֶה בָּא וַיֹּאמַר בָּנֶיךָ וּבְנוֹתֶיךָ אֹכְלִים וְשֹׁתִים יַיִן בְּבֵית
19 אֲחִיהֶם הַבְּכוֹר׃ וְהִנֵּה רוּחַ גְּדוֹלָה בָּאָה ׀ מֵעֵבֶר הַמִּדְבָּר וַיִּגַּע
בְּאַרְבַּע פִּנּוֹת הַבַּיִת וַיִּפֹּל עַל־הַנְּעָרִים וַיָּמוּתוּ וָאִמָּלְטָה
כ רַק־אֲנִי לְבַדִּי לְהַגִּיד לָךְ׃ וַיָּקָם אִיּוֹב וַיִּקְרַע אֶת־מְעִלוֹ וַיָּגָז
21 אֶת־רֹאשׁוֹ וַיִּפֹּל אַרְצָה וַיִּשְׁתָּחוּ׃ וַיֹּאמֶר עָרֹם יָצָתִי מִבֶּטֶן
אִמִּי וְעָרֹם אָשׁוּב שָׁמָה יְהוָה נָתַן וַיהוָה לָקָח יְהִי שֵׁם יְהוָה
22 מְבֹרָךְ׃ בְּכָל־זֹאת לֹא־חָטָא אִיּוֹב וְלֹא־נָתַן תִּפְלָה
לֵאלֹהִים׃

CAP. II. ב

ב

א וַיְהִי הַיּוֹם וַיָּבֹאוּ בְּנֵי הָאֱלֹהִים לְהִתְיַצֵּב עַל־יְהוָה וַיָּבוֹא גַם־
2 הַשָּׂטָן בְּתֹכָם לְהִתְיַצֵּב עַל־יְהוָה׃ וַיֹּאמֶר יְהוָה אֶל־הַשָּׂטָן
אֵי מִזֶּה תָּבֹא וַיַּעַן הַשָּׂטָן אֶת־יְהוָה וַיֹּאמַר מִשֻּׁט בָּאָרֶץ
3 וּמֵהִתְהַלֵּךְ בָּהּ׃ וַיֹּאמֶר יְהוָה אֶל־הַשָּׂטָן הֲשַׂמְתָּ לִבְּךָ אֶל־
עַבְדִּי אִיּוֹב כִּי אֵין כָּמֹהוּ בָּאָרֶץ אִישׁ תָּם וְיָשָׁר יְרֵא אֱלֹהִים
4 וְסָר מֵרָע וְעֹדֶנּוּ מַחֲזִיק בְּתֻמָּתוֹ וַתְּסִיתֵנִי בוֹ לְבַלְּעוֹ חִנָּם׃ וַיַּעַן
הַשָּׂטָן אֶת־יְהוָה וַיֹּאמַר עוֹר בְּעַד־עוֹר וְכֹל אֲשֶׁר לָאִישׁ יִתֵּן
ה בְּעַד נַפְשׁוֹ׃ אוּלָם שְׁלַח־נָא יָדְךָ וְגַע אֶל־עַצְמוֹ וְאֶל־בְּשָׂרוֹ
6 אִם־לֹא אֶל־פָּנֶיךָ יְבָרְכֶךָּ׃ וַיֹּאמֶר יְהוָה אֶל־הַשָּׂטָן הִנּוֹ
7 בְיָדֶךָ אַךְ אֶת־נַפְשׁוֹ שְׁמֹר׃ וַיֵּצֵא הַשָּׂטָן מֵאֵת פְּנֵי יְהוָה וַיַּךְ
8 אֶת־אִיּוֹב בִּשְׁחִין רָע מִכַּף רַגְלוֹ עַד קָדְקֳדוֹ׃ וַיִּקַּח־לוֹ חֶרֶשׂ
9 לְהִתְגָּרֵד בּוֹ וְהוּא יֹשֵׁב בְּתוֹךְ־הָאֵפֶר׃ וַתֹּאמֶר לוֹ אִשְׁתּוֹ עֹדְךָ

מחזיק

א׳ v. 21. חסר א׳ ב׳ v. 7. ועד ק׳

י מַחֲזִ֣יק בְּתֻמָּתֶ֑ךָ בָּרֵ֥ךְ אֱלֹהִ֖ים וָמֻֽת׃ וַיֹּ֣אמֶר אֵלֶ֗יהָ כְּדַבֵּ֨ר אַחַ֤ת
הַנְּבָלוֹת֙ תְּדַבֵּ֔רִי גַּ֣ם אֶת־הַטּ֗וֹב נְקַבֵּל֙ מֵאֵ֣ת הָאֱלֹהִ֔ים וְאֶת־
הָרָ֖ע לֹ֣א נְקַבֵּ֑ל בְּכָל־זֹ֛את לֹא־חָטָ֥א אִיּ֖וֹב בִּשְׂפָתָֽיו׃
11 וַֽיִּשְׁמְע֞וּ שְׁלֹ֣שֶׁת ׀ רֵעֵ֣י אִיּ֗וֹב אֵ֤ת כָּל־הָֽרָעָה֙ הַזֹּ֔את הַבָּ֣אָה עָלָ֔יו
וַיָּבֹ֙אוּ֙ אִ֣ישׁ מִמְּקֹמ֔וֹ אֱלִיפַ֣ז הַתֵּֽימָנִ֗י וּבִלְדַּד֙ הַשּׁוּחִ֔י וְצוֹפַ֖ר
12 הַנַּעֲמָתִ֑י וַיִּוָּעֲד֣וּ יַחְדָּ֔ו לָב֥וֹא לָנֽוּד־ל֖וֹ וּֽלְנַחֲמֽוֹ׃ וַיִּשְׂא֨וּ אֶת־
עֵינֵיהֶ֤ם מֵֽרָחוֹק֙ וְלֹ֣א הִכִּיר֔וּהוּ וַיִּשְׂא֥וּ קוֹלָ֖ם וַיִּבְכּ֑וּ וַֽיִּקְרְעוּ֙ אִ֣ישׁ
13 מְעִל֔וֹ וַיִּזְרְק֥וּ עָפָ֛ר עַל־רָאשֵׁיהֶ֖ם הַשָּׁמָֽיְמָה׃ וַיֵּשְׁב֤וּ אִתּוֹ֙
לָאָ֔רֶץ שִׁבְעַ֥ת יָמִ֖ים וְשִׁבְעַ֣ת לֵיל֑וֹת וְאֵין־דֹּבֵ֤ר אֵלָיו֙ דָּבָ֔ר כִּ֣י
רָא֔וּ כִּֽי־גָדַ֥ל הַכְּאֵ֖ב מְאֹֽד׃

ג CAP. III. ג

א אַחֲרֵי־כֵ֗ן פָּתַ֤ח אִיּוֹב֙ אֶת־פִּ֔יהוּ וַיְקַלֵּ֖ל אֶת־יוֹמֽוֹ׃
2 וַיַּ֥עַן אִיּ֗וֹב וַיֹּאמַֽר׃
3 יֹ֣אבַד י֭וֹם אִוָּ֣לֶד בּ֑וֹ וְהַלַּ֥יְלָה אָ֝מַ֗ר הֹ֣רָה גָֽבֶר׃
4 הַיּ֥וֹם הַה֗וּא יְֽהִ֫י חֹ֥שֶׁךְ אַֽל־יִדְרְשֵׁ֣הוּ אֱל֣וֹהַּ מִמָּ֑עַל
ה וְאַל־תּוֹפַ֖ע עָלָ֣יו נְהָרָֽה׃ יִגְאָלֻ֡הוּ חֹ֣שֶׁךְ וְ֭צַלְמָוֶת
תִּשְׁכָּן־עָלָ֣יו עֲנָנָ֑ה יְ֝בַעֲתֻ֗הוּ כִּֽמְרִ֥ירֵי יֽוֹם׃
6 הַלַּ֥יְלָה הַהוּא֮ יִקָּחֵ֪הוּ אֹ֥פֶל אַל־יִ֭חַדְּ בִּימֵ֣י שָׁנָ֑ה
7 בְּמִסְפַּ֥ר יְ֝רָחִ֗ים אַל־יָבֹֽא׃ הִנֵּ֤ה הַלַּ֣יְלָה הַ֭הוּא יְהִ֣י גַלְמ֑וּד
8 אַל־תָּבֹ֖א רְנָנָ֣ה בֽוֹ׃ יִקְּבֻ֥הוּ אֹרְרֵי־י֑וֹם
9 הָ֝עֲתִידִ֗ים עֹרֵ֥ר לִוְיָתָֽן׃ יֶחְשְׁכוּ֮ כּוֹכְבֵ֪י נִ֫שְׁפּ֥וֹ
יְקַו־לְא֥וֹר וָאַ֑יִן וְאַל־יִ֝רְאֶ֗ה בְּעַפְעַפֵּי־שָֽׁחַר׃
י כִּ֤י לֹ֣א סָ֭גַר דַּלְתֵ֣י בִטְנִ֑י וַיַּסְתֵּ֥ר עָ֝מָ֗ל מֵעֵינָֽי׃
11 לָ֣מָּה לֹּ֣א מֵרֶ֣חֶם אָמ֑וּת מִבֶּ֖טֶן יָצָ֣אתִי וְאֶגְוָֽע׃
12 מַ֭דּוּעַ קִדְּמ֣וּנִי בִרְכָּ֑יִם וּמַה־שָּׁ֝דַ֗יִם כִּ֣י אִינָֽק׃
13 כִּֽי־עַ֭תָּה שָׁכַ֣בְתִּי וְאֶשְׁק֑וֹט יָ֝שַׁ֗נְתִּי אָ֤ז ׀ יָ֬נוּחַֽ לִֽי׃
14 עִם־מְ֭לָכִים וְיֹ֣עֲצֵי אָ֑רֶץ הַבֹּנִ֖ים חֳרָב֣וֹת לָֽמוֹ׃
טו א֣וֹ עִם־שָׂ֭רִים זָהָ֣ב לָהֶ֑ם הַֽמְמַלְאִ֖ים בָּתֵּיהֶ֣ם כָּֽסֶף׃

16 אוֹ כְנֵפֶל טָמוּן לֹא אֶהְיֶה   כְּעֹלְלִים לֹא־רָאוּ אוֹר׃
17 שָׁם רְשָׁעִים חָדְלוּ רֹגֶז   וְשָׁם יָנוּחוּ יְגִיעֵי כֹחַ׃
18 יַחַד אֲסִירִים שַׁאֲנָנוּ   לֹא שָׁמְעוּ קוֹל נֹגֵשׂ׃
19 קָטֹן וְגָדוֹל שָׁם הוּא   וְעֶבֶד חָפְשִׁי מֵאֲדֹנָיו׃
כ לָמָּה יִתֵּן לְעָמֵל אוֹר   וְחַיִּים לְמָרֵי נָפֶשׁ׃
21 הַמְחַכִּים לַמָּוֶת וְאֵינֶנּוּ   וַיַּחְפְּרֻהוּ מִמַּטְמוֹנִים׃
22 הַשְּׂמֵחִים אֱלֵי־גִיל   יָשִׂישׂוּ כִּי יִמְצְאוּ־קָבֶר׃
23 לְגֶבֶר אֲשֶׁר־דַּרְכּוֹ נִסְתָּרָה   וַיָּסֶךְ אֱלוֹהַּ בַּעֲדוֹ׃
24 כִּי־לִפְנֵי לַחְמִי אַנְחָתִי תָבֹא   וַיִּתְּכוּ כַמַּיִם שַׁאֲגֹתָי׃
כה כִּי פַחַד פָּחַדְתִּי וַיֶּאֱתָיֵנִי   וַאֲשֶׁר יָגֹרְתִּי יָבֹא לִי׃
26 לֹא שָׁלַוְתִּי ׀ וְלֹא שָׁקַטְתִּי וְלֹא־נָחְתִּי   וַיָּבֹא רֹגֶז׃

CAP. IV. ד

ד

א וַיַּעַן אֱלִיפַז הַתֵּימָנִי וַיֹּאמַר׃
2 הֲנִסָּה דָבָר אֵלֶיךָ תִּלְאֶה   וַעְצֹר בְּמִלִּין מִי יוּכָל׃
3 הִנֵּה יִסַּרְתָּ רַבִּים   וְיָדַיִם רָפוֹת תְּחַזֵּק׃
4 כּוֹשֵׁל יְקִימוּן מִלֶּיךָ   וּבִרְכַּיִם כֹּרְעוֹת תְּאַמֵּץ׃
ה כִּי עַתָּה ׀ תָּבוֹא אֵלֶיךָ וַתֵּלֶא   תִּגַּע עָדֶיךָ וַתִּבָּהֵל׃
6 הֲלֹא יִרְאָתְךָ כִּסְלָתֶךָ   תִּקְוָתְךָ וְתֹם דְּרָכֶיךָ׃
7 זְכָר־נָא מִי הוּא נָקִי אָבָד   וְאֵיפֹה יְשָׁרִים נִכְחָדוּ׃
8 כַּאֲשֶׁר רָאִיתִי חֹרְשֵׁי אָוֶן   וְזֹרְעֵי עָמָל יִקְצְרֻהוּ׃
9 מִנִּשְׁמַת אֱלוֹהַּ יֹאבֵדוּ   וּמֵרוּחַ אַפּוֹ יִכְלוּ׃
י שַׁאֲגַת אַרְיֵה וְקוֹל שָׁחַל   וְשִׁנֵּי כְפִירִים נִתָּעוּ׃
11 לַיִשׁ אֹבֵד מִבְּלִי־טָרֶף   וּבְנֵי לָבִיא יִתְפָּרָדוּ׃
12 וְאֵלַי דָּבָר יְגֻנָּב   וַתִּקַּח אָזְנִי שֵׁמֶץ מֶנְהוּ׃
13 בִּשְׂעִפִּים מֵחֶזְיֹנוֹת לָיְלָה   בִּנְפֹל תַּרְדֵּמָה עַל־אֲנָשִׁים׃
14 פַּחַד קְרָאַנִי וּרְעָדָה   וְרֹב עַצְמוֹתַי הִפְחִיד׃
טו וְרוּחַ עַל־פָּנַי יַחֲלֹף   תְּסַמֵּר שַׂעֲרַת בְּשָׂרִי׃
16 יַעֲמֹד ׀ וְלֹא־אַכִּיר מַרְאֵהוּ   תְּמוּנָה לְנֶגֶד עֵינָי

דממה

17 דְּמָמָה וָקוֹל אֶשְׁמָע׃   הַאֱנוֹשׁ מֵאֱלוֹהַ יִצְדָּק
18 אִם מֵעֹשֵׂהוּ יִטְהַר־גָּבֶר׃   הֵן בַּעֲבָדָיו לֹא יַאֲמִין
19 וּבְמַלְאָכָיו יָשִׂים תָּהֳלָה׃   אַף ׀ שֹׁכְנֵי בָתֵּי־חֹמֶר
אֲשֶׁר־בֶּעָפָר יְסוֹדָם   יְדַכְּאוּם לִפְנֵי־עָשׁ׃
כ מִבֹּקֶר לָעֶרֶב יֻכַּתּוּ   מִבְּלִי מֵשִׂים לָנֶצַח יֹאבֵדוּ׃
21 הֲלֹא־נִסַּע יִתְרָם בָּם   יָמוּתוּ וְלֹא בְחָכְמָה׃

ה Cap. V. ה

א קְרָא־נָא הֲיֵשׁ עוֹנֶךָּ   וְאֶל־מִי מִקְּדֹשִׁים תִּפְנֶה׃
2 כִּי־לֶאֱוִיל יַהֲרָג־כָּעַשׂ   וּפֹתֶה תָּמִית קִנְאָה׃
3 אֲנִי־רָאִיתִי אֱוִיל מַשְׁרִישׁ   וָאֶקּוֹב נָוֵהוּ פִתְאֹם׃
4 יִרְחֲקוּ בָנָיו מִיֶּשַׁע   וְיִדַּכְּאוּ בַשַּׁעַר וְאֵין מַצִּיל׃
ה אֲשֶׁר קְצִירוֹ ׀ רָעֵב יֹאכֵל   וְאֶל־מִצִּנִּים יִקָּחֵהוּ
6 וְשָׁאַף צַמִּים חֵילָם׃   כִּי ׀ לֹא־יֵצֵא מֵעָפָר אָוֶן
7 וּמֵאֲדָמָה לֹא־יִצְמַח עָמָל׃   כִּי־אָדָם לְעָמָל יוּלָּד
8 וּבְנֵי־רֶשֶׁף יַגְבִּיהוּ עוּף׃   אוּלָם אֲנִי אֶדְרֹשׁ אֶל־אֵל
9 וְאֶל־אֱלֹהִים אָשִׂים דִּבְרָתִי׃   עֹשֶׂה גְדֹלוֹת וְאֵין חֵקֶר
י נִפְלָאוֹת עַד־אֵין מִסְפָּר׃   הַנֹּתֵן מָטָר עַל־פְּנֵי־אָרֶץ
11 וְשֹׁלֵחַ מַיִם עַל־פְּנֵי חוּצוֹת׃   לָשׂוּם שְׁפָלִים לְמָרוֹם
12 וְקֹדְרִים שָׂגְבוּ יֶשַׁע׃   מֵפֵר מַחְשְׁבוֹת עֲרוּמִים
13 וְלֹא־תַעֲשֶׂינָה יְדֵיהֶם תּוּשִׁיָּה׃   לֹכֵד חֲכָמִים בְּעָרְמָם
14 וַעֲצַת נִפְתָּלִים נִמְהָרָה׃   יוֹמָם יְפַגְּשׁוּ־חֹשֶׁךְ
טו וְכַלַּיְלָה יְמַשְׁשׁוּ בַצָּהֳרָיִם׃   וַיֹּשַׁע מֵחֶרֶב מִפִּיהֶם
16 וּמִיַּד חָזָק אֶבְיוֹן׃   וַתְּהִי לַדַּל תִּקְוָה
17 וְעֹלָתָה קָפְצָה פִּיהָ׃   הִנֵּה אַשְׁרֵי אֱנוֹשׁ יוֹכִחֶנּוּ אֱלוֹהַ
18 וּמוּסַר שַׁדַּי אַל־תִּמְאָס׃   כִּי הוּא יַכְאִיב וְיֶחְבָּשׁ
19 יִמְחַץ וְיָדָו תִּרְפֶּינָה׃   בְּשֵׁשׁ צָרוֹת יַצִּילֶךָּ
כ וּבְשֶׁבַע ׀ לֹא־יִגַּע בְּךָ רָע׃   בְּרָעָב פָּדְךָ מִמָּוֶת

ובמלחמה

ד׳ v. 21. אין כאן פסקא   ה׳ v. 18. וידיו ק׳

21 וּבְמִלְחָמָה מִידֵי חָרֶב׃ בְּשׁוֹט לָשׁוֹן תֵּחָבֵא
22 וְלֹא־תִירָא מִשֹּׁד כִּי יָבוֹא׃ לְשֹׁד וּלְכָפָן תִּשְׂחָק
23 וּמֵחַיַּת הָאָרֶץ אַל־תִּירָא׃ כִּי עִם־אַבְנֵי הַשָּׂדֶה בְרִיתֶךָ
24 וְחַיַּת הַשָּׂדֶה הָשְׁלְמָה־לָךְ׃ וְיָדַעְתָּ כִּי־שָׁלוֹם אָהֳלֶךָ
כה וּפָקַדְתָּ נָוְךָ וְלֹא תֶחֱטָא׃ וְיָדַעְתָּ כִּי־רַב זַרְעֶךָ
26 וְצֶאֱצָאֶיךָ כְּעֵשֶׂב הָאָרֶץ׃ תָּבוֹא בְכֶלַח אֱלֵי־קָבֶר
27 כַּעֲלוֹת גָּדִישׁ בְּעִתּוֹ׃ הִנֵּה־זֹאת חֲקַרְנוּהָ כֶּן־הִיא
שְׁמָעֶנָּה וְאַתָּה דַע־לָךְ׃

ו CAP. VI. ו

א וַיַּעַן אִיּוֹב וַיֹּאמַר׃
2 לוּ שָׁקוֹל יִשָּׁקֵל כַּעְשִׂי וְהַיָּתִי בְּמֹאזְנַיִם יִשְׂאוּ־יָחַד׃
3 כִּי־עַתָּה מֵחוֹל יַמִּים יִכְבָּד עַל־כֵּן דְּבָרַי לָעוּ׃
4 כִּי חִצֵּי שַׁדַּי עִמָּדִי אֲשֶׁר חֲמָתָם שֹׁתָה רוּחִי
ה בִּעוּתֵי אֱלוֹהַּ יַעַרְכוּנִי׃ הֲיִנְהַק־פֶּרֶא עֲלֵי־דֶשֶׁא
6 אִם־יִגְעֶה־שּׁוֹר עַל־בְּלִילוֹ׃ הֲיֵאָכֵל תָּפֵל מִבְּלִי־מֶלַח
7 אִם־יֶשׁ־טַעַם בְּרִיר חַלָּמוּת׃ מֵאֲנָה לִנְגּוֹעַ נַפְשִׁי
8 הֵמָּה כִּדְוֵי לַחְמִי׃ מִי־יִתֵּן תָּבוֹא שֶׁאֱלָתִי
9 וְתִקְוָתִי יִתֵּן אֱלוֹהַּ׃ וְיֹאֵל אֱלוֹהַּ וִידַכְּאֵנִי
י יַתֵּר יָדוֹ וִיבַצְּעֵנִי׃ וּתְהִי־עוֹד ׀ נֶחָמָתִי
וַאֲסַלְּדָה בְחִילָה לֹא יַחְמוֹל כִּי־לֹא כִחַדְתִּי אִמְרֵי קָדוֹשׁ׃
11 מַה־כֹּחִי כִי־אֲיַחֵל וּמַה־קִּצִּי כִּי־אַאֲרִיךְ נַפְשִׁי׃
12 אִם־כֹּחַ אֲבָנִים כֹּחִי אִם־בְּשָׂרִי נָחוּשׁ׃
13 הַאִם אֵין עֶזְרָתִי בִי וְתֻשִׁיָּה נִדְּחָה מִמֶּנִּי׃
14 לַמָּס מֵרֵעֵהוּ חָסֶד וְיִרְאַת שַׁדַּי יַעֲזוֹב׃
טו אַחַי בָּגְדוּ כְמוֹ־נָחַל כַּאֲפִיק נְחָלִים יַעֲבֹרוּ׃
16 הַקֹּדְרִים מִנִּי־קָרַח עָלֵימוֹ יִתְעַלֶּם־שָׁלֶג׃
17 בְּעֵת יְזֹרְבוּ נִצְמָתוּ בְּחֻמּוֹ נִדְעֲכוּ מִמְּקוֹמָם׃

ו׳ v. 2. והותי ק

18 יִלָּפְתוּ אָרְחוֹת דַּרְכָּם   יַעֲלוּ בַתֹּהוּ וְיֹאבֵדוּ׃
19 הִבִּיטוּ אָרְחוֹת תֵּמָא   הֲלִיכֹת שְׁבָא קִוּוּ־לָמוֹ׃
כ בֹּשׁוּ כִּי־בָטָח   בָּאוּ עָדֶיהָ וַיֶּחְפָּרוּ׃
21 כִּי־עַתָּה הֱיִיתֶם לוֹ   תִּרְאוּ חֲתַת וַתִּירָאוּ׃
22 הֲכִי־אָמַרְתִּי הָבוּ לִי   וּמִכֹּחֲכֶם שִׁחֲדוּ בַעֲדִי׃
23 וּמַלְּטוּנִי מִיַּד־צָר   וּמִיַּד עָרִיצִים תִּפְדּוּנִי׃
24 הוֹרוּנִי וַאֲנִי אַחֲרִישׁ   וּמַה־שָּׁגִיתִי הָבִינוּ לִי׃
כה מַה־נִּמְרְצוּ אִמְרֵי־יֹשֶׁר   וּמַה־יּוֹכִיחַ הוֹכֵחַ מִכֶּם׃
26 הַלְהוֹכַח מִלִּים תַּחְשֹׁבוּ   וּלְרוּחַ אִמְרֵי נֹאָשׁ׃
27 אַף־עַל־יָתוֹם תַּפִּילוּ   וְתִכְרוּ עַל־רֵיעֲכֶם׃
28 וְעַתָּה הוֹאִילוּ פְנוּ־בִי   וְעַל־פְּנֵיכֶם אִם־אֲכַזֵּב׃
29 שֻׁבוּ־נָא אַל־תְּהִי עַוְלָה   וְשֻׁבִי עוֹד צִדְקִי־בָהּ׃
ל הֲיֵשׁ־בִּלְשׁוֹנִי עַוְלָה   אִם־חִכִּי לֹא־יָבִין הַוּוֹת׃

ז Cap. VII. ז

א הֲלֹא־צָבָא לֶאֱנוֹשׁ עַל־אָרֶץ   וְכִימֵי שָׂכִיר יָמָיו׃
2 כְּעֶבֶד יִשְׁאַף־צֵל   וּכְשָׂכִיר יְקַוֶּה פָעֳלוֹ׃
3 כֵּן הָנְחַלְתִּי לִי יַרְחֵי־שָׁוְא   וְלֵילוֹת עָמָל מִנּוּ־לִי׃
4 אִם־שָׁכַבְתִּי וְאָמַרְתִּי   מָתַי אָקוּם וּמִדַּד־עָרֶב
ה וְשָׂבַעְתִּי נְדֻדִים עֲדֵי־נָשֶׁף׃   לָבַשׁ בְּשָׂרִי רִמָּה וְגִישׁ עָפָר
6 עוֹרִי רָגַע וַיִּמָּאֵס׃   יָמַי קַלּוּ מִנִּי־אָרֶג
7 וַיִּכְלוּ בְּאֶפֶס תִּקְוָה׃   זְכֹר כִּי־רוּחַ חַיָּי
8 לֹא־תָשׁוּב עֵינִי לִרְאוֹת טוֹב׃   לֹא־תְשׁוּרֵנִי עֵין רֹאִי
9 עֵינֶיךָ בִּי וְאֵינֶנִּי׃   כָּלָה עָנָן וַיֵּלַךְ
י כֵּן יוֹרֵד שְׁאוֹל לֹא יַעֲלֶה׃   לֹא־יָשׁוּב עוֹד לְבֵיתוֹ
11 וְלֹא־יַכִּירֶנּוּ עוֹד מְקֹמוֹ׃   גַּם־אֲנִי לֹא אֶחֱשָׂךְ פִּי
אֲדַבְּרָה בְּצַר רוּחִי   אָשִׂיחָה בְּמַר נַפְשִׁי׃
12 הֲיָם־אָנִי אִם־תַּנִּין   כִּי־תָשִׂים עָלַי מִשְׁמָר׃

כי־אמרתי

ר v. 21. בנ״א לא כת׳ ולו ק׳ v. 29. ושבו ק׳
ד׳ v. 1. עלי ק׳ v. 5. ב׳ זעירא ונש ק׳

13 כִּֽי־אָמַרְתִּי תְּנַחֲמֵנִי עַרְשִׂי יִשָּׂא בְשִׂיחִי מִשְׁכָּבִי׃
14 וְחִתַּתַּנִי בַחֲלֹמוֹת וּֽמֵחֶזְיֹנוֹת תְּבַעֲתַֽנִּי׃
טו וַתִּבְחַר מַחֲנָק נַפְשִׁי מָוֶת מֵֽעַצְמוֹתָֽי׃
16 מָאַסְתִּי לֹא־לְעֹלָם אֶֽחְיֶה חֲדַל מִמֶּנִּי כִּי־הֶבֶל יָמָֽי׃
17 מָֽה־אֱנוֹשׁ כִּי תְגַדְּלֶנּוּ וְכִֽי־תָשִׁית אֵלָיו לִבֶּֽךָ׃
18 וַתִּפְקְדֶנּוּ לִבְקָרִים לִרְגָעִים תִּבְחָנֶֽנּוּ׃
19 כַּמָּה לֹא־תִשְׁעֶה מִמֶּנִּי לֹֽא־תַרְפֵּנִי עַד־בִּלְעִי רֻקִּֽי׃
כ חָטָאתִי מָה אֶפְעַל ׀ לָךְ נֹצֵר הָאָדָם לָמָה שַׂמְתַּנִי לְמִפְגָּע לָךְ
21 וָאֶהְיֶה עָלַי לְמַשָּֽׂא׃ וּמֶה ׀ לֹא־תִשָּׂא פִשְׁעִי וְתַעֲבִיר אֶת־עֲוֺנִי
כִּֽי־עַתָּה לֶעָפָר אֶשְׁכָּב וְשִׁחֲרְתַּנִי וְאֵינֶֽנִּי׃

ח CAP. VIII. ח

א וַיַּעַן בִּלְדַּד הַשּׁוּחִי וַיֹּאמַֽר׃
2 עַד־אָן תְּמַלֶּל־אֵלֶּה וְרוּחַ כַּבִּיר אִמְרֵי־פִֽיךָ׃
3 הַאֵל יְעַוֵּת מִשְׁפָּט וְאִם־שַׁדַּי יְעַוֵּֽת־צֶֽדֶק׃
4 אִם־בָּנֶיךָ חָֽטְאוּ־לוֹ וַֽיְשַׁלְּחֵם בְּיַד־פִּשְׁעָֽם׃
ה אִם־אַתָּה תְּשַׁחֵר אֶל־אֵל וְאֶל־שַׁדַּי תִּתְחַנָּֽן׃
6 אִם־זַךְ וְיָשָׁר אָתָּה כִּֽי־עַתָּה יָעִיר עָלֶיךָ
7 וְשִׁלַּם נְוַת צִדְקֶֽךָ׃ וְהָיָה רֵאשִׁיתְךָ מִצְעָר
8 וְאַחֲרִיתְךָ יִשְׂגֶּה מְאֹֽד׃ כִּֽי־שְׁאַל־נָא לְדֹר רִישׁוֹן
9 וְכוֹנֵן לְחֵקֶר אֲבוֹתָֽם׃ כִּֽי־תְמוֹל אֲנַחְנוּ וְלֹא נֵדָע
י כִּי צֵל יָמֵינוּ עֲלֵי־אָֽרֶץ׃ הֲלֹא־הֵם יוֹרוּךָ יֹאמְרוּ לָךְ
11 וּמִלִּבָּם יוֹצִאוּ מִלִּֽים׃ הֲיִגְאֶה־גֹּמֶא בְּלֹא בִצָּה
12 יִשְׂגֶּה־אָחוּ בְלִי־מָֽיִם׃ עֹדֶנּוּ בְאִבּוֹ לֹא יִקָּטֵף
13 וְלִפְנֵי כָל־חָצִיר יִיבָֽשׁ׃ כֵּן אָרְחוֹת כָּל־שֹׁכְחֵי אֵל
14 וְתִקְוַת חָנֵף תֹּאבֵֽד׃ אֲשֶׁר־יָקוֹט כִּסְלוֹ
טו וּבֵית עַכָּבִישׁ מִבְטַחוֹ׃ יִשָּׁעֵן עַל־בֵּיתוֹ וְלֹא יַעֲמֹד
16 יַחֲזִיק בּוֹ וְלֹא יָקֽוּם׃ רָטֹב הוּא לִפְנֵי־שָׁמֶשׁ
17 וְעַל־גַּנָּתוֹ יֹנַקְתּוֹ תֵצֵֽא׃ עַל־גַּל שָֽׁרָשָׁיו יְסֻבָּכוּ

בית

בֵּית אֲבָנִים יֶחֱזֶה׃ אִם־יְבַלְּעֶנּוּ מִמְּקֹמוֹ 18
וְכִחֶשׁ בּוֹ לֹא רְאִיתִיךָ׃ הֶן־הוּא מְשׂוֹשׂ דַּרְכּוֹ 19
וּמֵעָפָר אַחֵר יִצְמָחוּ׃ הֶן־אֵל לֹא יִמְאַס־תָּם כ
וְלֹא יַחֲזִיק בְּיַד־מְרֵעִים׃ עַד־יְמַלֵּה שְׂחוֹק פִּיךָ 21
וּשְׂפָתֶיךָ תְרוּעָה׃ שֹׂנְאֶיךָ יִלְבְּשׁוּ־בֹשֶׁת 22
וְאֹהֶל רְשָׁעִים אֵינֶנּוּ׃

CAP. IX. ט

ט

וַיַּעַן אִיּוֹב וַיֹּאמַר׃ א
אָמְנָם יָדַעְתִּי כִי־כֵן וּמַה־יִּצְדַּק אֱנוֹשׁ עִם־אֵל׃ 2
אִם־יַחְפֹּץ לָרִיב עִמּוֹ לֹא־יַעֲנֶנּוּ אַחַת מִנִּי־אָלֶף׃ 3
חֲכַם לֵבָב וְאַמִּיץ כֹּחַ מִי־הִקְשָׁה אֵלָיו וַיִּשְׁלָם׃ 4
הַמַּעְתִּיק הָרִים וְלֹא יָדָעוּ אֲשֶׁר הֲפָכָם בְּאַפּוֹ׃ ה
הַמַּרְגִּיז אֶרֶץ מִמְּקוֹמָהּ וְעַמּוּדֶיהָ יִתְפַלָּצוּן׃ 6
הָאֹמֵר לַחֶרֶס וְלֹא יִזְרָח וּבְעַד כּוֹכָבִים יַחְתֹּם׃ 7
נֹטֶה שָׁמַיִם לְבַדּוֹ וְדוֹרֵךְ עַל־בָּמֳתֵי יָם׃ 8
עֹשֶׂה־עָשׁ כְּסִיל וְכִימָה וְחַדְרֵי תֵמָן׃ 9
עֹשֶׂה גְדֹלוֹת עַד־אֵין חֵקֶר וְנִפְלָאוֹת עַד־אֵין מִסְפָּר׃ י
הֵן יַעֲבֹר עָלַי וְלֹא אֶרְאֶה וְיַחֲלֹף וְלֹא־אָבִין לוֹ׃ 11
הֵן יַחְתֹּף מִי יְשִׁיבֶנּוּ מִי־יֹאמַר אֵלָיו מַה־תַּעֲשֶׂה׃ 12
אֱלוֹהַּ לֹא־יָשִׁיב אַפּוֹ תַּחְתָּו שָׁחֲחוּ עֹזְרֵי רָהַב׃ 13
אַף כִּי־אָנֹכִי אֶעֱנֶנּוּ אֶבְחֲרָה דְבָרַי עִמּוֹ׃ 14
אֲשֶׁר אִם־צָדַקְתִּי לֹא אֶעֱנֶה לִמְשֹׁפְטִי אֶתְחַנָּן׃ טו
אִם־קָרָאתִי וַיַּעֲנֵנִי לֹא־אַאֲמִין כִּי־יַאֲזִין קוֹלִי׃ 16
אֲשֶׁר־בִּשְׂעָרָה יְשׁוּפֵנִי וְהִרְבָּה פְצָעַי חִנָּם׃ 17
לֹא־יִתְּנֵנִי הָשֵׁב רוּחִי כִּי יַשְׂבִּעַנִי מַמְּרֹרִים׃ 18
אִם־לְכֹחַ אַמִּיץ הִנֵּה וְאִם־לְמִשְׁפָּט מִי יוֹעִידֵנִי׃ 19
אִם־אֶצְדָּק פִּי יַרְשִׁיעֵנִי תָּם־אָנִי וַיַּעְקְשֵׁנִי׃ כ

תם־אני

ט׳ v. 13. תחתיו ק׳

21 תָּם־אָנִי לֹא־אֵדַע נַפְשִׁי אֶמְאַס חַיָּי׃
22 אַחַת הִיא עַל־כֵּן אָמַרְתִּי תָּם וְרָשָׁע הוּא מְכַלֶּה׃
23 אִם־שׁוֹט יָמִית פִּתְאֹם לְמַסַּת נְקִיִּם יִלְעָג׃
24 אֶרֶץ ׀ נִתְּנָה בְיַד־רָשָׁע פְּנֵי־שֹׁפְטֶיהָ יְכַסֶּה
כה אִם־לֹא אֵפוֹא מִי־הוּא׃ וְיָמַי קַלּוּ מִנִּי־רָץ
26 בָּרְחוּ לֹא־רָאוּ טוֹבָה׃ חָלְפוּ עִם־אֳנִיּוֹת אֵבֶה
27 כְּנֶשֶׁר יָטוּשׂ עֲלֵי־אֹכֶל׃ אִם־אָמְרִי אֶשְׁכְּחָה שִׂיחִי
28 אֶעֶזְבָה פָנַי וְאַבְלִיגָה׃ יָגֹרְתִּי כָל־עַצְּבֹתָי
29 יָדַעְתִּי כִּי־לֹא תְנַקֵּנִי׃ אָנֹכִי אֶרְשָׁע
ל לָמָּה־זֶּה הֶבֶל אִיגָע׃ אִם־הִתְרָחַצְתִּי בְמוֹ־שָׁלֶג
31 וַהֲזִכּוֹתִי בְּבֹר כַּפָּי׃ אָז בַּשַּׁחַת תִּטְבְּלֵנִי
32 וְתִעֲבוּנִי שַׂלְמוֹתָי׃ כִּי־לֹא־אִישׁ כָּמֹנִי אֶעֱנֶנּוּ
33 נָבוֹא יַחְדָּו בַּמִּשְׁפָּט׃ לֹא יֵשׁ־בֵּינֵינוּ מוֹכִיחַ
34 יָשֵׁת יָדוֹ עַל־שְׁנֵינוּ׃ יָסֵר מֵעָלַי שִׁבְטוֹ
לה וְאֵמָתוֹ אַל־תְּבַעֲתַנִּי׃ אֲדַבְּרָה וְלֹא אִירָאֶנּוּ
כִּי לֹא־כֵן אָנֹכִי עִמָּדִי׃

CAP. X. י

א נָקְטָה נַפְשִׁי בְּחַיָּי אֶעֶזְבָה עָלַי שִׂיחִי
2 אֲדַבְּרָה בְּמַר נַפְשִׁי׃ אֹמַר אֶל־אֱלוֹהַּ אַל־תַּרְשִׁיעֵנִי
3 הוֹדִיעֵנִי עַל מַה־תְּרִיבֵנִי׃ הֲטוֹב לְךָ ׀ כִּי־תַעֲשֹׁק
כִּי־תִמְאַס יְגִיעַ כַּפֶּיךָ וְעַל־עֲצַת רְשָׁעִים הוֹפָעְתָּ׃
4 הַעֵינֵי בָשָׂר לָךְ אִם־כִּרְאוֹת אֱנוֹשׁ תִּרְאֶה׃
ה הֲכִימֵי אֱנוֹשׁ יָמֶיךָ אִם־שְׁנוֹתֶיךָ כִּימֵי גָבֶר׃
6 כִּי־תְבַקֵּשׁ לַעֲוֺנִי וּלְחַטָּאתִי תִדְרוֹשׁ׃
7 עַל־דַּעְתְּךָ כִּי־לֹא אֶרְשָׁע וְאֵין מִיָּדְךָ מַצִּיל׃
8 יָדֶיךָ עִצְּבוּנִי וַיַּעֲשׂוּנִי יַחַד סָבִיב וַתְּבַלְּעֵנִי׃
9 זְכָר־נָא כִּי־כַחֹמֶר עֲשִׂיתָנִי וְאֶל־עָפָר תְּשִׁיבֵנִי׃

הלא

ט׳ v. 30. במי ק׳ v. 34. ט׳ רבתי v. 35. אין כאן פסקא

י הֲלֹא כֶחָלָב תַּתִּיכֵנִי וְכַגְּבִנָּה תַּקְפִּיאֵנִי׃
11 עוֹר וּבָשָׂר תַּלְבִּישֵׁנִי וּבַעֲצָמוֹת וְגִידִים תְּשֹׂכְכֵנִי׃
12 חַיִּים וָחֶסֶד עָשִׂיתָ עִמָּדִי וּפְקֻדָּתְךָ שָׁמְרָה רוּחִי׃
13 וְאֵלֶּה צָפַנְתָּ בִלְבָבֶךָ יָדַעְתִּי כִּי־זֹאת עִמָּךְ׃
14 אִם־חָטָאתִי וּשְׁמַרְתָּנִי וּמֵעֲוֺנִי לֹא תְנַקֵּנִי׃
טו אִם־רָשַׁעְתִּי אַלְלַי לִי וְצָדַקְתִּי לֹא־אֶשָּׂא רֹאשִׁי
16 שְׂבַע קָלוֹן וּרְאֵה עָנְיִי׃ וְיִגְאֶה כַּשַּׁחַל תְּצוּדֵנִי
17 וְתָשֹׁב תִּתְפַּלָּא־בִי׃ תְּחַדֵּשׁ עֵדֶיךָ ׀ נֶגְדִּי
וְתֶרֶב כַּעַשְׂךָ עִמָּדִי חֲלִיפוֹת וְצָבָא עִמִּי׃
18 וְלָמָּה מֵרֶחֶם הֹצֵאתָנִי אֶגְוַע וְעַיִן לֹא־תִרְאֵנִי׃
19 כַּאֲשֶׁר לֹא־הָיִיתִי אֶהְיֶה מִבֶּטֶן לַקֶּבֶר אוּבָל׃
כ הֲלֹא־מְעַט יָמַי יַחֲדָל יְשִׁית מִמֶּנִּי וְאַבְלִיגָה מְּעָט׃
21 בְּטֶרֶם אֵלֵךְ וְלֹא אָשׁוּב אֶל־אֶרֶץ חֹשֶׁךְ וְצַלְמָוֶת׃
22 אֶרֶץ עֵפָתָה ׀ כְּמוֹ אֹפֶל צַלְמָוֶת וְלֹא סְדָרִים
וַתֹּפַע כְּמוֹ־אֹפֶל׃

יא CAP. XI. יא

א וַיַּעַן צֹפַר הַנַּעֲמָתִי וַיֹּאמַר׃
2 הֲרֹב דְּבָרִים לֹא יֵעָנֶה וְאִם־אִישׁ שְׂפָתַיִם יִצְדָּק׃
3 בַּדֶּיךָ מְתִים יַחֲרִישׁוּ וַתִּלְעַג וְאֵין מַכְלִם׃
4 וַתֹּאמֶר זַךְ לִקְחִי וּבַר הָיִיתִי בְעֵינֶיךָ׃
ה וְאוּלָם מִי־יִתֵּן אֱלוֹהַּ דַּבֵּר וְיִפְתַּח שְׂפָתָיו עִמָּךְ׃
6 וְיַגֶּד־לְךָ ׀ תַּעֲלֻמוֹת חָכְמָה כִּי־כִפְלַיִם לְתוּשִׁיָּה
7 וְדַע ׀ כִּי־יַשֶּׁה לְךָ אֱלוֹהַּ מֵעֲוֺנֶךָ׃ הַחֵקֶר אֱלוֹהַּ תִּמְצָא
8 אִם עַד־תַּכְלִית שַׁדַּי תִּמְצָא׃ גָּבְהֵי שָׁמַיִם מַה־תִּפְעָל
9 עֲמֻקָּה מִשְּׁאוֹל מַה־תֵּדָע׃ אֲרֻכָּה מֵאֶרֶץ מִדָּהּ
י וּרְחָבָה מִנִּי־יָם׃ אִם־יַחֲלֹף וְיַסְגִּיר
11 וְיַקְהִיל וּמִי יְשִׁיבֶנּוּ׃ כִּי־הוּא יָדַע מְתֵי־שָׁוְא

וירא־און

ר' v. 20. וחדל ק' ibid. ושית ק'

12 וַיַּרְא־אָוֶן וְלֹא יִתְבּוֹנָן׃ וְאִישׁ נָבוּב יִלָּבֵב
13 וְעַיִר פֶּרֶא אָדָם יִוָּלֵד׃ אִם־אַתָּה הֲכִינוֹתָ לִבֶּךָ
14 וּפָרַשְׂתָּ אֵלָיו כַּפֶּךָ׃ אִם־אָוֶן בְּיָדְךָ הַרְחִיקֵהוּ
טו וְאַל־תַּשְׁכֵּן בְּאֹהָלֶיךָ עַוְלָה׃ כִּי־אָז ׀ תִּשָּׂא פָנֶיךָ מִמּוּם
16 וְהָיִיתָ מֻצָק וְלֹא תִירָא׃ כִּי־אַתָּה עָמָל תִּשְׁכָּח
17 כְּמַיִם עָבְרוּ תִזְכֹּר׃ וּמִצָּהֳרַיִם יָקוּם חָלֶד
18 תָּעֻפָה כַּבֹּקֶר תִּהְיֶה׃ וּבָטַחְתָּ כִּי־יֵשׁ תִּקְוָה
19 וְחָפַרְתָּ לָבֶטַח תִּשְׁכָּב׃ וְרָבַצְתָּ וְאֵין מַחֲרִיד
כ וְחִלּוּ פָנֶיךָ רַבִּים׃ וְעֵינֵי רְשָׁעִים תִּכְלֶינָה
וּמָנוֹס אָבַד מִנְהֶם וְתִקְוָתָם מַפַּח־נָפֶשׁ׃

יב CAP. XII.

א וַיַּעַן אִיּוֹב וַיֹּאמַר׃
2 אָמְנָם כִּי אַתֶּם־עָם וְעִמָּכֶם תָּמוּת חָכְמָה׃
3 גַּם־לִי לֵבָב ׀ כְּמוֹכֶם לֹא־נֹפֵל אָנֹכִי מִכֶּם
4 וְאֶת־מִי־אֵין כְּמוֹ־אֵלֶּה׃ שְׂחֹק לְרֵעֵהוּ ׀ אֶהְיֶה
קֹרֵא לֶאֱלוֹהַּ וַיַּעֲנֵהוּ שְׂחוֹק צַדִּיק תָּמִים׃
ה לַפִּיד בּוּז לְעַשְׁתּוּת שַׁאֲנָן נָכוֹן לְמוֹעֲדֵי רָגֶל׃
6 יִשְׁלָיוּ אֹהָלִים ׀ לְשֹׁדְדִים וּבַטֻּחוֹת לְמַרְגִּיזֵי אֵל
7 לַאֲשֶׁר הֵבִיא אֱלוֹהַּ בְּיָדוֹ׃ וְאוּלָם שְׁאַל־נָא בְהֵמוֹת וְתֹרֶךָּ
8 וְעוֹף הַשָּׁמַיִם וְיַגֶּד־לָךְ׃ אוֹ שִׂיחַ לָאָרֶץ וְתֹרֶךָּ
9 וִיסַפְּרוּ לְךָ דְּגֵי הַיָּם׃ מִי לֹא־יָדַע בְּכָל־אֵלֶּה
י כִּי יַד־יְהוָה עָשְׂתָה זֹּאת׃ אֲשֶׁר בְּיָדוֹ נֶפֶשׁ כָּל־חָי
11 וְרוּחַ כָּל־בְּשַׂר־אִישׁ׃ הֲלֹא־אֹזֶן מִלִּין תִּבְחָן
12 וְחֵךְ אֹכֶל יִטְעַם־לוֹ׃ בִּישִׁישִׁים חָכְמָה
13 וְאֹרֶךְ יָמִים תְּבוּנָה׃ עִמּוֹ חָכְמָה וּגְבוּרָה
14 לוֹ עֵצָה וּתְבוּנָה׃ הֵן יַהֲרוֹס וְלֹא יִבָּנֶה
טו יִסְגֹּר עַל־אִישׁ וְלֹא יִפָּתֵחַ׃ הֵן יַעְצֹר בַּמַּיִם וְיִבָשׁוּ
16 וִישַׁלְּחֵם וְיַהַפְכוּ אָרֶץ׃ עִמּוֹ עֹז וְתוּשִׁיָּה

17 לוֹ שֹׁגֵג וּמַשְׁגֶּה׃ מוֹלִיךְ יוֹעֲצִים שׁוֹלָל
18 וְשֹׁפְטִים יְהוֹלֵל׃ מוּסַר מְלָכִים פִּתֵּחַ
19 וַיֶּאְסֹר אֵזוֹר בְּמָתְנֵיהֶם׃ מוֹלִיךְ כֹּהֲנִים שׁוֹלָל
כ וְאֵתָנִים יְסַלֵּף׃ מֵסִיר שָׂפָה לְנֶאֱמָנִים
21 וְטַעַם זְקֵנִים יִקָּח׃ שׁוֹפֵךְ בּוּז עַל־נְדִיבִים
22 וּמְזִיחַ אֲפִיקִים רִפָּה׃ מְגַלֶּה עֲמֻקוֹת מִנִּי־חֹשֶׁךְ
23 וַיֹּצֵא לָאוֹר צַלְמָוֶת׃ מַשְׂגִּיא לַגּוֹיִם וַיְאַבְּדֵם
24 שֹׁטֵחַ לַגּוֹיִם וַיַּנְחֵם׃ מֵסִיר לֵב רָאשֵׁי עַם־הָאָרֶץ
כה וַיַּתְעֵם בְּתֹהוּ לֹא־דָרֶךְ׃ יְמַשְׁשׁוּ־חֹשֶׁךְ וְלֹא־אוֹר
וַיַּתְעֵם כַּשִּׁכּוֹר׃

יג CAP. XIII. יג

א הֶן־כֹּל רָאֲתָה עֵינִי שָׁמְעָה אָזְנִי וַתָּבֶן לָהּ׃
2 כְּדַעְתְּכֶם יָדַעְתִּי גַם־אָנִי לֹא־נֹפֵל אָנֹכִי מִכֶּם׃
3 אוּלָם אֲנִי אֶל־שַׁדַּי אֲדַבֵּר וְהוֹכֵחַ אֶל־אֵל אֶחְפָּץ׃
4 וְאוּלָם אַתֶּם טֹפְלֵי־שָׁקֶר רֹפְאֵי אֱלִל כֻּלְּכֶם׃
ה מִי־יִתֵּן הַחֲרֵשׁ תַּחֲרִישׁוּן וּתְהִי לָכֶם לְחָכְמָה׃
6 שִׁמְעוּ־נָא תוֹכַחְתִּי וְרִבוֹת שְׂפָתַי הַקְשִׁיבוּ׃
7 הַלְאֵל תְּדַבְּרוּ עַוְלָה וְלוֹ תְּדַבְּרוּ רְמִיָּה׃
8 הֲפָנָיו תִּשָּׂאוּן אִם־לָאֵל תְּרִיבוּן׃
9 הֲטוֹב כִּי־יַחְקֹר אֶתְכֶם אִם־כְּהָתֵל בֶּאֱנוֹשׁ תְּהָתֵלּוּ בוֹ׃
י הוֹכֵחַ יוֹכִיחַ אֶתְכֶם אִם־בַּסֵּתֶר פָּנִים תִּשָּׂאוּן׃
11 הֲלֹא שְׂאֵתוֹ תְּבַעֵת אֶתְכֶם וּפַחְדּוֹ יִפֹּל עֲלֵיכֶם׃
12 זִכְרֹנֵיכֶם מִשְׁלֵי־אֵפֶר לְגַבֵּי־חֹמֶר גַּבֵּיכֶם׃
13 הַחֲרִישׁוּ מִמֶּנִּי וַאֲדַבְּרָה־אָנִי וְיַעֲבֹר עָלַי מָה׃
14 עַל־מָה ׀ אֶשָּׂא בְשָׂרִי בְשִׁנָּי וְנַפְשִׁי אָשִׂים בְּכַפִּי׃
טו הֵן יִקְטְלֵנִי לֹא֯ אֲיַחֵל אַךְ־דְּרָכַי אֶל־פָּנָיו אוֹכִיחַ׃
16 גַּם־הוּא־לִי לִישׁוּעָה כִּי־לֹא לְפָנָיו חָנֵף יָבוֹא׃

שמעו

י״ב v. 25. אין כאן פסקא י״ג v. 15. לו ק׳

17 שִׁמְע֣וּ שָׁמ֭וֹעַ מִלָּתִ֑י   וְֽ֝אַחֲוָתִ֗י בְּאָזְנֵיכֶֽם׃

18 הִנֵּה־נָ֭א עָרַ֣כְתִּי מִשְׁפָּ֑ט   יָ֝דַ֗עְתִּי כִּֽי־אֲנִ֥י אֶצְדָּֽק׃

19 מִי־ה֭וּא יָרִ֣יב עִמָּדִ֑י   כִּֽי־עַתָּ֖ה אַחֲרִ֣ישׁ וְאֶגְוָֽע׃

כ אַךְ־שְׁ֭תַּיִם אַל־תַּ֣עַשׂ עִמָּדִ֑י   אָ֝֗ז מִפָּנֶ֥יךָ לֹ֣א אֶסָּתֵֽר׃

21 כַּ֭פְּךָ מֵעָלַ֣י הַרְחַ֑ק   וְ֝אֵ֥מָתְךָ֗ אַֽל־תְּבַעֲתַֽנִּי׃

22 וּ֭קְרָא וְאָנֹכִ֣י אֶֽעֱנֶ֑ה   אֽוֹ־אֲ֝דַבֵּ֗ר וַהֲשִׁיבֵֽנִי׃

23 כַּמָּ֣ה לִ֭י עֲוֺנ֣וֹת וְחַטָּא֑וֹת   פִּֽשְׁעִ֥י וְ֝חַטָּאתִ֗י הֹדִיעֵֽנִי׃

24 לָֽמָּה־פָנֶ֥יךָ תַסְתִּ֑יר   וְתַחְשְׁבֵ֖נִי לְאוֹיֵ֣ב לָֽךְ׃

כה הֶעָלֶ֣ה נִדָּ֣ף תַּעֲר֑וֹץ   וְאֶת־קַ֖שׁ יָבֵ֣שׁ תִּרְדֹּֽף׃

26 כִּֽי־תִכְתֹּ֣ב עָלַ֣י מְרֹר֑וֹת   וְ֝תוֹרִישֵׁ֗נִי עֲוֺנ֥וֹת נְעוּרָֽי׃

27 וְתָ֘שֵׂ֤ם בַּסַּ֨ד ׀ רַגְלַ֗י   וְתִשְׁמ֥וֹר כָּל־אָרְחוֹתָ֑י

28 עַל־שָׁרְשֵׁ֥י רַגְלַ֗י תִּתְחַקֶּֽה׃   וְה֭וּא כְּרָקָ֣ב יִבְלֶ֑ה

כְּ֝בֶ֗גֶד אֲכָ֣לוֹ עָֽשׁ׃

יד   CAP. XIV.   יד

א אָ֭דָם יְל֣וּד אִשָּׁ֑ה   קְצַ֥ר יָ֝מִ֗ים וּֽשְׂבַֽע־רֹֽגֶז׃

2 כְּצִ֣יץ יָ֭צָא וַיִּמָּ֑ל   וַיִּבְרַ֥ח כַּ֝צֵּ֗ל וְלֹ֣א יַעֲמֽוֹד׃

3 אַף־עַל־זֶ֭ה פָּקַ֣חְתָּ עֵינֶ֑ךָ   וְאֹ֘תִ֤י תָבִ֖יא בְמִשְׁפָּ֣ט עִמָּֽךְ׃

4 מִֽי־יִתֵּ֣ן טָ֭הוֹר מִטָּמֵ֗א   לֹ֣א אֶחָֽד׃

ה אִ֥ם חֲרוּצִ֨ים ׀ יָמָ֗יו   מִֽסְפַּר־חֳדָשָׁ֥יו אִתָּ֑ךְ

6 חֻקָּ֥ו עָ֝שִׂ֗יתָ וְלֹ֣א יַעֲבֹֽר׃   שְׁעֵ֣ה מֵעָלָ֣יו וְיֶחְדָּ֑ל

7 כִּ֤י יֵ֥שׁ לָעֵ֗ץ תִּ֫קְוָ֥ה   עַד־יִ֭רְצֶה כְּשָׂכִ֣יר יוֹמֽוֹ׃

אִם־יִכָּרֵ֣ת וְע֣וֹד יַחֲלִ֑יף   וְ֝יֹֽנַקְתּ֗וֹ לֹ֣א תֶחְדָּֽל׃

8 אִם־יַזְקִ֣ין בָּאָ֣רֶץ שָׁרְשׁ֑וֹ   וּ֝בֶעָפָ֗ר יָמ֥וּת גִּזְעֽוֹ׃

9 מֵרֵ֣יחַ מַ֣יִם יַפְרִ֑חַ   וְעָשָׂ֖ה קָצִ֣יר כְּמוֹ־נָֽטַע׃

י וְגֶ֣בֶר יָ֭מוּת וַֽיֶּחֱלָ֑שׁ   וַיִּגְוַ֖ע אָדָ֣ם וְאַיּֽוֹ׃

11 אָֽזְלוּ־מַ֭יִם מִנִּי־יָ֑ם   וְ֝נָהָ֗ר יֶחֱרַ֥ב וְיָבֵֽשׁ׃

12 וְאִ֥ישׁ שָׁכַ֗ב וְֽלֹא־יָ֫ק֥וּם   עַד־בִּלְתִּ֣י שָׁ֭מַיִם לֹ֣א יָקִ֑יצוּ

וְלֹֽא־יֵעֹ֖רוּ

13 וְלֹֽא־יֵ֝עֹ֗רוּ מִשְּׁנָתָֽם׃ מִ֤י יִתֵּ֨ן ׀ בִּשְׁא֬וֹל תַּצְפִּנֵ֗נִי
תַּ֭סְתִּירֵנִי עַד־שׁ֣וּב אַפֶּ֑ךָ תָּ֤שִׁית לִ֖י חֹ֣ק וְתִזְכְּרֵֽנִי׃
14 אִם־יָמ֥וּת גֶּ֗בֶר הֲֽיִחְיֶ֫ה כָּל־יְמֵ֣י צְבָאִ֣י אֲיַחֵ֑ל
טו עַד־בּ֝֗וֹא חֲלִיפָתִֽי׃ תִּ֭קְרָא וְאָנֹכִ֣י אֶעֱנֶ֑ךָּ
16 לְמַעֲשֵׂ֖ה יָדֶ֣יךָ תִכְסֹֽף׃ כִּֽי־עַ֭תָּה צְעָדַ֣י תִּסְפּ֑וֹר
17 לֹֽא־תִ֝שְׁמֹ֗ר עַל־חַטָּאתִֽי׃ חָתֻ֣ם בִּצְר֣וֹר פִּשְׁעִ֑י
18 וַ֝תִּטְפֹּ֗ל עַל־עֲוֺנִֽי׃ וְֽאוּלָ֗ם הַר־נוֹפֵ֥ל יִבּ֑וֹל
19 וְ֝צ֗וּר יֶעְתַּ֥ק מִמְּקֹמֽוֹ׃ אֲבָנִ֤ים ׀ שָׁ֥חֲקוּ מַ֗יִם
תִּשְׁטֹֽף־סְפִיחֶ֥יהָ עֲפַר־אֶ֑רֶץ וְתִקְוַ֖ת אֱנ֣וֹשׁ הֶאֱבַֽדְתָּ׃
כ תִּתְקְפֵ֣הוּ לָ֭נֶצַח וַֽיַּהֲלֹ֑ךְ מְשַׁנֶּ֥ה פָ֝נָ֗יו וַֽתְּשַׁלְּחֵֽהוּ׃
21 יִכְבְּד֣וּ בָ֭נָיו וְלֹ֣א יֵדָ֑ע וְ֝יִצְעֲר֗וּ וְֽלֹא־יָבִ֥ין לָֽמוֹ׃
22 אַךְ־בְּ֭שָׂרוֹ עָלָ֣יו יִכְאָ֑ב וְ֝נַפְשׁ֗וֹ עָלָ֥יו תֶּאֱבָֽל׃

טו Cap. XV. טו

א וַ֭יַּעַן אֱלִיפַ֥ז הַֽתֵּימָנִ֗י וַיֹּאמַֽר׃
2 הֶֽחָכָ֗ם יַעֲנֶ֥ה דַֽעַת־ר֑וּחַ וִימַלֵּ֖א קָדִ֣ים בִּטְנֽוֹ׃
3 הוֹכֵ֣חַ בְּ֭דָבָר לֹ֣א יִסְכּ֑וֹן וּ֝מִלִּ֗ים לֹא־יוֹעִ֥יל בָּֽם׃
4 אַף־אַ֭תָּה תָּפֵ֣ר יִרְאָ֑ה וְתִגְרַ֥ע שִׂ֝יחָ֗ה לִפְנֵי־אֵֽל׃
ה כִּ֤י יְאַלֵּ֣ף עֲוֺנְךָ֣ פִ֑יךָ וְ֝תִבְחַ֗ר לְשׁ֣וֹן עֲרוּמִֽים׃
6 יַרְשִֽׁיעֲךָ֣ פִ֣יךָ וְלֹא־אָ֑נִי וּ֝שְׂפָתֶ֗יךָ יַעֲנוּ־בָֽךְ׃
7 הֲרִאישׁ֣וֹן אָ֭דָם תִּוָּלֵ֑ד וְלִפְנֵ֖י גְבָע֣וֹת חוֹלָֽלְתָּ׃
8 הַבְסוֹד אֱל֣וֹהַּ תִּשְׁמָ֑ע וְתִגְרַ֖ע אֵלֶ֣יךָ חָכְמָֽה׃
9 מַה־יָּ֭דַעְתָּ וְלֹ֣א נֵדָ֑ע תָּ֝בִ֗ין וְֽלֹא־עִמָּ֥נוּ הֽוּא׃
י גַּם־שָׂ֣ב גַּם־יָ֭שִׁישׁ בָּ֑נוּ כַּבִּ֖יר מֵאָבִ֣יךָ יָמִֽים׃
11 הַמְעַ֣ט מִ֭מְּךָ תַּנְחוּמ֣וֹת אֵ֑ל וְ֝דָבָ֗ר לָאַ֥ט עִמָּֽךְ׃
12 מַה־יִּקָּחֲךָ֥ לִבֶּ֑ךָ וּמַה־יִּרְזְמ֥וּן עֵינֶֽיךָ׃
13 כִּֽי־תָשִׁ֣יב אֶל־אֵ֣ל רוּחֶ֑ךָ וְהֹצֵ֖אתָ מִפִּ֣יךָ מִלִּֽין׃
14 מָֽה־אֱנ֥וֹשׁ כִּֽי־יִזְכֶּ֑ה וְכִֽי־יִ֝צְדַּ֗ק יְל֣וּד אִשָּֽׁה׃
טו הֵ֣ן בִּ֭קְדֹשָׁו לֹ֣א יַאֲמִ֑ין וְ֝שָׁמַ֗יִם לֹא־זַכּ֥וּ בְעֵינָֽיו׃

טו v. 15. בקדשיו ק׳

16 אַף כִּֽי־נִתְעָב וְנֶאֱלָח אִישׁ־שֹׁתֶה כַמַּיִם עַוְלָה׃
17 אֲחַוְךָ שְׁמַע־לִי וְזֶה־חָזִיתִי וַאֲסַפֵּרָה׃
18 אֲשֶׁר־חֲכָמִים יַגִּידוּ וְלֹא כִחֲדוּ מֵאֲבוֹתָם׃
19 לָהֶם לְבַדָּם נִתְּנָה הָאָרֶץ וְלֹא־עָבַר זָר בְּתוֹכָם׃
כ כָּל־יְמֵי רָשָׁע הוּא מִתְחוֹלֵל וּמִסְפַּר שָׁנִים נִצְפְּנוּ לֶעָרִיץ׃
21 קוֹל־פְּחָדִים בְּאָזְנָיו בַּשָּׁלוֹם שׁוֹדֵד יְבוֹאֶנּוּ׃
22 לֹא־יַאֲמִין שׁוּב מִנִּי־חֹשֶׁךְ וְצָפוּ הוּא אֱלֵי־חָרֶב׃
23 נֹדֵד הוּא לַלֶּחֶם אַיֵּה יָדַע ׀ כִּֽי־נָכוֹן בְּיָדוֹ יוֹם־חֹשֶׁךְ׃
24 יְבַעֲתֻהוּ צַר וּמְצוּקָה תִּתְקְפֵהוּ כְּמֶלֶךְ ׀ עָתִיד לַכִּידוֹר׃
כה כִּֽי־נָטָה אֶל־אֵל יָדוֹ וְאֶל־שַׁדַּי יִתְגַּבָּר׃
26 יָרוּץ אֵלָיו בְּצַוָּאר בַּעֲבִי גַּבֵּי מָגִנָּיו׃
27 כִּֽי־כִסָּה פָנָיו בְּחֶלְבּוֹ וַיַּעַשׂ פִּימָה עֲלֵי־כָסֶל׃
28 וַיִּשְׁכּוֹן ׀ עָרִים נִכְחָדוֹת בָּתִּים לֹא־יֵשְׁבוּ לָמוֹ
29 אֲשֶׁר הִתְעַתְּדוּ לְגַלִּים׃ לֹא־יֶעְשַׁר וְלֹא־יָקוּם חֵילוֹ
ל וְלֹא־יִטֶּה לָאָרֶץ מִנְלָם׃ לֹא־יָסוּר ׀ מִנִּי־חֹשֶׁךְ
יֹנַקְתּוֹ תְּיַבֵּשׁ שַׁלְהָבֶת וְיָסוּר בְּרוּחַ פִּיו׃
31 אַל־יַאֲמֵן בַּשָּׁו נִתְעָה כִּֽי־שָׁוְא תִּהְיֶה תְמוּרָתוֹ׃
32 בְּלֹא־יוֹמוֹ תִּמָּלֵא וְכִפָּתוֹ לֹא רַעֲנָנָה׃
33 יַחְמֹס כַּגֶּפֶן בִּסְרוֹ וְיַשְׁלֵךְ כַּזַּיִת נִצָּתוֹ׃
34 כִּֽי־עֲדַת חָנֵף גַּלְמוּד וְאֵשׁ אָכְלָה אָהֳלֵי־שֹׁחַד׃
לה הָרֹה עָמָל וְיָלֹד אָוֶן וּבִטְנָם תָּכִין מִרְמָה׃

טז טז CAP. XVI.

א וַיַּעַן אִיּוֹב וַיֹּאמַר׃
2 שָׁמַעְתִּי כְאֵלֶּה רַבּוֹת מְנַחֲמֵי עָמָל כֻּלְּכֶם׃
3 הֲקֵץ לְדִבְרֵי־רוּחַ אוֹ מַה־יַּמְרִיצְךָ כִּי תַעֲנֶה׃
4 גַּם ׀ אָנֹכִי כָּכֶם אֲדַבֵּרָה לוּ יֵשׁ נַפְשְׁכֶם תַּחַת נַפְשִׁי
אַחְבִּירָה עֲלֵיכֶם בְּמִלִּים וְאָנִיעָה עֲלֵיכֶם בְּמוֹ רֹאשִׁי׃

ט״ז v. 22. וצפוי ק׳ v. 31. חסר א׳

ה אֲאַמִּצְכֶם בְּמוֹ־פִי וְנִיד שְׂפָתַי יַחְשֹׂךְ׃
6 אִם־אֲדַבְּרָה לֹא־יֵחָשֵׂךְ כְּאֵבִי וְאַחְדְּלָה מַה־מִּנִּי יַהֲלֹךְ׃
7 אַךְ־עַתָּה הֶלְאָנִי הֲשִׁמּוֹתָ כָּל־עֲדָתִי׃
8 וַתִּקְמְטֵנִי לְעֵד הָיָה וַיָּקָם בִּי כַחֲשִׁי בְּפָנַי יַעֲנֶה׃
9 אַפּוֹ טָרַף ׀ וַיִּשְׂטְמֵנִי חָרַק עָלַי בְּשִׁנָּיו
י צָרִי ׀ יִלְטוֹשׁ עֵינָיו לִי׃ פָּעֲרוּ עָלַי ׀ בְּפִיהֶם
בְּחֶרְפָּה הִכּוּ לְחָיָי יַחַד עָלַי יִתְמַלָּאוּן׃
11 יַסְגִּירֵנִי אֵל אֶל עֲוִיל וְעַל־יְדֵי רְשָׁעִים יִרְטֵנִי׃
12 שָׁלֵו הָיִיתִי ׀ וַיְפַרְפְּרֵנִי וְאָחַז בְּעָרְפִּי וַיְפַצְפְּצֵנִי
13 וַיְקִימֵנִי לוֹ לְמַטָּרָה׃ יָסֹבּוּ עָלַי ׀ רַבָּיו
יְפַלַּח כִּלְיוֹתַי וְלֹא יַחְמֹל יִשְׁפֹּךְ לָאָרֶץ מְרֵרָתִי׃
14 יִפְרְצֵנִי פֶרֶץ עַל־פְּנֵי־פָרֶץ יָרֻץ עָלַי כְּגִבּוֹר׃
טו שַׂק תָּפַרְתִּי עֲלֵי גִלְדִּי וְעֹלַלְתִּי בֶעָפָר קַרְנִי׃
16 פָּנַי חֳמַרְמְרָה מִנִּי־בֶכִי וְעַל עַפְעַפַּי צַלְמָוֶת׃
17 עַל לֹא־חָמָס בְּכַפָּי וּתְפִלָּתִי זַכָּה׃
18 אֶרֶץ אַל־תְּכַסִּי דָמִי וְאַל־יְהִי מָקוֹם לְזַעֲקָתִי׃
19 גַּם־עַתָּה הִנֵּה־בַשָּׁמַיִם עֵדִי וְשָׂהֲדִי בַּמְּרוֹמִים׃
כ מְלִיצַי רֵעָי אֶל־אֱלוֹהַּ דָּלְפָה עֵינִי׃
21 וְיוֹכַח לְגֶבֶר עִם־אֱלוֹהַּ וּבֶן־אָדָם לְרֵעֵהוּ׃
22 כִּי־שְׁנוֹת מִסְפָּר יֶאֱתָיוּ וְאֹרַח לֹא־אָשׁוּב אֶהֱלֹךְ׃

יז CAP. XVII. יז

א רוּחִי חֻבָּלָה יָמַי נִזְעָכוּ קְבָרִים לִי׃
2 אִם־לֹא הֲתֻלִים עִמָּדִי וּבְהַמְּרוֹתָם תָּלַן עֵינִי׃
3 שִׂימָה־נָּא עָרְבֵנִי עִמָּךְ מִי־הוּא לְיָדִי יִתָּקֵעַ׃
4 כִּי־לִבָּם צָפַנְתָּ מִּשָּׂכֶל עַל־כֵּן לֹא תְרֹמֵם׃
ה לְחֵלֶק יַגִּיד רֵעִים וְעֵינֵי בָנָיו תִּכְלֶנָה׃
6 וְהִצִּגַנִי לִמְשֹׁל עַמִּים וְתֹפֶת לְפָנִים אֶהְיֶה׃

ותכה

ט״ז v. 14. ק׳ זעירא   v. 16. חמרמרו ק׳   v. 22. אין כאן פסקא

7 וַתֵּכַהּ מִכַּעַשׂ עֵינִי וִיצֻרַי כַּצֵּל כֻּלָּם:
8 יָשֹׁמּוּ יְשָׁרִים עַל־זֹאת וְנָקִי עַל־חָנֵף יִתְעֹרָר:
9 וְיֹאחֵז צַדִּיק דַּרְכּוֹ וּטֳהָר־יָדַיִם יֹסִיף אֹמֶץ:
י וְאוּלָם כֻּלָּם תָּשֻׁבוּ וּבֹאוּ נָא וְלֹא־אֶמְצָא בָכֶם חָכָם:
11 יָמַי עָבְרוּ זִמֹּתַי נִתְּקוּ מוֹרָשֵׁי לְבָבִי:
12 לַיְלָה לְיוֹם יָשִׂימוּ אוֹר קָרוֹב מִפְּנֵי־חֹשֶׁךְ:
13 אִם־אֲקַוֶּה שְׁאוֹל בֵּיתִי בַּחֹשֶׁךְ רִפַּדְתִּי יְצוּעָי:
14 לַשַּׁחַת קָרָאתִי אָבִי אָתָּה אִמִּי וַאֲחֹתִי לָרִמָּה:
טו וְאַיֵּה אֵפוֹ תִקְוָתִי וְתִקְוָתִי מִי יְשׁוּרֶנָּה:
16 בַּדֵּי שְׁאֹל תֵּרַדְנָה אִם־יַחַד עַל־עָפָר נָחַת:

יח Cap. XVIII. יח

א וַיַּעַן בִּלְדַּד הַשֻּׁחִי וַיֹּאמַר:
2 עַד־אָנָה ׀ תְּשִׂימוּן קִנְצֵי לְמִלִּין תָּבִינוּ וְאַחַר נְדַבֵּר:
3 מַדּוּעַ נֶחְשַׁבְנוּ כַבְּהֵמָה נִטְמִינוּ בְּעֵינֵיכֶם:
4 טֹרֵף נַפְשׁוֹ בְּאַפּוֹ הַלְמַעַנְךָ תֵּעָזַב אָרֶץ
ה וְיֶעְתַּק־צוּר מִמְּקֹמוֹ: גַּם אוֹר רְשָׁעִים יִדְעָךְ
6 וְלֹא־יִגַּהּ שְׁבִיב אִשּׁוֹ: אוֹר חָשַׁךְ בְּאָהֳלוֹ
7 וְנֵרוֹ עָלָיו יִדְעָךְ: יֵצְרוּ צַעֲדֵי אוֹנוֹ
8 וְתַשְׁלִיכֵהוּ עֲצָתוֹ: כִּי־שֻׁלַּח בְּרֶשֶׁת בְּרַגְלָיו
9 וְעַל־שְׂבָכָה יִתְהַלָּךְ: יֹאחֵז בְּעָקֵב פָּח
י יַחֲזֵק עָלָיו צַמִּים: טָמוּן בָּאָרֶץ חַבְלוֹ
11 וּמַלְכֻּדְתּוֹ עֲלֵי נָתִיב: סָבִיב בִּעֲתֻהוּ בַלָּהוֹת
12 וֶהֱפִיצֻהוּ לְרַגְלָיו: יְהִי־רָעֵב אֹנוֹ
13 וְאֵיד נָכוֹן לְצַלְעוֹ: יֹאכַל בַּדֵּי עוֹרוֹ
14 יֹאכַל בַּדָּיו בְּכוֹר מָוֶת: יִנָּתֵק מֵאָהֳלוֹ מִבְטַחוֹ
טו וְתַצְעִדֵהוּ לְמֶלֶךְ בַּלָּהוֹת: תִּשְׁכּוֹן בְּאָהֳלוֹ מִבְּלִי־לוֹ
16 יְזֹרֶה עַל־נָוֵהוּ גָפְרִית: מִתַּחַת שָׁרָשָׁיו יִבָשׁוּ
17 וּמִמַּעַל יִמַּל קְצִירוֹ: זִכְרוֹ־אָבַד מִנִּי־אָרֶץ

18 וְלֹא־שֵׁם לוֹ עַל־פְּנֵי־חוּץ׃ יֶהְדְּפֻהוּ מֵאוֹר אֶל־חֹשֶׁךְ
19 וּמִתֵּבֵל יְנִדֻּהוּ׃ לֹא נִין לוֹ וְלֹא־נֶכֶד בְּעַמּוֹ
כ וְאֵין שָׂרִיד בִּמְגוּרָיו׃ עַל־יוֹמוֹ נָשַׁמּוּ אַחֲרֹנִים
21 וְקַדְמֹנִים אָחֲזוּ שָׂעַר׃ אַךְ־אֵלֶּה מִשְׁכְּנוֹת עַוָּל
וְזֶה מְקוֹם לֹא־יָדַע־אֵל׃

יט CAP. XIX. יט

א וַיַּעַן אִיּוֹב וַיֹּאמַר׃
2 עַד־אָנָה תּוֹגְיוּן נַפְשִׁי וּתְדַכְּאוּנַנִי בְמִלִּים׃
3 זֶה עֶשֶׂר פְּעָמִים תַּכְלִימוּנִי לֹא־תֵבֹשׁוּ תַּהְכְּרוּ־לִי׃
4 וְאַף־אָמְנָם שָׁגִיתִי אִתִּי תָּלִין מְשׁוּגָתִי׃
ה אִם־אָמְנָם עָלַי תַּגְדִּילוּ וְתוֹכִיחוּ עָלַי חֶרְפָּתִי׃
6 דְּעוּ־אֵפוֹ כִּי־אֱלוֹהַּ עִוְּתָנִי וּמְצוּדוֹ עָלַי הִקִּיף׃
7 הֵן אֶצְעַק חָמָס וְלֹא אֵעָנֶה אֲשַׁוַּע וְאֵין מִשְׁפָּט׃
8 אָרְחִי גָדַר וְלֹא אֶעֱבוֹר וְעַל נְתִיבוֹתַי חֹשֶׁךְ יָשִׂים׃
9 כְּבוֹדִי מֵעָלַי הִפְשִׁיט וַיָּסַר עֲטֶרֶת רֹאשִׁי׃
י יִתְּצֵנִי סָבִיב וָאֵלַךְ וַיַּסַּע כָּעֵץ תִּקְוָתִי׃
11 וַיַּחַר עָלַי אַפּוֹ וַיַּחְשְׁבֵנִי לוֹ כְצָרָיו׃
12 יַחַד ׀ יָבֹאוּ גְדוּדָיו וַיָּסֹלּוּ עָלַי דַּרְכָּם
13 וַיַּחֲנוּ סָבִיב לְאָהֳלִי׃ אַחַי מֵעָלַי הִרְחִיק
14 וְיֹדְעַי אַךְ־זָרוּ מִמֶּנִּי׃ חָדְלוּ קְרוֹבָי
טו וּמְיֻדָּעַי שְׁכֵחוּנִי׃ גָּרֵי בֵיתִי וְאַמְהֹתַי לְזָר תַּחְשְׁבֻנִי
16 נָכְרִי הָיִיתִי בְעֵינֵיהֶם׃ לְעַבְדִּי קָרָאתִי וְלֹא יַעֲנֶה
17 בְּמוֹ־פִי אֶתְחַנֶּן־לוֹ׃ רוּחִי זָרָה לְאִשְׁתִּי
18 וְחַנֹּתִי לִבְנֵי בִטְנִי׃ גַּם־עֲוִילִים מָאֲסוּ בִי
19 אָקוּמָה וַיְדַבְּרוּ־בִי׃ תִּעֲבוּנִי כָּל־מְתֵי סוֹדִי
כ וְזֶה־אָהַבְתִּי נֶהְפְּכוּ־בִי׃ בְּעוֹרִי וּבִבְשָׂרִי דָּבְקָה עַצְמִי
21 וָאֶתְמַלְּטָה בְּעוֹר שִׁנָּי׃ חָנֻּנִי חָנֻּנִי אַתֶּם רֵעָי
22 כִּי יַד־אֱלוֹהַּ נָגְעָה בִּי׃ לָמָּה תִּרְדְּפֻנִי כְמוֹ־אֵל

ומבשרי

23 וּמִבְּשָׂרִי לֹא תִשְׂבָּעוּ׃ מִי־יִתֵּן אֵפוֹ וְיִכָּתְבוּן מִלָּי
24 מִי־יִתֵּן בַּסֵּפֶר וְיֻחָקוּ׃ בְּעֶט־בַּרְזֶל וְעֹפָרֶת
כה לָעַד בַּצּוּר יֵחָצְבוּן׃ וַאֲנִי יָדַעְתִּי גֹּאֲלִי חָי
26 וְאַחֲרוֹן עַל־עָפָר יָקוּם׃ וְאַחַר עוֹרִי נִקְּפוּ־זֹאת
27 וּמִבְּשָׂרִי אֶחֱזֶה אֱלוֹהַּ׃ אֲשֶׁר אֲנִי ׀ אֶחֱזֶה־לִּי
וְעֵינַי רָאוּ וְלֹא־זָר כָּלוּ כִלְיֹתַי בְּחֵקִי׃
28 כִּי תֹאמְרוּ מַה־נִּרְדָּף־לוֹ וְשֹׁרֶשׁ דָּבָר נִמְצָא־בִי׃
29 גּוּרוּ לָכֶם ׀ מִפְּנֵי־חֶרֶב כִּי־חֵמָה עֲוֹנוֹת חָרֶב
לְמַעַן תֵּדְעוּן שַׁדִּין׃

כ CAP. XX. כ

א וַיַּעַן צֹפַר הַנַּעֲמָתִי וַיֹּאמַר׃
2 לָכֵן שְׂעִפַּי יְשִׁיבוּנִי וּבַעֲבוּר חוּשִׁי בִי׃
3 מוּסַר כְּלִמָּתִי אֶשְׁמָע וְרוּחַ מִבִּינָתִי יַעֲנֵנִי׃
4 הֲזֹאת יָדַעְתָּ מִנִּי־עַד מִנִּי שִׂים אָדָם עֲלֵי־אָרֶץ׃
ה כִּי רִנְנַת רְשָׁעִים מִקָּרוֹב וְשִׂמְחַת חָנֵף עֲדֵי־רָגַע׃
6 אִם־יַעֲלֶה לַשָּׁמַיִם שִׂיאוֹ וְרֹאשׁוֹ לָעָב יַגִּיעַ׃
7 כְּגֶלְלוֹ לָנֶצַח יֹאבֵד רֹאָיו יֹאמְרוּ אַיּוֹ׃
8 כַּחֲלוֹם יָעוּף וְלֹא יִמְצָאֻהוּ וְיֻדַּד כְּחֶזְיוֹן לָיְלָה׃
9 עַיִן שְׁזָפַתּוּ וְלֹא תוֹסִיף וְלֹא־עוֹד תְּשׁוּרֶנּוּ מְקוֹמוֹ׃
י בָּנָיו יְרַצּוּ דַלִּים וְיָדָיו תָּשֵׁבְנָה אוֹנוֹ׃
11 עַצְמוֹתָיו מָלְאוּ עֲלוּמוֹ וְעִמּוֹ עַל־עָפָר תִּשְׁכָּב׃
12 אִם־תַּמְתִּיק בְּפִיו רָעָה יַכְחִידֶנָּה תַּחַת לְשׁוֹנוֹ׃
13 יַחְמֹל עָלֶיהָ וְלֹא יַעַזְבֶנָּה וְיִמְנָעֶנָּה בְּתוֹךְ חִכּוֹ׃
14 לַחְמוֹ בְּמֵעָיו נֶהְפָּךְ מְרוֹרַת פְּתָנִים בְּקִרְבּוֹ׃
טו חַיִל בָּלַע וַיְקִאֶנּוּ מִבִּטְנוֹ יֹרִשֶׁנּוּ אֵל׃
16 רֹאשׁ־פְּתָנִים יִינָק תַּהַרְגֵהוּ לְשׁוֹן אֶפְעֶה׃
17 אַל־יֵרֶא בִפְלַגּוֹת נַהֲרֵי נַחֲלֵי דְבַשׁ וְחֶמְאָה׃

משיב

י״ט v. 29. שדון ק׳ כ׳ v. 11. עלומיו ק׳

מֵשִׁ֣יב יָ֭גָע וְלֹ֣א יִבְלָ֑ע   כְּחֵ֥יל תְּ֝מוּרָת֗וֹ וְלֹ֣א יַעֲלֹֽס׃ 18
כִּֽי־רִ֭צַּץ עָזַ֣ב דַּלִּ֑ים   בַּ֥יִת גָּ֝זַ֗ל וְלֹ֣א יִבֶנֵֽהוּ׃ 19
כִּ֤י ׀ לֹא־יָדַ֣ע שָׁלֵ֣ו בְּבִטְנ֑וֹ   בַּ֝חֲמוּד֗וֹ לֹ֣א יְמַלֵּֽט׃ כ
אֵין־שָׂרִ֥יד לְאָכְל֑וֹ   עַל־כֵּ֝֗ן לֹא־יָחִ֥יל טוּבֽוֹ׃ 21
בִּמְלֹ֣אות שִׂ֭פְקוֹ יֵ֣צֶר ל֑וֹ   כָּל־יַ֖ד עָמֵ֣ל תְּבֹאֶֽנּוּ׃ 22
יְהִ֤י ׀ לְמַלֵּ֬א בִטְנ֗וֹ   יְשַׁלַּח־בּ֭וֹ חֲר֣וֹן אַפּ֑וֹ 23
וְיַמְטֵ֥ר עָ֝לֵ֗ימוֹ בִּלְחוּמֽוֹ׃   יִ֭בְרַח מִנֵּ֣שֶׁק בַּרְזֶ֑ל 24
תַּ֝חְלְפֵ֗הוּ קֶ֣שֶׁת נְחוּשָֽׁה׃   שָׁלַף֮ וַיֵּצֵ֪א מִגֵּ֫וָה כה
וּ֭בָרָק מִמְּרֹרָת֥וֹ יַהֲלֹ֑ךְ   עָלָ֣יו אֵמִֽים׃
כָּל־חֹשֶׁךְ֮ טָמ֪וּן לִצְפּ֫וּנָ֥יו   תְּ֭אָכְלֵהוּ אֵ֣שׁ לֹא־נֻפָּ֑ח 26
יֵ֖רַע שָׂרִ֣יד בְּאָהֳלֽוֹ׃   יְגַלּ֣וּ שָׁמַ֣יִם עֲוֺנ֑וֹ 27
וְ֝אֶ֗רֶץ מִתְקוֹמָ֥מָה לֽוֹ׃   יִ֭גֶל יְב֣וּל בֵּית֑וֹ 28
נִ֝גָּר֗וֹת בְּי֣וֹם אַפּֽוֹ׃   זֶ֤ה ׀ חֵֽלֶק־אָדָ֤ם רָשָׁ֨ע ׀ מֵאֱלֹהִ֑ים 29
וְנַחֲלַ֖ת אִמְר֣וֹ מֵאֵֽל׃

כא CAP. XXI. כא

וַיַּ֥עַן אִיּ֗וֹב וַיֹּאמַֽר׃ א
שִׁמְע֣וּ שָׁ֭מוֹעַ מִלָּתִ֑י   וּתְהִי־זֹ֝֗את תַּנְח֥וּמֹֽתֵיכֶֽם׃ 2
שָׂ֭אוּנִי וְאָנֹכִ֣י אֲדַבֵּ֑ר   וְאַחַ֖ר דַּבְּרִ֣י תַלְעִֽיג׃ 3
הֶֽ֭אָנֹכִי לְאָדָ֣ם שִׂיחִ֑י   וְאִם־מַ֝דּ֗וּעַ לֹא־תִקְצַ֥ר רוּחִֽי׃ 4
פְּנֽוּ־אֵלַ֥י וְהָשַׁ֑מּוּ   וְשִׂ֖ימוּ יָ֣ד עַל־פֶּֽה׃ ה
וְאִם־זָכַ֥רְתִּי וְנִבְהָ֑לְתִּי   וְאָחַ֥ז בְּ֝שָׂרִ֗י פַּלָּצֽוּת׃ 6
מַדּ֣וּעַ רְשָׁעִ֣ים יִחְי֑וּ   עָ֝תְק֗וּ גַּם־גָּ֥בְרוּ חָֽיִל׃ 7
זַרְעָ֤ם נָכ֣וֹן לִפְנֵיהֶ֣ם עִמָּ֑ם   וְ֝צֶאֱצָאֵיהֶ֗ם לְעֵינֵיהֶֽם׃ 8
בָּתֵּיהֶ֣ם שָׁל֣וֹם מִפָּ֑חַד   וְלֹ֤א שֵׁ֖בֶט אֱל֣וֹהַ עֲלֵיהֶֽם׃ 9
שׁוֹר֣וֹ עִ֭בַּר וְלֹ֣א יַגְעִ֑ל   תְּפַלֵּ֥ט פָּ֝רָת֗וֹ וְלֹ֣א תְשַׁכֵּֽל׃ י
יְשַׁלְּח֣וּ כַ֭צֹּאן עֲוִילֵיהֶ֑ם   וְ֝יַלְדֵיהֶ֗ם יְרַקֵּדֽוּן׃ 11
יִ֭שְׂאוּ כְּתֹ֣ף וְכִנּ֑וֹר   וְ֝יִשְׂמְח֗וּ לְק֣וֹל עוּגָֽב׃ 12

כ״א v. 12. בס״א בתף

יבלו

13 יְבַלּ֣וּ בַטּ֣וֹב יְמֵיהֶ֑ם וּ֝בְרֶ֗גַע שְׁא֣וֹל יֵחָֽתּוּ׃

14 וַיֹּאמְר֣וּ לָ֭אֵל ס֣וּר מִמֶּ֑נּוּ וְדַ֥עַת דְּ֝רָכֶ֗יךָ לֹ֣א חָפָֽצְנוּ׃

טו מַה־שַׁדַּ֥י כִּֽי־נַעַבְדֶ֑נּוּ וּמַה־נּ֝וֹעִ֗יל כִּ֣י נִפְגַּע־בּֽוֹ׃

16 הֵ֤ן לֹ֣א בְיָדָ֣ם טוּבָ֑ם עֲצַ֥ת רְ֝שָׁעִ֗ים רָ֣חֲקָה מֶֽנִּי׃

17 כַּמָּ֤ה ׀ נֵר־רְשָׁעִ֬ים יִדְעָ֗ךְ וְיָבֹ֣א עָלֵ֣ימוֹ אֵידָ֑ם

18 חֲ֭בָלִים יְחַלֵּ֣ק בְּאַפּֽוֹ׃ יִ֭הְיוּ כְּתֶ֣בֶן לִפְנֵי־ר֑וּחַ

19 וּ֝כְמֹ֗ץ גְּנָבַ֥תּוּ סוּפָֽה׃ אֱ֭לוֹהַּ יִצְפֹּן־לְבָנָ֣יו אוֹנ֑וֹ

כ יְשַׁלֵּ֖ם אֵלָ֣יו וְיֵדָֽע׃ יִרְא֣וּ עֵינָ֣ו כִּיד֑וֹ

21 וּמֵחֲמַ֖ת שַׁדַּ֣י יִשְׁתֶּֽה׃ כִּ֤י מַה־חֶפְצ֣וֹ בְּבֵית֣וֹ אַחֲרָ֑יו

22 וּמִסְפַּ֖ר חֳדָשָׁ֣יו חֻצָּֽצוּ׃ הַלְאֵ֥ל יְלַמֶּד־דָּ֑עַת

23 וְ֝ה֗וּא רָמִ֥ים יִשְׁפּֽוֹט׃ זֶ֗ה יָ֭מוּת בְּעֶ֣צֶם תֻּמּ֑וֹ

24 כֻּ֝לּ֗וֹ שַׁלְאֲנַ֥ן וְשָׁלֵֽיו׃ עֲ֭טִינָיו מָלְא֣וּ חָלָ֑ב

כה וּמֹ֖חַ עַצְמוֹתָ֣יו יְשֻׁקֶּֽה׃ וְזֶ֗ה יָ֭מוּת בְּנֶ֣פֶשׁ מָרָ֑ה

26 וְלֹֽא־אָ֝כַ֗ל בַּטּוֹבָֽה׃ יַ֭חַד עַל־עָפָ֣ר יִשְׁכָּ֑בוּ

27 וְ֝רִמָּ֗ה תְּכַסֶּ֥ה עֲלֵיהֶֽם׃ הֵ֤ן יָ֭דַעְתִּי מַחְשְׁבֽוֹתֵיכֶ֑ם

28 וּ֝מְזִמּ֗וֹת עָלַ֥י תַּחְמֹֽסוּ׃ כִּ֣י תֹ֭אמְרוּ אַיֵּ֣ה בֵית־נָדִ֑יב

29 וְ֝אַיֵּ֗ה אֹ֤הֶל ׀ מִשְׁכְּנ֬וֹת רְשָׁעִֽים׃ הֲלֹ֣א שְׁ֭אֶלְתֶּם ע֣וֹבְרֵי דָ֑רֶךְ

ל וְ֝אֹתֹתָ֗ם לֹ֣א תְנַכֵּֽרוּ׃ כִּ֤י לְי֣וֹם אֵ֭יד יֵחָ֣שֶׂךְ רָ֑ע

31 לְי֖וֹם עֲבָר֣וֹת יוּבָֽלוּ׃ מִֽי־יַגִּ֣יד עַל־פָּנָ֣יו דַּרְכּ֑וֹ

32 וְהֽוּא־עָ֝שָׂ֗ה מִ֣י יְשַׁלֶּם־לֽוֹ׃ וְ֭הוּא לִקְבָר֣וֹת יוּבָ֑ל

33 וְֽעַל־גָּדִ֥ישׁ יִשְׁקֽוֹד׃ מָֽתְקוּ־ל֘וֹ רִגְבֵ֪י נָ֫חַל

וְֽאַחֲרָ֗יו כָּל־אָדָ֥ם יִמְשׁ֑וֹךְ וּ֝לְפָנָ֗יו אֵ֣ין מִסְפָּֽר׃

34 וְ֭אֵיךְ תְּנַחֲמ֣וּנִי הָ֑בֶל וּ֝תְשׁוּבֹתֵיכֶ֗ם נִשְׁאַר־מָֽעַל׃

כב CAP. XXII. כב

א וַ֭יַּעַן אֱלִיפַ֥ז הַֽתֵּמָנִ֗י וַיֹּאמַֽר׃

2 הַלְאֵ֥ל יִסְכָּן־גָּ֑בֶר כִּֽי־יִסְכֹּ֖ן עָלֵ֣ימוֹ מַשְׂכִּֽיל׃

3 הַחֵ֣פֶץ לְ֭שַׁדַּי כִּ֣י תִצְדָּ֑ק וְאִם־בֶּ֝֗צַע כִּֽי־תַתֵּ֥ם דְּרָכֶֽיךָ׃

המיראתך

כ״א .v. 13 יכלו ק׳ .v. 20 עיניו ק׳

הֲמִיִּרְאָתְךָ יֹכִיחֶךָ יָבוֹא עִמְּךָ בַּמִּשְׁפָּט׃ 4
הֲלֹא רָעָתְךָ רַבָּה וְאֵין־קֵץ לַעֲוֺנֹתֶיךָ׃ ה
כִּי־תַחְבֹּל אַחֶיךָ חִנָּם וּבִגְדֵי עֲרוּמִּים תַּפְשִׁיט׃ 6
לֹא־מַיִם עָיֵף תַּשְׁקֶה וּמֵרָעֵב תִּמְנַע־לָחֶם׃ 7
וְאִישׁ זְרוֹעַ לוֹ הָאָרֶץ וּנְשׂוּא פָנִים יֵשֶׁב בָּהּ׃ 8
אַלְמָנוֹת שִׁלַּחְתָּ רֵיקָם וּזְרֹעוֹת יְתֹמִים יְדֻכָּא׃ 9
עַל־כֵּן סְבִיבוֹתֶיךָ פַחִים וִיבַהֶלְךָ פַּחַד פִּתְאֹם׃ י
אוֹ־חֹשֶׁךְ לֹא־תִרְאֶה וְשִׁפְעַת־מַיִם תְּכַסֶּךָּ׃ 11
הֲלֹא־אֱלוֹהַּ גֹּבַהּ שָׁמָיִם וּרְאֵה רֹאשׁ כּוֹכָבִים כִּי־רָמּוּ׃ 12
וְאָמַרְתָּ מַה־יָּדַע אֵל הַבְעַד עֲרָפֶל יִשְׁפּוֹט׃ 13
עָבִים סֵתֶר־לוֹ וְלֹא יִרְאֶה וְחוּג שָׁמַיִם יִתְהַלָּךְ׃ 14
הַאֹרַח עוֹלָם תִּשְׁמוֹר אֲשֶׁר דָּרְכוּ מְתֵי־אָוֶן׃° טו
אֲשֶׁר־קֻמְּטוּ וְלֹא־עֵת נָהָר יוּצַק יְסוֹדָם׃ 16
הָאֹמְרִים לָאֵל סוּר מִמֶּנּוּ וּמַה־יִּפְעַל שַׁדַּי לָמוֹ׃ 17
וְהוּא מִלֵּא בָתֵּיהֶם טוֹב וַעֲצַת רְשָׁעִים רָחֲקָה מֶנִּי׃ 18
יִרְאוּ צַדִּיקִים וְיִשְׂמָחוּ וְנָקִי יִלְעַג־לָמוֹ׃ 19
אִם־לֹא נִכְחַד קִימָנוּ וְיִתְרָם אָכְלָה אֵשׁ׃ כ
הַסְכֶּן־נָא עִמּוֹ וּשְׁלָם בָּהֶם תְּבוֹאַתְךָ טוֹבָה׃ 21
קַח־נָא מִפִּיו תּוֹרָה וְשִׂים אֲמָרָיו בִּלְבָבֶךָ׃ 22
אִם־תָּשׁוּב עַד־שַׁדַּי תִּבָּנֶה תַּרְחִיק עַוְלָה מֵאָהֳלֶךָ׃ 23
וְשִׁית־עַל־עָפָר בָּצֶר וּבְצוּר נְחָלִים אוֹפִיר׃ 24
וְהָיָה שַׁדַּי בְּצָרֶיךָ וְכֶסֶף תּוֹעָפוֹת לָךְ׃ כה
כִּי־אָז עַל־שַׁדַּי תִּתְעַנָּג וְתִשָּׂא אֶל־אֱלוֹהַּ פָּנֶיךָ׃ 26
תַּעְתִּיר אֵלָיו וְיִשְׁמָעֶךָּ וּנְדָרֶיךָ תְשַׁלֵּם׃ 27
וְתִגְזַר־אֹמֶר וְיָקָם לָךְ וְעַל־דְּרָכֶיךָ נָגַהּ אוֹר׃ 28
כִּי־הִשְׁפִּילוּ וַתֹּאמֶר גֵּוָה וְשַׁח עֵינַיִם יוֹשִׁעַ׃ 29
יְמַלֵּט אִי־נָקִי וְנִמְלַט בְּבֹר כַּפֶּיךָ׃ ל

כ״ב v. 15. חצי הספר בפסוקים

כג Cap. XXIII. כג

א וַיַּעַן אִיּוֹב וַיֹּאמַר׃
2 גַּם־הַיּוֹם מְרִי שִׂחִי   יָדִי כָּבְדָה עַל־אַנְחָתִי׃
3 מִי־יִתֵּן יָדַעְתִּי וְאֶמְצָאֵהוּ   אָבוֹא עַד־תְּכוּנָתוֹ׃
4 אֶעֶרְכָה לְפָנָיו מִשְׁפָּט   וּפִי אֲמַלֵּא תוֹכָחוֹת׃
ה אֵדְעָה מִלִּים יַעֲנֵנִי   וְאָבִינָה מַה־יֹּאמַר לִי׃
6 הַבְּרָב־כֹּחַ יָרִיב עִמָּדִי   לֹא אַךְ־הוּא יָשִׂם בִּי׃
7 שָׁם יָשָׁר נוֹכָח עִמּוֹ   וַאֲפַלְּטָה לָנֶצַח מִשֹּׁפְטִי׃
8 הֵן קֶדֶם אֶהֱלֹךְ וְאֵינֶנּוּ   וְאָחוֹר וְלֹא־אָבִין לוֹ׃
9 שְׂמֹאול בַּעֲשֹׂתוֹ וְלֹא־אָחַז   יַעְטֹף יָמִין וְלֹא אֶרְאֶה׃
י כִּי־יָדַע דֶּרֶךְ עִמָּדִי   בְּחָנַנִי כַּזָּהָב אֵצֵא׃
11 בַּאֲשֻׁרוֹ אָחֲזָה רַגְלִי   דַּרְכּוֹ שָׁמַרְתִּי וְלֹא־אָט׃
12 מִצְוַת שְׂפָתָיו וְלֹא אָמִישׁ   מֵחֻקִּי צָפַנְתִּי אִמְרֵי־פִיו׃
13 וְהוּא בְאֶחָד וּמִי יְשִׁיבֶנּוּ   וְנַפְשׁוֹ אִוְּתָה וַיָּעַשׂ׃
14 כִּי יַשְׁלִים חֻקִּי   וְכָהֵנָּה רַבּוֹת עִמּוֹ׃
טו עַל־כֵּן מִפָּנָיו אֶבָּהֵל   אֶתְבּוֹנֵן וְאֶפְחַד מִמֶּנּוּ׃
16 וְאֵל הֵרַךְ לִבִּי   וְשַׁדַּי הִבְהִילָנִי׃
17 כִּי־לֹא נִצְמַתִּי מִפְּנֵי־חֹשֶׁךְ   וּמִפָּנַי כִּסָּה־אֹפֶל׃

כד Cap. XXIV. כד

א מַדּוּעַ מִשַּׁדַּי לֹא־נִצְפְּנוּ עִתִּים   וְיֹדְעָו לֹא־חָזוּ יָמָיו׃
2 גְּבֻלוֹת יַשִּׂיגוּ   עֵדֶר גָּזְלוּ וַיִּרְעוּ׃
3 חֲמוֹר יְתוֹמִים יִנְהָגוּ   יַחְבְּלוּ שׁוֹר אַלְמָנָה׃
4 יַטּוּ אֶבְיֹנִים מִדָּרֶךְ   יַחַד חֻבְּאוּ עֲנִוֵּי־אָרֶץ׃
ה הֵן פְּרָאִים ׀ בַּמִּדְבָּר   יָצְאוּ בְּפָעֳלָם מְשַׁחֲרֵי לַטָּרֶף
6 עֲרָבָה לוֹ לֶחֶם לַנְּעָרִים׃   בַּשָּׂדֶה בְּלִילוֹ יִקְצִירוּ
7 וְכֶרֶם רָשָׁע יְלַקֵּשׁוּ׃   עָרוֹם הֵלִינוּ מִבְּלִי לְבוּשׁ
8 וְאֵין כְּסוּת בַּקָּרָה׃   מִזֶּרֶם הָרִים יִרְטָבוּ

ומבלי

כ״ג v. 17. אין כאן פסקא   כ״ד v. 1. וידעיו ק׳
v. 4. ענוי ק׳   v. 6. יקצורו ק׳

9 וּמִבְּלִי מַחְסֶה חִבְּקוּ־צוּר׃   יִגְזְלוּ מִשֹּׁד יָתוֹם
י וְעַל־עָנִי יַחְבֹּלוּ׃   עָרוֹם הִלְּכוּ בְּלִי לְבוּשׁ
11 וּרְעֵבִים נָשְׂאוּ עֹמֶר׃   בֵּין־שׁוּרֹתָם יַצְהִירוּ
12 יְקָבִים דָּרְכוּ וַיִּצְמָאוּ׃   מֵעִיר מְתִים ׀ יִנְאָקוּ
וְנֶפֶשׁ־חֲלָלִים תְּשַׁוֵּעַ   וֶאֱלוֹהַּ לֹא־יָשִׂים תִּפְלָה׃
13 הֵמָּה ׀ הָיוּ בְּמֹרְדֵי אוֹר   לֹא־הִכִּירוּ דְרָכָיו
14 וְלֹא יָשְׁבוּ בִּנְתִיבֹתָיו׃   לָאוֹר יָקוּם רוֹצֵחַ
יִקְטָל־עָנִי וְאֶבְיוֹן   וּבַלַּיְלָה יְהִי כַגַּנָּב׃
טו וְעֵין נֹאֵף ׀ שָׁמְרָה נֶשֶׁף   לֵאמֹר לֹא־תְשׁוּרֵנִי עָיִן
16 וְסֵתֶר פָּנִים יָשִׂים׃   חָתַר בַּחֹשֶׁךְ בָּתִּים
יוֹמָם חִתְּמוּ־לָמוֹ   לֹא־יָדְעוּ אוֹר׃
17 כִּי יַחְדָּו ׀ בֹּקֶר לָמוֹ צַלְמָוֶת   כִּי־יַכִּיר בַּלְהוֹת צַלְמָוֶת׃
18 קַל־הוּא ׀ עַל־פְּנֵי־מַיִם   תְּקֻלַּל חֶלְקָתָם בָּאָרֶץ
19 לֹא־יִפְנֶה דֶּרֶךְ כְּרָמִים׃   צִיָּה גַם־חֹם יִגְזְלוּ מֵימֵי־שֶׁלֶג
כ שְׁאוֹל חָטָאוּ׃   יִשְׁכָּחֵהוּ רֶחֶם ׀ מְתָקוֹ
רִמָּה עוֹד לֹא־יִזָּכֵר   וַתִּשָּׁבֵר כָּעֵץ עַוְלָה׃
21 רֹעֶה עֲקָרָה לֹא תֵלֵד   וְאַלְמָנָה לֹא יְיֵטִיב׃
22 וּמָשַׁךְ אַבִּירִים בְּכֹחוֹ   יָקוּם וְלֹא־יַאֲמִין בַּחַיִּין׃
23 יִתֶּן־לוֹ לָבֶטַח וְיִשָּׁעֵן   וְעֵינֵיהוּ עַל־דַּרְכֵיהֶם׃
24 רוֹמּוּ מְּעַט ׀ וְאֵינֶנּוּ   וְהֻמְּכוּ כַּכֹּל יִקָּפְצוּן
כה וּכְרֹאשׁ שִׁבֹּלֶת יִמָּלוּ׃   וְאִם־לֹא אֵפוֹ מִי יַכְזִיבֵנִי
וְיָשֵׂם לְאַל מִלָּתִי׃

כה Cap. XXV. כה

א וַיַּעַן בִּלְדַּד הַשֻּׁחִי וַיֹּאמַר׃
2 הַמְשֵׁל וָפַחַד עִמּוֹ   עֹשֶׂה שָׁלוֹם בִּמְרוֹמָיו׃
3 הֲיֵשׁ מִסְפָּר לִגְדוּדָיו   וְעַל־מִי לֹא־יָקוּם אוֹרֵהוּ׃
4 וּמַה־יִּצְדַּק אֱנוֹשׁ עִם־אֵל   וּמַה־יִּזְכֶּה יְלוּד אִשָּׁה׃

ה הֵ֣ן עַד־יָ֭רֵחַ וְלֹ֣א יַאֲהִ֑יל וְ֝כוֹכָבִ֗ים לֹא־זַכּ֥וּ בְעֵינָֽיו׃
6 אַ֭ף כִּֽי־אֱנ֣וֹשׁ רִמָּ֑ה וּבֶן־אָ֝דָ֗ם תּוֹלֵעָֽה׃

כו Cap. XXVI. כו

א וַיַּ֥עַן אִיּ֗וֹב וַיֹּאמַֽר׃
2 מֶה־עָזַ֥רְתָּ לְלֹא־כֹ֑חַ הוֹשַׁ֗עְתָּ זְר֣וֹעַ לֹא־עֹֽז׃
3 מַה־יָּ֭עַצְתָּ לְלֹ֣א חָכְמָ֑ה וְ֝תֻשִׁיָּ֗ה לָרֹ֥ב הוֹדָֽעְתָּ׃
4 אֶת־מִ֭י הִגַּ֣דְתָּ מִלִּ֑ין וְנִשְׁמַת־מִ֝֗י יָצְאָ֥ה מִמֶּֽךָּ׃
ה הָרְפָאִ֥ים יְחוֹלָ֑לוּ מִתַּ֥חַת מַ֝֗יִם וְשֹׁכְנֵיהֶֽם׃
6 עָר֣וֹם שְׁא֣וֹל נֶגְדּ֑וֹ וְאֵ֥ין כְּ֝ס֗וּת לָאֲבַדּֽוֹן׃
7 נֹטֶ֣ה צָפ֣וֹן עַל־תֹּ֑הוּ תֹּ֥לֶה אֶ֝֗רֶץ עַל־בְּלִימָֽה׃
8 צֹרֵֽר־מַ֥יִם בְּעָבָ֑יו וְלֹא־נִבְקַ֖ע עָנָ֣ן תַּחְתָּֽם׃
9 מְאַחֵ֥ז פְּנֵי־כִסֵּ֑ה פַּרְשֵׁ֖ז עָלָ֣יו עֲנָנֽוֹ׃
י חֹק־חָ֭ג עַל־פְּנֵי־מָ֑יִם עַד־תַּכְלִ֖ית א֣וֹר עִם־חֹֽשֶׁךְ׃
11 עַמּ֣וּדֵי שָׁמַ֣יִם יְרוֹפָ֑פוּ וְ֝יִתְמְה֗וּ מִגַּעֲרָתֽוֹ׃
12 בְּ֭כֹחוֹ רָגַ֣ע הַיָּ֑ם וּ֝בִתוּבָנָת֗וֹ מָ֣חַץ רָֽהַב׃
13 בְּ֭רוּחוֹ שָׁמַ֣יִם שִׁפְרָ֑ה חֹֽלְלָ֥ה יָ֝ד֗וֹ נָחָ֥שׁ בָּרִֽחַ׃
14 הֶן־אֵ֬לֶּה ׀ קְצ֬וֹת דְּרָכָ֗ו וּמַה־שֵּׁ֣מֶץ דָּ֭בָר נִשְׁמַע־בּ֑וֹ
וְרַ֥עַם גְּבוּרֹתָ֗ו מִ֣י יִתְבּוֹנָֽן׃

כז Cap. XXVII. כז

א וַיֹּ֣סֶף אִ֭יּוֹב שְׂאֵ֥ת מְשָׁל֗וֹ וַיֹּאמַֽר׃
2 חַי־אֵ֭ל הֵסִ֣יר מִשְׁפָּטִ֑י וְ֝שַׁדַּ֗י הֵמַ֥ר נַפְשִֽׁי׃
3 כִּֽי־כָל־ע֣וֹד נִשְׁמָתִ֣י בִ֑י וְר֖וּחַ אֱל֣וֹהַּ בְּאַפִּֽי׃
4 אִם־תְּדַבֵּ֣רְנָה שְׂפָתַ֣י עַוְלָ֑ה וּ֝לְשׁוֹנִ֗י אִם־יֶהְגֶּ֥ה רְמִיָּֽה׃
ה חָלִ֪ילָה לִּ֡י אִם־אַצְדִּ֬יק אֶתְכֶ֗ם
עַד־אֶגְוָ֑ע לֹא־אָסִ֖יר תֻּמָּתִ֣י מִמֶּֽנִּי׃
6 בְּצִדְקָתִ֣י הֶ֭חֱזַקְתִּי וְלֹ֣א אַרְפֶּ֑הָ לֹא־יֶחֱרַ֥ף לְ֝בָבִ֗י מִיָּמָֽי׃
7 יְהִ֣י כְ֭רָשָׁע אֹיְבִ֑י וּמִתְקוֹמְמִ֥י כְעַוָּֽל׃

כי

כ״ו v. 12. ובתבונתו ק׳ v. 14. דרכיו ק׳ ibid. גבורותיו ק׳

כִּ֤י מַה־תִּקְוַ֣ת חָ֭נֵף כִּ֣י יִבְצָ֑ע כִּ֤י יֵ֖שֶׁל אֱל֣וֹהַּ נַפְשֽׁוֹ׃ 8
הֲֽ֭צַעֲקָתוֹ יִשְׁמַ֥ע ׀ אֵ֑ל כִּֽי־תָב֖וֹא עָלָ֣יו צָרָֽה׃ 9
אִם־עַל־שַׁדַּ֥י יִתְעַנָּ֑ג יִקְרָ֖א אֱל֣וֹהַּ בְּכָל־עֵֽת׃ י
אוֹרֶ֣ה אֶתְכֶ֣ם בְּיַד־אֵ֑ל אֲשֶׁ֥ר עִם־שַׁ֝דַּ֗י לֹ֣א אֲכַחֵֽד׃ 11
הֵן־אַתֶּ֣ם כֻּלְּכֶ֣ם חֲזִיתֶ֑ם וְלָמָּה־זֶּ֝֗ה הֶ֣בֶל תֶּהְבָּֽלוּ׃ 12
זֶ֤ה ׀ חֵֽלֶק־אָדָ֥ם רָשָׁ֗ע ׀ עִם־אֵ֑ל וְנַחֲלַ֥ת עָ֝רִיצִ֗ים מִשַּׁדַּ֥י יִקָּֽחוּ׃ 13
אִם־יִרְבּ֣וּ בָנָ֣יו לְמוֹ־חָ֑רֶב וְ֝צֶאֱצָאָ֗יו לֹ֣א יִשְׂבְּעוּ־לָֽחֶם׃ 14
שְׂ֭רִידָו בַּמָּ֣וֶת יִקָּבֵ֑רוּ וְ֝אַלְמְנֹתָ֗יו לֹ֣א תִבְכֶּֽינָה׃ טו
אִם־יִצְבֹּ֣ר כֶּעָפָ֣ר כָּ֑סֶף וְ֝כַחֹ֗מֶר יָכִ֥ין מַלְבּֽוּשׁ׃ 16
יָ֭כִין וְצַדִּ֣יק יִלְבָּ֑שׁ וְ֝כֶ֗סֶף נָקִ֥י יַחֲלֹֽק׃ 17
בָּנָ֣ה כָעָ֣שׁ בֵּית֑וֹ וּ֝כְסֻכָּ֗ה עָשָׂ֥ה נֹצֵֽר׃ 18
עָשִׁ֣יר יִ֭שְׁכַּב וְלֹ֣א יֵאָסֵ֑ף עֵינָ֖יו פָּקַ֣ח וְאֵינֶֽנּוּ׃ 19
תַּשִּׂיגֵ֣הוּ כַ֭מַּיִם בַּלָּה֑וֹת לַ֝֗יְלָה גְּנָבַ֥תּוּ סוּפָֽה׃ כ
יִשָּׂאֵ֣הוּ קָדִ֣ים וְיֵלַ֑ךְ וִֽ֝ישָׂעֲרֵ֗הוּ מִמְּקֹמֽוֹ׃ 21
וְיַשְׁלֵ֣ךְ עָ֭לָיו וְלֹ֣א יַחְמֹ֑ל מִ֝יָּד֗וֹ בָּר֥וֹחַ יִבְרָֽח׃ 22
יִשְׂפֹּ֣ק עָלֵ֣ימוֹ כַפֵּ֑ימוֹ וְיִשְׁרֹ֥ק עָ֝לָ֗יו מִמְּקֹמֽוֹ׃° 23

כח Cap. XXVIII. כח

כִּ֤י יֵ֣שׁ לַכֶּ֣סֶף מוֹצָ֑א וּ֝מָק֗וֹם לַזָּהָ֥ב יָזֹֽקּוּ׃ א
בַּ֭רְזֶל מֵעָפָ֣ר יֻקָּ֑ח וְ֝אֶ֗בֶן יָצ֥וּק נְחוּשָֽׁה׃ 2
קֵ֤ץ ׀ שָׂ֤ם לַחֹ֗שֶׁךְ וּֽלְכָל־תַּ֭כְלִית ה֣וּא חוֹקֵ֑ר 3
אֶ֖בֶן אֹ֣פֶל וְצַלְמָֽוֶת׃ פָּ֤רַץ נַ֨חַל ׀ מֵֽעִם־גָּ֗ר 4
הַ֭נִּשְׁכָּחִים מִנִּי־רָ֑גֶל דַּ֖לּוּ מֵאֱנ֣וֹשׁ נָֽעוּ׃
אֶ֗רֶץ מִמֶּ֥נָּה יֵֽצֵא־לָ֑חֶם וְ֝תַחְתֶּ֗יהָ נֶהְפַּ֥ךְ כְּמוֹ־אֵֽשׁ׃ ה
מְקוֹם־סַפִּ֣יר אֲבָנֶ֑יהָ וְעַפְרֹ֖ת זָהָ֣ב לֽוֹ׃ 6
נָ֭תִיב לֹא־יְדָ֣עוֹ עָ֑יִט וְלֹ֥א שְׁ֝זָפַ֗תּוּ עֵ֣ין אַיָּֽה׃ 7
לֹֽא־הִ֭דְרִיכֻהוּ בְנֵי־שָׁ֑חַץ לֹא־עָדָ֖ה עָלָ֣יו שָֽׁחַל׃ 8
בַּֽ֭חַלָּמִישׁ שָׁלַ֣ח יָד֑וֹ הָפַ֖ךְ מִשֹּׁ֣רֶשׁ הָרִֽים׃ 9

בצורות

כ״ין v. 15. שרידיו ק׳ v. 23. אין כאן פסקא

י בַּ֭צּוּרוֹת יְאֹרִ֣ים בִּקֵּ֑עַ וְכָל־יְ֝קָ֗ר רָאֲתָ֥ה עֵינֽוֹ׃
11 מִ֭בְּכִי נְהָר֣וֹת חִבֵּ֑שׁ וְ֝תַעֲלֻמָ֗הּ יֹ֣צִא אֽוֹר׃ פ
12 וְֽ֭הַחָכְמָה מֵאַ֣יִן תִּמָּצֵ֑א וְאֵ֥י זֶ֝֗ה מְק֣וֹם בִּינָֽה׃
13 לֹא־יָדַ֣ע אֱנ֣וֹשׁ עֶרְכָּ֑הּ וְלֹ֥א תִ֝מָּצֵ֗א בְּאֶ֣רֶץ הַחַיִּֽים׃
14 תְּה֣וֹם אָ֭מַר לֹ֣א בִי־הִ֑יא וְיָ֥ם אָ֝מַ֗ר אֵ֣ין עִמָּדִֽי׃
טו לֹא־יֻתַּ֣ן סְג֣וֹר תַּחְתֶּ֑יהָ וְלֹ֥א יִ֝שָּׁקֵ֗ל כֶּ֣סֶף מְחִירָֽהּ׃
16 לֹֽא־תְ֭סֻלֶּה בְּכֶ֣תֶם אוֹפִ֑יר בְּשֹׁ֖הַם יָקָ֣ר וְסַפִּֽיר׃
17 לֹא־יַעַרְכֶ֣נָּה זָ֭הָב וּזְכוֹכִ֑ית וּ֝תְמ֥וּרָתָ֗הּ כְּלִי־פָֽז׃
18 רָאמ֣וֹת וְ֭גָבִישׁ לֹ֣א יִזָּכֵ֑ר וּמֶ֥שֶׁךְ חָ֝כְמָ֗ה מִפְּנִינִֽים׃
19 לֹֽא־יַ֭עַרְכֶנָּה פִּטְדַת־כּ֑וּשׁ בְּכֶ֥תֶם טָ֝ה֗וֹר לֹ֣א תְסֻלֶּֽה׃ פ
כ וְֽ֭הַחָכְמָה מֵאַ֣יִן תָּב֑וֹא וְאֵ֥י זֶ֝֗ה מְק֣וֹם בִּינָֽה׃
21 וְֽ֭נֶעֶלְמָה מֵעֵינֵ֣י כָל־חָ֑י וּמֵע֖וֹף הַשָּׁמַ֣יִם נִסְתָּֽרָה׃
22 אֲבַדּ֣וֹן וָ֭מָוֶת אָמְר֑וּ בְּ֝אָזְנֵ֗ינוּ שָׁמַ֥עְנוּ שִׁמְעָֽהּ׃
23 אֱ֭לֹהִים הֵבִ֣ין דַּרְכָּ֑הּ וְ֝ה֗וּא יָדַ֥ע אֶת־מְקוֹמָֽהּ׃
24 כִּי־ה֭וּא לִקְצוֹת־הָאָ֣רֶץ יַבִּ֑יט תַּ֖חַת כָּל־הַשָּׁמַ֣יִם יִרְאֶֽה׃
כה לַעֲשׂ֣וֹת לָר֣וּחַ מִשְׁקָ֑ל וּ֝מַ֗יִם תִּכֵּ֥ן בְּמִדָּֽה׃
26 בַּעֲשֹׂת֣וֹ לַמָּטָ֣ר חֹ֑ק וְ֝דֶ֗רֶךְ לַחֲזִ֥יז קֹלֽוֹת׃
27 אָ֣ז רָ֭אָהּ וַֽיְסַפְּרָ֑הּ הֱ֝כִינָ֗הּ וְגַם־חֲקָרָֽהּ׃
28 וַיֹּ֤אמֶר ׀ לָֽאָדָ֗ם הֵ֤ן יִרְאַ֣ת אֲ֭דֹנָי הִ֣יא חָכְמָ֑ה
וְס֖וּר מֵרָ֣ע בִּינָֽה׃

כט CAP. XXIX. כט

א וַיֹּ֣סֶף אִ֭יּוֹב שְׂאֵ֥ת מְשָׁל֗וֹ וַיֹּאמַֽר׃
2 מִֽי־יִתְּנֵ֣נִי כְיַרְחֵי־קֶ֑דֶם כִּ֝ימֵ֗י אֱל֥וֹהַ יִשְׁמְרֵֽנִי׃
3 בְּהִלּ֣וֹ נֵ֭רוֹ עֲלֵ֣י רֹאשִׁ֑י לְ֝אוֹר֗וֹ אֵ֣לֶךְ חֹֽשֶׁךְ׃
4 כַּאֲשֶׁ֣ר הָ֭יִיתִי בִּימֵ֣י חָרְפִּ֑י בְּס֥וֹד אֱ֝ל֗וֹהַּ עֲלֵ֣י אָהֳלִֽי׃
ה בְּע֣וֹד שַׁ֭דַּי עִמָּדִ֑י סְ֝בִ֗יבוֹתַ֥י נְעָרָֽי׃
6 בִּרְח֣וֹץ הֲלִיכַ֣י בְּחֵמָ֑ה וְצ֥וּר יָ֝צ֗וּק עִ֝מָּדִ֗י פַּלְגֵי־שָֽׁמֶן׃
7 בְּצֵ֣אתִי שַׁ֭עַר עֲלֵי־קָ֑רֶת בָּ֝רְח֗וֹב אָכִ֥ין מוֹשָׁבִֽי׃

ראוני

8 רָאוּנִי נְעָרִים וְנֶחְבָּאוּ וִישִׁישִׁים קָמוּ עָמָדוּ׃
9 שָׂרִים עָצְרוּ בְמִלִּים וְכַף יָשִׂימוּ לְפִיהֶם׃
י קוֹל־נְגִידִים נֶחְבָּאוּ וּלְשׁוֹנָם לְחִכָּם דָּבֵקָה׃
11 כִּי אֹזֶן שָׁמְעָה וַתְּאַשְּׁרֵנִי וְעַיִן רָאֲתָה וַתְּעִידֵנִי׃
12 כִּי־אֲמַלֵּט עָנִי מְשַׁוֵּעַ וְיָתוֹם וְלֹא־עֹזֵר לוֹ׃
13 בִּרְכַּת אֹבֵד עָלַי תָּבֹא וְלֵב אַלְמָנָה אַרְנִן׃
14 צֶדֶק לָבַשְׁתִּי וַיִּלְבָּשֵׁנִי כִּמְעִיל וְצָנִיף מִשְׁפָּטִי׃
טו עֵינַיִם הָיִיתִי לַעִוֵּר וְרַגְלַיִם לַפִּסֵּחַ אָנִי׃
16 אָב אָנֹכִי לָאֶבְיוֹנִים וְרִב לֹא־יָדַעְתִּי אֶחְקְרֵהוּ׃
17 וָאֲשַׁבְּרָה מְתַלְּעוֹת עַוָּל וּמִשִּׁנָּיו אַשְׁלִיךְ טָרֶף׃
18 וָאֹמַר עִם־קִנִּי אֶגְוָע וְכַחוֹל אַרְבֶּה יָמִים׃
19 שָׁרְשִׁי פָתוּחַ אֱלֵי־מָיִם וְטַל יָלִין בִּקְצִירִי׃
כ כְּבוֹדִי חָדָשׁ עִמָּדִי וְקַשְׁתִּי בְּיָדִי תַחֲלִיף׃
21 לִי־שָׁמְעוּ וְיִחֵלּוּ וְיִדְּמוּ לְמוֹ עֲצָתִי׃
22 אַחֲרֵי דְבָרִי לֹא יִשְׁנוּ וְעָלֵימוֹ תִּטֹּף מִלָּתִי׃
23 וְיִחֲלוּ כַמָּטָר לִי וּפִיהֶם פָּעֲרוּ לְמַלְקוֹשׁ׃
24 אֶשְׂחַק אֲלֵהֶם לֹא יַאֲמִינוּ וְאוֹר פָּנַי לֹא יַפִּילוּן׃
כ אֶבְחַר דַּרְכָּם וְאֵשֵׁב רֹאשׁ וְאֶשְׁכּוֹן כְּמֶלֶךְ בַּגְּדוּד
כַּאֲשֶׁר אֲבֵלִים יְנַחֵם׃

ל Cap. XXX. ל

א וְעַתָּה ׀ שָׂחֲקוּ עָלַי צְעִירִים מִמֶּנִּי לְיָמִים
אֲשֶׁר־מָאַסְתִּי אֲבוֹתָם לָשִׁית עִם־כַּלְבֵי צֹאנִי׃
2 גַּם־כֹּחַ יְדֵיהֶם לָמָּה לִּי עָלֵימוֹ אָבַד כָּלַח׃
3 בְּחֶסֶר וּבְכָפָן גַּלְמוּד הַעֹרְקִים צִיָּה
4 אֶמֶשׁ שׁוֹאָה וּמְשֹׁאָה׃ הַקֹּטְפִים מַלּוּחַ עֲלֵי־שִׂיחַ
ה וְשֹׁרֶשׁ רְתָמִים לַחְמָם׃ מִן־גֵּו יְגֹרָשׁוּ
6 יָרִיעוּ עָלֵימוֹ כַּגַּנָּב׃ בַּעֲרוּץ נְחָלִים לִשְׁכֹּן

ר״ס v. 25. אין כ״י דכ״א

7 חֹרֵי עָפָר וְכֵפִים׃ בֵּין־שִׂיחִים יִנְהָקוּ
8 תַּחַת חָרוּל יְסֻפָּחוּ׃ בְּנֵי־נָבָל גַּם־בְּנֵי בְלִי־שֵׁם
9 נִכְּאוּ מִן־הָאָרֶץ׃ וְעַתָּה נְגִינָתָם הָיִיתִי
י וָאֱהִי לָהֶם לְמִלָּה׃ תִּעֲבוּנִי רָחֲקוּ מֶנִּי
11 וּמִפָּנַי לֹא־חָשְׂכוּ רֹק׃ כִּי־יִתְרוֹ פִתַּח וַיְעַנֵּנִי
12 וְרֶסֶן מִפָּנַי שִׁלֵּחוּ׃ עַל־יָמִין פִּרְחַח יָקוּמוּ
רַגְלַי שִׁלֵּחוּ וַיָּסֹלּוּ עָלַי אָרְחוֹת אֵידָם׃
13 נָתְסוּ נְתִיבָתִי לְהַוָּתִי יֹעִילוּ
14 לֹא עֹזֵר לָמוֹ׃ כְּפֶרֶץ רָחָב יֶאֱתָיוּ
טו תַּחַת שֹׁאָה הִתְגַּלְגָּלוּ׃ הָהְפַּךְ עָלַי בַּלָּהוֹת
תִּרְדֹּף כָּרוּחַ נְדִבָתִי וּכְעָב עָבְרָה יְשֻׁעָתִי׃
16 וְעַתָּה עָלַי תִּשְׁתַּפֵּךְ נַפְשִׁי יֹאחֲזוּנִי יְמֵי־עֹנִי׃
17 לַיְלָה עֲצָמַי נִקַּר מֵעָלָי וְעֹרְקַי לֹא יִשְׁכָּבוּן׃
18 בְּרָב־כֹּחַ יִתְחַפֵּשׂ לְבוּשִׁי כְּפִי כֻתָּנְתִּי יַאַזְרֵנִי׃
19 הֹרָנִי לַחֹמֶר וָאֶתְמַשֵּׁל כֶּעָפָר וָאֵפֶר׃
כ אֲשַׁוַּע אֵלֶיךָ וְלֹא תַעֲנֵנִי עָמַדְתִּי וַתִּתְבֹּנֶן בִּי׃
21 תֵּהָפֵךְ לְאַכְזָר לִי בְּעֹצֶם יָדְךָ תִשְׂטְמֵנִי׃
22 תִּשָּׂאֵנִי אֶל־רוּחַ תַּרְכִּיבֵנִי וּתְמֹגְגֵנִי תְּשֻׁוָּה׃
23 כִּי־יָדַעְתִּי מָוֶת תְּשִׁיבֵנִי וּבֵית מוֹעֵד לְכָל־חָי׃
24 אַךְ לֹא־בְעִי יִשְׁלַח־יָד אִם־בְּפִידוֹ לָהֶן שׁוּעַ׃
כה אִם־לֹא בָכִיתִי לִקְשֵׁה־יוֹם עָגְמָה נַפְשִׁי לָאֶבְיוֹן׃
26 כִּי טוֹב קִוִּיתִי וַיָּבֹא רָע וַאֲיַחֲלָה לְאוֹר וַיָּבֹא אֹפֶל׃
27 מֵעַי רֻתְּחוּ וְלֹא־דָמּוּ קִדְּמֻנִי יְמֵי־עֹנִי׃
28 קֹדֵר הִלַּכְתִּי בְּלֹא חַמָּה קַמְתִּי בַקָּהָל אֲשַׁוֵּעַ׃
29 אָח הָיִיתִי לְתַנִּים וְרֵעַ לִבְנוֹת יַעֲנָה׃
ל עוֹרִי שָׁחַר מֵעָלָי וְעַצְמִי־חָרָה מִנִּי־חֹרֶב׃
31 וַיְהִי לְאֵבֶל כִּנֹּרִי וְעֻגָבִי לְקוֹל בֹּכִים׃

ברית

v. 11. יתרי ק׳ v. 13. להותי ק׳ v. 22. תשיה ק׳ v. 31. אין כאן פסקא

לא

Cap. XXXI. לא

א בְּרִית כָּרַתִּי לְעֵינָי וּמָה אֶתְבּוֹנֵן עַל־בְּתוּלָה׃
2 וּמֶה ׀ חֵלֶק אֱלוֹהַּ מִמָּעַל וְנַחֲלַת שַׁדַּי מִמְּרֹמִים׃
3 הֲלֹא־אֵיד לְעַוָּל וְנֵכֶר לְפֹעֲלֵי אָוֶן׃
4 הֲלֹא־הוּא יִרְאֶה דְרָכָי וְכָל־צְעָדַי יִסְפּוֹר׃
ה אִם־הָלַכְתִּי עִם־שָׁוְא וַתַּחַשׁ עַל־מִרְמָה רַגְלִי׃
6 יִשְׁקְלֵנִי בְמֹאזְנֵי־צֶדֶק וְיֵדַע אֱלוֹהַּ תֻּמָּתִי׃
7 אִם תִּטֶּה אַשֻּׁרִי מִנִּי הַדָּרֶךְ וְאַחַר עֵינַי הָלַךְ לִבִּי
8 וּבְכַפַּי דָּבַק מְאוּם׃ אֶזְרְעָה וְאַחֵר יֹאכֵל
9 וְצֶאֱצָאַי יְשֹׁרָשׁוּ׃ אִם־נִפְתָּה לִבִּי עַל־אִשָּׁה
י וְעַל־פֶּתַח רֵעִי אָרָבְתִּי׃ תִּטְחַן לְאַחֵר אִשְׁתִּי
11 וְעָלֶיהָ יִכְרְעוּן אֲחֵרִין׃ כִּי־הוא זִמָּה
12 וְהִיא עָוֺן פְּלִילִים׃ כִּי אֵשׁ הִיא עַד־אֲבַדּוֹן תֹּאכֵל
13 וּבְכָל־תְּבוּאָתִי תְשָׁרֵשׁ׃ אִם־אֶמְאַס מִשְׁפַּט עַבְדִּי וַאֲמָתִי
14 בְּרִבָם עִמָּדִי׃ וּמָה אֶעֱשֶׂה כִּי־יָקוּם אֵל
טו וְכִי־יִפְקֹד מָה אֲשִׁיבֶנּוּ׃ הֲלֹא־בַבֶּטֶן עֹשֵׂנִי עָשָׂהוּ
16 וַיְכֻנֶנּוּ בָּרֶחֶם אֶחָד׃ אִם־אֶמְנַע מֵחֵפֶץ דַּלִּים
17 וְעֵינֵי אַלְמָנָה אֲכַלֶּה׃ וְאֹכַל פִּתִּי לְבַדִּי
18 וְלֹא־אָכַל יָתוֹם מִמֶּנָּה׃ כִּי מִנְּעוּרַי גְּדֵלַנִי כְאָב
19 וּמִבֶּטֶן אִמִּי אַנְחֶנָּה׃ אִם־אֶרְאֶה אוֹבֵד מִבְּלִי לְבוּשׁ
כ וְאֵין כְּסוּת לָאֶבְיוֹן׃ אִם־לֹא בֵרְכוּנִי חֲלָצָו
21 וּמִגֵּז כְּבָשַׂי יִתְחַמָּם׃ אִם־הֲנִיפוֹתִי עַל־יָתוֹם יָדִי
22 כִּי־אֶרְאֶה בַשַּׁעַר עֶזְרָתִי׃ כְּתֵפִי מִשִּׁכְמָה תִפּוֹל
23 וְאֶזְרֹעִי מִקָּנָה תִשָּׁבֵר׃ כִּי פַחַד אֵלַי אֵיד אֵל
24 וּמִשְּׂאֵתוֹ לֹא אוּכָל׃ אִם־שַׂמְתִּי זָהָב כִּסְלִי
כה וְלַכֶּתֶם אָמַרְתִּי מִבְטַחִי׃ אִם־אֶשְׂמַח כִּי־רַב חֵילִי
26 וְכִי־כַבִּיר מָצְאָה יָדִי׃ אִם־אֶרְאֶה אוֹר כִּי יָהֵל

וירח

v. 11. היא ק׳ ibid. והוא ק׳ v. 20. חלציו ק׳

27 וְ֝יָרֵ֗חַ יָקָ֥ר הֹלֵֽךְ׃ וַיִּ֣פְתְּ בַּסֵּ֣תֶר לִבִּ֑י
28 וַתִּשַּׁ֖ק יָדִ֣י לְפִֽי׃ גַּם־ה֖וּא עָוֺ֣ן פְּלִילִ֑י
29 כִּֽי־כִחַ֖שְׁתִּי לָאֵ֣ל מִמָּֽעַל׃ אִם־אֶ֭שְׂמַח בְּפִ֣יד מְשַׂנְאִ֑י
ל וְ֝הִתְעֹרַ֗רְתִּי כִּֽי־מְצָ֥אוֹ רָֽע׃ וְֽלֹא־נָתַ֣תִּי לַחֲטֹ֣א חִכִּ֑י
31 לִשְׁאֹ֖ל בְּאָלָ֣ה נַפְשֽׁוֹ׃ אִם־לֹ֣א אָ֭מְרוּ מְתֵ֣י אָהֳלִ֑י
32 מִֽי־יִתֵּ֥ן מִ֝בְּשָׂר֗וֹ לֹ֣א נִשְׂבָּֽע׃ בַּ֭חוּץ לֹא־יָלִ֣ין גֵּ֑ר
33 דְּ֝לָתַ֗י לָאֹ֥רַח אֶפְתָּֽח׃ אִם־כִּסִּ֣יתִי כְאָדָ֣ם פְּשָׁעָ֑י
34 לִטְמ֖וֹן בְּחֻבִּ֣י עֲוֺנִֽי׃ כִּ֤י אֶֽעֱר֨וֹץ ׀ הָ֘מ֤וֹן רַבָּ֗ה
וּֽבוּז־מִשְׁפָּח֥וֹת יְחִתֵּ֑נִי וָ֝אֶדֹּ֗ם לֹא־אֵ֥צֵא פָֽתַח׃
לה מִ֤י יִתֶּן־לִ֨י ׀ שֹׁ֤מֵֽעַֽ לִ֗י הֶן־תָּ֭וִי שַׁדַּ֣י יַעֲנֵ֑נִי
36 וְסֵ֥פֶר כָּ֝תַ֗ב אִ֣ישׁ רִיבִֽי׃ אִם־לֹ֣א עַל־שִׁ֭כְמִי אֶשָּׂאֶ֑נּוּ
37 אֶֽעֶנְדֶ֖נּוּ עֲטָר֣וֹת לִֽי׃ מִסְפַּ֣ר צְ֭עָדַי אַגִּידֶ֑נּוּ
38 כְּמוֹ־נָ֝גִ֗יד אֲקָרֲבֶֽנּוּ׃ אִם־עָ֭לַי אַדְמָתִ֣י תִזְעָ֑ק
39 וְ֝יַ֗חַד תְּלָמֶ֥יהָ יִבְכָּיֽוּן׃ אִם־כֹּ֭חָהּ אָכַ֣לְתִּי בְלִי־כָ֑סֶף
מ וְנֶ֖פֶשׁ בְּעָלֶ֣יהָ הִפָּֽחְתִּי׃ תַּ֥חַת חִטָּ֨ה ׀ יֵ֤צֵא ח֗וֹחַ
וְתַֽחַת־שְׂעֹרָ֥ה בָאְשָׁ֑ה תַּ֝֗מּוּ דִּבְרֵ֥י אִיּֽוֹב׃

לב Cap. XXXII. לב

א וַֽיִּשְׁבְּת֡וּ שְׁלֹ֤שֶׁת הָאֲנָשִׁ֣ים הָ֭אֵלֶּה מֵעֲנ֣וֹת אֶת־אִיּ֑וֹב כִּ֤י ה֖וּא
2 צַדִּ֣יק בְּעֵינָֽיו׃ וַיִּ֤חַר אַ֨ף ׀ אֱלִיה֣וּא בֶן־בַּרַכְאֵ֣ל הַבּוּזִי֮
מִמִּשְׁפַּ֪חַ֫ת רָ֥ם בְּ֭אִיּוֹב חָרָ֣ה אַפּ֑וֹ עַֽל־צַדְּק֥וֹ נַ֝פְשׁ֗וֹ מֵאֱלֹהִֽים׃
3 וּבִשְׁלֹ֣שֶׁת רֵעָיו֮ חָרָ֪ה אַ֫פּ֥וֹ עַ֭ל אֲשֶׁ֣ר לֹא־מָצְא֣וּ מַעֲנֶ֑ה וַ֝יַּרְשִׁ֗יעוּ
4 אֶת־אִיּֽוֹב׃ וֶֽ֭אֱלִיהוּ חִכָּ֣ה אֶת־אִיּ֣וֹב בִּדְבָרִ֑ים כִּ֤י זְקֵנִים־הֵ֖מָּה
ה מִמֶּ֣נּוּ לְיָמִֽים׃ וַיַּ֤רְא אֱלִיה֗וּא כִּ֘י אֵ֤ין מַעֲנֶ֗ה בְּפִי֙ שְׁלֹ֣שֶׁת הָאֲנָשִׁ֔ים
וַיִּ֖חַר אַפּֽוֹ׃
6 וַיַּ֤עַן ׀ אֱלִיה֥וּא בֶן־בַּרַכְאֵ֗ל הַבּ֫וּזִ֥י וַיֹּ֥אמַ֑ר
צָעִ֣יר אֲנִ֣י לְ֭יָמִים וְאַתֶּ֣ם יְשִׁישִׁ֑ים עַל־כֵּ֣ן זָחַ֣לְתִּי וָאִ֨ירָ֤א ׀
7 מֵחַוֺּ֖ת דֵּעִ֣י אֶתְכֶֽם׃ אָ֭מַרְתִּי יָמִ֣ים יְדַבֵּ֑רוּ

ל״ב v. 3. תיקון סופרים

וְרֹב שָׁנִים יֹדִיעוּ חָכְמָה׃ אָכֵן רֽוּחַ־הִיא בֶאֱנוֹשׁ 8
וְנִשְׁמַת שַׁדַּי תְּבִינֵם׃ לֹֽא־רַבִּים יֶחְכָּמוּ 9
וּזְקֵנִים יָבִינוּ מִשְׁפָּט׃ לָכֵן אָמַרְתִּי שִׁמְעָה־לִּי י
אֲחַוֶּה דֵעִי אַף־אָנִי׃ הֵן הוֹחַלְתִּי ׀ לְדִבְרֵיכֶם 11
אָזִין עַד־תְּבוּנֹתֵיכֶם עַד־תַּחְקְרוּן מִלִּין׃
וְעָדֵיכֶם אֶתְבּוֹנָן וְהִנֵּה אֵין לְאִיּוֹב מוֹכִיחַ 12
עוֹנֶה אֲמָרָיו מִכֶּם׃ פֶּן־תֹּאמְרוּ מָצָאנוּ חָכְמָה 13
אֵל יִדְּפֶנּוּ לֹא־אִישׁ׃ וְלֹא־עָרַךְ אֵלַי מִלִּין 14
וּבְאִמְרֵיכֶם לֹא אֲשִׁיבֶנּוּ׃ חַתּוּ לֹא־עָנוּ עוֹד טו
הֶעְתִּיקוּ מֵהֶם מִלִּים׃ וְהוֹחַלְתִּי כִּי־לֹא יְדַבֵּרוּ 16
כִּי עָמְדוּ לֹא־עָנוּ עוֹד׃ אַעֲנֶה אַף־אֲנִי חֶלְקִי 17
אֲחַוֶּה דֵעִי אַף־אָנִי׃ כִּי מָלֵתִי מִלִּים 18
הֱצִיקַתְנִי רוּחַ בִּטְנִי׃ הִנֵּה־בִטְנִי כְּיַיִן לֹא־יִפָּתֵחַ 19
כְּאֹבוֹת חֲדָשִׁים יִבָּקֵעַ׃ אֲדַבְּרָה וְיִרְוַח־לִי כ
אֶפְתַּח שְׂפָתַי וְאֶעֱנֶה׃ אַל־נָא אֶשָּׂא פְנֵי־אִישׁ 21
וְאֶל־אָדָם לֹא אֲכַנֶּה׃ כִּי לֹא יָדַעְתִּי אֲכַנֶּה 22
כִּמְעַט יִשָּׂאֵנִי עֹשֵׂנִי׃

לג CAP. XXXIII. לג

וְאוּלָם שְׁמַע־נָא אִיּוֹב מִלָּי וְכָל־דְּבָרַי הַאֲזִינָה׃ א
הִנֵּה־נָא פָּתַחְתִּי פִי דִּבְּרָה לְשׁוֹנִי בְחִכִּי׃ 2
יֹשֶׁר־לִבִּי אֲמָרָי וְדַעַת שְׂפָתַי בָּרוּר מִלֵּלוּ׃ 3
רוּחַ־אֵל עָשָׂתְנִי וְנִשְׁמַת שַׁדַּי תְּחַיֵּנִי׃ 4
אִם־תּוּכַל הֲשִׁיבֵנִי עֶרְכָה לְפָנַי הִתְיַצָּבָה׃ ה
הֶן־אֲנִי כְפִיךָ לָאֵל מֵחֹמֶר קֹרַצְתִּי גַם־אָנִי׃ 6
הִנֵּה אֵמָתִי לֹא תְבַעֲתֶךָּ וְאַכְפִּי עָלֶיךָ לֹא־יִכְבָּד׃ 7
אַךְ אָמַרְתָּ בְאָזְנָי וְקוֹל מִלִּין אֶשְׁמָע׃ 8
זַךְ אֲנִי בְּלִי־פָשַׁע חַף אָנֹכִי 9

ולא

ל״ב v. 22. אין כאן פסקא ל״ג v. 9. ח׳ זעירא

י וְלֹא עָוֺן לִי׃ הֵן תְּנוּאוֹת עָלַי יִמְצָא
11 יַחְשְׁבֵנִי לְאוֹיֵב לוֹ׃ יָשֵׂם בַּסַּד רַגְלָי
12 יִשְׁמֹר כָּל־אָרְחֹתָי׃ הֶן־זֹאת לֹא־צָדַקְתָּ אֶעֱנֶךָּ
13 כִּי־יִרְבֶּה אֱלוֹהַּ מֵאֱנוֹשׁ׃ מַדּוּעַ אֵלָיו רִיבוֹתָ
14 כִּי כָל־דְּבָרָיו לֹא יַעֲנֶה׃ כִּי־בְאַחַת יְדַבֶּר־אֵל
טו וּבִשְׁתַּיִם לֹא יְשׁוּרֶנָּה׃ בַּחֲלוֹם ׀ חֶזְיוֹן לַיְלָה
בִּנְפֹל תַּרְדֵּמָה עַל־אֲנָשִׁים בִּתְנוּמוֹת עֲלֵי מִשְׁכָּב׃
16 אָז יִגְלֶה אֹזֶן אֲנָשִׁים וּבְמֹסָרָם יַחְתֹּם׃
17 לְהָסִיר אָדָם מַעֲשֶׂה וְגֵוָה מִגֶּבֶר יְכַסֶּה׃
18 יַחְשֹׂךְ נַפְשׁוֹ מִנִּי־שָׁחַת וְחַיָּתוֹ מֵעֲבֹר בַּשָּׁלַח׃
19 וְהוּכַח בְּמַכְאוֹב עַל־מִשְׁכָּבוֹ וְרִיב עֲצָמָיו אֵתָן׃
כ וְזִהֲמַתּוּ חַיָּתוֹ לָחֶם וְנַפְשׁוֹ מַאֲכַל תַּאֲוָה׃
21 יִכֶל בְּשָׂרוֹ מֵרֹאִי וְשֻׁפִּי עַצְמוֹתָיו לֹא רֻאּוּ׃
22 וַתִּקְרַב לַשַּׁחַת נַפְשׁוֹ וְחַיָּתוֹ לַמְמִתִים׃
23 אִם־יֵשׁ עָלָיו ׀ מַלְאָךְ מֵלִיץ אֶחָד מִנִּי־אָלֶף
24 לְהַגִּיד לְאָדָם יָשְׁרוֹ׃ וַיְחֻנֶּנּוּ וַיֹּאמֶר
פְּדָעֵהוּ מֵרֶדֶת שָׁחַת מָצָאתִי כֹפֶר׃
כה רֻטֲפַשׁ בְּשָׂרוֹ מִנֹּעַר יָשׁוּב לִימֵי עֲלוּמָיו׃
26 יֶעְתַּר אֶל־אֱלוֹהַּ ׀ וַיִּרְצֵהוּ וַיַּרְא פָּנָיו בִּתְרוּעָה
27 וַיָּשֶׁב לֶאֱנוֹשׁ צִדְקָתוֹ׃ יָשֹׁר ׀ עַל־אֲנָשִׁים וַיֹּאמֶר
חָטָאתִי וְיָשָׁר הֶעֱוֵיתִי וְלֹא־שָׁוָה לִי׃
28 פָּדָה נַפְשִׁי מֵעֲבֹר בַּשָּׁחַת וְחַיָּתִי בָּאוֹר תִּרְאֶה׃
29 הֶן־כָּל־אֵלֶּה יִפְעַל־אֵל פַּעֲמַיִם שָׁלוֹשׁ עִם־גָּבֶר׃
ל לְהָשִׁיב נַפְשׁוֹ מִנִּי־שָׁחַת לֵאוֹר בְּאוֹר הַחַיִּים׃
31 הַקְשֵׁב אִיּוֹב שְׁמַע־לִי הַחֲרֵשׁ וְאָנֹכִי אֲדַבֵּר׃
32 אִם־יֵשׁ־מִלִּין הֲשִׁיבֵנִי דַּבֵּר כִּי־חָפַצְתִּי צַדְּקֶךָּ׃
33 אִם־אַיִן אַתָּה שְׁמַע־לִי הַחֲרֵשׁ וַאֲאַלֶּפְךָ חָכְמָה׃

ויען

v. 19. ורוב ק׳ v. 21. ושפו ק׳ ibid. אי דגושה v. 28. נפשו ק׳ ibid. וחיתו ק׳

לד

Cap. XXXIV. לד

א וַיַּעַן אֱלִיהוּא וַיֹּאמַר׃

2 שִׁמְעוּ חֲכָמִים מִלָּי   וְיֹדְעִים הַאֲזִינוּ לִי׃

3 כִּי־אֹזֶן מִלִּין תִּבְחָן   וְחֵךְ יִטְעַם לֶאֱכֹל׃

4 מִשְׁפָּט נִבְחֲרָה־לָּנוּ   נֵדְעָה בֵינֵינוּ מַה־טּוֹב׃

ה כִּי־אָמַר אִיּוֹב צָדַקְתִּי   וְאֵל הֵסִיר מִשְׁפָּטִי׃

6 עַל־מִשְׁפָּטִי אֲכַזֵּב   אָנוּשׁ חִצִּי בְלִי־פָשַׁע׃

7 מִי־גֶבֶר כְּאִיּוֹב   יִשְׁתֶּה־לַּעַג כַּמָּיִם׃

8 וְאָרַח לְחֶבְרָה עִם־פֹּעֲלֵי אָוֶן   וְלָלֶכֶת עִם־אַנְשֵׁי־רֶשַׁע׃

9 כִּי־אָמַר לֹא יִסְכָּן־גָּבֶר   בִּרְצֹתוֹ עִם־אֱלֹהִים׃

י לָכֵן ׀ אַנְשֵׁי לֵבָב שִׁמְעוּ לִי   חָלִלָה לָאֵל מֵרֶשַׁע

11 וְשַׁדַּי מֵעָוֶל׃   כִּי פֹעַל אָדָם יְשַׁלֶּם־לוֹ

12 וּכְאֹרַח אִישׁ יַמְצִאֶנּוּ׃   אַף־אָמְנָם אֵל לֹא־יַרְשִׁיעַ

13 וְשַׁדַּי לֹא־יְעַוֵּת מִשְׁפָּט׃   מִי־פָקַד עָלָיו אָרְצָה

14 וּמִי שָׂם תֵּבֵל כֻּלָּהּ׃   אִם־יָשִׂים אֵלָיו לִבּוֹ

טו רוּחוֹ וְנִשְׁמָתוֹ אֵלָיו יֶאֱסֹף׃   יִגְוַע כָּל־בָּשָׂר יָחַד

16 וְאָדָם עַל־עָפָר יָשׁוּב׃   וְאִם־בִּינָה שִׁמְעָה־זֹּאת

17 הַאֲזִינָה לְקוֹל מִלָּי׃   הַאַף שׂוֹנֵא מִשְׁפָּט יַחֲבוֹשׁ

18 וְאִם־צַדִּיק כַּבִּיר תַּרְשִׁיעַ׃   הַאֲמֹר לְמֶלֶךְ בְּלִיָּעַל

19 רָשָׁע אֶל־נְדִיבִים׃   אֲשֶׁר לֹא־נָשָׂא ׀ פְּנֵי שָׂרִים

וְלֹא נִכַּר־שׁוֹעַ לִפְנֵי־דָל   כִּי־מַעֲשֵׂה יָדָיו כֻּלָּם׃

כ רֶגַע ׀ יָמֻתוּ וַחֲצוֹת לָיְלָה   יְגֹעֲשׁוּ עָם וְיַעֲבֹרוּ

21 וְיָסִירוּ אַבִּיר לֹא בְיָד׃   כִּי־עֵינָיו עַל־דַּרְכֵי־אִישׁ

22 וְכָל־צְעָדָיו יִרְאֶה׃   אֵין־חֹשֶׁךְ וְאֵין צַלְמָוֶת

23 לְהִסָּתֶר שָׁם פֹּעֲלֵי אָוֶן׃   כִּי לֹא עַל־אִישׁ יָשִׂים עוֹד

24 לַהֲלֹךְ אֶל־אֵל בַּמִּשְׁפָּט׃   יָרֹעַ כַּבִּירִים לֹא־חֵקֶר

כה וַיַּעֲמֵד אֲחֵרִים תַּחְתָּם׃   לָכֵן יַכִּיר מַעְבָּדֵיהֶם

26 וְהָפַךְ לַיְלָה וְיִדַּכָּאוּ׃   תַּחַת־רְשָׁעִים סְפָקָם

במקום

27 בִּמְקוֹם רֹאִים׃ אֲשֶׁר עַל־כֵּן סָרוּ מֵאַחֲרָיו
28 וְכָל־דְּרָכָיו לֹא הִשְׂכִּילוּ׃ לְהָבִיא עָלָיו צַעֲקַת־דָּל
29 וְצַעֲקַת עֲנִיִּים יִשְׁמָע׃ וְהוּא יַשְׁקִט ׀ וּמִי יַרְשִׁעַ
וְיַסְתֵּר פָּנִים וּמִי יְשׁוּרֶנּוּ וְעַל־גּוֹי וְעַל־אָדָם יָחַד׃
ל מִמְּלֹךְ אָדָם חָנֵף מִמֹּקְשֵׁי עָם׃
31 כִּי אֶל־אֵל הֶאָמַר נָשָׂאתִי לֹא אֶחְבֹּל׃
32 בִּלְעֲדֵי אֶחֱזֶה אַתָּה הֹרֵנִי אִם־עָוֶל פָּעַלְתִּי לֹא אֹסִיף׃
33 הֲמֵעִמְּךָ יְשַׁלְמֶנָּה ׀ כִּי־מָאַסְתָּ כִּי־אַתָּה תִבְחַר וְלֹא־אָנִי
34 וּמַה־יָּדַעְתָּ דַבֵּר׃ אַנְשֵׁי לֵבָב יֹאמְרוּ לִי
לה וְגֶבֶר חָכָם שֹׁמֵעַ לִי׃ אִיּוֹב לֹא־בְדַעַת יְדַבֵּר
36 וּדְבָרָיו לֹא בְהַשְׂכֵּיל׃ אָבִי יִבָּחֵן אִיּוֹב עַד־נֶצַח
עַל־תְּשֻׁבֹת בְּאַנְשֵׁי־אָוֶן׃
37 כִּי יֹסִיף עַל־חַטָּאתוֹ פֶשַׁע בֵּינֵינוּ יִסְפּוֹק
וְיֶרֶב אֲמָרָיו לָאֵל׃

לה CAP. XXXV. לה

א וַיַּעַן אֱלִיהוּ וַיֹּאמַר׃
2 הֲזֹאת חָשַׁבְתָּ לְמִשְׁפָּט אָמַרְתָּ צִדְקִי מֵאֵל׃
3 כִּי־תֹאמַר מַה־יִּסְכָּן־לָךְ מָה־אֹעִיל מֵחַטָּאתִי׃
4 אֲנִי אֲשִׁיבְךָ מִלִּין וְאֶת־רֵעֶיךָ עִמָּךְ׃
ה הַבֵּט שָׁמַיִם וּרְאֵה וְשׁוּר שְׁחָקִים גָּבְהוּ מִמֶּךָּ׃
6 אִם־חָטָאתָ מַה־תִּפְעָל־בּוֹ וְרַבּוּ פְשָׁעֶיךָ מַה־תַּעֲשֶׂה־לּוֹ׃
7 אִם־צָדַקְתָּ מַה־תִּתֶּן־לוֹ אוֹ מַה־מִיָּדְךָ יִקָּח׃
8 לְאִישׁ־כָּמוֹךָ רִשְׁעֶךָ וּלְבֶן־אָדָם צִדְקָתֶךָ׃
9 מֵרֹב עֲשׁוּקִים יַזְעִיקוּ יְשַׁוְּעוּ מִזְּרוֹעַ רַבִּים׃
י וְלֹא־אָמַר אַיֵּה אֱלוֹהַּ עֹשָׂי נֹתֵן זְמִרוֹת בַּלָּיְלָה׃
11 מַלְּפֵנוּ מִבַּהֲמוֹת אָרֶץ וּמֵעוֹף הַשָּׁמַיִם יְחַכְּמֵנוּ׃
12 שָׁם יִצְעֲקוּ וְלֹא יַעֲנֶה מִפְּנֵי גְּאוֹן רָעִים׃
13 אַךְ־שָׁוְא לֹא־יִשְׁמַע ׀ אֵל וְשַׁדַּי לֹא יְשׁוּרֶנָּה׃

אף

14 אַף כִּֽי־תֹאמַר לֹא תְשׁוּרֶנּוּ דִּין לְפָנָיו וּתְחוֹלֵל לוֹ׃
טו וְעַתָּה כִּֽי־אַיִן פָּקַד אַפּוֹ וְלֹֽא־יָדַע בַּפַּשׁ מְאֹד׃
16 וְאִיּוֹב הֶבֶל יִפְצֶה־פִּיהוּ בִּבְלִי־דַעַת מִלִּין יַכְבִּר׃

לו Cap. XXXVI. לו

א וַיֹּסֶף אֱלִיהוּא וַיֹּאמַר׃
2 כַּתַּר־לִי זְעֵיר וַאֲחַוֶּךָּ כִּי עוֹד לֶאֱלוֹהַּ מִלִּים׃
3 אֶשָּׂא דֵעִי לְמֵרָחוֹק וּלְפֹעֲלִי אֶתֵּן־צֶדֶק׃
4 כִּֽי־אָמְנָם לֹא־שֶׁקֶר מִלָּי תְּמִים דֵּעוֹת עִמָּךְ׃
ה הֶן־אֵל כַּבִּיר וְלֹא יִמְאָס כַּבִּיר כֹּחַ לֵב׃
6 לֹֽא־יְחַיֶּה רָשָׁע וּמִשְׁפַּט עֲנִיִּים יִתֵּן׃
7 לֹֽא־יִגְרַע מִצַּדִּיק עֵינָיו וְאֶת־מְלָכִים לַכִּסֵּא
8 וַיֹּשִׁיבֵם לָנֶצַח וַיִּגְבָּהוּ׃ וְאִם־אֲסוּרִים בַּזִּקִּים
9 יִלָּכְדוּן בְּחַבְלֵי־עֹנִי׃ וַיַּגֵּד לָהֶם פָּעֳלָם
י וּפִשְׁעֵיהֶם כִּי יִתְגַּבָּרוּ׃ וַיִּגֶל אָזְנָם לַמּוּסָר
11 וַיֹּאמֶר כִּֽי־יְשֻׁבוּן מֵאָוֶן׃ אִם־יִשְׁמְעוּ וְיַעֲבֹדוּ
יְכַלּוּ יְמֵיהֶם בַּטּוֹב וּשְׁנֵיהֶם בַּנְּעִימִים׃
12 וְאִם־לֹא יִשְׁמְעוּ בְּשֶׁלַח יַעֲבֹרוּ וְיִגְוְעוּ בִּבְלִי־דָעַת׃
13 וְחַנְפֵי־לֵב יָשִׂימוּ אָף לֹא יְשַׁוְּעוּ כִּי אֲסָרָם׃
14 תָּמֹת בַּנֹּעַר נַפְשָׁם וְחַיָּתָם בַּקְּדֵשִׁים׃
טו יְחַלֵּץ עָנִי בְעָנְיוֹ וְיִגֶל בַּלַּחַץ אָזְנָם׃
16 וְאַף הֲסִיתְךָ ׀ מִפִּי־צָר רַחַב לֹא־מוּצָק תַּחְתֶּיהָ
17 וְנַחַת שֻׁלְחָנְךָ מָלֵא דָשֶׁן׃ וְדִין־רָשָׁע מָלֵאתָ
18 דִּין וּמִשְׁפָּט יִתְמֹכוּ׃ כִּי־חֵמָה פֶּן־יְסִיתְךָ בְשָׂפֶק
19 וְרָב־כֹּפֶר אַל־יַטֶּךָּ׃ הֲיַעֲרֹךְ שׁוּעֲךָ לֹא בְצָר
כ וְכֹל מַאֲמַצֵּי־כֹחַ׃ אַל־תִּשְׁאַף הַלָּיְלָה
21 לַעֲלוֹת עַמִּים תַּחְתָּם׃ הִשָּׁמֶר אַל־תֵּפֶן אֶל־אָוֶן
22 כִּי עַל־זֶה בָּחַרְתָּ מֵעֹנִי׃ הֶן־אֵל יַשְׂגִּיב בְּכֹחוֹ
23 מִי כָמֹהוּ מוֹרֶה׃ מִֽי־פָקַד עָלָיו דַּרְכּוֹ

ומי־אמר

24 וּמִֽי־אָ֭מַר פָּעַ֣לְתָּ עַוְלָֽה׃ זְכֹר כִּֽי־תַשְׂגִּ֣יא פָעֳל֑וֹ
כה אֲשֶׁ֖ר שֹֽׁרְר֣וּ אֲנָשִֽׁים׃ כָּל־אָדָ֥ם חָֽזוּ־ב֑וֹ
26 אֱ֝נ֗וֹשׁ יַבִּ֥יט מֵרָחֽוֹק׃ הֶן־אֵ֣ל שַׂ֭גִּיא וְלֹ֣א נֵדָ֑ע
27 מִסְפַּ֖ר שָׁנָ֣יו וְלֹא־חֵֽקֶר׃ כִּ֭י יְגָרַ֣ע נִטְפֵי־מָ֑יִם
28 יָזֹ֖קּוּ מָטָ֣ר לְאֵדֽוֹ׃ אֲשֶֽׁר־יִזְּל֥וּ שְׁחָקִ֑ים
29 יִ֝רְעֲפ֗וּ עֲלֵ֤י ׀ אָדָ֬ם רָֽב׃ אַ֣ף אִם־יָ֭בִין מִפְרְשֵׂי־עָ֑ב
ל תְּ֝שֻׁא֗וֹת סֻכָּתֽוֹ׃ הֵן־פָּרַ֣שׂ עָלָ֣יו אוֹר֑וֹ
31 וְשָׁרְשֵׁ֖י הַיָּ֣ם כִּסָּֽה׃ כִּי־בָ֭ם יָדִ֣ין עַמִּ֑ים
32 יִֽתֶּן־אֹ֥כֶל לְמַכְבִּֽיר׃ עַל־כַּפַּ֥יִם כִּסָּה־א֑וֹר
33 וַיְצַ֖ו עָלֶ֣יהָ בְמַפְגִּֽיעַ׃ יַגִּ֣יד עָלָ֣יו רֵע֑וֹ
מִ֝קְנֶ֗ה אַ֣ף עַל־עוֹלֶֽה׃°

לז CAP. XXXVII. לז

א אַף־לְ֭זֹאת יֶחֱרַ֣ד לִבִּ֑י וְ֝יִתַּ֗ר מִמְּקוֹמֽוֹ׃
2 שִׁמְע֤וּ שָׁמ֣וֹעַ בְּרֹ֣גֶז קֹל֑וֹ וְ֝הֶ֗גֶה מִפִּ֥יו יֵצֵֽא׃
3 תַּֽחַת־כָּל־הַשָּׁמַ֥יִם יִשְׁרֵ֑הוּ וְ֝אוֹר֗וֹ עַל־כַּנְפ֥וֹת הָאָֽרֶץ׃
4 אַחֲרָ֤יו ׀ יִשְׁאַג־ק֗וֹל יַ֭רְעֵם בְּק֣וֹל גְּאוֹנ֑וֹ
ה וְלֹ֥א יְ֝עַקְּבֵ֗ם כִּֽי־יִשָּׁמַ֥ע קוֹלֽוֹ׃ יַרְעֵ֤ם אֵ֣ל בְּ֭קוֹלוֹ נִפְלָא֑וֹת
6 עֹשֶׂ֥ה גְ֝דֹל֗וֹת וְלֹ֣א נֵדָֽע׃ כִּ֤י לַשֶּׁ֨לֶג ׀ יֹאמַ֗ר הֱוֵ֫א אָ֥רֶץ
וְגֶ֥שֶׁם מָטָ֑ר וְ֝גֶ֗שֶׁם מִטְר֥וֹת עֻזּֽוֹ׃
7 בְּֽיַד־כָּל־אָדָ֥ם יַחְתּ֑וֹם לָ֝דַ֗עַת כָּל־אַנְשֵׁ֥י מַעֲשֵֽׂהוּ׃
8 וַתָּב֣וֹא חַיָּ֣ה בְמוֹ־אָ֑רֶב וּבִמְעוֹנֹתֶ֥יהָ תִשְׁכֹּֽן׃
9 מִן־הַ֭חֶדֶר תָּב֣וֹא סוּפָ֑ה וּֽמִמְּזָרִ֥ים קָרָֽה׃
י מִנִּשְׁמַת־אֵ֥ל יִתֶּן־קָ֑רַח וְרֹ֖חַב מַ֣יִם בְּמוּצָֽק׃
11 אַף־בְּ֭רִי יַטְרִ֣יחַ עָ֑ב יָ֝פִ֗יץ עֲנַ֣ן אוֹרֽוֹ׃
12 וְה֤וּא מְסִבּ֨וֹת ׀ מִתְהַפֵּ֣ךְ בְּתַחְבּוּלֹתָ֣ו לְפָעֳלָ֑ם כֹּ֥ל אֲשֶׁ֥ר יְ֝צַוֵּ֗ם
13 עַל־פְּנֵ֖י תֵבֵ֣ל אָֽרְצָה׃ אִם־לְשֵׁ֥בֶט אִם־לְאַרְצ֑וֹ
14 אִם־לְ֝חֶ֗סֶד יַמְצִאֵֽהוּ׃ הַאֲזִ֣ינָה זֹּ֣את אִיּ֑וֹב

עמד

ל״ו v. 33. אין כאן פסקא   ל״ז v. 12. בתחבולתיו ק׳

עֲמֹד וְהִתְבּוֹנֵן ׀ נִפְלְאוֹת אֵל׃ הֲתֵדַע בְּשׂוּם־אֱלוֹהַּ עֲלֵיהֶם טו
וְהוֹפִיעַ אוֹר עֲנָנוֹ׃ הֲתֵדַע עַל־מִפְלְשֵׂי־עָב 16
מִפְלְאוֹת תְּמִים דֵּעִים׃ אֲשֶׁר־בְּגָדֶיךָ חַמִּים 17
בְּהַשְׁקִט אֶרֶץ מִדָּרוֹם׃ תַּרְקִיעַ עִמּוֹ לִשְׁחָקִים 18
חֲזָקִים כִּרְאִי מוּצָק׃ הוֹדִיעֵנוּ מַה־נֹּאמַר לוֹ 19
לֹא־נַעֲרֹךְ מִפְּנֵי־חֹשֶׁךְ׃ הַיְסֻפַּר־לוֹ כִּי אֲדַבֵּר כ
אִם־אָמַר אִישׁ כִּי יְבֻלָּע׃ וְעַתָּה ׀ לֹא רָאוּ אוֹר 21
בָּהִיר הוּא בַּשְּׁחָקִים וְרוּחַ עָבְרָה וַתְּטַהֲרֵם׃
מִצָּפוֹן זָהָב יֶאֱתֶה עַל־אֱלוֹהַּ נוֹרָא הוֹד׃ 22
שַׁדַּי לֹא־מְצָאנֻהוּ שַׂגִּיא־כֹחַ וּמִשְׁפָּט וְרֹב־צְדָקָה לֹא יְעַנֶּה׃ 23
לָכֵן יְרֵאוּהוּ אֲנָשִׁים לֹא־יִרְאֶה כָּל־חַכְמֵי־לֵב׃ 24

לח Cap. XXXVIII. לח

וַיַּעַן־יְהוָה אֶת־אִיּוֹב מִנְ ׀ הַסְּעָרָה וַיֹּאמַר׃ א
מִי זֶה ׀ מַחְשִׁיךְ עֵצָה בְמִלִּין בְּלִי־דָעַת׃ 2
אֱזָר־נָא כְגֶבֶר חֲלָצֶיךָ וְאֶשְׁאָלְךָ וְהוֹדִיעֵנִי׃ 3
אֵיפֹה הָיִיתָ בְּיָסְדִי־אָרֶץ הַגֵּד אִם־יָדַעְתָּ בִינָה׃ 4
מִי־שָׂם מְמַדֶּיהָ כִּי תֵדָע אוֹ מִי־נָטָה עָלֶיהָ קָּו׃ ה
עַל־מָה אֲדָנֶיהָ הָטְבָּעוּ אוֹ מִי־יָרָה אֶבֶן פִּנָּתָהּ׃ 6
בְּרָן־יַחַד כּוֹכְבֵי בֹקֶר וַיָּרִיעוּ כָּל־בְּנֵי אֱלֹהִים׃ 7
וַיָּסֶךְ בִּדְלָתַיִם יָם בְּגִיחוֹ מֵרֶחֶם יֵצֵא׃ 8
בְּשׂוּמִי עָנָן לְבֻשׁוֹ וַעֲרָפֶל חֲתֻלָּתוֹ׃ 9
וָאֶשְׁבֹּר עָלָיו חֻקִּי וָאָשִׂים בְּרִיחַ וּדְלָתָיִם׃ י
וָאֹמַר עַד־פֹּה תָבוֹא וְלֹא תֹסִיף 11
וּפֹא־יָשִׁית בִּגְאוֹן גַּלֶּיךָ׃ הֲמִיָּמֶיךָ צִוִּיתָ בֹּקֶר 12
יִדַּעְתָּה שַׁחַר מְקֹמוֹ׃ לֶאֱחֹז בְּכַנְפוֹת הָאָרֶץ 13
וְיִנָּעֲרוּ רְשָׁעִים מִמֶּנָּה׃ תִּתְהַפֵּךְ כְּחֹמֶר חוֹתָם 14
וְיִתְיַצְּבוּ כְּמוֹ לְבוּשׁ׃ וְיִמָּנַע מֵרְשָׁעִים אוֹרָם טו

וזרוע

ל״ח v. 1. מן ק׳ v. 12. ידעת השחר ק׳ v. 13, 15. ע׳ תלויה

16 וּזְרוֹעַ רָמָה תִּשָּׁבֵר׃ הֲבָאתָ עַד־נִבְכֵי־יָם
17 וּבְחֵקֶר תְּהוֹם הִתְהַלָּכְתָּ׃ הֲנִגְלוּ לְךָ שַׁעֲרֵי־מָוֶת
18 וְשַׁעֲרֵי צַלְמָוֶת תִּרְאֶה׃ הִתְבֹּנַנְתָּ עַד־רַחֲבֵי־אָרֶץ
19 הַגֵּד אִם־יָדַעְתָּ כֻלָּהּ׃ אֵי־זֶה הַדֶּרֶךְ יִשְׁכָּן־אוֹר
כ וְחֹשֶׁךְ אֵי־זֶה מְקֹמוֹ׃ כִּי תִקָּחֶנּוּ אֶל־גְּבוּלוֹ
21 וְכִי תָבִין נְתִיבוֹת בֵּיתוֹ׃ יָדַעְתָּ כִּי־אָז תִּוָּלֵד
22 וּמִסְפַּר יָמֶיךָ רַבִּים׃ הֲבָאתָ אֶל־אֹצְרוֹת שָׁלֶג
23 וְאוֹצְרוֹת בָּרָד תִּרְאֶה׃ אֲשֶׁר־חָשַׂכְתִּי לְעֶת־צָר
24 לְיוֹם קְרָב וּמִלְחָמָה׃ אֵי־זֶה הַדֶּרֶךְ יֵחָלֶק אוֹר
כה יָפֵץ קָדִים עֲלֵי־אָרֶץ׃ מִי־פִלַּג לַשֶּׁטֶף תְּעָלָה
26 וְדֶרֶךְ לַחֲזִיז קֹלוֹת׃ לְהַמְטִיר עַל־אֶרֶץ לֹא־אִישׁ
27 מִדְבָּר לֹא־אָדָם בּוֹ׃ לְהַשְׂבִּיעַ שֹׁאָה וּמְשֹׁאָה
28 וּלְהַצְמִיחַ מֹצָא דֶשֶׁא׃ הֲיֵשׁ־לַמָּטָר אָב
29 אוֹ מִי־הוֹלִיד אֶגְלֵי־טָל׃ מִבֶּטֶן מִי יָצָא הַקָּרַח
ל וּכְפֹר שָׁמַיִם מִי יְלָדוֹ׃ כָּאֶבֶן מַיִם יִתְחַבָּאוּ
31 וּפְנֵי תְהוֹם יִתְלַכָּדוּ׃ הַתְקַשֵּׁר מַעֲדַנּוֹת כִּימָה
32 אוֹ־מֹשְׁכוֹת כְּסִיל תְּפַתֵּחַ׃ הֲתֹצִיא מַזָּרוֹת בְּעִתּוֹ
33 וְעַיִשׁ עַל־בָּנֶיהָ תַנְחֵם׃ הֲיָדַעְתָּ חֻקּוֹת שָׁמָיִם
34 אִם־תָּשִׂים מִשְׁטָרוֹ בָאָרֶץ׃ הֲתָרִים לָעָב קוֹלֶךָ
לה וְשִׁפְעַת־מַיִם תְּכַסֶּךָּ׃ הַתְשַׁלַּח בְּרָקִים וְיֵלֵכוּ
36 וְיֹאמְרוּ לְךָ הִנֵּנוּ׃ מִי־שָׁת בַּטֻּחוֹת חָכְמָה
37 אוֹ מִי־נָתַן לַשֶּׂכְוִי בִינָה׃ מִי־יְסַפֵּר שְׁחָקִים בְּחָכְמָה
38 וְנִבְלֵי שָׁמַיִם מִי יַשְׁכִּיב׃ בְּצֶקֶת עָפָר לַמּוּצָק
39 וּרְגָבִים יְדֻבָּקוּ׃ הֲתָצוּד לְלָבִיא טָרֶף
מ וְחַיַּת כְּפִירִים תְּמַלֵּא׃ כִּי־יָשֹׁחוּ בַמְּעוֹנוֹת
41 יֵשְׁבוּ בַסֻּכָּה לְמוֹ־אָרֶב׃ מִי יָכִין לָעֹרֵב צֵידוֹ
כִּי־יְלָדָו אֶל־אֵל יְשַׁוֵּעוּ יִתְעוּ לִבְלִי־אֹכֶל׃

הידעת

ל״ח v. 41. ילדיו ק׳ ibid. אין כאן פסקא

לט

Cap. XXXIX. לט

א הֲיָדַעְתָּ עֵת לֶדֶת יַעֲלֵי־סָלַע חֹלֵל אַיָּלוֹת תִּשְׁמֹר׃
2 תִּסְפֹּר יְרָחִים תְּמַלֶּאנָה וְיָדַעְתָּ עֵת לִדְתָּנָה׃
3 תִּכְרַעְנָה יַלְדֵיהֶן תְּפַלַּחְנָה חֶבְלֵיהֶם תְּשַׁלַּחְנָה׃
4 יַחְלְמוּ בְנֵיהֶם יִרְבּוּ בַבָּר יָצְאוּ וְלֹא־שָׁבוּ לָמוֹ׃
ה מִי־שִׁלַּח פֶּרֶא חָפְשִׁי וּמֹסְרוֹת עָרוֹד מִי פִתֵּחַ׃
6 אֲשֶׁר־שַׂמְתִּי עֲרָבָה בֵיתוֹ וּמִשְׁכְּנוֹתָיו מְלֵחָה׃
7 יִשְׂחַק לַהֲמוֹן קִרְיָה תְּשֻׁאוֹת נֹגֵשׂ לֹא יִשְׁמָע׃
8 יְתוּר הָרִים מִרְעֵהוּ וְאַחַר כָּל־יָרוֹק יִדְרוֹשׁ׃
9 הֲיֹאבֶה רֵים עָבְדֶךָ אִם־יָלִין עַל־אֲבוּסֶךָ׃
י הֲתִקְשָׁר־רֵים בְּתֶלֶם עֲבֹתוֹ אִם־יְשַׂדֵּד עֲמָקִים אַחֲרֶיךָ׃
11 הֲתִבְטַח־בּוֹ כִּי־רַב כֹּחוֹ וְתַעֲזֹב אֵלָיו יְגִיעֶךָ׃
12 הֲתַאֲמִין בּוֹ כִּי־יָשִׁוב זַרְעֶךָ וְגָרְנְךָ יֶאֱסֹף׃
13 כְּנַף־רְנָנִים נֶעֱלָסָה אִם־אֶבְרָה חֲסִידָה וְנֹצָה׃
14 כִּי־תַעֲזֹב לָאָרֶץ בֵּצֶיהָ וְעַל־עָפָר תְּחַמֵּם׃
טו וַתִּשְׁכַּח כִּי־רֶגֶל תְּזוּרֶהָ וְחַיַּת הַשָּׂדֶה תְּדוּשֶׁהָ׃
16 הִקְשִׁיחַ בָּנֶיהָ לְּלֹא־לָהּ לְרִיק יְגִיעָהּ בְּלִי־פָחַד׃
17 כִּי־הִשָּׁהּ אֱלוֹהַּ חָכְמָה וְלֹא־חָלַק לָהּ בַּבִּינָה׃
18 כָּעֵת בַּמָּרוֹם תַּמְרִיא תִּשְׂחַק לַסּוּס וּלְרֹכְבוֹ׃
19 הֲתִתֵּן לַסּוּס גְּבוּרָה הֲתַלְבִּישׁ צַוָּארוֹ רַעְמָה׃
כ הֲתַרְעִישֶׁנּוּ כָּאַרְבֶּה הוֹד נַחְרוֹ אֵימָה׃
21 יַחְפְּרוּ בָעֵמֶק וְיָשִׂישׂ בְּכֹחַ יֵצֵא לִקְרַאת־נָשֶׁק׃
22 יִשְׂחַק לְפַחַד וְלֹא יֵחָת וְלֹא־יָשׁוּב מִפְּנֵי־חָרֶב׃
23 עָלָיו תִּרְנֶה אַשְׁפָּה לַהַב חֲנִית וְכִידוֹן׃
24 בְּרַעַשׁ וְרֹגֶז יְגַמֶּא־אָרֶץ וְלֹא־יַאֲמִין כִּי־קוֹל שׁוֹפָר׃
כה בְּדֵי שֹׁפָר ׀ יֹאמַר הֶאָח וּמֵרָחוֹק יָרִיחַ מִלְחָמָה
26 רַעַם שָׂרִים וּתְרוּעָה׃ הֲמִבִּינָתְךָ יַאֲבֶר־נֵץ

יפרש

v. 12. ישיב ק׳

27 יִפְרֹשׂ כְּנָפָו לְתֵימָן׃ אִם־עַל־פִּיךָ יַגְבִּיהַּ נָשֶׁר
28 וְכִי יָרִים קִנּוֹ׃ סֶלַע יִשְׁכֹּן וְיִתְלֹנָן
29 עַל־שֶׁן־סֶלַע וּמְצוּדָה׃ מִשָּׁם חָפַר־אֹכֶל
ל לְמֵרָחוֹק עֵינָיו יַבִּיטוּ׃ וְאֶפְרֹחָו יְעַלְעוּ־דָם
וּבַאֲשֶׁר חֲלָלִים שָׁם הוּא׃

מ CAP. XL. מ

א וַיַּעַן יְהוָה אֶת־אִיּוֹב וַיֹּאמַר׃
2 הֲרֹב עִם־שַׁדַּי יִסּוֹר מוֹכִיחַ אֱלוֹהַּ יַעֲנֶנָּה׃
3 וַיַּעַן אִיּוֹב אֶת־יְהוָה וַיֹּאמַר׃
4 הֵן קַלֹּתִי מָה אֲשִׁיבֶךָּ יָדִי שַׂמְתִּי לְמוֹ־פִי׃
ה אַחַת דִּבַּרְתִּי וְלֹא אֶעֱנֶה וּשְׁתַּיִם וְלֹא אוֹסִיף׃
6 וַיַּעַן־יְהוָה אֶת־אִיּוֹב מִנ ׀ סְעָרָה וַיֹּאמַר׃
7 אֱזָר־נָא כְגֶבֶר חֲלָצֶיךָ אֶשְׁאָלְךָ וְהוֹדִיעֵנִי׃
8 הַאַף תָּפֵר מִשְׁפָּטִי תַּרְשִׁיעֵנִי לְמַעַן תִּצְדָּק׃
9 וְאִם־זְרוֹעַ כָּאֵל ׀ לָךְ וּבְקוֹל כָּמֹהוּ תַרְעֵם׃
י עֲדֵה־נָא גָאוֹן וָגֹבַהּ וְהוֹד וְהָדָר תִּלְבָּשׁ׃
11 הָפֵץ עֶבְרוֹת אַפֶּךָ וּרְאֵה כָל־גֵּאֶה וְהַשְׁפִּילֵהוּ׃
12 רְאֵה כָל־גֵּאֶה הַכְנִיעֵהוּ וַהֲדֹךְ רְשָׁעִים תַּחְתָּם׃
13 טָמְנֵם בֶּעָפָר יָחַד פְּנֵיהֶם חֲבֹשׁ בַּטָּמוּן׃
14 וְגַם־אֲנִי אוֹדֶךָּ כִּי־תוֹשִׁעַ לְךָ יְמִינֶךָ׃
טו הִנֵּה־נָא בְהֵמוֹת אֲשֶׁר־עָשִׂיתִי עִמָּךְ חָצִיר כַּבָּקָר יֹאכֵל׃
16 הִנֵּה־נָא כֹחוֹ בְמָתְנָיו וְאֹנוֹ בִּשְׁרִירֵי בִטְנוֹ׃
17 יַחְפֹּץ זְנָבוֹ כְמוֹ־אָרֶז גִּידֵי פַחֲדָו יְשֹׂרָגוּ׃
18 עֲצָמָיו אֲפִיקֵי נְחוּשָׁה גְּרָמָיו כִּמְטִיל בַּרְזֶל׃
19 הוּא רֵאשִׁית דַּרְכֵי־אֵל הָעֹשׂוֹ יַגֵּשׁ חַרְבּוֹ׃
כ כִּי־בוּל הָרִים יִשְׂאוּ־לוֹ וְכָל־חַיַּת הַשָּׂדֶה יְשַׂחֲקוּ־שָׁם׃
21 תַּחַת־צֶאֱלִים יִשְׁכָּב בְּסֵתֶר קָנֶה וּבִצָּה׃

יסכהו

ל״ט v. 26. כנפיו ק׳ v. 30. ואפרחיו ק׳ מ׳ v. 6. מן ק׳ v. 17. פחדיו ק׳

22 יְסֻכֻּהוּ צֶאֱלִים צִלֲלוֹ יְסֻבּוּהוּ עַרְבֵי־נָחַל׃
23 הֵן יַעֲשֹׁק נָהָר לֹא יַחְפּוֹז יִבְטַח ׀ כִּי־יָגִיחַ יַרְדֵּן אֶל־פִּיהוּ׃
24 בְּעֵינָיו יִקָּחֶנּוּ בְּמוֹקְשִׁים יִנְקָב־אָף׃
כה תִּמְשֹׁךְ לִוְיָתָן בְּחַכָּה וּבְחֶבֶל תַּשְׁקִיעַ לְשֹׁנוֹ׃
26 הֲתָשִׂים אַגְמֹן בְּאַפּוֹ וּבְחוֹחַ תִּקֹּב לֶחֱיוֹ׃
27 הֲיַרְבֶּה אֵלֶיךָ תַּחֲנוּנִים אִם־יְדַבֵּר אֵלֶיךָ רַכּוֹת׃
28 הֲיִכְרֹת בְּרִית עִמָּךְ תִּקָּחֶנּוּ לְעֶבֶד עוֹלָם׃
29 הַתְשַׂחֶק־בּוֹ כַּצִּפּוֹר וְתִקְשְׁרֶנּוּ לְנַעֲרוֹתֶיךָ׃
ל יִכְרוּ עָלָיו חַבָּרִים יֶחֱצוּהוּ בֵּין כְּנַעֲנִים׃
31 הַתְמַלֵּא בְשֻׂכּוֹת עוֹרוֹ וּבְצִלְצַל דָּגִים רֹאשׁוֹ׃
32 שִׂים־עָלָיו כַּפֶּךָ זְכֹר מִלְחָמָה אַל־תּוֹסַף׃°

מא

Cap. XLI. מא

א הֵן־תֹּחַלְתּוֹ נִכְזָבָה הֲגַם אֶל־מַרְאָיו יֻטָל׃
2 לֹא־אַכְזָר כִּי יְעוּרֶנּוּ וּמִי הוּא לְפָנַי יִתְיַצָּב׃
3 מִי הִקְדִּימַנִי וַאֲשַׁלֵּם תַּחַת כָּל־הַשָּׁמַיִם לִי־הוּא׃
4 °לֹא־אַחֲרִישׁ בַּדָּיו וּדְבַר־גְּבוּרוֹת וְחִין עֶרְכּוֹ׃
ה מִי־גִלָּה פְּנֵי לְבוּשׁוֹ בְּכֶפֶל רִסְנוֹ מִי יָבוֹא׃
6 דַּלְתֵי פָנָיו מִי פִתֵּחַ סְבִיבוֹת שִׁנָּיו אֵימָה׃
7 גַּאֲוָה אֲפִיקֵי מָגִנִּים סָגוּר חוֹתָם צָר׃
8 אֶחָד בְּאֶחָד יִגַּשׁוּ וְרוּחַ לֹא־יָבֹא בֵינֵיהֶם׃
9 אִישׁ־בְּאָחִיהוּ יְדֻבָּקוּ יִתְלַכְּדוּ וְלֹא יִתְפָּרָדוּ׃
י עֲטִישֹׁתָיו תָּהֶל אוֹר וְעֵינָיו כְּעַפְעַפֵּי־שָׁחַר׃
11 מִפִּיו לַפִּידִים יַהֲלֹכוּ כִּידוֹדֵי אֵשׁ יִתְמַלָּטוּ׃
12 מִנְּחִירָיו יֵצֵא עָשָׁן כְּדוּד נָפוּחַ וְאַגְמֹן׃
13 נַפְשׁוֹ גֶּחָלִים תְּלַהֵט וְלַהַב מִפִּיו יֵצֵא׃
14 בְּצַוָּארוֹ יָלִין עֹז וּלְפָנָיו תָּדוּץ דְּאָבָה׃
טו מַפְּלֵי בְשָׂרוֹ דָבֵקוּ יָצוּק עָלָיו בַּל־יִמּוֹט׃

לבו

מ׳ v. 32. אין כאן פסקא   מ״א v. 4. לו ק׳

16 לִבּוֹ יָצ֣וּק כְּמוֹ־אָ֑בֶן וְ֝יָצ֗וּק כְּפֶ֣לַח תַּחְתִּֽית׃
17 מִ֭שֵּׂתוֹ יָג֣וּרוּ אֵלִ֑ים מִ֝שְּׁבָרִ֗ים יִתְחַטָּֽאוּ׃
18 מַשִּׂיגֵ֣הוּ חֶ֭רֶב בְּלִ֣י תָק֑וּם חֲנִ֖ית מַסָּ֣ע וְשִׁרְיָֽה׃
19 יַחְשֹׁ֣ב לְתֶ֣בֶן בַּרְזֶ֑ל לְעֵ֖ץ רִקָּב֣וֹן נְחוּשָֽׁה׃
כ לֹֽא־יַבְרִיחֶ֥נּוּ בֶן־קָ֑שֶׁת לְ֝קַ֗שׁ נֶהְפְּכוּ־ל֥וֹ אַבְנֵי־קָֽלַע׃
21 כְּ֭קַשׁ נֶחְשְׁב֣וּ תוֹתָ֑ח וְ֝יִשְׂחַ֗ק לְרַ֣עַשׁ כִּידֽוֹן׃
22 תַּ֭חְתָּיו חַדּ֣וּדֵי חָ֑רֶשׂ יִרְפַּ֖ד חָר֣וּץ עֲלֵי־טִֽיט׃
23 יַרְתִּ֣יחַ כַּסִּ֣יר מְצוּלָ֑ה יָ֝֗ם יָשִׂ֥ים כַּמֶּרְקָחָֽה׃
24 אַ֭חֲרָיו יָאִ֣יר נָתִ֑יב יַחְשֹׁ֖ב תְּה֣וֹם לְשֵׂיבָֽה׃
כה אֵֽין־עַל־עָפָ֥ר מָשְׁל֑וֹ הֶ֝עָשׂ֗וּ לִבְלִי־חָֽת׃
26 אֵֽת־כָּל־גָּבֹ֥הַּ יִרְאֶ֑ה ה֝֗וּא מֶ֣לֶךְ עַל־כָּל־בְּנֵי־שָֽׁחַץ׃

מב Cap. XLII. מב

א וַיַּ֖עַן אִיּ֥וֹב אֶת־יְהוָ֗ה וַיֹּאמַֽר׃
2 יָ֭דַעְתָּ כִּי־כֹ֣ל תּוּכָ֑ל וְלֹֽא־יִבָּצֵ֖ר מִמְּךָ֣ מְזִמָּֽה׃
3 מִ֤י זֶ֨ה ׀ מַעְלִ֥ים עֵצָ֗ה בְּֽלִ֫י דָ֥עַת לָכֵ֣ן הִ֭גַּדְתִּי וְלֹ֣א אָבִ֑ין
4 נִפְלָא֥וֹת מִ֝מֶּ֗נִּי וְלֹ֣א אֵדָֽע׃ שְֽׁמַֽע־נָ֭א וְאָנֹכִ֣י אֲדַבֵּ֑ר
ה אֶ֝שְׁאָלְךָ֗ וְהוֹדִיעֵֽנִי׃ לְשֵֽׁמַע־אֹ֥זֶן שְׁמַעְתִּ֑יךָ
6 וְ֝עַתָּ֗ה עֵינִ֥י רָאָֽתְךָ׃ עַל־כֵּ֭ן אֶמְאַ֣ס וְנִחַ֑מְתִּי
עַל־עָפָ֥ר וָאֵֽפֶר׃
7 וַיְהִ֗י אַחַ֨ר דִּבֶּ֧ר יְהוָ֛ה אֶת־הַדְּבָרִ֥ים הָאֵ֖לֶּה אֶל־אִיּ֑וֹב וַיֹּ֨אמֶר
יְהוָ֜ה אֶל־אֱלִיפַ֣ז הַתֵּֽימָנִ֗י חָרָ֨ה אַפִּ֤י בְךָ֙ וּבִשְׁנֵ֣י רֵעֶ֔יךָ כִּ֠י לֹ֣א
8 דִבַּרְתֶּ֥ם אֵלַ֛י נְכוֹנָ֖ה כְּעַבְדִּ֥י אִיּֽוֹב׃ וְעַתָּ֡ה קְחֽוּ־לָכֶ֣ם שִׁבְעָֽה־
פָרִים֩ וְשִׁבְעָ֨ה אֵילִ֜ים וּלְכ֣וּ ׀ אֶל־עַבְדִּ֣י אִיּ֗וֹב וְהַעֲלִיתֶ֤ם עוֹלָה֙
בַּֽעַדְכֶ֔ם וְאִיּ֣וֹב עַבְדִּ֔י יִתְפַּלֵּ֖ל עֲלֵיכֶ֑ם כִּ֧י אִם־פָּנָ֣יו אֶשָּׂ֗א
לְבִלְתִּ֨י עֲשׂ֤וֹת עִמָּכֶם֙ נְבָלָ֔ה כִּ֠י לֹ֣א דִבַּרְתֶּ֥ם אֵלַ֛י נְכוֹנָ֖ה
9 כְּעַבְדִּ֥י אִיּֽוֹב׃ וַיֵּלְכוּ֩ אֱלִיפַ֨ז הַתֵּימָנִ֜י וּבִלְדַּ֣ד הַשּׁוּחִ֗י צֹפַר֙
הַנַּ֣עֲמָתִ֔י וַיַּעֲשׂ֕וּ כַּאֲשֶׁ֛ר דִּבֶּ֥ר אֲלֵיהֶ֖ם יְהוָ֑ה וַיִּשָּׂ֥א יְהוָ֖ה אֶת־פְּנֵ֥י

מ״ב v. 2. ידעתי ק׳

י אִיּ֑וֹב׃ וַֽיהוָ֗ה שָׁ֚ב אֶת־שְׁבִ֣ית אִיּ֔וֹב בְּהִֽתְפַּֽלְל֖וֹ בְּעַ֣ד רֵעֵ֑הוּ
וַיֹּ֧סֶף יְהוָ֛ה אֶת־כָּל־אֲשֶׁ֥ר לְאִיּ֖וֹב לְמִשְׁנֶֽה׃ וַיָּבֹ֣אוּ אֵ֠לָיו כָּל־ 11
אֶחָ֨יו וְכָל־אַחְיֹתָ֜יו וְֽכָל־יֹדְעָ֣יו לְפָנִ֗ים וַיֹּ֨אכְל֤וּ עִמּוֹ֙ לֶ֙חֶם֙
בְּבֵית֔וֹ וַיָּנֻ֤דוּ לוֹ֙ וַיְנַחֲמ֣וּ אֹת֔וֹ עַ֚ל כָּל־הָ֣רָעָ֔ה אֲשֶׁר־הֵבִ֥יא יְהוָ֖ה
עָלָ֑יו וַיִּתְּנוּ־ל֗וֹ אִ֚ישׁ קְשִׂיטָ֣ה אֶחָ֔ת וְאִ֕ישׁ נֶ֥זֶם זָהָ֖ב אֶחָֽד׃ וַֽיהוָ֗ה 12
בֵּרַ֛ךְ אֶת־אַחֲרִ֥ית אִיּ֖וֹב מֵרֵאשִׁת֑וֹ וַֽיְהִי־ל֡וֹ אַרְבָּעָה֩ עָשָׂ֨ר אֶ֜לֶף
צֹ֗אן וְשֵׁ֨שֶׁת אֲלָפִ֤ים גְּמַלִּים֙ וְאֶֽלֶף־צֶ֣מֶד בָּקָ֔ר וְאֶ֖לֶף אֲתוֹנֽוֹת׃
וַֽיְהִי־ל֛וֹ שִׁבְעָ֥נָה בָנִ֖ים וְשָׁל֥וֹשׁ בָּנֽוֹת׃ וַיִּקְרָ֤א שֵׁם־הָֽאַחַת֙ 13 14
יְמִימָ֔ה וְשֵׁ֥ם הַשֵּׁנִ֖ית קְצִיעָ֑ה וְשֵׁ֥ם הַשְּׁלִישִׁ֖ית קֶ֥רֶן הַפּֽוּךְ׃ וְלֹ֨א טו
נִמְצָ֜א נָשִׁ֥ים יָפ֛וֹת כִּבְנ֥וֹת אִיּ֖וֹב בְּכָל־הָאָ֑רֶץ וַיִּתֵּ֨ן לָהֶ֧ם אֲבִיהֶ֛ם
נַחֲלָ֖ה בְּת֥וֹךְ אֲחֵיהֶֽם׃ וַיְחִ֤י אִיּוֹב֙ אַחֲרֵי־זֹ֔את מֵאָ֥ה 16
וְאַרְבָּעִ֖ים שָׁנָ֑ה וַיַּרְא֙ אֶת־בָּנָ֔יו וְאֶת־בְּנֵ֣י בָנָ֔יו אַרְבָּעָ֖ה דֹּרֽוֹת׃
וַיָּ֣מָת אִיּ֔וֹב זָקֵ֖ן וּשְׂבַ֥ע יָמִֽים׃ 17

מ״ב v. 10. שבות ק׳ v. 16. ויראה ק׳

חזק

סכום פסוקי איוב אלף ושבעים. וסימנו וגליתי להם **עתרת** שלום ואמת. וחציו אשר קמטו ולא עת. וסדריו שמונה. וסימנו **אהב** ה׳ שערי ציון:

שיר השירים

CANTICUM CANTICORUM

CAPUT I. א

א

א 2 שִׁיר הַשִּׁירִים אֲשֶׁר לִשְׁלֹמֹה׃ יִשָּׁקֵנִי מִנְּשִׁיקוֹת פִּיהוּ כִּֽי־
3 טוֹבִים דֹּדֶיךָ מִיָּיִן׃ לְרֵיחַ שְׁמָנֶיךָ טוֹבִים שֶׁמֶן תּוּרַק שְׁמֶךָ
4 עַל־כֵּן עֲלָמוֹת אֲהֵבוּךָ׃ מָשְׁכֵנִי אַחֲרֶיךָ נָּרוּצָה הֱבִיאַנִי
הַמֶּלֶךְ חֲדָרָיו נָגִילָה וְנִשְׂמְחָה בָּךְ נַזְכִּירָה דֹדֶיךָ מִיַּיִן מֵישָׁרִים
ה אֲהֵבוּךָ׃ שְׁחוֹרָה אֲנִי וְנָאוָה בְּנוֹת יְרוּשָׁלָ͏ִם כְּאָהֳלֵי קֵדָר
6 כִּירִיעוֹת שְׁלֹמֹה׃ אַל־תִּרְאוּנִי שֶׁאֲנִי שְׁחַרְחֹרֶת שֶׁשְּׁזָפַתְנִי
הַשָּׁמֶשׁ בְּנֵי אִמִּי נִחֲרוּ־בִי שָׂמֻנִי נֹטֵרָה אֶת־הַכְּרָמִים כַּרְמִי
7 שֶׁלִּי לֹא נָטָרְתִּי׃ הַגִּידָה לִּי שֶׁאָהֲבָה נַפְשִׁי אֵיכָה תִרְעֶה אֵיכָה
תַּרְבִּיץ בַּצָּהֳרָיִם שַׁלָּמָה אֶהְיֶה כְּעֹטְיָה עַל עֶדְרֵי חֲבֵרֶיךָ׃
8 אִם־לֹא תֵדְעִי לָךְ הַיָּפָה בַּנָּשִׁים צְאִי־לָךְ בְּעִקְבֵי הַצֹּאן
וּרְעִי אֶת־גְּדִיֹּתַיִךְ עַל מִשְׁכְּנוֹת הָרֹעִים׃
9 לְסֻסָתִי בְּרִכְבֵי פַרְעֹה דִּמִּיתִיךְ רַעְיָתִי׃ נָאווּ לְחָיַיִךְ בַּתֹּרִים
11 צַוָּארֵךְ בַּחֲרוּזִים׃ תּוֹרֵי זָהָב נַעֲשֶׂה־לָּךְ עִם נְקֻדּוֹת הַכָּסֶף׃
12 13 עַד־שֶׁהַמֶּלֶךְ בִּמְסִבּוֹ נִרְדִּי נָתַן רֵיחוֹ׃ צְרוֹר הַמֹּר | דּוֹדִי
14 לִי בֵּין שָׁדַי יָלִין׃ אֶשְׁכֹּל הַכֹּפֶר | דּוֹדִי לִי בְּכַרְמֵי עֵין
15 16 גֶּדִי׃ הִנָּךְ יָפָה רַעְיָתִי הִנָּךְ יָפָה עֵינַיִךְ יוֹנִים׃ הִנְּךָ יָפֶה
17 דוֹדִי אַף נָעִים אַף־עַרְשֵׂנוּ רַעֲנָנָה׃ קֹרוֹת בָּתֵּינוּ אֲרָזִים
רַהִיטֵנוּ בְּרוֹתִים׃ °

CAP. II. ב

ב

א 2 אֲנִי חֲבַצֶּלֶת הַשָּׁרוֹן שׁוֹשַׁנַּת הָעֲמָקִים׃ כְּשׁוֹשַׁנָּה בֵּין הַחוֹחִים
3 כֵּן רַעְיָתִי בֵּין הַבָּנוֹת׃ כְּתַפּוּחַ בַּעֲצֵי הַיַּעַר כֵּן דּוֹדִי בֵּין
4 הַבָּנִים בְּצִלּוֹ חִמַּדְתִּי וְיָשַׁבְתִּי וּפִרְיוֹ מָתוֹק לְחִכִּי׃ הֱבִיאַנִי
ה אֶל־בֵּית הַיָּיִן וְדִגְלוֹ עָלַי אַהֲבָה׃ סַמְּכוּנִי בָּאֲשִׁישׁוֹת רַפְּדוּנִי
בתפוחים

א׳ v. 1. ש׳ רבתי   v. 17. רהיטנו ק׳   ibid. אין כאן פסקא

בַּתַּפּוּחִים כֵּן־דּוֹדִי בֵּין הַבָּנִים בְּצִלּוֹ חִמַּדְתִּי וְיָשַׁבְתִּי וּפִרְיוֹ מָתוֹק לְחִכִּי׃ 6 כִּי־חוֹלַת אַהֲבָה אָנִי׃ שְׂמֹאלוֹ תַּחַת לְרֹאשִׁי וִימִינוֹ תְּחַבְּקֵנִי׃ 7 הִשְׁבַּעְתִּי אֶתְכֶם בְּנוֹת יְרוּשָׁלַםִ בִּצְבָאוֹת אוֹ בְּאַיְלוֹת הַשָּׂדֶה אִם־תָּעִירוּ ׀ וְאִם־תְּעוֹרְרוּ אֶת־הָאַהֲבָה עַד שֶׁתֶּחְפָּץ׃ 8 קוֹל דּוֹדִי הִנֵּה־זֶה בָּא מְדַלֵּג עַל־הֶהָרִים מְקַפֵּץ עַל־הַגְּבָעוֹת׃ 9 דּוֹמֶה דוֹדִי לִצְבִי אוֹ לְעֹפֶר הָאַיָּלִים הִנֵּה־זֶה עוֹמֵד אַחַר כָּתְלֵנוּ מַשְׁגִּיחַ מִן־הַחַלֹּנוֹת מֵצִיץ מִן־הַחֲרַכִּים׃ י עָנָה דוֹדִי וְאָמַר לִי קוּמִי לָךְ רַעְיָתִי יָפָתִי וּלְכִי־לָךְ׃ 11 כִּי־הִנֵּה הַסְּתָו עָבָר הַגֶּשֶׁם חָלַף הָלַךְ לוֹ׃ הַנִּצָּנִים 12 נִרְאוּ בָאָרֶץ עֵת הַזָּמִיר הִגִּיעַ וְקוֹל הַתּוֹר נִשְׁמַע בְּאַרְצֵנוּ׃ 13 הַתְּאֵנָה חָנְטָה פַגֶּיהָ וְהַגְּפָנִים ׀ סְמָדַר נָתְנוּ רֵיחַ קוּמִי לָךְ רַעְיָתִי יָפָתִי וּלְכִי־לָךְ׃ 14 יוֹנָתִי בְּחַגְוֵי הַסֶּלַע בְּסֵתֶר הַמַּדְרֵגָה הַרְאִינִי אֶת־מַרְאַיִךְ הַשְׁמִיעִנִי אֶת־קוֹלֵךְ כִּי־קוֹלֵךְ עָרֵב וּמַרְאֵיךְ נָאוֶה׃ אֶחֱזוּ־לָנוּ שׁוּעָלִים שׁוּעָלִים טו קְטַנִּים מְחַבְּלִים כְּרָמִים וּכְרָמֵינוּ סְמָדַר׃ דּוֹדִי לִי וַאֲנִי לוֹ 16 הָרֹעֶה בַּשּׁוֹשַׁנִּים׃ עַד שֶׁיָּפוּחַ הַיּוֹם וְנָסוּ הַצְּלָלִים סֹב דְּמֵה־ 17 לְךָ דוֹדִי לִצְבִי אוֹ לְעֹפֶר הָאַיָּלִים עַל־הָרֵי בָתֶר׃

עַל־מִשְׁכָּבִי בַּלֵּילוֹת בִּקַּשְׁתִּי אֵת שֶׁאָהֲבָה נַפְשִׁי בִּקַּשְׁתִּיו א וְלֹא מְצָאתִיו׃ אָקוּמָה נָּא וַאֲסוֹבְבָה בָעִיר בַּשְּׁוָקִים וּבָרְחֹבוֹת 2 אֲבַקְשָׁה אֵת שֶׁאָהֲבָה נַפְשִׁי בִּקַּשְׁתִּיו וְלֹא מְצָאתִיו׃ מְצָאוּנִי 3 הַשֹּׁמְרִים הַסֹּבְבִים בָּעִיר אֵת שֶׁאָהֲבָה נַפְשִׁי רְאִיתֶם׃ כִּמְעַט 4 שֶׁעָבַרְתִּי מֵהֶם עַד שֶׁמָּצָאתִי אֵת שֶׁאָהֲבָה נַפְשִׁי אֲחַזְתִּיו וְלֹא אַרְפֶּנּוּ עַד־שֶׁהֲבֵיאתִיו אֶל־בֵּית אִמִּי וְאֶל־חֶדֶר הוֹרָתִי׃ הִשְׁבַּעְתִּי אֶתְכֶם בְּנוֹת יְרוּשָׁלַםִ בִּצְבָאוֹת אוֹ בְּאַיְלוֹת הַשָּׂדֶה ה אִם־תָּעִירוּ ׀ וְאִם־תְּעוֹרְרוּ אֶת־הָאַהֲבָה עַד שֶׁתֶּחְפָּץ׃ מִי 6 זֹאת עֹלָה מִן־הַמִּדְבָּר כְּתִימֲרוֹת עָשָׁן מְקֻטֶּרֶת מֹר וּלְבוֹנָה מִכֹּל אַבְקַת רוֹכֵל׃ הִנֵּה מִטָּתוֹ שֶׁלִּשְׁלֹמֹה שִׁשִּׁים גִּבֹּרִים 7 סָבִיב

8 סָבִ֣יב לָ֔הּ מִגִּבֹּרֵ֖י יִשְׂרָאֵֽל׃ כֻּלָּם֙ אֲחֻ֣זֵי חֶ֔רֶב מְלֻמְּדֵ֖י מִלְחָמָ֑ה
9 אִ֤ישׁ חַרְבּוֹ֙ עַל־יְרֵכ֔וֹ מִפַּ֖חַד בַּלֵּילֽוֹת׃ אַפִּרְי֗וֹן עָ֤שָׂה לוֹ֙
י הַמֶּ֣לֶךְ שְׁלֹמֹ֔ה מֵעֲצֵ֖י הַלְּבָנֽוֹן׃ עַמּוּדָיו֙ עָ֣שָׂה כֶ֔סֶף רְפִידָת֣וֹ
זָהָ֔ב מֶרְכָּב֖וֹ אַרְגָּמָ֑ן תּוֹכוֹ֙ רָצ֣וּף אַהֲבָ֔ה מִבְּנ֖וֹת יְרוּשָׁלָֽ͏ִם׃
11 צְאֶ֧ינָה וּֽרְאֶ֛ינָה בְּנ֥וֹת צִיּ֖וֹן בַּמֶּ֣לֶךְ שְׁלֹמֹ֑ה בָּעֲטָרָ֗ה שֶׁעִטְּרָה־
ל֤וֹ אִמּוֹ֙ בְּי֣וֹם חֲתֻנָּת֔וֹ וּבְי֖וֹם שִׂמְחַ֥ת לִבּֽוֹ׃ °

ד Cap. IV. ד

א הִנָּ֨ךְ יָפָ֤ה רַעְיָתִי֙ הִנָּ֣ךְ יָפָ֔ה עֵינַ֣יִךְ יוֹנִ֔ים מִבַּ֖עַד לְצַמָּתֵ֑ךְ
2 שַׂעְרֵךְ֙ כְּעֵ֣דֶר הָֽעִזִּ֔ים שֶׁגָּלְשׁ֖וּ מֵהַ֥ר גִּלְעָֽד׃ שִׁנַּ֙יִךְ֙ כְּעֵ֣דֶר
הַקְּצוּב֔וֹת שֶׁעָל֖וּ מִן־הָרַחְצָ֑ה שֶׁכֻּלָּם֙ מַתְאִימ֔וֹת וְשַׁכֻּלָ֖ה אֵ֥ין
3 בָּהֶֽם׃ כְּח֤וּט הַשָּׁנִי֙ שִׂפְתוֹתַ֔יִךְ וּמִדְבָּרֵ֖יךְ נָאוֶ֑ה כְּפֶ֤לַח הָֽרִמּוֹן֙
4 רַקָּתֵ֔ךְ מִבַּ֖עַד לְצַמָּתֵֽךְ׃ כְּמִגְדַּ֤ל דָּוִיד֙ צַוָּארֵ֔ךְ בָּנ֖וּי לְתַלְפִּיּ֑וֹת
ה אֶ֤לֶף הַמָּגֵן֙ תָּל֣וּי עָלָ֔יו כֹּ֖ל שִׁלְטֵ֥י הַגִּבּוֹרִֽים׃ שְׁנֵ֥י שָׁדַ֛יִךְ כִּשְׁנֵ֥י
6 עֳפָרִ֖ים תְּאוֹמֵ֣י צְבִיָּ֑ה הָרוֹעִ֖ים בַּשּׁוֹשַׁנִּֽים׃ עַ֤ד שֶׁיָּפ֙וּחַ֙ הַיּ֔וֹם
וְנָ֖סוּ הַצְּלָלִ֑ים אֵ֤לֶךְ לִי֙ אֶל־הַ֣ר הַמּ֔וֹר וְאֶל־גִּבְעַ֖ת הַלְּבוֹנָֽה׃
7 8 כֻּלָּ֤ךְ יָפָה֙ רַעְיָתִ֔י וּמ֖וּם אֵ֥ין בָּֽךְ׃ אִתִּ֤י מִלְּבָנוֹן֙ כַּלָּ֔ה אִתִּ֖י
מִלְּבָנ֣וֹן תָּב֑וֹאִי תָּשׁ֣וּרִי ׀ מֵרֹ֣אשׁ אֲמָנָ֗ה מֵרֹ֤אשׁ שְׂנִיר֙ וְחֶרְמ֔וֹן
9 מִמְּעֹנ֣וֹת אֲרָי֔וֹת מֵהַרְרֵ֖י נְמֵרִֽים׃ לִבַּבְתִּ֖נִי אֲחֹתִ֣י כַלָּ֑ה לִבַּבְתִּ֙נִי֙
י בְּאַחַ֣ת מֵעֵינַ֔יִךְ בְּאַחַ֥ד עֲנָ֖ק מִצַּוְּרֹנָֽיִךְ׃ מַה־יָּפ֥וּ דֹדַ֖יִךְ אֲחֹתִ֣י
11 כַלָּ֑ה מַה־טֹּ֤בוּ דֹדַ֙יִךְ֙ מִיַּ֔יִן וְרֵ֥יחַ שְׁמָנַ֖יִךְ מִכָּל־בְּשָׂמִֽים׃ נֹ֛פֶת
תִּטֹּ֥פְנָה שִׂפְתוֹתַ֖יִךְ כַּלָּ֑ה דְּבַ֤שׁ וְחָלָב֙ תַּ֣חַת לְשׁוֹנֵ֔ךְ וְרֵ֥יחַ
12 שַׂלְמֹתַ֖יִךְ כְּרֵ֥יחַ לְבָנֽוֹן׃ גַּ֥ן ׀ נָע֖וּל אֲחֹתִ֣י כַלָּ֑ה גַּ֥ל נָע֖וּל מַעְיָ֥ן
13 חָתֽוּם׃ שְׁלָחַ֙יִךְ֙ פַּרְדֵּ֣ס רִמּוֹנִ֔ים עִ֖ם פְּרִ֣י מְגָדִ֑ים כְּפָרִ֖ים עִם־
14 נְרָדִֽים׃ ° נֵ֣רְדְּ ׀ וְכַרְכֹּ֗ם קָנֶה֙ וְקִנָּמ֔וֹן עִ֖ם כָּל־עֲצֵ֣י לְבוֹנָ֑ה מֹ֚ר
טו וַאֲהָל֔וֹת עִ֖ם כָּל־רָאשֵׁ֥י בְשָׂמִֽים׃ מַעְיַ֣ן גַּנִּ֔ים בְּאֵ֖ר מַ֣יִם חַיִּ֑ים
16 וְנֹזְלִ֖ים מִן־לְבָנֽוֹן׃ ע֤וּרִי צָפוֹן֙ וּב֣וֹאִי תֵימָ֔ן הָפִ֥יחִי גַנִּ֖י יִזְּל֣וּ
בְשָׂמָ֑יו יָבֹ֤א דוֹדִי֙ לְגַנּ֔וֹ וְיֹאכַ֖ל פְּרִ֥י מְגָדָֽיו׃ °

באתי

ג׳ v. 11. אין כאן פסקא ד׳ v. 9. באחת ק׳ v. 14. חצי הספר בפסוקים
v. 16. אין כאן פסקא

ה

CAP. V. ה

א בָּאתִי לְגַנִּי אֲחֹתִי כַלָּה אָרִיתִי מוֹרִי עִם־בְּשָׂמִי אָכַלְתִּי
יַעְרִי עִם־דִּבְשִׁי שָׁתִיתִי יֵינִי עִם־חֲלָבִי אִכְלוּ רֵעִים שְׁתוּ
2 וְשִׁכְרוּ דּוֹדִים׃ אֲנִי יְשֵׁנָה וְלִבִּי עֵר קוֹל ׀ דּוֹדִי דוֹפֵק
פִּתְחִי־לִי אֲחֹתִי רַעְיָתִי יוֹנָתִי תַמָּתִי שֶׁרֹּאשִׁי נִמְלָא־טָל
3 קְוֻצּוֹתַי רְסִיסֵי לָיְלָה׃ פָּשַׁטְתִּי אֶת־כֻּתָּנְתִּי אֵיכָכָה אֶלְבָּשֶׁנָּה
4 רָחַצְתִּי אֶת־רַגְלַי אֵיכָכָה אֲטַנְּפֵם׃ דּוֹדִי שָׁלַח יָדוֹ מִן־
ה הַחוֹר וּמֵעַי הָמוּ עָלָיו׃ קַמְתִּי אֲנִי לִפְתֹּחַ לְדוֹדִי וְיָדַי נָטְפוּ־
6 מוֹר וְאֶצְבְּעֹתַי מוֹר עֹבֵר עַל כַּפּוֹת הַמַּנְעוּל׃ פָּתַחְתִּי אֲנִי
לְדוֹדִי וְדוֹדִי חָמַק עָבָר נַפְשִׁי יָצְאָה בְדַבְּרוֹ בִּקַּשְׁתִּיהוּ וְלֹא
7 מְצָאתִיהוּ קְרָאתִיו וְלֹא עָנָנִי׃ מְצָאֻנִי הַשֹּׁמְרִים הַסֹּבְבִים
בָּעִיר הִכּוּנִי פְצָעוּנִי נָשְׂאוּ אֶת־רְדִידִי מֵעָלַי שֹׁמְרֵי הַחֹמוֹת׃
8 הִשְׁבַּעְתִּי אֶתְכֶם בְּנוֹת יְרוּשָׁלָםִ אִם־תִּמְצְאוּ אֶת־דּוֹדִי מַה־
9 תַּגִּידוּ לוֹ שֶׁחוֹלַת אַהֲבָה אָנִי׃ מַה־דּוֹדֵךְ מִדּוֹד הַיָּפָה בַּנָּשִׁים
י מַה־דּוֹדֵךְ מִדּוֹד שֶׁכָּכָה הִשְׁבַּעְתָּנוּ׃ דּוֹדִי צַח וְאָדוֹם דָּגוּל
11 מֵרְבָבָה׃ רֹאשׁוֹ כֶּתֶם פָּז קְוֻצּוֹתָיו תַּלְתַּלִּים שְׁחֹרוֹת כָּעוֹרֵב׃
12 עֵינָיו כְּיוֹנִים עַל־אֲפִיקֵי מָיִם רֹחֲצוֹת בֶּחָלָב יֹשְׁבוֹת עַל־
13 מִלֵּאת׃ לְחָיָו כַּעֲרוּגַת הַבֹּשֶׂם מִגְדְּלוֹת מֶרְקָחִים שִׂפְתוֹתָיו
14 שׁוֹשַׁנִּים נֹטְפוֹת מוֹר עֹבֵר׃ יָדָיו גְּלִילֵי זָהָב מְמֻלָּאִים בַּתַּרְשִׁישׁ
טו מֵעָיו עֶשֶׁת שֵׁן מְעֻלֶּפֶת סַפִּירִים׃ שׁוֹקָיו עַמּוּדֵי שֵׁשׁ מְיֻסָּדִים
16 עַל־אַדְנֵי־פָז מַרְאֵהוּ כַּלְּבָנוֹן בָּחוּר כָּאֲרָזִים׃ חִכּוֹ מַמְתַקִּים
וְכֻלּוֹ מַחֲמַדִּים זֶה דוֹדִי וְזֶה רֵעִי בְּנוֹת יְרוּשָׁלָםִ׃

ו

CAP. VI. ו

א אָנָה הָלַךְ דּוֹדֵךְ הַיָּפָה בַּנָּשִׁים אָנָה פָּנָה דוֹדֵךְ וּנְבַקְשֶׁנּוּ
2 עִמָּךְ׃ דּוֹדִי יָרַד לְגַנּוֹ לַעֲרוּגוֹת הַבֹּשֶׂם לִרְעוֹת בַּגַּנִּים וְלִלְקֹט
שׁוֹשַׁנִּים׃

אני

ה׳ v. 16. אין כאן פסקא

3 4 אֲנִ֤י לְדוֹדִי֙ וְדוֹדִ֣י לִ֔י הָרֹעֶ֖ה בַּשּׁוֹשַׁנִּֽים׃ יָפָ֨ה אַ֤תְּ רַעְיָתִי֙
ה כְּתִרְצָ֔ה נָאוָ֖ה כִּירוּשָׁלִָ֑ם אֲיֻמָּ֖ה כַּנִּדְגָּלֽוֹת׃ הָסֵ֤בִּי עֵינַ֙יִךְ֙ מִנֶּגְדִּ֔י
שֶׁ֖הֵם הִרְהִיבֻ֑נִי שַׂעְרֵךְ֙ כְּעֵ֣דֶר הָֽעִזִּ֔ים שֶׁגָּלְשׁ֖וּ מִן־הַגִּלְעָֽד׃
6 שִׁנַּ֙יִךְ֙ כְּעֵ֣דֶר הָֽרְחֵלִ֔ים שֶׁעָל֖וּ מִן־הָֽרַחְצָ֑ה שֶׁכֻּלָּם֙ מַתְאִימ֔וֹת
7 וְשַׁכֻּלָ֖ה אֵ֥ין בָּהֶֽם׃ כְּפֶ֤לַח הָֽרִמּוֹן֙ רַקָּתֵ֔ךְ מִבַּ֖עַד לְצַמָּתֵֽךְ׃
8 שִׁשִּׁ֥ים הֵ֙מָּה֙ מְלָכ֔וֹת וּשְׁמֹנִ֖ים פִּֽילַגְשִׁ֑ים וַעֲלָמ֖וֹת אֵ֥ין מִסְפָּֽר׃
9 אַחַ֥ת הִיא֙ יוֹנָתִ֣י תַמָּתִ֔י אַחַ֥ת הִיא֙ לְאִמָּ֔הּ בָּרָ֥ה הִ֖יא לְיֽוֹלַדְתָּ֑הּ
י רָא֤וּהָ בָנוֹת֙ וַֽיְאַשְּׁר֔וּהָ מְלָכ֥וֹת וּפִֽילַגְשִׁ֖ים וַיְהַלְלֽוּהָ׃ מִי־
זֹ֥את הַנִּשְׁקָפָ֖ה כְּמוֹ־שָׁ֑חַר יָפָ֣ה כַלְּבָנָ֗ה בָּרָה֙ כַּֽחַמָּ֔ה אֲיֻמָּ֖ה
11 כַּנִּדְגָּלֽוֹת׃ אֶל־גִּנַּ֤ת אֱגוֹז֙ יָרַ֔דְתִּי לִרְא֖וֹת בְּאִבֵּ֣י הַנָּ֑חַל לִרְאוֹת֙
12 הֲפָֽרְחָ֣ה הַגֶּ֔פֶן הֵנֵ֖צוּ הָרִמֹּנִֽים׃ לֹ֣א יָדַ֔עְתִּי נַפְשִׁ֣י שָׂמַ֔תְנִי
מַרְכְּב֖וֹת עַמִּ֥י נָדִֽיב׃ ◦

ז CAP. VII. ז

א שׁ֤וּבִי שׁ֙וּבִי֙ הַשּֽׁוּלַמִּ֔ית שׁ֥וּבִי שׁ֖וּבִי וְנֶחֱזֶה־בָּ֑ךְ מַֽה־תֶּחֱזוּ֙
2 בַּשּֽׁוּלַמִּ֔ית כִּמְחֹלַ֖ת הַֽמַּחֲנָֽיִם׃ מַה־יָּפ֧וּ פְעָמַ֛יִךְ בַּנְּעָלִ֖ים
בַּת־נָדִ֑יב חַמּוּקֵ֣י יְרֵכַ֔יִךְ כְּמ֣וֹ חֲלָאִ֔ים מַעֲשֵׂ֖ה יְדֵ֥י אָמָּֽן׃
3 שָׁרְרֵךְ֙ אַגַּ֣ן הַסַּ֔הַר אַל־יֶחְסַ֖ר הַמָּ֑זֶג בִּטְנֵךְ֙ עֲרֵמַ֣ת חִטִּ֔ים
4 סוּגָ֖ה בַּשּׁוֹשַׁנִּֽים׃ שְׁנֵ֥י שָׁדַ֛יִךְ כִּשְׁנֵ֥י עֳפָרִ֖ים תָּאֳמֵ֥י צְבִיָּֽה׃
ה צַוָּארֵ֖ךְ כְּמִגְדַּ֣ל הַשֵּׁ֑ן עֵינַ֜יִךְ בְּרֵכ֣וֹת בְּחֶשְׁבּ֗וֹן עַל־שַׁ֙עַר֙ בַּת־
6 רַבִּ֔ים אַפֵּךְ֙ כְּמִגְדַּ֣ל הַלְּבָנ֔וֹן צוֹפֶ֖ה פְּנֵ֥י דַמָּֽשֶׂק׃ רֹאשֵׁ֤ךְ עָלַ֙יִךְ֙
7 כַּכַּרְמֶ֔ל וְדַלַּ֥ת רֹאשֵׁ֖ךְ כָּאַרְגָּמָ֑ן מֶ֖לֶךְ אָס֥וּר בָּרְהָטִֽים׃ מַה־
8 יָּפִית֙ וּמַה־נָּעַ֔מְתְּ אַהֲבָ֖ה בַּתַּֽעֲנוּגִֽים׃ זֹ֤את קוֹמָתֵךְ֙ דָּֽמְתָ֣ה
9 לְתָמָ֔ר וְשָׁדַ֖יִךְ לְאַשְׁכֹּלֽוֹת׃ אָמַ֙רְתִּי֙ אֶעֱלֶ֣ה בְתָמָ֔ר אֹֽחֲזָ֖ה
בְּסַנְסִנָּ֑יו וְיִֽהְיוּ־נָ֤א שָׁדַ֙יִךְ֙ כְּאֶשְׁכְּל֣וֹת הַגֶּ֔פֶן וְרֵ֥יחַ אַפֵּ֖ךְ
י כַּתַּפּוּחִֽים׃ וְחִכֵּ֕ךְ כְּיֵ֥ין הַטּ֛וֹב הוֹלֵ֥ךְ לְדוֹדִ֖י לְמֵישָׁרִ֑ים דּוֹבֵ֖ב
11 12 שִׂפְתֵ֥י יְשֵׁנִֽים׃ אֲנִ֣י לְדוֹדִ֔י וְעָלַ֖י תְּשׁוּקָתֽוֹ׃ לְכָ֤ה דוֹדִי֙
13 נֵצֵ֣א הַשָּׂדֶ֔ה נָלִ֖ינָה בַּכְּפָרִֽים׃ נַשְׁכִּ֙ימָה֙ לַכְּרָמִ֔ים נִרְאֶ֞ה

אם־פרחה

ר׳ v. 12. אין כאן פסקא

אִם־פָּרְחָה הַגֶּפֶן פִּתַּח הַסְּמָדַר הֵנֵצוּ הָרִמּוֹנִים שָׁם אֶתֵּן
14 אֶת־דֹּדַי לָךְ׃ הַדּוּדָאִים נָתְנוּ־רֵיחַ וְעַל־פְּתָחֵינוּ כָּל־
מְגָדִים חֲדָשִׁים גַּם־יְשָׁנִים דּוֹדִי צָפַנְתִּי לָךְ׃

ח Cap. VIII. ח

א מִי יִתֶּנְךָ כְּאָח לִי יוֹנֵק שְׁדֵי אִמִּי אֶמְצָאֲךָ בַחוּץ אֶשָּׁקְךָ גַּם
2 לֹא־יָבוּזוּ לִי׃ אֶנְהָגְךָ אֲבִיאֲךָ אֶל־בֵּית אִמִּי תְּלַמְּדֵנִי אַשְׁקְךָ
3 מִיַּיִן הָרֶקַח מֵעֲסִיס רִמֹּנִי׃ שְׂמֹאלוֹ תַּחַת רֹאשִׁי וִימִינוֹ תְּחַבְּקֵנִי׃
4 הִשְׁבַּעְתִּי אֶתְכֶם בְּנוֹת יְרוּשָׁלִָם מַה־תָּעִירוּ ׀ וּמַה־תְּעֹרְרוּ
ה אֶת־הָאַהֲבָה עַד שֶׁתֶּחְפָּץ׃ מִי זֹאת עֹלָה מִן־הַמִּדְבָּר
מִתְרַפֶּקֶת עַל־דּוֹדָהּ תַּחַת הַתַּפּוּחַ עוֹרַרְתִּיךָ שָׁמָּה חִבְּלַתְךָ
6 אִמֶּךָ שָׁמָּה חִבְּלָה יְלָדַתְךָ׃ שִׂימֵנִי כַחוֹתָם עַל־לִבֶּךָ כַּחוֹתָם
עַל־זְרוֹעֶךָ כִּי־עַזָּה כַמָּוֶת אַהֲבָה קָשָׁה כִשְׁאוֹל קִנְאָה רְשָׁפֶיהָ
7 רִשְׁפֵּי אֵשׁ שַׁלְהֶבֶתְיָה׃ מַיִם רַבִּים לֹא יוּכְלוּ לְכַבּוֹת אֶת־
הָאַהֲבָה וּנְהָרוֹת לֹא יִשְׁטְפוּהָ אִם־יִתֵּן אִישׁ אֶת־כָּל־הוֹן
8 בֵּיתוֹ בָּאַהֲבָה בּוֹז יָבוּזוּ לוֹ׃ אָחוֹת לָנוּ קְטַנָּה וְשָׁדַיִם אֵין
9 לָהּ מַה־נַּעֲשֶׂה לַאֲחֹתֵנוּ בַּיּוֹם שֶׁיְּדֻבַּר־בָּהּ׃ אִם־חוֹמָה הִיא
נִבְנֶה עָלֶיהָ טִירַת כָּסֶף וְאִם־דֶּלֶת הִיא נָצוּר עָלֶיהָ לוּחַ
י אָרֶז׃ אֲנִי חוֹמָה וְשָׁדַי כַּמִּגְדָּלוֹת אָז הָיִיתִי בְעֵינָיו כְּמוֹצְאֵת
11 שָׁלוֹם׃ כֶּרֶם הָיָה לִשְׁלֹמֹה בְּבַעַל הָמוֹן נָתַן אֶת־הַכֶּרֶם
12 לַנֹּטְרִים אִישׁ יָבִא בְּפִרְיוֹ אֶלֶף כָּסֶף׃ כַּרְמִי שֶׁלִּי לְפָנָי הָאֶלֶף
13 לְךָ שְׁלֹמֹה וּמָאתַיִם לְנֹטְרִים אֶת־פִּרְיוֹ׃ הַיּוֹשֶׁבֶת בַּגַּנִּים
14 חֲבֵרִים מַקְשִׁיבִים לְקוֹלֵךְ הַשְׁמִיעִנִי׃ בְּרַח ׀ דּוֹדִי וּדְמֵה־
לְךָ לִצְבִי אוֹ לְעֹפֶר הָאַיָּלִים עַל הָרֵי בְשָׂמִים׃

סכום פסוקי דשיר השירים מאה ושבעה עשר. וסימנו אשר דבר טוב
על המלך. וחציו נרד וכרכום׃

ויהי

ז׳ v. 14. אין כאן פסקא

רות

LIBER RUTH

CAPUT I. א

א

א וַיְהִי בִּימֵי שְׁפֹט הַשֹּׁפְטִים וַיְהִי רָעָב בָּאָרֶץ וַיֵּלֶךְ אִישׁ מִבֵּית
2 לֶחֶם יְהוּדָה לָגוּר בִּשְׂדֵי מוֹאָב הוּא וְאִשְׁתּוֹ וּשְׁנֵי בָנָיו׃ וְשֵׁם
הָאִישׁ אֱלִימֶלֶךְ וְשֵׁם אִשְׁתּוֹ נָעֳמִי וְשֵׁם שְׁנֵי־בָנָיו ׀ מַחְלוֹן
וְכִלְיוֹן אֶפְרָתִים מִבֵּית לֶחֶם יְהוּדָה וַיָּבֹאוּ שְׂדֵי־מוֹאָב וַיִּהְיוּ־
3 שָׁם׃ וַיָּמָת אֱלִימֶלֶךְ אִישׁ נָעֳמִי וַתִּשָּׁאֵר הִיא וּשְׁנֵי בָנֶיהָ׃
4 וַיִּשְׂאוּ לָהֶם נָשִׁים מֹאֲבִיּוֹת שֵׁם הָאַחַת עָרְפָּה וְשֵׁם הַשֵּׁנִית
ה רוּת וַיֵּשְׁבוּ שָׁם כְּעֶשֶׂר שָׁנִים׃ וַיָּמוּתוּ גַם־שְׁנֵיהֶם מַחְלוֹן וְכִלְיוֹן
6 וַתִּשָּׁאֵר הָאִשָּׁה מִשְּׁנֵי יְלָדֶיהָ וּמֵאִישָׁהּ׃ וַתָּקָם הִיא וְכַלֹּתֶיהָ
וַתָּשָׁב מִשְּׂדֵי מוֹאָב כִּי שָׁמְעָה בִּשְׂדֵה מוֹאָב כִּי־פָקַד יְהוָה
7 אֶת־עַמּוֹ לָתֵת לָהֶם לָחֶם׃ וַתֵּצֵא מִן־הַמָּקוֹם אֲשֶׁר הָיְתָה־
שָׁמָּה וּשְׁתֵּי כַלֹּתֶיהָ עִמָּהּ וַתֵּלַכְנָה בַדֶּרֶךְ לָשׁוּב אֶל־אֶרֶץ
8 יְהוּדָה׃ וַתֹּאמֶר נָעֳמִי לִשְׁתֵּי כַלֹּתֶיהָ לֵכְנָה שֹּׁבְנָה אִשָּׁה לְבֵית
אִמָּהּ יַעֲשֶׂה יְהוָה עִמָּכֶם חֶסֶד כַּאֲשֶׁר עֲשִׂיתֶם עִם־הַמֵּתִים
9 וְעִמָּדִי׃ יִתֵּן יְהוָה לָכֶם וּמְצֶאןָ מְנוּחָה אִשָּׁה בֵּית אִישָׁהּ וַתִּשַּׁק
י לָהֶן וַתִּשֶּׂאנָה קוֹלָן וַתִּבְכֶּינָה׃ וַתֹּאמַרְנָה־לָּהּ כִּי־אִתָּךְ נָשׁוּב
11 לְעַמֵּךְ׃ וַתֹּאמֶר נָעֳמִי שֹׁבְנָה בְנֹתַי לָמָּה תֵלַכְנָה עִמִּי הַעוֹד־
12 לִי בָנִים בְּמֵעַי וְהָיוּ לָכֶם לַאֲנָשִׁים׃ שֹׁבְנָה בְנֹתַי לֵכְןָ כִּי
זָקַנְתִּי מִהְיוֹת לְאִישׁ כִּי אָמַרְתִּי יֶשׁ־לִי תִקְוָה גַּם הָיִיתִי
13 הַלַּיְלָה לְאִישׁ וְגַם יָלַדְתִּי בָנִים׃ הֲלָהֵן ׀ תְּשַׂבֵּרְנָה עַד אֲשֶׁר
יִגְדָּלוּ הֲלָהֵן תֵּעָגֵנָה לְבִלְתִּי הֱיוֹת לְאִישׁ אַל בְּנֹתַי כִּי־מַר־
14 לִי מְאֹד מִכֶּם כִּי־יָצְאָה בִי יַד־יְהוָה׃ וַתִּשֶּׂנָה קוֹלָן וַתִּבְכֶּינָה
טו עוֹד וַתִּשַּׁק עָרְפָּה לַחֲמוֹתָהּ וְרוּת דָּבְקָה בָּהּ׃ וַתֹּאמֶר הִנֵּה

v. 8. יעש ק׳ v. 14. חסר א׳.

שָׁבָה יְבִמְתֵּךְ אֶל־עַמָּהּ וְאֶל־אֱלֹהֶיהָ שׁוּבִי אַחֲרֵי יְבִמְתֵּךְ׃
16 וַתֹּאמֶר רוּת אַל־תִּפְגְּעִי־בִי לְעָזְבֵךְ לָשׁוּב מֵאַחֲרָיִךְ כִּי
אֶל־אֲשֶׁר תֵּלְכִי אֵלֵךְ וּבַאֲשֶׁר תָּלִינִי אָלִין עַמֵּךְ עַמִּי וֵאלֹהַיִךְ
17 אֱלֹהָי׃ בַּאֲשֶׁר תָּמוּתִי אָמוּת וְשָׁם אֶקָּבֵר כֹּה יַעֲשֶׂה יְהוָה לִי
18 וְכֹה יֹסִיף כִּי הַמָּוֶת יַפְרִיד בֵּינִי וּבֵינֵךְ׃ וַתֵּרֶא כִּי־מִתְאַמֶּצֶת
19 הִיא לָלֶכֶת אִתָּהּ וַתֶּחְדַּל לְדַבֵּר אֵלֶיהָ׃ וַתֵּלַכְנָה שְׁתֵּיהֶם
עַד־בֹּאָנָה בֵּית לָחֶם וַיְהִי כְּבֹאָנָה בֵּית לֶחֶם וַתֵּהֹם כָּל־
כ הָעִיר עֲלֵיהֶן וַתֹּאמַרְנָה הֲזֹאת נָעֳמִי׃ וַתֹּאמֶר אֲלֵיהֶן אַל־
תִּקְרֶאנָה לִי נָעֳמִי קְרֶאןָ לִי מָרָא כִּי־הֵמַר שַׁדַּי לִי מְאֹד׃
21 אֲנִי מְלֵאָה הָלַכְתִּי וְרֵיקָם הֱשִׁיבַנִי יְהוָה לָמָּה תִקְרֶאנָה לִי
22 נָעֳמִי וַיהוָה עָנָה בִי וְשַׁדַּי הֵרַע לִי׃ וַתָּשָׁב נָעֳמִי וְרוּת
הַמּוֹאֲבִיָּה כַלָּתָהּ עִמָּהּ הַשָּׁבָה מִשְּׂדֵי מוֹאָב וְהֵמָּה בָּאוּ בֵּית
לֶחֶם בִּתְחִלַּת קְצִיר שְׂעֹרִים׃ °

ב CAP. II. ב

א וּלְנָעֳמִי מֹידַע לְאִישָׁהּ אִישׁ גִּבּוֹר חַיִל מִמִּשְׁפַּחַת אֱלִימֶלֶךְ
2 וּשְׁמוֹ בֹּעַז׃ וַתֹּאמֶר רוּת הַמּוֹאֲבִיָּה אֶל־נָעֳמִי אֵלְכָה־נָּא
הַשָּׂדֶה וַאֲלַקֳטָה בַשִּׁבֳּלִים אַחַר אֲשֶׁר אֶמְצָא־חֵן בְּעֵינָיו
3 וַתֹּאמֶר לָהּ לְכִי בִתִּי׃ וַתֵּלֶךְ וַתָּבוֹא וַתְּלַקֵּט בַּשָּׂדֶה אַחֲרֵי
הַקֹּצְרִים וַיִּקֶר מִקְרֶהָ חֶלְקַת הַשָּׂדֶה לְבֹעַז אֲשֶׁר מִמִּשְׁפַּחַת
4 אֱלִימֶלֶךְ׃ וְהִנֵּה־בֹעַז בָּא מִבֵּית לֶחֶם וַיֹּאמֶר לַקּוֹצְרִים
ה יְהוָה עִמָּכֶם וַיֹּאמְרוּ לוֹ יְבָרֶכְךָ יְהוָה׃ וַיֹּאמֶר בֹּעַז לְנַעֲרוֹ
6 הַנִּצָּב עַל־הַקּוֹצְרִים לְמִי הַנַּעֲרָה הַזֹּאת׃ וַיַּעַן הַנַּעַר הַנִּצָּב
עַל־הַקּוֹצְרִים וַיֹּאמַר נַעֲרָה מוֹאֲבִיָּה הִיא הַשָּׁבָה עִם־נָעֳמִי
7 מִשְּׂדֵה מוֹאָב׃ וַתֹּאמֶר אֲלַקֳטָה־נָּא וְאָסַפְתִּי בָעֳמָרִים אַחֲרֵי
הַקּוֹצְרִים וַתָּבוֹא וַתַּעֲמוֹד מֵאָז הַבֹּקֶר וְעַד־עַתָּה זֶה שִׁבְתָּהּ
8 הַבַּיִת מְעָט׃ וַיֹּאמֶר בֹּעַז אֶל־רוּת הֲלוֹא שָׁמַעַתְּ בִּתִּי
אַל־תֵּלְכִי לִלְקֹט בְּשָׂדֶה אַחֵר וְגַם לֹא תַעֲבוּרִי מִזֶּה וְכֹה

תדבקין

א׳ v. 22. אין כאן פסקא   ב׳ v. 1. מודע ק׳

9 תִדְבָּקִין עִם־נַעֲרֹתָי׃ עֵינַיִךְ בַּשָּׂדֶה אֲשֶׁר־יִקְצֹרוּן וְהָלַכְתְּ
אַחֲרֵיהֶן הֲלוֹא צִוִּיתִי אֶת־הַנְּעָרִים לְבִלְתִּי נָגְעֵךְ וְצָמִת
י וְהָלַכְתְּ אֶל־הַכֵּלִים וְשָׁתִית מֵאֲשֶׁר יִשְׁאֲבוּן הַנְּעָרִים׃ וַתִּפֹּל
עַל־פָּנֶיהָ וַתִּשְׁתַּחוּ אָרְצָה וַתֹּאמֶר אֵלָיו מַדּוּעַ מָצָאתִי חֵן
11 בְּעֵינֶיךָ לְהַכִּירֵנִי וְאָנֹכִי נָכְרִיָּה׃ וַיַּעַן בֹּעַז וַיֹּאמֶר לָהּ הֻגֵּד
הֻגַּד לִי כֹּל אֲשֶׁר־עָשִׂית אֶת־חֲמוֹתֵךְ אַחֲרֵי מוֹת אִישֵׁךְ
וַתַּעַזְבִי אָבִיךְ וְאִמֵּךְ וְאֶרֶץ מוֹלַדְתֵּךְ וַתֵּלְכִי אֶל־עַם אֲשֶׁר
12 לֹא־יָדַעַתְּ תְּמוֹל שִׁלְשׁוֹם׃ יְשַׁלֵּם יְהוָה פָּעֳלֵךְ וּתְהִי מַשְׂכֻּרְתֵּךְ
שְׁלֵמָה מֵעִם יְהוָה אֱלֹהֵי יִשְׂרָאֵל אֲשֶׁר־בָּאת לַחֲסוֹת תַּחַת־
13 כְּנָפָיו׃ וַתֹּאמֶר אֶמְצָא־חֵן בְּעֵינֶיךָ אֲדֹנִי כִּי נִחַמְתָּנִי וְכִי
דִבַּרְתָּ עַל־לֵב שִׁפְחָתֶךָ וְאָנֹכִי לֹא אֶהְיֶה כְּאַחַת שִׁפְחֹתֶיךָ׃
14 וַיֹּאמֶר לָה בֹעַז לְעֵת הָאֹכֶל גֹּשִׁי הֲלֹם וְאָכַלְתְּ מִן־הַלֶּחֶם
וְטָבַלְתְּ פִּתֵּךְ בַּחֹמֶץ וַתֵּשֶׁב מִצַּד הַקֹּצְרִים וַיִּצְבָּט־לָהּ קָלִי
טו וַתֹּאכַל וַתִּשְׂבַּע וַתֹּתַר׃ וַתָּקָם לְלַקֵּט וַיְצַו בֹּעַז אֶת־נְעָרָיו
16 לֵאמֹר גַּם בֵּין הָעֳמָרִים תְּלַקֵּט וְלֹא תַכְלִימוּהָ׃ וְגַם שֹׁל־
תָּשֹׁלּוּ לָהּ מִן־הַצְּבָתִים וַעֲזַבְתֶּם וְלִקְּטָה וְלֹא תִגְעֲרוּ־בָהּ׃
17 וַתְּלַקֵּט בַּשָּׂדֶה עַד־הָעָרֶב וַתַּחְבֹּט אֵת אֲשֶׁר־לִקֵּטָה וַיְהִי
18 כְּאֵיפָה שְׂעֹרִים׃ וַתִּשָּׂא וַתָּבוֹא הָעִיר וַתֵּרֶא חֲמוֹתָהּ אֵת
אֲשֶׁר־לִקֵּטָה וַתּוֹצֵא וַתִּתֶּן־לָהּ אֵת אֲשֶׁר־הוֹתִרָה מִשָּׂבְעָהּ׃
19 וַתֹּאמֶר לָהּ חֲמוֹתָהּ אֵיפֹה לִקַּטְתְּ הַיּוֹם וְאָנָה עָשִׂית יְהִי
מַכִּירֵךְ בָּרוּךְ וַתַּגֵּד לַחֲמוֹתָהּ אֵת אֲשֶׁר־עָשְׂתָה עִמּוֹ וַתֹּאמֶר
כ שֵׁם הָאִישׁ אֲשֶׁר עָשִׂיתִי עִמּוֹ הַיּוֹם בֹּעַז׃ וַתֹּאמֶר נָעֳמִי
לְכַלָּתָהּ בָּרוּךְ הוּא לַיהוָה אֲשֶׁר לֹא־עָזַב חַסְדּוֹ אֶת־הַחַיִּים
וְאֶת־הַמֵּתִים וַתֹּאמֶר לָהּ נָעֳמִי קָרוֹב לָנוּ הָאִישׁ מִגֹּאֲלֵנוּ
21 הוּא׃ ° וַתֹּאמֶר רוּת הַמּוֹאֲבִיָּה גַּם | כִּי־אָמַר אֵלַי עִם־הַנְּעָרִים
אֲשֶׁר־לִי תִּדְבָּקִין עַד אִם־כִּלּוּ אֵת כָּל־הַקָּצִיר אֲשֶׁר־לִי׃
22 וַתֹּאמֶר נָעֳמִי אֶל־רוּת כַּלָּתָהּ טוֹב בִּתִּי כִּי תֵצְאִי עִם־

נערותיו

v. 21. חצי הספר בפסוקים

23 נַעֲרוֹתָיו וְלֹא יִפְגְּעוּ־בָךְ בְּשָׂדֶה אַחֵר׃ וַתִּדְבַּק בְּנַעֲרוֹת בֹּעַז
לְלַקֵּט עַד־כְּלוֹת קְצִיר־הַשְּׂעֹרִים וּקְצִיר הַחִטִּים וַתֵּשֶׁב
אֶת־חֲמוֹתָהּ׃

ג Cap. III. ג

א וַתֹּאמֶר לָהּ נָעֳמִי חֲמוֹתָהּ בִּתִּי הֲלֹא אֲבַקֶּשׁ־לָךְ מָנוֹחַ אֲשֶׁר
2 יִיטַב־לָךְ׃ וְעַתָּה הֲלֹא בֹעַז מֹדַעְתָּנוּ אֲשֶׁר הָיִית אֶת־נַעֲרוֹתָיו
3 הִנֵּה־הוּא זֹרֶה אֶת־גֹּרֶן הַשְּׂעֹרִים הַלָּיְלָה׃ וְרָחַצְתְּ ׀ וָסַכְתְּ
וְשַׂמְתְּ שִׂמְלֹתֵךְ עָלַיִךְ וְיָרַדְתִּי הַגֹּרֶן אַל־תִּוָּדְעִי לָאִישׁ עַד
4 כַּלֹּתוֹ לֶאֱכֹל וְלִשְׁתּוֹת׃ וִיהִי בְשָׁכְבוֹ וְיָדַעַתְּ אֶת־הַמָּקוֹם
אֲשֶׁר יִשְׁכַּב־שָׁם וּבָאת וְגִלִּית מַרְגְּלֹתָיו וְשָׁכָבְתִּי וְהוּא יַגִּיד
ה לָךְ אֵת אֲשֶׁר תַּעֲשִׂין׃ וַתֹּאמֶר אֵלֶיהָ כֹּל אֲשֶׁר־תֹּאמְרִי °
6 7 אֶעֱשֶׂה׃ וַתֵּרֶד הַגֹּרֶן וַתַּעַשׂ כְּכֹל אֲשֶׁר־צִוַּתָּה חֲמוֹתָהּ׃ וַיֹּאכַל
בֹּעַז וַיֵּשְׁתְּ וַיִּיטַב לִבּוֹ וַיָּבֹא לִשְׁכַּב בִּקְצֵה הָעֲרֵמָה וַתָּבֹא
8 בַלָּט וַתְּגַל מַרְגְּלֹתָיו וַתִּשְׁכָּב׃ וַיְהִי בַּחֲצִי הַלַּיְלָה וַיֶּחֱרַד
9 הָאִישׁ וַיִּלָּפֵת וְהִנֵּה אִשָּׁה שֹׁכֶבֶת מַרְגְּלֹתָיו׃ וַיֹּאמֶר מִי־אָתְּ
וַתֹּאמֶר אָנֹכִי רוּת אֲמָתֶךָ וּפָרַשְׂתָּ כְנָפֶךָ עַל־אֲמָתְךָ כִּי גֹאֵל
י אָתָּה׃ וַיֹּאמֶר בְּרוּכָה אַתְּ לַיהוָה בִּתִּי הֵיטַבְתְּ חַסְדֵּךְ הָאַחֲרוֹן
מִן־הָרִאשׁוֹן לְבִלְתִּי־לֶכֶת אַחֲרֵי הַבַּחוּרִים אִם־דַּל וְאִם־
11 עָשִׁיר׃ וְעַתָּה בִּתִּי אַל־תִּירְאִי כֹּל אֲשֶׁר־תֹּאמְרִי אֶעֱשֶׂה־
12 לָּךְ כִּי יוֹדֵעַ כָּל־שַׁעַר עַמִּי כִּי אֵשֶׁת חַיִל אָתְּ׃ וְעַתָּה כִּי
13 אָמְנָם כִּי אִם גֹאֵל אָנֹכִי וְגַם יֵשׁ גֹּאֵל קָרוֹב מִמֶּנִּי׃ לִינִי ׀
הַלַּיְלָה וְהָיָה בַבֹּקֶר אִם־יִגְאָלֵךְ טוֹב יִגְאָל וְאִם־לֹא יַחְפֹּץ
14 לְגָאֳלֵךְ וּגְאַלְתִּיךְ אָנֹכִי חַי־יְהוָה שִׁכְבִי עַד־הַבֹּקֶר׃ וַתִּשְׁכַּב
מַרְגְּלוֹתָו עַד־הַבֹּקֶר וַתָּקָם בְּטֶרֶם יַכִּיר אִישׁ אֶת־רֵעֵהוּ
טו וַיֹּאמֶר אַל־יִוָּדַע כִּי־בָאָה הָאִשָּׁה הַגֹּרֶן׃ וַיֹּאמֶר הָבִי
הַמִּטְפַּחַת אֲשֶׁר־עָלַיִךְ וְאֶחֳזִי־בָהּ וַתֹּאחֶז בָּהּ וַיָּמָד שֵׁשׁ־
16 שְׂעֹרִים וַיָּשֶׁת עָלֶיהָ וַיָּבֹא הָעִיר׃ וַתָּבוֹא אֶל־חֲמוֹתָהּ וַתֹּאמֶר

מי־את

ב׳ v. 3. שמלתיך ק׳ ibid. וירדת ק׳ v. 4. ושכבת ק׳ v. 5. אלי ק׳ ולא כת׳
v. 12. אם כת׳ ולא ק׳ v. 13. ל׳ רבתי בנ״א נ׳ רבתי v. 14. מרגלותיו ק׳ ibid. יתיר ר׳

מִי־אַ֣תְּ בִּתִּ֑י וַתַּ֙גֶּד־לָ֔הּ אֵ֛ת כָּל־אֲשֶׁ֥ר עָֽשָׂה־לָ֖הּ הָאִֽישׁ׃
17 וַתֹּ֕אמֶר שֵׁשׁ־הַשְּׂעֹרִ֥ים הָאֵ֖לֶּה נָ֣תַן לִ֑י כִּ֚י אָמַ֣ר ׳׳ אַל־תָּב֥וֹאִי
18 רֵיקָ֖ם אֶל־חֲמוֹתֵֽךְ׃ וַתֹּ֗אמֶר שְׁבִ֣י בִתִּ֔י עַ֚ד אֲשֶׁ֣ר תֵּֽדְעִ֔ין אֵ֖יךְ
יִפֹּ֣ל דָּבָ֑ר כִּ֣י לֹ֤א יִשְׁקֹט֙ הָאִ֔ישׁ כִּֽי־אִם־כִּלָּ֥ה הַדָּבָ֖ר הַיּֽוֹם׃

Cap. IV. ד

א וּבֹ֨עַז עָלָ֣ה הַשַּׁעַר֮ וַיֵּ֣שֶׁב שָׁם֒ וְהִנֵּ֨ה הַגֹּאֵ֤ל עֹבֵר֙ אֲשֶׁ֣ר דִּבֶּר־
2 בֹּ֔עַז וַיֹּ֛אמֶר ס֥וּרָה שְׁבָה־פֹּ֖ה פְּלֹנִ֣י אַלְמֹנִ֑י וַיָּ֖סַר וַיֵּשֵֽׁב׃ וַיִּקַּ֞ח
3 עֲשָׂרָ֧ה אֲנָשִׁ֛ים מִזִּקְנֵ֥י הָעִ֖יר וַיֹּ֣אמֶר שְׁבוּ־פֹ֑ה וַיֵּשֵֽׁבוּ׃ וַיֹּ֙אמֶר֙
לַגֹּאֵ֔ל חֶלְקַת֙ הַשָּׂדֶ֔ה אֲשֶׁ֥ר לְאָחִ֖ינוּ לֶאֱלִימֶ֑לֶךְ מָכְרָ֣ה נָעֳמִ֔י
4 הַשָּׁ֖בָה מִשְּׂדֵ֥ה מוֹאָֽב׃ וַאֲנִ֨י אָמַ֜רְתִּי אֶגְלֶ֣ה אָזְנְךָ֮ לֵאמֹר֒ קְנֵ֗ה
נֶ֣גֶד הַיֹּשְׁבִים֮ וְנֶ֣גֶד זִקְנֵ֣י עַמִּי֒ אִם־תִּגְאַל֙ גְּאָ֔ל וְאִם־לֹ֨א יִגְאַ֜ל
הַגִּ֣ידָה לִּ֗י וְאֵדַע֙ כִּ֣י אֵ֤ין זוּלָֽתְךָ֙ לִגְא֔וֹל וְאָנֹכִ֖י אַחֲרֶ֑יךָ וַיֹּ֖אמֶר
ה אָנֹכִ֥י אֶגְאָֽל׃ וַיֹּ֣אמֶר בֹּ֔עַז בְּיוֹם־קְנוֹתְךָ֥ הַשָּׂדֶ֖ה מִיַּ֣ד נָעֳמִ֑י
וּ֠מֵאֵת ר֣וּת הַמּוֹאֲבִיָּ֤ה אֵֽשֶׁת־הַמֵּת֙ קָנִ֔יתִי לְהָקִ֥ים שֵׁם־הַמֵּ֖ת
6 עַל־נַחֲלָתֽוֹ׃ וַיֹּ֣אמֶר הַגֹּאֵ֗ל לֹ֤א אוּכַל֙ לִגְא֣וֹל־לִ֔י פֶּן־אַשְׁחִ֖ית
אֶת־נַחֲלָתִ֑י גְּאַל־לְךָ֤ אַתָּה֙ אֶת־גְּאֻלָּתִ֔י כִּ֥י לֹא־אוּכַ֖ל לִגְאֹֽל׃
7 וְזֹאת֩ לְפָנִ֨ים בְּיִשְׂרָאֵ֜ל עַל־הַגְּאוּלָּ֣ה וְעַל־הַתְּמוּרָ֗ה לְקַיֵּ֣ם
כָּל־דָּבָ֔ר שָׁלַ֥ף אִ֛ישׁ נַעֲל֖וֹ וְנָתַ֣ן לְרֵעֵ֑הוּ וְזֹ֥את הַתְּעוּדָ֖ה
8 בְּיִשְׂרָאֵֽל׃ וַיֹּ֧אמֶר הַגֹּאֵ֛ל לְבֹ֖עַז קְנֵה־לָ֑ךְ וַיִּשְׁלֹ֖ף נַעֲלֽוֹ׃
9 וַיֹּ֨אמֶר בֹּ֜עַז לַזְּקֵנִ֣ים וְכָל־הָעָ֗ם עֵדִ֤ים אַתֶּם֙ הַיּ֔וֹם כִּ֤י קָנִ֙יתִי֙
אֶת־כָּל־אֲשֶׁ֣ר לֶֽאֱלִימֶ֔לֶךְ וְאֵ֛ת כָּל־אֲשֶׁ֥ר לְכִלְי֖וֹן וּמַחְל֑וֹן
י מִיַּ֖ד נָעֳמִֽי׃ וְגַ֣ם אֶת־ר֣וּת הַמֹּאֲבִיָּה֩ אֵ֨שֶׁת מַחְל֜וֹן קָנִ֧יתִי לִ֣י
לְאִשָּׁ֗ה לְהָקִ֤ים שֵׁם־הַמֵּת֙ עַל־נַ֣חֲלָת֔וֹ וְלֹא־יִכָּרֵ֧ת שֵׁם־הַמֵּ֛ת
11 מֵעִ֥ם אֶחָ֖יו וּמִשַּׁ֣עַר מְקוֹמ֑וֹ עֵדִ֥ים אַתֶּ֖ם הַיּֽוֹם׃ וַיֹּ֨אמְר֜וּ כָּל־
הָעָ֧ם אֲשֶׁר־בַּשַּׁ֛עַר וְהַזְּקֵנִ֖ים עֵדִ֑ים יִתֵּן֩ יְהוָ֨ה אֶֽת־הָאִשָּׁ֜ה
הַבָּאָ֣ה אֶל־בֵּיתֶ֗ךָ כְּרָחֵ֤ל ׀ וּכְלֵאָה֙ אֲשֶׁ֨ר בָּנ֤וּ שְׁתֵּיהֶם֙ אֶת־
בֵּ֣ית יִשְׂרָאֵ֑ל וַעֲשֵׂה־חַ֣יִל בְּאֶפְרָ֔תָה וּקְרָא־שֵׁ֖ם בְּבֵ֥ית לָֽחֶם׃

ויהי

ג׳ v. 17. אלי ק׳ ולא כת׳ ד׳ v. 4. ואדעה ק׳ v. 5. קנית ק׳ v. 6. לגאל ק׳

12 וִיהִי בֵיתְךָ כְּבֵית פֶּרֶץ אֲשֶׁר־יָלְדָה תָמָר לִיהוּדָה מִן־הַזֶּרַע
13 אֲשֶׁר יִתֵּן יְהוָה לְךָ מִן־הַנַּעֲרָה הַזֹּאת׃ וַיִּקַּח בֹּעַז אֶת־רוּת
וַתְּהִי־לוֹ לְאִשָּׁה וַיָּבֹא אֵלֶיהָ וַיִּתֵּן יְהוָה לָהּ הֵרָיוֹן וַתֵּלֶד בֵּן׃
14 וַתֹּאמַרְנָה הַנָּשִׁים אֶל־נָעֳמִי בָּרוּךְ יְהוָה אֲשֶׁר לֹא הִשְׁבִּית
טו לָךְ גֹּאֵל הַיּוֹם וְיִקָּרֵא שְׁמוֹ בְּיִשְׂרָאֵל׃ וְהָיָה לָךְ לְמֵשִׁיב נֶפֶשׁ
וּלְכַלְכֵּל אֶת־שֵׂיבָתֵךְ כִּי כַלָּתֵךְ אֲשֶׁר־אֲהֵבַתֶךְ יְלָדַתּוּ
16 אֲשֶׁר־הִיא טוֹבָה לָךְ מִשִּׁבְעָה בָּנִים׃ וַתִּקַּח נָעֳמִי אֶת־
17 הַיֶּלֶד וַתְּשִׁתֵהוּ בְחֵיקָהּ וַתְּהִי־לוֹ לְאֹמֶנֶת׃ וַתִּקְרֶאנָה לוֹ
הַשְּׁכֵנוֹת שֵׁם לֵאמֹר יֻלַּד־בֵּן לְנָעֳמִי וַתִּקְרֶאנָה שְׁמוֹ עוֹבֵד
18 הוּא אֲבִי־יִשַׁי אֲבִי דָוִד׃ וְאֵלֶּה תּוֹלְדוֹת פָּרֶץ פֶּרֶץ
19 הוֹלִיד אֶת־חֶצְרוֹן׃ וְחֶצְרוֹן הוֹלִיד אֶת־רָם וְרָם הוֹלִיד
כ אֶת־עַמִּינָדָב׃ וְעַמִּינָדָב הוֹלִיד אֶת־נַחְשׁוֹן וְנַחְשׁוֹן הוֹלִיד
21 אֶת־שַׂלְמָה׃ וְשַׂלְמוֹן הוֹלִיד אֶת־בֹּעַז וּבֹעַז הוֹלִיד אֶת־
22 עוֹבֵד׃ וְעֹבֵד הוֹלִיד אֶת־יִשָׁי וְיִשַׁי הוֹלִיד אֶת־דָּוִד׃

סכום פסוקי דספר רות שמונים וחמשה׃ וסימנו סורה שבה פה פלני
אלמני׃ וחציו ותאמר רות המואביה גם כי אמר אלי׃

איכה

LIBER THRENORUM

א

CAPUT I. א

א אֵיכָה ׀ יָשְׁבָה בָדָד הָעִיר רַבָּתִי עָם הָיְתָה כְּאַלְמָנָה רַבָּתִי
2 בַגּוֹיִם שָׂרָתִי בַּמְּדִינוֹת הָיְתָה לָמַס׃ בָּכוֹ תִבְכֶּה בַּלַּיְלָה
וְדִמְעָתָהּ עַל לֶחֱיָהּ אֵין־לָהּ מְנַחֵם מִכָּל־אֹהֲבֶיהָ כָּל־רֵעֶיהָ
3 בָּגְדוּ בָהּ הָיוּ לָהּ לְאֹיְבִים׃ גָּלְתָה יְהוּדָה מֵעֹנִי וּמֵרֹב
עֲבֹדָה הִיא יָשְׁבָה בַגּוֹיִם לֹא מָצְאָה מָנוֹחַ כָּל־רֹדְפֶיהָ הִשִּׂיגוּהָ
4 בֵּין הַמְּצָרִים׃ דַּרְכֵי צִיּוֹן אֲבֵלוֹת מִבְּלִי בָּאֵי מוֹעֵד כָּל־
שְׁעָרֶיהָ שׁוֹמֵמִין כֹּהֲנֶיהָ נֶאֱנָחִים בְּתוּלֹתֶיהָ נּוּגוֹת וְהִיא מַר־

לָהּ

ה לָהּ: הָיוּ צָרֶיהָ לְרֹאשׁ אֹיְבֶיהָ שָׁלוּ כִּי־יְהוָה הוֹגָהּ עַל
6 רֹב־פְּשָׁעֶיהָ עוֹלָלֶיהָ הָלְכוּ שְׁבִי לִפְנֵי־צָר: וַיֵּצֵא מִן־
בַּת־צִיּוֹן כָּל־הֲדָרָהּ הָיוּ שָׂרֶיהָ כְּאַיָּלִים לֹא־מָצְאוּ מִרְעֶה
7 וַיֵּלְכוּ בְלֹא־כֹחַ לִפְנֵי רוֹדֵף: זָכְרָה יְרוּשָׁלַםִ יְמֵי עָנְיָהּ
וּמְרוּדֶיהָ כֹּל מַחֲמֻדֶיהָ אֲשֶׁר הָיוּ מִימֵי קֶדֶם בִּנְפֹל עַמָּהּ בְּיַד־
8 צָר וְאֵין עוֹזֵר לָהּ רָאוּהָ צָרִים שָׂחֲקוּ עַל־מִשְׁבַּתֶּהָ: חֵטְא
חָטְאָה יְרוּשָׁלַםִ עַל־כֵּן לְנִידָה הָיָתָה כָּל־מְכַבְּדֶיהָ הִזִּילוּהָ
9 כִּי־רָאוּ עֶרְוָתָהּ גַּם־הִיא נֶאֶנְחָה וַתָּשָׁב אָחוֹר: טֻמְאָתָהּ
בְּשׁוּלֶיהָ לֹא זָכְרָה אַחֲרִיתָהּ וַתֵּרֶד פְּלָאִים אֵין מְנַחֵם לָהּ
י רְאֵה יְהוָה אֶת־עָנְיִי כִּי הִגְדִּיל אוֹיֵב: יָדוֹ פָּרַשׂ צָר עַל
כָּל־מַחֲמַדֶּיהָ כִּי־רָאֲתָה גוֹיִם בָּאוּ מִקְדָּשָׁהּ אֲשֶׁר צִוִּיתָה
11 לֹא־יָבֹאוּ בַקָּהָל לָךְ: כָּל־עַמָּהּ נֶאֱנָחִים מְבַקְּשִׁים לֶחֶם
נָתְנוּ מַחֲמוֹדֵיהֶם בְּאֹכֶל לְהָשִׁיב נָפֶשׁ רְאֵה יְהוָה וְהַבִּיטָה כִּי
12 הָיִיתִי זוֹלֵלָה: לוֹא אֲלֵיכֶם כָּל־עֹבְרֵי דֶרֶךְ הַבִּיטוּ וּרְאוּ
אִם־יֵשׁ מַכְאוֹב כְּמַכְאֹבִי אֲשֶׁר עוֹלַל לִי אֲשֶׁר הוֹגָה יְהוָה
13 בְּיוֹם חֲרוֹן אַפּוֹ: מִמָּרוֹם שָׁלַח־אֵשׁ בְּעַצְמֹתַי וַיִּרְדֶּנָּה
פָּרַשׂ רֶשֶׁת לְרַגְלַי הֱשִׁיבַנִי אָחוֹר נְתָנַנִי שֹׁמֵמָה כָּל־הַיּוֹם
14 דָּוָה: נִשְׂקַד עֹל פְּשָׁעַי בְּיָדוֹ יִשְׂתָּרְגוּ עָלוּ עַל־צַוָּארִי
טו הִכְשִׁיל כֹּחִי נְתָנַנִי אֲדֹנָי בִּידֵי לֹא־אוּכַל קוּם: סִלָּה
כָל־אַבִּירַי ׀ אֲדֹנָי בְּקִרְבִּי קָרָא עָלַי מוֹעֵד לִשְׁבֹּר בַּחוּרָי
16 גַּת דָּרַךְ אֲדֹנָי לִבְתוּלַת בַּת־יְהוּדָה: עַל־אֵלֶּה ׀ אֲנִי
בוֹכִיָּה עֵינִי ׀ עֵינִי יֹרְדָה מַּיִם כִּי־רָחַק מִמֶּנִּי מְנַחֵם מֵשִׁיב
17 נַפְשִׁי הָיוּ בָנַי שׁוֹמֵמִים כִּי גָבַר אוֹיֵב: פֵּרְשָׂה צִיּוֹן בְּיָדֶיהָ
אֵין מְנַחֵם לָהּ צִוָּה יְהוָה לְיַעֲקֹב סְבִיבָיו צָרָיו הָיְתָה יְרוּשָׁלַםִ
18 לְנִדָּה בֵּינֵיהֶם: צַדִּיק הוּא יְהוָה כִּי פִיהוּ מָרִיתִי שִׁמְעוּ־
נָא כָל־ עַמִּים וּרְאוּ מַכְאֹבִי בְּתוּלֹתַי וּבַחוּרַי הָלְכוּ
19 בַשֶּׁבִי: קָרָאתִי לַמְאַהֲבַי הֵמָּה רִמּוּנִי כֹּהֲנַי וּזְקֵנַי בָּעִיר

גועו

v. 6. מבת ק׳ v. 11. יתיר ו׳ v. 12. ל׳ זעירא v. 18. העמים ק׳

גָּוָעוּ כִּי־בִקְשׁוּ אֹכֶל לָמוֹ וְיָשִׁיבוּ אֶת־נַפְשָׁם׃ רְאֵה יְהוָה כ
כִּי־צַר־לִי מֵעַי חֳמַרְמָרוּ נֶהְפַּךְ לִבִּי בְּקִרְבִּי כִּי מָרוֹ מָרִיתִי
מִחוּץ שִׁכְּלָה־חֶרֶב בַּבַּיִת כַּמָּוֶת׃ שָׁמְעוּ כִּי נֶאֱנָחָה אָנִי 21
אֵין מְנַחֵם לִי כָּל־אֹיְבַי שָׁמְעוּ רָעָתִי שָׂשׂוּ כִּי אַתָּה עָשִׂיתָ
הֵבֵאתָ יוֹם־קָרָאתָ וְיִהְיוּ כָמוֹנִי׃ תָּבֹא כָל־רָעָתָם לְפָנֶיךָ 22
וְעוֹלֵל לָמוֹ כַּאֲשֶׁר עוֹלַלְתָּ לִי עַל כָּל־פְּשָׁעָי כִּי־רַבּוֹת
אַנְחֹתַי וְלִבִּי דַוָּי׃

ב Cap. II. ב

אֵיכָה יָעִיב בְּאַפּוֹ ׀ אֲדֹנָי אֶת־בַּת־צִיּוֹן הִשְׁלִיךְ מִשָּׁמַיִם אֶרֶץ א
תִּפְאֶרֶת יִשְׂרָאֵל וְלֹא־זָכַר הֲדֹם־רַגְלָיו בְּיוֹם אַפּוֹ׃ בִּלַּע 2
אֲדֹנָי לֹא חָמַל אֵת כָּל־נְאוֹת יַעֲקֹב הָרַס בְּעֶבְרָתוֹ מִבְצְרֵי
בַת־יְהוּדָה הִגִּיעַ לָאָרֶץ חִלֵּל מַמְלָכָה וְשָׂרֶיהָ׃ גָּדַע 3
בָּחֳרִי־אַף כֹּל קֶרֶן יִשְׂרָאֵל הֵשִׁיב אָחוֹר יְמִינוֹ מִפְּנֵי אוֹיֵב
וַיִּבְעַר בְּיַעֲקֹב כְּאֵשׁ לֶהָבָה אָכְלָה סָבִיב׃ דָּרַךְ קַשְׁתּוֹ 4
כְּאוֹיֵב נִצָּב יְמִינוֹ כְּצָר וַיַּהֲרֹג כֹּל מַחֲמַדֵּי־עָיִן בְּאֹהֶל בַּת־
צִיּוֹן שָׁפַךְ כָּאֵשׁ חֲמָתוֹ׃ הָיָה אֲדֹנָי ׀ כְּאוֹיֵב בִּלַּע יִשְׂרָאֵל ה
בִּלַּע כָּל־אַרְמְנוֹתֶיהָ שִׁחֵת מִבְצָרָיו וַיֶּרֶב בְּבַת־יְהוּדָה
תַּאֲנִיָּה וַאֲנִיָּה׃ וַיַּחְמֹס כַּגַּן שֻׂכּוֹ שִׁחֵת מֹעֲדוֹ שִׁכַּח יְהוָה ׀ 6
בְּצִיּוֹן מוֹעֵד וְשַׁבָּת וַיִּנְאַץ בְּזַעַם־אַפּוֹ מֶלֶךְ וְכֹהֵן׃ זָנַח 7
אֲדֹנָי ׀ מִזְבְּחוֹ נִאֵר מִקְדָּשׁוֹ הִסְגִּיר בְּיַד־אוֹיֵב חוֹמֹת אַרְמְנוֹתֶיהָ
קוֹל נָתְנוּ בְּבֵית־יְהוָה כְּיוֹם מוֹעֵד׃ חָשַׁב יְהוָה ׀ לְהַשְׁחִית 8
חוֹמַת בַּת־צִיּוֹן נָטָה קָו לֹא־הֵשִׁיב יָדוֹ מִבַּלֵּעַ וַיַּאֲבֶל־חֵל
וְחוֹמָה יַחְדָּו אֻמְלָלוּ׃ טָבְעוּ בָאָרֶץ שְׁעָרֶיהָ אִבַּד וְשִׁבַּר 9
בְּרִיחֶיהָ מַלְכָּהּ וְשָׂרֶיהָ בַגּוֹיִם אֵין תּוֹרָה גַּם־נְבִיאֶיהָ לֹא־
מָצְאוּ חָזוֹן מֵיְהוָה׃ יֵשְׁבוּ לָאָרֶץ יִדְּמוּ זִקְנֵי בַת־צִיּוֹן י
הֶעֱלוּ עָפָר עַל־רֹאשָׁם חָגְרוּ שַׂקִּים הוֹרִידוּ לָאָרֶץ רֹאשָׁן
בְּתוּלֹת יְרוּשָׁלִָם׃ כָּלוּ בַדְּמָעוֹת עֵינַי חֳמַרְמְרוּ מֵעַי 11

ב׳ v. 2. ולא ק׳ v. 9. ט׳ זעירא

נִשְׁפַּךְ לָאָרֶץ כְּבֵדִי עַל־שֶׁבֶר בַּת־עַמִּי בֵּעָטֵף עוֹלֵל
12 וְיוֹנֵק בִּרְחֹבוֹת קִרְיָה׃ לְאִמֹּתָם יֹאמְרוּ אַיֵּה דָּגָן וָיָיִן
בְּהִתְעַטְּפָם כֶּחָלָל בִּרְחֹבוֹת עִיר בְּהִשְׁתַּפֵּךְ נַפְשָׁם אֶל־חֵיק
13 אִמֹּתָם׃ מָה־אֲעוּדֵךְ מָה אֲדַמֶּה־לָּךְ הַבַּת יְרוּשָׁלַם מָה
אַשְׁוֶה־לָּךְ וַאֲנַחֲמֵךְ בְּתוּלַת בַּת־צִיּוֹן כִּי־גָדוֹל כַּיָּם שִׁבְרֵךְ מִי
14 יִרְפָּא־לָךְ׃ נְבִיאַיִךְ חָזוּ לָךְ שָׁוְא וְתָפֵל וְלֹא־גִלּוּ עַל־עֲוֹנֵךְ
טו לְהָשִׁיב שְׁבִיתֵךְ וַיֶּחֱזוּ לָךְ מַשְׂאוֹת שָׁוְא וּמַדּוּחִים׃ סָפְקוּ
עָלַיִךְ כַּפַּיִם כָּל־עֹבְרֵי דֶרֶךְ שָׁרְקוּ וַיָּנִעוּ רֹאשָׁם עַל־בַּת
יְרוּשָׁלָם הֲזֹאת הָעִיר שֶׁיֹּאמְרוּ כְּלִילַת יֹפִי מָשׂוֹשׂ לְכָל־
16 הָאָרֶץ׃ פָּצוּ עָלַיִךְ פִּיהֶם כָּל־אֹיְבַיִךְ שָׁרְקוּ וַיַּחַרְקוּ־
17 שֵׁן אָמְרוּ בִּלָּעְנוּ אַךְ זֶה הַיּוֹם שֶׁקִּוִּינֻהוּ מָצָאנוּ רָאִינוּ׃ עָשָׂה
יְהוָה אֲשֶׁר זָמָם בִּצַּע אֶמְרָתוֹ אֲשֶׁר צִוָּה מִימֵי־קֶדֶם הָרַס
18 וְלֹא חָמָל וַיְשַׂמַּח עָלַיִךְ אוֹיֵב הֵרִים קֶרֶן צָרָיִךְ׃ צָעַק
לִבָּם אֶל־אֲדֹנָי חוֹמַת בַּת־צִיּוֹן הוֹרִידִי כַנַּחַל דִּמְעָה יוֹמָם
19 וָלַיְלָה אַל־תִּתְּנִי פוּגַת לָךְ אַל־תִּדֹּם בַּת־עֵינֵךְ׃ קוּמִי ׀
רֹנִּי בַלַּיִל לְרֹאשׁ אַשְׁמֻרוֹת שִׁפְכִי כַמַּיִם לִבֵּךְ נֹכַח פְּנֵי אֲדֹנָי
שְׂאִי אֵלָיו כַּפַּיִךְ עַל־נֶפֶשׁ עוֹלָלַיִךְ הָעֲטוּפִים בְּרָעָב בְּרֹאשׁ
כ כָּל־חוּצוֹת׃ רְאֵה יְהוָה וְהַבִּיטָה לְמִי עוֹלַלְתָּ כֹּה אִם־
תֹּאכַלְנָה נָשִׁים פִּרְיָם עֹלְלֵי טִפֻּחִים אִם־יֵהָרֵג בְּמִקְדַּשׁ אֲדֹנָי
21 כֹּהֵן וְנָבִיא׃ שָׁכְבוּ לָאָרֶץ חוּצוֹת נַעַר וְזָקֵן בְּתוּלֹתַי
וּבַחוּרַי נָפְלוּ בֶחָרֶב הָרַגְתָּ בְּיוֹם אַפֶּךָ טָבַחְתָּ לֹא
22 חָמָלְתָּ׃ תִּקְרָא כְיוֹם מוֹעֵד מְגוּרַי מִסָּבִיב וְלֹא הָיָה
בְּיוֹם אַף־יְהוָה פָּלִיט וְשָׂרִיד אֲשֶׁר־טִפַּחְתִּי וְרִבִּיתִי אֹיְבִי
כִלָּם׃

CAP. III. ג

ג
א 2 אֲנִי הַגֶּבֶר רָאָה עֳנִי בְּשֵׁבֶט עֶבְרָתוֹ׃ אוֹתִי נָהַג וַיֹּלַךְ חֹשֶׁךְ
3 4 וְלֹא־אוֹר׃ אַךְ בִּי יָשֻׁב יַהֲפֹךְ יָדוֹ כָּל־הַיּוֹם׃ בִּלָּה

בשרי

ב׳ v. 13. אעידך ק׳ v. 14. שבותך ק׳ v. 19. בלילה ק׳

בְשָׂרִי֙ וְעוֹרִ֔י שִׁבַּ֖ר עַצְמוֹתָֽי׃ בָּנָ֥ה עָלַ֛י וַיַּקַּ֖ף רֹ֥אשׁ וּתְלָאָֽה׃ ה
בְּמַחֲשַׁכִּ֣ים הוֹשִׁיבַ֔נִי כְּמֵתֵ֖י עוֹלָֽם׃ גָּדַ֧ר בַּעֲדִ֛י וְלֹ֥א אֵצֵ֖א 6 7
הִכְבִּ֥יד נְחָשְׁתִּֽי׃ גַּ֣ם כִּ֤י אֶזְעַק֙ וַאֲשַׁוֵּ֔עַ שָׂתַ֖ם תְּפִלָּתִֽי׃ גָּדַ֤ר 8 9
דְּרָכַי֙ בְּגָזִ֔ית נְתִיבֹתַ֖י עִוָּֽה׃ דֹּ֣ב אֹרֵ֥ב הוּא֙ לִ֔י אֲרִ֖יה י
בְּמִסְתָּרִֽים׃ דְּרָכַ֥י סוֹרֵ֛ר וַֽיְפַשְּׁחֵ֖נִי שָׂמַ֥נִי שֹׁמֵֽם׃ דָּרַ֤ךְ קַשְׁתּוֹ֙ 11 12
וַיַּצִּיבֵ֔נִי כַּמַּטָּרָ֖א לַחֵֽץ׃ הֵבִיא֙ בְּכִלְיוֹתָ֔י בְּנֵ֖י אַשְׁפָּתֽוֹ׃ 13
הָיִ֤יתִי שְּׂחֹק֙ לְכָל־עַמִּ֔י נְגִינָתָ֖ם כָּל־הַיּֽוֹם׃ הִשְׂבִּיעַ֥נִי בַמְּרוֹרִ֖ים 14 טו
הִרְוַ֖נִי לַעֲנָֽה׃ וַיַּגְרֵ֤ס בֶּֽחָצָץ֙ שִׁנָּ֔י הִכְפִּישַׁ֖נִי בָּאֵֽפֶר׃ וַתִּזְנַ֧ח 16 17
מִשָּׁל֛וֹם נַפְשִׁ֖י נָשִׁ֥יתִי טוֹבָֽה׃ וָאֹמַר֙ אָבַ֣ד נִצְחִ֔י וְתוֹחַלְתִּ֖י 18
מֵיְהוָֽה׃ זְכָר־עָנְיִ֥י וּמְרוּדִ֖י לַעֲנָ֥ה וָרֹֽאשׁ׃ זָכ֣וֹר 19 כ
תִּזְכּ֔וֹר וְתָשִׁ֥יחַ עָלַ֖י נַפְשִֽׁי׃ זֹ֛את אָשִׁ֥יב אֶל־לִבִּ֖י עַל־כֵּ֥ן 21
אוֹחִֽיל׃ חַֽסְדֵ֤י יְהוָה֙ כִּ֣י לֹא־תָ֔מְנוּ כִּ֥י לֹא־כָל֖וּ רַחֲמָֽיו׃ 22
חֲדָשִׁים֙ לַבְּקָרִ֔ים רַבָּ֖ה אֱמוּנָתֶֽךָ׃ חֶלְקִ֤י יְהוָה֙ אָמְרָ֣ה נַפְשִׁ֔י 23 24
עַל־כֵּ֖ן אוֹחִ֥יל לֽוֹ׃ ט֤וֹב יְהוָה֙ לְקֹוָ֔ו לְנֶ֖פֶשׁ תִּדְרְשֶֽׁנּוּ׃ כה
ט֤וֹב וְיָחִיל֙ וְדוּמָ֔ם לִתְשׁוּעַ֖ת יְהוָֽה׃ ט֣וֹב לַגֶּ֔בֶר כִּֽי־יִשָּׂ֥א עֹ֖ל 26 27
בִּנְעוּרָֽיו׃ יֵשֵׁ֤ב בָּדָד֙ וְיִדֹּ֔ם כִּ֥י נָטַ֖ל עָלָֽיו׃ יִתֵּ֤ן בֶּֽעָפָר֙ 28 29
פִּ֔יהוּ אוּלַ֖י יֵ֥שׁ תִּקְוָֽה׃ יִתֵּ֧ן לְמַכֵּ֛הוּ לֶ֖חִי יִשְׂבַּ֥ע בְּחֶרְפָּֽה׃ כִּ֣י ל 31
לֹ֥א יִזְנַ֛ח לְעוֹלָ֖ם אֲדֹנָֽי׃ כִּ֚י אִם־הוֹגָ֔ה וְרִחַ֖ם כְּרֹ֥ב חֲסָדָֽו׃ 32
כִּ֣י לֹ֤א עִנָּה֙ מִלִּבּ֔וֹ וַיַּגֶּ֖ה בְּנֵי־אִֽישׁ׃ ° לְדַכֵּא֙ תַּ֣חַת רַגְלָ֔יו 33 34
כֹּ֖ל אֲסִ֥ירֵי אָֽרֶץ׃ לְהַטּוֹת֙ מִשְׁפַּט־גָּ֔בֶר נֶ֖גֶד פְּנֵ֥י עֶלְיֽוֹן׃ לה
לְעַוֵּ֤ת אָדָם֙ בְּרִיב֔וֹ אֲדֹנָ֖י לֹ֥א רָאָֽה׃ מִ֣י זֶ֤ה אָמַר֙ וַתֶּ֔הִי 36 37
אֲדֹנָ֖י לֹ֥א צִוָּֽה׃ מִפִּ֤י עֶלְיוֹן֙ לֹ֣א תֵצֵ֔א הָרָע֖וֹת וְהַטּֽוֹב׃ מַה־ 38 39
יִּתְאוֹנֵן֙ אָדָ֣ם חָ֔י גֶּ֖בֶר עַל־חֲטָאָֽו׃ נַחְפְּשָׂ֤ה דְרָכֵ֙ינוּ֙ מ
וְֽנַחְקֹ֔רָה וְנָשׁ֖וּבָה עַד־יְהוָֽה׃ נִשָּׂ֤א לְבָבֵ֙נוּ֙ אֶל־כַּפָּ֔יִם אֶל־אֵ֖ל 41
בַּשָּׁמָֽיִם׃ נַ֤חְנוּ פָשַׁ֙עְנוּ֙ וּמָרִ֔ינוּ אַתָּ֖ה לֹ֥א סָלָֽחְתָּ׃ סַכֹּ֤תָה 42 43
בָאַף֙ וַֽתִּרְדְּפֵ֔נוּ הָרַ֖גְתָּ לֹ֥א חָמָֽלְתָּ׃ סַכֹּ֤תָה בֶֽעָנָן֙ לָ֔ךְ מֵעֲב֖וֹר 44
תְּפִלָּֽה׃ סְחִ֧י וּמָא֛וֹס תְּשִׂימֵ֖נוּ בְּקֶ֥רֶב הָעַמִּֽים׃ פָּצ֥וּ עָלֵ֛ינוּ מה 46

פִּיהֶם

ב׳ v. 10. ארי ק׳ v. 14. סבירין עמים v. 20. ותשוח ק׳ v. 32. חסדיו ק׳
v. 34. חצי הספר בפסוקים v. 39. חטאיו ק׳

47 פִּיהֶם כָּל־אֹיְבֵינוּ׃ פַּחַד וָפַחַת הָיָה לָנוּ הַשֵּׁאת וְהַשָּׁבֶר׃
48 49 פַּלְגֵי־מַיִם תֵּרַד עֵינִי עַל־שֶׁבֶר בַּת־עַמִּי׃ עֵינִי נִגְּרָה
נ וְלֹא תִדְמֶה מֵאֵין הֲפֻגוֹת׃ עַד־יַשְׁקִיף וְיֵרֶא יְהוָה מִשָּׁמָיִם׃
51 52 עֵינִי עוֹלְלָה לְנַפְשִׁי מִכֹּל בְּנוֹת עִירִי׃ צוֹד צָדוּנִי כַּצִּפּוֹר
53 54 אֹיְבַי חִנָּם׃ צָמְתוּ בַבּוֹר חַיָּי וַיַּדּוּ־אֶבֶן בִּי׃ צָפוּ־מַיִם עַל־
נה רֹאשִׁי אָמַרְתִּי נִגְזָרְתִּי׃ קָרָאתִי שִׁמְךָ יְהוָה מִבּוֹר תַּחְתִּיּוֹת׃
56 57 קוֹלִי שָׁמָעְתָּ אַל־תַּעְלֵם אָזְנְךָ לְרַוְחָתִי לְשַׁוְעָתִי׃ קָרַבְתָּ
58 בְּיוֹם אֶקְרָאֶךָּ אָמַרְתָּ אַל־תִּירָא׃ רַבְתָּ אֲדֹנָי רִיבֵי נַפְשִׁי
59 ס גָּאַלְתָּ חַיָּי׃ רָאִיתָה יְהוָה עַוָּתָתִי שָׁפְטָה מִשְׁפָּטִי׃ רָאִיתָה
61 כָּל־נִקְמָתָם כָּל־מַחְשְׁבֹתָם לִי׃ שָׁמַעְתָּ חֶרְפָּתָם יְהוָה
62 כָּל־מַחְשְׁבֹתָם עָלָי׃ שִׂפְתֵי קָמַי וְהֶגְיוֹנָם עָלַי כָּל־הַיּוֹם׃
63 64 שִׁבְתָּם וְקִימָתָם הַבִּיטָה אֲנִי מַנְגִּינָתָם׃ תָּשִׁיב לָהֶם גְּמוּל
סה יְהוָה כְּמַעֲשֵׂה יְדֵיהֶם׃ תִּתֵּן לָהֶם מְגִנַּת־לֵב תַּאֲלָתְךָ לָהֶם׃
66 תִּרְדֹּף בְּאַף וְתַשְׁמִידֵם מִתַּחַת שְׁמֵי יְהוָה׃

CAP. IV. ד

ד

א אֵיכָה יוּעַם זָהָב יִשְׁנֶא הַכֶּתֶם הַטּוֹב תִּשְׁתַּפֵּכְנָה אַבְנֵי־
2 קֹדֶשׁ בְּרֹאשׁ כָּל־חוּצוֹת׃ בְּנֵי צִיּוֹן הַיְקָרִים הַמְסֻלָּאִים
3 בַּפָּז אֵיכָה נֶחְשְׁבוּ לְנִבְלֵי־חֶרֶשׂ מַעֲשֵׂה יְדֵי יוֹצֵר׃ גַּם־
תַּנִּין חָלְצוּ שַׁד הֵינִיקוּ גּוּרֵיהֶן בַּת־עַמִּי לְאַכְזָר כִּי עֵנִים
4 בַּמִּדְבָּר׃ דָּבַק לְשׁוֹן יוֹנֵק אֶל־חִכּוֹ בַּצָּמָא עוֹלָלִים
ה שָׁאֲלוּ לֶחֶם פֹּרֵשׂ אֵין לָהֶם׃ הָאֹכְלִים לְמַעֲדַנִּים נָשַׁמּוּ
6 בַּחוּצוֹת הָאֱמֻנִים עֲלֵי תוֹלָע חִבְּקוּ אַשְׁפַּתּוֹת׃ וַיִּגְדַּל
עֲוֹן בַּת־עַמִּי מֵחַטַּאת סְדֹם הַהֲפוּכָה כְמוֹ־רָגַע וְלֹא־חָלוּ
7 בָהּ יָדָיִם׃ זַכּוּ נְזִירֶיהָ מִשֶּׁלֶג צַחוּ מֵחָלָב אָדְמוּ עֶצֶם
8 מִפְּנִינִים סַפִּיר גִּזְרָתָם׃ חָשַׁךְ מִשְּׁחוֹר תָּאֳרָם לֹא נִכְּרוּ
9 בַּחוּצוֹת צָפַד עוֹרָם עַל־עַצְמָם יָבֵשׁ הָיָה כָעֵץ׃ טוֹבִים
הָיוּ חַלְלֵי־חֶרֶב מֵחַלְלֵי רָעָב שֶׁהֵם יָזוּבוּ מְדֻקָּרִים מִתְּנוּבֹת

שדי

ד׳ v. 3. תנים ק׳ ibid. כיענים ק׳ v. 9. ב׳ טעמים

י שָׁדָֽי׃ יְדֵי נָשִׁים֙ רַחֲמָנִיּוֹת בִּשְּׁלוּ יַלְדֵיהֶן הָיוּ לְבָרוֹת
11 לָמוֹ בְּשֶׁבֶר בַּת־עַמִּֽי׃ כִּלָּה יְהוָה֙ אֶת־חֲמָתוֹ שָׁפַךְ
12 חֲרוֹן אַפּוֹ וַיַּצֶּת־אֵשׁ בְּצִיּוֹן וַתֹּאכַל יְסוֹדֹתֶֽיהָ׃ לֹא הֶאֱמִינוּ֙
מַלְכֵי־אֶרֶץ וְכֹל יֹשְׁבֵי תֵבֵל כִּי יָבֹא֙ צַר וְאוֹיֵב בְּשַׁעֲרֵי
13 יְרוּשָׁלִָֽם׃ מֵחַטֹּאת נְבִיאֶיהָ עֲוֺנֹת כֹּהֲנֶיהָ הַשֹּׁפְכִים בְּקִרְבָּהּ
14 דַּם צַדִּיקִֽים׃ נָעוּ עִוְרִים֙ בַּחוּצוֹת נְגֹאֲלוּ בַּדָּם בְּלֹא יוּכְלוּ
טו יִגְּעוּ בִּלְבֻשֵׁיהֶֽם׃ ס֣וּרוּ טָמֵא קָרְאוּ לָמוֹ סוּרוּ סוּרוּ֙ אַל־
16 תִּגָּעוּ כִּי נָצוּ גַּם־נָעוּ אָמְרוּ֙ בַּגּוֹיִם לֹא יוֹסִפוּ לָגֽוּר׃ פְּנֵי
יְהוָה֙ חִלְּקָם לֹא יוֹסִיף לְהַבִּיטָם פְּנֵי כֹהֲנִים֙ לֹא נָשָׂאוּ זְקֵנִים
17 לֹא חָנָֽנוּ׃ עוֹדֵינָה֙ תִּכְלֶינָה עֵינֵינוּ אֶל־עֶזְרָתֵנוּ הָבֶל
18 בְּצִפִּיָּתֵנוּ צִפִּינוּ אֶל־גּוֹי לֹא יוֹשִֽׁעַ׃ צָדוּ צְעָדֵינוּ מִלֶּכֶת
19 בִּרְחֹבֹתֵינוּ קָרַב קִצֵּנוּ מָלְאוּ יָמֵינוּ כִּי־בָא קִצֵּֽנוּ׃ קַלִּים
הָיוּ֙ רֹדְפֵינוּ מִנִּשְׁרֵי שָׁמָיִם עַל־הֶהָרִים דְּלָקֻנוּ בַּמִּדְבָּר אָרְבוּ
כ לָֽנוּ׃ רוּחַ אַפֵּינוּ֙ מְשִׁיחַ יְהוָה נִלְכַּד בִּשְׁחִיתוֹתָם אֲשֶׁר
21 אָמַרְנוּ בְּצִלּוֹ נִחְיֶה בַגּוֹיִֽם׃ שִׂישִׂי וְשִׂמְחִי֙ בַּת־אֱדוֹם יוֹשֶׁבֶתי
22 בְּאֶרֶץ עוּץ גַּם־עָלַיִךְ֙ תַּעֲבָר־כּוֹס תִּשְׁכְּרִי וְתִתְעָרִֽי׃ תַּם־
עֲוֺנֵךְ֙ בַּת־צִיּוֹן לֹא יוֹסִיף לְהַגְלוֹתֵךְ פָּקַד עֲוֺנֵךְ֙ בַּת־אֱדוֹם
גִּלָּה עַל־חַטֹּאתָֽיִךְ׃

ה CAP. V. ה

א 2 זְכֹר יְהוָה֙ מֶה־הָיָה לָנוּ הַבִּיטָה וּרְאֵה אֶת־חֶרְפָּתֵֽנוּ׃ נַחֲלָתֵנוּ֙
3 נֶהֶפְכָה לְזָרִים בָּתֵּינוּ לְנָכְרִֽים׃ יְתוֹמִים הָיִינוּ֙ אֵין אָב
4 אִמֹּתֵינוּ כְּאַלְמָנֽוֹת׃ מֵימֵינוּ֙ בְּכֶסֶף שָׁתִינוּ עֵצֵינוּ בִּמְחִיר יָבֹֽאוּ׃
ה 6 עַל צַוָּארֵנוּ֙ נִרְדָּפְנוּ יָגַעְנוּ לֹא הֽוּנַֽח־לָֽנוּ׃ מִצְרַיִם֙ נָתַנּוּ יָד
7 אַשּׁוּר לִשְׂבֹּעַ לָֽחֶם׃ אֲבֹתֵינוּ חָטְאוּ֙ אֵינָם אֲנַחְנוּ עֲוֺנֹתֵיהֶם
8 9 סָבָֽלְנוּ׃ עֲבָדִים֙ מָשְׁלוּ בָנוּ פֹּרֵק אֵין מִיָּדָֽם׃ בְּנַפְשֵׁנוּ֙ נָבִיא
י לַחְמֵנוּ מִפְּנֵי חֶרֶב הַמִּדְבָּֽר׃ עוֹרֵנוּ֙ כְּתַנּוּר נִכְמָרוּ מִפְּנֵי
11 12 זַלְעֲפוֹת רָעָֽב׃ נָשִׁים֙ בְּצִיּוֹן עִנּוּ בְּתֻלֹת בְּעָרֵי יְהוּדָֽה׃ שָׂרִים֙

בידם

ד׳ v. 12. כל ק׳ v. 16. וזקנים ק׳ v. 17. עודינו ק׳ v. 21. יושבת ק׳
ה׳ v. 1. הביטה ק׳ v. 3. ואין ק׳ v. 5. ולא ק׳ v. 7. ואינם ק׳ ibid. ואנחנו ק׳

13 בְּיָדָם נִתְלוּ פְּנֵי זְקֵנִים לֹא נֶהְדָּרוּ׃ בַּחוּרִים טְחוֹן נָשָׂאוּ
14 וּנְעָרִים בָּעֵץ כָּשָׁלוּ׃ זְקֵנִים מִשַּׁעַר שָׁבָתוּ בַּחוּרִים מִנְּגִינָתָם׃
טו 16 שָׁבַת מְשׂוֹשׂ לִבֵּנוּ נֶהְפַּךְ לְאֵבֶל מְחוֹלֵנוּ׃ נָפְלָה עֲטֶרֶת רֹאשֵׁנוּ
17 אוֹי־נָא לָנוּ כִּי חָטָאנוּ׃ עַל־זֶה הָיָה דָוֶה לִבֵּנוּ עַל־אֵלֶּה
18 חָשְׁכוּ עֵינֵינוּ׃ עַל הַר־צִיּוֹן שֶׁשָּׁמֵם שׁוּעָלִים הִלְּכוּ־בוֹ׃
19 כ אַתָּה יְהוָה לְעוֹלָם תֵּשֵׁב כִּסְאֲךָ לְדוֹר וָדוֹר׃ לָמָּה לָנֶצַח
21 תִּשְׁכָּחֵנוּ תַּעַזְבֵנוּ לְאֹרֶךְ יָמִים׃ הֲשִׁיבֵנוּ יְהוָה ׀ אֵלֶיךָ וְנָשׁוּבָ
22 חַדֵּשׁ יָמֵינוּ כְּקֶדֶם׃ כִּי אִם־מָאֹס מְאַסְתָּנוּ קָצַפְתָּ עָלֵינוּ עַד־
מְאֹד׃

השיבנו יהוה אליך ונשובה חדש ימינו כקדם: סימן ית״קק: סכום פסוקי איכה מאה וחמשים וארבעה. וסימנו יסע קדים בשמים. וחציו לדכא תחת רגלין:

קהלת

LIBER ECCLESIASTAE

CAPUT I. א

א

א 2 דִּבְרֵי קֹהֶלֶת בֶּן־דָּוִד מֶלֶךְ בִּירוּשָׁלִָם׃ הֲבֵל הֲבָלִים אָמַר
3 קֹהֶלֶת הֲבֵל הֲבָלִים הַכֹּל הָבֶל׃ מַה־יִּתְרוֹן לָאָדָם בְּכָל־
4 עֲמָלוֹ שֶׁיַּעֲמֹל תַּחַת הַשָּׁמֶשׁ׃ דּוֹר הֹלֵךְ וְדוֹר בָּא וְהָאָרֶץ
ה לְעוֹלָם עֹמָדֶת׃ וְזָרַח הַשֶּׁמֶשׁ וּבָא הַשָּׁמֶשׁ וְאֶל־מְקוֹמוֹ שׁוֹאֵף
6 זוֹרֵחַ הוּא שָׁם׃ הוֹלֵךְ אֶל־דָּרוֹם וְסוֹבֵב אֶל־צָפוֹן סוֹבֵב ׀
7 סֹבֵב הוֹלֵךְ הָרוּחַ וְעַל־סְבִיבֹתָיו שָׁב הָרוּחַ׃ כָּל־הַנְּחָלִים
הֹלְכִים אֶל־הַיָּם וְהַיָּם אֵינֶנּוּ מָלֵא אֶל־מְקוֹם שֶׁהַנְּחָלִים
8 הֹלְכִים שָׁם הֵם שָׁבִים לָלָכֶת׃ כָּל־הַדְּבָרִים יְגֵעִים לֹא־
יוּכַל אִישׁ לְדַבֵּר לֹא־תִשְׂבַּע עַיִן לִרְאוֹת וְלֹא־תִמָּלֵא אֹזֶן
9 מִשְּׁמֹעַ׃ מַה־שֶּׁהָיָה הוּא שֶׁיִּהְיֶה וּמַה־שֶּׁנַּעֲשָׂה הוּא שֶׁיֵּעָשֶׂה

ה׳ v. 21. ונשובה ק׳

י וְאֵ֥ין כָּל־חָדָ֖שׁ תַּ֥חַת הַשָּֽׁמֶשׁ׃ יֵ֥שׁ דָּבָ֛ר שֶׁיֹּאמַ֥ר רְאֵה־זֶ֖ה חָדָ֣שׁ
11 ה֑וּא כְּבָר֙ הָיָ֣ה לְעֹֽלָמִ֔ים אֲשֶׁ֥ר הָיָ֖ה מִלְּפָנֵֽנוּ׃ אֵ֥ין זִכְר֖וֹן
לָרִאשֹׁנִ֑ים וְגַ֨ם לָאַחֲרֹנִ֜ים שֶׁיִּהְי֗וּ לֹא־יִהְיֶ֤ה לָהֶם֙ זִכָּר֔וֹן עִ֥ם
12 שֶׁיִּהְי֖וּ לָאַחֲרֹנָֽה׃ אֲנִ֣י קֹהֶ֗לֶת הָיִ֥יתִי מֶ֛לֶךְ עַל־יִשְׂרָאֵ֖ל
13 בִּירוּשָׁלִָֽם׃ וְנָתַ֣תִּי אֶת־לִבִּ֗י לִדְר֤וֹשׁ וְלָתוּר֙ בַּֽחָכְמָ֔ה עַ֛ל
כָּל־אֲשֶׁ֥ר נַעֲשָׂ֖ה תַּ֣חַת הַשָּׁמָ֑יִם ה֣וּא ׀ עִנְיַ֣ן רָ֗ע נָתַ֧ן אֱלֹהִ֛ים
14 לִבְנֵ֥י הָאָדָ֖ם לַעֲנ֥וֹת בּֽוֹ׃ רָאִ֙יתִי֙ אֶת־כָּל־הַֽמַּעֲשִׂ֔ים שֶֽׁנַּעֲשׂ֖וּ
טו תַּ֣חַת הַשָּׁ֑מֶשׁ וְהִנֵּ֥ה הַכֹּ֛ל הֶ֖בֶל וּרְע֥וּת רֽוּחַ׃ מְעֻוָּ֖ת לֹא־יוּכַ֣ל
16 לִתְקֹ֑ן וְחֶסְר֖וֹן לֹא־יוּכַ֥ל לְהִמָּנֽוֹת׃ דִּבַּ֨רְתִּי אֲנִ֤י עִם־לִבִּי֙
לֵאמֹ֔ר אֲנִ֗י הִנֵּ֨ה הִגְדַּ֤לְתִּי וְהוֹסַ֙פְתִּי֙ חָכְמָ֔ה עַ֥ל כָּל־אֲשֶׁר־
הָיָ֥ה לְפָנַ֖י עַל־יְרוּשָׁלִָ֑ם וְלִבִּ֛י רָאָ֥ה הַרְבֵּ֖ה חָכְמָ֥ה וָדָֽעַת׃
17 וָאֶתְּנָ֤ה לִבִּי֙ לָדַ֣עַת חָכְמָ֔ה וְדַ֥עַת הוֹלֵל֖וֹת וְשִׂכְל֑וּת יָדַ֕עְתִּי
18 שֶׁגַּם־זֶ֥ה ה֖וּא רַעְי֥וֹן רֽוּחַ׃ כִּ֛י בְּרֹ֥ב חָכְמָ֖ה רָב־כָּ֑עַס וְיוֹסִ֥יף
דַּ֖עַת יוֹסִ֥יף מַכְאֽוֹב׃ °

ב Cap. II. ב

א אָמַ֤רְתִּֽי אֲנִי֙ בְּלִבִּ֔י לְכָה־נָּ֛א אֲנַסְּכָ֥ה בְשִׂמְחָ֖ה וּרְאֵ֣ה בְט֑וֹב
2 וְהִנֵּ֥ה גַם־ה֖וּא הָֽבֶל׃ לִשְׂח֖וֹק אָמַ֣רְתִּי מְהוֹלָ֑ל וּלְשִׂמְחָ֖ה מַה־
3 זֹּ֥ה עֹשָֽׂה׃ תַּ֣רְתִּי בְלִבִּ֔י לִמְשׁ֥וֹךְ בַּיַּ֖יִן אֶת־בְּשָׂרִ֑י וְלִבִּ֞י נֹהֵ֣ג
בַּֽחָכְמָ֗ה וְלֶאֱחֹ֣ז בְּסִכְל֔וּת עַ֣ד אֲשֶׁר־אֶרְאֶ֗ה אֵי־זֶ֨ה ט֜וֹב לִבְנֵ֣י
4 הָאָדָ֗ם אֲשֶׁ֤ר יַעֲשׂוּ֙ תַּ֣חַת הַשָּׁמַ֔יִם מִסְפַּ֖ר יְמֵ֥י חַיֵּיהֶֽם׃ הִגְדַּ֖לְתִּי
ה מַעֲשָׂ֑י בָּנִ֤יתִי לִי֙ בָּתִּ֔ים נָטַ֥עְתִּי לִ֖י כְּרָמִֽים׃ עָשִׂ֣יתִי לִ֔י גַּנּ֖וֹת
6 וּפַרְדֵּסִ֑ים וְנָטַ֥עְתִּי בָהֶ֖ם עֵ֥ץ כָּל־פֶּֽרִי׃ עָשִׂ֥יתִי לִ֖י בְּרֵכ֣וֹת
7 מָ֑יִם לְהַשְׁק֣וֹת מֵהֶ֔ם יַ֖עַר צוֹמֵ֥חַ עֵצִֽים׃ קָנִ֙יתִי֙ עֲבָדִ֣ים וּשְׁפָח֔וֹת
וּבְנֵי־בַ֖יִת הָ֣יָה לִ֑י גַּ֣ם מִקְנֶה֩ בָקָ֨ר וָצֹ֤אן הַרְבֵּה֙ הָ֣יָה לִ֔י מִכֹּ֖ל
8 שֶׁהָי֥וּ לְפָנַ֖י בִּירוּשָׁלִָֽם׃ כָּנַ֤סְתִּי לִי֙ גַּם־כֶּ֣סֶף וְזָהָ֔ב וּסְגֻלַּ֥ת
מְלָכִ֖ים וְהַמְּדִינ֑וֹת עָשִׂ֨יתִי לִ֜י שָׁרִ֣ים וְשָׁר֗וֹת וְתַֽעֲנוּגֹ֛ת בְּנֵ֥י

האדם

א׳ v. 18. אין כאן פסקא

9 הָאָדָם שִׁדָּה וְשִׁדּוֹת׃ וְגָדַלְתִּי וְהוֹסַפְתִּי מִכֹּל שֶׁהָיָה לְפָנַי
י בִּירוּשָׁלָ͏ִם אַף חָכְמָתִי עָמְדָה לִּי׃ וְכֹל אֲשֶׁר שָׁאֲלוּ עֵינַי לֹא
אָצַלְתִּי מֵהֶם לֹא־מָנַעְתִּי אֶת־לִבִּי מִכָּל־שִׂמְחָה כִּי־לִבִּי
11 שָׂמֵחַ מִכָּל־עֲמָלִי וְזֶה־הָיָה חֶלְקִי מִכָּל־עֲמָלִי׃ וּפָנִיתִי אֲנִי
בְּכָל־מַעֲשַׂי שֶׁעָשׂוּ יָדַי וּבֶעָמָל שֶׁעָמַלְתִּי לַעֲשׂוֹת וְהִנֵּה הַכֹּל
12 הֶבֶל וּרְעוּת רוּחַ וְאֵין יִתְרוֹן תַּחַת הַשָּׁמֶשׁ׃ וּפָנִיתִי אֲנִי
לִרְאוֹת חָכְמָה וְהוֹלֵלוֹת וְסִכְלוּת כִּי ׀ מֶה הָאָדָם שֶׁיָּבוֹא
13 אַחֲרֵי הַמֶּלֶךְ אֵת אֲשֶׁר־כְּבָר עָשׂוּהוּ׃ וְרָאִיתִי אָנִי שֶׁיֵּשׁ
יִתְרוֹן לַחָכְמָה מִן־הַסִּכְלוּת כִּיתְרוֹן הָאוֹר מִן־הַחֹשֶׁךְ׃
14 הֶחָכָם עֵינָיו בְּרֹאשׁוֹ וְהַכְּסִיל בַּחֹשֶׁךְ הוֹלֵךְ וְיָדַעְתִּי גַם־אָנִי
טו שֶׁמִּקְרֶה אֶחָד יִקְרֶה אֶת־כֻּלָּם׃ וְאָמַרְתִּי אֲנִי בְּלִבִּי כְּמִקְרֵה
הַכְּסִיל גַּם־אֲנִי יִקְרֵנִי וְלָמָּה חָכַמְתִּי אֲנִי אָז יוֹתֵר וְדִבַּרְתִּי
16 בְלִבִּי שֶׁגַּם־זֶה הָבֶל׃ כִּי אֵין זִכְרוֹן לֶחָכָם עִם־הַכְּסִיל
לְעוֹלָם בְּשֶׁכְּבָר הַיָּמִים הַבָּאִים הַכֹּל נִשְׁכָּח וְאֵיךְ יָמוּת
17 הֶחָכָם עִם־הַכְּסִיל׃ וְשָׂנֵאתִי אֶת־הַחַיִּים כִּי רַע עָלַי הַמַּעֲשֶׂה
18 שֶׁנַּעֲשָׂה תַּחַת הַשָּׁמֶשׁ כִּי־הַכֹּל הֶבֶל וּרְעוּת רוּחַ׃ וְשָׂנֵאתִי
אֲנִי אֶת־כָּל־עֲמָלִי שֶׁאֲנִי עָמֵל תַּחַת הַשָּׁמֶשׁ שֶׁאַנִּיחֶנּוּ לָאָדָם
19 שֶׁיִּהְיֶה אַחֲרָי׃ וּמִי יוֹדֵעַ הֶחָכָם יִהְיֶה אוֹ סָכָל וְיִשְׁלַט בְּכָל־
כ עֲמָלִי שֶׁעָמַלְתִּי וְשֶׁחָכַמְתִּי תַּחַת הַשָּׁמֶשׁ גַּם־זֶה הָבֶל׃ וְסַבּוֹתִי
אֲנִי לְיַאֵשׁ אֶת־לִבִּי עַל כָּל־הֶעָמָל שֶׁעָמַלְתִּי תַּחַת הַשָּׁמֶשׁ׃
21 כִּי־יֵשׁ אָדָם שֶׁעֲמָלוֹ בְּחָכְמָה וּבְדַעַת וּבְכִשְׁרוֹן וּלְאָדָם שֶׁלֹּא
22 עָמַל־בּוֹ יִתְּנֶנּוּ חֶלְקוֹ גַּם־זֶה הֶבֶל וְרָעָה רַבָּה׃ כִּי מֶה־
הֹוֶה לָאָדָם בְּכָל־עֲמָלוֹ וּבְרַעְיוֹן לִבּוֹ שֶׁהוּא עָמֵל תַּחַת
23 הַשָּׁמֶשׁ׃ כִּי כָל־יָמָיו מַכְאֹבִים וָכַעַס עִנְיָנוֹ גַּם־בַּלַּיְלָה לֹא־
24 שָׁכַב לִבּוֹ גַּם־זֶה הֶבֶל הוּא׃ אֵין־טוֹב בָּאָדָם שֶׁיֹּאכַל וְשָׁתָה
וְהֶרְאָה אֶת־נַפְשׁוֹ טוֹב בַּעֲמָלוֹ גַּם־זֹה רָאִיתִי אָנִי כִּי מִיַּד
כה 26 הָאֱלֹהִים הִיא׃ כִּי מִי יֹאכַל וּמִי יָחוּשׁ חוּץ מִמֶּנִּי׃ כִּי לְאָדָם
שֶׁטּוֹב לְפָנָיו נָתַן חָכְמָה וְדַעַת וְשִׂמְחָה וְלַחוֹטֶא נָתַן עִנְיָן

לאסוף

לֶאֱסוֹף וְלִכְנוֹס לָתֵת לְטוֹב לִפְנֵי הָאֱלֹהִים גַּם־זֶה הֶבֶל
וּרְעוּת רוּחַ׃

ג Cap. III. ג

א לַכֹּל זְמָן וְעֵת לְכָל־חֵפֶץ תַּחַת הַשָּׁמָיִם׃

2 עֵת לָלֶדֶת וְעֵת לָמוּת
עֵת לָטַעַת וְעֵת לַעֲקוֹר נָטוּעַ׃
3 עֵת לַהֲרוֹג וְעֵת לִרְפּוֹא
עֵת לִפְרוֹץ וְעֵת לִבְנוֹת׃
4 עֵת לִבְכּוֹת וְעֵת לִשְׂחוֹק
עֵת סְפוֹד וְעֵת רְקוֹד׃
ה עֵת לְהַשְׁלִיךְ אֲבָנִים וְעֵת כְּנוֹס אֲבָנִים
עֵת לַחֲבוֹק וְעֵת לִרְחֹק מֵחַבֵּק׃
6 עֵת לְבַקֵּשׁ וְעֵת לְאַבֵּד
עֵת לִשְׁמוֹר וְעֵת לְהַשְׁלִיךְ׃
7 עֵת לִקְרוֹעַ וְעֵת לִתְפּוֹר
עֵת לַחֲשׁוֹת וְעֵת לְדַבֵּר׃
8 עֵת לֶאֱהֹב וְעֵת לִשְׂנֹא
עֵת מִלְחָמָה וְעֵת שָׁלוֹם׃

9 י מַה־יִּתְרוֹן הָעוֹשֶׂה בַּאֲשֶׁר הוּא עָמֵל׃ רָאִיתִי אֶת־הָעִנְיָן
11 אֲשֶׁר נָתַן אֱלֹהִים לִבְנֵי הָאָדָם לַעֲנוֹת בּוֹ׃ אֶת־הַכֹּל עָשָׂה
יָפֶה בְעִתּוֹ גַּם אֶת־הָעֹלָם נָתַן בְּלִבָּם מִבְּלִי אֲשֶׁר לֹא־יִמְצָא
הָאָדָם אֶת־הַמַּעֲשֶׂה אֲשֶׁר־עָשָׂה הָאֱלֹהִים מֵרֹאשׁ וְעַד־סוֹף׃
12 יָדַעְתִּי כִּי אֵין טוֹב בָּם כִּי אִם־לִשְׂמוֹחַ וְלַעֲשׂוֹת טוֹב בְּחַיָּיו׃
13 וְגַם כָּל־הָאָדָם שֶׁיֹּאכַל וְשָׁתָה וְרָאָה טוֹב בְּכָל־עֲמָלוֹ מַתַּת
14 אֱלֹהִים הִיא׃ יָדַעְתִּי כִּי כָּל־אֲשֶׁר יַעֲשֶׂה הָאֱלֹהִים הוּא יִהְיֶה
לְעוֹלָם עָלָיו אֵין לְהוֹסִיף וּמִמֶּנּוּ אֵין לִגְרֹעַ וְהָאֱלֹהִים עָשָׂה
טו שֶׁיִּרְאוּ מִלְּפָנָיו׃ מַה־שֶּׁהָיָה כְּבָר הוּא וַאֲשֶׁר לִהְיוֹת כְּבָר

היה

ב׳ v. 26. אין כאן פסקא

16 הָיָה וְהָאֱלֹהִים יְבַקֵּשׁ אֶת־נִרְדָּף׃ וְעוֹד רָאִיתִי תַּחַת הַשָּׁמֶשׁ
מְקוֹם הַמִּשְׁפָּט שָׁמָּה הָרֶשַׁע וּמְקוֹם הַצֶּדֶק שָׁמָּה הָרָשַׁע׃
17 אָמַרְתִּי אֲנִי בְּלִבִּי אֶת־הַצַּדִּיק וְאֶת־הָרָשָׁע יִשְׁפֹּט הָאֱלֹהִים
18 כִּי־עֵת לְכָל־חֵפֶץ וְעַל כָּל־הַמַּעֲשֶׂה שָׁם׃ אָמַרְתִּי אֲנִי
בְּלִבִּי עַל־דִּבְרַת בְּנֵי הָאָדָם לְבָרָם הָאֱלֹהִים וְלִרְאוֹת
19 שָׁהֶם־בְּהֵמָה הֵמָּה לָהֶם׃ כִּי מִקְרֶה בְנֵי־הָאָדָם וּמִקְרֶה
הַבְּהֵמָה וּמִקְרֶה אֶחָד לָהֶם כְּמוֹת זֶה כֵּן מוֹת זֶה וְרוּחַ אֶחָד
כ לַכֹּל וּמוֹתַר הָאָדָם מִן־הַבְּהֵמָה אָיִן כִּי הַכֹּל הָבֶל׃ הַכֹּל
הוֹלֵךְ אֶל־מָקוֹם אֶחָד הַכֹּל הָיָה מִן־הֶעָפָר וְהַכֹּל שָׁב אֶל־
21 הֶעָפָר׃ מִי יוֹדֵעַ רוּחַ בְּנֵי הָאָדָם הָעֹלָה הִיא לְמָעְלָה וְרוּחַ
22 הַבְּהֵמָה הַיֹּרֶדֶת הִיא לְמַטָּה לָאָרֶץ׃ וְרָאִיתִי כִּי אֵין טוֹב
מֵאֲשֶׁר יִשְׂמַח הָאָדָם בְּמַעֲשָׂיו כִּי־הוּא חֶלְקוֹ כִּי מִי יְבִיאֶנּוּ
לִרְאוֹת בְּמֶה שֶׁיִּהְיֶה אַחֲרָיו׃ °

Cap. IV. ד

ד

א וְשַׁבְתִּי אֲנִי וָאֶרְאֶה אֶת־כָּל־הָעֲשֻׁקִים אֲשֶׁר נַעֲשִׂים תַּחַת
הַשָּׁמֶשׁ וְהִנֵּה ׀ דִּמְעַת הָעֲשֻׁקִים ׀ וְאֵין לָהֶם מְנַחֵם וּמִיַּד
2 עֹשְׁקֵיהֶם כֹּחַ וְאֵין לָהֶם מְנַחֵם׃ וְשַׁבֵּחַ אֲנִי אֶת־הַמֵּתִים
3 שֶׁכְּבָר מֵתוּ מִן־הַחַיִּים אֲשֶׁר הֵמָּה חַיִּים עֲדֶנָה׃ וְטוֹב
מִשְּׁנֵיהֶם אֵת אֲשֶׁר־עֲדֶן לֹא הָיָה אֲשֶׁר לֹא־רָאָה אֶת־
4 הַמַּעֲשֶׂה הָרָע אֲשֶׁר נַעֲשָׂה תַּחַת הַשָּׁמֶשׁ׃ וְרָאִיתִי אֲנִי
אֶת־כָּל־עָמָל וְאֵת כָּל־כִּשְׁרוֹן הַמַּעֲשֶׂה כִּי הִיא קִנְאַת־אִישׁ
ה מֵרֵעֵהוּ גַּם־זֶה הֶבֶל וּרְעוּת רוּחַ׃ הַכְּסִיל חֹבֵק אֶת־יָדָיו
6 וְאֹכֵל אֶת־בְּשָׂרוֹ׃ טוֹב מְלֹא כַף נָחַת מִמְּלֹא חָפְנַיִם עָמָל
7 8 וּרְעוּת רוּחַ׃ וְשַׁבְתִּי אֲנִי וָאֶרְאֶה הֶבֶל תַּחַת הַשָּׁמֶשׁ׃ יֵשׁ
אֶחָד וְאֵין שֵׁנִי גַּם בֵּן וָאָח אֵין־לוֹ וְאֵין קֵץ לְכָל־עֲמָלוֹ גַּם־
עֵינוֹ לֹא־תִשְׂבַּע עֹשֶׁר וּלְמִי ׀ אֲנִי עָמֵל וּמְחַסֵּר אֶת־נַפְשִׁי
9 מִטּוֹבָה גַּם־זֶה הֶבֶל וְעִנְיַן רָע הוּא׃ טוֹבִים הַשְּׁנַיִם מִן־

האחד

ג׳ v. 22. אין כאן פסקא   ד׳ v. 8. עינו ק׳

י הָאֶחָד אֲשֶׁר יֵשׁ־לָהֶם שָׂכָר טוֹב בַּעֲמָלָם׃ כִּי אִם־יִפֹּלוּ
11 הָאֶחָד יָקִים אֶת־חֲבֵרוֹ וְאִילוֹ הָאֶחָד שֶׁיִּפֹּל וְאֵין שֵׁנִי לַהֲקִימוֹ׃
12 גַּם אִם־יִשְׁכְּבוּ שְׁנַיִם וְחַם לָהֶם וּלְאֶחָד אֵיךְ יֵחָם׃ וְאִם־
יִתְקְפוֹ הָאֶחָד הַשְּׁנַיִם יַעַמְדוּ נֶגְדּוֹ וְהַחוּט הַמְשֻׁלָּשׁ לֹא בִמְהֵרָה
13 יִנָּתֵק׃ טוֹב יֶלֶד מִסְכֵּן וְחָכָם מִמֶּלֶךְ זָקֵן וּכְסִיל אֲשֶׁר לֹא־
14 יָדַע לְהִזָּהֵר עוֹד׃ כִּי־מִבֵּית הָסוּרִים יָצָא לִמְלֹךְ כִּי גַּם
טו בְּמַלְכוּתוֹ נוֹלַד רָשׁ׃ רָאִיתִי אֶת־כָּל־הַחַיִּים הַמְהַלְּכִים
16 תַּחַת הַשָּׁמֶשׁ עִם הַיֶּלֶד הַשֵּׁנִי אֲשֶׁר יַעֲמֹד תַּחְתָּיו׃ אֵין־קֵץ
לְכָל־הָעָם לְכֹל אֲשֶׁר־הָיָה לִפְנֵיהֶם גַּם הָאַחֲרוֹנִים לֹא
17 יִשְׂמְחוּ־בוֹ כִּי־גַם־זֶה הֶבֶל וְרַעְיוֹן רוּחַ׃ שְׁמֹר רַגְלְיךָ כַּאֲשֶׁר
תֵּלֵךְ אֶל־בֵּית הָאֱלֹהִים וְקָרוֹב לִשְׁמֹעַ מִתֵּת הַכְּסִילִים זָבַח
כִּי־אֵינָם יוֹדְעִים לַעֲשׂוֹת רָע׃

ה CAP. V. ה

א אַל־תְּבַהֵל עַל־פִּיךָ וְלִבְּךָ אַל־יְמַהֵר לְהוֹצִיא דָבָר לִפְנֵי
הָאֱלֹהִים כִּי הָאֱלֹהִים בַּשָּׁמַיִם וְאַתָּה עַל־הָאָרֶץ עַל־כֵּן
2 יִהְיוּ דְבָרֶיךָ מְעַטִּים׃ כִּי בָּא הַחֲלוֹם בְּרֹב עִנְיָן וְקוֹל כְּסִיל
3 בְּרֹב דְּבָרִים׃ כַּאֲשֶׁר תִּדֹּר נֶדֶר לֵאלֹהִים אַל־תְּאַחֵר לְשַׁלְּמוֹ
4 כִּי אֵין חֵפֶץ בַּכְּסִילִים אֵת אֲשֶׁר־תִּדֹּר שַׁלֵּם׃ טוֹב אֲשֶׁר
ה לֹא־תִדֹּר מִשֶּׁתִּדּוֹר וְלֹא תְשַׁלֵּם׃ אַל־תִּתֵּן אֶת־פִּיךָ לַחֲטִיא
אֶת־בְּשָׂרֶךָ וְאַל־תֹּאמַר לִפְנֵי הַמַּלְאָךְ כִּי שְׁגָגָה הִיא לָמָּה
6 יִקְצֹף הָאֱלֹהִים עַל־קוֹלֶךָ וְחִבֵּל אֶת־מַעֲשֵׂה יָדֶיךָ׃ כִּי בְרֹב
חֲלֹמוֹת וַהֲבָלִים וּדְבָרִים הַרְבֵּה כִּי אֶת־הָאֱלֹהִים יְרָא׃
7 אִם־עֹשֶׁק רָשׁ וְגֵזֶל מִשְׁפָּט וָצֶדֶק תִּרְאֶה בַמְּדִינָה אַל־תִּתְמַהּ
8 עַל־הַחֵפֶץ כִּי גָבֹהַּ מֵעַל גָּבֹהַּ שֹׁמֵר וּגְבֹהִים עֲלֵיהֶם׃ וְיִתְרוֹן
9 אֶרֶץ בַּכֹּל הִיא מֶלֶךְ לְשָׂדֶה נֶעֱבָד׃ אֹהֵב כֶּסֶף לֹא־יִשְׂבַּע
י כֶּסֶף וּמִי־אֹהֵב בֶּהָמוֹן לֹא תְבוּאָה גַּם־זֶה הָבֶל׃ בִּרְבוֹת
הַטּוֹבָה רַבּוּ אוֹכְלֶיהָ וּמַה־כִּשְׁרוֹן לִבְעָלֶיהָ כִּי אִם־רְאִית

עיניו

ד׳ v. 17. רגלך ק׳   ה׳ v. 8. הוא ק׳   v. 10. ראות ק׳

11 עֵינָֽיו׃ מְתוּקָה֙ שְׁנַ֣ת הָעֹבֵ֔ד אִם־מְעַ֥ט וְאִם־הַרְבֵּ֖ה יֹאכֵ֑ל
12 וְהַשָּׂבָע֙ לֶֽעָשִׁ֔יר אֵינֶ֛נּוּ מַנִּ֥יחַֽ ל֖וֹ לִישֽׁוֹן׃ יֵ֚שׁ רָעָ֣ה חוֹלָ֔ה רָאִ֖יתִי
13 תַּ֣חַת הַשָּׁ֑מֶשׁ עֹ֛שֶׁר שָׁמ֥וּר לִבְעָלָ֖יו לְרָעָתֽוֹ׃ וְאָבַ֛ד הָעֹ֥שֶׁר
14 הַה֖וּא בְּעִנְיַ֣ן רָ֑ע וְהוֹלִ֣יד בֵּ֔ן וְאֵ֥ין בְּיָד֖וֹ מְאֽוּמָה׃ כַּאֲשֶׁ֤ר יָצָא֙
מִבֶּ֣טֶן אִמּ֔וֹ עָר֕וֹם יָשׁ֥וּב לָלֶ֖כֶת כְּשֶׁבָּ֑א וּמְא֨וּמָה֙ לֹא־יִשָּׂ֣א
טו בַעֲמָל֔וֹ שֶׁיֹּלֵ֖ךְ בְּיָדֽוֹ׃ וְגַם־זֹה֙ רָעָ֣ה חוֹלָ֔ה כָּל־עֻמַּ֥ת שֶׁבָּ֖א
16 כֵּ֣ן יֵלֵ֑ךְ וּמַה־יִּתְר֣וֹן ל֔וֹ שֶֽׁיַּעֲמֹ֖ל לָרֽוּחַ׃ גַּ֥ם כָּל־יָמָ֖יו בַּחֹ֣שֶׁךְ
17 יֹאכֵ֑ל וְכָעַ֥ס הַרְבֵּ֖ה וְחָלְי֥וֹ וָקָֽצֶף׃ הִנֵּ֞ה אֲשֶׁר־רָאִ֣יתִי אָ֗נִי
ט֣וֹב אֲשֶׁר־יָפֶ֣ה לֶֽאֱכ֧וֹל וְ֠לִשְׁתּוֹת וְלִרְא֨וֹת טוֹבָ֜ה בְּכָל־עֲמָל֣וֹ ׀
שֶֽׁיַּעֲמֹ֣ל תַּֽחַת־הַשֶּׁ֗מֶשׁ מִסְפַּ֧ר יְמֵי־חַיָּ֛ו אֲשֶׁר־נָֽתַן־ל֥וֹ הָאֱלֹהִ֖ים
18 כִּי־ה֥וּא חֶלְקֽוֹ׃ גַּ֣ם כָּל־הָאָדָ֡ם אֲשֶׁ֣ר נָֽתַן־ל֣וֹ הָאֱלֹהִים֩ עֹ֨שֶׁר
וּנְכָסִ֜ים וְהִשְׁלִיט֨וֹ לֶאֱכֹ֤ל מִמֶּ֙נּוּ֙ וְלָשֵׂ֣את אֶת־חֶלְק֔וֹ וְלִשְׂמֹ֖חַ
19 בַּעֲמָל֑וֹ זֹ֕ה מַתַּ֥ת אֱלֹהִ֖ים הִֽיא׃ כִּ֚י לֹ֣א הַרְבֵּ֔ה יִזְכֹּ֖ר אֶת־
יְמֵ֣י חַיָּ֑יו כִּ֧י הָאֱלֹהִ֛ים מַעֲנֶ֖ה בְּשִׂמְחַ֥ת לִבּֽוֹ׃

CAP. VI. ו

ו

א יֵ֣שׁ רָעָ֔ה אֲשֶׁ֥ר רָאִ֖יתִי תַּ֣חַת הַשָּׁ֑מֶשׁ וְרַבָּ֥ה הִ֖יא עַל־הָאָדָֽם׃
2 אִ֣ישׁ אֲשֶׁ֣ר יִתֶּן־ל֣וֹ הָאֱלֹהִ֡ים עֹשֶׁר֩ וּנְכָסִ֨ים וְכָב֜וֹד וְֽאֵינֶ֨נּוּ חָסֵ֥ר
לְנַפְשׁ֣וֹ ׀ מִכֹּ֣ל אֲשֶׁר־יִתְאַוֶּ֗ה וְלֹֽא־יַשְׁלִיטֶ֤נּוּ הָאֱלֹהִים֙ לֶאֱכֹ֣ל
3 מִמֶּ֔נּוּ כִּ֛י אִ֥ישׁ נָכְרִ֖י יֹאכְלֶ֑נּוּ זֶ֥ה הֶ֛בֶל וָחֳלִ֥י רָ֖ע הֽוּא׃ אִם־
יוֹלִ֣יד אִ֣ישׁ מֵאָ֡ה וְשָׁנִ֣ים רַבּוֹת֩ יִֽחְיֶ֨ה וְרַ֜ב ׀ שֶׁיִּהְי֣וּ יְמֵֽי־שָׁנָ֗יו
וְנַפְשׁוֹ֙ לֹא־תִשְׂבַּ֣ע מִן־הַטּוֹבָ֔ה וְגַם־קְבוּרָ֖ה לֹא־הָ֣יְתָה לּ֑וֹ
4 אָמַ֕רְתִּי ט֥וֹב מִמֶּ֖נּוּ הַנָּֽפֶל׃ כִּֽי־בַהֶ֥בֶל בָּ֖א וּבַחֹ֣שֶׁךְ יֵלֵ֑ךְ וּבַחֹ֖שֶׁךְ
ה שְׁמ֥וֹ יְכֻסֶּֽה׃ גַּם־שֶׁ֥מֶשׁ לֹא־רָאָ֖ה וְלֹ֣א יָדָ֑ע נַ֥חַת לָזֶ֖ה מִזֶּֽה׃
6 וְאִלּ֣וּ חָיָ֗ה אֶ֤לֶף שָׁנִים֙ פַּעֲמַ֔יִם וְטוֹבָ֖ה לֹ֣א רָאָ֑ה הֲלֹ֛א אֶל־
7 מָק֥וֹם אֶחָ֖ד הַכֹּ֥ל הוֹלֵֽךְ׃ כָּל־עֲמַ֥ל הָאָדָ֖ם לְפִ֑יהוּ וְגַם־הַנֶּ֖פֶשׁ
8 לֹ֥א תִמָּלֵֽא׃ כִּ֛י מַה־יּוֹתֵ֥ר לֶחָכָ֖ם מִֽן־הַכְּסִ֑יל מַה־לֶּעָנִ֣י יוֹדֵ֔עַ
9 לַהֲלֹ֖ךְ נֶ֥גֶד הַחַיִּֽים׃ ט֛וֹב מַרְאֵ֥ה עֵינַ֖יִם מֵֽהֲלָךְ־נָ֑פֶשׁ גַּם־זֶ֥ה

הבל

י הֶבֶל וּרְעוּת רוּחַ׃ ° מַה־שֶּׁהָיָה כְּבָר נִקְרָא שְׁמוֹ וְנוֹדָע
11 אֲשֶׁר־הוּא אָדָם וְלֹא־יוּכַל לָדִין עִם שֶׁהתַּקִּיף מִמֶּנּוּ׃ כִּי
12 יֵשׁ־דְּבָרִים הַרְבֵּה מַרְבִּים הָבֶל מַה־יֹּתֵר לָאָדָם׃ כִּי מִי־
יוֹדֵעַ מַה־טּוֹב לָאָדָם בַּחַיִּים מִסְפַּר יְמֵי־חַיֵּי הֶבְלוֹ וְיַעֲשֵׂם
כַּצֵּל אֲשֶׁר מִי־יַגִּיד לָאָדָם מַה־יִּהְיֶה אַחֲרָיו תַּחַת הַשָּׁמֶשׁ׃

ז CAP. VII. ז

א 2 טוֹב שֵׁם מִשֶּׁמֶן טוֹב וְיוֹם הַמָּוֶת מִיּוֹם הִוָּלְדוֹ׃ טוֹב לָלֶכֶת
אֶל־בֵּית־אֵבֶל מִלֶּכֶת אֶל־בֵּית מִשְׁתֶּה בַּאֲשֶׁר הוּא סוֹף
3 כָּל־הָאָדָם וְהַחַי יִתֵּן אֶל־לִבּוֹ׃ טוֹב כַּעַס מִשְּׂחֹק כִּי־בְרֹעַ
4 פָּנִים יִיטַב לֵב׃ לֵב חֲכָמִים בְּבֵית אֵבֶל וְלֵב כְּסִילִים בְּבֵית
ה שִׂמְחָה׃ טוֹב לִשְׁמֹעַ גַּעֲרַת חָכָם מֵאִישׁ שֹׁמֵעַ שִׁיר כְּסִילִים׃
6 כִּי כְקוֹל הַסִּירִים תַּחַת הַסִּיר כֵּן שְׂחֹק הַכְּסִיל וְגַם־זֶה הָבֶל׃
7 8 כִּי הָעֹשֶׁק יְהוֹלֵל חָכָם וִיאַבֵּד אֶת־לֵב מַתָּנָה׃ טוֹב אַחֲרִית
9 דָּבָר מֵרֵאשִׁיתוֹ טוֹב אֶרֶךְ־רוּחַ מִגְּבַהּ־רוּחַ׃ אַל־תְּבַהֵל
י בְּרוּחֲךָ לִכְעוֹס כִּי כַעַס בְּחֵיק כְּסִילִים יָנוּחַ׃ אַל־תֹּאמַר
מֶה הָיָה שֶׁהַיָּמִים הָרִאשֹׁנִים הָיוּ טוֹבִים מֵאֵלֶּה כִּי לֹא מֵחָכְמָה
11 שָׁאַלְתָּ עַל־זֶה׃ טוֹבָה חָכְמָה עִם־נַחֲלָה וְיֹתֵר לְרֹאֵי הַשָּׁמֶשׁ׃
12 כִּי בְּצֵל הַחָכְמָה בְּצֵל הַכָּסֶף וְיִתְרוֹן דַּעַת הַחָכְמָה תְּחַיֶּה
13 בְעָלֶיהָ׃ רְאֵה אֶת־מַעֲשֵׂה הָאֱלֹהִים כִּי מִי יוּכַל לְתַקֵּן אֵת
14 אֲשֶׁר עִוְּתוֹ׃ בְּיוֹם טוֹבָה הֱיֵה בְטוֹב וּבְיוֹם רָעָה רְאֵה גַּם
אֶת־זֶה לְעֻמַּת־זֶה עָשָׂה הָאֱלֹהִים עַל־דִּבְרַת שֶׁלֹּא יִמְצָא
טו הָאָדָם אַחֲרָיו מְאוּמָה׃ אֶת־הַכֹּל רָאִיתִי בִּימֵי הֶבְלִי יֵשׁ
16 צַדִּיק אֹבֵד בְּצִדְקוֹ וְיֵשׁ רָשָׁע מַאֲרִיךְ בְּרָעָתוֹ׃ אַל־תְּהִי
17 צַדִּיק הַרְבֵּה וְאַל־תִּתְחַכַּם יוֹתֵר לָמָּה תִּשּׁוֹמֵם׃ אַל־תִּרְשַׁע
18 הַרְבֵּה וְאַל־תְּהִי סָכָל לָמָּה תָמוּת בְּלֹא עִתֶּךָ׃ טוֹב אֲשֶׁר
תֶּאֱחֹז בָּזֶה וְגַם־מִזֶּה אַל־תַּנַּח אֶת־יָדֶךָ כִּי־יְרֵא אֱלֹהִים
19 יֵצֵא אֶת־כֻּלָּם׃ הַחָכְמָה תָּעֹז לֶחָכָם מֵעֲשָׂרָה שַׁלִּיטִים אֲשֶׁר

היו

ר׳ .v. 10. חצי הספר בפסוקים   ibid. שתקיף ק׳   ד׳ .v. 1. ט׳ רבתי

כ הָיוּ בָּעִיר׃ כִּי אָדָם אֵין צַדִּיק בָּאָרֶץ אֲשֶׁר יַעֲשֶׂה־טּוֹב וְלֹא
21 יֶחֱטָא׃ גַּם לְכָל־הַדְּבָרִים אֲשֶׁר יְדַבֵּרוּ אַל־תִּתֵּן לִבֶּךָ אֲשֶׁר
22 לֹא־תִשְׁמַע אֶת־עַבְדְּךָ מְקַלְלֶךָ׃ כִּי גַּם־פְּעָמִים רַבּוֹת יָדַע
23 לִבֶּךָ אֲשֶׁר גַּם־אַתָּ קִלַּלְתָּ אֲחֵרִים׃ כָּל־זֹה נִסִּיתִי בַחָכְמָה
24 אָמַרְתִּי אֶחְכָּמָה וְהִיא רְחוֹקָה מִמֶּנִּי׃ רָחוֹק מַה־שֶּׁהָיָה
כה וְעָמֹק ׀ עָמֹק מִי יִמְצָאֶנּוּ׃ סַבּוֹתִי אֲנִי וְלִבִּי לָדַעַת וְלָתוּר
וּבַקֵּשׁ חָכְמָה וְחֶשְׁבּוֹן וְלָדַעַת רֶשַׁע כֶּסֶל וְהַסִּכְלוּת הוֹלֵלוֹת׃
26 וּמוֹצֶא אֲנִי מַר מִמָּוֶת אֶת־הָאִשָּׁה אֲשֶׁר־הִיא מְצוֹדִים וַחֲרָמִים
לִבָּהּ אֲסוּרִים יָדֶיהָ טוֹב לִפְנֵי הָאֱלֹהִים יִמָּלֵט מִמֶּנָּה וְחוֹטֵא
27 יִלָּכֶד בָּהּ׃ רְאֵה זֶה מָצָאתִי אָמְרָה קֹהֶלֶת אַחַת לְאַחַת
28 לִמְצֹא חֶשְׁבּוֹן׃ אֲשֶׁר עוֹד־בִּקְשָׁה נַפְשִׁי וְלֹא מָצָאתִי אָדָם
29 אֶחָד מֵאֶלֶף מָצָאתִי וְאִשָּׁה בְכָל־אֵלֶּה לֹא מָצָאתִי׃ לְבַד
רְאֵה־זֶה מָצָאתִי אֲשֶׁר עָשָׂה הָאֱלֹהִים אֶת־הָאָדָם יָשָׁר וְהֵמָּה
בִקְשׁוּ חִשְּׁבֹנוֹת רַבִּים׃

CAP. VIII. ח

ח

א מִי כְּהֶחָכָם וּמִי יוֹדֵעַ פֵּשֶׁר דָּבָר חָכְמַת אָדָם תָּאִיר פָּנָיו
2 וְעֹז פָּנָיו יְשֻׁנֶּא׃ אֲנִי פִּי־מֶלֶךְ שְׁמוֹר וְעַל דִּבְרַת שְׁבוּעַת
3 אֱלֹהִים׃ אַל־תִּבָּהֵל מִפָּנָיו תֵּלֵךְ אַל־תַּעֲמֹד בְּדָבָר רָע
4 כִּי כָּל־אֲשֶׁר יַחְפֹּץ יַעֲשֶׂה׃ בַּאֲשֶׁר דְּבַר־מֶלֶךְ שִׁלְטוֹן וּמִי
ה יֹאמַר־לוֹ מַה־תַּעֲשֶׂה׃ שׁוֹמֵר מִצְוָה לֹא יֵדַע דָּבָר רָע וְעֵת
6 וּמִשְׁפָּט יֵדַע לֵב חָכָם׃ כִּי לְכָל־חֵפֶץ יֵשׁ עֵת וּמִשְׁפָּט כִּי־
7 רָעַת הָאָדָם רַבָּה עָלָיו׃ כִּי־אֵינֶנּוּ יֹדֵעַ מַה־שֶּׁיִּהְיֶה כִּי
8 כַּאֲשֶׁר יִהְיֶה מִי יַגִּיד לוֹ׃ אֵין אָדָם שַׁלִּיט בָּרוּחַ לִכְלוֹא אֶת־
הָרוּחַ וְאֵין שִׁלְטוֹן בְּיוֹם הַמָּוֶת וְאֵין מִשְׁלַחַת בַּמִּלְחָמָה וְלֹא־
9 יְמַלֵּט רֶשַׁע אֶת־בְּעָלָיו׃ אֶת־כָּל־זֶה רָאִיתִי וְנָתוֹן אֶת־
לִבִּי לְכָל־מַעֲשֶׂה אֲשֶׁר נַעֲשָׂה תַּחַת הַשָּׁמֶשׁ עֵת אֲשֶׁר שָׁלַט
י הָאָדָם בְּאָדָם לְרַע לוֹ׃ וּבְכֵן רָאִיתִי רְשָׁעִים קְבֻרִים וָבָאוּ

ז׳ v. 22. אתה ק׳

וּמִמְּקוֹם קָדוֹשׁ יְהַלֵּכוּ וְיִשְׁתַּכְּחוּ בָעִיר אֲשֶׁר כֵּן־עָשׂוּ גַּם־זֶה
11 הָבֶל׃ אֲשֶׁר אֵין־נַעֲשָׂה פִתְגָם מַעֲשֵׂה הָרָעָה מְהֵרָה עַל־
12 כֵּן מָלֵא לֵב בְּנֵי־הָאָדָם בָּהֶם לַעֲשׂוֹת רָע׃ אֲשֶׁר חֹטֶא עֹשֶׂה
רָע מְאַת וּמַאֲרִיךְ לוֹ כִּי גַּם־יוֹדֵעַ אָנִי אֲשֶׁר יִהְיֶה־טּוֹב
13 לְיִרְאֵי הָאֱלֹהִים אֲשֶׁר יִירְאוּ מִלְּפָנָיו׃ וְטוֹב לֹא־יִהְיֶה לָרָשָׁע
וְלֹא־יַאֲרִיךְ יָמִים כַּצֵּל אֲשֶׁר אֵינֶנּוּ יָרֵא מִלִּפְנֵי אֱלֹהִים׃
14 יֶשׁ־הֶבֶל אֲשֶׁר נַעֲשָׂה עַל־הָאָרֶץ אֲשֶׁר ׀ יֵשׁ צַדִּיקִים אֲשֶׁר
מַגִּיעַ אֲלֵהֶם כְּמַעֲשֵׂה הָרְשָׁעִים וְיֵשׁ רְשָׁעִים שֶׁמַּגִּיעַ אֲלֵהֶם
טו כְּמַעֲשֵׂה הַצַּדִּיקִים אָמַרְתִּי שֶׁגַּם־זֶה הָבֶל׃ וְשִׁבַּחְתִּי אֲנִי
אֶת־הַשִּׂמְחָה אֲשֶׁר אֵין־טוֹב לָאָדָם תַּחַת הַשֶּׁמֶשׁ כִּי אִם־
לֶאֱכֹל וְלִשְׁתּוֹת וְלִשְׂמוֹחַ וְהוּא יִלְוֶנּוּ בַעֲמָלוֹ יְמֵי חַיָּיו אֲשֶׁר־
16 נָתַן־לוֹ הָאֱלֹהִים תַּחַת הַשָּׁמֶשׁ׃ כַּאֲשֶׁר נָתַתִּי אֶת־לִבִּי לָדַעַת
חָכְמָה וְלִרְאוֹת אֶת־הָעִנְיָן אֲשֶׁר נַעֲשָׂה עַל־הָאָרֶץ כִּי גַם
17 בַּיּוֹם וּבַלַּיְלָה שֵׁנָה בְּעֵינָיו אֵינֶנּוּ רֹאֶה׃ וְרָאִיתִי אֶת־כָּל־
מַעֲשֵׂה הָאֱלֹהִים כִּי לֹא יוּכַל הָאָדָם לִמְצוֹא אֶת־הַמַּעֲשֶׂה
אֲשֶׁר נַעֲשָׂה תַחַת־הַשֶּׁמֶשׁ בְּשֶׁל אֲשֶׁר יַעֲמֹל הָאָדָם לְבַקֵּשׁ
וְלֹא יִמְצָא וְגַם אִם־יֹאמַר הֶחָכָם לָדַעַת לֹא יוּכַל לִמְצֹא׃

ט CAP. IX. ט

א כִּי אֶת־כָּל־זֶה נָתַתִּי אֶל־לִבִּי וְלָבוּר אֶת־כָּל־זֶה אֲשֶׁר
הַצַּדִּיקִים וְהַחֲכָמִים וַעֲבָדֵיהֶם בְּיַד הָאֱלֹהִים גַּם־אַהֲבָה
2 גַם־שִׂנְאָה אֵין יוֹדֵעַ הָאָדָם הַכֹּל לִפְנֵיהֶם׃ הַכֹּל כַּאֲשֶׁר
לַכֹּל מִקְרֶה אֶחָד לַצַּדִּיק וְלָרָשָׁע לַטּוֹב וְלַטָּהוֹר וְלַטָּמֵא
וְלַזֹּבֵחַ וְלַאֲשֶׁר אֵינֶנּוּ זֹבֵחַ כַּטּוֹב כַּחֹטֶא הַנִּשְׁבָּע כַּאֲשֶׁר
3 שְׁבוּעָה יָרֵא׃ זֶה ׀ רָע בְּכֹל אֲשֶׁר־נַעֲשָׂה תַּחַת הַשֶּׁמֶשׁ כִּי־
מִקְרֶה אֶחָד לַכֹּל וְגַם לֵב בְּנֵי־הָאָדָם מָלֵא־רָע וְהוֹלֵלוֹת
4 בִּלְבָבָם בְּחַיֵּיהֶם וְאַחֲרָיו אֶל־הַמֵּתִים׃ כִּי־מִי אֲשֶׁר יְבֻחַר
אֶל כָּל־הַחַיִּים יֵשׁ בִּטָּחוֹן כִּי־לְכֶלֶב חַי הוּא טוֹב מִן־

האריה

ס׳ v. 4. יחבר ק׳

ה הָאַרְיֵה הַמֵּת׃ כִּי הַחַיִּים יוֹדְעִים שֶׁיָּמֻתוּ וְהַמֵּתִים אֵינָם
6 יוֹדְעִים מְאוּמָה וְאֵין־עוֹד לָהֶם שָׂכָר כִּי נִשְׁכַּח זִכְרָם׃ גַּם
אַהֲבָתָם גַּם־שִׂנְאָתָם גַּם־קִנְאָתָם כְּבָר אָבָדָה וְחֵלֶק אֵין־
7 לָהֶם עוֹד לְעוֹלָם בְּכֹל אֲשֶׁר־נַעֲשָׂה תַּחַת הַשָּׁמֶשׁ׃ לֵךְ אֱכֹל
בְּשִׂמְחָה לַחְמֶךָ וּשְׁתֵה בְלֶב־טוֹב יֵינֶךָ כִּי כְבָר רָצָה הָאֱלֹהִים
8 אֶת־מַעֲשֶׂיךָ׃ בְּכָל־עֵת יִהְיוּ בְגָדֶיךָ לְבָנִים וְשֶׁמֶן עַל־רֹאשְׁךָ
9 אַל־יֶחְסָר׃ רְאֵה חַיִּים עִם־אִשָּׁה אֲשֶׁר־אָהַבְתָּ כָּל־יְמֵי חַיֵּי
הֶבְלֶךָ אֲשֶׁר נָתַן־לְךָ תַּחַת הַשֶּׁמֶשׁ כֹּל יְמֵי הֶבְלֶךָ כִּי הוּא
י חֶלְקְךָ בַּחַיִּים וּבַעֲמָלְךָ אֲשֶׁר־אַתָּה עָמֵל תַּחַת הַשָּׁמֶשׁ׃ כֹּל
אֲשֶׁר תִּמְצָא יָדְךָ לַעֲשׂוֹת בְּכֹחֲךָ עֲשֵׂה כִּי אֵין מַעֲשֶׂה וְחֶשְׁבּוֹן
11 וְדַעַת וְחָכְמָה בִּשְׁאוֹל אֲשֶׁר אַתָּה הֹלֵךְ שָׁמָּה׃ שַׁבְתִּי וְרָאֹה
תַחַת־הַשֶּׁמֶשׁ כִּי לֹא לַקַּלִּים הַמֵּרוֹץ וְלֹא לַגִּבּוֹרִים הַמִּלְחָמָה
וְגַם לֹא לַחֲכָמִים לֶחֶם וְגַם לֹא לַנְּבֹנִים עֹשֶׁר וְגַם לֹא לַיֹּדְעִים
12 חֵן כִּי־עֵת וָפֶגַע יִקְרֶה אֶת־כֻּלָּם׃ כִּי גַּם לֹא־יֵדַע הָאָדָם
אֶת־עִתּוֹ כַּדָּגִים שֶׁנֶּאֱחָזִים בִּמְצוֹדָה רָעָה וְכַצִּפֳּרִים הָאֲחֻזוֹת
בַּפָּח כָּהֵם יוּקָשִׁים בְּנֵי הָאָדָם לְעֵת רָעָה כְּשֶׁתִּפּוֹל עֲלֵיהֶם
13 פִּתְאֹם׃ גַּם־זֹה רָאִיתִי חָכְמָה תַּחַת הַשָּׁמֶשׁ וּגְדוֹלָה הִיא
14 אֵלָי׃ עִיר קְטַנָּה וַאֲנָשִׁים בָּהּ מְעָט וּבָא־אֵלֶיהָ מֶלֶךְ גָּדוֹל
טו וְסָבַב אֹתָהּ וּבָנָה עָלֶיהָ מְצוֹדִים גְּדֹלִים׃ וּמָצָא בָהּ אִישׁ
מִסְכֵּן חָכָם וּמִלַּט־הוּא אֶת־הָעִיר בְּחָכְמָתוֹ וְאָדָם לֹא זָכַר
16 אֶת־הָאִישׁ הַמִּסְכֵּן הַהוּא׃ וְאָמַרְתִּי אָנִי טוֹבָה חָכְמָה מִגְּבוּרָה
17 וְחָכְמַת הַמִּסְכֵּן בְּזוּיָה וּדְבָרָיו אֵינָם נִשְׁמָעִים׃ דִּבְרֵי חֲכָמִים
18 בְּנַחַת נִשְׁמָעִים מִזַּעֲקַת מוֹשֵׁל בַּכְּסִילִים׃ טוֹבָה חָכְמָה מִכְּלֵי
קְרָב וְחוֹטֶא אֶחָד יְאַבֵּד טוֹבָה הַרְבֵּה׃

CAP. X. י

ל

א זְבוּבֵי מָוֶת יַבְאִישׁ יַבִּיעַ שֶׁמֶן רוֹקֵחַ יָקָר מֵחָכְמָה מִכָּבוֹד
2 3 סִכְלוּת מְעָט׃ לֵב חָכָם לִימִינוֹ וְלֵב כְּסִיל לִשְׂמֹאלוֹ׃ וְגַם־

בדרך

בַּדֶּ֛רֶךְ כְּשֶׁהַסָּכָ֥ל הֹלֵ֖ךְ לִבּ֣וֹ חָסֵ֑ר וְאָמַ֥ר לַכֹּ֖ל סָכָ֥ל הֽוּא׃
4 אִם־ר֤וּחַ הַמּוֹשֵׁל֙ תַּעֲלֶ֣ה עָלֶ֔יךָ מְקוֹמְךָ֖ אַל־תַּנַּ֑ח כִּ֚י מַרְפֵּ֔א
ה יַנִּ֖יחַ חֲטָאִ֥ים גְּדוֹלִֽים׃ יֵ֣שׁ רָעָ֔ה רָאִ֖יתִי תַּ֣חַת הַשָּׁ֑מֶשׁ כִּשְׁגָגָ֕ה
6 שֶׁיֹּצָ֖א מִלִּפְנֵ֥י הַשַּׁלִּֽיט׃ נִתַּ֣ן הַסֶּ֔כֶל בַּמְּרוֹמִ֖ים רַבִּ֑ים וַעֲשִׁירִ֖ים
7 בַּשֵּׁ֥פֶל יֵשֵֽׁבוּ׃ רָאִ֥יתִי עֲבָדִ֖ים עַל־סוּסִ֑ים וְשָׂרִ֛ים הֹלְכִ֥ים
8 כַּעֲבָדִ֖ים עַל־הָאָֽרֶץ׃ חֹפֵ֥ר גּוּמָּ֖ץ בּ֣וֹ יִפּ֑וֹל וּפֹרֵ֥ץ גָּדֵ֖ר יִשְּׁכֶ֥נּוּ
9 נָחָֽשׁ׃ מַסִּ֣יעַ אֲבָנִ֔ים יֵעָצֵ֖ב בָּהֶ֑ם בּוֹקֵ֥עַ עֵצִ֖ים יִסָּ֥כֶן בָּֽם׃
י אִם־קֵהָ֣ה הַבַּרְזֶ֗ל וְהוּא֙ לֹא־פָנִ֣ים קִלְקַ֔ל וַחֲיָלִ֖ים יְגַבֵּ֑ר
11 וְיִתְר֥וֹן הַכְשֵׁ֖יר חָכְמָֽה׃ אִם־יִשֹּׁ֥ךְ הַנָּחָ֖שׁ בְּלוֹא־לָ֑חַשׁ וְאֵ֣ין
12 יִתְר֔וֹן לְבַ֖עַל הַלָּשֽׁוֹן׃ דִּבְרֵ֥י פִי־חָכָ֖ם חֵ֑ן וְשִׂפְת֥וֹת כְּסִ֖יל
13 תְּבַלְּעֶֽנּוּ׃ תְּחִלַּ֥ת דִּבְרֵי־פִ֖יהוּ סִכְל֑וּת וְאַחֲרִ֣ית פִּ֔יהוּ הוֹלֵל֖וּת
14 רָעָֽה׃ וְהַסָּכָ֖ל יַרְבֶּ֣ה דְבָרִ֑ים לֹא־יֵדַ֤ע הָאָדָם֙ מַה־שֶּׁיִּהְיֶ֔ה
טו וַאֲשֶׁ֤ר יִהְיֶה֙ מֵאַחֲרָ֔יו מִ֖י יַגִּ֥יד לֽוֹ׃ עֲמַ֥ל הַכְּסִילִ֖ים תְּיַגְּעֶ֑נּוּ
16 אֲשֶׁ֛ר לֹא־יָדַ֖ע לָלֶ֥כֶת אֶל־עִֽיר׃ אִֽי־לָ֣ךְ אֶ֔רֶץ שֶׁמַּלְכֵּ֖ךְ נָ֑עַר
17 וְשָׂרַ֖יִךְ בַּבֹּ֥קֶר יֹאכֵֽלוּ׃ אַשְׁרֵ֣יךְ אֶ֔רֶץ שֶׁמַּלְכֵּ֖ךְ בֶּן־חוֹרִ֑ים
18 וְשָׂרַ֙יִךְ֙ בָּעֵ֣ת יֹאכֵ֔לוּ בִּגְבוּרָ֖ה וְלֹ֥א בַשְּׁתִֽי׃ בַּעֲצַלְתַּ֖יִם יִמַּ֣ךְ
19 הַמְּקָרֶ֑ה וּבְשִׁפְל֥וּת יָדַ֖יִם יִדְלֹ֥ף הַבָּֽיִת׃ לִשְׂחוֹק֙ עֹשִׂ֣ים לֶ֔חֶם
כ וְיַ֖יִן יְשַׂמַּ֣ח חַיִּ֑ים וְהַכֶּ֖סֶף יַעֲנֶ֥ה אֶת־הַכֹּֽל׃ גַּ֣ם בְּמַדָּעֲךָ֗ מֶ֚לֶךְ
אַל־תְּקַלֵּ֔ל וּבְחַדְרֵי֙ מִשְׁכָּ֣בְךָ֔ אַל־תְּקַלֵּ֖ל עָשִׁ֑יר כִּ֣י ע֤וֹף
הַשָּׁמַ֙יִם֙ יוֹלִ֣יךְ אֶת־הַקּ֔וֹל וּבַ֥עַל הַכְּנָפַ֖יִם יַגֵּ֥יד דָּבָֽר׃

יא Cap. XI. יא

א שַׁלַּ֥ח לַחְמְךָ֖ עַל־פְּנֵ֣י הַמָּ֑יִם כִּֽי־בְרֹ֥ב הַיָּמִ֖ים תִּמְצָאֶֽנּוּ׃
2 תֶּן־חֵ֥לֶק לְשִׁבְעָ֖ה וְגַ֣ם לִשְׁמוֹנָ֑ה כִּ֚י לֹ֣א תֵדַ֔ע מַה־יִּהְיֶ֥ה רָעָ֖ה
3 עַל־הָאָֽרֶץ׃ אִם־יִמָּלְא֨וּ הֶעָבִ֥ים גֶּ֙שֶׁם֙ עַל־הָאָ֣רֶץ יָרִ֔יקוּ
וְאִם־יִפּ֥וֹל עֵ֛ץ בַּדָּר֖וֹם וְאִ֣ם בַּצָּפ֑וֹן מְק֛וֹם שֶׁיִּפּ֥וֹל הָעֵ֖ץ שָׁ֥ם
4 יְהֽוּא׃ שֹׁמֵ֥ר ר֖וּחַ לֹ֣א יִזְרָ֑ע וְרֹאֶ֥ה בֶעָבִ֖ים לֹ֥א יִקְצֽוֹר׃
ה כַּאֲשֶׁ֨ר אֵינְךָ֤ יוֹדֵ֙עַ֙ מַה־דֶּ֣רֶךְ הָר֔וּחַ כַּעֲצָמִ֖ים בְּבֶ֣טֶן הַמְּלֵאָ֑ה

v. 3. כשסכל ק׳ v. 20. כנפים ק׳

כָּ֗כָה לֹ֤א תֵדַע֙ אֶת־מַעֲשֵׂ֣ה הָאֱלֹהִ֔ים אֲשֶׁ֥ר יַעֲשֶׂ֖ה אֶת־הַכֹּֽל׃
6 בַּבֹּ֙קֶר֙ זְרַ֣ע אֶת־זַרְעֶ֔ךָ וְלָעֶ֖רֶב אַל־תַּנַּ֣ח יָדֶ֑ךָ כִּי֩ אֵֽינְךָ֨ יוֹדֵ֜עַ
7 אֵ֣י זֶ֤ה יִכְשַׁר֙ הֲזֶ֣ה אוֹ־זֶ֔ה וְאִם־שְׁנֵיהֶ֥ם כְּאֶחָ֖ד טוֹבִֽים׃ וּמָת֖וֹק
8 הָא֑וֹר וְט֥וֹב לַֽעֵינַ֖יִם לִרְא֥וֹת אֶת־הַשָּֽׁמֶשׁ׃ כִּ֣י אִם־שָׁנִ֥ים
הַרְבֵּ֛ה יִחְיֶ֥ה הָאָדָ֖ם בְּכֻלָּ֣ם יִשְׂמָ֑ח וְיִזְכֹּר֙ אֶת־יְמֵ֣י הַחֹ֔שֶׁךְ
9 כִּֽי־הַרְבֵּ֥ה יִהְי֖וּ כָּל־שֶׁבָּ֥א הָֽבֶל׃ שְׂמַ֨ח בָּח֤וּר בְּיַלְדוּתֶ֙ךָ֙
וִיטִֽיבְךָ֤ לִבְּךָ֙ בִּימֵ֣י בְחוּרוֹתֶ֔ךָ וְהַלֵּךְ֙ בְּדַרְכֵ֣י לִבְּךָ֔ וּבְמַרְאֵ֖י
עֵינֶ֑יךָ וְדָ֕ע כִּ֧י עַל־כָּל־אֵ֛לֶּה יְבִיאֲךָ֥ הָאֱלֹהִ֖ים בַּמִּשְׁפָּֽט׃
י וְהָסֵ֤ר כַּ֙עַס֙ מִלִּבֶּ֔ךָ וְהַעֲבֵ֥ר רָעָ֖ה מִבְּשָׂרֶ֑ךָ כִּֽי־הַיַּלְד֥וּת
וְהַשַּׁחֲר֖וּת הָֽבֶל׃

יב CAP. XII. יב

א וּזְכֹר֙ אֶת־בּ֣וֹרְאֶ֔יךָ בִּימֵ֖י בְּחוּרֹתֶ֑יךָ עַ֣ד אֲשֶׁ֤ר לֹא־יָבֹ֙אוּ֙ יְמֵ֣י
2 הָֽרָעָ֔ה וְהִגִּ֣יעוּ שָׁנִ֔ים אֲשֶׁ֣ר תֹּאמַ֔ר אֵֽין־לִ֥י בָהֶ֖ם חֵֽפֶץ׃ עַ֠ד
אֲשֶׁ֨ר לֹֽא־תֶחְשַׁ֤ךְ הַשֶּׁ֙מֶשׁ֙ וְהָא֔וֹר וְהַיָּרֵ֖חַ וְהַכּוֹכָבִ֑ים וְשָׁ֥בוּ
3 הֶעָבִ֖ים אַחַ֥ר הַגָּֽשֶׁם׃ בַּיּ֗וֹם שֶׁיָּזֻ֙עוּ֙ שֹׁמְרֵ֣י הַבַּ֔יִת וְהִֽתְעַוְּת֖וּ
אַנְשֵׁ֣י הֶחָ֑יִל וּבָטְל֤וּ הַטֹּֽחֲנוֹת֙ כִּ֣י מִעֵ֔טוּ וְחָשְׁכ֥וּ הָרֹא֖וֹת
4 בָּאֲרֻבּֽוֹת׃ וְסֻגְּר֤וּ דְלָתַ֙יִם֙ בַּשּׁ֔וּק בִּשְׁפַ֖ל ק֣וֹל הַטַּחֲנָ֑ה וְיָקוּם֙
ה לְק֣וֹל הַצִּפּ֔וֹר וְיִשַּׁ֖חוּ כָּל־בְּנ֥וֹת הַשִּֽׁיר׃ גַּ֣ם מִגָּבֹ֤הַּ יִרָ֙אוּ֙
וְחַתְחַתִּ֣ים בַּדֶּ֔רֶךְ וְיָנֵ֤אץ הַשָּׁקֵד֙ וְיִסְתַּבֵּ֣ל הֶֽחָגָ֔ב וְתָפֵ֖ר
הָאֲבִיּוֹנָ֑ה כִּֽי־הֹלֵ֤ךְ הָאָדָם֙ אֶל־בֵּ֣ית עוֹלָמ֔וֹ וְסָבְב֥וּ בַשּׁ֖וּק
6 הַסֹּפְדִֽים׃ עַ֣ד אֲשֶׁ֤ר לֹֽא־יֵרָחֵק֙ חֶ֣בֶל הַכֶּ֔סֶף וְתָרֻ֖ץ גֻּלַּ֣ת
הַזָּהָ֑ב וְתִשָּׁ֤בֶר כַּד֙ עַל־הַמַּבּ֔וּעַ וְנָרֹ֥ץ הַגַּלְגַּ֖ל אֶל־הַבּֽוֹר׃
7 וְיָשֹׁ֧ב הֶעָפָ֛ר עַל־הָאָ֖רֶץ כְּשֶׁהָיָ֑ה וְהָר֣וּחַ תָּשׁ֔וּב אֶל־הָאֱלֹהִ֖ים
8 אֲשֶׁ֥ר נְתָנָֽהּ׃ הֲבֵ֧ל הֲבָלִ֛ים אָמַ֥ר הַקּוֹהֶ֖לֶת הַכֹּ֥ל הָֽבֶל׃
9 וְיֹתֵ֕ר שֶׁהָיָ֥ה קֹהֶ֖לֶת חָכָ֑ם ע֗וֹד לִמַּד־דַּ֙עַת֙ אֶת־הָעָ֔ם וְאִזֵּ֣ן
י וְחִקֵּ֔ר תִּקֵּ֖ן מְשָׁלִ֥ים הַרְבֵּֽה׃ בִּקֵּ֣שׁ קֹהֶ֔לֶת לִמְצֹ֖א דִּבְרֵי־
11 חֵ֑פֶץ וְכָת֥וּב יֹ֖שֶׁר דִּבְרֵ֥י אֱמֶֽת׃ דִּבְרֵ֤י חֲכָמִים֙ כַּדָּ֣רְבֹנ֔וֹת

וכמשמרות

י״א v. 9. ובמראה ק׳ v. 6. ירתק ק׳

12 וּֽכְמַשְׂמְר֖וֹת נְטוּעִ֑ים בַּעֲלֵ֖י אֲסֻפּ֑וֹת נִתְּנ֖וּ מֵרֹעֶ֥ה אֶחָֽד׃ וְיֹתֵ֥ר
מֵהֵ֖מָּה בְּנִ֣י הִזָּהֵ֑ר עֲשׂ֨וֹת סְפָרִ֤ים הַרְבֵּה֙ אֵ֣ין קֵ֔ץ וְלַ֥הַג
13 הַרְבֵּ֖ה יְגִעַ֥ת בָּשָֽׂר׃ ס֥וֹף דָּבָ֖ר הַכֹּ֣ל נִשְׁמָ֑ע אֶת־הָאֱלֹהִ֤ים
14 יְרָא֙ וְאֶת־מִצְוֺתָ֣יו שְׁמ֔וֹר כִּי־זֶ֖ה כָּל־הָאָדָֽם׃ כִּ֤י אֶת־כָּל־
מַעֲשֶׂ֔ה הָאֱלֹהִ֛ים יָבִ֥א בְמִשְׁפָּ֖ט עַ֣ל כָּל־נֶעְלָ֑ם אִם־ט֖וֹב
וְאִם־רָֽע׃

סוף דבר הכל נשמע את האלהים ירא ואת מצותיו שמור כי זה כל
האדם: סימן יתק״ק

סכום פסוקי דספר קהלת מאתים ועשרים ושנים. וסימנו מה שהיה כבר
נקרא שמו. וגם חציו מה שהיה כבר נקרא שמו. וסדריו ארבעה. וסימנו
אבא בם אודה יה:

אסתר

LIBER ESTHERAE

א CAPUT I. א

א וַיְהִ֖י בִּימֵ֣י אֲחַשְׁוֵר֑וֹשׁ ה֣וּא אֲחַשְׁוֵר֗וֹשׁ הַמֹּלֵךְ֙ מֵהֹ֣דּוּ וְעַד־
2 כּ֔וּשׁ שֶׁ֛בַע וְעֶשְׂרִ֥ים וּמֵאָ֖ה מְדִינָֽה׃ בַּיָּמִ֖ים הָהֵ֑ם כְּשֶׁ֣בֶת ׀
הַמֶּ֣לֶךְ אֲחַשְׁוֵר֗וֹשׁ עַ֚ל כִּסֵּ֣א מַלְכוּת֔וֹ אֲשֶׁ֖ר בְּשׁוּשַׁ֥ן הַבִּירָֽה׃
3 בִּשְׁנַ֤ת שָׁלוֹשׁ֙ לְמָלְכ֔וֹ עָשָׂ֣ה מִשְׁתֶּ֔ה לְכָל־שָׂרָ֖יו וַעֲבָדָ֑יו חֵ֣יל ׀
4 פָּרַ֣ס וּמָדַ֗י הַֽפַּרְתְּמִ֛ים וְשָׂרֵ֥י הַמְּדִינ֖וֹת לְפָנָֽיו׃ בְּהַרְאֹת֗וֹ אֶת־
עֹ֙שֶׁר֙ כְּב֣וֹד מַלְכוּת֔וֹ וְאֶ֨ת־יְקָ֔ר תִּפְאֶ֖רֶת גְּדוּלָּת֑וֹ יָמִ֣ים רַבִּ֔ים
ה שְׁמוֹנִ֥ים וּמְאַ֖ת יֽוֹם׃ וּבִמְל֣וֹאת ׀ הַיָּמִ֣ים הָאֵ֗לֶּה עָשָׂ֣ה הַמֶּ֡לֶךְ
לְכָל־הָעָ֣ם הַנִּמְצְאִים֩ בְּשׁוּשַׁ֨ן הַבִּירָ֜ה לְמִגָּ֧דוֹל וְעַד־קָטָ֛ן
6 מִשְׁתֶּ֖ה שִׁבְעַ֣ת יָמִ֑ים בַּחֲצַ֕ר גִּנַּ֖ת בִּיתַ֥ן הַמֶּֽלֶךְ׃ ח֣וּר ׀ כַּרְפַּ֣ס
וּתְכֵ֗לֶת אָחוּז֙ בְּחַבְלֵי־ב֣וּץ וְאַרְגָּמָ֔ן עַל־גְּלִ֥ילֵי כֶ֖סֶף וְעַמּ֣וּדֵי
שֵׁ֑שׁ מִטּ֣וֹת ׀ זָהָ֣ב וָכֶ֗סֶף עַ֛ל רִֽצְפַ֥ת בַּהַט־וָשֵׁ֖שׁ וְדַ֥ר וְסֹחָֽרֶת׃

והשקות

י״ב v. 13. ס׳ רבתי   א׳ v. 5. ובמלואות ק׳   v. 6. ח׳ רבתי

7 וְהַשְׁקוֹת בִּכְלֵי זָהָב וְכֵלִים מִכֵּלִים שׁוֹנִים וְיֵין מַלְכוּת רָב
8 כְּיַד הַמֶּלֶךְ׃ וְהַשְּׁתִיָּה כַדָּת אֵין אֹנֵס כִּי־כֵן ׀ יִסַּד הַמֶּלֶךְ
9 עַל כָּל־רַב בֵּיתוֹ לַעֲשׂוֹת כִּרְצוֹן אִישׁ־וָאִישׁ׃ גַּם וַשְׁתִּי
הַמַּלְכָּה עָשְׂתָה מִשְׁתֵּה נָשִׁים בֵּית הַמַּלְכוּת אֲשֶׁר לַמֶּלֶךְ
י אֲחַשְׁוֵרוֹשׁ׃ בַּיּוֹם הַשְּׁבִיעִי כְּטוֹב לֵב־הַמֶּלֶךְ בַּיָּיִן אָמַר
לִמְהוּמָן בִּזְּתָא חַרְבוֹנָא בִּגְתָא וַאֲבַגְתָא זֵתַר וְכַרְכַּס שִׁבְעַת
11 הַסָּרִיסִים הַמְשָׁרְתִים אֶת־פְּנֵי הַמֶּלֶךְ אֲחַשְׁוֵרוֹשׁ׃ לְהָבִיא
אֶת־וַשְׁתִּי הַמַּלְכָּה לִפְנֵי הַמֶּלֶךְ בְּכֶתֶר מַלְכוּת לְהַרְאוֹת
12 הָעַמִּים וְהַשָּׂרִים אֶת־יָפְיָהּ כִּי־טוֹבַת מַרְאֶה הִיא׃ וַתְּמָאֵן
הַמַּלְכָּה וַשְׁתִּי לָבוֹא בִּדְבַר הַמֶּלֶךְ אֲשֶׁר בְּיַד הַסָּרִיסִים
13 וַיִּקְצֹף הַמֶּלֶךְ מְאֹד וַחֲמָתוֹ בָּעֲרָה בוֹ׃ וַיֹּאמֶר הַמֶּלֶךְ
לַחֲכָמִים יֹדְעֵי הָעִתִּים כִּי־כֵן דְּבַר הַמֶּלֶךְ לִפְנֵי כָּל־יֹדְעֵי
14 דָּת וָדִין׃ וְהַקָּרֹב אֵלָיו כַּרְשְׁנָא שֵׁתָר אַדְמָתָא תַרְשִׁישׁ מֶרֶס
מַרְסְנָא מְמוּכָן שִׁבְעַת שָׂרֵי ׀ פָּרַס וּמָדַי רֹאֵי פְּנֵי הַמֶּלֶךְ
טו הַיֹּשְׁבִים רִאשֹׁנָה בַּמַּלְכוּת׃ כְּדָת מַה־לַּעֲשׂוֹת בַּמַּלְכָּה וַשְׁתִּי
עַל ׀ אֲשֶׁר לֹא־עָשְׂתָה אֶת־מַאֲמַר הַמֶּלֶךְ אֲחַשְׁוֵרוֹשׁ בְּיַד
16 הַסָּרִיסִים׃ וַיֹּאמֶר מְוּמְכָן לִפְנֵי הַמֶּלֶךְ וְהַשָּׂרִים לֹא עַל־
הַמֶּלֶךְ לְבַדּוֹ עָוְתָה וַשְׁתִּי הַמַּלְכָּה כִּי עַל־כָּל־הַשָּׂרִים וְעַל־
17 כָּל־הָעַמִּים אֲשֶׁר בְּכָל־מְדִינוֹת הַמֶּלֶךְ אֲחַשְׁוֵרוֹשׁ׃ כִּי־יֵצֵא
דְבַר־הַמַּלְכָּה עַל־כָּל־הַנָּשִׁים לְהַבְזוֹת בַּעְלֵיהֶן בְּעֵינֵיהֶן
בְּאָמְרָם הַמֶּלֶךְ אֲחַשְׁוֵרוֹשׁ אָמַר לְהָבִיא אֶת־וַשְׁתִּי הַמַּלְכָּה
18 לְפָנָיו וְלֹא־בָאָה׃ וְהַיּוֹם הַזֶּה תֹּאמַרְנָה ׀ שָׂרוֹת פָּרַס־וּמָדַי
אֲשֶׁר שָׁמְעוּ אֶת־דְּבַר הַמַּלְכָּה לְכֹל שָׂרֵי הַמֶּלֶךְ וּכְדַי בִּזָּיוֹן
19 וָקָצֶף׃ אִם־עַל־הַמֶּלֶךְ טוֹב יֵצֵא דְבַר־מַלְכוּת מִלְּפָנָיו
וְיִכָּתֵב בְּדָתֵי פָרַס־וּמָדַי וְלֹא יַעֲבוֹר אֲשֶׁר לֹא־תָבוֹא וַשְׁתִּי
לִפְנֵי הַמֶּלֶךְ אֲחַשְׁוֵרוֹשׁ וּמַלְכוּתָהּ יִתֵּן הַמֶּלֶךְ לִרְעוּתָהּ
כ הַטּוֹבָה מִמֶּנָּה׃ וְנִשְׁמַע פִּתְגָם הַמֶּלֶךְ אֲשֶׁר־יַעֲשֶׂה בְּכָל־

מלכותו

v. 16. ממוכן ק׳

מַלְכוּתוֹ כִּי רַבָּה הִיא וְכָל־הַנָּשִׁים יִתְּנוּ יְקָר לְבַעְלֵיהֶן
לְמִגָּדוֹל וְעַד־קָטָן׃ וַיִּיטַב הַדָּבָר בְּעֵינֵי הַמֶּלֶךְ וְהַשָּׂרִים 21
וַיַּעַשׂ הַמֶּלֶךְ כִּדְבַר מְמוּכָן׃ וַיִּשְׁלַח סְפָרִים אֶל־כָּל־מְדִינוֹת 22
הַמֶּלֶךְ אֶל־מְדִינָה וּמְדִינָה כִּכְתָבָהּ וְאֶל־עַם וָעָם כִּלְשׁוֹנוֹ
לִהְיוֹת כָּל־אִישׁ שֹׂרֵר בְּבֵיתוֹ וּמְדַבֵּר כִּלְשׁוֹן עַמּוֹ׃

ב Cap. II. ב

אַחַר הַדְּבָרִים הָאֵלֶּה כְּשֹׁךְ חֲמַת הַמֶּלֶךְ אֲחַשְׁוֵרוֹשׁ זָכַר א
אֶת־וַשְׁתִּי וְאֵת אֲשֶׁר־עָשָׂתָה וְאֵת אֲשֶׁר־נִגְזַר עָלֶיהָ׃ וַיֹּאמְרוּ 2
נַעֲרֵי־הַמֶּלֶךְ מְשָׁרְתָיו יְבַקְשׁוּ לַמֶּלֶךְ נְעָרוֹת בְּתוּלוֹת טוֹבוֹת
מַרְאֶה׃ וְיַפְקֵד הַמֶּלֶךְ פְּקִידִים בְּכָל־מְדִינוֹת מַלְכוּתוֹ 3
וְיִקְבְּצוּ אֶת־כָּל־נַעֲרָה־בְתוּלָה טוֹבַת מַרְאֶה אֶל־שׁוּשַׁן
הַבִּירָה אֶל־בֵּית הַנָּשִׁים אֶל־יַד הֵגֶא סְרִיס הַמֶּלֶךְ שֹׁמֵר
הַנָּשִׁים וְנָתוֹן תַּמְרוּקֵיהֶן׃ וְהַנַּעֲרָה אֲשֶׁר תִּיטַב בְּעֵינֵי הַמֶּלֶךְ 4
תִּמְלֹךְ תַּחַת וַשְׁתִּי וַיִּיטַב הַדָּבָר בְּעֵינֵי הַמֶּלֶךְ וַיַּעַשׂ כֵּן׃ אִישׁ ה
יְהוּדִי הָיָה בְּשׁוּשַׁן הַבִּירָה וּשְׁמוֹ מָרְדֳּכַי בֶּן יָאִיר בֶּן־שִׁמְעִי
בֶּן־קִישׁ אִישׁ יְמִינִי׃ אֲשֶׁר הָגְלָה מִירוּשָׁלַיִם עִם־הַגֹּלָה אֲשֶׁר 6
הָגְלְתָה עִם יְכָנְיָה מֶלֶךְ־יְהוּדָה אֲשֶׁר הֶגְלָה נְבוּכַדְנֶאצַּר מֶלֶךְ
בָּבֶל׃ וַיְהִי אֹמֵן אֶת־הֲדַסָּה הִיא אֶסְתֵּר בַּת־דֹּדוֹ כִּי אֵין 7
לָהּ אָב וָאֵם וְהַנַּעֲרָה יְפַת־תֹּאַר וְטוֹבַת מַרְאֶה וּבְמוֹת אָבִיהָ
וְאִמָּהּ לְקָחָהּ מָרְדֳּכַי לוֹ לְבַת׃ וַיְהִי בְּהִשָּׁמַע דְּבַר־הַמֶּלֶךְ 8
וְדָתוֹ וּבְהִקָּבֵץ נְעָרוֹת רַבּוֹת אֶל־שׁוּשַׁן הַבִּירָה אֶל־יַד הֵגָי
וַתִּלָּקַח אֶסְתֵּר אֶל־בֵּית הַמֶּלֶךְ אֶל־יַד הֵגַי שֹׁמֵר הַנָּשִׁים׃
וַתִּיטַב הַנַּעֲרָה בְעֵינָיו וַתִּשָּׂא חֶסֶד לְפָנָיו וַיְבַהֵל אֶת־ 9
תַּמְרוּקֶיהָ וְאֶת־מָנוֹתֶהָ לָתֵת לָהּ וְאֵת שֶׁבַע הַנְּעָרוֹת הָרְאֻיוֹת
לָתֶת־לָהּ מִבֵּית הַמֶּלֶךְ וַיְשַׁנֶּהָ וְאֶת־נַעֲרוֹתֶיהָ לְטוֹב בֵּית
הַנָּשִׁים׃ לֹא־הִגִּידָה אֶסְתֵּר אֶת־עַמָּהּ וְאֶת־מוֹלַדְתָּהּ כִּי י
מָרְדֳּכַי צִוָּה עָלֶיהָ אֲשֶׁר לֹא־תַגִּיד׃ וּבְכָל־יוֹם וָיוֹם מָרְדֳּכַי 11

מתהלך

מִתְהַלֵּ֔ךְ לִפְנֵ֖י חֲצַ֣ר בֵּית־הַנָּשִׁ֑ים לָדַ֙עַת֙ אֶת־שְׁל֣וֹם אֶסְתֵּ֔ר
12 וּמַה־יֵּעָשֶׂ֖ה בָּֽהּ׃ וּבְהַגִּ֡יעַ תֹּר֩ נַעֲרָ֨ה וְֽנַעֲרָ֜ה לָב֣וֹא ׀ אֶל־
הַמֶּ֣לֶךְ אֲחַשְׁוֵר֗וֹשׁ מִקֵּץ֙ הֱי֨וֹת לָ֜הּ כְּדָ֤ת הַנָּשִׁים֙ שְׁנֵ֣ים עָשָׂ֣ר
חֹ֔דֶשׁ כִּ֛י כֵּ֥ן יִמְלְא֖וּ יְמֵ֣י מְרוּקֵיהֶ֑ן שִׁשָּׁ֤ה חֳדָשִׁים֙ בְּשֶׁ֣מֶן הַמֹּ֔ר
13 וְשִׁשָּׁ֤ה חֳדָשִׁים֙ בַּבְּשָׂמִ֔ים וּבְתַמְרוּקֵ֖י הַנָּשִֽׁים׃ וּבָזֶ֕ה הַנַּעֲרָ֖ה
בָּאָ֣ה אֶל־הַמֶּ֑לֶךְ אֵת֩ כָּל־אֲשֶׁ֨ר תֹּאמַ֜ר יִנָּ֤תֵֽן לָהּ֙ לָב֣וֹא עִמָּ֔הּ
14 מִבֵּ֥ית הַנָּשִׁ֖ים עַד־בֵּ֥ית הַמֶּֽלֶךְ׃ בָּעֶ֣רֶב ׀ הִ֣יא בָאָ֗ה וּ֠בַבֹּקֶר
הִ֣יא שָׁבָ֞ה אֶל־בֵּ֤ית הַנָּשִׁים֙ שֵׁנִ֔י אֶל־יַ֛ד שַׁעַשְׁגַ֥ז סְרִ֥יס הַמֶּ֖לֶךְ
שֹׁמֵ֣ר הַפִּֽילַגְשִׁ֑ים לֹֽא־תָב֥וֹא עוֹד֙ אֶל־הַמֶּ֔לֶךְ כִּ֣י אִם־חָפֵ֥ץ
טו בָּ֛הּ הַמֶּ֖לֶךְ וְנִקְרְאָ֥ה בְשֵֽׁם׃ וּבְהַגִּ֣יעַ תֹּר־אֶסְתֵּ֣ר בַּת־אֲבִיחַ֣יִל ׀
דֹּ֣ד מָרְדֳּכַ֡י אֲשֶׁר֩ לָֽקַֽח־ל֨וֹ לְבַ֜ת לָב֣וֹא אֶל־הַמֶּ֗לֶךְ לֹ֤א בִקְשָׁה֙
דָּבָ֔ר כִּ֠י אִ֣ם אֶת־אֲשֶׁ֥ר יֹאמַ֛ר הֵגַ֥י סְרִיס־הַמֶּ֖לֶךְ שֹׁמֵ֣ר הַנָּשִׁ֑ים
16 וַתְּהִ֤י אֶסְתֵּר֙ נֹשֵׂ֣את חֵ֔ן בְּעֵינֵ֖י כָּל־רֹאֶֽיהָ׃ וַתִּלָּקַ֨ח אֶסְתֵּ֜ר
אֶל־הַמֶּ֤לֶךְ אֲחַשְׁוֵרוֹשׁ֙ אֶל־בֵּ֣ית מַלְכוּת֔וֹ בַּחֹ֥דֶשׁ הָעֲשִׂירִ֖י
17 הוּא־חֹ֣דֶשׁ טֵבֵ֑ת בִּשְׁנַת־שֶׁ֖בַע לְמַלְכוּתֽוֹ׃ וַיֶּאֱהַ֨ב הַמֶּ֤לֶךְ אֶת־
אֶסְתֵּר֙ מִכָּל־הַנָּשִׁ֔ים וַתִּשָּׂא־חֵ֥ן וָחֶ֛סֶד לְפָנָ֖יו מִכָּל־הַבְּתוּלֹ֑ת
18 וַיָּ֤שֶׂם כֶּֽתֶר־מַלְכוּת֙ בְּרֹאשָׁ֔הּ וַיַּמְלִיכֶ֖הָ תַּ֥חַת וַשְׁתִּֽי׃ וַיַּ֨עַשׂ
הַמֶּ֜לֶךְ מִשְׁתֶּ֣ה גָד֗וֹל לְכָל־שָׂרָיו֙ וַעֲבָדָ֔יו אֵ֖ת מִשְׁתֵּ֣ה אֶסְתֵּ֑ר
19 וַהֲנָחָ֤ה לַמְּדִינוֹת֙ עָשָׂ֔ה וַיִּתֵּ֥ן מַשְׂאֵ֖ת כְּיַ֥ד הַמֶּֽלֶךְ׃ וּבְהִקָּבֵ֥ץ
כ בְּתוּל֖וֹת שֵׁנִ֑ית וּמָרְדֳּכַ֖י יֹשֵׁ֥ב בְּשַֽׁעַר־הַמֶּֽלֶךְ׃ אֵ֣ין אֶסְתֵּ֗ר
מַגֶּ֤דֶת מֽוֹלַדְתָּהּ֙ וְאֶת־עַמָּ֔הּ כַּאֲשֶׁ֛ר צִוָּ֥ה עָלֶ֖יהָ מָרְדֳּכָ֑י
וְאֶת־מַאֲמַ֤ר מָרְדֳּכַי֙ אֶסְתֵּ֣ר עֹשָׂ֔ה כַּאֲשֶׁ֛ר הָיְתָ֥ה בְאָמְנָ֖ה
21 אִתּֽוֹ׃ בַּיָּמִ֣ים הָהֵ֔ם וּמָרְדֳּכַ֖י יֹשֵׁ֣ב בְּשַֽׁעַר־הַמֶּ֑לֶךְ קָצַ֡ף
בִּגְתָן֩ וָתֶ֨רֶשׁ שְׁנֵֽי־סָרִיסֵ֤י הַמֶּ֙לֶךְ֙ מִשֹּֽׁמְרֵ֣י הַסַּ֔ף וַיְבַקְשׁוּ֙ לִשְׁלֹ֣חַ
22 יָ֔ד בַּמֶּ֖לֶךְ אֲחַשְׁוֵרֹֽשׁ׃ וַיִּוָּדַ֤ע הַדָּבָר֙ לְמָרְדֳּכַ֔י וַיַּגֵּ֖ד לְאֶסְתֵּ֣ר
23 הַמַּלְכָּ֑ה וַתֹּ֧אמֶר אֶסְתֵּ֛ר לַמֶּ֖לֶךְ בְּשֵׁ֥ם מָרְדֳּכָֽי׃ וַיְבֻקַּ֤שׁ הַדָּבָר֙
וַיִּמָּצֵ֔א וַיִּתָּל֥וּ שְׁנֵיהֶ֖ם עַל־עֵ֑ץ וַיִּכָּתֵ֗ב בְּסֵ֛פֶר דִּבְרֵ֥י הַיָּמִ֖ים
לִפְנֵ֥י הַמֶּֽלֶךְ׃

ג

Cap. III. ג

א אַחַר ׀ הַדְּבָרִים הָאֵלֶּה גִּדַּל הַמֶּלֶךְ אֲחַשְׁוֵרוֹשׁ אֶת־הָמָן
בֶּן־הַמְּדָתָא הָאֲגָגִי וַיְנַשְּׂאֵהוּ וַיָּשֶׂם אֶת־כִּסְאוֹ מֵעַל כָּל־
2 הַשָּׂרִים אֲשֶׁר אִתּוֹ׃ וְכָל־עַבְדֵי הַמֶּלֶךְ אֲשֶׁר־בְּשַׁעַר הַמֶּלֶךְ
כֹּרְעִים וּמִשְׁתַּחֲוִים לְהָמָן כִּי־כֵן צִוָּה־לוֹ הַמֶּלֶךְ וּמָרְדֳּכַי
3 לֹא יִכְרַע וְלֹא יִשְׁתַּחֲוֶה׃ וַיֹּאמְרוּ עַבְדֵי הַמֶּלֶךְ אֲשֶׁר־בְּשַׁעַר
4 הַמֶּלֶךְ לְמָרְדֳּכָי מַדּוּעַ אַתָּה עוֹבֵר אֵת מִצְוַת הַמֶּלֶךְ׃ וַיְהִי
בְּאָמְרָם אֵלָיו יוֹם וָיוֹם וְלֹא שָׁמַע אֲלֵיהֶם וַיַּגִּידוּ לְהָמָן לִרְאוֹת
הֲיַעַמְדוּ דִּבְרֵי מָרְדֳּכַי כִּי־הִגִּיד לָהֶם אֲשֶׁר־הוּא יְהוּדִי׃
ה וַיַּרְא הָמָן כִּי־אֵין מָרְדֳּכַי כֹּרֵעַ וּמִשְׁתַּחֲוֶה לוֹ וַיִּמָּלֵא הָמָן
6 חֵמָה׃ וַיִּבֶז בְּעֵינָיו לִשְׁלֹחַ יָד בְּמָרְדֳּכַי לְבַדּוֹ כִּי־הִגִּידוּ לוֹ
אֶת־עַם מָרְדֳּכָי וַיְבַקֵּשׁ הָמָן לְהַשְׁמִיד אֶת־כָּל־הַיְּהוּדִים
7 אֲשֶׁר בְּכָל־מַלְכוּת אֲחַשְׁוֵרוֹשׁ עַם מָרְדֳּכָי׃ בַּחֹדֶשׁ הָרִאשׁוֹן
הוּא־חֹדֶשׁ נִיסָן בִּשְׁנַת שְׁתֵּים עֶשְׂרֵה לַמֶּלֶךְ אֲחַשְׁוֵרוֹשׁ הִפִּיל
פּוּר הוּא הַגּוֹרָל לִפְנֵי הָמָן מִיּוֹם ׀ לְיוֹם וּמֵחֹדֶשׁ לְחֹדֶשׁ
8 שְׁנֵים־עָשָׂר הוּא־חֹדֶשׁ אֲדָר׃ וַיֹּאמֶר הָמָן לַמֶּלֶךְ
אֲחַשְׁוֵרוֹשׁ יֶשְׁנוֹ עַם־אֶחָד מְפֻזָּר וּמְפֹרָד בֵּין הָעַמִּים בְּכֹל
מְדִינוֹת מַלְכוּתֶךָ וְדָתֵיהֶם שֹׁנוֹת מִכָּל־עָם וְאֶת־דָּתֵי הַמֶּלֶךְ
9 אֵינָם עֹשִׂים וְלַמֶּלֶךְ אֵין־שֹׁוֶה לְהַנִּיחָם׃ אִם־עַל־הַמֶּלֶךְ
טוֹב יִכָּתֵב לְאַבְּדָם וַעֲשֶׂרֶת אֲלָפִים כִּכַּר־כֶּסֶף אֶשְׁקוֹל עַל־
י יְדֵי עֹשֵׂי הַמְּלָאכָה לְהָבִיא אֶל־גִּנְזֵי הַמֶּלֶךְ׃ וַיָּסַר הַמֶּלֶךְ
אֶת־טַבַּעְתּוֹ מֵעַל יָדוֹ וַיִּתְּנָהּ לְהָמָן בֶּן־הַמְּדָתָא הָאֲגָגִי צֹרֵר
11 הַיְּהוּדִים׃ וַיֹּאמֶר הַמֶּלֶךְ לְהָמָן הַכֶּסֶף נָתוּן לָךְ וְהָעָם לַעֲשׂוֹת
12 בּוֹ כַּטּוֹב בְּעֵינֶיךָ׃ וַיִּקָּרְאוּ סֹפְרֵי הַמֶּלֶךְ בַּחֹדֶשׁ הָרִאשׁוֹן
בִּשְׁלוֹשָׁה עָשָׂר יוֹם בּוֹ וַיִּכָּתֵב כְּכָל־אֲשֶׁר־צִוָּה הָמָן אֶל
אֲחַשְׁדַּרְפְּנֵי־הַמֶּלֶךְ וְאֶל־הַפַּחוֹת אֲשֶׁר ׀ עַל־מְדִינָה וּמְדִינָה
וְאֶל־שָׂרֵי עַם וָעָם מְדִינָה וּמְדִינָה כִּכְתָבָהּ וְעַם וָעָם כִּלְשׁוֹנוֹ

בשם

ב v. 4. כאמרם ק

13 בְּשֵׁם הַמֶּלֶךְ אֲחַשְׁוֵרֹשׁ נִכְתָּב וְנֶחְתָּם בְּטַבַּעַת הַמֶּלֶךְ׃ וְנִשְׁלוֹחַ
סְפָרִים בְּיַד הָרָצִים אֶל־כָּל־מְדִינוֹת הַמֶּלֶךְ לְהַשְׁמִיד לַהֲרֹג
וּלְאַבֵּד אֶת־כָּל־הַיְּהוּדִים מִנַּעַר וְעַד־זָקֵן טַף וְנָשִׁים בְּיוֹם
אֶחָד בִּשְׁלוֹשָׁה עָשָׂר לְחֹדֶשׁ שְׁנֵים־עָשָׂר הוּא־חֹדֶשׁ אֲדָר
14 וּשְׁלָלָם לָבוֹז׃ פַּתְשֶׁגֶן הַכְּתָב לְהִנָּתֵן דָּת בְּכָל־מְדִינָה וּמְדִינָה
טו גָּלוּי לְכָל־הָעַמִּים לִהְיוֹת עֲתִדִים לַיּוֹם הַזֶּה׃ הָרָצִים יָצְאוּ
דְחוּפִים בִּדְבַר הַמֶּלֶךְ וְהַדָּת נִתְּנָה בְּשׁוּשַׁן הַבִּירָה וְהַמֶּלֶךְ
וְהָמָן יָשְׁבוּ לִשְׁתּוֹת וְהָעִיר שׁוּשָׁן נָבוֹכָה׃

Cap. IV. ד

ד

א וּמָרְדֳּכַי יָדַע אֶת־כָּל־אֲשֶׁר נַעֲשָׂה וַיִּקְרַע מָרְדֳּכַי אֶת־
בְּגָדָיו וַיִּלְבַּשׁ שַׂק וָאֵפֶר וַיֵּצֵא בְּתוֹךְ הָעִיר וַיִּזְעַק זְעָקָה גְדוֹלָה
2 וּמָרָה׃ וַיָּבוֹא עַד לִפְנֵי שַׁעַר־הַמֶּלֶךְ כִּי אֵין לָבוֹא אֶל־
3 שַׁעַר הַמֶּלֶךְ בִּלְבוּשׁ שָׂק׃ וּבְכָל־מְדִינָה וּמְדִינָה מְקוֹם אֲשֶׁר
דְּבַר־הַמֶּלֶךְ וְדָתוֹ מַגִּיעַ אֵבֶל גָּדוֹל לַיְּהוּדִים וְצוֹם וּבְכִי
4 וּמִסְפֵּד שַׂק וָאֵפֶר יֻצַּע לָרַבִּים׃ וַתָּבוֹאינָה נַעֲרוֹת אֶסְתֵּר
וְסָרִיסֶיהָ וַיַּגִּידוּ לָהּ וַתִּתְחַלְחַל הַמַּלְכָּה מְאֹד וַתִּשְׁלַח בְּגָדִים
לְהַלְבִּישׁ אֶת־מָרְדֳּכַי וּלְהָסִיר שַׂקּוֹ מֵעָלָיו וְלֹא קִבֵּל׃
ה וַתִּקְרָא אֶסְתֵּר לַהֲתָךְ מִסָּרִיסֵי הַמֶּלֶךְ אֲשֶׁר הֶעֱמִיד לְפָנֶיהָ
6 וַתְּצַוֵּהוּ עַל־מָרְדֳּכָי לָדַעַת מַה־זֶּה וְעַל־מַה־זֶּה׃ וַיֵּצֵא
הֲתָךְ אֶל־מָרְדֳּכָי אֶל־רְחוֹב הָעִיר אֲשֶׁר לִפְנֵי שַׁעַר־הַמֶּלֶךְ׃
7 וַיַּגֶּד־לוֹ מָרְדֳּכַי אֵת כָּל־אֲשֶׁר קָרָהוּ וְאֵת ׀ פָּרָשַׁת הַכֶּסֶף
אֲשֶׁר אָמַר הָמָן לִשְׁקוֹל עַל־גִּנְזֵי הַמֶּלֶךְ בַּיְּהוּדִיִּים לְאַבְּדָם׃
8 וְאֶת־פַּתְשֶׁגֶן כְּתָב־הַדָּת אֲשֶׁר־נִתַּן בְּשׁוּשָׁן לְהַשְׁמִידָם נָתַן
לוֹ לְהַרְאוֹת אֶת־אֶסְתֵּר וּלְהַגִּיד לָהּ וּלְצַוּוֹת עָלֶיהָ לָבוֹא
9 אֶל־הַמֶּלֶךְ לְהִתְחַנֶּן־לוֹ וּלְבַקֵּשׁ מִלְּפָנָיו עַל־עַמָּהּ׃ וַיָּבוֹא
י הֲתָךְ וַיַּגֵּד לְאֶסְתֵּר אֵת דִּבְרֵי מָרְדֳּכָי׃ וַתֹּאמֶר אֶסְתֵּר לַהֲתָךְ
11 וַתְּצַוֵּהוּ אֶל־מָרְדֳּכָי׃ כָּל־עַבְדֵי הַמֶּלֶךְ וְעַם־מְדִינוֹת הַמֶּלֶךְ

ידעים

ד׳ v. 4. ותבואנה ק׳ v. 7. יתיר י׳

יֹדְעִים אֲשֶׁר כָּל־אִישׁ וְאִשָּׁה אֲשֶׁר יָבוֹא־אֶל־הַמֶּלֶךְ אֶל־
הֶחָצֵר הַפְּנִימִית אֲשֶׁר לֹא־יִקָּרֵא אַחַת דָּתוֹ לְהָמִית לְבַד
מֵאֲשֶׁר יוֹשִׁיט־לוֹ הַמֶּלֶךְ אֶת־שַׁרְבִיט הַזָּהָב וְחָיָה וַאֲנִי לֹא
12 נִקְרֵאתִי לָבוֹא אֶל־הַמֶּלֶךְ זֶה שְׁלוֹשִׁים יוֹם׃ וַיַּגִּידוּ לְמָרְדֳּכָי
13 אֵת דִּבְרֵי אֶסְתֵּר׃ וַיֹּאמֶר מָרְדֳּכַי לְהָשִׁיב אֶל־אֶסְתֵּר אַל־
14 תְּדַמִּי בְנַפְשֵׁךְ לְהִמָּלֵט בֵּית־הַמֶּלֶךְ מִכָּל־הַיְּהוּדִים׃ כִּי
אִם־הַחֲרֵשׁ תַּחֲרִישִׁי בָּעֵת הַזֹּאת רֶוַח וְהַצָּלָה יַעֲמוֹד לַיְּהוּדִים
מִמָּקוֹם אַחֵר וְאַתְּ וּבֵית־אָבִיךְ תֹּאבֵדוּ וּמִי יוֹדֵעַ אִם־לְעֵת
טו כָּזֹאת הִגַּעַתְּ לַמַּלְכוּת׃ וַתֹּאמֶר אֶסְתֵּר לְהָשִׁיב אֶל־מָרְדֳּכָי׃
16 לֵךְ כְּנוֹס אֶת־כָּל־הַיְּהוּדִים הַנִּמְצְאִים בְּשׁוּשָׁן וְצוּמוּ עָלַי
וְאַל־תֹּאכְלוּ וְאַל־תִּשְׁתּוּ שְׁלֹשֶׁת יָמִים לַיְלָה וָיוֹם גַּם־אֲנִי
וְנַעֲרֹתַי אָצוּם כֵּן וּבְכֵן אָבוֹא אֶל־הַמֶּלֶךְ אֲשֶׁר לֹא־כַדָּת
17 וְכַאֲשֶׁר אָבַדְתִּי אָבָדְתִּי׃ וַיַּעֲבֹר מָרְדֳּכָי וַיַּעַשׂ כְּכֹל אֲשֶׁר־
צִוְּתָה עָלָיו אֶסְתֵּר׃ °

ה Cap. V. ה

א וַיְהִי ׀ בַּיּוֹם הַשְּׁלִישִׁי וַתִּלְבַּשׁ אֶסְתֵּר מַלְכוּת וַתַּעֲמֹד בַּחֲצַר
בֵּית־הַמֶּלֶךְ הַפְּנִימִית נֹכַח בֵּית הַמֶּלֶךְ וְהַמֶּלֶךְ יוֹשֵׁב עַל־
2 כִּסֵּא מַלְכוּתוֹ בְּבֵית הַמַּלְכוּת נֹכַח פֶּתַח הַבָּיִת׃ וַיְהִי כִרְאוֹת
הַמֶּלֶךְ אֶת־אֶסְתֵּר הַמַּלְכָּה עֹמֶדֶת בֶּחָצֵר נָשְׂאָה חֵן בְּעֵינָיו
וַיּוֹשֶׁט הַמֶּלֶךְ לְאֶסְתֵּר אֶת־שַׁרְבִיט הַזָּהָב אֲשֶׁר בְּיָדוֹ וַתִּקְרַב
3 אֶסְתֵּר וַתִּגַּע בְּרֹאשׁ הַשַּׁרְבִיט׃ וַיֹּאמֶר לָהּ הַמֶּלֶךְ מַה־לָּךְ
אֶסְתֵּר הַמַּלְכָּה וּמַה־בַּקָּשָׁתֵךְ עַד־חֲצִי הַמַּלְכוּת וְיִנָּתֵן לָךְ׃
4 וַתֹּאמֶר אֶסְתֵּר אִם־עַל־הַמֶּלֶךְ טוֹב יָבוֹא הַמֶּלֶךְ וְהָמָן הַיּוֹם
ה אֶל־הַמִּשְׁתֶּה אֲשֶׁר־עָשִׂיתִי לוֹ׃ וַיֹּאמֶר הַמֶּלֶךְ מַהֲרוּ אֶת־
הָמָן לַעֲשׂוֹת אֶת־דְּבַר אֶסְתֵּר וַיָּבֹא הַמֶּלֶךְ וְהָמָן אֶל־הַמִּשְׁתֶּה
6 אֲשֶׁר־עָשְׂתָה אֶסְתֵּר׃ וַיֹּאמֶר הַמֶּלֶךְ לְאֶסְתֵּר בְּמִשְׁתֵּה הַיַּיִן
מַה־שְּׁאֵלָתֵךְ וְיִנָּתֵן לָךְ וּמַה־בַּקָּשָׁתֵךְ עַד־חֲצִי הַמַּלְכוּת

ותעש

ד׳ v. 17. אין כאן פסקא

7 8 וְתֵעָֽשׂ׃ וַתַּ֥עַן אֶסְתֵּ֖ר וַתֹּאמַ֑ר שְׁאֵלָתִ֖י וּבַקָּשָׁתִֽי׃ אִם־מָצָ֨אתִי
חֵ֜ן בְּעֵינֵ֣י הַמֶּ֗לֶךְ וְאִם־עַל־הַמֶּ֙לֶךְ֙ ט֔וֹב לָתֵת֙ אֶת־שְׁאֵ֣לָתִ֔י
וְלַעֲשׂ֖וֹת אֶת־בַּקָּשָׁתִ֑י יָב֧וֹא הַמֶּ֣לֶךְ וְהָמָ֗ן אֶל־הַמִּשְׁתֶּה֙ אֲשֶׁ֣ר
9 אֶֽעֱשֶׂ֣ה לָהֶ֔ם וּמָחָ֥ר אֶֽעֱשֶׂ֖ה כִּדְבַ֥ר הַמֶּֽלֶךְ׃ וַיֵּצֵ֤א הָמָן֙ בַּיּ֣וֹם
הַה֔וּא שָׂמֵ֖חַ וְט֣וֹב לֵ֑ב וְכִרְא֨וֹת הָמָ֜ן אֶֽת־מָרְדֳּכַ֜י בְּשַׁ֣עַר
הַמֶּ֗לֶךְ וְלֹא־קָם֙ וְלֹא־זָ֣ע מִמֶּ֔נּוּ וַיִּמָּלֵ֥א הָמָ֛ן עַֽל־מָרְדֳּכַ֖י
י חֵמָֽה׃ וַיִּתְאַפַּ֣ק הָמָ֔ן וַיָּב֖וֹא אֶל־בֵּית֑וֹ וַיִּשְׁלַ֛ח וַיָּבֵ֥א אֶת־
11 אֹהֲבָ֖יו וְאֶת־זֶ֥רֶשׁ אִשְׁתּֽוֹ׃ וַיְסַפֵּ֨ר לָהֶ֥ם הָמָ֛ן אֶת־כְּב֥וֹד עָשְׁר֖וֹ
וְרֹ֣ב בָּנָ֑יו וְאֵת֩ כָּל־אֲשֶׁ֨ר גִּדְּל֤וֹ הַמֶּ֙לֶךְ֙ וְאֵ֣ת אֲשֶׁ֣ר נִשְּׂא֔וֹ עַל־
12 הַשָּׂרִ֖ים וְעַבְדֵ֥י הַמֶּֽלֶךְ׃ וַיֹּאמֶר֮ הָמָן֒ אַ֣ף לֹא־הֵבִיאָה֩ אֶסְתֵּ֨ר
הַמַּלְכָּ֧ה עִם־הַמֶּ֛לֶךְ אֶל־הַמִּשְׁתֶּ֥ה אֲשֶׁר־עָשָׂ֖תָה כִּ֣י אִם־
13 אוֹתִ֑י וְגַם־לְמָחָ֛ר אֲנִ֥י קָרוּא־לָ֖הּ עִם־הַמֶּֽלֶךְ׃ וְכָל־זֶ֔ה אֵינֶ֥נּוּ
שֹׁוֶ֖ה לִ֑י בְּכָל־עֵ֗ת אֲשֶׁ֨ר אֲנִ֤י רֹאֶה֙ אֶת־מָרְדֳּכַ֣י הַיְּהוּדִ֔י יוֹשֵׁ֖ב
14 בְּשַׁ֥עַר הַמֶּֽלֶךְ׃ וַתֹּ֣אמֶר ל֡וֹ זֶ֣רֶשׁ אִשְׁתּוֹ֩ וְכָל־אֹהֲבָ֨יו יַֽעֲשׂוּ־
עֵ֮ץ גָּבֹ֣הַּ חֲמִשִּׁ֣ים אַמָּה֒ וּבַבֹּ֣קֶר ׀ אֱמֹ֣ר לַמֶּ֗לֶךְ וְיִתְל֤וּ אֶֽת־
מָרְדֳּכַי֙ עָלָ֔יו וּבֹֽא־עִם־הַמֶּ֥לֶךְ אֶל־הַמִּשְׁתֶּ֖ה שָׂמֵ֑חַ וַיִּיטַ֧ב
הַדָּבָ֛ר לִפְנֵ֥י הָמָ֖ן וַיַּ֥עַשׂ הָעֵֽץ׃

ו CAP. VI. ו

א בַּלַּ֣יְלָה הַה֔וּא נָדְדָ֖ה שְׁנַ֣ת הַמֶּ֑לֶךְ וַיֹּ֗אמֶר לְהָבִ֞יא אֶת־
סֵ֤פֶר הַזִּכְרֹנוֹת֙ דִּבְרֵ֣י הַיָּמִ֔ים וַיִּהְי֥וּ נִקְרָאִ֖ים לִפְנֵ֥י הַמֶּֽלֶךְ׃
2 וַיִּמָּצֵ֣א כָת֗וּב אֲשֶׁר֩ הִגִּ֨יד מָרְדֳּכַ֜י עַל־בִּגְתָ֣נָא וָתֶ֗רֶשׁ שְׁנֵי֙
סָרִיסֵ֣י הַמֶּ֔לֶךְ מִשֹּׁמְרֵ֖י הַסַּ֑ף אֲשֶׁ֤ר בִּקְשׁוּ֙ לִשְׁלֹ֣חַ יָ֔ד בַּמֶּ֖לֶךְ
3 אֲחַשְׁוֵרֽוֹשׁ׃ וַיֹּ֣אמֶר הַמֶּ֔לֶךְ מַה־נַּעֲשָׂ֞ה יְקָ֧ר וּגְדוּלָּ֛ה לְמָרְדֳּכַ֖י
עַל־זֶ֑ה וַ֙יֹּאמְר֜וּ נַעֲרֵ֤י הַמֶּ֙לֶךְ֙ מְשָׁ֣רְתָ֔יו לֹא־נַעֲשָׂ֥ה עִמּ֖וֹ דָּבָֽר׃
4 וַיֹּ֥אמֶר הַמֶּ֖לֶךְ מִ֣י בֶחָצֵ֑ר וְהָמָ֣ן בָּ֗א לַחֲצַ֤ר בֵּית־הַמֶּ֙לֶךְ֙
הַחִ֣יצוֹנָ֔ה לֵאמֹ֣ר לַמֶּ֔לֶךְ לִתְלוֹת֙ אֶת־מָרְדֳּכַ֔י עַֽל־הָעֵ֖ץ
ה אֲשֶׁר־הֵכִ֥ין לֽוֹ׃ וַיֹּ֨אמְר֜וּ נַעֲרֵ֤י הַמֶּ֙לֶךְ֙ אֵלָ֔יו הִנֵּ֥ה הָמָ֖ן עֹמֵ֣ד

ה׳ v. 7. חצי הספר בפסוקים

6 בֶּחָצֵר וַיֹּאמֶר הַמֶּלֶךְ יָבוֹא׃ וַיָּבוֹא הָמָן וַיֹּאמֶר לוֹ הַמֶּלֶךְ
מַה־לַּעֲשׂוֹת בָּאִישׁ אֲשֶׁר הַמֶּלֶךְ חָפֵץ בִּיקָרוֹ וַיֹּאמֶר הָמָן
7 בְּלִבּוֹ לְמִי יַחְפֹּץ הַמֶּלֶךְ לַעֲשׂוֹת יְקָר יוֹתֵר מִמֶּנִּי׃ וַיֹּאמֶר
8 הָמָן אֶל־הַמֶּלֶךְ אִישׁ אֲשֶׁר הַמֶּלֶךְ חָפֵץ בִּיקָרוֹ׃ יָבִיאוּ
לְבוּשׁ מַלְכוּת אֲשֶׁר לָבַשׁ־בּוֹ הַמֶּלֶךְ וְסוּס אֲשֶׁר רָכַב עָלָיו
9 הַמֶּלֶךְ וַאֲשֶׁר נִתַּן כֶּתֶר מַלְכוּת בְּרֹאשׁוֹ׃ וְנָתוֹן הַלְּבוּשׁ
וְהַסּוּס עַל־יַד־אִישׁ מִשָּׂרֵי הַמֶּלֶךְ הַפַּרְתְּמִים וְהִלְבִּישׁוּ אֶת־
הָאִישׁ אֲשֶׁר הַמֶּלֶךְ חָפֵץ בִּיקָרוֹ וְהִרְכִּיבֻהוּ עַל־הַסּוּס
בִּרְחוֹב הָעִיר וְקָרְאוּ לְפָנָיו כָּכָה יֵעָשֶׂה לָאִישׁ אֲשֶׁר הַמֶּלֶךְ
י חָפֵץ בִּיקָרוֹ׃ וַיֹּאמֶר הַמֶּלֶךְ לְהָמָן מַהֵר קַח אֶת־הַלְּבוּשׁ
וְאֶת־הַסּוּס כַּאֲשֶׁר דִּבַּרְתָּ וַעֲשֵׂה־כֵן לְמָרְדֳּכַי הַיְּהוּדִי הַיּוֹשֵׁב
11 בְּשַׁעַר הַמֶּלֶךְ אַל־תַּפֵּל דָּבָר מִכֹּל אֲשֶׁר דִּבַּרְתָּ׃ וַיִּקַּח
הָמָן אֶת־הַלְּבוּשׁ וְאֶת־הַסּוּס וַיַּלְבֵּשׁ אֶת־מָרְדֳּכָי וַיַּרְכִּיבֵהוּ
בִּרְחוֹב הָעִיר וַיִּקְרָא לְפָנָיו כָּכָה יֵעָשֶׂה לָאִישׁ אֲשֶׁר הַמֶּלֶךְ
12 חָפֵץ בִּיקָרוֹ׃ וַיָּשָׁב מָרְדֳּכַי אֶל־שַׁעַר הַמֶּלֶךְ וְהָמָן נִדְחַף
13 אֶל־בֵּיתוֹ אָבֵל וַחֲפוּי רֹאשׁ׃ וַיְסַפֵּר הָמָן לְזֶרֶשׁ אִשְׁתּוֹ
וּלְכָל־אֹהֲבָיו אֵת כָּל־אֲשֶׁר קָרָהוּ וַיֹּאמְרוּ לוֹ חֲכָמָיו וְזֶרֶשׁ
אִשְׁתּוֹ אִם מִזֶּרַע הַיְּהוּדִים מָרְדֳּכַי אֲשֶׁר הַחִלּוֹתָ לִנְפֹּל לְפָנָיו
14 לֹא־תוּכַל לוֹ כִּי־נָפוֹל תִּפּוֹל לְפָנָיו׃ עוֹדָם מְדַבְּרִים עִמּוֹ
וְסָרִיסֵי הַמֶּלֶךְ הִגִּיעוּ וַיַּבְהִלוּ לְהָבִיא אֶת־הָמָן אֶל־הַמִּשְׁתֶּה
אֲשֶׁר־עָשְׂתָה אֶסְתֵּר׃ °

ז Cap. VII. ז

א 2 וַיָּבֹא הַמֶּלֶךְ וְהָמָן לִשְׁתּוֹת עִם־אֶסְתֵּר הַמַּלְכָּה׃ וַיֹּאמֶר
הַמֶּלֶךְ לְאֶסְתֵּר גַּם בַּיּוֹם הַשֵּׁנִי בְּמִשְׁתֵּה הַיַּיִן מַה־שְּׁאֵלָתֵךְ
אֶסְתֵּר הַמַּלְכָּה וְתִנָּתֵן לָךְ וּמַה־בַּקָּשָׁתֵךְ עַד־חֲצִי הַמַּלְכוּת
3 וְתֵעָשׂ׃ וַתַּעַן אֶסְתֵּר הַמַּלְכָּה וַתֹּאמַר אִם־מָצָאתִי חֵן בְּעֵינֶיךָ
הַמֶּלֶךְ וְאִם־עַל־הַמֶּלֶךְ טוֹב תִּנָּתֶן־לִי נַפְשִׁי בִּשְׁאֵלָתִי וְעַמִּי

ר׳ v. 14. אין כאן פסקא

בבקשתי

4 בְּבַקָּשָׁתִֽי׃ כִּ֤י נִמְכַּ֙רְנוּ֙ אֲנִ֣י וְעַמִּ֔י לְהַשְׁמִ֖יד לַהֲר֣וֹג וּלְאַבֵּ֑ד
וְ֠אִלּוּ לַעֲבָדִ֨ים וְלִשְׁפָח֤וֹת נִמְכַּ֙רְנוּ֙ הֶחֱרַ֔שְׁתִּי כִּ֣י אֵ֥ין הַצָּ֛ר שֹׁוֶ֖ה
ה בְּנֵ֥זֶק הַמֶּֽלֶךְ׃ וַיֹּ֙אמֶר֙ הַמֶּ֣לֶךְ אֲחַשְׁוֵר֔וֹשׁ וַיֹּ֖אמֶר לְאֶסְתֵּ֣ר
הַמַּלְכָּ֑ה מִ֣י ה֥וּא זֶה֙ וְאֵֽי־זֶ֣ה ה֔וּא אֲשֶׁר־מְלָא֥וֹ לִבּ֖וֹ לַעֲשׂ֥וֹת
6 כֵּֽן׃ וַתֹּ֣אמֶר אֶסְתֵּ֔ר אִ֚ישׁ צַ֣ר וְאוֹיֵ֔ב הָמָ֥ן הָרָ֖ע הַזֶּ֑ה וְהָמָ֣ן
7 נִבְעַ֔ת מִלִּפְנֵ֥י הַמֶּ֖לֶךְ וְהַמַּלְכָּֽה׃ וְהַמֶּ֜לֶךְ קָ֤ם בַּחֲמָתוֹ֙ מִמִּשְׁתֵּ֣ה
הַיַּ֔יִן אֶל־גִּנַּ֖ת הַבִּיתָ֑ן וְהָמָ֣ן עָמַ֗ד לְבַקֵּ֤שׁ עַל־נַפְשׁוֹ֙ מֵֽאֶסְתֵּ֣ר
הַמַּלְכָּ֔ה כִּ֣י רָאָ֔ה כִּֽי־כָלְתָ֥ה אֵלָ֛יו הָרָעָ֖ה מֵאֵ֥ת הַמֶּֽלֶךְ׃
8 וְהַמֶּ֡לֶךְ שָׁ֠ב מִגִּנַּ֨ת הַבִּיתָ֜ן אֶל־בֵּ֣ית ׀ מִשְׁתֵּ֣ה הַיַּ֗יִן וְהָמָן֙ נֹפֵ֔ל
עַל־הַמִּטָּה֙ אֲשֶׁ֣ר אֶסְתֵּ֣ר עָלֶ֔יהָ וַיֹּ֣אמֶר הַמֶּ֔לֶךְ הֲגַ֛ם לִכְבּ֧וֹשׁ
אֶת־הַמַּלְכָּ֛ה עִמִּ֖י בַּבָּ֑יִת הַדָּבָ֗ר יָצָא֙ מִפִּ֣י הַמֶּ֔לֶךְ וּפְנֵ֥י הָמָ֖ן
9 חָפֽוּ׃ וַיֹּ֣אמֶר חַ֠רְבוֹנָה אֶחָ֨ד מִן־הַסָּרִיסִ֜ים לִפְנֵ֣י הַמֶּ֗לֶךְ גַּ֣ם
הִנֵּה־הָעֵ֣ץ אֲשֶׁר־עָשָׂ֣ה הָמָ֡ן לְֽמָרְדֳּכַ֞י אֲשֶׁ֧ר דִּבֶּר־ט֣וֹב עַל־
הַמֶּ֗לֶךְ עֹמֵד֙ בְּבֵ֣ית הָמָ֔ן גָּבֹ֖הַּ חֲמִשִּׁ֣ים אַמָּ֑ה וַיֹּ֥אמֶר הַמֶּ֖לֶךְ
י תְּלֻ֥הוּ עָלָֽיו׃ וַיִּתְלוּ֙ אֶת־הָמָ֔ן עַל־הָעֵ֖ץ אֲשֶׁר־הֵכִ֣ין לְמָרְדֳּכָ֑י
וַחֲמַ֥ת הַמֶּ֖לֶךְ שָׁכָֽכָה׃

ח CAP. VIII. ח

א בַּיּ֣וֹם הַה֗וּא נָתַ֞ן הַמֶּ֤לֶךְ אֲחַשְׁוֵרוֹשׁ֙ לְאֶסְתֵּ֣ר הַמַּלְכָּ֔ה אֶת־
בֵּ֥ית הָמָ֖ן צֹרֵ֣ר הַיְּהוּדִיִּ֑ים וּמָרְדֳּכַ֗י בָּ֚א לִפְנֵ֣י הַמֶּ֔לֶךְ כִּֽי־הִגִּ֥ידָה
2 אֶסְתֵּ֖ר מַ֥ה הוּא־לָֽהּ׃ וַיָּ֨סַר הַמֶּ֜לֶךְ אֶת־טַבַּעְתּ֗וֹ אֲשֶׁ֤ר הֶעֱבִיר֙
מֵֽהָמָ֔ן וַֽיִּתְּנָ֖הּ לְמָרְדֳּכָ֑י וַתָּ֧שֶׂם אֶסְתֵּ֛ר אֶֽת־מָרְדֳּכַ֖י עַל־בֵּ֥ית
3 הָמָֽן׃ וַתּ֣וֹסֶף אֶסְתֵּ֗ר וַתְּדַבֵּר֙ לִפְנֵ֣י הַמֶּ֔לֶךְ וַתִּפֹּ֖ל לִפְנֵ֣י
רַגְלָ֑יו וַתֵּ֣בְךְּ וַתִּתְחַנֶּן־ל֗וֹ לְהַעֲבִיר֙ אֶת־רָעַת֙ הָמָ֣ן הָאֲגָגִ֔י וְאֵת֙
4 מַחֲשַׁבְתּ֔וֹ אֲשֶׁ֥ר חָשַׁ֖ב עַל־הַיְּהוּדִֽים׃ וַיּ֤וֹשֶׁט הַמֶּ֙לֶךְ֙ לְאֶסְתֵּ֔ר
ה אֵ֖ת שַׁרְבִ֣ט הַזָּהָ֑ב וַתָּ֣קָם אֶסְתֵּ֔ר וַֽתַּעֲמֹ֖ד לִפְנֵ֥י הַמֶּֽלֶךְ׃ וַתֹּ֡אמֶר
אִם־עַל־הַמֶּ֨לֶךְ ט֜וֹב וְאִם־מָצָ֧אתִי חֵ֣ן לְפָנָ֗יו וְכָשֵׁ֤ר הַדָּבָר֙
לִפְנֵ֣י הַמֶּ֔לֶךְ וְטוֹבָ֥ה אֲנִ֖י בְּעֵינָ֑יו יִכָּתֵ֞ב לְהָשִׁ֣יב אֶת־הַסְּפָרִ֗ים

ח׳ v. 1. יתיר י׳

מַחֲשֶׁבֶת הָמָן בֶּן־הַמְּדָתָא הָאֲגָגִי אֲשֶׁר כָּתַב לְאַבֵּד אֶת־
6 הַיְּהוּדִים אֲשֶׁר בְּכָל־מְדִינוֹת הַמֶּלֶךְ׃ כִּי אֵיכָכָה אוּכַל
וְרָאִיתִי בָּרָעָה אֲשֶׁר־יִמְצָא אֶת־עַמִּי וְאֵיכָכָה אוּכַל וְרָאִיתִי
7 בְּאָבְדַן מוֹלַדְתִּי׃ וַיֹּאמֶר הַמֶּלֶךְ אֲחַשְׁוֵרשׁ לְאֶסְתֵּר
הַמַּלְכָּה וּלְמָרְדֳּכַי הַיְּהוּדִי הִנֵּה בֵית־הָמָן נָתַתִּי לְאֶסְתֵּר
8 וְאֹתוֹ תָּלוּ עַל־הָעֵץ עַל אֲשֶׁר־שָׁלַח יָדוֹ בַּיְּהוּדִיִּים׃ וְאַתֶּם
כִּתְבוּ עַל־הַיְּהוּדִים כַּטּוֹב בְּעֵינֵיכֶם בְּשֵׁם הַמֶּלֶךְ וְחִתְמוּ
בְּטַבַּעַת הַמֶּלֶךְ כִּי־כְתָב אֲשֶׁר־נִכְתָּב בְּשֵׁם־הַמֶּלֶךְ וְנַחְתּוֹם
9 בְּטַבַּעַת הַמֶּלֶךְ אֵין לְהָשִׁיב׃ וַיִּקָּרְאוּ סֹפְרֵי־הַמֶּלֶךְ בָּעֵת־
הַהִיא בַּחֹדֶשׁ הַשְּׁלִישִׁי הוּא־חֹדֶשׁ סִיוָן בִּשְׁלוֹשָׁה וְעֶשְׂרִים
בּוֹ וַיִּכָּתֵב כְּכָל־אֲשֶׁר־צִוָּה מָרְדֳּכַי אֶל־הַיְּהוּדִים וְאֶל
הָאֲחַשְׁדַּרְפְּנִים וְהַפַּחוֹת וְשָׂרֵי הַמְּדִינוֹת אֲשֶׁר ׀ מֵהֹדּוּ וְעַד־
כּוּשׁ שֶׁבַע וְעֶשְׂרִים וּמֵאָה מְדִינָה מְדִינָה וּמְדִינָה כִּכְתָבָהּ
י וְעַם וָעָם כִּלְשֹׁנוֹ וְאֶל־הַיְּהוּדִים כִּכְתָבָם וְכִלְשׁוֹנָם׃ וַיִּכְתֹּב
בְּשֵׁם הַמֶּלֶךְ אֲחַשְׁוֵרֹשׁ וַיַּחְתֹּם בְּטַבַּעַת הַמֶּלֶךְ וַיִּשְׁלַח סְפָרִים
בְּיַד הָרָצִים בַּסּוּסִים רֹכְבֵי הָרֶכֶשׁ הָאֲחַשְׁתְּרָנִים בְּנֵי
11 הָרַמָּכִים׃ אֲשֶׁר נָתַן הַמֶּלֶךְ לַיְּהוּדִים ׀ אֲשֶׁר בְּכָל־עִיר־
וָעִיר לְהִקָּהֵל וְלַעֲמֹד עַל־נַפְשָׁם לְהַשְׁמִיד וְלַהֲרֹג וּלְאַבֵּד
אֶת־כָּל־חֵיל עַם וּמְדִינָה הַצָּרִים אֹתָם טַף וְנָשִׁים וּשְׁלָלָם
12 לָבוֹז׃ בְּיוֹם אֶחָד בְּכָל־מְדִינוֹת הַמֶּלֶךְ אֲחַשְׁוֵרוֹשׁ בִּשְׁלוֹשָׁה
13 עָשָׂר לְחֹדֶשׁ שְׁנֵים־עָשָׂר הוּא־חֹדֶשׁ אֲדָר׃ פַּתְשֶׁגֶן הַכְּתָב
לְהִנָּתֵן דָּת בְּכָל־מְדִינָה וּמְדִינָה גָּלוּי לְכָל־הָעַמִּים וְלִהְיוֹת
14 הַיְּהוּדִיִּים עֲתוּדִים לַיּוֹם הַזֶּה לְהִנָּקֵם מֵאֹיְבֵיהֶם׃ הָרָצִים
רֹכְבֵי הָרֶכֶשׁ הָאֲחַשְׁתְּרָנִים יָצְאוּ מְבֹהָלִים וּדְחוּפִים בִּדְבַר
טו הַמֶּלֶךְ וְהַדָּת נִתְּנָה בְּשׁוּשַׁן הַבִּירָה׃ וּמָרְדֳּכַי יָצָא ׀
מִלִּפְנֵי הַמֶּלֶךְ בִּלְבוּשׁ מַלְכוּת תְּכֵלֶת וָחוּר וַעֲטֶרֶת זָהָב
גְּדוֹלָה וְתַכְרִיךְ בּוּץ וְאַרְגָּמָן וְהָעִיר שׁוּשַׁן צָהֲלָה וְשָׂמֵחָה׃

ליהודים

v. 7. יתיר י׳ v. 13. היהודים ק׳ ibid. עתידים ק׳

16 לַיְּהוּדִ֕ים הָֽיְתָ֥ה אוֹרָ֖ה וְשִׂמְחָ֑ה וְשָׂשֹׂ֖ן וִיקָֽר׃ 17 וּבְכָל־מְדִינָ֨ה
וּמְדִינָ֜ה וּבְכָל־עִ֣יר וָעִ֗יר מְקוֹם֙ אֲשֶׁ֨ר דְּבַר־הַמֶּ֤לֶךְ וְדָתוֹ֙
מַגִּ֔יעַ שִׂמְחָ֤ה וְשָׂשׂוֹן֙ לַיְּהוּדִ֔ים מִשְׁתֶּ֖ה וְי֣וֹם ט֑וֹב וְרַבִּ֞ים מֵעַמֵּ֤י
הָאָ֙רֶץ֙ מִֽתְיַהֲדִ֔ים כִּֽי־נָפַ֥ל פַּֽחַד־הַיְּהוּדִ֖ים עֲלֵיהֶֽם׃ °

ט Cap. IX. ט

א וּבִשְׁנֵים֩ עָשָׂ֨ר חֹ֜דֶשׁ הוּא־חֹ֣דֶשׁ אֲדָ֗ר בִּשְׁלוֹשָׁ֨ה עָשָׂ֥ר יוֹם֙
בּ֔וֹ אֲשֶׁ֨ר הִגִּ֧יעַ דְּבַר־הַמֶּ֛לֶךְ וְדָת֖וֹ לְהֵעָשׂ֑וֹת בַּיּ֗וֹם אֲשֶׁ֨ר שִׂבְּר֜וּ
אֹיְבֵ֤י הַיְּהוּדִים֙ לִשְׁל֣וֹט בָּהֶ֔ם וְנַהֲפ֣וֹךְ ה֔וּא אֲשֶׁ֨ר יִשְׁלְט֧וּ
2 הַיְּהוּדִ֛ים הֵ֖מָּה בְּשֹׂנְאֵיהֶֽם׃ נִקְהֲל֨וּ הַיְּהוּדִ֜ים בְּעָרֵיהֶ֗ם בְּכָל־
מְדִינוֹת֙ הַמֶּ֣לֶךְ אֲחַשְׁוֵר֔וֹשׁ לִשְׁלֹ֣חַ יָ֔ד בִּמְבַקְשֵׁ֖י רָֽעָתָ֑ם וְאִישׁ֙
3 לֹא־עָמַ֣ד לִפְנֵיהֶ֔ם כִּֽי־נָפַ֥ל פַּחְדָּ֖ם עַל־כָּל־הָעַמִּֽים׃ וְכָל־
שָׂרֵ֨י הַמְּדִינ֜וֹת וְהָאֲחַשְׁדַּרְפְּנִ֣ים וְהַפַּח֗וֹת וְעֹשֵׂ֤י הַמְּלָאכָה֙
אֲשֶׁ֣ר לַמֶּ֔לֶךְ מְנַשְּׂאִ֖ים אֶת־הַיְּהוּדִ֑ים כִּֽי־נָפַ֥ל פַּֽחַד־מָרְדֳּכַ֖י
4 עֲלֵיהֶֽם׃ כִּֽי־גָד֤וֹל מָרְדֳּכַי֙ בְּבֵ֣ית הַמֶּ֔לֶךְ וְשָׁמְע֖וֹ הוֹלֵ֣ךְ בְּכָל־
ה הַמְּדִינ֑וֹת כִּֽי־הָאִ֥ישׁ מָרְדֳּכַ֖י הוֹלֵ֥ךְ וְגָדֽוֹל׃ וַיַּכּ֤וּ הַיְּהוּדִים֙
בְּכָל־אֹ֣יְבֵיהֶ֔ם מַכַּת־חֶ֥רֶב וְהֶ֖רֶג וְאַבְדָ֑ן וַיַּעֲשׂ֥וּ בְשֹׂנְאֵיהֶ֖ם
6 כִּרְצוֹנָֽם׃ וּבְשׁוּשַׁ֣ן הַבִּירָ֗ה הָרְג֤וּ הַיְּהוּדִים֙ וְאַבֵּ֔ד חֲמֵ֥שׁ מֵא֖וֹת
7 אִֽישׁ׃ וְאֵ֥ת ׀
פַּרְשַׁנְדָּ֖תָא וְאֵ֥ת ׀
דַּלְפ֖וֹן וְאֵ֥ת ׀
8 אַסְפָּֽתָא׃ וְאֵ֥ת ׀
פּוֹרָ֖תָא וְאֵ֥ת ׀
אֲדַלְיָ֖א וְאֵ֥ת ׀
9 אֲרִידָֽתָא׃ וְאֵ֥ת ׀
פַּרְמַ֖שְׁתָּא וְאֵ֥ת ׀
אֲרִיסַ֖י וְאֵ֥ת ׀

ארידי

ח׳ v. 17. אין כאן פסקא ט׳ v. 2. ס״א בפניהם v. 7. ת׳ זעירא: ס״א ש׳ זעירא
v. 9. ש׳ זעירא

אֲרִידַי | וְאֵת
י וַיְזָתָא׃ עֲשֶׂרֶת
בְּנֵי הָמָן בֶּן־הַמְּדָתָא צֹרֵר הַיְּהוּדִים הָרָגוּ וּבַבִּזָּה לֹא שָׁלְחוּ
11 אֶת־יָדָם׃ בַּיּוֹם הַהוּא בָּא מִסְפַּר הַהֲרוּגִים בְּשׁוּשַׁן הַבִּירָה
12 לִפְנֵי הַמֶּלֶךְ׃ וַיֹּאמֶר הַמֶּלֶךְ לְאֶסְתֵּר הַמַּלְכָּה בְּשׁוּשַׁן הַבִּירָה
הָרְגוּ הַיְּהוּדִים וְאַבֵּד חֲמֵשׁ מֵאוֹת אִישׁ וְאֵת עֲשֶׂרֶת בְּנֵי־הָמָן
בִּשְׁאָר מְדִינוֹת הַמֶּלֶךְ מֶה עָשׂוּ וּמַה־שְּׁאֵלָתֵךְ וְיִנָּתֵן לָךְ
13 וּמַה־בַּקָּשָׁתֵךְ עוֹד וְתֵעָשׂ׃ וַתֹּאמֶר אֶסְתֵּר אִם־עַל־הַמֶּלֶךְ
טוֹב יִנָּתֵן גַּם־מָחָר לַיְּהוּדִים אֲשֶׁר בְּשׁוּשָׁן לַעֲשׂוֹת כְּדָת הַיּוֹם
14 וְאֵת עֲשֶׂרֶת בְּנֵי־הָמָן יִתְלוּ עַל־הָעֵץ׃ וַיֹּאמֶר הַמֶּלֶךְ
לְהֵעָשׂוֹת כֵּן וַתִּנָּתֵן דָּת בְּשׁוּשָׁן וְאֵת עֲשֶׂרֶת בְּנֵי־הָמָן תָּלוּ׃
טו וַיִּקָּהֲלוּ הַיְּהוּדִיים אֲשֶׁר־בְּשׁוּשָׁן גַּם בְּיוֹם אַרְבָּעָה עָשָׂר
לְחֹדֶשׁ אֲדָר וַיַּהַרְגוּ בְשׁוּשָׁן שְׁלֹשׁ מֵאוֹת אִישׁ וּבַבִּזָּה לֹא
16 שָׁלְחוּ אֶת־יָדָם׃ וּשְׁאָר הַיְּהוּדִים אֲשֶׁר בִּמְדִינוֹת הַמֶּלֶךְ
נִקְהֲלוּ | וְעָמֹד עַל־נַפְשָׁם וְנוֹחַ מֵאֹיְבֵיהֶם וְהָרוֹג בְּשֹׂנְאֵיהֶם
17 חֲמִשָּׁה וְשִׁבְעִים אָלֶף וּבַבִּזָּה לֹא שָׁלְחוּ אֶת־יָדָם׃ בְּיוֹם־
שְׁלֹשָׁה עָשָׂר לְחֹדֶשׁ אֲדָר וְנוֹחַ בְּאַרְבָּעָה עָשָׂר בּוֹ וְעָשֹׂה אֹתוֹ
18 יוֹם מִשְׁתֶּה וְשִׂמְחָה׃ וְהַיְּהוּדִיים אֲשֶׁר־בְּשׁוּשָׁן נִקְהֲלוּ בִּשְׁלוֹשָׁה
עָשָׂר בּוֹ וּבְאַרְבָּעָה עָשָׂר בּוֹ וְנוֹחַ בַּחֲמִשָּׁה עָשָׂר בּוֹ וְעָשֹׂה
19 אֹתוֹ יוֹם מִשְׁתֶּה וְשִׂמְחָה׃ עַל־כֵּן הַיְּהוּדִים הַפְּרָוזִים הַיֹּשְׁבִים
בְּעָרֵי הַפְּרָזוֹת עֹשִׂים אֵת יוֹם אַרְבָּעָה עָשָׂר לְחֹדֶשׁ אֲדָר
כ שִׂמְחָה וּמִשְׁתֶּה וְיוֹם טוֹב וּמִשְׁלוֹחַ מָנוֹת אִישׁ לְרֵעֵהוּ׃ וַיִּכְתֹּב
מָרְדֳּכַי אֶת־הַדְּבָרִים הָאֵלֶּה וַיִּשְׁלַח סְפָרִים אֶל־כָּל־
הַיְּהוּדִים אֲשֶׁר בְּכָל־מְדִינוֹת הַמֶּלֶךְ אֲחַשְׁוֵרוֹשׁ הַקְּרוֹבִים
21 וְהָרְחוֹקִים׃ לְקַיֵּם עֲלֵיהֶם לִהְיוֹת עֹשִׂים אֵת יוֹם אַרְבָּעָה
עָשָׂר לְחֹדֶשׁ אֲדָר וְאֵת יוֹם־חֲמִשָּׁה עָשָׂר בּוֹ בְּכָל־שָׁנָה וְשָׁנָה׃
22 כַּיָּמִים אֲשֶׁר־נָחוּ בָהֶם הַיְּהוּדִים מֵאֹיְבֵיהֶם וְהַחֹדֶשׁ אֲשֶׁר

נהפך

v. 9. ר׳ רבתי ibid. ד׳ זעירא v. 15. 18. יתיר י׳ v. 19. הפרזים ק׳

נֶהְפַּךְ לָהֶם מִיָּגוֹן לְשִׂמְחָה וּמֵאֵבֶל לְיוֹם טוֹב לַעֲשׂוֹת אוֹתָם
יְמֵי מִשְׁתֶּה וְשִׂמְחָה וּמִשְׁלֹחַ מָנוֹת אִישׁ לְרֵעֵהוּ וּמַתָּנוֹת
23 לָאֶבְיוֹנִים׃ וְקִבֵּל הַיְּהוּדִים אֵת אֲשֶׁר־הֵחֵלּוּ לַעֲשׂוֹת וְאֵת
24 אֲשֶׁר־כָּתַב מָרְדֳּכַי אֲלֵיהֶם׃ כִּי הָמָן בֶּן־הַמְּדָתָא הָאֲגָגִי
צֹרֵר כָּל־הַיְּהוּדִים חָשַׁב עַל־הַיְּהוּדִים לְאַבְּדָם וְהִפִּל פּוּר
כה הוּא הַגּוֹרָל לְהֻמָּם וּלְאַבְּדָם׃ וּבְבֹאָהּ לִפְנֵי הַמֶּלֶךְ אָמַר
עִם־הַסֵּפֶר יָשׁוּב מַחֲשַׁבְתּוֹ הָרָעָה אֲשֶׁר־חָשַׁב עַל־הַיְּהוּדִים
26 עַל־רֹאשׁוֹ וְתָלוּ אֹתוֹ וְאֶת־בָּנָיו עַל־הָעֵץ׃ עַל־כֵּן קָרְאוּ
לַיָּמִים הָאֵלֶּה פוּרִים עַל־שֵׁם הַפּוּר עַל־כֵּן עַל־כָּל־דִּבְרֵי
27 הָאִגֶּרֶת הַזֹּאת וּמָה־רָאוּ עַל־כָּכָה וּמָה הִגִּיעַ אֲלֵיהֶם׃ קִיְּמוּ
וְקִבְּלֻ הַיְּהוּדִים עֲלֵיהֶם ׀ וְעַל־זַרְעָם וְעַל כָּל־הַנִּלְוִים
עֲלֵיהֶם וְלֹא יַעֲבוֹר לִהְיוֹת עֹשִׂים אֵת שְׁנֵי הַיָּמִים הָאֵלֶּה
28 כִּכְתָבָם וְכִזְמַנָּם בְּכָל־שָׁנָה וְשָׁנָה׃ וְהַיָּמִים הָאֵלֶּה נִזְכָּרִים
וְנַעֲשִׂים בְּכָל־דּוֹר וָדוֹר מִשְׁפָּחָה וּמִשְׁפָּחָה מְדִינָה וּמְדִינָה
וְעִיר וָעִיר וִימֵי הַפּוּרִים הָאֵלֶּה לֹא יַעַבְרוּ מִתּוֹךְ הַיְּהוּדִים
29 וְזִכְרָם לֹא־יָסוּף מִזַּרְעָם׃ וַתִּכְתֹּב אֶסְתֵּר הַמַּלְכָּה
בַת־אֲבִיחַיִל וּמָרְדֳּכַי הַיְּהוּדִי אֶת־כָּל־תֹּקֶף לְקַיֵּם אֵת
ל אִגֶּרֶת הַפֻּרִים הַזֹּאת הַשֵּׁנִית׃ וַיִּשְׁלַח סְפָרִים אֶל־כָּל־
הַיְּהוּדִים אֶל־שֶׁבַע וְעֶשְׂרִים וּמֵאָה מְדִינָה מַלְכוּת אֲחַשְׁוֵרוֹשׁ
31 דִּבְרֵי שָׁלוֹם וֶאֱמֶת׃ לְקַיֵּם אֶת־יְמֵי הַפֻּרִים הָאֵלֶּה בִּזְמַנֵּיהֶם
כַּאֲשֶׁר קִיַּם עֲלֵיהֶם מָרְדֳּכַי הַיְּהוּדִי וְאֶסְתֵּר הַמַּלְכָּה וְכַאֲשֶׁר
32 קִיְּמוּ עַל־נַפְשָׁם וְעַל־זַרְעָם דִּבְרֵי הַצּוֹמוֹת וְזַעֲקָתָם׃ וּמַאֲמַר
אֶסְתֵּר קִיַּם דִּבְרֵי הַפֻּרִים הָאֵלֶּה וְנִכְתָּב בַּסֵּפֶר׃

CAP. X. י

י
2 א וַיָּשֶׂם הַמֶּלֶךְ אֲחַשְׁרֹשׁ ׀ מַס עַל־הָאָרֶץ וְאִיֵּי הַיָּם׃ וְכָל־
מַעֲשֵׂה תָקְפּוֹ וּגְבוּרָתוֹ וּפָרָשַׁת גְּדֻלַּת מָרְדֳּכַי אֲשֶׁר גִּדְּלוֹ
הַמֶּלֶךְ הֲלוֹא־הֵם כְּתוּבִים עַל־סֵפֶר דִּבְרֵי הַיָּמִים לְמַלְכֵי

מדי

ט׳ v. 27. וקבלו ק׳   v. 29. ת׳ רבתי   י׳ v. 1. אחשורוש ק׳

3 מָדַ֥י וּפָרָֽס׃ כִּ֣י ׀ מָרְדֳּכַ֣י הַיְּהוּדִ֗י מִשְׁנֶה֙ לַמֶּ֣לֶךְ אֲחַשְׁוֵר֔וֹשׁ
וְגָדוֹל֙ לַיְּהוּדִ֔ים וְרָצ֖וּי לְרֹ֣ב אֶחָ֑יו דֹּרֵ֥שׁ טוֹב֙ לְעַמּ֔וֹ וְדֹבֵ֥ר
שָׁל֖וֹם לְכָל־זַרְעֽוֹ׃

סכום פסוקי דמגלת אסתר מאה וששים ושבעה· וסימנו כבדני נא נגד זקני עמי· וחציו ותען אסתר ותאמר· וסדריו חמשה· וסימנו וזה גב המזבח:

דניאל

LIBER DANIELIS

CAPUT I. א

א

א בִּשְׁנַ֣ת שָׁל֔וֹשׁ לְמַלְכ֖וּת יְהוֹיָקִ֣ים מֶֽלֶךְ־יְהוּדָ֑ה בָּ֣א נְבוּכַדְנֶאצַּ֧ר
2 מֶֽלֶךְ־בָּבֶ֛ל יְרוּשָׁלִַ֖ם וַיָּ֥צַר עָלֶֽיהָ׃ וַיִּתֵּן֩ אֲדֹנָ֨י בְּיָד֜וֹ אֶת־
יְהוֹיָקִ֣ים מֶֽלֶךְ־יְהוּדָ֗ה וּמִקְצָת֙ כְּלֵ֣י בֵית־הָֽאֱלֹהִ֔ים וַיְבִיאֵ֥ם
אֶֽרֶץ־שִׁנְעָ֖ר בֵּ֣ית אֱלֹהָ֑יו וְאֶת־הַכֵּלִ֣ים הֵבִ֔יא בֵּ֖ית אוֹצַ֥ר
3 אֱלֹהָֽיו׃ וַיֹּ֣אמֶר הַמֶּ֔לֶךְ לְאַשְׁפְּנַ֖ז רַ֣ב סָרִיסָ֑יו לְהָבִ֞יא מִבְּנֵ֧י
4 יִשְׂרָאֵ֛ל וּמִזֶּ֥רַע הַמְּלוּכָ֖ה וּמִן־הַֽפַּרְתְּמִֽים׃ יְלָדִ֣ים אֲשֶׁ֣ר אֵֽין־
בָּהֶ֣ם כָּל־מאום וְטוֹבֵ֨י מַרְאֶ֜ה וּמַשְׂכִּלִ֣ים בְּכָל־חָכְמָ֗ה וְיֹ֤דְעֵי
דַ֙עַת֙ וּמְבִינֵ֣י מַדָּ֔ע וַאֲשֶׁר֙ כֹּ֣חַ בָּהֶ֔ם לַעֲמֹ֖ד בְּהֵיכַ֣ל הַמֶּ֑לֶךְ
ה וּֽלְלַמְּדָ֥ם סֵ֖פֶר וּלְשׁ֥וֹן כַּשְׂדִּֽים׃ וַיְמַן֩ לָהֶ֨ם הַמֶּ֜לֶךְ דְּבַר־י֣וֹם
בְּיוֹמ֗וֹ מִפַּת־בַּ֤ג הַמֶּ֙לֶךְ֙ וּמִיֵּ֣ין מִשְׁתָּ֔יו וּֽלְגַדְּלָ֖ם שָׁנִ֣ים שָׁל֑וֹשׁ
6 וּמִ֨קְצָתָ֔ם יַֽעַמְד֖וּ לִפְנֵ֥י הַמֶּֽלֶךְ׃ וַיְהִ֣י בָהֶ֔ם מִבְּנֵ֖י יְהוּדָ֑ה דָּֽנִיֵּ֣אל
7 חֲנַנְיָ֔ה מִֽישָׁאֵ֖ל וַעֲזַרְיָֽה׃ וַיָּ֧שֶׂם לָהֶ֛ם שַׂ֥ר הַסָּרִיסִ֖ים שֵׁמ֑וֹת
וַיָּ֨שֶׂם לְדָנִיֵּ֜אל בֵּ֣לְטְשַׁאצַּ֗ר וְלַחֲנַנְיָה֙ שַׁדְרַ֔ךְ וּלְמִֽישָׁאֵ֣ל מֵישַׁ֔ךְ
8 וְלַעֲזַרְיָ֖ה עֲבֵ֥ד נְגֽוֹ׃ וַיָּ֤שֶׂם דָּנִיֵּאל֙ עַל־לִבּ֔וֹ אֲשֶׁ֧ר לֹֽא־יִתְגָּאַ֛ל
בְּפַת־בַּ֥ג הַמֶּ֖לֶךְ וּבְיֵ֣ין מִשְׁתָּ֑יו וַיְבַקֵּשׁ֙ מִשַּׂ֣ר הַסָּרִיסִ֔ים אֲשֶׁ֖ר
9 לֹ֥א יִתְגָּאָֽל׃ וַיִּתֵּ֤ן הָאֱלֹהִים֙ אֶת־דָּ֣נִיֵּ֔אל לְחֶ֖סֶד וּֽלְרַחֲמִ֑ים
י לִפְנֵ֖י שַׂ֥ר הַסָּרִיסִֽים׃ וַיֹּ֜אמֶר שַׂ֤ר הַסָּרִיסִים֙ לְדָ֣נִיֵּ֔אל יָרֵ֤א אֲנִי֙
אֶת־אֲדֹנִ֣י הַמֶּ֔לֶךְ אֲשֶׁ֥ר מִנָּ֖ה אֶת־מַאֲכַלְכֶ֑ם וְאֶת־מִשְׁתֵּיכֶ֗ם
אֲשֶׁ֨ר לָ֜מָּה יִרְאֶ֤ה אֶת־פְּנֵיכֶם֙ זֹֽעֲפִ֔ים מִן־הַיְלָדִים֙ אֲשֶׁ֣ר
11 כְּגִֽילְכֶ֔ם וְחִיַּבְתֶּ֥ם אֶת־רֹאשִׁ֖י לַמֶּֽלֶךְ׃ וַיֹּ֥אמֶר דָּנִיֵּ֖אל אֶל־
הַמֶּלְצַ֑ר אֲשֶׁ֤ר מִנָּה֙ שַׂ֣ר הַסָּרִיסִ֔ים עַל־דָּנִיֵּ֕אל חֲנַנְיָ֥ה מִֽישָׁאֵ֖ל
12 וַעֲזַרְיָֽה׃ נַס־נָ֥א אֶת־עֲבָדֶ֖יךָ יָמִ֣ים עֲשָׂרָ֑ה וְיִתְּנוּ־לָ֧נוּ מִן־
13 הַזֵּרֹעִ֛ים וְנֹאכְלָ֖ה וּמַ֥יִם וְנִשְׁתֶּֽה׃ וְיֵרָא֨וּ לְפָנֶ֜יךָ מַרְאֵ֗ינוּ וּמַרְאֵה֙
הַיְלָדִ֔ים הָאֹ֣כְלִ֔ים אֵ֖ת פַּת־בַּ֣ג הַמֶּ֑לֶךְ וְכַאֲשֶׁ֣ר תִּרְאֵ֔ה עֲשֵׂ֖ה

עם־עבדיך

14 עִם־עֲבָדֶֽיךָ׃ וַיִּשְׁמַע לָהֶם לַדָּבָר הַזֶּה וַיְנַסֵּם יָמִים עֲשָׂרָה׃
טו וּמִקְצָת יָמִים עֲשָׂרָה נִרְאָה מַרְאֵיהֶם טוֹב וּבְרִיאֵי בָּשָׂר מִן־
16 כָּל־הַיְלָדִים הָאֹכְלִים אֵת פַּת־בַּג הַמֶּלֶךְ׃ וַיְהִי הַמֶּלְצַר
17 נֹשֵׂא אֶת־פַּת־בָּגָם וְיֵין מִשְׁתֵּיהֶם וְנֹתֵן לָהֶם זֵרְעֹנִים׃ וְהַיְלָדִים
הָאֵלֶּה אַרְבַּעְתָּם נָתַן לָהֶם הָאֱלֹהִים מַדָּע וְהַשְׂכֵּל בְּכָל־
18 סֵפֶר וְחָכְמָה וְדָנִיֵּאל הֵבִין בְּכָל־חָזוֹן וַחֲלֹמוֹת׃ וּלְמִקְצָת
הַיָּמִים אֲשֶׁר־אָמַר הַמֶּלֶךְ לַהֲבִיאָם וַיְבִיאֵם שַׂר הַסָּרִיסִים
19 לִפְנֵי נְבֻכַדְנֶצַּר׃ וַיְדַבֵּר אִתָּם הַמֶּלֶךְ וְלֹא נִמְצָא מִכֻּלָּם
כ כְּדָנִיֵּאל חֲנַנְיָה מִישָׁאֵל וַעֲזַרְיָה וַיַּעַמְדוּ לִפְנֵי הַמֶּלֶךְ׃ וְכֹל
דְּבַר חָכְמַת בִּינָה אֲשֶׁר־בִּקֵּשׁ מֵהֶם הַמֶּלֶךְ וַיִּמְצָאֵם עֶשֶׂר
יָדוֹת עַל כָּל־הַחַרְטֻמִּים הָאַשָּׁפִים אֲשֶׁר בְּכָל־מַלְכוּתוֹ׃
21 וַיְהִי דָּנִיֵּאל עַד־שְׁנַת אַחַת לְכוֹרֶשׁ הַמֶּלֶךְ׃

ב CAP. II. ב

א וּבִשְׁנַת שְׁתַּיִם לְמַלְכוּת נְבֻכַדְנֶצַּר חָלַם נְבֻכַדְנֶצַּר חֲלֹמוֹת
2 וַתִּתְפָּעֶם רוּחוֹ וּשְׁנָתוֹ נִהְיְתָה עָלָיו׃ וַיֹּאמֶר הַמֶּלֶךְ לִקְרֹא
לַחַרְטֻמִּים וְלָאַשָּׁפִים וְלַמְכַשְּׁפִים וְלַכַּשְׂדִּים לְהַגִּיד לַמֶּלֶךְ
3 חֲלֹמֹתָיו וַיָּבֹאוּ וַיַּעַמְדוּ לִפְנֵי הַמֶּלֶךְ׃ וַיֹּאמֶר לָהֶם הַמֶּלֶךְ
4 חֲלוֹם חָלָמְתִּי וַתִּפָּעֶם רוּחִי לָדַעַת אֶת־הַחֲלוֹם׃ וַיְדַבְּרוּ
הַכַּשְׂדִּים לַמֶּלֶךְ אֲרָמִית מַלְכָּא לְעָלְמִין חֱיִי אֱמַר חֶלְמָא
ה לְעַבְדָיךְ וּפִשְׁרָא נְחַוֵּא׃ עָנֵה מַלְכָּא וְאָמַר לְכַשְׂדָּיֵא מִלְּתָא
מִנִּי אַזְדָּא הֵן לָא תְהוֹדְעוּנַּנִי חֶלְמָא וּפִשְׁרֵהּ הַדָּמִין תִּתְעַבְדוּן
6 וּבָתֵּיכוֹן נְוָלִי יִתְּשָׂמוּן׃ וְהֵן חֶלְמָא וּפִשְׁרֵהּ תְּהַחֲוֺן מַתְּנָן
וּנְבִזְבָּה וִיקָר שַׂגִּיא תְּקַבְּלוּן מִן־קֳדָמָי לָהֵן חֶלְמָא וּפִשְׁרֵהּ
7 הַחֲוֺנִי׃ עֲנוֹ תִנְיָנוּת וְאָמְרִין מַלְכָּא חֶלְמָא יֵאמַר לְעַבְדוֹהִי
8 וּפִשְׁרָה נְהַחֲוֵה׃ עָנֵה מַלְכָּא וְאָמַר מִן־יַצִּיב יָדַע אֲנָה דִּי
עִדָּנָא אַנְתּוּן זָבְנִין כָּל־קֳבֵל דִּי חֲזֵיתוּן דִּי אַזְדָּא מִנִּי מִלְּתָא׃
9 דִּי הֵן־חֶלְמָא לָא תְהוֹדְעֻנַּנִי חֲדָה־הִיא דָתְכוֹן וּמִלָּה כִדְבָה

ושחיתה

ב׳ v. 4. לעבדך ק׳ v. 5. לכשדאי ק׳

וּשְׁחִיתָה הִזְמִנְתּוּן לְמֵאמַר קָדָמַי עַד דִּי עִדָּנָא יִשְׁתַּנֵּא לָהֵן
י חֶלְמָא אֱמַרוּ לִי וְאִנְדַּע דִּי פִשְׁרֵהּ תְּהַחֲוֻנַּנִי׃ עֲנוֹ כַשְׂדָּיֵא
קֳדָם־מַלְכָּא וְאָמְרִין לָא־אִיתַי אֱנָשׁ עַל־יַבֶּשְׁתָּא דִּי מִלַּת
מַלְכָּא יוּכַל לְהַחֲוָיָה כָּל־קֳבֵל דִּי כָּל־מֶלֶךְ רַב וְשַׁלִּיט
11 מִלָּה כִדְנָה לָא שְׁאֵל לְכָל־חַרְטֹּם וְאָשַׁף וְכַשְׂדָּי׃ וּמִלְּתָא
דִי־מַלְכָּה שָׁאֵל יַקִּירָה וְאָחֳרָן לָא אִיתַי דִּי יְחַוִּנַּהּ קֳדָם
מַלְכָּא לָהֵן אֱלָהִין דִּי מְדָרְהוֹן עִם־בִּשְׂרָא לָא אִיתוֹהִי׃
12 כָּל־קֳבֵל דְּנָה מַלְכָּא בְּנַס וּקְצַף שַׂגִּיא וַאֲמַר לְהוֹבָדָה לְכֹל
13 חַכִּימֵי בָבֶל׃ וְדָתָא נֶפְקַת וְחַכִּימַיָּא מִתְקַטְּלִין וּבְעוֹ דָּנִיֵּאל
14 וְחַבְרוֹהִי לְהִתְקְטָלָה׃ בֵּאדַיִן דָּנִיֵּאל הֲתִיב עֵטָא וּטְעֵם
לְאַרְיוֹךְ רַב־טַבָּחַיָּא דִּי מַלְכָּא דִּי נְפַק לְקַטָּלָה לְחַכִּימֵי
טו בָּבֶל׃ עָנֵה וְאָמַר לְאַרְיוֹךְ שַׁלִּיטָא דִי־מַלְכָּא עַל־מָה
דָתָא מְהַחְצְפָה מִן־קֳדָם מַלְכָּא אֱדַיִן מִלְּתָא הוֹדַע אַרְיוֹךְ
16 לְדָנִיֵּאל׃ וְדָנִיֵּאל עַל וּבְעָה מִן־מַלְכָּא דִּי זְמָן יִנְתֵּן־לֵהּ
17 וּפִשְׁרָא לְהַחֲוָיָה לְמַלְכָּא׃ אֱדַיִן דָּנִיֵּאל לְבַיְתֵהּ אֲזַל
18 וְלַחֲנַנְיָה מִישָׁאֵל וַעֲזַרְיָה חַבְרוֹהִי מִלְּתָא הוֹדַע׃ וְרַחֲמִין
לְמִבְעֵא מִן־קֳדָם אֱלָהּ שְׁמַיָּא עַל־רָזָה דְּנָה דִּי לָא יְהֹבְדוּן
19 דָּנִיֵּאל וְחַבְרוֹהִי עִם־שְׁאָר חַכִּימֵי בָבֶל׃ אֱדַיִן לְדָנִיֵּאל
בְּחֶזְוָא דִי־לֵילְיָא רָזָה גֲלִי אֱדַיִן דָּנִיֵּאל בָּרִךְ לֶאֱלָהּ שְׁמַיָּא׃
כ עָנֵה דָנִיֵּאל וְאָמַר לֶהֱוֵא שְׁמֵהּ דִּי־אֱלָהָא מְבָרַךְ מִן־עָלְמָא
21 וְעַד עָלְמָא דִּי חָכְמְתָא וּגְבוּרְתָא דִּי־לֵהּ הִיא׃ וְהוּא
מְהַשְׁנֵא עִדָּנַיָּא וְזִמְנַיָּא מְהַעְדֵּה מַלְכִין וּמְהָקֵים מַלְכִין יָהֵב
22 חָכְמְתָא לְחַכִּימִין וּמַנְדְּעָא לְיָדְעֵי בִינָה׃ הוּא גָּלֵא עַמִּיקָתָא
23 וּמְסַתְּרָתָא יָדַע מָה בַחֲשׁוֹכָא וּנְהִירָא עִמֵּהּ שְׁרֵא׃ לָךְ | אֱלָהּ
אֲבָהָתִי מְהוֹדֵא וּמְשַׁבַּח אֲנָה דִּי חָכְמְתָא וּגְבוּרְתָא יְהַבְתְּ לִי
וּכְעַן הוֹדַעְתַּנִי דִּי־בְעֵינָא מִנָּךְ דִּי־מִלַּת מַלְכָּא הוֹדַעְתֶּנָא׃
24 כָּל־קֳבֵל דְּנָה דָּנִיֵּאל עַל עַל־אַרְיוֹךְ דִּי מַנִּי מַלְכָּא לְהוֹבָדָה

לחכימי

v. 9. הזמנתון ק׳ v. 10. כשדאי ק׳ v. 22. ונהורא ק׳

לְחַכִּימֵי בָבֶל אֲזַל ׀ וְכֵן אֲמַר־לֵהּ לְחַכִּימֵי בָבֶל אַל־תְּהוֹבֵד
כה הַעֵלְנִי קֳדָם מַלְכָּא וּפִשְׁרָא לְמַלְכָּא אֲחַוֵּא׃ אֱדַיִן אַרְיוֹךְ
בְּהִתְבְּהָלָה הַנְעֵל לְדָנִיֵּאל קֳדָם מַלְכָּא וְכֵן אֲמַר־לֵהּ דִּי־
הַשְׁכַּחַת גְּבַר מִן־בְּנֵי גָלוּתָא דִּי יְהוּד דִּי פִשְׁרָא לְמַלְכָּא
26 יְהוֹדַע׃ עָנֵה מַלְכָּא וְאָמַר לְדָנִיֵּאל דִּי שְׁמֵהּ בֵּלְטְשַׁאצַּר
27 הַאִיתָיךְ כָּהֵל לְהוֹדָעֻתַנִי חֶלְמָא דִי־חֲזֵית וּפִשְׁרֵהּ׃ עָנֵה
דָנִיֵּאל קֳדָם מַלְכָּא וְאָמַר רָזָא דִּי־מַלְכָּא שָׁאֵל לָא חַכִּימִין
28 אָשְׁפִין חַרְטֻמִּין גָּזְרִין יָכְלִין לְהַחֲוָיָה לְמַלְכָּא׃ בְּרַם אִיתַי
אֱלָהּ בִּשְׁמַיָּא גָּלֵא רָזִין וְהוֹדַע לְמַלְכָּא נְבוּכַדְנֶצַּר מָה דִּי
לֶהֱוֵא בְּאַחֲרִית יוֹמַיָּא חֶלְמָךְ וְחֶזְוֵי רֵאשָׁךְ עַל־מִשְׁכְּבָךְ דְּנָה
29 הוּא׃ אַנְתָּה מַלְכָּא רַעְיוֹנָיךְ עַל־מִשְׁכְּבָךְ סְלִקוּ מָה דִּי
ל לֶהֱוֵא אַחֲרֵי דְנָה וְגָלֵא רָזַיָּא הוֹדְעָךְ מָה־דִי לֶהֱוֵא׃ וַאֲנָה
לָא בְחָכְמָה דִּי־אִיתַי בִּי מִן־כָּל־חַיַּיָּא רָזָא דְנָה גֱּלִי לִי
לָהֵן עַל־דִּבְרַת דִּי פִשְׁרָא לְמַלְכָּא יְהוֹדְעוּן וְרַעְיוֹנֵי לִבְבָךְ
31 תִּנְדַּע׃ אַנְתָּה מַלְכָּא חָזֵה הֲוַיְתָ וַאֲלוּ צְלֵם חַד שַׂגִּיא
32 צַלְמָא דִּכֵּן רַב וְזִיוֵהּ יַתִּיר קָאֵם לְקָבְלָךְ וְרֵוֵהּ דְּחִיל׃ הוּא
צַלְמָא רֵאשֵׁהּ דִּי־דְהַב טָב חֲדוֹהִי וּדְרָעוֹהִי דִּי כְסַף מְעוֹהִי
33 וְיַרְכָתֵהּ דִּי נְחָשׁ׃ שָׁקוֹהִי דִּי פַרְזֶל רַגְלוֹהִי מִנְּהוֹן דִּי פַרְזֶל
34 וּמִנְּהוֹן דִּי חֲסַף׃ חָזֵה הֲוַיְתָ עַד דִּי הִתְגְּזֶרֶת אֶבֶן דִּי־לָא
בִידַיִן וּמְחָת לְצַלְמָא עַל־רַגְלוֹהִי דִּי פַרְזְלָא וְחַסְפָּא וְהַדֵּקֶת
לה הִמּוֹן׃ בֵּאדַיִן דָּקוּ כַחֲדָה פַּרְזְלָא חַסְפָּא נְחָשָׁא כַּסְפָּא
וְדַהֲבָא וַהֲווֹ כְּעוּר מִן־אִדְּרֵי־קַיִט וּנְשָׂא הִמּוֹן רוּחָא וְכָל־
אֲתַר לָא־הִשְׁתֲּכַח לְהוֹן וְאַבְנָא ׀ דִּי־מְחָת לְצַלְמָא הֲוָת
36 לְטוּר רַב וּמְלָאת כָּל־אַרְעָא׃ דְּנָה חֶלְמָא וּפִשְׁרֵהּ נֵאמַר
37 קֳדָם־מַלְכָּא׃ אַנְתָּה מַלְכָּא מֶלֶךְ מַלְכַיָּא דִּי אֱלָהּ שְׁמַיָּא
38 מַלְכוּתָא חִסְנָא וְתָקְפָּא וִיקָרָא יְהַב־לָךְ׃ וּבְכָל־דִּי דָאְרִין
בְּנֵי־אֲנָשָׁא חֵיוַת בָּרָא וְעוֹף־שְׁמַיָּא יְהַב בִּידָךְ וְהַשְׁלְטָךְ

בכלהון

v. 26. האיתך ק׳ — v. 29. אנת ק׳ — ibid. רעיונך ק׳ — v. 31. יתיר ה׳
v. 33. מנהין ק׳ — ibid. ומנהין ק׳ — v. 37. יתיר ה׳ — v. 38. דיירין ק׳

39 בְּכָלְהוֹן אַנְתְּה־הוּא רֵאשָׁה דִּי דַהֲבָא׃ וּבָתְרָךְ תְּקוּם מַלְכוּ
אָחֳרִי אֲרַעא מִנָּךְ וּמַלְכוּ תליתיאָ אָחֳרִי דִּי נְחָשָׁא דִּי תִשְׁלַט
מ בְּכָל־אַרְעָא׃ וּמַלְכוּ רביעיה תֶּהֱוֵא תַקִּיפָה כְּפַרְזְלָא כָּל־
קֳבֵל דִּי פַרְזְלָא מְהַדֵּק וְחָשֵׁל כֹּלָּא וּכְפַרְזְלָא דִּי־מְרָעַע
41 כָּל־אִלֵּין תַּדִּק וְתֵרֹעַ׃ וְדִי־חֲזַיְתָה רַגְלַיָּא וְאֶצְבְּעָתָא מנהון
חֲסַף דִּי־פֶחָר ומנהון פַּרְזֶל מַלְכוּ פְלִיגָה תֶּהֱוֵה וּמִן־נִצְבְּתָא
דִּי־פַרְזְלָא לֶהֱוֵא־בַהּ כָּל־קֳבֵל דִּי חֲזַיְתָה פַּרְזְלָא מְעָרַב
42 בַּחֲסַף טִינָא׃ וְאֶצְבְּעָת רַגְלַיָּא מנהון פַּרְזֶל ומנהון חֲסַף
43 מִן־קְצָת מַלְכוּתָא תֶּהֱוֵה תַקִּיפָה וּמִנַּהּ תֶּהֱוֵא תְבִירָה׃ ודי
חֲזַיְתָ פַּרְזְלָא מְעָרַב בַּחֲסַף טִינָא מִתְעָרְבִין לֶהֱוֹן בִּזְרַע
אֲנָשָׁא וְלָא־לֶהֱוֹן דָּבְקִין דְּנָה עִם־דְּנָה הֵא־כְדִי פַרְזְלָא לָא
44 מִתְעָרַב עִם־חַסְפָּא׃ וּבְיוֹמֵיהוֹן דִּי מַלְכַיָּא אִנּוּן יְקִים אֱלָהּ
שְׁמַיָּא מַלְכוּ דִּי לְעָלְמִין לָא תִתְחַבַּל וּמַלְכוּתָה לְעַם אָחֳרָן
לָא תִשְׁתְּבִק תַּדִּק וְתָסֵיף כָּל־אִלֵּין מַלְכְוָתָא וְהִיא תְּקוּם
מה לְעָלְמַיָּא׃ כָּל־קֳבֵל דִּי־חֲזַיְתָ דִּי מִטּוּרָא אִתְגְּזֶרֶת אֶבֶן דִּי־
לָא בִידַיִן וְהַדֶּקֶת פַּרְזְלָא נְחָשָׁא חַסְפָּא כַּסְפָּא וְדַהֲבָא אֱלָהּ
רַב הוֹדַע לְמַלְכָּא מָה דִּי לֶהֱוֵא אַחֲרֵי דְנָה וְיַצִּיב חֶלְמָא
46 וּמְהֵימַן פִּשְׁרֵהּ׃ בֵּאדַיִן מַלְכָּא נְבוּכַדְנֶצַּר נְפַל עַל־
47 אַנְפּוֹהִי וּלְדָנִיֵּאל סְגִד וּמִנְחָה וְנִיחֹחִין אֲמַר לְנַסָּכָה לֵהּ׃ עָנֵה
מַלְכָּא לְדָנִיֵּאל וְאָמַר מִן־קְשֹׁט דִּי אֱלָהֲכוֹן הוּא אֱלָהּ אֱלָהִין
48 וּמָרֵא מַלְכִין וְגָלֵה רָזִין דִּי יְכֵלְתָּ לְמִגְלֵא רָזָא דְנָה׃ אֱדַיִן
מַלְכָּא לְדָנִיֵּאל רַבִּי וּמַתְּנָן רַבְרְבָן שַׂגִּיאָן יְהַב־לֵהּ וְהַשְׁלְטֵהּ
עַל כָּל־מְדִינַת בָּבֶל וְרַב־סִגְנִין עַל כָּל־חַכִּימֵי בָבֶל׃
49 וְדָנִיֵּאל בְּעָא מִן־מַלְכָּא וּמַנִּי עַל עֲבִידְתָּא דִּי מְדִינַת בָּבֶל
לְשַׁדְרַךְ מֵישַׁךְ וַעֲבֵד נְגוֹ וְדָנִיֵּאל בִּתְרַע מַלְכָּא׃

נבוכדנצר

v. 38. יתיר ה' v. 39. ארע ק' ibid. תליתאה ק' v. 40. רביעאה ק'

v. 41. מנהין ק' ibid. ומנהין ק' v. 42. מנהין ק' ibid. ומנהין ק'

v. 43. ודי ק'

ג

CAP. III. ג

א נְבוּכַדְנֶצַּר מַלְכָּא עֲבַד צְלֵם דִּי־דְהַב רוּמֵהּ אַמִּין שִׁתִּין
פְּתָיֵהּ אַמִּין שִׁת אֲקִימֵהּ בְּבִקְעַת דּוּרָא בִּמְדִינַת בָּבֶל׃
2 וּנְבוּכַדְנֶצַּר מַלְכָּא שְׁלַח לְמִכְנַשׁ ׀ לַאֲחַשְׁדַּרְפְּנַיָּא סִגְנַיָּא
וּפַחֲוָתָא אֲדַרְגָּזְרַיָּא גְדָבְרַיָּא דְּתָבְרַיָּא תִּפְתָּיֵא וְכֹל שִׁלְטֹנֵי
מְדִינָתָא לְמֵתֵא לַחֲנֻכַּת צַלְמָא דִּי הֲקֵים נְבוּכַדְנֶצַּר מַלְכָּא׃
3 בֵּאדַיִן מִתְכַּנְּשִׁין אֲחַשְׁדַּרְפְּנַיָּא סִגְנַיָּא וּפַחֲוָתָא אֲדַרְגָּזְרַיָּא
גְדָבְרַיָּא דְּתָבְרַיָּא תִּפְתָּיֵא וְכֹל שִׁלְטֹנֵי מְדִינָתָא לַחֲנֻכַּת
צַלְמָא דִּי הֲקֵים נְבוּכַדְנֶצַּר מַלְכָּא וְקָאמִין לָקֳבֵל צַלְמָא
4 דִּי הֲקֵים נְבוּכַדְנֶצַּר׃ וְכָרוֹזָא קָרֵא בְחָיִל לְכוֹן אָמְרִין
ה עַמְמַיָּא אֻמַּיָּא וְלִשָּׁנַיָּא׃ בְּעִדָּנָא דִּי־תִשְׁמְעוּן קָל קַרְנָא
מַשְׁרוֹקִיתָא קִיתְרֹס סַבְּכָא פְּסַנְתֵּרִין סוּמְפֹּנְיָה וְכֹל זְנֵי זְמָרָא
6 תִּפְּלוּן וְתִסְגְּדוּן לְצֶלֶם דַּהֲבָא דִּי הֲקֵים נְבוּכַדְנֶצַּר מַלְכָּא׃
וּמַן־דִּי־לָא יִפֵּל וְיִסְגֻּד בַּהּ־שַׁעֲתָא יִתְרְמֵא לְגוֹא־אַתּוּן נוּרָא
7 יָקִדְתָּא׃ כָּל־קֳבֵל דְּנָה בֵּהּ־זִמְנָא כְּדִי שָׁמְעִין כָּל־עַמְמַיָּא
קָל קַרְנָא מַשְׁרוֹקִיתָא קִיתְרֹס שַׂבְּכָא פְּסַנְטֵרִין וְכֹל זְנֵי זְמָרָא
נָפְלִין כָּל־עַמְמַיָּא אֻמַּיָּא וְלִשָּׁנַיָּא סָגְדִין לְצֶלֶם דַּהֲבָא דִּי
8 הֲקֵים נְבוּכַדְנֶצַּר מַלְכָּא׃ כָּל־קֳבֵל דְּנָה בֵּהּ־זִמְנָא קְרִבוּ
9 גֻּבְרִין כַּשְׂדָּאִין וַאֲכַלוּ קַרְצֵיהוֹן דִּי יְהוּדָיֵא׃ עֲנוֹ וְאָמְרִין
י לִנְבוּכַדְנֶצַּר מַלְכָּא מַלְכָּא לְעָלְמִין חֱיִי׃ אַנְתָּה מַלְכָּא שָׂמְתָּ
טְעֵם דִּי כָל־אֱנָשׁ דִּי־יִשְׁמַע קָל קַרְנָא מַשְׁרֹקִיתָא קִיתְרֹס
שַׂבְּכָא פְסַנְתֵּרִין וְסִיפֹּנְיָה וְכֹל זְנֵי זְמָרָא יִפֵּל וְיִסְגֻּד לְצֶלֶם
11 דַּהֲבָא׃ וּמַן־דִּי־לָא יִפֵּל וְיִסְגֻּד יִתְרְמֵא לְגוֹא־אַתּוּן נוּרָא
12 יָקִדְתָּא׃ אִיתַי גֻּבְרִין יְהוּדָאִין דִּי־מַנִּיתָ יָתְהוֹן עַל־עֲבִידַת
מְדִינַת בָּבֶל שַׁדְרַךְ מֵישַׁךְ וַעֲבֵד נְגוֹ גֻּבְרַיָּא אִלֵּךְ לָא־שָׂמוּ
עֲלָיךְ מַלְכָּא טְעֵם לֵאלָהָיךְ לָא פָלְחִין וּלְצֶלֶם דַּהֲבָא דִּי
13 הֲקֵימְתָּ לָא סָגְדִין׃ בֵּאדַיִן נְבוּכַדְנֶצַּר בִּרְגַז וַחֲמָה אֲמַר

להיתיה

v. 3. וקימין ק׳ ibid. יתיר ׳י v, 5. קתרס ק׳ ibid. וסופניה ק׳ v. 7. קתרס ק׳ v. 12. עלך ק׳ v. 10. אנת ק׳ ibid. לאלהך ק׳

לְהַיְתָיָה לְשַׁדְרַךְ מֵישַׁךְ וַעֲבֵד נְגוֹ בֵּאדַיִן גֻּבְרַיָּא אִלֵּךְ הֵיתָיוּ
14 קֳדָם מַלְכָּא׃ עָנֵה נְבוּכַדְנֶצַּר וְאָמַר לְהוֹן הַצְדָּא שַׁדְרַךְ
מֵישַׁךְ וַעֲבֵד נְגוֹ לֵאלָהַי לָא אִיתֵיכוֹן פָּלְחִין וּלְצֶלֶם דַּהֲבָא
ט דִּי הֲקֵימֶת לָא סָגְדִין׃ כְּעַן הֵן אִיתֵיכוֹן עֲתִידִין דִּי בְעִדָּנָא
דִּי־תִשְׁמְעוּן קָל קַרְנָא מַשְׁרוֹקִיתָא קִיתְרֹס שַׂבְּכָא פְּסַנְתֵּרִין
וְסוּמְפֹּנְיָה וְכֹל ׀ זְנֵי זְמָרָא תִּפְּלוּן וְתִסְגְּדוּן לְצַלְמָא דִי־עַבְדֵת
וְהֵן לָא תִסְגְּדוּן בַּהּ־שַׁעֲתָה תִתְרְמוֹן לְגוֹא־אַתּוּן נוּרָא יָקִדְתָּא
16 וּמַן־הוּא אֱלָהּ דִּי יְשֵׁיזְבִנְכוֹן מִן־יְדָי׃ עֲנוֹ שַׁדְרַךְ מֵישַׁךְ
וַעֲבֵד נְגוֹ וְאָמְרִין לְמַלְכָּא נְבוּכַדְנֶצַּר לָא־חַשְׁחִין אֲנַחְנָה
17 עַל־דְּנָה פִּתְגָם לַהֲתָבוּתָךְ׃ הֵן אִיתַי אֱלָהַנָא דִּי־אֲנַחְנָא
פָלְחִין יָכִל לְשֵׁיזָבוּתַנָא מִן־אַתּוּן נוּרָא יָקִדְתָּא וּמִן־
18 יְדָךְ מַלְכָּא יְשֵׁיזִב׃ וְהֵן לָא יְדִיעַ לֶהֱוֵא־לָךְ מַלְכָּא דִּי
לֵאלָהָיךְ לָא־אִיתַנָא פָלְחִין וּלְצֶלֶם דַּהֲבָא דִּי הֲקֵימְתָּ לָא
19 נִסְגֻּד׃ בֵּאדַיִן נְבוּכַדְנֶצַּר הִתְמְלִי חֱמָא וּצְלֵם אַנְפּוֹהִי
אֶשְׁתַּנּוֹ עַל־שַׁדְרַךְ מֵישַׁךְ וַעֲבֵד נְגוֹ עָנֵה וְאָמַר לְמֵזֵא
כ לְאַתּוּנָא חַד־שִׁבְעָה עַל דִּי חֲזֵה לְמֵזְיֵהּ׃ וּלְגֻבְרִין גִּבָּרֵי־
חַיִל דִּי בְחַילֵהּ אֲמַר לְכַפָּתָה לְשַׁדְרַךְ מֵישַׁךְ וַעֲבֵד נְגוֹ
21 לְמִרְמֵא לְאַתּוּן נוּרָא יָקִדְתָּא׃ בֵּאדַיִן גֻּבְרַיָּא אִלֵּךְ כְּפִתוּ
בְּסַרְבָּלֵיהוֹן פַּטְּשֵׁיהוֹן וְכַרְבְּלָתְהוֹן וּלְבֻשֵׁיהוֹן וּרְמִיו לְגוֹא־
22 אַתּוּן נוּרָא יָקִדְתָּא׃ כָּל־קֳבֵל דְּנָה מִן־דִּי מִלַּת מַלְכָּא
מַחְצְפָה וְאַתּוּנָא אֵזֵה יַתִּירָא גֻּבְרַיָּא אִלֵּךְ דִּי הַסִּקוּ לְשַׁדְרַךְ
23 מֵישַׁךְ וַעֲבֵד נְגוֹ קַטִּל הִמּוֹן שְׁבִיבָא דִּי נוּרָא׃ וְגֻבְרַיָּא אִלֵּךְ
תְּלָתֵּהוֹן שַׁדְרַךְ מֵישַׁךְ וַעֲבֵד נְגוֹ נְפַלוּ לְגוֹא־אַתּוּן־נוּרָא
24 יָקִדְתָּא מְכַפְּתִין׃ אֱדַיִן נְבוּכַדְנֶצַּר מַלְכָּא תְּוַהּ וְקָם
בְּהִתְבְּהָלָה עָנֵה וְאָמַר לְהַדָּבְרוֹהִי הֲלָא גֻבְרִין תְּלָתָא רְמֵינָא
לְגוֹא־נוּרָא מְכַפְּתִין עָנַיִן וְאָמְרִין לְמַלְכָּא יַצִּיבָא מַלְכָּא׃
כה עָנֵה וְאָמַר הָא־אֲנָה חָזֵה גֻּבְרִין אַרְבְּעָה שְׁרַיִן מַהְלְכִין

בגוא־נורא

v. 15. יתיר י׳ v. 18. יתיר י׳ v. 19. אשתני ק׳ v. 21. יתיר י׳

בְּגוֹא־נוּרָא וַחֲבָל לָא־אִיתַי בְּהוֹן וְרֵוֵהּ דִּי רְבִיעָיָא דָּמֵה
26 לְבַר־אֱלָהִין׃ בֵּאדַיִן קְרֵב נְבוּכַדְנֶצַּר לִתְרַע אַתּוּן נוּרָא
יָקִדְתָּא עָנֵה וְאָמַר שַׁדְרַךְ מֵישַׁךְ וַעֲבֵד־נְגוֹ עַבְדוֹהִי דִּי־
אֱלָהָא עִלָּיָא פֻּקוּ וֶאֱתוֹ בֵּאדַיִן נָפְקִין שַׁדְרַךְ מֵישַׁךְ וַעֲבֵד
27 נְגוֹ מִן־גּוֹא נוּרָא׃ וּמִתְכַּנְּשִׁין אֲחַשְׁדַּרְפְּנַיָּא סִגְנַיָּא וּפַחֲוָתָא
וְהַדָּבְרֵי מַלְכָּא חָזַיִן לְגֻבְרַיָּא אִלֵּךְ דִּי לָא־שְׁלֵט נוּרָא
בְּגֶשְׁמְהוֹן וּשְׂעַר רֵאשְׁהוֹן לָא הִתְחָרַךְ וְסָרְבָּלֵיהוֹן לָא שְׁנוֹ
28 וְרֵיחַ נוּר לָא עֲדָת בְּהוֹן׃ עָנֵה נְבוּכַדְנֶצַּר וְאָמַר בְּרִיךְ
אֱלָהֲהוֹן דִּי־שַׁדְרַךְ מֵישַׁךְ וַעֲבֵד נְגוֹ דִּי־שְׁלַח מַלְאֲכֵהּ וְשֵׁיזִב
לְעַבְדוֹהִי דִּי הִתְרְחִצוּ עֲלוֹהִי וּמִלַּת מַלְכָּא שַׁנִּיו וִיהַבוּ
גֶשְׁמְיְהוֹן דִּי לָא־יִפְלְחוּן וְלָא־יִסְגְּדוּן לְכָל־אֱלָהּ לָהֵן
29 לֵאלָהֲהוֹן׃ וּמִנִּי שִׂים טְעֵם דִּי כָל־עַם אֻמָּה וְלִשָּׁן דִּי־יֵאמַר
שָׁלָה עַל אֱלָהֲהוֹן דִּי־שַׁדְרַךְ מֵישַׁךְ וַעֲבֵד נְגוֹא הַדָּמִין יִתְעֲבֵד
וּבַיְתֵהּ נְוָלִי יִשְׁתַּוֵּה כָּל־קֳבֵל דִּי לָא אִיתַי אֱלָה אָחֳרָן דִּי־
ל יִכֻּל לְהַצָּלָה כִּדְנָה׃ בֵּאדַיִן מַלְכָּא הַצְלַח לְשַׁדְרַךְ מֵישַׁךְ
31 וַעֲבֵד נְגוֹ בִּמְדִינַת בָּבֶל׃ נְבוּכַדְנֶצַּר מַלְכָּא לְכָל־
עַמְמַיָּא אֻמַיָּא וְלִשָּׁנַיָּא דִּי־דָאְרִין בְּכָל־אַרְעָא שְׁלָמְכוֹן
32 יִשְׂגֵּא׃ אָתַיָּא וְתִמְהַיָּא דִּי עֲבַד עִמִּי אֱלָהָא עִלָּיָא שְׁפַר קָדָמַי
33 לְהַחֲוָיָה׃ אָתוֹהִי כְּמָה רַבְרְבִין וְתִמְהוֹהִי כְּמָה תַקִּיפִין
מַלְכוּתֵהּ מַלְכוּת עָלַם וְשָׁלְטָנֵהּ עִם־דָּר וְדָר׃

ד

Cap. IV. ד

2 א אֲנָה נְבוּכַדְנֶצַּר שְׁלֵה הֲוֵית בְּבֵיתִי וְרַעְנַן בְּהֵיכְלִי׃ חֵלֶם
חֲזֵית וִידַחֲלִנַּנִי וְהַרְהֹרִין עַל־מִשְׁכְּבִי וְחֶזְוֵי רֵאשִׁי יְבַהֲלֻנַּנִי׃
3 וּמִנִּי שִׂים טְעֵם לְהַנְעָלָה קָדָמַי לְכֹל חַכִּימֵי בָבֶל דִּי־פְשַׁר
4 חֶלְמָא יְהוֹדְעֻנַּנִי׃ בֵּאדַיִן עָלְלִין חַרְטֻמַיָּא אָשְׁפַיָּא כַּשְׂדָּיֵא
וְגָזְרַיָּא וְחֶלְמָא אָמַר אֲנָה קֳדָמֵיהוֹן וּפִשְׁרֵהּ לָא־מְהוֹדְעִין

לי

v. 25 ב׳ רביעאה ק׳   v. 26 עלאה ק׳   v. 28 יתיר י׳   v. 29 שלו ק׳
v. 31 דירין ק׳   v. 32 עלאה ק׳   ד׳ v. 4 עלין ק׳   ibid. כשדאי ק׳

ה לִי: וְעַד אָחֳרֵין עַל קָדָמַי דָּנִיֵּאל דִּי־שְׁמֵהּ בֵּלְטְשַׁאצַּר
כְּשֻׁם אֱלָהִי וְדִי רוּחַ־אֱלָהִין קַדִּישִׁין בֵּהּ וְחֶלְמָא קָדָמוֹהִי
6 אַמְרֵת: בֵּלְטְשַׁאצַּר רַב חַרְטֻמַיָּא דִּי ׀ אֲנָה יִדְעֵת דִּי רוּחַ
אֱלָהִין קַדִּישִׁין בָּךְ וְכָל־רָז לָא־אָנֵס לָךְ חֶזְוֵי חֶלְמִי דִי־
7 חֲזֵית וּפִשְׁרֵהּ אֱמַר: וְחֶזְוֵי רֵאשִׁי עַל־מִשְׁכְּבִי חָזֵה הֲוֵית
8 וַאֲלוּ אִילָן בְּגוֹא אַרְעָא וְרוּמֵהּ שַׂגִּיא: רְבָה אִילָנָא וּתְקִף
9 וְרוּמֵהּ יִמְטֵא לִשְׁמַיָּא וַחֲזוֹתֵהּ לְסוֹף כָּל־אַרְעָא: עָפְיֵהּ
שַׁפִּיר וְאִנְבֵּהּ שַׂגִּיא וּמָזוֹן לְכֹלָּא־בֵהּ תְּחֹתוֹהִי תַּטְלֵל ׀ חֵיוַת
בָּרָא וּבְעַנְפוֹהִי יְדֻרוּן צִפֲּרֵי שְׁמַיָּא וּמִנֵּהּ יִתְּזִין כָּל־בִּשְׂרָא:
י חָזֵה הֲוֵית בְּחֶזְוֵי רֵאשִׁי עַל־מִשְׁכְּבִי וַאֲלוּ עִיר וְקַדִּישׁ מִן־
11 שְׁמַיָּא נָחִת: קָרֵא בְחַיִל וְכֵן אָמַר גֹּדּוּ אִילָנָא וְקַצִּצוּ עַנְפוֹהִי
אַתַּרוּ עָפְיֵהּ וּבַדַּרוּ אִנְבֵּהּ תְּנֻד חֵיוְתָא מִן־תַּחְתּוֹהִי וְצִפְּרַיָּא
12 מִן־עַנְפוֹהִי: בְּרַם עִקַּר שָׁרְשׁוֹהִי בְּאַרְעָא שְׁבֻקוּ וּבֶאֱסוּר
דִּי־פַרְזֶל וּנְחָשׁ בְּדִתְאָא דִּי בָרָא וּבְטַל שְׁמַיָּא יִצְטַבַּע וְעִם־
13 חֵיוְתָא חֲלָקֵהּ בַּעֲשַׂב אַרְעָא: לִבְבֵהּ מִן־אֲנָשָׁא יְשַׁנּוֹן וּלְבַב
14 חֵיוָה יִתְיְהִב לֵהּ וְשִׁבְעָה עִדָּנִין יַחְלְפוּן עֲלוֹהִי: בִּגְזֵרַת עִירִין
פִּתְגָמָא וּמֵאמַר קַדִּישִׁין שְׁאֵלְתָא עַד־דִּבְרַת דִּי יִנְדְּעוּן חַיַּיָּא
דִּי־שַׁלִּיט עִלָּיָא בְּמַלְכוּת אֲנָשָׁא וּלְמַן־דִּי יִצְבֵּא יִתְּנִנַּהּ
טו וּשְׁפַל אֲנָשִׁים יְקִים עֲלַיהּ: דְּנָה חֶלְמָא חֲזֵית אֲנָה מַלְכָּא
נְבוּכַדְנֶצַּר וְאַנְתְּה בֵּלְטְשַׁאצַּר פִּשְׁרָא ׀ אֱמַר כָּל־קֳבֵל דִּי ׀
כָּל־חַכִּימֵי מַלְכוּתִי לָא־יָכְלִין פִּשְׁרָא לְהוֹדָעוּתַנִי וְאַנְתְּה
16 כָּהֵל דִּי רוּחַ־אֱלָהִין קַדִּישִׁין בָּךְ: אֱדַיִן דָּנִיֵּאל דִּי־שְׁמֵהּ
בֵּלְטְשַׁאצַּר אֶשְׁתּוֹמַם כְּשָׁעָה חֲדָה וְרַעְיֹנֹהִי יְבַהֲלֻנֵּהּ עָנֵה
מַלְכָּא וְאָמַר בֵּלְטְשַׁאצַּר חֶלְמָא וּפִשְׁרָא אַל־יְבַהֲלָךְ עָנֵה
בֵלְטְשַׁאצַּר וְאָמַר מָרְאִי חֶלְמָא לְשָׂנְאָךְ וּפִשְׁרֵהּ לְעָרָךְ:
17 אִילָנָא דִּי חֲזַיְתָ דִּי רְבָה וּתְקִף וְרוּמֵהּ יִמְטֵא לִשְׁמַיָּא וַחֲזוֹתֵהּ

לכל־ארעא

v. 5. אחרן ק׳ v. 9. ידורן ק׳ v. 13. אנשא ק׳ v. 14. עלאה ק׳
ibid. אנשא ק׳ ibid. עלה ק׳ v. 15. ואנת ק׳ ibid. ואנת ק׳ v. 16. יתיר א׳
ibid. לשנאך ק׳ ibid. לערך ק׳

18 לְכָל־אַרְעָא׃ וְעָפְיֵהּ שַׁפִּיר וְאִנְבֵּהּ שַׂגִּיא וּמָזוֹן לְכֹלָּא־בֵהּ
תְּחֹתוֹהִי תְּדוּר חֵיוַת בָּרָא וּבְעַנְפוֹהִי יִשְׁכְּנָן צִפֲּרֵי שְׁמַיָּא׃
19 אַנְתְּה־הוּא מַלְכָּא דִּי רְבַית וּתְקֵפְתְּ וּרְבוּתָךְ רְבָת וּמְטָת
כ לִשְׁמַיָּא וְשָׁלְטָנָךְ לְסוֹף אַרְעָא׃ וְדִי חֲזָה מַלְכָּא עִיר וְקַדִּישׁ
נָחִת ׀ מִן־שְׁמַיָּא וְאָמַר גֹּדּוּ אִילָנָא וְחַבְּלוּהִי בְּרַם עִקַּר
שָׁרְשׁוֹהִי בְּאַרְעָא שְׁבֻקוּ וּבֶאֱסוּר דִּי־פַרְזֶל וּנְחָשׁ בְּדִתְאָא
דִּי בָרָא וּבְטַל שְׁמַיָּא יִצְטַבַּע וְעִם־חֵיוַת בָּרָא חֲלָקֵהּ עַד
21 דִּי־שִׁבְעָה עִדָּנִין יַחְלְפוּן עֲלוֹהִי׃ דְּנָה פִשְׁרָא מַלְכָּא וּגְזֵרַת
22 עִלָּיָא הִיא דִּי מְטָת עַל־מְרָאִי מַלְכָּא׃ וְלָךְ טָרְדִין מִן־
אֲנָשָׁא וְעִם־חֵיוַת בָּרָא לֶהֱוֵה מְדֹרָךְ וְעִשְׂבָּא כְתוֹרִין ׀ לָךְ
יְטַעֲמוּן וּמִטַּל שְׁמַיָּא לָךְ מְצַבְּעִין וְשִׁבְעָה עִדָּנִין יַחְלְפוּן
עֲלָיִךְ עַד דִּי־תִנְדַּע דִּי־שַׁלִּיט עִלָּיָא בְּמַלְכוּת אֲנָשָׁא וּלְמַן־
23 דִּי יִצְבֵּא יִתְּנִנַּהּ׃ וְדִי אֲמַרוּ לְמִשְׁבַּק עִקַּר שָׁרְשׁוֹהִי דִּי
אִילָנָא מַלְכוּתָךְ לָךְ קַיָּמָה מִן־דִּי תִנְדַּע דִּי שַׁלִּטִן שְׁמַיָּא׃
24 לָהֵן מַלְכָּא מִלְכִּי יִשְׁפַּר עֲלָיִךְ וַחֲטָיָךְ בְּצִדְקָה פְרֻק וַעֲוָיָתָךְ
כה בְּמִחַן עֲנָיִן הֵן תֶּהֱוֵא אַרְכָה לִשְׁלֵוְתָךְ׃ כֹּלָּא מְטָא עַל־
26 נְבוּכַדְנֶצַּר מַלְכָּא׃ · לִקְצָת יַרְחִין תְּרֵי־עֲשַׂר עַל־הֵיכַל
27 מַלְכוּתָא דִּי בָבֶל מְהַלֵּךְ הֲוָה׃ עָנֵה מַלְכָּא וְאָמַר הֲלָא
דָּא־הִיא בָּבֶל רַבְּתָא דִּי־אֲנָה בֱנַיְתַהּ לְבֵית מַלְכוּ בִּתְקַף
28 חִסְנִי וְלִיקָר הַדְרִי׃ עוֹד מִלְּתָא בְּפֻם מַלְכָּא קָל מִן־שְׁמַיָּא
29 נְפַל לָךְ אָמְרִין נְבוּכַדְנֶצַּר מַלְכָּא מַלְכוּתָה עֲדָת מִנָּךְ׃ וּמִן־
אֲנָשָׁא לָךְ טָרְדִין וְעִם־חֵיוַת בָּרָא מְדֹרָךְ עִשְׂבָּא כְתוֹרִין
לָךְ יְטַעֲמוּן וְשִׁבְעָה עִדָּנִין יַחְלְפוּן עֲלָיִךְ עַד דִּי־תִנְדַּע דִּי־
ל שַׁלִּיט עִלָּיָא בְּמַלְכוּת אֲנָשָׁא וּלְמַן־דִּי יִצְבֵּא יִתְּנִנַּהּ׃ בַּהּ־
שַׁעֲתָא מִלְּתָא סָפַת עַל־נְבוּכַדְנֶצַּר וּמִן־אֲנָשָׁא טְרִיד וְעִשְׂבָּא
כְתוֹרִין יֵאכֻל וּמִטַּל שְׁמַיָּא גִּשְׁמֵהּ יִצְטַבַּע עַד דִּי שַׂעְרֵהּ

כנשרין

v. 19. יתיר ה׳ ibid. רבת ק׳ v. 21. עלאה ק׳ ibid. מרי ק׳
v. 22. עלך ק׳ ibid. עלאה ק׳ v. 24. עלך ק׳ ibid. וחטאך ק׳ v. 29. עלך ק׳
ibid. עלאה ק׳

31 כְּנִשְׁרִין רְבָה וְטִפְרוֹהִי כְצִפְּרִין׃ וְלִקְצָת יוֹמַיָּא אֲנָה
נְבוּכַדְנֶצַּר עַיְנַי ׀ לִשְׁמַיָּא נִטְלֵת וּמַנְדְּעִי עֲלַי יְתוּב וּלְעִלָּיאָ
בָּרְכֵת וּלְחַי עָלְמָא שַׁבְּחֵת וְהַדְּרֵת דִּי שָׁלְטָנֵהּ שָׁלְטָן עָלַם
32 וּמַלְכוּתֵהּ עִם־דָּר וְדָר׃ וְכָל־דָּארֵי אַרְעָא כְּלָה חֲשִׁיבִין
וּכְמִצְבְּיֵהּ עָבֵד בְּחֵיל שְׁמַיָּא וְדָארֵי אַרְעָא וְלָא אִיתַי דִּי־
33 יְמַחֵא בִידֵהּ וְיֵאמַר לֵהּ מָה עֲבַדְתְּ׃ בֵּהּ־זִמְנָא מַנְדְּעִי ׀
יְתוּב עֲלַי וְלִיקַר מַלְכוּתִי הַדְרִי וְזִוִי יְתוּב עֲלַי וְלִי הַדָּבְרַי
וְרַבְרְבָנַי יְבַעוֹן וְעַל־מַלְכוּתִי הָתְקְנַת וּרְבוּ יַתִּירָה הוּסְפַת
34 לִי׃ כְּעַן אֲנָה נְבֻכַדְנֶצַּר מְשַׁבַּח וּמְרוֹמֵם וּמְהַדַּר לְמֶלֶךְ
שְׁמַיָּא דִּי כָל־מַעֲבָדוֹהִי קְשֹׁט וְאֹרְחָתֵהּ דִּין וְדִי מַהְלְכִין
בְּגֵוָה יָכִל לְהַשְׁפָּלָה׃

Cap. V. ה

ה
א בֵּלְשַׁאצַּר מַלְכָּא עֲבַד לְחֶם רַב לְרַבְרְבָנוֹהִי אֲלַף וְלָקֳבֵל
2 אַלְפָּא חַמְרָא שָׁתֵה׃ בֵּלְשַׁאצַּר אֲמַר ׀ בִּטְעֵם חַמְרָא לְהַיְתָיָה
לְמָאנֵי דַּהֲבָא וְכַסְפָּא דִּי הַנְפֵּק נְבוּכַדְנֶצַּר אֲבוּהִי מִן־הֵיכְלָא
דִּי בִירוּשְׁלֶם וְיִשְׁתּוֹן בְּהוֹן מַלְכָּא וְרַבְרְבָנוֹהִי שֵׁגְלָתֵהּ
3 וּלְחֵנָתֵהּ׃ בֵּאדַיִן הַיְתִיו מָאנֵי דַהֲבָא דִּי הַנְפִּקוּ מִן־הֵיכְלָא
דִּי־בֵית אֱלָהָא דִּי בִירוּשְׁלֶם וְאִשְׁתִּיו בְּהוֹן מַלְכָּא וְרַבְרְבָנוֹהִי
4 שֵׁגְלָתֵהּ וּלְחֵנָתֵהּ׃ אִשְׁתִּיו חַמְרָא וְשַׁבַּחוּ לֵאלָהֵי דַּהֲבָא
ה וְכַסְפָּא נְחָשָׁא פַרְזְלָא אָעָא וְאַבְנָא׃ בַּהּ־שַׁעֲתָה נְפַקוּ אֶצְבְּעָן
דִּי יַד־אֱנָשׁ וְכָתְבָן לָקֳבֵל נֶבְרַשְׁתָּא עַל־גִּירָא דִּי־כְתַל
6 הֵיכְלָא דִּי מַלְכָּא וּמַלְכָּא חָזֵה פַּס יְדָא דִּי כָתְבָה׃ אֱדַיִן
מַלְכָּא זִיוֹהִי שְׁנוֹהִי וְרַעְיֹנֹהִי יְבַהֲלוּנֵּהּ וְקִטְרֵי חַרְצֵהּ מִשְׁתָּרַיִן
7 וְאַרְכֻבָּתֵהּ דָּא לְדָא נָקְשָׁן׃ קָרֵא מַלְכָּא בְּחַיִל לְהֶעָלָה
לְאָשְׁפַיָּא כַּשְׂדָיֵא וְגָזְרַיָּא עָנֵה מַלְכָּא וְאָמַר ׀ לְחַכִּימֵי בָבֶל
דִּי כָל־אֱנָשׁ דִּי־יִקְרֵה כְּתָבָה דְנָה וּפִשְׁרֵהּ יְחַוִּנַּנִי אַרְגְּוָנָא
יִלְבַּשׁ וְהַמְוֹנְכָא דִי־דַהֲבָא עַל־צַוְּארֵהּ וְתַלְתִּי בְמַלְכוּתָא

ישלט

ד׳ v. 31. ולעלאה ק׳ v. 32. דירי ק׳ ibid. ודירי ק׳ ה׳ v. 5. נפקה ק׳
v. 7. כשדאי א׳ ibid. והמניכא ק׳

8 יִשְׁלַט׃ אֱדַיִן עָלְּלִין כֹּל חַכִּימֵי מַלְכָּא וְלָא־כָהֲלִין כְּתָבָא
9 לְמִקְרֵא וּפִשְׁרָא לְהוֹדָעָה לְמַלְכָּא׃ אֱדַיִן מַלְכָּא בֵלְשַׁאצַּר
שַׂגִּיא מִתְבָּהַל וְזִיוֺהִי שָׁנַיִן עֲלוֹהִי וְרַבְרְבָנוֹהִי מִשְׁתַּבְּשִׁין׃
י מַלְכְּתָא לָקֳבֵל מִלֵּי מַלְכָּא וְרַבְרְבָנוֹהִי לְבֵית מִשְׁתְּיָא עַלְּלַת
עֲנָת מַלְכְּתָא וַאֲמֶרֶת מַלְכָּא לְעָלְמִין חֱיִי אַל־יְבַהֲלוּךְ
11 רַעְיוֹנָךְ וְזִיוָיךְ אַל־יִשְׁתַּנּוֹ׃ אִיתַי גְּבַר בְּמַלְכוּתָךְ דִּי רוּחַ
אֱלָהִין קַדִּישִׁין בֵּהּ וּבְיוֹמֵי אֲבוּךְ נַהִירוּ וְשָׂכְלְתָנוּ וְחָכְמָה
כְּחָכְמַת־אֱלָהִין הִשְׁתְּכַחַת בֵּהּ וּמַלְכָּא נְבֻכַדְנֶצַּר אֲבוּךְ רַב
12 חַרְטֻמִּין אָשְׁפִין כַּשְׂדָּאִין גָּזְרִין הֲקִימֵהּ אֲבוּךְ מַלְכָּא׃ כָּל־
קֳבֵל דִּי רוּחַ ׀ יַתִּירָה וּמַנְדַּע וְשָׂכְלְתָנוּ מְפַשַּׁר חֶלְמִין
וַאַחֲוָיַת אֲחִידָן וּמְשָׁרֵא קִטְרִין הִשְׁתְּכַחַת בֵּהּ בְּדָנִיֵּאל דִּי־
מַלְכָּא שָׂם־שְׁמֵהּ בֵּלְטְשַׁאצַּר כְּעַן דָּנִיֵּאל יִתְקְרֵי וּפִשְׁרָה
13 יְהַחֲוֵה׃ בֵּאדַיִן דָּנִיֵּאל הֻעַל קֳדָם מַלְכָּא עָנֵה מַלְכָּא
וְאָמַר לְדָנִיֵּאל אַנְתְּה־הוּא דָנִיֵּאל דִּי־מִן־בְּנֵי גָלוּתָא דִּי
14 יְהוּד דִּי הַיְתִי מַלְכָּא אַבִי מִן־יְהוּד׃ וְשִׁמְעֵת עֲלָיךְ דִּי רוּחַ
אֱלָהִין בָּךְ וְנַהִירוּ וְשָׂכְלְתָנוּ וְחָכְמָה יַתִּירָה הִשְׁתְּכַחַת בָּךְ׃
טו וּכְעַן הֻעַלּוּ קֳדָמַי חַכִּימַיָּא אָשְׁפַיָּא דִּי־כְתָבָה דְנָה יִקְרוֹן
16 וּפִשְׁרֵהּ לְהוֹדָעֻתַנִי וְלָא־כָהֲלִין פְּשַׁר־מִלְּתָא לְהַחֲוָיָה׃ וַאֲנָה
שִׁמְעֵת עֲלָיךְ דִּי־תוּכַל פִּשְׁרִין לְמִפְשַׁר וְקִטְרִין לְמִשְׁרֵא
כְּעַן הֵן תוּכַל כְּתָבָא לְמִקְרֵא וּפִשְׁרֵהּ לְהוֹדָעוּתַנִי אַרְגְּוָנָא
תִלְבַּשׁ וְהַמוֺנְכָא דִּי־דַהֲבָא עַל־צַוְּארָךְ וְתַלְתָּא בְמַלְכוּתָא
17 תִּשְׁלַט׃ בֵּאדַיִן עָנֵה דָנִיֵּאל וְאָמַר קֳדָם מַלְכָּא מַתְּנָתָךְ
לָךְ לֶהֶוְיָן וּנְבָזְבְּיָתָךְ לְאָחֳרָן הַב בְּרַם כְּתָבָא אֶקְרֵא לְמַלְכָּא
18 וּפִשְׁרָא אֲהוֹדְעִנֵּהּ׃ אַנְתְּה מַלְכָּא אֱלָהָא עִלָּיָא מַלְכוּתָא
19 וּרְבוּתָא וִיקָרָא וְהַדְרָא יְהַב לִנְבֻכַדְנֶצַּר אֲבוּךְ׃ וּמִן־רְבוּתָא
דִּי יְהַב־לֵהּ כֹּל עַמְמַיָּא אֻמַיָּא וְלִשָּׁנַיָּא הֲווֹ זָאְעִין וְדָחֲלִין

מן־קדמוהי

v. 8. עלין ק׳ ibid. ופשרה ק׳ v. 10. עלת ק׳ ibid. וזיוך ק׳ v. 13. יתיר ה׳
v. 14. עלך ק׳ v. 16. עלך ק׳ ibid. תכול ק׳ ibid. תכול ק׳ ibid. והמניכא ק׳
v. 18. אנת ק׳ ibid. עלאה ק׳ v. 19. זיעין ק׳

מִן־קֳדָמ֑וֹהִי דִּי־הֲוָ֨ה צָבֵ֜א הֲוָ֣ה קָטֵ֗ל וְדִי־הֲוָ֤ה צָבֵא֙ הֲוָ֣ה
מַחֵ֔א וְדִי־הֲוָ֤ה צָבֵא֙ הֲוָ֣ה מָרִ֔ים וְדִי־הֲוָ֥ה צָבֵ֖א הֲוָ֥ה מַשְׁפִּֽל׃
כ וּכְדִי֙ רִ֣ם לִבְבֵ֔הּ וְרוּחֵ֖הּ תִּֽקְפַ֣ת לַהֲזָדָ֑ה הָנְחַת֙ מִן־כָּרְסֵ֣א
21 מַלְכוּתֵ֔הּ וִיקָרָ֖ה הֶעְדִּ֥יו מִנֵּֽהּ׃ וּמִן־בְּנֵ֨י אֲנָשָׁ֜א טְרִ֗יד וְלִבְבֵ֣הּ ׀
עִם־חֵיוְתָ֣א שַׁוִּ֗י וְעִם־עֲרָדַיָּא֙ מְדוֹרֵ֔הּ עִשְׂבָּ֤א כְתוֹרִין֙
יְטַֽעֲמוּנֵּ֔הּ וּמִטַּ֥ל שְׁמַיָּ֖א גִּשְׁמֵ֣הּ יִצְטַבַּ֑ע עַ֣ד דִּֽי־יְדַ֗ע דִּֽי־שַׁלִּ֞יט
אֱלָהָ֤א עִלָּיָא֙ בְּמַלְכ֣וּת אֲנָשָׁ֔א וּלְמַן־דִּ֥י יִצְבֵּ֖א יְהָקֵ֥ים עֲלַֽיהּ׃
22 וְאַ֨נְתְּה בְּרֵהּ֙ בֵּלְשַׁאצַּ֔ר לָ֥א הַשְׁפֵּ֖לְתְּ לִבְבָ֑ךְ כָּל־קֳבֵ֕ל דִּ֥י
23 כָל־דְּנָ֖ה יְדַֽעְתָּ׃ וְעַ֣ל מָֽרֵא־שְׁמַיָּ֣א ׀ הִתְרוֹמַ֡מְתָּ וּֽלְמָֽאנַיָּ֨א
דִֽי־בַיְתֵ֜הּ הַיְתִ֣יו קָֽדָמָ֗יךְ וְאַ֨נְתְּה וְרַבְרְבָנָ֜יךְ שֵׁגְלָתָ֣ךְ וּלְחֵנָתָךְ֮
חַמְרָא֮ שָׁתַ֣יִן בְּהוֹן֒ וְלֵֽאלָהֵ֣י כַסְפָּֽא־וְדַהֲבָ֡א נְחָשָׁא֩ פַרְזְלָ֨א
אָעָ֜א וְאַבְנָ֗א דִּ֠י לָֽא־חָזַ֤יִן וְלָֽא־שָׁמְעִין֙ וְלָ֣א יָדְעִ֔ין שַׁבַּ֑חְתְּ
וְלֵֽאלָהָ֞א דִּֽי־נִשְׁמְתָ֥ךְ בִּידֵ֛הּ וְכָל־אֹרְחָתָ֥ךְ לֵ֖הּ לָ֥א הַדַּֽרְתְּ׃
24 בֵּאדַ֙יִן֙ מִן־קֳדָמ֔וֹהִי שְׁלִ֖יחַ פַּסָּ֣א דִֽי־יְדָ֑א וּכְתָבָ֥א דְנָ֖ה רְשִֽׁים׃
כה 26 וּדְנָ֥ה כְתָבָ֖א דִּ֣י רְשִׁ֑ים מְנֵ֥א מְנֵ֖א תְּקֵ֥ל וּפַרְסִֽין׃ דְּנָ֖ה פְּשַֽׁר־
27 מִלְּתָ֑א מְנֵ֕א מְנָֽה־אֱלָהָ֥א מַלְכוּתָ֖ךְ וְהַשְׁלְמַֽהּ׃ תְּקֵ֑ל תְּקִ֥ילְתָּה
28 בְמֹֽאזַנְיָ֖א וְהִשְׁתְּכַ֥חַתְּ חַסִּֽיר׃ פְּרֵ֑ס פְּרִיסַת֙ מַלְכוּתָ֔ךְ וִיהִיבַ֖ת
29 לְמָדַ֥י וּפָרָֽס׃ בֵּאדַ֣יִן ׀ אֲמַ֣ר בֵּלְשַׁאצַּ֗ר וְהַלְבִּ֤שׁוּ לְדָנִיֵּאל֙
אַרְגְּוָנָ֔א וְהַֽמוֹנְכָ֥א דִֽי־דַהֲבָ֖א עַֽל־צַוְּארֵ֑הּ וְהַכְרִ֣זוּ עֲל֔וֹהִי
ל דִּֽי־לֶהֱוֵ֥א שַׁלִּ֛יט תַּלְתָּ֖א בְּמַלְכוּתָֽא׃ בֵּ֖הּ בְּלֵֽילְיָ֑א קְטִ֕יל
בֵּלְשַׁאצַּ֖ר מַלְכָּ֥א כַשְׂדָּיָֽא׃

CAP. VI. ו

א 2 וְדָרְיָ֣וֶשׁ מָדָאָ֔ה קַבֵּ֖ל מַלְכוּתָ֑א כְּבַ֖ר שְׁנִ֥ין שִׁתִּ֥ין וְתַרְתֵּֽין׃ שְׁפַר֙
קֳדָ֣ם דָּרְיָ֔וֶשׁ וַהֲקִים֙ עַל־מַלְכוּתָ֔א לַֽאֲחַשְׁדַּרְפְּנַיָּ֖א מְאָ֣ה
3 וְעֶשְׂרִ֑ין דִּ֥י לֶהֱוֹ֖ן בְּכָל־מַלְכוּתָֽא׃ וְעֵ֤לָּא מִנְּהוֹן֙ סָרְכִ֣ין תְּלָתָ֔א
דִּ֥י דָנִיֵּ֖אל חַֽד־מִנְּה֑וֹן דִּֽי־לֶהֱוֹ֞ן אֲחַשְׁדַּרְפְּנַיָּ֣א אִלֵּ֗ין יָהֲבִ֤ין לְהוֹן֙

טעמא

ה׳ v. 21. שויו ק׳ — v. 21. עלאה ק׳ — ibid. עלה ק׳ — v. 22. ואנת ק׳ — v. 23. יתיר י׳
ibid. ואנת ק׳ — ibid. ורברבנך ק׳ — v. 29. והמניכא ק׳ — v. 30. כשדאה ק׳
ו׳ v. 1. מדאה ק׳

4 טַעְמָא וּמַלְכָּא לָא־לֶהֱוֵא נָזִק׃ אֱדַיִן דָּנִיֵּאל דְּנָה הֲוָא מִתְנַצַּח
עַל־סָרְכַיָּא וַאֲחַשְׁדַּרְפְּנַיָּא כָּל־קֳבֵל דִּי רוּחַ יַתִּירָא בֵּהּ
ה וּמַלְכָּא עֲשִׁית לַהֲקָמוּתֵהּ עַל־כָּל־מַלְכוּתָא׃ אֱדַיִן סָרְכַיָּא
וַאֲחַשְׁדַּרְפְּנַיָּא הֲווֹ בָעַיִן עִלָּה לְהַשְׁכָּחָה לְדָנִיֵּאל מִצַּד
מַלְכוּתָא וְכָל־עִלָּה וּשְׁחִיתָה לָא־יָכְלִין לְהַשְׁכָּחָה כָּל־
קֳבֵל דִּי־מְהֵימַן הוּא וְכָל־שָׁלוּ וּשְׁחִיתָה לָא הִשְׁתְּכַחַת
6 עֲלוֹהִי׃ אֱדַיִן גֻּבְרַיָּא אִלֵּךְ אָמְרִין דִּי לָא נְהַשְׁכַּח לְדָנִיֵּאל
7 דְּנָה כָּל־עִלָּא לָהֵן הַשְׁכַּחְנָה עֲלוֹהִי בְּדָת אֱלָהֵהּ׃ אֱדַיִן
סָרְכַיָּא וַאֲחַשְׁדַּרְפְּנַיָּא אִלֵּן הַרְגִּשׁוּ עַל־מַלְכָּא וְכֵן אָמְרִין
8 לֵהּ דָּרְיָוֶשׁ מַלְכָּא לְעָלְמִין חֱיִי׃ אִתְיָעַטוּ כֹּל ׀ סָרְכֵי מַלְכוּתָא
סִגְנַיָּא וַאֲחַשְׁדַּרְפְּנַיָּא הַדָּבְרַיָּא וּפַחֲוָתָא לְקַיָּמָה קְיָם מַלְכָּא
וּלְתַקָּפָה אֱסָר דִּי כָל־דִּי־יִבְעֵא בָעוּ מִן־כָּל־אֱלָהּ וֶאֱנָשׁ
9 עַד־יוֹמִין תְּלָתִין לָהֵן מִנָּךְ מַלְכָּא יִתְרְמֵא לְגֹב אַרְיָוָתָא׃ כְּעַן
מַלְכָּא תְּקִים אֱסָרָא וְתִרְשֻׁם כְּתָבָא דִּי לָא לְהַשְׁנָיָה כְּדָת־
י מָדַי וּפָרַס דִּי־לָא תֶעְדֵּא׃ כָּל־קֳבֵל דְּנָה מַלְכָּא דָּרְיָוֶשׁ
11 רְשַׁם כְּתָבָא וֶאֱסָרָא׃ וְדָנִיֵּאל כְּדִי יְדַע דִּי־רְשִׁים כְּתָבָא
עַל לְבַיְתֵהּ וְכַוִּין פְּתִיחָן לֵהּ בְּעִלִּיתֵהּ נֶגֶד יְרוּשְׁלֶם וְזִמְנִין
תְּלָתָה בְיוֹמָא הוּא ׀ בָּרֵךְ עַל־בִּרְכוֹהִי וּמְצַלֵּא וּמוֹדֵא קֳדָם
12 אֱלָהֵהּ כָּל־קֳבֵל דִּי־הֲוָא עָבֵד מִן־קַדְמַת דְּנָה׃ אֱדַיִן גֻּבְרַיָּא
אִלֵּךְ הַרְגִּשׁוּ וְהַשְׁכַּחוּ לְדָנִיֵּאל בָּעֵא וּמִתְחַנַּן קֳדָם אֱלָהֵהּ׃
13 בֵּאדַיִן קְרִבוּ וְאָמְרִין קֳדָם־מַלְכָּא עַל־אֱסָר מַלְכָּא הֲלָא
אֱסָר רְשַׁמְתָּ דִּי כָל־אֱנָשׁ דִּי־יִבְעֵא מִן־כָּל־אֱלָהּ וֶאֱנָשׁ
עַד־יוֹמִין תְּלָתִין לָהֵן מִנָּךְ מַלְכָּא יִתְרְמֵא לְגוֹב אַרְיָוָתָא
עָנֵה מַלְכָּא וְאָמַר יַצִּיבָא מִלְּתָא כְּדָת־מָדַי וּפָרַס דִּי־לָא
14 תֶעְדֵּא׃ בֵּאדַיִן עֲנוֹ וְאָמְרִין קֳדָם מַלְכָּא דִּי דָנִיֵּאל דִּי מִן־
בְּנֵי גָלוּתָא דִּי יְהוּד לָא־שָׂם עֲלָיךְ מַלְכָּא טְעֵם וְעַל־אֱסָרָא
טו דִּי רְשַׁמְתָּ וְזִמְנִין תְּלָתָה בְּיוֹמָא בָּעֵא בָּעוּתֵהּ׃ אֱדַיִן מַלְכָּא

כדי

v. 14. עלך ק׳

כְּדִ֨י מִלְּתָ֜א שְׁמַ֗ע שַׂגִּיא֙ בְּאֵ֣שׁ עֲל֔וֹהִי וְעַ֤ל דָּֽנִיֵּאל֙ שָׂ֣ם בָּ֔ל
לְשֵׁיזָבוּתֵ֑הּ וְעַד֙ מֶֽעָלֵ֣י שִׁמְשָׁ֔א הֲוָ֥ה מִשְׁתַּדַּ֖ר לְהַצָּלוּתֵֽהּ׃
16 בֵּאדַ֙יִן֙ גֻּבְרַיָּ֣א אִלֵּ֔ךְ הַרְגִּ֖שׁוּ עַל־מַלְכָּ֑א וְאָמְרִ֣ין לְמַלְכָּ֗א דַּ֤ע
מַלְכָּא֙ דִּֽי־דָ֣ת לְמָדַ֣י וּפָרַ֔ס דִּֽי־כָל־אֱסָ֥ר וּקְיָ֛ם דִּֽי־מַלְכָּ֥א
17 יְהָקֵ֖ים לָ֥א לְהַשְׁנָיָֽה׃ בֵּאדַ֜יִן מַלְכָּ֣א אֲמַ֗ר וְהַיְתִיו֙ לְדָ֣נִיֵּ֔אל
וּרְמ֖וֹ לְגֻבָּ֣א דִּ֣י אַרְיָוָתָ֑א עָנֵ֤ה מַלְכָּא֙ וְאָמַ֣ר לְדָֽנִיֵּ֔אל אֱלָהָ֗ךְ
18 דִּ֣י אַ֤נְתְּה פָּֽלַח־לֵהּ֙ בִּתְדִירָ֔א ה֖וּא יְשֵׁיזְבִנָּֽךְ׃ וְהֵיתָ֙יִת֙ אֶ֣בֶן
חֲדָ֔ה וְשֻׂמַ֖ת עַל־פֻּ֣ם גֻּבָּ֑א וְחַתְמַ֨הּ מַלְכָּ֜א בְּעִזְקְתֵ֗הּ וּבְעִזְקָת֙
19 רַבְרְבָנ֔וֹהִי דִּ֛י לָא־תִשְׁנֵ֥א צְב֖וּ בְּדָנִיֵּֽאל׃ אֱדַ֜יִן אֲזַ֧ל מַלְכָּ֣א
לְהֵיכְלֵ֗הּ וּבָ֣ת טְוָ֔ת וְדַחֲוָ֖ן לָא־הַנְעֵ֣ל קָֽדָמ֑וֹהִי וְשִׁנְתֵּ֖הּ נַדַּ֥ת
כ עֲלֽוֹהִי׃ בֵּאדַ֣יִן מַלְכָּ֗א בִּשְׁפַּרְפָּרָ֛א יְק֥וּם בְּנָגְהָ֖א וּבְהִתְבְּהָלָ֕ה
21 לְגֻבָּ֥א דִֽי־אַרְיָוָתָ֖א אֲזַֽל׃ וּכְמִקְרְבֵ֤הּ לְגֻבָּא֙ לְדָ֣נִיֵּ֔אל בְּקָ֥ל
עֲצִ֖יב זְעִ֑ק עָנֵ֨ה מַלְכָּ֜א וְאָמַ֣ר לְדָנִיֵּ֗אל דָּנִיֵּאל֙ עֲבֵ֣ד אֱלָהָ֣א
חַיָּ֔א אֱלָהָ֗ךְ דִּ֣י אַ֤נְתְּה פָּֽלַח־לֵהּ֙ בִּתְדִירָ֔א הַיְכִ֥ל לְשֵׁיזָבוּתָ֖ךְ
22 מִן־אַרְיָוָתָֽא׃ אֱדַ֙יִן֙ דָּנִיֵּ֔אל עִם־מַלְכָּ֖א מַלִּ֑ל מַלְכָּ֖א לְעָלְמִ֥ין
23 חֱיִֽי׃ אֱלָהִ֞י שְׁלַ֣ח מַלְאֲכֵ֗הּ וּֽסֲגַ֛ר פֻּ֥ם אַרְיָוָתָ֖א וְלָ֣א חַבְּל֑וּנִי
כָּל־קֳבֵ֗ל דִּ֤י קָֽדָמ֙וֹהִי֙ זָכוּ֙ הִשְׁתְּכַ֣חַת לִ֔י וְאַ֤ף קֳדָמָ֙יךְ֙ מַלְכָּ֔א
24 חֲבוּלָ֖ה לָ֥א עַבְדֵֽת׃ בֵּאדַ֨יִן מַלְכָּ֜א שַׂגִּ֣יא טְאֵ֣ב עֲל֔וֹהִי
וּלְדָ֣נִיֵּ֔אל אֲמַ֖ר לְהַנְסָקָ֣ה מִן־גֻּבָּ֑א וְהֻסַּ֤ק דָּנִיֵּאל֙ מִן־גֻּבָּ֔א
כה וְכָל־חֲבָל֙ לָא־הִשְׁתְּכַ֣ח בֵּ֔הּ דִּ֥י הֵימִ֖ן בֵּאלָהֵֽהּ׃ וַאֲמַ֣ר מַלְכָּ֗א
וְהַיְתִ֜יו גֻּבְרַיָּ֣א אִלֵּ֗ךְ דִּֽי־אֲכַ֣לוּ קַרְצ֘וֹהִי֮ דִּ֣י דָנִיֵּאל֒ וּלְגֹ֨ב
אַרְיָוָתָ֣א רְמ֔וֹ אִנּ֖וּן בְּנֵיה֣וֹן וּנְשֵׁיה֑וֹן וְלָֽא־מְט֞וֹ לְאַרְעִ֣ית גֻּבָּ֗א
26 עַ֣ד דִּֽי־שְׁלִ֤טוּ בְהוֹן֙ אַרְיָ֣וָתָ֔א וְכָל־גַּרְמֵיה֖וֹן הַדִּֽקוּ׃ בֵּאדַ֜יִן
דָּרְיָ֣וֶשׁ מַלְכָּ֗א כְּתַ֞ב לְכָל־עַמְמַיָּ֡א אֻמַיָּ֣א וְלִשָּׁנַיָּ֣א דִּֽי־דָאְרִ֣ין
27 בְּכָל־אַרְעָ֖א שְׁלָמְכ֥וֹן יִשְׂגֵּֽא׃ מִן־קֳדָמַי֮ שִׂ֣ים טְעֵם֒ דִּ֣י ׀
בְּכָל־שָׁלְטָ֣ן מַלְכוּתִ֗י לֶהֱוֺ֤ן זָאְעִין֙ וְדָ֣חֲלִ֔ין מִן־קֳדָ֖ם אֱלָהֵ֣הּ
דִּֽי־דָנִיֵּ֑אל דִּי־ה֣וּא ׀ אֱלָהָא֩ חַיָּ֨א וְקַיָּ֜ם לְעָלְמִ֗ין וּמַלְכוּתֵהּ֙

די־לא

v. 17. יתיר ה׳   v. 20. פ׳ זעירא   ibid. פ׳ רבתי   v. 21. יתיר ה׳
v. 23. קדמך ק׳   v. 26. דירין ק׳   v. 27. זייעין ק׳

28 דִּֽי־לָ֣א תִתְחַבַּ֔ל וְשָׁלְטָנֵ֖הּ עַד־סוֹפָֽא׃ מְשֵׁיזִ֣ב וּמַצִּ֔ל וְעָבֵד֙
אָתִ֣ין וְתִמְהִ֔ין בִּשְׁמַיָּ֖א וּבְאַרְעָ֑א דִּ֚י שֵׁיזִ֣יב לְדָנִיֵּ֔אל מִן־יַ֖ד
29 אַרְיָוָתָֽא׃ וְדָנִיֵּ֣אל דְּנָ֔ה הַצְלַ֖ח בְּמַלְכ֣וּת דָּרְיָ֑וֶשׁ וּבְמַלְכ֖וּת
כּ֥וֹרֶשׁ פָּרְסָיָֽא׃

ז Cap. VII. ז

א בִּשְׁנַ֣ת חֲדָ֗ה לְבֵלְאשַׁצַּר֙ מֶ֣לֶךְ בָּבֶ֔ל דָּנִיֵּאל֙ חֵ֣לֶם חֲזָ֔ה וְחֶזְוֵ֥י
2 רֵאשֵׁ֖הּ עַל־מִשְׁכְּבֵ֑הּ בֵּאדַ֙יִן֙ חֶלְמָ֣א כְתַ֔ב רֵ֥אשׁ מִלִּ֖ין אֲמַֽר׃
עָנֵ֣ה דָנִיֵּאל֮ וְאָמַר֒ חָזֵ֥ה הֲוֵ֛ית בְּחֶזְוִ֖י עִם־לֵֽילְיָ֑א וַאֲרוּ֙ אַרְבַּע֙
3 רוּחֵ֣י שְׁמַיָּ֔א מְגִיחָ֖ן לְיַמָּ֥א רַבָּֽא׃ וְאַרְבַּ֤ע חֵיוָן֙ רַבְרְבָ֔ן סָלְקָ֖ן
4 מִן־יַמָּ֑א שָׁנְיָ֖ן דָּ֥א מִן־דָּֽא׃ קַדְמָיְתָ֣א כְאַרְיֵ֔ה וְגַפִּ֥ין דִּֽי־נְשַׁ֖ר
לַ֑הּ חָזֵ֣ה הֲוֵ֡ית עַד֩ דִּי־מְּרִ֨יטוּ גַפַּ֜יהּ וּנְטִ֣ילַת מִן־אַרְעָ֗א וְעַל־
ה רַגְלַ֙יִן֙ כֶּאֱנָ֣שׁ הֳקִימַ֔ת וּלְבַ֥ב אֱנָ֖שׁ יְהִ֥יב לַֽהּ׃ וַאֲר֣וּ חֵיוָה֩ אָחֳרִ֨י
תִנְיָנָ֜ה דָּמְיָ֣ה לְדֹ֗ב וְלִשְׂטַר־חַד֙ הֳקִמַ֔ת וּתְלָ֥ת עִלְעִ֛ין בְּפֻמַּ֖הּ
6 בֵּ֣ין שִׁנַּ֑הּ וְכֵן֙ אָמְרִ֣ין לַ֔הּ ק֥וּמִי אֲכֻ֖לִי בְּשַׂ֥ר שַׂגִּֽיא׃ בָּאתַ֤ר
דְּנָה֙ חָזֵ֣ה הֲוֵ֔ית וַאֲר֤וּ אָחֳרִי֙ כִּנְמַ֔ר וְלַ֛הּ גַּפִּ֥ין אַרְבַּ֖ע דִּי־ע֑וֹף
7 עַל־גַּבַּ֔הּ וְאַרְבְּעָ֤ה רֵאשִׁין֙ לְחֵ֣יוְתָ֔א וְשָׁלְטָ֖ן יְהִ֥יב לַֽהּ׃ בָּאתַ֨ר
דְּנָ֜ה חָזֵ֣ה הֲוֵית֮ בְּחֶזְוֵ֣י לֵֽילְיָא֒ וַאֲר֣וּ חֵיוָ֣ה רְבִיעָאָ֡ה דְּחִילָה֩
וְאֵ֨ימְתָנִ֜י וְתַקִּיפָ֣א יַתִּירָ֗א וְשִׁנַּ֨יִן דִּֽי־פַרְזֶ֥ל לַהּ֙ רַבְרְבָ֔ן אָֽכְלָ֣ה
וּמַדֱּקָ֔ה וּשְׁאָרָ֖א בְּרַגְלַ֣הּ רָפְסָ֑ה וְהִ֣יא מְשַׁנְּיָ֗ה מִן־כָּל־חֵֽיוָתָא֙
8 דִּ֣י קָדָמַ֔הּ וְקַרְנַ֥יִן עֲשַׂ֖ר לַֽהּ׃ מִשְׂתַּכַּ֨ל הֲוֵ֜ית בְּקַרְנַיָּ֗א וַ֠אֲלוּ
קֶ֣רֶן אָחֳרִ֤י זְעֵירָה֙ סִלְקָ֣ת בֵּֽינֵיהֵ֔ן וּתְלָ֗ת מִן־קַרְנַיָּא֙ קַדְמָ֣יָתָ֔א
אֶתְעֲקַ֖רָה מִן־קֳדָמַ֑הּ וַאֲל֨וּ עַיְנִ֜ין כְּעַיְנֵ֤י אֲנָשָׁא֙ בְּקַרְנָא־דָ֔א
9 וּפֻ֖ם מְמַלִּ֥ל רַבְרְבָֽן׃ חָזֵ֣ה הֲוֵ֗ית עַ֣ד דִּ֤י כָרְסָוָן֙ רְמִ֔יו וְעַתִּ֥יק
יוֹמִ֖ין יְתִ֑ב לְבוּשֵׁ֣הּ ׀ כִּתְלַ֣ג חִוָּ֗ר וּשְׂעַ֤ר רֵאשֵׁהּ֙ כַּעֲמַ֣ר נְקֵ֔א
י כָּרְסְיֵהּ֙ שְׁבִ֣יבִין דִּֽי־נ֔וּר גַּלְגִּלּ֖וֹהִי נ֥וּר דָּלִֽק׃ נְהַ֣ר דִּי־נ֗וּר
נָגֵ֤ד וְנָפֵק֙ מִן־קֳדָמ֔וֹהִי אֶ֤לֶף אַלְפִים֙ יְשַׁמְּשׁוּנֵּ֔הּ וְרִבּ֥וֹ רִבְבָן֙

קדמוהי

ר' v. 29. פרסאה ק' ז' v. 4. גפה ק' v. 5. שנה ק' v. 6, גבה ק'
ר' v. 7. רביעאה ק' ibid. יתיר ר' ibid. יתיר ר' v. 8. ביניהן ק' ibid. אתעקרה ק'
ibid. יתיר ר' v. 10. אלפין ק' ibid. רבבן ק'

11 קֳדָמוֹהִי יְקוּמוּן דִּינָא יְתִב וְסִפְרִין פְּתִיחוּ׃ חָזֵה הֲוֵית בֵּאדַיִן
מִן־קָל מִלַּיָּא רַבְרְבָתָא דִּי קַרְנָא מְמַלֱּלָה חָזֵה הֲוֵית עַד
12 דִּי קְטִילַת חֵיוְתָא וְהוּבַד גִּשְׁמַהּ וִיהִיבַת לִיקֵדַת אֶשָּׁא׃ וּשְׁאָר
חֵיוָתָא הֶעְדִּיו שָׁלְטָנְהוֹן וְאַרְכָה בְחַיִּין יְהִיבַת לְהוֹן עַד־זְמַן
13 וְעִדָּן׃ חָזֵה הֲוֵית בְּחֶזְוֵי לֵילְיָא וַאֲרוּ עִם־עֲנָנֵי שְׁמַיָּא כְּבַר
אֱנָשׁ אָתֵה הֲוָה וְעַד־עַתִּיק יוֹמַיָּא מְטָה וּקְדָמוֹהִי הַקְרְבוּהִי׃
14 וְלֵהּ יְהִב שָׁלְטָן וִיקָר וּמַלְכוּ וְכֹל עַמְמַיָּא אֻמַיָּא וְלִשָּׁנַיָּא לֵהּ
יִפְלְחוּן שָׁלְטָנֵהּ שָׁלְטָן עָלַם דִּי־לָא יֶעְדֵּה וּמַלְכוּתֵהּ דִּי־לָא
טו תִתְחַבַּל׃ אֶתְכְּרִיַּת רוּחִי אֲנָה דָנִיֵּאל בְּגוֹ נִדְנֶה וְחֶזְוֵי
16 רֵאשִׁי יְבַהֲלֻנַּנִי׃ קִרְבֵת עַל־חַד מִן־קָאֲמַיָּא וְיַצִּיבָא אֶבְעֵא־
17 מִנֵּהּ עַל־כָּל־דְּנָה וַאֲמַר־לִי וּפְשַׁר מִלַּיָּא יְהוֹדְעִנַּנִי׃ אִלֵּין
חֵיוָתָא רַבְרְבָתָא דִּי אִנִּין אַרְבַּע אַרְבְּעָה מַלְכִין יְקוּמוּן מִן־
18 אַרְעָא׃ וִיקַבְּלוּן מַלְכוּתָא קַדִּישֵׁי עֶלְיוֹנִין וְיַחְסְנוּן מַלְכוּתָא
19 עַד־עָלְמָא וְעַד עָלַם עָלְמַיָּא׃ אֱדַיִן צְבִית לְיַצָּבָא עַל־
חֵיוְתָא רְבִיעָיְתָא דִּי־הֲוָת שָׁנְיָה מִן־כָּלְּהֵון דְּחִילָה יַתִּירָה
שִׁנַּיהּ דִּי־פַרְזֶל וְטִפְרַיהּ דִּי־נְחָשׁ אָכְלָה מַדֱּקָה וּשְׁאָרָא
כ בְּרַגְלַיהּ רָפְסָה׃ וְעַל־קַרְנַיָּא עֲשַׂר דִּי בְרֵאשַׁהּ וְאָחֳרִי דִּי
סִלְקַת וּנְפַלוּ מִן־קֳדָמַיהּ תְּלָת וְקַרְנָא דִכֵּן וְעַיְנִין לַהּ וּפֻם
21 מְמַלִּל רַבְרְבָן וְחֶזְוַהּ רַב מִן־חַבְרָתַהּ׃ חָזֵה הֲוֵית וְקַרְנָא
22 דִכֵּן עָבְדָה קְרָב עִם־קַדִּישִׁין וְיָכְלָה לְהוֹן׃ עַד דִּי־אֲתָה
עַתִּיק יוֹמַיָּא וְדִינָא יְהִב לְקַדִּישֵׁי עֶלְיוֹנִין וְזִמְנָא מְטָה
23 וּמַלְכוּתָא הֶחֱסִנוּ קַדִּישִׁין׃ כֵּן אֲמַר חֵיוְתָא רְבִיעָיְתָא מַלְכוּ
רְבִיעָאָה תֶּהֱוֵא בְאַרְעָא דִּי תִשְׁנֵא מִן־כָּל־מַלְכְוָתָא וְתֵאכֻל
24 כָּל־אַרְעָא וּתְדוּשִׁנַּהּ וְתַדְּקִנַּהּ׃ וְקַרְנַיָּא עֲשַׂר מִנַּהּ מַלְכוּתָא
עַשְׂרָה מַלְכִין יְקֻמוּן וְאָחֳרָן יְקוּם אַחֲרֵיהוֹן וְהוּא יִשְׁנֵא מִן־
כה קַדְמָיֵא וּתְלָתָה מַלְכִין יְהַשְׁפִּל׃ וּמִלִּין לְצַד עִלָּיָא יְמַלִּל
וּלְקַדִּישֵׁי עֶלְיוֹנִין יְבַלֵּא וְיִסְבַּר לְהַשְׁנָיָה זִמְנִין וְדָת וְיִתְיַהֲבוּן

בידה

v. 19. כלהין ק׳ ibid. יתיר ק׳ ibid. יתיר ק׳ ibid. יתיר ק׳ v. 20. ונפלה ק׳
ibid. קדמה ק׳ v. 23. רביעאה ק׳ v. 25. עלאה ק׳

26 בִּידֵ֔הּ עַד־עִדָּ֥ן וְעִדָּנִ֖ין וּפְלַ֥ג עִדָּֽן׃ וְדִינָ֖א יִתִּ֑ב וְשָׁלְטָנֵ֣הּ
27 יְהַעְדּ֔וֹן לְהַשְׁמָדָ֥ה וּלְהוֹבָדָ֖ה עַד־סוֹפָֽא׃ וּמַלְכוּתָ֨א וְשָׁלְטָנָ֜א
וּרְבוּתָ֗א דִּ֚י מַלְכְוָת֙ תְּח֣וֹת כָּל־שְׁמַיָּ֔א יְהִיבַ֕ת לְעַ֖ם קַדִּישֵׁ֣י
עֶלְיוֹנִ֑ין מַלְכוּתֵהּ֙ מַלְכ֣וּת עָלַ֔ם וְכֹל֙ שָׁלְטָנַיָּ֔א לֵ֥הּ יִפְלְח֖וּן
28 וְיִשְׁתַּמְּעֽוּן׃ עַד־כָּ֖ה סוֹפָ֣א דִֽי־מִלְּתָ֑א אֲנָ֣ה דָנִיֵּ֡אל שַׂגִּ֣יא ׀
רַעְיוֹנַ֣י יְבַהֲלֻנַּ֗נִי וְזִיוַי֙ יִשְׁתַּנּ֣וֹן עֲלַ֔י וּמִלְּתָ֖א בְּלִבִּ֥י נִטְרֵֽת׃

CAP. VIII. ח

ח

א בִּשְׁנַ֣ת שָׁל֔וֹשׁ לְמַלְכ֖וּת בֵּלְאשַׁצַּ֣ר הַמֶּ֑לֶךְ חָזוֹן֙ נִרְאָ֣ה אֵלַ֔י אֲנִ֣י
2 דָנִיֵּ֔אל אַחֲרֵ֛י הַנִּרְאָ֥ה אֵלַ֖י בַּתְּחִלָּֽה׃ וָֽאֶרְאֶה֮ בֶּחָזוֹן֒ וַיְהִ֗י
בִּרְאֹתִ֔י וַאֲנִי֙ בְּשׁוּשַׁ֣ן הַבִּירָ֔ה אֲשֶׁ֖ר בְּעֵילָ֣ם הַמְּדִינָ֑ה וָֽאֶרְאֶה֙
3 בֶּֽחָז֔וֹן וַאֲנִ֥י הָיִ֖יתִי עַל־אוּבַ֥ל אוּלָֽי׃ וָאֶשָּׂ֤א עֵינַי֙ וָאֶרְאֶ֔ה וְהִנֵּ֣ה ׀
אַ֣יִל אֶחָ֗ד עֹמֵ֛ד לִפְנֵ֥י הָאֻבָ֖ל וְל֣וֹ קְרָנָ֑יִם וְהַקְּרָנַ֣יִם גְּבֹה֗וֹת
4 וְהָֽאַחַת֙ גְּבֹהָ֣ה מִן־הַשֵּׁנִ֔ית וְהַ֨גְּבֹהָ֔ה עֹלָ֖ה בָּאַחֲרֹנָֽה׃ רָאִ֣יתִי
אֶת־הָאַ֡יִל מְנַגֵּחַ֩ יָ֨מָּה וְצָפ֜וֹנָה וָנֶ֗גְבָּה וְכָל־חַיּוֹת֙ לֹֽא־יַעַמְד֣וּ
ה לְפָנָ֔יו וְאֵ֥ין מַצִּ֖יל מִיָּד֑וֹ וְעָשָׂ֥ה כִרְצֹנ֖וֹ וְהִגְדִּֽיל׃ וַאֲנִ֣י ׀ הָיִ֣יתִי
מֵבִ֗ין וְהִנֵּ֤ה צְפִיר־הָֽעִזִּים֙ בָּ֤א מִן־הַֽמַּעֲרָב֙ עַל־פְּנֵ֣י כָל־
6 הָאָ֔רֶץ וְאֵ֥ין נוֹגֵ֖עַ בָּאָ֑רֶץ וְהַצָּפִ֕יר קֶ֥רֶן חָז֖וּת בֵּ֥ין עֵינָֽיו׃ וַיָּבֹ֗א
עַד־הָאַ֙יִל֙ בַּ֣עַל הַקְּרָנַ֔יִם אֲשֶׁ֣ר רָאִ֔יתִי עֹמֵ֖ד לִפְנֵ֣י הָאֻבָ֑ל
7 וַיָּ֥רָץ אֵלָ֖יו בַּחֲמַ֥ת כֹּחֽוֹ׃ וּרְאִיתִ֞יו מַגִּ֣יעַ ׀ אֵ֣צֶל הָאַ֗יִל וַיִּתְמַרְמַ֤ר
אֵלָיו֙ וַיַּ֣ךְ אֶת־הָאַ֔יִל וַיְשַׁבֵּר֙ אֶת־שְׁתֵּ֣י קְרָנָ֔יו וְלֹא־הָ֥יָה כֹ֛חַ
בָּאַ֖יִל לַעֲמֹ֣ד לְפָנָ֑יו וַיַּשְׁלִיכֵ֤הוּ אַ֙רְצָה֙ וַֽיִּרְמְסֵ֔הוּ וְלֹא־הָיָ֥ה
8 מַצִּ֛יל לָאַ֖יִל מִיָּדֽוֹ׃ וּצְפִ֥יר הָעִזִּ֖ים הִגְדִּ֣יל עַד־מְאֹ֑ד וּכְעָצְמוֹ֙
נִשְׁבְּרָה֙ הַקֶּ֣רֶן הַגְּדוֹלָ֔ה וַֽתַּעֲלֶ֜נָה חָז֤וּת אַרְבַּע֙ תַּחְתֶּ֔יהָ לְאַרְבַּ֖ע
9 רוּח֥וֹת הַשָּׁמָֽיִם׃ וּמִן־הָאַחַ֣ת מֵהֶ֔ם יָצָ֥א קֶֽרֶן־אַחַ֖ת מִצְּעִירָ֑ה
י וַתִּגְדַּל־יֶ֛תֶר אֶל־הַנֶּ֥גֶב וְאֶל־הַמִּזְרָ֖ח וְאֶל־הַצֶּֽבִי׃ וַתִּגְדַּ֖ל
עַד־צְבָ֣א הַשָּׁמָ֑יִם וַתַּפֵּ֨ל אַ֧רְצָה מִן־הַצָּבָ֛א וּמִן־הַכּוֹכָבִ֖ים
11 וַֽתִּרְמְסֵֽם׃ וְעַ֥ד שַׂר־הַצָּבָ֖א הִגְדִּ֑יל וּמִמֶּ֨נּוּ֙ הֻרַ֣ם הַתָּמִ֔יד

והשלך

ח׳ v. 9. סבירין יצאה   v. 11. הורם ק׳

12 וְהֻשְׁלַךְ מְכוֹן מִקְדָּשׁוֹ׃ וְצָבָא תִּנָּתֵן עַל־הַתָּמִיד בְּפָשַׁע
13 וְתַשְׁלֵךְ אֱמֶת אַרְצָה וְעָשְׂתָה וְהִצְלִיחָה׃ וָאֶשְׁמְעָה אֶחָד־
קָדוֹשׁ מְדַבֵּר וַיֹּאמֶר אֶחָד קָדוֹשׁ לַפַּלְמוֹנִי הַמְדַבֵּר עַד־
מָתַי הֶחָזוֹן הַתָּמִיד וְהַפֶּשַׁע שֹׁמֵם תֵּת וְקֹדֶשׁ וְצָבָא מִרְמָס׃
14 וַיֹּאמֶר אֵלַי עַד עֶרֶב בֹּקֶר אַלְפַּיִם וּשְׁלֹשׁ מֵאוֹת וְנִצְדַּק
טו קֹדֶשׁ׃ וַיְהִי בִּרְאֹתִי אֲנִי דָנִיֵּאל אֶת־הֶחָזוֹן וָאֲבַקְשָׁה בִינָה
16 וְהִנֵּה עֹמֵד לְנֶגְדִּי כְּמַרְאֵה־גָבֶר׃ וָאֶשְׁמַע קוֹל־אָדָם בֵּין
17 אוּלָי וַיִּקְרָא וַיֹּאמַר גַּבְרִיאֵל הָבֵן לְהַלָּז אֶת־הַמַּרְאֶה׃ וַיָּבֹא
אֵצֶל עָמְדִי וּבְבֹאוֹ נִבְעַתִּי וָאֶפְּלָה עַל־פָּנָי וַיֹּאמֶר אֵלַי הָבֵן
18 בֶּן־אָדָם כִּי לְעֶת־קֵץ הֶחָזוֹן׃ וּבְדַבְּרוֹ עִמִּי נִרְדַּמְתִּי עַל־
19 פָּנַי אָרְצָה וַיִּגַּע־בִּי וַיַּעֲמִידֵנִי עַל־עָמְדִי׃ וַיֹּאמֶר הִנְנִי
מוֹדִיעֲךָ אֵת אֲשֶׁר־יִהְיֶה בְּאַחֲרִית הַזָּעַם כִּי לְמוֹעֵד קֵץ׃
כ 21 הָאַיִל אֲשֶׁר־רָאִיתָ בַּעַל הַקְּרָנָיִם מַלְכֵי מָדַי וּפָרָס׃ וְהַצָּפִיר
הַשָּׂעִיר מֶלֶךְ יָוָן וְהַקֶּרֶן הַגְּדוֹלָה אֲשֶׁר בֵּין־עֵינָיו הוּא הַמֶּלֶךְ
22 הָרִאשׁוֹן׃ וְהַנִּשְׁבֶּרֶת וַתַּעֲמֹדְנָה אַרְבַּע תַּחְתֶּיהָ אַרְבַּע מַלְכֻיוֹת
23 מִגּוֹי יַעֲמֹדְנָה וְלֹא בְכֹחוֹ׃ וּבְאַחֲרִית מַלְכוּתָם כְּהָתֵם הַפֹּשְׁעִים
24 יַעֲמֹד מֶלֶךְ עַז־פָּנִים וּמֵבִין חִידוֹת׃ וְעָצַם כֹּחוֹ וְלֹא בְכֹחוֹ
וְנִפְלָאוֹת יַשְׁחִית וְהִצְלִיחַ וְעָשָׂה וְהִשְׁחִית עֲצוּמִים וְעַם־
כה קְדֹשִׁים׃ וְעַל־שִׂכְלוֹ וְהִצְלִיחַ מִרְמָה בְּיָדוֹ וּבִלְבָבוֹ יַגְדִּיל
וּבְשַׁלְוָה יַשְׁחִית רַבִּים וְעַל שַׂר־שָׂרִים יַעֲמֹד וּבְאֶפֶס יָד
26 יִשָּׁבֵר׃ וּמַרְאֵה הָעֶרֶב וְהַבֹּקֶר אֲשֶׁר נֶאֱמַר אֱמֶת הוּא וְאַתָּה
27 סְתֹם הֶחָזוֹן כִּי לְיָמִים רַבִּים׃ וַאֲנִי דָנִיֵּאל נִהְיֵיתִי וְנֶחֱלֵיתִי
יָמִים וָאָקוּם וָאֶעֱשֶׂה אֶת־מְלֶאכֶת הַמֶּלֶךְ וָאֶשְׁתּוֹמֵם עַל־
הַמַּרְאֶה וְאֵין מֵבִין׃

ט CAP. IX. ט

א בִּשְׁנַת אַחַת לְדָרְיָוֶשׁ בֶּן־אֲחַשְׁוֵרוֹשׁ מִזֶּרַע מָדָי אֲשֶׁר הָמְלַךְ
2 עַל מַלְכוּת כַּשְׂדִּים׃ בִּשְׁנַת אַחַת לְמָלְכוֹ אֲנִי דָּנִיֵּאל בִּינֹתִי

בספרים

בַּסְּפָרִים מִסְפַּר הַשָּׁנִים אֲשֶׁר הָיָה דְבַר־יְהוָה אֶל־יִרְמִיָה
3 הַנָּבִיא לְמַלֹּאות לְחָרְבוֹת יְרוּשָׁלִַם שִׁבְעִים שָׁנָה׃ וָאֶתְּנָה
אֶת־פָּנַי אֶל־אֲדֹנָי הָאֱלֹהִים לְבַקֵּשׁ תְּפִלָּה וְתַחֲנוּנִים בְּצוֹם
4 וְשַׂק וָאֵפֶר׃ וָאֶתְפַּלְלָה לַיהוָה אֱלֹהַי וָאֶתְוַדֶּה וָאֹמְרָה אָנָּא
אֲדֹנָי הָאֵל הַגָּדוֹל וְהַנּוֹרָא שֹׁמֵר הַבְּרִית וְהַחֶסֶד לְאֹהֲבָיו
ה וּלְשֹׁמְרֵי מִצְוֹתָיו׃ חָטָאנוּ וְעָוִינוּ והִרְשַׁעְנוּ וּמָרָדְנוּ וְסוֹר
6 מִמִּצְוֹתֶךָ וּמִמִּשְׁפָּטֶיךָ׃ וְלֹא שָׁמַעְנוּ אֶל־עֲבָדֶיךָ הַנְּבִיאִים
אֲשֶׁר דִּבְּרוּ בְּשִׁמְךָ אֶל־מְלָכֵינוּ שָׂרֵינוּ וַאֲבֹתֵינוּ וְאֶל כָּל־
7 עַם הָאָרֶץ׃ לְךָ אֲדֹנָי הַצְּדָקָה וְלָנוּ בֹּשֶׁת הַפָּנִים כַּיּוֹם הַזֶּה
לְאִישׁ יְהוּדָה וּלְיוֹשְׁבֵי יְרוּשָׁלִַם וּלְכָל־יִשְׂרָאֵל הַקְּרֹבִים
וְהָרְחֹקִים בְּכָל־הָאֲרָצוֹת אֲשֶׁר הִדַּחְתָּם שָׁם בְּמַעֲלָם אֲשֶׁר
8 מָעֲלוּ־בָךְ׃ יְהוָה לָנוּ בֹּשֶׁת הַפָּנִים לִמְלָכֵינוּ לְשָׂרֵינוּ
9 וְלַאֲבֹתֵינוּ אֲשֶׁר חָטָאנוּ לָךְ׃ לַאדֹנָי אֱלֹהֵינוּ הָרַחֲמִים
י וְהַסְּלִחוֹת כִּי מָרַדְנוּ בּוֹ׃ וְלֹא שָׁמַעְנוּ בְּקוֹל יְהוָה אֱלֹהֵינוּ
לָלֶכֶת בְּתוֹרֹתָיו אֲשֶׁר נָתַן לְפָנֵינוּ בְּיַד עֲבָדָיו הַנְּבִיאִים׃
11 וְכָל־יִשְׂרָאֵל עָבְרוּ אֶת־תּוֹרָתֶךָ וְסוֹר לְבִלְתִּי שְׁמוֹעַ בְּקֹלֶךָ
וַתִּתַּךְ עָלֵינוּ הָאָלָה וְהַשְּׁבֻעָה אֲשֶׁר כְּתוּבָה בְּתוֹרַת מֹשֶׁה
12 עֶבֶד־הָאֱלֹהִים כִּי חָטָאנוּ לוֹ׃ וַיָּקֶם אֶת־דְּבָרָיו ׀ אֲשֶׁר־
דִּבֶּר עָלֵינוּ וְעַל שֹׁפְטֵינוּ אֲשֶׁר שְׁפָטוּנוּ לְהָבִיא עָלֵינוּ רָעָה
גְדֹלָה אֲשֶׁר לֹא־נֶעֶשְׂתָה תַּחַת כָּל־הַשָּׁמַיִם כַּאֲשֶׁר נֶעֶשְׂתָה
13 בִּירוּשָׁלִָם׃ כַּאֲשֶׁר כָּתוּב בְּתוֹרַת מֹשֶׁה אֵת כָּל־הָרָעָה
הַזֹּאת בָּאָה עָלֵינוּ וְלֹא־חִלִּינוּ אֶת־פְּנֵי ׀ יְהוָה אֱלֹהֵינוּ לָשׁוּב
14 מֵעֲוֹנֵנוּ וּלְהַשְׂכִּיל בַּאֲמִתֶּךָ׃ וַיִּשְׁקֹד יְהוָה עַל־הָרָעָה וַיְבִיאֶהָ
עָלֵינוּ כִּי־צַדִּיק יְהוָה אֱלֹהֵינוּ עַל־כָּל־מַעֲשָׂיו אֲשֶׁר עָשָׂה
טו וְלֹא שָׁמַעְנוּ בְּקֹלוֹ׃ וְעַתָּה ׀ אֲדֹנָי אֱלֹהֵינוּ אֲשֶׁר הוֹצֵאתָ
אֶת־עַמְּךָ מֵאֶרֶץ מִצְרַיִם בְּיָד חֲזָקָה וַתַּעַשׂ־לְךָ שֵׁם כַּיּוֹם
16 הַזֶּה חָטָאנוּ רָשָׁעְנוּ׃ אֲדֹנָי כְּכָל־צִדְקֹתֶךָ יָשָׁב־נָא אַפְּךָ

v. 5. הרשענו ק׳ v. 12. דברו ק׳

וַחֲמָתְךָ מֵעִירְךָ יְרוּשָׁלִַם הַר־קָדְשֶׁךָ כִּי בַחֲטָאֵינוּ וּבַעֲוֺנוֹת
17 אֲבֹתֵינוּ יְרוּשָׁלִַם וְעַמְּךָ לְחֶרְפָּה לְכָל־סְבִיבֹתֵינוּ׃ וְעַתָּה ׀
שְׁמַע אֱלֹהֵינוּ אֶל־תְּפִלַּת עַבְדְּךָ וְאֶל־תַּחֲנוּנָיו וְהָאֵר פָּנֶיךָ
18 עַל־מִקְדָּשְׁךָ הַשָּׁמֵם לְמַעַן אֲדֹנָי׃ הַטֵּה אֱלֹהַי ׀ אָזְנְךָ וּשְׁמָע
פִּקְחָה עֵינֶיךָ וּרְאֵה שֹׁמְמֹתֵינוּ וְהָעִיר אֲשֶׁר־נִקְרָא שִׁמְךָ עָלֶיהָ
כִּי ׀ לֹא עַל־צִדְקֹתֵינוּ אֲנַחְנוּ מַפִּילִים תַּחֲנוּנֵינוּ לְפָנֶיךָ כִּי עַל־
19 רַחֲמֶיךָ הָרַבִּים׃ אֲדֹנָי ׀ שְׁמָעָה אֲדֹנָי ׀ סְלָחָה אֲדֹנָי הַקֲשִׁיבָה
וַעֲשֵׂה אַל־תְּאַחַר לְמַעַנְךָ אֱלֹהַי כִּי־שִׁמְךָ נִקְרָא עַל־עִירְךָ
כ וְעַל־עַמֶּךָ׃ וְעוֹד אֲנִי מְדַבֵּר וּמִתְפַּלֵּל וּמִתְוַדֶּה חַטָּאתִי
וְחַטַּאת עַמִּי יִשְׂרָאֵל וּמַפִּיל תְּחִנָּתִי לִפְנֵי יְהוָה אֱלֹהַי עַל
21 הַר־קֹדֶשׁ אֱלֹהָי׃ וְעוֹד אֲנִי מְדַבֵּר בַּתְּפִלָּה וְהָאִישׁ גַּבְרִיאֵל
אֲשֶׁר רָאִיתִי בֶחָזוֹן בַּתְּחִלָּה מֻעָף בִּיעָף נֹגֵעַ אֵלַי כְּעֵת
22 מִנְחַת־עָרֶב׃ וַיָּבֶן וַיְדַבֵּר עִמִּי וַיֹּאמַר דָּנִיֵּאל עַתָּה יָצָאתִי
23 לְהַשְׂכִּילְךָ בִינָה׃ בִּתְחִלַּת תַּחֲנוּנֶיךָ יָצָא דָבָר וַאֲנִי בָּאתִי
24 לְהַגִּיד כִּי חֲמוּדוֹת אָתָּה וּבִין בַּדָּבָר וְהָבֵן בַּמַּרְאֶה׃ שָׁבֻעִים
שִׁבְעִים נֶחְתַּךְ עַל־עַמְּךָ ׀ וְעַל־עִיר קָדְשֶׁךָ לְכַלֵּא הַפֶּשַׁע
וּלְחָתֵם חַטָּאוֹת וּלְכַפֵּר עָוֺן וּלְהָבִיא צֶדֶק עֹלָמִים וְלַחְתֹּם
כה חָזוֹן וְנָבִיא וְלִמְשֹׁחַ קֹדֶשׁ קָדָשִׁים׃ וְתֵדַע וְתַשְׂכֵּל מִן־מֹצָא
דָבָר לְהָשִׁיב וְלִבְנוֹת יְרוּשָׁלִַם עַד־מָשִׁיחַ נָגִיד שָׁבֻעִים
שִׁבְעָה וְשָׁבֻעִים שִׁשִּׁים וּשְׁנַיִם תָּשׁוּב וְנִבְנְתָה רְחוֹב וְחָרוּץ
26 וּבְצוֹק הָעִתִּים׃ וְאַחֲרֵי הַשָּׁבֻעִים שִׁשִּׁים וּשְׁנַיִם יִכָּרֵת מָשִׁיחַ
וְאֵין לוֹ וְהָעִיר וְהַקֹּדֶשׁ יַשְׁחִית עַם נָגִיד הַבָּא וְקִצּוֹ בַשֶּׁטֶף
27 וְעַד קֵץ מִלְחָמָה נֶחֱרֶצֶת שֹׁמֵמוֹת׃ וְהִגְבִּיר בְּרִית לָרַבִּים
שָׁבוּעַ אֶחָד וַחֲצִי הַשָּׁבוּעַ יַשְׁבִּית ׀ זֶבַח וּמִנְחָה וְעַל כְּנַף
שִׁקּוּצִים מְשֹׁמֵם וְעַד־כָּלָה וְנֶחֱרָצָה תִּתַּךְ עַל־שֹׁמֵם׃

CAP. X. י

י

א בִּשְׁנַת שָׁלוֹשׁ לְכוֹרֶשׁ מֶלֶךְ פָּרַס דָּבָר נִגְלָה לְדָנִיֵּאל

אשר־נקרא

ט׳ v. 18. פקח ק׳ v. 24. ולהתם ק׳ ibid. חטאת ק׳

אֲשֶׁר־נִקְרָא שְׁמוֹ בֵּלְטְשַׁאצַּר וֶאֱמֶת הַדָּבָר וְצָבָא גָדוֹל וּבִין
2 אֶת־הַדָּבָר וּבִינָה לוֹ בַּמַּרְאֶה׃ בַּיָּמִים הָהֵם אֲנִי דָנִיֵּאל
3 הָיִיתִי מִתְאַבֵּל שְׁלֹשָׁה שָׁבֻעִים יָמִים׃ לֶחֶם חֲמֻדוֹת לֹא
אָכַלְתִּי וּבָשָׂר וָיַיִן לֹא־בָא אֶל־פִּי וְסוֹךְ לֹא־סָכְתִּי עַד־
4 מְלֹאת שְׁלֹשֶׁת שָׁבֻעִים יָמִים׃ וּבְיוֹם עֶשְׂרִים וְאַרְבָּעָה
לַחֹדֶשׁ הָרִאשׁוֹן וַאֲנִי הָיִיתִי עַל יַד הַנָּהָר הַגָּדוֹל הוּא חִדָּקֶל׃
ה וָאֶשָּׂא אֶת־עֵינַי וָאֵרֶא וְהִנֵּה אִישׁ־אֶחָד לָבוּשׁ בַּדִּים וּמָתְנָיו
6 חֲגֻרִים בְּכֶתֶם אוּפָז׃ וּגְוִיָּתוֹ כְתַרְשִׁישׁ וּפָנָיו כְּמַרְאֵה בָרָק
וְעֵינָיו כְּלַפִּידֵי אֵשׁ וּזְרֹעֹתָיו וּמַרְגְּלֹתָיו כְּעֵין נְחֹשֶׁת קָלָל וְקוֹל
7 דְּבָרָיו כְּקוֹל הָמוֹן׃ וְרָאִיתִי אֲנִי דָנִיֵּאל לְבַדִּי אֶת־הַמַּרְאָה
וְהָאֲנָשִׁים אֲשֶׁר הָיוּ עִמִּי לֹא רָאוּ אֶת־הַמַּרְאָה אֲבָל חֲרָדָה
8 גְדֹלָה נָפְלָה עֲלֵיהֶם וַיִּבְרְחוּ בְּהֵחָבֵא׃ וַאֲנִי נִשְׁאַרְתִּי לְבַדִּי
וָאֶרְאֶה אֶת־הַמַּרְאָה הַגְּדֹלָה הַזֹּאת וְלֹא נִשְׁאַר־בִּי כֹּחַ וְהוֹדִי
9 נֶהְפַּךְ עָלַי לְמַשְׁחִית וְלֹא עָצַרְתִּי כֹּחַ׃ וָאֶשְׁמַע אֶת־קוֹל
דְּבָרָיו וּכְשָׁמְעִי אֶת־קוֹל דְּבָרָיו וַאֲנִי הָיִיתִי נִרְדָּם עַל־פָּנַי
י וּפָנַי אָרְצָה׃ וְהִנֵּה־יָד נָגְעָה בִּי וַתְּנִיעֵנִי עַל־בִּרְכַּי וְכַפּוֹת
11 יָדָי׃ וַיֹּאמֶר אֵלַי דָּנִיֵּאל אִישׁ־חֲמֻדוֹת הָבֵן בַּדְּבָרִים אֲשֶׁר
אָנֹכִי דֹּבֵר אֵלֶיךָ וַעֲמֹד עַל־עָמְדֶךָ כִּי עַתָּה שֻׁלַּחְתִּי אֵלֶיךָ
12 וּבְדַבְּרוֹ עִמִּי אֶת־הַדָּבָר הַזֶּה עָמַדְתִּי מַרְעִיד׃ וַיֹּאמֶר אֵלַי
אַל־תִּירָא דָנִיֵּאל כִּי ׀ מִן־הַיּוֹם הָרִאשׁוֹן אֲשֶׁר נָתַתָּ אֶת־
לִבְּךָ לְהָבִין וּלְהִתְעַנּוֹת לִפְנֵי אֱלֹהֶיךָ נִשְׁמְעוּ דְבָרֶיךָ וַאֲנִי־
13 בָאתִי בִּדְבָרֶיךָ׃ וְשַׂר ׀ מַלְכוּת פָּרַס עֹמֵד לְנֶגְדִּי עֶשְׂרִים
וְאֶחָד יוֹם וְהִנֵּה מִיכָאֵל אַחַד הַשָּׂרִים הָרִאשֹׁנִים בָּא לְעָזְרֵנִי
14 וַאֲנִי נוֹתַרְתִּי שָׁם אֵצֶל מַלְכֵי פָרָס׃ וּבָאתִי לַהֲבִינְךָ אֵת
אֲשֶׁר־יִקְרָה לְעַמְּךָ בְּאַחֲרִית הַיָּמִים כִּי־עוֹד חָזוֹן לַיָּמִים׃
טו וּבְדַבְּרוֹ עִמִּי כַּדְּבָרִים הָאֵלֶּה נָתַתִּי פָנַי אַרְצָה וְנֶאֱלָמְתִּי׃
16 וְהִנֵּה כִּדְמוּת בְּנֵי אָדָם נֹגֵעַ עַל־שְׂפָתָי וָאֶפְתַּח־פִּי וָאֲדַבְּרָה
וָאֹמְרָה אֶל־הָעֹמֵד לְנֶגְדִּי אֲדֹנִי בַּמַּרְאָה נֶהֶפְכוּ צִירַי עָלַי

ולא

17 וְלֹא עָצַרְתִּי כֹּחַ׃ וְהֵיךְ יוּכַל עֶבֶד אֲדֹנִי זֶה לְדַבֵּר עִם־
אֲדֹנִי זֶה וַאֲנִי מֵעַתָּה לֹא־יַעֲמָד־בִּי כֹחַ וּנְשָׁמָה לֹא נִשְׁאֲרָה־
18 19 בִי׃ וַיֹּסֶף וַיִּגַּע־בִּי כְּמַרְאֵה אָדָם וַיְחַזְּקֵנִי׃ וַיֹּאמֶר אַל־תִּירָא
אִישׁ־חֲמֻדוֹת שָׁלוֹם לָךְ חֲזַק וַחֲזָק וּכְדַבְּרוֹ עִמִּי הִתְחַזַּקְתִּי
כ וָאֹמְרָה יְדַבֵּר אֲדֹנִי כִּי חִזַּקְתָּנִי׃ וַיֹּאמֶר הֲיָדַעְתָּ לָמָּה־בָּאתִי
אֵלֶיךָ וְעַתָּה אָשׁוּב לְהִלָּחֵם עִם־שַׂר פָּרָס וַאֲנִי יוֹצֵא וְהִנֵּה
21 שַׂר־יָוָן בָּא׃ אֲבָל אַגִּיד לְךָ אֶת־הָרָשׁוּם בִּכְתָב אֱמֶת וְאֵין
אֶחָד מִתְחַזֵּק עִמִּי עַל־אֵלֶּה כִּי אִם־מִיכָאֵל שַׂרְכֶם׃

CAP. XI. יא

יא

א וַאֲנִי בִּשְׁנַת אַחַת לְדָרְיָוֶשׁ הַמָּדִי עָמְדִי לְמַחֲזִיק וּלְמָעוֹז
2 לוֹ׃ וְעַתָּה אֱמֶת אַגִּיד לָךְ הִנֵּה־עוֹד שְׁלֹשָׁה מְלָכִים עֹמְדִים
לְפָרַס וְהָרְבִיעִי יַעֲשִׁיר עֹשֶׁר־גָּדוֹל מִכֹּל וּכְחֶזְקָתוֹ בְעָשְׁרוֹ
3 יָעִיר הַכֹּל אֵת מַלְכוּת יָוָן׃ וְעָמַד מֶלֶךְ גִּבּוֹר וּמָשַׁל מִמְשָׁל
4 רַב וְעָשָׂה כִּרְצוֹנוֹ׃ וּכְעָמְדוֹ תִּשָּׁבֵר מַלְכוּתוֹ וְתֵחָץ לְאַרְבַּע
רוּחוֹת הַשָּׁמָיִם וְלֹא לְאַחֲרִיתוֹ וְלֹא כְמָשְׁלוֹ אֲשֶׁר מָשָׁל כִּי
ה תִנָּתֵשׁ מַלְכוּתוֹ וְלַאֲחֵרִים מִלְּבַד־אֵלֶּה׃ וְיֶחֱזַק מֶלֶךְ־הַנֶּגֶב
6 וּמִן־שָׂרָיו וְיֶחֱזַק עָלָיו וּמָשָׁל מִמְשָׁל רַב מֶמְשַׁלְתּוֹ׃ וּלְקֵץ
שָׁנִים יִתְחַבָּרוּ וּבַת ׀ מֶלֶךְ־הַנֶּגֶב תָּבוֹא אֶל־מֶלֶךְ הַצָּפוֹן
לַעֲשׂוֹת מֵישָׁרִים וְלֹא־תַעְצֹר כּוֹחַ הַזְּרוֹעַ וְלֹא יַעֲמֹד וּזְרֹעוֹ
7 וְתִנָּתֵן הִיא וּמְבִיאֶיהָ וְהַיֹּלְדָהּ וּמַחֲזִקָהּ בָּעִתִּים׃ וְעָמַד מִנֵּצֶר
שָׁרָשֶׁיהָ כַּנּוֹ וְיָבֹא אֶל־הַחַיִל וְיָבֹא בְּמָעוֹז מֶלֶךְ הַצָּפוֹן
8 וְעָשָׂה בָהֶם וְהֶחֱזִיק׃ וְגַם אֱלֹהֵיהֶם עִם־נְסִכֵיהֶם עִם־כְּלֵי
חֶמְדָּתָם כֶּסֶף וְזָהָב בַּשְּׁבִי יָבִא מִצְרָיִם וְהוּא שָׁנִים יַעֲמֹד
9 מִמֶּלֶךְ הַצָּפוֹן׃ וּבָא בְּמַלְכוּת מֶלֶךְ הַנֶּגֶב וְשָׁב אֶל־אַדְמָתוֹ׃
י וּבָנָו יִתְגָּרוּ וְאָסְפוּ הֲמוֹן חֲיָלִים רַבִּים וּבָא בוֹא וְשָׁטַף וְעָבָר
11 וְיָשֹׁב וְיִתְגָּרוּ עַד־מָעֻזֹּה׃ וְיִתְמַרְמַר מֶלֶךְ הַנֶּגֶב וְיָצָא וְנִלְחַם
עִמּוֹ עִם־מֶלֶךְ הַצָּפוֹן וְהֶעֱמִיד הָמוֹן רָב וְנִתַּן הֶהָמוֹן בְּיָדוֹ׃

ונשא

י״א v. 10. ובניו ק׳ ibid. ויתגרה ק׳ ibid. מעזו ק׳

12 13 וְנִשָּׂא הֶהָמוֹן יְרוֹם לְבָבוֹ וְהִפִּיל רִבֹּאוֹת וְלֹא יָעוֹז׃ וְשָׁב
מֶלֶךְ הַצָּפוֹן וְהֶעֱמִיד הָמוֹן רַב מִן־הָרִאשׁוֹן וּלְקֵץ הָעִתִּים
14 שָׁנִים יָבוֹא בוֹא בְּחַיִל גָּדוֹל וּבִרְכוּשׁ רָב׃ וּבָעִתִּים הָהֵם
רַבִּים יַעַמְדוּ עַל־מֶלֶךְ הַנֶּגֶב וּבְנֵי ׀ פָּרִיצֵי עַמְּךָ יִנַּשְּׂאוּ
טו לְהַעֲמִיד חָזוֹן וְנִכְשָׁלוּ׃ וְיָבֹא מֶלֶךְ הַצָּפוֹן וְיִשְׁפֹּךְ סוֹלְלָה
וְלָכַד עִיר מִבְצָרוֹת וּזְרֹעוֹת הַנֶּגֶב לֹא יַעֲמֹדוּ וְעַם מִבְחָרָיו
16 וְאֵין כֹּחַ לַעֲמֹד׃ וְיַעַשׂ הַבָּא אֵלָיו כִּרְצוֹנוֹ וְאֵין עוֹמֵד לְפָנָיו
17 וְיַעֲמֹד בְּאֶרֶץ־הַצְּבִי וְכָלָה בְיָדוֹ׃ וְיָשֵׂם ׀ פָּנָיו לָבוֹא בְּתֹקֶף
כָּל־מַלְכוּתוֹ וִישָׁרִים עִמּוֹ וְעָשָׂה וּבַת הַנָּשִׁים יִתֶּן־לוֹ
18 לְהַשְׁחִיתָהּ וְלֹא תַעֲמֹד וְלֹא־לוֹ תִהְיֶה׃ וְיָשֵׁב פָּנָיו לְאִיִּים
וְלָכַד רַבִּים וְהִשְׁבִּית קָצִין חֶרְפָּתוֹ לוֹ בִּלְתִּי חֶרְפָּתוֹ יָשִׁיב
19 לוֹ׃ וְיָשֵׁב פָּנָיו לְמָעוּזֵּי אַרְצוֹ וְנִכְשַׁל וְנָפַל וְלֹא יִמָּצֵא׃
כ וְעָמַד עַל־כַּנּוֹ מַעֲבִיר נוֹגֵשׂ הֶדֶר מַלְכוּת וּבְיָמִים אֲחָדִים
21 יִשָּׁבֵר וְלֹא בְאַפַּיִם וְלֹא בְמִלְחָמָה׃ וְעָמַד עַל־כַּנּוֹ נִבְזֶה
וְלֹא־נָתְנוּ עָלָיו הוֹד מַלְכוּת וּבָא בְשַׁלְוָה וְהֶחֱזִיק מַלְכוּת
22 בַּחֲלַקְלַקּוֹת׃ וּזְרֹעוֹת הַשֶּׁטֶף יִשָּׁטְפוּ מִלְּפָנָיו וְיִשָּׁבֵרוּ וְגַם
23 נְגִיד בְּרִית׃ וּמִן־הִתְחַבְּרוּת אֵלָיו יַעֲשֶׂה מִרְמָה וְעָלָה וְעָצַם
24 בִּמְעַט־גּוֹי׃ בְּשַׁלְוָה וּבְמִשְׁמַנֵּי מְדִינָה יָבוֹא וְעָשָׂה אֲשֶׁר לֹא־
עָשׂוּ אֲבֹתָיו וַאֲבוֹת אֲבֹתָיו בִּזָּה וְשָׁלָל וּרְכוּשׁ לָהֶם יִבְזוֹר
כה וְעַל מִבְצָרִים יְחַשֵּׁב מַחְשְׁבֹתָיו וְעַד־עֵת׃ וְיָעֵר כֹּחוֹ וּלְבָבוֹ
עַל־מֶלֶךְ הַנֶּגֶב בְּחַיִל גָּדוֹל וּמֶלֶךְ הַנֶּגֶב יִתְגָּרֶה לַמִּלְחָמָה
בְּחַיִל־גָּדוֹל וְעָצוּם עַד־מְאֹד וְלֹא יַעֲמֹד כִּי־יַחְשְׁבוּ עָלָיו
26 מַחֲשָׁבוֹת׃ וְאֹכְלֵי פַת־בָּגוֹ יִשְׁבְּרוּהוּ וְחֵילוֹ יִשְׁטוֹף וְנָפְלוּ
27 חֲלָלִים רַבִּים׃ וּשְׁנֵיהֶם הַמְּלָכִים לְבָבָם לְמֵרָע וְעַל־שֻׁלְחָן
28 אֶחָד כָּזָב יְדַבֵּרוּ וְלֹא תִצְלָח כִּי־עוֹד קֵץ לַמּוֹעֵד׃ וְיָשֹׁב
אַרְצוֹ בִּרְכוּשׁ גָּדוֹל וּלְבָבוֹ עַל־בְּרִית קֹדֶשׁ וְעָשָׂה וְשָׁב
29 לְאַרְצוֹ׃ לַמּוֹעֵד יָשׁוּב וּבָא בַנֶּגֶב וְלֹא־תִהְיֶה כָרִאשֹׁנָה

וכאחרונה

v. 12. ורם ק v. 18. וישם ק

ל וְכָאַחֲרֹנָה׃ וּבָאוּ בוֹ צִיִּים כִּתִּים וְנִכְאָה וְשָׁב וְזָעַם עַל־
31 בְּרִית־קוֹדֶשׁ וְעָשָׂה וְשָׁב וְיָבֵן עַל־עֹזְבֵי בְּרִית קֹדֶשׁ׃ וּזְרֹעִים
מִמֶּנּוּ יַעֲמֹדוּ וְחִלְּלוּ הַמִּקְדָּשׁ הַמָּעוֹז וְהֵסִירוּ הַתָּמִיד וְנָתְנוּ
32 הַשִּׁקּוּץ מְשׁוֹמֵם׃ וּמַרְשִׁיעֵי בְרִית יַחֲנִיף בַּחֲלַקּוֹת וְעַם יֹדְעֵי
33 אֱלֹהָיו יַחֲזִקוּ וְעָשׂוּ׃ וּמַשְׂכִּילֵי עָם יָבִינוּ לָרַבִּים וְנִכְשְׁלוּ
34 בְּחֶרֶב וּבְלֶהָבָה בִּשְׁבִי וּבְבִזָּה יָמִים׃ וּבְהִכָּשְׁלָם יֵעָזְרוּ עֵזֶר
לה מְעָט וְנִלְווּ עֲלֵיהֶם רַבִּים בַּחֲלַקְלַקּוֹת׃ וּמִן־הַמַּשְׂכִּילִים
יִכָּשְׁלוּ לִצְרוֹף בָּהֶם וּלְבָרֵר וְלַלְבֵּן עַד־עֵת קֵץ כִּי־עוֹד
36 לַמּוֹעֵד׃ וְעָשָׂה כִרְצוֹנוֹ הַמֶּלֶךְ וְיִתְרוֹמֵם וְיִתְגַּדֵּל עַל־כָּל־
אֵל וְעַל אֵל אֵלִים יְדַבֵּר נִפְלָאוֹת וְהִצְלִיחַ עַד־כָּלָה זַעַם
37 כִּי נֶחֱרָצָה נֶעֱשָׂתָה׃ וְעַל־אֱלֹהֵי אֲבֹתָיו לֹא יָבִין וְעַל־חֶמְדַּת
38 נָשִׁים וְעַל־כָּל־אֱלוֹהַּ לֹא יָבִין כִּי עַל־כֹּל יִתְגַּדָּל׃ וְלֶאֱלֹהַּ
מָעֻזִּים עַל־כַּנּוֹ יְכַבֵּד וְלֶאֱלוֹהַּ אֲשֶׁר לֹא־יְדָעֻהוּ אֲבֹתָיו יְכַבֵּד
39 בְּזָהָב וּבְכֶסֶף וּבְאֶבֶן יְקָרָה וּבַחֲמֻדוֹת׃ וְעָשָׂה לְמִבְצְרֵי
מָעֻזִּים עִם־אֱלוֹהַּ נֵכָר אֲשֶׁר הִכִּיר יַרְבֶּה כָבוֹד וְהִמְשִׁילָם
מ בָּרַבִּים וַאֲדָמָה יְחַלֵּק בִּמְחִיר׃ וּבְעֵת קֵץ יִתְנַגַּח עִמּוֹ מֶלֶךְ
הַנֶּגֶב וְיִשְׂתָּעֵר עָלָיו מֶלֶךְ הַצָּפוֹן בְּרֶכֶב וּבְפָרָשִׁים וּבָאֳנִיּוֹת
41 רַבּוֹת וּבָא בַאֲרָצוֹת וְשָׁטַף וְעָבָר׃ וּבָא בְּאֶרֶץ הַצְּבִי וְרַבּוֹת
יִכָּשֵׁלוּ וְאֵלֶּה יִמָּלְטוּ מִיָּדוֹ אֱדוֹם וּמוֹאָב וְרֵאשִׁית בְּנֵי עַמּוֹן׃
42 וְיִשְׁלַח יָדוֹ בַּאֲרָצוֹת וְאֶרֶץ מִצְרַיִם לֹא תִהְיֶה לִפְלֵיטָה׃
43 וּמָשַׁל בְּמִכְמַנֵּי הַזָּהָב וְהַכֶּסֶף וּבְכֹל חֲמֻדוֹת מִצְרָיִם וְלֻבִים
44 וְכֻשִׁים בְּמִצְעָדָיו׃ וּשְׁמֻעוֹת יְבַהֲלֻהוּ מִמִּזְרָח וּמִצָּפוֹן וְיָצָא
מה בְּחֵמָא גְדֹלָה לְהַשְׁמִיד וּלְהַחֲרִים רַבִּים׃ וְיִטַּע אָהֳלֵי אַפַּדְנוֹ
בֵּין יַמִּים לְהַר־צְבִי־קֹדֶשׁ וּבָא עַד־קִצּוֹ וְאֵין עוֹזֵר לוֹ׃ ס

יב CAP. XII. יב

א וּבָעֵת הַהִיא יַעֲמֹד מִיכָאֵל הַשַּׂר הַגָּדוֹל הָעֹמֵד עַל־בְּנֵי
עַמֶּךָ וְהָיְתָה עֵת צָרָה אֲשֶׁר לֹא־נִהְיְתָה מִהְיוֹת גּוֹי עַד הָעֵת

הַהִיא

י״א v. 39. יכיר ק׳ v. 45. אין כאן פסקא

הַהִ֑יא וּבָעֵ֣ת הַהִ֗יא יִמָּלֵ֤ט עַמְּךָ֙ כָּל־הַנִּמְצָ֖א כָּת֥וּב בַּסֵּֽפֶר׃
2 וְרַבִּ֕ים מִיְּשֵׁנֵ֥י אַדְמַת־עָפָ֖ר יָקִ֑יצוּ אֵ֚לֶּה לְחַיֵּ֣י עוֹלָ֔ם וְאֵ֥לֶּה
3 לַחֲרָפ֖וֹת לְדִרְא֥וֹן עוֹלָֽם׃ וְהַמַּשְׂכִּלִ֕ים יַזְהִ֖רוּ כְּזֹ֣הַר הָרָקִ֑יעַ
4 וּמַצְדִּיקֵי֙ הָֽרַבִּ֔ים כַּכּוֹכָבִ֖ים לְעוֹלָ֥ם וָעֶֽד׃ וְאַתָּ֣ה דָנִיֵּ֗אל
סְתֹ֧ם הַדְּבָרִ֛ים וַחֲתֹ֥ם הַסֵּ֖פֶר עַד־עֵ֣ת קֵ֑ץ יְשֹׁטְט֥וּ רַבִּ֖ים
ה וְתִרְבֶּ֥ה הַדָּֽעַת׃ וְרָאִ֨יתִי֙ אֲנִ֣י דָנִיֵּ֔אל וְהִנֵּ֛ה שְׁנַ֥יִם אֲחֵרִ֖ים
עֹמְדִ֑ים אֶחָ֥ד הֵ֨נָּה֙ לִשְׂפַ֣ת הַיְאֹ֔ר וְאֶחָ֥ד הֵ֖נָּה לִשְׂפַ֥ת הַיְאֹֽר׃
6 וַיֹּ֗אמֶר לָאִישׁ֙ לְב֣וּשׁ הַבַּדִּ֔ים אֲשֶׁ֥ר מִמַּ֖עַל לְמֵימֵ֣י הַיְאֹ֑ר עַד־
7 מָתַ֖י קֵ֥ץ הַפְּלָאֽוֹת׃ וָאֶשְׁמַ֞ע אֶת־הָאִ֣ישׁ ׀ לְב֣וּשׁ הַבַּדִּ֗ים אֲשֶׁר֮
מִמַּ֣עַל לְמֵימֵ֣י הַיְאֹר֒ וַיָּ֨רֶם יְמִינ֤וֹ וּשְׂמֹאלוֹ֙ אֶל־הַשָּׁמַ֔יִם וַיִּשָּׁבַ֖ע
בְּחֵ֣י הָעוֹלָ֑ם כִּי֩ לְמוֹעֵ֨ד מֽוֹעֲדִ֜ים וָחֵ֗צִי וּכְכַלּ֛וֹת נַפֵּ֥ץ יַד־
8 עַם־קֹ֖דֶשׁ תִּכְלֶ֥ינָה כָל־אֵֽלֶּה׃ וַאֲנִ֥י שָׁמַ֖עְתִּי וְלֹ֣א אָבִ֑ין
9 וָאֹֽמְרָ֗ה אֲדֹנִ֕י מָ֥ה אַחֲרִ֖ית אֵֽלֶּה׃ וַיֹּ֖אמֶר לֵ֣ךְ דָּנִיֵּ֑אל כִּֽי־
י סְתֻמִ֧ים וַחֲתֻמִ֛ים הַדְּבָרִ֖ים עַד־עֵ֥ת קֵֽץ׃ יִתְבָּרֲר֨וּ וְיִֽתְלַבְּנ֤וּ
וְיִצָּֽרְפוּ֙ רַבִּ֔ים וְהִרְשִׁ֙יעוּ֙ רְשָׁעִ֔ים וְלֹ֥א יָבִ֖ינוּ כָּל־רְשָׁעִ֑ים
11 וְהַמַּשְׂכִּלִ֖ים יָבִֽינוּ׃ וּמֵעֵת֙ הוּסַ֣ר הַתָּמִ֔יד וְלָתֵ֖ת שִׁקּ֣וּץ שֹׁמֵ֑ם
12 יָמִ֕ים אֶ֖לֶף מָאתַ֥יִם וְתִשְׁעִֽים׃ אַשְׁרֵ֥י הַֽמְחַכֶּ֖ה וְיַגִּ֑יעַ לְיָמִ֕ים
13 אֶ֕לֶף שְׁלֹ֥שׁ מֵא֖וֹת שְׁלֹשִׁ֥ים וַחֲמִשָּֽׁה׃ וְאַתָּ֖ה לֵ֣ךְ לַקֵּ֑ץ וְתָנ֛וּחַ
וְתַעֲמֹ֥ד לְגֹרָלְךָ֖ לְקֵ֥ץ הַיָּמִֽין׃

חזק

סכום פסוקי דספר דניאל שלש מאות וחמשים ושבעה· וסימנו כי רוח יי״ **נשבה** בו· וחציו בה בליליא קטיל בלשאצר· וסדריו שבעה· וסימנו ועיני רשעים תכלינה ומנוס **אבד** מנהם ותקותם מפח נפש:

עזרא

LIBER EZRAE

CAPUT I. א

א

א וּבִשְׁנַת אַחַת לְכוֹרֶשׁ מֶלֶךְ פָּרַס לִכְלוֹת דְּבַר־יְהוָה מִפִּי
יִרְמְיָה הֵעִיר יְהוָה אֶת־רוּחַ כֹּרֶשׁ מֶלֶךְ־פָּרַס וַיַּעֲבֶר־קוֹל
2 בְּכָל־מַלְכוּתוֹ וְגַם־בְּמִכְתָּב לֵאמֹר׃ כֹּה אָמַר כֹּרֶשׁ מֶלֶךְ
פָּרַס כֹּל מַמְלְכוֹת הָאָרֶץ נָתַן לִי יְהוָה אֱלֹהֵי הַשָּׁמָיִם
וְהוּא־פָקַד עָלַי לִבְנוֹת־לוֹ בַיִת בִּירוּשָׁלַ͏ִם אֲשֶׁר בִּיהוּדָה׃
3 מִי־בָכֶם מִכָּל־עַמּוֹ יְהִי אֱלֹהָיו עִמּוֹ וְיַעַל לִירוּשָׁלַ͏ִם אֲשֶׁר
בִּיהוּדָה וְיִבֶן אֶת־בֵּית יְהוָה אֱלֹהֵי יִשְׂרָאֵל הוּא הָאֱלֹהִים
4 אֲשֶׁר בִּירוּשָׁלָ͏ִם׃ וְכָל־הַנִּשְׁאָר מִכָּל־הַמְּקֹמוֹת אֲשֶׁר הוּא
גָר־שָׁם יְנַשְּׂאוּהוּ אַנְשֵׁי מְקֹמוֹ בְּכֶסֶף וּבְזָהָב וּבִרְכוּשׁ
וּבִבְהֵמָה עִם־הַנְּדָבָה לְבֵית הָאֱלֹהִים אֲשֶׁר בִּירוּשָׁלָ͏ִם׃
ה וַיָּקוּמוּ רָאשֵׁי הָאָבוֹת לִיהוּדָה וּבִנְיָמִן וְהַכֹּהֲנִים וְהַלְוִיִּם
לְכֹל הֵעִיר הָאֱלֹהִים אֶת־רוּחוֹ לַעֲלוֹת לִבְנוֹת אֶת־בֵּית
6 יְהוָה אֲשֶׁר בִּירוּשָׁלָ͏ִם׃ וְכָל־סְבִיבֹתֵיהֶם חִזְּקוּ בִידֵיהֶם
בִּכְלֵי־כֶסֶף בַּזָּהָב בָּרְכוּשׁ וּבַבְּהֵמָה וּבַמִּגְדָּנוֹת לְבַד עַל־
7 כָּל־הִתְנַדֵּב׃ וְהַמֶּלֶךְ כּוֹרֶשׁ הוֹצִיא אֶת־כְּלֵי בֵית־יְהוָה
אֲשֶׁר הוֹצִיא נְבוּכַדְנֶצַּר מִירוּשָׁלַ͏ִם וַיִּתְּנֵם בְּבֵית אֱלֹהָיו׃
8 וַיּוֹצִיאֵם כּוֹרֶשׁ מֶלֶךְ פָּרַס עַל־יַד מִתְרְדָת הַגִּזְבָּר וַיִּסְפְּרֵם
9 לְשֵׁשְׁבַּצַּר הַנָּשִׂיא לִיהוּדָה׃ וְאֵלֶּה מִסְפָּרָם אֲגַרְטְלֵי זָהָב
שְׁלֹשִׁים אֲגַרְטְלֵי־כֶסֶף אָלֶף מַחֲלָפִים תִּשְׁעָה וְעֶשְׂרִים׃
י כְּפוֹרֵי זָהָב שְׁלֹשִׁים כְּפוֹרֵי כֶסֶף מִשְׁנִים אַרְבַּע מֵאוֹת וַעֲשָׂרָה
11 כֵּלִים אֲחֵרִים אָלֶף׃ כָּל־כֵּלִים לַזָּהָב וְלַכֶּסֶף חֲמֵשֶׁת אֲלָפִים
וְאַרְבַּע מֵאוֹת הַכֹּל הֶעֱלָה שֵׁשְׁבַּצַּר עִם הֵעָלוֹת הַגּוֹלָה מִבָּבֶל
לִירוּשָׁלָ͏ִם׃

ואלה

ב

Cap. II. ב

א וְאֵלֶּה ׀ בְּנֵי הַמְּדִינָה הָעֹלִים מִשְּׁבִי הַגּוֹלָה אֲשֶׁר הֶגְלָה
נְבוּכַדְנֶצּוֹר מֶלֶךְ־בָּבֶל לְבָבֶל וַיָּשׁוּבוּ לִירוּשָׁלַםִ וִיהוּדָה אִישׁ
2 לְעִירוֹ׃ אֲשֶׁר־בָּאוּ עִם־זְרֻבָּבֶל יֵשׁוּעַ נְחֶמְיָה שְׂרָיָה רְעֵלָיָה
מָרְדֳּכַי בִּלְשָׁן מִסְפָּר בִּגְוַי רְחוּם בַּעֲנָה מִסְפַּר אַנְשֵׁי עַם
3 4 יִשְׂרָאֵל׃ בְּנֵי פַרְעֹשׁ אַלְפַּיִם מֵאָה שִׁבְעִים וּשְׁנָיִם׃ בְּנֵי
ה שְׁפַטְיָה שְׁלֹשׁ מֵאוֹת שִׁבְעִים וּשְׁנָיִם׃ בְּנֵי אָרַח שְׁבַע מֵאוֹת
6 חֲמִשָּׁה וְשִׁבְעִים׃ בְּנֵי־פַחַת מוֹאָב לִבְנֵי יֵשׁוּעַ יוֹאָב אַלְפַּיִם
7 שְׁמֹנֶה מֵאוֹת וּשְׁנֵים עָשָׂר׃ בְּנֵי עֵילָם אֶלֶף מָאתַיִם חֲמִשִּׁים
8 9 וְאַרְבָּעָה׃ בְּנֵי זַתּוּא תְּשַׁע מֵאוֹת וְאַרְבָּעִים וַחֲמִשָּׁה׃ בְּנֵי
י זַכָּי שְׁבַע מֵאוֹת וְשִׁשִּׁים׃ בְּנֵי בָנִי שֵׁשׁ מֵאוֹת אַרְבָּעִים וּשְׁנָיִם׃
11 12 בְּנֵי בֵבָי שֵׁשׁ מֵאוֹת עֶשְׂרִים וּשְׁלֹשָׁה׃ בְּנֵי עַזְגָּד אֶלֶף מָאתַיִם
13 14 עֶשְׂרִים וּשְׁנָיִם׃ בְּנֵי אֲדֹנִיקָם שֵׁשׁ מֵאוֹת שִׁשִּׁים וְשִׁשָּׁה׃ בְּנֵי
טו בִגְוָי אַלְפַּיִם חֲמִשִּׁים וְשִׁשָּׁה׃ בְּנֵי עָדִין אַרְבַּע מֵאוֹת חֲמִשִּׁים
16 17 וְאַרְבָּעָה׃ בְּנֵי־אָטֵר לִיחִזְקִיָּה תִּשְׁעִים וּשְׁמֹנָה׃ בְּנֵי בֵצָי
18 שְׁלֹשׁ מֵאוֹת עֶשְׂרִים וּשְׁלֹשָׁה׃ בְּנֵי יוֹרָה מֵאָה וּשְׁנֵים עָשָׂר׃
19 כ בְּנֵי חָשֻׁם מָאתַיִם עֶשְׂרִים וּשְׁלֹשָׁה׃ בְּנֵי גִבָּר תִּשְׁעִים וַחֲמִשָּׁה׃
21 22 בְּנֵי בֵית־לָחֶם מֵאָה עֶשְׂרִים וּשְׁלֹשָׁה׃ אַנְשֵׁי נְטֹפָה חֲמִשִּׁים
23 24 וְשִׁשָּׁה׃ אַנְשֵׁי עֲנָתוֹת מֵאָה עֶשְׂרִים וּשְׁמֹנָה׃ בְּנֵי עַזְמָוֶת
כה אַרְבָּעִים וּשְׁנָיִם׃ בְּנֵי קִרְיַת עָרִים כְּפִירָה וּבְאֵרוֹת שְׁבַע
26 מֵאוֹת וְאַרְבָּעִים וּשְׁלֹשָׁה׃ בְּנֵי הָרָמָה וָגָבַע שֵׁשׁ מֵאוֹת עֶשְׂרִים
27 28 וְאֶחָד׃ אַנְשֵׁי מִכְמָס מֵאָה עֶשְׂרִים וּשְׁנָיִם׃ אַנְשֵׁי בֵית־אֵל
29 ל וְהָעָי מָאתַיִם עֶשְׂרִים וּשְׁלֹשָׁה׃ בְּנֵי נְבוֹ חֲמִשִּׁים וּשְׁנָיִם׃ בְּנֵי
31 מַגְבִּישׁ מֵאָה חֲמִשִּׁים וְשִׁשָּׁה׃ בְּנֵי עֵילָם אַחֵר אֶלֶף מָאתַיִם
32 33 חֲמִשִּׁים וְאַרְבָּעָה׃ בְּנֵי חָרִם שְׁלֹשׁ מֵאוֹת וְעֶשְׂרִים׃ בְּנֵי־לֹד
34 חָדִיד וְאוֹנוֹ שְׁבַע מֵאוֹת עֶשְׂרִים וַחֲמִשָּׁה׃ בְּנֵי יְרֵחוֹ שְׁלֹשׁ
לה מֵאוֹת אַרְבָּעִים וַחֲמִשָּׁה׃ בְּנֵי סְנָאָה שְׁלֹשֶׁת אֲלָפִים וְשֵׁשׁ

מאות

v. 1. נבוכדנצר ק׳

36 מֵא֖וֹת וּשְׁלֹשִֽׁים׃ הַכֹּהֲנִ֑ים בְּנֵ֤י יְדַֽעְיָה֙ לְבֵ֣ית יֵשׁ֔וּעַ תְּשַׁ֥ע מֵא֖וֹת
37 38 שִׁבְעִ֥ים וּשְׁלֹשָֽׁה׃ בְּנֵ֣י אִמֵּ֔ר אֶ֖לֶף חֲמִשִּׁ֥ים וּשְׁנָֽיִם׃ בְּנֵ֣י פַשְׁח֔וּר
39 אֶ֕לֶף מָאתַ֖יִם אַרְבָּעִ֥ים וְשִׁבְעָֽה׃ בְּנֵ֣י חָרִ֔ם אֶ֖לֶף וְשִׁבְעָ֥ה
מ עָשָֽׂר׃ הַלְוִיִּ֑ם בְּנֵֽי־יֵשׁ֧וּעַ וְקַדְמִיאֵ֛ל לִבְנֵ֥י הוֹדַוְיָ֖ה שִׁבְעִ֥ים
41 42 וְאַרְבָּעָֽה׃ הַמְשֹׁרְרִ֑ים בְּנֵ֣י אָסָ֔ף מֵאָ֖ה עֶשְׂרִ֥ים וּשְׁמֹנָֽה׃ בְּנֵ֣י
הַשֹּׁעֲרִ֗ים בְּנֵֽי־שַׁלּ֤וּם בְּנֵֽי־אָטֵר֙ בְּנֵֽי־טַלְמ֔וֹן בְּנֵֽי־עַקּ֖וּב בְּנֵ֣י
43 חֲטִיטָ֑א בְּנֵ֣י שֹׁבָ֔י הַכֹּ֕ל מֵאָ֖ה שְׁלֹשִׁ֥ים וְתִשְׁעָֽה׃ הַנְּתִינִ֑ים בְּנֵֽי־
44 צִיחָ֥א בְנֵֽי־חֲשׂוּפָ֖א בְּנֵ֥י טַבָּעֽוֹת׃ בְּנֵֽי־קֵרֹ֥ס בְּנֵֽי־סִיעֲהָ֖א בְּנֵ֥י
מה 46 פָדֽוֹן׃ בְּנֵֽי־לְבָנָ֥ה בְנֵֽי־חֲגָבָ֖ה בְּנֵ֥י עַקּֽוּב׃ בְּנֵֽי־חָגָ֥ב בְּנֵֽי־
47 48 שַׁמְלַ֖י בְּנֵ֥י חָנָֽן׃ בְּנֵֽי־גִדֵּ֥ל בְּנֵֽי־גַ֖חַר בְּנֵ֥י רְאָיָֽה׃ בְּנֵֽי־רְצִ֥ין
49 נ בְּנֵֽי־נְקוֹדָ֖א בְּנֵ֥י גַזָּֽם׃ בְּנֵֽי־עֻזָּ֥א בְנֵֽי־פָסֵ֖חַ בְּנֵ֥י בֵסָֽי׃ בְּנֵֽי־
51 אַסְנָ֥ה בְנֵֽי־מְעוּנִ֖ים בְּנֵ֥י נְפִיסִֽים׃ בְּנֵֽי־בַקְבּ֥וּק בְּנֵֽי־חֲקוּפָ֖א
52 53 בְּנֵ֥י חַרְחֽוּר׃ בְּנֵֽי־בַצְל֥וּת בְּנֵֽי־מְחִידָ֖א בְּנֵ֥י חַרְשָֽׁא׃ בְּנֵֽי־
54 נה בַרְק֥וֹס בְּנֵֽי־סִֽיסְרָ֖א בְּנֵי־תָֽמַח׃ בְּנֵ֥י נְצִ֖יחַ בְּנֵ֥י חֲטִיפָֽא׃ בְּנֵ֖י
56 עַבְדֵ֣י שְׁלֹמֹ֑ה בְּנֵֽי־סֹטַ֥י בְּנֵֽי־הַסֹּ֖פֶרֶת בְּנֵ֥י פְרוּדָֽא׃ בְּנֵֽי־יַעְלָ֥ה
57 בְנֵֽי־דַרְק֖וֹן בְּנֵ֥י גִדֵּֽל׃ בְּנֵ֧י שְׁפַטְיָ֛ה בְּנֵֽי־חַטִּ֖יל בְּנֵ֥י פֹּכֶ֣רֶת
58 הַצְּבָיִ֑ים בְּנֵ֥י אָמִֽי׃ כָּל־הַנְּתִינִ֔ים וּבְנֵ֖י עַבְדֵ֣י שְׁלֹמֹ֑ה שְׁלֹ֥שׁ
59 מֵא֖וֹת תִּשְׁעִ֥ים וּשְׁנָֽיִם׃ וְאֵ֣לֶּה הָעֹלִ֗ים מִתֵּ֥ל מֶ֙לַח֙ תֵּ֣ל
חַרְשָׁ֔א כְּר֥וּב אַדָּ֖ן אִמֵּ֑ר וְלֹ֣א יָֽכְל֗וּ לְהַגִּ֤יד בֵּית־אֲבוֹתָם֙
ס וְזַרְעָ֔ם אִ֥ם מִיִּשְׂרָאֵ֖ל הֵֽם׃ בְּנֵֽי־דְלָיָ֥ה בְנֵֽי־טוֹבִיָּ֖ה בְּנֵ֣י נְקוֹדָ֑א
61 שֵׁ֥שׁ מֵא֖וֹת חֲמִשִּׁ֥ים וּשְׁנָֽיִם׃ וּמִבְּנֵי֙ הַכֹּ֣הֲנִ֔ים בְּנֵ֥י חֳבַיָּ֖ה בְּנֵ֣י
הַקּ֑וֹץ בְּנֵ֣י בַרְזִלַּ֗י אֲשֶׁ֣ר לָ֠קַח מִבְּנ֞וֹת בַּרְזִלַּ֤י הַגִּלְעָדִי֙ אִשָּׁ֔ה
62 וַיִּקָּרֵ֖א עַל־שְׁמָֽם׃ אֵ֗לֶּה בִּקְשׁ֛וּ כְתָבָ֥ם הַמִּתְיַחְשִׂ֖ים וְלֹ֣א
63 נִמְצָ֑אוּ וַֽיְגֹאֲל֖וּ מִן־הַכְּהֻנָּֽה׃ וַיֹּ֤אמֶר הַתִּרְשָׁ֙תָא֙ לָהֶ֔ם אֲשֶׁ֥ר
לֹא־יֹאכְל֖וּ מִקֹּ֣דֶשׁ הַקֳּדָשִׁ֑ים עַ֛ד עֲמֹ֥ד כֹּהֵ֖ן לְאוּרִ֥ים וּלְתֻמִּֽים׃
64 כָּל־הַקָּהָ֖ל כְּאֶחָ֑ד אַרְבַּ֣ע רִבֹּ֔וא אַלְפַּ֖יִם שְׁלֹשׁ־מֵא֥וֹת שִׁשִּֽׁים׃
סה מִלְּבַד֙ עַבְדֵיהֶ֣ם וְאַמְהֹֽתֵיהֶ֔ם אֵ֕לֶּה שִׁבְעַ֣ת אֲלָפִ֔ים שְׁלֹ֥שׁ

מאות

v. 46. שלמי ק   v. 50. נפוסים ק

מֵאוֹת שְׁלֹשִׁים וְשִׁבְעָה וְלָהֶם מְשֹׁרְרִים וּמְשֹׁרְרוֹת מָאתָיִם׃
66 סוּסֵיהֶם שְׁבַע מֵאוֹת שְׁלֹשִׁים וְשִׁשָּׁה פִּרְדֵיהֶם מָאתַיִם אַרְבָּעִים
67 וַחֲמִשָּׁה׃ גְּמַלֵּיהֶם אַרְבַּע מֵאוֹת שְׁלֹשִׁים וַחֲמִשָּׁה חֲמֹרִים שֵׁשֶׁת
68 אֲלָפִים שְׁבַע מֵאוֹת וְעֶשְׂרִים׃ וּמֵרָאשֵׁי הָאָבוֹת בְּבוֹאָם
לְבֵית יְהוָה אֲשֶׁר בִּירוּשָׁלָ͏ִם הִתְנַדְּבוּ לְבֵית הָאֱלֹהִים
69 לְהַעֲמִידוֹ עַל־מְכוֹנוֹ׃ כְּכֹחָם נָתְנוּ לְאוֹצַר הַמְּלָאכָה זָהָב
דַּרְכְּמוֹנִים שֵׁשׁ־רִבָּאוֹת וָאֶלֶף וְכֶסֶף מָנִים חֲמֵשֶׁת אֲלָפִים
ע וְכָתְנֹת כֹּהֲנִים מֵאָה׃ וַיֵּשְׁבוּ הַכֹּהֲנִים וְהַלְוִיִּם וּמִן־הָעָם
וְהַמְשֹׁרְרִים וְהַשּׁוֹעֲרִים וְהַנְּתִינִים בְּעָרֵיהֶם וְכָל־יִשְׂרָאֵל
בְּעָרֵיהֶם׃

ג CAP. III. ג

א וַיִּגַּע הַחֹדֶשׁ הַשְּׁבִיעִי וּבְנֵי יִשְׂרָאֵל בֶּעָרִים וַיֵּאָסְפוּ הָעָם
2 כְּאִישׁ אֶחָד אֶל־יְרוּשָׁלָ͏ִם׃ וַיָּקָם יֵשׁוּעַ בֶּן־יוֹצָדָק וְאֶחָיו
הַכֹּהֲנִים וּזְרֻבָּבֶל בֶּן־שְׁאַלְתִּיאֵל וְאֶחָיו וַיִּבְנוּ אֶת־מִזְבַּח
אֱלֹהֵי יִשְׂרָאֵל לְהַעֲלוֹת עָלָיו עֹלוֹת כַּכָּתוּב בְּתוֹרַת מֹשֶׁה
3 אִישׁ־הָאֱלֹהִים׃ וַיָּכִינוּ הַמִּזְבֵּחַ עַל־מְכוֹנֹתוֹ כִּי בְּאֵימָה
עֲלֵיהֶם מֵעַמֵּי הָאֲרָצוֹת וַיַּעַל עָלָיו עֹלוֹת לַיהוָה עֹלוֹת
4 לַבֹּקֶר וְלָעָרֶב׃ וַיַּעֲשׂוּ אֶת־חַג הַסֻּכּוֹת כַּכָּתוּב וְעֹלַת יוֹם
ה בְּיוֹם בְּמִסְפָּר כְּמִשְׁפַּט דְּבַר־יוֹם בְּיוֹמוֹ׃ וְאַחֲרֵי־כֵן עֹלַת
תָּמִיד וְלֶחֳדָשִׁים וּלְכָל־מוֹעֲדֵי יְהוָה הַמְקֻדָּשִׁים וּלְכֹל
6 מִתְנַדֵּב נְדָבָה לַיהוָה׃ מִיּוֹם אֶחָד לַחֹדֶשׁ הַשְּׁבִיעִי הֵחֵלּוּ
7 לְהַעֲלוֹת עֹלוֹת לַיהוָה וְהֵיכַל יְהוָה לֹא יֻסָּד׃ וַיִּתְּנוּ־כֶסֶף
לַחֹצְבִים וְלֶחָרָשִׁים וּמַאֲכָל וּמִשְׁתֶּה וָשֶׁמֶן לַצִּדֹנִים וְלַצֹּרִים
לְהָבִיא עֲצֵי אֲרָזִים מִן־הַלְּבָנוֹן אֶל־יָם יָפוֹא כְּרִשְׁיוֹן כּוֹרֶשׁ
8 מֶלֶךְ־פָּרַס עֲלֵיהֶם׃ וּבַשָּׁנָה הַשֵּׁנִית לְבוֹאָם אֶל־
בֵּית הָאֱלֹהִים לִירוּשָׁלַ͏ִם בַּחֹדֶשׁ הַשֵּׁנִי הֵחֵלּוּ זְרֻבָּבֶל בֶּן־
שְׁאַלְתִּיאֵל וְיֵשׁוּעַ בֶּן־יוֹצָדָק וּשְׁאָר אֲחֵיהֶם ׀ הַכֹּהֲנִים וְהַלְוִיִּם

וכל־הבאים

ב v. 3. מכונתיו ק׳ ibid. ויעלו ק

וְכָל־הַבָּאִים מֵהַשְּׁבִי יְרוּשָׁלִַם וַיַּעֲמִידוּ אֶת־הַלְוִיִּם מִבֶּן
9 עֶשְׂרִים שָׁנָה וָמַעְלָה לְנַצֵּחַ עַל־מְלֶאכֶת בֵּית־יְהוָה׃ וַיַּעֲמֹד
יֵשׁוּעַ בָּנָיו וְאֶחָיו קַדְמִיאֵל וּבָנָיו בְּנֵי־יְהוּדָה כְּאֶחָד לְנַצֵּחַ
עַל־עֹשֵׂה הַמְּלָאכָה בְּבֵית הָאֱלֹהִים בְּנֵי חֵנָדָד בְּנֵיהֶם
י וַאֲחֵיהֶם הַלְוִיִּם׃ וְיִסְּדוּ הַבֹּנִים אֶת־הֵיכַל יְהוָה וַיַּעֲמִידוּ
הַכֹּהֲנִים מְלֻבָּשִׁים בַּחֲצֹצְרוֹת וְהַלְוִיִּם בְּנֵי־אָסָף בַּמְצִלְתַּיִם
11 לְהַלֵּל אֶת־יְהוָה עַל־יְדֵי דָּוִיד מֶלֶךְ־יִשְׂרָאֵל׃ וַיַּעֲנוּ בְּהַלֵּל
וּבְהוֹדֹת לַיהוָה כִּי טוֹב כִּי־לְעוֹלָם חַסְדּוֹ עַל־יִשְׂרָאֵל וְכָל־
הָעָם הֵרִיעוּ תְרוּעָה גְדוֹלָה בְהַלֵּל לַיהוָה עַל הוּסַד בֵּית־
12 יְהוָה׃ וְרַבִּים מֵהַכֹּהֲנִים וְהַלְוִיִּם וְרָאשֵׁי הָאָבוֹת הַזְּקֵנִים
אֲשֶׁר רָאוּ אֶת־הַבַּיִת הָרִאשׁוֹן בְּיָסְדוֹ זֶה הַבַּיִת בְּעֵינֵיהֶם
בֹּכִים בְּקוֹל גָּדוֹל וְרַבִּים בִּתְרוּעָה בְשִׂמְחָה לְהָרִים קוֹל׃
13 וְאֵין הָעָם מַכִּירִים קוֹל תְּרוּעַת הַשִּׂמְחָה לְקוֹל בְּכִי הָעָם כִּי
הָעָם מְרִיעִים תְּרוּעָה גְדוֹלָה וְהַקּוֹל נִשְׁמַע עַד־לְמֵרָחוֹק׃

Cap. IV. ד

ד

א וַיִּשְׁמְעוּ צָרֵי יְהוּדָה וּבִנְיָמִן כִּי־בְנֵי הַגּוֹלָה בּוֹנִים הֵיכָל
2 לַיהוָה אֱלֹהֵי יִשְׂרָאֵל׃ וַיִּגְּשׁוּ אֶל־זְרֻבָּבֶל וְאֶל־רָאשֵׁי הָאָבוֹת
וַיֹּאמְרוּ לָהֶם נִבְנֶה עִמָּכֶם כִּי כָכֶם נִדְרוֹשׁ לֵאלֹהֵיכֶם וְלֹא
אֲנַחְנוּ זֹבְחִים מִימֵי אֵסַר חַדֹּן מֶלֶךְ אַשּׁוּר הַמַּעֲלֶה אֹתָנוּ פֹּה׃
3 וַיֹּאמֶר לָהֶם זְרֻבָּבֶל וְיֵשׁוּעַ וּשְׁאָר רָאשֵׁי הָאָבוֹת לְיִשְׂרָאֵל
לֹא־לָכֶם וָלָנוּ לִבְנוֹת בַּיִת לֵאלֹהֵינוּ כִּי אֲנַחְנוּ יַחַד נִבְנֶה
לַיהוָה אֱלֹהֵי יִשְׂרָאֵל כַּאֲשֶׁר צִוָּנוּ הַמֶּלֶךְ כּוֹרֶשׁ מֶלֶךְ־פָּרָס׃
4 וַיְהִי עַם־הָאָרֶץ מְרַפִּים יְדֵי עַם־יְהוּדָה וּמְבַלְּהִים אוֹתָם
ה לִבְנוֹת׃ וְסֹכְרִים עֲלֵיהֶם יוֹעֲצִים לְהָפֵר עֲצָתָם כָּל־יְמֵי
כּוֹרֶשׁ מֶלֶךְ פָּרַס וְעַד־מַלְכוּת דָּרְיָוֶשׁ מֶלֶךְ־פָּרָס׃
6 וּבְמַלְכוּת אֲחַשְׁוֵרוֹשׁ בִּתְחִלַּת מַלְכוּתוֹ כָּתְבוּ שִׂטְנָה עַל־
7 יֹשְׁבֵי יְהוּדָה וִירוּשָׁלִָם׃ וּבִימֵי אַרְתַּחְשַׁשְׂתָּא כָּתַב בִּשְׁלָם

מתרדת

ד׳ v. 2. ולו ק׳ v. 4. ומבהלים ק׳

מִתְרְדָת טָבְאֵל וּשְׁאָר כְּנָוָתָו עַל־אַרְתַּחְשַׁשְׂתְּא מֶלֶךְ פָּרָס
8 וּכְתָב הַנִּשְׁתְּוָן כָּתוּב אֲרָמִית וּמְתֻרְגָּם אֲרָמִית׃ רְחוּם
בְּעֵל־טְעֵם וְשִׁמְשַׁי סָפְרָא כְּתַבוּ אִגְּרָה חֲדָה עַל־יְרוּשְׁלֶם
9 לְאַרְתַּחְשַׁשְׂתְּא מַלְכָּא כְּנֵמָא׃ אֱדַיִן רְחוּם בְּעֵל־טְעֵם וְשִׁמְשַׁי
סָפְרָא וּשְׁאָר כְּנָוָתְהוֹן דִּינָיֵא וַאֲפַרְסַתְכָיֵא טַרְפְּלָיֵא אֲפָרְסָיֵא
י אַרְכְּוָיֵ בָבְלָיֵא שׁוּשַׁנְכָיֵא דֶּהָוֵא עֵלְמָיֵא׃ וּשְׁאָר אֻמַּיָּא דִּי
הַגְלִי אָסְנַפַּר רַבָּא וְיַקִּירָא וְהוֹתֵב הִמּוֹ בְּקִרְיָה דִּי שָׁמְרָיִן
11 וּשְׁאָר עֲבַר־נַהֲרָה וּכְעֶנֶת׃ דְּנָה פַּרְשֶׁגֶן אִגַּרְתָּא דִּי
שְׁלַחוּ עֲלוֹהִי עַל־אַרְתַּחְשַׁשְׂתְּא מַלְכָּא עַבְדָיךְ אֱנָשׁ עֲבַר־
12 נַהֲרָה וּכְעֶנֶת׃ יְדִיעַ לֶהֱוֵא לְמַלְכָּא דִּי יְהוּדָיֵא דִּי סְלִקוּ
מִן־לְוָתָךְ עֲלֶינָא אֲתוֹ לִירוּשְׁלֶם קִרְיְתָא מָרָדְתָּא וּבִאישְׁתָּא
13 בָּנַיִן וְשׁוּרַיָּ אֶשְׁכְלִלוּ וְאֻשַּׁיָּא יַחִיטוּ׃ כְּעַן יְדִיעַ לֶהֱוֵא לְמַלְכָּא
דִּי הֵן קִרְיְתָא דָךְ תִּתְבְּנֵא וְשׁוּרַיָּא יִשְׁתַּכְלְלוּן מִנְדָּה־בְלוֹ
14 וַהֲלָךְ לָא יִנְתְּנוּן וְאַפְּתֹם מַלְכִים תְּהַנְזִק׃ כְּעַן כָּל־קֳבֵל דִּי־
מְלַח הֵיכְלָא מְלַחְנָא וְעַרְוַת מַלְכָּא לָא אֲרִיךְ לַנָא לְמֶחֱזֵא
טו עַל־דְּנָה שְׁלַחְנָא וְהוֹדַעְנָא לְמַלְכָּא׃ דִּי יְבַקַּר בִּסְפַר־
דָּכְרָנַיָּא דִּי אֲבָהָתָךְ וּתְהַשְׁכַּח בִּסְפַר דָּכְרָנַיָּא וְתִנְדַּע דִּי
קִרְיְתָא דָךְ קִרְיָא מָרָדָא וּמְהַנְזְקַת מַלְכִין וּמְדִנָן וְאֶשְׁתַּדּוּר
עָבְדִין בְּגַוַּהּ מִן־יוֹמָת עָלְמָא עַל־דְּנָה קִרְיְתָא דָךְ הָחָרְבַת׃
16 מְהוֹדְעִין אֲנַחְנָה לְמַלְכָּא דִּי הֵן קִרְיְתָא דָךְ תִּתְבְּנֵא וְשׁוּרַיַּהּ
יִשְׁתַּכְלְלוּן לָקֳבֵל דְּנָה חֲלָק בַּעֲבַר נַהֲרָא לָא אִיתַי
17 לָךְ׃ פִּתְגָמָא שְׁלַח מַלְכָּא עַל־רְחוּם בְּעֵל־טְעֵם וְשִׁמְשַׁי
סָפְרָא וּשְׁאָר כְּנָוָתְהוֹן דִּי יָתְבִין בְּשָׁמְרָיִן וּשְׁאָר עֲבַר־נַהֲרָה
18 שְׁלָם וּכְעֶת׃ נִשְׁתְּוָנָא דִּי שְׁלַחְתּוּן עֲלֶינָא מְפָרַשׁ קֱרִי קָדָמָי׃
19 וּמִנִּי שִׂים טְעֵם וּבַקַּרוּ וְהַשְׁכַּחוּ דִּי קִרְיְתָא דָךְ מִן־יוֹמָת
עָלְמָא עַל־מַלְכִין מִתְנַשְּׂאָה וּמְרַד וְאֶשְׁתַּדּוּר מִתְעֲבֶד־בַּהּ׃
כ וּמַלְכִין תַּקִּיפִין הֲווֹ עַל־יְרוּשְׁלֶם וְשַׁלִּיטִין בְּכֹל עֲבַר נַהֲרָה

ומדה

v. 7. כנותיו ק׳ v. 9. ארכויא ק׳ ibid. דהיא ק׳ v. 11. עבדך ק׳
v. 12. ובישתא ק׳ ibid. ושוריא שכללו ק׳

21 וּמִדָּה בְלוֹ וַהֲלָךְ מִתְיְהֵב לְהוֹן׃ כְּעַן שִׂימוּ טְעֵם לְבַטָּלָא
גֻּבְרַיָּא אִלֵּךְ וְקִרְיְתָא דָךְ לָא תִתְבְּנֵא עַד־מִנִּי טַעְמָא יִתְּשָׂם׃
22 וּזְהִירִין הֱווֹ שָׁלוּ לְמֶעְבַּד עַל־דְּנָה לְמָה יִשְׂגֵּא חֲבָלָא לְהַנְזָקַת
23 מַלְכִין׃ אֱדַיִן מִן־דִּי פַּרְשֶׁגֶן נִשְׁתְּוָנָא דִּי אַרְתַּחְשַׁשְׂתְּא
מַלְכָּא קֱרִי קֳדָם־רְחוּם וְשִׁמְשַׁי סָפְרָא וּכְנָוָתְהוֹן אֲזַלוּ
בִבְהִילוּ לִירוּשְׁלֶם עַל־יְהוּדָיֵא וּבַטִּלוּ הִמּוֹ בְּאֶדְרָע
24 וְחָיִל׃ בֵּאדַיִן בְּטֵלַת עֲבִידַת בֵּית־אֱלָהָא דִּי בִּירוּשְׁלֶם
וַהֲוָת בָּטְלָא עַד שְׁנַת תַּרְתֵּין לְמַלְכוּת דָּרְיָוֶשׁ מֶלֶךְ־פָּרָס׃

CAP. V. ה

א וְהִתְנַבִּי חַגַּי נְבִיָּאה וּזְכַרְיָה בַר־עִדּוֹא נְבִיַּיָּא עַל־יְהוּדָיֵא
2 דִּי בִיהוּד וּבִירוּשְׁלֶם בְּשֻׁם אֱלָהּ יִשְׂרָאֵל עֲלֵיהוֹן׃ בֵּאדַיִן
קָמוּ זְרֻבָּבֶל בַּר־שְׁאַלְתִּיאֵל וְיֵשׁוּעַ בַּר־יוֹצָדָק וְשָׁרִיו לְמִבְנֵא
בֵּית אֱלָהָא דִּי בִירוּשְׁלֶם וְעִמְּהוֹן נְבִיַּיָּא דִי־אֱלָהָא מְסָעֲדִין
3 לְהוֹן׃ בֵּהּ־זִמְנָא אֲתָא עֲלֵיהוֹן תַּתְּנַי פַּחַת עֲבַר־נַהֲרָה
וּשְׁתַר בּוֹזְנַי וּכְנָוָתְהוֹן וְכֵן אָמְרִין לְהֹם מַן־שָׂם לְכֹם טְעֵם
4 בַּיְתָא דְנָה לִבְּנֵא וְאֻשַּׁרְנָא דְנָה לְשַׁכְלָלָה׃ אֱדַיִן כְּנֵמָא
אֲמַרְנָא לְּהֹם מַן־אִנּוּן שְׁמָהָת גֻּבְרַיָּא דִּי־דְנָה בִנְיָנָא בָּנַיִן׃
ה וְעֵין אֱלָהֲהֹם הֲוָת עַל־שָׂבֵי יְהוּדָיֵא וְלָא־בַטִּלוּ הִמּוֹ
עַד־טַעְמָא לְדָרְיָוֶשׁ יְהָךְ וֶאֱדַיִן יְתִיבוּן נִשְׁתְּוָנָא עַל־
6 דְּנָה׃ פַּרְשֶׁגֶן אִגַּרְתָּא דִּי־שְׁלַח תַּתְּנַי ׀ פַּחַת עֲבַר־נַהֲרָה
וּשְׁתַר בּוֹזְנַי וּכְנָוָתֵהּ אֲפַרְסְכָיֵא דִּי בַּעֲבַר נַהֲרָה עַל־דָּרְיָוֶשׁ
7 מַלְכָּא׃ פִּתְגָמָא שְׁלַחוּ עֲלוֹהִי וְכִדְנָה כְּתִיב בְּגַוֵּהּ לְדָרְיָוֶשׁ
8 מַלְכָּא שְׁלָמָא כֹלָּא׃ יְדִיעַ ׀ לֶהֱוֵא לְמַלְכָּא דִּי־אֲזַלְנָא
לִיהוּד מְדִינְתָּא לְבֵית אֱלָהָא רַבָּא וְהוּא מִתְבְּנֵא אֶבֶן גְּלָל
וְאָע מִתְּשָׂם בְּכֻתְלַיָּא וַעֲבִידְתָּא דָךְ אָסְפַּרְנָא מִתְעַבְדָא
9 וּמַצְלַח בְּיֲדְהֹם׃ אֱדַיִן שְׁאֵלְנָא לְשָׂבַיָּא אִלֵּךְ כְּנֵמָא אֲמַרְנָא
לְהֹם מַן־שָׂם לְכֹם טְעֵם בַּיְתָא דְנָה לְמִבְנְיָה וְאֻשַּׁרְנָא דְנָה

לשכללה

ה' v. 1. נביא ק'

י לְשַׁכְלָלָֽה׃ וְאַ֧ף שְׁמָהָתְהֹ֛ם שְׁאֵ֥לְנָא לְהֹ֖ם לְהוֹדָעוּתָ֑ךְ דִּ֠י
11 נִכְתֻּ֥ב שֻׁם־גֻּבְרַיָּ֖א דִּ֥י בְרָאשֵׁיהֹֽם׃ וּכְנֵ֥מָא פִתְגָמָ֖א
הֲתִיב֣וּנָא לְמֵמַ֑ר אֲנַ֣חְנָא הִמּ֡וֹ עַבְד֡וֹהִי דִּֽי־אֱלָ֨הּ שְׁמַיָּ֜א
וְאַרְעָ֗א וּבָנַ֤יִן בַּיְתָא֙ דִּֽי־הֲוָ֣א בְנֵ֔ה מִקַּדְמַ֥ת דְּנָ֖ה שְׁנִ֣ין שַׂגִּיאָ֑ן
12 וּמֶ֤לֶךְ לְיִשְׂרָאֵל֙ רַ֔ב בְּנָ֖הִי וְשַׁכְלְלֵֽהּ׃ לָהֵ֗ן מִן־דִּ֨י הַרְגִּ֤זוּ
אֲבָהָתַ֙נָא֙ לֶאֱלָ֣הּ שְׁמַיָּ֔א יְהַ֣ב הִמּ֔וֹ בְּיַ֛ד נְבוּכַדְנֶצַּ֥ר מֶֽלֶךְ־בָּבֶ֖ל
13 כַּסְדָּיְאָ֑ וּבַיְתָ֤ה דְנָה֙ סַתְרֵ֔הּ וְעַמָּ֖ה הַגְלִ֥י לְבָבֶֽל׃ בְּרַ֗ם
בִּשְׁנַ֣ת חֲדָ֔ה לְכ֥וֹרֶשׁ מַלְכָּ֖א דִּ֣י בָבֶ֑ל כּ֤וֹרֶשׁ מַלְכָּא֙ שָׂ֣ם טְעֵ֔ם
14 בֵּית־אֱלָהָ֥א דְנָ֖ה לִבְּנֵֽא׃ וְאַף֩ מָאנַיָּ֨א דִֽי־בֵית־אֱלָהָ֜א דִּ֣י
דַהֲבָ֣ה וְכַסְפָּא֒ דִּ֣י נְבוּכַדְנֶצַּ֗ר הַנְפֵּק֙ מִן־הֵיכְלָא֙ דִּ֣י בִירוּשְׁלֶ֔ם
וְהֵיבֵ֣ל הִמּ֔וֹ לְהֵיכְלָ֖א דִּ֣י בָבֶ֑ל הַנְפֵּ֨ק הִמּ֜וֹ כּ֣וֹרֶשׁ מַלְכָּ֗א מִן־
הֵֽיכְלָא֙ דִּ֣י בָבֶ֔ל וִיהִ֙יבוּ֙ לְשֵׁשְׁבַּצַּ֣ר שְׁמֵ֔הּ דִּ֥י פֶחָ֖ה שָׂמֵֽהּ׃
טו וַאֲמַר־לֵ֗הּ ׀ אֵלֶּה֙ מָאנַיָּ֔א שֵׂ֥א אֱזֶל־אֲחֵ֛ת הִמּ֖וֹ בְּהֵיכְלָ֣א דִּ֣י
16 בִירוּשְׁלֶ֑ם וּבֵ֥ית אֱלָהָ֖א יִתְבְּנֵ֥א עַל־אַתְרֵֽהּ׃ אֱדַ֙יִן֙ שֵׁשְׁבַּצַּ֣ר
דֵּ֔ךְ אֲתָ֗א יְהַ֥ב אֻשַּׁיָּ֛א דִּי־בֵ֥ית אֱלָהָ֖א דִּ֣י בִירוּשְׁלֶ֑ם וּמִן־אֱדַ֧יִן
17 וְעַד־כְּעַ֛ן מִתְבְּנֵ֖א וְלָ֥א שְׁלִֽם׃ וּכְעַ֞ן הֵ֧ן עַל־מַלְכָּ֣א טָ֗ב יִתְבַּקַּ֡ר
בְּבֵ֣ית גִּנְזַיָּא֩ דִּֽי־מַלְכָּ֨א תַמָּ֜ה דִּ֣י בְּבָבֶ֗ל הֵ֤ן אִיתַי֙ דִּֽי־מִן־
כּ֤וֹרֶשׁ מַלְכָּא֙ שִׂ֣ים טְעֵ֔ם לְמִבְנֵ֛א בֵּית־אֱלָהָ֥א דֵ֖ךְ בִּירוּשְׁלֶ֑ם
וּרְע֥וּת מַלְכָּ֛א עַל־דְּנָ֖ה יִשְׁלַ֥ח עֲלֶֽינָא׃

ו Cap. VI. ו

א בֵּאדַ֙יִן֙ דָּרְיָ֣וֶשׁ מַלְכָּ֔א שָׂ֖ם טְעֵ֑ם וּבַקַּ֣רוּ ׀ בְּבֵ֣ית סִפְרַיָּ֗א
2 דִּ֧י גִנְזַיָּ֛א מְהַחֲתִ֥ין תַּמָּ֖ה בְּבָבֶֽל׃ וְהִשְׁתְּכַ֣ח בְּאַחְמְתָ֗א
בְּבִֽירְתָ֛א דִּ֛י בְּמָדַ֥י מְדִינְתָּ֖א מְגִלָּ֣ה חֲדָ֑ה וְכֵן־כְּתִ֥יב בְּגַוַּ֖הּ
3 דִּכְרוֹנָֽה׃ בִּשְׁנַ֣ת חֲדָ֗ה לְכ֣וֹרֶשׁ מַלְכָּא֒ כּ֣וֹרֶשׁ מַלְכָּ֞א שָׂ֣ם
טְעֵ֗ם בֵּית־אֱלָהָ֤א בִירוּשְׁלֶם֙ בַּיְתָ֣א יִתְבְּנֵ֔א אֲתַר֙ דִּי־דָבְחִ֣ין
דִּבְחִ֔ין וְאֻשּׁ֖וֹהִי מְסֽוֹבְלִ֑ין רוּמֵהּ֙ אַמִּ֣ין שִׁתִּ֔ין פְּתָיֵ֖הּ אַמִּ֥ין שִׁתִּֽין׃
4 נִדְבָּכִ֞ין דִּֽי־אֶ֤בֶן גְּלָל֙ תְּלָתָ֔א וְנִדְבָּ֥ךְ דִּי־אָ֖ע חֲדַ֑ת וְנִפְקְתָ֕א

מן־בית

ה' v. 12. כשדאה ק' v. 15. אל ק'

ה מִן־בֵּ֥ית מַלְכָּ֖א תִּתְיְהִֽב׃ וְ֠אַף מָאנֵ֨י בֵית־אֱלָהָ֜א דִּ֣י דַהֲבָ֣ה
וְכַסְפָּ֗א דִּ֤י נְבוּכַדְנֶצַּר֙ הַנְפֵּ֛ק מִן־הֵיכְלָ֥א דִֽי־בִירוּשְׁלֶ֖ם
וְהֵיבֵ֣ל לְבָבֶ֑ל יַהֲתִיב֗וּן וִ֠יהָךְ לְהֵיכְלָ֤א דִֽי־בִירוּשְׁלֶם֙ לְאַתְרֵ֔הּ
6 וְתַחֵ֖ת בְּבֵ֥ית אֱלָהָֽא׃ כְּעַ֡ן תַּ֠תְּנַי פַּחַ֨ת עֲבַֽר־נַהֲרָ֜ה שְׁתַ֤ר
בּוֹזְנַי֙ וּכְנָוָ֣תְהוֹן אֲפַרְסְכָיֵ֔א דִּ֖י בַּעֲבַ֣ר נַהֲרָ֑ה רַחִיקִ֥ין הֲו֖וֹ מִן־
7 תַּמָּֽה׃ שְׁבֻ֕קוּ לַעֲבִידַ֖ת בֵּית־אֱלָהָ֣א דֵ֑ךְ פַּחַ֤ת יְהוּדָיֵא֙ וּלְשָׂבֵ֣י
8 יְהוּדָיֵ֔א בֵּית־אֱלָהָ֣א דֵ֔ךְ יִבְנ֖וֹן עַל־אַתְרֵֽהּ׃ וּמִנִּ֨י שִׂ֜ים טְעֵ֗ם
לְמָ֣א דִֽי־תַעַבְד֗וּן עִם־שָׂבֵ֤י יְהוּדָיֵא֙ אִלֵּ֔ךְ לְמִבְנֵ֖א בֵּית־
אֱלָהָ֣א דֵ֑ךְ וּמִנִּכְסֵ֣י מַלְכָּ֗א דִּ֚י מִדַּת֙ עֲבַ֣ר נַהֲרָ֔ה אָסְפַּ֗רְנָא
נִפְקְתָ֛א תֶּהֱוֵ֥א מִֽתְיַהֲבָ֖א לְגֻבְרַיָּ֣א אִלֵּ֑ךְ דִּֽי־לָ֖א לְבַטָּלָֽא׃
9 וּמָ֣ה חַשְׁחָ֡ן וּבְנֵ֣י תוֹרִין֩ וְדִכְרִ֨ין וְאִמְּרִ֜ין ׀ לַעֲלָוָ֣ן ׀ לֶאֱלָ֣הּ שְׁמַיָּ֗א
חִנְטִ֣ין מְלַ֡ח ׀ חֲמַ֣ר וּמְשַׁ֗ח כְּמֵאמַ֨ר כָּהֲנַיָּ֤א דִֽי־בִירוּשְׁלֶם֙
י לֶהֱוֵ֧א מִתְיְהֵ֣ב לְהֹ֗ם י֥וֹם בְּי֖וֹם דִּֽי־לָ֥א שָׁלֽוּ׃ דִּֽי־לֶהֱוֺ֧ן
מְהַקְרְבִ֛ין נִיחוֹחִ֖ין לֶאֱלָ֣הּ שְׁמַיָּ֑א וּמְצַלַּ֕יִן לְחַיֵּ֥י מַלְכָּ֖א וּבְנֽוֹהִי׃
11 וּמִנִּי֮ שִׂ֣ים טְעֵם֒ דִּ֣י כָל־אֱנָ֗שׁ דִּ֤י יְהַשְׁנֵא֙ פִּתְגָמָ֣א דְנָ֔ה יִתְנְסַ֥ח
אָע֙ מִן־בַּיְתֵ֔הּ וּזְקִ֖יף יִתְמְחֵ֣א עֲלֹ֑הִי וּבַיְתֵ֛הּ נְוָל֥וּ יִתְעֲבֵ֖ד עַל־
12 דְּנָֽה׃ וֵֽאלָהָ֞א דִּ֣י שַׁכִּ֧ן שְׁמֵ֣הּ תַּמָּ֗ה יְמַגַּ֞ר כָּל־מֶ֣לֶךְ וְעַ֗ם דִּ֣י ׀
יִשְׁלַ֤ח יְדֵהּ֙ לְהַשְׁנָיָ֣ה לְחַבָּלָ֔ה בֵּית־אֱלָהָ֥א דֵ֖ךְ דִּ֣י בִירוּשְׁלֶ֑ם
אֲנָ֤ה דָרְיָ֙וֶשׁ֙ שָׂ֣מֶת טְעֵ֔ם אָסְפַּ֖רְנָא יִתְעֲבִֽד׃
13 אֱ֠דַיִן תַּתְּנַ֞י פַּחַ֣ת עֲבַֽר־נַהֲרָ֗ה
שְׁתַ֥ר בּוֹזְנַ֖י וּכְנָוָתְה֑וֹן לָקֳבֵ֗ל דִּֽי־שְׁלַ֛ח דָּרְיָ֥וֶשׁ מַלְכָּ֖א כְּנֵ֥מָא
14 אָסְפַּ֥רְנָא עֲבַֽדוּ׃ וְשָׂבֵ֤י יְהוּדָיֵא֙ בָּנַ֣יִן וּמַצְלְחִ֔ין בִּנְבוּאַת֙ חַגַּ֣י
נְבִיָּ֔אה וּזְכַרְיָ֖ה בַּר־עִדּ֑וֹא וּבְנ֣וֹ וְשַׁכְלִ֗לוּ מִן־טַ֙עַם֙ אֱלָ֣הּ
יִשְׂרָאֵ֔ל וּמִטְּעֵ֗ם כּ֚וֹרֶשׁ וְדָרְיָ֔וֶשׁ וְאַרְתַּחְשַׁ֖שְׂתְּא מֶ֥לֶךְ פָּרָֽס׃
טו וְשֵׁיצִיא֙ בַּיְתָ֣ה דְנָ֔ה עַ֛ד י֥וֹם תְּלָתָ֖ה לִירַ֣ח אֲדָ֑ר דִּֽי־הִ֗יא
16 שְׁנַת־שֵׁ֕ת לְמַלְכ֖וּת דָּרְיָ֥וֶשׁ מַלְכָּֽא׃ וַעֲבַ֣דוּ בְנֵֽי־יִשְׂרָאֵ֡ל
כָּהֲנַיָּ֣א וְלֵוָיֵ֡א וּשְׁאָ֣ר בְּנֵי־גָ֠לוּתָא חֲנֻכַּ֛ת בֵּית־אֱלָהָ֥א דְנָ֖ה

בחדוה

v. 14. נביא ק׳   v. 15. יתיר א׳

17 בְּחֶדְוָה׃ וְהַקְרִ֗בוּ לַחֲנֻכַּת֮ בֵּית־אֱלָהָ֣א דְנָה֒ תּוֹרִ֣ין מְאָ֗ה
דִּכְרִ֣ין מָאתַ֔יִן אִמְּרִ֖ין אַרְבַּ֣ע מְאָ֑ה וּצְפִירֵ֨י עִזִּ֜ין לְחַטָּיָ֣א עַל־
18 כָּל־יִשְׂרָאֵ֗ל תְּרֵֽי־עֲשַׂ֔ר לְמִנְיָ֖ן שִׁבְטֵ֥י יִשְׂרָאֵֽל׃ וַהֲקִ֨ימוּ כָהֲנַיָּ֜א
בִּפְלֻגָּתְה֗וֹן וְלֵוָיֵא֙ בְּמַחְלְקָ֣תְה֔וֹן עַל־עֲבִידַ֥ת אֱלָהָ֖א דִּ֣י
19 בִירוּשְׁלֶ֑ם כִּכְתָ֖ב סְפַ֥ר מֹשֶֽׁה׃ וַיַּעֲשׂ֥וּ בְנֵי־הַגּוֹלָ֖ה אֶת־
כ הַפָּ֑סַח בְּאַרְבָּעָ֥ה עָשָׂ֖ר לַחֹ֥דֶשׁ הָרִאשֽׁוֹן׃ כִּ֣י הִטַּהֲר֞וּ הַכֹּהֲנִ֤ים
וְהַלְוִיִּם֙ כְּאֶחָ֔ד כֻּלָּ֖ם טְהוֹרִ֑ים וַיִּשְׁחֲט֤וּ הַפֶּ֙סַח֙ לְכָל־בְּנֵ֣י
21 הַגּוֹלָ֔ה וְלַאֲחֵיהֶ֥ם הַכֹּהֲנִ֖ים וְלָהֶֽם׃ וַיֹּאכְל֣וּ בְנֵֽי־יִשְׂרָאֵ֗ל
הַשָּׁבִים֙ מֵֽהַגּוֹלָ֔ה וְכֹ֗ל הַנִּבְדָּ֛ל מִטֻּמְאַ֥ת גּוֹיֵֽ־הָאָ֖רֶץ אֲלֵהֶ֑ם
22 לִדְרֹ֕שׁ לַיהוָ֖ה אֱלֹהֵ֥י יִשְׂרָאֵֽל׃ וַיַּעֲשׂ֧וּ חַג־מַצּ֛וֹת שִׁבְעַ֥ת יָמִ֖ים
בְּשִׂמְחָ֑ה כִּ֣י ׀ שִׂמְּחָ֣ם יְהוָ֗ה וְהֵסֵ֞ב לֵ֤ב מֶֽלֶךְ־אַשּׁוּר֙ עֲלֵיהֶ֔ם
לְחַזֵּ֣ק יְדֵיהֶ֔ם בִּמְלֶ֥אכֶת בֵּית־הָאֱלֹהִ֖ים אֱלֹהֵ֥י יִשְׂרָאֵֽל׃

ז Cap. VII. ז

א וְאַחַר֙ הַדְּבָרִ֣ים הָאֵ֔לֶּה בְּמַלְכ֖וּת אַרְתַּחְשַׁ֣סְתְּא מֶֽלֶךְ־
2 פָּרָ֑ס עֶזְרָא֙ בֶּן־שְׂרָיָ֔ה בֶּן־עֲזַרְיָ֖ה בֶּן־חִלְקִיָּֽה׃ בֶּן־שַׁלּ֥וּם
3 בֶּן־צָד֖וֹק בֶּן־אֲחִיטֽוּב׃ בֶּן־אֲמַרְיָ֥ה בֶן־עֲזַרְיָ֖ה בֶּן־מְרָיֽוֹת׃
4 ה בֶּן־זְרַֽחְיָ֥ה בֶן־עֻזִּ֖י בֶּן־בֻּקִּֽי׃ בֶּן־אֲבִישׁ֗וּעַ בֶּן־פִּֽינְחָס֙ בֶּן־
6 אֶלְעָזָ֔ר בֶּן־אַהֲרֹ֥ן הַכֹּהֵ֖ן הָרֹֽאשׁ׃ ה֤וּא עֶזְרָא֙ עָלָ֣ה מִבָּבֶ֔ל
וְהֽוּא־סֹפֵ֤ר מָהִיר֙ בְּתוֹרַ֣ת מֹשֶׁ֔ה אֲשֶׁר־נָתַ֥ן יְהוָ֖ה אֱלֹהֵ֣י
יִשְׂרָאֵ֑ל וַיִּתֶּן־ל֣וֹ הַמֶּ֗לֶךְ כְּיַד־יְהוָ֤ה אֱלֹהָיו֙ עָלָ֔יו כֹּ֖ל
7 בַּקָּשָׁתֽוֹ׃ וַיַּעֲל֣וּ מִבְּנֵֽי־יִ֠שְׂרָאֵל וּמִן־הַכֹּהֲנִ֨ים וְהַלְוִיִּ֜ם
וְהַמְשֹׁרְרִ֧ים וְהַשֹּׁעֲרִ֛ים וְהַנְּתִינִ֖ים אֶל־יְרוּשָׁלִָ֑ם בִּשְׁנַת־שֶׁ֖בַע
8 לְאַרְתַּחְשַׁ֥סְתְּא הַמֶּֽלֶךְ׃ וַיָּבֹ֥א יְרוּשָׁלִַ֖ם בַּחֹ֣דֶשׁ הַחֲמִישִׁ֑י הִ֛יא
9 שְׁנַ֥ת הַשְּׁבִיעִ֖ית לַמֶּֽלֶךְ׃ כִּ֗י בְּאֶחָד֙ לַחֹ֣דֶשׁ הָרִאשׁ֔וֹן ה֣וּא
יְסֻ֔ד הַֽמַּעֲלָ֖ה מִבָּבֶ֑ל וּבְאֶחָ֜ד לַחֹ֣דֶשׁ הַחֲמִישִׁ֗י בָּ֚א אֶל־
י יְר֣וּשָׁלִַ֔ם כְּיַד־אֱלֹהָ֖יו הַטּוֹבָ֥ה עָלָֽיו׃ כִּ֤י עֶזְרָא֙ הֵכִ֣ין לְבָב֔וֹ
לִדְר֛וֹשׁ אֶת־תּוֹרַ֥ת יְהוָ֖ה וְלַעֲשֹׂ֑ת וּלְלַמֵּ֥ד בְּיִשְׂרָאֵ֖ל חֹ֥ק

ומשפט

ר v. 17. לחטאה ק'

11 וּמִשְׁפָּֽט׃ וְזֶ֣ה ׀ פַּרְשֶׁ֣גֶן הַֽנִּשְׁתְּוָ֗ן אֲשֶׁ֨ר נָתַן֙ הַמֶּ֣לֶךְ
אַרְתַּחְשַׁ֔סְתְּא לְעֶזְרָ֥א הַכֹּהֵ֖ן הַסֹּפֵ֑ר סֹפֵ֞ר דִּבְרֵ֧י מִצְוֺת־יְהֹוָ֛ה
12 וְחֻקָּ֖יו עַל־יִשְׂרָאֵֽל׃ אַ֨רְתַּחְשַׁ֔סְתְּא מֶ֖לֶךְ מַלְכַיָּ֑א לְעֶזְרָ֣א
13 כָהֲנָ֗א סָפַ֨ר דָּתָ֜א דִּֽי־אֱלָ֧הּ שְׁמַיָּ֛א גְּמִ֖יר וּכְעֶֽנֶת׃ מִנִּי֮ שִׂ֣ים
טְעֵם֒ דִּ֣י כָל־מִתְנַדַּ֣ב בְּמַלְכוּתִ֡י מִן־עַמָּ֣ה יִשְׂרָאֵ֩ל וְכָהֲנ֨וֹהִי
14 וְלֵוָיֵ֜א לִמְהָ֧ךְ לִירוּשְׁלֶ֛ם עִמָּ֖ךְ יְהָֽךְ׃ כָּל־קֳבֵ֗ל דִּי֩ מִן־קֳדָ֨ם
מַלְכָּ֜א וְשִׁבְעַ֤ת יָעֲטֹ֙הִי֙ שְׁלִ֔יחַ לְבַקָּרָ֥א עַל־יְה֖וּד וְלִירוּשְׁלֶ֑ם
טו בְּדָ֥ת אֱלָהָ֖ךְ דִּ֥י בִידָֽךְ׃ וּלְהֵיבָלָ֖ה כְּסַ֣ף וּדְהַ֑ב דִּֽי־מַלְכָּ֣א
16 וְיָעֲט֗וֹהִי הִתְנַדַּ֙בוּ֙ לֶאֱלָ֣הּ יִשְׂרָאֵ֔ל דִּ֥י בִירוּשְׁלֶ֖ם מִשְׁכְּנֵֽהּ׃ וְכֹל֙
כְּסַ֣ף וּדְהַ֔ב דִּ֣י תְהַשְׁכַּ֔ח בְּכֹ֖ל מְדִינַ֣ת בָּבֶ֑ל עִם֙ הִתְנַדָּב֣וּת
17 עַמָּ֣א וְכָהֲנַיָּ֗א מִֽתְנַדְּבִ֛ין לְבֵ֥ית אֱלָהֲהֹ֖ם דִּ֥י בִירוּשְׁלֶֽם׃ כָּל־
קֳבֵ֣ל דְּנָה֩ אָסְפַּ֨רְנָ֜א תִקְנֵ֣א בְּכַסְפָּ֣א דְנָ֗ה תּוֹרִ֤ין ׀ דִּכְרִין֙
אִמְּרִ֔ין וּמִנְחָתְה֖וֹן וְנִסְכֵּיה֑וֹן וּתְקָרֵ֣ב הִמּ֔וֹ עַֽל־מַדְבְּחָ֔ה דִּ֛י
18 בֵּ֥ית אֱלָהֲכֹ֖ם דִּ֥י בִירוּשְׁלֶֽם׃ וּמָ֣ה דִי֩ עֲלָ֨יךְ וְעַל־אֶחָ֜יךְ יִיטַ֗ב
בִּשְׁאָ֛ר כַּסְפָּ֥א וְדַהֲבָ֖ה לְמֶעְבַּ֑ד כִּרְע֥וּת אֱלָהֲכֹ֖ם תַּעַבְדֽוּן׃
19 וּמָֽאנַיָּא֙ דִּֽי־מִתְיַהֲבִ֣ין לָ֔ךְ לְפָלְחָ֖ן בֵּ֣ית אֱלָהָ֑ךְ הַשְׁלֵ֕ם קֳדָ֖ם
כ אֱלָ֥הּ יְרוּשְׁלֶֽם׃ וּשְׁאָ֗ר חַשְׁחוּת֙ בֵּ֣ית אֱלָהָ֔ךְ דִּ֥י יִפֶּל־לָ֖ךְ
21 לְמִנְתַּ֑ן תִּנְתֵּ֕ן מִן־בֵּ֖ית גִּנְזֵ֥י מַלְכָּֽא׃ וּמִנִּי֙ אֲנָ֔ה אַרְתַּחְשַׁ֣סְתְּא
מַלְכָּ֗א שִׂ֣ים טְעֵ֔ם לְכֹל֙ גִּזַּבְרַיָּ֔א דִּ֖י בַּעֲבַ֣ר נַהֲרָ֑ה דִּ֣י כָל־דִּ֣י
יִֽשְׁאֲלֶנְכ֡וֹן עֶזְרָ֣א כָהֲנָה֩ סָפַ֨ר דָּתָ֜א דִּֽי־אֱלָ֧הּ שְׁמַיָּ֛א אָסְפַּ֖רְנָא
22 יִתְעֲבִֽד׃ עַד־כְּסַף֮ כַּכְּרִ֣ין מְאָה֒ וְעַד־חִנְטִין֙ כּוֹרִ֣ין מְאָ֔ה
וְעַד־חֲמַ֞ר בַּתִּ֣ין מְאָ֗ה וְעַד־בַּתִּ֥ין מְשַׁ֖ח מְאָ֑ה וּמְלַ֖ח דִּי־לָ֥א
23 כְתָֽב׃ כָּל־דִּ֗י מִן־טַ֙עַם֙ אֱלָ֣הּ שְׁמַיָּ֔א יִתְעֲבֵ֣ד אַדְרַזְדָּ֔א לְבֵ֖ית
אֱלָ֣הּ שְׁמַיָּ֑א דִּֽי־לְמָ֤ה לֶהֱוֵא֙ קְצַ֔ף עַל־מַלְכ֥וּת מַלְכָּ֖א וּבְנֽוֹהִי׃
24 וּלְכֹ֣ם מְהוֹדְעִ֗ין דִּ֣י כָל־כָּהֲנַיָּ֣א וְ֠לֵוָיֵא זַמָּרַיָּ֨א תָרָעַיָּ֜א נְתִינַיָּ֗א
וּפָ֣לְחֵ֔י בֵּ֖ית אֱלָהָ֣א דְנָ֑ה מִנְדָּ֤ה בְלוֹ֙ וַהֲלָ֔ךְ לָ֥א שַׁלִּ֖יט
כה לְמִרְמֵ֥א עֲלֵיהֹֽם׃ וְאַ֣נְתְּ עֶזְרָ֗א כְּחָכְמַ֨ת אֱלָהָ֛ךְ דִּֽי־בִידָ֖ךְ מַנִּ֣י

שפטין

עלך ק׳ v. 18. אחך ק׳ ibid.

שָׁפְטִין וְדַיָּנִין דִּי־לֶהֱוֺן דָּאְנִין לְכָל־עַמָּא דִּי בַּעֲבַר נַהֲרָה
26 לְכָל־יָדְעֵי דָּתֵי אֱלָהָךְ וְדִי לָא יָדַע תְּהוֹדְעוּן׃ וְכָל־דִּי־
לָא לֶהֱוֵא עָבֵד דָּתָא דִי־אֱלָהָךְ וְדָתָא דִּי מַלְכָּא אָסְפַּרְנָא
דִּינָה לֶהֱוֵא מִתְעֲבֵד מִנֵּהּ הֵן לְמוֹת הֵן לִשְׁרֹשׁוּ הֵן־לַעֲנָשׁ
27 נִכְסִין וְלֶאֱסוּרִין׃ בָּרוּךְ יְהוָה אֱלֹהֵי אֲבֹתֵינוּ אֲשֶׁר נָתַן
כָּזֹאת בְּלֵב הַמֶּלֶךְ לְפָאֵר אֶת־בֵּית יְהוָה אֲשֶׁר בִּירוּשָׁלָםִ׃
28 וְעָלַי הִטָּה־חֶסֶד לִפְנֵי הַמֶּלֶךְ וְיוֹעֲצָיו וּלְכָל־שָׂרֵי הַמֶּלֶךְ
הַגִּבֹּרִים וַאֲנִי הִתְחַזַּקְתִּי כְּיַד־יְהוָה אֱלֹהַי עָלַי וָאֶקְבְּצָה
מִיִּשְׂרָאֵל רָאשִׁים לַעֲלוֹת עִמִּי׃

ח Cap. VIII. ח

א וְאֵלֶּה רָאשֵׁי אֲבֹתֵיהֶם וְהִתְיַחְשָׂם הָעֹלִים עִמִּי בְּמַלְכוּת
2 אַרְתַּחְשַׁסְתְּא הַמֶּלֶךְ מִבָּבֶל׃ מִבְּנֵי פִינְחָס גֵּרְשֹׁם מִבְּנֵי
3 אִיתָמָר דָּנִיֵּאל מִבְּנֵי דָוִיד חַטּוּשׁ׃ מִבְּנֵי שְׁכַנְיָה מִבְּנֵי
4 פַרְעֹשׁ זְכַרְיָה וְעִמּוֹ הִתְיַחֵשׂ לִזְכָרִים מֵאָה וַחֲמִשִּׁים׃ מִבְּנֵי
פַּחַת מוֹאָב אֶלְיְהוֹעֵינַי בֶּן־זְרַחְיָה וְעִמּוֹ מָאתַיִם הַזְּכָרִים׃
ה מִבְּנֵי שְׁכַנְיָה בֶּן־יַחֲזִיאֵל וְעִמּוֹ שְׁלֹשׁ מֵאוֹת הַזְּכָרִים׃ וּמִבְּנֵי 6
7 עָדִין עֶבֶד בֶּן־יוֹנָתָן וְעִמּוֹ חֲמִשִּׁים הַזְּכָרִים׃ וּמִבְּנֵי עֵילָם
8 יְשַׁעְיָה בֶּן־עֲתַלְיָה וְעִמּוֹ שִׁבְעִים הַזְּכָרִים׃ וּמִבְּנֵי שְׁפַטְיָה
9 זְבַדְיָה בֶן־מִיכָאֵל וְעִמּוֹ שְׁמֹנִים הַזְּכָרִים׃ מִבְּנֵי יוֹאָב עֹבַדְיָה
י בֶּן־יְחִיאֵל וְעִמּוֹ מָאתַיִם וּשְׁמֹנָה עָשָׂר הַזְּכָרִים׃ וּמִבְּנֵי
11 שְׁלוֹמִית בֶּן־יוֹסִפְיָה וְעִמּוֹ מֵאָה וְשִׁשִּׁים הַזְּכָרִים׃ וּמִבְּנֵי בֵבַי
12 זְכַרְיָה בֶּן־בֵּבָי וְעִמּוֹ עֶשְׂרִים וּשְׁמֹנָה הַזְּכָרִים׃ וּמִבְּנֵי עַזְגָּד
13 יוֹחָנָן בֶּן־הַקָּטָן וְעִמּוֹ מֵאָה וַעֲשָׂרָה הַזְּכָרִים׃ וּמִבְּנֵי אֲדֹנִיקָם
אַחֲרֹנִים וְאֵלֶּה שְׁמוֹתָם אֱלִיפֶלֶט יְעִיאֵל וּשְׁמַעְיָה וְעִמָּהֶם
14 שִׁשִּׁים הַזְּכָרִים׃ וּמִבְּנֵי בִגְוַי עוּתַי וְזַבּוּד וְעִמּוֹ שִׁבְעִים
טו הַזְּכָרִים׃ וָאֶקְבְּצֵם אֶל־הַנָּהָר הַבָּא אֶל־אַהֲוָא וַנַּחֲנֶה
שָׁם יָמִים שְׁלֹשָׁה וָאָבִינָה בָעָם וּבַכֹּהֲנִים וּמִבְּנֵי לֵוִי לֹא־

מצאתי

ז v. 25. דינין ק׳ v. 26. לשרשי ק׳ ח׳ v. 14. זכור ק׳

16 מְצָאתִי שָׁם׃ וָאֶשְׁלְחָה לֶאֱלִיעֶזֶר לַאֲרִיאֵל לִשְׁמַעְיָה וּלְאֶלְנָתָן
וּלְיָרִיב וּלְאֶלְנָתָן וּלְנָתָן וְלִזְכַרְיָה וְלִמְשֻׁלָּם רָאשִׁים וּלְיוֹיָרִיב
17 וּלְאֶלְנָתָן מְבִינִים׃ וָאֲוֹצְאָה אוֹתָם עַל־אִדּוֹ הָרֹאשׁ בְּכָסִפְיָא
הַמָּקוֹם וָאָשִׂימָה בְּפִיהֶם דְּבָרִים לְדַבֵּר אֶל־אִדּוֹ אָחִיו
הַנְּתוּנִים בְּכָסִפְיָא הַמָּקוֹם לְהָבִיא־לָנוּ מְשָׁרְתִים לְבֵית
18 אֱלֹהֵינוּ׃ וַיָּבִיאוּ לָנוּ כְּיַד־אֱלֹהֵינוּ הַטּוֹבָה עָלֵינוּ אִישׁ שֶׂכֶל
מִבְּנֵי מַחְלִי בֶּן־לֵוִי בֶּן־יִשְׂרָאֵל וְשֵׁרֵבְיָה וּבָנָיו וְאֶחָיו שְׁמֹנָה
19 עָשָׂר׃ וְאֶת־חֲשַׁבְיָה וְאִתּוֹ יְשַׁעְיָה מִבְּנֵי מְרָרִי אֶחָיו וּבְנֵיהֶם
כ עֶשְׂרִים׃ וּמִן־הַנְּתִינִים שֶׁנָּתַן דָּוִיד וְהַשָּׂרִים לַעֲבֹדַת
21 הַלְוִיִּם נְתִינִים מָאתַיִם וְעֶשְׂרִים כֻּלָּם נִקְּבוּ בְשֵׁמוֹת׃ וָאֶקְרָא
שָׁם צוֹם עַל־הַנָּהָר אַהֲוָא לְהִתְעַנּוֹת לִפְנֵי אֱלֹהֵינוּ לְבַקֵּשׁ
22 מִמֶּנּוּ דֶּרֶךְ יְשָׁרָה לָנוּ וּלְטַפֵּנוּ וּלְכָל־רְכוּשֵׁנוּ׃ כִּי בֹשְׁתִּי
לִשְׁאוֹל מִן־הַמֶּלֶךְ חַיִל וּפָרָשִׁים לְעָזְרֵנוּ מֵאוֹיֵב בַּדָּרֶךְ כִּי־
אָמַרְנוּ לַמֶּלֶךְ לֵאמֹר יַד־אֱלֹהֵינוּ עַל־כָּל־מְבַקְשָׁיו לְטוֹבָה
23 וְעֻזּוֹ וְאַפּוֹ עַל כָּל־עֹזְבָיו׃ וַנָּצוּמָה וַנְּבַקְשָׁה מֵאֱלֹהֵינוּ עַל־
24 זֹאת וַיֵּעָתֵר לָנוּ׃ וָאַבְדִּילָה מִשָּׂרֵי הַכֹּהֲנִים שְׁנֵים עָשָׂר
כה לְשֵׁרֵבְיָה חֲשַׁבְיָה וְעִמָּהֶם מֵאֲחֵיהֶם עֲשָׂרָה׃ וָאֶשְׁקוֹלָה לָהֶם
אֶת־הַכֶּסֶף וְאֶת־הַזָּהָב וְאֶת־הַכֵּלִים תְּרוּמַת בֵּית־אֱלֹהֵינוּ
הַהֵרִימוּ הַמֶּלֶךְ וְיֹעֲצָיו וְשָׂרָיו וְכָל־יִשְׂרָאֵל הַנִּמְצָאִים׃
26 וָאֶשְׁקֲלָה עַל־יָדָם כֶּסֶף כִּכָּרִים שֵׁשׁ־מֵאוֹת וַחֲמִשִּׁים וּכְלֵי־
27 כֶסֶף מֵאָה לְכִכָּרִים זָהָב מֵאָה כִכָּר׃ וּכְפֹרֵי זָהָב עֶשְׂרִים
לַאֲדַרְכֹנִים אָלֶף וּכְלֵי נְחֹשֶׁת מֻצְהָב טוֹבָה שְׁנַיִם חֲמוּדֹת
28 כַּזָּהָב׃ וָאֹמְרָה אֲלֵהֶם אַתֶּם קֹדֶשׁ לַיהוָה וְהַכֵּלִים קֹדֶשׁ
29 וְהַכֶּסֶף וְהַזָּהָב נְדָבָה לַיהוָה אֱלֹהֵי אֲבֹתֵיכֶם׃ שִׁקְדוּ וְשִׁמְרוּ
עַד־תִּשְׁקְלוּ לִפְנֵי שָׂרֵי הַכֹּהֲנִים וְהַלְוִיִּם וְשָׂרֵי־הָאָבוֹת
ל לְיִשְׂרָאֵל בִּירוּשָׁלָ͏ִם הַלִּשְׁכוֹת בֵּית יְהוָה׃ וְקִבְּלוּ הַכֹּהֲנִים
וְהַלְוִיִּם מִשְׁקַל הַכֶּסֶף וְהַזָּהָב וְהַכֵּלִים לְהָבִיא לִירוּשָׁלַ͏ִם

לבית

v. 17. ואוצה ק׳ ibid. הנתינים ק׳ v. 18. אי׳ דגושה v. 26. יתיר ו׳

31 לְבֵ֥ית אֱלֹהֵֽינוּ׃ וַנִּסְעָ֞ה מִנְּהַ֣ר אַהֲוָ֗א בִּשְׁנֵ֥ים עָשָׂר֙ לַחֹ֣דֶשׁ
הָרִאשׁ֔וֹן לָלֶ֖כֶת יְרֽוּשָׁלִָ֑ם וְיַד־אֱלֹהֵ֙ינוּ֙ הָיְתָ֣ה עָלֵ֔ינוּ וַיַּצִּילֵ֗נוּ
32 מִכַּ֥ף אוֹיֵ֛ב וְאוֹרֵ֖ב עַל־הַדָּֽרֶךְ׃ וַנָּב֖וֹא יְרוּשָׁלִָ֑ם וַנֵּ֥שֶׁב שָׁ֖ם
33 יָמִ֥ים שְׁלֹשָֽׁה׃ וּבַיּ֣וֹם הָֽרְבִיעִ֡י נִשְׁקַ֣ל הַכֶּסֶף֩ וְהַזָּהָ֨ב וְהַכֵּלִ֜ים
בְּבֵ֣ית אֱלֹהֵ֗ינוּ עַ֣ל יַד־מְרֵמ֣וֹת בֶּן־אוּרִיָּה֮ הַכֹּהֵן֒ וְעִמּ֖וֹ
אֶלְעָזָ֣ר בֶּן־פִּֽינְחָ֑ס וְעִמָּהֶ֗ם יוֹזָבָ֧ד בֶּן־יֵשׁ֛וּעַ וְנֽוֹעַדְיָ֥ה בֶן־בִּנּ֖וּי
34 הַלְוִיִּֽם׃ בְּמִסְפָּ֥ר בְּמִשְׁקָ֖ל לַכֹּ֑ל וַיִּכָּתֵ֥ב כָּל־הַמִּשְׁקָ֖ל בָּעֵ֥ת
לה הַהִֽיא׃ הַבָּאִ֨ים מֵֽהַשְּׁבִ֜י בְנֵֽי־הַגּוֹלָ֗ה הִקְרִ֣יבוּ עֹל֣וֹת ׀
לֵאלֹהֵ֣י יִשְׂרָאֵ֡ל פָּרִ֣ים שְׁנֵים־עָשָׂ֣ר עַל־כָּל־יִשְׂרָאֵ֡ל אֵילִ֣ים ׀
תִּשְׁעִ֣ים וְשִׁשָּׁ֡ה כְּבָשִׂים֩ שִׁבְעִ֨ים וְשִׁבְעָ֜ה צְפִירֵ֤י חַטָּאת֙ שְׁנֵ֣ים
36 עָשָׂ֔ר הַכֹּ֖ל עוֹלָ֥ה לַיהוָֽה׃ וַֽיִּתְּנ֞וּ ׀ אֶת־דָּתֵ֣י הַמֶּ֗לֶךְ לַאֲחַשְׁדַּרְפְּנֵי֙
הַמֶּ֔לֶךְ וּפַחֲו֖וֹת עֵ֣בֶר הַנָּהָ֑ר וְנִשְּׂא֥וּ אֶת־הָעָ֖ם וְאֶת־בֵּ֥ית
הָאֱלֹהִֽים׃

ט CAP. IX. ט

א וּכְכַלּ֣וֹת אֵ֗לֶּה נִגְּשׁ֨וּ אֵלַ֤י הַשָּׂרִים֙ לֵאמֹ֔ר לֹֽא־נִבְדְּל֗וּ הָעָ֤ם
יִשְׂרָאֵל֙ וְהַכֹּהֲנִ֣ים וְהַלְוִיִּ֔ם מֵעַמֵּ֖י הָאֲרָצ֑וֹת כְּתוֹעֲבֹתֵיהֶ֡ם
לַכְּנַעֲנִ֣י הַ֠חִתִּי הַפְּרִזִּ֨י הַיְבוּסִ֜י הָעַמֹּנִ֗י הַמֹּ֣אָבִ֔י הַמִּצְרִ֖י
2 וְהָאֱמֹרִֽי׃ כִּֽי־נָשְׂא֣וּ מִבְּנֹתֵיהֶ֗ם לָהֶם֙ וְלִבְנֵיהֶ֔ם וְהִתְעָֽרְבוּ֙
זֶ֣רַע הַקֹּ֔דֶשׁ בְּעַמֵּ֖י הָאֲרָצ֑וֹת וְיַ֧ד הַשָּׂרִ֣ים וְהַסְּגָנִ֗ים הָֽיְתָ֛ה
3 בַּמַּ֥עַל הַזֶּ֖ה רִאשׁוֹנָֽה׃ וּכְשָׁמְעִי֙ אֶת־הַדָּבָ֣ר הַזֶּ֔ה קָרַ֥עְתִּי
אֶת־בִּגְדִ֖י וּמְעִילִ֑י וָֽאֶמְרְטָ֞ה מִשְּׂעַ֤ר רֹאשִׁי֙ וּזְקָנִ֔י וָאֵשְׁבָ֖ה
4 מְשׁוֹמֵֽם׃ וְאֵלַ֣י יֵאָסְפ֗וּ כֹּ֚ל חָרֵד֙ בְּדִבְרֵ֣י אֱלֹהֵֽי־יִשְׂרָאֵ֔ל עַ֖ל
ה מַ֣עַל הַגּוֹלָ֑ה וַאֲנִ֣י יֹשֵׁ֣ב מְשׁוֹמֵ֔ם עַ֖ד לְמִנְחַ֥ת הָעָֽרֶב׃ וּבְמִנְחַ֣ת
הָעֶ֗רֶב קַ֚מְתִּי מִתַּ֣עֲנִיתִ֔י וּבְקָרְעִ֥י בִגְדִ֖י וּמְעִילִ֑י וָאֶכְרְעָה֙ עַל־
6 בִּרְכַּ֔י וָאֶפְרְשָׂ֥ה כַפַּ֖י אֶל־יְהוָ֥ה אֱלֹהָֽי׃ וָאֹמְרָ֗ה אֱלֹהַי֙ בֹּ֣שְׁתִּי
וְנִכְלַ֔מְתִּי לְהָרִ֧ים אֱלֹהַ֛י פָּנַ֖י אֵלֶ֑יךָ כִּ֣י עֲוֺנֹתֵ֤ינוּ רָבוּ֙ לְמַ֣עְלָה
7 רֹּ֔אשׁ וְאַשְׁמָתֵ֖נוּ גָדְלָ֥ה עַ֖ד לַשָּׁמָֽיִם׃ מִימֵ֣י אֲבֹתֵ֗ינוּ אֲנַ֙חְנוּ֙

ט׳ v. 6. הר׳ דגושה

בְּאַשְׁמָה גְדֹלָה עַד הַיּוֹם הַזֶּה וּבַעֲוֺנֹתֵינוּ נִתַּנּוּ אֲנַחְנוּ מְלָכֵינוּ
כֹהֲנֵינוּ בְּיַד ׀ מַלְכֵי הָאֲרָצוֹת בַּחֶרֶב בַּשְּׁבִי וּבַבִּזָּה וּבְבֹשֶׁת
8 פָּנִים כְּהַיּוֹם הַזֶּה׃ וְעַתָּה כִּמְעַט־רֶגַע הָיְתָה תְחִנָּה מֵאֵת ׀
יְהוָה אֱלֹהֵינוּ לְהַשְׁאִיר לָנוּ פְּלֵיטָה וְלָתֶת־לָנוּ יָתֵד בִּמְקוֹם
קָדְשׁוֹ לְהָאִיר עֵינֵינוּ אֱלֹהֵינוּ וּלְתִתֵּנוּ מִחְיָה מְעַט בְּעַבְדֻתֵנוּ׃
9 כִּי־עֲבָדִים אֲנַחְנוּ וּבְעַבְדֻתֵנוּ לֹא עֲזָבָנוּ אֱלֹהֵינוּ וַיַּט־עָלֵינוּ
חֶסֶד לִפְנֵי מַלְכֵי פָרַס לָתֶת־לָנוּ מִחְיָה לְרוֹמֵם אֶת־בֵּית
אֱלֹהֵינוּ וּלְהַעֲמִיד אֶת־חָרְבֹתָיו וְלָתֶת־לָנוּ גָדֵר בִּיהוּדָה
י וּבִירוּשָׁלִָם׃ וְעַתָּה מַה־נֹּאמַר אֱלֹהֵינוּ אַחֲרֵי־זֹאת כִּי עָזַבְנוּ
11 מִצְוֺתֶיךָ׃ אֲשֶׁר צִוִּיתָ בְּיַד עֲבָדֶיךָ הַנְּבִיאִים לֵאמֹר הָאָרֶץ
אֲשֶׁר אַתֶּם בָּאִים לְרִשְׁתָּהּ אֶרֶץ נִדָּה הִיא בְּנִדַּת עַמֵּי הָאֲרָצוֹת
12 בְּתוֹעֲבֹתֵיהֶם אֲשֶׁר מִלְאוּהָ מִפֶּה אֶל־פֶּה בְּטֻמְאָתָם׃ וְעַתָּה
בְּנוֹתֵיכֶם אַל־תִּתְּנוּ לִבְנֵיהֶם וּבְנֹתֵיהֶם אַל־תִּשְׂאוּ לִבְנֵיכֶם
וְלֹא־תִדְרְשׁוּ שְׁלֹמָם וְטוֹבָתָם עַד־עוֹלָם לְמַעַן תֶּחֶזְקוּ
וַאֲכַלְתֶּם אֶת־טוּב הָאָרֶץ וְהוֹרַשְׁתֶּם לִבְנֵיכֶם עַד־עוֹלָם׃
13 וְאַחֲרֵי כָּל־הַבָּא עָלֵינוּ בְּמַעֲשֵׂינוּ הָרָעִים וּבְאַשְׁמָתֵנוּ
הַגְּדֹלָה כִּי ׀ אַתָּה אֱלֹהֵינוּ חָשַׂכְתָּ לְמַטָּה מֵעֲוֺנֵנוּ וְנָתַתָּה לָּנוּ
14 פְּלֵיטָה כָּזֹאת׃ הֲנָשׁוּב לְהָפֵר מִצְוֺתֶיךָ וּלְהִתְחַתֵּן בְּעַמֵּי
הַתֹּעֵבוֹת הָאֵלֶּה הֲלוֹא תֶאֱנַף־בָּנוּ עַד־כַּלֵּה לְאֵין שְׁאֵרִית
טו וּפְלֵיטָה׃ יְהוָה אֱלֹהֵי יִשְׂרָאֵל צַדִּיק אַתָּה כִּי־נִשְׁאַרְנוּ
פְלֵיטָה כְּהַיּוֹם הַזֶּה הִנְנוּ לְפָנֶיךָ בְּאַשְׁמָתֵינוּ כִּי אֵין לַעֲמוֹד
לְפָנֶיךָ עַל־זֹאת׃

CAP. X. י

א וּכְהִתְפַּלֵּל עֶזְרָא וּכְהִתְוַדֹּתוֹ בֹּכֶה וּמִתְנַפֵּל לִפְנֵי בֵּית
הָאֱלֹהִים נִקְבְּצוּ אֵלָיו מִיִּשְׂרָאֵל קָהָל רַב־מְאֹד אֲנָשִׁים
2 וְנָשִׁים וִילָדִים כִּי־בָכוּ הָעָם הַרְבֵּה־בֶכֶה׃ וַיַּעַן שְׁכַנְיָה
בֶן־יְחִיאֵל מִבְּנֵי עוֹלָם וַיֹּאמֶר לְעֶזְרָא אֲנַחְנוּ מָעַלְנוּ בֵאלֹהֵינוּ

ר' .v 2. עילם ק'

וַנֹּ֥שֶׁב נָשִׁ֛ים נָכְרִיּ֖וֹת מֵעַמֵּ֣י הָאָ֑רֶץ וְעַתָּ֛ה יֵשׁ־מִקְוֶ֥ה לְיִשְׂרָאֵ֖ל
3 עַל־זֹֽאת׃ וְעַתָּ֣ה נִֽכְרָת־בְּרִ֣ית לֵֽאלֹהֵ֡ינוּ לְהוֹצִ֣יא כָל־
נָשִׁים֩ וְהַנּוֹלָ֨ד מֵהֶ֜ם בַּעֲצַ֣ת אֲדֹנָ֗י וְהַחֲרֵדִ֛ים בְּמִצְוַ֥ת אֱלֹהֵ֖ינוּ
4 וְכַתּוֹרָ֥ה יֵעָשֶֽׂה׃ ק֛וּם כִּֽי־עָלֶ֥יךָ הַדָּבָ֖ר וַאֲנַ֣חְנוּ עִמָּ֑ךְ חֲזַ֖ק
ה וַעֲשֵֽׂה׃ וַיָּ֣קָם עֶזְרָ֡א וַיַּשְׁבַּ֣ע אֶת־שָׂרֵי֩ הַכֹּהֲנִ֨ים הַלְוִיִּ֜ם
6 וְכָל־יִשְׂרָאֵ֗ל לַעֲשׂ֛וֹת כַּדָּבָ֥ר הַזֶּ֖ה וַיִּשָּׁבֵֽעוּ׃ וַיָּ֣קָם עֶזְרָ֗א
מִלִּפְנֵי֙ בֵּ֣ית הָאֱלֹהִ֔ים וַיֵּ֕לֶךְ אֶל־לִשְׁכַּ֖ת יְהוֹחָנָ֣ן בֶּן־אֶלְיָשִׁ֑יב
וַיֵּ֣לֶךְ שָׁ֗ם לֶ֤חֶם לֹֽא־אָכַל֙ וּמַ֣יִם לֹֽא־שָׁתָ֔ה כִּ֥י מִתְאַבֵּ֖ל עַל־
7 מַ֥עַל הַגּוֹלָֽה׃ וַיַּעֲבִ֨ירוּ ק֜וֹל בִּֽיהוּדָ֣ה וִירוּשָׁלִַ֗ם לְכֹל֙ בְּנֵ֣י
8 הַגּוֹלָ֔ה לְהִקָּבֵ֖ץ יְרוּשָׁלִָֽם׃ וְכֹל֩ אֲשֶׁ֨ר לֹֽא־יָב֜וֹא לִשְׁלֹ֣שֶׁת
הַיָּמִ֗ים כַּעֲצַ֤ת הַשָּׂרִים֙ וְהַזְּקֵנִ֔ים יָחֳרַ֖ם כָּל־רְכוּשׁ֑וֹ וְה֣וּא יִבָּדֵ֔ל
מִקְּהַ֖ל הַגּוֹלָֽה׃

9 וַיִּקָּבְצ֣וּ כָֽל־אַנְשֵֽׁי־יְהוּדָה֩ וּבִנְיָמִ֨ן ׀ יְרוּשָׁלִַ֜ם לִשְׁלֹ֣שֶׁת הַיָּמִ֗ים
ה֚וּא חֹ֣דֶשׁ הַתְּשִׁיעִ֔י בְּעֶשְׂרִ֖ים בַּחֹ֑דֶשׁ וַיֵּשְׁב֣וּ כָל־הָעָ֗ם בִּרְחוֹב֙
י בֵּ֣ית הָאֱלֹהִ֔ים מַרְעִידִים֙ עַל־הַדָּבָ֔ר וּמֵֽהַגְּשָׁמִֽים׃ וַיָּ֙קָם֙
עֶזְרָ֣א הַכֹּהֵ֔ן וַיֹּ֖אמֶר אֲלֵהֶ֑ם אַתֶּ֤ם מְעַלְתֶּם֙ וַתֹּשִׁ֣יבוּ נָשִׁ֣ים
11 נָכְרִיּ֔וֹת לְהוֹסִ֖יף עַל־אַשְׁמַ֥ת יִשְׂרָאֵֽל׃ וְעַתָּ֗ה תְּנ֥וּ תוֹדָ֛ה
לַיהוָ֥ה אֱלֹהֵֽי־אֲבֹתֵיכֶ֖ם וַעֲשׂ֣וּ רְצוֹנ֑וֹ וְהִבָּֽדְלוּ֙ מֵעַמֵּ֣י הָאָ֔רֶץ
12 וּמִן־הַנָּשִׁ֖ים הַנָּכְרִיּֽוֹת׃ וַיַּעֲנ֧וּ כָֽל־הַקָּהָ֛ל וַיֹּאמְר֖וּ ק֣וֹל גָּד֑וֹל
13 כֵּ֛ן כִּדְבָרְיךָ֥ עָלֵ֖ינוּ לַעֲשֽׂוֹת׃ אֲבָ֞ל הָעָ֣ם רָב֮ וְהָעֵ֣ת גְּשָׁמִים֒
וְאֵ֥ין כֹּ֖חַ לַעֲמ֣וֹד בַּח֑וּץ וְהַמְּלָאכָ֗ה לֹֽא־לְי֥וֹם אֶחָד֙ וְלֹ֣א
14 לִשְׁנַ֔יִם כִּֽי־הִרְבִּ֥ינוּ לִפְשֹׁ֖עַ בַּדָּבָ֥ר הַזֶּֽה׃ יַעֲמְדוּ־נָ֨א שָׂרֵ֜ינוּ
לְכָל־הַקָּהָ֗ל וְכֹ֣ל ׀ אֲשֶׁ֣ר בֶּעָרֵ֡ינוּ הַהֹשִׁ֞יב נָשִׁ֣ים נָכְרִיּוֹת֒
יָבֹא֙ לְעִתִּ֣ים מְזֻמָּנִ֔ים וְעִמָּהֶ֛ם זִקְנֵֽי־עִ֥יר וָעִ֖יר וְשֹׁפְטֶ֑יהָ עַ֠ד
טו לְהָשִׁ֞יב חֲר֤וֹן אַף־אֱלֹהֵ֙ינוּ֙ מִמֶּ֔נּוּ עַ֖ד לַדָּבָ֥ר הַזֶּֽה׃ אַ֣ךְ יוֹנָתָ֧ן
בֶּן־עֲשָׂהאֵ֛ל וְיַחְזְיָ֥ה בֶן־תִּקְוָ֖ה עָמְד֣וּ עַל־זֹ֑את וּמְשֻׁלָּ֛ם
16 וְשַׁבְּתַ֥י הַלֵּוִ֖י עֲזָרֻֽם׃ וַיַּעֲשׂוּ־כֵן֮ בְּנֵ֣י הַגּוֹלָה֒ וַיִּבָּדְלוּ֩ עֶזְרָ֨א

הכהן

v. 12. כדברך ק׳

הַכֹּהֵן אֲנָשִׁים רָאשֵׁי הָאָבוֹת לְבֵית אֲבֹתָם וְכֻלָּם בְּשֵׁמוֹת
17 וַיֵּשְׁבוּ בְּיוֹם אֶחָד לַחֹדֶשׁ הָעֲשִׂירִי לְדַרְיוֹשׁ הַדָּבָר׃ וַיְכַלּוּ
בַכֹּל אֲנָשִׁים הַהֹשִׁיבוּ נָשִׁים נָכְרִיּוֹת עַד יוֹם אֶחָד לַחֹדֶשׁ
18 הָרִאשׁוֹן׃ וַיִּמָּצֵא מִבְּנֵי הַכֹּהֲנִים אֲשֶׁר הֹשִׁיבוּ נָשִׁים
נָכְרִיּוֹת מִבְּנֵי יֵשׁוּעַ בֶּן־יוֹצָדָק וְאֶחָיו מַעֲשֵׂיָה וֶאֱלִיעֶזֶר וְיָרִיב
19 וּגְדַלְיָה׃ וַיִּתְּנוּ יָדָם לְהוֹצִיא נְשֵׁיהֶם וַאֲשֵׁמִים אֵיל־צֹאן עַל־
כ 21 אַשְׁמָתָם׃ וּמִבְּנֵי אִמֵּר חֲנָנִי וּזְבַדְיָה׃ וּמִבְּנֵי חָרִם מַעֲשֵׂיָה
22 וְאֵלִיָּה וּשְׁמַעְיָה וִיחִיאֵל וְעֻזִּיָּה׃ וּמִבְּנֵי פַּשְׁחוּר אֶלְיוֹעֵינַי
23 מַעֲשֵׂיָה יִשְׁמָעֵאל נְתַנְאֵל יוֹזָבָד וְאֶלְעָשָׂה׃ וּמִן־הַלְוִיִּם יוֹזָבָד
24 וְשִׁמְעִי וְקֵלָיָה הוּא קְלִיטָא פְּתַחְיָה יְהוּדָה וֶאֱלִיעֶזֶר׃ וּמִן־
הַמְשֹׁרְרִים אֶלְיָשִׁיב וּמִן־הַשֹּׁעֲרִים שַׁלֻּם וָטֶלֶם וְאוּרִי׃
כה וּמִיִּשְׂרָאֵל מִבְּנֵי פַרְעֹשׁ רַמְיָה וְיִזִּיָּה וּמַלְכִּיָּה וּמִיָּמִן וְאֶלְעָזָר
26 וּמַלְכִּיָּה וּבְנָיָה׃ וּמִבְּנֵי עֵילָם מַתַּנְיָה זְכַרְיָה וִיחִיאֵל וְעַבְדִּי
27 וִירֵמוֹת וְאֵלִיָּה׃ וּמִבְּנֵי זַתּוּא אֶלְיוֹעֵנַי אֶלְיָשִׁיב מַתַּנְיָה וִירֵמוֹת
28 29 וְזָבָד וַעֲזִיזָא׃ וּמִבְּנֵי בֵּבָי יְהוֹחָנָן חֲנַנְיָה זַבַּי עַתְלָי׃ וּמִבְּנֵי
ל בָּנִי מְשֻׁלָּם מַלּוּךְ וַעֲדָיָה יָשׁוּב וּשְׁאָל יְרָמוֹת׃ וּמִבְּנֵי פַּחַת
מוֹאָב עַדְנָא וּכְלָל בְּנָיָה מַעֲשֵׂיָה מַתַּנְיָה בְצַלְאֵל וּבִנּוּי וּמְנַשֶּׁה׃
31 32 וּבְנֵי חָרִם אֱלִיעֶזֶר יִשִּׁיָּה מַלְכִּיָּה שְׁמַעְיָה שִׁמְעוֹן׃ בִּנְיָמִן מַלּוּךְ
33 שְׁמַרְיָה׃ מִבְּנֵי חָשֻׁם מַתְּנַי מַתַּתָּה זָבָד אֱלִיפֶלֶט יְרֵמַי מְנַשֶּׁה
34 לה שִׁמְעִי׃ מִבְּנֵי בָנִי מַעֲדַי עַמְרָם וְאוּאֵל׃ בְּנָיָה בֵדְיָה כְּלוּהִי׃
36 37 38 וַנְיָה מְרֵמוֹת אֶלְיָשִׁיב׃ מַתַּנְיָה מַתְּנַי וְיַעֲשָׂו׃ וּבָנִי וּבִנּוּי
39 מ 41 שִׁמְעִי׃ וְשֶׁלֶמְיָה וְנָתָן וַעֲדָיָה׃ מַכְנַדְבַי שָׁשַׁי שָׁרָי׃ עֲזַרְאֵל
42 43 וְשֶׁלֶמְיָהוּ שְׁמַרְיָה׃ שַׁלּוּם אֲמַרְיָה יוֹסֵף׃ מִבְּנֵי נְבוֹ יְעִיאֵל
44 מַתִּתְיָה זָבָד זְבִינָא יַדּוֹ וְיוֹאֵל בְּנָיָה׃ כָּל־אֵלֶּה נָשְׂאֵי נָשִׁים
נָכְרִיּוֹת וְיֵשׁ מֵהֶם נָשִׁים וַיָּשִׂימוּ בָּנִים׃

v. 29. ורמות ק׳ v. 35. כלוהו ק׳ v. 37. ויעשי ק׳ v. 43. ידי ק׳
v. 44. נשאו ק׳

דברי

נחמיה

LIBER NEHEMIAE

CAPUT I. א

א

א דִּבְרֵי נְחֶמְיָה בֶּן־חֲכַלְיָה וַיְהִי בְחֹדֶשׁ־כִּסְלֵו שְׁנַת עֶשְׂרִים
2 וַאֲנִי הָיִיתִי בְּשׁוּשַׁן הַבִּירָה׃ וַיָּבֹא חֲנָנִי אֶחָד מֵאַחַי הוּא
וַאֲנָשִׁים מִיהוּדָה וָאֶשְׁאָלֵם עַל־הַיְּהוּדִים הַפְּלֵיטָה אֲשֶׁר־
3 נִשְׁאֲרוּ מִן־הַשֶּׁבִי וְעַל־יְרוּשָׁלָם׃ וַיֹּאמְרוּ לִי הַנִּשְׁאָרִים
אֲשֶׁר־נִשְׁאֲרוּ מִן־הַשְּׁבִי שָׁם בַּמְּדִינָה בְּרָעָה גְדֹלָה וּבְחֶרְפָּה
4 וְחוֹמַת יְרוּשָׁלַם מְפֹרֶצֶת וּשְׁעָרֶיהָ נִצְּתוּ בָאֵשׁ׃ וַיְהִי כְּשָׁמְעִי
אֶת־הַדְּבָרִים הָאֵלֶּה יָשַׁבְתִּי וָאֶבְכֶּה וָאֶתְאַבְּלָה יָמִים וָאֱהִי
ה צָם וּמִתְפַּלֵּל לִפְנֵי אֱלֹהֵי הַשָּׁמָיִם׃ וָאֹמַר אָנָּא יְהוָה אֱלֹהֵי
הַשָּׁמַיִם הָאֵל הַגָּדוֹל וְהַנּוֹרָא שֹׁמֵר הַבְּרִית וָחֶסֶד לְאֹהֲבָיו
6 וּלְשֹׁמְרֵי מִצְוֺתָיו׃ תְּהִי נָא אָזְנְךָ־קַשֶּׁבֶת וְעֵינֶיךָ פְתוּחוֹת
לִשְׁמֹעַ אֶל־תְּפִלַּת עַבְדְּךָ אֲשֶׁר אָנֹכִי מִתְפַּלֵּל לְפָנֶיךָ הַיּוֹם
יוֹמָם וָלַיְלָה עַל־בְּנֵי יִשְׂרָאֵל עֲבָדֶיךָ וּמִתְוַדֶּה עַל־חַטֹּאות
7 בְּנֵי־יִשְׂרָאֵל אֲשֶׁר חָטָאנוּ לָךְ וַאֲנִי וּבֵית־אָבִי חָטָאנוּ׃ חֲבֹל
חָבַלְנוּ לָךְ וְלֹא־שָׁמַרְנוּ אֶת־הַמִּצְוֺת וְאֶת־הַחֻקִּים וְאֶת־
8 הַמִּשְׁפָּטִים אֲשֶׁר צִוִּיתָ אֶת־מֹשֶׁה עַבְדֶּךָ׃ זְכָר־נָא אֶת־
הַדָּבָר אֲשֶׁר צִוִּיתָ אֶת־מֹשֶׁה עַבְדְּךָ לֵאמֹר אַתֶּם תִּמְעָלוּ
9 אֲנִי אָפִיץ אֶתְכֶם בָּעַמִּים׃ וְשַׁבְתֶּם אֵלַי וּשְׁמַרְתֶּם מִצְוֺתַי
וַעֲשִׂיתֶם אֹתָם אִם־יִהְיֶה נִדַּחֲכֶם בִּקְצֵה הַשָּׁמַיִם מִשָּׁם
אֲקַבְּצֵם וַהֲבִיאוֹתִים אֶל־הַמָּקוֹם אֲשֶׁר בָּחַרְתִּי לְשַׁכֵּן אֶת־
י שְׁמִי שָׁם׃ וְהֵם עֲבָדֶיךָ וְעַמֶּךָ אֲשֶׁר פָּדִיתָ בְּכֹחֲךָ הַגָּדוֹל
11 וּבְיָדְךָ הַחֲזָקָה׃ אָנָּא אֲדֹנָי תְּהִי נָא אָזְנְךָ־קַשֶּׁבֶת אֶל־תְּפִלַּת
עַבְדְּךָ וְאֶל־תְּפִלַּת עֲבָדֶיךָ הַחֲפֵצִים לְיִרְאָה אֶת־שְׁמֶךָ

והצליחה־נא

א v. 9. והביאותים ק׳

וְהַצְלִֽיחָה־נָּ֨א לְעַבְדְּךָ֜ הַיּ֗וֹם וּתְנֵ֙הוּ֙ לְרַ֣חֲמִ֔ים לִפְנֵ֖י הָאִ֣ישׁ
הַזֶּ֑ה וַאֲנִ֛י הָיִ֥יתִי מַשְׁקֶ֖ה לַמֶּֽלֶךְ׃

Cap. II. ב

ב
א וַיְהִ֣י ׀ בְּחֹ֣דֶשׁ נִיסָ֗ן שְׁנַ֛ת עֶשְׂרִ֖ים לְאַרְתַּחְשַׁ֣סְתְּא הַמֶּ֑לֶךְ יַ֖יִן
לְפָנָ֑יו וָאֶשָּׂ֤א אֶת־הַיַּ֙יִן֙ וָאֶתְּנָ֣ה לַמֶּ֔לֶךְ וְלֹא־הָיִ֥יתִי רַ֖ע לְפָנָֽיו׃
2 וַיֹּ֩אמֶר֩ לִ֨י הַמֶּ֜לֶךְ מַדּ֣וּעַ ׀ פָּנֶ֣יךָ רָעִ֗ים וְאַתָּה֙ אֵֽינְךָ֣ חוֹלֶ֔ה אֵ֣ין
3 זֶ֔ה כִּי־אִ֖ם רֹ֣עַ לֵ֑ב וָאִירָ֖א הַרְבֵּ֥ה מְאֹֽד׃ וָאֹמַ֣ר לַמֶּ֔לֶךְ הַמֶּ֖לֶךְ
לְעוֹלָ֣ם יִחְיֶ֑ה מַדּ֜וּעַ לֹא־יֵרְע֣וּ פָנַ֗י אֲשֶׁ֨ר הָעִ֜יר בֵּית־קִבְר֤וֹת
4 אֲבֹתַי֙ חֲרֵבָ֔ה וּשְׁעָרֶ֖יהָ אֻכְּל֥וּ בָאֵֽשׁ׃ וַיֹּ֤אמֶר לִי֙ הַמֶּ֔לֶךְ עַל־
ה מַה־זֶּ֖ה אַתָּ֣ה מְבַקֵּ֑שׁ וָאֶתְפַּלֵּ֕ל אֶל־אֱלֹהֵ֖י הַשָּׁמָֽיִם׃ וָאֹמַר֙
לַמֶּ֔לֶךְ אִם־עַל־הַמֶּ֣לֶךְ ט֔וֹב וְאִם־יִיטַ֥ב עַבְדְּךָ֖ לְפָנֶ֑יךָ אֲשֶׁ֨ר
6 תִּשְׁלָחֵ֜נִי אֶל־יְהוּדָ֗ה אֶל־עִ֛יר קִבְר֥וֹת אֲבֹתַ֖י וְאֶבְנֶֽנָּה׃ וַיֹּ֩אמֶר֩
לִ֨י הַמֶּ֜לֶךְ וְהַשֵּׁגַ֣ל ׀ יוֹשֶׁ֣בֶת אֶצְל֗וֹ עַד־מָתַ֛י יִהְיֶ֥ה מַֽהֲלָכְךָ֖
וּמָתַ֣י תָּשׁ֑וּב וַיִּיטַ֤ב לִפְנֵי־הַמֶּ֙לֶךְ֙ וַיִּשְׁלָחֵ֔נִי וָאֶתְּנָ֥ה ל֖וֹ זְמָֽן׃
7 וָאוֹמַר֮ לַמֶּלֶךְ֒ אִם־עַל־הַמֶּ֣לֶךְ ט֔וֹב אִגְּרוֹת֙ יִתְּנוּ־לִ֔י עַֽל־
פַּחֲו֖וֹת עֵ֣בֶר הַנָּהָ֑ר אֲשֶׁר֙ יַֽעֲבִיר֔וּנִי עַ֖ד אֲשֶׁר־אָב֥וֹא אֶל־
8 יְהוּדָֽה׃ וְאִגֶּ֗רֶת אֶל־אָסָף֮ שֹׁמֵ֣ר הַפַּרְדֵּס֮ אֲשֶׁ֣ר לַמֶּלֶךְ֒ אֲשֶׁ֣ר
יִתֶּן־לִ֣י עֵצִ֗ים לְ֠קָרוֹת אֶת־שַׁעֲרֵ֨י הַבִּירָ֤ה אֲשֶׁר־לַבַּ֙יִת֙
וּלְחוֹמַ֣ת הָעִ֔יר וְלַבַּ֖יִת אֲשֶׁר־אָב֣וֹא אֵלָ֑יו וַיִּתֶּן־לִ֣י הַמֶּ֔לֶךְ
9 כְּיַד־אֱלֹהַ֖י הַטּוֹבָ֥ה עָלָֽי׃ וָאָב֗וֹא אֶל־פַּֽחֲווֹת֙ עֵ֣בֶר הַנָּהָ֔ר
וָאֶתְּנָ֣ה לָהֶ֔ם אֵ֖ת אִגְּר֣וֹת הַמֶּ֑לֶךְ וַיִּשְׁלַ֤ח עִמִּי֙ הַמֶּ֔לֶךְ שָׂרֵ֥י חַ֖יִל
י וּפָרָשִֽׁים׃ וַיִּשְׁמַ֞ע סַנְבַלַּ֣ט הַחֹֽרֹנִ֗י וְטוֹבִיָּה֙ הָעֶ֣בֶד הָֽעַמֹּנִ֔י
וַיֵּ֣רַע לָהֶ֔ם רָעָ֖ה גְדֹלָ֑ה אֲשֶׁר־בָּ֣א אָדָ֔ם לְבַקֵּ֥שׁ טוֹבָ֖ה לִבְנֵ֥י
11 יִשְׂרָאֵֽל׃ וָאָב֖וֹא אֶל־יְרוּשָׁלִָ֑ם וָאֱהִי־שָׁ֖ם יָמִ֥ים שְׁלֹשָֽׁה׃
12 וָאָק֣וּם ׀ לַ֗יְלָה אֲנִי֮ וַאֲנָשִׁ֣ים ׀ מְעַט֮ עִמִּי֒ וְלֹא־הִגַּ֣דְתִּי לְאָדָ֔ם
מָ֗ה אֱלֹהַי֙ נֹתֵ֣ן אֶל־לִבִּ֔י לַעֲשׂ֖וֹת לִירוּשָׁלִָ֑ם וּבְהֵמָה֙ אֵ֣ין עִמִּ֔י
13 כִּ֚י אִם־הַבְּהֵמָ֔ה אֲשֶׁ֥ר אֲנִ֖י רֹכֵ֥ב בָּֽהּ׃ וָאֵצְאָ֣ה בְשַֽׁעַר־הַגַּ֣יְא
לַ֠יְלָה וְאֶל־פְּנֵ֞י עֵ֣ין הַתַּנִּ֗ין וְאֶל־שַׁ֙עַר֙ הָאַשְׁפֹּ֔ת וָאֱהִ֥י שֹׂבֵ֛ר

בחומת

בְּחוֹמֹת יְרוּשָׁלִַם אֲשֶׁר־הֵם ׀ פְּרוּצִים וּשְׁעָרֶיהָ אֻכְּלוּ בָאֵשׁ׃
14 וָאֶעֱבֹר אֶל־שַׁעַר הָעַיִן וְאֶל־בְּרֵכַת הַמֶּלֶךְ וְאֵין־מָקוֹם
טו לַבְּהֵמָה לַעֲבֹר תַּחְתָּי׃ וָאֱהִי עֹלֶה בַנַּחַל לַיְלָה וָאֱהִי שֹׂבֵר
16 בַּחוֹמָה וָאָשׁוּב וָאָבוֹא בְּשַׁעַר הַגַּיְא וָאָשׁוּב׃ וְהַסְּגָנִים לֹא
יָדְעוּ אָנָה הָלַכְתִּי וּמָה אֲנִי עֹשֶׂה וְלַיְּהוּדִים וְלַכֹּהֲנִים וְלַחֹרִים
17 וְלַסְּגָנִים וּלְיֶתֶר עֹשֵׂה הַמְּלָאכָה עַד־כֵּן לֹא הִגַּדְתִּי׃ וָאוֹמַר
אֲלֵהֶם אַתֶּם רֹאִים הָרָעָה אֲשֶׁר אֲנַחְנוּ בָהּ אֲשֶׁר יְרוּשָׁלִַם
חֲרֵבָה וּשְׁעָרֶיהָ נִצְּתוּ בָאֵשׁ לְכוּ וְנִבְנֶה אֶת־חוֹמַת יְרוּשָׁלִַם
18 וְלֹא־נִהְיֶה עוֹד חֶרְפָּה׃ וָאַגִּיד לָהֶם אֶת־יַד אֱלֹהַי אֲשֶׁר־
הִיא טוֹבָה עָלַי וְאַף־דִּבְרֵי הַמֶּלֶךְ אֲשֶׁר אָמַר־לִי וַיֹּאמְרוּ
19 נָקוּם וּבָנִינוּ וַיְחַזְּקוּ יְדֵיהֶם לַטּוֹבָה׃ וַיִּשְׁמַע סַנְבַלַּט
הַחֹרֹנִי וְטֹבִיָּה ׀ הָעֶבֶד הָעַמֹּנִי וְגֶשֶׁם הָעַרְבִי וַיַּלְעִגוּ לָנוּ
וַיִּבְזוּ עָלֵינוּ וַיֹּאמְרוּ מָה־הַדָּבָר הַזֶּה אֲשֶׁר אַתֶּם עֹשִׂים הַעַל
כ הַמֶּלֶךְ אַתֶּם מֹרְדִים׃ וָאָשִׁיב אוֹתָם דָּבָר וָאוֹמַר לָהֶם אֱלֹהֵי
הַשָּׁמַיִם הוּא יַצְלִיחַ לָנוּ וַאֲנַחְנוּ עֲבָדָיו נָקוּם וּבָנִינוּ וְלָכֶם
אֵין־חֵלֶק וּצְדָקָה וְזִכָּרוֹן בִּירוּשָׁלִָם׃ °

ג CAP. III. ג

א וַיָּקָם אֶלְיָשִׁיב הַכֹּהֵן הַגָּדוֹל וְאֶחָיו הַכֹּהֲנִים וַיִּבְנוּ אֶת־שַׁעַר
הַצֹּאן הֵמָּה קִדְּשׁוּהוּ וַיַּעֲמִידוּ דַּלְתֹתָיו וְעַד־מִגְדַּל הַמֵּאָה
2 קִדְּשׁוּהוּ עַד מִגְדַּל חֲנַנְאֵל׃ וְעַל־יָדוֹ בָנוּ אַנְשֵׁי יְרֵחוֹ וְעַל־
3 יָדוֹ בָּנָה זַכּוּר בֶּן־אִמְרִי׃ וְאֵת שַׁעַר הַדָּגִים בָּנוּ בְּנֵי הַסְּנָאָה
4 הֵמָּה קֵרוּהוּ וַיַּעֲמִידוּ דַּלְתֹתָיו מַנְעוּלָיו וּבְרִיחָיו׃ וְעַל־יָדָם
הֶחֱזִיק מְרֵמוֹת בֶּן־אוּרִיָּה בֶּן־הַקּוֹץ וְעַל־יָדָם הֶחֱזִיק
מְשֻׁלָּם בֶּן־בֶּרֶכְיָה בֶּן־מְשֵׁיזַבְאֵל וְעַל־יָדָם הֶחֱזִיק צָדוֹק
ה בֶּן־בַּעֲנָא׃ וְעַל־יָדָם הֶחֱזִיקוּ הַתְּקוֹעִים וְאַדִּירֵיהֶם לֹא־
6 הֵבִיאוּ צַוָּרָם בַּעֲבֹדַת אֲדֹנֵיהֶם׃ וְאֵת שַׁעַר הַיְשָׁנָה הֶחֱזִיקוּ
יוֹיָדָע בֶּן־פָּסֵחַ וּמְשֻׁלָּם בֶּן־בְּסוֹדְיָה הֵמָּה קֵרוּהוּ וַיַּעֲמִידוּ

דלתתיו

ב׳ v. 13 מ׳ פתוחה בסוף התיבה   v. 20 אין כאן פסקא

7 דַּלְתֹתָ֖יו וּמַנְעוּלָ֣יו וּבְרִיחָ֑יו וְעַל־יָדָ֣ם הֶחֱזִ֗יק מְלַטְיָ֣ה הַגִּבְעֹנִ֞י
וְיָד֣וֹן הַמֵּרֹֽנֹתִ֗י אַנְשֵׁ֤י גִבְעוֹן֙ וְהַמִּצְפָּ֔ה לְכִסֵּ֕א פַּ֖חַת עֵ֥בֶר הַנָּהָֽר׃

8 עַל־יָד֣וֹ הֶחֱזִ֗יק עֻזִּיאֵ֤ל בֶּֽן־חַרְהֲיָה֙ צֽוֹרְפִ֔ים וְעַל־יָד֣וֹ הֶחֱזִ֔יק
חֲנַנְיָ֖ה בֶּן־הָרַקָּחִ֑ים וַיַּֽעַזְבוּ֙ יְר֣וּשָׁלִַ֔ם עַ֖ד הַחוֹמָ֥ה הָרְחָבָֽה׃

9 וְעַל־יָדָ֧ם הֶחֱזִ֛יק רְפָיָ֥ה בֶן־ח֖וּר שַׂ֥ר חֲצִ֖י פֶּ֥לֶךְ יְרוּשָׁלָֽ͏ִם׃

י וְעַל־יָדָ֧ם הֶחֱזִ֣יק יְדָיָ֗ה בֶּן־חֲרוּמַף֙ וְנֶ֣גֶד בֵּית֔וֹ וְעַל־יָד֣וֹ הֶחֱזִ֔יק

11 חַטּ֖וּשׁ בֶּן־חֲשַׁבְנְיָֽה׃ מִדָּ֣ה שֵׁנִ֗ית הֶחֱזִ֛יק מַלְכִּיָּ֥ה בֶן־חָרִ֖ם

12 וְחַשּׁ֣וּב בֶּן־פַּ֣חַת מוֹאָ֑ב וְאֵ֖ת מִגְדַּ֥ל הַתַּנּוּרִֽים׃ וְעַל־יָד֣וֹ הֶחֱזִ֗יק

13 שַׁלּוּם֙ בֶּן־הַלּוֹחֵ֔שׁ שַׂ֕ר חֲצִ֖י פֶּ֣לֶךְ יְרוּשָׁלָ֑͏ִם ה֖וּא וּבְנוֹתָֽיו׃ אֵ֣ת
שַׁ֣עַר הַגַּ֗יְא הֶחֱזִ֤יק חָנוּן֙ וְיֹֽשְׁבֵ֣י זָנ֔וֹחַ הֵ֣מָּה בָנ֔וּהוּ וַֽיַּעֲמִ֙ידוּ֙
דַּלְתֹתָ֔יו מַנְעֻלָ֖יו וּבְרִיחָ֑יו וְאֶ֤לֶף אַמָּה֙ בַּֽחוֹמָ֔ה עַ֖ד שַׁ֥עַר

14 הָשְׁפֽוֹת׃ וְאֵ֣ת ׀ שַׁ֣עַר הָֽאַשְׁפּ֗וֹת הֶחֱזִיק֙ מַלְכִּיָּ֣ה בֶן־רֵכָ֔ב שַׂ֖ר
פֶּ֣לֶךְ בֵּית־הַכָּ֑רֶם ה֣וּא יִבְנֶ֔נּוּ וְיַֽעֲמִיד֙ דַּלְתֹתָ֔יו מַנְעֻלָ֖יו

15 וּבְרִיחָֽיו׃ וְאֵת֩ שַׁ֨עַר הָעַ֜יִן הֶחֱזִ֗יק שַׁלּ֣וּן בֶּן־כָּל־חֹזֶה֮ שַׂ֣ר
פֶּ֣לֶךְ הַמִּצְפָּה֒ ה֣וּא יִבְנֶ֔נּוּ וִֽיטַֽלְלֶ֔נּוּ וְיַֽעֲמִידוּ֙ דַּלְתֹתָ֔יו מַנְעֻלָ֖יו
וּבְרִיחָ֑יו וְאֵ֣ת חוֹמַ֗ת בְּרֵכַ֤ת הַשֶּׁ֙לַח֙ לְגַן־הַמֶּ֔לֶךְ וְעַד־הַֽמַּעֲל֔וֹת

16 הַיּֽוֹרְד֖וֹת מֵעִ֥יר דָּוִֽיד׃ אַֽחֲרָ֣יו הֶחֱזִ֗יק נְחֶמְיָ֤ה בֶן־עַזְבּוּק֙ שַׂ֕ר
חֲצִ֖י פֶּ֣לֶךְ בֵּֽית־צ֑וּר עַד־נֶ֙גֶד֙ קִבְרֵ֣י דָוִ֔יד וְעַד־הַבְּרֵכָ֖ה

17 הָֽעֲשׂוּיָ֑ה וְעַ֖ד בֵּ֥ית הַגִּבֹּרִֽים׃ אַֽחֲרָ֛יו הֶחֱזִ֥יקוּ הַלְוִיִּ֖ם רְח֣וּם
בֶּן־בָּנִ֑י עַל־יָד֣וֹ הֶחֱזִ֗יק חֲשַׁבְיָ֛ה שַׂר־חֲצִי־פֶ֖לֶךְ קְעִילָ֥ה

18 לְפִלְכּֽוֹ׃ אַֽחֲרָיו֙ הֶחֱזִ֣יקוּ אֲחֵיהֶ֔ם בַּוַּ֖י בֶּן־חֵֽנָדָ֑ד שַׂ֕ר חֲצִ֖י

19 פֶּ֥לֶךְ קְעִילָֽה׃ וַיְחַזֵּ֨ק עַל־יָד֜וֹ עֵ֗זֶר בֶּן־יֵשׁ֛וּעַ שַׂ֥ר הַמִּצְפָּ֖ה

כ מִדָּ֣ה שֵׁנִ֑ית מִנֶּ֙גֶד֙ עֲלֹת֙ הַנֶּ֔שֶׁק הַמִּקְצֹֽעַ׃ אַֽחֲרָ֣יו הֶֽחֱרָ֗ה
הֶחֱזִ֞יק בָּר֤וּךְ בֶּן־זַבַּ֨י֙ מִדָּ֣ה שֵׁנִ֑ית מִן־הַ֨מִּקְצ֔וֹעַ עַד־פֶּ֙תַח֙

21 בֵּית֙ אֶלְיָשִׁ֣יב הַכֹּהֵ֔ן הַגָּדֽוֹל׃ אַֽחֲרָ֣יו הֶחֱזִ֗יק מְרֵמ֤וֹת בֶּן־
אוּרִיָּה֙ בֶּן־הַקּ֔וֹץ מִדָּ֣ה שֵׁנִ֑ית מִפֶּ֙תַח֙ בֵּ֣ית אֶלְיָשִׁ֔יב וְעַד־

22 תַּכְלִ֖ית בֵּ֥ית אֶלְיָשִֽׁיב׃ וְאַֽחֲרָ֤יו הֶחֱזִ֨יקוּ֙ הַכֹּ֣הֲנִ֔ים אַנְשֵׁ֖י הַכִּכָּֽר׃

אחריו

23 אַחֲרָיו הֶחֱזִיק בִּנְיָמִן וְחַשּׁוּב נֶגֶד בֵּיתָם אַחֲרָיו הֶחֱזִיק עֲזַרְיָה
24 בֶן־מַעֲשֵׂיָה בֶּן־עֲנָנְיָה אֵצֶל בֵּיתוֹ׃ אַחֲרָיו הֶחֱזִיק בִּנּוּי בֶּן־
חֵנָדָד מִדָּה שֵׁנִית מִבֵּית עֲזַרְיָה עַד־הַמִּקְצוֹעַ וְעַד־הַפִּנָּה׃
כה פָּלָל בֶּן־אוּזַי מִנֶּגֶד הַמִּקְצוֹעַ וְהַמִּגְדָּל הַיּוֹצֵא מִבֵּית הַמֶּלֶךְ
הָעֶלְיוֹן אֲשֶׁר לַחֲצַר הַמַּטָּרָה אַחֲרָיו פְּדָיָה בֶן־פַּרְעֹשׁ׃
26 וְהַנְּתִינִים הָיוּ יֹשְׁבִים בָּעֹפֶל עַד נֶגֶד שַׁעַר הַמַּיִם לַמִּזְרָח
27 וְהַמִּגְדָּל הַיּוֹצֵא׃ אַחֲרָיו הֶחֱזִיקוּ הַתְּקֹעִים מִדָּה שֵׁנִית מִנֶּגֶד
28 הַמִּגְדָּל הַגָּדוֹל הַיּוֹצֵא וְעַד חוֹמַת הָעֹפֶל׃ מֵעַל ׀ שַׁעַר
29 הַסּוּסִים הֶחֱזִיקוּ הַכֹּהֲנִים אִישׁ לְנֶגֶד בֵּיתוֹ׃ אַחֲרָיו הֶחֱזִיק
צָדוֹק בֶּן־אִמֵּר נֶגֶד בֵּיתוֹ וְאַחֲרָיו הֶחֱזִיק שְׁמַעְיָה בֶן־
ל שְׁכַנְיָה שֹׁמֵר שַׁעַר הַמִּזְרָח׃ אַחֲרָי הֶחֱזִיק חֲנַנְיָה בֶן־שֶׁלֶמְיָה
וְחָנוּן בֶּן־צָלָף הַשִּׁשִּׁי מִדָּה שֵׁנִי אַחֲרָיו הֶחֱזִיק מְשֻׁלָּם בֶּן־
31 בֶּרֶכְיָה נֶגֶד נִשְׁכָּתוֹ׃ אַחֲרָי הֶחֱזִיק מַלְכִּיָּה בֶּן־הַצֹּרְפִי
עַד־בֵּית הַנְּתִינִים וְהָרֹכְלִים נֶגֶד שַׁעַר הַמִּפְקָד וְעַד עֲלִיַּת
32 הַפִּנָּה׃ וּבֵין עֲלִיַּת הַפִּנָּה לְשַׁעַר הַצֹּאן הֶחֱזִיקוּ הַצֹּרְפִים
33 וְהָרֹכְלִים׃ ° וַיְהִי כַּאֲשֶׁר שָׁמַע סַנְבַלַּט כִּי־אֲנַחְנוּ
בוֹנִים אֶת־הַחוֹמָה וַיִּחַר לוֹ וַיִּכְעַס הַרְבֵּה וַיַּלְעֵג עַל־
34 הַיְּהוּדִים׃ וַיֹּאמֶר ׀ לִפְנֵי אֶחָיו וְחֵיל שֹׁמְרוֹן וַיֹּאמֶר מָה
הַיְּהוּדִים הָאֲמֵלָלִים עֹשִׂים הֲיַעַזְבוּ לָהֶם הֲיִזְבָּחוּ הַיְכַלּוּ
בַיּוֹם הַיְחַיּוּ אֶת־הָאֲבָנִים מֵעֲרֵמוֹת הֶעָפָר וְהֵמָּה שְׂרוּפוֹת׃
לה וְטוֹבִיָּה הָעַמֹּנִי אֶצְלוֹ וַיֹּאמֶר גַּם אֲשֶׁר־הֵם בּוֹנִים אִם־יַעֲלֶה
36 שׁוּעָל וּפָרַץ חוֹמַת אַבְנֵיהֶם׃ שְׁמַע אֱלֹהֵינוּ כִּי־הָיִינוּ
בוּזָה וְהָשֵׁב חֶרְפָּתָם אֶל־רֹאשָׁם וּתְנֵם לְבִזָּה בְּאֶרֶץ שִׁבְיָה׃
37 וְאַל־תְּכַס עַל־עֲוֺנָם וְחַטָּאתָם מִלְּפָנֶיךָ אַל־תִּמָּחֶה כִּי
38 הִכְעִיסוּ לְנֶגֶד הַבּוֹנִים׃ וַנִּבְנֶה אֶת־הַחוֹמָה וַתִּקָּשֵׁר כָּל־
הַחוֹמָה עַד־חֶצְיָהּ וַיְהִי לֵב לָעָם לַעֲשׂוֹת׃

ויהי

v. 30. אחריו ק׳ ibid. סבירין שנית v. 31. אחריו ק׳

v. 32. חצי הספר בפסוקים

Cap. IV. ד

ד

א וַיְהִי כַאֲשֶׁר שָׁמַע סַנְבַלַּט וְטוֹבִיָּה וְהָעַרְבִים וְהָעַמֹּנִים
וְהָאַשְׁדּוֹדִים כִּי־עָלְתָה אֲרוּכָה לְחֹמוֹת יְרוּשָׁלִַם כִּי־הֵחֵלּוּ
2 הַפְּרֻצִים לְהִסָּתֵם וַיִּחַר לָהֶם מְאֹד׃ וַיִּקְשְׁרוּ כֻלָּם יַחְדָּו
3 לָבוֹא לְהִלָּחֵם בִּירוּשָׁלִָם וְלַעֲשׂוֹת לוֹ תּוֹעָה׃ וַנִּתְפַּלֵּל אֶל־
4 אֱלֹהֵינוּ וַנַּעֲמִיד מִשְׁמָר עֲלֵיהֶם יוֹמָם וָלַיְלָה מִפְּנֵיהֶם׃ וַיֹּאמֶר
יְהוּדָה כָּשַׁל כֹּחַ הַסַּבָּל וְהֶעָפָר הַרְבֵּה וַאֲנַחְנוּ לֹא נוּכַל
ה לִבְנוֹת בַּחוֹמָה׃ וַיֹּאמְרוּ צָרֵינוּ לֹא יֵדְעוּ וְלֹא יִרְאוּ עַד
אֲשֶׁר־נָבוֹא אֶל־תּוֹכָם וַהֲרַגְנוּם וְהִשְׁבַּתְנוּ אֶת־הַמְּלָאכָה׃
6 וַיְהִי כַּאֲשֶׁר־בָּאוּ הַיְּהוּדִים הַיֹּשְׁבִים אֶצְלָם וַיֹּאמְרוּ לָנוּ
7 עֶשֶׂר פְּעָמִים מִכָּל־הַמְּקֹמוֹת אֲשֶׁר־תָּשׁוּבוּ עָלֵינוּ׃ וָאַעֲמִיד
מִתַּחְתִּיּוֹת לַמָּקוֹם מֵאַחֲרֵי לַחוֹמָה בַּצְּחִחִים וָאַעֲמִיד אֶת־
הָעָם לְמִשְׁפָּחוֹת עִם־חַרְבֹתֵיהֶם רָמְחֵיהֶם וְקַשְּׁתֹתֵיהֶם׃
8 וָאֵרֶא וָאָקוּם וָאֹמַר אֶל־הַחֹרִים וְאֶל־הַסְּגָנִים וְאֶל־יֶתֶר הָעָם
אַל־תִּירְאוּ מִפְּנֵיהֶם אֶת־אֲדֹנָי הַגָּדוֹל וְהַנּוֹרָא זְכֹרוּ וְהִלָּחֲמוּ
9 עַל־אֲחֵיכֶם בְּנֵיכֶם וּבְנֹתֵיכֶם נְשֵׁיכֶם וּבָתֵּיכֶם׃ וַיְהִי
כַּאֲשֶׁר־שָׁמְעוּ אוֹיְבֵינוּ כִּי־נוֹדַע לָנוּ וַיָּפֶר הָאֱלֹהִים אֶת־
י עֲצָתָם וַנָּשׁוּב כֻּלָּנוּ אֶל־הַחוֹמָה אִישׁ אֶל־מְלַאכְתּוֹ׃ וַיְהִי ׀
מִן־הַיּוֹם הַהוּא חֲצִי נְעָרַי עֹשִׂים בַּמְּלָאכָה וְחֶצְיָם מַחֲזִיקִים
וְהָרְמָחִים הַמָּגִנִּים וְהַקְּשָׁתוֹת וְהַשִּׁרְיֹנִים וְהַשָּׂרִים אַחֲרֵי כָּל־
11 בֵּית יְהוּדָה׃ הַבּוֹנִים בַּחוֹמָה וְהַנֹּשְׂאִים בַּסֶּבֶל עֹמְשִׂים בְּאַחַת
12 יָדוֹ עֹשֶׂה בַמְּלָאכָה וְאַחַת מַחֲזֶקֶת הַשָּׁלַח׃ וְהַבּוֹנִים אִישׁ
חַרְבּוֹ אֲסוּרִים עַל־מָתְנָיו וּבוֹנִים וְהַתּוֹקֵעַ בַּשּׁוֹפָר אֶצְלִי׃
13 וָאֹמַר אֶל־הַחֹרִים וְאֶל־הַסְּגָנִים וְאֶל־יֶתֶר הָעָם הַמְּלָאכָה
הַרְבֵּה וּרְחָבָה וַאֲנַחְנוּ נִפְרָדִים עַל־הַחוֹמָה רְחוֹקִים אִישׁ
14 מֵאָחִיו׃ בִּמְקוֹם אֲשֶׁר תִּשְׁמְעוּ אֶת־קוֹל הַשּׁוֹפָר שָׁמָּה תִּקָּבְצוּ
טו אֵלֵינוּ אֱלֹהֵינוּ יִלָּחֶם לָנוּ׃ וַאֲנַחְנוּ עֹשִׂים בַּמְּלָאכָה וְחֶצְיָם

מחזיקים

v. 7. בצחיחים ק׳ v. 9. ונשב ק׳

16 מַחֲזִיקִים בָּרְמָחִים מֵעֲלוֹת הַשַּׁחַר עַד צֵאת הַכּוֹכָבִים׃ גַּם
בָּעֵת הַהִיא אָמַרְתִּי לָעָם אִישׁ וְנַעֲרוֹ יָלִינוּ בְּתוֹךְ יְרוּשָׁלִָם
17 וְהָיוּ־לָנוּ הַלַּיְלָה מִשְׁמָר וְהַיּוֹם מְלָאכָה׃ וְאֵין אֲנִי וְאַחַי
וּנְעָרַי וְאַנְשֵׁי הַמִּשְׁמָר אֲשֶׁר אַחֲרַי אֵין־אֲנַחְנוּ פֹשְׁטִים בְּגָדֵינוּ
אִישׁ שִׁלְחוֹ הַמָּיִם׃

ה Cap. V. ה

2 א וַתְּהִי צַעֲקַת הָעָם וּנְשֵׁיהֶם גְּדוֹלָה אֶל־אֲחֵיהֶם הַיְּהוּדִים׃ וְיֵשׁ
אֲשֶׁר אֹמְרִים בָּנֵינוּ וּבְנֹתֵינוּ אֲנַחְנוּ רַבִּים וְנִקְחָה דָגָן וְנֹאכְלָה
3 וְנִחְיֶה׃ וְיֵשׁ אֲשֶׁר אֹמְרִים שְׂדֹתֵינוּ וּכְרָמֵינוּ וּבָתֵּינוּ אֲנַחְנוּ
4 עֹרְבִים וְנִקְחָה דָגָן בָּרָעָב׃ וְיֵשׁ אֲשֶׁר אֹמְרִים לָוִינוּ כֶסֶף
ה לְמִדַּת הַמֶּלֶךְ שְׂדֹתֵינוּ וּכְרָמֵינוּ׃ וְעַתָּה כִּבְשַׂר אַחֵינוּ בְּשָׂרֵנוּ
כִּבְנֵיהֶם בָּנֵינוּ וְהִנֵּה אֲנַחְנוּ כֹבְשִׁים אֶת־בָּנֵינוּ וְאֶת־בְּנֹתֵינוּ
לַעֲבָדִים וְיֵשׁ מִבְּנֹתֵינוּ נִכְבָּשׁוֹת וְאֵין לְאֵל יָדֵנוּ וּשְׂדֹתֵינוּ
6 וּכְרָמֵינוּ לַאֲחֵרִים׃ וַיִּחַר לִי מְאֹד כַּאֲשֶׁר שָׁמַעְתִּי אֶת־
7 זַעֲקָתָם וְאֵת הַדְּבָרִים הָאֵלֶּה׃ וַיִּמָּלֵךְ לִבִּי עָלַי וָאָרִיבָה
אֶת־הַחֹרִים וְאֶת־הַסְּגָנִים וָאֹמְרָה לָהֶם מַשָּׁא אִישׁ־בְּאָחִיו
8 אַתֶּם נֹשִׁאים וָאֶתֵּן עֲלֵיהֶם קְהִלָּה גְדוֹלָה׃ וָאֹמְרָה לָהֶם
אֲנַחְנוּ קָנִינוּ אֶת־אַחֵינוּ הַיְּהוּדִים הַנִּמְכָּרִים לַגּוֹיִם כְּדֵי בָנוּ
וְגַם־אַתֶּם תִּמְכְּרוּ אֶת־אֲחֵיכֶם וְנִמְכְּרוּ־לָנוּ וַיַּחֲרִישׁוּ וְלֹא
9 מָצְאוּ דָּבָר׃ וַיֹּאמֶר לֹא־טוֹב הַדָּבָר אֲשֶׁר־אַתֶּם עֹשִׂים
י הֲלוֹא בְּיִרְאַת אֱלֹהֵינוּ תֵּלֵכוּ מֵחֶרְפַּת הַגּוֹיִם אוֹיְבֵינוּ׃ וְגַם־
אֲנִי אַחַי וּנְעָרַי נֹשִׁים בָּהֶם כֶּסֶף וְדָגָן נַעַזְבָה־נָּא אֶת־הַמַּשָּׁא
11 הַזֶּה׃ הָשִׁיבוּ נָא לָהֶם כְּהַיּוֹם שְׂדֹתֵיהֶם כַּרְמֵיהֶם זֵיתֵיהֶם
וּבָתֵּיהֶם וּמְאַת הַכֶּסֶף וְהַדָּגָן הַתִּירוֹשׁ וְהַיִּצְהָר אֲשֶׁר אַתֶּם
12 נֹשִׁים בָּהֶם׃ וַיֹּאמְרוּ נָשִׁיב וּמֵהֶם לֹא נְבַקֵּשׁ כֵּן נַעֲשֶׂה כַּאֲשֶׁר
אַתָּה אוֹמֵר וָאֶקְרָא אֶת־הַכֹּהֲנִים וָאַשְׁבִּיעֵם לַעֲשׂוֹת כַּדָּבָר
13 הַזֶּה׃ גַּם־חָצְנִי נָעַרְתִּי וָאֹמְרָה כָּכָה יְנַעֵר הָאֱלֹהִים אֶת־

כל־האיש

v. 7. יתיר א׳ v. 9. ואמר ק׳

כָּל־הָאִישׁ אֲשֶׁר לֹא־יָקִים אֶת־הַדָּבָר הַזֶּה מִבֵּיתוֹ וּמִיגִיעוֹ
וְכָכָה יִהְיֶה נָעוּר וָרֵק וַיֹּאמְרוּ כָל־הַקָּהָל אָמֵן וַיְהַלְלוּ אֶת־
14 יְהוָה וַיַּעַשׂ הָעָם כַּדָּבָר הַזֶּה׃ גַּם מִיּוֹם | אֲשֶׁר־צִוָּה אֹתִי
לִהְיוֹת פֶּחָם בְּאֶרֶץ יְהוּדָה מִשְּׁנַת עֶשְׂרִים וְעַד שְׁנַת שְׁלֹשִׁים
וּשְׁתַּיִם לְאַרְתַּחְשַׁסְתְּא הַמֶּלֶךְ שָׁנִים שְׁתֵּים עֶשְׂרֵה אֲנִי וְאַחַי
טו לֶחֶם הַפֶּחָה לֹא אָכַלְתִּי׃ וְהַפַּחוֹת הָרִאשֹׁנִים אֲשֶׁר־לְפָנַי
הִכְבִּידוּ עַל־הָעָם וַיִּקְחוּ מֵהֶם בְּלֶחֶם וָיַיִן אַחַר כֶּסֶף־
שְׁקָלִים אַרְבָּעִים גַּם נַעֲרֵיהֶם שָׁלְטוּ עַל־הָעָם וַאֲנִי לֹא־
16 עָשִׂיתִי כֵן מִפְּנֵי יִרְאַת אֱלֹהִים׃ וְגַם בִּמְלֶאכֶת הַחוֹמָה הַזֹּאת
הֶחֱזַקְתִּי וְשָׂדֶה לֹא קָנִינוּ וְכָל־נְעָרַי קְבוּצִים שָׁם עַל־
17 הַמְּלָאכָה׃ וְהַיְּהוּדִים וְהַסְּגָנִים מֵאָה וַחֲמִשִּׁים אִישׁ וְהַבָּאִים
18 אֵלֵינוּ מִן־הַגּוֹיִם אֲשֶׁר־סְבִיבֹתֵינוּ עַל־שֻׁלְחָנִי׃ וַאֲשֶׁר הָיָה
נַעֲשֶׂה לְיוֹם אֶחָד שׁוֹר אֶחָד צֹאן שֵׁשׁ־בְּרֻרוֹת וְצִפֳּרִים נַעֲשׂוּ־
לִי וּבֵין עֲשֶׂרֶת יָמִים בְּכָל־יַיִן לְהַרְבֵּה וְעִם־זֶה לֶחֶם הַפֶּחָה
19 לֹא בִקַּשְׁתִּי כִּי־כָבְדָה הָעֲבֹדָה עַל־הָעָם הַזֶּה׃ זָכְרָה־לִּי
אֱלֹהַי לְטוֹבָה כֹּל אֲשֶׁר־עָשִׂיתִי עַל־הָעָם הַזֶּה׃

ו CAP. VI. ו

א וַיְהִי כַאֲשֶׁר נִשְׁמַע לְסַנְבַלַּט וְטוֹבִיָּה וּלְגֶשֶׁם הָעַרְבִי וּלְיֶתֶר
אֹיְבֵינוּ כִּי בָנִיתִי אֶת־הַחוֹמָה וְלֹא־נוֹתַר בָּהּ פָּרֶץ גַּם עַד־
2 הָעֵת הַהִיא דְּלָתוֹת לֹא־הֶעֱמַדְתִּי בַשְּׁעָרִים׃ וַיִּשְׁלַח סַנְבַלַּט
וְגֶשֶׁם אֵלַי לֵאמֹר לְכָה וְנִוָּעֲדָה יַחְדָּו בַּכְּפִירִים בְּבִקְעַת אוֹנוֹ
3 וְהֵמָּה חֹשְׁבִים לַעֲשׂוֹת לִי רָעָה׃ וָאֶשְׁלְחָה עֲלֵיהֶם מַלְאָכִים
לֵאמֹר מְלָאכָה גְדוֹלָה אֲנִי עֹשֶׂה וְלֹא אוּכַל לָרֶדֶת לָמָּה
4 תִשְׁבַּת הַמְּלָאכָה כַּאֲשֶׁר אַרְפֶּהָ וְיָרַדְתִּי אֲלֵיכֶם׃ וַיִּשְׁלְחוּ
אֵלַי כַּדָּבָר הַזֶּה אַרְבַּע פְּעָמִים וָאָשִׁיב אוֹתָם כַּדָּבָר הַזֶּה׃
ה וַיִּשְׁלַח אֵלַי סַנְבַלַּט כַּדָּבָר הַזֶּה פַּעַם חֲמִישִׁית אֶת־נַעֲרוֹ
6 וְאִגֶּרֶת פְּתוּחָה בְּיָדוֹ׃ כָּתוּב בָּהּ בַּגּוֹיִם נִשְׁמָע וְגַשְׁמוּ אֹמֵר
אַתָּה וְהַיְּהוּדִים חֹשְׁבִים לִמְרוֹד עַל־כֵּן אַתָּה בוֹנֶה הַחוֹמָה

ואתה

7 וְאַתָּה הֹוֶה לָהֶם לְמֶלֶךְ כַּדְּבָרִים הָאֵלֶּה׃ וְגַם־נְבִיאִים
הֶעֱמַדְתָּ לִקְרֹא עָלֶיךָ בִירוּשָׁלִַם לֵאמֹר מֶלֶךְ בִּיהוּדָה וְעַתָּה
יִשָּׁמַע לַמֶּלֶךְ כַּדְּבָרִים הָאֵלֶּה וְעַתָּה לְכָה וְנִוָּעֲצָה יַחְדָּו׃
8 וָאֶשְׁלְחָה אֵלָיו לֵאמֹר לֹא נִהְיָה כַּדְּבָרִים הָאֵלֶּה אֲשֶׁר אַתָּה
9 אוֹמֵר כִּי מִלִּבְּךָ אַתָּה בוֹדָאם׃ כִּי כֻלָּם מְיָרְאִים אוֹתָנוּ
לֵאמֹר יִרְפּוּ יְדֵיהֶם מִן־הַמְּלָאכָה וְלֹא תֵעָשֶׂה וְעַתָּה חַזֵּק
י אֶת־יָדָי׃ וַאֲנִי־בָאתִי בֵּית שְׁמַעְיָה בֶן־דְּלָיָה בֶן־מְהֵיטַבְאֵל
וְהוּא עָצוּר וַיֹּאמֶר נִוָּעֵד אֶל־בֵּית הָאֱלֹהִים אֶל־תּוֹךְ הַהֵיכָל
וְנִסְגְּרָה דַּלְתוֹת הַהֵיכָל כִּי בָּאִים לְהָרְגֶךָ וְלַיְלָה בָּאִים
11 לְהָרְגֶךָ׃ וָאֹמְרָה הַאִישׁ כָּמוֹנִי יִבְרָח וּמִי כָמוֹנִי אֲשֶׁר־יָבֹא
12 אֶל־הַהֵיכָל וָחָי לֹא אָבוֹא׃ וָאַכִּירָה וְהִנֵּה לֹא־אֱלֹהִים
13 שְׁלָחוֹ כִּי הַנְּבוּאָה דִּבֶּר עָלַי וְטוֹבִיָּה וְסַנְבַלַּט שְׂכָרוֹ׃ לְמַעַן
שָׂכוּר הוּא לְמַעַן־אִירָא וְאֶעֱשֶׂה־כֵּן וְחָטָאתִי וְהָיָה לָהֶם
14 לְשֵׁם רָע לְמַעַן יְחָרְפוּנִי׃ זָכְרָה אֱלֹהַי לְטוֹבִיָּה וּלְסַנְבַלַּט
כְּמַעֲשָׂיו אֵלֶּה וְגַם לְנוֹעַדְיָה הַנְּבִיאָה וּלְיֶתֶר הַנְּבִיאִים אֲשֶׁר
טו הָיוּ מְיָרְאִים אוֹתִי׃ וַתִּשְׁלַם הַחוֹמָה בְּעֶשְׂרִים וַחֲמִשָּׁה לֶאֱלוּל
16 לַחֲמִשִּׁים וּשְׁנַיִם יוֹם׃ וַיְהִי כַּאֲשֶׁר שָׁמְעוּ כָּל־אוֹיְבֵינוּ
וַיִּרְאוּ כָּל־הַגּוֹיִם אֲשֶׁר סְבִיבֹתֵינוּ וַיִּפְּלוּ מְאֹד בְּעֵינֵיהֶם
17 וַיֵּדְעוּ כִּי מֵאֵת אֱלֹהֵינוּ נֶעֶשְׂתָה הַמְּלָאכָה הַזֹּאת׃ גַּם ׀
בַּיָּמִים הָהֵם מַרְבִּים חֹרֵי יְהוּדָה אִגְּרֹתֵיהֶם הוֹלְכוֹת עַל־
18 טוֹבִיָּה וַאֲשֶׁר לְטוֹבִיָּה בָּאוֹת אֲלֵיהֶם׃ כִּי־רַבִּים בִּיהוּדָה
בַּעֲלֵי שְׁבוּעָה לוֹ כִּי־חָתָן הוּא לִשְׁכַנְיָה בֶן־אָרַח וִיהוֹחָנָן
19 בְּנוֹ לָקַח אֶת־בַּת־מְשֻׁלָּם בֶּן בֶּרֶכְיָה׃ גַּם טוֹבֹתָיו הָיוּ
אֹמְרִים לְפָנַי וּדְבָרַי הָיוּ מוֹצִיאִים לוֹ אִגְּרוֹת שָׁלַח טוֹבִיָּה
לְיָרְאֵנִי׃

ז CAP. VII. ז

א וַיְהִי כַּאֲשֶׁר נִבְנְתָה הַחוֹמָה וָאַעֲמִיד הַדְּלָתוֹת וַיִּפָּקְדוּ

השוערים

v. 8. יתיר א׳

2 הַשּׁוֹעֲרִים וְהַמְשֹׁרְרִים וְהַלְוִיִּם׃ וָאֲצַוֶּה אֶת־חֲנָנִי אָחִי וְאֶת־
חֲנַנְיָה שַׂר הַבִּירָה עַל־יְרוּשָׁלִָם כִּי־הוּא כְּאִישׁ אֱמֶת וְיָרֵא
3 אֶת־הָאֱלֹהִים מֵרַבִּים׃ וָיֹּאמֶר לָהֶם לֹא יִפָּתְחוּ שַׁעֲרֵי
יְרוּשָׁלִַם עַד־חֹם הַשֶּׁמֶשׁ וְעַד הֵם עֹמְדִים יָגִיפוּ הַדְּלָתוֹת
וֶאֱחֹזוּ וְהַעֲמֵיד מִשְׁמְרוֹת יֹשְׁבֵי יְרוּשָׁלִַם אִישׁ בְּמִשְׁמָרוֹ וְאִישׁ
4 נֶגֶד בֵּיתוֹ׃ וְהָעִיר רַחֲבַת יָדַיִם וּגְדֹלָה וְהָעָם מְעַט בְּתוֹכָהּ
ה וְאֵין בָּתִּים בְּנוּיִם׃ וַיִּתֵּן אֱלֹהַי אֶל־לִבִּי וָאֶקְבְּצָה אֶת־הַחֹרִים
וְאֶת־הַסְּגָנִים וְאֶת־הָעָם לְהִתְיַחֵשׂ וָאֶמְצָא סֵפֶר הַיַּחַשׂ
6 הָעוֹלִים בָּרִאשׁוֹנָה וָאֶמְצָא כָּתוּב בּוֹ׃ אֵלֶּה ׀ בְּנֵי
הַמְּדִינָה הָעֹלִים מִשְּׁבִי הַגּוֹלָה אֲשֶׁר הֶגְלָה נְבוּכַדְנֶצַּר מֶלֶךְ
7 בָּבֶל וַיָּשׁוּבוּ לִירוּשָׁלִַם וְלִיהוּדָה אִישׁ לְעִירוֹ׃ הַבָּאִים עִם־
זְרֻבָּבֶל יֵשׁוּעַ נְחֶמְיָה עֲזַרְיָה רַעַמְיָה נַחֲמָנִי מָרְדֳּכַי בִּלְשָׁן
8 מִסְפֶּרֶת בִּגְוַי נְחוּם בַּעֲנָה מִסְפַּר אַנְשֵׁי עַם יִשְׂרָאֵל׃ בְּנֵי
9 פַרְעֹשׁ אַלְפַּיִם מֵאָה וְשִׁבְעִים וּשְׁנָיִם׃ בְּנֵי שְׁפַטְיָה שְׁלֹשׁ
י מֵאוֹת שִׁבְעִים וּשְׁנָיִם׃ בְּנֵי אָרַח שֵׁשׁ מֵאוֹת חֲמִשִּׁים
11 וּשְׁנָיִם׃ בְּנֵי־פַחַת מוֹאָב לִבְנֵי יֵשׁוּעַ וְיוֹאָב אַלְפַּיִם
12 וּשְׁמֹנֶה מֵאוֹת שְׁמֹנָה עָשָׂר׃ בְּנֵי עֵילָם אֶלֶף מָאתַיִם
13 חֲמִשִּׁים וְאַרְבָּעָה׃ בְּנֵי זַתּוּא שְׁמֹנֶה מֵאוֹת אַרְבָּעִים
14 טו וַחֲמִשָּׁה׃ בְּנֵי זַכָּי שְׁבַע מֵאוֹת וְשִׁשִּׁים׃ בְּנֵי בִנּוּי
16 שֵׁשׁ מֵאוֹת אַרְבָּעִים וּשְׁמֹנָה׃ בְּנֵי בֵבָי שֵׁשׁ מֵאוֹת
17 עֶשְׂרִים וּשְׁמֹנָה׃ בְּנֵי עַזְגָּד אַלְפַּיִם שְׁלֹשׁ מֵאוֹת עֶשְׂרִים
18 19 וּשְׁנָיִם׃ בְּנֵי אֲדֹנִיקָם שֵׁשׁ מֵאוֹת שִׁשִּׁים וְשִׁבְעָה׃ בְּנֵי
כ בִגְוָי אַלְפַּיִם שִׁשִּׁים וְשִׁבְעָה׃ בְּנֵי עָדִין שֵׁשׁ מֵאוֹת חֲמִשִּׁים
21 22 וַחֲמִשָּׁה׃ בְּנֵי־אָטֵר לְחִזְקִיָּה תִּשְׁעִים וּשְׁמֹנָה׃ בְּנֵי
23 חָשֻׁם שְׁלֹשׁ מֵאוֹת עֶשְׂרִים וּשְׁמֹנָה׃ בְּנֵי בֵצָי שְׁלֹשׁ מֵאוֹת
24 כה עֶשְׂרִים וְאַרְבָּעָה׃ בְּנֵי חָרִיף מֵאָה שְׁנֵים עָשָׂר׃ בְּנֵי
26 גִבְעוֹן תִּשְׁעִים וַחֲמִשָּׁה׃ אַנְשֵׁי בֵית־לֶחֶם וּנְטֹפָה מֵאָה

שמנים

v. 3. ואמר ק'

27 28 שְׁמֹנִים וּשְׁמֹנָה׃ אַנְשֵׁי עֲנָתוֹת מֵאָה עֶשְׂרִים וּשְׁמֹנָה׃ אַנְשֵׁי
29 בֵית־עַזְמָוֶת אַרְבָּעִים וּשְׁנָיִם׃ אַנְשֵׁי קִרְיַת יְעָרִים כְּפִירָה
ל וּבְאֵרוֹת שְׁבַע מֵאוֹת אַרְבָּעִים וּשְׁלֹשָׁה׃ אַנְשֵׁי הָרָמָה
31 וָגָבַע שֵׁשׁ מֵאוֹת עֶשְׂרִים וְאֶחָד׃ אַנְשֵׁי מִכְמָס מֵאָה וְעֶשְׂרִים
32 33 וּשְׁנָיִם׃ אַנְשֵׁי בֵית־אֵל וְהָעָי מֵאָה עֶשְׂרִים וּשְׁלֹשָׁה׃ אַנְשֵׁי
34 נְבוֹ אַחֵר חֲמִשִּׁים וּשְׁנָיִם׃ בְּנֵי עֵילָם אַחֵר אֶלֶף מָאתַיִם
לה 36 חֲמִשִּׁים וְאַרְבָּעָה׃ בְּנֵי חָרִם שְׁלֹשׁ מֵאוֹת וְעֶשְׂרִים׃ בְּנֵי
37 יְרֵחוֹ שְׁלֹשׁ מֵאוֹת אַרְבָּעִים וַחֲמִשָּׁה׃ בְּנֵי־לֹד חָדִיד וְאוֹנוֹ
38 שְׁבַע מֵאוֹת וְעֶשְׂרִים וְאֶחָד׃ בְּנֵי סְנָאָה שְׁלֹשֶׁת אֲלָפִים
39 תְּשַׁע מֵאוֹת וּשְׁלֹשִׁים׃ הַכֹּהֲנִים בְּנֵי יְדַעְיָה לְבֵית יֵשׁוּעַ
מ תְּשַׁע מֵאוֹת שִׁבְעִים וּשְׁלֹשָׁה׃ בְּנֵי אִמֵּר אֶלֶף חֲמִשִּׁים
41 42 וּשְׁנָיִם׃ בְּנֵי פַשְׁחוּר אֶלֶף מָאתַיִם אַרְבָּעִים וְשִׁבְעָה׃ בְּנֵי
43 חָרִם אֶלֶף שִׁבְעָה עָשָׂר׃ הַלְוִיִּם בְּנֵי־יֵשׁוּעַ לְקַדְמִיאֵל
44 לִבְנֵי לְהוֹדְוָה שִׁבְעִים וְאַרְבָּעָה׃ הַמְשֹׁרְרִים בְּנֵי אָסָף
מה מֵאָה אַרְבָּעִים וּשְׁמֹנָה׃ הַשֹּׁעֲרִים בְּנֵי־שַׁלֻּם בְּנֵי־אָטֵר
בְּנֵי־טַלְמֹן בְּנֵי־עַקּוּב בְּנֵי חֲטִיטָא בְּנֵי שֹׁבָי מֵאָה
46 שְׁלֹשִׁים וּשְׁמֹנָה׃ הַנְּתִינִים בְּנֵי־צִחָא בְנֵי־חֲשֻׂפָא בְּנֵי
47 48 טַבָּעוֹת׃ בְּנֵי־קֵירֹס בְּנֵי־סִיעָא בְּנֵי פָדוֹן׃ בְּנֵי־לְבָנָה
49 נ בְנֵי־חֲגָבָה בְּנֵי שַׁלְמָי׃ בְּנֵי־חָנָן בְּנֵי־גִדֵּל בְּנֵי־גָחַר׃ בְּנֵי־
51 רְאָיָה בְנֵי־רְצִין בְּנֵי נְקוֹדָא׃ בְּנֵי־גַזָּם בְּנֵי־עֻזָּא בְּנֵי
52 53 פָסֵחַ׃ בְּנֵי־בֵסַי בְּנֵי־מְעוּנִים בְּנֵי נְפוּשְׁסִים׃ בְּנֵי־
54 בַקְבּוּק בְּנֵי־חֲקוּפָא בְּנֵי חַרְחוּר׃ בְּנֵי־בַצְלִית בְּנֵי־
נה מְחִידָא בְּנֵי חַרְשָׁא׃ בְּנֵי־בַרְקוֹס בְּנֵי־סִיסְרָא בְּנֵי־
56 57 תָמַח׃ בְּנֵי נְצִיחַ בְּנֵי חֲטִיפָא׃ בְּנֵי עַבְדֵי שְׁלֹמֹה
58 בְּנֵי־סוֹטַי בְּנֵי־סֹפֶרֶת בְּנֵי פְרִידָא׃ בְּנֵי־יַעְלָא בְנֵי־
59 דַרְקוֹן בְּנֵי גִדֵּל׃ בְּנֵי שְׁפַטְיָה בְנֵי־חַטִּיל בְּנֵי פֹּכֶרֶת
ס הַצְּבָיִים בְּנֵי אָמוֹן׃ כָּל־הַנְּתִינִים וּבְנֵי עַבְדֵי שְׁלֹמֹה

v. 43. להודיה ק׳ v. 52. נפישסים ק׳

61 שְׁלֹשׁ מֵאוֹת תִּשְׁעִים וּשְׁנָיִם׃ וְאֵלֶּה הָעוֹלִים מִתֵּל מֶלַח
תֵּל חַרְשָׁא כְּרוּב אַדּוֹן וְאִמֵּר וְלֹא יָכְלוּ לְהַגִּיד בֵּית־אֲבוֹתָם
62 וְזַרְעָם אִם מִיִּשְׂרָאֵל הֵם׃ בְּנֵי־דְלָיָה בְנֵי־טוֹבִיָּה בְּנֵי נְקוֹדָא
63 שֵׁשׁ מֵאוֹת וְאַרְבָּעִים וּשְׁנָיִם׃ וּמִן־הַכֹּהֲנִים בְּנֵי חֳבַיָּה
בְּנֵי הַקּוֹץ בְּנֵי בַרְזִלַּי אֲשֶׁר לָקַח מִבְּנוֹת בַּרְזִלַּי הַגִּלְעָדִי
64 אִשָּׁה וַיִּקָּרֵא עַל־שְׁמָם׃ אֵלֶּה בִּקְשׁוּ כְתָבָם הַמִּתְיַחְשִׂים וְלֹא
סה נִמְצָא וַיְגֹאֲלוּ מִן־הַכְּהֻנָּה׃ וַיֹּאמֶר הַתִּרְשָׁתָא לָהֶם אֲשֶׁר
לֹא־יֹאכְלוּ מִקֹּדֶשׁ הַקֳּדָשִׁים עַד עֲמֹד הַכֹּהֵן לְאוּרִים וְתֻמִּים׃
66 כָּל־הַקָּהָל כְּאֶחָד אַרְבַּע רִבּוֹא אַלְפַּיִם שְׁלֹשׁ־מֵאוֹת וְשִׁשִּׁים׃
67 מִלְּבַד עַבְדֵיהֶם וְאַמְהֹתֵיהֶם אֵלֶּה שִׁבְעַת אֲלָפִים שְׁלֹשׁ
מֵאוֹת שְׁלֹשִׁים וְשִׁבְעָה וְלָהֶם מְשֹׁרְרִים וּמְשֹׁרְרוֹת מָאתַיִם
68 וְאַרְבָּעִים וַחֲמִשָּׁה׃ ° גְּמַלִּים אַרְבַּע מֵאוֹת שְׁלֹשִׁים
וַחֲמִשָּׁה חֲמֹרִים שֵׁשֶׁת אֲלָפִים שְׁבַע מֵאוֹת וְעֶשְׂרִים׃
69 וּמִקְצָת רָאשֵׁי הָאָבוֹת נָתְנוּ לַמְּלָאכָה הַתִּרְשָׁתָא נָתַן לָאוֹצָר
זָהָב דַּרְכְּמֹנִים אֶלֶף מִזְרָקוֹת חֲמִשִּׁים כָּתְנוֹת כֹּהֲנִים שְׁלֹשִׁים
ע וַחֲמֵשׁ מֵאוֹת׃ וּמֵרָאשֵׁי הָאָבוֹת נָתְנוּ לְאוֹצַר הַמְּלָאכָה
זָהָב דַּרְכְּמוֹנִים שְׁתֵּי רִבּוֹת וְכֶסֶף מָנִים אַלְפַּיִם וּמָאתָיִם׃
71 וַאֲשֶׁר נָתְנוּ שְׁאֵרִית הָעָם זָהָב דַּרְכְּמֹנִים שְׁתֵּי רִבּוֹא וְכֶסֶף
72 מָנִים אַלְפָּיִם וְכָתְנֹת כֹּהֲנִים שִׁשִּׁים וְשִׁבְעָה׃ וַיֵּשְׁבוּ הַכֹּהֲנִים
וְהַלְוִיִּם וְהַשּׁוֹעֲרִים וְהַמְשֹׁרְרִים וּמִן־הָעָם וְהַנְּתִינִים וְכָל־
יִשְׂרָאֵל בְּעָרֵיהֶם וַיִּגַּע הַחֹדֶשׁ הַשְּׁבִיעִי וּבְנֵי יִשְׂרָאֵל בְּעָרֵיהֶם׃ °

CAP. VIII. ח

ח

א וַיֵּאָסְפוּ כָל־הָעָם כְּאִישׁ אֶחָד אֶל־הָרְחוֹב אֲשֶׁר לִפְנֵי
שַׁעַר־הַמָּיִם וַיֹּאמְרוּ לְעֶזְרָא הַסֹּפֵר לְהָבִיא אֶת־סֵפֶר תּוֹרַת
2 מֹשֶׁה אֲשֶׁר־צִוָּה יְהוָה אֶת־יִשְׂרָאֵל׃ וַיָּבִיא עֶזְרָא הַכֹּהֵן אֶת־
הַתּוֹרָה לִפְנֵי הַקָּהָל מֵאִישׁ וְעַד־אִשָּׁה וְכֹל מֵבִין לִשְׁמֹעַ בְּיוֹם

אחד

ז׳ v. 68. בס״א נמצא הפסוק סוּסֵיהֶם שְׁבַע מֵאוֹת שְׁלֹשִׁים וְשִׁשָּׁה
פִּרְדֵיהֶם מָאתַיִם אַרְבָּעִים וַחֲמִשָּׁה v. 72. אין כאן פסקא

3 אֶחָד לַחֹדֶשׁ הַשְּׁבִיעִי׃ וַיִּקְרָא־בוֹ לִפְנֵי הָרְחוֹב אֲשֶׁר ׀
לִפְנֵי שַׁעַר־הַמַּיִם מִן־הָאוֹר עַד־מַחֲצִית הַיּוֹם נֶגֶד הָאֲנָשִׁים
4 וְהַנָּשִׁים וְהַמְּבִינִים וְאָזְנֵי כָל־הָעָם אֶל־סֵפֶר הַתּוֹרָה׃ וַיַּעֲמֹד
עֶזְרָא הַסֹּפֵר עַל־מִגְדַּל־עֵץ אֲשֶׁר עָשׂוּ לַדָּבָר וַיַּעֲמֹד אֶצְלוֹ
מַתִּתְיָה וְשֶׁמַע וַעֲנָיָה וְאוּרִיָּה וְחִלְקִיָּה וּמַעֲשֵׂיָה עַל־יְמִינוֹ
וּמִשְּׂמֹאלוֹ פְּדָיָה וּמִישָׁאֵל וּמַלְכִּיָּה וְחָשֻׁם וְחַשְׁבַּדָּנָה זְכַרְיָה
ה מְשֻׁלָּם׃ וַיִּפְתַּח עֶזְרָא הַסֵּפֶר לְעֵינֵי כָל־הָעָם כִּי־מֵעַל
6 כָּל־הָעָם הָיָה וּכְפִתְחוֹ עָמְדוּ כָל־הָעָם׃ וַיְבָרֶךְ עֶזְרָא
אֶת־יְהוָה הָאֱלֹהִים הַגָּדוֹל וַיַּעֲנוּ כָל־הָעָם אָמֵן ׀ אָמֵן בְּמֹעַל
7 יְדֵיהֶם וַיִּקְּדוּ וַיִּשְׁתַּחֲוֻ לַיהוָה אַפַּיִם אָרְצָה׃ וְיֵשׁוּעַ וּבָנִי
וְשֵׁרֵבְיָה ׀ יָמִין עַקּוּב שַׁבְּתַי ׀ הוֹדִיָּה מַעֲשֵׂיָה קְלִיטָא עֲזַרְיָה
יוֹזָבָד חָנָן פְּלָאיָה וְהַלְוִיִּם מְבִינִים אֶת־הָעָם לַתּוֹרָה וְהָעָם
8 עַל־עָמְדָם׃ וַיִּקְרְאוּ בַסֵּפֶר בְּתוֹרַת הָאֱלֹהִים מְפֹרָשׁ וְשׂוֹם
9 שֶׂכֶל וַיָּבִינוּ בַּמִּקְרָא׃ וַיֹּאמֶר נְחֶמְיָה הוּא הַתִּרְשָׁתָא
וְעֶזְרָא הַכֹּהֵן ׀ הַסֹּפֵר וְהַלְוִיִּם הַמְּבִינִים אֶת־הָעָם לְכָל־
הָעָם הַיּוֹם קָדֹשׁ־הוּא לַיהוָה אֱלֹהֵיכֶם אַל־תִּתְאַבְּלוּ וְאַל־
תִּבְכּוּ כִּי בוֹכִים כָּל־הָעָם כְּשָׁמְעָם אֶת־דִּבְרֵי הַתּוֹרָה׃
י וַיֹּאמֶר לָהֶם לְכוּ אִכְלוּ מַשְׁמַנִּים וּשְׁתוּ מַמְתַקִּים וְשִׁלְחוּ מָנוֹת
לְאֵין נָכוֹן לוֹ כִּי־קָדוֹשׁ הַיּוֹם לַאֲדֹנֵינוּ וְאַל־תֵּעָצֵבוּ כִּי־
11 חֶדְוַת יְהוָה הִיא מָעֻזְּכֶם׃ וְהַלְוִיִּם מַחְשִׁים לְכָל־הָעָם לֵאמֹר
12 הַסּוּ כִּי הַיּוֹם קָדֹשׁ וְאַל־תֵּעָצֵבוּ׃ וַיֵּלְכוּ כָל־הָעָם לֶאֱכֹל
וְלִשְׁתּוֹת וּלְשַׁלַּח מָנוֹת וְלַעֲשׂוֹת שִׂמְחָה גְדוֹלָה כִּי הֵבִינוּ
13 בַּדְּבָרִים אֲשֶׁר הוֹדִיעוּ לָהֶם׃ וּבַיּוֹם הַשֵּׁנִי נֶאֶסְפוּ רָאשֵׁי
הָאָבוֹת לְכָל־הָעָם הַכֹּהֲנִים וְהַלְוִיִּם אֶל־עֶזְרָא הַסֹּפֵר
14 וּלְהַשְׂכִּיל אֶל־דִּבְרֵי הַתּוֹרָה׃ וַיִּמְצְאוּ כָּתוּב בַּתּוֹרָה אֲשֶׁר
צִוָּה יְהוָה בְּיַד־מֹשֶׁה אֲשֶׁר יֵשְׁבוּ בְנֵי־יִשְׂרָאֵל בַּסֻּכּוֹת בֶּחָג
טו בַּחֹדֶשׁ הַשְּׁבִיעִי׃ וַאֲשֶׁר יַשְׁמִיעוּ וְיַעֲבִירוּ קוֹל בְּכָל־עָרֵיהֶם
וּבִירוּשָׁלִַם לֵאמֹר צְאוּ הָהָר וְהָבִיאוּ עֲלֵי־זַיִת וַעֲלֵי־עֵץ

שֶׁמֶן וַעֲלֵי הֲדַס וַעֲלֵי תְמָרִים וַעֲלֵי עֵץ עָבֹת לַעֲשֹׂת סֻכֹּת
16 כַּכָּתוּב׃ וַיֵּצְאוּ הָעָם וַיָּבִיאוּ וַיַּעֲשׂוּ לָהֶם סֻכּוֹת אִישׁ עַל־גַּגּוֹ
וּבְחַצְרֹתֵיהֶם וּבְחַצְרוֹת בֵּית הָאֱלֹהִים וּבִרְחוֹב שַׁעַר הַמַּיִם
17 וּבִרְחוֹב שַׁעַר אֶפְרָיִם׃ וַיַּעֲשׂוּ כָל־הַקָּהָל הַשָּׁבִים מִן־
הַשְּׁבִי ׀ סֻכּוֹת וַיֵּשְׁבוּ בַסֻּכּוֹת כִּי לֹא־עָשׂוּ מִימֵי יֵשׁוּעַ בִּן־נוּן
כֵּן בְּנֵי יִשְׂרָאֵל עַד הַיּוֹם הַהוּא וַתְּהִי שִׂמְחָה גְּדוֹלָה מְאֹד׃
18 וַיִּקְרָא בְּסֵפֶר תּוֹרַת הָאֱלֹהִים יוֹם ׀ בְּיוֹם מִן־הַיּוֹם הָרִאשׁוֹן
עַד הַיּוֹם הָאַחֲרוֹן וַיַּעֲשׂוּ־חָג שִׁבְעַת יָמִים וּבַיּוֹם הַשְּׁמִינִי
עֲצֶרֶת כַּמִּשְׁפָּט׃

CAP. IX. ט

ט

א וּבְיוֹם עֶשְׂרִים וְאַרְבָּעָה לַחֹדֶשׁ הַזֶּה נֶאֶסְפוּ בְנֵי־יִשְׂרָאֵל
2 בְּצוֹם וּבְשַׂקִּים וַאֲדָמָה עֲלֵיהֶם׃ וַיִּבָּדְלוּ זֶרַע יִשְׂרָאֵל
מִכֹּל בְּנֵי נֵכָר וַיַּעַמְדוּ וַיִּתְוַדּוּ עַל־חַטֹּאתֵיהֶם וַעֲוֺנוֹת
3 אֲבֹתֵיהֶם׃ וַיָּקוּמוּ עַל־עָמְדָם וַיִּקְרְאוּ בְּסֵפֶר תּוֹרַת יְהוָה
אֱלֹהֵיהֶם רְבִעִית הַיּוֹם וּרְבִעִית מִתְוַדִּים וּמִשְׁתַּחֲוִים לַיהוָה
4 אֱלֹהֵיהֶם׃ וַיָּקָם עַל־מַעֲלֵה הַלְוִיִּם יֵשׁוּעַ וּבָנִי קַדְמִיאֵל
שְׁבַנְיָה בֻּנִּי שֵׁרֵבְיָה בָּנִי כְנָנִי וַיִּזְעֲקוּ בְּקוֹל גָּדוֹל אֶל־יְהוָה
ה אֱלֹהֵיהֶם׃ וַיֹּאמְרוּ הַלְוִיִּם יֵשׁוּעַ וְקַדְמִיאֵל בָּנִי חֲשַׁבְנְיָה
שֵׁרֵבְיָה הוֹדִיָּה שְׁבַנְיָה פְתַחְיָה קוּמוּ בָּרְכוּ אֶת־יְהוָה אֱלֹהֵיכֶם
מִן־הָעוֹלָם עַד־הָעוֹלָם וִיבָרְכוּ שֵׁם כְּבֹדֶךָ וּמְרוֹמַם עַל־
6 כָּל־בְּרָכָה וּתְהִלָּה׃ אַתָּה־הוּא יְהוָה לְבַדֶּךָ אַתָּ עָשִׂיתָ אֶת־
הַשָּׁמַיִם שְׁמֵי הַשָּׁמַיִם וְכָל־צְבָאָם הָאָרֶץ וְכָל־אֲשֶׁר עָלֶיהָ
הַיַּמִּים וְכָל־אֲשֶׁר בָּהֶם וְאַתָּה מְחַיֶּה אֶת־כֻּלָּם וּצְבָא הַשָּׁמַיִם
7 לְךָ מִשְׁתַּחֲוִים׃ אַתָּה הוּא יְהוָה הָאֱלֹהִים אֲשֶׁר בָּחַרְתָּ בְּאַבְרָם
8 וְהוֹצֵאתוֹ מֵאוּר כַּשְׂדִּים וְשַׂמְתָּ שְּׁמוֹ אַבְרָהָם׃ וּמָצָאתָ אֶת־
לְבָבוֹ נֶאֱמָן לְפָנֶיךָ וְכָרוֹת עִמּוֹ הַבְּרִית לָתֵת אֶת־אֶרֶץ
הַכְּנַעֲנִי הַחִתִּי הָאֱמֹרִי וְהַפְּרִזִּי וְהַיְבוּסִי וְהַגִּרְגָּשִׁי לָתֵת לְזַרְעוֹ

ותקם

ט׳ v. 6. אתה ק׳

9 וַתָּקֶם אֶת־דְּבָרֶיךָ כִּי צַדִּיק אָתָּה׃ וַתֵּרֶא אֶת־עֳנִי אֲבֹתֵינוּ
י בְּמִצְרָיִם וְאֶת־זַעֲקָתָם שָׁמַעְתָּ עַל־יַם־סוּף׃ וַתִּתֵּן אֹתֹת
וּמֹפְתִים בְּפַרְעֹה וּבְכָל־עֲבָדָיו וּבְכָל־עַם אַרְצוֹ כִּי יָדַעְתָּ
11 כִּי הֵזִידוּ עֲלֵיהֶם וַתַּעַשׂ־לְךָ שֵׁם כְּהַיּוֹם הַזֶּה׃ וְהַיָּם בָּקַעְתָּ
לִפְנֵיהֶם וַיַּעַבְרוּ בְתוֹךְ־הַיָּם בַּיַּבָּשָׁה וְאֶת־רֹדְפֵיהֶם הִשְׁלַכְתָּ
12 בִמְצוֹלֹת כְּמוֹ־אֶבֶן בְּמַיִם עַזִּים׃ וּבְעַמּוּד עָנָן הִנְחִיתָם יוֹמָם
וּבְעַמּוּד אֵשׁ לַיְלָה לְהָאִיר לָהֶם אֶת־הַדֶּרֶךְ אֲשֶׁר יֵלְכוּ־
13 בָהּ׃ וְעַל הַר־סִינַי יָרַדְתָּ וְדַבֵּר עִמָּהֶם מִשָּׁמָיִם וַתִּתֵּן לָהֶם
14 מִשְׁפָּטִים יְשָׁרִים וְתוֹרוֹת אֱמֶת חֻקִּים וּמִצְוֺת טוֹבִים׃ וְאֶת־
שַׁבַּת קָדְשְׁךָ הוֹדַעְתָּ לָהֶם וּמִצְווֹת וְחֻקִּים וְתוֹרָה צִוִּיתָ לָהֶם
טו בְּיַד מֹשֶׁה עַבְדֶּךָ׃ וְלֶחֶם מִשָּׁמַיִם נָתַתָּ לָהֶם לִרְעָבָם וּמַיִם
מִסֶּלַע הוֹצֵאתָ לָהֶם לִצְמָאָם וַתֹּאמֶר לָהֶם לָבוֹא לָרֶשֶׁת
16 אֶת־הָאָרֶץ אֲשֶׁר־נָשָׂאתָ אֶת־יָדְךָ לָתֵת לָהֶם׃ וְהֵם וַאֲבֹתֵינוּ
17 הֵזִידוּ וַיַּקְשׁוּ אֶת־עָרְפָּם וְלֹא שָׁמְעוּ אֶל־מִצְוֺתֶיךָ׃ וַיְמָאֲנוּ
לִשְׁמֹעַ וְלֹא־זָכְרוּ נִפְלְאֹתֶיךָ אֲשֶׁר עָשִׂיתָ עִמָּהֶם וַיַּקְשׁוּ אֶת־
עָרְפָּם וַיִּתְּנוּ־רֹאשׁ לָשׁוּב לְעַבְדֻתָם בְּמִרְיָם וְאַתָּה אֱלוֹהַּ
סְלִיחוֹת חַנּוּן וְרַחוּם אֶרֶךְ־אַפַּיִם וְרַב־וְחֶסֶד וְלֹא עֲזַבְתָּם׃
18 אַף כִּי־עָשׂוּ לָהֶם עֵגֶל מַסֵּכָה וַיֹּאמְרוּ זֶה אֱלֹהֶיךָ אֲשֶׁר הֶעֶלְךָ
19 מִמִּצְרָיִם וַיַּעֲשׂוּ נֶאָצוֹת גְּדֹלוֹת׃ וְאַתָּה בְּרַחֲמֶיךָ הָרַבִּים לֹא
עֲזַבְתָּם בַּמִּדְבָּר אֶת־עַמּוּד הֶעָנָן לֹא־סָר מֵעֲלֵיהֶם בְּיוֹמָם
לְהַנְחֹתָם בְּהַדֶּרֶךְ וְאֶת־עַמּוּד הָאֵשׁ בְּלַיְלָה לְהָאִיר לָהֶם
כ וְאֶת־הַדֶּרֶךְ אֲשֶׁר יֵלְכוּ־בָהּ׃ וְרוּחֲךָ הַטּוֹבָה נָתַתָּ לְהַשְׂכִּילָם
וּמַנְךָ לֹא־מָנַעְתָּ מִפִּיהֶם וּמַיִם נָתַתָּה לָהֶם לִצְמָאָם׃
21 וְאַרְבָּעִים שָׁנָה כִּלְכַּלְתָּם בַּמִּדְבָּר לֹא חָסֵרוּ שַׂלְמֹתֵיהֶם
22 לֹא בָלוּ וְרַגְלֵיהֶם לֹא בָצֵקוּ׃ וַתִּתֵּן לָהֶם מַמְלָכוֹת וַעֲמָמִים
וַתַּחְלְקֵם לְפֵאָה וַיִּירְשׁוּ אֶת־אֶרֶץ סִיחוֹן וְאֶת־אֶרֶץ מֶלֶךְ
23 חֶשְׁבּוֹן וְאֶת־אֶרֶץ עוֹג מֶלֶךְ־הַבָּשָׁן׃ וּבְנֵיהֶם הִרְבִּיתָ כְּכֹכְבֵי

השמים

v. 17. חסר ק׳

הַשָּׁמָ֑יִם וַתְּבִיאֵם֙ אֶל־הָאָ֔רֶץ אֲשֶׁר־אָמַ֥רְתָּ לַאֲבֹתֵיהֶ֖ם לָב֥וֹא
24 לָרָֽשֶׁת׃ וַיָּבֹ֤אוּ הַבָּנִים֙ וַיִּֽירְשׁ֣וּ אֶת־הָאָ֔רֶץ וַתַּכְנַ֨ע לִפְנֵיהֶ֜ם
אֶת־יֹשְׁבֵ֤י הָאָ֙רֶץ֙ הַֽכְּנַעֲנִ֔ים וַתִּתְּנֵ֖ם בְּיָדָ֑ם וְאֶת־מַלְכֵיהֶם֙
כה וְאֶת־עַמְמֵ֣י הָאָ֔רֶץ לַעֲשׂ֥וֹת בָּהֶ֖ם כִּרְצוֹנָֽם׃ וַֽיִּלְכְּד֞וּ עָרִ֣ים
בְּצֻר֗וֹת וַאֲדָמָ֣ה שְׁמֵנָה֒ וַיִּֽירְשׁ֡וּ בָּתִּ֣ים מְלֵֽאִים־כָּל־טוּב֩ בֹּר֨וֹת
חֲצוּבִ֜ים כְּרָמִ֧ים וְזֵיתִ֛ים וְעֵ֥ץ מַאֲכָ֖ל לָרֹ֑ב וַיֹּאכְל֤וּ וַֽיִּשְׂבְּעוּ֙
26 וַיַּשְׁמִ֔ינוּ וַיִּֽתְעַדְּנ֖וּ בְּטוּבְךָ֥ הַגָּדֽוֹל׃ וַיַּמְר֨וּ וַיִּֽמְרְד֜וּ בָּ֗ךְ וַיַּשְׁלִ֤כוּ
אֶת־תּֽוֹרָתְךָ֙ אַחֲרֵ֣י גַוָּ֔ם וְאֶת־נְבִיאֶ֣יךָ הָרָ֔גוּ אֲשֶׁר־הֵעִ֥ידוּ בָ֖ם
27 לַהֲשִׁיבָ֣ם אֵלֶ֑יךָ וַֽיַּעֲשׂ֔וּ נֶאָצ֖וֹת גְּדוֹלֹֽת׃ וַתִּתְּנֵם֙ בְּיַ֣ד צָרֵיהֶ֔ם
וַיָּצֵ֖רוּ לָהֶ֑ם וּבְעֵ֨ת צָרָתָ֜ם יִצְעֲק֣וּ אֵלֶ֗יךָ וְאַתָּה֙ מִשָּׁמַ֣יִם תִּשְׁמָ֔ע
וּֽכְרַחֲמֶ֣יךָ הָֽרַבִּ֗ים תִּתֵּ֤ן לָהֶם֙ מֽוֹשִׁיעִ֔ים וְיוֹשִׁיע֖וּם מִיַּ֥ד צָרֵיהֶֽם׃
28 וּכְנ֣וֹחַ לָהֶ֔ם יָשׁ֕וּבוּ לַעֲשׂ֥וֹת רַ֖ע לְפָנֶ֑יךָ וַתַּעַזְבֵ֞ם בְּיַ֤ד אֹֽיְבֵיהֶם֙
וַיִּרְדּ֣וּ בָהֶ֔ם וַיָּשׁ֙וּבוּ֙ וַיִּֽזְעָק֔וּךָ וְאַתָּ֞ה מִשָּׁמַ֧יִם תִּשְׁמַ֛ע וְתַצִּילֵ֥ם
29 כְּֽרַחֲמֶ֖יךָ רַבּ֥וֹת עִתִּֽים׃ וַתָּ֨עַד בָּהֶ֜ם לַהֲשִׁיבָ֣ם אֶל־תּוֹרָתֶ֗ךָ
וְהֵ֨מָּה הֵזִ֜ידוּ וְלֹֽא־שָׁמְע֤וּ לְמִצְוֺתֶ֙יךָ֙ וּבְמִשְׁפָּטֶ֣יךָ חָֽטְאוּ־בָ֔ם
אֲשֶׁר־יַעֲשֶׂ֥ה אָדָ֖ם וְחָיָ֣ה בָהֶ֑ם וַיִּתְּנ֤וּ כָתֵף֙ סוֹרֶ֔רֶת וְעָרְפָּ֥ם
ל הִקְשׁ֖וּ וְלֹ֥א שָׁמֵֽעוּ׃ וַתִּמְשֹׁ֤ךְ עֲלֵיהֶם֙ שָׁנִ֣ים רַבּ֔וֹת וַתָּ֨עַד בָּ֧ם
בְּרֽוּחֲךָ֛ בְּיַד־נְבִיאֶ֖יךָ וְלֹ֣א הֶאֱזִ֑ינוּ וַֽתִּתְּנֵ֔ם בְּיַ֖ד עַמֵּ֥י הָאֲרָצֹֽת׃
31 וּבְרַחֲמֶ֧יךָ הָֽרַבִּ֛ים לֹֽא־עֲשִׂיתָ֥ם כָּלָ֖ה וְלֹ֣א עֲזַבְתָּ֑ם כִּ֛י אֵֽל־
32 חַנּ֥וּן וְרַח֖וּם אָֽתָּה׃ וְעַתָּ֣ה אֱ֠לֹהֵינוּ הָאֵ֨ל הַגָּד֜וֹל הַגִּבּ֣וֹר
וְהַנּוֹרָ֗א שׁוֹמֵ֣ר הַבְּרִית֮ וְהַחֶסֶד֒ אַל־יִמְעַ֣ט לְפָנֶ֡יךָ אֵ֣ת כָּל־
הַתְּלָאָה֩ אֲשֶׁר־מְצָאַ֨תְנוּ לִמְלָכֵ֜ינוּ לְשָׂרֵ֧ינוּ וּלְכֹהֲנֵ֛ינוּ וְלִנְבִיאֵ֥נוּ
וְלַאֲבֹתֵ֖ינוּ וּלְכָל־עַמֶּ֑ךָ מִימֵי֙ מַלְכֵ֣י אַשּׁ֔וּר עַ֖ד הַיּ֥וֹם הַזֶּֽה׃
33 וְאַתָּ֣ה צַדִּ֔יק עַ֖ל כָּל־הַבָּ֣א עָלֵ֑ינוּ כִּֽי־אֱמֶ֥ת עָשִׂ֖יתָ וַאֲנַ֥חְנוּ
34 הִרְשָֽׁעְנוּ׃ וְאֶת־מְלָכֵ֤ינוּ שָׂרֵ֙ינוּ֙ כֹּהֲנֵ֣ינוּ וַאֲבֹתֵ֔ינוּ לֹ֥א עָשׂ֖וּ
תּֽוֹרָתֶ֑ךָ וְלֹ֤א הִקְשִׁ֙יבוּ֙ אֶל־מִצְוֺתֶ֔יךָ וּלְעֵ֣דְוֺתֶ֔יךָ אֲשֶׁ֥ר הַעִידֹ֖תָ
לה בָּהֶֽם׃ וְהֵ֞ם בְּמַלְכוּתָ֗ם וּֽבְטוּבְךָ֙ הָרָ֜ב אֲשֶׁר־נָתַ֣תָּ לָהֶ֗ם
וּבְאֶ֧רֶץ הָרְחָבָ֛ה וְהַשְּׁמֵנָ֛ה אֲשֶׁר־נָתַ֖תָּ לִפְנֵיהֶ֑ם לֹ֣א עֲבָד֔וּךָ

ולא־שבו

וְלֹא־שָׁבוּ מִמַּעַלְלֵיהֶם הָרָעִים׃ הִנֵּה אֲנַחְנוּ הַיּוֹם עֲבָדִים 36
וְהָאָרֶץ אֲשֶׁר־נָתַתָּה לַאֲבֹתֵינוּ לֶאֱכֹל אֶת־פִּרְיָהּ וְאֶת־טוּבָהּ
הִנֵּה אֲנַחְנוּ עֲבָדִים עָלֶיהָ׃ וּתְבוּאָתָהּ מַרְבָּה לַמְּלָכִים אֲשֶׁר־ 37
נָתַתָּה עָלֵינוּ בְּחַטֹּאותֵינוּ וְעַל־גְּוִיֹּתֵינוּ מֹשְׁלִים וּבִבְהֶמְתֵּנוּ
כִּרְצוֹנָם וּבְצָרָה גְדוֹלָה אֲנָחְנוּ׃

CAP. X. י ף

וּבְכָל־זֹאת אֲנַחְנוּ כֹּרְתִים אֲמָנָה וְכֹתְבִים וְעַל הֶחָתוּם א
שָׂרֵינוּ לְוִיֵּנוּ כֹּהֲנֵינוּ׃ וְעַל הַחֲתוּמִים נְחֶמְיָה הַתִּרְשָׁתָא בֶּן־ 2
חֲכַלְיָה וְצִדְקִיָּה׃ שְׂרָיָה עֲזַרְיָה יִרְמְיָה׃ פַּשְׁחוּר אֲמַרְיָה 3 4
מַלְכִּיָּה׃ חַטּוּשׁ שְׁבַנְיָה מַלּוּךְ׃ חָרִם מְרֵמוֹת עֹבַדְיָה׃ דָּנִיֵּאל ה 6 7
גִּנְּתוֹן בָּרוּךְ׃ מְשֻׁלָּם אֲבִיָּה מִיָּמִן׃ מַעַזְיָה בִלְגַּי שְׁמַעְיָה 8 9
אֵלֶּה הַכֹּהֲנִים׃ וְהַלְוִיִּם וְיֵשׁוּעַ בֶּן־אֲזַנְיָה בִּנּוּי מִבְּנֵי חֵנָדָד י
קַדְמִיאֵל׃ וַאֲחֵיהֶם שְׁבַנְיָה הוֹדִיָּה קְלִיטָא פְּלָאיָה חָנָן׃ 11 12
מִיכָא רְחוֹב חֲשַׁבְיָה׃ זַכּוּר שֵׁרֵבְיָה שְׁבַנְיָה׃ הוֹדִיָּה בָנִי 13 14
בְנִינוּ׃ רָאשֵׁי הָעָם פַּרְעֹשׁ פַּחַת מוֹאָב עֵילָם זַתּוּא בָּנִי׃ בֻּנִּי טו 16
עַזְגָּד בֵּבָי׃ אֲדֹנִיָּה בִגְוַי עָדִין׃ אָטֵר חִזְקִיָּה עַזּוּר׃ הוֹדִיָּה 17 18 19
חָשֻׁם בֵּצָי׃ חָרִיף עֲנָתוֹת נוֹבָי׃ מַגְפִּיעָשׁ מְשֻׁלָּם חֵזִיר׃ כ 21
מְשֵׁיזַבְאֵל צָדוֹק יַדּוּעַ׃ פְּלַטְיָה חָנָן עֲנָיָה׃ הוֹשֵׁעַ חֲנַנְיָה 22 23 24
חַשּׁוּב׃ הַלּוֹחֵשׁ פִּלְחָא שׁוֹבֵק׃ רְחוּם חֲשַׁבְנָה מַעֲשֵׂיָה׃ כה 26
וַאֲחִיָּה חָנָן עָנָן׃ מַלּוּךְ חָרִם בַּעֲנָה׃ וּשְׁאָר הָעָם הַכֹּהֲנִים 27 28 29
הַלְוִיִּם הַשּׁוֹעֲרִים הַמְשֹׁרְרִים הַנְּתִינִים וְכָל־הַנִּבְדָּל מֵעַמֵּי
הָאֲרָצוֹת אֶל־תּוֹרַת הָאֱלֹהִים נְשֵׁיהֶם בְּנֵיהֶם וּבְנֹתֵיהֶם כֹּל
יוֹדֵעַ מֵבִין׃ מַחֲזִקִים עַל־אֲחֵיהֶם אַדִּירֵיהֶם וּבָאִים בְּאָלָה ל
וּבִשְׁבוּעָה לָלֶכֶת בְּתוֹרַת הָאֱלֹהִים אֲשֶׁר נִתְּנָה בְּיַד מֹשֶׁה
עֶבֶד־הָאֱלֹהִים וְלִשְׁמוֹר וְלַעֲשׂוֹת אֶת־כָּל־מִצְוֹת יְהוָה
אֲדֹנֵינוּ וּמִשְׁפָּטָיו וְחֻקָּיו׃ וַאֲשֶׁר לֹא־נִתֵּן בְּנֹתֵינוּ לְעַמֵּי הָאָרֶץ 31
וְאֶת־בְּנֹתֵיהֶם לֹא נִקַּח לְבָנֵינוּ׃ וְעַמֵּי הָאָרֶץ הַמְבִיאִים אֶת־ 32

המקחות

י׳ v. 20. ניבי ק׳

הַמַּקָּחוֹת וְכָל־שֶׁבֶר בְּיוֹם הַשַּׁבָּת לִמְכּוֹר לֹא־נִקַּח מֵהֶם
בַּשַּׁבָּת וּבְיוֹם קֹדֶשׁ וְנִטֹּשׁ אֶת־הַשָּׁנָה הַשְּׁבִיעִית וּמַשָּׁא כָל־יָד׃
33 וְהֶעֱמַדְנוּ עָלֵינוּ מִצְוֹת לָתֵת עָלֵינוּ שְׁלִשִׁית הַשֶּׁקֶל בַּשָּׁנָה
34 לַעֲבֹדַת בֵּית אֱלֹהֵינוּ׃ לְלֶחֶם הַמַּעֲרֶכֶת וּמִנְחַת הַתָּמִיד
וּלְעוֹלַת הַתָּמִיד הַשַּׁבָּתוֹת הֶחֳדָשִׁים לַמּוֹעֲדִים וְלַקֳּדָשִׁים
וְלַחַטָּאוֹת לְכַפֵּר עַל־יִשְׂרָאֵל וְכֹל מְלֶאכֶת בֵּית־אֱלֹהֵינוּ׃
לה וְהַגּוֹרָלוֹת הִפַּלְנוּ עַל־קֻרְבַּן הָעֵצִים הַכֹּהֲנִים הַלְוִיִּם וְהָעָם
לְהָבִיא לְבֵית אֱלֹהֵינוּ לְבֵית־אֲבֹתֵינוּ לְעִתִּים מְזֻמָּנִים שָׁנָה
בְשָׁנָה לְבַעֵר עַל־מִזְבַּח יְהוָה אֱלֹהֵינוּ כַּכָּתוּב בַּתּוֹרָה׃
36 וּלְהָבִיא אֶת־בִּכּוּרֵי אַדְמָתֵנוּ וּבִכּוּרֵי כָּל־פְּרִי כָל־עֵץ
37 שָׁנָה בְשָׁנָה לְבֵית יְהוָה׃ וְאֶת־בְּכֹרוֹת בָּנֵינוּ וּבְהֶמְתֵּנוּ כַּכָּתוּב
בַּתּוֹרָה וְאֶת־בְּכוֹרֵי בְקָרֵינוּ וְצֹאנֵינוּ לְהָבִיא לְבֵית אֱלֹהֵינוּ
38 לַכֹּהֲנִים הַמְשָׁרְתִים בְּבֵית אֱלֹהֵינוּ׃ וְאֶת־רֵאשִׁית עֲרִיסֹתֵינוּ
וּתְרוּמֹתֵינוּ וּפְרִי כָל־עֵץ תִּירוֹשׁ וְיִצְהָר נָבִיא לַכֹּהֲנִים אֶל־
לִשְׁכוֹת בֵּית־אֱלֹהֵינוּ וּמַעְשַׂר אַדְמָתֵנוּ לַלְוִיִּם וְהֵם הַלְוִיִּם
39 הַמְעַשְּׂרִים בְּכֹל עָרֵי עֲבֹדָתֵנוּ׃ וְהָיָה הַכֹּהֵן בֶּן־אַהֲרֹן עִם־
הַלְוִיִּם בַּעְשֵׂר הַלְוִיִּם וְהַלְוִיִּם יַעֲלוּ אֶת־מַעֲשַׂר הַמַּעֲשֵׂר
מ לְבֵית אֱלֹהֵינוּ אֶל־הַלְּשָׁכוֹת לְבֵית הָאוֹצָר׃ כִּי אֶל־הַלְּשָׁכוֹת
יָבִיאוּ בְנֵי־יִשְׂרָאֵל וּבְנֵי הַלֵּוִי אֶת־תְּרוּמַת הַדָּגָן הַתִּירוֹשׁ
וְהַיִּצְהָר וְשָׁם כְּלֵי הַמִּקְדָּשׁ וְהַכֹּהֲנִים הַמְשָׁרְתִים וְהַשּׁוֹעֲרִים
וְהַמְשֹׁרְרִים וְלֹא נַעֲזֹב אֶת־בֵּית אֱלֹהֵינוּ׃

יא CAP. XI. יא

א וַיֵּשְׁבוּ שָׂרֵי־הָעָם בִּירוּשָׁלִָם וּשְׁאָר הָעָם הִפִּילוּ גוֹרָלוֹת
לְהָבִיא ׀ אֶחָד מִן־הָעֲשָׂרָה לָשֶׁבֶת בִּירוּשָׁלִַם עִיר הַקֹּדֶשׁ
2 וְתֵשַׁע הַיָּדוֹת בֶּעָרִים׃ וַיְבָרְכוּ הָעָם לְכֹל הָאֲנָשִׁים
3 הַמִּתְנַדְּבִים לָשֶׁבֶת בִּירוּשָׁלִָם׃ וְאֵלֶּה רָאשֵׁי הַמְּדִינָה
אֲשֶׁר יָשְׁבוּ בִּירוּשָׁלִָם וּבְעָרֵי יְהוּדָה יָשְׁבוּ אִישׁ בַּאֲחֻזָּתוֹ
בְּעָרֵיהֶם יִשְׂרָאֵל הַכֹּהֲנִים וְהַלְוִיִּם וְהַנְּתִינִים וּבְנֵי עַבְדֵי

4 שְׁלֹמֹה׃ וּבִירוּשָׁלִַם יָשְׁבוּ מִבְּנֵי יְהוּדָה וּמִבְּנֵי בִנְיָמִן מִבְּנֵי
יְהוּדָה עֲתָיָה בֶּן־עֻזִּיָּה בֶּן־זְכַרְיָה בֶן־אֲמַרְיָה בֶּן־שְׁפַטְיָה
ה בֶן־מַהֲלַלְאֵל מִבְּנֵי פָרֶץ׃ וּמַעֲשֵׂיָה בֶן־בָּרוּךְ בֶּן־כָּל־חֹזֶה
6 בֶּן־חֲזָיָה בֶן־עֲדָיָה בֶן־יוֹיָרִיב בֶּן־זְכַרְיָה בֶּן־הַשִּׁלֹנִי׃ כָּל־
בְּנֵי־פֶרֶץ הַיֹּשְׁבִים בִּירוּשָׁלִָם אַרְבַּע מֵאוֹת שִׁשִּׁים וּשְׁמֹנָה
7 אַנְשֵׁי־חָיִל׃ וְאֵלֶּה בְּנֵי בִנְיָמִן סַלֻּא בֶּן־מְשֻׁלָּם בֶּן־
יוֹעֵד בֶּן־פְּדָיָה בֶּן־קוֹלָיָה בֶן־מַעֲשֵׂיָה בֶּן־אִיתִיאֵל בֶּן־
8 יְשַׁעְיָה׃ וְאַחֲרָיו גַּבַּי סַלָּי תְּשַׁע מֵאוֹת עֶשְׂרִים וּשְׁמֹנָה׃
9 וְיוֹאֵל בֶּן־זִכְרִי פָּקִיד עֲלֵיהֶם וִיהוּדָה בֶן־הַסְּנוּאָה עַל־
י הָעִיר מִשְׁנֶה׃ מִן־הַכֹּהֲנִים יְדַעְיָה בֶן־יוֹיָרִיב יָכִין׃
11 שְׂרָיָה בֶן־חִלְקִיָּה בֶּן־מְשֻׁלָּם בֶּן־צָדוֹק בֶּן־מְרָיוֹת בֶּן־
12 אֲחִיטוּב נְגִד בֵּית הָאֱלֹהִים׃ וַאֲחֵיהֶם עֹשֵׂה הַמְּלָאכָה לַבַּיִת
שְׁמֹנֶה מֵאוֹת עֶשְׂרִים וּשְׁנָיִם וַעֲדָיָה בֶּן־יְרֹחָם בֶּן־פְּלַלְיָה
13 בֶּן־אַמְצִי בֶן־זְכַרְיָה בֶּן־פַּשְׁחוּר בֶּן־מַלְכִּיָּה׃ וְאֶחָיו רָאשִׁים
לְאָבוֹת מָאתַיִם אַרְבָּעִים וּשְׁנָיִם וַעֲמַשְׁסַי בֶּן־עֲזַרְאֵל בֶּן־אַחְזַי
14 בֶּן־מְשִׁלֵּמוֹת בֶּן־אִמֵּר׃ וַאֲחֵיהֶם גִּבֹּרֵי חַיִל מֵאָה עֶשְׂרִים
טו וּשְׁמֹנָה וּפָקִיד עֲלֵיהֶם זַבְדִּיאֵל בֶּן־הַגְּדוֹלִים׃ וּמִן־
הַלְוִיִּם שְׁמַעְיָה בֶן־חַשּׁוּב בֶּן־עַזְרִיקָם בֶּן־חֲשַׁבְיָה בֶּן־בּוּנִּי׃
16 וְשַׁבְּתַי וְיוֹזָבָד עַל־הַמְּלָאכָה הַחִיצֹנָה לְבֵית הָאֱלֹהִים מֵרָאשֵׁי
17 הַלְוִיִּם׃ וּמַתַּנְיָה בֶן־מִיכָה בֶן־זַבְדִּי בֶן־אָסָף רֹאשׁ הַתְּחִלָּה
יְהוֹדֶה לַתְּפִלָּה וּבַקְבֻּקְיָה מִשְׁנֶה מֵאֶחָיו וְעַבְדָּא בֶּן־שַׁמּוּעַ
18 בֶּן־גָּלָל בֶּן־ידיתון׃ כָּל־הַלְוִיִּם בְּעִיר הַקֹּדֶשׁ מָאתַיִם
19 שְׁמֹנִים וְאַרְבָּעָה׃ וְהַשּׁוֹעֲרִים עַקּוּב טַלְמוֹן וַאֲחֵיהֶם
כ הַשֹּׁמְרִים בַּשְּׁעָרִים מֵאָה שִׁבְעִים וּשְׁנָיִם׃ וּשְׁאָר יִשְׂרָאֵל
21 הַכֹּהֲנִים הַלְוִיִּם בְּכָל־עָרֵי יְהוּדָה אִישׁ בְּנַחֲלָתוֹ׃ וְהַנְּתִינִים
22 יֹשְׁבִים בָּעֹפֶל וְצִיחָא וְגִשְׁפָּא עַל־הַנְּתִינִים׃ וּפְקִיד הַלְוִיִּם
בִּירוּשָׁלִַם עֻזִּי בֶּן־בָּנִי בֶּן־חֲשַׁבְיָה בֶּן־מַתַּנְיָה בֶּן־מִיכָא

מבני

v. 17. ידותון ק׳

23 מִבְּנֵי אָסָף הַמְשֹׁרְרִים לְנֶגֶד מְלֶאכֶת בֵּית־הָאֱלֹהִים׃ כִּי־
מִצְוַת הַמֶּלֶךְ עֲלֵיהֶם וַאֲמָנָה עַל־הַמְשֹׁרְרִים דְּבַר־יוֹם
24 בְּיוֹמוֹ׃ וּפְתַחְיָה בֶּן־מְשֵׁיזַבְאֵל מִבְּנֵי־זֶרַח בֶּן־יְהוּדָה לְיַד
כה הַמֶּלֶךְ לְכָל־דָּבָר לָעָם׃ וְאֶל־הַחֲצֵרִים בִּשְׂדֹתָם מִבְּנֵי
יְהוּדָה יָשְׁבוּ בְּקִרְיַת הָאַרְבַּע וּבְנֹתֶיהָ וּבְדִיבֹן וּבְנֹתֶיהָ
26 וּבִיקַּבְצְאֵל וַחֲצֵרֶיהָ׃ וּבְיֵשׁוּעַ וּבְמֹלָדָה וּבְבֵית־פָּלֶט׃
27 28 וּבַחֲצַר שׁוּעָל וּבִבְאֵר שֶׁבַע וּבְנֹתֶיהָ׃ וּבְצִקְלַג וּבִמְכֹנָה
29 ל וּבִבְנֹתֶיהָ׃ וּבְעֵין רִמּוֹן וּבְצָרְעָה וּבְיַרְמוּת׃ זָנֹחַ עֲדֻלָּם
וְחַצְרֵיהֶם לָכִישׁ וּשְׂדֹתֶיהָ עֲזֵקָה וּבְנֹתֶיהָ וַיַּחֲנוּ מִבְּאֵר־שֶׁבַע
31 עַד־גֵּיא הִנֹּם׃ וּבְנֵי בִנְיָמִן מִגָּבַע מִכְמָשׂ וְעַיָּה וּבֵית־אֵל
32 33 34 וּבְנֹתֶיהָ׃ עֲנָתוֹת נֹב עֲנָנְיָה׃ חָצוֹר ׀ רָמָה גִּתָּיִם׃ חָדִיד צְבֹעִים
לה 36 נְבַלָּט׃ לֹד וְאוֹנוֹ גֵּי הַחֲרָשִׁים׃ וּמִן־הַלְוִיִּם מַחְלְקוֹת יְהוּדָה
לְבִנְיָמִין׃

יב Cap. XII. יב

א וְאֵלֶּה הַכֹּהֲנִים וְהַלְוִיִּם אֲשֶׁר עָלוּ עִם־זְרֻבָּבֶל בֶּן־
2 שְׁאַלְתִּיאֵל וְיֵשׁוּעַ שְׂרָיָה יִרְמְיָה עֶזְרָא׃ אֲמַרְיָה מַלּוּךְ חַטּוּשׁ׃
3 4 שְׁכַנְיָה רְחֻם מְרֵמֹת׃ עִדּוֹא גִנְּתוֹי אֲבִיָּה׃ מִיָּמִין מַעַדְיָה
ה 6 בִּלְגָּה׃ שְׁמַעְיָה וְיוֹיָרִיב יְדַעְיָה׃ סַלּוּ עָמוֹק חִלְקִיָּה יְדַעְיָה
7 8 אֵלֶּה רָאשֵׁי הַכֹּהֲנִים וַאֲחֵיהֶם בִּימֵי יֵשׁוּעַ׃ וְהַלְוִיִּם יֵשׁוּעַ
בִּנּוּי קַדְמִיאֵל שֵׁרֵבְיָה יְהוּדָה מַתַּנְיָה עַל־הֻיְּדוֹת הוּא וְאֶחָיו׃
9 י וּבַקְבֻּקְיָה וְעֻנּוֹ אֲחֵיהֶם לְנֶגְדָּם לְמִשְׁמָרוֹת׃ וְיֵשׁוּעַ הוֹלִיד
אֶת־יוֹיָקִים וְיוֹיָקִים הוֹלִיד אֶת־אֶלְיָשִׁיב וְאֶלְיָשִׁיב אֶת־
11 יוֹיָדָע׃ וְיוֹיָדָע הוֹלִיד אֶת־יוֹנָתָן וְיוֹנָתָן הוֹלִיד אֶת־יַדּוּעַ׃
12 וּבִימֵי יוֹיָקִים הָיוּ כֹהֲנִים רָאשֵׁי הָאָבוֹת לִשְׂרָיָה מְרָיָה
13 14 לְיִרְמְיָה חֲנַנְיָה׃ לְעֶזְרָא מְשֻׁלָּם לַאֲמַרְיָה יְהוֹחָנָן׃ לִמְלוּכִי
טו 16 יוֹנָתָן לִשְׁבַנְיָה יוֹסֵף׃ לְחָרִם עַדְנָא לִמְרָיוֹת חֶלְקָי׃ לְעִדִּיא

זכריה

י״ב v. 9. ועני ק׳ v. 14. למליכו v. 16. לעדוא ק׳

17 זְכַרְיָה לְגִנְּתוֹן מְשֻׁלָּם׃ לַאֲבִיָּה זִכְרִי לְמִנְיָמִין לְמוֹעַדְיָה
18 19 פִּלְטָי׃ לְבִלְגָּה שַׁמּוּעַ לִשְׁמַעְיָה יְהוֹנָתָן׃ וּלְיוֹיָרִיב מַתְּנַי
כ 21 לִידַעְיָה עֻזִּי׃ לְסַלַּי קַלָּי לְעָמוֹק עֵבֶר׃ לְחִלְקִיָּה חֲשַׁבְיָה
22 לִידַעְיָה נְתַנְאֵל׃ הַלְוִיִּם בִּימֵי אֶלְיָשִׁיב יוֹיָדָע וְיוֹחָנָן וְיַדּוּעַ
כְּתוּבִים רָאשֵׁי אָבוֹת וְהַכֹּהֲנִים עַל־מַלְכוּת דָּרְיָוֶשׁ
23 הַפָּרְסִי׃ בְּנֵי לֵוִי רָאשֵׁי הָאָבוֹת כְּתוּבִים עַל־סֵפֶר
24 דִּבְרֵי הַיָּמִים וְעַד־יְמֵי יוֹחָנָן בֶּן־אֶלְיָשִׁיב׃ וְרָאשֵׁי הַלְוִיִּם
חֲשַׁבְיָה שֵׁרֵבְיָה וְיֵשׁוּעַ בֶּן־קַדְמִיאֵל וַאֲחֵיהֶם לְנֶגְדָּם לְהַלֵּל
לְהוֹדוֹת בְּמִצְוַת דָּוִיד אִישׁ־הָאֱלֹהִים מִשְׁמָר לְעֻמַּת מִשְׁמָר׃
כה מַתַּנְיָה וּבַקְבֻּקְיָה עֹבַדְיָה מְשֻׁלָּם טַלְמוֹן עַקּוּב שֹׁמְרִים
26 שׁוֹעֲרִים מִשְׁמָר בַּאֲסֻפֵּי הַשְּׁעָרִים׃ אֵלֶּה בִּימֵי יוֹיָקִים
בֶּן־יֵשׁוּעַ בֶּן־יוֹצָדָק וּבִימֵי נְחֶמְיָה הַפֶּחָה וְעֶזְרָא הַכֹּהֵן
27 הַסּוֹפֵר׃ וּבַחֲנֻכַּת חוֹמַת יְרוּשָׁלַם בִּקְשׁוּ אֶת־הַלְוִיִּם
מִכָּל־מְקוֹמֹתָם לַהֲבִיאָם לִירוּשָׁלָם לַעֲשֹׂת חֲנֻכָּה וְשִׂמְחָה
28 וּבְתוֹדוֹת וּבְשִׁיר מְצִלְתַּיִם נְבָלִים וּבְכִנֹּרוֹת׃ וַיֵּאָסְפוּ בְּנֵי
הַמְשֹׁרְרִים וּמִן־הַכִּכָּר סְבִיבוֹת יְרוּשָׁלַם וּמִן־חַצְרֵי נְטֹפָתִי׃
29 וּמִבֵּית הַגִּלְגָּל וּמִשְּׂדוֹת גֶּבַע וְעַזְמָוֶת כִּי חֲצֵרִים בָּנוּ לָהֶם
ל הַמְשֹׁרְרִים סְבִיבוֹת יְרוּשָׁלָם׃ וַיִּטַּהֲרוּ הַכֹּהֲנִים וְהַלְוִיִּם
31 וַיְטַהֲרוּ אֶת־הָעָם וְאֶת־הַשְּׁעָרִים וְאֶת־הַחוֹמָה׃ וָאַעֲלֶה
אֶת־שָׂרֵי יְהוּדָה מֵעַל לַחוֹמָה וָאַעֲמִידָה שְׁתֵּי תוֹדֹת גְּדוֹלֹת
32 וְתַהֲלֻכֹת לַיָּמִין מֵעַל לַחוֹמָה לְשַׁעַר הָאַשְׁפֹּת׃ וַיֵּלֶךְ אַחֲרֵיהֶם
33 34 הוֹשַׁעְיָה וַחֲצִי שָׂרֵי יְהוּדָה׃ וַעֲזַרְיָה עֶזְרָא וּמְשֻׁלָּם׃ יְהוּדָה
לה וּבִנְיָמִן וּשְׁמַעְיָה וְיִרְמְיָה׃ וּמִבְּנֵי הַכֹּהֲנִים בַּחֲצֹצְרוֹת
זְכַרְיָה בֶן־יוֹנָתָן בֶּן־שְׁמַעְיָה בֶּן־מַתַּנְיָה בֶּן־מִיכָיָה בֶּן־זַכּוּר
36 בֶּן־אָסָף׃ וְאֶחָיו שְׁמַעְיָה וַעֲזַרְאֵל מִלְלַי גִּלְלַי מָעַי נְתַנְאֵל
וִיהוּדָה חֲנָנִי בִּכְלֵי־שִׁיר דָּוִיד אִישׁ הָאֱלֹהִים וְעֶזְרָא הַסּוֹפֵר
37 לִפְנֵיהֶם׃ וְעַל שַׁעַר הָעַיִן וְנֶגְדָּם עָלוּ עַל־מַעֲלוֹת עִיר דָּוִיד
בַּמַּעֲלֶה לַחוֹמָה מֵעַל לְבֵית דָּוִיד וְעַד שַׁעַר הַמַּיִם מִזְרָח׃

והתודה

38 וְהַתּוֹדָה הַשֵּׁנִית הַהוֹלֶכֶת לְמוֹאל וַאֲנִי אַחֲרֶיהָ וַחֲצִי הָעָם
מֵעַל לְהַחוֹמָה מֵעַל לְמִגְדַּל הַתַּנּוּרִים וְעַד הַחוֹמָה הָרְחָבָה׃
39 וּמֵעַל לְשַׁעַר־אֶפְרַיִם וְעַל־שַׁעַר הַיְשָׁנָה וְעַל־שַׁעַר הַדָּגִים
וּמִגְדַּל חֲנַנְאֵל וּמִגְדַּל הַמֵּאָה וְעַד שַׁעַר הַצֹּאן וְעָמְדוּ בְּשַׁעַר
מ הַמַּטָּרָה׃ וַתַּעֲמֹדְנָה שְׁתֵּי הַתּוֹדֹת בְּבֵית הָאֱלֹהִים וַאֲנִי וַחֲצִי
41 הַסְּגָנִים עִמִּי׃ וְהַכֹּהֲנִים אֶלְיָקִים מַעֲשֵׂיָה מִנְיָמִין מִיכָיָה
42 אֶלְיוֹעֵינַי זְכַרְיָה חֲנַנְיָה בַּחֲצֹצְרוֹת׃ וּמַעֲשֵׂיָה וּשְׁמַעְיָה וְאֶלְעָזָר
וְעֻזִּי וִיהוֹחָנָן וּמַלְכִּיָּה וְעֵילָם וָעָזֶר וַיַּשְׁמִיעוּ הַמְשֹׁרְרִים
43 וְיִזְרַחְיָה הַפָּקִיד׃ וַיִּזְבְּחוּ בַיּוֹם־הַהוּא זְבָחִים גְּדוֹלִים וַיִּשְׂמָחוּ
כִּי הָאֱלֹהִים שִׂמְּחָם שִׂמְחָה גְדוֹלָה וְגַם הַנָּשִׁים וְהַיְלָדִים שָׂמֵחוּ
44 וַתִּשָּׁמַע שִׂמְחַת יְרוּשָׁלִַם מֵרָחוֹק׃ וַיִּפָּקְדוּ בַיּוֹם הַהוּא אֲנָשִׁים
עַל־הַנְּשָׁכוֹת לָאוֹצָרוֹת לַתְּרוּמוֹת לָרֵאשִׁית וְלַמַּעַשְׂרוֹת
לִכְנוֹס בָּהֶם לִשְׂדֵי הֶעָרִים מְנָאוֹת הַתּוֹרָה לַכֹּהֲנִים וְלַלְוִיִּם
כִּי שִׂמְחַת יְהוּדָה עַל־הַכֹּהֲנִים וְעַל־הַלְוִיִּם הָעֹמְדִים׃
מה וַיִּשְׁמְרוּ מִשְׁמֶרֶת אֱלֹהֵיהֶם וּמִשְׁמֶרֶת הַטָּהֳרָה וְהַמְשֹׁרְרִים
46 וְהַשֹּׁעֲרִים כְּמִצְוַת דָּוִיד שְׁלֹמֹה בְנוֹ׃ כִּי־בִימֵי דָוִיד וְאָסָף
מִקֶּדֶם רָאשׁ הַמְשֹׁרְרִים וְשִׁיר־תְּהִלָּה וְהֹדוֹת לֵאלֹהִים׃
47 וְכָל־יִשְׂרָאֵל בִּימֵי זְרֻבָּבֶל וּבִימֵי נְחֶמְיָה נֹתְנִים מְנָיוֹת
הַמְשֹׁרְרִים וְהַשֹּׁעֲרִים דְּבַר־יוֹם בְּיוֹמוֹ וּמַקְדִּשִׁים לַלְוִיִּם
וְהַלְוִיִּם מַקְדִּשִׁים לִבְנֵי אַהֲרֹן׃

CAP. XIII. יג

יג

א בַּיּוֹם הַהוּא נִקְרָא בְּסֵפֶר מֹשֶׁה בְּאָזְנֵי הָעָם וְנִמְצָא כָּתוּב
בּוֹ אֲשֶׁר לֹא־יָבוֹא עַמֹּנִי וּמֹאָבִי בִּקְהַל הָאֱלֹהִים עַד־עוֹלָם׃
2 כִּי לֹא קִדְּמוּ אֶת־בְּנֵי יִשְׂרָאֵל בַּלֶּחֶם וּבַמָּיִם וַיִּשְׂכֹּר עָלָיו
3 אֶת־בִּלְעָם לְקַלְלוֹ וַיַּהֲפֹךְ אֱלֹהֵינוּ הַקְּלָלָה לִבְרָכָה׃ וַיְהִי
4 כְּשָׁמְעָם אֶת־הַתּוֹרָה וַיַּבְדִּילוּ כָל־עֵרֶב מִיִּשְׂרָאֵל׃ וְלִפְנֵי
מִזֶּה אֶלְיָשִׁיב הַכֹּהֵן נָתוּן בְּלִשְׁכַּת בֵּית־אֱלֹהֵינוּ קָרוֹב

לטוביה

י״ב v. 38. יתיר א׳ v. 46. ראשי ק׳

ה לְטוֹבִיָּה: וַיַּעַשׂ לוֹ לִשְׁכָּה גְדוֹלָה וְשָׁם הָיוּ לְפָנִים נֹתְנִים
אֶת־הַמִּנְחָה הַלְּבוֹנָה וְהַכֵּלִים וּמַעְשַׂר הַדָּגָן הַתִּירוֹשׁ וְהַיִּצְהָר
מִצְוַת הַלְוִיִּם וְהַמְשֹׁרְרִים וְהַשֹּׁעֲרִים וּתְרוּמַת הַכֹּהֲנִים:
6 וּבְכָל־זֶה לֹא הָיִיתִי בִּירוּשָׁלִָם כִּי בִּשְׁנַת שְׁלֹשִׁים וּשְׁתַּיִם
לְאַרְתַּחְשַׁסְתְּא מֶלֶךְ־בָּבֶל בָּאתִי אֶל־הַמֶּלֶךְ וּלְקֵץ יָמִים
7 נִשְׁאַלְתִּי מִן־הַמֶּלֶךְ: וָאָבוֹא לִירוּשָׁלִָם וָאָבִינָה בָרָעָה אֲשֶׁר
עָשָׂה אֶלְיָשִׁיב לְטוֹבִיָּה לַעֲשׂוֹת לוֹ נִשְׁכָּה בְּחַצְרֵי בֵּית
8 הָאֱלֹהִים: וַיֵּרַע לִי מְאֹד וָאַשְׁלִיכָה אֶת־כָּל־כְּלֵי בֵית־
9 טוֹבִיָּה הַחוּץ מִן־הַלִּשְׁכָּה: וָאֹמְרָה וַיְטַהֲרוּ הַלְּשָׁכוֹת וָאָשִׁיבָה
י שָׁם כְּלֵי בֵּית הָאֱלֹהִים אֶת־הַמִּנְחָה וְהַלְּבוֹנָה: וָאֵדְעָה כִּי־
מְנָיוֹת הַלְוִיִּם לֹא נִתָּנָה וַיִּבְרְחוּ אִישׁ־לְשָׂדֵהוּ הַלְוִיִּם
11 וְהַמְשֹׁרְרִים עֹשֵׂי הַמְּלָאכָה: וָאָרִיבָה אֶת־הַסְּגָנִים וָאֹמְרָה
מַדּוּעַ נֶעֱזַב בֵּית־הָאֱלֹהִים וָאֶקְבְּצֵם וָאַעֲמִדֵם עַל־עָמְדָם:
12 וְכָל־יְהוּדָה הֵבִיאוּ מַעְשַׂר הַדָּגָן וְהַתִּירוֹשׁ וְהַיִּצְהָר
13 לָאוֹצָרוֹת: וָאוֹצְרָה עַל־אוֹצָרוֹת שֶׁלֶמְיָה הַכֹּהֵן וְצָדוֹק
הַסּוֹפֵר וּפְדָיָה מִן־הַלְוִיִּם וְעַל־יָדָם חָנָן בֶּן־זַכּוּר בֶּן־מַתַּנְיָה
14 כִּי נֶאֱמָנִים נֶחְשָׁבוּ וַעֲלֵיהֶם לַחֲלֹק לַאֲחֵיהֶם: זָכְרָה־לִּי
אֱלֹהַי עַל־זֹאת וְאַל־תֶּמַח חֲסָדַי אֲשֶׁר עָשִׂיתִי בְּבֵית אֱלֹהַי
טו וּבְמִשְׁמָרָיו: בַּיָּמִים הָהֵמָּה רָאִיתִי בִיהוּדָה | דֹּרְכִים־גִּתּוֹת |
בַּשַּׁבָּת וּמְבִיאִים הָעֲרֵמוֹת וְעֹמְסִים עַל־הַחֲמֹרִים וְאַף־יַיִן
עֲנָבִים וּתְאֵנִים וְכָל־מַשָּׂא וּמְבִיאִים יְרוּשָׁלִַם בְּיוֹם הַשַּׁבָּת
16 וָאָעִיד בְּיוֹם מִכְרָם צָיִד: וְהַצֹּרִים יָשְׁבוּ בָהּ מְבִיאִים דָּאג
17 וְכָל־מֶכֶר וּמֹכְרִים בַּשַּׁבָּת לִבְנֵי יְהוּדָה וּבִירוּשָׁלִָם: וָאָרִיבָה
אֵת חֹרֵי יְהוּדָה וָאֹמְרָה לָהֶם מָה־הַדָּבָר הָרָע הַזֶּה אֲשֶׁר
18 אַתֶּם עֹשִׂים וּמְחַלְּלִים אֶת־יוֹם הַשַּׁבָּת: הֲלוֹא כֹה עָשׂוּ
אֲבֹתֵיכֶם וַיָּבֵא אֱלֹהֵינוּ עָלֵינוּ אֵת כָּל־הָרָעָה הַזֹּאת וְעַל
הָעִיר הַזֹּאת וְאַתֶּם מוֹסִיפִים חָרוֹן עַל־יִשְׂרָאֵל לְחַלֵּל אֶת־

השבת

v. 16. דג ק׳

19 הַשַּׁבָּת׃ וַיְהִי כַּאֲשֶׁר צָלֲלוּ שַׁעֲרֵי יְרוּשָׁלִַם לִפְנֵי הַשַּׁבָּת
וָאֹמְרָה וַיִּסָּגְרוּ הַדְּלָתוֹת וָאֹמְרָה אֲשֶׁר לֹא יִפְתָּחוּם עַד אַחַר
הַשַּׁבָּת וּמִנְּעָרַי הֶעֱמַדְתִּי עַל־הַשְּׁעָרִים לֹא־יָבוֹא מַשָּׂא בְּיוֹם
כ הַשַּׁבָּת׃ וַיָּלִינוּ הָרֹכְלִים וּמֹכְרֵי כָל־מִמְכָּר מִחוּץ לִירוּשָׁלִָם
21 פַּעַם וּשְׁתָּיִם׃ וָאָעִידָה בָהֶם וָאֹמְרָה אֲלֵיהֶם מַדּוּעַ אַתֶּם
לֵנִים נֶגֶד הַחוֹמָה אִם־תִּשְׁנוּ יָד אֶשְׁלַח בָּכֶם מִן־הָעֵת הַהִיא
22 לֹא־בָאוּ בַּשַּׁבָּת׃ וָאֹמְרָה לַלְוִיִּם אֲשֶׁר יִהְיוּ מִטַּהֲרִים וּבָאִים
שֹׁמְרִים הַשְּׁעָרִים לְקַדֵּשׁ אֶת־יוֹם הַשַּׁבָּת גַּם־זֹאת זָכְרָה־לִּי
23 אֱלֹהַי וְחוּסָה עָלַי כְּרֹב חַסְדֶּךָ׃ גַּם ׀ בַּיָּמִים הָהֵם רָאִיתִי
אֶת־הַיְּהוּדִים הֹשִׁיבוּ נָשִׁים אַשְׁדֳּודִיּוֹת עַמֳּונִיּוֹת מוֹאֲבִיּוֹת׃
24 וּבְנֵיהֶם חֲצִי מְדַבֵּר אַשְׁדּוֹדִית וְאֵינָם מַכִּירִים לְדַבֵּר יְהוּדִית
כה וְכִלְשׁוֹן עַם וָעָם׃ וָאָרִיב עִמָּם וָאֲקַלְלֵם וָאַכֶּה מֵהֶם אֲנָשִׁים
וָאֶמְרְטֵם וָאַשְׁבִּיעֵם בֵּאלֹהִים אִם־תִּתְּנוּ בְנֹתֵיכֶם לִבְנֵיהֶם
26 וְאִם־תִּשְׂאוּ מִבְּנֹתֵיהֶם לִבְנֵיכֶם וְלָכֶם׃ הֲלוֹא עַל־אֵלֶּה
חָטָא־שְׁלֹמֹה מֶלֶךְ־יִשְׂרָאֵל וּבַגּוֹיִם הָרַבִּים לֹא־הָיָה מֶלֶךְ
כָּמֹהוּ וְאָהוּב לֵאלֹהָיו הָיָה וַיִּתְּנֵהוּ אֱלֹהִים מֶלֶךְ עַל־כָּל־
27 יִשְׂרָאֵל גַּם־אוֹתוֹ הֶחֱטִיאוּ הַנָּשִׁים הַנָּכְרִיּוֹת׃ וְלָכֶם הֲנִשְׁמַע
לַעֲשֹׂת אֵת כָּל־הָרָעָה הַגְּדוֹלָה הַזֹּאת לִמְעֹל בֵּאלֹהֵינוּ
28 לְהֹשִׁיב נָשִׁים נָכְרִיּוֹת׃ וּמִבְּנֵי יוֹיָדָע בֶּן־אֶלְיָשִׁיב הַכֹּהֵן הַגָּדוֹל
29 חָתָן לְסַנְבַלַּט הַחֹרֹנִי וָאַבְרִיחֵהוּ מֵעָלָי׃ זָכְרָה לָהֶם אֱלֹהָי
ל עַל גָּאֳלֵי הַכְּהֻנָּה וּבְרִית הַכְּהֻנָּה וְהַלְוִיִּם׃ וְטִהַרְתִּים מִכָּל־
נֵכָר וָאַעֲמִידָה מִשְׁמָרוֹת לַכֹּהֲנִים וְלַלְוִיִּם אִישׁ בִּמְלַאכְתּוֹ׃
31 וּלְקֻרְבַּן הָעֵצִים בְּעִתִּים מְזֻמָּנוֹת וְלַבִּכּוּרִים זָכְרָה־לִּי אֱלֹהַי
לְטוֹבָה׃

---

v. 23. יתער ר׳ ibid. יתיר ר׳

חזק

סכום פסוקי דעזרא ונחמיה שש מאות ושמונים ושמונה. וסימנו זכור ה׳ חרפת עבדיך. וחציו ובין עלית הפנה. וסדריו עשרה. וסימנו על הר גבה עלי לך מבשרת ציון:

דברי הימים א

PRIOR LIBER

CHRONICORUM

CAPUT I. א

א
א 2 3 אָדָם שֵׁת אֱנוֹשׁ׃ קֵינָן מַהֲלַלְאֵל יָרֶד׃ חֲנוֹךְ מְתוּשֶׁלַח לָמֶךְ׃
4 ה נֹחַ שֵׁם חָם וָיָפֶת׃ בְּנֵי יֶפֶת גֹּמֶר וּמָגוֹג וּמָדַי וְיָוָן וְתֻבָל וּמֶשֶׁךְ
6 7 וְתִירָס׃ וּבְנֵי גֹּמֶר אַשְׁכְּנַז וְדִיפַת וְתוֹגַרְמָה׃ וּבְנֵי יָוָן אֱלִישָׁה
8 וְתַרְשִׁישָׁה כִּתִּים וְרוֹדָנִים׃ בְּנֵי חָם כּוּשׁ וּמִצְרַיִם פּוּט וּכְנָעַן׃
9 וּבְנֵי כוּשׁ סְבָא וַחֲוִילָה וְסַבְתָּא וְרַעְמָא וְסַבְתְּכָא וּבְנֵי רַעְמָא
י שְׁבָא וּדְדָן׃ וְכוּשׁ יָלַד אֶת־נִמְרוֹד הוּא הֵחֵל לִהְיוֹת גִּבּוֹר
11 בָּאָרֶץ׃ וּמִצְרַיִם יָלַד אֶת־לוּדִיִּים וְאֶת־עֲנָמִים וְאֶת־
12 לְהָבִים וְאֶת־נַפְתֻּחִים׃ וְאֶת־פַּתְרֻסִים וְאֶת־כַּסְלֻחִים אֲשֶׁר
13 יָצְאוּ מִשָּׁם פְּלִשְׁתִּים וְאֶת־כַּפְתֹּרִים׃ וּכְנַעַן יָלַד אֶת־
14 צִידוֹן בְּכֹרוֹ וְאֶת־חֵת׃ וְאֶת־הַיְבוּסִי וְאֶת־הָאֱמֹרִי וְאֵת
טו 16 הַגִּרְגָּשִׁי׃ וְאֶת־הַחִוִּי וְאֶת־הַעַרְקִי וְאֶת־הַסִּינִי׃ וְאֶת־
17 הָאַרְוָדִי וְאֶת־הַצְּמָרִי וְאֶת־הַחֲמָתִי׃ בְּנֵי שֵׁם
עֵילָם וְאַשּׁוּר וְאַרְפַּכְשַׁד וְלוּד וַאֲרָם וְעוּץ וְחוּל וְגֶתֶר
18 וָמֶשֶׁךְ׃ וְאַרְפַּכְשַׁד יָלַד אֶת־שָׁלַח וְשֶׁלַח יָלַד אֶת־
19 עֵבֶר׃ וּלְעֵבֶר יֻלַּד שְׁנֵי בָנִים שֵׁם הָאֶחָד פֶּלֶג כִּי בְיָמָיו
כ נִפְלְגָה הָאָרֶץ וְשֵׁם אָחִיו יָקְטָן׃ וְיָקְטָן יָלַד אֶת־אַלְמוֹדָד
21 וְאֶת־שָׁלֶף וְאֶת־חֲצַרְמָוֶת וְאֶת־יָרַח׃ וְאֶת־הֲדוֹרָם וְאֶת־
22 אוּזָל וְאֶת־דִּקְלָה׃ וְאֶת־עֵיבָל וְאֶת־אֲבִימָאֵל וְאֶת־
23 שְׁבָא׃ וְאֶת־אוֹפִיר וְאֶת־חֲוִילָה וְאֶת־יוֹבָב כָּל־אֵלֶּה בְּנֵי
24 כה 26 יָקְטָן׃ שֵׁם ׀ אַרְפַּכְשַׁד שָׁלַח׃ עֵבֶר פֶּלֶג רְעוּ׃ שְׂרוּג
27 28 נָחוֹר תָּרַח׃ אַבְרָם הוּא אַבְרָהָם׃ בְּנֵי אַבְרָהָם יִצְחָק
29 וְיִשְׁמָעֵאל׃ אֵלֶּה תֹּלְדוֹתָם בְּכוֹר יִשְׁמָעֵאל נְבָיוֹת וְקֵדָר

ואדבאל

v. 1. א׳ רבתי v. 11. יתיר י׳

ל 31 וְאַדְבְּאֵל וּמִבְשָֽׂם׃ מִשְׁמָע וְדוּמָה מַשָּׂא חֲדַד וְתֵימָֽא׃ יְטוּר
32 נָפִישׁ וָקֵדְמָה אֵלֶּה הֵם בְּנֵי יִשְׁמָעֵֽאל׃ וּבְנֵי קְטוּרָה
פִּילֶגֶשׁ אַבְרָהָם יָֽלְדָה אֶת־זִמְרָן וְיָקְשָׁן וּמְדָן וּמִדְיָן וְיִשְׁבָּק
33 וְשׁוּחַ וּבְנֵי יָקְשָׁן שְׁבָא וּדְדָֽן׃ וּבְנֵי מִדְיָן עֵיפָה וָעֵפֶר וַחֲנוֹךְ
34 וַאֲבִידָע וְאֶלְדָּעָה כָּל־אֵלֶּה בְּנֵי קְטוּרָֽה׃ וַיּוֹלֶד
לה אַבְרָהָם אֶת־יִצְחָק בְּנֵי יִצְחָק עֵשָׂו וְיִשְׂרָאֵֽל׃ בְּנֵי עֵשָׂו
36 אֱלִיפַז רְעוּאֵל וִיעוּשׁ וְיַעְלָם וְקֹֽרַח׃ בְּנֵי אֱלִיפָז תֵּימָן
37 וְאוֹמָר צְפִי וְגַעְתָּם קְנַז וְתִמְנָע וַעֲמָלֵֽק׃ בְּנֵי רְעוּאֵל
38 נַחַת זֶרַח שַׁמָּה וּמִזָּֽה׃ וּבְנֵי שֵׂעִיר לוֹטָן וְשׁוֹבָל וְצִבְעוֹן וַעֲנָה
39 וְדִישֹׁן וְאֵצֶר וְדִישָֽׁן׃ וּבְנֵי לוֹטָן חֹרִי וְהוֹמָם וַאֲחוֹת לוֹטָן
מ תִּמְנָֽע׃ בְּנֵי שׁוֹבָל עַלְיָן וּמָנַחַת וְעֵיבָל שְׁפִי וְאוֹנָם
41 וּבְנֵי צִבְעוֹן אַיָּה וַעֲנָֽה׃ בְּנֵי עֲנָה דִּישׁוֹן וּבְנֵי דִישׁוֹן חַמְרָן
42 וְאֶשְׁבָּן וְיִתְרָן וּכְרָֽן׃ בְּנֵי־אֵצֶר בִּלְהָן וְזַעֲוָן יַעֲקָן בְּנֵי
43 דִישׁוֹן עוּץ וַאֲרָֽן׃ וְאֵלֶּה הַמְּלָכִים אֲשֶׁר מָלְכוּ בְּאֶרֶץ
אֱדוֹם לִפְנֵי מְלָךְ־מֶלֶךְ לִבְנֵי יִשְׂרָאֵל בֶּלַע בֶּן־בְּעוֹר וְשֵׁם
44 עִירוֹ דִּנְהָֽבָה׃ וַיָּמָת בָּלַע וַיִּמְלֹךְ תַּחְתָּיו יוֹבָב בֶּן־זֶרַח
מה מִבָּצְרָֽה׃ וַיָּמָת יוֹבָב וַיִּמְלֹךְ תַּחְתָּיו חוּשָׁם מֵאֶרֶץ הַתֵּימָנִֽי׃
46 וַיָּמָת חוּשָׁם וַיִּמְלֹךְ תַּחְתָּיו הֲדַד בֶּן־בְּדַד הַמַּכֶּה אֶת־מִדְיָן
47 בִּשְׂדֵה מוֹאָב וְשֵׁם עִירוֹ עֲיוֹת׃ וַיָּמָת הֲדָד וַיִּמְלֹךְ תַּחְתָּיו
48 שַׂמְלָה מִמַּשְׂרֵקָֽה׃ וַיָּמָת שַׂמְלָה וַיִּמְלֹךְ תַּחְתָּיו שָׁאוּל מֵרְחֹבוֹת
49 הַנָּהָֽר׃ וַיָּמָת שָׁאוּל וַיִּמְלֹךְ תַּחְתָּיו בַּעַל חָנָן בֶּן־עַכְבּֽוֹר׃
נ וַיָּמָת בַּעַל חָנָן וַיִּמְלֹךְ תַּחְתָּיו הֲדַד וְשֵׁם עִירוֹ פָּעִי וְשֵׁם
51 אִשְׁתּוֹ מְהֵיטַבְאֵל בַּת־מַטְרֵד בַּת מֵי זָהָֽב׃ וַיָּמָת הֲדָד וַיִּהְיוּ
52 אַלּוּפֵי אֱדוֹם אַלּוּף תִּמְנָע אַלּוּף עַלְיָה אַלּוּף יְתֵֽת׃ אַלּוּף
53 אָהֳלִיבָמָה אַלּוּף אֵלָה אַלּוּף פִּינֹֽן׃ אַלּוּף קְנַז אַלּוּף תֵּימָן
54 אַלּוּף מִבְצָֽר׃ אַלּוּף מַגְדִּיאֵל אַלּוּף עִירָם אֵלֶּה אַלּוּפֵי
אֱדֽוֹם׃

אלה

v. 46. עוית ק׳ v. 51. עלוה ק׳

ב

Cap. II. ב

א אֵלֶּה בְּנֵי יִשְׂרָאֵל רְאוּבֵן שִׁמְעוֹן לֵוִי וִיהוּדָה יִשָּׂשכָר וּזְבֻלוּן׃
2 3 דָּן יוֹסֵף וּבִנְיָמִן נַפְתָּלִי גָּד וְאָשֵׁר׃ בְּנֵי יְהוּדָה עֵר וְאוֹנָן
וְשֵׁלָה שְׁלוֹשָׁה נוֹלַד לוֹ מִבַּת־שׁוּעַ הַכְּנַעֲנִית וַיְהִי עֵר ׀ בְּכוֹר
4 יְהוּדָה רַע בְּעֵינֵי יְהוָה וַיְמִיתֵהוּ׃ וְתָמָר כַּלָּתוֹ יָלְדָה לּוֹ
ה אֶת־פֶּרֶץ וְאֶת־זָרַח כָּל־בְּנֵי יְהוּדָה חֲמִשָּׁה׃ בְּנֵי
6 פֶרֶץ חֶצְרוֹן וְחָמוּל׃ וּבְנֵי זֶרַח זִמְרִי וְאֵיתָן וְהֵימָן
7 וְכַלְכֹּל וָדָרַע כֻּלָּם חֲמִשָּׁה׃ וּבְנֵי כַּרְמִי עָכָר עוֹכֵר יִשְׂרָאֵל
8 9 אֲשֶׁר מָעַל בַּחֵרֶם׃ וּבְנֵי אֵיתָן עֲזַרְיָה׃ וּבְנֵי חֶצְרוֹן אֲשֶׁר
י נוֹלַד־לוֹ אֶת־יְרַחְמְאֵל וְאֶת־רָם וְאֶת־כְּלוּבָי׃ וְרָם הוֹלִיד
אֶת־עַמִּינָדָב וְעַמִּינָדָב הוֹלִיד אֶת־נַחְשׁוֹן נְשִׂיא בְּנֵי יְהוּדָה׃
11 12 וְנַחְשׁוֹן הוֹלִיד אֶת־שַׂלְמָא וְשַׂלְמָא הוֹלִיד אֶת־בֹּעַז׃ וּבֹעַז
13 הוֹלִיד אֶת־עוֹבֵד וְעוֹבֵד הוֹלִיד אֶת־יִשָׁי׃ וְאִישַׁי הוֹלִיד
אֶת־בְּכֹרוֹ אֶת־אֱלִיאָב וַאֲבִינָדָב הַשֵּׁנִי וְשִׁמְעָא הַשְּׁלִשִׁי׃
14 טו נְתַנְאֵל הָרְבִיעִי רַדַּי הַחֲמִישִׁי׃ אֹצֶם הַשִּׁשִּׁי דָּוִיד הַשְּׁבִעִי׃
16 וְאַחְיֹתֵיהֶם צְרוּיָה וַאֲבִיגָיִל וּבְנֵי צְרוּיָה אַבְשַׁי וְיוֹאָב וַעֲשָׂה־
17 אֵל שְׁלֹשָׁה׃ וַאֲבִיגַיִל יָלְדָה אֶת־עֲמָשָׂא וַאֲבִי עֲמָשָׂא יֶתֶר
18 הַיִּשְׁמְעֵאלִי׃ וְכָלֵב בֶּן־חֶצְרוֹן הוֹלִיד אֶת־עֲזוּבָה אִשָּׁה
19 וְאֶת־יְרִיעוֹת וְאֵלֶּה בָנֶיהָ יֵשֶׁר וְשׁוֹבָב וְאַרְדּוֹן׃ וַתָּמָת עֲזוּבָה
כ וַיִּקַּח־לוֹ כָלֵב אֶת־אֶפְרָת וַתֵּלֶד לוֹ אֶת־חוּר׃ וְחוּר הוֹלִיד
21 אֶת־אוּרִי וְאוּרִי הוֹלִיד אֶת־בְּצַלְאֵל׃ וְאַחַר בָּא חֶצְרוֹן
אֶל־בַּת־מָכִיר אֲבִי גִלְעָד וְהוּא לְקָחָהּ וְהוּא בֶּן־שִׁשִּׁים שָׁנָה
22 וַתֵּלֶד לוֹ אֶת־שְׂגוּב׃ וּשְׂגוּב הוֹלִיד אֶת־יָאִיר וַיְהִי־לוֹ
23 עֶשְׂרִים וְשָׁלוֹשׁ עָרִים בְּאֶרֶץ הַגִּלְעָד׃ וַיִּקַּח גְּשׁוּר־וַאֲרָם
אֶת־חַוֹּת יָאִיר מֵאִתָּם אֶת־קְנָת וְאֶת־בְּנֹתֶיהָ שִׁשִּׁים עִיר
24 כָּל־אֵלֶּה בְּנֵי מָכִיר אֲבִי־גִלְעָד׃ וְאַחַר מוֹת־חֶצְרוֹן בְּכָלֵב
אֶפְרָתָה וְאֵשֶׁת חֶצְרוֹן אֲבִיָּה וַתֵּלֶד לוֹ אֶת־אַשְׁחוּר אֲבִי

v. 8. סבירין ובן

כה תְקוֹעַ׃ וַיִּהְיוּ בְנֵי־יְרַחְמְאֵל בְּכוֹר חֶצְרוֹן הַבְּכוֹר ׀ רָם וּבוּנָה
26 וָאֹרֶן וָאֹצֶם אֲחִיָּה׃ וַתְּהִי אִשָּׁה אַחֶרֶת לִירַחְמְאֵל וּשְׁמָהּ
27 עֲטָרָה הִיא אֵם אוֹנָם׃ וַיִּהְיוּ בְנֵי־רָם בְּכוֹר יְרַחְמְאֵל
28 מַעַץ וְיָמִין וָעֵקֶר׃ וַיִּהְיוּ בְנֵי־אוֹנָם שַׁמַּי וְיָדָע וּבְנֵי שַׁמַּי נָדָב
29 וַאֲבִישׁוּר׃ וְשֵׁם אֵשֶׁת אֲבִישׁוּר אֲבִיהָיִל וַתֵּלֶד לוֹ אֶת־אַחְבָּן
ל וְאֶת־מוֹלִיד׃ וּבְנֵי נָדָב סֶלֶד וְאַפָּיִם וַיָּמָת סֶלֶד לֹא
31 בָנִים׃ וּבְנֵי אַפַּיִם יִשְׁעִי וּבְנֵי יִשְׁעִי שֵׁשָׁן וּבְנֵי שֵׁשָׁן אַחְלָי׃
32 33 וּבְנֵי יָדָע אֲחִי שַׁמַּי יֶתֶר וְיוֹנָתָן וַיָּמָת יֶתֶר לֹא בָנִים׃ וּבְנֵי
34 יוֹנָתָן פֶּלֶת וְזָזָא אֵלֶּה הָיוּ בְּנֵי יְרַחְמְאֵל׃ וְלֹא־הָיָה לְשֵׁשָׁן
לה בָּנִים כִּי אִם־בָּנוֹת וּלְשֵׁשָׁן עֶבֶד מִצְרִי וּשְׁמוֹ יַרְחָע׃ וַיִּתֵּן
שֵׁשָׁן אֶת־בִּתּוֹ לְיַרְחָע עַבְדּוֹ לְאִשָּׁה וַתֵּלֶד לוֹ אֶת־עַתָּי׃
36 37 וְעַתַּי הוֹלִיד אֶת־נָתָן וְנָתָן הוֹלִיד אֶת־זָבָד׃ וְזָבָד הוֹלִיד
38 אֶת־אֶפְלָל וְאֶפְלָל הוֹלִיד אֶת־עוֹבֵד׃ וְעוֹבֵד הוֹלִיד אֶת־
39 יֵהוּא וְיֵהוּא הוֹלִיד אֶת־עֲזַרְיָה׃ וַעֲזַרְיָה הוֹלִיד אֶת־חָלֶץ
מ וְחֶלֶץ הוֹלִיד אֶת־אֶלְעָשָׂה׃ וְאֶלְעָשָׂה הוֹלִיד אֶת־סִסְמָי
41 וְסִסְמַי הוֹלִיד אֶת־שַׁלּוּם׃ וְשַׁלּוּם הוֹלִיד אֶת־יְקַמְיָה וִיקַמְיָה
42 הוֹלִיד אֶת־אֱלִישָׁמָע׃ וּבְנֵי כָלֵב אֲחִי יְרַחְמְאֵל מֵישָׁע
43 בְּכֹרוֹ הוּא אֲבִי־זִיף וּבְנֵי מָרֵשָׁה אֲבִי חֶבְרוֹן׃ וּבְנֵי חֶבְרוֹן
44 קֹרַח וְתַפֻּחַ וְרֶקֶם וָשָׁמַע׃ וְשֶׁמַע הוֹלִיד אֶת־רַחַם אֲבִי
מה יָרְקְעָם וְרֶקֶם הוֹלִיד אֶת־שַׁמָּי׃ וּבֶן־שַׁמַּי מָעוֹן וּמָעוֹן אֲבִי
46 בֵית־צוּר׃ וְעֵיפָה פִּילֶגֶשׁ כָּלֵב יָלְדָה אֶת־חָרָן וְאֶת־מוֹצָא
47 וְאֶת־גָּזֵז וְחָרָן הוֹלִיד אֶת־גָּזֵז׃ וּבְנֵי יָהְדָּי רֶגֶם וְיוֹתָם
48 וְגֵישָׁן וָפֶלֶט וְעֵיפָה וָשָׁעַף׃ פִּלֶגֶשׁ כָּלֵב מַעֲכָה יָלַד שֶׁבֶר
49 וְאֶת־תִּרְחֲנָה׃ וַתֵּלֶד שַׁעַף אֲבִי מַדְמַנָּה אֶת־שְׁוָא אֲבִי מַכְבֵּנָה
נ וַאֲבִי גִבְעָא וּבַת־כָּלֵב עַכְסָה׃ אֵלֶּה הָיוּ בְּנֵי כָלֵב בֶּן־חוּר
51 בְּכוֹר אֶפְרָתָה שׁוֹבָל אֲבִי קִרְיַת יְעָרִים׃ שַׂלְמָא אֲבִי בֵית־
52 לָחֶם חָרֵף אֲבִי בֵית־גָּדֵר׃ וַיִּהְיוּ בָנִים לְשׁוֹבָל אֲבִי קִרְיַת
53 יְעָרִים הָרֹאֶה חֲצִי הַמְּנֻחוֹת׃ וּמִשְׁפְּחוֹת קִרְיַת יְעָרִים

היתרי

הַיִּתְרִי֙ וְהַפּוּתִי֙ וְהַשֻּׁמָתִי וְהַמִּשְׁרָעִי מֵאֵלֶּה יָֽצְאוּ֙ הַצָּרְעָתִי
54 וְהָאֶשְׁתָּאֻלִֽי׃ בְּנֵי שַׂלְמָא בֵּית לֶחֶם וּנְטוֹפָתִי עַטְרוֹת בֵּית
נה יוֹאָב וַחֲצִי הַמָּנַחְתִּי הַצָּרְעִי׃ וּמִשְׁפְּחוֹת סֹפְרִים יָשְׁבוּ יַעְבֵּץ
תִּרְעָתִים שִׁמְעָתִים שׂוּכָתִים הֵמָּה הַקִּינִים הַבָּאִים מֵחַמַּת
אֲבִי בֵית־רֵכָב׃

ג Cap. III. ג

א וְאֵלֶּה הָיוּ בְּנֵי דָוִיד אֲשֶׁר נוֹלַד־לוֹ בְּחֶבְרוֹן הַבְּכוֹר ׀ אַמְנֹן
לַאֲחִינֹעַם הַיִּזְרְעֵאלִית שֵׁנִי דָּנִיֵּאל לַאֲבִיגַיִל הַכַּרְמְלִית׃
2 הַשְּׁלִשִׁי לְאַבְשָׁלוֹם בֶּן־מַעֲכָה בַּת־תַּלְמַי מֶלֶךְ גְּשׁוּר
3 הָרְבִיעִי אֲדֹנִיָּה בֶן־חַגִּית׃ הַחֲמִישִׁי שְׁפַטְיָה לַאֲבִיטָל הַשִּׁשִּׁי
4 יִתְרְעָם לְעֶגְלָה אִשְׁתּוֹ׃ שִׁשָּׁה נוֹלַד־לוֹ בְחֶבְרוֹן וַיִּמְלָךְ־
שָׁם שֶׁבַע שָׁנִים וְשִׁשָּׁה חֳדָשִׁים וּשְׁלֹשִׁים וְשָׁלוֹשׁ שָׁנָה מָלַךְ
ה בִּירוּשָׁלִָם׃ וְאֵלֶּה נוּלְּדוּ־לוֹ בִּירוּשָׁלָיִם שִׁמְעָא וְשׁוֹבָב
6 וְנָתָן וּשְׁלֹמֹה אַרְבָּעָה לְבַת־שׁוּעַ בַּת־עַמִּיאֵל׃ וְיִבְחָר
7 8 וֶאֱלִישָׁמָע וֶאֱלִיפָלֶט׃ וְנֹגַהּ וְנֶפֶג וְיָפִיעַ׃ וֶאֱלִישָׁמָע וְאֶלְיָדָע
9 וֶאֱלִיפֶלֶט תִּשְׁעָה׃ כֹּל בְּנֵי דָוִיד מִלְּבַד בְּנֵי־פִילַגְשִׁים וְתָמָר
י אֲחוֹתָם׃ וּבֶן־שְׁלֹמֹה רְחַבְעָם אֲבִיָּה בְנוֹ אָסָא בְנוֹ
11 12 יְהוֹשָׁפָט בְּנוֹ׃ יוֹרָם בְּנוֹ אֲחַזְיָהוּ בְנוֹ יוֹאָשׁ בְּנוֹ׃ אֲמַצְיָהוּ
13 בְנוֹ עֲזַרְיָה בְנוֹ יוֹתָם בְּנוֹ׃ אָחָז בְּנוֹ חִזְקִיָּהוּ בְנוֹ מְנַשֶּׁה בְנוֹ׃
14 טו אָמוֹן בְּנוֹ יֹאשִׁיָּהוּ בְנוֹ׃ וּבְנֵי יֹאשִׁיָּהוּ הַבְּכוֹר יוֹחָנָן הַשֵּׁנִי
16 יְהוֹיָקִים הַשְּׁלִשִׁי צִדְקִיָּהוּ הָרְבִיעִי שַׁלּוּם׃ וּבְנֵי יְהוֹיָקִים
17 יְכָנְיָה בְנוֹ צִדְקִיָּה בְנוֹ׃ וּבְנֵי יְכָנְיָה אַסִּר שְׁאַלְתִּיאֵל בְּנוֹ׃
18 19 וּמַלְכִּירָם וּפְדָיָה וְשֶׁנְאַצַּר יְקַמְיָה הוֹשָׁמָע וּנְדַבְיָה׃ וּבְנֵי
פְדָיָה זְרֻבָּבֶל וְשִׁמְעִי וּבֶן־זְרֻבָּבֶל מְשֻׁלָּם וַחֲנַנְיָה וּשְׁלֹמִית
כ אֲחוֹתָם׃ וַחֲשֻׁבָה וָאֹהֶל וּבֶרֶכְיָה וַחֲסַדְיָה יוּשַׁב חֶסֶד חָמֵשׁ׃
21 וּבֶן־חֲנַנְיָה פְּלַטְיָה וִישַׁעְיָה בְּנֵי רְפָיָה בְּנֵי אַרְנָן בְּנֵי עֹבַדְיָה
22 בְּנֵי שְׁכַנְיָה׃ וּבְנֵי שְׁכַנְיָה שְׁמַעְיָה וּבְנֵי שְׁמַעְיָה חַטּוּשׁ וְיִגְאָל

ובריח

ב׳ v. 55. ישבי ק׳

23 וּבְרִיחַ וּנְעַרְיָה וְשָׁפָט שִׁשָּׁה׃ וּבֶן־נְעַרְיָה אֶלְיוֹעֵינַי וְחִזְקִיָּה
24 וְעַזְרִיקָם שְׁלֹשָׁה׃ וּבְנֵי אֶלְיוֹעֵינַי הוֹדַיְוָהוּ וְאֶלְיָשִׁיב וּפְלָיָה
וְעַקּוּב וְיוֹחָנָן וּדְלָיָה וַעֲנָנִי שִׁבְעָה׃

ד CAP. IV. ד

א 2 בְּנֵי יְהוּדָה פֶּרֶץ חֶצְרוֹן וְכַרְמִי וְחוּר וְשׁוֹבָל׃ וּרְאָיָה בֶן־
שׁוֹבָל הֹלִיד אֶת־יַחַת וְיַחַת הֹלִיד אֶת־אֲחוּמַי וְאֶת־לָהַד
3 אֵלֶּה מִשְׁפְּחוֹת הַצָּרְעָתִי׃ וְאֵלֶּה אֲבִי עֵיטָם יִזְרְעֶאל
4 וְיִשְׁמָא וְיִדְבָּשׁ וְשֵׁם אֲחוֹתָם הַצְלֶלְפּוֹנִי׃ וּפְנוּאֵל אֲבִי גְדֹר
וְעֵזֶר אֲבִי חוּשָׁה אֵלֶּה בְנֵי־חוּר בְּכוֹר אֶפְרָתָה אֲבִי בֵּית
ה לָחֶם׃ וּלְאַשְׁחוּר אֲבִי תְקוֹעַ הָיוּ שְׁתֵּי נָשִׁים חֶלְאָה וְנַעֲרָה׃
6 וַתֵּלֶד לוֹ נַעֲרָה אֶת־אֲחֻזָּם וְאֶת־חֵפֶר וְאֶת־תֵּימְנִי וְאֶת־
7 הָאֲחַשְׁתָּרִי אֵלֶּה בְּנֵי נַעֲרָה׃ וּבְנֵי חֶלְאָה צֶרֶת יִצְחַר וְאֶתְנָן׃
8 וְקוֹץ הוֹלִיד אֶת־עָנוּב וְאֶת־הַצֹּבֵבָה וּמִשְׁפְּחֹת אֲחַרְחֵל
9 בֶּן־הָרֻם׃ וַיְהִי יַעְבֵּץ נִכְבָּד מֵאֶחָיו וְאִמּוֹ קָרְאָה שְׁמוֹ יַעְבֵּץ
י לֵאמֹר כִּי יָלַדְתִּי בְּעֹצֶב׃ וַיִּקְרָא יַעְבֵּץ לֵאלֹהֵי יִשְׂרָאֵל
לֵאמֹר אִם־בָּרֵךְ תְּבָרְכֵנִי וְהִרְבִּיתָ אֶת־גְּבוּלִי וְהָיְתָה יָדְךָ
עִמִּי וְעָשִׂיתָ מֵּרָעָה לְבִלְתִּי עָצְבִּי וַיָּבֵא אֱלֹהִים אֵת אֲשֶׁר־
11 שָׁאָל׃ וּכְלוּב אֲחִי־שׁוּחָה הוֹלִיד אֶת־מְחִיר הוּא אֲבִי
12 אֶשְׁתּוֹן׃ וְאֶשְׁתּוֹן הוֹלִיד אֶת־בֵּית רָפָא וְאֶת־פָּסֵחַ וְאֶת־
13 תְּחִנָּה אֲבִי עִיר נָחָשׁ אֵלֶּה אַנְשֵׁי רֵכָה׃ וּבְנֵי קְנַז עָתְנִיאֵל
14 וּשְׂרָיָה וּבְנֵי עָתְנִיאֵל חֲתַת׃ וּמְעוֹנֹתַי הוֹלִיד אֶת־עָפְרָה
וּשְׂרָיָה הוֹלִיד אֶת־יוֹאָב אֲבִי גֵּיא חֲרָשִׁים כִּי חֲרָשִׁים
טו הָיוּ׃ וּבְנֵי כָּלֵב בֶּן־יְפֻנֶּה עִירוּ אֵלָה וָנָעַם וּבְנֵי אֵלָה
16 17 וּקְנַז׃ וּבְנֵי יְהַלֶּלְאֵל זִיף וְזִיפָה תִּירְיָא וַאֲשַׂרְאֵל׃ וּבֶן־
עֶזְרָה יֶתֶר וּמֶרֶד וְעֵפֶר וְיָלוֹן וַתַּהַר אֶת־מִרְיָם וְאֶת־שַׁמַּי
18 וְאֶת־יִשְׁבָּח אֲבִי אֶשְׁתְּמֹעַ׃ וְאִשְׁתּוֹ הַיְהֻדִיָּה יָלְדָה אֶת־יֶרֶד
אֲבִי גְדוֹר וְאֶת־חֶבֶר אֲבִי שׂוֹכוֹ וְאֶת־יְקוּתִיאֵל אֲבִי זָנוֹחַ

ואלה

ג׳ v. 23. סבירין ובני v. 24. הודויהו ק׳ ד׳ v. 7. וצחר ק׳

19 וְאֵלֶּה בְּנֵי בִּתְיָה בַת־פַּרְעֹה אֲשֶׁר לָקַח מָרֶד׃ וּבְנֵי אֵשֶׁת
הוֹדִיָּה אֲחוֹת נַחַם אֲבִי קְעִילָה הַגַּרְמִי וְאֶשְׁתְּמֹעַ הַמַּעֲכָתִי׃
כ וּבְנֵי שִׁימוֹן אַמְנוֹן וְרִנָּה בֶּן־חָנָן וְתוֹלוֹן וּבְנֵי יִשְׁעִי זוֹחֵת וּבֶן־
21 זוֹחֵת׃ בְּנֵי שֵׁלָה בֶן־יְהוּדָה עֵר אֲבִי לֵכָה וְלַעְדָּה אֲבִי
22 מָרֵשָׁה וּמִשְׁפְּחוֹת בֵּית־עֲבֹדַת הַבֻּץ לְבֵית אַשְׁבֵּעַ׃ וְיוֹקִים
וְאַנְשֵׁי כֹזֵבָא וְיוֹאָשׁ וְשָׂרָף אֲשֶׁר־בָּעֲלוּ לְמוֹאָב וְיָשֻׁבִי לָחֶם
23 וְהַדְּבָרִים עַתִּיקִים׃ הֵמָּה הַיּוֹצְרִים וְיֹשְׁבֵי נְטָעִים וּגְדֵרָה
24 עִם־הַמֶּלֶךְ בִּמְלַאכְתּוֹ יָשְׁבוּ שָׁם׃ בְּנֵי שִׁמְעוֹן נְמוּאֵל
כה וְיָמִין יָרִיב זֶרַח שָׁאוּל׃ שַׁלֻּם בְּנוֹ מִבְשָׂם בְּנוֹ מִשְׁמָע בְּנוֹ׃
26 27 וּבְנֵי מִשְׁמָע חַמּוּאֵל בְּנוֹ זַכּוּר בְּנוֹ שִׁמְעִי בְנוֹ׃ וּלְשִׁמְעִי בָּנִים
שִׁשָּׁה עָשָׂר וּבָנוֹת שֵׁשׁ וּלְאֶחָיו אֵין בָּנִים רַבִּים וְכֹל מִשְׁפַּחְתָּם
28 לֹא הִרְבּוּ עַד־בְּנֵי יְהוּדָה׃ וַיֵּשְׁבוּ בִּבְאֵר־שֶׁבַע וּמוֹלָדָה
29 ל וַחֲצַר שׁוּעָל׃ וּבְבִלְהָה וּבְעֶצֶם וּבְתוֹלָד׃ וּבִבְתוּאֵל וּבְחָרְמָה
31 וּבְצִיקְלָג׃ וּבְבֵית מַרְכָּבוֹת וּבַחֲצַר סוּסִים וּבְבֵית בִּרְאִי
32 וּבְשַׁעֲרָיִם אֵלֶּה עָרֵיהֶם עַד־מְלֹךְ דָּוִיד׃ וְחַצְרֵיהֶם עֵיטָם
33 וָעַיִן רִמּוֹן וְתֹכֶן וְעָשָׁן עָרִים חָמֵשׁ׃ וְכָל־חַצְרֵיהֶם אֲשֶׁר
סְבִיבוֹת הֶעָרִים הָאֵלֶּה עַד־בָּעַל זֹאת מוֹשְׁבֹתָם וְהִתְיַחְשָׂם
34 לה לָהֶם׃ וּמְשׁוֹבָב וְיַמְלֵךְ וְיוֹשָׁה בֶּן־אֲמַצְיָה׃ וְיוֹאֵל וְיֵהוּא בֶּן־
36 יוֹשִׁבְיָה בֶּן־שְׂרָיָה בֶּן־עֲשִׂיאֵל׃ וְאֶלְיוֹעֵינַי וְיַעֲקֹבָה וִישׁוֹחָיָה
37 וַעֲשָׂיָה וַעֲדִיאֵל וִישִׂימִאֵל וּבְנָיָה׃ וְזִיזָא בֶן־שִׁפְעִי בֶן־אַלּוֹן
38 בֶּן־יְדָיָה בֶּן־שִׁמְרִי בֶּן־שְׁמַעְיָה׃ אֵלֶּה הַבָּאִים בְּשֵׁמוֹת
39 נְשִׂיאִים בְּמִשְׁפְּחוֹתָם וּבֵית אֲבוֹתֵיהֶם פָּרְצוּ לָרוֹב׃ וַיֵּלְכוּ
מ לִמְבוֹא גְדֹר עַד לְמִזְרַח הַגָּיְא לְבַקֵּשׁ מִרְעֶה לְצֹאנָם׃ וַיִּמְצְאוּ
מִרְעֶה שָׁמֵן וָטוֹב וְהָאָרֶץ רַחֲבַת יָדַיִם וְשֹׁקֶטֶת וּשְׁלֵוָה כִּי
41 מִן־חָם הַיֹּשְׁבִים שָׁם לְפָנִים׃ וַיָּבֹאוּ אֵלֶּה הַכְּתוּבִים בְּשֵׁמוֹת
בִּימֵי ׀ יְחִזְקִיָּהוּ מֶלֶךְ־יְהוּדָה וַיַּכּוּ אֶת־אָהֳלֵיהֶם וְאֶת־
הַמְּעִינִים אֲשֶׁר נִמְצְאוּ־שָׁמָּה וַיַּחֲרִימֻם עַד־הַיּוֹם הַזֶּה וַיֵּשְׁבוּ

תחתיהם

v. 20. ותילון ק׳ v. 41. המעונים ק׳

42 תַּחְתֵּיהֶם כִּי־מִרְעֶה לְצֹאנָם שָׁם׃ וּמֵהֶם ׀ מִן־בְּנֵי שִׁמְעוֹן
הָלְכוּ לְהַר שֵׂעִיר אֲנָשִׁים חֲמֵשׁ מֵאוֹת וּפְלַטְיָה וּנְעַרְיָה
43 וּרְפָיָה וְעֻזִּיאֵל בְּנֵי יִשְׁעִי בְּרֹאשָׁם׃ וַיַּכּוּ אֶת־שְׁאֵרִית הַפְּלֵטָה
לַעֲמָלֵק וַיֵּשְׁבוּ שָׁם עַד הַיּוֹם הַזֶּה׃

ה CAP. V. ה

א וּבְנֵי רְאוּבֵן בְּכוֹר־יִשְׂרָאֵל כִּי הוּא הַבְּכוֹר וּבְחַלְּלוֹ
יְצוּעֵי אָבִיו נִתְּנָה בְּכֹרָתוֹ לִבְנֵי יוֹסֵף בֶּן־יִשְׂרָאֵל וְלֹא
2 לְהִתְיַחֵשׂ לַבְּכֹרָה׃ כִּי יְהוּדָה גָּבַר בְּאֶחָיו וּלְנָגִיד מִמֶּנּוּ
3 וְהַבְּכֹרָה לְיוֹסֵף׃ בְּנֵי רְאוּבֵן בְּכוֹר יִשְׂרָאֵל חֲנוֹךְ וּפַלּוּא
4 חֶצְרוֹן וְכַרְמִי׃ בְּנֵי יוֹאֵל שְׁמַעְיָה בְנוֹ גּוֹג בְּנוֹ שִׁמְעִי בְנוֹ׃
ה 6 מִיכָה בְנוֹ רְאָיָה בְנוֹ בַּעַל בְּנוֹ׃ בְּאֵרָה בְנוֹ אֲשֶׁר הֶגְלָה
7 תִּלְּגַת פִּלְנְאֶסֶר מֶלֶךְ אַשֻּׁר הוּא נָשִׂיא לָראוּבֵנִי׃ וְאֶחָיו
לְמִשְׁפְּחֹתָיו בְּהִתְיַחֵשׂ לְתֹלְדוֹתָם הָרֹאשׁ יְעִיאֵל וּזְכַרְיָהוּ׃
8 וּבֶלַע בֶּן־עָזָז בֶּן־שֶׁמַע בֶּן־יוֹאֵל הוּא יוֹשֵׁב בַּעֲרֹעֵר וְעַד־
9 נְבוֹ וּבַעַל מְעוֹן׃ וְלַמִּזְרָח יָשַׁב עַד־לְבוֹא מִדְבָּרָה לְמִן־
י הַנָּהָר פְּרָת כִּי מִקְנֵיהֶם רָבוּ בְּאֶרֶץ גִּלְעָד׃ וּבִימֵי שָׁאוּל
עָשׂוּ מִלְחָמָה עִם־הַהַגְרִאִים וַיִּפְּלוּ בְּיָדָם וַיֵּשְׁבוּ בְּאָהֳלֵיהֶם
11 עַל־כָּל־פְּנֵי מִזְרָח לַגִּלְעָד׃ וּבְנֵי־גָד לְנֶגְדָּם יָשְׁבוּ
12 בְּאֶרֶץ הַבָּשָׁן עַד־סַלְכָה׃ יוֹאֵל הָרֹאשׁ וְשָׁפָם הַמִּשְׁנֶה וְיַעְנַי
13 וְשָׁפָט בַּבָּשָׁן׃ וַאֲחֵיהֶם לְבֵית אֲבוֹתֵיהֶם מִיכָאֵל וּמְשֻׁלָּם
14 וְשֶׁבַע וְיוֹרַי וְיַעְכָּן וְזִיעַ וָעֵבֶר שִׁבְעָה׃ אֵלֶּה ׀ בְּנֵי
אֲבִיחַיִל בֶּן־חוּרִי בֶּן־יָרוֹחַ בֶּן־גִּלְעָד בֶּן־מִיכָאֵל בֶּן־יְשִׁישַׁי
טו בֶּן־יַחְדּוֹ בֶּן־בּוּז׃ אֲחִי בֶּן־עַבְדִּיאֵל בֶּן־גּוּנִי רֹאשׁ לְבֵית
16 אֲבוֹתָם׃ וַיֵּשְׁבוּ בַּגִּלְעָד בַּבָּשָׁן וּבִבְנֹתֶיהָ וּבְכָל־מִגְרְשֵׁי שָׁרוֹן
17 עַל־תּוֹצְאוֹתָם׃ כֻּלָּם הִתְיַחְשׂוּ בִּימֵי יוֹתָם מֶלֶךְ־יְהוּדָה
18 וּבִימֵי יָרָבְעָם מֶלֶךְ־יִשְׂרָאֵל׃ בְּנֵי־רְאוּבֵן וְגָדִי וַחֲצִי
שֵׁבֶט־מְנַשֶּׁה מִן־בְּנֵי־חַיִל אֲנָשִׁים נֹשְׂאֵי מָגֵן וְחֶרֶב וְדֹרְכֵי
קֶשֶׁת וּלְמוּדֵי מִלְחָמָה אַרְבָּעִים וְאַרְבָּעָה אֶלֶף וּשְׁבַע־מֵאוֹת

וששים

19 וְשִׁשִּׁים יֹצְאֵי צָבָא׃ וַיַּעֲשׂוּ מִלְחָמָה עִם־הַהַגְרִיאִים וִיטוּר
כ וְנָפִישׁ וְנוֹדָב׃ וַיֵּעָזְרוּ עֲלֵיהֶם וַיִּנָּתְנוּ בְיָדָם הַהַגְרִיאִים וְכֹל
שֶׁעִמָּהֶם כִּי לֵאלֹהִים זָעֲקוּ בַּמִּלְחָמָה וְנַעְתּוֹר לָהֶם כִּי־בָטְחוּ
21 בוֹ׃ וַיִּשְׁבּוּ מִקְנֵיהֶם גְּמַלֵּיהֶם חֲמִשִּׁים אֶלֶף וְצֹאן מָאתַיִם
22 וַחֲמִשִּׁים אֶלֶף וַחֲמוֹרִים אַלְפָּיִם וְנֶפֶשׁ אָדָם מֵאָה אָלֶף׃ כִּי־
חֲלָלִים רַבִּים נָפָלוּ כִּי מֵהָאֱלֹהִים הַמִּלְחָמָה וַיֵּשְׁבוּ תַחְתֵּיהֶם
23 עַד־הַגֹּלָה׃ וּבְנֵי חֲצִי שֵׁבֶט מְנַשֶּׁה יָשְׁבוּ בָּאָרֶץ מִבָּשָׁן
24 עַד־בַּעַל חֶרְמוֹן וּשְׂנִיר וְהַר־חֶרְמוֹן הֵמָּה רָבוּ׃ וְאֵלֶּה
רָאשֵׁי בֵית־אֲבוֹתָם וְעֵפֶר וְיִשְׁעִי וֶאֱלִיאֵל וְעַזְרִיאֵל וְיִרְמְיָה
וְהוֹדַוְיָה וְיַחְדִּיאֵל אֲנָשִׁים גִּבּוֹרֵי חַיִל אַנְשֵׁי שֵׁמוֹת רָאשִׁים
כה לְבֵית אֲבוֹתָם׃ וַיִּמְעֲלוּ בֵּאלֹהֵי אֲבֹתֵיהֶם וַיִּזְנוּ אַחֲרֵי אֱלֹהֵי
26 עַמֵּי־הָאָרֶץ אֲשֶׁר־הִשְׁמִיד אֱלֹהִים מִפְּנֵיהֶם׃ וַיָּעַר אֱלֹהֵי
יִשְׂרָאֵל אֶת־רוּחַ ׀ פּוּל מֶלֶךְ־אַשּׁוּר וְאֶת־רוּחַ תִּלְּגַת פִּלְנֶסֶר
מֶלֶךְ אַשּׁוּר וַיַּגְלֵם לָראוּבֵנִי וְלַגָּדִי וְלַחֲצִי שֵׁבֶט מְנַשֶּׁה וַיְבִיאֵם
27 לַחְלַח וְחָבוֹר וְהָרָא וּנְהַר גּוֹזָן עַד הַיּוֹם הַזֶּה׃ בְּנֵי
28 לֵוִי גֵּרְשׁוֹן קְהָת וּמְרָרִי׃ וּבְנֵי קְהָת עַמְרָם יִצְהָר וְחֶבְרוֹן
29 וְעֻזִּיאֵל׃ וּבְנֵי עַמְרָם אַהֲרֹן וּמֹשֶׁה וּמִרְיָם וּבְנֵי אַהֲרֹן
ל נָדָב וַאֲבִיהוּא אֶלְעָזָר וְאִיתָמָר׃ אֶלְעָזָר הוֹלִיד אֶת־פִּינְחָס
31 פִּינְחָס הֹלִיד אֶת־אֲבִישׁוּעַ׃ וַאֲבִישׁוּעַ הוֹלִיד אֶת־בֻּקִּי וּבֻקִּי
32 הוֹלִיד אֶת־עֻזִּי׃ וְעֻזִּי הוֹלִיד אֶת־זְרַחְיָה וּזְרַחְיָה הוֹלִיד
33 אֶת־מְרָיוֹת׃ מְרָיוֹת הוֹלִיד אֶת־אֲמַרְיָה וַאֲמַרְיָה הוֹלִיד
34 אֶת־אֲחִיטוּב׃ וַאֲחִיטוּב הוֹלִיד אֶת־צָדוֹק וְצָדוֹק הוֹלִיד
לה אֶת־אֲחִימָעַץ׃ וַאֲחִימַעַץ הוֹלִיד אֶת־עֲזַרְיָה וַעֲזַרְיָה הוֹלִיד
36 אֶת־יוֹחָנָן׃ וְיוֹחָנָן הוֹלִיד אֶת־עֲזַרְיָה הוּא אֲשֶׁר כִּהֵן בַּבַּיִת
37 אֲשֶׁר־בָּנָה שְׁלֹמֹה בִּירוּשָׁלִָם׃ וַיּוֹלֶד עֲזַרְיָה אֶת־אֲמַרְיָה
38 וַאֲמַרְיָה הוֹלִיד אֶת־אֲחִיטוּב׃ וַאֲחִיטוּב הוֹלִיד אֶת־צָדוֹק
39 וְצָדוֹק הוֹלִיד אֶת־שַׁלּוּם׃ וְשַׁלּוּם הוֹלִיד אֶת־חִלְקִיָּה
מ וְחִלְקִיָּה הוֹלִיד אֶת־עֲזַרְיָה׃ וַעֲזַרְיָה הוֹלִיד אֶת־שְׂרָיָה

ושריה

41 וּשְׂרָיָה הוֹלִיד אֶת־יְהוֹצָדָק׃ וִיהוֹצָדָק הָלַךְ בְּהַגְלוֹת יְהוָה
אֶת־יְהוּדָה וִירוּשָׁלִָם בְּיַד נְבֻכַדְנֶאצַּר׃

CAP. VI. ו

א 2 בְּנֵי לֵוִי גֵּרְשֹׁם קְהָת וּמְרָרִי׃ וְאֵלֶּה שְׁמוֹת בְּנֵי־גֵרְשׁוֹם
3 4 לִבְנִי וְשִׁמְעִי׃ וּבְנֵי קְהָת עַמְרָם וְיִצְהָר וְחֶבְרוֹן וְעֻזִּיאֵל׃ בְּנֵי
ה מְרָרִי מַחְלִי וּמֻשִׁי וְאֵלֶּה מִשְׁפְּחוֹת הַלֵּוִי לַאֲבֹתֵיהֶם׃ לְגֵרְשׁוֹם
6 לִבְנִי בְנוֹ יַחַת בְּנוֹ זִמָּה בְנוֹ׃ יוֹאָח בְּנוֹ עִדּוֹ בְנוֹ זֶרַח בְּנוֹ
7 יְאָתְרַי בְּנוֹ׃ בְּנֵי קְהָת עַמִּינָדָב בְּנוֹ קֹרַח בְּנוֹ אַסִּיר בְּנוֹ׃
8 9 אֶלְקָנָה בְנוֹ וְאֶבְיָסָף בְּנוֹ וְאַסִּיר בְּנוֹ׃ תַּחַת בְּנוֹ אוּרִיאֵל בְּנוֹ
י 11 עֻזִּיָּה בְנוֹ וְשָׁאוּל בְּנוֹ׃ וּבְנֵי אֶלְקָנָה עֲמָשַׂי וַאֲחִימוֹת׃ אֶלְקָנָה
12 בְּנוֹ אֶלְקָנָה צוֹפַי בְּנוֹ וְנַחַת בְּנוֹ׃ אֱלִיאָב בְּנוֹ יְרֹחָם בְּנוֹ
13 14 אֶלְקָנָה בְנוֹ׃ וּבְנֵי שְׁמוּאֵל הַבְּכֹר וַשְׁנִי וַאֲבִיָּה׃ בְּנֵי
טו מְרָרִי מַחְלִי לִבְנִי בְנוֹ שִׁמְעִי בְנוֹ עֻזָּה בְנוֹ׃ שִׁמְעָא בְנוֹ חַגִּיָּה
16 בְנוֹ עֲשָׂיָה בְנוֹ׃ וְאֵלֶּה אֲשֶׁר הֶעֱמִיד דָּוִיד עַל־יְדֵי־שִׁיר
17 בֵּית יְהוָה מִמְּנוֹחַ הָאָרוֹן׃ וַיִּהְיוּ מְשָׁרְתִים לִפְנֵי מִשְׁכַּן אֹהֶל־
מוֹעֵד בַּשִּׁיר עַד־בְּנוֹת שְׁלֹמֹה אֶת־בֵּית יְהוָה בִּירוּשָׁלִָם
18 וַיַּעַמְדוּ כְמִשְׁפָּטָם עַל־עֲבוֹדָתָם׃ וְאֵלֶּה הָעֹמְדִים וּבְנֵיהֶם
19 מִבְּנֵי הַקְּהָתִי הֵימָן הַמְשׁוֹרֵר בֶּן־יוֹאֵל בֶּן־שְׁמוּאֵל׃ בֶּן־
כ אֶלְקָנָה בֶּן־יְרֹחָם בֶּן־אֱלִיאֵל בֶּן־תּוֹחַ׃ בֶּן־צִיף בֶּן־אֶלְקָנָה
21 בֶּן־מַחַת בֶּן־עֲמָשָׂי׃ בֶּן־אֶלְקָנָה בֶּן־יוֹאֵל בֶּן־עֲזַרְיָה בֶּן־
22 23 צְפַנְיָה׃ בֶּן־תַּחַת בֶּן־אַסִּיר בֶּן־אֶבְיָסָף בֶּן־קֹרַח׃ בֶּן־
24 יִצְהָר בֶּן־קְהָת בֶּן־לֵוִי בֶּן־יִשְׂרָאֵל׃ וְאָחִיו אָסָף הָעֹמֵד
כה עַל־יְמִינוֹ אָסָף בֶּן־בֶּרֶכְיָהוּ בֶּן־שִׁמְעָא׃ בֶּן־מִיכָאֵל בֶּן־
26 27 בַּעֲשֵׂיָה בֶּן־מַלְכִּיָּה׃ בֶּן־אֶתְנִי בֶן־זֶרַח בֶּן־עֲדָיָה׃ בֶּן־אֵיתָן
28 29 בֶּן־זִמָּה בֶּן־שִׁמְעִי׃ בֶּן־יַחַת בֶּן־גֵּרְשֹׁם בֶּן־לֵוִי׃ וּבְנֵי
מְרָרִי אֲחֵיהֶם עַל־הַשְּׂמֹאול אֵיתָן בֶּן־קִישִׁי בֶּן־עַבְדִּי בֶּן־
ל 31 מַלּוּךְ׃ בֶּן־חֲשַׁבְיָה בֶּן־אֲמַצְיָה בֶּן־חִלְקִיָּה׃ בֶּן־אַמְצִי בֶן־

בני

ר v. 11. בני ק' v. 20. צוף ק'

32 בָּנִי בֶּן־שָׁמֶר׃ בֶּן־מַחְלִי בֶּן־מוּשִׁי בֶּן־מְרָרִי בֶּן־לֵוִי׃
33 וַאֲחֵיהֶם הַלְוִיִּם נְתוּנִים לְכָל־עֲבוֹדַת מִשְׁכַּן בֵּית הָאֱלֹהִים׃
34 וְאַהֲרֹן וּבָנָיו מַקְטִירִים עַל־מִזְבַּח הָעוֹלָה וְעַל־מִזְבַּח
הַקְּטֹרֶת לְכֹל מְלֶאכֶת קֹדֶשׁ הַקֳּדָשִׁים וּלְכַפֵּר עַל־יִשְׂרָאֵל
לה כְּכֹל אֲשֶׁר־צִוָּה מֹשֶׁה עֶבֶד הָאֱלֹהִים׃ וְאֵלֶּה בְּנֵי אַהֲרֹן
36 אֶלְעָזָר בְּנוֹ פִּינְחָס בְּנוֹ אֲבִישׁוּעַ בְּנוֹ׃ בֻּקִּי בְנוֹ עֻזִּי בְנוֹ
37 38 זְרַחְיָה בְנוֹ׃ מְרָיוֹת בְּנוֹ אֲמַרְיָה בְנוֹ אֲחִיטוּב בְּנוֹ׃ צָדוֹק בְּנוֹ
39 אֲחִימַעַץ בְּנוֹ׃ וְאֵלֶּה מוֹשְׁבוֹתָם לְטִירוֹתָם בִּגְבוּלָם לִבְנֵי
מ אַהֲרֹן לְמִשְׁפַּחַת הַקְּהָתִי כִּי לָהֶם הָיָה הַגּוֹרָל׃ וַיִּתְּנוּ לָהֶם
41 אֶת־חֶבְרוֹן בְּאֶרֶץ יְהוּדָה וְאֶת־מִגְרָשֶׁיהָ סְבִיבֹתֶיהָ׃ וְאֶת־
42 שְׂדֵה הָעִיר וְאֶת־חֲצֵרֶיהָ נָתְנוּ לְכָלֵב בֶּן־יְפֻנֶּה׃ וְלִבְנֵי
אַהֲרֹן נָתְנוּ אֶת־עָרֵי הַמִּקְלָט אֶת־חֶבְרוֹן וְאֶת־לִבְנָה וְאֶת־
43 מִגְרָשֶׁיהָ וְאֶת־יַתִּר וְאֶת־אֶשְׁתְּמֹעַ וְאֶת־מִגְרָשֶׁיהָ׃ וְאֶת־
44 חִילֵז וְאֶת־מִגְרָשֶׁיהָ אֶת־דְּבִיר וְאֶת־מִגְרָשֶׁיהָ׃ וְאֶת־עָשָׁן
מה וְאֶת־מִגְרָשֶׁיהָ וְאֶת־בֵּית שֶׁמֶשׁ וְאֶת־מִגְרָשֶׁיהָ׃ וּמִמַּטֵּה
בִנְיָמִן אֶת־גֶּבַע וְאֶת־מִגְרָשֶׁיהָ וְאֶת־עָלֶמֶת וְאֶת־מִגְרָשֶׁיהָ
וְאֶת־עֲנָתוֹת וְאֶת־מִגְרָשֶׁיהָ כָּל־עָרֵיהֶם שְׁלֹשׁ־עֶשְׂרֵה עִיר
46 בְּמִשְׁפְּחוֹתֵיהֶם׃ וְלִבְנֵי קְהָת הַנּוֹתָרִים מִמִּשְׁפַּחַת הַמַּטֶּה
47 מִמַּחֲצִית מַטֵּה חֲצִי מְנַשֶּׁה בַּגּוֹרָל עָרִים עֶשֶׂר׃ וְלִבְנֵי
גֵרְשׁוֹם לְמִשְׁפְּחוֹתָם מִמַּטֵּה יִשָּׂשכָר וּמִמַּטֵּה אָשֵׁר וּמִמַּטֵּה
48 נַפְתָּלִי וּמִמַּטֵּה מְנַשֶּׁה בַּבָּשָׁן עָרִים שְׁלֹשׁ עֶשְׂרֵה׃ לִבְנֵי
מְרָרִי לְמִשְׁפְּחוֹתָם מִמַּטֵּה רְאוּבֵן וּמִמַּטֵּה־גָד וּמִמַּטֵּה זְבוּלֻן
49 בַּגּוֹרָל עָרִים שְׁתֵּים עֶשְׂרֵה׃ וַיִּתְּנוּ בְנֵי־יִשְׂרָאֵל לַלְוִיִּם אֶת־
נ הֶעָרִים וְאֶת־מִגְרְשֵׁיהֶם׃ וַיִּתְּנוּ בַגּוֹרָל מִמַּטֵּה בְנֵי־יְהוּדָה
וּמִמַּטֵּה בְנֵי־שִׁמְעוֹן וּמִמַּטֵּה בְּנֵי בִנְיָמִן אֵת הֶעָרִים הָאֵלֶּה
51 אֲשֶׁר־יִקְרְאוּ אֶתְהֶם בְּשֵׁמוֹת׃ וּמִמִּשְׁפְּחוֹת בְּנֵי קְהָת וַיְהִי
52 עָרֵי גְבוּלָם מִמַּטֵּה אֶפְרָיִם׃ וַיִּתְּנוּ לָהֶם אֶת־עָרֵי הַמִּקְלָט
אֶת־שְׁכֶם וְאֶת־מִגְרָשֶׁיהָ בְּהַר אֶפְרָיִם וְאֶת־גֶּזֶר וְאֶת־

מגרשיה

53 מִגְרָשֶׁהָ׃ וְאֶת־יָקְמְעָם וְאֶת־מִגְרָשֶׁהָ וְאֶת־בֵּית חוֹרֹן
54 וְאֶת־מִגְרָשֶׁהָ׃ וְאֶת־אַיָּלוֹן וְאֶת־מִגְרָשֶׁהָ וְאֶת־גַּת־רִמּוֹן
נה וְאֶת־מִגְרָשֶׁהָ׃ וּמִמַּחֲצִית מַטֵּה מְנַשֶּׁה אֶת־עָנֵר וְאֶת־
מִגְרָשֶׁהָ וְאֶת־בִּלְעָם וְאֶת־מִגְרָשֶׁהָ לְמִשְׁפַּחַת לִבְנֵי־קְהָת
56 הַנּוֹתָרִים׃ לִבְנֵי גֵּרְשׁוֹם מִמִּשְׁפַּחַת חֲצִי מַטֵּה
מְנַשֶּׁה אֶת־גּוֹלָן בַּבָּשָׁן וְאֶת־מִגְרָשֶׁהָ וְאֶת־עַשְׁתָּרוֹת וְאֶת־
57 מִגְרָשֶׁהָ׃ וּמִמַּטֵּה יִשָּׂשכָר אֶת־קֶדֶשׁ וְאֶת־מִגְרָשֶׁהָ
58 אֶת־דָּבְרַת וְאֶת־מִגְרָשֶׁהָ׃ וְאֶת־רָאמוֹת וְאֶת־מִגְרָשֶׁהָ
59 וְאֶת־עָנֵם וְאֶת־מִגְרָשֶׁהָ׃ וּמִמַּטֵּה אָשֵׁר אֶת־מָשָׁל
ס וְאֶת־מִגְרָשֶׁהָ וְאֶת־עַבְדּוֹן וְאֶת־מִגְרָשֶׁהָ׃ וְאֶת־חוּקֹק
61 וְאֶת־מִגְרָשֶׁהָ וְאֶת־רְחֹב וְאֶת־מִגְרָשֶׁהָ׃ וּמִמַּטֵּה
נַפְתָּלִי אֶת־קֶדֶשׁ בַּגָּלִיל וְאֶת־מִגְרָשֶׁהָ וְאֶת־חַמּוֹן וְאֶת־
62 מִגְרָשֶׁהָ וְאֶת־קִרְיָתַיִם וְאֶת־מִגְרָשֶׁהָ׃ לִבְנֵי מְרָרִי
הַנּוֹתָרִים מִמַּטֵּה זְבוּלֻן אֶת־רִמּוֹנוֹ וְאֶת־מִגְרָשֶׁהָ אֶת־תָּבוֹר
63 וְאֶת־מִגְרָשֶׁהָ׃ וּמֵעֵבֶר לְיַרְדֵּן יְרֵחוֹ לְמִזְרַח הַיַּרְדֵּן מִמַּטֵּה
רְאוּבֵן אֶת־בֶּצֶר בַּמִּדְבָּר וְאֶת־מִגְרָשֶׁהָ וְאֶת־יַהְצָה וְאֶת־
64 מִגְרָשֶׁהָ׃ וְאֶת־קְדֵמוֹת וְאֶת־מִגְרָשֶׁהָ וְאֶת־מֵיפַעַת וְאֶת־
סה מִגְרָשֶׁהָ׃ וּמִמַּטֵּה־גָד אֶת־רָאמוֹת בַּגִּלְעָד וְאֶת־
66 מִגְרָשֶׁהָ וְאֶת־מַחֲנַיִם וְאֶת־מִגְרָשֶׁהָ׃ וְאֶת־חֶשְׁבּוֹן וְאֶת־
מִגְרָשֶׁהָ וְאֶת־יַעְזֵיר וְאֶת־מִגְרָשֶׁהָ׃

ז CAP. VII. ז

2 א וְלִבְנֵי יִשָּׂשכָר תּוֹלָע וּפוּאָה יָשִׁיב וְשִׁמְרוֹן אַרְבָּעָה׃ וּבְנֵי
תוֹלָע עֻזִּי וּרְפָיָה וִירִיאֵל וְיַחְמַי וְיִבְשָׂם וּשְׁמוּאֵל רָאשִׁים
לְבֵית־אֲבוֹתָם לְתוֹלָע גִּבּוֹרֵי חַיִל לְתֹלְדוֹתָם מִסְפָּרָם בִּימֵי
3 דָוִיד עֶשְׂרִים־וּשְׁנַיִם אֶלֶף וְשֵׁשׁ מֵאוֹת׃ וּבְנֵי עֻזִּי
יִזְרַחְיָה וּבְנֵי יִזְרַחְיָה מִיכָאֵל וְעֹבַדְיָה וְיוֹאֵל יִשִּׁיָּה חֲמִשָּׁה
4 רָאשִׁים כֻּלָּם׃ וַעֲלֵיהֶם לְתֹלְדוֹתָם לְבֵית אֲבוֹתָם גְּדוּדֵי

ד׳ v. 1. ישוב ק׳

צְבָא מִלְחָמָה שְׁלֹשִׁים וְשִׁשָּׁה אָלֶף כִּי־הִרְבּוּ נָשִׁים וּבָנִים׃
ה וַאֲחֵיהֶם לְכֹל מִשְׁפְּחוֹת יִשָּׂשכָר גִּבּוֹרֵי חֲיָלִים שְׁמוֹנִים וְשִׁבְעָה
6 אֶלֶף הִתְיַחְשָׂם לַכֹּל׃ בִּנְיָמִן בֶּלַע וָבֶכֶר וִידִיעֲאֵל
7 שְׁלֹשָׁה׃ וּבְנֵי בֶלַע אֶצְבּוֹן וְעֻזִּי וְעֻזִּיאֵל וִירִימוֹת וְעִירִי חֲמִשָּׁה
רָאשֵׁי בֵּית אָבוֹת גִּבּוֹרֵי חֲיָלִים וְהִתְיַחְשָׂם עֶשְׂרִים וּשְׁנַיִם
8 אֶלֶף וּשְׁלֹשִׁים וְאַרְבָּעָה׃ וּבְנֵי בֶכֶר זְמִירָה וְיוֹעָשׁ
וֶאֱלִיעֶזֶר וְאֶלְיוֹעֵינַי וְעָמְרִי וִירֵמוֹת וַאֲבִיָּה וַעֲנָתוֹת וְעָלָמֶת
9 כָּל־אֵלֶּה בְּנֵי־בָכֶר׃ וְהִתְיַחְשָׂם לְתֹלְדוֹתָם רָאשֵׁי בֵּית
י אֲבוֹתָם גִּבּוֹרֵי חָיִל עֶשְׂרִים אֶלֶף וּמָאתָיִם׃ וּבְנֵי
יְדִיעֲאֵל בִּלְהָן וּבְנֵי בִלְהָן יְעִישׁ וּבִנְיָמִן וְאֵהוּד וּכְנַעֲנָה וְזֵיתָן
11 וְתַרְשִׁישׁ וַאֲחִישָׁחַר׃ כָּל־אֵלֶּה בְּנֵי יְדִיעֲאֵל לְרָאשֵׁי הָאָבוֹת
גִּבּוֹרֵי חֲיָלִים שִׁבְעָה־עָשָׂר אֶלֶף וּמָאתַיִם יֹצְאֵי צָבָא
12 13 לַמִּלְחָמָה׃ וְשֻׁפִּם וְחֻפִּם בְּנֵי עִיר חֻשִׁם בְּנֵי אַחֵר׃ בְּנֵי
14 נַפְתָּלִי יַחֲצִיאֵל וְגוּנִי וְיֵצֶר וְשַׁלּוּם בְּנֵי בִלְהָה׃ בְּנֵי
מְנַשֶּׁה אַשְׂרִיאֵל אֲשֶׁר יָלָדָה פִּילַגְשׁוֹ הָאֲרַמִּיָּה יָלְדָה אֶת־
טו מָכִיר אֲבִי גִלְעָד׃ וּמָכִיר לָקַח אִשָּׁה לְחֻפִּים וּלְשֻׁפִּים וְשֵׁם
אֲחֹתוֹ מַעֲכָה וְשֵׁם הַשֵּׁנִי צְלָפְחָד וַתִּהְיֶנָה לִצְלָפְחָד בָּנוֹת׃
16 וַתֵּלֶד מַעֲכָה אֵשֶׁת־מָכִיר בֵּן וַתִּקְרָא שְׁמוֹ פֶּרֶשׁ וְשֵׁם אָחִיו
17 שָׁרֶשׁ וּבָנָיו אוּלָם וָרָקֶם׃ וּבְנֵי אוּלָם בְּדָן אֵלֶּה בְּנֵי גִלְעָד
18 בֶּן־מָכִיר בֶּן־מְנַשֶּׁה׃ וַאֲחֹתוֹ הַמֹּלֶכֶת יָלְדָה אֶת־אִישׁ הוֹד
19 וְאֶת־אֲבִיעֶזֶר וְאֶת־מַחְלָה׃ וַיִּהְיוּ בְּנֵי שְׁמִידָע אַחְיָן וָשֶׁכֶם
כ וְלִקְחִי וַאֲנִיעָם׃ וּבְנֵי אֶפְרַיִם שׁוּתָלַח וּבֶרֶד בְּנוֹ וְתַחַת
21 בְּנוֹ וְאֶלְעָדָה בְנוֹ וְתַחַת בְּנוֹ׃ וְזָבָד בְּנוֹ וְשׁוּתֶלַח בְּנוֹ וְעֵזֶר
וְאֶלְעָד וַהֲרָגוּם אַנְשֵׁי־גַת הַנּוֹלָדִים בָּאָרֶץ כִּי יָרְדוּ לָקַחַת
22 אֶת־מִקְנֵיהֶם׃ וַיִּתְאַבֵּל אֶפְרַיִם אֲבִיהֶם יָמִים רַבִּים וַיָּבֹאוּ
23 אֶחָיו לְנַחֲמוֹ׃ וַיָּבֹא אֶל־אִשְׁתּוֹ וַתַּהַר וַתֵּלֶד בֵּן וַיִּקְרָא אֶת־
24 שְׁמוֹ בְּרִיעָה כִּי בְרָעָה הָיְתָה בְּבֵיתוֹ׃ וּבִתּוֹ שֶׁאֱרָה וַתִּבֶן

את־בית־חורן

v. 10. סבירין ובן ibid. יעוש ק

אֶת־בֵּית־חוֹרֹן הַתַּחְתּוֹן וְאֶת־הָעֶלְיוֹן וְאֵת אֻזֵּן שֶׁאֱרָה׃
כה 26 וְרֶפַח בְּנוֹ וְרֶשֶׁף וְתֶלַח בְּנוֹ וְתַחַן בְּנוֹ׃ לַעְדָּן בְּנוֹ עַמִּיהוּד
27 28 בְּנוֹ אֱלִישָׁמָע בְּנוֹ׃ נֹן בְּנוֹ יְהוֹשֻׁעַ בְּנוֹ׃ וַאֲחֻזָּתָם וּמֹשְׁבוֹתָם
בֵּית־אֵל וּבְנֹתֶיהָ וְלַמִּזְרָח נַעֲרָן וְלַמַּעֲרָב גֶּזֶר וּבְנֹתֶיהָ וּשְׁכֶם
29 וּבְנֹתֶיהָ עַד־עַיָּה וּבְנֹתֶיהָ׃ וְעַל־יְדֵי בְנֵי־מְנַשֶּׁה בֵּית־שְׁאָן
וּבְנֹתֶיהָ תַּעְנַךְ וּבְנֹתֶיהָ מְגִדּוֹ וּבְנוֹתֶיהָ דּוֹר וּבְנוֹתֶיהָ בְּאֵלֶּה
ל יָשְׁבוּ בְּנֵי יוֹסֵף בֶּן־יִשְׂרָאֵל׃ בְּנֵי אָשֵׁר יִמְנָה וְיִשְׁוָה
31 וְיִשְׁוִי וּבְרִיעָה וְשֶׂרַח אֲחוֹתָם׃ וּבְנֵי בְרִיעָה חֶבֶר וּמַלְכִּיאֵל
32 הוּא אֲבִי בִרְזָוִת׃ וְחֶבֶר הוֹלִיד אֶת־יַפְלֵט וְאֶת־שׁוֹמֵר
33 וְאֶת־חוֹתָם וְאֵת שׁוּעָא אֲחוֹתָם׃ וּבְנֵי יַפְלֵט פָּסַךְ וּבִמְהָל
34 וְעַשְׁוָת אֵלֶּה בְּנֵי יַפְלֵט׃ וּבְנֵי שָׁמֶר אֲחִי וְרוֹהְגָּה יְחֻבָּה
לה 36 וַאֲרָם׃ וּבֶן־הֵלֶם אָחִיו צוֹפַח וְיִמְנָע וְשֵׁלֶשׁ וְעָמָל׃ בְּנֵי
37 צוֹפַח סוּחַ וְחַרְנֶפֶר וְשׁוּעָל וּבֵרִי וְיִמְרָה׃ בֶּצֶר וְהוֹד וְשַׁמָּא
38 39 וְשִׁלְשָׁה וְיִתְרָן וּבְאֵרָא׃ וּבְנֵי יֶתֶר יְפֻנֶּה וּפִסְפָּה וַאֲרָא׃ וּבְנֵי
מ עֻלָּא אָרַח וְחַנִּיאֵל וְרִצְיָא׃ כָּל־אֵלֶּה בְנֵי־אָשֵׁר רָאשֵׁי בֵית־
הָאָבוֹת בְּרוּרִים גִּבּוֹרֵי חֲיָלִים רָאשֵׁי הַנְּשִׂיאִים וְהִתְיַחְשָׂם
בַּצָּבָא בַּמִּלְחָמָה מִסְפָּרָם אֲנָשִׁים עֶשְׂרִים וְשִׁשָּׁה אָלֶף׃

ח Cap. VIII. ח

א וּבִנְיָמִן הוֹלִיד אֶת־בֶּלַע בְּכֹרוֹ אַשְׁבֵּל הַשֵּׁנִי וְאַחְרַח הַשְּׁלִישִׁי׃
2 3 נוֹחָה הָרְבִיעִי וְרָפָא הַחֲמִישִׁי׃ וַיִּהְיוּ בָנִים לְבֶלַע אַדָּר וְגֵרָא
4 ה וַאֲבִיהוּד׃ וַאֲבִישׁוּעַ וְנַעֲמָן וַאֲחוֹחַ׃ וְגֵרָא וּשְׁפוּפָן וְחוּרָם׃
6 וְאֵלֶּה בְּנֵי אֵחוּד אֵלֶּה הֵם רָאשֵׁי אָבוֹת לְיוֹשְׁבֵי גֶבַע וַיַּגְלוּם
7 אֶל־מָנָחַת׃ וְנַעֲמָן וַאֲחִיָּה וְגֵרָא הוּא הֶגְלָם וְהוֹלִיד אֶת־עֻזָּא
8 וְאֶת־אֲחִיחֻד׃ וְשַׁחֲרַיִם הוֹלִיד בִּשְׂדֵה מוֹאָב מִן־שִׁלְחוֹ אֹתָם
9 חוּשִׁים וְאֶת־בַּעֲרָא נָשָׁיו׃ וַיּוֹלֶד מִן־חֹדֶשׁ אִשְׁתּוֹ אֶת־יוֹבָב
י וְאֶת־צִבְיָא וְאֶת־מֵישָׁא וְאֶת־מַלְכָּם׃ וְאֶת־יְעוּץ וְאֶת־

שכיה

ד v. 31. ברזית ק׳ v. 34. יתיר ר׳ ibid. וחבה ק׳

שָׁכְיָה וְאֶת־מִרְמָה אֵלֶּה בָנָיו רָאשֵׁי אָבוֹת: וּמֵחֻשִׁים הוֹלִיד 11

אֶת־אֲבִיטוּב וְאֶת־אֶלְפָּעַל: וּבְנֵי אֶלְפַּעַל עֵבֶר וּמִשְׁעָם 12

וָשָׁמֶד הוּא בָּנָה אֶת־אוֹנוֹ וְאֶת־לֹד וּבְנֹתֶיהָ: וּבְרִעְעָה וָשֶׁמַע 13

הֵמָּה רָאשֵׁי הָאָבוֹת לְיוֹשְׁבֵי אַיָּלוֹן הֵמָּה הִבְרִיחוּ אֶת־יוֹשְׁבֵי

גַת: וְאַחְיוֹ שָׁשָׁק וִירֵמוֹת: וּזְבַדְיָה וַעֲרָד וָעָדֶר: וּמִיכָאֵל 14 טו 16

וְיִשְׁפָּה וְיוֹחָא בְּנֵי בְרִיעָה: וּזְבַדְיָה וּמְשֻׁלָּם וְחִזְקִי וָחָבֶר: 17 18

וְיִשְׁמְרַי וְיִזְלִיאָה וְיוֹבָב בְּנֵי אֶלְפָּעַל: וְיָקִים וְזִכְרִי וְזַבְדִּי: 19 כ 21

וֶאֱלִיעֵינַי וְצִלְּתַי וֶאֱלִיאֵל: וַעֲדָיָה וּבְרָאיָה וְשִׁמְרָת בְּנֵי שִׁמְעִי:

וְיִשְׁפָּן וָעֵבֶר וֶאֱלִיאֵל: וְעַבְדּוֹן וְזִכְרִי וְחָנָן: וַחֲנַנְיָה וְעֵילָם 22 23 24

וְעַנְתֹתִיָּה: וְיִפְדְיָה וּפְנִיאֵל בְּנֵי שָׁשָׁק: וְשַׁמְשְׁרַי וּשְׁחַרְיָה 25 כה 26

וַעֲתַלְיָה: וְיַעֲרֶשְׁיָה וְאֵלִיָּה וְזִכְרִי בְּנֵי יְרֹחָם: אֵלֶּה רָאשֵׁי 27 28

אָבוֹת לְתֹלְדוֹתָם רָאשִׁים אֵלֶּה יָשְׁבוּ בִירוּשָׁלָ͏ִם: וּבְגִבְעוֹן 29

יָשְׁבוּ אֲבִי גִבְעוֹן וְשֵׁם אִשְׁתּוֹ מַעֲכָה: וּבְנוֹ הַבְּכוֹר עַבְדּוֹן ל

וְצוּר וְקִישׁ וּבַעַל וְנָדָב: וּגְדוֹר וְאַחְיוֹ וָזָכֶר: וּמִקְלוֹת הוֹלִיד 31 32

אֶת־שִׁמְאָה וְאַף־הֵמָּה נֶגֶד אֲחֵיהֶם יָשְׁבוּ בִירוּשָׁלַ͏ִם עִם־

אֲחֵיהֶם: וְנֵר הוֹלִיד אֶת־קִישׁ וְקִישׁ הוֹלִיד אֶת־שָׁאוּל 33

וְשָׁאוּל הוֹלִיד אֶת־יְהוֹנָתָן וְאֶת־מַלְכִּי־שׁוּעַ וְאֶת־אֲבִינָדָב

וְאֶת־אֶשְׁבָּעַל: וּבֶן־יְהוֹנָתָן מְרִיב בָּעַל וּמְרִיב בַּעַל הוֹלִיד 34

אֶת־מִיכָה: וּבְנֵי מִיכָה פִּיתוֹן וָמֶלֶךְ וְתַאְרֵעַ וְאָחָז: וְאָחָז 35 לה 36

הוֹלִיד אֶת־יְהוֹעַדָּה וִיהוֹעַדָּה הוֹלִיד אֶת־עָלֶמֶת וְאֶת־

עַזְמָוֶת וְאֶת־זִמְרִי וְזִמְרִי הוֹלִיד אֶת־מוֹצָא: וּמוֹצָא הוֹלִיד 37

אֶת־בִּנְעָא רָפָה בְנוֹ אֶלְעָשָׂה בְנוֹ אָצֵל בְּנוֹ: וּלְאָצֵל שִׁשָּׁה 38

בָנִים וְאֵלֶּה שְׁמוֹתָם עַזְרִיקָם ׀ בֹּכְרוּ וְיִשְׁמָעֵאל וּשְׁעַרְיָה

וְעֹבַדְיָה וְחָנָן כָּל־אֵלֶּה בְּנֵי אָצַל: וּבְנֵי עֵשֶׁק אָחִיו אוּלָם 39

בְּכֹרוֹ יְעוּשׁ הַשֵּׁנִי וֶאֱלִיפֶלֶט הַשְּׁלִשִׁי: וַיִּהְיוּ בְנֵי־אוּלָם אֲנָשִׁים מ

גִּבּוֹרֵי־חַיִל דֹּרְכֵי קֶשֶׁת וּמַרְבִּים בָּנִים וּבְנֵי בָנִים מֵאָה

וַחֲמִשִּׁים כָּל־אֵלֶּה מִבְּנֵי בִנְיָמִן:

וְכָל־יִשְׂרָאֵל

ט CAP. IX. ט

א וְכָל־יִשְׂרָאֵל הִתְיַחְשׂוּ וְהִנָּם כְּתוּבִים עַל־סֵפֶר מַלְכֵי יִשְׂרָאֵל
2 וִיהוּדָה הָגְלוּ לְבָבֶל בְּמַעֲלָם׃ וְהַיּוֹשְׁבִים הָרִאשֹׁנִים אֲשֶׁר
בַּאֲחֻזָּתָם בְּעָרֵיהֶם יִשְׂרָאֵל הַכֹּהֲנִים הַלְוִיִּם וְהַנְּתִינִים׃
3 וּבִירוּשָׁלִַם יָשְׁבוּ מִן־בְּנֵי יְהוּדָה וּמִן־בְּנֵי בִנְיָמִן וּמִן־בְּנֵי
4 אֶפְרַיִם וּמְנַשֶּׁה׃ עוּתַי בֶּן־עַמִּיהוּד בֶּן־עָמְרִי בֶּן־אִמְרִי
ה בֶּן־בָּנִימִן־בְּנֵי פֶרֶץ בֶּן־יְהוּדָה׃ וּמִן־הַשִּׁילוֹנִי עֲשָׂיָה הַבְּכוֹר
6 וּבָנָיו׃ וּמִן־בְּנֵי־זֶרַח יְעוּאֵל וַאֲחֵיהֶם שֵׁשׁ־מֵאוֹת וְתִשְׁעִים׃
7 וּמִן־בְּנֵי בִּנְיָמִן סַלּוּא בֶּן־מְשֻׁלָּם בֶּן־הוֹדַוְיָה בֶּן־הַסְּנֻאָה׃
8 וְיִבְנְיָה בֶּן־יְרֹחָם וְאֵלָה בֶן־עֻזִּי בֶּן־מִכְרִי וּמְשֻׁלָּם בֶּן־
9 שְׁפַטְיָה בֶּן־רְעוּאֵל בֶּן־יִבְנִיָּה׃ וַאֲחֵיהֶם לְתֹלְדוֹתָם תְּשַׁע
מֵאוֹת וַחֲמִשִּׁים וְשִׁשָּׁה כָּל־אֵלֶּה אֲנָשִׁים רָאשֵׁי אָבוֹת לְבֵית
י 11 אֲבֹתֵיהֶם׃ וּמִן־הַכֹּהֲנִים יְדַעְיָה וִיהוֹיָרִיב וְיָכִין׃ וַעֲזַרְיָה
בֶּן־חִלְקִיָּה בֶּן־מְשֻׁלָּם בֶּן־צָדוֹק בֶּן־מְרָיוֹת בֶּן־אֲחִיטוּב
12 נְגִיד בֵּית הָאֱלֹהִים׃ וַעֲדָיָה בֶּן־יְרֹחָם בֶּן־פַּשְׁחוּר
בֶּן־מַלְכִּיָּה וּמַעְשַׂי בֶּן־עֲדִיאֵל בֶּן־יַחְזֵרָה בֶּן־מְשֻׁלָּם בֶּן־
13 מְשִׁלֵּמִית בֶּן־אִמֵּר׃ וַאֲחֵיהֶם רָאשִׁים לְבֵית אֲבוֹתָם אֶלֶף
וּשְׁבַע מֵאוֹת וְשִׁשִּׁים גִּבּוֹרֵי חֵיל מְלֶאכֶת עֲבוֹדַת בֵּית־
14 הָאֱלֹהִים׃ וּמִן־הַלְוִיִּם שְׁמַעְיָה בֶן־חַשּׁוּב בֶּן־עַזְרִיקָם בֶּן־
טו חֲשַׁבְיָה מִן־בְּנֵי מְרָרִי׃ וּבַקְבַּקַּר חֶרֶשׁ וְגָלָל וּמַתַּנְיָה בֶּן־
16 מִיכָא בֶּן־זִכְרִי בֶּן־אָסָף׃ וְעֹבַדְיָה בֶּן־שְׁמַעְיָה בֶּן־גָּלָל
בֶּן־יְדוּתוּן וּבֶרֶכְיָה בֶן־אָסָא בֶּן־אֶלְקָנָה הַיּוֹשֵׁב בְּחַצְרֵי
17 נְטוֹפָתִי׃ וְהַשֹּׁעֲרִים שַׁלּוּם וְעַקּוּב וְטַלְמֹן וַאֲחִימָן וַאֲחִיהֶם
18 שַׁלּוּם הָרֹאשׁ׃ וְעַד־הֵנָּה בְּשַׁעַר הַמֶּלֶךְ מִזְרָחָה הֵמָּה
19 הַשֹּׁעֲרִים לְמַחֲנוֹת בְּנֵי לֵוִי׃ וְשַׁלּוּם בֶּן־קוֹרֵא בֶּן־אֶבְיָסָף
בֶּן־קֹרַח וְאֶחָיו לְבֵית־אָבִיו הַקָּרְחִים עַל מְלֶאכֶת הָעֲבֹדָה
שֹׁמְרֵי הַסִּפִּים לָאֹהֶל וַאֲבֹתֵיהֶם עַל־מַחֲנֵה יְהוָה שֹׁמְרֵי

v. 4. בני מן ק׳

כ הַמָּבוֹא׃ וּפִֽינְחָס בֶּן־אֶלְעָזָר נָגִיד הָיָה עֲלֵיהֶם לְפָנִים יְהוָה ׀
21 עִמּוֹ׃ זְכַרְיָה֙ בֶּן מְשֶׁלֶמְיָה שֹׁעֵר פֶּתַח לְאֹהֶל מוֹעֵד׃
22 כֻּלָּם הַבְּרוּרִים֙ לְשֹׁעֲרִים בַּסִּפִּים מָאתַיִם וּשְׁנֵים עָשָׂר
הֵמָּה בְחַצְרֵיהֶם֙ הִתְיַחְשָׂם הֵמָּה יִסַּד דָּוִיד וּשְׁמוּאֵל הָרֹאֶה
23 בֶּאֱמוּנָתָם׃ וְהֵם וּבְנֵיהֶם עַל־הַשְּׁעָרִים לְבֵית־יְהוָה לְבֵית
24 הָאֹהֶל לְמִשְׁמָרוֹת׃ לְאַרְבַּע רוּחוֹת יִהְיוּ הַשֹּׁעֲרִים מִזְרָח
כה יָמָּה צָפוֹנָה וָנֶגְבָּה׃ וַאֲחֵיהֶם בְּחַצְרֵיהֶם לָבוֹא לְשִׁבְעַת
26 הַיָּמִים מֵעֵת אֶל־עֵת עִם־אֵלֶּה׃ כִּי בֶאֱמוּנָה הֵמָּה אַרְבַּעַת
גִּבֹּרֵי הַשֹּׁעֲרִים הֵם הַלְוִיִּם וְהָיוּ עַל־הַלְּשָׁכוֹת וְעַל־הָאֹצְרוֹת
27 בֵּית הָאֱלֹהִים׃ וּסְבִיבוֹת בֵּית־הָאֱלֹהִים יָלִינוּ כִּי־עֲלֵיהֶם
28 מִשְׁמֶרֶת וְהֵם עַל־הַמַּפְתֵּחַ וְלַבֹּקֶר לַבֹּקֶר׃ וּמֵהֶם עַל־כְּלֵי
29 הָעֲבוֹדָה כִּי־בְמִסְפָּר יְבִיאוּם וּבְמִסְפָּר יוֹצִיאוּם׃ וּמֵהֶם
מְמֻנִּים֙ עַל־הַכֵּלִים וְעַל כָּל־כְּלֵי הַקֹּדֶשׁ וְעַל־הַסֹּלֶת
ל וְהַיַּיִן וְהַשֶּׁמֶן וְהַלְּבוֹנָה וְהַבְּשָׂמִים׃ וּמִן־בְּנֵי֙ הַכֹּהֲנִים רֹקְחֵי
31 הַמִּרְקַחַת לַבְּשָׂמִים׃ וּמַתִּתְיָה֙ מִן־הַלְוִיִּם הוּא הַבְּכוֹר לְשַׁלֻּם
32 הַקָּרְחִי בֶּאֱמוּנָה עַל מַעֲשֵׂה הַחֲבִתִּים׃ וּמִן־בְּנֵי הַקְּהָתִי מִן־
33 אֲחֵיהֶם עַל־לֶחֶם הַמַּעֲרָכֶת לְהָכִין שַׁבַּת שַׁבָּת׃ וְאֵלֶּה
הַמְשֹׁרְרִים רָאשֵׁי אָבוֹת לַלְוִיִּם בַּלְּשָׁכֹת פְּטִירִים כִּי־יוֹמָם
34 וָלַיְלָה עֲלֵיהֶם בַּמְּלָאכָה׃ אֵלֶּה֙ רָאשֵׁי הָאָבוֹת לַלְוִיִּם
לה לְתֹלְדוֹתָם רָאשִׁים אֵלֶּה יָשְׁבוּ בִירוּשָׁלָםִ׃ וּבְגִבְעוֹן
36 יָשְׁבוּ אֲבִי־גִבְעוֹן יְעוּאֵל וְשֵׁם אִשְׁתּוֹ מַעֲכָה׃ וּבְנוֹ הַבְּכוֹר
37 עַבְדּוֹן וְצוּר וְקִישׁ וּבַעַל וְנֵר וְנָדָב׃ וּגְדוֹר וְאַחְיוֹ וּזְכַרְיָה
38 וּמִקְלוֹת׃ וּמִקְלוֹת הוֹלִיד אֶת־שִׁמְאָם וְאַף־הֵם נֶגֶד אֲחֵיהֶם
39 יָשְׁבוּ בִירוּשָׁלַםִ עִם־אֲחֵיהֶם׃ וְנֵר֙ הוֹלִיד אֶת־קִישׁ
וְקִישׁ הוֹלִיד אֶת־שָׁאוּל וְשָׁאוּל הוֹלִיד אֶת־יְהוֹנָתָן֙ וְאֶת־
מ מַלְכִּי־שׁוּעַ וְאֶת־אֲבִינָדָב וְאֶת־אֶשְׁבָּעַל׃ וּבֶן־יְהוֹנָתָן מְרִיב
41 בָּעַל וּמְרִי־בַעַל הוֹלִיד אֶת־מִיכָה׃ וּבְנֵי מִיכָה פִּיתוֹן וָמֶלֶךְ

ותחרע

v. 33. פטורים ק׳ v. 35. יעיאל ק׳

42 וְתַחְרֵעַ׃ וְאָחָז הוֹלִיד אֶת־יַעְרָה וְיַעְרָה הוֹלִיד אֶת־עָלֶמֶת
43 וְאֶת־עַזְמָוֶת וְאֶת־זִמְרִי וְזִמְרִי הוֹלִיד אֶת־מוֹצָא׃ וּמוֹצָא
44 הוֹלִיד אֶת־בִּנְעָא וּרְפָיָה בְנוֹ אֶלְעָשָׂה בְנוֹ אָצֵל בְּנוֹ׃ וּלְאָצֵל
שִׁשָּׁה בָנִים וְאֵלֶּה שְׁמוֹתָם עַזְרִיקָם ׀ בֹּכְרוּ וְיִשְׁמָעֵאל וּשְׁעַרְיָה
וְעֹבַדְיָה וְחָנָן אֵלֶּה בְּנֵי אָצֵל׃

Cap. X. י

א וּפְלִשְׁתִּים נִלְחֲמוּ בְיִשְׂרָאֵל וַיָּנָס אִישׁ־יִשְׂרָאֵל מִפְּנֵי פְלִשְׁתִּים
2 וַיִּפְּלוּ חֲלָלִים בְּהַר גִּלְבֹּעַ׃ וַיַּדְבְּקוּ פְלִשְׁתִּים אַחֲרֵי שָׁאוּל
וְאַחֲרֵי בָנָיו וַיַּכּוּ פְלִשְׁתִּים אֶת־יוֹנָתָן וְאֶת־אֲבִינָדָב וְאֶת־
3 מַלְכִּי־שׁוּעַ בְּנֵי שָׁאוּל׃ וַתִּכְבַּד הַמִּלְחָמָה עַל־שָׁאוּל
4 וַיִּמְצָאֻהוּ הַמּוֹרִים בַּקֶּשֶׁת וַיָּחֶל מִן־הַיּוֹרִים׃ וַיֹּאמֶר שָׁאוּל
אֶל־נֹשֵׂא כֵלָיו שְׁלֹף חַרְבְּךָ ׀ וְדָקְרֵנִי בָהּ פֶּן־יָבֹאוּ הָעֲרֵלִים
הָאֵלֶּה וְהִתְעַלְּלוּ־בִי וְלֹא אָבָה נֹשֵׂא כֵלָיו כִּי יָרֵא מְאֹד
ה וַיִּקַּח שָׁאוּל אֶת־הַחֶרֶב וַיִּפֹּל עָלֶיהָ׃ וַיַּרְא נֹשֵׂא־כֵלָיו כִּי
6 מֵת שָׁאוּל וַיִּפֹּל גַּם־הוּא עַל־הַחֶרֶב וַיָּמֹת׃ וַיָּמָת שָׁאוּל
7 וּשְׁלֹשֶׁת בָּנָיו וְכָל־בֵּיתוֹ יַחְדָּו מֵתוּ׃ וַיִּרְאוּ כָּל־אִישׁ יִשְׂרָאֵל
אֲשֶׁר־בָּעֵמֶק כִּי נָסוּ וְכִי־מֵתוּ שָׁאוּל וּבָנָיו וַיַּעַזְבוּ עָרֵיהֶם
8 וַיָּנֻסוּ וַיָּבֹאוּ פְלִשְׁתִּים וַיֵּשְׁבוּ בָּהֶם׃ וַיְהִי מִמָּחֳרָת וַיָּבֹאוּ
פְלִשְׁתִּים לְפַשֵּׁט אֶת־הַחֲלָלִים וַיִּמְצְאוּ אֶת־שָׁאוּל וְאֶת־
9 בָּנָיו נֹפְלִים בְּהַר גִּלְבֹּעַ׃ וַיַּפְשִׁיטֻהוּ וַיִּשְׂאוּ אֶת־רֹאשׁוֹ וְאֶת־
כֵּלָיו וַיְשַׁלְּחוּ בְאֶרֶץ־פְּלִשְׁתִּים סָבִיב לְבַשֵּׂר אֶת־עֲצַבֵּיהֶם
י וְאֶת־הָעָם׃ וַיָּשִׂימוּ אֶת־כֵּלָיו בֵּית אֱלֹהֵיהֶם וְאֶת־גֻּלְגָּלְתּוֹ
11 תָקְעוּ בֵּית דָּגוֹן׃ וַיִּשְׁמְעוּ כֹּל יָבֵישׁ גִּלְעָד אֵת כָּל־
12 אֲשֶׁר־עָשׂוּ פְלִשְׁתִּים לְשָׁאוּל׃ וַיָּקוּמוּ כָּל־אִישׁ חַיִל וַיִּשְׂאוּ
אֶת־גּוּפַת שָׁאוּל וְאֵת גּוּפֹת בָּנָיו וַיְבִיאוּם יָבֵישָׁה וַיִּקְבְּרוּ
אֶת־עַצְמוֹתֵיהֶם תַּחַת הָאֵלָה בְּיָבֵשׁ וַיָּצוּמוּ שִׁבְעַת יָמִים׃
13 וַיָּמָת שָׁאוּל בְּמַעֲלוֹ אֲשֶׁר מָעַל בַּיהוָה עַל־דְּבַר יְהוָה אֲשֶׁר

לא־שמר

14 לֹֽא־שָׁמָ֑ר וְגַם־לִשְׁא֥וֹל בָּא֖וֹב לִדְרֽוֹשׁ׃ וְלֹֽא־דָרַ֥שׁ בַּֽיהוָ֖ה
וַיְמִיתֵ֑הוּ וַיַּסֵּב֙ אֶת־הַמְּלוּכָ֔ה לְדָוִ֖יד בֶּן־יִשָֽׁי׃

יא Cap. XI. יא

א וַיִּקָּבְצ֧וּ כָֽל־יִשְׂרָאֵ֛ל אֶל־דָּוִ֖יד חֶבְר֣וֹנָה לֵאמֹ֑ר הִנֵּ֛ה עַצְמְךָ֥
2 וּבְשָׂרְךָ֖ אֲנָֽחְנוּ׃ גַּם־תְּמ֣וֹל גַּם־שִׁלְשׁ֗וֹם גַּ֚ם בִּֽהְי֣וֹת שָׁא֣וּל מֶ֔לֶךְ
אַתָּ֛ה הַמּוֹצִ֥יא וְהַמֵּבִ֖יא אֶת־יִשְׂרָאֵ֑ל וַיֹּאמֶר֩ יְהוָ֨ה אֱלֹהֶ֜יךָ לְךָ֗
אַתָּ֨ה תִרְעֶ֤ה אֶת־עַמִּי֙ אֶת־יִשְׂרָאֵ֔ל וְאַתָּה֙ תִּהְיֶ֣ה נָגִ֔יד עַ֖ל עַמִּ֥י
3 יִשְׂרָאֵֽל׃ וַ֠יָּבֹאוּ כָּל־זִקְנֵ֨י יִשְׂרָאֵ֤ל אֶל־הַמֶּ֙לֶךְ֙ חֶבְר֔וֹנָה וַיִּכְרֹת֩
לָהֶ֨ם דָּוִ֥יד בְּרִ֛ית בְּחֶבְר֖וֹן לִפְנֵ֣י יְהוָ֑ה וַיִּמְשְׁח֨וּ אֶת־דָּוִ֤יד
4 לְמֶ֙לֶךְ֙ עַל־יִשְׂרָאֵ֔ל כִּדְבַ֥ר יְהוָ֖ה בְּיַד־שְׁמוּאֵֽל׃ וַיֵּ֧לֶךְ
דָּוִ֛יד וְכָל־יִשְׂרָאֵ֖ל יְרֽוּשָׁלִַ֣ם הִ֣יא יְב֑וּס וְשָׁם֙ הַיְבוּסִ֔י יֹשְׁבֵ֖י
ה הָאָֽרֶץ׃ וַיֹּ֨אמְר֜וּ יֹשְׁבֵ֤י יְבוּס֙ לְדָוִ֔יד לֹ֥א תָב֖וֹא הֵ֑נָּה וַיִּלְכֹּ֤ד
6 דָּוִיד֙ אֶת־מְצֻדַ֣ת צִיּ֔וֹן הִ֖יא עִ֥יר דָּוִֽיד׃ וַיֹּ֣אמֶר דָּוִ֗יד כָּל־
מַכֵּ֤ה יְבוּסִי֙ בָּרִ֣אשֹׁנָ֔ה יִהְיֶ֥ה לְרֹ֖אשׁ וּלְשָׂ֑ר וַיַּ֧עַל בָּרִאשׁוֹנָ֛ה
7 יוֹאָ֥ב בֶּן־צְרוּיָ֖ה וַיְהִ֥י לְרֹֽאשׁ׃ וַיֵּ֥שֶׁב דָּוִ֖יד בַּמְצָ֑ד עַל־כֵּ֕ן
8 קָֽרְאוּ־ל֖וֹ עִ֥יר דָּוִֽיד׃ וַיִּ֤בֶן הָעִיר֙ מִסָּבִ֔יב מִן־הַמִּלּ֖וֹא וְעַד־
9 הַסָּבִ֑יב וְיוֹאָ֕ב יְחַיֶּ֖ה אֶת־שְׁאָ֥ר הָעִֽיר׃ וַיֵּ֥לֶךְ דָּוִ֖יד הָל֣וֹךְ
וְגָד֑וֹל וַיהוָ֥ה צְבָא֖וֹת עִמּֽוֹ׃

י וְאֵ֨לֶּה רָאשֵׁ֤י הַגִּבּוֹרִים֙ אֲשֶׁ֣ר לְדָוִ֔יד הַמִּתְחַזְּקִ֨ים עִמּ֤וֹ
בְמַלְכוּתוֹ֙ עִם־כָּל־יִשְׂרָאֵ֔ל לְהַמְלִיכ֑וֹ כִּדְבַ֥ר יְהוָ֖ה עַל־
11 יִשְׂרָאֵֽל׃ וְאֵ֛לֶּה מִסְפַּ֥ר הַגִּבֹּרִ֖ים אֲשֶׁ֣ר לְדָוִ֑יד יָשָׁבְעָ֨ם בֶּן־
חַכְמוֹנִ֜י רֹ֣אשׁ הַשָּׁלוֹשִׁ֗ים הֽוּא־עוֹרֵ֧ר אֶת־חֲנִית֛וֹ עַל־שְׁלֹשׁ־
12 מֵא֥וֹת חָלָ֖ל בְּפַ֥עַם אֶחָֽת׃ וְאַחֲרָ֛יו אֶלְעָזָ֥ר בֶּן־דּוֹד֖וֹ הָאֲחוֹחִ֑י
13 ה֖וּא בִּשְׁלוֹשָׁ֥ה הַגִּבֹּרִֽים׃ הֽוּא־הָיָ֨ה עִם־דָּוִ֜יד בַּפַּ֣ס דַּמִּ֗ים
וְהַפְּלִשְׁתִּים֙ נֶאֶסְפוּ־שָׁ֣ם לַמִּלְחָמָ֔ה וַתְּהִ֛י חֶלְקַ֥ת הַשָּׂדֶ֖ה
14 מְלֵאָ֣ה שְׂעוֹרִ֑ים וְהָעָ֣ם נָ֔סוּ מִפְּנֵ֖י פְלִשְׁתִּֽים׃ וַיִּֽתְיַצְּב֤וּ בְתוֹךְ־
הַֽחֶלְקָה֙ וַיַּצִּיל֔וּהָ וַיַּכּ֖וּ אֶת־פְּלִשְׁתִּ֑ים וַיּ֣וֹשַׁע יְהוָ֔ה תְּשׁוּעָ֖ה

גדולה

יא v. 11. השלישים ק׳

טו גְּדוֹלָה׃ וַיֵּרְדוּ שְׁלוֹשָׁה מִן־הַשְּׁלוֹשִׁים רֹאשׁ עַל־הַצֻּר אֶל־
דָּוִיד אֶל־מְעָרַת עֲדֻלָּם וּמַחֲנֵה פְלִשְׁתִּים חֹנָה בְּעֵמֶק רְפָאִים׃
16 17 וְדָוִיד אָז בַּמְּצוּדָה וּנְצִיב פְּלִשְׁתִּים אָז בְּבֵית לָחֶם׃ וַיִּתְאָו
דָּוִיד וַיֹּאמַר מִי יַשְׁקֵנִי מַיִם מִבּוֹר בֵּית־לֶחֶם אֲשֶׁר בַּשָּׁעַר׃
18 וַיִּבְקְעוּ הַשְּׁלֹשָׁה בְּמַחֲנֵה פְלִשְׁתִּים וַיִּשְׁאֲבוּ־מַיִם מִבּוֹר בֵּית־
לֶחֶם אֲשֶׁר בַּשַּׁעַר וַיִּשְׂאוּ וַיָּבִאוּ אֶל־דָּוִיד וְלֹא־אָבָה דָוִיד
19 לִשְׁתּוֹתָם וַיְנַסֵּךְ אֹתָם לַיהוָה׃ וַיֹּאמֶר חָלִילָה לִּי מֵאֱלֹהַי
מֵעֲשׂוֹת זֹאת הֲדַם הָאֲנָשִׁים הָאֵלֶּה אֶשְׁתֶּה בְנַפְשׁוֹתָם כִּי
בְנַפְשׁוֹתָם הֱבִיאוּם וְלֹא אָבָה לִשְׁתּוֹתָם אֵלֶּה עָשׂוּ שְׁלֹשֶׁת
כ הַגִּבּוֹרִים׃ וְאַבְשַׁי אֲחִי־יוֹאָב הוּא הָיָה רֹאשׁ הַשְּׁלוֹשָׁה
וְהוּא עוֹרֵר אֶת־חֲנִיתוֹ עַל־שְׁלֹשׁ מֵאוֹת חָלָל וְלֹא־שֵׁם
21 בַּשְּׁלוֹשָׁה׃ מִן־הַשְּׁלוֹשָׁה בַשְּׁנַיִם נִכְבָּד וַיְהִי לָהֶם לְשָׂר וְעַד־
22 הַשְּׁלוֹשָׁה לֹא־בָא׃ בְּנָיָה בֶן־יְהוֹיָדָע בֶּן־אִישׁ־חַיִל רַב־
פְּעָלִים מִן־קַבְצְאֵל הוּא הִכָּה אֵת שְׁנֵי אֲרִיאֵל מוֹאָב וְהוּא
23 יָרַד וְהִכָּה אֶת־הָאֲרִי בְּתוֹךְ הַבּוֹר בְּיוֹם הַשָּׁלֶג׃ וְהוּא־
הִכָּה אֶת־הָאִישׁ הַמִּצְרִי אִישׁ מִדָּה ׀ חָמֵשׁ בָּאַמָּה וּבְיַד
הַמִּצְרִי חֲנִית כִּמְנוֹר אֹרְגִים וַיֵּרֶד אֵלָיו בַּשָּׁבֶט וַיִּגְזֹל אֶת־
24 הַחֲנִית מִיַּד הַמִּצְרִי וַיַּהַרְגֵהוּ בַּחֲנִיתוֹ׃ אֵלֶּה עָשָׂה בְּנָיָהוּ
כה בֶּן־יְהוֹיָדָע וְלוֹ־שֵׁם בִּשְׁלוֹשָׁה הַגִּבֹּרִים׃ מִן־הַשְּׁלוֹשִׁים הִנּוֹ
נִכְבָּד הוּא וְאֶל־הַשְּׁלֹשָׁה לֹא־בָא וַיְשִׂימֵהוּ דָוִיד עַל־
26 מִשְׁמַעְתּוֹ׃ וְגִבּוֹרֵי הַחֲיָלִים עֲשָׂהאֵל אֲחִי יוֹאָב אֶלְחָנָן
27 28 בֶּן־דּוֹדוֹ מִבֵּית לָחֶם׃ שַׁמּוֹת הַהֲרוֹרִי חֶלֶץ הַפְּלוֹנִי׃ עִירָא
29 בֶּן־עִקֵּשׁ הַתְּקוֹעִי אֲבִיעֶזֶר הָעַנְּתוֹתִי׃ סִבְּכַי הַחֻשָׁתִי עִילַי
ל 31 הָאֲחוֹחִי׃ מַהְרַי הַנְּטֹפָתִי חֵלֶד בֶּן־בַּעֲנָה הַנְּטוֹפָתִי׃ אִיתַי
32 בֶּן־רִיבַי מִגִּבְעַת בְּנֵי בִנְיָמִן בְּנָיָה הַפִּרְעָתֹנִי׃ חוּרַי מִנַּחֲלֵי
33 גָעַשׁ אֲבִיאֵל הָעַרְבָתִי׃ עַזְמָוֶת הַבַּחֲרוּמִי אֶלְיַחְבָּא הַשַּׁעַלְבֹנִי׃
34 לה בְּנֵי הָשֵׁם הַגִּזוֹנִי יוֹנָתָן בֶּן־שָׁגֵה הַהֲרָרִי׃ אֲחִיאָם בֶּן־שָׂכָר

ההררי

v. 20. ולו ק׳

36 הַֽהֲרָרִי אֱלִיפַל בֶּן־אוּר׃ חֵפֶר הַמְּכֵרָתִי אֲחִיָּה הַפְּלֹנִי׃
37 38 חֶצְרוֹ הַכַּרְמְלִי נַעֲרַי בֶּן־אֶזְבָּי׃ יוֹאֵל אֲחִי נָתָן מִבְחָר בֶּן־
39 הַגְרִי׃ צֶלֶק הָעַמּוֹנִי נַחְרַי הַבֵּרֹתִי נֹשֵׂא כְּלֵי יוֹאָב בֶּן־צְרוּיָה׃
מ 41 עִירָא הַיִּתְרִי גָּרֵב הַיִּתְרִי׃ אוּרִיָּה הַחִתִּי זָבָד בֶּן־אַחְלָי׃
42 עֲדִינָא בֶן־שִׁיזָא הָרֽאוּבֵנִי רֹאשׁ לָרֽאוּבֵנִי וְעָלָיו שְׁלֹשִׁים׃
43 44 חָנָן בֶּן־מַעֲכָה וְיוֹשָׁפָט הַמִּתְנִי׃ עֻזִּיָּא הָעַשְׁתְּרָתִי שָׁמָע וִיעוֹאֵל
מה בְּנֵי חוֹתָם הָעֲרֹעֵרִי׃ יְדִיעֲאֵל בֶּן־שִׁמְרִי וְיֹחָא אָחִיו הַתִּיצִי׃
46 אֱלִיאֵל הַֽמַּחֲוִים וִירִיבַי וְיוֹשַׁוְיָה בְּנֵי אֶלְנָעַם וְיִתְמָה הַמּוֹאָבִי׃
47 אֱלִיאֵל וְעוֹבֵד וְיַעֲשִׂיאֵל הַמְּצֹבָיָה׃

יב Cap. XII. יב

א וְאֵלֶּה הַבָּאִים אֶל־דָּוִיד לְצִיקְלַג עוֹד עָצוּר מִפְּנֵי שָׁאוּל
2 בֶּן־קִישׁ וְהֵמָּה בַּגִּבּוֹרִים עֹזְרֵי הַמִּלְחָמָה׃ נֹשְׁקֵי קֶשֶׁת מַיְמִינִים
וּמַשְׂמִאלִים בָּאֲבָנִים וּבַחִצִּים בַּקָּשֶׁת מֵאֲחֵי שָׁאוּל מִבִּנְיָמִן׃
3 הָרֹאשׁ אֲחִיעֶזֶר וְיוֹאָשׁ בְּנֵי הַשְּׁמָעָה הַגִּבְעָתִי וִיזוּאֵל וָפֶלֶט
4 בְּנֵי עַזְמָוֶת וּבְרָכָה וְיֵהוּא הָעַנְּתֹתִי׃ וְיִשְׁמַעְיָה הַגִּבְעוֹנִי גִּבּוֹר
ה בַּשְּׁלֹשִׁים וְעַל־הַשְּׁלֹשִׁים׃ וְיִרְמְיָה וְיַחֲזִיאֵל וְיוֹחָנָן וְיוֹזָבָד
6 הַגְּדֵרָתִי׃ אֶלְעוּזַי וִירִימוֹת וּבְעַלְיָה וּשְׁמַרְיָהוּ וּשְׁפַטְיָהוּ
7 הַחֲרוּפִי׃ אֶלְקָנָה וְיִשִּׁיָּהוּ וַעֲזַרְאֵל וְיוֹעֶזֶר וְיָשָׁבְעָם הַקָּרְחִים׃
8 9 וְיוֹעֵאלָה וּזְבַדְיָה בְּנֵי יְרֹחָם מִן־הַגְּדוֹר׃ וּמִן־הַגָּדִי נִבְדְּלוּ
אֶל־דָּוִיד לַמְצַד מִדְבָּרָה גִּבֹּרֵי הַחַיִל אַנְשֵׁי צָבָא לַמִּלְחָמָה
עֹרְכֵי צִנָּה וָרֹמַח וּפְנֵי אַרְיֵה פְּנֵיהֶם וְכִצְבָאיִם עַל־הֶהָרִים
י 11 לְמַהֵר׃ עֵזֶר הָרֹאשׁ עֹבַדְיָה הַשֵּׁנִי אֱלִיאָב הַשְּׁלִשִׁי׃ מִשְׁמַנָּה
12 13 הָרְבִיעִי יִרְמְיָה הַחֲמִשִׁי׃ עַתַּי הַשִּׁשִּׁי אֱלִיאֵל הַשְּׁבִעִי׃ יוֹחָנָן
14 הַשְּׁמִינִי אֶלְזָבָד הַתְּשִׁיעִי׃ יִרְמְיָהוּ הָעֲשִׂירִי מַכְבַּנַּי עַשְׁתֵּי
טו עָשָׂר׃ אֵלֶּה מִבְּנֵי־גָד רָאשֵׁי הַצָּבָא אֶחָד לְמֵאָה הַקָּטָן
16 וְהַגָּדוֹל לְאָלֶף׃ אֵלֶּה הֵם אֲשֶׁר עָבְרוּ אֶת־הַיַּרְדֵּן בַּחֹדֶשׁ
הָרִאשׁוֹן וְהוּא מְמַלֵּא עַל־כָּל־גְּדִיֹתָיו וַיַּבְרִיחוּ אֶת־כָּל־

העמקים

י״א v. 44. ויעיאל ק׳ י״ב v. 3. ויזיאל ק׳ v. 6. החריפי ק׳ v. 16. גדותיו ק׳

17 הָעֲמָקִים לַמִּזְרָח וְלַמַּעֲרָב׃ וַיָּבֹאוּ מִן־בְּנֵי בִנְיָמִן וִיהוּדָה
18 עַד־לַמְצָד לְדָוִיד׃ וַיֵּצֵא דָוִיד לִפְנֵיהֶם וַיַּעַן וַיֹּאמֶר לָהֶם
אִם־לְשָׁלוֹם בָּאתֶם אֵלַי לְעָזְרֵנִי יִהְיֶה־לִּי עֲלֵיכֶם לֵבָב
לְיָחַד וְאִם־לְרַמּוֹתַנִי לְצָרַי בְּלֹא חָמָס בְּכַפַּי יֵרֶא אֱלֹהֵי
19 אֲבוֹתֵינוּ וְיוֹכַח׃ וְרוּחַ לָבְשָׁה אֶת־עֲמָשַׂי רֹאשׁ הַשָּׁלוֹשִׁים
לְךָ דָוִיד וְעִמְּךָ בֶן־יִשַׁי שָׁלוֹם ׀ שָׁלוֹם לְךָ וְשָׁלוֹם
לְעֹזְרֶךָ כִּי עֲזָרְךָ אֱלֹהֶיךָ וַיְקַבְּלֵם דָּוִיד וַיִּתְּנֵם בְּרָאשֵׁי
כ הַגְּדוּד׃ וּמִמְּנַשֶּׁה נָפְלוּ עַל־דָּוִיד בְּבֹאוֹ עִם־פְּלִשְׁתִּים
עַל־שָׁאוּל לַמִּלְחָמָה וְלֹא עֲזָרֻם כִּי בְעֵצָה שִׁלְּחֻהוּ סַרְנֵי
21 פְלִשְׁתִּים לֵאמֹר בְּרָאשֵׁינוּ יִפּוֹל אֶל־אֲדֹנָיו שָׁאוּל׃ בְּלֶכְתּוֹ
אֶל־צִיקְלַג נָפְלוּ עָלָיו ׀ מִמְּנַשֶּׁה עַדְנַח וְיוֹזָבָד וִידִיעֲאֵל
וּמִיכָאֵל וְיוֹזָבָד וֶאֱלִיהוּא וְצִלְּתָי רָאשֵׁי הָאֲלָפִים אֲשֶׁר
22 לִמְנַשֶּׁה׃ וְהֵמָּה עָזְרוּ עִם־דָּוִיד עַל־הַגְּדוּד כִּי־גִבּוֹרֵי חַיִל
23 כֻּלָּם וַיִּהְיוּ שָׂרִים בַּצָּבָא׃ כִּי לְעֶת־יוֹם בְּיוֹם יָבֹאוּ עַל־
24 דָּוִיד לְעָזְרוֹ עַד־לְמַחֲנֶה גָדוֹל כְּמַחֲנֵה אֱלֹהִים׃ וְאֵלֶּה
מִסְפְּרֵי רָאשֵׁי הֶחָלוּץ לַצָּבָא בָּאוּ עַל־דָּוִיד חֶבְרוֹנָה לְהָסֵב
כה מַלְכוּת שָׁאוּל אֵלָיו כְּפִי יְהוָה׃ בְּנֵי יְהוּדָה נֹשְׂאֵי צִנָּה
26 וָרֹמַח שֵׁשֶׁת אֲלָפִים וּשְׁמוֹנֶה מֵאוֹת חֲלוּצֵי צָבָא׃ מִן־
27 בְּנֵי שִׁמְעוֹן גִּבּוֹרֵי חַיִל לַצָּבָא שִׁבְעַת אֲלָפִים וּמֵאָה׃ מִן־
28 בְּנֵי הַלֵּוִי אַרְבַּעַת אֲלָפִים וְשֵׁשׁ מֵאוֹת׃ וִיהוֹיָדָע הַנָּגִיד
29 לְאַהֲרֹן וְעִמּוֹ שְׁלֹשֶׁת אֲלָפִים וּשְׁבַע מֵאוֹת׃ וְצָדוֹק
ל נַעַר גִּבּוֹר חָיִל וּבֵית־אָבִיו שָׂרִים עֶשְׂרִים וּשְׁנָיִם׃ וּמִן־
בְּנֵי בִנְיָמִן אֲחֵי שָׁאוּל שְׁלֹשֶׁת אֲלָפִים וְעַד־הֵנָּה מַרְבִּיתָם
31 שֹׁמְרִים מִשְׁמֶרֶת בֵּית שָׁאוּל׃ וּמִן־בְּנֵי אֶפְרַיִם עֶשְׂרִים
אֶלֶף וּשְׁמוֹנֶה מֵאוֹת גִּבּוֹרֵי חַיִל אַנְשֵׁי שֵׁמוֹת לְבֵית
32 אֲבוֹתָם׃ וּמֵחֲצִי מַטֵּה מְנַשֶּׁה שְׁמוֹנָה עָשָׂר אֶלֶף אֲשֶׁר
33 נִקְּבוּ בְּשֵׁמוֹת לָבוֹא לְהַמְלִיךְ אֶת־דָּוִיד׃ וּמִבְּנֵי יִשָּׂשכָר

v. 19 השלשים ק׳

יודעי

יוֹדְעֵי בִינָה לַעִתִּים לָדַעַת מַה־יַּעֲשֶׂה יִשְׂרָאֵל רָאשֵׁיהֶם
34 מָאתַיִם וְכָל־אֲחֵיהֶם עַל־פִּיהֶם׃ מִזְּבֻלוּן יוֹצְאֵי צָבָא
עֹרְכֵי מִלְחָמָה בְּכָל־כְּלֵי מִלְחָמָה חֲמִשִּׁים אָלֶף וְלַעֲדֹר
לה בְּלֹא־לֵב וָלֵב׃ וּמִנַּפְתָּלִי שָׂרִים אָלֶף וְעִמָּהֶם בְּצִנָּה
36 וַחֲנִית שְׁלֹשִׁים וְשִׁבְעָה אָלֶף׃ וּמִן־הַדָּנִי עֹרְכֵי מִלְחָמָה
37 עֶשְׂרִים־וּשְׁמוֹנָה אֶלֶף וְשֵׁשׁ מֵאוֹת׃ וּמֵאָשֵׁר יוֹצְאֵי צָבָא
38 לַעֲרֹךְ מִלְחָמָה אַרְבָּעִים אָלֶף׃ וּמֵעֵבֶר לַיַּרְדֵּן מִן־
הָרְאוּבֵנִי וְהַגָּדִי וַחֲצִי ׀ שֵׁבֶט מְנַשֶּׁה בְּכֹל כְּלֵי צְבָא מִלְחָמָה
39 מֵאָה וְעֶשְׂרִים אָלֶף׃ כָּל־אֵלֶּה אַנְשֵׁי מִלְחָמָה עֹדְרֵי מַעֲרָכָה
בְּלֵבָב שָׁלֵם בָּאוּ חֶבְרוֹנָה לְהַמְלִיךְ אֶת־דָּוִיד עַל־כָּל־
יִשְׂרָאֵל וְגַם כָּל־שֵׁרִית יִשְׂרָאֵל לֵב אֶחָד לְהַמְלִיךְ אֶת־
מ דָּוִיד׃ וַיִּהְיוּ־שָׁם עִם־דָּוִיד יָמִים שְׁלוֹשָׁה אֹכְלִים וְשׁוֹתִים
41 כִּי־הֵכִינוּ לָהֶם אֲחֵיהֶם׃ וְגַם הַקְּרוֹבִים־אֲלֵיהֶם עַד־יִשָּׂשכָר
וּזְבֻלוּן וְנַפְתָּלִי מְבִיאִים לֶחֶם בַּחֲמוֹרִים וּבַגְּמַלִּים וּבַפְּרָדִים ׀
וּבַבָּקָר מַאֲכָל קֶמַח דְּבֵלִים וְצִמּוּקִים וְיַיִן וְשֶׁמֶן וּבָקָר וְצֹאן
לָרֹב כִּי שִׂמְחָה בְּיִשְׂרָאֵל׃

יג CAP. XIII. יג

א וַיִּוָּעַץ דָּוִיד עִם־שָׂרֵי הָאֲלָפִים וְהַמֵּאוֹת לְכָל־נָגִיד׃
2 וַיֹּאמֶר דָּוִיד לְכֹל ׀ קְהַל יִשְׂרָאֵל אִם־עֲלֵיכֶם טוֹב וּמִן־יְהוָה
אֱלֹהֵינוּ נִפְרְצָה נִשְׁלְחָה עַל־אַחֵינוּ הַנִּשְׁאָרִים בְּכֹל אַרְצוֹת
יִשְׂרָאֵל וְעִמָּהֶם הַכֹּהֲנִים וְהַלְוִיִּם בְּעָרֵי מִגְרְשֵׁיהֶם וְיִקָּבְצוּ
3 אֵלֵינוּ׃ וְנָסֵבָּה אֶת־אֲרוֹן אֱלֹהֵינוּ אֵלֵינוּ כִּי־לֹא דְרַשְׁנֻהוּ
4 בִּימֵי שָׁאוּל׃ וַיֹּאמְרוּ כָל־הַקָּהָל לַעֲשׂוֹת כֵּן כִּי־יָשַׁר הַדָּבָר
ה בְּעֵינֵי כָל־הָעָם׃ וַיַּקְהֵל דָּוִיד אֶת־כָּל־יִשְׂרָאֵל מִן־שִׁיחוֹר
מִצְרַיִם וְעַד־לְבוֹא חֲמָת לְהָבִיא אֶת־אֲרוֹן הָאֱלֹהִים מִקִּרְיַת
6 יְעָרִים׃ וַיַּעַל דָּוִיד וְכָל־יִשְׂרָאֵל בַּעֲלָתָה אֶל־קִרְיַת
יְעָרִים אֲשֶׁר לִיהוּדָה לְהַעֲלוֹת מִשָּׁם אֵת אֲרוֹן הָאֱלֹהִים ׀
7 יְהוָה יוֹשֵׁב הַכְּרוּבִים אֲשֶׁר־נִקְרָא שֵׁם׃ וַיַּרְכִּיבוּ אֶת־אֲרוֹן

האלהים

הָאֱלֹהִים עַל־עֲגָלָה חֲדָשָׁה מִבֵּית אֲבִינָדָב וְעֻזָּא וְאַחְיוֹ נֹהֲגִים
8 בָּעֲגָלָה׃ וְדָוִיד וְכָל־יִשְׂרָאֵל מְשַׂחֲקִים לִפְנֵי הָאֱלֹהִים בְּכָל־
עֹז וּבְשִׁירִים וּבְכִנֹּרוֹת וּבִנְבָלִים וּבְתֻפִּים וּבִמְצִלְתַּיִם
9 וּבַחֲצֹצְרוֹת׃ וַיָּבֹאוּ עַד־גֹּרֶן כִּידֹן וַיִּשְׁלַח עֻזָּא אֶת־יָדוֹ לֶאֱחֹז
י אֶת־הָאָרוֹן כִּי שָׁמְטוּ הַבָּקָר׃ וַיִּחַר־אַף יְהוָה בְּעֻזָּא וַיַּכֵּהוּ
עַל אֲשֶׁר־שָׁלַח יָדוֹ עַל־הָאָרוֹן וַיָּמָת שָׁם לִפְנֵי אֱלֹהִים׃
11 וַיִּחַר לְדָוִיד כִּי־פָרַץ יְהוָה פֶּרֶץ בְּעֻזָּא וַיִּקְרָא לַמָּקוֹם הַהוּא
12 פֶּרֶץ עֻזָּא עַד הַיּוֹם הַזֶּה׃ וַיִּרָא דָוִיד אֶת־הָאֱלֹהִים בַּיּוֹם
13 הַהוּא לֵאמֹר הֵיךְ אָבִיא אֵלַי אֵת אֲרוֹן הָאֱלֹהִים׃ וְלֹא־
הֵסִיר דָּוִיד אֶת־הָאָרוֹן אֵלָיו אֶל־עִיר דָּוִיד וַיַּטֵּהוּ אֶל־
14 בֵּית־עֹבֵד אֱדֹם הַגִּתִּי׃ וַיֵּשֶׁב אֲרוֹן הָאֱלֹהִים עִם־בֵּית עֹבֵד
אֱדֹם בְּבֵיתוֹ שְׁלֹשָׁה חֳדָשִׁים וַיְבָרֶךְ יְהוָה אֶת־בֵּית עֹבֵד־
אֱדֹם וְאֶת־כָּל־אֲשֶׁר־לוֹ׃

יד CAP. XIV. יד

א וַיִּשְׁלַח חִירָם מֶלֶךְ־צֹר מַלְאָכִים אֶל־דָּוִיד וַעֲצֵי אֲרָזִים
2 וְחָרָשֵׁי קִיר וְחָרָשֵׁי עֵצִים לִבְנוֹת לוֹ בָּיִת׃ וַיֵּדַע דָּוִיד כִּי־
הֱכִינוֹ יְהוָה לְמֶלֶךְ עַל־יִשְׂרָאֵל כִּי־נִשֵּׂאת לְמַעְלָה מַלְכוּתוֹ
3 בַּעֲבוּר עַמּוֹ יִשְׂרָאֵל׃ וַיִּקַּח דָּוִיד עוֹד נָשִׁים בִּירוּשָׁלִָם
4 וַיּוֹלֶד דָּוִיד עוֹד בָּנִים וּבָנוֹת׃ וְאֵלֶּה שְׁמוֹת הַיְלוּדִים אֲשֶׁר
ה הָיוּ־לוֹ בִּירוּשָׁלִָם שַׁמּוּעַ וְשׁוֹבָב נָתָן וּשְׁלֹמֹה׃ וְיִבְחָר
6 7 וֶאֱלִישׁוּעַ וְאֶלְפָּלֶט׃ וְנֹגַהּ וְנֶפֶג וְיָפִיעַ׃ וֶאֱלִישָׁמָע וּבְעֶלְיָדָע
8 וֶאֱלִיפָלֶט׃ וַיִּשְׁמְעוּ פְלִשְׁתִּים כִּי־נִמְשַׁח דָּוִיד לְמֶלֶךְ
עַל־כָּל־יִשְׂרָאֵל וַיַּעֲלוּ כָל־פְּלִשְׁתִּים לְבַקֵּשׁ אֶת־דָּוִיד
9 וַיִּשְׁמַע דָּוִיד וַיֵּצֵא לִפְנֵיהֶם׃ וּפְלִשְׁתִּים בָּאוּ וַיִּפְשְׁטוּ בְּעֵמֶק
י רְפָאִים׃ וַיִּשְׁאַל דָּוִיד בֵּאלֹהִים לֵאמֹר הַאֶעֱלֶה עַל־
פְּלִשְׁתִּיִּים וּנְתַתָּם בְּיָדִי וַיֹּאמֶר לוֹ יְהוָה עֲלֵה וּנְתַתִּים בְּיָדֶךָ׃
11 וַיַּעֲלוּ בְּבַעַל־פְּרָצִים וַיַּכֵּם שָׁם דָּוִיד וַיֹּאמֶר דָּוִיד פָּרַץ

האלהים

יד v. 1. חורם ק׳   v. 10. פלשתים ק׳

הָאֱלֹהִים אֶת־אוֹיְבַי בְּיָדִי כְּפֶרֶץ מָיִם עַל־כֵּן קָרְאוּ שֵׁם־
12 הַמָּקוֹם הַהוּא בַּעַל פְּרָצִים׃ וַיַּעַזְבוּ־שָׁם אֶת־אֱלֹהֵיהֶם
13 וַיֹּאמֶר דָּוִיד וַיִּשָּׂרְפוּ בָּאֵשׁ׃ וַיֹּסִיפוּ עוֹד פְּלִשְׁתִּים וַיִּפְשְׁטוּ
14 בָּעֵמֶק׃ וַיִּשְׁאַל עוֹד דָּוִיד בֵּאלֹהִים וַיֹּאמֶר לוֹ הָאֱלֹהִים לֹא
תַעֲלֶה אַחֲרֵיהֶם הָסֵב מֵעֲלֵיהֶם וּבָאתָ לָהֶם מִמּוּל הַבְּכָאִים׃
טו וִיהִי כְּשָׁמְעֲךָ אֶת־קוֹל הַצְּעָדָה בְּרָאשֵׁי הַבְּכָאִים אָז תֵּצֵא
בַמִּלְחָמָה כִּי־יָצָא הָאֱלֹהִים לְפָנֶיךָ לְהַכּוֹת אֶת־מַחֲנֵה
16 פְלִשְׁתִּים׃ וַיַּעַשׂ דָּוִיד כַּאֲשֶׁר צִוָּהוּ הָאֱלֹהִים וַיַּכּוּ אֶת־מַחֲנֵה
17 פְלִשְׁתִּים מִגִּבְעוֹן וְעַד־גָּזְרָה׃ וַיֵּצֵא שֵׁם־דָּוִיד בְּכָל־
הָאֲרָצוֹת וַיהוָה נָתַן אֶת־פַּחְדּוֹ עַל־כָּל־הַגּוֹיִם׃ ס

טו

Cap. XV. טו

א וַיַּעַשׂ־לוֹ בָתִּים בְּעִיר דָּוִיד וַיָּכֶן מָקוֹם לַאֲרוֹן הָאֱלֹהִים
2 וַיֶּט־לוֹ אֹהֶל׃ אָז אָמַר דָּוִיד לֹא לָשֵׂאת אֶת־אֲרוֹן הָאֱלֹהִים
כִּי אִם־הַלְוִיִּם כִּי־בָם ׀ בָּחַר יְהוָה לָשֵׂאת אֶת־אֲרוֹן יְהוָה
3 וּלְשָׁרְתוֹ עַד־עוֹלָם׃ וַיַּקְהֵל דָּוִיד אֶת־כָּל־יִשְׂרָאֵל אֶל־
יְרוּשָׁלִָם לְהַעֲלוֹת אֶת־אֲרוֹן יְהוָה אֶל־מְקוֹמוֹ אֲשֶׁר־הֵכִין
4 ה לוֹ׃ וַיֶּאֱסֹף דָּוִיד אֶת־בְּנֵי אַהֲרֹן וְאֶת־הַלְוִיִּם׃ לִבְנֵי
6 קְהָת אוּרִיאֵל הַשָּׂר וְאֶחָיו מֵאָה וְעֶשְׂרִים׃ לִבְנֵי מְרָרִי
7 עֲשָׂיָה הַשָּׂר וְאֶחָיו מָאתַיִם וְעֶשְׂרִים׃ לִבְנֵי גֵּרְשׁוֹם יוֹאֵל
8 הַשָּׂר וְאֶחָיו מֵאָה וּשְׁלֹשִׁים׃ לִבְנֵי אֱלִיצָפָן שְׁמַעְיָה
9 הַשָּׂר וְאֶחָיו מָאתָיִם׃ לִבְנֵי חֶבְרוֹן אֱלִיאֵל הַשָּׂר וְאֶחָיו
י שְׁמוֹנִים׃ לִבְנֵי עֻזִּיאֵל עַמִּינָדָב הַשָּׂר וְאֶחָיו מֵאָה וּשְׁנֵים
11 עָשָׂר׃ וַיִּקְרָא דָוִיד לְצָדוֹק וּלְאֶבְיָתָר הַכֹּהֲנִים וְלַלְוִיִּם
12 לְאוּרִיאֵל עֲשָׂיָה וְיוֹאֵל שְׁמַעְיָה וֶאֱלִיאֵל וְעַמִּינָדָב׃ וַיֹּאמֶר
לָהֶם אַתֶּם רָאשֵׁי הָאָבוֹת לַלְוִיִּם הִתְקַדְּשׁוּ אַתֶּם וַאֲחֵיכֶם
וְהַעֲלִיתֶם אֵת אֲרוֹן יְהוָה אֱלֹהֵי יִשְׂרָאֵל אֶל־הֲכִינוֹתִי לוֹ׃
13 כִּי לְמַבָּרִאשׁוֹנָה לֹא אַתֶּם פָּרַץ יְהוָה אֱלֹהֵינוּ בָּנוּ כִּי־לֹא

דרשנהו

י״ד v. 16. אין כאן פסקא

14 דָּרַשְׁנֻהוּ כַּמִּשְׁפָּט׃ וַיִּתְקַדְּשׁוּ הַכֹּהֲנִים וְהַלְוִיִּם לְהַעֲלוֹת אֶת־
טו אֲרוֹן יְהוָה אֱלֹהֵי יִשְׂרָאֵל׃ וַיִּשְׂאוּ בְנֵי־הַלְוִיִּם אֵת אֲרוֹן
הָאֱלֹהִים כַּאֲשֶׁר צִוָּה מֹשֶׁה כִּדְבַר יְהוָה בִּכְתֵפָם בַּמֹּטוֹת
16 עֲלֵיהֶם׃ וַיֹּאמֶר דָּוִיד לְשָׂרֵי הַלְוִיִּם לְהַעֲמִיד אֶת־
אֲחֵיהֶם הַמְשֹׁרְרִים בִּכְלֵי־שִׁיר נְבָלִים וְכִנֹּרוֹת וּמְצִלְתָּיִם
17 מַשְׁמִיעִים לְהָרִים־בְּקוֹל לְשִׂמְחָה׃ וַיַּעֲמִידוּ הַלְוִיִּם אֵת
הֵימָן בֶּן־יוֹאֵל וּמִן־אֶחָיו אָסָף בֶּן־בֶּרֶכְיָהוּ וּמִן־בְּנֵי מְרָרִי
18 אֲחֵיהֶם אֵיתָן בֶּן־קוּשָׁיָהוּ׃ וְעִמָּהֶם אֲחֵיהֶם הַמִּשְׁנִים זְכַרְיָהוּ
בֵּן וְיַעֲזִיאֵל וּשְׁמִירָמוֹת וִיחִיאֵל ׀ וְעֻנִּי אֱלִיאָב וּבְנָיָהוּ וּמַעֲשֵׂיָהוּ
וּמַתִּתְיָהוּ וֶאֱלִיפְלֵהוּ וּמִקְנֵיָהוּ וְעֹבֵד אֱדֹם וִיעִיאֵל הַשֹּׁעֲרִים׃
19 וְהַמְשֹׁרְרִים הֵימָן אָסָף וְאֵיתָן בִּמְצִלְתַּיִם נְחֹשֶׁת לְהַשְׁמִיעַ׃
כ וּזְכַרְיָה וַעֲזִיאֵל וּשְׁמִירָמוֹת וִיחִיאֵל וְעֻנִּי וֶאֱלִיאָב וּמַעֲשֵׂיָהוּ
21 וּבְנָיָהוּ בִּנְבָלִים עַל־עֲלָמוֹת׃ וּמַתִּתְיָהוּ וֶאֱלִיפְלֵהוּ וּמִקְנֵיָהוּ
וְעֹבֵד אֱדֹם וִיעִיאֵל וַעֲזַזְיָהוּ בְּכִנֹּרוֹת עַל־הַשְּׁמִינִית לְנַצֵּחַ׃
22 23 וּכְנַנְיָהוּ שַׂר־הַלְוִיִּם בְּמַשָּׂא יָסֹר בַּמַּשָּׂא כִּי מֵבִין הוּא׃ וּבֶרֶכְיָה
24 וְאֶלְקָנָה שֹׁעֲרִים לָאָרוֹן׃ וּשְׁבַנְיָהוּ וְיוֹשָׁפָט וּנְתַנְאֵל וַעֲמָשַׂי
וּזְכַרְיָהוּ וּבְנָיָהוּ וֶאֱלִיעֶזֶר הַכֹּהֲנִים מחצצרים בַּחֲצֹצְרוֹת
כה לִפְנֵי אֲרוֹן הָאֱלֹהִים וְעֹבֵד אֱדֹם וִיחִיָּה שֹׁעֲרִים לָאָרוֹן׃ וַיְהִי
דָוִיד וְזִקְנֵי יִשְׂרָאֵל וְשָׂרֵי הָאֲלָפִים הַהֹלְכִים לְהַעֲלוֹת אֶת־
26 אֲרוֹן בְּרִית־יְהוָה מִן־בֵּית עֹבֵד־אֱדֹם בְּשִׂמְחָה׃ וַיְהִי
בֶּעְזֹר הָאֱלֹהִים אֶת־הַלְוִיִּם נֹשְׂאֵי אֲרוֹן בְּרִית־יְהוָה וַיִּזְבְּחוּ
27 שִׁבְעָה־פָרִים וְשִׁבְעָה אֵילִים׃ וְדָוִיד מְכֻרְבָּל ׀ בִּמְעִיל בּוּץ
וְכָל־הַלְוִיִּם הַנֹּשְׂאִים אֶת־הָאָרוֹן וְהַמְשֹׁרְרִים וּכְנַנְיָה הַשַּׂר
28 הַמַּשָּׂא הַמְשֹׁרְרִים וְעַל־דָּוִיד אֵפוֹד בָּד׃ וְכָל־יִשְׂרָאֵל
מַעֲלִים אֶת־אֲרוֹן בְּרִית־יְהוָה בִּתְרוּעָה וּבְקוֹל שׁוֹפָר
29 וּבַחֲצֹצְרוֹת וּבִמְצִלְתָּיִם מַשְׁמִעִים בִּנְבָלִים וְכִנֹּרוֹת׃ וַיְהִי
אֲרוֹן בְּרִית יְהוָה בָּא עַד־עִיר דָּוִיד וּמִיכַל בַּת־שָׁאוּל

נשקפה

v. 24. יתיר צ׳

נִשְׁקְפָה בְּעַד הַחַלּוֹן וַתֵּרֶא אֶת־הַמֶּלֶךְ דָּוִיד מְרַקֵּד וּמְשַׂחֵק
וַתִּבֶז לוֹ בְּלִבָּהּ׃

טז CAP. XVI. טז

וַיָּבִיאוּ אֶת־אֲרוֹן הָאֱלֹהִים וַיַּצִּיגוּ אֹתוֹ בְּתוֹךְ הָאֹהֶל אֲשֶׁר א
נָטָה־לוֹ דָּוִיד וַיַּקְרִיבוּ עֹלוֹת וּשְׁלָמִים לִפְנֵי הָאֱלֹהִים׃ וַיְכַל 2
דָּוִיד מֵהַעֲלוֹת הָעֹלָה וְהַשְּׁלָמִים וַיְבָרֶךְ אֶת־הָעָם בְּשֵׁם
יְהוָה׃ וַיְחַלֵּק לְכָל־אִישׁ יִשְׂרָאֵל מֵאִישׁ וְעַד־אִשָּׁה לְאִישׁ 3
כִּכַּר־לֶחֶם וְאֶשְׁפָּר וַאֲשִׁישָׁה׃ וַיִּתֵּן לִפְנֵי אֲרוֹן יְהוָה מִן־ 4
הַלְוִיִּם מְשָׁרְתִים וּלְהַזְכִּיר וּלְהוֹדוֹת וּלְהַלֵּל לַיהוָה אֱלֹהֵי
יִשְׂרָאֵל׃ אָסָף הָרֹאשׁ וּמִשְׁנֵהוּ זְכַרְיָה יְעִיאֵל וּשְׁמִירָמוֹת ה
וִיחִיאֵל וּמַתִּתְיָה וֶאֱלִיאָב וּבְנָיָהוּ וְעֹבֵד אֱדֹם וִיעִיאֵל בִּכְלֵי
נְבָלִים וּבְכִנֹּרוֹת וְאָסָף בַּמְצִלְתַּיִם מַשְׁמִיעַ׃ וּבְנָיָהוּ וְיַחֲזִיאֵל 6
הַכֹּהֲנִים בַּחֲצֹצְרוֹת תָּמִיד לִפְנֵי אֲרוֹן בְּרִית־הָאֱלֹהִים׃
בַּיּוֹם הַהוּא אָז נָתַן דָּוִיד בָּרֹאשׁ לְהֹדוֹת לַיהוָה בְּיַד־אָסָף 7
וְאֶחָיו׃ הוֹדוּ לַיהוָה קִרְאוּ בִשְׁמוֹ הוֹדִיעוּ בָעַמִּים 8
עֲלִילֹתָיו׃ שִׁירוּ לוֹ זַמְּרוּ־לוֹ שִׂיחוּ בְּכָל־נִפְלְאֹתָיו׃ 9
י הִתְהַלְלוּ בְּשֵׁם קָדְשׁוֹ יִשְׂמַח לֵב מְבַקְשֵׁי יְהוָה׃ דִּרְשׁוּ יְהוָה 11
וְעֻזּוֹ בַּקְּשׁוּ פָנָיו תָּמִיד׃ זִכְרוּ נִפְלְאֹתָיו אֲשֶׁר עָשָׂה מֹפְתָיו 12
וּמִשְׁפְּטֵי־פִיהוּ׃ זֶרַע יִשְׂרָאֵל עַבְדּוֹ בְּנֵי יַעֲקֹב בְּחִירָיו׃ הוּא 13 14
יְהוָה אֱלֹהֵינוּ בְּכָל־הָאָרֶץ מִשְׁפָּטָיו׃ זִכְרוּ לְעוֹלָם בְּרִיתוֹ טו
דָּבָר צִוָּה לְאֶלֶף דּוֹר׃ אֲשֶׁר כָּרַת אֶת־אַבְרָהָם וּשְׁבוּעָתוֹ 16
לְיִצְחָק׃ וַיַּעֲמִידֶהָ לְיַעֲקֹב לְחֹק לְיִשְׂרָאֵל בְּרִית עוֹלָם׃ 17
לֵאמֹר לְךָ אֶתֵּן אֶרֶץ־כְּנָעַן חֶבֶל נַחֲלַתְכֶם׃ בִּהְיוֹתְכֶם מְתֵי 18 19
מִסְפָּר כִּמְעַט וְגָרִים בָּהּ׃ וַיִּתְהַלְּכוּ מִגּוֹי אֶל־גּוֹי וּמִמַּמְלָכָה כ
אֶל־עַם אַחֵר׃ לֹא־הִנִּיחַ לְאִישׁ לְעָשְׁקָם וַיּוֹכַח עֲלֵיהֶם 21
מְלָכִים׃ אַל־תִּגְּעוּ בִּמְשִׁיחָי וּבִנְבִיאַי אַל־תָּרֵעוּ׃ שִׁירוּ 22 23
לַיהוָה כָּל־הָאָרֶץ בַּשְּׂרוּ מִיּוֹם־אֶל־יוֹם יְשׁוּעָתוֹ׃ סַפְּרוּ 24
בַגּוֹיִם אֶת־כְּבוֹדוֹ בְּכָל־הָעַמִּים נִפְלְאֹתָיו׃ כִּי גָדוֹל יְהוָה כה
ומהלל

26 וּמְהֻלָּל֙ מְאֹ֔ד וְנוֹרָ֥א ה֖וּא עַל־כָּל־אֱלֹהִֽים׃ כִּ֠י כָּל־אֱלֹהֵ֤י
27 הָֽעַמִּים֙ אֱלִילִ֔ים וַֽיהוָ֖ה שָׁמַ֥יִם עָשָֽׂה׃ ה֤וֹד וְהָדָר֙ לְפָנָ֔יו עֹ֥ז
28 וְחֶדְוָ֖ה בִּמְקֹמֽוֹ׃ הָב֤וּ לַֽיהוָה֙ מִשְׁפְּח֣וֹת עַמִּ֔ים הָב֥וּ לַֽיהוָ֖ה
29 כָּב֥וֹד וָעֹֽז׃ הָב֥וּ לַֽיהוָ֖ה כְּב֣וֹד שְׁמ֑וֹ שְׂא֤וּ מִנְחָה֙ וּבֹ֣אוּ לְפָנָ֔יו
ל הִשְׁתַּחֲו֥וּ לַֽיהוָ֖ה בְּהַדְרַת־קֹֽדֶשׁ׃ ח֤ילוּ מִלְּפָנָיו֙ כָּל־הָאָ֔רֶץ
31 אַף־תִּכּ֥וֹן תֵּבֵ֖ל בַּל־תִּמּֽוֹט׃ יִשְׂמְח֤וּ הַשָּׁמַ֙יִם֙ וְתָגֵ֣ל הָאָ֔רֶץ
32 וְיֹאמְר֥וּ בַגּוֹיִ֖ם יְהוָ֥ה מָלָֽךְ׃ יִרְעַ֤ם הַיָּם֙ וּמְלוֹא֔וֹ יַעֲלֹ֥ץ הַשָּׂדֶ֖ה
33 וְכָל־אֲשֶׁר־בּֽוֹ׃ אָ֥ז יְרַנְּנ֖וּ עֲצֵ֣י הַיָּ֑עַר מִלִּפְנֵ֣י יְהוָ֔ה כִּי־בָ֖א
34 לִשְׁפּ֥וֹט אֶת־הָאָֽרֶץ׃ הוֹד֤וּ לַֽיהוָה֙ כִּ֣י ט֔וֹב כִּ֥י לְעוֹלָ֖ם חַסְדּֽוֹ׃
לה וְאִמְר֗וּ הֽוֹשִׁיעֵ֙נוּ֙ אֱלֹהֵ֣י יִשְׁעֵ֔נוּ וְקַבְּצֵ֥נוּ וְהַצִּילֵ֖נוּ מִן־הַגּוֹיִ֑ם
36 לְהֹדוֹת֙ לְשֵׁ֣ם קָדְשֶׁ֔ךָ לְהִשְׁתַּבֵּ֖חַ בִּתְהִלָּתֶֽךָ׃ בָּר֤וּךְ יְהוָה֙ אֱלֹהֵ֣י
יִשְׂרָאֵ֔ל מִן־הָעוֹלָ֖ם וְעַ֣ד הָעֹלָ֑ם וַיֹּאמְר֤וּ כָל־הָעָם֙ אָמֵ֔ן
וְהַלֵּ֖ל לַֽיהוָֽה׃
37 וַיַּֽעֲזָב־שָׁ֗ם לִפְנֵי֙ אֲר֣וֹן בְּרִית־יְהוָ֔ה לְאָסָ֖ף וּלְאֶחָ֑יו לְשָׁרֵ֞ת
38 לִפְנֵ֧י הָאָר֛וֹן תָּמִ֖יד לִדְבַר־י֥וֹם בְּיוֹמֽוֹ׃ וְעֹבֵ֥ד אֱדֹ֛ם וַאֲחֵיהֶ֖ם
שִׁשִּׁ֣ים וּשְׁמוֹנָ֑ה וְעֹבֵ֨ד אֱדֹ֧ם בֶּן־יְדִית֛וּן וְחֹסָ֖ה לְשֹׁעֲרִֽים׃
39 וְאֵ֣ת ׀ צָד֣וֹק הַכֹּהֵ֗ן וְאֶחָיו֙ הַכֹּ֣הֲנִ֔ים לִפְנֵ֖י מִשְׁכַּ֣ן יְהוָ֑ה בַּבָּמָ֖ה
מ אֲשֶׁ֥ר בְּגִבְעֽוֹן׃ לְהַעֲל֨וֹת עֹל֜וֹת לַֽיהוָ֗ה עַל־מִזְבַּ֥ח הָעֹלָ֛ה
תָּמִ֖יד לַבֹּ֣קֶר וְלָעָ֑רֶב וּלְכָל־הַכָּתוּב֙ בְּתוֹרַ֣ת יְהוָ֔ה אֲשֶׁ֥ר צִוָּ֖ה
41 עַל־יִשְׂרָאֵֽל׃ וְעִמָּהֶם֙ הֵימָ֣ן וִֽידוּת֔וּן וּשְׁאָר֙ הַבְּרוּרִ֔ים אֲשֶׁ֥ר
42 נִקְּב֖וּ בְּשֵׁמ֑וֹת לְהֹדוֹת֙ לַֽיהוָ֔ה כִּ֥י לְעוֹלָ֖ם חַסְדּֽוֹ׃ וְעִמָּהֶ֞ם
הֵימָ֣ן וִֽידוּת֗וּן חֲצֹ֤צְרוֹת וּמְצִלְתַּ֙יִם֙ לְמַשְׁמִיעִ֔ים וּכְלֵ֖י שִׁ֣יר
43 הָאֱלֹהִ֑ים וּבְנֵ֥י יְדוּת֖וּן לַשָּֽׁעַר׃ וַיֵּלְכ֥וּ כָל־הָעָ֖ם אִ֣ישׁ לְבֵית֑וֹ
וַיִּסֹּ֥ב דָּוִ֖יד לְבָרֵ֥ךְ אֶת־בֵּיתֽוֹ׃

יז CAP. XVII. יז

א וַיְהִ֕י כַּאֲשֶׁ֛ר יָשַׁ֥ב דָּוִ֖יד בְּבֵית֑וֹ וַיֹּ֨אמֶר דָּוִ֜יד אֶל־נָתָ֣ן הַנָּבִ֗יא
הִנֵּ֨ה אָנֹכִ֤י יוֹשֵׁב֙ בְּבֵ֣ית הָאֲרָזִ֔ים וַאֲר֥וֹן בְּרִית־יְהוָ֖ה תַּ֥חַת
2 יְרִיעֽוֹת׃ וַיֹּ֤אמֶר נָתָן֙ אֶל־דָּוִ֔יד כֹּ֛ל אֲשֶׁ֥ר בִּלְבָבְךָ֖ עֲשֵׂ֑ה כִּ֥י
האלהים

3 הָֽאֱלֹהִ֖ים עִמָּֽךְ׃ וַֽיְהִ֖י בַּלַּ֣יְלָה הַה֑וּא וַֽיְהִי֙ דְּבַר־אֱלֹהִ֔ים
4 אֶל־נָתָ֖ן לֵאמֹֽר׃ לֵ֤ךְ וְאָֽמַרְתָּ֙ אֶל־דָּוִ֣יד עַבְדִּ֔י כֹּ֖ה אָמַ֣ר
ה יְהוָ֑ה לֹ֥א אַתָּ֛ה תִּבְנֶה־לִּ֥י הַבַּ֖יִת לָשָֽׁבֶת׃ כִּ֣י לֹ֤א יָשַׁ֙בְתִּי֙
בְּבַ֔יִת מִן־הַיּוֹם֙ אֲשֶׁ֤ר הֶעֱלֵ֙יתִי֙ אֶת־יִשְׂרָאֵ֔ל עַ֖ד הַיּ֣וֹם הַזֶּ֑ה
6 וָאֶֽהְיֶ֛ה מֵאֹ֥הֶל אֶל־אֹ֖הֶל וּמִמִּשְׁכָּֽן׃ בְּכֹ֣ל אֲשֶׁר־הִתְהַלַּכְתִּי֮
בְּכָל־יִשְׂרָאֵל֒ הֲדָבָ֣ר דִּבַּ֗רְתִּי אֶת־אַחַד֙ שֹׁפְטֵ֣י יִשְׂרָאֵ֔ל אֲשֶׁ֥ר
צִוִּ֛יתִי לִרְע֥וֹת אֶת־עַמִּ֖י לֵאמֹ֑ר לָ֛מָּה לֹֽא־בְנִיתֶ֥ם לִ֖י בֵּ֥ית
7 אֲרָזִֽים׃ וְ֠עַתָּה כֹּֽה־תֹאמַ֞ר לְעַבְדִּ֣י לְדָוִ֗יד כֹּ֤ה אָמַר֙ יְהוָ֣ה
צְבָא֔וֹת אֲנִ֤י לְקַחְתִּ֙יךָ֙ מִן־הַנָּוֶ֔ה מִֽן־אַחֲרֵ֖י הַצֹּ֑אן לִֽהְי֣וֹת נָגִ֔יד
8 עַ֖ל עַמִּ֥י יִשְׂרָאֵֽל׃ וָאֶֽהְיֶ֣ה עִמְּךָ֗ בְּכֹל֙ אֲשֶׁ֣ר הָלַ֔כְתָּ וָאַכְרִ֥ית
אֶת־כָּל־אוֹיְבֶ֖יךָ מִפָּנֶ֑יךָ וְעָשִׂ֤יתִי לְךָ֙ שֵׁ֔ם כְּשֵׁ֥ם הַגְּדוֹלִ֖ים
9 אֲשֶׁ֥ר בָּאָֽרֶץ׃ וְשַׂמְתִּ֣י מָ֠קוֹם לְעַמִּ֨י יִשְׂרָאֵ֤ל וּנְטַעְתִּ֙יהוּ֙ וְשָׁכַ֣ן
תַּחְתָּ֔יו וְלֹ֥א יִרְגַּ֖ז ע֑וֹד וְלֹֽא־יוֹסִ֤יפוּ בְנֵי־עַוְלָה֙ לְבַלֹּת֔וֹ כַּאֲשֶׁ֖ר
י בָּרִאשׁוֹנָֽה׃ וּלְמִיָּמִ֗ים אֲשֶׁ֨ר צִוִּ֤יתִי שֹֽׁפְטִים֙ עַל־עַמִּ֣י יִשְׂרָאֵ֔ל
וְהִכְנַ֖עְתִּי אֶת־כָּל־אוֹיְבֶ֑יךָ וָאַגִּ֣ד לָ֔ךְ וּבַ֖יִת יִבְנֶה־לְּךָ֥ יְהוָֽה׃
11 וְהָיָ֗ה כִּֽי־מָלְא֤וּ יָמֶ֙יךָ֙ לָלֶ֣כֶת עִם־אֲבֹתֶ֔יךָ וַהֲקִימוֹתִ֤י אֶת־
זַרְעֲךָ֙ אַחֲרֶ֔יךָ אֲשֶׁ֥ר יִהְיֶ֖ה מִבָּנֶ֑יךָ וַהֲכִינוֹתִ֖י אֶת־מַלְכוּתֽוֹ׃
12 13 ה֥וּא יִבְנֶה־לִּ֖י בָּ֑יִת וְכֹנַנְתִּ֥י אֶת־כִּסְא֖וֹ עַד־עוֹלָֽם׃ אֲנִי֙ אֶהְיֶה־
לּ֣וֹ לְאָ֔ב וְה֖וּא יִהְיֶה־לִּ֣י לְבֵ֑ן וְחַסְדִּי֙ לֹא־אָסִ֣יר מֵֽעִמּ֔וֹ כַּאֲשֶׁ֣ר
14 הֲסִיר֔וֹתִי מֵאֲשֶׁ֖ר הָיָ֥ה לְפָנֶֽיךָ׃ וְהַעֲמַדְתִּ֛יהוּ בְּבֵיתִ֥י וּבְמַלְכוּתִ֖י
טו עַד־הָעוֹלָ֑ם וְכִסְא֕וֹ יִהְיֶ֥ה נָכ֖וֹן עַד־עוֹלָֽם׃ כְּכֹל֙ הַדְּבָרִ֣ים
16 הָאֵ֔לֶּה וּכְכֹ֖ל הֶחָז֣וֹן הַזֶּ֑ה כֵּ֛ן דִּבֶּ֥ר נָתָ֖ן אֶל־דָּוִֽיד׃ וַיָּבֹא֙
הַמֶּ֣לֶךְ דָּוִ֔יד וַיֵּ֖שֶׁב לִפְנֵ֣י יְהוָ֑ה וַיֹּ֗אמֶר מִֽי־אֲנִ֞י יְהוָ֤ה אֱלֹהִים֙
17 וּמִ֣י בֵיתִ֔י כִּ֥י הֲבִיאֹתַ֖נִי עַד־הֲלֹֽם׃ וַתִּקְטַ֨ן זֹ֤את בְּעֵינֶ֙יךָ֙ אֱלֹהִ֔ים
וַתְּדַבֵּ֥ר עַל־בֵּֽית־עַבְדְּךָ֖ לְמֵרָח֑וֹק וּרְאִיתַ֗נִי כְּת֥וֹר הָאָדָ֛ם
18 הַֽמַּעֲלָ֖ה יְהוָ֥ה אֱלֹהִֽים׃ מַה־יּוֹסִ֨יף ע֥וֹד דָּוִ֛יד אֵלֶ֖יךָ לְכָב֣וֹד
19 אֶת־עַבְדֶּ֑ךָ וְאַתָּ֖ה אֶֽת־עַבְדְּךָ֥ יָדָֽעְתָּ׃ יְהוָ֕ה בַּעֲב֤וּר עַבְדְּךָ֙
וּֽכְלִבְּךָ֔ עָשִׂ֕יתָ אֵ֥ת כָּל־הַגְּדוּלָּ֖ה הַזֹּ֑את לְהֹדִ֖יעַ אֶת־כָּל־

הגדלות

כ הַגְּדֻלּוֹת׃ יְהוָה אֵין כָּמוֹךָ וְאֵין אֱלֹהִים זוּלָתֶךָ בְּכֹל אֲשֶׁר־
21 שָׁמַעְנוּ בְּאָזְנֵינוּ׃ וּמִי כְּעַמְּךָ יִשְׂרָאֵל גּוֹי אֶחָד בָּאָרֶץ אֲשֶׁר
הָלַךְ הָאֱלֹהִים לִפְדּוֹת לוֹ עָם לָשׂוּם לְךָ שֵׁם גְּדֻלּוֹת וְנֹרָאוֹת
22 לְגָרֵשׁ מִפְּנֵי עַמְּךָ אֲשֶׁר־פָּדִיתָ מִמִּצְרַיִם גּוֹיִם׃ וַתִּתֵּן אֶת־
עַמְּךָ יִשְׂרָאֵל ׀ לְךָ לְעָם עַד־עוֹלָם וְאַתָּה יְהוָה הָיִיתָ לָהֶם
23 לֵאלֹהִים׃ וְעַתָּה יְהוָה הַדָּבָר אֲשֶׁר דִּבַּרְתָּ עַל־עַבְדְּךָ וְעַל־
24 בֵּיתוֹ יֵאָמֵן עַד־עוֹלָם וַעֲשֵׂה כַּאֲשֶׁר דִּבַּרְתָּ׃ וְיֵאָמֵן וְיִגְדַּל
שִׁמְךָ עַד־עוֹלָם לֵאמֹר יְהוָה צְבָאוֹת אֱלֹהֵי יִשְׂרָאֵל אֱלֹהִים
כה לְיִשְׂרָאֵל וּבֵית־דָּוִיד עַבְדְּךָ נָכוֹן לְפָנֶיךָ׃ כִּי ׀ אַתָּה אֱלֹהַי
גָּלִיתָ אֶת־אֹזֶן עַבְדְּךָ לִבְנוֹת לוֹ בָּיִת עַל־כֵּן מָצָא עַבְדְּךָ
26 לְהִתְפַּלֵּל לְפָנֶיךָ׃ וְעַתָּה יְהוָה אַתָּה־הוּא הָאֱלֹהִים וַתְּדַבֵּר
27 עַל־עַבְדְּךָ הַטּוֹבָה הַזֹּאת׃ וְעַתָּה הוֹאַלְתָּ לְבָרֵךְ אֶת־בֵּית
עַבְדְּךָ לִהְיוֹת לְעוֹלָם לְפָנֶיךָ כִּי־אַתָּה יְהוָה בֵּרַכְתָּ וּמְבֹרָךְ
לְעוֹלָם׃

יח CAP. XVIII. יח

א וַיְהִי אַחֲרֵי־כֵן וַיַּךְ דָּוִיד אֶת־פְּלִשְׁתִּים וַיַּכְנִיעֵם וַיִּקַּח
2 אֶת־גַּת וּבְנֹתֶיהָ מִיַּד פְּלִשְׁתִּים׃ וַיַּךְ אֶת־מוֹאָב וַיִּהְיוּ מוֹאָב
3 עֲבָדִים לְדָוִיד נֹשְׂאֵי מִנְחָה׃ וַיַּךְ דָּוִיד אֶת־הֲדַדְעֶזֶר מֶלֶךְ־
4 צוֹבָה חֲמָתָה בְּלֶכְתּוֹ לְהַצִּיב יָדוֹ בִּנְהַר־פְּרָת׃ וַיִּלְכֹּד דָּוִיד
מִמֶּנּוּ אֶלֶף רֶכֶב וְשִׁבְעַת אֲלָפִים פָּרָשִׁים וְעֶשְׂרִים אֶלֶף אִישׁ
רַגְלִי וַיְעַקֵּר דָּוִיד אֶת־כָּל־הָרֶכֶב וַיּוֹתֵר מִמֶּנּוּ מֵאָה רָכֶב׃
ה וַיָּבֹא אֲרַם דַּרְמֶשֶׂק לַעְזוֹר לַהֲדַדְעֶזֶר מֶלֶךְ צוֹבָה וַיַּךְ דָּוִיד
6 בַּאֲרָם עֶשְׂרִים־וּשְׁנַיִם אֶלֶף אִישׁ׃ וַיָּשֶׂם דָּוִיד בַּאֲרַם דַּרְמֶשֶׂק
וַיְהִי אֲרָם לְדָוִיד עֲבָדִים נֹשְׂאֵי מִנְחָה וַיּוֹשַׁע יְהוָה לְדָוִיד
7 בְּכֹל אֲשֶׁר הָלָךְ׃ וַיִּקַּח דָּוִיד אֵת שִׁלְטֵי הַזָּהָב אֲשֶׁר הָיוּ
8 עַל עַבְדֵי הֲדַדְעָזֶר וַיְבִיאֵם יְרוּשָׁלָם׃ וּמִטִּבְחַת וּמִכּוּן עָרֵי
הֲדַדְעֶזֶר לָקַח דָּוִיד נְחֹשֶׁת רַבָּה מְאֹד בָּהּ ׀ עָשָׂה שְׁלֹמֹה אֶת־
9 יָם הַנְּחֹשֶׁת וְאֶת־הָעַמּוּדִים וְאֵת כְּלֵי הַנְּחֹשֶׁת׃ וַיִּשְׁמַע

תֹּעוּ מֶלֶךְ חֲמָת כִּי הִכָּה דָוִיד אֶת־כָּל־חֵיל הֲדַדְעֶזֶר מֶלֶךְ־
י צוֹבָה׃ וַיִּשְׁלַח אֶת־הֲדוֹרָם־בְּנוֹ אֶל־הַמֶּלֶךְ דָּוִיד לִשְׁאָול־
לוֹ לְשָׁלוֹם וּלְבָרְכוֹ עַל אֲשֶׁר נִלְחַם בַּהֲדַדְעֶזֶר וַיַּכֵּהוּ כִּי־
אִישׁ מִלְחֲמוֹת תֹּעוּ הָיָה הֲדַדְעָזֶר וְכֹל כְּלֵי זָהָב וָכֶסֶף וּנְחֹשֶׁת׃
11 גַּם־אֹתָם הִקְדִּישׁ הַמֶּלֶךְ דָּוִיד לַיהוָה עִם־הַכֶּסֶף וְהַזָּהָב
אֲשֶׁר נָשָׂא מִכָּל־הַגּוֹיִם מֵאֱדוֹם וּמִמּוֹאָב וּמִבְּנֵי עַמּוֹן
12 וּמִפְּלִשְׁתִּים וּמֵעֲמָלֵק׃ וְאַבְשַׁי בֶּן־צְרוּיָה הִכָּה אֶת־אֱדוֹם
13 בְּגֵיא הַמֶּלַח שְׁמוֹנָה עָשָׂר אָלֶף׃ וַיָּשֶׂם בֶּאֱדוֹם נְצִיבִים וַיִּהְיוּ
כָל־אֱדוֹם עֲבָדִים לְדָוִיד וַיּוֹשַׁע יְהוָה אֶת־דָּוִיד בְּכֹל אֲשֶׁר
14 הָלָךְ׃ וַיִּמְלֹךְ דָּוִיד עַל־כָּל־יִשְׂרָאֵל וַיְהִי עֹשֶׂה מִשְׁפָּט
טו וּצְדָקָה לְכָל־עַמּוֹ׃ וְיוֹאָב בֶּן־צְרוּיָה עַל־הַצָּבָא וִיהוֹשָׁפָט
16 בֶּן־אֲחִילוּד מַזְכִּיר׃ וְצָדוֹק בֶּן־אֲחִיטוּב וַאֲבִימֶלֶךְ בֶּן־
17 אֶבְיָתָר כֹּהֲנִים וְשַׁוְשָׁא סוֹפֵר׃ וּבְנָיָהוּ בֶּן־יְהוֹיָדָע עַל־הַכְּרֵתִי
וְהַפְּלֵתִי וּבְנֵי־דָוִיד הָרִאשֹׁנִים לְיַד הַמֶּלֶךְ׃

יט CAP. XIX. יט

א וַיְהִי אַחֲרֵי־כֵן וַיָּמָת נָחָשׁ מֶלֶךְ בְּנֵי־עַמּוֹן וַיִּמְלֹךְ בְּנוֹ תַּחְתָּיו׃
2 וַיֹּאמֶר דָּוִיד אֶעֱשֶׂה־חֶסֶד ׀ עִם־חָנוּן בֶּן־נָחָשׁ כִּי־עָשָׂה אָבִיו
עִמִּי חֶסֶד וַיִּשְׁלַח דָּוִיד מַלְאָכִים לְנַחֲמוֹ עַל־אָבִיו וַיָּבֹאוּ
3 עַבְדֵי דָוִיד אֶל־אֶרֶץ בְּנֵי־עַמּוֹן אֶל־חָנוּן לְנַחֲמוֹ׃ וַיֹּאמְרוּ
שָׂרֵי בְנֵי־עַמּוֹן לְחָנוּן הַמְכַבֵּד דָּוִיד אֶת־אָבִיךָ בְּעֵינֶיךָ כִּי־
שָׁלַח לְךָ מְנַחֲמִים הֲלֹא בַּעֲבוּר לַחְקֹר וְלַהֲפֹךְ וּלְרַגֵּל הָאָרֶץ
4 בָּאוּ עֲבָדָיו אֵלֶיךָ׃ וַיִּקַּח חָנוּן אֶת־עַבְדֵי דָוִיד וַיְגַלְּחֵם
ה וַיִּכְרֹת אֶת־מַדְוֵיהֶם בַּחֵצִי עַד־הַמִּפְשָׂעָה וַיְשַׁלְּחֵם׃ וַיֵּלְכוּ
וַיַּגִּידוּ לְדָוִיד עַל־הָאֲנָשִׁים וַיִּשְׁלַח לִקְרָאתָם כִּי־הָיוּ הָאֲנָשִׁים
נִכְלָמִים מְאֹד וַיֹּאמֶר הַמֶּלֶךְ שְׁבוּ בִירֵחוֹ עַד אֲשֶׁר־יְצַמַּח
6 זְקַנְכֶם וְשַׁבְתֶּם׃ וַיִּרְאוּ בְּנֵי עַמּוֹן כִּי הִתְבָּאֲשׁוּ עִם־דָּוִיד
וַיִּשְׁלַח חָנוּן וּבְנֵי עַמּוֹן אֶלֶף כִּכַּר־כֶּסֶף לִשְׂכֹּר לָהֶם מִן־

ארם

י״ח v. 10. יתיר ו׳

אֲרָם נַהֲרַיִם וּמִן־אֲרַם מַעֲכָה וּמִצּוֹבָה רֶכֶב וּפָרָשִׁים׃
7 וַיִּשְׂכְּרוּ לָהֶם שְׁנַיִם וּשְׁלֹשִׁים אֶלֶף רֶכֶב וְאֶת־מֶלֶךְ מַעֲכָה
וְאֶת־עַמּוֹ וַיָּבֹאוּ וַיַּחֲנוּ לִפְנֵי מֵידְבָא וּבְנֵי עַמּוֹן נֶאֶסְפוּ
8 מֵעָרֵיהֶם וַיָּבֹאוּ לַמִּלְחָמָה׃ וַיִּשְׁמַע דָּוִיד וַיִּשְׁלַח אֶת־
9 יוֹאָב וְאֵת כָּל־צָבָא הַגִּבּוֹרִים׃ וַיֵּצְאוּ בְּנֵי עַמּוֹן וַיַּעַרְכוּ
מִלְחָמָה פֶּתַח הָעִיר וְהַמְּלָכִים אֲשֶׁר־בָּאוּ לְבַדָּם בַּשָּׂדֶה׃
י וַיַּרְא יוֹאָב כִּי־הָיְתָה פְנֵי־הַמִּלְחָמָה אֵלָיו פָּנִים וְאָחוֹר וַיִּבְחַר
11 מִכָּל־בָּחוּר בְּיִשְׂרָאֵל וַיַּעֲרֹךְ לִקְרַאת אֲרָם׃ וְאֵת יֶתֶר הָעָם
12 נָתַן בְּיַד אַבְשַׁי אָחִיו וַיַּעַרְכוּ לִקְרַאת בְּנֵי עַמּוֹן׃ וַיֹּאמֶר
אִם־תֶּחֱזַק מִמֶּנִּי אֲרָם וְהָיִיתָ לִּי לִתְשׁוּעָה וְאִם־בְּנֵי עַמּוֹן
13 יֶחֶזְקוּ מִמְּךָ וְהוֹשַׁעְתִּיךָ׃ חֲזַק וְנִתְחַזְּקָה בְּעַד־עַמֵּנוּ וּבְעַד
14 עָרֵי אֱלֹהֵינוּ וַיהוָה הַטּוֹב בְּעֵינָיו יַעֲשֶׂה׃ וַיִּגַּשׁ יוֹאָב וְהָעָם
טו אֲשֶׁר־עִמּוֹ לִפְנֵי אֲרָם לַמִּלְחָמָה וַיָּנוּסוּ מִפָּנָיו׃ וּבְנֵי עַמּוֹן
רָאוּ כִּי־נָס אֲרָם וַיָּנוּסוּ גַם־הֵם מִפְּנֵי אַבְשַׁי אָחִיו וַיָּבֹאוּ
16 הָעִירָה וַיָּבֹא יוֹאָב יְרוּשָׁלִָם׃ וַיַּרְא אֲרָם כִּי נִגְּפוּ לִפְנֵי
יִשְׂרָאֵל וַיִּשְׁלְחוּ מַלְאָכִים וַיּוֹצִיאוּ אֶת־אֲרָם אֲשֶׁר מֵעֵבֶר
17 הַנָּהָר וְשׁוֹפַךְ שַׂר־צְבָא הֲדַדְעֶזֶר לִפְנֵיהֶם׃ וַיֻּגַּד לְדָוִיד
וַיֶּאֱסֹף אֶת־כָּל־יִשְׂרָאֵל וַיַּעֲבֹר הַיַּרְדֵּן וַיָּבֹא אֲלֵהֶם וַיַּעֲרֹךְ
אֲלֵהֶם וַיַּעֲרֹךְ דָּוִיד לִקְרַאת אֲרָם מִלְחָמָה וַיִּלָּחֲמוּ עִמּוֹ׃
18 וַיָּנָס אֲרָם מִלִּפְנֵי יִשְׂרָאֵל וַיַּהֲרֹג דָּוִיד מֵאֲרָם שִׁבְעַת אֲלָפִים
רֶכֶב וְאַרְבָּעִים אֶלֶף אִישׁ רַגְלִי וְאֵת שׁוֹפַךְ שַׂר־הַצָּבָא
19 הֵמִית׃ וַיִּרְאוּ עַבְדֵי הֲדַדְעֶזֶר כִּי נִגְּפוּ לִפְנֵי יִשְׂרָאֵל וַיַּשְׁלִימוּ
עִם־דָּוִיד וַיַּעַבְדֻהוּ וְלֹא־אָבָה אֲרָם לְהוֹשִׁיעַ אֶת־בְּנֵי־
עַמּוֹן עוֹד׃

CAP. XX. כ

כ

א וַיְהִי לְעֵת תְּשׁוּבַת הַשָּׁנָה לְעֵת | צֵאת הַמְּלָכִים וַיִּנְהַג יוֹאָב
אֶת־חֵיל הַצָּבָא וַיַּשְׁחֵת | אֶת־אֶרֶץ בְּנֵי־עַמּוֹן וַיָּבֹא וַיָּצַר
אֶת־רַבָּה וְדָוִיד יֹשֵׁב בִּירוּשָׁלִָם וַיַּךְ יוֹאָב אֶת־רַבָּה וַיֶּהֶרְסֶהָ׃

ויקח

2 וַיִּקַּח דָּוִיד אֶת־עֲטֶרֶת־מַלְכָּם מֵעַל רֹאשׁוֹ וַיִּמְצָאָהּ ׀ מִשְׁקַל
כִּכַּר־זָהָב וּבָהּ אֶבֶן יְקָרָה וַתְּהִי עַל־רֹאשׁ דָּוִיד וּשְׁלַל הָעִיר
3 הוֹצִיא הַרְבֵּה מְאֹד׃ וְאֶת־הָעָם אֲשֶׁר־בָּהּ הוֹצִיא וַיָּשַׂר
בַּמְּגֵרָה וּבַחֲרִיצֵי הַבַּרְזֶל וּבַמְּגֵרוֹת וְכֵן יַעֲשֶׂה דָוִיד לְכֹל
4 עָרֵי בְנֵי־עַמּוֹן וַיָּשָׁב דָּוִיד וְכָל־הָעָם יְרוּשָׁלִָם׃ וַיְהִי
אַחֲרֵי־כֵן וַתַּעֲמֹד מִלְחָמָה בְּגֶזֶר עִם־פְּלִשְׁתִּים אָז הִכָּה
ה סִבְּכַי הַחֻשָׁתִי אֶת־סִפַּי מִילִדֵי הָרְפָאִים וַיִּכָּנֵעוּ׃ וַתְּהִי־
עוֹד מִלְחָמָה אֶת־פְּלִשְׁתִּים וַיַּךְ אֶלְחָנָן בֶּן־יָעוּר אֶת־לַחְמִי
6 אֲחִי גָּלְיָת הַגִּתִּי וְעֵץ חֲנִיתוֹ כִּמְנוֹר אֹרְגִים׃ וַתְּהִי־עוֹד
מִלְחָמָה בְּגַת וַיְהִי ׀ אִישׁ מִדָּה וְאֶצְבְּעֹתָיו שֵׁשׁ־וָשֵׁשׁ עֶשְׂרִים
7 וְאַרְבַּע וְגַם־הוּא נוֹלַד לְהָרָפָא׃ וַיְחָרֵף אֶת־יִשְׂרָאֵל וַיַּכֵּהוּ
8 יְהוֹנָתָן בֶּן־שִׁמְעָא אֲחִי דָוִיד׃ אֵל נוּלְּדוּ לְהָרָפָא בְּגַת וַיִּפְּלוּ
בְיַד־דָּוִיד וּבְיַד־עֲבָדָיו׃

כא

Cap. XXI. כא

א וַיַּעֲמֹד שָׂטָן עַל־יִשְׂרָאֵל וַיָּסֶת אֶת־דָּוִיד לִמְנוֹת אֶת־יִשְׂרָאֵל׃
2 וַיֹּאמֶר דָּוִיד אֶל־יוֹאָב וְאֶל־שָׂרֵי הָעָם לְכוּ סִפְרוּ אֶת־
יִשְׂרָאֵל מִבְּאֵר שֶׁבַע וְעַד־דָּן וְהָבִיאוּ אֵלַי וְאֵדְעָה אֶת־
3 מִסְפָּרָם׃ וַיֹּאמֶר יוֹאָב יוֹסֵף יְהוָה עַל־עַמּוֹ ׀ כָּהֵם מֵאָה
פְעָמִים הֲלֹא אֲדֹנִי הַמֶּלֶךְ כֻּלָּם לַאדֹנִי לַעֲבָדִים לָמָּה יְבַקֵּשׁ
4 זֹאת אֲדֹנִי לָמָּה יִהְיֶה לְאַשְׁמָה לְיִשְׂרָאֵל׃ וּדְבַר־הַמֶּלֶךְ חָזַק
עַל־יוֹאָב וַיֵּצֵא יוֹאָב וַיִּתְהַלֵּךְ בְּכָל־יִשְׂרָאֵל וַיָּבֹא יְרוּשָׁלִָם׃
ה וַיִּתֵּן יוֹאָב אֶת־מִסְפַּר מִפְקַד־הָעָם אֶל־דָּוִיד וַיְהִי כָל־
יִשְׂרָאֵל אֶלֶף אֲלָפִים וּמֵאָה אֶלֶף אִישׁ שֹׁלֵף חֶרֶב וִיהוּדָה
6 אַרְבַּע מֵאוֹת וְשִׁבְעִים אֶלֶף אִישׁ שֹׁלֵף חָרֶב׃ וְלֵוִי וּבִנְיָמִן לֹא
7 פָקַד בְּתוֹכָם כִּי־נִתְעַב דְּבַר־הַמֶּלֶךְ אֶת־יוֹאָב׃ וַיֵּרַע בְּעֵינֵי
8 הָאֱלֹהִים עַל־הַדָּבָר הַזֶּה וַיַּךְ אֶת־יִשְׂרָאֵל׃ וַיֹּאמֶר
דָּוִיד אֶל־הָאֱלֹהִים חָטָאתִי מְאֹד אֲשֶׁר עָשִׂיתִי אֶת־

הדבר

כ׳ v. 5. יעיר ק׳ v. 8. סבירין אלה

הַדָּבָר הַזֶּה וְעַתָּה הַעֲבֶר־נָא אֶת־עֲוֺן עַבְדְּךָ כִּי נִסְכַּלְתִּי
9 י מְאֹד׃ וַיְדַבֵּר יְהוָה אֶל־גָּד חֹזֵה דָוִיד לֵאמֹר׃ לֵךְ
וְדִבַּרְתָּ אֶל־דָּוִיד לֵאמֹר כֹּה אָמַר יְהוָה שָׁלוֹשׁ אֲנִי נֹטֶה
11 עָלֶיךָ בְּחַר־לְךָ אַחַת מֵהֵנָּה וְאֶעֱשֶׂה־לָּךְ׃ וַיָּבֹא גָד אֶל־
12 דָּוִיד וַיֹּאמֶר לוֹ כֹּה־אָמַר יְהוָה קַבֶּל־לָךְ׃ אִם־שָׁלוֹשׁ שָׁנִים
רָעָב וְאִם־שְׁלֹשָׁה חֳדָשִׁים נִסְפֶּה מִפְּנֵי־צָרֶיךָ וְחֶרֶב אוֹיְבֶיךָ ׀
לְמַשֶּׂגֶת וְאִם־שְׁלֹשֶׁת יָמִים חֶרֶב יְהוָה ׀ וְדֶבֶר בָּאָרֶץ וּמַלְאַךְ
יְהוָה מַשְׁחִית בְּכָל־גְּבוּל יִשְׂרָאֵל וְעַתָּה רְאֵה מָה־אָשִׁיב
13 אֶת־שֹׁלְחִי דָּבָר׃ וַיֹּאמֶר דָּוִיד אֶל־גָּד צַר־לִי מְאֹד
אֶפְּלָה־נָּא בְיַד־יְהוָה כִּי־רַבִּים רַחֲמָיו מְאֹד וּבְיַד־אָדָם
14 אַל־אֶפֹּל׃ וַיִּתֵּן יְהוָה דֶּבֶר בְּיִשְׂרָאֵל וַיִּפֹּל מִיִּשְׂרָאֵל
טו שִׁבְעִים אֶלֶף אִישׁ׃ וַיִּשְׁלַח הָאֱלֹהִים ׀ מַלְאָךְ ׀ לִירוּשָׁלִַם
לְהַשְׁחִיתָהּ וּכְהַשְׁחִית רָאָה יְהוָה וַיִּנָּחֶם עַל־הָרָעָה וַיֹּאמֶר
לַמַּלְאָךְ הַמַּשְׁחִית רַב עַתָּה הֶרֶף יָדֶךָ וּמַלְאַךְ יְהוָה עֹמֵד
16 עִם־גֹּרֶן אָרְנָן הַיְבוּסִי׃ וַיִּשָּׂא דָוִיד אֶת־עֵינָיו וַיַּרְא אֶת־
מַלְאַךְ יְהוָה עֹמֵד בֵּין הָאָרֶץ וּבֵין הַשָּׁמַיִם וְחַרְבּוֹ שְׁלוּפָה
בְּיָדוֹ נְטוּיָה עַל־יְרוּשָׁלִָם וַיִּפֹּל דָּוִיד וְהַזְּקֵנִים מְכֻסִּים בַּשַּׂקִּים
17 עַל־פְּנֵיהֶם׃ וַיֹּאמֶר דָּוִיד אֶל־הָאֱלֹהִים הֲלֹא אֲנִי אָמַרְתִּי
לִמְנוֹת בָּעָם וַאֲנִי־הוּא אֲשֶׁר־חָטָאתִי וְהָרֵעַ הֲרֵעוֹתִי וְאֵלֶּה
הַצֹּאן מֶה עָשׂוּ יְהוָה אֱלֹהַי תְּהִי נָא יָדְךָ בִּי וּבְבֵית אָבִי
18 וּבְעַמְּךָ לֹא לְמַגֵּפָה׃ וּמַלְאַךְ יְהוָה אָמַר אֶל־גָּד לֵאמֹר
לְדָוִיד כִּי ׀ יַעֲלֶה דָוִיד לְהָקִים מִזְבֵּחַ לַיהוָה בְּגֹרֶן אָרְנָן
19 כ הַיְבֻסִי׃ וַיַּעַל דָּוִיד בִּדְבַר־גָּד אֲשֶׁר דִּבֶּר בְּשֵׁם יְהוָה׃ וַיָּשָׁב
אָרְנָן וַיַּרְא אֶת־הַמַּלְאָךְ וְאַרְבַּעַת בָּנָיו עִמּוֹ מִתְחַבְּאִים וְאָרְנָן
21 דָּשׁ חִטִּים׃ וַיָּבֹא דָוִיד עַד־אָרְנָן וַיַּבֵּט אָרְנָן וַיַּרְא אֶת־דָּוִיד
22 וַיֵּצֵא מִן־הַגֹּרֶן וַיִּשְׁתַּחוּ לְדָוִיד אַפַּיִם אָרְצָה׃ וַיֹּאמֶר דָּוִיד
אֶל־אָרְנָן תְּנָה־לִּי מְקוֹם הַגֹּרֶן וְאֶבְנֶה־בּוֹ מִזְבֵּחַ לַיהוָה
23 בְּכֶסֶף מָלֵא תְּנֵהוּ לִי וְתֵעָצַר הַמַּגֵּפָה מֵעַל הָעָם׃ וַיֹּאמֶר

אָרְנָן אֶל־דָּוִיד קַח־לָךְ וְיַעַשׂ אֲדֹנִי הַמֶּלֶךְ הַטּוֹב בְּעֵינָיו
רְאֵה נָתַתִּי הַבָּקָר לָעֹלוֹת וְהַמּוֹרִגִּים לָעֵצִים וְהַחִטִּים לַמִּנְחָה
24 הַכֹּל נָתָתִּי׃ וַיֹּאמֶר הַמֶּלֶךְ דָּוִיד לְאָרְנָן לֹא כִּי־קָנֹה אֶקְנֶה
בְּכֶסֶף מָלֵא כִּי לֹא־אֶשָּׂא אֲשֶׁר־לָךְ לַיהוָה וְהַעֲלוֹת עוֹלָה
כה חִנָּם׃ וַיִּתֵּן דָּוִיד לְאָרְנָן בַּמָּקוֹם שִׁקְלֵי זָהָב מִשְׁקַל שֵׁשׁ
26 מֵאוֹת׃ וַיִּבֶן שָׁם דָּוִיד מִזְבֵּחַ לַיהוָה וַיַּעַל עֹלוֹת וּשְׁלָמִים
וַיִּקְרָא אֶל־יְהוָה וַיַּעֲנֵהוּ בָאֵשׁ מִן־הַשָּׁמַיִם עַל מִזְבַּח
27 הָעֹלָה׃ וַיֹּאמֶר יְהוָה לַמַּלְאָךְ וַיָּשֶׁב חַרְבּוֹ אֶל־נְדָנָהּ׃
28 בָּעֵת הַהִיא בִּרְאוֹת דָּוִיד כִּי־עָנָהוּ יְהוָה בְּגֹרֶן אָרְנָן הַיְבוּסִי
29 וַיִּזְבַּח שָׁם׃ וּמִשְׁכַּן יְהוָה אֲשֶׁר־עָשָׂה מֹשֶׁה בַמִּדְבָּר וּמִזְבַּח
ל הָעוֹלָה בָּעֵת הַהִיא בַּבָּמָה בְּגִבְעוֹן׃ וְלֹא־יָכֹל דָּוִיד לָלֶכֶת
לְפָנָיו לִדְרֹשׁ אֱלֹהִים כִּי נִבְעַת מִפְּנֵי חֶרֶב מַלְאַךְ יְהוָה׃ ס

כב

Cap. XXII. כב

א וַיֹּאמֶר דָּוִיד זֶה הוּא בֵּית יְהוָה הָאֱלֹהִים וְזֶה־מִּזְבֵּחַ לְעֹלָה
2 לְיִשְׂרָאֵל׃ ס וַיֹּאמֶר דָּוִיד לִכְנוֹס אֶת־הַגֵּרִים אֲשֶׁר בְּאֶרֶץ
יִשְׂרָאֵל וַיַּעֲמֵד חֹצְבִים לַחְצוֹב אַבְנֵי גָזִית לִבְנוֹת בֵּית
3 הָאֱלֹהִים׃ וּבַרְזֶל ׀ לָרֹב לַמִּסְמְרִים לְדַלְתוֹת הַשְּׁעָרִים
4 וְלַמְחַבְּרוֹת הֵכִין דָּוִיד וּנְחֹשֶׁת לָרֹב אֵין מִשְׁקָל׃ וַעֲצֵי אֲרָזִים
לְאֵין מִסְפָּר כִּי־הֵבִיאוּ הַצִּידֹנִים וְהַצֹּרִים עֲצֵי אֲרָזִים לָרֹב
לְדָוִיד׃

ה וַיֹּאמֶר דָּוִיד שְׁלֹמֹה בְנִי נַעַר וָרָךְ וְהַבַּיִת לִבְנוֹת לַיהוָה
לְהַגְדִּיל ׀ לְמַעְלָה לְשֵׁם וּלְתִפְאֶרֶת לְכָל־הָאֲרָצוֹת אָכִינָה
6 נָּא לוֹ וַיָּכֶן דָּוִיד לָרֹב לִפְנֵי מוֹתוֹ׃ וַיִּקְרָא לִשְׁלֹמֹה בְנוֹ
7 וַיְצַוֵּהוּ לִבְנוֹת בַּיִת לַיהוָה אֱלֹהֵי יִשְׂרָאֵל׃ ס וַיֹּאמֶר דָּוִיד
לִשְׁלֹמֹה בְּנוֹ אֲנִי הָיָה עִם־לְבָבִי לִבְנוֹת בַּיִת לְשֵׁם יְהוָה
8 אֱלֹהָי׃ וַיְהִי עָלַי דְּבַר־יְהוָה לֵאמֹר דָּם לָרֹב שָׁפַכְתָּ
וּמִלְחָמוֹת גְּדֹלוֹת עָשִׂיתָ לֹא־תִבְנֶה בַיִת לִשְׁמִי כִּי דָּמִים

רבים

כ״א v. 30. אין כאן פסקא   כ״ב v. 7. בני ק׳

9 רַבִּים שָׁפַכְתָּ אַרְצָה לְפָנָי׃ הִנֵּה־בֵן נוֹלָד לָךְ הוּא יִהְיֶה
אִישׁ מְנוּחָה וַהֲנִיחוֹתִי לוֹ מִכָּל־אוֹיְבָיו מִסָּבִיב כִּי שְׁלֹמֹה
י יִהְיֶה שְׁמוֹ וְשָׁלוֹם וָשֶׁקֶט אֶתֵּן עַל־יִשְׂרָאֵל בְּיָמָיו׃ הוּא־יִבְנֶה
בַיִת לִשְׁמִי וְהוּא יִהְיֶה־לִּי לְבֵן וַאֲנִי־לוֹ לְאָב וַהֲכִינוֹתִי כִּסֵּא
11 מַלְכוּתוֹ עַל־יִשְׂרָאֵל עַד־עוֹלָם׃ עַתָּה בְנִי יְהִי יְהוָה עִמָּךְ
12 וְהִצְלַחְתָּ וּבָנִיתָ בֵּית יְהוָה אֱלֹהֶיךָ כַּאֲשֶׁר דִּבֶּר עָלֶיךָ׃ אַךְ
יִתֶּן־לְךָ יְהוָה שֵׂכֶל וּבִינָה וִיצַוְּךָ עַל־יִשְׂרָאֵל וְלִשְׁמוֹר אֶת־
13 תּוֹרַת יְהוָה אֱלֹהֶיךָ׃ אָז תַּצְלִיחַ אִם־תִּשְׁמוֹר לַעֲשׂוֹת אֶת־
הַחֻקִּים וְאֶת־הַמִּשְׁפָּטִים אֲשֶׁר צִוָּה יְהוָה אֶת־מֹשֶׁה עַל־
14 יִשְׂרָאֵל חֲזַק וֶאֱמָץ אַל־תִּירָא וְאַל־תֵּחָת׃ וְהִנֵּה בְעָנְיִי
הֲכִינוֹתִי לְבֵית־יְהוָה זָהָב כִּכָּרִים מֵאָה־אֶלֶף וְכֶסֶף אֶלֶף
אֲלָפִים כִּכָּרִים וְלַנְּחֹשֶׁת וְלַבַּרְזֶל אֵין מִשְׁקָל כִּי לָרֹב הָיָה
טו וְעֵצִים וַאֲבָנִים הֲכִינוֹתִי וַעֲלֵיהֶם תּוֹסִיף׃ וְעִמְּךָ לָרֹב עֹשֵׂי
מְלָאכָה חֹצְבִים וְחָרָשֵׁי אֶבֶן וָעֵץ וְכָל־חָכָם בְּכָל־מְלָאכָה׃
16 לַזָּהָב לַכֶּסֶף וְלַנְּחֹשֶׁת וְלַבַּרְזֶל אֵין מִסְפָּר קוּם וַעֲשֵׂה וִיהִי
17 יְהוָה עִמָּךְ׃ וַיְצַו דָּוִיד לְכָל־שָׂרֵי יִשְׂרָאֵל לַעְזֹר לִשְׁלֹמֹה
18 בְנוֹ׃ הֲלֹא יְהוָה אֱלֹהֵיכֶם עִמָּכֶם וְהֵנִיחַ לָכֶם מִסָּבִיב כִּי
נָתַן בְּיָדִי אֵת יֹשְׁבֵי הָאָרֶץ וְנִכְבְּשָׁה הָאָרֶץ לִפְנֵי יְהוָה וְלִפְנֵי
19 עַמּוֹ׃ עַתָּה תְּנוּ לְבַבְכֶם וְנַפְשְׁכֶם לִדְרוֹשׁ לַיהוָה אֱלֹהֵיכֶם
וְקוּמוּ וּבְנוּ אֶת־מִקְדַּשׁ יְהוָה הָאֱלֹהִים לְהָבִיא אֶת־אֲרוֹן
בְּרִית־יְהוָה וּכְלֵי קֹדֶשׁ הָאֱלֹהִים לַבַּיִת הַנִּבְנֶה לְשֵׁם־יְהוָה׃

כג Cap. XXIII. כג

א וְדָוִיד זָקֵן וְשָׂבַע יָמִים וַיַּמְלֵךְ אֶת־שְׁלֹמֹה בְנוֹ עַל־יִשְׂרָאֵל׃
2 3 וַיֶּאֱסֹף אֶת־כָּל־שָׂרֵי יִשְׂרָאֵל וְהַכֹּהֲנִים וְהַלְוִיִּם׃ וַיִּסָּפְרוּ
הַלְוִיִּם מִבֶּן שְׁלֹשִׁים שָׁנָה וָמָעְלָה וַיְהִי מִסְפָּרָם לְגֻלְגְּלֹתָם
4 לִגְבָרִים שְׁלֹשִׁים וּשְׁמוֹנָה אָלֶף׃ מֵאֵלֶּה לְנַצֵּחַ עַל־מְלֶאכֶת
בֵּית־יְהוָה עֶשְׂרִים וְאַרְבָּעָה אָלֶף וְשֹׁטְרִים וְשֹׁפְטִים שֵׁשֶׁת
ה אֲלָפִים׃ וְאַרְבַּעַת אֲלָפִים שֹׁעֲרִים וְאַרְבַּעַת אֲלָפִים מְהַלְלִים
ליהוה

6 לַֽיהוָ֔ה בַּכֵּלִ֕ים אֲשֶׁ֥ר עָשִׂ֖יתִי לְהַלֵּֽל׃ וַיֶּֽחָלְקֵ֥ם דָּוִ֖יד
7 מַחְלְקוֹת ° לִבְנֵ֣י לֵוִ֑י לְגֵרְשׁ֖וֹן קְהָ֥ת וּמְרָרִֽי׃ לַגֵּרְשֻׁנִּ֖י
8 לַעְדָּ֖ן וְשִׁמְעִֽי׃ בְּנֵ֣י לַעְדָּ֗ן הָרֹ֧אשׁ יְחִיאֵ֛ל וְזֵתָ֥ם וְיוֹאֵ֖ל
9 שְׁלֹשָֽׁה׃ בְּנֵ֣י שִׁמְעִ֗י שְׁלֹמ֧וֹת וַחֲזִיאֵ֛ל וְהָרָ֖ן שְׁלֹשָׁ֑ה אֵ֛לֶּה
י רָאשֵׁ֥י הָאָב֖וֹת לְלַעְדָּֽן׃ וּבְנֵ֣י שִׁמְעִ֔י יַ֥חַת זִינָ֖א וִיע֣וּשׁ
11 וּבְרִיעָ֑ה אֵ֥לֶּה בְנֵֽי־שִׁמְעִ֖י אַרְבָּעָֽה׃ וַֽיְהִי־יַ֣חַת הָרֹ֔אשׁ וְזִיזָ֖ה
הַשֵּׁנִ֑י וִיע֤וּשׁ וּבְרִיעָה֙ לֹא־הִרְבּ֣וּ בָנִ֔ים וַיִּֽהְיוּ֙ לְבֵ֣ית אָ֔ב
12 לִפְקֻדָּ֖ה אֶחָֽת׃ בְּנֵ֖י קְהָ֑ת עַמְרָ֣ם יִצְהָ֔ר חֶבְר֖וֹן וְעֻזִּיאֵ֑ל
13 אַרְבָּעָֽה׃ בְּנֵ֥י עַמְרָ֖ם אַהֲרֹ֣ן וּמֹשֶׁ֑ה וַיִּבָּדֵ֣ל אַ֠הֲרֹן
לְֽהַקְדִּישׁוֹ֩ קֹ֨דֶשׁ קָֽדָשִׁ֜ים הוּא־וּבָנָ֣יו עַד־עוֹלָ֗ם לְהַקְטִיר֩ לִפְנֵ֨י
14 יְהוָ֧ה לְשָׁרְת֛וֹ וּלְבָרֵ֥ךְ בִּשְׁמ֖וֹ עַד־עוֹלָֽם׃ וּמֹשֶׁ֖ה אִ֣ישׁ הָאֱלֹהִ֑ים
טו בָּנָ֕יו יִקָּֽרְא֖וּ עַל־שֵׁ֥בֶט הַלֵּוִֽי׃ בְּנֵ֖י מֹשֶׁ֑ה גֵּרְשׁ֖וֹם וֶאֱלִיעֶֽזֶר׃
16 17 בְּנֵ֖י גֵּרְשׁ֑וֹם שְׁבוּאֵ֖ל הָרֹֽאשׁ׃ וַיִּהְי֣וּ בְנֵי־אֱלִיעֶ֗זֶר רְחַבְיָ֖ה
הָרֹ֑אשׁ וְלֹא־הָ֤יָה לֶֽאֱלִיעֶ֙זֶר֙ בָּנִ֣ים אֲחֵרִ֔ים וּבְנֵ֥י רְחַבְיָ֖ה רָ֥בוּ
18 19 לְמָֽעְלָה׃ בְּנֵ֥י יִצְהָ֖ר שְׁלֹמִ֥ית הָרֹֽאשׁ׃ בְּנֵ֖י חֶבְר֑וֹן
יְרִיָּ֣הוּ הָרֹ֗אשׁ אֲמַרְיָה֙ הַשֵּׁנִ֔י יַחֲזִיאֵל֙ הַשְּׁלִישִׁ֔י וִֽיקַמְעָ֖ם
כ 21 הָרְבִיעִֽי׃ בְּנֵ֣י עֻזִּיאֵ֔ל מִיכָ֖ה הָרֹ֑אשׁ וְיִשִּׁיָּ֖ה הַשֵּׁנִֽי׃ בְּנֵ֣י
22 מְרָרִי֙ מַחְלִ֣י וּמוּשִׁ֔י בְּנֵ֣י מַחְלִ֔י אֶלְעָזָ֖ר וְקִֽישׁ׃ וַיָּ֙מָת֙ אֶלְעָזָ֔ר
וְלֹא־הָ֥יוּ ל֖וֹ בָּנִ֑ים כִּ֣י אִם־בָּנ֔וֹת וַיִּשָּׂא֛וּם בְּנֵי־קִ֖ישׁ אֲחֵיהֶֽם׃
23 24 בְּנֵ֣י מוּשִׁ֔י מַחְלִ֥י וְעֵ֖דֶר וִירֵמ֑וֹת שְׁלֹשָֽׁה׃ אֵ֣לֶּה בְנֵֽי־לֵוִ֞י
לְבֵ֣ית אֲבֹתֵיהֶ֗ם רָאשֵׁ֨י הָאָב֤וֹת לִפְקֽוּדֵיהֶם֙ בְּמִסְפַּ֣ר שֵׁמ֔וֹת
לְגֻלְגְּלֹתָ֔ם עֹשֵׂה֙ הַמְּלָאכָ֔ה לַעֲבֹדַ֖ת בֵּ֣ית יְהוָ֑ה מִבֶּ֛ן עֶשְׂרִ֥ים
כה שָׁנָ֖ה וָמָֽעְלָה׃ כִּ֚י אָמַ֣ר דָּוִ֔יד הֵנִ֛יחַ יְהוָ֥ה אֱלֹהֵֽי־יִשְׂרָאֵ֖ל
26 לְעַמּ֑וֹ וַיִּשְׁכֹּ֥ן בִּירוּשָׁלִַ֖ם עַד־לְעוֹלָֽם׃ וְגַ֖ם לַלְוִיִּ֑ם אֵין־לָשֵׂ֧את
27 אֶת־הַמִּשְׁכָּ֛ן וְאֶת־כָּל־כֵּלָ֖יו לַעֲבֹדָתֽוֹ׃ כִּ֣י בְדִבְרֵ֤י דָוִיד֙
הָאַ֣חֲרוֹנִ֔ים הֵ֛מָּה מִסְפַּ֥ר בְּנֵי־לֵוִ֖י מִבֶּ֥ן עֶשְׂרִ֛ים שָׁנָ֖ה וּלְמָֽעְלָה׃
28 כִּ֧י מַעֲמָדָ֣ם לְיַד־בְּנֵ֣י אַהֲרֹ֗ן לַעֲבֹדַת֙ בֵּ֣ית יְהוָ֔ה עַל־הַחֲצֵרוֹת֙

ועל־הלשכות

v. 6. פסקא באמצע פסוק   v. 9. שלמית ק׳

וְעַל־הַלְּשָׁכוֹת וְעַל־טָהֳרַת לְכָל־קֹדֶשׁ וּמַעֲשֵׂה עֲבֹדַת בֵּית
29 הָאֱלֹהִים׃ וּלְלֶחֶם הַמַּעֲרֶכֶת וּלְסֹלֶת לְמִנְחָה וְלִרְקִיקֵי
ל הַמַּצּוֹת וְלַמַּחֲבַת וְלַמֻּרְבָּכֶת וּלְכָל־מְשׂוּרָה וּמִדָּה׃ וְלַעֲמֹד
31 בַּבֹּקֶר בַּבֹּקֶר לְהֹדוֹת וּלְהַלֵּל לַיהוָה וְכֵן לָעָרֶב׃ וּלְכֹל
הַעֲלוֹת עֹלוֹת לַיהוָה לַשַּׁבָּתוֹת לֶחֳדָשִׁים וְלַמֹּעֲדִים בְּמִסְפָּר
32 כְּמִשְׁפָּט עֲלֵיהֶם תָּמִיד לִפְנֵי יְהוָה׃ וְשָׁמְרוּ אֶת־מִשְׁמֶרֶת
אֹהֶל־מוֹעֵד וְאֵת מִשְׁמֶרֶת הַקֹּדֶשׁ וּמִשְׁמֶרֶת בְּנֵי אַהֲרֹן אֲחֵיהֶם
לַעֲבֹדַת בֵּית יְהוָה׃

כד CAP. XXIV. כד

א וְלִבְנֵי אַהֲרֹן מַחְלְקוֹתָם בְּנֵי אַהֲרֹן נָדָב וַאֲבִיהוּא אֶלְעָזָר
2 וְאִיתָמָר׃ וַיָּמָת נָדָב וַאֲבִיהוּא לִפְנֵי אֲבִיהֶם וּבָנִים לֹא־הָיוּ
3 לָהֶם וַיְכַהֲנוּ אֶלְעָזָר וְאִיתָמָר׃ וַיֶּחָלְקֵם דָּוִיד וְצָדוֹק מִן־
בְּנֵי אֶלְעָזָר וַאֲחִימֶלֶךְ מִן־בְּנֵי אִיתָמָר לִפְקֻדָּתָם בַּעֲבֹדָתָם׃
4 וַיִּמָּצְאוּ בְנֵי־אֶלְעָזָר רַבִּים לְרָאשֵׁי הַגְּבָרִים מִן־בְּנֵי אִיתָמָר
וַיַּחְלְקוּם לִבְנֵי אֶלְעָזָר רָאשִׁים לְבֵית־אָבוֹת שִׁשָּׁה עָשָׂר
ה וְלִבְנֵי אִיתָמָר לְבֵית אֲבוֹתָם שְׁמוֹנָה׃ וַיַּחְלְקוּם בְּגוֹרָלוֹת
אֵלֶּה עִם־אֵלֶּה כִּי־הָיוּ שָׂרֵי־קֹדֶשׁ וְשָׂרֵי הָאֱלֹהִים מִבְּנֵי
6 אֶלְעָזָר וּבִבְנֵי אִיתָמָר׃ וַיִּכְתְּבֵם שְׁמַעְיָה בֶן־נְתַנְאֵל
הַסּוֹפֵר מִן־הַלֵּוִי לִפְנֵי הַמֶּלֶךְ וְהַשָּׂרִים וְצָדוֹק הַכֹּהֵן
וַאֲחִימֶלֶךְ בֶּן־אֶבְיָתָר וְרָאשֵׁי הָאָבוֹת לַכֹּהֲנִים וְלַלְוִיִּם בֵּית־
7 אָב אֶחָד אָחֻז לְאֶלְעָזָר וְאָחֻז ׀ אָחֻז לְאִיתָמָר׃ וַיֵּצֵא
8 הַגּוֹרָל הָרִאשׁוֹן לִיהוֹיָרִיב לִידַעְיָה הַשֵּׁנִי׃ לְחָרִם הַשְּׁלִשִׁי
9 י לִשְׂעֹרִים הָרְבִעִי׃ לְמַלְכִּיָּה הַחֲמִישִׁי לְמִיָּמִן הַשִּׁשִּׁי׃ לְהַקּוֹץ
11 הַשְּׁבִעִי לַאֲבִיָּה הַשְּׁמִינִי׃ לְיֵשׁוּעַ הַתְּשִׁעִי לִשְׁכַנְיָהוּ הָעֲשִׂרִי׃
12 13 לְאֶלְיָשִׁיב עַשְׁתֵּי עָשָׂר לְיָקִים שְׁנֵים עָשָׂר׃ לְחֻפָּה שְׁלשָׁה
14 עָשָׂר לְיֶשֶׁבְאָב אַרְבָּעָה עָשָׂר׃ לְבִלְגָּה חֲמִשָּׁה עָשָׂר לְאִמֵּר
טו שִׁשָּׁה עָשָׂר׃ לְחֵזִיר שִׁבְעָה עָשָׂר לְהַפִּצֵּץ שְׁמוֹנָה עָשָׂר׃
16 17 לִפְתַחְיָה תִּשְׁעָה עָשָׂר לִיחֶזְקֵאל הֶעֶשְׂרִים׃ לְיָכִין אֶחָד

ועשרים

18 וְעֶשְׂרִים לְגָמוּל שְׁנַיִם וְעֶשְׂרִים׃ לִדְלָיָהוּ שְׁלֹשָׁה וְעֶשְׂרִים
19 לְמַעַזְיָהוּ אַרְבָּעָה וְעֶשְׂרִים׃ אֵלֶּה פְקֻדָּתָם לַעֲבֹדָתָם
לָבוֹא לְבֵית־יְהוָה כְּמִשְׁפָּטָם בְּיַד אַהֲרֹן אֲבִיהֶם כַּאֲשֶׁר צִוָּהוּ
כ יְהוָה אֱלֹהֵי יִשְׂרָאֵל׃ וְלִבְנֵי לֵוִי הַנּוֹתָרִים לִבְנֵי עַמְרָם
21 שׁוּבָאֵל לִבְנֵי שׁוּבָאֵל יֶחְדְּיָהוּ׃ לִרְחַבְיָהוּ לִבְנֵי רְחַבְיָהוּ
22 23 הָרֹאשׁ יִשִּׁיָּה׃ לַיִּצְהָרִי שְׁלֹמוֹת לִבְנֵי שְׁלֹמוֹת יָחַת׃ וּבְנָי
24 יְרִיָּהוּ אֲמַרְיָהוּ הַשֵּׁנִי יַחֲזִיאֵל הַשְּׁלִישִׁי יְקַמְעָם הָרְבִיעִי׃ בְּנֵי
כה עֻזִּיאֵל מִיכָה לִבְנֵי מִיכָה שָׁמוֹר׃ אֲחִי מִיכָה יִשִּׁיָּה לִבְנֵי
26 27 יִשִּׁיָּה זְכַרְיָהוּ׃ בְּנֵי מְרָרִי מַחְלִי וּמוּשִׁי בְּנֵי יַעֲזִיָּהוּ בְנוֹ׃ בְּנֵי
28 מְרָרִי לְיַעֲזִיָּהוּ בְּנוֹ וְשֹׁהַם וְזַכּוּר וְעִבְרִי׃ לְמַחְלִי אֶלְעָזָר
29 ל וְלֹא־הָיָה לוֹ בָּנִים׃ לְקִישׁ בְּנֵי־קִישׁ יְרַחְמְאֵל׃ וּבְנֵי מוּשִׁי
מַחְלִי וְעֵדֶר וִירִימוֹת אֵלֶּה בְּנֵי הַלְוִיִּם לְבֵית אֲבֹתֵיהֶם׃
31 וַיַּפִּילוּ גַם־הֵם גּוֹרָלוֹת לְעֻמַּת ׀ אֲחֵיהֶם בְּנֵי־אַהֲרֹן לִפְנֵי דָּוִיד
הַמֶּלֶךְ וְצָדוֹק וַאֲחִימֶלֶךְ וְרָאשֵׁי הָאָבוֹת לַכֹּהֲנִים וְלַלְוִיִּם
אָבוֹת הָרֹאשׁ לְעֻמַּת אָחִיו הַקָּטָן׃

כה

CAP. XXV. כה

א וַיַּבְדֵּל דָּוִיד וְשָׂרֵי הַצָּבָא לַעֲבֹדָה לִבְנֵי אָסָף וְהֵימָן
וִידוּתוּן הַנִּבְּאִים בְּכִנֹּרוֹת בִּנְבָלִים וּבִמְצִלְתָּיִם וַיְהִי מִסְפָּרָם
2 אַנְשֵׁי מְלָאכָה לַעֲבֹדָתָם׃ לִבְנֵי אָסָף זַכּוּר וְיוֹסֵף וּנְתַנְיָה
וַאֲשַׂרְאֵלָה בְּנֵי אָסָף עַל יַד־אָסָף הַנִּבָּא עַל־יְדֵי הַמֶּלֶךְ׃
3 לִידוּתוּן בְּנֵי יְדוּתוּן גְּדַלְיָהוּ וּצְרִי וִישַׁעְיָהוּ חֲשַׁבְיָהוּ וּמַתִּתְיָהוּ
שִׁשָּׁה עַל יְדֵי אֲבִיהֶם יְדוּתוּן בַּכִּנּוֹר הַנִּבָּא עַל־הֹדוֹת וְהַלֵּל
4 לַיהוָה׃ לְהֵימָן בְּנֵי הֵימָן בֻּקִּיָּהוּ מַתַּנְיָהוּ עֻזִּיאֵל שְׁבוּאֵל
וִירִימוֹת חֲנַנְיָה חֲנָנִי אֱלִיאָתָה גִדַּלְתִּי וְרֹמַמְתִּי עֶזֶר יָשְׁבְּקָשָׁה
מַלּוֹתִי הוֹתִיר מַחֲזִיאוֹת׃ כָּל־אֵלֶּה בָנִים לְהֵימָן חֹזֵה הַמֶּלֶךְ
ה בְּדִבְרֵי הָאֱלֹהִים לְהָרִים קָרֶן וַיִּתֵּן הָאֱלֹהִים לְהֵימָן בָּנִים
6 אַרְבָּעָה עָשָׂר וּבָנוֹת שָׁלוֹשׁ׃ כָּל־אֵלֶּה עַל־יְדֵי אֲבִיהֶם

בשיר

כ״ד v. 24. שמיר ק׳   כ״ה v. 1. יתיר י׳

בְּשִׁיר בֵּית יְהוָה בִּמְצִלְתַּיִם נְבָלִים וְכִנֹּרוֹת לַעֲבֹדַת בֵּית
7 הָאֱלֹהִים עַל יְדֵי הַמֶּלֶךְ אָסָף וִידוּתוּן וְהֵימָן׃ וַיְהִי מִסְפָּרָם
עִם־אֲחֵיהֶם מְלֻמְּדֵי־שִׁיר לַיהוָה כָּל־הַמֵּבִין מָאתַיִם שְׁמוֹנִים
8 וּשְׁמוֹנָה׃ וַיַּפִּילוּ גּוֹרָלוֹת מִשְׁמֶרֶת לְעֻמַּת כַּקָּטֹן כַּגָּדוֹל מֵבִין
9 עִם־תַּלְמִיד׃ וַיֵּצֵא הַגּוֹרָל הָרִאשׁוֹן לְאָסָף לְיוֹסֵף
י גְּדַלְיָהוּ הַשֵּׁנִי הוּא־וְאֶחָיו וּבָנָיו שְׁנֵים עָשָׂר׃ הַשְּׁלִשִׁי
11 זַכּוּר בָּנָיו וְאֶחָיו שְׁנֵים עָשָׂר׃ הָרְבִיעִי לַיִּצְרִי בָּנָיו
12 וְאֶחָיו שְׁנֵים עָשָׂר׃ הַחֲמִישִׁי נְתַנְיָהוּ בָּנָיו וְאֶחָיו שְׁנֵים
13 14 עָשָׂר׃ הַשִּׁשִּׁי בֻקִּיָּהוּ בָּנָיו וְאֶחָיו שְׁנֵים עָשָׂר׃ הַשְּׁבִעִי
טו יְשַׂרְאֵלָה בָּנָיו וְאֶחָיו שְׁנֵים עָשָׂר׃ הַשְּׁמִינִי יְשַׁעְיָהוּ בָּנָיו
16 וְאֶחָיו שְׁנֵים עָשָׂר׃ הַתְּשִׁיעִי מַתַּנְיָהוּ בָּנָיו וְאֶחָיו שְׁנֵים
17 18 עָשָׂר׃ הָעֲשִׂרִי שִׁמְעִי בָּנָיו וְאֶחָיו שְׁנֵים עָשָׂר׃ עַשְׁתֵּי־
19 עָשָׂר עֲזַרְאֵל בָּנָיו וְאֶחָיו שְׁנֵים עָשָׂר׃ הַשְּׁנֵים עָשָׂר
כ לַחֲשַׁבְיָה בָּנָיו וְאֶחָיו שְׁנֵים עָשָׂר׃ לִשְׁלֹשָׁה עָשָׂר שׁוּבָאֵל
21 בָּנָיו וְאֶחָיו שְׁנֵים עָשָׂר׃ לְאַרְבָּעָה עָשָׂר מַתִּתְיָהוּ בָּנָיו
22 וְאֶחָיו שְׁנֵים עָשָׂר׃ לַחֲמִשָּׁה עָשָׂר לִירֵמוֹת בָּנָיו
23 וְאֶחָיו שְׁנֵים עָשָׂר׃ לְשִׁשָּׁה עָשָׂר לַחֲנַנְיָהוּ בָּנָיו וְאֶחָיו
24 שְׁנֵים עָשָׂר׃ לְשִׁבְעָה עָשָׂר לְיָשְׁבְּקָשָׁה בָּנָיו וְאֶחָיו
כה שְׁנֵים עָשָׂר׃ לִשְׁמוֹנָה עָשָׂר לַחֲנָנִי בָּנָיו וְאֶחָיו שְׁנֵים
26 עָשָׂר׃ לְתִשְׁעָה עָשָׂר לְמַלּוֹתִי בָּנָיו וְאֶחָיו שְׁנֵים
27 28 עָשָׂר׃ לְעֶשְׂרִים לֶאֱלִיָּתָה בָּנָיו וְאֶחָיו שְׁנֵים עָשָׂר׃ לְאֶחָד
29 וְעֶשְׂרִים לְהוֹתִיר בָּנָיו וְאֶחָיו שְׁנֵים עָשָׂר׃ לִשְׁנַיִם וְעֶשְׂרִים
ל לְגִדַּלְתִּי בָּנָיו וְאֶחָיו שְׁנֵים עָשָׂר׃ לִשְׁלֹשָׁה וְעֶשְׂרִים
31 לְמַחֲזִיאוֹת בָּנָיו וְאֶחָיו שְׁנֵים עָשָׂר׃ לְאַרְבָּעָה וְעֶשְׂרִים
לְרוֹמַמְתִּי עֶזֶר בָּנָיו וְאֶחָיו שְׁנֵים עָשָׂר׃

כו Cap. XXVI. כו

א לְמַחְלְקוֹת לְשֹׁעֲרִים לְקָרְחִים מְשֶׁלֶמְיָהוּ בֶן־קֹרֵא מִן־

בני

2 בְּנֵי אָסָף׃ וְלִמְשֶׁלֶמְיָהוּ בָּנִים זְכַרְיָהוּ הַבְּכוֹר יְדִיעֲאֵל הַשֵּׁנִי
3 זְבַדְיָהוּ הַשְּׁלִישִׁי יַתְנִיאֵל הָרְבִיעִי׃ עֵילָם הַחֲמִישִׁי יְהוֹחָנָן
4 הַשִּׁשִּׁי אֶלְיְהוֹעֵינַי הַשְּׁבִיעִי׃ וּלְעֹבֵד אֱדֹם בָּנִים שְׁמַעְיָה
הַבְּכוֹר יְהוֹזָבָד הַשֵּׁנִי יוֹאָח הַשְּׁלִשִׁי וְשָׂכָר הָרְבִיעִי וּנְתַנְאֵל
ה הַחֲמִישִׁי׃ עַמִּיאֵל הַשִּׁשִּׁי יִשָּׂשכָר הַשְּׁבִיעִי פְּעֻלְּתַי הַשְּׁמִינִי
6 כִּי בֵרֲכוֹ אֱלֹהִים׃ וּלְשְׁמַעְיָה בְנוֹ נוֹלַד בָּנִים הַמִּמְשָׁלִים לְבֵית
7 אֲבִיהֶם כִּי־גִבּוֹרֵי חַיִל הֵמָּה׃ בְּנֵי שְׁמַעְיָה עָתְנִי וּרְפָאֵל
8 וְעוֹבֵד אֶלְזָבָד אֶחָיו בְּנֵי־חָיִל אֱלִיהוּ וּסְמַכְיָהוּ׃ כָּל־אֵלֶּה
מִבְּנֵי ׀ עֹבֵד אֱדֹם הֵמָּה וּבְנֵיהֶם וַאֲחֵיהֶם אִישׁ־חַיִל בַּכֹּחַ
9 לַעֲבֹדָה שִׁשִּׁים וּשְׁנַיִם לְעֹבֵד אֱדֹם׃ וְלִמְשֶׁלֶמְיָהוּ בָּנִים וְאַחִים
י בְּנֵי־חָיִל שְׁמוֹנָה עָשָׂר׃ וּלְחֹסָה מִן־בְּנֵי־מְרָרִי בָּנִים שִׁמְרִי
11 הָרֹאשׁ כִּי לֹא־הָיָה בְכוֹר וַיְשִׂימֵהוּ אָבִיהוּ לְרֹאשׁ׃ חִלְקִיָּהוּ
הַשֵּׁנִי טְבַלְיָהוּ הַשְּׁלִשִׁי זְכַרְיָהוּ הָרְבִעִי כָּל־בָּנִים וְאַחִים
12 לְחֹסָה שְׁלֹשָׁה עָשָׂר׃ לְאֵלֶּה מַחְלְקוֹת הַשֹּׁעֲרִים לְרָאשֵׁי
13 הַגְּבָרִים מִשְׁמָרוֹת לְעֻמַּת אֲחֵיהֶם לְשָׁרֵת בְּבֵית יְהוָה׃ וַיַּפִּילוּ
14 גוֹרָלוֹת כַּקָּטֹן כַּגָּדוֹל לְבֵית אֲבוֹתָם לְשַׁעַר וָשָׁעַר׃ וַיִּפֹּל
הַגּוֹרָל מִזְרָחָה לְשֶׁלֶמְיָהוּ וּזְכַרְיָהוּ בְנוֹ יוֹעֵץ בְּשֶׂכֶל הִפִּילוּ
טו גּוֹרָלוֹת וַיֵּצֵא גוֹרָלוֹ צָפוֹנָה׃ לְעֹבֵד אֱדֹם נֶגְבָּה וּלְבָנָיו בֵּית
16 הָאֲסֻפִּים׃ לְשֻׁפִּים וּלְחֹסָה לַמַּעֲרָב עִם שַׁעַר שַׁלֶּכֶת בַּמְסִלָּה
17 הָעוֹלָה מִשְׁמָר לְעֻמַּת מִשְׁמָר׃ לַמִּזְרָח הַלְוִיִּם שִׁשָּׁה לַצָּפוֹנָה
לַיּוֹם אַרְבָּעָה לַנֶּגְבָּה לַיּוֹם אַרְבָּעָה וְלָאֲסֻפִּים שְׁנַיִם שְׁנָיִם׃
18 19 לַפַּרְבָּר לַמַּעֲרָב אַרְבָּעָה לַמְסִלָּה שְׁנַיִם לַפַּרְבָּר׃ אֵלֶּה
כ מַחְלְקוֹת הַשֹּׁעֲרִים לִבְנֵי הַקָּרְחִי וְלִבְנֵי מְרָרִי׃ וְהַלְוִיִּם אֲחִיָּה
21 עַל־אוֹצְרוֹת בֵּית הָאֱלֹהִים וּלְאֹצְרוֹת הַקֳּדָשִׁים׃ בְּנֵי לַעְדָּן
בְּנֵי הַגֵּרְשֻׁנִּי לְלַעְדָּן רָאשֵׁי הָאָבוֹת לְלַעְדָּן הַגֵּרְשֻׁנִּי יְחִיאֵלִי׃
22 23 בְּנֵי יְחִיאֵלִי זֵתָם וְיוֹאֵל אָחִיו עַל־אֹצְרוֹת בֵּית יְהוָה׃ לַעַמְרָמִי
24 לַיִּצְהָרִי לַחֶבְרוֹנִי לָעָזִּיאֵלִי׃ וּשְׁבֻאֵל בֶּן־גֵּרְשׁוֹם בֶּן־מֹשֶׁה
כה נָגִיד עַל־הָאֹצָרוֹת׃ וְאֶחָיו לֶאֱלִיעֶזֶר רְחַבְיָהוּ בְנוֹ וִישַׁעְיָהוּ

בנו

26 בְּנוֹ וְיֹרָם בְּנוֹ וְזִכְרִי בְנוֹ וּשְׁלֹמוֹת בְּנוֹ׃ הוּא שְׁלֹמוֹת וְאֶחָיו
עַל כָּל־אֹצְרוֹת הַקֳּדָשִׁים אֲשֶׁר הִקְדִּישׁ דָּוִיד הַמֶּלֶךְ
וְרָאשֵׁי הָאָבוֹת לְשָׂרֵי־הָאֲלָפִים וְהַמֵּאוֹת וְשָׂרֵי הַצָּבָא׃
27 מִן־הַמִּלְחָמוֹת וּמִן־הַשָּׁלָל הִקְדִּישׁוּ לְחַזֵּק לְבֵית יְהוָה׃
28 וְכֹל הַהִקְדִּישׁ שְׁמוּאֵל הָרֹאֶה וְשָׁאוּל בֶּן־קִישׁ וְאַבְנֵר
בֶּן־נֵר וְיוֹאָב בֶּן־צְרוּיָה כֹּל הַמַּקְדִּישׁ עַל יַד־שְׁלֹמִית
29 וְאֶחָיו׃ לַיִּצְהָרִי כְּנַנְיָהוּ וּבָנָיו לַמְּלָאכָה הַחִיצוֹנָה עַל־
ל יִשְׂרָאֵל לְשֹׁטְרִים וּלְשֹׁפְטִים׃ לַחֶבְרוֹנִי חֲשַׁבְיָהוּ וְאֶחָיו בְּנֵי־
חַיִל אֶלֶף וּשְׁבַע־מֵאוֹת עַל פְּקֻדַּת יִשְׂרָאֵל מֵעֵבֶר לַיַּרְדֵּן
31 מַעְרָבָה לְכֹל מְלֶאכֶת יְהוָה וְלַעֲבֹדַת הַמֶּלֶךְ׃ לַחֶבְרוֹנִי
יְרִיָּה הָרֹאשׁ לַחֶבְרוֹנִי לְתֹלְדֹתָיו לְאָבוֹת בִּשְׁנַת הָאַרְבָּעִים
לְמַלְכוּת דָּוִיד נִדְרָשׁוּ וַיִּמָּצֵא בָהֶם גִּבּוֹרֵי חַיִל בְּיַעְזֵיר גִּלְעָד׃
32 וְאֶחָיו בְּנֵי־חַיִל אַלְפַּיִם וּשְׁבַע מֵאוֹת רָאשֵׁי הָאָבוֹת וַיַּפְקִידֵם
דָּוִיד הַמֶּלֶךְ עַל־הָרְאוּבֵנִי וְהַגָּדִי וַחֲצִי שֵׁבֶט הַמְנַשִּׁי לְכָל־
דְּבַר הָאֱלֹהִים וּדְבַר הַמֶּלֶךְ׃

CAP. XXVII. כז

כז

א וּבְנֵי יִשְׂרָאֵל ׀ לְמִסְפָּרָם רָאשֵׁי הָאָבוֹת וְשָׂרֵי הָאֲלָפִים ׀
וְהַמֵּאוֹת וְשֹׁטְרֵיהֶם הַמְשָׁרְתִים אֶת־הַמֶּלֶךְ לְכֹל ׀ דְּבַר
הַמַּחְלְקוֹת הַבָּאָה וְהַיֹּצֵאת חֹדֶשׁ בְּחֹדֶשׁ לְכֹל חָדְשֵׁי הַשָּׁנָה
2 הַמַּחֲלֹקֶת הָאַחַת עֶשְׂרִים וְאַרְבָּעָה אָלֶף׃ עַל הַמַּחֲלֹקֶת
הָרִאשׁוֹנָה לַחֹדֶשׁ הָרִאשׁוֹן יָשָׁבְעָם בֶּן־זַבְדִּיאֵל וְעַל מַחֲלֻקְתּוֹ
3 עֶשְׂרִים וְאַרְבָּעָה אָלֶף׃ מִן־בְּנֵי־פֶרֶץ הָרֹאשׁ לְכָל־שָׂרֵי
4 הַצְּבָאוֹת לַחֹדֶשׁ הָרִאשׁוֹן׃ וְעַל מַחֲלֹקֶת ׀ הַחֹדֶשׁ הַשֵּׁנִי
דּוֹדַי הָאֲחוֹחִי וּמַחֲלֻקְתּוֹ וּמִקְלוֹת הַנָּגִיד וְעַל מַחֲלֻקְתּוֹ עֶשְׂרִים
ה וְאַרְבָּעָה אָלֶף׃ שַׂר הַצָּבָא הַשְּׁלִישִׁי לַחֹדֶשׁ הַשְּׁלִישִׁי
בְּנָיָהוּ בֶן־יְהוֹיָדָע הַכֹּהֵן רֹאשׁ וְעַל מַחֲלֻקְתּוֹ עֶשְׂרִים וְאַרְבָּעָה
6 אָלֶף׃ הוּא בְנָיָהוּ גִּבּוֹר הַשְּׁלֹשִׁים וְעַל־הַשְּׁלֹשִׁים וּמַחֲלֻקְתּוֹ

עמיזבד

כ״ו v. 25. ושלומית ק׳

7 עַמִּיזָבָד בְּנוֹ׃ הָרְבִיעִי לַחֹדֶשׁ הָרְבִיעִי עֲשָׂהאֵל אֲחִי
יוֹאָב וּזְבַדְיָה בְנוֹ אַחֲרָיו וְעַל מַחֲלֻקְתּוֹ עֶשְׂרִים וְאַרְבָּעָה
8 אָלֶף׃ הַחֲמִישִׁי לַחֹדֶשׁ הַחֲמִישִׁי הַשַּׂר שַׁמְהוּת הַיִּזְרָח
9 וְעַל מַחֲלֻקְתּוֹ עֶשְׂרִים וְאַרְבָּעָה אָלֶף׃ הַשִּׁשִּׁי לַחֹדֶשׁ הַשִּׁשִּׁי
עִירָא בֶן־עִקֵּשׁ הַתְּקוֹעִי וְעַל מַחֲלֻקְתּוֹ עֶשְׂרִים וְאַרְבָּעָה
י אָלֶף׃ הַשְּׁבִיעִי לַחֹדֶשׁ הַשְּׁבִיעִי חֶלֶץ הַפְּלוֹנִי מִן־בְּנֵי
11 אֶפְרָיִם וְעַל מַחֲלֻקְתּוֹ עֶשְׂרִים וְאַרְבָּעָה אָלֶף׃ הַשְּׁמִינִי
לַחֹדֶשׁ הַשְּׁמִינִי סִבְּכַי הַחֻשָׁתִי לַזַּרְחִי וְעַל מַחֲלֻקְתּוֹ עֶשְׂרִים
12 וְאַרְבָּעָה אָלֶף׃ הַתְּשִׁיעִי לַחֹדֶשׁ הַתְּשִׁיעִי אֲבִיעֶזֶר
הָעַנְּתֹתִי לַבֶּנְ ׀ יְמִינִי וְעַל מַחֲלֻקְתּוֹ עֶשְׂרִים וְאַרְבָּעָה
13 אָלֶף׃ הָעֲשִׂירִי לַחֹדֶשׁ הָעֲשִׂירִי מַהְרַי הַנְּטוֹפָתִי לַזַּרְחִי
14 וְעַל מַחֲלֻקְתּוֹ עֶשְׂרִים וְאַרְבָּעָה אָלֶף׃ עַשְׁתֵּי־עָשָׂר
לְעַשְׁתֵּי עָשָׂר הַחֹדֶשׁ בְּנָיָה הַפִּרְעָתוֹנִי מִן־בְּנֵי אֶפְרָיִם וְעַל
טו מַחֲלֻקְתּוֹ עֶשְׂרִים וְאַרְבָּעָה אָלֶף׃ הַשְּׁנֵים עָשָׂר לִשְׁנֵים
עָשָׂר הַחֹדֶשׁ חֶלְדַּי הַנְּטוֹפָתִי לְעָתְנִיאֵל וְעַל מַחֲלֻקְתּוֹ עֶשְׂרִים
16 וְאַרְבָּעָה אָלֶף׃ וְעַל שִׁבְטֵי יִשְׂרָאֵל לָרְאוּבֵנִי נָגִיד
17 אֱלִיעֶזֶר בֶּן־זִכְרִי לַשִּׁמְעוֹנִי שְׁפַטְיָהוּ בֶּן־מַעֲכָה׃ לְלֵוִי
18 חֲשַׁבְיָה בֶן־קְמוּאֵל לְאַהֲרֹן צָדוֹק׃ לִיהוּדָה אֱלִיהוּ מֵאֲחֵי
19 דָוִיד לְיִשָּׂשכָר עָמְרִי בֶּן־מִיכָאֵל׃ לִזְבוּלֻן יִשְׁמַעְיָהוּ בֶּן־
כ עֹבַדְיָהוּ לְנַפְתָּלִי יְרִימוֹת בֶּן־עַזְרִיאֵל׃ לִבְנֵי אֶפְרַיִם הוֹשֵׁעַ
21 בֶּן־עֲזַזְיָהוּ לַחֲצִי שֵׁבֶט מְנַשֶּׁה יוֹאֵל בֶּן־פְּדָיָהוּ׃ לַחֲצִי
הַמְנַשֶּׁה גִּלְעָדָה יִדּוֹ בֶּן־זְכַרְיָהוּ לְבִנְיָמִן יַעֲשִׂיאֵל בֶּן־אַבְנֵר׃
22 23 לְדָן עֲזַרְאֵל בֶּן־יְרֹחָם אֵלֶּה שָׂרֵי שִׁבְטֵי יִשְׂרָאֵל׃ וְלֹא־נָשָׂא
דָוִיד מִסְפָּרָם לְמִבֶּן עֶשְׂרִים שָׁנָה וּלְמָטָּה כִּי אָמַר יְהוָה
24 לְהַרְבּוֹת אֶת־יִשְׂרָאֵל כְּכוֹכְבֵי הַשָּׁמָיִם׃ יוֹאָב בֶּן־צְרוּיָה
הֵחֵל לִמְנוֹת וְלֹא כִלָּה וַיְהִי בָזֹאת קֶצֶף עַל־יִשְׂרָאֵל וְלֹא
כה עָלָה הַמִּסְפָּר בְּמִסְפַּר דִּבְרֵי־הַיָּמִים לַמֶּלֶךְ דָּוִיד׃ וְעַל

אצרות

v. 12. לבן ימיני ק׳   v. 25. חצי הספר בפסוקים

אֹצְר֣וֹת הַמֶּ֔לֶךְ עַזְמָ֖וֶת בֶּן־עֲדִיאֵ֑ל וְעַ֣ל הָאֹצָר֗וֹת בַּשָּׂדֶ֞ה
26 בֶּעָרִ֤ים וּבַכְּפָרִים֙ וּבַמִּגְדָּל֔וֹת יְהוֹנָתָ֖ן בֶּן־עֻזִּיָּֽהוּ׃ וְעַ֗ל
עֹשֵׂי֙ מְלֶ֣אכֶת הַשָּׂדֶ֔ה לַעֲבֹדַ֖ת הָאֲדָמָ֑ה עֶזְרִ֖י בֶּן־כְּלֽוּב׃
27 וְעַל־הַכְּרָמִ֔ים שִׁמְעִ֖י הָֽרָמָתִ֑י וְעַ֤ל שֶׁבַּכְּרָמִים֙ לְאֹצְר֣וֹת הַיַּ֔יִן
28 זַבְדִּ֖י הַשִּׁפְמִֽי׃ וְעַל־הַזֵּיתִ֤ים וְהַשִּׁקְמִים֙ אֲשֶׁ֣ר בַּשְּׁפֵלָ֔ה
29 בַּ֥עַל חָנָ֖ן הַגְּדֵרִ֑י וְעַל־אֹצְר֥וֹת הַשֶּׁ֖מֶן יוֹעָֽשׁ׃ וְעַל־הַבָּקָר֙
הָרֹעִ֣ים בַּשָּׁר֔וֹן שִׁטְרַ֖י הַשָּׁרוֹנִ֑י וְעַל־הַבָּקָר֙ בָּעֲמָקִ֔ים שָׁפָ֖ט
ל בֶּן־עַדְלָֽי׃ וְעַל־הַגְּמַלִּ֔ים אוֹבִ֖יל הַיִּשְׁמְעֵאלִ֑י וְעַל־
31 הָ֣אֲתֹנ֔וֹת יֶחְדְּיָ֖הוּ הַמֵּרֹנֹתִֽי׃ וְעַל־הַצֹּ֖אן יָזִ֣יז הַהַגְרִ֑י כָּל־
32 אֵ֕לֶּה שָׂרֵ֣י הָרְכ֔וּשׁ אֲשֶׁ֖ר לַמֶּ֥לֶךְ דָּוִֽיד׃ וִיהוֹנָתָ֤ן דּוֹד־
דָּוִיד֙ יוֹעֵ֔ץ אִישׁ־מֵבִ֥ין וְסוֹפֵ֖ר ה֑וּא וִֽיחִיאֵ֥ל בֶּן־חַכְמוֹנִ֖י עִם־
33 בְּנֵ֥י הַמֶּֽלֶךְ׃ וַאֲחִיתֹ֖פֶל יוֹעֵ֣ץ לַמֶּ֑לֶךְ וְחוּשַׁ֥י הָאַרְכִּ֖י רֵ֥עַ הַמֶּֽלֶךְ׃
34 וְאַחֲרֵ֨י אֲחִיתֹ֜פֶל יְהוֹיָדָ֤ע בֶּן־בְּנָיָ֙הוּ֙ וְאֶבְיָתָ֔ר וְשַׂר־צָבָ֥א
לַמֶּ֖לֶךְ יוֹאָֽב׃

כח CAP. XXVIII. כח

א וַיַּקְהֵ֣ל דָּוִ֣יד אֶת־כָּל־שָׂרֵ֣י יִ֠שְׂרָאֵל שָׂרֵ֨י הַשְּׁבָטִ֜ים וְשָׂרֵ֣י
הַֽמַּחְלְק֞וֹת הַמְשָׁרְתִ֣ים אֶת־הַמֶּ֗לֶךְ וְשָׂרֵ֤י הָאֲלָפִים֙ וְשָׂרֵ֣י
הַמֵּא֔וֹת וְשָׂרֵ֣י כָל־רְכֽוּשׁ־וּמִקְנֶ֣ה ׀ לַמֶּ֣לֶךְ וּלְבָנָ֗יו עִם־
2 הַסָּֽרִיסִ֛ים וְהַגִּבּוֹרִ֥ים וּֽלְכָל־גִּבּ֥וֹר חָ֖יִל אֶל־יְרוּשָׁלִָֽם׃ וַיָּ֨קָם
דָּוִ֤יד הַמֶּ֙לֶךְ֙ עַל־רַגְלָ֔יו וַיֹּ֕אמֶר שְׁמָע֖וּנִי אַחַ֣י וְעַמִּ֑י אֲנִ֣י עִם־
לְבָבִ֡י לִבְנוֹת֩ בֵּ֨ית מְנוּחָ֜ה לַאֲר֣וֹן בְּרִית־יְהוָ֗ה וְלַהֲדֹם֙ רַגְלֵ֣י
3 אֱלֹהֵ֔ינוּ וַהֲכִינ֖וֹתִי לִבְנֽוֹת׃ וְהָאֱלֹהִים֙ אָ֣מַר לִ֔י לֹא־תִבְנֶ֥ה
4 בַ֖יִת לִשְׁמִ֑י כִּ֣י אִ֧ישׁ מִלְחָמ֛וֹת אַ֖תָּה וְדָמִ֥ים שָׁפָֽכְתָּ׃ וַיִּבְחַר֩
יְהוָ֨ה אֱלֹהֵ֤י יִשְׂרָאֵל֙ בִּ֜י מִכֹּ֣ל בֵּית־אָבִ֗י לִֽהְי֨וֹת לְמֶ֤לֶךְ עַל־
יִשְׂרָאֵל֙ לְעוֹלָ֔ם כִּ֤י בִֽיהוּדָה֙ בָּחַ֣ר לְנָגִ֔יד וּבְבֵ֥ית יְהוּדָ֖ה בֵּ֣ית
ה אָבִ֑י וּבִבְנֵ֣י אָבִ֗י בִּ֣י רָצָ֔ה לְהַמְלִ֖יךְ עַל־כָּל־יִשְׂרָאֵֽל׃ וּמִכָּל־
בָּנַ֔י כִּ֛י רַבִּ֥ים בָּנִ֖ים נָ֣תַן לִ֣י יְהוָ֑ה וַיִּבְחַר֙ בִּשְׁלֹמֹ֣ה בְנִ֔י לָשֶׁ֗בֶת
6 עַל־כִּסֵּ֛א מַלְכ֥וּת יְהוָ֖ה עַל־יִשְׂרָאֵֽל׃ וַיֹּ֣אמֶר לִ֔י שְׁלֹמֹ֥ה בִנְךָ֖

הוּא־יִבְנֶה

כ״ז v. 29 שרטי ק

הֽוּא־יִבְנֶ֥ה בֵיתִ֖י וַחֲצֵרוֹתָ֑י כִּֽי־בָחַ֨רְתִּי ב֥וֹ לִי֙ לְבֵ֔ן וַאֲנִ֖י אֶֽהְיֶה־
7 לּ֥וֹ לְאָֽב׃ וַהֲכִינוֹתִ֥י אֶת־מַלְכוּת֖וֹ עַד־לְעוֹלָ֑ם אִם־יֶֽחֱזַ֗ק
8 לַעֲשׂ֛וֹת מִצְוֺתַ֥י וּמִשְׁפָּטַ֖י כַּיּ֥וֹם הַזֶּֽה׃ וְעַתָּ֞ה לְעֵינֵ֤י כָֽל־יִשְׂרָאֵל֙
קְהַל־יְהוָ֔ה וּבְאָזְנֵ֣י אֱלֹהֵ֔ינוּ שִׁמְר֣וּ וְדִרְשׁ֔וּ כָּל־מִצְוֺ֖ת יְהוָ֣ה
אֱלֹהֵיכֶ֑ם לְמַ֤עַן תִּֽירְשׁוּ֙ אֶת־הָאָ֣רֶץ הַטּוֹבָ֔ה וְהִנְחַלְתֶּ֛ם
9 לִבְנֵיכֶ֥ם אַחֲרֵיכֶ֖ם עַד־עוֹלָֽם׃ וְאַתָּ֣ה שְׁלֹמֹֽה־בְנִי֩ דַ֨ע אֶת־
אֱלֹהֵ֜י אָבִ֗יךָ וְעָבְדֵ֙הוּ֙ בְּלֵ֤ב שָׁלֵם֙ וּבְנֶ֣פֶשׁ חֲפֵצָ֔ה כִּ֤י כָל־
לְבָבוֹת֙ דּוֹרֵ֣שׁ יְהוָ֔ה וְכָל־יֵ֥צֶר מַחֲשָׁב֖וֹת מֵבִ֑ין אִֽם־תִּדְרְשֶׁ֙נּוּ֙
י יִמָּ֣צֵא לָ֔ךְ וְאִם־תַּעַזְבֶ֖נּוּ יַזְנִֽיחֲךָ֥ לָעַֽד׃ רְאֵ֣ה ׀ עַתָּ֗ה כִּֽי־יְהוָ֛ה
11 בָּ֧חַר בְּךָ֛ לִבְנֽוֹת־בַּ֥יִת לַמִּקְדָּ֖שׁ חֲזַ֥ק וַעֲשֵֽׂה׃ וַיִּתֵּ֣ן דָּוִ֣יד
לִשְׁלֹמֹ֣ה בְנ֡וֹ אֶת־תַּבְנִ֣ית הָאוּלָם֩ וְאֶת־בָּ֨תָּ֜יו וְגַנְזַכָּ֧יו וַעֲלִיֹּתָ֛יו
12 וַחֲדָרָ֥יו הַפְּנִימִ֖ים וּבֵ֥ית הַכַּפֹּֽרֶת׃ וְתַבְנִ֗ית כֹּל֩ אֲשֶׁ֨ר הָיָ֤ה
בָר֙וּחַ֙ עִמּ֔וֹ לְחַצְר֥וֹת בֵּית־יְהוָ֖ה וּלְכָל־הַלְּשָׁכ֣וֹת סָבִ֑יב
13 לְאֹֽצְרוֹת֙ בֵּ֣ית הָאֱלֹהִ֔ים וּלְאֹצְר֖וֹת הַקֳּדָשִֽׁים׃ וּֽלְמַחְלְק֤וֹת
הַכֹּהֲנִים֙ וְהַלְוִיִּ֔ם וּלְכָל־מְלֶ֖אכֶת עֲבוֹדַ֣ת בֵּית־יְהוָ֑ה וּֽלְכָל־
14 כְּלֵ֖י עֲבוֹדַ֥ת בֵּית־יְהוָֽה׃ לַזָּהָ֤ב בַּמִּשְׁקָל֙ לַזָּהָ֔ב לְכָל־כְּלֵ֖י
עֲבוֹדָ֣ה וַעֲבוֹדָ֑ה לְכֹל֙ כְּלֵ֣י הַכֶּ֔סֶף בְּמִשְׁקָ֕ל לְכָל־כְּלֵ֖י
טו עֲבוֹדָ֥ה וַעֲבוֹדָֽה׃ וּמִשְׁקָ֞ל לִמְנֹר֣וֹת הַזָּהָ֗ב וְנֵרֹֽתֵיהֶם֙ זָהָ֔ב
בְּמִשְׁקַל־מְנוֹרָ֥ה וּמְנוֹרָ֖ה וְנֵרֹתֶ֑יהָ וְלִמְנֹר֨וֹת הַכֶּ֤סֶף בְּמִשְׁקָל֙
16 לִמְנוֹרָ֣ה וְנֵרֹתֶ֔יהָ כַּעֲבוֹדַ֖ת מְנוֹרָ֥ה וּמְנוֹרָֽה׃ וְאֶת־הַזָּהָ֥ב מִשְׁקָ֛ל
לְשֻׁלְחֲנ֥וֹת הַמַּעֲרֶ֖כֶת לְשֻׁלְחַ֣ן וְשֻׁלְחָ֑ן וְכֶ֖סֶף לְשֻׁלְחֲנ֥וֹת הַכָּֽסֶף׃
17 וְהַמִּזְלָג֧וֹת וְהַמִּזְרָק֛וֹת וְהַקְּשָׂו֖וֹת זָהָ֣ב טָה֑וֹר וְלִכְפוֹרֵ֨י הַזָּהָ֤ב
בְּמִשְׁקָל֙ לִכְפ֣וֹר וּכְפ֔וֹר וְלִכְפוֹרֵ֥י הַכֶּ֛סֶף בְּמִשְׁקָ֖ל לִכְפ֥וֹר
18 וּכְפֽוֹר׃ וּלְמִזְבַּ֤ח הַקְּטֹ֙רֶת֙ זָהָ֣ב מְזֻקָּ֔ק בַּמִּשְׁקָ֑ל וּֽלְתַבְנִ֣ית
הַמֶּרְכָּבָ֗ה הַכְּרֻבִים֙ זָהָ֔ב לְפֹֽרְשִׂ֖ים וְסֹכְכִ֑ים עַל־אֲר֖וֹן
19 בְּרִית־יְהוָֽה׃ הַכֹּ֛ל בִּכְתָ֖ב מִיַּ֣ד יְהוָ֑ה עָלַ֣י הִשְׂכִּ֔יל כֹּ֖ל
כ מַלְאֲכ֥וֹת הַתַּבְנִֽית׃ וַיֹּ֨אמֶר דָּוִ֜יד לִשְׁלֹמֹ֣ה בְנ֗וֹ חֲזַ֤ק
וֶֽאֱמַץ֙ וַעֲשֵׂ֔ה אַל־תִּירָ֖א וְאַל־תֵּחָ֑ת כִּ֣י יְהוָ֧ה אֱלֹהִ֛ים אֱלֹהַ֖י

עִמָּךְ לֹא יַרְפְּךָ וְלֹא יַעַזְבֶךָּ עַד־לִכְלוֹת כָּל־מְלֶאכֶת עֲבוֹדַת
21 בֵּית־יְהוָה׃ וְהִנֵּה מַחְלְקוֹת הַכֹּהֲנִים וְהַלְוִיִּם לְכָל־עֲבוֹדַת
בֵּית הָאֱלֹהִים וְעִמְּךָ בְכָל־מְלָאכָה לְכָל־נָדִיב בַּחָכְמָה
לְכָל־עֲבוֹדָה וְהַשָּׂרִים וְכָל־הָעָם לְכָל־דְּבָרֶיךָ׃

כט Cap. XXIX. כט

א וַיֹּאמֶר דָּוִיד הַמֶּלֶךְ לְכָל־הַקָּהָל שְׁלֹמֹה בְנִי אֶחָד בָּחַר־
בּוֹ אֱלֹהִים נַעַר וָרָךְ וְהַמְּלָאכָה גְדוֹלָה כִּי לֹא לְאָדָם הַבִּירָה
2 כִּי לַיהוָה אֱלֹהִים׃ וּכְכָל־כֹּחִי הֲכִינוֹתִי לְבֵית־אֱלֹהַי הַזָּהָב ׀
לַזָּהָב וְהַכֶּסֶף לַכֶּסֶף וְהַנְּחֹשֶׁת לַנְּחֹשֶׁת הַבַּרְזֶל לַבַּרְזֶל
וְהָעֵצִים לָעֵצִים אַבְנֵי־שֹׁהַם וּמִלּוּאִים אַבְנֵי־פוּךְ וְרִקְמָה
3 וְכֹל אֶבֶן יְקָרָה וְאַבְנֵי־שַׁיִשׁ לָרֹב׃ וְעוֹד בִּרְצוֹתִי בְּבֵית
אֱלֹהַי יֶשׁ־לִי סְגֻלָּה זָהָב וָכָסֶף נָתַתִּי לְבֵית־אֱלֹהַי לְמַעְלָה
4 מִכָּל־הֲכִינוֹתִי לְבֵית הַקֹּדֶשׁ׃ שְׁלֹשֶׁת אֲלָפִים כִּכְּרֵי זָהָב
מִזְּהַב אוֹפִיר וְשִׁבְעַת אֲלָפִים כִּכַּר־כֶּסֶף מְזֻקָּק לָטוּחַ קִירוֹת
ה הַבָּתִּים׃ לַזָּהָב לַזָּהָב וְלַכֶּסֶף לַכֶּסֶף וּלְכָל־מְלָאכָה בְּיַד
6 חָרָשִׁים וּמִי מִתְנַדֵּב לְמַלֹּאות יָדוֹ הַיּוֹם לַיהוָה׃ וַיִּתְנַדְּבוּ שָׂרֵי
הָאָבוֹת וְשָׂרֵי ׀ שִׁבְטֵי יִשְׂרָאֵל וְשָׂרֵי הָאֲלָפִים וְהַמֵּאוֹת וּלְשָׂרֵי
7 מְלֶאכֶת הַמֶּלֶךְ׃ וַיִּתְּנוּ לַעֲבוֹדַת בֵּית־הָאֱלֹהִים זָהָב כִּכָּרִים
חֲמֵשֶׁת־אֲלָפִים וַאֲדַרְכֹנִים רִבּוֹ וְכֶסֶף כִּכָּרִים עֲשֶׂרֶת אֲלָפִים
וּנְחֹשֶׁת רִבּוֹ וּשְׁמוֹנַת אֲלָפִים כִּכָּרִים וּבַרְזֶל מֵאָה־אֶלֶף
8 כִּכָּרִים׃ וְהַנִּמְצָא אִתּוֹ אֲבָנִים נָתְנוּ לְאוֹצַר בֵּית־יְהוָה
9 עַל יַד־יְחִיאֵל הַגֵּרְשֻׁנִּי׃ וַיִּשְׂמְחוּ הָעָם עַל־הִתְנַדְּבָם כִּי
בְּלֵב שָׁלֵם הִתְנַדְּבוּ לַיהוָה וְגַם דָּוִיד הַמֶּלֶךְ שָׂמַח שִׂמְחָה
י גְדוֹלָה׃ וַיְבָרֶךְ דָּוִיד אֶת־יְהוָה לְעֵינֵי כָּל־הַקָּהָל
וַיֹּאמֶר דָּוִיד בָּרוּךְ אַתָּה יְהוָה אֱלֹהֵי יִשְׂרָאֵל אָבִינוּ מֵעוֹלָם
11 וְעַד־עוֹלָם׃ לְךָ יְהוָה הַגְּדֻלָּה וְהַגְּבוּרָה וְהַתִּפְאֶרֶת וְהַנֵּצַח
וְהַהוֹד כִּי־כֹל בַּשָּׁמַיִם וּבָאָרֶץ לְךָ יְהוָה הַמַּמְלָכָה וְהַמִּתְנַשֵּׂא

לכל

כ״ט. 5. ע׳ יתיר ר׳ על פי המסורת

12 לְכֹ֑ל ׀ לְרֹֽאשׁ׃ וְהָעֹ֤שֶׁר וְהַכָּבוֹד֙ מִלְּפָנֶ֔יךָ וְאַתָּה֙ מוֹשֵׁ֣ל בַּכֹּ֔ל
13 וּבְיָדְךָ֖ כֹּ֣חַ וּגְבוּרָ֑ה וּבְיָ֣דְךָ֔ לְגַדֵּ֥ל וּלְחַזֵּ֖ק לַכֹּֽל׃ וְעַתָּ֣ה אֱלֹהֵ֔ינוּ
14 מוֹדִ֥ים אֲנַ֖חְנוּ לָ֑ךְ וּֽמְהַֽלְלִ֖ים לְשֵׁ֥ם תִּפְאַרְתֶּֽךָ׃ וְכִ֨י מִ֤י אֲנִי֙
וּמִ֣י עַמִּ֔י כִּֽי־נַעְצֹ֣ר כֹּ֔חַ לְהִתְנַדֵּ֖ב כָּזֹ֑את כִּֽי־מִמְּךָ֣ הַכֹּ֔ל וּמִיָּדְךָ֖
טו נָתַ֥נּוּ לָֽךְ׃ כִּֽי־גֵרִ֨ים אֲנַ֧חְנוּ לְפָנֶ֛יךָ וְתוֹשָׁבִ֖ים כְּכָל־אֲבֹתֵ֑ינוּ
16 כַּצֵּ֧ל ׀ יָמֵ֛ינוּ עַל־הָאָ֖רֶץ וְאֵ֥ין מִקְוֶֽה׃ יְהוָ֣ה אֱלֹהֵ֔ינוּ כֹּ֣ל הֶהָמ֤וֹן
הַזֶּה֙ אֲשֶׁ֣ר הֲכִינֹ֔נוּ לִבְנֽוֹת־לְךָ֥ בַ֖יִת לְשֵׁ֣ם קָדְשֶׁ֑ךָ מִיָּדְךָ֣ הִ֔יא
17 וּלְךָ֖ הַכֹּֽל׃ וְיָדַ֣עְתִּי אֱלֹהַ֗י כִּ֤י אַתָּה֙ בֹּחֵ֣ן לֵבָ֔ב וּמֵישָׁרִ֖ים
תִּרְצֶ֑ה אֲנִ֗י בְּיֹ֤שֶׁר לְבָבִי֙ הִתְנַדַּ֣בְתִּי כָל־אֵ֔לֶּה וְעַתָּ֗ה עַמְּךָ֙
18 הַנִּמְצְאוּ־פֹ֔ה רָאִ֣יתִי בְשִׂמְחָ֔ה לְהִֽתְנַדֶּב־לָֽךְ׃ יְהוָ֗ה אֱלֹהֵ֞י
אַבְרָהָ֤ם יִצְחָק֙ וְיִשְׂרָאֵל֙ אֲבֹתֵ֔ינוּ שָׁמְרָה־זֹּ֣את לְעוֹלָ֔ם לְיֵ֥צֶר
19 מַחְשְׁב֖וֹת לְבַ֣ב עַמֶּ֑ךָ וְהָכֵ֥ן לְבָבָ֖ם אֵלֶֽיךָ׃ וְלִשְׁלֹמֹ֣ה בְנִ֗י תֵּ֚ן
לֵבָ֣ב שָׁלֵ֔ם לִשְׁמוֹר֙ מִצְוֺתֶ֔יךָ עֵדְוֺתֶ֖יךָ וְחֻקֶּ֑יךָ וְלַעֲשׂ֣וֹת הַכֹּ֔ל
כ וְלִבְנ֖וֹת הַבִּירָ֥ה אֲשֶׁר־הֲכִינֽוֹתִי׃ וַיֹּ֤אמֶר דָּוִיד֙ לְכָל־
הַקָּהָ֔ל בָּֽרְכוּ־נָ֖א אֶת־יְהוָ֣ה אֱלֹהֵיכֶ֑ם וַיְבָרְכ֣וּ כָֽל־הַקָּהָ֗ל
לַיהוָה֙ אֱלֹהֵ֣י אֲבֹתֵיהֶ֔ם וַיִּקְּד֧וּ וַיִּֽשְׁתַּחֲו֛וּ לַיהוָ֖ה וְלַמֶּֽלֶךְ׃
21 וַיִּזְבְּח֣וּ לַיהוָ֣ה ׀ זְ֠בָחִים וַיַּעֲל֨וּ עֹל֜וֹת לַיהוָ֗ה לְֽמָחֳרַת֮ הַיּ֣וֹם
הַהוּא֒ פָּרִ֨ים אֶ֜לֶף אֵילִ֤ים אֶ֙לֶף֙ כְּבָשִׂ֣ים אֶ֔לֶף וְנִסְכֵּיהֶ֑ם וּזְבָחִ֥ים
22 לָרֹ֖ב לְכָל־יִשְׂרָאֵֽל׃ וַיֹּאכְל֨וּ וַיִּשְׁתּ֜וּ לִפְנֵ֧י יְהוָ֛ה בַּיּ֥וֹם הַה֖וּא
בְּשִׂמְחָ֣ה גְדוֹלָ֑ה וַיַּמְלִ֣יכוּ שֵׁנִית֩ לִשְׁלֹמֹ֨ה בֶן־דָּוִ֜יד וַיִּמְשְׁח֧וּ
23 לַיהוָ֛ה לְנָגִ֖יד וּלְצָד֥וֹק לְכֹהֵֽן׃ וַיֵּ֣שֶׁב שְׁ֠לֹמֹה עַל־כִּסֵּ֨א יְהוָ֧ה ׀
לְמֶ֛לֶךְ תַּֽחַת־דָּוִ֥יד אָבִ֖יו וַיַּצְלַ֑ח וַיִּשְׁמְע֥וּ אֵלָ֖יו כָּל־יִשְׂרָאֵֽל׃
24 וְכָל־הַשָּׂרִים֙ וְהַגִּבֹּרִ֔ים וְגַ֕ם כָּל־בְּנֵ֖י הַמֶּ֣לֶךְ דָּוִ֑יד נָ֣תְנוּ יָ֔ד
כה תַּ֖חַת שְׁלֹמֹ֥ה הַמֶּֽלֶךְ׃ וַיְגַדֵּ֨ל יְהוָ֤ה אֶת־שְׁלֹמֹה֙ לְמַ֔עְלָה לְעֵינֵ֖י
כָּל־יִשְׂרָאֵ֑ל וַיִּתֵּ֤ן עָלָיו֙ ה֣וֹד מַלְכ֔וּת אֲשֶׁ֨ר לֹא־הָיָ֧ה עַל־
26 כָּל־מֶ֛לֶךְ לְפָנָ֖יו עַל־יִשְׂרָאֵֽל׃ וְדָוִיד֙ בֶּן־יִשָׁ֔י מָלַ֖ךְ עַל־
27 כָּל־יִשְׂרָאֵֽל׃ וְהַיָּמִ֗ים אֲשֶׁ֤ר מָלַךְ֙ עַל־יִשְׂרָאֵ֔ל אַרְבָּעִ֖ים שָׁנָ֑ה

v. 16. הוא ק׳

בְּחֶבְר֤וֹן מָלַךְ֙ שֶׁ֣בַע שָׁנִ֔ים וּבִירֽוּשָׁלִַ֣ם מָלַ֔ךְ שְׁלֹשִׁ֖ים וְשָׁלֽוֹשׁ׃
28 וַיָּ֙מָת֙ בְּשֵׂיבָ֣ה טוֹבָ֔ה שְׂבַ֥ע יָמִ֖ים עֹ֣שֶׁר וְכָב֑וֹד וַיִּמְלֹ֛ךְ שְׁלֹמֹ֥ה
29 בְנ֖וֹ תַּחְתָּֽיו׃ וְדִבְרֵי֙ דָּוִ֣יד הַמֶּ֔לֶךְ הָרִאשֹׁנִ֖ים וְהָאַחֲרֹנִ֑ים הִנָּ֣ם
כְּתוּבִ֗ים עַל־דִּבְרֵי֙ שְׁמוּאֵ֣ל הָרֹאֶ֔ה וְעַל־דִּבְרֵי֙ נָתָ֣ן הַנָּבִ֔יא
ל וְעַל־דִּבְרֵ֖י גָּ֥ד הַחֹזֶֽה׃ עִ֥ם כָּל־מַלְכוּת֖וֹ וּגְבֽוּרָת֑וֹ וְהָֽעִתִּ֗ים
אֲשֶׁ֨ר עָבְר֤וּ עָלָיו֙ וְעַל־יִשְׂרָאֵ֔ל וְעַ֖ל כָּל־מַמְלְכ֥וֹת הָאֲרָצֽוֹת׃

דברי הימים ב

LIBER POSTERIOR

CHRONICORUM

CAPUT I. א

א וַיִּתְחַזֵּ֛ק שְׁלֹמֹ֥ה בֶן־דָּוִ֖יד עַל־מַלְכוּת֑וֹ וַיהוָ֤ה אֱלֹהָיו֙
2 עִמּ֔וֹ וַֽיְגַדְּלֵ֖הוּ לְמָֽעְלָה׃ וַיֹּ֧אמֶר שְׁלֹמֹ֛ה לְכָל־יִשְׂרָאֵ֗ל לְשָׂרֵ֨י
הָאֲלָפִ֤ים וְהַמֵּאוֹת֙ וְלַשֹּׁ֣פְטִ֔ים וּלְכֹ֥ל נָשִׂ֖יא לְכָל־יִשְׂרָאֵ֑ל רָאשֵׁ֖י
3 הָאָבֽוֹת׃ וַיֵּ֨לְכ֜וּ שְׁלֹמֹ֤ה וְכָל־הַקָּהָל֙ עִמּ֔וֹ לַבָּמָ֖ה אֲשֶׁ֣ר בְּגִבְע֑וֹן
כִּי־שָׁ֣ם הָיָ֗ה אֹ֤הֶל מוֹעֵד֙ הָאֱלֹהִ֔ים אֲשֶׁ֥ר עָשָׂ֛ה מֹשֶׁ֥ה עֶֽבֶד־
4 יְהוָ֖ה בַּמִּדְבָּֽר׃ אֲבָ֞ל אֲר֤וֹן הָאֱלֹהִים֙ הֶעֱלָ֣ה דָוִ֔יד מִקִּרְיַ֣ת
ה יְעָרִ֔ים בַּֽהֵכִ֥ין ל֖וֹ דָּוִ֑יד כִּ֧י נָֽטָה־ל֛וֹ אֹ֖הֶל בִּירֽוּשָׁלִָֽם׃ וּמִזְבַּ֣ח
הַנְּחֹ֗שֶׁת אֲשֶׁ֤ר עָשָׂה֙ בְּצַלְאֵל֙ בֶּן־אוּרִ֣י בֶן־ח֔וּר שָׂ֕ם לִפְנֵ֖י
6 מִשְׁכַּ֣ן יְהוָ֑ה וַיִּדְרְשֵׁ֥הוּ שְׁלֹמֹ֖ה וְהַקָּהָֽל׃ וַיַּ֨עַל שְׁלֹמֹ֥ה שָׁ֛ם עַל־
מִזְבַּ֥ח הַנְּחֹ֖שֶׁת לִפְנֵ֣י יְהוָ֔ה אֲשֶׁ֖ר לְאֹ֣הֶל מוֹעֵ֑ד וַיַּ֧עַל עָלָ֛יו
7 עֹל֖וֹת אָֽלֶף׃ בַּלַּ֣יְלָה הַה֔וּא נִרְאָ֥ה אֱלֹהִ֖ים לִשְׁלֹמֹ֑ה
8 וַיֹּ֣אמֶר ל֔וֹ שְׁאַ֖ל מָ֥ה אֶתֶּן־לָֽךְ׃ וַיֹּ֤אמֶר שְׁלֹמֹה֙ לֵֽאלֹהִ֔ים אַתָּ֗ה
9 עָשִׂ֛יתָ עִם־דָּוִ֥יד אָבִ֖י חֶ֣סֶד גָּד֑וֹל וְהִמְלַכְתַּ֖נִי תַּחְתָּֽיו׃ עַתָּה֙
יְהוָ֣ה אֱלֹהִ֔ים יֵֽאָמֵן֙ דְּבָ֣רְךָ֔ עִ֖ם דָּוִ֣יד אָבִ֑י כִּ֤י אַתָּה֙ הִמְלַכְתַּ֔נִי
י עַל־עַ֕ם רַ֖ב כַּעֲפַ֥ר הָאָֽרֶץ׃ עַתָּ֗ה חָכְמָ֤ה וּמַדָּע֙ תֶּן־לִ֔י

ואצאה

v. 6. אי סבירין אשר לפני

וְאֵצְאָה לִפְנֵי הָעָם־הַזֶּה וְאָבוֹאָה כִּי־מִי יִשְׁפֹּט אֶת־עַמְּךָ
11 הַזֶּה הַגָּדוֹל׃ וַיֹּאמֶר אֱלֹהִים ׀ לִשְׁלֹמֹה יַעַן אֲשֶׁר הָיְתָה
זֹאת עִם־לְבָבֶךָ וְלֹא־שָׁאַלְתָּ עֹשֶׁר נְכָסִים וְכָבוֹד וְאֵת נֶפֶשׁ
שֹׂנְאֶיךָ וְגַם־יָמִים רַבִּים לֹא שָׁאָלְתָּ וַתִּשְׁאַל־לְךָ חָכְמָה וּמַדָּע
12 אֲשֶׁר תִּשְׁפּוֹט אֶת־עַמִּי אֲשֶׁר הִמְלַכְתִּיךָ עָלָיו׃ הַחָכְמָה
וְהַמַּדָּע נָתוּן לָךְ וְעֹשֶׁר וּנְכָסִים וְכָבוֹד אֶתֶּן־לָךְ אֲשֶׁר ׀ לֹא־
13 הָיָה כֵן לַמְּלָכִים אֲשֶׁר לְפָנֶיךָ וְאַחֲרֶיךָ לֹא יִהְיֶה־כֵּן׃ וַיָּבֹא
שְׁלֹמֹה לַבָּמָה אֲשֶׁר־בְּגִבְעוֹן יְרוּשָׁלַ͏ִם מִלִּפְנֵי אֹהֶל מוֹעֵד
וַיִּמְלֹךְ עַל־יִשְׂרָאֵל׃
14 וַיֶּאֱסֹף שְׁלֹמֹה רֶכֶב וּפָרָשִׁים וַיְהִי־לוֹ אֶלֶף וְאַרְבַּע־מֵאוֹת
רֶכֶב וּשְׁנֵים־עָשָׂר אֶלֶף פָּרָשִׁים וַיַּנִּיחֵם בְּעָרֵי הָרֶכֶב וְעִם־
טו הַמֶּלֶךְ בִּירוּשָׁלָ͏ִם׃ וַיִּתֵּן הַמֶּלֶךְ אֶת־הַכֶּסֶף וְאֶת־הַזָּהָב
בִּירוּשָׁלַ͏ִם כָּאֲבָנִים וְאֵת הָאֲרָזִים נָתַן כַּשִּׁקְמִים אֲשֶׁר־בַּשְּׁפֵלָה
16 לָרֹב׃ וּמוֹצָא הַסּוּסִים אֲשֶׁר לִשְׁלֹמֹה מִמִּצְרָיִם וּמִקְוֵא סֹחֲרֵי
17 הַמֶּלֶךְ מִקְוֵא יִקְחוּ בִּמְחִיר׃ וַיַּעֲלוּ וַיּוֹצִיאוּ מִמִּצְרַיִם מֶרְכָּבָה
בְּשֵׁשׁ מֵאוֹת כֶּסֶף וְסוּס בַּחֲמִשִּׁים וּמֵאָה וְכֵן לְכָל־מַלְכֵי
18 הַחִתִּים וּמַלְכֵי אֲרָם בְּיָדָם יוֹצִיאוּ׃ וַיֹּאמֶר שְׁלֹמֹה לִבְנוֹת
בַּיִת לְשֵׁם יְהוָה וּבַיִת לְמַלְכוּתוֹ׃ °

ב Cap. II. ב

א וַיִּסְפֹּר שְׁלֹמֹה שִׁבְעִים אֶלֶף אִישׁ סַבָּל וּשְׁמוֹנִים אֶלֶף
אִישׁ חֹצֵב בָּהָר וּמְנַצְּחִים עֲלֵיהֶם שְׁלֹשֶׁת אֲלָפִים וְשֵׁשׁ
2 מֵאוֹת׃ וַיִּשְׁלַח שְׁלֹמֹה אֶל־חוּרָם מֶלֶךְ־צֹר לֵאמֹר
כַּאֲשֶׁר עָשִׂיתָ עִם־דָּוִיד אָבִי וַתִּשְׁלַח־לוֹ אֲרָזִים לִבְנוֹת־לוֹ
3 בַּיִת לָשֶׁבֶת בּוֹ׃ הִנֵּה אֲנִי בוֹנֶה־בַּיִת לְשֵׁם ׀ יְהוָה אֱלֹהַי
לְהַקְדִּישׁ לוֹ לְהַקְטִיר לְפָנָיו קְטֹרֶת־סַמִּים וּמַעֲרֶכֶת תָּמִיד
וְעֹלוֹת לַבֹּקֶר וְלָעֶרֶב לַשַּׁבָּתוֹת וְלֶחֳדָשִׁים וּלְמוֹעֲדֵי יְהוָה
4 אֱלֹהֵינוּ לְעוֹלָם זֹאת עַל־יִשְׂרָאֵל׃ וְהַבַּיִת אֲשֶׁר־אֲנִי בוֹנֶה
גדול

א׳ v. 18. אין כאן פסקא

ה נָּדֹ֖ול כִּֽי־גָדֹ֥ול אֱלֹהֵ֖ינוּ מִכָּל־הָאֱלֹהִֽים׃ וּמִ֣י יַעֲצָר־כֹּ֗חַ
לִבְנֹֽות־לֹו֙ בַ֔יִת כִּ֧י הַשָּׁמַ֛יִם וּשְׁמֵ֥י הַשָּׁמַ֖יִם לֹ֣א יְכַלְכְּלֻ֑הוּ וּמִ֣י

6 אֲנִי֙ אֲשֶׁ֣ר אֶבְנֶה־לֹּ֣ו בַ֔יִת כִּ֖י אִם־לְהַקְטִ֥יר לְפָנָֽיו׃ וְעַתָּ֡ה
שְֽׁלַֽח־לִ֣י אִישׁ־חָכָ֡ם לַעֲשֹׂות֩ בַּזָּהָ֨ב וּבַכֶּ֜סֶף וּבַנְּחֹ֣שֶׁת וּבַבַּרְזֶ֗ל
וּבָֽאַרְגְּוָן֙ וְכַרְמִ֣יל וּתְכֵ֔לֶת וְיֹדֵ֖עַ לְפַתֵּ֣חַ פִּתּוּחִ֑ים עִם־הַֽחֲכָמִ֗ים

7 אֲשֶׁ֤ר עִמִּי֙ בִּֽיהוּדָ֣ה וּבִירֽוּשָׁלִַ֔ם אֲשֶׁ֥ר הֵכִ֖ין דָּוִ֣יד אָבִֽי׃ וּֽשְׁלַֽח־
לִ֣י עֲצֵ֣י אֲרָזִ֡ים בְּרֹושִׁים֩ וְאַלְגּוּמִּים֨ מֵֽהַלְּבָנֹ֜ון כִּ֣י אֲנִ֣י יָדַ֗עְתִּי
אֲשֶׁ֤ר עֲבָדֶ֨יךָ֙ יֹֽודְעִ֔ים לִכְרֹ֖ות עֲצֵ֣י לְבָנֹ֑ון וְהִנֵּ֥ה עֲבָדַ֖י עִם־

8 עֲבָדֶֽיךָ׃ וּלְהָכִ֥ין לִ֛י עֵצִ֖ים לָרֹ֑ב כִּ֥י הַבַּ֛יִת אֲשֶׁר־אֲנִ֥י בֹונֶ֖ה

9 גָּדֹ֥ול וְהַפְלֵֽא׃ וְהִנֵּ֣ה לַחֹֽטְבִ֣ים ׀ לְכֹֽרְתֵ֣י ׀ הָעֵצִ֗ים נָתַ֩תִּי֩ חִטִּ֨ים ׀
מַכֹּ֜ות לַעֲבָדֶ֗יךָ כֹּרִ֤ים עֶשְׂרִים֙ אֶ֔לֶף וּשְׂעֹרִ֕ים כֹּרִ֖ים עֶשְׂרִ֣ים
אָ֑לֶף וְיַ֗יִן בַּתִּ֞ים עֶשְׂרִ֤ים אֶ֨לֶף֙ וְשֶׁ֕מֶן בַּתִּ֖ים עֶשְׂרִ֥ים

י אָֽלֶף׃ וַיֹּ֨אמֶר חוּרָ֤ם מֶֽלֶךְ־צֹר֙ בִּכְתָ֔ב וַיִּשְׁלַ֖ח אֶל־

11 שְׁלֹמֹ֑ה בְּאַהֲבַ֤ת יְהוָה֙ אֶת־עַמֹּ֔ו נְתָנְךָ֥ עֲלֵיהֶ֖ם מֶֽלֶךְ׃ וַיֹּאמֶר֮
חוּרָם֒ בָּר֤וּךְ יְהוָה֙ אֱלֹהֵ֣י יִשְׂרָאֵ֔ל אֲשֶׁ֣ר עָשָׂ֔ה אֶת־הַשָּׁמַ֖יִם
וְאֶת־הָאָ֑רֶץ אֲשֶׁ֣ר נָתַן֩ לְדָוִ֨יד הַמֶּ֜לֶךְ בֵּ֣ן חָכָ֗ם יֹודֵ֨עַ֙ שֵׂ֣כֶל

12 וּבִינָ֔ה אֲשֶׁ֥ר יִבְנֶה־בַ֨יִת֙ לַֽיהוָ֔ה וּבַ֖יִת לְמַלְכוּתֹֽו׃ וְעַתָּ֗ה

13 שָׁלַ֧חְתִּי אִישׁ־חָכָ֛ם יֹודֵ֥עַ בִּינָ֖ה לְחוּרָ֣ם אָבִֽי׃ בֶּן־אִשָּׁ֞ה מִן־
בְּנֹ֣ות דָּ֗ן וְאָבִ֣יו אִישׁ־צֹרִ֡י יֹודֵ֡עַ לַעֲשֹׂ֣ות בַּזָּֽהָב־וּ֠בַכֶּסֶף בַּנְּחֹ֣שֶׁת
בַּבַּרְזֶ֨ל בָּאֲבָנִ֣ים וּבָעֵצִים֮ בָּאַרְגָּמָ֣ן בַּתְּכֵ֣לֶת וּבַבּ֣וּץ וּבַכַּרְמִיל֒
וּלְפַתֵּ֣חַ כָּל־פִּתּ֗וּחַ וְלַחְשֹׁב֙ כָּל־מַֽחֲשָׁ֔בֶת אֲשֶׁ֥ר יִנָּֽתֶן־לֹ֖ו עִם־

14 חֲכָמֶ֔יךָ וְֽחַכְמֵ֔י אֲדֹנִ֖י דָּוִ֥יד אָבִֽיךָ׃ וְעַתָּ֗ה הַֽחִטִּ֤ים וְהַשְּׂעֹרִים֙

טו הַשֶּׁ֣מֶן וְהַיַּ֔יִן אֲשֶׁ֥ר אָמַ֖ר אֲדֹנִ֑י יִשְׁלַ֖ח לַעֲבָדָֽיו׃ וַ֠אֲנַחְנוּ נִכְרֹ֨ת
עֵצִ֤ים מִן־הַלְּבָנֹון֙ כְּכָל־צָרְכֶּ֔ךָ וּנְבִיאֵ֥ם לְךָ֛ רַפְסֹדֹ֖ות עַל־

16 יָ֣ם יָפֹ֑ו וְאַתָּ֛ה תַּעֲלֶ֥ה אֹתָ֖ם יְרוּשָׁלִָֽם׃ וַיִּסְפֹּ֣ר שְׁלֹמֹ֗ה כָּל־
הָאֲנָשִׁ֤ים הַגֵּירִים֙ אֲשֶׁר֙ בְּאֶ֣רֶץ יִשְׂרָאֵ֔ל אַחֲרֵ֣י הַסְּפָ֔ר אֲשֶׁ֥ר
סְפָרָ֖ם דָּוִ֣יד אָבִ֑יו וַיִּמָּ֣צְא֔וּ מֵאָ֤ה וַחֲמִשִּׁים֙ אֶ֔לֶף וּשְׁלֹ֥שֶׁת אֲלָפִ֖ים

17 וְשֵׁ֥שׁ מֵאֹֽות׃ וַיַּ֨עַשׂ מֵהֶ֜ם שִׁבְעִ֥ים אֶ֨לֶף֙ סַבָּ֔ל וּשְׁמֹנִ֥ים אֶ֖לֶף

חצב

חֹצֵב בָּהָר וּשְׁלֹשֶׁת אֲלָפִים וְשֵׁשׁ מֵאוֹת מְנַצְּחִים לְהַעֲבִיד
אֶת־הָעָם׃ ס

ג Cap. III. ג

א וַיָּחֶל שְׁלֹמֹה לִבְנוֹת אֶת־בֵּית־יְהוָה בִּירוּשָׁלַ͏ִם בְּהַר
הַמּוֹרִיָּה אֲשֶׁר נִרְאָה לְדָוִיד אָבִיהוּ אֲשֶׁר הֵכִין בִּמְקוֹם דָּוִיד
2 בְּגֹרֶן אָרְנָן הַיְבוּסִי׃ וַיָּחֶל לִבְנוֹת בַּחֹדֶשׁ הַשֵּׁנִי בַּשֵּׁנִי בִּשְׁנַת
3 אַרְבַּע לְמַלְכוּתוֹ׃ וְאֵלֶּה הוּסַד שְׁלֹמֹה לִבְנוֹת אֶת־בֵּית
הָאֱלֹהִים הָאֹרֶךְ אַמּוֹת בַּמִּדָּה הָרִאשׁוֹנָה אַמּוֹת שִׁשִּׁים וְרֹחַב
4 אַמּוֹת עֶשְׂרִים׃ וְהָאוּלָם אֲשֶׁר עַל־פְּנֵי הָאֹרֶךְ עַל־פְּנֵי רֹחַב־
הַבַּיִת אַמּוֹת עֶשְׂרִים וְהַגֹּבַהּ מֵאָה וְעֶשְׂרִים וַיְצַפֵּהוּ מִפְּנִימָה
ה זָהָב טָהוֹר׃ וְאֵת ׀ הַבַּיִת הַגָּדוֹל חִפָּה עֵץ בְּרוֹשִׁים וַיְחַפֵּהוּ
6 זָהָב טוֹב וַיַּעַל עָלָיו תִּמֹרִים וְשַׁרְשְׁרוֹת׃ וַיְצַף אֶת־הַבַּיִת
7 אֶבֶן יְקָרָה לְתִפְאָרֶת וְהַזָּהָב זְהַב פַּרְוָיִם׃ וַיְחַף אֶת־הַבַּיִת
הַקֹּרוֹת הַסִּפִּים וְקִירוֹתָיו וְדַלְתוֹתָיו זָהָב וּפִתַּח כְּרוּבִים עַל־
8 הַקִּירוֹת׃ וַיַּעַשׂ אֶת־בֵּית־קֹדֶשׁ הַקֳּדָשִׁים אָרְכּוֹ עַל־
פְּנֵי רֹחַב־הַבַּיִת אַמּוֹת עֶשְׂרִים וְרָחְבּוֹ אַמּוֹת עֶשְׂרִים וַיְחַפֵּהוּ
9 זָהָב טוֹב לְכִכָּרִים שֵׁשׁ מֵאוֹת׃ וּמִשְׁקָל לְמִסְמְרוֹת לִשְׁקָלִים
י חֲמִשִּׁים זָהָב וְהָעֲלִיּוֹת חִפָּה זָהָב׃ וַיַּעַשׂ בְּבֵית־קֹדֶשׁ
הַקֳּדָשִׁים כְּרוּבִים שְׁנַיִם מַעֲשֵׂה צַעֲצֻעִים וַיְצַפּוּ אֹתָם זָהָב׃
11 וְכַנְפֵי הַכְּרוּבִים אָרְכָּם אַמּוֹת עֶשְׂרִים כְּנַף הָאֶחָד לְאַמּוֹת
חָמֵשׁ מַגַּעַת לְקִיר הַבַּיִת וְהַכָּנָף הָאַחֶרֶת אַמּוֹת חָמֵשׁ מַגִּיעַ
12 לִכְנַף הַכְּרוּב הָאַחֵר׃ וּכְנַף הַכְּרוּב הָאֶחָד אַמּוֹת חָמֵשׁ מַגִּיעַ
לְקִיר הַבָּיִת וְהַכָּנָף הָאַחֶרֶת אַמּוֹת חָמֵשׁ דְּבֵקָה לִכְנַף הַכְּרוּב
13 הָאַחֵר׃ כַּנְפֵי הַכְּרוּבִים הָאֵלֶּה פֹּרְשִׂים אַמּוֹת עֶשְׂרִים וְהֵם
14 עֹמְדִים עַל־רַגְלֵיהֶם וּפְנֵיהֶם לַבָּיִת׃ וַיַּעַשׂ אֶת־הַפָּרֹכֶת
טו תְּכֵלֶת וְאַרְגָּמָן וְכַרְמִיל וּבוּץ וַיַּעַל עָלָיו כְּרוּבִים׃ וַיַּעַשׂ
לִפְנֵי הַבַּיִת עַמּוּדִים שְׁנַיִם אַמּוֹת שְׁלֹשִׁים וְחָמֵשׁ אֹרֶךְ וְהַצֶּפֶת

ב׳ v. 17. אין כאן פסקא

אשר־על־ראשו

16 אֲשֶׁר־עַל־רֹאשׁוֹ אַמּוֹת חָמֵשׁ׃ וַיַּעַשׂ שַׁרְשְׁרוֹת בַּדְּבִיר
וַיִּתֵּן עַל־רֹאשׁ הָעַמֻּדִים וַיַּעַשׂ רִמּוֹנִים מֵאָה וַיִּתֵּן בַּשַּׁרְשְׁרוֹת׃
17 וַיָּקֶם אֶת־הָעַמּוּדִים עַל־פְּנֵי הַהֵיכָל אֶחָד מִיָּמִין וְאֶחָד
מֵהַשְּׂמֹאול וַיִּקְרָא שֵׁם־הַיְמִינִי יָכִין וְשֵׁם הַשְּׂמָאלִי בֹּעַז׃

Cap. IV. ד

ד

א וַיַּעַשׂ מִזְבַּח נְחֹשֶׁת עֶשְׂרִים אַמָּה אָרְכּוֹ וְעֶשְׂרִים אַמָּה
2 רָחְבּוֹ וְעֶשֶׂר אַמּוֹת קוֹמָתוֹ׃ וַיַּעַשׂ אֶת־הַיָּם מוּצָק עֶשֶׂר
בָּאַמָּה מִשְּׂפָתוֹ אֶל־שְׂפָתוֹ עָגוֹל ׀ סָבִיב וְחָמֵשׁ בָּאַמָּה קוֹמָתוֹ
3 וְקָו שְׁלֹשִׁים בָּאַמָּה יָסֹב אֹתוֹ סָבִיב׃ וּדְמוּת בְּקָרִים תַּחַת לוֹ
סָבִיב ׀ סָבִיב סוֹבְבִים אֹתוֹ עֶשֶׂר בָּאַמָּה מַקִּיפִים אֶת־הַיָּם
4 סָבִיב שְׁנַיִם טוּרִים הַבָּקָר יְצוּקִים בְּמֻצַקְתּוֹ׃ עוֹמֵד עַל־
שְׁנֵים עָשָׂר בָּקָר שְׁלֹשָׁה פֹנִים ׀ צָפוֹנָה וּשְׁלוֹשָׁה פֹנִים ׀ יָמָּה
וּשְׁלֹשָׁה ׀ פֹּנִים נֶגְבָּה וּשְׁלֹשָׁה פֹּנִים מִזְרָחָה וְהַיָּם עֲלֵיהֶם
ה מִלְמָעְלָה וְכָל־אֲחֹרֵיהֶם בָּיְתָה׃ וְעָבְיוֹ טֶפַח וּשְׂפָתוֹ
כְּמַעֲשֵׂה שְׂפַת־כּוֹס פֶּרַח שׁוֹשַׁנָּה מַחֲזִיק בַּתִּים שְׁלֹשֶׁת
6 אֲלָפִים יָכִיל׃ וַיַּעַשׂ כִּיּוֹרִים עֲשָׂרָה וַיִּתֵּן חֲמִשָּׁה מִיָּמִין
וַחֲמִשָּׁה מִשְּׂמֹאול לְרָחְצָה בָהֶם אֶת־מַעֲשֵׂה הָעוֹלָה יָדִיחוּ
7 בָם וְהַיָּם לְרָחְצָה לַכֹּהֲנִים בּוֹ׃ וַיַּעַשׂ אֶת־מְנֹרוֹת
הַזָּהָב עֶשֶׂר כְּמִשְׁפָּטָם וַיִּתֵּן בַּהֵיכָל חָמֵשׁ מִיָּמִין וְחָמֵשׁ
8 מִשְּׂמֹאול׃ וַיַּעַשׂ שֻׁלְחָנוֹת עֲשָׂרָה וַיַּנַּח בַּהֵיכָל חֲמִשָּׁה
9 מִיָּמִין וַחֲמִשָּׁה מִשְּׂמֹאול וַיַּעַשׂ מִזְרְקֵי זָהָב מֵאָה׃ וַיַּעַשׂ
חֲצַר הַכֹּהֲנִים וְהָעֲזָרָה הַגְּדוֹלָה וּדְלָתוֹת לָעֲזָרָה וְדַלְתוֹתֵיהֶם
י צִפָּה נְחֹשֶׁת׃ וְאֶת־הַיָּם נָתַן מִכֶּתֶף הַיְמָנִית קֵדְמָה מִמּוּל
11 נֶגְבָּה׃ וַיַּעַשׂ חוּרָם אֶת־הַסִּירוֹת וְאֶת־הַיָּעִים וְאֶת־
הַמִּזְרָקוֹת וַיְכַל חִירָם לַעֲשׂוֹת אֶת־הַמְּלָאכָה אֲשֶׁר עָשָׂה
12 לַמֶּלֶךְ שְׁלֹמֹה בְּבֵית הָאֱלֹהִים׃ עַמּוּדִים שְׁנַיִם וְהַגֻּלּוֹת
וְהַכֹּתָרוֹת עַל־רֹאשׁ הָעַמּוּדִים שְׁתָּיִם וְהַשְּׂבָכוֹת שְׁתַּיִם

לכסות

ב׳ v. 17. הימני ק׳ ד׳ v. 11. חורם ק׳

לְכַסּוֹת אֶת־שְׁתֵּי גֻּלּוֹת הַכֹּתָרוֹת אֲשֶׁר עַל־רֹאשׁ הָעַמּוּדִים׃
13 וְאֶת־הָרִמּוֹנִים אַרְבַּע מֵאוֹת לִשְׁתֵּי הַשְּׂבָכוֹת שְׁנַיִם טוּרִים
רִמּוֹנִים לַשְּׂבָכָה הָאֶחָת לְכַסּוֹת אֶת־שְׁתֵּי גֻּלּוֹת הַכֹּתָרוֹת
14 אֲשֶׁר עַל־פְּנֵי הָעַמּוּדִים׃ וְאֶת־הַמְּכֹנוֹת עָשָׂה וְאֶת־הַכִּיֹּרוֹת
טו עָשָׂה עַל־הַמְּכֹנוֹת׃ אֶת־הַיָּם אֶחָד וְאֶת־הַבָּקָר שְׁנֵים־עָשָׂר
16 תַּחְתָּיו׃ וְאֶת־הַסִּירוֹת וְאֶת־הַיָּעִים וְאֶת־הַמִּזְלָגוֹת וְאֶת־
כָּל־כְּלֵיהֶם עָשָׂה חוּרָם אָבִיו לַמֶּלֶךְ שְׁלֹמֹה לְבֵית יְהוָה
17 נְחֹשֶׁת מָרוּק׃ בְּכִכַּר הַיַּרְדֵּן יְצָקָם הַמֶּלֶךְ בַּעֲבִי הָאֲדָמָה
18 בֵּין סֻכּוֹת וּבֵין צְרֵדָתָה׃ וַיַּעַשׂ שְׁלֹמֹה כָּל־הַכֵּלִים
19 הָאֵלֶּה לָרֹב מְאֹד כִּי לֹא נֶחְקַר מִשְׁקַל הַנְּחֹשֶׁת׃ וַיַּעַשׂ שְׁלֹמֹה
אֵת כָּל־הַכֵּלִים אֲשֶׁר בֵּית הָאֱלֹהִים וְאֵת מִזְבַּח הַזָּהָב וְאֶת־
כ הַשֻּׁלְחָנוֹת וַעֲלֵיהֶם לֶחֶם הַפָּנִים׃ וְאֶת־הַמְּנֹרוֹת וְנֵרֹתֵיהֶם
21 לְבַעֲרָם כַּמִּשְׁפָּט לִפְנֵי הַדְּבִיר זָהָב סָגוּר׃ וְהַפֶּרַח וְהַנֵּרוֹת
22 וְהַמֶּלְקַחַיִם זָהָב הוּא מִכְלוֹת זָהָב׃ וְהַמְזַמְּרוֹת וְהַמִּזְרָקוֹת
וְהַכַּפּוֹת וְהַמַּחְתּוֹת זָהָב סָגוּר וּפֶתַח הַבַּיִת דַּלְתוֹתָיו הַפְּנִימִיּוֹת
לְקֹדֶשׁ הַקֳּדָשִׁים וְדַלְתֵי הַבַּיִת לַהֵיכָל זָהָב׃

ה CAP. V. ה

א וַתִּשְׁלַם כָּל־הַמְּלָאכָה אֲשֶׁר־עָשָׂה שְׁלֹמֹה לְבֵית יְהוָה
וַיָּבֵא שְׁלֹמֹה אֶת־קָדְשֵׁי ׀ דָּוִיד אָבִיו וְאֶת־הַכֶּסֶף וְאֶת־הַזָּהָב
וְאֶת־כָּל־הַכֵּלִים נָתַן בְּאֹצְרוֹת בֵּית הָאֱלֹהִים׃
2 אָז יַקְהֵיל שְׁלֹמֹה אֶת־זִקְנֵי יִשְׂרָאֵל וְאֶת־כָּל־רָאשֵׁי הַמַּטּוֹת
נְשִׂיאֵי הָאָבוֹת לִבְנֵי יִשְׂרָאֵל אֶל־יְרוּשָׁלָם לְהַעֲלוֹת אֶת־אֲרוֹן
3 בְּרִית־יְהוָה מֵעִיר דָּוִיד הִיא צִיּוֹן׃ וַיִּקָּהֲלוּ אֶל־הַמֶּלֶךְ כָּל־
4 אִישׁ יִשְׂרָאֵל בֶּחָג הוּא הַחֹדֶשׁ הַשְּׁבִעִי׃ וַיָּבֹאוּ כֹּל זִקְנֵי יִשְׂרָאֵל
ה וַיִּשְׂאוּ הַלְוִיִּם אֶת־הָאָרוֹן׃ וַיַּעֲלוּ אֶת־הָאָרוֹן וְאֶת־אֹהֶל
מוֹעֵד וְאֶת־כָּל־כְּלֵי הַקֹּדֶשׁ אֲשֶׁר בָּאֹהֶל הֶעֱלוּ אֹתָם הַכֹּהֲנִים
6 הַלְוִיִּם׃ וְהַמֶּלֶךְ שְׁלֹמֹה וְכָל־עֲדַת יִשְׂרָאֵל הַנּוֹעָדִים עָלָיו
לִפְנֵי הָאָרוֹן מְזַבְּחִים צֹאן וּבָקָר אֲשֶׁר לֹא־יִסָּפְרוּ וְלֹא יִמָּנוּ

מרב

7 מֶרֶב׃ וַיָּבִיאוּ הַכֹּהֲנִים אֶת־אֲרוֹן בְּרִית־יְהוָה אֶל־מְקוֹמוֹ
אֶל־דְּבִיר הַבַּיִת אֶל־קֹדֶשׁ הַקֳּדָשִׁים אֶל־תַּחַת כַּנְפֵי
8 הַכְּרוּבִים׃ וַיִּהְיוּ הַכְּרוּבִים פֹּרְשִׂים כְּנָפַיִם עַל־מְקוֹם הָאָרוֹן
9 וַיְכַסּוּ הַכְּרוּבִים עַל־הָאָרוֹן וְעַל־בַּדָּיו מִלְמָעְלָה׃ וַיַּאֲרִיכוּ
הַבַּדִּים וַיֵּרָאוּ רָאשֵׁי הַבַּדִּים מִן־הָאָרוֹן עַל־פְּנֵי הַדְּבִיר וְלֹא
י יֵרָאוּ הַחוּצָה וַיְהִי־שָׁם עַד הַיּוֹם הַזֶּה׃ אֵין בָּאָרוֹן רַק שְׁנֵי
הַלֻּחוֹת אֲשֶׁר־נָתַן מֹשֶׁה בְּחֹרֵב אֲשֶׁר כָּרַת יְהוָה עִם־בְּנֵי
11 יִשְׂרָאֵל בְּצֵאתָם מִמִּצְרָיִם׃ וַיְהִי בְּצֵאת הַכֹּהֲנִים מִן־
הַקֹּדֶשׁ כִּי כָּל־הַכֹּהֲנִים הַנִּמְצְאִים הִתְקַדָּשׁוּ אֵין לִשְׁמוֹר
12 לְמַחְלְקוֹת׃ וְהַלְוִיִּם הַמְשֹׁרְרִים לְכֻלָּם לְאָסָף לְהֵימָן
לִידֻתוּן וְלִבְנֵיהֶם וְלַאֲחֵיהֶם מְלֻבָּשִׁים בּוּץ בִּמְצִלְתַּיִם
וּבִנְבָלִים וְכִנֹּרוֹת עֹמְדִים מִזְרָח לַמִּזְבֵּחַ וְעִמָּהֶם כֹּהֲנִים לְמֵאָה
13 וְעֶשְׂרִים מַחְצְרְרִים בַּחֲצֹצְרוֹת׃ וַיְהִי כְאֶחָד לַמְחַצְּצְרִים
וְלַמְשֹׁרְרִים לְהַשְׁמִיעַ קוֹל־אֶחָד לְהַלֵּל וּלְהֹדוֹת לַיהוָה
וּכְהָרִים קוֹל בַּחֲצֹצְרוֹת וּבִמְצִלְתַּיִם וּבִכְלֵי הַשִּׁיר וּבְהַלֵּל
לַיהוָה כִּי טוֹב כִּי לְעוֹלָם חַסְדּוֹ וְהַבַּיִת מָלֵא עָנָן בֵּית יְהוָה׃
14 וְלֹא־יָכְלוּ הַכֹּהֲנִים לַעֲמוֹד לְשָׁרֵת מִפְּנֵי הֶעָנָן כִּי־מָלָא
כְבוֹד־יְהוָה אֶת־בֵּית הָאֱלֹהִים׃

CAP. VI. ו

2 א אָז אָמַר שְׁלֹמֹה יְהוָה אָמַר לִשְׁכּוֹן בָּעֲרָפֶל׃ וַאֲנִי בָּנִיתִי
3 בֵית־זְבֻל לָךְ וּמָכוֹן לְשִׁבְתְּךָ עוֹלָמִים׃ וַיַּסֵּב הַמֶּלֶךְ אֶת־
פָּנָיו וַיְבָרֶךְ אֵת כָּל־קְהַל יִשְׂרָאֵל וְכָל־קְהַל יִשְׂרָאֵל עוֹמֵד׃
4 וַיֹּאמֶר בָּרוּךְ יְהוָה אֱלֹהֵי יִשְׂרָאֵל אֲשֶׁר דִּבֶּר בְּפִיו אֵת דָּוִיד
ה אָבִי וּבְיָדָיו מִלֵּא לֵאמֹר׃ מִן־הַיּוֹם אֲשֶׁר הוֹצֵאתִי אֶת־עַמִּי
מֵאֶרֶץ מִצְרַיִם לֹא־בָחַרְתִּי בְעִיר מִכֹּל שִׁבְטֵי יִשְׂרָאֵל לִבְנוֹת
בַּיִת לִהְיוֹת שְׁמִי שָׁם וְלֹא־בָחַרְתִּי בְאִישׁ לִהְיוֹת נָגִיד עַל־
6 עַמִּי יִשְׂרָאֵל׃ וָאֶבְחַר בִּירוּשָׁלַם לִהְיוֹת שְׁמִי שָׁם וָאֶבְחַר

בדויד

ה' v. 12. יתיר ר׳ v. 13. יתיר צ׳

בְּדָוִ֔יד לִהְי֥וֹת עַל־עַמִּ֖י יִשְׂרָאֵ֑ל: וַיְהִ֗י עִם־לְבַ֤ב דָּוִיד֙ אָבִ֔י 7

לִבְנ֣וֹת בַּ֔יִת לְשֵׁ֖ם יְהֹוָ֣ה אֱלֹהֵ֣י יִשְׂרָאֵ֑ל: וַיֹּ֤אמֶר יְהוָה֙ אֶל־ 8

דָּוִ֣יד אָבִ֔י יַ֗עַן אֲשֶׁ֤ר הָיָה֙ עִם־לְבָ֣בְךָ֔ לִבְנ֥וֹת בַּ֖יִת לִשְׁמִ֑י

הֱטִיב֔וֹתָ כִּ֥י הָיָ֖ה עִם־לְבָבֶֽךָ: רַ֣ק אַתָּ֔ה לֹ֥א תִבְנֶ֖ה הַבָּ֑יִת כִּ֤י 9

בִנְךָ֙ הַיּוֹצֵ֣א מֵחֲלָצֶ֔יךָ הֽוּא־יִבְנֶ֥ה הַבַּ֖יִת לִשְׁמִֽי: וַיָּ֣קֶם יְהוָ֗ה י

אֶת־דְּבָרוֹ֮ אֲשֶׁ֣ר דִּבֵּר֒ וָאָק֡וּם תַּ֩חַת֩ דָּוִ֨יד אָבִ֜י וָאֵשֵׁ֣ב ׀ עַל־

כִּסֵּ֣א יִשְׂרָאֵ֗ל כַּֽאֲשֶׁר֙ דִּבֶּ֣ר יְהֹוָ֔ה וָאֶבְנֶ֣ה הַבַּ֔יִת לְשֵׁ֖ם יְהֹוָ֥ה

אֱלֹהֵ֥י יִשְׂרָאֵֽל: וָֽאָשִׂ֥ים שָׁם֙ אֶת־הָ֣אָר֔וֹן אֲשֶׁר־שָׁ֖ם בְּרִ֣ית יְהֹוָ֑ה 11

אֲשֶׁר־כָּרַ֖ת עִם־בְּנֵ֥י יִשְׂרָאֵֽל: וַֽיַּעֲמֹ֗ד לִפְנֵי֙ מִזְבַּ֣ח יְהֹוָ֔ה נֶ֖גֶד 12

כָּל־קְהַ֣ל יִשְׂרָאֵ֑ל וַיִּפְרֹ֖שׂ כַּפָּֽיו: כִּֽי־עָשָׂ֨ה שְׁלֹמֹ֜ה כִּיּ֣וֹר נְחֹ֗שֶׁת 13

וַֽיִּתְּנֵהוּ֮ בְּת֣וֹךְ הָעֲזָרָה֒ חָמֵ֨שׁ אַמּ֤וֹת אָרְכּוֹ֙ וְחָמֵ֤שׁ אַמּוֹת֙ רָחְבּ֔וֹ

וְאַמּ֥וֹת שָׁל֖וֹשׁ קֽוֹמָת֑וֹ וַיַּעֲמֹ֣ד עָלָ֗יו וַיִּבְרַ֤ךְ עַל־בִּרְכָּיו֙ נֶ֚גֶד

כָּל־קְהַ֣ל יִשְׂרָאֵ֔ל וַיִּפְרֹ֥שׂ כַּפָּ֖יו הַשָּׁמָֽיְמָה: וַיֹּאמַ֗ר יְהֹוָה֙ אֱלֹהֵ֣י 14

יִשְׂרָאֵ֔ל אֵֽין־כָּמ֣וֹךָ אֱלֹהִ֔ים בַּשָּׁמַ֖יִם וּבָאָ֑רֶץ שֹׁמֵ֤ר הַבְּרִית֙

וְהַחֶ֔סֶד לַֽעֲבָדֶ֕יךָ הַהֹֽלְכִ֥ים לְפָנֶ֖יךָ בְּכָל־לִבָּֽם: אֲשֶׁ֣ר שָׁמַ֗רְתָּ טו

לְעַבְדְּךָ֙ דָּוִ֣יד אָבִ֔י אֵ֥ת אֲשֶׁר־דִּבַּ֖רְתָּ ל֑וֹ וַתְּדַבֵּ֤ר בְּפִ֨יךָ֙ וּבְיָדְךָ֣

מִלֵּ֖אתָ כַּיּ֥וֹם הַזֶּֽה: וְעַתָּ֞ה יְהֹוָ֣ה ׀ אֱלֹהֵ֣י יִשְׂרָאֵ֗ל שְׁ֠מֹר לְעַבְדְּךָ֨ 16

דָוִ֤יד אָבִי֙ אֵת֩ אֲשֶׁ֨ר דִּבַּ֤רְתָּ לּוֹ֙ לֵאמֹ֔ר לֹֽא־יִכָּרֵ֤ת לְךָ֥ אִישׁ֙

מִלְּפָנַ֔י יוֹשֵׁ֖ב עַל־כִּסֵּ֣א יִשְׂרָאֵ֑ל רַ֠ק אִם־יִשְׁמְר֨וּ בָנֶ֜יךָ אֶת־

דַּרְכָּ֗ם לָלֶ֨כֶת֙ בְּת֣וֹרָתִ֔י כַּֽאֲשֶׁ֥ר הָלַ֖כְתָּ לְפָנָֽי: וְעַתָּ֖ה יְהֹוָ֣ה 17

אֱלֹהֵ֣י יִשְׂרָאֵ֑ל יֵֽאָמֵ֤ן דְּבָֽרְךָ֙ אֲשֶׁ֣ר דִּבַּ֔רְתָּ לְעַבְדְּךָ֖ לְדָוִֽיד:

כִּ֚י הַֽאֻמְנָ֔ם יֵשֵׁ֧ב אֱלֹהִ֛ים אֶת־הָֽאָדָ֖ם עַל־הָאָ֑רֶץ הִ֠נֵּה שָׁמַ֜יִם 18

וּשְׁמֵ֤י הַשָּׁמַ֨יִם֙ לֹ֣א יְכַלְכְּל֔וּךָ אַ֕ף כִּֽי־הַבַּ֥יִת הַזֶּ֖ה אֲשֶׁ֥ר בָּנִֽיתִי:

וּפָנִ֜יתָ אֶל־תְּפִלַּ֧ת עַבְדְּךָ֛ וְאֶל־תְּחִנָּת֖וֹ יְהֹוָ֣ה אֱלֹהָ֑י לִשְׁמֹ֤עַ 19

אֶל־הָֽרִנָּה֙ וְאֶל־הַתְּפִלָּ֔ה אֲשֶׁ֥ר עַבְדְּךָ֖ מִתְפַּלֵּ֥ל לְפָנֶֽיךָ:

לִהְי֨וֹת עֵינֶ֤יךָ פְתֻחוֹת֙ אֶל־הַבַּ֣יִת הַזֶּ֔ה יוֹמָ֥ם וָלַ֖יְלָה אֶל־ כ

הַמָּק֗וֹם אֲשֶׁ֤ר אָמַ֨רְתָּ֙ לָשׂ֤וּם שִׁמְךָ֣ שָׁ֔ם לִשְׁמֹ֨עַ֙ אֶל־הַתְּפִלָּ֔ה

אֲשֶׁ֣ר יִתְפַּלֵּ֣ל עַבְדְּךָ֔ אֶל־הַמָּק֖וֹם הַזֶּֽה: וְשָׁ֨מַעְתָּ֜ אֶל־תַּחֲנוּנֵ֤י 21

עבדך

עַבְדְּךָ וְעַמְּךָ יִשְׂרָאֵל אֲשֶׁר יִתְפַּלְלוּ אֶל־הַמָּקוֹם הַזֶּה וְאַתָּה
22 תִּשְׁמַע מִמְּקוֹם שִׁבְתְּךָ מִן־הַשָּׁמַיִם וְשָׁמַעְתָּ וְסָלָחְתָּ׃ אִם־
יֶחֱטָא אִישׁ לְרֵעֵהוּ וְנָשָׁא־בוֹ אָלָה לְהַאֲלֹתוֹ וּבָא אָלָה לִפְנֵי
23 מִזְבַּחֲךָ בַּבַּיִת הַזֶּה׃ וְאַתָּה ׀ תִּשְׁמַע מִן־הַשָּׁמַיִם וְעָשִׂיתָ
וְשָׁפַטְתָּ אֶת־עֲבָדֶיךָ לְהָשִׁיב לְרָשָׁע לָתֵת דַּרְכּוֹ בְּרֹאשׁוֹ
24 וּלְהַצְדִּיק צַדִּיק לָתֶת לוֹ כְּצִדְקָתוֹ׃ וְאִם־יִנָּגֵף עַמְּךָ
יִשְׂרָאֵל לִפְנֵי אוֹיֵב כִּי יֶחֶטְאוּ־לָךְ וְשָׁבוּ וְהוֹדוּ אֶת־שְׁמֶךָ
כה וְהִתְפַּלְלוּ וְהִתְחַנְּנוּ לְפָנֶיךָ בַּבַּיִת הַזֶּה׃ וְאַתָּה תִּשְׁמַע מִן־
הַשָּׁמַיִם וְסָלַחְתָּ לְחַטַּאת עַמְּךָ יִשְׂרָאֵל וַהֲשֵׁיבוֹתָם אֶל־
26 הָאֲדָמָה אֲשֶׁר־נָתַתָּה לָהֶם וְלַאֲבֹתֵיהֶם׃ בְּהֵעָצֵר
הַשָּׁמַיִם וְלֹא־יִהְיֶה מָטָר כִּי יֶחֶטְאוּ־לָךְ וְהִתְפַּלְלוּ אֶל־
הַמָּקוֹם הַזֶּה וְהוֹדוּ אֶת־שְׁמֶךָ מֵחַטָּאתָם יְשׁוּבוּן כִּי תַעֲנֵם׃
27 וְאַתָּה ׀ תִּשְׁמַע הַשָּׁמַיִם וְסָלַחְתָּ לְחַטַּאת עֲבָדֶיךָ וְעַמְּךָ
יִשְׂרָאֵל כִּי תוֹרֵם אֶל־הַדֶּרֶךְ הַטּוֹבָה אֲשֶׁר יֵלְכוּ־בָהּ וְנָתַתָּה
28 מָטָר עַל־אַרְצְךָ אֲשֶׁר־נָתַתָּה לְעַמְּךָ לְנַחֲלָה׃ רָעָב
כִּי־יִהְיֶה בָאָרֶץ דֶּבֶר כִּי־יִהְיֶה שִׁדָּפוֹן וְיֵרָקוֹן אַרְבֶּה וְחָסִיל
כִּי יִהְיֶה כִּי יָצַר־לוֹ אֹיְבָיו בְּאֶרֶץ שְׁעָרָיו כָּל־נֶגַע וְכָל־
29 מַחֲלָה׃ כָּל־תְּפִלָּה כָל־תְּחִנָּה אֲשֶׁר יִהְיֶה לְכָל־הָאָדָם
וּלְכֹל עַמְּךָ יִשְׂרָאֵל אֲשֶׁר יֵדְעוּ אִישׁ נִגְעוֹ וּמַכְאֹבוֹ וּפָרַשׂ
ל כַּפָּיו אֶל־הַבַּיִת הַזֶּה׃ וְאַתָּה תִּשְׁמַע מִן־הַשָּׁמַיִם מְכוֹן
שִׁבְתֶּךָ וְסָלַחְתָּ וְנָתַתָּה לָאִישׁ כְּכָל־דְּרָכָיו אֲשֶׁר תֵּדַע אֶת־
31 לְבָבוֹ כִּי אַתָּה לְבַדְּךָ יָדַעְתָּ אֶת־לְבַב בְּנֵי הָאָדָם׃ לְמַעַן
יִירָאוּךָ לָלֶכֶת בִּדְרָכֶיךָ כָּל־הַיָּמִים אֲשֶׁר־הֵם חַיִּים עַל־
32 פְּנֵי הָאֲדָמָה אֲשֶׁר נָתַתָּה לַאֲבֹתֵינוּ׃ וְגַם אֶל־הַנָּכְרִי
אֲשֶׁר לֹא־מֵעַמְּךָ יִשְׂרָאֵל הוּא וּבָא ׀ מֵאֶרֶץ רְחוֹקָה לְמַעַן
שִׁמְךָ הַגָּדוֹל וְיָדְךָ הַחֲזָקָה וּזְרוֹעֲךָ הַנְּטוּיָה וּבָאוּ וְהִתְפַּלְלוּ
33 אֶל־הַבַּיִת הַזֶּה׃ וְאַתָּה תִּשְׁמַע מִן־הַשָּׁמַיִם מִמְּכוֹן שִׁבְתֶּךָ
וְעָשִׂיתָ כְּכֹל אֲשֶׁר־יִקְרָא אֵלֶיךָ הַנָּכְרִי לְמַעַן יֵדְעוּ כָל־עַמֵּי

הארץ

הָאָ֗רֶץ אֶת־שְׁמֶ֔ךָ וּלְיִרְאָ֣ה אֹתְךָ֔ כְּעַמְּךָ֣ יִשְׂרָאֵ֔ל וְלָדַ֙עַת֙ כִּי־

34 שִׁמְךָ֣ נִקְרָ֔א עַל־הַבַּ֥יִת הַזֶּ֖ה אֲשֶׁ֥ר בָּנִֽיתִי׃   כִּֽי־יֵצֵ֣א עַמְּךָ֗

לַמִּלְחָמָ֞ה עַל־אֹֽיְבָיו֙ בַּדֶּ֙רֶךְ֙ אֲשֶׁ֣ר תִּשְׁלָחֵ֔ם וְהִֽתְפַּֽלְל֣וּ אֵלֶ֗יךָ

דֶּ֤רֶךְ הָעִיר֙ הַזֹּאת֙ אֲשֶׁ֣ר בָּחַ֣רְתָּ בָּ֔הּ וְהַבַּ֖יִת אֲשֶׁר־בָּנִ֥יתִי

לה לִשְׁמֶֽךָ׃ וְשָֽׁמַעְתָּ֙ מִן־הַשָּׁמַ֔יִם אֶת־תְּפִלָּתָ֖ם וְאֶת־תְּחִנָּתָ֑ם

36 וְעָשִׂ֖יתָ מִשְׁפָּטָֽם׃ כִּ֣י יֶֽחֶטְאוּ־לָ֗ךְ כִּ֣י אֵ֤ין אָדָם֙ אֲשֶׁ֣ר לֹא־

יֶחֱטָ֔א וְאָנַפְתָּ֣ בָ֔ם וּנְתַתָּ֖ם לִפְנֵ֣י אוֹיֵ֑ב וְשָׁב֤וּם שֽׁוֹבֵיהֶם֙ אֶל־

37 אֶ֕רֶץ רְחוֹקָ֖ה א֥וֹ קְרוֹבָֽה׃ וְהֵשִׁ֣יבוּ אֶל־לְבָבָ֔ם בָּאָ֖רֶץ אֲשֶׁ֣ר

נִשְׁבּוּ־שָׁ֑ם וְשָׁ֣בוּ ׀ וְהִֽתְחַנְּנ֣וּ אֵלֶ֗יךָ בְּאֶ֤רֶץ שִׁבְיָם֙ לֵאמֹ֣ר חָטָ֔אנוּ

38 הֶעֱוִ֖ינוּ וְרָשָֽׁעְנוּ׃ וְשָׁ֣בוּ אֵלֶ֗יךָ בְּכָל־לִבָּם֙ וּבְכָל־נַפְשָׁ֔ם בְּאֶ֖רֶץ

שִׁבְיָ֑ם אֲשֶׁר־שָׁב֣וּ אֹתָ֔ם וְהִֽתְפַּֽלְל֗וּ דֶּ֤רֶךְ אַרְצָם֙ אֲשֶׁ֣ר נָתַ֣תָּה

לַֽאֲבוֹתָ֔ם וְהָעִיר֙ אֲשֶׁ֣ר בָּחַ֔רְתָּ וְלַבַּ֖יִת אֲשֶׁר־בָּנִ֥יתִי לִשְׁמֶֽךָ׃

39 וְשָֽׁמַעְתָּ֙ מִן־הַשָּׁמַ֜יִם מִמְּכ֣וֹן שִׁבְתְּךָ֗ אֶת־תְּפִלָּתָ֖ם וְאֶת־

תְּחִנֹּֽתֵיהֶ֑ם וְעָשִׂ֖יתָ מִשְׁפָּטָ֑ם וְסָלַחְתָּ֥ לְעַמְּךָ֖ אֲשֶׁ֥ר חָֽטְאוּ־לָֽךְ׃

מ עַתָּ֣ה אֱלֹהַ֗י יִֽהְיוּ־נָ֤א עֵינֶ֙יךָ֙ פְּתֻח֔וֹת וְאָזְנֶ֖יךָ קַשֻּׁב֑וֹת לִתְפִלַּ֖ת

41 הַמָּק֥וֹם הַזֶּֽה׃ וְעַתָּ֗ה קוּמָ֞ה יְהֹוָ֤ה אֱלֹהִים֙ לְנוּחֶ֔ךָ אַתָּ֖ה וַֽאֲר֣וֹן

עֻזֶּ֑ךָ כֹּֽהֲנֶ֜יךָ יְהֹוָ֤ה אֱלֹהִים֙ יִלְבְּשׁ֣וּ תְשׁוּעָ֔ה וַֽחֲסִידֶ֖יךָ יִשְׂמְח֥וּ

42 בַטּֽוֹב׃ יְהֹוָ֣ה אֱלֹהִ֔ים אַל־תָּשֵׁ֖ב פְּנֵ֣י מְשִׁיחֶ֑ךָ זָכְרָ֕ה לְחַֽסְדֵ֖י

דָּוִ֥יד עַבְדֶּֽךָ׃

ז

CAP. VII. ז

א וּכְכַלּ֤וֹת שְׁלֹמֹה֙ לְהִתְפַּלֵּ֔ל וְהָאֵ֗שׁ יָֽרְדָה֙ מֵֽהַשָּׁמַ֔יִם וַתֹּ֙אכַל֙

2 הָֽעֹלָ֖ה וְהַזְּבָחִ֑ים וּכְב֥וֹד יְהֹוָ֖ה מָלֵ֥א אֶת־הַבָּֽיִת׃ וְלֹ֤א יָֽכְלוּ֙

הַכֹּ֣הֲנִ֔ים לָב֖וֹא אֶל־בֵּ֣ית יְהֹוָ֑ה כִּֽי־מָלֵ֥א כְבֽוֹד־יְהֹוָ֖ה אֶת־

3 בֵּ֥ית יְהֹוָֽה׃ וְכֹ֣ל ׀ בְּנֵ֣י יִשְׂרָאֵ֗ל רֹאִים֙ בְּרֶ֣דֶת הָאֵ֔שׁ וּכְב֥וֹד

יְהֹוָ֖ה עַל־הַבָּ֑יִת וַיִּכְרְעוּ֩ אַפַּ֨יִם אַ֤רְצָה עַל־הָרִֽצְפָה֙ וַיִּֽשְׁתַּֽחֲו֔וּ

4 וְהוֹד֤וֹת לַֽיהֹוָה֙ כִּ֣י ט֔וֹב כִּ֥י לְעוֹלָ֖ם חַסְדֽוֹ׃ וְהַמֶּ֙לֶךְ֙ וְכָל־

ה הָעָ֔ם זֹֽבְחִ֥ים זֶ֖בַח לִפְנֵ֥י יְהֹוָֽה׃   וַיִּזְבַּ֞ח הַמֶּ֣לֶךְ שְׁלֹמֹה֮ אֶת־

זֶ֣בַח הַבָּקָ֗ר עֶשְׂרִ֤ים וּשְׁנַ֙יִם֙ אֶ֔לֶף וְצֹ֕אן מֵאָ֥ה וְעֶשְׂרִ֖ים אָ֑לֶף

וַיַּחְנְכוּ

6 וַיַּחְנְכוּ אֶת־בֵּית הָאֱלֹהִים הַמֶּלֶךְ וְכָל־הָעָם׃ וְהַכֹּהֲנִים עַל־
מִשְׁמְרוֹתָם עֹמְדִים וְהַלְוִיִּם בִּכְלֵי־שִׁיר יְהוָה אֲשֶׁר עָשָׂה דָּוִיד
הַמֶּלֶךְ לְהֹדוֹת לַיהוָה כִּי־לְעוֹלָם חַסְדּוֹ בְּהַלֵּל דָּוִיד בְּיָדָם
7 וְהַכֹּהֲנִים מַחְצְצְרִים נֶגְדָּם וְכָל־יִשְׂרָאֵל עֹמְדִים׃ וַיְקַדֵּשׁ
שְׁלֹמֹה אֶת־תּוֹךְ הֶחָצֵר אֲשֶׁר לִפְנֵי בֵית־יְהוָה כִּי־עָשָׂה שָׁם
הָעֹלוֹת וְאֵת חֶלְבֵי הַשְּׁלָמִים כִּי־מִזְבַּח הַנְּחֹשֶׁת אֲשֶׁר עָשָׂה
שְׁלֹמֹה לֹא יָכוֹל לְהָכִיל אֶת־הָעֹלָה וְאֶת־הַמִּנְחָה וְאֶת־
8 הַחֲלָבִים׃ וַיַּעַשׂ שְׁלֹמֹה אֶת־הֶחָג בָּעֵת הַהִיא שִׁבְעַת יָמִים
וְכָל־יִשְׂרָאֵל עִמּוֹ קָהָל גָּדוֹל מְאֹד מִלְּבוֹא חֲמָת עַד־נַחַל
9 מִצְרָיִם׃ וַיַּעֲשׂוּ בַּיּוֹם הַשְּׁמִינִי עֲצָרֶת כִּי ׀ חֲנֻכַּת הַמִּזְבֵּחַ עָשׂוּ
י שִׁבְעַת יָמִים וְהֶחָג שִׁבְעַת יָמִים׃ וּבְיוֹם עֶשְׂרִים וּשְׁלֹשָׁה לַחֹדֶשׁ
הַשְּׁבִיעִי שִׁלַּח אֶת־הָעָם לְאָהֳלֵיהֶם שְׂמֵחִים וְטוֹבֵי לֵב עַל־
הַטּוֹבָה אֲשֶׁר עָשָׂה יְהוָה לְדָוִיד וְלִשְׁלֹמֹה וּלְיִשְׂרָאֵל עַמּוֹ׃
11 וַיְכַל שְׁלֹמֹה אֶת־בֵּית יְהוָה וְאֶת־בֵּית הַמֶּלֶךְ וְאֵת כָּל־הַבָּא
עַל־לֵב שְׁלֹמֹה לַעֲשׂוֹת בְּבֵית־יְהוָה וּבְבֵיתוֹ הִצְלִיחַ׃
12 וַיֵּרָא יְהוָה אֶל־שְׁלֹמֹה בַּלָּיְלָה וַיֹּאמֶר לוֹ שָׁמַעְתִּי אֶת־
13 תְּפִלָּתֶךָ וּבָחַרְתִּי בַּמָּקוֹם הַזֶּה לִי לְבֵית זָבַח׃ הֵן אֶעֱצֹר
14 הַשָּׁמַיִם וְלֹא־יִהְיֶה מָטָר וְהֵן־אֲצַוֶּה עַל־חָגָב לֶאֱכוֹל הָאָרֶץ
וְאִם־אֲשַׁלַּח דֶּבֶר בְּעַמִּי׃ וְיִכָּנְעוּ עַמִּי אֲשֶׁר נִקְרָא־שְׁמִי
עֲלֵיהֶם וְיִתְפַּלְלוּ וִיבַקְשׁוּ פָנַי וְיָשֻׁבוּ מִדַּרְכֵיהֶם הָרָעִים וַאֲנִי
אֶשְׁמַע מִן־הַשָּׁמַיִם וְאֶסְלַח לְחַטָּאתָם וְאֶרְפָּא אֶת־אַרְצָם׃
טו עַתָּה עֵינַי יִהְיוּ פְתֻחוֹת וְאָזְנַי קַשֻּׁבוֹת לִתְפִלַּת הַמָּקוֹם הַזֶּה׃
16 וְעַתָּה בָּחַרְתִּי וְהִקְדַּשְׁתִּי אֶת־הַבַּיִת הַזֶּה לִהְיוֹת־שְׁמִי שָׁם
17 עַד־עוֹלָם וְהָיוּ עֵינַי וְלִבִּי שָׁם כָּל־הַיָּמִים׃ וְאַתָּה אִם־תֵּלֵךְ
לְפָנַי כַּאֲשֶׁר הָלַךְ דָּוִיד אָבִיךָ וְלַעֲשׂוֹת כְּכֹל אֲשֶׁר צִוִּיתִיךָ
18 וְחֻקַּי וּמִשְׁפָּטַי תִּשְׁמוֹר׃ וַהֲקִימוֹתִי אֵת כִּסֵּא מַלְכוּתֶךָ כַּאֲשֶׁר
כָּרַתִּי לְדָוִיד אָבִיךָ לֵאמֹר לֹא־יִכָּרֵת לְךָ אִישׁ מוֹשֵׁל

בישראל

v. 6. יתיר צ׳

19 בְּיִשְׂרָאֵל׃ וְאִם־תְּשׁוּבוּן אַתֶּם וַעֲזַבְתֶּם חֻקּוֹתַי וּמִצְוֺתַי אֲשֶׁר
נָתַתִּי לִפְנֵיכֶם וַהֲלַכְתֶּם וַעֲבַדְתֶּם אֱלֹהִים אֲחֵרִים וְהִשְׁתַּחֲוִיתֶם
כ לָהֶם׃ וּנְתַשְׁתִּים מֵעַל אַדְמָתִי אֲשֶׁר נָתַתִּי לָהֶם וְאֶת־הַבַּיִת
הַזֶּה אֲשֶׁר הִקְדַּשְׁתִּי לִשְׁמִי אַשְׁלִיךְ מֵעַל פָּנָי וְאֶתְּנֶנּוּ לְמָשָׁל
21 וְלִשְׁנִינָה בְּכָל־הָעַמִּים׃ וְהַבַּיִת הַזֶּה אֲשֶׁר הָיָה עֶלְיוֹן לְכָל־
עֹבֵר עָלָיו יִשֹּׁם וְאָמַר בַּמֶּה עָשָׂה יְהוָה כָּכָה לָאָרֶץ הַזֹּאת
22 וְלַבַּיִת הַזֶּה׃ וְאָמְרוּ עַל אֲשֶׁר עָזְבוּ אֶת־יְהוָה ׀ אֱלֹהֵי
אֲבֹתֵיהֶם אֲשֶׁר הוֹצִיאָם מֵאֶרֶץ מִצְרַיִם וַיַּחֲזִיקוּ בֵּאלֹהִים
אֲחֵרִים וַיִּשְׁתַּחֲווּ לָהֶם וַיַּעַבְדוּם עַל־כֵּן הֵבִיא עֲלֵיהֶם אֵת
כָּל־הָרָעָה הַזֹּאת׃

Cap. VIII. ח

א וַיְהִי מִקֵּץ ׀ עֶשְׂרִים שָׁנָה אֲשֶׁר בָּנָה שְׁלֹמֹה אֶת־בֵּית יְהוָה
2 וְאֶת־בֵּיתוֹ׃ וְהֶעָרִים אֲשֶׁר נָתַן חוּרָם לִשְׁלֹמֹה בָּנָה שְׁלֹמֹה
3 אֹתָם וַיּוֹשֶׁב שָׁם אֶת־בְּנֵי יִשְׂרָאֵל׃ וַיֵּלֶךְ שְׁלֹמֹה חֲמָת צוֹבָה
4 וַיֶּחֱזַק עָלֶיהָ׃ וַיִּבֶן אֶת־תַּדְמֹר בַּמִּדְבָּר וְאֵת כָּל־עָרֵי
ה הַמִּסְכְּנוֹת אֲשֶׁר בָּנָה בַּחֲמָת׃ וַיִּבֶן אֶת־בֵּית חוֹרוֹן הָעֶלְיוֹן
וְאֶת־בֵּית חוֹרוֹן הַתַּחְתּוֹן עָרֵי מָצוֹר חוֹמוֹת דְּלָתַיִם וּבְרִיחַ׃
6 וְאֶת־בַּעֲלָת וְאֵת כָּל־עָרֵי הַמִּסְכְּנוֹת אֲשֶׁר הָיוּ לִשְׁלֹמֹה וְאֵת
כָּל־עָרֵי הָרֶכֶב וְאֵת עָרֵי הַפָּרָשִׁים וְאֵת ׀ כָּל־חֵשֶׁק שְׁלֹמֹה
אֲשֶׁר חָשַׁק לִבְנוֹת בִּירוּשָׁלִַם וּבַלְּבָנוֹן וּבְכֹל אֶרֶץ מֶמְשַׁלְתּוֹ׃
7 כָּל־הָעָם הַנּוֹתָר מִן־הַחִתִּי וְהָאֱמֹרִי וְהַפְּרִזִּי וְהַחִוִּי וְהַיְבוּסִי
8 אֲשֶׁר לֹא מִיִּשְׂרָאֵל הֵמָּה׃ מִן־בְּנֵיהֶם אֲשֶׁר נוֹתְרוּ אַחֲרֵיהֶם
בָּאָרֶץ אֲשֶׁר לֹא־כִלּוּם בְּנֵי יִשְׂרָאֵל וַיַּעֲלֵם שְׁלֹמֹה לְמַס עַד
9 הַיּוֹם הַזֶּה׃ וּמִן־בְּנֵי יִשְׂרָאֵל אֲשֶׁר לֹא־נָתַן שְׁלֹמֹה לַעֲבָדִים
לִמְלַאכְתּוֹ כִּי־הֵמָּה אַנְשֵׁי מִלְחָמָה וְשָׂרֵי שָׁלִישָׁיו וְשָׂרֵי רִכְבּוֹ
וּפָרָשָׁיו׃
י וְאֵלֶּה שָׂרֵי הַנִּצִּיבִים אֲשֶׁר־לַמֶּלֶךְ שְׁלֹמֹה חֲמִשִּׁים וּמָאתַיִם

הרדים

ח v. 10. יתיר י׳

11 הֶרְדִּים בָּעָם׃ וְאֶת־בַּת־פַּרְעֹה הֶעֱלָה שְׁלֹמֹה מֵעִיר דָּוִיד
לַבַּיִת אֲשֶׁר בָּנָה־לָהּ כִּי אָמַר לֹא־תֵשֵׁב אִשָּׁה לִי בְּבֵית
דָּוִיד מֶלֶךְ־יִשְׂרָאֵל כִּי־קֹדֶשׁ הֵמָּה אֲשֶׁר־בָּאָה אֲלֵיהֶם אֲרוֹן
12 יְהוָה׃ אָז הֶעֱלָה שְׁלֹמֹה עֹלוֹת לַיהוָה עַל מִזְבַּח יְהוָה
13 אֲשֶׁר בָּנָה לִפְנֵי הָאוּלָם׃ וּבִדְבַר־יוֹם בְּיוֹם לְהַעֲלוֹת כְּמִצְוַת
מֹשֶׁה לַשַּׁבָּתוֹת וְלֶחֳדָשִׁים וְלַמּוֹעֲדוֹת שָׁלוֹשׁ פְּעָמִים בַּשָּׁנָה
14 בְּחַג הַמַּצּוֹת וּבְחַג הַשָּׁבֻעוֹת וּבְחַג הַסֻּכּוֹת׃ וַיַּעֲמֵד כְּמִשְׁפַּט
דָּוִיד־אָבִיו אֶת־מַחְלְקוֹת הַכֹּהֲנִים עַל־עֲבֹדָתָם וְהַלְוִיִּם
עַל־מִשְׁמְרוֹתָם לְהַלֵּל וּלְשָׁרֵת נֶגֶד הַכֹּהֲנִים לִדְבַר־יוֹם
בְּיוֹמוֹ וְהַשּׁוֹעֲרִים בְּמַחְלְקוֹתָם לְשַׁעַר וָשָׁעַר כִּי כֵן מִצְוַת
טו דָּוִיד אִישׁ־הָאֱלֹהִים׃ וְלֹא סָרוּ מִצְוַת הַמֶּלֶךְ עַל־הַכֹּהֲנִים
16 וְהַלְוִיִּם לְכָל־דָּבָר וְלָאֹצָרוֹת׃ וַתִּכֹּן כָּל־מְלֶאכֶת שְׁלֹמֹה
עַד־הַיּוֹם מוּסַד בֵּית־יְהוָה וְעַד־כְּלֹתוֹ שָׁלֵם בֵּית יְהוָה׃
17 אָז הָלַךְ שְׁלֹמֹה לְעֶצְיוֹן־גֶּבֶר וְאֶל־אֵילוֹת עַל־שְׂפַת הַיָּם
18 בְּאֶרֶץ אֱדוֹם׃ וַיִּשְׁלַח־לוֹ חוּרָם בְּיַד־עֲבָדָיו אֳנִיּוֹת וַעֲבָדִים
יוֹדְעֵי יָם וַיָּבֹאוּ עִם־עַבְדֵי שְׁלֹמֹה אוֹפִירָה וַיִּקְחוּ מִשָּׁם
אַרְבַּע־מֵאוֹת וַחֲמִשִּׁים כִּכַּר זָהָב וַיָּבִיאוּ אֶל־הַמֶּלֶךְ שְׁלֹמֹה׃

CAP. IX. ט

ט

א וּמַלְכַּת־שְׁבָא שָׁמְעָה אֶת־שֵׁמַע שְׁלֹמֹה וַתָּבוֹא לְנַסּוֹת אֶת־
שְׁלֹמֹה בְחִידוֹת בִּירוּשָׁלַםִ בְּחַיִל כָּבֵד מְאֹד וּגְמַלִּים נֹשְׂאִים
בְּשָׂמִים וְזָהָב לָרֹב וְאֶבֶן יְקָרָה וַתָּבוֹא אֶל־שְׁלֹמֹה וַתְּדַבֵּר
2 עִמּוֹ אֵת כָּל־אֲשֶׁר הָיָה עִם־לְבָבָהּ׃ וַיַּגֶּד־לָהּ שְׁלֹמֹה אֶת־
כָּל־דְּבָרֶיהָ וְלֹא־נֶעְלַם דָּבָר מִשְּׁלֹמֹה אֲשֶׁר לֹא הִגִּיד לָהּ׃
3 וַתֵּרֶא מַלְכַּת־שְׁבָא אֵת חָכְמַת שְׁלֹמֹה וְהַבַּיִת אֲשֶׁר בָּנָה׃
4 וּמַאֲכַל שֻׁלְחָנוֹ וּמוֹשַׁב עֲבָדָיו וּמַעֲמַד מְשָׁרְתָיו וּמַלְבּוּשֵׁיהֶם
וּמַשְׁקָיו וּמַלְבּוּשֵׁיהֶם וַעֲלִיָּתוֹ אֲשֶׁר יַעֲלֶה בֵּית יְהוָה וְלֹא־
ה הָיָה עוֹד בָּהּ רוּחַ׃ וַתֹּאמֶר אֶל־הַמֶּלֶךְ אֱמֶת הַדָּבָר אֲשֶׁר

שמעתי

ח׳ v. 18. יתיר ו׳

6 שָׁמַעְתִּי בְּאַרְצִי עַל־דְּבָרֶיךָ וְעַל־חָכְמָתֶךָ׃ וְלֹא־הֶאֱמַנְתִּי
לְדִבְרֵיהֶם עַד אֲשֶׁר־בָּאתִי וַתִּרְאֶינָה עֵינַי וְהִנֵּה לֹא הֻגַּד־לִי
חֲצִי מַרְבִּית חָכְמָתֶךָ יָסַפְתָּ עַל־הַשְּׁמוּעָה אֲשֶׁר שָׁמָעְתִּי׃
7 אַשְׁרֵי אֲנָשֶׁיךָ וְאַשְׁרֵי עֲבָדֶיךָ אֵלֶּה הָעֹמְדִים לְפָנֶיךָ תָּמִיד
8 וְשֹׁמְעִים אֶת־חָכְמָתֶךָ׃ יְהִי יְהוָה אֱלֹהֶיךָ בָּרוּךְ אֲשֶׁר | חָפֵץ
בְּךָ לְתִתְּךָ עַל־כִּסְאוֹ לְמֶלֶךְ לַיהוָה אֱלֹהֶיךָ בְּאַהֲבַת אֱלֹהֶיךָ
אֶת־יִשְׂרָאֵל לְהַעֲמִידוֹ לְעוֹלָם וַיִּתֶּנְךָ עֲלֵיהֶם לְמֶלֶךְ לַעֲשׂוֹת
9 מִשְׁפָּט וּצְדָקָה׃ וַתִּתֵּן לַמֶּלֶךְ מֵאָה וְעֶשְׂרִים | כִּכַּר זָהָב
וּבְשָׂמִים לָרֹב מְאֹד וְאֶבֶן יְקָרָה וְלֹא הָיָה כַּבֹּשֶׂם הַהוּא
י אֲשֶׁר־נָתְנָה מַלְכַּת־שְׁבָא לַמֶּלֶךְ שְׁלֹמֹה׃ וְגַם־עַבְדֵי חִירָם
וְעַבְדֵי שְׁלֹמֹה אֲשֶׁר־הֵבִיאוּ זָהָב מֵאוֹפִיר הֵבִיאוּ עֲצֵי
11 אַלְגּוּמִּים וְאֶבֶן יְקָרָה׃ וַיַּעַשׂ הַמֶּלֶךְ אֶת־עֲצֵי הָאַלְגּוּמִּים
מְסִלּוֹת לְבֵית־יְהוָה וּלְבֵית הַמֶּלֶךְ וְכִנֹּרוֹת וּנְבָלִים לַשָּׁרִים
12 וְלֹא־נִרְאוּ כָהֵם לְפָנִים בְּאֶרֶץ יְהוּדָה׃ וְהַמֶּלֶךְ שְׁלֹמֹה
נָתַן לְמַלְכַּת־שְׁבָא אֶת־כָּל־חֶפְצָהּ אֲשֶׁר שָׁאָלָה מִלְּבַד
אֲשֶׁר־הֵבִיאָה אֶל־הַמֶּלֶךְ וַתַּהֲפֹךְ וַתֵּלֶךְ לְאַרְצָהּ הִיא
13 וַעֲבָדֶיהָ׃ וַיְהִי מִשְׁקַל הַזָּהָב אֲשֶׁר־בָּא לִשְׁלֹמֹה בְּשָׁנָה
14 אֶחָת שֵׁשׁ מֵאוֹת וְשִׁשִּׁים וָשֵׁשׁ כִּכְּרֵי זָהָב׃ לְבַד מֵאַנְשֵׁי הַתָּרִים
וְהַסֹּחֲרִים מְבִיאִים וְכָל־מַלְכֵי עֲרַב וּפַחוֹת הָאָרֶץ מְבִיאִים
טו זָהָב וָכֶסֶף לִשְׁלֹמֹה׃ וַיַּעַשׂ הַמֶּלֶךְ שְׁלֹמֹה מָאתַיִם צִנָּה זָהָב
16 שָׁחוּט שֵׁשׁ מֵאוֹת זָהָב שָׁחוּט יַעֲלֶה עַל־הַצִּנָּה הָאֶחָת׃ וּשְׁלֹשׁ־
מֵאוֹת מָגִנִּים זָהָב שָׁחוּט שְׁלֹשׁ מֵאוֹת זָהָב יַעֲלֶה עַל־הַמָּגֵן
17 הָאֶחָת וַיִּתְּנֵם הַמֶּלֶךְ בְּבֵית יַעַר הַלְּבָנוֹן׃ וַיַּעַשׂ הַמֶּלֶךְ
18 כִּסֵּא־שֵׁן גָּדוֹל וַיְצַפֵּהוּ זָהָב טָהוֹר׃ וְשֵׁשׁ מַעֲלוֹת לַכִּסֵּא
וְכֶבֶשׁ בַּזָּהָב לַכִּסֵּא מָאֳחָזִים וְיָדוֹת מִזֶּה וּמִזֶּה עַל־מְקוֹם
19 הַשָּׁבֶת וּשְׁנַיִם אֲרָיוֹת עֹמְדִים אֵצֶל הַיָּדוֹת׃ וּשְׁנַיִם עָשָׂר
אֲרָיוֹת עֹמְדִים שָׁם עַל־שֵׁשׁ הַמַּעֲלוֹת מִזֶּה וּמִזֶּה לֹא־נַעֲשָׂה

כן

v. 10. חורם ק׳

כ כֵּן לְכָל־מַמְלָכָה׃ וְכֹל כְּלֵי מַשְׁקֵה הַמֶּלֶךְ שְׁלֹמֹה זָהָב וְכֹל
כְּלֵי בֵית־יַעַר הַלְּבָנוֹן זָהָב סָגוּר אֵין כֶּסֶף נֶחְשָׁב בִּימֵי
21 שְׁלֹמֹה לִמְאוּמָה׃ כִּי־אֳנִיּוֹת לַמֶּלֶךְ הֹלְכוֹת תַּרְשִׁישׁ עִם
עַבְדֵי חוּרָם אַחַת לְשָׁלוֹשׁ שָׁנִים תָּבוֹאנָה ׀ אֳנִיּוֹת תַּרְשִׁישׁ
נֹשְׂאוֹת זָהָב וָכֶסֶף שֶׁנְהַבִּים וְקוֹפִים וְתוּכִּיִּים׃
22 וַיִּגְדַּל הַמֶּלֶךְ שְׁלֹמֹה מִכֹּל מַלְכֵי הָאָרֶץ לְעֹשֶׁר וְחָכְמָה׃
23 וְכֹל מַלְכֵי הָאָרֶץ מְבַקְשִׁים אֶת־פְּנֵי שְׁלֹמֹה לִשְׁמֹעַ אֶת־
24 חָכְמָתוֹ אֲשֶׁר־נָתַן הָאֱלֹהִים בְּלִבּוֹ׃ וְהֵם מְבִיאִים אִישׁ מִנְחָתוֹ
כְּלֵי כֶסֶף וּכְלֵי זָהָב וּשְׂלָמוֹת נֶשֶׁק וּבְשָׂמִים סוּסִים וּפְרָדִים
כה דְּבַר־שָׁנָה בְּשָׁנָה׃ וַיְהִי לִשְׁלֹמֹה אַרְבַּעַת אֲלָפִים אֻרְיוֹת
סוּסִים וּמַרְכָּבוֹת וּשְׁנֵים־עָשָׂר אֶלֶף פָּרָשִׁים וַיַּנִּיחֵם בְּעָרֵי
26 הָרֶכֶב וְעִם־הַמֶּלֶךְ בִּירוּשָׁלִָם׃ וַיְהִי מוֹשֵׁל בְּכָל־הַמְּלָכִים
27 מִן־הַנָּהָר וְעַד־אֶרֶץ פְּלִשְׁתִּים וְעַד גְּבוּל מִצְרָיִם׃ וַיִּתֵּן
הַמֶּלֶךְ אֶת־הַכֶּסֶף בִּירוּשָׁלִַם כָּאֲבָנִים וְאֵת הָאֲרָזִים נָתַן
28 כַּשִּׁקְמִים אֲשֶׁר־בַּשְּׁפֵלָה לָרֹב׃ וּמוֹצִיאִים סוּסִים מִמִּצְרַיִם
29 לִשְׁלֹמֹה וּמִכָּל־הָאֲרָצוֹת׃ וּשְׁאָר דִּבְרֵי שְׁלֹמֹה הָרִאשֹׁנִים
וְהָאַחֲרוֹנִים הֲלֹא־הֵם כְּתוּבִים עַל־דִּבְרֵי נָתָן הַנָּבִיא וְעַל־
נְבוּאַת אֲחִיָּה הַשִּׁילוֹנִי וּבַחֲזוֹת יֶעְדִּי הַחֹזֶה עַל־יָרָבְעָם בֶּן־
ל נְבָט׃ וַיִּמְלֹךְ שְׁלֹמֹה בִירוּשָׁלִַם עַל־כָּל־יִשְׂרָאֵל אַרְבָּעִים
31 שָׁנָה׃ וַיִּשְׁכַּב שְׁלֹמֹה עִם־אֲבֹתָיו וַיִּקְבְּרֻהוּ בְּעִיר דָּוִיד אָבִיו
וַיִּמְלֹךְ רְחַבְעָם בְּנוֹ תַּחְתָּיו׃

י CAP. X. י

א וַיֵּלֶךְ רְחַבְעָם שְׁכֶמָה כִּי שְׁכֶם בָּאוּ כָל־יִשְׂרָאֵל לְהַמְלִיךְ
2 אֹתוֹ׃ וַיְהִי כִּשְׁמֹעַ יָרָבְעָם בֶּן־נְבָט וְהוּא בְמִצְרַיִם אֲשֶׁר
3 בָּרַח מִפְּנֵי שְׁלֹמֹה הַמֶּלֶךְ וַיָּשָׁב יָרָבְעָם מִמִּצְרָיִם׃ וַיִּשְׁלְחוּ
וַיִּקְרְאוּ־לוֹ וַיָּבֹא יָרָבְעָם וְכָל־יִשְׂרָאֵל וַיְדַבְּרוּ אֶל־רְחַבְעָם
4 לֵאמֹר׃ אָבִיךָ הִקְשָׁה אֶת־עֻלֵּנוּ וְעַתָּה הָקֵל מֵעֲבֹדַת אָבִיךָ

הקשה

ט׳ v. 29. יעדו ק׳

ה הַקָּשָׁה וּמֵעֻלּוֹ הַכָּבֵד אֲשֶׁר־נָתַן עָלֵינוּ וְנַעַבְדֶךָּ׃ וַיֹּאמֶר
6 אֲלֵהֶם עוֹד שְׁלֹשֶׁת יָמִים וְשׁוּבוּ אֵלָי וַיֵּלֶךְ הָעָם׃ וַיִּוָּעַץ
הַמֶּלֶךְ רְחַבְעָם אֶת־הַזְּקֵנִים אֲשֶׁר־הָיוּ עֹמְדִים לִפְנֵי שְׁלֹמֹה
אָבִיו בִּהְיֹתוֹ חַי לֵאמֹר אֵיךְ אַתֶּם נוֹעָצִים לְהָשִׁיב לָעָם־הַזֶּה
7 דָּבָר׃ וַיְדַבְּרוּ אֵלָיו לֵאמֹר אִם־תִּהְיֶה לְטוֹב לְהָעָם הַזֶּה
וּרְצִיתָם וְדִבַּרְתָּ אֲלֵהֶם דְּבָרִים טוֹבִים וְהָיוּ לְךָ עֲבָדִים
8 כָּל־הַיָּמִים׃ וַיַּעֲזֹב אֶת־עֲצַת הַזְּקֵנִים אֲשֶׁר יְעָצֻהוּ וַיִּוָּעַץ
9 אֶת־הַיְלָדִים אֲשֶׁר גָּדְלוּ אִתּוֹ הָעֹמְדִים לְפָנָיו׃ וַיֹּאמֶר אֲלֵהֶם
מָה אַתֶּם נוֹעָצִים וְנָשִׁיב דָּבָר אֶת־הָעָם הַזֶּה אֲשֶׁר דִּבְּרוּ
י אֵלַי לֵאמֹר הָקֵל מִן־הָעֹל אֲשֶׁר־נָתַן אָבִיךָ עָלֵינוּ׃ וַיְדַבְּרוּ
אִתּוֹ הַיְלָדִים אֲשֶׁר גָּדְלוּ אִתּוֹ לֵאמֹר כֹּה־תֹאמַר לָעָם אֲשֶׁר־
דִּבְּרוּ אֵלֶיךָ לֵאמֹר אָבִיךָ הִכְבִּיד אֶת־עֻלֵּנוּ וְאַתָּה הָקֵל
11 מֵעָלֵינוּ כֹּה תֹּאמַר אֲלֵהֶם קָטָנִּי עָבָה מִמָּתְנֵי אָבִי׃ וְעַתָּה
אָבִי הֶעְמִיס עֲלֵיכֶם עֹל כָּבֵד וַאֲנִי אֹסִיף עַל־עֻלְּכֶם אָבִי
12 יִסַּר אֶתְכֶם בַּשּׁוֹטִים וַאֲנִי בָּעַקְרַבִּים׃ וַיָּבֹא יָרָבְעָם
וְכָל־הָעָם אֶל־רְחַבְעָם בַּיּוֹם הַשְּׁלִשִׁי כַּאֲשֶׁר דִּבֶּר הַמֶּלֶךְ
13 לֵאמֹר שׁוּבוּ אֵלַי בַּיּוֹם הַשְּׁלִשִׁי׃ וַיַּעֲנֵם הַמֶּלֶךְ קָשָׁה וַיַּעֲזֹב
14 הַמֶּלֶךְ רְחַבְעָם אֵת עֲצַת הַזְּקֵנִים׃ וַיְדַבֵּר אֲלֵהֶם כַּעֲצַת
הַיְלָדִים לֵאמֹר אַכְבִּיד אֶת־עֻלְּכֶם וַאֲנִי אֹסִיף עָלָיו אָבִי
טו יִסַּר אֶתְכֶם בַּשּׁוֹטִים וַאֲנִי בָּעַקְרַבִּים׃ וְלֹא־שָׁמַע הַמֶּלֶךְ
אֶל־הָעָם כִּי־הָיְתָה נְסִבָּה מֵעִם הָאֱלֹהִים לְמַעַן הָקִים יְהוָה
אֶת־דְּבָרוֹ אֲשֶׁר דִּבֶּר בְּיַד אֲחִיָּהוּ הַשִּׁלוֹנִי אֶל־יָרָבְעָם בֶּן־
16 נְבָט׃ וְכָל־יִשְׂרָאֵל כִּי לֹא־שָׁמַע הַמֶּלֶךְ לָהֶם וַיָּשִׁיבוּ הָעָם ׀
אֶת־הַמֶּלֶךְ ׀ לֵאמֹר מַה־לָּנוּ חֵלֶק בְּדָוִיד וְלֹא־נַחֲלָה בְּבֶן־
יִשַׁי אִישׁ לְאֹהָלֶיךָ יִשְׂרָאֵל עַתָּה רְאֵה בֵיתְךָ דָּוִיד וַיֵּלֶךְ כָּל־
17 יִשְׂרָאֵל לְאֹהָלָיו׃ וּבְנֵי יִשְׂרָאֵל הַיֹּשְׁבִים בְּעָרֵי יְהוּדָה
18 וַיִּמְלֹךְ עֲלֵיהֶם רְחַבְעָם׃ וַיִּשְׁלַח הַמֶּלֶךְ רְחַבְעָם אֶת־הֲדֹרָם

אשר

v. 14. ס״א אבי הכביד

אֲשֶׁר עַל־הַמַּס וַיִּרְגְּמוּ־בוֹ בְנֵי־יִשְׂרָאֵל אֶבֶן וַיָּמֹת וְהַמֶּלֶךְ
19 רְחַבְעָם הִתְאַמֵּץ לַעֲלוֹת בַּמֶּרְכָּבָה לָנוּס יְרוּשָׁלִָם׃ וַיִּפְשְׁעוּ
יִשְׂרָאֵל בְּבֵית דָּוִיד עַד הַיּוֹם הַזֶּה׃

Cap. XI. יא

יא

א וַיָּבֹא רְחַבְעָם יְרוּשָׁלִַם וַיַּקְהֵל אֶת־בֵּית יְהוּדָה וּבִנְיָמִן
מֵאָה וּשְׁמוֹנִים אֶלֶף בָּחוּר עֹשֵׂה מִלְחָמָה לְהִלָּחֵם עִם־
2 יִשְׂרָאֵל לְהָשִׁיב אֶת־הַמַּמְלָכָה לִרְחַבְעָם׃ וַיְהִי דְּבַר־
3 יְהוָה אֶל־שְׁמַעְיָהוּ אִישׁ־הָאֱלֹהִים לֵאמֹר׃ אֱמֹר אֶל־
רְחַבְעָם בֶּן־שְׁלֹמֹה מֶלֶךְ יְהוּדָה וְאֶל כָּל־יִשְׂרָאֵל בִּיהוּדָה
4 וּבִנְיָמִן לֵאמֹר׃ כֹּה אָמַר יְהוָה לֹא־תַעֲלוּ וְלֹא־תִלָּחֲמוּ
עִם־אֲחֵיכֶם שׁוּבוּ אִישׁ לְבֵיתוֹ כִּי מֵאִתִּי נִהְיָה הַדָּבָר הַזֶּה
וַיִּשְׁמְעוּ אֶת־דִּבְרֵי יְהוָה וַיָּשֻׁבוּ מִלֶּכֶת אֶל־יָרָבְעָם׃
ה 6 וַיֵּשֶׁב רְחַבְעָם בִּירוּשָׁלִָם וַיִּבֶן עָרִים לְמָצוֹר בִּיהוּדָה׃ וַיִּבֶן
7 אֶת־בֵּית־לֶחֶם וְאֶת־עֵיטָם וְאֶת־תְּקוֹעַ׃ וְאֶת־בֵּית־צוּר
8 וְאֶת־שׂוֹכוֹ וְאֶת־עֲדֻלָּם׃ וְאֶת־גַּת וְאֶת־מָרֵשָׁה וְאֶת־זִיף׃
9 י וְאֶת־אֲדוֹרַיִם וְאֶת־לָכִישׁ וְאֶת־עֲזֵקָה׃ וְאֶת־צָרְעָה וְאֶת־
11 אַיָּלוֹן וְאֶת־חֶבְרוֹן אֲשֶׁר בִּיהוּדָה וּבְבִנְיָמִן עָרֵי מְצֻרוֹת׃ וַיְחַזֵּק
אֶת־הַמְּצֻרוֹת וַיִּתֵּן בָּהֶם נְגִידִים וְאֹצְרוֹת מַאֲכָל וְשֶׁמֶן וָיָיִן׃
12 וּבְכָל־עִיר וָעִיר צִנּוֹת וּרְמָחִים וַיְחַזְּקֵם לְהַרְבֵּה מְאֹד וַיְהִי־
13 לוֹ יְהוּדָה וּבִנְיָמִן׃ וְהַכֹּהֲנִים וְהַלְוִיִּם אֲשֶׁר בְּכָל־יִשְׂרָאֵל
14 הִתְיַצְּבוּ עָלָיו מִכָּל־גְּבוּלָם׃ כִּי־עָזְבוּ הַלְוִיִּם אֶת־מִגְרְשֵׁיהֶם
וַאֲחֻזָּתָם וַיֵּלְכוּ לִיהוּדָה וְלִירוּשָׁלִָם כִּי־הִזְנִיחָם יָרָבְעָם וּבָנָיו
טו מִכַּהֵן לַיהוָה׃ וַיַּעֲמֶד־לוֹ כֹּהֲנִים לַבָּמוֹת וְלַשְּׂעִירִים וְלָעֲגָלִים
16 אֲשֶׁר עָשָׂה׃ וְאַחֲרֵיהֶם מִכֹּל שִׁבְטֵי יִשְׂרָאֵל הַנֹּתְנִים אֶת־
לְבָבָם לְבַקֵּשׁ אֶת־יְהוָה אֱלֹהֵי יִשְׂרָאֵל בָּאוּ יְרוּשָׁלִַם לִזְבּוֹחַ
17 לַיהוָה אֱלֹהֵי אֲבוֹתֵיהֶם׃ וַיְחַזְּקוּ אֶת־מַלְכוּת יְהוּדָה וַיְאַמְּצוּ
אֶת־רְחַבְעָם בֶּן־שְׁלֹמֹה לְשָׁנִים שָׁלוֹשׁ כִּי הָלְכוּ בְּדֶרֶךְ דָּוִיד
18 וּשְׁלֹמֹה לְשָׁנִים שָׁלוֹשׁ׃ וַיִּקַּח־לוֹ רְחַבְעָם אִשָּׁה אֶת־

מחלת

מָחֲלַת בֶּן־יְרִימוֹת בֶּן־דָּוִיד אֲבִיהַיִל בַּת־אֱלִיאָב בֶּן־יִשָׁי׃
19 כ וַתֵּלֶד לוֹ בָּנִים אֶת־יְעוּשׁ וְאֶת־שְׁמַרְיָה וְאֶת־זָהַם׃ וְאַחֲרֶיהָ
לָקַח אֶת־מַעֲכָה בַּת־אַבְשָׁלוֹם וַתֵּלֶד לוֹ אֶת־אֲבִיָּה וְאֶת־
21 עַתַּי וְאֶת־זִיזָא וְאֶת־שְׁלֹמִית׃ וַיֶּאֱהַב רְחַבְעָם אֶת־מַעֲכָה
בַת־אַבְשָׁלוֹם מִכָּל־נָשָׁיו וּפִילַגְשָׁיו כִּי נָשִׁים שְׁמוֹנֶה־עֶשְׂרֵה
נָשָׂא וּפִילַגְשִׁים שִׁשִּׁים וַיּוֹלֶד עֶשְׂרִים וּשְׁמוֹנָה בָּנִים וְשִׁשִּׁים
22 בָּנוֹת׃ וַיַּעֲמֵד לָרֹאשׁ רְחַבְעָם אֶת־אֲבִיָּה בֶן־מַעֲכָה לְנָגִיד
23 בְּאֶחָיו כִּי לְהַמְלִיכוֹ׃ וַיָּבֶן וַיִּפְרֹץ מִכָּל־בָּנָיו לְכָל־אַרְצוֹת
יְהוּדָה וּבִנְיָמִן לְכֹל עָרֵי הַמְּצֻרוֹת וַיִּתֵּן לָהֶם הַמָּזוֹן לָרֹב
וַיִּשְׁאַל הֲמוֹן נָשִׁים׃ ס

יב Cap. XII. יב

א וַיְהִי כְּהָכִין מַלְכוּת רְחַבְעָם וּכְחֶזְקָתוֹ עָזַב אֶת־תּוֹרַת
2 יְהוָה וְכָל־יִשְׂרָאֵל עִמּוֹ׃ וַיְהִי בַּשָּׁנָה הַחֲמִישִׁית לַמֶּלֶךְ
רְחַבְעָם עָלָה שִׁישַׁק מֶלֶךְ־מִצְרַיִם עַל־יְרוּשָׁלִָם כִּי מָעֲלוּ
3 בַּיהוָה׃ בְּאֶלֶף וּמָאתַיִם רֶכֶב וּבְשִׁשִּׁים אֶלֶף פָּרָשִׁים וְאֵין
מִסְפָּר לָעָם אֲשֶׁר־בָּאוּ עִמּוֹ מִמִּצְרַיִם לוּבִים סֻכִּיִּים
4 וְכוּשִׁים׃ וַיִּלְכֹּד אֶת־עָרֵי הַמְּצֻרוֹת אֲשֶׁר לִיהוּדָה וַיָּבֹא
ה עַד־יְרוּשָׁלִָם׃ וּשְׁמַעְיָה הַנָּבִיא בָּא אֶל־רְחַבְעָם וְשָׂרֵי
יְהוּדָה אֲשֶׁר־נֶאֶסְפוּ אֶל־יְרוּשָׁלִַם מִפְּנֵי שִׁישָׁק וַיֹּאמֶר לָהֶם
כֹּה־אָמַר יְהוָה אַתֶּם עֲזַבְתֶּם אֹתִי וְאַף־אֲנִי עָזַבְתִּי אֶתְכֶם
6 בְּיַד־שִׁישָׁק׃ וַיִּכָּנְעוּ שָׂרֵי־יִשְׂרָאֵל וְהַמֶּלֶךְ וַיֹּאמְרוּ צַדִּיק ׀
7 יְהוָה׃ וּבִרְאוֹת יְהוָה כִּי נִכְנָעוּ הָיָה דְבַר־יְהוָה אֶל־שְׁמַעְיָה ׀
לֵאמֹר נִכְנְעוּ לֹא אַשְׁחִיתֵם וְנָתַתִּי לָהֶם כִּמְעַט לִפְלֵיטָה וְלֹא־
8 תִתַּךְ חֲמָתִי בִּירוּשָׁלִַם בְּיַד־שִׁישָׁק׃ כִּי יִהְיוּ־לוֹ לַעֲבָדִים
9 וְיֵדְעוּ עֲבוֹדָתִי וַעֲבוֹדַת מַמְלְכוֹת הָאֲרָצוֹת׃ וַיַּעַל שִׁישַׁק
מֶלֶךְ־מִצְרַיִם עַל־יְרוּשָׁלִַם וַיִּקַּח אֶת־אֹצְרוֹת בֵּית־יְהוָה
וְאֶת־אֹצְרוֹת בֵּית הַמֶּלֶךְ אֶת־הַכֹּל לָקָח וַיִּקַּח אֶת־מָגִנֵּי

הזהב

י״א v. 18. בת ק׳ v. 21. אין כאן פסקא

י הַזָּהָב אֲשֶׁר עָשָׂה שְׁלֹמֹה׃ וַיַּעַשׂ הַמֶּלֶךְ רְחַבְעָם תַּחְתֵּיהֶם
מָגִנֵּי נְחֹשֶׁת וְהִפְקִיד עַל־יַד שָׂרֵי הָרָצִים הַשֹּׁמְרִים פֶּתַח בֵּית
11 הַמֶּלֶךְ׃ וַיְהִי מִדֵּי־בוֹא הַמֶּלֶךְ בֵּית יְהוָה בָּאוּ הָרָצִים וּנְשָׂאוּם
12 וֶהֱשִׁבוּם אֶל־תָּא הָרָצִים׃ וּבְהִכָּנְעוֹ שָׁב מִמֶּנּוּ אַף־יְהוָה וְלֹא
לְהַשְׁחִית לְכָלָה וְגַם בִּיהוּדָה הָיָה דְּבָרִים טוֹבִים׃
13 וַיִּתְחַזֵּק הַמֶּלֶךְ רְחַבְעָם בִּירוּשָׁלִַם וַיִּמְלֹךְ כִּי בֶן־אַרְבָּעִים
וְאַחַת שָׁנָה רְחַבְעָם בְּמָלְכוֹ וּשְׁבַע עֶשְׂרֵה שָׁנָה ׀ מָלַךְ
בִּירוּשָׁלִַם הָעִיר אֲשֶׁר־בָּחַר יְהוָה לָשׂוּם אֶת־שְׁמוֹ שָׁם מִכֹּל
14 שִׁבְטֵי יִשְׂרָאֵל וְשֵׁם אִמּוֹ נַעֲמָה הָעַמֹּנִית׃ וַיַּעַשׂ הָרָע כִּי לֹא
טו הֵכִין לִבּוֹ לִדְרוֹשׁ אֶת־יְהוָה׃ וְדִבְרֵי רְחַבְעָם הָרִאשֹׁנִים
וְהָאַחֲרוֹנִים הֲלֹא־הֵם כְּתוּבִים בְּדִבְרֵי שְׁמַעְיָה הַנָּבִיא וְעִדּוֹ
הַחֹזֶה לְהִתְיַחֵשׂ וּמִלְחֲמוֹת רְחַבְעָם וְיָרָבְעָם כָּל־הַיָּמִים׃
16 וַיִּשְׁכַּב רְחַבְעָם עִם־אֲבֹתָיו וַיִּקָּבֵר בְּעִיר דָּוִיד וַיִּמְלֹךְ אֲבִיָּה
בְנוֹ תַּחְתָּיו׃

ג CAP. XIII. יג

א בִּשְׁנַת שְׁמוֹנֶה עֶשְׂרֵה לַמֶּלֶךְ יָרָבְעָם וַיִּמְלֹךְ אֲבִיָּה עַל־
2 יְהוּדָה׃ שָׁלוֹשׁ שָׁנִים מָלַךְ בִּירוּשָׁלִַם וְשֵׁם אִמּוֹ מִיכָיָהוּ בַת־
אוּרִיאֵל מִן־גִּבְעָה וּמִלְחָמָה הָיְתָה בֵּין אֲבִיָּה וּבֵין יָרָבְעָם׃
3 וַיֶּאְסֹר אֲבִיָּה אֶת־הַמִּלְחָמָה בְּחַיִל גִּבּוֹרֵי מִלְחָמָה אַרְבַּע־
מֵאוֹת אֶלֶף אִישׁ בָּחוּר וְיָרָבְעָם עָרַךְ עִמּוֹ מִלְחָמָה בִּשְׁמוֹנֶה
4 מֵאוֹת אֶלֶף אִישׁ בָּחוּר גִּבּוֹר חָיִל׃ וַיָּקָם אֲבִיָּה מֵעַל
לְהַר צְמָרַיִם אֲשֶׁר בְּהַר אֶפְרָיִם וַיֹּאמֶר שְׁמָעוּנִי יָרָבְעָם
ה וְכָל־יִשְׂרָאֵל׃ הֲלֹא לָכֶם לָדַעַת כִּי יְהוָה ׀ אֱלֹהֵי יִשְׂרָאֵל
נָתַן מַמְלָכָה לְדָוִיד עַל־יִשְׂרָאֵל לְעוֹלָם לוֹ וּלְבָנָיו בְּרִית
6 מֶלַח׃ וַיָּקָם יָרָבְעָם בֶּן־נְבָט עֶבֶד שְׁלֹמֹה בֶן־דָּוִיד וַיִּמְרֹד
7 עַל־אֲדֹנָיו׃ וַיִּקָּבְצוּ עָלָיו אֲנָשִׁים רֵקִים בְּנֵי בְלִיַּעַל וַיִּתְאַמְּצוּ
עַל־רְחַבְעָם בֶּן־שְׁלֹמֹה וּרְחַבְעָם הָיָה נַעַר וְרַךְ־לֵבָב וְלֹא

התחזק

י״ג v. 3. סבירין גבורי

8 הִתְחַזַּק לִפְנֵיהֶם׃ וְעַתָּה ׀ אַתֶּם אֹמְרִים לְהִתְחַזֵּק לִפְנֵי
מַמְלֶכֶת יְהוָה בְּיַד בְּנֵי דָוִיד וְאַתֶּם הָמוֹן רָב וְעִמָּכֶם עֶגְלֵי
9 זָהָב אֲשֶׁר עָשָׂה לָכֶם יָרָבְעָם לֵאלֹהִים׃ הֲלֹא הִדַּחְתֶּם אֶת־
כֹּהֲנֵי יְהוָה אֶת־בְּנֵי אַהֲרֹן וְהַלְוִיִּם וַתַּעֲשׂוּ לָכֶם כֹּהֲנִים כְּעַמֵּי
הָאֲרָצוֹת כָּל־הַבָּא לְמַלֵּא יָדוֹ בְּפַר בֶּן־בָּקָר וְאֵילִם שִׁבְעָה
י וְהָיָה כֹהֵן לְלֹא אֱלֹהִים׃ וַאֲנַחְנוּ יְהוָה אֱלֹהֵינוּ וְלֹא עֲזַבְנֻהוּ
וְכֹהֲנִים מְשָׁרְתִים לַיהוָה בְּנֵי אַהֲרֹן וְהַלְוִיִּם בַּמְלָאכֶת׃
11 וּמַקְטִרִים לַיהוָה עֹלוֹת בַּבֹּקֶר־בַּבֹּקֶר וּבָעֶרֶב־בָּעֶרֶב
וּקְטֹרֶת־סַמִּים וּמַעֲרֶכֶת לֶחֶם עַל־הַשֻּׁלְחָן הַטָּהוֹר וּמְנוֹרַת
הַזָּהָב וְנֵרֹתֶיהָ לְבָעֵר בָּעֶרֶב בָּעֶרֶב כִּי־שֹׁמְרִים אֲנַחְנוּ אֶת־
12 מִשְׁמֶרֶת יְהוָה אֱלֹהֵינוּ וְאַתֶּם עֲזַבְתֶּם אֹתוֹ׃ וְהִנֵּה עִמָּנוּ בָרֹאשׁ
הָאֱלֹהִים ׀ וְכֹהֲנָיו וַחֲצֹצְרוֹת הַתְּרוּעָה לְהָרִיעַ עֲלֵיכֶם בְּנֵי
יִשְׂרָאֵל אַל־תִּלָּחֲמוּ עִם־יְהוָה אֱלֹהֵי־אֲבֹתֵיכֶם כִּי־לֹא
13 תַצְלִיחוּ׃ וְיָרָבְעָם הֵסֵב אֶת־הַמַּאְרָב לָבוֹא מֵאַחֲרֵיהֶם וַיִּהְיוּ
14 לִפְנֵי יְהוּדָה וְהַמַּאְרָב מֵאַחֲרֵיהֶם׃ וַיִּפְנוּ יְהוּדָה וְהִנֵּה לָהֶם
הַמִּלְחָמָה פָּנִים וְאָחוֹר וַיִּצְעֲקוּ לַיהוָה וְהַכֹּהֲנִים מַחְצְצְרִים
טו בַּחֲצֹצְרוֹת׃ וַיָּרִיעוּ אִישׁ יְהוּדָה וַיְהִי בְּהָרִיעַ אִישׁ יְהוּדָה
וְהָאֱלֹהִים נָגַף אֶת־יָרָבְעָם וְכָל־יִשְׂרָאֵל לִפְנֵי אֲבִיָּה וִיהוּדָה׃
16 17 וַיָּנוּסוּ בְנֵי־יִשְׂרָאֵל מִפְּנֵי יְהוּדָה וַיִּתְּנֵם אֱלֹהִים בְּיָדָם׃ וַיַּכּוּ
בָהֶם אֲבִיָּה וְעַמּוֹ מַכָּה רַבָּה וַיִּפְּלוּ חֲלָלִים מִיִּשְׂרָאֵל חֲמֵשׁ־
18 מֵאוֹת אֶלֶף אִישׁ בָּחוּר׃ וַיִּכָּנְעוּ בְנֵי־יִשְׂרָאֵל בָּעֵת הַהִיא
וַיֶּאֶמְצוּ בְּנֵי יְהוּדָה כִּי נִשְׁעֲנוּ עַל־יְהוָה אֱלֹהֵי אֲבוֹתֵיהֶם׃
19 וַיִּרְדֹּף אֲבִיָּה אַחֲרֵי יָרָבְעָם וַיִּלְכֹּד מִמֶּנּוּ עָרִים אֶת־בֵּית־
אֵל וְאֶת־בְּנוֹתֶיהָ וְאֶת־יְשָׁנָה וְאֶת־בְּנוֹתֶיהָ וְאֶת־עֶפְרוֹן
כ וּבְנֹתֶיהָ׃ וְלֹא־עָצַר כֹּחַ־יָרָבְעָם עוֹד בִּימֵי אֲבִיָּהוּ וַיִּגְּפֵהוּ
21 יְהוָה וַיָּמֹת׃ וַיִּתְחַזֵּק אֲבִיָּהוּ וַיִּשָּׂא־לוֹ נָשִׁים אַרְבַּע
22 עֶשְׂרֵה וַיּוֹלֶד עֶשְׂרִים וּשְׁנַיִם בָּנִים וְשֵׁשׁ עֶשְׂרֵה בָּנוֹת׃ וְיֶתֶר

דברי

v. 14. יתיר צ׳ ר״ג   v. 19. עפרין ק

דִּבְרֵ֣י אֲבִיָּ֔ה וּדְרָכָ֖יו וּדְבָרָ֑יו כְּתוּבִ֕ים בְּמִדְרַ֖שׁ הַנָּבִ֥יא עִדּֽוֹ׃
23 וַיִּשְׁכַּ֨ב אֲבִיָּ֜ה עִם־אֲבֹתָ֗יו וַיִּקְבְּר֤וּ אֹתוֹ֙ בְּעִ֣יר דָּוִ֔יד וַיִּמְלֹ֛ךְ
אָסָ֥א בְנ֖וֹ תַּחְתָּ֑יו בְּיָמָ֛יו שָׁקְטָ֥ה הָאָ֖רֶץ עֶ֥שֶׂר שָׁנִֽים׃

יד Cap. XIV. יד

א 2 וַיַּ֣עַשׂ אָסָ֗א הַטּ֣וֹב וְהַיָּשָׁ֔ר בְּעֵינֵ֖י יְהוָ֥ה אֱלֹהָֽיו׃ וַיָּ֛סַר אֶת־
מִזְבְּח֥וֹת הַנֵּכָ֖ר וְהַבָּמ֑וֹת וַיְשַׁבֵּר֙ אֶת־הַמַּצֵּב֔וֹת וַיְגַדַּ֖ע אֶת־
3 הָאֲשֵׁרִֽים׃ וַיֹּ֙אמֶר֙ לִֽיהוּדָ֔ה לִדְר֕וֹשׁ אֶת־יְהוָ֖ה אֱלֹהֵ֣י אֲבוֹתֵיהֶ֑ם
4 וְלַעֲשׂ֖וֹת הַתּוֹרָ֥ה וְהַמִּצְוָֽה׃ וַיָּ֙סַר֙ מִכָּל־עָרֵ֣י יְהוּדָ֔ה אֶת־
ה הַבָּמ֖וֹת וְאֶת־הַֽחַמָּנִ֑ים וַתִּשְׁקֹ֥ט הַמַּמְלָכָ֖ה לְפָנָֽיו׃ וַיִּ֛בֶן עָרֵ֥י
מְצוּרָ֖ה בִּֽיהוּדָ֑ה כִּֽי־שָׁקְטָ֣ה הָאָ֗רֶץ וְאֵין־עִמּ֤וֹ מִלְחָמָה֙ בַּשָּׁנִ֣ים
6 הָאֵ֔לֶּה כִּֽי־הֵנִ֥יחַ יְהוָ֖ה לֽוֹ׃ וַיֹּ֨אמֶר לִֽיהוּדָ֜ה נִבְנֶ֣ה ׀ אֶת־הֶעָרִ֣ים
הָאֵ֗לֶּה וְנָסֵ֨ב חוֹמָ֤ה וּמִגְדָּלִים֙ דְּלָתַ֣יִם וּבְרִיחִ֔ים עוֹדֶ֨נּוּ הָאָ֜רֶץ
לְפָנֵ֗ינוּ כִּ֤י דָרַ֙שְׁנוּ֙ אֶת־יְהוָ֣ה אֱלֹהֵ֔ינוּ דָּרַ֕שְׁנוּ וַיָּ֥נַֽח לָ֖נוּ מִסָּבִ֑יב
7 וַיִּבְנ֖וּ וַיַּצְלִֽיחוּ׃ וַיְהִ֣י לְאָסָ֗א חַ֚יִל נֹשֵׂ֣א צִנָּ֣ה וָרֹ֔מַח
מִֽיהוּדָה֙ שְׁלֹ֣שׁ מֵא֣וֹת אֶ֔לֶף וּמִבִּנְיָמִ֗ן נֹ֨שְׂאֵ֤י מָגֵן֙ וְדֹ֣רְכֵי קֶ֔שֶׁת
8 מָאתַ֥יִם וּשְׁמוֹנִ֖ים אָ֑לֶף כָּל־אֵ֖לֶּה גִּבּ֥וֹרֵי חָֽיִל׃ וַיֵּצֵ֨א אֲלֵיהֶ֜ם
זֶ֣רַח הַכּוּשִׁ֗י בְּחַ֙יִל֙ אֶ֣לֶף אֲלָפִ֔ים וּמַרְכָּב֖וֹת שְׁלֹ֣שׁ מֵא֑וֹת וַיָּבֹ֖א
9 עַד־מָֽרֵשָֽׁה׃ וַיֵּצֵ֥א אָסָ֖א לְפָנָ֑יו וַיַּֽעַרְכוּ֙ מִלְחָמָ֔ה בְּגֵ֥יא צְפַ֖תָה
י לְמָֽרֵשָֽׁה׃ וַיִּקְרָ֨א אָסָ֜א אֶל־יְהוָ֣ה אֱלֹהָיו֮ וַיֹּאמַר֒ יְהוָ֗ה אֵֽין־
עִמְּךָ֤ לַעְזוֹר֙ בֵּ֥ין רַב֙ לְאֵ֣ין כֹּ֔חַ עָזְרֵ֜נוּ יְהוָ֤ה אֱלֹהֵ֙ינוּ֙ כִּֽי־עָלֶ֣יךָ
נִשְׁעַ֔נּוּ וּבְשִׁמְךָ֣ בָ֔אנוּ עַל־הֶהָמ֖וֹן הַזֶּ֑ה יְהוָ֤ה אֱלֹהֵ֙ינוּ֙ אַ֔תָּה
11 אַל־יַעְצֹ֥ר עִמְּךָ֖ אֱנֽוֹשׁ׃ וַיִּגֹּ֤ף יְהוָה֙ אֶת־הַכּוּשִׁ֔ים לִפְנֵ֥י
12 אָסָ֖א וְלִפְנֵ֣י יְהוּדָ֑ה וַיָּנֻ֖סוּ הַכּוּשִֽׁים׃ וַיִּרְדְּפֵ֡ם אָסָא֩ וְהָעָ֨ם
אֲשֶׁר־עִמּ֜וֹ עַד־לִגְרָ֗ר וַיִּפֹּ֨ל מִכּוּשִׁ֜ים לְאֵ֤ין לָהֶם֙ מִֽחְיָ֔ה כִּֽי־
נִשְׁבְּר֥וּ לִפְנֵי־יְהוָ֖ה וְלִפְנֵ֣י מַחֲנֵ֑הוּ וַיִּשְׂא֥וּ שָׁלָ֖ל הַרְבֵּ֥ה מְאֹֽד׃
13 וַיַּכּ֗וּ אֵ֚ת כָּל־הֶ֣עָרִ֔ים סְבִיב֣וֹת גְּרָ֔ר כִּֽי־הָיָ֥ה פַֽחַד־יְהוָ֖ה
עֲלֵיהֶ֑ם וַיָּבֹ֙זּוּ֙ אֶת־כָּל־הֶ֣עָרִ֔ים כִּֽי־בִזָּ֥ה רַבָּ֖ה הָיְתָ֥ה בָהֶֽם׃

וגם־אהלי

14 וְגַם־אָהֳלֵי מִקְנֶה הִכּוּ וַיִּשְׁבּוּ צֹאן לָרֹב וּגְמַלִּים וַיָּשֻׁבוּ
יְרוּשָׁלָֽם׃

טו

Cap. XV. טו

א 2 וַעֲזַרְיָהוּ בֶּן־עוֹדֵד הָיְתָה עָלָיו רוּחַ אֱלֹהִים׃ וַיֵּצֵא לִפְנֵי
אָסָא וַיֹּאמֶר לוֹ שְׁמָעוּנִי אָסָא וְכָל־יְהוּדָה וּבִנְיָמִן יְהוָה
עִמָּכֶם בִּהְיוֹתְכֶם עִמּוֹ וְאִם־תִּדְרְשֻׁהוּ יִמָּצֵא לָכֶם וְאִם־
3 תַּעַזְבֻהוּ יַעֲזֹב אֶתְכֶם׃ וְיָמִים רַבִּים לְיִשְׂרָאֵל ׀ לְלֹא
4 אֱלֹהֵי אֱמֶת וּלְלֹא כֹּהֵן מוֹרֶה וּלְלֹא תוֹרָה׃ וַיָּשָׁב בַּצַּר־לוֹ
ה עַל־יְהוָה אֱלֹהֵי יִשְׂרָאֵל וַיְבַקְשֻׁהוּ וַיִּמָּצֵא לָהֶם׃ וּבָעִתִּים
הָהֵם אֵין שָׁלוֹם לַיּוֹצֵא וְלַבָּא כִּי מְהוּמֹת רַבּוֹת עַל כָּל־
6 יוֹשְׁבֵי הָאֲרָצוֹת׃ וְכֻתְּתוּ גוֹי־בְּגוֹי וְעִיר בְּעִיר כִּי־אֱלֹהִים
7 הֲמָמָם בְּכָל־צָרָה׃ וְאַתֶּם חִזְקוּ וְאַל־יִרְפּוּ יְדֵיכֶם כִּי יֵשׁ
8 שָׂכָר לִפְעֻלַּתְכֶם׃ וְכִשְׁמֹעַ אָסָא הַדְּבָרִים הָאֵלֶּה
וְהַנְּבוּאָה עֹדֵד הַנָּבִיא הִתְחַזַּק וַיַּעֲבֵר הַשִּׁקּוּצִים מִכָּל־
אֶרֶץ יְהוּדָה וּבִנְיָמִן וּמִן־הֶעָרִים אֲשֶׁר לָכַד מֵהַר אֶפְרָיִם
9 וַיְחַדֵּשׁ אֶת־מִזְבַּח יְהוָה אֲשֶׁר לִפְנֵי אוּלָם יְהוָה׃ וַיִּקְבֹּץ
אֶת־כָּל־יְהוּדָה וּבִנְיָמִן וְהַגָּרִים עִמָּהֶם מֵאֶפְרַיִם וּמְנַשֶּׁה
וּמִשִּׁמְעוֹן כִּי־נָפְלוּ עָלָיו מִיִּשְׂרָאֵל לָרֹב בִּרְאֹתָם כִּי־יְהוָה
י אֱלֹהָיו עִמּוֹ׃ וַיִּקָּבְצוּ יְרוּשָׁלַם בַּחֹדֶשׁ הַשְּׁלִישִׁי לִשְׁנַת
11 הַחֲמֵשׁ־עֶשְׂרֵה לְמַלְכוּת אָסָא׃ וַיִּזְבְּחוּ לַיהוָה בַּיּוֹם הַהוּא
מִן־הַשָּׁלָל הֵבִיאוּ בָּקָר שְׁבַע מֵאוֹת וְצֹאן שִׁבְעַת אֲלָפִים׃
12 וַיָּבֹאוּ בַבְּרִית לִדְרוֹשׁ אֶת־יְהוָה אֱלֹהֵי אֲבוֹתֵיהֶם בְּכָל־
13 לְבָבָם וּבְכָל־נַפְשָׁם׃ וְכֹל אֲשֶׁר לֹא־יִדְרֹשׁ לַיהוָה אֱלֹהֵי־
יִשְׂרָאֵל יוּמָת לְמִן־קָטֹן וְעַד־גָּדוֹל לְמֵאִישׁ וְעַד־אִשָּׁה׃
14 וַיִּשָּׁבְעוּ לַיהוָה בְּקוֹל גָּדוֹל וּבִתְרוּעָה וּבַחֲצֹצְרוֹת וּבְשׁוֹפָרוֹת׃
טו וַיִּשְׂמְחוּ כָל־יְהוּדָה עַל־הַשְּׁבוּעָה כִּי בְכָל־לְבָבָם נִשְׁבָּעוּ
וּבְכָל־רְצוֹנָם בִּקְשֻׁהוּ וַיִּמָּצֵא לָהֶם וַיָּנַח יְהוָה לָהֶם מִסָּבִיב׃
16 וְגַם־מַעֲכָה אֵם ׀ אָסָא הַמֶּלֶךְ הֱסִירָהּ מִגְּבִירָה אֲשֶׁר־עָשְׂתָה

לאשרה

לַאֲשֵׁרָ֖ה מִפְלֶ֑צֶת וַיִּכְרֹ֤ת אָסָא֙ אֶת־מִפְלַצְתָּ֔הּ וַיָּ֕דֶק וַיִּשְׂרֹ֖ף
17 בְּנַ֥חַל קִדְרֽוֹן׃ וְהַבָּמ֕וֹת לֹא־סָ֖רוּ מִיִּשְׂרָאֵ֑ל רַ֧ק לְבַב־אָסָ֛א
18 הָיָ֥ה שָׁלֵ֖ם כָּל־יָמָֽיו׃ וַיָּבֵ֞א אֶת־קָדְשֵׁ֥י אָבִ֛יו וְקָדָשָׁ֖יו בֵּ֣ית
19 הָאֱלֹהִ֑ים כֶּ֥סֶף וְזָהָ֖ב וְכֵלִֽים׃ וּמִלְחָמָ֖ה לֹ֣א הָיָ֑תָה עַ֛ד שְׁנַת־
שְׁלֹשִׁ֥ים וְחָמֵ֖שׁ לְמַלְכ֥וּת אָסָֽא׃

טז

Cap. XVI. טז

א בִּשְׁנַ֨ת שְׁלֹשִׁ֣ים וָשֵׁשׁ֮ לְמַלְכ֣וּת אָסָא֒ עָלָ֞ה בַּעְשָׁ֤א מֶֽלֶךְ־
יִשְׂרָאֵל֙ עַל־יְהוּדָ֔ה וַיִּ֖בֶן אֶת־הָֽרָמָ֑ה לְבִלְתִּ֗י תֵּ֚ת יוֹצֵ֣א וָבָ֔א
2 לְאָסָ֖א מֶ֥לֶךְ יְהוּדָֽה׃ וַיֹּצֵ֨א אָסָ֜א כֶּ֣סֶף וְזָהָ֗ב מֵאֹֽצְר֛וֹת בֵּ֥ית
יְהוָ֖ה וּבֵ֣ית הַמֶּ֑לֶךְ וַיִּשְׁלַ֗ח אֶל־בֶּן־הֲדַד֙ מֶ֣לֶךְ אֲרָ֔ם הַיּוֹשֵׁ֥ב
3 בְּדַרְמֶ֖שֶׂק לֵאמֹֽר׃ בְּרִית֙ בֵּינִ֣י וּבֵינֶ֔ךָ וּבֵ֥ין אָבִ֖י וּבֵ֣ין אָבִ֑יךָ
הִנֵּ֨ה שָׁלַ֤חְתִּֽי לְךָ֙ כֶּ֣סֶף וְזָהָ֔ב לֵ֞ךְ הָפֵ֣ר בְּרִיתְךָ֗ אֶת־בַּעְשָׁא֙
4 מֶ֣לֶךְ יִשְׂרָאֵ֔ל וְיַעֲלֶ֖ה מֵעָלָֽי׃ וַיִּשְׁמַ֨ע בֶּן־הֲדַ֜ד אֶל־הַמֶּ֣לֶךְ
אָסָ֗א וַיִּשְׁלַ֞ח אֶת־שָׂרֵ֧י הַחֲיָלִ֣ים אֲשֶׁר־ל֗וֹ אֶל־עָרֵ֣י יִשְׂרָאֵ֔ל
וַיַּכּוּ֙ אֶת־עִיּ֣וֹן וְאֶת־דָּ֔ן וְאֵ֖ת אָבֵ֣ל מָ֑יִם וְאֵ֕ת כָּל־מִסְכְּנ֖וֹת
ה עָרֵ֥י נַפְתָּלִֽי׃ וַיְהִי֙ כִּשְׁמֹ֣עַ בַּעְשָׁ֔א וַיֶּ֕חְדַּל מִבְּנ֖וֹת אֶת־הָֽרָמָ֑ה
6 וַיַּשְׁבֵּ֖ת אֶת־מְלַאכְתּֽוֹ׃ וְאָסָ֣א הַמֶּ֗לֶךְ לָקַח֙ אֶת־כָּל־
יְהוּדָ֔ה וַיִּשְׂא֞וּ אֶת־אַבְנֵ֤י הָֽרָמָה֙ וְאֶת־עֵצֶ֔יהָ אֲשֶׁ֥ר בָּנָ֖ה בַּעְשָׁ֑א
7 וַיִּ֣בֶן בָּהֶ֔ם אֶת־גֶּ֖בַע וְאֶת־הַמִּצְפָּֽה׃ וּבָעֵ֣ת הַהִ֗יא בָּא֙
חֲנָ֣נִי הָרֹאֶ֔ה אֶל־אָסָ֖א מֶ֣לֶךְ יְהוּדָ֑ה וַיֹּ֣אמֶר אֵלָ֗יו בְּהִֽשָּׁעֶנְךָ֞
עַל־מֶ֣לֶךְ אֲרָ֗ם וְלֹ֤א נִשְׁעַנְתָּ֙ עַל־יְהוָ֣ה אֱלֹהֶ֔יךָ עַל־כֵּ֗ן נִמְלַ֛ט
8 חֵ֥יל מֶֽלֶךְ־אֲרָ֖ם מִיָּדֶֽךָ׃ הֲלֹ֨א הַכּוּשִׁ֜ים וְהַלּוּבִ֗ים הָי֣וּ לְחַ֣יִל ׀
לָ֔רֹב לָרֶ֥כֶב וּלְפָרָשִׁ֖ים לְהַרְבֵּ֣ה מְאֹ֑ד וּבְהִשָּׁעֶנְךָ֥ עַל־יְהוָ֖ה
9 נְתָנָ֥ם בְּיָדֶֽךָ׃ כִּ֣י יְהוָ֗ה עֵינָיו֙ מְשֹׁטְט֣וֹת בְּכָל־הָאָ֔רֶץ לְהִתְחַזֵּ֕ק
עִם־לְבָבָ֥ם שָׁלֵ֖ם אֵלָ֑יו נִסְכַּ֣לְתָּ עַל־זֹ֔את כִּ֣י מֵעַ֔תָּה יֵ֥שׁ עִמְּךָ֖
י מִלְחָמֽוֹת׃ וַיִּכְעַ֨ס אָסָ֜א אֶל־הָרֹאֶ֗ה וַֽיִּתְּנֵ֙הוּ֙ בֵּ֣ית הַמַּהְפֶּ֔כֶת
כִּֽי־בְזַ֥עַף עִמּ֖וֹ עַל־זֹ֑את וַיְרַצֵּ֥ץ אָסָ֛א מִן־הָעָ֖ם בָּעֵ֥ת הַהִֽיא׃
11 וְהִנֵּה֙ דִּבְרֵ֣י אָסָ֔א הָרִאשׁוֹנִ֖ים וְהָאַחֲרוֹנִ֑ים הִנָּ֣ם כְּתוּבִ֗ים עַל־

סֵפֶר הַמְּלָכִים לִיהוּדָה וְיִשְׂרָאֵל: וַיֶּחֱלָא אָסָא בִּשְׁנַת שְׁלוֹשִׁים 12
וָתֵשַׁע לְמַלְכוּתוֹ בְּרַגְלָיו עַד־לְמַעְלָה חָלְיוֹ וְגַם־בְּחָלְיוֹ לֹא־
דָרַשׁ אֶת־יְהוָה כִּי בָּרֹפְאִים: וַיִּשְׁכַּב אָסָא עִם־אֲבֹתָיו וַיָּמָת 13
בִּשְׁנַת אַרְבָּעִים וְאַחַת לְמָלְכוֹ: וַיִּקְבְּרֻהוּ בְקִבְרֹתָיו אֲשֶׁר 14
כָּרָה־לוֹ בְּעִיר דָּוִיד וַיַּשְׁכִּיבֻהוּ בַּמִּשְׁכָּב אֲשֶׁר מִלֵּא בְּשָׂמִים
זְנִים מְרֻקָּחִים בְּמִרְקַחַת מַעֲשֶׂה וַיִּשְׂרְפוּ־לוֹ שְׂרֵפָה גְּדוֹלָה
עַד־לִמְאֹר: ·

וַיִּמְלֹךְ יְהוֹשָׁפָט בְּנוֹ תַּחְתָּיו וַיִּתְחַזֵּק עַל־יִשְׂרָאֵל: וַיִּתֶּן־ 2 א
חַיִל בְּכָל־עָרֵי יְהוּדָה הַבְּצֻרוֹת וַיִּתֵּן נְצִיבִים בְּאֶרֶץ יְהוּדָה
וּבְעָרֵי אֶפְרַיִם אֲשֶׁר לָכַד אָסָא אָבִיו: וַיְהִי יְהוָה עִם־ 3
יְהוֹשָׁפָט כִּי הָלַךְ בְּדַרְכֵי דָּוִיד אָבִיו הָרִאשֹׁנִים וְלֹא דָרַשׁ
לַבְּעָלִים: כִּי לֵאלֹהֵי אָבִיו דָּרָשׁ וּבְמִצְוֹתָיו הָלָךְ וְלֹא 4
כְּמַעֲשֵׂה יִשְׂרָאֵל: וַיָּכֶן יְהוָה אֶת־הַמַּמְלָכָה בְּיָדוֹ וַיִּתְּנוּ כָל־ 5
יְהוּדָה מִנְחָה לִיהוֹשָׁפָט וַיְהִי־לוֹ עֹשֶׁר־וְכָבוֹד לָרֹב: וַיִּגְבַּהּ 6
לִבּוֹ בְּדַרְכֵי יְהוָה וְעוֹד הֵסִיר אֶת־הַבָּמוֹת וְאֶת־הָאֲשֵׁרִים
מִיהוּדָה: וּבִשְׁנַת שָׁלוֹשׁ לְמָלְכוֹ שָׁלַח לְשָׂרָיו לְבֶן־חַיִל 7
וּלְעֹבַדְיָה וְלִזְכַרְיָה וְלִנְתַנְאֵל וּלְמִיכָיָהוּ לְלַמֵּד בְּעָרֵי יְהוּדָה:
וְעִמָּהֶם הַלְוִיִּם שְׁמַעְיָהוּ וּנְתַנְיָהוּ וּזְבַדְיָהוּ וַעֲשָׂהאֵל וּשְׁמִרִימוֹת 8
וִיהוֹנָתָן וַאֲדֹנִיָּהוּ וְטוֹבִיָּהוּ וְטוֹב אֲדוֹנִיָּה הַלְוִיִּם וְעִמָּהֶם
אֱלִישָׁמָע וִיהוֹרָם הַכֹּהֲנִים: וַיְלַמְּדוּ בִּיהוּדָה וְעִמָּהֶם סֵפֶר 9
תּוֹרַת יְהוָה וַיָּסֹבּוּ בְּכָל־עָרֵי יְהוּדָה וַיְלַמְּדוּ בָעָם: וַיְהִי ׀ 10
פַּחַד יְהוָה עַל כָּל־מַמְלְכוֹת הָאֲרָצוֹת אֲשֶׁר סְבִיבוֹת יְהוּדָה
וְלֹא נִלְחֲמוּ עִם־יְהוֹשָׁפָט: וּמִן־פְּלִשְׁתִּים מְבִיאִים לִיהוֹשָׁפָט 11
מִנְחָה וְכֶסֶף מַשָּׂא גַּם הָעַרְבִיאִים מְבִיאִים לוֹ צֹאן אֵילִים
שִׁבְעַת אֲלָפִים וּשְׁבַע מֵאוֹת וּתְיָשִׁים שִׁבְעַת אֲלָפִים וּשְׁבַע
מֵאוֹת: וַיְהִי יְהוֹשָׁפָט הֹלֵךְ וְגָדֵל עַד־לְמָעְלָה וַיִּבֶן 12

13 בִּֽיהוּדָ֖ה בִּירָֽנִיּ֑וֹת וְעָרֵ֖י מִסְכְּנֽוֹת׃ וּמְלָאכָ֥ה רַבָּ֛ה הָ֥יָה ל֖וֹ
14 בְּעָרֵ֣י יְהוּדָ֑ה וְאַנְשֵׁ֧י מִלְחָמָ֛ה גִּבּ֥וֹרֵי חַ֖יִל בִּירֽוּשָׁלָֽ͏ִם׃ וְאֵ֥לֶּה
פְקֻדָּתָ֖ם לְבֵ֣ית אֲבוֹתֵיהֶ֑ם לִֽיהוּדָ֞ה שָׂרֵ֣י אֲלָפִ֗ים עַדְנָ֤ה
טו הַשָּׂר֙ וְעִמּ֔וֹ גִּבּ֣וֹרֵי חַ֔יִל שְׁלֹ֥שׁ מֵא֖וֹת אָֽלֶף׃ וְעַל־יָד֖וֹ
16 יְהוֹחָנָ֣ן הַשָּׂ֑ר וְעִמּ֕וֹ מָאתַ֥יִם וּשְׁמוֹנִ֖ים אָֽלֶף׃ וְעַל־יָד֗וֹ
עֲמַסְיָ֤ה בֶן־זִכְרִי֙ הַמִּתְנַדֵּ֣ב לַֽיהוָ֔ה וְעִמּ֛וֹ מָאתַ֥יִם אֶ֖לֶף גִּבּ֥וֹר
17 חָֽיִל׃ וּמִן־בִּנְיָמִ֔ן גִּבּ֥וֹר חַ֖יִל אֶלְיָדָ֑ע וְעִמּ֛וֹ נֹֽשְׁקֵי־קֶ֥שֶׁת
18 וּמָגֵ֖ן מָאתַ֥יִם אָֽלֶף׃ וְעַל־יָד֖וֹ יְהוֹזָבָ֑ד וְעִמּ֛וֹ מֵאָה־
19 וּשְׁמוֹנִ֥ים אֶ֖לֶף חֲלוּצֵ֥י צָבָֽא׃ אֵ֖לֶּה הַמְשָׁרְתִ֣ים אֶת־הַמֶּ֑לֶךְ
מִלְּבַ֞ד אֲשֶׁר־נָתַ֥ן הַמֶּ֛לֶךְ בְּעָרֵ֥י הַמִּבְצָ֖ר בְּכָל־יְהוּדָֽה׃

יח Cap. XVIII. יח

א 2 וַיְהִ֧י לִיהוֹשָׁפָ֛ט עֹ֥שֶׁר וְכָב֖וֹד לָרֹ֑ב וַיִּתְחַתֵּ֖ן לְאַחְאָֽב׃ וַיֵּ֣רֶד
לְקֵ֣ץ שָׁנִים֮ אֶל־אַחְאָב֮ לְשֹׁמְרוֹן֒ וַיִּזְבַּח־ל֣וֹ אַחְאָ֗ב צֹ֤אן וּבָקָר֙
לָרֹ֔ב וְלָעָ֖ם אֲשֶׁ֣ר עִמּ֑וֹ וַיְסִיתֵ֔הוּ לַעֲל֖וֹת אֶל־רָמֹ֥ת גִּלְעָֽד׃
3 וַיֹּ֜אמֶר אַחְאָ֣ב ׀ מֶֽלֶךְ־יִשְׂרָאֵ֗ל אֶל־יְהוֹשָׁפָט֙ מֶ֣לֶךְ יְהוּדָ֔ה
הֲתֵלֵ֥ךְ עִמִּ֖י רָמֹ֣ת גִּלְעָ֑ד וַיֹּ֣אמֶר ל֗וֹ כָּמ֤וֹנִי כָמ֙וֹךָ֙ וּכְעַמְּךָ֣ עַמִּ֔י
4 וְעִמְּךָ֖ בַּמִּלְחָמָֽה׃ וַיֹּ֥אמֶר יְהוֹשָׁפָ֖ט אֶל־מֶ֣לֶךְ יִשְׂרָאֵ֑ל דְּרָשׁ־
ה נָ֥א כַיּ֖וֹם אֶת־דְּבַ֥ר יְהוָֽה׃ וַיִּקְבֹּ֨ץ מֶֽלֶךְ־יִשְׂרָאֵ֤ל אֶת־הַנְּבִאִים֙
אַרְבַּ֤ע מֵאוֹת֙ אִ֔ישׁ וַיֹּ֣אמֶר אֲלֵהֶ֗ם הֲנֵלֵ֞ךְ אֶל־רָמֹ֥ת גִּלְעָ֛ד
לַמִּלְחָמָ֖ה אִם־אֶחְדָּ֑ל וַיֹּאמְר֣וּ עֲלֵ֔ה וְיִתֵּ֥ן הָאֱלֹהִ֖ים בְּיַ֥ד
6 הַמֶּֽלֶךְ׃ וַיֹּ֙אמֶר֙ יְה֣וֹשָׁפָ֔ט הַאֵ֨ין פֹּ֥ה נָבִ֛יא לַיהוָ֖ה ע֑וֹד וְנִדְרְשָׁ֖ה
7 מֵאֹתֽוֹ׃ וַיֹּ֣אמֶר מֶלֶךְ־יִשְׂרָאֵ֣ל ׀ אֶל־יְהוֹשָׁפָ֡ט ע֣וֹד אִישׁ־אֶחָ֡ד
לִדְרוֹשׁ֩ אֶת־יְהוָ֨ה מֵאֹת֜וֹ וַאֲנִ֣י שְׂנֵאתִ֗יהוּ כִּֽי־אֵינֶ֨נּוּ מִתְנַבֵּ֤א עָלַי֙
לְטוֹבָה֙ כִּ֣י כָל־יָמָ֣יו לְרָעָ֔ה ה֖וּא מִיכָ֣יְהוּ בֶן־יִמְלָ֑א וַיֹּ֙אמֶר֙
8 יְה֣וֹשָׁפָ֔ט אַל־יֹאמַ֥ר הַמֶּ֖לֶךְ כֵּֽן׃ וַיִּקְרָא֙ מֶ֣לֶךְ יִשְׂרָאֵ֔ל אֶל־
9 סָרִ֖יס אֶחָ֑ד וַיֹּ֕אמֶר מַהֵ֖ר מִיכָ֥הוּ בֶן־יִמְלָֽא׃ וּמֶ֣לֶךְ יִשְׂרָאֵ֗ל
וִיהוֹשָׁפָ֣ט מֶֽלֶךְ־יְ֠הוּדָה יוֹשְׁבִ֞ים אִ֣ישׁ עַל־כִּסְא֗וֹ מְלֻבָּשִׁ֤ים

בגדים

י״ז v. 16. סבירין גבורי   י״ח v. 8. מיכיהו ק׳

בֹּגְדִים וְיֹשְׁבִים בְּגֹרֶן פֶּתַח שַׁעַר שֹׁמְרוֹן וְכָל־הַנְּבִיאִים
מִתְנַבְּאִים לִפְנֵיהֶם׃ וַיַּעַשׂ לוֹ צִדְקִיָּהוּ בֶן־כְּנַעֲנָה קַרְנֵי בַרְזֶל י
וַיֹּאמֶר כֹּה־אָמַר יְהוָה בְּאֵלֶּה תְּנַגַּח אֶת־אֲרָם עַד־כַּלּוֹתָם׃
וְכָל־הַנְּבִאִים נִבְּאִים כֵּן לֵאמֹר עֲלֵה רָמֹת גִּלְעָד וְהַצְלַח וְנָתַן 11
יְהוָה בְּיַד הַמֶּלֶךְ׃ וְהַמַּלְאָךְ אֲשֶׁר־הָלַךְ ׀ לִקְרֹא לְמִיכָיְהוּ 12
דִּבֶּר אֵלָיו לֵאמֹר הִנֵּה דִּבְרֵי הַנְּבִאִים פֶּה־אֶחָד טוֹב אֶל־
הַמֶּלֶךְ וִיהִי־נָא דְבָרְךָ כְּאַחַד מֵהֶם וְדִבַּרְתָּ טּוֹב׃ וַיֹּאמֶר 13
מִיכָיְהוּ חַי־יְהוָה כִּי אֶת־אֲשֶׁר־יֹאמַר אֱלֹהַי אֹתוֹ אֲדַבֵּר׃
וַיָּבֹא אֶל־הַמֶּלֶךְ וַיֹּאמֶר הַמֶּלֶךְ אֵלָיו מִיכָה הֲנֵלֵךְ אֶל־רָמֹת 14
גִּלְעָד לַמִּלְחָמָה אִם־אֶחְדָּל וַיֹּאמֶר עֲלוּ וְהַצְלִיחוּ וְיִנָּתְנוּ
בְּיֶדְכֶם׃ וַיֹּאמֶר אֵלָיו הַמֶּלֶךְ עַד־כַּמֶּה פְעָמִים אֲנִי מַשְׁבִּיעֶךָ טו
אֲשֶׁר לֹא־תְדַבֵּר אֵלַי רַק־אֱמֶת בְּשֵׁם יְהוָה׃ וַיֹּאמֶר רָאִיתִי 16
אֶת־כָּל־יִשְׂרָאֵל נְפוֹצִים עַל־הֶהָרִים כַּצֹּאן אֲשֶׁר אֵין־לָהֶן
רֹעֶה וַיֹּאמֶר יְהוָה לֹא־אֲדֹנִים לָאֵלֶּה יָשׁוּבוּ אִישׁ־לְבֵיתוֹ
בְּשָׁלוֹם׃ וַיֹּאמֶר מֶלֶךְ־יִשְׂרָאֵל אֶל־יְהוֹשָׁפָט הֲלֹא אָמַרְתִּי 17
אֵלֶיךָ לֹא־יִתְנַבֵּא עָלַי טוֹב כִּי אִם־לְרָע׃ וַיֹּאמֶר לָכֵן 18
שִׁמְעוּ דְבַר־יְהוָה רָאִיתִי אֶת־יְהוָה יוֹשֵׁב עַל־כִּסְאוֹ וְכָל־
צְבָא הַשָּׁמַיִם עֹמְדִים עַל־יְמִינוֹ וּשְׂמֹאלוֹ׃ וַיֹּאמֶר יְהוָה מִי 19
יְפַתֶּה אֶת־אַחְאָב מֶלֶךְ־יִשְׂרָאֵל וְיַעַל וְיִפֹּל בְּרָמוֹת גִּלְעָד
וַיֹּאמֶר זֶה אֹמֵר כָּכָה וְזֶה אֹמֵר כָּכָה׃ וַיֵּצֵא הָרוּחַ וַיַּעֲמֹד כ
לִפְנֵי יְהוָה וַיֹּאמֶר אֲנִי אֲפַתֶּנּוּ וַיֹּאמֶר יְהוָה אֵלָיו בַּמָּה׃
וַיֹּאמֶר אֵצֵא וְהָיִיתִי לְרוּחַ שֶׁקֶר בְּפִי כָּל־נְבִיאָיו וַיֹּאמֶר 21
תְּפַתֶּה וְגַם־תּוּכָל צֵא וַעֲשֵׂה־כֵן׃ וְעַתָּה הִנֵּה נָתַן יְהוָה רוּחַ 22
שֶׁקֶר בְּפִי נְבִיאֶיךָ אֵלֶּה וַיהוָה דִּבֶּר עָלֶיךָ רָעָה׃ וַיִּגַּשׁ 23
צִדְקִיָּהוּ בֶן־כְּנַעֲנָה וַיַּךְ אֶת־מִיכָיְהוּ עַל־הַלֶּחִי וַיֹּאמֶר אֵי
זֶה הַדֶּרֶךְ עָבַר רוּחַ־יְהוָה מֵאִתִּי לְדַבֵּר אֹתָךְ׃ וַיֹּאמֶר מִיכָיְהוּ 24
הִנְּךָ רֹאֶה בַּיּוֹם הַהוּא אֲשֶׁר תָּבוֹא חֶדֶר בְּחֶדֶר לְהֵחָבֵא׃
וַיֹּאמֶר מֶלֶךְ יִשְׂרָאֵל קְחוּ אֶת־מִיכָיְהוּ וַהֲשִׁיבֻהוּ אֶל־אָמוֹן כה

שַׂר־הָעִיר

26 שַׂר־הָעִיר וְאֶל־יוֹאָשׁ בֶּן־הַמֶּלֶךְ׃ וַאֲמַרְתֶּם כֹּה אָמַר הַמֶּלֶךְ
שִׂימוּ זֶה בֵּית הַכֶּלֶא וְהַאֲכִלֻהוּ לֶחֶם לַחַץ וּמַיִם לַחַץ עַד
27 שׁוּבִי בְשָׁלוֹם׃ וַיֹּאמֶר מִיכָיְהוּ אִם־שׁוֹב תָּשׁוּב בְּשָׁלוֹם לֹא־
28 דִבֶּר יְהוָה בִּי וַיֹּאמֶר שִׁמְעוּ עַמִּים כֻּלָּם׃ וַיַּעַל מֶלֶךְ־
29 יִשְׂרָאֵל וִיהוֹשָׁפָט מֶלֶךְ־יְהוּדָה אֶל־רָמֹת גִּלְעָד׃ וַיֹּאמֶר
מֶלֶךְ יִשְׂרָאֵל אֶל־יְהוֹשָׁפָט הִתְחַפֵּשׂ וָבוֹא בַמִּלְחָמָה וְאַתָּה
ל לְבַשׁ בְּגָדֶיךָ וַיִּתְחַפֵּשׂ מֶלֶךְ יִשְׂרָאֵל וַיָּבֹאוּ בַּמִּלְחָמָה׃ וּמֶלֶךְ
אֲרָם צִוָּה אֶת־שָׂרֵי הָרֶכֶב אֲשֶׁר־לוֹ לֵאמֹר לֹא תִּלָּחֲמוּ אֶת־
31 הַקָּטֹן אֶת־הַגָּדוֹל כִּי אִם־אֶת־מֶלֶךְ יִשְׂרָאֵל לְבַדּוֹ׃ וַיְהִי
כִּרְאוֹת שָׂרֵי הָרֶכֶב אֶת־יְהוֹשָׁפָט וְהֵמָּה אָמְרוּ מֶלֶךְ־יִשְׂרָאֵל
הוּא וַיָּסֹבּוּ עָלָיו לְהִלָּחֵם וַיִּזְעַק יְהוֹשָׁפָט וַיהוָה עֲזָרוֹ וַיְסִיתֵם
32 אֱלֹהִים מִמֶּנּוּ׃ וַיְהִי כִּרְאוֹת שָׂרֵי הָרֶכֶב כִּי לֹא־הָיָה מֶלֶךְ
33 יִשְׂרָאֵל וַיָּשׁוּבוּ מֵאַחֲרָיו׃ וְאִישׁ מָשַׁךְ בַּקֶּשֶׁת לְתֻמּוֹ וַיַּךְ אֶת־
מֶלֶךְ יִשְׂרָאֵל בֵּין הַדְּבָקִים וּבֵין הַשִּׁרְיָן וַיֹּאמֶר לָרַכָּב הֲפֹךְ
34 יָדֶיךָ וְהוֹצֵאתַנִי מִן־הַמַּחֲנֶה כִּי הָחֳלֵיתִי׃ וַתַּעַל הַמִּלְחָמָה
בַּיּוֹם הַהוּא וּמֶלֶךְ יִשְׂרָאֵל הָיָה מַעֲמִיד בַּמֶּרְכָּבָה נֹכַח אֲרָם
עַד־הָעָרֶב וַיָּמָת לְעֵת בּוֹא הַשָּׁמֶשׁ׃

CAP. XIX. יט

יט

א וַיָּשָׁב יְהוֹשָׁפָט מֶלֶךְ־יְהוּדָה אֶל־בֵּיתוֹ בְשָׁלוֹם לִירוּשָׁלִָם׃
2 וַיֵּצֵא אֶל־פָּנָיו יֵהוּא בֶן־חֲנָנִי הַחֹזֶה וַיֹּאמֶר אֶל־הַמֶּלֶךְ
יְהוֹשָׁפָט הֲלָרָשָׁע לַעְזֹר וּלְשֹׂנְאֵי יְהוָה תֶּאֱהָב וּבָזֹאת עָלֶיךָ
3 קֶּצֶף מִלִּפְנֵי יְהוָה׃ אֲבָל דְּבָרִים טוֹבִים נִמְצְאוּ עִמָּךְ כִּי־
בִעַרְתָּ הָאֲשֵׁרוֹת מִן־הָאָרֶץ וַהֲכִינוֹתָ לְבָבְךָ לִדְרֹשׁ הָאֱלֹהִים׃
4 וַיֵּשֶׁב יְהוֹשָׁפָט בִּירוּשָׁלִָם וַיָּשָׁב וַיֵּצֵא בָעָם מִבְּאֵר שֶׁבַע עַד־
ה הַר אֶפְרַיִם וַיְשִׁיבֵם אֶל־יְהוָה אֱלֹהֵי אֲבוֹתֵיהֶם׃ וַיַּעֲמֵד
שֹׁפְטִים בָּאָרֶץ בְּכָל־עָרֵי יְהוּדָה הַבְּצֻרוֹת לְעִיר וָעִיר׃
6 וַיֹּאמֶר אֶל־הַשֹּׁפְטִים רְאוּ מָה־אַתֶּם עֹשִׂים כִּי לֹא לְאָדָם

יח v. 33 ידך ק׳

7 תִּשְׁפְּטוּ כִּי לַיהוָה וְעִמָּכֶם בִּדְבַר מִשְׁפָּט׃ וְעַתָּה יְהִי פַחַד־
יְהוָה עֲלֵיכֶם שִׁמְרוּ וַעֲשׂוּ כִּי־אֵין עִם־יְהוָה אֱלֹהֵינוּ עַוְלָה
8 וּמַשֹּׂא פָנִים וּמִקַּח־שֹׁחַד׃ וְגַם בִּירוּשָׁלַםִ הֶעֱמִיד יְהוֹשָׁפָט
מִן־הַלְוִיִּם וְהַכֹּהֲנִים וּמֵרָאשֵׁי הָאָבוֹת לְיִשְׂרָאֵל לְמִשְׁפַּט יְהוָה
9 וְלָרִיב וַיָּשֻׁבוּ יְרוּשָׁלָםִ׃ וַיְצַו עֲלֵיהֶם לֵאמֹר כֹּה תַעֲשׂוּן בְּיִרְאַת
י יְהוָה בֶּאֱמוּנָה וּבְלֵבָב שָׁלֵם׃ וְכָל־רִיב אֲשֶׁר־יָבוֹא עֲלֵיכֶם
מֵאֲחֵיכֶם ׀ הַיֹּשְׁבִים בְּעָרֵיהֶם בֵּין־דָּם ׀ לְדָם בֵּין־תּוֹרָה
לְמִצְוָה לְחֻקִּים וּלְמִשְׁפָּטִים וְהִזְהַרְתֶּם אֹתָם וְלֹא יֶאְשְׁמוּ
לַיהוָה וְהָיָה־קֶצֶף עֲלֵיכֶם וְעַל־אֲחֵיכֶם כֹּה תַעֲשׂוּן וְלֹא
11 תֶאְשָׁמוּ׃ וְהִנֵּה אֲמַרְיָהוּ כֹהֵן הָרֹאשׁ עֲלֵיכֶם לְכֹל דְּבַר־
יְהוָה וּזְבַדְיָהוּ בֶן־יִשְׁמָעֵאל הַנָּגִיד לְבֵית־יְהוּדָה לְכֹל דְּבַר־
הַמֶּלֶךְ וְשֹׁטְרִים הַלְוִיִּם לִפְנֵיכֶם חִזְקוּ וַעֲשׂוּ וִיהִי יְהוָה עִם־
הַטּוֹב׃

כ CAP. XX. כ

א וַיְהִי אַחֲרֵי־כֵן בָּאוּ בְנֵי־מוֹאָב וּבְנֵי עַמּוֹן וְעִמָּהֶם ׀ מֵהָעַמּוֹנִים
2 עַל־יְהוֹשָׁפָט לַמִּלְחָמָה׃ וַיָּבֹאוּ וַיַּגִּידוּ לִיהוֹשָׁפָט לֵאמֹר בָּא
עָלֶיךָ הָמוֹן רָב מֵעֵבֶר לַיָּם מֵאֲרָם וְהִנָּם בְּחַצְצוֹן תָּמָר הִיא
3 עֵין גֶּדִי׃ וַיִּרָא וַיִּתֵּן יְהוֹשָׁפָט אֶת־פָּנָיו לִדְרוֹשׁ לַיהוָה וַיִּקְרָא־
4 צוֹם עַל־כָּל־יְהוּדָה׃ וַיִּקָּבְצוּ יְהוּדָה לְבַקֵּשׁ מֵיְהוָה גַּם
ה מִכָּל־עָרֵי יְהוּדָה בָּאוּ לְבַקֵּשׁ אֶת־יְהוָה׃ וַיַּעֲמֹד יְהוֹשָׁפָט
בִּקְהַל יְהוּדָה וִירוּשָׁלַםִ בְּבֵית יְהוָה לִפְנֵי הֶחָצֵר הַחֲדָשָׁה׃
6 וַיֹּאמַר יְהוָה אֱלֹהֵי אֲבֹתֵינוּ הֲלֹא אַתָּה־הוּא אֱלֹהִים בַּשָּׁמַיִם
וְאַתָּה מוֹשֵׁל בְּכֹל מַמְלְכוֹת הַגּוֹיִם וּבְיָדְךָ כֹּחַ וּגְבוּרָה וְאֵין
7 עִמְּךָ לְהִתְיַצֵּב׃ הֲלֹא ׀ אַתָּה אֱלֹהֵינוּ הוֹרַשְׁתָּ אֶת־יֹשְׁבֵי הָאָרֶץ
הַזֹּאת מִלִּפְנֵי עַמְּךָ יִשְׂרָאֵל וַתִּתְּנָהּ לְזֶרַע אַבְרָהָם אֹהַבְךָ
8 לְעוֹלָם׃ וַיֵּשְׁבוּ־בָהּ וַיִּבְנוּ לְךָ ׀ בָּהּ מִקְדָּשׁ לְשִׁמְךָ לֵאמֹר׃
9 אִם־תָּבוֹא עָלֵינוּ רָעָה חֶרֶב שְׁפוֹט וְדֶבֶר וְרָעָב נַעַמְדָה
לִפְנֵי הַבַּיִת הַזֶּה וּלְפָנֶיךָ כִּי שִׁמְךָ בַּבַּיִת הַזֶּה וְנִזְעַק אֵלֶיךָ

י מִצָּרָתֵנוּ וְתִשְׁמַע וְתוֹשִׁיעַ: וְעַתָּה הִנֵּה בְנֵי־עַמּוֹן וּמוֹאָב
וְהַר־שֵׂעִיר אֲשֶׁר לֹא־נָתַתָּה לְיִשְׂרָאֵל לָבוֹא בָהֶם בְּבֹאָם
מֵאֶרֶץ מִצְרָיִם כִּי סָרוּ מֵעֲלֵיהֶם וְלֹא הִשְׁמִידוּם: וְהִנֵּה־הֵם

11 גֹּמְלִים עָלֵינוּ לָבוֹא לְגָרְשֵׁנוּ מִירֻשָּׁתְךָ אֲשֶׁר הוֹרַשְׁתָּנוּ: אֱלֹהֵינוּ

12 הֲלֹא תִשְׁפָּט־בָּם כִּי אֵין בָּנוּ כֹּחַ לִפְנֵי הֶהָמוֹן הָרָב הַזֶּה הַבָּא
עָלֵינוּ וַאֲנַחְנוּ לֹא נֵדַע מַה־נַּעֲשֶׂה כִּי עָלֶיךָ עֵינֵינוּ: וְכָל־

13 יְהוּדָה עֹמְדִים לִפְנֵי יְהֹוָה גַּם־טַפָּם נְשֵׁיהֶם וּבְנֵיהֶם:

14 וְיַחֲזִיאֵל בֶּן־זְכַרְיָהוּ בֶּן־בְּנָיָה בֶּן־יְעִיאֵל בֶּן־מַתַּנְיָה הַלֵּוִי
מִן־בְּנֵי אָסָף הָיְתָה עָלָיו רוּחַ יְהֹוָה בְּתוֹךְ הַקָּהָל: וַיֹּאמֶר

טו הַקְשִׁיבוּ כָל־יְהוּדָה וְיֹשְׁבֵי יְרוּשָׁלַ͏ִם וְהַמֶּלֶךְ יְהוֹשָׁפָט כֹּה־
אָמַר יְהֹוָה לָכֶם אַתֶּם אַל־תִּירְאוּ וְאַל־תֵּחַתּוּ מִפְּנֵי הֶהָמוֹן

16 הָרָב הַזֶּה כִּי לֹא לָכֶם הַמִּלְחָמָה כִּי לֵאלֹהִים: מָחָר רְדוּ
עֲלֵיהֶם הִנָּם עֹלִים בְּמַעֲלֵה הַצִּיץ וּמְצָאתֶם אֹתָם בְּסוֹף הַנַּחַל

17 פְּנֵי מִדְבַּר יְרוּאֵל: לֹא לָכֶם לְהִלָּחֵם בָּזֹאת הִתְיַצְּבוּ עִמְדוּ
וּרְאוּ אֶת־יְשׁוּעַת יְהֹוָה עִמָּכֶם יְהוּדָה וִירוּשָׁלַ͏ִם אַל־תִּירְאוּ

18 וְאַל־תֵּחַתּוּ מָחָר צְאוּ לִפְנֵיהֶם וַיהֹוָה עִמָּכֶם: וַיִּקֹּד יְהוֹשָׁפָט
אַפַּיִם אָרְצָה וְכָל־יְהוּדָה וְיֹשְׁבֵי יְרוּשָׁלַ͏ִם נָפְלוּ לִפְנֵי יְהֹוָה

19 לְהִשְׁתַּחֲוֹת לַיהֹוָה: וַיָּקֻמוּ הַלְוִיִּם מִן־בְּנֵי הַקְּהָתִים וּמִן־בְּנֵי
הַקָּרְחִים לְהַלֵּל לַיהֹוָה אֱלֹהֵי יִשְׂרָאֵל בְּקוֹל גָּדוֹל לְמָעְלָה:

כ וַיַּשְׁכִּימוּ בַבֹּקֶר וַיֵּצְאוּ לְמִדְבַּר תְּקוֹעַ וּבְצֵאתָם עָמַד יְהוֹשָׁפָט
וַיֹּאמֶר שְׁמָעוּנִי יְהוּדָה וְיֹשְׁבֵי יְרוּשָׁלַ͏ִם הַאֲמִינוּ בַּיהֹוָה אֱלֹהֵיכֶם

21 וְתֵאָמֵנוּ הַאֲמִינוּ בִנְבִיאָיו וְהַצְלִיחוּ: וַיִּוָּעַץ אֶל־הָעָם וַיַּעֲמֵד
מְשֹׁרְרִים לַיהֹוָה וּמְהַלְלִים לְהַדְרַת־קֹדֶשׁ בְּצֵאת לִפְנֵי

22 הֶחָלוּץ וְאֹמְרִים הוֹדוּ לַיהֹוָה כִּי לְעוֹלָם חַסְדּוֹ: וּבְעֵת הֵחֵלּוּ
בְרִנָּה וּתְהִלָּה נָתַן יְהֹוָה ׀ מְאָרְבִים עַל־בְּנֵי עַמּוֹן מוֹאָב וְהַר־

23 שֵׂעִיר הַבָּאִים לִיהוּדָה וַיִּנָּגֵפוּ: וַיַּעַמְדוּ בְּנֵי עַמּוֹן וּמוֹאָב עַל־
יֹשְׁבֵי הַר־שֵׂעִיר לְהַחֲרִים וּלְהַשְׁמִיד וּכְכַלּוֹתָם בְּיוֹשְׁבֵי שֵׂעִיר

24 עָזְרוּ אִישׁ בְּרֵעֵהוּ לְמַשְׁחִית: וִיהוּדָה בָּא עַל־הַמִּצְפֶּה
למדבר

לַמִּדְבָּר וַיִּפְנוּ אֶל־הֶהָמוֹן וְהִנָּם פְּגָרִים נֹפְלִים אַרְצָה וְאֵין

פְּלֵיטָה: וַיָּבֹא יְהוֹשָׁפָט וְעַמּוֹ לָבֹז אֶת־שְׁלָלָם וַיִּמְצְאוּ בָהֶם כה

לָרֹב וּרְכוּשׁ וּפְגָרִים וּכְלֵי חֲמֻדוֹת וַיְנַצְּלוּ לָהֶם לְאֵין מַשָּׂא

וַיִּהְיוּ יָמִים שְׁלוֹשָׁה בֹּזְזִים אֶת־הַשָּׁלָל כִּי רַב־הוּא: וּבַיּוֹם 26

הָרְבִעִי נִקְהֲלוּ לְעֵמֶק בְּרָכָה כִּי־שָׁם בֵּרְכוּ אֶת־יְהֹוָה עַל־

כֵּן קָרְאוּ אֶת־שֵׁם הַמָּקוֹם הַהוּא עֵמֶק בְּרָכָה עַד־הַיּוֹם:

וַיָּשֻׁבוּ כָּל־אִישׁ יְהוּדָה וִירוּשָׁלַ͏ִם וִיהוֹשָׁפָט בְּרֹאשָׁם לָשׁוּב 27

אֶל־יְרוּשָׁלַ͏ִם בְּשִׂמְחָה כִּי־שִׂמְּחָם יְהֹוָה מֵאוֹיְבֵיהֶם: וַיָּבֹאוּ 28

יְרוּשָׁלַ͏ִם בִּנְבָלִים וּבְכִנֹּרוֹת וּבַחֲצֹצְרוֹת אֶל־בֵּית יְהֹוָה: וַיְהִי 29

פַּחַד אֱלֹהִים עַל כָּל־מַמְלְכוֹת הָאֲרָצוֹת בְּשָׁמְעָם כִּי נִלְחַם

יְהֹוָה עִם אוֹיְבֵי יִשְׂרָאֵל: וַתִּשְׁקֹט מַלְכוּת יְהוֹשָׁפָט וַיָּנַח לוֹ ל

אֱלֹהָיו מִסָּבִיב: וַיִּמְלֹךְ יְהוֹשָׁפָט עַל־יְהוּדָה בֶּן־שְׁלֹשִׁים 31

וְחָמֵשׁ שָׁנָה בְּמָלְכוֹ וְעֶשְׂרִים וְחָמֵשׁ שָׁנָה מָלַךְ בִּירוּשָׁלָ͏ִם וְשֵׁם

אִמּוֹ עֲזוּבָה בַּת־שִׁלְחִי: וַיֵּלֶךְ בְּדֶרֶךְ אָבִיו אָסָא וְלֹא־סָר 32

מִמֶּנָּה לַעֲשׂוֹת הַיָּשָׁר בְּעֵינֵי יְהֹוָה: אַךְ הַבָּמוֹת לֹא־סָרוּ 33

וְעוֹד הָעָם לֹא־הֵכִינוּ לְבָבָם לֵאלֹהֵי אֲבֹתֵיהֶם: וְיֶתֶר דִּבְרֵי 34

יְהוֹשָׁפָט הָרִאשֹׁנִים וְהָאַחֲרֹנִים הִנָּם כְּתוּבִים בְּדִבְרֵי יֵהוּא

בֶן־חֲנָנִי אֲשֶׁר הֹעֲלָה עַל־סֵפֶר מַלְכֵי יִשְׂרָאֵל: וְאַחֲרֵי־כֵן לה

אֶתְחַבַּר יְהוֹשָׁפָט מֶלֶךְ־יְהוּדָה עִם אֲחַזְיָה מֶלֶךְ־יִשְׂרָאֵל

הוּא הִרְשִׁיעַ לַעֲשׂוֹת: וַיְחַבְּרֵהוּ עִמּוֹ לַעֲשׂוֹת אֳנִיּוֹת לָלֶכֶת 36

תַּרְשִׁישׁ וַיַּעֲשׂוּ אֳנִיּוֹת בְּעֶצְיוֹן גָּבֶר: וַיִּתְנַבֵּא אֱלִיעֶזֶר בֶּן־ 37

דֹּדָוָהוּ מִמָּרֵשָׁה עַל־יְהוֹשָׁפָט לֵאמֹר כְּהִתְחַבֶּרְךָ עִם־אֲחַזְיָהוּ

פָּרַץ יְהֹוָה אֶת־מַעֲשֶׂיךָ וַיִּשָּׁבְרוּ אֳנִיּוֹת וְלֹא עָצְרוּ לָלֶכֶת

אֶל־תַּרְשִׁישׁ: ׃

כא

וַיִּשְׁכַּב יְהוֹשָׁפָט עִם־אֲבֹתָיו וַיִּקָּבֵר עִם־אֲבֹתָיו בְּעִיר דָּוִיד א

וַיִּמְלֹךְ יְהוֹרָם בְּנוֹ תַּחְתָּיו: וְלוֹ־אַחִים בְּנֵי יְהוֹשָׁפָט עֲזַרְיָה 2

וִיחִיאֵל֙ וּזְכַרְיָ֔הוּ וַעֲזַרְיָ֖הוּ וּמִיכָאֵ֑ל וּשְׁפַטְיָ֔הוּ כָּל־אֵ֖לֶּה בְּנֵ֥י

3 יְהוֹשָׁפָ֖ט מֶ֣לֶךְ־יִשְׂרָאֵֽל: וַיִּתֵּ֨ן לָהֶ֤ם ׀ אֲבִיהֶם֙ מַתָּנ֣וֹת רַבּ֔וֹת לְכֶ֤סֶף וּלְזָהָב֙ וּלְמִגְדָּנ֔וֹת עִם־עָרֵ֥י מְצֻר֖וֹת בִּֽיהוּדָ֑ה וְאֶת־

4 הַמַּמְלָכָ֛ה נָתַ֥ן לִֽיהוֹרָ֖ם כִּי־ה֥וּא הַבְּכֽוֹר: וַיָּ֨קָם יְהוֹרָ֜ם עַל־מַמְלֶ֤כֶת אָבִיו֙ וַיִּתְחַזַּ֔ק וַיַּהֲרֹ֥ג אֶת־כָּל־אֶחָ֖יו בֶּחָ֑רֶב וְגַ֖ם

5 מִשָּׂרֵ֥י יִשְׂרָאֵֽל: בֶּן־שְׁלֹשִׁ֨ים וּשְׁתַּ֤יִם שָׁנָה֙ יְהוֹרָ֣ם בְּמָלְכ֔וֹ

6 וּשְׁמוֹנֶ֣ה שָׁנִ֔ים מָלַ֖ךְ בִּירֽוּשָׁלָֽ͏ִם: וַיֵּ֜לֶךְ בְּדֶ֣רֶךְ ׀ מַלְכֵ֣י יִשְׂרָאֵ֗ל כַּאֲשֶׁ֤ר עָשׂוּ֙ בֵּ֣ית אַחְאָ֔ב כִּ֚י בַּת־אַחְאָ֔ב הָ֥יְתָה לּ֖וֹ אִשָּׁ֑ה וַיַּ֥עַשׂ

7 הָרַ֖ע בְּעֵינֵ֥י יְהוָֽה: וְלֹא־אָבָ֣ה יְהוָ֗ה לְהַשְׁחִית֙ אֶת־בֵּ֣ית דָּוִ֔יד לְמַ֣עַן הַבְּרִ֔ית אֲשֶׁ֥ר כָּרַ֖ת לְדָוִ֑יד וְכַאֲשֶׁ֣ר אָמַ֔ר לָתֵ֥ת ל֛וֹ נִ֖יר

8 וּלְבָנָ֖יו כָּל־הַיָּמִֽים: בְּיָמָיו֙ פָּשַׁ֣ע אֱד֔וֹם מִתַּ֖חַת יַד־יְהוּדָ֑ה

9 וַיַּמְלִ֖יכוּ עֲלֵיהֶ֥ם מֶֽלֶךְ: וַֽיַּעֲבֹ֤ר יְהוֹרָם֙ עִם־שָׂרָ֔יו וְכָל־הָרֶ֖כֶב עִמּ֑וֹ וַיְהִ֤י קָם֙ לַ֔יְלָה וַיַּ֗ךְ אֶת־אֱדוֹם֙ הַסּוֹבֵ֣ב אֵלָ֔יו וְאֵ֖ת שָׂרֵ֥י

10 הָרָֽכֶב: וַיִּפְשַׁ֨ע אֱד֜וֹם מִתַּ֣חַת יַד־יְהוּדָ֗ה עַ֚ד הַיּ֣וֹם הַזֶּ֔ה אָ֣ז תִּפְשַׁ֞ע לִבְנָ֛ה בָּעֵ֥ת הַהִ֖יא מִתַּ֣חַת יָד֑וֹ כִּ֣י עָזַ֔ב אֶת־יְהוָ֖ה אֱלֹהֵ֥י

11 אֲבֹתָֽיו: גַּם־ה֤וּא עָשָֽׂה־בָמ֖וֹת בְּהָרֵ֣י יְהוּדָ֑ה וַיֶּ֙זֶן֙ אֶת־יֹשְׁבֵ֣י

12 יְרֽוּשָׁלַ֔͏ִם וַיַּדַּ֖ח אֶת־יְהוּדָֽה: וַיָּבֹ֤א אֵלָיו֙ מִכְתָּ֔ב מֵֽאֵלִיָּ֥הוּ הַנָּבִ֖יא לֵאמֹ֑ר כֹּ֣ה ׀ אָמַ֣ר יְהוָ֗ה אֱלֹהֵי֙ דָּוִ֣יד אָבִ֔יךָ תַּ֗חַת אֲשֶׁ֤ר לֹֽא־הָלַ֙כְתָּ֙ בְּדַרְכֵי֙ יְהוֹשָׁפָ֣ט אָבִ֔יךָ וּבְדַרְכֵ֖י אָסָ֥א

13 מֶֽלֶךְ־יְהוּדָֽה: וַתֵּ֗לֶךְ בְּדֶ֙רֶךְ֙ מַלְכֵ֣י יִשְׂרָאֵ֔ל וַתַּזְנֶ֥ה אֶת־יְהוּדָ֖ה וְאֶת־יֹשְׁבֵ֣י יְרוּשָׁלַ֔͏ִם כְּהַזְנ֖וֹת בֵּ֣ית אַחְאָ֑ב וְגַ֨ם אֶת־אַחֶ֧יךָ בֵית־

14 אָבִ֛יךָ הַטּוֹבִ֥ים מִמְּךָ֖ הָרָֽגְתָּ: הִנֵּ֣ה יְהוָ֗ה נֹגֵ֛ף מַגֵּפָ֥ה גְדוֹלָ֖ה בְּעַמֶּ֑ךָ וּבְבָנֶ֥יךָ וּבְנָשֶׁ֖יךָ וּבְכָל־רְכוּשֶֽׁךָ:

15 וְאַתָּ֛ה בׇּחֳלָיִ֥ים רַבִּ֖ים בְּמַחֲלֵ֣ה מֵעֶ֑יךָ עַד־יֵצְא֤וּ מֵעֶ֙יךָ֙ מִן־הַחֹ֔לִי יָמִ֖ים עַל־יָמִֽים:

16 וַיָּ֣עַר יְהוָ֗ה עַל־יְהוֹרָ֔ם אֵ֣ת ר֤וּחַ הַפְּלִשְׁתִּים֙ וְהָ֣עַרְבִ֔ים אֲשֶׁ֖ר

17 עַל־יַ֥ד כּוּשִֽׁים: וַיַּעֲל֤וּ בִֽיהוּדָה֙ וַיִּבְקָע֔וּהָ וַיִּשְׁבּ֗וּ אֵ֤ת כָּל־הָרְכוּשׁ֙ הַנִּמְצָ֣א לְבֵית־הַמֶּ֔לֶךְ וְגַם־בָּנָ֖יו וְנָשָׁ֑יו וְלֹ֤א נִשְׁאַר־

לוֹ בֵן כִּי אִם־יְהוֹאָחָז קְטֹן בָּנָיו: וְאַחֲרֵי כָל־זֹאת נְגָפוֹ 18
יְהֹוָה ׀ בְּמֵעָיו לָחֳלִי לְאֵין מַרְפֵּא וַיְהִי לְיָמִים ׀ מִיָּמִים 19
וּכְעֵת צֵאת הַקֵּץ לְיָמִים שְׁנַיִם יָצְאוּ מֵעָיו עִם־חָלְיוֹ וַיָּמָת
בְּתַחֲלֻאִים רָעִים וְלֹא־עָשׂוּ לוֹ עַמּוֹ שְׂרֵפָה כִּשְׂרֵפַת אֲבֹתָיו:
בֶּן־שְׁלֹשִׁים וּשְׁתַּיִם הָיָה בְמָלְכוֹ וּשְׁמֹנֶה שָׁנִים מָלַךְ בִּירוּשָׁלָ͏ִם כ
וַיֵּלֶךְ בְּלֹא חֶמְדָּה וַיִּקְבְּרֻהוּ בְּעִיר דָּוִיד וְלֹא בְּקִבְרוֹת
הַמְּלָכִים: ׃

כב   CAP. XXII.   כב

וַיַּמְלִיכוּ יוֹשְׁבֵי יְרוּשָׁלַ͏ִם אֶת־אֲחַזְיָהוּ בְנוֹ הַקָּטֹן תַּחְתָּיו כִּי א
כָל־הָרִאשֹׁנִים הָרַג הַגְּדוּד הַבָּא בָעַרְבִים לַמַּחֲנֶה וַיִּמְלֹךְ
אֲחַזְיָהוּ בֶן־יְהוֹרָם מֶלֶךְ יְהוּדָה: בֶּן־אַרְבָּעִים וּשְׁתַּיִם 2
שָׁנָה אֲחַזְיָהוּ בְמָלְכוֹ וְשָׁנָה אַחַת מָלַךְ בִּירוּשָׁלָ͏ִם וְשֵׁם אִמּוֹ
עֲתַלְיָהוּ בַּת־עָמְרִי: גַּם־הוּא הָלַךְ בְּדַרְכֵי בֵּית אַחְאָב כִּי 3
אִמּוֹ הָיְתָה יוֹעַצְתּוֹ לְהַרְשִׁיעַ: וַיַּעַשׂ הָרַע בְּעֵינֵי יְהֹוָה כְּבֵית 4
אַחְאָב כִּי־הֵמָּה הָיוּ־לוֹ יוֹעֲצִים אַחֲרֵי מוֹת אָבִיו לְמַשְׁחִית
לוֹ: גַּם בַּעֲצָתָם הָלַךְ וַיֵּלֶךְ אֶת־יְהוֹרָם בֶּן־אַחְאָב מֶלֶךְ 5
יִשְׂרָאֵל לַמִּלְחָמָה עַל־חֲזָאֵל מֶלֶךְ־אֲרָם בְּרָמוֹת גִּלְעָד וַיַּכּוּ
הָרַמִּים אֶת־יוֹרָם: וַיָּשָׁב לְהִתְרַפֵּא בְיִזְרְעֶאל כִּי הַמַּכִּים 6
אֲשֶׁר הִכֻּהוּ בְרָמָה בְּהִלָּחֲמוֹ אֶת־חֲזָהאֵל מֶלֶךְ אֲרָם וַעֲזַרְיָהוּ
בֶן־יְהוֹרָם מֶלֶךְ יְהוּדָה יָרַד לִרְאוֹת אֶת־יְהוֹרָם בֶּן־אַחְאָב
בְּיִזְרְעֶאל כִּי־חֹלֶה הוּא: וּמֵאֱלֹהִים הָיְתָה תְּבוּסַת אֲחַזְיָהוּ 7
לָבוֹא אֶל־יוֹרָם וּבְבֹאוֹ יָצָא עִם־יְהוֹרָם אֶל־יֵהוּא בֶן־
נִמְשִׁי אֲשֶׁר מְשָׁחוֹ יְהֹוָה לְהַכְרִית אֶת־בֵּית אַחְאָב: וַיְהִי 8
כְּהִשָּׁפֵט יֵהוּא עִם־בֵּית אַחְאָב וַיִּמְצָא אֶת־שָׂרֵי יְהוּדָה וּבְנֵי
אֲחֵי אֲחַזְיָהוּ מְשָׁרְתִים לַאֲחַזְיָהוּ וַיַּהַרְגֵם: וַיְבַקֵּשׁ אֶת־ 9
אֲחַזְיָהוּ וַיִּלְכְּדֻהוּ וְהוּא מִתְחַבֵּא בְשֹׁמְרוֹן וַיְבִאֻהוּ אֶל־
יֵהוּא וַיְמִתֻהוּ וַיִּקְבְּרֻהוּ כִּי אָמְרוּ בֶּן־יְהוֹשָׁפָט הוּא אֲשֶׁר־

דרש

דָּרַ֥שׁ אֶת־יְהוָ֖ה בְּכָל־לְבָב֑וֹ וְאֵין֙ לְבֵ֣ית אֲחַזְיָ֔הוּ לַעְצֹ֥ר כֹּ֖חַ
י לַמַּמְלָכָֽה׃ וַעֲתַלְיָ֙הוּ֙ אֵ֣ם אֲחַזְיָ֔הוּ רָאֲתָ֖ה כִּי־מֵ֣ת בְּנָ֑הּ
11 וַתָּ֗קָם וַתְּדַבֵּר֙ אֶת־כָּל־זֶ֣רַע הַמַּמְלָכָ֔ה לְבֵ֖ית יְהוּדָֽה׃ וַתִּקַּח֩
יְהוֹשַׁבְעַ֨ת בַּת־הַמֶּ֜לֶךְ אֶת־יוֹאָ֣שׁ בֶּן־אֲחַזְיָ֗הוּ וַתִּגְנֹ֣ב אֹת֞וֹ
מִתּ֨וֹךְ בְּנֵי־הַמֶּ֜לֶךְ הַמּ֣וּמָתִ֔ים וַתִּתֵּ֥ן אֹת֛וֹ וְאֶת־מֵינִקְתּ֖וֹ בַּחֲדַ֣ר
הַמִּטּ֑וֹת וַתַּסְתִּירֵ֡הוּ יְהוֹשַׁבְעַ֣ת בַּת־הַמֶּלֶךְ֩ יְהוֹרָ֨ם אֵ֜שֶׁת
יְהוֹיָדָ֣ע הַכֹּהֵ֗ן כִּ֣י הִ֤יא הָֽיְתָה֙ אֲח֣וֹת אֲחַזְיָ֔הוּ מִפְּנֵ֣י עֲתַלְיָ֔הוּ
12 וְלֹ֖א הֱמִיתָֽתְהוּ׃ וַיְהִ֤י אִתָּם֙ בְּבֵ֣ית הָאֱלֹהִ֔ים מִתְחַבֵּ֖א שֵׁ֣שׁ
שָׁנִ֑ים וַעֲתַלְיָ֖ה מֹלֶ֥כֶת עַל־הָאָֽרֶץ׃

CAP. XXIII. כג

כג

א וּבַשָּׁנָ֨ה הַשְּׁבִעִ֜ית הִתְחַזַּ֣ק יְהוֹיָדָ֗ע וַיִּקַּ֣ח אֶת־שָׂרֵי֩ הַמֵּא֨וֹת
לַעֲזַרְיָ֣הוּ בֶן־יְ֠רֹחָם וּֽלְיִשְׁמָעֵ֣אל בֶּן־יְהוֹחָנָ֡ן וְלַעֲזַרְיָ֣הוּ בֶן־
עוֹבֵ֡ד וְאֶת־מַעֲשֵׂיָ֣הוּ בֶן־עֲדָיָ֡הוּ וְאֶת־אֱלִישָׁפָ֣ט בֶּן־זִכְרִ֛י עִמּ֖וֹ
2 בַבְּרִֽית׃ וַיָּסֹ֙בּוּ֙ בִּֽיהוּדָ֔ה וַֽיִּקְבְּצ֤וּ אֶת־הַלְוִיִּם֙ מִכָּל־עָרֵ֣י
3 יְהוּדָ֔ה וְרָאשֵׁ֥י הָאָב֖וֹת לְיִשְׂרָאֵ֑ל וַיָּבֹ֖אוּ אֶל־יְרוּשָׁלִָֽם׃ וַיִּכְרֹ֨ת
כָּל־הַקָּהָ֧ל בְּרִ֛ית בְּבֵ֥ית הָאֱלֹהִ֖ים עִם־הַמֶּ֑לֶךְ וַיֹּ֣אמֶר לָהֶ֗ם
4 הִנֵּ֤ה בֶן־הַמֶּ֙לֶךְ֙ יִמְלֹ֔ךְ כַּאֲשֶׁ֛ר דִּבֶּ֥ר יְהוָ֖ה עַל־בְּנֵ֥י דָוִֽיד׃ זֶ֥ה
הַדָּבָ֖ר אֲשֶׁ֣ר תַּעֲשׂ֑וּ הַשְּׁלִשִׁ֨ית מִכֶּ֜ם בָּאֵ֣י הַשַּׁבָּ֗ת לַכֹּהֲנִים֙
ה וְלַלְוִיִּ֔ם לְשֹׁעֲרֵ֖י הַסִּפִּֽים׃ וְהַשְּׁלִשִׁית֙ בְּבֵ֣ית הַמֶּ֔לֶךְ וְהַשְּׁלִשִׁ֖ית
6 בְּשַׁ֣עַר הַיְס֑וֹד וְכָל־הָעָ֔ם בְּחַצְר֖וֹת בֵּ֥ית יְהוָֽה׃ וְאַל־יָב֣וֹא
בֵית־יְהוָ֗ה כִּ֣י אִם־הַכֹּהֲנִים֮ וְהַמְשָׁרְתִ֣ים לַלְוִיִּם֒ הֵ֥מָּה יָבֹ֖אוּ
7 כִּי־קֹ֣דֶשׁ הֵ֑מָּה וְכָל־הָעָ֔ם יִשְׁמְר֖וּ מִשְׁמֶ֥רֶת יְהוָֽה׃ וְהִקִּיפוּ֩
הַלְוִיִּ֨ם אֶת־הַמֶּ֜לֶךְ סָבִ֗יב אִ֚ישׁ וְכֵלָ֣יו בְּיָד֔וֹ וְהַבָּ֥א אֶל־הַבַּ֖יִת
8 יוּמָ֑ת וִֽהְי֥וּ אֶת־הַמֶּ֖לֶךְ בְּבֹא֥וֹ וּבְצֵאתֽוֹ׃ וַיַּעֲשׂ֨וּ הַלְוִיִּ֜ם וְכָל־
יְהוּדָ֗ה כְּכֹ֣ל אֲשֶׁר־צִוָּה֮ יְהוֹיָדָ֣ע הַכֹּהֵן֒ וַיִּקְחוּ֙ אִ֣ישׁ אֶת־אֲנָשָׁ֔יו
בָּאֵ֣י הַשַּׁבָּ֔ת עִ֖ם יוֹצְאֵ֣י הַשַּׁבָּ֑ת כִּ֣י לֹ֥א פָטַ֛ר יְהוֹיָדָ֥ע הַכֹּהֵ֖ן
9 אֶת־הַֽמַּחְלְקֽוֹת׃ וַיִּתֵּן֩ יְהוֹיָדָ֨ע הַכֹּהֵ֜ן לְשָׂרֵ֣י הַמֵּא֗וֹת אֶֽת־
הַחֲנִיתִים֙ וְאֶת־הַמָּגִנּ֣וֹת וְאֶת־הַשְּׁלָטִ֔ים אֲשֶׁ֖ר לַמֶּ֣לֶךְ דָּוִ֑יד

אשר

י אֲשֶׁר בֵּית הָאֱלֹהִים׃ וַיַּעֲמֵד אֶת־כָּל־הָעָם וְאִישׁ ׀ שִׁלְחוֹ
בְיָדוֹ מִכֶּתֶף הַבַּיִת הַיְמָנִית עַד־כֶּתֶף הַבַּיִת הַשְּׂמָאלִית
11 לַמִּזְבֵּחַ וְלַבָּיִת עַל־הַמֶּלֶךְ סָבִיב׃ וַיּוֹצִיאוּ אֶת־בֶּן־הַמֶּלֶךְ
וַיִּתְּנוּ עָלָיו אֶת־הַנֵּזֶר וְאֶת־הָעֵדוּת וַיַּמְלִיכוּ אֹתוֹ וַיִּמְשָׁחֻהוּ
12 יְהוֹיָדָע וּבָנָיו וַיֹּאמְרוּ יְחִי הַמֶּלֶךְ׃ וַתִּשְׁמַע עֲתַלְיָהוּ
אֶת־קוֹל הָעָם הָרָצִים וְהַמְהַלְלִים אֶת־הַמֶּלֶךְ וַתָּבוֹא אֶל־
13 הָעָם בֵּית יְהוָה׃ וַתֵּרֶא וְהִנֵּה הַמֶּלֶךְ עוֹמֵד עַל־עַמּוּדוֹ בַּמָּבוֹא
וְהַשָּׂרִים וְהַחֲצֹצְרוֹת עַל־הַמֶּלֶךְ וְכָל־עַם הָאָרֶץ שָׂמֵחַ
וְתוֹקֵעַ בַּחֲצֹצְרוֹת וְהַמְשׁוֹרְרִים בִּכְלֵי הַשִּׁיר וּמוֹדִיעִים לְהַלֵּל
14 וַתִּקְרַע עֲתַלְיָהוּ אֶת־בְּגָדֶיהָ וַתֹּאמֶר קֶשֶׁר קָשֶׁר׃ וַיּוֹצֵא
יְהוֹיָדָע הַכֹּהֵן אֶת־שָׂרֵי הַמֵּאוֹת ׀ פְּקוּדֵי הַחַיִל וַיֹּאמֶר אֲלֵהֶם
הוֹצִיאוּהָ אֶל־מִבֵּית הַשְּׂדֵרוֹת וְהַבָּא אַחֲרֶיהָ יוּמַת בֶּחָרֶב כִּי
טו אָמַר הַכֹּהֵן לֹא תְמִיתוּהָ בֵּית יְהוָה׃ וַיָּשִׂמוּ לָהּ יָדַיִם וַתָּבוֹא
אֶל־מְבוֹא שַׁעַר־הַסּוּסִים בֵּית הַמֶּלֶךְ וַיְמִיתוּהָ שָׁם׃
16 וַיִּכְרֹת יְהוֹיָדָע בְּרִית בֵּינוֹ וּבֵין כָּל־הָעָם וּבֵין הַמֶּלֶךְ לִהְיוֹת
17 לְעָם לַיהוָה׃ וַיָּבֹאוּ כָל־הָעָם בֵּית־הַבַּעַל וַיִּתְּצֻהוּ וְאֶת־
מִזְבְּחֹתָיו וְאֶת־צְלָמָיו שִׁבֵּרוּ וְאֵת מַתָּן כֹּהֵן הַבַּעַל הָרְגוּ לִפְנֵי
18 הַמִּזְבְּחוֹת׃ וַיָּשֶׂם יְהוֹיָדָע פְּקֻדֹּת בֵּית יְהוָה בְּיַד הַכֹּהֲנִים
הַלְוִיִּם אֲשֶׁר חָלַק דָּוִיד עַל־בֵּית יְהוָה לְהַעֲלוֹת עֹלוֹת יְהוָה
19 כַּכָּתוּב בְּתוֹרַת מֹשֶׁה בְּשִׂמְחָה וּבְשִׁיר עַל יְדֵי דָוִיד׃ וַיַּעֲמֵד
הַשּׁוֹעֲרִים עַל־שַׁעֲרֵי בֵּית יְהוָה וְלֹא־יָבוֹא טָמֵא לְכָל־דָּבָר׃
כ וַיִּקַּח אֶת־שָׂרֵי הַמֵּאוֹת וְאֶת־הָאַדִּירִים וְאֶת־הַמּוֹשְׁלִים בָּעָם
וְאֵת ׀ כָּל־עַם הָאָרֶץ וַיּוֹרֶד אֶת־הַמֶּלֶךְ מִבֵּית יְהוָה וַיָּבֹאוּ
בְּתוֹךְ־שַׁעַר הָעֶלְיוֹן בֵּית הַמֶּלֶךְ וַיּוֹשִׁיבוּ אֶת־הַמֶּלֶךְ עַל
21 כִּסֵּא הַמַּמְלָכָה׃ וַיִּשְׂמְחוּ כָל־עַם־הָאָרֶץ וְהָעִיר שָׁקָטָה
וְאֶת־עֲתַלְיָהוּ הֵמִיתוּ בֶחָרֶב׃

כד CAP. XXIV. כד

א בֶּן־שֶׁבַע שָׁנִים יֹאָשׁ בְּמָלְכוֹ וְאַרְבָּעִים שָׁנָה מָלַךְ בִּירוּשָׁלִָם
ושם

2 וְשֵׁם אִמּוֹ צִבְיָה מִבְּאֵר שָׁבַע׃ וַיַּעַשׂ יוֹאָשׁ הַיָּשָׁר בְּעֵינֵי יְהוָה
כָּל־יְמֵי יְהוֹיָדָע הַכֹּהֵן׃
3 4 וַיִּשָּׂא־לוֹ יְהוֹיָדָע נָשִׁים שְׁתָּיִם וַיּוֹלֶד בָּנִים וּבָנוֹת׃ וַיְהִי אַחֲרֵי־
ה כֵן הָיָה עִם־לֵב יוֹאָשׁ לְחַדֵּשׁ אֶת־בֵּית יְהוָה׃ וַיִּקְבֹּץ אֶת־
הַכֹּהֲנִים וְהַלְוִיִּם וַיֹּאמֶר לָהֶם צְאוּ לְעָרֵי יְהוּדָה וְקִבְצוּ
מִכָּל־יִשְׂרָאֵל כֶּסֶף לְחַזֵּק ׀ אֶת־בֵּית אֱלֹהֵיכֶם מִדֵּי שָׁנָה
6 בְּשָׁנָה וְאַתֶּם תְּמַהֲרוּ לַדָּבָר וְלֹא מִהֲרוּ הַלְוִיִּם׃ וַיִּקְרָא הַמֶּלֶךְ
לִיהוֹיָדָע הָרֹאשׁ וַיֹּאמֶר לוֹ מַדּוּעַ לֹא־דָרַשְׁתָּ עַל־הַלְוִיִּם
לְהָבִיא מִיהוּדָה וּמִירוּשָׁלִַם אֶת־מַשְׂאַת מֹשֶׁה עֶבֶד־יְהוָה
7 וְהַקָּהָל לְיִשְׂרָאֵל לְאֹהֶל הָעֵדוּת׃ כִּי עֲתַלְיָהוּ הַמִּרְשַׁעַת
בָּנֶיהָ פָרְצוּ אֶת־בֵּית הָאֱלֹהִים וְגַם כָּל־קָדְשֵׁי בֵית־יְהוָה
8 עָשׂוּ לַבְּעָלִים׃ וַיֹּאמֶר הַמֶּלֶךְ וַיַּעֲשׂוּ אֲרוֹן אֶחָד וַיִּתְּנֻהוּ בְּשַׁעַר
9 בֵּית־יְהוָה חוּצָה׃ וַיִּתְּנוּ־קוֹל בִּיהוּדָה וּבִירוּשָׁלִַם לְהָבִיא
לַיהוָה מַשְׂאַת מֹשֶׁה עֶבֶד־הָאֱלֹהִים עַל־יִשְׂרָאֵל בַּמִּדְבָּר׃
י וַיִּשְׂמְחוּ כָל־הַשָּׂרִים וְכָל־הָעָם וַיָּבִיאוּ וַיַּשְׁלִיכוּ לָאָרוֹן עַד־
11 לְכַלֵּה׃ וַיְהִי בְּעֵת יָבִיא אֶת־הָאָרוֹן אֶל־פְּקֻדַּת הַמֶּלֶךְ בְּיַד
הַלְוִיִּם וְכִרְאוֹתָם כִּי־רַב הַכֶּסֶף וּבָא סוֹפֵר הַמֶּלֶךְ וּפְקִיד
כֹּהֵן הָרֹאשׁ וִיעָרוּ אֶת־הָאָרוֹן וְיִשָּׂאֻהוּ וִישִׁבֻהוּ אֶל־מְקֹמוֹ
12 כֹּה עָשׂוּ לְיוֹם ׀ בְּיוֹם וַיַּאַסְפוּ־כֶסֶף לָרֹב׃ וַיִּתְּנֵהוּ הַמֶּלֶךְ
וִיהוֹיָדָע אֶל־עוֹשֵׂה מְלֶאכֶת עֲבוֹדַת בֵּית־יְהוָה וַיִּהְיוּ שֹׂכְרִים
חֹצְבִים וְחָרָשִׁים לְחַדֵּשׁ בֵּית יְהוָה וְגַם לְחָרָשֵׁי בַרְזֶל וּנְחֹשֶׁת
13 לְחַזֵּק אֶת־בֵּית יְהוָה׃ וַיַּעֲשׂוּ עֹשֵׂי הַמְּלָאכָה וַתַּעַל אֲרוּכָה
לַמְּלָאכָה בְּיָדָם וַיַּעֲמִידוּ אֶת־בֵּית הָאֱלֹהִים עַל־מַתְכֻּנְתּוֹ
14 וַיְאַמְּצֻהוּ׃ וּכְכַלּוֹתָם הֵבִיאוּ לִפְנֵי הַמֶּלֶךְ וִיהוֹיָדָע אֶת־שְׁאָר
הַכֶּסֶף וַיַּעֲשֵׂהוּ כֵלִים לְבֵית־יְהוָה כְּלֵי שָׁרֵת וְהַעֲלוֹת וְכַפּוֹת
וּכְלֵי זָהָב וָכָסֶף וַיִּהְיוּ מַעֲלִים עֹלוֹת בְּבֵית־יְהוָה תָּמִיד כֹּל
טו יְמֵי יְהוֹיָדָע׃ וַיִּזְקַן יְהוֹיָדָע וַיִּשְׂבַּע יָמִים וַיָּמֹת בֶּן־מֵאָה
16 וּשְׁלֹשִׁים שָׁנָה בְּמוֹתוֹ׃ וַיִּקְבְּרֻהוּ בְעִיר־דָּוִיד עִם־הַמְּלָכִים

כי־עשה

17 כִּֽי־עָשָׂ֨ה טוֹבָ֜ה בְּיִשְׂרָאֵ֗ל וְעִם־הָאֱלֹהִ֖ים וּבֵיתֽוֹ׃ וְאַחֲרֵ֗י
מ֚וֹת יְה֣וֹיָדָ֔ע בָּ֚אוּ שָׂרֵ֣י יְהוּדָ֔ה וַיִּֽשְׁתַּחֲו֖וּ לַמֶּ֑לֶךְ אָ֛ז שָׁמַ֥ע
18 הַמֶּ֖לֶךְ אֲלֵיהֶֽם׃ וַיַּעַזְב֗וּ אֶת־בֵּ֤ית יְהוָה֙ אֱלֹהֵ֣י אֲבֽוֹתֵיהֶ֔ם
וַיַּעַבְד֥וּ אֶת־הָאֲשֵׁרִ֖ים וְאֶת־הָֽעֲצַבִּ֑ים וַֽיְהִי־קֶ֨צֶף֙ עַל־יְהוּדָ֣ה
19 וִֽירוּשָׁלִַ֔ם בְּאַשְׁמָתָ֖ם זֹֽאת׃ וַיִּשְׁלַ֤ח בָּהֶם֙ נְבִאִ֔ים לַהֲשִׁיבָ֖ם אֶל־
כ יְהוָ֑ה וַיָּעִ֥ידוּ בָ֖ם וְלֹ֥א הֶאֱזִֽינוּ׃ וְר֣וּחַ אֱלֹהִ֗ים לָֽבְשָׁה֙ אֶת־
זְכַרְיָה֙ בֶּן־יְהוֹיָדָ֣ע הַכֹּהֵ֔ן וַֽיַּעֲמֹ֖ד מֵעַ֣ל לָעָ֑ם וַיֹּ֣אמֶר לָהֶ֗ם
כֹּ֣ה ׀ אָמַ֣ר הָאֱלֹהִ֗ים לָמָה֩ אַתֶּ֨ם עֹבְרִ֜ים אֶת־מִצְוֺ֤ת יְהוָה֙ וְלֹ֣א
21 תַצְלִ֔יחוּ כִּֽי־עֲזַבְתֶּ֥ם אֶת־יְהוָ֖ה וַיַּעֲזֹ֥ב אֶתְכֶֽם׃ וַיִּקְשְׁר֣וּ עָלָ֔יו
22 וַיִּרְגְּמֻ֥הוּ אֶ֖בֶן בְּמִצְוַ֣ת הַמֶּ֑לֶךְ בַּחֲצַ֖ר בֵּ֥ית יְהוָֽה׃ וְלֹֽא־זָכַ֞ר
יוֹאָ֣שׁ הַמֶּ֗לֶךְ הַחֶ֨סֶד֙ אֲשֶׁ֨ר עָשָׂ֜ה יְהוֹיָדָ֤ע אָבִיו֙ עִמּ֔וֹ וַֽיַּהֲרֹ֖ג אֶת־
23 בְּנ֑וֹ וּכְמוֹת֣וֹ אָמַ֔ר יֵ֥רֶא יְהוָ֖ה וְיִדְרֹֽשׁ׃ וַיְהִ֣י ׀ לִתְקוּפַ֣ת
הַשָּׁנָ֗ה עָלָ֤ה עָלָיו֙ חֵ֣יל אֲרָ֔ם וַיָּבֹ֨אוּ֙ אֶל־יְהוּדָה֙ וִיר֣וּשָׁלִַ֔ם
וַיַּשְׁחִ֛יתוּ אֶת־כָּל־שָׂרֵ֥י הָעָ֖ם מֵעָ֑ם וְכָל־שְׁלָלָ֥ם שִׁלְּח֖וּ לְמֶ֥לֶךְ
24 דַּרְמָֽשֶׂק׃ כִּי֩ בְמִצְעַ֨ר אֲנָשִׁ֜ים בָּ֣אוּ ׀ חֵ֣יל אֲרָ֗ם וַיהוָ֞ה נָתַ֤ן
בְּיָדָם֙ חַ֣יִל לָרֹ֣ב מְאֹ֔ד כִּ֣י עָֽזְב֔וּ אֶת־יְהוָ֖ה אֱלֹהֵ֣י אֲבוֹתֵיהֶ֑ם
כה וְאֶת־יוֹאָ֖שׁ עָשׂ֥וּ שְׁפָטִֽים׃ וּבְלֶכְתָּ֣ם מִמֶּ֗נּוּ כִּֽי־עָזְב֣וּ אֹתוֹ֮
בְּמַחֲלֻיִ֣ים רַבִּים֒ הִתְקַשְּׁר֨וּ עָלָ֜יו עֲבָדָ֗יו בִּדְמֵי֙ בְּנֵ֣י יְהוֹיָדָ֣ע
הַכֹּהֵ֔ן וַיַּהַרְגֻ֥הוּ עַל־מִטָּת֖וֹ וַיָּמֹ֑ת וַֽיִּקְבְּרֻ֨הוּ֙ בְּעִ֣יר דָּוִ֔יד וְלֹ֥א
26 קְבָרֻ֖הוּ בְּקִבְר֥וֹת הַמְּלָכִֽים׃ וְאֵ֖לֶּה הַמִּֽתְקַשְּׁרִ֣ים עָלָ֑יו זָבָ֗ד
27 בֶּן־שִׁמְעָת֙ הָעַמּוֹנִ֔ית וִיה֣וֹזָבָ֔ד בֶּן־שִׁמְרִ֖ית הַמּוֹאָבִֽית׃ וּבָנָ֞יו
וְרֹ֤ב הַמַּשָּׂא֙ עָלָ֔יו וִיסוֹד֙ בֵּ֣ית הָאֱלֹהִ֔ים הִנָּ֣ם כְּתוּבִ֔ים עַל־
מִדְרַ֖שׁ סֵ֣פֶר הַמְּלָכִ֑ים וַיִּמְלֹ֛ךְ אֲמַצְיָ֥הוּ בְנ֖וֹ תַּחְתָּֽיו׃

כה Cap. XXV. כה

א בֶּן־עֶשְׂרִ֨ים וְחָמֵ֤שׁ שָׁנָה֙ מָלַ֣ךְ אֲמַצְיָ֔הוּ וְעֶשְׂרִ֤ים וָתֵ֨שַׁע֙ שָׁנָ֔ה
2 מָלַ֖ךְ בִּירוּשָׁלִָ֑ם וְשֵׁ֣ם אִמּ֔וֹ יְהוֹעַדָּ֖ן מִירוּשָׁלָֽיִם׃ וַיַּ֥עַשׂ הַיָּשָׁ֖ר
3 בְּעֵינֵ֣י יְהוָ֑ה רַ֕ק לֹ֖א בְּלֵבָ֥ב שָׁלֵֽם׃ וַיְהִ֕י כַּאֲשֶׁ֛ר חָזְקָ֥ה הַמַּמְלָכָ֖ה

עליו

כ״ד v. 27. ירב ק

4 עָלָיו וַיַּהֲרֹג֙ אֶת־עֲבָדָ֔יו הַמַּכִּ֖ים אֶת־הַמֶּ֣לֶךְ אָבִ֑יו וְאֶת־
בְּנֵיהֶ֖ם לֹ֣א הֵמִ֑ית כִּ֣י כַכָּת֣וּב בַּתּוֹרָ֗ה בְּסֵ֨פֶר מֹשֶׁה֮ אֲשֶׁר־צִוָּ֣ה
יְהֹוָה֮ לֵאמֹר֒ לֹא־יָמ֨וּתוּ אָב֤וֹת עַל־בָּנִים֙ וּבָנִים֙ לֹא־יָמ֣וּתוּ
5 עַל־אָב֔וֹת כִּ֛י אִ֥ישׁ בְּחֶטְא֖וֹ יָמ֑וּתוּ ׃   וַיִּקְבֹּ֣ץ אֲמַצְיָהוּ֮ אֶת־
יְהוּדָה֒ וַיַּעֲמִידֵ֣ם לְבֵית־אָב֗וֹת לְשָׂרֵ֤י הָֽאֲלָפִים֙ וּלְשָׂרֵ֣י הַמֵּא֔וֹת
לְכָל־יְהוּדָ֖ה וּבִנְיָמִ֑ן וַֽיִּפְקְדֵ֗ם לְמִבֶּ֨ן עֶשְׂרִ֤ים שָׁנָה֙ וָמַ֔עְלָה
וַיִּמְצָאֵ֗ם שְׁלֹשׁ־מֵא֤וֹת אֶ֙לֶף֙ בָּח֔וּר יוֹצֵ֣א צָבָ֔א אֹחֵ֖ז רֹ֥מַח וְצִנָּֽה ׃
6 וַיִּשְׂכֹּ֣ר מִיִּשְׂרָאֵ֗ל מֵאָ֥ה אֶ֛לֶף גִּבּ֥וֹר חָ֖יִל בְּמֵאָ֥ה כִכַּר־כָּֽסֶף ׃
7 וְאִ֣ישׁ הָאֱלֹהִ֗ים בָּ֤א אֵלָיו֙ לֵאמֹ֔ר הַמֶּ֕לֶךְ אַל־יָבֹ֥א עִמְּךָ֖ צְבָ֣א
8 יִשְׂרָאֵ֑ל כִּ֣י אֵ֤ין יְהֹוָה֙ עִם־יִשְׂרָאֵ֔ל כֹּ֖ל בְּנֵ֣י אֶפְרָֽיִם ׃ כִּ֣י אִם־
בֹּ֣א אַתָּ֗ה עֲשֵׂ֤ה חֲזַק֙ לַמִּלְחָמָ֔ה יַכְשִֽׁילְךָ֥ הָאֱלֹהִ֖ים לִפְנֵ֣י אוֹיֵ֑ב
9 כִּ֥י יֶשׁ־כֹּ֛חַ בֵּאלֹהִ֖ים לַעְז֥וֹר וּלְהַכְשִֽׁיל ׃ וַיֹּ֤אמֶר אֲמַצְיָ֙הוּ֙ לְאִ֣ישׁ
הָאֱלֹהִ֔ים וּמַֽה־לַּעֲשׂוֹת֙ לִמְאַ֣ת הַכִּכָּ֔ר אֲשֶׁ֥ר נָתַ֖תִּי לִגְד֣וּד
יִשְׂרָאֵ֑ל וַיֹּ֤אמֶר אִ֣ישׁ הָֽאֱלֹהִ֔ים יֵ֚שׁ לַֽיהֹוָ֔ה לָ֥תֶת לְךָ֖ הַרְבֵּ֥ה
10 מִזֶּֽה ׃ וַיַּבְדִּילֵ֣ם אֲמַצְיָ֗הוּ לְהַגְּדוּד֙ אֲשֶׁר־בָּ֤א אֵלָיו֙ מֵֽאֶפְרַ֔יִם
לָלֶ֖כֶת לִמְקוֹמָ֑ם וַיִּ֨חַר אַפָּ֤ם מְאֹד֙ בִּֽיהוּדָ֔ה וַיָּשׁ֥וּבוּ לִמְקוֹמָ֖ם
11 בָּחֳרִי־אָֽף ׃   וַֽאֲמַצְיָ֙הוּ֙ הִתְחַזַּ֔ק וַיִּנְהַג֙ אֶת־עַמּ֔וֹ וַיֵּ֖לֶךְ גֵּ֣יא
12 הַמֶּ֑לַח וַיַּ֥ךְ אֶת־בְּנֵֽי־שֵׂעִ֖יר עֲשֶׂ֥רֶת אֲלָפִֽים ׃ וַעֲשֶׂ֨רֶת אֲלָפִ֜ים
חַיִּ֗ים שָׁב֤וּ בְּנֵ֣י יְהוּדָ֔ה וַיְבִיא֖וּם לְרֹ֣אשׁ הַסָּ֑לַע וַיַּשְׁלִיכ֛וּם
13 מֵרֹ֥אשׁ־הַסֶּ֖לַע וְכֻלָּ֥ם נִבְקָֽעוּ ׃ וּבְנֵ֣י הַגְּד֗וּד אֲשֶׁ֤ר הֵשִׁ֣יב
אֲמַצְיָ֙הוּ֙ מִלֶּ֣כֶת עִמּ֣וֹ לַמִּלְחָמָ֔ה וַֽיִּפְשְׁטוּ֙ בְּעָרֵ֣י יְהוּדָ֔ה
מִשֹּׁמְר֖וֹן וְעַד־בֵּ֣ית חוֹר֑וֹן וַיַּכּ֤וּ מֵהֶם֙ שְׁלֹ֣שֶׁת אֲלָפִ֔ים וַיָּבֹ֖זּוּ
14 בִּזָּ֥ה רַבָּֽה ׃   וַיְהִ֗י אַחֲרֵ֨י ב֤וֹא אֲמַצְיָ֙הוּ֙ מֵהַכּ֣וֹת אֶת־
אֲדוֹמִ֔ים וַיָּבֵ֗א אֶת־אֱלֹהֵי֙ בְּנֵ֣י שֵׂעִ֔יר וַיַּעֲמִידֵ֥ם ל֖וֹ לֵֽאלֹהִ֑ים
15 וְלִפְנֵיהֶ֥ם יִֽשְׁתַּחֲוֶ֖ה וְלָהֶ֥ם יְקַטֵּֽר ׃ וַיִּֽחַר־אַ֥ף יְהֹוָ֖ה בַּֽאֲמַצְיָ֑הוּ
וַיִּשְׁלַ֤ח אֵלָיו֙ נָבִ֔יא וַיֹּ֣אמֶר ל֗וֹ לָ֤מָּה דָרַ֙שְׁתָּ֙ אֶת־אֱלֹהֵ֣י הָעָ֔ם
16 אֲשֶׁ֛ר לֹא־הִצִּ֥ילוּ אֶת־עַמָּ֖ם מִיָּדֶֽךָ ׃ וַיְהִ֣י ׀ בְּדַבְּר֣וֹ אֵלָ֗יו
וַיֹּ֤אמֶר לוֹ֙ הַלְיוֹעֵ֤ץ לַמֶּ֙לֶךְ֙ נְתַנּ֔וּךָ חֲדַל־לְךָ֖ לָ֣מָּה יַכּ֑וּךָ וַיֶּחְדַּ֣ל

הַנָּבִ֗יא

הַנָּבִיא וַיֹּאמֶר יָדַעְתִּי כִּי־יָעַץ אֱלֹהִים לְהַשְׁחִיתֶךָ כִּי־עָשִׂיתָ
17 זֹּאת וְלֹא שָׁמַעְתָּ לַעֲצָתִי׃ וַיִּוָּעַץ אֲמַצְיָהוּ מֶלֶךְ יְהוּדָה
וַיִּשְׁלַח אֶל־יוֹאָשׁ בֶּן־יְהוֹאָחָז בֶּן־יֵהוּא מֶלֶךְ יִשְׂרָאֵל לֵאמֹר
18 לְךָ נִתְרָאֶה פָנִים׃ וַיִּשְׁלַח יוֹאָשׁ מֶלֶךְ־יִשְׂרָאֵל אֶל־אֲמַצְיָהוּ
מֶלֶךְ־יְהוּדָה לֵאמֹר הַחוֹחַ אֲשֶׁר בַּלְּבָנוֹן שָׁלַח אֶל־הָאֶרֶז
אֲשֶׁר בַּלְּבָנוֹן לֵאמֹר תְּנָה־אֶת־בִּתְּךָ לִבְנִי לְאִשָּׁה וַתַּעֲבֹר
19 חַיַּת הַשָּׂדֶה אֲשֶׁר בַּלְּבָנוֹן וַתִּרְמֹס אֶת־הַחוֹחַ׃ אָמַרְתָּ הִנֵּה
הִכִּיתָ אֶת־אֱדוֹם וּנְשָׂאֲךָ לִבְּךָ לְהַכְבִּיד עַתָּה שְׁבָה בְּבֵיתֶךָ
כ לָמָּה תִתְגָּרֶה בְּרָעָה וְנָפַלְתָּ אַתָּה וִיהוּדָה עִמָּךְ׃ וְלֹא־שָׁמַע
אֲמַצְיָהוּ כִּי מֵהָאֱלֹהִים הִיא לְמַעַן תִּתָּם בְּיָד כִּי דָרְשׁוּ אֵת
21 אֱלֹהֵי אֱדוֹם׃ וַיַּעַל יוֹאָשׁ מֶלֶךְ־יִשְׂרָאֵל וַיִּתְרָאוּ פָנִים הוּא
22 וַאֲמַצְיָהוּ מֶלֶךְ־יְהוּדָה בְּבֵית שֶׁמֶשׁ אֲשֶׁר לִיהוּדָה׃ וַיִּנָּגֶף
23 יְהוּדָה לִפְנֵי יִשְׂרָאֵל וַיָּנֻסוּ אִישׁ לְאֹהָלָיו׃ וְאֵת אֲמַצְיָהוּ מֶלֶךְ־
יְהוּדָה בֶּן־יוֹאָשׁ בֶּן־יְהוֹאָחָז תָּפַשׂ יוֹאָשׁ מֶלֶךְ־יִשְׂרָאֵל בְּבֵית
שָׁמֶשׁ וַיְבִיאֵהוּ יְרוּשָׁלִַם וַיִּפְרֹץ בְּחוֹמַת יְרוּשָׁלִַם מִשַּׁעַר
24 אֶפְרַיִם עַד־שַׁעַר הַפּוֹנֶה אַרְבַּע מֵאוֹת אַמָּה׃ וְכָל־הַזָּהָב
וְהַכֶּסֶף וְאֵת כָּל־הַכֵּלִים הַנִּמְצְאִים בְּבֵית־הָאֱלֹהִים עִם־
עֹבֵד אֱדוֹם וְאֶת־אוֹצְרוֹת בֵּית הַמֶּלֶךְ וְאֵת בְּנֵי הַתַּעֲרֻבוֹת
כה וַיָּשָׁב שֹׁמְרוֹן׃ וַיְחִי אֲמַצְיָהוּ בֶן־יוֹאָשׁ מֶלֶךְ יְהוּדָה אַחֲרֵי
26 מוֹת יוֹאָשׁ בֶּן־יְהוֹאָחָז מֶלֶךְ יִשְׂרָאֵל חֲמֵשׁ עֶשְׂרֵה שָׁנָה׃ וְיֶתֶר
דִּבְרֵי אֲמַצְיָהוּ הָרִאשֹׁנִים וְהָאַחֲרוֹנִים הֲלֹא הִנָּם כְּתוּבִים
27 עַל־סֵפֶר מַלְכֵי־יְהוּדָה וְיִשְׂרָאֵל׃ וּמֵעֵת אֲשֶׁר־סָר אֲמַצְיָהוּ
מֵאַחֲרֵי יְהוָה וַיִּקְשְׁרוּ עָלָיו קֶשֶׁר בִּירוּשָׁלִַם וַיָּנָס לָכִישָׁה
28 וַיִּשְׁלְחוּ אַחֲרָיו לָכִישָׁה וַיְמִתֻהוּ שָׁם׃ וַיִּשָּׂאֻהוּ עַל־הַסּוּסִים
וַיִּקְבְּרוּ אֹתוֹ עִם־אֲבֹתָיו בְּעִיר יְהוּדָה׃

כו Cap. XXVI. כו

א וַיִּקְחוּ כָּל־עַם יְהוּדָה אֶת־עֻזִּיָּהוּ וְהוּא בֶּן־שֵׁשׁ עֶשְׂרֵה שָׁנָה

וימליכו

כ״ח .v 28. אין כאן פסקא

2 וימליכו אתו תחת אביו אמציהו: הוא בנה את־אילות
וישבה ליהודה אחרי שכב־המלך עם־אבתיו:
3 בן־שש עשרה שנה עזיהו במלכו וחמשים ושתים שנה מלך
4 בירושלם ושם אמו יכליה מן־ירושלם: ויעש הישר בעיני
ה יהוה ככל אשר־עשה אמציהו אביו: ויהי לדרש אלהים
בימי זכריהו המבין בראת האלהים ובימי דרשו את־יהוה
6 הצליחו האלהים: ויצא וילחם בפלשתים ויפרץ את־
חומת גת ואת חומת יבנה ואת חומת אשדוד ויבנה ערים
7 באשדוד ובפלשתים: ויעזרהו האלהים על־פלשתים
8 ועל־הערביים הישבים בגור־בעל והמעונים: ויתנו
העמונים מנחה לעזיהו וילך שמו עד־לבוא מצרים כי
9 החזיק עד־למעלה: ויבן עזיהו מגדלים בירושלם על־
י שער הפנה ועל־שער הגיא ועל־המקצוע ויחזקם: ויבן
מגדלים במדבר ויחצב ברות רבים כי מקנה־רב היה לו
ובשפלה ובמישור אכרים וכרמים בהרים ובכרמל כי־
11 אהב אדמה היה: ויהי לעזיהו חיל עשה מלחמה
יוצאי צבא לגדוד במספר פקדתם ביד יעואל הסופר
12 ומעשיהו השוטר על יד־חנניהו משרי המלך: כל מספר
13 ראשי האבות לגבורי חיל אלפים ושש מאות: ועל־ידם
חיל צבא שלש מאות אלף ושבעת אלפים וחמש מאות
14 עושי מלחמה בכח חיל לעזר למלך על־האויב: ויכן
להם עזיהו לכל־הצבא מגנים ורמחים וכובעים ושרינות
טו וקשתות ולאבני קלעים: ויעש | בירושלם חשבנות מחשבת
חושב להיות על־המגדלים ועל־הפנות לירוא בחצים
ובאבנים גדלות ויצא שמו עד־למרחוק כי־הפליא להעזר
16 עד כי־חזק: וכחזקתו גבה לבו עד־להשחית וימעל ביהוה
אלהיו ויבא אל־היכל יהוה להקטיר על־מזבח הקטרת:
17 ויבא אחריו עזריהו הכהן ועמו כהנים | ליהוה שמונים

בני־חיל

v. 3. יכליה ק׳ v. 7. הערבים ק v. 11. יעיאל ק׳

18 בְּנֵי־חָֽיִל׃ וַיַּֽעַמְדוּ עַל־עֻזִּיָּהוּ הַמֶּלֶךְ וַיֹּאמְרוּ לוֹ לֹא־לְךָ
עֻזִּיָּהוּ לְהַקְטִיר לַיהוָה כִּי לַכֹּהֲנִים בְּנֵי־אַהֲרֹן הַמְקֻדָּשִׁים
לְהַקְטִיר צֵא מִן־הַמִּקְדָּשׁ כִּי מָעַלְתָּ וְלֹא־לְךָ לְכָבוֹד מֵיְהוָה
19 אֱלֹהִים׃ וַיִּזְעַף עֻזִּיָּהוּ וּבְיָדוֹ מִקְטֶרֶת לְהַקְטִיר וּבְזַעְפּוֹ עִם־
הַכֹּהֲנִים וְהַצָּרַעַת זָרְחָה בְמִצְחוֹ לִפְנֵי הַכֹּהֲנִים בְּבֵית יְהוָה
כ מֵעַל לְמִזְבַּח הַקְּטֹרֶת׃ וַיִּפֶן אֵלָיו עֲזַרְיָהוּ כֹהֵן הָרֹאשׁ וְכָל־
הַכֹּהֲנִים וְהִנֵּה־הוּא מְצֹרָע בְּמִצְחוֹ וַיַּבְהִלוּהוּ מִשָּׁם וְגַם־הוּא
21 נִדְחַף לָצֵאת כִּי נִגְּעוֹ יְהוָה׃ וַיְהִי עֻזִּיָּהוּ הַמֶּלֶךְ מְצֹרָע ׀ עַד־
יוֹם מוֹתוֹ וַיֵּשֶׁב בֵּית הַחָפְשׁוּת מְצֹרָע כִּי נִגְזַר מִבֵּית יְהוָה
22 וְיוֹתָם בְּנוֹ עַל־בֵּית הַמֶּלֶךְ שׁוֹפֵט אֶת־עַם הָאָרֶץ׃ וְיֶתֶר
דִּבְרֵי עֻזִּיָּהוּ הָרִאשֹׁנִים וְהָאַחֲרֹנִים כָּתַב יְשַׁעְיָהוּ בֶן־אָמוֹץ
23 הַנָּבִיא׃ וַיִּשְׁכַּב עֻזִּיָּהוּ עִם־אֲבֹתָיו וַיִּקְבְּרוּ אֹתוֹ עִם־אֲבֹתָיו
בִּשְׂדֵה הַקְּבוּרָה אֲשֶׁר לַמְּלָכִים כִּי אָמְרוּ מְצוֹרָע הוּא וַיִּמְלֹךְ
יוֹתָם בְּנוֹ תַּחְתָּיו׃

כז CAP. XXVII. כז

א בֶּן־עֶשְׂרִים וְחָמֵשׁ שָׁנָה יוֹתָם בְּמָלְכוֹ וְשֵׁשׁ־עֶשְׂרֵה שָׁנָה מָלַךְ
2 בִּירוּשָׁלָ‍ִם וְשֵׁם אִמּוֹ יְרוּשָׁה בַּת־צָדוֹק׃ וַיַּעַשׂ הַיָּשָׁר בְּעֵינֵי
יְהוָה כְּכֹל אֲשֶׁר־עָשָׂה עֻזִּיָּהוּ אָבִיו רַק לֹא־בָא אֶל־הֵיכַל
3 יְהוָה וְעוֹד הָעָם מַשְׁחִיתִים׃ הוּא בָּנָה אֶת־שַׁעַר בֵּית־יְהוָה
4 הָעֶלְיוֹן וּבְחוֹמַת הָעֹפֶל בָּנָה לָרֹב׃ וְעָרִים בָּנָה בְּהַר־יְהוּדָה
ה וּבֶחֳרָשִׁים בָּנָה בִּירָנִיּוֹת וּמִגְדָּלִים׃ וְהוּא נִלְחַם עִם־מֶלֶךְ
בְּנֵי־עַמּוֹן וַיֶּחֱזַק עֲלֵיהֶם וַיִּתְּנוּ־לוֹ בְנֵי־עַמּוֹן בַּשָּׁנָה הַהִיא
מֵאָה כִּכַּר־כֶּסֶף וַעֲשֶׂרֶת אֲלָפִים כֹּרִים חִטִּים וּשְׂעוֹרִים
עֲשֶׂרֶת אֲלָפִים זֹאת הֵשִׁיבוּ לוֹ בְּנֵי עַמּוֹן וּבַשָּׁנָה הַשֵּׁנִית
6 וְהַשְּׁלִשִׁית׃ וַיִּתְחַזֵּק יוֹתָם כִּי הֵכִין דְּרָכָיו לִפְנֵי יְהוָה אֱלֹהָיו׃
7 וְיֶתֶר דִּבְרֵי יוֹתָם וְכָל־מִלְחֲמֹתָיו וּדְרָכָיו הִנָּם כְּתוּבִים עַל־
8 סֵפֶר מַלְכֵי־יִשְׂרָאֵל וִיהוּדָה׃ בֶּן־עֶשְׂרִים וְחָמֵשׁ שָׁנָה הָיָה

במלכו

כ״ו v. 21. החפשית ק׳

9 בְּמָלְכ֔וֹ וְשֵׁשׁ־עֶשְׂרֵ֣ה שָׁנָ֔ה מָלַ֖ךְ בִּירוּשָׁלָֽ͏ִם׃ וַיִּשְׁכַּ֤ב יוֹתָם֙ עִם־
אֲבֹתָ֔יו וַיִּקְבְּר֥וּ אֹת֖וֹ בְּעִ֣יר דָּוִ֑יד וַיִּמְלֹ֛ךְ אָחָ֥ז בְּנ֖וֹ תַּחְתָּֽיו׃

כח

Cap. XXVIII. כח

א בֶּן־עֶשְׂרִ֥ים שָׁנָ֛ה אָחָ֖ז בְּמָלְכ֑וֹ וְשֵׁשׁ־עֶשְׂרֵ֤ה שָׁנָה֙ מָלַ֣ךְ
2 בִּירוּשָׁלָ֑͏ִם וְלֹא־עָשָׂ֧ה הַיָּשָׁ֛ר בְּעֵינֵ֥י יְהוָ֖ה כְּדָוִ֥יד אָבִֽיו׃ וַיֵּ֕לֶךְ
3 בְּדַרְכֵ֖י מַלְכֵ֣י יִשְׂרָאֵ֑ל וְגַ֥ם מַסֵּכ֛וֹת עָשָׂ֖ה לַבְּעָלִֽים׃ וְה֥וּא
הִקְטִ֖יר בְּגֵ֣יא בֶן־הִנֹּ֑ם וַיַּבְעֵ֤ר אֶת־בָּנָיו֙ בָּאֵ֔שׁ כְּתֹֽעֲבוֹת֙ הַגּוֹיִ֔ם
4 אֲשֶׁר֙ הֹרִ֣ישׁ יְהוָ֔ה מִפְּנֵ֖י בְּנֵ֥י יִשְׂרָאֵֽל׃ וַיְזַבֵּ֧חַ וַיְקַטֵּ֛ר בַּבָּמ֖וֹת
ה וְעַל־הַגְּבָע֑וֹת וְתַ֖חַת כָּל־עֵ֥ץ רַעֲנָֽן׃ וַ֠יִּתְּנֵהוּ יְהוָ֨ה אֱלֹהָ֜יו בְּיַ֣ד
מֶ֣לֶךְ אֲרָ֗ם וַיַּכּוּ־בוֹ֙ וַיִּשְׁבּ֣וּ מִמֶּ֔נּוּ שִׁבְיָ֣ה גְדוֹלָ֔ה וַיָּבִ֖יאוּ דַּרְמָ֑שֶׂק
6 וְ֠גַם בְּיַד־מֶ֤לֶךְ יִשְׂרָאֵל֙ נִתָּ֔ן וַיַּךְ־בּ֖וֹ מַכָּ֥ה גְדוֹלָֽה׃ וַיַּהֲרֹג֩ פֶּ֨קַח
בֶּן־רְמַלְיָ֜הוּ בִּֽיהוּדָ֗ה מֵאָ֨ה וְעֶשְׂרִ֥ים אֶ֛לֶף בְּי֥וֹם אֶחָ֖ד הַכֹּ֣ל
7 בְּנֵי־חָ֑יִל בְּעָזְבָ֕ם אֶת־יְהוָ֖ה אֱלֹהֵ֥י אֲבוֹתָֽם׃ וַֽיַּהֲרֹ֞ג
זִכְרִ֣י ׀ גִּבּ֣וֹר אֶפְרַ֗יִם אֶת־מַעֲשֵׂיָ֙הוּ֙ בֶּן־הַמֶּ֔לֶךְ וְאֶת־עַזְרִיקָ֖ם
8 נְגִ֣יד הַבָּ֑יִת וְאֶת־אֶלְקָנָ֖ה מִשְׁנֵ֥ה הַמֶּֽלֶךְ׃ וַיִּשְׁבּוּ֩ בְנֵֽי־יִשְׂרָאֵ֨ל
מֵאֲחֵיהֶ֜ם מָאתַ֣יִם אֶ֗לֶף נָשִׁים֙ בָּנִ֣ים וּבָנ֔וֹת וְגַם־שָׁלָ֥ל רָ֖ב בָּזְז֣וּ
9 מֵהֶ֑ם וַיָּבִ֥יאוּ אֶת־הַשָּׁלָ֖ל לְשֹׁמְרֽוֹן׃ וְ֠שָׁם הָיָ֨ה נָבִ֣יא
לַֽיהוָה֮ עֹדֵ֣ד שְׁמוֹ֒ וַיֵּצֵ֗א לִפְנֵ֤י הַצָּבָא֙ הַבָּ֣א לְשֹׁמְר֔וֹן וַיֹּ֣אמֶר
לָהֶ֗ם הִ֠נֵּה בַּחֲמַ֨ת יְהוָ֧ה אֱלֹהֵֽי־אֲבוֹתֵיכֶ֛ם עַל־יְהוּדָ֖ה נְתָנָ֣ם
י בְּיֶדְכֶ֑ם וַתַּֽהַרְגוּ־בָם֙ בְּזַ֔עַף עַ֥ד לַשָּׁמַ֖יִם הִגִּֽיעַ׃ וְ֠עַתָּה בְּנֵֽי־
יְהוּדָ֨ה וִירוּשָׁלַ֜͏ִם אַתֶּ֣ם אֹמְרִ֗ים לִכְבֹּ֛שׁ לַעֲבָדִ֥ים וְלִשְׁפָח֖וֹת
11 לָכֶ֑ם הֲלֹ֤א רַק־אַתֶּם֙ עִמָּכֶ֣ם אֲשָׁמ֔וֹת לַיהוָ֖ה אֱלֹהֵיכֶֽם׃ וְעַתָּ֣ה
שְׁמָע֔וּנִי וְהָשִׁ֙יבוּ֙ הַשִּׁבְיָ֔ה אֲשֶׁ֥ר שְׁבִיתֶ֖ם מֵאֲחֵיכֶ֑ם כִּ֛י חֲר֥וֹן
12 אַף־יְהוָ֖ה עֲלֵיכֶֽם׃ וַיָּקֻ֜מוּ אֲנָשִׁ֤ים מֵֽרָאשֵׁי֙ בְנֵֽי־אֶפְרַ֔יִם
עֲזַרְיָ֣הוּ בֶן־יְהוֹחָנָ֗ן בֶּֽרֶכְיָ֙הוּ֙ בֶן־מְשִׁלֵּמ֔וֹת וִיחִזְקִיָּ֙הוּ֙ בֶּן־שַׁלֻּ֔ם
13 וַעֲמָשָׂ֖א בֶּן־חַדְלָ֑י עַל־הַבָּאִ֖ים מִן־הַצָּבָֽא׃ וַיֹּאמְר֣וּ לָהֶ֗ם
לֹא־תָבִ֣יאוּ אֶת־הַשִּׁבְיָה֮ הֵ֒נָּה֒ כִּי֩ לְאַשְׁמַ֨ת יְהוָ֤ה עָלֵ֙ינוּ֙ אַתֶּ֣ם
אֹֽמְרִ֔ים לְהֹסִ֥יף עַל־חַטֹּאתֵ֖ינוּ וְעַל־אַשְׁמָתֵ֑נוּ כִּֽי־רַבָּ֤ה אַשְׁמָה֙

לנו

14 לָנוּ וַחֲרוֹן אַף עַל־יִשְׂרָאֵל׃ וַיַּעֲזֹב הֶחָלוּץ אֶת־הַשִּׁבְיָה
טו וְאֶת־הַבִּזָּה לִפְנֵי הַשָּׂרִים וְכָל־הַקָּהָל׃ וַיָּקֻמוּ הָאֲנָשִׁים
אֲשֶׁר־נִקְּבוּ בְשֵׁמוֹת וַיַּחֲזִיקוּ בַשִּׁבְיָה וְכָל־מַעֲרֻמֵּיהֶם הִלְבִּישׁוּ
מִן־הַשָּׁלָל וַיַּלְבִּשׁוּם וַיַּנְעִלוּם וַיַּאֲכִלוּם וַיַּשְׁקוּם וַיְסֻכוּם
וַיְנַהֲלוּם בַּחֲמֹרִים לְכָל־כּוֹשֵׁל וַיְבִיאוּם יְרֵחוֹ עִיר־הַתְּמָרִים
אֵצֶל אֲחֵיהֶם וַיָּשׁוּבוּ שֹׁמְרוֹן׃
16 בָּעֵת הַהִיא שָׁלַח הַמֶּלֶךְ אָחָז עַל־מַלְכֵי אַשּׁוּר לַעְזֹר לוֹ׃
17 18 וְעוֹד אֲדוֹמִים בָּאוּ וַיַּכּוּ בִיהוּדָה וַיִּשְׁבּוּ־שֶׁבִי׃ וּפְלִשְׁתִּים
פָּשְׁטוּ בְּעָרֵי הַשְּׁפֵלָה וְהַנֶּגֶב לִיהוּדָה וַיִּלְכְּדוּ אֶת־בֵּית־שֶׁמֶשׁ
וְאֶת־אַיָּלוֹן וְאֶת־הַגְּדֵרוֹת וְאֶת־שׂוֹכוֹ וּבְנוֹתֶיהָ וְאֶת־תִּמְנָה
19 וּבְנוֹתֶיהָ וְאֶת־גִּמְזוֹ וְאֶת־בְּנֹתֶיהָ וַיֵּשְׁבוּ שָׁם׃ כִּי־הִכְנִיעַ יְהוָה
אֶת־יְהוּדָה בַּעֲבוּר אָחָז מֶלֶךְ־יִשְׂרָאֵל כִּי הִפְרִיעַ בִּיהוּדָה
כ וּמָעוֹל מַעַל בַּיהוָה׃ וַיָּבֹא עָלָיו תִּלְּגַת פִּלְנְאֶסֶר מֶלֶךְ אַשּׁוּר
21 וַיָּצַר לוֹ וְלֹא חֲזָקוֹ׃ כִּי־חָלַק אָחָז אֶת־בֵּית יְהוָה וְאֶת־בֵּית
22 הַמֶּלֶךְ וְהַשָּׂרִים וַיִּתֵּן לְמֶלֶךְ אַשּׁוּר וְלֹא לְעֶזְרָה לוֹ׃ וּבְעֵת
23 הָצֵר לוֹ וַיּוֹסֶף לִמְעוֹל בַּיהוָה הוּא הַמֶּלֶךְ אָחָז׃ וַיִּזְבַּח
לֵאלֹהֵי דַרְמֶשֶׂק הַמַּכִּים בּוֹ וַיֹּאמֶר כִּי אֱלֹהֵי מַלְכֵי־אֲרָם הֵם
מַעְזְרִים אוֹתָם לָהֶם אֲזַבֵּחַ וְיַעְזְרוּנִי וְהֵם הָיוּ־לוֹ לְהַכְשִׁילוֹ
24 וּלְכָל־יִשְׂרָאֵל׃ וַיֶּאֱסֹף אָחָז אֶת־כְּלֵי בֵית־הָאֱלֹהִים וַיְקַצֵּץ
אֶת־כְּלֵי בֵית־הָאֱלֹהִים וַיִּסְגֹּר אֶת־דַּלְתוֹת בֵּית־יְהוָה וַיַּעַשׂ
כה לוֹ מִזְבְּחוֹת בְּכָל־פִּנָּה בִּירוּשָׁלִָם׃ וּבְכָל־עִיר וָעִיר לִיהוּדָה
עָשָׂה בָמוֹת לְקַטֵּר לֵאלֹהִים אֲחֵרִים וַיַּכְעֵס אֶת־יְהוָה אֱלֹהֵי
26 אֲבֹתָיו׃ וְיֶתֶר דְּבָרָיו וְכָל־דְּרָכָיו הָרִאשֹׁנִים וְהָאַחֲרוֹנִים
27 הִנָּם כְּתוּבִים עַל־סֵפֶר מַלְכֵי־יְהוּדָה וְיִשְׂרָאֵל׃ וַיִּשְׁכַּב אָחָז
עִם־אֲבֹתָיו וַיִּקְבְּרֻהוּ בָעִיר בִּירוּשָׁלִַם כִּי לֹא הֱבִיאֻהוּ
לְקִבְרֵי מַלְכֵי יִשְׂרָאֵל וַיִּמְלֹךְ יְחִזְקִיָּהוּ בְנוֹ תַּחְתָּיו׃

כט Cap. XXIX. כט

א יְחִזְקִיָּהוּ מָלַךְ בֶּן־עֶשְׂרִים וְחָמֵשׁ שָׁנָה וְעֶשְׂרִים וָתֵשַׁע

שנה

2 שָׁנָה מָלַךְ בִּירוּשָׁלָ͏ִם וְשֵׁם אִמּוֹ אֲבִיָּה בַּת־זְכַרְיָהוּ׃ וַיַּעַשׂ
3 הַיָּשָׁר בְּעֵינֵי יְהוָה כְּכֹל אֲשֶׁר־עָשָׂה דָּוִיד אָבִיו׃ הוּא בַשָּׁנָה
הָרִאשׁוֹנָה לְמָלְכוֹ בַּחֹדֶשׁ הָרִאשׁוֹן פָּתַח אֶת־דַּלְתוֹת בֵּית־
4 יְהוָה וַיְחַזְּקֵם׃ וַיָּבֵא אֶת־הַכֹּהֲנִים וְאֶת־הַלְוִיִּם וַיַּאַסְפֵם
ה לִרְחוֹב הַמִּזְרָח׃ וַיֹּאמֶר לָהֶם שְׁמָעוּנִי הַלְוִיִּם עַתָּה הִתְקַדְּשׁוּ
וְקַדְּשׁוּ אֶת־בֵּית יְהוָה אֱלֹהֵי אֲבֹתֵיכֶם וְהוֹצִיאוּ אֶת־הַנִּדָּה
6 מִן־הַקֹּדֶשׁ׃ כִּי־מָעֲלוּ אֲבֹתֵינוּ וְעָשׂוּ הָרַע בְּעֵינֵי יְהוָה־
7 אֱלֹהֵינוּ וַיַּעַזְבֻהוּ וַיַּסֵּבּוּ פְנֵיהֶם מִמִּשְׁכַּן יְהוָה וַיִּתְּנוּ־עֹרֶף׃ גַּם
סָגְרוּ דַּלְתוֹת הָאוּלָם וַיְכַבּוּ אֶת־הַנֵּרוֹת וּקְטֹרֶת לֹא הִקְטִירוּ
8 וְעֹלָה לֹא־הֶעֱלוּ בַקֹּדֶשׁ לֵאלֹהֵי יִשְׂרָאֵל׃ וַיְהִי קֶצֶף יְהוָה
עַל־יְהוּדָה וִירוּשָׁלָ͏ִם וַיִּתְּנֵם לְזַוָעָה לְשַׁמָּה וְלִשְׁרֵקָה כַּאֲשֶׁר
9 אַתֶּם רֹאִים בְּעֵינֵיכֶם׃ וְהִנֵּה נָפְלוּ אֲבוֹתֵינוּ בֶּחָרֶב וּבָנֵינוּ
י וּבְנוֹתֵינוּ וְנָשֵׁינוּ בַּשְּׁבִי עַל־זֹאת׃ עַתָּה עִם־לְבָבִי לִכְרוֹת
11 בְּרִית לַיהוָה אֱלֹהֵי יִשְׂרָאֵל וְיָשֹׁב מִמֶּנּוּ חֲרוֹן אַפּוֹ׃ בָּנַי עַתָּה
אַל־תִּשָּׁלוּ כִּי־בָכֶם בָּחַר יְהוָה לַעֲמֹד לְפָנָיו לְשָׁרְתוֹ וְלִהְיוֹת
12 לוֹ מְשָׁרְתִים וּמַקְטִרִים׃ וַיָּקֻמוּ הַלְוִיִּם מַחַת בֶּן־עֲמָשַׂי
וְיוֹאֵל בֶּן־עֲזַרְיָהוּ מִן־בְּנֵי הַקְּהָתִי וּמִן־בְּנֵי מְרָרִי קִישׁ בֶּן־
עַבְדִּי וַעֲזַרְיָהוּ בֶּן־יְהַלֶּלְאֵל וּמִן־הַגֵּרְשֻׁנִּי יוֹאָח בֶּן־זִמָּה וְעֵדֶן
13 בֶּן־יוֹאָח׃ וּמִן־בְּנֵי אֱלִיצָפָן שִׁמְרִי וִיעוּאֵל וּמִן־בְּנֵי אָסָף
14 זְכַרְיָהוּ וּמַתַּנְיָהוּ׃ וּמִן־בְּנֵי הֵימָן יְחוּאֵל וְשִׁמְעִי וּמִן־בְּנֵי
טו יְדוּתוּן שְׁמַעְיָה וְעֻזִּיאֵל׃ וַיַּאַסְפוּ אֶת־אֲחֵיהֶם וַיִּתְקַדְּשׁוּ וַיָּבֹאוּ
16 כְמִצְוַת־הַמֶּלֶךְ בְּדִבְרֵי יְהוָה לְטַהֵר בֵּית יְהוָה׃ וַיָּבֹאוּ
הַכֹּהֲנִים לִפְנִימָה בֵית־יְהוָה לְטַהֵר וַיּוֹצִיאוּ אֵת כָּל־הַטֻּמְאָה
אֲשֶׁר מָצְאוּ בְּהֵיכַל יְהוָה לַחֲצַר בֵּית יְהוָה וַיְקַבְּלוּ הַלְוִיִּם
17 לְהוֹצִיא לְנַחַל־קִדְרוֹן חוּצָה׃ וַיָּחֵלּוּ בְּאֶחָד לַחֹדֶשׁ הָרִאשׁוֹן
לְקַדֵּשׁ וּבְיוֹם שְׁמוֹנָה לַחֹדֶשׁ בָּאוּ לְאוּלָם יְהוָה וַיְקַדְּשׁוּ אֶת־
בֵּית־יְהוָה לְיָמִים שְׁמוֹנָה וּבְיוֹם שִׁשָּׁה עָשָׂר לַחֹדֶשׁ הָרִאשׁוֹן

כלו

v. 8. לזעוה ק׳ v. 13. ויעיאל ק׳ v. 14. יחיאל ק׳

18 כִּלּוּ׃ וַיָּבוֹאוּ פְנִימָה אֶל־חִזְקִיָּהוּ הַמֶּלֶךְ וַיֹּאמְרוּ טִהַרְנוּ
אֶת־כָּל־בֵּית יְהוָה אֶת־מִזְבַּח הָעוֹלָה וְאֶת־כָּל־כֵּלָיו וְאֶת־
19 שֻׁלְחַן הַמַּעֲרֶכֶת וְאֶת־כָּל־כֵּלָיו׃ וְאֵת כָּל־הַכֵּלִים אֲשֶׁר
הִזְנִיחַ הַמֶּלֶךְ אָחָז בְּמַלְכוּתוֹ בְּמַעֲלוֹ הֵכַנּוּ וְהִקְדָּשְׁנוּ וְהִנָּם
כ לִפְנֵי מִזְבַּח יְהוָה׃ וַיַּשְׁכֵּם יְחִזְקִיָּהוּ הַמֶּלֶךְ וַיֶּאֱסֹף אֵת
21 שָׂרֵי הָעִיר וַיַּעַל בֵּית יְהוָה׃ וַיָּבִיאוּ פָרִים־שִׁבְעָה וְאֵילִים
שִׁבְעָה וּכְבָשִׂים שִׁבְעָה וּצְפִירֵי עִזִּים שִׁבְעָה לְחַטָּאת עַל־
הַמַּמְלָכָה וְעַל־הַמִּקְדָּשׁ וְעַל־יְהוּדָה וַיֹּאמֶר לִבְנֵי אַהֲרֹן
22 הַכֹּהֲנִים לְהַעֲלוֹת עַל־מִזְבַּח יְהוָה׃ וַיִּשְׁחֲטוּ הַבָּקָר וַיְקַבְּלוּ
הַכֹּהֲנִים אֶת־הַדָּם וַיִּזְרְקוּ הַמִּזְבֵּחָה וַיִּשְׁחֲטוּ הָאֵלִים וַיִּזְרְקוּ
הַדָּם הַמִּזְבֵּחָה וַיִּשְׁחֲטוּ הַכְּבָשִׂים וַיִּזְרְקוּ הַדָּם הַמִּזְבֵּחָה׃
23 וַיַּגִּישׁוּ אֶת־שְׂעִירֵי הַחַטָּאת לִפְנֵי הַמֶּלֶךְ וְהַקָּהָל וַיִּסְמְכוּ
24 יְדֵיהֶם עֲלֵיהֶם׃ וַיִּשְׁחָטוּם הַכֹּהֲנִים וַיְחַטְּאוּ אֶת־דָּמָם
הַמִּזְבֵּחָה לְכַפֵּר עַל־כָּל־יִשְׂרָאֵל כִּי לְכָל־יִשְׂרָאֵל אָמַר
כה הַמֶּלֶךְ הָעוֹלָה וְהַחַטָּאת׃ וַיַּעֲמֵד אֶת־הַלְוִיִּם בֵּית יְהוָה
בִּמְצִלְתַּיִם בִּנְבָלִים וּבְכִנֹּרוֹת בְּמִצְוַת דָּוִיד וְגָד חֹזֵה־הַמֶּלֶךְ
26 וְנָתָן הַנָּבִיא כִּי בְיַד־יְהוָה הַמִּצְוָה בְּיַד נְבִיאָיו׃ וַיַּעַמְדוּ
27 הַלְוִיִּם בִּכְלֵי דָוִיד וְהַכֹּהֲנִים בַּחֲצֹצְרוֹת׃ וַיֹּאמֶר חִזְקִיָּהוּ
לְהַעֲלוֹת הָעֹלָה לְהַמִּזְבֵּחַ וּבְעֵת הֵחֵל הָעוֹלָה הֵחֵל שִׁיר־
28 יְהוָה וְהַחֲצֹצְרוֹת וְעַל־יְדֵי כְּלֵי דָּוִיד מֶלֶךְ־יִשְׂרָאֵל׃ וְכָל־
הַקָּהָל מִשְׁתַּחֲוִים וְהַשִּׁיר מְשׁוֹרֵר וְהַחֲצֹצְרוֹת מַחְצְצְרִים
29 הַכֹּל עַד לִכְלוֹת הָעֹלָה׃ וּכְכַלּוֹת לְהַעֲלוֹת כָּרְעוּ הַמֶּלֶךְ
ל וְכָל־הַנִּמְצְאִים אִתּוֹ וַיִּשְׁתַּחֲווּ׃ וַיֹּאמֶר יְחִזְקִיָּהוּ הַמֶּלֶךְ
וְהַשָּׂרִים לַלְוִיִּם לְהַלֵּל לַיהוָה בְּדִבְרֵי דָוִיד וְאָסָף הַחֹזֶה
31 וַיְהַלְלוּ עַד־לְשִׂמְחָה וַיִּקְּדוּ וַיִּשְׁתַּחֲווּ׃ וַיַּעַן יְחִזְקִיָּהוּ
וַיֹּאמֶר עַתָּה מִלֵּאתֶם יֶדְכֶם לַיהוָה גֹּשׁוּ וְהָבִיאוּ זְבָחִים
וְתוֹדוֹת לְבֵית יְהוָה וַיָּבִיאוּ הַקָּהָל זְבָחִים וְתוֹדוֹת וְכָל־נְדִיב

v. 28. יתיר צ׳

32 לֵב עֹלוֹת׃ וַיְהִי מִסְפַּר הָעֹלָה אֲשֶׁר הֵבִיאוּ הַקָּהָל בָּקָר
שִׁבְעִים אֵילִים מֵאָה כְּבָשִׂים מָאתָיִם לְעֹלָה לַיהוָה כָּל־
33 34 אֵלֶּה׃ וְהַקֳּדָשִׁים בָּקָר שֵׁשׁ מֵאוֹת וְצֹאן שְׁלֹשֶׁת אֲלָפִים׃ רַק
הַכֹּהֲנִים הָיוּ לִמְעָט וְלֹא יָכְלוּ לְהַפְשִׁיט אֶת־כָּל־הָעֹלוֹת
וַיְחַזְּקוּם אֲחֵיהֶם הַלְוִיִּם עַד־כְּלוֹת הַמְּלָאכָה וְעַד יִתְקַדְּשׁוּ
לה הַכֹּהֲנִים כִּי הַלְוִיִּם יִשְׁרֵי לֵבָב לְהִתְקַדֵּשׁ מֵהַכֹּהֲנִים׃ וְגַם־
עֹלָה לָרֹב בְּחֶלְבֵי הַשְּׁלָמִים וּבַנְּסָכִים לָעֹלָה וַתִּכּוֹן עֲבוֹדַת
36 בֵּית־יְהוָה׃ וַיִּשְׂמַח יְחִזְקִיָּהוּ וְכָל־הָעָם עַל הַהֵכִין הָאֱלֹהִים
לָעָם כִּי בְּפִתְאֹם הָיָה הַדָּבָר׃

ל Cap. XXX.

א וַיִּשְׁלַח יְחִזְקִיָּהוּ עַל־כָּל־יִשְׂרָאֵל וִיהוּדָה וְגַם־אִגְּרוֹת
כָּתַב עַל־אֶפְרַיִם וּמְנַשֶּׁה לָבוֹא לְבֵית־יְהוָה בִּירוּשָׁלִָם
2 לַעֲשׂוֹת פֶּסַח לַיהוָה אֱלֹהֵי יִשְׂרָאֵל׃ וַיִּוָּעַץ הַמֶּלֶךְ וְשָׂרָיו
3 וְכָל־הַקָּהָל בִּירוּשָׁלִָם לַעֲשׂוֹת הַפֶּסַח בַּחֹדֶשׁ הַשֵּׁנִי׃ כִּי לֹא
יָכְלוּ לַעֲשֹׂתוֹ בָּעֵת הַהִיא כִּי הַכֹּהֲנִים לֹא־הִתְקַדְּשׁוּ לְמַדַּי
4 וְהָעָם לֹא־נֶאֶסְפוּ לִירוּשָׁלִָם׃ וַיִּישַׁר הַדָּבָר בְּעֵינֵי הַמֶּלֶךְ
ה וּבְעֵינֵי כָּל־הַקָּהָל׃ וַיַּעֲמִידוּ דָבָר לְהַעֲבִיר קוֹל בְּכָל־
יִשְׂרָאֵל מִבְּאֵר־שֶׁבַע וְעַד־דָּן לָבוֹא לַעֲשׂוֹת פֶּסַח לַיהוָה
6 אֱלֹהֵי־יִשְׂרָאֵל בִּירוּשָׁלִָם כִּי לֹא לָרֹב עָשׂוּ כַּכָּתוּב׃ וַיֵּלְכוּ
הָרָצִים בָּאִגְּרוֹת מִיַּד הַמֶּלֶךְ וְשָׂרָיו בְּכָל־יִשְׂרָאֵל וִיהוּדָה
וּכְמִצְוַת הַמֶּלֶךְ לֵאמֹר בְּנֵי יִשְׂרָאֵל שׁוּבוּ אֶל־יְהוָה אֱלֹהֵי
אַבְרָהָם יִצְחָק וְיִשְׂרָאֵל וְיָשֹׁב אֶל־הַפְּלֵיטָה הַנִּשְׁאֶרֶת לָכֶם
7 מִכַּף מַלְכֵי אַשּׁוּר׃ וְאַל־תִּהְיוּ כַּאֲבוֹתֵיכֶם וְכַאֲחֵיכֶם אֲשֶׁר
מָעֲלוּ בַּיהוָה אֱלֹהֵי אֲבוֹתֵיהֶם וַיִּתְּנֵם לְשַׁמָּה כַּאֲשֶׁר אַתֶּם
8 רֹאִים׃ עַתָּה אַל־תַּקְשׁוּ עָרְפְּכֶם כַּאֲבוֹתֵיכֶם תְּנוּ־יָד לַיהוָה
וּבֹאוּ לְמִקְדָּשׁוֹ אֲשֶׁר הִקְדִּישׁ לְעוֹלָם וְעִבְדוּ אֶת־יְהוָה
9 אֱלֹהֵיכֶם וְיָשֹׁב מִכֶּם חֲרוֹן אַפּוֹ׃ כִּי בְשׁוּבְכֶם עַל־יְהוָה
אֲחֵיכֶם וּבְנֵיכֶם לְרַחֲמִים לִפְנֵי שׁוֹבֵיהֶם וְלָשׁוּב לָאָרֶץ הַזֹּאת

כי־חנון

כִּֽי־חַנּ֤וּן וְרַחוּם֙ יְהוָ֣ה אֱלֹֽהֵיכֶ֔ם וְלֹֽא־יָסִ֤יר פָּנִים֙ מִכֶּ֔ם אִם־
י תָּשׁ֥וּבוּ אֵלָֽיו׃ וַיִּֽהְי֨וּ הָרָצִ֜ים עֹבְרִ֨ים מֵעִ֧יר ׀ לָעִ֛יר
בְּאֶֽרֶץ־אֶפְרַ֥יִם וּמְנַשֶּׁ֖ה וְעַד־זְבֻל֑וּן וַיִּֽהְיוּ֙ מַשְׂחִיקִ֣ים עֲלֵיהֶ֔ם
11 וּמַלְעִגִ֖ים בָּֽם׃ אַךְ־אֲנָשִׁ֛ים מֵאָשֵׁ֥ר וּמְנַשֶּׁ֖ה וּמִזְּבֻל֑וּן נִֽכְנְע֔וּ
12 וַיָּבֹ֖אוּ לִירוּשָׁלִָֽם׃ גַּ֣ם בִּֽיהוּדָ֗ה הָֽיְתָה֙ יַ֣ד הָאֱלֹהִ֔ים לָתֵ֥ת לָהֶ֖ם
לֵ֣ב אֶחָ֑ד לַעֲשׂ֞וֹת מִצְוַ֧ת הַמֶּ֛לֶךְ וְהַשָּׂרִ֖ים בִּדְבַ֥ר יְהוָֽה׃
13 וַיֵּאָסְפ֤וּ יְרוּשָׁלִַ֙ם֙ עַם־רָ֔ב לַעֲשׂ֛וֹת אֶת־חַ֥ג הַמַּצּ֖וֹת בַּחֹ֣דֶשׁ
14 הַשֵּׁנִ֑י קָהָ֖ל לָרֹ֥ב מְאֹֽד׃ וַיָּקֻ֕מוּ וַיָּסִ֙ירוּ֙ אֶת־הַֽמִּזְבְּח֔וֹת אֲשֶׁ֖ר
בִּירוּשָׁלִָ֑ם וְאֵ֣ת כָּל־הַֽמְקַטְּר֗וֹת הֵסִ֙ירוּ֙ וַיַּשְׁלִ֖יכוּ לְנַ֥חַל
טו קִדְרֽוֹן׃ וַיִּשְׁחֲט֣וּ הַפֶּ֔סַח בְּאַרְבָּעָ֥ה עָשָׂ֖ר לַחֹ֣דֶשׁ הַשֵּׁנִ֑י
וְהַכֹּהֲנִ֨ים וְהַלְוִיִּ֜ם נִכְלְמ֗וּ וַיִּֽתְקַדְּשׁ֔וּ וַיָּבִ֥יאוּ עֹל֖וֹת בֵּ֥ית יְהוָֽה׃
16 וַיַּעַמְד֤וּ עַל־עָמְדָם֙ כְּמִשְׁפָּטָ֔ם כְּתוֹרַ֖ת מֹשֶׁ֣ה אִישׁ־הָאֱלֹהִ֑ים
17 הַכֹּהֲנִים֙ זֹרְקִ֣ים אֶת־הַדָּ֔ם מִיַּ֖ד הַלְוִיִּֽם׃ כִּי־רַבַּ֥ת בַּקָּהָ֖ל
אֲשֶׁ֣ר לֹֽא־הִתְקַדָּ֑שׁוּ וְהַלְוִיִּ֞ם עַל־שְׁחִיטַ֣ת הַפְּסָחִ֗ים לְכֹל֙ לֹ֣א
18 טָה֔וֹר לְהַקְדִּ֖ישׁ לַיהוָֽה׃ כִּ֣י מַרְבִּ֣ית הָעָ֡ם רַבַּת֩ מֵאֶפְרַ֨יִם
וּמְנַשֶּׁ֜ה יִשָּׂשכָ֣ר וּזְבֻל֗וּן לֹ֤א הִטֶּ֙הָרוּ֙ כִּֽי־אָכְל֣וּ אֶת־הַפֶּ֔סַח
בְּלֹ֖א כַכָּת֑וּב כִּי֩ הִתְפַּלֵּ֨ל יְחִזְקִיָּ֤הוּ עֲלֵיהֶם֙ לֵאמֹ֔ר יְהוָ֥ה
19 הַטּ֖וֹב יְכַפֵּ֥ר בְּעַֽד׃ כָּל־לְבָב֣וֹ הֵכִ֔ין לִדְר֛וֹשׁ הָאֱלֹהִ֖ים ׀ יְהוָ֣ה
כ אֱלֹהֵ֣י אֲבוֹתָ֑יו וְלֹ֖א כְּטָהֳרַ֥ת הַקֹּֽדֶשׁ׃ וַיִּשְׁמַ֤ע יְהוָה֙ אֶל־
21 יְחִזְקִיָּ֔הוּ וַיִּרְפָּ֖א אֶת־הָעָֽם׃ וַיַּעֲשׂ֣וּ בְנֵֽי־יִ֠שְׂרָאֵל הַנִּמְצְאִ֨ים
בִּירוּשָׁלִַ֜ם אֶת־חַ֧ג הַמַּצּ֛וֹת שִׁבְעַ֥ת יָמִ֖ים בְּשִׂמְחָ֣ה גְדוֹלָ֑ה
וּֽמְהַֽלְלִ֣ים לַיהוָ֡ה י֣וֹם ׀ בְּי֠וֹם הַלְוִיִּ֧ם וְהַכֹּהֲנִ֛ים בִּכְלֵי־עֹ֖ז
22 לַיהוָֽה׃ וַיְדַבֵּ֨ר יְחִזְקִיָּ֜הוּ עַל־לֵ֣ב כָּל־הַלְוִיִּ֗ם הַמַּשְׂכִּילִ֛ים
שֵֽׂכֶל־ט֖וֹב לַיהוָ֑ה וַיֹּאכְל֤וּ אֶת־הַמּוֹעֵד֙ שִׁבְעַ֣ת הַיָּמִ֔ים
מְזַבְּחִים֙ זִבְחֵ֣י שְׁלָמִ֔ים וּמִֽתְוַדִּ֔ים לַיהוָ֖ה אֱלֹהֵ֥י אֲבוֹתֵיהֶֽם׃
23 וַיִּוָּֽעֲצוּ֙ כָּל־הַקָּהָ֔ל לַעֲשׂ֕וֹת שִׁבְעַ֥ת יָמִ֖ים אֲחֵרִ֑ים וַיַּעֲשׂ֥וּ
24 שִׁבְעַת־יָמִ֖ים שִׂמְחָֽה׃ כִּ֣י חִזְקִיָּ֣הוּ מֶֽלֶךְ־יְ֠הוּדָה הֵרִ֨ים לַקָּהָ֜ל
אֶ֤לֶף פָּרִים֙ וְשִׁבְעַ֣ת אֲלָפִ֔ים צֹ֗אן וְהַשָּׂרִ֨ים הֵרִ֤ימוּ לַקָּהָל֙ פָּרִ֣ים

כה אֶלֶף וְצֹאן עֲשֶׂרֶת אֲלָפִים וַיִּתְקַדְּשׁוּ כֹהֲנִים לָרֹב׃ וַיִּשְׂמְחוּ ׀
כָּל־קְהַל יְהוּדָה וְהַכֹּהֲנִים וְהַלְוִיִּם וְכָל־הַקָּהָל הַבָּאִים
מִיִּשְׂרָאֵל וְהַגֵּרִים הַבָּאִים מֵאֶרֶץ יִשְׂרָאֵל וְהַיּוֹשְׁבִים בִּיהוּדָה׃
26 וַתְּהִי שִׂמְחָה גְדוֹלָה בִּירוּשָׁלָ͏ִם כִּי מִימֵי שְׁלֹמֹה בֶן־דָּוִיד מֶלֶךְ
27 יִשְׂרָאֵל לֹא כָזֹאת בִּירוּשָׁלָ͏ִם׃ וַיָּקֻמוּ הַכֹּהֲנִים הַלְוִיִּם
וַיְבָרְכוּ אֶת־הָעָם וַיִּשָּׁמַע בְּקוֹלָם וַתָּבוֹא תְפִלָּתָם לִמְעוֹן
קָדְשׁוֹ לַשָּׁמָיִם׃

Cap. XXXI. לא

לא

א וּכְכַלּוֹת כָּל־זֹאת יָצְאוּ כָּל־יִשְׂרָאֵל הַנִּמְצְאִים לְעָרֵי
יְהוּדָה וַיְשַׁבְּרוּ הַמַּצֵּבוֹת וַיְגַדְּעוּ הָאֲשֵׁרִים וַיְנַתְּצוּ אֶת־
הַבָּמוֹת וְאֶת־הַמִּזְבְּחֹת מִכָּל־יְהוּדָה וּבִנְיָמִן וּבְאֶפְרַיִם
וּמְנַשֶּׁה עַד־לְכַלֵּה וַיָּשׁוּבוּ כָּל־בְּנֵי יִשְׂרָאֵל אִישׁ לַאֲחֻזָּתוֹ
2 לְעָרֵיהֶם׃ וַיַּעֲמֵד יְחִזְקִיָּהוּ אֶת־מַחְלְקוֹת הַכֹּהֲנִים
וְהַלְוִיִּם עַל־מַחְלְקוֹתָם אִישׁ ׀ כְּפִי עֲבֹדָתוֹ לַכֹּהֲנִים וְלַלְוִיִּם
לְעֹלָה וְלִשְׁלָמִים לְשָׁרֵת וּלְהֹדוֹת וּלְהַלֵּל בְּשַׁעֲרֵי מַחֲנוֹת
3 יְהוָה׃ וּמְנָת הַמֶּלֶךְ מִן־רְכוּשׁוֹ לָעֹלוֹת לְעֹלוֹת הַבֹּקֶר וְהָעֶרֶב
וְהָעֹלוֹת לַשַּׁבָּתוֹת וְלֶחֳדָשִׁים וְלַמֹּעֲדִים כַּכָּתוּב בְּתוֹרַת
4 יְהוָה׃ וַיֹּאמֶר לָעָם לְיוֹשְׁבֵי יְרוּשָׁלַ͏ִם לָתֵת מְנָת הַכֹּהֲנִים
ה וְהַלְוִיִּם לְמַעַן יֶחֶזְקוּ בְּתוֹרַת יְהוָה׃ וְכִפְרֹץ הַדָּבָר הִרְבּוּ
בְנֵי־יִשְׂרָאֵל רֵאשִׁית דָּגָן תִּירוֹשׁ וְיִצְהָר וּדְבַשׁ וְכֹל תְּבוּאַת
6 שָׂדֶה וּמַעְשַׂר הַכֹּל לָרֹב הֵבִיאוּ׃ וּבְנֵי יִשְׂרָאֵל וִיהוּדָה
הַיּוֹשְׁבִים בְּעָרֵי יְהוּדָה גַּם־הֵם מַעְשַׂר בָּקָר וָצֹאן וּמַעְשַׂר
קָדָשִׁים הַמְקֻדָּשִׁים לַיהוָה אֱלֹהֵיהֶם הֵבִיאוּ וַיִּתְּנוּ עֲרֵמוֹת
7 עֲרֵמוֹת׃ בַּחֹדֶשׁ הַשְּׁלִשִׁי הֵחֵלּוּ הָעֲרֵמוֹת לְיִסּוֹד וּבַחֹדֶשׁ
8 הַשְּׁבִיעִי כִּלּוּ׃ וַיָּבֹאוּ יְחִזְקִיָּהוּ וְהַשָּׂרִים וַיִּרְאוּ אֶת־הָעֲרֵמוֹת
9 וַיְבָרְכוּ אֶת־יְהוָה וְאֵת עַמּוֹ יִשְׂרָאֵל׃ וַיִּדְרֹשׁ יְחִזְקִיָּהוּ
י עַל־הַכֹּהֲנִים וְהַלְוִיִּם עַל־הָעֲרֵמוֹת׃ וַיֹּאמֶר אֵלָיו עֲזַרְיָהוּ
הַכֹּהֵן הָרֹאשׁ לְבֵית צָדוֹק וַיֹּאמֶר מֵהָחֵל הַתְּרוּמָה לָבִיא

בית־יהוה

בֵּית־יְהוָה אָכוֹל וְשָׂבוֹעַ וְהוֹתֵר עַד־לָרוֹב כִּי יְהוָה בֵּרַךְ
11 אֶת־עַמּוֹ וְהַנּוֹתָר אֶת־הֶהָמוֹן הַזֶּה׃ וַיֹּאמֶר יְחִזְקִיָּהוּ
12 לְהָכִין לְשָׁכוֹת בְּבֵית יְהוָה וַיָּכִינוּ׃ וַיָּבִיאוּ אֶת־הַתְּרוּמָה
וְהַמַּעֲשֵׂר וְהַקֳּדָשִׁים בֶּאֱמוּנָה וַעֲלֵיהֶם נָגִיד כּוֹנַנְיָהוּ הַלֵּוִי
13 וְשִׁמְעִי אָחִיהוּ מִשְׁנֶה׃ וִיחִיאֵל וַעֲזַזְיָהוּ וְנַחַת וַעֲשָׂהאֵל וִירִימוֹת
וְיוֹזָבָד וֶאֱלִיאֵל וְיִסְמַכְיָהוּ וּמַחַת וּבְנָיָהוּ פְּקִידִים מִיַּד כּוֹנַנְיָהוּ
וְשִׁמְעִי אָחִיו בְּמִפְקַד יְחִזְקִיָּהוּ הַמֶּלֶךְ וַעֲזַרְיָהוּ נְגִיד בֵּית־
14 הָאֱלֹהִים׃ וְקוֹרֵא בֶן־יִמְנָה הַלֵּוִי הַשּׁוֹעֵר לַמִּזְרָחָה עַל
ט נִדְבוֹת הָאֱלֹהִים לָתֵת תְּרוּמַת יְהוָה וְקָדְשֵׁי הַקֳּדָשִׁים׃ וְעַל־
יָדוֹ עֵדֶן וּמִנְיָמִן וְיֵשׁוּעַ וּשְׁמַעְיָהוּ אֲמַרְיָהוּ וּשְׁכַנְיָהוּ בְּעָרֵי
הַכֹּהֲנִים בֶּאֱמוּנָה לָתֵת לַאֲחֵיהֶם בְּמַחְלְקוֹת כַּגָּדוֹל כַּקָּטָן׃
16 מִלְּבַד הִתְיַחְשָׂם לִזְכָרִים מִבֶּן שָׁלוֹשׁ שָׁנִים וּלְמַעְלָה לְכָל־
הַבָּא לְבֵית־יְהוָה לִדְבַר־יוֹם בְּיוֹמוֹ לַעֲבוֹדָתָם בְּמִשְׁמְרוֹתָם
17 כְּמַחְלְקוֹתֵיהֶם׃ וְאֵת הִתְיַחֵשׂ הַכֹּהֲנִים לְבֵית אֲבוֹתֵיהֶם
וְהַלְוִיִּם מִבֶּן עֶשְׂרִים שָׁנָה וּלְמָעְלָה בְּמִשְׁמְרוֹתֵיהֶם
18 בְּמַחְלְקוֹתֵיהֶם׃ וּלְהִתְיַחֵשׂ בְּכָל־טַפָּם נְשֵׁיהֶם וּבְנֵיהֶם
19 וּבְנוֹתֵיהֶם לְכָל־קָהָל כִּי בֶאֱמוּנָתָם יִתְקַדְּשׁוּ־קֹדֶשׁ׃ וְלִבְנֵי
אַהֲרֹן הַכֹּהֲנִים בִּשְׂדֵי מִגְרַשׁ עָרֵיהֶם בְּכָל־עִיר וָעִיר אֲנָשִׁים
אֲשֶׁר נִקְּבוּ בְּשֵׁמוֹת לָתֵת מָנוֹת לְכָל־זָכָר בַּכֹּהֲנִים וּלְכָל־
כ הִתְיַחֵשׂ בַּלְוִיִּם׃ וַיַּעַשׂ כָּזֹאת יְחִזְקִיָּהוּ בְּכָל־יְהוּדָה וַיַּעַשׂ
21 הַטּוֹב וְהַיָּשָׁר וְהָאֱמֶת לִפְנֵי יְהוָה אֱלֹהָיו׃ וּבְכָל־מַעֲשֶׂה
אֲשֶׁר־הֵחֵל ׀ בַּעֲבוֹדַת בֵּית־הָאֱלֹהִים וּבַתּוֹרָה וּבַמִּצְוָה
לִדְרֹשׁ לֵאלֹהָיו בְּכָל־לְבָבוֹ עָשָׂה וְהִצְלִיחַ׃

לב Cap. XXXII. לב

א אַחֲרֵי הַדְּבָרִים וְהָאֱמֶת הָאֵלֶּה בָּא סַנְחֵרִיב מֶלֶךְ־אַשּׁוּר
וַיָּבֹא בִיהוּדָה וַיִּחַן עַל־הֶעָרִים הַבְּצֻרוֹת וַיֹּאמֶר לְבִקְעָם
2 אֵלָיו׃ וַיַּרְא יְחִזְקִיָּהוּ כִּי־בָא סַנְחֵרִיב וּפָנָיו לַמִּלְחָמָה עַל־

ירושלם

ל״א v. 12. יתיר ר v. 13. יתיר ר

3 יְרוּשָׁלִָם׃ וַיִּוָּעַץ עִם־שָׂרָיו וְגִבֹּרָיו לִסְתּוֹם אֶת־מֵימֵי הָעֲיָנוֹת
4 אֲשֶׁר מִחוּץ לָעִיר וַיַּעְזְרוּהוּ׃ וַיִּקָּבְצוּ עַם־רָב וַיִּסְתְּמוּ אֶת־
כָּל־הַמַּעְיָנוֹת וְאֶת־הַנַּחַל הַשּׁוֹטֵף בְּתוֹךְ־הָאָרֶץ לֵאמֹר לָמָּה
ה יָבוֹאוּ מַלְכֵי אַשּׁוּר וּמָצְאוּ מַיִם רַבִּים׃ וַיִּתְחַזַּק וַיִּבֶן אֶת־
כָּל־הַחוֹמָה הַפְּרוּצָה וַיַּעַל עַל־הַמִּגְדָּלוֹת וְלַחוּצָה הַחוֹמָה
אַחֶרֶת וַיְחַזֵּק אֶת־הַמִּלּוֹא עִיר דָּוִיד וַיַּעַשׂ שֶׁלַח לָרֹב וּמָגִנִּים׃
6 וַיִּתֵּן שָׂרֵי מִלְחָמוֹת עַל־הָעָם וַיִּקְבְּצֵם אֵלָיו אֶל־רְחוֹב שַׁעַר
7 הָעִיר וַיְדַבֵּר עַל־לְבָבָם לֵאמֹר׃ חִזְקוּ וְאִמְצוּ אַל־תִּירְאוּ
וְאַל־תֵּחַתּוּ מִפְּנֵי מֶלֶךְ אַשּׁוּר וּמִלִּפְנֵי כָּל־הֶהָמוֹן אֲשֶׁר־
8 עִמּוֹ כִּי־עִמָּנוּ רַב מֵעִמּוֹ׃ עִמּוֹ זְרוֹעַ בָּשָׂר וְעִמָּנוּ יְהוָה אֱלֹהֵינוּ
לְעָזְרֵנוּ וּלְהִלָּחֵם מִלְחֲמֹתֵנוּ וַיִּסָּמְכוּ הָעָם עַל־דִּבְרֵי
9 יְחִזְקִיָּהוּ מֶלֶךְ־יְהוּדָה׃ אַחַר זֶה שָׁלַח סַנְחֵרִיב מֶלֶךְ־
אַשּׁוּר עֲבָדָיו יְרוּשָׁלַיְמָה וְהוּא עַל־לָכִישׁ וְכָל־מֶמְשַׁלְתּוֹ עִמּוֹ
עַל־יְחִזְקִיָּהוּ מֶלֶךְ יְהוּדָה וְעַל־כָּל־יְהוּדָה אֲשֶׁר בִּירוּשָׁלִַם
י לֵאמֹר׃ כֹּה אָמַר סַנְחֵרִיב מֶלֶךְ אַשּׁוּר עַל־מָה אַתֶּם בֹּטְחִים
11 וְיֹשְׁבִים בְּמָצוֹר בִּירוּשָׁלִָם׃ הֲלֹא יְחִזְקִיָּהוּ מַסִּית אֶתְכֶם לָתֵת
אֶתְכֶם לָמוּת בְּרָעָב וּבְצָמָא לֵאמֹר יְהוָה אֱלֹהֵינוּ יַצִּילֵנוּ
12 מִכַּף מֶלֶךְ אַשּׁוּר׃ הֲלֹא־הוּא יְחִזְקִיָּהוּ הֵסִיר אֶת־בָּמֹתָיו
וְאֶת־מִזְבְּחֹתָיו וַיֹּאמֶר לִיהוּדָה וְלִירוּשָׁלִַם לֵאמֹר לִפְנֵי מִזְבֵּחַ
13 אֶחָד תִּשְׁתַּחֲווּ וְעָלָיו תַּקְטִירוּ׃ הֲלֹא תֵדְעוּ מֶה עָשִׂיתִי אֲנִי
וַאֲבוֹתַי לְכֹל עַמֵּי הָאֲרָצוֹת הֲיָכוֹל יָכְלוּ אֱלֹהֵי גּוֹיֵ הָאֲרָצוֹת
14 לְהַצִּיל אֶת־אַרְצָם מִיָּדִי׃ מִי בְּכָל־אֱלֹהֵי הַגּוֹיִם הָאֵלֶּה
אֲשֶׁר הֶחֱרִימוּ אֲבוֹתַי אֲשֶׁר יָכוֹל לְהַצִּיל אֶת־עַמּוֹ מִיָּדִי
טו כִּי יוּכַל אֱלֹהֵיכֶם לְהַצִּיל אֶתְכֶם מִיָּדִי׃ וְעַתָּה אַל־יַשִּׁיא
אֶתְכֶם חִזְקִיָּהוּ וְאַל־יַסִּית אֶתְכֶם כָּזֹאת וְאַל־תַּאֲמִינוּ לוֹ
כִּי־לֹא יוּכַל כָּל־אֱלוֹהַּ כָּל־גּוֹי וּמַמְלָכָה לְהַצִּיל עַמּוֹ מִיָּדִי
16 וּמִיַּד אֲבוֹתָי אַף כִּי אֱלֹהֵיכֶם לֹא־יַצִּילוּ אֶתְכֶם מִיָּדִי׃ וְעוֹד
דִּבְּרוּ עֲבָדָיו עַל־יְהוָה הָאֱלֹהִים וְעַל יְחִזְקִיָּהוּ עַבְדּוֹ׃

וספרים

17 וּסְפָרִים כָּתַב לְחָרֵף לַיהוָה אֱלֹהֵי יִשְׂרָאֵל וְלֵאמֹר עָלָיו
לֵאמֹר כֵּאלֹהֵי גּוֹיֵי הָאֲרָצוֹת אֲשֶׁר לֹא־הִצִּילוּ עַמָּם מִיָּדִי
18 כֵּן לֹא־יַצִּיל אֱלֹהֵי יְחִזְקִיָּהוּ עַמּוֹ מִיָּדִי׃ וַיִּקְרְאוּ בְקוֹל־גָּדוֹל
יְהוּדִית עַל־עַם יְרוּשָׁלִַם אֲשֶׁר עַל־הַחוֹמָה לְיָרְאָם וּלְבַהֲלָם
19 לְמַעַן יִלְכְּדוּ אֶת־הָעִיר׃ וַיְדַבְּרוּ אֶל־אֱלֹהֵי יְרוּשָׁלִָם
כ כְּעַל אֱלֹהֵי עַמֵּי הָאָרֶץ מַעֲשֵׂה יְדֵי הָאָדָם׃ וַיִּתְפַּלֵּל
יְחִזְקִיָּהוּ הַמֶּלֶךְ וִישַׁעְיָהוּ בֶן־אָמוֹץ הַנָּבִיא עַל־זֹאת וַיִּזְעֲקוּ
21 הַשָּׁמָיִם׃ וַיִּשְׁלַח יְהוָה מַלְאָךְ וַיַּכְחֵד כָּל־גִּבּוֹר חַיִל
וְנָגִיד וְשָׂר בְּמַחֲנֵה מֶלֶךְ אַשּׁוּר וַיָּשָׁב בְּבֹשֶׁת פָּנִים לְאַרְצוֹ
22 וַיָּבֹא בֵּית אֱלֹהָיו וּמִיצִיאֵו מֵעָיו שָׁם הִפִּילֻהוּ בֶחָרֶב׃ וַיּוֹשַׁע
יְהוָה אֶת־יְחִזְקִיָּהוּ וְאֵת ׀ יֹשְׁבֵי יְרוּשָׁלִַם מִיַּד סַנְחֵרִיב מֶלֶךְ־
23 אַשּׁוּר וּמִיַּד־כֹּל וַיְנַהֲלֵם מִסָּבִיב׃ וְרַבִּים מְבִיאִים מִנְחָה
לַיהוָה לִירוּשָׁלִַם וּמִגְדָּנוֹת לִיחִזְקִיָּהוּ מֶלֶךְ יְהוּדָה וַיִּנַּשֵּׂא
לְעֵינֵי כָל־הַגּוֹיִם מֵאַחֲרֵי־כֵן׃
24 בַּיָּמִים הָהֵם חָלָה יְחִזְקִיָּהוּ עַד־לָמוּת וַיִּתְפַּלֵּל אֶל־יְהוָה
כה וַיֹּאמֶר לוֹ וּמוֹפֵת נָתַן לוֹ׃ וְלֹא־כִגְמֻל עָלָיו הֵשִׁיב יְחִזְקִיָּהוּ
26 כִּי גָבַהּ לִבּוֹ וַיְהִי עָלָיו קֶצֶף וְעַל־יְהוּדָה וִירוּשָׁלִָם׃ וַיִּכָּנַע
יְחִזְקִיָּהוּ בְּגֹבַהּ לִבּוֹ הוּא וְיֹשְׁבֵי יְרוּשָׁלִָם וְלֹא־בָא עֲלֵיהֶם
27 קֶצֶף יְהוָה בִּימֵי יְחִזְקִיָּהוּ׃ וַיְהִי לִיחִזְקִיָּהוּ עֹשֶׁר וְכָבוֹד
הַרְבֵּה מְאֹד וְאֹצָרוֹת עָשָׂה־לוֹ לְכֶסֶף וּלְזָהָב וּלְאֶבֶן יְקָרָה
28 וְלִבְשָׂמִים וּלְמָגִנִּים וּלְכֹל כְּלֵי חֶמְדָּה׃ וּמִסְכְּנוֹת לִתְבוּאַת
דָּגָן וְתִירוֹשׁ וְיִצְהָר וְאֻרָוֹת לְכָל־בְּהֵמָה וּבְהֵמָה וַעֲדָרִים
29 לָאֲוֵרוֹת׃ וְעָרִים עָשָׂה לוֹ וּמִקְנֵה־צֹאן וּבָקָר לָרֹב כִּי נָתַן־
ל לוֹ אֱלֹהִים רְכוּשׁ רַב מְאֹד׃ וְהוּא יְחִזְקִיָּהוּ סָתַם אֶת־מוֹצָא
מֵימֵי גִיחוֹן הָעֶלְיוֹן וַיַּישְּׁרֵם לְמַטָּה־מַּעְרָבָה לְעִיר דָּוִיד
31 וַיַּצְלַח יְחִזְקִיָּהוּ בְּכָל־מַעֲשֵׂהוּ׃ וְכֵן בִּמְלִיצֵי ׀ שָׂרֵי בָבֶל
הַמְשַׁלְּחִים עָלָיו לִדְרֹשׁ הַמּוֹפֵת אֲשֶׁר הָיָה בָאָרֶץ עֲזָבוֹ

האלהים

v. 21. ומיציאי ק׳

32 הָאֱלֹהִים לְנַסּוֹתוֹ לָדַעַת כָּל־בִּלְבָבוֹ׃ וְיֶתֶר דִּבְרֵי
יְחִזְקִיָּהוּ וַחֲסָדָיו הִנָּם כְּתוּבִים בַּחֲזוֹן יְשַׁעְיָהוּ בֶן־אָמוֹץ
33 הַנָּבִיא עַל־סֵפֶר מַלְכֵי־יְהוּדָה וְיִשְׂרָאֵל׃ וַיִּשְׁכַּב יְחִזְקִיָּהוּ
עִם־אֲבֹתָיו וַיִּקְבְּרֻהוּ בְּמַעֲלֵה קִבְרֵי בְנֵי־דָוִיד וְכָבוֹד עָשׂוּ־
לוֹ בְמוֹתוֹ כָּל־יְהוּדָה וְיֹשְׁבֵי יְרוּשָׁלִָם וַיִּמְלֹךְ מְנַשֶּׁה בְנוֹ
תַּחְתָּיו׃

לג Cap. XXXIII. לג

א בֶּן־שְׁתֵּים עֶשְׂרֵה שָׁנָה מְנַשֶּׁה בְמָלְכוֹ וַחֲמִשִּׁים וְחָמֵשׁ שָׁנָה
2 מָלַךְ בִּירוּשָׁלִָם׃ וַיַּעַשׂ הָרַע בְּעֵינֵי יְהוָה כְּתוֹעֲבוֹת הַגּוֹיִם
3 אֲשֶׁר הוֹרִישׁ יְהוָה מִפְּנֵי בְּנֵי יִשְׂרָאֵל׃ וַיָּשָׁב וַיִּבֶן אֶת־הַבָּמוֹת
אֲשֶׁר נִתַּץ יְחִזְקִיָּהוּ אָבִיו וַיָּקֶם מִזְבְּחוֹת לַבְּעָלִים וַיַּעַשׂ
4 אֲשֵׁרוֹת וַיִּשְׁתַּחוּ לְכָל־צְבָא הַשָּׁמַיִם וַיַּעֲבֹד אֹתָם׃ וּבָנָה
מִזְבְּחוֹת בְּבֵית יְהוָה אֲשֶׁר אָמַר יְהוָה בִּירוּשָׁלִַם יִהְיֶה־שְּׁמִי
ה לְעוֹלָם׃ וַיִּבֶן מִזְבְּחוֹת לְכָל־צְבָא הַשָּׁמָיִם בִּשְׁתֵּי חַצְרוֹת
6 בֵּית־יְהוָה׃ וְהוּא הֶעֱבִיר אֶת־בָּנָיו בָּאֵשׁ בְּגֵי בֶן־הִנֹּם וְעוֹנֵן
וְנִחֵשׁ וְכִשֵּׁף וְעָשָׂה אוֹב וְיִדְּעוֹנִי הִרְבָּה לַעֲשׂוֹת הָרַע בְּעֵינֵי
7 יְהוָה לְהַכְעִיסוֹ׃ וַיָּשֶׂם אֶת־פֶּסֶל הַסֶּמֶל אֲשֶׁר עָשָׂה בְּבֵית
הָאֱלֹהִים אֲשֶׁר אָמַר אֱלֹהִים אֶל־דָּוִיד וְאֶל־שְׁלֹמֹה בְנוֹ
בַּבַּיִת הַזֶּה וּבִירוּשָׁלִַם אֲשֶׁר בָּחַרְתִּי מִכֹּל שִׁבְטֵי יִשְׂרָאֵל
8 אָשִׂים אֶת־שְׁמִי לְעֵילוֹם׃ וְלֹא אוֹסִיף לְהָסִיר אֶת־רֶגֶל
יִשְׂרָאֵל מֵעַל הָאֲדָמָה אֲשֶׁר הֶעֱמַדְתִּי לַאֲבֹתֵיכֶם רַק ׀ אִם־
יִשְׁמְרוּ לַעֲשׂוֹת אֵת כָּל־אֲשֶׁר צִוִּיתִים לְכָל־הַתּוֹרָה וְהַחֻקִּים
9 וְהַמִּשְׁפָּטִים בְּיַד־מֹשֶׁה׃ וַיֶּתַע מְנַשֶּׁה אֶת־יְהוּדָה וְיֹשְׁבֵי
יְרוּשָׁלִָם לַעֲשׂוֹת רָע מִן־הַגּוֹיִם אֲשֶׁר הִשְׁמִיד יְהוָה מִפְּנֵי בְּנֵי
י יִשְׂרָאֵל׃ וַיְדַבֵּר יְהוָה אֶל־מְנַשֶּׁה וְאֶל־עַמּוֹ וְלֹא
11 הִקְשִׁיבוּ׃ וַיָּבֵא יְהוָה עֲלֵיהֶם אֶת־שָׂרֵי הַצָּבָא אֲשֶׁר לְמֶלֶךְ
אַשּׁוּר וַיִּלְכְּדוּ אֶת־מְנַשֶּׁה בַּחֹחִים וַיַּאַסְרֻהוּ בַּנְחֻשְׁתַּיִם
12 וַיּוֹלִיכֻהוּ בָּבֶלָה׃ וּכְהָצֵר לוֹ חִלָּה אֶת־פְּנֵי יְהוָה אֱלֹהָיו

ויכנע

13 וַיִּכָּנַ֣ע מְאֹ֔ד מִלִּפְנֵ֖י אֱלֹהֵ֥י אֲבֹתָֽיו׃ וַיִּתְפַּלֵּ֣ל אֵלָ֗יו וַיֵּעָ֤תֶר לוֹ֙
וַיִּשְׁמַ֣ע תְּחִנָּת֔וֹ וַיְשִׁיבֵ֥הוּ יְרוּשָׁלִַ֖ם לְמַלְכוּת֑וֹ וַיֵּ֣דַע מְנַשֶּׁ֔ה כִּ֥י
14 יְהוָ֖ה ה֥וּא הָאֱלֹהִֽים׃ וְאַחֲרֵי־כֵ֡ן בָּנָה֩ חוֹמָ֨ה חִיצוֹנָ֤ה ׀ לְעִיר־
דָּוִ֜יד מַעְרָ֣בָה לְגִיח֗וֹן בַּנַּ֙חַל֙ וְלָב֜וֹא בְשַׁ֣עַר הַדָּגִ֗ים וְסָבַ֤ב
לָעֹ֙פֶל֙ וַיַּגְבִּיהֶ֣הָ מְאֹ֑ד וַיָּ֧שֶׂם שָׂרֵי־חַ֛יִל בְּכָל־הֶעָרִ֥ים הַבְּצֻר֖וֹת
טו בִּיהוּדָֽה׃ וַ֠יָּסַר אֶת־אֱלֹהֵ֨י הַנֵּכָ֜ר וְאֶת־הַסֶּ֙מֶל֙ מִבֵּ֣ית יְהוָ֔ה
וְכָל־הַֽמִּזְבְּח֗וֹת אֲשֶׁ֥ר בָּנָ֛ה בְּהַ֥ר בֵּית־יְהוָ֖ה וּבִירוּשָׁלִָ֑ם וַיַּשְׁלֵ֖ךְ
16 ח֥וּצָה לָעִֽיר׃ וַיִּ֙כֶן֙ אֶת־מִזְבַּ֣ח יְהוָ֔ה וַיִּזְבַּ֣ח עָלָ֔יו זִבְחֵ֥י שְׁלָמִ֖ים
וְתוֹדָ֑ה וַיֹּ֙אמֶר֙ לִֽיהוּדָ֔ה לַעֲב֕וֹד אֶת־יְהוָ֖ה אֱלֹהֵ֥י יִשְׂרָאֵֽל׃
17 18 אֲבָל֙ ע֣וֹד הָעָ֔ם זֹבְחִ֖ים בַּבָּמ֑וֹת רַ֖ק לַיהוָ֥ה אֱלֹהֵיהֶֽם׃ וְיֶ֨תֶר
דִּבְרֵ֤י מְנַשֶּׁה֙ וּתְפִלָּת֣וֹ אֶל־אֱלֹהָ֔יו וְדִבְרֵי֙ הַחֹזִ֔ים הַֽמְדַבְּרִ֣ים
אֵלָ֔יו בְּשֵׁ֖ם יְהוָ֣ה אֱלֹהֵ֣י יִשְׂרָאֵ֑ל הִנָּ֕ם עַל־דִּבְרֵ֖י מַלְכֵ֥י יִשְׂרָאֵֽל׃
19 וּתְפִלָּת֣וֹ וְהֵֽעָתֶר־לוֹ֮ וְכָל־חַטָּאתוֹ֮ וּמַעְלוֹ֒ וְהַמְּקֹמ֗וֹת אֲשֶׁ֨ר
בָּנָ֤ה בָהֶם֙ בָּמ֔וֹת וְהֶעֱמִיד֙ הָאֲשֵׁרִ֣ים וְהַפְּסִלִ֔ים לִפְנֵ֖י הִכָּנְע֑וֹ
כ הִנָּ֣ם כְּתוּבִ֔ים עַ֖ל דִּבְרֵ֥י חוֹזָֽי׃ וַיִּשְׁכַּ֤ב מְנַשֶּׁה֙ עִם־אֲבֹתָ֔יו
וַֽיִּקְבְּרֻ֖הוּ בֵּית֑וֹ וַיִּמְלֹ֛ךְ אָמ֥וֹן בְּנ֖וֹ תַּחְתָּֽיו׃
21 בֶּן־עֶשְׂרִ֤ים וּשְׁתַּ֙יִם֙ שָׁנָ֔ה אָמ֖וֹן בְּמָלְכ֑וֹ וּשְׁתַּ֣יִם שָׁנִ֔ים מָלַ֖ךְ
22 בִּירוּשָׁלִָֽם׃ וַיַּ֤עַשׂ הָרַע֙ בְּעֵינֵ֣י יְהוָ֔ה כַּאֲשֶׁ֥ר עָשָׂ֖ה מְנַשֶּׁ֣ה אָבִ֑יו
וּֽלְכָל־הַפְּסִילִ֗ים אֲשֶׁ֤ר עָשָׂה֙ מְנַשֶּׁ֣ה אָבִ֔יו זִבַּ֥ח אָמ֖וֹן וַיַּעַבְדֵֽם׃
23 וְלֹ֤א נִכְנַע֙ מִלִּפְנֵ֣י יְהוָ֔ה כְּהִכָּנַ֖ע מְנַשֶּׁ֣ה אָבִ֑יו כִּ֛י ה֥וּא אָמ֖וֹן
24 כה הִרְבָּ֥ה אַשְׁמָֽה׃ וַיִּקְשְׁר֤וּ עָלָיו֙ עֲבָדָ֔יו וַיְמִיתֻ֖הוּ בְּבֵיתֽוֹ׃ וַיַּכּוּ֙
עַם־הָאָ֔רֶץ אֵ֥ת כָּל־הַקֹּשְׁרִ֖ים עַל־הַמֶּ֣לֶךְ אָמ֑וֹן וַיַּמְלִ֧יכוּ
עַם־הָאָ֛רֶץ אֶת־יֹאשִׁיָּ֥הוּ בְנ֖וֹ תַּחְתָּֽיו׃

לד Cap. XXXIV. לד

א בֶּן־שְׁמוֹנֶ֥ה שָׁנִ֖ים יֹאשִׁיָּ֣הוּ בְמָלְכ֑וֹ וּשְׁלֹשִׁ֤ים וְאַחַת֙ שָׁנָ֔ה
2 מָלַ֖ךְ בִּירוּשָׁלִָֽם׃ וַיַּ֥עַשׂ הַיָּשָׁ֖ר בְּעֵינֵ֣י יְהוָ֑ה וַיֵּ֗לֶךְ בְּדַרְכֵי֙ דָּוִ֣יד
3 אָבִ֔יו וְלֹא־סָ֖ר יָמִ֥ין וּשְׂמֽאול׃ וּבִשְׁמוֹנֶ֨ה שָׁנִ֜ים לְמָלְכ֗וֹ וְהוּא֙

עודנו

ל״ג v. 16. ויבן ק

עוֹדֶ֙נּוּ֙ נַ֔עַר הֵחֵ֕ל לִדְר֕וֹשׁ לֵאלֹהֵ֖י דָּוִ֣יד אָבִ֑יו וּבִשְׁתֵּ֨ים עֶשְׂרֵ֜ה
שָׁנָ֗ה הֵחֵ֡ל לְטַהֵ֞ר אֶת־יְהוּדָה֙ וִיר֣וּשָׁלִַ֔ם מִן־הַבָּמוֹת֙ וְהָ֣אֲשֵׁרִ֔ים
4 וְהַפְּסִלִ֖ים וְהַמַּסֵּכֽוֹת׃ וַיְנַתְּצ֣וּ לְפָנָ֗יו אֵ֚ת מִזְבְּח֣וֹת הַבְּעָלִ֔ים
וְהַֽחַמָּנִ֛ים אֲשֶׁר־לְמַ֥עְלָה מֵעֲלֵיהֶ֖ם גִּדֵּ֑עַ וְהָאֲשֵׁרִ֨ים וְהַפְּסִלִ֤ים
וְהַמַּסֵּכוֹת֙ שִׁבַּ֣ר וְהֵדַ֔ק וַיִּזְרֹק֙ עַל־פְּנֵ֣י הַקְּבָרִ֔ים הַזֹּבְחִ֖ים
ה לָהֶֽם׃ וְעַצְמוֹת֙ כֹּֽהֲנִ֔ים שָׂרַ֖ף עַל־מִזְבְּחוֹתָ֑ם וַיְטַהֵ֥ר אֶת־
6 יְהוּדָ֖ה וְאֶת־יְרוּשָׁלִָֽם׃ וּבְעָרֵ֨י מְנַשֶּׁ֧ה וְאֶפְרַ֛יִם וְשִׁמְע֖וֹן וְעַד־
7 נַפְתָּלִ֑י בְּחַ֨ר בָּתֵּיהֶ֖ם סָבִֽיב׃ וַיְנַתֵּ֞ץ אֶת־הַֽמִּזְבְּח֗וֹת וְאֶת־
הָאֲשֵׁרִ֤ים וְהַפְּסִלִים֙ כִּתַּ֣ת לְהֵדַ֔ק וְכָל־הַֽחַמָּנִ֣ים גִּדַּ֔ע בְּכָל־
8 אֶ֥רֶץ יִשְׂרָאֵ֖ל וַיָּ֥שָׁב לִירוּשָׁלִָֽם׃ וּבִשְׁנַ֙ת שְׁמוֹנֶ֤ה עֶשְׂרֵה֙
לְמָלְכ֔וֹ לְטַהֵ֥ר הָאָ֖רֶץ וְהַבָּ֑יִת שָׁלַ֡ח אֶת־שָׁפָ֣ן בֶּן־אֲצַלְיָ֡הוּ
וְאֶת־מַעֲשֵׂיָ֣הוּ שַׂר־הָעִ֡יר וְאֵת֩ יוֹאָ֨ח בֶּן־יוֹאָחָ֜ז הַמַּזְכִּ֗יר לְחַזֵּק֙
9 אֶת־בֵּ֖ית יְהוָ֥ה אֱלֹהָֽיו׃ וַיָּבֹ֣אוּ ׀ אֶל־חִלְקִיָּ֣הוּ ׀ הַכֹּהֵ֣ן הַגָּד֗וֹל
וַֽיִּתְּנוּ֙ אֶת־הַכֶּ֙סֶף֙ הַמּוּבָ֣א בֵית־אֱלֹהִ֔ים אֲשֶׁ֨ר אָסְפֽוּ־הַלְוִיִּ֜ם
שֹׁמְרֵ֣י הַסַּ֗ף מִיַּ֨ד מְנַשֶּׁ֤ה וְאֶפְרַ֙יִם֙ וּמִכֹּל֙ שְׁאֵרִ֣ית יִשְׂרָאֵ֔ל
י וּמִכָּל־יְהוּדָ֖ה וּבִנְיָמִ֑ן וַיָּשֻׁבֵ֖י יְרוּשָׁלִָֽם׃ וַֽיִּתְּנ֗וּ עַל־יַד֙ עֹשֵׂ֣ה
הַמְּלָאכָ֔ה הַמֻּפְקָדִ֖ים בְּבֵ֣ית יְהוָ֑ה וַיִּתְּנ֣וּ אֹת֗וֹ עוֹשֵׂי֙ הַמְּלָאכָ֔ה
11 אֲשֶׁ֤ר עֹשִׂים֙ בְּבֵ֣ית יְהוָ֔ה לִבְד֥וֹק וּלְחַזֵּ֖ק הַבָּֽיִת׃ וַֽיִּתְּנוּ֙ לֶחָרָשִׁים֙
וְלַבֹּנִ֔ים לִקְנוֹת֙ אַבְנֵ֣י מַחְצֵ֔ב וְעֵצִ֖ים לַֽמְחַבְּר֑וֹת וּלְקָרוֹת֙ אֶת־
12 הַבָּ֣תִּ֔ים אֲשֶׁ֥ר הִשְׁחִ֖יתוּ מַלְכֵ֥י יְהוּדָֽה׃ וְהָאֲנָשִׁ֗ים עֹשִׂ֣ים בֶּאֱמוּנָה֮
בַּמְּלָאכָה֒ וַעֲלֵיהֶ֣ם ׀ מֻפְקָדִ֡ים יַ֣חַת וְעֹֽבַדְיָ֤הוּ הַלְוִיִּם֙ מִן־בְּנֵ֣י
מְרָרִ֔י וּזְכַרְיָ֧ה וּמְשֻׁלָּ֛ם מִן־בְּנֵ֥י הַקְּהָתִ֖ים לְנַצֵּ֑חַ וְהַלְוִיִּ֕ם
13 כָּל־מֵבִ֖ין בִּכְלֵי־שִֽׁיר׃ וְעַל֙ הַסַּבָּלִ֔ים וּֽמְנַצְּחִ֔ים לְכֹל֙ עֹשֵׂ֣ה
מְלָאכָ֔ה לַעֲבוֹדָ֖ה וַעֲבוֹדָ֑ה וּמֵֽהַלְוִיִּ֔ם סוֹפְרִ֥ים וְשֹׁטְרִ֖ים
14 וְשׁוֹעֲרִֽים׃ וּבְהוֹצִיאָ֣ם אֶת־הַכֶּ֔סֶף הַמּוּבָ֖א בֵּ֣ית יְהוָ֑ה מָצָא֙
טו חִלְקִיָּ֣הוּ הַכֹּהֵ֔ן אֶת־סֵ֥פֶר תּֽוֹרַת־יְהוָ֖ה בְּיַד־מֹשֶֽׁה׃ וַיַּ֨עַן
חִלְקִיָּ֗הוּ וַיֹּ֙אמֶר֙ אֶל־שָׁפָ֣ן הַסּוֹפֵ֔ר סֵ֧פֶר הַתּוֹרָ֛ה מָצָ֖אתִי

בבית

v. 5. מזבחותם ק   v. 6. בחרבתיהם ק   v. 9. וישבו ק

16 בְּבֵית יְהוָה וַיִּתֵּן חִלְקִיָּהוּ אֶת־הַסֵּפֶר אֶל־שָׁפָן׃ וַיָּבֵא שָׁפָן
אֶת־הַסֵּפֶר אֶל־הַמֶּלֶךְ וַיָּשֶׁב עוֹד אֶת־הַמֶּלֶךְ דָּבָר לֵאמֹר
17 כֹּל אֲשֶׁר־נִתַּן בְּיַד־עֲבָדֶיךָ הֵם עֹשִׂים׃ וַיַּתִּיכוּ אֶת־הַכֶּסֶף
הַנִּמְצָא בְבֵית־יְהוָה וַיִּתְּנוּהוּ עַל־יַד הַמֻּפְקָדִים וְעַל־יַד
18 עוֹשֵׂי הַמְּלָאכָה׃ וַיַּגֵּד שָׁפָן הַסּוֹפֵר לַמֶּלֶךְ לֵאמֹר סֵפֶר נָתַן
19 לִי חִלְקִיָּהוּ הַכֹּהֵן וַיִּקְרָא־בוֹ שָׁפָן לִפְנֵי הַמֶּלֶךְ׃ וַיְהִי כִּשְׁמֹעַ
כ הַמֶּלֶךְ אֵת דִּבְרֵי הַתּוֹרָה וַיִּקְרַע אֶת־בְּגָדָיו׃ וַיְצַו הַמֶּלֶךְ
אֶת־חִלְקִיָּהוּ וְאֶת־אֲחִיקָם בֶּן־שָׁפָן וְאֶת־עַבְדּוֹן בֶּן־מִיכָה
21 וְאֵת ׀ שָׁפָן הַסּוֹפֵר וְאֵת עֲשָׂיָה עֶבֶד־הַמֶּלֶךְ לֵאמֹר׃ לְכוּ
דִרְשׁוּ אֶת־יְהוָה בַּעֲדִי וּבְעַד הַנִּשְׁאָר בְּיִשְׂרָאֵל וּבִיהוּדָה
עַל־דִּבְרֵי הַסֵּפֶר אֲשֶׁר נִמְצָא כִּי־גְדוֹלָה חֲמַת־יְהוָה אֲשֶׁר
נִתְּכָה בָנוּ עַל אֲשֶׁר לֹא־שָׁמְרוּ אֲבוֹתֵינוּ אֶת־דְּבַר יְהוָה
22 לַעֲשׂוֹת כְּכָל־הַכָּתוּב עַל־הַסֵּפֶר הַזֶּה׃ וַיֵּלֶךְ חִלְקִיָּהוּ
וַאֲשֶׁר הַמֶּלֶךְ אֶל־חֻלְדָּה הַנְּבִיאָה אֵשֶׁת ׀ שַׁלֻּם בֶּן־תָּוֹקְהַת
בֶּן־חַסְרָה שׁוֹמֵר הַבְּגָדִים וְהִיא יוֹשֶׁבֶת בִּירוּשָׁלַםִ בַּמִּשְׁנֶה
23 וַיְדַבְּרוּ אֵלֶיהָ כָּזֹאת׃ וַתֹּאמֶר לָהֶם כֹּה־אָמַר יְהוָה אֱלֹהֵי
24 יִשְׂרָאֵל אִמְרוּ לָאִישׁ אֲשֶׁר־שָׁלַח אֶתְכֶם אֵלָי׃ כֹּה אָמַר
יְהוָה הִנְנִי מֵבִיא רָעָה עַל־הַמָּקוֹם הַזֶּה וְעַל־יוֹשְׁבָיו אֵת
כָּל־הָאָלוֹת הַכְּתוּבוֹת עַל־הַסֵּפֶר אֲשֶׁר קָרְאוּ לִפְנֵי מֶלֶךְ
כה יְהוּדָה׃ תַּחַת ׀ אֲשֶׁר עֲזָבוּנִי וַיְקַטְּירוּ לֵאלֹהִים אֲחֵרִים לְמַעַן
הַכְעִיסֵנִי בְּכֹל מַעֲשֵׂי יְדֵיהֶם וְתִתַּךְ חֲמָתִי בַּמָּקוֹם הַזֶּה וְלֹא
26 תִכְבֶּה׃ וְאֶל־מֶלֶךְ יְהוּדָה הַשֹּׁלֵחַ אֶתְכֶם לִדְרוֹשׁ בַּיהוָה כֹּה
תֹאמְרוּ אֵלָיו ° כֹּה־אָמַר יְהוָה אֱלֹהֵי יִשְׂרָאֵל הַדְּבָרִים
27 אֲשֶׁר שָׁמָעְתָּ׃ יַעַן רַךְ־לְבָבְךָ וַתִּכָּנַע ׀ מִלִּפְנֵי אֱלֹהִים בְּשָׁמְעֲךָ
אֶת־דְּבָרָיו עַל־הַמָּקוֹם הַזֶּה וְעַל־יֹשְׁבָיו וַתִּכָּנַע לְפָנַי וַתִּקְרַע
28 אֶת־בְּגָדֶיךָ וַתֵּבְךְּ לְפָנָי וְגַם־אֲנִי שָׁמַעְתִּי נְאֻם־יְהוָה׃ הִנְנִי
אֹסִפְךָ אֶל־אֲבֹתֶיךָ וְנֶאֱסַפְתָּ אֶל־קִבְרוֹתֶיךָ בְּשָׁלוֹם וְלֹא־

v. 22. יתיר ו׳ v. 25. ויקטרו ק׳ v. 26. פסקא באמצע פסוק

תִּרְאֶינָה עֵינֶיךָ בְּכֹל֙ הָרָעָה אֲשֶׁר אֲנִי מֵבִיא עַל־הַמָּקוֹם
29 הַזֶּה וְעַל־יֹשְׁבָיו וַיָּשִׁיבוּ אֶת־הַמֶּלֶךְ דָּבָר׃ וַיִּשְׁלַח
ל הַמֶּלֶךְ וַיֶּאֱסֹף אֶת־כָּל־זִקְנֵי יְהוּדָה וִירוּשָׁלִָם׃ וַיַּעַל הַמֶּלֶךְ
בֵּית־יְהוָה וְכָל־אִישׁ יְהוּדָה וְיֹשְׁבֵי יְרוּשָׁלִַם וְהַכֹּהֲנִים֙ וְהַלְוִיִּם
וְכָל־הָעָם מִגָּדוֹל וְעַד־קָטָן וַיִּקְרָא בְאָזְנֵיהֶם אֶת־כָּל־דִּבְרֵי֙
31 סֵפֶר הַבְּרִית הַנִּמְצָא בֵּית יְהוָה׃ וַיַּעֲמֹד הַמֶּלֶךְ עַל־עָמְדוֹ
וַיִּכְרֹת אֶת־הַבְּרִית֮ לִפְנֵי יְהוָה֒ לָלֶכֶת אַחֲרֵי יְהוָה וְלִשְׁמוֹר
אֶת־מִצְוֹתָיו֙ וְעֵדְוֹתָיו וְחֻקָּיו בְּכָל־לְבָבוֹ וּבְכָל־נַפְשׁוֹ לַעֲשׂוֹת֙
32 אֶת־דִּבְרֵי הַבְּרִית הַכְּתוּבִים עַל־הַסֵּפֶר הַזֶּה׃ וַיַּעֲמֵד אֵת
כָּל־הַנִּמְצָא בִירוּשָׁלִַם וּבִנְיָמִן וַיַּעֲשׂוּ֙ יֹשְׁבֵי יְרוּשָׁלִַם כִּבְרִית
33 אֱלֹהִים אֱלֹהֵי אֲבוֹתֵיהֶם׃ וַיָּסַר יֹאשִׁיָּהוּ אֶת־כָּל־הַתּוֹעֵבוֹת
מִכָּל־הָאֲרָצוֹת֮ אֲשֶׁר לִבְנֵי יִשְׂרָאֵל֒ וַיַּעֲבֵד אֵת כָּל־הַנִּמְצָא֙
בְּיִשְׂרָאֵל לַעֲבוֹד אֶת־יְהוָה אֱלֹהֵיהֶם כָּל־יָמָיו לֹא סָרוּ
מֵאַחֲרֵי יְהוָה אֱלֹהֵי אֲבוֹתֵיהֶם׃

לה CAP. XXXV. לה

א וַיַּעַשׂ יֹאשִׁיָּהוּ בִירוּשָׁלִַם פֶּסַח לַיהוָה וַיִּשְׁחֲטוּ הַפֶּסַח
2 בְּאַרְבָּעָה עָשָׂר לַחֹדֶשׁ הָרִאשׁוֹן׃ וַיַּעֲמֵד הַכֹּהֲנִים עַל־
3 מִשְׁמְרוֹתָם וַיְחַזְּקֵם לַעֲבוֹדַת בֵּית יְהוָה׃ וַיֹּאמֶר לַלְוִיִּם
הַמְּבוֹנִים לְכָל־יִשְׂרָאֵל הַקְּדוֹשִׁים לַיהוָה תְּנוּ אֶת־אֲרוֹן־
הַקֹּדֶשׁ בַּבַּיִת אֲשֶׁר בָּנָה שְׁלֹמֹה בֶן־דָּוִיד מֶלֶךְ יִשְׂרָאֵל אֵין־
לָכֶם מַשָּׂא בַּכָּתֵף עַתָּה עִבְדוּ֙ אֶת־יְהוָה אֱלֹהֵיכֶם וְאֵת עַמּוֹ
4 יִשְׂרָאֵל׃ וְהָכִינוּ לְבֵית־אֲבוֹתֵיכֶם כְּמַחְלְקוֹתֵיכֶם בִּכְתָב
ה דָּוִיד֙ מֶלֶךְ יִשְׂרָאֵל וּבְמִכְתַּב שְׁלֹמֹה בְנוֹ׃ וְעִמְדוּ בַקֹּדֶשׁ
לִפְלֻגּוֹת֙ בֵּית הָאָבוֹת לַאֲחֵיכֶם בְּנֵי הָעָם וַחֲלֻקַּת בֵּית־אָב
6 לַלְוִיִּם׃ וְשַׁחֲטוּ הַפָּסַח וְהִתְקַדְּשׁוּ֙ וְהָכִינוּ לַאֲחֵיכֶם לַעֲשׂוֹת
7 כִּדְבַר־יְהוָה בְּיַד־מֹשֶׁה׃ וַיָּרֶם יֹאשִׁיָּהוּ לִבְנֵי הָעָם צֹאן
כְּבָשִׂים וּבְנֵי־עִזִּים֙ הַכֹּל לַפְּסָחִים לְכָל־הַנִּמְצָא לְמִסְפַּר֙

ל״ה .3 .v המבינים ק׳ .4 .v והכינו ק׳

שְׁלֹשִׁים אֶלֶף וּבָקָר שְׁלֹשֶׁת אֲלָפִים אֵלֶּה מֵרְכוּשׁ הַמֶּלֶךְ׃
8 וְשָׂרָיו לִנְדָבָה לָעָם לַכֹּהֲנִים וְלַלְוִיִּם הֵרִימוּ חִלְקִיָּה וּזְכַרְיָהוּ
וִיחִיאֵל נְגִידֵי בֵּית הָאֱלֹהִים לַכֹּהֲנִים נָתְנוּ לַפְּסָחִים אַלְפַּיִם
9 וְשֵׁשׁ מֵאוֹת וּבָקָר שְׁלֹשׁ מֵאוֹת׃ וְכָונַנְיָהוּ וּשְׁמַעְיָהוּ וּנְתַנְאֵל
אֶחָיו וַחֲשַׁבְיָהוּ וִיעִיאֵל וְיוֹזָבָד שָׂרֵי הַלְוִיִּם הֵרִימוּ לַלְוִיִּם
י לַפְּסָחִים חֲמֵשֶׁת אֲלָפִים וּבָקָר חֲמֵשׁ מֵאוֹת׃ וַתִּכּוֹן הָעֲבוֹדָה
וַיַּעַמְדוּ הַכֹּהֲנִים עַל־עָמְדָם וְהַלְוִיִּם עַל־מַחְלְקוֹתָם כְּמִצְוַת
11 הַמֶּלֶךְ׃ וַיִּשְׁחֲטוּ הַפָּסַח וַיִּזְרְקוּ הַכֹּהֲנִים מִיָּדָם וְהַלְוִיִּם
12 מַפְשִׁיטִים׃ וַיָּסִירוּ הָעֹלָה לְתִתָּם לְמִפְלַגּוֹת לְבֵית־אָבוֹת
לִבְנֵי הָעָם לְהַקְרִיב לַיהוָה כַּכָּתוּב בְּסֵפֶר מֹשֶׁה וְכֵן לַבָּקָר׃
13 וַיְבַשְּׁלוּ הַפֶּסַח בָּאֵשׁ כַּמִּשְׁפָּט וְהַקֳּדָשִׁים בִּשְּׁלוּ בַּסִּירוֹת
14 וּבַדְּוָדִים וּבַצֵּלָחוֹת וַיָּרִיצוּ לְכָל־בְּנֵי הָעָם׃ וְאַחַר הֵכִינוּ
לָהֶם וְלַכֹּהֲנִים כִּי הַכֹּהֲנִים בְּנֵי אַהֲרֹן בְּהַעֲלוֹת הָעוֹלָה
וְהַחֲלָבִים עַד־לָיְלָה וְהַלְוִיִּם הֵכִינוּ לָהֶם וְלַכֹּהֲנִים בְּנֵי
טו אַהֲרֹן׃ וְהַמְשֹׁרְרִים בְּנֵי־אָסָף עַל־מַעֲמָדָם כְּמִצְוַת דָּוִיד
וְאָסָף וְהֵימָן וִידֻתוּן חוֹזֵה הַמֶּלֶךְ וְהַשֹּׁעֲרִים לְשַׁעַר וָשָׁעַר אֵין
לָהֶם לָסוּר מֵעַל עֲבֹדָתָם כִּי־אֲחֵיהֶם הַלְוִיִּם הֵכִינוּ לָהֶם׃
16 וַתִּכּוֹן כָּל־עֲבוֹדַת יְהוָה בַּיּוֹם הַהוּא לַעֲשׂוֹת הַפֶּסַח וְהַעֲלוֹת
17 עֹלוֹת עַל מִזְבַּח יְהוָה כְּמִצְוַת הַמֶּלֶךְ יֹאשִׁיָּהוּ׃ וַיַּעֲשׂוּ בְנֵי־
יִשְׂרָאֵל הַנִּמְצְאִים אֶת־הַפֶּסַח בָּעֵת הַהִיא וְאֶת־חַג הַמַּצּוֹת
18 שִׁבְעַת יָמִים׃ וְלֹא־נַעֲשָׂה פֶסַח כָּמֹהוּ בְּיִשְׂרָאֵל מִימֵי שְׁמוּאֵל
הַנָּבִיא וְכָל־מַלְכֵי יִשְׂרָאֵל ׀ לֹא־עָשׂוּ כַּפֶּסַח אֲשֶׁר־עָשָׂה
יֹאשִׁיָּהוּ וְהַכֹּהֲנִים וְהַלְוִיִּם וְכָל־יְהוּדָה וְיִשְׂרָאֵל הַנִּמְצָא
19 וְיוֹשְׁבֵי יְרוּשָׁלִָם׃ בִּשְׁמוֹנֶה עֶשְׂרֵה שָׁנָה לְמַלְכוּת יֹאשִׁיָּהוּ
כ נַעֲשָׂה הַפֶּסַח הַזֶּה׃ אַחֲרֵי כָל־זֹאת אֲשֶׁר הֵכִין יֹאשִׁיָּהוּ
אֶת־הַבַּיִת עָלָה נְכוֹ מֶלֶךְ־מִצְרַיִם לְהִלָּחֵם בְּכַרְכְּמִישׁ עַל־
21 פְּרָת וַיֵּצֵא לִקְרָאתוֹ יֹאשִׁיָּהוּ׃ וַיִּשְׁלַח אֵלָיו מַלְאָכִים ׀ לֵאמֹר ׀

מה־לי

v. 9. יחיד ר

מַה־לִּי וָלָךְ מֶלֶךְ יְהוּדָה לֹא־עָלֶיךָ אַתָּה הַיּוֹם כִּי אֶל־בֵּית
מִלְחַמְתִּי וֵאלֹהִים אָמַר לְבַהֲלֵנִי חֲדַל־לְךָ מֵאֱלֹהִים אֲשֶׁר־
22 עִמִּי וְאַל־יַשְׁחִיתֶךָ׃ וְלֹא־הֵסֵב יֹאשִׁיָּהוּ פָנָיו מִמֶּנּוּ כִּי
לְהִלָּחֶם־בּוֹ הִתְחַפֵּשׂ וְלֹא שָׁמַע אֶל־דִּבְרֵי נְכוֹ מִפִּי אֱלֹהִים
23 וַיָּבֹא לְהִלָּחֵם בְּבִקְעַת מְגִדּוֹ׃ וַיֹּרוּ הַיֹּרִים לַמֶּלֶךְ יֹאשִׁיָּהוּ
24 וַיֹּאמֶר הַמֶּלֶךְ לַעֲבָדָיו הַעֲבִירוּנִי כִּי הָחֳלֵיתִי מְאֹד׃ וַיַּעֲבִירֻהוּ
עֲבָדָיו מִן־הַמֶּרְכָּבָה וַיַּרְכִּיבֻהוּ עַל רֶכֶב הַמִּשְׁנֶה אֲשֶׁר־לוֹ
וַיּוֹלִיכֻהוּ יְרוּשָׁלַםִ וַיָּמָת וַיִּקָּבֵר בְּקִבְרוֹת אֲבֹתָיו וְכָל־יְהוּדָה
כה וִירוּשָׁלַםִ מִתְאַבְּלִים עַל־יֹאשִׁיָּהוּ׃ וַיְקוֹנֵן יִרְמְיָהוּ עַל־
יֹאשִׁיָּהוּ וַיֹּאמְרוּ כָל־הַשָּׁרִים | וְהַשָּׁרוֹת בְּקִינוֹתֵיהֶם עַל־
יֹאשִׁיָּהוּ עַד־הַיּוֹם וַיִּתְּנוּם לְחֹק עַל־יִשְׂרָאֵל וְהִנָּם כְּתוּבִים
26 עַל־הַקִּינוֹת׃ וְיֶתֶר דִּבְרֵי יֹאשִׁיָּהוּ וַחֲסָדָיו כַּכָּתוּב בְּתוֹרַת
27 יְהוָה׃ וּדְבָרָיו הָרִאשֹׁנִים וְהָאַחֲרֹנִים הִנָּם כְּתוּבִים עַל־סֵפֶר
מַלְכֵי־יִשְׂרָאֵל וִיהוּדָה׃

CAP. XXXVI. לו

לו

א וַיִּקְחוּ עַם־הָאָרֶץ אֶת־יְהוֹאָחָז בֶּן־יֹאשִׁיָּהוּ וַיַּמְלִיכֻהוּ
2 תַחַת־אָבִיו בִּירוּשָׁלָםִ׃ בֶּן־שָׁלוֹשׁ וְעֶשְׂרִים שָׁנָה יוֹאָחָז
3 בְמָלְכוֹ וּשְׁלֹשָׁה חֳדָשִׁים מָלַךְ בִּירוּשָׁלָםִ׃ וַיְסִירֵהוּ מֶלֶךְ־
מִצְרַיִם בִּירוּשָׁלָםִ וַיַּעֲנֹשׁ אֶת־הָאָרֶץ מֵאָה כִכַּר־כֶּסֶף וְכִכַּר
4 זָהָב׃ וַיַּמְלֵךְ מֶלֶךְ־מִצְרַיִם אֶת־אֶלְיָקִים אָחִיו עַל־יְהוּדָה
וִירוּשָׁלַםִ וַיַּסֵּב אֶת־שְׁמוֹ יְהוֹיָקִים וְאֶת־יוֹאָחָז אָחִיו לָקַח נְכוֹ
וַיְבִיאֵהוּ מִצְרָיְמָה׃
ה בֶּן־עֶשְׂרִים וְחָמֵשׁ שָׁנָה יְהוֹיָקִים בְּמָלְכוֹ וְאַחַת עֶשְׂרֵה שָׁנָה
6 מָלַךְ בִּירוּשָׁלָםִ וַיַּעַשׂ הָרַע בְּעֵינֵי יְהוָה אֱלֹהָיו׃ עָלָיו עָלָה
נְבוּכַדְנֶאצַּר מֶלֶךְ בָּבֶל וַיַּאַסְרֵהוּ בַּנְחֻשְׁתַּיִם לְהֹלִיכוֹ בָּבֶלָה׃
7 וּמִכְּלֵי בֵּית יְהוָה הֵבִיא נְבוּכַדְנֶאצַּר לְבָבֶל וַיִּתְּנֵם בְּהֵיכָלוֹ
8 בְּבָבֶל׃ וְיֶתֶר דִּבְרֵי יְהוֹיָקִים וְתֹעֲבֹתָיו אֲשֶׁר־עָשָׂה וְהַנִּמְצָא

עָלָיו הִנָּם כְּתוּבִים עַל־סֵפֶר מַלְכֵי יִשְׂרָאֵל וִיהוּדָה וַיִּמְלֹךְ
יְהוֹיָכִין בְּנוֹ תַּחְתָּיו׃
בֶּן־שְׁמוֹנֶה שָׁנִים יְהוֹיָכִין בְּמָלְכוֹ וּשְׁלֹשָׁה חֳדָשִׁים וַעֲשֶׂרֶת 9
יָמִים מָלַךְ בִּירוּשָׁלָ͏ִם וַיַּעַשׂ הָרַע בְּעֵינֵי יְהוָה׃ וְלִתְשׁוּבַת י
הַשָּׁנָה שָׁלַח הַמֶּלֶךְ נְבוּכַדְנֶאצַּר וַיְבִאֵהוּ בָבֶלָה עִם־כְּלֵי
חֶמְדַּת בֵּית־יְהוָה וַיַּמְלֵךְ אֶת־צִדְקִיָּהוּ אָחִיו עַל־יְהוּדָה
וִירוּשָׁלָ͏ִם׃
בֶּן־עֶשְׂרִים וְאַחַת שָׁנָה צִדְקִיָּהוּ בְמָלְכוֹ וְאַחַת עֶשְׂרֵה שָׁנָה 11
מָלַךְ בִּירוּשָׁלָ͏ִם׃ וַיַּעַשׂ הָרַע בְּעֵינֵי יְהוָה אֱלֹהָיו לֹא נִכְנַע 12
מִלִּפְנֵי יִרְמְיָהוּ הַנָּבִיא מִפִּי יְהוָה׃ וְגַם בַּמֶּלֶךְ נְבוּכַדְנֶאצַּר 13
מָרָד אֲשֶׁר הִשְׁבִּיעוֹ בֵּאלֹהִים וַיֶּקֶשׁ אֶת־עָרְפּוֹ וַיְאַמֵּץ אֶת־
לְבָבוֹ מִשּׁוּב אֶל־יְהוָה אֱלֹהֵי יִשְׂרָאֵל׃ גַּם כָּל־שָׂרֵי הַכֹּהֲנִים 14
וְהָעָם הִרְבּוּ לִמְעוֹל־מַעַל כְּכֹל תֹּעֲבוֹת הַגּוֹיִם וַיְטַמְּאוּ אֶת־
בֵּית יְהוָה אֲשֶׁר הִקְדִּישׁ בִּירוּשָׁלָ͏ִם׃ וַיִּשְׁלַח יְהוָה אֱלֹהֵי טו
אֲבוֹתֵיהֶם עֲלֵיהֶם בְּיַד מַלְאָכָיו הַשְׁכֵּם וְשָׁלוֹחַ כִּי־חָמַל עַל־
עַמּוֹ וְעַל־מְעוֹנוֹ׃ וַיִּהְיוּ מַלְעִבִים בְּמַלְאֲכֵי הָאֱלֹהִים וּבוֹזִים 16
דְּבָרָיו וּמִתַּעְתְּעִים בִּנְבִאָיו עַד עֲלוֹת חֲמַת־יְהוָה בְּעַמּוֹ
עַד־לְאֵין מַרְפֵּא׃ וַיַּעַל עֲלֵיהֶם אֶת־מֶלֶךְ כַּשְׂדִּיִּים וַיַּהֲרֹג 17
בַּחוּרֵיהֶם בַּחֶרֶב בְּבֵית מִקְדָּשָׁם וְלֹא חָמַל עַל־בָּחוּר
וּבְתוּלָה זָקֵן וְיָשֵׁשׁ הַכֹּל נָתַן בְּיָדוֹ׃ וְכֹל כְּלֵי בֵּית הָאֱלֹהִים 18
הַגְּדֹלִים וְהַקְּטַנִּים וְאֹצְרוֹת בֵּית יְהוָה וְאֹצְרוֹת הַמֶּלֶךְ וְשָׂרָיו
הַכֹּל הֵבִיא בָבֶל׃ וַיִּשְׂרְפוּ אֶת־בֵּית הָאֱלֹהִים וַיְנַתְּצוּ אֵת 19
חוֹמַת יְרוּשָׁלָ͏ִם וְכָל־אַרְמְנוֹתֶיהָ שָׂרְפוּ בָאֵשׁ וְכָל־כְּלֵי
מַחֲמַדֶּיהָ לְהַשְׁחִית׃ וַיֶּגֶל הַשְּׁאֵרִית מִן־הַחֶרֶב אֶל־בָּבֶל כ
וַיִּהְיוּ־לוֹ וּלְבָנָיו לַעֲבָדִים עַד־מְלֹךְ מַלְכוּת פָּרָס׃ לְמַלֹּאות 21
דְּבַר־יְהוָה בְּפִי יִרְמְיָהוּ עַד־רָצְתָה הָאָרֶץ אֶת־שַׁבְּתוֹתֶיהָ
כָּל־יְמֵי הָשַּׁמָּה שָׁבָתָה לְמַלֹּאות שִׁבְעִים שָׁנָה׃

v. 14. למעל ק׳ v. 17. כשדים ק׳

22 וּבִשְׁנַ֣ת אַחַ֗ת לְכ֙וֹרֶשׁ֙ מֶ֣לֶךְ פָּרַ֔ס לִכְל֥וֹת דְּבַר־יְהוָ֖ה בְּפִ֣י
יִרְמְיָ֑הוּ הֵעִ֣יר יְהוָ֗ה אֶת־ר֙וּחַ֙ כּ֣וֹרֶשׁ מֶֽלֶךְ־פָּרַ֔ס וַיַּֽעֲבֶר־
23 ק֙וֹל֙ בְּכָל־מַלְכוּת֔וֹ וְגַם־בְּמִכְתָּ֖ב לֵאמֹֽר׃ כֹּֽה־אָמַ֞ר כּ֣וֹרֶשׁ ׀
מֶ֣לֶךְ פָּרַ֗ס כָּל־מַמְלְכ֤וֹת הָאָ֙רֶץ֙ נָ֤תַן לִי֙ יְהוָה֙ אֱלֹהֵ֣י הַשָּׁמַ֔יִם
וְהֽוּא־פָקַ֤ד עָלַי֙ לִבְנֽוֹת־ל֣וֹ בַ֔יִת בִּירוּשָׁלִַ֖ם אֲשֶׁ֣ר בִּיהוּדָ֑ה
מִֽי־בָכֶ֣ם מִכָּל־עַמּ֗וֹ יְהוָ֧ה אֱלֹהָ֛יו עִמּ֖וֹ וְיָֽעַל׃

חזק ונתחזק המחוקק לא יוזק

סכום הפסוקים של כל דברי הימים אלף ושבע מאות וששים וחמשה · ויראו את הארץ וישמחו לראות סימן · וחציו ועל אצרות המלך עזמות בן עדיאל · וסדריו חמשה ועשרים · עד אשר עד כה ברכני ה׳ סימן